**Como a obra pode auxiliar no seu aprendizado?**

O *Manual de Direito Civil* é uma obra completa, que contempla em apenas um volume todo o conteúdo fundamental de Direito Civil exigido ao longo da graduação em Direito. De fácil manuseio, o livro reúne observações e reflexões absolutamente relevantes para quem precisa de respostas rápidas, em um texto claro e enxuto sobre a matéria.

A leitura da obra permite que o leitor adquira conhecimentos precisos do Direito Civil e esteja pronto para enfrentar questionamentos e os novos rumos e desafios do Direito Civil brasileiro.

**O que o livro oferece?**

Esta obra proporciona maior proximidade com seus autores. Ao longo da leitura, o leitor encontrará *links* para acesso a vídeos que trazem o que há de mais novo no debate do Direito Civil. Dessa forma, poderá aprofundar o seu estudo de maneira mais dinâmica e interativa.

Os seguintes temas selecionados: Hermenêutica; Prestação de serviços; Comissão; Agência e distribuição; Corretagem; Constituição de renda; Atos unilaterais; Preferências e privilégios creditórios; Tutela, curatela e tomada de decisão apoiada; Da petição de herança; e Direito Civil e a pandemia da Covid-19. Todos disponibilizados por meio de plataforma *on-line*, com a possibilidade de *download* dos conteúdos para facilitar o seu estudo.

**Este livro oferece materiais digitais exclusivos para você.**

Para isso:

- Acesse o *link* https://somos.in/MDC05 ou use seu celular para ler o QRCode abaixo:

- Faça seu cadastro:
  - o Clique em "não tem conta? Cadastre-se".
  - o Preencha as informações – insira um *e-mail* que você costuma usar, ok?
  - o Crie sua senha e finalize seu cadastro.

Pronto! Agora é só aproveitar o conteúdo digital desta obra.

OBS.: Se você já tem uma conta conosco, basta entrar com seu *login* e senha já criados.

Qualquer dúvida, entre em contato pelo *e-mail* suportedigital@saraivaconecta.com.br

**PABLO STOLZE GAGLIANO**

Juiz de Direito. Professor de Direito Civil da Universidade Federal da Bahia — UFBA. Mestre em Direito Civil pela Pontifícia Universidade Católica de São Paulo — PUC-SP. Especialista em Direito Civil pela Fundação Faculdade de Direito da Bahia. Membro da Academia Brasileira de Direito Civil — ABDC e da Academia de Letras Jurídicas da Bahia. Já ministrou palestras e cursos em diversas instituições brasileiras, inclusive no Supremo Tribunal Federal. Membro da Academia de Letras Jurídicas da Bahia, do Instituto Brasileiro de Direito Contratual e da Academia Brasileira de Direito Civil.

**RODOLFO PAMPLONA FILHO**

Juiz Titular da 32ª Vara do Trabalho de Salvador-BA. Professor Titular de Direito Civil e Direito Processual do Trabalho da Universidade Salvador — UNIFACS. Coordenador dos cursos de especialização em Direito e Processo do Trabalho da Faculdade Baiana de Direito e dos cursos de especialização *on-line* em Direito Contratual e em Direito e Processo do Trabalho do CERS Cursos *on-line*. Professor Associado III da graduação e da pós-graduação (Mestrado e Doutorado) em Direito da Universidade Federal da Bahia — UFBA. Mestre e Doutor em Direito das Relações Sociais pela Pontifícia Universidade Católica de São Paulo — PUC-SP. Máster em *Estudios en Derechos Sociales para Magistrados de Trabajo de Brasil* pela Universidad de Castilla-La Mancha/Espanha — UCLM. Especialista em Direito Civil pela Fundação Faculdade de Direito da Bahia. Membro e Presidente Honorário da Academia Brasileira de Direito do Trabalho. Membro e Presidente da Academia de Letras Jurídicas da Bahia. Membro (e ex-Presidente) do Instituto Baiano de Direito do Trabalho. Membro da Academia Brasileira de Direito Civil — ABDC, do Instituto Brasileiro de Direito Civil — IBDCivil e do Instituto Brasileiro de Direito de Família — IBDFAM.

PABLO STOLZE GAGLIANO
RODOLFO PAMPLONA FILHO

# MANUAL DE DIREITO CIVIL

## VOLUME ÚNICO

5ª edição
revista, ampliada e atualizada
2021

saraiva jur

saraiva EDUCAÇÃO    saraiva jur

Av. Paulista, 901, 3º andar
Bela Vista – São Paulo – SP – CEP: 01311-100

SAC | sac.sets@somoseducacao.com.br

DADOS INTERNACIONAIS DE CATALOGAÇÃO NA PUBLICAÇÃO (CIP)
VAGNER RODOLFO DA SILVA CRB-8/9410

G135m Gagliano, Pablo Stolze ; Pamplona Filho, Rodolfo

Manual de direito civil: volume único / Pablo Stolze Gagliano, Rodolfo Pamplona Filho. – 5. ed. – São Paulo : Saraiva Educação, 2021.

1.704 p.

ISBN: 978-65-5559-597-0

1. Direito. 2. Direito civil. I. Pamplona Filho, Rodolfo. II. Título.

CDD 347
2021-48 CDU 347

Índices para catálogo sistemático:

1. Direito civil 347

**Diretoria executiva** Flávia Alves Bravin
**Diretoria editorial** Renata Pascual Müller
**Gerência de projetos e produção editorial** Fernando Penteado

**Planejamento** Josiane de Araujo Rodrigues

**Novos projetos** Sérgio Lopes de Carvalho
Dalila Costa de Oliveira

**Edição** Clarissa Boraschi Maria (coord.)
Aline Darcy Flôr de Souza

**Produção editorial** Daniele Debora de Souza (coord.)
Verônica Pivisan Reis

**Arte e digital** Mônica Landi (coord.)
Camilla Felix Cianelli Chaves
Claudirene de Moura Santos Silva
Deborah Mattos
Guilherme H. M. Salvador
Tiago Dela Rosa

**Projetos e serviços editoriais** Daniela Maria Chaves Carvalho
Kelli Priscila Pinto
Laura Paraíso Buldrini Filogônio
Marília Cordeiro
Nicoly Wasconcelos Razuk

**Diagramação** NSM Soluções Gráficas Ltda.
**Revisão** Rita de Cássia Sorrocha
**Capa** Deborah Mattos
**Produção gráfica** Marli Rampim
Sergio Luiz Pereira Lopes
**Impressão e acabamento** Edições Loyola

**Data de fechamento da edição: 8-1-2021**

Dúvidas? Acesse www.editorasaraiva.com.br/direito



CL 606873 CAE 754512

Dedicamos este livro ao nosso Senhor Jesus Cristo e a
Maria de Lourdes Gomes Pamplona (*in memoriam*), por tudo.

# AGRADECIMENTOS

Agradecer é o gesto mais puro e coerente que se pode ter quando se recebe o apoio em qualquer momento.

Por isso, registramos publicamente nossos agradecimentos, ao lançar este livro, a nossas esposas (Kalline e Emilia), a nossos filhos (Bibi, Nana, Rodolfinho e Marina) e também a Nathalia Lutembach, Flávio Tartuce, Claudio Lensing, Flávia Bravin, Deborah Caetano de Freitas Viadana, Thaís de Camargo Rodrigues, Poliana Soares Albuquerque, Priscilla Mariz Just Costa, Aline Darcy Flôr de Souza, Fernanda Barretto, Martinha Araújo (o "anjo da guarda" de Rodolfo), família "Crooners in Concert", Julia Pringsheim Garcia, Edilberto Silva Ramos, Maria Carolina Carvalho, Leiliane Ribeiro, Edson Saldanha, Natália Cavalcante, Gilberto "Giba" Rodrigues Martins, Geórgia Fernandes Lima, Camila Lima, Luciene Dantas Rios, Marcela Freitas, Alisson Carmelo, Guilherme Köpfer, Fernando Moreira Freitas da Silva, Leandro Fernandes, Luís Antônio do Amor Divino de Jesus, Bruno Rodrigues, Felipe Ventin da Silva, Lygia Mota dos Santos (UNEB), os "companheiros" Buck e Bruno, Marcelo Leonardo (advogado e professor de Direito Civil), Leandro Cunha, Fernanda Botto da Silveira e nossos alunos em todos os cursos, presenciais e *on-line*, de todo o Brasil.

Este livro não seria possível sem vocês!

# NOTA DOS AUTORES

Neste ano que se inicia, completaremos 19 (dezenove) anos de uma profícua parceria.

Com efeito, ao lançarmos oficialmente o primeiro volume da nossa coleção, na distante data de 3 de abril de 2002, não imaginávamos chegar tão longe.

Mesmo sempre repletos de compromissos, notadamente com nossas atividades na magistratura, conseguimos produzir uma extensa obra, composta, originalmente, dos volumes de *Parte Geral*, *Obrigações*, *Responsabilidade Civil*, *Teoria Geral dos Contratos*, *Contratos em Espécie*, *Direito de Família e Sucessões*. Posteriormente, decidimos fundir os dois tomos sobre *Contratos* em um volume único, além da chegada do nosso último "filho", *Direitos Reais*.

Como se não bastasse, lançamos uma obra apartada, *O Novo Divórcio* (depois renomeada para *O Divórcio na Atualidade*), publicada quando da promulgação da Emenda Constitucional n. 66; e, alguns anos depois, o nosso robusto *Manual de Direito Civil*, com o curso completo da disciplina, que alcançou grande sucesso.

São várias obras, portanto, que levam a nossa assinatura conjunta, o que muito nos orgulha e eleva a nossa responsabilidade e compromisso com o nosso público leitor.

Mas o ano de 2021 traz ainda mais e novos desafios.

Com efeito, vivemos, em 2020, momentos absolutamente inéditos.

A pandemia e o isolamento presencial fizeram com que repensássemos muito diversos aspectos da vida e também do Direito Civil.

A sociedade brasileira, assistiu, estupefata, uma guerra contra um inimigo invisível, silencioso e mortal.

Todavia, o único direito absolutamente irrenunciável é o de ter esperança!

E é com o coração inundado de bons sentimentos que atualizamos a nossa obra, incorporando novas ideias, bem como trazendo as novidades do período pandêmico e da jurisprudência nacional.

Nessa toada, desejamos continuar divulgando nosso pensamento, ansiando por voltar a atravessar este país continental, sempre dispostos a compartilhar o conhecimento e aprender com nossos interlocutores, na busca por compreender o novíssimo Direito Civil brasileiro com profundidade, objetividade e leveza.

Por isso, agradecemos, desde já, cada palavra amiga que recebemos no período de falta de contato presencial, reiterando nossa disposição de retribuí-las, seja, como já fizemos, nas centenas de *lives* e webinares de que participamos, seja, no "novo normal", quando pudermos estar juntos fisicamente, em "aglomerações" de carinho e vontade de crescimento recíproco.

Por fim, como sempre fizemos, divulgamos nossos *e-mails* pessoais para que possamos continuar a interagir com o querido público leitor, por toda a vida que o destino nos proporcionar.

Muito obrigado por tudo!

Com Deus, sempre!

*Pablo Stolze Gagliano*
pablostolze@gmail.com
Instagram: @pablostolze
Visite: www.pablostolze.com.br

*Rodolfo Pamplona Filho*
rpf@rodolfopamplonafilho.com.br
Instagram: @rpamplonafilho
Visite: www.rodolfopamplonafilho.com.br

# ÍNDICE



# PARTE HERMENÊUTICA

## CAPÍTULO I
## LEI DE INTRODUÇÃO ÀS NORMAS NO DIREITO BRASILEIRO



# PARTE GERAL

## PESSOAS

## CAPÍTULO II
## PESSOA NATURAL

CONTÉM VIDEOAULA

## CAPÍTULO III
## PESSOA JURÍDICA

CONTÉM VIDEOAULA



## CAPÍTULO IV
## DOMICÍLIO



## CAPÍTULO V
## BENS

## FATOS JURÍDICOS

### CAPÍTULO VI
### FATO JURÍDICO



### CAPÍTULO VII
### PRESCRIÇÃO E DECADÊNCIA



# PARTE ESPECIAL

## OBRIGAÇÕES

### CAPÍTULO VIII
### INTRODUÇÃO AO DIREITO DAS OBRIGAÇÕES

## CAPÍTULO IX
## CLASSIFICAÇÃO DAS OBRIGAÇÕES



## CAPÍTULO X
## TEORIA DO PAGAMENTO

CONTÉM VIDEOAULA

## CAPÍTULO XV
## FORMAÇÃO DOS CONTRATOS



## CAPÍTULO XVI
## DAS ESTIPULAÇÕES CONTRATUAIS EM RELAÇÃO A TERCEIROS



## CAPÍTULO XVII
## CONTRATO PRELIMINAR

## CAPÍTULO XVIII
## VÍCIOS REDIBITÓRIOS

CONTÉM VIDEOAULA



## CAPÍTULO XIX
## EVICÇÃO



## CAPÍTULO XX
## EXTINÇÃO DO CONTRATO

## CAPÍTULO XXI
## EXCEÇÃO DE CONTRATO NÃO CUMPRIDO



## CAPÍTULO XXII
## TEORIA DA IMPREVISÃO E RESOLUÇÃO POR ONEROSIDADE EXCESSIVA



## CAPÍTULO XXIII
## CONTRATOS ATÍPICOS



## CAPÍTULO XXIV
## COMPRA E VENDA

## CAPÍTULO XXV
## TROCA OU PERMUTA



## CAPÍTULO XXVI
## CONTRATO ESTIMATÓRIO



## CAPÍTULO XXVII
## DOAÇÃO



## CAPÍTULO XXVIII
## LOCAÇÃO DE COISAS

## CAPÍTULO XXIX
## EMPRÉSTIMO



## CAPÍTULO XXX
## PRESTAÇÃO DE SERVIÇO

## CAPÍTULO XXXI
## EMPREITADA



## CAPÍTULO XXXII
## DEPÓSITO



## CAPÍTULO XXXIII
## MANDATO

## CAPÍTULO XXXIV
## COMISSÃO



## CAPÍTULO XXXV
## AGÊNCIA E DISTRIBUIÇÃO



## CAPÍTULO XXXVI
## CORRETAGEM



## CAPÍTULO XXXVII
## TRANSPORTE



## CAPÍTULO XXXVIII
## SEGURO

## CAPÍTULO XXXIX
## CONSTITUIÇÃO DE RENDA



## CAPÍTULO XL
## JOGO E APOSTA



## CAPÍTULO XLI
## FIANÇA

## CAPÍTULO XLVII
## NOÇÕES GERAIS SOBRE RESPONSABILIDADE CIVIL



## CAPÍTULO XLVIII
## ELEMENTOS DA RESPONSABILIDADE CIVIL



## CAPÍTULO XLIX
## A CONDUTA HUMANA



## CAPÍTULO L
## O DANO



## CAPÍTULO LI
## O DANO MORAL



## CAPÍTULO LII
## NEXO DE CAUSALIDADE

## CAPÍTULO LIII
## CAUSAS EXCLUDENTES DE RESPONSABILIDADE CIVIL E CLÁUSULA DE NÃO INDENIZAR



## CAPÍTULO LIV
## A RESPONSABILIDADE CIVIL SUBJETIVA E A NOÇÃO DE CULPA



## CAPÍTULO LV
## RESPONSABILIDADE CIVIL OBJETIVA E A ATIVIDADE DE RISCO



## CAPÍTULO LVI
## RESPONSABILIDADE CIVIL POR ATO DE TERCEIRO

## CAPÍTULO LVII
## RESPONSABILIDADE CIVIL PELO FATO DA COISA E DO ANIMAL

CONTÉM VIDEOAULA



## CAPÍTULO LVIII
## PREFERÊNCIAS E PRIVILÉGIOS CREDITÓRIOS



# DIREITOS REAIS

## CAPÍTULO LIX
## NOÇÕES GERAIS SOBRE DIREITOS REAIS



## CAPÍTULO LX
## POSSE

## CAPÍTULO LXI
## PROPRIEDADE

## CAPÍTULO LXII
## DIREITOS DE VIZINHANÇA



## CAPÍTULO LXIII
## CONDOMÍNIO

CONTEM VIDEOAULA



## CAPÍTULO LXIV
## DIREITOS REAIS NA COISA ALHEIA



# DIREITO DE FAMÍLIA

## CAPÍTULO LXV
## INTRODUÇÃO AO DIREITO DE FAMÍLIA

## CAPÍTULO LXVI
## NOÇÕES CONCEITUAIS SOBRE O CASAMENTO



## CAPÍTULO LXVII
## CAPACIDADE, HABILITAÇÃO E CELEBRAÇÃO MATRIMONIAL



## CAPÍTULO LXVIII
## PLANO DE EXISTÊNCIA DO CASAMENTO



## CAPÍTULO LXIX
## PLANO DE VALIDADE DO CASAMENTO: IMPEDIMENTOS MATRIMONIAIS

## CAPÍTULO LXX
## PLANO DE VALIDADE DO CASAMENTO: CAUSAS DE ANULAÇÃO



## CAPÍTULO LXXI
## PLANO DE VALIDADE DO CASAMENTO: CASAMENTO PUTATIVO



## CAPÍTULO LXXII
## PLANO DE EFICÁCIA DO CASAMENTO: DEVERES MATRIMONIAIS E CAUSAS SUSPENSIVAS DO CASAMENTO

## CAPÍTULO LXXIII
## REGIME DE BENS DO CASAMENTO: NOÇÕES INTRODUTÓRIAS FUNDAMENTAIS



## CAPÍTULO LXXIV
## REGIME DE BENS DO CASAMENTO: COMUNHÃO PARCIAL DE BENS



## CAPÍTULO LXXV
## REGIME DE BENS DO CASAMENTO: COMUNHÃO UNIVERSAL DE BENS



## CAPÍTULO LXXVI
## REGIME DE BENS DO CASAMENTO: SEPARAÇÃO CONVENCIONAL DE BENS



## CAPÍTULO LXXVII
## REGIME DE BENS DO CASAMENTO: PARTICIPAÇÃO FINAL NOS AQUESTOS



## CAPÍTULO LXXVIII
## BEM DE FAMÍLIA

## CAPÍTULO LXXIX
## UNIÃO ESTÁVEL E OUTRAS MODALIDADES DE ENTIDADES FAMILIARES



## CAPÍTULO LXXX
## DIVÓRCIO



## CAPÍTULO LXXXI
## PODER FAMILIAR E GUARDA DE FILHOS



## CAPÍTULO LXXXII
## FILIAÇÃO

CONTÉM VIDEOAULA

## CAPÍTULO LXXXIII
## PARENTESCO



## CAPÍTULO LXXXIV
## ALIMENTOS



## CAPÍTULO LXXXV
## TUTELA, CURATELA E TOMADA DE DECISÃO APOIADA



# SUCESSÕES

## CAPÍTULO LXXXVI
## NOÇÕES INTRODUTÓRIAS DO DIREITO DAS SUCESSÕES

## CAPÍTULO XCI
## EXCLUÍDOS DA SUCESSÃO



## CAPÍTULO XCII
## HERANÇA JACENTE



## CAPÍTULO XCIII
## DA PETIÇÃO DE HERANÇA



## CAPÍTULO XCIV
## SUCESSÃO LEGÍTIMA

CONTÉM VIDEOAULA

## CAPÍTULO XCV
## DIREITO DE REPRESENTAÇÃO



## CAPÍTULO XCVI
## SUCESSÃO TESTAMENTÁRIA



## CAPÍTULO XCVII
## FORMAS ORDINÁRIAS DE TESTAMENTO



## CAPÍTULO XCVIII
## FORMAS EXTRAORDINÁRIAS DE TESTAMENTO



## CAPÍTULO XCIX
## CODICILO

## CAPÍTULO C
## DISPOSIÇÕES TESTAMENTÁRIAS



## CAPÍTULO CI
## LEGADOS



## CAPÍTULO CII
## DIREITO DE ACRESCER E REDUÇÃO DAS DISPOSIÇÕES TESTAMENTÁRIAS



## CAPÍTULO CIII
## SUBSTITUIÇÕES



## CAPÍTULO CIV
## EXTINÇÃO DO TESTAMENTO (INVALIDADE, CADUCIDADE, REVOGAÇÃO E ROMPIMENTO)



## CAPÍTULO CV
## INVENTÁRIO

## CAPÍTULO CVI
## PARTILHA



## CAPÍTULO CVII
## DIREITO CIVIL E A PANDEMIA DA COVID-19

# PARTE HERMENÊUTICA

## I – LEI DE INTRODUÇÃO ÀS NORMAS NO DIREITO BRASILEIRO

CONTEÚDO DIGITAL *ON-LINE*

1. O objetivo de uma Lei de Introdução; 2. Interpretação de normas; 3. Algumas noções sobre a Integração Normativa; 4. Aplicação temporal de normas; 5. Conflito de normas no tempo (Direito Intertemporal); 6. Aplicação espacial de normas; 7. Conflito de normas no espaço; 8. Segurança jurídica e eficiência na criação e aplicação de normas por agentes públicos (reflexões críticas sobre a Lei n. 13.655/2018, que alterou a LINDB).

# PARTE GERAL

# II PESSOA NATURAL



## 1. A PERSONALIDADE JURÍDICA

A questão da personalidade jurídica é um dos temas mais importantes para a Teoria Geral do Direito Civil, pois a sua regular caracterização é uma premissa de todo e qualquer debate no campo do Direito Privado.

Embora o instituto seja bastante abrangente, aplicando-se, também, às pessoas jurídicas, não há como negar que, sendo o ser humano o destinatário final de toda norma, é razoável que o estudo da personalidade jurídica tome como parâmetro inicial a pessoa natural.

### 1.1. Conceito

Personalidade jurídica é a aptidão genérica para titularizar direitos e contrair obrigações, ou, em outras palavras, é o atributo para ser sujeito de direito.

Adquirida a personalidade, o ente passa a atuar, na qualidade de sujeito de direito (pessoa natural ou jurídica), praticando atos e negócios jurídicos dos mais diferentes matizes.

No que tange à pessoa natural ou física, objeto deste Capítulo, o Código Civil de 2002, substituindo a expressão "homem" por "pessoa", em evidente atualização para uma linguagem politicamente correta e compatível com a nova ordem constitucional, dispõe, em seu art. 1º, que: "Toda pessoa é capaz de direitos e deveres na ordem civil".

Essa disposição, como já se infere, permite a ilação de que a personalidade é atributo de toda e qualquer pessoa, seja natural ou jurídica, uma vez que a própria norma civil não faz tal distinção de acepções[1].

### 1.2. Aquisição da personalidade jurídica

A pessoa natural, para o direito, é o ser humano, enquanto sujeito/destinatário de direitos e obrigações.

---

[1] Vale destacar que o relatório do Senador Josaphat Marinho consagrava a expressão "ser humano" no mencionado primeiro dispositivo, termo que foi modificado na Câmara dos Deputados, como visto, para "pessoa". Embora a uniformização linear seja aceitável, o fato é que ela acaba gerando impropriedades vernaculares, agressivas ao ouvido, como a aliteração do art. 2º ("A personalidade civil da pessoa...").

O seu surgimento, segundo a dicção legal, ocorre a partir do nascimento com vida (art. 2º do CC/2002).

No instante em que principia o funcionamento do aparelho cardiorrespiratório, clinicamente aferível pelo exame de docimasia hidrostática de Galeno[2], o recém-nascido adquire personalidade jurídica, tornando-se sujeito de direito, mesmo que venha a falecer minutos depois[3].

Ao menos aparentemente essa teria sido a opção do legislador brasileiro, na medida em que tradicional corrente doutrinária defende a denominada teoria natalista[4].

Seguindo essa diretriz doutrinária e legal, que tem importantes reflexos práticos e sociais, se o recém-nascido — cujo pai já tenha morrido — falece minutos após o parto, terá adquirido, por exemplo, todos os direitos sucessórios do seu genitor, transferindo-os para a sua mãe. Nesse caso, a avó paterna da referida criança nada poderá reclamar.

Sucede que, conforme veremos no tópico seguinte, não é pacífica a aceitação da corrente natalista, o que torna o assunto ora estudado de grande interesse acadêmico, senão apaixonante.

---

2 Esse exame é baseado na diferença de peso específico entre o pulmão que respirou e o que não respirou, mergulhados na água. O primeiro, por se achar com os alvéolos dilatados e impregnados de ar, sobrenada, ao passo que o segundo, compacto e vazio, com as paredes alveolares colabadas e, por conseguinte, mais denso, vai ao fundo. Na eventual impossibilidade de utilização desse método principal de investigação (se, por acaso, o pulmão do neonato já vier impregnado de líquido), outras técnicas são aplicáveis, como a docimasia pulmonar histológica (verificação dos alvéolos pulmonares, pois, se houve respiração, apresentarão dilatação uniforme e, caso contrário, as paredes alveolares estarão coladas), docimasia óptica de Icard (exame microscópico de fragmento do pulmão, esmagado em uma lâmina, quando, ao observar pequenas bolhas de ar na película esmagada, deduz-se a respiração), docimasia química de Icard (passagem rápida de fragmento do pulmão em álcool absoluto, a seguir mergulhado em solução alcoólica de potássio cáustico a 30%, que dissolve o estroma pulmonar, liberando bolhas de ar, no pulmão que respirou), docimasia radiográfica de Bordas (exame radiográfico dos pulmões, que se mostrarão opacos — se não respiraram — ou transparentes — se receberam oxigênio), docimasia epimicroscópica pneumoarquitetônica (exame da superfície externa dos pulmões) e as docimasias respiratórias indiretas (verificação de outros órgãos, como estômago, intestinos, fígado e ouvidos — trompas de Eustáquio — conjuntamente com os pulmões, para tentar constatar se houve ar circulando no corpo do nascituro), como nos informa Sérgio Abdalla Semião (*Os Direitos do Nascituro*, Belo Horizonte: Del Rey, 1998, p. 158).

3 "Apesar das longas discussões da doutrina", pontifica Walter Ceneviva, "no Brasil há nascimento e há parto quando a criança, deixando o útero materno, respira. É na respiração cientificamente comprovável que se completa conformação fática do nascimento. Sem ela, tem-se o parto de natimorto, que, sendo expulso do ventre materno ao termo da gestação com duração mínima normal, mas sem vida, não é sujeito de direito" (*Lei dos Registros Públicos Comentada*, 13. ed., São Paulo: Saraiva, 1999, p. 111).

4 Nesse sentido: Vicente Ráo, Silvio Rodrigues, Eduardo Espínola, Sílvio Venosa. Este último autor, com propriedade, adverte que: "O Código brasileiro poderia ter seguido a orientação do Código francês que estabelece começar a personalidade com a concepção. Em nosso Código, contudo, predominou a teoria do nascimento com vida para ter início a personalidade" (*Direito Civil* — Parte Geral, São Paulo: Atlas, 2001, p. 142).

De qualquer forma, independentemente da linha de pensamento adotada, cumpre-nos advertir que, diferentemente da superada orientação romanista, na generalidade das civilizações contemporâneas não se exige mais a forma humana e a viabilidade para se conceder ao recém-nascido a qualidade de pessoa.

## 1.3. O nascituro

Cuida-se o nascituro do ente concebido, embora ainda não nascido.

O Código Civil trata do nascituro quando, posto não o considere explicitamente pessoa, coloca a salvo os seus direitos desde a concepção (art. 2º do CC/2002).

Ora, adotada a tradicional teoria natalista, segundo a qual a aquisição da personalidade opera-se a partir do nascimento com vida, conclui-se que, não sendo pessoa, o nascituro possuiria mera expectativa de direito.

Mas a questão não é pacífica na doutrina.

Os adeptos da teoria da personalidade condicional sufragam entendimento no sentido de que o nascituro possui direitos sob condição suspensiva. Nesse sentido, preleciona ARNOLDO WALD: "A proteção do nascituro explica-se, pois há nele uma personalidade condicional que surge, na sua plenitude, com o nascimento com vida e se extingue no caso de não chegar o feto a viver"[5].

A teoria concepcionista, por sua vez, influenciada pelo Direito francês, contou com diversos adeptos. Segundo essa vertente de pensamento, o nascituro adquiriria personalidade jurídica desde a concepção, sendo, assim, considerado pessoa.

Existem autores, outrossim, cujo pensamento, mais comedido, aproxima-se, em nosso pensar, da teoria da personalidade condicional, pois sustentam que a personalidade do nascituro conferiria aptidão apenas para a titularidade de direitos personalíssimos (sem conteúdo patrimonial), a exemplo do direito à vida ou a uma gestação saudável, uma vez que os direitos patrimoniais estariam sujeitos ao nascimento com vida (condição suspensiva). "Poder-se-ia mesmo afirmar", adverte MARIA HELENA DINIZ, "que, na vida intrauterina, tem o nascituro personalidade jurídica formal, no que atina aos direitos personalíssimos e aos da personalidade, passando a ter a personalidade jurídica material, alcançando os direitos patrimoniais, que permaneciam em estado potencial, somente com o nascimento com vida. Se nascer com vida, adquire personalidade jurídica material, mas se tal não ocorrer, nenhum direito patrimonial terá"[6].

Entretanto, como dito acima, a teoria concepcionista, em sua forma mais pura, ao reconhecer o nascituro como pessoa — desde a concepção — alcançaria, inclusive, determinados efeitos patrimoniais[7].

---

[5] WALD, Arnoldo. *Curso de Direito Civil Brasileiro* — Introdução e Parte Geral, 8. ed., São Paulo: Revista dos Tribunais, 1995, p. 120.

[6] DINIZ, Maria Helena. *Código Civil Anotado*, 5. ed., São Paulo: Saraiva, 1999, p. 9.

[7] Vale citar o seguinte julgado: "DIREITO CIVIL. DANOS MORAIS. MORTE. ATROPELAMENTO. COMPOSIÇÃO FÉRREA. AÇÃO AJUIZADA 23 ANOS APÓS O EVENTO. PRESCRIÇÃO INEXIS-

Tradicionalmente, a doutrina, no Brasil, segue a teoria natalista, embora, em nosso sentir, a visão concepcionista, paulatinamente, ganhe força na jurisprudência do nosso País[8]. Mas a questão, como visto, não é simples.

Ainda que o nascituro não seja considerado pessoa, a depender da teoria adotada, ninguém discute que tenha direito à vida, e não a mera expectativa.

Nesse diapasão, em defesa da corrente concepcionista e apesar da polêmica doutrinária existente, vale conferir o seguinte julgado do Tribunal de Justiça do Rio Grande do Sul:

> "EMENTA: Seguro-obrigatório. Acidente. Abortamento. Direito à percepção de indenização. O nascituro goza de personalidade jurídica desde a concepção. O nascimento com vida diz respeito apenas à capacidade de exercício de alguns direitos patrimoniais. Apelação a que se dá provimento (5 fls.) (Apelação Cível n. 70002027910, sexta câmara cível, Tribunal de Justiça do Rio Grande do Sul, Relator: Carlos Alberto Álvaro de Oliveira, julgado em 28/03/2001)".

Independentemente de se reconhecer o atributo da personalidade jurídica, o fato é que seria um absurdo resguardar direitos desde o surgimento da vida intrauterina se não se autorizasse a proteção desse nascituro — direito à vida — para que justamente pudesse usufruir tais direitos. Qualquer atentado à integridade do que está por nascer pode, assim, ser considerado um ato obstativo do gozo de direitos[9].

A situação se torna ainda mais complexa se levarmos em consideração a polêmica sobre a eventual descriminalização do aborto — atualmente tipificado nos arts. 124 a

---

TENTE. INFLUÊNCIA NA QUANTIFICAÇÃO DO *QUANTUM*. PRECEDENTES DA TURMA. NASCITURO. DIREITO AOS DANOS MORAIS. DOUTRINA. ATENUAÇÃO. FIXAÇÃO NESTA INSTÂNCIA. POSSIBILIDADE. RECURSO PARCIALMENTE PROVIDO. I — Nos termos da orientação da Turma, o direito à indenização por dano moral não desaparece com o decurso de tempo (desde que não transcorrido o lapso prescricional), mas é fato a ser considerado na fixação do *quantum*. II — O nascituro também tem direito aos danos morais pela morte do pai, mas a circunstância de não tê-lo conhecido em vida tem influência na fixação do *quantum*. III — Recomenda-se que o valor do dano moral seja fixado desde logo, inclusive nesta instância, buscando dar solução definitiva ao caso e evitando inconvenientes e retardamento da solução jurisdicional" (STJ, 4ª T., REsp 399.028/SP; REsp 2001/0147319-0, Min. Sálvio de Figueiredo Teixeira, julgado em 26-2-2002, *DJ* 15-4-2002, p. 232).

[8] Este duelo entre as duas teorias (natalista x concepcionista) é antigo e está longe de acabar. CLÓVIS BEVILÁQUA, em seus *Comentários ao Código Civil dos Estados Unidos do Brasil* (1975, p. 178), após elogiar abertamente a teoria concepcionista, ressaltando os seus excelentes argumentos, conclui ter adotado a natalista, "por parecer mais prática". No entanto, o próprio autor, nessa mesma obra, não resiste ao apelo concepcionista, ao destacar situações em que o nascituro "se apresenta como pessoa".

[9] A doutrina trabalhista é pródiga em exemplos de atos obstativos que podem ser objeto de sanção judicial, como, por exemplo, a despedida obstativa da aquisição de estabilidade decenal (art. 499, § 3º, da Consolidação das Leis do Trabalho). Sobre a matéria, confira-se o verbete "Despedida Obstativa" in PINTO, José Augusto Rodrigues; PAMPLONA FILHO, Rodolfo. *Repertório de Conceitos Trabalhistas*, São Paulo: LTr, 2000, p. 186-8.

127 do vigente Código Penal brasileiro — ou mesmo o já autorizado aborto necessário ou no caso de gravidez resultante de estupro (art. 128), em que o direito à vida é relativizado em função da tutela de outros valores jurídicos.

A despeito de toda essa profunda controvérsia doutrinária, o fato é que, nos termos da legislação em vigor, inclusive do Código Civil, o nascituro, embora não seja expressamente considerado pessoa, tem a proteção legal dos seus direitos desde a concepção.

Nesse sentido, pode-se apresentar o seguinte quadro:

| DIREITOS DO NASCITURO |
|---|
| a) o nascituro é titular de direitos personalíssimos (como o direito à vida, o direito à proteção pré-natal etc.)[10]; |
| b) pode receber doação, sem prejuízo do recolhimento do imposto de transmissão *inter vivos*; |
| c) pode ser beneficiado por legado e herança; |
| d) o Código Penal tipifica o crime de aborto; |
| e) como decorrência da proteção conferida pelos direitos da personalidade, o nascituro tem direito à realização do exame de DNA, para efeito de aferição de paternidade[11]. |

No âmbito do Direito do Trabalho, vale destacar que a estabilidade da gestante se conta do início da gravidez, mesmo que seja do desconhecimento de empregado e empregador. Nesse sentido, o que vale é a data da concepção em si, e não a data da confirmação científica ou da comunicação do estado gravídico ao empregador.

O nascituro tem, ainda, direito a alimentos, por não ser razoável que a genitora suporte todos os encargos da gestação sem a colaboração econômica do pai da criança que está por vir ao mundo. Trata-se dos chamados "Alimentos Gravídicos", que compreendem todos os gastos necessários à proteção do feto[12].

Por fim, saliente-se que a tutela propugnada pela codificação civil, tanto a vigente quanto a revogada, em relação ao nascituro, estende-se, observadas as suas peculiaridades, ao natimorto, tendo em vista que a vida já foi reconhecida desde o ventre materno.

---

[10] O art. 7º do Estatuto da Criança e do Adolescente dispõe que: "a criança e o adolescente têm direito a proteção à vida e à saúde, mediante a efetivação de políticas públicas que permitam o nascimento e o desenvolvimento sadio e harmonioso, em condições dignas de existência".

[11] Confira-se, nesse ponto, o polêmico julgado do Supremo Tribunal Federal no caso "Glória Trevi" (Rcl 2.040, Questão de Ordem na Reclamação, Rel. Min. Néri da Silveira, julgado em 21-2-2002, órgão julgador: Tribunal Pleno, *DJ* 27-6-2003, p. 31).

[12] Lei n. 11.804, de 5 de novembro de 2008: "Art. 2º Os alimentos de que trata esta Lei compreenderão os valores suficientes para cobrir as despesas adicionais do período de gravidez e que sejam dela decorrentes, da concepção ao parto, inclusive as referentes a alimentação especial, assistência médica e psicológica, exames complementares, internações, parto, medicamentos e demais prescrições preventivas e terapêuticas indispensáveis, a juízo do médico, além de outras que o juiz considere pertinentes. Parágrafo único. Os alimentos de que trata este artigo referem-se à parte das despesas que deverá ser custeada pelo futuro pai, considerando-se a contribuição que também deverá ser dada pela mulher grávida, na proporção dos recursos de ambos".

Nesse sentido é o Enunciado n. 1 da I Jornada de Direito Civil, promovida pelo Centro de Estudos Judiciários do Conselho da Justiça Federal, no período de 11 a 13 de dezembro de 2002, sob a coordenação científica do Ministro RUY ROSADO DE AGUIAR, do Superior Tribunal de Justiça[13].

Ainda sobre o tema, vale lembrar da figura do *nondum conceptus*, a saber, a prole eventual da pessoa existente por ocasião da morte do testador, quando há disposição testamentária a seu favor.

Trata-se de um "sujeito de direito", sem ser pessoa (como o nascituro), previsto nos arts. 1.799 e 1.800 do CC/2002[14]. Os bens que lhe são destinados ficam sob a administração de alguém designado pelo próprio testador ou, em não havendo indicação, de pessoa nomeada pelo juiz, devendo a nomeação recair no testamenteiro, se houver. Somente em sua falta é que o magistrado poderá nomear outra pessoa, a seu critério.

## 2. CAPACIDADE

Adquirida a personalidade jurídica, toda pessoa passa a ser capaz de direitos e obrigações.

Possui, portanto, capacidade de direito ou de gozo.

Todo ser humano tem, assim, capacidade de direito, pelo fato de que a personalidade jurídica é atributo inerente à sua condição.

MARCOS BERNARDES DE MELLO prefere utilizar a expressão capacidade jurídica para caracterizar a "aptidão que o ordenamento jurídico atribui às pessoas, em geral, e a certos entes, em particular, estes formados por grupos de pessoas ou universalidades patrimoniais, para serem titulares de uma situação jurídica"[15].

Nem toda pessoa, porém, possui aptidão para exercer pessoalmente os seus direitos, praticando atos jurídicos, em razão de limitações orgânicas ou psicológicas.

Se puderem atuar pessoalmente, possuem, também, capacidade de fato ou de exercício.

---

[13] Enunciado n. 1: "Art. 2º: A proteção que o Código defere ao nascituro alcança o natimorto no que concerne aos direitos da personalidade, tais como nome, imagem e sepultura".

[14] CC/2002: "Art. 1.799. Na sucessão testamentária podem ainda ser chamados a suceder: I — os filhos, ainda não concebidos, de pessoas indicadas pelo testador, desde que vivas estas ao abrir-se a sucessão; II — as pessoas jurídicas; III — as pessoas jurídicas, cuja organização for determinada pelo testador sob a forma de fundação. Art. 1.800. No caso do inciso I do artigo antecedente, os bens da herança serão confiados, após a liquidação ou partilha, a curador nomeado pelo juiz. § 1º Salvo disposição testamentária em contrário, a curatela caberá à pessoa cujo filho o testador esperava ter por herdeiro, e, sucessivamente, às pessoas indicadas no art. 1.775. § 2º Os poderes, deveres e responsabilidades do curador, assim nomeado, regem-se pelas disposições concernentes à curatela dos incapazes, no que couber. § 3º Nascendo com vida o herdeiro esperado, ser-lhe-á deferida a sucessão, com os frutos e rendimentos relativos à deixa, a partir da morte do testador. § 4º Se, decorridos dois anos após a abertura da sucessão, não for concebido o herdeiro esperado, os bens reservados, salvo disposição em contrário do testador, caberão aos herdeiros legítimos".

[15] MELLO, Marcos Bernardes de. Achegas para uma Teoria das Capacidades em Direito, *Revista de Direito Privado*, São Paulo, p. 17.

Reunidos os dois atributos, fala-se em capacidade civil plena.

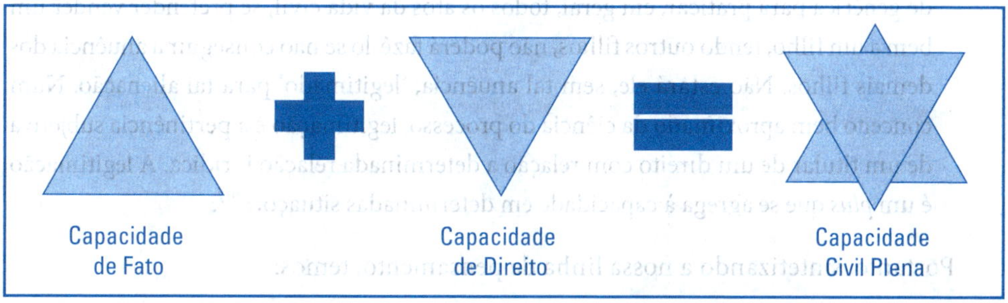


Nesse sentido, cumpre invocar o preciso pensamento de ORLANDO GOMES: "A capacidade de direito confunde-se, hoje, com a personalidade, porque toda pessoa é capaz de direitos. Ninguém pode ser totalmente privado dessa espécie de capacidade". E mais adiante: "A capacidade de fato condiciona-se à capacidade de direito. Não se pode exercer um direito sem ser capaz de adquiri-lo. Uma não se concebe, portanto, sem a outra. Mas a recíproca não é verdadeira. Pode-se ter capacidade de direito, sem capacidade de fato; adquirir o direito e não poder exercê-lo por si. A impossibilidade do exercício é, tecnicamente, incapacidade"[16].

Não há que confundir, por outro lado, capacidade e legitimidade.

Nem toda pessoa capaz pode estar legitimada para a prática de determinado ato jurídico. A legitimação traduz uma capacidade específica.

Em virtude de um interesse que se quer preservar, ou em consideração à especial situação de determinada pessoa que se quer proteger, criaram-se impedimentos circunstanciais, que não se confundem com as hipóteses legais genéricas de incapacidade. O tutor, por exemplo, embora maior e capaz, não poderá adquirir bens móveis ou imóveis do tutelado (art. 1.749, I, do CC/2002). Dois irmãos, da mesma forma, maiores e capazes, não poderão se casar entre si (art. 1.521, IV, do CC/2002). Em tais hipóteses, o tutor e os irmãos encontram-se impedidos de praticar o ato por falta de legitimidade ou de capacidade específica para o ato.

Sobre o assunto, manifesta-se, com propriedade, SÍLVIO VENOSA, nos seguintes termos:

> "Não se confunde o conceito de capacidade com o de legitimação. A legitimação consiste em se averiguar se uma pessoa, perante determinada situação jurídica, tem ou não capacidade para estabelecê-la. A legitimação é uma forma específica de capacidade para determinados atos da vida civil. O conceito é emprestado da ciência processual. Está legitimado para agir em determinada situação jurídica quem a lei determinar. Por exemplo, toda pessoa tem capacidade para comprar ou vender. Contudo, o art. 1.132 do Código Civil estatui: 'os ascendentes não podem vender aos descendentes, sem que os

[16] GOMES, Orlando, ob. cit., p. 172.

outros descendentes expressamente consintam'. Desse modo, o pai, que tem a capacidade genérica para praticar, em geral, todos os atos da vida civil, se pretender vender um bem a um filho, tendo outros filhos, não poderá fazê-lo se não conseguir a anuência dos demais filhos. Não estará ele, sem tal anuência, 'legitimado' para tal alienação. Num conceito bem aproximado da ciência do processo, legitimação é a pertinência subjetiva de um titular de um direito com relação a determinada relação jurídica. A legitimação é um *plus* que se agrega à capacidade em determinadas situações"[17].

Portanto, sintetizando a nossa linha de pensamento, temos:

- Capacidade de direito = capacidade genérica
- Capacidade de fato (ou de exercício) = capacidade em sentido estrito (medida do exercício da personalidade)
- Capacidade específica = legitimidade (ausência de impedimentos jurídicos circunstanciais para a prática de determinados atos)

E o que se dá quando é ausente a capacidade de fato?

Estaremos diante da incapacidade civil, seja absoluta ou relativa, o que será abordado nos próximos tópicos e que passou por verdadeira revolução com a Lei n. 13.146, de 6 de julho de 2015 — Estatuto da Pessoa com Deficiência[18] — a partir da sua entrada em vigor, em janeiro de 2016.

É o que veremos no próximo subtópico.

## 2.1. Incapacidade absoluta

Em linha de princípio, cumpre mencionar, mais uma vez, que a previsão legal da incapacidade traduz a falta de aptidão para praticar pessoalmente atos da vida civil. Encontra-se nessa situação a pessoa a quem falte capacidade de fato ou de exercício, ou seja, que esteja impossibilitada de manifestar real e juridicamente a sua vontade.

Ressalte-se, todavia, que a incapacidade jurídica não é excludente absoluta de responsabilização patrimonial, uma vez que, na forma do art. 928 do CC/2002, "o incapaz

---

17 VENOSA, Sílvio de Salvo, ob. cit., p. 139. A referência é ao CC/1916. Confira o art. 496 do CC/2002.

18 Conforme observado por um dos autores em sua página do Facebook (Pablo Stolze — Editorial 41 — O Estatuto da Pessoa com Deficiência e o Sistema Jurídico Brasileiro de Incapacidade Civil): "Esta Lei, nos termos do parágrafo único do seu art. 1º, tem como base a Convenção sobre os Direitos das Pessoas com Deficiência e seu Protocolo Facultativo, ratificados pelo Congresso Nacional por meio do Decreto Legislativo n. 186, de 9 de julho de 2008, em conformidade com o procedimento previsto no § 3º do art. 5º da Constituição da República Federativa do Brasil, em vigor para o Brasil, no plano jurídico externo, desde 31 de agosto de 2008, e promulgados pelo Decreto n. 6.949, de 25 de agosto de 2009, data de início de sua vigência no plano interno. Em verdade, este importante Estatuto, pela amplitude do alcance de suas normas, traduz uma verdadeira conquista social. Trata-se, indiscutivelmente, de um sistema normativo inclusivo, que homenageia o princípio da dignidade da pessoa humana em diversos níveis".

responde pelos prejuízos que causar, se as pessoas por ele responsáveis não tiverem obrigação de fazê-lo ou não dispuserem de meios suficientes"[19].

O Código Civil de 1916, em seu art. 5º, reputava absolutamente incapazes de exercer pessoalmente os atos da vida civil:

a) os menores de dezesseis anos;
b) os loucos de todo o gênero;
c) os surdos-mudos, que não puderem exprimir a sua vontade;
d) os ausentes, declarados tais por ato do juiz.

Seguindo uma diretriz mais moderna, o Código Civil de 2002 indicou as seguintes pessoas como absolutamente incapazes de exercer pessoalmente os atos da vida civil:

a) os menores de dezesseis anos;
b) os que, por enfermidade ou deficiência mental, não tiverem o necessário discernimento para a prática desses atos;
c) os que, mesmo por causa transitória, não puderem exprimir sua vontade.

Observe-se que o Código Civil em vigor afastou a expressão "loucos de todo o gênero", duramente criticada por NINA RODRIGUES na época da elaboração do Código Civil de 1916.

Da mesma forma, aperfeiçoando o sistema, deu nova compreensão ao tema da ausência, que passou a figurar em capítulo próprio como modalidade de presunção de morte, bem como excluiu os surdos-mudos impossibilitados de manifestar vontade do rol de absolutamente incapazes.

Esta foi a disciplina desde a entrada em vigor do atual Código Civil.

Todavia, com o advento da Lei n. 13.146, de 6 de julho de 2015 — Estatuto da Pessoa com Deficiência — uma verdadeira reconstrução jurídica se operou[20].

Com efeito, de maneira inédita, o Estatuto retira a pessoa com deficiência[21] da categoria de incapaz.

Trata-se de uma mudança paradigmática, senão ideológica.

Em outras palavras, a pessoa com deficiência — aquela que tem impedimento de longo prazo, de natureza física, mental, intelectual ou sensorial, nos termos do art. 2º

---

[19] Vale destacar que o parágrafo único do mesmo dispositivo legal estabelece que a "indenização prevista neste artigo, que deverá ser equitativa, não terá lugar se ela privar do necessário o incapaz ou as pessoas que dele dependam", o que justifica a menção à expressão "absoluta" em nossa afirmação.

[20] GAGLIANO, Pablo Stolze. O Estatuto da Pessoa com Deficiência e o sistema jurídico brasileiro de incapacidade civil (Editorial 41), *Jus Navigandi*, Teresina, ano 20, n. 4.411, 30 jul. 2015. Disponível em: <http://jus.com.br/artigos/41381>. Acesso em: 17 maio 2017.

[21] "Art. 2º Considera-se pessoa com deficiência aquela que tem impedimento de longo prazo de natureza física, mental, intelectual ou sensorial, o qual, em interação com uma ou mais barreiras, pode obstruir sua participação plena e efetiva na sociedade em igualdade de condições com as demais pessoas."

— não deve ser mais tecnicamente considerada civilmente incapaz, na medida em que os arts. 6º e 84 do mesmo diploma deixam claro que a deficiência não afeta a plena capacidade civil da pessoa:

> "Art. 6º A deficiência não afeta a plena capacidade civil da pessoa, inclusive[22] para:
>
> I — casar-se e constituir união estável;
>
> II — exercer direitos sexuais e reprodutivos;
>
> III — exercer o direito de decidir sobre o número de filhos e de ter acesso a informações adequadas sobre reprodução e planejamento familiar;
>
> IV — conservar sua fertilidade, sendo vedada a esterilização compulsória;
>
> V — exercer o direito à família e à convivência familiar e comunitária; e
>
> VI — exercer o direito à guarda, à tutela, à curatela e à adoção, como adotante ou adotando, em igualdade de oportunidades com as demais pessoas".
>
> (...)
>
> "Art. 84. A pessoa com deficiência tem assegurado o direito ao exercício de sua capacidade legal em igualdade de condições com as demais pessoas".

Este último dispositivo é de clareza meridiana: a pessoa com deficiência é legalmente capaz[23].

Considerando-se o sistema jurídico tradicional, vigente por décadas, no Brasil, que sempre tratou a incapacidade como um consectário quase inafastável da deficiência, pode parecer complicado, em uma leitura superficial, a compreensão da alteração legislativa.

Uma reflexão mais detida é, porém, esclarecedora.

Em verdade, o que o Estatuto pretendeu foi, homenageando o princípio da dignidade da pessoa humana, fazer com que a pessoa com deficiência deixasse de ser "rotulada" como incapaz, para ser considerada — em uma perspectiva constitucional isonômica — dotada de plena capacidade legal, ainda que haja a necessidade de adoção de institutos assistenciais específicos, como a tomada de decisão apoiada[24] e, extraordinariamente, a curatela, para a prática de atos na vida civil.

---

22 Note-se que o emprego da expressão "inclusive" é proposital, para afastar qualquer dúvida acerca da capacidade da pessoa com deficiência, até mesmo para a prática dos atos mencionados nesses incisos.

23 Certamente, inúmeros problemas de "adaptação" do Estatuto ao tradicional sistema normativo brasileiro vão se apresentar, como bem observou SIMÃO, José Fernando (Estatuto da Pessoa com Deficiência Causa Perplexidade — Parte 1. Disponível em: <http://www.conjur.com.br/2015-ago-06/jose-simao-estatuto-pessoa-deficiencia-causa-perplexidade>. Acesso em: 17 maio 2017). A título exemplificativo, tomemos a previsão da invalidade do ato jurídico praticado pelo incapaz sem o seu representante. É preciso cautela e cuidado no labor interpretativo, a partir do novo diploma, diante desta e outras situações que se revelarão, sob pena de o avanço esperado converter-se em prejuízo. Ao longo desta obra, enfrentaremos várias dessas situações.

24 Trata-se de instituto consagrado pelo Estatuto. Sempre que possível, deve ser a primeira opção assistencial, antes de se pretender a sujeição à curatela: "'TÍTULO IV — Da Tutela, da Curatela e da

De acordo com a atual disciplina, a curatela, restrita a atos relacionados aos direitos de natureza patrimonial e negocial (art. 85, *caput*), passou a ser uma medida extraordinária[25]:

> "Art. 85, § 2º A curatela constitui medida extraordinária, devendo constar da sentença as razões e motivações de sua definição, preservados os interesses do curatelado".

Temos, portanto, um sistema que faz com que se configure como "imprecisão técnica" considerar a pessoa com deficiência incapaz.

Ela é dotada de capacidade legal, ainda que se valha de institutos assistenciais para a condução da sua própria vida.

Em outros pontos, percebemos que essa mudança legislativa operou-se em diversos níveis, inclusive no âmbito do Direito Matrimonial, porque o mesmo diploma estabelece, revogando o art. 1.548, I, do Código Civil e acrescentando o § 2º ao art. 1.550, que a pessoa com deficiência mental ou intelectual, em idade núbil, poderá contrair núpcias, expressando sua vontade diretamente ou por meio do seu responsável ou curador.

---

Tomada de Decisão Apoiada' — Art. 116. O Título IV do Livro IV da Parte Especial da Lei n. 10.406, de 10 de janeiro de 2002 (Código Civil), passa a vigorar acrescido do seguinte Capítulo III: 'CAPÍTULO III — Da Tomada de Decisão Apoiada — Art. 1.783-A. A tomada de decisão apoiada é o processo pelo qual a pessoa com deficiência elege pelo menos 2 (duas) pessoas idôneas, com as quais mantenha vínculos e que gozem de sua confiança, para prestar-lhe apoio na tomada de decisão sobre atos da vida civil, fornecendo-lhes os elementos e informações necessários para que possa exercer sua capacidade. § 1º Para formular pedido de tomada de decisão apoiada, a pessoa com deficiência e os apoiadores devem apresentar termo em que constem os limites do apoio a ser oferecido e os compromissos dos apoiadores, inclusive o prazo de vigência do acordo e o respeito à vontade, aos direitos e aos interesses da pessoa que devem apoiar. § 2º O pedido de tomada de decisão apoiada será requerido pela pessoa a ser apoiada, com indicação expressa das pessoas aptas a prestarem o apoio previsto no *caput* deste artigo. § 3º Antes de se pronunciar sobre o pedido de tomada de decisão apoiada, o juiz, assistido por equipe multidisciplinar, após oitiva do Ministério Público, ouvirá pessoalmente o requerente e as pessoas que lhe prestarão apoio. § 4º A decisão tomada por pessoa apoiada terá validade e efeitos sobre terceiros, sem restrições, desde que esteja inserida nos limites do apoio acordado. § 5º Terceiro com quem a pessoa apoiada mantenha relação negocial pode solicitar que os apoiadores contra-assinem o contrato ou acordo, especificando, por escrito, sua função em relação ao apoiado. § 6º Em caso de negócio jurídico que possa trazer risco ou prejuízo relevante, havendo divergência de opiniões entre a pessoa apoiada e um dos apoiadores, deverá o juiz, ouvido o Ministério Público, decidir sobre a questão. § 7º Se o apoiador agir com negligência, exercer pressão indevida ou não adimplir as obrigações assumidas, poderá a pessoa apoiada ou qualquer pessoa apresentar denúncia ao Ministério Público ou ao juiz. § 8º Se procedente a denúncia, o juiz destituirá o apoiador e nomeará, ouvida a pessoa apoiada e se for de seu interesse, outra pessoa para prestação de apoio. § 9º A pessoa apoiada pode, a qualquer tempo, solicitar o término de acordo firmado em processo de tomada de decisão apoiada. § 10. O apoiador pode solicitar ao juiz a exclusão de sua participação do processo de tomada de decisão apoiada, sendo seu desligamento condicionado à manifestação do juiz sobre a matéria. § 11. Aplicam-se à tomada de decisão apoiada, no que couber, as disposições referentes à prestação de contas na curatela'".

[25] A Lei não diz que a curatela será uma medida "especial", mas sim "extraordinária", o que reforça o seu aspecto acentuadamente excepcional. Sobre a mantença ou não da interdição, após a entrada em vigor do Estatuto da Pessoa com Deficiência, cf.: STOLZE, Pablo. É o fim da interdição? *Jus Navigandi*, Teresina, ano 21, n. 4.605, 9 fev. 2016. Disponível em: <https://jus.com.br/artigos/46409>. Acesso em: 17 maio 2017.

Isso só comprova a premissa apresentada no início do texto.

A pessoa com deficiência passa a ser considerada legalmente capaz.

Por consequência, dois artigos matriciais do Código Civil foram reconstruídos.

O art. 3º do Código Civil, que dispõe sobre os absolutamente incapazes, teve todos os seus incisos revogados, mantendo-se como única hipótese de incapacidade absoluta a do menor impúbere (menor de 16 anos).

O art. 4º, por sua vez, que cuida da incapacidade relativa, também sofreu modificação. No inciso I, permaneceu a previsão dos menores púberes (entre 16 anos completos e 18 anos incompletos); o inciso II, por sua vez, suprimiu a menção à deficiência mental, referindo, apenas, "os ébrios habituais e os viciados em tóxico"; o inciso III, que albergava "o excepcional sem desenvolvimento mental completo", passou a tratar, apenas, das pessoas que, "por causa transitória ou permanente, não possam exprimir a sua vontade"; por fim, permaneceu a previsão da incapacidade do pródigo.

Pensamos que a nova Lei veio em boa hora, ao conferir um tratamento mais digno às pessoas com deficiência.

Verdadeira reconstrução valorativa na tradicional tessitura do sistema jurídico brasileiro da incapacidade civil.

Mas o grande desafio é a mudança de mentalidade, na perspectiva de respeito à dimensão existencial do outro.

Mais do que leis, "precisamos mudar mentes e corações"[26].

Assim, temos que, no vigente ordenamento jurídico, restam como absolutamente incapazes somente os menores de dezesseis anos (menores impúberes).

Abaixo desse limite etário, o legislador considera que a pessoa é inteiramente imatura para atuar na órbita do direito.

É bom notar que não é correto dizer que apenas as crianças são absolutamente incapazes. Segundo o Estatuto da Criança e do Adolescente, até os doze anos de idade incompletos considera-se a pessoa criança[27]. Entretanto, conforme mencionado acima, os adolescentes até os dezesseis anos também são reputados absolutamente incapazes.

Para a relação de emprego, também estão proibidos de qualquer labor os menores de dezesseis anos, salvo na condição de aprendizes (em que se admite o trabalho a partir dos quatorze anos), valendo destacar que esse limite de proibição mostra uma retrospectiva constitucional oscilante (quatorze anos em 1946; doze anos em 1967/69, quatorze anos com a promulgação da Constituição Federal de 1988 e, finalmente, dezesseis anos em 1998 — Emenda Constitucional n. 20, de 17-12-1998)[28].

---

[26] GAGLIANO, Pablo Stolze. (Editorial 41) "O Estatuto da Pessoa com Deficiência e o sistema jurídico brasileiro de incapacidade civil", citado.

[27] Art. 2º do ECA: "Considera-se criança, para os efeitos desta Lei, a pessoa até 12 (doze) anos de idade incompletos, e adolescente aquela entre 12 (doze) e 18 (dezoito) anos de idade".

[28] Constituição Federal: "Art. 7º São direitos dos trabalhadores urbanos e rurais, além de outros que visem à melhoria de sua condição social: (...) XXXIII — proibição de trabalho noturno, perigoso ou

Se a incapacidade absoluta ficou limitada à questão etária, o mesmo já não pode ser dito em relação à incapacidade relativa, que, embora também afetada pela Lei n. 13.146/2015 (Estatuto da Pessoa com Deficiência), ainda comporta algumas modalidades autônomas.

É o que veremos no próximo subtópico.

## 2.2. Incapacidade relativa

Entre a absoluta incapacidade e a plena capacidade civil, figuram pessoas situadas em zona intermediária, por não gozarem de total capacidade de discernimento e autodeterminação.

Trata-se dos relativamente incapazes.

O Código de 1916, em seu art. 6º, considerava incapazes, relativamente a certos atos ou à maneira de os exercer:

a) os maiores de dezesseis e menores de vinte e um anos;

b) os pródigos;

c) os silvícolas.

Já o Código Civil de 2002, em seu texto original, considerou incapazes, relativamente a certos atos ou à maneira de os exercer:

a) os maiores de dezesseis e menores de dezoito anos;

b) os ébrios habituais, os viciados em tóxicos, e os que, por deficiência mental, tenham o discernimento reduzido;

c) os excepcionais, sem desenvolvimento mental completo;

d) os pródigos.

Contudo, a Lei n. 13.146/2015 (Estatuto da Pessoa com Deficiência) reconstruiu essa disciplina normativa.

De fato, modificou o inciso II — suprimindo a menção à deficiência mental — que passou a prever somente “os ébrios habituais e os viciados em tóxico”, bem como alterou o inciso III, que albergava “o excepcional sem desenvolvimento mental completo”, passando o dispositivo a tratar, única e exclusivamente, das pessoas que, “por causa transitória ou permanente, não possam exprimir a sua vontade”.

### 2.2.1. *Os maiores de dezesseis e menores de dezoito anos*

Neste inciso figura uma das mais importantes modificações do Código Civil de 2002, se comparada com a regra do Código Civil de 1916.

---

insalubre a menores de dezoito e de qualquer trabalho a menores de dezesseis anos, salvo na condição de aprendiz, a partir de quatorze anos”.

A incapacidade relativa, seguindo orientação do Projeto de Código Civil de 1965, deixou de se situar na faixa dos dezesseis aos vinte e um anos e reduziu o seu limite etário máximo para os dezoito anos.

A partir do Código Civil de 2002, a maioridade civil passou a ser atingida aos dezoito anos, seguindo uma tendência já firmada em nossa sociedade, no sentido de chamar os jovens à responsabilidade mais cedo, igualando-a, nesse aspecto, à maioridade criminal e trabalhista.

Registre-se, porém, que não há nenhuma correlação obrigatória entre a maioridade civil e a imputabilidade penal. A coincidência do marco temporal dos dezoito anos é acidental, constituindo-se muito mais uma exceção do que uma regra na história jurídica do Brasil (o Código Criminal do Império de 1830, por exemplo, fixava a responsabilidade em 14 anos). Quanto às atenuantes ligadas a critérios etários, da mesma forma, não há qualquer relação com a idade de capacidade civil, estando mais relacionada à sua própria formação psicológica[29].

MOREIRA ALVES, em artigo publicado na Internet, "A Parte Geral do Projeto do Código Civil", discorrendo sobre o tema, assevera:

> "Nesse ponto, fui vencido — talvez pela pecha que me atribuem, de renitente e conservador —, mas continuo com dúvidas. Não desconheço que a imensa maioria das legislações modernas abaixou o limite de idade em matéria de capacidade de fato, mas também penso que, no momento em que o mundo mais se complica e em que as relações jurídicas se tornam complexas, não me parece que um instituto dessa natureza seja *capitis deminutio*, que não visa a denegrir ninguém, e, portanto, considerar que quem tenha 18 anos não tem um certo discernimento; no entanto, esquecem-se aqueles que se baseiam nisso de que esse é um instituto de proteção e não visa senão à tutela dos interesses daquele que é lançado na vida das relações jurídicas e pode ter o seu patrimônio e as suas relações jurídicas sem a tutela necessária, em face da complexidade da vida jurídica moderna"[30].

Em nosso entendimento, a redução da maioridade civil é, porém, um reflexo natural da evolução da sociedade contemporânea, em que o jovem é chamado a assumir, cada vez mais precocemente, uma função socialmente ativa.

Saliente-se, porém, que a redução do limite etário, para fins de capacidade jurídica, não importa, necessariamente, em modificação de tais limites em matérias relacionadas com a dependência econômica, não somente por aí se tratar de uma questão de

---

29 Nesse sentido, decidiu o STJ: "Novo Código Civil. Menoridade. Atenuante. O fato de o art. 5º do Novo Código Civil afirmar que a menoridade cessa aos dezoito anos em nada influi na aplicação da atenuante relativa ao agente menor de vinte e um anos (art. 65, I, do CP). Para efeito de incidência daquela atenuante, não há que se cogitar a respeito de capacidade civil, pois se cuida, sim, de mero critério etário adotado pela legislação penal. Resta, então, que não há que se falar em revogação implícita" (HC 40.041-MS, Rel. Min. Nilson Naves, julgado em 17-3-2005).

30 ALVES, José Carlos Moreira. A Parte Geral do Projeto do Código Civil. Disponível em: <http://www.cjf.jus.br/ojs2/index.php/revcej/article/viewArticle/231/393>. Acesso em: 4 jul. 2017.

necessidade de alimentos, mas também por se tratar, muitas vezes, de estatutos próprios, verdadeiros microssistemas paralelos à codificação civil[31]. Na mesma linha, entendemos que tal redução não implica "cancelamento automático" do pagamento de pensão alimentícia no âmbito do Direito de Família, desde que mantidos os pressupostos autorizadores da referida obrigação.

### 2.2.2. Os ébrios habituais e os viciados em tóxicos

"Na doutrina e na legislação comparada", prelecionam EUGENIO RAÚL ZAFFARONI e JOSÉ HENRIQUE PIERANGELI, "deparamos com diferentes períodos e ideologias em torno da problemática da embriaguez. Em todos os tempos, o homem procurou fugir da realidade mediante a utilização de tóxicos. Em geral, as pessoas que têm de suportar maior miséria e dor são aquelas que procuram fugir dessa realidade miserável ou dolorosa, decorra ela de conflitos predominantemente individuais ou de condições sociais (no fundo, sempre existem condições sociais, só que mais ou menos mediatas). Quem fugir da realidade, na maioria dos casos, é quem suporta as piores condições sociais, ou seja, os marginalizados e carentes. O uso de tóxicos visa o rompimento dos freios, ou criar as condições para fazê-lo"[32].

Triste realidade dos nossos dias, a embriaguez é um mal que destrói o tecido da célula social, degradando moralmente o indivíduo.

Sensível a esse fato, o Código Civil de 2002 elevou à categoria de causa de incapacidade relativa a embriaguez habitual que reduza, sem privar totalmente, a capacidade de discernimento do homem.

A evolução na disciplina jurídica do mal da embriaguez já era visualizada, há algum tempo, no campo do Direito do Trabalho, pois, embora prevista na Consolidação das Leis do Trabalho como falta grave ensejadora da extinção por justa causa do contrato de trabalho[33], o seu reconhecimento como patologia vem afastando o rigor da norma legal, se não tiver acarretado prejuízo direto à comunidade.

> "A embriaguez habitual corresponde à forma crônica, tradicionalmente vista como marco reprovável do cultivo de um vício evidentemente antissocial. Através dela, a justa causa se configura pelo fato da conduta social do empregado, independentemente de ter ocorrido dentro ou fora da empresa. Sua justificativa teórica é a inconveniência da manutenção de um empregado com comportamento censurável pela sociedade.

---

[31] Nesse sentido preceitua o Enunciado n. 3 da I Jornada de Direito Civil da Justiça Federal, de setembro/2002: "Art. 5º: A redução do limite etário para definição da capacidade civil aos 18 anos não altera o disposto no art. 16, inc. I, da Lei n. 8.213/91, que regula específica situação de dependência econômica para fins previdenciários e outras situações similares de proteção, previstas em legislação especial".

[32] ZAFFARONI, Eugenio Raúl; PIERANGELI, José Henrique. *Manual de Direito Penal Brasileiro — Parte Geral*, São Paulo: Revista dos Tribunais, 1997, p. 534.

[33] "Art. 482. Constituem justa causa para rescisão do contrato de trabalho pelo empregador: (...) *f*) embriaguez habitual ou em serviço."

> Esta faceta da embriaguez tem sido atenuada, como justa causa, tanto pela doutrina, quanto pela jurisprudência, em vista da evolução dos estudos sobre o alcoolismo como doença, e não como vício social. A embriaguez patológica, normalmente associada a outros distúrbios da saúde, pode ensejar, em cada caso concreto, a suspensão do contrato individual para encaminhamento do empregado à Previdência Social, em lugar de justificar a denúncia do contrato por justa causa.
>
> Já a embriaguez em serviço não exige a iteratividade para se caracterizar como justa causa. Por isto mesmo, recomenda-se ao empregador uma postura de rigorosa prudência, tal qual na configuração da desídia, a fim de não ser reprimido pelo uso desproporcionado da punição, o que pode variar de acordo com as peculiaridades do caso concreto. De fato, sendo ocasional ou havendo motivo plausível para ocorrer a embriaguez em serviço (como, por exemplo, nas confraternizações de final de ano), será mais recomendável reprimi-la com punição mais leve. Ao contrário, em determinadas atividades (v. g., condução de veículos), a embriaguez, no comparecimento à empresa ou durante a prestação do serviço, ainda que numa única oportunidade, pode ensejar mal manifesto à comunidade, pelo que, provada a alegação de estado etílico, significativamente elevado, torna-se bastante razoável a aplicação da sanção máxima da despedida"[34].

Na mesma linha, os viciados em tóxicos com reduzida capacidade de entendimento são considerados relativamente incapazes. Todavia, é preciso analisar o grau de intoxicação e dependência para aferir se haverá efetivamente possibilidade de prática de atos na vida civil, no caso de internamento para tratamento[35].

### 2.2.3. *Aqueles que, por causa transitória ou permanente, não puderem exprimir sua vontade*

Esta modalidade é uma "novidade" da Lei n. 13.146/2015 (Estatuto da Pessoa com Deficiência).

De fato, as pessoas que, "mesmo por causa transitória, não puderem exprimir a sua vontade" foram enquadradas originalmente, pelo Código Civil de 2002, como absolutamente incapazes.

De repente, o novo diploma converteu aqueles que eram absolutamente incapazes em relativamente capazes.

Sinceramente, não nos convence tratar essas pessoas, sujeitas a uma causa temporária ou permanente impeditiva da manifestação da vontade (como aquele que esteja em estado de coma) no rol dos relativamente incapazes.

---

[34] PINTO, José Augusto Rodrigues; PAMPLONA FILHO, Rodolfo. *Repertório de Conceitos Trabalhistas*, São Paulo: LTr, 2000, p. 227-8.

[35] Nesse sentido, o art. 27 do Decreto-lei n. 891, de 25 de novembro de 1938: "Art. 27. A toxicomania ou a intoxicação habitual, por substâncias entorpecentes, é considerada doença de notificação compulsória, em caráter reservado, à autoridade sanitária local".

Se não podem exprimir vontade alguma, a incapacidade não poderia ser considerada meramente relativa.

A impressão que temos é a de que o legislador não soube onde situar a norma.

Melhor seria, caso não optasse por inseri-la no artigo anterior, consagrar-lhe dispositivo legal autônomo.

Não tendo assim procedido, mas, sim, convertendo a hipótese em situação de incapacidade relativa, tem-se que o dispositivo deve ser apreendido dessa forma, ainda que não coincidente com a nossa visão sobre o tema.

### 2.2.4. Os pródigos

Segundo CLÓVIS BEVILÁQUA, pródigo é "aquele que desordenadamente gasta e destrói a sua fazenda, reduzindo-se à miséria por sua culpa".

Tanto o Código de 1916 quanto o Código Civil de 2002 não definiram a prodigalidade.

A origem dessa *capitis deminutio* radica-se no Direito Romano, que, "considerando o patrimônio individual uma copropriedade da família, capitulava como prejudicial ao interesse do grupo familiar a dilapidação da fortuna"[36].

Trata-se de um desvio comportamental que, refletindo-se no patrimônio individual, culmina por prejudicar, ainda que por via oblíqua, a tessitura familiar e social. Note-se que o indivíduo que descontroladamente dilapida o seu patrimônio poderá, ulteriormente, bater às portas de um parente próximo ou do próprio Estado para buscar amparo.

Por isso, a lei justifica a interdição do pródigo, reconhecendo-lhe relativa capacidade.

Segundo a legislação em vigor, a interdição do pródigo somente o privará de, sem curador, emprestar, transigir, dar quitação, alienar, hipotecar, demandar ou ser demandado, e praticar, em geral, atos que não sejam de mera administração (art. 1.782 do CC/2002). Não suporta restrição, pois, a prática de atos pessoais, uma vez que a sua incapacidade, justificadora da curatela, refere-se apenas a atos que possam diminuir o seu patrimônio.

Vale acrescentar que a legitimidade para promover a interdição encontra-se regulada nos arts. 747 e 748 do Código de Processo Civil, admitindo-se, em nosso sentir, ainda, por força de interpretação sistemática, a denominada "autointerdição", a teor do quanto dispõe o Estatuto da Pessoa com Deficiência, em sua parte final. A despeito de o Estatuto haver alterado o art. 1.768 do Código Civil, acrescentando a possibilidade de a própria pessoa pleitear a curatela, a revogação deste dispositivo (o referido art. 1.768) pelo CPC nos remete à conclusão de que a nova previsão deve ser agregada ao rol da própria Lei Processual.

---

36 PEREIRA, Caio Mário da Silva, ob. cit., p. 180. Não esqueçamos, também, da menção à prodigalidade nos ensinamentos de Jesus Cristo, na conhecida parábola do filho pródigo, relatada em Lucas 15, 11-32.

### 2.2.5. Algumas palavras sobre a capacidade jurídica dos indígenas

A disciplina normativa da capacidade jurídica dos indígenas, que, no CC/1916, mereceram assento entre os relativamente incapazes, passou a ser remetida à legislação especial (art. 4º, parágrafo único, do CC/2002), que regula autonomamente a matéria.

Registre-se, a propósito, que a codificação revogada usava o termo "silvícola" (aquele que vive na selva), o que também constava no projeto do Código vigente. Entretanto, por emenda do Deputado Ricardo Fiuza, o vocábulo foi substituído por "índio", tornando a regra civilista harmônica com o texto constitucional de 1988.

A Lei n. 5.371, de 5 de dezembro de 1967, consagrando sistema de proteção específico, instituiu a FUNAI (Fundação Nacional do Índio), que exerce poderes de representação e apoio ao indígena.

Interessante notar que a Lei n. 6.001, de 19 de dezembro de 1973 (Estatuto do Índio), considera o indígena, em princípio, agente absolutamente incapaz, reputando nulos os atos por eles praticados sem a devida representação.

Ressalva a lei, todavia, a hipótese de o indígena demonstrar discernimento, aliado à inexistência de prejuízo em virtude do ato praticado, pelo que, aí, como exceção, poderá ser considerado plenamente capaz para os atos da vida civil.

Portanto, havendo o Código Civil vigente remetido a matéria para a legislação especial, parece-nos que o indígena passou a figurar, em regra, entre as pessoas privadas de discernimento para os atos da vida civil (absolutamente incapazes), o que não reflete adequadamente a sua atual situação na sociedade brasileira.

Cumpre fixar, ainda, que a Lei n. 6.015, de 31 de dezembro de 1973 (Lei de Registros Públicos), determina que "os índios, enquanto não integrados, não estão obrigados a inscrição do nascimento. Este poderá ser feito em livro próprio do órgão federal de assistência aos índios".

A constante inserção social do indígena na sociedade brasileira, com a consequente absorção de valores e hábitos (nem sempre sadios) da civilização ocidental, justifica a sua exclusão, no Código Civil de 2002, do rol de agentes relativamente capazes.

Por isso, não é razoável firmar-se a premissa da sua absoluta incapacidade, como quer a legislação especial. Apenas em hipóteses excepcionais, devidamente comprovadas, deve ser reconhecida a sua completa falta de discernimento, para efeito de obter a invalidade dos atos por si praticados.

Assim, acreditamos que a melhor disciplina sobre a matéria é considerar o indígena, se inserido na sociedade, como plenamente capaz, podendo ser invocada, porém, como norma tuitiva indigenista, não como presunção absoluta, mas sim como situação verificável judicialmente, inclusive com dilação probatória específica de tal condição, para a declaração de nulidade do eventual negócio jurídico firmado.

É digno de nota que a Lei n. 13.146/2015 (Estatuto da Pessoa com Deficiência) alterou o parágrafo único do art. 4º do Código Civil para substituir a palavra "índios" por "indígenas", que nos parece mais adequada. O teor da norma, por sua vez, fora mantido.

## 2.3. Suprimento da incapacidade (representação e assistência)

O suprimento da incapacidade absoluta dá-se através da representação.

No Código de 1916, atuavam por meio de representantes legais (pais, tutores ou curadores) os absolutamente incapazes elencados em seu art. 5º.

Tal disciplina não foi substancialmente modificada pelo CC/2002, em sua redação original (antes do Estatuto da Pessoa com Deficiência)[37], uma vez que os menores de dezesseis anos seriam representados por seus pais ou tutores e os enfermos ou deficientes mentais, privados de discernimento, além das pessoas impedidas de manifestar a sua vontade, mesmo que por causa transitória (art. 3º do CC/2002), por seus curadores.

No caso dos relativamente incapazes (art. 4º do CC/2002), temos uma forma mais branda de representação, pois o denominado "assistente" não pratica o ato "em nome" do representado, mas juntamente consigo.

Se o absoluta ou relativamente incapaz atua sem o seu representante ou assistente, o ato praticado padecerá de invalidade jurídica (nulidade absoluta ou relativa).

Pois bem.

O representante, sem dúvida, deve praticar o ato no interesse do incapaz.

Dessa forma, é importante frisar que tal interesse é sempre o norte na condução do representante legal, porém não é qualquer obrigação assumida, por exemplo, pelos pais, em nome dos filhos, que pode ser considerada válida[38].

Nesse sentido, o CC/2002 tratou, em seu art. 119, expressamente, tal questão, estabelecendo, inclusive, prazo decadencial para a desconstituição (anulabilidade) do negócio jurídico firmado contra interesses do representado[39].

Não se pode confundir, por outro lado, a representação legal, ora tratada, com a representação voluntária ou convencional, a exemplo do que ocorre no contrato de mandato. Neste caso, uma parte (mandante) cuida de outorgar, por ato de vontade, mediante procuração (instrumento do mandato), poderes gerais ou específicos para que a outra (mandatário) pratique atos jurídicos em seu nome e no seu interesse. Por isso mesmo, o

---

37 Como sabemos, após a Convenção de Nova York e a Lei Brasileira de Inclusão (Lei n. 13.146/2015), a deficiência deixou de ser causa de incapacidade civil.

38 Nesse sentido, confiram-se, por exemplo, os arts. 1.691 e 1.692 do CC/2002: "Art. 1.691. Não podem os pais alienar, ou gravar de ônus real os imóveis dos filhos, nem contrair, em nome deles, obrigações que ultrapassem os limites da simples administração, salvo por necessidade ou evidente interesse da prole, mediante prévia autorização do juiz. Parágrafo único. Podem pleitear a declaração de nulidade dos atos previstos neste artigo: I — os filhos; II — os herdeiros; III — o representante legal. Art. 1.692. Sempre que no exercício do poder familiar colidir o interesse dos pais com o do filho, a requerimento deste ou do Ministério Público o juiz lhe dará curador especial".

39 "Art. 119. É anulável o negócio concluído pelo representante em conflito de interesses com o representado, se tal fato era ou devia ser do conhecimento de quem com aquele tratou. Parágrafo único. É de cento e oitenta dias, a contar da conclusão do negócio ou da cessação da incapacidade, o prazo de decadência para pleitear-se a anulação prevista neste artigo". O prazo, neste caso, foi evidentemente diminuído, como se pode verificar da redação do antigo art. 178, § 6º, III, do CC/1916.

art. 120 preceituou que os "requisitos e os efeitos da representação legal são os estabelecidos nas normas respectivas; os da representação voluntária são os da Parte Especial deste Código".

Destaque-se que o Código Civil de 2002 reservou, na Parte Geral, um capítulo para os preceitos genéricos sobre a representação legal e a voluntária.

Sobre esse tema, já na Exposição de Motivos do Anteprojeto de Código de Obrigações de 1941, firmada por Orozimbo Nonato, Philadelpho Azevedo e Hahnemann Guimarães, lia-se:

> "O instituto da representação foi libertado da sua condição servil ao mandato, deixando-se à disciplina deste contrato apenas as relações entre as próprias partes contratantes. A representação, seja qual for a sua origem, legal ou convencional, obedecerá a princípios uniformes, que devem resguardar a boa-fé de terceiros, obrigados a tratar com interposta pessoa".

Por isso mesmo, em qualquer das formas de representação, é essencial a comprovação, pelo representante, da sua qualidade, bem como da extensão de seus poderes para atuar em nome do representado. A sanção para o excesso de atuação é a responsabilidade pessoal do representante pelos atos excedentes, conforme regra do art. 118 do CC/2002.

## 3. EMANCIPAÇÃO

A menoridade, à luz do Código Civil de 2002, cessa aos dezoito anos completos, quando a pessoa fica habilitada à prática de todos os atos da vida civil (art. 5º).

Nesse ponto, vale anotar a curiosa observação de WASHINGTON DE BARROS MONTEIRO:

> "Interessantes problemas relacionam-se intimamente com o advento da maioridade. O primeiro é este: em que instante, precisamente, se completa a maioridade? Contam-se os 21 anos de momento a momento? Será preciso se compute o último dia integralmente? A opinião mais correta é no sentido de que o indivíduo se torna maior e capaz no primeiro momento do dia em que perfaz os 21 anos. Se ele nasceu num ano bissexto, a 29 de fevereiro, a maioridade será alcançada no 21º ano, mas a 1º de março. Se ignorada a data do nascimento, exigir-se-á exame médico, porém, na dúvida, pender-se-á pela capacidade (*in dubio pro capacitate*)"[40].

Ocorre que é possível a antecipação da capacidade plena, em virtude da autorização dos representantes legais do menor ou do juiz, ou pela superveniência de fato a que a lei atribui força para tanto.

[40] MONTEIRO, Washington de Barros, ob. cit., p. 66. Vale lembrar a modificação do limite etário para dezoito anos, empreendida pelo vigente Código Civil brasileiro.

Cuida-se da emancipação, figura equivalente à declaração de maioridade do direito alemão e do direito suíço[41].

A emancipação poderá ser:

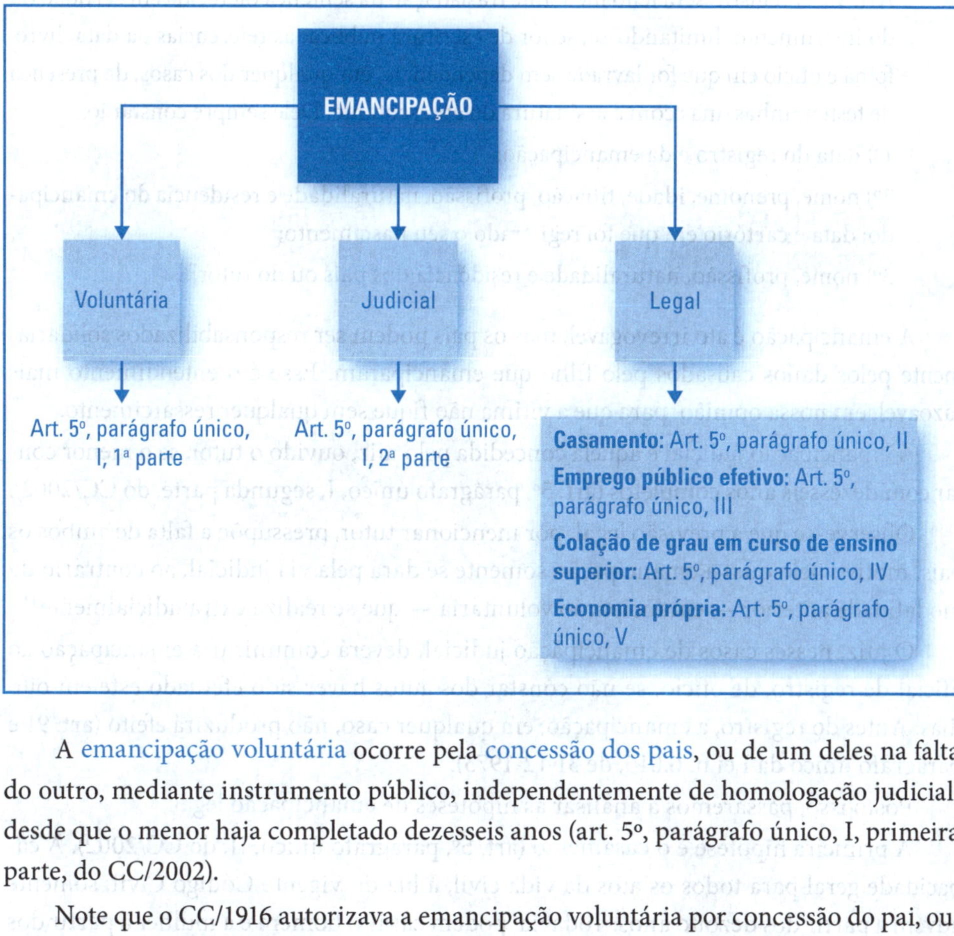


A emancipação voluntária ocorre pela concessão dos pais, ou de um deles na falta do outro, mediante instrumento público, independentemente de homologação judicial, desde que o menor haja completado dezesseis anos (art. 5º, parágrafo único, I, primeira parte, do CC/2002).

Note que o CC/1916 autorizava a emancipação voluntária por concessão do pai, ou, se fosse morto, da mãe, se o menor contasse dezoito anos completos (art. 9º, § 1º, I, primeira parte). Tal dispositivo se afigurava flagrantemente inconstitucional, à luz do princípio da igualdade. A esse respeito, sempre defendemos, mesmo durante a vigência do Código de 1916, que o ato de emancipação deveria conjugar a anuência de ambos os pais, somente admitido o suprimento judicial para hipóteses de impossibilidade material de sua manifestação (por exemplo, um dos pais está em coma), mas nunca, em nosso sentir, se sobrepondo à eventual recusa expressa de um deles.

A própria Lei de Registros Públicos, ao disciplinar o registro da emancipação, já fazia referência aos atos dos pais, *in verbis*:

41 PEREIRA, Caio Mário da Silva, ob. cit., p. 183.

> "Art. 89. No cartório do 1º Ofício ou da 1ª subdivisão judiciária de cada comarca serão registrados, em livro especial, as sentenças de emancipação, bem como os atos dos pais que a concederem, em relação aos menores nela domiciliados.
>
> Art. 90. O registro será feito mediante trasladação da sentença oferecida em certidão ou do instrumento, limitando-se, se for de escritura pública, as referências da data, livro, folha e ofício em que for lavrada sem dependência, em qualquer dos casos, da presença de testemunhas, mas com a assinatura do apresentante. Dele sempre constarão:
>
> 1º) data do registro e da emancipação;
>
> 2º) nome, prenome, idade, filiação, profissão, naturalidade e residência do emancipado; data e cartório em que foi registrado o seu nascimento;
>
> 3º) nome, profissão, naturalidade e residência dos pais ou do tutor".

A emancipação é ato irrevogável, mas os pais podem ser responsabilizados solidariamente pelos danos causados pelo filho que emanciparam. Esse é o entendimento mais razoável, em nossa opinião, para que a vítima não fique sem qualquer ressarcimento.

A emancipação judicial é aquela concedida pelo juiz, ouvido o tutor, se o menor contar com dezesseis anos completos (art. 5º, parágrafo único, I, segunda parte, do CC/2002).

Observe-se que a previsão legal, por mencionar tutor, pressupõe a falta de ambos os pais, motivo pelo qual a emancipação somente se dará pela via judicial, ao contrário da modalidade anterior — emancipação voluntária — que se realiza extrajudicialmente[42].

O juiz, nesses casos de emancipação judicial, deverá comunicar a emancipação ao oficial de registro, de ofício, se não constar dos autos haver sido efetuado este em oito dias. Antes do registro, a emancipação, em qualquer caso, não produzirá efeito (art. 91 e parágrafo único da Lei n. 6.015, de 31-12-1973).

Posto isso, passaremos a analisar as hipóteses de emancipação legal.

A primeira hipótese é o casamento (art. 5º, parágrafo único, II, do CC/2002). A capacidade geral para todos os atos da vida civil, à luz do vigente Código Civil, somente advém a partir dos dezoito anos. Todavia, podem casar o homem e a mulher a partir dos dezesseis anos desde que tenham a autorização de ambos os pais ou de seus representantes legais (art. 1.517 do CC/2002)[43]. Recebendo-se em matrimônio, portanto, antecipam a plena capacidade jurídica, estando implícita a manifestação de vontade dos pais ou representantes legais de emancipar o(s) menor(es) nubente(s).

Não faria sentido que permanecessem os cônjuges sob o poder familiar (expressão consagrada em substituição a "pátrio poder"), se passam a formar um novo núcleo familiar. A responsabilidade decorrente do casamento justifica essa hipótese legal de emancipação.

---

[42] Registre-se que não se enquadra no conceito de emancipação judicial a realizada no caso de impossibilidade de um dos pais (motivo de saúde, por exemplo), em que o juiz é chamado a intervir, pois, neste caso, atua no exercício da sua própria função jurisdicional.

[43] Reduziu-se a capacidade núbil do homem, que, no CC/1916, só era adquirida aos dezoito anos.

Um dado relevante a ser destacado é que, excepcionalmente, será permitida a convolação de núpcias por aquele que ainda não alcançou a idade mínima legal (art. 1.520 do CC/2002).

Dessa forma, realizado o matrimônio, mediante autorização judicial, não há como deixar de reconhecer que poderá ocorrer, em situação excepcionalíssima, a emancipação do menor.

Interessante notar que, mesmo havendo a dissolução do casamento (pelo divórcio ou morte do outro cônjuge), o emancipado não retorna à anterior situação de incapacidade civil.

Em caso de nulidade ou anulação, entendemos que a emancipação persiste apenas se o matrimônio fora contraído de boa-fé (casamento putativo). Em caso contrário, retorna-se à situação de incapacidade, como consectário lógico de um retorno ao *status quo ante*.

Em seguida, prevê a lei como causa de emancipação legal o exercício de emprego público efetivo (art. 5º, parágrafo único, III, do CC/2002). A expressão "emprego público" utilizada não é a mais adequada, uma vez que limita, tecnicamente, a finalidade da norma.

De fato, servidor público é

> "o indivíduo que mantém, com o Estado ou entidades de sua Administração direta ou indireta, relação de trabalho de natureza profissional e caráter não eventual, sob vínculo de dependência.
>
> O servidor, entretanto, é um gênero, do qual se extraem duas espécies: o empregado público (conhecido pelo neologismo 'celetista'), que mantém relação de trabalho subordinado, regida, portanto, pela legislação trabalhista comum (no caso brasileiro, a CLT, de onde se origina o epíteto mencionado); e o serventuário ou funcionário público, que é o trabalhador que exerce cargo ou função pública, mediante aprovação em concurso público, eleição ou nomeação em comissão, com disciplina por Estatuto (daí também o neologismo de servidor 'estatutário'), que é instituto jurídico regido pelo Direito Administrativo"[44].

O objetivo da regra legal — e é assim que deve ser interpretada — é que essa causa especial de emancipação diz respeito às hipóteses de provimento efetivo em cargo ou emprego público, não importando a atecnia. Desde que haja nomeação em caráter efetivo — afastadas, portanto, as designações para cargos comissionados ou temporários —, o agente adquire plena capacidade civil, emancipando-se.

Ademais, não se justifica a resistência doutrinária em aceitar a vinculação a autarquia ou entidade paraestatal como causa de emancipação. Isso porque são considerados servidores públicos, em sentido amplo, os estatutários e os empregados públicos[45] da

---

[44] PINTO, José Augusto Rodrigues; PAMPLONA FILHO, Rodolfo. *Repertório de Conceitos Trabalhistas*, São Paulo: LTr, 2000, p. 474-5.

[45] DI PIETRO, Maria Sylvia Zanella. *Direito Administrativo*, 9. ed., São Paulo: Forense, 1998, p. 355.

administração pública indireta, de maneira que, não sendo temporário o vínculo, justifica-se plenamente a emancipação.

A par dessas considerações, cumpre reconhecer que, a partir da vigência do Código Civil de 2002, essa hipótese restou esvaziada, perdendo importância prática. Tal conclusão se dá pela circunstância de que dificilmente a lei admitirá o provimento efetivo em cargo ou emprego público antes dos dezoito anos, até mesmo porque esta é a idade mínima admitida para a capacidade plena trabalhista[46]. E, como se sabe, atingido esse patamar de dezoito anos, já estará adquirida a plena capacidade civil[47]. Na codificação anterior, em que a maioridade plena era alcançada aos vinte e um anos, a hipótese era bem mais factível.

Também a colação de grau em curso de ensino superior é causa legal de emancipação (art. 5º, parágrafo único, IV, do CC/2002).

Sobre esse item, cumpre transcrever a arguta preleção de WASHINGTON DE BARROS MONTEIRO: "dificilmente alguém se emancipará presentemente por essa forma, dada a considerável extensão dos cursos (1º e 2º graus superior). Quando vier a receber o grau, o estudante terá certamente atingido a maioridade"[48]. Tal dificuldade, tal qual a hipótese anterior, é ainda maior no atual Código Civil, que reduz a maioridade para os dezoito anos.

Finalmente, justifica a emancipação o estabelecimento civil ou comercial, ou a existência de relação de emprego, desde que, em função deles, o menor com dezesseis anos completos tenha economia própria (art. 5º, parágrafo único, V, do CC/2002).

Nesse ponto, houve peculiar inovação do Código Civil de 2002.

O Código de 1916 autorizava a emancipação apenas pelo estabelecimento civil ou comercial com economia própria.

O Código Civil de 2002, por seu turno, além de estabelecer a idade mínima de dezesseis anos, estendeu a norma para a hipótese de existência de relação de emprego, desde que o menor passe a ter economia própria.

A existência de relação de emprego a partir de dezesseis anos, apesar de proibida em trabalho noturno, perigoso ou insalubre, é possível faticamente, embora, do ponto de vista social, seja difícil imaginar que, com tal idade, alguém consiga um posto de trabalho que lhe permita ter economia própria.

Ocorrendo, porém, essa nova hipótese legal, parece-nos razoável afirmar que todas as normas da Consolidação das Leis do Trabalho e leis extravagantes anteriores à edição

[46] *Vide* o já transcrito art. 7º, XXXIII, da Constituição Federal de 1988.

[47] Uma das hipóteses mais comuns desta cada vez mais rara modalidade de emancipação legal nos foi lembrada em sala de aula, nas nossas palestras pelo País, qual seja, a assunção do cargo público de aluno oficial, nas Academias de Polícia Militar, em que o candidato ao concurso de admissão pode ter menos de 18 (dezoito) anos e, nesse caso, precisa, para a inscrição, da autorização (leia-se assistência) dos seus responsáveis legais.

[48] MONTEIRO, Washington de Barros, ob. cit., p. 69.

do CC/2002 que limitem a manifestação de vontade do menor entre dezesseis e dezoito anos[49] deixariam de ser aplicáveis ao emancipado, uma vez que seria um contrassenso imaginar que tal trabalhador teria alcançado a maioridade civil — que lhe autoriza praticar todos os atos jurídicos no meio social — mas não possa firmar, por exemplo, um Termo de Rescisão de Contrato de Trabalho "sem assistência de seus responsáveis legais"[50].

É importante, porém, deixar claro que a emancipação não se adquire, pura e simplesmente, com a celebração de contrato de trabalho, devendo concorrer, como outro requisito, a existência de economia própria, o que descarta, *a priori*, os contratos de aprendizagem (art. 428 da CLT) e os de jornada a tempo parcial (art. 58-A da CLT), que admitem contratação com remuneração por valores inferiores ao salário mínimo mensal legal.

Uma questão que nos parece relevante diz respeito à prova da emancipação legal pela existência da relação de emprego.

Com efeito, a celebração de um contrato de trabalho subordinado com um menor exige, para sua regularidade, alguns requisitos formais.

De fato, como se trata de um menor, a assistência, para o ato da celebração, é formalidade que não pode ser considerada despicienda.

E, assim sendo, na assistência familiar, teríamos uma situação semelhante à da emancipação voluntária, pois estaria implícita a manifestação de vontade no sentido de emancipar o menor.

Assim, a carteira de trabalho (CTPS), devidamente assinada, seria o documento hábil para comprovar a emancipação legal, que, obviamente, perduraria mesmo que o empregado menor fosse despedido antes de completar 18 (dezoito) anos.

Nas situações, porém, em que o contrato de trabalho tenha sido celebrado sem a devida assistência ou sem a assinatura da CTPS, parece-nos que, até mesmo por medida protetiva em face dos interesses do menor, não deve este ser considerado emancipado,

[49] Referimo-nos, especificamente, às limitações à manifestação de vontade, parecendo-nos a subsistência das normas protetivas sobre condições de trabalho, uma vez que elas estão calcadas em preceitos de medicina do trabalho, dada a higidez física média dos menores trabalhadores, em especial sua própria condição de estar em fase de crescimento.

[50] Referimo-nos ao art. 439 da CLT, que dispõe, *in verbis*: "Art. 439. É lícito ao menor firmar recibo pelo pagamento dos salários. Tratando-se, porém, de rescisão do contrato de trabalho, é vedado ao menor de 18 (dezoito) anos dar, sem assistência dos seus responsáveis legais, quitação ao empregador pelo recebimento da indenização que lhe for devida". Nessa linha, o Secretário de Relações do Trabalho do Ministério do Trabalho e Emprego editou a Portaria n. 1, de 25-5-2006, aprovando diversas ementas com orientações que devem ser adotadas pelos órgãos regionais do Ministério do Trabalho e Emprego em seus procedimentos internos e no atendimento ao público, estabelecendo, precisamente na Ementa n. 1, o seguinte: "HOMOLOGAÇÃO. EMPREGADO EMANCIPADO. Não é necessária a assistência por responsável legal, na homologação da rescisão contratual, ao empregado adolescente que comprove ter sido emancipado. Ref.: art. 439 da CLT e art. 5º do Código Civil".

exigindo-se, sim, a assistência de seus pais para a prática de atos jurídicos em geral ou, na falta destes, do Ministério Público do Trabalho, em eventuais reclamações trabalhistas[51].

## 4. DIREITOS DA PERSONALIDADE

Uma das principais inovações da Parte Geral do Código Civil de 2002 é a existência de um capítulo próprio destinado aos direitos da personalidade.

Trata-se de um dos sintomas da modificação axiológica da codificação brasileira, que deixa de ter um perfil essencialmente patrimonial, característico do Código Civil de 1916, concebido para uma sociedade agrária, tradicionalista e conservadora, para se preocupar substancialmente com o indivíduo, em perfeita sintonia com o espírito da Constituição Cidadã de 1988.

Conceituam-se os direitos da personalidade como aqueles que têm por objeto os atributos físicos, psíquicos e morais da pessoa em si e em suas projeções sociais.

A ideia a nortear a disciplina dos direitos da personalidade é a de uma esfera extrapatrimonial do indivíduo, em que o sujeito tem reconhecidamente tutelada pela ordem jurídica uma série indeterminada de valores não redutíveis pecuniariamente, como a vida, a integridade física, a intimidade, a honra, entre outros.

A matéria está prevista expressamente pelo CC/2002, no Capítulo II do Livro I, Título I, da sua Parte Geral.

Não há a menor dúvida de que o ser humano é o titular por excelência da tutela dos direitos da personalidade.

Todavia, vale destacar que o instituto alcança também os nascituros, que, embora não tenham personalidade jurídica, têm seus direitos ressalvados, pela lei, desde a concepção, o que inclui, obviamente, os direitos da personalidade.

Outro aspecto cuja polêmica outrora existente por certo se diluiu com o Código Civil de 2002 é em relação à pessoa jurídica.

Se é certo que uma pessoa jurídica jamais terá uma vida privada, mais evidente ainda é que ela pode e deve zelar pelo seu nome e imagem perante o público-alvo, sob pena de perder largos espaços na acirrada concorrência de mercado. Se é óbvio que o dano moral, como dor íntima e sentimental, não poderá jamais atingir a pessoa jurídica, não podemos deixar de colocar que o dano à honra ou à imagem, por exemplo, afetará valores societários e não sentimentais, pelo que não se justifica a restrição, sob pena de violação do princípio maior do *neminem laedere*.

A publicidade negativa de determinado produto, por exemplo, pode destruir toda a reputação de uma empresa, da mesma forma que informações falsas sobre eventual ins-

---

[51] Consolidação das Leis do Trabalho: "Art. 793. A reclamação trabalhista do menor de 18 anos será feita por seus representantes legais e, na falta destes, pela Procuradoria da Justiça do Trabalho, pelo sindicato, pelo Ministério Público estadual ou curador nomeado em juízo".

tabilidade financeira da pessoa jurídica podem acabar levando-a a uma indesejável perda de credibilidade, com fortes reflexos patrimoniais.

A Constituição Federal de 1988, por sua vez, ao preceituar, em seu art. 5º, X, que "são invioláveis a intimidade, a vida privada, a honra e a imagem das pessoas, assegurado o direito a indenização pelo dano material ou moral decorrente de sua violação", não fez qualquer acepção de pessoas, não podendo ser o dispositivo constitucional interpretado de forma restritiva, notadamente quando se trata de direitos e garantias fundamentais (Título II, onde se encontra o dispositivo mencionado).

Da mesma forma, ao assegurar "o direito de resposta, proporcional ao agravo, além da indenização por dano material, moral ou à imagem" (art. 5º, V), o texto constitucional não apresentou qualquer restrição, devendo o direito abranger a todos, indistintamente.

Sem demérito de reconhecer que a teoria dos direitos da personalidade tenha sido construída a partir de uma concepção antropocêntrica do direito, consideramos inadmissível a posição que limita a possibilidade de sua aplicação à pessoa natural.

Essa tese, inclusive, já havia sido consagrada jurisprudencialmente de forma indireta por súmula do Superior Tribunal de Justiça[52], pondo o Código Civil de 2002 fim à polêmica, estabelecendo expressamente:

> "Art. 52. Aplica-se às pessoas jurídicas, no que couber, a proteção dos direitos da personalidade".

Sendo direitos ínsitos à pessoa, em suas projeções física, mental e moral, os direitos da personalidade são dotados de certas características particulares, que lhes conferem posição singular no cenário dos direitos privados.

Assim, os direitos da personalidade são:

a) absolutos: oponibilidade *erga omnes*, irradiando efeitos em todos os campos e impondo à coletividade o dever de respeitá-los;

b) gerais ou necessários: outorgados a todas as pessoas, simplesmente pelo fato de existirem;

c) extrapatrimoniais: ausência de um conteúdo patrimonial direto, aferível objetivamente, ainda que sua lesão gere efeitos econômicos;

d) indisponíveis: nem por vontade própria do indivíduo o direito pode mudar de titular, o que faz com que os direitos da personalidade sejam alçados a um patamar diferenciado dentro dos direitos privados. A "indisponibilidade" dos direitos da personalidade abarca tanto a intransmissibilidade (impossibilidade de

[52] STJ: Súmula 227 ("A pessoa jurídica pode sofrer dano moral"). A referência a ser uma consagração indireta se dá pelo seguinte silogismo: se o dano moral é um direito da personalidade e as pessoas jurídicas podem sofrer danos morais, logo, as pessoas jurídicas também são titulares de direitos da personalidade.

modificação subjetiva, gratuita ou onerosa — inalienabilidade) quanto a irrenunciabilidade (impossibilidade de reconhecimento jurídico da manifestação volitiva de abandono do direito)[53];

e) imprescritíveis: inexiste um prazo para seu exercício, não se extinguindo pelo não uso[54]. Quando se fala em imprescritibilidade do direito da personalidade, está-se referindo aos efeitos do tempo para a aquisição ou extinção de direitos. Não há como se confundir, porém, com a prescritibilidade da pretensão de reparação por eventual violação a um direito da personalidade. Se há uma violação, consistente em ato único, nasce nesse momento, obviamente, para o titular do direito, a pretensão correspondente, que se extinguirá pela prescrição, genericamente, no prazo de 3 (três) anos (art. 206, § 3º, V, do CC/2002);

f) impenhoráveis: decorrente da extrapatrimonialidade e indisponibilidade, direitos morais jamais poderão ser penhorados, não havendo, porém, qualquer impedimento legal na penhora do crédito dos direitos patrimoniais correspondentes;

g) vitalícios: acompanham a pessoa desde a primeira manifestação de vida até seu passamento. Sendo inerentes à pessoa, extinguem-se, em regra, com o seu desaparecimento. Destaque-se, porém, que há direitos da personalidade que se projetam além da morte do indivíduo, como no caso do direito ao corpo morto (cadáver). Além disso, se a lesão, por exemplo, à honra do indivíduo ocorrer após o seu falecimento (atentado à sua memória), ainda assim poder-se-á exigir judicialmente que cesse a lesão (ou sua ameaça), tendo legitimidade para requerer a medida, na forma do parágrafo único do art. 12 do CC/2002, "o cônjuge sobrevivente, ou qualquer parente em linha reta, ou colateral até o quarto grau".

Consideramos conveniente classificar os direitos da personalidade com base na tricotomia corpo/mente/espírito.

Assim, sem pretender esgotá-los, classificamos os direitos da personalidade de acordo com a proteção à:

a) vida e integridade física (corpo vivo, cadáver, voz);
b) integridade psíquica e criações intelectuais (liberdade, criações intelectuais, privacidade, segredo);
c) integridade moral (honra, imagem, identidade pessoal).

Todavia, enumerar os direitos da personalidade, em espécie, é uma tarefa hercúlea e incessante, uma vez que não é possível fazer uma relação exaustiva, dada a circunstância de ser possível o reconhecimento de novos direitos na medida da evolução da sociedade.

[53] Código Civil/2002: "Art. 11. Com exceção dos casos previstos em lei, os direitos da personalidade são intransmissíveis e irrenunciáveis, não podendo o seu exercício sofrer limitação voluntária".

[54] Nesse sentido, cf. AMARAL, Francisco. *Direito Civil* — Introdução, 10. ed., São Paulo: Saraiva, 2018, p. 319.

Assim, simultaneamente respeitando a diretriz dessa obra de concentrar toda a matéria em um único volume e visando facilitar a compreensão do nosso amigo leitor, passaremos em revista, de forma direta e objetiva, os principais direitos da personalidade, apresentando os seus respectivos conceitos[55].

a) Direito à vida: direito mais precioso do ser humano, que sintetiza e concentra, em si, todos os demais direitos.

Por isso mesmo, na precisa síntese de CARLOS ALBERTO BITTAR, é o direito

> "que se reveste, em sua plenitude, de todas as características gerais dos direitos da personalidade, devendo-se enfatizar o aspecto da indisponibilidade, uma vez que se caracteriza, nesse campo, um direito à vida e não um direito sobre a vida. Constitui-se direito de caráter negativo, impondo-se pelo respeito que a todos os componentes da coletividade se exige. Com isso, tem-se presente a ineficácia de qualquer declaração de vontade do titular que importe em cerceamento a esse direito, eis que se não pode ceifar a vida humana, por si, ou por outrem, mesmo sob consentimento, porque se entende, universalmente, que o homem não vive apenas para si, mas para cumprir missão própria da sociedade. Cabe-lhe, assim, perseguir o seu aperfeiçoamento pessoal, mas também contribuir para o progresso geral da coletividade, objetivos esses alcançáveis ante o pressuposto da vida"[56].

b) Direito à integridade física: a higidez do ser humano no sentido mais amplo da expressão, mantendo-se, portanto, a incolumidade corpórea e intelectual, repelindo-se as lesões causadas ao funcionamento normal do corpo humano.

Um dos temas mais difíceis, neste ponto, diz respeito justamente aos limites do poder da vontade individual em confronto com a necessidade de intervenções médicas ou cirúrgicas.

Sobre o tema, dispõe, inclusive, o art. 15 do CC/2002:

> "Art. 15. Ninguém pode ser constrangido a submeter-se, com risco de vida, a tratamento médico ou a intervenção cirúrgica".

Assim, qualquer pessoa que se submete a tratamento médico, em especial a intervenção cirúrgica, deve ter plena consciência de seus riscos, cabendo ao profissional que a acompanhar expressamente informá-la, recomendando-se, inclusive, o registro por escrito de tal fato, para prevenir responsabilidades.

O doente tem, portanto, a prerrogativa de se recusar ao tratamento, em função do seu direito à integridade física, valendo registrar que, no caso da impossibilidade de sua manifestação volitiva, deve esta caber ao seu responsável legal.

---

55 Para um eventual aprofundamento do tema, recomendamos a leitura do Capítulo específico sobre "Direitos da Personalidade" do Volume I ("Parte Geral") da nossa coleção *Novo Curso de Direito Civil*.

56 BITTAR, Carlos Alberto. *Os Direitos da Personalidade*, 3. ed., Rio de Janeiro: Forense, 1999, p. 67.

Não havendo, entretanto, tempo hábil para a oitiva do paciente — como, por exemplo, em uma emergência de parada cardíaca —, o médico tem o dever de realizar o tratamento, independentemente de autorização, eximindo-se de responsabilidade.

Nesse diapasão, pode-se falar em direito ao corpo, tanto vivo quanto morto.

O corpo, como projeção física da individualidade humana, também é inalienável, embora se admita a disposição de suas partes, seja em vida, seja para depois da morte, desde que, justificado o interesse público, isso não implique mutilação, e não haja intuito lucrativo.

Nesse sentido, em relação ao próprio corpo, foi consagrada regra expressa no art. 13 do CC/2002, nos seguintes termos:

> "Art. 13. Salvo por exigência médica, é defeso o ato de disposição do próprio corpo, quando importar diminuição permanente da integridade física, ou contrariar os bons costumes[57].
>
> Parágrafo único. O ato previsto neste artigo será admitido para fins de transplante, na forma estabelecida em lei especial".

A Carta da República, em seu art. 199, § 4º, prevê que "a lei disporá sobre as condições e os requisitos que facilitem a remoção de órgãos, tecidos e substâncias humanas para fins de transplante, pesquisa e tratamento, bem como a coleta, processamento e transfusão de sangue e seus derivados, sendo vedado todo tipo de comercialização".

A regulamentação desse dispositivo ocorreu com a edição da Lei n. 9.434, de 4 de fevereiro de 1997, posteriormente alterada pela Lei n. 10.211, de 23 de março de 2001, estabelecendo-se os seguintes requisitos para o transplante de órgãos *entre pessoas vivas*:

> "Art. 9º É permitida à pessoa juridicamente capaz dispor gratuitamente de tecidos, órgãos e partes do próprio corpo vivo, para fins terapêuticos ou para transplantes em cônjuge ou parentes consanguíneos até o quarto grau, inclusive, na forma do § 4º deste artigo, ou em qualquer outra pessoa, mediante autorização judicial, dispensada esta em relação à medula óssea".

Sendo ato de extrema responsabilidade, a autorização para o transplante, revogável até a intervenção cirúrgica, deverá ser dada pelo doador, preferencialmente por escrito e diante de testemunhas, especificando o tecido, o órgão ou parte do corpo a ser retirada.

A lei, entretanto, condiciona a doação *inter vivos,* limitando-a a:

a) órgãos duplos;

b) partes de órgãos, tecidos ou partes do corpo cuja retirada não impeça o organismo do doador de continuar vivendo sem risco para a sua integridade, não repre-

[57] Sobre o tema da cirurgia de transgenitalização, confira-se a manifestação do Supremo Tribunal Federal no julgamento da ADI 4.275 e do Recurso Extraordinário 670.422/RS, bem como as considerações que fizemos no Capítulo V ("Direitos da Personalidade") do Volume 1 ("Parte Geral") da nossa coleção "Novo Curso de Direito Civil".

> sente grave comprometimento de suas aptidões vitais e saúde mental e não cause mutilação ou deformação inaceitável, além de corresponder a uma necessidade terapêutica comprovadamente indispensável à pessoa receptora.

Vale lembrar, ainda, que também o consentimento do receptor é indispensável para que se consume a intervenção cirúrgica.

Em nenhuma hipótese será admitida a *disposição onerosa de órgãos, partes ou tecidos do corpo humano,* sendo a sua prática, inclusive, penalmente reprimida, *ex vi* do disposto nos arts. 14, 15 e 16 da Lei n. 9.434/97. Quer-se, com isso, evitar o indesejável mercado de órgãos e tecidos, que movimenta todo ano, espuriamente, milhões de dólares em todo o mundo.

Ainda abordando o intrigante tema da disposição de partes do corpo vivo, não podemos deixar de considerar a questão referente à retirada de órgãos genitais em virtude da transexualidade.

"Transexualidade", anota MARIA HELENA DINIZ, "é a condição sexual da pessoa que rejeita sua identidade genética e a própria anatomia de seu gênero, identificando-se psicologicamente com o sexo oposto"[58].

Nesses casos, discute-se se o direito ao próprio corpo assegura, por consequência, um *direito ao estado sexual,* possibilitando a sua alteração.

Sobre tal questão (possibilidade de mudança de sexo), embora ainda não admitida expressamente pela legislação brasileira positivada, talvez seja a hora, realmente, de mudar a concepção a respeito do assunto, pondo preconceitos de lado.

O princípio constitucional da *dignidade da pessoa humana* não autoriza ao juiz e à sociedade em geral desprezarem o enfrentamento de situações como a transexualidade (não identificação psicológica com a anatomia) ou a intersexualidade (anatomia reprodutiva ou sexual não enquadrada na definição tradicional binária de sexo feminino ou masculino).

Manifestando-se sobre o tema, MARIA BERENICE DIAS observa:

> "Psicanalistas norte-americanos consideram a cirurgia corretiva do sexo como a forma de buscar a felicidade a um invertido condenado pela anatomia. Segundo Edvaldo Souza Couto, o que define e caracteriza a transexualidade é a rejeição do sexo original e o consequente estado de insatisfação. A cirurgia apenas corrige esse 'defeito' de alguém ter nascido homem num corpo de mulher ou ter nascido mulher num corpo de homem"[59].

Por tudo isso, posicionamo-nos ao lado daqueles que defendem a possibilidade de intervenção cirúrgica para a adequação anatômica sexual, desde que especialistas com-

---

[58] Maria Helena Diniz, ob. cit., p. 223.

[59] Maria Berenice Dias, *União Homossexual* – O Preconceito e a Justiça, 2. ed., Porto Alegre: Livraria do Advogado, 2001, p. 123.

provem a sua necessidade e não haja risco para o transexual. Afinal, não é justo que se imponha a um semelhante o suplício de ser aquilo que ele não é, sob pena de se lhe negar o superior direito à felicidade.

Considerando ainda o quanto decidido no julgamento da ADI 4.275[60], passamos a nos posicionar no sentido de que é dispensável a autorização judicial para tal intervenção cirúrgica[61].

Ressalte-se que é fundamental, porém, a demonstração, por especialistas na matéria, da efetiva necessidade da readequação do corpo, o que impõe, por certo, um conhecimento pericial transdisciplinar (médico, psicológico etc.), além, naturalmente, da efetiva cientificação dos potenciais riscos da cirurgia.

Ademais, não se justifica a alegação de que a cirurgia realizada no transexual violaria os bons costumes, *ex vi* do disposto no art. 13 do CC/2002, uma vez que a intervenção médica é ditada por superiores razões, inclusive de ordem psicológica.

Nesse sentido, já decidiu o Tribunal de Justiça do Rio Grande do Sul:

> "Jurisdição voluntária. Autorização para operação. A pretensão da postulante de obter autorização para submeter-se a intervenção cirúrgica com o propósito de alteração de sexo com extirpação de glândulas sexuais e modificações genitais é de ser conhecida, pelos evidentes interesses jurídicos em jogo, dados os reflexos, não só na sua vida privada, como na vida da sociedade, não podendo tal fato ficar a critério exclusivamente das normas ético-científicas da medicina"[62].

Nesse sentido parecem ter concordado os juristas da I Jornada de Direito Civil da Justiça Federal, pois, interpretando o já transcrito art. 13 do CC/2002, editaram o Enunciado n. 6, afirmando que "a expressão 'exigência médica', contida no art. 13, refere-se tanto ao bem-estar físico quanto ao bem-estar psíquico do disponente".

Nessa linha, registramos e aplaudimos a mudança de diretriz da Organização Mundial da Saúde, que removeu da sua classificação oficial de doenças o "transtorno de identidade de gênero", conceito este que impunha a identificação da transexualidade como uma patologia mental. A atualização, conhecida como CID-11 (que substitui a CID-10), traz inédita diretriz para a transexualidade, que passa a integrar um novo ca-

---

60 Registramos que essa mudança de posicionamento também decorreu dos profícuos debates com o talentoso colega Leandro da Cunha, Professor Titular de Direito Civil da Universidade Federal da Bahia, autor de obra de referência sobre a matéria (CUNHA, Leandro Reinaldo da. *Identidade e redesignação de gênero*: aspectos da personalidade, da família e da responsabilidade civil. Rio de Janeiro: Lumen Juris, 2015).

61 Julgando a ADI 4.275, "O Supremo Tribunal Federal (STF) entendeu ser possível a alteração de nome e gênero no assento de registro civil mesmo sem a realização de procedimento cirúrgico de redesignação de sexo" (*Notícias STF*. Disponível em: <http://www.stf.jus.br/portal/cms/verNoticiaDetalhe.asp?idConteudo=371085,mudan>. Acesso em: 8 ago. 2018).

62 *Revista do TJRS*, n. 87, p. 360-4, cit. por M. Berenice Dias.

pítulo, denominado "condições relativas à saúde sexual", sendo classificada como "incongruência de gênero"[63].

O Código Civil de 2002 também se preocupou com o tema do direito ao cadáver, consoante se depreende da análise do seu art. 14:

> "Art. 14. É válida, com objetivo científico, ou altruístico, a disposição gratuita do próprio corpo, no todo ou em parte, para depois da morte.
>
> Parágrafo único. O ato de disposição pode ser livremente revogado a qualquer tempo".

Se a personalidade jurídica termina com a morte da pessoa natural (*mors omnia solvit*), poder-se-ia defender, com bastante razoabilidade, que deixaria de existir também sobre o cadáver qualquer direito como emanação da personalidade jurídica.

Todavia, com fundamento na ideia de que é preciso proteger a dignidade do ser humano — e seus restos mortais lhe representam *post mortem* —, tem-se admitido a preservação, como direito da personalidade, do cadáver.

Como observa ELIMAR SZANIAWSKI, esse direito diz respeito

> "aos parentes do morto, tratando-se de um direito familiar, diferente do tratamento que se dá às partes separadas do próprio corpo, e possui conotações e natureza de um direito de propriedade. O direito ao cadáver diz respeito ao próprio defunto, à sua memória, pois em certas ocasiões podem ocorrer atentados à memória do morto. Vamos encontrar situações em que são praticados atos contra o corpo do morto mesmo que o indivíduo nada tenha consentido em vida ou como ato de última vontade, e que não vêm a se constituir em violação ao respeito à memória do morto, nem injúria contra seus parentes que lhe sobreviveram. Enquadram-se, nesta espécie, as hipóteses em que necessário é o estudo e o exame de certos órgãos atingidos por doenças, buscando o legislador as causas que provocaram a degeneração e a morte do indivíduo"[64].

c) Direito à voz: a voz do ser humano, entendida como a emanação natural de som da pessoa, é também protegida como direito da personalidade.

Embora se trate de um componente físico, que se agrega à noção de imagem, ganha individualidade, identificando pessoas e estilos.

d) Direito à integridade psíquica: em um segundo plano de análise metodológica, toma-se a pessoa como ser psíquico atuante, que interage socialmente, incluindo-se nessa classificação o direito à liberdade, inclusive de pensamento, à inti-

---

[63] Sobre o tema, confira-se o seguinte *link*: <https://www.huffpostbrasil.com/2018/06/18/apos-28--anos-transexualidade-deixa-de-ser-classificada-como-doenca-pela-oms_a_23462157/>. Acesso em: 15 jul. 2019.

[64] SZANIAWSKI, Elimar. *Direitos de Personalidade e sua Tutela*, São Paulo: Revista dos Tribunais, 1993, p. 303.

midade, à privacidade, ao segredo, além do direito referente à criação intelectual, consectário da própria liberdade humana. Nessa classificação, levam-se em conta os elementos intrínsecos do indivíduo, como atributos de sua inteligência ou sentimento, componentes do psiquismo humano.

e) Direito à liberdade: faculdade de agir segundo sua consciência, observando-se os limites da liberdade alheia. O art. 5º da Constituição Federal de 1988 é um verdadeiro monumento à liberdade, em todas as suas formas, seja na concepção mais individualizada até a consagração de liberdades coletivas. Vários têm sido os enfoques com que se encara a liberdade (civil, política, religiosa, sexual etc.), com a enunciação de componentes próprios e distintos, como a liberdade de locomoção, de trabalho, de exercício de atividade, de estipulação contratual, de comércio, de culto, de organização sindical, de imprensa, dentre outras.

f) Direito à liberdade de pensamento: tomado em acepção mais abrangente, o direito de liberdade compreende a liberdade de pensamento. Todavia, dada a sua peculiaridade de ser a forma de expressão da individualidade do ser humano, merece destaque como direito autônomo. A esse respeito, o inciso IV do art. 5º da CF/88 estabelece expressamente que "é livre a manifestação do pensamento, sendo vedado o anonimato". Como consequência da regra primeira, a "manifestação do pensamento, a criação, a expressão e a informação, sob qualquer forma, processo ou veículo não sofrerão qualquer restrição", observado o disposto, obviamente, na própria Constituição, como preceitua o seu art. 220.

g) Direito às criações intelectuais (autoria científica, artística e literária): manifestação direta da liberdade de pensamento.

A Constituição Federal, em seu art. 5º, também alberga tais direitos, que podem ser conceituados como o resultado cultural do gênio humano nas diversas áreas do conhecimento:

> "XXVII — aos autores pertence o direito exclusivo de utilização, publicação ou reprodução de suas obras, transmissível aos herdeiros pelo tempo que a lei fixar;
>
> XXVIII — são assegurados, nos termos da lei:
>
> *a)* a proteção às participações individuais em obras coletivas e à reprodução da imagem e voz humanas, inclusive nas atividades desportivas;
>
> *b)* o direito de fiscalização do aproveitamento econômico das obras que criarem ou de que participarem aos criadores, aos intérpretes e às respectivas representações sindicais e associativas;
>
> XXIX — a lei assegurará aos autores de inventos industriais privilégio temporário para sua utilização, bem como proteção às criações industriais, à propriedade das marcas, aos nomes de empresas e a outros signos distintivos, tendo em vista o interesse social e o desenvolvimento tecnológico e econômico do País".

No depoimento de CARLOS ALBERTO BITTAR:

É preciso distinguir, portanto, duas classes de interesses nos direitos autorais: os morais e os patrimoniais. Os primeiros é que, em nossa opinião, são os efetivos direitos da personalidade, enquanto os últimos nada mais são do que manifestações econômicas de um direito de propriedade[65].

Nesse sentido parece ser a disciplina feita pela Lei n. 9.610/98:

> "Art. 49. Os direitos de autor poderão ser total ou parcialmente transferidos a terceiros, por ele ou por seus sucessores, a título universal ou singular, pessoalmente ou por meio de representantes com poderes especiais, por meio de licenciamento, concessão, cessão ou por outros meios admitidos em Direito, obedecidas as seguintes limitações:
>
> I — a transmissão total compreende todos os direitos de autor, salvo os de natureza moral e os expressamente excluídos por lei".

h) Direito à privacidade: também considerada inviolável pelo inciso X do art. 5º da CF, a vida privada é entendida como a vida particular da pessoa natural (*right of privacy*), compreendendo como uma de suas manifestações o direito à intimidade.

Trata-se de um direito da personalidade, cuja tutela jurídica veio a ser consagrada, também, no art. 21 do CC/2002, a saber:

> "Art. 21. A vida privada da pessoa natural é inviolável, e o juiz, a requerimento do interessado, adotará as providências necessárias para impedir ou fazer cessar ato contrário a esta norma".

Manifesta-se, principalmente, por meio do direito à intimidade, não obstante a proteção legal da honra e da imagem lhe seja correlata.

O elemento fundamental do direito à intimidade, manifestação primordial do direito à vida privada, é a exigibilidade de respeito ao isolamento de cada ser humano, que não pretende que certos aspectos de sua vida cheguem ao conhecimento de terceiros[66]. Em outras palavras, é o direito de estar só.

Há vários elementos que se encontram ínsitos à ideia de intimidade: o lar, a família e a correspondência são os mais comuns e visíveis.

---

65 Nesse ponto, discordamos do multimencionado Carlos Alberto Bittar, que entende que "esses aspectos não são isolados, se considerados em um plano científico: ao reverso, esses direitos integram-se, unem-se, completam-se. Na integração desses direitos é que se acha a unidade da categoria: assim, como facetas de uma mesma realidade são, por natureza, incindíveis, pois se combinam em um sistema binário de correlação e de interferência recíproca, imprimindo caráter especial aos direitos intelectuais" (*Os Direitos da Personalidade*, 3. ed., São Paulo: Saraiva, p. 140).

66 Cf. Bittar, *Os Direitos da Personalidade*, 3. ed., Rio de Janeiro: Forense, 1999, p. 140.

i) Direito ao segredo pessoal, profissional e doméstico: segredo, na clássica definição de PAULO JOSÉ DA COSTA JÚNIOR, é o "círculo concêntrico de menor raio em que se desdobra a intimidade; é o que reclama proteção mais veemente contra a indiscrição"[67].

A ideia de segredo abrange três esferas bem visíveis, a saber, o segredo das comunicações: trata-se do direito à manutenção sigilosa das comunicações em geral, abrangendo o segredo epistolar (correspondência), telefônico e telegráfico[68]; o segredo doméstico: aquele reservado aos recônditos do lar e da vida privada. O direito ao segredo doméstico está firmemente relacionado à inviolabilidade do domicílio[69]. Cumpre-nos lembrar que o direito ao segredo doméstico impõe-se, inclusive, entre parentes; e o segredo profissional, que consiste no direito da pessoa que teve de revelar algum segredo da sua esfera íntima a terceiro, por circunstância da atividade profissional deste (ex.: médicos, padres, advogados etc.).

j) Direito à honra: a honra é um dos mais significativos direitos da personalidade, acompanhando o indivíduo desde seu nascimento até depois de sua morte. Consiste em um conceito valorativo, que pode se manifestar sob duas formas: honra objetiva (correspondente à reputação da pessoa, compreendendo o seu bom nome e a fama de que desfruta no seio da sociedade); e honra subjetiva (correspondente ao sentimento pessoal de estima ou à consciência da própria dignidade).

Trata-se, também, de um direito da personalidade alçado à condição de liberdade pública, com previsão expressa no inciso X do art. 5º da CF/88 ("X — são invioláveis a intimidade, a vida privada, a honra e a imagem das pessoas, assegurado o direito a indenização pelo dano material ou moral decorrente de sua violação").

k) Direito à imagem: em definição simples, constitui a expressão exterior sensível da individualidade humana, digna de proteção jurídica. Para efeitos didáticos, dois tipos de imagem podem ser concebidos, como imagem-retrato (que é literalmente o aspecto físico da pessoa) e imagem-atributo (que corresponde à exteriorização da personalidade do indivíduo, ou seja, à forma como ele é visto socialmente).

O CC/2002, de forma expressa, consagra o direito à imagem, em seu art. 20:

"Art. 20. Salvo se autorizadas, ou se necessárias à administração da justiça ou à manutenção da ordem pública, a divulgação de escritos, a transmissão da palavra, ou a

[67] COSTA JÚNIOR, Paulo José da. *O Direito de Estar Só*: Tutela Penal da Intimidade, São Paulo: Revista dos Tribunais, 1970, p. 73.

[68] CF/88, art. 5º: "XII — é inviolável o sigilo da correspondência e das comunicações telegráficas, de dados e das comunicações telefônicas, salvo, no último caso, por ordem judicial, nas hipóteses e na forma que a lei estabelecer para fins de investigação criminal ou instrução processual penal".

[69] CF/88, art. 5º: "XI — a casa é asilo inviolável do indivíduo, ninguém nela podendo penetrar sem consentimento do morador, salvo em caso de flagrante delito ou desastre, ou para prestar socorro, ou, durante o dia, por determinação judicial".

> publicação, a exposição ou a utilização da imagem de uma pessoa poderão ser proibidas, a seu requerimento e sem prejuízo da indenização que couber, se lhe atingirem a honra, a boa fama ou a respeitabilidade, ou se se destinarem a fins comerciais.
>
> Parágrafo único. Em se tratando de morto ou de ausente, são partes legítimas para requerer essa proteção o cônjuge, os ascendentes ou os descendentes".
>
> A ADIn n. 4.815, de 10 de junho de 2015 (*DJU* 1º-2-2016), deu interpretação conforme à Constituição a este artigo, sem redução de texto, em consonância com os direitos fundamentais à liberdade de pensamento e de sua expressão, de criação artística, produção científica, para declarar inexigível o consentimento de pessoa biografada relativamente a obras biográficas literárias ou audiovisuais, sendo por igual desnecessária a autorização de pessoas retratadas como coadjuvante ou de seus familiares, em caso de pessoas já falecidas.

Portanto, considerando que a imagem, que abrange até mesmo a transmissão da palavra (ou seja, a voz), traduz a essência da individualidade humana, a sua violação merece firme resposta judicial.

Por isso, não só a utilização indevida da imagem (não autorizada) mas também o desvio de finalidade do uso autorizado (ex.: permite-se a veiculação da imagem em *outdoor*, e o anunciante a utiliza em informes publicitários) caracterizam violação ao direito à imagem, devendo o infrator ser civilmente responsabilizado.

A despeito, portanto, de a natureza do próprio direito admitir a sua cessão de uso, a autorização do titular há de ser expressa, não se admitindo interpretação ampliativa das cláusulas contratuais para se estender a autorização a situações não previstas.

l) Direito à identidade: traduz a ideia de proteção jurídica aos elementos distintivos da pessoa, natural ou jurídica, no seio da sociedade.

Vale lembrar os dispositivos pertinentes do CC/2002, no capítulo relativo aos direitos da personalidade:

> "Art. 16. Toda pessoa tem direito ao nome, nele compreendidos o prenome e o sobrenome.
>
> Art. 17. O nome da pessoa não pode ser empregado por outrem em publicações ou representações que a exponham ao desprezo público, ainda quando não haja intenção difamatória.
>
> Art. 18. Sem autorização, não se pode usar o nome alheio em propaganda comercial.
>
> Art. 19. O pseudônimo adotado para atividades lícitas goza da proteção que se dá ao nome".

A proteção dos direitos da personalidade dá-se em vários campos do ordenamento jurídico, desfrutando, assim, de estatutos disciplinadores diversos, variáveis em função do enfoque adotado.

Em linhas gerais, a proteção dos direitos da personalidade poderá ser:

a) preventiva — principalmente por meio do ajuizamento de ação com postulação de tutela inibitória, objetivando evitar a concretização da ameaça de lesão ao direito da personalidade;

b) repressiva — por meio da imposição de sanção civil (pagamento de indenização) ou penal (persecução criminal) em caso de a lesão já haver se efetivado.

O Código Civil de 2002, consagrando as duas formas de proteção jurídica, em seu art. 12, prevê que:

> "Art. 12. Pode-se exigir que cesse a ameaça, ou a lesão, a direito da personalidade, e reclamar perdas e danos, sem prejuízo de outras sanções previstas em lei.
> Parágrafo único. Em se tratando de morto, terá legitimação para requerer a medida prevista neste artigo o cônjuge sobrevivente, ou qualquer parente em linha reta, ou colateral até o quarto grau".

Tal norma é a regra geral codificada quanto à tutela dos direitos da personalidade, sendo aplicável subsidiariamente inclusive às hipóteses disciplinadas pelo seu art. 20, que se refere especificamente ao direito de imagem[70].

## 5. EXTINÇÃO DA PESSOA NATURAL

Termina a existência da pessoa natural com a morte (art. 6º do CC/2002).

Em geral, a parada do sistema cardiorrespiratório com a cessação das funções vitais indica o falecimento do indivíduo. Tal aferição, permeada de dificuldades técnicas, deverá ser feita por médico, com base em seus conhecimentos clínicos e de tanatologia[71], sendo mais utilizada, nos dias de hoje, dado o seu caráter irreversível, como critério científico para a constatação do perecimento, a morte encefálica.

A morte deverá ser atestada por profissional da Medicina, ressalvada a possibilidade de duas testemunhas o fazerem se faltar o especialista, sendo o fato levado a registro, nos termos dos arts. 77 a 88 da Lei de Registros Públicos.

---

[70] Foi este o posicionamento, também, a que chegaram os ilustres juristas da I Jornada de Direito Civil da Justiça Federal, de setembro/2002, editando o Enunciado n. 5, com o seguinte conteúdo: "Arts. 12 e 20. 1) As disposições do art. 12 têm caráter geral e aplicam-se inclusive às situações previstas no art. 20, excepcionados os casos expressos de legitimidade para requerer as medidas nele estabelecidas; 2) As disposições do art. 20 do novo Código Civil têm a finalidade específica de regrar a projeção dos bens personalíssimos nas situações nele enumeradas. Com exceção dos casos expressos de legitimação que se conformem com a tipificação preconizada nessa norma, a ela podem ser aplicadas subsidiariamente as regras instituídas no art. 12".

[71] Maria Helena Diniz observa que "a noção comum de morte tem sido a ocorrência de parada cardíaca prolongada e a ausência de respiração, ou seja, a cessação total e permanente das funções vitais, mas, para efeito de transplante, tem a lei considerado a morte encefálica, mesmo que os demais órgãos estejam em pleno funcionamento, ainda que ativados por drogas" (*O Estado Atual do Biodireito*, São Paulo: Saraiva, 2001, p. 266-7).

Dentre os seus efeitos, apontam-se: a extinção do poder familiar, a dissolução do vínculo conjugal, a abertura da sucessão, a extinção de contrato personalíssimo etc.

Vale notar, ainda, que existem direitos da personalidade cujo raio de atuação e eficácia projeta-se *post mortem*[72].

Cuida-se aqui da morte real, como extinção do sopro de vida no ser humano, e não da morte civil (o desterro, por exemplo), que foi proscrita do nosso ordenamento.

Vejamos, porém, outras acepções que a expressão morte, do ponto de vista codificado, também pode possuir.

## 5.1. Morte presumida

O Código Civil de 2002 admite a morte presumida, quanto aos ausentes, nos casos em que a lei autoriza a abertura da sucessão definitiva (art. 6º do CC/2002).

Note-se que a mesma lei, em seu art. 9º, IV, determina a inscrição da sentença declaratória de ausência e de morte presumida.

Enquanto não houver o reconhecimento judicial de sua morte presumida, nos casos em que se admite a sucessão definitiva, os bens do ausente não serão definitivamente transferidos para os seus sucessores.

Mas a declaração de morte presumida não ocorre apenas em caso de ausência. A lei enumera outras hipóteses, em seu art. 7º, I e II:

> "Art. 7º Pode ser declarada a morte presumida, sem decretação de ausência:
>
> I — se for extremamente provável a morte de quem estava em perigo de vida;
>
> II — se alguém, desaparecido em campanha ou feito prisioneiro, não for encontrado até dois anos após o término da guerra.
>
> Parágrafo único. A declaração de morte presumida, nesses casos, somente poderá ser requerida depois de esgotadas as buscas e averiguações, devendo a sentença fixar a data provável do falecimento".

Tais hipóteses também deverão ser formuladas em procedimento específico de justificação, nos termos da Lei de Registros Públicos.

Vejamos, separadamente, essas hipóteses de morte presumida.

---

72 Nesse sentido, Elimar Szaniawski: "A personalidade termina com a morte da pessoa natural, segundo expressão do pensamento universal, *mors omnia solvit*. Consequentemente, deixaria de existir sobre o cadáver qualquer direito como emanação da personalidade humana. Mas o Direito tem se ocupado em proteger o corpo humano após a morte no sentido de lhe dar um destino onde se mantenha sua dignidade" (*Direitos de Personalidade e sua Tutela*, São Paulo: Revista dos Tribunais, 1993, p. 303). Também Carlos Alberto Bittar: "Não obstante as várias posições doutrinárias, nem sempre convergentes, entendemos tranquila a inserção da matéria dentro da teoria em análise, como prolongamento do direito ao corpo vivo. Daí a possibilidade de disposição pelo interessado, em declaração que produzirá efeitos *post mortem*, conforme se tem assentado na doutrina" (*Os Direitos da Personalidade*, 3. ed., Rio de Janeiro: Forense, 1999, p. 87).

### *5.1.1. Ausência*

A ausência é, antes de tudo, um estado de fato, em que uma pessoa desaparece de seu domicílio, sem deixar qualquer notícia.

O CC/1916 elencava os ausentes, declarados tais por ato do juiz, como absolutamente incapazes de exercer pessoalmente os atos da vida civil, conforme dispunha o seu art. 5º, IV.

Tratava-se, sem sombra de dúvida, de terrível equívoco conceitual, pois, na verdade, o que se buscava tutelar era o patrimônio do desaparecido, disciplinando, gradativamente, sua sucessão, sempre com a cautela da possibilidade de retorno. Não havia, portanto, incapacidade por ausência, mas sim uma premência em proteger os interesses do ausente, devido à sua impossibilidade material de cuidar de seus bens e interesses e à incompatibilidade jurídica de conciliar o abandono do domicílio com a conservação de direitos.

O CC/2002 reconhece a ausência como uma morte presumida, em seu art. 6º, a partir do momento em que a lei autorizar a abertura de sucessão definitiva.

Para chegar a esse momento, porém, um longo caminho deve ser cumprido. Desaparecendo uma pessoa do seu domicílio, sem deixar qualquer notícia, nem representante ou procurador, o fato é que teremos uma massa patrimonial com titular, mas sem quem a administre.

Assim, a requerimento de qualquer interessado direto ou mesmo do Ministério Público, o Poder Judiciário reconhecerá tal circunstância, com a declaração fática da ausência, nomeando curador, que passará a gerir os negócios do ausente até seu eventual retorno, providenciando-se a arrecadação de seus bens para o devido controle[73].

Na mesma situação se enquadrará aquele que, tendo deixado mandatário, este último se encontre impossibilitado, física ou juridicamente (quando seus poderes outorgados forem insuficientes), ou simplesmente não tenha interesse em exercer o múnus.

Na nomeação do curador, o juiz deve, necessariamente, fixar-lhe os poderes e obrigações, estando aquele equiparado aos tutores e curadores de incapazes.

Observe-se que essa nomeação não é discricionária, estabelecendo a lei uma ordem legal estrita e sucessiva, no caso de impossibilidade do anterior, a saber:

1) o cônjuge do ausente, se não estiver separado judicialmente, ou de fato por mais de dois anos antes da declaração da ausência;
2) pais do ausente (destaque-se que a referência é somente aos genitores, e não aos ascendentes em geral);
3) descendentes do ausente, preferindo os mais próximos aos mais remotos;
4) qualquer pessoa à escolha do magistrado.

[73] Nesse sentido, estabelece o art. 744 do Código de Processo Civil de 2015: "Art. 744. Declarada a ausência nos casos previstos em lei, o juiz mandará arrecadar os bens do ausente e nomear-lhes-á curador na forma estabelecida na Seção VI, observando-se o disposto em lei".

Decorrido um ano da arrecadação dos bens do ausente, ou, se ele deixou representante ou procurador, em se passando três anos[74], poderão os interessados requerer que se declare, efetiva e formalmente, a ausência e se abra provisoriamente a sucessão.

Observe-se que este prazo de um ano, previsto na legislação de direito material, serve para a publicação bimestral de editais, com o objetivo de anunciar, da forma mais ampla possível, a arrecadação dos bens, chamando o ausente a entrar em sua posse[75].

É somente após esse prazo que os interessados poderão requerer a abertura da sucessão provisória[76].

A ideia de provisoriedade da sucessão é uma cautela que se exige, ainda que se anteveja o provável falecimento real do ausente, uma vez que não se tem, realmente, ainda, certeza de tal fato.

Por isso mesmo, cerca-se o legislador da exigência de garantia da restituição dos bens, em cuja posse os herdeiros se imitiram provisoriamente, mediante a apresentação de penhores ou hipotecas equivalentes aos quinhões respectivos, valendo-se destacar, inclusive, que o § 1º do art. 30 estabelece que aquele "que tiver direito à posse provisória, mas não puder prestar a garantia exigida neste artigo, será excluído, mantendo-se os bens que lhe deviam caber sob a administração do curador, ou de outro herdeiro designado pelo juiz, e que preste essa garantia"[77].

Essa razoável cautela de exigência de garantia é excepcionada, porém, em relação aos ascendentes, descendentes e ao cônjuge, uma vez provada a sua condição de herdeiros (§ 2º do art. 30), o que pode ser explicado pela particularidade de seu direito, em função dos outros sujeitos legitimados para requerer a abertura da sucessão provisória[78], ao qual se acrescenta o Ministério Público, por força do § 1º do art. 28 do CC/2002.

---

[74] Esta segunda hipótese se limita à previsão do art. 23 do CC/2002: "Também se declarará a ausência, e se nomeará curador, quando o ausente deixar mandatário que não queira ou não possa exercer ou continuar o mandato, ou se os seus poderes forem insuficientes".

[75] Nesse sentido, estabelece o *caput* do art. 745 do Código de Processo Civil de 2015: "Art. 745. Feita a arrecadação, o juiz mandará publicar editais na rede mundial de computadores, no sítio do tribunal a que estiver vinculado e na plataforma de editais do Conselho Nacional de Justiça, onde permanecerá por 1 (um) ano, ou, não havendo sítio, no órgão oficial e na imprensa da comarca, durante 1 (um) ano, reproduzida de 2 (dois) em 2 (dois) meses, anunciando a arrecadação e chamando o ausente a entrar na posse de seus bens".

[76] Nesse sentido, estabelece o § 1º do art. 745 do CPC/2015: "§ 1º Findo o prazo previsto no edital, poderão os interessados requerer a abertura da sucessão provisória, observando-se o disposto em lei".

[77] Ressalve-se, todavia, que o art. 34 do CC/2002 admite que o "excluído, segundo o art. 30, da posse provisória poderá, justificando falta de meios, requerer lhe seja entregue metade dos rendimentos do quinhão que lhe tocaria". Em nossa opinião, a norma pode ser interpretada ampliativamente para que sejam entregues, também, os frutos em geral, e não somente os rendimentos (frutos civis).

[78] Código Civil: "Art. 27. Para o efeito previsto no artigo anterior, somente se consideram interessados: I — o cônjuge não separado judicialmente; II — os herdeiros presumidos, legítimos ou testamentários; III — os que tiverem sobre os bens do ausente direito dependente de sua morte; IV — os credores de obrigações vencidas e não pagas."

Vale destacar que, na forma do § 2º do art. 745 do CPC/2015, o "interessado, ao requerer a abertura da sucessão provisória, pedirá a citação pessoal dos herdeiros presentes e do curador e, por editais, a dos ausentes para requererem habilitação, na forma dos arts. 689 a 692"[79].

Em todo caso, a provisoriedade da sucessão é evidente na tutela legal, haja vista que é expressamente determinado, por exemplo, que os "imóveis do ausente só se poderão alienar, não sendo por desapropriação, ou hipotecar, quando o ordene o juiz, para lhes evitar a ruína" (art. 31), bem como que, "antes da partilha, o juiz, quando julgar conveniente, ordenará a conversão dos bens móveis, sujeitos a deterioração ou a extravio, em imóveis ou em títulos garantidos pela União" (art. 29).

Um aspecto de natureza processual da mais alta significação na ideia de preservação, ao máximo, do patrimônio do ausente é a estipulação, pelo art. 28, do prazo de 180 dias para produção de efeitos da sentença que determinar a abertura da sucessão provisória, após o que se procederá à abertura do testamento, caso existente, ou ao inventário e partilha dos bens, como se o ausente tivesse falecido.

Com a posse nos bens do ausente, passam os sucessores provisórios a representar ativa e passivamente o ausente, o que lhes faz dirigir contra si todas as ações pendentes e as que de futuro àquele forem movidas.

Na forma do art. 33, os herdeiros empossados, se descendentes, ascendentes ou cônjuges, terão direito subjetivo a todos os frutos e rendimentos dos bens que lhes couberem, o que não acontecerá com os demais sucessores, que deverão, necessariamente, capitalizar metade desses bens acessórios, com prestação anual de contas ao juiz competente.

Se, durante essa posse provisória, porém, se provar o efetivo falecimento do ausente, converter-se-á a sucessão em definitiva, considerando-se aberta, na data comprovada, em favor dos herdeiros que o eram àquele tempo. Isso, inclusive, pode gerar algumas modificações na situação dos herdeiros provisórios, uma vez que não se pode descartar a hipótese de haver herdeiros sobreviventes na época efetiva do falecimento do desaparecido, mas que não mais estejam vivos quando do processo de sucessão provisória.

Por mais que se queira preservar o patrimônio do ausente, o certo é que a existência de um longo lapso temporal, sem qualquer sinal de vida, reforça as fundadas suspeitas de seu falecimento.

Por isso, presumindo efetivamente o seu falecimento, estabelece a lei o momento próprio e os efeitos da sucessão definitiva.

[79] Código de Processo Civil de 2015: "Art. 689. Proceder-se-á à habilitação nos autos do processo principal, na instância em que estiver, suspendendo-se, a partir de então, o processo. Art. 690. Recebida a petição, o juiz ordenará a citação dos requeridos para se pronunciarem no prazo de 5 (cinco) dias. Parágrafo único. A citação será pessoal, se a parte não tiver procurador constituído nos autos. Art. 691. O juiz decidirá o pedido de habilitação imediatamente, salvo se este for impugnado e houver necessidade de dilação probatória diversa da documental, caso em que determinará que o pedido seja autuado em apartado e disporá sobre a instrução. Art. 692. Transitada em julgado a sentença de habilitação, o processo principal retomará o seu curso, e cópia da sentença será juntada aos autos respectivos".

De fato, dez anos após o trânsito em julgado da sentença de abertura de sucessão provisória, converter-se-á em definitiva — o que, obviamente, dependerá de provocação da manifestação judicial para a retirada dos gravames impostos —, podendo os interessados requerer o levantamento das cauções prestadas.

Essa plausibilidade maior do falecimento presumido é reforçada em função da expectativa média de vida do homem, admitindo o art. 38 a possibilidade de requerimento da sucessão definitiva, "provando-se que o ausente conta oitenta anos de idade, e que de cinco datam as últimas notícias dele".

Se um herdeiro, imitido na posse durante a sucessão provisória, não requerer a sucessão definitiva, mesmo passado lapso temporal superior ao previsto em lei, teremos mera irregularidade, uma vez que, aberta a sucessão provisória, a definitiva é apenas transmudação da natureza da propriedade já transferida provisoriamente.

Se é certo que a ausência é uma morte presumida, o fato é que não se pode descartar a possibilidade de eventual retorno do ausente.

Se este aparece na fase de arrecadação de bens, não há qualquer prejuízo ao seu patrimônio, continuando ele a gozar plenamente de todos os seus bens.

Se já tiver sido aberta a sucessão provisória, a prova de que a ausência foi voluntária e injustificada faz com que o ausente perca, em favor do sucessor provisório, sua parte nos frutos e rendimentos (art. 33, parágrafo único). Em função, porém, da provisoriedade da sucessão, o seu reaparecimento faz cessar imediatamente todas as vantagens dos sucessores imitidos na posse, que ficam obrigados a tomar medidas assecuratórias precisas até a entrega dos bens a seu titular (art. 36).

Se a sucessão, todavia, já for definitiva, terá o ausente direito aos seus bens, se ainda incólumes, não respondendo os sucessores havidos pela sua integridade, conforme se verifica no art. 39, nos seguintes termos:

> "Art. 39. Regressando o ausente nos dez anos seguintes à abertura da sucessão definitiva, ou algum de seus descendentes ou ascendentes, aquele ou estes haverão só os bens existentes no estado em que se acharem, os sub-rogados em seu lugar, ou o preço que os herdeiros e demais interessados houverem recebido pelos bens alienados depois daquele tempo.
>
> Parágrafo único. Se, nos dez anos a que se refere este artigo, o ausente não regressar, e nenhum interessado promover a sucessão definitiva, os bens arrecadados passarão ao domínio do Município ou do Distrito Federal, se localizados nas respectivas circunscrições, incorporando-se ao domínio da União, quando situados em território federal".

Saliente-se que o § 4º do art. 745 do CPC/2015 estabelece que, "regressando o ausente ou algum de seus descendentes ou ascendentes para requerer ao juiz a entrega de bens, serão citados para contestar o pedido os sucessores provisórios ou definitivos, o Ministério Público e o representante da Fazenda Pública, seguindo-se o procedimento comum", o que é medida das mais razoáveis, na salvaguarda dos interesses envolvidos.

Situação interessante diz respeito ao efeito dissolutório do casamento, decorrente da ausência, admitido pelo Código Civil vigente, em seu art. 1.571, § 1º:

> "§ 1º O casamento válido só se dissolve pela morte de um dos cônjuges ou pelo divórcio, aplicando-se a presunção estabelecida neste Código quanto ao ausente".

Em nosso sentir, o reconhecimento da dissolução do vínculo por essa forma somente se dará após a abertura da sucessão definitiva do ausente, por força da última parte do supratranscrito § 1º, que faz referência à "presunção estabelecida por este Código para o ausente" (*vide* art. 6º). Assim, tendo em vista o lapso temporal para o reconhecimento da sucessão definitiva, poderá ser mais conveniente, para o cônjuge presente, a utilização do divórcio, com a citação do ausente por edital.

### 5.1.2. Justificação de óbito

O art. 88 da LRP consagra um procedimento de justificação, com a necessária intervenção do Ministério Público, que tem por finalidade proceder ao assento do óbito em hipóteses de campanha militar, desastre ou calamidade, em que não foi possível proceder a exame médico no cadáver:

> "Art. 88. Poderão os Juízes togados admitir justificação para o assento de óbito de pessoas desaparecidas em naufrágio, inundação, incêndio, terremoto ou qualquer outra catástrofe, quando estiver provada a sua presença no local do desastre e não for possível encontrar-se o cadáver para exame.
>
> Parágrafo único. Será também admitida a justificação no caso de desaparecimento em campanha, provados a impossibilidade de ter sido feito o registro nos termos do art. 85 e os fatos que convençam da ocorrência do óbito".

O CC/2002, em verdade, em seu art. 7º, I e II, apenas amplia, generalizando tais hipóteses de morte presumida, que, de forma bastante coerente, somente pode ser requerida "depois de esgotadas as buscas e averiguações, devendo a sentença fixar a data provável do falecimento".

O procedimento judicial para essa declaração de morte presumida se dá da mesma forma que a produção antecipada da prova, conforme estabelecido pelo § 5º do art. 381 do CPC/2015, aplicável a todas as situações em que se pretender justificar a existência de algum fato ou relação jurídica, seja para simples documento e sem caráter contencioso, seja para servir de prova em processo regular[80].

## 5.2. Morte simultânea (comoriência)

A situação jurídica da comoriência vem prevista no art. 8º do CC/2002, nos seguintes termos:

[80] A título de complementação, vale destacar a Súmula 331 do Supremo Tribunal Federal, que preceitua que "é legítima a incidência do imposto de transmissão 'causa mortis' no inventário por morte presumida".

"Art. 8º Se dois ou mais indivíduos falecerem na mesma ocasião, não se podendo averiguar se algum dos comorientes precedeu aos outros, presumir-se-ão simultaneamente mortos".

O Código Civil francês, originalmente, buscou seguir em seus arts. 721 e 722 a tendência do Direito Romano, estabelecendo regras e presunções para fixar o momento da morte dos comorientes: se os falecidos eram menores de quinze anos, presume-se que o mais velho sobreviveu; se tinham todos mais de sessenta anos, a presunção é de sobrevida do mais novo; se uns têm menos de quinze e outros mais de sessenta, a presunção de sobrevivência é em favor dos primeiros; entre os quinze e os sessenta anos, a presunção, entre pessoas do mesmo sexo, é a sobrevivência do mais novo, e, se forem de sexos opostos, do homem, quando tiverem a mesma idade ou a diferença não exceder de um ano[81].

Tais critérios, desprovidos de fundamentação científica, não convencem.

É melhor a solução do Código Civil brasileiro.

No caso de não se poder precisar a ordem cronológica das mortes dos comorientes, a lei firmará a presunção de haverem falecido no mesmo instante, o que acarreta importantes consequências práticas.

Tome-se o exemplo de João e Maria, casados entre si, sem descendentes ou ascendentes vivos. Falecem por ocasião do mesmo acidente. Pedro, primo de João, e Marcos, primo de Maria, concorrem à herança dos falecidos. Se a perícia atestar que João faleceu dez minutos antes de Maria, a herança daquele, à luz do princípio da *saisine* e pela ordem de vocação legal, seria transferida para a sua esposa e, posteriormente, após se agregar ao patrimônio dela, arrecadada por Marcos. A solução inversa ocorreria se Maria falecesse antes de João. Ora, em caso de falecimento sem possibilidade de fixação do instante das mortes, firma a lei a presunção de óbito simultâneo, o que determinará a abertura de cadeias sucessórias distintas. Assim, nessa hipótese, não sendo os comorientes considerados sucessores entre si, não haverá transferência de bens entre eles, de maneira que Pedro e Marcos arrecadarão a meação pertencente a cada sucedido.

Indiscutivelmente, é a solução mais adequada.

VIDEOAULA

✓ **Qual o impacto da Convenção de Nova York e do Estatuto da Pessoa com Deficiência na *incapacidade* civil absoluta?**

***Acesse também o vídeo sobre o capítulo pelo link: <https://somos.in/MDC4>***

[81] Cf. PEREIRA, Caio Mário da Silva, ob. cit., p. 149.

III

# PESSOA JURÍDICA

## 1. CONCEITO

O homem é um ser gregário por excelência.

Por diversas razões, inclusive de natureza social e antropológica, tende a agrupar-se, para garantir a sua subsistência e realizar os seus propósitos.

Nesse contexto, a pessoa jurídica, figura moldada a partir de um fato social, ganha singular importância.

Assim, nascendo como contingência do fato associativo, o direito confere personalidade jurídica a esse grupo, viabilizando a sua atuação autônoma e funcional, com personalidade própria, com vistas à realização de seus objetivos.

Nessa linha de raciocínio, como decorrência desse fato associativo, podemos conceituar a pessoa jurídica como o grupo humano, criado na forma da lei, e dotado de personalidade jurídica própria, para a realização de fins comuns. Complementaremos esse conceito básico, entretanto, em momento oportuno, ao demonstrarmos a existência de peculiares espécies de pessoa jurídica, a exemplo da fundação (que deriva da personificação de um patrimônio) e da empresa individual de responsabilidade limitada (que consiste em uma pessoa jurídica unipessoal).

Enquanto sujeito de direito, poderá a pessoa jurídica, por seus órgãos e representantes legais, atuar no comércio e sociedade, praticando atos e negócios jurídicos em geral.

## 2. SURGIMENTO DA PESSOA JURÍDICA

O art. 45 do CC/2002 prevê:

> "Art. 45. Começa a existência legal das pessoas jurídicas de direito privado com a inscrição do ato constitutivo no respectivo registro, precedida, quando necessário, de autorização ou aprovação do Poder Executivo, averbando-se no registro todas as alterações por que passar o ato constitutivo.
>
> Parágrafo único. Decai em três anos o direito de anular a constituição das pessoas jurídicas de direito privado, por defeito do ato respectivo, contado o prazo da publicação e sua inscrição no registro".

Ora, da análise do dispositivo, nota-se que a personificação da pessoa jurídica é, de fato, construção da técnica jurídica, podendo, inclusive, operar-se a suspensão legal de seus efeitos, por meio da desconsideração, em situações excepcionais admitidas por lei.

O que é importante destacar, porém, é que a outorga de personalidade jurídica a entidades de existência ideal tem por finalidade, em verdade, o livre estabelecimento de relações jurídicas lícitas, facilitando o comércio e outras atividades negociais.

Daí o postulado básico do art. 20 do CC/1916 ("As pessoas jurídicas têm existência distinta da dos seus membros"), cujo equivalente é o art. 49-A, inserido pela Lei n. 13.874/2019 ("Lei da Liberdade Econômica"), que estabelece:

> "Art. 49-A do Código Civil. A pessoa jurídica não se confunde com os seus sócios, associados, instituidores ou administradores.
>
> Parágrafo único. A autonomia patrimonial das pessoas jurídicas é um instrumento lícito de alocação e segregação de riscos, estabelecido pela lei com a finalidade de estimular empreendimentos, para a geração de empregos, tributo, renda e inovação em benefício de todos".

A teor do art. 49-A, reafirma-se uma premissa básica do nosso sistema: a autonomia jurídico-existencial da pessoa jurídica em face das pessoas físicas que a integram.

O artigo vai mais além, aliás, ao estabelecer, em seu parágrafo único, o próprio elemento teleológico da autonomia patrimonial, qual seja, o de "estimular empreendimentos, para a geração de empregos, tributo, renda e inovação em benefício de todos", dialogando, inclusive, com o princípio da função social da empresa.

Por via oblíqua, portanto, é realçado o caráter *excepcional* da desconsideração da personalidade jurídica.

Nessa linha, aliás, a doutrina do jurista FLÁVIO TARTUCE:

> "A regra é de que a responsabilidade dos sócios em relação às dívidas sociais seja sempre subsidiária, ou seja, primeiro exaure-se o patrimônio da pessoa jurídica para depois, e desde que o tipo societário adotado permita, os bens particulares dos sócios ou componentes da pessoa jurídica serem executados"[1].

Partindo dessa premissa, deve o intérprete guiar a bússola do instituto da desconsideração[2], calcada, em geral, na ideia do desvio de sua finalidade social ou na confusão patrimonial[3].

A pessoa natural surge no momento do nascimento com vida.

---

[1] TARTUCE, Flávio. *Manual de Direito Civil*. 7. ed. São Paulo: Gen, 2017, p. 179.

[2] STOLZE, Pablo. A Lei n. 13.874/2019 (Liberdade Econômica): a desconsideração da personalidade jurídica e a vigência do novo diploma. *Revista Jus Navigandi*, Teresina, ano 24, n. 5.927, 23 set. 2019. Disponível em: <https://jus.com.br/artigos/76698>. Acesso em: 23 set. 2019.

[3] *Vide* tópico 4 ("Desconsideração da Personalidade Jurídica") deste mesmo Capítulo.

Da mesma forma, a pessoa jurídica possui um ciclo de existência.

A sua existência legal, no sistema das disposições normativas, exige a observância da legislação em vigor, que considera indispensável o registro para a aquisição de sua personalidade jurídica.

Nesse sentido, a inscrição do ato constitutivo ou do contrato social no registro competente — junta comercial, para as sociedades empresárias em geral, e cartório de registro civil de pessoas jurídicas, para as fundações, associações e sociedades simples — é condição indispensável para a atribuição de personalidade à pessoa jurídica. Lembre-se, todavia, de que, em algumas hipóteses, exige-se, ainda, autorização do Poder Executivo para o seu funcionamento.

E, se assim é, observa-se que o registro da pessoa jurídica tem natureza constitutiva, por ser atributivo de sua personalidade, diferentemente do registro civil de nascimento da pessoa natural, eminentemente declaratório da condição de pessoa, já adquirida no instante do nascimento com vida.

Seguindo a diretriz normativa do Código Civil, o registro declarará (art. 46):

a) a denominação, os fins, a sede, o tempo de duração e o fundo social, quando houver;
b) o nome e a individualização dos fundadores ou instituidores e dos diretores;
c) o modo por que se administra e representa, ativa e passivamente, judicial e extrajudicialmente;
d) se o ato constitutivo é reformável no tocante à administração, e de que modo;
e) se os membros respondem, ou não, subsidiariamente, pelas obrigações sociais;
f) as condições de extinção da pessoa jurídica e o destino de seu patrimônio, nesse caso.

Para alguns tipos de pessoas jurídicas, independentemente do registro civil, a lei, por vezes, impõe o registro em algum outro órgão, com finalidade cadastral e de reconhecimento de validade de atuação, como é o caso dos partidos políticos, que, na forma do § 2º do art. 17 da Constituição Federal e dos parágrafos do art. 7º da Lei n. 9.096, de 19 de setembro de 1995, devem ser inscritos no Tribunal Superior Eleitoral[4].

Da mesma forma, as entidades sindicais obtêm personalidade jurídica com o simples registro civil, mas devem comunicar sua criação ao Ministério do Trabalho, não para efeito de reconhecimento, mas sim, simplesmente, para controle do sistema da unicidade sindical, ainda vigente em nosso País, conforme o art. 8º, I e II, da Constituição Federal de 1988[5].

[4] CF/88, art. 17.

[5] "Art. 8º É livre a associação profissional ou sindical, observado o seguinte: I — a lei não poderá exigir autorização do Estado para a fundação de sindicato, ressalvado o registro no órgão competente, vedadas ao Poder Público a interferência e a intervenção na organização sindical; II — é vedada a criação de mais de uma organização sindical, em qualquer grau, representativa de categoria profissional ou econômica, na mesma base territorial, que será definida pelos trabalhadores ou empregadores interessados, não podendo ser inferior à área de um Município...".

## 3. CLASSIFICAÇÃO DAS PESSOAS JURÍDICAS

Em primeiro plano, a doutrina aponta a existência de pessoas jurídicas de direito público, interno ou externo, e de direito privado (art. 40 do CC/2002).

Em que pese a menção expressa a tal distinção no Código Civil brasileiro, o campo de investigação desta obra não comporta uma análise muito detalhada das pessoas jurídicas de direito público, devendo se concentrar nas pessoas jurídicas de direito privado.

Todavia, façamos algumas rápidas considerações sobre as primeiras, sem fugir, porém, da proposta original da obra.

### 3.1. Pessoas jurídicas de direito público

Os Estados soberanos do mundo, as organizações internacionais (ONU, OIT etc.), a Santa Sé[6] e outras entidades congêneres são pessoas jurídicas de direito público externo.

Nesse sentido, o art. 42 do CC/2002 é expresso ao dispor que:

---

Nesse sentido, o Supremo Tribunal Federal, ao interpretar o art. 8º, I, firmou entendimento de que "o registro sindical no Ministério do Trabalho constitui ato vinculado, subordinado apenas à verificação de pressupostos legais, e não de autorização ou de reconhecimento discricionários" (MI-144/SP, Tribunal Pleno; ADIMC-1.121/RS, Tribunal Pleno), sendo ato meramente cadastral, com o fito de tornar pública a existência da entidade e servir como fonte unificada de dados a que os interessados poderão recorrer como elemento documental para dirimir suas controvérsias, por si mesmas ou junto ao Poder Judiciário (RE 35.875-2/SP; MS 1.045/DF).

Considerando, ainda, que a reiterada jurisprudência do STJ orienta-se no sentido de que "o princípio da unicidade não significa exigir apenas um sindicato representativo de categoria profissional, com base territorial delimitada, mas de impedir que mais de um sindicato represente o mesmo grupo profissional", sendo "vedado ao Estado intervir sobre a conveniência ou oportunidade do desmembramento ou desfiliação" (RE-74.986/SP; RE-40.267/SP; RE-38.726/RJ; MS-1.703/DF), o Ministério do Trabalho editou a Instrução Normativa n. 1, de 17 de julho 1997, para dispor sobre o procedimento a ser adotado no Registro Sindical, previsão normativa esta revogada e substituída pela Portaria n. 343, de 4 de maio de 2000 (depois com a redação modificada pela Portaria n. 376, de 23 de maio de 2000, e pela Portaria n. 144, de 5 de abril de 2004). Atualmente, a matéria é regida pela Portaria n. 326/2015, disponível em <http://www.trtsp.jus.br/geral/tribunal2/ORGAOS/MTE/Portaria/P326_13.html>, valendo destacar o teor da Súmula 677 do Supremo Tribunal Federal ("Até que lei venha a dispor a respeito, incumbe ao Ministério do Trabalho proceder ao registro das entidades sindicais e zelar pela observância do princípio da unicidade"). Para aprofundamento específico da matéria, inclusive sobre o tema da unicidade sindical no Brasil, confiram-se PINTO, José Augusto Rodrigues, Reflexões em Torno do Registro Sindical, in FRANCO FILHO, Georgenor de Sousa (coord.), *Curso de Direito Coletivo do Trabalho* — Estudos em Homenagem ao Ministro Orlando Teixeira da Costa, São Paulo: LTr, 1998, e PAMPLONA FILHO, Rodolfo; LIMA FILHO, Cláudio Dias. *Pluralidade Sindical e Democracia*, 2. ed., São Paulo: LTr, 2013.

[6] A respeito da Santa Sé, observa Francisco Rezek: "A Santa Sé é a cúpula governativa da Igreja Católica, instalada na cidade de Roma", e mais adiante conclui: "de todo modo, é amplo o reconhecimento de que a Santa Sé, sem embargo de não se identificar com os Estados comuns, possui, por legado histórico, personalidade jurídica de direito internacional" (*Direito Internacional Público* — Curso Elementar, 5. ed., São Paulo: Saraiva, 1995, p. 248).

"Art. 42. São pessoas jurídicas de direito público externo os Estados estrangeiros e todas as pessoas que forem regidas pelo direito internacional público".

O surgimento dos Estados soberanos ou dessas entidades supraestatais vai decorrer do advento de fatos históricos, como revoluções ou criações constitucionais, ou mesmo pela edição de tratados internacionais.

As pessoas jurídicas de direito público interno, por sua vez, nos termos do art. 41 do CC/2002, com a redação dada pela Lei n. 11.107, de 2005, são:

a) a União;

b) os Estados, o Distrito Federal e os Territórios;

c) os Municípios;

d) as autarquias, inclusive as associações públicas;

e) as demais entidades de caráter público criadas por lei.

Dentro da tríplice concepção política delineada pela Carta Constitucional de 1988, a União, os Estados e os Municípios, entidades políticas da Administração Pública Direta, compõem a estrutura federativa do Estado brasileiro.

O Decreto-lei n. 200, de 25 de fevereiro de 1967[7], definiu a autarquia como "o serviço autônomo, criado por lei, com personalidade jurídica, patrimônio e receita próprios, para executar atividades típicas da Administração Pública, que requeiram, para seu melhor funcionamento, gestão administrativa e financeira descentralizada".

Tal definição, todavia, não satisfaz. Além de incompleta, acaba por confundir a noção de serviço público com a de autarquia, o que, metodologicamente, é inadequado. Nesse ponto, justa é a crítica de CELSO ANTÔNIO BANDEIRA DE MELLO: "como definição o enunciado normativo não vale nada. Sequer permite ao intérprete identificar quando a figura legalmente instaurada tem ou não natureza autárquica, pois deixou de fazer menção ao único traço que interessa referir: a personalidade de Direito Público". Por isso, o ilustrado administrativista, afastando-se da dicção legal, conceitua as autarquias como "pessoas jurídicas de Direito Público de capacidade exclusivamente administrativa"[8].

A lei, todavia, em especial o CC/2002, vai além.

Atenta à realidade atual de nossa complexa estrutura administrativa e política, considera pessoas jurídicas de direito público interno "as demais entidades de caráter público

[7] Decreto-lei n. 200, de 1967, em seu art. 4º, *caput*: "Art. 4º A Administração Federal compreende: I — A Administração Direta, que se constitui dos serviços integrados na estrutura administrativa da Presidência da República e dos Ministérios. II — A Administração Indireta, que compreende as seguintes categorias de entidades, dotadas de personalidade jurídica própria: a) Autarquias; b) Empresas Públicas; c) Sociedades de Economia Mista; d) Fundações Públicas".

[8] BANDEIRA DE MELLO, Celso Antônio. *Curso de Direito Administrativo*, 11. ed., São Paulo: Malheiros, 1999, p. 102.

criadas por lei" (art. 41, V, do CC/2002). Enquadram-se nesse conceito as fundações públicas[9] e as agências reguladoras, estas últimas com natureza de autarquias especiais.

"As fundações públicas", pontifica ODETE MEDAUAR, "devem ter sua instituição autorizada por lei específica, segundo determina o inc. XIX do art. 37 da Constituição Federal"[10].

Tais entidades de direito público, e, bem assim, as entidades dotadas de personalidade jurídica de direito privado, mas que prestem serviço público (empresas públicas e sociedades de economia mista, por exemplo), têm a sua disciplina normativa e controle funcional previstos por normas de Direito Administrativo, que escapam do objeto deste livro[11].

Feitas, portanto, dentro da objetividade sugerida pelo tema, as pertinentes observações acerca das entidades de direito público, aprofundaremos o estudo das pessoas jurídicas de direito privado, que mais de perto nos interessam.

## 3.2. Pessoas jurídicas de direito privado

O vigente Código Civil brasileiro, em seu art. 44, classificou, originalmente, as pessoas jurídicas de direito privado em:

a) associações (art. 44, I);

b) sociedades (art. 44, II);

c) fundações (art. 44, III).

Louvável, aliás, a postura adotada pelo legislador quando da elaboração do Código Civil de 2002, por haver expressamente delineado os caracteres distintivos das sociedades e associações, disciplinando-as em capítulos próprios.

Superou-se, portanto, a confusão conceitual existente no Código de 1916, que identificava inadvertidamente os conceitos[12], causando perplexidade na doutrina e sérios inconvenientes para o adequado entendimento da matéria.

---

9 Vale observar que as autarquias e fundações podem constituir as denominadas agências executivas, nos termos do art. 51 da Lei n. 9.649, de 27 de maio de 1998: "Art. 51. O Poder Executivo poderá qualificar como Agência Executiva a autarquia ou fundação que tenha cumprido os seguintes requisitos: I — ter um plano estratégico de reestruturação e de desenvolvimento institucional em andamento; II — ter celebrado Contrato de Gestão com o respectivo Ministério supervisor. § 1º A qualificação como Agência Executiva será feita em ato do Presidente da República. § 2º O Poder Executivo editará medidas de organização administrativa específicas para as Agências Executivas, visando assegurar a sua autonomia de gestão, bem como a disponibilidade de recursos orçamentários e financeiros para o cumprimento dos objetivos e metas definidos nos Contratos de Gestão".

10 MEDAUAR, Odete. *Direito Administrativo Moderno*, 3. ed., São Paulo: Revista dos Tribunais, 1999, p. 89.

11 Sobre o tema, na III Jornada de Direito Civil da Justiça Federal, de novembro/2004, foi proposto o seguinte Enunciado: "141 — Art. 41. A remissão do art. 41, parágrafo único, do CC, às 'pessoas jurídicas de direito público, a que se tenha dado estrutura de direito privado', diz respeito às fundações públicas e aos entes de fiscalização do exercício profissional".

12 Nesse ponto, adverte Caio Mário da Silva Pereira: "O Código Civil, porém, deixou de se ater à distinção, e, se mais adequado é utilizar-se a designação associações para as pessoas jurídicas de fins

As sociedades, civis ou empresárias, e as associações, estruturalmente consideradas corporações, resultam da união de indivíduos (*universitas personarum*); as fundações, por sua vez, simples patrimônio vinculado a uma finalidade, decorrem da afetação patrimonial determinada por seu instituidor (*universitas bonorum*), subsumindo-se, com mais propriedade, na categoria das instituições.

Posteriormente, a Lei n. 10.825, de 22 de dezembro de 2003, deu nova redação ao já transcrito art. 44, inserindo dois novos incisos, a saber, o IV, referente às organizações religiosas, e o V, sobre os partidos políticos.

Trata-se, em nosso entender, de um erro conceitual, pois tanto as organizações religiosas quanto os partidos políticos se enquadram perfeitamente, como veremos, no conceito jurídico de associação, bem como as cinco alíneas não elencam todas as modalidades de pessoas jurídicas de direito privado, tornando-se tal rol meramente exemplificativo[13].

A modificação teve por finalidade expressa, conforme consta no art. 1º da supramencionada lei modificadora[14], evitar a aplicação, a tais entidades, da necessidade, prevista no art. 2.031, de adaptar suas disposições às novas regras codificadas[15], notadamente à força

não econômicos, nenhuma obrigatoriedade existe nesse sentido, admitidas as expressões como sinônimas no Código de 1916" (*Introdução ao Direito Civil* — Parte Geral, 19. ed., Rio de Janeiro: Forense, 2001, v. 1, p. 215).

13 A propósito, na III Jornada de Direito Civil da Justiça Federal, de novembro/2004, foi proposto o seguinte Enunciado: "144 — Art. 44: A relação das pessoas jurídicas de direito privado, constante do art. 44, incisos I a V, do Código Civil, não é exaustiva".

14 "Art. 1º Esta Lei define as organizações religiosas e os partidos políticos como pessoas jurídicas de direito privado, desobrigando-os de alterar seus estatutos no prazo previsto pelo art. 2.031 da Lei n. 10.406, de 10 de janeiro de 2002 — Código Civil." Infere-se tal afirmação, ainda, do fato de que, além da estranha criação de "novas espécies" de agrupamentos humanos, foi inserido um parágrafo único no art. 2.031, justamente para garantir que as regras de adaptação não seriam invocadas, com a seguinte redação: "Parágrafo único. O disposto neste artigo não se aplica às organizações religiosas nem aos partidos políticos".

15 Sobre esta regra transitória de obrigatoriedade de adaptação das associações, sociedades e fundações, constituídas nas formas das leis anteriores, às novas disposições do Código, sem prejuízo de sua duvidosa constitucionalidade (por força dos institutos do direito adquirido e ato jurídico perfeito), o fato é que, cada vez mais, a mesma tem sido desprestigiada.

Com efeito, primeiramente, a Lei n. 10.838, de 30-1-2004, modificou, após vencido o prazo original, a redação do art. 2.031, que passou a ser a seguinte: "Art. 2.031. As associações, sociedades e fundações, constituídas na forma das leis anteriores, terão o prazo de 2 (dois) anos para se adaptar às disposições deste Código, a partir de sua vigência igual prazo é concedido aos empresários".

Depois, nos estertores da "nova" *vacatio legis*, foi editada a Medida Provisória n. 234, de 10-1-2005, modificando, novamente, o dispositivo, que passou a ter o seguinte conteúdo: "Art. 2.031. As associações, sociedades e fundações, constituídas na forma das leis anteriores, bem assim os empresários, deverão se adaptar às disposições deste Código até 11 de janeiro de 2006".

Em mais um capítulo desta "novela" (quase uma "tragicomédia"...), a Lei n. 11.127, de 28 de junho de 2005, trouxe, mais uma vez, uma nova redação ao dispositivo, prorrogando o prazo até 11 de janeiro conferida às assembleias gerais, e às regras próprias de exclusão de membros, o que alvoroçou, em especial, as organizações religiosas.

Observe-se que, além da inclusão em incisos, como se tratasse de novas espécies do gênero "pessoa jurídica de direito privado", a mencionada lei transformou o parágrafo único original em § 2º, com a mesma redação ("As disposições concernentes às associações aplicam-se subsidiariamente às sociedades que são objeto do Livro II da Parte Especial deste Código"), destacando dois novos parágrafos com as seguintes redações:

> "§ 1º São livres a criação, a organização, a estruturação interna e o funcionamento das organizações religiosas, sendo vedado ao poder público negar-lhes reconhecimento ou registro dos atos constitutivos e necessários ao seu funcionamento.
>
> (...)
>
> § 3º Os partidos políticos serão organizados e funcionarão conforme o disposto em lei específica".

Por fim, a Lei n. 12.441, de 11 de julho de 2011, alterou o Código Civil brasileiro, com o acréscimo de alguns dispositivos que permitiram a constituição de uma nova modalidade de pessoa jurídica, a saber, a "empresa individual de responsabilidade limitada" (EIRELI), que passou a ser elencada no novel inciso VI do mencionado art. 44.

Trata-se de uma importante inovação do direito positivo brasileiro, reconhecendo a possibilidade de criação de "pessoas jurídicas unipessoais", ou seja, aquelas que não exigem a presença de mais de uma pessoa para sua constituição.

Verifiquemos, portanto, nos próximos subtópicos, cada uma dessas espécies de pessoas jurídicas de direito privado.

### 3.2.1. As associações

As associações são entidades de direito privado, formadas pela união de indivíduos com o propósito de realizar fins não econômicos.

O Código Civil de 2002, em seu art. 53, *caput*, expressamente dispõe que:

> "Art. 53. Constituem-se as associações pela união de pessoas que se organizem para fins não econômicos".

---

de 2007 ("Art. 2.031. As associações, sociedades e fundações, constituídas na forma das leis anteriores, bem como os empresários, deverão se adaptar às disposições deste Código até 11 de janeiro de 2007"). Assim, com "novo fôlego para respirar", tiveram as mencionadas pessoas jurídicas de Direito Privado novo prazo para adaptação. Melhor seria, em nossa opinião, que o dispositivo fosse, de logo, revogado, pois caiu em descrédito perante a comunidade jurídica, bem como seriam evitadas diversas batalhas judiciais pela discussão da sua constitucionalidade.

O traço peculiar às associações civis, portanto, é justamente a sua finalidade não econômica — podendo ser educacional, lúdica, profissional[16] religiosa etc.[17]. Resulta, conforme se anotou, da união de pessoas, geralmente em grande número (os associados), e na forma estabelecida em seu ato constitutivo, denominado estatuto.

Note-se que, pelo fato de não perseguir escopo lucrativo, a associação não está impedida de gerar renda que sirva para a mantença de suas atividades e o pagamento do seu quadro funcional. Pelo contrário, o que se deve observar é que, em uma associação, os seus membros não pretendem partilhar lucros ou dividendos, como ocorre entre os sócios nas sociedades simples e empresárias. A receita gerada deve ser revertida em benefício da própria associação visando à melhoria de sua atividade. Por isso, o ato constitutivo da associação (estatuto) não deve impor, entre os próprios associados, direitos e obrigações recíprocos, como aconteceria se se tratasse de um contrato social, firmado entre sócios (art. 53, parágrafo único, do CC/2002).

De acordo com o vigente Código Civil, na redação alterada pela Lei n. 11.127/2005, o estatuto das associações conterá, sob pena de nulidade (art. 54):

a) a denominação, os fins e a sede da associação;
b) os requisitos para a admissão, demissão e exclusão dos associados;
c) os direitos e deveres dos associados;
d) as fontes de recursos para sua manutenção;
e) o modo de constituição e funcionamento dos órgãos deliberativos;

---

[16] Temos a convicção de que as normas do Código Civil são perfeitamente aplicáveis aos sindicatos, bem como para as Centrais Sindicais (apenas incorporadas ao sistema formal de representação profissional por meio da Lei n. 11.648/2008), devendo, por isso, adaptar, também, os seus estatutos, na forma do art. 2.031 do CC/2002.

Nesse diapasão, na III Jornada de Direito Civil, realizada em novembro/2004 no Superior Tribunal de Justiça, foi aprovado o Enunciado n. 142, proposto pelo Juiz Federal Erik Frederico Gramstrup, concluindo: "Art. 44. Os partidos políticos, os sindicatos e as associações religiosas possuem natureza associativa, aplicando-se-lhes o Código Civil".

[17] Foi a já mencionada Lei n. 10.825, de 22-12-2003, que estabeleceu um tratamento diferenciado, como pessoas jurídicas de Direito Privado, às organizações religiosas e aos partidos políticos, pois, na essência conceitual, em verdade, não há como deixar de reconhecê-las como verdadeiras associações, ainda que com características especiais.

Resultou ela do Projeto de Lei n. 634/2003, de autoria original do Deputado Paulo Gouvêa (PL-RS), que foi submetido a uma emenda substitutiva global assinada por vários partidos, a qual definiu as organizações religiosas e os partidos políticos como pessoas jurídicas de direito privado, desobrigando-os de alterar seus estatutos.

Segundo noticiado pela própria Agência Câmara, o fato de que os estatutos das associações em geral devem obedecer a diversas normas, sob pena de nulidade de seus atos, bem como a regra de presença, para alterações nos estatutos, de um terço dos associados para deliberação nas convocações, encontrou grande resistência nas organizações religiosas. No abalizado depoimento do relator da matéria, Deputado João Alfredo (PT-CE), essa exigência "embaraçaria o funcionamento das entidades religiosas, afrontando a Constituição Federal".

f) as condições para a alteração das disposições estatutárias e para sua dissolução;

g) a forma de gestão administrativa e de aprovação das respectivas contas.

Preocupa-se a lei, portanto, em estabelecer o conteúdo mínimo necessário do estatuto de uma associação, visando, sobremaneira, coibir abusos por parte de pessoas inescrupulosas, que constituem associações fraudulentas apenas para causar danos à Fazenda Pública ou a terceiros de boa-fé.

Além da Assembleia Geral, órgão máximo da associação, é muito comum que o seu estatuto autorize a composição de um Conselho Administrativo ou Diretoria e de um Conselho Fiscal. A estrutura organizacional da entidade, portanto, respeitados os preceitos legais de ordem pública, depende do conteúdo normativo de seu estatuto.

O Código Civil de 2002, todavia, cuidou de disciplinar um campo de atuação privativo da Assembleia Geral, ressaltando a sua característica de órgão deliberativo superior.

Compete, pois, privativamente à Assembleia Geral, *ex vi* do disposto no art. 59 do CC/2002, na redação alterada pela Lei n. 11.127/2005:

I — destituir os administradores;

II — alterar o estatuto.

Ressalva-se, todavia, que as deliberações a que se referem os incisos I e II demandam "deliberação da assembleia especialmente convocada para esse fim, cujo *quorum* será o estabelecido no estatuto, bem como os critérios de eleição dos administradores" (art. 59, parágrafo único, na redação dada pela Lei n. 11.127, de 2005).

Garante-se, outrossim, o direito de convocação da Assembleia Geral a 1/5 (um quinto) dos associados (art. 60), não podendo o estatuto, segundo a lei, alijar a minoria desse direito.

Interessante notar que a lei cuidou de considerar intransmissível a qualidade de associado (art. 56 do CC/2002)[18]. Todavia, havendo autorização estatutária, o titular de quota ou fração ideal do patrimônio da associação poderá transmitir, por ato *inter vivos* ou *mortis causa*, os seus direitos a um terceiro (adquirente ou herdeiro), que passará à condição de associado.

Por óbvio, o associado não está preso à associação.

Por isso, embora a lei não faça referência expressa, poderá, a qualquer tempo, observados os termos do estatuto, desligar-se da corporação. Claro está, todavia, que esse direito de retirada — semelhante ao direito de recesso do sócio nas sociedades — não permite ao associado que se exima das obrigações porventura assumidas.

O Código Civil brasileiro, com a redação dada pela Lei n. 11.127, de 2005, prevê, ainda, a exclusão do associado, desde que haja justa causa, e na estrita forma do estatuto

[18] Tal norma resultou da aprovação de emenda apresentada no Senado (assim também os arts. 54, 55, 57, 58, 59, 60 e 61 do Capítulo II).

social, que deve regular a existência de um procedimento que assegure direito de defesa e de recurso, conforme se verifica do seguinte dispositivo:

> "Art. 57. A exclusão do associado só é admissível havendo justa causa, assim reconhecida em procedimento que assegure direito de defesa e de recurso, nos termos previstos no estatuto".

Malversação de receitas sociais, prática de crimes, violação grave de preceitos éticos e da lei são exemplos de situações que podem ser consideradas justas causas, justificando-se a imposição da pena de exclusão, partindo-se sempre do pressuposto de garantia, por óbvio, ao infrator, do direito ao contraditório e à ampla defesa.

Na redação original do dispositivo, admitia-se que, mesmo não cuidando o estatuto de elencar as condutas que entende passíveis de exclusão do associado, a Assembleia Geral, especialmente convocada, poderia apreciar a existência de motivos graves, e, em deliberação fundamentada e por maioria absoluta dos presentes, decidir pela aplicação da sanção.

Na atualidade, mesmo sem tal previsão, parece-nos lógico que tal poder da Assembleia Geral ainda é invocável, o que está limitado, porém, pela própria previsão do estatuto e pela superior garantia, de base constitucional, do direito de defesa e recurso.

"Sendo extinta uma associação, ante a omissão de seu estatuto e dos seus sócios", pontifica a Professora MARIA HELENA DINIZ, "a lei procura dispor sobre o destino de seu patrimônio". E arremata: "apurar-se-ão, então, os seus haveres, procedendo-se à liquidação, solvendo-se os débitos sociais, recebendo-se o *quantum* que lhe era devido"[19].

Os bens remanescentes, por sua vez, não havendo destinação especial prevista no estatuto, nem deliberação social a respeito, deviam ser devolvidos a um estabelecimento municipal, estadual ou federal, de fins idênticos, ou semelhantes. Se não houvesse, todavia, no Município, no Estado, no Distrito Federal ou no Território, estabelecimento nas condições indicadas, o patrimônio seria devolvido à Fazenda do Estado, do Distrito Federal ou da União.

O Código Civil de 2002, em seu art. 61, dispõe que, em caso de dissolução, o patrimônio líquido — deduzidas as quotas ou frações ideais de propriedade do associado (parágrafo único do art. 56), bem como os débitos sociais —, será destinado à entidade de fins não econômicos designada no estatuto, ou, omisso este, por deliberação dos associados, a instituição municipal, estadual ou federal, de fins idênticos ou semelhantes. Na falta dessas, os bens remanescentes serão devolvidos à Fazenda do Estado, do Distrito Federal ou da União (art. 61, § 2º).

Por cláusula do estatuto ou, no silêncio deste, por deliberação dos associados, prevê o § 1º do art. 61, é permitido aos respectivos membros, antes da destinação do remanescente a entidades congêneres, receber em restituição, em valor atualizado, as contribuições que houverem prestado ao patrimônio da entidade.

---

19 DINIZ, Maria Helena. *Código Civil Anotado*, 5. ed., São Paulo: Saraiva, 1999, p. 47.

### 3.2.2. As sociedades

A sociedade é espécie de corporação, dotada de personalidade jurídica própria, e instituída por meio de um contrato social, com o precípuo escopo de exercer atividade econômica e partilhar lucros.

A esse respeito, pontifica, com acuidade, ORLANDO GOMES que "se duas ou mais pessoas põem em comum sua atividade ou seus recursos com o objetivo de partilhar o proveito resultante do empreendimento, constituem uma sociedade"[20].

O contrato social, nesse contexto, desde que devidamente registrado, é o ato constitutivo da sociedade.

O Código Civil brasileiro estabelece que:

> "Art. 981. Celebram contrato de sociedade as pessoas que reciprocamente se obrigam a contribuir, com bens ou serviços, para o exercício de atividade econômica e a partilha, entre si, dos resultados.
>
> Parágrafo único. A atividade pode restringir-se à realização de um ou mais negócios determinados".

Dependendo do tipo de atividade realizada, a doutrina tradicional sustenta que a sociedade poderá ser civil ou mercantil.

A diferença está em que apenas a sociedade mercantil pratica atos de comércio para produzir lucros[21]. As sociedades civis, por sua vez, a despeito de perseguirem proveito econômico, não empreendem atividade mercantil, ou seja, não atuam na qualidade de comerciantes (é o caso das sociedades formadas por certos profissionais — médicos, advogados, dentistas etc.).

O Código Civil de 2002, aproveitando os ensinamentos do moderno Direito Empresarial, atualizou-os terminologicamente, ao classificar, quanto ao objeto social, as sociedades em:

a) sociedades empresárias;
b) sociedades simples.

Nos termos do art. 982 do CC/2002, considera-se empresária a sociedade que tem por objeto o exercício de atividade própria de empresário sujeito a registro.

E que se entende por empresário?

---

[20] GOMES, Orlando, ob. cit., p. 197.

[21] "Como elementos específicos caracterizadores das sociedades comerciais", ensina Fran Martins, "requer-se a cooperação efetiva entre os sócios, a que se denominou como *affectio societatis*, ou seja, o desejo de estarem os sócios juntos para a realização do objeto social; a contribuição dos sócios para o capital social e a participação dos mesmos nos lucros e nas perdas" (*Curso de Direito Comercial*, 24. ed., Rio de Janeiro: Forense, 1999, p. 139).

Responde-nos o art. 966, *caput*, do CC/2002:

> "Art. 966. Considera-se empresário quem exerce profissionalmente atividade econômica organizada para a produção ou a circulação de bens ou de serviços".

Abandonou-se, portanto, a superada definição de comerciante, substituindo-a pela moderna noção de empresário.

Nesse diapasão, conclui-se que a sociedade empresária vem a ser a pessoa jurídica que exerça atividade econômica organizada para a produção ou a circulação de bens ou de serviços, com registro na Junta Comercial e sujeita à legislação falimentar.

Em linhas gerais, podemos afirmar que uma sociedade empresária é marcada pela impessoalidade, porquanto os seus sócios atuam como meros articuladores de fatores de produção (capital, trabalho, matéria-prima e tecnologia), não importando a atuação pessoal de cada um no exercício da atividade empresarial desenvolvida. É o caso de uma concessionária de veículos ou de um banco. Muitas vezes, nem se sabe quem são os detentores da empresa.

No tocante ainda às sociedades empresárias, para o seu efetivo controle, expressa o art. 967 do CC/2002 ser "obrigatória a inscrição do empresário no Registro Público de Empresas Mercantis da respectiva sede, antes do início de sua atividade"[22].

Essas sociedades, por sua vez, podem assumir as seguintes formas (arts. 983 e 1.039 a 1.092 do CC/2002):

---

[22] CC/2002: "Art. 968. A inscrição do empresário far-se-á mediante requerimento que contenha: I — o seu nome, nacionalidade, domicílio, estado civil e, se casado, o regime de bens; II — a firma, com a respectiva assinatura autógrafa que poderá ser substituída pela assinatura autenticada com certificação digital ou meio equivalente que comprove sua autenticidade, ressalvado o disposto no inciso I do § 1º do art. 4º da Lei Complementar n. 123, de 14 de dezembro de 2006; III — o capital; IV — o objeto e a sede da empresa. § 1º Com as indicações estabelecidas neste artigo, a inscrição será tomada por termo no livro próprio do Registro Público de Empresas Mercantis, e obedecerá a número de ordem contínuo para todos os empresários inscritos. § 2º À margem da inscrição, e com as mesmas formalidades, serão averbadas quaisquer modificações nela ocorrentes. § 3º Caso venha a admitir sócios, o empresário individual poderá solicitar ao Registro Público de Empresas Mercantis a transformação de seu registro de empresário para registro de sociedade empresária, observado, no que couber, o disposto nos arts. 1.113 a 1.115 deste Código. § 4º O processo de abertura, registro, alteração e baixa do microempreendedor individual de que trata o art. 18-A da Lei Complementar n. 123, de 14 de dezembro de 2006, bem como qualquer exigência para o início de seu funcionamento deverão ter trâmite especial e simplificado, preferentemente eletrônico, opcional para o empreendedor, na forma a ser disciplinada pelo Comitê para Gestão da Rede Nacional para a Simplificação do Registro e da Legalização de Empresas e Negócios — CGSIM, de que trata o inciso III do art. 2º da mesma Lei. § 5º Para fins do disposto no § 4º, poderão ser dispensados o uso da firma, com a respectiva assinatura autógrafa, o capital, requerimentos, demais assinaturas, informações relativas à nacionalidade, estado civil e regime de bens, bem como remessa de documentos, na forma estabelecida pelo CGSIM. Art. 969. O empresário que instituir sucursal, filial ou agência, em lugar sujeito à jurisdição de outro Registro Público de Empresas Mercantis, neste deverá também inscrevê-la, com a prova da inscrição originária. Parágrafo único. Em qualquer caso, a constituição do estabelecimento secundário deverá ser averbada no Registro Público de Empresas Mercantis da respectiva sede".

a) sociedade em nome coletivo;
b) sociedade em comandita simples;
c) sociedade limitada;
d) sociedade anônima;
e) sociedade em comandita por ações.

Cumpre-nos referir que a sociedade que tenha por objeto o exercício de atividade empresarial rural e seja constituída, ou transformada, de acordo com um dos tipos de sociedade empresária, pode, observadas as exigências legais, requerer a sua inscrição no Registro Público de Empresas Mercantis da sua sede, ficando equiparada, para todos os efeitos, à sociedade empresária (art. 984, *caput*, do CC/2002). Trata-se de sociedade empresária por equiparação.

Até aqui se cuidou das sociedades empresárias.

A outra categoria, que completa a classificação apresentada, é a das sociedades simples.

Trata-se de pessoas jurídicas que, embora persigam proveito econômico, não empreendem atividade empresarial. Equiparam-se às tradicionalmente conhecidas sociedades civis, não tendo obrigação legal de inscrever os seus atos constitutivos no Registro Público de Empresas Mercantis, mas somente no Cartório de Registro Civil de Pessoas Jurídicas.

Com efeito, os arts. 998, *caput*, e 1.000 do CC/2002, que tratam das sociedades simples, apenas se referem ao Registro Civil das Pessoas Jurídicas, em redação que permite perfeita correspondência aos já mencionados arts. 967 e 969, que remetem ao Registro Público de Empresas Mercantis[23].

No vastíssimo campo de atuação das sociedades simples, verifica-se a aplicação do instituto em sociedades de profissionais liberais, instituições de ensino, entidades de assistência médica ou social, entre outras. Embora possa adotar uma das formas societárias previstas para as sociedades empresárias — ressalvada a sociedade por ações, por absoluta incompatibilidade e imposição legal[24] —, não se subordina às normas relativas ao "empresário".

Em outras palavras, na sociedade simples, cujo registro deve ser feito no CRPJ (Cartório de Registro de Pessoas Jurídicas), acentua-se a marca da pessoalidade, na medida em que a atuação pessoal de cada sócio importa para o exercício da própria atividade desenvolvida, como se dá em uma sociedade de médicos ou de advogados. Por isso, em geral, as sociedades simples são prestadoras de serviços.

[23] Se não, vejamos: "Art. 998. Nos trinta dias subsequentes à sua constituição, a sociedade deve requerer a inscrição do contrato social no Registro Civil das Pessoas Jurídicas do local de sua sede. (...) Art. 1.000. A sociedade simples que instituir sucursal, filial ou agência na circunscrição de outro Registro Civil das Pessoas Jurídicas, neste deverá também inscrevê-la, com a prova da inscrição originária. Parágrafo único. Em qualquer caso, a constituição da sucursal, filial ou agência deverá ser averbada no Registro Civil da respectiva sede".

[24] Com efeito, prevê o § 1º do art. 2º da Lei n. 6.404, de 15 de dezembro de 1976 (*Lei das Sociedades por Ações*), que "qualquer que seja o objeto, a companhia é mercantil e se rege pelas leis e usos do comércio".

Acrescente-se, apenas, que, quanto à sociedade de advogados, por disposição de norma especial (art. 15, § 1º, da Lei n. 8.906, de 1994 — Estatuto da Advocacia), o seu registro deve ser feito na Ordem dos Advogados do Brasil (OAB).

Caso não adote um dos tipos societários regulados nos arts. 1.039 a 1.092 do CC/2002 (excepcionadas, como dito, as S/As, dos arts. 1.088 e 1.089), subordina-se às normas que lhes são próprias, previstas nos arts. 997 a 1.038 do referido diploma legal[25].

As sociedades anônimas e as sociedades cooperativas[26], por sua vez, embora integradas ao Código Civil de 2002, tiveram a sua disciplina remetida para legislação especial (*vide* os mencionados arts. 1.088 e 1.089, bem como os arts. 1.093 a 1.096 do CC/2002, respectivamente), em virtude de suas peculiaridades.

### 3.2.3. As fundações

Diferentemente das associações e das sociedades, as fundações resultam não da união de indivíduos, mas da afetação de um patrimônio, por testamento ou escritura pública, que faz o seu instituidor, especificando o fim para o qual se destina[27].

O art. 62, *caput*, do Código Civil vigente dispõe que:

> "Art. 62. Para criar uma fundação, o seu instituidor fará, por escritura pública ou testamento, dotação especial de bens livres, especificando o fim a que se destina, e declarando, se quiser, a maneira de administrá-la".

Cumpre-nos observar que o legislador cuidou de inserir originalmente um parágrafo único no referido art. 62 do CC/2002, consagrando o elemento finalístico da fundação, que somente poderia constituir-se "para fins religiosos, morais, culturais ou de assistência".

Saliente-se que o referido parágrafo único teve sua redação modificada pela Lei n. 13.151, de 28 de julho de 2015, para detalhadamente especificar as finalidades de uma fundação, que somente poderá ser constituída para fins de:

---

[25] Este Capítulo (Da Sociedade Simples) é dividido da seguinte forma: "Seção I — Do contrato social; Seção II — Dos direitos e obrigações dos sócios; Seção III — Da administração; Seção IV — Das relações com terceiros; Seção V — Da resolução da sociedade em relação a um sócio; Seção VI — Da dissolução".

[26] A respeito das cooperativas, cumpre-nos transcrever a nota ao art. 114 da Lei de Registros Públicos, de autoria do ilustrado Theotonio Negrão: "o registro das sociedades cooperativas, que são sociedades civis (v. Lei 5.764, de 16.12.71, art. 4º, no tít. Sociedades Civis), faz-se, por exceção, na Junta Comercial (art. 32-II-'a' da Lei 8.934, de 18.11.94, em *Lex* 1994/1.471, Just. 168/175)" (*Código Civil e Legislação Civil em Vigor*, 16. ed., atualizada até 5 de janeiro de 1997, São Paulo: Saraiva, 1997, p. 770). Por expressa disposição do Código Civil de 2002, outrossim, as cooperativas são consideradas sociedades simples (art. 982, parágrafo único), razão por que entendemos (a despeito de existirem controvérsias como a mencionada) que o registro do seu ato constitutivo deve ser feito, atualmente, no Cartório de Registro Civil de Pessoas Jurídicas (CRPJ), tendo-se operado a revogação tácita do art. 32, II, *a*, da Lei n. 8.934/94, na parte referente à cooperativa. Aprofundando o tema das cooperativas, em especial as de trabalho, confira-se o artigo Cooperativismo e Direito do Trabalho, in PAMPLONA FILHO, Rodolfo. *Questões Controvertidas de Direito do Trabalho*, Belo Horizonte: Nova Alvorada, 1999.

[27] A fundação pública, instituída pela União, Estado ou Município, na forma da lei, rege-se por preceitos próprios de Direito Administrativo, escapando, portanto, da perspectiva desta obra.

I — assistência social;

II — cultura, defesa e conservação do patrimônio histórico e artístico;

III — educação;

IV — saúde;

V — segurança alimentar e nutricional;

VI — defesa, preservação e conservação do meio ambiente e promoção do desenvolvimento sustentável;

VII — pesquisa científica, desenvolvimento de tecnologias alternativas, modernização de sistemas de gestão, produção e divulgação de informações e conhecimentos técnicos e científicos;

VIII — promoção da ética, da cidadania, da democracia e dos direitos humanos; e

IX — atividades religiosas.

Escapa, pois, do permissivo legal, mesmo com a mencionada ampliação de finalidades, a entidade supostamente fundacional que empreenda atividade econômica com escopo lucrativo[28].

Não se admite, por outro lado, sobretudo por sua precípua finalidade social, que a diretoria ou o conselho deliberativo da fundação, desvirtuando inclusive a vontade do instituidor, aliene injustificadamente bens componentes de seu acervo patrimonial. Sustentamos que toda alienação demanda alvará judicial, devendo ser devidamente motivada, em procedimento de jurisdição graciosa, com a indispensável intervenção do Ministério Público.

Para a criação de uma fundação, deve o instituidor necessariamente destacar determinada parcela de seu patrimônio pessoal, composta por bens móveis ou imóveis, especificando-os e atribuindo-lhes determinada finalidade não econômica, bem como a maneira de administrá-los.

Neste ponto, observe-se que a dotação não se confunde com a doação, porque esta envolve a transferência de bens de uma pessoa a outra, enquanto aquela é elemento constitutivo de uma pessoa jurídica.

Apenas por duas formas se concretiza o ato de dotação patrimonial: escritura pública ou testamento.

Em caso de instituição por escritura pública (negócio *inter vivos*), o instituidor é obrigado a transferir à fundação a propriedade, ou outro direito real que tenha sobre os bens dotados, sob pena de a transcrição ou inscrição se efetivar por meio de ordem judicial (art. 64 do CC/2002).

---

[28] Nosso posicionamento coincide com a visão defendida na I Jornada de Direito Civil do Conselho da Justiça Federal, que editou dois enunciados sobre a matéria, a saber, os Enunciados 8 ("A constituição de fundação para fins científicos, educacionais ou de promoção do meio ambiente está compreendida no CC, art. 62, parágrafo único") e 9 ("O art. 62, parágrafo único, deve ser interpretado de modo a excluir apenas as fundações de fins lucrativos").

Registre-se, por fim, que a instituição por testamento poderá se dar por qualquer modalidade testamentária, uma vez que o legislador não fora expresso quanto à exigência do testamento público.

Em linhas gerais, há duas formas de instituição da fundação: a direta, quando o próprio instituidor o faz, pessoalmente, inclusive cuidando da elaboração dos estatutos; ou a fiduciária, quando confia a terceiro a organização da entidade.

Neste último caso, dispõe o art. 65 do CC/2002:

> "Art. 65. Aqueles a quem o instituidor cometer a aplicação do patrimônio, em tendo ciência do encargo, formularão logo, de acordo com as suas bases (art. 62), o estatuto da fundação projetada, submetendo-o, em seguida, à aprovação da autoridade competente, com recurso ao juiz.
>
> Parágrafo único. Se o estatuto não for elaborado no prazo assinado pelo instituidor, ou, não havendo prazo, em cento e oitenta dias, a incumbência caberá ao Ministério Público".

Note-se que a nova Lei Codificada foi mais precisa do que o Código de 1916, uma vez que cuidou de estabelecer o prazo máximo de cento e oitenta dias para a elaboração dos estatutos, sob pena de a incumbência ser transferida ao *Parquet*. Em geral, o Ministério Público tem uma ou mais Promotorias de Justiça com atribuição específica de fiscalizar a criação e funcionamento das fundações.

Ainda sobre a elaboração dos estatutos, observe-se que a Lei n. 13.151, de 28 de julho de 2015, admitiu expressamente a possibilidade de estabelecimento de remuneração aos dirigentes de fundações[29].

---

[29] Posteriormente a Lei n. 13.204, de 14 de dezembro de 2015, alterou a alínea *a* do § 2º do art. 12 da Lei n. 9.532, de 10 de dezembro de 1997, para incluir também neste rol as organizações da sociedade civil sem fins lucrativos, passando tal dispositivo a vigorar com a seguinte redação: "Art. 12 (...) — § 2º (...) *a)* não remunerar, por qualquer forma, seus dirigentes pelos serviços prestados, exceto no caso de associações , fundações ou organizações da sociedade civil, sem fins lucrativos, cujos dirigentes poderão ser remunerados, desde que atuem efetivamente na gestão executiva e desde que cumpridos os requisitos previstos nos arts. 3º e 16 da Lei n. 9.790, de 23 de março de 1999, respeitados como limites máximos os valores praticados pelo mercado na região correspondente à sua área de atuação, devendo seu valor ser fixado pelo órgão de deliberação superior da entidade, registrado em ata, com comunicação ao Ministério Público, no caso das fundações;". A Lei n. 91/1935 foi revogada pela Lei n. 13.204/2015. A Lei n. 13.151, de 28 de julho de 2015 dispõe em seu art. 6º : "O inciso I do art. 29 da Lei n. 12.101, de 27 de novembro de 2009, passa a vigorar com a seguinte redação: 'Art. 29. (...) I — não percebam seus diretores, conselheiros, sócios, instituidores ou benfeitores remuneração, vantagens ou benefícios, direta ou indiretamente, por qualquer forma ou título, em razão das competências, funções ou atividades que lhes sejam atribuídas pelos respectivos atos constitutivos, exceto no caso de associações assistenciais ou fundações, sem fins lucrativos, cujos dirigentes poderão ser remunerados, desde que atuem efetivamente na gestão executiva, respeitados como limites máximos os valores praticados pelo mercado na região correspondente à sua área de atuação, devendo seu valor ser fixado pelo órgão de deliberação superior da entidade, registrado em ata, com comunicação ao Ministério Público, no caso das fundações;'".

Como consectário de sua atribuição legal para fiscalizar as fundações, é o órgão do Ministério Público que deverá aprovar os estatutos da fundação, com recurso ao juiz competente, em caso de divergência.

O interessado submeterá o estatuto ao Ministério Público, que verificará se foram observadas as bases da fundação e se os bens dotados são suficientes ao fim a que ela se destina. Não havendo óbice, o *Parquet* aprovará o estatuto[30].

Quanto à relevante função fiscalizadora do órgão ministerial, estabelece o art. 66 do Código Civil de 2002, com a nova redação firmada pela Lei n. 13.151, de 28 de julho de 2015:

> "Art. 66. Velará pelas fundações o Ministério Público do Estado onde situadas.
>
> § 1º Se funcionarem no Distrito Federal ou em Território, caberá o encargo ao Ministério Público do Distrito Federal e Territórios[31].
>
> § 2º Se estenderem a atividade por mais de um Estado, caberá o encargo, em cada um deles, ao respectivo Ministério Público".

Vale ressaltar que esta atual redação é evidentemente inspirada na decisão do Supremo Tribunal Federal, no julgamento da ADIn 2.794, proposta pela CONAMP (entidade de representação nacional do Ministério Público), que reconheceu a inconstitucio-

---

[30] Com a aprovação do CPC/2015, não há mais a esdrúxula possibilidade de o Juiz "aprovar" o Estatuto elaborado pelo MP (art. 1.202, CPC/1973). O regulamento atual é mais técnico e preciso: "Art. 764. O juiz decidirá sobre a aprovação do estatuto das fundações e de suas alterações sempre que o requeira o interessado, quando: I — ela for negada previamente pelo Ministério Público ou por este forem exigidas modificações com as quais o interessado não concorde; II — o interessado discordar do estatuto elaborado pelo Ministério Público. § 1º O estatuto das fundações deve observar o disposto na Lei n. 10.406, de 10 de janeiro de 2002 (Código Civil). § 2º Antes de suprir a aprovação, o juiz poderá mandar fazer no estatuto modificações a fim de adaptá-lo ao objetivo do instituidor".

[31] Sobre o tema, já estabelecia o Enunciado n. 10 da I Jornada de Direito Civil do Conselho da Justiça Federal: "Art. 66, § 1º: Em face do princípio da especialidade, o art. 66, § 1º, deve ser interpretado em sintonia com os arts. 70 e 178 da LC n. 75/93". Os mencionados dispositivos da Lei Orgânica do Ministério Público da União estabelecem: "Art. 70. Os Procuradores da República serão designados para oficiar junto aos Juízes Federais e junto aos Tribunais Regionais Eleitorais, onde não tiver sede a Procuradoria Regional da República. Parágrafo único. A designação de Procurador da República para oficiar em órgãos jurisdicionais diferentes dos previstos para a categoria dependerá de autorização do Conselho Superior. (...) Art. 178. Os Promotores de Justiça serão designados para oficiar junto às Varas da Justiça do Distrito Federal e Territórios. Parágrafo único. Os Promotores de Justiça serão lotados nos ofícios previstos para as Promotorias de Justiça".

Nessa linha, foi aprovado o Enunciado n. 147, proposto pelo Desembargador Federal Marcelo Navarro Ribeiro Dantas, na III Jornada de Direito Civil da Justiça Federal, de novembro/2004, com o seguinte conteúdo: "Art. 66: A expressão 'por mais de um Estado', contida no § 2º do art. 66, não exclui o Distrito Federal e os Territórios. A atribuição de velar pelas fundações, prevista no art. 66 e seus parágrafos, para o MP local — isto é, dos Estados, DF e Territórios onde situadas —, não exclui a necessidade de fiscalização de tais pessoas jurídicas pelo MPF, quando se tratar de fundações instituídas ou mantidas pela União, autarquia ou empresa pública federal, ou que destas recebam verbas, nos termos da Constituição, da LC n. 75/93 e da Lei de Improbidade".

nalidade do dispositivo original do Código Civil de 2002, que conferia ao Ministério Público Federal poderes para fiscalizar fundação localizada no Distrito Federal, por conta da inequívoca usurpação de atribuição legal e constitucional do Ministério Público do próprio Distrito Federal.

Nada impede, todavia, que haja atuação fiscalizatória conjunta do Ministério Público do Estado ou do Distrito Federal e Territórios com o Ministério Público Federal, caso haja interesse que justifique a intervenção deste último.

Como toda pessoa jurídica de direito privado, o ciclo constitutivo da fundação só se aperfeiçoa com a inscrição de seus atos constitutivos no Cartório de Registro Civil das Pessoas Jurídicas.

Nesse sentido, dispõe o art. 114 da Lei n. 6.015, de 31 de dezembro de 1973 (Lei de Registros Públicos): "Art. 114. No Registro Civil de Pessoas Jurídicas serão inscritos: I — os contratos, os atos constitutivos, o estatuto ou compromissos das sociedades civis, religiosas, pias, morais, científicas ou literárias, bem como o das fundações e das associações de utilidade pública".

Alterando a inútil regra do art. 25 do CC/1916, que mandava converter em títulos da dívida pública os bens insuficientes da fundação, até que atingissem o capital necessário para o seu funcionamento, o Código Civil de 2002, consagrando norma adequada e precisa, dispõe, em seu art. 63, que:

> "Art. 63. Quando insuficientes para constituir a fundação, os bens a ela destinados serão, se de outro modo não dispuser o instituidor, incorporados em outra fundação que se proponha a fim igual ou semelhante".

A lei também cuidou da possibilidade de alteração do estatuto da fundação.

Para que se possa alterar o estatuto, determina o art. 67 do CC/2002 a observância dos seguintes pressupostos:

a) deliberação de dois terços dos competentes para gerir e representar a fundação;
b) respeito à finalidade da fundação;
c) aprovação pelo órgão do Ministério Público no prazo máximo de 45 dias (esgotado o lapso temporal ou no caso de o Ministério Público denegar a aprovação, poderá o juiz supri-la, a requerimento do interessado).

Não havendo unanimidade na alteração estatutária, persistia dúvida na doutrina quanto ao prazo concedido à minoria vencida para impugnar judicialmente o ato. Enquanto o art. 29 do CC/1916 estabelecia o lapso de um ano, o Código de Processo Civil de 1973, por sua vez, em seu art. 1.203, parágrafo único, consagrava prazo menor, de apenas dez dias.

Ora, considerando que a norma processual era posterior à regra de direito material, conclui-se, por princípio de direito intertemporal, que devia prevalecer o curto prazo de dez dias.

Nesse diapasão, preleciona SÍLVIO VENOSA: "nesse aspecto, entendemos que está derrogado o art. 29 do Código Civil, que atribuirá prazo de um ano para a minoria vencida promover a nulidade da modificação dos estatutos, porque o estatuto processual disciplinou diferentemente a matéria"[32].

O Código Civil de 2002, escoimando qualquer dúvida a respeito, em seu art. 68, uniformizou o tratamento legal, consagrando o prazo previsto na legislação processual civil originária:

> "Art. 68. Quando a alteração não houver sido aprovada por votação unânime, os administradores da fundação, ao submeterem o estatuto ao órgão do Ministério Público, requererão que se dê ciência à minoria vencida para impugná-la, se quiser, em dez dias" (grifo nosso).

A título de curiosidade, a regra processual mencionada (do CPC/1973) foi revogada pelo Código de Processo Civil de 2015, que não introduziu qualquer novo dispositivo regente da matéria, de maneira que persiste a norma do Código Civil.

Finalmente, o art. 69, mantendo a mesma diretriz do CC/1916, regula o destino dos bens componentes do acervo patrimonial, em caso de desvirtuamento da finalidade da fundação, ou expiração do prazo de sua existência:

> "Art. 69. Tornando-se ilícita, impossível ou inútil a finalidade a que visa a fundação, ou vencido o prazo de sua existência, o órgão do Ministério Público, ou qualquer interessado, lhe promoverá a extinção, incorporando-se o seu patrimônio, salvo disposição em contrário no ato constitutivo, ou no estatuto, em outra fundação, designada pelo juiz, que se proponha a fim igual ou semelhante".

Vale destacar que a extinção da fundação privada também faz cessar a personalidade jurídica, devendo ser liquidado o passivo com o ativo existente, após o que o resultado patrimonial positivo é que será destinado à fundação com fim igual ou semelhante.

E quem pode promover a extinção de uma fundação?

A resposta é trazida pela legislação processual.

Com efeito, preceitua o art. 765 do CPC/2015:

> "Art. 765. Qualquer interessado ou o Ministério Público promoverá em juízo a extinção da fundação quando:
>
> I — se tornar ilícito o seu objeto;
>
> II — for impossível a sua manutenção;
>
> III — vencer o prazo de sua existência".

Observe-se que a previsão é bastante ampla, abrangendo a superveniência da ilicitude do objeto, a impossibilidade de sua manutenção e até mesmo o advento de termo fixado na sua instituição, uma vez que pode haver "fundações temporárias".

---

[32] VENOSA, Sílvio de Salvo. *Direito Civil* — Parte Geral, São Paulo: Atlas, 2001, p. 240.

### 3.2.4. As organizações religiosas

Juridicamente, podem ser consideradas organizações religiosas todas as entidades de direito privado, formadas pela união de indivíduos com o propósito de culto a determinada força ou forças sobrenaturais, por meio de doutrina e ritual próprios, envolvendo, em geral, preceitos éticos.

Nesse conceito enquadram-se, portanto, desde igrejas e seitas até comunidades leigas, como confrarias ou irmandades.

Dessa forma, tem-se uma gama de manifestações da espiritualidade humana, comunidades católicas, evangélicas, associações espiritualistas, tendas de umbanda, entidades budistas ou relativas à prática de outras filosofias orientais etc.

Abstraída a questão do raciocínio cerebrino de distinguir as organizações religiosas, tecnicamente, das associações (e não vê-las, o que pareceria mais óbvio, como associações com peculiaridades decorrentes de suas próprias crenças), soa-nos, também, *a priori*, despiciendo o § 1º inserido no art. 44 do CC/2002 pela Lei n. 10.825, de 22 de dezembro de 2003 ("São livres a criação, a organização, a estruturação interna e o funcionamento das organizações religiosas, sendo vedado ao poder público negar-lhes reconhecimento ou registro dos atos constitutivos e necessários ao seu funcionamento").

Isso porque o art. 19, I, da Constituição Federal de 1988 já veda à União, aos Estados, ao Distrito Federal e aos Municípios "estabelecer cultos religiosos ou igrejas, subvencioná-los, embaraçar-lhes o funcionamento ou manter com eles ou seus representantes relações de dependência ou aliança, ressalvada, na forma da lei, a colaboração de interesse público".

Trata-se, portanto, do que se convencionou chamar justamente de liberdade de organização religiosa, uma das formas de expressão da liberdade religiosa, coexistindo com a liberdade de crença e de culto.

Obviamente, a liberdade de organização e funcionamento das entidades religiosas não as exime da apreciação judicial de seus atos, uma vez que não seria constitucional abrir uma exceção ao princípio da indeclinabilidade do Poder Judiciário (art. 5º, XXXV, da CF de 1988).

Nessa esteira, observe-se que, na III Jornada de Direito Civil, realizada em novembro/2004 no Superior Tribunal de Justiça, foi aprovado o Enunciado n. 143, proposto pelos ilustres Professores GUSTAVO TEPEDINO e BRUNO LEWICKI, no sentido de que a "liberdade de funcionamento das organizações religiosas não afasta o controle de legalidade e legitimidade constitucional de seu registro, nem a possibilidade de reexame pelo Judiciário da compatibilidade de seus atos com a lei e com seus estatutos".

### 3.2.5. Os partidos políticos

A mesma crítica, feita no tópico anterior, de criação "forçada" de uma nova espécie de pessoa jurídica de direito privado, distinta das associações, para enquadrar as organizações religiosas, pode ser feita ao inciso seguinte, que trata dos partidos políticos.

De fato, como ensina Maria Helena Diniz, os partidos políticos são "entidades integradas por pessoas com ideias comuns, tendo por finalidade conquistar o poder para a consecução de um programa. São associações civis, que visam assegurar, no interesse do regime democrático, a autenticidade do sistema representativo e defender os direitos fundamentais definidos na Constituição Federal. Adquirem personalidade jurídica com o registro de seus estatutos mediante requerimento ao cartório competente do Registro Civil das pessoas jurídicas da capital federal e ao Tribunal Superior Eleitoral. Os partidos políticos poderão ser livremente criados, tendo autonomia para definir sua estrutura interna, organização e funcionamento, devendo seus estatutos estabelecer normas de fidelidade e disciplina partidária. Ser-lhes-á proibido receber recursos financeiros de entidade ou governo estrangeiro, devendo prestar contas de seus atos à Justiça Eleitoral"[33].

O § 3º, inserido no art. 44 pela Lei n. 10.825, de 22 de dezembro de 2003, estabelece apenas que os "partidos políticos serão organizados e funcionarão conforme o disposto em lei específica". Na falta de norma posterior, esta lei específica continua sendo a Lei n. 9.096/95 que, dispondo sobre os partidos políticos, regulamentou os arts. 17 e 14, § 3º, V, da Constituição Federal de 1988.

### 3.2.6. As empresas individuais de responsabilidade limitada

A Lei n. 12.441, de 11 de julho de 2011, consagrou, no ordenamento jurídico brasileiro, a possibilidade, antes não autorizada, de criação de pessoa jurídica constituída por apenas uma pessoa natural, sem a necessidade de conjunção de vontades.

Trata-se de uma antiga reivindicação dos especialistas da área, que constantemente criticavam a construção artificial de pessoas jurídicas, fenômeno que ocorria pela circunstância de não se admitir — ressalvadas situações anômalas e especiais — a pessoa jurídica constituída por uma única pessoa.

Assim, "empresas" eram constituídas normalmente apenas "no papel", pois, pela exigência de participação de mais de uma pessoa, criavam-se pessoas jurídicas sem qualquer tipo de "*affectio societatis*", o que era facilmente constatável quando se verificava que um dos "sócios" detinha a esmagadora maioria das quotas de uma sociedade, enquanto o outro sócio — normalmente um parente ou um amigo — era titular de insignificante participação no capital social, sem qualquer interesse concreto no negócio.

O advento da EIRELI — Empresa Individual de Responsabilidade Limitada — permite que uma única pessoa natural possa, sem precisar formar sociedade com absoluta-

[33] DINIZ, Maria Helena. *Curso de Direito Civil Brasileiro*, 37. ed., São Paulo: Saraiva, 2020, v. 1, p. 307.

mente ninguém, constituir uma pessoa jurídica com responsabilidade limitada ao capital integralizado.

E note-se a grande vantagem da EIRELI: diferentemente do empresário individual, cuja responsabilidade pelas dívidas contraídas recai no seu próprio patrimônio pessoal (pessoa física), no caso da EIRELI, a sua responsabilidade é limitada ao capital constituído e integralizado.

Se a iniciativa foi louvável, vindo em boa hora, a forma da disciplina, todavia, talvez mereça alguma ponderação crítica.

Com efeito, preceitua o *caput* do novo art. 980-A:

> "Art. 980-A. A empresa individual de responsabilidade limitada será constituída por uma única pessoa titular da totalidade do capital social, devidamente integralizado, que não será inferior a 100 (cem) vezes o maior salário mínimo vigente no País".

A estipulação de um capital mínimo para a constituição da empresa individual de responsabilidade limitada, se, por um lado, visa à proteção de quem negocia com tal pessoa jurídica, por outro prisma, pode acabar inviabilizando sua disseminação.

Se não houvesse tal limitação, não hesitaríamos em afirmar, peremptoriamente, que a instituição da EIRELI decretaria o fim do empresário individual, pois não haveria qualquer sentido em se permanecer nesta condição, se fosse possível constituir livremente uma pessoa jurídica com responsabilidade patrimonial limitada.

Ademais, dever-se-ia ter evitado a expressão "capital social", pois, como dito acima, a EIRELI não é uma sociedade empresária, mas, sim, uma pessoa jurídica unipessoal.

Observe-se, no particular, que o legislador teve, inclusive, a preocupação de inseri-la, topologicamente, em um título próprio (Título I-A: "Da Empresa Individual de Responsabilidade Limitada"), justamente localizado entre os Títulos I e II, que tratam, respectivamente, do empresário individual e das sociedades empresárias[34].

Sobre o "nome empresarial", vale lembrar, este "deverá ser formado pela inclusão da expressão 'EIRELI' após a firma ou a denominação social da empresa individual de responsabilidade limitada" (art. 980-A, § 1º).

Outra observação importante é que a "pessoa natural que constituir empresa individual de responsabilidade limitada somente poderá figurar em uma única empresa dessa modalidade" (art. 980-A, § 2º).

---

[34] Nesse sentido, observa Frederico Garcia Pinheiro: "A EIRELI não tem natureza jurídica de sociedade empresária, ao contrário do que muitos podem imaginar, mas trata-se de uma nova categoria de pessoa jurídica de direito privado, que também se destina ao exercício da empresa. Tanto que a Lei 12.441/2011 incluiu 'as empresas individuais de responsabilidade limitada' no rol de pessoas jurídicas de direito privado do art. 44 do Código Civil (inc. VI)" (PINHEIRO, Frederico Garcia, Empresa Individual de Responsabilidade Limitada. Disponível em: <https://www.conteudojuridico.com.br/pdf/cj032974.pdf>. Acesso em: 4 jul. 2017.

A instituição da EIRELI pode ser originária (quando decorrente de ato de vontade de criação específica desta modalidade de pessoa jurídica) ou superveniente (quando, na forma do § 3º do art. 980-A, "resultar da concentração das quotas de outra modalidade societária num único sócio, independentemente das razões que motivaram tal concentração"). Esta instituição superveniente pode se dar, por exemplo, pela morte dos demais sócios ou pela aquisição da totalidade do capital social por um único sócio.

Nesse sentido, vale destacar que foi inserido um parágrafo único no art. 1.033 do CC/2002, que trata de hipóteses de dissolução de sociedades, que, de certa forma, estimula a conversão de sociedades empresárias em EIRELI, quando finda a pluralidade societária.

Com efeito, se, por força do inciso IV do art. 1.033, a "falta de pluralidade de sócios, não reconstituída no prazo de cento e oitenta dias" importava, em regra, na dissolução da sociedade, o novo dispositivo mencionado (parágrafo único do art. 1.033) estabelece que isso não ocorrerá "caso o sócio remanescente, inclusive na hipótese de concentração de todas as quotas da sociedade sob sua titularidade, requeira, no Registro Público de Empresas Mercantis, a transformação do registro da sociedade para empresário individual ou para empresa individual de responsabilidade limitada", observando-se, no que couber, o disposto nos arts. 1.113 a 1.115 do CC/2002[35].

Outro aspecto a destacar diz respeito à previsão do § 5º do art. 980-A, que estabelece:

> "§ 5º Poderá ser atribuída à empresa individual de responsabilidade limitada constituída para a prestação de serviços de qualquer natureza a remuneração decorrente da cessão de direitos patrimoniais de autor ou de imagem, nome, marca ou voz de que seja detentor o titular da pessoa jurídica, vinculados à atividade profissional".

Trata-se de um interessante mecanismo pelo qual prestadores de serviços, inclusive os profissionais liberais, mesmo não exercendo uma atividade empresarial típica, poderão se valer desta nova forma de pessoa jurídica, evitando, assim, a constituição de sociedades forçadas, sem deixar de gozar do benefício de limitação da sua responsabilidade.

Registre-se, porém, que o dispositivo deve ser compatibilizado com o parágrafo único do art. 966, que estabelece que "não se considera empresário quem exerce profissão intelectual, de natureza científica, literária ou artística, ainda com o concurso de auxiliares ou colaboradores, salvo se o exercício da profissão constituir elemento de empresa".

---

[35] CC/2002: "Art. 1.113. O ato de transformação independe de dissolução ou liquidação da sociedade, e obedecerá aos preceitos reguladores da constituição e inscrição próprios do tipo em que vai converter-se. Art. 1.114. A transformação depende do consentimento de todos os sócios, salvo se prevista no ato constitutivo, caso em que o dissidente poderá retirar-se da sociedade, aplicando-se, no silêncio do estatuto ou do contrato social, o disposto no art. 1.031. Art. 1.115. A transformação não modificará nem prejudicará, em qualquer caso, os direitos dos credores. Parágrafo único. A falência da sociedade transformada somente produzirá efeitos em relação aos sócios que, no tipo anterior, a eles estariam sujeitos, se o pedirem os titulares de créditos anteriores à transformação, e somente a estes beneficiará".

Deve-se salientar que a disciplina jurídica das sociedades limitadas é aplicável, subsidiariamente, no que couber, às EIRELI, na forma do § 6º do art. 980-A.

Por fim, registre-se que, na forma do § 7º do art. 980 do Código Civil, inserido pela Lei n. 13.874/2019 (Lei da Declaração de Direitos de Liberdade Econômica), "somente o patrimônio social da empresa responderá pelas dívidas da empresa individual de responsabilidade limitada, hipótese em que não se confundirá, em qualquer situação, com o patrimônio do titular que a constitui, ressalvados os casos de fraude".

## 4. DESCONSIDERAÇÃO DA PERSONALIDADE JURÍDICA

A doutrina da desconsideração da personalidade da pessoa jurídica (*disregard of legal entity*) ganhou força na década de 1950, com a publicação do trabalho de ROLF SERICK, professor da Faculdade de Direito de Heidelberg.

Com fulcro em sua teoria, pretendeu-se justificar a superação da personalidade jurídica da sociedade em caso de abuso, permitindo-se o reconhecimento da responsabilidade ilimitada dos sócios.

O precedente jurisprudencial que permitiu o desenvolvimento da teoria ocorreu na Inglaterra, em 1897.

Trata-se do famoso caso Salomon *vs.* Salomon & Co.

Aaron Salomon, objetivando constituir uma sociedade, reuniu seis membros da sua própria família, cedendo para cada um apenas uma ação representativa, ao passo que, para si, reservou vinte mil.

Pela desproporção na distribuição do controle acionário já se verificava a dificuldade em reconhecer a separação dos patrimônios de Salomon e de sua própria companhia.

Em determinado momento, talvez antevendo a quebra da empresa, Salomon cuidou de emitir títulos privilegiados (obrigações garantidas) no valor de dez mil libras esterlinas, que ele mesmo cuidou de adquirir.

Ora, revelando-se insolvável a sociedade, o próprio Salomon, que passou a ser credor privilegiado da sociedade, preferiu a todos os demais credores quirografários (sem garantia), liquidando o patrimônio líquido da empresa.

Apesar de Salomon haver utilizado a companhia como escudo para lesar os demais credores, a Câmara dos Lordes, reformando as decisões de instâncias inferiores, acatou a sua defesa, no sentido de que, tendo sido validamente constituída, e não se identificando a responsabilidade civil da sociedade com a do próprio Salomon, este não poderia, pessoalmente, responder pelas dívidas sociais.

Mas a semente da teoria estava lançada.

Em linhas gerais, a doutrina da desconsideração pretende o superamento episódico da personalidade jurídica da sociedade, em caso de fraude, abuso, ou simples desvio de função, objetivando a satisfação do terceiro lesado junto ao patrimônio dos próprios sócios, que passam a ter responsabilidade pessoal pelo ilícito causado.

Claro está que a desconsideração da personalidade jurídica da sociedade que serviu como escudo para a prática de atos fraudulentos, abusivos, ou em desvio de função não pode significar, ressalvadas hipóteses excepcionais, a sua aniquilação.

A empresa é um polo de produção e de empregos.

O afastamento do manto protetivo da personalidade jurídica deve ser temporário e tópico, perdurando, apenas no caso concreto, até que os credores se satisfaçam no patrimônio pessoal dos sócios infratores, verdadeiros responsáveis pelos ilícitos praticados. Ressarcidos os prejuízos, sem prejuízo de simultânea responsabilização administrativa e criminal dos envolvidos, a empresa, por força do próprio princípio da continuidade, poderá, desde que apresente condições jurídicas e estruturais, voltar a funcionar.

Entretanto, reconhecemos que, em situações de excepcional gravidade, poderá justificar-se a despersonalização, em caráter definitivo, da pessoa jurídica, entendido tal fenômeno como a extinção compulsória, pela via judicial, da personalidade jurídica. Apontam-se os casos de algumas torcidas organizadas que, pela violência de seus integrantes, justificariam o desaparecimento da própria entidade de existência ideal.

Assim sendo, o rigor terminológico impõe diferenciar as expressões despersonalização, que traduz a própria extinção da personalidade jurídica, e desconsideração, que se refere apenas ao seu superamento episódico, em função de fraude, abuso ou desvio de finalidade.

Ambas, porém, não se confundem com a responsabilidade patrimonial direta dos sócios, tanto por ato próprio quanto nas hipóteses de corresponsabilidade e solidariedade.

Por isso, vale registrar que, tecnicamente, pelo fato de a desconsideração ser uma sanção que se aplica a um comportamento abusivo, ela é decretada, e não declarada, como muitas vezes se utiliza a expressão.

Nessa mesma linha, também se decreta a despersonalização (extinção) da pessoa jurídica, pondo fim a ela, ao contrário da responsabilidade patrimonial direta, em que há um reconhecimento de uma situação fática ensejadora, declarando-se a ocorrência do fato e as suas consequências jurídicas.

Além disso, vale destacar que a teoria da desconsideração da personalidade jurídica também pode ser aplicada de forma "inversa", o que significa dizer ir ao patrimônio da pessoa jurídica, quando a pessoa física que a compõe esvazia fraudulentamente o seu patrimônio pessoal.

Trata-se de uma visão desenvolvida notadamente nas relações de família, de forma original, em que se visualiza, muitas vezes, a lamentável prática de algum dos cônjuges que, antecipando-se ao divórcio, retira do patrimônio do casal bens que deveriam ser objeto de partilha, incorporando-os na pessoa jurídica da qual é sócio, diminuindo o quinhão do outro consorte.

Nesta hipótese, pode-se vislumbrar a possibilidade de o magistrado desconsiderar a autonomia patrimonial da pessoa jurídica, buscando bens que estão em seu próprio nome, para responder por dívidas que não são suas e sim de seus sócios, o que, inicialmente, foi sendo aceito pela força criativa da jurisprudência, passando a matéria a ser prevista expressamente no Código de Processo Civil de 2015, conforme se verifica do § 2º do seu art. 133[36].

Historicamente, o Código Civil de 1916[37], por haver sido elaborado no final do século XIX, época em que os tribunais da Europa se deparavam com os primeiros casos de aplicação da teoria, não dispensou tratamento legal à teoria da desconsideração.

Coube à jurisprudência, acompanhada eventualmente por leis setoriais[38], o desenvolvimento da teoria no Direito Civil brasileiro.

Nesse contexto, importante é a contribuição dada pelo Código de Defesa do Consumidor (Lei n. 8.078/90), que incorporou em seu sistema normativo norma expressa a respeito da teoria da desconsideração:

> "Art. 28. O juiz poderá desconsiderar a personalidade jurídica da sociedade quando, em detrimento do consumidor, houver abuso de direito, excesso de poder, infração da lei, fato ou ato ilícito ou violação dos estatutos ou contrato social. A desconsideração também será efetivada quando houver falência, estado de insolvência, encerramento ou inatividade da pessoa jurídica provocados por má administração".

Observando os pressupostos indicados pela norma, chega-se à conclusão de que o legislador se deixou influenciar por uma concepção objetivista, notadamente se formos analisar a previsão ainda mais genérica do § 5º do mesmo dispositivo, que preceitua:

> "§ 5º Também poderá ser desconsiderada a pessoa jurídica sempre que sua personalidade for, de alguma forma, obstáculo ao ressarcimento de prejuízos causados aos consumidores".

Confira-se, a esse respeito, o pensamento de ZELMO DENARI, um dos autores do Anteprojeto do Código de Defesa do Consumidor: "o texto introduz uma novidade, pois é a primeira vez que o direito legislado acolhe a teoria da desconsideração sem levar em conta a configuração da fraude ou o abuso de direito. De fato, o dispositivo pode ser aplicado pelo juiz se o fornecedor (em razão de má administração, pura e simplesmente) encerrar suas atividades como pessoa jurídica"[39].

O tema tem sido conhecido, pela doutrina e jurisprudência especializadas, como a dicotomia de teorias da Desconsideração da Personalidade Jurídica: a primeira, deno-

---

[36] CPC/2015: "§ 2º Aplica-se o disposto neste Capítulo à hipótese de desconsideração inversa da personalidade jurídica".

[37] O CC/1916, a par de não consagrar a teoria da desconsideração, previa, em artigo específico a responsabilidade civil autônoma da pessoa jurídica em seu art. 20, ao dispor que as "pessoas jurídicas têm existência distinta da de seus membros".

[38] Além do Código de Defesa do Consumidor (Lei n. 8.078/90), citem-se, como curiosidade histórica, as Leis n. 8.884/94 (Antitruste), revogada pela Lei n. 12.529, de 30 de novembro de 2011 (Sistema Brasileiro de Defesa da Concorrência), e 9.605/98 (Meio Ambiente).

[39] GRINOVER, Ada Pellegrini e outros, *Código Brasileiro de Defesa do Consumidor*, 5. ed., Rio de Janeiro: Forense, 1998, p. 195.

minada Teoria Maior, exige a comprovação de desvio de finalidade da pessoa jurídica ou a confusão patrimonial; a segunda, por sua vez chamada de Teoria Menor, apenas decorre da insolvência do devedor, e é aplicada especialmente no Direito Ambiental e do Consumidor.

O Código Civil de 2002, por sua vez, colocando-se ao lado das legislações modernas, consagrou, em norma expressa, a teoria da desconsideração da personalidade jurídica, nos seguintes termos da sua redação original:

> "Art. 50. Em caso de abuso da personalidade jurídica, caracterizado pelo desvio de finalidade, ou pela confusão patrimonial, pode o juiz decidir, a requerimento da parte, ou do Ministério Público quando lhe couber intervir no processo, que os efeitos de certas e determinadas relações de obrigações sejam estendidos aos bens particulares dos administradores ou sócios da pessoa jurídica".

Segundo a regra legal, a desconsideração será possível, a requerimento da parte ou do Ministério Público, quando lhe couber intervir, se o abuso consistir em:

a) desvio de finalidade;
b) confusão patrimonial.

No primeiro caso, desvirtuou-se o objetivo social, para se perseguirem fins não previstos contratualmente ou proibidos por lei. No segundo, a atuação do sócio ou administrador confundiu-se com o funcionamento da própria sociedade, utilizada como verdadeiro escudo, não se podendo identificar a separação patrimonial entre ambos.

Nas duas situações, faz-se imprescindível a ocorrência de prejuízo — individual ou social —, justificador da suspensão temporária da personalidade jurídica.

Consagrou-se, pois, uma linha objetivista, que prescinde da existência de elemento anímico ou intencional (propósito ou dolo específico de fraudar a lei ou de cometer um ilícito), adotando-se, como já mencionado acima, a denominada "Teoria Maior da Desconsideração", a qual exige a prova do abuso[40], diferentemente da

[40] No STJ: "AGRAVO REGIMENTAL NO AGRAVO EM RECURSO ESPECIAL. PROCESSUAL CIVIL. CIVIL. DESCONSIDERAÇÃO DA PERSONALIDADE JURÍDICA. REDISCUSSÃO. IMPOSSIBILIDADE. SÚMULA 7/STJ. PRECEDENTES. AGRAVO NÃO PROVIDO. 1. O legislador pátrio, no art. 50 do CC de 2002, adotou a teoria maior da desconsideração, que exige a demonstração da ocorrência de elemento objetivo relativo a qualquer um dos requisitos previstos na norma, caracterizadores de abuso da personalidade jurídica, como excesso de mandato, demonstração do desvio de finalidade ou a demonstração de confusão patrimonial. 2. A Corte *a quo* concluiu pela inexistência dos requisitos necessários para ensejar a desconsideração da personalidade jurídica, e, desse modo, não há como na via estreita do recurso especial reverter o que foi decidido pelo Tribunal estadual, afastando tais conclusões, porquanto seria necessário o revolvimento do contexto fático-probatório dos autos, o que encontra óbice na Súmula 7/STJ. 3. Agravo regimental a que se nega provimento" (AgRg no AREsp 651.421/RS, Rel. Ministro Raul Araújo, Quarta Turma, julgado em 25-8-2015, *DJe* 16-9-2015).

"Teoria Menor", aplicada na seara do Direito do Consumidor, Ambiental, bem como na Justiça do Trabalho.

Um dado dos mais relevantes, porém, que parece estar passando despercebido é o fato de que a nova norma genérica não limita a desconsideração aos sócios, mas também a estende aos administradores da pessoa jurídica[41].

Esse dispositivo pode se constituir em um valiosíssimo instrumento para a efetividade da prestação jurisdicional, pois possibilita, inclusive, a responsabilização dos efetivos "senhores" da empresa, no caso — cada vez mais comum — da interposição de "testas de ferro" (vulgarmente conhecidos como "laranjas") nos registros de contratos sociais, quando os titulares reais da pessoa jurídica posam como meros administradores, para efeitos formais, no intuito de fraudar o interesse dos credores.

Ademais, põe-se fim a qualquer discussão acerca da possibilidade de alcançar o patrimônio de administradores não sócios, cuja conduta deve ser a mais idônea possível, tendo em vista tal possibilidade expressa de sua responsabilização[42].

A grande virtude, sem sombra de qualquer dúvida, da desconsideração da personalidade jurídica prevista no texto original do art. 50 — e todos reconhecem ser esta uma das grandes inovações do CC/2002 — é o estabelecimento de uma regra geral de conduta para todas as relações jurídicas travadas na sociedade, o que evita que os operadores do Direito tenham de fazer — como faziam — malabarismos dogmáticos para aplicar a norma — outrora limitada a certos microssistemas jurídicos — em seus correspondentes campos de atuação (civil, trabalhista, comercial etc.).

Uma importante mudança no regramento até então vigente ocorreu em 2019.

---

[41] "DESCONSIDERAÇÃO DA PERSONALIDADE JURÍDICA. — TEORIA MENOR —. É amplamente aceita no Processo do Trabalho a chamada — Teoria Menor da Desconsideração da Pessoa Jurídica —, segundo a qual se podem incluir incidentalmente na relação processual executiva os sócios do devedor estampado no título exequendo, desde que frustrados os meios executórios em relação a ele, sem necessidade de processo de conhecimento, nisso não se vislumbrando qualquer afronta à garantia do devido processo legal (Constituição, art. 5º, inc. LIV)" (TRT-1 — AGVPET: 10297820105010003 RJ, Rel. Dalva Amelia de Oliveira, julgado em 4-6-2012, Terceira Turma, *DJ* 19-6-2012).

"SÓCIOS. RESPONSABILIDADE SUBSIDIÁRIA. Os sócios respondem subsidiariamente pelos débitos trabalhistas da empresa, com base na teoria menor da desconsideração da personalidade jurídica" (TRT-5 — RecOrd: 00007759620135050421 BA 0000775-96.2013.5.05.0421, Rel. Maria Adna Aguiar, Quinta Turma, *DJ* 26-8-2014).

[42] Nesse sentido também é o posicionamento do ilustre amigo Mário Luiz Delgado: "O artigo transcrito, portanto, permite a desconsideração, necessariamente por decisão judicial, sempre que houver abuso da personalidade jurídica. A fórmula sugerida — extensão dos efeitos obrigacionais aos bens particulares dos administradores ou sócios da pessoa jurídica — visa a superar a discussão sobre se esta responde ou não, conjuntamente com os sócios ou administradores, além de esclarecer que também o administrador não sócio poderá ser chamado a responder pessoalmente" (DELGADO, Mário Luiz. A responsabilidade civil do administrador não sócio. In: *Questões Controvertidas no Novo Código Civil*, Série Grandes Temas de Direito Privado, Coord. DELGADO, Mário Luiz; ALVES, Jones Figueirêdo. São Paulo: Método, 2004, v. 2, p. 315).

A partir da Lei da Declaração de Direitos de Liberdade Econômica (Lei n. 13.874/2019)[43], que teve como embrião a Medida Provisória n. 881/2019, o art. 50 do Código Civil passou a ter a seguinte redação:

> "Art. 50 do Código Civil. Em caso de abuso da personalidade jurídica, caracterizado pelo desvio de finalidade ou pela confusão patrimonial, pode o juiz, a requerimento da parte, ou do Ministério Público quando lhe couber intervir no processo, desconsiderá-la para que os efeitos de certas e determinadas relações de obrigações sejam estendidos aos bens particulares de administradores ou de sócios da pessoa jurídica beneficiados direta ou indiretamente pelo abuso.
>
> § 1º Para os fins do disposto neste artigo, desvio de finalidade é a utilização da pessoa jurídica com o propósito de lesar credores e para a prática de atos ilícitos de qualquer natureza.
>
> § 2º Entende-se por confusão patrimonial a ausência de separação de fato entre os patrimônios, caracterizada por:
>
> I – cumprimento repetitivo pela sociedade de obrigações do sócio ou do administrador ou vice-versa;
>
> II – transferência de ativos ou de passivos sem efetivas contraprestações, exceto os de valor proporcionalmente insignificante; e
>
> III – outros atos de descumprimento da autonomia patrimonial.
>
> § 3º O disposto no *caput* e nos §§ 1º e 2º deste artigo também se aplica à extensão das obrigações de sócios ou de administradores à pessoa jurídica.
>
> § 4º A mera existência de grupo econômico sem a presença dos requisitos de que trata o *caput* deste artigo não autoriza a desconsideração da personalidade da pessoa jurídica.
>
> § 5º Não constitui desvio de finalidade a mera expansão ou a alteração da finalidade original da atividade econômica específica da pessoa jurídica". (NR)

Elogiável, no final do atual texto do *caput* do art. 50, a expressão "beneficiados direta ou indiretamente pelo abuso", porquanto a desconsideração é instrumento de imputação de responsabilidade, não podendo, por certo, sob pena de se ignorar a exigência do próprio nexo causal, atingir sócio que não experimentou nenhum benefício (direto ou indireto) em decorrência do ato abusivo perpetrado por outrem.

Passemos, então, à análise dos seus parágrafos.

O § 1º do art. 50 do Código Civil experimentou uma pequena, posto significativa, mudança em virtude da conversão da medida provisória no novo diploma legal.

Para a sua melhor compreensão, colocaremos lado a lado ambos os dispositivos:

---

43 STOLZE, Pablo. A Lei n. 13.874/2019 (Liberdade Econômica): a desconsideração da personalidade jurídica e a vigência do novo diploma. *Revista Jus Navigandi*, Teresina, ano 24, n. 5.927, 23 set. 2019. Disponível em: <https://jus.com.br/artigos/76698>. Acesso em: 23 set. 2019.

> MP 881/2019: art. 50, § 1º, do CC. Para fins do disposto neste artigo, desvio de finalidade é a utilização <u>dolosa</u> da pessoa jurídica com o propósito de lesar credores e para a prática de atos ilícitos de qualquer natureza (grifamos).
>
> Lei n. 13.874/2019: art. 50, § 1º, do CC. Para os fins do disposto neste artigo, desvio de finalidade é a utilização da pessoa jurídica com o propósito de lesar credores e para a prática de atos ilícitos de qualquer natureza.

Esse parágrafo, como se pode notar, conceitua o desvio de finalidade.

A versão atual, consagrada pela Lei n. 13.874/2019, com razoabilidade, *retirou a exigência do dolo para a caracterização do desvio.*

A desnecessidade de se comprovar o dolo específico – a intenção, o propósito, o desiderato – daquele que, por meio da pessoa jurídica, perpetrou o ato abusivo moldou a teoria objetiva, mais afinada à nossa realidade socioeconômica e sensível à condição *a priori* mais vulnerável daquele que, tendo o seu direito violado, invoca o instituto da desconsideração.

O Professor FÁBIO KONDER COMPARATO afirmava que a "desconsideração da personalidade jurídica é operada como consequência de um desvio de função, ou disfunção, resultando, sem dúvida, as mais das vezes, de abuso ou fraude, mas que nem sempre constitui um ato ilícito"[44].

Ora, a exigência do elemento subjetivo intencional (dolo) para caracterizar o desvio, como constava na redação anterior (da MP 881/2019), colocaria por terra o reconhecimento objetivo da tese da disfunção.

Com efeito, andou bem o legislador nessa supressão!

Os demais parágrafos, outrossim, não sofreram mudanças, se cotejarmos a redação final da lei com a da MP 881/2019:

> "§ 2º Entende-se por confusão patrimonial a ausência de separação de fato entre os patrimônios, caracterizada por:
>
> I – cumprimento repetitivo pela sociedade de obrigações do sócio ou do administrador ou vice-versa;
>
> II – transferência de ativos ou de passivos sem efetivas contraprestações, exceto os de valor proporcionalmente insignificante; e
>
> III – outros atos de descumprimento da autonomia patrimonial".

O inciso III do § 2º, ao mencionar, genericamente, que caracterizam a confusão patrimonial "outros atos de descumprimento da autonomia patrimonial", resultou por tornar meramente exemplificativos os incisos anteriores.

Podem traduzir confusão patrimonial, por exemplo, a movimentação bancária em conta individual do sócio para as operações habituais da sociedade, o lançamento direto como despesa da pessoa jurídica de gastos pessoais do sócio ou administrador etc.

---

[44] COMPARATO, Fábio Konder. *O Poder de Controle na Sociedade Anônima*. 3. ed. Rio de Janeiro: Forense, 1983, p. 284-286.

> "§ 3º O disposto no *caput* e nos §§ 1º e 2º deste artigo também se aplica à extensão das obrigações de sócios ou de administradores à pessoa jurídica".

Em nossa visão, acolheu-se, aqui, a desconsideração inversa ou invertida, o que significa ir ao patrimônio da pessoa jurídica quando a pessoa física que a compõe esvazia fraudulentamente o seu patrimônio pessoal.

Trata-se de uma visão desenvolvida notadamente nas relações de família, de forma original, em que se visualiza, com frequência, a lamentável prática de algum dos cônjuges ou companheiros que, antecipando-se ao divórcio ou à dissolução da união estável, retira do patrimônio do casal bens que deveriam ser objeto de partilha, incorporando-os à pessoa jurídica da qual é sócio e diminuindo, com isso, o quinhão do outro consorte.

Nessa hipótese, pode-se vislumbrar a possibilidade de o magistrado desconsiderar a autonomia patrimonial da pessoa jurídica, buscando bens que estão em seu próprio nome, para responder por dívidas que não são suas e sim de seus sócios, o que tem sido aceito pela força criativa da jurisprudência:

> "CIVIL E PROCESSUAL CIVIL. RECURSO ESPECIAL. AÇÃO MONITÓRIA. CONVERSÃO. CUMPRIMENTO DE SENTENÇA. COBRANÇA. HONORÁRIOS ADVOCATÍCIOS CONTRATUAIS. TERCEIROS. COMPROVAÇÃO DA EXISTÊNCIA DA SOCIEDADE. MEIO DE PROVA. DESCONSIDERAÇÃO INVERSA DA PERSONALIDADE JURÍDICA. OCULTAÇÃO DO PATRIMÔNIO DO SÓCIO. INDÍCIOS DO ABUSO DA PERSONALIDADE JURÍDICA. EXISTÊNCIA. INCIDENTE PROCESSUAL. PROCESSAMENTO. PROVIMENTO.
>
> 1. O propósito recursal é determinar se: a) há provas suficientes da sociedade de fato supostamente existente entre os recorridos; e b) existem elementos aptos a ensejar a instauração de incidente de desconsideração inversa da personalidade jurídica.
>
> 2. A existência da sociedade pode ser demonstrada por terceiros por qualquer meio de prova, inclusive indícios e presunções, nos termos do art. 987 do CC/02.
>
> 3. A personalidade jurídica e a separação patrimonial dela decorrente são véus que devem proteger o patrimônio dos sócios ou da sociedade, reciprocamente, na justa medida da finalidade para a qual a sociedade se propõe a existir.
>
> 4. Com a desconsideração inversa da personalidade jurídica, busca-se impedir a prática de transferência de bens pelo sócio para a pessoa jurídica sobre a qual detém controle, afastando-se momentaneamente o manto fictício que separa o sócio da sociedade para buscar o patrimônio que, embora conste no nome da sociedade, na realidade, pertence ao sócio fraudador.
>
> 5. No atual CPC, o exame do juiz a respeito da presença dos pressupostos que autorizariam a medida de desconsideração, demonstrados no requerimento inicial, permite a instauração de incidente e a suspensão do processo em que formulado, devendo a decisão de desconsideração ser precedida do efetivo contraditório.
>
> 6. Na hipótese em exame, a recorrente conseguiu demonstrar indícios de que o recorrido seria sócio e de que teria transferido seu patrimônio para a sociedade de modo a

ocultar seus bens do alcance de seus credores, o que possibilita o recebimento do incidente de desconsideração inversa da personalidade jurídica, que, pelo princípio do *tempus regit actum*, deve seguir o rito estabelecido no CPC/15.

7. Recurso especial conhecido e provido" (STJ, REsp 1.647.362/SP, rel. Min. Nancy Andrighi, Terceira Turma, j. 3-8-2017, *DJe* 10-8-2017).

O Código de Processo Civil de 2015 expressamente contemplou a possibilidade jurídica dessa modalidade de desconsideração, conforme se verifica do § 2º do seu art. 133.

"§ 4º A mera existência de grupo econômico sem a presença dos requisitos de que trata o *caput* deste artigo não autoriza a desconsideração da personalidade da pessoa jurídica".

Nada demais é dito aqui.

Nenhuma desconsideração poderá ser decretada se os requisitos legais não forem obedecidos.

Um detalhe, todavia, deve ser salientado.

Se, por um lado, a mera existência de grupo econômico sem a presença dos requisitos legais não autoriza a desconsideração da personalidade da pessoa jurídica, por outro, nada impede que, uma vez observados tais pressupostos, o juiz decida, dentro de um mesmo grupo, pelo afastamento de um ente controlado para alcançar o patrimônio da pessoa jurídica controladora que, por meio da primeira, cometeu um ato abusivo.

Trata-se da denominada desconsideração indireta, segundo MÁRCIO SOUZA:

"A desconsideração da personalidade jurídica para alcançar quem está por trás dela não se afigura suficiente, pois haverá outra ou outras integrantes das constelações societárias que também têm por objetivo encobrir algum fraudador. (...)"[45]

"§ 5º Não constitui desvio de finalidade a mera expansão ou a alteração da finalidade original da atividade econômica específica da pessoa jurídica. (NR)"

Lamentavelmente, aqui, o legislador perdeu a oportunidade de aperfeiçoar o texto normativo.

Ao dispor que não constitui desvio de finalidade a "alteração da finalidade original da atividade econômica específica da pessoa jurídica", o legislador dificultou sobremaneira o seu reconhecimento: aquele que "expande" a finalidade da atividade exercida – como pretende a primeira parte da norma – pode não desviar, mas aquele que "altera" a própria finalidade original da atividade econômica da pessoa jurídica, muito provavelmente, desvia-se do seu propósito.

---

[45] GUIMARÃES, Márcio Souza. Aspectos modernos da teoria da desconsideração da personalidade jurídica. *Revista Jus Navigandi*, Teresina, ano 8, n. 64, 1º abr. 2003. Disponível em: <https://jus.com.br/artigos/3996>. Acesso em: 22 set. 2019.

Vale destacar, por fim, que a desconsideração da personalidade jurídica é perfeitamente aplicável também para as empresas individuais de responsabilidade limitada, tendo sido este, inclusive, um dos fundamentos do veto ao § 4º do art. 980-A[46].

Acrescente-se ainda uma informação relevante, no âmbito do Direito Empresarial.

Nos termos do art. 82-A da Lei de Falências e de Recuperação de Empresas (Lei n. 11.101, de 9-2-2005), com as alterações da Lei n. 14.112, de 24 de dezembro de 2020, é "vedada a extensão da falência ou de seus efeitos, no todo ou em parte, aos sócios de responsabilidade limitada, aos controladores e aos administradores da sociedade falida, admitida, contudo, a desconsideração da personalidade jurídica"[47].

## 5. EXTINÇÃO DA PESSOA JURÍDICA

Assim como a pessoa natural, a pessoa jurídica completa o seu ciclo existencial, extinguindo-se.

A dissolução poderá ser:

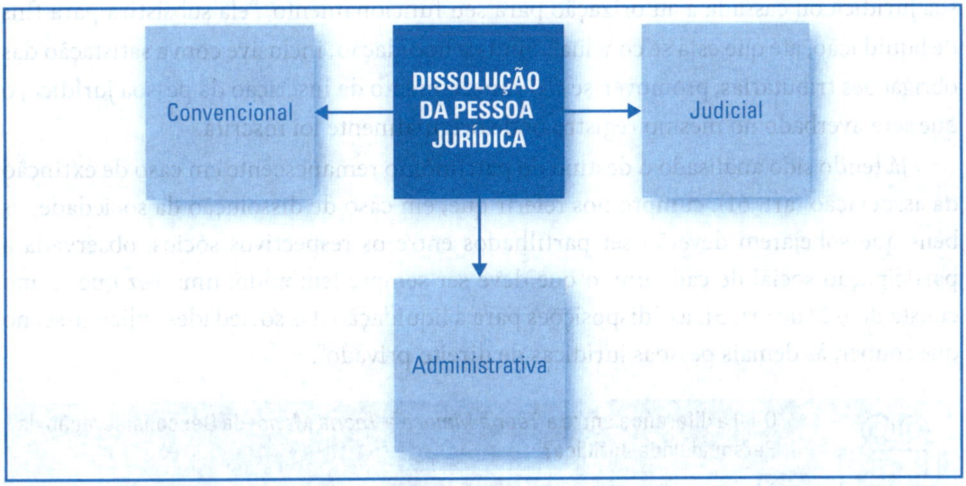


[46] A referida regra vetada dispunha que "somente o patrimônio social da empresa responderá pelas dívidas da empresa individual de responsabilidade limitada, não se confundindo em qualquer situação com o patrimônio da pessoa natural que a constitui, conforme descrito em sua declaração anual de bens entregue ao órgão competente". Nesse diapasão, comenta Frederico Garcia Pinheiro: "Logo, verificados os pressupostos do art. 50 do Código Civil ou de outros permissivos legais, a desconsideração da personalidade jurídica pode ser aplicada à EIRELI e, eventualmente, responsabilizar e atingir o patrimônio pessoal de seu administrador ou criador, mormente porque 'Aplicam-se à empresa individual de responsabilidade limitada, no que couber, as regras previstas para as sociedades limitadas' (§ 6º do art. 980-A do Código Civil)" (PINHEIRO, Frederico Garcia. Empresa Individual de Responsabilidade Limitada. Disponível em: <https://www.conteudojuridico.com.br/pdf/cj032974.pdf>. Acesso em: 4 jul. 2017).

[47] E, nos termos do parágrafo único deste mesmo dispositivo, "a desconsideração da personalidade jurídica da sociedade falida, para fins de responsabilização de terceiros, grupo, sócio ou administrador por obrigação desta, somente pode ser decretada pelo juízo falimentar com a observância do art. 50 da Lei n. 10.406, de 10 de janeiro de 2002 (Código Civil) e dos arts. 133, 134, 135, 136 e 137 da Lei n. 13.105, de 16 de março de 2015 (Código de Processo Civil), não aplicada a suspensão de que trata o § 3º do art. 134 da Lei n. 13.105, de 16 de março de 2015 (Código de Processo Civil)."

a) convencional — é aquela deliberada entre os próprios integrantes da pessoa jurídica, respeitado o estatuto ou o contrato social;

b) administrativa — resulta da cassação da autorização de funcionamento, exigida para determinadas sociedades se constituírem e funcionarem. Nesse sentido, pondera CAIO MÁRIO: "Se praticam atos opostos a seus fins, ou nocivos ao bem coletivo, a administração pública, que lhes dera autorização para funcionamento, pode cassá-la, daí resultando a terminação da entidade, uma vez que a sua existência decorrera daquele pressuposto"[48];

c) judicial — nesse caso, observada uma das hipóteses de dissolução previstas em lei ou no estatuto, o juiz, por iniciativa de qualquer dos sócios, poderá, por sentença, determinar a sua extinção[49].

O Código Civil de 2002, em seu art. 51, dispõe que nos casos de dissolução da pessoa jurídica ou cassada a autorização para seu funcionamento, "ela subsistirá para fins de liquidação, até que esta se conclua". Finda a liquidação, inclusive com a satisfação das obrigações tributárias, promover-se-á o cancelamento da inscrição da pessoa jurídica, o que será averbado no mesmo registro onde originalmente foi inscrita.

Já tendo sido analisado o destino do patrimônio remanescente em caso de extinção da associação (art. 61), cumpre-nos referir que, em caso de dissolução da sociedade, os bens que sobejarem deverão ser partilhados entre os respectivos sócios, observada a participação social de cada um, o que deve ser sempre lembrado, uma vez que, como consta do § 2º do art. 51, as "disposições para a liquidação das sociedades aplicam-se, no que couber, às demais pessoas jurídicas de direito privado".

VIDEOAULA

✓ Qual a diferença entre a *Teoria Maior* e a *Teoria Menor* da Desconsideração da Personalidade Jurídica?

***Acesse também o vídeo sobre o capítulo pelo link: <https://somos.in/MDC4>***

[48] PEREIRA, Caio Mário da Silva, ob. cit., p. 220-1.

[49] Sobre o tema, estabelece o § 3º do art. 1.046 do Código de Processo Civil de 2015 que os "processos mencionados no art. 1.218 da Lei n. 5.869, de 11 de janeiro de 1973, cujo procedimento ainda não tenha sido incorporado por lei submetem-se ao procedimento comum previsto neste Código".

# IV DOMICÍLIO

## 1. CONCEITO E DISTINÇÕES NECESSÁRIAS

Domicílio civil da pessoa natural é o lugar onde estabelece residência com ânimo definitivo, convertendo-o, em regra, em centro principal de seus negócios jurídicos ou de sua atividade profissional.

Note-se a amplitude da definição.

Compõem-na duas situações, que geralmente se confundem, mas possuem caracteres distintos.

A primeira é a noção de domicílio ligada à vida privada da pessoa, às suas relações internas, sugerindo o local onde reside permanentemente, sozinho ou com os seus familiares.

A segunda, que interessa à atividade externa da pessoa, à sua vida social e profissional, refere-se ao lugar onde fixa o centro de seus negócios jurídicos ou de suas ocupações habituais.

Tanto em uma hipótese quanto em outra, estamos diante da noção de domicílio.

O Código Civil de 2002 abarcou expressamente as duas hipóteses, admitindo a sua cumulação, como se verifica da análise dos seus arts. 70 e 72:

> "Art. 70. O domicílio da pessoa natural é o lugar onde ela estabelece a sua residência com ânimo definitivo.
>
> (...)
>
> Art. 72. É também domicílio da pessoa natural, quanto às relações concernentes à profissão, o lugar onde esta é exercida.
>
> Parágrafo único. Se a pessoa exercitar profissão em lugares diversos, cada um deles constituirá domicílio para as relações que lhe corresponderem".

Para uma efetiva compreensão da matéria, faz-se mister fixar e distinguir as noções de morada, residência e domicílio.

Morada é o lugar onde a pessoa natural se estabelece provisoriamente. Confunde-se com a noção de estadia, apresentada por ROBERTO DE RUGGIERO como "a mais tênue relação de fato entre uma pessoa e um lugar tomada em consideração pela lei", advertindo que "a sua importância é porém mínima e subalterna, não produzindo em regra qualquer efeito, senão quando se ignora a existência de uma sede mais estável para a pessoa"[1]. Assim, o estudante laureado que é premiado com uma bolsa de estudos na Alemanha, e lá permanece por seis meses, tem, aí, a sua morada ou estadia[2]. Fala-se também, para caracterizar esta relação transitória de fato, em habitação.

Diferentemente da morada, a residência pressupõe maior estabilidade. É o lugar onde a pessoa natural se estabelece habitualmente. RUGGIERO, com propriedade, fala em sede estável da pessoa. Assim, o sujeito que mora e permanece habitualmente em uma cidade, local onde costumeiramente é encontrado, tem, aí, a sua residência.

Mais complexa é a noção de domicílio, porque abrange a de residência, e, por consequência, a de morada.

O domicílio, segundo vimos acima, é o lugar onde a pessoa estabelece residência com ânimo definitivo, convertendo-o, em regra, em centro principal de seus negócios jurídicos ou de sua atividade profissional. Não basta, pois, para a sua configuração, o simples ato material de residir, porém, mais ainda, o propósito de permanecer (*animus manendi*), convertendo aquele local em centro de suas atividades. Necessidade e fixidez são as suas características.

Compõe-se o domicílio, pois, de dois elementos:

a) objetivo — o ato de fixação em determinado local;

b) subjetivo — o ânimo definitivo de permanência.

Assim, se o sujeito fixa-se em determinado local, com o propósito de ali permanecer, transformando-o em centro de seus negócios, constituiu, ali, o seu domicílio civil.

Por outro lado, nada impede que uma pessoa resida em mais de um local (com habitualidade), tomando apenas um como centro principal de seus negócios, ou seja, como seu domicílio.

Situação diferente é o caso de a pessoa ter uma pluralidade de residências, vivendo alternadamente em cada uma delas, sem que se possa considerar uma somente como seu centro principal. Neste caso, considerar-se-á seu domicílio, na forma do art. 71 do Código Civil, qualquer delas.

Finalmente, é importante frisar, em conclusão, que a fixação do domicílio tem natureza jurídica de ato jurídico não negocial (ato jurídico em sentido estrito).

---

[1] RUGGIERO, Roberto de. *Instituições de Direito Civil*, v. 1, Campinas: Bookseller, 1999, p. 501.

[2] Na língua portuguesa, é recomendável, porém, a utilização da expressão "estada", em vez do termo "estadia", tendo em vista o seu conteúdo plurissignificativo. Nesse sentido, define o dicionarista: "estadia. [Do lat. *stativa*.] S. f. 1. Mar. Merc. Prazo concedido para carga e descarga do navio surto em um porto; estalia. 2. Estada, permanência. [Muitos condenam o uso, frequentíssimo, da palavra nesta última acepção. Cf. estádia.]" (FERREIRA, Aurélio Buarque de Holanda. *Novo Dicionário Aurélio da Língua Portuguesa*, 2. ed., Rio de Janeiro: Nova Fronteira, 1986, p. 713).

## 2. TRATAMENTO LEGAL E MUDANÇA DE DOMICÍLIO

O Código Civil de 1916 considerou domicílio civil da pessoa natural "o lugar onde ela estabelece sua residência com ânimo definitivo" (art. 31).

Entretanto, se a pessoa natural "tiver diversas residências onde alternadamente viva, ou vários centros de ocupações habituais, considerar-se-á domicílio seu qualquer destes ou daquelas" (art. 32).

Admitiu, assim, a pluralidade de domicílios.

Assim, à luz do princípio da pluralidade domiciliar, se o indivíduo mora em um lugar com sua família, e em outro exerce a sua atividade profissional ou realiza seus principais negócios jurídicos, será considerado seu domicílio qualquer desses locais.

O próprio Código de Processo Civil de 2015 admite o princípio da pluralidade domiciliar, ao dispor, em seu art. 46, § 1º, que, "tendo mais de um domicílio, o réu será demandado no foro de qualquer deles".

O Código Civil de 2002, por sua vez, também admitiu a pluralidade de domicílios.

"O domicílio da pessoa natural", dispõe o art. 70, "é o lugar onde ela estabelece a sua residência com ânimo definitivo". Ocorre que "se, porém, a pessoa natural tiver diversas residências, onde, alternadamente, viva, considerar-se-á domicílio seu qualquer delas" (art. 71).

Inovou, outrossim, o legislador, ao substituir a expressão "centro de ocupações habituais", por outra mais abrangente, ao disciplinar, no art. 72, que: "é também domicílio da pessoa natural, quanto às relações concernentes à profissão, o lugar onde esta é exercida", e, ainda, "se a pessoa exercitar profissão em lugares diversos, cada um deles constituirá domicílio para as relações que lhe corresponderem".

Em nosso entendimento, a consagração do critério referente à relação profissional é mais adequada e precisa. A preferência pelo local onde se travam relações profissionais servirá não apenas para definir o domicílio do comerciante, mas também, e com mais clareza, o domicílio do empregado — importante para aplicação das regras dos arts. 469 e 651, § 1º, da CLT — e dos profissionais autônomos em geral.

A mudança de domicílio opera-se com a transferência da residência aliada à intenção manifesta de o alterar. A prova da intenção resulta do que declarar a pessoa às municipalidades do lugar que deixa, e para onde vai, ou, se tais declarações não fizer, da própria mudança, com as circunstâncias que a determinaram. Tais regras encontram assento no art. 74 do CC/2002. Trata-se de norma jurídica imperfeita, uma vez que a falta de declaração não acarreta sanção alguma ao omitente. Aliás, atento a isso, o legislador cuidou de admitir a prova da mudança do domicílio por meio da análise objetiva das circunstâncias fáticas de alteração da residência (ex.: comunicação de transferência ao empregado, posse e exercício de cargo público, comprovação de despesas de mudança etc.).

Registre-se que a diretriz, adotada no Código de Processo Civil de 1973, foi mantida no art. 43 do Código de Processo Civil de 2015[3].

## 3. DOMICÍLIO APARENTE OU OCASIONAL

A necessidade de fixação do domicílio decorre de imperativo de segurança jurídica.

Assim, para as pessoas que não tenham residência certa ou vivam constantemente em viagens, elaborou-se a teoria do domicílio aparente ou ocasional, segundo a qual aquele que cria as aparências de um domicílio em um lugar pode ser considerado pelo terceiro como tendo aí seu domicílio.

Aplicação legal desta teoria encontra-se no art. 73 do CC/2002: "ter-se-á por domicílio da pessoa natural, que não tenha residência habitual, o lugar onde for encontrada". Neste local, pois, por criar uma aparência de domicílio, poderá ser demandada judicialmente (é o caso, v. g., dos andarilhos, ciganos, profissionais de circo etc.).

O Código de Processo Civil brasileiro aplica também tal regra, estabelecendo o § 2º do seu art. 46 do CPC/2015 que "sendo incerto ou desconhecido o domicílio do réu, ele poderá ser demandado onde for encontrado ou no foro de domicílio do autor".

## 4. DOMICÍLIO DA PESSOA JURÍDICA

Em regra, o domicílio civil da pessoa jurídica de direito privado é a sua sede, indicada em seu estatuto, contrato social ou ato constitutivo equivalente. É o seu domicílio especial.

Se não houver essa fixação, a lei atua supletivamente, ao considerar como seu domicílio "o lugar onde funcionarem as respectivas diretorias e administrações", ou, então, se possuir filiais em diversos lugares, "cada um deles será considerado domicílio para os atos nele praticados" (art. 75, IV e § 1º, do CC/2002). Aliás, o Supremo Tribunal Federal já assentou entendimento no sentido de que "a pessoa jurídica de direito privado pode ser demandada no domicílio da agência ou do estabelecimento em que se praticou o ato" (Súmula 363).

Se a administração ou diretoria da pessoa jurídica de direito privado tiver sede no estrangeiro, será considerado seu domicílio, no tocante às obrigações contraídas por qualquer de suas agências, "o lugar do estabelecimento, sito no Brasil, a que ela corresponder" (art. 75, § 2º, do CC/2002).

As pessoas jurídicas de direito público, por sua vez, têm domicílio previsto em lei, da seguinte forma (art. 75, *caput*, do CC/2002):

a) a União — tem por domicílio o Distrito Federal;

b) os Estados e Territórios — têm por domicílio as capitais;

c) os Municípios — têm por domicílio o lugar onde funcione a administração municipal;

---

[3] "Art. 43. Determina-se a competência no momento do registro ou da distribuição da petição inicial, sendo irrelevantes as modificações do estado de fato ou de direito ocorridas posteriormente, salvo quando suprimirem órgão judiciário ou alterarem a competência absoluta."

d) as demais pessoas jurídicas de direito público — têm por domicílio o lugar onde funcionarem as respectivas diretorias e administrações, ou onde elegerem domicílio especial nos seus estatutos ou atos constitutivos.

Cumpre-nos observar que o critério legal para a fixação do domicílio das pessoas jurídicas de direito público nem sempre se identifica com a regra adotada para determinar a competência de foro ou territorial.

Assim, o Código de Processo Civil de 2015 prevê, em seus arts. 51 e 52:

> "Art. 51. É competente o foro de domicílio do réu para as causas em que seja autora a União.
>
> Parágrafo único. Se a União for a demandada, a ação poderá ser proposta no foro de domicílio do autor, no de ocorrência do ato ou fato que originou a demanda, no de situação da coisa ou no Distrito Federal.
>
> Art. 52. É competente o foro de domicílio do réu para as causas em que seja autor Estado ou o Distrito Federal.
>
> Parágrafo único. Se Estado ou o Distrito Federal for o demandado, a ação poderá ser proposta no foro de domicílio do autor, no de ocorrência do ato ou fato que originou a demanda, no de situação da coisa ou na capital do respectivo ente federado".

Observe-se que a nova legislação processual flexibiliza a diretriz do inciso I do art. 99 do Código de Processo Civil de 1973, que direcionava a competência para o foro da capital do Estado ou do Território para as ações em que a União ou o Território for autor, ré ou interveniente.

A intenção do dispositivo vigente é evidentemente facilitar a atuação judicial do jurisdicionado.

## 5. ESPÉCIES DE DOMICÍLIO

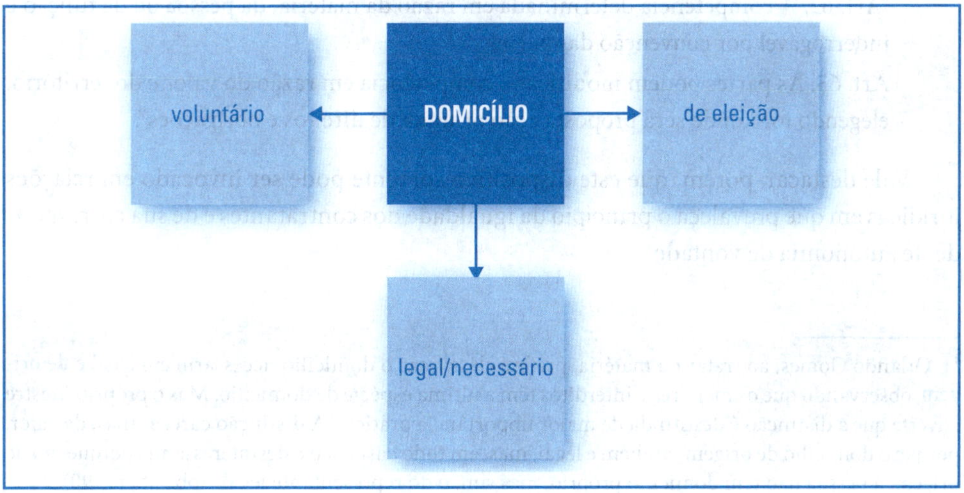

O domicílio voluntário é o mais comum. Decorre do ato de livre vontade do sujeito, que fixa residência em um determinado local, com ânimo definitivo (*animus manendi*). Não sofre interferência legal este tipo de domicílio.

Já o domicílio legal ou necessário decorre de mandamento da lei, em atenção à condição especial de determinadas pessoas[4]. Assim, têm domicílio necessário o incapaz, o servidor público, o militar, o marítimo e o preso (art. 76 do CC/2002).

Seguindo a diretriz do Código Civil de 2002 (art. 76), temos o seguinte quadro:

| | |
|---|---|
| Domicílio do incapaz | É o do seu representante ou assistente |
| Domicílio do servidor público | O lugar em que exerce permanentemente as suas funções |
| Domicílio do militar | O lugar onde serve, e, sendo da Marinha ou da Aeronáutica, a sede do comando a que se encontra imediatamente subordinado |
| Domicílio do marítimo | O lugar onde o navio estiver matriculado |
| Domicílio do preso | O lugar em que cumpre a sentença |

O agente diplomático, por sua vez, que, "citado no estrangeiro, alegar extraterritorialidade sem designar onde tem, no país, o seu domicílio, poderá ser demandado no Distrito Federal ou no último ponto do território brasileiro onde o teve" (art. 77 do CC/2002).

O domicílio de eleição ou especial, por fim, decorre do ajuste entre as partes de um contrato.

Nesse sentido, o Código Civil de 2002 dispõe:

> "Art. 78. Nos contratos escritos, poderão os contratantes especificar domicílio onde se exercitem e cumpram os direitos e obrigações deles resultantes".

Tal disposição harmoniza-se com o estabelecido nos arts. 62 e 63 do Código de Processo Civil de 2015:

> "Art. 62. A competência determinada em razão da matéria, da pessoa ou da função é inderrogável por convenção das partes.
>
> Art. 63. As partes podem modificar a competência em razão do valor e do território, elegendo foro onde será proposta ação oriunda de direitos e obrigações".

Vale destacar, porém, que este dispositivo somente pode ser invocado em relações jurídicas em que prevaleça o princípio da igualdade dos contratantes e de sua correspondente autonomia de vontade.

---

[4] Orlando Gomes, ao tratar da matéria, prefere classificar o domicílio necessário em legal e de origem, observando que os menores e interditos têm a última espécie de domicílio. Mas o próprio Mestre adverte que a distinção é destituída de maior importância prática: "A distinção carece, aliás, de valor, porque o domicílio de origem também é legal, mas, em todo caso, não é desinteressante, porque, no de origem, a pessoa não tem domicílio próprio, mas sim, o do representante legal" (ob. cit., p. 190).

Isto porque, na seara do Direito do Consumidor — e não seria exagero afirmar que a maioria esmagadora dos contratos celebrados no país são negócios de consumo —, consideramos ilegal a cláusula contratual que estabelece o foro de eleição em benefício do fornecedor do produto ou serviço, em prejuízo do consumidor, por violar o disposto no art. 51, IV, do CDC (considera-se nula de pleno direito a cláusula de obrigação iníqua, abusiva, que coloque o consumidor em desvantagem exagerada, ou seja incompatível com a boa-fé e a equidade).

Mesmo que seja dada prévia ciência da cláusula ao consumidor, o sistema protetivo inaugurado pelo Código, moldado por superior interesse público, proíbe que o fornecedor se beneficie de tal prerrogativa.

Não se pode negar a desigualdade econômica entre as partes contratantes, somente mitigada pelos mecanismos legais de freios e contrapesos decorrentes do dirigismo contratual do Código de Defesa do Consumidor. Compensa-se a desigualdade econômica por meio de uma igualdade jurídica. A título de ilustração, imagine a aquisição de um produto fabricado no sul do país, por um indivíduo morador da cidade de Maceió, tendo o contrato estabelecido que o foro de Porto Alegre seria o competente para as demandas porventura existentes entre as partes do negócio.

O mesmo raciocínio é aplicável para as relações de trabalho subordinado, em que o art. 9º da CLT ("Serão nulos de pleno direito os atos praticados com o objetivo de desvirtuar, impedir ou fraudar a aplicação dos preceitos contidos na presente Consolidação") tem sido invocado para fulminar qualquer tentativa de utilização do instituto do foro de eleição no Direito do Trabalho.

# V BENS

## 1. CONCEITO

Em geral, bem significa toda utilidade em favor do ser humano, conceito que não interessa diretamente ao Direito.

Já em sentido jurídico, *lato sensu*, bem jurídico é a utilidade, física ou imaterial, objeto de uma relação jurídica, seja pessoal ou real.

Não existe consenso doutrinário quanto à distinção entre bem e coisa[1].

Preferimos identificar a coisa sob o aspecto de sua materialidade, reservando o vocábulo aos objetos corpóreos. Os bens, por sua vez, compreenderiam os objetos corpóreos ou materiais (coisas) e os ideais (bens imateriais). Dessa forma, há bens jurídicos que não são coisas: os direitos autorais, o direito de imagem, os créditos etc.

Note-se que o Código Civil de 2002, apesar de não diferenciar os conceitos, consagra a expressão bem jurídico compreendendo as coisas e os bens imateriais.

## 2. CLASSIFICAÇÃO

Podemos apresentar, de forma abrangente, a seguinte classificação dos bens:

### 2.1. Dos bens considerados em si mesmos

Nessa classificação, analisam-se os bens em sua individualidade.

#### *2.1.1. Bens corpóreos e incorpóreos*

Embora a classificação formal em epígrafe não esteja prevista na legislação codificada, o fato é que tem grande utilidade.

---

1 De referência ao Código de 1916: "O vocábulo 'bem', utilizado pelo legislador como rubrica do Livro II da Parte Geral do Código Civil, tem significado amplo e é utilizado pela doutrina, e pelo próprio legislador, em diferentes acepções. Na Parte Especial, quando trata da propriedade e seus desdobramentos, fala em coisa, deixando de utilizar-se do termo 'bem', como feito na Parte Geral. Conceituar o vocábulo 'bem' não é tarefa fácil. A doutrina nem sempre está acorde sobre se o conceito de bem corresponde ao de coisa, se é mais ou menos amplo do que esse" (VIANA, Rui Geraldo de Camargo; NERY, Rosa Maria de Andrade, in *Temas Atuais de Direito Civil na Constituição Federal*, São Paulo: Revista dos Tribunais, 2000, p. 63).

O Código Penal brasileiro, por exemplo, traz tipos próprios para os ilícitos praticados contra a propriedade imaterial (bens incorpóreos), como a violação de direito autoral (art. 184), além de haver expressa disciplina de outros crimes contra a propriedade intelectual (patentes, desenhos industriais, marcas etc.) na Lei n. 9.279, de 14-5-1996, que regula direitos e obrigações relativos à propriedade industrial.

Como o próprio nome já infere, bens corpóreos são aqueles que têm existência material, perceptível pelos nossos sentidos, como os bens móveis (livros, joias etc.) e imóveis (terrenos etc.) em geral.

Em contraposição aos mesmos, encontram-se os bens incorpóreos, que são aqueles abstratos, de visualização ideal (não tangível). Tendo existência apenas jurídica, por força da atuação do Direito, encontram-se, por exemplo, os direitos sobre o produto do intelecto, com valor econômico.

Embora as relações jurídicas possam ter como objeto tanto bens corpóreos quanto incorpóreos, há algumas diferenças na sua disciplina jurídica, como, v. g., o fato de que somente os primeiros podem ser objeto de contrato de compra e venda, enquanto os bens imateriais somente se transferem pelo contrato de cessão, bem como não podem, em teoria tradicional, ser adquiridos por usucapião, nem ser objeto de tradição (uma vez que esta implica a entrega da coisa).

### 2.1.2. Bens imóveis e móveis

Este critério de classificação cuida do bem em sua concepção naturalística.

Bens imóveis são aqueles que não podem ser transportados de um lugar para outro sem alteração de sua substância (um lote urbano, v. g.). Bens móveis, por sua vez, são os passíveis de deslocamento, sem quebra ou fratura (um computador, v. g.). Os bens suscetíveis de movimento próprio, enquadráveis na noção de móveis, são chamados de semoventes (seguindo entendimento tradicional, um animal de tração, v. g.)[2].

A distinção legal tem especial importância prática, pois a alienação de bens imóveis reveste-se de formalidades não exigidas para os móveis. Diferentemente da sistemática legal francesa, só se pode operar a aquisição da propriedade imobiliária, no Direito brasileiro, se ao título aquisitivo (em geral o contrato) se seguir a solenidade do registro. Para os bens móveis, dispensa-se o registro, exigindo-se, apenas, a tradição da coisa.

Mas as cautelas com as quais a lei civil cerca a alienação de imóveis não terminam aqui.

[2] Atualmente, há forte tendência a dar aos animais um *status* diferenciado, não mais os identificando como "coisas", embora não se lhes seja firmemente reconhecida ainda a condição de sujeitos de direitos. Com efeito, no julgamento do REsp 1.713.167/SP, decidiu a 4ª Turma do Superior Tribunal de Justiça, por maioria, seguindo o voto do Ministro Relator, Luis Felipe Salomão, garantir o direito de um homem a visitar sua cadela, que ficou com a ex-companheira na separação. Vivemos um salutar processo de "descoisificação" dos animais.

Seguindo a diretriz do Código Civil de 1916, o marido ou a mulher, independentemente do regime de bens adotado, só poderia alienar ou gravar de ônus real os bens imóveis com a autorização do outro (arts. 235, I, e 242, I). O Código Civil de 2002, por sua vez, manteve a mesma restrição, ressalvando que tal limitação não se aplica aos cônjuges casados sob regime de separação absoluta (art. 1.647).

| | |
|---|---|
| **Bens imóveis** | Não podem ser transportados de um lugar para o outro sem alteração de sua substância. Ex.: terreno. |
| **Bens móveis** | Podem ser deslocados, sem quebra ou fratura. Ex.: computador.<br>Semoventes: bens suscetíveis de movimento próprio enquadráveis na noção de móveis. Ex.: cavalo. |

Os bens imóveis são classificados pela doutrina da seguinte forma:

a.1) Imóveis por sua própria natureza

O Código Civil de 2002 considera imóveis "o solo e tudo quanto se lhe incorporar natural ou artificialmente" (art. 79 do CC/2002).

a.2) Imóveis por acessão física, industrial ou artificial

É tudo quanto o homem incorporar permanentemente ao solo, como a semente lançada à terra, os edifícios e construções, de modo que se não o possa retirar sem destruição ou dano (art. 79 do CC/2002).

Acessão significa incorporação, união física com aumento de volume da coisa principal. Nesse caso, os bens móveis incorporados intencionalmente ao solo adquirem a sua natureza imobiliária. Por exemplo: o forro de gesso utilizado na construção da casa.

Vale advertir não perderem a natureza de imóveis os materiais provisoriamente separados de um prédio para nele mesmo se reempregarem (ex.: retirada de telhas, enquanto se reformam as vigas de sustentação da casa, para nesta voltar a ser empregadas, ao final da obra) e, bem assim, as edificações que, separadas do solo, mas conservando a sua unidade, forem removidas para outro local (art. 81, I e II, do CC/2002).

a.3) Imóveis por acessão intelectual[3]

São os bens que o proprietário intencionalmente destina e mantém no imóvel para exploração industrial, aformoseamento ou comodidade. Exemplos típicos são os aparelhos de ar condicionado, escadas de emergência e os maquinários agrícolas. Tais bens podem ser, a qualquer tempo, mobilizados.

[3] Há polêmica sobre a permanência, no Direito Positivo, da utilidade desta categoria. Durante a Jornada de Direito Civil, realizada pelo Superior Tribunal de Justiça e Conselho da Justiça Federal, em Brasília, no período de 11 a 13 de setembro de 2002, foi defendido tal entendimento perante a Comissão da Parte Geral, tendo sido aprovado o seguinte enunciado: "11. Não persiste no novo sistema legislativo a categoria dos bens imóveis por acessão intelectual, não obstante a expressão 'tudo quanto se lhe incorporar natural ou artificialmente' constante da parte final do art. 79 do Código Civil de 2002".

São as chamadas pertenças, bens acessórios de que voltaremos a tratar em tópico próprio, ainda neste Capítulo.

a.4) Imóveis por determinação legal

Nessa categoria não prevalece o aspecto naturalístico do bem, senão a vontade do legislador.

Principalmente por imperativo de segurança jurídica, a lei civil optou por considerar tais bens de natureza imobiliária.

Seguindo a linha normativa do Código Civil de 1916, seriam: os direitos reais sobre imóveis e as ações que os asseguram, as apólices da dívida pública gravadas com cláusula de inalienabilidade e o direito à sucessão aberta (art. 44).

O Código Civil de 2002, corretamente, excluiu desse rol, por seu evidente aspecto anacrônico, as apólices de dívida pública clausuladas.

É bom que se diga que, com a nova Lei Codificada, tal classificação, apesar de não haver sido desprezada, ganhou contornos mais simples. A disciplina adotada pelo legislador é menos digressiva, limitando-se a considerar imóveis apenas "o solo e tudo quanto se lhe incorporar natural ou artificialmente" (art. 79). Em sequência, consoante se anotou linhas acima, consideraram-se imóveis por força de lei "os direitos reais sobre imóveis e as ações que os asseguram", bem como "o direito à sucessão aberta" (art. 80, I e II).

Embora a proteção dada aos bens imobiliários seja tradicionalmente mais rígida, modernamente os bens móveis têm gozado de maior importância econômica e dimensão social, sendo também de grande importância o seu estudo.

Tais bens podem ser assim classificados:

b.1) Móveis por sua própria natureza

São aqueles bens que, sem deterioração de sua substância, podem ser transportados de um local para outro, mediante o emprego de força alheia. É o caso dos objetos pessoais em geral (livros, carteiras, bolsas etc.).

b.2) Móveis por antecipação

São os bens que, embora incorporados ao solo, são destinados a serem destacados e convertidos em móveis, como é o caso, por exemplo, das árvores destinadas ao corte.

b.3) Móveis por determinação legal

São bens considerados de natureza mobiliária por expressa dicção legal.

O Código Civil de 2002 considera móveis: "as energias que tenham valor econômico, os direitos reais sobre objetos móveis e as ações correspondentes, os direitos pessoais de caráter patrimonial e respectivas ações" (art. 83).

Por fim, os semoventes são os bens que se movem de um lugar para outro, por movimento próprio, como é o caso, seguindo entendimento tradicional, dos animais.

Sua disciplina jurídica é a mesma dos bens móveis por sua própria natureza, sendo-lhes aplicáveis todas as suas regras correspondentes (art. 82 do CC/2002).

Vale destacar, porém, que há forte tendência em dar aos animais um *status* diferenciado, não mais os identificando como "coisas", embora não se lhes seja firmemente reconhecida ainda a condição de sujeito de direito.

Com efeito, no julgamento do REsp 1.713.167/SP, decidiu a Quarta Turma do Superior Tribunal de Justiça, por maioria, seguindo o voto do Ministro Relator Luiz Felipe Salomão, garantir o direito de um homem a visitar sua cadela, que ficou com a ex-companheira na separação.

Trata-se de uma demanda que não deve ser mais interpretada como uma futilidade, mas, sim, como um reflexo de uma nova sociedade, que cada vez mais valoriza o convívio com os animais[4].

*Registre-se, ainda, tramitar no Congresso Nacional o Projeto de Lei do Senado n. 3.670/2015, dispondo expressamente que os animais não são coisas, o que vai ao encontro de anseios também manifestados em outros países*[5].

---

[4] "Longe de, aqui, se querer humanizar o animal", ressaltou. "Também não há se efetivar alguma equiparação da posse de animais com a guarda de filhos. Os animais, mesmo com todo afeto merecido, continuarão sendo não humanos e, por conseguinte, portadores de demandas diferentes das nossas."
O relator afirmou, em julgamento iniciado em 23 de maio, que o bicho de estimação não é nem coisa inanimada nem sujeito de direito. "Reconhece-se, assim, um terceiro gênero, em que sempre deverá ser analisada a situação contida nos autos, voltado para a proteção do ser humano, e seu vínculo afetivo com o animal." O fundamento foi acompanhado pelo ministro Antonio Carlos Ferreira.
O ministro Marco Buzzi seguiu a maioria, apesar de apresentar fundamentação distinta, baseada na noção de copropriedade do animal entre os ex-conviventes. Segundo ele, como a união estável analisada no caso foi firmada sob o regime de comunhão universal e como os dois adquiriram a cadela durante a relação, deveria ser assegurado ao ex-companheiro o direito de acesso a Kim.
A ministra Isabel Gallotti divergiu, considerando ideal esperar uma lei mostrando dias e horas certas de visita. O Judiciário, segundo ela, precisa decidir com base em algo concreto. "Se não pensarmos assim, haverá problemas como sequestro de cachorro, vendas de animal", afirmou.
Último a votar, o desembargador convocado Lázaro Guimarães entendeu que a discussão não poderia adotar analogicamente temas relativos à relação entre pais e filhos. De acordo com o desembargador, no momento em que se desfez a relação e foi firmada escritura pública em que constou não haver bens a partilhar, o animal passou a ser de propriedade exclusiva da mulher.
Com a tese definida pela maioria, o colegiado manteve acórdão do Tribunal de Justiça de São Paulo que fixou as visitas em períodos como finais de semana alternados, feriados prolongados e festas de final de ano.
Anteriormente, o juízo de primeiro grau havia considerado que nenhum bicho poderia integrar relações familiares equivalentes àquelas existentes entre pais e filhos, "sob pena de subversão dos princípios jurídicos inerentes à hipótese" (Disponível em: <https://www.conjur.com.br/2018-jun-19/stj-garante-direito-visita-animal-estimacao-separacao>. Acesso em: 4 ago. 2018).

[5] "Em Portugal, entrou em vigor em maio deste ano a lei que tirou dos animais o *status* de coisa e passou a considerá-los 'seres vivos dotados de sensibilidade'. A lei aprovada por unanimidade pelo parlamento português foi feita para aumentar a proteção dos bichos contra maus-tratos.
A lei alemã estabelece a categoria 'animais', intermediária entre coisas e pessoas. A Suíça e a Áustria também colocaram na lei que os animais não são coisas.
Também na Argentina uma orangotango foi reconhecida como 'pessoa não humana' e, com isso, conseguiu *habeas corpus* — impetrado por advogados da causa animal — para deixar o zoológico em

### 2.1.3. Bens fungíveis e infungíveis

Esta classificação encontra-se no art. 85 do CC/2002.

Bens fungíveis são aqueles que podem ser substituídos por outros da mesma espécie, qualidade e quantidade. É uma classificação típica dos bens móveis. Exemplos: café, soja, minério de carvão. O dinheiro é um bem fungível por excelência.

Bens infungíveis, por sua vez, são aqueles de natureza insubstituível (ex.: uma obra de arte).

Note-se que o atributo da fungibilidade, em geral, decorre da natureza do bem. Mas nem sempre é assim. A vontade das partes poderá, por exemplo, tornar um bem essencialmente fungível em bem infungível. É o caso do empréstimo gratuito de uma cesta de frutas apenas para a ornamentação de uma mesa. Tal bem deverá ser devolvido ao final da celebração, não se admitindo seja substituído por outro. Trata-se do chamado *comodato "ad pompam"*.

A fungibilização também pode decorrer do valor histórico de um determinado bem. Por exemplo, um vaso da dinastia Ming é, hoje, sem dúvida, um bem infungível enquanto registro de uma época remota, mas, em seu próprio tempo, nada mais era do que um utensílio doméstico perfeitamente substituível.

A distinção é de grande importância prática, valendo lembrar, v. g., que os contratos de mútuo e comodato têm como elemento diferenciador justamente a natureza fungível ou infungível, respectivamente, do bem emprestado.

| | |
|---|---|
| **Bens fungíveis** | Podem ser substituídos por outros da mesma **espécie, quantidade** e **qualidade.** Ex.: dinheiro. |
| **Bens infungíveis** | Não podem ser substituídos. Ex.: obra de arte. |

### 2.1.4. Bens consumíveis e inconsumíveis

Bens consumíveis são os bens móveis cujo uso importa destruição imediata da própria substância, bem como aqueles destinados à alienação. É o caso do alimento.

Bens inconsumíveis são aqueles que suportam uso continuado, sem prejuízo do seu perecimento progressivo e natural (ex.: o automóvel).

Bens destinados à alienação, como um aparelho celular vendido em uma loja especializada, adquirem, por força de lei, a natureza de consumíveis. Por outro lado, nada impede seja considerado inconsumível, pela vontade das partes, um determinado bem naturalmente consumível: uma garrafa rara de licor, apenas exposta à apreciação pública.

que viveu confinada por mais de 20 anos e vir para um santuário de animais no Brasil" (Disponível em: <https://www.em.com.br/app/noticia/politica/2017/08/08/interna_politica,890367/projeto-que-faz-que-animais-deixem-de-ser-coisa-e-aprovado-na-camara.shtml>. Acesso em: 4 ago. 2018).

Há certos direitos que não podem recair sobre bens consumíveis, como o direito real de usufruto. Se tal ocorrer, surge a figura do chamado usufruto impróprio ou quase usufruto.

Impende notar que o Código Civil de 2002, diferentemente do Código de Defesa do Consumidor, consagrara tal classificação (art. 86 do CC/2002), sem fazer referência às espécies de bens duráveis e não duráveis.

Na Lei de Proteção ao Consumidor (Lei n. 8.078/90), a característica da durabilidade é indispensável para que se possa definir o prazo decadencial para o ajuizamento de ações referentes a vícios no produto ou serviço (Responsabilidade pelo Vício no Produto ou Serviço).

Nesse sentido, o art. 26, *caput* e incisos, do CDC dispõe: "O direito de reclamar pelos vícios aparentes ou de fácil constatação caduca em: I — trinta dias, tratando-se de fornecimento de serviço e de produto não duráveis; II — noventa dias, tratando-se de fornecimento de serviço e de produto duráveis".

Comentando esse dispositivo, ZELMO DENARI, um dos autores do Anteprojeto, pontifica que: "a qualificação dos produtos ou serviços como de consumo duráveis ou não duráveis envolve a sua maior ou menor durabilidade, mensurada em termos de tempo de consumo. Assim, os produtos alimentares, de vestuário e os serviços de dedetização, por exemplo, não são duráveis, ao passo que os eletrodomésticos, veículos automotores e os serviços de construção civil são duráveis"[6].

| | |
|---|---|
| **Bens consumíveis** | Bens móveis cujo uso importa destruição imediata da própria substância. Ex.: sanduíche. |
| **Bens inconsumíveis** | Bens móveis que suportam uso continuado. Ex.: carro. |

### 2.1.5. Bens divisíveis e indivisíveis

O Código Civil de 2002 consagrou a definição de bens divisíveis: "bens divisíveis são os que se podem fracionar sem alteração na sua substância, diminuição considerável de valor, ou prejuízo do uso a que se destinam" (art. 87).

Bens divisíveis são, portanto, os que podem ser repartidos em porções reais e distintas, formando cada uma delas um todo perfeito. Caso contrário, são bens indivisíveis.

Os bens poderão ser indivisíveis:

a) por sua própria natureza (ex.: um animal);
b) por determinação legal (ex.: o módulo rural, a servidão);
c) por convenção (ex.: em uma obrigação de dinheiro que deva ser satisfeita por vários devedores, estipulou-se a indivisibilidade do pagamento[7]).

---

6 GRINOVER, Ada Pellegrini e outros, *Código Brasileiro de Defesa do Consumidor*, 5. ed., Rio de Janeiro: Forense, 1998, p. 186.

7 RUGGIERO, Roberto de. *Instituições de Direito Civil*, Campinas: Bookseller, 1999, p. 412.

Finalmente, cumpre referir a importante observação feita por ORLANDO GOMES a respeito do tema: "a distinção entre bens divisíveis e indivisíveis aplica-se às obrigações e aos direitos. A regra dominante para as obrigações é que, mesmo quando a prestação é divisível, o credor não pode ser compelido a receber por partes, se assim não convencionou. Se a prestação for indivisível e houver pluralidade de devedores, cada qual será obrigado pela dívida toda"[8].

| | |
|---|---|
| **Bens divisíveis** | Podem se repartir em porções reais e distintas, formando cada uma delas um todo perfeito. Ex.: saca de café. |
| **Bens indivisíveis** | Não admitem divisão cômoda sem desvalorização ou dano. Ex.: cavalo. |

### *2.1.6. Bens singulares e coletivos*

Bens singulares são coisas consideradas em sua individualidade, representadas por uma unidade autônoma e, por isso, distinta de quaisquer outras.

Podem ser simples, quando as suas partes componentes encontram-se ligadas naturalmente (uma árvore, um cavalo), ou compostas, quando a coesão de seus componentes decorre do engenho humano (um avião, um relógio).

Bens coletivos são os que, sendo compostos de várias coisas singulares, são considerados em conjunto, formando um todo homogêneo (uma floresta, uma biblioteca).

| | |
|---|---|
| **Bens singulares** | Coisas consideradas em sua individualidade, representadas por uma unidade autônoma. Ex.: livro. |
| **Bens coletivos** | Coisas que, em conjunto, formam um todo homogêneo.<br>Ex.: **universalidade de fato:** biblioteca; **universalidade de direito:** herança. |

As coisas coletivas formam universalidades de fato ou de direito.

A universalidade de fato é o "conjunto de coisas singulares simples ou compostas, agrupadas pela vontade da pessoa, tendo destinação comum, como um rebanho, ou uma biblioteca. A unidade baseia-se na realidade natural"[9]. Note-se que a universalidade de fato permite sua desconstituição pela vontade do seu titular.

O Código Civil de 2002 cuida da matéria em seu art. 90, *caput*: "constitui universalidade de fato a pluralidade de bens singulares que, pertinentes à mesma pessoa, tenham destinação unitária".

A universalidade de direito consiste em um "complexo de direitos e obrigações a que a ordem jurídica atribui caráter unitário, como o dote ou a herança. A unidade é resultante da lei"[10]. O vigente Código Civil dispensa-lhe tratamento inovador, em seu art. 91, ao

8 GOMES, Orlando, ob. cit., p. 234.

9 GOMES, Orlando, ob. cit., p. 235.

10 GOMES, Orlando, ob. cit., p. 235.

dispor que: "constitui universalidade de direito de uma pessoa o complexo de relações jurídicas dotadas de valor econômico". É o caso do patrimônio, do espólio e da massa falida.

## 2.2. Dos bens reciprocamente considerados

Este critério de classificação leva em conta o liame jurídico existente entre o bem jurídico principal e o acessório.

Principal é o bem que possui autonomia estrutural, ou seja, que existe sobre si, abstrata ou concretamente, ao passo que acessório é aquele cuja existência supõe a do principal (art. 92 do CC/2002).

A regra geral é que o acessório segue sempre a sorte do principal, inclusive no campo do Direito das Obrigações (o contrato de fiança, por exemplo, é acessório em face do contrato principal de compra e venda). Cuida-se da aplicação da máxima *accessorium sequitur suum principale (princípio da gravitação jurídica)*.

| | |
|---|---|
| **Principal** | É o bem que existe sobre si, abstrata ou concretamente. Ex.: a árvore em relação ao fruto. |
| **Acessório** | É o bem cuja existência supõe a do principal. Ex.: o fruto em relação à árvore. |
| **Regra geral** | Pelo princípio da "gravitação jurídica", o bem acessório segue o principal. |

São bens acessórios:

a) os frutos: utilidades que a coisa principal periodicamente produz, cuja percepção não diminui a sua substância (ex.: a soja, a maçã, o bezerro, os juros, o aluguel). Os rendimentos consistem em frutos civis, a exemplo do aluguel, dos juros e dos dividendos;

b) os produtos: utilidades que a coisa principal produz, cuja percepção ou extração diminui a sua substância (ex.: pedras e metais que se extraem das minas e das pedreiras);

c) as pertenças: coisas acessórias destinadas a conservar ou facilitar o uso das coisas principais, sem que destas sejam parte integrante (ex.: as máquinas utilizadas em uma fábrica, os implementos agrícolas, as provisões de combustível, os aparelhos de ar condicionado). Tal categoria foi consagrada expressamente no art. 93 do Código Civil de 2002 ("São pertenças os bens que, não constituindo partes integrantes, se destinam, de modo duradouro, ao uso, ao serviço ou ao aformoseamento de outro"). Vale acrescentar que as pertenças não se submetem à regra geral da "gravitação jurídica" (no sentido de que o acessório segue a sorte do principal), nos termos do art. 94 do CC;

d) as benfeitorias: obra realizada pelo homem, na estrutura da coisa principal, com o propósito de conservá-la, melhorá-la ou embelezá-la. Consideram-se necessárias as benfeitorias realizadas para evitar um estrago iminente ou a deterioração da coisa principal (ex.: reparos realizados em uma viga). Úteis, aquelas empreendidas com o escopo de facilitar a utilização da coisa (ex.: a abertura de uma nova entrada que servirá de garagem para a casa). E, finalmente, voluptuárias, quando empreendidas para mero deleite ou prazer, sem aumento da utilidade da coisa (a decoração de um jardim) (art. 96 do CC/2002);

e) as partes integrantes: embora não disciplinadas expressamente pela legislação civil[11], entendem-se por partes integrantes os bens que, unidos a um principal, formam com ele um todo, sendo desprovidos de existência material própria, embora mantenham sua identidade. É o caso, por exemplo, de uma lâmpada em relação a um lustre, pois, mesmo admitindo-se a sua identidade autônoma, carece a lâmpada de qualquer utilidade individual.

## 2.3. Dos bens públicos e particulares

Quanto ao titular do domínio, os bens poderão ser públicos ou particulares.

Os bens particulares se definem por exclusão, ou seja, são aqueles não pertencentes ao domínio público, mas sim à iniciativa privada, cuja disciplina interessa, em especial, ao Direito Civil.

Já os bens públicos são aqueles pertencentes à União, aos Estados ou aos Municípios (art. 98 do CC/2002). Essa classe, objeto de domínio público, em função de sua grande importância, subdivide-se, por sua vez, em:

a) bens de uso comum do povo — são bens públicos cuja utilização não se submete a qualquer tipo de discriminação ou ordem especial de fruição. É o caso das praias, estradas, ruas e praças (art. 99, I, do CC/2002). São inalienáveis;

b) bens de uso especial — são bens públicos cuja fruição, por título especial, e na forma da lei, é atribuída a determinada pessoa, bem como aqueles utilizados pelo próprio Poder Público para a realização dos seus serviços públicos (art. 99, II, do CC/2002). É o caso dos prédios onde funcionam as escolas públicas. São também inalienáveis;

c) bens dominicais ou dominiais — são bens públicos não afetados à utilização direta e imediata do povo, nem aos usuários de serviços, mas que pertencem ao patrimônio estatal (art. 99, III, CC/2002). É o caso dos títulos pertencentes ao Poder Público, dos terrenos de marinha e das terras devolutas. São alienáveis, observadas as exigências da lei.

ODETE MEDAUAR adverte que "o ordenamento brasileiro inclina-se à publicização do regime dos bens pertencentes a empresas públicas, sociedades de economia mista e

---

[11] As referências às partes integrantes são sempre indiretas, como no art. 93 do CC/2002: "São pertenças os bens que, não constituindo partes integrantes, se destinam, de modo duradouro, ao uso, ao serviço ou ao aformoseamento de outro".

entidades controladas pelo Poder Público"[12]. Cumpre mencionar, nesse particular, que o Código Civil de 2002 dispõe, em seu art. 99, parágrafo único, que "não dispondo a lei em contrário, consideram-se dominicais os bens pertencentes às pessoas jurídicas de direito público a que se tenha dado estrutura de direito privado".

A Carta Magna elenca, em seu art. 20, os bens pertencentes à União[13]. Os bens de domínio do Estado vêm previstos em seu art. 26[14]. Por exclusão, o que não pertencer ao domínio federal ou estadual ingressa no patrimônio público municipal.

Finalmente, cumpre lembrar que o Código Civil de 2002, seguindo diretriz consagrada em nosso direito, proíbe a usucapião de bens públicos (art. 102).

---

[12] MEDAUAR, Odete. *Direito Administrativo Moderno*, 3. ed., São Paulo: Revista dos Tribunais, 1999, p. 266.

[13] "Art. 20. São bens da União: I — os que atualmente lhe pertencem e os que lhe vierem a ser atribuídos; II — as terras devolutas indispensáveis à defesa das fronteiras, das fortificações e construções militares, das vias federais de comunicação e à preservação ambiental, definidas em lei; III — os lagos, rios e quaisquer correntes de água em terrenos de seu domínio, ou que banhem mais de um Estado, sirvam de limites com outros países, ou se estendam a território estrangeiro ou dele provenham, bem como os terrenos marginais e as praias fluviais; IV — as ilhas fluviais e lacustres nas zonas limítrofes com outros países; as praias marítimas; as ilhas oceânicas e as costeiras, excluídas, destas, as que contenham a sede de Municípios, exceto aquelas áreas afetadas ao serviço público e a unidade ambiental federal, e as referidas no art. 26, II; V — os recursos naturais da plataforma continental e da zona econômica exclusiva; VI — o mar territorial; VII — os terrenos de marinha e seus acrescidos; VIII — os potenciais de energia hidráulica; IX — os recursos minerais, inclusive os do subsolo; X — as cavidades naturais subterrâneas e os sítios arqueológicos e pré-históricos; XI — as terras tradicionalmente ocupadas pelos índios. § 1º É assegurada, nos termos da lei, aos Estados, ao Distrito Federal e aos Municípios, bem como a órgãos da administração direta da União, participação no resultado da exploração de petróleo ou gás natural, de recursos hídricos para fins de geração de energia elétrica e de outros recursos minerais no respectivo território, plataforma continental, mar territorial ou zona econômica exclusiva, ou compensação financeira por essa exploração. § 2º A faixa de até cento e cinquenta quilômetros de largura, ao longo das fronteiras terrestres, designada como faixa de fronteira, é considerada fundamental para defesa do território nacional, e sua ocupação e utilização serão reguladas em lei."

[14] "Art. 26. Incluem-se entre os bens dos Estados: I — as águas superficiais ou subterrâneas, fluentes, emergentes e em depósito, ressalvadas, neste caso, na forma da lei, as decorrentes de obras da União; II — as áreas, nas ilhas oceânicas e costeiras, que estiverem no seu domínio, excluídas aquelas sob domínio da União, Municípios ou terceiros; III — as ilhas fluviais e lacustres não pertencentes à União; IV — as terras devolutas não compreendidas entre as da União."

# VI FATO JURÍDICO

## 1. CONCEITO E CLASSIFICAÇÃO DOS FATOS JURÍDICOS

Todo acontecimento, natural ou humano, que determine a ocorrência de efeitos constitutivos, modificativos ou extintivos de direitos e obrigações, na órbita do direito, denomina-se fato jurídico.

Indiscutivelmente, trata-se de conceito basilar, verdadeira causa genética das relações jurídicas, e, bem assim, dos direitos e obrigações aí compreendidos.

Fora da noção de fato jurídico, pouca coisa existe ou importa para o direito.

A noção de fato jurídico, entendido como o evento concretizador da hipótese contida na norma, comporta, em seu campo de abrangência, não apenas os acontecimentos naturais (fatos jurídicos em sentido estrito), mas também as ações humanas lícitas ou ilícitas (ato jurídico em sentido amplo, que se subdivide em negócio jurídico e em ato jurídico *stricto sensu*; e ato ilícito, respectivamente), bem como aqueles fatos em que, embora haja atuação humana, esta é desprovida de manifestação de vontade, mas mesmo assim produz efeitos jurídicos (ato-fato jurídico).

O tema da classificação dos fatos jurídicos em sentido amplo tem sido alvo de acesas controvérsias doutrinárias.

Essa circunstância, em nossa opinião, não decorre somente da visão metodológica dos doutrinadores civilistas no trato da matéria, mas sim, em verdade, da grande atecnia que o Código Civil de 1916 emprestou ao tema.

De fato, embora ainda não seja perfeita a disciplina empreendida pelo Código Civil de 2002 — por omitir-se, por exemplo, em institutos como ato-fato jurídico ou a enunciação expressa dos elementos de existência do negócio jurídico —, o fato é que houve considerável inovação na legislação do século XXI, substituindo-se a expressão genérica ato jurídico pela designação específica negócio jurídico, medida da mais louvável técnica jurídica, uma vez que é a este, e não àquele, que se aplicam todas as normas ali explicitadas.

Outra inovação salutar refere-se aos atos jurídicos em sentido estrito (atos lícitos não negociais), que, na esteira do art. 295 do Código Civil português de 1967, passaram a ser tratados em um título da Parte Geral, com um único dispositivo (art. 185), determinando que se lhes apliquem, no que couber, as disposições do negócio jurídico.

O CC/2002 omitiu-se da figura do ato-fato jurídico, tão bem trabalhada na doutrina nacional pelos gênios de PONTES DE MIRANDA e MARCOS BERNARDES DE MELLO, mas, como um dever dogmático, não podemos nos furtar a incluí-la em qualquer classificação dos fatos jurídicos em sentido *lato*.

Assim, a despeito das controvérsias existentes, podemos decompor o fato jurídico, visualizando-o esquematicamente da seguinte forma:

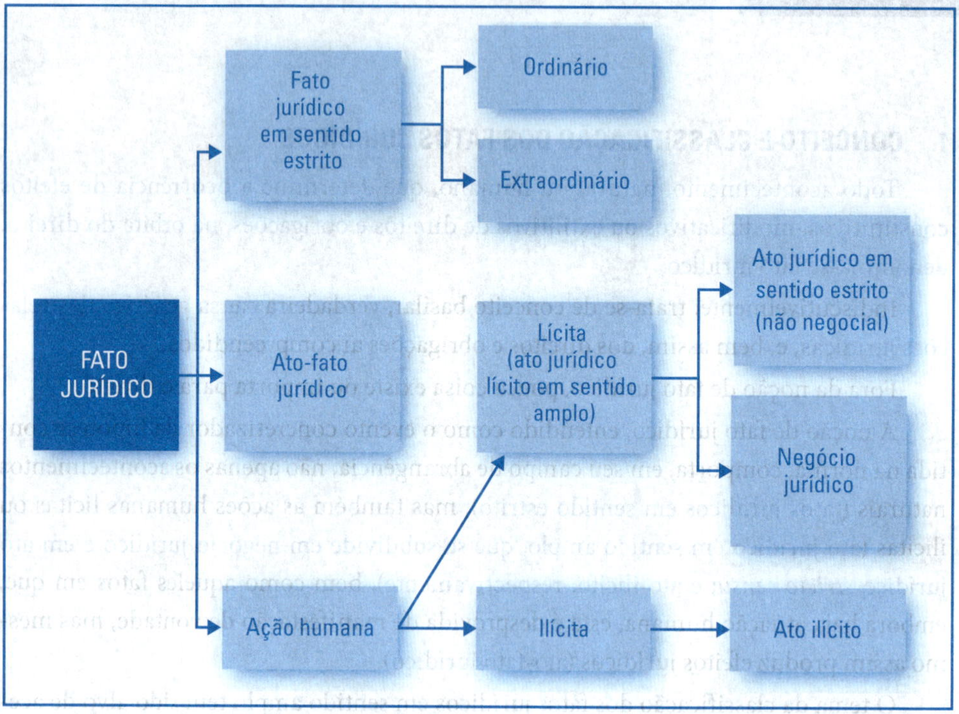


Essa nossa classificação dos fatos jurídicos toma por base o próprio ser humano enquanto sujeito destinatário da norma jurídica e agente de sua aplicação.

Assim, parte-se dos fatos — ordinários ou extraordinários — em que a intervenção humana é inexistente (fatos jurídicos *stricto sensu*), passando por aquelas situações em que, embora a atuação do homem seja da substância do fato jurídico, não importa para a norma se houve, ou não, manifestação de vontade em praticá-lo (ato-fato jurídico) até chegar, finalmente, nas situações em que se destaca juridicamente a ação da pessoa, seja com consequências jurídicas impostas pela lei e não escolhidas pelas partes (ato jurídico *stricto sensu* ou meramente lícito), seja pela regulamentação da autonomia privada (negócio jurídico).

Não esquecemos, obviamente, da atuação humana com efeitos não desejados pelo ordenamento jurídico (ato ilícito), que, por produzir efetivamente reflexos no mundo do Direito, não pode deixar de ser analisada quando do estudo dos fatos jurídicos.

Note-se, inclusive, que respeitável corrente doutrinária esposa entendimento no sentido de que deveriam subsumir-se na categoria dos atos jurídicos em sentido amplo[1]. Para tanto, argumenta-se que, mesmo atuando contrariamente à ordem jurídica, a conduta humana deflagraria efeitos relevantes para o direito, razão pela qual não se lhe poderia negar o qualificativo (de ato) jurídico.

Embora não ignoremos a ideia, preferível é, não apenas por força do específico tratamento legal dado à matéria (arts. 186 e 187 do CC/2002), mas também, e sobretudo, por imperativo metodológico, reconhecer posição própria para as ações desvaliosas (ilícitas), sem confundi-la com a definição de ato jurídico lícito.

Considera-se fato jurídico em sentido estrito todo acontecimento natural, determinante de efeitos na órbita jurídica.

Os fatos jurídicos em sentido estrito, por sua vez, subdividem-se em:

a) ordinários;
b) extraordinários.

Os fatos jurídicos ordinários são fatos da natureza de ocorrência comum, costumeira, cotidiana. São exemplos: o nascimento, a morte, o decurso do tempo.

Os fatos jurídicos extraordinários, porém, ganham destaque pela nota da extraordinariedade, por serem inesperados ou inevitáveis (caso fortuito ou força maior, respectivamente).

Para que não pairem quaisquer dúvidas em relação ao nosso posicionamento sobre tais institutos, entendemos, como uma proposta de aspecto diferencial, que a característica básica da força maior — em que pese ser decorrente, em regra, de um fato natural — é a sua absoluta inevitabilidade, enquanto o caso fortuito tem como nota essencial a imprevisibilidade, para os parâmetros do homem médio, motivos pelos quais ambos, inclusive, são causas excludentes de responsabilidade.

Outra especial categoria, que guarda caracteres inconfundíveis, é a dos atos-fatos jurídicos, que nada mais é do que um fato jurídico qualificado pela atuação humana.

Mas não seria uma contradição dizer que se trata de um fato, mas, mesmo assim, se exige a intervenção do indivíduo?

Não, dizemos nós!

No ato-fato jurídico, o ato humano é realmente da substância deste fato jurídico, mas não importa para a norma se houve, ou não, intenção de praticá-lo.

O que se ressalta, na verdade, é a consequência do ato, ou seja, o fato resultante, sem se dar maior significância se houve vontade ou não de realizá-lo.

1 Vale conferir a excelente obra de Antônio Luis Machado Neto, *Compêndio de Introdução à Ciência do Direito*, 6. ed., São Paulo: Saraiva, 1988.

A ideia que deve presidir a compreensão dos atos-fatos jurídicos é de que, para a sua caracterização, a vontade humana é irrelevante, pois é o fato humano, por si só, que goza de importância jurídica e eficácia social.

Em alguns momentos, torna-se bastante difícil diferenciar o ato-fato jurídico do ato jurídico em sentido estrito. Isso porque, nesta última, a despeito de atuar a vontade humana, os efeitos jurídicos produzidos pelo ato encontram-se previamente determinados pela lei, não havendo espaço para a autonomia da vontade.

Ainda assim, devemos lembrar que somente no ato-fato a vontade humana, o elemento psíquico, é completamente irrelevante para a sua configuração, embora seja indiscutível a deflagração de efeitos a partir dos atos-fatos praticados por ambos.

Já o ato jurídico em sentido estrito constitui simples manifestação de vontade, sem conteúdo negocial, que determina a produção de efeitos legalmente previstos.

Neste tipo de ato, não há necessidade de uma declaração de vontade manifestada com o propósito de atingir, dentro do campo da autonomia privada, os efeitos jurídicos pretendidos pelo agente, mas sim um simples comportamento humano deflagrador de efeitos previamente estabelecidos por lei.

Sinteticamente, pode-se dizer que essa espécie de ato jurídico lícito apenas concretiza o pressuposto fático contido na norma jurídica.

Não há que se confundir o ato jurídico *stricto sensu* com o ato-fato jurídico.

A aparente confusão dissipa-se com a clara enunciação da existência ou não de uma atuação consciente, que é essencial para o ato jurídico, mas irrelevante para o ato-fato. O elemento psíquico, pois, pouco importa para este último.

Um exemplo de ato jurídico *stricto sensu* é o ato de fixação do domicílio.

Note-se que o elemento caracterizador dessa categoria reside na circunstância de que o agente, embora realize ato de forma consciente, não goza de ampla liberdade de escolha na determinação dos efeitos resultantes de seu comportamento, como se dá no negócio jurídico (um contrato, por exemplo).

O elemento básico, porém, é a manifestação de vontade.

Vale lembrar ainda que o processo formativo do ato jurídico em sentido estrito é mais simplificado, prescindindo de um complexo ciclo cognitivo-deliberativo.

Isso porque, em sua grande maioria, consoante já anotamos, os atos jurídicos *stricto sensu* traduzem simples comportamentos humanos (a colheita de uma fruta, v. g.), diferentemente do que ocorre nas manifestações declarativas de vontade, formadoras dos negócios jurídicos (um contrato de locação, v. g.).

Daí por que, neste âmbito, em princípio, não importa a indagação de certos pressupostos de validade do ato jurídico — a exemplo da capacidade do agente (não seria lógico considerar nulo o ato de percepção do fruto realizado por um menor púbere) e da forma —, diferentemente do que ocorre nas declarações de vontade em geral, sobretudo na categoria dos negócios jurídicos, em que a doutrina sistematiza rígidos pressupostos para a validade do ato praticado (capacidade e legitimidade do agente, licitude e possibilidade do objeto, adequação da forma).

Outro ponto relevante que diferencia o ato jurídico não negocial e o negócio jurídico está no plano da eficácia, pois não há como se falar de termo, condição ou encargo em ato jurídico *stricto sensu*, uma vez que não há conjunção de vontades, nem possibilidade de escolha ou limitação dos efeitos legalmente previstos.

O Código Civil de 2002, mais técnico e preciso, a par de consagrar ampla e exaustiva disciplina do negócio jurídico, previu, ainda, em dispositivo específico (art. 185), a categoria dos atos jurídicos em sentido estrito, mandando-lhes aplicar, no que couber, as normas relativas aos negócios jurídicos em geral.

## 2. NEGÓCIO JURÍDICO

A categoria dos negócios jurídicos desenvolveu-se, graças ao labor da doutrina germânica, em período relativamente recente.

Por isso, CLÓVIS BEVILÁQUA, ao elaborar o Código Civil em 1899, não cuidou de dispensar a devida atenção, deixando de consagrá-la em seu projeto.

Aliás, analisando as suas normas, verificamos que em nenhum momento utilizou-se a expressão "negócio jurídico", não obstante o tratamento legal dado ao "ato jurídico", fosse a ele perfeitamente aplicável.

Tal inconveniente foi contornado pelo Código Civil de 2002, cuja Parte Geral, da lavra do Min. MOREIRA ALVES, merecedora de justos elogios, disciplina exaustivamente a categoria dos negócios jurídicos, sem desconsiderar os atos jurídicos em sentido estrito.

### 2.1. Conceito

Negócio jurídico é a declaração de vontade, emitida em obediência aos seus pressupostos de existência, validade e eficácia, com o propósito de produzir efeitos admitidos pelo ordenamento jurídico pretendidos pelo agente.

A regra geral positivada de interpretação dos negócios jurídicos é, sem sombra de dúvida, o já transcrito art. 112 do CC/2002, em que se vislumbra, claramente, a ideia de que a manifestação de vontade é seu elemento mais importante, muito mais, inclusive, do que a forma como se materializou.

Isso porque, se a palavra é, sem sombra de dúvida, o instrumento de trabalho do jurista, o seu eventual manejo impreciso não deve lesionar mais do que os limites da boa-fé.

Essa boa-fé objetiva torna-se, indubitavelmente, o barema de interpretação de todo e qualquer negócio jurídico, o que é extremamente valorizado pelo CC/2002, tanto na regra geral do seu art. 113 ("Os negócios jurídicos devem ser interpretados conforme a boa-fé e os usos do lugar de sua celebração") quanto nas disposições genéricas sobre os contratos[2].

[2] CC/2002: "Art. 421. A liberdade de contratar será exercida em razão e nos limites da função social do contrato.

Saliente-se que a Lei que instituiu a Declaração de Direitos de Liberdade Econômica (Lei n. 13.874/2019) inseriu dois parágrafos no mencionado art. 113 do Código Civil:

> "§ 1º A interpretação do negócio jurídico deve lhe atribuir o sentido que:
>
> I – for confirmado pelo comportamento das partes posterior à celebração do negócio;
>
> II – corresponder aos usos, costumes e práticas do mercado relativas ao tipo de negócio;
>
> III – corresponder à boa-fé;
>
> IV – for mais benéfico à parte que não redigiu o dispositivo, se identificável; e
>
> V – corresponder a qual seria a razoável negociação das partes sobre a questão discutida, inferida das demais disposições do negócio e da racionalidade econômica das partes, consideradas as informações disponíveis no momento de sua celebração.
>
> § 2º As partes poderão livremente pactuar regras de interpretação, de preenchimento de lacunas e de integração dos negócios jurídicos diversas daquelas previstas em lei". (NR)

Com precisão, CARLOS ELIAS DE OLIVEIRA discorre sobre o tema[3]:

> "De outro lado, para o caso de as partes não terem pactuado regras diversamente, a LLE estabeleceu regras interpretativas dos negócios jurídicos para prestigiar, sempre, a vontade das partes (art. 113, § 1º). Em suma, estas são as regras previstas nos incisos do § 1º do art. 113 do CC a serem aplicadas cumulativamente:
>
> a) Regra do *contra proferentem* (inciso IV): na dúvida, prevalece interpretação favorável a quem não redigiu a cláusula contratual, ou seja, prevalece a interpretação contrária a quem a redigiu, ou seja, contrária a quem a proferiu (daí o nome doutrinário 'regra do *contra proferentem*').
>
> b) Regra da vontade presumível (inciso V): na dúvida, deve-se adotar a interpretação compatível com a vontade presumível das partes, levando em conta a racionalidade econômica, a coerência lógica com as demais cláusulas do negócio e o contexto da época ('informações disponíveis no momento' da celebração do contrato). Essa regra está conectada com o inciso II do art. 421-A do CC, que prevê o respeito à alocação de riscos definida pelas partes de um contrato.
>
> c) Regra da confirmação posterior (inciso I): a conduta das partes posteriormente ao contrato deve ser levada em conta como compatível com a interpretação adequada do negócio;
>
> d) Regra da boa-fé e dos costumes (incisos II e III): deve-se preferir a interpretação mais condizente com uma postura de boa-fé das partes e com os costumes relativos ao tipo de negócio".

---

Art. 422. Os contratantes são obrigados a guardar, assim na conclusão do contrato, como em sua execução, os princípios da probidade e boa-fé".

[3] OLIVEIRA, Carlos Eduardo Elias de. *Lei da Liberdade Econômica:* Diretrizes Interpretativas da Nova Lei e Análise Detalhada das Mudanças no Direito Civil e nos Registros Públicos. Texto gentilmente cedido pelo autor, publicado no *site*: <http://www.flaviotartuce.adv.br>.

De certa forma, a regra constante no inciso I dialoga com a regra proibitiva do comportamento contraditório (*venire contra factum proprium*), porquanto, se a conduta posterior das partes reafirma o correto sentido interpretativo do negócio, a conduta contraditória, salvo se justificada, não autorizaria ao intérprete extrair conclusão favorável ao comportamento antípoda ou paradoxal.

Na busca de prestigiar a autonomia da vontade, foi estabelecido, no § 2º do mencionado art. 113 que as partes poderão livremente pactuar regras de interpretação, de preenchimento de lacunas e de integração dos negócios jurídicos diversas daquelas previstas em lei, o que se coaduna com a ideia propugnada de liberdade econômica, sem descurar do princípio da boa-fé. Ao encontro da boa-fé objetiva, deve ainda ser lembrada a regra de interpretação estrita dos negócios jurídicos benéficos e da renúncia, constante do art. 114, pois essa própria noção interpretativa não é uma dimensão aritmética, rígida, mas sim submetida a cada caso concreto.

Vale destacar que, embora a questão da interpretação dos negócios jurídicos não venha explicitada em um capítulo próprio no CC/2002, nada impede que a doutrina e a jurisprudência continuem estabelecendo petições de princípios para este tão importante tema.

É importante salientar, em especial no âmbito da interpretação dos negócios jurídicos, com destaque para os contratos, que a Lei n. 13.874, de 20 de setembro de 2019 (instituidora da Declaração dos Direitos de Liberdade Econômica), preceituou, no § 1º do seu art. 1º, que o disposto em suas normas será observado na aplicação e na interpretação do próprio Direito Civil.

Nessa linha, realçando a prevalência da liberdade econômica, esse diploma avançou, e, em seguida, expressamente estabeleceu a primazia interpretativa em favor "da liberdade econômica, da boa-fé e do respeito aos contratos, aos investimentos e à propriedade todas as normas de ordenação pública sobre atividades econômicas privadas" (§ 2º). Ou seja, temos, aqui, uma espécie de movimento inverso ao *dirigismo contratual*.

Acrescente-se a esse panorama que, segundo a mesma lei, seus princípios norteadores são (art. 2º):

a) a liberdade como uma garantia no exercício de atividades econômicas;
b) a boa-fé do particular perante o poder público;
c) a intervenção subsidiária e excepcional do Estado sobre o exercício de atividades econômicas;
d) o reconhecimento da vulnerabilidade do particular perante o Estado.

Trata-se de uma diretriz que não pode ser olvidada pelo intérprete do negócio jurídico.

## 2.2. Planos de análise

Com efeito, para apreender sistematicamente o tema — e não simplesmente reproduzir regras positivadas — faz-se mister analisá-lo sob os três planos em que pode ser visualizado:

a) Existência — um negócio jurídico não surge do nada, exigindo-se, para que seja considerado como tal, o atendimento a certos requisitos mínimos.

Nessa linha, são elementos constitutivos do negócio jurídico:

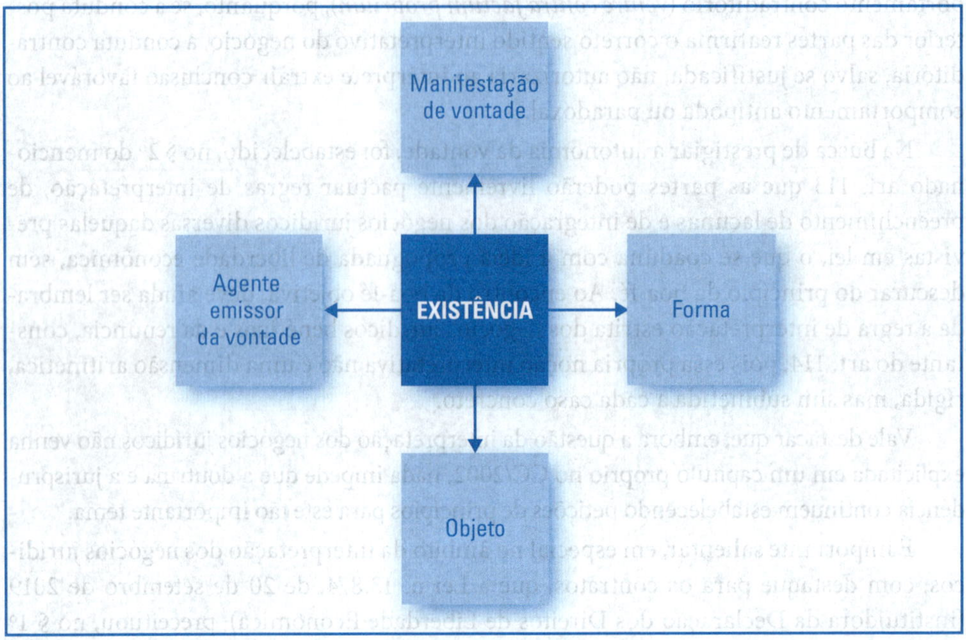


b) Validade — o fato de um negócio jurídico ser considerado existente não quer dizer que ele seja considerado perfeito, ou seja, com aptidão legal para produzir efeitos.

Trata-se de um plano em que se adjetivam os elementos de existência.

Assim, são elementos de validade do negócio jurídico:

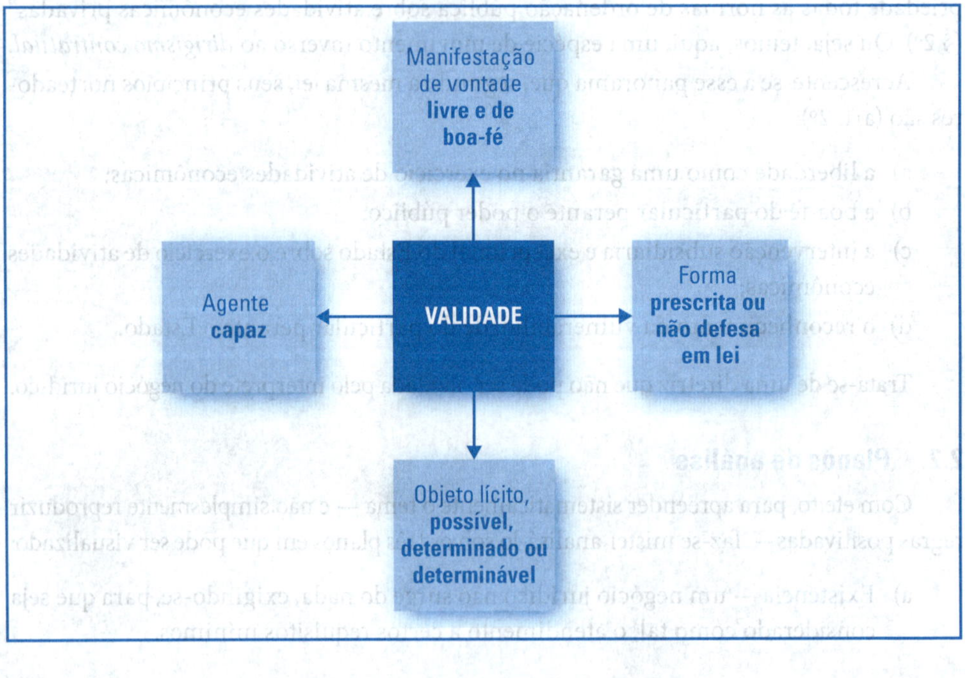

c) Eficácia — ainda que um negócio jurídico existente seja considerado válido, ou seja, perfeito para o sistema que o concebeu, isto não importa em produção imediata de efeitos, pois estes podem estar limitados por elementos acidentais da declaração.

A premissa é que, existente e válido um negócio jurídico, deve ele produzir efeitos imediatamente.

Todavia, a sua eficácia poderá ser delimitada pelos seguintes elementos acidentais:

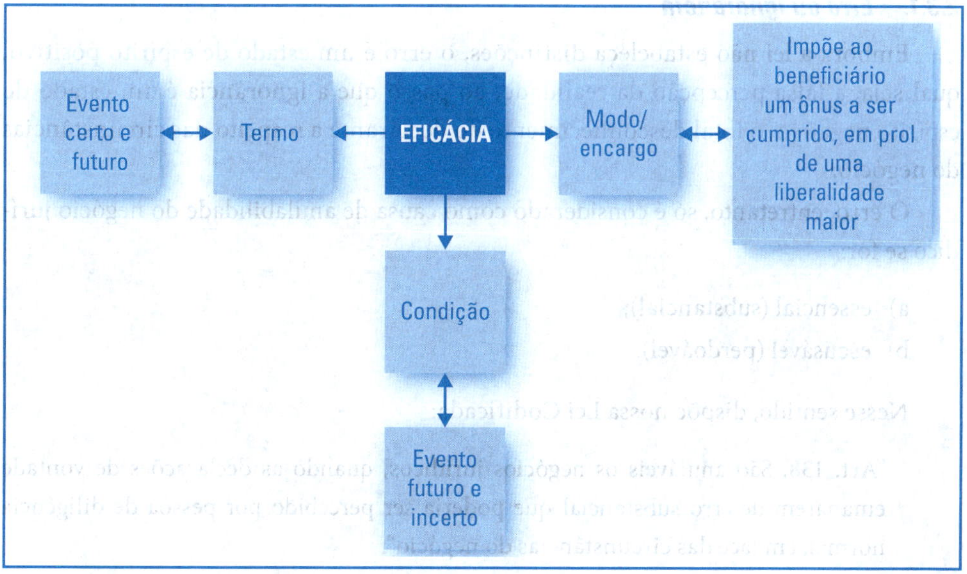


## 2.3. Defeitos do negócio jurídico

Neste tópico, serão passados em revista os vícios que impedem seja a vontade declarada livre e de boa-fé, prejudicando, por conseguinte, a validade do negócio jurídico.

Trata-se dos defeitos dos negócios jurídicos, que se classificam em vícios de consentimento — aqueles em que a vontade não é expressada de maneira absolutamente livre — e vícios sociais — em que a vontade manifestada não tem, na realidade, a intenção pura e de boa-fé que enuncia.

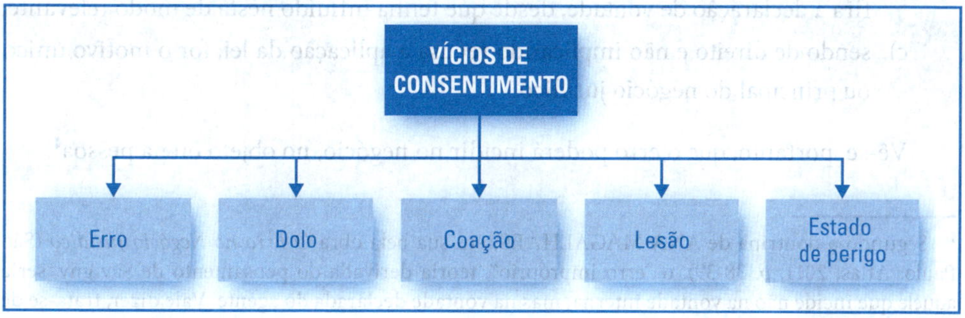

### 2.3.1. Erro ou ignorância

Embora a lei não estabeleça distinções, o erro é um estado de espírito positivo, qual seja, a falsa percepção da realidade, ao passo que a ignorância é um estado de espírito negativo, o total desconhecimento do declarante a respeito das circunstâncias do negócio.

O erro, entretanto, só é considerado como causa de anulabilidade do negócio jurídico se for:

a) essencial (substancial);
b) escusável (perdoável).

Nesse sentido, dispõe nossa Lei Codificada:

> "Art. 138. São anuláveis os negócios jurídicos, quando as declarações de vontade emanarem de erro substancial que poderia ser percebido por pessoa de diligência normal, em face das circunstâncias do negócio".

Substancial é o erro que incide sobre a essência (substância) do ato que se pratica, sem o qual este não se teria realizado. É o caso do colecionador que, pretendendo adquirir uma estátua de marfim, compra, por engano, uma peça feita de material sintético.

O Código Civil de 2002 enumerou as seguintes hipóteses de erro substancial, em seu art. 139:

a) quando interessa à natureza do negócio, ao objeto principal da declaração, ou a alguma das qualidades a ele essenciais;
b) quando concerne à identidade ou à qualidade essencial da pessoa a quem se refira a declaração de vontade, desde que tenha influído nesta de modo relevante;
c) sendo de direito e não implicando recusa à aplicação da lei, for o motivo único ou principal do negócio jurídico.

Vê-se, portanto, que o erro poderá incidir no negócio, no objeto ou na pessoa[4].

---

[4] Segundo a doutrina de ANA MAGALHÃES, em sua bela obra *O Erro no Negócio Jurídico* (São Paulo: Atlas, 2011, p. 38-39), o "erro impróprio", teoria derivada do pensamento de Savigny, seria aquele que incide não na vontade interna, mas na vontade declarada do agente. Vale dizer, trata-se de um "erro obstáculo", incidente na vontade manifestada, quando o agente, por exemplo, ao celebrar o

O erro invalidante há que ser, ainda, escusável, isto é, perdoável, dentro do que se espera do homem médio que atue com grau normal de diligência. Não se admite, outrossim, a alegação de erro por parte daquele que atuou com acentuado grau de displicência. O direito não deve amparar o negligente[5]. Ademais, a própria concepção de homem médio deve levar em consideração o contexto em que os sujeitos estão envolvidos. Afinal, a compra de uma joia falsa pode ser um erro escusável de um particular, mas muito dificilmente de um especialista em tal comércio.

Até aqui se cuidou do erro de fato, mas qual seria o tratamento dispensado pela doutrina ao erro de direito?

Em regra, o *error juris* (que não se confunde com a ignorância da lei) não é causa de anulabilidade do negócio.

Em nossa compreensão, o erro de direito somente deve ser admitido em caráter excepcional, até mesmo por força da regra expressa no art. 3º da Lei de Introdução às Normas do Direito Brasileiro, de que ninguém pode se escusar de cumprir a lei, alegando que não a conhece.

Desde que não se pretenda descumprir preceito de lei, se o agente, de boa-fé, pratica o ato incorrendo em erro substancial e escusável, há que reconhecer, por imperativo de equidade, a ocorrência do erro de direito.

É o caso, por exemplo, de alguém que eventualmente celebra um contrato de importação de uma determinada mercadoria, sem saber que, momentos antes, foi expedido decreto proibindo a entrada de tal produto no território nacional. Não admitir a anulação do contrato simplesmente pela ficção legal da LINDB seria fazer com que o jurista fechasse os olhos para a realidade do que ordinariamente acontece, o que é inadmissível.

O Código Civil de 2002 admitiu o erro de direito substancial, desde que não implique recusa à aplicação da lei (art. 139, III). Embora a regra legal não seja expressa a respeito, o requisito da boa-fé é obviamente indispensável para que se reconheça esta espécie de erro.

Em conclusão, interessa a referência feita pelo atual Código Civil à hipótese de erro que não invalida o negócio, quando a pessoa a quem a declaração de vontade se dirige se oferece para executá-la de acordo com a vontade real do manifestante:

> "Art. 144. O erro não prejudica a validade do negócio jurídico quando a pessoa, a quem a manifestação de vontade se dirige, se oferecer para executá-la na conformidade da vontade real do manifestante".

---

negócio, em vez de dizer "venda", diz "locação". O direito brasileiro não se ocupa com essa distinção. Pouco importa se o erro incide na vontade interna ou na vontade externa (declarada); é tratado da mesma maneira, como causa de anulabilidade do negócio jurídico.

[5] O tema da escusabilidade do erro como elemento indispensável para invalidação do negócio, por sua vez, comporta controvérsias, haja vista que, ao interpretar o art. 138 do CC/2002, na I Jornada de Direito Civil da Justiça Federal, foi defendida a ideia, no Enunciado n. 12, de que, "na sistemática do art. 138, é irrelevante ser ou não escusável o erro, porque o dispositivo adota o princípio da confiança".

Neste artigo, bem como na regra do art. 142 (que prevê a possibilidade de convalescimento do ato se o erro na indicação da pessoa ou da coisa for suprido pelas circunstâncias), constata-se a aplicação do princípio da conservação, regra de ouro do moderno Direito Civil, segundo o qual deve o intérprete, desde que não haja prejuízo, e respeitadas as prescrições legais, empreender todos os esforços para resguardar a eficácia jurídica do ato acoimado de invalidade.

Outro equívoco muito comum que deve ser afastado é a falsa ideia de que erro e vício redibitório se confundem.

O erro, consoante já se anotou, expressa uma equivocada representação da realidade, uma opinião não verdadeira a respeito do negócio, do seu objeto ou da pessoa com quem se trava a relação jurídica. Esse defeito do negócio, portanto, vicia a própria vontade do agente, atuando no campo psíquico (subjetivo).

Diferente é a hipótese de vício redibitório, garantia legal prevista para os contratos comutativos em geral. Se o adquirente, por força de uma compra e venda, por exemplo, recebe a coisa com defeito oculto que lhe diminui o valor ou prejudica a sua utilização (vícios redibitórios), poderá rejeitá-la, redibindo o contrato, ou, se preferir, exigir o abatimento no preço.

Note-se, pois, que o agente, ao adquirir a coisa, não incorreu em erro, uma vez que recebeu exatamente aquilo que pretendia comprar. Apenas a coisa transferida portava defeito oculto que lhe depreciava ou tornava imprópria a sua utilização.

O vício redibitório, pois, não toca o psiquismo do agente, incidindo, portanto, na própria coisa, objetivamente considerada. Exemplo: o indivíduo pretende comprar um relógio de ouro da marca "x". Um vizinho lhe faz uma oferta, e então ele compra o produto desejado, sem que haja erro em sua manifestação de vontade. Alguns dias depois, entretanto, observa que o relógio não funciona bem, em virtude de um defeito oculto em seu maquinismo. Trata-se, no caso, de vício redibitório, que desafia, em concurso de ações, duas vias judiciais (ações edilícias): a ação redibitória (para desfazer o contrato e exigir o que se pagou, com perdas e danos se o alienante sabia do vício) ou a ação "quanti minoris" (para se exigir o abatimento no preço).

### 2.3.2. Dolo

Por imperativo de precedência lógica e da disciplina legal, estudamos o erro antes do dolo, uma vez que a doutrina do primeiro fundamenta teoricamente o segundo.

Nessa linha, costuma-se afirmar que o dolo é o erro provocado por terceiro, e não pelo próprio sujeito enganado.

Seria, portanto, todo artifício malicioso empregado por uma das partes ou por terceiro com o propósito de prejudicar outrem, quando da celebração do negócio jurídico.

Assim, o sujeito que aliena a caneta de cobre, afirmando tratar-se de ouro, atua com dolo, e o negócio poderá ser anulado.

Não se deve confundir esta espécie de dolo com o chamado *dolus bonus*, expressão consagrada desde o Direito Romano. Quando o vendedor elogia exageradamente o seu produto, realçando em demasia suas qualidades, não atua maliciosamente. Para tanto, exige-se do adquirente grau mediano de diligência para que possa perceber as criativas técnicas de *marketing*. A despeito disso, fica claro que a indicação de qualidades inexistentes ou a afirmação de garantias inverídicas extrapolam o limite do razoável, podendo configurar publicidade enganosa, sujeitando o infrator a sanções administrativas, civis e criminais.

Também não se deve identificar o dolo com a fraude. Nesta, quase sempre, busca-se violar a lei ou prejudicar a um número indeterminado de pessoas; a atuação dolosa, por sua vez, dirige-se especificamente à outra parte do negócio.

O dolo não se presume das circunstâncias de fato, devendo ser provado por quem o alega.

Quanto à extensão dos seus efeitos no negócio jurídico, o dolo poderá ser:

a) principal (essencial, determinante ou causal);
b) acidental.

O dolo, para invalidar o ato, deve ser principal — atacando a causa do negócio em si —, uma vez que o acidental, aquele que não impediria a realização do negócio, só gera a obrigação de indenizar.

O Código Civil de 2002, em seu art. 145, após referir que os negócios jurídicos só são anuláveis quando o dolo for a sua causa (principal), ressalva, no artigo seguinte, que o dolo acidental só obriga à satisfação das perdas e danos. É acidental, prossegue o legislador, quando, a seu despeito, o negócio seria realizado, embora por outro modo.

Para a exata compreensão da matéria, figuremos um exemplo de dolo acidental: o sujeito declara pretender adquirir um carro, escolhendo um automóvel com cor metálica, e, quando do recebimento da mercadoria, enganado pelo vendedor, verifica que a coloração é, em verdade, básica. Neste caso, não pretendendo desistir do negócio, poderá exigir compensação por perdas e danos.

Diferente, seria, porém, a situação em que ao sujeito somente interessasse comprar o veículo se fosse da cor metálica — hipótese em que este elemento faria parte da causa do negócio jurídico. Nesse caso, tendo sido enganado pelo vendedor para adquirir o automóvel, poder-se-ia anular o negócio jurídico com base em dolo.

Quanto à atuação do agente, o dolo poderá ser:

a) positivo;
b) negativo (omissivo).

O primeiro decorre de uma atuação comissiva, a exemplo do expediente ardiloso do vendedor que engana o adquirente quanto à natureza do produto colocado no mercado. O segundo, fruto de uma omissão, traduz uma abstenção maliciosa juridicamente relevante. É o caso do silêncio intencional de uma das partes, levando a outra a celebrar negócio jurídico diverso do que pretendia realizar.

O Código Civil, inclusive, traz previsão expressa sobre o dolo negativo no art. 147, ao preceituar que, nos "negócios jurídicos bilaterais, o silêncio intencional de uma das partes a respeito de fato ou qualidade que a outra parte haja ignorado constitui omissão dolosa, provando-se que sem ela o negócio não se teria celebrado".

Admite-se, ainda, que o negócio jurídico seja anulado por dolo de terceiro. Neste ponto, houve louvável avanço. O Código Civil de 2002 é mais preciso do que o CC/1916, ao prever que o dolo de terceiro invalida o ato, não apenas quando a parte a quem aproveite efetivamente soube do expediente astucioso, mas também se dele devesse ter conhecimento. Cria-se uma hipótese de dolo eventual da parte a quem aproveita o ardil:

> "Art. 148. Pode também ser anulado o negócio jurídico por dolo de terceiro, se a parte a quem aproveite dele tivesse ou devesse ter conhecimento; em caso contrário, ainda que subsista o negócio jurídico, o terceiro responderá por todas as perdas e danos da parte a quem ludibriou".

Se a parte a quem aproveita o dolo não sabia, nem tinha como saber do expediente astucioso, subsiste o negócio, embora o terceiro responda civilmente perante a parte ludibriada.

Figuremos o seguinte exemplo: Caio, colecionador de vasos antigos, contrata os serviços de Tício, profissional especializado em intermediar a compra e venda de objetos raros. Após alguns meses de busca infrutífera, Tício, atuando dolosamente e objetivando não perder a sua remuneração, promoveu a negociação de um falso jarro da dinastia Ming (réplica de um original), entre Caio, tomador de seus serviços, e Orfeu, proprietário do referido artefato. Note-se que Caio fora induzido a erro pelo intermediário Tício, pessoa em quem depositava sincera confiança.

Ora, com base nessa situação hipotética, as seguintes conclusões podem ser tiradas, à luz do Código Civil brasileiro:

a) se Orfeu tinha conhecimento da atuação maliciosa de Tício, caracterizando verdadeiro conluio entre ambos, o negócio pode ser anulado;
b) se Orfeu não tinha conhecimento direto do dolo de Tício, mas podia presumi-lo, em face das circunstâncias do fato, o negócio pode ser anulado;
c) se Orfeu não sabia, nem tinha como saber da atuação dolosa de Tício, em face da boa-fé de Orfeu o negócio subsiste, respondendo apenas Tício pelas perdas e danos devidos a Caio.

Entendemos que, nas duas primeiras hipóteses ("a" e "b"), Orfeu poderá ser civilmente responsabilizado (obrigação de pagar perdas e danos), juntamente com Tício, por não haver avisado a vítima (Caio) a respeito da manobra ardilosa.

Não há que se confundir, outrossim, o dolo de terceiro com a hipótese de dolo do representante de uma das partes.

Em se tratando de representação legal — tutela ou curatela, por exemplo —, o representado só responderá civilmente até a importância do proveito que obteve. Se a representação for convencional — efetivada por meio do contrato de mandato —, ambas as partes (representante e representado), além da obrigatoriedade de devolver aquilo que indevidamente receberam, responderão solidariamente por perdas e danos (art. 149 do CC/2002). Nesta última hipótese, se apenas o representante atuou com dolo, descumprindo instruções expressas do representado e extrapolando, portanto, os limites do mandato, entendemos que restará afastada a referida solidariedade.

Uma observação final ainda deve ser feita.

Se ambas as partes do negócio procederam com dolo, pelo princípio que veda a alegação da própria torpeza em juízo (*nemo propriam turpitudinem allegans*), a lei proíbe que se possa anular o negócio ou pleitear indenização (art. 150 do CC/2002).

Não se trata exatamente de compensação de dolos, consoante pondera GIORGI: "certamente se o dolo de uma parte não corresponde em intenção ou em efeitos ao dolo da outra parte, seria uma exorbitância admitir a compensação: o juiz tem o dever e o direito de pôr em confronto os artifícios das duas partes e decidir se é ou não caso de ação anulatória"[6].

Apenas impede a lei que o dolo bilateral possa ser oficialmente amparado.

### 2.3.3. Coação

Enquanto o dolo manifesta-se pelo ardil, a coação traduz violência.

Entende-se como coação capaz de viciar o consentimento toda violência psicológica apta a influenciar a vítima a realizar negócio jurídico que a sua vontade interna não deseja efetuar.

São dois os tipos de coação:

a) física ("*vis absoluta*");
b) moral ("*vis compulsiva*").

A coação física ("*vis absoluta*") é aquela que age diretamente sobre o corpo da vítima. A doutrina entende que este tipo de coação neutraliza completamente a manifestação de vontade, tornando o negócio jurídico inexistente, e não simplesmente anulável. Imagine a hipótese de um lutador de sumô pegar a mão de uma velhinha analfabeta, à força, para apor a sua impressão digital em um instrumento de contrato que ela não quer assinar.

Logicamente, tais exemplos parecem beirar a patologia, mas são situações-limite em que nem sequer se poderá discutir a invalidade do ato jurídico, pois ele não será considerado juridicamente existente, por inexistir qualquer manifestação de vontade. Obviamente, para que isso seja aceito judicialmente, será necessário provar inequivocamente a coação física ("*vis absoluta*"), pois, de fato, haverá um documento com uma suposta manifestação de vontade (a ser declarada inexistente).

---

6 Apud, SANTOS, J. M. de Carvalho, ob. cit., p. 351.

A coação moral ("*vis compulsiva*"), por sua vez, é aquela que incute na vítima um temor constante e capaz de perturbar seu espírito, fazendo com que ela manifeste seu consentimento de maneira viciada.

Nesta hipótese, a vontade do coagido não está completamente neutralizada, mas, sim, embaraçada, turbada, viciada pela ameaça que lhe é dirigida pelo coator.

Por não tolher completamente a liberdade volitiva, é causa de invalidade (anulabilidade) do negócio jurídico, e não de inexistência. Figure-se o exemplo do sujeito que é ameaçado de sofrer um mal físico se não assinar determinado contrato. Embora se lhe reconheça a opção de celebrar ou não o negócio, se o fizer não se poderá dizer que externou livremente a sua vontade. Poderá, pois, anular o contrato.

Segundo dispõe o art. 151 do Código Civil de 2002, a coação vicia o ato nas seguintes circunstâncias:

> "Art. 151. A coação, para viciar a declaração da vontade, há de ser tal que incuta ao paciente fundado temor de dano iminente e considerável à sua pessoa, à sua família, ou aos seus bens".

Interessante que a Lei Codificada cuidou de admitir o reconhecimento da coação quando a ameaça dirigir-se a pessoa não pertencente à família do paciente (um amigo, por exemplo), cabendo ao juiz avaliar as circunstâncias do caso, e decidir a respeito da invalidade do negócio (art. 151, parágrafo único, do CC/2002[7]).

Nessa ordem de ideias, podem-se apontar os seguintes requisitos para a caracterização da coação:

a) violência psicológica;
b) declaração de vontade viciada;
c) receio sério e fundado de grave dano à pessoa, à família (ou pessoa próxima) ou aos bens do paciente.

Afastando-se um pouco da regra geral que toma como referência a figura do homem médio na análise dos defeitos do negócio jurídico, no apreciar a coação deve o juiz atentar para as circunstâncias do fato e condições pessoais da vítima. Ninguém imagina uma franzina senhora idosa ameaçando verbalmente, sem auxílio de uma arma de fogo, um homem musculoso e saudável, para que aliene o seu imóvel para ela. Se a lei não determinasse a interpretação da norma à luz do caso concreto, abrir-se-ia oportunidade para falsas alegações de coação, instalando-se indesejável insegurança jurídica.

Para a boa fixação do tema, transcrevemos o art. 152 do CC/2002:

---

[7] "Se disser respeito a pessoa não pertencente à família do paciente, o juiz, com base nas circunstâncias, decidirá se houve coação."

> "Art. 152. No apreciar a coação, ter-se-ão em conta o sexo, a idade, a condição, a saúde, o temperamento do paciente e todas as demais circunstâncias que possam influir na gravidade dela".

Não se considera coação, outrossim, a ameaça do exercício normal de um direito, nem o simples temor reverencial.

Se a ordem jurídica reconhece o legítimo e regular exercício de um direito, não se poderá considerar abusiva a ameaça de seu exercício. Exemplo: o locatário, tornando-se inadimplente, não poderá afirmar haver sido coagido pelo fato de o locador adverti-lo de que "se não pagar os aluguéis, recorrerá à Justiça".

Da mesma forma, não caracteriza violência psicológica apta a anular o negócio o simples temor reverencial. O respeito pela autoridade paterna ou eclesiástica não deve ser, em princípio, justificativa para se anular o ato praticado. Entretanto, se esta força moral se fizer acompanhar de ameaça ou intimidação, o vício poderá se configurar.

Vale mencionar que não concordamos com a ideia de que o ato praticado sob sugestão hipnótica poderia ser anulado por coação. Em verdade, consoante já anotamos, a hipnose atua sobre a manifestação volitiva do paciente, neutralizando-a, de maneira que os reflexos jurídicos de sua atividade resolvem-se no plano existencial do negócio jurídico. Naturalmente, da mesma forma que na coação física ("*vis absoluta*"), será imprescindível comprovar a absoluta ausência de manifestação de vontade para a declaração de inexistência do negócio jurídico.

E o que dizer da coação exercida por terceiro?

O Código Civil de 2002 dispõe:

> "Art. 154. Vicia o negócio jurídico a coação exercida por terceiro, se dela tivesse ou devesse ter conhecimento a parte a que aproveite, e esta responderá solidariamente com aquele por perdas e danos".

Adotou-se fórmula semelhante àquela prevista para o dolo exercido por terceiro, consoante se depreende da leitura do art. 148 do CC/2002. Com a atual disciplina, só se admite a anulação do negócio se o beneficiário soube ou devesse saber da coação, respondendo solidariamente com o terceiro pelas perdas e danos.

Se a parte não coagida de nada sabia, subsiste o negócio jurídico, respondendo o autor da coação por todas as perdas e danos que houver causado ao coacto, nos termos do art. 155 do CC/2002. A mantença do negócio é medida de justiça, uma vez que a parte adversa, de boa-fé, desconhecendo a coação proveniente de terceiro, empreende gastos e realiza investimentos, de maneira que a sua anulação acarretaria um injusto prejuízo. E não se diga estar o coagido desamparado, uma vez que poderá exigir indenização do coator, na exata medida do dano sofrido.

### *2.3.4. Lesão*

Andou muito bem o codificador ao prever, no art. 157, o instituto jurídico da lesão.

Pode-se conceituar a lesão como o prejuízo resultante da desproporção existente entre as prestações de um determinado negócio jurídico, em face do abuso da inexperiência, necessidade econômica ou leviandade de um dos declarantes.

Traduz, muitas vezes, o abuso do poder econômico de uma das partes, em detrimento da outra, hipossuficiente na relação jurídica.

O primeiro diploma brasileiro a tratar da lesão, ainda que sob o aspecto criminal, foi a Lei n. 1.521, de 26-12-1951 (Lei de Economia Popular), que, em seu art. 4º, prevê:

> "Art. 4º Constitui crime da mesma natureza a usura pecuniária ou real, assim se considerando:
>
> (...)
>
> b) obter, ou estipular, em qualquer contrato, abusando da premente necessidade, inexperiência ou leviandade de outra parte, lucro patrimonial que exceda o quinto do valor corrente ou justo da prestação feita ou prometida.
>
> Pena — detenção, de 6 (seis) meses a 2 (dois) anos, e multa, de cinco mil a vinte mil cruzeiros".

A despeito de se tratar de norma penal, a doutrina firmou entendimento no sentido de que o comportamento ilícito do agente também repercutiria na seara cível, autorizando a invalidação do contrato.

Quase quarenta anos mais tarde, a Lei n. 8.078, de 11-9-1990 (Código de Defesa do Consumidor), combatendo a lesão nos contratos de consumo, em seu art. 6º, V, elencou como direito do consumidor: "a modificação das cláusulas contratuais que estabeleçam prestações desproporcionais", e, mais adiante, em seu art. 39, V, capitulou como prática abusiva "exigir do consumidor vantagem manifestamente excessiva". Além disso, no art. 51, IV, considerou nulas de pleno direito as cláusulas que "estabeleçam obrigações consideradas iníquas, abusivas, que coloquem o consumidor em desvantagem exagerada, ou sejam incompatíveis com a boa-fé ou a equidade", complementando, em seu § 1º, III, que se presume exagerada a vantagem que "se mostra excessivamente onerosa para o consumidor, considerando-se a natureza e conteúdo do contrato, o interesse das partes e outras circunstâncias peculiares ao caso".

Note-se que, na sistemática do CDC, a recusa de modificação dos termos do contrato determinará não a simples anulação, mas a nulidade absoluta e de pleno direito da cláusula contratual considerada abusiva, por se reconhecer violação a superiores princípios de ordem pública.

É bom que se diga, neste ponto, que a lesão prevista no Código de Defesa do Consumidor (lesão consumerista) exige, para a sua caracterização e reconhecimento, apenas a desvantagem obrigacional exagerada (desproporção entre as prestações), em detrimento do consumidor, prescindindo de qualquer elemento subjetivo, inclusive o dolo de aproveitamento por parte do fornecedor do produto ou serviço.

E como se poderia, genericamente, caracterizar o instituto jurídico da lesão?

Tradicionalmente, tem-se entendido que a lesão se compõe de dois requisitos básicos, a saber:

a) objetivo ou material — desproporção das prestações avençadas;
b) subjetivo, imaterial ou anímico — a premente necessidade, a inexperiência ou a leviandade (da parte lesada) e o dolo de aproveitamento da parte beneficiada (característica ressaltada pela concepção tradicional do instituto, mas que, como veremos, não foi exigida na vigente codificação).

No apreciar a desproporção, entendemos não ser adequada a utilização do sistema legal de tarifamento, pelo qual a própria lei cuida de estabelecer parâmetros objetivos para identificação da quebra de equivalência entre as prestações (é o caso do Direito Romano, que reconhecia a lesão quando a vantagem desproporcional correspondesse à "metade do preço justo"). Não havendo solução ideal, mais conveniente é facultar ao julgador, à luz do caso concreto, reconhecer ou não a ocorrência do referido vício.

A premente necessidade, por sua vez, tem base econômica e reflexo contratual. Caracteriza uma situação extrema, que impõe ao necessitado a inevitável celebração do negócio prejudicial.

Da mesma forma, a inexperiência e a leviandade podem compor subjetivamente o vício de que ora se trata. A primeira, traduzindo a falta de habilidade para o trato nos negócios, sem significar, necessariamente, falta de instrução ou de cultura geral. A leviandade, por sua vez, caracteriza uma atuação temerária, impensada, inconsequente.

De referência a estes dois últimos elementos (inexperiência e leviandade), antes que se diga que o direito não deve tutelar os negligentes, é bom se observar que a tônica da lesão é exatamente a presunção do fato de a parte adversa (beneficiada) abusar desses estados psicológicos, violando, inclusive, o superior princípio da boa-fé objetiva.

E, em conclusão, pode-se admitir que o abuso por parte do beneficiário é, em regra, decorrência de seu dolo de aproveitamento, ou seja, do seu propósito de obter vantagem exagerada da situação de hipossuficiência do contratante lesado.

Não se confunde a lesão, todavia, com a aplicação da teoria da imprevisão. Esta última, decorrente do desenvolvimento teórico da cláusula *rebus sic stantibus*, é aplicável quando a ocorrência de acontecimentos novos, imprevisíveis pelas partes e a elas não imputáveis, refletindo sobre a economia ou na execução do contrato, autorizarem a sua resolução ou revisão, para ajustá-lo às circunstâncias supervenientes.

A lesão é vício que surge concomitantemente com o negócio; já a teoria da imprevisão, por sua vez, pressupõe negócio válido (contrato comutativo de execução continuada ou diferida), que tem seu equilíbrio rompido pela superveniência de circunstância imprevista e imprevisível.

O Código Civil de 2002 prevê, em seu art. 157, que:

> "Art. 157. Ocorre a lesão quando uma pessoa, sob premente necessidade, ou por inexperiência, se obriga a prestação manifestamente desproporcional ao valor da prestação oposta.

§ 1º Aprecia-se a desproporção das prestações segundo os valores vigentes ao tempo em que foi celebrado o negócio jurídico.

§ 2º Não se decretará a anulação do negócio, se for oferecido suplemento suficiente, ou se a parte favorecida concordar com a redução do proveito".

Observe-se que, na nova disciplina legal da lesão (agora aplicável para as relações contratuais em geral), além de não se exigir o dolo de aproveitamento para a sua configuração (isto é, a intenção de auferir vantagem exagerada às expensas de outrem)[8], a norma cuidou de estabelecer o momento para análise da desproporção das prestações, e, bem assim, admitiu a conservação do negócio em caso de revisão contratual[9].

É preciso que se diga que a constatação da premente necessidade ou da inexperiência deve levar em conta as condições pessoais do lesado, assim como se dá na apreciação da coação. Se a desvantagem contratual decorre exclusivamente da desídia de quem contratou, inserindo-se na própria álea contratual, não há falar-se em invalidação do negócio, em respeito ao princípio da segurança jurídica.

Pode-se concluir ter havido uma verdadeira mudança axiológica no Código Civil de 2002, prevendo este vício de consentimento como uma verdadeira limitação à autonomia individual da vontade, não mais se admitindo o chamado "negócio da china", uma vez que não se aceitará mais passivamente a ocorrência de negócios jurídicos com prestações manifestamente desproporcionais.

### 2.3.5. Estado de perigo

O estado de perigo, também consagrado pelo Código Civil vigente, é um defeito do negócio jurídico que guarda características comuns com o estado de necessidade, causa de exclusão de ilicitude no direito penal[10].

Configura-se quando o agente, diante de situação de perigo conhecido pela outra

---

[8] Partilhando dessa nossa visão, defendida desde a primeira edição do livro, foi aprovado, por unanimidade, na III Jornada de Direito Civil (novembro/2004), no Superior Tribunal de Justiça, o Enunciado n. 150: "Art. 157. A lesão de que trata o art. 157 do Código Civil não exige dolo de aproveitamento".

[9] Nesse espírito de busca de aproveitamento de atos jurídicos em sentido amplo, na III Jornada de Direito Civil, realizada em novembro/2004, no Superior Tribunal de Justiça, foi aprovado o Enunciado n. 149, propugnando que: "Art. 157: Em atenção ao princípio da conservação dos contratos, a verificação da lesão deverá conduzir, sempre que possível, à revisão judicial do negócio jurídico e não à sua anulação, sendo dever do magistrado incitar os contratantes a seguir as regras do art. 157, § 2º, do Código Civil de 2002".

[10] CP: "Art. 23. Não há crime quando o agente pratica o fato: I — em estado de necessidade; II — em legítima defesa; III — em estrito cumprimento de dever legal ou no exercício regular de direito. Parágrafo único. O agente, em qualquer das hipóteses deste artigo, responderá pelo excesso doloso ou culposo. Art. 24. Considera-se em estado de necessidade quem pratica o fato para salvar de perigo atual, que não provocou por sua vontade, nem podia de outro modo evitar, direito próprio ou alheio, cujo sacrifício, nas circunstâncias, não era razoável exigir-se. § 1º Não pode alegar estado de necessidade quem tinha o dever legal de enfrentar o perigo. § 2º Embora seja razoável exigir-se o sacrifício do direito ameaçado, a pena poderá ser reduzida de um a dois terços".

parte, emite declaração de vontade para salvaguardar direito seu, ou de pessoa próxima, assumindo obrigação excessivamente onerosa.

Identifica-se, no caso, uma especial hipótese de inexigibilidade de conduta diversa, ante a iminência de dano por que passa o agente, a quem não resta outra alternativa senão praticar o ato.

Nesse sentido, o art. 156 do Código Civil de 2002:

> "Art. 156. Configura-se o estado de perigo quando alguém, premido da necessidade de salvar-se, ou a pessoa de sua família, de grave dano conhecido pela outra parte, assume obrigação excessivamente onerosa.
>
> Parágrafo único. Tratando-se de pessoa não pertencente à família do declarante, o juiz decidirá segundo as circunstâncias".

A doutrina costuma apresentar os seguintes exemplos: o indivíduo, abordado por assaltantes, oferece uma recompensa ao seu libertador para salvar-se; o sujeito está se afogando e promete doar significativa quantia ao seu salvador; o dono da embarcação fazendo água se compromete a remunerar desarrazoadamente a quem o leve para o porto[11]. Até mesmo a expressão "meu reino por um cavalo", da obra de Shakespeare, pode ser um exemplo didático desse vício.

Outra hipótese, mais condizente com a realidade de nossos dias, pode ser apontada.

Não há como não reconhecer a ocorrência desse vício no ato de garantia (prestação de fiança ou emissão de cambial) prestado pelo indivíduo que pretenda internar, em caráter de urgência, um parente seu ou amigo próximo em determinada Unidade de Terapia Intensiva, e se vê diante da condição imposta pela diretoria do hospital, no sentido de que o atendimento emergencial só é possível após a constituição imediata de garantia cambial ou fidejussória.

É perfeita a incidência da norma: premido da necessidade de salvar pessoa próxima, de perigo de grave dano conhecido da outra parte, o declarante assume obrigação excessivamente onerosa[12].

Não se pretende justificar o tratamento clínico em hospital particular de pessoa

---

[11] PEREIRA, Caio Mário da Silva. *Instituições de Direito Civil* — Teoria Geral das Obrigações, 19. ed., v. II, Rio de Janeiro: Forense, 2001, p. 338.

[12] Encontramos interessante acórdão que adota esse nosso posicionamento, a saber: "*Estado de perigo*: Cheque. Emissão em caução, para assegurar internação hospitalar de parente em grave estado de saúde. Ação anulatória, cumulada com pedido de indenização por danos morais. Improcedência decretada em primeiro grau. Decisão reformada em parte. Não é válida obrigação assumida em estado de perigo. Aplicação dos princípios que regem situação de coação. Inexigibilidade reconhecida. 2 — Dano moral resultante da apresentação e devolução do cheque. Não configuração. Ausência de reflexos extrapatrimoniais, pois o título não foi protestado, nem foi intentada ação de cobrança. 3 — Recurso da autora provido em parte" (1ª TACSP, 12ª Câm., Apelação n. 833.355-7, da Comarca de São Paulo, Rel. Campos Mello, julgado em 19-3-2004).

desprovida de recursos.

Entretanto, a prestação de serviços médicos emergenciais é obrigação, não apenas jurídica, mas principalmente moral, decorrente do sublime juramento de Hipócrates. Prestado o serviço emergencial, que se providencie a transferência do paciente para um hospital da rede pública. E para esse tipo de atendimento de emergência qualquer exigência imposta como condição *sine qua non* para a pronta atuação médica é descabida, podendo, inclusive, gerar a responsabilização criminal dos envolvidos.

Finalmente, não se devem confundir o estado de perigo, a coação e a lesão.

No estado de perigo, diferentemente do que ocorre na coação, o beneficiário não empregou violência psicológica ou ameaça para que o declarante assumisse obrigação excessivamente onerosa. O perigo de não salvar-se, não causado pelo favorecido, embora de seu conhecimento, é que determinou a celebração do negócio prejudicial.

Também com a lesão, o vício de que ora cuidamos não se confunde.

O estado de perigo traduz uma situação em que o declarante, premido da necessidade de salvar-se, ou a pessoa próxima, realiza o negócio jurídico, assumindo prestações excessivamente onerosas. Busca evitar, pois, a concretização de um perigo de dano físico ou pessoal. Tal não ocorre na lesão, em que o contraente, por razões essencialmente econômicas ou por sua evidente inexperiência (ou leviandade), é levado, inevitavelmente, a contratar, prejudicando-se.

Registre-se que, na III Jornada de Direito Civil da Justiça Federal, de novembro/2004, foi proposto, por MÁRIO LUIZ DELGADO RÉGIS, o Enunciado n. 148, com o seguinte conteúdo: "Art. 156: Ao 'estado de perigo' (art. 156) aplica-se, por analogia, o disposto no § 2º do art. 157".

A sugestão parece-nos extremamente razoável e compatível com o espírito do atual Código Civil, na busca pela conservação do negócio, em caso de revisão contratual[13].

### 2.3.6. Simulação

Embora o Código Civil de 2002 tenha deixado de tratar a simulação ao lado dos demais vícios de consentimento, deslocando-a para o capítulo referente à "Invalidade do Negócio Jurídico" (art. 167) — em que a considera como causa de nulidade e não mais de anulação do ato jurídico —, por questão metodológica e didática desenvolveremos o tema seguindo a sistemática tradicional, ou seja, antes da análise da fraude contra credores.

[13] Nesse sentido, confira-se o art. 135-A do Código Penal brasileiro, com a redação inserida pela Lei n. 12.653/2012: "Condicionamento de atendimento médico-hospitalar emergencial — Art. 135-A. Exigir cheque-caução, nota promissória ou qualquer garantia, bem como o preenchimento prévio de formulários administrativos, como condição para o atendimento médico-hospitalar emergencial: Pena — detenção, de 3 (três) meses a 1 (um) ano, e multa. Parágrafo único. A pena é aumentada até o dobro se da negativa de atendimento resulta lesão corporal de natureza grave, e até o triplo se resulta a morte".

Segundo CLÓVIS BEVILÁQUA, a simulação "é uma declaração enganosa de vontade, visando produzir efeito diverso do ostensivamente indicado"[14].

Segundo noção amplamente aceita pela doutrina, na simulação celebra-se um negócio jurídico que tem aparência normal, mas que, na verdade, não pretende atingir o efeito que juridicamente devia produzir.

É um defeito que não vicia a vontade do declarante, uma vez que este mancomuna-se de livre vontade com o declaratário para atingir fins espúrios, em detrimento da lei ou da própria sociedade.

Trata-se, pois, de um vício social, que, mais do que qualquer outro defeito, revela frieza de ânimo e pouco respeito ao ordenamento jurídico.

No Direito Civil brasileiro, a simulação poderá ser:

a) absoluta — neste caso, o negócio forma-se a partir de uma declaração de vontade ou uma confissão de dívida emitida para não gerar efeito jurídico algum.

Cria-se uma situação jurídica irreal, lesiva do interesse de terceiro, por meio da prática de ato jurídico aparentemente perfeito, embora substancialmente ineficaz.

Um exemplo ilustrará a hipótese: para livrar bens da partilha imposta pelo regime de bens, ante a iminente separação judicial, o cônjuge simula negócio com amigo, contraindo falsamente uma dívida, com o escopo de transferir-lhe bens em pagamento, prejudicando sua esposa. Note-se que o negócio simulado fora pactuado para não gerar efeito jurídico algum. Como se sabe, a alienação não pretende operar a transferência da propriedade dos bens em pagamento de dívida, mas sim permitir que o terceiro (amigo) salvaguarde o patrimônio do alienante até que se ultime a ação de separação judicial. Trata-se de um verdadeiro jogo de cena, uma simulação absoluta.

b) relativa (dissimulação) — Neste caso, emite-se uma declaração de vontade ou confissão falsa com o propósito de encobrir ato de natureza diversa, cujos efeitos, queridos pelo agente, são proibidos por lei. Denominamos esta hipótese de simulação relativa objetiva.

Também ocorre quando a declaração de vontade é emitida aparentando conferir direitos a uma pessoa, mas transferindo-os, em verdade, para terceiro, não integrante da relação jurídica. Trata-se, aqui, de simulação relativa subjetiva.

Observe-se que, diferentemente do que ocorre na simulação absoluta, na relativa as partes pretendem atingir efeitos jurídicos concretos, embora vedados por lei.

Um exemplo muito comum, e amplamente divulgado pela doutrina, auxiliará na fixação do tema: um homem casado pretende doar um bem a sua concubina (concubinato impuro). Ante a proibição legal, o alienante simula uma compra e venda, que, em seu bojo, encobre o ato que efetivamente se quer praticar: a doação do bem com o efeito de transferência gratuita da propriedade. Outra manobra simulatória pode ainda ser

---

[14] BEVILÁQUA, Clóvis, ob. cit., p. 294.

apontada: por força da proibição, o homem casado aliena o bem a um terceiro, em face de quem não há restrição legal, o qual, em seguida, doa o mesmo à concubina. Também há o vício quando as partes de um negócio antedatam ou pós-datam um documento, objetivando situar cronologicamente a realização do negócio em período de tempo não verossímil. Em todas as situações, estamos diante de uma simulação relativa.

Após enumerar as hipóteses de simulação em seu art. 102, o Código Civil de 1916 ressalvava não reconhecer este defeito quando não houver intenção de prejudicar terceiros ou de fraudar a lei. Trata-se da chamada simulação inocente, ilustrada na hipótese do homem solteiro, sem herdeiros necessários, que simula a venda de um bem a sua concubina, encobrindo uma doação. Não tendo havido prejuízo a direito de terceiros ou à própria lei, considera-se a simulação inocente e o negócio jurídico é considerado válido.

Em seguida, cuidou a Lei Codificada de 1916 de proibir às partes alegar a simulação em juízo, em litígio de um contra o outro e contra terceiros ("*nemo propriam turpitudinem allegans*") e, bem assim, conferiu legitimidade ativa aos terceiros lesados ou aos representantes do Poder Público, para "demandarem a nulidade dos atos simulados".

Toda essa disciplina alterou-se profundamente no Código Civil brasileiro de 2002.

Em primeiro lugar, a simulação deixou de ser causa de anulabilidade e passou a figurar entre as hipóteses legais de nulidade do ato jurídico.

Em caso de simulação absoluta, fulmina-se de invalidade todo o ato; caso se trate de simulação relativa, declara-se a nulidade absoluta do negócio jurídico simulado, subsistindo o que se dissimulou, se for válido na substância e na forma.

Também não se reconheceu validade à simulação inocente, uma vez que não há ressalva nesse sentido, em artigo próprio, como fazia o Código de 1916[15].

Finalmente, configurando causa de nulidade, nada impede seja a simulação alegada pelos próprios simuladores em litígio de um contra o outro (até porque as nulidades podem ser alegadas por qualquer interessado, pelo Ministério Público, quando lhe couber intervir, ou até mesmo pronunciadas de ofício pelo juiz), ressalvados sempre os direitos de terceiros de boa-fé.

Neste ponto, cumpre-nos transcrever o art. 167 do Código Civil de 2002, referente à simulação:

> "Art. 167. É nulo o negócio jurídico simulado, mas subsistirá o que se dissimulou, se válido for na substância e na forma[16].

[15] Sobre o tema, na III Jornada de Direito Civil da Justiça Federal, de novembro/2004, foi proposto o Enunciado n. 152: "Art. 167: Toda simulação, inclusive a inocente, é invalidante".

[16] Sobre o tema, na III Jornada de Direito Civil da Justiça Federal, de novembro/2004, foi proposto o Enunciado n. 153: "Art. 167: Na simulação relativa, o negócio simulado (aparente) é nulo, mas o dissimulado será válido se não ofender a lei nem causar prejuízos a terceiros".

> § 1º Haverá simulação nos negócios jurídicos quando:
>
> I — aparentarem conferir ou transmitir direitos a pessoas diversas daquelas às quais realmente se conferem, ou transmitem;
>
> II — contiverem declaração, confissão, condição ou cláusula não verdadeira;
>
> III — os instrumentos particulares forem antedatados, ou pós-datados.
>
> § 2º Ressalvam-se os direitos de terceiros de boa-fé em face dos contraentes do negócio jurídico simulado".

No estudo da simulação, faz-se necessária breve referência à reserva mental ou reticência.

A reserva mental se configura quando o agente emite declaração de vontade, resguardando o íntimo propósito de não cumprir o avençado, ou atingir fim diverso do ostensivamente declarado.

De acordo com o Código Civil:

> "Art. 110. A manifestação de vontade subsiste ainda que o seu autor haja feito a reserva mental de não querer o que manifestou, salvo se dela o destinatário tinha conhecimento".

Claro está que, situando-se na mente do agente, em sede de mera *cogitatio*, a reserva mental não tem relevância para o Direito, até que se exteriorize.

Um bom exemplo de reserva mental é quando o autor de uma obra declara que estará fazendo uma sessão de autógrafos e que doará os direitos autorais para uma instituição de caridade. Pouco importa se, no íntimo, o inescrupuloso doutrinador somente queria fazer *marketing* para sua produção intelectual, não pretendendo entregar o resultado pecuniário prometido. A manifestação de vontade foi emitida sem vício, e, não tendo o destinatário conhecimento da reserva mental, é plenamente válida.

Ocorre que, no momento em que a reserva mental é exteriorizada, trazida ao campo de conhecimento do outro contraente, aí, sim, poderá se converter em simulação, tornando, por consequência, passível de invalidade o negócio jurídico celebrado. Exemplo: um estrangeiro, em um país que admite a aquisição de nacionalidade pelo casamento, contrai matrimônio apenas para este fim, reservando mentalmente a intenção de não cumprir os deveres do casamento. Pretende apenas tornar-se nacional e evitar a sua expulsão. Se a outra parte sabia do desiderato espúrio, torna-se cúmplice do outro contraente, e o ato poderá ser invalidado por simulação[17].

Neste ponto, uma importante observação deve ser feita.

Apesar de a doutrina tradicionalmente reconhecer que a reserva mental, havendo anuência do outro contraente, converte-se em negócio simulado, sujeito à declaração de

---

[17] Claro está, todavia, que se a parte insciente da reserva mental não se mancomuna com o outro declarante, poderá anular o negócio jurídico, invocando o dolo.

nulidade, MOREIRA ALVES, autor da Parte Geral no Anteprojeto do Código Civil, sustenta que, neste caso, o negócio jurídico é inexistente: "Da reserva mental trata o art. 108[18], que a tem por irrelevante, salvo se conhecida do destinatário, caso em que se configura hipótese de ausência de vontade, e, consequentemente, inexistência do negócio jurídico"[19].

Com a devida vênia, este não é o nosso entendimento.

Exteriorizada a reserva mental, o destinatário, que anuiu com o desiderato do agente, passa a atuar ao lado do simulador, objetivando atingir fim não declarado e proibido por lei. Trata-se de típica hipótese de simulação. Até porque o negócio existirá e surtirá efeitos frente a terceiros, ainda que não sejam aqueles originariamente declarados e aparentemente queridos, até que se declare judicialmente a sua nulidade[20].

### 2.3.7. Fraude contra credores

A fraude contra credores, também considerada vício social, consiste no ato de alienação ou oneração de bens, assim como de remissão de dívida, praticado pelo devedor insolvente, ou à beira da insolvência, com o propósito de prejudicar credor preexistente, em virtude da diminuição experimentada pelo seu patrimônio.

O progresso material e espiritual dos povos consagrou o reconhecimento do princípio segundo o qual é o patrimônio do devedor (e não a sua pessoa) a garantia da satisfação dos créditos[21]. Portanto, a previsibilidade legal desse vício traduz um instrumento normativo de proteção conferido aos credores quirografários em geral.

Na fraude contra credores, não há um necessário disfarce, como na simulação.

---

18 Na redação final, art. 110.

19 ALVES, José Carlos Moreira, ob. cit., p. 102.

20 É preciso lembrar, sempre, que, na vigência do CC/1916, a hipótese era de anulabilidade.

21 Em Roma, o devedor respondia com a sua liberdade, seu corpo e a sua própria vida ante o descumprimento obrigacional. A Lei das XII Tábuas era severa, albergando, nesse particular, em suas normas, humilhação (castigo moral), privação da vida e da liberdade: "IV — Aquele que confessa dívida perante o magistrado ou é condenado terá 30 dias para pagar; V — Esgotados os 30 dias e não tendo pago, que seja agarrado e levado à presença do magistrado; VI — Se não paga e ninguém se apresenta como fiador, que o devedor seja levado pelo seu credor e amarrado pelo pescoço e pés com cadeias com peso até o máximo de 15 libras; ou menos, se assim o quiser o credor; VII — O devedor preso viverá à sua custa, se quiser; se não quiser, o credor que o mantém preso dar-lhe-á por dia uma libra de pão ou mais, a seu critério; VIII — Se não há conciliação, que o devedor fique preso por 60 dias; durante os quais será conduzido em 3 dias de feira ao 'comitium', onde se proclamará, em altas vozes, o valor da dívida; IX — Se são muitos os credores, é permitido, depois do terceiro dia de feira, dividir o corpo do devedor em tantos pedaços quantos sejam os credores; não importando cortar mais ou menos; se os credores preferirem, poderão vender o devedor a um estrangeiro, além do Tibre".
Com o surgimento da *Lex Poetelia Papiria* em 326 a.C. — resultante de uma sangrenta revolta popular contra o maltrato físico de um jovem devedor plebeu —, o não pagamento do débito passou a ensejar não mais a execução pessoal, mas a do patrimônio do devedor. Essa lei, pois, marca a consagração, no Direito Romano, do princípio segundo o qual o patrimônio do devedor é a garantia do credor. No Direito brasileiro, o Código Civil é expresso ao dispor que: "Art. 391. Pelo inadimplemento das obrigações respondem todos os bens do devedor".

O ato praticado, por si só, já é lesivo ao direito do credor, e deve ter a sua ineficácia judicialmente declarada.

Dois elementos compõem a fraude, o primeiro, de natureza subjetiva, e o segundo, objetiva:

a) *consilium fraudis* (o conluio fraudulento);
b) *eventus damni* (o prejuízo causado ao credor).

Discute-se se o *consilium fraudis* não é elemento essencial deste vício social, de maneira que o estado de insolvência aliado ao prejuízo causado ao credor seriam suficientes para a caracterização da fraude.

Entendemos que, tratando-se de atos gratuitos de alienação praticados em fraude contra credores (doação feita por devedor reduzido à insolvência, v. g.), o requisito subjetivo representado pelo *consilium fraudis* (má-fé) é presumido.

A anulação do ato praticado em fraude contra credores dá-se por meio de uma ação revocatória, denominada "ação pauliana".

Os fundamentos da referida ação (causas de pedir), à luz do Código Civil de 2002, são as seguintes:

a) negócios de transmissão gratuita de bens — art. 158, *caput* (doação, v. g.);
b) remissão de dívidas — art. 158, *caput* (o devedor insolvente perdoa dívida de terceiro, v. g.);
c) contratos onerosos do devedor insolvente, em duas hipóteses (art. 159):
   — quando a insolvência for notória;
   — quando houver motivo para ser conhecida do outro contratante (a pessoa que adquire o bem do devedor é um parente próximo, que deveria presumir o seu estado de insolvência);
d) antecipação de pagamento feita a um dos credores quirografários, em detrimento dos demais — art. 162 (neste caso, a ação é proposta também contra o beneficiário do pagamento da dívida não vencida, que fica obrigado a repor, em proveito do acervo sobre que se tenha de efetuar o concurso de credores, aquilo que recebeu);
e) outorga de garantia de dívida dada a um dos credores, em detrimento dos demais — art. 163 (firma-se, aqui, uma "presunção de fraude". É o caso da constituição de hipoteca sobre bem do devedor insolvente, em benefício de um dos credores).

O credor quirografário preexistente[22] (que já o era antes do ato fraudulento que tornou o devedor insolvente) tem legitimidade ativa para ajuizar a ação revocatória

[22] Em situações excepcionais, o STJ tem relativizado a exigência da anterioridade do crédito, caso comprovada "fraude preordenada": "PROCESSO CIVIL E CIVIL. RECURSO ESPECIAL. FRAUDE

(art. 158 do CC/2002), a qual, por ter natureza pessoal, independe de outorga uxória ou autorização marital.

O credor com garantia, em princípio, por já deter um bem ou um patrimônio vinculado à satisfação da dívida, careceria de interesse processual. Todavia, caso se torne insuficiente a mencionada garantia, poderá manejar a referida *actio*, consoante se depreende da análise do § 1º do art. 158 do CC/2002[23].

O devedor insolvente, por sua vez, deverá figurar no polo passivo da ação, juntamente com a pessoa com quem ele celebrou o ato e o terceiro que haja atuado de má-fé (art. 161 do CC/2002), incidindo tal regra apenas nas ações propostas com fundamento nos arts. 158 e 159 do Código Civil vigente (negócios fraudulentos de transmissão gratuita de bens, remissão de dívidas e contratos onerosos fraudulentos, desde que a insolvência do devedor seja notória ou haja motivo para ser presumida).

Concordamos com CARVALHO SANTOS no sentido de que a legitimidade passiva do terceiro, espécie de subadquirente, existe quando haja adquirido o bem de má-fé e a título oneroso, ou, esteja ou não de má-fé, quando a aquisição se der a título gratuito[24].

Seguindo a mesma diretriz do Código anterior (art. 112), o Código Civil de 2002, em seu art. 164, firmou regra no sentido de considerar de boa-fé os negócios ordinários indispensáveis à manutenção de estabelecimento mercantil, rural, industrial, ou à subsistência do devedor e de sua família.

---

PREORDENADA PARA PREJUDICAR FUTUROS CREDORES. ANTERIORIDADE DO CRÉDITO. ART. 106, PARÁGRAFO ÚNICO, CC/16 (ART. 158, § 2º, CC/02). TEMPERAMENTO. 1. Da literalidade do art. 106, parágrafo único, do CC/16 extrai-se que a afirmação da ocorrência de fraude contra credores depende, para além da prova de consilium fraudis e de eventus damni, da anterioridade do crédito em relação ao ato impugnado. 2. Contudo, a interpretação literal do referido dispositivo de lei não se mostra suficiente à frustração da fraude à execução. Não há como negar que a dinâmica da sociedade hodierna, em constante transformação, repercute diretamente no Direito e, por consequência, na vida de todos nós. O intelecto ardiloso, buscando adequar-se a uma sociedade em ebulição, também intenta — criativo como é — inovar nas práticas ilegais e manobras utilizados com o intuito de escusar-se do pagamento ao credor. Um desses expedientes é o desfazimento antecipado de bens, já antevendo, num futuro próximo, o surgimento de dívidas, com vistas a afastar o requisito da anterioridade do crédito, como condição da ação pauliana. 3. Nesse contexto, deve-se aplicar com temperamento a regra do art. 106, parágrafo único, do CC/16. Embora a anterioridade do crédito seja, via de regra, pressuposto de procedência da ação pauliana, ela pode ser excepcionada quando for verificada a fraude predeterminada em detrimento de credores futuros. 4. Dessa forma, tendo restado caracterizado nas instâncias ordinárias o conluio fraudatório e o prejuízo com a prática do ato — ao contrário do que querem fazer crer os recorrentes — e mais, tendo sido comprovado que os atos fraudulentos foram predeterminados para lesarem futuros credores, tenho que se deve reconhecer a fraude contra credores e declarar a ineficácia dos negócios jurídicos (transferências de bens imóveis para as empresas Vespa e Avejota). 5. Recurso especial não provido" (STJ, REsp 1.092.134/SP, Rel. Min. Nancy Andrighi, 3ª Turma, julgado em 5-8-2010, *DJe* 18-11-2010). Ver também REsp 1.324.308/PR.

[23] Sobre o tema, na III Jornada de Direito Civil da Justiça Federal, de novembro/2004, foi proposto o Enunciado n. 151: "Art. 158: O ajuizamento da ação pauliana pelo credor com garantia real (art. 158, § 1º) prescinde de prévio reconhecimento judicial da insuficiência da garantia".

[24] SANTOS, J. M. de Carvalho, ob. cit., p. 440.

Anulado o negócio fraudulento, a vantagem resultante reverterá em proveito do acervo sobre que se tenha de efetuar o concurso de credores. Se o negócio fraudulento tinha o único objetivo de atribuir direito real de garantia, a anulação atingirá apenas a preferência ajustada (art. 165 do CC/2002).

Observe que a lei, ao referir-se à consequência do reconhecimento do vício, consigna a seguinte expressão: "Anulados os negócios fraudulentos...".

Mas será que a ação pauliana resultaria na prolação de uma sentença anulatória propriamente dita?

A doutrina tradicional sustenta tratar-se de sentença anulatória de ato jurídico, desconstitutiva do ato impugnado.

Esse é o pensamento difundido desde CLÓVIS BEVILÁQUA:

> "esse remédio é a ação pauliana, revocatória ou rescisória, pela qual o credor obtém a anulação do ato que diminui a soma dos bens de seu devedor, para neles fazer execução, quando outros não existam em quantidade suficiente para a satisfação do débito"[25].

Não pensamos assim.

Entendemos que a decisão final na ação pauliana é, simplesmente, declaratória da ineficácia do ato praticado em fraude contra credores. Vale dizer, a ação visa declarar ineficaz o ato apenas em face dos credores prejudicados, e não propriamente anulá-lo ou desconstituí-lo[26].

---

[25] BEVILÁQUA, Clóvis, ob. cit., p. 297-8.

[26] "PROCESSUAL CIVIL. RECURSO ESPECIAL. ALÍNEA C. AUSÊNCIA DE DEMONSTRAÇÃO DO DISSÍDIO. FRAUDE CONTRA CREDORES. NATUREZA DA SENTENÇA DA AÇÃO PAULIANA. EXECUÇÃO. EMBARGOS DE TERCEIRO. DESCONSTITUIÇÃO DE PENHORA SOBRE MEAÇÃO DO CÔNJUGE NÃO CITADO NA AÇÃO PAULIANA. 1. O conhecimento de recurso especial fundado na alínea c do permissivo constitucional exige a demonstração analítica da divergência, na forma dos arts. 541 do CPC e 255 do RISTJ. 2. A fraude contra credores não gera a anulabilidade do negócio — já que o retorno, puro e simples, ao status quo ante poderia inclusive beneficiar credores supervenientes à alienação, que não foram vítimas de fraude alguma, e que não poderiam alimentar expectativa legítima de se satisfazerem à custa do bem alienado ou onerado. 3. Portanto, a ação pauliana, que, segundo o próprio Código Civil, só pode ser intentada pelos credores que já o eram ao tempo em que se deu a fraude (art. 158, § 2º; CC/16, art. 106, par. único), não conduz a uma sentença anulatória do negócio, mas sim à de retirada parcial de sua eficácia, em relação a determinados credores, permitindo-lhes excutir os bens que foram maliciosamente alienados, restabelecendo sobre eles, não a propriedade do alienante, mas a responsabilidade por suas dívidas. 4. No caso dos autos, sendo o imóvel objeto da alienação tida por fraudulenta de propriedade do casal, a sentença de ineficácia, para produzir efeitos contra a mulher, teria por pressuposto a citação dela (CPC, art. 10, § 1º, I). Afinal, a sentença, em regra, só produz efeito em relação a quem foi parte, "não beneficiando, nem prejudicando terceiros" (CPC, art. 472). 5. Não tendo havido a citação da mulher na ação pauliana, a ineficácia do negócio jurídico reconhecido nessa ação produziu efeitos apenas em relação ao marido, sendo legítima, na forma do art. 1046, § 3º, do CPC, a pretensão da mulher, que não foi parte, de preservar a sua meação, livrando-a da penhora. 5. Recurso especial provido" (STJ, REsp 506.312/MS, Rel. Min. Teori Albino Zavascki, 1ª T., julgado em 15-8-2006, *DJ* 31-8-2006, p. 198).

Nesse sentido é a lição do Professor YUSSEF SAID CAHALI, citando NELSON HANADA: "desde que, no ato praticado em fraude de credores, a simples declaração de ineficácia, isto é, a declaração de que o negócio jurídico não prejudica aos credores anteriores ao ato, por ineficaz em relação a eles, porque a esse ponto não entrou no mundo jurídico, é bastante para satisfazer o interesse dos credores, porquanto isso é suficiente para que os bens possam ser abrangidos pela execução como se ainda se encontrassem no patrimônio do executado..."[27].

E em outro ponto de sua obra conclui o mesmo autor: "parece-nos, porém, que o efeito da sentença pauliana resulta do objetivo a que colima a ação: declaração de ineficácia jurídica do negócio fraudulento"[28].

Bastante razoável esse pensamento, inclusive em se considerando que se o devedor conseguir numerário suficiente para saldar as suas dívidas, o ato de alienação subsistirá, não mais se podendo defender a sua anulabilidade.

A despeito desses lúcidos argumentos, o Código Civil de 2002 preferiu seguir a teoria tradicional, considerando de natureza anulatória o provimento jurisdicional final na ação pauliana (art. 165 do CC/2002), como regra genérica.

Nesse sentido, observa MOREIRA ALVES:

> "o último dos defeitos de cuja disciplina trata o Projeto é a fraude contra credores, como sucede no Código Civil atual. Igualmente, manteve o projeto a anulabilidade como consequência da fraude contra credores, embora reproduza, no art. 160 a regra do art. 110[29] do Código, na qual Pontes de Miranda identifica hipótese de ineficácia relativa".

Vale lembrar, ainda, que o Superior Tribunal de Justiça, a despeito das controvérsias existentes, editou a Súmula 195[30], no sentido de não admitir a anulação por fraude contra credores em sede de embargos de terceiro. Salienta-se, com isso, a importância que se atribui à natureza anulatória da ação pauliana. Se se reconhecesse a tese da ineficácia, ficaria mais fácil admitir o deslinde da questão em embargos de terceiro, desde que fossem citados todos os interessados.

Não se deve confundir, finalmente, a fraude contra credores com a fraude de execução.

Em referência a esta última, dispõe o art. 792 do Código de Processo Civil de 2015:

"Art. 792. A alienação ou a oneração de bem é considerada fraude à execução:

I — quando sobre o bem pender ação fundada em direito real ou com pretensão reipersecutória, desde que a pendência do processo tenha sido averbada no respectivo registro público, se houver;

---

[27] CAHALI, Yussef Said. *Fraude Contra Credores*, 2. ed., São Paulo: Revista dos Tribunais, 1999, p. 386.

[28] CAHALI, Yussef Said. *Fraude Contra Credores*, 2. ed., São Paulo: Revista dos Tribunais, 1999, p. 385.

[29] Art. 162 do CC/2002.

[30] Súmula 195: "Em embargos de terceiro não se anula ato jurídico, por fraude contra credores".

II — quando tiver sido averbada, no registro do bem, a pendência do processo de execução, na forma do art. 828;

III — quando tiver sido averbado, no registro do bem, hipoteca judiciária ou outro ato de constrição judicial originário do processo onde foi arguida a fraude;

IV — quando, ao tempo da alienação ou da oneração, tramitava contra o devedor ação capaz de reduzi-lo à insolvência;

V — nos demais casos expressos em lei.

§ 1º A alienação em fraude à execução é ineficaz em relação ao exequente.

§ 2º No caso de aquisição de bem não sujeito a registro, o terceiro adquirente tem o ônus de provar que adotou as cautelas necessárias para a aquisição, mediante a exibição das certidões pertinentes, obtidas no domicílio do vendedor e no local onde se encontra o bem.

§ 3º Nos casos de desconsideração da personalidade jurídica, a fraude à execução verifica-se a partir da citação da parte cuja personalidade se pretende desconsiderar.

§ 4º Antes de declarar a fraude à execução, o juiz deverá intimar o terceiro adquirente, que, se quiser, poderá opor embargos de terceiro, no prazo de 15 (quinze) dias".

Observa-se que, entre ambas as espécies de fraudes, existe diferença no momento de sua ocorrência.

Enquanto na fraude contra credores, o devedor insolvente antecipa-se, alienando ou onerando bens em detrimento dos seus credores, antes que estes intentem qualquer espécie de ação; na fraude de execução, mais grave por violar normas de ordem pública, o devedor já tem contra si processo judicial, capaz de reduzi-lo à insolvência, e, ainda assim, atua ilicitamente, alienando ou onerando o seu patrimônio, em prejuízo não apenas dos seus credores, mas do próprio processo, caracterizando reprovável atitude de desrespeito à Justiça.

Um ponto a ser destacado, porém, é que, embora sua denominação possa dar a entender sentido contrário, a demanda capaz de reduzir o devedor à insolvência, a que se refere o art. 792, II, do CPC/2015, não é necessariamente de execução, admitindo-se a declaração da fraude à execução se, na efetivação da prestação jurisdicional, for constatado, por exemplo, que o devedor alienou bens após o ajuizamento da ação de conhecimento que gerou o título executivo judicial (ainda que anteriormente ao início da fase executória correspondente).

Por tudo isso, o ato praticado em fraude de execução é ineficaz em face da execução, desafiando simples pronunciamento judicial, por provocação do interessado ou de ofício, no próprio curso do processo (o bem não tem a alienação declarada nula, mas apenas a alienação não produzirá efeitos em relação ao exequente, podendo-se penhorá-lo como se fosse do executado). É desnecessário dizer que, a despeito de prescindir do ajuizamento de ação para o seu reconhecimento, só poderá o juiz apreciar o incidente após ouvir o devedor, em respeito ao princípio constitucional do contraditório e da ampla defesa.

Em quadro, podemos trazer a seguinte visão sistemática das principais distinções elencadas na doutrina entre os institutos:

| FRAUDE À EXECUÇÃO | FRAUDE A CREDORES |
|---|---|
| Instituto de Direito Processual | Instituto de Direito Material |
| Má-fé presumida | Ônus da prova do credor |
| Interesse do credor e do Estado, sendo considerados atos atentatórios à dignidade da Justiça (art. 774, I, CPC/2015) | Interesse somente do credor, como particular prejudicado |
| Atos declarados ineficazes | Atos anuláveis |
| Declarável incidentalmente | Objeto de ação anulatória, autônoma e específica |
| Tipifica ilícito penal (CP, art. 179) | Interesse puramente particular |

Em conclusão, vale referir que a ação pauliana também não se confunde com a ação revocatória falencial. Esta última, prevista no art. 129 da Lei de Falências (Lei n. 11.101/2005), não visa anular negócio jurídico algum, mas, sim, obter a declaração judicial de ineficácia da alienação fraudulenta efetivada em prejuízo da massa e, por via oblíqua, dos próprios credores do falido. Ao contrário, o art. 130 (da Lei n. 11.101/2005), por sua vez, exige ação revocatória, sendo semelhante à fraude contra credores (*vide* art. 132 da mesma lei).

## 2.4. Invalidade do negócio jurídico

Conforme ensina CARVALHO SANTOS, a nulidade é um "vício que retira todo ou parte de seu valor a um ato jurídico, ou o torna ineficaz apenas para certas pessoas"[31].

No mesmo sentido, doutrina MARIA HELENA DINIZ que a nulidade "vem a ser a sanção, imposta pela norma jurídica, que determina a privação dos efeitos jurídicos do negócio praticado em desobediência ao que prescreve"[32].

Desses conceitos tradicionais, podemos extrair a conclusão de que a nulidade se caracteriza como uma sanção pela ofensa a determinados requisitos legais, não devendo produzir efeito jurídico, em função do defeito que carrega em seu âmago.

Como sanção pelo descumprimento dos pressupostos de validade do negócio jurídico, o direito admite, e em certos casos impõe, o reconhecimento da declaração de nulidade, objetivando restituir a normalidade e a segurança das relações sociojurídicas.

[31] SANTOS, J. M. de Carvalho. *Código Civil Brasileiro Interpretado*, v. III, Rio de Janeiro: Freitas Bastos, 1991, p. 225.

[32] DINIZ, Maria Helena. *Curso de Direito Civil Brasileiro*, 37. ed., São Paulo: Saraiva, 2020, v. 1, p. 606.

Essa nulidade, porém, sofre gradações, de acordo com o tipo de elemento violado, podendo ser absoluta ou relativa, como a seguir verificaremos.

Com fulcro no pensamento de GRINOVER, CINTRA e DINAMARCO, é correto afirmar que o reconhecimento da nulidade de um ato viciado é uma forma de proteção e defesa do ordenamento jurídico vigente[33].

De fato, a previsibilidade doutrinária e normativa da teoria das nulidades impede a proliferação de atos jurídicos ilegais, portadores de vícios mais ou menos graves, a depender da natureza do interesse jurídico violado.

Dentro dessa perspectiva, é correto dizer que o ato nulo (nulidade absoluta), desvalioso por excelência, viola norma de ordem pública, de natureza cogente, e carrega em si vício considerado grave.

O ato anulável (nulidade relativa), por sua vez, contaminado por vício menos grave, decorre da infringência de norma jurídica protetora de interesses eminentemente privados.

Tais premissas devem ser corretamente fixadas, uma vez que a natureza da nulidade determinará efeitos variados, interferindo, até mesmo, na legitimidade ativa para a arguição dos referidos vícios.

Além das principais categorias já apontadas (absoluta e relativa), as nulidades classificam-se em[34]:

a) originária e sucessiva — a primeira nasce com o próprio ato, contemporaneamente à sua formação; a segunda decorre de causa superveniente;
b) total e parcial — no primeiro caso, a nulidade atinge todo o ato, contaminando-o por inteiro; no segundo, a nulidade contamina apenas parte do negócio, mantendo-se as demais disposições que, à luz do princípio da conservação, podem ser preservadas[35].

O Código Civil de 2002, corretamente, adota a expressão "invalidade" como categoria genérica das subespécies de nulidade: absoluta e relativa, destinando um capítulo próprio para suas disposições gerais (arts. 166 a 184).

---

[33] Vale conferir a excelente obra *Teoria Geral do Processo*, de Ada Pellegrini Grinover, Antônio Carlos de Araújo Cintra e Cândido Rangel Dinamarco (15. ed., São Paulo: Malheiros, 1999, p. 339), onde os autores falam em "negação de eficácia jurídica" como forma de defesa do ordenamento jurídico.

[34] Sobre o assunto, cf. GARCEZ NETO, Martinho. *Temas Atuais de Direito Civil*, Rio de Janeiro: Renovar, 2000, p. 275-6.

[35] Denomina-se redução a operação pela qual retiram-se partes inválidas de um determinado negócio, preservando-se as demais. Cuida-se de uma medida sanatória do negócio jurídico. Nesse sentido, preleciona Carlos Alberto Bittar: "Dá-se a redução de negócios inválidos quando a causa de nulidade ou de anulabilidade reside em elemento não essencial de seu contexto. Nessa hipótese, tem-se por válido o negócio, aplicando-se o princípio da conservação, à luz da vontade hipotética ou conjectural, das partes. Assim, na análise da situação concreta, se se concluir que os interessados o teriam realizado na parte não atingida pela invalidade, prospera o negócio, extirpada a disposição afetada" (ob. cit., p. 170).

Todo ato, pois, absoluta ou relativamente nulo (anulável) é considerado inválido. Entretanto, é bom que se diga que a simples invalidade do instrumento não induz a do próprio negócio quando este se puder provar por outro modo. A invalidade do instrumento onde se documentou o contrato, por exemplo, não acarreta a consequente e imediata nulidade do próprio negócio jurídico contratual, se for possível prová-lo por outra forma (art. 183 do CC/2002; art. 152).

Do mesmo modo, a invalidade parcial, suprarreferida, não contamina as partes válidas e aproveitáveis de um negócio. Aliás, pelo mesmo fundamento (princípio da conservação), há regra legal no sentido de não implicar a invalidade da obrigação principal eventual defeito da obrigação acessória. O raciocínio inverso, todavia, não é admitido (art. 184 do CC/2002). Assim, a nulidade do contrato de penhor (acessório) não prejudica a validade da compra e venda que estava garantindo (principal). Todavia, a invalidade do contrato principal prejudica, por razões óbvias, a garantia acessória pactuada, por não lhe ser separável.

O Código Civil de 2002, em seus arts. 166 e 167, considera nulo o negócio jurídico quando:

a) for celebrado por pessoa absolutamente incapaz[36];
b) for ilícito, impossível ou indeterminável o seu objeto;
c) o motivo determinante, comum a ambas as partes, for ilícito;
d) não revestir a forma prescrita em lei;
e) preterir alguma solenidade que a lei considere essencial para a sua validade;
f) tiver por objeto fraudar a lei imperativa;
g) a lei taxativamente o declarar nulo, ou proibir-lhe a prática, sem cominar sanção;
h) tiver havido simulação.

Analisando os termos da lei, conclui-se, com facilidade, que esses pressupostos legais enquadram-se perfeitamente no esquema teórico apresentado, quando se tratou do plano de validade:

De fato, são pressupostos de validade do negócio jurídico:

| PLANO DE VALIDADE | |
|---|---|
| **Agente** | capaz e legitimado |
| **Manifestação de vontade** | livre e de boa-fé |
| **Forma** | livre ou prescrita em lei |
| **Objeto** | lícito, possível e determinado ou determinável |

[36] Para um aprofundamento sobre o tema da "Invalidade do Negócio Jurídico em face do Novo Conceito de Capacidade Civil", confira-se o tópico homônimo no Capítulo XIV ("Invalidade do Negócio Jurídico") do Volume 1 ("Parte Geral") desta coleção.

Como se vê, todas as hipóteses legais mencionadas estão diretamente relacionadas com um dos pressupostos estabelecidos de validade.

Talvez as únicas novidades consistam na previsibilidade da causa (entendida como motivação típica do ato) dentre os pressupostos de validade do negócio jurídico (art. 166, III, do CC/2002) e, bem assim, a fraude à lei imperativa (art. 166, VI, do CC/2002).

No que diz respeito à fraude à lei, algumas observações devem ser feitas.

Primeiramente, não há que se confundir essa espécie de fraude, causa de nulidade absoluta, com a fraude contra credores, vício social do negócio jurídico e justificador de sua anulação, consoante já se anotou.

Trata-se da manobra engendrada pelo fraudador para violar dispositivo expresso de lei, objetivando esquivar-se de obrigação legal ou obter proveito ilícito. As legislações fiscal e trabalhista costumeiramente são atingidas por esta espécie de fraude, realizada sob diferentes formas[37].

Note-se que a nulidade do ato, dada a gravidade do vício que porta — imagine-se um menor de dez anos celebrando um contrato de *leasing* ou o estabelecimento de um negócio que tenha por objeto a prestação de um serviço criminoso —, poderá ser arguida por qualquer interessado ou pelo Ministério Público, quando lhe couber intervir, podendo, inclusive, o próprio juiz declará-la de ofício, razão por que se diz que a nulidade opera-se de pleno direito.

Nesse sentido, estabelece o Código Civil de 2002:

> "Art. 168. As nulidades dos artigos antecedentes podem ser alegadas por qualquer interessado, ou pelo Ministério Público, quando lhe couber intervir.
>
> Parágrafo único. As nulidades devem ser pronunciadas pelo juiz, quando conhecer do negócio jurídico ou dos seus efeitos e as encontrar provadas, não lhe sendo permitido supri-las, ainda que a requerimento das partes".

Impende notar ainda que o negócio nulo não admite confirmação[38] razão por que, constatando-se o vício, o ato há que ser repetido, afastando-se o seu defeito.

---

[37] Sobre o tema, a Consolidação das Leis do Trabalho, em seu art. 9º, estabelece, de forma taxativa, que serão "nulos de pleno direito os atos praticados com o objetivo de desvirtuar, impedir ou fraudar a aplicação dos preceitos contidos na presente Consolidação", o que é um instrumental poderoso à disposição do magistrado para a efetivação dos direitos trabalhistas.

[38] A doutrina não se entende neste ponto. O Código Civil de 1916 utilizava o termo "ratificação", duramente criticado por alguns juristas que entendem que o suprimento do ato viciado encontra melhor significado na palavra "confirmação". Para Caio Mário, "muitos escritores, e especialmente a doutrina francesa, costumam dizer que o ato nulo é insuscetível de confirmação que tomam como traduzindo ratificação. Entendemos serem diversas estas ideias, e, por isso, dizemos que o negócio jurídico não pode ser ratificado, mas lícito será confirmá-lo, se revestir a confirmação todos os requisitos, de fato e de direito, necessários à sua eficácia, e isto mesmo quando for possível sem afronta à mesma proibição que tornou nulo o primitivo. A nosso ver, portanto, confirmação importa na repetição do ato, escoimando-o da falha" (ob. cit., p. 406). Orlando Gomes, por sua vez, entende diferente-

Tal repetição, todavia, só é aconselhada quando não se puder utilizar a medida sanatória especial de conversão, remédio que deve ser sempre priorizado.

Quanto ao aspecto da prescritibilidade, costuma a doutrina afirmar que "se a nulidade é de negócio jurídico relativo a direito imprescritível, a ação para decretar-lhe a nulidade não prescreve jamais"[39].

Em abono dessa tese, argumenta-se que o prazo prescricional previsto para as ações pessoais (art. 205 do CC/2002) é uma regra genérica, que não se compatibiliza com a característica da perpetuidade reconhecida à nulidade absoluta.

O Código Civil de 2002, seguindo este norte doutrinário, consagrou, em norma expressa, a imprescritibilidade da declaração de nulidade do negócio jurídico:

> "Art. 169. O negócio jurídico nulo não é suscetível de confirmação, nem convalesce pelo decurso do tempo".

Contudo, a despeito de a lei haver firmado norma expressa a respeito, não é facilmente aceita a teoria da imprescritibilidade dos efeitos do ato nulo.

Sim, o ato nulo produz efeitos, embora limitados à seara das relações fáticas!

Com efeito, não há como negar que o ato realmente existiu, embora se reconheça que esteja eivado de vícios que impossibilitam o reconhecimento de sua validade jurídica.

Tais atos geram, sem sombra de dúvida, efeitos concretos, que não podem deixar de se convalidar com o decurso do tempo. Os efeitos privados pela sanção da nulidade são os jurídicos, não havendo como se negar o fato de que a emissão destes atos gera efeitos na realidade concreta, ou seja, em outras palavras, a nulidade (absoluta ou relativa) somente é evidente no mundo ideal, exigindo a manifestação judicial para a declaração desta nulidade.

Preferível, por isso, é o entendimento de que a ação declaratória de nulidade é realmente imprescritível, como, aliás, toda ação declaratória deve ser, mas os efeitos do ato jurídico — existente, porém nulo — sujeitam-se a prazo, que pode ser o prazo máximo prescricional para as pretensões pessoais (que foi reduzido pelo Código Civil de 2002, de 20 anos para 10 anos) ou, como na maior parte dos casos, tratando-se de demanda de reparação civil, o prazo de 3 anos (CC/2002, art. 206, § 3º, V).

Isso porque se a ação ajuizada for, do ponto de vista técnico, simplesmente declaratória, sua finalidade será apenas a de certificar uma situação jurídica da qual pende dúvida, o que jamais poderia ser objeto de prescrição.

Todavia, se a ação declaratória de nulidade for cumulada com pretensões condenatórias, como acontece na maioria dos casos de restituição dos efeitos pecuniários ou in-

---

mente e afirma ser a nulidade "incurável, porque as partes não podem saná-lo mediante confirmação, nem ao juiz é lícito supri-la" (ob. cit., p. 488). Sílvio Venosa, com a costumeira precisão, adotou posição intermediária, sustentando que "ratificar ou confirmar é dar validade a ato que poderia ser desfeito por decisão judicial" (ob. cit., p. 475). O Código Civil de 2002 pôs fim à controvérsia e consagrou o termo "confirmação" para significar o suprimento da invalidade do ato por força da vontade das próprias partes, equivalendo à ideia tradicional de "ratificação" (cf. arts. 169, 172 a 175).

[39] MELLO, Marcos Bernardes de, ob. cit., p. 38.

denização correspondente, admitir-se a imprescritibilidade seria atentar contra a segurança das relações sociais. Nesse caso, entendemos que prescreve, sim, a pretensão condenatória, uma vez que não é mais possível retornar ao estado de coisas anterior.

Por imperativo de segurança jurídica, melhor nos parece que se adote o critério da prescritibilidade da pretensão condenatória de perdas e danos ou restituição do que indevidamente se pagou, correspondente à nulidade reconhecida, uma vez que a situação consolidada ao longo de dez anos provavelmente já terá experimentado uma inequívoca aceitação social. Aliás, se a gravidade, no caso concreto, repudiasse a consciência social, que justificativa existiria para tão longo silêncio? Mais fácil crer que o ato já atingiu a sua finalidade, não havendo mais razão para desconsiderar os seus efeitos.

Em síntese: a imprescritibilidade dirige-se, apenas, à declaração de nulidade absoluta do ato, não atingindo as eventuais pretensões condenatórias correspondentes.

Nessa linha de raciocínio, cumpre analisar os efeitos da declaração de nulidade do negócio jurídico.

Por se tratar de sentença proferida no bojo de ação declaratória de nulidade, salvo norma especial em sentido contrário, os seus efeitos retroagem até a data da realização do ato, invalidando-o *ab initio* (efeitos *ex tunc*).

Declarado nulo o ato, as partes restituir-se-ão ao estado em que antes dele se achavam, e, não sendo possível restituí-las, serão indenizadas com o equivalente.

Nesse sentido, o art. 182 do CC/2002 é expresso[40]:

> "Art. 182. Anulado o negócio jurídico, restituir-se-ão as partes ao estado em que antes dele se achavam, e, não sendo possível restituí-las, serão indenizadas com o equivalente".

Vale advertir que a expressão "anulado", consignada na norma, deve ser entendida em sentido amplo, de forma a abranger também a nulidade absoluta.

Conforme já mencionamos, o ato anulável (nulidade relativa) padece de vício menos grave, por violar interesses meramente particulares.

Em uma escala axiológica crescente de ilicitude, a nulidade relativa encontra-se a meio caminho, entre a nulidade absoluta e a plena validade do negócio jurídico.

"Nesta hipótese", pontifica SILVIO RODRIGUES, "procura o legislador proteger um interesse particular, quer de pessoa que não atingiu ainda o pleno desenvolvimento mental, como o menor púbere ou o silvícola, quer de pessoa que tenha concordado em virtude de um vício de vontade, quer, ainda, de indivíduo que tenha sido ludibriado pela simulação ou pela fraude. Aqui o interesse social é mediato, de maneira que o ordenamento jurídico, conferindo ação ao prejudicado, não toma qualquer iniciativa e se dispõe a validar o ato, se o interessado não promover a sua anulação"[41].

---

[40] No CC/1916, *vide* art. 158.

[41] RODRIGUES, Silvio. *Direito civil* — Parte Geral, 12. ed., v. 1, São Paulo: Saraiva, p. 296.

Com efeito, nos termos do art. 171 do Código Civil, é anulável o negócio jurídico, além de outros casos expressamente previstos em lei[42]:

a) por incapacidade relativa do agente;
b) por vício resultante de erro, dolo, coação, estado de perigo, lesão ou fraude contra credores.

A vigente Lei Codificada, conforme já se disse, converte a simulação em causa de nulidade absoluta do ato jurídico (art. 167 do CC/2002), inserindo, no campo da anulabilidade, dois novos defeitos, analisados anteriormente: a lesão e o estado de perigo.

Diferentemente da nulidade absoluta, a relativa (anulabilidade), que não tem efeito antes de julgada por sentença, não poderá ser pronunciada de ofício, exigindo, pois, para o seu reconhecimento, alegação dos legítimos interessados:

> "Art. 177. A anulabilidade não tem efeito antes de julgada por sentença, nem se pronuncia de ofício; só os interessados a podem alegar, e aproveita exclusivamente aos que a alegarem, salvo o caso de solidariedade ou indivisibilidade".

Se o objeto do negócio jurídico (e da própria relação obrigacional daí decorrente) for indivisível ou houver solidariedade ativa ou passiva entre as partes — quando cada um dos declarantes tem direito ou está obrigado à dívida toda — a arguição de nulidade relativa feita por um dos envolvidos aproveita aos demais interessados.

Aliás, o melhor entendimento é no sentido de que se trata de pessoa juridicamente interessada, vale dizer, o próprio declarante que foi parte no negócio, ou o seu representante legal.

Interesse meramente econômico ou moral não legitima a alegação.

A impugnação do ato anulável dá-se por meio de ação anulatória de negócio jurídico, cujo prazo decadencial é de quatro anos (art. 178 do CC/2002), contando-se da seguinte forma:

a) no caso de coação, do dia em que ela cessar;
b) no de erro, dolo, fraude contra credores, estado de perigo ou lesão, do dia em que se realizou o negócio jurídico;
c) no de atos de incapazes, do dia em que cessar a incapacidade.

Este prazo é reduzido para dois anos no caso de a norma legal não estabelecer prazo para a anulação:

> "Art. 179. Quando a lei dispuser que determinado ato é anulável, sem estabelecer prazo para pleitear-se a anulação, será este de dois anos, a contar da data da conclusão do ato".

---

[42] Tome-se o seguinte exemplo de anulabilidade prevista fora da regra geral: Código Civil "Art. 496. É anulável a venda de ascendente a descendente, salvo se os outros descendentes e o cônjuge do alienante expressamente houverem consentido".

Na hipótese, por exemplo, de anulação da venda de ascendente a descendente, realizada sem o consentimento dos demais herdeiros necessários, a lei cuida, apenas, de prever a anulabilidade do negócio sem estabelecer prazo para a sua invalidação (art. 496 do CC/2002). Nesse caso, o prazo será de dois anos, aplicando-se o referido art. 179.

A anulação do negócio, todavia, deve ser sempre providência secundária.

Por força do princípio da conservação — em virtude do qual deve-se tentar ao máximo aproveitar o negócio jurídico viciado —, a doutrina civilista reconheceu existirem medidas sanatórias do ato nulo ou anulável, consistentes em "instrumentos jurídicos destinados a salvaguardar a manifestação de vontade das partes, preservando-a da deficiência que inquina o ato"[43].

No que tange especificamente ao ato anulável, especial atenção merece a medida sanatória da confirmação.

A confirmação, que alguns preferem denominar ratificação, consoante já se anotou, é medida sanatória voluntária, própria dos atos anuláveis, e consistente em uma declaração de vontade que tem por objetivo validar um negócio jurídico defeituoso por erro, dolo, coação, lesão, estado de perigo ou fraude contra credores[44], desde que já se encontre escoimado o vício de que padecia.

Seus efeitos retroagem à data do negócio que se pretende confirmar.

A esse respeito, o Código Civil de 2002 dispõe:

> "Art. 172. O negócio anulável pode ser confirmado pelas partes, salvo direito de terceiro".

Em tal hipótese, se um determinado contrato foi firmado por força de ameaça (coação moral), e, posteriormente, verifica-se que a avença acabou favorecendo o coagido, pode este confirmar o negócio, renunciando, por conseguinte, ao direito de anulá-lo.

Essa confirmação poderá ser:

a) expressa — quando as partes manifestam firme e claro propósito de reafirmar todos os termos do negócio. A confirmação expressa deve conter a substância do negócio celebrado e a vontade expressa de mantê-lo (art. 173 do CC/2002);

b) tácita — neste caso, mesmo não manifestando explícito interesse de confirmá-lo, a parte comporta-se diante da outra nesse sentido. É o que ocorre quando, a despeito do vício, o devedor, que poderia alegá-lo, cumpre a sua obrigação (art. 174 do CC/2002).

Registre-se que, na forma do art. 176 do CC/2002, se a "anulabilidade do ato resultar da falta de autorização de terceiro, será validado se este a der posteriormente", o que

---

43 SCHMIEDEL, Raquel Campani apud ABREU FILHO, José. *O Negócio Jurídico e sua Teoria Geral*, 3. ed., São Paulo: Saraiva, p. 354.

44 Na vigência do CC/1916: erro, dolo, coação, simulação e fraude contra credores.

deve, em regra, ser feito de forma expressa, não se admitindo, salvo regra excepcional, a prova de uma autorização tácita.

É desnecessário observar que a confirmação expressa ou tácita importa a extinção de todas as ações ou defesas de que dispunha a vítima do defeito negocial contra a outra parte (art. 175 do CC/2002).

Entretanto, é bom que se diga que em nenhuma hipótese a confirmação poderá violar direito de terceiro de boa-fé.

Esse elemento psicológico (a boa-fé), a despeito da omissão legal, é pressuposto inafastável para que se reconheça o impedimento da confirmação em prejuízo do terceiro.

Se um terceiro de má-fé experimentar prejuízo em decorrência da confirmação de um determinado negócio jurídico, nada poderá alegar, uma vez que a lei não deve tutelar os inescrupulosos.

A ideia de boa-fé também está presente em duas outras regras específicas, em que se preserva o interesse de quem não deu causa à anulação do negócio jurídico, sem prejuízo da disciplina geral de proteção aos incapazes, a saber:

> "Art. 180. O menor, entre dezesseis e dezoito anos, não pode, para eximir-se de uma obrigação, invocar a sua idade se dolosamente a ocultou quando inquirido pela outra parte, ou se, no ato de obrigar-se, declarou-se maior".
>
> "Art. 181. Ninguém pode reclamar o que, por uma obrigação anulada, pagou a um incapaz, se não provar que reverteu em proveito dele a importância paga".

Finalmente, cumpre-nos analisar os efeitos da anulabilidade ou nulidade relativa do negócio jurídico.

Em linha de princípio, cumpre fixar que a sentença proferida ao final da ação anulatória de negócio jurídico tem natureza desconstitutiva ou constitutiva negativa, uma vez que determina, em seu comando sentencial, o desfazimento do ato, e, por consequência, a extinção da relação jurídica viciada.

Ora, partindo-se da premissa assentada na doutrina processual civil de que a sentença constitutiva (positiva ou negativa) não tem eficácia retro-operante, mas, sim, possui efeitos para o futuro (*ex nunc*), pode-se chegar à falsa conclusão de que isso também ocorre na sentença anulatória de ato jurídico.

De fato, as sentenças desconstitutivas em geral possuem efeitos para o futuro (*ex nunc*), a exemplo da que decreta a separação judicial de um casal, dissolvendo a sociedade conjugal. Somente após o trânsito em julgado da sentença as partes (na separação litigiosa) ou os interessados (na separação consensual) podem-se considerar civilmente separados.

Ocorre que a ilicitude do ato anulável, a despeito de desafiar sentença desconstitutiva, exige que a eficácia sentencial seja retroativa (*ex tunc*), sob pena de se coroarem flagrantes injustiças.

Figuremos a seguinte hipótese: um indivíduo, vítima de lesão, foi levado, por necessidade, a celebrar um contrato cujas prestações eram consideravelmente desproporcionais. Por força da avença viciada, o lesado fora induzido a prestar um sinal (arras confirmatórias) no valor de quinze mil reais. Posteriormente, cuidou de anular o ato viciado, pleiteando, inclusive, o que indevidamente pagou. Ora, tal situação demonstra claramente que a maior virtude da anulabilidade do ato é, exatamente, restituir as partes ao estado anterior em que se encontravam, em todos os seus termos. E, obviamente, tal propósito só é possível se se reconhecer à sentença anulatória efeitos retro-operantes.

Nesse sentido, justificando o entendimento de que a sentença anulatória, a despeito de ser constitutiva negativa, possui efeitos *ex tunc*, e não *ex nunc*, leia-se o art. 182 do Código Civil de 2002:

> "Art. 182. Anulado o negócio jurídico, restituir-se-ão as partes ao estado em que antes dele se achavam, e, não sendo possível restituí-las, serão indenizadas com o equivalente".

E para que não haja dúvida quanto à eficácia retroativa (*ex tunc*) da anulação do ato negocial, cumpre transcrever a lúcida preleção do Professor HUMBERTO THEODORO JÚNIOR:

> "São casos especiais de sentença constitutiva: a) sentença que anula o ato jurídico por incapacidade relativa do agente, ou vício de erro, dolo, coação, simulação ou fraude, porque sua eficácia é *ex tunc* em decorrência do art. 158 do Código Civil, que manda, *in casu*, sejam as partes restituídas ao estado em que se achavam antes do ato anulado"[45].

Cumpre advertir ainda que a anulação do ato negocial, sem pedido expresso de restituição da coisa indevidamente transferida ao réu, não permite ao juiz concedê-lo de ofício, à luz do princípio processual do *nemo judex sine actore*. Da mesma forma, para o reconhecimento dos efeitos *ex tunc* da sentença constitutiva negativa, é imprescindível uma determinação judicial expressa de retroação dos efeitos, por uma questão básica de estabilidade e segurança jurídica.

Nesse sentido, é o pensamento de OVÍDIO BAPTISTA:

> "As ações constitutivas, pelas quais se busque obter a desconstituição de atos ou negócios jurídicos, quando não cumuladas com alguma demanda de restituição da posse da coisa eventualmente transferida ao réu em virtude do cumprimento do negócio jurídico desfeito, não têm eficácia capaz de autorizar o juiz, ao julgá-la procedente, a ordenar a restituição. A anulação, rescisão ou revogação do ato ou negócio jurídico não envolve, necessariamente, qualquer pretensão à restituição da posse, que somente poderá compor outra demanda, inconfundível com a ação constitutiva negativa. Especialmente nos casos em que o negócio jurídico desconstituído pela sentença haja servido de base para uma nova transferência da coisa a terceiro de boa-fé, torna-se visível a impropriedade de tratar-se de restituição da coisa como mera questão da lide constitutiva"[46].

---

45 THEODORO JÚNIOR, Humberto. *Curso de Direito Processual Civil*, 18. ed., v. I, Rio de Janeiro: Forense, 1996, p. 519.

46 SILVA, Ovídio Baptista da. *Curso de Processo Civil* — Processo de Conhecimento, 4. ed., v. 1, Rio de Janeiro: Forense, 2008, p. 192.

Em conclusão, com fundamento em tudo que se expôs, cuidaremos de apresentar um quadro comparativo entre a nulidade absoluta e a nulidade relativa, ressaltando os seus efeitos e características peculiares:

| NULIDADE ABSOLUTA | NULIDADE RELATIVA (anulabilidade) |
|---|---|
| Ato nulo exige interesse público | O ato anulável atinge interesses particulares, legalmente tutelados |
| Opera-se de pleno direito | Não se opera de pleno direito |
| Não se admite confirmação | Admite-se confirmação expressa ou tácita |
| Pode ser arguida pelas partes, por terceiro interessado, pelo Ministério Público, quando lhe couber intervir, ou, até mesmo, pronunciada de ofício pelo juiz | Somente pode ser arguida pelos legítimos interessados |
| A ação declaratória de nulidade é decidida por sentença declaratória de efeitos *ex tunc* | A ação anulatória é decidida por sentença de natureza desconstitutiva, cujos efeitos, em nosso sentir, são *ex tunc* |
| A nulidade pode ser reconhecida a qualquer tempo, não se sujeitando a prazo decadencial | A anulabilidade somente pode ser arguida, pela via judicial, em prazos decadenciais de 4 (regra geral) ou 2 (regra supletiva) anos, salvo norma específica em sentido contrário |

Considerando a importância do tema da conversão do negócio jurídico, nem sempre tratado com a devida atenção pelos manuais de Direito Civil, cuidamos aqui de desenvolvê-lo.

A conversão, figura muito bem desenvolvida pelo Direito Processual Civil, constitui, no Direito Civil, à luz do princípio da conservação, uma importante medida sanatória dos atos nulo e anulável.

Deve-se mencionar, nesse ponto, que, a despeito de a conversão poder ser invocada para os atos anuláveis, seu maior campo de aplicação, indiscutivelmente, é na seara dos atos nulos, uma vez que os primeiros admitem confirmação, o que não é possível para os últimos.

O Código Civil de 2002, por sua vez, colocando-se ao lado dos ordenamentos jurídicos mais modernos, admitiu a medida para os negócios jurídicos nulos:

> "Art. 170. Se, porém, o negócio jurídico nulo contiver os requisitos de outro, subsistirá este quando o fim a que visavam as partes permitir supor que o teriam querido, se houvessem previsto a nulidade".

Nesse contexto, o Professor MARCOS BERNARDES DE MELLO define essa medida conservatória nos seguintes termos: "consiste no expediente técnico de aproveitar-se como outro ato jurídico válido aquele inválido, nulo ou anulável, para o fim a que foi realizado"[47].

---

[47] MELLO, Marcos Bernardes de, ob. cit., p. 209.

Trata-se, portanto, de uma medida sanatória, por meio da qual se aproveitam os elementos materiais de um negócio jurídico nulo ou anulável, convertendo-o, juridicamente, e de acordo com a vontade das partes, em outro negócio válido e de fins lícitos.

Retira-se, portanto, o ato negocial da categoria em que seria considerado inválido, inserindo-o em outra, na qual a nulidade absoluta ou relativa que o inquina será considerada sanada, à luz do princípio da conservação.

Nesse diapasão, atente-se para a advertência de KARL LARENZ, no sentido de que não se admite a conversão se o negócio perseguido pelas partes persegue fins imorais ou ilícitos[48].

A conversão exige, para a sua configuração, a concorrência dos seguintes pressupostos:

a) material — aproveitam-se os elementos fáticos do negócio inválido, convertendo-o para a categoria jurídica do ato válido[49];
b) imaterial — a intenção dos declarantes direcionada à obtenção da conversão negocial e consequente recategorização jurídica do negócio inválido.

Podem-se apontar alguns exemplos de conversão substancial: a nota promissória nula por inobservância dos requisitos legais de validade é aproveitada como confissão de dívida; a doação *mortis causa*, inválida segundo boa parte da doutrina brasileira, converte-se em legado, desde que respeitadas as normas de sucessão testamentária, e segundo a vontade do falecido; o contrato de compra e venda de imóvel valioso, firmado em instrumento particular, nulo de pleno direito por vício de forma, converte-se em promessa irretratável de compra e venda, para a qual não se exige a forma pública.

Trata-se da conversão substancial, a qual diz respeito ao conteúdo do negócio jurídico em si, e não da conversão simplesmente formal ou legal.

Os estudiosos do Direito Processual Civil desenvolveram com maestria a figura jurídica sob análise, principalmente no campo da tutela possessória, em que se admite a fungibilidade ou conversibilidade dos interditos, nos termos do art. 554, *caput*, do Código de Processo Civil de 2015:

> "Art. 554. A propositura de uma ação possessória em vez de outra não obstará a que o juiz conheça do pedido e outorgue a proteção legal correspondente àquela cujos pressupostos estejam provados".

Seguindo essa diretriz, embora ajuizada ação de manutenção de posse, com causa de pedir consistente na turbação, se o juiz se convencer tratar-se de esbulho, não indeferirá a inicial, uma vez que, por força da conversibilidade dos interditos, poderá outorgar a proteção legal adequada, ordenando a expedição de mandado de reintegração de posse.

---

48 LARENZ, Karl, *Derecho Civil* — Parte General, Madrid: Revista de Derecho Privado, 1978, p. 643.

49 Nesse sentido, é o Enunciado 13 da I Jornada de Direito Civil da Justiça Federal: "Art. 170. O aspecto objetivo da conversão requer a existência do suporte fático no negócio a converter-se".

Como exemplo, aliás, destaque-se que o Superior Tribunal de Justiça admitiu a conversão de um inventário em procedimento de herança jacente, justificando tal providência no princípio da economia processual.

Em outra oportunidade, o mesmo Tribunal admitiu a conversão de procedimento de jurisdição voluntária em contenciosa, sob o argumento de que "o sistema das nulidades processuais no Direito brasileiro prestigia o aproveitamento dos atos processuais, desde que a finalidade tenha sido alcançada e não haja prejuízo para qualquer das partes".

O jurista precisa notar que a conversão substancial do negócio jurídico é medida de alto valor, principalmente no campo do Direito Contratual, e, por isso mesmo, não merece permanecer adormecida nos velhos livros de Teoria Geral.

## 2.5. Elementos acidentais do negócio jurídico

Após analisarmos aspectos relacionados à validade do negócio jurídico, cumpre indagar a respeito da eficácia do ato negocial.

Nesse plano, verifica-se se o negócio jurídico é eficaz, ou seja, se repercute juridicamente no plano social, imprimindo movimento dinâmico ao comércio jurídico e às relações de direito privado em geral.

Assim, a título de ilustração, celebrado um contrato de compra e venda existente e válido, será também juridicamente eficaz se não estiver subordinado a um acontecimento futuro a partir do qual passa a ser exigível.

Nesse diapasão, seguindo a linha de pensamento de JUNQUEIRA DE AZEVEDO,

> "o terceiro e último plano em que a mente humana deve projetar o negócio jurídico para examiná-lo é o plano de eficácia. Nesse plano, não se trata, naturalmente, de toda e qualquer possível eficácia prática do negócio, mas sim, tão só, de sua eficácia jurídica e, especialmente, da sua eficácia própria ou típica, isto é, da eficácia referente aos efeitos manifestados como queridos"[50].

Nesse campo de estudo do negócio jurídico, são considerados elementos acidentais (modalidades):

a) o termo;

b) a condição;

c) o modo ou encargo.

Antes, porém, de iniciarmos a análise desses elementos, é preciso que se diga que, por vezes, o ato eivado de nulidade absoluta produz efeitos jurídicos, a exemplo do que ocorre no casamento putativo[51], ou seja, tem repercussões no plano da eficácia, e, bem

---

[50] AZEVEDO, Antônio Junqueira de, ob. cit., p. 48.

[51] É o casamento nulo ou anulável contraído de boa-fé por um ou ambos os cônjuges (art. 1.561 do CC/2002; art. 221 do CC/1916).

assim, na hipótese de atos praticados por menores (incapazes), sem a devida representação ou assistência, mas com indiscutível eficácia jurídica e aceitação social[52].

A esse respeito, pontifica, com propriedade, SÍLVIO VENOSA:

> "O negócio é juridicamente nulo, mas o ordenamento não pode deixar de levar em conta efeitos materiais produzidos por esse ato. Isso é verdadeiro tanto em relação aos atos nulos como em relação aos atos anuláveis"[53].

Feita essa importante observação, passaremos à análise dos elementos acidentais do negócio jurídico, verdadeiros fatores de eficácia da declaração negocial de vontade, consoante adiante se demonstrará.

### 2.5.1. Condição

Trata-se da "determinação acessória, que faz a eficácia da vontade declarada dependente de algum acontecimento futuro e incerto"[54].

Trata-se, portanto, de um elemento acidental, consistente em um evento futuro e incerto, por meio do qual subordinam-se ou resolvem-se os efeitos jurídicos de um determinado negócio.

É o caso, por exemplo, do indivíduo que se obriga a transferir gratuitamente um imóvel rural ao seu sobrinho (doação), quando ele se casar. O casamento, no caso, é uma determinação acessória, futura e incerta, que subordina a eficácia jurídica do ato negocial (condição suspensiva). Na mesma linha, quando o sujeito adquire, por meio de um contrato devidamente registrado, o usufruto de um determinado bem, para auferir renda até que cole grau em curso superior, forçoso concluir também tratar-se de negócio jurídico condicional (condição resolutiva).

Dois elementos são fundamentais para que se possa caracterizar a condição:

a) a incerteza;

b) a futuridade.

Se o fato a que se subordina a declaração de vontade for certo (uma data determinada, por exemplo), estaremos diante de um termo, e não de uma condição. Por isso se diz ser indispensável a incerteza da determinação acessória, para que se possa identificá-la como condição.

---

52 É a hipótese de um menor de sete anos utilizar um dinheiro que recebeu do avô para comprar um refrigerante no boteco da esquina. Com amparo na doutrina tradicional, conclui-se que o "ato negocial" de compra do refresco, que o menor realiza sozinho, sem a devida representação dos seus pais, embora nulo, é socialmente aceito, sendo indiscutivelmente eficaz. Aliás, não se poderia invocar o sistema das nulidades, na hipótese, em se considerando não ter havido prejuízo ao incapaz. Na nossa visão, melhor seria enquadrar essa ação humana na categoria do ato-fato jurídico.

53 VENOSA, Sílvio de Salvo, ob. cit., p. 469.

54 BEVILÁQUA, Clóvis, ob. cit., p. 303.

Aliás, é bom advertir que essa incerteza diz respeito à própria ocorrência do fato, e não ao período de tempo em que este se realizará. Por isso, a morte, em princípio, não é considerada condição: o indivíduo nasce e tem a certeza de que um dia morrerá, mesmo que não saiba quando (acontecimento *certus an* e *incertus quando*). Trata-se de um termo incerto, matéria que será analisada logo mais. Imagine-se a hipótese de uma doação condicionada ao falecimento de um parente moribundo: obrigo-me a transferir a terceiro a minha fazenda, quando o meu velho tio, que lá se encontra, falecer.

A doutrina, por outro lado, costuma lembrar a hipótese de a morte vir a ser considerada condição. Se a doação, figurada linhas acima, for subordinada à morte de meu tio dentro de um prazo prefixado (doarei a fazenda, se o meu tio, moribundo, falecer até o dia 5), o acontecimento subsume-se à categoria de condição, uma vez que, neste caso, haverá incerteza quanto à própria ocorrência do fato dentro do prazo que se fixou.

Também a futuridade é requisito indispensável para a caracterização da condição.

Acontecimento passado não pode caracterizar determinação acessória condicional.

O exemplo citado por SPENCER VAMPRÉ é bastante elucidativo: prometo a alguém certa quantia em dinheiro, se o meu bilhete de loteria, que correu ontem, estiver premiado. Neste caso, tratando-se de fato passado, uma de duas situações poderá ocorrer: ou o bilhete está premiado e a promessa de doação é pura e simples (não condicional) ou o bilhete está branco, perdendo a promessa eficácia jurídica[55].

Fixadas tais premissas, passaremos a analisar o direito positivo a respeito da matéria.

O Código Civil de 2002 dispõe:

> "Art. 121. Considera-se condição a cláusula que, derivando exclusivamente da vontade das partes, subordina o efeito do negócio jurídico a evento futuro e incerto".

Cotejando essa regra legal com a correspondente norma do Código de 1916, constatamos que o legislador cuidou não apenas de substituir a expressão "ato" por "negócio jurídico", mas também consignou expressamente a vontade das partes como única causa genética de toda determinação acessória condicional.

De tal forma, culminou por afastar a categoria das condições necessárias (*condiciones juris*), uma vez que estas, não se radicando na vontade das partes, derivam exclusivamente da lei (a escritura pública na venda de um imóvel, por exemplo, não é propriamente uma condição voluntária, mas sim um requisito formal de validade, legalmente exigido).

Nesse ponto, cumpre transcrever o pensamento de MOREIRA ALVES:

> "No que diz respeito à condição, o Projeto procurou aperfeiçoar o Código vigente, corrigindo-lhe falhas e suprimindo lacunas. No art. 119[56] (que corresponde ao 114 do

---

[55] VAMPRÉ, Spencer, apud MONTEIRO, Washington de Barros, ob. cit., p. 235.

[56] Art. 121, na redação final do Novo Código Civil brasileiro.

Código atual), a inclusão da frase 'derivando exclusivamente da vontade das partes', serve para afastar do terreno das condições em sentido técnico as *condiciones juris*"[57].

Com base em tal assertiva, portanto, podemos colocar, ao lado da futuridade e da incerteza, a voluntariedade da condição como elemento característico fundamental.

Adotando o critério classificatório da condição mais difundido (quanto ao modo de atuação), teríamos:

a) condições suspensivas;
b) condições resolutivas.

Fundindo os subtipos em conceito único, pode-se definir a condição como o acontecimento futuro e incerto que subordina a aquisição de direitos, deveres e a deflagração de efeitos de um determinado ato negocial (condição suspensiva), ou, *a contrario sensu*, que determina o desaparecimento de seus efeitos jurídicos (condição resolutiva).

De referência à condição suspensiva, é preciso que se esclareça que a aposição de cláusula dessa natureza no ato negocial subordina não apenas a sua eficácia jurídica (exigibilidade), mas, principalmente, os direitos e obrigações decorrentes do negócio. Quer dizer, se um sujeito celebra um contrato de compra e venda com outro, subordinando-o a uma condição suspensiva, enquanto esta se não verificar, não se terá adquirido o direito a que ele visa (art. 125 do CC/2002)[58].

Assim, se o comprador, inadvertidamente, antecipa o pagamento, poderá exigir a repetição do indébito, via *actio in rem verso*, por se tratar de pagamento indevido. Isso porque, não implementada a condição, não se poderá afirmar haver direito de crédito a ser satisfeito, de maneira que o pagamento efetuado caracteriza espúrio enriquecimento sem causa do vendedor.

Nesse sentido, clara é a lição de CAIO MÁRIO DA SILVA PEREIRA:

> "Caso especial de indébito, e que encontra a mesma solução, é o do pagamento de dívida condicional, antes do implemento da condição. É de princípio que, subordinando-se o ato a condição suspensiva, enquanto esta se não realiza, não terá adquirido o direito a que ele visa. Ora, condicional a dívida, o credor não tem mais que uma expectativa — *spes debitum iri* — que se poderá ou não transformar em direito e o

---

[57] ALVES, José Carlos Moreira, ob. cit., p. 107.

[58] O dispositivo comporta apenas aparente antinomia com o § 2º do art. 6º da LINDB ("§ 2º Consideram-se adquiridos assim os direitos que o seu titular, ou alguém por ele, possa exercer, como aqueles cujo começo do exercício tenha termo prefixo, ou condição preestabelecida inalterável, a arbítrio de outrem"). De fato, quando a LINDB menciona condição preestabelecida inalterável, está justamente se referindo a uma hipótese de impossibilidade jurídica de modificação dessa condição, ainda que por manifestação posterior de vontade. Já a previsão do art. 125 do CC/2002, por outro lado, refere-se justamente a situações em que não houve a realização de uma condição (suspensiva), em que, aí, sim, não é possível falar em direito adquirido, ao contrário da situação anterior.

devedor não tem uma obrigação efetiva de solver. Se, portanto, este paga antes de verificada a conditio, está na mesma situação daquele que paga em erro, pois que, conforme ocorra ou não a condição, o débito poderá ou não ocorrer. Daí a consequência: o que recebe dívida condicional fica obrigado a restituir"[59].

Vale destacar, porém, que, até mesmo para a segurança das relações jurídicas, o estabelecimento de novas disposições, enquanto pendente uma condição suspensiva, somente poderá ter valor se, realizada a condição, forem com ela compatíveis[60].

Se for resolutiva a condição, enquanto esta não se realizar, vigorará o negócio jurídico, podendo exercer-se desde a conclusão deste o direito por ele estabelecido. Verificada a condição, para todos os efeitos extingue-se o direito a que ela se opõe (art. 127 do CC/2002).

Entretanto, se a condição for aposta em contrato de execução continuada ou diferida (protraída no tempo), o seu implemento, salvo estipulação em contrário, não prejudicará os atos já praticados, desde que compatíveis com a natureza da condição pendente e a boa-fé (art. 128 do CC/2002). Assim, no exemplo do usufruto constituído sobre imóvel para mantença de estudante universitário (usufrutuário), beneficiário da renda proveniente da venda do gado até que cole grau, o implemento da condição resolutiva (colação de grau) não poderá prejudicar a venda de novilhos a terceiro já pactuada, estando pendente apenas a entrega dos animais.

A condição resolutiva poderá ainda ser expressa ou tácita.

No primeiro caso, opera-se de pleno direito; no segundo, demanda interpelação judicial. Esta última espécie não fora contemplada em norma expressa pelo Código Civil de 2002, embora entendamos deva subsistir jurisprudencial e doutrinariamente. Não é pelo fato de ser tácita ou implícita que perde a natureza de condição.

Assim, nos contratos bilaterais, mesmo não havendo cláusula que preveja a resolução da avença em caso de inadimplemento (acontecimento futuro e incerto), se uma das partes não cumprir a sua obrigação, poderá a outra pleitear a dissolução do negócio, cumulada com perdas e danos, exigindo-se-lhe, todavia, antes do ajuizamento da ação principal, a interpelação judicial do inadimplente.

Dentro, ainda, de nosso esforço classificatório, as condições poderão ser, no plano fenomenológico:

a) positivas (consistem na verificação de um fato — auferição de renda até a colação de grau);

b) negativas (consistem na inocorrência de um fato — empréstimo de uma casa a um amigo, até que a enchente deixe de assolar a sua cidade).

---

59 PEREIRA, Caio Mário da Silva. *Instituições de Direito Civil*, 19. ed., v. II, Rio de Janeiro: Forense, 2001, p. 190.

60 Nesse sentido, o art. 126 do CC/2002: "Art. 126. Se alguém dispuser de uma coisa sob condição suspensiva, e, pendente esta, fizer quanto àquela novas disposições, estas não terão valor, realizada a condição, se com ela forem incompatíveis".

A esse respeito, assim se manifesta ROBERTO DE RUGGIERO: "Se é positiva, aparece quando surge o fato; se é negativa, até o momento em que se verifique a eventualidade considerada"[61].

Quanto à licitude, as condições podem ser ainda:

a) lícitas;
b) ilícitas.

Seguindo a bem elaborada redação do Código Civil de 2002, são lícitas, em geral, todas as condições não contrárias à lei, à ordem pública e aos bons costumes (art. 122 do CC/2002).

De acordo com tal diretriz, a licitude de uma cláusula condicional exige compatibilidade, não apenas com o direito positivo, mas também com o indispensável respeito ao padrão de moralidade média da sociedade, enquadrável no conceito indeterminado de bons costumes.

São exemplos de condições não admitidas, por atentarem contra o direito ou a moral: a proibição de se casar, pois viola a liberdade individual (admite, outrossim, a doutrina, a proibição de se casar com determinada pessoa, uma vez que a liberdade de escolha não estaria completamente obstada)[62]; a proibição de mudar de religião; a obrigatoriedade de sair do país e não mais voltar; a prática de determinado ato criminoso; a obrigatoriedade de permanecer em determinado lugar...

As condições ilícitas ou de fazer coisa ilícita invalidam os negócios jurídicos que lhes são subordinados, maculando-os de nulidade absoluta (arts. 123, II, e 166, VII, do CC/2002).

Costuma ainda a doutrina (e o CC/2002, art. 122, parte final) reputar proibidas as condições:

a) perplexas (incompreensíveis ou contraditórias);
b) potestativas.

As condições perplexas (incompreensíveis ou contraditórias) são aquelas que privam de todo o efeito o negócio jurídico celebrado. Imagine-se um contrato de comodato em que se estabeleça o seguinte: "Empresto o imóvel, desde que você não more nele e não o alugue". Nesse ponto, o Código Civil dispôs, expressamente, que as condições incompreensíveis ou contraditórias invalidam o próprio negócio jurídico que lhes é subordinado (art. 123, III, do CC/2002).

---

[61] RUGGIERO, Roberto de, ob. cit., p. 369.

[62] Nesse sentido, Washington de Barros Monteiro: "Mas essa cláusula oferece outros aspectos. Só quando absoluta é ela ilícita; se relativa, cumpre admitir-lhe a licitude. Por exemplo, instituo Maria por herdeira, se ela não se casar com Pedro, meu inimigo, ou com Paulo, de condição social inferior. Em ambos os casos, a liberdade não é afetada, porque à pessoa a quem se dirige a estipulação resta ainda vasto campo de ação" (ob. cit., p. 239).

Note-se que a consequência da aposição dessa espécie de condição, considerada ilícita, é a própria invalidade do negócio jurídico pactuado (art. 123, III, do CC/2002).

Trata-se, no caso, de uma nulidade absoluta por violação a expressa disposição de lei (art. 166, VII, do CC/2002).

A segunda hipótese de cláusula vedada diz respeito às condições puramente potestativas, que são aquelas que derivam do exclusivo arbítrio de uma das partes.

Não se confundem, outrossim, com as condições simplesmente potestativas, as quais, dependendo também de algum fator externo ou circunstancial, não caracterizam abuso ou tirania, razão pela qual são admitidas pelo direito.

As condições puramente potestativas caracterizam-se pelo uso de expressões como: "se eu quiser", "caso seja do interesse deste declarante", "se na data avençada, este declarante considerar-se em condições de prestar" etc. Todas elas traduzem arbítrio injustificado, senão abuso de poder econômico, em franco desrespeito ao princípio da boa-fé objetiva.

Por outro lado, as condições simplesmente potestativas, a par de derivarem da vontade de uma das partes apenas, aliam-se a outros fatores, externos ou circunstanciais, os quais amenizam eventual predomínio da vontade de um dos declarantes sobre a do outro. Tome-se a hipótese do indivíduo que promete doar vultosa quantia a um atleta, se ele vencer o próximo torneio desportivo. Nesse caso, a simples vontade do atleta não determina a sua vitória, que exige, para a sua ocorrência, a conjugação de outros fatores: preparo técnico, nível dos outros competidores, boa forma física etc.

A esse respeito, vale transcrever a sintética e inteligente conclusão de ARNOLDO WALD:

> "São potestativas as condições que dependem da vontade do agente. Distinguem-se, na matéria, as condições puramente potestativas, que ficam ao exclusivo arbítrio de um dos contratantes e privam de todo o efeito o ato jurídico, das demais condições potestativas, em que se exige da parte um certo esforço, ou determinado trabalho. Viciam o ato as primeiras, citando-se como exemplo de condições potestativas as seguintes: se a parte quiser, se pedir, se desejar etc. São, ao contrário, condições potestativas que não viciam o ato por importar desempenho de uma atividade as que subordinam a validade de uma doação a determinado livro que o donatário deverá escrever, à venda de determinado objeto, à aquisição de determinado bem, à conclusão de um curso etc."[63].

WASHINGTON DE BARROS MONTEIRO, em seu *Curso de Direito Civil*, amparado na jurisprudência pátria, apresenta um rol de situações admitidas como condições simplesmente potestativas[64].

---

[63] WALD, Arnoldo, ob. cit., p. 177.

[64] "Coerente com esse ponto de vista, abeberada na melhor doutrina, vem a jurisprudência admitindo a validade das seguintes estipulações: a) pagarei a coisa adquirida quando revender; b) da cláusula que subordina à conveniência do locatário prorrogação do contrato de locação, ao seu término, pelo

Da análise desses julgados, constata-se acentuada carga de subjetivismo, uma vez que, em nosso entendimento, algumas dessas cláusulas não deveriam ser reputadas lícitas, em face do seu caráter nitidamente arbitrário ("quando puder" ou "quando possível", expressões indicadoras de inegável capricho, foram tidas por aceitáveis no elenco jurisprudencial apresentado).

É preciso que se observe ainda que, se, por um lado, a lei veda o estabelecimento de condição que derive exclusivamente do capricho de uma das partes, tal não ocorre na chamada venda a contento, pacto acessório que dá direito ao comprador de experimentar a coisa antes de aceitá-la, uma vez que a sua causa não é o arbítrio, mas, sim, a satisfação do adquirente, o que é plenamente admitido por lei[65].

Outra distinção legal de relevo diz respeito às condições física e juridicamente impossíveis.

Condições fisicamente impossíveis são aquelas irrealizáveis por qualquer pessoa, ou seja, cujo implemento exigiria esforço sobrenatural. É o caso de se exigir que o sujeito dê a volta ao redor do estádio da Fonte Nova em dois segundos.

O Código Civil de 2002 confere tratamento diferenciado à matéria. Se a condição fisicamente impossível tiver natureza suspensiva, invalidará o negócio que lhe for subordinado (nulidade absoluta por violação a expressa disposição de lei — art. 123, I, c/c o art. 166, VII, do CC/2002). Se tiver cunho resolutivo, ou for de não fazer coisa impossível, será reputada inexistente (art. 124 do CC/2002).

As condições juridicamente impossíveis também são consideradas ilícitas, por contrariarem o direito. Não vislumbramos diferença essencial entre a ilicitude e a impossibilidade jurídica de uma determinação acessória, uma vez que lhes é aplicável o mesmo sistema principiológico. Aliás, a consequência da aposição de uma *conditio* juridicamente impossível é exatamente a invalidade do negócio jurídico, assim como ocorre em uma condição considerada ilícita (art. 123, I e II, do CC/2002). Em verdade, parece-nos que pretendeu o legislador explicitar, em uma ênfase quase pleonástica, que não somente são proibidas as condições expressamente vedadas pelo Direito, mas sim também tudo aquilo que não estiver de acordo com o ordenamento jurídico, o que carrega, em si, uma distinção muito tênue. Tomem-se os seguintes exemplos de condições juridicamente impossíveis: realizar negócio jurídico condicionado à alienação de bem de uso comum do povo; doação condicionada à vinda do Rei do Brasil (quando o sistema republicano já aboliu a monarquia) etc.

---

mesmo prazo e aluguel; c) não se pode considerar potestativa cláusula que, em compromisso de compra e venda, estabelece o direito de arrependimento e sujeita o promitente-vendedor à devolução em dobro do preço recebido; d) a cláusula 'pagarei quando estiver ao meu alcance ou quando vender o meu estabelecimento' equipara-se a termo incerto e não à condição potestativa; e) não é potestativa a cláusula 'quando puder' ou 'quando possível'; não se vislumbra aí o *merum arbitrium*, mas o *arbitrium boni viri*" (MONTEIRO, Washington de Barros, ob. cit., p. 238).

65 Cf. arts. 509 a 512 do CC/2002.

Beviláqua, citando GOUVEIA PINTO, preleciona que "as condições contrárias ao direito e à moral contêm em si um vício que se propaga à declaração principal da vontade, e a política jurídica aconselha que se destruam esses estímulos para a prática do mal"[66].

Até aqui, apresentamos critérios classificatórios da condição, quanto:

a) à natureza — necessárias (*condiciones juris*) e voluntárias;
b) ao modo de atuação — suspensivas e resolutivas;
c) ao plano fenomenológico — positivas e negativas;
d) à licitude — condições lícitas e ilícitas (subdividindo-se estas últimas em ilícitas *stricto sensu* e proibidas, que abarcam as perplexas — contraditórias e incompreensíveis — e as puramente potestativas);
e) à possibilidade — condições possíveis e impossíveis (física e juridicamente).

Em sequência, quanto à origem, gênero do qual já destacamos as condições potestativas ao abordarmos o critério da licitude, as condições poderão ser:

a) casuais — as que dependem de um evento fortuito, natural, alheio à vontade das partes. Ex.: "Doarei o valor, se chover na lavoura";
b) potestativas — já analisadas. São as que dependem da vontade de uma das partes. Consoante visto acima, poderão ser simplesmente potestativas ou puramente potestativas. As primeiras, por não demostrarem capricho, são admitidas pelo direito (lícitas), ao passo que as segundas, por serem arbitrárias, são vedadas (ilícitas). Se a condição nasce potestativa, mas vem a perder tal característica por fato superveniente alheio à vontade do agente, que frustra ou dificulta a sua realização, diz-se que é promíscua[67];
c) mistas — são as que derivam não apenas da vontade de uma das partes, mas também de um fator ou circunstância exterior (como a vontade de um terceiro). Ex.: "Darei o capital de que necessita, se formares a sociedade com fulano".

Cumpre observar que os critérios classificatórios interagem, interpenetrando-se, de maneira que uma mesma condição pode ser considerada voluntária, suspensiva, fisicamente possível e lícita, por exemplo.

Finalmente, registre-se haver dissenção doutrinária no que tange aos efeitos do implemento de uma condição.

A doutrina alemã é no sentido de serem irretroativos tais efeitos, posição aparentemente adotada pelo antigo Código Civil de 1916.

Os franceses, por sua vez, esposam entendimento contrário, defendendo a retroatividade dos efeitos da condição, de maneira a considerar, por ficção, que o tempo inter-

[66] BEVILÁQUA, Clóvis, ob. cit., p. 306.

[67] Exemplo apresentado pela Professora Maria Helena Diniz: "Dar-lhe-ei dois mil reais se você, campeão de futebol, jogar no próximo torneio. Essa condição potestativa passará a ser promíscua se o jogador vier a machucar sua perna" (*Curso de Direito Civil Brasileiro*, 37. ed., São Paulo: Saraiva, 2020, v. 1, p. 595).

mediário entre o instante da declaração de vontade e o do implemento da condição não exista. É como se, realizada a condição, o ato negocial fosse considerado puro, *ab initio*.

Sobre o assunto, conclui, acertadamente, CAIO MÁRIO DA SILVA PEREIRA:

> "A doutrina legal brasileira encontra-se, portanto, na linha das teorias mais modernas, que contestam esse efeito retro-operante como regra geral, admitindo que ele se entenda como forma de construção jurídica, que explica e torna mais claros os efeitos do ato condicional, fixando de que maneira atua o evento na aquisição ou na resolução do direito, na maioria dos casos"[68].

O Código Civil de 2002 não tratou da matéria em norma expressa, razão pela qual perfilhamo-nos junto à corrente de pensamento esposada pelo ilustrado jurista mineiro.

Finalmente, à luz do princípio da eticidade e da boa-fé, frise-se que se considera realizada a condição cujo implemento seja maliciosamente obstado pela parte a quem desfavorecer, não se reputando, na mesma linha, implementada a condição levada a efeito por quem se beneficiaria com a mesma (art. 129 do CC/2002).

Da mesma forma, ao titular do direito eventual, nos casos de condição suspensiva ou resolutiva, é permitido praticar os atos destinados a conservá-lo (art. 130 do CC/2002).

### 2.5.2. Termo

Também espécie de determinação acessória, o termo é o acontecimento futuro e certo que subordina o início ou o término da eficácia jurídica de determinado ato negocial.

Possui, duas características fundamentais:

a) futuridade;
b) certeza.

Assim como a condição, essa cláusula refere-se a acontecimento futuro, descaracterizando-a se o evento já ocorreu[69].

A sua fixação importa para os negócios de execução diferida, não os instantâneos, que se consumam em um só ato. Se um contrato de prestação de serviços protrai a sua eficácia negocial para data certa indicada pelos contratantes, a partir da qual as obrigações passam a ser exigíveis, firma-se um termo inicial, conforme já se anotou. Mas, se não há data para o seu cumprimento, diz-se que é puro e instantâneo, de exigibilidade imediata.

Nada impede, outrossim, tomando-se o mesmo exemplo, que as partes acordem data certa para extinção dos efeitos do contrato, hipótese em que se estará diante de um termo final.

---

[68] PEREIRA, Caio Mário da Silva, ob. cit., p. 389.

[69] Aliás, a correspondência — não semelhança — entre a disciplina das condições e termos é reconhecida pelo próprio CC/2002, ao dispor, em seu art. 135, que ao termo inicial e final aplicam-se, no que couber, as disposições relativas à condição suspensiva e resolutiva.

Nessa linha de raciocínio, seguindo a diretriz apresentada pelo Código Civil vigente, é correto afirmar-se que o termo inicial suspende o exercício, mas não a aquisição do direito (art. 131 do CC/2002).

Com isso quer-se dizer que, nos negócios jurídicos a termo inicial, apenas a exigibilidade do negócio é transitoriamente suspensa, não impedindo que as partes adquiram desde já os direitos e deveres decorrentes do ato.

Dessa forma, em um determinado contrato a termo, pode o devedor cumprir antecipadamente a sua obrigação, uma vez que, não tendo sido pactuado o prazo em favor do credor, o termo não subordina a aquisição dos direitos e deveres decorrentes do negócio, mas apenas o seu exercício.

Realizado o ato, já surgem o crédito e o débito, estando os mesmos apenas com a exigibilidade suspensa.

Por isso, não há, no caso de antecipação do pagamento, enriquecimento sem causa do credor, como ocorreria se se tratasse de negócio sob condição suspensiva, consoante se anotou linhas acima. Advirta-se, apenas, que a antecipação do pagamento, *ante tempus*, é simplesmente uma faculdade, e não uma obrigação do devedor.

O termo poderá ser certo ou incerto.

No primeiro caso (*certus an* e *certus quando*), há certeza da ocorrência do evento futuro e do período de tempo em que se realizará, traduzindo-se, em geral, por uma data determinada ou um lapso temporal preestabelecido ("no dia 13 de abril de 2001" ou "da data de hoje a 10 dias").

No segundo caso (*certus an* e *incertus quando*), existe uma indeterminação quanto ao momento da ocorrência do fato, embora seja certo que existirá ("quando fulano morrer").

O período de tempo entre os termos inicial e final denomina-se prazo (art. 132 do CC/2002).

O seu estudo importa não apenas para o Direito Civil, mas, principalmente, para o Direito Processual Civil, e, a esse respeito, cumpre transcrever a lição de WAMBIER, ALMEIDA e TALAMINI:

> "Esse espaço de tempo em que deve ser realizado o ato processual tem um termo inicial, isto é, um momento de início da contagem do respectivo prazo (*dies a quo*) e um termo final, ou seja, um momento em que o prazo se expira (*dies ad quem*), sujeitando o titular do ônus ou do dever à respectiva consequência"[70].

Em regra, computam-se os prazos excluindo-se o dia do começo e incluindo-se o dia do vencimento.

Nessa ordem de ideias, e para que não pairem dúvidas, transcrevemos o art. 132 do CC/2002:

---

[70] WAMBIER, Luiz Rodrigues; ALMEIDA, Flávio Renato Correia de; TALAMINI, Eduardo. *Curso Avançado de Processo Civil*, 2. ed., São Paulo: Revista dos Tribunais, p. 182.

"Art. 132. Salvo disposição legal ou convencional em contrário, computam-se os prazos, excluído o dia do começo, e incluído o do vencimento.

§ 1º Se o dia do vencimento cair em feriado, considerar-se-á prorrogado o prazo até o seguinte dia útil.

§ 2º Meado considera-se, em qualquer mês, o seu décimo quinto dia.

§ 3º Os prazos de meses e anos expiram no dia de igual número do de início, ou no imediato, se faltar exata correspondência.

§ 4º Os prazos fixados por hora contar-se-ão de minuto a minuto".

Nos testamentos, presume-se o prazo em favor do herdeiro[71], e, nos contratos, em proveito do devedor[72], salvo quanto a esses, se do conteúdo do instrumento, ou das circunstâncias, resultar que se estabeleceu a benefício do credor ou de ambos os contratantes (art. 133 do CC/2002).

Vale salientar que os atos negociais sem prazo são exigíveis de imediato, ressalvada a hipótese de a execução ter de ser feita em local diverso ou depender de tempo (a entrega de uma mercadoria em outro Estado, por exemplo).

Cuida-se do prazo tácito, previsto no art. 134 do CC/2002:

"Art. 134. Os negócios jurídicos entre vivos, sem prazo, são exequíveis desde logo, salvo se a execução tiver de ser feita em lugar diverso ou depender de tempo".

Finalmente, cumpre-nos mencionar que a doutrina costuma apresentar a seguinte classificação do termo:

a) convencional — fixado pela vontade das partes (em um contrato, por exemplo);
b) legal — determinado por força de lei;
c) de graça — fixado por decisão judicial (geralmente consiste em um prazo determinado pelo juiz para que o devedor de boa-fé cumpra a sua obrigação).

### 2.5.3. Encargo

Modo ou encargo é determinação acessória acidental do negócio jurídico que impõe ao beneficiário um ônus a ser cumprido, em prol de uma liberalidade maior.

Trata-se de uma autolimitação da vontade, típica dos negócios gratuitos.

Nesse sentido, preleciona SÍLVIO VENOSA:

"O encargo ou modo é restrição imposta ao beneficiário da liberalidade. Assim, faço doação à instituição, impondo-lhe o encargo de prestar determinada assistência a

---

[71] "Se, porventura, houver prazo para a entrega de um legado, haverá presunção de que tal prazo foi fixado em favor do herdeiro obrigado a pagá-lo e não do legatário" (DINIZ, Maria Helena. *Código Civil Anotado*, 5. ed., São Paulo: Saraiva, 1999, p. 141).

[72] Por isso que o devedor pode renunciar ao prazo e antecipar o pagamento, sem se configurar enriquecimento sem causa da parte adversa.

necessitados; doo casa a alguém, impondo ao donatário obrigação de residir no imóvel; faço legado de determinada quantia a alguém, impondo-lhe o dever de construir monumento em minha homenagem; faço doação de área determinada à Prefeitura, com encargo de ela colocar, em uma das vias públicas, meu nome etc."[73].

Ora, se é realizado tendo em vista um benefício mais significativo para o realizador do ato, caracteriza-se como mera restrição, não sendo correto dizer que o encargo funciona como contraprestação contratual.

Por isso, entendemos não assistir razão a RUGGIERO quando admite a natureza de encargo ao ônus que restrinja todas as vantagens patrimoniais decorrentes do negócio[74].

Encargo é peso atrelado a uma vantagem, e não uma prestação correspectiva sinalagmática.

Cumpre mencionar ainda que essa espécie de determinação acessória não suspende a aquisição nem o exercício do direito, ressalvada a hipótese de haver sido fixado o encargo como condição suspensiva (art. 136 do CC/2002).

Geralmente é identificado pelas expressões "para que", "com a obrigação de", "com o encargo de".

Não suspendendo os efeitos do negócio jurídico, o não cumprimento do encargo não gera, portanto, a invalidade da avença, mas sim apenas a possibilidade de sua cobrança judicial, ou a posterior revogação do negócio, como no caso de ser instituído em doação (art. 562 do CC/2002) ou legado (art. 1.938 do CC/2002).

Interessante, ainda, é a previsão normativa do art. 137 do CC/2002[75], segundo a qual o encargo ilícito ou impossível é considerado não escrito (inexistente), remanescendo o ato na sua forma pura. Seria o caso, por exemplo, de uma doação, em que se estabelecesse para o donatário a obrigação de fazer uma viagem turística a Saturno, encargo (ainda) impossível no atual estágio de pesquisas espaciais.

A mesma norma legal, por outro lado, ressalva a hipótese de tal encargo haver sido imposto como motivo determinante da liberalidade (causa do ato negocial), caso em que invalida todo o negócio. Assim, se o ato de liberalidade (doação de um valioso imóvel) é feito com a finalidade específica (motivação típica) de o donatário empregá-la na implantação de uma casa de prostituição (encargo ilícito), deverá ser invalidado todo o negócio jurídico.

Em verdade, a nova regra legal supre lacuna existente no Código de 1916, que não disciplinava satisfatoriamente o modo ou encargo, reservando-lhe apenas o seu mencionado art. 128.

---

[73] VENOSA, Sílvio de Salvo. *Direito Civil* — Parte Geral, São Paulo: Atlas, 2001, p. 440.

[74] RUGGIERO, Roberto de, ob. cit., p. 386.

[75] "Art. 137. Considera-se não escrito o encargo ilícito ou impossível, salvo se constituir o motivo determinante da liberalidade, caso em que se invalida o negócio jurídico."

## 3. ATO ILÍCITO

Quando estudamos o fato jurídico, vimos que o ato jurídico (em sentido amplo) é toda ação humana lícita, positiva ou negativa, apta a criar, modificar ou extinguir direitos e obrigações.

Entretanto, por vezes, pode a pessoa atuar contrariamente ao direito, violando as normas jurídicas e causando prejuízo a outrem.

Neste último caso, estaremos diante de uma categoria própria, denominada ato ilícito, conceito difundido pelo Código Civil alemão, consistente no comportamento humano voluntário, contrário ao direito, e causador de prejuízo de ordem material ou moral.

SÉRGIO CAVALIERI FILHO, com precisão, define-o como "o ato voluntário e consciente do ser humano, que transgride um dever jurídico"[76].

Do exposto, poderemos extrair os seguintes elementos componentes do ato ilícito:

a) ação humana (positiva ou negativa);
b) contrariedade ao direito ou ilicitude (violação de dever jurídico preexistente);
c) prejuízo (material ou moral).

CAIO MÁRIO DA SILVA PEREIRA adverte: "A iliceidade de conduta está no procedimento contrário ao dever preexistente". E arremata: "Sempre que alguém falta ao dever a que é adstrito, comete um ilícito, e como os deveres, qualquer que seja a sua causa imediata, na realidade são sempre impostos pelos preceitos jurídicos, o ato ilícito importa na violação do ordenamento jurídico"[77].

O Código de 1916, em seu art. 159, assim o definia:

> "Art. 159. Aquele que, por ação ou omissão voluntária, negligência ou imprudência, violar direito, ou causar prejuízo a outrem, fica obrigado a reparar o dano.
>
> A verificação da culpa e a avaliação da responsabilidade regulam-se pelo disposto neste Código, arts. 1.518 a 1.532 e 1.537 a 1.553".

Observe-se que esse dispositivo, além de estar calcado na ideia de culpa, traduzida nas expressões "omissão voluntária, negligência ou imprudência", impôs o dever de indenizar como consequência pelo prejuízo causado a outrem.

Não se preocupou, outrossim, o legislador de 1916, em reconhecer expressamente a reparabilidade do dano moral.

Entretanto, por não haver estabelecido proibição nesse sentido, sempre foi possível interpretar teleologicamente a palavra "prejuízo", para abranger a indenização pela dor psicológica sofrida. Tal interpretação foi reforçada com a Constituição Federal de 1988,

[76] CAVALIERI FILHO, Sérgio. *Programa de Responsabilidade Civil*, 2. ed., São Paulo: Malheiros, 2000, p. 22.

[77] PEREIRA, Caio Mário da Silva. *Instituições de Direito Civil*, 19. ed., v. I, Rio de Janeiro: Forense, 2001, p. 416.

que, em seu art. 5º, V e X, consagrou expressamente a reparabilidade do dano moral, fulminando de morte os que ainda resistiam a tal hermenêutica.

O Código Civil de 2002, por sua vez, aprimorou sobremaneira essa regra legal, consoante decorre da leitura dos seus arts. 186 e 187:

> "Art. 186. Aquele que, por ação ou omissão voluntária, negligência ou imprudência, violar direito e causar dano a outrem, ainda que exclusivamente moral, comete ato ilícito.
> Art. 187. Também comete ato ilícito o titular de um direito que, ao exercê-lo, excede manifestamente os limites impostos pelo seu fim econômico ou social, pela boa-fé ou pelos bons costumes".

Além de admitir, seguindo orientação constitucional, que o ato ilícito poderá produzir dano exclusivamente moral, o legislador, nos referidos arts. 186 e 187, cuidou também de prever, em norma expressa, a teoria do abuso de direito, apenas indiretamente reconhecida pelo Código de 1916[78].

Essa teoria desenvolveu-se a partir do célebre caso de Clement Bayard, julgado por um tribunal francês, no início do século passado. O proprietário de um imóvel, sem razão justificável, construiu altas hastes pontiagudas para prejudicar o voo de aeronaves no terreno vizinho. Cuidava-se de nítido abuso do direito de propriedade.

Analisando o art. 187 do CC/2002, conclui-se não ser imprescindível, pois, para o reconhecimento da teoria do abuso de direito, que o agente tenha a intenção de prejudicar terceiro, bastando, segundo a dicção legal, que exceda manifestamente os limites impostos pela finalidade econômica ou social, pela boa-fé ou pelos bons costumes[79].

Aliás, no apreciar a aplicação da teoria, deve o julgador recorrer à regra de ouro do art. 5º da Lei de Introdução às Normas do Direito Brasileiro:

> "Art. 5º Na aplicação da lei, o juiz atenderá aos fins sociais a que ela se dirige e às exigências do bem comum".

---

[78] Na medida em que o art. 160, I, parte final, do CC/1916 mencionava "não constituir ato ilícito o exercício regular de um direito reconhecido", a doutrina admitia, interpretando a norma *a contrario sensu*, que o exercício irregular de um direito reconhecido seria considerado ato ilícito e abusivo. Situava-se, aqui, portanto, a consagração implícita da teoria do abuso de direito.

[79] Hodiernamente, a teoria do abuso de direito ganhou inegável importância, conforme doutrina especializada (BOULOS, Daniel. *O Abuso de Direito no Novo Código Civil*, São Paulo: Método, 2006). A sua relevância, aliás, fez com que outros institutos correlatos também chamassem a atenção dos juristas, a exemplo da *supressio*, situação indicativa de abuso que se caracteriza quando o titular de um direito, não o tendo exercido oportunamente, pretende fazê-lo, não mais podendo, por quebra da boa-fé objetiva (não confundir com a *surrectio*, hipótese em que o exercício continuado de uma dada situação ou a prática de determinado comportamento contrário à ordem jurídica culmina por constituir um direito em favor do agente — ex.: utilização de área comum em condomínio, conforme ilustra a doutrina em geral).

Adotou-se, portanto, o critério finalístico para a identificação do abuso de direito[80].

O exercício regular do direito, a legítima defesa e o estado de necessidade são causas excludentes de ilicitude, previstas em nosso direito positivo.

Nesse sentido, dispõe o art. 188 do CC/2002:

> "Art. 188. Não constituem atos ilícitos:
>
> I — os praticados em legítima defesa ou no exercício regular de um direito reconhecido;
>
> II — a deterioração ou destruição da coisa alheia, ou a lesão a pessoa, a fim de remover perigo iminente.
>
> Parágrafo único. No caso do inciso II, o ato será legítimo somente quando as circunstâncias o tornarem absolutamente necessário, não excedendo os limites do indispensável para a remoção do perigo".

Dentro da noção de exercício regular de um direito enquadra-se, por óbvias razões, o estrito cumprimento do dever legal.

A legítima defesa (art. 188, I, primeira parte, do CC/2002) pressupõe a reação proporcional a uma injusta agressão, atual ou iminente, utilizando-se moderadamente os meios de defesa postos à disposição do ofendido.

A desnecessidade ou imoderação dos meios de repulsa poderá caracterizar o excesso, proibido pelo direito.

Vale lembrar que, se o agente, exercendo a sua lídima prerrogativa de defesa, atinge terceiro inocente, terá de indenizá-lo, cabendo-lhe, outrossim, ação regressiva contra o verdadeiro agressor.

Nesse sentido, confiram-se os arts. 929 e 930 do CC/2002:

> "Art. 929. Se a pessoa lesada, ou o dono da coisa, no caso do inciso II do art. 188, não forem culpados do perigo, assistir-lhes-á direito à indenização do prejuízo que sofreram.
>
> Art. 930. No caso do inciso II do art. 188, se o perigo ocorrer por culpa de terceiro, contra este terá o autor do dano ação regressiva para haver a importância que tiver ressarcido ao lesado.
>
> Parágrafo único. A mesma ação competirá contra aquele em defesa de quem se causou o dano (art. 188, inciso I)".

O estado de necessidade (art. 188, II, do CC/2002), por sua vez, consiste na situação de agressão a um direito alheio, de valor jurídico igual ou inferior àquele que se pretende proteger, para remover perigo iminente, quando as circunstâncias do fato não autorizarem outra forma de atuação.

---

[80] Nesse sentido, é também o Enunciado n. 37 da I Jornada de Direito Civil da Justiça Federal: "Art. 187: A responsabilidade civil decorrente do abuso do direito independe de culpa, e fundamenta-se somente no critério objetivo-finalístico".

Perceba-se que o parágrafo único do referido artigo de lei prevê que o estado de necessidade "somente será considerado legítimo quando as circunstâncias o tornarem absolutamente necessário, não excedendo os limites do indispensável para a remoção do perigo".

Diferentemente do que ocorre na legítima defesa, o agente não reage a uma situação injusta, mas atua para subtrair um direito seu ou de outrem de uma situação de perigo concreto.

É o caso do sujeito que desvia o carro de um bebê, para não atropelá-lo, e atinge o muro da casa, causando danos materiais. Atuou, neste caso, em estado de necessidade.

Se o terceiro atingido não for o causador da situação de perigo, poderá exigir indenização do agente que houvera atuado em estado de necessidade, cabendo a este ação regressiva contra o verdadeiro culpado (o pai do bebê que, à luz do art. 933 do CC/2002, responderá objetivamente pelo dano causado).

Finalmente, cumpre-nos advertir que, em situações excepcionais, os atos lícitos poderão impor a obrigação de indenizar.

É o caso da passagem forçada, prevista no art. 1.285 do CC/2002:

> "Art. 1.285. O dono do prédio que não tiver acesso a via pública, nascente ou porto, pode, mediante pagamento de indenização cabal, constranger o vizinho a lhe dar passagem, cujo rumo será judicialmente fixado, se necessário".

Note-se que, neste caso, a obrigação de indenizar decorre de um ato perfeitamente lícito: o próprio direito de passagem, previsto no referido artigo de lei.

Ainda no campo dos Direitos Reais, também ocorre a obrigação de indenizar em decorrência de um ato lícito na hipótese prevista no art. 1.313 do CC/2002:

> "Art. 1.313. O proprietário ou ocupante do imóvel é obrigado a tolerar que o vizinho entre no prédio, mediante prévio aviso, para:
>
> I — dele temporariamente usar, quando indispensável à reparação, construção, reconstrução ou limpeza de sua casa ou do muro divisório;
>
> II — apoderar-se de coisas suas, inclusive animais que aí se encontrem casualmente.
>
> § 1º O disposto neste artigo aplica-se aos casos de limpeza ou reparação de esgotos, goteiras, aparelhos higiênicos, poços e nascentes e ao aparo de cerca viva.
>
> § 2º Na hipótese do inciso II, uma vez entregues as coisas buscadas pelo vizinho, poderá ser impedida a sua entrada no imóvel.
>
> § 3º Se do exercício do direito assegurado neste artigo provier dano, terá o prejudicado direito a ressarcimento".

Excepcionalmente, portanto, a responsabilidade civil poderá decorrer de um comportamento humano admitido pelo direito.

# VII PRESCRIÇÃO E DECADÊNCIA

## 1. NOÇÕES CONCEITUAIS

A prescrição é a perda da pretensão de reparação do direito violado, em virtude da inércia do seu titular, no prazo previsto pela lei[1].

Nesse caso, a obrigação jurídica prescrita converte-se em obrigação natural, que é aquela "que não confere o direito de exigir seu cumprimento, mas, se cumprida espontaneamente, autoriza a retenção do que foi pago"[2].

Tem por objeto direitos subjetivos patrimoniais e disponíveis, não afetando, por isso, direitos sem conteúdo patrimonial direto como os direitos personalíssimos, de estado ou de família, que são irrenunciáveis e indisponíveis. Como veremos a seguir, as relações jurídicas afetadas pela prescrição são objeto necessário de ações condenatórias, que visam compelir o obrigado a cumprir a prestação ou sancioná-lo na hipótese de inadimplemento.

Entretanto, para se chegar à ideia de que a prescrição atinge a pretensão, e não o direito de ação em si, longo caminho foi percorrido.

Tradicionalmente, a doutrina sempre defendeu que "a prescrição ataca a ação e não o direito, que só se extingue por via de consequência"[3].

Mas tal assertiva, *data venia*, ampara-se em fundamento equivocado.

O direito constitucional de ação, ou seja, o direito de pedir ao Estado um provimento jurisdicional que ponha fim ao litígio, é sempre público, abstrato, de natureza essencialmente processual e indisponível.

---

[1] CC/2002: "Art. 189. Violado o direito, nasce para o titular a pretensão, a qual se extingue, pela prescrição, nos prazos a que se referem os arts. 205 e 206".

[2] COVELLO, Sérgio Carlos. *A Obrigação Natural* — Elementos para uma Possível Teoria, São Paulo: Leud, 1996, p. 71-2.

[3] É a ideia de Beviláqua, Espínola, Carpenter, Camara Leal, Carvalho Santos (cf. GOMES, Orlando, ob. cit., p. 518). Também Silvio Rodrigues: "O que perece, portanto, através da prescrição extintiva, não é o direito. Este pode, como ensina Beviláqua, permanecer por longo tempo inativo, sem perder a sua eficácia. O que se extingue é a ação que o defende" (*Direito Civil* — Parte Geral, 28. ed., v. I, São Paulo: Saraiva, 2007, p. 318).

Não importa se o autor possui ou não razão, isto é, se detém ou não o direito subjetivo que alega ter. A ordem jurídica sempre lhe conferirá o legítimo direito de ação, e terá, à luz do princípio da inafastabilidade, inviolável direito a uma sentença.

Por isso, não se pode dizer que a prescrição ataca a ação!

Ocorre que, na época da elaboração do Código Civil de 1916, e mesmo antes, considerava-se, ainda com fulcro na superada teoria imanentista do Direito Romano, que a ação judicial nada mais era do que o próprio direito subjetivo, lesado, em movimento. Por essa razão, incrementada pelo pouco desenvolvimento do Direito Processual Civil, não se visualizava a nítida distinção entre o direito de ação em si (de pedir do Estado o provimento jurisdicional) e o próprio direito material violado.

Ora, se a ação e o direito material eram faces da mesma moeda, explicava-se porque se defendia que a prescrição extintiva atacava o direito de ação e, indiretamente, o próprio direito material violado, que permaneceria inerte, despojado de sua capacidade defensiva...

Todavia, consoante já se demonstrou, a prescrição não atinge o direito de ação — que sempre existirá —, mas, sim, a pretensão que surge do direito material violado.

E o que se entende por pretensão?

Pretensão é a expressão utilizada para caracterizar o poder de exigir de outrem, coercitivamente, o cumprimento de um dever jurídico, vale dizer, é o poder de exigir a submissão de um interesse subordinado (do devedor da prestação) a um interesse subordinante (do credor da prestação) amparado pelo ordenamento jurídico.

Observe-se, portanto, que o objeto da prescrição extintiva é a pretensão, e não o direito de ação em si, que sempre existirá, mesmo depois de decorrido o prazo prescricional estabelecido em lei.

Nesse sentido, a técnica do Código Civil de 2002 é digna de encômios:

> "Título IV
>
> Da Prescrição e da Decadência
>
> Capítulo I
>
> Da Prescrição
>
> Seção I
>
> Disposições Gerais
>
> Art. 189. Violado o direito, nasce para o titular a pretensão, a qual se extingue, pela prescrição, nos prazos a que aludem os arts. 205 e 206"[4].

[4] A regra é de clareza meridiana, ao dispor que a pretensão surge quando o direito (à prestação) é violado. Sucede que a jurisprudência, conferindo nova roupagem a uma clássica ideia, algumas vezes, tem firmado a noção de que esse prazo somente começaria a correr quando o titular do direito tomasse ciência do fato danoso e das suas consequências (doutrina ou teoria da *actio nata*). É o caso, por exemplo, do paciente que sofre um erro médico, caso em que o prazo prescricional somente teria início quando tomasse efetiva ciência da lesão.

Comentando esse dispositivo, MIGUEL REALE, com sabedoria, pontifica: "Ainda a propósito da prescrição, há problema terminológico digno de especial ressalte. Trata-se de saber se prescreve a ação ou a pretensão. Após amadurecidos estudos, preferiu-se a segunda solução, por ser considerada a mais condizente com o Direito Processual contemporâneo, que de há muito superou a teoria da ação como simples projeção de direitos subjetivos"[5].

Aliás, mesmo antes do Código de 2002, o Código de Defesa do Consumidor já trazia disposição alinhada com a correta técnica de disciplina da prescrição, afastando-se da ideia equivocada de que o decurso do prazo prescricional atacaria o direito de ação:

> "Art. 27. Prescreve em 5 anos a pretensão à reparação pelos danos causados por fato do produto ou do serviço prevista na Seção II deste Capítulo, iniciando-se a contagem do prazo a partir do conhecimento do dano e de sua autoria".
>
> Parágrafo único (*Vetado*)".

O Código Civil de 2002, inclusive, põe termo também à discussão doutrinária acerca da possibilidade de se poder opor, em defesa, um direito prescrito, ao estabelecer, no art. 190, que a "exceção prescreve no mesmo prazo em que a pretensão"[6].

Por tudo que se disse até aqui, já se pode perceber profundas diferenças entre a prescrição e a decadência.

Há direitos que, por sua própria natureza, possuem prazo predeterminado para o seu exercício.

O transcurso desse prazo, aliado à inércia do seu titular, caracteriza a decadência ou caducidade.

Esta última, portanto, consiste na perda efetiva de um direito potestativo, pela falta de seu exercício, no período de tempo determinado em lei ou pela vontade das próprias partes. Sendo, literalmente, a extinção do direito, é também chamada, em sentido estrito,

---

5 REALE, Miguel. *O Projeto do Novo Código Civil*, 2. ed., São Paulo: Saraiva, 1999, p. 68.

6 Esse dispositivo foi assim justificado pelo Relatório da Comissão Revisora, ao examinar uma proposta de emenda supressora: "Este artigo do Projeto (ele foi incluído justamente para atender a críticas que se fizeram ao Anteprojeto) visa a suprir uma lacuna do Código Civil, e que tem dado problema na prática: saber se a exceção prescreve (havendo quem sustente que qualquer exceção é imprescritível, já que o Código Civil é omisso), e, em caso afirmativo, dentro de que prazo. Ambas as questões são solucionadas pelo artigo 188 do Projeto, que, *data venia*, não encerra qualquer deformação terminológica (os termos técnicos nele usados são do domínio comum da ciência do direito), nem distanciamento da melhor doutrina, pois o que se quer evitar é que, prescrita a pretensão, o direito com pretensão prescrita possa ser utilizado perpetuamente a título de exceção, como defesa. Note-se esta observação de Hélio Tornaghi (*Instituições de Processo Penal*, Rio de Janeiro: Forense, 1959, v. I, p. 353, 1959):
'Quando a exceção se funda em um direito do réu (por ex.: a compensação se baseia no crédito do réu contra o autor), prescrito este, não há mais como excepcioná-lo'.
Se a exceção não prescrevesse, perduraria *ad infinitum*..." (ALVES, José Carlos Moreira. *A Parte Geral do Projeto do Código Civil Brasileiro*, São Paulo: Saraiva, 1986, p. 152-3).

consoante já se disse, de caducidade, não remanescendo qualquer sombra de direito em favor do titular, que não terá como exercer mais, de forma alguma, o direito caduco.

Referem-se, como veremos a seguir, a direitos potestativos, de qualquer espécie (disponíveis ou não), direitos estes, que nas palavras de FRANCISCO AMARAL, "conferem ao respectivo titular o poder de influir ou determinar mudanças na esfera jurídica de outrem, por ato unilateral, sem que haja dever correspondente, apenas uma sujeição"[7].

Um exemplo facilitará o entendimento[8]:

Adquirida uma coisa com vício redibitório (defeito oculto que diminui o valor ou prejudica o uso da coisa alienada, disciplinado nos arts. 441 a 446 do CC/2002), o adquirente, desde o momento da tradição, tem o direito de exigir o desfazimento do contrato (por meio da ação redibitória), dentro do prazo predeterminado de trinta dias (se o bem for móvel) ou um ano (se o bem for imóvel)[9]. Trata-se de um prazo decadencial, legalmente previsto para o exercício de um direito potestativo (direito de redibir o contrato), uma vez que o alienante se sujeitará ao seu exercício, sem que nada possa fazer.

Não há, portanto, no exercício do direito potestativo, sujeito a prazo decadencial, pretensão exigível pelo titular do direito violado, que é objeto de prescrição, consoante já vimos.

Registre-se que nem a prescrição nem a decadência se confundem com o instituto da preclusão, que, em verdade, é a perda de uma faculdade ou direito processual, por se haver esgotado ou por não ter sido exercido em tempo e momento oportunos[10].

---

7 AMARAL, Francisco, ob. cit., p. 687.

8 Exemplos bastante difundidos — e, naturalmente, já superados — de prazos decadenciais foram previstos no art. 178, §§ 3º e 4º, I, do CC/1916. Trata-se dos prazos para o exercício do direito de contestação de paternidade (ação negatória), limitados a dois meses, contados do nascimento, se o marido estava presente, ou três meses, se o marido se achava ausente, ou lhe ocultaram o nascimento, contados do dia de sua volta à casa conjugal ou da data do conhecimento do fato, respectivamente. Do nascimento da criança, do retorno do ausente ou da data do conhecimento do fato, portanto, surgia o direito potestativo de contestação da paternidade, exercitável pelo marido. Tais hipóteses serviriam perfeitamente para ilustrar os prazos de caducidade, se o Código Civil vigente não houvesse estabelecido diretriz diversa, acolhendo firme orientação jurisprudencial já existente, em seu art. 1.601, *caput*: "Cabe ao marido o direito de contestar a paternidade dos filhos nascidos de sua mulher, sendo tal ação imprescritível". Assim, a partir da vigência do Código Civil de 2002, o direito potestativo de contestação da paternidade não se submeterá a prazo algum, de forma que tais exemplos outrora divulgados pela doutrina servem, agora, apenas como informação histórica. Essa modificação da disciplina legal, inclusive, coaduna-se tanto com a natureza declaratória das ações de verificação (investigação e contestação) de paternidade, que atrai a imprescritibilidade, quanto com a regra do art. 27 da Lei n. 8.069, de 13-7-1990 (Estatuto da Criança e do Adolescente), que estabelece que o "reconhecimento do estado de filiação é direito personalíssimo, indisponível e imprescritível, podendo ser exercitado contra os pais ou seus herdeiros, sem qualquer restrição, observado o segredo de Justiça".

9 Art. 445 do CC/2002; art. 178, §§ 2º e 5º, IV, do CC/1916 (na vigência desta lei, os prazos eram de quinze dias ou seis meses).

10 Como ensinava Moacyr Amaral Santos, a preclusão "pode ser temporal, lógica ou consumativa. Interessa-nos, por ora, a preclusão temporal. Esta consiste na perda de uma faculdade ou direito processual por não ter sido exercido em tempo e momento oportunos. Assim, a contestação deverá ser

Da mesma forma, não há como confundi-los com a perempção, que, embora também calcada na ideia de inércia, é instituto de direito processual, aplicável somente aos acionantes da máquina judiciária, com a extinção do processo civil ou criminal, como sanção pelo não cumprimento de diligências que lhe cabiam[11].

Há perfeita correspondência entre os institutos da prescrição e decadência e a classificação das ações, de acordo com a tutela jurisdicional pretendida.

E isso se dá, em verdade, porque se a prescrição é a extinção da pretensão à prestação devida — direito esse que continua existindo na relação jurídica de direito material — em função de um descumprimento (que gerou a ação), esta somente pode ser aplicada às ações condenatórias. Afinal, somente esse tipo de ação exige o cumprimento coercitivo de uma prestação[12].

Já a decadência, como se refere à perda efetiva de um direito, pelo seu não exercício no prazo estipulado, somente pode ser relacionada aos direitos potestativos, que exijam uma manifestação judicial. Tal manifestação, por ser elemento de formação do próprio exercício do direito, somente pode se dar, portanto, por ações constitutivas.

Por fim, as ações declaratórias, que visam apenas ao mero reconhecimento de certeza jurídica (e isso independe de qualquer prazo), somente podem ser imprescritíveis, uma vez que não são direcionadas a modificar qualquer estado de coisas.

Por exceção, nos casos de direitos potestativos exercitáveis mediante simples declaração de vontade do titular, sem prazo especial de exercício previsto em lei, a eventual

---

apresentada dentro de quinze dias a contar da entrada em cartório do mandado de citação devidamente cumprido (Cód. Proc. Civil, art. 297 — atual art. 335 do CPC/2015). Não apresentando a contestação no prazo, não mais o réu poderá oferecê-la, isto é, estará precluso o seu direito de apresentá-la. O tempo útil está precluso, encerrado, e com isso perdeu o réu o direito de realizar o respectivo ato" (*Primeiras Linhas de Direito Processual Civil*, 6. ed., v. 1, São Paulo: Saraiva, 1978, p. 255).

11 "Perempção. 1. Direito processual civil. Caducidade ou extinção de processo, sem julgamento do mérito, quando o autor, por não promover atos e diligências que lhe competiam, abandonar a causa por mais de trinta dias, ou melhor, quando o autor der causa, por três vezes, à extinção do processo por não ter promovido as diligências, não poderá intentar a repropositura da quarta ação contra o réu com o mesmo objeto. É a perda do direito de demandar sobre o mesmo objeto. É o modo extintivo da relação processual fundado na desídia e inação do autor. 2. Direito processual penal. Forma extintiva da punibilidade, em caso de ação penal privada, resultante da inércia do querelante, no que atina à movimentação processual, ou seja, por deixar de promover o andamento do processo durante trinta dias seguidos; ou não comparecer, sem motivo justificado, a qualquer ato processual a que deva estar presente; ou não formular o pedido de condenação nas alegações finais; ou pelo não comparecimento em juízo, dentro de sessenta dias, em caso de morte ou incapacidade do querelante, de pessoa habilitada a fazê-lo; ou, ainda, pela extinção da pessoa jurídica, querelante, sem deixar sucessor" (DINIZ, Maria Helena. *Dicionário Jurídico*, v. 3, São Paulo: Saraiva, 1998, p. 570).

12 A propósito, confira-se o Enunciado n. 14 da I Jornada de Direito Civil da Justiça Federal: "Art. 189: 1) o início do prazo prescricional ocorre com o surgimento da pretensão, que decorre da exigibilidade do direito subjetivo; 2) o art. 189 diz respeito a casos em que a pretensão nasce imediatamente após a violação do direito absoluto ou de obrigação de não fazer".

ação judicial ajuizada (ações constitutivas sem prazo especial de exercício previsto em lei) também será imprescritível, como é o caso da ação de divórcio, que desconstitui o vínculo matrimonial.

## 2. A PRESCRIÇÃO E A DECADÊNCIA NO CÓDIGO CIVIL

O Código Civil de 2002, objetivando tentar superar um erro histórico[13], finalmente disciplinou expressamente a decadência, evitando a lamentável circunstância de o CC/1916 ter tratado todos os prazos sob a denominação comum de prescrição, o que fazia com que o aplicador do direito tivesse de se rebelar contra a literalidade do texto legal e contra princípio básico de hermenêutica, distinguindo onde este não fazia, com base na essência e sentido do prazo previsto.

Tratando, de forma explícita, a matéria, até mesmo a diferença entre os institutos fica facilitada.

Nessa linha, a própria possibilidade de renúncia prévia é elemento interessante para a distinção, uma vez que a decadência, prevista em lei, é irrenunciável (art. 209), enquanto a renúncia à prescrição não é somente admissível, como também se aceita a sua caracterização tácita. Para se renunciar à aplicação da prescrição, todavia, é preciso que a mesma já esteja consumada e não haja prejuízo a terceiro[14].

"Renunciar à prescrição" consiste na possibilidade de o devedor de uma dívida prescrita, consumado o prazo prescricional e sem prejuízo a terceiro, abdicar do direito de alegar essa defesa indireta de mérito (a prescrição) em face do seu credor. Se anuncia o pagamento, e o executa, renunciou expressamente. Se, embora não o haja afirmado expressamente, constituiu procurador, providenciou as guias bancárias para o depósito ou praticou qualquer ato incompatível com a prescrição, significa que renunciou tacitamente.

Justamente em decorrência dessa peculiaridade em relação à renúncia, proibida para o prazo decadencial legal, deve o juiz, de ofício, conhecer da decadência, quando prevista em lei. Sobre pronunciamento de ofício da prescrição cuidaremos a seguir, mas adiantamos que, conforme a regra do art. 193 do CC/2002, a prescrição "pode ser alegada em qualquer grau de jurisdição, pela parte a quem aproveita".

13 "No projeto primitivo, organizado por Clóvis Beviláqua, os prazos de decadência se achavam dispersos pelo Código, nos lugares apropriados, e assim foram mantidos pela comissão revisora extraparlamentar, pela Comissão dos XXI da Câmara dos Deputados, e pela própria Câmara, nas três discussões regimentais. Na redação final, entretanto, a respectiva comissão, supondo melhorar o projeto, metodizando-o, transferiu para a Parte Geral todos os prazos de decadência, colocando-os ao lado dos prazos prescricionais propriamente ditos. E isso passou despercebido, não foi objeto de debate, resultando, daí, ao invés do planejado melhoramento, um erro manifesto de classificação" (AMORIM FILHO, Agnelo. Critério Científico para Distinguir a Prescrição da Decadência e para Identificar as Ações Imprescritíveis, *RT*, v. 300, out. 1960, p. 7 — reproduzido em *RT*, v. 711, out. 1997, p. 726).

14 CC/2002: "Art. 191. A renúncia da prescrição pode ser expressa ou tácita, e só valerá, sendo feita, sem prejuízo de terceiro, depois que a prescrição se consumar; tácita é a renúncia quando se presume de fatos do interessado, incompatíveis com a prescrição". No mesmo sentido: art. 161 do Código de 1916.

Antes do advento da Lei n. 11.280, de 16 de fevereiro de 2006 (que autorizou genericamente o conhecimento de ofício da prescrição, ainda na vigência do Código de Processo Civil de 1973), já havia a previsão de situações específicas de acolhimento *ex officio* de prescrição, como no caso dos absolutamente incapazes, que, merecendo tutela especial do Estado, podiam ver a prescrição ser declarada de ofício quando tal acolhimento lhes favorecesse (art. 194 do CC/2002, ora revogado), seja como sujeito passivo (hipótese mais visível), seja como terceiro interessado juridicamente no resultado da demanda.

Com a revogação do art. 194 do CC/2002 pela referida Lei n. 11.280/2006, permitiu-se ao órgão judicante reconhecer de ofício a prescrição, sem restrições a situações específicas. A mesma norma também alterou o § 5º do art. 219 do CPC/1973, prevendo que o juiz pronunciasse, de ofício, a prescrição, o que antes somente poderia ocorrer se não se tratasse de direitos patrimoniais.

Sempre entendemos e defendemos publicamente, todavia, que esse reconhecimento de ofício pressupunha que o juiz, antes de se manifestar, à luz do princípio da cooperação processual, ouvisse as partes.

Essa oitiva tem duas finalidades bem evidentes: permitir que o devedor possa opor-se ao pronunciamento judicial (pois pode querer pagar, renunciando à prescrição) e admitir que o credor possa contrapor-se ao reconhecimento do fim da sua pretensão, argumentando, por exemplo, que o prazo prescricional não fluiu, ou qualquer outra causa obstativa da prescrição.

Adotando exatamente essa diretriz, o Código de Processo Civil de 2015 estabeleceu, expressamente, no parágrafo único do seu art. 487, que "a prescrição e a decadência não serão reconhecidas sem que antes seja dada às partes oportunidade de manifestar-se", ressalvando apenas a hipótese do § 1º do seu art. 332, que trata de julgamento de improcedência *prima facie*.

Já a decadência não pode ser declarada de ofício se for estipulada convencionalmente (hipótese em que os próprios contratantes, e não a lei, previram prazo decadencial para o exercício de um direito), o que se entende até mesmo pelo fato de que a norma pactuada pela autonomia da vontade, por não ser legislação federal, tem de necessariamente ser levada ao conhecimento do magistrado. Todavia, em função da importância do instituto — que, repita-se, implica a perda do direito material discutido em juízo — também não haverá preclusão temporal para sua arguição (art. 211 do CC/2002).

Note-se que a sistemática do Código de 1916 era menos abrangente.

Além de só autorizar a alegação da prescrição de direitos patrimoniais pela parte a quem aproveitasse, vedando o reconhecimento judicial de ofício (art. 165), não reservou um único artigo à disciplina da decadência.

Outra questão controvertida na doutrina também foi dirimida pelo Código Civil de 2002: a discussão sobre a possibilidade de alteração convencional dos prazos prescricionais.

Nesse ponto, talvez pelo fato de a prescrição somente poder ser fixada por lei (ao contrário da decadência, que admite a delimitação pela via negocial), os "prazos de prescrição não podem ser alterados por acordo das partes", conforme preceitua o art. 192, que pôs fim à controvérsia.

Registre-se que os "relativamente incapazes e as pessoas jurídicas têm ação contra os seus assistentes ou representantes legais, que derem causa à prescrição, ou não a alegarem oportunamente" (art. 195 do CC/2002), regra que também é aplicável para a decadência, por força do art. 208 do CC/2002. Tal preceito destaca a importância dos institutos — e de sua arguição em juízo —, uma vez que podem ensejar ações de responsabilização civil por perdas de chance. Vale lembrar que o Código de 1916 já trazia dispositivo semelhante, embora com mais requisitos: "As pessoas que a lei priva de administrar os próprios bens, têm ação regressiva contra os seus representantes legais, quando estes, por dolo ou negligência, derem causa à prescrição".

Finalmente, duas óbvias regras merecem ser lembradas, posto prescindam de maiores esclarecimentos, dada a clareza de sua hermenêutica: "A prescrição iniciada contra uma pessoa continua a correr contra o seu sucessor"[15] (art. 196 do CC/2002) e "com o principal prescrevem os direitos acessórios" (art. 167 do CC/1916, sem previsão expressa no CC/2002, embora merecedora de integral acolhimento doutrinário).

Por fim, para a consumação da prescrição e, no que couber, da decadência, faz-se mister, em síntese, a conjugação de quatro fatores bem nítidos:

a) existência de um direito exercitável;
b) inércia do titular pelo não exercício;
c) continuidade da inércia por certo tempo;
d) ausência de fato ou ato impeditivo, suspensivo ou interruptivo do curso da prescrição — requisito aplicável à decadência excepcionalmente, somente por previsão legal específica (art. 207 do CC/2002).

## 3. CAUSAS IMPEDITIVAS E SUSPENSIVAS

A legislação prevê diversas causas impeditivas e suspensivas da prescrição.

*A priori*, não há diferença ontológica entre impedimento e suspensão da prescrição, pois ambas são formas de paralisação do prazo prescricional. A sua diferença fática é quanto ao termo inicial, pois, no impedimento, o prazo nem chegou a correr, enquanto na suspensão, o prazo, já fluindo, "congela-se", enquanto pendente a causa suspensiva.

Por isso mesmo, as causas impeditivas e suspensivas da prescrição são tratadas da mesma forma nos arts. 197 a 199 do CC/2002, a saber:

"Art. 197. Não corre a prescrição:

I — entre os cônjuges, na constância da sociedade conjugal;

[15] Mais tecnicamente, o Código Civil vigente substitui a expressão "herdeiro" (espécie de sucessor universal *mortis causa*) pelo designativo genérico "sucessor", muito mais abrangente.

II — entre ascendentes e descendentes, durante o poder familiar;

III — entre tutelados ou curatelados e seus tutores ou curadores, durante a tutela ou curatela.

Art. 198. Também não corre a prescrição:

I — contra os incapazes de que trata o art. 3º;

II — contra os ausentes do País em serviço público da União, dos Estados ou dos Municípios;

III — contra os que se acharem servindo nas Forças Armadas, em tempo de guerra.

Art. 199. Não corre igualmente a prescrição:

I — pendendo condição suspensiva;

II — não estando vencido o prazo;

III — pendendo ação de evicção".

Injustificável é essa disciplina do mesmo instituto em três artigos diferentes, pois a sua caracterização como impedimento ou suspensão dependerá muito do caso concreto. Por exemplo, o casamento entre devedores fará suspender a prescrição já iniciada, por aplicação do art. 197, I, do CC/2002. O mesmo dispositivo, porém, autoriza uma hipótese de impedimento do curso prescricional se a dívida for contraída durante a constância da sociedade conjugal.

O mesmo raciocínio é aplicado entre ascendentes e descendentes, durante o poder familiar (expressão que substitui o superado "pátrio poder"), e entre tutelados e curatelados e seus tutores e curadores, durante a tutela ou curatela[16].

Da mesma forma, não corre a prescrição contra os absolutamente incapazes[17], os ausentes do País em serviço público da União, dos Estados e dos Municípios, e os que se acharem servindo nas Forças Armadas, em tempo de guerra.

Note-se que, dado o interesse público envolvido, a prescrição não corre contra essas pessoas, embora possa correr a favor. Assim, se o credor ausentou-se do País para prestar serviços em uma embaixada brasileira em Islamabad, por exemplo, o prazo prescricional ficará suspenso até o seu retorno. Por outro lado, se o ausente for o devedor, a prescrição corre a seu favor, de maneira que, durante o período em que estiver fora, o prazo fluirá normalmente.

---

16 Sobre o tema, na III Jornada de Direito Civil da Justiça Federal, de novembro/2004, foi proposto o Enunciado n. 156: "Art. 198: Desde o termo inicial do desaparecimento, declarado em sentença, não corre a prescrição contra o ausente".

17 O Estatuto da Pessoa com Deficiência (Lei n. 13.146/15), em respeito ao princípio da dignidade da pessoa humana e na linha da Convenção de Nova York, passou, como sabemos, a considerar a pessoa com deficiência dotada de capacidade legal. Sem dúvida, uma mudança de tal magnitude produziria efeitos colaterais no sistema. E aqui está um deles. Uma vez que a pessoa com deficiência não é mais considerada incapaz, não pode, por consequência, valer-se da presente causa impeditiva do curso do prazo prescricional.

Finalmente, não corre a prescrição pendendo condição suspensiva, não estando vencido o prazo, ou estando em curso ação de evicção (art. 199 do CC/2002). As duas primeiras hipóteses são claras, e falam por si mesmas. Se o negócio jurídico estiver subordinado a condição suspensiva ou a prazo, o crédito constituído será inexigível até o advento da condição ou o vencimento da dívida (transcurso do prazo), restando obstado o curso do prazo prescricional até aí. A pretensão, no caso, só surgirá quando o crédito for exigível (ocorrida a condição ou vencido o prazo), e o devedor descumprir a prestação que lhe fora imposta.

Também não corre a prescrição estando pendente ação de evicção. A evicção, prevista nos arts. 447 a 457 do CC/2002), consiste na perda total ou parcial do direito do adquirente sobre a coisa, em razão de uma decisão judicial, que reconhece a propriedade anterior de outrem. Pelos riscos da evicção, responde o alienante (perante o adquirente). Assim, estando pendente ação de evicção (proposta pelo terceiro/reivindicante contra o adquirente), os prazos prescricionais em geral e, bem assim, o próprio prazo de usucapião (prescrição aquisitiva) ficam suspensos até que se decida a quem, de fato, pertence a propriedade.

Em nosso entendimento, o legislador perdeu boa oportunidade de suprimir, por ser absolutamente desnecessário, a disciplina prevista pelo art. 199 do Código Civil de 2002 (art. 170 do CC/1916). As regras aí constantes são óbvias e não mereciam atenção do legislador. O próprio BEVILÁQUA, lembra-nos SÍLVIO VENOSA, já criticava a redação do art. 170 do CC/1916, pelas sobreditas razões: "Clóvis, em seus comentários ao art. 170, entende-o supérfluo, pelo simples fato de que nos decantados casos, a prescrição não corre e nem poderia correr, porque não existe ação para o cumprimento da obrigação"[18]. O único reparo a ser feito nessa culta advertência é no sentido de que a prescrição não corre por não haver surgido ainda a pretensão do credor, fruto da violação do seu direito. Isso porque, consoante já observamos, o direito processual de ação (direito de pedir um provimento jurisdicional do Estado) sempre existirá, incondicionalmente.

Um dado importantíssimo, de grandes consequências práticas, é a regra do art. 200 do CC/2002, que assim dispõe:

> "Art. 200. Quando a ação se originar de fato que deva ser apurado no juízo criminal, não correrá a prescrição antes da respectiva sentença definitiva".

Com efeito, muitas vezes, determinados fatos geram repercussões tanto no juízo civil, quanto no criminal, correndo processos simultaneamente que poderiam gerar, inclusive, sentenças contraditórias, caso a sentença civil seja prolatada antes da penal.

Na hipótese de o sujeito haver cometido um homicídio, por exemplo, a despeito da relativa independência entre a jurisdição penal e a civil, enquanto não houver sentença

---

[18] Apud VENOSA, Sílvio de Salvo, ob. cit., p. 519.

criminal definitiva, a prescrição não correrá contra os herdeiros da vítima (credores da reparação civil)[19].

Outro exemplo muito comum é quando se despede um empregado por falta grave de improbidade, havendo sido dado início também à persecução criminal. Enquanto pendente a discussão no juízo penal, não correrá a prescrição para demandas cuja causa de pedir próxima seja a acusação de improbidade. Isso pode ser extremamente útil para uma cognição exauriente da matéria e uma solução integral da lide, pois se buscará mais a verdade real do que a realidade formal e muitas vezes apequenada de uma reparação puramente pecuniária[20].

Por fim, saliente-se que a suspensão da prescrição em favor de um dos credores solidários somente aproveitará aos outros se a obrigação for indivisível, consoante disciplina o art. 201 do CC/2002:

> "Art. 201. Suspensa a prescrição em favor de um dos credores solidários, só aproveitam os outros se a obrigação for indivisível".

Assim, se Caio, Tício e Tácito são credores solidários[21] de Xerxes (devedor), de uma quantia de trezentos reais, verificada uma causa suspensiva em face de algum deles (ex.: Caio ausentou-se do país, em serviço público da União), só restará suspenso o prazo prescricional em favor do beneficiário direto da suspensão, uma vez que se trata de obrigação divisível (prestação de dar dinheiro). Contra os outros credores, o prazo prescricional fluirá normalmente. Diferentemente, se o objeto da obrigação for indivisível (ex.: um cavalo de raça), a suspensão da prescrição em face de um dos credores beneficiará todos os demais.

---

[19] Nesse ponto, vale referir o art. 935 do CC/2002: "A responsabilidade civil é independente da criminal, não se podendo questionar mais sobre a existência do fato, ou sobre quem seja o seu autor, quando estas questões se acharem decididas no juízo criminal".

[20] Ainda sobre a ação civil relacionada com a ação criminal, preceitua o vigente Código de Processo Penal, em seus arts. 63 a 68, *in verbis*: "Art. 63. Transitada em julgado a sentença condenatória, poderão promover-lhe a execução, no juízo cível, para o efeito da reparação do dano, o ofendido, seu representante legal ou seus herdeiros. Parágrafo único. Transitada em julgado a sentença condenatória, a execução poderá ser efetuada pelo valor fixado nos termos do inciso IV do *caput* do art. 387 deste Código sem prejuízo da liquidação para a apuração do dano efetivamente sofrido. Art. 64. Sem prejuízo do disposto no artigo anterior, a ação para ressarcimento do dano poderá ser proposta no juízo cível, contra o autor do crime e, se for caso, contra o responsável civil. Parágrafo único. Intentada a ação penal, o juiz da ação civil poderá suspender o curso desta, até o julgamento definitivo daquela. Art. 65. Faz coisa julgada no cível a sentença penal que reconhecer ter sido o ato praticado em estado de necessidade, em legítima defesa, em estrito cumprimento de dever legal ou no exercício regular de direito. Art. 66. Não obstante a sentença absolutória no juízo criminal, a ação civil poderá ser proposta quando não tiver sido, categoricamente, reconhecida a inexistência material do fato. Art. 67. Não impedirão igualmente a propositura da ação civil: I — o despacho de arquivamento do inquérito ou das peças de informação; II — a decisão que julgar extinta a punibilidade; III — a sentença absolutória que decidir que o fato imputado não constitui crime. Art. 68. Quando o titular do direito à reparação do dano for pobre (art. 32, §§ 1º e 2º), a execução da sentença condenatória (art. 63) ou a ação civil (art. 64) será promovida, a seu requerimento, pelo Ministério Público".

[21] Havendo solidariedade ativa, cada um dos credores tem o direito de cobrar a dívida parcial ou totalmente, com a consequente obrigação, neste último caso, de repassar as quotas-partes dos demais.

## 4. CAUSAS INTERRUPTIVAS

A diferença entre a interrupção e a suspensão da prescrição é que, enquanto na segunda, o prazo fica paralisado; na primeira, "zera-se" todo o prazo decorrido, recomeçando a contagem "da data do ato que a interrompeu, ou do último ato do processo para a interromper" (parágrafo único do art. 202 do CC/2002). Assim, transcorridos dois anos do prazo prescricional para se formular uma pretensão, via ação ordinária de cobrança (prazo máximo de dez anos no CC/2002 — vinte anos no CC/1916), por exemplo, e verificada posteriormente uma causa interruptiva, todo o lapso temporal recomeça "do zero".

Outra peculiaridade da disciplina legal da prescrição pelo atual Código Civil diz respeito à interrupção da prescrição, que, agora, somente poderá ocorrer uma única vez[22].

Essa limitação nos parece bastante salutar, no sentido de moralizar a utilização da possibilidade de interrupção, evitando-se abusos generalizáveis e a própria perpetuação da lide.

Assim, são causas interruptivas da prescrição, na forma dos incisos do art. 202 do Código Civil:

a) O despacho do juiz, mesmo incompetente, que ordenar a citação, se o interessado a promover no prazo e na forma da lei processual (inc. I).

Neste ponto, houve importante alteração, se considerarmos a regra similar contida no art. 172, I, do CC/1916.

Isso porque, esta última norma, que previa a interrupção da prescrição "pela citação pessoal feita ao devedor, ainda que ordenada por juiz incompetente", já havia sofrido temperamento, à luz do disposto no § 1º do art. 219 do Código de Processo Civil de 1973 (com redação determinada pela Lei n. 8.952/94), com o seguinte teor: "A interrupção da prescrição retroagirá à data da propositura da ação".

Assim, desde que a parte interessada promovesse os atos necessários à efetivação da citação (pagamento das custas, por exemplo) no prazo de lei, não mais a data da citação válida, mas, sim, a data da propositura da ação[23], marcaria a interrupção do prazo prescricional.

Essa diretriz foi mantida no Código de Processo Civil de 2015, estabelecendo expressamente o parágrafo único do seu art. 802 que a "interrupção da prescrição retroagirá à data de propositura da ação".

Nessa linha, prevê o art. 240 do CPC/2015:

> "Art. 240. A citação válida, ainda quando ordenada por juízo incompetente, induz litispendência, torna litigiosa a coisa e constitui em mora o devedor, ressalvado o disposto nos arts. 397 e 398 da Lei n. 10.406, de 10 de janeiro de 2002 (Código Civil).

---

[22] "Art. 202. A interrupção da prescrição, que somente poderá ocorrer uma vez, dar-se-á...".

[23] Lembre-se de que "considera-se proposta a ação quando a petição inicial for protocolada, todavia, a propositura da ação só produz quanto ao réu os efeitos mencionados no art. 240 depois que for validamente citado" (art. 312 do CPC/2015).

§ 1º A interrupção da prescrição, operada pelo despacho que ordena a citação, ainda que proferido por juízo incompetente, retroagirá à data de propositura da ação.

§ 2º Incumbe ao autor adotar, no prazo de 10 (dez) dias, as providências necessárias para viabilizar a citação, sob pena de não se aplicar o disposto no § 1º.

§ 3º A parte não será prejudicada pela demora imputável exclusivamente ao serviço judiciário.

§ 4º O efeito retroativo a que se refere o § 1º aplica-se à decadência e aos demais prazos extintivos previstos em lei".

E se a parte interessada não promover os atos necessários à efetivação da citação no prazo de lei? Nesse caso, excedidos os prazos previstos no CPC, responde-nos BARBOSA MOREIRA, "a citação apenas surtirá o efeito interruptivo ou obstativo na data em que se realizar"[24], "desde que até então não se haja consumado a prescrição ou a extinção do direito..."[25].

Em nosso entendimento, o disposto no art. 202, I, do Código Civil de 2002 não entrava em rota de colisão com o art. 219 e parágrafos do Código de Processo Civil de 1973, devendo as referidas regras ser interpretadas harmonicamente. Vale dizer: exarado o despacho positivo inicial de citação ("cite-se"), os efeitos da interrupção do prazo prescricional retroagirão até a data da propositura da ação, desde que a parte praticasse os atos processuais que lhe fossem determinados, nos prazos legalmente previstos, para viabilizar a citação. Esse sempre foi considerado, por nós, o melhor entendimento, tendo sido adotado expressamente pelo CPC/2015, conforme se verifica do seu art. 240 e seus parágrafos, bem como do parágrafo único do seu art. 802.

Dessa forma, parece-nos que, quanto ao ato jurídico que interrompe a prescrição, não houve mudança.

Isso porque a menção ao despacho que determina a citação do art. 202, I, do CC/2002 traz referência ao fato de que ela ocorrerá "se o interessado a promover no prazo e na forma da lei processual".

Não se pode esquecer que o fundamento da prescrição é a inércia da parte, e não do Poder Judiciário, não sendo razoável se admitir que, por força de ato não imputável a ela, possa sofrer consequências nos seus direitos subjetivos.

Assim, ousamos afirmar: o que interrompe é a citação, mas se, do despacho que a determina até a sua consumação, não há qualquer ato imputável à parte, ficticiamente os atos de determinação ("despacho inicial") e citação confundir-se-ão.

A regra processual é, portanto, perfeitamente compatível com a legislação de direito material, até mesmo por se tratar de um dado objetivo para a contagem do lapso prescricional.

---

[24] Considera-se realizada a citação válida na data da juntada aos autos do mandado devidamente cumprido.

[25] MOREIRA, José Carlos Barbosa. *O Novo Processo Civil Brasileiro*, 19. ed., Rio de Janeiro: Forense, 1997, p. 33.

Com a interrupção, a prescrição volta a contar novamente. Todavia, a premissa de que "o fundamento da prescrição é a inércia da parte, e não do Poder Judiciário", não pode ser desprezada.

Assim, a partir do trânsito em julgado da sentença condenatória, nasce novo prazo para a pretensão executória ou de cumprimento da prestação jurisdicional fixada.

Se ajuizado no prazo adequado, não há que se falar em interrupção de prescrição, mas, simplesmente, da sua não consumação, quando a parte pratica os atos que lhe cabem.

b) O protesto, nas mesmas condições do inciso antecedente (inc. II).

Trata-se, aqui, da medida cautelar de protesto, prevista originalmente nos arts. 867 a 873 do Código de Processo Civil de 1973, matéria que passou a ser disciplinada pelos arts. 726 a 729 do Código de Processo Civil de 2015[26].

Pode, pois, o credor, vencendo a sua inércia, valer-se da medida judicial mencionada para dar ciência de seu interesse no cumprimento da obrigação ao devedor, interrompendo, dessa forma, a prescrição.

Ainda se referindo ao protesto judicial do Código de Processo Civil de 1973, observava HUMBERTO THEODORO JÚNIOR que era ele "portanto, ato judicial de comprovação ou documentação de intenção do promovente. Revela-se, por meio dele, o propósito do agente de fazer atuar no mundo jurídico uma pretensão, geralmente, de ordem substancial ou material"[27].

Por fim, observe-se que a medida judicial só terá o condão de interromper o curso do prazo prescricional se o interessado promovê-la no prazo e na forma da lei processual.

c) O protesto cambial (inc. III).

Trata-se, neste ponto, de uma inovação do Código Civil de 2002.

De fato, a Lei Codificada anterior só previa o protesto judicial como causa de interrupção da prescrição (art. 172, II, do CC/1916).

O Código Civil de 2002, por sua vez, alargando o horizonte de aplicação da norma, admitiu, em regra expressa, o protesto cambial como causa interruptiva, revogando ine-

[26] "Seção II — Da Notificação e da Interpelação — Art. 726. Quem tiver interesse em manifestar formalmente sua vontade a outrem sobre assunto juridicamente relevante poderá notificar pessoas participantes da mesma relação jurídica para dar-lhes ciência de seu propósito. § 1º Se a pretensão for a de dar conhecimento geral ao público, mediante edital, o juiz só a deferirá se a tiver por fundada e necessária ao resguardo de direito. § 2º Aplica-se o disposto nesta Seção, no que couber, ao protesto judicial. Art. 727. Também poderá o interessado interpelar o requerido, no caso do art. 726, para que faça ou deixe de fazer o que o requerente entenda ser de seu direito. Art. 728. O requerido será previamente ouvido antes do deferimento da notificação ou do respectivo edital: I — se houver suspeita de que o requerente, por meio da notificação ou do edital, pretende alcançar fim ilícito; II — se tiver sido requerida a averbação da notificação em registro público. Art. 729. Deferida e realizada a notificação ou interpelação, os autos serão entregues ao requerente".

[27] THEODORO JÚNIOR, Humberto. *Curso de Direito Processual Civil*, 21. ed., v. II, Rio de Janeiro: Forense, 1998, p. 518.

quivocamente o entendimento anterior já assentado pelo Supremo Tribunal Federal na Súmula 153 ("simples protesto cambiário não interrompe a prescrição").

d) A apresentação do título de crédito em juízo de inventário ou em concurso de credores (inc. IV).

O credor que habilitar o seu crédito no inventário ou no concurso de credores aberto contra o devedor haverá interrompido o curso do prazo prescricional que corria contra si. Isso porque demonstra, pelo seu comportamento, claro propósito de fazer valer a sua pretensão.

e) Qualquer ato judicial que constitua em mora o devedor (inc. V).

Trata-se de norma genérica que considera causa interruptiva da prescrição qualquer ato judicial que demonstre a intenção do credor de exigir o cumprimento da prestação devida. Interpelações, notificações, enfim, medidas cautelares em geral podem interromper o curso do prazo prescricional.

f) Qualquer ato inequívoco, ainda que extrajudicial, que importe reconhecimento do direito pelo devedor (inc. VI).

Essa regra considera interrompida a prescrição por qualquer manifestação do devedor que importe reconhecimento da prestação que lhe era exigível. Uma carta de confissão de dívida, a solicitação de purgação da mora ou, até mesmo, a declaração feita, de viva voz, na presença de testemunhas poderão gerar esse efeito.

Pela generalidade da norma, entendemos que o intérprete não deve estabelecer restrições ou condicionamentos onde não existe, ficando a cargo do julgador a admissão, *in concreto*, da presente causa interruptiva.

Deve-se observar que, ao praticar atos incompatíveis com a prescrição (renúncia tácita), nomeando procurador para que efetue o depósito do valor devido, por exemplo, o devedor atua inequivocamente no sentido de reconhecer o direito do credor, interrompendo o curso da prescrição.

Registre-se que, na forma do art. 203, a prescrição pode ser interrompida por qualquer interessado.

Por fim, em relação às obrigações com pluralidade de sujeitos, tanto no polo passivo e ativo quanto na condição de sujeito principal ou de obrigado em relação acessória, disciplina o art. 204 do CC/2002:

> "Art. 204. A interrupção da prescrição por um credor não aproveita aos outros; semelhantemente, a interrupção operada contra o codevedor, ou seu herdeiro, não prejudica aos demais coobrigados.
>
> § 1º A interrupção por um dos credores solidários aproveita aos outros; assim como a interrupção efetuada contra o devedor solidário envolve os demais e seus herdeiros.

§ 2º A interrupção operada contra um dos herdeiros do devedor solidário não prejudica os outros herdeiros ou devedores, senão quando se trate de obrigações e direitos indivisíveis.

§ 3º A interrupção produzida contra o principal devedor prejudica o fiador".

Duas ideias orientaram o legislador: a primeira, no sentido de que, em se tratando de pluralidade de credores, a interrupção da prescrição feita por um deles não poderá favorecer os demais; por outro lado, se houver pluralidade de devedores, a interrupção da prescrição operada contra um dos codevedores, ou seu herdeiro, não poderá prejudicar os demais coobrigados, para os quais continuará fluindo, normalmente, o lapso prescricional.

Entretanto, havendo solidariedade ativa — hipótese em que todos os credores têm o direito de exigir a dívida integralmente, com a consequente obrigação de repassar a quota-parte dos demais —, por existir um liame interno ligando os credores entre si, a interrupção promovida por um deles aproveita a todos.

Pelo mesmo fundamento, existindo solidariedade passiva — situação em que qualquer dos devedores pode ser demandado por toda a dívida — a interrupção efetuada contra o devedor solidário envolve os demais e seus herdeiros. Observe-se, porém, que, se a interrupção for promovida diretamente contra um dos herdeiros do devedor solidário, os seus efeitos não prejudicarão os outros herdeiros ou devedores, senão quando se tratar de obrigações e direitos indivisíveis.

Finalmente, a par da clareza da norma, vale registrar que a interrupção produzida contra o principal devedor alcança, pela relação de acessoriedade, o fiador.

## 5. DIREITO INTERTEMPORAL

Para arrematar, parece-nos importante tratar da questão dos prazos prescricionais em matéria de Direito Intertemporal, quando há conflito de normas jurídicas no tempo, fixando prazos distintos.

O art. 6º da LINDB estabelece que "a lei em vigor terá efeito imediato e geral, respeitados o ato jurídico perfeito, o direito adquirido e a coisa julgada"[28]. Assim, dois princípios básicos podem ser enunciados sobre o tema:

1) Imediatidade dos efeitos da lei;
2) Irretroatividade da nova regra legal.

Quando uma nova lei entra em vigor, três situações jurídicas bem distintas podem ocorrer:

1) Pretéritas — iniciadas e terminadas antes da vigência da nova lei;

[28] Semelhante regra é encontrada no art. 5º, XXXVI, da Constituição Federal de 1988.

2) Pendentes — iniciadas antes da vigência da lei;

3) Futuras — iniciadas após a vigência da lei nova e ainda não concluídas.

Em relação às situações pretéritas, nenhuma dificuldade há de se colocar, uma vez que se trata de uma situação jurídica consolidada. Mesmo em sede de prazos prescricionais, não há maiores digressões sobre a matéria, valendo lembrar o exemplo da prescrição trabalhista, cujo prazo para o trabalhador urbano foi originariamente ampliado pela CF/88 (o art. 11 da CLT determinava, na sua redação original, um prazo de dois anos, mantido pelo texto constitucional somente para o período posterior à extinção do vínculo empregatício, criando, porém, uma prescrição de parcelas de cinco anos), mas a própria jurisprudência trabalhista reconheceu o direito adquirido, em função da prescrição consumada na data de promulgação do novo texto constitucional.

No caso das situações futuras *stricto sensu*, a questão é ainda mais fácil, pois simplesmente aplicar-se-á a nova regra prescricional, sem qualquer maior questionamento.

A situação, porém, é mais complexa em relação às situações jurídicas pendentes (*facta pendentia*), nas quais se incluem as situações futuras ainda não concluídas quando da edição da nova norma.

No caso de uma nova lei não estabelecer regras de transição[29], WILSON DE SOUZA CAMPOS BATALHA[30], inspirado nas diretrizes do Código Civil alemão, aponta alguns critérios:

I — Se a lei nova aumenta o prazo de prescrição ou de decadência, aplica-se o novo prazo, computando-se o tempo decorrido na vigência da lei antiga;

II — Se a lei nova reduz o prazo de prescrição ou decadência, há que se distinguir:

---

[29] O CC/2002, por exemplo, trouxe regras para solução de tais problemas com a sua entrada em vigor, conforme se verifica dos arts. 2.028 a 2.030, *in verbis*: "Art. 2.028. Serão os da lei anterior os prazos, quando reduzidos por este Código, e se, na data de sua entrada em vigor, já houver transcorrido mais da metade do tempo estabelecido na lei revogada. Art. 2.029. Até dois anos após a entrada em vigor deste Código, os prazos estabelecidos no parágrafo único do art. 1.238 e no parágrafo único do art. 1.242 serão acrescidos de dois anos, qualquer que seja o tempo transcorrido na vigência do anterior, Lei n. 3.071, de 1º de janeiro de 1916. Art. 2.030. O acréscimo de que trata o artigo antecedente, será feito nos casos a que se refere o § 4º do art. 1.228".

Finalmente, devemos advertir que, caso tenha havido redução de prazo pela lei nova (imagine a pretensão de reparação civil que se reduziu de 20 para 3 anos — art. 206, § 3º, V), tendo transcorrido menos da metade do prazo pela lei anterior, ao aplicar a lei nova (art. 2.028), esse novo prazo, obviamente, começará a correr da data da entrada em vigor do atual Código Civil. Imaginemos, pois, ainda considerando a pretensão de reparação civil, que tenham transcorridos 7 anos da data do ilícito. À luz do referido art. 2.028, incidirá o prazo menor de 3, a partir de 11 de janeiro de 2003, consoante a lição de BATALHA supracitada. Ademais, se se imaginar que o prazo novo começaria a correr da data da consumação do ilícito, chegar-se-ia à absurda conclusão de que o Código Civil de 2002 estava em vigor quando o ilícito foi cometido. Isso sem mencionar o direito da vítima, que quedaria completamente aniquilado.

[30] BATALHA, Wilson de Souza Campos. *Lei de Introdução ao Código Civil*, v. 1, t. 1, São Paulo: Max Limonad, 1957, p. 229 e s.

a) se o prazo maior da lei antiga se escoar antes de findar o prazo menor estabelecido pela lei nova, adota-se o prazo da lei anterior;

b) se o prazo menor da lei nova se consumar antes de terminado o prazo maior previsto pela lei anterior, aplica-se o prazo da lei nova, contando-se o prazo a partir da vigência desta[31].

---

[31] Justamente sobre este tema, instalou-se polêmica no Direito do Trabalho brasileiro, haja vista que a Emenda Constitucional n. 28, dando nova redação ao art. 7º, XXIX, da CF/88, uniformizou os prazos prescricionais de trabalhadores urbanos e rurais para "cinco anos, até o limite de dois da extinção do contrato de trabalho".

Como, no regime anterior, o prazo prescricional para o trabalhador rural somente começava a fluir, no lapso temporal de dois anos, com o termo final do contrato de trabalho, sendo consideradas imprescritíveis as parcelas devidas durante a constância da relação de emprego, instaurou-se controvérsia sobre como aplicar a nova norma.

Na nossa opinião, não há a menor dúvida de que o critério proposto por Wilson Batalha é o mais adequado, inclusive por compatibilidade às regras da Lei de Introdução às Normas do Direito Brasileiro, no que diz respeito à aplicação imediata, mas não retroativa da nova lei.

Assim sendo, em relação a esse caso específico, a prescrição parcial — quinquenal — somente poderá começar a fluir para o trabalhador rural a partir de cinco anos da vigência da nova regra constitucional, o que garante o pleno respeito às situações jurídicas consolidadas, bem como ao sentido da norma.

Nessa linha, decidiu o Supremo Tribunal Federal: "EMENTA: 1. Prescrição trabalhista: trabalhador rural: CF, art. 7º, XXIX: pretensão inadmissível de impor redução do prazo prescricional à ação iniciada antes da promulgação da Emenda Constitucional 28/2000; a norma constitucional — ainda quando o possa ser — não se presume retroativa: só alcança situações anteriores, de direito ou de fato, se o dispuser expressamente: precedentes. 2. Recurso extraordinário: descabimento: questão relativa à aplicação da multa prevista no art. 557, § 2º, do C. Pr. Civil, restrita ao âmbito infraconstitucional; alegada ofensa indireta à Constituição Federal: incidência, *mutatis mutandis*, da Súmula 636" (STF, 1ª T., AgRgRE 423.575, Rel. Min. Sepúlveda Pertence, *DJ* 17-12-2004).

Algo semelhante, inclusive, ocorria com o trabalhador menor, uma vez que, por força do art. 440 da CLT, contra ele não corria qualquer prescrição, somente começando a fluir a partir do advento de sua maioridade. Se o vínculo perdurar por um período maior depois desse fato, verificar-se-á que a prescrição parcial somente poderá ser contada cinco anos após sua maioridade, estando, antes disso, completamente resguardados todos os direitos referentes ao período da menoridade.

# PARTE ESPECIAL

# VIII INTRODUÇÃO AO DIREITO DAS OBRIGAÇÕES



## 1. CONCEITO DO DIREITO DAS OBRIGAÇÕES

O Direito das Obrigações, o mais lógico de todos os ramos do Direito Civil, é também o mais refratário a mudanças. Vale dizer, embora não seja imutável, sofre bem menos a interferência da alteração de valores e hábitos sociais, se comparado, por exemplo, com o Direito de Família, mais sensível às mutações sociais, pela sua evidente ligação a fatos comuns do cotidiano.

Em objetiva definição, trata-se do conjunto de normas (regras e princípios jurídicos) reguladoras das relações patrimoniais entre um credor (sujeito ativo) e um devedor (sujeito passivo) a quem incumbe o dever de cumprir, espontânea ou coativamente, uma prestação de dar, fazer ou não fazer.

O desenvolvimento desse instituto jurídico liga-se mais proximamente às relações econômicas, não sofrendo, normalmente, influências locais, valendo destacar que é por meio das "relações obrigacionais que se estrutura o regime econômico, sob formas definidas de atividade produtiva e permuta de bens", como já salientou ORLANDO GOMES[1].

Justamente por tal circunstância, é o ramo mais propício à uniformização do Direito Privado, com a unificação do Direito Civil e Comercial (já efetivada na Suíça e Itália), tentada tantas vezes no Brasil, mas somente realizada, de forma parcial, com o Código Civil de 2002.

## 2. DISTINÇÃO ENTRE DIREITOS PESSOAIS E REAIS

Nessas lições introdutórias sobre Direito das Obrigações, parece-nos fundamental distingui-los dos chamados "direitos reais".

LAFAYETTE RODRIGUES PEREIRA, em difundida lição, adverte que o "direito real é aquele que afeta a coisa direta e imediatamente, sob todos ou sob certos respeitos, e a segue em poder de quem quer que a detenha. O direito pessoal é o direito contra determinada pessoa"[2].

---

[1] GOMES, Orlando. *Direito das Obrigações*, São Paulo: Revista dos Tribunais, 2000, p. 3.

[2] PEREIRA, Lafayette Rodrigues apud GOMES, Orlando. *Introdução ao Direito Civil*, 10. ed., São Paulo: Revista dos Tribunais, 1990, p. 120.

Observa-se, portanto, que real é o direito que traduz o poder jurídico direto de uma pessoa sobre uma coisa, submetendo-a em todos (propriedade) ou em alguns de seus aspectos (usufruto, servidão, superfície etc.). Para o seu exercício, portanto, prescinde-se de outro sujeito.

Os direitos pessoais, por sua vez, identificados com os direitos de crédito (de conteúdo patrimonial), têm por objeto a atividade do devedor, contra o qual são exercidos. Assim, ao transferir a propriedade da coisa vendida, o vendedor passa a ter um direito pessoal de crédito contra o comprador (devedor), a quem incumbe cumprir a prestação de dar a quantia pactuada (dinheiro). Note-se, outrossim, que o objeto do crédito (ou, sob o aspecto passivo, da obrigação) é a própria atividade do devedor.

Nesse contexto, fica fácil notar que ao Direito das Obrigações interessa apenas o estudo das relações jurídicas obrigacionais (pessoais) entre um credor (titular do direito de crédito) e um devedor (incumbido do dever de prestar), deixando-se para o Direito das Coisas as relações e direitos de natureza real.

| RELAÇÃO JURÍDICA OBRIGACIONAL |
|---|
| Sujeito ativo (credor) → **relação jurídica obrigacional** → sujeito passivo (devedor) |
| **RELAÇÃO JURÍDICA REAL** |
| Titular do direito real → **relação jurídica real** → bem / coisa |

Há, todavia, algumas figuras jurídicas que se situam em uma zona cinzenta entre os direitos pessoais e os reais.

## 3. FIGURAS HÍBRIDAS ENTRE DIREITOS PESSOAIS E REAIS

Embora o tópico possa parecer mais adequado à classificação das obrigações, a distinção entre direitos pessoais e reais traz sempre à lembrança figuras jurídicas situadas em uma área intermediária.

De fato, existem obrigações, em sentido estrito, que decorrem de um direito real sobre determinada coisa, aderindo a essa e, por isso, acompanhando-a nas modificações do seu titular. São as chamadas obrigações *in rem*, *ob rem* ou *propter rem*, também conhecidas como obrigações reais ou mistas.

Ao contrário das obrigações em geral, que se referem ao indivíduo que as contraiu, as obrigações *propter rem* se transmitem automaticamente para o novo titular da coisa a que se relacionam.

É o caso, por exemplo, da obrigação do condômino de contribuir para a conservação da coisa comum (art. 1.315 do CC/2002) ou a dos vizinhos de proceder à demarcação das divisas de seus prédios (art. 1.297 do CC/2002), em que a obrigação decorre do direito real, transmitindo-se com a transferência da titularidade do bem.

Por fim, distinga-se a obrigação *propter rem* das obrigações com eficácia real. Nestas, sem perder seu caráter de direito a uma prestação, há a possibilidade de oponibilidade a terceiros, quando houver anotação preventiva no registro imobiliário, como, por exemplo, nos casos de locação e compromisso de venda, como dispõe o art. 8º da Lei n. 8.245/91[3].

## 4. CONSIDERAÇÕES TERMINOLÓGICAS

Nos Códigos do mundo em geral, e no nosso em particular, consagrou-se a denominação Direito das Obrigações, dando-se destaque ao aspecto passivo (a obrigação), e não ao ativo (o crédito) da relação jurídica obrigacional.

Assim foi no Código Beviláqua (1916), que reserva todo o seu Livro III, Títulos I a IX, para o Direito das Obrigações, e também no vigente Código Civil (2002) que, mantendo a mesma terminologia, consagra-o em seu Livro I, Títulos I a X, incluindo-se nessa parte o Direito Contratual, os Títulos de Crédito e as Regras de Responsabilidade Civil.

Entretanto, para que não existam impropriedades terminológicas prejudiciais à compreensão de nossa matéria, qual seria o alcance e significado da palavra obrigação?

Obrigação significa a própria relação jurídica pessoal que vincula duas pessoas, credor e devedor, em razão da qual uma fica "obrigada" a cumprir uma prestação patrimonial de interesse da outra.

Nesse sentido é o pensamento de WASHINGTON DE BARROS MONTEIRO: "A obrigação é a relação jurídica, de caráter transitório, estabelecida entre devedor e credor, e cujo objeto consiste numa prestação pessoal econômica, positiva ou negativa, devida pelo primeiro ao segundo, garantindo-lhe o adimplemento através de seu patrimônio"[4].

Nessa fase de criação de um conceito mais técnico de obrigação, não podemos esquecer-nos do seu caráter transitório (repudia ao Direito moderno a ideia de uma obrigação perpétua, pois isso corresponderia à ideia de servidão humana), bem como do seu conteúdo econômico, esclarecendo-se que a menção à prestação positiva ou negativa se refere à modalidade de prestação (fazer/dar ou não fazer).

JOÃO DE MATOS ANTUNES VARELA, amparado na doutrina alemã, amplia ainda mais o conceito analítico de obrigação, para considerá-la, mais do que uma relação jurídica obrigacional, um verdadeiro processo conducente à satisfação do interesse do credor:

---

[3] "Art. 8º Se o imóvel for alienado durante a locação, o adquirente poderá denunciar o contrato, com o prazo de noventa dias para a desocupação, salvo se a locação for por tempo determinado e o contrato contiver cláusula de vigência em caso de alienação e estiver averbado junto à matrícula do imóvel. § 1º Idêntico direito terá o promissário comprador e o promissário cessionário, em caráter irrevogável, com imissão na posse do imóvel e título registrado junto à matrícula do mesmo. § 2º A denúncia deverá ser exercitada no prazo de noventa dias contados do registro da venda ou do compromisso, presumindo-se, após esse prazo, a concordância na manutenção da locação."

[4] MONTEIRO, Washington de Barros. *Curso de Direito Civil* — Direito das Obrigações, 30. ed., v. 4, São Paulo: Saraiva, 1991, p. 8.

> "A obrigação, com todos os poderes e deveres que se enxertam no seu tronco, pode mesmo considerar-se como um processo (conjunto de actos logicamente encadeados entre si e subordinado a determinado fim), conducente ao cumprimento"[5].

Em perspectiva mais restrita, por outro lado, a palavra obrigação significaria o próprio dever de prestação imposto ao devedor. Todavia, não raramente a expressão dever jurídico transcende os limites do direito, invadindo a esfera da moral (fala-se, nesse caso, em dever ou obrigação religiosa, sentimental etc.).

Em nosso entendimento, é mais adequado empregarmos a expressão "obrigação" para referirmos à própria relação jurídica obrigacional vinculativa do credor e do devedor, sem que se possa apontar atecnia na adoção da palavra para significar apenas o dever de prestar, por se tratar de expressão plurissignificativa.

Não se deve confundir, ainda, obrigação (*debitum*) e responsabilidade (*obligatio*)[6], por somente se configurar esta última quando a prestação pactuada não é adimplida pelo devedor. A primeira corresponde, em sentido estrito, ao dever do sujeito passivo de satisfazer a prestação positiva ou negativa em benefício do credor, enquanto a outra se refere à autorização, dada pela lei, ao credor que não foi satisfeito, de acionar o devedor, alcançando seu patrimônio, que responderá pela prestação.

Em geral, toda obrigação descumprida permite a responsabilização patrimonial do devedor, não obstante existam obrigações sem responsabilidade (obrigações naturais — *debitum* sem *obligatio*), como as dívidas de jogo e as pretensões prescritas. Por outro lado, poderá haver responsabilidade sem obrigação (*obligatio* sem *debitum*), a exemplo do que ocorre com o fiador, que poderá ser responsabilizado pelo inadimplemento de devedor, sem que a obrigação seja sua.

Interessa, ainda, em respeito à técnica, a fixação de dois outros importantes conceitos correlatos ao de obrigação: o estado de sujeição e o ônus jurídico[7].

O estado de sujeição consiste na situação da pessoa que tem de suportar, sem que nada possa fazer, na sua própria esfera jurídica, o poder jurídico conferido a outra pessoa. Ao exercício de um direito potestativo corresponde o estado de sujeição da pessoa, que deverá suportá-lo resignadamente (ex.: o locador, no contrato por tempo indeterminado, denuncia o negócio jurídico, resilindo-o, sem que o locatário nada possa fazer).

---

[5] VARELA, João de Matos Antunes, ob. cit., p. 18.

[6] Outras duas expressões que merecem referência, oriundas do Direito Alemão, são "Schuld" e "Haftung", a primeira significando "dever" e a segunda correspondendo à "responsabilidade". Em geral, o próprio devedor tem, simultaneamente, o dever ("Schuld") e a responsabilidade patrimonial ("Haftung"). Mas o fiador, por exemplo, tem responsabilidade ("Haftung"), embora o dever ("Schuld") seja do afiançado. Por essa razão, entendemos que o Direito Civil brasileiro adotou, em contraposição à teoria monista, a teoria dualista, segundo a qual a relação obrigacional decompõe-se em "Schuld" e "Haftung". Ver Jose Fernando Simão, A Teoria Dualista do Vínculo Obrigacional e sua aplicação ao Direito Civil brasileiro. Disponível em: <esmp.sp.gov.br>. Acesso em: 11 ago. 2017.

[7] Conceitos consagrados e difundidos por Antunes Varela, ob. cit., p. 55-61.

Esse estado de sujeição, por tudo que se disse, não traduz uma relação jurídica obrigacional, por ser inexistente o dever de prestar.

O ônus jurídico, por sua vez, caracteriza-se pelo comportamento que a pessoa deve observar, com o propósito de obter um benefício maior. O onerado, pois, suporta um prejuízo em troca de uma vantagem. É o caso do donatário, beneficiado por uma fazenda, a quem se impõe, por exemplo, o pagamento de uma pensão mensal vitalícia à tia idosa do doador (doação com encargo). Não se trata, pois, de um dever de prestar, correlato à satisfação de um crédito, mas, sim, de um encargo que deve ser cumprido em prol de uma vantagem consideravelmente maior. O ônus não é imposto por lei, e só se torna exigível se o onerado aceita a estipulação contratual.

## 5. ESTRUTURA DA RELAÇÃO JURÍDICA OBRIGACIONAL

Entendida a obrigação, em sentido mais abrangente, como a relação jurídica pessoal por meio da qual uma parte (devedora) fica obrigada a cumprir, espontânea ou coativamente, uma prestação patrimonial em proveito da outra (credora), faz-se necessário analisar a sua constituição estrutural.

Em outras palavras: que elementos compõem a relação jurídica obrigacional?

Antes de aprofundarmos o tema, é bom frisar que a análise dos elementos constitutivos da obrigação não deve ser confundida com o estudo de suas fontes.

Com efeito, a fonte da obrigação traduz a sua causa genética, ou seja, o fato ou ato jurídico criador da própria relação jurídica obrigacional. Assim, o contrato ou o ato ilícito, fatos deflagradores de efeitos na órbita jurídica, não podem ser confundidos com a obrigação em si (vínculo pessoal entre credor e devedor).

Posto isso, entendemos que a relação obrigacional é composta por três elementos fundamentais:

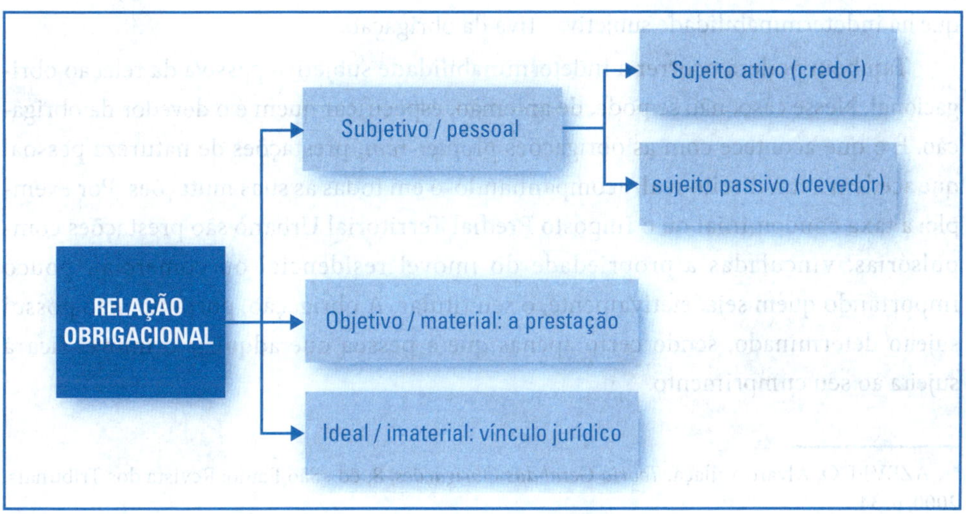

Assim, nas relações obrigacionais mais simplificadas, o sujeito passivo (devedor) obriga-se a cumprir uma prestação patrimonial de dar, fazer ou não fazer (objeto da obrigação), em benefício do sujeito ativo (credor).

Note-se, outrossim, a existência de relações jurídicas complexas, nas quais cada parte é, simultaneamente, credora e devedora uma da outra. É o caso da obrigação decorrente do contrato de compra e venda: o vendedor é credor do preço e devedor da coisa; ao passo que o comprador é credor da coisa e devedor do preço.

Analisemos, agora, cada um desses elementos fundamentais.

## 5.1. Elemento subjetivo: sujeitos da relação obrigacional

O credor, sujeito ativo da relação obrigacional, é o titular do direito de crédito, ou seja, é o detentor do poder de exigir, em caso de inadimplemento, o cumprimento coercitivo (judicial) da prestação pactuada.

O devedor, por sua vez, sujeito passivo da relação jurídica obrigacional, é a parte a quem incumbe o dever de efetuar a prestação.

Para que se possa reconhecer a existência jurídica da obrigação, os sujeitos da relação — credor e devedor —, que tanto podem ser pessoas físicas como jurídicas, devem ser determinados, ou, ao menos, determináveis.

Se Caio, por meio de um contrato, torna-se credor de Tício, tendo sido ambos devidamente identificados no título negocial, os sujeitos são determinados.

Entretanto, poderá haver indeterminação subjetiva na relação obrigacional quando, por exemplo, um devedor assina um cheque ao portador, não sabendo quem irá recebê-lo no banco, pois a cambial pode circular na praça, restando, momentaneamente, indeterminado o sujeito ativo, credor do valor nele consignado[8]. É também o caso da promessa de recompensa feita ao público (art. 854 do CC/2002). Trata-se de hipóteses em que há indeterminabilidade subjetiva ativa da obrigação.

Também poderá ocorrer a indeterminabilidade subjetiva passiva da relação obrigacional. Nesse caso, não se pode, de antemão, especificar quem é o devedor da obrigação. É o que acontece com as obrigações *propter rem*, prestações de natureza pessoal que acedem a um direito real, acompanhando-o em todas as suas mutações. Por exemplo: a taxa condominial ou o Imposto Predial Territorial Urbano são prestações compulsórias, vinculadas à propriedade do imóvel residencial ou comercial, pouco importando quem seja, efetivamente, o seu titular. A obrigação, portanto, não possui sujeito determinado, sendo certo apenas que a pessoa que adquirir o imóvel ficará sujeita ao seu cumprimento.

---

[8] AZEVEDO, Álvaro Villaça. *Teoria Geral das Obrigações*, 8. ed., São Paulo: Revista dos Tribunais, 2000, p. 34.

Sempre que a indeterminabilidade do credor ou do devedor participar do destino natural dos direitos oriundos da relação[9], ou seja, for da própria essência da obrigação examinada — a exemplo da decorrente de título ao portador ou da obrigação *propter rem* —, estaremos diante do que se convencionou chamar de obrigação ambulatória.

Cumpre-nos referir, ainda, que se as qualidades de credor e devedor fundirem-se, operar-se-á a extinção da obrigação por meio da confusão (art. 381 do CC/2002).

Finalmente, deve ser salientado, para a exata compreensão da matéria, que, na relação obrigacional, podem concorrer figuras secundárias ou coadjuvantes, como os representantes e os núncios.

Os representantes, legais (pais, tutores, curadores) ou voluntários (mandatários), agem em nome e no interesse de qualquer dos sujeitos da relação obrigacional (credor ou devedor). Manifestam, portanto, declaração de vontade por conta do representado, vinculando-os, na forma da legislação em vigor.

Os núncios, por sua vez, são meros transmissores da vontade do declarante. Atuam como simples mensageiros da vontade de outrem, sem interferirem efetivamente na relação jurídica. Essa singular figura jurídica, todavia, não é exclusiva do Direito das Obrigações. No Direito de Família, por exemplo, admite-se que o casamento seja contraído por meio de procurador dotado de poderes especiais (art. 1.542 do CC/2002), consignados em instrumento público. Neste caso, a despeito de a lei referir o termo "mandatário", o que sugere a existência de representação convencional ou voluntária, a doutrina reconhece haver apenas a colaboração de um núncio ou mensageiro, transmissor da vontade do nubente ausente.

## 5.2. Elemento objetivo: a prestação

Neste ponto, chegamos ao coração da relação obrigacional.

Em princípio, deve-se salientar que a obrigação possui dois tipos de objeto:

a) objeto direto ou imediato;

b) objeto indireto ou mediato.

O objeto imediato da obrigação (e, por consequência, do direito de crédito) é a própria atividade positiva (ação) ou negativa (omissão) do devedor, satisfativa do interesse do credor.

Tecnicamente, essa atividade denomina-se prestação, que terá sempre conteúdo patrimonial.

Sobre o tema, conclusivas são as palavras de ANTUNES VARELA:

> "A prestação consiste, em regra, numa atividade, ou numa ação do devedor (entregar uma coisa, realizar uma obra, dar uma consulta, patrocinar alguém numa causa, transportar alguns móveis, transmitir um crédito, dar certos números de lições etc.).
>
> Mas também pode consistir numa abstenção, permissão ou omissão (obrigação de

[9] GOMES, Orlando. *Obrigações*, 8. ed., Rio de Janeiro: Forense, 1992, p. 19.

não abrir estabelecimentos de certo ramo de comércio na mesma rua ou na mesma localidade; obrigação de não usar a coisa recebida em depósito; obrigações de não fazer escavações que provoquem o desmoronamento do prédio vizinho)"[10].

Posto isso, já se pode observar que as prestações, que constituem o objeto direto da obrigação, poderão ser:

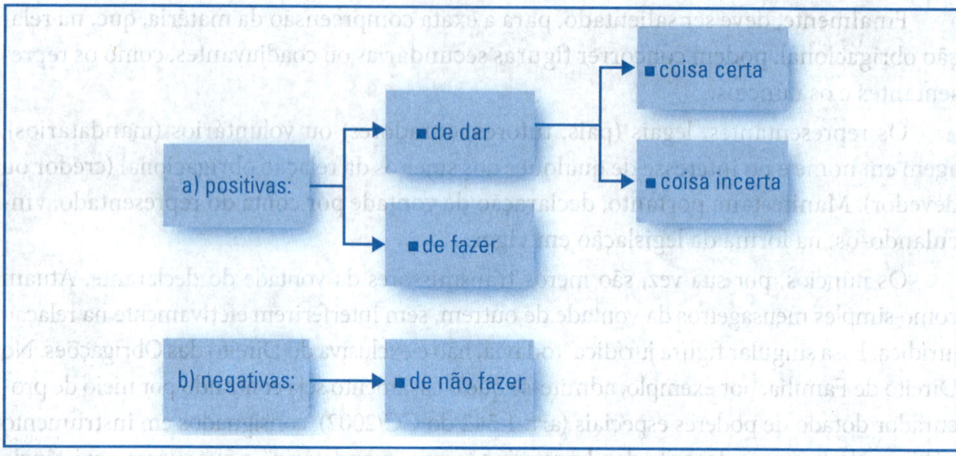


Dentre as prestações de dar coisa certa, poderíamos referir aquela pactuada para a entrega de determinado veículo (um caminhão, por exemplo), por força de um contrato de compra e venda. Já a prestação de dar coisa incerta, por sua vez, existirá quando o sujeito se obriga a alienar determinada quantidade de café, sem especificar a sua qualidade. Quando do cumprimento da obrigação, por óbvio, esta prestação, por meio de uma operação determinada concentração do débito — que consistirá na escolha da qualidade do produto —, converter-se-á em prestação de dar coisa certa, viabilizando o seu adimplemento.

A prestação de fazer, por sua vez, se refere a uma prestação de conduta comissiva, como, por exemplo, pintar um quadro ou cantar uma ária italiana em apresentação pública.

Finalmente, temos, ainda, as prestações de não fazer, que consistem, sinteticamente, em abstenções juridicamente relevantes. Assim, quando, por força de um contrato, uma parte se obriga perante o seu vizinho a não realizar determinada obra em seu quintal ou um ex-empregado se obriga a não manter vínculo empregatício com outra empresa concorrente da ex-empregadora (cláusula de não concorrência), estaremos diante de uma prestação de fato negativa.

Vale mencionar, ainda, que a prestação, consoante veremos em momento oportuno, para ser validamente considerada objeto direto da obrigação, deverá ser: lícita, possível e determinada (ou determinável).

---

[10] VARELA, João de Matos Antunes. *Das Obrigações em Geral*, 9. ed., v. 1, Coimbra: Almedina, 1997, p. 80.

Fixadas tais premissas, fica fácil a compreensão do objeto indireto ou mediato da obrigação.

Trata-se, no caso, do objeto da própria prestação de dar, fazer ou não fazer, ou seja, do próprio bem da vida posto em circulação jurídica. Cuida-se, em outras palavras, da coisa, em si considerada, de interesse do credor. Assim, tomando os dois primeiros exemplos acima apresentados, poderíamos afirmar que o caminhão e o café do tipo escolhido são os objetos indiretos da obrigação.

Note-se, entretanto, que a distinção entre os objetos direto (prestação) e indireto (bem da vida) da obrigação, nas prestações de fazer, é menos nítida, considerando que a própria atividade do devedor, em si mesma considerada, já materializa o interesse do credor.

Interessa observar, com fundamento na doutrina de ORLANDO GOMES, que o objeto da obrigação não deve ser confundido com o seu conteúdo. Enquanto aquele diz respeito à atividade do próprio devedor (prestação de dar, fazer ou não fazer), este último consiste no "poder do credor de exigir a prestação e a necessidade jurídica do devedor de cumpri-la"[11]. Este poder do credor e esta necessidade do devedor, portanto, integram o conteúdo, e não o objeto da obrigação.

Antes, todavia, de iniciarmos a análise mais minuciosa dos requisitos da prestação, uma importante questão merece ser destacada: a patrimonialidade é indispensável para a sua caracterização?

Segundo ORLANDO GOMES, "a patrimonialidade da prestação, objetivamente considerada, é imprescindível à sua caracterização, pois, do contrário, e segundo Colagrosso, não seria possível atuar a coação jurídica, predisposta na lei, para o caso de inadimplemento"[12].

Seguindo a mesma vertente, MARIA HELENA DINIZ pontifica que a prestação deverá ser

> "patrimonial, pois é imprescindível que seja suscetível de estimação econômica, sob pena de não constituir uma obrigação jurídica, uma vez que, se for despida de valor pecuniário, inexiste possibilidade de avaliação dos danos"[13].

De fato, em regra, o direito obrigacional está calcado na ideia de patrimonialidade, uma vez que os bens e direitos indisponíveis — a exemplo dos direitos da personalidade em geral (honra, imagem, segredo, vida privada, liberdade etc.) — escapam de seu âmbito de atuação normativa. Aliás, é bom que se diga que o dever geral de respeito a esses direitos não traduzem uma prestação patrimonial devida a um credor.

[11] GOMES, Orlando, ob. cit., p. 21.

[12] GOMES, Orlando, ob. cit., p. 21.

[13] DINIZ, Maria Helena. *Curso de Direito Civil Brasileiro* — Teoria Geral das Obrigações, 35. ed., São Paulo: Saraiva, 2020, v. 2, p. 51.

Assim, não se pode reconhecer como válidas as relações obrigacionais que tenham por objeto tais direitos personalíssimos.

Ninguém imagina, por exemplo, que uma parte, por meio de um contrato de cessão, pretenda alienar a sua honra, ficando o devedor pessoalmente vinculado a cumprir essa prestação. Para além da própria impossibilidade jurídica do objeto da obrigação (porque está fora do comércio jurídico), a ausência de economicidade (patrimonialidade) da honra já prejudicaria o reconhecimento da existência e validade jurídica da relação obrigacional (e da própria prestação) travada entre o seu titular e um eventual interessado em sua aquisição.

Tal observação, à luz do Código Civil de 2002, merece ser destacada, considerando-se que esse novo diploma reconhece, ao lado dos direitos pessoais e reais em geral — passíveis de apreciação patrimonial —, direitos outros de natureza personalíssima e inestimáveis (desprovidos de economicidade). Estes últimos, portanto, insuscetíveis de disposição (ao menos na sua essência), não poderão inserir-se nas relações obrigacionais em geral[14].

Fora do campo desses direitos da personalidade, prestações há, entretanto, que não são economicamente mensuráveis, embora constituam, inequivocamente, objeto de uma obrigação. É o caso, por exemplo, de alguém se obrigar, por meio de um contrato, a não ligar o seu aparelho de som, para não prejudicar o seu vizinho. A prestação, no caso, não é marcada pela economicidade, e, nem por isso, se nega a existência de uma relação obrigacional. Claro que a prestação, de per si, não tem um conteúdo econômico, mas a disciplina, no caso do inadimplemento, deverá tê-lo, seja na tutela específica, seja na eventual apuração das perdas e danos.

Assim, fixemos a premissa de que, em geral, as prestações devem ser patrimonialmente apreciáveis, embora, em algumas situações, essa característica possa não existir.

Nesse sentido, lúcido é o pensamento do culto SÍLVIO DE SALVO VENOSA:

> "Embora a maioria das obrigações possua conteúdo imediatamente patrimonial, como comprar e vender, alugar, doar etc., há prestações em que esse conteúdo não é facilmente perceptível ou mesmo não existe"[15].

Outro não é o entendimento do douto PAULO LÔBO, que, com propriedade, invocando o pensamento de PONTES DE MIRANDA, pontifica:

> "... Pontes de Miranda entende que se a prestação é lícita, não se pode dizer que não há obrigação se não é suscetível de valorização econômica, como na hipótese de se

---

[14] Tal observação não quer dizer que, em caso de violação aos direitos da personalidade, o dano não seja indenizável. Havendo lesão, o direito, por falta de instrumento mais eficaz, autoriza ao prejudicado a responsabilizar civilmente o infrator, impondo-se-lhe o dever de indenizar, sem prejuízo de outras sanções. Todavia, deve-se observar que a incidência das regras referentes à responsabilidade civil (obrigacionais) e o próprio vínculo jurídico entre o credor e o devedor da indenização só surgem após o dano. A patrimonialidade, portanto, é do prejuízo causado à vítima, e não do seu direito personalíssimo em si, que é inestimável.

[15] VENOSA, Sílvio de Salvo, ob. cit., p. 39.

enterrar o morto segundo o que ele, em vida, estabelecera, ou estipularam os descendentes ou amigos. Do mesmo modo, estabelece o art. 398 do Código Civil português que a prestação não necessita de ter valor pecuniário; mas deve corresponder a um interesse do credor, digno de proteção legal"[16].

Parece-nos, sem dúvida, o melhor entendimento.

### 5.2.1. Características fundamentais da prestação

A prestação — objeto direto ou imediato da relação obrigacional — compreende o conjunto de ações, comissivas (positivas) ou omissivas (negativas), empreendidas pelo devedor para a satisfação do crédito. Assim, quando dá ao credor a quantia devida, ou realiza a obra prometida, o devedor está cumprindo a sua prestação, ou, em outras palavras, adimplindo a obrigação pactuada.

Mas note que a prestação poderá também ser negativa.

Nesse caso, o devedor obriga-se a não realizar determinada atividade, sob pena de se tornar inadimplente. Dessa forma, a sua prestação consiste em uma abstenção juridicamente relevante, um não fazer em benefício do credor. Tal ocorre no caso de alguém se obrigar, contratualmente, a não construir acima de determinada altura, impedindo a visão panorâmica de seu vizinho. Independentemente de este contrato estar registrado e constituir um direito real de servidão, o fato é que o sujeito assume uma obrigação (prestação) negativa, de não realizar determinada atividade. Nesse caso, o devedor descumpre a prestação ao realizar a atividade que se obrigara a não fazer.

De tal forma, poderíamos apresentar o seguinte quadro de classificação das prestações, considerando-se o modo de atuação do devedor:

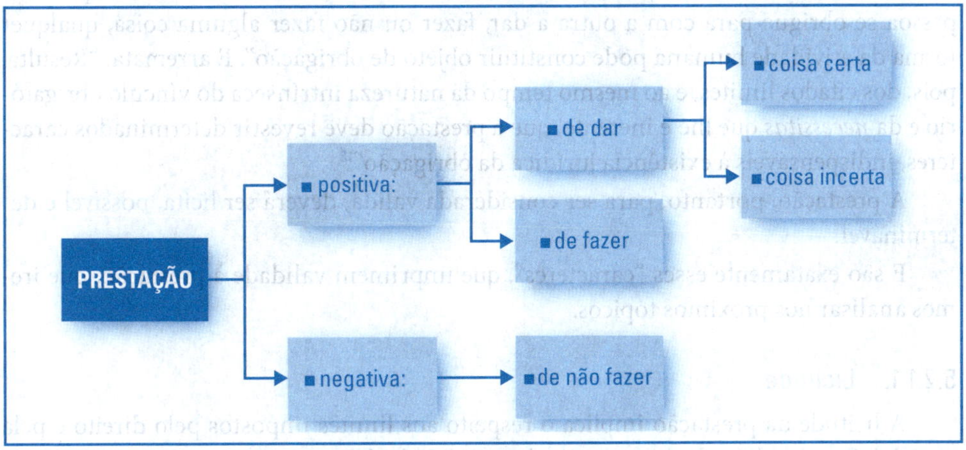


Reitere-se que é preciso não confundir, outrossim, o objeto direto ou imediato da obrigação (a prestação), com o seu objeto indireto ou mediato.

[16] LÔBO, Paulo Luiz Netto. *Direito das Obrigações*, São Paulo: Brasília Jurídica, 1999, p. 16-7.

Nesse sentido, já advertia ANTUNES VARELA:

> "Tendo principalmente em vista as obrigações com prestação de coisas, os autores costumam distinguir entre o objeto imediato e o objeto mediato da obrigação. O primeiro consiste na atividade devida (na entrega da coisa, na cedência dela, na sua restituição etc.); o segundo, na própria coisa, em si mesma considerada, ou seja, no objeto da prestação"[17].

Conforme já mencionamos, o objeto indireto ou mediato da obrigação é o próprio bem da vida posto em circulação jurídica. Cuida-se, em outras palavras, da coisa, em si considerada, de interesse do credor. Assim, no caso da obrigação imposta ao mutuário (aquele que tomou um empréstimo), o seu objeto direto ou imediato é a prestação (a sua atividade de dar); ao passo que o objeto indireto ou mediato da obrigação pactuada é o próprio bem da vida que se pretende obter, a utilidade material que se vai transferir (o dinheiro).

Sinteticamente, teríamos:

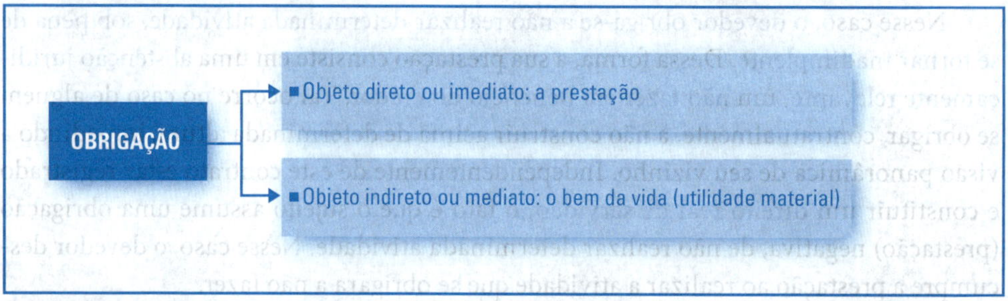


Em conclusão, cumpre-nos transcrever a lúcida preleção de RUGGIERO a respeito do tema: "Nos limites em que as leis da natureza e as do direito consentem que uma pessoa se obrigue para com a outra a dar, fazer ou não fazer alguma coisa, qualquer forma da atividade humana pode constituir objeto de obrigação". E arremata: "Resulta, pois, dos citados limites, e ao mesmo tempo da natureza intrínseca do vínculo obrigatório e da *necessitas* que lhe é inerente, que a prestação deve revestir determinados caracteres, indispensáveis à existência jurídica da obrigação"[18].

A prestação, portanto, para ser considerada válida, deverá ser lícita, possível e determinável.

E são exatamente esses "caracteres", que imprimem validade à prestação, que iremos analisar nos próximos tópicos.

#### 5.2.1.1. Licitude

A licitude da prestação implica o respeito aos limites impostos pelo direito e pela moral. Ninguém defenderá, por exemplo, a validade de uma prestação que imponha ao devedor cometer um crime (matar alguém, roubar etc.) ou realizar favores de ordem sexual.

---

17 VARELA, João de Matos Antunes, ob. cit., p. 81.

18 RUGGIERO, Roberto de. *Instituições de Direito Civil*, v. 3, Campinas: Bookseller, 1999, p. 61.

Tais prestações, ilícitas, repugnariam a consciência jurídica e o padrão de moralidade média observado e exigido pela sociedade.

ORLANDO GOMES, citando TRABUCCHI, visualizou diferença entre a prestação juridicamente impossível e a prestação ilícita, nos seguintes termos: a primeira é aquela simplesmente não admitida pela lei; a segunda, por sua vez, além de não ser admitida, constitui ato punível. E exemplifica: a alienação do Fórum romano — prestação juridicamente impossível —, a venda de um pacote de notas falsas — prestação ilícita[19].

A despeito do valor metodológico dessa lição, o fato é que a diagnose diferencial traçada é desprovida de maior importância prática, e, juridicamente, se nos afigura desnecessária. Os princípios que informam a ilicitude da prestação são os mesmos que dão a tônica de sua impossibilidade jurídica.

#### 5.2.1.2. Possibilidade

A prestação, para que seja considerada viável, deverá ser física e juridicamente possível.

A prestação é considerada fisicamente impossível quando é irrealizável, segundo as leis da natureza. Imagine a hipótese de o sujeito, por meio de um contrato, obrigar-se a pavimentar o solo da lua. Note-se que a impossibilidade da prestação confunde-se com o próprio objeto do negócio jurídico que deu causa à relação obrigacional (contrato).

A impossibilidade jurídica, por sua vez, consoante já noticiamos, é conceito que, quanto aos seus efeitos práticos, confunde-se com a própria ilicitude da prestação. A prestação juridicamente impossível é vedada pelo ordenamento jurídico, a exemplo da hipótese em que o devedor se obriga a alienar um bem público de uso comum do povo, ou transferir a herança de pessoa viva.

Vale lembrar que, para se considerar inválida (nula) toda a obrigação, a prestação deverá ser inteiramente irrealizável, por quem quer que seja. Isto é, se a impossibilidade for parcial, o credor poderá (a seu critério) aceitar o cumprimento parcial da obrigação, inclusive por terceiro (se não for personalíssima), a expensas do devedor.

Finalmente, a impossibilidade, a depender do momento de sua ocorrência, poderá ser:

a) originária;
b) superveniente.

A impossibilidade originária ocorre ao tempo da formação da própria relação jurídica obrigacional. Nesse caso, como a nulidade macula a própria causa genética da obrigação (em regra, o negócio jurídico), a obrigação não prosperará, devendo ser invalidada.

Ressalve-se, todavia, a hipótese de o negócio jurídico (fonte da obrigação) estar subordinado a uma condição suspensiva e a impossibilidade de a obrigação nascente ser sanada antes do implemento da referida *conditio*[20]. Nesse caso, a relação obrigacional subsistirá.

[19] GOMES, Orlando, ob. cit., p. 43.
[20] GOMES, Orlando, ob. cit., p. 42.

A impossibilidade superveniente, por sua vez, é posterior à formação da relação obrigacional. Nessa hipótese, tanto poderá haver o aproveitamento parcial da prestação (em sua parte não inutilizada) como a obrigação poderá ser integralmente extinta.

#### 5.2.1.3. Determinabilidade

Toda prestação, para valer e ser realizável, deverá conter elementos mínimos de identificação e individualização. Afinal, ninguém poderá obrigar-se a "prestar alguma coisa...". Por isso, diz-se que a prestação, além de lícita e possível, deverá ser determinada, ou, ao menos, determinável.

A prestação determinada é aquela já especificada, certa, individualizada. Exemplo: "obrigo-me a transferir a propriedade de uma casa, situada na Rua Oliveiras, s/n, cuja área total é de 100 metros quadrados...". Note-se que, nesse caso, houve inteira descrição da prestação que se pretende realizar. Cuida-se, portanto, consoante veremos adiante, de obrigação de dar coisa certa.

A prestação determinável, por sua vez, é aquela ainda não especificada, mas que contém elementos mínimos de individualização.

É objeto das chamadas obrigações genéricas.

Para que haja o seu cumprimento, no momento de realizá-la, o devedor ou o credor deverá especificar o objeto da obrigação, convertendo-a em prestação certa e determinada.

Assim, quando o sujeito se obriga a dar coisa incerta (obrigação genérica) — duas sacas de café, por exemplo, sem especificar a qualidade (tipo A ou B) —, no momento de cumprir a obrigação, o devedor ou o credor (a depender do contrato ou da própria lei) deverá especificar a prestação, individualizando-a. Esta operação de certificação da coisa, por meio da qual se especifica a prestação, convertendo a obrigação genérica em determinada, denomina-se "concentração do débito" ou "concentração da prestação devida".

De tal forma, forçoso convir que a indeterminabilidade será sempre relativa, uma vez que, no momento do pagamento, deverá cessar, sob pena de se frustrar a finalidade da própria obrigação.

## 5.3. Elemento ideal: o vínculo jurídico entre credor e devedor

Cuida-se do elemento espiritual ou abstrato da obrigação, consistente no vínculo jurídico que une o credor ao devedor.

Consoante já se disse, a obrigação só poderá ser compreendida, em todos os seus aspectos, se a considerarmos como uma verdadeira relação pessoal — originada de um fato jurídico (fonte) —, por meio da qual fica o devedor obrigado (vinculado) a cumprir uma prestação patrimonial de interesse do credor.

O fato jurídico, fonte da obrigação, por sua vez, não deverá integrar esse elemento ideal, uma vez que, por imperativo de precedência lógica, é anterior à relação jurídica obrigacional. Aliás, a obrigação é a própria consequência jurídica do fato, com ele não se confundindo. Assim, o contrato de compra e venda, por exemplo, é o fato jurídico determinante do vínculo obrigacional existente entre credor e devedor. É, portanto, a causa genética da obrigação em si.

## 6. FONTES DAS OBRIGAÇÕES

No contexto jurídico, as fontes do direito são os meios pelos quais se formam ou se estabelecem as normas jurídicas. Trata-se, em outras palavras, de instâncias de manifestação normativa: a lei, o costume (fontes diretas), a analogia, a jurisprudência, os princípios gerais do direito, a doutrina e a equidade (fontes indiretas).

A doutrina costuma referir que a lei é a fonte primária das obrigações em geral.

Entretanto, sempre entre a lei e os seus efeitos obrigacionais (os direitos e obrigações decorrentes) existirá um fato jurídico (o contrato, o ato ilícito etc.), que concretiza o suposto normativo. Vale dizer, entre a norma e o vínculo obrigacional instaurado entre credor e devedor, concorrerá um acontecimento — natural ou humano — que se consubstancia como condição determinante da obrigação.

Nesse contexto, precisas são as palavras de ORLANDO GOMES:

> "Quando se indaga a fonte de uma obrigação, procura-se conhecer o fato jurídico ao qual a lei atribui o efeito de suscitá-la. É que, entre a lei, esquema geral e abstrato, e a obrigação, relação singular entre pessoas, medeia sempre um fato, ou se configura uma situação, considerado idôneo pelo ordenamento jurídico para determinar o dever de prestar. A esse fato, ou a essa situação, denomina-se fonte ou causa geradora da obrigação"[21].

No estudo das fontes, portanto, sem menosprezarmos a importância da lei — causa primária das obrigações —, cuidaremos de desenvolver também a classificação das suas fontes mediatas, ou seja, daqueles fatos jurídicos que concretizam o preceito insculpido na norma legal.

Parte respeitável da doutrina entende que, nos sistemas positivos modernos, a lei é a fonte primária das obrigações. Nesse sentido, pontifica ÁLVARO VILLAÇA AZEVEDO:

> "É a vontade do Estado. É a lei, o ordenamento jurídico positivo, que, fazendo surgir certas obrigações, como vimos, acaba por regular todas as outras. Devemos, dessa forma, colocá-la em primeiro lugar, por ser um ato do Estado, um ato de império; depois as outras fontes, que são o agir dos homens, vivendo em sociedade"[22].

Também este é o pensamento de SILVIO RODRIGUES, para quem a lei constitui fonte primordial das obrigações, ao lado da vontade humana e do ato ilícito[23].

---

21 GOMES, Orlando, ob. cit., p. 31-2.

22 AZEVEDO, Álvaro Villaça. *Teoria Geral das Obrigações*, 9. ed., São Paulo: RT, 2001, p. 50.

23 RODRIGUES, Silvio. *Direito Civil* — Parte Geral das Obrigações, 12. ed., v. 2, São Paulo: Saraiva, 1981.

Em prol da inserção da lei na categoria de fonte das obrigações argumenta-se que há obrigações nascidas diretamente da lei (*ex lege*), a exemplo da prestação alimentar devida pelo pai ao filho, por força da norma prevista no art. 1.696 do CC/2002.

Todavia, a despeito de não desconhecermos que a lei é a causa primeira de toda e qualquer obrigação (fonte imediata), sustentamos que haverá sempre entre o comando legal e os efeitos obrigacionais deflagrados *in concreto* uma situação de fato (fonte mediata), uma causa próxima determinante da obrigação. No caso da prestação alimentar, por exemplo, essa causa é o próprio vínculo de parentesco existente entre pai e filho.

Este é o pensamento de SÍLVIO DE SALVO VENOSA, com quem concordamos inteiramente:

> "Quer-nos parecer, contudo, sem que haja total discrepância com o que já foi dito, que a lei é sempre fonte imediata das obrigações. Não pode existir obrigação sem que a lei, ou, em síntese, o ordenamento jurídico, a ampare. Todas as demais 'várias figuras' que podem dar nascimento a uma obrigação são fontes mediatas. São, na realidade, fatos, atos e negócios jurídicos que dão margem ao surgimento de obrigações. É, assim, em linhas gerais, que se posiciona Orlando Gomes"[24].

Posto isso, classificamos as fontes mediatas das obrigações da seguinte forma:

a) os atos jurídicos negociais (o contrato, o testamento, as declarações unilaterais de vontade);

b) os atos jurídicos não negociais (o ato jurídico *stricto sensu*, os fatos materiais — como a situação fática de vizinhança etc.);

c) os atos ilícitos (no que se incluem o abuso de direito e o enriquecimento ilícito).

Essa enumeração, pela generalidade de seus elementos, não pretende ser exaustiva.

Dentre as fontes mediatas, merece especial referência, pela considerável importância e larga aplicação prática, o contrato — fonte negocial mais relevante para o Direito das Obrigações.

De fato, desde quando o homem abandonou o seu estado mais primitivo, o contrato, filho dileto da autonomia privada, passou a ser o mais relevante instrumento jurídico de circulação de riquezas econômicas.

Manifestação primordial da propriedade, marcou o desenvolvimento político dos povos.

Por meio dele, substitui-se a força bruta pelo consenso, de modo a permitir que um grupo pudesse adquirir — inicialmente pela simples troca, mais tarde pelo dinheiro — bens de outro.

[24] VENOSA, Sílvio de Salvo, ob. cit., p. 65.

Claro está que essa manifestação primitiva do fenômeno contratual, a despeito de carecer de sistematização dogmática, já se transformava em importante fonte de obrigações.

Mas note-se que o contrato é apenas uma espécie de negócio jurídico, não exaurindo esta categoria.

Há também os negócios de natureza unilateral (formados por manifestação de uma só vontade), como o testamento e a promessa de recompensa (declaração unilateral de vontade), que também são fonte de obrigações.

No que diz respeito aos atos jurídicos não negociais, sejam atos materiais ou participações, o simples comportamento humano produz efeitos na órbita do direito, sendo capaz de gerar obrigações perante terceiros, com características singulares.

Finalmente, temos o ato ilícito, consistente no comportamento humano voluntário, contrário ao direito, e causador de prejuízo de ordem material ou moral.

Assim, quando o sujeito, guiando o seu veículo, excede o limite de velocidade e atropela alguém, concretiza o comando normativo previsto no art. 186 do CC/2002 — "Aquele que, por ação ou omissão voluntária, negligência ou imprudência, violar direito e causar dano a outrem, ainda que exclusivamente moral, comete ato ilícito" — de forma que o agente (devedor) ficará pessoalmente vinculado à vítima (credor), até que cumpra a sua obrigação de indenizar.

No estudo do ato ilícito, destaca-se o abuso de direito, considerado também fonte de obrigações, e que mereceu especial referência no Código Civil de 2002, consoante se depreende da leitura de seu art. 187: "Também comete ato ilícito o titular de um direito que, ao exercê-lo, excede manifestamente os limites impostos pelo seu fim econômico ou social, pela boa-fé ou pelos bons costumes".

Analisando este artigo, conclui-se não ser imprescindível, para o reconhecimento da teoria do abuso de direito, que o agente tenha a intenção de prejudicar terceiro, bastando, segundo a dicção legal, que exceda manifestamente os limites impostos pela finalidade econômica ou social, pela boa-fé ou pelos bons costumes. Assim, desde que haja o abuso, o agente ficará obrigado a indenizar a pessoa prejudicada. Muitos exemplos poderiam ser apontados, como a negativa injustificada de contratar, após o aceitante efetuar gastos nesse sentido; no Direito das Coisas, o abuso do direito de propriedade, causando danos a vizinhos etc. Todos esses fatos traduzem abuso de direito e determinarão a obrigação de o causador do dano (devedor) indenizar o prejudicado (credor). Por isso, é fonte de obrigações.

O Código Civil de 1916 não continha dispositivo específico acerca da matéria.

De qualquer forma, da análise de suas normas, distribuídas ao longo de seus Livros, poderíamos concluir que reconhecia, expressamente, três fontes de obrigações:

a) o contrato;
b) a declaração unilateral de vontade;
c) o ato ilícito.

O Código Civil de 2002 mantém a mesma orientação do Código antigo, reconhecendo estas causas sem dispensar-lhes capítulo próprio.

Arrematamos esse tópico e capítulo com a convicção de que, quanto à inexistência de dispositivo específico para as fontes das obrigações, andou bem o legislador, considerando-se, sobretudo, que esta matéria, dada a sua riqueza de tons e matizes jurídicos, deve ser reservada à doutrina e à jurisprudência, e não ao legislador.

# IX CLASSIFICAÇÃO DAS OBRIGAÇÕES

## 1. INTRODUÇÃO

Após analisarmos juridicamente a relação obrigacional, passando em revista os elementos que compõem a sua estrutura, cuidaremos, neste Capítulo, de suas várias modalidades.

Toda classificação pode variar de acordo com a visão metodológica de cada autor.

Preferimos apresentá-la em duas partes.

Primeiramente, a classificação básica, presente em toda e qualquer modalidade de relação jurídica obrigacional, segundo a prestação que as integra.

Depois, uma classificação especial, que leva em consideração modalidades específicas de obrigações, independentemente da sua positivação.

Vamos a elas.

## 2. CLASSIFICAÇÃO BÁSICA

As obrigações, apreciadas segundo a prestação que as integra, poderão ser:

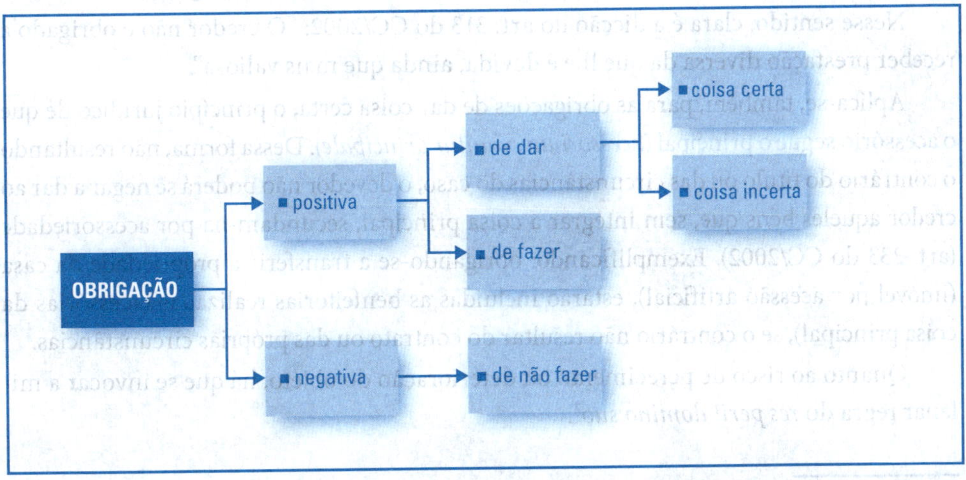


Essa é a classificação básica das obrigações, que, inspirada no Direito Romano (*dare, facere, non facere*), foi adotada pela legislação brasileira desde o esboço de Teixeira de Freitas.

SÍLVIO DE SALVO VENOSA observa que:

> "Ambos os Códigos brasileiros ativeram-se, sem dúvida, a essa classificação romana, tendo distribuído as obrigações igualmente em três categorias: obrigações de dar (coisa certa ou coisa incerta), obrigações de fazer e obrigações de não fazer. Assim, afastou-se o Código somente das obrigações de 'prestar', termo que era ambíguo. Essa estrutura é mantida integralmente no novo Código"[1].

Verifiquemos como se dá tal disciplina em nosso direito positivo.

## 2.1. Obrigações de dar

As obrigações de dar, que têm por objeto prestações de coisas, consistem na atividade de dar (transferindo-se a propriedade da coisa), entregar (transferindo-se a posse ou a detenção da coisa) ou restituir (quando o credor recupera a posse ou a detenção da coisa entregue ao devedor).

Subdividem-se, todavia, em obrigações de dar coisa certa (arts. 233 a 242 do CC/2002) e de dar coisa incerta (arts. 243 a 246 do CC/2002).

### *2.1.1. Obrigações de dar coisa certa*

Nesta modalidade de obrigação, o devedor obriga-se a dar, entregar ou restituir coisa específica, certa, determinada: "um carro marca X, placa 5555, ano 2016, chassis n. ..., proprietário ...", "um animal reprodutor bovino da raça nelore, com o peso de .... arrobas, número de registro 88888, cujo proprietário é ...". E, se é assim, o credor não está obrigado a receber outra coisa senão aquela descrita no título da obrigação.

Nesse sentido, clara é a dicção do art. 313 do CC/2002: "O credor não é obrigado a receber prestação diversa da que lhe é devida, ainda que mais valiosa".

Aplica-se, também, para as obrigações de dar coisa certa, o princípio jurídico de que o acessório segue o principal (*acessorium sequitur principale*). Dessa forma, não resultando o contrário do título ou das circunstâncias do caso, o devedor não poderá se negar a dar ao credor aqueles bens que, sem integrar a coisa principal, secundam-na por acessoriedade (art. 233 do CC/2002). Exemplificando: obrigando-se a transferir a propriedade da casa (imóvel por acessão artificial), estarão incluídas as benfeitorias realizadas (acessórias da coisa principal), se o contrário não resultar do contrato ou das próprias circunstâncias.

Quanto ao risco de perecimento ou deterioração do objeto, há que se invocar a milenar regra do *res perit domino suo*[2].

---

[1] VENOSA, Sílvio de Salvo. *Direito Civil* — Teoria Geral das Obrigações e Teoria Geral dos Contratos, 5. ed., São Paulo: Atlas, 2005, p. 74-5.

[2] Essa regra, cuja raiz assenta-se no Código de Hamurabi, significa que, em caso de perda ou deterioração da coisa, por caso fortuito ou força maior, suportará o prejuízo o seu proprietário.

Em caso de perda ou perecimento (prejuízo total), duas situações diversas, todavia, podem ocorrer:

a) se a coisa se perder, sem culpa do devedor, antes da tradição (da entrega da coisa), ou pendente condição suspensiva (o negócio encontra-se subordinado a um acontecimento futuro e incerto: o casamento do devedor, por exemplo), fica resolvida a obrigação para ambas as partes, suportando o prejuízo o proprietário da coisa que ainda não a havia alienado (art. 234, parte inicial, do CC/2002);
b) se a coisa se perder, por culpa do devedor, responderá este pelo equivalente (valor da coisa), mais perdas e danos (art. 234, parte final, do CC/2002). Nesse caso, suportará a perda o causador do dano, já que terá de indenizar a outra parte. Imagine a hipótese de o devedor, por culpa ou dolo, haver destruído o bem que devia restituir.

Em caso de deterioração (prejuízo parcial), também duas hipóteses são previstas em lei:

a) se a coisa se deteriora sem culpa do devedor, poderá o credor, a seu critério, resolver a obrigação, ou aceitar a coisa, abatido de seu preço o valor que perdeu (art. 235 do CC/2002);
b) se a coisa se deteriora por culpa do devedor, poderá o credor exigir o equivalente, ou aceitar a coisa no estado em que se acha, com direito a reclamar, em um ou em outro caso, a indenização pelas perdas e danos (art. 236 do CC/2002).

As obrigações de restituir, por sua vez, mereceram tratamento específico.

Conforme já foi dito, nessa modalidade de obrigação a prestação consiste na devolução da coisa recebida pelo devedor, a exemplo daquela imposta ao depositário (devedor), que deve restituir ao depositante (credor) aquilo que recebeu para guardar e conservar. Na mesma situação encontram-se o locatário e o comodatário, que devem restituir ao locador e ao comodante, respectivamente, a coisa recebida. Em todos os casos a coisa já pertencia, antes do nascimento da obrigação, ao próprio credor.

Ora, o Código Civil de 2002 prevê, em seu art. 238, que, "se a obrigação for de restituir coisa certa, e esta, sem culpa do devedor, se perder antes da tradição[3], sofrerá o credor a perda, e a obrigação se resolverá, ressalvados os seus direitos até o dia da perda".

A norma não prima pelo melhor estilo de redação, por repetir a expressão "perda", no mesmo contexto.

De qualquer forma, subsiste a regra de que a coisa perece para o dono (credor), que suportará o prejuízo, sem direito a indenização, considerando-se a ausência de culpa do devedor.

[3] A palavra "tradição", aqui, significa restituição, entrega, e não, propriamente, transferência da propriedade.

Finalmente, devemos observar que o legislador, não obstante houvesse imposto as consequências do prejuízo ao credor, ressalvou os seus direitos até o dia da perda. Assim, se a coisa depositada gerou frutos até a sua perda, sem atuação ou despesa do depositário, que inclusive tinha ciência de que as utilidades pertenceriam ao credor, este terá direito sobre elas até o momento da destruição fortuita da coisa principal.

Tudo o que se disse até aqui se aplica à obrigação de restituir, cujo objeto se perdeu (destruição total) sem culpa do devedor. Entretanto, em caso de simples deterioração, recebê-lo-á o credor, tal qual se ache, sem direito a indenização (art. 240 do CC/2002).

E o que dizer se, nas obrigações de restituir, a coisa se perde ou deteriora por culpa do devedor?

Por óbvio, se a coisa se perde por culpa do devedor, que não poderá mais restituí-la ao credor, deverá responder pelo equivalente (valor do objeto), mais perdas e danos (art. 239 do CC/2002).

Se, todavia, a coisa restituível apenas se deteriora, a solução da lei é no sentido de se aplicar a mesma regra acima citada (art. 239), ou seja, a imposição ao devedor de responder pelo equivalente (valor do objeto) mais perdas e danos. Nada impede, todavia, a despeito de o Código Civil de 2002 ser silente a respeito, que o credor de coisa restituível, deteriorada por culpa do devedor, opte por ficar com a coisa, no estado em que se encontra, com direito a reclamar a indenização pelas perdas e danos correspondentes à deterioração. Esta, aliás, era a solução do Código revogado (art. 871, c/c o art. 867)[4].

Por fim, cumpre-nos fazer referência aos melhoramentos, acréscimos e frutos experimentados pela coisa, nas obrigações de restituir.

Se tais benefícios se agregaram à coisa principal, sem concurso de vontade ou despesa para o devedor, lucrará o credor, desobrigado de indenização (art. 241 do CC/2002).

Se, todavia, tais melhoramentos ou acréscimos exigiram concurso de vontade ou despesa para o devedor, o Código Civil de 2002, seguindo orientação da Lei Civil anterior, determina que sejam aplicadas as regras atinentes aos efeitos da posse, quanto às benfeitorias realizadas (art. 242 do CC/2002).

Assim, se os acréscimos traduzem benfeitorias necessárias (a reforma realizada para a conservação do bem — reestruturação de uma viga, p. ex.) ou úteis (o acréscimo efetuado para facilitar a sua utilização — a abertura de uma entrada maior, p. ex.), o devedor de boa-fé terá direito de ser indenizado, podendo, inclusive, reter a coisa restituível, até que lhe seja pago o valor devido (direito de retenção). No que tange às obras voluptuárias (acréscimos para simples embelezamento ou aformoseamento — uma estátua no jardim, p. ex.), poderá o devedor levantá-las (retirá-las), se não lhe for pago o valor devido, desde que não haja prejuízo para a coisa principal (art. 1.219 do CC/2002).

[4] Nesse sentido, estabelece o Enunciado n. 15 da I Jornada de Direito Civil da Justiça Federal: "Art. 240. As disposições do art. 236 do novo Código Civil também são aplicáveis à hipótese do art. 240, *in fine*".

Estando de má-fé[5], o devedor só terá direito a reclamar a indenização pelos acréscimos necessários, sem possibilidade de retenção da coisa (art. 1.220 do CC/2002).

Finalmente, quanto aos frutos, aplicam-se também as regras previstas pelo legislador, ao tratar dos efeitos da posse, no Livro III ("Do Direito das Coisas").

Dessa forma, se, em vez de acréscimos, melhoramentos ou benfeitorias, a coisa restituível gerar frutos, deveremos perquirir o elemento anímico do devedor — a sua boa ou má-fé —, para que possamos extrair as consequências jurídicas apropriadas. Assim, enquanto estiver de boa-fé, o devedor tem direito aos frutos percebidos (art. 1.214 do CC/2002). Exemplo: ao comodatário, a quem se impõe a obrigação de restituir a coisa emprestada, fora reconhecido o direito, pelo comodante, de perceber os frutos das árvores que integram o imóvel, até o final do prazo contratual. Fará jus o comodatário, portanto, aos frutos colhidos, durante todo o tempo em que permaneça licitamente no imóvel, de boa-fé. Os frutos pendentes (ainda não destacados da coisa principal), por sua vez, deverão ser restituídos, ao tempo em que cessar a boa-fé, deduzidas as despesas de produção e custeio (art. 1.214, parágrafo único, do CC/2002).

Entretanto, se o devedor estiver de má-fé, deverá responder por todos os frutos colhidos e percebidos, bem como pelos que, por culpa sua, deixou de perceber (percipiendos), desde o momento em que se constituiu de má-fé, assistindo-lhe, todavia, direito às despesas de produção e custeio. De tal forma, se não puder restituir ao credor esses frutos, deverá indenizá-lo com o equivalente em pecúnia (art. 1.216 do CC/2002). Imagine, ainda na hipótese do comodato, que o comodatário, notificado para deixar o imóvel em face do término do prazo estipulado, recalcitre e não se retire, continuando a fruir de suas utilidades. A partir do momento em que tomar ciência do vício que inquina a sua posse, passará a atuar de má-fé, e não mais terá direito às utilidades da coisa.

### 2.1.2. Obrigações de dar coisa incerta

Ao lado das obrigações de dar coisa certa, figuram as obrigações de dar coisa incerta, cuja prestação consiste na entrega de coisa especificada apenas pela espécie[6] e quantidade.

---

[5] Imagine a hipótese de o próprio devedor, dolosamente, dar causa ao acréscimo ou melhoramento, apenas para obter a indenização devida, supervalorizando-a.

[6] Tradicionalmente, a doutrina costuma caracterizar a obrigação de dar coisa incerta como aquela indicada, ao menos, pelo gênero e quantidade. Álvaro Villaça, todavia, pondera que "melhor seria, entretanto, que tivesse dito o legislador: espécie e quantidade. Não: gênero e quantidade, pois a palavra gênero tem sentido muito mais amplo. Considerando a terminologia do Código, por exemplo, o cereal é gênero e o feijão é espécie. Se, entretanto, alguém se obrigasse a entregar uma saca de cereal (quantidade: uma saca; gênero: cereal), essa obrigação seria impossível de cumprir-se, pois não se poderia saber qual dos cereais deveria ser o objeto da prestação jurídica" (*Teoria Geral das Obrigações*, 9. ed., São Paulo: Revista dos Tribunais, 2001, p. 66). Com fulcro nesse entendimento, contrário ao clássico entendimento dos doutos, o antigo Projeto de Lei n. 6.960/2002 (depois renumerado para 276/2007) pretendia alterar o art. 243, substituindo a expressão "gênero" por "espécie", nos seguintes

É o que ocorre quando o sujeito se obriga a dar duas sacas de café, por exemplo, sem determinar a qualidade (tipo A ou B).

Trata-se das chamadas obrigações genéricas.

Nesse sentido, clara é a norma do art. 243 do Código Civil de 2002:

> "Art. 243. A coisa incerta será indicada, ao menos, pelo gênero e pela quantidade".

Ressalte-se, entretanto, que essa indeterminabilidade do objeto há que ser meramente relativa, uma vez que, se assim não fosse, a finalidade da própria obrigação restaria frustrada. Em outras palavras, a prestação genérica ("dar duas sacas de café") deverá se converter em prestação determinada, quando o devedor ou o credor escolher o tipo de produto a ser entregue, no momento do pagamento ("dar duas sacas de café do tipo A").

A esse respeito, pontificou CAIO MÁRIO DA SILVA PEREIRA:

> "O estado de indeterminação é transitório, sob pena de faltar objeto à obrigação. Cessará, pois, com a escolha, a qual se verifica e se reputa consumada, tanto no momento em que o devedor efetiva a entrega real da coisa, como ainda quando diligencia praticar o necessário à prestação"[7].

Na mesma linha do nosso entendimento, CARLOS ROBERTO GONÇALVES preleciona:

> "Na obrigação de dar coisa incerta, ao contrário, o objeto não é considerado em sua individualidade, mas no gênero a que pertence... por exemplo: dez sacas de café, sem especificação da qualidade. Determinou-se, *in casu*, apenas o gênero e a quantidade, faltando determinar a qualidade para que a referida obrigação se convole em obrigação de dar coisa certa e possa ser cumprida (art. 245)"[8].

Assim, vale esclarecer que não é o fato de ser, por exemplo, um cereal sem a qualidade correspondente que torna a coisa indeterminada, mas sim a sua falta de especificação dentro de um gênero que, aí, sim, nunca perece.

Conclui-se, pois, que, se a qualidade do café é especificada e as sacas já foram individualizadas (já foram separadas do gênero e apresentadas ao credor ou, então, são as únicas existentes do gênero), a obrigação é de dar coisa certa. Por outro lado, se, mesmo que se tenha estabelecido a qualidade do café, ainda não tiverem sido individualizadas as sacas, dentro do universo do estoque e/ou produção, a obrigação será de dar coisa incerta.

---

termos: "Art. 243. A coisa incerta será indicada, ao menos, pela espécie e pela quantidade". Todavia, a ordem jurídica vigente ainda segue o pensamento clássico, não havendo efetiva perspectiva de mudança próxima do preceito normativo mencionado.

[7] PEREIRA, Caio Mário da Silva. *Instituições de Direito Civil*, 19. ed., v. 2, Rio de Janeiro: Forense, 2001, p. 38.

[8] GONÇALVES, Carlos Roberto. *Direito Civil Brasileiro* — Teoria Geral das Obrigações, 18. ed., São Paulo: Saraiva, 2020, v. 2, p. 61.

Essa operação, por meio da qual se especifica a prestação, convertendo a obrigação genérica em determinada, denomina-se "concentração do débito" ou "concentração da prestação devida".

Mas a quem caberia a escolha? Ao credor ou ao devedor?

Por princípio, o Código Civil, em quase todas as suas normas, prefere o devedor, quando a vontade das partes não houver estipulado a quem assiste determinado direito. Essa regra, todavia, consoante veremos no decorrer desta obra, admite temperamentos[9].

Assim, seguindo a regra geral, a concentração do débito efetuar-se-á por atuação do devedor, se o contrário não resultar do título da obrigação.

Essa liberdade de escolha, todavia, não é absoluta, uma vez que o devedor não poderá dar a coisa pior, nem será obrigado a dar a melhor. No exemplo supramencionado, o sujeito passivo da relação obrigacional deverá, havendo mais de um tipo de café, optar por aquele de qualidade intermediária, se não tiver havido convenção em sentido contrário.

Da mesma forma, se o devedor se obriga a entregar duas cabeças de gado, deverá especificar a raça dos animais, no ato do cumprimento da obrigação (ex.: nelore, holandês) ou mesmo individualizá-los. Não estará obrigado, todavia, a entregar os melhores reprodutores do plantel, nem poderá escolher os piores animais do rebanho.

Em tais hipóteses, ao devedor impõe-se escolher a coisa pela média.

Ressalte-se, todavia, que essa é uma regra legal supletiva, que só poderá ser invocada se nada houver sido estipulado no título da obrigação (em geral, o contrato).

E, para que não pairem dúvidas, leia-se o art. 244 do CC/2002:

> "Art. 244. Nas coisas determinadas pelo gênero e pela quantidade, a escolha pertence ao devedor, se o contrário não resultar do título da obrigação; mas não poderá dar a coisa pior, nem será obrigado a prestar a melhor".

Por óbvio, se nas obrigações de dar coisa incerta a prestação é inicialmente indeterminada, não poderá o devedor, antes de efetuada a sua escolha — isto é, antes da concentração do débito —, alegar perda ou deterioração da coisa, ainda que por força maior ou caso fortuito (art. 246 do CC/2002). O gênero, segundo tradicional entendimento, não perece jamais (*genus nunquam perit*). Nesse particular, o exemplo figurado por SÍLVIO VENOSA é bastante didático:

> "Se alguém se obriga a entregar mil sacas de farinha de trigo, continuará obrigado a tal, ainda que em seu poder não possua referidas sacas, ou que parte ou o total delas se tenha perdido. Já se o devedor se tivesse obrigado a entregar uma tela de pintor famoso, a perda da coisa, sem sua culpa, resolveria a obrigação"[10].

---

9 Assim, o art. 327 do CC/2002, seguindo diretriz do Código de 1916 (art. 950), prefere o credor, quando houverem sido designados dois ou mais lugares para a realização do pagamento. Essa situação, todavia, é excepcional.

10 VENOSA, Sílvio de Salvo, ob. cit., p. 97.

A título de curiosidade histórica, vale destacar que o antigo Projeto de Lei n. 6.960/2002 (depois renumerado para 276/2007) pretendia relativizar essa regra, nos seguintes termos: "Art. 246. Antes de cientificado da escolha o credor, não poderá o devedor alegar perda ou deterioração da coisa, ainda que por força maior ou caso fortuito, salvo se se tratar de dívida genérica limitada e se extinguir toda a espécie dentro da qual a prestação está compreendida".

Feita a escolha, as regras que passarão a ser aplicadas serão aquelas previstas para as obrigações de dar coisa certa (art. 245, c/c os arts. 233 a 242 do CC/2002).

### 2.1.3. *Obrigações de dar dinheiro (obrigações pecuniárias)*

Ainda no estudo das obrigações de dar, merecem especial referência as obrigações de dar certa quantia em dinheiro (obrigações pecuniárias[11]).

Segundo ÁLVARO VILLAÇA AZEVEDO,

> "o pagamento em dinheiro consiste, assim, na modalidade de execução obrigacional que importa a entrega de uma quantia de dinheiro pelo devedor ao credor, com liberação daquele. É um modo de pagamento que deve realizar-se, em princípio, em moeda corrente, no lugar do cumprimento da obrigação, onde esta deverá cumprir-se, segundo o art. 947[12] do CC"[13].

Observe-se que a redação original do art. 947 (§ 1º) do Código de 1916 permitia que o pagamento das obrigações pecuniárias fosse feito em determinada espécie de moeda, nacional ou estrangeira, e, inclusive, por meio de ouro e prata[14].

Tal admissibilidade talvez decorresse do fato de a nossa economia, no início do século XX, ainda estar diretamente atrelada ao capital das metrópoles colonizadoras, não se havendo desenvolvido a indústria e o sistema financeiro nacional. Além do mais, a fraqueza da moeda nacional sempre fez parte de nossa tradição econômica.

Ocorre que, em 27 de novembro de 1933, por meio da edição do Decreto n. 23.501, proibiram-se as estipulações de pagamento em ouro, ou qualquer outra moeda estrangeira, em detrimento da moeda nacional. Se, por um lado, tal providência refletia o

---

[11] Pecúnia deriva, etimologicamente, de *pecus = gado*, uma vez que, nas sociedades antigas, os animais eram considerados moeda de troca.

[12] No CC/2002, art. 315.

[13] AZEVEDO, Álvaro Villaça. *Teoria Geral das Obrigações*, 9. ed., São Paulo: Revista dos Tribunais, 2001, p. 132.

[14] Na III Jornada de Direito Civil, realizada em novembro de 2004 no Superior Tribunal de Justiça, foi aprovado o Enunciado n. 160, proposto pela então Juíza Federal Maria Isabel Diniz Gallotti Rodrigues, registrando que a "obrigação de creditar dinheiro em conta vinculada de FGTS é obrigação de dar, obrigação pecuniária, não afetando a natureza da obrigação a circunstância de a disponibilidade do dinheiro depender da ocorrência de uma das hipóteses previstas no art. 20 da Lei 8.036/90".

nacionalismo crescente da década de 1930, por outro era resultado da própria inflação e do desequilíbrio cambial.

Posteriormente, o Decreto-lei n. 857, de 1969, mantendo a obrigatoriedade do pagamento em moeda nacional, passou a admitir, todavia, posto em caráter excepcional, a utilização de moeda estrangeira nos contratos internacionais (importação e exportação, por exemplo).

A esse respeito, com propriedade, pontifica ARNOLDO WALD:

> "O reconhecimento da validade da cláusula de pagamento em moeda estrangeira nos contratos internacionais decorreu de imperativo categórico da economia mundial, pois, como já se salientou na época, 'a admitir que o decreto visasse proibir quaisquer dívidas em moeda estrangeira, ter-se-ia, na realidade, proibido o comércio do Brasil com qualquer outra nação'"[15].

O Plano Real, instituído pela Lei n. 9.069, de 29 de junho de 1995, admitiu que "as operações e contratos de que tratam o Decreto-lei n. 857, de 11 de setembro de 1969, e o art. 6º da Lei n. 8.880, de 27 de maio de 1994", não estão sujeitos à obrigatoriedade de serem corrigidos pelo Índice de Preços ao Consumidor — IPCr, o que dá a entender que, nas hipóteses previstas nessas leis, a correção monetária da obrigação poderá ser feita em moeda estrangeira.

De qualquer forma, permanece a regra geral da obrigatoriedade do pagamento em moeda corrente nacional, que tem curso forçado, para as obrigações exequíveis no Brasil, ressalvadas, apenas, as relações contratuais de natureza internacional.

Por princípio, deve-se lembrar ainda que tais obrigações pecuniárias devem observar o valor nominal da moeda.

Nesse sentido, aliás, dispõe o art. 315 do Código Civil de 2002: "As dívidas em dinheiro deverão ser pagas no vencimento, em moeda corrente e pelo valor nominal, salvo o disposto nos artigos subsequentes".

Consoante se depreende dessa regra legal, é o princípio do nominalismo que regula as denominadas dívidas de dinheiro.

Por força dessa regra, assevera CARLOS ROBERTO GONÇALVES, considera-se "como valor da moeda o valor nominal que lhe atribui o Estado, no ato de emissão ou cunhagem". E arremata:

> "De acordo com o referido princípio, o devedor de uma quantia em dinheiro libera-se entregando a quantidade de moeda mencionada no contrato ou no título da dívida, e em curso no lugar do pagamento, ainda que desvalorizada pela inflação, ou seja,

[15] WALD, Arnoldo. *O Novo Direito Monetário* — Os Planos Econômicos, os Contratos, o FGTS e a Justiça, 2. ed., São Paulo: Malheiros, 2002, p. 191-2.

> mesmo que a referida quantidade não seja suficiente para a compra dos mesmos bens que podiam ser adquiridos, quando contraída a obrigação"[16].

Assim, sendo a dívida de dinheiro, e à luz do princípio do nominalismo, se Caio emprestou a Tício R$ 100,00 para que este devolvesse a quantia em sessenta dias, a mesma quantidade de moeda deverá ser devolvida (R$ 100,00), mesmo que sua expressão econômica não seja mais a mesma, isto é, não seja mais suficiente para a compra dos mesmos bens que podiam ser adquiridos na época da celebração do contrato de empréstimo (mútuo).

Entretanto, ao lado das dívidas de dinheiro, a doutrina, influenciada pela instabilidade de nossa economia, elaborou o conceito das chamadas dívidas de valor[17].

Estas não teriam por objeto o dinheiro em si, mas o próprio valor econômico (aquisitivo) expresso pela moeda. Na obrigação de prestar alimentos, por exemplo, o devedor é obrigado a fornecer não determinada soma em dinheiro, mas sim o que for necessário à mantença do alimentando. Observe-se, portanto, que, se o valor nominal da pensão estiver defasado, é possível a sua revisão judicial.

Outro excelente exemplo de dívida de valor é apontado por ÁLVARO VILLAÇA:

> "Também é, indiscutivelmente, dívida de valor a indenização devida em razão das desapropriações. O Poder Público expropriante, por exigência constitucional (art. 5º, inc. XXIV), há que pagar ao expropriado prévia e justa indenização, o que quer dizer que o valor do bem expropriado, obtido mediante avaliação, é que se faz devido, e não, meramente, o valor inicial depositado no processo por esse Poder Público. A indenização necessita ser justa. Deve ser paga ao expropriado não uma soma em dinheiro, simplesmente, mas uma importância que corresponda ao valor da coisa desapropriada"[18].

Nessa linha de intelecção, outra importante observação deve ser feita.

Em virtude da galopante inflação que durante décadas assolou o País, e pela própria fragilidade de nossa economia, fez-se necessária, para a correção de distorções de valor nas obrigações pecuniárias, a criação de índices de atualização econômica das obrigações pecuniárias, as denominadas cláusulas de escala móvel, que poderiam ser escolhidas pelas próprias partes.

A Lei n. 6.205, de 29 de abril de 1975, vedou a estipulação do salário mínimo como critério de atualização econômica de dívidas. Em 1977, por meio da Lei n. 6.423, estabe-

---

[16] GONÇALVES, Carlos Roberto. *Direito Civil Brasileiro*, 18. ed., São Paulo: Saraiva, 2020, v. 2, p. 77.

[17] Essa distinção já gozou de maior importância, uma vez que a Lei n. 6.899/81 generalizou a correção monetária, para as dívidas de dinheiro em geral, por força da referida lei (VENOSA, Sílvio de Salvo, ob. cit., p. 92).

[18] AZEVEDO, Álvaro Villaça, ob. cit., p. 132.

leceu-se como índice a ORTN (Obrigação Reajustável do Tesouro Nacional), posteriormente substituída pela OTN, criada pelo Decreto-lei n. 2.284/86, apenas para obrigações ajustadas com prazo igual ou superior a doze meses. Três anos mais tarde, a Medida Provisória n. 57/89 criaria o BTN, convertida na Lei n. 7.777, de 19 de junho de 1989. Tempos depois, a despeito de a diminuição da inflação não justificar mais — ao menos teoricamente — a adoção de índices oficiais de atualização econômica, surgiu a TR (Taxa Referencial), criada pela Lei n. 8.177/91, cuja fixação seria feita pelo Banco Central do Brasil[19].

Tudo isso demonstra o esforço constante — embora nem sempre exitoso — do governo federal em buscar mecanismos de correção da equação econômica dos contratos e das obrigações exequíveis a médio e longo prazos.

Por fim, cumpre-nos advertir que a teoria da imprevisão não poderá ser confundida com a cláusula de escala móvel. Esta decorre de uma prévia estipulação das partes contratantes para corrigir eventuais distorções econômicas em contratos exequíveis a médio ou longo prazos; aquela, por sua vez, derivada da antiga cláusula *rebus sic stantibus*, consiste no reconhecimento de que a ocorrência de eventos supervenientes, imprevisíveis e não imputáveis às partes, com reflexos sobre a economia do contrato, poderá autorizar a sua revisão ou, até mesmo, o seu desfazimento, por princípio de equidade.

O Código Civil de 2002 disciplina as obrigações pecuniárias nos arts. 315 e seguintes. Uma das inovações positivadas é a constante do art. 317, que dá poderes ao juiz para corrigir o valor econômico do contrato, se motivos imprevisíveis, supervenientes, tornarem manifestamente desproporcional o valor da prestação devida, em cotejo com aquele pactuado ao tempo da celebração do negócio. Trata-se de aplicação específica da teoria da imprevisão, apenas para reconhecer ao juiz poderes para atualizar monetariamente a prestação contratual, uma vez que as regras genéricas da imprevisão, autorizadoras da resolução ou da revisão dos termos da própria avença, encontram-se consignadas nos arts. 478 a 480 do Código Civil de 2002.

Digna de nota também é a previsão do art. 318 do novo diploma legal, que considera "nulas as convenções de pagamento em ouro ou em moeda estrangeira, bem como para compensar a diferença entre o valor desta e o da moeda nacional", ressalvados os casos previstos em legislação especial, a exemplo dos contratos internacionais de importação e exportação.

## 2.2. Obrigações de fazer

Nas obrigações de fazer interessa ao credor a própria atividade do devedor.

---

[19] AZEVEDO, Álvaro Villaça, ob. cit., p. 135-6. Sobre a evolução histórica do tema no Brasil (índices econômicos e critérios de atualização monetária), recomendamos a excelente obra de Villaça, já referida, e a do Professor Arnoldo Wald, (*Obrigações e Contratos*, 12. ed., São Paulo: Revista dos Tribunais, 1995) cujos subsídios foram indispensáveis para a elaboração deste tópico.

Em tais casos, a depender da possibilidade ou não de o serviço ser prestado por terceiro, a prestação do fato poderá ser fungível ou infungível.

A obrigação de fazer será fungível quando não houver restrição negocial no sentido de que o serviço seja realizado por outrem. Assim, não obstante eu contrate a reparação do cano da cozinha com o encanador Caio, nada impede — se as circunstâncias do negócio não apontarem em sentido contrário — que a execução do serviço seja feita pelo seu colega Tício. Em casos como esse, diz-se que a obrigação não foi pactuada em atenção à pessoa do devedor.

Atento a isso, o Código Civil admite a possibilidade de o fato ser executado por terceiro, havendo recusa ou mora do devedor, nos termos do seu art. 249:

> "Art. 249. Se o fato puder ser executado por terceiro, será livre ao credor mandá-lo executar à custa do devedor, havendo recusa ou mora deste, sem prejuízo da indenização cabível.
>
> Parágrafo único. Em caso de urgência, pode o credor, independentemente de autorização judicial, executar ou mandar executar o fato, sendo depois ressarcido".

Comentando esse dispositivo, concernente às obrigações fungíveis, SÍLVIO VENOSA pontifica:

> "É interessante notar que, no parágrafo único, a novel lei introduz a possibilidade de procedimento de justiça de mão própria, no que andou muito bem. Imagine-se a hipótese de contratação de empresa para fazer a laje de concreto de um prédio, procedimento que requer tempo e época precisos. Caracterizada a recusa e a mora, bem como a urgência, aguardar uma decisão judicial, ainda que liminar, no caso concreto, poderá causar prejuízo de difícil reparação"[20].

Assim, poderá o credor, independentemente de autorização judicial, contratar terceiro para executar a tarefa, pleiteando, depois, a devida indenização, o que, se já era possível ser admitido no sistema anterior por construção doutrinária, agora se torna norma expressa.

Por outro lado, se ficar estipulado que apenas o devedor indicado no título da obrigação possa satisfazê-la, estaremos diante de uma obrigação infungível. Trata-se das chamadas obrigações personalíssimas (*intuitu personae*), cujo adimplemento não poderá ser realizado por qualquer pessoa, em atenção às qualidades especiais daquele que se contratou. Tal ocorre quando se contrata um renomado artista para pintar um retrato, ou um consagrado cantor para apresentar-se em um baile de formatura. Tais pessoas não poderão, sem prévia anuência do credor, indicar substitutos, sob pena de descumprirem a obrigação personalíssima pactuada.

Finalmente, cumpre-nos analisar quais são as consequências do descumprimento de uma obrigação de fazer.

---

[20] VENOSA, Sílvio de Salvo, ob. cit., p. 102.

Se a prestação do fato torna-se impossível sem culpa do devedor, resolve-se a obrigação, sem que haja consequente obrigação de indenizar. Assim, se um malabarista foi contratado para animar um aniversário de criança, e, no dia do evento, foi vítima de um sequestro, a obrigação extingue-se por força do evento fortuito.

Entretanto, se a impossibilidade decorrer de culpa do devedor, este poderá ser condenado a indenizar a outra parte pelo prejuízo causado. Utilizando o exemplo acima, imagine que o malabarista contratado acidentou-se porque, no dia da festa, dirigia seu veículo alcoolizado e em alta velocidade. Nesse caso, o descumprimento obrigacional decorreu de sua imprudência, razão pela qual deverá ser responsabilizado.

Tendo em vista situações como essas, o Código Civil, em seu art. 248, dispõe que:

> "Art. 248. Se a prestação do fato tornar-se impossível sem culpa do devedor, resolver-se-á a obrigação; se por culpa dele, responderá por perdas e danos".

Estudando essa regra, cumpre-nos advertir que o tratamento dispensado pelo Código Civil ao descumprimento das obrigações de fazer não foi o mais adequado, apresentando-se de forma extremamente lacunosa. Isso porque a consequência do inadimplemento culposo dessa espécie de obrigação não gera apenas o dever de pagar perdas e danos (indenização) como única forma de consequência lógico-jurídica do ilícito praticado.

A moderna doutrina processual nos ensina que, ao lado da pretensão indenizatória, existem outros meios de tutela jurídica colocados à disposição do credor.

Na hipótese de descumprimento sem culpa do devedor, não há como, em regra, responsabilizá-lo, uma vez que ausente um dos requisitos básicos para a responsabilidade civil no direito positivo brasileiro.

Havendo culpa, contudo, outras considerações devem ser feitas.

A visão tradicional do direito das obrigações, pelo seu cunho intrinsecamente patrimonialista, sempre defendeu que seria uma violência à liberdade individual da pessoa a prestação coercitiva de condutas, ainda que decorrentes de disposições legais e contratuais.

Tal concepção de intangibilidade da vontade humana, embora possa identificar-se com vetustas regras romanas, reflete, em verdade, a essência dos princípios liberais que influenciaram a formação e consolidação do Direito Civil, em especial no século XIX, com o advento do *Code Napoléon*. Nesse sentido, o "dogma da intangibilidade da vontade humana, zelosamente guardado nas tradições francesas pandectistas, fazia o mundo aceitar que 'toute obligation de faire, ou de ne pas faire, se resout en dommages et intérêts, en cas d'inexecution de la part du débiteur' (art. 1.142 do Código Civil francês)"[21].

Assim, pela convicção de que a liberdade humana é o valor maior na sociedade, a resolução em perdas e danos seria a única consequência para o descumprimento das obrigações de fazer ou não fazer.

---

[21] DINAMARCO, Cândido Rangel. *A Reforma do Código de Processo Civil*, 4. ed., São Paulo: Malheiros, 1998, p. 152.

Essa visão, em nosso entendimento, é, todavia, inaceitável na atualidade.

Isso porque o vigente ordenamento jurídico brasileiro há muito vem relativizando o princípio tradicional do *nemo praecise potest cogi ad factum*, reconhecendo que a incoercibilidade da vontade humana não é um dogma inafastável[22], desde que respeitados direitos fundamentais.

Com efeito, um bom exemplo disso é a histórica previsão do Decreto-lei n. 58/37, com a disciplina do denominado compromisso irretratável de compra e venda, em que se verifica um direito real de aquisição, haja vista que se obrigava o promitente vendedor a uma prestação de fazer consistente na transferência definitiva da propriedade, uma vez pago totalmente o preço, sob pena de adjudicação compulsória.

Por outro lado, o Código de Defesa do Consumidor (Lei n. 8.078, de 11-9-1990) garante, em diversos dispositivos, o direito do consumidor à tutela específica, inclusive do adimplemento contratual, em razão da natureza obrigacional inerente às lides individuais consumeristas. Senão, vejamos:

> "Art. 18. Os fornecedores de produtos de consumo duráveis ou não duráveis respondem solidariamente pelos vícios de qualidade ou quantidade que os tornem impróprios ou inadequados ao consumo a que se destinam ou lhes diminuam o valor, assim como por aqueles decorrentes da disparidade, com as indicações constantes do recipiente, da embalagem, rotulagem ou mensagem publicitária, respeitadas as variações decorrentes de sua natureza, podendo o consumidor exigir a substituição das partes viciadas.
>
> § 1º Não sendo o vício sanado no prazo máximo de trinta dias, pode o consumidor exigir, alternativamente e à sua escolha:
>
> I — a substituição do produto por outro da mesma espécie, em perfeitas condições de uso;
>
> II — a restituição imediata da quantia paga, monetariamente atualizada, sem prejuízo de eventuais perdas e danos;
>
> III — o abatimento proporcional do preço.
>
> (...)
>
> Art. 19. Os fornecedores respondem solidariamente pelos vícios de quantidade do produto sempre que, respeitadas as variações decorrentes de sua natureza, seu conteúdo

[22] Como observa Fredie Didier Jr.: "Imaginava-se, de um lado, que toda espécie de obrigação poderia ser convertida em dinheiro, acaso descumprida. A par do manifesto equívoco deste pensamento, que olvidava os hoje inquestionáveis direitos não patrimoniais, como os personalíssimos e os transindividuais (estes últimos de avaliação pecuniária bastante difícil exatamente em razão do caráter difuso dos seus elementos e caracteres), a tese ainda padecia de terrível enfermidade: autorizava, simplesmente, o descumprimento contratual, privilegiando a parte mais rica da relação, apta que estaria a arcar com perdas e danos existentes — se existentes, pois danos não se presumem" (DIDIER JR., Fredie. Tutela Específica do Adimplemento Contratual, *Revista Jurídica dos Formandos em Direito da UFBA*, p. 322, também acessável na Revista Eletrônica do Curso de Direito da UNIFACS, no *site* <www.unifacs.br/revistajuridica, edição de julho/2002>, seção "Corpo Docente").

líquido for inferior às indicações constantes do recipiente, da embalagem, rotulagem ou de mensagem publicitária, podendo o consumidor exigir, alternativamente e à sua escolha:

I — o abatimento proporcional do preço;

II — complementação do peso ou medida;

III — a substituição do produto por outro da mesma espécie, marca ou modelo, sem os aludidos vícios;

IV — a restituição imediata da quantia paga, monetariamente atualizada, sem prejuízo de eventuais perdas e danos.

(...)

Art. 35. Se o fornecedor de produtos ou serviços recusar cumprimento à oferta, apresentação ou publicidade, o consumidor poderá, alternativamente e à sua livre escolha:

I — exigir o cumprimento forçado da obrigação, nos termos da oferta, apresentação ou publicidade;

II — aceitar outro produto ou prestação de serviço equivalente;

III — rescindir o contrato, com direito à restituição de quantia eventualmente antecipada, monetariamente atualizada, e a perdas e danos.

(...)

Art. 84. Na ação que tenha por objeto o cumprimento da obrigação de fazer ou não fazer, o juiz concederá a tutela específica da obrigação ou determinará providências que assegurem o resultado prático equivalente ao do adimplemento.

(...)".

Tão importante inovação, todavia, conforme observa FREDIE DIDIER JR., em face do CPC/1973, "estava restrita às lides de consumo: as outras ainda estavam ao desabrigo, havendo de conformar-se com a solução da tutela reparatória em dinheiro, prevalecendo a vontade humana de descumprir o pactuado. A discussão acabou, entretanto, com o advento da Reforma Legislativa de 1994, também chamada de dezembrada, que culminou com a modificação de mais de cem artigos do CPC, implementando a tutela específica das obrigações, contratuais ou legais, de fazer ou não fazer. Ampliou-se a possibilidade da mencionada modalidade de tutela de forma a alcançar o ideal chiovendiano da maior coincidência possível"[23].

Daí, não é de estranhar que o Código de Processo Civil de 2015, que teve no mencionado jurista baiano um de seus principais artífices, contenha um Capítulo específico, dentro do Título referente ao "Cumprimento da Sentença", destinado ao "Cumprimento de Sentença que reconheça a exigibilidade de obrigação de fazer, de não fazer ou de entregar coisa" (Capítulo VI do Título II do Livro I — "Do Processo de Conhecimento e do Cumprimento de Sentença" — da Parte Especial do novo CPC).

[23] DIDIER JR., Fredie, ob. cit., p. 325.

Sobre as obrigações de fazer ou não fazer, estabelecem os arts. 536 e 537, *in verbis*:

"Art. 536. No cumprimento de sentença que reconheça a exigibilidade de obrigação de fazer ou de não fazer, o juiz poderá, de ofício ou a requerimento, para a efetivação da tutela específica ou a obtenção de tutela pelo resultado prático equivalente, determinar as medidas necessárias à satisfação do exequente.

§ 1º Para atender ao disposto no *caput*, o juiz poderá determinar, entre outras medidas, a imposição de multa, a busca e apreensão, a remoção de pessoas e coisas, o desfazimento de obras e o impedimento de atividade nociva, podendo, caso necessário, requisitar o auxílio de força policial.

§ 2º O mandado de busca e apreensão de pessoas e coisas será cumprido por 2 (dois) oficiais de justiça, observando-se o disposto no art. 846, §§ 1º a 4º, se houver necessidade de arrombamento.

§ 3º O executado incidirá nas penas de litigância de má-fé quando injustificadamente descumprir a ordem judicial, sem prejuízo de sua responsabilização por crime de desobediência.

§ 4º No cumprimento de sentença que reconheça a exigibilidade de obrigação de fazer ou de não fazer, aplica-se o art. 525, no que couber.

§ 5º O disposto neste artigo aplica-se, no que couber, ao cumprimento de sentença que reconheça deveres de fazer e de não fazer de natureza não obrigacional.

Art. 537. A multa independe de requerimento da parte e poderá ser aplicada na fase de conhecimento, em tutela provisória ou na sentença, ou na fase de execução, desde que seja suficiente e compatível com a obrigação e que se determine prazo razoável para cumprimento do preceito.

§ 1º O juiz poderá, de ofício ou a requerimento, modificar o valor ou a periodicidade da multa vincenda ou excluí-la, caso verifique que:

I — se tornou insuficiente ou excessiva;

II — o obrigado demonstrou cumprimento parcial superveniente da obrigação ou justa causa para o descumprimento.

§ 2º O valor da multa será devido ao exequente.

§ 3º A decisão que fixa a multa é passível de cumprimento provisório, devendo ser depositada em juízo, permitido o levantamento do valor após o trânsito em julgado da sentença favorável à parte.

§ 4º A multa será devida desde o dia em que se configurar o descumprimento da decisão e incidirá enquanto não for cumprida a decisão que a tiver cominado.

§ 5º O disposto neste artigo aplica-se, no que couber, ao cumprimento de sentença que reconheça deveres de fazer e de não fazer de natureza não obrigacional".

Dessa forma, faz-se mister propugnar por uma interpretação mais consentânea e lógica do art. 248 do CC/2002, ou seja, tal regra somente pode ser aplicada quando não é mais possível o cumprimento da obrigação ou, não tendo o credor mais interesse na sua realização — ante o inadimplemento do devedor —, o autor da ação assim o pretender.

Se, todavia, ainda é possível cumprir a obrigação pactuada, deve a ordem jurídica buscar satisfazer o credor com a efetiva prestação pactuada, proporcionando, na medida do praticamente possível, que quem tem um direito receba tudo aquilo e precisamente aquilo que tem o direito de obter, e não impor indenizações equivalentes, haja vista que isso não realiza o bem da vida pretendido.

Na precisa observação de LUIZ GUILHERME MARINONI:

> "Note-se que a tutela ressarcitória pelo equivalente permite apenas o sacrifício de um valor em dinheiro e não de valores concretos, como o do bem prometido ao credor. Preservam-se, assim, determinados valores, o que seria fundamental para garantir a liberdade e a propriedade dos sujeitos. A preocupação com a manutenção da liberdade e da propriedade é que inspirou uma forma de tutela que dava ao autor apenas o equivalente em dinheiro, já que a 'abstração dos valores' e, portanto, a 'troca dos equivalentes' era fundamental dentro de uma sociedade preocupada em garantir a liberdade e os valores ligados à propriedade.
>
> O direito liberal era eminentemente patrimonialista e, portanto, supunha que os direitos podiam ser adequadamente tutelados através da via ressarcitória. Na verdade, os direitos que tornaram evidente a insuficiência das sentenças clássicas ainda não estavam consagrados à época do direito liberal, e muito menos falava-se, nessa época, em interesses difusos e coletivos como objeto da possível tutela jurisdicional"[24].

Para a efetivação da tutela específica, poderá o magistrado valer-se, inclusive *ex officio*, da fixação de *astreintes*, que são justamente essas multas diárias pelo eventual não cumprimento da decisão judicial, previstas no art. 537 do CPC/2015, bem como quaisquer outras diligências necessárias para a regular satisfação da pretensão, sendo a relação do § 1º do art. 536 do CPC/2015 meramente exemplificativa, na espécie.

Obviamente, a busca da tutela específica não exclui a indenização pelas perdas e danos ocorridos até a data da realização concreta da obrigação de fazer submetida à apreciação judicial.

Por outro lado, a conversão da obrigação de fazer em perdas e danos poderá ocorrer nos termos do art. 499 do Código de Processo Civil de 2015, que preceitua:

> "Art. 499. A obrigação somente será convertida em perdas e danos se o autor o requerer ou se impossível a tutela específica ou a obtenção de tutela pelo resultado prático equivalente".

Ressalte-se, ainda, que tais regras são aplicáveis também para a obrigação de entregar coisa, o que não é uma novidade do Código de Processo Civil de 2015.

Com efeito, por força da Lei n. 10.444, de 7 de maio de 2002, o Código de Processo Civil de 1973 também adotou a disciplina da tutela específica para as obrigações de dar coisa certa, tendo em vista a redação que foi conferida ao seu art. 461-A:

---

24 MARINONI, Luiz Guilherme. *Tutela específica*, São Paulo: Revista dos Tribunais, 2000, p. 21-2.

"Art. 461-A. Na ação que tenha por objeto a entrega de coisa, o juiz, ao conceder a tutela específica, fixará o prazo para o cumprimento da obrigação.

§ 1º Tratando-se de entrega de coisa determinada pelo gênero e quantidade, o credor a individualizará na petição inicial, se lhe couber a escolha; cabendo ao devedor escolher, este a entregará individualizada, no prazo fixado pelo juiz.

§ 2º Não cumprida a obrigação no prazo estabelecido, expedir-se-á em favor do credor mandado de busca e apreensão ou de imissão na posse, conforme se tratar de coisa móvel ou imóvel.

§ 3º Aplica-se à ação prevista neste artigo o disposto nos §§ 1º a 6º do art. 461".

Mantendo tal diretriz, estabeleceram os arts. 498 e 538 do CPC/2015:

"Art. 498. Na ação que tenha por objeto a entrega de coisa, o juiz, ao conceder a tutela específica, fixará o prazo para o cumprimento da obrigação.

Parágrafo único. Tratando-se de entrega de coisa determinada pelo gênero e pela quantidade, o autor individualizá-la-á na petição inicial, se lhe couber a escolha, ou, se a escolha couber ao réu, este a entregará individualizada, no prazo fixado pelo juiz.

(...)

Seção II

Do Cumprimento de Sentença que Reconheça a Exigibilidade de Obrigação de Entregar Coisa

Art. 538. Não cumprida a obrigação de entregar coisa no prazo estabelecido na sentença, será expedido mandado de busca e apreensão ou de imissão na posse em favor do credor, conforme se tratar de coisa móvel ou imóvel.

§ 1º A existência de benfeitorias deve ser alegada na fase de conhecimento, em contestação, de forma discriminada e com atribuição, sempre que possível e justificadamente, do respectivo valor.

§ 2º O direito de retenção por benfeitorias deve ser exercido na contestação, na fase de conhecimento.

§ 3º Aplicam-se ao procedimento previsto neste artigo, no que couber, as disposições sobre o cumprimento de obrigação de fazer ou de não fazer".

Saliente-se a afirmação expressa da aplicabilidade, obviamente no que couber, para tal modalidade de obrigações, das disposições referentes ao cumprimento das relações jurídicas obrigacionais de fazer ou de não fazer.

Mas em que consiste, efetivamente, uma obrigação de não fazer?

É o que veremos no próximo subtópico.

## 2.3. Obrigações de não fazer

A obrigação de não fazer tem por objeto uma prestação negativa, um comportamento omissivo do devedor.

É o que ocorre quando alguém se obriga a não construir acima de determinada altura[25], a não instalar ponto comercial em determinado local, a não divulgar conhecimento técnico para concorrente de seu ex-empregador, a não sublocar a coisa etc. Observe-se que, em todas essas hipóteses, o devedor descumpre a obrigação ao realizar o comportamento que se obrigara a abster.

A despeito de a liberdade negocial imperar especialmente no Direito das Obrigações, deve ser observado que não serão consideradas lícitas as obrigações de não fazer que violem princípios de ordem pública e vulnerem garantias fundamentais. Assim, *a priori*, não se devem reputar válidas obrigações negativas que atinjam, em última análise, direitos da personalidade, não sendo juridicamente admitidas.

Posto isso, quais seriam os efeitos decorrentes do descumprimento das obrigações negativas?

Se o inadimplemento resultou de evento estranho à vontade do devedor, isto é, sem culpa sua, extingue-se a obrigação, sem perdas e danos:

> "Art. 250. Extingue-se a obrigação de não fazer, desde que, sem culpa do devedor, se lhe torne impossível abster-se do ato, que se obrigou a não praticar".

É o caso do sujeito que se obrigou a não construir um muro em seu imóvel, a fim de não prejudicar a vista panorâmica do vizinho, mas, em razão de determinação do Poder Público, que modificou a estrutura urbanística municipal, viu-se forçado a realizar a obra que se comprometera a não realizar.

Trata-se, portanto, de um descumprimento fortuito (não culposo) da obrigação de não fazer.

Pode, todavia, acontecer que o descumprimento da obrigação decorra de ato imputável ao próprio devedor, que realizou voluntariamente, sem a interferência coercitiva de fator exógeno, a conduta que se obrigara a não realizar.

Opera-se, então, o descumprimento culposo da obrigação de não fazer. Utilizando o exemplo *supra*, imagine-se que, em razão de um desentendimento qualquer, o vizinho, por espírito de vingança, resolva erguer o muro que não deveria levantar.

Tendo em vista situações como essa, dispõe o art. 251 do Código de 2002:

> "Art. 251. Praticado pelo devedor o ato, a cuja abstenção se obrigara, o credor pode exigir dele que o desfaça, sob pena de se desfazer à sua custa, ressarcindo o culpado perdas e danos.
>
> Parágrafo único. Em caso de urgência, poderá o credor desfazer ou mandar desfazer, independentemente de autorização judicial, sem prejuízo do ressarcimento devido".

---

[25] Essa obrigação poderá adquirir natureza real com o registro do título no Cartório de Registro Imobiliário, passando a constituir, a partir daí, uma servidão.

A análise desse dispositivo legal nos indica que, havendo o inadimplemento culposo, o credor, além das perdas e danos, poderá lançar mão da tutela específica, assim como previsto para as obrigações de fazer, podendo, inclusive, atuar pela própria força, em caso de urgência, independentemente de autorização judicial.

Em relação ao descumprimento culposo das obrigações de não fazer, conforme já visto, o art. 461 do Código de Processo Civil de 1973, com as modificações inseridas posteriormente, diretriz mantida no vigente CPC/2015, admitiu a tutela específica em face do adimplemento contratual. Nesse sentido, quando "a obrigação, apesar de inadimplida, ainda pode ser cumprida, e o seu cumprimento é de interesse do credor, podemos pensar na tutela do adimplemento da obrigação contratual na forma específica"[26].

De forma aparente, uma situação diferente surgiria quando se trata de uma obrigação de não fazer.

Com efeito, aqui temos uma situação em que o devedor se obrigou a não praticar determinada conduta, mas, por sua culpa, a realizou no plano concreto.

O fato, depois de realizado, não pode ser apagado da face da Terra, pois as palavras proferidas são como flechas desferidas, que não voltam atrás.

É o caso, por exemplo, da estipulação contratual de uma obrigação de não revelar um segredo. Uma vez tornado público o conteúdo que se queria sigiloso, não há como retirar do conhecimento da comunidade correspondente o domínio de tal saber.

Por isso, alguém poderia imaginar que o tratamento legal da tutela jurídica das obrigações de não fazer deveria ser diferente da disciplina das obrigações de conduta positiva.

Ledo engano, diremos nós, explicando a utilização da expressão "aparente" no início dessa exposição.

Da mesma forma que as obrigações de fazer, o que deve ser levado em consideração é se é possível (ou não) restituir as coisas ao *status quo ante* ou, mesmo assim, se o credor tem interesse em tal situação.

Sendo possível, e havendo interesse do credor, pode este demandar judicialmente o cumprimento da obrigação de não fazer, sem prejuízo das perdas e danos, até o desfazimento do ato que o devedor se obrigou a não fazer, com base no art. 251 do Código Civil de 2002.

E a legislação processual respalda tal afirmação, tanto no já mencionado art. 461 do CPC/1973 quanto no também já transcrito art. 536 do CPC/2015, que dá o mesmo tratamento às obrigações de fazer e de não fazer.

Também nesse diapasão, estabelece o art. 497 do Código de Processo Civil de 2015:

> "Art. 497. Na ação que tenha por objeto a prestação de fazer ou de não fazer, o juiz, se procedente o pedido, concederá a tutela específica ou determinará providências que assegurem a obtenção de tutela pelo resultado prático equivalente.

[26] MARINONI, Luiz Guilherme. *Tutela específica*, São Paulo: Revista dos Tribunais, 2000, p. 183.

> Parágrafo único. Para a concessão da tutela específica destinada a inibir a prática, a reiteração ou a continuação de um ilícito, ou a sua remoção, é irrelevante a demonstração da ocorrência de dano ou da existência de culpa ou dolo".

Tudo o que foi aqui exposto serve para corroborar que é possível, sim, a tutela específica da obrigação de fazer, impondo medidas coercitivas para que o devedor cumpra a prestação a que estava adstrito, seja de fazer, seja de não fazer.

A imediata conversão para indenização de perdas e danos não pode mais ser invocada em qualquer caso de inexecução da obrigação, devendo ser verificado, no caso concreto, apenas se é possível, no campo fático, a realização da prestação objeto da relação obrigacional e se o credor tem efetivo interesse na sua concretização.

Por isso, podemos afirmar peremptoriamente que a velha fórmula das perdas e danos convive, sim, com outras formas de tutela jurídica, na obrigação de fazer. Vale dizer: evoluímos das perdas e danos para as perdas e danos e/ou tutela específica, o que nos permite materializar as constantemente invocadas palavras de CÂNDIDO RANGEL DINAMARCO, refletindo sobre o pensamento de GIUSEPPE CHIOVENDA:

> "Deve-se proporcionar a quem tem direito à situação jurídica final que constitui objeto de uma obrigação específica precisamente aquela situação jurídica final que ele tem o direito de obter"[27].

Essa é a diretriz a ser tomada sempre para a compreensão da matéria.

## 3. CLASSIFICAÇÃO ESPECIAL DAS OBRIGAÇÕES

No tópico anterior, apresentamos a classificação básica das obrigações, considerando a natureza do objeto (prestação) da relação jurídica obrigacional: obrigações de dar (coisa certa/coisa incerta), de fazer e de não fazer.

Tais modalidades de obrigações são tidas como básicas justamente porque todas as demais as tomam como premissas, ainda que possam estar eventualmente relacionadas com a natureza do objeto da obrigação.

Agora, cuidaremos de analisar o tema sob outras perspectivas, apontando as modalidades mais difundidas de obrigações, valendo-nos, inclusive, do conhecimento daquelas já estudadas.

Para tanto, seguindo respeitável corrente doutrinária, levaremos em conta principalmente os seguintes critérios:

a) subjetivo (os sujeitos da relação obrigacional);
b) objetivo (o objeto da relação obrigacional — a prestação).

[27] DINAMARCO, Cândido Rangel. *A Reforma do Código de Processo Civil*, 4. ed., São Paulo: Malheiros, 1998, p. 149.

Considerando o elemento subjetivo (os sujeitos), as obrigações poderão ser:

a) fracionárias;
b) conjuntas;
c) disjuntivas;
d) solidárias.

Considerando o elemento objetivo (a prestação) — além da classificação básica, que também utiliza esse critério (prestações de dar, fazer e não fazer) —, podemos apontar a existência de modalidades especiais de obrigações, a saber:

a) alternativas;
b) facultativas;
c) cumulativas;
d) divisíveis e indivisíveis;
e) líquidas e ilíquidas.

E, para que nosso esquema seja completo, estudaremos também as obrigações segundo critérios metodológicos menos abrangentes:

Assim, quanto ao elemento acidental, encontramos:

a) obrigação condicional;
b) obrigação a termo;
c) obrigação modal.

Finalmente, quanto ao conteúdo, classificam-se as obrigações em:

a) obrigações de meio;
b) obrigações de resultado;
c) obrigações de garantia.

As obrigações naturais também serão aqui tratadas, ao final do capítulo.

Antes, porém, de iniciarmos a análise do tema, é preciso que se tenha firme a ideia de que, em Direito, nem sempre uma classificação especial exclui a outra, de forma que se poderá ter, por exemplo, uma obrigação de dar, solidária, divisível e a termo; uma obrigação de fazer, conjunta e de resultado etc.

No mesmo sentido, algumas classificações especiais podem se constituir, por vezes, em desdobramentos umas das outras, principalmente se levarmos em consideração os diversos critérios classificatórios aqui estudados. Como exemplo, veremos que as obrigações fracionárias (classificação quanto ao sujeito) pressupõem a divisibilidade das obrigações (classificação quanto ao objeto) etc.

Dessa forma, o único enquadramento que não se pode, *a priori*, conceber é a existência de obrigações contraditórias em seus próprios termos (divisível e indivisível, líquidas e ilíquidas etc.).

## 3.1. Classificação especial quanto ao elemento subjetivo (sujeitos)

Nos próximos subtópicos, analisaremos modalidades de obrigações que pressupõem a pluralidade de sujeitos.

### 3.1.1. *Obrigações fracionárias*

Nas obrigações fracionárias, concorre uma pluralidade de devedores ou credores, de forma que cada um deles responde apenas por parte da dívida ou tem direito apenas a uma proporcionalidade do crédito.

As obrigações fracionárias ou parciais, em verdade, podem ser, do ponto de vista ideal, decompostas em tantas obrigações quantos os credores ou devedores, pois, encaradas sob a ótica ativa, não formam um crédito coletivo, e, sob o prisma passivo, coligam-se tantas obrigações distintas quanto os devedores, dividindo-se o cumprimento da prestação entre eles[28].

As dívidas de dinheiro, por exemplo, em princípio, são fracionárias: se A, B e C adquiriram, conjuntamente, um veículo, obrigando-se a pagar 300, não havendo estipulação contratual em sentido contrário[29], cada um deles responderá por 100. Tais obrigações, por óbvio, pressupõem a divisibilidade da prestação.

Um bom exemplo disso se encontra nas obrigações trabalhistas, judiciais e extrajudiciais, decorrentes de uma relação condominial, em que norma expressa[30] estabelece a responsabilidade proporcional de cada um dos condôminos[31].

Outro exemplo, para visualizar, de outro lado, uma obrigação fracionária no polo ativo, é um direito de crédito transferido, *ipso facto* do passamento de seu titular, aos seus herdeiros legítimos e testamentários, pois, do ponto de vista ideal, enquanto se processa o inventário, cada um deles terá direito apenas a uma quota-parte do crédito original.

---

28 "A tese pluralista, ora exposta, não é tranquila. Para alguns, há unidade de obrigação e de prestação, para outros, unidade na origem e fracionamento posterior. Prevalece, no entanto, a doutrina de que constituem diversas obrigações conexas entre si. Tal doutrina nega, porém, a pluralidade de sujeitos nas obrigações parciais, ao admitir que haverá tantas quantos os devedores. Se é assim, cada obrigação parcial tem apenas um sujeito, seja do lado ativo seja do lado passivo, não se justificando, por conseguinte, a sua inclusão entre as formas jurídicas de pluralidade de credores ou de devedores" (GOMES, Orlando. *Obrigações*, 15. ed., Rio de Janeiro: Forense, 2000, p. 58).

29 É preciso ter em mente sempre a regra geral de que a "solidariedade não se presume; resulta da lei ou da vontade das partes" (art. 265 do CC/2002).

30 Lei n. 2.757, de 23-4-1956: "Art. 3º Os condôminos responderão, proporcionalmente, pelas obrigações previstas nas leis trabalhistas, inclusive as judiciais e extrajudiciais".

31 Essa regra é perfeitamente compatível com as diretrizes gerais da codificação civil, uma vez que o art. 1.317 do CC/2002 (art. 626 do CC/1916) estabelece expressamente que, "quando a dívida houver sido contraída por todos os condôminos, sem se discriminar a parte de cada um na obrigação, nem se estipular solidariedade, entende-se que cada qual se obrigou proporcionalmente ao seu quinhão na coisa comum".

Observe-se, a propósito dos exemplos citados, que o fracionamento pode ser verificado tanto originariamente quanto por derivação, mas o modo de constituição e a procedência não influem em sua disciplina, a menos que as partes os regulem de forma diversa da prevista em lei[32].

A respeito das obrigações fracionárias, ORLANDO GOMES enuncia regras básicas que defluem de sua própria estrutura:

> "a) cada credor não pode exigir mais do que a parte que lhe corresponde, e cada devedor não está obrigado senão à fração que lhe cumpre pagar;
>
> b) para os efeitos da prescrição, pagamento de juros moratórios, anulação ou nulidade da obrigação e cumprimento de cláusula penal, as obrigações são consideradas autônomas, não influindo a conduta de um dos sujeitos, em princípio, sobre o direito ou dever dos outros"[33].

Ressalte-se que, como veremos, pelo fato de a solidariedade não se presumir, sendo decorrente de norma legal ou convencional, a presunção que militará em qualquer obrigação com pluralidade de credores e/ou devedores é de que se trata de uma obrigação fracionária. Trata-se, pois, de uma regra geral especialmente aplicada às obrigações com objeto divisível (a exemplo das obrigações pecuniárias).

### 3.1.2. Obrigações conjuntas

São também chamadas de obrigações unitárias ou de obrigações em mão comum (*Zur gesamtem Hand*), no Direito germânico.

Nesse caso, concorre uma pluralidade de devedores ou credores, impondo-se a todos o pagamento conjunto de toda a dívida, não se autorizando a um dos credores exigi-la individualmente, nem um dos devedores cumpri-la sem a presença dos demais.

No testemunho abalizado de ORLANDO GOMES, as

> "obrigações conjuntas pressupõem a existência de patrimônio separado. Dada a sua especial configuração no Direito alemão, gravam as sociedades, os acervos hereditários e a comunhão matrimonial de bens. Correspondem, portanto, a uma situação patrimonial, que vincula condôminos. O direito do credor não se dirige contra cada qual, mas, coletivamente, contra todos. A legislação pátria não regula especialmente as obrigações conjuntas do tipo mancomunado. Tendo aceito a concepção romana do condomínio, considera-o uma unidade para o efeito de participação em relações obrigacionais. É verdade que os condôminos agem por intermédio de um representante, o administrador do condomínio. No caso, por exemplo, da comunhão de bens instaurada em regime matrimonial, cabia ao marido, como chefe da sociedade conjugal e administrador do patrimônio comum, contrair obrigações pelas quais respondam os bens do casal. Em

---

32 "Havendo mais de um devedor ou mais de um credor em obrigação divisível, esta presume-se dividida em tantas obrigações, iguais ou distintas, quantos os credores ou devedores" (art. 257 do CC/2002).

33 GOMES, Orlando. *Obrigações*, 8. ed., Rio de Janeiro: Forense, 1992, p. 72.

razão de tais acervos constituírem núcleos unitários de bens, não parece correto admitir a existência de pluralidade propriamente dita de devedores, mesmo se considerando que não chegam a constituir uma pessoa jurídica"[34].

Tentando visualizar um exemplo de tal modalidade de obrigação em nosso ordenamento jurídico, podemos imaginar a hipótese de três devedores obrigarem-se conjuntamente a entregar ao credor um caminhão carregado de soja ou três artistas se comprometerem a se apresentar conjuntamente. Em tal hipótese, nenhum dos devedores poderá pretender o pagamento isolado de sua quota, para se eximir da obrigação, nem o credor poderá exigir o pagamento parcial da dívida, buscando-se um adimplemento parcial. Apenas se desobrigam em conjunto, entregando toda a mercadoria prometida ou realizando conjuntamente a apresentação.

### 3.1.3. Obrigações disjuntivas

Nessa modalidade de obrigação, existem devedores que se obrigam alternativamente ao pagamento da dívida. Vale dizer, desde que um dos devedores seja escolhido para cumprir a obrigação, os outros estarão consequentemente exonerados, cabendo, portanto, ao credor a escolha do demandado.

De tal forma, havendo uma dívida contraída por três devedores (A, B, C), a obrigação pode ser cumprida por qualquer deles: ou A ou B ou C. Observe-se, portanto, que a conjunção "ou" vincula alternativamente os sujeitos passivos entre si.

Diferem das obrigações solidárias, por lhes faltar a relação interna, que, como veremos, é própria do mecanismo da solidariedade, justificando, neste último, o direito regressivo do devedor que paga.

Esse tipo de obrigação é pouco seguro para o credor, uma vez que, se pudesse cobrar dos três, obviamente teria maior garantia patrimonial para a satisfação do seu crédito.

### 3.1.4. Obrigações solidárias

As obrigações solidárias são de grande importância prática e, por isso, merecem um estudo mais pormenorizado.

#### 3.1.4.1. A solidariedade

A obrigação solidária é, sem dúvida, uma das mais importantes categorias do Direito Obrigacional.

SÍLVIO VENOSA, invocando o pensamento de CAIO MÁRIO, adverte que, embora a solidariedade se houvesse originado no Direito Romano, a fixação precisa de suas fontes históricas é tarefa por demais tormentosa[35].

[34] GOMES, Orlando, ob. cit., p. 59-60.

[35] VENOSA, Sílvio de Salvo, ob. cit., p. 130.

Existe solidariedade quando, na mesma obrigação, concorre uma pluralidade de credores, cada um com direito à dívida toda (solidariedade ativa), ou uma pluralidade de devedores, cada um obrigado à dívida por inteiro (solidariedade passiva). Embora não haja previsão legal específica, consignada nas disposições gerais da solidariedade no Código Civil, nada impede que se fale também em solidariedade mista, constituída pela vontade das partes, submetida, intuitivamente, às regras que regulam as duas primeiras.

Observe-se que, no caso, existe unidade objetiva da obrigação (o objeto é único), embora concorram mais de um credor ou devedor, cada um deles com direito ou obrigado, respectivamente, a toda a dívida.

ROBERTO DE RUGGIERO, discorrendo acerca das obrigações solidárias, assevera:

> "Verifica-se uma verdadeira e própria unidade da obrigação, não obstante a pluralidade dos sujeitos, quando a relação se constitua de modo que um dos vários credores tenha a faculdade de receber tudo, tal como se fosse o único credor, ou quando cada um dos vários devedores deva pagar tudo, como se fosse o único devedor"[36].

O Código Civil de 2002, em seu art. 264, dispõe que:

> "Art. 264. Há solidariedade, quando na mesma obrigação concorre mais de um credor, ou mais de um devedor, cada um com direito, ou obrigado, à dívida toda".

Observe-se que a primeira parte desse dispositivo legal cuida da solidariedade ativa (entre credores), ao passo que a sua segunda e última parte trata da solidariedade passiva (entre devedores).

Dois exemplos facilitarão a compreensão da matéria:

a) Exemplo de solidariedade ativa:

A, B e C são credores de D. Nos termos do contrato (título da obrigação), o devedor deverá pagar a quantia de R$ 300.000,00, havendo sido estipulada a solidariedade ativa entre os credores da relação obrigacional. Assim, qualquer dos três credores — A, B ou C — poderá exigir toda a dívida de D, ficando, é claro, aquele que recebeu o pagamento adstrito a entregar aos demais as suas quotas-partes respectivas. Mas note que, se o devedor pagar a qualquer dos credores, exonera-se. Nada impede, outrossim, que dois dos credores, ou até mesmo todos os três, cobrem integralmente a obrigação pactuada.

b) Exemplo de solidariedade passiva:

A, B e C são devedores de D. Nos termos do contrato (título da obrigação), os devedores encontram-se coobrigados solidariamente (solidariedade passiva) a pagar ao credor a quantia de R$ 300.000,00. Assim, o credor poderá exigir de qualquer dos três de-

[36] RUGGIERO, Roberto de. *Instituições de Direito Civil*, v. 3, Campinas: Bookseller, 1999, p. 115.

vedores toda a soma devida, e não apenas um terço de cada um. Nada impede, outrossim, que o credor demande dois dos devedores, ou, até mesmo, todos os três, conjuntamente. Note-se, entretanto, que o devedor que pagou toda a dívida terá ação regressiva contra os demais coobrigados, para haver a quota-parte de cada um.

Se a obrigação fosse fracionária, consoante vimos acima, o credor só poderia exigir de cada devedor a sua respectiva quota-parte (R$ 100.000,00). Todavia, como fora estipulada a solidariedade, o credor poderá escolher o devedor que pagará os R$ 300.000,00, ou pode exigir que os três concorram com a sua parte, ou que apenas dois efetuem o pagamento[37].

Nada impede, outrossim, que haja pluralidade de credores e devedores vinculados solidariamente ao pagamento da dívida.

Posto isso, devemos salientar que, segundo o nosso direito positivo, a solidariedade — passiva ou ativa —, por princípio, não se presume nunca, resultando expressamente da lei ou da vontade das partes (art. 265 do CC/2002).

Assim, não havendo norma legal ou estipulação negocial expressa que estabeleça a solidariedade, o juiz não poderá presumi-la da simples análise das circunstâncias negociais: se três devedores — A, B e C — se obrigaram a pagar R$ 300.000,00, inexistindo determinação legal ou estipulação contratual a respeito da solidariedade, cada um deles estará obrigado a pagar apenas a sua quota-parte (R$ 100.000,00). Entretanto, se o contrato estabelecer a solidariedade passiva, o credor poderá cobrar de qualquer dos devedores os R$ 300.000,00. Neste caso, a solidariedade resultará da vontade das próprias partes.

Pode acontecer, entretanto, que a solidariedade resulte da lei. É o que acontece com os pais, tutores, curadores, donos de hotéis, que são solidariamente responsáveis pelos causadores do dano (filhos, tutelados, curatelados, hóspedes), nos termos dos arts. 932 e 942, parágrafo único, do CC/2002[38].

É o caso, também, da previsão do § 2º do art. 2º da CLT, que estabelece: "Sempre que uma ou mais empresas, tendo, embora, cada uma delas, personalidade jurídica própria, estiverem sob a direção, controle ou administração de outra, constituindo grupo industrial, comercial ou de qualquer outra atividade econômica, serão, para os efeitos da relação de emprego, solidariamente responsáveis a empresa principal e cada uma das subordinadas". Nesse caso, mesmo não sendo empregadores, todas as empresas participantes do grupo econômico podem ser responsabilizadas pelos créditos trabalhistas do empregado de uma delas.

Finalmente, não se devem confundir as obrigações solidárias com as obrigações *in solidum*. Nestas últimas, posto concorram vários devedores, os liames que os unem ao credor são totalmente distintos, embora decorram de um único fato. Assim, se o proprietário de um veículo empresta-o a um amigo bêbado, e este vem a causar um aciden-

---

[37] GOMES, Orlando, ob. cit., p. 70.

[38] Nesse sentido: GONÇALVES, Carlos Roberto. *Direito Civil Brasileiro*. 18. ed. São Paulo: Saraiva, 2020, v. 2, p. 139.

te, surgirão obrigações distintas para ambos os agentes (o proprietário do bem e o condutor), sem que haja solidariedade entre eles[39].

### 3.1.4.1.1. *Solidariedade ativa*

Na solidariedade ativa, cujas noções gerais já foram vistas, "qualquer dos credores tem a faculdade de exigir do devedor a prestação por inteiro, e a prestação efetuada pelo devedor a qualquer deles libera-o em face de todos os outros credores"[40].

Assim, apenas para a boa fixação do tema, lembremo-nos de que, pactuada a solidariedade ativa entre três credores, o devedor, cobrado por apenas um deles, exonera-se pagando-lhe toda a soma devida. Aquele que recebeu o pagamento, por óbvio, responderá perante os demais pelas quotas de cada um.

Existe, portanto, na solidariedade ativa, uma relação jurídica interna entre os credores, a qual é irrelevante para o devedor. Vale dizer, este último, pagando a soma devida, exonera-se perante todos. Consequentemente, em virtude do vínculo interno que os une, aquele que recebeu todo o pagamento passa a responder perante os demais credores pelas partes de cada um.

Nesse sentido, é de fácil intelecção a regra constante no art. 267 do CC/2002:

> "Art. 267. Cada um dos credores solidários tem direito a exigir do devedor o cumprimento da prestação por inteiro".

Em verdade, é muito raro encontrar, na prática, casos de solidariedade ativa pactuada pelas próprias partes. Aliás, se os credores pretenderem que apenas um deles receba o pagamento, muito mais simples e seguro será, por meio de um contrato de mandato, outorgar ao credor escolhido uma procuração com poderes para receber a soma devida em nome dos demais.

Da mesma forma, temos também dificuldade em encontrar casos de solidariedade ativa por força de lei.

Talvez a única hipótese apontada pela doutrina seja aquela prevista pela Lei n. 209, de 2-1-1948, que trata do pagamento relativo a débitos civis e comerciais de pecuaristas:

> "Art. 12. O débito ajustado constituir-se-á à base de garantias reais ou fidejussórias existentes e se pagará anualmente pena de vencimento, em prestações iguais aos credores em solidariedade ativa rateadas em proporção ao crédito de cada um.

---

39 Essa matéria é muito bem tratada por Sílvio Venosa, que, inclusive, cita excelente exemplo de Guillermo Borda: "Suponhamos um caso de incêndio de uma propriedade segurada, causada por culpa de um terceiro. Tanto a seguradora como o autor do incêndio devem à vítima a indenização pelo prejuízo; a seguradora, no limite do contrato, e o agente, pela totalidade. A vítima pode reclamar a indenização de qualquer um deles, indistintamente, e o pagamento efetuado por um, libera o outro devedor. Contudo, não existe solidariedade entre os devedores, porque não existe uma causa comum, uma origem comum na obrigação" (ob. cit., p. 130).

40 VARELA, João de Matos Antunes, ob. cit., p. 778.

> Parágrafo único. Para os casos de execução judicial é usada a cláusula penal de 10% sobre o principal e acessórios da dívida".

Segundo o Código Civil de 2002, o pagamento feito pelo devedor a um dos credores solidários extingue a dívida até o montante do que foi pago (art. 269). Note-se que a Lei Codificada anterior, em seu art. 900, *caput*, não fazia essa referência, dispondo apenas que: "O pagamento feito a um dos credores solidários extingue inteiramente a dívida". Assim, no momento em que o novo diploma limitou os efeitos da exoneração do devedor até o montante do que efetivamente pagou, forçoso convir que, se o devedor pagou menos do que devia, continuará obrigado ao pagamento do restante da dívida, abatida, por óbvio, a parte que já quitou, mantida a solidariedade ativa quanto ao saldo devedor.

Poderá, todavia, ocorrer que um dos credores solidários, em vez de exigir a soma devida, haja perdoado a dívida (art. 272 do CC/2002). Trata-se da chamada remissão de dívida, forma especial de extinção das obrigações, prevista nos arts. 385 a 388 do CC/2002. Nesse caso, assim como ocorre quando recebe o pagamento, o credor remitente (que perdoou) responderá perante os demais credores pela parte que lhes caiba. Exemplificando: A, B e C são credores solidários de D. C perdoou toda a dívida de R$ 300.000,00. De tal forma, não havendo participado da remissão, os outros credores poderão exigir daquele que perdoou (C) as quotas-partes que lhes caibam (R$ 100.000,00 para A e R$ 100.000,00 para B).

E o que dizer se um dos credores solidários falecer deixando herdeiros?

Nesse caso, há que ser invocada a regra do art. 270 do CC/2002, segundo a qual:

> "Se um dos credores solidários falecer deixando herdeiros, cada um destes só terá direito a exigir e receber a quota do crédito que corresponder ao seu quinhão hereditário, salvo se a obrigação for indivisível".

Um exemplo facilitará a compreensão da norma: A, B e C são credores solidários de D. Como se sabe, qualquer deles pode cobrar toda a soma devida pelo devedor. Pois bem. B morre, deixando os seus filhos, E e F, como herdeiros. Nesse caso, cada um destes só terá direito a exigir e receber a quota do crédito que corresponder ao seu quinhão hereditário, isto é, a metade (1/2) da quota de B (R$ 50.000,00). Entretanto, se a obrigação for indivisível, um cavalo de raça, por exemplo, o herdeiro poderá exigi-lo por inteiro (dada a impossibilidade de fracioná-lo), respondendo, por óbvio, perante todos os demais pela quota-parte de cada um.

Finalmente, inovou o Código Civil de 2002 ao prever regras inéditas atinentes à defesa do devedor e ao julgamento da lide assentada em solidariedade ativa.

O primeiro desses dispositivos proíbe que o devedor oponha a todos os credores solidários a exceção pessoal oponível a apenas um deles (art. 273). Exceção, aqui, significa defesa. Assim, se apenas um dos credores atuou dolosamente quando da celebração do contrato (título da obrigação), estando todos os demais de boa-fé, a exceção (alegação de dolo) não poderá ser oposta contra todos. Não prejudicará, pois, os credores de boa-fé.

Já o segundo dispositivo sem correspondente no Código revogado veio previsto no art. 274, com a seguinte redação:

> "Art. 274. O julgamento contrário a um dos credores solidários não atinge os demais; o julgamento favorável aproveita-lhes, a menos que se funde em exceção pessoal ao credor que o obteve".

Tal dispositivo foi modificado pelo Código de Processo Civil de 2015, que lhe conferiu, por meio de seu art. 1.068, a seguinte redação:

> "Art. 274. O julgamento contrário a um dos credores solidários não atinge os demais, mas o julgamento favorável aproveita-lhes, sem prejuízo de exceção pessoal que o devedor tenha direito de invocar em relação a qualquer deles".

Dentro do esforço de clareza que norteia a elaboração de todas nossas reflexões, cuidaremos de ilustrar algumas hipóteses.

Por exemplo, se um dos credores solidários cobra sozinho a dívida e o devedor alega prescrição, sendo esta acolhida pelo magistrado, este julgamento contrário não afeta os demais credores solidários.

Por isso se diz que o julgamento contrário a um dos credores solidários não atinge os demais.

Assim, os demais credores solidários podem ainda cobrar a dívida, claro que suscitando causas que demonstrem a não consumação do prazo prescricional.

Por outro lado, se um dos credores solidários, na época da feitura do contrato (fonte da obrigação), ameaçou o devedor para que este também celebrasse o negócio com ele (estando os demais credores de boa-fé), o juiz poderá acolher a defesa do réu (devedor), excluindo o coator da relação obrigacional, em face da invalidade da obrigação assumida perante ele. Neste caso, a sentença não poderá prejudicar os demais credores que, de boa-fé, sem imaginar a coação moral, celebraram o negócio com o devedor, com o assentimento deste.

Pode ocorrer, todavia, que o juiz julgue favoravelmente a um dos credores solidários. Neste caso, duas consequências distintas podem ocorrer:

1) Se o juiz desacolheu a defesa (exceção) do devedor, e esta não era de natureza pessoal (ou seja, era comum a todos os credores), o julgamento beneficiará a todos os demais. Exemplo: imagine que o credor A exija a dívida do devedor D. Este se defende, alegando que o valor da dívida é excessivo, não havendo razão para se cobrar aquele percentual de juros (defesa não pessoal). O juiz não aceita as alegações do devedor e reconhece ser correto o valor cobrado. Da mesma forma, o devedor D sustenta haver prescrição e esta não é acolhida pelo juízo. Nesses casos, o julgamento favorável ao credor A beneficiará todos os demais (B, C).
2) Se o juiz desacolheu a defesa (exceção) do devedor, e esta era de natureza pessoal, o julgamento não interferirá na esfera jurídica dos demais credores. Exemplo: o

credor A exige a dívida do devedor D. Este opõe defesa, alegando que A coagiu-o, por meio de grave ameaça, a celebrar o contrato (fonte da obrigação) também com ele. O juiz não aceita as alegações do devedor e reconhece que A é legítimo credor solidário. Neste caso, o julgamento favorável ao credor A, consoante já registramos acima, em nada interferirá na esfera jurídica dos demais credores de boa-fé, cuja legitimidade para a cobrança da dívida em tempo algum fora impugnada pelo devedor. Não se poderá dizer, pois, neste caso, que o julgamento favoreceu os demais credores, uma vez que a situação dos mesmos não mudou.

Sintetizando, instituiu-se o regime da extensão *secundum eventum litis* da coisa julgada surgida de processo instaurado por um dos credores: os credores que não participaram do processo apenas podem ser beneficiados com a coisa julgada, jamais prejudicados. Assim, a coisa julgada surge independentemente de a decisão ter sido favorável ou desfavorável ao credor que propôs a demanda, mas a sua extensão aos demais credores é que é, efetivamente, *secundum eventum litis*[41].

Em conclusão, vale referir que a solidariedade ativa extingue-se, além do pagamento da dívida, pelas outras formas especiais de extinção das obrigações (novação, compensação, remissão etc.).

#### *3.1.4.1.2. Solidariedade passiva*

A ocorrência prática da solidariedade passiva é muito comum.

Como já vimos, existe solidariedade passiva quando, em determinada obrigação, concorre uma pluralidade de devedores, cada um deles obrigado ao pagamento de toda a dívida.

Vale lembrar o exemplo *supra*: A, B e C são devedores de D. Nos termos do contrato, os devedores encontram-se coobrigados solidariamente (solidariedade passiva) a pagar ao credor a quantia de R$ 300.000,00. Assim, o credor poderá exigir de qualquer dos três devedores toda a soma devida, e não apenas um terço de cada um. Nada impede, outrossim, que o credor demande dois dos devedores, ou, até mesmo, todos os três, conjuntamente, cobrando-lhes toda a soma devida ou parte dela. Note, entretanto, que o devedor que pagou toda a dívida terá ação regressiva contra os demais coobrigados, para haver a quota-parte de cada um.

Nesse sentido, para a boa fixação da matéria, transcreveremos, *in verbis*, o art. 275, parágrafo único, do Código de 2002:

> "Art. 275. O credor tem direito a exigir e receber de um ou de alguns dos devedores, parcial ou totalmente, a dívida comum; se o pagamento tiver sido parcial, todos os demais devedores continuam obrigados solidariamente pelo resto.

[41] Nesse sentido, confira-se: DIDIER JR., Fredie. *Regras Processuais no Código Civil*, 3. ed., São Paulo: Saraiva, 2008.

Parágrafo único. Não importará renúncia da solidariedade a propositura de ação pelo credor contra um ou alguns dos devedores".

O que caracteriza essa modalidade de obrigação solidária é exatamente o fato de qualquer dos devedores estar obrigado ao pagamento de toda a dívida.

Entretanto, cumpre-nos lembrar que, se a solidariedade não houver sido prevista — por lei ou pela própria vontade das partes (art. 265 do CC/2002) —, a obrigação não poderá ser considerada, por presunção, solidária. Nesse caso, se o objeto da obrigação o permitir, será considerada fracionária — é o caso do dinheiro, em que, não pactuada a solidariedade, cada devedor responderá por uma fração da dívida (1/3), segundo o exemplo dado[42].

Assim como ocorre na solidariedade ativa, na passiva a pluralidade de devedores encontra-se internamente vinculada, de forma que aquele que pagou integralmente a dívida terá ação regressiva contra os demais, para haver a quota-parte de cada um (art. 283 do CC/2002).

O devedor que for demandado poderá opor ao credor as exceções (defesas) que lhe forem pessoais (haver sido induzido em erro, p. ex.), e, bem assim, as defesas que forem comuns a todos os devedores (valor cobrado excessivo, p. ex.). Não lhe aproveitam, contudo, as exceções ou defesas pessoais a outro devedor — assim, se o devedor A fora induzido em erro ao assumir a obrigação, não poderá o coobrigado B, se demandado, utilizar contra o credor essa defesa, que não lhe diz respeito (art. 281 do CC/2002).

Saliente-se ainda que, se o credor aceitar o pagamento parcial de um dos devedores, os demais só estarão obrigados a pagar o saldo remanescente. Da mesma forma, se o credor perdoar a dívida em relação a um dos devedores solidários (remissão), os demais permanecerão vinculados ao pagamento da dívida, abatida, por óbvio, a quantia relevada (art. 277 do CC/2002). Destaque-se que, aqui, a hipótese é de remissão ou pagamento de parte da dívida, e não de perdão ou adimplemento total da prestação. Da mesma forma, não se confunde com a simples exclusão do devedor solidário, pela sua não cobrança direta ou pelo seu não acionamento judicial, o que é, em última análise, um direito potestativo do credor[43].

Quanto à responsabilidade dos devedores solidários, se a prestação se impossibilitar por dolo ou culpa de um dos devedores, todos permanecerão solidariamente obrigados ao

[42] Daí a extrema importância do profissional do Direito na elaboração de contratos ou outras fontes de obrigações em que haja uma pluralidade de sujeitos no polo passivo. Se o credor não exigir a inclusão da previsão de solidariedade passiva, fatalmente terá sérios problemas em uma eventual execução da avença realizada.

[43] Processualmente, esta última afirmação é relativizada pela figura do "Chamamento ao Processo", prevista nos arts. 130 a 132 do CPC/2015, que admite a integração forçada à lide "dos demais devedores solidários, quando o credor exigir de um ou de alguns o pagamento da dívida comum" (inciso III do art. 130 do CPC/2015).

pagamento do valor equivalente. Entretanto, pelas perdas e danos só responderá o culpado (art. 279 do CC/2002). Vale dizer, se A, B e C, devedores solidários, obrigaram-se a entregar ao credor D uma saca de café, e esta é destruída pela desídia de A, que a deixou próxima de uma fornalha, todos os devedores permanecerão solidariamente adstritos ao pagamento do valor da saca de café. Entretanto, os prejuízos resultantes do fato (perdas e danos), experimentados pelo credor (que não pôde, na data fixada, repassar o café ao seu consumidor), serão compensados exclusivamente pelo devedor culpado (A).

E o que dizer se um dos devedores solidários falecer deixando herdeiros?

Nessa hipótese, há que ser invocada a regra do art. 276 do CC/2002, segundo a qual:

> "Art. 276. Se um dos devedores solidários falecer deixando herdeiros, nenhum destes será obrigado a pagar senão a quota que corresponder ao seu quinhão hereditário, salvo se a obrigação for indivisível; mas todos reunidos serão considerados como um devedor solidário em relação aos demais devedores".

Um exemplo facilitará a compreensão da norma: A, B e C são devedores solidários de D (valor total da dívida: R$ 300.000,00). Como se sabe, de qualquer dos devedores poderá ser exigido o pagamento total ou parcial da obrigação. Pois bem, B morre, deixando os seus filhos, E e F, como herdeiros. Neste caso, cada um destes só estará obrigado a pagar a quota que corresponder a seu quinhão hereditário, isto é, a metade (1/2) da quota de B (R$ 50.000,00). Entretanto, se a obrigação for indivisível — um touro reprodutor, por exemplo —, o credor poderá exigi-lo por inteiro (dada a impossibilidade de fracioná-lo), cabendo ao herdeiro que pagou haver dos demais coobrigados, via ação regressiva, se necessário, as partes de cada um. Mas observe a parte final da norma: se o credor houver por bem demandar todos os herdeiros de B (E e F), conjuntamente, estes serão considerados como um único devedor solidário em relação aos demais devedores, estando, portanto, obrigados a pagar toda a dívida, ressalvado o posterior direito de regresso.

Não se esqueça, todavia, de que o pagamento total da dívida pelos herdeiros reunidos não poderá, obviamente, ultrapassar as forças da herança, uma vez que não seria lícito admitir que os referidos sucessores (E e F) diminuíssem o seu patrimônio pessoal para cumprir uma obrigação a que não deram causa.

Assim sendo, para que não pairem quaisquer dúvidas, podemos visualizar o art. 276 com a seguinte sistematização:

a) Dívida indivisível: qualquer herdeiro, individualmente, pode ser compelido a pagar tudo, bem como qualquer devedor.

b) Dívida divisível: nesse caso, a situação varia se o herdeiro for acionado individualmente ou reunido com os demais herdeiros.

   b.1) Acionamento individual: qualquer herdeiro paga apenas sua quota-parte na herança, não podendo ser compelido a pagamento que supere sua parte na herança. Mesmo que tenha patrimônio pessoal superior, sua obrigação na dívida restringe-se aos limites da força da herança, em sua quota-parte.

Reitere-se que, se um herdeiro, nessa situação, for compelido a pagar toda a dívida, o início do art. 276 será violado, tornando-se letra morta.

b.2) Acionamento coletivo dos herdeiros: somente reunidos, os herdeiros podem ser compelidos a pagar toda a dívida, pois ocupam a posição do devedor falecido. Demandados conjuntamente, geram um litisconsórcio passivo necessário e unitário, pois serão vistos como se fosse um único codevedor em relação aos demais devedores.

Nada impede que o credor renuncie à solidariedade em favor de um dos devedores. Tal ocorrerá, por exemplo, no caso de "o credor receber parcialmente de um devedor e dar-lhe quitação. Aí o credor demonstra desinteresse em receber a integridade da dívida"[44].

A renúncia da solidariedade pode se dar também por meio da manifestação expressa da vontade, excluindo um ou mais devedores, sem extinção total da dívida.

No sistema do CC/1916, se o credor exonerasse da solidariedade um ou mais devedores, aos outros só lhe ficaria o direito de acionar, abatendo no débito a parte correspondente aos devedores, cuja obrigação remitiu (parágrafo único do art. 912). Já no CC/2002, tal regra de dedução não foi manifestada expressamente.

Assim, surge a dúvida: na disciplina do CC/2002, no caso de renúncia da solidariedade de um ou alguns dos devedores, poderá o credor demandar, dos devedores remanescentes, o valor total da dívida?

Entendem SILVIO RODRIGUES[45] e MARIA HELENA DINIZ[46], interpretando o parágrafo único do art. 282, que, nessa hipótese, deverá ser deduzido o valor correspondente ao quinhão dos exonerados da responsabilidade, pelo que o credor somente poderia demandar os remanescentes pelo valor restante.

Embora ousando discordar dos ilustres mestres, parece-nos que a nova disciplina legal gerou um novo tratamento da matéria.

Uma coisa é renúncia ou pagamento parcial da dívida, hipótese já tratada do art. 277 do CC/2002, em que a dedução é fruto da concepção de evitar o enriquecimento

44 VENOSA, Sílvio de Salvo, ob. cit., p. 145.

45 "Se a renúncia for total, a solidariedade desaparece e a obrigação se divide em tantas outras quantos forem os devedores, presumindo-se igual o quinhão de cada um. No caso, volta a militar a regra *concursu partes fiunt*, cuja incidência ficara sustada por efeito da solidariedade.

Se a renúncia for parcial, por haver o credor exonerado da solidariedade apenas um dos devedores, a relação jurídica se biparte. A primeira se transforma em obrigação simples, em que figura como sujeito passivo o devedor favorecido; na segunda, prendendo os demais devedores, persiste a solidariedade" (RODRIGUES, Silvio. *Direito Civil* — Parte Geral das Obrigações, 30. ed., v. 2, São Paulo: Saraiva, 2008, p. 75).

46 "... Não mais se terá solidariedade passiva se houver renúncia total do credor, pois cada coobrigado passará a dever *pro rata*; contudo, se parcial for essa renúncia, em benefício de um ou de alguns dos codevedores, o credor somente poderá acionar os demais, abatendo da dívida a parte cabível ao que foi favorecido (CC, art. 282, parágrafo único)" (DINIZ, Maria Helena. *Curso de Direito Civil Brasileiro* — Teoria Geral das Obrigações, 35. ed., São Paulo: Saraiva, 2020, v. 2, p. 211).

indevido. Outra situação, completamente distinta, é a renúncia à solidariedade, em relação a um ou alguns dos devedores, pois isso deve ser respeitado como o exercício de um direito potestativo do credor (ressalvada, obviamente, a mencionada relativização pela intervenção de terceiros conhecida como chamamento ao processo), pelo que tem ele o direito de demandar o valor da dívida toda de apenas parte dos devedores solidários[47].

Dessa forma, entendemos que o Código Civil de 2002, ao modificar a redação do dispositivo equivalente ao CC/1916 (parágrafo único do art. 912), corrigiu um equívoco histórico.

Ademais, o reconhecimento desse direito potestativo não implica, obviamente, qualquer repercussão na relação havida entre os devedores, pelo que, mesmo que o credor exonere qualquer deles (perdoando-lhe a dívida, aceitando pagamento parcial ou renunciando à solidariedade, p. ex.), o exonerado continuará obrigado, no rateio entre os codevedores, pela parte que caiba ao devedor insolvente (aquele que não disponha de patrimônio suficiente para cumprir a obrigação), conforme se verifica do art. 284 do CC/2002[48].

De tudo que se disse, conclui-se, com facilidade, que as vantagens da solidariedade passiva são inúmeras para o credor. Daí por que a sua incidência é tão difundida, em várias espécies de contrato (mútuo, locação, compra e venda etc.).

Comentando os benefícios dessa modalidade obrigacional, o ilustrado SILVIO RODRIGUES pontifica:

> "Digamos que três pessoas solicitam, individualmente, empréstimo a um banqueiro. Se este o conceder, simplesmente, torna-se credor de cada um dos mutuários da cifra fornecida e, por ocasião do vencimento, deve cobrar de cada devedor a importância emprestada. Se um dos devedores se tornou insolvente, sofre o credor o prejuízo, pois é titular de três créditos independentes e autônomos, que não se encontram de qualquer modo interligados. Antevendo tal hipótese, o banqueiro condiciona a concessão dos empréstimos ao estabelecimento de solidariedade entre os devedores; desse modo enfeixa, numa só, as três relações jurídicas obrigacionais. Fixada a solidariedade, pode o credor cobrar seu crédito de qualquer dos devedores, pois o vínculo inicial, de múltiplo que era, torna-se uno; assim, se por acaso um dos devedores, ou dois deles se tornarem insolventes, não sofrerá prejuízo o credor, pois cobrará do devedor remanescente a totalidade do crédito".

[47] Em sentido contrário preceitua o Enunciado n. 349 da IV Jornada de Direito Civil da Justiça Federal: "Art. 282. Com a renúncia à solidariedade quanto a apenas um dos devedores solidários, o credor só poderá cobrar do beneficiado a sua quota na dívida, permanecendo a solidariedade quanto aos demais devedores, abatida do débito a parte correspondente aos beneficiados pela renúncia".

[48] Em sentido diverso preceitua o Enunciado n. 350 da IV Jornada de Direito Civil da Justiça Federal: "Art. 284. A renúncia à solidariedade diferencia-se da remissão, em que o devedor fica inteiramente liberado do vínculo obrigacional, inclusive no que tange ao rateio da quota do eventual codevedor insolvente, nos termos do art. 284".

E conclui o Mestre: "Sua garantia aumenta, indiscutivelmente, pois só deixará de receber a prestação inteira se todos os devedores solidários ficarem insolventes"[49].

É a sábia e eterna lição.

| ELEMENTO SUBJETIVO (SUJEITOS) | |
|---|---|
| **Fracionárias** | Pluralidade de devedores ou credores, cada um deles responde apenas por parte da dívida. |
| **Conjuntas** | Pluralidade de devedores ou credores, impondo-se a todos o pagamento conjunto de toda a dívida, não se autorizando aos credores exigi-la individualmente. |
| **Disjuntivas** | Devedores se obrigam alternativamente ao pagamento da dívida. Se um cumpre a obrigação, os demais são exonerados. |
| **Solidárias** | **Solidariedade ativa:** pluralidade de credores, cada um com direito à dívida toda.<br>**Solidariedade passiva:** pluralidade de devedores, cada um obrigado à dívida por inteiro. |

### 3.1.4.2. Subsidiariedade

Um tema raramente tratado pelos principais doutrinadores do Direito Civil brasileiro, seja quando se referem ao Direito das Obrigações, seja discorrendo sobre responsabilidade civil, é a questão da responsabilidade patrimonial subsidiária.

De fato, ao se passar os olhos no Código Civil de 2002, não se verifica qualquer referência à ideia de responsabilidade subsidiária no livro do Direito das Obrigações.

Todavia, se o campo de investigação for ampliado para a análise de outros livros do próprio Código Civil e da jurisprudência nacional, sem muita dificuldade é possível encontrar previsões de responsabilidade subsidiária.

Tratando, por exemplo, do registro da pessoa jurídica, o art. 46, V, do CC/2002 estabelece que ele declarará "se os membros respondem, ou não, subsidiariamente, pelas obrigações sociais", o que, *mutatis mutandi*, também está previsto, no que diz respeito ao contrato social das sociedades simples, no art. 997, VI, do CC/2002.

Quando trata, também, da sociedade em comandita por ações, há previsão expressa de tal responsabilidade no art. 1.091 do CC/2002, *in verbis*:

> "Art. 1.091. Somente o acionista tem qualidade para administrar a sociedade e, como diretor, responde subsidiária e ilimitadamente pelas obrigações da sociedade.
>
> § 1º Se houver mais de um diretor, serão solidariamente responsáveis, depois de esgotados os bens sociais.

[49] RODRIGUES, Silvio. *Direito Civil* — Parte Geral das Obrigações, 30. ed., v. 2, São Paulo: Saraiva, 2008, p. 65-6.

§ 2º Os diretores serão nomeados no ato constitutivo da sociedade, sem limitação de tempo, e somente poderão ser destituídos por deliberação de acionistas que representem no mínimo dois terços do capital social".

§ 3º O diretor destituído ou exonerado continua, durante dois anos, responsável pelas obrigações sociais contraídas sob sua administração".

No campo do Direito de Família, por exemplo, estabelece o art. 1.744 do CC/2002 uma responsabilidade do magistrado, que será direta e pessoal, quando não tiver nomeado o tutor, ou não o houver feito oportunamente; mas apenas subsidiária, quando não tiver exigido garantia legal do tutor, nem o removido, tanto que se tornou suspeito.

Na área trabalhista, a disciplina jurisprudencial sobre a terceirização, propugnada pelo Tribunal Superior do Trabalho no inciso IV da sua Súmula 331, prevê uma responsabilização patrimonial subsidiária do tomador dos serviços intermediados pela empresa prestadora[50], o que, depois, passou a ser objeto de previsão legal específica na Lei n. 6.019/74, com as modificações da Lei n. 13.429, de 31 de março de 2017.

Mas que é essa responsabilidade subsidiária?

Nada mais do que uma forma especial de solidariedade, com benefício ou preferência de excussão de bens de um dos obrigados, dizemos nós.

De fato, na visão assentada sobre a solidariedade passiva, temos determinada obrigação, em que concorre uma pluralidade de devedores, cada um deles obrigado ao pagamento de toda a dívida. Nessa responsabilidade solidária, há, portanto, duas ou mais pessoas unidas pelo mesmo débito.

Na responsabilidade subsidiária, por sua vez, uma das pessoas tem o débito originário e a outra tem apenas a responsabilidade por esse débito. Por isso, existe uma preferência (dada pela lei) na "fila" (ordem) de excussão (execução): no mesmo processo, primeiro são demandados os bens do devedor (porque foi ele quem se vinculou, de modo pessoal e originário, à dívida); não tendo sido encontrados bens do devedor ou não sendo eles suficientes, inicia-se a excussão de bens do responsável em caráter subsidiário, por toda a dívida.

Vale lembrar que a expressão "subsidiária" se refere a tudo que vem "em reforço de..." ou "em substituição de...", ou seja, não sendo possível executar o efetivo devedor — sujeito passivo direto da relação jurídica obrigacional —, devem ser executados os demais responsáveis pela dívida contraída.

Por isso, podemos afirmar que não existe, *a priori*, uma obrigação subsidiária (motivo pelo qual, talvez, os doutrinadores pátrios de direito civil normalmente não se debrucem sobre o tema nessa área), mas sim apenas uma responsabilidade subsidiária.

---

50 "IV — O inadimplemento das obrigações trabalhistas, por parte do empregador, implica a responsabilidade subsidiária do tomador dos serviços quanto àquelas obrigações, desde que haja participado da relação processual e conste também do título executivo judicial."

Afinal de contas, nem sempre quem tem responsabilidade por um débito se vinculou originariamente a ele por causa de uma relação jurídica principal, como é o exemplo dos fiadores e dos sócios, responsabilizados acessoriamente, na forma prevista nos arts. 794 e 795[51] do Código de Processo Civil de 2015.

Em outro exemplo na área trabalhista, vale destacar a previsão do art. 455 da CLT, que estabelece que nos "contratos de subempreitada responderá o subempreiteiro pelas obrigações derivadas do contrato de trabalho que celebrar, cabendo, todavia, aos empregados, o direito de reclamação contra o empreiteiro principal pelo inadimplemento daquelas obrigações por parte do primeiro". Nessa hipótese, está estabelecida, por lei, uma solidariedade, mas é lógico que o *debitum* é somente do subempreiteiro, sendo a *obligatio* estendida ao empreiteiro principal[52].

Em situações como a de responsabilidade subsidiária ou de solidariedade estabelecida sem qualquer preferência de excussão (mas com devedores solidários sem *debitum*), e havendo mais de um coobrigado, deve ser aplicada a regra do art. 285 do CC/2002, *in verbis*:

> "Art. 285. Se a dívida solidária interessar exclusivamente a um dos devedores, responderá este por toda ela para com aquele que pagar".

Obviamente, essa previsão é inaplicável para as hipóteses em que há solidariedade fundada pela coexistência de sujeitos no polo passivo da dívida (todos com *debitum* e *obligatio*), pois, aí, o pagamento interessa diretamente a todos os devedores.

---

[51] "Art. 794. O fiador, quando executado, tem o direito de exigir que primeiro sejam executados os bens do devedor situados na mesma comarca, livres e desembargados, indicando-os pormenorizadamente à penhora. § 1º Os bens do fiador ficarão sujeitos à execução se os do devedor, situados na mesma comarca que os seus, forem insuficientes à satisfação do direito do credor. § 2º O fiador que pagar a dívida poderá executar o afiançado nos autos do mesmo processo. § 3º O disposto no *caput* não se aplica se o fiador houver renunciado ao benefício de ordem. Art. 795. Os bens particulares dos sócios não respondem pelas dívidas da sociedade, senão nos casos previstos em lei. § 1º O sócio réu, quando responsável pelo pagamento da dívida da sociedade, tem o direito de exigir que primeiro sejam excutidos os bens da sociedade. § 2º Incumbe ao sócio que alegar o benefício do § 1º nomear quantos bens da sociedade situados na mesma comarca, livres e desembargados, bastem para pagar o débito. § 3º O sócio que pagar a dívida poderá executar a sociedade nos autos do mesmo processo. § 4º Para a desconsideração da personalidade jurídica é obrigatória a observância do incidente previsto neste Código."

[52] "A interpretação do dispositivo insculpido no art. 455 consolidado, leva-nos a crer que restou estabelecida a solidariedade do empreiteiro principal no que tange às obrigações inadimplidas pelo subempreiteiro; solidariedade esta qualificada pelo benefício da ordem de excussão dos bens do devedor principal (o subempreiteiro). É como se a subsidiariedade surgisse na fase de execução, onde a constrição atingiria inicialmente os bens do devedor principal, findos os quais poderiam ser excutidos bens daquele que subsidiariamente garante a execução" (CARREIRO, Luciano Dórea Martinez; PAMPLONA FILHO, Rodolfo, Repensando a exegese do art. 455 da CLT, *Revista Ciência Jurídica do Trabalho*, 1998).

## 3.2. Classificação especial quanto ao elemento objetivo (prestação)

Embora já houvéssemos utilizado esse critério (a prestação) para explicarmos a classificação básica das obrigações (dar, fazer e não fazer), recorreremos mais uma vez a ele para apontarmos outras difundidas modalidades obrigacionais, nessa classificação especial.

As espécies apresentadas, portanto, serão estudadas e classificadas estritamente segundo o seu objeto, independentemente dos sujeitos da relação.

### *3.2.1. Obrigações alternativas*

As obrigações alternativas ou disjuntivas são aquelas que têm por objeto duas ou mais prestações, sendo que o devedor se exonera cumprindo apenas uma delas.

São, portanto, obrigações de objeto múltiplo ou composto, cujas prestações estão ligadas pela partícula disjuntiva "ou". Exemplo: A, devedor, libera-se pagando um touro reprodutor ou um carro a B, credor. Nada impede, outrossim, que as prestações sejam, na perspectiva da classificação básica, de natureza diversa: a entrega de uma joia ou a prestação de um serviço.

Note-se que as prestações são excludentes entre si.

Sobre o tema, ORLANDO GOMES manifesta-se:

> "A obrigação pode ter como objeto duas ou mais prestações, que se excluem no pressuposto de que somente uma delas deve ser satisfeita mediante escolha do devedor, ou do credor. Neste caso, a prestação é devida alternativamente"[53].

Teoricamente, é possível fazer a distinção entre obrigações genéricas e alternativas. As primeiras são determinadas pelo gênero, e somente são individualizadas no momento em que se cumpre a obrigação[54]; as segundas, por sua vez, têm por objeto prestações específicas, excludentes entre si.

"Assim", conclui ANTUNES VARELA, "se o livreiro vender um exemplar de certa obra (de que há vários ainda em circulação), a obrigação será genérica; mas será alternativa, se vender um dos três únicos exemplares de edições diferentes da obra, à escolha do devedor. Se o hoteleiro reservar um dos quartos do hotel para o cliente, a obrigação será genérica; se a reserva se referir à suíte do 1º ou à suíte do 2º andar, a obrigação será alternativa"[55].

Pois bem, fixada a premissa de que as obrigações alternativas têm objeto múltiplo (prestações excludentes entre si), cumpre-nos indagar: a quem cabe a escolha da prestação que será realizada? Ao credor ou ao devedor?

---

[53] GOMES, Orlando, ob. cit., p. 87.

[54] Vimos que a operação por meio da qual a obrigação genérica se converte em específica denomina-se "concentração do débito".

[55] VARELA, João de Matos Antunes, ob. cit., p. 859.

Como regra geral, o direito de escolha cabe ao devedor, se o contrário não houver sido estipulado no título da obrigação. Nesse sentido dispõe o art. 252, *caput*, do CC/2002:

> "Art. 252. Nas obrigações alternativas, a escolha cabe ao devedor, se outra coisa não se estipulou".

Assim, se A obriga-se a pagar um automóvel ou R$ 10.000,00 a B, a escolha caberá ao devedor (A), se o contrário não fora estipulado no contrato.

Entretanto, essa regra geral sofre alguns temperamentos, consoante deflui da análise dos parágrafos do art. 252, abaixo sintetizados:

1) embora a escolha caiba ao devedor, o credor não está obrigado a receber parte em uma prestação e parte em outra (princípio da indivisibilidade do objeto);
2) se a obrigação for de prestações periódicas, o direito de escolha poderá ser exercido em cada período;
3) havendo pluralidade de optantes (imagine, por exemplo, um grupo de devedores com direito de escolha), não tendo havido acordo unânime entre eles, a decisão caberá ao juiz, após expirar o prazo judicial assinado para que chegassem a um entendimento (suprimento judicial da manifestação de vontade);
4) também caberá ao juiz escolher a prestação a ser cumprida, se o título da obrigação houver deferido esse encargo a um terceiro, e este não quiser ou não puder exercê-lo.

Interessante notar que o atual Código Civil, seguindo diretriz do Código anterior, não cuidou de estabelecer prazo para o exercício do direito de escolha, em seu capítulo dedicado às obrigações alternativas (arts. 252 a 256 do CC/2002). Isso, todavia, não significa dizer que o optante possa exercê-lo a qualquer tempo, como se fizesse pender indefinidamente uma espada de Dâmocles na cabeça da outra parte.

Por isso, a despeito da omissão de nossa lei substantiva, o Código de Processo Civil de 2015, em seu art. 800, dispõe que:

> "Art. 800. Nas obrigações alternativas, quando a escolha couber ao devedor, esse será citado para exercer a opção e realizar a prestação dentro de 10 (dez) dias, se outro prazo não lhe foi determinado em lei ou em contrato.
>
> § 1º Devolver-se-á ao credor a opção, se o devedor não a exercer no prazo determinado.
>
> § 2º A escolha será indicada na petição inicial da execução quando couber ao credor exercê-la".

Outra questão digna de nota diz respeito à impossibilidade de cumprimento das obrigações alternativas.

Se todas as prestações se tornarem impossíveis sem culpa do devedor, extinguir-se-á a obrigação. Exemplificando: uma enchente destruiu o carro e matou o touro reprodutor, que compunham o núcleo da obrigação alternativa (art. 256 do CC/2002).

Entretanto, se a impossibilidade de todas as prestações alternativas decorrer de culpa do devedor, não competindo a escolha ao credor, ficará aquele obrigado a pagar o valor da prestação que por último se impossibilitou, mais as perdas e danos (art. 254 do CC/2002). Exemplo: A obriga-se a entregar a B um computador ou uma impressora a *laser*, à sua escolha (do devedor). Ocorre que, por negligência, o devedor danifica o computador e, em seguida, destrói a impressora. Nesse caso, deverá pagar ao credor o valor da impressora a *laser* (objeto que por último se danificou), mais as perdas e danos.

Seguindo a mesma ordem de ideias, se a impossibilidade de todas as prestações alternativas decorrer de culpa do devedor, mas a escolha couber ao credor, poderá este reclamar o valor de qualquer das prestações, mais as perdas e danos (art. 255, segunda parte, do CC/2002).

E o que dizer se a impossibilidade não for total, ou seja, atingir apenas uma das prestações?

Nesse caso, se não houver culpa do devedor, a obrigação, consoante vimos acima, concentra-se na prestação remanescente (art. 253 do CC/2002).

Da mesma forma, se a prestação se impossibilitar por culpa do devedor, não competindo a escolha ao credor, poderá o débito ser concentrado na prestação remanescente (art. 253 do CC/2002).

Entretanto, se a prestação se impossibilitar por culpa do devedor, e a escolha couber ao credor, este terá direito de exigir a prestação subsistente ou o valor da que se impossibilitou, mais as perdas e danos (art. 255, primeira parte, do CC/2002).

Em síntese:

1. Impossibilidade total (todas as prestações alternativas):

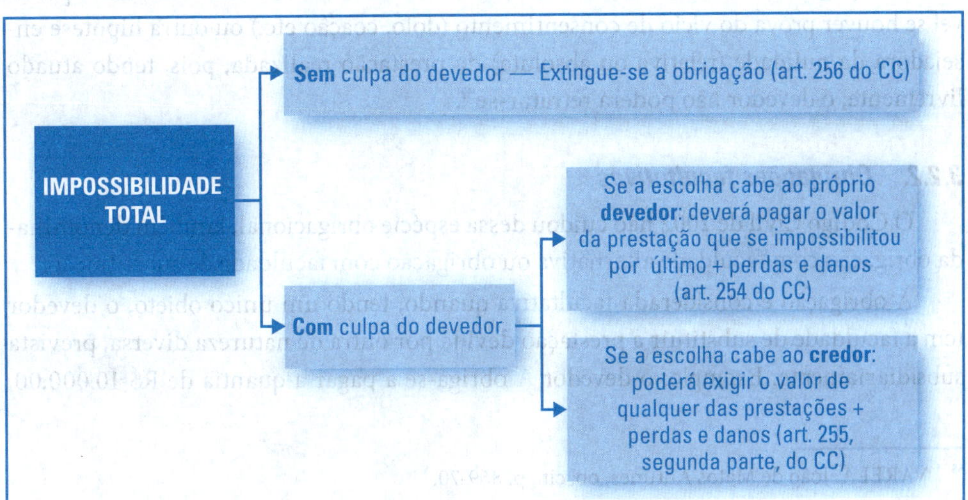

2. Impossibilidade parcial (de uma das prestações alternativas):

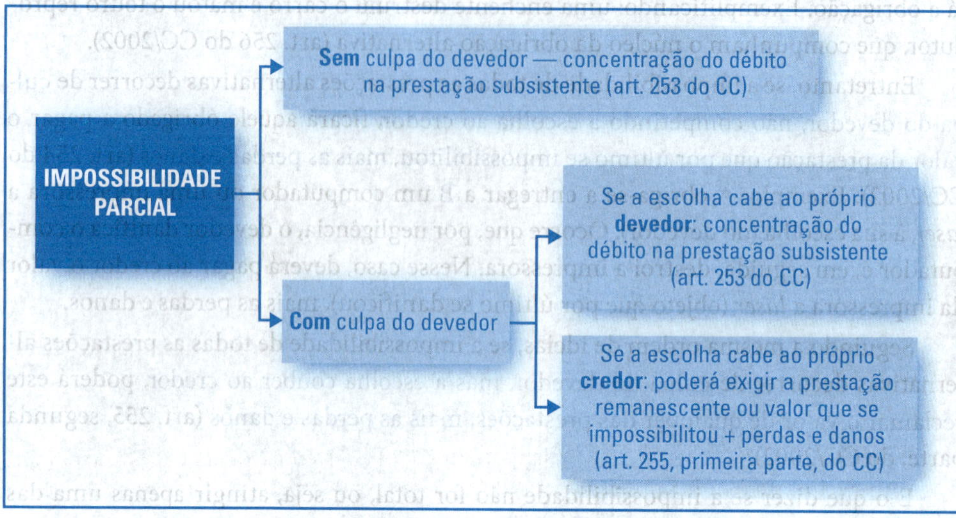


Desnecessário notar que, se a prestação se impossibilita totalmente por culpa do credor (situação menos provável), considera-se cumprida a obrigação, exonerando-se o devedor. Em caso de impossibilidade apenas parcial, poderá o devedor realizar a parte possível ou restante da prestação, sem embargo de ser indenizado pelos danos que porventura sofreu[56].

Uma observação final se impõe: o que acontece se o devedor, ignorando que a obrigação era alternativa, isto é, que tinha o direito de escolha, efetua o pagamento? Poderá se retratar?

Segundo posição preponderante desde o Direito Romano, havendo prova de que o devedor incorreu em erro substancial, poderá buscar o reconhecimento judicial da invalidade do pagamento, efetuando, assim, a posição diversa. Mas ressalte-se: tal só é possível se houver prova do vício de consentimento (dolo, coação etc.) ou outra hipótese ensejadora da nulidade (relativa ou absoluta) da prestação realizada, pois, tendo atuado livremente, o devedor não poderá retratar-se[57].

### 3.2.2. *Obrigações facultativas*

O Código Civil de 2002 não cuidou dessa espécie obrigacional, também denominada obrigação com faculdade alternativa ou obrigação com faculdade de substituição.

A obrigação é considerada facultativa quando, tendo um único objeto, o devedor tem a faculdade de substituir a prestação devida por outra de natureza diversa, prevista subsidiariamente. Exemplo: o devedor A obriga-se a pagar a quantia de R$ 10.000,00,

[56] VARELA, João de Matos Antunes, ob. cit., p. 869-70.

[57] VENOSA, Sílvio de Salvo, ob. cit., p. 118.

facultando-se-lhe, todavia, a possibilidade de substituir a prestação principal pela entrega de um carro usado.

Note-se que se trata de obrigação com objeto único, não obstante se reconheça ao devedor o poder de substituição da prestação. Por isso, se a prestação inicialmente prevista se impossibilitar sem culpa do devedor, a obrigação extingue-se, não tendo o credor o direito de exigir a prestação subsidiária.

Não se deve, todavia, confundi-la com as obrigações alternativas, estudadas linhas acima. Nestas, a obrigação tem por objeto duas ou mais prestações que se excluem alternativamente. Trata-se, portanto, de obrigações com objeto múltiplo.

ORLANDO GOMES reconhecia os seguintes efeitos às obrigações facultativas[58]:

1) o credor não pode exigir o cumprimento da prestação facultativa;
2) a impossibilidade de cumprimento da prestação devida extingue a obrigação;
3) somente a existência de defeito na prestação devida pode invalidar a obrigação.

### 3.2.3. *Obrigações cumulativas*

As obrigações cumulativas ou conjuntivas são as que têm por objeto uma pluralidade de prestações, que devem ser cumpridas conjuntamente. É o que ocorre quando alguém se obriga a entregar uma casa e certa quantia em dinheiro.

Note-se que as prestações, mesmo diversas, são cumpridas como se fossem uma só, e encontram-se vinculadas pela partícula conjuntiva "e".

Nesses casos, o devedor apenas se desobriga cumprindo todas as prestações.

### 3.2.4. *Obrigações divisíveis e indivisíveis*

As obrigações divisíveis são aquelas que admitem o cumprimento fracionado ou parcial da prestação; as indivisíveis, por sua vez, só podem ser cumpridas por inteiro.

À vista desses conceitos, de fácil intelecção, vale mencionar a observação feita por BEVILÁQUA no sentido de que

> "a divisibilidade ou indivisibilidade das obrigações só aparece, em toda a luz, e só oferece interesse jurídico, havendo pluralidade de credores ou de devedores. Havendo unidade, nem mais de um devedor obrigado a um credor, as obrigações são, em regra, indivisíveis, porque nem o credor é obrigado a receber pagamentos parciais, nem o devedor a fazê-los, se outra coisa foi estipulada"[59].

De acordo com a assertiva de BEVILÁQUA, não se deve concluir que determinada prestação não é divisível se concorrer apenas um devedor. É que, havendo apenas um único

---

[58] GOMES, Orlando, ob. cit., p. 94.

[59] BEVILÁQUA, Clóvis. *Direito das Obrigações*, Campinas: Red Livros, 2000, p. 110.

obrigado, mesmo que a prestação seja essencialmente divisível (dar dinheiro, por exemplo), o credor não é obrigado a receber por partes, se tal não fora convencionado. O pagamento, pois, em princípio, deverá ser feito sempre em sua integralidade (art. 314 do CC/2002).

As obrigações de dar podem ser divisíveis ou indivisíveis. As de fazer só serão reputadas divisíveis se a atividade puder ser fracionada (o que não ocorre, por exemplo, quando contratamos a pintura de um quadro, mas pode-se dar com a contratação de alguém para construir um muro). As obrigações de não fazer, traduzindo-se em uma abstenção juridicamente relevante, são, em regra, indivisíveis.

O Código Civil, em seus arts. 257 e 258, trata das obrigações divisíveis e indivisíveis, merecendo, neste ponto, transcrição literal:

Obrigações divisíveis:

> "Art. 257. Havendo mais de um devedor ou mais de um credor em obrigação divisível, esta presume-se dividida em tantas obrigações, iguais e distintas, quantos os credores ou devedores".

Assim, se a obrigação é de dar um determinado valor (R$ 1.000,00, por exemplo) ou três sacas de café, a obrigação — melhor dito, a prestação —, é divisível por excelência.

Obrigações indivisíveis:

> "Art. 258. A obrigação é indivisível quando a prestação tem por objeto uma coisa ou um fato não suscetíveis de divisão, por sua natureza, por motivo de ordem econômica, ou dada a razão determinante do negócio jurídico".

De acordo com melhor doutrina, a indivisibilidade poderá ser[60]:

a) natural (material) — quando decorre da própria natureza da prestação (a entrega de um touro reprodutor, por exemplo);
b) legal (jurídica) — quando decorre de norma legal (a pequena propriedade agrícola — módulo rural[61] —, por exemplo, é indivisível por força de lei, assim como as servidões prediais, nos termos dos arts. 1.386 do CC/2002[62]);
c) convencional — quando decorre da vontade das próprias partes, que estipulam a indivisibilidade no próprio título da obrigação (em geral, o contrato).

---

60 Embora sem a mesma importância teórica, alguns autores apontam a existência de indivisibilidade judicial, que seria aquela proclamada pelos tribunais, a exemplo da obrigação de indenizar nos acidentes de trabalho (DINIZ, Maria Helena. *Curso de Direito Civil Brasileiro* — Teoria Geral das Obrigações, 35. ed., São Paulo: Saraiva, 2020, v. 2, p. 171).

61 Cf. o Estatuto da Terra — Lei n. 4.504, de 30-11-1964.

62 Outro exemplo de indivisibilidade legal ou jurídica é dado por Sílvio Venosa: "normalmente, todo o imóvel pode ser dividido, mas, por restrições de zoneamento, a lei pode proibir que um imóvel seja fracionado abaixo de determinada área. Está aí, portanto, a indivisibilidade por força de lei" (ob. cit., p. 122).

Voltemos, agora, nossa atenção ao art. 258, à luz da classificação acima proposta.

Por óbvio, se a prestação tem por objeto "uma coisa ou um fato não suscetíveis de divisão, por sua natureza", para utilizarmos definições da própria lei, estaremos diante da indivisibilidade natural ou material (a obrigação de entregar um cavalo, por exemplo).

"Motivo de ordem econômica" e "razão determinante do negócio jurídico", por sua vez, são expressões utilizadas pelo art. 258 para caracterizar as outras formas de indivisibilidade. Tanto podem integrar a categoria da indivisibilidade legal como também a convencional.

Vale dizer, motivos de cunho social e econômico podem levar o legislador a reconhecer a indivisibilidade de determinado objeto e, por conseguinte, da própria prestação, a exemplo do que ocorreu com a pequena propriedade agrária (módulo rural), em relação à qual a lei proibiu o fracionamento, mormente para efeito de alienação (indivisibilidade legal).

Da mesma forma, a razão determinante do negócio jurídico, que nada mais é do que a sua "causa"[63], pode fazer com que as partes estipulem a indivisibilidade da obrigação (indivisibilidade convencional).

Evidentemente, qualquer que seja a natureza da indivisibilidade (natural, legal ou convencional), se concorrerem dois ou mais devedores, cada um deles estará obrigado pela dívida toda (art. 259 do CC/2002). Note-se, todavia, que o dever imposto a cada devedor de pagar toda a dívida não significa que exista solidariedade entre eles, uma vez que, no caso, é o objeto da própria obrigação que determina o cumprimento integral do débito. Obviamente, se A, B e C obrigam-se a entregar um cavalo, qualquer deles, demandado, deverá entregar todo o animal. E isso ocorre não necessariamente por força de um vínculo de solidariedade passiva, mas sim pelo simples fato de que não se poderá cortar o cavalo em três, para dar apenas um terço do animal ao credor.

O efeito disso, porém, é muito semelhante à solidariedade — embora a obrigação pudesse ser, excepcionalmente, disjuntiva —, uma vez que, na forma do parágrafo único do art. 259, o devedor que paga integralmente a dívida sub-roga-se (substitui-se) nos direitos do credor em relação aos outros coobrigados.

Por outro lado, se a pluralidade for de credores, pelas mesmas razões acima indicadas, poderá qualquer deles exigir a dívida inteira. O devedor (ou devedores) se desobrigará (desobrigarão), por sua vez, em duas hipóteses (art. 260 do CC/2002):

a) pagando a todos os credores conjuntamente — nesse caso, ao devedor aconselha-se, por cautela, e em atenção ao dito popular segundo o qual "quem paga mal paga duas vezes", exigir recibo (quitação), firmado por todos os credores;

[63] Confira-se o Capítulo XI, item 2.5 ("Algumas palavras sobre a causa nos negócios jurídicos"), do nosso *Novo Curso de Direito Civil*, v. 1 ("Parte Geral"), p. 394 e s.

b) pagando a um, dando este caução de ratificação dos outros credores — nesse caso, pode o devedor pagar a apenas um dos credores da obrigação indivisível, desde que este apresente uma garantia (caução) de que os outros credores ratificam o pagamento. Essa garantia de ratificação deverá ser documentada em instrumento escrito, datado e assinado pelos outros credores, com as suas firmas devidamente reconhecidas, para que não haja dúvida a respeito de sua autenticidade.

Recebendo a dívida por inteiro, o credor deverá repassar aos outros, em dinheiro, as partes que lhes caibam no total (art. 261 do CC/2002). Essa regra se justifica pelo fato de que a coligação entre os credores decorreu da própria impossibilidade de fracionamento da prestação, e, se assim foi, os outros deverão se contentar com as suas parcelas em dinheiro, caso hajam permanecido inertes, sem exigir do devedor o cumprimento da sua obrigação. Aquele que demandou o sujeito passivo terá, pois, o direito de ficar com a coisa devida. É a solução mais razoável, na falta de outra melhor.

Além do pagamento da dívida, esta poderá se extinguir pela remissão (perdão), pela transação, novação, compensação e pela confusão (art. 262 do CC/2002). Trata-se de formas especiais de pagamento, que serão estudadas em momento próprio. Ocorrendo qualquer delas, se partir de apenas um dos credores, a obrigação persistirá quanto aos demais, descontada a quota-parte do referido credor. Exemplificando: A, B e C são credores de D. A obrigação (prestação) é indivisível (entrega de um cavalo). Se A perdoar a dívida, D continuará obrigado a entregar o animal a B e C, embora tenha o direito de exigir que se desconte (em dinheiro) a quota do credor que o perdoou (no caso, o valor correspondente a 1/3 do valor do animal).

Finalmente, por força do que dispõe o art. 263 do Código Civil vigente, que repete dispositivo do Código revogado (art. 895), perde a qualidade de indivisível a obrigação que se resolver em perdas e danos.

Assim, imaginada uma obrigação indivisível com pluralidade de devedores, se o animal perecer por culpa de todos eles, responderão por partes iguais pelas perdas e danos devidas ao credor. Se, todavia, a culpa for de apenas um, somente este será civilmente responsabilizado. As perdas e danos, no caso, correspondem à indenização devida pelo prejuízo causado ao credor em virtude da morte do animal.

Vale lembrar que, pelo valor da prestação em si, todos responderão proporcionalmente.

Como decorrência da indivisibilidade da prestação, em matéria de prescrição, a sua declaração aproveita a todos os devedores, mesmo que haja sido reconhecida em face de apenas um, assim como a suspensão ou interrupção interfere na situação jurídica de todos eles.

Em conclusão, reputamos conveniente traçar, com a necessária clareza, a diferença existente entre as obrigações solidárias e as obrigações indivisíveis.

Consoante já vimos, a solidariedade — passiva ou ativa — existe quando, em determinada relação obrigacional, concorre uma pluralidade de credores ou de devedores, cada um com direito ou obrigado a toda a dívida.

O critério metodológico para a classificação dessa modalidade obrigacional (obrigação solidária) é a pluralidade de sujeitos na relação jurídica.

Note-se, entretanto, que a relação jurídica interna entre os devedores (na solidariedade passiva) ou os credores (na solidariedade ativa) decorre não do objeto em si, mas, sim, de uma estipulação convencional ou determinação legal, imposta aos sujeitos coobrigados.

Quando falamos em solidariedade, pois, olhamos para os sujeitos envolvidos, e não para o objeto da obrigação, razão pela qual, se pactuarmos a solidariedade entre devedores ou credores, não importa se é uma quantia em dinheiro ou um animal, pois cada um dos sujeitos estará obrigado ou terá direito a toda a dívida. E, mesmo que se resolva em perdas em danos, a solidariedade subsistirá.

### 3.2.5. Obrigações líquidas e ilíquidas

Líquida é a obrigação certa quanto à sua existência, e determinada quanto ao seu objeto. A prestação, pois, nesses casos, é certa, individualizada, a exemplo do que ocorre quando alguém se obriga a entregar ao credor a quantia de R$ 100,00.

A obrigação ilíquida, por sua vez, carece de especificação do seu *quantum* para que possa ser cumprida. A apuração processual desse valor dá-se por meio de procedimento específico de liquidação, na forma do disposto na legislação processual. É muito comum, por exemplo, em reclamações trabalhistas no rito ordinário, a parte não formular pedido líquido. Em casos tais, se o juiz não liquidar (especificar) o valor no comando sentencial, poderá proferir decisão ilíquida, deixando para momento posterior a efetivação do valor devido.

Para que não pairem quaisquer dúvidas, é preciso ressaltar que uma sentença ilíquida não é uma sentença que se revela incerta quanto à existência do crédito, mas tão somente quanto ao seu valor. Uma sentença incerta quanto à certificação do direito é uma contradição de termos, nula de pleno direito, enquanto uma sentença ilíquida cumpre a prestação jurisdicional, exigindo, apenas, a realização de atos específicos para a determinação do *quantum* devido (ou, excepcionalmente, do *quid debeatur* — "o quê" —, como, por exemplo, quando determina a reconstrução de um muro, sem indicar onde e como fazê-lo).

Conforme ensina MANOEL ANTÔNIO TEIXEIRA FILHO,

> "em um plano ideal, as obrigações consubstanciadas em títulos executivos judiciais deveriam ser sempre líquidas, ou seja, conter todos os elementos necessários à sua imediata execução, porquanto a certeza do credor, em relação ao montante do seu crédito — e, em contrapartida, a do devedor, quanto ao total da dívida — propiciaria uma execução rápida, livre, em boa parte, dos incidentes que a entravam, dentre os quais se incluem os respeitantes à determinação do *quantum debeatur*"[64].

[64] TEIXEIRA FILHO, Manoel Antônio. *Execução no Processo do Trabalho*, 4. ed., São Paulo: LTr, 1992, p. 286.

Entretanto, tal ideal, na prática, por vezes é difícil de ser alcançado, seja pela própria natureza do pedido, seja pela absoluta falta de elementos nos autos, ou mesmo pela enorme quantidade de pedidos formulados ou feitos acumulados para julgamento.

| OBRIGAÇÕES | ELEMENTO OBJETIVO (PRESTAÇÃO) |
|---|---|
| **Alternativas** | Aquelas que têm por objeto duas ou mais prestações, sendo que o devedor exonera-se cumprindo apenas uma delas |
| **Facultativas** | Aquelas que têm um único objeto e o devedor tem a faculdade de substituir a prestação devida por outra de natureza diversa |
| **Cumulativas** | Aquelas que têm por objeto uma pluralidade de prestações a serem cumpridas conjuntamente |
| **Divisíveis** | Aquelas que admitem o cumprimento fracionado ou parcial da prestação |
| **Indivisíveis** | Aquelas que só podem ser cumpridas por inteiro |
| **Líquidas** | Aquelas certas quanto à existência e determinadas quanto ao objeto |
| **Ilíquidas** | Não há especificação do *quantum* para o seu cumprimento |

## 3.3. Classificação especial quanto ao elemento acidental

Nessa classificação, tomaremos como base o plano de eficácia do negócio jurídico.

### *3.3.1. Obrigações condicionais*

Trata-se de obrigações condicionadas a evento futuro e incerto, como ocorre quando alguém se obriga a dar a outrem um carro quando este se casar.

Lembremos, apenas, que a condição "é a determinação acessória, que faz a eficácia da vontade declarada dependente de algum acontecimento futuro e incerto".

Cuida-se, portanto, de um elemento acidental, consistente em um evento futuro e incerto, por meio do qual se subordinam ou resolvem os efeitos jurídicos de determinado negócio.

Em referência à condição suspensiva, é preciso recordar também que a aposição de cláusula dessa natureza no ato negocial subordina não apenas a sua eficácia jurídica (exigibilidade), mas, principalmente, os direitos e obrigações decorrentes do negócio. Quer dizer, se um sujeito celebra um contrato de compra e venda com outro, subordinando-o a uma condição suspensiva, enquanto esta se não verificar, não se terá adquirido o direito a que ele visa (art. 125 do CC/2002). O contrato gerará, pois, uma obrigação de dar condicionada.

Assim, se o comprador, inadvertidamente, antecipar o pagamento, poderá exigir a repetição do indébito, via *actio in rem verso*, por se tratar de pagamento indevido. Isso porque, não implementada a condição, não se poderá afirmar haver direito de crédito a ser satisfeito, de maneira que o pagamento efetuado caracteriza espúrio enriquecimento sem causa do vendedor. De tal forma, nas obrigações condicionais, enquanto não se implementar a condição, não poderá o credor exigir o cumprimento da dívida.

### 3.3.2. Obrigações a termo

Se a obrigação subordinar a sua exigibilidade ou a sua resolução, outrossim, a evento futuro e certo, estaremos diante de uma obrigação a termo.

Também espécie de determinação acessória, o termo é o acontecimento futuro e certo que subordina o início ou o término da eficácia jurídica de determinado ato negocial.

Diferentemente do que ocorre com a condição, no negócio jurídico a termo, pode o devedor cumprir antecipadamente a sua obrigação, uma vez que, não tendo sido pactuado o prazo em favor do credor, o evento (termo) não subordina a aquisição dos direitos e deveres decorrentes do negócio, mas apenas o seu exercício.

Realizado o ato, já surgem o crédito e o débito, estando estes apenas com a exigibilidade suspensa.

Por isso, não há, no caso de antecipação do pagamento, enriquecimento sem causa do credor, como ocorreria se se tratasse de negócio sob condição suspensiva, consoante se anotou linhas acima. Advirta-se, apenas, que a antecipação do pagamento, *ante tempus*, é simplesmente uma faculdade, e não uma obrigação do devedor.

Nas obrigações a termo, portanto, em regra, poderá o devedor antecipar o pagamento, sem que isso caracterize enriquecimento sem causa do credor.

### 3.3.3. Obrigações modais

As obrigações modais são aquelas oneradas com um encargo (ônus), imposto a uma das partes, que experimentará um benefício maior.

Segundo precisa definição de MARIA HELENA DINIZ,

> "a obrigação modal é a que se encontra onerada com um modo ou encargo, isto é, por cláusula acessória, que impõe um ônus à pessoa natural ou jurídica contemplada pela relação creditória. É o caso, p. ex., da obrigação imposta ao donatário de construir no terreno doado um prédio para escola"[65].

Cumpre mencionar ainda que essa espécie de determinação acessória não suspende a aquisição nem o exercício do direito, ressalvada a hipótese de haver sido fixado o encargo como condição suspensiva (art. 136 do CC/2002).

Geralmente é identificada pelas expressões "para que", "com a obrigação de", "com o encargo de".

---

[65] DINIZ, Maria Helena, ob. cit., 2020, v. 2, p. 162.

Registre-se que, por não suspender os efeitos do negócio jurídico, o não cumprimento do encargo não gera a invalidade da avença, mas sim apenas a possibilidade de sua cobrança, ou, eventualmente, posterior revogação, como no caso de ser instituído em doação (art. 562 do CC/2002).

Finalmente, se a obrigação não for condicional, a termo ou modal, diz-se que é obrigação pura.

| OBRIGAÇÕES | ELEMENTO ACIDENTAL |
|---|---|
| **Condicionais** | Condicionadas a evento futuro e incerto |
| **A termo** | Exigibilidade subordinada a evento futuro e certo |
| **Modais** | Possuem um encargo (ônus) imposto a uma das partes, que experimentará benefício maior |

## 3.4. Classificação especial quanto ao conteúdo

Nessa classificação, abordaremos modalidades que levam em consideração o objetivo do quanto pactuado.

### 3.4.1. Obrigações de meio

A obrigação de meio é aquela em que o devedor se obriga a empreender sua atividade, sem garantir, todavia, o resultado esperado.

As obrigações do médico, em geral, assim como as do advogado, são, fundamentalmente, de meio, uma vez que esses profissionais, a despeito de deverem atuar segundo as mais adequadas regras técnicas e científicas disponíveis naquele momento, não podem garantir o resultado de sua atuação (a cura do paciente, o êxito no processo)[66].

### 3.4.2. Obrigações de resultado

Nessa modalidade obrigacional, o devedor se obriga não apenas a empreender a sua atividade, mas, principalmente, a produzir o resultado esperado pelo credor.

É o que ocorre na obrigação decorrente de um contrato de transporte, em que o devedor se obriga a levar o passageiro, com segurança, até o seu destino. Se não cumprir a obrigação, ressalvadas as hipóteses de quebra do nexo causal por eventos fortuitos (um terremoto), será considerado inadimplente, devendo indenizar o outro contratante.

A respeito desse tema, interessante questão diz respeito à obrigação do cirurgião plástico. Em se tratando de cirurgia plástica estética, haverá, segundo a melhor doutrina, obrigação de resultado. Entretanto, se se tratar de cirurgia plástica reparadora (decorrente de queimaduras, por exemplo), a obrigação do médico será reputada de meio, e

[66] Sobre a atuação do advogado, recomendamos a leitura do pioneiro livro de Sérgio Novais Dias, *Responsabilidade Civil do Advogado pela Perda de uma Chance* (1999).

a sua responsabilidade excluída, se não conseguir recompor integralmente o corpo do paciente, a despeito de haver utilizado as melhores técnicas disponíveis.

Nesse sentido, cumpre-nos invocar trecho do pensamento de NERI CAMARA SOUZA:

> "A cura não pode ser o objetivo maior devido à característica de imprevisibilidade do organismo humano — mormente em estado de doença, o que se reflete em limitações no exercício da medicina. Já não se pode dizer o mesmo quando estivermos frente a um atendimento médico por ocasião de uma cirurgia plástica estética (para os casos de cirurgia plástica reparadora cabe a afirmação de caracterizar-se como uma obrigação de meios). A doutrina e a jurisprudência brasileira são unânimes, pelo menos até o presente momento, em considerar os casos de cirurgia plástica estética como um contrato cujo objeto é uma obrigação de resultado. Assim, há presunção de culpa, se o médico cirurgião plástico não adimplir integralmente a sua obrigação (o adimplemento parcial é considerado uma não execução da obrigação pela qual se comprometeu com o paciente contratante)"[67].

### 3.4.3. Obrigações de garantia

Por fim, vale lembrar da existência, na classificação das obrigações quanto ao conteúdo, das chamadas "obrigações de garantia", que não se enquadram perfeitamente em nenhuma das duas anteriores.

De fato, tais obrigações têm por conteúdo eliminar riscos que pesam sobre o credor, reparando suas consequências. A eliminação do risco (que pertencia ao credor) representa bem suscetível de aferição econômica.

O exemplo típico de tais obrigações são os contratos de seguro, em que, mesmo que o bem pereça em face de atitude de terceiro (incêndio provocado), a seguradora deve responder.

| OBRIGAÇÕES | CONTEÚDO |
|---|---|
| **De meio** | O devedor se obriga a empreender a atividade sem garantir o resultado esperado |
| **De resultado** | O devedor se obriga não apenas a empreender a atividade, mas, principalmente, produzir o resultado |
| **De garantia** | Eliminar riscos que se pesam sobre o credor, reparando suas consequências |

## 4. OBRIGAÇÃO NATURAL

As obrigações classificam-se, tradicionalmente, em civis e naturais, na medida em que sejam exigíveis ou apenas pagáveis (desprovidas de exigibilidade jurídica).

---

67 SOUZA, Neri Tadeu Camara. Responsabilidade Civil do Médico. *Jornal Síntese*, p. 22.

A obrigação natural é, portanto, um *debitum* em que não se pode exigir, judicialmente, a responsabilização patrimonial (*obligatio*) do devedor, mas que, sendo cumprido, não caracterizará pagamento indevido.

Sendo dívida, a ela se aplicam, *a priori*, todos os elementos estruturais de uma obrigação, com a peculiaridade, porém, de não poder ser exigida a prestação, embora haja a irrepetibilidade do pagamento.

Em essência e na estrutura, a obrigação natural não difere da obrigação civil: trata-se de uma relação de débito e crédito que vincula objeto e sujeitos determinados. Todavia, distingue-se da obrigação civil por não ser dotada de exigibilidade.

Tal inexigibilidade é derivada de algum óbice legal com finalidade de preservação da segurança e estabilidade jurídica, como ocorre, por exemplo, na prescrição de uma pretensão decorrente de uma dívida (em que o direito não se satisfaz com obrigações perpétuas) ou na impossibilidade de cobrança judicial de dívida de jogo (pelo reconhecimento social do caráter pernicioso de tal conduta).

O fundamento primeiro, portanto, para o reconhecimento da justiça da retenção do pagamento de uma obrigação natural é de ordem moral. Por um determinado motivo, A contraiu uma dívida em face de B, mas, por um obstáculo jurídico, não a pode exigir judicialmente, embora o objeto da relação obrigacional não deixe de existir.

Trata-se, portanto, de um dever de consciência, em que cada um deve honrar a palavra empenhada, cumprindo a prestação a que se obrigou.

Toda a repercussão jurídica da obrigação natural surge, de fato, quando ela é cumprida *sponte propria*. Na autorizada opinião de GEORGES RIPERT, a "obrigação natural não existe enquanto o devedor não afirmou essa existência pelo seu cumprimento. Ela nasce do reconhecimento do dever moral pelo devedor. É, de resto, o que diz o Código Civil quando se limita a indicar que a repetição do pagamento é impossível"[68].

É esse também o fundamento destacado por SERPA LOPES:

> "A obrigação natural, tenha ela uma causa lícita ou ilícita, baseia-se nas exigências de regra moral. Apesar de o direito positivo ter legitimado uma determinada situação em benefício do devedor, este pode, a despeito disso, encontrar-se em conflito com a sua própria consciência, e nada obsta a que, desprezando a mercê recebida da lei, realize a prestação a que se sente moralmente obrigado. Assim acontece, por exemplo, se o indivíduo é liberado pela prescrição do respectivo título creditório, ou se é beneficiado com a fulminação de nulidade do negócio jurídico de que seria devedor, se válido fosse. Além disso, a realização de uma obrigação natural constitui um ato intimamente ligado à vontade do devedor. É movimento partido do seu próprio 'eu', livre manifestação de sua consciência, embora exigindo igualmente a vontade menos necessária do *accipiens*"[69].

---

68 RIPERT, Georges. *A Regra Moral nas Obrigações Civis*, Campinas: Bookseller, 2000, p. 363.

69 LOPES, Miguel Maria de Serpa. *Curso de Direito Civil*, v. 2, Rio de Janeiro: Freitas Bastos, 1966, p. 46.

Não se deve imaginar, porém, que o fundamento moral — de dever ético da consciência — das obrigações naturais confunde-se com as regras morais em geral.

Normas de ordem religiosa, doméstica ou simplesmente de cortesia não compreendem obrigações naturais (a exemplo do dever cristão de amar ao próximo), por não gerarem efeito algum na órbita do direito. Como já dissemos alhures,

> "não há como se negar que a moral tem uma preocupação expressiva com o foro íntimo, enquanto o direito se relaciona, evidentemente, com a ação exterior do homem. Por isso mesmo, cabe ao último o estabelecimento de sanções concretas, enquanto àquela somente podem se exigir sancionamentos difusos, não institucionalizados. A legalidade não é, portanto, sinônimo de moralidade, tanto que a coercitividade se limita ao direito, jamais à moral"[70].

Por isso, a obrigação natural não se identifica com o mero dever moral, pois representa uma dívida efetiva, proveniente de uma causa precisa. O objeto de sua prestação pertence, do ponto de vista ideal, ao patrimônio do credor, de modo que, não cumprida a obrigação, sofre ele um prejuízo, o que não se verifica quando há o descumprimento de um dever moral.

Na observação sempre aguçada do Mestre SÍLVIO VENOSA:

> "Embora o dever moral não constitua um vínculo jurídico, é evidente que os princípios da Moral, em grande maioria, inspiram e instruem as normas jurídicas. Desse modo, é inegável que não podemos deixar de divisar nas obrigações naturais relações jurídicas que, com liberdade de expressão, se situam a meio caminho entre o Direito e a Moral. É como se o legislador titubeasse, perante determinadas situações, preferindo não outorgar a elas as prerrogativas absolutas de direito, não quisesse deixar essas mesmas relações ao total desamparo da lei. A situação mostra-se bastante clara nas dívidas de jogo ou aposta, nas quais o legislador eleva-as à categoria de contrato (arts. 1.477 a 1.480), mas impõe-lhes o estado de obrigações naturais"[71].

Assim, colocada em um meio-termo entre os campos da moral e do direito, preferimos, junto com o mestre paulista, reconhecer-lhe natureza jurídica de uma obrigação imperfeita, por lhe faltar a exigibilidade característica das obrigações em geral.

Saliente-se, por fim, que tais obrigações naturais não se confundem com as obrigações nulas. Com efeito, o que é nulo nenhum efeito deve produzir; a obrigação natural, ao contrário, produz o efeito jurídico da possibilidade de retenção da prestação, em caso de pagamento voluntário (irrepetibilidade). Por isso mesmo, salvo vedação legal expressa e específica (*vide*, p. ex., o art. 814, § 1º, do CC/2002), não vemos, *a priori*, nenhum óbice à novação de obrigações naturais, a despeito de a questão ser muito polêmica.

---

[70] GAGLIANO, Pablo Stolze; PAMPLONA FILHO, Rodolfo. *Novo Curso de Direito Civil* — Parte Geral, 21. ed., São Paulo: Saraiva, 2020, v. 1, p. 37-8.

[71] VENOSA, Sílvio de Salvo, ob. cit., p. 45.

Em relação às obrigações naturais, três critérios nos parecem mais relevantes para classificá-las:

a) quanto à tipicidade: a obrigação natural poderá ser típica ou atípica, na medida em que é prevista em texto legal como relação obrigacional inexigível. No primeiro caso, tem-se a dívida de jogo e a prescrita; no segundo, tínhamos a dívida residual após a concordata, antes da vigência da Lei n. 11.101/2005 (a nova Lei de Falências e Recuperação de Empresas);

b) quanto à origem: a obrigação natural poderá ser originária, quando é inexigível desde o início, como a dívida de jogo, ou derivada ou degenerada, quando nasce como obrigação civil, perdendo depois a exigibilidade, como a dívida prescrita;

c) quanto aos efeitos produzidos: sob essa ótica, a obrigação natural será comum ou limitada. A primeira é a que admite todos os efeitos da obrigação civil, salvo os que se refiram à exigibilidade judicial. Já a segunda é a que se restringe à retenção do pagamento, negando-lhe a lei outros efeitos como a novação, a fiança e a promessa de pagamento. Ex.: a dívida de jogo lícito[72].

A legislação brasileira não dispensou, ao contrário de outros países[73], às obrigações naturais uma disciplina própria.

Todavia, em função de previsões esparsas no ordenamento jurídico, é possível fazer uma sistematização acerca do tema.

De fato, estabelece, por exemplo, o art. 882 do CC/2002:

> "Art. 882. Não se pode repetir o que se pagou para solver dívida prescrita, ou cumprir obrigação judicialmente inexigível".

---

[72] "A melhor doutrina está, sem dúvida, com os que vislumbram efeitos secundários nas obrigações naturais, quando a lei não os vede. É regra de hermenêutica que onde a lei não distingue, não deve o intérprete distinguir. Ora, o Código Civil só restringe os efeitos das dívidas de jogo e aposta, proibindo, no parágrafo único do art. 1.477, que essas obrigações naturais sejam reconhecidas, novadas, caucionadas ou tomadas por objeto de negócio jurídico que as disfarce com o objetivo de torná-las civis: 'Aplica-se esta disposição — diz o Código, referindo-se à regra de que as dívidas de jogo e aposta não podem ser exigidas (*caput*) — a qualquer contrato que encubra ou envolva reconhecimento, novação ou fiança de dívida de jogo, mas a nulidade resultante não pode ser oposta ao terceiro de boa-fé'. Quisesse o legislador estender essa proibição a todas as obrigações naturais, teria ditado preceito genérico. Mas, tendo-se referido apenas às dívidas de jogo e aposta, é curial concluir que as outras obrigações naturais não estão compreendidas na proibição. O mencionado dispositivo constitui norma excepcional e, pois, deve ser interpretado restritivamente: só as dívidas de jogo e aposta têm como efeito exclusivo o pagamento, sendo obrigações naturais limitadas" (COVELLO, Sérgio Carlos, ob. cit., p. 144).

[73] Há ordenamentos jurídicos que se referem só incidentalmente, como o brasileiro, às obrigações naturais, como é o caso dos Códigos Civis francês, alemão e suíço. Outros são inteiramente omissos quanto à matéria, como o espanhol. Há, porém, outros que não apenas a consagram expressamente, como a disciplinam de forma específica, como é o caso das legislações portuguesa, chilena, argentina e libanesa (COVELLO, Sérgio Carlos, ob. cit., p. 23-56).

De tal regra legal, é possível se estabelecer a premissa, em nosso sistema, da irrepetibilidade da prestação na obrigação natural, sendo irrelevante, inclusive, se o devedor conhecia tal incoercibilidade.

Nessa mesma linha, no que se refere às dívidas de jogo ou aposta, preceitua o art. 814 do CC/2002:

> "Art. 814. As dívidas de jogo ou de aposta não obrigam a pagamento; mas não se pode recobrar a quantia, que voluntariamente se pagou, salvo se foi ganha por dolo, ou se o perdente é menor ou interdito.
>
> § 1º Estende-se esta disposição a qualquer contrato que encubra ou envolva reconhecimento, novação ou fiança de dívida de jogo; mas a nulidade resultante não pode ser oposta ao terceiro de boa-fé.
>
> § 2º O preceito contido neste artigo tem aplicação, ainda que se trate de jogo não proibido, só se excetuando os jogos e apostas legalmente permitidos.
>
> § 3º Excetuam-se, igualmente, os prêmios oferecidos ou prometidos para o vencedor em competição de natureza esportiva, intelectual ou artística, desde que os interessados se submetam às prescrições legais e regulamentares".

Registre-se, em tal previsão, que embora se reconheça a validade da retenção do pagamento da dívida de jogo ou aposta, proíbe-se qualquer estipulação contratual em relação a tais obrigações naturais, admitindo-se a sua natureza limitada.

Da mesma maneira, o art. 564, III, do CC/2002 estabelece que não se revogam por ingratidão as doações que se fizerem em cumprimento de obrigação natural, pois, no campo estritamente jurídico, não se trata propriamente de obrigações, mas sim de adimplemento de obrigações não exigíveis judicialmente.

Um bom exemplo, extraído, todavia, de legislação revogada, era a dívida residual após a concordata, pois, como o § 4º do art. 155 do Decreto-lei n. 7.661/45 estabelecia que a sentença que julgar cumprida a concordata declararia a extinção da responsabilidade do devedor, o fato é que a dívida subsistiria, apenas não mais podendo ser exigida judicialmente. Caso o devedor quisesse pagar, honrando seus compromissos, inexistiria indébito, uma vez que não haveria *animus donandi*, mas sim verdadeiro pagamento.

Destaque-se, por fim, que a irrepetibilidade do pagamento é a regra a ser observada no cumprimento de uma obrigação natural. Todavia, entendemos que o pagamento deve ser realizado sem coação ou qualquer outro vício de consentimento, que não importe em uma falsa percepção da realidade, pois, do contrário, a repetição é cabível, sob pena de se subverter o *princípio maior da boa-fé objetiva*.

# X TEORIA DO PAGAMENTO

## 1. CONCEITO E NATUREZA JURÍDICA DO PAGAMENTO

Em geral, a obrigação extingue-se por meio do cumprimento voluntário da prestação. Diz-se, no caso, ter havido a solução (*solutio*) da obrigação, com a consequente liberação do devedor.

Com muito maior frequência, todavia, costuma-se utilizar a expressão pagamento para significar o desempenho voluntário da prestação devida.

Por isso, o termo pagamento, diferentemente do que a linguagem comum nos sugere, não significa apenas a entrega de uma soma em dinheiro, mas poderá também traduzir, em sentido mais amplo, o cumprimento voluntário de qualquer espécie de obrigação[1].

Assim, nesse sentido, paga não apenas aquele que entrega a quantia em dinheiro (obrigação de dar), mas também o indivíduo que realiza uma atividade (obrigação de fazer) ou, simplesmente, se abstém de um determinado comportamento (obrigação de não fazer).

Com a sua habitual precisão, CLÓVIS BEVILÁQUA manifesta-se a respeito do tema nos seguintes termos: "no primeiro sentido, o pagamento é o modo de cumprir as obrigações de dar, ou mais particularmente, de dar somas de dinheiro. No segundo, a satisfação do prometido ou devido em qualquer variedade de obrigação"[2].

Compõe-se o pagamento de três elementos fundamentais:

a) o vínculo obrigacional: trata-se da causa (fundamento) do pagamento; não havendo vínculo, não há que se pensar em pagamento, sob pena de caracterização de pagamento indevido;

b) o sujeito ativo do pagamento: o devedor (*solvens*), que é o sujeito passivo da obrigação;

c) o sujeito passivo do pagamento: o credor (*accipiens*), que é o sujeito ativo da obrigação.

---

[1] Várias expressões podem ser utilizadas para caracterizar o cumprimento voluntário da obrigação (adimplemento, solução, cumprimento, execução), mas "pagamento", sem dúvida, é a mais difundida.

[2] BEVILÁQUA, Clóvis. *Direito das Obrigações*, Campinas: Red Livros, 2000, p. 137.

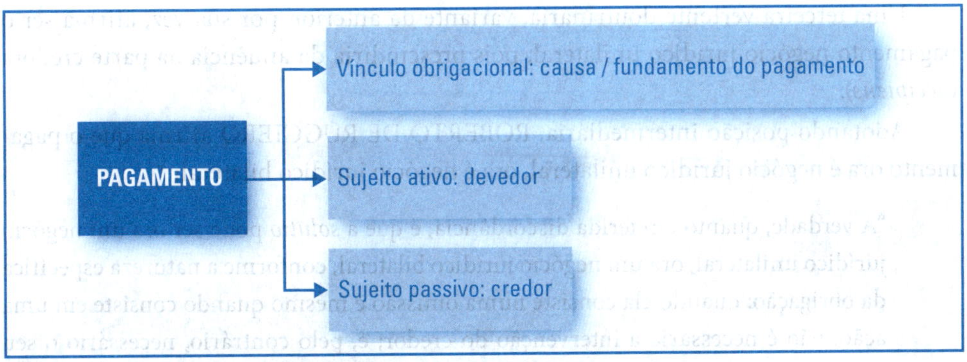


Vale destacar, para que não pairem quaisquer dúvidas terminológicas, que, em matéria de pagamento, faz-se a inversão dos polos da relação jurídica obrigacional, como a ver o outro lado da moeda, para considerar sujeito ativo do pagamento (e não da obrigação) o devedor (pois é ele que pratica o ato, na espécie), ou seja, o sujeito ativo do pagamento é aquele que deve entregá-lo, e vice-versa em relação ao credor[3].

Nesse diapasão, cumpre-nos investigar qual seria a natureza jurídica do pagamento.

Indiscutivelmente, o pagamento é fato jurídico, na medida em que tem o condão de resolver a relação jurídica obrigacional.

Como se sabe, fato jurídico é todo acontecimento que produz efeitos na órbita do direito, a exemplo do que ocorre com o pagamento.

Ocorre que a categoria de "fato jurídico" é por demais abrangente, de modo que se deve perquirir em que subespécie de fato se subsume o pagamento: "seria um ato jurídico *stricto sensu* ou um negócio jurídico?"

Os adeptos da primeira subteoria (ato jurídico em sentido estrito) defendem que o pagamento é um simples comportamento do devedor, sem conteúdo negocial, cujo principal e único efeito, previsto pelo ordenamento jurídico, é a extinção da obrigação.

A segunda subteoria (negócio jurídico) identifica no pagamento mais do que um simples comportamento, mas uma declaração de vontade, acompanhada de um elemento anímico complexo: o *animus solvendi*. Dentre esses pensadores, há os que defendem a natureza contratual (bilateral) do pagamento, que consistiria em um acordo liberatório entre as partes.

[3] "Realmente, o sujeito ativo do pagamento, o pagador, é o sujeito passivo da obrigação, o devedor, sendo que o sujeito passivo do pagamento, o recebedor, é o sujeito ativo da relação obrigacional, o credor.

Isto porque o direito e o dever são correlatos, como certamente consignou o adágio latino *ius et obligatio sunt correlata*. É correta a expressão porque, quando o devedor, sujeito passivo da obrigação, dá início à execução obrigacional, dá mostras de querer pagar, ele passa de sujeito passivo dessa obrigação a ativo do pagamento, iniciando o exercício de um direito, o de pagar" (AZEVEDO, Álvaro Villaça. *Teoria Geral das Obrigações*, 9. ed., São Paulo: Revista dos Tribunais, 2001, p. 108).

Uma terceira vertente doutrinária, variante da anterior, por sua vez, afirma ser o pagamento negócio jurídico unilateral, pois prescindiria da anuência da parte credora (*accipiens*).

Adotando posição intermediária, ROBERTO DE RUGGIERO afirma que o pagamento ora é negócio jurídico unilateral, ora é negócio jurídico bilateral:

> "A verdade, quanto à referida discordância, é que a *solutio* pode ser ora um negócio jurídico unilateral, ora um negócio jurídico bilateral, conforme a natureza específica da obrigação: quando ela consiste numa omissão e mesmo quando consiste em uma ação, não é necessária a intervenção do credor; é, pelo contrário, necessário o seu concurso, se a prestação consiste num *dare*, pois neste caso há a aceitação do credor"[4].

Em nossa opinião, não se poderá adotar posição definitiva a respeito do assunto. Somente a análise do caso concreto poderá dizer se o pagamento tem ou não natureza negocial, e, bem assim, caso seja considerado negócio, se é unilateral ou bilateral.

Pretender impor uma determinada categoria, como verdade absoluta, é esforço intelectual infecundo e poderá levar o intérprete a erro.

Por isso, adequadas são as palavras do Mestre CAIO MÁRIO, que assevera:

> "Genericamente considerado, o pagamento pode, portanto, ser ou não um negócio jurídico; e será unilateral ou bilateral, dependendo esta classificação da natureza da prestação, conforme para a *solutio* contente-se o direito com a emissão volitiva tão somente do devedor, ou para ela tenha de concorrer a participação do *accipiens*"[5].

Parece-nos, sem dúvida, o melhor entendimento.

## 2. CONDIÇÕES SUBJETIVAS DO PAGAMENTO

Nesse tópico, analisaremos os sujeitos do pagamento.

### 2.1. De quem deve pagar

Diferentemente do que se possa imaginar em uma primeira abordagem, não é apenas o devedor que está legitimado para efetuar o pagamento.

De fato, em primeiro plano, o sujeito passivo da relação obrigacional é o devedor, ou seja, a pessoa que contraiu a obrigação de pagar.

Entretanto, segundo a sistemática do direito positivo brasileiro, também poderá solver o débito pessoa diversa do devedor — o terceiro —, esteja ou não juridicamente interessada no cumprimento da obrigação.

---

[4] RUGGIERO, Roberto de. *Instituições de Direito Civil*, v. 3, Campinas: Bookseller, 1999, p. 140-1.

[5] PEREIRA, Caio Mário da Silva. *Instituições de Direito Civil*, 19. ed., v. 2, Rio de Janeiro: Forense, 2001, p. 107.

Nesse sentido, clara é a regra do art. 304 do CC/2002:

> "Art. 304. Qualquer interessado na extinção da dívida pode pagá-la, usando, se o credor se opuser, dos meios conducentes à exoneração do devedor.
>
> Parágrafo único. Igual direito cabe ao terceiro não interessado, se o fizer em nome e à conta do devedor, salvo oposição deste".

A norma legal indica-nos a existência de duas espécies de terceiro:

a) o terceiro interessado;

b) o terceiro não interessado.

Por terceiro interessado entenda-se a pessoa que, sem integrar o polo passivo da relação obrigacional-base, encontra-se juridicamente adstrita ao pagamento da dívida, a exemplo do fiador que se obriga ao cumprimento da obrigação caso o devedor direto (afiançado) não o faça.

Outro exemplo de terceiro interessado nos é dado por ÁLVARO VILLAÇA: "É o caso, como foi referido, do subinquilino, que, em razão de cessão pelo inquilino, que lhe foi feita, do contrato de locação, corre o risco de ser despejado por falta de pagamento, se não liquidar os aluguéis em atraso"[6].

Note-se que o terceiro interessado poderá, caso o credor se recuse injustamente a receber o pagamento ou dar quitação regular, usar dos meios conducentes à exoneração do devedor, como, por exemplo, a ação de consignação em pagamento. Por isso, não é lícita a recusa do credor que exige receber o pagamento das mãos do próprio devedor.

Pode, outrossim, o adimplemento da obrigação ser efetuado por terceiro não interessado. Trata-se de pessoa que não guarda vinculação jurídica com a relação obrigacional-base, por nutrir interesse meramente moral. É o caso do pai que paga a dívida do filho maior, ou do provecto amigo que honra o débito do seu compadre. Tais pessoas agem movidas por sentimento de solidariedade familiar ou social, não estando adstritas ao cumprimento da obrigação.

Em casos tais, duas situações podem ocorrer:

a) o terceiro não interessado paga a dívida em nome e à conta do devedor (art. 304 do CC/2002) — neste caso, não tem, *a priori*, o direito de cobrar o valor que desembolsou para solver a dívida, uma vez que o fez, não por motivos patrimoniais, mas por sentimentos filantrópicos, pelo que pode, inclusive, lançar mão dos meios conducentes à exoneração do devedor, a exemplo da consignação em pagamento. É o caso mencionado de pagamento feito por pais, filhos ou amigos, em que o móvel subje-

6 AZEVEDO, Álvaro Villaça, ob. cit., p. 113.

tivo do indivíduo é a solidariedade[7]. Registre-se, porém, que, processualmente, o terceiro não interessado, que paga a dívida em nome e à conta do devedor, deverá demonstrar a sua legitimidade para fazê-lo, tendo em vista que ajuíza a postulação invocando o direito alheio de efetivar o pagamento e obter a quitação;

b) o terceiro não interessado paga a dívida em seu próprio nome (art. 305 do CC/2002) — neste caso, tem o direito de reaver o que pagou, embora não se sub-rogue nos direitos do credor. Conforme veremos adiante, "sub-rogação" é expressão que traduz a ideia de substituição. De tal forma, se o terceiro não interessado paga em seu próprio nome, poderá cobrar do devedor o que pagou, mas não substituirá o credor em todas as suas prerrogativas. Assim, se havia uma hipoteca garantindo a dívida primitiva, o terceiro não desfrutará da mesma garantia real, restando-lhe, apenas, cobrar o débito pelas vias ordinárias.

Talvez um bom exemplo de pagamento realizado por terceiro em seu próprio nome seja o da fiança criminal. De fato, se, na fiança civil, o terceiro (fiador) que paga a dívida o faz por ter interesse na relação jurídica principal, na fiança criminal quem presta a fiança, em seu próprio nome, para obter a liberdade provisória do acusado definitivamente não tem nenhum vínculo com a relação jurídica estabelecida. Assim, para efeitos meramente didáticos, podemos afirmar que o pagamento da fiança civil é um caso típico de pagamento por terceiro interessado, e o pagamento da fiança criminal, um exemplo de adimplemento por terceiro não interessado, que terá o direito de ser ressarcido do valor no caso da quebra e perda da fiança.

Registre-se, por óbvio, que a fiança criminal deve ser prestada pelo próprio afiançado, sendo o pagamento por terceiro situação excepcional, enquanto a fiança civil é prestada necessariamente por terceiro.

Uma importante observação, entretanto, deve ser feita.

Não é algo muito comum alguém se predispor a pagar dívida de outrem.

Por isso, o direito não ignora que pessoas inescrupulosas, movidas por razões egoísticas, poderão valer-se da legitimidade conferida ao terceiro não interessado para se tornarem credoras do devedor, piorando a situação econômica destes. Damos um exemplo. Imagine que, em uma determinada cidade, dois comerciantes disputam entre si o mercado de cereais. Um deles, necessitando de numerário para levar à frente os seus negócios, contrai vultosa dívida perante um determinado credor, não conseguindo adimpli-la no vencimento, embora ainda não estivesse insolvente. O seu concorrente, ciente do fato, paga a dívida, tornando-se seu credor. Ora, em tal caso, é indiscutível que

[7] Sílvio Venosa, porém, discorda dessa regra, afirmando que a "questão de saber se o pagamento ocorreu por mera filantropia ou não desloca-se para as circunstâncias do caso. Entendemos que sempre haverá possibilidade de ação de enriquecimento sem causa, no caso de pagamento desinteressado, a não ser que o terceiro expressamente abra mão deste último remédio" (*Direito Civil* — Teoria Geral das Obrigações e Teoria Geral dos Contratos, 5. ed., São Paulo: Atlas, 2005, p. 210).

a situação do devedor ficará agravada, uma vez que terá muito mais dificuldade de solver amigavelmente a obrigação, sem mencionar o fato de que o seu desafeto — o novo credor — poderá macular a sua imagem na praça, alardeando informações falsas acerca de sua real situação econômica.

Para evitar situações como essa, que incentivariam comportamentos escusos, é que o Código Civil brasileiro de 2002 reconhece ao devedor a faculdade de opor-se ao pagamento da dívida por terceiro, quando houver justo motivo para tanto:

> "Art. 306. O pagamento feito por terceiro, com desconhecimento ou oposição do devedor, não obriga a reembolsar aquele que pagou, se o devedor tinha meios para ilidir a ação"[8].

Ou seja, havendo o desconhecimento ou a oposição do devedor, e o pagamento ainda assim se der, o terceiro não terá o direito de reembolsar-se, nos termos do art. 306 do CC/2002, desde que o devedor, obviamente, disponha de meios para solver a obrigação.

Parece-nos, porém, a bem da verdade, que, nessas hipóteses do art. 306, nasce, para o terceiro, uma obrigação natural atípica, pois, se houver o pagamento/ressarcimento do devedor ao terceiro, não há que falar em enriquecimento indevido.

Em nosso entendimento, portanto, a recusa do devedor poderá ter fundo moral — como no exemplo acima, em que se pretende impedir a sua humilhação —, não obstante a oposição possa também assentar-se em razões essencialmente jurídicas: "É o caso, por exemplo, de a dívida não ser exigível por inteiro, de estar no todo ou em parte prescrita, de promanar de negócio anulável, de existir possibilidade de *exceptio non adimpleti contractus* (exceção de contrato não cumprido etc.)"[9].

Finalmente, cumpre-nos tecer breves considerações acerca do pagamento que importe transferência de domínio.

Em tal situação, nos termos do art. 307 do CC/2002, por razões óbvias, o pagamento só poderá ser feito pelo titular do objeto cuja propriedade se pretenda transferir. Quer-se, com isso, evitar a chamada alienação *a non domino*, ou seja, aquela efetuada por quem não seja proprietário da coisa.

Se, todavia, se der em pagamento coisa fungível, não se poderá mais reclamar do credor que, de boa-fé, a recebeu e a consumiu, ainda que o devedor não tivesse o direito de aliená-la. Nesse caso, o verdadeiro proprietário da coisa deverá exigir, não do credor de boa-fé, mas do próprio devedor, as perdas e danos devidas por força da alienação indevida. Exemplificando: Caio, em pagamento de uma dívida, transfere a Tício a propriedade de duas sacas de trigo.

---

[8] Vale destacar, a título de curiosidade histórica, que o Projeto de Lei n. 6.960/2002 (depois renumerado para n. 276/2007) pretendia alterar também a redação desse artigo, conservando, porém, a mesma ideia geral: "Art. 306. O pagamento feito por terceiro, com desconhecimento ou oposição do devedor, não obriga a reembolsar aquele que pagou, se o devedor tinha meios para ilidir a ação do credor na cobrança do débito".

[9] VENOSA, Sílvio de Salvo. *Direito Civil* — Teoria Geral das Obrigações e Teoria Geral dos Contratos, 2. ed., v. 2, São Paulo: Atlas, 2002, p. 183.

Este, de boa-fé, as recebe e consome. Posteriormente, descobre-se que o cereal pertencia a Xisto, de modo que a alienação fora dada *a non domino*. Em tal hipótese, Xisto deverá reclamar de Caio, e não de Tício, perdas e danos devidos por força do prejuízo que experimentou.

## 2.2. Daqueles a quem se deve pagar

Segundo a nossa legislação em vigor, o pagamento poderá ser feito às seguintes pessoas:

a) o credor;

b) o representante do credor;

c) o terceiro.

Nesse sentido é a dicção da regra prevista no art. 308 do CC/2002:

> "Art. 308. O pagamento deve ser feito ao credor ou a quem de direito o represente, sob pena de só valer depois de por ele ratificado, ou tanto quanto reverter em seu proveito".

Claro que, em primeiro plano, o pagamento deve ser feito ao próprio credor (*accipiens*), sujeito ativo titular do crédito. Poderá, todavia, ocorrer a transferência *inter vivos* (por meio da cessão de crédito) ou *post mortem* (em face da morte do credor originário) do direito, de maneira que o cessionário, no primeiro caso, e o herdeiro ou legatário, no segundo, passarão a ter legitimidade para exigir o cumprimento da dívida.

Nada impede, outrossim, que o devedor se dirija a um representante legal ou convencional do credor, para efetuar o pagamento. Tal ocorre quando o pai, representante legal do filho, recebe numerário devido a este, em virtude de um crédito existente contra terceiro. Da mesma forma, o credor pode, por meio da representação convencional ou voluntária, outorgar poderes para que o seu procurador possa receber o pagamento e dar quitação.

Pode ocorrer que uma pessoa — diversa do credor e sem poderes de representação — apresente-se ao devedor e receba o pagamento. Nesse caso, se o devedor não tomou as cautelas necessárias, efetuando o pagamento para um sujeito qualquer, poderá sofrer as consequências do seu ato, traduzidas pelo ditado "quem paga mal paga duas vezes". O direito não socorre os negligentes (*dormientibus ne sucurrit jus*), e, no caso, se não cuidou de investigar a legitimidade do recebedor, poderá ser compelido a pagar novamente ao verdadeiro credor.

Consoante bem asseverou SÍLVIO VENOSA:

> "Para a estabilidade das relações negociais, o direito gira em torno de aparências. As circunstâncias externas, não denotando que o portador da quitação seja um impostor, tornam o pagamento válido: 'considera-se autorizado a receber o pagamento o portador da quitação, exceto se as circunstâncias contrariarem a presunção daí resultante'"[10].

[10] VENOSA, Sílvio de Salvo, ob. cit., p. 185.

Daí a grande importância da previsão do art. 311 do CC/2002:

> "Art. 311. Considera-se autorizado a receber o pagamento o portador da quitação, salvo se as circunstâncias contrariarem a presunção daí resultante".

No caso de pagamento feito a terceiro, ressalva a lei, todavia, a possibilidade de o credor ratificá-lo ou reverter em seu proveito o pagamento recebido, conforme o art. 310 do CC/2002.

Assim, se Caio, devedor de Tício, paga a dívida a Xisto, terceiro sem poderes de representação, o pagamento só valerá se for ratificado (confirmado) por Tício, verdadeiro credor, ou, mesmo sem confirmação, se houver revertido em seu próprio proveito (ex.: o devedor prova que o credor recebeu o dinheiro do terceiro e comprou um carro). Nessa hipótese, porém, o pagamento só será válido até o montante do benefício experimentado pelo credor. Vale dizer, se o terceiro apenas em parte reverteu o que pagou em benefício do credor, este continuará com o direito de exigir o restante do crédito, não recebido.

Situação especial de pagamento feito a terceiro é aquele efetuado a credor aparente ou putativo.

Trata-se de aplicação da teoria da aparência.

Em determinadas situações, a simples aparência de uma qualidade ou de um direito poderá gerar efeitos na órbita jurídica.

Tal ocorre na chamada teoria do funcionário de fato, provinda do Direito Administrativo, quando determinada pessoa, sem possuir vínculo com a Administração Pública, assume posto de servidor, como se realmente o fosse, e realiza atos em face de administrados de boa-fé, que não teriam como desconfiar do impostor. Imagine-se, em um distante município, o sujeito que assume as funções de um oficial de Registro Civil, realizando atos registrários e fornecendo certidões. Por óbvio, a despeito da flagrante ilegalidade, que, inclusive, acarretará responsabilização criminal, os efeitos jurídicos dos atos praticados, aparentemente lícitos, deverão ser preservados, para que se não prejudique aqueles que, de boa-fé, hajam recorrido aos préstimos do suposto oficial.

Da mesma forma, se nos dirigimos ao protocolo de uma repartição pública para apresentarmos, dentro de determinado prazo, um documento, e lá encontramos uma pessoa que se apresenta como o funcionário encarregado, não existe necessidade de se perquirir a respeito da sua legitimidade. Se o sujeito era um impostor, caberá à própria Administração Pública apurar o fato, com o escopo de punir os verdadeiros funcionários que permitiram o acesso de um estranho ao interior de suas instalações. O que não se pode supor é que o administrado será prejudicado com a perda do prazo para a apresentação do documento solicitado.

Mas não apenas no Direito Administrativo a teoria da aparência tem aplicabilidade. Também no Direito Civil.

Muito difundida é a hipótese de um ou ambos os cônjuges, de boa-fé, contrair(em) matrimônio incorrendo em erro em face da figura do outro consorte.

Trata-se do chamado casamento putativo, previsto no art. 1.561 do CC/2002:

> "Art. 1.561. Embora anulável ou mesmo nulo, se contraído de boa-fé por ambos os cônjuges, o casamento, em relação a estes como aos filhos, produz todos os efeitos até o dia da sentença anulatória.
>
> § 1º Se um dos cônjuges estava de boa-fé, ao celebrar o casamento, os seus efeitos civis só a ele e aos filhos aproveitarão.
>
> § 2º Se ambos os cônjuges estavam de má-fé ao celebrar o casamento , os seus efeitos civis só aos filhos aproveitarão".

Assim, se duas pessoas, desconhecendo que são irmãos, casam entre si, o matrimônio poderá ulteriormente ser invalidado (nulidade absoluta), embora os seus efeitos jurídicos sejam preservados, por estarem os consortes de boa-fé. Poderão, portanto, proceder à partilha do patrimônio comum, como se estivessem dissolvendo a sociedade conjugal de um casamento válido por meio de ação de separação judicial, admitindo-se, ainda, o reconhecimento de outros efeitos, compatíveis com a hipótese vertente.

Em outra situação, estando apenas um dos cônjuges de boa-fé, por desconhecer que o outro já era casado, os efeitos jurídicos serão preservados apenas em seu benefício. De tal forma, terá direito à partilha de bens, de acordo com o regime adotado, poderá pleitear alimentos, e, bem assim, terá direito sucessório se o outro consorte falecer antes da sentença que decretar a nulidade do casamento. Observa-se, portanto, que, por força da aparência de licitude, os efeitos do casamento inválido serão resguardados em prol do contraente de boa-fé.

O Direito das Obrigações, da mesma forma, deixa-se influenciar pela teoria da aparência, ao admitir que o pagamento seja feito, de boa-fé, ao credor putativo.

Trata-se da pessoa que se apresenta como sujeito ativo da relação obrigacional (sujeito passivo do pagamento), não havendo razão plausível para o devedor desconfiar da sua ilegitimidade.

No dizer de CAIO MÁRIO, "chama-se credor putativo a pessoa que, estando na posse do título obrigacional, passa aos olhos de todos como sendo a verdadeira titular do crédito (credor aparente)"[11].

Tendo em vista tal situação, o Código Civil brasileiro (art. 309 do CC/2002) dispõe que:

> "Art. 309. O pagamento feito de boa-fé ao credor putativo é válido, ainda provado depois que não era credor"[12].

Analisando esse dispositivo, NELSON NERY JR. e ROSA MARIA DE ANDRADE NERY anotam que:

---

[11] PEREIRA, Caio Mário da Silva, ob. cit., p. 112.

[12] Mais técnico nesse ponto, o Projeto de Lei n. 6.960/2002 (depois renumerado para n. 276/2007, infelizmente arquivado) dispunha que o pagamento feito de boa-fé a credor putativo é eficaz, ainda provado depois que não era credor (art. 309).

> "A nossa legislação, além do CC/1916 1600 (CC 1817), acolheu a aparência em vários outros de seus dispositivos, como, por exemplo, CC/1916 1318 (CC 686); 221 (CC 1561 e §§); 935 (CC 309), não havendo razão para que o princípio não seja aplicado analogicamente a outras hipóteses, como admite o art. 4º da LICC. Na verdade, a exigência da preservação da segurança das relações jurídicas e o registro da boa-fé de terceiro devem justificar o acolhimento da teoria da aparência (TJRJ, ADCOAS, 1982, 82632)".

Requisitos indispensáveis para a validade do pagamento ao credor putativo (aparente) são:

a) a boa-fé do devedor;
b) a escusabilidade de seu erro.

Por óbvio, a lei exige, para que o pagamento seja admitido, que o devedor haja atuado de boa-fé, ou seja, não possa supor, ante as circunstâncias de fato, que a pessoa que exige o pagamento não tem poderes para tanto.

A boa-fé, no caso, é a subjetiva, um estado psicológico de firme crença na legitimidade daquele que se apresenta ao devedor.

É indispensável, também, embora não seja a lei explícita a respeito, que o erro em que laborou o devedor seja escusável (perdoável). Se tinha motivos para desconfiar do impostor, deverá evitar o pagamento, depositando-o em juízo, se for o caso. Conforme já dissemos, o direito não deve tutelar os negligentes (*dormientibus ne sucurrit jus*).

Finalmente, para a boa compreensão do tema, figuremos o seguinte exemplo de aplicação da teoria da aparência (credor aparente ou putativo): durante muitos anos, uma senhora, residente no sul da Bahia, comprou produtos agrícolas de uma mesma empresa, situada na capital baiana. E sempre o mesmo preposto cuidava de entregar os implementos, recebendo a quantia devida. Certo dia, o preposto fora demitido, não tendo a empresa o cuidado de avisar o fato a todos os seus clientes. Movido por sentimento de vingança, o ex-empregado dirigiu-se até a fazenda da incauta senhora, dizendo-lhe que poderia pagar-lhe antecipadamente, uma vez que, naquele mês, os produtos seriam enviados pelo correio, dentro de alguns dias. Sem motivo para desconfiar do ardil, o pagamento fora efetuado, e a agricultora não recebeu os implementos.

Em tal hipótese figurada, verificada a boa-fé e a escusabilidade do erro, mesmo se verificando posteriormente que o sujeito não detinha mais poderes de representação, o pagamento valerá, e a indústria será obrigada a fornecer o produto, arcando com o prejuízo, se não puder cobrar do farsante.

Ainda pensando na hipótese de pagamento feito a terceiro, é possível que o *accipiens*, excepcionalmente, seja o credor do credor, quando for penhorado o crédito, com a devida intimação do devedor de que o débito está em juízo.

Por isso mesmo, seguindo a linha de que não se deve prestigiar os não diligentes, estabelece o art. 312 do CC/2002:

"Art. 312. Se o devedor pagar ao credor, apesar de intimado da penhora feita sobre o crédito, ou da impugnação a ele oposta por terceiros, o pagamento não valerá contra estes, que poderão constranger o devedor a pagar de novo, ficando-lhe ressalvado o regresso contra o credor".

Assim, por exemplo, se Caio deve a Tício a importância de R$ 1.000,00, temos que tal crédito poderá ser penhorado pelos credores de Tício. Nesse caso, se Mévio obtém a constrição judicial (penhora) de tal crédito (o que, por óbvio, somente pode acontecer antes de ser efetivado o pagamento) e, mesmo assim, Caio, ciente dela, paga a importância diretamente a Tício, temos a aplicação da regra "quem paga mal paga duas vezes", pois Mévio poderá exigir de Caio o valor correspondente, como se o valor não tivesse sido pago. Da mesma forma, se Caio deve a mesma importância ou um cavalo de raça a Tício, e Mévio impugna tal relação creditícia, alegando ser o efetivo destinatário do bem, poderá Mévio exigir que lhe seja pago o valor equivalente por Caio, caso este, precipitadamente, pague diretamente o suposto crédito de Tício.

## 3. CONDIÇÕES OBJETIVAS DO PAGAMENTO

Nos próximos tópicos, analisaremos cada um dos elementos objetivos do pagamento, a saber, seu objeto, prova, lugar e tempo.

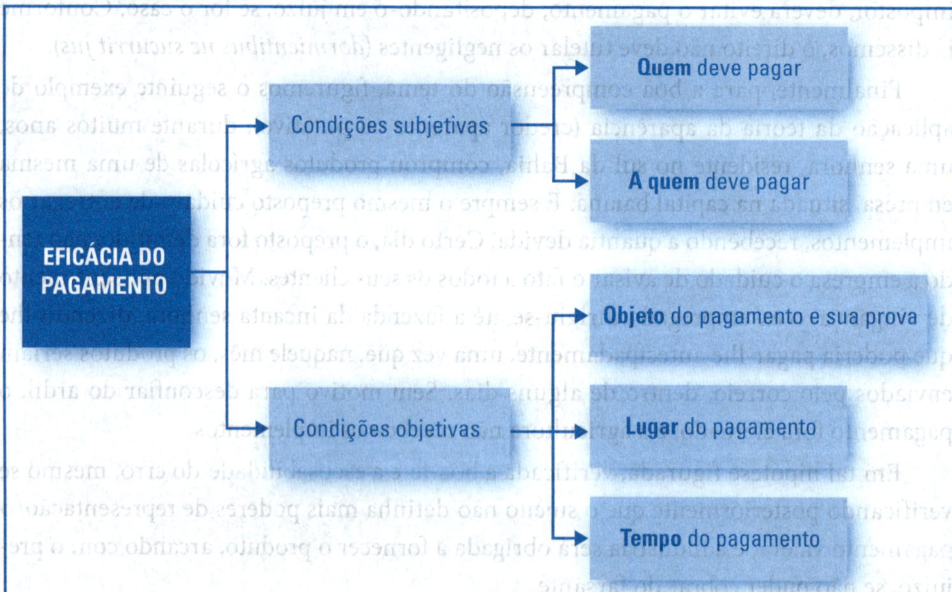


### 3.1. Do objeto do pagamento e sua prova

Vários dos princípios atinentes ao objeto do pagamento já foram estudados no decorrer desta obra.

Assim, já sabemos que o credor não está obrigado a receber prestação diversa da que lhe é devida, ainda que mais valiosa, e, também, não está adstrito a receber por partes — nem o devedor a pagar-lhe fracionadamente —, se assim não se convencionou (arts. 313 e 314 do CC/2002).

Tais dispositivos visam preservar a segurança jurídica dos negócios, uma vez que, se não forem respeitados, as partes nunca saberão como efetuar corretamente o pagamento: se sou credor de um relógio de cobre, não estou obrigado a aceitar um de ouro e vice-versa. Da mesma forma, se fora estipulada a entrega de uma saca de café, o devedor deverá prestá-la por inteiro, e não por partes.

Consoante já anotamos, as dívidas em dinheiro deverão ser pagas no vencimento, em moeda corrente nacional, pelo seu valor nominal (art. 315 do CC/2002)[13]. Nada impede, outrossim, a adoção de cláusulas de escala móvel, para que se realize a atualização monetária da soma devida, segundo critérios escolhidos pelas próprias partes.

Note-se que o Código de 2002 admitiu que a obrigação cujo objeto compreenda prestações sucessivas possa aumentar progressivamente (art. 316). Essa regra, em verdade, decorre de prática negocial difundida, quando as partes, no próprio contrato, adotam critério de aumento progressivo das parcelas a serem adimplidas.

Entretanto, se a adoção de tais regras se der no bojo de um contrato de consumo, é preciso perquirir se tal cláusula não é abusiva, por acarretar injusta desproporção entre as prestações pactuadas, em detrimento do consumidor. Tudo dependerá da análise do caso concreto.

Tecidos tais esclarecimentos, cuidemos, agora, da prova do pagamento.

Se a precípua atividade do devedor é pagar, ou seja, cumprir a sua obrigação, forçoso é convir que terá o direito de exigir uma prova de que adimpliu.

A quitação, portanto, é, primordialmente, o meio de prova do pagamento.

---

13 Uma situação excepcional em que o ordenamento autoriza o fracionamento está prevista na legislação processual, com o fito de garantir o cumprimento da dívida, sem afetar a capacidade econômica do devedor. Trata-se do art. 916 do CPC/2015, que preceitua, *in verbis*: "Art. 916. No prazo para embargos, reconhecendo o crédito do exequente e comprovando o depósito de trinta por cento do valor em execução, acrescido de custas e de honorários de advogado, o executado poderá requerer que lhe seja permitido pagar o restante em até 6 (seis) parcelas mensais, acrescidas de correção monetária e de juros de um por cento ao mês. § 1º O exequente será intimado para manifestar-se sobre o preenchimento dos pressupostos do *caput*, e o juiz decidirá o requerimento em 5 (cinco) dias. § 2º Enquanto não apreciado o requerimento, o executado terá de depositar as parcelas vincendas, facultado ao exequente seu levantamento. § 3º Deferida a proposta, o exequente levantará a quantia depositada, e serão suspensos os atos executivos. § 4º Indeferida a proposta, seguir-se-ão os atos executivos, mantido o depósito, que será convertido em penhora. § 5º O não pagamento de qualquer das prestações acarretará cumulativamente: I — o vencimento das prestações subsequentes e o prosseguimento do processo, com o imediato reinício dos atos executivos; II — a imposição ao executado de multa de dez por cento sobre o valor das prestações não pagas. § 6º A opção pelo parcelamento de que trata este artigo importa renúncia ao direito de opor embargos. § 7º O disposto neste artigo não se aplica ao cumprimento da sentença".

Trata-se, em nosso entendimento, de ato devido, imposto ao credor que recebeu o pagamento, no qual serão especificados o valor e a espécie da dívida quitada, o nome do devedor ou de quem por este pagou, o tempo e o lugar do pagamento.

Concretiza-se em instrumento público ou particular, datado e assinado pelo próprio credor ou por representante seu.

O devedor tem direito subjetivo à quitação, e, caso lhe seja negada, poderá reter a coisa, facultando-se-lhe depositá-la em juízo, via ação consignatória de pagamento, para prevenir responsabilidade (art. 319 do CC/2002).

Não poderá, pois, diante da recusa injustificada do credor de dar-lhe quitação, abandonar o bem devido à sua própria sorte. Fará jus, outrossim, às despesas efetuadas durante o tempo em que guardou e conservou a coisa, por conta da negativa do credor de recebê-la, mediante quitação.

São requisitos legais da quitação (art. 320 do CC/2002):

a) o valor e a espécie da dívida quitada;
b) o nome do devedor ou de quem por este pagou (representante, sucessor ou terceiro);
c) o tempo do pagamento (dia, mês, e, se quiserem, hora);
d) o lugar do pagamento;
e) a assinatura do credor ou de representante seu.

Pode ocorrer, todavia, que o pagamento seja efetuado, e o devedor, por inexperiência ou ignorância, não exija a quitação de forma regular, preterindo os requisitos legais acima mencionados. Nesse caso, o parágrafo único do art. 320 do CC/2002 prevê a possibilidade de se admitir provado o pagamento, se "de seus termos ou das circunstâncias resultar haver sido paga a dívida".

Essa regra é de louvável justiça.

Quem atua no interior do País sabe que o conhecimento das leis é, na generalidade dos casos, raridade. Por isso, o cidadão humilde não poderia ser alijado do seu direito à quitação pelo simples fato de não haver exigido o recibo com todos os requisitos exigidos por lei. Se o juiz concluir, pelas circunstâncias do caso posto a acertamento, que o devedor pagou, deverá declarar extinta a obrigação. Essa é a melhor solução, em respeito, inclusive, ao princípio da boa-fé.

Havendo débitos literais, ou seja, documentados por títulos, se a quitação consistir na devolução do título, perdido este, poderá o devedor exigir, retendo o pagamento, declaração do credor que inutilize o título desaparecido (art. 321 do CC/2002). Exemplificando: Caio é devedor de Tício, por força de uma cambial (nota promissória), emitida em benefício deste último. No dia do vencimento, o credor alega haver perdido o título de crédito. Em tal hipótese, impõe-se ao devedor, no ato do pagamento, exigir uma declaração, datada e assinada (preferencialmente com firma reconhecida), pelo próprio credor, no sentido de que reconhecia a inutilidade do título extraviado, e que estava quitando a dívida contraída. Para prevenir responsabilidade frente a terceiro, é de boa cautela que o credor dê ciência a terceiro, por meio da imprensa, acerca do extravio da cártula, em respeito ao princípio da boa-fé.

A lei civil reconhece, ainda, hipóteses de presunção de pagamento, quando este não se possa comprovar por meio de quitação total e regular.

São as seguintes:

a) No pagamento realizado em quotas periódicas, a quitação da última estabelece, até prova em contrário, a presunção de estarem solvidas as anteriores. Para afastarem essa presunção, os credores (escolas, por exemplo) costumam inserir no título a advertência de que o pagamento da última mensalidade em atraso não quita as pretéritas (art. 322 do CC/2002);
b) Sendo a quitação do capital sem reserva de juros (que são os frutos civis do capital), estes presumem-se pagos (art. 323 do CC/2002. Confira-se também o art. 354 do CC/2002, referente à imputação do pagamento);
c) Nas dívidas literais, a entrega do título (nota promissória, cheque, letra de câmbio etc.) ao devedor firma presunção de pagamento (art. 324 do CC/2002).

Todas essas presunções de pagamento, todavia, são relativas. Vale dizer, firmam uma presunção vencível, cabendo o ônus de provar o contrário (a inexistência do pagamento) ao credor.

No que se refere à terceira presunção (entrega do título nas dívidas literais), a lei prevê o prazo decadencial de sessenta dias para que o credor prove a inocorrência do pagamento (parágrafo único do art. 324 do CC/2002).

Vale referir que as despesas com o pagamento e a quitação deverão, em princípio, correr a cargo do devedor, ressalvada a hipótese de o aumento da despesa decorrer de fato atribuído ao credor, que deverá, nesse caso, responder por esse acréscimo (art. 325 do CC/2002).

Finalmente, destaque-se que, na forma do art. 326 do CC/2002, se "o pagamento se houver de fazer por medida, ou peso, entender-se-á, no silêncio das partes, que aceitaram os do lugar da execução". Ou seja, privilegiam-se os usos e costumes do local, medida das mais salutares para preservar a boa-fé dos contratantes, que, em regra, se valem dos parâmetros que habitualmente utilizam no seu dia a dia (metros ou léguas; quilômetros de altura ou pés; quilogramas, arrobas ou onças; hectares, tarefas ou metros quadrados etc.).

Um bom exemplo da utilidade de tal regra é da unidade de medida conhecida como alqueire, a qual, em Minas Gerais, Rio de Janeiro e Goiás, equivale a 10.000 braças quadradas (4,84 hectares) e, em São Paulo, a 5.000 braças quadradas (2,42 hectares), havendo, ainda, o alqueire fluminense (27.225m$^2$, equivalente a 75 x 75 braças), baiano (9,68 hectares) e do norte (2,72 hectares). Além disso, alqueire pode ainda ser unidade de medida de capacidade para secos, equivalente a 36,27 litros ou a quatro "quartas". E também, no Pará, usa-se como medida de capacidade correspondente a dois paneiros, o que equivale a 30 quilos. Vale lembrar, ainda, da tarefa, medida agrária constituída por terras destinadas à cana-de-açúcar e que, no Ceará, equivale a 3.630m²; em Alagoas e Sergipe, a 3.052m²; e, na Bahia, a 4.356m².

## 3.2. Do lugar do pagamento

A compreensão deste tópico não se reveste de complexidade.

Desde o Esboço de TEIXEIRA DE FREITAS, admitia-se que o lugar do pagamento, se o contrário não resultasse do título, deveria ser efetuado no domicílio do devedor (art. 1.055, 4º).

Essa regra permanece em nosso direito positivo, uma vez que, por princípio, as obrigações deverão ser cumpridas no domicílio do sujeito passivo da obrigação.

Trata-se das chamadas dívidas quesíveis ou "*quérables*", tão bem definidas pelo brilhante Professor ÁLVARO VILLAÇA:

> "... em princípio o pagamento deve ser feito no domicílio do devedor. A dívida, neste caso, será quesível, ou seja, deve ser cobrada, buscada, pelo credor, no domicílio do devedor. Tudo indica que a palavra quesível encontra origem no verbo latino 'quaero, is, sivi, situ, ere', da terceira conjugação, que significa buscar, inquirir, procurar, informar-se, indagar, perguntar"[14].

Nesse sentido, dispõe o art. 327 do CC/2002:

> "Art. 327. Efetuar-se-á o pagamento no domicílio do devedor, salvo se as partes convencionarem diversamente, ou se o contrário resultar da lei, da natureza da obrigação ou das circunstâncias".

A regra geral, portanto, poderá ser afastada pela própria lei (imagine que lei municipal crie determinado tributo, determinando que o pagamento seja feito na prefeitura ou em determinado banco), ou pelas circunstâncias ou natureza da obrigação (a prestação decorrente de um contrato de trabalho, por exemplo, poderá ser cumprida fora do domicílio do devedor, se em benefício do empregado, e, da mesma forma, no contrato de empreitada a prestação deverá ser efetuada no lugar onde se realiza a obra)[15].

Por outro lado, se for estipulado que o pagamento será efetuado no domicílio do credor, estaremos diante de uma dívida portável ou "*portable*". Nesse caso, ao devedor incumbe buscar o credor para efetuar o pagamento.

Observe-se, entretanto, que, se não houver estipulação contratual nesse sentido, será aplicada a regra geral.

---

14 AZEVEDO, Álvaro Villaça, ob. cit., p. 121.

15 GONÇALVES, Carlos Roberto. *Direito das obrigações* — Parte geral, v. 5, São Paulo: Saraiva, 2002, p. 65.

Tal disciplina genérica é visivelmente conciliada pela previsão do art. 46 do Código de Processo Civil de 2015[16], que estabelece a regra do domicílio do réu como foro competente para ajuizamento de ações.

Observe-se, ainda, o fato de que o Código de Defesa do Consumidor, em seu art. 51, veda o estabelecimento de cláusulas abusivas contra o consumidor, não se podendo estipular local para o pagamento em detrimento do hipossuficiente.

Atente-se ainda para o fato de que, se forem designados dois ou mais lugares para o pagamento, diferentemente do que se possa imaginar, a lei determina que a escolha caberá ao credor, nos termos do parágrafo único do art. 327 do CC/2002.

Em caráter excepcional, se o pagamento consistir na tradição de um imóvel, ou em prestações relativas ao imóvel, o pagamento será feito no lugar onde for situado o bem (art. 328 do CC/2002). Explica-se facilmente essa regra, uma vez que será nesse lugar que se procederá ao registro do título de transferência, na forma da Lei de Registros Públicos e do próprio Código Civil.

Finalmente, duas novas regras merecem destaque.

Permitiu o novo diploma legal, à luz dos princípios da razoabilidade e da eticidade, que o devedor, sem prejuízo do credor, e havendo motivo grave, possa efetuar o pagamento em lugar diverso do estipulado (art. 329 do CC/2002). É o que ocorre se, no lugar do pagamento, houver sido decretado estado de emergência por força de inundação. Por óbvio, nesse caso, o devedor deverá buscar a localidade mais próxima, conforme suas forças, para realizar o pagamento.

Em conclusão, atento ao fato de que o direito é um fenômeno socialmente mutável, admitiu o legislador no art. 330 do Código Civil de 2002 que o pagamento feito reiteradamente em outro local faz presumir a renúncia do credor ao lugar previsto no contrato.

Consideramos pouco adequada a utilização da expressão "renúncia", uma vez que esta, em nosso entendimento, por significar extinção de direitos, deve ser normalmente expressa.

Temos, em verdade, a perda de eficácia da disposição convencionada, por força de costume assentado pelas próprias partes.

Observe-se que, no caso, o costume não está derrogando a lei, mas sim tão somente o contrato, tratando-se o dispositivo de uma aplicação do *venire contra factum proprium*, decorrente do princípio da boa-fé[17].

---

[16] CPC/2015: "Art. 46. A ação fundada em direito pessoal ou em direito real sobre bens móveis será proposta, em regra, no foro de domicílio do réu. § 1º Tendo mais de um domicílio, o réu será demandado no foro de qualquer deles. § 2º Sendo incerto ou desconhecido o domicílio do réu, ele poderá ser demandado onde for encontrado ou no foro de domicílio do autor. § 3º Quando o réu não tiver domicílio ou residência no Brasil, a ação será proposta no foro de domicílio do autor, e, se este também residir fora do Brasil, a ação será proposta em qualquer foro. § 4º Havendo 2 (dois) ou mais réus com diferentes domicílios, serão demandados no foro de qualquer deles, à escolha do autor. § 5º A execução fiscal será proposta no foro de domicílio do réu, no de sua residência ou no do lugar onde for encontrado".

[17] Para um aprofundamento sobre o tema, confira-se o Capítulo "Boa-Fé Objetiva em Matéria Contratual" do v. 4, "Contratos", de nosso *Novo Curso de Direito Civil*.

### 3.3. Do tempo do pagamento

Em princípio, todo pagamento deve ser efetuado no dia do vencimento da dívida.

Na falta de ajuste, e não dispondo a lei em sentido contrário, poderá o credor exigir o pagamento imediatamente (art. 331 do CC/2002). Tal regra, de compreensão fácil, somente se aplica às obrigações puras, pois, se forem condicionais, ficarão na dependência do implemento da condição estipulada (art. 332 do CC/2002).

Se a obrigação é a termo, em sendo o prazo concedido a favor do devedor, nada impede que este antecipe o pagamento, podendo o credor retê-lo. Em caso contrário, se o prazo estipulado for feito para favorecer o credor, não poderá o devedor pagar antecipadamente. Tudo dependerá de como se convencionou a obrigação.

A respeito da hora em que deve ser feito o pagamento, vale transcrever o pensamento de CAIO MÁRIO:

> "Chegado o dia, o pagamento tem de ser feito. Cabe indagar da hora, pois que o dia astronômico tem 24 horas, mas não é curial que aguarde o devedor a calada da noite, para solver as horas mortas. Já que o recurso ao nosso direito positivo não nos socorre, é prestimosa a invocação do Direito Comparado. Assim, é que o Código Civil alemão, no art. 358, manda que se faça nas horas habitualmente consagradas aos negócios. Os bancos, por exemplo, têm horário de expediente, e irreal seria que se considerasse extensível o tempo da solução, ulterior ao seu encerramento"[18].

Finalmente, é possível ao credor exigir antecipadamente o pagamento, nas estritas hipóteses (*numerus clausus*) previstas em lei (art. 333 do CC/2002):

a) no caso de falência do devedor ou de concurso de credores — nesse caso, o credor deverá acautelar-se, habilitando o crédito antecipadamente vencido no juízo falimentar;

b) se os bens, hipotecados ou empenhados (objeto de penhor), forem penhorados em execução de outro credor — aqui, a antecipação do vencimento propiciará que o credor possa tomar providências imediatas para garantir a satisfação do seu direito;

c) se cessarem ou se tornarem insuficientes as garantias do débito, fidejussórias (fiança, por ex.) ou reais (hipoteca, penhor, anticrese), e o devedor, intimado, se negar a reforçá-las — a negativa de renovação ou reforço das garantias indica que a situação do devedor não é boa, razão por que a lei autoriza a antecipação do vencimento.

Registre-se que, em todas essas situações, havendo solidariedade passiva, a antecipação da exigibilidade da dívida não prejudicará os demais devedores solventes.

[18] PEREIRA, Caio Mário da Silva, ob. cit., p. 120-1.

## 4. TEORIA DO ADIMPLEMENTO SUBSTANCIAL (*SUBSTANTIAL PERFORMANCE*)

A teoria do adimplemento substancial sustenta que uma obrigação não deve ser resolvida se a atividade do devedor, posto não haja sido perfeita, aproximou-se consideravelmente (substancialmente) do resultado esperado.

Em outras palavras, se o descumprimento obrigacional for ínfimo ou insignificante[19], não se deve extinguir o contrato.

Sobre o tema, escreve FLÁVIO TARTUCE:

> "No caso brasileiro, a despeito da ausência de previsão expressa na codificação material privada, tem-se associado o adimplemento substancial com os princípios contratuais contemporâneos, especialmente com a boa-fé objetiva e a função social do contrato. Nesse sentido, na IV Jornada de Direito Civil, evento promovido pelo Conselho da Justiça Federal e pelo Superior Tribunal de Justiça em 2006, aprovou-se o Enunciado n. 361 CJF/STJ, estabelecendo que 'O adimplemento substancial decorre dos princípios gerais contratuais, de modo a fazer preponderar a função social do contrato e o princípio da boa-fé objetiva, balizando a aplicação do art. 475'. Vale lembrar que o art. 475 do Código Civil trata do inadimplemento voluntário ou culposo do contrato, preceituando que a parte lesada pelo descumprimento pode exigir o cumprimento forçado da avença ou a sua resolução por perdas e danos"[20].

Exemplo didático para a compreensão da teoria podemos extrair das normas que regulam o contrato de seguro.

JOSÉ celebrou contrato de seguro, visando se acautelar acerca de risco em face do seu veículo.

Dividiu o pagamento do prêmio em cinco prestações.

Pagou as quatro primeiras, atrasando em poucos dias o adimplemento da última.

Sucede que, durante a sua mora, o veículo foi roubado.

---

[19] A teoria que ora estudamos não se confunde com o denominado "inadimplemento eficiente" (*efficient breach*), entendimento teórico segundo o qual o devedor poderia, se lhe fosse mais vantajoso, descumprir dolosamente a obrigação contratual pagando a multa prevista. Esta teoria rende acesos debates em doutrina. Recomendamos, neste ponto, o estudo do trabalho apresentado no Colóquio Luso-Brasileiro sobre Contrato e Empresa, intitulado "*Inadimplemento Eficiente* (Efficient Breach*) nos Contratos Empresariais*", da Profa. Juliana Krueger Pela, cujos seguintes trechos destacamos: "A primeira solução jurídica aventada para esses casos consiste em aceitar o simples pagamento da multa em substituição à obrigação inadimplida, liberado-se com isso o devedor do vínculo obrigacional. Ela decorre do pragmatismo da *common law* e tem sido explorada por estudos de Análise Econômica do Direito (...) A referida primeira solução sofre fervorosas críticas, em geral apresentadas por estudiosos de sistemas de *civil law*, com base em diversos argumentos". Sobre o tema, também, confira-se: Richard A. Posner, "Let Us Never Blame a Contract Breaker", *107 Michigan Law Review*, 1349 (2009).

[20] TARTUCE, Flávio. *A Teoria do Adimplemento Substancial na Doutrina e na Jurisprudência*. Disponível em: <https://flaviotartuce.jusbrasil.com.br/artigos/180182132/a-teoria-do-adimplemento-substancial-na-doutrina-e-na-jurisprudencia>. Acesso em: 3 out. 2019.

A seguradora, por sua vez, negou o pagamento da indenização, invocando o art. 763 do Código Civil:

> "Não terá direito a indenização o segurado que estiver em mora no pagamento do prêmio, se ocorrer o sinistro antes de sua purgação".

Ora, a par de JOSÉ poder alegar a manutenção da cobertura sob o argumento de que o cancelamento da apólice não se operaria automaticamente, exigindo prévia comunicação à luz da cláusula geral de boa-fé, tem, ainda, a seu favor a possibilidade de poder invocar a teoria do adimplemento substancial, na medida em que não se afiguraria justo e razoável considerar resolvido o contrato por conta de um inadimplemento insignificante.

No Superior Tribunal de Justiça há receptividade da teoria, embora se exija cautela:

> "DIREITO CIVIL. CONTRATO DE ARRENDAMENTO MERCANTIL PARA AQUISIÇÃO DE VEÍCULO (*LEASING*). PAGAMENTO DE TRINTA E UMA DAS TRINTA E SEIS PARCELAS DEVIDAS. RESOLUÇÃO DO CONTRATO. AÇÃO DE REINTEGRAÇÃO DE POSSE. DESCABIMENTO. MEDIDAS DESPROPORCIONAIS DIANTE DO DÉBITO REMANESCENTE. APLICAÇÃO DA TEORIA DO ADIMPLEMENTO SUBSTANCIAL.
>
> 1. É pela lente das cláusulas gerais previstas no Código Civil de 2002, sobretudo a da boa-fé objetiva e da função social, que deve ser lido o art. 475, segundo o qual '[a] parte lesada pelo inadimplemento pode pedir a resolução do contrato, se não preferir exigir-lhe o cumprimento, cabendo, em qualquer dos casos, indenização por perdas e danos'.
>
> 2. Nessa linha de entendimento, a teoria do substancial adimplemento visa a impedir o uso desequilibrado do direito de resolução por parte do credor, preterindo desfazimentos desnecessários em prol da preservação da avença, com vistas à realização dos princípios da boa-fé e da função social do contrato.
>
> 3. <u>No caso em apreço, é de se aplicar a da teoria do adimplemento substancial dos contratos, porquanto o réu pagou: '31 das 36 prestações contratadas, 86% da obrigação total (contraprestação e VRG parcelado) e mais R$ 10.500,44 de valor residual garantido'. O mencionado descumprimento contratual é inapto a ensejar a reintegração de posse pretendida e, consequentemente, a resolução do contrato de arrendamento mercantil, medidas desproporcionais diante do substancial adimplemento da avença.</u>
>
> 4. Não se está a afirmar que a dívida não paga desaparece, o que seria um convite a toda sorte de fraudes. Apenas se afirma que o meio de realização do crédito por que optou a instituição financeira não se mostra consentâneo com a extensão do inadimplemento e, de resto, com os ventos do Código Civil de 2002. Pode, certamente, o credor valer-se de meios menos gravosos e proporcionalmente mais adequados à persecução do crédito remanescente, como, por exemplo, a execução do título.
>
> 5. Recurso especial não conhecido" (REsp 1.051.270/RS, Rel. Min. Luis Felipe Salomão, Quarta Turma, j. 4-8-2011, DJe 5-9-2011) (grifamos).

"DIREITO CIVIL. RECURSO ESPECIAL. RESCISÃO CONTRATUAL. REINTEGRAÇÃO NA POSSE. INDENIZAÇÃO. CUMPRIMENTO PARCIAL DO CONTRATO. INADIMPLEMENTO. RELEVÂNCIA. TEORIA DO ADIMPLEMENTO SUBSTANCIAL. INAPLICABILIDADE NA ESPÉCIE. RECURSO NÃO PROVIDO.

1. O uso do instituto da *substantial performance* não pode ser estimulado a ponto de inverter a ordem lógico-jurídica que assenta o integral e regular cumprimento do contrato como meio esperado de extinção das obrigações.

2. Ressalvada a hipótese de evidente relevância do descumprimento contratual, o julgamento sobre a aplicação da chamada 'Teoria do Adimplemento Substancial' não se prende ao exclusivo exame do critério quantitativo, devendo ser considerados outros elementos que envolvem a contratação, em exame qualitativo que, ademais, não pode descurar dos interesses do credor, sob pena de afetar o equilíbrio contratual e inviabilizar a manutenção do negócio.

3. A aplicação da Teoria do Adimplemento Substancial exigiria, para a hipótese, o preenchimento dos seguintes requisitos: a) a existência de expectativas legítimas geradas pelo comportamento das partes; b) o pagamento faltante há de ser ínfimo em se considerando o total do negócio; c) deve ser possível a conservação da eficácia do negócio sem prejuízo ao direito do credor de pleitear a quantia devida pelos meios ordinários (critérios adotados no REsp 76.362/MT, QUARTA TURMA, j. em 11/12/1995, *DJ* 01/04/1996, p. 9917).

4. No caso concreto, é incontroverso que a devedora inadimpliu com parcela relevante da contratação, o que inviabiliza a aplicação da referida doutrina, independentemente da análise dos demais elementos contratuais.

5. Recurso especial não provido" (REsp 1.581.505/SC, Rel. Min. Antonio Carlos Ferreira, Quarta Turma, j. 18-8-2016, *DJe* 28-9-2016) (grifamos).

É digno de nota ainda que essa Corte Superior não tem admitido a aplicação da teoria do adimplemento substancial no âmbito dos contratos de alienação fiduciária:

"RECURSO ESPECIAL. AÇÃO DE BUSCA E APREENSÃO. CONTRATO DE FINANCIAMENTO DE VEÍCULO, COM ALIENAÇÃO FIDUCIÁRIA EM GARANTIA REGIDO PELO DECRETO-LEI 911/69. INCONTROVERSO INADIMPLEMENTO DAS QUATRO ÚLTIMAS PARCELAS (DE UM TOTAL DE 48). EXTINÇÃO DA AÇÃO DE BUSCA E APREENSÃO (OU DETERMINAÇÃO PARA ADITAMENTO DA INICIAL, PARA TRANSMUDÁ-LA EM AÇÃO EXECUTIVA OU DE COBRANÇA), A PRETEXTO DA APLICAÇÃO DA TEORIA DO ADIMPLEMENTO SUBSTANCIAL. DESCABIMENTO. 1. ABSOLUTA INCOMPATIBILIDADE DA CITADA TEORIA COM OS TERMOS DA LEI ESPECIAL DE REGÊNCIA. RECONHECIMENTO. 2. REMANCIPAÇÃO DO BEM AO DEVEDOR CONDICIONADA AO PAGAMENTO DA INTEGRALIDADE DA DÍVIDA, ASSIM COMPREENDIDA COMO OS DÉBITOS VENCIDOS, VINCENDOS E ENCARGOS APRESENTADOS PELO

CREDOR, CONFORME ENTENDIMENTO CONSOLIDADO DA SEGUNDA SEÇÃO, SOB O RITO DOS RECURSOS ESPECIAIS REPETITIVOS (REsp n. 1.418.593/MS). 3. INTERESSE DE AGIR EVIDENCIADO, COM A UTILIZAÇÃO DA VIA JUDICIAL ELEITA PELA LEI DE REGÊNCIA COMO SENDO A MAIS IDÔNEA E EFICAZ PARA O PROPÓSITO DE COMPELIR O DEVEDOR A CUMPRIR COM A SUA OBRIGAÇÃO (AGORA, POR ELE REPUTADA ÍNFIMA), SOB PENA DE CONSOLIDAÇÃO DA PROPRIEDADE NAS MÃOS DO CREDOR FIDUCIÁRIO. 4. DESVIRTUAMENTO DA TEORIA DO ADIMPLEMENTO SUBSTANCIAL, CONSIDERADA A SUA FINALIDADE E A BOA-FÉ DOS CONTRATANTES, A ENSEJAR O ENFRAQUECIMENTO DO INSTITUTO DA GARANTIA FIDUCIÁRIA. VERIFICAÇÃO. 5. RECURSO ESPECIAL PROVIDO.

1. A incidência subsidiária do Código Civil, notadamente as normas gerais, em relação à propriedade/titularidade fiduciária sobre bens que não sejam móveis infungíveis, regulada por leis especiais, é excepcional, somente se afigurando possível no caso em que o regramento específico apresentar lacunas e a solução ofertada pela 'lei geral' não se contrapuser às especificidades do instituto regulado pela lei especial (*ut* Art. 1.368-A, introduzido pela Lei n. 10.931/2004). 1.1 Além de o Decreto-Lei n. 911/1969 não tecer qualquer restrição à utilização da ação de busca e apreensão em razão da extensão da mora ou da proporção do inadimplemento, é expresso em exigir a quitação integral do débito como condição imprescindível para que o bem alienado fiduciariamente seja remancipado. Em seus termos, para que o bem possa ser restituído ao devedor, livre de ônus, não basta que ele quite quase toda a dívida; é insuficiente que pague substancialmente o débito; é necessário, para esse efeito, que quite integralmente a dívida pendente.

2. Afigura-se, pois, de todo incongruente inviabilizar a utilização da ação de busca e apreensão na hipótese em que o inadimplemento revela-se incontroverso desimportando sua extensão, se de pouca monta ou se de expressão considerável, quando a lei especial de regência expressamente condiciona a possibilidade de o bem ficar com o devedor fiduciário ao pagamento da integralidade da dívida pendente. Compreensão diversa desborda, a um só tempo, do diploma legal exclusivamente aplicável à questão em análise (Decreto-Lei n. 911/1969), e, por via transversa, da própria orientação firmada pela Segunda Seção, por ocasião do julgamento do citado Resp n. 1.418.593/MS, representativo da controvérsia, segundo a qual a restituição do bem ao devedor fiduciante é condicionada ao pagamento, no prazo de cinco dias contados da execução da liminar de busca e apreensão, da integralidade da dívida pendente, assim compreendida como as parcelas vencidas e não pagas, as parcelas vincendas e os encargos, segundo os valores apresentados pelo credor fiduciário na inicial.

3. Impor-se ao credor a preterição da ação de busca e apreensão (prevista em lei, segundo a garantia fiduciária a ele conferida) por outra via judicial, evidentemente menos eficaz, denota absoluto descompasso com o sistema processual. Inadequado,

pois, extinguir ou obstar a medida de busca e apreensão corretamente ajuizada, para que o credor, sem poder se valer de garantia fiduciária dada (a qual, diante do inadimplemento, conferia-lhe, na verdade, a condição de proprietário do bem), intente ação executiva ou de cobrança, para só então adentrar no patrimônio do devedor, por meio de constrição judicial que poderá, quem sabe (respeitada o ordem legal), recair sobre esse mesmo bem (naturalmente, se o devedor, até lá, não tiver dele se desfeito).

4. A teoria do adimplemento substancial tem por objetivo precípuo impedir que o credor resolva a relação contratual em razão de inadimplemento de ínfima parcela da obrigação. A via judicial para esse fim é a ação de resolução contratual. Diversamente, o credor fiduciário, quando promove ação de busca e apreensão, de modo algum pretende extinguir a relação contratual. Vale-se da ação de busca e apreensão com o propósito imediato de dar cumprimento aos termos do contrato, na medida em que se utiliza da garantia fiduciária ajustada para compelir o devedor fiduciante a dar cumprimento às obrigações faltantes, assumidas contratualmente (e agora, por ele, reputadas ínfimas). A consolidação da propriedade fiduciária nas mãos do credor apresenta-se como consequência da renitência do devedor fiduciante de honrar seu dever contratual, e não como objetivo imediato da ação. E, note-se que, mesmo nesse caso, a extinção do contrato dá-se pelo cumprimento da obrigação, ainda que de modo compulsório, por meio da garantia fiduciária ajustada. 4.1 É questionável, se não inadequado, supor que a boa-fé contratual estaria ao lado de devedor fiduciante que deixa de pagar uma ou até algumas parcelas por ele reputadas ínfimas mas certamente de expressão considerável, na ótica do credor, que já cumpriu integralmente a sua obrigação, e, instado extra e judicialmente para honrar o seu dever contratual, deixa de fazê-lo, a despeito de ter a mais absoluta ciência dos gravosos consectários legais advindos da propriedade fiduciária. A aplicação da teoria do adimplemento substancial, para obstar a utilização da ação de busca e apreensão, nesse contexto, é um incentivo ao inadimplemento das últimas parcelas contratuais, com o nítido propósito de desestimular o credor – numa avaliação de custo-benefício – de satisfazer seu crédito por outras vias judiciais, menos eficazes, o que, a toda evidência, aparta-se da boa-fé contratual propugnada.

4.2. A propriedade fiduciária, concebida pelo legislador justamente para conferir segurança jurídica às concessões de crédito, essencial ao desenvolvimento da economia nacional, resta comprometida pela aplicação deturpada da teoria do adimplemento substancial.

5. Recurso Especial provido" (REsp 1.622.555/MG, Rel. Min. Marco Buzzi, Rel. p/ Acórdão Min. Marco Aurélio Bellizze, Segunda Seção, j. 22-2-2017, *DJe* 16-3-2017) (grifamos).

"AGRAVO INTERNO NO RECURSO ESPECIAL. AÇÃO DE BUSCA E APREENSÃO. ALIENAÇÃO FIDUCIÁRIA. TEORIA DO ADIMPLEMENTO SUBSTANCIAL. INAPLICABILIDADE. ENTENDIMENTO DO ACÓRDÃO RECORRIDO EM CONSONÂNCIA COM A JURISPRUDÊNCIA DESTA CORTE. INCIDÊNCIA DA SÚMULA 83/STJ. AGRAVO DESPROVIDO.

1. A Segunda Seção do STJ, por ocasião do julgamento do Recurso Especial n. 1.622.555/MG, decidiu pela impossibilidade de se aplicar a teoria do adimplemento substancial aos contratos firmados com base no Decreto-Lei n. 911/1969, considerando a sua manifesta incompatibilidade com a respectiva legislação de regência sobre alienação fiduciária.

2. Incidência, portanto, da Súmula n. 83 do STJ.

3. Agravo interno desprovido" (AgInt no REsp 1.764.426/CE, Rel. Min. Marco Aurélio Bellizze, Terceira Turma, j. 29-4-2019, *DJe* 6-5-2019) (grifamos).

Por fim, também há resistência à teoria no âmbito da obrigação alimentar derivada do Direito de Família, o que, em verdade, em nosso sentir, seria justificável, dada a natureza especial e sensível do crédito em questão:

"*HABEAS CORPUS*. DIREITO DE FAMÍLIA. TEORIA DO ADIMPLEMENTO SUBSTANCIAL. NÃO INCIDÊNCIA. DÉBITO ALIMENTAR INCONTROVERSO. SÚMULA N. 309/STJ. PRISÃO CIVIL. LEGITIMIDADE. PAGAMENTO PARCIAL DA DÍVIDA. REVOGAÇÃO DO DECRETO PRISIONAL. NÃO CABIMENTO. IRRELEVÂNCIA DO DÉBITO. EXAME NA VIA ESTREITA DO *WRIT*. IMPOSSIBILIDADE.

1. A Teoria do Adimplemento Substancial, de aplicação estrita no âmbito do direito contratual, somente nas hipóteses em que a parcela inadimplida revela-se de escassa importância, não tem incidência nos vínculos jurídicos familiares, revelando-se inadequada para solver controvérsias relacionadas a obrigações de natureza alimentar.

2. O pagamento parcial da obrigação alimentar não afasta a possibilidade da prisão civil. Precedentes.

3. O sistema jurídico tem mecanismos por meio dos quais o devedor pode justificar o eventual inadimplemento parcial da obrigação (CPC/2015, art. 528) e, outrossim, pleitear a revisão do valor da prestação alimentar (L. 5.478/1968, art. 15; CC/2002, art. 1.699).

4. A ação de *Habeas Corpus* não é a seara adequada para aferir a relevância do débito alimentar parcialmente adimplido, o que só pode ser realizado a partir de uma profunda incursão em elementos de prova, ou ainda demandando dilação probatória, procedimentos incompatíveis com a via estreita do remédio constitucional.

5. Ordem denegada" (HC 439.973/MG, Rel. Min. Luis Felipe Salomão, Rel. p/ Acórdão Min. Antonio Carlos Ferreira, Quarta Turma, j. 16-8-2018, *DJe* 4-9-2018) (grifamos).

Fundamental, portanto, nesta temática, acompanharmos, sempre com o olhar na doutrina, a dinâmica jurisprudencial.

VIDEOAULA

✓ A obrigação pode ser paga por terceiro não interessado?

*Acesse também o vídeo sobre o capítulo pelo link: <https://somos.in/MDC4>*

# XI FORMAS ESPECIAIS DE PAGAMENTO

## 1. INTRODUÇÃO

Consoante vimos no capítulo anterior, o pagamento traduz o fim natural de toda obrigação.

Todavia, existem outras formas especiais de extinção das obrigações, as quais a doutrina costuma denominar pagamentos especiais ou indiretos.

Metaforicamente, podemos dizer que se o pagamento é a "morte natural" de uma obrigação, não podemos deixar de reconhecer que, juridicamente, há outras formas de "morte" de uma obrigação, sem que se siga a via ordinária concebida genericamente para todas as formas de vida...

Consoante veremos no decorrer deste capítulo, ocorrida uma dessas modalidades de extinção obrigacional, o devedor se eximirá de responsabilidade, embora nem sempre o crédito haja sido plenamente satisfeito. É o que ocorre, por exemplo, quando o credor "perdoa" a dívida. Nesse caso, a obrigação será extinta por meio da remissão, não obstante não tenha havido pagamento propriamente dito.

Conclui-se, portanto, que a extinção da obrigação não necessariamente significará satisfação do credor.

Advertimos, outrossim, quanto à importância da matéria, uma vez que cada forma especial de pagamento apresenta peculiaridades, exigindo do estudioso redobrada atenção para que não confunda institutos jurídicos semelhantes, embora desiguais em essência.

## 2. CONSIGNAÇÃO EM PAGAMENTO

Embora o vínculo jurídico que envolve os sujeitos da relação obrigacional leve à visão de que o devedor somente tenha a obrigação de satisfazer o crédito, não há como se negar a ele o direito de cumprir a prestação que foi pactuada.

Assim, se o credor — teoricamente o mais interessado na realização da prestação — se nega a recebê-la ou surge outro fato qualquer obstativo desse pagamento direto, pode o devedor se valer da consignação para se ver livre da obrigação assumida.

Exemplificando: se A deve a B a importância de R$ 1.000,00 e B se recusa a receber o valor ofertado, por qualquer motivo que seja, poderá A depositar judicialmente ou em estabelecimento bancário o valor devido, à disposição do credor, extinguindo-se a obrigação e evitando, ainda, a caracterização da mora.

Trata-se a consignação em pagamento, portanto, do instituto jurídico colocado à disposição do devedor para que, ante o obstáculo ao recebimento criado pelo credor ou quaisquer outras circunstâncias impeditivas do pagamento, exerça, por depósito da coisa devida, o direito de adimplir a prestação, liberando-se do liame obrigacional[1].

Um esclarecimento terminológico se impõe de logo.

Visando a uma compreensão precisa da matéria, entendemos que a terminologia adequada para os sujeitos da consignação em pagamento é a que identifica o devedor, que é o sujeito ativo da consignação, com a expressão "consignante", e o credor, em face de quem se consigna, com a expressão "consignatário", devendo ser reservada a expressão "consignado" para o bem objeto do depósito, judicial ou extrajudicial.

Ressalte-se que, embora haja identidade terminológica, a consignação em pagamento não se confunde com a "venda por consignação" (contrato estimatório), que é, em verdade, um negócio jurídico por meio do qual uma das partes (consignante) transfere a outro (consignatário) bens móveis, a fim de que os venda, segundo um preço previamente estipulado, ou simplesmente os restitua ao próprio consignante.

Esta forma de extinção das obrigações (consignação em pagamento) deve ser estudada tanto no campo do Direito Material (arts. 334 a 345 do CC/2002) quanto no Processual, uma vez que é objeto de um procedimento especial próprio, previsto nos arts. 539 a 549 do Código de Processo Civil de 2015, que admite, inclusive, como veremos, uma fase extrajudicial.

Duas observações devem ser feitas sobre a natureza jurídica do pagamento em consignação.

A primeira é que, sem qualquer dúvida, se trata de uma forma de extinção das obrigações, constituindo-se em um pagamento "indireto" da prestação avençada.

Isso porque a consignação visa evitar que o devedor, cônscio de suas obrigações, fique com a dívida por longo tempo em seu passivo, tal qual espada de Dâmocles pendendo sobre sua cabeça, à mercê do arbítrio do credor.

Por isso, podemos compreender, com ANTONIO CARLOS MARCATO, que

> "o pagamento por consignação é instrumento de direito material destinado à solução de obrigações que têm por objeto prestações já vencidas e ainda pendentes de satisfação, pouco importando se essa pendência decorre de causa atribuível ao credor ou resulta de outra circunstância obstativa do pagamento por parte do devedor; e este vale-se de tal instrumento para liberar-se do vínculo que o submete ao *accipiens* e livrar-se, em consequência, dos ônus e dos riscos decorrentes dessa submissão"[2].

---

1 "Art. 334. Considera-se pagamento, e extingue a obrigação, o depósito judicial ou em estabelecimento bancário da coisa devida, nos casos e forma legais."

2 MARCATO, Antonio Carlos. *Ação de Consignação em Pagamento*, 5. ed., São Paulo: Malheiros, 1996, p. 16.

A segunda colocação é a de que a consignação em pagamento não é, em verdade, um dever, mas sim mera faculdade do devedor, que não pôde adimplir a obrigação, por culpa do credor.

O art. 335 do CC/2002 apresenta uma relação de hipóteses em que a consignação pode ter lugar, a saber:

a) se o credor não puder, ou, sem justa causa, recusar receber o pagamento, ou dar quitação na devida forma (inciso I) — se A, locador de um imóvel a B, recusa-se a receber o valor do aluguel ofertado por este último, por considerar que deveria ser majorado por um determinado índice previsto em lei, B poderá consignar o valor, se entender que o reajuste é indevido. Note-se que a norma exige que a recusa seja justa, mas a constatação da veracidade de tal justiça somente pode ser verificada, em definitivo, pela via judicial. A hipótese é aplicável, também, para o caso de A aceitar receber o valor, mas se recusar a dar a quitação, que é direito do devedor. Nessa previsão, enquadram-se, ainda, as dívidas *portables*, situação excepcional em que o pagamento deve ser feito no domicílio do credor. Para isso, conforme observa CARLOS ROBERTO GONÇALVES, é "necessário que tenha havido oferta real, efetiva, incumbindo ao autor prová-la, bem como a recusa injustificada do credor. A este incumbe, ao contrário, o ônus de provar a existência de justa causa para a recusa"[3];

b) se o credor não for, nem mandar receber a coisa no lugar, tempo e condição devidos (inciso II) — a regra geral no vigente ordenamento jurídico brasileiro, no que diz respeito ao lugar de pagamento das obrigações, é a de que este deve ser feito no domicílio do devedor. Se o credor não comparecer ou mandar terceiro para exigir a prestação, isso não afasta, por si só, o vencimento e a exigibilidade da dívida, pelo que se autoriza a consignação do valor devido. Exemplificando: se A acerta receber um pagamento de B no dia 3.5.2016 e, chegando o dia combinado, A não comparece, nem manda ninguém em seu lugar, a dívida vencerá sem pagamento. Para evitar as consequências jurídicas da mora, poderá B depositar o valor devido à disposição de A, extinguindo-se a obrigação;

c) se o credor for incapaz de receber, for desconhecido, declarado ausente, ou residir em lugar incerto ou de acesso perigoso ou difícil (inciso III) — este inciso comporta várias situações fáticas distintas. Em relação ao incapaz, este nunca pode mesmo receber, em razão de sua condição, devendo o pagamento ser feito ao seu representante (que não é, tecnicamente, o credor). Se este estiver impossibilitado, por qualquer motivo (uma viagem, por exemplo), não há como se fazer o pagamento diretamente ao credor incapaz, pelo que pode ser feita a consignação. Outra situação é se o credor se tornar desconhecido, o que ocorre, v. g., se A deve a importância de R$ 1.000,00 a B e este vem a falecer, não se sabendo quem são seus

[3] GONÇALVES, Carlos Roberto. *Direito Civil Brasileiro*, 18. ed., São Paulo: Saraiva, 2020, v. 2, p. 310.

efetivos herdeiros, na data de vencimento da obrigação. A ausência é situação fática, qualificada juridicamente como morte presumida (art. 6º do CC/2002), em que alguém desaparece, sem deixar notícias de seu paradeiro ou representante para administrar-lhe os bens. Nesse caso, sem saber a quem pagar, pode o devedor realizar a consignação. Por fim, residindo o credor em lugar incerto ou de acesso perigoso ou difícil, não é razoável se exigir que o devedor tenha de arriscar a sua vida para procurar o credor (que nem se dignou a receber a sua prestação), se pretender se ver livre da obrigação, estando autorizado a consigná-la;

d) se ocorrer dúvida sobre quem deva legitimamente receber o objeto do pagamento (inciso IV) — se duas pessoas distintas (A e B) pleiteiam o pagamento de uma determinada prestação em face de C, dizendo-se, cada uma, o verdadeiro credor, o devedor C, para não incidir na regra de "quem paga mal paga duas vezes", deve consignar judicialmente o valor devido para que o juiz verifique quem é o legítimo credor ou qual a quota de cada um, se entender ambos legitimados. Trata-se de uma hipótese, muito comum, por exemplo, na Justiça do Trabalho, quando, falecendo o empregado A, consigna o empregador B suas verbas rescisórias, quando há discussão sobre a legitimidade para o recebimento entre diversas mulheres, que se dizem companheiras do falecido, inclusive com filhos comuns. Observe-se que o art. 547 do CPC/2015 estabelece que "se ocorrer dúvida sobre quem deva legitimamente receber o pagamento, o autor requererá o depósito e a citação dos possíveis titulares do crédito para provarem o seu direito". Saliente-se que, na forma do art. 345 do CC/2002, se "a dívida se vencer, pendendo litígio entre credores que se pretendem mutuamente excluir, poderá qualquer deles requerer a consignação". Note-se que a hipótese é de exigir a consignação, e não o pagamento propriamente dito. Como observa MARIA HELENA DINIZ, a "ação de consignação é privativa do devedor para liberar-se do débito, mas se a dívida se vencer não tendo havido o depósito pelo devedor, pendendo litígio entre credores que se pretendam mutuamente excluir, qualquer deles estará autorizado a requerer a consignação, garantindo, assim, o direito de receber a satisfação do crédito exonerando-se o devedor, pouco importando qual dos credores seja reconhecido como o detentor legítimo do direito creditório"[4];

e) se pender litígio sobre o objeto do pagamento (inciso V) — se, por exemplo, A e B disputam, judicialmente, quem é o legítimo sucessor do credor C, não é recomendável que o devedor D antecipe-se à manifestação estatal para entregar o bem a um deles, pois assumirá o risco do pagamento indevido. Da mesma forma, se A e B disputam, judicialmente, a titularidade de um bem imóvel locado, não deve o locatário D fazer o pagamento direto, sem ter a certeza de quem é o legítimo credor. Nesse sentido, estabelece o art. 344 que "o devedor de obrigação litigiosa

[4] DINIZ, Maria Helena. *Código Civil Anotado*, 6. ed., São Paulo: Saraiva, 2000, p. 728.

> exonerar-se-á mediante consignação, mas, se pagar a qualquer dos pretendidos credores, tendo conhecimento do litígio, assumirá o risco do pagamento".

O art. 973 do CC/1916 trazia, ainda, um inciso VI ("se houver concurso de preferência aberto contra o credor, ou se este for incapaz de receber o pagamento"). A referência à capacidade foi incorporada no inciso III do art. 335, havendo supressão da menção ao concurso de credores, mas que pode ser considerada incluída, do ponto de vista ideal, nas previsões dos incisos IV ou V, a depender da existência ou não de demanda judicial. Sobre tal previsão, observa SÍLVIO VENOSA que no

> "concurso de preferência, haverá vários credores do credor intitulados ao crédito. O devedor consignante não pode arriscar-se a pagar mal. Na verdade, aí, o crédito já é um bem que pertence a terceiros e não mais ao credor da dívida. O crédito integra o patrimônio do devedor"[5].

Registre-se, porém, que tal rol não é taxativo, pois a própria legislação codificada traz outras situações em que é autorizada a consignação, como, por exemplo, os arts. 341 e 342 do CC/2002[6], ou mesmo em legislação complementar (Decreto-lei n. 58/37, art. 17, parágrafo único; Lei n. 492/37, arts. 19 e 21, III etc.).

Na forma do art. 336 do CC/2002, "para que a consignação tenha força de pagamento, será mister concorram, em relação às pessoas, ao objeto, modo e tempo, todos os requisitos sem os quais não é válido o pagamento".

Assim, em relação às pessoas, a consignação deverá ser feita pelo devedor, ou quem o represente, em face do alegado credor, sob pena de não ser considerado válido, salvo se ratificado por este ou se reverter em seu proveito, na forma dos arts. 304 e 308 do CC/2002.

Em relação ao objeto, é óbvio que o pagamento deve ser feito na integralidade, uma vez que o credor não está obrigado a aceitar pagamento parcial. Antecipe-se, inclusive, que, no procedimento especial correspondente, a matéria é expressamente disciplinada, conforme se verifica da redação do art. 545 do CPC/2015, que preceitua, *in verbis*:

> "Art. 545. Alegada a insuficiência do depósito, é lícito ao autor completá-lo, em 10 (dez) dias, salvo se corresponder a prestação cujo inadimplemento acarrete a rescisão do contrato.
>
> § 1º No caso do *caput*, poderá o réu levantar, desde logo, a quantia ou a coisa depositada, com a consequente liberação parcial do autor, prosseguindo o processo quanto à parcela controvertida.

---

[5] VENOSA, Sílvio de Salvo. *Direito Civil* — Teoria Geral das Obrigações e Teoria Geral dos Contratos, São Paulo: Atlas, 2002, p. 269.

[6] "Art. 341. Se a coisa devida for imóvel ou corpo certo que deva ser entregue no mesmo lugar onde está, poderá o devedor citar o credor para vir ou mandar recebê-la, sob pena de ser depositada. Art. 342. Se a escolha da coisa indeterminada competir ao credor, será ele citado para esse fim, sob cominação de perder o direito e de ser depositada a coisa que o devedor escolher; feita a escolha pelo devedor, proceder-se-á como no artigo antecedente."

> § 2º A sentença que concluir pela insuficiência do depósito determinará, sempre que possível, o montante devido e valerá como título executivo, facultado ao credor promover-lhe o cumprimento nos mesmos autos, após liquidação, se necessária".

Quanto ao modo, da mesma forma não se admitirá modificação do estipulado, devendo a obrigação ser cumprida da mesma maneira como foi concebida originalmente. Exemplificando: se A se comprometeu a pagar a importância de R$ 1.000,00 à vista para B, não poderá consignar em quatro prestações de R$ 250,00. Assim, também não poderá mudar o local do pagamento, estabelecendo o art. 337 do CC/2002 que "o depósito requerer-se-á no lugar do pagamento, cessando, tanto que se efetue, para o depositante, os juros da dívida e os riscos, salvo se for julgado improcedente". Vale lembrar que, se a dívida for *quérable*, como é a regra geral, o depósito será feito no domicílio do devedor; se *portable*, no do credor; ou, se houver foro de eleição, no domicílio estabelecido.

Por fim, quanto ao tempo, também não se pode modificar o pactuado, sendo vedado, como observa o culto Desembargador CARLOS ROBERTO GONÇALVES,

> "efetuar-se antes de vencida a dívida, se assim não foi convencionado. A mora do devedor, por si só, não impede a propositura da ação de consignação em pagamento, se ainda não provocou consequências irreversíveis, pois tal ação pode ser utilizada tanto para prevenir como para emendar a mora"[7]

Realizado o depósito com a finalidade de extinguir a obrigação, poderá ele ser levantado?

A resposta a essa questão depende do momento em que o devedor pretender realizar tal ato, buscando retornar as coisas ao *status quo ante*[8].

a) Antes da aceitação ou impugnação do depósito: nesse momento, tem o devedor total liberdade para levantar o depósito, uma vez que a importância ainda não saiu de seu patrimônio jurídico. Trata-se de uma faculdade, mas que acarreta o ônus de pagar as despesas necessárias para o levantamento (e extinção do processo, se o depósito foi realizado judicialmente), bem como a subsistência da obrigação para todos os fins de direito (art. 338 do CC/2002).

b) Depois da aceitação ou impugnação do depósito pelo credor: nesse momento, embora ainda não tenha sido julgada a procedência do depósito, o fato é que o credor já se manifestou sobre ele, pretendendo incorporá-lo ao seu patrimônio (aceitação) ou o considerando, por exemplo, insuficiente (impugnação). A oferta, portanto, já está caracterizada. O depósito, porém, poderá ainda ser levantado pelo devedor, mas, agora, somente com anuência do credor, que perderá a

---

[7] GONÇALVES, Carlos Roberto, ob. cit., v. 2, p. 574.

[8] A hipótese não é cerebrina, pois pode ocorrer arrependimento da consignação por motivos vários, como, por exemplo, a constatação de insuficiência de capital para adimplir outra obrigação, com alguma garantia real, em que a execução pode trazer consequências mais graves ao devedor.

preferência e a garantia que lhe competia sobre a coisa consignada (ex.: preferência por hipoteca, no concurso de credores), com liberação dos fiadores e codevedores que não tenham anuído (art. 340 do CC/2002). Isso se justifica pela regra de que é patrimônio do devedor a garantia comum dos seus credores, e essa não incorporação patrimonial, no caso, se deu pela vontade do credor, não podendo tal ato unilateral de verdadeira renúncia prejudicar os demais interessados na extinção da obrigação.

c) Julgado procedente o depósito: admitido em caráter definitivo o depósito, o devedor já não poderá levantá-lo, ainda que o credor consinta, senão de acordo com os outros devedores e fiadores (art. 339 do CC/2002). Isso porque, sendo julgado procedente o depósito, consuma-se o pagamento, extinguindo-se juridicamente a obrigação, pelo que não podem ser prejudicados os codevedores e fiadores[9]. Obviamente, se estes concordarem com o levantamento, cai o impedimento criado pela lei, retornando tudo ao *status quo ante* por expressa manifestação da autonomia da vontade.

Embora a esmagadora maioria das situações de consignação em pagamento envolvam obrigações pecuniárias, a sua disciplina não se limita a elas.

Se A se obriga a entregar uma máquina a B e este, na data do vencimento, recusa-se a recebê-la, poderá o devedor A se valer da consignação em pagamento para extinguir a obrigação.

Nesse caso, na forma do art. 341 do CC/2002, se a coisa devida foi imóvel ou corpo certo que deva ser entregue no mesmo lugar onde está, poderá o devedor citar o credor para vir ou mandar recebê-la, sob pena de ser depositada.

Vale destacar que o Código de Processo Civil de 1973, no art. 891, parágrafo único, estabelecia que o devedor poderá ajuizar a consignação no foro em que se encontra a coisa devida, se esta for corpo que deva ser entregue nesse local. O CPC/2015 não traz regra expressa equivalente, mas o raciocínio parece-nos ainda plenamente válido, por ser factível para determinadas situações concretas. É o caso, no exemplo anterior, de o maquinário se encontrar em domicílio diferente daquele do credor, valendo lembrar que a regra geral de local do pagamento é justamente o domicílio do devedor. Óbvio que, se a coisa certa estiver em lugar distinto daquele em que se pactuou a entrega (ou, no silêncio, do domicílio do devedor), correm por conta do *solvens* as despesas de transporte, salvo estipulação em contrário[10].

---

[9] Nesse sentido, afirma Maria Helena Diniz que o levantamento do depósito somente pode ocorrer "após a sentença que julgou procedente a ação de consignação, se o credor consentir, de acordo com os outros devedores e fiadores (CC, art. 339), a fim de que se resguardem seus direitos" (*Curso de Direito Civil Brasileiro* — Teoria Geral das Obrigações, 35. ed., São Paulo: Saraiva, 2020, v. 2, p. 284).

[10] Nesse sentido, ensina Clóvis Beviláqua, "se a coisa estiver em lugar diferente daquele em que tenha de ser entregue, correm por conta do devedor as despesas de transporte. Somente depois de achar-se a coisa no lugar, em que se há de entregar, é que se fará a intimação, ou a consignação" (*Código Civil Comentado*, 10. ed., v. 4, Rio de Janeiro: Francisco Alves, 1955, p. 113).

Todavia, se a coisa foi indeterminada (leia-se: incerta), na expressão do art. 342 do CC/2002[11], é preciso se proceder à sua certificação, pela operação denominada "concentração do débito" ou "concentração da prestação devida".

Quando a escolha cabe ao devedor, nenhum problema se dará, pois é ele que pretende ofertar o pagamento.

Caso a escolha caiba ao credor, deve ele ser citado para tal fim, sob cominação de perder o direito e de ser depositada a coisa que o devedor escolher. Pensando nessa hipótese, prevê o art. 543 do Código de Processo Civil de 2015:

> "Art. 543. Se o objeto da prestação for coisa indeterminada e a escolha couber ao credor, será este citado para exercer o direito dentro de 5 (cinco) dias, se outro prazo não constar de lei ou do contrato, ou para aceitar que o devedor a faça, devendo o juiz, ao despachar a petição inicial, fixar lugar, dia e hora em que se fará a entrega, sob pena de depósito".

Procedida a escolha pelo devedor, reger-se-á a consignação pelas mesmas regras referentes à coisa certa.

Para o processo judicial de consignação em pagamento, estabelece o art. 343 do CC/2002 que "as despesas com o depósito, quando julgado procedente, correrão à conta do credor, e, no caso contrário, à conta do devedor".

Uma pergunta, porém, se impõe: e se A, devedor, em face da recusa de B, credor, na relação jurídica de direito material, propõe a consignação judicial do pagamento do valor e, nos autos, B aceita, sem impugnação, a importância ofertada, a quem cabe o pagamento das despesas processuais?

A pergunta é pertinente, uma vez que, do ponto de vista técnico, inexiste vencedor ou perdedor a quem imputar os ônus da sucumbência.

A resposta, porém, é das mais simples, pois, de fato, o que ocorreu foi o reconhecimento da procedência do pedido, com a admissão, pelo credor, de que o valor era efetivamente devido.

---

11 Criticando a expressão utilizada pelos diplomas civis, preleciona o Mestre Álvaro Villaça Azevedo: "Inicialmente, é de ressaltar-se a erronia terminológica do Código, no que se refere a coisa indeterminada. Vimos, já, quando do estudo dos elementos da obrigação, que o objeto desta deve ser lícito, possível, determinado ou, pelo menos, determinável; daí, não se pode cogitar da categoria 'coisa indeterminada'. A coisa indeterminada não pode figurar no esquema obrigacional, porque é inaproveitável, tornando impossível, fisicamente, o cumprimento da obrigação. Imaginem que o devedor prometesse entregar ao credor uma coisa, sem determiná-la, sendo, também, impossível sua determinação futura, por exemplo, uma saca, um quilo, sem que se mencionasse a espécie (saca de quê? de café? de milho?).
Na realidade, quis o Código referir-se à coisa incerta, indefinida, não à indeterminada. Assim, a coisa incerta é perfeitamente aproveitável no mundo jurídico, pois que lhe falta, tão somente, a qualidade, devendo, pelo menos, indicar-se sua espécie e quantidade" (*Teoria Geral das Obrigações*, São Paulo: Revista dos Tribunais, 2001, p. 156).

Pensando, justamente, nessa situação é que preceitua o art. 546, parágrafo único, do Código de Processo Civil de 2015:

> "Art. 546. Julgado procedente o pedido, o juiz declarará extinta a obrigação e condenará o réu ao pagamento de custas e honorários advocatícios.
>
> Parágrafo único. Proceder-se-á do mesmo modo se o credor receber e der quitação".

Há situações, todavia, em que a relação obrigacional que envolve os sujeitos é de trato sucessivo, havendo, portanto, prestações periódicas a serem adimplidas.

É o caso, por exemplo, da dívida de aluguéis[12], alimentos, prestações de financiamento habitacional e, até mesmo, salários (tendo em vista a sucessividade do pacto laboral).

Nesses casos, recusando-se o credor a receber as prestações ofertadas pelo devedor, pode este consigná-las, na medida em que forem vencendo.

Tal regra é expressa na legislação processual, conforme se verifica do art. 541 do CPC/2015, *in verbis*:

> "Art. 541. Tratando-se de prestações sucessivas, consignada uma delas, pode o devedor continuar a depositar, no mesmo processo e sem mais formalidades, as que se forem vencendo, desde que o faça em até 5 (cinco) dias, contados da data do respectivo vencimento".

Registre-se, porém, que, para casos como tais, em que a obrigação consiste em prestações periódicas, elas podem ser consideradas implicitamente incluídas no pedido, ainda que sem declaração expressa do autor, na forma do art. 323 do CPC/2015[13].

A Lei n. 8.951, de 13-12-1994, integrante de um amplo conjunto de inovações do Código de Processo Civil de 1973, trouxe diversas e profundas modificações na disciplina da consignação em pagamento.

No Direito Positivo brasileiro, tradicionalmente, não tendo sido a obrigação adimplida por mora atribuída somente ao credor, dispunha o devedor única e exclusivamente da via judicial para poder livrar-se da prestação.

Hoje, todavia, em função justamente de modificações na legislação processual, criou-se um procedimento extrajudicial para a resolução do problema, cuja finalidade maior, sem sombra de dúvida, é, simultaneamente, aliviar o Poder Judiciário de mais

---

[12] Sobre a ação de consignação de aluguel e acessórios da locação, estabelece expressamente a Lei n. 8.245, de 18-10-1991 (Lei de Locação de Imóveis Urbanos), que, na petição inicial, "o pedido envolverá a quitação das obrigações que vencerem durante a tramitação do feito e até ser prolatada a sentença de primeira instância, devendo o autor promover os depósitos nos respectivos vencimentos" (art. 67, III). Trata-se de regra específica, notadamente quanto à data do vencimento, que se sobrepõe, por critério hermenêutico, à regra geral do art. 541 do Código de Processo Civil de 2015.

[13] CPC/2015: "Art. 323. Na ação que tiver por objeto cumprimento de obrigação em prestações sucessivas, essas serão consideradas incluídas no pedido, independentemente de declaração expressa do autor, e serão incluídas na condenação, enquanto durar a obrigação, se o devedor, no curso do processo, deixar de pagá-las ou de consigná-las".

esta quantidade de demandas, permitindo uma rápida resposta — e, por isso, mais efetiva — ao devedor que encontra resistência do credor em receber o que lhe é devido[14].

Essa diretriz de conduta foi inteiramente mantida no Código de Processo Civil de 2015.

O art. 1º da Lei n. 8.951/94, sem modificar o *caput* do art. 890 do Código de Processo Civil de 1973, acrescentou-lhe quatro parágrafos, instituindo o procedimento extrajudicial de consignação em pagamento.

Registre-se, entretanto, que embora, à época, constituísse uma inovação para o Direito Positivo brasileiro, a consignatória extrajudicial já existia, com bastante eficácia, em outros sistemas jurídicos, notadamente nos países europeus[15].

Trata-se de verdadeira medida de dessacralização da consignação em pagamento, digna de aplausos, tendo em vista o seu nítido intento de simplificar a solução de conflitos.

O procedimento é por demais singelo, o que demonstra, ainda mais, a busca pela "desburocratização e desformalização, sem violência, mínima que seja, às garantias constitucionais do processo", valendo-nos das palavras do ilustre CALMON DE PASSOS[16].

Nessa mesma linha, determina o atual § 1º do art. 539 do CPC/2015:

> "§ 1º Tratando-se de obrigação em dinheiro, poderá o valor ser depositado em estabelecimento bancário, oficial onde houver, situado no lugar do pagamento, cientificando-se o credor por carta com aviso de recebimento, assinado o prazo de 10 (dez) dias para a manifestação de recusa".

*A priori*, deve-se observar, de logo, que esse procedimento extrajudicial somente é aplicável às obrigações pecuniárias, não sendo possível sua aplicação em relações obrigacionais relacionadas com a entrega de coisa. A consignação de coisa continua somente se dando mediante a via judicial, o que se explica até mesmo pela falta de uma estrutura

---

14 Esta é, também, a observação de Sérgio Bermudes: "Trata-se de inovação, destinada a aliviar o Judiciário de carga desnecessária de processos e a facilitar a exoneração de quem encontra resistência do credor em receber o que lhe é devido. O singelo procedimento, disciplinado nos parágrafos que agora aparecem, dispensa a ação judicial com os ônus, apreensões e delongas que ela tantas vezes acarreta" (*A Reforma do Código de Processo Civil*, 2. ed., São Paulo: Saraiva, 1996, p. 156-7).

15 Confira-se, nesse sentido, o testemunho de Cândido Rangel Dinamarco: "A sistemática agora adotada constitui reflexo de bem conhecidos modelos europeus já praticados há muitas décadas. Na Itália vige algo muito semelhante, com o sedizente obrigado depositando o valor na Banca d'Italia e indo a juízo depois, em pleito meramente declaratório, procurar sentença que reconheça a extinção do débito se o credor tiver recusado o depósito (c.c., arts. 107 ss). Essa matéria nem está inscrita no Código de Processo Civil, mas no Código Civil, capítulo do adimplemento das obrigações. Havendo recusa, tem-se a crise de certeza que constitui o fundamento geral de todas as ações declaratórias (ou dúvida objetiva), nada mais precisando dizer a lei para que tenha o sedizente obrigado interesse processual à mera declaração" (*A Reforma do Código de Processo Civil*, 3. ed., São Paulo: Malheiros, 1996, p. 268-9).

16 PASSOS, J. J. Calmon de. *Inovações no Código de Processo Civil*, 2. ed., Rio de Janeiro: Forense, 1995, p. 79.

específica, de natureza extrajudicial, suficientemente idônea para atuar como depositária do bem consignado.

Observe-se que o novo dispositivo sana um erro histórico do antigo § 1º do art. 890 do CPC/1973, seu correspondente histórico.

Com efeito, na redação anterior, havia uma determinação de que o depósito fosse feito em banco oficial. Isso sempre nos pareceu, contudo, apenas uma preferência legal que objetiva a facilitar eventual procedimento judicial posterior, pois defendíamos que a inexistência de estabelecimento bancário oficial na localidade onde deveria ser procedido o pagamento não deveria impedir o devedor de se valer do procedimento, se tem acesso a estabelecimento bancário privado.

A regra, portanto, deve ser compreendida no sentido de que o depósito deve ser efetuado em banco oficial, onde houver, podendo ser efetuado em banco privado, na hipótese de inexistência do primeiro[17].

Como não há determinação legal expressa, entendemos, ainda, que a cientificação do depósito pode ser procedida tanto pelo estabelecimento bancário como pela via postal, ou mesmo pelo próprio devedor, pessoalmente. Exigir-se que tal notificação somente possa dar-se pelo banco soa como um formalismo desnecessário, incompatível e inexplicável se comparado com a proposta de simplificação.

O mais relevante, porém, é que não se abra mão, obviamente, da prova efetiva da ciência ao credor da realização do depósito. O aviso de recebimento, a que se refere o § 1º, tem justamente essa finalidade.

Observe-se que a disciplina positivada do Código de Processo Civil de 2015 não utiliza mais a expressão "conta com correção monetária", constante do § 1º do art. 890 do revogado CPC/1973.

Parece-nos, todavia, que o depósito de valor deve ser feito, preferencialmente, em conta que permita rendimentos que evitem a perda de seu poder aquisitivo, com o desgaste da moeda (atualização monetária).

Segundo o CPC/2015, "decorrido o prazo do § 1º, contado do retorno do aviso de recebimento, sem a manifestação de recusa, considerar-se-á o devedor liberado da obrigação, ficando à disposição do credor a quantia depositada" (§ 2º do art. 539 do CPC/2015).

---

[17] Nesse sentido é também a visão de Calmon de Passos (ob. cit., p. 82). Em entendimento contrário, veja-se Sérgio Bermudes (ob. cit., p. 158). Arriscamos, na época, inclusive desde a primeira edição do volume dedicado ao estudo das "Obrigações" no nosso "Novo Curso de Direito Civil", concluir que, provavelmente, deveria ter havido algum erro de digitação na publicação da Lei n. 8.951/94, pois haveria mais sentido se a vírgula registrada após a palavra "oficial" tivesse sido colocada após a expressão "estabelecimento bancário", lendo-se o dispositivo originário da seguinte forma: "Tratando-se de obrigação em dinheiro, poderá o devedor ou terceiro optar pelo depósito da quantia devida, em estabelecimento bancário, oficial onde houver, situado no lugar do pagamento, em conta com correção monetária, cientificando-se o credor por carta com aviso de recepção, assinado o prazo de 10 (dez) dias para a manifestação de recusa".

O prazo de dez dias, fixado no § 1º, deve ter seu termo inicial a partir da data do retorno do aviso de recebimento, e não da data em que foi efetivamente cientificado o credor. Tal diretriz prestigia a segurança jurídica.

A liberação da obrigação, pelo menos nas relações reguladas genericamente pela legislação codificada civil, se dá sem ressalvas, desde que, logicamente, tenham sido observadas todas as regras legais, notadamente a notificação do credor.

Este é um aspecto que deve ser constantemente relembrado, pois o devedor precisa se precaver de todas as cautelas possíveis para que não haja qualquer nulidade na cientificação. Interessantes exemplos podem ser lembrados na possibilidade de o credor estar impossibilitado fisicamente de receber comunicações (v. g., internado em coma) ou judicialmente interditado, pelo que seu curador é que deve ser notificado, especificando-se todas as nuances da relação obrigacional a que se refere a consignatória.

Há, portanto, uma presunção da quitação da obrigação avençada, pelo silêncio do credor, somente se admitindo discussão desta se o credor demonstrar alguma irregularidade na sua aceitação tácita do valor depositado. Dessa forma, não podemos concordar *in totum* com SÉRGIO BERMUDES, para quem "a falta de recusa não obsta à propositura das ações, que o credor tiver contra o devedor, incumbindo ao primeiro opor ao argumento de que não se manifestou as alegações que tiver, como as de não recebimento da carta, de inexistência da mora *accipiendi*, ou de insuficiência do depósito"[18]. Efetivamente, não só podem como devem ser conhecidas as alegações de não recebimento da carta, mas jamais se pode aceitar a rediscussão de matéria que deveria ter sido ventilada quando da recusa ao depósito, sob pena de tirar qualquer validade a essa modalidade extrajudicial de pagamento por consignação.

A hipótese de recusa está prevista no § 3º do art. 539 do CPC/2015, que determina que esta deva ser manifestada por escrito ao estabelecimento bancário.

Aí está outro aspecto que nos parece bastante interessante.

A recusa deve ser formulada perante o estabelecimento bancário, e não necessariamente ao devedor/consignante. Isso porque, conforme se pode verificar do § 4º, existe previsão de possibilidade de levantamento do depósito pelo consignante, na hipótese de recusa do credor. Ora, se o depósito é efetuado em nome do credor, por ser quantia que o depositante lhe entende devida, é preciso que o estabelecimento bancário tenha conhecimento da recusa para que possa proceder à liberação do valor ao devedor, caso seja do seu interesse.

Note-se, ainda, que o § 3º do art. 539 do CPC/2015 fixa também o prazo de um mês (e não mais trinta dias, como na anterior previsão do § 3º do art. 890 do CPC/1973), no caso de haver recusa do recebimento da importância consignada, para que o devedor (ou terceiro) possa propor a ação de consignação, instruindo a inicial com a prova do depósito e da recusa, determinando o § 4º que, caso não seja proposta a ação no referido prazo, ficará sem efeito o depósito, podendo levantá-lo o depositante.

18 BERMUDES, Sérgio, ob. cit., p. 159.

Sobre tais dispositivos, entendemos que a expressão "ficará sem efeito o depósito" é bastante imprecisa tecnicamente, tendo em vista que o depósito de uma quantia é um fato jurídico, sendo completamente inócua, do ponto de vista fático, a determinação legal, uma vez que, permanecendo depositada, continuará a importância a ser atualizada monetariamente, tal como se tivesse efetivamente passado para o patrimônio jurídico do credor.

Da mesma forma, ainda que ultrapassado o prazo de um mês (não mais de trinta dias, repita-se!), parece-nos absurdo pensar numa preclusão da possibilidade de ajuizamento da ação de consignação, pois, como veremos *a posteriori*, enquanto há débito, sempre há a possibilidade de consigná-lo.

Sendo assim, entendemos a fixação do prazo de um mês somente como uma limitação temporal para ser considerada elidida a mora, na hipótese de haver recusa (uma vez que havendo aceitação, tácita ou expressa, o valor se transfere ao patrimônio do credor).

Nesse sentido, concordamos totalmente com CÂNDIDO RANGEL DINAMARCO, quando afirma que a

> "lei não teve a inconstitucional intenção de fechar o caminho do processo ao devedor que não proponha a demanda naquele prazo de trinta dias: somente facultou-lhe o levantamento do depósito, findo esse prazo. Se ele não o levantar, contudo, nem por isso ficará obstado de propor a ação de consignação em pagamento e exibir a prova do depósito (§ 3º). O legislador não deve tampouco ter pretendido que o devedor levante o depósito e faça outro *incontinenti*, querendo propor a demanda em juízo após os trinta dias. Carece de eficácia no sistema, também a locução, ficando sem efeito o depósito (sempre, § 3º)"[19].

Assim também pensa ANTONIO CARLOS MARCATO:

> "Ao prever o depósito extrajudicial, a lei está a conferir ao interessado no pagamento uma via diversa do acesso necessário e imediato à jurisdição (como ocorria até o advento da Lei 8.951/94), sem, contudo, retirar-lhe esse direito de acesso. Sucede, apenas, que a não propositura da ação no trintídio acarreta o restabelecimento do estado anterior à efetivação do depósito extrajudicial, ou seja, a dívida remanesce em aberto e o credor insatisfeito, desta feita por inércia imputável ao devedor"[20].

Em resumo, na consignação extrajudicial, o silêncio do credor caracterizará a aceitação do depósito; a inércia do devedor, não promovendo a ação no prazo, a sua mora.

---

[19] DINAMARCO, Cândido Rangel, ob. cit., p. 270. Observe-se que a referência é à previsão do CPC/1973, em que o prazo era de 30 dias, e não de um mês.

[20] MARCATO, Antonio Carlos. *Procedimentos Especiais*, 9. ed., São Paulo: Malheiros, 2001, p. 53. Novamente, saliente-se que a referência é à previsão do CPC/1973, em que o prazo era de 30 dias, e não de um mês, como no Código de Processo Civil de 2015.

Encerrando esta breve análise geral da consignatória extrajudicial, consideramos relevante lembrar que ela não se constitui, de forma alguma, em procedimento preparatório necessário para o ajuizamento posterior da ação de consignação em pagamento, mas sim mera faculdade legal, podendo o devedor, se desejar, ajuizar diretamente a ação judicial de consignação.

A competência territorial (*ratione loci*) para julgar a ação de consignação em pagamento continua se dando pelo local indicado para ser procedido ordinariamente o adimplemento da obrigação, conforme se observa do art. 540 do CPC/2015:

> "Art. 540. Requerer-se-á a consignação no lugar do pagamento, cessando para o devedor, à data do depósito, os juros e os riscos, salvo se a demanda for julgada improcedente".

Saliente-se, porém, que, tratando-se de ação consignatória de aluguéis e encargos, é competente para conhecer e julgar tais ações, na forma do art. 58, II, da Lei n. 8.245/91, o foro de eleição e, na sua falta, o do lugar da situação do imóvel, expressão, inclusive, redundante, haja vista que foro já importa a noção de lugar[21].

No que diz respeito aos requisitos da petição inicial, o Código de Processo Civil de 2015, art. 542, estabelece requerimentos obrigatórios, a saber, "o depósito da quantia ou da coisa devida, a ser efetivado no prazo de 5 (cinco) dias contados do deferimento, ressalvada a hipótese do art. 539, § 3º" (inciso I) e "a citação do réu para levantar o depósito ou oferecer contestação" (inciso II).

Ressalte-se que, pelo rito anterior, na concepção original do diploma processual de 1973, o consignatário era citado para, "em lugar, dia e hora determinado, vir ou mandar receber a quantia ou a coisa devida, sob pena de ser feito o respectivo depósito".

Atualmente, de maneira muito mais célere, o depósito é requerido desde a inicial (podendo já ter sido procedido mesmo antes do ajuizamento, no caso da consignatória extrajudicial — ressalva feita, inclusive, no final do inciso I) e o réu é citado, não somente para dizer se aceita o valor, mas também para, na hipótese de recusa, apresentar sua resposta, o que economiza diversos atos processuais.

Note-se aqui que a nova disciplina processual, propugnada pelo CPC/2015, utiliza a expressão genérica "oferecer contestação", e não mais "oferecer resposta", considerando a nova diretriz de concentração das modalidades de resposta do réu na contestação, inclusive, por exemplo, a exceção declinatória de foro.

---

[21] "Na sua acepção legal, foro representa a delimitação territorial para o exercício do poder jurisdicional e corresponde à comarca da Justiça dos Estados. Por outras palavras, a competência de foro leva em conta a distribuição das causas a determinados órgãos territorialmente delimitados (comarcas), servindo como elementos de determinação do foro competente ora o local do domicílio de uma das partes (v. g., CPC, arts. 94, *caput*, 99, 100, I a III), ora o local do cumprimento da obrigação (v. g., CPC, art. 891), ora o local da prática do ato ilícito (v. g., CPC, art. 100, V, *a*), entre outros" (MARCATO, Antonio Carlos. *Procedimentos Especiais*, 9. ed., São Paulo: Malheiros, 2001, p. 56).

Obviamente, a diligência da citação do réu somente deve ser procedida após a comprovação do depósito determinado pelo juiz, no prazo previsto no inciso I do art. 542 do CPC/2015.

E se, por acaso, esse depósito não for realizado?

A hipótese nos parece de extinção do processo sem resolução de mérito, com indeferimento da petição inicial, pela aplicação analógica do art. 485, I, c/c o parágrafo único do art. 321, ambos do CPC/2015.

Isso porque, sendo o depósito um dos pressupostos necessários para a determinação de citação do réu/consignatário, a sua não efetivação impede o curso natural do processo e o conhecimento das alegações fáticas contidas na petição inicial[22].

Por isso, mesmo diante da literalidade do *caput* do art. 321 do CPC/2015[23], parece-nos que não há motivo para se abrir novo prazo para emenda, já que se trata do cumprimento de uma determinação judicial expressa anterior, qual seja o depósito da quantia ou da coisa devida, a ser efetivado no prazo de 5 (cinco) dias, contados (da cientificação — dizemos nós!) do deferimento.

Claro que o *caput* do art. 321 pode ser invocado em outras situações (por exemplo, se a petição menciona o depósito extrajudicial, mas não junta a comprovação), mas não para reabrir novo prazo, determinado judicialmente, para cumprimento de uma diligência.

Quanto ao prazo para a resposta, agora concentrada na contestação, vale lembrar que, historicamente, houve modificação legislativa nesse sentido.

O texto original do art. 896 do Código de Processo Civil de 1973 determinava que a "contestação será oferecida no prazo de 10 (dez) dias, contados da data designada para recebimento".

Hoje, contudo, como foi suprimida há tempos essa fixação específica de prazo para a contestação da consignatória, aplica-se a regra geral de prazos para resposta do réu no processo de conhecimento, expressa no art. 335 do CPC/2015, qual seja, de 15 (quinze) dias.

De acordo com a inteligência da atual redação do art. 544 do CPC/2015:

> "Art. 544. Na contestação, o réu poderá alegar que:
>
> I — não houve recusa ou mora em receber a quantia ou a coisa devida;
>
> II — foi justa a recusa;
>
> III — o depósito não se efetuou no prazo ou no lugar do pagamento;

---

22 "A lei não diz, mas nela está implícito que a não realização do depósito acarretará a pura e simples extinção do processo, sem julgamento do mérito (CPC, art. 267, IV), não se impondo ao autor, todavia, qualquer condenação, até porque o réu sequer foi citado" (MARCATO, Antonio Carlos, ob. cit., p. 59).

23 "Art. 321. O juiz, ao verificar que a petição inicial não preenche os requisitos dos arts. 319 e 320 ou que apresenta defeitos e irregularidades capazes de dificultar o julgamento de mérito, determinará que o autor, no prazo de 15 (quinze) dias, a emende ou a complete, indicando com precisão o que deve ser corrigido ou completado."

IV — o depósito não é integral.

Parágrafo único. No caso do inciso IV, a alegação somente será admissível se o réu indicar o montante que entende devido".

Trata-se, efetivamente, de um rol das matérias típicas suscitáveis na contestação à consignação em pagamento, pois este procedimento especial, como já vimos, tem cabimento justamente quando há uma *mora accipiendi*, ou seja, um atraso ou recusa injustificável do credor em receber a prestação que lhe é devida.

Um dos pontos a destacar é, no supratranscrito parágrafo único, o condicionamento da possibilidade de alegação da não integralidade do depósito à indicação, pelo credor, do montante que entende devido.

Essa modificação, no preciso comentário de RODRIGUES PINTO, "corresponde a uma atitude que vem tomando o legislador, comum ou trabalhista, no sentido de evitar a contestação genérica na discussão de valores, via de regra usada para somente protelar o desfecho da demanda"[24].

Nossa compreensão da matéria é que se trata efetivamente de uma medida salutar, pois evita a imprecisa defesa por negação geral, possibilitando tanto à parte contrária quanto ao juiz uma melhor visualização dos aspectos controversos do litígio.

Vale acrescentar ainda que o art. 546 do CPC/2015 estabelece:

> "Art. 546. Julgado procedente o pedido, o juiz declarará extinta a obrigação e condenará o réu ao pagamento de custas e honorários advocatícios.
>
> Parágrafo único. Proceder-se-á do mesmo modo se o credor receber e der quitação".

Por fim, para encerrar esta análise da disciplina da ação de consignação em pagamento, impõe-se a verificação do art. 545 do CPC/2015, que estabelece:

> "Art. 545. Alegada a insuficiência do depósito, é lícito ao autor completá-lo, em 10 (dez) dias, salvo se corresponder a prestação cujo inadimplemento acarrete a rescisão do contrato.
>
> § 1º No caso do *caput*, poderá o réu levantar, desde logo, a quantia ou a coisa depositada, com a consequente liberação parcial do autor, prosseguindo o processo quanto à parcela controvertida.
>
> § 2º A sentença que concluir pela insuficiência do depósito determinará, sempre que possível, o montante devido e valerá como título executivo, facultado ao credor promover-lhe o cumprimento nos mesmos autos, após liquidação, se necessária".

Sobre essa possibilidade de complementação do depósito, ainda se referindo ao Código de Processo Civil de 1973, comentou HUMBERTO THEODORO JÚNIOR:

> "O credor não é obrigado a receber prestação menor ou diversa daquela pela qual se obrigou o devedor. Por isso, o art. 896, n. IV, arrola, entre as defesas úteis, a da insu-

24 PINTO, José Augusto Rodrigues, ob. cit., p. 326.

ficiência do depósito efetuado pelo promovente da consignatória. Provada essa defesa, a consequência natural seria a improcedência do pedido. A lei, no entanto, por política de economia processual e pela preocupação de eliminar o litígio, instituiu uma faculdade especial para o devedor, quando a defesa se referir apenas à insuficiência do depósito: em semelhante situação, faculta-se ao autor a complementação em 10 dias (art. 899). É bom lembrar que esse depósito complementar não foi condicionado pela lei nem a erro nem a boa-fé do autor, de sorte que se mostra irrelevante o motivo da insuficiência do depósito. Desde que o devedor concorde com a alegação do réu e se disponha a complementar o depósito, aberta lhe será a faculdade do art. 899"[25].

A previsão do § 1º é medida de grande utilidade prática, pois evita que haja maior demora do feito, normalmente já bastante lento, quanto à importância incontroversa, prosseguindo o litígio somente quanto à discussão da existência ou não de valores inadimplidos.

No que diz respeito à parte incontroversa, o processo fica, portanto, extinto com julgamento do mérito, uma vez que houve um "reconhecimento parcial da procedência do pedido", hipótese que pode ser adequada à previsão do art. 487, III, *a*, do Código de Processo Civil de 2015.

A única objeção ao levantamento do depósito é bastante razoável, constituindo-se na ressalva do *caput* do art. 545 do CPC/2015, no que diz respeito à possibilidade de o depósito corresponder à prestação cujo descumprimento importe na "rescisão do contrato": se a prestação devida, por exemplo, já se tornou imprestável ao réu, evidentemente não aproveitará ao autor o exercício da faculdade prevista na lei, respondendo ele, na hipótese de improcedência da consignação, pelas perdas e danos decorrentes de sua mora[26].

O § 2º caracteriza-se como outra saudável medida de simplificação e economia processuais, pois, caso a recusa tenha ocorrido somente pela não integralidade do depósito e restando demonstrada essa afirmação, não precisará o credor ajuizar ação autônoma, pois a própria sentença que reconhecer a insuficiência do depósito servirá de título executivo judicial em favor do credor.

## 3. PAGAMENTO COM SUB-ROGAÇÃO

Segundo o léxico CALDAS AULETE, sub-rogação é "o ato de sub-rogar. Ato pelo qual se substitui uma pessoa ou coisa em lugar de outra. (For.) Ato pelo qual o indivíduo que paga pelo devedor com o consentimento deste, expressamente manifestado ou por

[25] THEODORO JÚNIOR, Humberto. *Curso de Direito Processual Civil* — Procedimentos Especiais, 8. ed., v. III, Rio de Janeiro: Forense, 1992, p. 43.

[26] "Claro está, também, que a prestação só será eventualmente imprestável quando tenha por objeto a entrega ou restituição de coisa (CC, arts. 956 e 957); tratando-se de prestação pecuniária (obrigação de dar dinheiro), ela sempre será útil para o credor" (MARCATO, Antonio Carlos, ob. cit., p. 62).

fatos donde claramente se deduza, fica investido nos direitos do credor (Cód. Civ. Port., art. 778). F. Lat. *Subrogatio*"[27].

Para a ciência jurídica, da mesma forma, sub-rogação traduz a ideia de "substituição" de sujeitos ou de objeto, em uma determinada relação jurídica.

Citando pensamento de HENRY DE PAGE, CAIO MÁRIO observa que: "na palavra mesma que exprime o conceito (do latim 'sub rogare', 'sub rogatio'), está contida a ideia de substituição, ou seja, o fato de uma pessoa tomar o lugar da outra, assumindo a sua posição e a sua situação"[28].

Assim, se um indivíduo gravou determinado bem de sua herança com cláusula de inalienabilidade, o sucessor não poderá, sem a devida autorização judicial, aliená-lo, e, caso o faça, justificará o gasto, aplicando o valor remanescente na aquisição de outro bem, que substituirá o primeiro, o qual passará a suportar a cláusula restritiva.

Diz-se, no caso, haver se operado uma sub-rogação (substituição) objetiva ou real, ocorrida entre coisas.

Nesse sentido, confira-se, por exemplo, o art. 1.848, § 2º, do Código Civil de 2002:

> "Art. 1.848. Salvo se houver justa causa, declarada no testamento, não pode o testador estabelecer cláusula de inalienabilidade, impenhorabilidade, e de incomunicabilidade, sobre os bens da legítima.
>
> § 1º Não é permitido ao testador estabelecer a conversão dos bens da legítima em outros de espécie diversa.
>
> § 2º Mediante autorização judicial e havendo justa causa, podem ser alienados os bens gravados, convertendo-se o produto em outros bens, que ficarão sub-rogados nos ônus dos primeiros".

Outras hipóteses de sub-rogação real são encontradas nos arts. 39, 1.446, 1.659, I e II, 1.668, I, e 1.719 do Código Civil de 2002.

Ao lado da sub-rogação objetiva ou real, temos, ainda, a sub-rogação subjetiva ou pessoal.

Como o próprio nome sugere, nesse caso, a substituição que se opera é de sujeitos, e não de objeto, na relação jurídica.

Tal ocorre, por exemplo, quando o fiador paga a dívida do afiançado, passando, a partir daí, a ocupar a posição do credor, substituindo-o. Assim, se Caio (fiador) paga a dívida de Tício (devedor principal/afiançado), junto a Mévio (credor), poderá, então, exigir o reembolso do que pagou, sub-rogando-se nos direitos do credor.

A sub-rogação, pois, significará uma substituição de sujeitos na relação jurídica, uma vez que Caio assumirá o lugar do credor Mévio, que lhe transferirá os seus direitos e garantias, por força de lei.

---

27 AULETE, Caldas. *Dicionário Contemporâneo da Língua Portuguesa*, v. V, Rio de Janeiro: Delta, 1958, p. 4780.

28 PAGE, Henry de. *Traité*, III, segunda parte, n. 513, citado por PEREIRA, Caio Mário da Silva, *Instituições de Direito Civil*, 19. ed., v. 2, Rio de Janeiro: Forense, 2001, p. 131.

Pois bem.

É exatamente desta última modalidade de sub-rogação que trataremos neste capítulo.

O pagamento com sub-rogação, modo especial de extinção das obrigações disciplinado pelos arts. 346 a 351 do CC/2002, traduz a ideia de cumprimento da dívida por terceiro, com a consequente substituição de sujeitos na relação jurídica obrigacional originária: sai o credor e entra o terceiro que pagou a dívida ou emprestou o necessário para que o devedor solvesse a obrigação.

Quando um terceiro paga ou empresta o necessário para que o devedor solva a sua obrigação, operar-se-á, por convenção ou em virtude da própria lei, a transferência dos direitos e, eventualmente, das garantias do credor originário para o terceiro (sub-rogado).

Diz-se, no caso, ter havido pagamento com sub-rogação pessoal, ou seja, pagamento com substituição de sujeitos no polo ativo da relação obrigacional.

A dívida será considerada extinta em face do antigo credor, remanescendo, todavia, o direito transferido ao novo titular do crédito.

Há, portanto, dois necessários efeitos da sub-rogação: liberatório (pela extinção do débito em relação ao credor original) e translativo (pela transferência da relação obrigacional para o novo credor).

Não há que se confundir, todavia, o pagamento com sub-rogação com a mera cessão de crédito, haja vista que, nesta última, a transferência da qualidade creditória opera-se sem que tenha havido o pagamento da dívida.

Como bem pondera ORLANDO GOMES, "a sub-rogação pessoal assemelha-se à cessão de crédito, subordinando-se, na sua espécie mais comum, às regras que a disciplinam. Não se confundem, porém. A sub-rogação pressupõe pagamento, só se verificando se o credor originário for satisfeito. A cessão de crédito, ao contrário, ocorre antes que o pagamento seja feito"[29].

A despeito dessa falta de identidade, é forçoso convir que esses institutos guardam pontos de contato, uma vez que a própria lei, na hipótese de sub-rogação convencional, estudada a seguir, manda sejam aplicados os dispositivos da cessão de crédito (art. 348 do CC/2002).

Assim, ocorre pagamento com sub-rogação quando Caio paga a dívida de Tício, sub-rogando-se nos direitos do credor Mévio. Diferentemente, haverá simples cessão de crédito quando o credor Mévio, por força de estipulação negocial, transfere o seu crédito a Caio, de forma que este, a partir daí, possa exigir o pagamento da dívida, notificando o devedor para tal fim.

Frise-se, outrossim, que esta substituição poderá dar-se de duas formas: por força de lei ou em virtude de convenção (pela vontade das próprias partes).

[29] GOMES, Orlando. *Obrigações*, 8. ed., Rio de Janeiro: Forense, 1992, p. 140.

Assim, temos:

a) pagamento com sub-rogação legal;

b) pagamento com sub-rogação convencional.

Vejamos cada uma delas separadamente.

Em três hipóteses configura-se a sub-rogação legal, ou seja, de pleno direito (art. 346 do CC/2002):

a) em favor do credor que paga a dívida do devedor comum (inciso I) — se duas ou mais pessoas são credoras do mesmo devedor, operar-se-á a sub-rogação legal se qualquer dos sujeitos ativos pagar ao credor preferencial (aquele que tem prioridade no pagamento do crédito) o valor devido. Assim, por exemplo, não havendo dívida trabalhista, se o primeiro credor, segundo a ordem legal de preferência, é a União Federal, detentora do único crédito tributário, poderá qualquer dos outros credores, objetivando acautelar o seu crédito, pagar ao Fisco, sub-rogando-se em seus direitos. Dessa maneira, poderá exigir, além do seu próprio crédito, o valor da dívida adimplida. Da mesma forma, haverá interesse no pagamento, estando os credores na mesma classe, se o segundo credor pagar ao primeiro (cuja dívida venceu em primeiro lugar, já tendo, inclusive, penhora registrada), passando a substituí-lo em todos os seus direitos. Esta última situação é apontada por ÁLVARO VILLAÇA AZEVEDO: "Também, pode acontecer que um credor hipotecário, com segunda hipoteca sobre determinado imóvel do devedor, queira pagar ao titular do crédito, com primeira hipoteca sobre essa mesma coisa, sub-rogando-se nos direitos deste, executando, depois, os dois créditos hipotecários, sem ficar aguardando que o primeiro seja executado para, em seguida, executar o segundo sobre o saldo que restar da primeira execução"[30]. Embora a hipótese seja pouco factível, a sub-rogação também se dará em créditos sem direito de preferência, uma vez que o CC/2002 suprimiu tal exigência na previsão constante do inciso correspondente.

b) em favor do adquirente do imóvel hipotecado, que paga ao credor hipotecário, bem como do terceiro que efetiva o pagamento para não ser privado do direito sobre o imóvel (inciso II) — a hipoteca é um direito real de garantia incidente sobre imóveis. Em geral, quando uma pessoa pretende obter um empréstimo, o credor, antes de fornecer o numerário, costuma exigir garantias e, em especial, uma garantia real, a exemplo da hipoteca de um imóvel do devedor (uma fazenda, por exemplo). Nesse caso, o proprietário terá o seu bem gravado (pela hipoteca), podendo o credor hipotecário reavê-lo em mãos de quem quer que seja, por força do chamado "direito de sequela". Nada impede, porém, que o devedor

[30] AZEVEDO, Álvaro Villaça. *Teoria Geral das Obrigações*, 9. ed., São Paulo: Revista dos Tribunais, 2001, p. 163.

aliene o bem hipotecado a um terceiro, ciente da hipoteca (aliás, toda hipoteca deve ser registrada no Cartório de Registro Imobiliário). Este adquirente (o comprador da fazenda), portanto, objetivando liberar o imóvel, poderá pagar a soma devida ao credor hipotecário, sub-rogando-se em seus direitos. Embora se trate de hipótese não muito frequente, não é impossível ocorrer, e, no caso, paga a dívida, poderá o terceiro adquirente, sub-rogado nos direitos do credor, exigi-la do devedor. Na parte final deste inciso, inovou o Código Civil de 2002, ao reconhecer a incidência da sub-rogação legal também na hipótese de um terceiro efetivar o pagamento para não ser privado de direito sobre o imóvel. No caso, não se trata do terceiro que adquire imóvel hipotecado, pois essa hipótese está contida na primeira parte da norma. A previsibilidade legal compreende situações outras, de pessoas que tenham algum direito sobre o imóvel, e, para não perdê-lo, pagam a dívida do proprietário, sub-rogando-se nos direitos do credor. É o que ocorre se o promitente comprador de um imóvel paga a dívida do proprietário (promitente vendedor), por considerar que o credor poderia exigir a alienação judicial do bem, objeto do compromisso de venda;

c) em favor do terceiro interessado, que paga a dívida pela qual era ou podia ser obrigado, no todo ou em parte (inciso III) — esta é a hipótese mais comum de sub-rogação legal. Opera-se quando um terceiro, juridicamente interessado no cumprimento da obrigação, paga a dívida, sub-rogando-se nos direitos do credor. É o que ocorre no caso do fiador, que paga a dívida do devedor principal, passando, a partir daí, a poder exigir o valor desembolsado, utilizando, se necessário, as garantias conferidas ao credor originário. É o que ocorre, também, quando um dos devedores solidários paga a dívida ao credor comum. Lembre-se de que, consoante já anotamos, o terceiro não interessado que paga a dívida em seu próprio nome tem direito a reembolsar-se, embora não se sub-rogue nos direitos do credor (art. 305 do CC/2002).

Até aqui tratamos de hipóteses de sub-rogação legal, quer dizer, operada por força de lei, devendo ser interpretadas restritivamente, por serem relacionadas de forma taxativa (*numerus clausus*).

Nada impede, outrossim, dentro do campo de atuação da autonomia da vontade e da livre-iniciativa, que as próprias partes, fora das hipóteses *supra*, admitam a sub-rogação por simples estipulação negocial.

Trata-se da denominada sub-rogação convencional ou voluntária, a seguir analisada.

Esta forma de sub-rogação decorre da vontade das próprias partes e é disciplinada pelo art. 347 do CC/2002, que a admite em duas hipóteses:

a) quando o credor recebe o pagamento de terceiro e expressamente lhe transmite todos os seus direitos (inciso I) — trata-se de situação muito semelhante à cessão do crédito, sendo-lhe, inclusive, aplicadas as mesmas regras (art. 348 do CC/2002).

Todavia, consoante já advertimos, o fato de haver semelhança não significa dizer que os institutos jurídicos sejam idênticos. A cessão, que poderá inclusive ser gratuita (prescindindo, pois, de pagamento), não se submete aos limites impostos pelo Código ao pagamento com sub-rogação (art. 350 do CC/2002). Além disso, na cessão de crédito, a cientificação do devedor é também condição indispensável para que o ato tenha eficácia jurídica, uma vez que a sua ciência é um imperativo lógico do princípio da boa-fé, pois, se o devedor pagar a prestação ao credor original (que, de má-fé, não o cientificou de já ter recebido o pagamento de terceiros), não há como exigir do *solvens* a ideia de "quem paga mal paga duas vezes", por não ter o dever de investigar o credor sobre tal circunstância;

b) quando terceira pessoa empresta ao devedor a quantia precisa para solver a dívida, sob a condição expressa de ficar o mutuante sub-rogado nos direitos do credor satisfeito (inciso II) — nesse caso, a pessoa que emprestou o numerário (mutuante), para que o devedor (mutuário) pagasse a soma devida, no próprio ato negocial de concessão do empréstimo ou financiamento estipula, expressamente, que ficará sub-rogado nos direitos do credor satisfeito. Assim, se A empresta um valor a B, sob a condição de sub-rogar-se nos direitos do credor primitivo, poderá não apenas exigir o reembolso do que pagou, mas também utilizar-se das eventuais garantias pactuadas em prol do credor inicial. Tudo dependerá da forma pela qual a sub-rogação fora prevista no contrato. Esse caso, lembra-nos SÍLVIO VENOSA, "ocorre com muita frequência nos financiamentos dos bancos ditos sociais. As Caixas Econômicas costumam liquidar os débitos dos devedores com instituições privadas, fornecendo financiamentos em condições mais favoráveis"[31].

O principal efeito da sub-rogação é, exatamente, transferir ao novo credor "todos os direitos, ações, privilégios e garantias do primitivo, em relação à dívida, contra o devedor principal e seus fiadores" (art. 349 do CC/2002).

Dessa forma, se o credor principal dispunha de garantia real (uma hipoteca ou um penhor, por exemplo) ou pessoal (fiança), ou ambas, o terceiro sub-rogado passará a detê-las, podendo, pois, tomar as necessárias medidas judiciais para a proteção do seu crédito, como se fosse o credor primitivo.

Observe-se, apenas, que, se a sub-rogação for convencional, as partes poderão convencionar a diminuição de privilégios ou garantias concedidas ao credor originário.

Lembremo-nos, também, de que, na sub-rogação legal, "o sub-rogado não poderá exercer os direitos e as ações do credor, senão até a soma que tiver desembolsado para desobrigar o devedor" (art. 350 do CC/2002).

[31] VENOSA, Sílvio de Salvo. *Teoria Geral das Obrigações e Teoria Geral dos Contratos*, 2. ed., São Paulo: Atlas, 2002, p. 279.

Assim, se a dívida vale R$ 1.000,00, e o terceiro juridicamente interessado (fiador) obteve desconto e pagou apenas R$ 800,00 — com a devida anuência do credor, que emitiu quitação plena e irrevogável —, só poderá exercer os seus direitos e garantias contra o devedor até o limite da soma que efetivamente desembolsou para solver a obrigação (R$ 800,00). Não poderá, pois, cobrar do devedor R$ 1.000,00, sob pena de caracterizar enriquecimento sem causa (ilícito).

Trata-se, no caso, de uma restrição apenas imposta à sub-rogação legal, haja vista que, na convencional, inserida no campo da autonomia privada, as partes têm liberdade para estipularem a mantença ou não de garantias e o alcance dos efeitos jurídicos do pagamento.

Finalmente, cumpre-nos anotar que, se houver concorrência de direitos entre o credor originário e o credor sub-rogado, ao primeiro assistirá preferência na satisfação do crédito. Assim, se A é credor de R$ 300,00 em face de B, e C (credor sub-rogado) paga-lhe apenas parte da dívida (R$ 150,00), ficará sub-rogado em seus direitos até essa quantia. Pois bem. Suponhamos que o patrimônio de B não seja suficiente para saldar os dois créditos concorrentes (de A e C). Nesse caso, por expressa determinação legal (art. 351 do CC/2002), o credor originário terá preferência ao sub-rogado, se os bens do devedor não chegarem para saldar inteiramente o que a um e outro dever.

Trata-se de uma regra adequada, pela própria anterioridade do crédito, e em virtude da inexistência de outra solução melhor.

## 4. IMPUTAÇÃO DO PAGAMENTO

Ninguém está impedido de contrair mais de uma dívida com a mesma pessoa.

Supondo serem todas líquidas e vencidas, e oferecendo o devedor capital insuficiente para a quitação de todas, tem ele o direito de escolher qual das dívidas pretende extinguir em primeiro lugar. É o caso de o sujeito dever R$ 5.000,00, R$ 10.000,00 e R$ 15.000,00 ao mesmo credor, sendo todas as dívidas liquidas e vencidas. Não discordando o credor em receber parcialmente o pagamento, cabe ao devedor (em regra, a escolha é dele) imputar o valor pago em qualquer das dívidas. Da mesma forma, tendo todas as dívidas o mesmo valor, urge especificar qual dos débitos deverá ser solvido em primeiro lugar.

Isso se dá através do instituto da imputação do pagamento.

Entende-se a imputação do pagamento como a "determinação feita pelo devedor, dentre dois ou mais débitos da mesma natureza, positivos e vencidos, devidos a um só credor, indicativa de qual dessas dívidas quer solver"[32].

Vale dizer, trata-se muito mais de um meio indicativo de pagamento do que propriamente de um modo satisfativo de adimplemento.

[32] AZEVEDO, Álvaro Villaça. *Teoria Geral das Obrigações*, 8. ed., São Paulo: Revista dos Tribunais, 2000, p. 168.

Desse lapidar conceito doutrinário, calcado na previsão legal correspondente (art. 352 do CC/2002)[33], extraem-se os dois requisitos legais indispensáveis:

a) igualdade de sujeitos (credor e devedor);
b) liquidez e vencimento de dívidas da mesma natureza.

Esses requisitos são imprescindíveis, simultaneamente, para que o devedor possa ter o direito subjetivo de fazer a imputação do pagamento, independentemente da manifestação do credor.

Embora o Código Civil de 2002 nada mencione na espécie, parece-nos que a ideia de que, com consentimento do credor, se possa fazer imputação do pagamento em dívida ilíquida ou não vencida, constante da segunda parte do art. 991 do CC/1916, continua válida, uma vez que decorre muito mais da autonomia individual da vontade do que da existência necessária de previsão legal, haja vista que, se prejuízo houver, será para o próprio credor que anuiu com a proposta do devedor, antecipando o vencimento de sua dívida ou liquidando-a convencionalmente.

Em verdade, é possível se afirmar que todas as limitações à imputação do pagamento podem ser relevadas por mútuo consentimento das partes.

Assim o é com a imputação em dívida ilíquida e ainda não vencida, como visto, e, bem assim, com a pretensão de que o pagamento seja feito primeiro em relação aos juros vencidos e, depois, em relação ao capital (art. 354 do CC/2002)[34].

Observe-se, da mesma forma, que, salvo anuência do credor, o devedor não poderá, também, imputar o pagamento em dívida cujo montante seja superior ao valor ofertado, pois, como visto, o pagamento parcelado do débito só é permitido quando convencionado (art. 314 do CC/2002).

Na ausência, porém, de qualquer manifestação de vontade e ocorrendo o silêncio do devedor sobre qual das dívidas líquidas e vencidas quer imputar o pagamento, como deve proceder?

Pensando em situações como as tais, estabelece o art. 353 do CC/2002:

> "Art. 353. Não tendo o devedor declarado em qual das dívidas líquidas e vencidas quer imputar o pagamento, se aceitar a quitação de uma delas, não terá direito a reclamar contra a imputação feita pelo credor, salvo provando haver ele cometido violência ou dolo".

Todavia, pode acontecer que a quitação seja omissa quanto à imputação, escapando da incidência da norma supramencionada.

Nesse caso, serão invocadas as regras da imputação legal.

---

[33] "Art. 352. A pessoa obrigada, por dois ou mais débitos da mesma natureza, a um só credor, tem o direito de indicar a qual deles oferece pagamento, se todos forem líquidos e vencidos."

[34] "Art. 354. Havendo capital e juros, o pagamento imputar-se-á primeiro nos juros vencidos, e depois no capital, salvo estipulação em contrário, ou se o credor passar a quitação por conta do capital."

Fazendo a interpretação conjunta dos arts. 354 e 355[35] do CC/2002, podemos estabelecer a seguinte ordem preferencial:

a) prioridade para os juros vencidos, em detrimento do capital;
b) prioridade para as líquidas e vencidas anteriormente, em detrimento das mais recentes;
c) prioridade para as mais onerosas[36], em detrimento das menos vultosas, se vencidas e líquidas ao mesmo tempo.

Todavia, por extremo rigor acadêmico, fica a pergunta que não quer calar: e se todas as dívidas tiverem exatamente a mesma natureza, vencimento e valor?

A legislação codificada civil não traz uma resposta direta, sustentando ÁLVARO VILLAÇA AZEVEDO que "seria, analogicamente, de aplicar-se a regra do art. 433, item 4, do Código Comercial brasileiro, que estatui: 'Sendo as dívidas da mesma data e de igual natureza, entende-se feito o pagamento por conta de todas em devida proporção'"[37].

A solução, que poderia satisfazer no passado recente, não é mais válida, pela revogação expressa de toda a Parte Primeira do Código Comercial brasileiro, por força do art. 2.045 do Código Civil de 2002.

E como proceder a partir de então?

*De lege ferenda*, a despeito de inexistir solução legal, recomendamos, como mera sugestão doutrinária, que, à luz dos princípios da equidade e da razoabilidade, o magistrado continue aplicando a regra legal superada, imputando à conta de cada dívida o valor pago, na sua devida proporção.

Embora tal entendimento culmine por impor ao credor o recebimento parcial da dívida, devemos lembrar que ele de certa forma contribuiu para o embaraço da situação, ao não cuidar de indicar, na quitação, em qual das dívidas imputava o pagamento.

| IMPUTAÇÃO DO PAGAMENTO |
|---|
| Regra 1: imputação será feita pelo **devedor**. |
| Regra 2: se o devedor não indicar em qual das dívidas será feito o pagamento, a imputação será feita pelo **credor**. |
| Regra 3: se o credor também não fizer a indicação, a imputação será feita pela **lei**: a preferência deverá ser a imputação na dívida mais **antiga**, mas, se todas tiverem o mesmo vencimento, imputar-se-á na dívida mais **onerosa**. |
| Regra 4: Sendo as dívidas da mesma data e de igual natureza, entende-se feito o pagamento por conta de todas em devida proporção. |

35 "Art. 355. Se o devedor não fizer a indicação do art. 352, e a quitação for omissa quanto à imputação, esta se fará nas dívidas líquidas e vencidas em primeiro lugar. Se as dívidas forem todas líquidas e vencidas ao mesmo tempo, a imputação far-se-á na mais onerosa."

36 Exemplo de dívida mais onerosa é a que tem taxa de juros mais gravosa.

37 AZEVEDO, Álvaro Villaça, ob. cit., p. 169.

## 5. DAÇÃO EM PAGAMENTO

Essa forma especial de pagamento tem origem no Direito Romano, havendo os jurisconsultos, durante muito tempo, discutido a sua natureza e os seus efeitos. Admitia-se, naquela época, a denominada *datio in solutum*, ou seja, a entrega, pelo devedor, de coisa diversa daquela que fora anteriormente convencionada pelas partes[38].

Seguindo a trilha de pensamento do insuperável ANTUNES VARELA, "a dação em cumprimento (*datio in solutum*), vulgarmente chamada pelos autores de dação em pagamento, consiste na realização de uma prestação diferente da que é devida, com o fim de, mediante acordo do credor, extinguir imediatamente a obrigação"[39].

Trata-se, pois, de forma de extinção obrigacional, disciplinada pelos arts. 356 a 359 do CC/2002, por força da qual o credor consente em receber prestação diversa da que fora inicialmente *pactuada*.

Assim, se o devedor obriga-se a pagar a quantia de R$ 1.000,00, poderá solver a dívida por meio da dação, entregando um automóvel ou prestando um serviço, desde que o credor consinta com a substituição das prestações.

Aliás, cumpre-nos registrar que a obrigação primitiva não precisa ser, necessariamente, pecuniária. Pouco importa se fora inicialmente pactuada obrigação de dar, de fazer ou de não fazer. O que realmente interessa é a natureza diversa da nova prestação.

Esse é o pensamento, aliás, do Mestre CAIO MÁRIO:

> "Também em nada afeta a essência da dação em pagamento que a coisa entregue seja móvel ou imóvel, corpórea ou incorpórea, um bem jurídico qualquer, uma coisa ou um direito, como o usufruto. É mister, contudo, que seja diferente da devida"[40].

Ressalte-se, todavia, que a dação em pagamento não se confunde com a pluralidade de prestações existente nas obrigações alternativas, haja vista que, nestas, a diversidade de prestações está prevista no próprio título da obrigação (p. ex.: nos termos do contrato, eu me obrigo a entregar um imóvel ou dez mil reais).

Da mesma forma, não é idêntica às obrigações facultativas, porque aqui também existe prévia estipulação negocial da prestação subsidiária (p. ex.: nos termos do contrato, eu me obrigo a entregar um imóvel, sendo facultada, em caráter subsidiário, e ao meu critério, a entrega de dez mil reais)[41].

Diferentemente, na dação em pagamento, estipula-se uma prestação (a entrega de dez mil reais), e, ulteriormente, por meio de uma nova estipulação negocial entre devedor e credor, este aceita liberá-lo, recebendo, por exemplo, em troca do dinheiro, um imóvel.

---

[38] CRETELLA JÚNIOR, José. *Curso de Direito Romano*, 20. ed., Rio de Janeiro: Forense, 1997, p. 340.

[39] VARELA, João de Matos Antunes. *Das Obrigações em Geral*, 7. ed., v. 2, Coimbra: Almedina, 1997, p. 171.

[40] PEREIRA, Caio Mário da Silva. *Instituições de Direito Civil*, 19. ed., v. 2, Rio de Janeiro: Forense, 2001, p. 141-2.

[41] GOMES, Orlando. *Obrigações*, 8. ed., Rio de Janeiro: Forense, 1992, p. 143.

São requisitos dessa forma de extinção das obrigações:

a) a existência de uma dívida vencida — visto que ninguém pode pretender solver uma dívida que não seja existente e exigível;
b) o consentimento do credor — vale dizer, não basta a iniciativa do devedor, uma vez que, segundo a legislação em vigor, a dação só terá validade se o credor anuir (até porque, por princípio, este não estaria obrigado a receber coisa diversa da que fora pactuada, na forma do art. 313 do CC/2002);
c) a entrega de coisa diversa da devida — somente a diversidade essencial de prestações caracterizará a dação em pagamento, ou seja, a obrigação será extinta entregando o devedor coisa que não seja a *res debita*;
d) o ânimo de solver (*animus solvendi*) — o elemento anímico, subjetivo, da dação em pagamento é, exatamente, o *animus solvendi*. Sem essa intenção de solucionar a obrigação principal, o ato pode converter-se em mera liberalidade, caracterizando, até mesmo, a doação.

Lembre-se de que, se for estipulado o preço da coisa dada em pagamento (o que ocorre ordinariamente com os imóveis), as relações entre as partes serão reguladas pelas normas concernentes à compra e venda, nos termos do art. 357 do CC/2002. Assim, as regras gerais referentes aos riscos da coisa, à invalidade do negócio, e tudo o mais que for compatível com o contrato de compra e venda, será aplicado, no caso, à dação em pagamento.

Ainda segundo a nossa legislação em vigor, não existirá propriamente dação quando a coisa dada em pagamento consistir em título de crédito, visto que, no caso, haverá mera cessão de crédito (art. 358 do CC/2002), com extinção da obrigação originária por um meio de pagamento[42].

A evicção é uma garantia legal típica dos contratos onerosos, em que há transferência de propriedade (arts. 447 a 457 do CC/2002).

Ocorre a evicção — que traduz a ideia de "perda" — quando o adquirente de um bem vem a perder a sua propriedade ou posse em virtude de decisão judicial que reconhece direito anterior de terceiro sobre ele.

Em tal situação, delineiam-se, nitidamente, três sujeitos:

a) o alienante — que responderá pelos riscos da evicção, ou seja, que deverá ser responsabilizado pelo prejuízo causado ao adquirente;
b) o evicto — o adquirente, que sucumbe à pretensão reivindicatória do terceiro;
c) o evictor — o terceiro que prova o seu direito anterior sobre a coisa.

Até aqui, poderia o leitor indagar se essa matéria tem importância no estudo da dação em pagamento.

42 "Pela mesma razão, a entrega de um cheque pelo devedor ou a expedição de uma ordem de pagamento, não constitui uma *datio pro soluto*, porém um meio de pagamento" (Caio Mário, referindo De Page, Planiol, Ripert e Boulanger, ob. cit., p. 142).

Tem, sim. E muita importância.

Vamos imaginar que o credor aceite, em vez dos dez mil reais, a entrega de um imóvel pelo devedor.

O que fazer, então, se um terceiro, após a dação ser efetuada, reivindicar o domínio do bem, provando ter direito anterior sobre ele?

Nesse caso, se o credor for evicto da coisa recebida em pagamento — ou seja, perdê-la para o terceiro que prove ser o verdadeiro dono, desde antes da sua entrega —, a obrigação primitiva (de dar os dez mil reais) será restabelecida, ficando sem efeito a quitação dada ao devedor.

Apenas deverão ser ressalvados os direitos de terceiros de boa-fé, a exemplo do que ocorreria se a prestação originária fosse a entrega de um veículo, e este já estivesse alienado a terceiro. No caso, havendo sido perdido o imóvel, objeto da dação em pagamento, por força da evicção, as partes não poderão pretender restabelecer a obrigação primitiva, mantendo o mesmo objeto (a entrega do carro), que já se encontra em poder de um terceiro de boa-fé. Deverão, pois, na falta de solução melhor, resolver a obrigação em termos pecuniários.

É óbvio que esse nosso posicionamento se limita à existência do elemento boa-fé, pois, no mesmo exemplo, demonstrado o conluio entre o devedor e o terceiro/adquirente do automóvel, deve a situação retornar ao *status quo ante*, evitando-se que se faça tábula rasa da boa-fé alheia (no caso, do credor, que aceitou espontaneamente a dação).

Ressalvada, portanto, a boa-fé de terceiros, é possível ainda se enunciar a regra de que a invalidade da dação em pagamento importará sempre no restabelecimento da obrigação primitiva, perdendo efeito a quitação dada.

Tudo o que até aqui dissemos diz respeito à dação em pagamento (*datio in solutum*), forma de extinção das obrigações, que se concretiza quando o credor aceita receber coisa diversa da que fora inicialmente pactuada.

Entretanto, não há que se confundir a dação *in solutum* com outra figura, muito próxima, posto diversa, a denominada dação *pro solvendo*, cujo fim precípuo não é solver imediatamente a obrigação, mas sim facilitar o seu cumprimento.

Irreparável é o exemplo de dação *pro solvendo*, proposto por ANTUNES VARELA:

> "A, pequeno retalhista, deve ao armazenista B cem contos, preço da mercadoria que este lhe forneceu. Como tem a vida um pouco embaraçada e o credor aperta com a liberação da dívida, A cede-lhe um crédito que tem sobre C, não para substituir o seu débito ou criar outro ao lado dele, mas para que o credor B se cobre mais facilmente do seu crédito, visto C estar em melhor situação do que A.
>
> Quando esta seja a intenção das partes, a obrigação não se extingue imediatamente. Mantém-se, e só se extinguirá se e à medida que o respectivo crédito for sendo satisfeito, à custa do novo meio, ou instrumento jurídico para o efeito proporcionado ao credor"[43].

[43] VARELA, João de Matos Antunes, ob. cit., p. 174.

No caso, a dação *pro solvendo*, a par de conter, embutida, uma cessão de crédito, não traduz imediata liberação do devedor (cedente do crédito), uma vez que a extinção da obrigação só ocorrerá quando o credor (cessionário do crédito) tiver sido plenamente satisfeito.

Por isso que não se trata, tecnicamente, de uma dação em pagamento com finalidade extintiva, mas sim de simples meio facilitador do cumprimento da obrigação.

## 6. NOVAÇÃO

A palavra "novação" origina-se da expressão latina *novatio* (*novus, novo, nova obligatio*).

Já a conheciam os romanos, que a definiam como a "transferência (*translatio, transfusio*) duma dívida antiga para uma obrigação nova"[44].

Comparando a novação romana com a sua definição moderna, RUGGIERO observa que "profundamente diversas são, porém, como dissemos, a forma, a estrutura íntima e a função da novação no direito moderno e no romano, especialmente se se considera, mais que o Justiniano, o direito clássico"[45].

A despeito, porém, de não haver precisa identidade entre os institutos romano e moderno, o que é perfeitamente compreensível em face da natural evolução do Direito, o fato é que, indiscutivelmente, o Direito Romano é a fonte histórica mais importante da novação.

A sua disciplina é feita pelo Código Civil de 2002 em seus arts. 360 a 367.

Dá-se a novação quando, por meio de uma estipulação negocial, as partes criam uma nova obrigação, destinada a substituir e extinguir a obrigação anterior.

"Trata-se", no dizer do magistral RUGGIERO, "de um ato de eficácia complexa, que repousa sobre uma vontade destinada a extinguir um crédito pela criação de um novo"[46].

Exemplo clássico de novação pode ser dado nos seguintes termos: A deve a B a quantia de R$ 1.000,00. O devedor, então, exímio carpinteiro, propõe a B que seja criada uma nova obrigação — de fazer —, cujo objeto seja a prestação de serviço de carpintaria na residência do credor. Este, pois, aceita, e, por meio da convenção celebrada, considera extinta a obrigação anterior, que será substituída pela nova.

"Novar", em linguagem corrente, portanto, é criar uma obrigação nova para substituir e extinguir a anterior.

Concordamos com ANTUNES VARELA no sentido de ser inteiramente inútil a discussão a respeito da finalidade da novação: se se trata de modo satisfatório ou não satisfatório de pagamento, uma vez que a resposta a essa indagação dependerá do sentido que se dê à ideia de satisfação do interesse do credor[47].

---

44 CRETELLA JÚNIOR, José. *Curso de Direito Romano*, 20. ed., Rio de Janeiro: Forense, 1997, p. 344.

45 RUGGIERO, Roberto de. *Instituições de Direito Civil*, v. 3, Campinas: Bookseller, 1999, p. 263.

46 RUGGIERO, Roberto de, ob. cit., p. 263.

47 VARELA, João de Matos Antunes. *Das Obrigações em Geral*, 7. ed., Coimbra: Almedina, 1997, p. 230.

O que se deve salientar é que toda a novação tem natureza jurídica negocial. Ou seja, por princípio, nunca poderá ser imposta por lei, dependendo sempre de uma convenção firmada entre os sujeitos da relação obrigacional. Nesse sentido, pois, concluímos não existir, em regra, "novação legal" (determinada por imperativo de lei) até mesmo pela ausência do indispensável requisito do *animus novandi* (a ser explicado no próprio tópico).

Convencionada, portanto, a formação de outra obrigação, a primitiva relação jurídica será considerada extinta, sendo substituída pela nova. Aí, então, teremos o fenômeno novatório.

A novação, para se caracterizar, deverá conter os seguintes requisitos:

a) a existência de uma obrigação anterior: só se poderá efetuar a novação se juridicamente existir uma obrigação anterior a ser novada. Ressalte-se, porém, que se a obrigação primitiva for simplesmente anulável, essa invalidade não obstará a novação. Ora, se o ato anulável pode ser confirmado, nada impede que a relação obrigacional aí compreendida seja extinta, e substituída por outra, por meio da novação. Tal não será possível se a obrigação inicial for nula ou estiver extinta. Explica-se. No primeiro caso, dada a gravidade do vício que porta (nulidade absoluta), a obrigação deverá ser repetida, ou seja, novamente pactuada, considerando-se, inclusive, o fato de não poder ser confirmada. A segunda hipótese proibitiva ocorrerá quando a obrigação primitiva estiver extinta. Por óbvio, se a obrigação, p. ex., já foi cumprida, o pagamento solveu o débito, não havendo lugar para a novação (art. 367 do CC/2002). A despeito de se tratar de questão controvertida, depois de muito refletir, concluímos não haver óbice, porém, à novação de obrigações naturais, salvo vedação legal expressa e específica (*vide*, p. ex., o art. 814, § 1º, do CC/2002).

b) a criação de uma nova obrigação, substancialmente diversa da primeira: esse é um requisito que deve ser estudado com atenção. Ora, consoante já dissemos, a novação consiste na convenção pactuada entre os sujeitos da relação obrigacional, no sentido de criarem uma nova obrigação, destinada a substituir e extinguir a anterior. Dessa forma, a criação de uma "obrigação nova" é requisito indispensável para a caracterização da novação. Mas apenas isso não basta. É preciso, pois, que haja diversidade substancial entre a obrigação antiga e a nova. Em outras palavras, o conteúdo da obrigação há que ter sofrido modificação substancial, mesmo que o objeto da prestação não haja sido alterado (se houver alteração de partes, por exemplo, poderá ser reconhecida a diversidade substancial necessária para se caracterizar a novação, mesmo que o objeto da obrigação permaneça o mesmo). Aliás, simples modificações setoriais de um contrato não traduzem novação. Assim, quando a instituição financeira apenas concede o parcelamento da dívida, aumenta o prazo para pagamento ou recalcula a taxa de juros aplicada não necessariamente estará realizando uma novação. Até porque, nesses contratos de refinanciamento, é muito comum a existência de cláusula expressa no sentido de afastar o reconhecimento da novação se qualquer dessas hipóteses ocorrer (a exemplo do parcelamento do débito). Não basta, pois, a concessão de um prazo mais favorável ou a simples alteração de uma garantia. Para "novar", as obrigações devem ser substancialmente diversas. Nesse sentido, observa, com a sua habitual precisão, ORLANDO GOMES:

"Conforme a doutrina moderna, a novação só se configura, ao contrário do que ocorria no Direito romano, se houver diversidade substancial entre as duas dívidas, a nova e a anterior. Não há novação, quando apenas se verifiquem acréscimos ou outras alterações secundárias na dívida, como, por exemplo, a estipulação de juros, a exclusão de uma garantia, o encurtamento do prazo de vencimento, e, ainda, a aposição de um termo"[48].

c) o ânimo de novar (*animus novandi*): esse é o requisito anímico (subjetivo) da novação. Para que ela se configure, portanto, é indispensável que as partes tenham o propósito de novar. Por isso, não haverá necessariamente novação se as partes acordarem a substituição do objeto da obrigação sem que haja prova do ânimo de novar. Nos termos do Código Civil, ausente esse propósito, cuja prova poderá decorrer de declaração expressa ou das próprias circunstâncias, a segunda obrigação simplesmente confirmará a primeira (art. 361 do CC/2002). Em verdade, não foi muito técnico o legislador, ao dizer que "a segunda obrigação confirma simplesmente a primeira". Ora, se a ausência do *animus* inviabiliza o reconhecimento da novação, não se poderá dizer haver sido criada uma "segunda obrigação". Preferimos dizer, amparados na melhor doutrina, apenas, que a declaração de vontade das partes — para modificar algum aspecto do negócio — sem o indispensável intuito de novar, apenas confirma ou reforça a obrigação primitiva. Exemplificamos. Vendedor e comprador acordam modificar o objeto da obrigação: em vez de ser alienado o apartamento 1 do condomínio X, o comprador adquirirá um terreno contíguo. Nesses termos, a simples alteração do objeto da prestação não caracterizará novação. Assim, mantidos todos os termos do contrato (prazo, forma de pagamento, valor da venda, garantias), a alteração do objeto, sem o propósito de novar, apenas confirmará a obrigação pactuada (de dar) no contrato de compra e venda.

Finalmente, cumpre-nos observar que, dada a sua natureza negocial — lembre-se de que a novação, em regra, nunca é imposta por lei[49] —, a novação, para ser válida, exige a

[48] GOMES, Orlando. *Obrigações*, 8. ed., Rio de Janeiro: Forense, 1992, p. 163.

[49] Excepcionando essa regra, o *caput* do art. 59 da Lei n. 11.101/2005 (Lei de Falências) preceitua que: "O plano de recuperação judicial implica novação dos créditos anteriores ao pedido, e obriga o devedor e todos os credores a ele sujeitos, sem prejuízo das garantias, observado o disposto no § 1º do art. 50 desta Lei". Cuida-se, em nosso sentir, de uma forma atípica de novação.

observância dos pressupostos legais de validade do negócio jurídico, especialmente a capacidade das partes e a legitimação.

A ausência de qualquer um dos requisitos aqui mencionados importará na impossibilidade de reconhecimento da ocorrência da novação.

A doutrina aponta, fundamentalmente, a existência de três espécies de novação:

a) a novação objetiva;

b) a novação subjetiva;

c) a novação mista.

A novação objetiva, modalidade mais comum e de fácil compreensão, ocorre quando as partes de uma relação obrigacional convencionam a criação de uma nova obrigação, para substituir e extinguir a anterior.

Nesse sentido, dispõe o art. 360, I, do CC/2002:

"Art. 360. Dá-se a novação:

I — quando o devedor contrai com o credor nova dívida para extinguir e substituir a anterior".

Assim, por exemplo, haverá novação objetiva quando credor e devedor acordarem extinguir a obrigação pecuniária primitiva, por meio da criação de uma nova obrigação, cujo objeto é a prestação de um serviço.

Ressalte-se que não há obrigatoriedade de que a obrigação primitiva seja pecuniária, sendo irrelevante tratar-se de obrigação de dar, fazer ou não fazer.

Note-se, porém, que a diversidade substancial das obrigações e o ânimo de novar são requisitos indispensáveis para que se considere liquidada a obrigação inicial.

Nada obsta, outrossim, a que a novação se configure, mesmo que a segunda obrigação também tenha como objeto o pagamento em dinheiro. Nessa hipótese, terá que se provar, com mais acuidade, a intenção de novar, embora nada impeça que se reconheça ter havido novação.

Não se deve, também, confundir a novação objetiva com a dação em pagamento. Nesta, a obrigação originária permanece a mesma, apenas havendo uma modificação do seu objeto, com a devida anuência do credor. Diferentemente, na novação objetiva, a primeira obrigação é quitada e substituída pela nova.

A novação subjetiva, por sua vez, dada a sua similitude com outras figuras jurídicas, merece atenção redobrada.

Dá-se a novação subjetiva, em três hipóteses:

a) por mudança de devedor — novação subjetiva passiva;

b) por mudança de credor — novação subjetiva ativa;

c) por mudança de credor e devedor — novação subjetiva mista.

A novação subjetiva passiva ocorre quando um novo devedor sucede ao antigo, ficando este quite com o credor (art. 360, II, do CC/2002).

Constata-se, pois, haver uma alteração de sujeitos passivos na relação obrigacional, de forma que a primitiva obrigação é considerada extinta em face do antigo devedor, substituído pelo novo. Não há, pois, necessariamente, modificação do objeto da obrigação, mas apenas de sujeitos, considerando-se, entretanto, quitada a obrigação pactuada com o primeiro devedor.

Segundo a doutrina, a novação subjetiva passiva poderá ocorrer de dois modos: por expromissão e por delegação.

No primeiro caso, a substituição do devedor se dá independentemente do seu consentimento, por simples ato de vontade do credor, que o afasta, fazendo-o substituir por um novo devedor (art. 362 do CC/2002). Imagine a hipótese de um filho abastado, angustiado pela vultosa dívida contraída por seu pobre pai, dirigir-se ao credor, solicitando-lhe que, mesmo sem o consentimento do seu genitor (homem orgulhoso e conservador), admita que suceda ao seu pai, na obrigação contraída.

Outro exemplo ocorre, com relativa frequência, em processos trabalhistas, em que terceiros à relação empregatícia (v. g., sócios, tomadores de serviço, membros de grupo econômico, entre outros) celebram conciliações com autores de reclamações trabalhistas, assumindo débitos e extinguindo postulações que poderiam ser dirigidas aos efetivos empregadores.

Assim, caso o credor aquiesça, poderá, por meio de um ato de expromissão, substituir os sujeitos passivos da relação obrigacional.

Observe-se que a obrigação contraída pelo segundo devedor será considerada nova em face da primeira, que se reputará liquidada, afastando-se da relação obrigacional o primitivo devedor, mesmo sem seu consentimento.

Poderá, também, ocorrer a novação subjetiva passiva por meio da delegação. Nesse caso, o devedor participa do ato novatório, indicando terceira pessoa que assumirá o débito, com a devida aquiescência do credor. Assim, participam da delegação: o antigo devedor (delegante), o novo devedor (delegado), e, finalmente, o credor (delegatário). De tal forma, excluído o antigo devedor, perante este a obrigação será considerada extinta.

Segundo ROBERT JOSEPH POTHIER, para se fazer a delegação, é necessário:

a) "o concurso do delegante, ou seja, do antigo devedor, que dá ao credor outro devedor em seu lugar";
b) "a pessoa do delegado, que se obriga para com o credor em lugar do antigo devedor, ou para com a pessoa indicada por ele";
c) "o credor, que em consequência da obrigação do delegado, contratada para com ele, ou para com a pessoa que ele indicou, desobriga o delegante, ou seja, o devedor"[50].

---

50 POTHIER, Robert Joseph. *Tratado das Obrigações*, Campinas: Servanda, 2002, p. 526.

Esta forma de novação, embora não expressamente prevista em lei, é amplamente admitida, sobretudo em se considerando que o devedor — diferentemente do que ocorre na expromissão — participa do ato, conferindo-lhe mais segurança. Em verdade, não há mesmo necessidade de sua previsão expressa, pois decorrente necessariamente de um ato negocial, fruto da autonomia individual da vontade dos contratantes.

Não há que se confundir, todavia, a novação subjetiva passiva — principalmente por delegação — com a mera cessão de débito, uma vez que, nesse caso, o novo devedor assume a dívida, permanecendo o mesmo vínculo obrigacional. Não há, aqui, portanto, ânimo de novar, extinguindo o vínculo anterior.

Da mesma forma, a novação subjetiva passiva não se confunde com o pagamento por terceiro — interessado ou desinteressado. Neste, a dívida é extinta pelo adimplemento, enquanto naquela nova obrigação é contraída, com o mesmo conteúdo objetivo, mas com diversidade substancial no polo passivo, extinguindo-se a relação obrigacional primitiva.

Na novação subjetiva, se o devedor for insolvente[51], não tem o credor que o aceitou, nos termos do art. 363 do CC/2002, ação regressiva contra o primeiro devedor, salvo se este obteve por má-fé a substituição. Trata-se de norma razoável, que visa reprimir a atuação danosa do devedor que indica terceiro, para substituí-lo, sabendo do seu estado de insolvência.

Tudo o que até aqui dissemos é referente à novação subjetiva passiva.

Entretanto, consoante já dito, a alteração poderá se dar no polo creditório da relação jurídica obrigacional, hipótese em que estaremos diante de uma novação subjetiva ativa (por mudança de credores).

Tendo em vista essa possibilidade, o art. 360, III, do CC/2002 dispõe:

> "Art. 360. Dá-se a novação:
>
> (...)
>
> III — quando, em virtude de obrigação nova, outro credor é substituído ao antigo, ficando o devedor quite com este".

Assim, na novação subjetiva ativa, opera-se a mudança de credores, considerando-se extinta a relação obrigacional em face do credor primitivo que sai e dá lugar ao novo. O devedor, portanto, não deverá mais nada ao primeiro, uma vez que a sua dívida reputar-se-á liquidada perante ele.

Exemplo muito comum de incidência dessa regra é apontado pela doutrina: imagine que A tem um devedor, B, e um credor, C. Pois bem. Nada impede que, por meio de uma novação subjetiva ativa, A acerte com B para que este pague a C. No caso, verifica-se ter havido mudança de credores na relação obrigacional: sai o credor A e entra o

[51] Considera-se em estado de insolvência o devedor cujo montante de dívidas supere a importância de seus bens. Trata-se de uma definição prevista no art. 748 do CPC/1973, sem correspondência direta no Código de Processo Civil de 2015.

credor C, a quem B deverá pagar a dívida. Note-se, todavia, que, para se considerar extinta a obrigação perante A (credor primitivo), deverá haver prova do ânimo de novar.

Essa forma de novação não tem grande utilidade, sobretudo se considerarmos as vantagens da cessão de crédito. Vale dizer, é muito mais comum haver mudança de credores, por meio da transmissão do crédito, entre o credor primitivo (cedente) e o novo credor (cessionário). Atente-se, todavia, para o fato de que, na cessão de crédito, a obrigação permanece a mesma, não havendo, portanto, extinção ou liquidação da relação jurídica primitiva, o que é extremamente relevante, por exemplo, em função da contagem do prazo prescricional para exigibilidade judicial da pretensão, que, na novação, pelo fato de ser constituída nova obrigação, deve necessariamente ser reiniciado.

Finalmente, temos a novação subjetiva mista, de ocorrência bem mais rara, que se verifica quando ambos os sujeitos da relação obrigacional são substituídos, em uma incidência simultânea dos incisos II e III do art. 360 do CC/2002.

É possível ocorrer a chamada novação mista, incidente quando, além da alteração de sujeito (credor ou devedor), muda-se o conteúdo ou o objeto da relação obrigacional.

Trata-se, pois, de um *tertium genus*, formado pela fusão das duas espécies de novação anteriormente estudadas (objetiva e subjetiva). É lógico que, por ser uma forma mista, guarda as características das duas outras.

Um bom exemplo, de razoável plausibilidade, é encontrado na doutrina: "o pai assume dívida em dinheiro do filho (mudança de devedor), mas com a condição de pagá-la mediante a prestação de determinado serviço (mudança de objeto)"[52].

O principal efeito da novação é liberatório, ou seja, a extinção da primitiva obrigação, por meio de outra, criada para substituí-la.

Em geral, realizada a novação, extinguem-se todos os acessórios e garantias da dívida (a exemplo da hipoteca e da fiança), sempre que não houver estipulação em contrário (art. 364, primeira parte, do CC/2002). Aliás, quanto à fiança, o legislador foi mais além, ao exigir que o fiador consentisse para que permanecesse obrigado em face da obrigação novada (art. 366 do CC/2002). Quer dizer, se o fiador não consentir na novação, estará consequentemente liberado.

Da mesma forma, a ressalva de uma garantia real (penhor, hipoteca ou anticrese) que tenha por objeto bem de terceiro (garantidor da dívida) só valerá com a anuência expressa deste (art. 364, segunda parte, do CC/2002). Exemplo: Caio hipotecou a um banco a sua fazenda, em garantia do empréstimo concedido ao seu irmão Tício, para a aquisição de uma casa própria. Se Tício e a instituição financeira resolverem novar, a garantia real hipotecária só persistirá com a expressa anuência de Caio.

Finalmente, ocorrida a novação entre o credor e um dos devedores solidários, o ato só será eficaz em face do devedor que novou, recaindo sobre o seu patrimônio as garantias

[52] GONÇALVES, Carlos Roberto. *Direito das Obrigações* — Parte Geral, v. 5, São Paulo: Saraiva, 2002, p. 106.

do crédito novado, restando, por consequência, liberados os demais devedores (art. 365 do CC/2002). Obviamente, se a novação implica a constituição de uma nova obrigação para substituir e extinguir a anterior, somente o devedor que haja participado desse ato suportará as suas consequências.

E o que dizer se a solidariedade for ativa (entre credores)?

Nesse caso, responde-nos, com a sua peculiar inteligência, SÍLVIO DE SALVO VENOSA: "Em se tratando de solidariedade ativa, uma vez ocorrida a novação, extingue-se a dívida. A novação é meio de cumprimento. Segue-se o princípio geral da solidariedade ativa. Feita a novação por um dos credores solidários, os demais credores que não participaram do ato se entenderão com o credor operante, de acordo com os princípios da extinção da solidariedade ativa"[53].

## 7. COMPENSAÇÃO

No amplo campo das relações obrigacionais, as pessoas são livres para estabelecer diversos negócios jurídicos com quem quer que seja.

Nada impede, por isso, seja firmada uma ou mais obrigações entre dois sujeitos que adrede já mantinham relação jurídica, porém em polos inversos da recém-constituída.

Nessa situação de relação creditícia e debitória simultânea é que pode ser invocado o instituto da compensação.

A compensação é uma forma de extinção de obrigações, em que seus titulares são, reciprocamente, credores e devedores.

Tal extinção se dará até o limite da existência do crédito recíproco, remanescendo, se houver, o saldo em favor do maior credor, conforme se depreende do art. 368 do CC/2002:

> "Art. 368. Se duas pessoas forem ao mesmo tempo credor e devedor uma da outra, as duas obrigações extinguem-se, até onde se compensarem".

Dessa forma, se A tem uma dívida de R$ 1.000,00 com B e B também tem uma dívida de R$ 1.000,00 com A, tais obrigações, no plano ideal, seriam extintas, sem qualquer problema. No mesmo raciocínio, se A tem uma dívida de R$ 1.000,00 com B e B tem uma dívida de R$ 1.500,00 com A, haveria a extinção até o limite de R$ 1.000,00, remanescendo saldo de R$ 500,00 em favor de A.

Duas são as espécies de compensação encontradas no sistema brasileiro, a saber:

a) legal;
b) convencional[54].

[53] VENOSA, Sílvio de Salvo. *Direito Civil* — Teoria Geral das Obrigações e Teoria Geral dos Contratos, 2. ed., São Paulo: Atlas, 2002, p. 295.

[54] Doutrinariamente, poderia se falar em "compensação judicial ou processual" como uma terceira modalidade. Seria ela aquela realizada em juízo, por autorização de norma processual, independentemente de provocação expressa das partes nesse sentido. O exemplo constantemente invocado era a

A compensação legal é a regra geral, exigindo, para sua configuração, o atendimento de diversos requisitos legais, o que apreciaremos nos tópicos a seguir. Nela, satisfeitos os requisitos da lei, o juiz apenas a reconhece, declarando a sua realização (já ocorrida no plano ideal), desde que provocado.

Já a compensação convencional é decorrência direta da autonomia da vontade, não exigindo os mesmos requisitos para a compensação legal.

Destaque-se, inclusive, que, no campo da compensação, a vontade individual é extremamente respeitada, podendo até mesmo vedar a possibilidade de sua ocorrência, na forma do art. 375 do CC/2002[55].

Assim, por meio de acordo de vontades, é possível compensar obrigações de natureza diversa, o que não seria possível, como veremos, na compensação legal. Por exemplo, se as partes assim o quiserem, é possível compensar uma obrigação de dar (um carro, uma casa, um computador) que A tenha em relação a B por uma obrigação de fazer (pintar um quadro, construir um muro, dar uma aula) que B tenha em relação a A. Da mesma forma, se A deve uma importância de R$ 1.000,00 a B (obrigação pecuniária) e B deve a entrega de um animal para A (obrigação de dar), as dívidas podem ser compensadas por acordo, embora não o possam, como veremos, pela via legal.

Por ser a forma tratada diretamente em nossa codificação civil, vejamos, agora, quais os requisitos necessários para a caracterização da compensação legal.

No atual ordenamento jurídico brasileiro, podemos considerar os seguintes requisitos para a compensação legal:

a) reciprocidade das obrigações: somente se pode falar em compensação quando há simultaneidade de obrigações, com inversão dos sujeitos em seus polos. A única exceção, na forma do art. 371 do CC/2002[56], refere-se ao fiador, que pode compensar a sua dívida própria com a de seu credor ao afiançado, tendo em vista que se trata de um terceiro interessado, que é responsabilizado sem débito próprio. Tal exceção deve ser interpretada restritivamente, haja vista que, por força de lei, o terceiro, que se obriga por determinada pessoa, não pode compensar essa dívida com a que o credor dele lhe dever (art. 376 do CC/2002). Lembre-se ainda de que, na cessão de crédito, o devedor, notificado, deve opor imediatamente a compensação, sob pena de seu silêncio importar em perda da

---

previsão do art. 21 do CPC/1973, quanto à compensação de honorários e despesas processuais, quando cada litigante for vencedor e vencido, simultaneamente. Outra hipótese seria a cobrança de créditos recíprocos, por meio da via reconvencional ou em função do fenômeno processual da conexão, em que há reunião dos processos para julgamento único. Todavia, parece-nos que hoje, após a edição do CPC/2015, trata-se de mera compensação legal, realizada no ambiente processual.

[55] "Art. 375. Não haverá compensação quando as partes, por mútuo acordo, a excluírem, ou no caso de renúncia prévia de uma delas."

[56] "Art. 371. O devedor somente pode compensar com o credor o que este lhe dever; mas o fiador pode compensar sua dívida com a de seu credor ao afiançado."

possibilidade de compensação. Caso não seja notificado, terá direito a opor ao cessionário a compensação do crédito que tinha contra o cedente[57]. Exemplificando: se A tem uma dívida de R$ 1.500,00 com B e B tem uma dívida de R$ 1.000,00 com A, pretendendo A ceder seu crédito a C, B, ao ser notificado da cessão, deve opor imediatamente a compensação de seu crédito, sob pena de não poder mais compensá-lo no caso concreto. Se A e C, por sua vez, não diligenciam a cientificação de B, este poderá opor a C, como compensação, o crédito que tinha contra A. É óbvio que, realizada a cessão, nada impede a compensação também de créditos próprios do devedor B em relação ao cessionário A. Finalmente, cumpre-nos lembrar que, embora sem equivalente no CC/2002, a ideia do art. 1.020 do CC/1916, que autorizava a compensação de crédito do coobrigado, até o limite da parte deste na dívida comum, pelo devedor solidário, em relação ao credor, pode ser ainda invocada, não por força de norma vigente, mas sim por aplicação do instituto da solidariedade e da vedação do enriquecimento indevido;

b) liquidez das dívidas: para que haja a compensação legal, é necessário identificar a expressão numérica das dívidas. Se elas ainda não foram reduzidas a valor econômico, não há como se imaginar a compensação. Exemplificando: se A tem uma dívida de R$ 1.500,00 com B e B foi condenado judicialmente ao pagamento de perdas e danos em relação a A, se ainda não foi verificado o valor exato dessa condenação, não há possibilidade de saber a quanto alcançam para serem compensadas. O CC/2002 não trouxe norma equivalente ao art. 1.012 do CC/1916, que vedava a compensação legal de coisas incertas, mas o requisito de liquidez da dívida já engloba a necessária certificação para a utilização do instituto;

c) exigibilidade atual das prestações: é também requisito da lei vigente[58], para a compensação legal, o vencimento da dívida, entendido isso como a imediata exigibilidade da prestação. Assim, salvo pela via convencional, não pode ser compensado um débito vencido com outro a vencer[59]. Destaque-se que não obstam a compensação os chamados prazos de favor[60], o que é medida das mais

---

[57] É o que dispõe o art. 377 do CC/2002: "Art. 377. O devedor que, notificado, nada opõe à cessão que o credor faz a terceiros dos seus direitos, não pode opor ao cessionário a compensação, que antes da cessão teria podido opor ao cedente; se, porém, a cessão lhe não tiver sido notificada, poderá opor ao cessionário compensação do crédito que antes tinha contra o cedente".

[58] Art. 369 do CC/2002: "Art. 369. A compensação efetua-se entre dívidas líquidas, vencidas e de coisas fungíveis".

[59] Registre-se, como dado histórico, que o Projeto de Lei n. 6.960/2002 (posteriormente renumerado para 276/2007 e arquivado), de iniciativa do Deputado Ricardo Fiuza, pretendia modificar a redação desse dispositivo para admitir a compensação também de obrigação a se vencer (vincendas), passando a ter o seguinte enunciado: "Art. 369. A compensação efetua-se entre dívidas líquidas, vencidas ou vincendas, e de coisas fungíveis".

[60] Art. 372 do CC/2002: "Art. 372. Os prazos de favor, embora consagrados pelo uso geral, não obstam a compensação".

justas, tendo em vista que a dilatação prazal, no caso, dá-se por mera liberalidade. Exemplificando: se A tem uma dívida vencida de R$ 1.500,00 com B e este lhe concede um prazo maior para pagá-la, nada impede que B possa compensar tal crédito com outra dívida vencida que tem em relação a A. Registre-se, por óbvio, que a obrigação natural, por faltar o requisito da exigibilidade, não pode ser também compensada;

d) fungibilidade dos débitos: por fim, exige-se, para a compensação legal, que as dívidas sejam de coisas fungíveis entre si, ou seja, da mesma natureza. Exemplificando: se A tem uma dívida de R$ 1.000,00 com B e B lhe deve um computador, ainda que no valor de R$ 1.000,00, a A não é possível a compensação legal, pois, embora os bens sejam fungíveis, não o são entre si, pois ninguém é obrigado a receber prestação diversa do pactuado. Todavia, se A deve cinco sacas de feijão a B e B também tem uma dívida com A, porém de apenas três sacas de feijão, é possível a compensação. Não se poderá, porém, compensar coisas fungíveis do mesmo gênero, se diferem na qualidade, quando especificada no contrato[61]. Exemplificando: se A deve cinco sacas de feijão preto a B e B também tem uma dívida com A, porém de apenas três sacas de feijão branco, e essa diferenciação é expressa no contrato, não será possível a compensação, pela diferença de qualidade.

Hipóteses existem em que é inadmissível a utilização da via compensatória para extinção de relações obrigacionais.

De fato, como já destacado anteriormente, a manifestação expressa e livre da vontade pode, por sua autonomia, afastar o instituto, como previsto cristalinamente no art. 375 do CC/2002.

Ademais, embora a causa das dívidas não influa, em regra, na validade do negócio jurídico e, consequentemente, na utilização do instituto da compensação, estabelece o art. 373 do CC/2002, algumas situações em que não é admissível sua aplicação, a saber:

a) dívidas provenientes de esbulho, furto ou roubo (inciso I) — a ilicitude do fato gerador da dívida contamina sua validade, pelo que, não sendo passível de cobrança, muito menos o será de compensação. Exemplificando: se eu me aproprio de um bem do meu credor, não posso compensar minha dívida com a devolução da coisa apoderada;
b) se uma das dívidas se originar de comodato, depósito ou alimentos (inciso II) — o comodato e o depósito obstam a compensação por serem objeto de contratos com corpo certo e determinado, inexistindo, portanto, a fungibilidade entre si necessária à compensação. Ademais, são contratos calcados na ideia de fidúcia

[61] Art. 370 do CC/2002: "Art. 370. Embora sejam do mesmo gênero as coisas fungíveis, objeto das duas prestações, não se compensarão, verificando-se que diferem na qualidade, quando especificada no contrato".

(confiança). Quanto aos alimentos, por serem dirigidos à subsistência do indivíduo, admitir a sua compensação seria negar a sua função alimentar. Exemplificando: se A deve R$ 1.000,00, a título de alimentos, a B, mesmo que este lhe deva a importância superior (v. g., por causa de um mútuo feneratício[62]), não poderá fazer a compensação, pois a verba se destina à subsistência de B;

c) se uma das dívidas for de coisa não suscetível de penhora (inciso III) — a impenhorabilidade de determinados bens justifica-se por sua relevância, conforme se pode verificar do art. 833 do CPC/2015. Como a importância de tais bens afasta até mesmo o poder estatal da constrição judicial, não seria lógico que a sua entrega pudesse ser negada, do ponto de vista fático, pela utilização da compensação.

Também não se admite, na forma do art. 380 do CC/2002, a compensação em prejuízo de terceiros. Nesse caso, o devedor que se torne credor do seu credor, depois de penhorado o crédito deste último, não pode opor ao exequente a compensação, de que contra o próprio credor disporia.

Registre-se ainda, não como hipótese de impossibilidade absoluta de compensação legal, mas sim de restrições à extinção direta das obrigações, o fato de que, em se tratando de dívidas pagáveis em locais diferentes, para se operar o instituto da compensação, deve ser feita a dedução das despesas necessárias à operação, como previsto no art. 378 do CC/2002.

Destaque-se, por fim, que, sendo a mesma pessoa obrigada por várias dívidas compensáveis, serão observadas, ao compensá-las, as regras estabelecidas quanto à imputação de pagamento, na forma do art. 379 do CC/2002[63], pela evidente semelhança entre as situações fáticas.

Ou seja, havendo várias dívidas a compensar, deve ser obedecida a seguinte ordem:

a) tem o devedor o direito subjetivo de apontar a dívida que pretende compensar (art. 352 do CC/2002);

b) no silêncio do devedor, pode o credor fazer a imputação, quitando uma delas (art. 353 do CC/2002);

c) no silêncio de ambas as partes, procede-se à seguinte imputação legal (arts. 354 e 355 do CC/2002):

c.1) prioridade para os juros vencidos, em detrimento do capital;

c.2) prioridade para as líquidas e vencidas anteriormente, em detrimento das mais recentes;

c.3) prioridade para a mais onerosas, em detrimento das menos vultosas, se vencidas e líquidas ao mesmo tempo;

---

[62] Trata-se do contrato de mútuo com a pactuação de juros.

[63] "Art. 379. Sendo a mesma pessoa obrigada por várias dívidas compensáveis, serão observadas, no compensá-las, as regras estabelecidas quanto à imputação do pagamento."

c.4) por construção doutrinária, proporcionalmente a cada dívida, se de mesmo valor, vencidas e líquidas ao mesmo tempo.

## 8. CONFUSÃO

Opera-se a confusão quando as qualidades de credor e devedor são reunidas em uma mesma pessoa, extinguindo-se, consequentemente, a relação jurídica obrigacional.

É o que ocorre, por exemplo, quando um sujeito é devedor de seu tio, e, por força do falecimento deste, adquire, por sucessão, a sua herança. Em tal hipótese, passará a ser credor de si mesmo, de forma que o débito desaparecerá por meio da confusão.

Nada impede, por outro lado, que a confusão se dê por ato *inter vivos*: se o indivíduo subscreve um título de crédito (nota promissória, p. ex.), obrigando-se a pagar o valor descrito no documento, e a cártula, após circular, chega às suas próprias mãos, por endosso, também será extinta a obrigação.

Nesse sentido dispõe o art. 381 do CC/2002, cuja redação é idêntica à da norma anterior correspondente:

> "Art. 381. Extingue-se a obrigação, desde que na mesma pessoa se confundam as qualidades de credor e devedor".

Finalmente, cumpre-nos advertir que a "confusão" aqui estudada não se confunde com a prevista nos arts. 1.272 a 1.274 do CC/2002, referente à aquisição da propriedade móvel de coisas líquidas que se misturam.

| CONFUSÃO |
|---|
| **Conceito:** as qualidades de credor e devedor são reunidas em uma mesma pessoa, extinguindo-se a relação jurídica obrigacional. |
| **Exemplo:** um sujeito é devedor de seu próprio tio e, por força do falecimento deste, adquire, por sucessão, a herança. Passará a ser credor de si mesmo, caso em que se operará a confusão. |
| Arts. 381 e 384 do CC/2002 |

A confusão poderá determinar a extinção total ou parcial da dívida, nos termos do art. 382 do CC/2002.

Por isso, subtipifica-se em:

a) confusão total (de toda a dívida);

b) confusão parcial (de parte da dívida).

Vale mencionar, consoante referimos acima, que pode derivar de ato *mortis causa* (sucessão hereditária), embora nada impeça que se origine de ato *inter vivos*.

A doutrina reconhece ainda a chamada confusão imprópria, quando se reúnem na mesma pessoa as condições de garante e de sujeito (ativo ou passivo). É o que se dá quando se reúnem as qualidades de fiador e devedor (sujeito passivo), ou de dono da coisa hipotecada e credor (sujeito ativo)[64]. Nesses casos, a confusão é imprópria, pois não extingue a obrigação primitiva, mas sim, somente, a relação obrigacional acessória.

O principal efeito da confusão é a extinção da obrigação.

Entretanto, vale lembrar que, se a confusão se der na pessoa do credor ou devedor solidário, a obrigação só será extinta até a concorrência da respectiva parte no crédito (se a solidariedade for ativa), ou na dívida (se a solidariedade for passiva), subsistindo quanto ao mais a solidariedade (art. 383 do CC/2002).

Isso quer dizer que a confusão operada em face de um desses sujeitos não se transmite aos demais, mantidas as suas respectivas quotas.

Por fim, cumpre-nos analisar a hipótese de restabelecimento da obrigação, prevista no art. 384 do CC/2002:

> "Art. 384. Cessando a confusão, para logo se restabelece, com todos os seus acessórios, a obrigação anterior".

Nesse caso, é de clareza meridiana o fato de que a obrigação não teria sido definitivamente extinta. Senão não poderia ressurgir, tal qual fênix, das cinzas. Trata-se, na verdade, da ocorrência de causa que apenas suspende ou paralisa a eficácia jurídica do crédito, restabelecendo-se, posteriormente, a obrigação, com toda a sua força.

Para facilitar a compreensão da regra, vale transcrever o exemplo apresentado por ÁLVARO VILLAÇA AZEVEDO:

> "Seria o caso de operar-se a confusão, de acordo com o primeiro exemplo dado, tendo em vista a sucessão provisória de B (ante sua morte presumida — desaparecimento em um desastre aviatório). Neste caso, durante o prazo e as condições que a lei prevê, aparecendo vivo B, desaparece a causa da confusão, podendo dizer-se que A esteve impossibilitado de pagar seu débito, porque iria fazê-lo a si próprio, por ser herdeiro de B, como se, nesse período, estivesse neutralizado o dever de pagar com o direito de receber"[65].

Trata-se de um exemplo adequado para sepultar qualquer dúvida.

## 9. REMISSÃO

O estabelecimento de uma obrigação tem por destino natural o seu cumprimento, tendo em vista o interesse dos sujeitos na prestação pactuada.

Todavia, pode ocorrer de o credor não ter mais interesse no cumprimento da prestação, declarando, de forma inequívoca, a dispensa da obrigação. Em tal hipótese, o credor renuncia a um direito seu, despojando-se da exigibilidade de seu crédito.

---

[64] VARELA, João de Matos Antunes. *Das Obrigações em Geral*, 7. ed., v. 2, Coimbra: Almedina, 1997, p. 270.

[65] AZEVEDO, Álvaro Villaça. *Teoria Geral das Obrigações*, 9. ed., São Paulo: Revista dos Tribunais, 2001, p. 224-5.

Remissão, portanto, é o perdão da dívida, em que A, credor de B, declara que não pretende mais exigi-la (por meio de um documento particular, por exemplo) ou pratica ato incompatível com tal possibilidade (devolvendo o título objeto da obrigação). Juridicamente, porém, é preciso que seja aceita, tácita ou expressamente, para produzir efeitos, uma vez que ainda restará a obrigação moral de cumprimento da dívida.

Ademais, a remissão somente pode operar-se *inter partes*, não sendo esta admitida em prejuízo de terceiros, na forma do art. 385 do Código Civil de 2002[66].

Em respeito ao rigor técnico, devemos, ainda neste tópico inicial, estabelecer a diferença entre a remissão e a doação. Nesta, uma das partes (doador), por liberalidade, transfere bens do seu patrimônio para terceiro (donatário). Trata-se, pois, de um típico contrato de natureza gratuita e unilateral. Diferenciando-o da remissão, lembra SÍLVIO VENOSA, que nesta "nem sempre estará presente o intuito de liberalidade. Ademais, para a remissão é irrelevante o intuito com que é feita, o que não ocorre na doação"[67].

Antes de prosseguir com a disciplina jurídica de remissão de dívidas no direito brasileiro, faz-se mister tecer alguns esclarecimentos terminológicos, por uma questão de homofonia.

O objeto deste capítulo é a remissão, grafada com duas letras "s", significando justamente o perdão da dívida. Tem a natureza jurídica, portanto, de modo de extinção das obrigações.

Ela não se confunde, porém, com remição, escrita com a letra "ç", que é instituto jurídico completamente diferente.

Remição significa resgate, ou seja, liberação do domínio de outrem, que, processualmente, pode ser de bens ou da própria dívida executada.

A remição da dívida está prevista no art. 826 do CPC/2015, consistente no pagamento do total da dívida, extinguindo a execução.

Da mesma forma, não se confunde com a remição de bens.

Em nossa legislação, esse instituto — remição de bens — se manifestou em duas oportunidades distintas.

A primeira, prevista nos originários arts. 787 a 790 do Código de Processo Civil de 1973 (revogados pela Lei n. 11.382/2006), autorizava o cônjuge, descendente ou ascendente do devedor a remir em todos ou quaisquer bens penhorados, ou arrecadados no processo de insolvência, depositando o preço por que foram alienados ou adjudicados,

---

66 "Art. 385. A remissão da dívida, aceita pelo devedor, extingue a obrigação, mas sem prejuízo de terceiro." Note-se, por exemplo, que a remissão de dívida, se o devedor já era insolvente, pode caracterizar fraude contra credores, na forma prevista no art. 158 do CC/2002.

67 VENOSA, Sílvio de Salvo. *Direito Civil* — Teoria Geral das Obrigações e Teoria Geral dos Contratos, São Paulo: Atlas, 2002, p. 325.

de forma a evitar que o bem deixasse a propriedade da família, embora saísse da titularidade do devedor[68].

Posteriormente, o instituto volta à baila como uma remição especial de bens, feita pelo executado, na previsão dos arts. 877, § 3º[69], e 902[70], do Código de Processo Civil de 2015, sem equivalente na codificação processual anterior.

Por fim, vale destacar que a palavra "remição" também é utilizada no âmbito das execuções penais como uma forma de resgatar ou abater tempo da pena privativa de liberdade, conforme se verifica do disposto nos arts. 126[71]/130 da Lei n. 7.210, de 11 de julho de 1984 (Lei de Execuções Penais).

---

68 Registre-se, a propósito, que, no processo do trabalho, por força do art. 13 da Lei 5.584/70, somente era aplicável a remição da dívida, e não dos bens.

69 "§ 3º No caso de penhora de bem hipotecado, o executado poderá remi-lo até a assinatura do auto de adjudicação, oferecendo preço igual ao da avaliação, se não tiver havido licitantes, ou ao do maior lance oferecido."

70 "Art. 902. No caso de leilão de bem hipotecado, o executado poderá remi-lo até a assinatura do auto de arrematação, oferecendo preço igual ao do maior lance oferecido. Parágrafo único. No caso de falência ou insolvência do devedor hipotecário, o direito de remição previsto no *caput* defere-se à massa ou aos credores em concurso, não podendo o exequente recusar o preço da avaliação do imóvel."

71 A título de ilustração, confira-se o art. 126 da LEP:

"Art. 126. O condenado que cumpre a pena em regime fechado ou semiaberto poderá remir, por trabalho ou por estudo, parte do tempo de execução da pena. (*Redação dada pela Lei n. 12.433, de 2011*)

§ 1º A contagem de tempo referida no *caput* será feita à razão de: (*Redação dada pela Lei n. 12.433, de 2011*)

I — 1 (um) dia de pena a cada 12 (doze) horas de frequência escolar — atividade de ensino fundamental, médio, inclusive profissionalizante, ou superior, ou ainda de requalificação profissional — divididas, no mínimo, em 3 (três) dias; (*Incluído pela Lei n. 12.433, de 2011*)

II — 1 (um) dia de pena a cada 3 (três) dias de trabalho. (*Incluído pela Lei n. 12.433, de 2011*)

§ 2º As atividades de estudo a que se refere o § 1º deste artigo poderão ser desenvolvidas de forma presencial ou por metodologia de ensino a distância e deverão ser certificadas pelas autoridades educacionais competentes dos cursos frequentados. (*Redação dada pela Lei n. 12.433, de 2011*)

§ 3º Para fins de cumulação dos casos de remição, as horas diárias de trabalho e de estudo serão definidas de forma a se compatibilizarem. (*Redação dada pela Lei n. 12.433, de 2011*)

§ 4º O preso impossibilitado, por acidente, de prosseguir no trabalho ou nos estudos continuará a beneficiar-se com a remição. (*Incluído pela Lei n. 12.433, de 2011*)

§ 5º O tempo a remir em função das horas de estudo será acrescido de 1/3 (um terço) no caso de conclusão do ensino fundamental, médio ou superior durante o cumprimento da pena, desde que certificada pelo órgão competente do sistema de educação. (*Incluído pela Lei n. 12.433, de 2011*)

§ 6º O condenado que cumpre pena em regime aberto ou semiaberto e o que usufrui liberdade condicional poderão remir, pela frequência a curso de ensino regular ou de educação profissional, parte do tempo de execução da pena ou do período de prova, observado o disposto no inciso I do § 1º deste artigo. (*Incluído pela Lei n. 12.433, de 2011*)

§ 7º O disposto neste artigo aplica-se às hipóteses de prisão cautelar. (*Incluído pela Lei n. 12.433, de 2011*)

§ 8º A remição será declarada pelo juiz da execução, ouvidos o Ministério Público e a defesa. (*Incluído pela Lei n. 12.433, de 2011*)"

| REMISSÃO |
|---|
| **Conceito: perdão** da dívida<br>▪ expresso ou tácito;<br>▪ total ou parcial. |
| **Requisitos:**<br>▪ ânimo de perdoar;<br>▪ aceitação do perdão. |
| O perdão **não** pode prejudicar eventuais direitos de terceiros. |
| Arts. 385 a 388 do CC/2002 |

Para caracterizar a remissão da dívida, mister se faz a presença de dois requisitos simultâneos:

a) Ânimo de perdoar: o ato de perdoar é uma manifestação volitiva. Assim, em regra, deve ser expressa, somente se admitindo excepcionalmente o perdão tácito, em função de presunções legais. Por se tratar de uma disposição de direitos, exige, portanto, não somente a capacidade jurídica, mas a legitimação para dispor do referido crédito, como requisito de validade de todo e qualquer negócio jurídico.

b) Aceitação do perdão: segundo a doutrina alemã, seguida nesse ponto pelo Código de 2002 (art. 385), a remissão não prescinde da concordância do devedor, pois motivos vários, de natureza metajurídica (não desejar dever favores ao credor; respeitabilidade social em pagar suas dívidas), podem levar à recusa do perdão. Assim, ausente a anuência, pode o devedor consignar o valor devido, colocando-o à disposição do credor, não havendo que se falar em indébito. A exigibilidade da aceitação do perdão pelo devedor, todavia, a despeito de haver sido expressamente estabelecida no Código Civil de 2002, sempre foi objeto de acirrados debates na doutrina. A doutrina italiana, por exemplo, negava o caráter bilateral da remissão, sustentando que seria ato de disposição patrimonial exclusivo do credor. Nesse sentido, observa ORLANDO GOMES: "Para a doutrina italiana a remissão de dívida é negócio jurídico unilateral, uma espécie particular de renúncia a um direito de crédito"[72]. Optou a nova Lei Codificada, portanto, pela teoria oposta, no sentido do reconhecimento da natureza bilateral da remissão.

A remissão pode ser total ou parcial.

Se o credor não é obrigado a receber parcialmente a dívida, pode, *a contrario sensu*, perdoá-la parcialmente, persistindo o *debitum* no montante não remitido. Exemplificando: A deve a B a quantia de R$ 1.000,00, mas B declara, sem oposição de A, que so-

[72] GOMES, Orlando. *Obrigações*, 8. ed., Rio de Janeiro: Forense, 1992, p. 150.

mente irá executar a quantia de R$ 500,00 (perdoando o restante do débito) ou, em outro exemplo mais factível, somente a dívida nominal, sem a correção monetária ou acessórios como juros moratórios.

A remissão poderá ainda ser expressa ou tácita.

A remissão expressa pode ocorrer tanto de forma escrita quanto verbal, embora a comprovação da última seja de grande dificuldade no caso concreto. Seria o caso, por exemplo, de alguém que, diante de uma plateia, declara publicamente que perdoa a dívida de alguém, comportamento que não pode ser desprezado juridicamente como se fosse mera bravata.

Na remissão expressa, recomenda-se, em verdade, a estipulação por escrito, público ou particular (carta, testamento etc.), declarando o credor que não deseja mais receber a dívida.

Hipóteses de remissão tácita são previstas, porém, nos arts. 386 e 387 do CC/2002, nos seguintes termos:

> "Art. 386. A devolução voluntária do título da obrigação, quando por escrito particular, prova desoneração do devedor e seus coobrigados, se o credor for capaz de alienar, e o devedor capaz de adquirir.
>
> Art. 387. A restituição voluntária do objeto empenhado[73] prova a renúncia do credor à garantia real, não a extinção da dívida".

Nessas situações, presume-se a remissão, ainda que não esteja verbalizada, pelos atos praticados pelo credor, valendo destacar, inclusive, em relação à primeira previsão, que esta se coaduna com a presunção de pagamento do art. 324 do CC/2002.

Na ideia de devolução voluntária do título da obrigação, deve-se incluir a sua própria destruição, a ensejar a remissão tácita da dívida. Exemplificando: se A, credor de B em obrigação prevista em determinado título de crédito, simplesmente destrói o título na frente de B, mesmo que não diga expressamente que o está perdoando, a remissão será presumida.

Em relação à segunda previsão, é importante destacar que a remissão presumida é a da relação jurídica obrigacional acessória, com a devolução do objeto do penhor, e não da dívida principal.

Encerrando, é preciso registrar que a remissão a codevedor, na forma do art. 388 do CC/2002, é plenamente válida, mas impõe o reequacionamento da dívida, com a dedução da parte remitida.

Com efeito, dispõe o mencionado dispositivo:

> "Art. 388. A remissão concedida a um dos codevedores extingue a dívida na parte a ele correspondente; de modo que, ainda reservando o credor a solidariedade contra os outros, já lhes não pode cobrar o débito sem dedução da parte remitida".

---

73 Trata-se do objeto de um contrato de penhor.

Isso se dá porque, de fato, ocorrerá a extinção parcial da dívida em relação a esse codevedor.

Neste particular, vale destacar que a remissão não se confunde com a renúncia à solidariedade.

Ou seja, a situação aqui versada não se confunde com as regras dos arts. 277 e 282 do CC/2002.

E para que não remanesçam dúvidas, figuremos o seguinte exemplo: Alberto, Augusto e Asdrúbal são devedores solidários de Aníbal da quantia de R$ 300,00. Aníbal, por sua vez, perdoa a dívida de Asdrúbal. Nesse caso, subsistirá a solidariedade em face dos demais devedores (Alberto e Augusto), que estarão obrigados ao pagamento de R$ 200,00, uma vez que deverá ser abatida a quota-parte do devedor perdoado (R$ 100,00).

# XII TRANSMISSÃO DAS OBRIGAÇÕES

## 1. INTRODUÇÃO

A obrigação, em geral, não é um vínculo pessoal imobilizado.

Poderá, pois, transferir-se, ativa (crédito) ou passivamente (débito), segundo as normas estabelecidas na legislação vigente.

Essa ideia não era comum entre os romanos, que não criaram instrumentos jurídicos eficazes para a transferência do crédito ou do débito. Para conseguir isso, tinham de recorrer a uma manobra radical: a novação (transformando em obrigação nova o conteúdo da antiga)[1]. Todavia, tal expediente, além de pouco prático, não operava exatamente uma transmissão obrigacional, visto que, consoante já vimos, na novação, extingue-se, e não simplesmente se transfere, a obrigação primitiva.

Trataremos, pois, de um fenômeno acidental, que se reveste de alta importância prática, mormente sob o prisma comercial.

A transferência de créditos, a assunção de dívidas, enfim, a circulação de títulos em geral, apontam para a importância do tema, que está intimamente ligado às relações negociais.

Afinal, a transmissibilidade das obrigações, em grande parte, faz girar as engrenagens econômicas do mundo.

Com apurada precisão, realçando a importância do tema, ANTUNES VARELA observa que

> "mesmo nos países com uma codificação autônoma do direito comercial, as leis civis continuam a tratar a matéria com grande desenvolvimento, sinal da manutenção do seu incontestável interesse prático. É, aliás, sabido que as formas clássicas da transmissão das obrigações, reguladas na lei civil, são também usadas pelos comerciantes, tal como, em contrapartida, é cada vez mais frequente o recurso, na contratação civil, das formas de transmissão ou de constituição de créditos tipicamente comerciais, como o endosso ou a emissão de cheques e letras"[2].

---

1 RUGGIERO, Roberto de. *Instituições de Direito Civil*, v. 3, Campinas: Bookseller, 1999, p. 225.

2 VARELA, João de Matos Antunes. *Das Obrigações em Geral*, 7. ed., v. 2, Coimbra: Almedina, 1997, p. 287.

Nessa ordem de ideias, serão analisadas, no decorrer deste capítulo, três modalidades de transmissão:

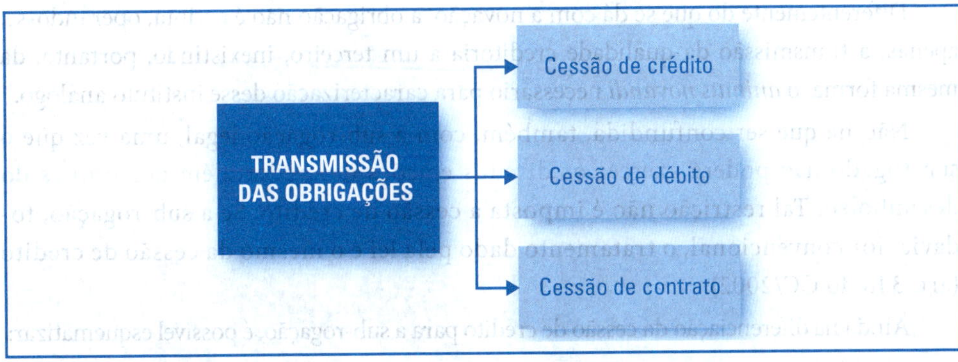


O Código Civil de 1916, talvez pela época em que fora redigido, período marcado pela primariedade da economia e, principalmente, pelos fortes resquícios de uma sociedade escravocrata e politicamente conservadora, não tratou satisfatoriamente da matéria.

Em verdade, cuidou, apenas, de dispensar um título próprio para a cessão de crédito (arts. 1.065 e s.), sem que houvesse disciplinado a cessão de débito e a cessão de contrato.

O Código Civil de 2002, melhorando a disciplina, criou um título próprio ("Da Transmissão das Obrigações"), onde tratou da cessão de crédito e também da cessão de débito (assunção de dívida), deixando de fora da incidência de suas normas, todavia, a cessão de contrato, que merecia tratamento específico.

Vejamos, cada uma delas, a seguir.

## 2. CESSÃO DE CRÉDITO

A cessão de crédito consiste em um negócio jurídico por meio do qual o credor (cedente) transmite total ou parcialmente o seu crédito a um terceiro (cessionário), mantendo-se a relação obrigacional primitiva com o mesmo devedor (cedido).

Em geral, é negócio jurídico oneroso, pactuado com propósito lucrativo, embora nada obste a transmissão gratuita do crédito.

Essa forma negocial de cessão é, sem dúvida, a mais importante, e a que mais de perto nos interessa. Todavia, a doutrina reconhece a existência da cessão judicial, realizada por meio de uma decisão do juiz (a exemplo da decisão que atribui ao herdeiro ou legatário um crédito do falecido), e da cessão legal, operada por força de lei (como a cessão dos acessórios da dívida — garantias, juros, cláusula penal — determinada pelo art. 287 do CC/2002).

Vale destacar que é desnecessário o consentimento prévio do devedor para que ocorra a cessão, ou seja, o sujeito passivo não tem o direito de impedir a transmissão do crédito, muito embora a sua notificação seja exigida para que o negócio produza os efeitos desejados, conforme a seguir será demonstrado.

Diferentemente do que se dá com a novação, a obrigação não é extinta, operando-se, apenas, a transmissão da qualidade creditória a um terceiro, inexistindo, portanto, da mesma forma, o *animus novandi* necessário para caracterização desse instituto análogo.

Não há que ser confundida, também, com a sub-rogação legal, uma vez que o sub-rogado não poderá exercer os direitos e ações do credor além dos limites do desembolso. Tal restrição não é imposta à cessão de crédito. Se a sub-rogação, todavia, for convencional, o tratamento dado pela lei é o mesmo da cessão de crédito (art. 348 do CC/2002).

Ainda na diferenciação da cessão de crédito para a sub-rogação, é possível esquematizar:

| CESSÃO DE CRÉDITO | SUB-ROGAÇÃO |
|---|---|
| Cessão particular dos direitos do credor | Pagamento do crédito preexistente |
| A título gratuito ou oneroso | A título oneroso, necessariamente |

Exemplo de cessão de crédito, de natureza onerosa, é apresentado por ANTUNES VARELA:

> "A emprestou 5000 contos a B, pelo prazo de três anos, tendo a dívida sido afiançada por C. Passado um ano, o mutuante tem inesperadamente necessidade de dinheiro. Como não pode ainda exigir a restituição da quantia mutuada, vende o crédito por 4200 contos a D, que não hesita em o adquirir pela confiança que deposita na solvabilidade do fiador"[3].

Se A não tivesse "vendido" (leia-se: cedido onerosamente), mas apenas transmitido o crédito, sem exigir contraprestação alguma, a cessão seria considerada gratuita.

Note-se, por outro lado, que o título da obrigação — no exemplo dado, o contrato de mútuo — poderia proibir a cessão do crédito.

Isso se dá porque as normas disciplinadoras da cessão são essencialmente dispositivas, podendo ser afastadas pela vontade das partes, sem que houvesse violação a princípio de ordem pública.

Todavia, essa cláusula proibitiva (*pacto de non cedendo*) só poderá ser oposta ao terceiro de boa-fé a quem se transmitiu o crédito (cessionário), se constar expressamente do instrumento da obrigação. Por óbvio, se o contrato era silente a respeito, presume-se que a cessão seria possível.

Tendo em vista todos esses aspectos, o Código Civil de 2002, consagrando regra mais abrangente, disciplinou a cessão de crédito em seu art. 286:

---

[3] VARELA, João de Matos Antunes, ob. cit., p. 294.

"Art. 286. O credor pode ceder o seu crédito, se a isso não se opuser a natureza da obrigação, a lei, ou a convenção com o devedor; a cláusula proibitiva da cessão não poderá ser oposta ao cessionário de boa-fé, se não constar do instrumento da obrigação"[4].

Da análise dessa regra conclui-se, com facilidade, que a cessão de crédito não poderá ocorrer em três hipóteses:

a) se a natureza da obrigação for incompatível com a cessão;
b) se houver vedação legal;
c) se houver cláusula contratual proibitiva.

Sobre a terceira hipótese já falamos, de modo que nos resta estudar as duas primeiras.

Ora, por inequívocas razões, nem toda relação obrigacional admite a transmissibilidade creditória. É o caso do direito aos alimentos. O menor/alimentando não pode "negociar" com um terceiro, e ceder o crédito que tenha em face do seu pai/alimentante. Da mesma forma, não se admite a cessão de direitos da personalidade[5], como a honra, o nome, a intimidade etc.

Também não poderá ocorrer a cessão, se houver proibição legal. É o caso da regra prevista no art. 520 do CC/2002, que proíbe a cessão do direito de preferência[6] a um terceiro. Da mesma forma, o art. 1.749, III, do CC/2002 proíbe que o tutor seja cessionário de direito contra o tutelado.

Por ter natureza negocial, a cessão pressupõe a observância dos pressupostos gerais de validade, sobretudo a capacidade e a legitimidade das partes. Quanto a esta última,

---

[4] O antigo Projeto de Lei n. 6.960/2002 (depois renumerado para 276/2007 e, após, arquivado) reformulava esse artigo, que passaria a dispor que: "O credor pode ceder o seu crédito, inclusive o compensável com dívidas fiscais e parafiscais (art. 374), se a isso não se opuser a natureza da obrigação, a lei, ou a convenção com o devedor; a cláusula proibitiva da cessão não poderá ser oposta ao cessionário de boa-fé, se não constar do instrumento da obrigação". Sobre a compensação tributária, preleciona Paulo Roberto Lyrio Pimenta, em sua excelente e indispensável obra *Efeitos da Decisão de Inconstitucionalidade em Direito Tributário* (2002, p. 139), que se trata "de um mecanismo que visa possibilitar a restituição do tributo indevido, sem que para isso o contribuinte tenha que se submeter aos procedimentos (administrativo ou jurisdicional) previstos para a repetição do indébito. Simultaneamente, é uma forma de extinção da obrigação tributária e da obrigação de devolver, a cargo do Fisco". Lembre-se, por fim, que dívidas parafiscais traduzem um dever jurídico de contribuir perante entidades autárquicas (contribuições sociais), a exemplo da anuidade a ser paga à OAB, ao CREA, bem como as contribuições para a seguridade social devidas, INSS, dentre outras. Nesses casos, o Fisco delega para essas entidades a capacidade tributária ativa.

[5] Lembre-se de que a proibição é da cessão do direito em si, não obstante seja possível, em algumas espécies de direitos, a cessão contratual de uso (a exemplo do direito à imagem). O que se proíbe, pois, é que o cedente seja despojado do seu direito.

[6] O direito de preferência ou preempção pode vir previsto em cláusula especial de um contrato de compra e venda, e "impõe ao comprador a obrigação de oferecer ao vendedor a coisa que aquele vai vender, ou dar em pagamento, para que este use de seu direito de prelação (preferência) na compra, tanto por tanto" (art. 513 do CC/2002).

lembre-se de que o art. 1.749, III, do CC/2002 nega legitimidade ao tutor para que se constitua cessionário de direito contra o menor tutelado. Vale dizer, embora capaz, pesa contra si um impedimento legal específico em virtude do encargo público que desempenha em prol do menor.

Para valer frente a terceiros, nos termos do art. 288 do CC/2002, a cessão de crédito deverá constar de instrumento público ou, se for celebrada por instrumento particular, deverá revestir-se das solenidades previstas no § 1º do art. 654 do CC/2002, quais sejam, a indicação do lugar em que foi passado, a qualificação das partes, a data, o seu objetivo e conteúdo, sendo indispensável, em ambos os casos, o registro do ato, para que gere efeitos *erga omnes*[7]. A cessão de direitos hereditários e de créditos hipotecários, por sua vez, só admite a celebração por meio de instrumento público[8].

Transmitido o crédito, os acessórios e garantias da dívida também serão cedidos, se não houver estipulação expressa em sentido contrário, em virtude do princípio de que o acessório segue o principal (art. 287 do CC/2002). Havendo garantia real imobiliária (uma hipoteca, p. ex.), é indispensável a anuência do cônjuge do cedente, para que a cessão seja considerada válida.

Aspecto importante que merece ser ressaltado diz respeito à notificação do devedor, para que a cessão tenha eficácia jurídica em face deste último.

Conforme já explicitamos, o devedor não precisa autorizar a cessão.

Isso não quer dizer, todavia, que não deva ser notificado a respeito do ato, até para saber que, a partir daquela comunicação, não pagará mais a dívida ao credor primitivo (cedente), mas sim ao novo (cessionário).

Esse dever de informar toca, inclusive, a questão da boa-fé objetiva nos contratos. Trata-se de um dever anexo de lealdade, imposto ao cedente, como requisito indispensável para a eficácia jurídica do negócio de transmissão que realiza.

A esse respeito, precisas são as palavras de CRISTOPH FABIAN:

> "Um exemplo de dever de informar como dever à prestação encontra-se na cessão de créditos: para ser válida a cessão em relação ao devedor, ela deve ser notificada a esse (art. 1.069 do CC de 1916). Se o cedente não notificar a cessão, ele pode ser responsável por danos ao cessionário. Nesta perspectiva, a notificação é um dever anexo que assegura a realização da cessão em relação ao devedor"[9].

Por tais razões, o Código Civil de 2002 prevê, em seu art. 290, que:

> "Art. 290. A cessão do crédito não tem eficácia em relação ao devedor, senão quando a este notificada; mas por notificado se tem o devedor que, em escrito público ou particular, se declarou ciente da cessão feita".

[7] Cf. arts. 127, I, e 129, 9º, da Lei de Registros Públicos (Lei n. 6.015, de 31-12-1973).

[8] CC/2002, arts. 289 e 1.793.

[9] FABIAN, Cristoph. *O Dever de Informar no Direito Civil*, São Paulo: Revista dos Tribunais, 2002, p. 64.

Assim, se A cede o seu crédito a B, deverá, como condição *sine qua non* para a eficácia jurídica do ato de transmissão, notificar — judicial ou extrajudicialmente — o devedor C para que tome ciência da cessão. Aliás, aí está outra diferença para o pagamento com sub-rogação, visto que o terceiro que paga — e se sub-roga nos direitos do credor — não está adstrito a essa regra.

Dispensa-se, outrossim, a notificação, se o devedor, por escrito público ou particular, se declarar ciente da cessão realizada.

Não havendo a notificação, a cessão não gerará o efeito jurídico pretendido, e o devedor não estará obrigado a pagar ao novo credor (cessionário).

Aliás, por expressa determinação legal, fica desobrigado o devedor que, antes de ter conhecimento da cessão, paga ao credor primitivo (cedente)[10].

Notificado, o devedor vincula-se ao cessionário, podendo opor a este as exceções (defesas) que lhe competirem, bem como as que, no momento em que veio a ter conhecimento da cessão[11], tinha contra o cedente.

Essa regra, prevista no art. 294 do CC/2002, reveste-se da mais alta importância prática, e significa que o sujeito passivo da obrigação poderá defender-se, utilizando as "armas jurídicas" que apresentaria contra o cedente. Assim, se o crédito foi obtido mediante erro ou lesão, por exemplo, poderá opor essas exceções à cessão do crédito. Da mesma forma, poderá provar que já pagou, ou que a dívida fora remitida (perdoada).

Note-se, ainda, que o Código Civil de 2002 suprimiu a parte final do art. 1.072 do CC/1916, que proibia ao devedor opor ao cessionário de boa-fé a simulação do cedente. A explicação para esse fato é muito simples. Como no Código Civil de 2002 a simulação deixa de ser causa de anulação e passa a figurar entre as hipóteses de nulidade absoluta do negócio jurídico, qualquer pessoa, inclusive o Ministério Público, quando lhe couber intervir, ou o próprio juiz, de ofício, pode apontar a invalidade do ato simulado.

Havendo simulação, portanto, presume-se ter havido violação a interesses superiores, de ordem pública, e, de tal forma, esse vício social poderá ser arguido pelo próprio devedor, em face do cessionário de boa-fé.

Ainda no que diz respeito à comunicação da ocorrência da cessão, parece-nos que não é imprescindível, seja para a validade, seja para a eficácia da avença, a cientificação do eventual fiador da relação jurídica obrigacional, não somente pela ausência de menção de tal circunstância nas hipóteses de extinção da fiança (art. 838 do CC/2002), mas

---

[10] Cf. art. 292 do CC/2002. Dispõe-se ainda que, se houver várias cessões do mesmo crédito, o devedor se desobriga pagando ao cessionário que lhe apresentar o título da obrigação cedida. Da mesma forma, quando o crédito constar de escritura pública, havendo mais de um credor (nada impede que a cessão seja fracionada), terá direito de preferência aquele que notificou o devedor em primeiro lugar.

[11] Essa expressão é utilizada pelo Código Civil, e, não havendo critério objetivo para se defini-la, entendemos que o prazo para a apresentação das exceções (defesas) do devedor deverá ser apreciado, em cada caso concreto, pelo magistrado.

também pelo motivo de que foi ele um garantidor do devedor, que continua sendo o mesmo, independentemente da modificação do sujeito ativo da obrigação.

Finalmente, quanto à responsabilidade pela cessão do crédito, por força do art. 295 do CC/2002, firmou-se a regra geral de que, na cessão a título oneroso, o cedente ficará responsável pela existência do crédito, ao tempo em que lho cedeu, ainda que o contrato nada diga a respeito. Vale dizer, o cedente deverá garantir que o crédito existe, embora não responda pela solvabilidade do devedor. Trata-se, no caso, da denominada cessão *pro soluto*.

Na mesma linha, se a cessão tiver sido gratuita, somente remanesce a mesma responsabilidade (pela existência do crédito) se o cedente houver procedido de má-fé.

Por outro lado, nada impede que, no ato de transmissão do crédito, o cedente expressamente se responsabilize pela solvência do devedor. Nesse caso, além de garantir a existência do crédito, torna-se corresponsável pelo pagamento da dívida, até o limite do que recebeu do cessionário, ao que se acrescem juros, bem como a obrigação de ressarcimento das despesas da cessão e as que o cessionário houver feito para a cobrança da dívida. Trata-se da denominada cessão *pro solvendo*, a qual exige prévia estipulação contratual (arts. 296 e 297 do CC/2002).

Quando a transferência do crédito se dá por força de lei, estabelecia o art. 1.076 do CC/1916 (sem equivalente direto no CC/2002) que o credor originário não respondia pela realidade da dívida, regra esta que, por força da circunstância excepcional de tal cessão, parece-nos que deve ser não somente mantida, mas também aplicável à cessão judicial.

Vale registrar, ainda, que, uma vez penhorado um crédito, este não mais poderá ser transferido pelo credor que tiver conhecimento da penhora. No entanto, se o devedor não tiver conhecimento da penhora e pagar ao cessionário, ficará desobrigado, restando apenas ao terceiro prejudicado entender-se com o credor (art. 298 do CC/2002).

## 3. CESSÃO DE DÉBITO (ASSUNÇÃO DE DÍVIDA)

O Código Civil de 2002, diferentemente do Código anterior, que era silente a respeito, reservou todo o Capítulo II do Título II para disciplinar a matéria (arts. 299 a 303).

A cessão de débito ou assunção de dívida consiste em um negócio jurídico por meio do qual o devedor, com o expresso consentimento do credor, transmite a um terceiro a sua obrigação. Cuida-se de uma transferência debitória, com mudança subjetiva na relação obrigacional.

Não se confunde com a novação subjetiva passiva, uma vez que a relação obrigacional permanece a mesma (lembre-se de que na novação a dívida anterior se extingue, e é substituída por uma nova).

Obviamente, como haverá alteração subjetiva na relação-base, e ao se considerar que o patrimônio do devedor é a garantia da satisfação do crédito, o credor deverá anuir expressamente, para que a cessão seja considerada válida e eficaz.

Mesmo antes do Código Civil de 2002, não admitíamos, de forma alguma, a ideia de que essa anuência pudesse ser tácita, a defluir das circunstâncias. Como a própria satisfação do seu crédito está em jogo, o credor deve consentir expressamente, sendo essa a regra geral a ser seguida.

Aliás, dirimindo qualquer dúvida a respeito, o art. 299 do CC/2002 é de intelecção cristalina[12]:

> "Art. 299. É facultado a terceiro assumir a obrigação do devedor, com o consentimento expresso do credor, ficando exonerado o devedor primitivo, salvo se aquele, ao tempo da assunção, era insolvente e o credor o ignorava.
>
> Parágrafo único. Qualquer das partes pode assinar prazo ao credor para que consinta na assunção da dívida, interpretando-se o seu silêncio como recusa".

A importância do consentimento do credor é de tal forma, que o silêncio é qualificado como recusa, contrariando, portanto, até mesmo a máxima do cotidiano de que "quem cala consente".

Note-se que a lei não admite a exoneração do devedor se o terceiro, a quem se transmitiu a obrigação, era insolvente e o credor o ignorava. Não se exige, no caso, a má-fé do cedente, bastando que o credor não saiba do estado de insolvência preexistente à cessão de débito, para se restabelecer a obrigação do devedor primitivo. Por isso, é de boa cautela dar ciência ao credor do estado de solvabilidade do novo devedor.

Aliás, será também restabelecida a obrigação se a substituição do devedor vier a ser invalidada, restaurando-se o débito com todas as suas garantias, excetuando-se as garantias prestadas por terceiro (uma fiança, por exemplo). Neste último caso, se o terceiro atuou de má-fé, sabendo do vício da cessão, a sua garantia subsistirá (art. 301 do CC/2002).

Para que seja reputada válida, além dos pressupostos gerais do negócio jurídico, a cessão de débito deverá observar os seguintes requisitos:

a) a presença de uma relação jurídica obrigacional juridicamente válida (o que pressupõe a existência, nos planos do negócio jurídico);

[12] Observe-se que o antigo Projeto de Lei n. 6.960/2002 pretendia reestruturar esse dispositivo legal, nos seguintes termos: "Art. 299. É facultado a terceiro assumir a obrigação do devedor, podendo a assunção verificar-se: I — Por contrato com o credor, independentemente do assentimento do devedor; II — Por contrato com o devedor, com o consentimento expresso do credor. § 1º Em qualquer das hipóteses referidas neste artigo, a assunção só exonera o devedor primitivo se houver declaração expressa do credor. Do contrário, o novo devedor responderá solidariamente com o antigo. § 2º Mesmo havendo declaração expressa do credor, tem-se como insubsistente a exoneração do primitivo devedor sempre que o novo devedor, ao tempo da assunção, era insolvente e o credor o ignorava, salvo previsão em contrário no instrumento contratual. § 3º Qualquer das partes pode assinar prazo ao credor para que consinta na assunção da dívida, interpretando-se o seu silêncio como recusa. § 4º Enquanto não for ratificado pelo credor, podem as partes livremente distratar o contrato a que se refere o inciso II deste artigo". Note-se, da análise dessa proposta de norma, que o legislador priorizaria o consentimento do credor, protegendo-o de cessões de débito danosas ao seu direito.

b) a substituição do devedor, mantendo-se a relação jurídica originária;

c) a anuência expressa do credor.

ANTÔNIO CHAVES, citado por SÍLVIO VENOSA, aponta como casos mais frequentes de cessão de débito os "de venda de estabelecimento comercial ou de fusão de duas ou mais pessoas jurídicas, bem como os de dissolução de sociedades, quando um ou alguns dos sócios assumem dívidas da pessoa jurídica no próprio nome"[13].

Já ORLANDO GOMES lembrava que a assunção de dívida não poderia ser confundida com a promessa de liberação, nem com o reforço pessoal da obrigação. A promessa é um negócio jurídico pelo qual alguém se obriga em face do devedor a pagar a sua dívida. Trata-se de um contrato preliminar, cujo objeto é uma obrigação de fazer (o pagamento do débito de terceiro), de modo que o devedor continua obrigado à obrigação principal. O reforço da obrigação, por sua vez, ocorre quando um terceiro ingressa na relação obrigacional, tornando-se devedor solidário, sem exonerar o devedor. É como se houvesse, apenas, um reforço patrimonial para a satisfação do crédito[14].

Quanto aos meios de substituição, a assunção de dívida poderá se dar por duas formas:

a) Por delegação — decorre de negócio pactuado entre o devedor originário e o terceiro, com a devida anuência do credor. O devedor-cedente é o delegante; o terceiro-cessionário, delegado; e o credor, o delegatário. Poderá ter efeito exclusivamente liberatório (delegação privativa), não remanescendo qualquer responsabilidade para o devedor originário (delegante), como também poderá admitir a subsistência da responsabilidade do delegante, que responderá pelo débito em caso de inadimplência do novo devedor (delegação cumulativa ou simples).

b) Por expromissão — hipótese em que o terceiro assume a obrigação, independentemente do consentimento do devedor primitivo. Assim como na delegação, poderá ter eficácia simplesmente liberatória, ou, em situação mais rara, o terceiro poderá vincular-se solidariamente ao cumprimento da obrigação, ao lado do devedor originário (expromissão cumulativa)[15]. Neste último caso, não há propriamente sucessão no débito, havendo nítida semelhança com o reforço pessoal de obrigação.

Observe-se, ainda, que, por expressa dicção legal, o novo devedor não pode opor ao credor as exceções (defesas) pessoais que competiam ao devedor primitivo (exemplo: incapacidade, dolo, coação etc.), nos termos do art. 302 do Código Civil de 2002. Nada

[13] VENOSA, Sílvio de Salvo. *Direito Civil* — Teoria Geral das Obrigações e Teoria Geral dos Contratos, 2. ed., São Paulo: Atlas, 2002, p. 342.

[14] GOMES, Orlando. *Obrigações*, 8. ed., Rio de Janeiro: Forense, 1992, p. 260.

[15] GOMES, Orlando, ob. cit., p. 269-70.

impede, por outro lado, que oponha defesas não pessoais (como o pagamento da dívida ou a exceção de contrato não cumprido).

Além disso, salvo assentimento expresso do devedor primitivo, consideram-se extintas, a partir da assunção da dívida, as garantias especiais por ele originariamente dadas ao credor, na forma do art. 300 do CC/2002:

> "Art. 300. Salvo assentimento expresso do devedor primitivo, consideram-se extintas, a partir da assunção da dívida, as garantias especiais por ele originariamente dadas ao credor"[16].

Por fim, cumpre-nos advertir que o adquirente de um imóvel hipotecado poderá assumir o débito garantido pelo imóvel. Em tal hipótese, se o credor hipotecário, notificado, não impugnar em trinta dias a cessão do débito, entender-se-á válido o assentimento. Trata-se de uma exceção, admitida pela própria lei, à regra geral de que o credor deve anuir sempre de forma expressa. Razões superiores, inclusive sociais — lembre-se do constitucional direito à moradia —, aconselham, no caso, a assunção do débito, podendo o cessionário (adquirente do imóvel) pagar a dívida, sub-rogando-se nos direitos do credor em relação ao cedente (devedor original), consoante já estudamos (art. 303 do CC/2002).

## 4. CESSÃO DE CONTRATO

A cessão de contrato ou de posição contratual é instituto jurídico conhecido da doutrina que, surpreendentemente, não mereceu a devida atenção no Código Civil de 2002.

Diferentemente do que ocorre na cessão de crédito ou de débito, neste caso, o cedente transfere a sua própria posição contratual (compreendendo créditos e débitos) a um terceiro (cessionário), que passará a substituí-lo na relação jurídica originária.

Com absoluta propriedade, SÍLVIO VENOSA observa que

> "a cessão de crédito substitui uma das partes na obrigação apenas do lado ativo, e em um único aspecto da relação jurídica, o mesmo ocorrendo pelo lado passivo na assunção de dívida. Todavia, ao transferir uma posição contratual, há um complexo de relações que se transfere: débitos, créditos, acessórios, prestações em favor de terceiros, deveres de abstenção etc. Na transferência da posição contratual, portanto, há cessões de crédito (ou podem haver) e assunções de dívida, não como parte fulcral no negócio, mas como elemento integrante do próprio negócio"[17].

Note-se que parte respeitável da doutrina, adepta da teoria atomística, fragmentava a análise científica do instituto sob exame, para concluir que, em verdade, a cessão da

---

16 O antigo Projeto de Lei n. 6.960/2002 pretendia alterar essa regra, ao dispor que "com a assunção de dívida transmitem-se ao novo devedor todas as garantias e acessórios do débito, com exceção das garantias especiais originariamente dadas ao credor primitivo e inseparáveis da pessoa deste".

17 VENOSA, Sílvio de Salvo, ob. cit., p. 346.

posição contratual não seria mais do que um plexo de cessões múltiplas — de crédito e débito —, conjugadas, carecedoras de autonomia jurídica.

Não concordamos com esse entendimento.

Quando, em um determinado contrato (imagine uma promessa irretratável de compra e venda), uma das partes cede a sua posição contratual, o faz de forma integrada, não havendo, pois, a intenção de transmitir, separadamente, débitos e créditos.

Por isso, entendemos assistir razão aos adeptos da teoria unitária, segundo a qual a cessão de contrato opera a transferência da posição contratual como um todo, sem que se possa identificar a fragmentação (ou atomização) dos elementos jurídicos componentes da posição contratual.

Para que seja considerada válida, a cessão de contrato deverá observar os seguintes requisitos:

a) a celebração de um negócio jurídico entre cedente e cessionário;
b) integralidade da cessão (cessão global);
c) a anuência expressa da outra parte (cedido).

Por óbvio, obrigações há, de natureza personalíssima, que não admitem cessão. Assim, se eu contrato a feitura de uma obra de arte com um artista famoso, este não poderá ceder a sua posição contratual. Entendemos que a natureza mesma da obrigação impede, na hipótese, a cessão contratual.

Pode ocorrer, outrossim, que a obrigação não seja pactuada *intuitu personae* (personalíssima), e, ainda assim, o contrato proíba a cessão.

Entretanto, não havendo cláusula proibitiva, a cessão de posição contratual é possível, desde que haja expresso consentimento da outra parte.

Não havendo esse consentimento, o cedente continuará obrigado à satisfação do crédito.

Em conclusão, cumpre-nos destacar a enumeração dos principais casos de cessão de contrato no Direito brasileiro, segundo o pensamento de SILVIO RODRIGUES[18]:

a) os contratos de cessão de locação, em que o contrato-base é transferido, com a anuência do cedido, transpassando-se para o cessionário todos os direitos e obrigações deles resultantes;
b) os contratos de compromisso de venda (nesse caso, havendo a cessão sem o consentimento do promitente vendedor, haverá responsabilidade solidária entre o cedente e o cessionário[19]);
c) os contratos de empreitada;

---

[18] RODRIGUES, Silvio. *Direito Civil* — Parte Geral das Obrigações, 30. ed., v. 2, São Paulo: Saraiva, 2008, p. 116.

[19] Nesse sentido, também WALD, Arnoldo. *Direito das Coisas*, 9. ed., São Paulo: Revista dos Tribunais, 1993, p. 230.

d) os contratos de lavra e fornecimento de minérios, em que o titular da lavra, ao transmiti-la a terceiros, transfere-lhes a própria posição contratual, isto é, direitos e deveres decorrentes dos contratos de fornecimento de minérios;

e) o próprio contrato de mandato, que, costumeiramente, é transferido a terceiro, por meio do substabelecimento sem reserva de poderes.

| CESSÃO DE CRÉDITO | CESSÃO DE DÉBITO | CESSÃO DE CONTRATO |
|---|---|---|
| O credor (cedente) transfere total ou parcialmente o seu crédito a um terceiro (cessionário), mantendo-se a mesma relação obrigacional — primitiva — com o devedor (cedido). | O devedor (cedido), com expresso consentimento do credor (cedente), transfere o seu débito a terceiro (cessionário). | O cedente transfere ao cessionário, de forma global, a sua própria posição contratual, compreendendo créditos e débitos. |
| A relação obrigacional é a mesma. | A relação obrigacional é a mesma. | Cessão global: integralidade da cessão. |
| A cessão poderá ser onerosa ou gratuita. | A anuência do credor é indispensável. | Anuência expressa da outra parte (cedido). |

# XIII TEORIA DO INADIMPLEMENTO

## 1. NOÇÕES INTRODUTÓRIAS

Conforme já vimos durante todo o estudo da matéria, a obrigação — entendida como a relação jurídica patrimonial que vincula o credor ao devedor — é um liame economicamente funcional, por meio do qual se efetiva a circulação de bens e direitos no comércio jurídico.

De tal forma, dada a sua dinâmica essencial, a relação obrigacional obedece a um ciclo que se encerra com a sua extinção, que se dá, geralmente, por meio do pagamento.

Entretanto, pode ocorrer que a obrigação não seja cumprida, em razão de atuação culposa ou de fato não imputável ao devedor.

Se o descumprimento decorreu de desídia, negligência ou, mais gravemente, por dolo do devedor, estaremos diante de uma situação de inadimplemento culposo no cumprimento da obrigação, que determinará o consequente dever de indenizar a parte prejudicada.

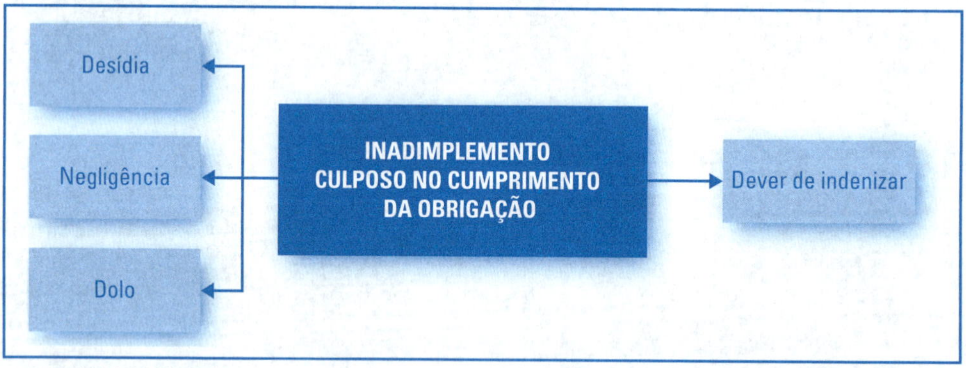


Por outro lado, se a inexecução obrigacional derivou de fato não imputável ao devedor, enquadrável na categoria de caso fortuito ou força maior, configurar-se-á o inadimplemento fortuito da obrigação, sem consequências indenizatórias para qualquer das partes.

Em algumas situações, todavia, a própria lei admite que a ocorrência de evento fortuito não exclui a obrigação de indenizar. Uma delas ocorre quando a própria parte assume a responsabilidade de responder pelos prejuízos, mesmo tendo havido caso fortuito ou força maior (art. 393 do CC/2002). Também em caso de mora poderá o devedor responsabilizar-se nos mesmos termos (art. 399 do CC/2002), se retardar, por sua culpa, o cumprimento da obrigação.

Obviamente, o inadimplemento não se opera com os mesmos matizes sempre, variando de acordo com a natureza da prestação descumprida.

Assim, nas obrigações de dar, opera-se o descumprimento quando o devedor recusa a entrega, devolução ou restituição da coisa. Nas obrigações de fazer, quando se deixa de cumprir a atividade devida.

Finalmente, quanto às obrigações negativas, a própria lei dispõe que "o devedor é havido por inadimplente desde o dia em que executou o ato de que se devia abster" (art. 390 do CC/2002). É o caso do sujeito que, obrigando-se a não levantar o muro, realiza a construção, tornando-se inadimplente a partir da data em que realizou a obra.

Nesta última hipótese (obrigações negativas), deve-se observar que o legislador de 2002 optou por inserir a referida norma no capítulo dedicado às disposições gerais do Título IV ("Do Inadimplemento das Obrigações"), e não no capítulo específico sobre a mora, como fazia a legislação revogada.

Sintetizando essas noções introdutórias, temos que o inadimplemento pode ser dar, portanto, de maneira fortuita (em que, *a priori*, não haverá responsabilização) ou, ocorrendo de forma culposa, pode se manifestar na modalidade absoluta (que imporá o pagamento de perdas e danos) ou relativa (em que se verificarão os efeitos da mora).

Compreendamos cada uma dessas modalidades.

## 2. INADIMPLEMENTO FORTUITO DA OBRIGAÇÃO

O descumprimento da obrigação pode decorrer de fato não imputável ao devedor.

Diz-se, nesse caso, ter havido inadimplemento fortuito da obrigação, ou seja, não resultante de atuação dolosa ou culposa do devedor, que, por isso, não estará obrigado a indenizar.

Fatos da natureza ou atos de terceiro poderão prejudicar o pagamento, sem a participação do devedor, que estaria diante de um caso fortuito ou de força maior. Imagine que o sujeito se obrigou a prestar um serviço, e, no dia convencionado, é vítima de um sequestro. Não poderá, em tal hipótese, em virtude de evento não imputável à sua vontade, cumprir a obrigação avençada.

Mas, nesse ponto de nosso raciocínio, uma pergunta se impõe: afinal de contas, estando essa espécie de inadimplemento diretamente ligada à ideia de "evento fortuito", o que se entende por caso fortuito ou de força maior?

A doutrina não é unânime a respeito dessa intrigante questão.

Segundo MARIA HELENA DINIZ,

> "na força maior conhece-se o motivo ou a causa que dá origem ao acontecimento, pois se trata de um fato da natureza, como, p. ex., um raio que provoca um incêndio, inundação que danifica produtos ou intercepta as vias de comunicação, impedindo a

> entrega da mercadoria prometida, ou um terremoto que ocasiona grandes prejuízos etc. (...) No caso fortuito, o acidente que acarreta o dano advém de causa desconhecida, como o cabo elétrico aéreo que se rompe e cai sobre fios telefônicos, causando incêndio, explosão de caldeira de usina, e provocando morte"[1].

SILVIO RODRIGUES lembra que

> "a sinonímia entre as expressões caso fortuito e força maior, por muitos sustentada, tem sido por outros repelida, estabelecendo, os vários escritores que participam desta última posição, critério variado para distinguir uma da outra. Dentre as distinções conhecidas, Agostinho Alvim dá notícia de uma que a doutrina moderna vem estabelecendo e que apresenta, efetivamente, real interesse teórico. Segundo a referida concepção, o caso fortuito constitui um impedimento relacionado com a pessoa do devedor ou com a sua empresa, enquanto a força maior advém de um acontecimento externo"[2].

Para demonstrar que os doutrinadores, de fato, não adotam critério único para a definição dos termos caso fortuito e força maior, vale conferir o pensamento de ÁLVARO VILLAÇA AZEVEDO: "Pelo que acabamos de perceber, caso fortuito é o acontecimento provindo da natureza, sem qualquer intervenção da vontade humana...". A força maior, por sua vez, "é o fato do terceiro, ou do credor; é a atuação humana, não do devedor, que impossibilita o cumprimento obrigacional"[3].

Sem pretender pôr fim à controvérsia, visto que seria inadmissível a pretensão, entendemos que a característica básica da força maior é a sua inevitabilidade, mesmo sendo a sua causa eventualmente conhecida (um terremoto ou uma erupção vulcânica, por exemplo); ao passo que o caso fortuito, por sua vez, tem a sua nota distintiva na sua imprevisibilidade, segundo os parâmetros do homem médio. Nesta última hipótese, portanto, a ocorrência repentina e até então desconhecida do evento atinge a parte incauta, impossibilitando o cumprimento de uma obrigação (um atropelamento, um roubo).

Advertimos, outrossim, que as situações da vida real podem tornar muito difícil a diferenciação entre caso fortuito ou força maior, razão por que, a despeito de nos posicionarmos acerca do tema, diferenciando os institutos, não consideramos grave erro a identificação dos conceitos no caso concreto.

Ademais, para o direito obrigacional, quer tenha havido caso fortuito, quer tenha havido força maior, a consequência, em regra, é a mesma: extingue-se a obrigação, sem qualquer consequência para as partes.

---

[1] DINIZ, Maria Helena. *Curso de Direito Civil Brasileiro* — Teoria Geral das Obrigações, 35. ed., São Paulo: Saraiva, 2020, p. 403.

[2] RODRIGUES, Silvio. *Direito Civil* — Parte Geral das Obrigações, 30. ed., v. 2, São Paulo: Saraiva, 2008, p. 239.

[3] AZEVEDO, Álvaro Villaça. *Teoria Geral das Obrigações*, 9. ed., São Paulo: Revista dos Tribunais, 2001, p. 270.

Aliás, o Código Civil de 2002, em regra específica, condensou o significado das expressões em conceito único, consoante se depreende da análise do seu art. 393:

> "Art. 393. O devedor não responde pelos prejuízos resultantes de caso fortuito ou força maior, se expressamente não se houver por eles responsabilizado.
>
> Parágrafo único. O caso fortuito ou de força maior verifica-se no fato necessário, cujos efeitos não era possível evitar ou impedir".

Note-se, pela análise da primeira parte do dispositivo, que o devedor, à luz do princípio da autonomia da vontade, pode expressamente se responsabilizar pelo cumprimento da obrigação, mesmo em se configurando o evento fortuito.

Assim, se uma determinada empresa celebra um contrato de locação de gerador com um dono de boate, nada impede que se responsabilize pela entrega da máquina, no dia convencionado, mesmo na hipótese de suceder um fato imprevisto ou inevitável que, naturalmente, a eximiria da obrigação (um incêndio que consumiu todos os seus equipamentos). Nesse caso, assumirá o dever de indenizar o contratante, se o gerador que seria locado houver sido destruído pelo fogo, antes da efetiva entrega. Essa assunção do risco, no entanto, para ser reputada eficaz, deverá constar de cláusula expressa do contrato.

Essa matéria, ligada à ocorrência de eventos que destroem ou deterioram a coisa, prejudicando o descumprimento obrigacional, interessa à chamada teoria dos riscos. Por "risco", expressão tão difundida no meio jurídico, entenda-se o perigo a que se sujeita uma coisa de perecer ou deteriorar, por caso fortuito ou de força maior.

Por tudo isso, podemos concluir que apenas o inadimplemento absoluto com fundamento na culpa do devedor impõe o dever de indenizar (pagar as perdas e danos), gerando, por conseguinte, para o devedor inadimplente, a responsabilidade civil por seu comportamento ilícito.

INADIMPLEMENTO FORTUITO (art. 393 do CC)

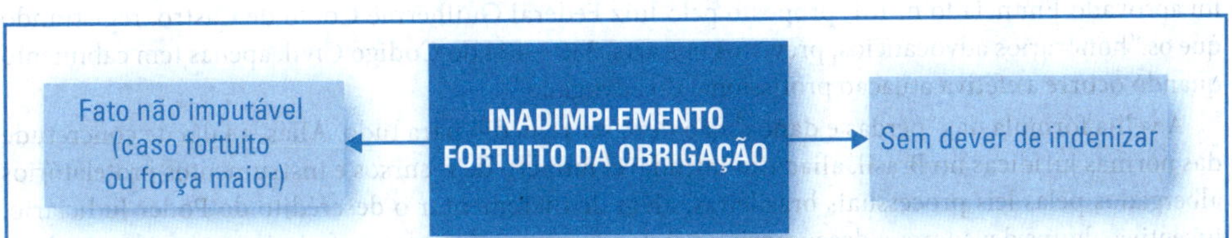


## 3. INADIMPLEMENTO CULPOSO DA OBRIGAÇÃO

O desfecho normalmente esperado de uma obrigação dá-se por meio de seu adimplemento (cumprimento) voluntário, já estudado quando tratamos da teoria do pagamento.

Entretanto, pode ocorrer que a obrigação se frustre por culpa do devedor, que deixa de realizar a prestação pactuada, impondo-se-lhe o dever de indenizar a parte prejudicada.

Nesse sentido, o art. 389 do CC/2002 dispõe, expressamente, que:

"Art. 389. Não cumprida a obrigação, responde o devedor por perdas e danos, mais juros e atualização monetária segundo índices oficiais regularmente estabelecidos, e honorários de advogado".

Essa regra legal, encontra-se, sem dúvida, mais afinada com a nossa realidade econômica, por fazer expressa menção a índices de atualização monetária, parâmetros que eram desconhecidos pela Lei Codificada anterior. Lembre-se, nesse ponto, que o Código de Beviláqua fora elaborado em período de economia estável e rudimentar, pós-escravocrata.

De qualquer maneira, reputamos desnecessária a referência a "honorários de advogado" no conteúdo normativo, por se tratar de obrigação cuja exigibilidade encontra supedâneo na própria legislação processual civil. Ademais, no caso concreto, poderá não ter havido despesa com advogado a justificar o pleito indenizatório, como ocorre, por previsão legal, no processo trabalhista, em que é facultado o *jus postulandi* pessoal das partes, na forma do art. 791 da Consolidação das Leis do Trabalho[4].

O inadimplemento tratado pela norma do art. 389 é o denominado absoluto, ou seja, aquele que impossibilita o credor de receber a prestação devida (ex.: a destruição do cereal que seria entregue pelo devedor), seja de maneira total, seja parcialmente (quando há pluralidade de objetos e apenas parte deles se inviabiliza), convertendo-se a obrigação, na falta de tutela jurídica específica, em obrigação de indenizar[5].

Tal não se confunde com o inadimplemento relativo, uma vez que, nessa hipótese, a prestação, ainda possível de ser realizada, não foi cumprida no tempo, lugar e forma convencionados, havendo, por outro lado, o interesse do credor de que seja adimplida,

---

[4] Na III Jornada de Direito Civil, realizada em novembro de 2004 no Superior Tribunal de Justiça, foi aprovado Enunciado n. 161, proposto pelo Juiz Federal Guilherme Couto de Castro, registrando que os "honorários advocatícios, previstos nos arts. 389 e 404 do Código Civil, apenas têm cabimento quando ocorre a efetiva atuação profissional do advogado".

[5] A velha fórmula das "perdas e danos" não deve ser remédio para tudo. Aliás, a falta de concretude das normas jurídicas no Brasil, aliada ao infindável número de recursos e instrumentos protelatórios albergados pelas leis processuais brasileiras, além de incrementar o descrédito do Poder Judiciário, incentiva alguns devedores a descumprir a prestação convencionada, preferindo optar pelas perdas e danos. Esse tipo de comportamento difundiu-se entre especuladores do mercado imobiliário, que, diante da supervalorização do imóvel, que prometeram alienar ao promitente comprador em um compromisso irretratável e totalmente quitado, optavam por indenizar a parte adversa, cientes de que poderiam vender o imóvel por valor muito superior à indenização paga. Isso se não preferissem o litígio judicial, por confiarem na morosidade oxigenada pela lei brasileira. Essa situação só fora solucionada com a edição do Decreto-lei n. 58, de 1937, que permitiu, para as promessas irretratáveis de compra e venda registradas, integralmente quitadas, em caso de recusa da outorga da escritura pelo promitente vendedor, a adjudicação compulsória do bem, por meio de ação específica. A moderna legislação processual civil seguiu a mesma tendência, qual seja, não dimensionar exageradamente as perdas e danos, quando existirem meios específicos e mais satisfatórios de tutela, permitindo a execução específica mesmo no caso de a promessa não estar registrada.

sem prejuízo de exigir uma compensação pelo atraso causado. Esse retardamento culposo no cumprimento de uma obrigação ainda realizável caracteriza a mora, o que será estudado a seguir.

Posto isso, retornando ao estudo do inadimplemento culposo absoluto, cumpre-nos advertir que o referido art. 389 do Código Civil de 2002 é visto pela doutrina como a base legal da responsabilidade civil contratual, sendo que a responsabilidade civil extracontratual ou aquiliana repousaria em outras paragens (art. 927 do CC/2002).

Ora, quando um sujeito, guiando imprudentemente o seu veículo, choca-se contra um muro, causando danos ao proprietário desse imóvel, fica claro que também descumpriu uma obrigação anterior, embora de natureza eminentemente legal ("não causar dano a outrem").

Por isso se diz que, nesse caso, inexistindo um vínculo contratual anterior entre o causador do dano e a vítima, aquele deverá indenizar segundo os princípios da responsabilidade civil extracontratual ou aquiliana, previstos em nossa legislação em vigor. Afinal, o ato ilícito também gera o dever de indenizar.

Quem infringe dever jurídico *lato sensu* fica obrigado a reparar o dano causado. Esse dever passível de violação pode ter, assim, como fonte tanto uma obrigação imposta por um dever geral do direito ou pela própria lei quanto por um negócio jurídico preexistente. O primeiro caso caracteriza a responsabilidade civil aquiliana[6], enquanto o segundo, a responsabilidade civil contratual.

E quais as diferenças básicas entre essas duas formas de responsabilização?

Três elementos diferenciadores podem ser destacados, a saber: a necessária preexistência de uma relação jurídica entre lesionado e lesionante; o ônus da prova quanto à culpa; e a diferença quanto à capacidade[7].

Com efeito, para caracterizar a responsabilidade civil contratual, faz-se mister que a vítima e o autor do dano já tenham se aproximado anteriormente e se vinculado para o cumprimento de uma ou mais prestações, sendo a culpa contratual a violação de um dever de adimplir, que constitui justamente o objeto do negócio jurídico, ao passo que, na culpa aquiliana, viola-se um dever necessariamente negativo, ou seja, a obrigação de não causar dano a ninguém.

---

6 "Onde se realiza a maior revolução nos conceitos jus-romanísticos em termos de responsabilidade civil é com a *Lex Aquilia*, de data incerta, mas que se prende aos tempos da República (COLOMBO, Leonardo. *Culpa Aquiliana*, Buenos Aires: La Ley, 1965, p. 107). Tão grande revolução que a ela se prende a denominação de aquiliana para designar-se a responsabilidade extracontratual em oposição à contratual. Foi um marco tão acentuado, que a ela se atribui a origem do elemento 'culpa', como fundamental na reparação do dano" (PEREIRA, Caio Mário da Silva. *Responsabilidade Civil*, 9. ed., Rio de Janeiro: Forense, 2000, p. 3).

7 CAVALIERI FILHO, Sérgio. *Programa de Responsabilidade Civil*, 2. ed., São Paulo: Malheiros, 2000, p. 197-9.

Justamente por tal circunstância é que, na responsabilidade civil aquiliana, a culpa deve ser sempre provada pela vítima, enquanto, na responsabilidade contratual, ela é, de regra, presumida[8], invertendo-se o ônus da prova, cabendo à vítima comprovar, apenas, que a obrigação não foi cumprida, restando ao devedor o *onus probandi*, por exemplo, de que não agiu com culpa ou que ocorreu alguma hipótese excludente do elo de causalidade.

Como observa SÉRGIO CAVALIERI FILHO,

> "essa presunção de culpa não resulta do simples fato de estarmos em sede de responsabilidade contratual. O que é decisivo é o tipo de obrigação assumida no contrato. Se o contratante assumiu a obrigação de alcançar um determinado resultado e não conseguiu, haverá culpa presumida, ou, em alguns casos, até responsabilidade objetiva; se a obrigação assumida no contrato foi de meio, a responsabilidade, embora contratual, será fundada na culpa provada"[9].

Por fim, vale destacar que, em termos de capacidade, o menor púbere só se vincula contratualmente quando assistido por seu representante legal — e, excepcionalmente, se maliciosamente declarou-se maior (art. 180 do CC/2002) —, somente devendo ser responsabilizado nesses casos, ao contrário da responsabilidade civil aquiliana, em que o prejuízo deve ser reparado, pelo menos na previsão do art. 156 do Código Civil de 1916, sem correspondente no atual diploma civil. O Código Civil de 2002, por sua vez, sem distinguir púberes de impúberes, dispõe que o "incapaz será responsabilizado pelos prejuízos que a sua atuação ilícita causar, se as pessoas por ele responsáveis não tiverem obrigação de fazê-lo ou não dispuserem de meios suficientes".

Vejamos, nos próximos subtópicos, duas consequências do inadimplemento culposo de obrigações.

## 3.1. Perdas e danos

ÁLVARO VILLAÇA AZEVEDO pontifica que "a expressão perdas e danos, que não se apresenta com a felicidade de exprimir o seu exato conceito, nada mais significa do que os prejuízos, os danos, causados ante o descumprimento obrigacional"[10].

De fato, aprendemos que a obrigação, vista sob um prisma dinâmico, encontra o seu termo no pagamento, com a consequente satisfação do credor.

---

[8] Como regra especial, registre-se a previsão do art. 392 do CC/2002, pela qual nos "contratos benéficos, responde por simples culpa o contratante, a quem o contrato aproveite, e por dolo aquele a quem não favoreça; nos contratos onerosos, responde cada uma das partes por culpa, salvo as exceções previstas em lei".

[9] CAVALIERI FILHO, Sérgio, ob. cit., p. 198.

[10] AZEVEDO, Álvaro Villaça. *Teoria Geral das Obrigações*, 9. ed., São Paulo: Revista dos Tribunais, 2001, p. 239.

Nada impede, outrossim, possa quedar-se descumprida.

Se o descumprimento derivar de atuação culposa do devedor, causadora de prejuízo material ou moral, será obrigado a compensar civilmente o credor, indenizando-o.

Pagar "perdas e danos", afinal de contas, significa isso: indenizar aquele que experimentou um prejuízo, uma lesão em seu patrimônio material ou moral, por força do comportamento ilícito do transgressor da norma.

Veremos futuramente que, no campo da responsabilidade aquiliana ou extracontratual, é muito comum o agente infrator ser compelido a indenizar a vítima, ainda que não haja atuado culposamente, segundo os princípios da responsabilidade civil objetiva, que também foram albergados pelo Código de 2002, mormente para os agentes empreendedores de atividade de risco (art. 927, parágrafo único, do CC/2002).

Por tudo isso, deixando de lado, por ora, aspectos mais delicados de responsabilidade civil, fixemos a premissa de que as perdas e danos traduzem o prejuízo material ou moral, causado por uma parte à outra, em razão do descumprimento da obrigação.

Acrescente-se ainda o fato de que também o inadimplemento relativo (mora), que se caracteriza quando a prestação, posto realizável, não é cumprida no tempo, lugar e forma devidos, também autoriza o pagamento das perdas e danos, correspondentes ao prejuízo derivado do retardamento imputável ao credor ou ao devedor.

Registre-se que não se pode confundir a expressão "pagamento de perdas e danos" com "pagamento do equivalente", pois a primeira se refere a todo tipo de prejuízo material ou moral decorrente do descumprimento e a concepção de "prestação equivalente" diz respeito à devolução de valores pagos ou adiantados, evitando-se o enriquecimento indevido de um dos sujeitos da relação obrigacional. Se, no primeiro caso, abstraídas as hipóteses de responsabilidade civil objetiva, há de se verificar quem agiu com o elemento culpa para se exigirem as perdas e danos, na segunda situação a busca da restituição das coisas ao *status quo ante* impõe a devolução de valores pagos, ainda que o descumprimento da obrigação tenha sido fortuito.

As consequências da mora são previstas em regras específicas, nos termos dos arts. 394 a 401 do CC/2002, não sendo demais lembrar que a indenização devida, nesse caso, deverá ser menor do que se se tratasse de total e absoluto descumprimento da obrigação[11], hipótese em que o ressarcimento deverá ser cabal.

O Código Civil de 2002, em seu art. 389, ao tratar das disposições gerais relativas ao inadimplemento das obrigações, fixa regra genérica, já estudada linhas atrás:

> "Art. 389. Não cumprida a obrigação, responde o devedor por perdas e danos, mais juros e atualização monetária segundo índices oficiais regularmente estabelecidos, e honorários de advogado".

[11] Em geral, havendo inadimplemento relativo, a parte morosa compensa a outra pagando os juros da mora, não havendo óbice de que as partes pactuem ainda uma cláusula penal moratória.

Essa regra, que deve ser lida em sintonia com a norma prevista no art. 393 do CC/2002 — que exige a atuação culposa do devedor para que possa ser responsabilizado —, não explica o que se entende por "perdas e danos".

Nós já sabemos que essa expressão traduz o prejuízo ou dano material ou moral, causado por uma parte à outra, em razão do descumprimento da obrigação.

A legislação codificada, a despeito de não defini-la com precisão, até por não ser função precípua do legislador fazê-lo, preferiu simplesmente traçar os seus contornos, delimitando o seu alcance, e deixando para a doutrina a difícil missão de apresentar uma conceituação teórica a seu respeito, consoante se depreende da leitura do seu art. 402 do CC/2002: "Salvo as exceções expressamente previstas em lei, as perdas e danos devidas ao credor abrangem, além do que ele efetivamente perdeu, o que razoavelmente deixou de lucrar".

Em outras palavras, as perdas e danos devidas ao credor deverão compreender o dano emergente (o que efetivamente perdeu) e o lucro cessante (o que razoavelmente deixou de lucrar).

Com referência ao dano emergente, AGOSTINHO ALVIM pondera ser "possível estabelecer, com precisão, o desfalque do nosso patrimônio, sem que as indagações se perturbem por penetrar no terreno hipotético. Mas, com relação ao lucro cessante, o mesmo já não se dá". E a respeito do lucro cessante, assevera, com brilhantismo:

> "Finalmente, e com o intuito de assinalar, com a possível precisão, o significado do termo razoavelmente, empregado no art. 1.059 do Código, diremos que ele não significa que se pagará aquilo que for razoável (ideia quantitativa) e sim que se pagará se se puder, razoavelmente, admitir que houve lucro cessante (ideia que se prende à existência mesma de prejuízo). Ele contém uma restrição, que serve para nortear o juiz acerca da prova do prejuízo em sua existência, e não em sua quantidade. Mesmo porque, admitida a existência do prejuízo (lucro cessante), a indenização não se pautará pelo razoável, e sim pelo provado"[12].

Imagine que uma indústria de veículos haja celebrado um contrato de compra e venda com um fornecedor de pastilhas de freios, que se comprometera a entregar-lhe um lote de dez mil peças até o dia 10. O pagamento efetivou-se no ato da celebração do contrato. No dia fixado, o fornecedor, sem justificativa razoável, comunicou ao adquirente que não mais produziria as referidas peças. Dessa forma, abriu-se ao credor a possibilidade de resolver o negócio, podendo exigir as perdas e danos, que compreenderiam o dano efetivo causado pelo descumprimento obrigacional (as suas máquinas ficaram paradas, tendo a receita mensal diminuído consideravelmente), e, bem assim, o que razoavelmente deixou de lucrar (se as pastilhas de freio houvessem chegado a tempo, os carros teriam sido concluídos, e as vendas aos consumidores efetivadas, como era de se esperar).

---

[12] ALVIM, Agostinho. *Da Inexecução das Obrigações e suas Consequências*, 2. ed., São Paulo: Saraiva, 1955, p. 206.

Outro exemplo, agora extraído do campo de estudo da responsabilidade extracontratual, também nos servirá.

Um indivíduo, guiando imprudentemente o seu veículo, abalroa um táxi que estava corretamente estacionado. Em tal hipótese, o causador do dano, por sua atuação ilícita, será obrigado a indenizar a vítima, pagando-lhe as perdas e danos, que compreenderão, conforme já vimos, o dano emergente (correspondente ao efetivo prejuízo material do veículo — carroceria danificada, espelhos laterais quebrados, danos à pintura etc.), e, bem assim, os lucros cessantes (referentes aos valores a que faria jus o taxista durante todo o tempo em que o seu veículo ficou parado, em conserto na oficina).

Claro está que o dano emergente e os lucros cessantes devem ser devidamente comprovados[13] na ação indenizatória ajuizada contra o agente causador do dano, sendo de bom alvitre exortar os magistrados a impedirem que vítimas menos escrupulosas, incentivadoras da famigerada "indústria da indenização", tenham êxito em pleitos absurdos, sem base real, formulados com o nítido escopo, não de buscar ressarcimento, mas de obterem lucro abusivo e escorchante.

Além disso, seguindo essa linha de raciocínio, não é demais lembrar que, segundo o nosso direito positivo, mesmo a inexecução obrigacional resultando de dolo do devedor, a compensação devida só deverá incluir os danos emergentes e os lucros cessantes diretos e imediatos, ou seja, só se deverá indenizar o prejuízo que decorra diretamente da conduta ilícita (infracional) do devedor (art. 403 do CC/2002[14]), excluídos os danos remotos.

"Trata-se", segundo preleção do Desembargador CARLOS ROBERTO GONÇALVES, "de aplicação da teoria dos danos diretos e imediatos, formulada a propósito da relação de causalidade, que deve existir, para que se caracterize a responsabilidade do devedor. Assim, o devedor responde tão só pelos danos que se prendem a seu ato por um vínculo de necessidade, não pelos resultantes de causas estranhas ou remotas"[15].

---

13 Isso naturalmente não exclui situações de dano *in re ipsa*, como, em exemplo jurisprudencial, no caso de atraso na entrega de imóvel, que tem ensejado pagamento de indenização por lucros cessantes durante o período da mora do promitente vendedor, considerando-se presumido o prejuízo do promitente comprador. Nessa linha, confira-se este acórdão: "EMBARGOS DE DIVERGÊNCIA EM RECURSO ESPECIAL. COMPRA E VENDA DE IMÓVEL. ATRASO NA ENTREGA. LUCROS CESSANTES. PREJUÍZO PRESUMIDO. 1. Nos termos da jurisprudência do STJ, o atraso na entrega do imóvel enseja pagamento de indenização por lucros cessantes durante o período de mora do promitente vendedor, sendo presumido o prejuízo do promitente comprador. 2. A citação é o marco inicial para a incidência dos juros de mora, no caso de responsabilidade contratual. Precedentes. 3. Embargos de divergência acolhidos" (STJ, EREsp 1.341.138/SP, Rel. Min. Maria Isabel Gallotti, Segunda Seção, julgado em 9-5-2018, *DJe* 22-5-2018).

14 Esse artigo tem a seguinte redação: "Art. 403. Ainda que a inexecução resulte de dolo do devedor, as perdas e danos só incluem os prejuízos efetivos e os lucros cessantes por efeito dela direto e imediato, sem prejuízo do disposto na lei processual". A referência à lei processual significa que a condenação no ônus da sucumbência (custas processuais, honorários de advogado) tem tratamento autônomo, na legislação adjetiva.

15 GONÇALVES, Carlos Roberto. *Direito Civil Brasileiro*, 18. ed., São Paulo: Saraiva, 2020, v. 2, p. 421.

Assim, descumprido um determinado contrato, não se deve admitir como indenizável o dano emocional causado na esposa do credor que, confiando no êxito do negócio que o seu marido pactuou com o devedor, já fazia planos de viajar para a Europa. A sua dor moral traduz muito mais uma decepção, um reflexo remoto da lesão aos termos do negócio, que não é resultado direto do inadimplemento obrigacional.

Atente-se para o fato, todavia, de que há uma especial categoria de danos, denominados danos em ricochete, que, a despeito de não serem suportados pelos próprios sujeitos da relação jurídica principal, atingem pessoas próximas, e são perfeitamente indenizáveis, por derivarem diretamente da atuação ilícita do infrator.

Manifestando-se a respeito do assunto, CAIO MÁRIO preleciona: "A tese do dano reflexo, embora se caracterize como a repercussão do dano direto e imediato, é reparável, 'o que multiplica', dizem Malaurie e Aynès, 'os credores por indenização'". E, em outro trecho de sua excelente obra, exemplifica: "A situação aqui examinada é a de uma pessoa que sofre o 'reflexo' de um dano causado a outra pessoa. Pode ocorrer, por exemplo, quando uma pessoa, que presta alimentos a outra pessoa, vem a perecer em consequência de um fato que atingiu o alimentante, privando o alimentando do benefício"[16]. Este último é diretamente atingido por um dano reflexo ou em ricochete, visto que a vítima imediata é o próprio alimentante morto.

Vale mencionar ainda que todo e qualquer dano, para ser considerado indenizável, deverá conjugar os seguintes requisitos:

a) efetividade ou certeza — uma vez que a lesão ao bem jurídico, material ou moral, não poderá ser, simplesmente, hipotética. O dano poderá ter até repercussões futuras, a exemplo do sujeito que perdeu um braço em virtude de acidente, mas nunca poderá ser incerto ou abstrato;
b) subsistência — no sentido de que se já foi reparado, não há o que indenizar;
c) lesão a um interesse juridicamente tutelado, de natureza material ou moral — obviamente que o dano deverá caracterizar violação a um interesse tutelado por uma norma jurídica, quer seja material (um automóvel, uma casa), quer seja moral (a honra, a imagem).

Por fim, vale destacar que, de acordo com o *caput* do art. 404 do CC/2002, as "perdas e danos, nas obrigações de pagamento em dinheiro, serão pagas com atualização monetária segundo índices oficiais regularmente estabelecidos, abrangendo juros, custas e honorários de advogado, sem prejuízo da pena convencional".

É sobre os juros que trataremos no subtópico 3.3.

Mas antes façamos algumas considerações sobre a teoria do dever de mitigar o prejuízo.

Vamos a ela!

16 PEREIRA, Caio Mário da Silva. *Responsabilidade Civil*, 9. ed., Rio de Janeiro: Forense, 2000, p. 43.

### 3.2. O dever de mitigar o próprio prejuízo (*duty to mitigate the loss*)

O grande civilista EMILIO BETTI, em sua clássica obra *Teoria Geral da Obrigações*, observa haver uma exigência cooperativa entre os protagonistas da relação obrigacional[17]:

> "É breve a vida do homem: os limites, entre o berço e o túmulo, não são tão distantes como podem parecer ao indivíduo, em sua presunção. E, entre esses limites, quantos são os riscos que lhe tornam precária a existência, quantas as coisas de que necessita! Algumas, ele obtém com o trabalho; outras, fornece-lhe a atividade solidária de outrem, que atinge o cume mais alto na *caritas*, como a caracteriza São Paulo, na Epístola I (cap. 13) aos Coríntios. Mas, sempre, no eterno círculo da relações sociais, para obter bens e serviços ou para se defender dos riscos inevitáveis, necessita o homem da colaboração alheia (...) Na exigência de cooperação entre consociados está, portanto, a chave com que o jurista deve procurar entender o instituto da obrigação, considerando-o na sua função socioeconômica"[18].

Sobre a perspectiva de BETTI, JOSÉ EDUARDO FIGUEIREDO DE ANDRADE MARTINS escreve em sua obra:

> "Emilio Betti já trazia a lume casos que considerava patológicos de cooperação. Em sua obra *Teoria Generale delle Obbligazioni* discute não ser um problema isolado das obrigações, mas um fenômeno que se alastra por todas as relações sociais"[19].

Nesse contexto, para evitar uma indesejável "crise cooperativa" entre os sujeitos ativo e passivo da obrigação (credor e devedor), determinados institutos atuam.

E, sem dúvida, um desses institutos é o *duty to mitigate the loss* (o dever de mitigar o próprio prejuízo).

Atribui-se à Professora VÉRA MARIA JACOB DE FRADERA o pioneirismo do estudo do *duty* na relação obrigacional, no Brasil[20].

Conceitualmente, o *duty to mitigate* é fácil de ser compreendido: *como decorrência do princípio da boa-fé objetiva, deve, o titular de um direito (credor), sempre que possível, atuar para minimizar o âmbito de extensão do próprio dano, mitigando, assim, a gravidade da situação experimentada pelo devedor*[21].

---

17 STOLZE, Pablo. Editorial 13 – *Duty to Mitigate the Loss*, publicado no Facebook em 16 de fevereiro de 2012. Disponível em: <https://www.facebook.com/pablostolze/posts/258991024176880/>.

18 BETTI, Emilio. *Teoria Geral das Obrigações*. Campinas: Bookseller, 2006, p. 25.

19 MARTINS, José Eduardo Figueiredo de Andrade. *"Duty to Mitigate the Loss" no Direito Civil Brasileiro*. São Paulo: Verbatim, 2015, p. 90.

20 FRADERA, Véra Maria Jacob de. Pode o Credor ser Instado a Diminuir o Próprio Prejuízo?, *Revista Trimestral de Direito Civil*, Rio de Janeiro, v. 19, 2004.

21 STOLZE, Pablo. Editorial 13 – *Duty to Mitigate the Loss*, publicado no Facebook em 16 de fevereiro de 2012. Disponível em: <https://www.facebook.com/pablostolze/posts/258991024176880/>.

O Enunciado n. 169 da III Jornada de Direito Civil ampara o instituto ao prever que "o princípio da boa-fé objetiva deve levar o credor a evitar o agravamento do próprio prejuízo".

Um exemplo didático é dado por PABLO STOLZE[22]:

> "Imagine que FREDIE BACANA conduz o seu carro no estacionamento da Faculdade. Em uma manobra brusca e negligente, colide com o carro de SALOMÉ VIENA. Esta última, vítima do dano e titular do direito à indenização, exige que FREDIE chame um guincho. Muito bem. Enquanto FREDIE se dirigia à secretaria da Faculdade para fazer a ligação, SALOMÉ – credora do direito à indenização – verificou que uma pequenina chama surgiu no motor do carro. Poderia, perfeitamente, de posse do seu extintor, apagá-la, minimizando a extensão do dano. Mas assim não agiu. Em afronta ao princípio da boa-fé e ao dever de mitigar, pensou: 'quero mais é que o carro exploda, para que eu receba um novo'.
>
> Neste caso, se ficar demonstrado que o credor poderia ter atuado para minimizar o dano evitável ('avoid his avoidable damages'), não fará jus a um carro novo. Apenas receberá, por aplicação do *duty to mitigate*, o valor correspondente à colisão inicial".

E complementa:

> "Observe, amigo leitor, a multiplicidade de situações reais em que este instituto poderá ser aplicado, a exemplo da hipótese em que o credor, beneficiado por uma medida judicial de tutela específica, podendo fornecer ao Juízo elementos concretos para a sua efetivação, prefere 'rolar a multa diária', para, ao final do processo, perceber uma vultosa quantia. Se ficar demonstrado que poderia ter atuado para efetivar a medida de imediato, e não o fez, deve o juiz reduzir o valor devido, com fulcro no aludido dever de mitigar".

Não há, no Código Civil, dispositivo que expressamente regule o *duty*, embora o Professor DANIEL NOVAIS DIAS, grande estudioso do tema, sustente a aplicabilidade do próprio art. 403:

> "Segundo o artigo 403, mesmo quando a inexecução resulte de dolo do devedor, ele somente responde pelos prejuízos efetivos e pelos lucros cessantes 'por efeito dela direto e imediato', donde se extrai que o devedor inadimplente não responde pelo dano que o credor poderia ter evitado. O dano evitável é, por outras palavras, efeito indireto e mediato da inexecução do devedor. Essa ausência de lacuna implica a desnecessidade e mesmo a incorreção dos referidos recursos ao abuso do direito ou à boa-fé para solucionar o problema de responsabilidade pelo dano evitável"[23].

---

22 STOLZE, Pablo. Editorial 13, fevereiro de 2012, cit.

23 DIAS, Daniel Novais. A Irreparabilidade do Dano Evitável no Direito Civil Brasileiro, *Consultor Jurídico*, 26 fev. 2018. Disponível em: <https://www.conjur.com.br/2018-fev-26/direito-civil-atual-irreparabilidade-dano-evitavel-direito-civil-brasileiro>.

Na jurisprudência do Superior Tribunal de Justiça, alguns julgados merecem destaque:

> "DIREITO CIVIL. CONTRATOS. BOA-FÉ OBJETIVA. *STANDARD* ÉTICO-JURÍDICO. OBSERVÂNCIA PELAS PARTES CONTRATANTES. DEVERES ANEXOS. *DUTY TO MITIGATE THE LOSS*. DEVER DE MITIGAR O PRÓPRIO PREJUÍZO. INÉRCIA DO CREDOR. AGRAVAMENTO DO DANO. INADIMPLEMENTO CONTRATUAL. RECURSO IMPROVIDO.
>
> 1. Boa-fé objetiva. *Standard* ético-jurídico. Observância pelos contratantes em todas as fases. Condutas pautadas pela probidade, cooperação e lealdade.
>
> 2. Relações obrigacionais. Atuação das partes. Preservação dos direitos dos contratantes na consecução dos fins. Impossibilidade de violação aos preceitos éticos insertos no ordenamento jurídico.
>
> 3. Preceito decorrente da boa-fé objetiva. *Duty to mitigate the loss*: o dever de mitigar o próprio prejuízo. Os contratantes devem tomar as medidas necessárias e possíveis para que o dano não seja agravado. A parte a que a perda aproveita não pode permanecer deliberadamente inerte diante do dano. Agravamento do prejuízo, em razão da inércia do credor. Infringência aos deveres de cooperação e lealdade.
>
> 4. Lição da doutrinadora Véra Maria Jacob de Fradera. Descuido com o dever de mitigar o prejuízo sofrido. O fato de ter deixado o devedor na posse do imóvel por quase 7 (sete) anos, sem que este cumprisse com o seu dever contratual (pagamento das prestações relativas ao contrato de compra e venda), evidencia a ausência de zelo com o patrimônio do credor, com o consequente agravamento significativo das perdas, uma vez que a realização mais célere dos atos de defesa possessória diminuiriam a extensão do dano.
>
> 5. Violação ao princípio da boa-fé objetiva. Caracterização de inadimplemento contratual a justificar a penalidade imposta pela Corte originária (exclusão de um ano de ressarcimento).
>
> 6. Recurso improvido" (REsp 758.518/PR, Rel. Min. Vasco Della Giustina (Desembargador convocado do TJRS), Terceira Turma, j. 17-6-2010, *REPDJe* 1º-7-2010, *DJe* 28-6-2010).

> "RESPONSABILIDADE CIVIL. SENTENÇA PUBLICADA ERRONEAMENTE. CONDENAÇÃO DO ESTADO A MULTA POR LITIGÂNCIA DE MÁ-FÉ. INFORMAÇÃO EQUIVOCADA. AÇÃO INDENIZATÓRIA AJUIZADA EM FACE DA SERVENTUÁRIA. LEGITIMIDADE PASSIVA. DANO MORAL. PROCURADOR DO ESTADO. INEXISTÊNCIA. MERO DISSABOR. APLICAÇÃO, ADEMAIS, DO PRINCÍPIO DO *DUTY TO MITIGATE THE LOSS*. BOA-FÉ OBJETIVA. DEVER DE MITIGAR O PRÓPRIO DANO.
>
> (...)

3. A publicação de certidão equivocada de ter sido o Estado condenado a multa por litigância de má-fé gera, quando muito, mero aborrecimento ao Procurador que atuou no feito, mesmo porque é situação absolutamente corriqueira no âmbito forense incorreções na comunicação de atos processuais, notadamente em razão do volume de processos que tramitam no Judiciário. Ademais, não é exatamente um fato excepcional que, verdadeiramente, o Estado tem sido amiúde condenado por demandas temerárias ou por recalcitrância injustificada, circunstância que, na consciência coletiva dos partícipes do cenário forense, torna desconexa a causa de aplicação da multa a uma concreta conduta maliciosa do Procurador.

4. Não fosse por isso, é incontroverso nos autos que o recorrente, depois da publicação equivocada, manejou embargos contra a sentença sem nada mencionar quanto ao erro, não fez também nenhuma menção na apelação que se seguiu e não requereu administrativamente a correção da publicação. Assim, aplica-se magistério de doutrina de vanguarda e a jurisprudência que têm reconhecido como decorrência da boa- fé objetiva o princípio do *Duty to mitigate the loss*, um dever de mitigar o próprio dano, segundo o qual a parte que invoca violações a um dever legal ou contratual deve proceder a medidas possíveis e razoáveis para limitar seu prejuízo. É consectário direto dos deveres conexos à boa-fé o encargo de que a parte a quem a perda aproveita não se mantenha inerte diante da possibilidade de agravamento desnecessário do próprio dano, na esperança de se ressarcir posteriormente com uma ação indenizatória, comportamento esse que afronta, a toda evidência, os deveres de cooperação e de eticidade.

5. Recurso especial não provido" (REsp 1.325.862/PR, Rel. Min. Luis Felipe Salomão, Quarta Turma, j. 5-9-2013, *DJe* 10-12-2013).

"RECURSO ESPECIAL. AÇÃO DE COBRANÇA. CONTRATO DE CARTÃO DE CRÉDITO. APLICAÇÃO DO PRINCÍPIO *DUTY TO MITIGATE THE LOSS*. INVIABILIDADE NO CASO CONCRETO. JUROS REMUNERATÓRIOS. AUSÊNCIA DE CONTRATO NOS AUTOS. DISTRIBUIÇÃO DINÂMICA DO ÔNUS DA PROVA. TAXA MÉDIA DE MERCADO. RECURSO PROVIDO.

1. O princípio *duty to mitigate the loss* conduz à ideia de dever, fundado na boa-fé objetiva, de mitigação pelo credor de seus próprios prejuízos, buscando, diante do inadimplemento do devedor, adotar medidas razoáveis, considerando as circunstâncias concretas, para diminuir suas perdas. Sob o aspecto do abuso de direito, o credor que se comporta de maneira excessiva e violando deveres anexos aos contratos (v.g.: lealdade, confiança ou cooperação), agravando, com isso, a situação do devedor, é que deve ser instado a mitigar suas próprias perdas. É claro que não se pode exigir que o credor se prejudique na tentativa de mitigação da perda ou que atue contrariamente à sua atividade empresarial, porquanto aí não haverá razoabilidade. 2. O ajuizamento de ação de cobrança muito próximo ao implemento do prazo prescricional, mas ainda dentro do lapso legalmente previsto, não pode ser considerado, por si só,

como fundamento para a aplicação do *duty to mitigate the loss*. Para tanto, é necessário que, além do exercício tardio do direito de ação, o credor tenha violado, comprovadamente, alguns dos deveres anexos ao contrato, promovendo condutas ou omitindo-se diante de determinadas circunstâncias, ou levando o devedor à legítima expectativa de que a dívida não mais seria cobrada ou cobrada a menor.

3. A razão utilizada pelas instâncias ordinárias para aplicar ao caso o postulado do *duty to mitigate the loss* está fundada tão somente na inércia da instituição financeira, a qual deixou para ajuizar a ação de cobrança quando já estava próximo de vencer o prazo prescricional e, com isso, acabou obtendo crédito mais vantajoso diante da acumulação dos encargos ao longo do tempo.

4. Não há nos autos nenhum outro elemento que demonstre haver a instituição financeira, no caso em exame, criado no devedor expectativa de que não cobraria a dívida ou que a cobraria a menor, ou mesmo de haver violado seu dever de informação. Não há, outrossim, elemento nos autos no qual se possa identificar qualquer conduta do devedor no sentido de negociar sua dívida e de ter sido impedido de fazê-lo pela ora recorrente, ou ainda qualquer outra circunstância que pudesse levar à conclusão de quebra da confiança ou dos deveres anexos aos negócios jurídicos por nenhuma das partes contratantes, tais como a lealdade, a cooperação, a probidade, entre outros.

5. Desse modo, entende-se não adequada a aplicação ao caso concreto do *duty to mitigate the loss*.

6. 'Não juntados aos autos os contratos, deve o agravante suportar o ônus da prova, afastando-se as tarifas contratadas e limitando os juros remuneratórios à taxa média de mercado' (AgRg no REsp 1.578.048/PR, Rel. Min. Marco Aurélio Bellizze, Terceira Turma, julgado em 18-8-2016, *DJe* 26/08/2016).

7. Recurso especial provido" (REsp 1.201.672/MS, Rel. Min. Lázaro Guimarães (Desembargador convocado do TRF 5ª Região), Quarta Turma, j. 21-11-2017, *DJe* 27-11-2017).

Trata-se, portanto, de tema que vem ganhando força e espaço no cenário nacional, e cuja recepção teve o importante papel de chamar a atenção da comunidade jurídica para uma problemática até então pouco estudada[24].

Falemos agora, como prometido, sobre o tema dos juros.

## 3.3. Juros

A doutrina não diverge muito quanto à conceituação dos juros.

ARNOLDO WALD define os juros como "o rendimento do capital, preço do seu uso, preço locativo ou aluguel do dinheiro, prêmio pelo risco corrido decorrente do

[24] DIAS, Daniel Novais. *A Corresponsabilidade do Lesado no Direito Civil:* Da Fundamentação da Irreparabilidade do Dano Evitável, tese de doutorado apresentada à Universidade de São Paulo em 2016, gentilmente cedida pelo autor.

empréstimo, cabendo aos economistas o estudo de sua incidência, da taxa normal em determinada situação e de suas repercussões na vida do país"[25].

Trata-se, pois, sob o prisma eminentemente jurídico, de um fruto civil correspondente à remuneração devida ao credor em virtude da utilização do seu capital.

Em linhas gerais, os juros fixados, legais (determinados por lei) ou convencionais (fixados pelas próprias partes), subdividem-se em:

a) compensatórios;
b) moratórios.

Os primeiros objetivam remunerar o credor pelo simples fato de haver desfalcado o seu patrimônio, concedendo o numerário solicitado pelo devedor. Os segundos, por sua vez, traduzem uma indenização devida ao credor por força do retardamento culposo no cumprimento da obrigação.

Assim, celebrado um contrato de empréstimo a juros (mútuo feneratício), o devedor pagará ao credor os juros compensatórios devidos pela utilização do capital (ex.: se tomou 10, devolverá 12).

O Código Civil brasileiro não estabelece, para essa modalidade compensatória de juros, qualquer limitação específica.

Seguindo tal diretriz, o Superior Tribunal de Justiça (STJ) aprovou a Súmula 382, que define que a estipulação de juros remuneratórios superiores a 12% ao ano, por si só, não caracteriza abuso, entendendo-se que é necessário analisar cada caso concreto[26].

Se, entretanto, no dia do vencimento, atrasar o cumprimento da prestação, pagará os juros de mora, que são contabilizados dia a dia, sendo devidos independentemente da comprovação do prejuízo.

O citado Professor ARNOLDO WALD lembra, ainda, que

> "os juros compensatórios são geralmente convencionais, por dependerem de acordo prévio das partes sobre a operação econômica e as condições em que a mesma deveria ser realizada, mas podem decorrer de lei ou de decisão jurisprudencial (Súmula 164), enquanto que os juros moratórios podem ser legais ou convencionais conforme decorram da própria lei ou da convenção"[27].

Quanto aos juros moratórios, o Código Civil de 1916, em seu art. 1.062, preceituava que, não tendo sido convencionados, a taxa seria de 6% ao ano. O percentual, aliás, seria o mesmo, se os referidos juros fossem devidos por força de lei, ou se as partes os convencionassem sem taxa estipulada (art. 1.063).

---

[25] WALD, Arnoldo. *Obrigações e Contratos*, 12. ed., São Paulo: Revista dos Tribunais, 1995, p. 131.

[26] O literal teor da Súmula é: "A estipulação de juros remuneratórios superiores a 12% ao ano, por si só, não indica abusividade".

[27] WALD, Arnoldo, ob. cit., p. 132.

O Decreto-lei n. 22.626, de 1933 (Lei da Usura), por sua vez, em seu art. 1º, vedou que qualquer espécie de juros fosse estipulada com taxa superior ao dobro da taxa legal, perfazendo, assim, um teto máximo de 12% ao ano.

Nessa linha, a Constituição Federal de 1988 dispunha, expressamente, em seu art. 192, § 3º, que "as taxas de juros reais, nelas incluídas comissões e quaisquer outras remunerações direta ou indiretamente referidas à concessão de crédito, não poderão ser superiores a doze por cento ao ano; a cobrança acima deste limite será conceituada como crime de usura, punido, em todas as suas modalidades, nos termos que a lei determinar", sendo esta, genericamente, a previsão aplicável a todas as formas de obrigações.

Todavia, com a aprovação da Emenda Constitucional n. 40, de 29-5-2003, todos os parágrafos foram revogados, passando o *caput* a figurar com a seguinte redação:

> "Art. 192. O sistema financeiro nacional, estruturado de forma a promover o desenvolvimento equilibrado do País e a servir aos interesses da coletividade, em todas as partes que o compõem, abrangendo as cooperativas de crédito, será regulado por leis complementares que disporão, inclusive, sobre a participação do capital estrangeiro nas instituições que o integram".

Com essa dicção, imprimiu-se mais flexibilidade ao mercado financeiro e autonomia ao Banco Central.

Na prática, as coisas pouco mudarão, pois a atividade bancária continuará a ser regida por normas administrativas, até que se cuide de implementar as referidas leis complementares, e, lamentavelmente, a insegurança quanto à taxa de juros continuará a nos perseguir.

Quanto aos juros legais moratórios, o Código Civil estabeleceu que:

> "Art. 406. Quando os juros moratórios não forem convencionados, ou o forem sem taxa estipulada, ou quando provierem de determinação da lei, serão fixados segundo a taxa que estiver em vigor para a mora do pagamento de impostos devidos à Fazenda Nacional".

Tal dispositivo revela a opção do legislador civil por juros flutuantes, uma vez que não estabelece o percentual máximo para a fixação de juros, empregando, como base, a taxa que estiver em vigor para a mora dos impostos devidos à Fazenda Nacional, o que importa reconhecer.

Essa confusa redação dá azo ao debate doutrinário e jurisprudencial sobre qual a taxa aplicável, a saber, a Taxa Selic — utilizada pela Fazenda Pública para o cálculo de tributos federais — ou a prevista no art. 161, § 1º, do Código Tributário Nacional.

Explicando tal dissenso, doutrinam GUSTAVO TEPEDINO, HELOISA HELENA BARBOZA e MARIA CELINA BODIN DE MORAES em lição que merece fiel transcrição:

> "Em estudo minucioso sobre o tema, Leonardo Mattietto (RTDC, p. 89 e ss.) explica que a taxa Selic (Sistema Especial de Liquidação e Custódia), surgida como índice de

remuneração de títulos da dívida federal, corresponde à média ajustada dos financiamentos diários, com lastro em títulos federais, fixada pelo Comitê de Política Monetária (Copom) do Banco Central do Brasil. A sua adoção, para o cálculo de juros moratórios devidos à Fazenda Nacional, foi disposta pela Lei n. 8.981, de 20 de janeiro de 1995 (art. 84), complementada pela Lei n. 9.065, de 20 de junho de 1995 (art. 13), determinando serem os juros 'equivalentes à taxa referencial do Sistema Especial de Liquidação e Custódia — Selic, para títulos federais, acumuladas mensalmente'.

Em decorrência dessas leis, calculam-se os acréscimos devidos em razão da mora, nos tributos devidos à Fazenda Nacional, do seguinte modo: soma-se a taxa Selic desde a do mês seguinte ao do vencimento do tributo até a do mês anterior ao do pagamento, e acrescenta-se a esta soma 1% referente ao pagamento.

Destinado à utilização subsidiária, somente 'se a lei não dispuser de modo diverso', o art. 161, § 1º, do CTN deixaria de ser aplicável em razão do art. 84 da Lei 8.981/95, a despeito da controvérsia ainda não dissipada quanto à constitucionalidade da utilização da Selic.

Leonardo Mattietto aponta a divergência do STJ, sendo a 1ª Turma favorável à aplicação dessa taxa, enquanto a 2ª Turma mostra-se contrária, nos seguintes termos: 'A Taxa Selic para fins tributários é, a um tempo, inconstitucional e ilegal. Como não há pronunciamento de mérito da Corte Especial deste egrégio Tribunal que, em decisão relativamente recente, não conheceu da arguição de inconstitucionalidade correspectiva (cf. Incidente de Inconstitucionalidade no REsp 215.881), permanecendo a mácula também na esfera infraconstitucional, nada está a empecer seja essa indigitada Taxa proscrita do sistema e substituída pelos juros previstos no Código Tributário (art. 161, § 1º, do CTN). A utilização da Taxa Selic como remuneração de títulos é perfeitamente legal, pois toca ao Bacen e ao Tesouro Nacional ditar as regras sobre os títulos públicos e sua remuneração. Nesse ponto, nada há de ilegal ou inconstitucional. A balda exsurgiu quando se transplantou a Taxa Selic, sem lei, para o terreno tributário. A Taxa Selic ora tem a conotação de juros moratórios, ora de remuneratórios, a par de neutralizar os efeitos da inflação, constituindo-se em correção monetária por vias oblíquas. Tanto a correção monetária como os juros, em matéria tributária, devem ser estipulados em lei, sem olvidar que os juros remuneratórios visam a remunerar o próprio capital ou o valor principal. A Taxa Selic cria a anômala figura de tributo rentável. Os títulos podem gerar renda; os tributos, *per se*, não' (STJ, REsp 291.257, 2ª T., Rel. Min. Eliana Calmon, Rel. para o acórdão Min. Franciulli Netto, j. 23-4-2002, *DJ* 17-6-2002)"[28].

[28] TEPEDINO, Gustavo; BARBOZA, Heloisa Helena; MORAES, Maria Celina Bodin de (Coords.). *Código Civil interpretado conforme a Constituição da República*, Rio de Janeiro: Renovar, 2004, p. 737-8. Sobre o tema, confira-se, ainda, o excelente texto do Min. Franciulli Netto sobre a ilegalidade da Taxa Selic para fins tributários, trabalho publicado na *Revista Dialética de Direito Tributário*, p. 7-30; *Revista Tributária e de Finanças Públicas*, n. 33, p. 59-89; *Jurisprudência do Superior Tribunal de Justiça*, n. 14, p. 15-48; e *Revista de Direito Renovar*, n. 22.

Assim sendo, temos que tal taxa não se confunde com os juros, por ter ela natureza jurídica completamente diversa, levando-se em conta que compreende, a um só tempo, juros moratórios (que são os unicamente tratados no art. 406 do CC/2002), juros compensatórios ou remuneratórios, e indisfarçável conotação de correção monetária, além das denunciadas constitucionalidade e legalidade duvidosas.

Nessa seara, consideramos que atenta contra a concepção de segurança jurídica a realização de um negócio jurídico em que o devedor não fica sabendo na data da avença quanto vai pagar a título de juros, pelo menos no que diz respeito a um percentual máximo, pois não terá o dom da profecia para saber o que ocorrerá no mercado de capitais, em períodos subsequentes ao da realização do negócio...

Por isso, a comissão de juristas que se reuniram no STJ para firmar enunciados sobre o Código Civil de 2002 manifestou-se contrariamente à utilização da Taxa Selic como a taxa aplicável à regra do art. 406 do CC/2002, aduzindo, dentre outros argumentos, que essa taxa não permite o seu prévio conhecimento, sendo, portanto, insegura[29].

Em conclusão, na ausência de pactuação de juros moratórios em relações civis, há de se continuar aplicando o percentual de 1%, a teor do art. 161, § 1º, do Código Tributário Nacional (Lei n. 5.172, de 25-10-1966), isto é, 1% ao mês ou 12% ao ano[30].

Registre-se, todavia, que, como medida de equidade, abstraída a discussão da constitucionalidade e legalidade da Taxa Selic — discussão essa que extrapola os limites da proposta desta obra —, se os débitos dos contribuintes com a Fazenda devem ser corrigidos pela Taxa Selic, o mesmo deve ocorrer para a Fazenda, ou seja, a correção pela taxa também se aplicaria às devoluções efetuadas pelo Fisco aos contribuintes.

Vale destacar, como outrora já afirmado, que, na forma do art. 405 do CC/2002, os juros de mora devem, em regra, ser contados desde a citação inicial[31]. No caso de mora caracterizada antes da vigência do Código Civil de 2002, incidem as regras anteriores desde a citação até o término da sua *vacatio legis*, e, a partir daí, o limite do art. 406[32].

---

[29] Enunciado n. 20 da Jornada de Direito Civil do Conselho da Justiça Federal, realizada de 11 a 13-9-2002, sob a orientação geral do Min. Milton Luiz Pereira e a orientação científica do Min. Ruy Rosado de Aguiar: "A taxa de juros moratórios a que se refere o art. 406 é a do art. 161, § 1º, do Código Tributário Nacional, ou seja, um por cento ao mês".

[30] Cf. a respeito excelente artigo de DRESCH, Pio Giovani. Os Juros Legais no Novo Código Civil e a Inaplicabilidade de Taxa Selic, *Cidadania e Justiça*, p. 153 e s. Sobre o tema, recomendamos ao nosso estimado leitor(a) que acompanhe, no STJ, o julgamento do REsp 1.081.149/RS, que tem por objeto a controvérsia em torno do art. 406 do CC.

[31] Na III Jornada de Direito Civil, realizada em novembro de 2004 no Superior Tribunal de Justiça, foi aprovado Enunciado n. 163, registrando que a "regra do art. 405 do novo Código Civil aplica-se somente à responsabilidade contratual e não aos juros moratórios na responsabilidade extracontratual, em face do disposto no art. 398 do novo CC, não afastando, pois, o disposto na súmula 54 do STJ". A mencionada súmula estabelece que "os juros moratórios fluem a partir do evento danoso, em caso de responsabilidade extracontratual".

[32] Nesse sentido é o Enunciado n. 164 da III Jornada de Direito Civil, proposto pelo Juiz Federal Rafael Castegnaro Trevisan: "Tendo a mora do devedor início ainda na vigência do Código Civil de 1916, são

## 3.4. Inadimplemento relativo — a mora

Consoante vimos no tópico anterior, o inadimplemento é considerado absoluto quando impossibilita, total ou parcialmente, o credor de receber a prestação devida, quer decorra de culpa do devedor (inadimplemento culposo), quer derive de evento não imputável à sua vontade (inadimplemento fortuito).

O inadimplemento relativo, por sua vez, ocorre quando a prestação, ainda passível de ser realizada, não foi cumprida no tempo, lugar e forma convencionados, remanescendo o interesse do credor de que seja adimplida, sem prejuízo de exigir uma compensação pelo atraso causado.

Esse retardamento culposo no cumprimento de uma obrigação ainda realizável caracteriza a mora, que tanto poderá ser do credor (*mora accipiendi* ou *credendi*) como também, com mais frequência, do devedor (*mora solvendi* ou *debendi*).

A difundida ideia de associar a mora ao descumprimento tempestivo da prestação pactuada não significa que a sua configuração só se dê quando o devedor retarda a solução do débito. Conforme vimos, se o credor obsta injustificadamente o pagamento — e lembre-se de que pagar também é um direito do devedor —, recusando-se a receber a coisa ou a quantia devida no lugar e forma convencionados, também aí haverá a mora.

Tendo em vista essas noções, o Código Civil de 2002 dispõe:

> "Art. 394. Considera-se em mora o devedor que não efetuar o pagamento e o credor que não quiser recebê-lo no tempo, lugar e forma que a lei ou a convenção estabelecer".

Observe-se que tanto a lei como a convenção — categoria abrangente do contrato — podem estabelecer os critérios ou requisitos para que o devedor pague validamente, não podendo o credor afastar-se deles, sob pena de incorrer em mora.

CAIO MÁRIO DA SILVA PEREIRA, identificando no comportamento moroso um ato humano, observa que

> "não é, também, toda a retardação no solver ou no receber que induz mora. Algo mais é exigido na sua caracterização. Na mora *solvendi*, como na *accipiendi*, há de estar presente um fato humano, intencional ou não intencional, gerador da demora na execução. Isto exclui do conceito de mora o fato inimputável, o fato das coisas, o acontecimento atuante no sentido de obstar a prestação, o fortuito e a força maior, impedientes do cumprimento"[33].

Nesse sentido, dispõe o art. 396 do CC/2002 que, "não havendo fato ou omissão imputável ao devedor, não incorre este em mora".

---

devidos juros de mora de 6% ao ano até 10 de janeiro de 2003; a partir de 11 de janeiro de 2003 (data de entrada em vigor do novo Código Civil), passa a incidir o art. 406 do Código Civil de 2002".

33 PEREIRA, Caio Mário da Silva. *Instituições de Direito Civil*, 19. ed., v. 2, Rio de Janeiro: Forense, 2001, p. 196.

Assim, se a equipe contratada para animar uma festinha de aniversário de criança convencionou chegar às 18 horas, mas, em razão de um congestionamento imprevisto, somente compareceu às 19h30, sem que se possa acusá-la de negligência ou imprudência por esse atraso, e sendo a prestação ainda de interesse do credor, este não poderá pretender uma compensação pelo atraso, considerando-se que o retardamento se deu por evento fortuito, não imputável ao devedor.

Entretanto, se a equipe somente compareceu às 3 horas da manhã, já não havendo nenhum convidado, e sendo a prestação inútil, considerar-se-á a obrigação extinta, se, de fato, restar comprovado que os contratados não concorreram culposamente para o evento.

### 3.4.1. Mora do devedor

Sem dúvida, esta é a mais frequente espécie de mora.

Ocorre quando o devedor retarda culposamente o cumprimento da obrigação. Na hipótese mais comum, o sujeito se obriga a pagar a quantia de R$ 1.000,00, no dia 15, e, chegado o vencimento, simplesmente não paga.

Interessante notar que, se a obrigação for negativa (não fazer), e o indivíduo realizar a prestação que se comprometeu a não efetivar, não se poderá dizer ter havido mora, mas sim inadimplemento absoluto. Por isso, consoante já anotamos, fez bem o legislador de 2002, ao deslocar a regra do art. 390 do CC/2002[34] para o capítulo dedicado às disposições gerais do Título IV (Do Inadimplemento das Obrigações), retirando-a do capítulo específico sobre a mora, como fazia a legislação revogada. É o caso do sujeito que, obrigando-se a não levantar o muro, realiza a construção, incorrendo em inadimplência absoluta, e não simplesmente em mora, a partir da data em que realizou a obra.

Posto isso, com base no ensinamento de CLÓVIS BEVILÁQUA[35], podemos apontar os seguintes requisitos da mora do devedor:

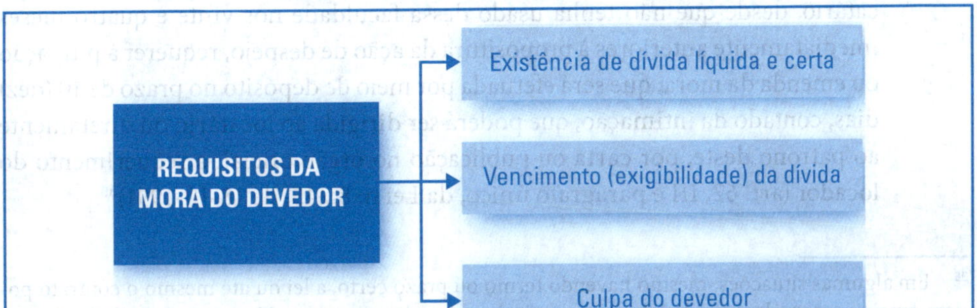


a) A existência de dívida líquida e certa — somente as obrigações certas quanto ao seu conteúdo e individualizadas quanto ao seu objeto podem viabilizar a ocorrência da

[34] "Art. 390. Nas obrigações negativas o devedor é havido por inadimplente desde o dia em que executou o ato de que se devia abster."

[35] BEVILÁQUA, Clóvis. *Direito das Obrigações*, Campinas: Red Livros, 2000, p. 152.

mora. Ninguém retarda culposamente o cumprimento de uma prestação incerta, ilíquida ou indeterminada. Se sou devedor de R$ 1.000,00 ou de determinado serviço de carpintaria, incorro em mora ao não realizar qualquer das prestações especificadas.

b) O vencimento (exigibilidade) da dívida — se a obrigação venceu, tornou-se exigível, e, por conseguinte, o retardamento culposo no seu cumprimento poderá caracterizar a mora. Lembre-se de que o não cumprimento das obrigações com termo de vencimento certo (dia 23 de junho, por exemplo) constitui de pleno direito em mora o devedor. Trata-se da chamada mora *ex re*. Aplica-se, aqui, a regra *dies interpellat pro homine*. Não havendo termo definido[36], o credor deverá interpelar o devedor judicial ou extrajudicialmente, para constituí-lo em mora. Cuida-se, nesse caso, da mora *ex persona*[37]. Finalmente, cumpre-nos anotar, seguindo a trilha de pensamento do brilhante ARRUDA ALVIM, ainda na vigência do CPC/1973, que "a citação inicial válida produz os seguintes efeitos: a) completa a formação do processo, agora em relação ao réu, pois o mesmo já existia entre o autor e o juiz, como relação bilateral (art. 263, CPC, primeira frase); ou, então, triangulariza a relação processual; b) e, especificamente, produz os efeitos discriminados no art. 219 do CPC, quais sejam, previne a competência, induz litispendência, faz litigiosa a coisa, constitui o devedor em mora e interrompe a prescrição"[38]. Assim, não tendo a obrigação vencimento certo, e mesmo sem prévia interpelação judicial ou extrajudicial, a citação do devedor em uma ação condenatória que tenha por objeto o cumprimento da prestação constitui, de pleno direito, o devedor em mora. Nesta última hipótese, se houver autorização legal ou contratual, e não se tendo operado o inadimplemento absoluto, o devedor poderá purgar a mora no prazo fixado pela lei, pelo contrato ou pelo próprio juiz da causa. Nos contratos de locação, por exemplo, poderá o locatário, desde que não tenha usado dessa faculdade nos vinte e quatro meses imediatamente anteriores à propositura da ação de despejo, requerer a purgação ou emenda da mora, que será efetuada por meio de depósito no prazo de 10 (dez) dias, contado da intimação, que poderá ser dirigida ao locatário ou diretamente ao patrono deste, por carta ou publicação no órgão oficial, a requerimento do locador (art. 62, III e parágrafo único, da Lei n. 8.245, de 18-10-1991)[39].

---

[36] Em algumas situações, mesmo havendo termo ou prazo certo, a lei ou até mesmo o contrato podem exigir a interpelação judicial para constituir o devedor em mora. Nesse ponto, vale lembrar o enunciado da Súmula 76 do STJ: "A falta de registro do compromisso de compra e venda de imóvel não dispensa a prévia interpelação para constituir o devedor em mora".

[37] No Código Civil de 2002: "Art. 397. O inadimplemento da obrigação, positiva e líquida, no seu termo, constitui de pleno direito em mora o devedor. Parágrafo único. Não havendo termo, a mora se constitui mediante interpelação judicial ou extrajudicial".

[38] ALVIM, José Manuel de Arruda. *Manual de Direito Processual Civil* — Processo de Conhecimento, 7. ed., v. 2, São Paulo: Revista dos Tribunais, 2001, p. 266. Os dispositivos mencionados referem-se ao Código de Processo Civil de 1973.

[39] A esse respeito, lembra Sílvio de Salvo Venosa, em excelente monografia sobre o assunto, que "por outro lado, não podendo o locatário purgar a mora, não pode também o fiador ou qualquer terceiro,

c) A culpa do devedor — já vimos linhas acima não haver mora sem a concorrência da atuação culposa do devedor. Veremos que este raciocínio não se aplica bem à hipótese de mora do credor. Mesmo se afirmando que o retardamento já firma uma presunção *juris tantum* de culpa, o fato é que, sem esta, o credor não poderá pretender responsabilizar o devedor (art. 396 do CC/2002).

Complementando esse rol, concordamos com ORLANDO GOMES[40] no sentido de que a mora somente se caracterizará se houver viabilidade do cumprimento tardio da obrigação. Vale dizer, se a prestação em atraso não interessar mais ao credor, este poderá considerar resolvida a obrigação, hipótese em que restará caracterizado o seu inadimplemento absoluto[41].

É por isso que o parágrafo único do art. 395 do CC/2002 prevê que, "se a prestação, devido à mora, se tornar inútil ao credor, este poderá enjeitá-la, e exigir a satisfação das perdas e danos". Trata-se, repita-se, de inadimplemento absoluto, em virtude do qual o credor deverá ser cabalmente indenizado, fazendo jus a receber o que efetivamente perdeu (dano emergente) e o que razoavelmente deixou de lucrar (lucros cessantes).

Ressalte-se que, nas obrigações provenientes de ato ilícito, considera-se o devedor em mora desde que o praticou, na forma do art. 398 do CC/2002.

Feitas tais considerações, devemos, nesse ponto, analisar quais são os efeitos jurídicos decorrentes da mora do devedor.

O primeiro deles é a sua responsabilidade civil pelo prejuízo causado ao credor em decorrência do descumprimento culposo da obrigação. Essa compensação, se não for apurada em procedimento autônomo, poderá vir expressa, previamente, no próprio título da obrigação, por meio de uma cláusula penal moratória, tema que será tratado adiante.

Nesse sentido, o art. 395, *caput*, do CC/2002 é claro ao dispor que "responde o devedor pelos prejuízos a que sua mora der causa, mais juros, atualização dos valores monetários segundo índices oficiais regularmente estabelecidos, e honorários de advogado". Os juros moratórios aqui referidos não devem ser confundidos com os compensatórios. Estes remuneram o credor pela disponibilização do capital ao devedor, ao passo que aqueles traduzem a compensação devida por força do atraso no cumprimento da obrigação, e são contados desde a citação (art. 405 do CC/2002).

O segundo efeito digno de nota diz respeito à responsabilidade pelo risco de destruição da coisa devida, durante o período em que há a mora do devedor. Trata-se da chamada *perpetuatio obligationis*, situação jurídica peculiar referida no art. 399 do CC/2002:

---

sob pena de ocorrer fraude à lei (JTACSP 89/395)" (*Lei do Inquilinato Comentada*, 5. ed., São Paulo: Atlas: 2001, p. 279). Sobre a Lei do Inquilinato, recomendamos também a clássica obra de SOUZA, Sylvio Capanema de: *A Nova Lei do Inquilinato Comentada*, Rio de Janeiro: Forense, 1992.

40 GOMES, Orlando, ob. cit., p. 203-4.

41 Na III Jornada de Direito Civil, realizada em novembro de 2004 no Superior Tribunal de Justiça, foi aprovado Enunciado n. 162, registrando que a "inutilidade da prestação, que autoriza a recusa da prestação por parte do credor, deverá ser aferida objetivamente, consoante o princípio da boa-fé e a manutenção do sinalagma e não de acordo com o mero interesse subjetivo do credor".

> "Art. 399. O devedor em mora responde pela impossibilidade da prestação, embora essa impossibilidade resulte de caso fortuito ou de força maior, se estes ocorrerem durante o atraso; salvo se provar isenção de culpa, ou que o dano sobreviria ainda quando a obrigação fosse oportunamente desempenhada".

A regra nos indica que, em caráter excepcional, o devedor poderá ser responsabilizado pela impossibilidade da prestação, ainda que decorrente de caso fortuito ou de força maior. Imagine o comodatário que recebeu um puro-sangue, a título de empréstimo gratuito por quinze dias, e, findo o prazo, atrasa a devolução do animal. Perecendo o cavalo em decorrência de uma enchente (evento fortuito) que inundou completamente o pasto onde estava, o devedor poderá ser responsabilizado com fundamento na referida norma legal.

Entretanto, se provar isenção de culpa — não na ocorrência do evento, obviamente, que poderá ser fortuito, mas no retardamento da prestação (imagine que o credor não pôde receber o animal, no dia convencionado, sem que o devedor houvesse concorrido para isso)[42] —, ou se provar que o dano sobreviria mesmo que a prestação fosse oportunamente desempenhada, como na hipótese de a enchente também haver invadido os pastos do credor, de maneira que afogaria o animal ainda que já estivesse sob a guarda do seu proprietário, cessará, nesses dois casos, a obrigação de indenizar.

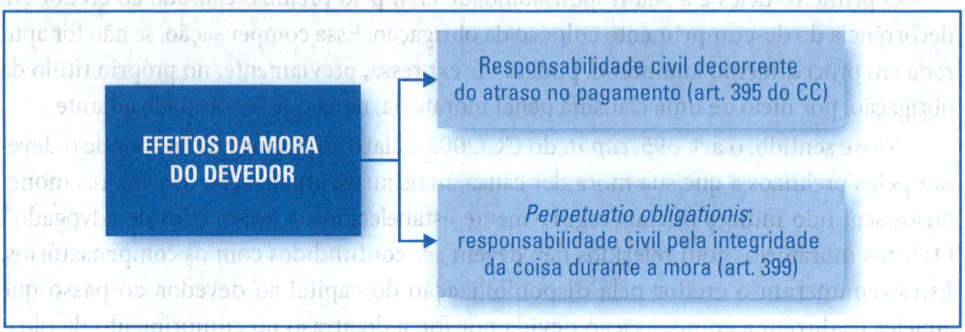


### 3.4.2. Mora do credor

Embora menos comum do que a mora do devedor, nada impede que o próprio sujeito ativo da relação obrigacional, recusando-se a receber a prestação no tempo, lugar e forma convencionados, incorra em mora.

Trata-se da mora do credor.

---

[42] A esse respeito, demonstrando que o devedor poderá provar não haver atuado culposamente para o atraso, visando ilidir a sua responsabilidade civil, anotam Nelson Nery Junior e Rosa Maria de Andrade Nery: "Em suma, este artigo, quando trata da isenção de culpa do devedor para liberá-lo da responsabilidade pela perpetuação da obrigação, na verdade se dirige a permitir a quebra da provisória presunção de culpa, ensejadora da presumida mora" (*Novo Código Civil e Legislação Extravagante Anotados*, São Paulo: Revista dos Tribunais, 2002, p. 175).

Muito se discutiu a respeito de sua natureza e características, tendo surgido respeitáveis vozes que afirmaram tratar-se de mora objetiva, ou seja, independente da atuação culposa do sujeito da relação obrigacional.

SILVIO RODRIGUES, por exemplo, afirma que "a mora do credor não requer o aditamento da noção de culpa para se caracterizar"[43].

CROME, citado por RUGGIERO, adotando posição mais radical, combatia o entendimento tradicional, argumentando que como o credor não era obrigado a nada, e não existia um direito do devedor a se eximir da obrigação, não se poderia conceber uma demora imputável a quem só tem direito a receber[44].

Salientando a falta de uniformidade da doutrina a respeito do tema, CAIO MÁRIO observa:

> "Um ponto existe, que é o centro de competição dos juristas. Enquanto uns mantêm posição extremada, entendendo que não há *mora accipiendi* na falta de culpa do credor, outros vão ao campo oposto, e sustentam que ela se caracteriza ainda quando o retardo ocorra por motivo de força maior"[45].

Em nosso entendimento, a mora do credor prescinde, de fato, da aferição de culpa. Desde que não queira receber a coisa injustificadamente, isto é, no tempo, lugar e forma que a lei ou a convenção estabelecer, sem razão plausível, o credor estará em mora, não sendo necessário que o devedor demonstre a sua atuação dolosa ou culposa.

Pode ocorrer, entretanto, que o credor esteja transitoriamente impedido de receber, por fato plenamente justificável, situação esta que, obviamente, não caracterizaria a sua mora. Esta somente se configura quando o devedor faz uma oferta real, e não simplesmente uma promessa, nos estritos termos da obrigação pactuada, e o credor, sem motivo justo ou aparente, recusa-se a receber.

Aí não importa se atuou com dolo ou culpa: recusando-se, está em mora.

Frequentemente, diante da recusa do credor, o devedor, pretendendo exonerar-se da obrigação, utiliza-se da consignação em pagamento, cujo procedimento vem regulado pelos arts. 539 a 549 do CPC/2015, que é uma forma especial de extinção de obrigações.

Não se deve confundir, outrossim, a *mora accipiendi* com situações em que a ausência da colaboração necessária do credor produz a desoneração definitiva do devedor, porque este se obrigou, por exemplo, a oferecer a prestação em determinado momento (prazo fixo), sendo o próprio credor (por fato a ele imputável) que não a recebeu. A prestação não é, em si mesma, impossível, mas não poderá mais beneficiar aquele credor. É o caso do sujeito que se inscreve num cruzeiro, paga a inscrição, mas falta à partida do

---

43 RODRIGUES, Silvio, ob. cit., p. 246.

44 RUGGIERO, Roberto de. *Instituições de Direito Civil*, v. 3, Campinas: Bookseller, 1999, p. 181.

45 PEREIRA, Caio Mário da Silva, ob. cit., p. 199.

barco (porque resolveu não ir ou por qualquer outra razão)[46]. Nesse caso, tendo pago a inscrição, era o sujeito credor da prestação, mas, por ato unicamente imputável a si, não permitiu a realização do objeto da obrigação, o que desonera, definitivamente, o devedor, sem o obrigar às perdas e danos.

Quanto aos efeitos da mora do credor, o art. 400 do CC/2002 dispõe o seguinte:

> "Art. 400. A mora do credor subtrai o devedor isento de dolo à responsabilidade pela conservação da coisa, obriga o credor a ressarcir as despesas empregadas em conservá-la, e sujeita-o a recebê-la pela estimação mais favorável ao devedor, se o seu valor oscilar entre o dia estabelecido para o pagamento e o da sua efetivação".

Nos termos deste dispositivo legal, a *mora accipiendi* produz os seguintes efeitos jurídicos:

a) subtrai do devedor o ônus pela guarda da coisa, ressalvada a hipótese de ter agido com dolo — neste caso, se o devedor, por exemplo, apresentou-se para devolver o touro reprodutor de propriedade do credor, e estando este em mora de receber, poderá providenciar o seu depósito judicial, à custa do credor moroso. Caso permaneça com o animal e realize despesas, poderá cobrá-las posteriormente. O que a lei proíbe, à luz do superior princípio ético da boa-fé, é que o devedor atue dolosamente, abandonando o animal na estrada ou deixando de alimentá-lo. Em tais casos, a sua responsabilidade persiste;

b) obriga o credor a ressarcir o devedor pelas despesas de conservação da coisa — conforme vimos acima, estando o credor em mora, correm por sua conta as despesas ordinárias e extraordinárias, de natureza necessária, empreendidas pelo devedor, que fará jus ao devido ressarcimento, monetariamente corrigido;

c) sujeita o credor a receber a coisa pela estimação mais favorável ao devedor, se houver oscilação entre o dia estabelecido para o pagamento (vencimento) e o dia de sua efetivação — assim, se o devedor se obrigou a transferir, em virtude de uma compra e venda, no dia 15, um touro reprodutor pelo preço de R$ 10.000,00, e o credor retardou injustificadamente o recebimento da coisa, somente efetivado no dia 25, quando a cotação do animal atingiu o preço de R$ 12.000,00, deverá o referido credor moroso arcar com a diferença, pagando o valor maior. Se a oscilação for para menor, todavia, deverá pagar o preço convencionado.

### 3.4.3. Purgação e cessação da mora

A purgação ou emenda da mora consiste no ato jurídico por meio do qual a parte neutraliza os efeitos do seu retardamento, ofertando a prestação devida (*mora solvendi*)

[46] VARELA, João de Matos Antunes. *Das Obrigações em Geral*, 7. ed., v. 3, Coimbra: Almedina, 1997, p. 163.

ou aceitando-a no tempo, lugar e forma estabelecidos pela lei ou pelo título da obrigação (*mora accipiendi*).

Por parte do devedor, a purgação da mora efetiva-se com a sua oferta real, devendo abranger a prestação mais a importância dos prejuízos decorrentes do atraso (juros de mora, cláusula penal, despesas realizadas para a cobrança da dívida etc.). Tratando-se de prestação pecuniária, deverá ser corrigida monetariamente, caso seja necessário (art. 401, I, do CC/2002).

Por parte do credor, a emenda se dá oferecendo-se este a receber o pagamento, e sujeitando-se aos efeitos da mora até a mesma data. Esses efeitos foram vistos acima, ao analisarmos o art. 400 do CC/2002. Não esqueça que o credor deverá indenizar o devedor por todos os prejuízos que este experimentou por força de seu atraso (art. 401, II, do CC/2002).

Vale mencionar também que a eficácia da purgação da mora é para o futuro (*ex nunc*), de forma que os efeitos jurídicos até então produzidos deverão ser observados (os juros devidos pelo atraso, até o dia da emenda, por exemplo).

Importa ainda diferenciarmos a purgação da cessação da mora.

A primeira, como visto, traduz uma atuação reparadora do sujeito moroso, neutralizando os efeitos de seu retardamento. A segunda, por sua vez, é mais abrangente, e decorre da própria extinção da obrigação. É o que se dá, por exemplo, quando se opera a novação ou a remissão de dívida. A sua eficácia é retroativa (*ex tunc*).

Em nosso entendimento, a purgação da mora deverá vir prevista em lei[47] ou no contrato, uma vez que implica restrição à liberdade negocial e ao direito do credor, devendo ocorrer até o momento da contestação da lide, na falta de dispositivo legal expresso em contrário.

Vale registrar, porém, o entendimento da Súmula 173 do STF, na parte de purgação, explicitando a possibilidade de purgar a mora, sem extinguir obrigação principal, ao afirmar que "em caso de obstáculo judicial admite-se a purga da mora, pelo locatário, além do prazo legal"[48].

Finalmente, é bom que se diga que o Código Civil de 2002, contornando uma impropriedade do Código anterior, suprimiu o inciso III do revogado art. 959 da lei anterior, o qual fazia referência à purgação da mora de ambos os contraentes, quando houvesse renúncia recíproca por parte dos sujeitos da relação jurídica obrigacional.

---

[47] Entre os diplomas normativos que admitem a emenda ou purgação da mora, merecem a nossa referência o art. 62, III e parágrafo único, da Lei n. 8.245, de 18 de outubro de 1991 (que trata da locação dos imóveis urbanos), e o art. 14 do Decreto-lei n. 58/37 (disciplinador do loteamento e venda de terrenos para pagamento em prestações, com a previsão da promessa irretratável de compra e venda), apenas a título meramente exemplificativo.

[48] Sobre purgação da mora, confiram-se, ainda, no Supremo Tribunal Federal, as Súmulas 122 ("O enfiteuta pode purgar a mora enquanto não decretado o comisso por sentença") e 123 ("Sendo a locação regida pelo Decreto n. 24.150, de 20-4-1934, o locatário não tem direito à purgação da mora prevista na Lei n. 1.300, de 28-12-1950").

Certa a conclusão de SÍLVIO VENOSA no sentido de que, nesse caso, "estando ambos em mora, elas se anulam, já que as partes colocam-se em estado idêntico e uma nada pode imputar à outra". É como se os efeitos da mora simultânea de uma parte e de outra se eliminassem reciprocamente, não havendo que se cogitar de renúncia[49].

## 4. CLÁUSULA PENAL

A cláusula penal é um pacto acessório, pelo qual as partes de determinado negócio jurídico fixam, previamente, a indenização devida em caso de descumprimento culposo da obrigação principal, de alguma cláusula do contrato ou em caso de mora.

Em outras palavras, a cláusula penal, também denominada pena convencional, tem a precípua função de pré-liquidar danos, em caráter antecipado, para o caso de inadimplemento culposo, absoluto ou relativo, da obrigação.

Segundo CLÓVIS BEVILÁQUA,

> "não se confunde esta pena convencional com as repressões impostas pelo direito criminal, as quais cabe somente ao poder público aplicar em nossos dias. A pena convencional é puramente econômica, devendo consistir no pagamento de uma soma, ou execução de outra prestação que pode ser objeto de obrigações"[50].

Basicamente, podemos atribuir duas finalidades essenciais à cláusula penal: a função de pré-liquidação de danos e a função intimidatória.

A primeira decorre de sua própria estipulação: a pena convencional pretende indenizar previamente a parte prejudicada pelo inadimplemento obrigacional. A segunda função, não menos importante, atua muito mais no âmbito psicológico do devedor, influindo para que ele não deixe de solver o débito, no tempo e na forma estipulados.

Exemplo muito comum de aplicação do instituto extraímos dos contratos de locação. Atrasando o pagamento, o locatário estará adstrito ao pagamento da pena convencional.

Frequentemente, os formandos em Direito, na iminência da inesquecível solenidade de colação de grau, alugam a beca para o evento; no contrato de locação é muito usual a estipulação da cláusula penal para o caso de não devolverem a roupa em perfeito estado de conservação.

A despeito de não conceituar a cláusula penal, o Código Civil de 2002 dispõe, em seu art. 408, que "incorre de pleno direito o devedor na cláusula penal, desde que, culposamente, deixe de cumprir a obrigação ou se constitua em mora".

O art. 409, por sua vez, complementa a regra anterior, estabelecendo que "a cláusula penal, estipulada conjuntamente com a obrigação, ou em ato posterior, pode referir-se à inexecução completa da obrigação, à de alguma cláusula especial ou simplesmente à mora".

[49] VENOSA, Sílvio de Salvo. *Direito Civil* — Teoria Geral das Obrigações e Teoria Geral dos Contratos, 5. ed., São Paulo: Atlas, 2005, p. 247.

[50] BEVILÁQUA, Clóvis. *Theoria Geral do Direito Civil*, Campinas: Red Livros, 2000, p. 104.

Da análise dessas normas, podemos identificar as seguintes espécies de cláusula penal:

a) cláusula penal compensatória (estipulada para o caso de descumprimento da obrigação principal);
b) cláusula penal moratória (estipulada para o caso de haver infringência de qualquer das cláusulas do contrato, ou inadimplemento relativo — mora).

Analisemos, a seguir, essas duas espécies.

A cláusula penal compensatória, como vimos, é estipulada para o caso de haver descumprimento culposo da própria obrigação.

Quando se estipular a cláusula penal para o caso de descumprimento da obrigação, o credor poderá, a seu critério, nos termos do art. 410 do CC/2002, exigi-la, a título das perdas e danos sofridos, no valor pactuado, ou, se for possível faticamente e do seu interesse, executar o contrato, forçando o cumprimento da obrigação principal, por meio da imposição de multa cominatória, se a natureza da prestação pactuada o permitir.

Note-se que é uma situação distinta da obrigação facultativa (também denominada obrigação com faculdade alternativa ou obrigação com faculdade de substituição), pois, nesta última, a faculdade de escolha é do devedor, enquanto, na cláusula penal, para o caso de total inadimplemento da obrigação, a faculdade de escolha é do credor.

O que não pode é cumulativamente exigir a cláusula e pleitear indenização.

Revendo, inclusive, ponto já defendido em sala de aula, acreditamos que o credor também não tem a opção de ajuizamento de ação autônoma, de cunho indenizatório (para apuração do dano e fixação do seu correspondente valor), uma vez que isso seria incompatível com a própria natureza da estipulação de uma cláusula penal, que é a pré-tarifação das perdas e danos, não havendo, além disso, interesse de agir na propositura dessa ação.

Nesse sentido é o posicionamento de CLÓVIS BEVILÁQUA, para quem, escolhida a pena, "desaparece a obrigação originária, e com ela o direito de pedir perdas e danos, já que se acham prefixados na pena. Se o credor escolher o cumprimento da obrigação, e não puder obtê-la, a pena funcionará como compensatória das perdas e danos"[51].

Atente-se, portanto, para o fato de que, se o prejuízo do credor exceder ao previsto na cláusula penal, não poderá ele exigir outra indenização, em regra. Uma das novidades, entretanto, do Código Civil brasileiro de 2002 é a admissão da possibilidade de exigência de indenização suplementar, se isso houver sido convencionado. Neste caso, a pena prevista valerá como mínimo da indenização, cabendo ao credor demonstrar o prejuízo excedente (art. 416, parágrafo único, do CC/2002).

---

[51] BEVILÁQUA, Clóvis. *Código Civil Comentado*, 10. ed., v. 4, Rio de Janeiro: Francisco Alves, 1955, p. 70.

Assim, se a pena convencional é de R$ 1.000,00, mas o meu prejuízo foi de R$ 1.500,00, só poderei exigir maior valor se houver previsão contratual nesse sentido. A norma legal pretendeu, em tal hipótese, imprimir maior seriedade e segurança à estipulação da pena convencional.

Essa estipulação da possibilidade de indenização suplementar, embora não prevista no Código Civil de 1916, já ocorria em nosso sistema, notadamente nos contratos de grandes corporações, que, por tratarem de quantias vultosas (muitas vezes em diferentes parâmetros monetários), pactuavam, a título de pena convencional, apenas o *quantum minimum* da indenização, para eventual discussão judicial ou por arbitragem.

Vale lembrar ainda que a pena convencional prevista no contrato não poderá, por expressa disposição legal (art. 412 do CC/2002), exceder o valor da obrigação principal, sob pena de invalidade.

Se determinado contrato tem o valor de R$ 10.000,00 (correspondente à expressão pecuniária da prestação principal), não se poderá, obviamente, sob pena de violação ao princípio que veda o enriquecimento sem causa, estipular cláusula penal compensatória no valor de R$ 12.000,00. Como vimos, se o credor, diante do inadimplemento absoluto do devedor, entender que o seu prejuízo ultrapassa a expectativa anteriormente pactuada (R$ 10.000,00), só poderá exigir o restante (R$ 2.000,00) se houver expressa disposição convencional nesse sentido, valendo a pena como mínimo da indenização. Ressalte-se que, sem tal previsão autorizativa, sofrerá o credor o prejuízo pelo excedente.

O que não se admite, pois, é que em determinado contrato se estabeleça, previamente, cláusula penal cujo valor exceda a expressão econômica da prestação principal. Caso isso ocorra, poderá o juiz reduzir equitativamente a pena convencional, *ex vi* do disposto no art. 413 do CC/2002:

> "Art. 413. A penalidade deve ser reduzida equitativamente pelo juiz se a obrigação principal tiver sido cumprida em parte, ou se o montante da penalidade for manifestamente excessivo, tendo-se em vista a natureza e a finalidade do negócio"[52].

[52] "RECURSO ESPECIAL. AÇÃO DE COBRANÇA DE MULTA POR RESCISÃO ANTECIPADA DE CONTRATO DE PRESTAÇÃO DE SERVIÇOS. CLÁUSULA PENAL COMPENSATÓRIA. CUMPRIMENTO PARCIAL DA OBRIGAÇÃO. REDUÇÃO JUDICIAL EQUITATIVA. 1. A cláusula penal constitui elemento oriundo de convenção entre os contratantes, mas sua fixação não fica ao total e ilimitado alvedrio destes, já que o ordenamento jurídico prevê normas imperativas e cogentes, que possuem o escopo de preservar o equilíbrio econômico financeiro da avença, afastando o excesso configurador de enriquecimento sem causa de qualquer uma das partes. É o que se depreende dos artigos 412 e 413 do Código Civil de 2002 (artigos 920 e 924 do codex revogado). 2. Nessa perspectiva, a multa contratual deve ser proporcional ao dano sofrido pela parte cuja expectativa fora frustrada, não podendo traduzir valores ou penas exorbitantes ao descumprimento do contrato. Caso contrário, poder-se-ia consagrar situação incoerente, em que o inadimplemento parcial da obrigação se revelasse mais vantajoso que sua satisfação integral. 3. Outrossim, a redução judicial da cláusula penal, imposta pelo artigo 413 do Código Civil nos casos de cumprimento parcial da obrigação principal ou de evidente excesso do valor fixado, deve observar o critério da equidade, não significando redução pro-

Tendo em vista esse permissivo legal, concluímos que a redução do valor da pena convencional poderá se dar em duas hipóteses:

a) se a obrigação já houver sido cumprida em parte pelo devedor — que, nesse caso, teria direito ao abatimento proporcional à parcela da prestação já adimplida;
b) se houver manifesto excesso da penalidade, tendo-se em vista a natureza e finalidade do negócio.

Quanto a essas hipóteses de redução judicial, concordamos com respeitável parcela da doutrina no sentido de que a utilização do verbo "dever" impõe ao juiz a redução da pena convencional, sob pena de uma das partes restar excessivamente onerada. Até porque não haveria sentido a cobrança de uma cláusula penal que extrapolasse o valor máximo do contrato.

Se a cláusula penal for instituída para o caso de inadimplemento relativo da obrigação (mora) ou infringência de determinada cláusula contratual, objetivou-se, com isso,

---

porcional. Isso porque a equidade é cláusula geral que visa a um modelo ideal de justiça, com aplicação excepcional nas hipóteses legalmente previstas. Tal instituto tem diversas funções, dentre elas a equidade corretiva, que visa ao equilíbrio das prestações. Daí a opção do legislador de utilizá-la como parâmetro para o balanceamento judicial da pena convencional. 4. No presente caso, a cláusula penal compensatória foi fixada em R$ 1.000.000,00 (um milhão de reais), havendo, no contrato, regras distintas quanto aos ganhos financeiros de cada parte. Para a Rede TV, "toda e qualquer receita ou proveito obtido com a cessão, exibição ou reexibição dos programas" apresentados pelo artista, que cedera seus direitos autorais e conexos, bem como os de imagem e som de voz, existindo, outrossim, cláusula de exclusividade em televisão e internet, impedindo-o de exercer seu ofício em outras emissoras. O cantor Latino, nos termos do contrato, fazia jus à remuneração total máxima de R$ 480.000,00 (quatrocentos e oitenta mil reais). 5. Consoante notório, os proveitos obtidos pelos artistas — especialmente aqueles cujas imagens aparecem na televisão — não se resumem às remunerações expressamente previstas nos contratos celebrados com as emissoras. É que o direito de imagem e conexos desse profissionais costumam ser valiosos, conferindo aos empregadores grandes lucros com sua exibição, realização de merchandising de variados bens de consumo, comercialização de intervalos publicitários, entre outros. 6. Daí se extrai a justificativa para que a indenização arbitrada para o caso de rompimento imotivado do presente contrato tenha sido de expressiva monta. É que as eventuais perdas e danos da emissora também foram utilizadas como parâmetro caso o artista rescindisse a avença. Desse modo, a assessoria jurídica da ré com certeza avaliou o fato de que a limitação da cláusula penal à obrigação remuneratória não cobriria os custos arcados, nem tampouco os ganhos eventualmente perdidos com a rescisão antecipada. 7. Nesse passo, caso limitada a cláusula penal à obrigação remuneratória atribuída ao artista, o princípio da equivalência entre as partes não seria observado, pois o valor da multa teria limites diversos a depender do transgressor do termo de vigência contratual. Para o cantor, o valor máximo de R$ 480.000,00 (quatrocentos e oitenta mil reais), em razão da remuneração anual prevista, e, para a emissora, a quantia de R$ 1.000.000,00 (um milhão de reais) poderia ser considerada insuficiente diante dos prejuízos experimentados. 8. A redução da aludida multa para R$ 500.000,00 (quinhentos mil reais), pelas instâncias ordinárias, em razão do cumprimento parcial do prazo estabelecido no contrato, observou o critério da equidade, coadunando-se com o propósito inserto na cláusula penal compensatória: prévia liquidação das perdas e danos experimentados pela parte prejudicada pela rescisão antecipada e imotivada do pacto firmado, observada as peculiaridades das obrigações aventadas. 9. Recurso especial não provido" (STJ, REsp 1.466.177/SP, Rel. Min. Luis Felipe Salomão, 4ª T., julgado em 20-6-2017, *DJe* 1º-8-2017).

apenas a pré-liquidação de danos decorrentes do atraso culposo no cumprimento da obrigação ou do descumprimento de determinada cláusula estipulada, de forma que, por óbvio, seu valor pecuniário deverá ser menor do que aquele que seria devido se se tratasse de cláusula compensatória por inexecução total da obrigação.

Nesses casos, tratando-se de cláusula penal moratória, o Código Civil admite que o credor cumulativamente exija a satisfação da pena cominada, juntamente com o cumprimento da obrigação principal (art. 411 do CC/2002):

> "Art. 411. Quando se estipular a cláusula penal para o caso de mora, ou em segurança especial de outra cláusula determinada, terá o credor o arbítrio de exigir a satisfação da pena cominada, juntamente com o desempenho da obrigação principal".

Manifestando-se a respeito, o sábio SILVIO RODRIGUES pontifica que

> "se a disposição contratual tiver o propósito de desencorajar a mora, ou de assegurar o cumprimento de uma cláusula da avença, portanto cláusula moratória, permite a lei que se ajunte o pedido de multa ao da prestação principal"[53].

Lembre-se, nesse ponto, que o Código de Defesa do Consumidor limita a 2% a pena convencional dos contratos de consumo no Brasil (art. 52, § 1º, do CDC).

A propósito, vale ainda salientar o entendimento da Segunda Seção do Superior Tribunal de Justiça, fixado em recurso repetitivo, segundo o qual a "cláusula penal moratória tem a finalidade de indenizar pelo adimplemento tardio da obrigação, e, em regra, estabelecida em valor equivalente ao locativo, afasta-se sua cumulação com lucros cessantes" (tema 970)[54], como se dá, por exemplo, no atraso para a entrega de apartamento.

No processo do trabalho, em que a busca por soluções autocompositivas é erigida a princípio, devendo o magistrado propugnar pela conciliação das partes, a cláusula penal moratória é amplamente utilizada, com menção expressa na Consolidação das Leis do Trabalho da possibilidade de cumulação com a obrigação principal estabelecida[55].

Destaque-se, ainda, que a Lei n. 13.786, de 27 de dezembro de 2018 (conhecida como a "Lei do Distrato"), alterou a Lei n. 4.591, de 16 de dezembro de 1964 (Lei sobre Condomínio em Edificações e sobre Incorporações Imobiliárias), para estabelecer, por meio do seu art. 67-A, II, que, no caso de desfazimento de contrato celebrado exclusivamente com o incorporador, mediante distrato ou resolução por inadimplemento absoluto de obrigação do adquirente, este fará jus à restituição das quantias que houver pago

---

[53] RODRIGUES, Silvio. *Direito Civil* — Parte Geral das Obrigações, 30. ed., v. 2, São Paulo: Saraiva, 2008, p. 271.

[54] REsp 1.635.428, REsp 1.498.484, REsp 1.614.721, REsp 1.631.485.

[55] "Art. 846. Aberta a audiência, o juiz ou presidente proporá a conciliação. § 1º Se houver acordo lavrar-se-á termo, assinado pelo presidente e demais litigantes, consignando-se o prazo e demais condições para seu cumprimento. § 2º Entre as condições a que se refere o parágrafo anterior, poderá ser estabelecida a de ficar a parte que não cumprir o acordo obrigada a satisfazer integralmente o pedido ou pagar uma indenização convencionada, sem prejuízo do cumprimento do acordo."

diretamente ao incorporador, devidamente atualizadas, mas com a dedução da pena convencional, estabelecendo-se um limite legal de 25% da quantia paga (além de autorizar a dedução da integralidade da comissão de corretagem, no inciso I)[56].

Por fim, cumpre-nos mencionar que, levando-se em conta que a cláusula penal traduz a liquidação antecipada de danos, realizada pelas próprias partes contratantes, uma vez ocorrido o descumprimento obrigacional, não precisará o credor provar o prejuízo, uma vez que este será presumido (art. 416 do CC/2002). Ressalvamos, apenas, a hipótese de o próprio contrato haver admitido a indenização suplementar (art. 416, parágrafo único), consoante vimos anteriormente, caso em que o credor deverá provar o prejuízo que excedeu o valor da pena convencional.

Caso a obrigação seja indivisível, a exemplo daquela que tem por objeto a entrega de um animal, descumprindo a avença qualquer dos coobrigados, todos incorrerão na pena convencional, embora somente o culpado esteja obrigado a pagá-la integralmente. Isso quer dizer que os outros devedores, que não hajam atuado com culpa, responderão na respectiva proporção de suas quotas, assistindo-lhes direito de regresso contra aquele que deu causa à aplicação da pena (art. 414 do CC/2002).

Por outro lado, sendo divisível a obrigação, como ocorre frequentemente nas de natureza pecuniária, só incorrerá na pena o devedor ou o herdeiro do devedor (se a obrigação foi transmitida *mortis causa*) que a infringir, e proporcionalmente à sua parte na obrigação (art. 415 do CC/2002).

Lembre-se, ainda, de que, se a obrigação for solidária, pelas perdas e danos só responderá o culpado, nos termos do art. 279 do CC/2002.

Por fim, merece algumas considerações a possibilidade da denominada "inversão da cláusula penal".

Com efeito, estabeleceu o Superior Tribunal de Justiça, por meio da sua Segunda Seção, em recurso repetitivo, que no "contrato de adesão firmado entre o comprador e a construtora/incorporadora, havendo previsão de cláusula penal apenas para o inadimplemento do adquirente, deverá ela ser considerada para a fixação da indenização pelo inadimplemento do vendedor. As obrigações heterogêneas (obrigações de fazer e de dar) serão convertidas em dinheiro, por arbitramento judicial" (tema 971)[57].

Essa tese, ao permitir que a cláusula penal direcionada a uma das partes possa atuar em favor da outra, não traz, em nosso sentir, propriamente, uma inversão, mas, sim, tão

56 Registre-se que, conforme § 5º do mencionado art. 67-A, "quando a incorporação estiver submetida ao regime do patrimônio de afetação, de que tratam os arts. 31-A a 31-F desta Lei, o incorporador restituirá os valores pagos pelo adquirente, deduzidos os valores descritos neste artigo e atualizados com base no índice contratualmente estabelecido para a correção monetária das parcelas do preço do imóvel, no prazo máximo de 30 (trinta) dias após o habite-se ou documento equivalente expedido pelo órgão público municipal competente, admitindo-se, nessa hipótese, que a pena referida no inciso II do *caput* deste artigo seja estabelecida até o limite de 50% (cinquenta por cento) da quantia paga".

57 REsp 1.635.428, REsp 1.498.484, REsp 1.614.721, REsp 1.631.485.

somente, a fixação de um parâmetro quantitativo para que a parte não beneficiada originalmente pela cláusula possa dele se valer.

O Código Civil de 1916 continha dispositivo no sentido de que a nulidade da obrigação principal importaria na da cláusula penal correspondente.

A nova e vigente Lei Codificada, por sua vez, suprimiu a referência a essa regra legal, talvez por considerá-la desnecessária.

Ora, se a obrigação principal por qualquer motivo é declarada nula ou simplesmente anulada, obviamente que a pena convencional, pacto acessório que é, restará prejudicada, até mesmo por aplicação da regra da parte geral — concebida para os bens, mas aplicáveis às obrigações — de que acessório é aquele cuja existência supõe a do principal[58].

Por isso, a despeito da omissão legal, entendemos, por princípio, subsistir a regra, que fora defendida por CLÓVIS BEVILÁQUA nos seguintes termos:

> "Se a obrigação principal for ilícita, contrária aos bons costumes ou se tornar impossível por fato do credor, não subsistirá, e com ela, desaparecerá a pena, envolvida na mesma nulidade. Nem é justificável o Código Civil argentino, quando considera eficaz a pena convencional assecuratória de obrigações inexigíveis juridicamente, sempre que não sejam propriamente reprovadas por lei (art. 666), porque a natureza da prestação acessória se deve ressentir da ineficácia e da inconsistência daquela de que depende a sua existência. Se a obrigação principal é insubsistente, pelas razões indicadas, insubsistente deve ser a cláusula penal acessória (Cód. Civil, art. 922)"[59].

Costuma a doutrina diferenciar a cláusula penal de institutos jurídicos análogos.

Cuidaremos das distinções que reputamos mais importantes.

Não se confunde, por exemplo, com as arras penitenciais — tema adiante desenvolvido —, uma vez que estas, além de serem pagas antecipadamente, garantem ao contraente o direito de se arrepender — desfazendo, portanto, o negócio —, não obstante as arras dadas. Diferentemente, a cláusula penal, além de não ser paga antecipadamente, somente será devida em caso de inadimplemento culposo da obrigação, tendo nítido caráter indenizatório. Ademais, a pena convencional não garante direito de arrependimento algum.

Na mesma linha, não se há que identificar o instituto sob análise com as obrigações alternativas. Nessas, como já vimos, existe um vínculo obrigacional com objeto múltiplo, cabendo a escolha ao credor ou ao devedor. A cláusula penal, por sua vez, além de não ser necessariamente alternativa à prestação principal, somente será devida quando esta for descumprida, a título indenizatório[60].

[58] CC/2002, art. 92: "Principal é o bem que existe sobre si, abstrata ou concretamente; acessório, aquele cuja existência supõe a do principal".

[59] BEVILÁQUA, Clóvis, ob. cit., p. 107-8.

[60] Nesse sentido, VENOSA, Sílvio de Salvo. *Direito Civil* — Teoria Geral das Obrigações e Teoria Geral dos Contratos, 2. ed., São Paulo: Atlas, 2002, p. 174.

Difere, também, da chamada *astreinte* (multa diária para compelir o cumprimento de uma obrigação de fazer), por se tratar esta última de cominação não decorrente da manifestação da vontade das partes, mas sim da atuação do Estado-Juiz para efetiva tutela da obrigação pactuada.

## 5. ARRAS

Para que não pairem dúvidas quanto à exata compreensão da matéria, é bom que se diga que o Código Civil de 1916 tratou das arras no Capítulo 3, Título IV, do Livro III, ao disciplinar as disposições gerais dos contratos (arts. 1.094 a 1.097).

Diferentemente, o Código Civil de 2002 optou por antecipar o tratamento do tema, regulando as arras ao final do seu Título III, antes de iniciar as disposições gerais sobre os contratos (arts. 417 a 420).

De fato, conforme veremos abaixo, trata-se de matéria diretamente ligada à teoria geral das obrigações e dos contratos, sendo conveniente, em respeito inclusive à ordem do atual Código, analisá-la neste momento.

Traçando a evolução histórica e a variação etimológica do assunto, CAIO MÁRIO DA SILVA PEREIRA nos lembra que

> "a palavra arra, que nos veio diretamente do latim *arrha*, pode ser pesquisada retrospectivamente no grego *arrâbon*, no hebraico *arravon*, no persa *rabab*, no egípcio *aerb*, com sentido de penhor, garantia. É a mesma ideia que subsistiu através dos tempos. Sua riqueza de acepções demonstra, bem como a utilização do conceito em vários setores, técnicos e profanos, evidencia a sua utilização frequente. Em vernáculo mesmo, significou de um lado o penhor, a quantia dada em garantia de um ajuste, como também a quantia ou os bens prometidos pelo noivo para sustento da esposa se ela lhe sobrevivesse, sentido em que a emprega Alexandre Herculano, num evidente paralelismo com o dote"[61].

Em tradicional e respeitável definição, CLÓVIS BEVILÁQUA conceitua as arras ou sinal como "tudo quanto uma das partes contratantes entrega à outra, como penhor da firmeza da obrigação contraída"[62]. Claro está que a palavra "penhor", empregada nesta definição, não traduz o direito real de garantia, mas nos transmite uma ideia genérica de garantia, de segurança.

Trata-se, portanto, de uma disposição convencional pela qual uma das partes entrega determinado bem à outra — em geral, dinheiro —, em garantia da obrigação pactuada. Poderá ou não, a depender da espécie das arras dadas, conferir às partes o direito de arrependimento, conforme veremos abaixo.

---

[61] PEREIRA, Caio Mário da Silva. *Instituições de Direito Civil*, 10. ed., v. 3, Rio de Janeiro: Forense, 2001, p. 57.

[62] BEVILÁQUA, Clóvis. *Theoria Geral do Direito Civil*, Campinas: Red Livros, 2000, p. 239.

As arras ou sinal podem apresentar-se em duas modalidades distintas, com diversas finalidades, a saber, as arras confirmatórias e as arras penitenciais.

Em uma primeira modalidade, as arras significam princípio de pagamento; é o sinal dado por uma das partes à outra, marcando o início da execução do negócio.

Trata-se das arras confirmatórias, que vinham expressamente referidas no art. 1.094 do Código Civil de 1916: "O sinal, ou arras, dado por um dos contraentes, firma presunção de acordo final, e torna obrigatório o contrato".

Nesse caso, as arras simplesmente confirmam a avença, não assistindo às partes direito de arrependimento algum. Caso deixem de cumprir a sua obrigação, serão consideradas inadimplentes, sujeitando-se ao pagamento das perdas e danos.

Assim, nas vendas a prazo, é muito comum que o vendedor exija o pagamento de um sinal, cuja natureza é, indiscutivelmente, de arras confirmatórias, significando princípio de pagamento. Prestadas as arras, as partes não poderão voltar atrás.

O Código Civil de 2002, aprimorando o tratamento da matéria, cuida de disciplinar o destino das arras confirmatórias após a conclusão do negócio, nos termos do seu art. 417:

> "Art. 417. Se, por ocasião da conclusão do contrato, uma parte der à outra, a título de arras, dinheiro ou outro bem móvel, deverão as arras, em caso de execução, ser restituídas ou computadas na prestação devida, se do mesmo gênero da principal".

Da leitura da norma, conclui-se, facilmente, que as arras confirmatórias não admitem direito de arrependimento. Pelo contrário, como no sistema anterior, firmam princípio de pagamento. Se, entretanto, for da mesma natureza da prestação principal (o que ocorre comumente quando as arras consistem em dinheiro), serão computadas no valor devido, para efeito de amortizar a dívida. Por outro lado, tendo natureza diversa (joias, por exemplo), deverão ser restituídas, ao final da execução do negócio.

E o que aconteceria se, não obstante as arras dadas, o contrato não fosse cumprido?

Nesse caso, responde-nos o art. 418 do CC/2002, "se a parte que deu as arras não executar o contrato, poderá a outra tê-lo por desfeito, retendo as arras dadas; se, entretanto, a inexecução obrigacional for de quem recebeu as arras, poderá quem as deu haver o contrato por desfeito, e exigir a sua devolução mais o equivalente, com atualização monetária, segundo os índices oficiais, juros e honorários de advogado".

O vigente dispositivo legal é mais bem redigido que o anterior, uma vez que supera o inconveniente técnico do Código revogado de somente se referir à parte que deu as arras, nos termos do seu art. 1.097.

Além de só trazer previsão sobre "quem deu as arras", e não "quem as recebeu", a lei anterior não admitia expressamente que a parte inocente pudesse reclamar perdas e danos, se o seu prejuízo fosse maior do que o valor das arras dadas.

Criticando esse dispositivo, SILVIO RODRIGUES demonstra a única forma razoável de se interpretar o referido artigo de lei:

> "a) se o contratante inadimplente deu arras, pode a outra parte guardá-las, a título de indenização, ou pleitear a reparação integral do prejuízo. Neste último caso, as arras devem ser imputadas na indenização;
>
> b) se inadimplente for o contratante que recebeu o sinal, pode o outro ou reclamar indenização pelo prejuízo que provar ter sofrido, ou pleitear apenas a devolução em dobro das arras"[63].

O Código Civil de 2002, como visto, superou a impropriedade técnica da regra anterior, ao reconhecer, em seu art. 418, o direito de ambos os contraentes à retenção das arras, sem prejuízo de indenização suplementar, se o montante do prejuízo superar o valor econômico das referidas arras.

Nesse sentido, o art. 419 do CC/2002, sem correspondente na lei revogada:

> "Art. 419. A parte inocente pode pedir indenização suplementar, se provar maior prejuízo, valendo as arras como taxa mínima. Pode, também, a parte inocente exigir a execução do contrato, com as perdas e danos, valendo as arras como o mínimo da indenização".

Exemplificando a hipótese normativa, podemos citar o contrato celebrado entre uma sociedade empresária e uma importadora, para a aquisição de um maquinário fabricado no exterior. A sociedade efetiva o negócio, pagando o sinal (arras confirmatórias). Posteriormente, sem justificativa plausível, deixa de solver o restante do débito, desistindo de adquirir o bem. Nesse caso, não lhe assistindo direito de arrependimento, e em face do prejuízo causado ao outro contratante, perderá as arras dadas, que valerão como taxa mínima, se houver prova de prejuízo maior.

Tudo que até aqui falamos diz respeito às arras confirmatórias.

E o que seriam as arras penitenciais?

Um contrato civil, quando celebrado, é feito para ser cumprido, não havendo espaço, ordinariamente, para alegações de arrependimento.

Entretanto, como situação excepcional, poderão as partes pactuar o direito de arrependimento, caso em que estaremos diante das denominadas arras penitenciais.

O Código Civil vigente, melhorando consideravelmente o tratamento legal da matéria, dispõe, em seu art. 420 que:

> "Art. 420. Se no contrato for estipulado o direito de arrependimento para qualquer das partes, as arras ou sinal terão função unicamente indenizatória. Neste caso, quem as deu perdê-las-á em benefício da outra parte; e quem as recebeu devolvê-las-á, mais o equivalente. Em ambos os casos não haverá direito a indenização suplementar".

Dessa forma, se for exercido o direito de arrependimento (ou seja, o direito de desistir do negócio jurídico firmado), a quantia ou valor entregue a título de arras será

---

[63] RODRIGUES, Silvio. *Direito Civil* — Dos Contratos e das Declarações Unilaterais de Vontade, 25. ed., v. 3, São Paulo: Saraiva, 2000, p. 92.

perdido ou restituído em dobro, por quem as deu ou as recebeu, respectivamente, a título indenizatório. Exemplificando: em determinado negócio jurídico, a parte compradora presta arras penitenciais (R$ 1.000,00). Posteriormente, respeitado o prazo previsto no contrato, arrepende-se, perdendo em proveito da outra parte as arras dadas. Se, no entanto, foi o vendedor quem se arrependeu, deverá restituí-las em dobro, ou seja, devolver o valor recebido (R$ 1.000,00), acrescido de mais R$ 1.000,00, a título de ressarcimento devido à parte que não desfez o negócio.

Vale destacar o fato de o legislador ter utilizado a palavra "equivalente" nos artigos referentes às arras. Isso tem importância justamente pelo fato de que as arras não precisam, necessariamente, ser prestadas em dinheiro. Assim, se o arrependido for quem recebeu as arras, deve restituí-las ao outro contratante, somado com o equivalente, que poderá ser ou não da mesma natureza das arras. Ou seja, se as arras forem, como no exemplo mencionado, de R$ 1.000,00, o arrependido devolveria o mencionado valor em dobro. Se for um bem também avaliado em R$ 1.000,00, devolvê-lo-á, acrescido da importância correspondente. E mais: a norma não restringe a possibilidade de, sendo as arras prestadas em valor, poder a parte devolvê-las acrescidas, por exemplo, de um bem que valha a mesma importância no mercado.

Note-se que a perda das arras penitenciais, e, bem assim, a sua restituição em dobro, atuam no ânimo das partes, com escopo intimidatório, para que, preferencialmente, não desistam da avença.

Finalmente, cumpre-nos observar ainda que o art. 420 do CC/2002 proibiu, no caso das arras penitenciais, a indenização suplementar, além daquela correspondente à perda das arras.

Esse entendimento, aliás, já havia sido sufragado pelo excelso Supremo Tribunal Federal para as promessas irretratáveis de compra e venda, consoante assentado na sua Súmula 412:

> "No compromisso de compra e venda com cláusula de arrependimento, a devolução do sinal, por quem o deu, ou a sua restituição em dobro, por quem a recebeu, exclui indenização a maior, a título de perdas e danos, salvo os juros moratórios e os encargos do processo".

Em síntese, podemos diferenciar as arras confirmatórias das arras penitenciais da seguinte forma:

a) embora ambas sejam pagas antecipadamente, sua finalidade é distinta, uma vez que as primeiras apenas confirmam a avença, enquanto as segundas garantem o direito de arrependimento;
b) na primeira modalidade de arras, como não há direito de arrependimento, a inadimplência gerará direito à indenização, funcionando as arras para tal finalidade, guardadas as suas peculiaridades (cômputo na indenização devida por quem as deu ou devolução em dobro por quem as recebeu, no lugar de pleitear

indenização); na segunda modalidade, como assegura o direito de arrependimento, não há que falar em indenização complementar, uma vez que se arrepender foi uma faculdade assegurada no contrato, com a perda (por quem as deu) ou devolução em dobro (por quem as recebeu) das arras;

c) as arras devem ser sempre expressas (não se admitindo arras tácitas). Todavia, como o direito de arrependimento, em contratos civis não consumeristas, é situação excepcional, todo o pagamento a título de arras será considerado, *a priori*, na modalidade confirmatória. As arras penitenciais, para serem assim consideradas, devem sempre estar expressas como tais no contrato.

Embora já tenhamos feito referência ao tema, reputamos interessante diferenciarmos, mais uma vez, as arras da cláusula penal, escoimando qualquer dúvida porventura remanescente.

A diferença para as arras confirmatórias é de intelecção imediata, dispensando maiores considerações, uma vez que firmam o início de execução do negócio, ao passo que a cláusula penal ou pena convencional pré-liquidam danos.

A distinção com as arras penitenciais, por sua vez, merecem maior atenção.

As arras penitenciais, além de serem pagas antecipadamente, garantem ao contraente o direito de se arrepender; ao passo que a cláusula penal, além de não ser paga previamente, somente será devida em caso de inadimplemento culposo da obrigação, tendo apenas caráter indenizatório, sem viabilizar arrependimento algum.

Ademais, vale registrar que a cláusula penal, quando fixada, impede, salvo previsão contratual específica, o pagamento de indenização suplementar a título de perdas e danos. Já as arras somente impedem indenização suplementar na modalidade penitencial, como visto acima.

Além de tudo isso, somente a cláusula penal poderá sofrer redução judicial, quando exceder o valor da prestação principal ou já tiver havido cumprimento parcial da obrigação[64].

---

[64] Em sentido contrário, na III Jornada de Direito Civil, realizada em novembro de 2004 no Superior Tribunal de Justiça, foi aprovado Enunciado n. 165, afirmando que, em "caso de penalidade, aplica-se a regra do art. 413 ao sinal, sejam as arras confirmatórias ou penitenciais".

XIV

# VISÃO ESTRUTURAL DO CONTRATO



## 1. CONCEITO DE CONTRATO

Conceituar não é tarefa fácil.

Aliás, apresentar um conceito é missão das mais intrincadas na doutrina, uma vez que aquele que se arrisca a realizá-la poderá pecar por presunção, por imaginar que a sua definição criada é a mais perfeita de todas ou simplesmente uma verdade jurídica absoluta; ou por omissão, acreditando que a enunciação simples demais seja a mais didática, quando, em verdade, não passa de uma concepção simplória.

Sem pretender incorrer nesses erros, entendemos que o contrato é um negócio jurídico por meio do qual as partes declarantes, limitadas pelos princípios da função social e da boa-fé objetiva, autodisciplinam os efeitos patrimoniais que pretendem atingir, segundo a autonomia das suas próprias vontades.

Não se poderá falar em contrato, de fato, sem que se tenha por sua pedra de toque a manifestação de vontade.

Sem "querer humano", pois, não há negócio jurídico.

E, não havendo negócio, não há contrato.

Ocorre que toda essa manifestação de vontade deverá fazer-se acompanhar pela necessária responsabilidade na atuação do contratante, derivada do respeito a normas superiores de convivência, com assento na própria Constituição da República.

Em uma perspectiva civil-constitucional, devemos ter em conta que o contrato, espécie mais importante de negócio jurídico, apenas se afirma socialmente se entendido como um instrumento de conciliação de interesses contrapostos, manejado com vistas à pacificação social e ao desenvolvimento econômico.

Não podemos, dessa forma, considerá-lo como um instrumento de opressão, mas sim de realização.

Lamentavelmente, não é raro um dos contraentes pretender utilizá-lo como açoite, visando a subjugar a parte economicamente mais fraca, em franco desrespeito à sua função social.

Isso mesmo: todo contrato deve observar a uma função social.

Ora, se nós já constatamos que este negócio jurídico serve como inegável veículo de manifestação do direito de propriedade, e este último fora, na Carta Magna de 1988, devidamente socializado, por consequência, o contrato também acabaria por sofrer o mesmo processo.

Nesse diapasão, com sabedoria, JOÃO HORA NETO preleciona:

> "Em verdade, se é certo que a Carta Magna de 1988, de forma explícita, condiciona que a livre-iniciativa deve ser exercida em consonância com o princípio da função social da propriedade (art. 170, III), e, uma vez entendida que a propriedade representa o segmento estático da atividade econômica, não é desarrazoado entender que o contrato, enquanto segmento dinâmico, implicitamente também está afetado pela cláusula da função social da propriedade, pois o contrato é um instrumento poderoso da circulação da riqueza, ou melhor, da própria propriedade"[1].

Mas esse fenômeno — de socialização de institutos jurídicos de Direito Privado — não é novo.

O próprio CLÓVIS BEVILÁQUA, ao tratar da matéria, ainda que sob um enfoque de cunho historicista, já ressaltava esse aspecto, em sua clássica obra *Direito das Obrigações*, consoante deflui da análise deste interessante trecho:

> "Pode-se, portanto, considerar o contracto como um conciliador dos interesses collidentes, como um pacificador dos egoísmos em lucta. É certamente esta a primeira e mais elevada funcção social do contrato. E para avaliar-se de sua importância, basta dizer que, debaixo deste ponto de vista, o contracto corresponde ao direito, substitue a lei no campo restricto do negocio por elle regulado. Ninguem dirá que seja o contracto o único factor da pacificação dos interesses, sendo o direito mesmo o principal delles, o mais geral e o mais forte, mas impossível será desconhecer que também lhe cabe essa nobre função socializadora. Vêde uma creança em tenra edade. Appetece um objecto, com que outra se diverte; seu primeiro impulso é arrebata-lo, num ímpeto de insoffrido egoísmo, das mãos frágeis, que o detêm. A experiência, porém, pouco e pouco, lhe ensina que encontrará resistência, sempre que assim proceder. Seu proceder vae amoldando-se às circumstancias e, em vez de apoderar-se à força, pede, solicita, propõe trocas, seduz com promessas capitosas e, esgotados os meios brandos, passará, então, à violência, ou aos gritos, último recurso dos fracos. Assim foi o homem primitivo, assim seria o homem civilizado, se não o contivessem os freios do direito, da religião, da opinião pública, de todas as disciplinas sociaes empenhadas na tarefa de trazer bem enjaulada a fera, que cada homem traz dentro de si"[2] (sic).

---

[1] HORA NETO, João. O Princípio da Função Social do Contrato no Código Civil de 2002, *Revista de Direito Privado*, 2002.

[2] BEVILÁQUA, Clóvis. *Direito das Obrigações*, Campinas: Red Livros, 2000, p. 211.

A dimensão da socialização do contrato, entretanto, não se limita à ideia de "harmonização de interesses contrapostos".

Não só neste aspecto centra-se a denominada função social.

Em nosso sentir, na medida em que o processo de constitucionalização do Direito Civil conduziu-nos a um repensar da função social da propriedade, toda a ideologia assentada acerca do contrato passou a ser revista, segundo um panorama de respeito à dignidade da pessoa humana.

Em um Estado verdadeiramente democrático de direito, o contrato somente atenderá à sua função social no momento em que, sem prejuízo ao livre exercício da autonomia privada:

1) respeitar a dignidade da pessoa humana — traduzida sobretudo nos direitos e garantias fundamentais;
2) admitir a relativização do princípio da igualdade das partes contratantes — somente aplicável aos contratos verdadeiramente paritários, que atualmente são minoria;
3) consagrar uma cláusula implícita de boa-fé objetiva — ínsita em todo contrato bilateral, e impositiva dos deveres anexos de lealdade, confiança, assistência, confidencialidade e informação;
4) respeitar o meio ambiente;
5) respeitar o valor social do trabalho.

Enfim, todas essas circunstâncias, reunidas, moldam o princípio da função social do contrato, assentado no art. 421 do Código Civil, a ser estudado brevemente.

Mas há um importante aspecto que deve ser ressaltado: o reconhecimento deste princípio não significa negação da autonomia privada e da livre-iniciativa.

Pelo contrário.

Significa sua reeducação.

Nesse sentido, com maestria, escreve NELSON NERY JR.:

> "A função social do contrato não se contrapõe à autonomia privada, mas com ela se coaduna e se compatibiliza. À conclusão semelhante se chegou na 'Jornada de Direito Civil', como se pode verificar: Jornada 23: 'A função social do contrato, prevista no art. 421 do Código Civil vigente, não elimina o princípio da autonomia contratual, mas atenua ou reduz o alcance desse princípio, quando presentes interesses metaindividuais ou interesse individual relativo à dignidade da pessoa humana'"[3].

[3] NERY JUNIOR, Nelson. Contratos no Código Civil. In: *Estudo em Homenagem ao Prof. Miguel Reale*, São Paulo: LTr, 2003, p. 421.

Portanto, à vista do exposto, poderíamos, sem prejuízo da definição supra-apresentada, e já sob uma perspectiva mais estrutural, reconceituarmos o contrato, genericamente, como um negócio jurídico bilateral, por meio do qual as partes, visando a atingir determinados interesses patrimoniais, convergem as suas vontades, criando um dever jurídico principal (de dar, fazer ou não fazer), e, bem assim, deveres jurídicos anexos, decorrentes da boa-fé objetiva e do superior princípio da função social.

Esse conceito será desenvolvido em outros pontos de nossa obra, embora o nosso caro leitor já possa perceber que não se poderá apresentar uma definição de contrato desatrelada de sua concepção ética e social.

Firmado, portanto, o nosso conceito, a natureza jurídica do contrato se mostra evidente.

## 2. NATUREZA JURÍDICA DO CONTRATO

O contrato, como já dito, é espécie de negócio jurídico[4].

A corrente voluntarista, que prestigia a declaração de vontade, é dominante no Direito brasileiro, consoante se depreende da leitura do art. 112 do CC/2002: "Art. 112. Nas declarações de vontade se atenderá mais à intenção nelas consubstanciada do que ao sentido literal da linguagem".

É bom que se diga, todavia, que críticas contundentes são dirigidas à corrente voluntarista.

Afirma-se não ser verdadeira a premissa de que o declarante sempre manifesta a sua vontade dirigida a um determinado fim querido e previamente conhecido.

Na hipótese de conversão substancial (medida sanatória do ato nulo ou anulável), por exemplo, as partes celebram um determinado negócio jurídico inválido, mas que, por força do princípio da conservação, poderá ser convertido em outra categoria de negócio, se contiver os pressupostos de validade deste último (um contrato de compra e venda de imóvel, nulo por inobservância da forma pública, por exemplo, pode-se converter em uma promessa de compra e venda, que admite instrumento particular). Note-se que, nesse caso, não se pode afirmar que o negócio resultante da conversão foi desejado e pretendido, e, ainda assim, não se nega a sua natureza negocial.

Carece de significado prático, porém, a incessante tarefa de se responder se prevalece a vontade interna ou a vontade declarada.

Se o negócio jurídico, enquanto manifestação humana destinada a produzir fins tutelados por lei, é fruto de um processo cognitivo que se inicia com a solicitação do mundo exterior, passando pela fase de deliberação e formação da vontade, culminando,

---

[4] Para o aprofundamento deste tópico, confira-se o nosso *Novo Curso de Direito Civil — Parte Geral*, v. 1, com amplas referências sobre o tema.

ao final, com a declaração da vontade, parece que não há negar-se o fato de que a vontade interna e a vontade declarada são faces da mesma moeda.

Em linguagem simples, o negócio jurídico é a manifestação de vontade, emitida em obediência aos seus pressupostos de existência, validade e eficácia, com o propósito de produzir efeitos admitidos pelo ordenamento jurídico, pretendidos pelo agente.

A esse conceito, pois, perfeitamente se subsume a noção de contrato.

Entretanto, uma vez que o contrato é espécie do gênero "negócio", é forçoso convir que algum aspecto o particulariza dos outros negócios jurídicos.

Esse aspecto, sem sombra de dúvida, consiste na convergência das manifestações de vontades contrapostas, formadora do denominado consentimento.

Discorrendo a respeito do tema, ORLANDO GOMES pondera:

> "Emprega-se em duas acepções a palavra consentimento, ora como acordo de vontades, para exprimir a formação bilateral do negócio jurídico contratual, ora como sinônimo da declaração de vontade de cada parte do contrato. Admitida nesta última acepção, fala-se em mútuo consentimento, expressão considerada redundante, porque em um dos termos — consentimento — está contida a ideia que o outro — mútuo — exprime. No exame dos elementos constitutivos do contrato, o consentimento apresenta-se como requisito típico, conquanto exigido, igualmente, na formação dos outros negócios jurídicos bilaterais. No contrato, porém, singulariza-se pela circunstância de que as vontades que o formam correspondem a interesses contrapostos"[5].

O consentimento ou consenso, portanto, é o núcleo do negócio jurídico contratual, formado a partir das vontades emitidas pelas partes declarantes.

Sem essa manifestação de vontade e, consequentemente, o consentimento, o negócio jurídico será considerado inexistente.

## 3. PRINCIPIOLOGIA DO DIREITO CONTRATUAL

Por princípio, entendam-se os ditames superiores, fundantes e simultaneamente informadores do conjunto de regras do Direito Positivo. Pairam, pois, por sobre toda a legislação, dando-lhe significado legitimador e validade jurídica.

A respeito deles, discorre o jusfilósofo WILLIS SANTIAGO GUERRA FILHO:

> "Princípios, por sua vez, encontram-se em um nível superior de abstração, sendo igual e hierarquicamente superiores, dentro da compreensão do ordenamento jurídico como uma 'pirâmide normativa' (Stufenbau), e se eles não permitem uma subsunção direta de fatos, isso se dá indiretamente, colocando regras sob o seu 'raio de abrangência'"[6].

---

[5] GOMES, Orlando, ob. cit., p. 48.

[6] GUERRA FILHO, Willis Santiago. *A Filosofia do Direito* — Aplicada ao Direito Processual e à Teoria da Constituição, 2. ed., São Paulo: Atlas, 2002, p. 92.

Dada a importância, pois, deste tema, preferimos destacá-los em tópico próprio, uma vez que, se cotejarmos a doutrina clássica com a moderna abordagem constitucional da matéria, constataremos, de imediato, sensível mudança no colorido jurídico dos princípios contratuais.

Na medida em que nos desapegamos de uma tendência excessivamente patrimonial, fechada e egoística do Direito Civil, passando a reconhecer uma justa prevalência da pessoa humana em lugar dos bens materiais, é natural que a concepção teórica do sistema de princípios informadores do Direito Contratual experimentasse mudança.

E essa alteração no trato ideológico do Direito Civil fora muito bem sentida por LUIZ EDSON FACHIN:

> "Da eliminação e das fronteiras arquitetadas pelo sistema privado clássico abre-se o Direito Civil contemporâneo.
>
> Do estágio de direitos absolutos, individualistas e perpétuos, migra para a sua conformação contemporânea, o modelo de família num reconhecimento plural de entidades familiares, do contrato e da propriedade funcionalizados, mudanças que repercutem nos direitos e deveres que os diversos sujeitos apresentam"[7].

Perceberemos, portanto, na enumeração dos princípios que seguem abaixo, que alguns clássicos foram mantidos, posto hajam sido objeto de releitura, e, ainda, outros foram acrescentados, por entendermos necessários para a completude do conjunto.

Temos, portanto:

a) o princípio da autonomia da vontade ou do consensualismo;
b) o princípio da força obrigatória do contrato;
c) o princípio da relatividade subjetiva dos efeitos do contrato;
d) o princípio da função social do contrato;
e) o princípio da boa-fé objetiva;
f) o princípio da equivalência material.

Ressalve-se, obviamente, que, para um aprofundamento do estudo do que se convencionou chamar de "principiologia", pode-se sempre estudar princípios gerais do Direito, como, por exemplo, pairando por sobre todos os princípios supramencionados, dando-lhes dimensão constitucional, está o princípio da dignidade da pessoa humana, que jamais poderá ser esquecido, pois, indiscutivelmente, servirá de medida para toda a investigação que fizermos a respeito de cada um dos princípios contratuais acima elencados.

Vejamos, porém, nos próximos subtópicos, cada um dos princípios contratuais específicos.

---

7 FACHIN, Luiz Edson. *Teoria Crítica do Direito Civil*, Rio de Janeiro: Renovar, 2000, p. 328.

### 3.1. Princípio da autonomia da vontade ou do consensualismo

Não se pode falar em contrato sem autonomia da vontade.

E, por isso, o princípio da autonomia da vontade (ou do consensualismo) deve ser sempre visto como o primeiro princípio contratual específico.

Mesmo em um sistema como o nosso, que toma por princípio maior a função social do contrato, este não poderá, obviamente, ser distendido a ponto de neutralizar a livre-iniciativa das partes, consoante bem advertiu o insuperável Professor ARRUDA ALVIM:

> "Parece, portanto, que a função social vem fundamentalmente consagrada na lei, nesses preceitos e em outros, mas não é, nem pode ser entendida como destrutiva da figura do contrato, dado que, então, aquilo que seria um valor, um objetivo de grande significação (função social), destruiria o próprio instituto do contrato"[8].

E, conforme já anotamos linhas acima, mesmo tendo por vetor a sua função social, o contrato é um fenômeno eminentemente voluntarista, fruto da autonomia privada e da livre-iniciativa.

ARNOLDO WALD, nesse particular, lembra-nos que

> "a autonomia da vontade se apresenta sob duas formas distintas, na lição dos dogmatistas modernos, podendo revestir o aspecto de liberdade de contratar e de liberdade contratual. Liberdade de contratar é a faculdade de realizar ou não determinado contrato, enquanto a liberdade contratual é a possibilidade de estabelecer o conteúdo do contrato. A primeira se refere à possibilidade de realizar ou não um negócio, enquanto a segunda importa na fixação das modalidades de sua realização"[9].

Essa liberdade de contratar, por sua vez, manifesta-se no plano pessoal, ou seja, na liberdade de escolher a pessoa com a qual contratar.

Nota-se, com isso, que, com o advento do liberalismo, mormente após a propagação das ideias iluministas, esse importante princípio ganhou ainda mais visibilidade.

A autonomia da vontade, nessa linha, vista no plano da bilateralidade do contrato, pode ser expressa pelo denominado consensualismo[10]: o encontro das vontades livres e contrapostas faz surgir o consentimento, pedra fundamental do negócio jurídico contratual.

---

[8] ALVIM NETTO, José Manoel de Arruda. A Função Social dos Contratos no Novo Código Civil, texto gentilmente cedido, por via eletrônica a Pablo Stolze Gagliano, em 29-6-2004, publicado na *RT*, v. 815, e na *Revista Forense*, n. 371.

[9] WALD, Arnoldo. *Obrigações e Contratos*, 12. ed., São Paulo: Revista dos Tribunais, 1995, p. 162.

[10] Autores há, como o mestre baiano Orlando Gomes, que fazem a distinção entre o princípio da autonomia da vontade e o princípio do consensualismo (*Contratos*, 24. ed., Rio de Janeiro: Forense, 2001, p. 22-36). Para efeitos didáticos, porém, acreditamos ser mais útil, na modernidade, o reconhecimento pragmático de sua sinonímia, sob a ideia geral da liberdade de contratar.

Vale lembrar, inclusive, que tal princípio, predominante no século XIX e no primeiro quartel do século XX, sofreria pesado golpe com os movimentos sociais, os quais, entretanto, não teriam o condão de aniquilá-lo.

Aliás, "nem mesmo os mais exacerbados regimes socialistas, como o soviético, conseguiram abolir o contrato"[11]. Isso porque, se nós prescindirmos da noção de vontade, consequentemente estaremos negando a própria existência real do contrato.

Contrato sem vontade não é contrato.

Pode ser tudo. Até tirania. Menos contrato.

Mesmo sabendo que em algumas modalidades contratuais, a exemplo daquelas pactuadas sob a forma de adesão, o âmbito de atuação da vontade é sobremaneira diminuído, não podemos negar a sua ocorrência, pois, ainda assim, o aderente tem a liberdade de contratar ou não.

Claro está, entretanto, que, no curso do século XX, com o incremento tecnológico e a eclosão de guerras e revoluções que redesenhariam a arquitetura geopolítica do mundo, o individualismo liberal cederia lugar para o intervencionismo do Estado, que passaria a se imiscuir mais e mais na atividade econômica, abandonando o vetusto dogma francês do *laissez-faire*.

Com isso, o reflexo dessa ingerência estatal se fez sentir nos sistemas jurídicos por meio do denominado "dirigismo contratual".

As leis civis, portanto, pouco a pouco, deixariam de ser meramente abstencionistas, passando a intervir na seara das relações negociais, coibindo abusos e reequilibrando a balança contratual por meio da previsão de instrumentos ou mecanismos jurídicos em favor do hipossuficiente econômico (inversão do ônus da prova, responsabilidade civil objetiva, desconsideração da pessoa jurídica, teoria da imprevisão etc.).

E uma nítida demonstração desse fenômeno, no Brasil, como visto, foi a aprovação do nosso Código de Defesa do Consumidor — Lei n. 8.078, de 1990.

Nota-se, por conseguinte, de todo o exposto, que a autonomia da vontade e o consensualismo permanecem como base da noção de contrato, embora limitados e condicionados por normas de ordem pública em benefício do bem-estar comum.

FERNANDO NORONHA, que prefere utilizar a expressão "autonomia privada" em substituição à "autonomia de vontade", demonstra, em sua obra, como o valor desta última tem sofrido restrições de outros princípios igualmente indispensáveis à efetivação da justiça contratual:

> "Foi a crítica aos princípios da autonomia privada e da liberdade contratual que permitiu que desabrochassem os princípios da boa-fé e da justiça contratual — os quais, aliás, nunca deixaram de estar latentes em todos os ordenamentos: apenas

[11] DAVID, René, citado por THEODORO JÚNIOR, Humberto. *O Contrato e Seus Princípios*, Rio de Janeiro: Aide, 1993, p. 13.

eram ofuscados pelo brilho artificialmente acrescentado ao princípio da (velha) autonomia da vontade"[12].

Nesse diapasão, podemos afirmar que a limitação da manifestação de vontade dos contratantes, imposta por normas de ordem pública (dirigismo contratual), tornou-se necessária, para que a liberdade volitiva, sem contenção, não se convertesse em abuso.

LUIS DÍEZ-PICAZO e ANTONIO GULLÓN afirmam, com propriedade, que a autonomia privada deve sofrer os seguintes condicionamentos[13]:

a) da Lei — a lei, manifestação maior do poder estatal, interfere no âmbito da autonomia privada, posto sem aniquilá-la, para salvaguardar o bem geral;
b) da Moral — trata-se de uma limitação de ordem subjetiva, com forte carga ético-valorativa;
c) da Ordem Pública — também este conceito, que mais se relaciona com a estabilidade ou segurança jurídica, atua na ausência de normas imperativas, impondo a observância de princípios superiores, ligados ao Direito, à Política e à Economia.

Todas essas limitações não significam, como se disse, aniquilação da autonomia privada, pois, sem esta, as relações de direito privado se estagnariam e a sociedade contemporânea entraria em colapso.

Apenas, como visto acima, vive-se um momento histórico marcado por disputas geopolíticas e imprevisão econômica, no qual o individualismo selvagem cedeu lugar para o solidarismo social, característico de uma sociedade globalizada, que exige o reconhecimento de normas limitativas do avanço da autonomia privada, em respeito ao princípio maior da dignidade da pessoa humana.

> "Tal passagem, contudo, não se deu sem dor e perda", pontifica EDUARDO TAKEMI KATAOKA, "muitos autores chegaram a proclamar a morte, o declínio e o fim do Direito. Efetivamente, aquele 'belo' Direito de segurança, conceitos fechados e igualdade formal morreu, declinou, acabou. Um novo Direito surge, como aparece todos os anos uma nova safra dos grandes vinhos do passado, cabendo a nós degustar ambos. É preciso encarar o novo com otimismo e não com a nostalgia do passado irremediavelmente perdido"[14].

---

[12] NORONHA, Fernando. *O Direito dos Contratos e Seus Princípios Fundamentais* (Autonomia Privada, Boa-Fé, Justiça Contratual), São Paulo: Saraiva, 1994, p. 122.

[13] PICAZO, Luis Díez; GULLÓN, Antonio, apud *TICIANELLI, Joelma*. Limites Objetivos e Subjetivos do Negócio Jurídico na Constituição Federal de 1988, in *Direito Civil Constitucional — Caderno 1*, org. por Renan Lotufo, p. 41. Ver também o nosso *Novo Curso de Direito Civil*, v. 1, Parte Geral, Cap. X.

[14] KATAOKA, Eduardo Takemi. Declínio do Individualismo e Propriedade. In: TEPEDINO, Gustavo. *Problemas de Direito Civil Constitucional*, Rio de Janeiro: Renovar, 2000, p. 459.

Em síntese, temos que, como corolário da liberdade individual no campo negocial, a liberdade contratual foi erigida realmente ao patamar de princípio, mas que, por sua vez, não pode ser interpretado de forma absoluta.

Assim, envolvem-se, nessa ideia de liberdade contratual e suas limitações por preceitos de ordem pública, três modalidades distintas que podem ser didaticamente compreendidas da seguinte forma:

a) a própria liberdade de contratar: em regra, ninguém pode ser forçado a celebrar um negócio jurídico, pois isso importaria em um vício de consentimento a macular a validade da avença. Numa evidente flexibilização de tal regra (o que já mostra que nenhum princípio pode ser encarado seriamente como uma verdade absoluta para toda e qualquer situação, mas sim somente como uma verdade socialmente aceita, enquanto socialmente aceita), o direito positivo consagrou algumas situações de contratação obrigatória, como, por exemplo, em determinadas modalidades securitárias;
b) a mencionada liberdade de com quem contratar: aqui, também, se visualiza uma ressalva, quando se verifica, por exemplo, a ocorrência de um monopólio na prestação de serviços, o que, por outro lado, também é hodiernamente combatido por normas de Direito Econômico, na busca da realização da livre concorrência, princípio constitucional insculpido no art. 170, IV, da Carta de 1988;
c) a liberdade de estabelecimento do conteúdo do contrato, ou seja, a liberdade para escolher o que se vai contratar. Da mesma forma, constata-se facilmente uma limitação de tal modalidade no fenômeno do dirigismo contratual, sendo o contrato individual de emprego o exemplo mais evidente disso, uma vez que seu conteúdo mínimo é todo estabelecido, no sistema brasileiro, por normas constitucionais (art. 7º da CF/88) e infraconstitucionais (CLT e legislação complementar).

## 3.2. Princípio da força obrigatória do contrato

O princípio da força obrigatória, denominado classicamente *pacta sunt servanda*, traduz a natural cogência que deve emanar do contrato, a fim de que se lhe possa reconhecer utilidade econômica e social.

De nada valeria o negócio, se o acordo firmado entre os contraentes não tivesse força obrigatória.

Seria mero protocolo de intenções, sem validade jurídica.

Segundo ORLANDO GOMES, "o princípio da força obrigatória consubstancia-se na regra de que o contrato é lei entre as partes. Celebrado que seja, com a observância de todos os pressupostos e requisitos necessários à sua validade, deve ser executado pelas partes como se suas cláusulas fossem preceitos legais imperativos".

E arremata o ilustre civilista baiano: "Essa força obrigatória, atribuída pela lei aos contratos, é a pedra angular da segurança do comércio jurídico"[15].

Nada temos contra esse princípio.

Pelo contrário.

Sem o reconhecimento da obrigatoriedade dos contratos, a palavra dos homens careceria de força jurídica, em franco prejuízo à segurança das relações negociais.

Apenas defendemos, firmemente, que esse princípio não pode ser levado às suas últimas consequências.

Em outras palavras, não admitimos que se empreste ao *pacta sunt servanda* caráter absoluto.

Enquanto predominaram as ideias liberais e individualistas do século XIX, era natural e até compreensível que, partindo-se da ideia (posteriormente reputada como equivocada) de que as partes são formalmente iguais, a vontade que delas emanasse poderia traduzir-se em lei imutável.

Todavia, esse princípio da força obrigatória, manifestado especialmente na imodificabilidade ou intangibilidade dos termos do contrato, tornou-se um nefasto instrumento de opressão econômica.

As mudanças por que passou a humanidade no decorrer do século XX, alimentadas por um inimaginável esforço bélico, acentuariam as desigualdades sociais, facilitando a opressão do fraco pelo forte.

Com isso, as leis perderiam o seu caráter de neutralidade, passando a interferir na atividade econômica e negocial.

Nesse contexto, não poderia o princípio sob análise subsistir incólume.

Em uma época como a atual, em que os contratos paritários cedem lugar aos contratos de adesão, o *pacta sunt servanda* ganhou um matiz mais discreto, temperado por mecanismos jurídicos de regulação do equilíbrio contratual, a exemplo da teoria da imprevisão.

Aliás, a teoria da imprevisão, construída a partir da revivescência da vetusta cláusula *rebus sic stantibus* do direito canônico, é invocada quando um acontecimento superveniente e imprevisível torna excessivamente onerosa a prestação imposta a uma das partes, em face da outra que, em geral, se enriquece à sua custa ilicitamente.

Interessa observar que o enriquecimento da parte contrária à que se onera não é elemento indispensável para a ocorrência da teoria, visto que situações há, nas quais a própria parte credora também resta prejudicada pela superveniência do acontecimento imprevisível.

---

15 GOMES, Orlando, ob. cit., p. 36.

Nesse sentido, OTÁVIO LUIZ RODRIGUES JUNIOR, citando respeitável doutrina:

> "Como afirma RUY ROSADO DE AGUIAR JUNIOR:
>
> 'é possível que o fato futuro se abata sobre o devedor sem que daí decorra maior vantagem para o credor, e nem por isso deixa de existir a onerosidade excessiva que justifica a extinção ou a modificação do contrato por iniciativa do devedor'.
>
> REGINA BEATRIZ PAPA DOS SANTOS também adverte sobre a impropriedade de se associar ambas as exigências:
>
> 'Alguns autores acreditam que deve ocorrer também o enriquecimento indevido para a outra parte, favorecida pelo desequilíbrio contratual, do que se ousa discordar, pois, casos há em que a onerosidade excessiva para uma das partes não implica em lucro excessivo para a outra, mas, sim, até em algum prejuízo, por sofrer também as consequências da alteração das circunstâncias e, além disso, a finalidade principal da imprevisão é socorrer o contratante que será lesado pelo desequilíbrio contratual e não punir a parte que se enriquecerá com esse desequilíbrio'"[16].

Em outras palavras, por meio da teoria da imprevisão — que, sob nova roupagem, pode também ser denominada teoria da onerosidade excessiva — quer-se evitar o empobrecimento injustificado da parte contratante.

Nessa linha, uma vez configurados os pressupostos da teoria, a parte lesada poderá ingressar em juízo pleiteando a revisão ou a resolução do contrato.

Nota-se, assim, dessa simples análise, que a teoria em questão mitiga ou relativiza o princípio da força obrigatória, na medida em que este só deverá incidir plenamente quando, por razão de justiça, as condições econômicas da execução do contrato forem similares às do tempo de sua celebração.

Mudanças bruscas, portanto, durante a execução, e que impliquem injusta alteração na base econômica do contrato, poderão justificar a revisão de sua balança econômico-financeira.

Com isso, podemos facilmente perceber como o *pacta sunt servanda*, nos dias que correm, tornou-se visivelmente menos rígido, da mesma forma como vislumbramos no princípio da autonomia da vontade ou do consensualismo.

## 3.3. Princípio da relatividade subjetiva dos efeitos do contrato

Regra geral, os contratos só geram efeitos entre as próprias partes contratantes, razão por que se pode afirmar que a sua oponibilidade não é absoluta ou *erga omnes*, mas, tão somente, relativa.

Como negócio jurídico, em que há a manifestação espontânea da vontade para assumir livremente obrigações, as disposições do contrato, *a priori*, somente interessam às partes, não dizendo respeito a terceiros estranhos à relação jurídica obrigacional.

---

[16] RODRIGUES JUNIOR, Otávio Luiz. *Revisão Judicial dos Contratos*, São Paulo: Atlas, 2002, p. 125.

Assim, o contrato celebrado entre Caio e Tício não pode, em princípio, afetar Florisvaldo.

Todavia, existem figuras jurídicas que podem excepcionar esta regra.

É o caso, por exemplo, da estipulação em favor de terceiro e do contrato com pessoa a declarar.

Por meio da primeira previsão, uma parte convenciona com o devedor que este deverá realizar determinada prestação em benefício de outrem, alheio à relação jurídica obrigacional original.

Na mesma linha, o contrato com pessoa a declarar é uma figura contratual consagrada expressamente pelo atual Código Civil, consistindo, em verdade, em uma promessa de prestação de fato de terceiro, que também titularizará os direitos e obrigações decorrentes do negócio, caso aceite a indicação realizada.

Para fins didáticos, trataremos dessas duas figuras em momento posterior, dado o seu elemento comum ser de estipulações contratuais relacionadas a terceiros.

O que é importante destacar, porém, é que, como todos os demais princípios tradicionais aqui descritos, também se verifica, na modernidade, sem trocadilho, a "relativização do princípio da relatividade subjetiva", quando se constata, por exemplo, a violação de regras de ordem pública e interesse social, como no caso da declaração de nulidade de cláusula contratual abusiva, em atuação judicial do Ministério Público, na defesa dos consumidores (CDC, art. 51, § 4º).

Como visto, tudo aquilo que, outrora, era tido como princípio do Direito Privado, referente a contratos, tem se flexibilizado em função de outros interesses, não necessariamente limitados às partes contratantes, o que nos parece uma consequência evidente do macroprincípio constitucional da dignidade da pessoa humana, bem como daquilo que PAULO LUIZ NETTO LÔBO chama de "princípios sociais dos contratos"[17].

Feitas tais considerações, passaremos a estudar justamente tais princípios sociais, a saber, os princípios da função social do contrato, da equivalência material e da boa-fé objetiva.

## 3.4. Princípio da função social do contrato

A socialização do contrato não é ideia nova.

---

[17] "Os princípios sociais do contrato não eliminam os princípios individuais do contrato, a saber, o princípio da autonomia privada (ou da liberdade contratual em seu tríplice aspecto, como liberdades de escolher o tipo contratual, de escolher o outro contratante e de escolher o conteúdo do contrato), o princípio de *pacta sunt servanda* (ou da obrigatoriedade gerada por manifestações de vontades livres, reconhecida e atribuída pelo direito) e o princípio da eficácia relativa apenas às partes do contrato (ou da relatividade subjetiva); mas limitaram, profundamente, seu alcance e seu conteúdo" (Princípios Contratuais, in LÔBO, Paulo Luiz Netto; LYRA JÚNIOR, Eduardo Messias Gonçalves de; (Coords.), *A Teoria do Contrato e o Novo Código Civil*, Recife: Nossa Livraria, 2003, p. 14).

A partir do momento em que o Estado passou a adotar uma postura mais intervencionista, abandonando o ultrapassado papel de mero espectador da ambiência econômica, a função social do contrato ganhou contornos mais específicos.

Registre-se, nesse ponto, a observação de GISELDA HIRONAKA a respeito da intelecção da palavra "social":

> "Ainda que o vocábulo social sempre apresente esta tendência de nos levar a crer tratar-se de figura da concepção filosófico-socialista, deve restar esclarecido tal equívoco. Não se trata, sem sombra de dúvida, de se estar caminhando no sentido de transformar a propriedade em patrimônio coletivo da humanidade, mas tão apenas de subordinar a propriedade privada aos interesses sociais, através desta ideia-princípio, a um só tempo antiga e atual, denominada 'doutrina da função social'"[18].

O contrato é figura que acompanha as mudanças de matizes da propriedade, experimentando inegável interferência deste direito.

Ora, ao constatarmos o inafastável conteúdo político da propriedade, erigida à condição de direito fundamental na Constituição Federal[19], é forçoso convir que as modificações no seu trato ideológico refletir-se-iam na seara contratual.

A partir do momento em que se começou a perceber que a propriedade somente mereceria tutela se atendesse a uma determinada finalidade social, abandonou-se o antigo modelo oitocentista de concepção desse direito, que cederia lugar a uma doutrina mais afinada aos anseios da sociedade atual.

Com isso, socializando-se a noção de propriedade, o contrato, naturalmente, experimentaria o mesmo fenômeno, ainda que o reconhecimento legal dessa alteração no seu trato ideológico não se houvesse dado de forma imediata.

Devemos, de logo, ressaltar que a função social do contrato traduz conceito sobremaneira aberto e indeterminado, impossível de se delimitar aprioristicamente.

HUMBERTO THEODORO JR., citando o professor curitibano PAULO NALIN, na busca por delimitar as suas bases de intelecção, lembra-nos, com acerto, que a função social manifestar-se-ia em dois níveis[20]:

a) intrínseco — o contrato visto como relação jurídica entre as partes negociais, impondo-se o respeito à lealdade negocial e à boa-fé objetiva, buscando-se uma equivalência material entre os contratantes;

b) extrínseco — o contrato em face da coletividade, ou seja, visto sob o aspecto de seu impacto eficacial na sociedade em que fora celebrado.

---

[18] HIRONAKA, Giselda Maria F. Novaes. *Direito Civil* — Estudos, Belo Horizonte: Del Rey, 2000, p. 105.

[19] CF-88, ver art. 5º, XXII e XXIII.

[20] THEODORO JÚNIOR, Humberto. *O Contrato e Sua Função Social*, Rio de Janeiro: Forense, 2003, p. 43.

De fato, é perfeitamente adequada a sistematização e o trato ideológico da função social do contrato, segundo a doutrina de NALIN[21].

Sem pretendermos exaurir esforços na hercúlea tarefa de definir a função social do contrato, ela poderá, por outro lado, ser delimitada no espaço jurídico de atuação em que se projeta[22].

Em um primeiro plano, a socialização da ideia de contrato, na sua perspectiva intrínseca, propugna por um tratamento idôneo das partes, na consideração, inclusive, de sua desigualdade real de poderes contratuais.

Nesse sentido, repercute necessariamente no trato ético e leal que deve ser observado pelos contratantes, em respeito à cláusula de boa-fé objetiva.

E nessa perspectiva temos que a relação contratual deverá compreender os deveres jurídicos gerais e de cunho patrimonial (de dar, fazer, ou não fazer), bem como deverão ser levados em conta os deveres anexos ou colaterais que derivam desse esforço socializante.

Com isso, obrigações até então esquecidas pelo individualismo cego da concepção clássica de contrato ressurgem gloriosamente, a exemplo dos deveres de informação, confidencialidade, assistência, lealdade etc. E todo esse sistema é, sem sombra de dúvida, informado pelo princípio maior de proteção da dignidade da pessoa humana.

Em um segundo plano, o contrato é considerado não só como um instrumento de circulação de riquezas, mas, também, de desenvolvimento social.

Isso mesmo: desenvolvimento social.

Sem o contrato, a economia e a sociedade se estagnariam por completo, fazendo com que retornássemos a estágios menos evoluídos da civilização humana.

Ocorre que todo desenvolvimento deve ser sustentado, racionalizado e equilibrado.

Por isso, ao concebermos a figura do contrato — quer seja o firmado entre particulares, quer seja o pactuado com a própria Administração Pública — não poderíamos deslocá-lo da conjuntura social que lhe dá ambiência.

Consoante inferimos linhas acima, como chancelar como válido, por exemplo, um negócio que, posto atenda aos seus pressupostos formais de validade, desrespeite leis ambientais ou pretenda fraudar leis trabalhistas?

---

[21] Confira-se sua excelente obra: NALIN, Paulo Roberto. *Do Contrato: Conceito Pós-moderno* — Em Busca de Sua Formulação na Perspectiva Civil-Constitucional, Curitiba: Juruá, 2001.

[22] FRANCISCO HUPSEL vai além, ao sustentar que determinados contratos traduzem, em si mesmos, a própria função social, a exemplo de um contrato de financiamento habitacional. Nessa linha, arremata o autor: "Por tudo isso, sempre e quando um contrato se vincula à satisfação de direito social, sem esgarçar suas vestes da operação econômica que envolve, ele é, em si, função social. Os olhos que o fitam têm de transcender às aparências porque não podem deixar de enxergar que, no seu âmago, há a pessoa concreta que anseia pela realização de um direito fundamental" (HUPSEL, Francisco. *Autonomia Privada na Dimensão Civil-Constitucional*: o negócio jurídico, a pessoa concreta e suas escolhas existenciais. Salvador: JusPODIVM, 2016, p. 161).

Na mesma linha, não se pode admitir contratos que violem a livre concorrência, as leis de mercado ou os postulados de defesa do consumidor, sob o pretexto de se estar incentivando a livre-iniciativa.

Nessa mesma linha de intelecção, é o pensamento de EDUARDO SENS SANTOS:

> "... o contrato não pode mais ser entendido como mera relação individual. É preciso atentar para os seus efeitos sociais, econômicos, ambientais e até mesmo culturais. Em outras palavras, tutelar o contrato unicamente para garantir a equidade das relações negociais em nada se aproxima da ideia de função social. O contrato somente terá uma função social — uma função pela sociedade — quando for dever dos contratantes atentar para as exigências do bem comum, para o bem geral. Acima do interesse em que o contrato seja respeitado, acima do interesse em que a declaração seja cumprida fielmente e acima da noção de equilíbrio meramente contratual, há interesse de que o contrato seja socialmente benéfico, ou, pelo menos, que não traga prejuízos à sociedade — em suma, que o contrato seja socialmente justo"[23].

Com isso, repita-se, não se está pretendendo aniquilar os princípios da autonomia da vontade (ou autonomia privada) ou do *pacta sunt servanda*, mas, apenas, temperá-los, tornando-os mais vocacionados ao bem-estar comum, sem prejuízo do progresso patrimonial pretendido pelos contratantes.

Como já diziam os antigos, em conhecido ditado, "nem tanto ao mar, nem tanto à terra", ou seja, não pode ser considerado justo o modelo de contrato que só contemple a manifestação de vontade da parte declarante, seguindo diretriz tipicamente liberal, impondo-se, outrossim, a observância dos limites traçados pela própria ordem social, a fim de que a perseguição dos interesses das partes contratantes não esbarre em valores constitucionais superiores, condensados sinteticamente no princípio da dignidade da pessoa humana.

Para nós, a função social do contrato é, antes de tudo, um princípio jurídico de conteúdo indeterminado, que se compreende na medida em que lhe reconhecemos o precípuo efeito de impor limites à liberdade de contratar, em prol do bem comum.

E essa socialização traduz, em nosso sentir, um importante marco na história do Direito, uma vez que, com ela, abandonaríamos de vez o modelo clássico-individualista típico do século XIX.

"A autonomia da vontade", pontifica JOSÉ REINALDO DE LIMA LOPES, "marca registrada da teoria contratual do século XIX, gera ou é gerada por uma concepção de direito como expressão de faculdades individuais, entre elas a vontade de um soberano, e à noção de poder como capacidade de imposição da própria vontade, vontade que obriga"[24].

---

[23] SANTOS, Eduardo Sens. O Novo Código Civil e as Cláusulas Gerais: Exame da Função Social do Contrato, *Revista Brasileira de Direito Privado*, n. 10, p. 29.

[24] LOPES, José Reinaldo de Lima. *O Direito na História* — Lições Introdutórias, São Paulo: Max Limonad, 2000, p. 400.

Essa correção de rumos, portanto, humaniza a ideia de contrato, rendendo ensejo a que seja banido de vez de nosso sistema o péssimo hábito de se encarar o contrato como uma rede de caça, em que o forte subjuga o fraco, utilizando, sobretudo, a técnica covarde da imposição de cláusulas leoninas[25].

De tudo o que dissemos até aqui, já se pode verificar que o Direito Contratual brasileiro passou, mormente após a edição de nossa Constituição de 1988, por um inegável processo de socialização, ou, por que não dizer, de "democratização jurídica".

Em verdade, garantias constitucionais, tais como as que impõem o respeito à função social da propriedade, ao direito do consumidor, à proteção do meio ambiente, às leis trabalhistas, à proteção da ordem econômica e da liberdade de concorrência, todas elas, conectadas ao princípio de proteção à dignidade da pessoa humana, remetem-nos à ideia de que tais conquistas, sob nenhuma hipótese ou argumento, poderão, posteriormente, vir a ser minimizadas ou neutralizadas por nenhuma lei posterior.

Nessa mesma linha, a socialização do contrato, devidamente amparada no sistema constitucional e consagrada expressamente pelo art. 421 do Código Civil, não poderia, em nosso entender, sofrer ulterior constrição ou violência por parte de outra lei ordinária, sob pena de flagrante inconstitucionalidade.

A essa conclusão chegamos, uma vez que, ao ferir esse princípio, os direitos e as garantias acima mencionados também restariam vulnerados.

Nesse passo, lembramo-nos do que J. J. GOMES CANOTILHO denominou princípio da vedação ao retrocesso ou do não retrocesso social:

> "Com isto quer dizer-se que os direitos sociais e econômicos (ex.: direito dos trabalhadores, direito à assistência, direito à educação), uma vez obtido um determinado grau de realização, passam a constituir, simultaneamente, uma garantia institucional e um direito subjectivo".

E mais adiante arremata:

> "O reconhecimento desta proteção de 'direitos prestacionais de propriedade', subjetivamente adquiridos, constitui um limite jurídico do legislador e, ao mesmo tempo, uma obrigação de prossecução de uma política congruente com os direitos concretos e as expectativas subjetivamente alcançadas"[26].

Embora concebido, segundo esse trecho do pensamento do ilustre constitucionalista, para ser aplicado sobretudo em defesa dos direitos sociais, nada impede que transplantemos o princípio do não retrocesso social para o âmbito do direito contratual, uma

[25] Exemplo de lei que traduz essa nova mentalidade socializante é o Código de Defesa do Consumidor (Lei n. 8.078, de 1990).

[26] CANOTILHO, J. J. Gomes. *Direito Constitucional e Teoria da Constituição*, 2. ed., Coimbra: Almedina, 1998, p. 322-3.

vez que, segundo a perspectiva constitucional pela qual estudamos este último, a violação da função social do contrato traduzir-se-ia, sem dúvida, em inegável retrocesso em nossa nova ordem jurídica.

Não por simples razão histórica, o Código Civil de 1916 ignorou a função social do contrato e da propriedade.

Quando da elaboração do seu projeto (1899) — fruto do empenho de CLÓVIS BEVILÁQUA, com inegável influência do esforço dos juristas que o antecederam, com destaque para TEIXEIRA DE FREITAS — vivia-se em uma sociedade de economia rudimentar, pós-escravocrata, e recém-ingressa na República.

Todos esses fatores, agregados ao poderio reacionário e à força política dos senhores de terra, apontavam no sentido oposto ao da socialização da propriedade e, por consequência, do contrato.

Com isso, acentuou-se uma nítida vocação materialista do Código de 1916, pouco afeito aos valores essenciais da pessoa humana, e imbuído cegamente do firme propósito de tutelar o crédito e a propriedade, mantendo ainda, a todo o custo, a estabilidade da família casamentária, pouco importando a dignidade do devedor ou o reconhecimento do filho bastardo.

Embora não possamos negar a sua grandeza técnica, sem cometermos grave injustiça, o fato é que o codificador de 1916 absorveu, demasiadamente, os valores individualistas, patriarcais e conservadores da sociedade de então.

Aliás, se fizermos uma detida análise do pensamento filosófico de BEVILÁQUA, elaborador do projeto do Código de 1916, poderemos detectar nítida vocação positivista, com acentuados matizes de materialismo existencial: "Resta, pois, por exclusão, a necessidade de acreditarmos numa causa externa para as nossas sensações. E esta causa, se ainda fugirmos à providência, ao espírito soberano (*governing spirit*), de Berkeley, há de ser forçosamente a matéria"[27].

E foi somente a partir do primeiro quarto do século XX que o Estado Liberal cederia lugar ao Estado Social, refletindo-se esse processo político na ordem jurídica mundial.

No Brasil, entretanto, após vivermos os terríveis anos da ditadura, esse reflexo só viria a ser sentido mais tarde, com o processo político de redemocratização e a implantação efetiva, no plano constitucional, do Estado de Direito.

Isso mesmo.

Por incrível que possa parecer, a nossa legislação contratual — e civil em geral — somente se aperfeiçoou, alinhando-se aos sistemas mais avançados do mundo ocidental, após a entrada em vigor da atual Constituição Republicana. Com ela, valores de elevação da pessoa humana, além de princípios norteadores de um planejamento econômico

[27] BEVILÁQUA, Clóvis. *Filosofia Geral*, São Paulo: Edusp-Grijalbo, p. 112.

sustentado, fariam com que a nossa legislação ordinária, sob muitos aspectos obsoleta, viesse a ser repensada e reconstruída.

Tudo isso a demonstrar a veracidade do que dissemos: a abertura do nosso horizonte ideológico na perspectiva civil deu-se, efetivamente, após a Constituição de 1988.

A respeito do fundamento constitucional do princípio da função social, cuja ressonância, sem dúvida, reverbera no dogma maior do respeito à dignidade da pessoa humana, PAULO NALIN, citando ANTONIO JUNQUEIRA DE AZEVEDO, complementa:

> "Mas a construção do pensamento da função social do contrato envolto aos efeitos que o negócio produz na coletividade já encontra espaço na prática judiciária. Conforme parecer civil de lavra de Junqueira de AZEVEDO, é exatamente esta a noção que se extrai da leitura do multicitado artigo 170, *caput*, da Constituição da República, sendo preceito destinado a que os contratos se estabeleçam em uma 'ordem social harmônica'"[28].

De fato, os princípios vetores de uma ordem econômica sustentada e equilibrada, em que haja respeito ao direito do consumidor, ao meio ambiente e, como já observamos, à própria função social da propriedade, todos eles, reunidos e interligados, dão sustentação constitucional à função social do contrato.

Nesse diapasão, o Código Civil, abrindo o capítulo dedicado à teoria geral dos contratos, consagrou esse importante preceito, que em sua redação original assim dispôs:

> "Art. 421. A liberdade de contratar será exercida em razão e nos limites da função social do contrato".

A interpretação desse dispositivo nos leva a conclusões interessantes.

Ao mencionar que a liberdade de contratar será exercida em razão e nos limites da função social do contrato, o legislador estabeleceu, de uma só vez, um critério finalístico ou teleológico e outro critério limitativo para a caracterização desse princípio.

Sob o primeiro enfoque, toda a atividade negocial, fruto da autonomia da vontade, encontra a sua razão de ser, o seu escopo existencial, na sua função social. Trata-se, nesse particular, de referência desnecessária, uma vez que não deveria o legislador assumir o papel da doutrina, para tentar apontar "razão ou justificativa" desse ou daquele princípio ou instituto, tarefa desnecessária e perigosa, pois poderá restringir indevidamente as construções pretorianas. Talvez, por esse motivo, o antigo Projeto de Lei n. 6.960/2002 (renumerado para 276/2007, antes de seu arquivamento definitivo) pretendia alterar tal artigo para suprimir a expressão "em razão", mantendo o restante da norma.

Já sob o segundo aspecto, temos que essa liberdade negocial deverá encontrar justo limite no interesse social e nos valores superiores de dignificação da pessoa humana.

---

28 NALIN, Paulo Roberto, ob. cit., p. 221.

Qualquer avanço para além dessa fronteira poderá caracterizar abuso, judicialmente atacável. Nesse ponto, sim, andou bem o legislador, ao impor limite à liberdade de contratar, em prol do interesse social.

O banimento das cláusulas leoninas não se deve dar apenas no âmbito trabalhista ou do consumidor, mas sim em todo e qualquer contrato, civil ou empresarial, entre partes economicamente iguais ou não.

Assim deve ser a nova doutrina contratualista, segundo uma perspectiva civil constitucional.

Imagine-se, por exemplo, que se tenha pactuado um contrato de *engineering* (para a instalação de uma fábrica). Mesmo que o negócio pactuado seja formalmente perfeito (agente capaz, objeto lícito, forma prescrita ou não defesa em lei etc.), se a legislação ambiental ou de segurança no trabalho, por exemplo, houver sido violada, tal avença não haverá respeitado a sua função social, não devendo ser chancelada pelo Poder Judiciário. Na mesma linha, se se pretendeu instalar a indústria para fim de lavagem de dinheiro.

Claro está que, em caso de dano, poderá o prejudicado intentar ação indenizatória, sem que descartemos a hipótese de se poder atacar até mesmo a sua validade, pois, se a infringência ao superior princípio houver derivado de fraude à lei, hipótese bastante factível, nada impede que se obtenha judicialmente a nulidade do próprio contrato.

Nesse sentido, estabelece o art. 166 do Código Civil:

"Art. 166. É nulo o negócio jurídico quando:

I — celebrado por pessoa absolutamente incapaz;

II — for ilícito, impossível ou indeterminável o seu objeto;

III — o motivo determinante, comum a ambas as partes, for ilícito;

IV — não revestir a forma prescrita em lei;

V — for preterida alguma solenidade que a lei considere essencial para a sua validade;

VI — tiver por objetivo fraudar lei imperativa;

VII — a lei taxativamente o declarar nulo, ou proibir-lhe a prática, sem cominar sanção".

Vê-se, portanto, que tal regra possibilita, inclusive, que ganhe novos contornos até mesmo a legitimidade para requerer judicialmente a invalidação, pois o próprio Ministério Público poderá, desde que o interesse público assim o justifique, pretender a nulidade do contrato, nos termos acima apontados, como já lhe era reconhecido quanto às relações de consumo, facultando-se-lhe, inclusive, lançar mão da *disregard doctrine* (doutrina da desconsideração da pessoa jurídica), consagrada pelo art. 50 do Código Civil, para efeito de concretização do comando sentencial.

Nessa mesma linha, na perspectiva da função social, é possível se defender, por exemplo, a legitimidade da vítima de um acidente para pleitear reparação diretamente em face da seguradora, mesmo não tendo ela firmado contrato.

Nessa mesma linha de intelecção, entremostrando ainda mais a nítida preocupação socializante do Código Civil de 2002, cuidou-se ainda de disciplinar dois outros defeitos do negócio jurídico, intimamente conectados à ideia de solidarismo social: a lesão e o estado de perigo[29], e que também têm inegável reflexo na seara contratual.

A redação original do art. 421 foi, porém, modificada.

Antes da conversão em lei, a MP 881/2019 preceituava:

> "Art. 421. A liberdade de contratar será exercida em razão e nos limites da função social do contrato, observado o disposto na Declaração de Direitos de Liberdade Econômica.
> Parágrafo único. Nas relações contratuais privadas, prevalecerá o princípio da intervenção mínima do Estado, por qualquer dos seus poderes, e a revisão contratual determinada de forma externa às partes será excepcional".

Esse texto normativo gerou preocupação na doutrina, pois sua redação poderia render ensejo ao enfraquecimento da função social do contrato:

> "Com o devido respeito, o texto da medida provisória parece ter ressuscitado *antigos fantasmas* de temor a respeito da função social do contrato, no momento em que o princípio encontrou certa estabilidade de aplicação, seja pela doutrina ou pela jurisprudência. No âmbito da jurisprudência do Superior Tribunal de Justiça, são encontrados mais de cem julgados sobre o princípio, sem que qualquer um deles tenha eliminado o *pacta sunt servanda*. Como se retira de um dos últimos acórdãos superiores, 'conquanto não se possa ignorar a força obrigatória das disposições na fase de execução contratual, há de ser ela mitigada pelos paradigmas da boa-fé objetiva e da função social do contrato' (STJ, REsp 1.443.135/SP, Rel. Ministra Nancy Andrighi, Terceira Turma, julgado em 24/04/2018, *DJe* 30/04/2018). Geralmente, tem-se utilizado o princípio em casos de abusos contratuais, na linha das palavras de Miguel Reale antes transcritas"[30].

Ao suprimir, da parte final do *caput*, a expressão "observado o disposto na Declaração de Direitos de Liberdade Econômica", que atuava, na norma, como um peculiar elemento limitativo da função social, o legislador, ao editar a Lei n. 13.874/2019, aperfeiçoou o texto anterior:

> "Art. 421. A liberdade contratual será exercida nos limites da função social do contrato.
> Parágrafo único. Nas relações contratuais privadas, prevalecerão o princípio da intervenção mínima e a excepcionalidade da revisão contratual".

---

[29] Sobre a lesão e o estado de perigo, confiram-se os subtópicos específicos do Capítulo V ("Fato Jurídico") deste Manual.

[30] TARTUCE, Flávio. *A MP 881/19 (Liberdade Econômica) e as Alterações do Código Civil. Primeira Parte.* Disponível em: <https://www.migalhas.com.br/dePeso/16,MI301612,41046-A+MP+88119+liberdade+economica+e+as+alteracoes+do+Codigo+Civil>. Acesso em: 23 set. 2019.

Mais técnica, inclusive, a expressão "liberdade contratual", em vez de "liberdade de contratar".

Quanto ao seu parágrafo único, outrossim, houve, apenas, a reafirmação de uma premissa já conhecida, como bem observa CARLOS ELIAS DE OLIVEIRA:

> "O art. 421 do CC, ao mesmo tempo em que continua elegendo a função social como um limite à liberdade contratual (e, nesse ponto, o legislador corrigiu falha redacional do preceito que se referia equivocamente à 'liberdade de contratar'), deixa claro que a intervenção nos contratos só pode ocorrer de modo excepcionalíssimo. O parágrafo único do art. 421 do CC positiva o princípio da intervenção mínima e o princípio da excepcionalidade da revisão contratual, tudo em redundância com o inciso III do art. 421-A do CC, que reitera a natureza excepcional e limitada da revisão contratual.
>
> Não há nada novo debaixo do sol. Essa postura de excepcionalidade na revisão contratual já pertencia à doutrina e à jurisprudência majoritárias. A mudança legislativa é apenas simbólica"[31].

Parece-nos, sem dúvida, a melhor interpretação.

## 3.5. Princípio da equivalência material

Desenvolvido por PAULO LUIZ NETTO LÔBO,

> "o princípio da equivalência material busca realizar e preservar o equilíbrio real de direitos e deveres no contrato, antes, durante e após sua execução, para harmonização dos interesses. Esse princípio preserva a equação e o justo equilíbrio contratual, seja para manter a proporcionalidade inicial dos direitos e obrigações, seja para corrigir os desequilíbrios supervenientes, pouco importando que as mudanças de circunstâncias pudessem ser previsíveis. O que interessa não é mais a exigência cega de cumprimento do contrato, da forma como foi assinado ou celebrado, mas se sua execução não acarreta vantagem excessiva para uma das partes e desvantagem excessiva para outra, aferível objetivamente, segundo as regras da experiência ordinária. O princípio clássico *pacta sunt servanda* passou a ser entendido no sentido de que o contrato obriga as partes contratantes nos limites do equilíbrio dos direitos e deveres entre elas"[32].

Entretanto, diferentemente do mencionado autor, preferimos, por razões didáticas e metodológicas, tratar desse princípio como um subproduto normativo do princípio

---

[31] OLIVEIRA, Carlos Eduardo Elias de. *Lei da Liberdade Econômica:* Diretrizes Interpretativas da Nova Lei e Análise Detalhada das Mudanças no Direito Civil e nos Registros Públicos. Texto gentilmente cedido pelo autor, publicado no *site* <http://www.flaviotartuce.adv.br>.

[32] LÔBO, Paulo Luiz Netto. Princípios Sociais dos Contratos no CDC e no Novo Código Civil. *Jus Navigandi*, Teresina, ano 6, n. 55, mar. 2002. Disponível em: <https://jus.com.br/artigos/2796/principios-sociais-dos-contratos-no-cdc-e-no-novo-codigo-civil>. Acesso em: 4 jul. 2017.

maior, senão axial, da função social do contrato, haja vista que, sem dúvida, no campo de abrangência deste último, encontra-se subsumido.

Em verdade, tal princípio pode ser considerado um desdobramento da manifestação intrínseca da função social do contrato e da boa-fé objetiva, na consideração, pelo julgador, do desequilíbrio recíproco real entre os poderes contratuais ou da desproporcionalidade concreta de direitos e deveres, o que, outrora, seria inadmissível.

Nessa linha, como ensina o mestre alagoano:

> "O princípio da equivalência material desenvolve-se em dois aspectos distintos: subjetivo e objetivo. O aspecto subjetivo leva em conta a identificação do poder contratual dominante das partes e a presunção legal de vulnerabilidade. A lei presume juridicamente vulneráveis o trabalhador, o inquilino, o consumidor, o aderente de contrato de adesão. Essa presunção é absoluta, pois não pode ser afastada pela apreciação do caso concreto. O aspecto objetivo considera o real desequilíbrio de direitos e deveres contratuais que pode estar presente na celebração do contrato ou na eventual mudança do equilíbrio em virtude das circunstâncias supervenientes que levem à onerosidade excessiva para uma das partes"[33].

De fato, somente se poderá atingir o tão almejado solidarismo social, em fina sintonia com a proteção da dignidade da pessoa humana, se o contrato buscar, de fato, o equilíbrio entre as prestações das partes pactuantes, evitando-se, assim, o abuso do poder econômico e a tirania — já anacrônica — do vetusto *pacta sunt servanda*.

## 3.6. Princípio da boa-fé

A noção de boa-fé (*bona fides*), ao que consta, foi cunhada primeiramente no Direito Romano, embora a conotação que lhe foi dada pelos juristas alemães, receptores da cultura romanista, não fosse exatamente a mesma[34].

Em Roma, partindo-se de uma acentuada amplitude semântica, pode-se afirmar que: "A *fides* seria antes um conceito ético do que propriamente uma expressão jurídica da técnica. Sua 'juridicização' só iria ocorrer com o incremento do comércio e o desenvolvimento do *jus gentium*, complexo jurídico aplicável a romanos e a estrangeiros"[35].

Já no Direito Alemão, a noção de boa-fé traduzia-se na fórmula do *Treu und Glauben* (lealdade e confiança), regra objetiva, que deveria ser observada nas relações jurídicas em geral.

[33] LÔBO, Paulo Luiz Netto; LYRA JÚNIOR, Eduardo Messias Gonçalves de (Coords.). *A Teoria do Contrato e o Novo Código Civil*, Recife: Nossa Livraria, 2003, p. 18-9.

[34] Nesse sentido, KASER, Max, *Direito Privado Romano (Römisches Privatrecht)*, Lisboa: Fundação Calouste Gulbenkian, 1999, p. 154, item 3.

[35] LEWICKI, Bruno. Panorama da Boa-fé Objetiva. In: TEPEDINO, Gustavo (Coord.). *Problemas de Direito Civil Constitucional*. Rio de Janeiro: Renovar, 2000, p. 58.

A esse respeito, pontifica JUDITH MARTINS-COSTA:

> "A fórmula *Treu und Glauben* demarca o universo da boa-fé obrigacional proveniente da cultura germânica, traduzindo conotações totalmente diversas daquelas que a marcaram no direito romano: ao invés de denotar a ideia de fidelidade ao pactuado, como numa das acepções da *fides* romana, a cultura germânica inseriu, na fórmula, as ideias de lealdade (*Treu* ou *Treue*) e crença (*Glauben* ou *Glaube*), as quais se reportam a qualidades ou estados humanos objetivados"[36].

Também o direito canônico enfrentaria o tema, em termos semelhantes aos do direito alemão, embora introduzisse um poderoso polo de significados: a boa-fé é vista como ausência de pecado, ou seja, como estado contraposto à má-fé[37].

Feito esse breve apanhado histórico, já podemos observar que a boa-fé é, antes de tudo, uma diretriz principiológica de fundo ético e espectro eficacial jurídico. Vale dizer, a boa-fé se traduz em um princípio de substrato moral, que ganhou contornos e matiz de natureza jurídica cogente.

Contextualizando esse importante princípio em nossa ordem constitucional, PAULO ROBERTO NALIN pondera:

> "... tendo o homem como centro necessário das atenções, oportuno de indagar da possibilidade de localização da boa-fé enquanto princípio geral do Direito, no sistema constitucional, assim como os demais princípios então ditos fundamentais inclusos na Carta, como o da dignidade do ser humano, a vida, a integridade física, a liberdade, a propriedade privada, a livre manifestação do pensamento, a intimidade e vida privada etc."[38]

### 3.6.1. Delimitação conceitual

Antes de aprofundarmos os contornos deste importantíssimo princípio, faz-se necessário que estabeleçamos uma diagnose diferencial entre a boa-fé objetiva e a boa-fé subjetiva.

Esta última consiste em uma situação psicológica, um estado de ânimo ou de espírito do agente que realiza determinado ato ou vivencia dada situação, sem ter ciência do vício que a inquina.

Em geral, esse estado subjetivo deriva do reconhecimento da ignorância do agente a respeito de determinada circunstância, como ocorre na hipótese do possuidor de boa-fé que desconhece o vício que macula a sua posse. Nesse caso, o próprio legislador, em

[36] MARTINS-COSTA, Judith. *A Boa-fé no Direito Privado*, São Paulo: Revista dos Tribunais, 2000, p. 124.

[37] MARTINS-COSTA, Judith, ob. cit., p. 129.

[38] NALIN, Paulo Roberto. *Ética e Boa-fé no Adimplemento Contratual* (coord. FACHIN, Luiz Edson), p. 188.

vários dispositivos, cuida de ampará-lo, não fazendo o mesmo, outrossim, quanto ao possuidor de má-fé (arts. 1.214, 1.216, 1.217, 1.218, 1.219, 1.220, 1.242, do CC/2002).

Distingue-se, portanto, da boa-fé objetiva, a qual, tendo natureza de princípio jurídico — delineado em um conceito jurídico indeterminado —, consiste em uma verdadeira regra de comportamento, de fundo ético e exigibilidade jurídica.

BRUNO LEWICKI pontifica que a concepção de boa-fé (subjetiva), "ligada ao voluntarismo e ao individualismo que informam o nosso Código Civil, é insuficiente perante as novas exigências criadas pela sociedade moderna. Para além de uma análise de uma possível má-fé subjetiva no agir, investigação eivada de dificuldades e incertezas, faz-se necessária a consideração de um patamar geral de atuação, atribuível ao homem médio, que pode ser resumido no seguinte questionamento: de que maneira agiria o *bonus pater familiae*, ao deparar-se com a situação em apreço? Quais seriam as suas expectativas e as suas atitudes, tendo em vista a valoração jurídica, histórica e cultural do seu tempo e de sua comunidade?"[39].

A resposta a estas últimas indagações, portanto, encontra-se na definição da boa-fé objetiva, que, conforme já vimos, consiste em um princípio vinculado a uma imprescindível regra de comportamento, umbilicalmente ligada à eticidade que se espera seja observada em nossa ordem social[40].

A título de arremate, vale observar que não deixamos de notar que o termo "princípio da boa-fé objetiva", em si, pode apresentar um conteúdo pleonástico, já que, se é princípio, somente pode ser o da boa-fé objetiva (já que a boa-fé subjetiva não é princípio). Melhor seria, sem dúvida, nominá-lo apenas de "princípio da boa-fé", mas manteremos a utilização consagrada pelo uso para não provocar maiores polêmicas, e por conta da indiscutível consagração em nosso sistema.

Livrando-nos das amarras excessivamente tecnicistas da teoria clássica, cabe-nos fazer uma releitura da estrutura obrigacional, revista à luz dessa construção ética, para chegarmos à inafastável conclusão de que o contrato não se esgota apenas na obrigação principal de dar, fazer ou não fazer.

Ladeando, pois, esse dever jurídico principal, a boa-fé objetiva impõe também a observância de deveres jurídicos anexos ou de proteção, não menos relevantes, a exem-

[39] LEWICKI, Bruno, ob. cit., p. 56. Refere-se o autor aqui ao Código de 1916.

[40] Tal é a força da boa-fé que a sua eficácia se projeta para a fora da própria relação jurídico-obrigacional, visando impedir a indevida interferência de terceiro na execução de um contrato. Fala-se, pois, acerca de uma "tutela externa do crédito" (ANTÔNIO JUNQUEIRA DE AZEVEDO). Essa perspectiva também é abordada na denominada "teoria do terceiro cúmplice". Sobre essa temática, recomendamos a obra *Vínculo Obrigacional e Seus Efeitos perante Terceiro (Cúmplice)*, de FÁBIO PINHEIRO GAZZI (São Paulo: Lex, 2014), e o belo artigo intitulado *Zeca Pagodinho, a Razão Cínica e o novo Código Civil Brasileiro*, da Profa. JUDITH MARTINS-COSTA, disponível em: <https://www.migalhas.com.br/dePeso/16,MI4218,101048-Zeca+Pagodinho+a+razao+cinica+e+o+novo+Codigo+Civil+Brasileiro>. Acesso em: 6 out. 2019.

plo dos deveres de lealdade e confiança, assistência, confidencialidade ou sigilo, informação etc.

Tais deveres — é importante registrar — são impostos tanto ao sujeito ativo quanto ao sujeito passivo da relação jurídica obrigacional, pois referem-se, em verdade, à exata satisfação dos interesses envolvidos na obrigação assumida, por força da boa-fé contratual.

Assim, passaríamos a ter o seguinte esquema:

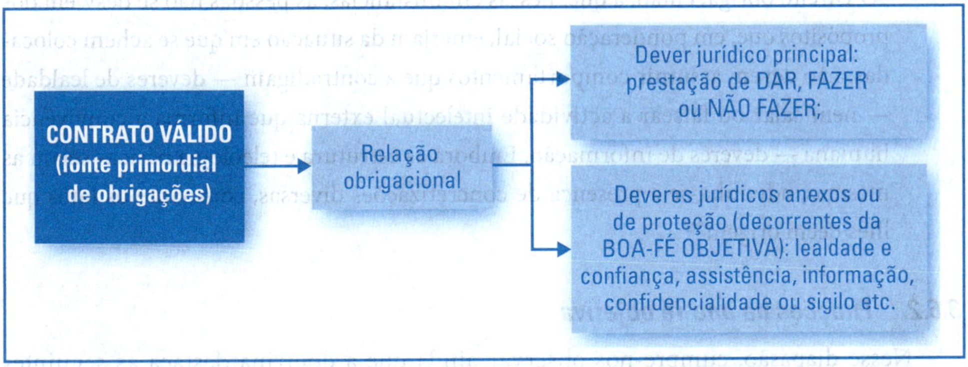


Uma ressalva, entretanto, há de ser feita.

Ao consignarmos a boa-fé objetiva como fundamento desses deveres de proteção, concebemos esse "fundamento" sob o prisma de sua função normatizadora de tais direitos.

A boa-fé objetiva, pois, é o princípio ou norma reguladora desses deveres, cuja enumeração não pode ser considerada taxativa[41].

Com isso, quer-se dizer que não se poderia, obviamente, na investigação da causa genética de tais deveres anexos, prescindir dos fatos materiais de que são originados (as negociações preliminares, o contrato, o fim do negócio etc.).

---

[41] "Entre os deveres com tais características encontram-se, exemplificativamente: a) os deveres de cuidado, previdência e segurança, como o dever do depositário de não apenas guardar a coisa, mas também de bem acondicionar o objeto deixado em depósito; b) os deveres de aviso e esclarecimento, como o do advogado, de aconselhar o seu cliente acerca das melhores possibilidades de cada via judicial passível de escolha para a satisfação de seu *desideratum*; o do consultor financeiro, de avisar a contraparte sobre os riscos que corre, ou o do médico, de esclarecer ao paciente sobre a relação custo/benefício do tratamento escolhido, ou dos efeitos colaterais do medicamento indicado, ou ainda, na fase pré-contratual, o do sujeito que entra em negociações, de avisar o futuro contratante sobre os fatos que podem ter relevo na formação da declaração negocial; c) os deveres de informação, de exponencial relevância no âmbito das relações jurídicas de consumo, seja por expressa disposição legal (CDC, arts. 12, *in fine*, 14, 18, 20, 30 e 31, entre outros), seja em atenção ao mandamento da boa-fé objetiva; d) o dever de prestar contas, que incumbe aos gestores e mandatários, em sentido amplo; e) os deveres de colaboração e cooperação, como o de colaborar para o correto adimplemento da prestação principal, ao qual se liga, pela negativa, o de não dificultar o pagamento, por parte do devedor; f) os deveres de proteção e cuidado com a pessoa e o patrimônio da contraparte, v. g., o dever do proprietário de uma sala de espetáculos ou de um estabelecimento comercial de planejar arquitetonicamente o prédio, a fim de diminuir os riscos de acidentes; g) os deveres de omissão e de segredo, como o dever de guardar sigilo sobre atos ou fatos dos quais se teve conhecimento em razão do contrato ou de negociação preliminares, pagamento, por parte do devedor etc." (MARTINS-COSTA, Judith. *A Boa-Fé no Direito Privado*, São Paulo: Revista dos Tribunais, 2000, p. 439).

Nesse sentido, é o pensamento do culto MENEZES CORDEIRO, em obra clássica sobre o tema: "A boa-fé apenas normatiza certos factos que, estes sim, são fonte: mantenha-se o paralelo com a fenomenologia da eficácia negocial: a sua fonte reside não na norma que mande respeitar os negócios, mas no próprio negócio em si".

E mais adiante complementa:

> "O Direito obriga, então, a que, nessas circunstâncias, as pessoas não se desviem dos propósitos que, em ponderação social, emerjam da situação em que se achem colocadas: não devem assumir comportamentos que a contradigam — deveres de lealdade — nem calar ou falsear a actividade intelectual externa que informa a convivência humana — deveres de informação. Embora as estrutura e teleologia básicas sejam as mesmas, adivinha-se a presença de concretizações diversas, consoante os fatos que lhes deem origem"[42].

### 3.6.2. Funções da boa-fé objetiva

Nesse diapasão, cumpre-nos observar ainda que a doutrina destaca as seguintes funções da boa-fé objetiva:

a) função interpretativa e de colmatação;
b) função criadora de deveres jurídicos anexos ou de proteção;
c) função delimitadora do exercício de direitos subjetivos.

Vamos compreender cada uma dessas funções nos próximos subtópicos.

#### 3.6.2.1. Função interpretativa e de colmatação

A função interpretativa é, de todas, a mais conhecida por nossa doutrina.

O aplicador do direito tem, na boa-fé objetiva, um referencial hermenêutico dos mais seguros, para que possa extrair da norma, objeto de sua investigação, o sentido moralmente mais recomendável e socialmente mais útil.

Guarda, pois, essa função, íntima conexão com a diretriz consagrada na regra de ouro do art. 5º da Lei de Introdução às Normas do Direito Brasileiro, segundo a qual o juiz, ao aplicar a lei, deve atender aos fins sociais a que ela se dirige e às exigências do bem comum.

E essa base legal interpretativa encontra-se no art. 113 do Código Civil:

> "Art. 113. Os negócios jurídicos devem ser interpretados conforme a boa-fé e os usos do lugar de sua celebração".

[42] CORDEIRO, Antônio Manuel da Rocha e Menezes. *Da Boa-fé Objetiva no Direito Civil*. Coimbra: Almedina, 2001, p. 646.

Comentando esse dispositivo, pondera MIGUEL REALE que "em todo ordenamento jurídico há artigos-chave, isto é, normas fundantes que dão sentido às demais, sintetizando diretrizes válidas 'para todo o sistema'".

E mais adiante acrescenta: "Com razão, o supratranscrito art. 113 dá preferência aos negócios jurídicos para fixar as diretrizes hermenêuticas da eticidade e da socialidade"[43].

Na mesma linha, a boa-fé serve ainda como suporte de colmatação para orientar o magistrado em caso de integração de lacunas.

A esse respeito, pontifica o magistral CLÓVIS DO COUTO E SILVA: "... o princípio da boa-fé revela-se como delineador do campo a ser preenchido pela interpretação integradora, pois, da perquirição dos propósitos e intenções dos contratantes pode manifestar-se a contrariedade do ato aos bons costumes ou à boa-fé"[44].

### 3.6.2.2. Função criadora de deveres jurídicos anexos

Mas a boa-fé objetiva tem também a importante função criadora de deveres anexos ou de proteção.

Consoante vimos acima, esta função criadora não dispensa a convergência de um acontecimento que dê causa a tais deveres. Vale repisar, a boa-fé objetiva atua como fundamento normativo, e não propriamente fático, desses deveres.

Por óbvio não poderíamos, nessa linha de intelecção, pretender esgotar todos esses deveres, uma vez que a sua enumeração não é exaustiva. Apenas a título de ilustração, citem-se os deveres mais conhecidos:

a) lealdade e confiança recíprocas;
b) assistência;
c) informação;
d) sigilo ou confidencialidade.

Todos eles, sem dúvida, derivados da força normativa criadora da boa-fé objetiva.

São, em verdade, "deveres invisíveis", ainda que juridicamente existentes.

Compreendamos e exemplifiquemos esses deveres, reiterando, mais uma vez, que este rol não é taxativo.

#### *3.6.2.2.1. Deveres de lealdade e confiança recíprocas*

Quando se fala em deveres de lealdade e confiança recíprocas, costuma-se denominá-los deveres anexos gerais de uma relação contratual.

---

[43] REALE, Miguel. *Estudos Preliminares do Código Civil*, São Paulo: Revista dos Tribunais, 2003, p. 75-7.

[44] SILVA, Clóvis V. do Couto e. *A Obrigação como Processo*, São Paulo: Bushatsky, 1976, p. 33-4.

Isso porque lealdade nada mais é do que a fidelidade aos compromissos assumidos, com respeito aos princípios e regras que norteiam a honra e a probidade.

Ora, se isso não estiver implícito em qualquer relação jurídica, não se sabe o que poderia estar.

A ideia de lealdade infere o estabelecimento de relações calcadas na transparência e enunciação da verdade, com a correspondência entre a vontade manifestada e a conduta praticada bem como sem omissões dolosas — o que se relaciona também com o dever anexo de informação — para que seja firmado um elo de segurança jurídica calcada na confiança das partes que pretendem contratar, com a explicitação, a mais clara possível, dos direitos e deveres de cada um.

Confiança, nesse sentido de crença na probidade moral de outrem, é algo, portanto, que não se outorga por decreto, mas, sim, que se conquista justamente pela prática de uma conduta leal ou se pressupõe em uma sociedade que se pretende reconhecer como civilizada.

#### 3.6.2.2.2. *Dever de assistência*

O dever de assistência, também conhecido como dever de cooperação, se refere à concepção de que, se o contrato é feito para ser cumprido, aos contratantes cabe colaborar para o correto adimplemento da sua prestação principal, em toda a sua extensão.

A esse dever se liga, pela negativa, consequentemente, o de não dificultar o pagamento, por parte do devedor, ou o recebimento do crédito, pelo sujeito ativo da relação obrigacional.

No ensinamento de PAULO ROBERTO NALIN:

> "O dever de cooperação, de outra forma, se reporta à obrigação de se facilitar o cumprimento obrigacional, com base nos critérios e limites usuais ditados pelos usos, costumes e boa-fé. A cooperação é encarada, no mais, em um duplo sentido, apesar de sua natural tendência de favorecimento ao devedor, exigindo de ambos os contratantes uma postura de solidariedade"[45].

#### 3.6.2.2.3. *Dever de informação*

Trata-se de uma imposição moral e jurídica a obrigação de comunicar à outra parte todas as características e circunstâncias do negócio e, bem assim, do bem jurídico, que é seu objeto, por ser imperativo de lealdade entre os contraentes.

Discorrendo sobre o tema, no campo do Direito do Consumidor, adverte o culto Professor da Faculdade de Direito de Buenos Aires CARLOS GHERSI, realçando os seus campos de aplicação:

---

[45] NALIN, Paulo Roberto. Ética e Boa-fé no Adimplemento Contratual. In: *Repensando os Fundamentos do Direito Civil Brasileiro Contemporâneo*, coord. FACHIN, Luiz Edson, p. 198.

"La información aparece cumpliendo una función de transcendencia, así en la toma de decisiones (aspecto psicológico); en la conveniencia o utilidad de los precios y o sus financiamientos (aspectos económicos); la cobertura o satisfacción de una necesidad (aspecto antropológico); la defensa o tutela del consumidor (aspecto jurídico) etc., sin embargo no podemos afirmar o fundamentar con firmeza y convicción que socialmente esto sea satisfactorio"[46].

Mas devemos registrar que este referido dever anexo também é exigível nos contratos civis em geral, e não apenas nos negócios celebrados no âmbito do Direito do Consumidor.

#### *3.6.2.2.4. Dever de sigilo ou confidencialidade*

Figuremos aqui também um exemplo, para o seu adequado entendimento.

Em um determinado contrato firmado entre as empresas OLIVEIRA e TIGÓ, para fornecimento de ração de pássaros, não se consignou cláusula no sentido de que as partes contratantes não poderiam, durante a vigência do contrato, ou mesmo após, divulgar dados ou informações uma da outra. Ora, ainda que não haja estipulação nesse sentido, é forçoso convir que a boa-fé objetiva impõe que se observe o dever de sigilo ou confidencialidade entre ambas.

É imperativo lógico da lealdade que deve ser observada entre as contratantes, resguardando direito da personalidade.

### 3.6.2.3. Função delimitadora do exercício de direitos subjetivos

Finalmente, temos ainda a função delimitadora do exercício de direitos subjetivos.

Por meio da boa-fé objetiva, visa-se a evitar o exercício abusivo dos direitos subjetivos. Aliás, no atual sistema constitucional, em que se busca o desenvolvimento socioeconômico sem desvalorização da pessoa humana, não existe mais lugar para a "tirania dos direitos".

Por isso, de uma vez por todas, não se pode mais reconhecer legitimidade ou se dar espaço às denominadas "cláusulas leoninas ou abusivas" (algumas são tão terríveis que as denominamos jocosamente, em nossas aulas, "zoológicas"...), quer se trate de um contrato de consumo, quer se trate de um contrato civil em geral.

É o exemplo do dispositivo contratual que preveja a impossibilidade de se aplicarem as normas da teoria da imprevisão (da onerosidade excessiva) em benefício da parte prejudicada. Em tal caso, temos convicção de que essa previsão, além de iníqua, viola a função social do contrato e a boa-fé objetiva, por ser inegavelmente abusiva.

[46] GHERSI, Carlos Alberto. Derecho e Información, *Revista de Direito Privado*, n. 14, p. 55.

Cabe, portanto, à boa-fé, também essa função delimitadora.

Referindo-se a essa função, CRISTOPH FABIAN adverte que aí "se encontra o problema do abuso de direito. Todo o direito é delimitado pela boa-fé. Fora ou contra a boa-fé não existe nenhum direito subjetivo. Tais interesses jurídicos não merecem proteção. O exemplo mais significante para a limitação de direitos pela boa-fé é o art. 51 do CDC"[47].

Finalmente, após passarmos em revista os artigos que dão sustentação ao sistema da boa-fé objetiva do Código Civil, especialmente o art. 113, chegamos ao ponto em que devemos analisar aquele que reputamos o mais importante desses dispositivos.

Importante, não no sentido de haver uma hierarquia entre as normas legais consagradas no atual Código Civil.

Não é isso.

Mas no sentido de que se trata de um dispositivo que, intimamente unido à diretriz legal impositiva da função social do contrato (art. 421), cuida, expressamente, da boa-fé objetiva como princípio de direito.

Trata-se do art. 422:

> "Art. 422. Os contratantes são obrigados a guardar, assim na conclusão do contrato, como em sua execução, os princípios de probidade e boa-fé".

Note-se que o legislador tratou a observância dos princípios de probidade e boa-fé como verdadeira obrigação dos contratantes.

Falhou, entretanto, ao prever que a boa-fé somente seria observável quando da conclusão e durante a execução do contrato.

Não é bem assim.

Deverá esse princípio — que veio delineado no Código como cláusula geral — incidir mesmo antes e após a execução do contrato, isto é, nas fases pré e pós-contratual.

Isso mesmo.

Mesmo na fase das tratativas preliminares, das primeiras negociações, da redação da minuta — a denominada fase de puntuação — a boa-fé deve-se fazer sentir. A quebra, portanto, dos deveres éticos de proteção poderá culminar, mesmo antes da celebração da avença, na responsabilidade civil do infrator.

Por isso, embora imperfeita a atual redação legal, não hesitamos em afirmar que, com base no macroprincípio constitucional da dignidade da pessoa humana, a boa-fé objetiva deve ser observada também nas mencionadas fases anteriores e posteriores à celebração e cumprimento da avença.

Pensar em sentido contrário seria defender, em última análise, que o sistema positivo brasileiro admitiria, em tais fases, a prática de condutas desleais, somente sancionando-as na fase contratual, o que nos parece um absurdo!

---

47 FABIAN, Cristoph. *O Dever de Informar no Direito Civil*, São Paulo: Revista dos Tribunais, 2002, p. 62.

Discorrendo a respeito, ainda na época da tramitação do Projeto do Código Civil, vejamos o que escreveu JUNQUEIRA DE AZEVEDO, em excelente artigo sobre o tema, demonstrando que, independentemente da sua positivação expressa, tal princípio não deve ser desprezado[48]:

> "... o art. 421 se limita ao período que vai da conclusão do contrato até a sua execução. Sempre digo que o contrato é um certo processo em que há um começo, prosseguimento, meio e fim. Temos fases contratuais — fase pré-contratual, contratual propriamente dita e pós-contratual. Uma das possíveis aplicações da boa-fé é aquela que se faz na fase pré-contratual, fase essa em que temos as negociações preliminares, as tratativas. É um campo propício para o comportamento de boa-fé, no qual ainda não há contrato e podem-se exigir aqueles deveres que uma pessoa deve ter como correção de comportamento em relação ao outro.
>
> Cito um caso entre a Cica e plantadores de tomate, no Rio Grande do Sul, no qual, em pelo menos 4 acórdãos, o Tribunal de Justiça do Rio Grande do Sul reconheceu que a Companhia Cica havia criado expectativas nos possíveis contratantes — pequenos agricultores —, ao distribuir sementes para que plantassem tomates e, depois, errou ao se recusar a comprar a safra dos tomates. Houve, então, prejuízo dos pequenos agricultores, baseado na confiança despertada antes do contrato, fase pré-contratual. Logo, o caso do art. 421 deveria também falar em responsabilidade pré-contratual ou extensão do comportamento de boa-fé na fase pré-contratual.
>
> Faço um parêntese para exemplificar, transformando em hipótese o que li nos jornais de hoje sobre o caso da Ford com o Governador do Rio Grande do Sul. A Ford, durante os dois anos em que teria procurado montar a sua indústria, certamente teve muitos gastos e, de repente, o negócio não teria sido efetivado. O problema da responsabilidade pré-contratual é justamente esse, qual seja, o dos gastos que se fazem antes do contrato e quando há a ruptura. Se essa hipótese da Ford for pré-contratual — no caso, suponho ter havido algum contrato anterior — mas se não houvesse, e se fosse apenas um problema de negociações, antes de qualquer efetivação do negócio, haveria dois pressupostos da responsabilidade pré-contratual: a confiança na realização do futuro negócio e o investimento na confiança. Faltariam, talvez, outros dois pressupostos: o de poder atribuir uma justificação à confiança que alguém teve e, em segundo lugar, o de que essa confiança tenha sido causada pela outra parte. Assim, poderíamos duvidar se o Governador chegou a criar essa confiança e, portanto, provocou a despesa da indústria; e, ainda, se a indústria não confiou demais e assim por diante. São problemas em aberto, mas de qualquer maneira, o meu primeiro ponto

[48] AZEVEDO, Antônio Junqueira de. Projeto do Código Civil — O Princípio da Boa-fé nos Contratos, artigo disponível no *site* do Conselho da Justiça Federal: <http://www.jf.jus.br/ojs2/index.php/revcej/article/viewArticle/237/399>. Acesso em: 3 jul. 2017.

sobre a responsabilidade pré-contratual é que há uma omissão do Projeto de Código Civil, no artigo em causa".

E ainda, sobre a quebra da boa-fé objetiva, na fase pós-contratual, complementa:

> "Isso também é assunto que a doutrina tem tratado — a chamada 'responsabilidade pós-contratual' ou *post pactum finitum*. Darei três exemplos para comprovação de que, após o contrato encerrado, ainda há possibilidade de exigir boa-fé dos contratantes:
>
> 1. O proprietário de um imóvel vendeu-o e o comprador o adquiriu por este ter uma bela vista sobre um vale muito grande, construindo ali uma bela residência, que valia seis vezes o valor do terreno. A verdade é que o vendedor gabou a vista e aí fez a transferência do imóvel para o comprador — negócio acabado. Depois, o ex-proprietário, o vendedor foi à prefeitura municipal, verificou que não havia a possibilidade de construir um prédio em frente, mas adquiriu o prédio em frente ao que tinha vendido e conseguiu na prefeitura a alteração do plano diretor da cidade, permitindo ali uma construção. Quer dizer, ele construiu um prédio que tapava a vista do próprio terreno que havia vendido ao outro — esse não era ato literalmente ilícito. Ele primeiramente vendeu, cumpriu a sua parte. Depois, comprou outro terreno, foi à prefeitura, mudou o plano, e aí construiu. A única solução para o caso é aplicar a regra da boa-fé. Ele faltou com a lealdade no contrato que já estava acabado. É, portanto, *post pactum finitum*.
>
> 2. Uma dona de *boutique* encomendou a uma confecção de roupas 120 casacos de pele. A confecção fez os casacos, vendeu-os e os entregou para essa dona da *boutique*. Aí, liquidado esse contrato, a mesma confecção fez mais 120 casacos de pele idênticos e vendeu-os para a dona da *boutique* vizinha. Há, também, evidentemente, deslealdade e *post pactum finitum*.
>
> 3. Um indivíduo queria montar um hotel e procurou o melhor e mais barato carpete para colocar no seu empreendimento. Conseguiu uma fornecedora que disse ter o preço melhor, mas que não fazia a colocação. Ele pediu, então, à vendedora a informação de quem poderia colocar o carpete. A firma vendedora indicou o nome de uma pessoa que já tinha alguma prática na colocação do carpete, mas não disse que o carpete que estava fornecendo para esse empresário era de um tipo diferente. O colocador do carpete pôs uma cola inadequada e, semanas depois, todo o carpete estava estragado. A vendedora dizia: cumpri a minha parte no contrato, entreguei, recebi o preço, o carpete era esse, fiz favor indicando um colocador. Segundo a regra da boa-fé, ela não agiu com diligência, porque, no mínimo, deveria tê-lo alertado — uma espécie de dever de informar e de cuidar depois de o contrato ter terminado — a propósito do novo tipo de carpete. Há responsabilidade pós-contratual.
>
> Portanto, o art. 421 está insuficiente, pois só fala em conclusão — o momento em que se faz o contrato — e execução. Não fala nada do que está para depois, nem falava do

> que estava antes. Finalmente, ainda a propósito das insuficiências, o artigo fala apenas em execução, no momento final, e muitas vezes o caso na verdade não chega a ser de execução, mesmo que dilatemos a expressão em português 'execução'"[49].

Em conclusão, verificamos que os deveres anexos ou de proteção gerarão efeitos que subsistirão à própria vigência do contrato em si, caracterizando aquilo que a doutrina convencionou chamar de "pós-eficácia das obrigações".

"Insere-se a pós-eficácia das obrigações no âmbito da função integrativa da boa-fé objetiva como um dever lateral de lealdade", pontifica MAURICIO JORGE MOTA. "Os deveres laterais de conduta inerentes à boa-fé são deveres funcionalizados ao fim do contrato, e, como tal, surgem e se superam no desenvolvimento da situação contratual como uma totalidade, autonomizando-se em relação ao dever de prestação principal para assegurarem o correto implemento do escopo do contrato. Assim, podem subsistir deveres pós-eficazes ao término do adimplemento do contrato, no interesse da correta consecução deste"[50].

Exemplificando essa subsistência dos deveres anexos, mesmo após a execução do contrato, como desdobramento de eficácia da boa-fé objetiva, transcrevemos ainda as sábias palavras de COUTO E SILVA:

> "Entre os deveres que permanecem, mesmo depois de extinta a relação principal, pode ser mencionado o dever do sócio que se retira de uma sociedade, que tem, em consequência, extinto seu vínculo jurídico, de evitar prejudicar com a sua atividade o funcionamento da sociedade de que participou, revelando circunstância que só podia conhecer em razão de sua qualidade de sócio. Outro exemplo é o dever de empregado que, nessa qualidade, tomou conhecimento de alguma circunstância relevante, como um segredo de fabricação, de não levá-lo ao conhecimento, por exemplo, de uma firma concorrente, mesmo após ter sido despedido"[51].

Nota-se, à luz desses ensinamentos, que, uma vez reconhecida a pré e pós-eficácia dos deveres anexos derivados da boa-fé, o que expressamente propugnamos, o art. 422, sob comento, é indubitavelmente deficiente, por circunscrever-se ao período de vigência contratual.

### 3.6.3. Desdobramentos da boa-fé objetiva

Compreendida a noção da boa-fé objetiva em matéria contratual, a sua aplicação pragmática gera importantes efeitos, nos mais diferentes campos.

---

[49] AZEVEDO, Antônio Junqueira de, artigo citado.

[50] MOTA, Mauricio Jorge Pereira da. A Pós-Eficácia das Obrigações. In: *Problemas de Direito Civil Constitucional*, p. 238.

[51] SILVA, Clóvis V. do Couto e, ob. cit., p. 119. Exemplo também citado por Mauricio Jorge Mota, no trabalho citado, p. 203.

Tais repercussões práticas podem ser sistematizadas em algumas locuções de uso corrente no dia a dia das lides forenses, consistentes em figuras parcelares, expressão que deve ser entendida como argumentações usuais para decisões com fundamentação tópica.

Como bem observa LUCIANO DE CAMARGO PENTEADO:

> "A boa-fé, segundo a insuperável classificação feita por Menezes Cordeiro ao tratar do exercício inadmissível das posições jurídicas, apresentaria oito figuras parcelares, ou seja, tipos de argumentos recorrentes com vistas a sua aplicação tópica. Entre eles estariam o *venire contra factum proprium*, o *tu quoque*, a *exceptio doli*, desdobrada em *exceptio doli generalis* e *exceptio doli specialis*, a inalegabilidade das nulidades formais, o desequilíbrio no exercício jurídico, a *supressio* e a *surrectio*. Sendo figuras parcelares de uma cláusula geral e não noções próprias de uma definição conceitual, é preciso desde já salientar que, em sua aplicação, não é necessário que todos os pressupostos estejam presentes, havendo a possibilidade de se julgar, não em termos de tudo ou nada, mas em termos de um mais e de um menos. Do mesmo modo, determinada situação jurídica pode ser reconduzida a mais de uma das figuras parcelares da boa-fé, porque estas gozam de certa plasticidade. Todas, entretanto, resultam da incidência do CC 422, em matéria de contratos e de direito das obrigações. São tipos em torno dos quais é possível agrupar os casos que tratem do tema da boa-fé objetiva. Como tipos, permitem esta qualificação móvel"[52].

Tais figuras parcelares, também chamadas de "função reativa"[53] ou de subprincípios da boa-fé objetiva, consistem em verdadeiros desdobramentos da boa-fé objetiva, de relevantíssima utilização, independentemente da denominação utilizada.

Assim, ousando ressistematizar, para meros efeitos didáticos no nosso sistema normativo, a classificação do grande professor português, apresentamos, a seguir, aqueles que consideramos os principais efeitos do desdobramento do princípio da boa-fé objetiva[54].

### 3.6.3.1. *Venire contra factum proprium*

A primeira repercussão pragmática da aplicação do princípio da boa-fé objetiva reside na consagração da vedação do comportamento contraditório.

---

[52] PENTEADO, Luciano de Camargo. Figuras Parcelares da Boa-Fé Objetiva e *Venire Contra Factum Proprium*. Disponível em: <http://www.cantareira.br/thesis2/ed_8/3_luciano.pdf>. Acesso em: 4 jul. 2017.

[53] "A função reativa é a utilização da boa-fé objetiva como exceção, ou seja como defesa, em caso de ataque do outro contratante. Trata-se da possibilidade de defesa que a boa-fé objetiva possibilita em caso de ação judicial injustamente proposta por um dos contratantes" (SIMÃO, José Fernando. A Boa-Fé e o Novo Código Civil — Parte III. Disponível em: <http://professorsimao.com.br/artigos_simao_a_boa_fe_03.htm>. Acesso em: 4 jul. 2017).

[54] Logicamente que também está abrangido neste estudo, dada a sua íntima conexão com a cláusula geral da eticidade, o princípio da confiança nas relações jurídicas.

Na tradução literal, *venire contra factum proprium* significa vir contra um fato próprio. Ou seja, não é razoável admitir-se que uma pessoa pratique determinado ato ou conjunto de atos e, em seguida, realize conduta diametralmente oposta.

Parte-se da premissa de que os contratantes, por consequência lógica da confiança depositada, devem agir de forma coerente, segundo a expectativa gerada por seus comportamentos.

Bom exemplo deriva do art. 330 do Código Civil, em que o credor, que aceitou, durante a execução de pacto de trato sucessivo, o pagamento em lugar diverso do convencionado, não pode surpreender o devedor com a exigência literal do contrato, para alegar descumprimento. A ideia, inclusive, pode ser desdobrada para o tempo do cumprimento do contrato, em que a tolerância habitual de determinado atraso, sem oposição, impede a cobrança de sanção pela mora do período.

### 3.6.3.2. *Supressio*

A expressão *supressio* também é um importante desdobramento da boa-fé objetiva.

Decorrente da expressão alemã *Verwirkung*[55], consiste na perda (supressão) de um direito pela falta de seu exercício por razoável lapso temporal.

Trata-se de instituto distinto da prescrição, que se refere à perda da própria pretensão. Na figura da *supressio*, o que há é, metaforicamente, um "silêncio ensurdecedor", ou seja, um comportamento omissivo tal, para o exercício de um direito, que o movimentar-se posterior soa incompatível com as legítimas expectativas até então geradas.

Assim, na tutela da confiança, um direito não exercido durante determinado período, por conta desta inatividade, perderia sua eficácia, não podendo mais ser exercitado. Nessa linha, à luz do princípio da boa-fé, o comportamento de um dos sujeitos geraria no outro a convicção de que o direito não seria mais exigido.

O exemplo tradicional de *supressio* é o uso de área comum por condômino em regime de exclusividade por período de tempo considerável, que implica a supressão da pretensão de cobrança de aluguel pelo período de uso.

Embora evidentemente próximo, há diferença da *supressio* para a prescrição, pois, enquanto esta subordina a pretensão apenas pela fluência do prazo, aquela depende da constatação de que o comportamento da parte não era mais aceitável, segundo o princípio da boa-fé.

Da mesma forma, há evidente proximidade da *supressio* e do *venire contra factum proprium*, não sendo desarrazoado vislumbrá-los em uma relação de gênero (*venire*) e espécie (*supressio*). Todavia, vale destacar que a *supressio* se refere exclusivamente a um comportamento omissivo, ou seja, à não atuação da parte gerando a ineficácia do direito correspondente.

---

55 Em português: perda.

### 3.6.3.3. *Surrectio*

Costumamos afirmar, em sala de aula, que a *surrectio* é o outro lado da moeda da *supressio.*

Com efeito, se, na figura da *supressio*, vislumbra-se a perda de um direito pela sua não atuação evidente, o instituto da *surrectio* se configura no surgimento de um direito exigível, como decorrência lógica do comportamento de uma das partes.

O art. 330 do CC/2002 pode ser considerado um didático exemplo. De fato, se o credor aceitou, durante a execução do contrato, que o pagamento se desse em lugar diverso do convencionado, há tanto uma *supressio* do direito do credor de exigir o cumprimento do contrato quanto uma *surrectio* do devedor de exigir que o contrato seja, agora, cumprido no novo lugar tolerado[56].

### 3.6.3.4. *Tu quoque*

*Tu quoque, Brutus, fili mi*!

A célebre frase, historicamente atribuída a Júlio César, pela constatação da traição de seu filho Brutus, dá nome também a um dos mais comuns desdobramentos do princípio da boa-fé objetiva.

A aplicação do *tu quoque* se constata em situações em que se verifica um comportamento que, rompendo com o valor da confiança, surpreende uma das partes da relação negocial, colocando-a em situação de injusta desvantagem.

Um bom exemplo é a previsão do art. 180 do CC/2002, que estabelece que o "menor, entre dezesseis e dezoito anos, não pode, para eximir-se de uma obrigação, invocar a sua idade se dolosamente a ocultou quando inquirido pela outra parte, ou se, no ato de obrigar-se, declarou-se maior".

Outro bom exemplo desse desdobramento do princípio da boa-fé objetiva reside no instituto do *exceptio non adimpleti contractus*. Se a parte não executou a sua prestação no contrato sinalagmático, não poderá exigir da outra parte a contraprestação.

### 3.6.3.5. *Exceptio doli*

A "exceção dolosa", conhecida como *exceptio doli*, consiste em um desdobramento da boa-fé objetiva, que visa a sancionar condutas em que o exercício do direito tenha sido realizado com o intuito, não de preservar legítimos interesses, mas, sim, de prejudicar a parte contrária.

Uma aplicação deste desdobramento é o brocardo *agit qui petit quod statim redditurus est*, em que se verifica uma sanção à parte que age com o interesse de molestar a parte contrária e, portanto, pleiteando aquilo que deve ser restituído.

---

56 "Obrigação alimentar extinta mas mantida por longo período de tempo por mera liberalidade do alimentante não pode ser perpetuada com fundamento no instituto da *surrectio*" (REsp 1.789.667-RJ, Rel. Min. Paulo de Tarso Sanseverino, Rel. p/ Acórdão Min. Ricardo Villas Bôas Cueva, Terceira Turma, por maioria, j. 13-8-2019, *DJe* 22-8-2019).

É o exemplo, no direito positivo brasileiro, do art. 940 do CC/2002, que preceitua que aquele "que demandar por dívida já paga, no todo ou em parte, sem ressalvar as quantias recebidas ou pedir mais do que for devido, ficará obrigado a pagar ao devedor, no primeiro caso, o dobro do que houver cobrado e, no segundo, o equivalente do que dele exigir, salvo se houver prescrição".

Outro exemplo de aplicação é a figura do assédio processual, consistente na utilização dos instrumentos processuais para simplesmente não cumprir a determinação judicial.

Trata-se, nas palavras da magistrada MYLENE PEREIRA RAMOS, de situação processual de "procrastinação por uma das partes no andamento de processo, em qualquer uma de suas fases, negando-se a cumprir decisões judiciais, amparando-se ou não em norma processual, para interpor recursos, agravos, embargos, requerimentos de provas, petições despropositadas, procedendo de modo temerário e provocando incidentes manifestamente infundados, tudo objetivando obstaculizar a entrega da prestação jurisdicional à parte contrária" (63ª Vara do Trabalho de São Paulo, Processo 02784200406302004).

Vale registrar, ainda, que a doutrina esmiúça a *exceptio doli* em *exceptio doli generalis* e *exceptio doli specialis*.

Nesse ponto, observa LUCIANO DE CAMARGO PENTEADO:

> "A *exceptio doli specialis* nada mais seria do que uma particularização da *exceptio doli generalis* referida a atos de caráter negocial e a atos dele decorrentes, quando o primeiro houvesse sido obtido com dolo. Assim, a *generalis*, como o próprio nome diz, é gênero e a outra espécie. A diferença específica encontra-se nos casos em que a fonte da que dimana o possível direito é um negócio jurídico e não qualquer outra fonte. O caráter excessivamente geral das duas figuras acaba por tornar sua aplicação perigosa em termos de segurança jurídica, valor que parece preservado pelas figuras anteriormente consideradas, na medida em que tem pressupostos concretos de verificação"[57].

### 3.6.3.6. Inalegabilidade das nulidades formais

A inalegabilidade das nulidades formais é a aplicação da regra de que ninguém se deve valer da própria torpeza, como desdobramento do princípio da boa-fé objetiva.

Consiste também em uma aplicação específica do *venire contra factum proprium*, vedando o comportamento contraditório em matéria de nulidade.

Trata-se de um princípio amplamente abarcado na legislação brasileira, notadamente no campo processual, valendo lembrar, por exemplo, as regras do art. 276 do CPC-2015[58] e do art. 796, *b*, da Consolidação das Leis do Trabalho[59].

---

[57] PENTEADO, Luciano de Camargo. Figuras Parcelares da Boa-Fé Objetiva e *Venire contra Factum Proprium*. Disponível em: <http://www.cantareira.br/thesis2/ed_8/3_luciano.pdf>. Acesso em: 4 jul. 2017.

[58] "Art. 276. Quando a lei prescrever determinada forma, sob pena de nulidade, a decretação desta não pode ser requerida pela parte que lhe deu causa."

[59] "Art. 796. A nulidade não será pronunciada: (...) *b*) quando arguida por quem lhe tiver dado causa."

### 3.6.3.7. Desequilíbrio no exercício jurídico

A menção ao desequilíbrio no exercício jurídico é nada mais, nada menos, do que o reconhecimento da função delimitadora do exercício de direitos subjetivos, exercida pela boa-fé objetiva.

Com efeito, o exercício desproporcional e, por isso, abusivo de direitos caracteriza um ato ilícito que não pode ser tolerado pelo ordenamento jurídico.

### 3.6.3.8. Cláusula de Stoppel

Finalmente, como último desdobramento do princípio da boa-fé objetiva, vale registrar a figura conhecida como “Cláusula de *Stoppel*” ou “Cláusula de *Estoppel*”[60].

Trata-se de uma expressão típica do direito internacional, em que se busca preservar a boa-fé e, com isso, a segurança das relações jurídicas neste importante campo.

Consiste, em síntese, na vedação do comportamento contraditório no plano do Direito Internacional.

Na observação de Rodrigo Murad do Prado:

> “No caso das Atividades Militares na Nicarágua o *stoppel* foi arguido pelos Estados Unidos, tendo a Corte rejeitado este argumento, lembrando que não basta que um Estado tenha aceitado de uma maneira clara e constante um regime jurídico ou um princípio, tornando-se ainda mais necessário que o seu comportamento tenha levado a um outro ou outros Estados, fundamentados nesta atitude, a modificar a sua posição em seu prejuízo ou a sofrer um prejuízo”[61].

Configura-se, portanto, como uma aplicação pragmática da boa-fé objetiva em relações internacionais, desde que a situação de prejuízo por quebra da confiança seja, como visto, de possível constatação.

VIDEOAULA

✓ Qual a diferença entre *boa-fé subjetiva* e *boa-fé objetiva*?

*Acesse também o vídeo sobre o capítulo pelo link: <https://somos.in/MDC4>*

---

60 As duas formas parecem ser corretas, sendo utilizadas pela doutrina. Preferindo “Cláusula de Estoppel”, confiram-se as excelentes obras de Ian Brownlie (*Principles of public international Law*, 7. ed., New York: Oxford University Press, 2008), Malcolm Shaw (*International Law*, 5. ed., 2003) e Valério Mazzuoli (*Curso de direito internacional público*, 7. ed., São Paulo: Revista dos Tribunais, 2013).

61 PRADO, Rodrigo Murad do. *A Jurisdição Internacional, os Novos Endereços Jurisdicionais, o Direito Processual Civil Internacional e as Cortes Internacionais de Justiça*. Disponível em: <http://www.uj.com.br/publicacoes/doutrinas/default.asp?action=doutrina&iddoutrina=4753>. Acesso em: 29 maio 2017.

# XV FORMAÇÃO DOS CONTRATOS

## 1. NOÇÕES BÁSICAS

Em geral, o contrato é negócio jurídico bilateral decorrente da convergência de manifestações de vontade contrapostas[1].

Caio (parte 1), por exemplo, manifestando o seu sério propósito de contratar, apresenta uma proposta ou oferta a Tício (parte 2), que, após analisá-la, aquiesce ou não com ela. Caso haja aceitação, as manifestações de vontade fazem surgir o consentimento[2], consistente no núcleo volitivo contratual[3].

Note-se, entretanto, que até a formação do contrato (por meio do consentimento firmado) os interesses dos contraentes são contrários. Tome-se o exemplo de um contrato de compra e venda. O vendedor quer vender pelo preço mais alto, e o comprador quer comprar pelo preço mais baixo. Nessa linha, superada a fase das tratativas preliminares, formula-se uma proposta interessante também para o comprador, que, aquiescendo, culmina por fechar o negócio.

Com precisão, o sempre lembrado CLÓVIS BEVILÁQUA sintetiza o *iter* de formação de um contrato, salientando os seus reflexos psíquicos de constituição:

> "Eu sinto-me inclinado a comprar um objecto, que vi e do qual me convém ser proprietário. Resisto ou cedo logo ao impulso do desejo, que me arrasta para o objecto, discuto as vantagens e desvantagens da obtenção, e, afinal, minha vontade, cedendo à solicitação dos motivos mais fortes, vae a traduzir-se em acto. Supponho que venceu o desejo de possuir o objecto em questão, começo a externar a minha volição, propondo, a alguém que possue o que eu ambiciono, que se resolva a m'o ceder. Na mente

---

1 Excepcionam essa regra os contratos plurilaterais, em que há a conjugação de duas ou mais declarações de vontade (partes) paralelas, a exemplo do contrato de sociedade.

2 Deve-se evitar a expressão "mútuo consentimento", por ser considerada redundante, porque no termo consentimento está contida a ideia que a palavra "mútuo" exprime (GOMES, Orlando. *Contratos*, 14. ed., Rio de Janeiro: Forense, 1994, p. 48).

3 Veja, nesse particular, a primeira parte do art. 1.262 do Código Civil espanhol: "El consentimiento se manifiesta por el concurso de la oferta y de la aceptación sobre la cosa y la causa que han de constituir o contracto".

desse alguém, suscitará a minha proposta as mesmas phases da elaboração psychica, porque o pensamento passou em meu espírito, até que sua vontade convirja ou não para o ponto em que estacionou a minha. Se convergir, será nossos interesses, ou o que se nos afigura tal, realizaram seu encontro harmônico, acham-se em congruência actual. Para mim era mais útil, no momento, possuir o objecto em questão do que a somma a desembolsar ou o serviço a prestar; para o possuidor do objecto, era mais vantajoso do que possuí-lo receber o que eu lhe oferecia. Com a manifestação em divergência de nossa vontade inicia-se o contracto"[4] (*sic*).

Vê-se, com isso, que o nascimento de um contrato segue um verdadeiro *iter* ou processo de formação, cujo início é caracterizado pelas negociações ou tratativas preliminares — denominada fase de puntuação — até que as partes chegam a uma proposta definitiva, seguida da imprescindível aceitação.

Somente nesse instante, com a junção desses dois elementos (PROPOSTA à ACEITAÇÃO), o contrato estará finalmente formado.

Em síntese, pois, teríamos:

## 2. FASE DE PUNTUAÇÃO (NEGOCIAÇÕES PRELIMINARES)

A fase de puntuação, consoante anotamos acima, consiste no período de negociações preliminares, anterior à formação do contrato.

É neste momento prévio que as partes discutem, ponderam, refletem, fazem cálculos, estudos, redigem a minuta do contrato, enfim, contemporizam interesses antagônicos, para que possam chegar a uma proposta final e definitiva.

No dizer de GUILLERMO BORDA: "Muchas veces las tratativas contractuales se desenvuelven a través de un tiempo más o menos prolongado, sea porque el negocio es complejo y las partes quieren estudiarlo en todas sus consecuencias o porque quien lo firma no tiene poderes suficientes o por cualquier otro motivo"[5].

A característica básica desta fase é justamente a não vinculação das partes a uma relação jurídica obrigacional.

Como destaca CARLYLE POPP:

"A principal característica desta fase de negociações preliminares é a não obrigatoriedade. Isto porque realizar negociações é um direito concedido pelo ordenamento, de

---

[4] BEVILÁQUA, Clóvis. *Direito das Obrigações*, Campinas: Red Livros, 2000, p. 225.

[5] BORDA, Guillermo A. *Manual de Contractos*, 19. ed., Buenos Aires: Abeledo-Perrot, 2002, p. 33.

natureza constitucional, que autoriza a livre celebração de negócios jurídicos. Optar pela celebração ou não é um direito que assiste a cada um dos negociantes. Este direito, volta-se a dizer, é cada vez mais limitado, limitação esta diretamente proporcional ao incremento da boa-fé objetiva nas relações jurídicas. Não celebrar o negócio jurídico é um direito que assiste ao tratante, desde que aja dentro dos limites da boa-fé e não viole a confiança alheia"[6].

Esta é, em nossa opinião, uma das mais sensíveis diferenças ao se propugnar por uma nova visão da teoria geral dos contratos.

De fato, ninguém é obrigado a contratar.

Todavia, ao se dar início a um procedimento negociatório, é preciso observar sempre se, a depender das circunstâncias do caso concreto, já não se formou uma legítima expectativa de contratar.

Dizer, portanto, que há direito subjetivo de não contratar não quer dizer que os danos, daí decorrentes, não devam ser indenizados, dependendo da circunstância do caso concreto, na perspectiva do princípio da boa-fé objetiva.

Apenas a título exemplificativo, podemos pensar na ideia de reparação dos prejuízos da parte que efetivou gastos na certeza da celebração do negócio, se todos os indícios da negociação iam nesse sentido.

Outro importante ponto deve, ainda, ser ressaltado.

Esses atos preparatórios, característicos da fase de puntuação, não se identificam com o denominado contrato preliminar, a exemplo de uma promessa de compra e venda.

A promessa de contrato, também denominada pré-contrato ou contrato preliminar, é aquele negócio jurídico que tem por objeto a obrigação de fazer um contrato definitivo. O exemplo mais comum é o compromisso de venda, o qual, como se sabe, pode inclusive gerar direito real.

Cuida-se de modalidade contratual que deverá conter todos os requisitos essenciais ao contrato definitivo (com exceção da forma), e cujo regramento encontra-se nos arts. 462 a 466 do Código de 2002.

Claro que, pactuando-se o contrato preliminar, a responsabilização do infrator será muito mais facilitada, por já existir previamente um título, que servirá de base ao pleito da parte prejudicada pelo inadimplemento da outra.

Caso não seja celebrada a promessa, a parte prejudicada poderá, outrossim, buscar a compensação devida, provando, no caso, a ocorrência de uma legítima expectativa de pactuação, com base na boa-fé objetiva, gerando prejuízos que devem ser reparados.

---

6 POPP, Carlyle. *Responsabilidade Civil Pré-Negocial*: O Rompimento das Tratativas, Curitiba: Juruá, 2002, p. 230.

## 3. PROPOSTA DE CONTRATAR

A proposta, também denominada policitação, consiste na oferta de contratar que uma parte faz à outra, com vistas à celebração de determinado negócio (daí, aquele que apresenta a oferta é chamado de proponente, ofertante ou policitante).

Trata-se de uma declaração receptícia de vontade que, para valer e ter força vinculante, deverá ser séria e concreta, ainda que verbal. Meras conjecturas ou declarações jocosas não traduzem proposta juridicamente válida e exigível.

Da mesma forma, a seriedade da proposta deve ser analisada com bastante cuidado para que ela não seja confundida com uma simples oferta de negociações preliminares[7].

O Código Civil, ao discorrer sobre o tema na Seção II do Capítulo I do Título V (Da Formação dos Contratos), embora não haja elencado os seus elementos constitutivos, disciplinou-a, nos seguintes termos:

> "Art. 427. A proposta de contrato obriga o proponente, se o contrário não resultar dos termos dela, da natureza do negócio, ou das circunstâncias do caso".

Observe-se, portanto, que a proposta de contratar obriga o proponente ou policitante, que não poderá voltar atrás, ressalvadas apenas as exceções capituladas na própria lei (arts. 427 e 428).

Cuida-se, no caso, do denominado princípio da vinculação ou da obrigatoriedade da proposta, diretriz normativa umbilicalmente ligada ao dogma da segurança jurídica.

Da análise desse dispositivo concluímos que o legislador reconhece a perda da eficácia cogente da oferta, nas seguintes situações:

a) se o contrário (a não obrigatoriedade) resultar dos termos dela mesma — é o caso de o proponente salientar, quando da sua declaração de vontade (oferta), que reserva o direito de retratar-se ou arrepender-se de concluir o negócio. Tal possibilidade, entretanto, não existirá nas ofertas feitas ao consumidor, na forma da Lei n. 8.078/90 (CDC);

b) se o contrário (a não obrigatoriedade) resultar da natureza do negócio — cite-se o exemplo, seguindo o pensamento de CARLOS ROBERTO GONÇALVES, "das chamadas propostas abertas ao público, que se consideram limitadas ao estoque existente"[8]. Podemos pensar também, como um exemplo do dia a dia, quando se

---

[7] "É importante frisar, também, que muitos dos tratos negociais iniciam-se com a realização de uma proposta, sendo que a chamada contraproposta — na verdade nova proposta — instaura um procedimento negociatório. Esta sistemática proposta-contraproposta, mediante adições, restrições ou modificações, são negociações preliminares. Mais usual, contudo, é que o início ocorra mediante um convite a negociar, ou *invitation à pourpalers*, como diriam os franceses. A distinção concreta entre oferta firme e oferta de negociações não é facilmente perceptível, ainda que o intérprete esteja atento aos fatos, mas é de grande relevância jurídica. Isto porque, dependendo como elas se iniciam, os efeitos jurídicos, sobretudo os vinculatórios, serão diversos" (Carlyle Popp, obra e páginas citadas).

[8] GONÇALVES, Carlos Roberto. *Direito das Obrigações* — Parte Especial — Contratos, 6. ed., v. 6, t. I, São Paulo: Saraiva, 1999, p. 16.

oferece carona, em sua moto, a pessoas de um grupo (contrato de transporte gratuito), em que a oferta somente pode ser considerada válida ao primeiro que aceitar, pela impossibilidade fática de carregar mais de um no veículo;

c) se o contrário (a não obrigatoriedade) resultar das circunstâncias do caso — nesse caso, optou o legislador por adotar uma dicção genérica, senão abstrata, que dará ao juiz a liberdade necessária para aferir, no caso concreto, e respeitado o princípio da razoabilidade, situação em que a proposta não poderia ser considerada obrigatória.

Complementando esse rol de exceções, o codificador cuidou, ainda, de mencionar hipóteses de perda de força vinculante da proposta, por força do decurso de lapso temporal entre a proposta e a aceitação.

É o prazo de validade da proposta.

## 3.1. Prazo de validade da proposta

Dispõe o art. 428 do Código Civil:

"Art. 428. Deixa de ser obrigatória a proposta:

I — se, feita sem prazo a pessoa presente, não foi imediatamente aceita. Considera-se também presente a pessoa que contrata por telefone ou por meio de comunicação semelhante;

II — se, feita sem prazo a pessoa ausente, tiver decorrido tempo suficiente para chegar a resposta ao conhecimento do proponente;

III — se, feita a pessoa ausente, não tiver sido expedida a resposta dentro do prazo dado;

IV — se, antes dela, ou simultaneamente, chegar ao conhecimento da outra parte a retratação do proponente".

Para que entendamos tais situações, é preciso definir o que se entende por "pessoa presente" e "pessoa ausente".

Presentes são as pessoas que mantêm contato direto e simultâneo uma com a outra, a exemplo daquelas que tratam do negócio pessoalmente, ou que utilizam meio de transmissão imediata da vontade (como o telefone, por exemplo). Observe-se que, em tais casos, o aceitante toma ciência da oferta quase no mesmo instante em que ela é emitida.

Ausentes, por sua vez, são aquelas pessoas que não mantêm contato direto e imediato entre si, caso daquelas que contratam por meio de carta ou telegrama (correspondência epistolar).

Nessa linha de raciocínio, poderemos considerar, *mutatis mutandis*, entre presentes, o contrato celebrado eletronicamente em um *chat* (salas virtuais de comunicação), haja vista que as partes envolvidas mantêm contato direto entre si quando de sua formação, e, por outro lado, entre ausentes, aquele formado por meio do envio de mensagem eletrônica (*e-mail*), pois, nesse caso, medeia um lapso de tempo entre a emissão da oferta e a resposta.

Tecidas tais considerações, retornaremos à análise do art. 428, sob comento, o qual enumera as seguintes hipóteses de perda da eficácia obrigatória da proposta:

a) se, feita sem prazo a pessoa presente, não foi imediatamente aceita — ora, se se trata de pessoas presentes, infere-se daí que a resposta ou aceitação deve ser imediata, sob pena de perda de eficácia da oferta. Note-se que o legislador salienta considerar também presente a pessoa que contrata por telefone ou outro meio de comunicação semelhante (o mencionado *chat*, por exemplo);

b) se, feita sem prazo a pessoa ausente, tiver decorrido tempo suficiente para chegar a resposta ao conhecimento do proponente — neste caso, a proposta é enviada, sem referência a prazo, e decorre tempo suficiente para a manifestação do aceitante, que o deixa transcorrer *in albis*. Interessante notar que o legislador, ao referir-se a "tempo suficiente", consagrou uma expressão que encerra conceito aberto ou indeterminado, cabendo, portanto, ao julgador, sempre de acordo com o princípio da razoabilidade, aplicar da melhor forma a norma ao caso concreto. Como parâmetro pode o juiz, por exemplo, considerar "suficiente" o período de tempo dentro do qual, habitualmente, em contratos daquela natureza, costuma-se emitir a resposta;

c) se, feita a pessoa ausente, não tiver sido expedida a resposta dentro do prazo dado — nessa hipótese, a proposta é feita a pessoa ausente, com definição de prazo, e a aceitação não é expedida dentro do prazo dado. Exemplo: Caio envia correspondência a Tício, propondo-lhe a celebração de determinado contrato, consignando, na própria carta, o prazo de seis meses para a resposta (aceitação). Passam-se os seis meses e a resposta não é expedida. De tal forma, perde a proposta a sua obrigatoriedade;

d) se, antes dela (a proposta), ou simultaneamente, chegar ao conhecimento da outra parte a retratação do proponente — aqui, antes da proposta, ou junto com ela, chega ao conhecimento da outra parte a retratação ou o arrependimento do proponente, caso em que a oferta perderá também a sua obrigatoriedade.

Fora dessas hipóteses (arts. 427, segunda parte, e 428), portanto, a proposta obriga o proponente e deverá ser devidamente cumprida, caso haja a consequente aceitação.

## 3.2. A oferta ao público

O Código Civil de 2002 cuidou, ainda, de regular, no art. 429, a oferta ao público, consistente na proposta de contratar feita a uma coletividade.

Nesse sentido, dispôs que "a oferta ao público equivale a proposta quando encerra os requisitos essenciais ao contrato, salvo se o contrário resultar das circunstâncias ou dos usos".

Vê-se, portanto, que esta modalidade de oferta não se diferencia essencialmente das demais, singularizando-se apenas por se dirigir a um número indeterminado de pessoas.

Ademais, desde que seja feita observando-se os requisitos gerais de validade da proposta, torna-se obrigatória, ressalvada a hipótese de as circunstâncias ou os usos descaracterizarem-na como oferta. Imagine-se, por exemplo, que, em uma determinada localidade, muito distante, seja secular o costume de anunciar produtos, em alta voz, apenas como técnica publicitária, para atrair clientes à barraca do anunciante, sendo que a proposta definitiva somente é feita pelo vendedor após a escolha do bem pretendido.

Finalmente, vale notar que o mesmo dispositivo de lei admite a revogação da proposta, se for feita pela mesma via de divulgação, e desde que essa faculdade haja sido ressalvada na própria oferta. Com isso, quer-se dizer que, se o proponente não reservou a faculdade de revogação, dando inclusive ciência dela à outra parte, não poderá exercê-la.

Há, entretanto, um peculiar tipo de oferta, comum nos dias de hoje, e que merece a nossa redobrada atenção: aquela operada por aparelhos automáticos de venda de produtos.

Sobre o tema, manifesta-se, com propriedade, CAIO MÁRIO, citando o pensamento de FRAN MARTINS:

> "Constitui, ainda, tipo peculiar de oferta a que resulta do processo técnico com a adoção de aparelhos automáticos, nos quais a mercadoria é exposta e afixado o preço, formando-se o contrato com a introdução de moeda em uma ranhura; outros contratos, além da compra e venda, celebram-se pelo mesmo sistema, como o transporte em trem subterrâneo, pousada em motéis à margem das estradas, venda de jornais etc. O aparelho automático é que representa, no caso, o proponente; o oblato é o público em geral"[9].

Em nosso sentir, esta especial forma de contratação, típica da sociedade em que vivemos, é passível de concretização, na medida em que se reconhece juridicidade à atuação do aparato mecânico, o qual exerceria uma função semelhante à do núncio.

Não concebemos, portanto, que o mecanismo eletrônico ou mecânico seja admitido como "representante" da empresa ou do empresário que o instalou, uma vez que poderes de representação demandariam uma margem de voluntarismo e discernimento de que não dispõe.

Mas, sem dúvida, a máquina serve como transmissor da vontade do comerciante, que fixa o preço, as condições e instruções de venda e, ainda assim, anuncia (ou deve anunciar) a garantia do recebimento do produto ou a devolução do preço pago.

---

[9] PEREIRA, Caio Mário da Silva, ob. cit., p. 21.

Por isso, quando colocamos uma moeda em uma máquina de refrigerantes, aceitamos uma proposta de contratar formulada pelo vendedor das mercadorias, por meio de um mecanismo transmissor da sua vontade.

Outros aspectos acerca da proposta feita ao público consumidor serão vistos, ainda neste capítulo, quando tratarmos do tema à luz do Direito do Consumidor.

### 3.3. Consequências jurídicas da morte do proponente

Finalmente, cumpre-nos indagar quais serão as consequências jurídicas da morte do proponente, antes da celebração do contrato, ou seja, antes que o aceitante possa aquiescer com a oferta.

Não temos dúvida de que, se a proposta feita puder ser cumprida *a posteriori*, por não se referir a prestação infungível (personalíssima), a sua obrigatoriedade perdurará, refletindo-se nos bens componentes do espólio, desde que seja plenamente válida[10].

Se, entretanto, o proponente vier a falir antes da aceitação da proposta, concordamos com o culto DARCY BESSONE, no sentido de que tal circunstância não o privaria da capacidade para contratar, embora os contratos que celebre não sejam oponíveis à massa falida (não podendo, portanto, prejudicar os seus credores). Advirta-se apenas que poderá o proponente (falido) encontrar, na superveniência de sua falência, razão para revogar a proposta, e, por outro lado, poderá o próprio aceitante desistir, se antever prejuízo ao negócio ou, caso já tenha aceitado insciente da quebra, poderá desligar-se posteriormente do contrato[11].

## 4. A ACEITAÇÃO

A aceitação é a aquiescência a uma proposta formulada.

Trata-se da manifestação de vontade concordante do aceitante ou oblato que adere à proposta que lhe fora apresentada.

Como se trata de atuação da vontade humana, deverá ser externada sem vícios de consentimento — como o erro, o dolo, a lesão ou a coação — sob pena de o negócio vir a ser anulado.

Pressupõe, da mesma forma, a plena capacidade do agente, se não for o caso de estar representado ou assistido, na forma da legislação civil em vigor.

Cumpre-nos observar que se a aceitação for feita fora do prazo, com adições, restrições ou modificações, importará em nova proposta. Ou seja, caso a aquiescência não

---

[10] Nesse sentido, Caio Mário, ob. cit., p. 23; contra: as doutrinas francesa e italiana, pois sustentam que "a superveniência da morte ou da incapacidade destrói a vontade e impossibilita o acordo, essencial à formação do contrato" (BESSONE, Darcy. *Do Contrato — Teoria Geral*, São Paulo: Saraiva, 1997, p. 130).

[11] BESSONE, Darcy, ob. cit., p. 132.

seja integral, mas feita intempestivamente ou com alterações (restritivas ou ampliativas), converter-se-á em contraproposta, nos termos do art. 431 do Código Civil[12].

Nessa mesma linha, se a aceitação, por circunstância imprevista, chegar tarde ao conhecimento do proponente, este deverá comunicar o fato imediatamente ao aceitante, sob pena de responder por perdas e danos (art. 430).

Interessante esta última hipótese.

O referido dispositivo impõe ao proponente, à luz da superior regra de boa-fé objetiva, ainda que na fase pré-contratual, o dever de informar ao aceitante que a sua manifestação de vontade chegou ao seu conhecimento tardiamente, sob pena de, em se omitindo, vir a ser responsabilizado.

Imagine-se, por exemplo, que Souza houvesse enviado a Frim uma proposta para a venda de uma tonelada de bananas-da-terra. Frim, então, dentro do prazo assinado, responde, aquiescendo com a oferta. Ocorre que, por circunstância imprevista, a carta é extraviada e somente chega às mãos do proponente/vendedor (Souza) sete dias após o final do prazo de resposta, já tendo, inclusive, se comprometido a vender as bananas a um terceiro, Geraldo. Deverá, pois, neste caso, comunicar imediatamente a Frim o recebimento tardio da sua resposta, sob pena de ser civilmente responsabilizado pelos danos daí resultantes.

Trata-se, sem dúvida, de norma clara e de inegável justiça, que se afina com o princípio da eticidade, valorizado pelo codificador.

Finalmente, vale salientar que a aceitação poderá ser expressa ou tácita, consoante se pode concluir da análise do art. 432 do Código Civil:

> "Art. 432. Se o negócio for daqueles em que não seja costume a aceitação expressa, ou o proponente a tiver dispensado, reputar-se-á concluído o contrato, não chegando a tempo a recusa".

Nesses casos, o costume negocial ou, até mesmo, a dispensa do proponente fazem com que se admita a aceitação tácita, se não chegar ao aceitante, antes da conclusão do negócio, a recusa do proponente.

Dificuldade há, todavia, na fixação do momento em que se reputa celebrado o contrato, por se tratar de aceitação tácita. Entretanto, desde que haja prova nesse sentido (início de atos executórios, por exemplo), o policitante não poderá mais se retratar.

## 5. FORMAÇÃO DOS CONTRATOS ENTRE AUSENTES

Importante questão a ser enfrentada diz respeito à formação do contrato entre ausentes, especialmente o pactuado mediante correspondência epistolar.

---

12 Norma muito semelhante vem prevista no Código Civil argentino: "Art. 1.152. Cualquiera modificación que se hiciere en la oferta al aceptarla, importará la propuesta de un nuevo contrato".

Aliás, como carecemos de uma disciplina específica dos contratos eletrônicos, a matéria aqui exposta poderá, *mutatis mutandis*, ser adaptada àqueles negócios pactuados por *e-mail*.

Fundamentalmente, a doutrina criou duas teorias explicativas a respeito da formação do contrato entre ausentes[13]:

a) teoria da cognição — para os adeptos dessa linha de pensamento, o contrato entre ausentes somente se consideraria formado quando a resposta do aceitante chegasse ao conhecimento do proponente.

b) teoria da agnição (dispensa-se que a resposta chegue ao conhecimento do proponente):

b.1. à subteoria da declaração propriamente dita — o contrato se formaria no momento em que o aceitante ou oblato redige, datilografa ou digita a sua resposta. Peca por ser extremamente insegura, dada a dificuldade em se precisar o instante da resposta.

b.2. à subteoria da expedição — considera formado o contrato, no momento em que a resposta é expedida.

b.3. à subteoria da recepção — reputa celebrado o negócio no instante em que o proponente recebe a resposta. Dispensa, como vimos, sua leitura. Trata-se de uma subteoria mais segura do que as demais, pois a sua comprovação é menos dificultosa, podendo ser provada, por exemplo, por meio do A.R. (aviso de recebimento), nas correspondências.

Mas, afinal, qual seria a teoria adotada pelo nosso direito positivo?

CLÓVIS BEVILÁQUA, autor do projeto do Código Civil de 1916, era, nitidamente, adepto da subteoria da expedição, por reputá-la "a mais razoável e a mais jurídica"[14].

Por isso, boa parte da doutrina brasileira, debruçando-se sobre o art. 1.086 do Código revogado, concluía tratar-se de dispositivo afinado com o pensamento de BEVILÁQUA:

> "Art. 1.086 (*caput*). Os contratos por correspondência epistolar, ou telegráfica, tornam-se perfeitos desde que a aceitação é expedida...".

Na mesma linha, se cotejarmos esse dispositivo com o correspondente do Código em vigor, teremos a nítida impressão de que foi adotada a vertente teórica da expedição:

> "Art. 434. Os contratos entre ausentes tornam-se perfeitos desde que a aceitação é expedida, exceto:
>
> I — no caso do artigo antecedente;

[13] Cf. PEREIRA, Caio Mário da Silva, ob. cit., p. 25, e RODRIGUES, Silvio. *Direito Civil* — Dos Contratos e Declarações Unilaterais de Vontade, 25. ed., v. 3, São Paulo: Saraiva, 2000.

[14] BEVILÁQUA, Clóvis. *Direito das Obrigações*, Campinas: Red Livros, 2000, p. 238.

II — se o proponente se houver comprometido a esperar resposta;

III — se ela não chegar no prazo convencionado".

Note-se, entretanto, que o referido dispositivo enumera situações em que o contrato não se reputará celebrado: no caso do art. 433; se o proponente se houver comprometido a esperar a resposta (nesta hipótese, o próprio policitante comprometeu-se a aguardar a manifestação do oblato); ou, finalmente, se a resposta não chegar no prazo assinado pelo policitante.

Ocorre que, se observarmos a ressalva constante no inciso I desse artigo, que faz remissão ao art. 433, chegaremos à inarredável conclusão de que a aceitação não se reputará existente, se antes dela ou com ela chegar ao proponente a retratação do aceitante.

Atente-se para essa expressão: "se antes dela ou com ela CHEGAR ao proponente a retratação do aceitante".

Ora, ao fazer tal referência, o próprio legislador acabou por negar a força conclusiva da expedição, para reconhecer que, enquanto não tiver havido a RECEPÇÃO, o contrato não se reputará perfeito, pois, antes do recebimento da resposta ou simultaneamente a esta, poderá vir o arrependimento do aceitante.

Dada a amplitude da ressalva constante no art. 433, que admite, como vimos, a retratação do aceitante até que a resposta seja recebida pelo proponente, entendemos que o nosso Código Civil adotou a subteoria da recepção, e não a da expedição.

Esse é o entendimento também de CARLOS ROBERTO GONÇALVES:

> "O art. 434 do Código Civil acolheu expressamente a teoria da expedição, ao afirmar que os contratos entre ausentes tornam-se perfeitos desde que a aceitação é expedida. Entretanto, estabeleceu três exceções: a) no caso de haver retratação do aceitante; b) se o proponente se houver comprometido a esperar resposta; e c) se ela não chegar no prazo convencionado. Ora, se sempre é permitida a retratação antes de a resposta chegar às mãos do proponente, e se, ainda, não se reputa concluído o contrato na hipótese de a resposta não chegar no prazo convencionado, na realidade o referido diploma filiou-se à teoria da recepção, e não à da expedição"[15].

## 6. A PROPOSTA NO CÓDIGO DE DEFESA DO CONSUMIDOR

Embora não seja objeto específico de nossa obra, não poderíamos nos furtar de tecer breves considerações acerca da oferta ao público feita no âmbito do Direito do Consumidor, por se tratar de tema atual e dos mais palpitantes.

O Código de Defesa do Consumidor — Lei n. 8.078, de 11-9-1990 — regula, no Capítulo V (Das Práticas Comerciais), Seção II, a oferta feita ao mercado de consumo (arts. 30 a 35)[16].

---

[15] GONÇALVES, Carlos Roberto. *Direito Civil Brasileiro*, 18. ed., São Paulo: Saraiva, 2020, v. 3, p. 91.

[16] Sobre o Direito do Consumidor, indicamos a obra de Arruda Alvim, *Código do Consumidor Comentado*, 2. ed., São Paulo: Revista dos Tribunais, 1995.

Logo no art. 30, o legislador cuidou de estabelecer, com nitidez, que as propostas feitas ao consumidor serão informadas pelo princípio da vinculação, o que significa dizer que terão sempre uma carga de obrigatoriedade mais acentuada do que as ofertas em geral, reguladas pelo Código Civil:

> "Art. 30. Toda informação ou publicidade, suficientemente precisa, veiculada por qualquer forma ou meio de comunicação, com relação a produtos e serviços oferecidos ou apresentados, obriga o fornecedor que a fizer veicular ou dela se utilizar e integra o contrato que vier a ser celebrado".

Deverá, ademais, ser feita em língua portuguesa (art. 31) e com informações claras, precisas e ostensivas.

Analisando aspectos do referido princípio, ANTÔNIO HERMAN DE VASCONCELLOS E BENJAMIN pontifica:

> "Dois requisitos básicos devem estar presentes para que o princípio atue. Em primeiro lugar, inexistirá vinculação se não houver 'exposição'. Uma simples proposta que, mesmo colocada no papel, não chegue ao conhecimento do consumidor, não obriga o fornecedor. Em segundo lugar, a oferta (informação ou publicidade) deve ser suficientemente precisa, isto é, o simples exagero (*puffing*) não obriga o fornecedor. É o caso de expressões exageradas, que não permitem verificação objetiva, como 'o melhor sabor', 'o mais bonito', 'o maravilhoso'. Contudo, até essas expressões, em alguns contextos, podem ganhar precisão, vinculando, então, o anunciante. Por exemplo, quando o fornecedor afirma ter o 'melhor preço da capital' ou a 'garantia mais completa do mercado'. A utilização do *puffing* em relação ao preço impõe, de regra, a vinculação"[17].

Ademais, tornando efetiva a tutela do consumidor, o art. 35 preceitua que, se o fornecedor de produtos ou serviços recusar cumprimento à oferta, apresentação ou publicidade, o consumidor poderá, alternativamente e à sua escolha:

a) exigir o cumprimento forçado da obrigação, nos termos da oferta, apresentação ou publicidade — neste caso, lançando mão, sobretudo, dos meios judiciais de tutela específica, postos à sua disposição;
b) aceitar outro produto ou prestação de serviço equivalente — trata-se de uma faculdade do consumidor, e não um direito do fornecedor;
c) rescindir o contrato, com direito à restituição da quantia eventualmente antecipada, monetariamente atualizada, e a perdas e danos — trata-se, em verdade, de

[17] BENJAMIN, Antônio Herman de Vasconcellos e. *Código Brasileiro de Defesa do Consumidor* — Comentado pelos Autores do Anteprojeto — Ada Pellegrini Grinover e outros, 5. ed., Rio de Janeiro: Forense, 1998, p. 215.

> resolução de contrato por inadimplemento, abrindo-se ao consumidor a possibilidade de pleitear a compensação devida, atualizada segundo os índices oficiais em vigor.

Com isso, vemos que a legislação consumerista imprimiu uma efetiva tutela, no plano processual inclusive, dos direitos dos consumidores, afinando-se, assim, com a nossa Lei Fundamental.

## 7. LUGAR DA FORMAÇÃO DO CONTRATO

Finalmente, cumpre-nos lembrar ao nosso amigo leitor que, nos termos do art. 435 do Código Civil, o contrato reputa-se celebrado no lugar em que foi proposto.

Tal regra, longe de ser desnecessária, afigura-se útil, especialmente quando surgirem questões atinentes à competência, ou quando o juiz tiver de analisar usos e costumes do lugar onde o negócio fora pactuado.

Claro está, entretanto, que, no caso da contratação eletrônica (pela Internet), nem sempre esta regra poderá ser aplicada com a devida segurança, considerando-se a frequente dificuldade de se precisar o local de onde partiu a proposta.

# XVI DAS ESTIPULAÇÕES CONTRATUAIS EM RELAÇÃO A TERCEIROS

## 1. INTRODUÇÃO

A regra geral é que os contratos só devem gerar efeitos entre as próprias partes contratantes, não dizendo respeito, *a priori*, a terceiros estranhos à relação jurídica contratual.

Assim, por exemplo, Valdir não tem nada a ver com o contrato celebrado entre Florisvaldo e Barbosa, não podendo exigir, para si, o mesmo conteúdo contratual.

Todavia, como toda regra parece comportar uma exceção (e talvez esta regra também comporte exceções...), não é diferente com o princípio da relatividade subjetiva dos efeitos do contrato.

Nos próximos tópicos, abordaremos três modalidades de estipulações contratuais relacionadas com terceiros, a saber:

a) estipulação em favor de terceiro;
b) promessa de fato de terceiro;
c) contrato com pessoa a declarar.

Vamos a elas.

## 2. ESTIPULAÇÃO EM FAVOR DE TERCEIRO

Por meio da estipulação em favor de terceiro, ato de natureza essencialmente contratual, uma parte convenciona com o devedor que este deverá realizar determinada prestação em benefício de outrem, alheio à relação jurídica-base.

No Código Civil brasileiro, a matéria é tratada de forma sucinta, consoante se pode observar dos seguintes dispositivos:

> "Da Estipulação em Favor de Terceiro
>
> Art. 436. O que estipula em favor de terceiro pode exigir o cumprimento da obrigação.
>
> Parágrafo único. Ao terceiro, em favor de quem se estipulou a obrigação, também é permitido exigi-la, ficando, todavia, sujeito às condições e normas do contrato, se a ele anuir, e o estipulante não o inovar nos termos do art. 438.

> Art. 437. Se ao terceiro, em favor de quem se fez o contrato, se deixar o direito de reclamar-lhe a execução, não poderá o estipulante exonerar o devedor.
>
> Art. 438. O estipulante pode reservar-se o direito de substituir o terceiro designado no contrato, independentemente da sua anuência e da do outro contratante.
>
> Parágrafo único. A substituição pode ser feita por ato entre vivos ou por disposição de última vontade".

No dizer do culto CAIO MÁRIO, a estipulação em favor de terceiro "origina-se da declaração acorde do estipulante e do promitente, com a finalidade de instituir um *iuris vinculum*, mas com a peculiaridade de estabelecer obrigação de o devedor prestar em benefício de uma terceira pessoa, a qual, não obstante ser estranha ao contrato, se torna credora do promitente"[1].

Nessa modalidade contratual especial, as partes são chamadas de estipulante — aquele que estabelece a obrigação — e promitente ou devedor — aquele que se compromete a realizá-la. Já o terceiro ou beneficiário é o destinatário final da obrigação pactuada.

O exemplo mais comum desta figura jurídica é o seguro de vida. Neste caso, consumado o risco previsto na apólice, a seguradora, conforme estipulado com o segurado, deverá pagar ao terceiro (beneficiário) o valor devido a título de indenização.

ÁLVARO VILLAÇA AZEVEDO lembra-nos outro exemplo:

> "Também existe a estipulação ora cogitada, quando um pai (estipulante), por exemplo, determina a uma empresa (promitente ou devedora), de que é acionista, que prometa pagar a seu filho (beneficiário ou terceiro) os dividendos correspondentes a suas ações, na época em que forem devidos. Basta que essa empresa concorde, por seus legítimos dirigentes, com tal estipulação, para que esteja aperfeiçoado o contrato em favor de terceiro, porque dessa avença não toma parte"[2].

Percebe-se, com isso, que o terceiro, estranho ao negócio, será por ele afetado, situação esta que excepciona a regra geral da relatividade dos efeitos do contrato.

O principal efeito peculiar desta modalidade especial de contratação é a possibilidade de exigibilidade da obrigação tanto pelo estipulante quanto pelo terceiro.

Registre-se, porém, que esta dupla possibilidade somente é aceitável se o terceiro anuir às condições e normas do contrato, na forma do transcrito art. 436 do CC/2002.

Assim, anuindo o beneficiário com as "condições e normas do contrato", o que deve ser feito de forma expressa, ou seja, assumindo as obrigações dele decorrentes, incorpora ao seu patrimônio jurídico o direito de exigir a prestação, o que se infere da interpretação conjunta do mencionado dispositivo com o art. 437.

---

1 PEREIRA, Caio Mário da Silva. *Instituições de Direito Civil*, 10. ed., v. III, Rio de Janeiro: Forense, 2001, p. 65.

2 AZEVEDO, Álvaro Villaça. *Teoria Geral dos Contratos Típicos e Atípicos*, São Paulo: Atlas, 2002, p. 105.

Dessa forma, a lógica de "quem pode o mais, pode o menos" deve ser "temperada" com a observância do direito adquirido, pois, se é lógico que quem estipula uma obrigação em favor de terceiro possa, justamente por ser o contratante, modificar o contrato, tanto no seu conteúdo quanto ao destinatário, também é imprescindível compreender que a exoneração do devedor (mediante uma remissão, por exemplo) não poderá ofender direito do beneficiário.

Nesse sentido, a faculdade de substituição deste deve ser, em nosso sentir, registrada explicitamente no contrato, como estabelece o art. 438 do CC/2002.

Nesse particular, avulta a crítica da doutrina à previsão legal, no que diz respeito a ausência de uma distinção quanto à onerosidade da avença em relação ao terceiro, pois nada impede que esse assuma obrigações para ter direito ao benefício estipulado.

É o que menciona ÁLVARO VILLAÇA, lembrando o saudoso SILVIO RODRIGUES:

> "Após mostrar a falta de harmonia, no Código anterior (valendo a crítica também para o novo), entre esses artigos que tratam da estipulação estudada, demonstra Silvio Rodrigues que faltou ao legislador brasileiro diferenciar entre estipulação a título gratuito e a título oneroso, elucidando que, no tocante ao parágrafo único do art. 1.098 (parágrafo único do art. 436 do novo Código), colocam-se ao terceiro, ao lado das vantagens que lhe são concedidas, obrigações. Caso o beneficiário assuma estas, em razão dos benefícios oferecidos, concretiza-se o negócio, sem que exista qualquer possibilidade de revogação ou modificação pelo estipulante, sem que, com isso, concorde o terceiro. Faz ver, ainda, esse professor que, ante o art. 1.099 (art. 437 do novo Código), se a estipulação for a título gratuito, o estipulante 'só não a pode revogar se expressamente abriu mão desse direito, ao conferir ao terceiro a prerrogativa de exigir o cumprimento da promessa'; se for a título oneroso, 'não se compreende a exoneração do obrigado ou substituição, do terceiro' (ou, ainda, outra modificação contratual, entendo), 'pois isso envolveria um prejuízo para este último, sem qualquer causa que o justificasse'.
>
> Quanto ao art. 1.100 do Código anterior (art. 438 do Código Civil), prossegue o mesmo professor em sua exegese, só deve ser aplicado às estipulações graciosas, dado que o terceiro, com sua substituição, não sofre prejuízo, pois sua situação é de quem aguarda um benefício"[3].

## 3. PROMESSA DE FATO DE TERCEIRO

Além da previsão legal da estipulação em favor de terceiro, admite o Código Civil brasileiro a possibilidade de estabelecimento de uma declaração de vontade na afirmação da realização de um ato por terceiro.

[3] Ob. cit., p. 107-8.

A expressão "fato de terceiro", consagrada no texto codificado, nos parece um tanto imprópria, tendo em vista que se trata da prática futura de uma conduta humana, e não de um fato de coisa ou animal.

Trata-se, portanto, de um negócio jurídico em que a prestação acertada não é exigida do estipulante, mas sim de um terceiro, estranho à relação jurídica obrigacional, o que também flexibiliza o princípio da relatividade subjetiva dos efeitos do contrato.

### 3.1. Natureza jurídica

Um tema pouco tratado na doutrina especializada é a natureza jurídica da promessa de fato de terceiro.

Em nosso entender, parece-nos bastante claro que se trata de um negócio jurídico submetido a um fator eficacial, ou seja, com um elemento acidental que limita não o *debitum* (a relação obrigacional em si mesmo), mas sim a *obligatio* (a responsabilidade civil pelo descumprimento do contrato).

Expliquemos melhor.

Se Caio promete a Tício que o Professor Geraldo irá ministrar aulas em um curso preparatório para concursos, caso o ilustre propedeuta não realize tal tarefa, é óbvio que, não tendo participado da avença, não poderá ser compelido a fazê-lo.

O negócio jurídico, porém, existiu, é válido e eficaz, para vincular os sujeitos contratantes, e não, obviamente, o terceiro, motivo por que estabelece o *caput* do art. 439 do CC/2002 que aquele "que tiver prometido fato de terceiro responderá por perdas e danos, quando este não o executar".

Diferente situação haverá, todavia, quando o terceiro, nominado originalmente pelo estipulante, se comprometer diretamente à prestação, pois, aí, a obrigação será própria dele, conforme se verifica do art. 440:

> "Art. 440. Nenhuma obrigação haverá para quem se comprometer por outrem, se este, depois de se ter obrigado, faltar à prestação".

Nada impede, obviamente, por força da autonomia da vontade, que se estabeleça uma responsabilidade solidária do estipulante original, mas isso dependerá, por certo, de manifestação expressa nesse sentido, por aplicação da regra do art. 265 do CC/2002.

### 3.2. Exclusão de responsabilidade

Ainda sobre a promessa de fato de terceiro, o Código Civil brasileiro de 2002 trouxe uma inovação, ao prever uma hipótese de exclusão de responsabilidade civil do estipulante, para o descumprimento da obrigação pelo terceiro.

É o que preceitua o parágrafo único do art. 439, estabelecendo que a "responsabilidade não existirá se o terceiro for cônjuge do promitente, dependendo da sua anuência o ato a ser praticado, e desde que, pelo regime do casamento, a indenização, de algum modo, venha a recair sobre os seus bens".

É a situação em que Caio promete a Tício que sua esposa (de Caio, não de Tício), com quem é casado em comunhão universal de bens, irá transferir um imóvel para si. Ora, a responsabilidade civil de Caio, pelo descumprimento da prestação por sua esposa, acabará recaindo no patrimônio desta, o que seria uma situação de responsabilização de terceiro que não fez parte da relação jurídica obrigacional.

## 4. CONTRATO COM PESSOA A DECLARAR

Temos, ainda, o denominado contrato com pessoa a declarar.

Trata-se de figura contratual consagrada pelo Código Civil vigente, que a regulou a partir do seu art. 467, sem equivalente na legislação codificada anterior:

> "Do Contrato com Pessoa a Declarar
>
> Art. 467. No momento da conclusão do contrato, pode uma das partes reservar-se a faculdade de indicar a pessoa que deve adquirir os direitos e assumir as obrigações dele decorrentes".

Traduz, em verdade, também uma promessa de prestação de fato de terceiro, que titularizará os direitos e obrigações decorrentes do negócio, caso aceite a indicação realizada, o que se dará *ex tunc* à celebração do negócio (art. 469).

A respeito do tema, ORLANDO GOMES preleciona:

> "Trata-se de contrato no qual se introduz a cláusula especial *pro amico eligendo* ou *pro amico electo*, pela qual uma das partes se reserva a faculdade de nomear quem assuma a posição de contratante. A pessoa designada toma, na relação contratual, o lugar da parte que a nomeou, tal como se ela própria houvesse celebrado o contrato. O designante sai da relação sem deixar vestígios. Em suma, o contraente *in proprio* nomeia terceiro titular do contrato"[4].

No dizer de JONES FIGUEIRÊDO ALVES, por meio deste negócio,

> "reserva-se a um dos contratantes, no negócio jurídico celebrado pela cláusula *pro amico eligendo*, a indicação de outra pessoa que o substitua na relação contratual, adquirindo os direitos e assumindo as obrigações dele decorrentes. Caso não exercite a cláusula ou o indicado recuse a nomeação, ou seja insolvente, disso desconhecendo a outra parte, permanece o contrato somente eficaz entre os contratantes originários (art. 470)"[5].

O prazo para a comunicação da indicação do terceiro é de cinco dias, se outro lapso não se estipulou (art. 468).

---

[4] GOMES, Orlando. *Contratos*, ob. cit., p. 166-7.

[5] ALVES, Jones Figueirêdo. *Novo Código Civil Comentado*, coord. FIUZA, Ricardo, São Paulo: Saraiva, 2002, p. 415.

Trata-se, a nosso ver, de prazo decadencial contratualmente estipulado, dentro do qual o contraente exercerá, caso queira, o direito potestativo de indicação.

É de notar que o parágrafo único do referido art. 468 exige que a aceitação do terceiro deva observar a mesma forma que as partes usaram para o contrato. Assim, se a aceitação da proposta de contratar foi expressa, por escrito, a aquiescência do terceiro indicado não poderá ser tácita, o que deve ser observado no caso concreto, pois o silêncio do terceiro não será necessariamente interpretado como aceitação.

A própria lei, entretanto, ressalva hipóteses em que o contrato será eficaz apenas entre os contratantes originários (arts. 470 e 471):

a) se não houver indicação de pessoa, ou se o nomeado se recusar a aceitá-la;
b) se a pessoa nomeada era insolvente, e a outra pessoa o desconhecia no momento da aceitação;
c) se a pessoa a nomear era incapaz ou insolvente no momento da nomeação.

Claro está, portanto, que o contrato com pessoa a declarar é um negócio jurídico que envolve certa margem de risco, tanto para os contratantes originários como para o terceiro que aceita a indicação.

SÍLVIO VENOSA, aliás, lembra ser comum a ocorrência desta figura "nos compromissos de compra e venda de imóveis, nos quais o promissário comprador atribui-se a faculdade de indicar terceiro para figurar na escritura definitiva"[6].

Não se deve confundir o contrato com pessoa a declarar com a figura jurídica da cessão de posição contratual.

Sobre essa modalidade de cessão, também denominada cessão do contrato, já vimos que, de forma diferente do que ocorre na cessão de crédito ou de débito, neste caso, o cedente transfere a sua própria posição contratual (compreendendo créditos e débitos) a um terceiro (cessionário), que passará a substituí-lo na relação jurídica originária.

Os institutos não devem ser confundidos, haja vista que, no contrato com pessoa a declarar, a faculdade de indicação já vem prevista originariamente, podendo, inclusive, nunca ser exercida; na cessão da posição de contrato, por sua vez, não ocorre necessariamente estipulação prévia da faculdade de substituição.

Assim, o terceiro, embora não vinculado originariamente à relação contratual, poderá experimentar os seus efeitos, caso aceite a nomeação indicada.

Observa-se, portanto, nesse caso, que o espectro eficacial do negócio jurídico firmado entre os contraentes iniciais incidirá em sua órbita jurídica de atuação, mitigando-se, dessa forma, o princípio da relatividade dos efeitos do contrato.

---

[6] VENOSA, Sílvio de Salvo. *Direito Civil* — Teoria Geral das Obrigações e Teoria Geral dos Contratos, 3. ed., São Paulo: Atlas, 2003, p. 491.

# XVII CONTRATO PRELIMINAR

## 1. CONCEITO E INSTITUTOS SIMILARES

Conceituar um instituto jurídico nunca é uma tarefa definitiva, havendo sempre a possibilidade de divergências para a fixação dos limites de sentido e significado de cada palavra.

Sem cair na tentação das conceituações digressivas, compreendemos o contrato preliminar como uma avença através da qual as partes criam em favor de uma ou mais delas a faculdade de exigir o cumprimento de um contrato apenas projetado. Trata-se, portanto, de um negócio jurídico que tem por objeto a obrigação de fazer um contrato definitivo.

O exemplo mais comum desse tipo de promessa é a de compra e venda (promessa de compra e venda), a qual, quando devidamente registrada no Cartório de Imóveis[1], produz eficácia real, facultando ao promitente comprador, se for necessário, recorrer à ação de adjudicação compulsória para a concretização do seu direito.

Tal figura já era conhecida, inclusive, no Direito Romano, pois o *pactum de contrahendo* compreendia o *pactum de mutuando* e o *pactum de commodando*, entre outros.

Essa possibilidade de exigência da eficácia imediata de um contrato *in fieri* é também denominada, doutrinariamente, pré-contrato, promessa de contrato ou compromisso, não devendo ser confundido com o negócio jurídico ainda não celebrado, cuja eficácia se pretende exigir.

Como observa Orlando Gomes:

> "Trata-se de figuras distintas do respectivo contrato definitivo, havendo, entretanto, quem conteste a independência dos dois. Sob a influência do Direito francês, segundo a qual a promessa de venda — que é contrato preliminar no entendimento geral

[1] Mesmo não registrado, o contrato preliminar (promessa de compra e venda) poderá ser judicialmente exigido, consoante anotou Pablo Stolze Gagliano: "Em verdade, firmada uma promessa de compra e venda, ainda que não registrado o seu instrumento preliminar, o contrato terá gerado efeitos entre as próprias partes contratantes, caso em que, posto não se afigure constituído o esperado direito real, a parte prejudicada pelo inadimplemento da outra poderá lançar mão dos meios comuns de execução específica da obrigação de fazer, para o fim de satisfazer o seu direito" (*Código Civil Comentado*, v. XIII, São Paulo: Atlas, 2004, p. 241).

— vale venda quando haja consentimento das duas partes sobre a coisa e o preço, muitos autores negam a autonomia do pré-contrato. Pensam outros que, se consiste em criar a obrigação de celebrar o contrato definitivo, é supérfluo, porque, se alguém prometeu obrigar-se em dia certo, obrigado estará nesse dia, como se nele houvesse contraído a obrigação. Exigir que novamente se obrigue é admitir, como diziam certos canonistas, um *circuitus inutilis*"[2].

Também não se deve colocar na mesma tábua as chamadas negociações preliminares e o contrato preliminar.

De fato, as negociações preliminares — ao contrário do instituto aqui analisado — não geram direitos à contratação pretendida, podendo-se falar, no máximo, em uma responsabilidade civil pré-contratual, cujos danos são passíveis de indenização.

## 2. NATUREZA JURÍDICA

O contrato preliminar é um negócio jurídico, na medida em que consiste em uma declaração de vontade, emitida em obediência aos seus pressupostos de existência, validade e eficácia, com o propósito de produzir efeitos admitidos pelo ordenamento jurídico, pretendidos pelo agente.

Daí, não é de se estranhar que disponha o art. 462 do Código Civil brasileiro, *in verbis*:

> "Art. 462. O contrato preliminar, exceto quanto à forma, deve conter todos os requisitos essenciais ao contrato a ser celebrado".

Isso porque, como negócio jurídico que é, o contrato preliminar também se submete a todos os requisitos essenciais do contrato a ser pactuado.

A exclusão da forma se dá por uma opção legislativa, de modo a facilitar e estimular a utilização do instituto, como ordinariamente se procede, por exemplo, quando o contrato definitivo exige a escritura pública e os requisitos do contrato preliminar são satisfeitos com a lavratura em instrumento particular.

Nada impede, porém, que o contrato definitivo contenha mais cláusulas do que as pactuadas no contrato preliminar, que, de maneira alguma, se desnatura com tal possibilidade. Com efeito, a regra legal deve ser interpretada com razoabilidade para se entender que a exigência é somente quanto aos requisitos essenciais (entenda-se, os elementos de existência e validade do negócio jurídico), e não quanto ao inteiro conteúdo do pactuado.

## 3. CLASSIFICAÇÃO

Toda classificação é variável de acordo com a visão metodológica de cada autor.

---

2 GOMES, Orlando. *Contratos*, 24. ed., Rio de Janeiro: Forense, 2001, p. 135.

Em nossa compreensão, devemos classificar os contratos preliminares de acordo com a sua exigibilidade, retratabilidade e onerosidade[3].

Na classificação primária, percebemos que o pré-contrato pode ser unilateral ou bilateral.

Nesta primeira forma, a faculdade de exigir o cumprimento reserva-se única e exclusivamente a uma das partes, sendo que a outra contrai uma obrigação cujo adimplemento fica subordinado à vontade da que pode exigi-lo.

Destaque-se que a peculiaridade de criar obrigação ao talante de uma única parte não retira a natureza contratual desta promessa, uma vez que ela somente se aperfeiçoa com o acordo de vontades. São exemplos de tais contratos preliminares unilaterais a opção de compra, a venda a contento e a promessa de doação. Para hipóteses como essas é que foi concebido o art. 466 do Código Civil de 2002, a saber:

> "Art. 466. Se a promessa de contrato for unilateral, o credor, sob pena de ficar a mesma sem efeito, deverá manifestar-se no prazo nela previsto, ou, inexistindo este, no que lhe for razoavelmente assinado pelo devedor".

Como observa SÍLVIO VENOSA, "quem promete dar, fazer ou não fazer algo não pode ficar indefinidamente vinculado. Se não houve prazo na promessa, cujo decurso por si só desobriga o promitente, deve este conceder um prazo para que o interessado se manifeste. Em várias situações práticas a promessa unilateral é utilizada, como, por exemplo, na opção que se dá a um credor, para alienar um determinado bem"[4].

Já no contrato preliminar bilateral, cada parte pode exigir da outra a execução do contrato que projetaram, em toda a sua extensão e efeitos.

A promessa de venda é o exemplo mais habitual de tal espécie de avença, pois, nela, tanto o promitente vendedor quanto o promitente comprador podem exigir a realização do negócio jurídico prometido, a saber, a venda do bem, nos termos em que foi pactuado, ainda que com condição resolutiva da avença.

Nos pré-contratos bilaterais, vislumbra-se uma nova classificação (ou uma subclassificação) quanto à retratabilidade.

Por certo, não haveria sentido em estabelecer cláusula de arrependimento nos contratos preliminares unilaterais, uma vez que apenas a vontade de um dos (pré-)contratantes é relevante para a realização ou não do pré-contrato.

Nas formas bilaterais, porém, é relevantíssimo saber se há possibilidade de arrependimento ou irretratabilidade, pois, neste último caso, na promessa de venda, o direito positivo pode considerar, inclusive, um direito real[5].

---

[3] Essa classificação toma por base a doutrina consagrada de Orlando Gomes (*Contratos*, 24. ed., Rio de Janeiro: Forense, 2001, p. 138), embora não coincida, *in totum*, com os critérios propostos pelo sempre citado mestre baiano.

[4] VENOSA, Sílvio de Salvo. *Direito Civil*, 3. ed., v. II, São Paulo: Atlas, 2003, p. 424.

[5] A matéria passou a ser regida, inclusive, pelo Código Civil de 2002, conforme se verifica de uma simples leitura dos seus arts. 1.417 e 1.418:

Especificamente sobre o contrato preliminar de compra e venda, a doutrina fazia distinção entre duas modalidades: o contrato preliminar próprio, que representaria mera promessa; e o impróprio, contrato em formação que vale por si mesmo. Em nossa opinião, por força da atual disciplina positivada, tal classificação perdeu o sentido pragmático.

Por fim, registre-se, como o faz ORLANDO GOMES[6], que a promessa pode ser onerosa ou gratuita, pois nada impede que se pactue o pagamento de uma retribuição (um prêmio, por exemplo), como contraprestação simplesmente pelo exercício do direito potestativo de realização do contrato (nas promessas unilaterais) ou do direito subjetivo de exigir a contratação (nos pré-contratos bilaterais), independentemente dos efeitos pecuniários do contrato definitivo.

## 4. TUTELA ESPECÍFICA

Como um *pactum de contrahendo*, a obrigação de fazer estabelecida no contrato preliminar deve, em regra, ser objeto da tutela prevista nos arts. 497 a 501 do CPC/2015, o que nos parece um imperativo da busca por uma maior efetividade das relações jurídicas de Direito Material, ainda que em detrimento da visão mais tradicional do Direito das Obrigações, conforme já explicitamos anteriormente.

"Art. 1.417. Mediante promessa de compra e venda, em que se não pactuou arrependimento, celebrada por instrumento público ou particular, e registrada no Cartório de Registro de Imóveis, adquire o promitente comprador direito real à aquisição do imóvel. Art. 1.418. O promitente comprador, titular de direito real, pode exigir do promitente vendedor, ou de terceiros, a quem os direitos deste forem cedidos, a outorga da escritura definitiva de compra e venda, conforme o disposto no instrumento preliminar; e, se houver recusa, requerer ao juiz a adjudicação do imóvel".

[6] Obra e página citadas.

# XVIII VÍCIOS REDIBITÓRIOS

## 1. CONCEITO E CARACTERÍSTICAS

Os vícios redibitórios, por definição, são defeitos ocultos que diminuem o valor ou prejudicam a utilização da coisa recebida por força de um contrato comutativo (art. 441 do CC/2002).

O principal aspecto a ser considerado é, precisamente, portanto, o fato de este vício ser oculto, recôndito, ou seja, não aparente.

Se for aparente, não se tratará de vício redibitório.

CAIO MÁRIO, ao defini-lo, afirma tratar-se de "um defeito oculto de que é portadora a coisa objeto de contrato comutativo, que a torna imprópria ao uso a que se destina, ou lhe prejudica sensivelmente o valor".

E mais adiante arremata: "Não se aproxima ontologicamente o conceito de vício redibitório da ideia de responsabilidade civil. Não se deixa perturbar a sua noção com a indagação da conduta do contraente, ou apuração da sua culpa, que influirá, contudo, na graduação dos respectivos efeitos, sem aparecer como elementar de sua caracterização"[1].

Essencialmente, o vício redibitório aproxima-se muito mais de uma causa de dissolução contratual do que propriamente do sistema de responsabilidade civil, muito embora a parte prejudicada tenha o direito de ser devidamente indenizada.

Exemplo típico de aplicação da teoria ocorrerá quando Simplício, ao comprar um relógio de cobre da marca Scubix, ignora que ele é portador de um defeito oculto — uma conexão equivocada de suas engrenagens, v. g. — que prejudica a sua utilização.

Note-se, outrossim, que esse defeito deverá acompanhar a coisa, quando da sua tradição.

Sim, porque se o vício é posterior à aquisição da coisa, ou seja, se a causa do defeito operou-se já quando a *res* estava em poder do adquirente, por má utilização ou desídia, este nada poderá pleitear.

---

1 PEREIRA, Caio Mário da Silva. *Instituições de Direito Civil*, 10. ed., v. III, Rio de Janeiro: Forense, 2001, p. 71.

Nesse diapasão, poderíamos, assim, elencar os seguintes elementos caracterizadores ou requisitos do vício redibitório:

a) a existência de um contrato comutativo (translativo da posse e da propriedade da coisa);
b) um defeito oculto existente no momento da tradição;
c) a diminuição do valor econômico ou o prejuízo à adequada utilização da coisa.

Advertimos, mais uma vez, que vício redibitório e erro, posto sejam conceitos muito próximos, não devem ser confundidos.

## 2. CONSEQUÊNCIAS JURÍDICAS DA VERIFICAÇÃO DE VÍCIOS REDIBITÓRIOS

E, afinal de contas, verificada a incidência de vício redibitório, quais seriam as suas consequências jurídicas?

A resposta não é difícil.

A teor do art. 442 do Código Civil, abrem-se, para o adquirente, duas possibilidades:

a) rejeitar a coisa, redibindo o contrato (via ação redibitória);
b) reclamar o abatimento no preço (via ação estimatória ou *quanti minoris*).

A primeira solução é a mais drástica. O alienatário, insatisfeito pela constatação do vício, propõe, dentro do prazo decadencial previsto em lei, uma ação redibitória, cujo objeto é, precisamente, o desfazimento do contrato e a devolução do preço pago, podendo inclusive pleitear o pagamento das perdas e danos.

No segundo caso, prefere o adquirente, também dentro do prazo decadencial da lei, propor ação para pleitear o abatimento ou desconto no preço, em face do defeito verificado. Tal ação denomina-se ação estimatória ou *quanti minoris*.

Tanto a ação redibitória quanto a ação *quanti minoris* são espécies das denominadas ações edilícias, existindo, entre ambas, uma relação de alternatividade, ou seja, um concurso de ações: o adquirente somente poderá promover uma ou outra, visto que comportam pedidos excludentes entre si (*electa una via non datur regressus ad alteram*).

Discorrendo sobre o tema no plano processual, J. M. DE ARRUDA ALVIM, após criticar a expressão "concurso de ações", pontifica:

> "De várias formas pode-se apresentar o concurso de ações. Como, por exemplo, vejamos as ações que cabem ao comprador de coisa recebida com vício ou defeito oculto, que a tornem imprópria ao uso destinado. Estas existem para a satisfação do direito do comprador. Entretanto, pelo art. 442 do CC/2002, pode o adquirente ou mover ação redibitória, enjeitando a coisa e rescindindo o contrato, ou então reclamar abatimento no preço"[2].

[2] ALVIM, José Manoel de Arruda. *Manual de Direito Processual Civil* — Parte Geral, 8. ed., v. I, São Paulo: Revista dos Tribunais, 2003, p. 479.

Observe-se, outrossim, que, nos termos do art. 443, se o alienante conhecia o vício ou defeito oculto da coisa, deverá restituir o que recebeu com perdas e danos, mas, se não o conhecia, apenas restituirá o valor recebido, mais as despesas do contrato.

Trata-se, pois, de um dispositivo que guarda íntima conexão com a noção, já trabalhada, de boa-fé objetiva. A quebra do dever de lealdade, consistente na alienação de coisa que sabe ser defeituosa, sujeita, pois, o alienante a pagar, a título indenizatório, perdas e danos à parte adversa. Caso, entretanto, desconheça o defeito, apenas restituirá o *status quo ante*, devolvendo o preço pago mais as despesas do contrato.

Registre-se, inclusive, que o Código Civil vigente não renovou a norma proibitiva de admissão das ações edilícias quando a coisa fosse adquirida em hasta pública (CC/1916, "Art. 1.106. Se a coisa foi vendida em hasta pública, não cabe a ação redibitória, nem a de pedir abatimento no preço"), não trazendo qualquer norma equivalente, no que constituiu um avanço, até pela dificuldade de caracterização que se verifica na prática judicial.

Posto isso, passemos a enfrentar um importante aspecto referente às ações edilícias: qual é o prazo para a sua propositura?

## 3. PRAZO PARA A PROPOSITURA DAS AÇÕES EDILÍCIAS

Primeiramente, frise-se que, por se tratar de ações que têm por conteúdo, nitidamente, o exercício de direitos potestativos, os prazos, em questão, são decadenciais, e não prescricionais.

Aliás, é interessante observar que o artigo regente da matéria (art. 445 do CC/2002), se cotejado com o 178, §§ 2º e 5º, do CC/1916, indica uma das raras hipóteses de aumento de prazo no Código de 2002.

Comparemos os dispositivos:

Código Civil de 2002:

"Art. 445. O adquirente decai do direito de obter a redibição ou abatimento no preço no prazo de trinta dias se a coisa for móvel, e de um ano se for imóvel, contado da entrega efetiva; se já estava na posse, o prazo conta-se da alienação, reduzido à metade.

§ 1º Quando o vício, por sua natureza, só puder ser conhecido mais tarde, o prazo contar-se-á do momento em que dele tiver ciência, até o prazo máximo de cento e oitenta dias, em se tratando de bens móveis; e de um ano, para os imóveis.

§ 2º Tratando-se de venda de animais, os prazos de garantia por vícios ocultos serão os estabelecidos em lei especial, ou, na falta desta, pelos usos locais, aplicando-se o disposto no parágrafo antecedente se não houver regras disciplinando a matéria".

Código Civil de 1916:

"Art. 178. Prescreve:

(...)

§ 2º Em 15 (quinze) dias, contados da tradição da coisa, a ação para haver abatimento do preço da coisa móvel, recebida com vício redibitório, ou para rescindir o contrato e reaver o preço pago, mais perdas e danos.

(...)

§ 5º Em 6 (seis) meses:

(...)

IV — a ação para haver o abatimento do preço da coisa imóvel, recebida com vício redibitório, ou para rescindir o contrato comutativo, e haver o preço pago, mais perdas e danos; contado o prazo da tradição da coisa".

Conclui-se, pois, que o prazo decadencial para o ajuizamento da ação redibitória ou da ação *quanti minoris* aumentou de 15 para 30 dias — no caso de bens móveis —, e de 6 meses para 1 ano — no caso de bens imóveis. Entretanto, caso o adquirente já estivesse na posse da coisa, o prazo é contado, a partir da alienação, pela metade.

Esta última circunstância, por sua vez, não prevista no Código anterior, deve ser realçada por meio de um exemplo, para que não pairem dúvidas na mente de nosso atento leitor.

Imagine-se que Juca estivesse na posse de uma fazenda, pertencente a Chico, há 2 anos, na qualidade de arrendatário. Resolve, então, comprá-la. Ora, em tal caso, se vier a perceber a existência de vício redibitório (defeito oculto), terá o prazo de um ano, reduzido à metade (6 meses, portanto), a contar da data do registro do título de transferência no cartório de imóveis (data da alienação formal) para propor a ação edilícia. O mesmo raciocínio se aplica, se se tratar de bens móveis, operando-se, todavia, a redução de prazo de 30 para 15 dias.

Mas, afinal de contas, qual seria o real motivo para que se procedesse a essa contagem do prazo pela metade?

A justificativa é que, uma vez que o adquirente já estava na posse do bem, o legislador entendeu que ele já disporia de tempo maior para a detecção do defeito, razão pela qual o prazo seria contado pela metade.

Essa explicação, todavia, nem sempre convence ou se afigura justa, pois, se o adquirente estiver na posse do bem apenas um dia antes do ato de alienação, suportará a perda de metade do prazo!

É isso mesmo.

Segundo o dispositivo sob comento, basta a simples "posse" da coisa, anterior à tradição, para que se proceda à redução do prazo. E, uma vez que não se estipulou critério objetivo para contagem desse lapso temporal, um breve período que seja, anterior à alienação, já justificaria a sua perda por metade.

Tal situação não nos parece justa, e deve, em nosso sentir, ser devidamente aferida pelo juiz, caso a caso, segundo o bom senso que se espera do julgador cauteloso.

Interessante ainda observar a dicção do § 1º, do artigo sob comento, já transcrito na página anterior.

Cuidou-se, aqui, de regular a situação muito comum de o vício redibitório apenas ser detectado após a tradição ou, como quer o legislador, "ser conhecido mais tarde", hipótese em que o prazo será contado a partir do momento em que o adquirente tiver ciência do defeito (termo *a quo*), até o prazo máximo de 180 dias, se a coisa for móvel, e de um ano, se for imóvel.

Saliente-se este ponto: tal prazo somente correrá a partir do momento em que o dono da coisa detectar o vício, o qual, obviamente, não poderá decorrer de má utilização, e sim, ser anterior à tradição da coisa.

Este dispositivo segue a trilha do art. 26, § 3º, da Lei n. 8.078/90 (CDC), que dispõe acerca do prazo decadencial para que o consumidor reclame por vícios do produto ou serviço:

> "Art. 26. O direito de reclamar pelos vícios aparentes ou de fácil constatação caduca em:
>
> I — trinta dias, tratando-se de fornecimento de serviço e de produto não duráveis;
>
> II — noventa dias, tratando-se de fornecimento de serviço e de produto duráveis;
>
> (...)
>
> § 3º Tratando-se de vício oculto, o prazo decadencial inicia-se no momento em que ficar evidenciado o defeito".

Em se tratando, entretanto, de venda de animais, o § 2º do art. 445 do CC prevê que os prazos de garantia serão os estabelecidos em lei especial, ou, na falta desta, pelos usos locais, aplicando-se o disposto no parágrafo antecedente, se não houver regra disciplinando a matéria. Vê-se, portanto, tratar-se de regra supletiva, cuja finalidade é evitar eventuais litígios quando o vício redibitório incidir em animal, objeto de contrato de compra e venda.

Outro importante aspecto, abordado pelo Código Civil vigente e desconhecido pela legislação anterior, deve ser ressaltado: a previsibilidade normativa da suspensão do prazo de garantia legal, enquanto estiver em curso a garantia contratual.

E tão interessante é a dicção deste dispositivo que, em nosso sentir, na falta de regra semelhante, poderá ser aplicado subsidiariamente às relações de consumo.

Nesse ponto, estamos a tratar da regra prevista no art. 446:

> "Art. 446. Não correrão os prazos do artigo antecedente na constância de cláusula de garantia; mas o adquirente deve denunciar o defeito ao alienante nos trinta dias seguintes ao seu descobrimento, sob pena de decadência".

Comentando este dispositivo, JONES FIGUEIRÊDO ALVES observou:

> "Cláusula de garantia é causa obstativa de decadência e como cláusula contratual, pela qual o alienante acoberta a indenidade da coisa, é complementar da garantia obrigatória e legal, a que responde. Não exclui, portanto, a garantia legal. O primeiro relatório ao projeto, de autoria do Deputado Ernani Satyro, já registrava não se haver 'como confundir o fato de não correr prazo na constância da cláusula de garantia, com a obrigação que tem o adquirente de denunciar o defeito da coisa ao alienante, tão logo o verifique. Trata-se, como se vê, de consagração jurídica de um dever de probidade e boa-fé, tal como anunciado no art. 422. Não é por estar amparado pelo prazo de garantia, que o comprador deva se prevalecer dessa situação para abster-se de dar ciência imediata do vício verificado na coisa adquirida"[3].

Em verdade, o que o legislador fez, não sem tempo, foi solucionar a delicada situação consistente no fato de coexistirem duas modalidades de garantia: a legal e a contratual. Isso ocorre com frequência no âmbito do mercado de consumo. O indivíduo compra, por exemplo, uma televisão, de determinada marca, com garantia contratual de 5 anos. Sem prejuízo de tal cláusula, entretanto, gozará também da garantia legal genérica, prevista pelo Código de Defesa do Consumidor para o caso de se verificar defeito no produto adquirido (art. 26).

Pois bem.

Em tal circunstância, enquanto estiver em curso o prazo de garantia contratual, a garantia legal estará sobrestada, paralisada, ou seja, não correrá prazo decadencial algum em desfavor do adquirente.

Todavia, verificado o defeito, o adquirente, por imperativo da boa-fé objetiva, deverá denunciá-lo (noticiá-lo) ao alienante, nos 30 dias seguintes ao descobrimento, sob pena de decadência.

Com isso, concluímos que, caso o alienatário descumpra esse dever de informação, perderá o direito à garantia legal.

Constate-se, portanto, mais uma vez, como toda a análise hermenêutica do novo diploma, especialmente na seara contratual, encontra-se profundamente influenciada pelo princípio da boa-fé, cuja noção vale sempre a pena ser recordada:

> "Enquanto princípio normativo, a boa-fé surge como um critério norteador de comportamentos, impondo às partes uma conduta que possa valorar-se como honesta, correta e leal. Pretende com tal fórmula exprimir-se a ideia de que não é legítimo defraudar aquela confiança que constitui a base imprescindível das relações humanas,

---

[3] ALVES, Jones Figueirêdo. *Novo Código Civil Comentado*, coord. FIUZA, Ricardo. São Paulo: Saraiva, 2002, p. 397-8.

> tornando-se, por isso, necessário que os contratantes atuem tal como deve esperar-se que o faça qualquer pessoa que participe corretamente no tráfico jurídico. No que vai implicada a exigência fundamental de que cada uma das partes da relação negocial tome em consideração os interesses legítimos da outra"[4].

Essa belíssima passagem do pensamento de ALMENO DE SÁ harmoniza-se perfeitamente com a ideia esposada: o adquirente age de maneira leal e ética ao comunicar ao alienante o defeito da coisa, dentro do prazo estipulado em lei.

O seu silêncio, outrossim, poderá indicar intenção de prejudicar ou má-fé, mormente em se considerando que os efeitos danosos provenientes do vício poderão, em virtude do seu comportamento omissivo, se agravar.

## 4. VÍCIOS REDIBITÓRIOS E O CÓDIGO DE DEFESA DO CONSUMIDOR

Finalmente, cumpre-nos tecer breves considerações acerca dos vícios redibitórios e o nosso Código de Defesa do Consumidor (Lei n. 8.078/90).

A proteção dispensada pelo CDC ao consumidor é muito mais ampla do que aquela prevista no Código Civil.

Isso porque a lei consumerista não cuida de diferenciar os vícios aparentes dos redibitórios, consagrando, todavia, um eficaz sistema protetivo, que irá tutelar os direitos da parte hipossuficiente na relação de consumo, independentemente da natureza do defeito em tela (arts. 18 e s.)

Nesse mesmo sentido, JOSÉ FERNANDO SIMÃO observa que:

> "O Código de Defesa do Consumidor inovou ao enfatizar o fato de o vício ser de qualidade ou quantidade. O fato de o vício ser oculto ou aparente realmente gera poucas diferenças na relação de consumo e suas consequências limitam-se à questão dos prazos para exercício do direito de reclamar pelos vícios (art. 26, Código de Defesa do Consumidor)"[5].

Já SÍLVIO VENOSA, com maestria, pontifica:

> "Sem sombra de dúvida, é no âmbito do consumidor que avultará de importância a garantia pelos produtos ou pelos serviços. Já ressaltamos que o fornecedor tem o dever de informar o consumidor acerca das qualidades do produto ou serviço, bem como adverti-lo dos riscos. Entre as regras de programa que traz a lei (Lei n. 8.078/90), é reconhecida a vulnerabilidade do consumidor no mercado de consumo".

---

[4] SÁ, Almeno de. Relação Bancária, Cláusulas Contratuais Gerais e o Novo Código Civil Brasileiro, *Revista Brasileira de Direito Comparado*, p. 171.

[5] SIMÃO, José Fernando. *Vícios do Produto no Novo Código Civil e no Código de Defesa do Consumidor* — Responsabilidade Civil, São Paulo: Atlas, 2003, p. 88.

E mais adiante arremata:

> "... existe um alargamento da responsabilidade legal do fornecedor, atendendo ao dinamismo e à forma das práticas de comércio. O fornecedor responsabiliza-se não somente pelo produto em si que coloca no mercado, como também pela imagem que divulga desse produto, sendo obrigado a respeitar sua veracidade"[6].

Assim, forçoso convir que, sem dúvida, a grande vantagem do sistema inaugurado pelo CDC consiste na ampliação da responsabilidade do fornecedor pelo vício do produto ou serviço.

Trata-se, em verdade, de uma forma objetiva de responsabilidade civil — o que favorece a defesa do consumidor —, compartilhada solidariamente por todos aqueles que participam da cadeia causal de consumo[7].

VIDEOAULA

✓ O que são *ações edilícias*?

***Acesse também o vídeo sobre o capítulo pelo link: <https://somos.in/MDC4>***

[6] VENOSA, Sílvio de Salvo. *Direito Civil* — Teoria Geral das Obrigações e Teoria Geral dos Contratos, 3. ed., São Paulo: Atlas, 2003, p. 554-5.

[7] Nesse sentido, confira-se o art. 18 do CDC.

# XIX EVICÇÃO

## 1. NOÇÕES CONCEITUAIS

Evicção é uma figura jurídica que nos remete à ideia de "perda".

Assim como os vícios redibitórios, a proteção contra seus efeitos nada mais é do que uma garantia contratual dos contratos onerosos.

Consiste a evicção na perda, pelo adquirente (*evicto*), da posse ou propriedade da coisa transferida, por força de uma sentença judicial ou ato administrativo que reconheceu o direito anterior de terceiro, denominado *evictor*.

Note-se, portanto, que a sua previsão legal decorre especialmente da necessidade de se resguardar o adquirente de uma eventual alienação *a non domino*, ou seja, alienação de coisa não pertencente ao alienante.

Em tal caso, poderá o alienatário (adquirente) voltar-se contra aquele, se vier a perder a coisa para terceiro.

Sob o prisma histórico, esse peculiar instituto jurídico tem indiscutível raiz romana.

Nasceu das formalidades da *mancipatio*, ou de negócio menos formal denominado *stipulatio*. Se o adquirente, pela *mancipatio*, viesse a ser demandado por terceiro, antes de ocorrer a usucapião, poderia chamar o vendedor, a fim de que ele se apresentasse em juízo para assisti-lo e defendê-lo na lide. Se o vendedor se recusasse a comparecer, ou, se mesmo comparecendo, o adquirente se visse privado da coisa, teria este último a denominada *actio auctoritatis*, para obter o dobro do preço que havia pago no negócio[1].

Vê-se, portanto, dessas breves noções conceituais introdutórias, que, da evicção, participam três personagens fundamentais:

a) alienante;
b) adquirente (evicto);
c) terceiro (evictor).

Sendo assim, caso o adquirente venha a perder a coisa adquirida para o terceiro/reivindicante (evictor), que prova o seu legítimo e anterior direito à propriedade da coisa,

---

1 VENOSA, Sílvio de Salvo, ob. cit., p. 565.

poderá voltar-se contra o alienante, para haver deste a justa compensação pelo prejuízo sofrido.

Os fundamentos de tal importante e justa garantia se mostram evidentes.

Explicitemo-nos.

## 2. FUNDAMENTOS JURÍDICOS

Torna-se, nesse diapasão, indiscutível o caráter essencialmente garantista da evicção.

De fato, mesmo que analisássemos o instituto sob uma ótica estritamente patrimonialista, teríamos por certo que o princípio geral da proibição do enriquecimento sem causa já legitimaria social e juridicamente a sua utilização.

Afinal de contas, ela somente é cabível nos contratos onerosos (em que os "ônus" da avença devem ser divididos entre os contratantes, para que possam obter os proveitos desejados), e a perda do bem, sem que se buscasse reparar as coisas ao *status quo ante*, importaria em locupletamento sem contraprestação do alienante.

Todavia, limitar-nos-emos a essa ótica de certa forma simplista.

Por certo, mais uma vez devemos frisar ao nosso atento leitor que todas essas noções vêm profunda e umbilicalmente informadas e influenciadas por um princípio maior, o da boa-fé objetiva.

Isso mesmo.

A ocorrência da evicção não deixa de traduzir, na esmagadora maioria das situações, uma afronta a esse princípio basilar das relações jurídicas (e, em especial, na modernidade, das relações contratuais), pela inegável quebra da lealdade que deve pautar toda e qualquer relação negocial.

Fazemos tal observação, uma vez que a investigação científica do (novo) Direito Civil não pode, em hipótese alguma, prescindir de uma inafastável base de eticidade e transparência nas suas relações jurídicas, valores aparentemente esquecidos pela cultura privatística nacional nos últimos anos, que pouco incremento deu à finalidade maior de promoção da dignidade da pessoa humana.

Assim, não temos dúvida, a garantia da evicção guarda íntima conexidade com o princípio da boa-fé, informador de todo o Direito Privado.

Por isso mesmo, e a título de exemplo, é que não se poderá falar de evicção, se o arrematante sabia que a coisa era alheia ou litigiosa, na forma do art. 457 do CC/2002.

## 3. REQUISITOS

Em nosso Código Civil, a evicção é disciplinada a partir do seu art. 447:

> "Art. 447. Nos contratos onerosos, o alienante responde pela evicção. Subsiste esta garantia ainda que a aquisição se tenha realizado em hasta pública".

A primeira parte do dispositivo deixa bem claro quem responde pelos riscos: o alienante.

E para que a sua responsabilidade se manifeste, três requisitos devem ser conjugados:

a) aquisição de um bem;
b) perda da posse ou da propriedade;
c) prolação de sentença judicial ou execução de ato administrativo.

Analisemos cada um deles separadamente.

## 3.1. Aquisição de um bem

Para que a evicção se opere, é preciso se verificar qual foi a maneira pela qual o bem foi adquirido.

Isso porque, para caracterizar a evicção, tal aquisição deve preceder cronologicamente à perda da coisa.

Sendo de tal forma relevante, esta aquisição pode-se dar por duas maneiras, quais sejam, a celebração de um contrato oneroso, translativo da posse ou propriedade da coisa, ou a sua aquisição em hasta pública.

Expliquemos estas duas hipóteses de ocorrência.

### *3.1.1. Contratos onerosos*

A primeira observação a ser feita é que se encontram fora da proteção contra os efeitos da evicção todos os contratos gratuitos traslativos de posse e propriedade de bens.

Assim, por exemplo, não há que se falar do instituto nos contratos de doação simples ou comodato, uma vez que os ônus patrimoniais foram impostos apenas para uma das partes pactuantes.

Quando se fala em riscos da evicção, concepção doutrinária tradicional faz menção sempre ao contrato de compra e venda.

Entretanto, é importante frisar que a evicção já poderá operar-se com a perda da simples posse da coisa, não sendo, ademais, uma figura exclusiva de tal figura contratual.

Nesse sentido, HERMANO FLÁVIO MONTANINI DE CASTRO e DANILO FLÁVIO MONTANINI DE CASTRO, citando pensamento de CAIO MÁRIO, asseveram que:

> "Em que pese quase todos os Códigos do mundo disciplinarem a evicção dentro das regras relativas ao contrato de compra e venda (o que, aliás, a técnica legislativa do Brasil não seguiu, pois tratou do assunto dentro do capítulo referente às disposições gerais dos contratos), o fato é que esta garantia não fica adstrita apenas a esta figura contratual"[2].

---

[2] CASTRO, Hermano Flávio Montanini de; CASTRO, Danilo Flávio Montanini de. Evicção no Novo Código Civil, *Revista Síntese de Direito Civil e Processual Civil*, n. 25, p. 142.

Aliás, a própria situação da aquisição em hasta pública não tem, propriamente, natureza de "contrato de compra e venda".

### 3.1.2. Aquisição em hasta pública

Antes da vigência do Código Civil de 2002, havia acesa controvérsia doutrinária e jurisprudencial acerca da possibilidade de se falar na proteção contra os riscos da evicção quando o bem fosse adquirido em hasta pública.

Pela modificação legislativa, tal aspecto não comporta mais quaisquer dúvidas.

Por certo, nosso leitor já deve ter observado que o art. 447 do CC/2002 teve uma parte final acrescentada pelo codificador de 2002, que até então não existia na lei anterior: "subsiste esta garantia ainda que a aquisição se tenha realizado em hasta pública".

Imagine-se, por exemplo, que Carlos haja arrematado determinado bem móvel ou imóvel (em leilão ou praça, respectivamente). Se, após a arrematação e a expedição da imprescindível carta (comprobatória do seu novo direito de propriedade), vier a ser demandado, em sede de ação reivindicatória, proposta por Adolfo, e sucumbir, poderá exercer o seu direito de regresso (fruto da garantia da evicção) contra o devedor, de cujo patrimônio se originou o bem levado à hasta.

Nesse caso, o arrematante, Carlos, uma vez litigando com o terceiro, Adolfo, sobre a coisa adquirida em hasta pública, deve valer-se da denunciação da lide como meio de exercício de sua pretensão regressiva (art. 125, I, do CPC/2015).

É isso mesmo.

Quando Carlos arrematou o bem, o fez em sede de execução, para viabilizar que os credores do devedor/executado fossem satisfeitos. Ora, se o arrematante vier a perder a coisa, concluímos que o devedor locupletou-se indevidamente, por haver propiciado a hasta de um bem aparentemente seu, mas que, de fato, não lhe pertencia. Em tal caso, o valor pago por Carlos caracterizaria pagamento indevido, cabendo ao mesmo, por força da segunda parte deste dispositivo, voltar-se contra o executado (devedor), para exercer o direito que da evicção lhe resulta.

Nessa linha, questão bastante interessante é saber quem é o responsável por tal pagamento.

Dissertando sobre o tema, FREDIE SOUZA DIDIER JR., em excelente obra[3], aqui transcrita até mesmo nos rodapés, observa:

> "Resta saber: quem será o responsável pelo pagamento dos prejuízos do arrematante--evicto?
>
> Segundo demonstra Araken de Assis, que traçou belo painel da controvérsia, a doutrina brasileira adotou o pensamento de Liebman: caberia pretensão regressiva em

---

3 DIDIER JR., Fredie. *Regras Processuais no Novo Código Civil*, São Paulo: Saraiva, 2004, p. 78.

face do devedor, que se enriqueceu indevidamente; sendo ele insolvente, poderia o arrematante voltar-se contra o credor-exequente, que, muito embora tivesse o direito ao pagamento, não o tinha a ser pago pela alienação de bem de terceiro[4].

Vai além Araken de Assis — e o acompanhamos. Reconhece o autor, a partir de pensamento de Wilard de Castro Villar, que também o Estado pode ser responsabilizado pelos prejuízos sofridos pelo arrematante em razão da evicção. Vejamos o seu pensamento, com o qual concordamos integralmente:

'Aqui, é preciso considerar a unidade do poder jurisdicional. Ao sub-rogar a vontade do executado, a instâncias do exequente, ou veicular a ação deste na esfera jurídica do obrigado, conforme o ângulo da análise, e, a um só tempo, decidir o domínio a favor de terceiro, o Estado assume o risco de entregar com uma mão o que, em seguida, retirará com a outra. Daí resulta o dever estatal de indenizar o evicto. Ademais, a inserção do Estado no negócio de arrematação autoriza imputar-lhe responsabilidade pelo dano porventura causado a terceiro. Deste modo, o Estado responderá solidariamente com as partes da relação processual pela evicção do arrematante'"[5].

Somente nesse aspecto final, não concordamos, *data venia*, com o nosso espetacular processualista.

A possibilidade de se reconhecer legitimidade passiva ao credor/exequente, na demanda regressiva proposta pelo evicto, e mesmo ao Estado nos parece exagerada.

No primeiro caso, apenas admitiríamos a sua condição de réu se estivesse agindo ardilosamente. Caso não houvesse procedido de forma insidiosa, a sua boa-fé seria, em nosso sentir, justificativa suficiente para excluí-lo da lide, mormente porque, em toda arrematação existe, para o arrematante, uma álea de risco semelhante ou maior à ocorrente nos contratos em geral. Para o credor/exequente pouco importa qual é o bem que irá ser expropriado para satisfazer seu crédito, pois é a relação jurídica obrigacional (que o vinculava ao devedor) que quer ver cumprida, e foi justamente pelo inadimplemento do réu que teve de se valer do aparato judicial para receber sua prestação.

Na mesma linha, também não admitimos a responsabilidade do Estado, mormente em se considerando a hipótese de todo o trâmite processual — da constrição (penhora) à hasta pública — tiver sido devidamente obedecido e conduzido. Afinal, nada mais fez o Estado do que cumprir um dever constitucionalmente imposto, que é o de apreciar toda lesão ou ameaça de lesão a direito (art. 5º, XXXV, da CF/88).

[4] ASSIS, Araken de. *Manual do Processo de Execução*, 8. ed., São Paulo: Revista dos Tribunais, 2002, p. 741. O autor cita os posicionamentos de Frederico Marques, Amaral Santos, Carlos Alberto Alvaro de Oliveira, Humberto Theodoro Jr., Paulo Barbosa de Campos Filho, Manuel de Almeida e Souza, Pereira e Souza e Paulo Furtado.

[5] ASSIS, Araken de, ob. cit., p. 742.

Assim, é importante perceber que, se houve expropriação de bens do devedor, isso ocorreu por sua única e exclusiva responsabilidade, pelo que ampliar o âmbito de garantia contra os riscos da evicção sem norma legal autorizadora soa como um superdimensionamento do instituto.

Basta pensar, por exemplo, na execução de um crédito trabalhista contra alguns dos devedores contumazes de tais verbas, que simplesmente fecham as portas e nada pagam, pouco contribuindo para solução do litígio, a ponto de deixar ir à praça ou leilão seus bens. Nesse caso, o arrematante virará credor, pela evicção, do empregado e do Estado? Não nos parece razoável tal solução, pelo que consideramos, sem a menor sombra de dúvida, que toda a responsabilidade é do devedor expropriado.

Faz-se mister registrar, por fim, que, embora o exemplo mais evidente de aquisição em hasta pública seja a arrematação, a previsão não se limita a ela, podendo ser perfeitamente aplicável para o caso, por exemplo, de uma adjudicação.

## 3.2. Perda da posse ou da propriedade

A evicção, conforme dissemos, remete-nos à ideia de perda do domínio (ou da posse), por força de ato judicial ou administrativo que reconheça direito anterior de terceiro.

Note-se, portanto, que o prejudicado, quando consumada a perda do bem (e, consequentemente, a evicção), é o adquirente, também denominado evicto.

E mais: em nosso sentir basta que se perca a posse daquilo que legitimamente se transferiu ao evicto (independentemente de a sentença transitar em julgado ou da transferência do domínio), para que este possa fazer valer o seu direito contra o alienante.

## 3.3. Prolação de sentença judicial ou execução de ato administrativo

Esse é um ponto que também deve ser bem destacado e compreendido.

Tradicionalmente, a doutrina costuma referir que a evicção decorre de uma sentença judicial, que reconhece direito anterior de terceiro sobre a coisa.

Nesse sentido, veja esta definição de ORLANDO GOMES: "Dá-se evicção quando o adquirente vem a perder a propriedade ou posse da coisa, em virtude de sentença judicial que reconhece a outrem direito anterior sobre ela"[6].

Na mesma linha, para BEVILÁQUA, a evicção consiste "na perda, total ou parcial, da posse de uma coisa, em virtude de sentença que a garante a alguém que a ela tinha direito anterior"[7].

De fato, como regra geral, podemos afirmar que o evicto sucumbe ante o evictor no bojo de uma ação reivindicatória, em que este último formula a sua pretensão de direito real em face da coisa, que acaba por ser acolhida.

---

6 GOMES, Orlando, ob. cit., p. 97.

7 BEVILÁQUA, Clóvis, ob. cit., p. 241.

Entretanto, nada impede que a perda do bem se dê por força de um ato administrativo, como, por exemplo, uma apreensão policial.

Imagine-se, por exemplo, que Leodegário esteja guiando o seu veículo, recém-comprado, e seja parado por uma *blitz* policial. Após apresentar seus documentos, o policial verifica que o automóvel conduzido havia sido roubado. Situação extremamente desagradável e desconcertante, mormente porque Leodegário de nada sabia. Em seguida, o veículo é apreendido, operando-se, por consequência, a perda da posse (e posteriormente da propriedade) do bem. Nesse contexto, nada impede que o evicto (Leodegário), sem que houvesse sido prolatada nenhuma sentença, ingresse, de imediato, com ação judicial para haver do alienante do veículo a justa compensação por sua perda.

Portanto, concluímos que a sentença nem sempre é indispensável para que se consume o risco decorrente da evicção.

Nesse sentido, é o pensamento de SÍLVIO VENOSA: "Destarte, temos acompanhado sem rebuços essa corrente jurisprudencial que entende ser a apreensão administrativa, nessas premissas, equivalente a uma decisão judicial, dentro do espírito do instituto"[8]. Claro está, entretanto, que esse ato administrativo deve ser firme o bastante para implicar efetiva perda da posse ou da propriedade (outro bom exemplo seria a apreensão de produtos por fiscais da alfândega).

Registre-se, porém, que não é uma limitação do direito de propriedade, advinda do Estado, que ensejará a evicção, mas sim a determinação da perda da propriedade ou da posse da coisa. O tombamento, por exemplo, em que pese poder reduzir os direitos do proprietário, é hipótese assentada de não cabimento do instituto.

## 4. DIREITOS DO EVICTO

Nessa linha de intelecção, observa-se que o evicto, ao exercer o seu direito, resultante da evicção, formulará, em face do alienante, uma pretensão tipicamente indenizatória.

Poderá pleitear, pois, salvo estipulação em contrário, além da restituição integral do preço ou das quantias que pagou (art. 450 do CC/2002):

a) a indenização dos frutos que tiver sido obrigado a restituir;
b) a indenização pelas despesas dos contratos e pelos prejuízos que diretamente resultarem da evicção;
c) as custas judiciais e os honorários do advogado por ele constituído.

Vale notar que a obrigação prevista neste artigo subsiste para o alienante, ainda que a coisa esteja deteriorada, exceto se tiver havido dolo do adquirente (art. 451). Ou seja, se a coisa alienada não estava em perfeito estado de conservação ou estava parcialmente destruída, e o evicto vem a perdê-la, ainda assim terá direito à restituição integral, na

[8] VENOSA, Sílvio de Salvo, ob. cit., p. 566.

forma do art. 450. Perderá, entretanto, esse direito, se atuou dolosamente, dando causa à deterioração. Em tal caso, não terá direito à compensação integral, abrangente das perdas e danos.

Ademais, caso o evicto já tenha sido compensado pelas deteriorações, o alienante poderá, obviamente, deduzir o valor dessas vantagens da quantia que teria de restituir--lhe, a teor do art. 452 do CC/2002.

## 5. ESPÉCIES DE EVICÇÃO: TOTAL E PARCIAL

Na medida em que implique a perda completa da propriedade ou apenas de fração dela, a evicção será chamada de total ou parcial, respectivamente.

Entretanto, vale notar que, seja total ou parcial, o preço a ser restituído será o do valor da coisa, na época em que se evenceu (se perdeu), e proporcional ao desfalque sofrido no caso de evicção parcial, na forma do parágrafo único do art. 450 do CC/2002.

Em caso de evicção parcial, ou seja, de perda não integral da coisa alienada (por exemplo, a reivindicação de parte de livros de uma biblioteca, de parte de um terreno adquirido ou de alguns animais de uma fazenda comprada de "porteira fechada"), poderá o evicto optar entre a dissolução do contrato ou a restituição da parte do preço correspondente ao desfalque sofrido. Caso não seja considerável a evicção (circunstância que deverá ser aferida pelo juiz *in concreto*), terá direito apenas à indenização (art. 455). Trata-se, como se pode ver, de uma hipótese de concurso de direitos ou pretensões, não podendo, por óbvias razões, o *evicto* cumular ambos os pedidos.

A lei não estabelece especificamente qual é o prazo para a dedução, em juízo, desta postulação, nem a sua natureza.

A primeira impressão é que se trata de uma ação edilícia e, por isso, deveria ser aplicado o mesmo prazo decadencial do art. 445 do CC/2002.

Todavia, assim não pensamos.

De fato, não nos parece muito técnico admitir, no sistema codificado civil, a fixação de prazos decadenciais por analogia.

Todavia, ainda que isso não seja óbice, é preciso analisar o que se pretende deduzir em juízo quando realizada a evicção.

A postulação que se faz, quando ocorrente a evicção, não é de desfazimento do negócio — postulação constitutiva negativa, que atrai um prazo de natureza decadencial — mas sim da sua dissolução por fato posterior, com as mencionadas indenizações correspondentes, proporcionais no caso de evicção parcial.

Assim, o que se tem, efetivamente, é uma pretensão e, por isso, o prazo deverá ser considerado prescricional.

E qual é o prazo?

A primeira tentação, da mesma forma, pela inexistência de uma previsão disciplinadora específica, é invocar o *caput* do art. 205 do CC/2002, para reconhecer o prazo de 10 (dez) anos.

Todavia, assim também não pensamos.

De novo, consideramos relevantíssimo verificar qual é a natureza da postulação deduzida em juízo.

E, nesse caso, constatamos que, no final das contas, o que se verifica é uma pretensão de reparação civil, pois o alienante (ou devedor expropriado, no caso da hasta pública) acabou por gerar um dano no patrimônio do adquirente evicto, por submeter um bem, que não era seu, mas sim do terceiro evictor.

Por isso, defendemos que, na atualidade, o prazo para tal pretensão é de 3 (três) anos, na forma do art. 206, § 3º, V, do vigente Código Civil brasileiro (prazo para se formular pretensão de reparação civil).

## 6. EVICÇÃO E AUTONOMIA DA VONTADE — A CLÁUSULA DE NÃO EVICÇÃO

A nossa atenção, entretanto, deverá redobrar, quando passarmos a analisar o tormentoso tema referente à exclusão, à diminuição ou ao aumento da garantia decorrente da evicção.

De fato, essa garantia poderá, dentro do âmbito da autonomia da vontade, sofrer extensão ou retração, podendo, até mesmo, ser suprimida, nos termos do art. 448 do Código Civil:

> "Art. 448. Podem as partes, por cláusula expressa, reforçar, diminuir ou excluir a responsabilidade pela evicção".

De logo, constatamos que essa possibilidade sempre decorrerá de cláusula expressa, nunca podendo, pois, ser implícita, consoante deflui claramente da primeira parte do dispositivo.

Assim, se as partes resolverem aumentar (extensão da garantia) o direito do adquirente — estabelecendo uma multa caso se consume a perda, por exemplo —, abater a garantia de indenização pelos eventuais frutos restituídos (diminuição da garantia), ou, bem assim, excluírem totalmente a responsabilidade pela evicção, somente poderão fazê-lo por cláusula expressa constante do contrato firmado.

É de se salientar, outrossim, que existe uma hipótese de exclusão legal da garantia, que é a mencionada previsão legal do art. 457 do Código, que proíbe o adquirente de demandar pela evicção, se sabia que a coisa era alheia ou litigiosa.

Trata-se, como já dito, de um dispositivo umbilicalmente ligado ao superior princípio da boa-fé objetiva, uma vez que não se afigura justo que o alienatário (adquirente) possa pleitear compensação por um dano conscientemente sofrido. Se sabia, pois, que a coisa era alheia (de terceiro) ou litigiosa (era objeto de disputa judicial), não deveria contratar.

Mas atenção.

Ainda que tendo havido a exclusão convencional da garantia (art. 448), se a evicção se operar, o evicto terá o direito de receber pelo menos o preço que pagou pela coisa evicta, se não tiver sabido do risco da evicção, ou, tendo sido dele informado, não o assumiu, conforme estabelecido expressamente pelo art. 449 do CC/2002.

Vale dizer, mesmo que no contrato conste a cláusula "o alienante não responde pelos riscos da evicção", ainda assim o evicto — a quem não houvesse sido noticiado o risco de perda ou, mesmo informado, que não tenha assumido esse risco — terá, ao menos, o direito de receber o preço pago. Não terá, portanto, direito à indenização pelos frutos restituídos, benfeitorias ou outras despesas, assistindo-lhe apenas o direito de haver de volta a quantia que pagou pela coisa que se evenceu.

Com isso, forçoso convir que o alienante apenas se exonerará totalmente da responsabilidade pelos riscos da evicção, caso faça constar do contrato a cláusula excludente da garantia, e, além disso, dê ao adquirente a efetiva ciência do risco de perda da coisa e de que assume esse risco, naquele ato.

Assim, compatibilizando as regras dos arts. 449 e 457, temos que, havendo efetivamente o conhecimento dos riscos, seja pela informação direta e expressa do alienante (art. 449), seja por outros meios admissíveis em Direito, por saber que a coisa era alheia ou litigiosa (note-se que o art. 457 não limita a forma de cientificação), não poderá o adquirente demandar pela evicção.

Note-se, portanto, que a controvérsia poderá instaurar-se em função da prova do conhecimento efetivo dos riscos existentes da possibilidade de perda da coisa.

Comentando esta última hipótese, ÁLVARO VILLAÇA AZEVEDO, citando doutrina de ARNOLDO WALD, pondera que

> "se o adquirente sabe do vício, que macula o direito do alienante, relativamente ao objeto que lhe é transmitido, e exclui, expressamente, a responsabilidade de quem alienou a essa mesma coisa, é claro que o adquirente está adquirindo bem litigioso. Nesse caso, o contrato apresenta-se com natureza aleatória, pois, ocorrendo a evicção, nada poderá o adquirente reclamar do alienante"[9].

[9] AZEVEDO, Álvaro Villaça. *Teoria Geral dos Contratos Típicos e Atípicos*, São Paulo: Atlas, 2002, p. 102.

# XX EXTINÇÃO DO CONTRATO

## 1. INTRODUÇÃO

Embora a legislação muitas vezes se valha indistintamente de denominações distintas (extinção, resilição, resolução e rescisão) como sinônimas defendemos um maior rigor terminológico.

Assim, quando estivermos falando do gênero, utilizaremos as expressões "extinção", "dissolução" ou "desfazimento" do contrato, por considerá-las equivalentes[1], valendo destacar que a primeira é a consagrada no Capítulo II do Título V ("Dos Contratos em Geral") do texto codificado.

Todavia, na análise das modalidades extintivas posteriores (não necessariamente concebidas no contrato), verificaremos, como dito, causas anteriores, contemporâneas ou supervenientes à sua celebração.

Quanto às causas anteriores e contemporâneas, utilizaremos a expressão genérica extinção, embora, como veremos, aceitemos a utilização, em determinadas modalidades, de outras expressões, o que sempre explicitaremos.

No que diz respeito, porém, às últimas causas (motivos supervenientes), reservaremos as expressões "resilição" somente para a extinção baseada na declaração de vontade posterior de uma ou das duas partes; "resolução", para a extinção fundamentada no descumprimento contratual; e "rescisão", como modalidade para específicas hipóteses de desfazimento. Obviamente, a morte de um dos contratantes, bem como a ocorrência de caso fortuito ou força maior, é também um fato superveniente, que não pode ser desprezado para a discussão sobre a extinção do vínculo contratual estabelecido.

Realizados os esclarecimentos terminológicos, passemos a enfrentar cada uma dessas modalidades extintivas do contrato.

---

[1] Nesse ponto, discordamos de nosso estimado Sílvio Venosa, que propugna pela utilização somente da expressão "desfazimento", por entender que "o termo extinção apresenta noção mais clara para os contratos que tiveram vida normal e por qualquer razão vieram a ser extintos, seja porque o contrato foi cumprido, seja porque o vínculo extinguiu-se a meio caminho de seu cumprimento" (VENOSA, Sílvio de Salvo. *Direito Civil* — Teoria Geral das Obrigações e Teoria Geral dos Contratos, 3. ed., v. II, São Paulo: Atlas, 2003, p. 498).

## 2. EXTINÇÃO NATURAL DO CONTRATO

Sob a denominação "extinção natural do contrato", reunimos todas as situações fáticas em que a relação contratual se dissolve pela verificação de uma circunstância prevista pelas partes e tida como razoavelmente esperada.

A exemplificação mais óbvia é, indubitavelmente, a do regular cumprimento do contrato, mas não se limita a ela, uma vez que, por força da disciplina normativa do negócio jurídico, podem as partes estabelecer elementos de eficácia que limitam a produção de efeitos do contrato, possibilitando sua extinção.

Enfrentemos, nos próximos subtópicos, cada uma destas formas de extinção natural do contrato.

### 2.1. Cumprimento do contrato ou exaustão do seu objeto

O contrato é feito para ser cumprido!

Essa máxima, aparentemente tão óbvia, deve ser explicitada para registrar a forma esperada de extinção do contrato: realizando-se o seu conteúdo.

Realizada a prestação, na forma como pactuada, extingue-se, *ex nunc*, a relação contratual havida entre as partes.

Com efeito, cumprida a prestação, muitas vezes já se encontra exaurido o objeto do contrato. É o caso, por exemplo, da venda de um bem móvel, em que, com o pagamento do preço e a entrega da coisa, consumada está a obrigação, extinguindo-se o vínculo contratual.

Registre-se, porém, que o cumprimento da prestação extingue juridicamente o contrato, independentemente da possibilidade fática de repetição da prestação. Um bom exemplo é o contrato de prestação de serviços, que não exaure materialmente a atividade (imagine, v. g., que Fábio Rocha presta um serviço específico de tocar seu contrabaixo em uma banda de *rock*, em um único dia, recebendo a contraprestação correspondente. Ainda que ele possa vir a prestar novos serviços, a primeira relação já se extinguiu com seu cumprimento).

A visualização de tais exemplos se mostra bem mais fácil nos contratos instantâneos, seja de execução imediata, seja de execução diferida.

Nos contratos de duração, por sua vez, a tendência é a indeterminação do prazo, embora nem sempre a leitura das cláusulas contratuais permita dizer, de pronto, se o cumprimento imediato da prestação importará a extinção do vínculo.

Tal registro se impõe para afirmar que o silêncio não importa, por si só, em uma regra absoluta de indeterminação prazal. Isso porque a prestação pode significar a exaustão do objeto do negócio, ocorrente quando há uma evidente limitação natural ou jurídica na possibilidade de cumprimento. Por exemplo, quando se celebra um contrato de prestação de serviço para uma situação excepcional ou emergencial (v. g., o fornecimento de colchões para desabrigados por uma enchente, limitado obviamente ao número de pessoas necessitadas, ainda que desconhecido) ou oferece um produto no comércio, limitado ao estoque existente.

Nesse campo, seguindo as regras para a celebração do negócio jurídico, podem as partes estabelecer cláusulas no campo da eficácia, que também importarão em uma extinção natural do contrato.

## 2.2. Verificação de fatores eficaciais

As partes celebrantes de um contrato podem estabelecer elementos limitadores da sua duração, concebendo previamente, portanto, a sua extinção.

Isso porque o cumprimento do contrato, em tais situações, está intimamente ligado a este fato eficacial, relacionado ao decurso do tempo ou à ocorrência de um evento futuro e incerto.

### *2.2.1. Vencimento do termo*

Uma das hipóteses para a extinção de um contrato, independentemente de seu regular e/ou integral cumprimento, é o advento de um termo.

Podem as partes, por exemplo, celebrar contratos sem a prefixação de um prazo. O exemplo mais didático é, por certo, o contrato de emprego, que, por força do princípio da continuidade da relação de emprego, presume-se sempre de duração indeterminada, motivo pelo qual, para ser extinto, impõe, em regra, a concessão de um aviso prévio.

Outros contratos, porém, podem ser celebrados — e comumente o são — com a estipulação de um termo, embora nada impeça que sejam feitos sem limitação temporal. É o caso, por exemplo, de contratos de assistência técnica.

### *2.2.2. Implemento de condição resolutiva*

Além de um evento certo quanto à ocorrência, como é o caso do termo, podem as partes estipular, querendo, que a duração do contrato seja limitada à ocorrência de um evento futuro e incerto: a condição.

Trata-se, no caso, do implemento de uma condição resolutiva.

Assim, caso seja celebrado um contrato, cuja eficácia esteja submetida a uma condição, o implemento de tal evento gerará a sua extinção automática.

O exemplo comumente citado de condição resolutiva ocorre quando, no próprio contrato, é prevista cláusula no sentido de que, em ocorrendo o inadimplemento por parte de qualquer dos contratantes, o vínculo jurídico estará extinto. Esta é, sem sombra de dúvida, a situação mais lembrada na doutrina especializada, embora devamos advertir que o fato concretizador desta previsão negocial lhe é superveniente (o inadimplemento).

Outro exemplo interessante de implemento de condição resolutiva é o pacto de retrovenda, cláusula especial à compra e venda, que garante ao vendedor o direito de recobrar a coisa imóvel, no prazo decadencial de três anos, restituindo o preço recebido e desembolsando as despesas do comprador, na forma dos arts. 505 a 508 do CC/2002.

### 2.2.3. *Frustração da condição suspensiva*

Embora não seja tecnicamente uma hipótese de extinção natural do contrato, parece-nos que, na busca pela completude que anima a redação desta obra, vale a pena lembrar, ainda que por extremo apego ao rigor acadêmico, que a frustração da condição suspensiva pode também gerar a extinção contratual, a depender da forma como venha inserida no negócio jurídico.

Por certo, se, por exemplo, Jorge estabelece que vai entregar determinado bem a Iuri, se ganhar na loteria, enquanto não se realizar tal fato, o contrato, embora existente e válido, não produz efeitos, estando suspensa sua execução. Realizando-se esse evento incerto, deverá produzir todos os efeitos pactuados. Todavia, se a loteria mencionada deixar de existir, não há como imaginar que as partes estejam vinculadas indefinidamente, pelo que, por exceção, teremos a extinção do contrato pela impossibilidade jurídica de sua execução.

Embora pouco usual, não consideramos equivocada chamar essa modalidade de extinção (bem como a anterior) de resolução contratual, embora, como veremos, a expressão seja reservada habitualmente para causas supervenientes, a saber, hipóteses de inexecução faltosa (descumprimento contratual).

Compreendidas as situações de extinção natural do contrato, passemos a enfrentar as hipóteses de extinção do contrato sem o cumprimento do quanto pactuado.

Dividamos, porém, tais modalidades em dois grandes grupos, tomando por parâmetro um critério temporal, a saber, de um lado, causas anteriores ou contemporâneas à formação do contrato; e, de outro, causas supervenientes à celebração da avença.

## 3. CAUSAS ANTERIORES OU CONTEMPORÂNEAS À FORMAÇÃO DO CONTRATO

Partindo-se da premissa de que o objetivo almejado pelas partes não foi cumprido (seja realizando a prestação, seja cumprindo os fatores eficaciais do negócio jurídico), toda extinção contratual posterior, nestes termos, deve ser considerada anormal.

Esta "morte não natural", porém, pode ter sua raiz em causas anteriores ou contemporâneas à formação do contrato, o que não lhe retira a caracterização de uma extinção posterior, haja vista que se parte da concepção de existência jurídica da avença.

Conheçamos, portanto, quais são tais causas.

### 3.1. Nulidade ou anulabilidade

A ocorrência de nulidade — seja absoluta, seja relativa — no negócio jurídico contratual é uma típica hipótese que pode ser anterior à própria celebração, mas que a contamina de tal forma, que impossibilita a produção válida de efeitos.

A nulidade é uma sanção pela ofensa a determinados requisitos legais, que impõe a não produção de efeitos jurídicos, em função do defeito que carrega em seu âmago.

Como sanção pelo descumprimento dos pressupostos de validade do negócio jurídico, o Direito admite e impõe o reconhecimento da declaração de nulidade, objetivando restituir a normalidade e a segurança das relações sociojurídicas.

Esta nulidade sofre gradações, de acordo com o tipo de elemento violado, podendo ser absoluta ou relativa, na medida em que decorra da infringência de normas de ordem pública ou de normas jurídicas protetoras de interesses preponderantemente privados[2].

O importante a destacar, porém, é que, partindo do pressuposto que o negócio efetivamente existiu, a sua extinção se dá pelo reconhecimento judicial da nulidade e anulabilidade, desfazendo-se qualquer vínculo contratual existente entre as partes.

## 3.2. Redibição

Um fenômeno, anterior à celebração do contrato, mas que também pode gerar a sua extinção, é a redibição.

A expressão "pode" é aqui utilizada em seu sentido técnico, qual seja, a de faculdade, pois nem sempre a ocorrência de um vício redibitório (entendido como o defeito oculto que diminui o valor ou prejudica a utilização da coisa recebida por força de um contrato comutativo) importará na extinção do contrato, podendo, sim, gerar uma revisão de suas prestações, com o abatimento do preço correspondente.

Como vimos em capítulo anterior, a redação do art. 442 do Código Civil brasileiro garante ao adquirente de coisa defeituosa a faculdade de redibir o contrato — leia-se extingui-lo pelo vício oculto da coisa — ou reclamar redução no preço pactuado.

Logo, trata-se de uma hipótese de extinção contratual por causa anterior à sua celebração, uma vez que se o vício ou defeito for decorrente da utilização posterior pelo adquirente (e não pela sua preexistência, ainda que oculta), não há como se invocar a garantia.

## 3.3. Direito de arrependimento

A lógica da celebração de um contrato é no sentido de que as partes, ao estabelecê-lo, já tenham a convicção de que querem efetivamente a prestação pactuada.

Todavia, como medida excepcional, é possível, em determinadas avenças, que as partes pactuem, contemporaneamente à celebração do negócio, um direito de arrepender-se,

2 "A anulabilidade, diversamente da nulidade, não pode ser arguida por ambas as partes da relação contratual, nem declarada *ex officio* pelo juiz. Legitimado a pleitear a anulação está somente o contraente em cujo interesse foi estabelecida a regra (CC, art. 177). Tratando-se apenas de proteger o interesse do incapaz, do lesado, do enganado ou do ameaçado, só a estes — e, nos casos de incapacidade, devidamente assistidos por seu representante legal — cabe decidir se pedem ou não a anulação" (GONÇALVES, Carlos Roberto. *Direito Civil Brasileiro*, 18. ed., São Paulo: Saraiva, 2020, v. 3, p. 194).

como a estabelecer um "período de carência", em que é possível se desfazer o contrato, sem maiores ônus.

Dada a excepcionalidade de tal medida, parece-nos razoável afirmar que tal direito somente pode ser reconhecido se previsto expressamente, em respeito ao princípio da autonomia da vontade.

Para tais situações, podem as partes estabelecer arras penitenciais, na forma como previsto no art. 420 do CC/2002, *in verbis*:

> "Art. 420. Se no contrato for estipulado o direito de arrependimento para qualquer das partes, as arras ou sinal terão função unicamente indenizatória. Neste caso, quem as deu perdê-las-á em benefício da outra parte; e quem as recebeu devolvê-las-á, mais o equivalente. Em ambos os casos não haverá direito a indenização suplementar".

Registre-se, no particular, que, nas relações de consumo, o art. 49 do CDC confere ao consumidor, independentemente de previsão contratual, o direito potestativo de desistir da compra realizada fora do estabelecimento no prazo de sete dias[3]. Trata-se do denominado prazo de reflexão.

## 4. CAUSAS SUPERVENIENTES À FORMAÇÃO DO CONTRATO

Quando mencionamos a ocorrência de causas supervenientes à formação do contrato, partimos do pressuposto de que ele se concretizou de forma plena, como negócio jurídico, nos planos da existência, validade e eficácia.

Assim, celebrado para ser cumprido, sem vícios ou previsão de arrependimento, sua dissolução posterior pode-se dar por diversas formas, que variam desde a manifestação expressa da vontade até os efeitos extintivos do eventual inadimplemento ou da morte de um dos contratantes.

Enfrentemos cada uma destas modalidades.

### 4.1. Resilição

A expressão "resilição" (utilizada expressamente, de forma técnica, pelo Código Civil vigente, em seu art. 473, aperfeiçoando a redação legal codificada, outrora omissa) refere-se à extinção do contrato por iniciativa de uma ou ambas as partes.

Registre-se, portanto, de logo, que tal extinção não se opera retroativamente, produzindo seus efeitos *ex nunc*. Assim, nos contratos de trato sucessivo, não se restituem as prestações cumpridas, a menos que as partes assim o estabeleçam.

---

[3] CDC: "Art. 49. O consumidor pode desistir do contrato, no prazo de 7 dias a contar de sua assinatura ou do ato de recebimento do produto ou serviço, sempre que a contratação de fornecimento de produtos e serviços ocorrer fora do estabelecimento comercial, especialmente por telefone ou a domicílio. Parágrafo único. Se o consumidor exercitar o direito de arrependimento previsto neste artigo, os valores eventualmente pagos, a qualquer título, durante o prazo de reflexão, serão devolvidos, de imediato, monetariamente atualizados".

Em verdade, partindo da concepção de que o contrato gera um vínculo jurídico obrigatório às partes, a conclusão lógica é que a mesma manifestação conjunta da vontade possa extingui-lo.

Assim sendo, temos que a regra, no direito brasileiro, é que a resilição seja bilateral (distrato), embora se possa falar, em casos permitidos expressa ou implicitamente pela lei, em uma manifestação unilateral de vontade extintiva do contrato.

Compreendamos estas duas espécies.

#### 4.1.1. Bilateral (distrato)

A resilição bilateral é chamada, pela doutrina e pelo próprio texto codificado, de distrato.

Se foi a autonomia da vontade que estabeleceu a relação contratual, é óbvio que esta mesma autonomia poderá desfazê-la, na forma como pactuado, possivelmente celebrando um novo negócio jurídico que estabelece o fim do vínculo contratual, disciplinando as consequências jurídicas deste fato.

Assim, por exemplo, se a empresa X tem um contrato de prestação de serviços com um escritório de advocacia, celebrado por tempo indeterminado, as partes podem, de comum acordo, extingui-lo, estabelecendo as indenizações que acharem cabíveis por tal rompimento contratual.

E de que forma deve-se dar tal extinção?

a) Forma

Estabelece expressamente o art. 472:

> "Art. 472. O distrato faz-se pela mesma forma exigida para o contrato".

Se é da substância do negócio jurídico uma determinada forma, somente por tal solenidade é que se pode considerar válido o distrato.

Assim, por exemplo, se, por força da regra do art. 108 do CC/2002[4], a lei obriga o registro, por escritura pública, de um determinado contrato para sua validade, não poderão as partes desfazê-lo por instrumento particular. Da mesma forma, se, segundo o art. 819 do CC/2002[5], a fiança somente pode dar-se por escrito, seu distrato não poderá ser feito oralmente.

Isso não implica dizer, porém, que, se o contrato foi estabelecido por uma determinada forma, não imposta pela lei, ele também tenha de seguir tal formalidade para ser extinto.

Destaque-se, ainda, que a Lei n. 13.786, de 27 de dezembro de 2018 (conhecida como a "Lei do Distrato"), alterou a Lei n. 4.591, de 16 de dezembro de 1964 (Lei sobre Condo-

---

[4] "Art. 108. Não dispondo a lei em contrário, a escritura pública é essencial à validade dos negócios jurídicos que visem à constituição, transferência, modificação ou renúncia de direitos reais sobre imóveis de valor superior a trinta vezes o maior salário mínimo vigente no País."

[5] "Art. 819. A fiança dar-se-á por escrito, e não admite interpretação extensiva."

mínio em Edificações e sobre Incorporações Imobiliárias), para estabelecer, por meio do seu art. 35-A, VI, que os contratos de compra e venda, promessa de venda, cessão ou promessa de cessão de unidades autônomas de incorporação imobiliária serão iniciados por quadro-resumo que tem de conter "as consequências do desfazimento do contrato, seja por meio de distrato, seja por meio de resolução contratual motivada por inadimplemento de obrigação do adquirente ou do incorporador, com destaque negritado para as penalidades aplicáveis e para os prazos para devolução de valores ao adquirente".

A mesma lei modificou a Lei n. 6.766, de 19 de dezembro de 1979 ("Lei do Parcelamento do Solo Urbano"), para determinar, pelo preceito cogente do art. 26-A, V, que os contratos de compra e venda, cessão ou promessa de cessão de loteamento serão também iniciados por quadro-resumo que tem de conter "as consequências do desfazimento do contrato, seja mediante distrato, seja por meio de resolução contratual motivada por inadimplemento de obrigação do adquirente ou do loteador, com destaque negritado para as penalidades aplicáveis e para os prazos para devolução de valores ao adquirente".

b) Quitação

Um dado relevante se refere ao instituto da quitação.

De fato, estabelecia o art. 1.093 do CC/1916:

> "Art. 1.093. O distrato faz-se pela mesma forma que o contrato. Mas a quitação vale, qualquer que seja a sua forma".

Uma leitura apressada poderia levar à conclusão de que, com a retirada da menção à quitação no já transcrito art. 472 do CC/2002, esta também deveria seguir a mencionada regra de forma.

A observação é, como dito, apressada e equivocada.

Em verdade, não houve modificação da disciplina da quitação nos contratos, mas, sim, apenas um aperfeiçoamento da técnica legislativa, passando o instituto a ser disciplinado em dispositivo próprio, relacionado à prova do pagamento, mantida a concepção de liberdade de forma[6].

### 4.1.2. Unilateral

Partindo-se da concepção tradicional do princípio da força obrigatória dos contratos (*pacta sunt servanda*), é lógico que a extinção unilateral do contrato, por mera manifestação de vontade, não poderia ser bem vista.

---

[6] "Art. 320. A quitação, que sempre poderá ser dada por instrumento particular, designará o valor e a espécie da dívida quitada, o nome do devedor, ou quem por este pagou, o tempo e o lugar do pagamento, com a assinatura do credor, ou do seu representante. Parágrafo único. Ainda sem os requisitos estabelecidos neste artigo valerá a quitação, se de seus termos ou das circunstâncias resultar haver sido paga a dívida."

Em verdade, essa visão específica continua válida, pois seria ilógico — ou, no mínimo, atentatório à segurança de uma estipulação contratual — imaginar que toda contratação pudesse ser simplesmente desfeita, ao alvedrio de uma das partes.

Nessa linha, admite-se, portanto, a resilição unilateral somente com autorização legal expressa ou implícita (pela natureza da avença) e, sempre, com a prévia comunicação à outra parte[7].

É o que se infere do *caput* do art. 473 do CC/2002, sem equivalente na codificação anterior:

> "Art. 473. A resilição unilateral, nos casos em que a lei expressa ou implicitamente o permita, opera mediante denúncia notificada à outra parte".

Em um contrato de prestação de serviços pactuado entre um professor de educação física e uma academia de ginástica também pode prever uma cláusula resilitória, mormente em se considerando que a relação contratual não deve ser vocacionada à eternidade.

Vale acrescentar, ainda, que o ato jurídico pelo qual se opera a resilição unilateral é "denúncia".

"Denunciar um contrato", portanto, em Direito Civil, traduz a ideia de "resilir o negócio unilateralmente".

a) Limitação temporal

Nas relações civis em geral que admitam a resilição unilateral, não se propugna, independentemente de prévia comunicação, pela mais ampla possibilidade da extinção imediata do contrato.

Isso porque a parte contrária pode ter realizado vultosos investimentos, na perspectiva da continuidade do vínculo contratual, não sendo razoável, nem compatível com a boa-fé objetiva, que anima toda a atual codificação civil, que tais gastos permaneçam irressarcidos.

Dando um exemplo para melhor visualizar a hipótese, imagine-se um contrato de prestação de serviços de assistência técnica, em que a empresa prestadora invista na aquisição de equipamentos especializados para o maquinário da tomadora. Ora, se, repentinamente, esta última decide romper o vínculo contratual (por ter, p. ex., encontrado outra empresa que possa lhe prestar o serviço), ficaria a outra parte "a ver navios"?

Em outra linha, se, por força da maior proteção que lhe dá a legislação consumerista, pretende um consumidor desfazer um contrato de compra e venda, por não ter mais condições de cumprir o pactuado, deve o vendedor aceitar tal fato, sem qualquer ressarcimento pelas despesas feitas?

---

[7] Em geral, deve anteceder a resilição unilateral a existência de um aviso prévio ou pré-aviso, o qual, quando descumprido, sujeitará o infrator ao pagamento das perdas e danos devidos.

É claro que não, já havendo, inclusive, farta jurisprudência nacional sobre a matéria, mesmo aplicando regras anteriores ao atual Código Civil brasileiro.

Pensando em tais situações, foi explicitada a regra do parágrafo único do mencionado art. 473, *in verbis*: "Parágrafo único. Se, porém, dada a natureza do contrato, uma das partes houver feito investimentos consideráveis para a sua execução, a denúncia unilateral só produzirá efeito depois de transcorrido prazo compatível com a natureza e o vulto dos investimentos".

Frise-se, entretanto, que a compensação das despesas efetuadas pela parte que não desfez o contrato deverá ser justa e fixada segundo critérios compatíveis com os princípios da função social do contrato e da dignidade da pessoa humana.

Por tais razões, não vemos com bons olhos as regras de "fidelização contratual" utilizadas pelas empresas de telefonia celular, resultando na imposição de pesadas multas ao consumidor que pretenda resilir o contrato, especialmente quando o móvel subjetivo da resilição for a insatisfação com o serviço fornecido.

Em tal hipótese, esta referida técnica de subordinação contratual afigura-se-nos injusta e ilegítima, uma vez que retira do consumidor o direito de escolha quanto à melhor concessionária que possa servir-lhe, ferindo, inclusive, todo o sistema de privatização e a própria Constituição Federal, que aponta a livre concorrência como o princípio básico da economia.

b) Formas especiais

Algumas modalidades contratuais permitem a resilição unilateral, tomando-se em consideração certas peculiaridades, utilizando, doutrina e legislação, nomes especiais para caracterizá-la.

Dentre essas formas especiais, destacamos a revogação, a renúncia e o resgate.

b.1) Revogação

A revogação consiste em uma modalidade de desfazimento de determinados negócios jurídicos, por iniciativa de uma das partes isoladamente.

É o exemplo da resilição unilateralmente feita nos contratos de mandato (arts. 682 a 687 do CC/2002) e doação (arts. 555 a 564 do CC/2002)[8].

Especificamente sobre o mandato, vale registrar que é possível o estabelecimento de cláusula restritiva da sua resilição, leia-se, cláusula de irrevogabilidade, na forma do art. 684[9].

Distinguindo revogação de denúncia, afirma ORLANDO GOMES que

[8] Embora não seja tecnicamente um contrato, também no testamento é utilizado o vocábulo "revogação" no sentido aqui expresso, conforme se constata da redação dos arts. 1.969 a 1.972 do CC/2002.

[9] CC/2002: "Art. 684. Quando a cláusula de irrevogabilidade for condição de um negócio bilateral, ou tiver sido estipulada no exclusivo interesse do mandatário, a revogação do mandato será ineficaz".

> "esta põe fim, diretamente, à relação obrigacional, enquanto aquela extingue o contrato e, só como consequência mediata, a relação, fazendo cessar, *ex tunc* ou *ex nunc*, os efeitos do negócio.
>
> O ato de revogação requer cumprimento pelo próprio sujeito que praticou o ato que se revoga e deve destinar-se a impedir que este produza seus efeitos próprios. Contudo, o vocábulo revogação é empregado em sentido mais amplo. Tal como a denúncia consiste a revogação numa declaração receptícia de vontade, que opera extrajudicialmente, e, como ela, é direito potestativo.
>
> Os contratos estipulados no pressuposto da confiança recíproca entre as partes podem resilir-se *ad nutum*, mediante revogação. Está neste caso o mandato. A lei autoriza o mandante a revogá-lo, pondo-lhe termo, a todo tempo, por simples declaração de vontade, e independentemente de aviso prévio.
>
> Outros contratos comportam esse modo de resilição sem essa liberdade. A doação, por exemplo, pode ser revogada, mas o poder de revogação não se exerce livremente, estando condicionado a causas peculiares. Neste caso, a revogação confunde-se com a resolução, porque depende de condição resolutiva a ser apreciada pelo juiz"[10].

b.2) Renúncia

Como a outra face da moeda, compreendemos que o sentido que se dá ao vocábulo "renúncia", em matéria de extinção contratual, nada mais é do que a resilição contratual por iniciativa unilateral do sujeito passivo da relação obrigacional, sendo também especialmente aplicável a algumas modalidades contratuais.

É o caso, por exemplo, também no contrato de mandato, da renúncia do mandatário, na forma determinada no art. 688 do CC/2002, que também prevê limitações ao seu exercício[11].

No ensinamento de ORLANDO GOMES:

> "Posto que seja unilateral, a renúncia pertence à categoria dos negócios extintivos, apresentando-se normalmente como comportamento abdicativo destinado a extinguir uma relação jurídica pela autoeliminação de um dos seus sujeitos, o ativo. No direito das obrigações, a remissão da dívida é a figura mais característica da renúncia. No mandato, tanto o mandante pode desvincular-se do contrato, revogando os poderes do mandatário, como este, com a mesma liberdade de ação, se libera, renunciando-os. Exerce, deste modo, o poder de resilir unilateralmente o contrato, pelo que indeferimos a postulação do item 'a' da inaugural. Deve notificar sua intenção ao

---

[10] GOMES, Orlando. *Contratos*, 24. ed., Rio de Janeiro: Forense, 2001, p. 187.

[11] CC/2002: "Art. 688. A renúncia do mandato será comunicada ao mandante, que, se for prejudicado pela sua inoportunidade, ou pela falta de tempo, a fim de prover à substituição do procurador, será indenizado pelo mandatário, salvo se este provar que não podia continuar no mandato sem prejuízo considerável, e que não lhe era dado substabelecer".

mandante e, em certos casos, aguardar substituto. Da renúncia distinguem-se os negócios omissivos, como o repúdio"[12].

b.3) Resgate

Exemplo clássico e difundido de resgate encontrávamos no Código Civil anterior, quando preceituava acerca do instituto da enfiteuse, direito real na coisa alheia não mais disciplinado pela codificação nacional.

Aliás, observa, a esse respeito, PABLO STOLZE GAGLIANO que:

> "Dado o seu caráter de perpetuidade e por imitar o direito de propriedade, sem sê-lo, o novo Código Civil, corretamente, pôs fim à enfiteuse, substituindo-a pelo direito real de superfície, mais dinâmico e de caráter temporário"[13].

Traduzia, pois, este resgate o exercício de um direito potestativo, então previsto no art. 693 do CC/1916, com a seguinte redação, determinada pela Lei n. 5.827, de 23-11-1972:

> "Art. 693. Todos os aforamentos, inclusive os constituídos anteriormente a este Código, salvo acordo entre as partes, são resgatáveis 10 (dez) anos depois de constituídos, mediante pagamento de um laudêmio, que será de 2,5% (dois e meio por cento) sobre o valor atual da propriedade plena, e de 10 (dez) pensões anuais pelo foreiro, que não poderá no seu contrato renunciar ao direito de resgate, nem contrariar as disposições imperativas deste Capítulo".

Na atual codificação, contudo, a expressão somente é utilizada em outro contexto, mais especificamente no exercício da retrovenda, referindo-se ao retorno do bem ao vendedor, conforme se verifica de uma simples leitura dos arts. 505 e 506:

> "Art. 505. O vendedor de coisa imóvel pode reservar-se o direito de recobrá-la no prazo máximo de decadência de três anos, restituindo o preço recebido e reembolsando as despesas do comprador, inclusive as que, durante o período de resgate, se efetuaram com a sua autorização escrita, ou para a realização de benfeitorias necessárias.
>
> Art. 506. Se o comprador se recusar a receber as quantias a que faz jus, o vendedor, para exercer o direito de resgate, as depositará judicialmente".

A retrovenda, em verdade, é uma cláusula especial à compra e venda, que limita a sua eficácia, uma vez que submete o negócio jurídico a uma condição resolutiva expressa, sendo considerado, por nós, uma modalidade de extinção natural do contrato.

Na anterior hipótese da enfiteuse, portanto, especialmente quando decorrente de um contrato firmado entre as partes, ou na situação atualmente prevista da retrovenda,

---

[12] GOMES, Orlando, ob. cit., p. 188.

[13] GAGLIANO, Pablo Stolze. *Código Civil Comentado* — XIII (Direito das Coisas. Superfície. Servidões. Usufruto. Uso. Habitação. Direito do Promitente Comprador), São Paulo: Atlas, 2004, p. 21.

podemos observar especiais modalidades de resilição[14], manifestadas por meio do direito de resgate.

## 4.2. Resolução

Embora a legislação codificada, por vezes, utilize a expressão em outros sentidos[15], o fato é que a teoria geral dos contratos reserva para o vocábulo "resolução" o significado de extinção contratual fundamentada no descumprimento do pactuado.

Sob a expressão "descumprimento", compreenda-se o inadimplemento tanto culposo quanto involuntário e, bem assim, a inexecução absoluta e a relativa.

Se o contrato é feito para ser cumprido, a não realização da prestação como pactuada pode ensejar, sim, *a priori*, a critério da parte lesada, por sua provocação, o desfazimento da relação obrigacional.

A expressão "pode" é, aqui, mais uma vez utilizada em seu sentido técnico, pois, na nova visão que se propugna para o direito obrigacional, deve-se sempre prestigiar a tutela específica da obrigação, caso seja possível a prestação e ainda haja interesse nela pela parte lesada, realizando-se a intenção declarada ao se celebrar a avença.

### *4.2.1. Algumas palavras sobre a voluntariedade da inexecução*

Para efeito de resolução do contrato, pouco importa se a inexecução se deu voluntária ou involuntariamente.

De fato, seja pela recusa — justificada ou não — do devedor, seja por fatos alheios à sua vontade, como, por exemplo, no caso fortuito ou de força maior, sempre será possível ao interessado (parte lesada pelo descumprimento) pedir a resolução do contrato, extinguindo-se o vínculo contratual.

Necessário se faz, porém, verificar se há razoabilidade no incumprimento para efeito de verificação da responsabilidade civil por tal ato, pelo que remetemos tal discussão para um capítulo próprio.

O tema do descumprimento do contrato, ensejando a sua resolução, desperta, na realidade, vários temas acessórios, como é o caso, por exemplo, nos contratos bilaterais, em que o inadimplemento de uma parte autoriza o não cumprimento de prestação correspondente pela outra, caracterizando a exceção substancial do contrato não cumprido (*exceptio non adimpleti contractus*).

Da mesma maneira, a resolução do contrato pode decorrer da impossibilidade de seu cumprimento por onerosidade excessiva, em virtude de acontecimentos extraordinários e imprevistos, tema, aliás, que pode ensejar, inclusive, a rediscussão das suas prestações, justamente para evitar a sua extinção.

---

[14] Nesse sentido, confiram-se Orlando Gomes, ob. cit., p. 188, e GONÇALVES, Carlos Roberto, ob. cit., p. 181.

[15] Confiram-se, a propósito, os arts. 769, § 2º; 770; 796, parágrafo único; 1.031 e 1.032; 1.359 e 1.360; e 1.499, III, do CC/2002.

Dada a importância desses dois últimos aspectos, disciplinados expressamente pelo Código Civil de 2002 — o segundo, inclusive, de forma inovadora —, por uma questão metodológica, vamos tratá-los também em capítulos autônomos.

### 4.2.2. Cláusula resolutória (expressa ou tácita)

As partes podem prever, no próprio conteúdo do contrato, que, caso haja descumprimento, será ele considerado extinto.

Trata-se da chamada "cláusula resolutiva (ou resolutória) expressa" ou "pacto comissório expresso"[16], que gera efeito dissolutório da relação contratual.

Quando, contudo, as partes nem sequer cogitaram acerca do inadimplemento contratual, fala-se, de maneira distinta, na preexistência de uma cláusula resolutória tácita[17], pois, em todo contrato bilateral, por força da interdependência das obrigações, o descumprimento culposo por uma das partes deve constituir justa causa para a resolução do contrato, uma vez que, se um é causa do outro, deixando-se de cumprir o primeiro, perderia o sentido o cumprimento do segundo.

Tal instituto está previsto expressamente no Código Civil brasileiro, especificamente no seu art. 474:

> "Art. 474. A cláusula resolutiva expressa opera de pleno direito; a tácita depende de interpelação judicial".

Aplaudimos a nova disciplina legal, pois explicitou tratar-se de uma cláusula resolutiva, modificando a expressão anterior (condição resolutiva, constante do parágrafo único do art. 119 do CC/1916), o que nos soa mais técnico, pela dificuldade de se imaginar um elemento limitador da eficácia implicitamente contida em um negócio jurídico.

E por que não se incluir, dentro da visão esquemática aqui propugnada, tal assunto na parte referente à extinção natural do contrato, haja vista que foram as próprias partes que já anteviram tal possibilidade?

---

[16] Esta expressão, posto houvesse recebido assento em dispositivo específico do Código anterior (art. 1.163), como pacto acessório ao contrato de compra e venda, não mereceu, por parte do legislador, a consagração de dispositivo correspondente no Código novo. Fica, entretanto, a sua subsistência em nível doutrinário. Atente o nosso leitor, entretanto, que tal expressão também serve para caracterizar instituto distinto, regulado pelas normas de Direitos Reais, a teor do art. 1.428 da nova Lei Codificada. Neste último sentido, proíbe-se, pois, o "pacto comissório", que dê ao credor poderes para ficar com a propriedade da coisa dada em garantia real, pelo devedor.

[17] Ressalve-se que, embora o texto legal tenha adotado o adjetivo "resolutiva", preferimos nos valer do adjetivo "resolutória" justamente para diferenciar da aposição de uma condição ao negócio jurídico que deve ser, em regra, expressa. Nessa linha, utilizamos a expressão consagrada na legislação consumerista, v. g., no seu art. 54, § 2º, ao explicitar que nos "contratos de adesão admite-se cláusula resolutória, desde que alternativa, cabendo a escolha ao consumidor, ressalvando-se o disposto no § 2º do artigo anterior".

Justamente porque, na visão ética que defendemos para as relações contratuais, não nos parece aceitável imaginar que, pela boa-fé objetiva, alguém pactue uma relação contratual já com a firme intenção de não cumpri-la.

A concepção da cláusula resolutória expressa deve ser aceita não pela ideia de que o contrato foi celebrado para não ser cumprido, mas, sim, justamente por uma questão de cautela, no caso de inadimplemento em função de eventuais situações supervenientes, o que se mostra mais evidente nos contratos de execução diferida ou de duração.

Por tais fundamentos, divergimos, neste particular, do dileto amigo CARLOS ROBERTO GONÇALVES, que elenca a cláusula resolutiva expressa como uma causa contemporânea à formação do contrato[18]. Em verdade, embora concebida na celebração da avença, a causa somente se materializa — e de forma sempre indesejada, embora admitida — com o descumprimento da obrigação pactuada.

Resolução pressupõe inadimplemento de algo exigível.

E inadimplemento é algo que nunca pode ser considerado normal ou contemporâneo ao contrato.

Por isso mesmo, a expressão "de pleno direito" deve ser interpretada com a devida ressalva, pois ela não quer dizer que, ocorrendo o inadimplemento, o contrato está automaticamente extinto.

Pensar dessa forma seria prestigiar o inadimplente, o que é inadmissível.

Assim, o que se deve ter em mente é que, ocorrendo o inadimplemento, a parte lesada tem o direito de exigir o seu cumprimento (haja vista que a tutela específica das obrigações deve ser a regra em nosso ordenamento) ou, não sendo mais possível a prestação ou não havendo mais interesse em seu cumprimento, a declaração judicial da sua resolução.

Essa é a linha do art. 475 do Código Civil brasileiro:

> "Art. 475. A parte lesada pelo inadimplemento pode pedir a resolução do contrato, se não preferir exigir-lhe o cumprimento, cabendo, em qualquer dos casos, indenização por perdas e danos".

Dessa forma, havendo o inadimplemento, e optando a parte lesada pela resolução, duas situações poderão advir:

a) Há cláusula resolutória expressa: nesse caso, uma manifestação judicial terá efeito meramente declaratório, operando-se *ex tunc*. A provocação do Estado-Juiz somente se faz necessária para assegurar uma certeza jurídica, o que é, em essência, a finalidade de qualquer postulação de natureza declaratória. Ademais, podem-se cumular pretensões (postulações condenatórias), ao exigir restituição de parcelas pagas, devolução de bens e indenização pela extinção do contrato.

[18] GONÇALVES, Carlos Roberto, ob. cit., p. 157-9.

b) Não há cláusula resolutória expressa: nesse caso, entende-se ser imprescindível a interpelação judicial para desconstituir o vínculo contratual, uma vez que não é razoável se imaginar que, em um contrato sinalagmático, uma das partes tenha de continuar a cumprir a sua prestação, se a outra se abstém de tal mister. A finalidade de tal interpelação é justamente cientificar a parte contrária da intenção de considerar resolvido o contrato, podendo ser suprida por outra forma de cientificação.

Ressalte-se que, embora inadimplente o devedor, não se pode tolerar que o credor queira resolver o contrato, reavendo bens alienados em prestações, sem a devolução, com as devidas compensações, das parcelas pagas. Nesse sentido, estabelece o Código de Defesa do Consumidor:

> "Art. 53. Nos contratos de compra e venda de móveis ou imóveis mediante pagamento em prestações, bem como nas alienações fiduciárias em garantia, consideram-se nulas de pleno direito as cláusulas que estabeleçam a perda total das prestações pagas em benefício do credor que, em razão do inadimplemento, pleitear a resolução do contrato e a retomada do produto alienado.
>
> § 1º (Vetado.)
>
> § 2º Nos contratos do sistema de consórcio de produtos duráveis, a compensação ou a restituição das parcelas quitadas, na forma deste artigo, terá descontada, além da vantagem econômica auferida com a fruição, os prejuízos que o desistente ou inadimplente causar ao grupo.
>
> § 3º Os contratos de que trata o *caput* deste artigo serão expressos em moeda corrente nacional".

Registre-se, ainda, que, no campo da disciplina legal ou da autonomia da vontade, é possível o estabelecimento de regras para a purgação da mora, afastando a resolução contratual, o que deve ser analisado no caso concreto, bem como ser admissível, por exceção, que a resolução do contrato se dê por iniciativa daquele que não conseguiu adimpli-lo.

Nesse sentido, observe-se que a Lei n. 13.786, de 27 de dezembro de 2018 (conhecida como a "Lei do Distrato"), alterou a Lei n. 4.591, de 16 de dezembro de 1964 (Lei sobre Condomínio em Edificações e sobre Incorporações Imobiliárias), para estabelecer, por meio do seu art. 43-A, que a "entrega do imóvel em até 180 (cento e oitenta) dias corridos da data estipulada contratualmente como data prevista para conclusão do empreendimento, desde que expressamente pactuado, de forma clara e destacada, não dará causa à resolução do contrato por parte do adquirente nem ensejará o pagamento de qualquer penalidade pelo incorporador"[19].

---

[19] Observe-se que os parágrafos do referido art. 43-A estabelecem:

"§ 1º Se a entrega do imóvel ultrapassar o prazo estabelecido no *caput* deste artigo, desde que o adquirente não tenha dado causa ao atraso, poderá ser promovida por este a resolução do contrato, sem

### 4.3. Rescisão

Se há uma modalidade de extinção contratual em que se constata profunda imprecisão terminológica e desvios teoréticos, não há menor dúvida de que é "rescisão".

Do ponto de vista gramatical, a expressão encontra as seguintes acepções:

> "rescisão s.f. (1813 cf.ms$^2$) ação de rescindir 1 anulação de (contrato) 1.1 JUR ato através do qual um contrato deixa de surtir efeitos devido a um vício nele contido; anulação 2 rompimento, corte. ETIM lat. *rescissio, onis* 'rescisão, anulação; supressão, destruição', com dissimilação das sibilantes; ver *cind-*; f.hist. 1813 rescisão, 1836 rescisão"[20].

Baseada nos ensinamentos de MESSINEO[21], porém, boa parte da doutrina civilista brasileira especializada[22] identifica o termo rescisão, tecnicamente, como a forma de extinção de contratos em que tenha ocorrido lesão ou celebrados sob estado de perigo.

Observando tal confusão, registra SÍLVIO VENOSA que

> "rescisão é palavra que traz, entre nós, a noção de extinção da relação contratual por culpa. Originalmente, vinha ligada tão só ao instituto da lesão. No entanto, geralmente quando uma parte imputa à outra o descumprimento de um contrato, pede a rescisão em juízo e a sentença decreta-a. Os interessados, no entanto, usam com frequência o termo com o mesmo sentido de resilir, isto é, terminar a avença de comum acordo, distratar o que foi contratado. Nada impede que assim se utilize, num costume arraigado em nossos negócios"[23].

E, por mais contraditório que possa parecer, o próprio Código Civil de 2002 utiliza a expressão em diversos contextos, sem um elemento comum que os una[24].

---

prejuízo da devolução da integralidade de todos os valores pagos e da multa estabelecida, em até 60 (sessenta) dias corridos contados da resolução, corrigidos nos termos do § 8º do art. 67-A desta Lei.
§ 2º Na hipótese de a entrega do imóvel estender-se por prazo superior àquele previsto no *caput* deste artigo, e não se tratar de resolução do contrato, será devida ao adquirente adimplente, por ocasião da entrega da unidade, indenização de 1% (um por cento) do valor efetivamente pago à incorporadora, para cada mês de atraso, *pro rata die*, corrigido monetariamente conforme índice estipulado em contrato.
§ 3º A multa prevista no § 2º deste artigo, referente a mora no cumprimento da obrigação, em hipótese alguma poderá ser cumulada com a multa estabelecida no § 1º deste artigo, que trata da inexecução total da obrigação".

20 HOUAISS, Antônio; VILLAR, Mauro de Salles. *Dicionário Houaiss da Língua Portuguesa*, Rio de Janeiro: Objetiva, 2001, p. 2436.

21 MESSINEO, Francesco. *Doctrina General del Contrato*, trad. de R. Fontanarossa, Sentis Melendo e M. Volterra, t. II, Buenos Aires: EJEA, 1952, p. 210.

22 Nesse sentido, confiram-se, a título exemplificativo, Orlando Gomes, *Contratos*, 24. ed., Rio de Janeiro: Forense, 2001, p. 188-9, e GONÇALVES, Carlos Roberto. *Direito das Obrigações* — Parte Especial — Contratos, 6. ed., t. I, São Paulo: Saraiva, 1999, p. 183.

23 VENOSA, Sílvio de Salvo. *Direito Civil* — Teoria Geral das Obrigações e Teoria Geral dos Contratos, 3. ed., v. II, São Paulo: Atlas, 2003, p. 499.

24 Confiram-se, a propósito, os arts. 455 (tratando de evicção); 607 (tratando da extinção do contrato de prestação de serviços, mediante aviso prévio, o que caracteriza verdadeira resilição); 609 (tratando de

MIGUEL MARIA DE SERPA LOPES, após registrar a confusão terminológica existente, prefere concluir que, em nosso Direito, a rescisão deve, de fato, ser tratada como causa extintiva do contrato em caso de nulidade, seguindo a linha do Código Civil francês[25].

Assim, na primeira acepção, rescisão seria uma causa superveniente à formação do contrato. Embora imprecisa, trata-se da forma mais utilizada na prática, motivo pelo qual preferimos, metodologicamente, tratar neste tópico o instituto. Todavia, para que não sejamos acusados de colidir as classificações feitas, esclarecemos que, se utilizada no sentido clássico de causa extintiva do contrato em caso de nulidade, rescisão, obviamente, será uma causa anterior ou contemporânea à formação do contrato.

## 4.4. Morte do contratante

Por fim, faz-se mister tecer algumas considerações acerca dos efeitos da morte de um dos contratantes para a relação jurídica obrigacional.

Como observa ORLANDO GOMES:

> "Entre as causas de extinção dos contratos, a morte de um dos contratantes ocupa lugar à parte. Sua inclusão nos outros modos de dissolução não tem realmente cabimento. Não é possível afirmar-se que resolve o contrato. Sem dúvida, impossibilita sua execução, ou faz cessá-la definitivamente, mas, a rigor, não pode ser considerada inexecução involuntária, porque seus efeitos não se igualam aos do caso fortuito. Não se justifica, também, enquadrá-la entre as causas de resilição, como procede a doutrina francesa, pois a resilição se caracteriza por ser consequência de manifestação da vontade de um ou dos dois contratantes"[26].

De fato, a morte de uma das partes somente constitui causa de dissolução do contrato naquelas avenças personalíssimas, contraídas justamente em função da pessoa do contratante (*intuitu personae*), equiparando-se à incapacidade superveniente[27]. Somente nestes casos pode ser aplicado o brocardo latino *mors omnia solvit*.

Mesmo assim, operando-se a extinção da avença, terá produzido seus efeitos normalmente até o evento morte, não tendo, portanto, efeito retroativo (*ex tunc*), mas, sim,

---

hipótese onde não se caracterizaria, *a priori*, a extinção do contrato de prestação de serviços por alteração do titular de prédio agrícola onde é realizado); 810 (referindo-se ao contrato de constituição de renda, como sanção pela perda das garantias do cumprimento de prestações futuras); 1.642, IV (autorizando extinção de contratos de fiança e doação de um cônjuge, estabelecidos sem autorização do outro).

[25] LOPES, Miguel Maria de Serpa. *Curso de Direito Civil* — Fontes das Obrigações: Contratos, 6. ed., v. III, Rio de Janeiro: Freitas Bastos, 2001, p. 201.

[26] GOMES, Orlando, ob. cit., p. 189.

[27] É o caso, por exemplo, do tratamento dado na extinção do mandato, pelo art. 682, II, do CC/2002, que menciona, justamente, a "morte ou interdição de uma das partes". Outro exemplo é dado pelo dinâmico Professor Antônio Carlos Mathias Coltro, quando refere a extinção do contrato de mediação, por força do falecimento do comitente, pois, nesse caso, não teria como o corretor prosseguir no seu trabalho (*Contrato de Corretagem Imobiliária* — Doutrina e Jurisprudência, São Paulo: Atlas, 2001, p. 129).

obviamente, *ex nunc*, o que se torna mais evidente nos contratos de execução continuada ou periódica.

Nas demais situações fáticas, as obrigações contratuais, bem como os direitos correspondentes, transmitem-se aos herdeiros do *de cujus*.

## 4.5. Caso fortuito ou força maior

Apenas com a finalidade de dar completude à nossa classificação, devemos lembrar que hipóteses de caso fortuito ou força maior também ensejam a extinção do contrato.

A matéria já foi por nós tratada anteriormente, mas é importante reafirmar que ambas as hipóteses foram condensadas em conceito único, conforme se pode verificar do art. 393 do CC/2002:

> "Art. 393. O devedor não responde pelos prejuízos resultantes de caso fortuito ou força maior, se expressamente não se houver por eles responsabilizado.
>
> Parágrafo único. O caso fortuito ou de força maior verifica-se no fato necessário, cujos efeitos não era possível evitar ou impedir".

Há profunda divergência na eventual distinção conceitual entre os dois institutos. Sem intenção de dirimi-la, identificamos na força maior a característica da inevitabilidade e, no caso fortuito, a nota distintiva da imprevisibilidade.

Não há diferença pragmática, porém, entre os institutos, que, ocorrendo na vigência de uma relação contratual, acabarão por extingui-la, sem ônus às partes.

Vale registrar, inclusive, a título de curiosidade, que algumas modalidades contratuais expressamente elencam a força maior como causa extintiva[28], o que, em verdade, é perfeitamente dispensável, tendo em vista o próprio sentido do instituto.

[28] É o caso, por exemplo, do contrato de prestação de serviço, sobre o qual, na previsão do art. 607 do CC/2002, se estabelece: "Art. 607. O contrato de prestação de serviço acaba com a morte de qualquer das partes. Termina, ainda, pelo escoamento do prazo, pela conclusão da obra, pela rescisão do contrato mediante aviso prévio, por inadimplemento de qualquer das partes ou pela impossibilidade da continuação do contrato, motivada por força maior".

# XXI EXCEÇÃO DE CONTRATO NÃO CUMPRIDO

## 1. CONSIDERAÇÕES INICIAIS

Um tema extremamente relevante, em sede de discussão sobre extinção contratual, é a aplicação da "exceção de contrato não cumprido" (*exceptio non adimpleti contractus*).

Trata-se de instituto de grande aplicabilidade prática, que, dada a sua importância jurisprudencial, merece ser tratado em capítulo próprio.

A matéria está disciplinada nos arts. 476 e 477 do CC/2002, que estipulam:

> "Seção III
>
> Da Exceção de Contrato não Cumprido
>
> Art. 476. Nos contratos bilaterais, nenhum dos contratantes, antes de cumprida a sua obrigação, pode exigir o implemento da do outro.
>
> Art. 477. Se, depois de concluído o contrato, sobrevier a uma das partes contratantes diminuição em seu patrimônio capaz de comprometer ou tornar duvidosa a prestação pela qual se obrigou, pode a outra recusar-se à prestação que lhe incumbe, até que aquela satisfaça a que lhe compete ou dê garantia bastante de satisfazê-la".

Compreendamos sistematicamente o tema, a partir da enunciação de seu conceito.

## 2. CONCEITO E NATUREZA JURÍDICA

Consiste a "exceção de contrato não cumprido" em um meio de defesa, pelo qual a parte demandada pela execução de um contrato pode arguir que deixou de cumpri-lo pelo fato da outra ainda também não ter satisfeito a prestação correspondente.

Como se infere, tal exceção somente pode ser aplicada nos chamados contratos bilaterais, sinalagmáticos ou de prestações correlatas, em que se tem uma produção simultânea de prestações para todos os contratantes, pela dependência recíproca das obrigações.

Trata-se, portanto, de uma exceção substancial, paralisando a pretensão do autor de exigir a prestação pactuada, ante a alegação do réu de não haver percebido a contraprestação devida. Não se discute, *a priori*, o conteúdo do contrato, nem se nega a existência da obrigação ou se pretende extingui-la, sendo uma contestação apenas do ponto de vista da exigibilidade.

Sobre as exceções substanciais, disserta FREDIE DIDIER JR., aqui transcrito inclusive com suas referências em rodapé:

> "A exceção substancial, para ser conhecida pelo juiz, precisa ser exercida pelo demandado. Não pode, de regra, o magistrado conhecer *ex officio* dessa exceção[1]. Não alegada a exceção substancial no momento da contestação, ocorre a preclusão, salvo se a lei expressamente permitir a alegação a qualquer tempo, o que é raro (ex.: prescrição, art. 193 do CC-2002). A exceção opera no plano da eficácia[2]: não pretende o demandado extinguir a pretensão contra si exercida, mas apenas retirar-lhe a eficácia. Quem excetua não nega a eficácia, busca neutralizá-la ou retardá-la[3]. A exceção, como reverso da pretensão, prescreve no mesmo prazo desta (art. 190 do CC-2002)[4]. São exceções substanciais, por exemplo, a prescrição, o direito de retenção e a exceção de contrato não cumprido"[5].

Trata-se, também, de um instrumento bastante útil para forçar o devedor a cumprir a sua obrigação, uma vez que a recusa de pagamento da obrigação pode compeli-lo a tal fim.

Registre-se, ainda, com SILVIO RODRIGUES, que a "*exceptio non adimpleti contractus* pode ser invocada, qualquer que seja a causa geradora do inadimplemento do contrato. Quer a recusa de cumprimento se funde na má vontade do contratante, quer na força maior ou no caso fortuito, em ambas as hipóteses a outra parte pode aduzir a exceção. Porque, tendo uma prestação sua causa na outra, deixando aquela de ser cumprida, seja qual for o motivo, cessa de exigir a causa de cumprimento da segunda"[6].

---

1 O Código Civil de 2002 inovou no particular, pois relativizou a vetusta regra, ao permitir que a prescrição, quando beneficie incapaz, possa ser conhecida de ofício pelo magistrado (art. 194 do CC-2002).

2 MIRANDA, Francisco Cavalcanti Pontes de. *Tratado de Direito Privado*, 4. ed., t. 6, São Paulo: Revista dos Tribunais, 1984, p. 10-1.

3 "A exceção é direito negativo; mas, no negar, não nega a existência, nem a validade, nem desfaz, nem coelimina atos de realização da pretensão..., só encobre a eficácia do direito" (MIRANDA, Francisco Cavalcanti Pontes de, *Tratado de Direito Privado*, 4. ed., t. 6, São Paulo: Revista dos Tribunais, 1984, p. 10-1). "Ao contrário de negar o direito em vias de exercício, a exceção supõe esse direito, mas supõe também um outro que toca ao excipiente" (THEODORO JÚNIOR, Humberto. *Comentários ao Código Civil*, v. III, t. II, p. 183).

4 Resolveu o legislador do Código Civil de 2002 questão assaz tormentosa, pois não havia no CC/1916 disposição semelhante, o que gerava muitas dúvidas sobre a incidência dos prazos prescricionais para a exceção. Sobre a prescritibilidade das exceções, Francisco Cavalcanti Pontes de Miranda, *Tratado de Direito Privado*, 4. ed., t. 6, São Paulo: Revista dos Tribunais, 1984, p. 24-5.

5 DIDIER JR., Fredie. Da exceção: o direito de defesa e as defesas, *Revista Eletrônica do Curso de Direito da UNIFACS*, no *site* <www.unifacs.br/revistajuridica>, edição de ago. 2004, seção "Corpo Docente".

6 RODRIGUES, Silvio. *Direito Civil* — Dos Contratos e Declarações Unilaterais de Vontade, 25. ed., v. 3, São Paulo: Saraiva, 2000, p. 77.

Por fim, é possível falar em exceção do contrato parcialmente cumprido (*exceptio non rite adimpleti contractus*) — no caso de uma das partes ter cumprido apenas em parte, ou de forma imperfeita, a sua obrigação, quando se comprometera a cumpri-la integralmente —, mas, em verdade, a sua concepção está abrangida na primeira.

## 3. ELEMENTOS CARACTERIZADORES

Para facilitar a compreensão do instituto, destrinchemos quais são os elementos necessários para sua caracterização:

a) Existência de um contrato bilateral — A *exceptio non adimpleti contractus*, em sentido próprio, somente pode ser invocada em contratos onde há uma dependência recíproca das obrigações, em que uma é a causa de ser da outra, não sendo aplicável, *a priori*, para outras relações jurídicas;

b) Demanda de uma das partes pelo cumprimento do pactuado — Somente há sentido na invocação de uma exceção substancial (defesa em sentido material) se há uma provocação, exigindo-se o cumprimento, pois, na inércia das partes, não há que falar em defesa;

c) Prévio descumprimento da prestação pela parte demandante — É justamente o prévio descumprimento pela parte demandante que autoriza o excipiente a se valer da *exceptio non adimpleti contractus*, uma vez que, tendo havido cumprimento da prestação, na forma como pactuada, a demanda pelo seu cumprimento constitui o regular exercício de um direito potestativo. Ressalte-se que se o descumprimento foi de terceiro, e não da parte contratante, não há como invocar a exceção.

## 4. RESTRIÇÃO À APLICAÇÃO DO INSTITUTO

A disciplina legal da *exceptio non adimpleti contractus* nada dispunha sobre a possibilidade de restrição à invocação do instituto.

Nada impede, porém, que, partindo-se de situações fáticas em que as partes estejam em igualdade ou a restrição seja feita em interesse da coletividade, seja ela realizada.

É o posicionamento, por exemplo, de CARLOS ROBERTO GONÇALVES:

> "Como decorrência do princípio da autonomia da vontade, admite-se a validade de cláusula contratual que restrinja o direito de as partes se utilizarem do aludido art. 476 do Código Civil. Trata-se da cláusula *solve et repete*, pela qual obriga-se o contratante a cumprir a sua obrigação, mesmo diante do descumprimento da do outro, resignando-se a, posteriormente, voltar-se contra este, para pedir o cumprimento ou as perdas e danos. Importa em renúncia ao direito de opor a exceção do contrato não cumprido. Não é muito comum, sendo encontrada em alguns contratos administrativos, para proteger a Administração. Nas relações de consumo deve ser evitada, em razão da cominação de nulidade a toda cláusula que coloque o consumidor em desvantagem exagerada (CDC, art. 51)"[7].

[7] GONÇALVES, Carlos Roberto. *Direito das Obrigações* — Parte Especial — Contratos, 6. ed., t. I, São Paulo: Saraiva, 1999, p. 25.

## 5. GARANTIA DE CUMPRIMENTO

Como visto, a *exceptio non adimpleti contractus* pressupõe o descumprimento da avença.

Todavia, celebrado o contrato, se houver fundado receio de seu futuro descumprimento, por força da diminuição posterior do patrimônio da parte contrária, é preciso que se faça algo para resguardar o interesse dos contraentes.

Para isso, prevê o art. 477 do CC/2002:

> "Art. 477. Se, depois de concluído o contrato, sobrevier a uma das partes contratantes diminuição em seu patrimônio capaz de comprometer ou tornar duvidosa a prestação pela qual se obrigou, pode a outra recusar-se à prestação que lhe incumbe, até que aquela satisfaça a que lhe compete ou dê garantia bastante de satisfazê-la".

Trata-se de uma forma de proteção aos interesses daquele que, por força da relação obrigacional, está adstrito ao cumprimento da prestação antes da parte contrária, constituindo-se, sem a menor dúvida, em medida das mais justas.

Exemplificando a matéria, observa CARLOS ROBERTO GONÇALVES:

> "Procura-se acautelar os interesses do que deve pagar em primeiro lugar, protegendo-o contra alterações da situação patrimonial do outro contratante. Autoriza-se, por exemplo, o vendedor a não entregar a mercadoria vendida, se algum fato superveniente à celebração do contrato acarretar diminuição considerável no patrimônio do comprador, capaz de tornar duvidoso o posterior adimplemento de sua parte na avença, podendo aquele, neste caso, reclamar o preço de imediato ou exigir garantia suficiente.
>
> Na hipótese mencionada, não poderá o comprador exigir do vendedor a entrega da mercadoria, enquanto não cumprir a sua obrigação de efetuar o pagamento do preço ou oferecer garantia bastante para satisfazê-la. Se promover ação judicial para esse fim, poderá aquele opor a exceção do contrato não cumprido"[8].

Dando outro exemplo, imagine-se que alguém contrate a banda "CROONERS IN CONCERT" para fazer um *show* de final de ano, em uma determinada casa de espetáculos no interior da Bahia. Por força de uma enchente, porém, o local ficou interditado por vários meses, gerando visível e substancial prejuízo para seu proprietário. Ora, será que vale a pena correr o risco de se deslocar para a cidade, fazer a apresentação e não receber a contraprestação? É claro que não, motivo pelo qual deve o referido conjunto musical exigir garantias do cumprimento, antes de se aventurar pelas estradas da vida...

## 6. A EXCEÇÃO DO CONTRATO NÃO CUMPRIDO E A ADMINISTRAÇÃO PÚBLICA

Por fim, vale tecer algumas considerações sobre a possibilidade de invocação da exceção do contrato não cumprido, em sede de contratos administrativos.

---

[8] GONÇALVES, Carlos Roberto. *Direito Civil Brasileiro*, 18. ed., São Paulo: Saraiva, 2020, v. 3, p. 208.

Não há a menor dúvida de que isso pode ser feito, unilateralmente, pela Administração, mas a pergunta que se faz é se o particular também gozaria dessa prerrogativa.

Isso porque, estabelecido o contrato com a Administração Pública, o contratado assume o papel de seu colaborador, agindo, como tal, no interesse da comunidade, que não pode ficar prejudicada pela paralisação na sua execução.

Na observação de MARIA SYLVIA ZANELLA DI PIETRO, essa

> "doutrina sofre hoje algum abrandamento, pois já se aceita que a *exceptio non adimpleti contractus* seja invocada pelo particular contra a Administração, embora sem a mesma amplitude que apresenta no direito privado. Neste, os interesses das partes são equivalentes e se colocam no mesmo pé de igualdade; no contrato administrativo, os interesses das partes são diversos, devendo, em determinadas circunstâncias, prevalecer o interesse público que incumbe, em princípio, à Administração proteger. Por isso, o particular deve, como regra, dar continuidade ao contrato, evitando de, *sponte sua*, paralisar a execução do contrato, já que a rescisão unilateral é prerrogativa da Administração; o que o particular pode e deve fazer, até mesmo para acautelar seus interesses, é pleitear a rescisão, administrativa ou judicialmente, aguardando que ela seja deferida"[9].

É claro que, em certas situações, a continuidade da prestação deve ser verificada de acordo com o princípio da razoabilidade (proporcionalidade), pois pode impossibilitar a execução do contrato ou causar ao contratado um desequilíbrio econômico de tal monta que não seria razoável exigir que fosse ele suportado, pela desproporção entre esse sacrifício e o interesse público a atingir pela execução do contrato.

Assim, parece-nos, por exemplo, que as previsões do art. 78, XV e XVI, da Lei de Licitações (Lei n. 8.666/93) podem autorizar, excepcionalmente (sem trocadilho!), a aplicação da exceção do contrato não cumprido[10].

Até porque, nessa mesma linha de raciocínio, também não se afigura justo que o Estado se beneficie à custa do particular.

---

[9] DI PIETRO, Maria Sylvia Zanella. *Direito Administrativo*, 10. ed., São Paulo: Forense, 1998, p. 232.

[10] "Art. 78. Constituem motivo para rescisão do contrato: (...) XV — o atraso superior a 90 (noventa) dias dos pagamentos devidos pela Administração decorrentes de obras, serviços ou fornecimento, ou parcelas destes, já recebidos ou executados, salvo em caso de calamidade pública, grave perturbação da ordem interna ou guerra, assegurado ao contratado o direito de optar pela suspensão do cumprimento de suas obrigações até que seja normalizada a situação; XVI — a não liberação, por parte da Administração, de área, local ou objeto para execução de obra, serviço ou fornecimento, nos prazos contratuais, bem como das fontes de materiais naturais especificadas no projeto."

# XXII TEORIA DA IMPREVISÃO E RESOLUÇÃO POR ONEROSIDADE EXCESSIVA

## 1. INTRODUÇÃO

Apenas por uma questão de rigor terminológico, parece-nos relevante explicitar a diferença entre Teoria da Imprevisão, Resolução por Onerosidade Excessiva e Cláusula *Rebus Sic Stantibus*.

A "Teoria da Imprevisão" é o substrato teórico que permite rediscutir os preceitos contidos em uma relação contratual, em face da ocorrência de acontecimentos novos, imprevisíveis pelas partes e a elas não imputáveis.

Trata-se, em nosso pensar, de uma aplicação direta do princípio da boa-fé, pois as partes devem buscar, no contrato, alcançar as prestações que originalmente se comprometeram, da forma como se obrigaram.

Já a expressão "Cláusula *Rebus Sic Stantibus*" remonta, como visto, a tempos imemoriais. Mesmo sendo, em verdade, bastante anterior cronologicamente à concepção da Teoria da Imprevisão, sua finalidade acaba por se revelar uma aplicação dela, no reconhecimento pretoriano no sentido de que, em todo contrato de prestações sucessivas, haverá sempre uma cláusula implícita de que a convenção não permanece em vigor se as coisas não permanecerem (*rebus sic stantibus*) como eram no momento da celebração. Tal construção teórica, inclusive, foi uma das responsáveis pela consagração jurisprudencial da correção monetária no país, ainda na época em que o texto codificado prestigiava o nominalismo.

Por fim, quando se fala em "Resolução por Onerosidade Excessiva", expressão utilizada pela atual codificação civil brasileira (arts. 478 a 480 do CC/2002), sem correspondente na anterior, já se está a invocar a extinção ("resolução") do contrato, em função do descumprimento (involuntário, pela onerosidade excessiva gerada por circunstâncias supervenientes).

A expressão, mencionada expressamente na Seção IV do Capítulo II ("Da Extinção do Contrato") do Título V ("Dos Contratos em Geral"), não é totalmente precisa, uma vez que, como veremos e se encontra positivado, a onerosidade excessiva não importa somente na extinção do contrato, mas também potencialmente em sua revisão.

Além disso, como veremos, a expressão "teoria da onerosidade excessiva", embora calcada em fundamentos semelhantes, não corresponde exatamente à teoria da imprevisão, por estar mais focada na questão da desproporção do que propriamente na imprevisibilidade.

## 2. ELEMENTOS PARA APLICABILIDADE DA TEORIA DA IMPREVISÃO

Como já se observou, esta teoria interessa mais aos contratos de execução continuada ou de trato sucessivo, ou seja, de médio ou longo prazo, bem como os de execução diferida, sendo inútil para os contratos de execução imediata.

Podemos, nessa linha de intelecção, decompor essa importante construção dogmática, nos seguintes elementos:

a) superveniência de circunstância imprevisível — claro está, assim, que se a onerosidade excessiva imposta a uma das partes inserir-se na álea de previsão contratual, não se poderá, em tal caso, pretender-se mudar os termos da avença, haja vista que, na vida negocial, nada impede que uma das partes tenha feito um "mau negócio";

b) alteração da base econômica objetiva do contrato — a ocorrência da circunstância superveniente altera a balança econômica do contrato, impondo a uma ou a ambas as partes onerosidade excessiva;

c) onerosidade excessiva — consequencialmente, uma ou até mesmo ambas as partes experimentam um aumento na gravidade econômica da prestação a que se obrigou. Com isso, podemos concluir, consoante anotamos linhas acima, que a teoria da imprevisão não pressupõe, necessariamente, enriquecimento de uma parte em detrimento do empobrecimento da outra. Isso porque na superveniência da circunstância não esperada poderá haver determinada onerosidade para ambas as partes, sem que, com isso, se afaste a aplicação da teoria.

## 3. TEORIA DA IMPREVISÃO × LESÃO

Não se confunde, outrossim, a aplicação da teoria da imprevisão com o vício da lesão (art. 157, *caput*, do CC), embora neste também se verifique a existência de desproporção manifesta entre as prestações pactuadas, consoante se pode observar da análise do mencionado dispositivo legal:

> "Art. 157. Ocorre a lesão quando uma pessoa, sob premente necessidade, ou por inexperiência, se obriga a prestação manifestamente desproporcional ao valor da prestação oposta".

Pode-se, assim, conceituar a lesão como o prejuízo resultante da desproporção existente entre as prestações de um determinado negócio jurídico, em face do abuso da inexperiência, necessidade econômica ou leviandade de um dos declarantes.

Decompõe-se, pois, este defeito, em dois elementos:

a) objetivo ou material — desproporção das prestações avençadas;

b) subjetivo, imaterial ou anímico — a premente necessidade, a inexperiência e a leviandade (da parte lesada), valendo destacar que, tradicionalmente, se acrescenta a noção do dolo de aproveitamento (da parte beneficiada), embora o texto do Código Civil de 2002 a ele não faça menção expressa, sendo, em nosso entender, despiciendo.

Nota-se, assim, de uma análise perfunctória dessas simples noções que, posto haja semelhança, uma nítida diagnose diferencial entre a lesão e a imprevisão poderá ser traçada.

A primeira cuida de defeito do negócio jurídico, apto a ensejar a sua anulação, e ocorrente desde o momento em que o contrato é celebrado. Ou seja, a lesão nasce com o negócio jurídico, invalidando-o.

A teoria da imprevisão, por sua vez, pressupõe a existência de um contrato válido, de execução continuada ou diferida, que, por circunstância superveniente, onera excessivamente o devedor. Não há, pois, aqui, fundo de abuso de poder econômico, como ocorre na lesão, mas sim alteração da sua base objetiva por fato posterior imprevisível. Caso se trate de situação previsível e de consequências calculáveis, dentro da álea econômica ordinária, ainda que impossibilite o cumprimento da obrigação principal, não há falar em aplicação da teoria sob análise, nem, muito menos, pretender-se a revisão judicial do contrato.

## 4. TEORIA DA IMPREVISÃO × INADIMPLEMENTO FORTUITO (CASO FORTUITO OU FORÇA MAIOR)

Embora muito próximos, cabe distinguir a teoria da imprevisão do denominado inadimplemento fortuito.

O caso fortuito ou a força maior, institutos com sede legal própria no Código Civil (art. 393), resultam no inadimplemento fortuito da obrigação, sem que, com isso, se imponha a qualquer das partes a obrigação de indenizar.

A teoria da imprevisão, por sua vez, enseja uma revisão dos termos do contrato, podendo gerar, na repactuação, um dever de ressarcir parcelas pagas ou gastos feitos, bem como até mesmo de indenizar pela extinção da avença.

Tratando da aplicação da teoria à Administração Pública e fazendo a distinção para a força maior, observa MARIA SYLVIA ZANELLA DI PIETRO:

> "Nesta estão presentes os mesmos elementos: fato estranho à vontade das partes, inevitável, imprevisível; a diferença está em que, na teoria da imprevisão, ocorre apenas um desequilíbrio econômico, que não impede a execução do contrato; e na força maior, verifica-se a impossibilidade absoluta de dar prosseguimento ao contrato. As consequências são também diversas: no primeiro caso, a Administração pode aplicar

a teoria da imprevisão, revendo as cláusulas financeiras do contrato, para permitir a sua continuidade, se esta for conveniente para o interesse público; no segundo caso, ambas as partes são liberadas, sem qualquer responsabilidade por inadimplemento, como consequência da norma do art. 1.058 do Código Civil. Pela Lei n. 8.666, a força maior constitui um dos fundamentos para a rescisão do contrato (art. 78, XVII), tendo esta efeito meramente declaratório de uma situação de fato impeditiva da execução"[1].

Trata-se, portanto, de dois institutos diversos, que não devem ser confundidos[2].

## 5. A TEORIA DA IMPREVISÃO NO CÓDIGO DE DEFESA DO CONSUMIDOR

Diferentemente do Código de Beviláqua, que não cuidou da matéria, o Código de Defesa do Consumidor, em seu art. 6º, V, inovou, ao consagrar essa teoria com novo matiz, ao admitir que o consumidor pudesse pleitear a revisão do contrato, se circunstância superveniente desequilibrasse a base objetiva do contrato, impondo-lhe prestação excessivamente onerosa.

Vê-se, pois, da análise deste dispositivo, que a moldura jurídica dada pelo legislador a esta teoria é peculiar, na medida em que permite a revisão contratual, independentemente de o fato superveniente ser imprevisível.

Isso mesmo.

O CDC não exigiu a imprevisibilidade para que se pudesse rediscutir os termos do contrato, razão por que a doutrina e a jurisprudência especializadas preferem, aí, denominá-la teoria da onerosidade excessiva.

E, afinal, como se tratou da teoria da imprevisão no Código Civil brasileiro?

Como imprevisão propriamente dita ou como onerosidade excessiva?

É o que veremos no próximo tópico!

## 6. A TEORIA DA IMPREVISÃO NO CÓDIGO CIVIL DE 2002

O atual Código Civil, por sua vez, cuidou de regular a matéria, nos seguintes termos:

---

[1] DI PIETRO, Maria Sylvia Zanella. *Direito Administrativo*, 10. ed., São Paulo: Forense, 1998, p. 236.

[2] "J. Bonnecasse faz uma ampla diversificação entre o fortuito ou a força maior e a teoria da imprevisão ao considerar que a força maior (fortuito) pressupõe a impossibilidade absoluta, a imprevisão, a impossibilidade relativa; na força maior (fortuito), encara-se o evento que a determinou (circunstância objetiva), já na imprevisão encara-se o *animus* das partes ao momento da conclusão do ato jurídico (circunstância subjetiva); a força maior ou o fortuito tem latitude ampla e abrange todo o direito das obrigações; assim as que nascem do contrato como do delito, do quase contrato, e do quase delito; a imprevisão tem esfera restrita aos atos jurídicos; finalmente, a força maior ou o fortuito justifica a inexecução total da obrigação, enquanto que a imprevisão justifica só um atenuamento no seu rigor" (OLIVEIRA, Anísio José de. *A Teoria da Imprevisão nos Contratos*, 3. ed., São Paulo: Ed. Universitária de Direito, 2002, p. 63).

> "Seção IV
>
> Da Resolução por Onerosidade Excessiva
>
> Art. 478. Nos contratos de execução continuada ou diferida, se a prestação de uma das partes se tornar excessivamente onerosa, com extrema vantagem para a outra, em virtude de acontecimentos extraordinários e imprevisíveis, poderá o devedor pedir a resolução do contrato. Os efeitos da sentença que a decretar retroagirão à data da citação.
>
> Art. 479. A resolução poderá ser evitada, oferecendo-se o réu a modificar equitativamente as condições do contrato.
>
> Art. 480. Se no contrato as obrigações couberem a apenas uma das partes, poderá ela pleitear que a sua prestação seja reduzida, ou alterado o modo de executá-la, a fim de evitar a onerosidade excessiva".

Diante dos termos da nova lei, algumas considerações podem ser tecidas.

## 6.1. Aplicabilidade do instituto

Primeiramente, notamos que a dicção do art. 478 faz presumir que a teoria adotada pelo codificador exige, para a sua configuração, que da superveniência do evento extraordinário e imprevisível decorra enriquecimento sem causa para uma parte em detrimento da outra.

Já criticamos, linhas atrás, a impropriedade de se considerar que a imprevisão exija relação causal entre enriquecimento e empobrecimento de uma parte e outra, uma vez que o fato posterior poderá onerar a ambas, caso em que, ainda assim, a teoria não poderia deixar de ser aplicada.

Interessante notar também que o novo diploma exige, além da imprevisibilidade, a extraordinariedade do evento, ou seja, deverá ser excepcional, escapando, assim, do curso normal e ordinário dos acontecimentos da vida. Aliás, por se tratar de cláusula geral, deverá o juiz efetivar a sua concreção atento às características do caso concreto.

Nessa linha, o devedor — excessivamente onerado — poderá, nos termos do art. 478, pleitear a resolução, ou seja, o desfazimento do contrato, caso em que os efeitos da sentença retroagirão ao momento da citação.

A respeito deste último aspecto, pontifica JOSÉ DE OLIVEIRA ASCENSÃO:

> "O art. 478 dispõe que os efeitos da sentença que decretar a resolução retroagirão à data da citação. Compreende-se, pois a sentença verifica, nesse caso, que havia realmente fundamento para a resolução do contrato. Mas pode perguntar-se se será essa a única solução possível. Uma vez que a actuação também pode ser extrajudicial, os efeitos poderão retroagir à data da interpelação dirigida por uma parte à outra, uma vez verificado que havia realmente fundamento para a resolução do contrato.
>
> Na realidade, aquele trecho do art. 478, que traduz antes de mais nada a realidade processual comum, só confunde. Se se não quisesse estabelecer uma solução especial

para esta hipótese, mais valia o Código ter omitido qualquer referência à retroacção. Mais uma vez, a roupagem processual em leis substantivas revela-se deslocada e nociva"[3] (*sic*).

## 6.2. Revisibilidade do contrato

O artigo subsequente, por sua vez, abre a possibilidade de se evitar a resolução, se o réu oferecer-se a modificar equitativamente as condições do contrato.

Nota-se, portanto, da leitura deste dispositivo, que a revisão do contrato, nos termos do atual Código Civil, é uma simples faculdade do demandado, o que se nos afigura um escancarado absurdo!

Como conceber que a revisão da base econômica do contrato fique ao alvedrio de apenas uma das partes?

A negativa dessa via — deferida exatamente à parte que, em geral, goza de maior poder econômico — pode significar, na prática, que ao autor da ação (devedor onerado pelo evento imprevisível) caiba, apenas, pleitear a resolução do contrato, ou seja, a dissolução do negócio, o que poderá não lhe interessar, ou, até mesmo, ser-lhe ainda mais prejudicial.

Por isso, sustentamos a inegável possibilidade, à luz dos princípios da dignidade da pessoa humana (do devedor) e da efetividade do processo, de o juiz, sem pretender substituir-se à vontade das partes, prolatar sentença revisional, corretiva das bases econômicas do negócio, mesmo com a oposição do réu (credor)[4].

Aliás, podendo-se o mais (a resolução), pode-se o menos (a revisão), por inegável razão de justiça.

Tal entendimento, inclusive, parece-nos respaldado por uma previsão específica de aplicação de tal teoria, em relação ao pagamento da prestação devida por força da relação jurídica obrigacional.

Trata-se do art. 317 do CC/2002, sem equivalente na codificação anterior, que estabelece:

> "Art. 317. Quando, por motivos imprevisíveis, sobrevier desproporção manifesta entre o valor da prestação devida e o do momento de sua execução, poderá o juiz corrigi-lo, a pedido da parte, de modo que assegure, quanto possível, o valor real da prestação".

Ainda nessa linha, vale destacar que a Lei n. 10.931, de 2 de agosto de 2004, que dispõe sobre o patrimônio de afetação de incorporações imobiliárias, Letra de Crédito

---

[3] ASCENSÃO, José de Oliveira. Alteração das Circunstâncias e Justiça Contratual no Novo Código Civil. In: *Questões Controvertidas* — Série Grandes Temas de Direito Privado, v. II, p. 188.

[4] Neste caso, não entendemos que o juiz estaria "criando novas prestações", mas, apenas, corrigindo o equilíbrio do contrato celebrado.

Imobiliário, Cédula de Crédito Imobiliário, Cédula de Crédito Bancário, alterando o Decreto-lei n. 911, de 1º de outubro de 1969, as Leis n. 4.591, de 16 de dezembro de 1964, 4.728, de 14 de julho de 1965, e 10.406, de 10 de janeiro de 2002, e dando outras providências, acabou por estabelecer regras procedimentais para a hipótese de ação que vise rediscutir obrigações decorrentes de empréstimo, financiamento ou alienação imobiliários, norma compatível com a ideia de que o sujeito passivo da obrigação deve consignar o valor que entende devido, demonstrando a sua boa-fé e *animus solvendi*.

Sobre o tema, vale destacar, inclusive, por fim, que o Enunciado n. 367 do Conselho da Justiça Federal trata especificamente do tema nos termos aqui propostos[5].

## 6.3. Aplicação da teoria nos contratos unilaterais

Finalmente, o art. 480 consagra regra específica aos contratos unilaterais, ou seja, aqueles que impõem obrigações apenas para uma das partes. Neste caso, para evitar a onerosidade excessiva — veja que a norma tem cunho acautelatório — o devedor poderá pugnar pela redução da prestação ou a alteração do modo de executá-la.

Ora, se partimos da premissa de que o codificador optou pela referência à imprevisibilidade, tem-se que, na hipótese, ocorrido o evento inesperado, deste o devedor poderá pleitear a minimização das consequências danosas, nos termos anteriormente mencionados. É o caso, por exemplo, de alguém se comprometer, por meio de um contrato de doação (contrato unilateral), a fornecer 50 sacas de cereais, em um determinado dia, a uma família carente que reside em uma longínqua comunidade, cujo único acesso é uma estrada vicinal. Se um evento inesperado dificultar sobremaneira a prestação (uma grave erosão na estrada, por exemplo), o devedor poderá pugnar pelo envio do cereal pela via fluvial, em dias seguidos, segundo a disponibilidade dos barcos de transporte da região.

Vê-se, com isso, que a norma sob comento afina-se com os ditames constitucionais de valorização da pessoa humana, segundo uma perspectiva socializadora do contrato.

5 "Enunciado n. 367 — Art. 479. Em observância ao princípio da conservação do contrato, nas ações que tenham por objeto a resolução do pacto por excessiva onerosidade, pode o juiz modificá-lo equitativamente, desde que ouvida a parte autora, respeitada a sua vontade e observado o contraditório."

# XXIII CONTRATOS ATÍPICOS

## 1. INTRODUÇÃO

Já tivemos oportunidade de mencionar que o contrato, principal espécie de negócio jurídico, é, sem dúvida, uma das mais importantes figuras jurídicas do Direito Civil.

Na mesma linha de comparação, o contrato está para o civilista, como o crime está para o penalista.

Ocorre que, diferentemente do delito, que exige subsunção a um tipo penal previamente delineado na lei (tipicidade), o contrato se apresenta de variadas formas, com incontáveis matizes.

Com isso, queremos dizer que, por ser fruto da livre autonomia da vontade[1], não poderia o legislador conceber, antecipadamente, todos os tipos de contratos, moldando prévios *standards* legais, uma vez que sempre existiriam determinados contratos não previstos em lei — os denominados contratos atípicos. Tomem-se, a título de exemplo, o contrato de *factoring* ou o de hospedagem.

Vale, no entanto, mencionar que o Direito Romano, principal fonte histórica do Direito ocidental, por sua própria natureza formalista, não se adequou ao sistema dos contratos atípicos e inominados, consoante se pode observar da doutrina do culto EBERT CHAMOUN:

> "Caracterizava o direito romano das obrigações a tipicidade contratual, diferentemente do que sucede no atual direito civil: os romanos entendiam que apenas certos negócios eram idôneos para configurar relações contratuais e demarcavam os limites

[1] Lembre-se, entretanto, que toda autonomia da vontade, conforme já mencionamos no decorrer de nossa obra, deverá ser devidamente mensurada segundo os ditames constitucionais de valorização da pessoa humana e de solidarismo social. Não há, pois, mais espaço para a liberdade absoluta na manifestação de vontade, sob pena de esta liberdade converter-se em tirania. Nesse sentido, Massimo Bianca, em excelente obra, preleciona: "L'autonomia privata rappresenta ancora um aspetto ineliminabile della libertà della persona, e cioè la libertà negoziale. Ma l'idea secondo la quale solo ed esclusivamente l'individuo può essere giudice dei suoi interessi non há più riscontro nella società del nostro tempo. Il riconoscimento della libertà del singolo s'inserisce ormai in uma concezione dell'ordinamento Che s'ispira al prevalente valore della 'solidarietà sociale', quale valore di fondo della nostra Costituzione" (*Diritto Civile* — Il Contrato, v. III, Milano: Giuffrè, 1987, p. 33).

de cada tipo de contrato com tal fixidez que, além deles, não eram possíveis quaisquer extensões. A prática, entretanto, exigia a criação de novas figuras contratuais, que o zelo sistemático e a rígida simetria do *jus civile* não podiam reconhecer. Como sempre sucedeu, foi o pretor que, sem as admitir em seus éditos, nem lhes conceder fórmulas-tipo, protegeu-as, porém, com ações através de decretos"[2].

O Direito Civil atual, por sua vez, admite a existência destas figuras jurídicas (contratos atípicos e inominados), consoante veremos no decorrer deste capítulo.

## 2. CONTRATOS TÍPICOS E ATÍPICOS

Por contratos típicos entendam-se aqueles que têm previsibilidade legal, ou seja, que são regulados pelo Direito Positivo, como a compra e venda, a doação, a locação, o depósito, o seguro, o comodato, o mútuo etc. São, portanto, figuras com assento na legislação em vigor.

Já os contratos atípicos, por sua vez, são aqueles não regulados em lei, como, por exemplo, os contratos de hospedagem, *factoring* e *engineering*[3], dentre tantos outros[4].

Uma boa definição de contrato atípico é dada por GISELDA HIRONAKA:

> "A seu turno, portanto, contrato atípico é aquele não disciplinado pelo ordenamento jurídico, embora lícito, pelo fato de restar sujeito às normas gerais do contrato e não contrariar a lei, nem os bons costumes, nem os princípios gerais do direito"[5].

Aproveitando tal linha de pensamento, concluímos que todo e qualquer contrato atípico, embora decorrente da autonomia privada e da livre-iniciativa, deverá respeitar

---

2 CHAMOUN, Ebert. *Instituições de Direito Privado*, 6. ed., Rio de Janeiro: Editora Rio, 1977, p. 385.

3 Situação interessante é a do contrato de *leasing*. Posto exista lei que o regule, em seus aspectos tributários (Lei n. 6.099/74), existe divergência no pensamento jurídico nacional a respeito do seu enquadramento entre os contratos típicos ou entre os atípicos. Nelson Nery Jr. e Rosa Maria de Andrade Nery, por exemplo, em seu *Código Civil Anotado e Legislação Extravagante* (São Paulo: Revista dos Tribunais, 2002), citam-no como figura atinente próxima aos negócios atípicos, consoante se pode concluir da análise da farta casuística elencada nas p. 182-4 de sua obra. Rodolfo de Camargo Mancuso, por sua vez, ao caracterizá-lo, cita jurisprudência do STJ, no sentido de que: "Contrato misto, em sua origem, o *leasing* tornou-se, entre nós, um negócio típico, nominado e autônomo: a locação mercantil definida e regida pela Lei 6.099/74" (REsp 7.234-0/SP, 1ª T., Rel. Humberto Gomes de Barros, julgado em 24-6-1992, *DJU* 17-8-1992). Em nosso pensar, a despeito de sua inegável autonomia e importância jurídica, o *leasing* continua sendo contrato atípico, por falta de previsão legal específica, e pelo fato de a lei existente ter por objeto aspectos eminentemente fiscais do referido negócio.

4 Sílvio Venosa, em sua obra *Teoria Geral das Obrigações e Teoria Geral dos Contratos*, 3. ed., apresenta um rol exemplificativo de contratos atípicos (p. 411): "hospedagem, garagem, publicidade, excursão turística, espetáculos artísticos, feiras e exposições, serviços de gala e nojo, serviços de bufê em geral, mudança, claque teatral, garantia, fornecimento, manutenção de equipamentos, bem como vários contratos bancários, entre outros".

5 HIRONAKA, Giselda Maria F. Novaes. *Direito Civil* — Estudos, Belo Horizonte: Del Rey, 2000, p. 138.

os parâmetros, de matiz constitucional, fixados pelos princípios da função social do contrato e da boa-fé.

Aliás, essa ideia de solidarismo contratual é bem nítida no pensamento de PAULO ROBERTO NALIN: "A ideia de uma relação contratual solidária pressupõe, sobretudo, o existir da concorrência, e não da oposição, no que tange aos interesses envolvidos a propósito de um fim comum e de uma indispensável medida de cooperação entre as partes".

E mais adiante:

> "Na atualidade, afastando-se dos padrões religiosos estritos e das casuísticas hipóteses oferecidas pelo Código Civil, bem como da própria Carta Constitucional brasileira, é factível se extrair um sentido do que seja contratação solidária, mostrando-se imperativa a leitura do Código Civil e a interpretação dos contratos, à luz da Carta. Sob o prisma constitucional, é possível sustentar que, independentemente da escolha ideológica que se faça, a melhor descrição da solidariedade deve estar voltada à verticalização dos interesses do homem, eficaz o suficiente para aniquilar as desigualdades subjetivas e regionais, configurando-se como indissociáveis, a solidariedade e a igualdade"[6].

Nessa linha, podemos concluir que as disposições normativas constantes nos arts. 421, 421-A e 422 do Código Civil, imprescindíveis para a nova concepção dos contratos na modernidade, são perfeitamente aplicáveis aos contratos atípicos:

> "Art. 421. A liberdade de contratar será exercida em razão e nos limites da função social do contrato.
>
> Parágrafo único. Nas relações contratuais privadas, prevalecerão o princípio da intervenção mínima e a excepcionalidade da revisão contratual. (Incluído pela Lei n. 13.874, de 2019)
>
> Art. 421-A. Os contratos civis e empresariais presumem-se paritários e simétricos até a presença de elementos concretos que justifiquem o afastamento dessa presunção, ressalvados os regimes jurídicos previstos em leis especiais, garantido também que: (Incluído pela Lei n. 13.874, de 2019)
>
> I — as partes negociantes poderão estabelecer parâmetros objetivos para a interpretação das cláusulas negociais e de seus pressupostos de revisão ou de resolução; (Incluído pela Lei n. 13.874, de 2019)
>
> II — a alocação de riscos definida pelas partes deve ser respeitada e observada; e (Incluído pela Lei n. 13.874, de 2019)
>
> III — a revisão contratual somente ocorrerá de maneira excepcional e limitada. (Incluído pela Lei n. 13.874, de 2019)
>
> Art. 422. Os contratantes são obrigados a guardar, assim na conclusão do contrato, como em sua execução, os princípios de probidade e boa-fé".

---

6 NALIN, Paulo Roberto. *Do Contrato: Conceito Pós-moderno* — Em Busca de Sua Formulação na Perspectiva Civil-Constitucional, Curitiba: Juruá, 2001, p. 174, 177-8.

A respeito deste fenômeno de socialização jurídica das relações contratuais, também notada, como visto, no âmbito dos contratos atípicos, vale referir outra preleção de GISELDA HIRONAKA, citando TEPEDINO:

> "Gustavo Tepedino[7] bem observa que a inserção da função social como um dos megaprincípios constitucionais — entre os direitos e as garantias fundamentais — teve o escopo de elevar a determinação de seu atendimento ao patamar de regra fundamental, apta a instrumentalizar todo o tecido constitucional e, por via de consequência, todas as normas infraconstitucionais, criando um parâmetro interpretativo do ordenamento jurídico".

## 2.1. Distinção dos contratos nominados e inominados

Uma importante observação sobre o tema é a distinção entre contratos típicos e atípicos e os contratos nominados e inominados.

De fato, utiliza-se a expressão "contratos nominados" quando tais contratos tiverem terminologia ou nomenclatura definida. Assim sendo, conclui-se facilmente, portanto, que, por uma questão lógica, os contratos típicos, por serem objeto de previsão legislativa, são também nominados.

Nos exemplos de contratos atípicos que mencionamos até agora, todos possuem uma nomenclatura corrente e socialmente admitida, razão por que poderíamos, em nosso pensar, considerá-los também nominados.

Nada impede, entretanto, que as partes conjuguem prestações de diversos contratos, ou criem uma figura contratual completamente nova, segundo a autonomia de suas vontades, inexistindo, por consequência, *nomen juris* para esta nova modalidade negocial. Em tal caso, teríamos, aí sim, um contrato atípico inominado.

Vemos, portanto, que não é correto estabelecer uma sinonímia entre essas expressões, muito embora não incorramos em erro ao afirmar que os contratos típicos são nominados, ao passo que os atípicos podem não o ser.

Nesse diapasão, concluímos com a lição de ÁLVARO VILLAÇA AZEVEDO, citando respeitável doutrina italiana, no sentido de que:

> "Assim, quando falamos em contrato típico, ministra Ângelo Piraino Leto, com as palavras de Sacco, queremos dizer: 'contrato que se insere em uma figura que tem uma disciplina legal particular'. Por outro lado, é contrato atípico aquele que não possui uma disciplina legislativa, possuindo uma 'causa nova e diversa, relativamente ao disciplinado pela lei'. Os contratos típicos recebem do ordenamento jurídico

---

[7] TEPEDINO, Gustavo. A Nova Propriedade (o seu conteúdo mínimo, entre o Código Civil, a legislação ordinária e a Constituição), *Revista Forense*, v. 306, p. 75 e s., apud HIRONAKA, Giselda M. F. N., *Conferência de encerramento proferida em 21-9-01, no Seminário Internacional de Direito Civil, promovido pelo NAP — Núcleo Acadêmico de Pesquisa da Faculdade Mineira de Direito da PUC/MG*. Palestra proferida na Faculdade de Direito da Universidade do Vale do Itajaí — UNIVALI (SC), em 25-10-2002, gentilmente cedida a Pablo Stolze Gagliano.

uma regulamentação particular, e apresentam-se com um nome, ao passo que os atípicos, embora possam ter um nome, carecem de disciplina particular, não podendo a regulamentação dos interesses dos contratantes contrariar a lei, a ordem pública, os bons costumes e os princípios gerais do direito"[8].

## 2.2. Classificação dos contratos atípicos

Cumpre-nos mencionar, ainda, que, em nosso sentir, e segundo doutrina de ORLANDO GOMES[9], os contratos atípicos comportam uma subtipificação[10]:

a) contratos atípicos propriamente ditos — são aqueles criados ou "inventados" pelas próprias partes, que cuidam de celebrar um negócio jurídico inteiramente novo, com características específicas, e sem similar no direito positivo. São fruto da autonomia privada, limitada, como vimos, pelos princípios superiores de índole constitucional da função social do contrato e da dignidade da pessoa humana (este último compreensivo da necessidade de observância da boa-fé objetiva na relação negocial);

b) contratos atípicos mistos — são aqueles formados pela conjugação de prestações típicas de outros contratos existentes. Provêm, pois, da fusão de elementos de outros contratos positivados, resultando em uma figura nova, dotada de autonomia jurídica e unidade sistêmica. É o caso do contrato de hospedagem, que decorre da conjugação de elementos de outros contratos como a locação, o depósito, a compra e venda etc.

## 2.3. Disciplina jurídica dos contratos atípicos

O maior problema no que tange aos contratos atípicos é a sua disciplina jurídica.

Inexistindo regra legal específica, e segundo o pensamento do civilista baiano ORLANDO GOMES[11], três soluções são apresentadas pela doutrina:

---

[8] AZEVEDO, Álvaro Villaça. *Teoria Geral dos Contratos Típicos e Atípicos*, São Paulo: Atlas, 2002, p. 132.

[9] GOMES, Orlando. *Contratos*, 15. ed., Rio de Janeiro: Forense, 1995, p. 102 e s.

[10] A doutrina, entretanto, não é pacífica, consoante se pode notar da análise da obra de Álvaro Villaça, que adota critério um pouco diferenciado: "Sem qualquer pretensão de inovar ou de criar polêmica, já em 1965, em minha citada tese sobre a matéria, a par de demonstrar a necessidade de regulamentação dos contratos atípicos, elaborei a sua classificação, segundo critério que nos pareceu racional. Assim, classifiquei, em sentido amplo, os contratos atípicos em duas categorias: os singulares e os mistos. Os contratos atípicos singulares são figuras atípicas, consideradas individualmente. Os contratos atípicos mistos apresentam-se: (a) com contratos ou elementos somente típicos; (b) com contratos ou elementos somente atípicos; e (c) com contratos ou elementos típicos e atípicos" (ob. cit., p. 138-9). Nesse ponto, preferimos seguir a classificação de Orlando Gomes — simples e precisa —, desenvolvida a partir do pensamento de Enneccerus, muito embora isso em nada diminua o brilho do pensamento do Professor Villaça, uma das maiores autoridades brasileiras no assunto.

[11] GOMES, Orlando, ob. cit., p. 106-8.

a) teoria da combinação;
b) teoria da absorção;
c) teoria da aplicação analógica.

Conforme a primeira teoria, o hermeneuta, ao analisar um contrato atípico, deverá decompô-lo, aplicando, para cada parte sua, a regra legal correspondente ao tipo de contrato que lhe é similar. Ou seja, no contrato de hospedagem, deveriam ser combinadas as regras legais da locação, do depósito e da compra e venda, para solucionar qualquer questão de natureza interpretativa. Consoante bem observou ORLANDO GOMES, a maior crítica que se pode fazer a esta teoria é no sentido de que não se afigura verdadeira a ideia de que o contrato atípico, dentro de sua unidade sistêmica, resulta da simples soma de outras figuras contratuais. E arremata:

> "Em resumo, o isolamento de elementos particulares de um contrato e dos respectivos efeitos jurídicos não pode ser feito sem prejuízo de sua estrutura. Ademais, as regras parciais de contratos cujos elementos são aproveitados na formação dos contratos mistos chocam-se, por vezes, tornando-se impossível, neste caso, a combinação"[12].

De fato, não vemos com bons olhos esta solução doutrinária, uma vez que, em sendo adotada, negar-se-iam autonomia e identidade ontológica e funcional ao contrato atípico, afigurando-se, pois, como uma solução extremamente simplista.

Os adeptos da segunda teoria, por sua vez, sustentam que, em todo contrato atípico, existe algum elemento preponderante ou influente em face dos outros, razão por que culminaria por absorvê-los. Assim, se, em determinado contrato atípico, a prestação preponderante é a de depósito (entregar coisa móvel para guardar e devolver), as regras deste último contrato deverão prevalecer, em detrimento de qualquer outra.

Não convence, entretanto, a ideia de que, em determinado contrato, um elemento seja preponderante em face do outro. Todos são, sem dúvida, igualmente importantes para a formação do contrato atípico, não havendo razões propriamente científicas para se concluir que uma prestação prefere a outra.

Com a devida vênia, portanto, afastamos esta segunda vertente de pensamento.

Defende-se, finalmente, a teoria da aplicação analógica, segundo a qual o intérprete deverá utilizar as regras legais referentes ao contrato típico mais semelhantes àquele sob análise. Cuida-se de mecanismo também insatisfatório, na medida em que não resolve plenamente a delicada questão referente ao instrumento interpretativo mais preciso a ser utilizado, uma vez que, como dito acima, não se poderá afirmar que determinado elemento do contrato atípico é mais preponderante, a ponto de servir como elo com outro contrato típico. Ademais, poderá ocorrer de não se encontrar contrato dotado de semelhança suficiente para justificar o recurso da analogia.

---

[12] GOMES, Orlando, ob. cit., p. 106.

Considerando, pois, a dificuldade de se apontar critério seguro de interpretação, concordamos com PEDRO PAIS DE VASCONCELOS, em excelente tratado sobre o tema, no sentido de que, nos contratos atípicos, o intérprete conta muito mais com as próprias estipulações contratuais do que com o direito positivo: "Nos contratos atípicos, o intérprete tem de contar mais com as estipulações negociais e pode contar menos com o direito dispositivo".

E adiante:

> "Tal como nos contratos típicos, o conteúdo dos contratos atípicos resulta primacialmente da sua interpretação e esta é feita acima de tudo pela interpretação das estipulações negociais que lhe dão vida e em que se materializam.
>
> As estipulações negociais que formam o contrato constituem a primeira matéria disponível para a sua interpretação. E é aí que o intérprete vai recolher em primeira linha a expressão da vontade negocial e é aí que vai, também numa primeira linha, ajuizar sobre a tipicidade ou atipicidade do contrato. As estipulações negociais não esgotam contudo o campo de expressão da vontade negocial. Quando os contratos celebrados são típicos as partes podem reduzir a muito pouco a matéria das suas estipulações; os tipos fornecem injuntiva ou dispositivamente uma disciplina quase suficiente. Os contratos atípicos, ao contrário, não têm modelos regulativos que dispensem ou substituam as estipulações negociais. Assim, os contratantes de uma compra e venda não precisam em princípio de declarar mais do que a identificação da coisa vendida e o montante do preço; o tipo fornece tudo o mais em princípio necessário como disciplina do contrato. Já para os contratantes de um contrato atípico é necessário estipular nas declarações negociais que forma o contrato a disciplina em princípio completa do contrato"[13].

Assim sendo, entendemos que a interpretação de um contrato atípico deverá ser direcionada segundo as estipulações do próprio negócio, e sempre segundo os condicionamentos de ordem pública, ditados pela Constituição Federal.

Estendemos, portanto, aos atípicos, a lúcida observação feita por FLÁVIO TARTUCE, a respeito dos contratos típicos na atual perspectiva civil-constitucional: "Nessa nova estrutura, o contrato, típico instituto do Direito Privado, vem sofrendo uma série de alterações conceituais e a antiga visão de autonomia plena da vontade perde espaço para uma elaboração mais voltada para a realidade social dos envolvidos na relação negocial"[14].

Posto isso, passaremos a analisar o tema sob a ótica da legislação em vigor.

---

[13] VASCONCELOS, Pedro Pais de. *Contratos Atípicos*, Coimbra: Almedina, 1995, p. 375-6.

[14] TARTUCE, Flávio. A Revisão do Contrato pelo Novo Código Civil. Crítica e Proposta de Alteração do art. 317 da Lei n. 10.406/02. In: *Novo Código Civil* — Questões Controvertidas, coords. DELGADO, Mário Luiz Delgado; ALVES, Jones Figueirêdo. v. I, p. 126.

## 3. OS CONTRATOS ATÍPICOS NO CÓDIGO CIVIL BRASILEIRO

O Código Civil de 1916 não consagrou dispositivo algum para os contratos atípicos.

O Código Civil de 2002, por sua vez, posto não haja dedicado seção ou capítulo específico para a sua disciplina, fez-lhe expressa menção em seu art. 425:

> "Art. 425. É lícito às partes estipular contratos atípicos, observadas as normas gerais fixadas neste Código".

Vê-se, portanto, que o legislador remeteu a disciplina do tema às disposições gerais dos contratos, constantes nos arts. 421 a 480.

É de se notar a existência de proposta legislativa para alteração deste dispositivo, segundo a doutrina do eminente Professor VILLAÇA, consoante se pode observar da análise do culto Des. JONES FIGUEIRÊDO ALVES a respeito deste dispositivo de lei:

> "Sustentou o Prof. Álvaro Villaça, em relevante contribuição crítica ao texto do projeto do CC de 2002, apresentada à Relatoria Geral, no sentido de que 'os contratos atípicos não podem ser regidos pelas normas dos contratos típicos, principalmente dos mistos, pois a contratação só se extingue após cumpridas todas as obrigações contratadas. O contrato forma um todo uno e indivisível'".

Em razão disso, fora sugerida a seguinte alteração legislativa:

> "Art. 425. É lícito às partes estipular contratos atípicos, resguardados a ordem pública, os bons costumes e os princípios gerais de direito, especialmente o princípio de que suas obrigações são indivisíveis, formando um só todo"[15].

Contudo, o relatório do Deputado VICENTE ARRUDA, na Comissão de Constituição e Justiça, cuidou de refutar a proposta de alteração legislativa, sob o seguinte argumento:

> "Art. 425. Ao permitir a estipulação de contratos atípicos e determinar que os mesmos deverão observar as normas gerais fixadas no Código, que preconizam a boa-fé, os bons costumes, a preservação da ordem pública e os princípios gerais de direito, o dispositivo já impede a estipulação de contratos atípicos que não atendam aqueles pressupostos.
>
> Pela manutenção do texto"[16].

De nossa parte, embora possa parecer que o legislador não avançou muito, assim não pensamos.

---

[15] ALVES, Jones Figueirêdo. *Novo Código Civil Comentado*, coord. FIUZA, Ricardo, São Paulo: Saraiva, 2002, p. 378-9.

[16] Tal parecer foi apresentado em 3-2-2004 e pode ser encontrado em: <http://www.camara.gov.br/sileg/integras/196514.pdf>. Acesso em: 29 maio 2017.

Dada a natureza destes contratos, afigura-se de certa forma impróprio que se pretenda esgotar sua disciplina, sendo mais razoável, portanto, que se deixe o seu tratamento ao sabor da autonomia da vontade das partes, sempre limitada pelas balizas constitucionais acima mencionadas.

Pensamos, pois, ser perfeitamente possível que se admita a aplicação das normas gerais da teoria geral dos contratos, sempre em observância dos limites de contratação delineados em nossa Constituição Federal.

O que não poderíamos é negar a sua importância, muito bem notada pelo magistral FRANCESCO MESSINEO: *"Il contratto innominato*[17] *è l'indizio più significativo che la vita giuridica non si fossilizza in forme immutabili e che, al contrario, essa è in perenne movimento e in constante evoluzione"*[18].

## 4. UNIÃO DE CONTRATOS OU CONTRATOS COLIGADOS

Como arremate deste capítulo, acreditamos que deve ser feita uma importante advertência: não podemos confundir o contrato atípico com a união ou coligação de contratos, instituto jurídico de natureza completamente distinta.

O contrato atípico, como visto, a despeito de carecer de previsibilidade legal, forma uma unidade negocial autônoma, diferentemente da coligação de contratos, em que temos vários negócios jurídicos conjugados, unidos entre si.

Nesta última hipótese, não se poderá reconhecer caráter de unidade sistêmica, nem, muito menos, identificá-lo com um contrato atípico (unidade contratual). Isso porque não se está diante de uma única figura, mas sim de várias (pluralidade contratual).

Tal aspecto fora muito bem observado por MESSINEO:

> "Il fenomeno del collegamento, o connessione, fra contratti si hà, quando un contratto presenti un certo nesso con un altro (duplicità): sia che il nesso abbia, come punto di riferimento, il primo contratto, sia che abbia, cume punto di riferimento, il secondo. Tal qualificazione provvisoria avrà bisogno di sviluppo; ma serve per um primo orientamento.
>
> Il problema, che qui sorge, della pluralità o unità di causa, e, quindi, della dualità (o pluralità) di contratti, è identico a quello, vagliato sopra, a proposito del contratto innominato (capitolo XIII, § 8): condifferenza che — mentre, in quel caso, prende rilievo il fenomeno della dualità (o pluralità), che — come abbiamo notato — hà il primo e necessario presupposto, perché possa darsi collegamento fra contratti (i contratti come 'monadi')"[19].

---

[17] A advertência do autor refere-se aos atípicos, que são, em geral, inominados, consoante vimos acima.

[18] MESSINEO, Francesco. *Il Contratto in Genere*, t. I, p. 693.

[19] MESSINEO, Francesco. ob cit., p. 720.

A despeito de não haver previsão legal específica a respeito disso, é inegável que o fenômeno da coligação contratual poderá existir, segundo a autonomia (condicionada) da vontade das partes.

Situação muito comum que bem exemplifica a coligação de contratos, encontramos nas avenças firmadas entre donos de postos de combustível e os distribuidores de derivados de petróleo. Frequentemente, as partes envolvidas celebram, simultaneamente, vários contratos coligados, podendo eles figurar no mesmo instrumento ou não. Assim, são celebrados contratos de fornecimento de combustível, comodato das bombas, locação de equipamentos etc. Todos eles juridicamente vinculados, dando causa a uma complexa relação jurídica, vinculativa das partes contratantes[20].

Em termos de classificação, segundo doutrina de ENNECCERUS, referida por ORLANDO GOMES[21], a união entre contratos poderá dar-se das seguintes formas:

a) união meramente externa;
b) união com dependência;
c) união alternativa.

Em todas elas, repita-se, não existe a formação de um contrato único, mas sim a conjugação de mais de um contrato[22].

No primeiro caso, tem-se apenas uma vinculação meramente documental. Os contratos não guardam vínculo de funcionalidade sistêmica entre si, mas, apenas, são consignados no mesmo instrumento. Em linguagem simples e coloquial, com a permissão do nosso caro leitor, e sem prescindirmos do amor à técnica, diríamos que os contratos compartilham o mesmo lugar, o mesmo papel. De fato, não se trataria propriamente de uma união de contratos, mas, apenas, de um compartilhamento de instrumento.

Aliás, já tivemos oportunidade de advertir que não se pode confundir o contrato, enquanto acordo negocial de vontades, cujo núcleo é o consentimento das partes contratantes, com o mero instrumento contratual, o documento que concretiza, na realidade externa, a vontade das partes. Nesse sentido, a união meramente externa é inequivocamente superficial.

No segundo caso, os contratos coligados guardam uma íntima vinculação de dependência entre si, como ocorre nos contratos firmados com donos de postos de gasolina, mencionados linhas acima, ou na hipótese de contratos (por exemplo, de empréstimo — mútuo ou comodato) firmados entre empregado e empregador no curso do

---

[20] Nesse sentido, cf. GONÇALVES, Carlos Roberto. *Direito das Obrigações* — Parte Especial, 2. ed., v. 6, São Paulo: Saraiva, 1999, p. 37.

[21] GOMES, Orlando. *Contratos*, p. 104-5.

[22] Sobre o tema, o Enunciado 621 da VIII Jornada de Direito Civil da Justiça Federal estabeleceu: ENUNCIADO 621 — "Art. 421: Os contratos coligados devem ser interpretados a partir do exame do conjunto das cláusulas contratuais, de forma a privilegiar a finalidade negocial que lhes é comum".

contrato de emprego e a este vinculado. Os contratos unem-se formando uma espécie de bloco contratual capilarizado entre si. A impressão que se tem é que se trata de um contrato misto, mas tal imagem se desfaz ao procedermos com uma análise de fundo, e concluirmos pela existência de autonomia jurídica entre as diversas figuras vinculadas.

Bem a propósito, nesse particular, são as palavras do grande mestre ORLANDO GOMES:

> "A dependência pode ser recíproca ou não. Na primeira forma, dois contratos completos, embora autônomos, condicionam-se reciprocamente, em sua existência e validade. Cada qual é a causa do outro, formando uma unidade econômica. Enfim, a intenção das partes é que um não exista sem o outro. A coligação dos contratos pode ser necessária ou voluntária. A coligação necessária, também chamada genética, é imposta pela lei, como que existe entre o contrato de transporte aéreo e o de seguro de passageiro. Quando decorre da vontade dos interessados, como se verifica ordinariamente, diz-se voluntária. Visto que nessa união de contratos há reciprocidade, os dois se extinguem ao mesmo tempo; a dissolução de um implica a do outro"[23].

E, finalmente, a união alternativa é aquela em que os contratos são excludentes entre si, prevalecendo um em lugar do outro, caso determinado acontecimento ou circunstância prevista pelas partes se implemente. É o caso, por exemplo, de um contrato de doação, cuja eficácia esteja condicionada a um determinado evento (ser aprovado em um concurso, v. g.), estabelecendo-se que, caso ele não se realize, a cessão do bem será considerada como um mero contrato de comodato. Também neste caso, entendemos que se trata de uma união aparente, com veio de superficialidade, visto que, de fato, apenas um dos contratos prevalecerá.

Em conclusão, frise-se que, posto não houvesse sido disciplinada em seção específica do atual Código Civil, por manifesta desnecessidade, força é convir que a coligação de contratos é perfeitamente possível em nosso direito positivo.

---

[23] GOMES, Orlando, ob. cit., p. 104.

# XXIV COMPRA E VENDA

## 1. CONCEITO E PARTES

A definição do contrato de compra e venda é extremamente simples, dispensando grande esforço intelectual: traduz o negócio jurídico em que se pretende a aquisição da propriedade de determinada coisa, mediante o pagamento de um preço.

Trata-se, pois, de um negócio jurídico bilateral, pelo qual uma das partes (vendedora) se obriga a transferir a propriedade de uma coisa móvel ou imóvel à outra (compradora), mediante o pagamento de uma quantia em dinheiro (preço).

Não é outra, aliás, a dicção legal do nosso próprio Código Civil, que dispõe:

> "Art. 481. Pelo contrato de compra e venda, um dos contratantes se obriga a transferir o domínio de certa coisa, e o outro, a pagar-lhe certo preço em dinheiro".

Nota-se, portanto, a existência de dois atores fundamentais neste cenário jurídico: o vendedor (que se obriga à transferência do domínio) e o comprador (que se obriga ao pagamento do preço).

É de salientar, entretanto, que, no sistema jurídico brasileiro, o contrato de compra e venda produz apenas efeitos jurídicos obrigacionais, não operando, de per si, a transferência da propriedade, senão a simples obrigação de fazê-lo.

Com isso, queremos dizer que, celebrado o contrato de compra e venda, as partes ainda não podem considerar-se donas do preço (vendedor) ou da coisa (comprador), senão até que se opere a tradição da coisa vendida, embora já sejam titulares do direito de exigir a sua prestação.

Ou seja, a transferência de propriedade, no direito positivo brasileiro, resulta da constituição do título (contrato) e de uma posterior solenidade (modo — tradição do bem móvel/registro do bem imóvel). Por exemplo: se Caio celebrou contrato de compra e venda com Silvio (vendedor), enquanto não se operar o registro do título constitutivo no cartório de imóveis, o primeiro não poderá ser reputado dono da coisa.

Sob este aspecto, demonstrando a natureza jurídica obrigacional do contrato de compra e venda, era bastante claro o Anteprojeto do Código de Obrigações, de autoria do grande CAIO MÁRIO DA SILVA PEREIRA, que, em seu art. 388, dispunha:

> "O contrato de compra e venda constitui o título causal da transferência de domínio, a qual se opera pela tradição, ou pela transcrição no registro da sede do imóvel, e não pode ser obstada pela morte do vendedor, nem por ato emanado deste ou de terceiro, salvo caso de dúvida, levantada perante o oficial do registro, ou por ele próprio"[1].

Claro está, finalmente, que as partes envolvidas neste contrato devem ser dotadas dos requisitos de capacidade e legitimidade, indispensáveis para a perfeita validade não somente da avença em questão, mas, também, de qualquer negócio jurídico.

## 2. CARACTERÍSTICAS

Trata-se, em síntese, de um negócio jurídico bilateral e sinalagmático, em regra consensual, comutativo ou aleatório, autorizador da transferência de propriedade, de execução instantânea ou diferida[2], entre outras características[3].

Nesse sentido, é conveniente lembrar que, nos dias que correm, a compra e venda é costumeiramente pactuada sob a forma de contrato de adesão.

É um contrato bilateral, na sua formação, pois exige a conjugação das vontades contrapostas do vendedor e do comprador, as quais, quando harmonizadas, formam o consentimento, núcleo do referido negócio. Sob outro enfoque, é considerado bilateral por gerar ou produzir direitos e obrigações para ambas as partes envolvidas na avença.

Temos, assim, sob o critério eminentemente científico, que o contrato de compra e venda é bilateral na sua formação e quanto aos seus efeitos.

Nessa mesma linha, da sua ínsita bilateralidade resulta a consequente característica da existência do sinalagma entre as prestações pactuadas. Fala-se, pois, que é um contrato bilateral e sinalagmático.

E o que viria a ser, pois, o sinalagma?

Em nosso sentir, o sinalagma, característica imanente aos contratos bilaterais, traduziria a relação ou nexo de causalidade (reciprocidade) entre as prestações opostas, pactuadas. Assim, a prestação devida pelo vendedor (transferir a propriedade da coisa) seria correlata, recíproca ou correspectiva, por força do sinalagma, em face da prestação do comprador (pagar o preço). Há, como se vê, entre ambas, uma inequívoca relação de reciprocidade: o preço somente é devido porque a coisa também o é, e vice-versa.

Além de bilateral, é, em geral, consensual, ou seja, torna-se perfeito quando as partes convencionam a respeito do preço e da coisa a ser vendida. Vale dizer, o contrato se forma pelo simples consentimento, independentemente da entrega do bem.

---

[1] PEREIRA, Caio Mário da Silva. *Anteprojeto do Código de Obrigações*, Rio de Janeiro, 1964, material disponível na biblioteca da PUC-SP.

[2] Cf., a esse respeito, as obras de Caio Mário da Silva Pereira e Orlando Gomes, já citadas (p. 105 e 222, respectivamente).

[3] Sobre as modalidades classificatórias aqui adotadas, confira-se o Capítulo "Classificação dos Contratos" do v. 4, "Contratos", do nosso *Novo Curso de Direito Civil*.

Veja, nesse ponto, o nosso regramento legal:

> "Art. 482. A compra e venda, quando pura, considerar-se-á obrigatória e perfeita, desde que as partes acordarem no objeto e no preço".

Da leitura do supramencionado dispositivo é possível extrair os elementos essenciais do contrato de compra e venda (consentimento, coisa e preço), o que esmiuçaremos no próximo tópico.

É, ainda, espécie de negócio jurídico oneroso, podendo ser comutativo ou aleatório.

É oneroso porque traduz, para cada parte, o experimento de um ganho ou benefício, e a consequente diminuição patrimonial: o vendedor se beneficia com o preço, e perde a coisa; o comprador se beneficia com a coisa, e perde o preço.

Vale registrar que somente nos contratos onerosos é que o alienante responderá pelos riscos da evicção, na forma do art. 447 do CC/2002, bem como pelos vícios redibitórios, abrindo-se ao adquirente, neste caso, a possibilidade de rejeitar a coisa, redibindo o contrato (via ação redibitória), ou reclamar o abatimento no preço (via ação estimatória ou *quanti minoris*).

Ressalte-se, porém, que, na forma do art. 503 do CC/2002, nas "coisas vendidas conjuntamente, o defeito oculto de uma não autoriza a rejeição de todas". Tal regra, em nosso entendimento, deve ser temperada em função da utilidade da coisa coletiva. Em se tratando de uma universalidade, por exemplo, uma biblioteca ou uma coleção de selos, cujo valor, em seu conjunto, pode superar o valor de cada um dos itens somados, individualmente considerados, ou na hipótese de a ausência de um inutilizar ou fazer perder o sentido da aquisição dos demais (ex.: par de brincos, cartas de baralho etc.), sem que sejam considerados, por isso, meras partes integrantes, a regra legal pode não fazer sentido se aplicada.

Nessa linha, poderá ser comutativo (se as prestações das partes forem certas) ou aleatório, se não houver certeza quanto à ocorrência de uma das prestações. A esse respeito, com absoluta propriedade, SÍLVIO VENOSA pontifica: (...)

> "é contrato geralmente comutativo porque, no momento de sua conclusão, as partes conhecem o conteúdo de sua prestação. Admite-se a compra e venda aleatória quando uma das partes pode não conhecer de início o conteúdo de sua prestação, o que não suprime os fundamentos básicos do negócio"[4].

Exemplo de contrato aleatório é a compra e venda de uma safra de soja[5].

Podemos ainda dizer que é um contrato autorizador da transferência de propriedade. Sobre essa característica já discorremos acima, quando mencionamos que a obrigação principal do vendedor é transferir o domínio da coisa, ao passo que a do comprador

---

[4] VENOSA, Sílvio de Salvo. *Direito Civil* — Contratos em Espécie, 3. ed., v. III, São Paulo: Atlas, 2003, p. 29.

[5] Confiram-se os arts. 458 a 461 do CC/2002.

é o preço. Frise-se, mais uma vez, que esse efeito (translativo) é consequência do contrato, e somente se concretiza por meio da tradição (móveis) e do registro (imóveis)[6]. Observe-se, porém, que a compra e venda é, na classificação dos contratos reciprocamente considerados, um contrato principal e definitivo.

O contrato de compra e venda pode ainda se dar tanto na modalidade paritária quanto na de adesão, a depender de as partes estarem em iguais condições de negociação, estabelecendo livremente as cláusulas contratuais, na fase de puntuação, ou se um dos pactuantes predetermina (ou seja, impõe) as cláusulas do negócio jurídico, respectivamente.

É negócio jurídico de ampla utilização, como já dito, pelo que é invocado em quase todos os tipos de relações contratuais (civis, comerciais, consumeristas e administrativos), salvo as trabalhistas, pois, nesta modalidade, é a força de trabalho (ou seja, em última análise, o próprio trabalhador) que é o objeto da relação jurídica de direito material.

Trata-se, ainda, de um contrato que pode dar-se tanto de forma livre (ou seja, não solene), ou, *a contrario sensu*, com rigor formal (contrato solene), quando envolva bens imóveis, a teor do art. 108 do CC/2002.

Destaque-se, ainda, que a Lei n. 13.786, de 27 de dezembro de 2018 (conhecida como a "Lei do Distrato"), alterou tanto a Lei n. 4.591, de 16 de dezembro de 1964 (Lei sobre Condomínio em Edificações e sobre Incorporações Imobiliárias), quanto a Lei n. 6.766, de 19 de dezembro de 1979 ("Lei do Parcelamento do Solo Urbano"), para determinar, especificamente sobre contratos de compra e venda imobiliária (e também de outras modalidades contratuais correlatas), que estes têm de ser iniciados com um quadro-resumo, com diversos requisitos formais[7].

---

[6] Vale lembrar que, sendo a venda a crédito, o vendedor não é obrigado a entregar a coisa antes de receber o preço (art. 491 do CC/2002).

[7] Com efeito, estabelecem, com redação quase idêntica, o art. 35-A da Lei n. 4.591/64 e o art. 26-A da Lei n. 6.766/79:

Lei n. 4.591/64, art. 35-A: "Os contratos de compra e venda, promessa de venda, cessão ou promessa de cessão de unidades autônomas integrantes de incorporação imobiliária serão iniciados por quadro-resumo, que deverá conter:

I – o preço total a ser pago pelo imóvel;

II – o valor da parcela do preço a ser tratada como entrada, a sua forma de pagamento, com destaque para o valor pago à vista, e os seus percentuais sobre o valor total do contrato;

III – o valor referente à corretagem, suas condições de pagamento e a identificação precisa de seu beneficiário;

IV – a forma de pagamento do preço, com indicação clara dos valores e vencimentos das parcelas;

V – os índices de correção monetária aplicáveis ao contrato e, quando houver pluralidade de índices, o período de aplicação de cada um;

VI – as consequências do desfazimento do contrato, seja por meio de distrato, seja por meio de resolução contratual motivada por inadimplemento de obrigação do adquirente ou do incorporador, com destaque negritado para as penalidades aplicáveis e para os prazos para devolução de valores ao adquirente;

VII – as taxas de juros eventualmente aplicadas, se mensais ou anuais, se nominais ou efetivas, o seu período de incidência e o sistema de amortização;

VIII – as informações acerca da possibilidade do exercício, por parte do adquirente do imóvel, do direito de arrependimento previsto no art. 49 da Lei n. 8.078, de 11 de setembro de 1990 (Código de Defesa do Consumidor), em todos os contratos firmados em estandes de vendas e fora da sede do incorporador ou do estabelecimento comercial;

IX – o prazo para quitação das obrigações pelo adquirente após a obtenção do auto de conclusão da obra pelo incorporador;

X – as informações acerca dos ônus que recaiam sobre o imóvel, em especial quando o vinculem como garantia real do financiamento destinado à construção do investimento;

XI – o número do registro do memorial de incorporação, a matrícula do imóvel e a identificação do cartório de registro de imóveis competente;

XII – o termo final para obtenção do auto de conclusão da obra (habite-se) e os efeitos contratuais da intempestividade prevista no art. 43-A desta Lei.

§ 1º Identificada a ausência de quaisquer das informações previstas no *caput* deste artigo, será concedido prazo de 30 (trinta) dias para aditamento do contrato e saneamento da omissão, findo o qual, essa omissão, se não sanada, caracterizará justa causa para rescisão contratual por parte do adquirente.

§ 2º A efetivação das consequências do desfazimento do contrato, referidas no inciso VI do *caput* deste artigo, dependerá de anuência prévia e específica do adquirente a seu respeito, mediante assinatura junto a essas cláusulas, que deverão ser redigidas conforme o disposto no § 4º do art. 54 da Lei n. 8.078, de 11 de setembro de 1990 (Código de Defesa do Consumidor)".

Lei n. 6.766/79, art. 26-A: "Os contratos de compra e venda, cessão ou promessa de cessão de loteamento devem ser iniciados por quadro-resumo, que deverá conter, além das indicações constantes do art. 26 desta Lei:

I – o preço total a ser pago pelo imóvel;

II – o valor referente à corretagem, suas condições de pagamento e a identificação precisa de seu beneficiário;

III – a forma de pagamento do preço, com indicação clara dos valores e vencimentos das parcelas;

IV – os índices de correção monetária aplicáveis ao contrato e, quando houver pluralidade de índices, o período de aplicação de cada um;

V – as consequências do desfazimento do contrato, seja mediante distrato, seja por meio de resolução contratual motivada por inadimplemento de obrigação do adquirente ou do loteador, com destaque negritado para as penalidades aplicáveis e para os prazos para devolução de valores ao adquirente;

VI – as taxas de juros eventualmente aplicadas, se mensais ou anuais, se nominais ou efetivas, o seu período de incidência e o sistema de amortização;

VII – as informações acerca da possibilidade do exercício, por parte do adquirente do imóvel, do direito de arrependimento previsto no art. 49 da Lei n. 8.078, de 11 de setembro de 1990 (Código de Defesa do Consumidor), em todos os contratos firmados em estandes de vendas e fora da sede do loteador ou do estabelecimento comercial;

VIII – o prazo para quitação das obrigações pelo adquirente após a obtenção do termo de vistoria de obras;

IX – informações acerca dos ônus que recaiam sobre o imóvel;

X – o número do registro do loteamento ou do desmembramento, a matrícula do imóvel e a identificação do cartório de registro de imóveis competente;

XI – o termo final para a execução do projeto referido no § 1º do art. 12 desta Lei e a data do protocolo do pedido de emissão do termo de vistoria de obras.

Quanto à designação, trata-se, por óbvio, de um contrato nominado e, pela existência de uma disciplina legal específica, de um contrato típico.

O contrato de compra e venda é, também, um contrato impessoal, pois só interessa o resultado da atividade contratada, independentemente de quem seja a pessoa que irá realizá-la. Dessa forma, falecendo o comprador ou vendedor antes da tradição da coisa ou da transcrição (registro) da transferência, pode a providência ser exigida do seu espólio.

É, também, um contrato causal, que pode ser invalidado quando o seu motivo determinante for inexistente, ilícito ou imoral.

Mesmo tratando-se de contrato que envolve, normalmente, duas pessoas, é considerado um contrato individual, pois se refere a uma estipulação entre pessoas determinadas, ainda que em número elevado, mas consideradas individualmente.

Pela função econômica, estabelece uma troca, visto que se caracteriza pela permuta de utilidades econômicas, sendo uma delas o dinheiro.

Finalmente, é um contrato instantâneo, pelo fato de seus efeitos serem produzidos de uma só vez, podendo ser de execução imediata — quando se consuma no momento da celebração, com a entrega do bem móvel ou registro do contrato de transferência de bem imóvel —, ou diferida — quando as partes fixam prazo para a sua exigibilidade ou cumprimento.

## 3. ELEMENTOS ESSENCIAIS

Ainda que os requisitos (planos de existência e validade) dos negócios jurídicos sejam imanentes a todas as espécies contratuais, merecem eles, no contrato de compra e venda, algumas especificações e minudências.

De fato, da leitura do mencionado art. 482 do CC/2002[8], como visto, é possível extrair os elementos essenciais específicos da compra e venda, a saber:

a) o consentimento (seu núcleo);

b) o preço;

c) a coisa.

Analisemos, separadamente, cada um desses requisitos.

---

§ 1º Identificada a ausência de quaisquer das informações previstas no *caput* deste artigo, será concedido prazo de 30 (trinta) dias para aditamento do contrato e saneamento da omissão, findo o qual, essa omissão, se não sanada, caracterizará justa causa para rescisão contratual por parte do adquirente.

§ 2º A efetivação das consequências do desfazimento do contrato, mencionadas no inciso V do *caput* deste artigo, dependerá de anuência prévia e específica do adquirente a seu respeito, mediante assinatura junto a essas cláusulas, que deverão ser redigidas conforme o disposto no § 4º do art. 54 da Lei n. 8.078, de 11 de setembro de 1990 (Código de Defesa do Consumidor)".

[8] CC/2002: "Art. 482. A compra e venda, quando pura, considerar-se-á obrigatória e perfeita, desde que as partes acordarem no objeto e no preço".

### 3.1. O consentimento

Superada a fase das tratativas preliminares, ao firmarem as partes seu consentimento a respeito do preço e da coisa a ser vendida, o contrato reputa-se formado, independentemente de forma previamente estabelecida em lei.

Note-se, entretanto, que, em nosso sistema, se o contrato versar sobre imóvel que suplante o teto de 30 salários mínimos, considera-se indispensável a lavratura do ato em escritura pública, sob pena de nulidade absoluta.

Nesse sentido, o art. 108 do nosso Código Civil:

> "Art. 108. Não dispondo a lei em contrário, a escritura pública é essencial à validade dos negócios jurídicos que visem à constituição, transferência, modificação ou renúncia de direitos reais sobre imóveis de valor superior a trinta vezes o maior salário mínimo vigente no País".

Não se confunda, outrossim, a exigência da forma pública do contrato definitivo de compra e venda com a do contrato preliminar de promessa, já que, para este último, a lei também admitiu a forma particular (art. 1.417), cabendo-nos lembrar que "uma das vantagens da promessa de compra e venda é, exatamente, a possibilidade de sua formalização sem os rigores do instrumento público"[9].

### 3.2. A coisa

Por óbvia razão, o bem, objeto do contrato de compra e venda, deverá ser coisa passível de circulação no comércio jurídico (a coisa não pode ser bem fora do comércio, seja por disposição de lei, contrato ou por sua própria natureza), certa e determinada (ou determinável), o que afasta, por consequência, todos os interesses não suscetíveis de aferição ou valor econômico essencial, como a honra, o nome, a integridade física, a vida etc.

Fixada tal premissa, fica claro que uma quantidade inimaginável de objetos pode transferir-se por meio da compra e venda, o que, inclusive, além de demonstrar progresso cultural e espiritual (em longo período da Antiguidade, os bens circulavam especialmente por força das guerras e batalhas), favorece e estimula a economia.

Desnecessário notar, ainda, que o bem — passível de transferência — deverá ser de propriedade do vendedor, sob pena de o negócio ser nulo (por falta de possibilidade jurídica), por caracterizar a indesejável alienação *a non domino*. Apenas por exceção, podemos admitir que a coisa vendida possa ser alheia, desde que o vendedor a adquira antes de o comprador sofrer a perda.

Note-se, entretanto, que se o objeto do negócio forem direitos — e não coisas —, mais técnico seria denominá-lo contrato de cessão de direitos, em vez de contrato de compra e venda.

---

[9] GAGLIANO, Pablo Stolze. *Código Civil Comentado* — Direito das Coisas, Superfície, Servidões, Usufruto, Uso, Habitação, Direito do Promitente Comprador, v. XIII, São Paulo: Atlas, 2004, p. 232.

Na trilha de pensamento de PABLO STOLZE GAGLIANO, "reputamos mais apropriada a utilização da palavra alienação para caracterizar a transferência de coisas de um titular para o outro, reservando a expressão cessão para os direitos em geral"[10].

É o caso da cessão onerosa do direito hereditário ou de quotas de determinada sociedade.

Posto isso, podemos observar que o Código Civil, em seu art. 483[11], admite que a compra e venda tenha por objeto coisas atuais ou futuras.

Por coisa atual, entende-se o objeto existente e disponível, ao tempo da celebração do negócio; a coisa futura, por sua vez, é aquela que, posto ainda não tenha existência real, é de potencial ocorrência. Imagine-se, por exemplo, a compra de uma safra de cacau que ainda não foi plantada. Em tal caso, o contrato ficará sem efeito se a coisa não vier a existir, consoante previsto no mesmo dispositivo, ressalvada a hipótese de as partes terem pretendido pactuar contrato aleatório[12].

O legislador cuidou ainda de estabelecer que, caso a venda se realize à vista de amostra, protótipos ou modelos, entender-se-á que o vendedor assegura ter a coisa as qualidades que a ela correspondem (art. 484). Trata-se de regra clara, já existente no campo do Direito do Consumidor, e agora definitivamente implantada para os contratos civis em geral.

Ora, se o que se pretendeu, com a edição do novo diploma, dentre outras finalidades, foi a busca da concretização do ideal ético no plano jurídico, nada mais justo que, à luz do princípio da boa-fé objetiva, a parte vendedora venha a cumprir o seu dever de lealdade contratual, com a máxima diligência.

Essa previsão legal tem que ver, aliás, com os princípios da eticidade e socialidade, cujo conteúdo nada mais faz do que relativizar a fruição de um direito subjetivo, "reco-

---

10 Ibidem, p. 38.

11 CC/2002: "Art. 483. A compra e venda pode ter por objeto coisa atual ou futura. Neste caso, ficará sem efeito o contrato se esta não vier a existir, salvo se a intenção das partes era de concluir contrato aleatório".

12 A título de revisão, já anotamos no subtópico 3.1.3 ("Contratos comutativos ou aleatórios") do Capítulo "Classificação dos Contratos" do v. 4, "Contratos", do nosso *Novo Curso de Direito Civil*, que o contrato aleatório ou de esperança, diferentemente do comutativo, é aquele em que as partes não têm plena segurança a respeito da ocorrência de uma das prestações. Poderá ser pactuado, tanto para a hipótese de a coisa não vir a existir (*emptio spei*), como para a situação de a prestação ter de ocorrer em quantidade mínima, para que o negócio seja reputado eficaz (*emptio rei speratae*). Nesse sentido, o Código Civil: "Art. 458. Se o contrato for aleatório, por dizer respeito a coisas ou fatos futuros, cujo risco de não virem a existir um dos contratantes assuma, terá o outro direito de receber integralmente o que lhe foi prometido, desde que de sua parte não tenha havido dolo ou culpa, ainda que nada do avençado venha a existir. Art. 459. Se for aleatório, por serem objeto dele coisas futuras, tomando o adquirente a si o risco de virem a existir em qualquer quantidade, terá também direito o alienante a todo o preço, desde que de sua parte não tiver concorrido culpa, ainda que a coisa venha a existir em quantidade inferior à esperada. Parágrafo único. Mas, se da coisa nada vier a existir, alienação não haverá, e o alienante restituirá o preço recebido".

nhecendo-se", segundo MIGUEL REALE, "que este deve ser exercido em benefício da pessoa, mas sempre respeitados os fins ético-sociais da comunidade a que o seu titular pertence. Não há, em suma, direitos individuais absolutos, uma vez que o direito de cada um acaba onde o de outrem começa"[13].

Por isso mesmo, cumpre-nos lembrar que, havendo contradição ou diferença entre a maneira pela qual se descreveu a coisa no contrato e a amostra/protótipo/modelo, prevalecerá qualquer destes últimos, uma vez que se presume tenha o comprador se orientado pelo objeto apresentado para a efetivação da compra.

No campo do Direito do Consumidor, deverá prevalecer a oferta, a publicidade ou o anúncio, feito pelo fornecedor do produto ou serviço, cabendo ao consumidor (comprador), alternativamente e à sua escolha, exigir o cumprimento forçado da obrigação, nos termos da oferta, apresentação ou publicidade; aceitar outro produto ou prestação de serviço equivalente; ou, finalmente, rescindir o contrato, com direito à restituição da quantia eventualmente antecipada, monetariamente atualizada, e a perdas e danos (art. 35 do CDC).

No dizer de VASCONCELLOS E BENJAMIN:

> "A parceria entre o Direito e a comunicação mercadológica com o consumidor evoluiu de uma proteção extracontratual (frágil) para uma tutela (efetiva) na fase da formação do contrato e, a partir desta, para um regime especial de execução do documento contratual. É nesta última concepção que as mensagens mercadológicas, em particular a publicidade, ganham força obrigatória, transformando-se a comunicação publicitária em autêntico serviço informativo em benefício dos consumidores"[14].

Força é convir, portanto, que o sistema protetivo do Código de Defesa do Consumidor é mais amplo do que o figurado no Código Civil brasileiro.

## 3.3. O preço

O preço é um pressuposto existencial ou elemento constitutivo específico do contrato de compra e venda.

Cuidou o codificador de dispensar cinco artigos para regular o preço, no contrato sob estudo (arts. 485 a 489).

Em princípio, o preço deverá ser fixado pelas próprias partes, segundo a autonomia de suas vontades. Entendemos, contudo, que a autonomia da vontade, no caso específico, não é absoluta, uma vez que o preço deve observar o princípio da equivalência material das prestações, bem como deve ser considerado sério (no sentido de não ínfimo), pois, em caso contrário, configurar-se-ia uma doação simulada.

[13] REALE, Miguel. *Estudos Preliminares do Código Civil*, São Paulo: Revista dos Tribunais, 2003, p. 36.

[14] BENJAMIN, Antônio Herman de Vasconcellos e. *Código Brasileiro de Defesa do Consumidor* — Comentado pelos Autores do Anteprojeto — Ada Pellegrini Grinover e outros, 5. ed., Rio de Janeiro: Forense, 1998, p. 235.

Não há óbice, porém, a que o preço seja indicado por terceiro, a ser designado pelos próprios contraentes. Este terceiro atuaria como árbitro, especialmente nomeado para realizar a fixação da quantia a ser paga pelo comprador. Espera-se, portanto, deste sujeito, lisura e bom senso no cumprimento do seu encargo.

Na hipótese, entretanto, de o terceiro não aceitar a incumbência, ficará sem efeito o contrato, ressalvada a hipótese de os contratantes designarem outra pessoa (art. 485).

Em nosso pensar, caso o terceiro denegue e as partes não indiquem substituto, concluímos não ser caso de simples ineficácia do contrato, mas, fundamentalmente, de inexistência, por ausência de requisito específico (preço), consoante mencionado linhas acima[15].

Nada impede, outrossim, que se deixe a fixação do preço à taxa de mercado ou de bolsa, em certo e determinado dia e lugar (art. 486).

Sobre essa possibilidade, pondera, com precisão, SÍLVIO DE SALVO VENOSA que

> "se na data fixada houver ocorrido oscilação de preço, levar-se-á em conta o preço médio, se o contrato não estipular diferentemente, como, por exemplo, o preço mais alto ou mais baixo do dia, o preço de determinado horário, o preço de abertura ou encerramento do mercado ou do pregão etc."[16].

De fato, as partes têm plena liberdade de proceder às devidas alterações e adaptações em face do índice ou critério escolhido, se não houver, por certo, razão superior que limite essa faculdade.

Nessa mesma linha, poderão as partes servir-se de índices ou parâmetros objetivos para a fixação do preço, desde que não sejam abusivos ou extorsivos[17].

Interessante notar, ainda, que o art. 488 do Código admite a utilização do costume *praeter legem*, segundo as vendas habituais da parte vendedora, em caráter supletivo, caso o contrato seja convencionado sem fixação de preço ou de critérios para a sua determinação, e não houver tabelamento oficial.

A título de revisão, lembremo-nos, na trilha de pensamento do insuperável NORBERTO BOBBIO, que

> "um exemplo quase que indiscutido de fonte reconhecida é representado pelo costume. Neste caso, com efeito, estamos diante de regras produzidas pela vida social externamente ao ordenamento jurídico do Estado, e por este último acolhidas num segundo momento como normas jurídicas"[18].

---

15 Para evitar essa situação, a lei prevê, em caráter subsidiário, que se aplique o preço corrente nas vendas habituais do vendedor (art. 488).

16 VENOSA, Sílvio de Salvo. *Contratos em Espécie*, v. III, São Paulo: Atlas, 2001, p. 34.

17 Cf. no CC/2002: "Art. 487. É lícito às partes fixar o preço em função de índices ou parâmetros, desde que suscetíveis de objetiva determinação".

18 BOBBIO, Norberto. *O Positivismo Jurídico* — Lições de Filosofia do Direito, São Paulo: Ícone, p. 164.

Tal regra, sem correspondente no Código anterior, afigura-se-nos muito útil, pois permite a subsistência do contrato pactuado.

Frise-se, por fim, que, não havendo acordo nesta hipótese, por ter havido diversidade de preço, prevalecerá o termo médio, ou seja, o valor médio resultante dos preços praticados pelo vendedor nos últimos tempos, na forma do parágrafo único do mencionado art. 488.

Cumpre-nos advertir ainda que a lei reputa nulo de pleno direito o contrato de compra e venda quando se deixe ao exclusivo arbítrio de uma das partes a fixação do preço (art. 489). Trata-se de regra clara, que decorre da proibição legal das cláusulas ou condições puramente potestativas, reputadas ilícitas, por traduzirem uma arbitrária manifestação da vontade humana[19].

É preciso que se observe ainda que, se por um lado a lei veda o estabelecimento de condição que derive exclusivamente do capricho de uma das partes, tal não ocorre na chamada venda a contento, pacto acessório que dá direito ao comprador de experimentar a coisa antes de aceitá-la, uma vez que a sua causa não é o arbítrio, mas sim a satisfação do adquirente, o que é plenamente admitido por lei.

Por fim, vale lembrar que, na forma do art. 491, não sendo "a venda a crédito, o vendedor não é obrigado a entregar a coisa antes de receber o preço". Tal regra é a mais perfeita tradução da *exceptio non adimpleti contractus* (exceção de contrato não cumprido), típica dos contratos bilaterais[20], e revela que, dado que nem sempre a simultaneidade de prestações é alcançável (embora sempre recomendável), há grande importância no estabelecimento de garantias para o cumprimento do pactuado.

## 4. DESPESAS COM O CONTRATO DE COMPRA E VENDA

O contrato de compra, como já se explicitou, tem apenas efeitos obrigacionais, não importando, de forma imediata, na transferência da propriedade.

Para esse fim, necessária se faz a entrega do bem, ou seja, a sua tradição, no caso de bens móveis. Tratando-se de bens imóveis, a propriedade somente se transferirá se, seguindo-se ao título (contrato), ocorrer o registro imobiliário.

Tais atos, notadamente o registro, importam em custos.

E quem deve arcar com eles?

A resposta está no art. 490 do CC/2002, que preceitua, *in verbis*:

> "Art. 490. Salvo cláusula em contrário, ficarão as despesas de escritura e registro a cargo do comprador, e a cargo do vendedor as da tradição".

---

[19] CC/2002: "Art. 122. São lícitas, em geral, todas as condições não contrárias à lei, à ordem pública ou aos bons costumes; entre as condições defesas se incluem as que privarem de todo efeito o negócio jurídico, ou o sujeitarem ao puro arbítrio de uma das partes".

[20] CC/2002: "Art. 476. Nos contratos bilaterais, nenhum dos contratantes, antes de cumprida a sua obrigação, pode exigir o implemento da do outro".

Interessante ressaltar que, estando as partes em condição de igualdade, o exercício da autonomia da vontade permite que os ônus sejam transferidos para a parte contrária, o que importa dizer, portanto, que a norma legal, neste aspecto, é de caráter supletivo (no caso de silêncio) e orientador de conduta, e não imperativo.

Nesse sentido, é importante explicitar também que o "vendedor, salvo convenção em contrário, responde por todos os débitos que gravem a coisa até o momento da tradição", na forma do art. 502 do CC/2002.

Por mais óbvia que pareça a regra, a sua explicitação pela via legislativa se mostra bastante conveniente, uma vez que resolve os costumeiros conflitos sobre quem é responsável pelo pagamento de dívidas contraídas posteriormente à celebração do negócio jurídico de compra e venda, mas antes da transferência da propriedade.

Em nosso sentir, também há de se aplicar a regra no caso da transferência imobiliária, por conta de uma adequada e recomendável interpretação extensiva da palavra "tradição", já que, por conta do difundido adágio, onde há a mesma razão, deve haver o mesmo direito.

## 5. RESPONSABILIDADE CIVIL PELOS RISCOS DA COISA

Trata-se, agora, de enfrentarmos o instigante tema referente à responsabilidade civil pelo risco de a coisa perecer, por caso fortuito ou força maior.

Como sabemos, a regra geral do nosso sistema é no sentido de que a transferência da propriedade da coisa vendida somente se opera quando da sua tradição ou registro. Até que se consume, pois, qualquer desses atos, a coisa continua juridicamente vinculada ao vendedor, uma vez que ainda não saiu do seu âmbito de domínio.

Pois bem.

Partindo-se dessa premissa, é forçoso convir que a responsabilidade pela integridade da coisa, em face do risco de perecimento por caso fortuito ou de força maior, corre por conta do alienante. Aplica-se o dogma do *res perit domino* (a coisa perece para o dono).

Nesse sentido, dispõe nosso Código Civil:

> "Art. 492. Até o momento da tradição, os riscos da coisa correm por conta do vendedor, e os do preço por conta do comprador".

Tal regra, a par de extremamente clara, afigura-se importante, na medida em que espanca qualquer dúvida referente à responsabilidade pela perda ou deterioração da coisa.

Claro está, entretanto, que se a coisa pereceu ou se deteriorou por culpa do próprio comprador, arcará este com as consequências jurídicas do seu próprio ato.

Ressalva, entretanto, o legislador (§ 1º), que os casos fortuitos ocorrentes no ato de contar, marcar ou assinalar coisas, que comumente se recebem, contando, pesando, medindo ou assinalando, e que já tiverem sido postas à disposição do comprador, correrão por conta deste. Assim, imagine que Filogônio pretenda comprar 150 vacas do fazendeiro Oliveiros. No dia da venda, o comprador solicita que 200 reses do rebanho de Oliveiros sejam reunidas em uma pastagem a meio caminho entre as duas propriedades rurais e postas à sua disposição para a escolha. Ocorrendo um súbito desmoronamento, que culminou com o perecimento de trinta cabeças, o pretenso comprador deverá arcar com esse prejuízo, uma vez que referidos animais já estavam à sua disposição. Todavia, se os animais fossem reunidos na fazenda do próprio vendedor, entendemos que, neste caso, não faria sentido atribuir-se responsabilidade ao comprador, pelo fato de os bens não haverem saído do seu hábitat. Ademais, o dano poderia ocorrer mesmo que a venda não houvesse sido proposta.

Na mesma linha (§ 2º), correrão também por conta do comprador os riscos das referidas coisas se estiver em mora de as receber, quando postas à sua disposição no tempo, lugar e modo ajustados, o que é perfeitamente compatível com a regra do art. 400 do Código Civil[21].

Vemos, portanto, que a mora do comprador também lhe é desfavorável, na medida em que lhe impõe responsabilidade pelos riscos pendentes sobre a coisa.

Ainda no campo da responsabilidade, questão interessante diz respeito a coisas entregues fora do local de concretização do negócio.

De fato, a regra geral é de que a “tradição da coisa vendida, na falta de estipulação expressa, dar-se-á no lugar onde ela se encontrava, ao tempo da venda” (art. 493 do CC/2002).

Todavia, nada impede que as partes estabeleçam que a tradição seja feita em lugar diverso.

Nesse caso, de quem serão os riscos por eventual perecimento ou deterioração da coisa?

Sobre o tema, dispõe a nossa lei:

> “Art. 494. Se a coisa for expedida para lugar diverso, por ordem do comprador, por sua conta correrão os riscos, uma vez entregue a quem haja de transportá-la, salvo se das instruções dele se afastar o vendedor”.

Claro está que, se a coisa é expedida para lugar diverso ou é entregue a terceiro para que seja o portador, ambas as situações por determinação do comprador, este passará a assumir a responsabilidade pela sua integridade, até chegar ao seu local de destino. Em caso como este, interessa a celebração de um contrato de seguro, para prevenir o adquirente de eventuais prejuízos.

---

21 CC/2002: “Art. 400. A mora do credor subtrai o devedor isento de dolo à responsabilidade pela conservação da coisa, obriga o credor a ressarcir as despesas empregadas em conservá-la, e sujeita-o a recebê-la pela estimação mais favorável ao devedor, se o seu valor oscilar entre o dia estabelecido para o pagamento e o da sua efetivação”.

Assim, por exemplo, se Marina compra revistas raras do colecionador Maicon e este as entrega a um portador (ou ao serviço de correios), conforme instruções expressas da compradora, não arcará o vendedor com os riscos de eventual perda ou deterioração da coisa.

Se, entretanto, o vendedor, mesmo diante da ordem recebida, afasta-se dela, faz retornar para si a assunção do risco.

A esse respeito, com percuciência, pontifica CAIO MÁRIO:

> "Se, porém, o vendedor contrariar as instruções do adquirente, suporta os riscos ocorridos durante o transporte, porque, assim procedendo, age como mandatário infiel (Clóvis Beviláqua). Não se escusará com a alegação de que procurou ser útil ao comprador mediante a adoção de meio mais eficiente e mais rápido (transporte aéreo em vez de terrestre, por exemplo), porque não se trata de apurar uma possível intenção de bem servir. Deixando de seguir as instruções do comprador, tomou a si o risco da coisa até a sua efetiva entrega, e, desta sorte, a pessoa que a transportou deixa de ser um representante do adquirente. A tradição fica, pois, adiada até a chegada ao destino"[22].

Trata-se, portanto, de uma hipótese de responsabilidade civil contratual, pois, descumprindo o vendedor as instruções expressas do comprador, impõe-se-lhe arcar com as consequências danosas do seu comportamento.

Entendemos ainda que, no caso da chamada "tradição simbólica" ou "tradição ficta", entendida como a substituição da entrega material do bem pelo ato indicativo do propósito de transmitir a posse ou pela entrega de coisa que represente a transferida, o respeito à boa-fé objetiva impõe considerar que a finalidade declarada está consumada, pelo que a propriedade do bem se aperfeiçoou, sendo considerada legítima.

É de ressaltar, ainda, que o Código dá ao vendedor poderes para sobrestar (paralisar) a entrega da coisa, até que o comprador lhe dê garantia (caução) de pagar no tempo ajustado, caso este último haja caído em insolvência (art. 495). Disto se depreende, a nosso ver, que esta garantia poderá ser real ou pessoal (fidejussória), a depender do quanto convencionado entre as próprias partes[23].

Com esse expediente, o legislador pretende evitar que o alienante seja prejudicado, caso opere a transferência do bem, sem o correspondente recebimento do preço. Em outras palavras, evita o enriquecimento sem causa.

---

22 PEREIRA, Caio Mário da Silva. *Instituições de Direito Civil*, 10. ed., v. III, Rio de Janeiro: Forense, 2001, p. 120.

23 Trata-se de uma aplicação específica da regra do art. 477 do CC/2002 ("Art. 477. Se, depois de concluído o contrato, sobrevier a uma das partes contratantes diminuição em seu patrimônio capaz de comprometer ou tornar duvidosa a prestação pela qual se obrigou, pode a outra recusar-se à prestação que lhe incumbe, até que aquela satisfaça a que lhe compete ou dê garantia bastante de satisfazê-la.").

## 6. QUESTÕES ESPECIAIS REFERENTES À COMPRA E VENDA

Neste ponto da obra, levaremos o nosso caro leitor a tomar contato com instigantes questões relativas ao contrato de compra e venda, que muito têm aguçado a curiosidade dos juristas e despertado acesas polêmicas na jurisprudência.

### 6.1. Venda a descendente

O art. 1.132 do Código Civil de 1916 dispunha que "os ascendentes não podem vender aos descendentes, sem que os outros descendentes expressamente consintam".

Este dispositivo, em verdade, criava uma restrição à venda a descendentes, que não gozariam de legitimidade para figurar como adquirentes neste tipo de contrato. Estariam, pois, nesse contexto, impedidos de celebrar este negócio, ainda que fossem perfeitamente capazes, se os demais descendentes não houvessem expressado a sua aquiescência[24].

Em verdade, o que visou a nossa lei, neste particular, foi exatamente resguardar a legítima dos demais descendentes, que não participassem da referida venda.

O fato é que a lei a mantém, adotando ainda providências tutelares em face desta porção patrimonial.

E uma dessas medidas de proteção à legítima é, precisamente, a necessidade de se colher a anuência dos demais herdeiros necessários preferenciais, para que se possa reputar válida a referida venda.

Acesa controvérsia, entretanto, instalou-se na jurisprudência acerca do grau da referida "invalidade", decorrente da violação deste preceito, antes da entrada em vigor do Código Civil de 2002.

Havia dúvida se a hipótese tratava de nulidade absoluta, por afronta a expresso dispositivo legal, ou de mera anulabilidade.

A justificativa para a primeira solução (nulidade absoluta), consoante mencionamos, resultaria da conjugação do já mencionado art. 1.132 com o art. 145, V, do Código revogado. O primeiro, utilizando a expressão "não podem", proibia que se efetuasse venda de ascendente a descendente, sem o consentimento dos demais; já o segundo, situado na Parte Geral, referia ser nulo o ato jurídico quando a lei "lhe negasse efeito". Da análise de ambos os dispositivos decorreria a indigitada nulidade.

Ocorre que floresceu na doutrina e na jurisprudência corrente diversa que sufragava a anulabilidade do negócio sob comento.

Nesse sentido, leia-se preleção de ARNOLDO WALD:

> "Segundo a melhor jurisprudência, tal venda, feita sem o consentimento de quem de direito, é anulável e não nula de pleno direito (Súmula 494) e a nulidade pode ser

---

24 Para maiores digressões sobre o tema legitimidade, confira-se o tópico 2 ("Capacidade de direito e de fato e legitimidade") do Capítulo IV ("Pessoa Natural") do v. 1 ("Parte Geral") do nosso *Novo Curso de Direito Civil*.

declarada em ação movida contra o ascendente, ainda em vida deste — (RE 115.105, julgado pelo STF, neste v., p. 550)"[25].

De fato, a corrente da anulabilidade, muito mais razoável, soluciona, com muito mais eficácia e utilidade, a problemática questão referente à venda entre ascendentes e descendentes.

Isso porque, caso fosse seguida a tese da nulidade absoluta, alguns intransponíveis (senão esdrúxulos) obstáculos surgiriam, a exemplo da imprescritibilidade do vício e, ainda, da possibilidade de o negócio ser impugnado por qualquer pessoa, ou, até mesmo, ter a nulidade reconhecida pelo juiz de ofício.

Ademais, seguindo-se essa corrente, estar-se-ia impedindo, por via oblíqua, que os demais herdeiros pudessem, posteriormente, chancelar o ato, uma vez que, como se sabe, o negócio jurídico nulo não admite confirmação[26].

Por isso, a jurisprudência do Superior Tribunal de Justiça, com inegável acerto, adotou esta última vertente de pensamento, mais consentânea com o nosso sistema jurídico.

Nesse contexto, o Supremo Tribunal Federal havia editado a Súmula 494, cancelando a anterior Súmula 152, cujo teor é o seguinte:

> Súmula n. 494 — "A ação para anular venda de ascendente a descendente, sem consentimento dos demais, prescreve em 20 (vinte) anos, contados da data do ato, revogada a Súmula n. 152".

Como se vê, a despeito de haver seguido a linha da anulabilidade, a nossa Suprema Corte acabou por admitir um incompreensível prazo vintenário, para que se pudesse impugnar o ato viciado. Esse (longo) prazo, a par de favorecer a sensação de insegurança jurídica, não se harmoniza com o nosso sistema de nulidades vigente, que, como se sabe, adota curtos prazos decadenciais para a anulação do negócio jurídico (*vide*, por exemplo, o art. 171 do CC).

O Código Civil de 2002, por sua vez, visando colocar um fim à controvérsia, dispôs, em seu art. 496, que:

> "Art. 496. É anulável a venda de ascendente a descendente, salvo se os outros descendentes e o cônjuge do alienante expressamente houverem consentido.
>
> Parágrafo único. Em ambos os casos, dispensa-se o consentimento do cônjuge se o regime de bens for o da separação obrigatória"[27].

---

[25] WALD, Arnoldo. *Obrigações e Contratos*, 12. ed., São Paulo: Revista dos Tribunais, 1995, p. 256.

[26] CC/2002: "Art. 169. O negócio jurídico nulo não é suscetível de confirmação, nem convalesce pelo decurso do tempo".

[27] É importante registrar, a título de curiosidade histórica, que o dispositivo mencionava originalmente duas situações de anulabilidade, a saber, a venda de ascendente a descendente e o inverso (ou seja, venda de descendente a ascendente), hipótese esta que foi retirada posteriormente, sem que se adaptasse o parágrafo único. Esclarecendo a questão, porém, estabeleceu o Enunciado n. 177 da III

Observe-se, de logo, a referência feita ao cônjuge do alienante, o qual, quando não casado no regime da separação obrigatória de bens, também deverá anuir na venda.

Tal circunstância se justifica, pelo fato de o Código Civil de 2002 ter erigido o cônjuge à condição de herdeiro necessário.

Entretanto, na hipótese de ser casado em regime de separação obrigatória, por não ter interesse jurídico reconhecido por lei no patrimônio do alienante, não precisará consentir.

Observe ainda, nosso caro amigo leitor, que o vigente Código Civil, dirimindo qualquer controvérsia, é claro ao dizer que a compra e venda de ascendente a descendente (não apenas do pai ao filho, mas do avô ao neto etc.) é anulável.

Pôs-se por terra, assim, a corrente minoritária que sustentava a tese da nulidade absoluta.

Mas, cumpre-nos salientar que, em nosso sentir, a antiga Súmula 494 do STF perdeu a sua eficácia, por força do art. 179 do Código Civil vigente (sem correspondente na codificação anterior), que transcrevemos, *in verbis*[28]:

> "Art. 179. Quando a lei dispuser que determinado ato é anulável, sem estabelecer prazo para pleitear-se a anulação, será este de dois anos, a contar da data da conclusão do ato".

Vê-se, com isso, que, uma vez não previsto o prazo decadencial de anulação, este será de dois anos, e não mais de vinte[29].

Finalmente, tenhamos ainda em mente que a restrição negocial sob comento não se aplica às doações, que se submetem a outro regramento, nem a outros atos jurídicos, como, por exemplo, o de concessão de uma garantia real (uma hipoteca), feita por ascendente em prol de um descendente seu. Isso porque, tratando-se de norma restritiva do direito de propriedade do alienante (art. 496), não poderá ser analisada extensivamente, nada impedindo que se possa eventualmente impugnar o ato, com fulcro em outros defeitos do negócio previstos em lei.

## 6.2. Situações especiais referentes à falta de legitimidade para a compra e venda

Já tivemos oportunidade de discorrer acerca das diferenças existentes entre capacidade e legitimidade.

---

Jornada de Direito Civil do Conselho da Justiça Federal: "Art. 496: Por erro de tramitação, que retirou a segunda hipótese de anulação de venda entre parentes (venda de descendente para ascendente), deve ser desconsiderada a expressão 'em ambos os casos', no parágrafo único do art. 496".

[28] Sobre o tema, confira-se o tópico 4 ("Nulidade relativa (anulabilidade)") do Capítulo XIV ("Invalidade do Negócio Jurídico") do v. 1 ("Parte Geral") do nosso *Novo Curso de Direito Civil*.

[29] Nesse sentido também foi o entendimento explicitado na IV Jornada de Direito Civil da Justiça Federal, realizada de 25 a 27 de outubro de 2006, em que foi aprovado o Enunciado n. 368, com a seguinte redação: "Art. 496. O prazo para anular venda de ascendente para descendente é decadencial de dois anos (art. 179 do Código Civil)".

De fato, nem toda pessoa capaz pode estar legitimada para a prática de um determinado ato jurídico, haja vista que a legitimação traduz uma capacidade específica.

Assim, podemos perceber que a ilegitimidade traduz um impedimento específico para a prática de determinado ato ou negócio jurídico, em razão de um interesse superior que se quer tutelar.

Nesse contexto, as pessoas referidas no art. 497 são consideradas pelo legislador carentes de legitimidade para a compra de determinados bens, ainda que em hasta pública, e, caso seja efetuada, será considerada nula de pleno direito.

Assim, os tutores, curadores, testamenteiros e administradores não poderão adquirir os bens confiados à sua guarda (inciso I).

Os servidores públicos em geral — e note-se que o legislador foi mais técnico e preciso ao se referir a "servidor" em lugar de "funcionário" público, abrangendo, portanto, não somente os estatutários efetivos, mas, da mesma forma, os exercentes de cargo em comissão, contratados temporariamente em regime especial de direito administrativo (REDA) e os celetistas — também não poderão adquirir bens ou direitos da pessoa jurídica a que servirem, ou que estejam sob sua administração direta ou indireta (inciso II).

Na mesma linha, os juízes, secretários de tribunais, arbitradores, peritos e outros serventuários ou auxiliares da justiça não poderão adquirir bens ou direitos sobre que se litigar em tribunal, juízo ou conselho, no lugar onde servirem, ou a que estender a sua autoridade (inciso III). Note-se, todavia, que o art. 498 ressalva que esta proibição "não compreende os casos de compra e venda ou cessão entre coerdeiros, ou em pagamento de dívida, ou para garantia de bens já pertencentes a pessoas designadas no referido inciso", o que nos parece de uma justiça evidente, uma vez que a relação jurídica submetida em juízo não tem qualquer vinculação, direta ou indireta, com o múnus público exercido.

Aliás, vale registrar que, em nosso sentir, a proibição prevista no inciso III atinge, por lógica interpretação, interpostas pessoas que, atuando no interesse (espúrio) de um dos agentes públicos mencionados, pretenda adquirir o bem para repassá-lo depois. Tratar-se-ia, no caso, de inequívoca simulação, padecente também do vício de nulidade (art. 167 do Código Civil).

Finalmente, a proibição estende-se aos leiloeiros e seus prepostos, no que tange aos bens de cuja venda estejam encarregados.

Registre-se, finalmente, que as proibições previstas neste artigo estendem-se também à cessão de crédito.

Observe-se que o Código Civil de 2002 não repetiu a dicção do art. 1.133, II, do Código Civil anterior, que proibia ao mandatário adquirir bens do mandante[30]. Correta, a nos-

[30] O próprio STF já havia contornado a impropriedade da lei anterior, ao editar a Súmula 165: "A venda realizada diretamente pelo mandante ao mandatário não é atingida pela nulidade do art. 1.133, II, do Código Civil".

so ver, a nova lei, pois nada impediria que o mandatário, satisfazendo todas as condições apresentadas pelo mandante, e em pé de igualdade com terceiro, viesse a comprar o bem.

Cuida-se, aliás, da peculiar figura do autocontrato ou do contrato consigo mesmo, por força do qual, na lavratura do título de transferência, figurará uma única pessoa (mandatário). Tal somente é possível, como se sabe, porque também atua no interesse do mandante.

Nada impede, ademais, que o próprio mandante compareça ao ato e participe da sua documentação, juntamente com o seu procurador (agora parte autônoma no negócio jurídico)[31].

## 6.3. Venda a condômino

Para a compreensão deste tópico, faz-se necessário transcrevermos o art. 504 do CC/2002:

> "Art. 504. Não pode um condômino em coisa indivisível vender a sua parte a estranhos, se outro consorte a quiser, tanto por tanto. O condômino, a quem não se der conhecimento da venda, poderá, depositando o preço, haver para si a parte vendida a estranhos, se o requerer no prazo de cento e oitenta dias, sob pena de decadência.
>
> Parágrafo único. Sendo muitos os condôminos, preferirá o que tiver benfeitorias de maior valor e, na falta de benfeitorias, o de quinhão maior. Se as partes forem iguais, haverão a parte vendida os comproprietários, que a quiserem, depositando previamente o preço".

Trata-se de norma referente apenas ao condomínio de coisa indivisível, condicionante da faculdade de alienação, por determinar ao condômino/alienante a necessidade de conferir ao seu consorte direito de preferência em face da fração alienada, ou seja, o direito de prevalecer o seu interesse em adquirir o bem, se sua proposta estiver em iguais condições às dos demais interessados.

Por definição, o condomínio traduz a coexistência de vários proprietários que detêm direito real sobre a mesma coisa, havendo entre si a divisão ideal segundo suas respectivas frações.

No caso sob análise, a coisa, objeto do direito real dos comproprietários, não é passível de divisão, razão por que pretendeu o legislador imprimir a obrigatoriedade de se dar primazia a cada um dos consortes no caso de haver eventual alienação de parte do condomínio.

Mas note-se que, segundo expressa dicção legal, esse direito de preferência — que tem eficácia real — deverá ser exercido pelo condômino interessado em pé de igualdade com os terceiros que pretendam adquirir a referida quota.

---

31 Nesse sentido, VENOSA, Sílvio de Salvo. *Contratos em Espécie*, São Paulo: Atlas, 2001, p. 49.

Assim, se o condômino Bacildes anunciou a venda de sua parte pelo preço de R$ 1.000,00, Badja e Higuita — também coproprietários — deverão pagar o referido valor, não tendo direito a abatimento, preferindo, entretanto, a um eventual terceiro, que também demonstre interesse na aquisição da coisa.

Como a lei não especifica o modo pelo qual se deva dar ciência aos demais consortes, entendemos que tal comunicação poderá se operar por meio de notificação judicial ou extrajudicial, assinando-se prazo de manifestação, sob pena de o silêncio do notificado ser interpretado como recusa.

Vale observar, outrossim, que a violação deste direito de preferência, diferentemente do que se opera com a cláusula especial do contrato de compra e venda (arts. 513/520), gera eficácia real (e, consequentemente, oponibilidade *erga omnes*), na mesma linha dos arts. 27 a 34 da Lei n. 8.245, de 18-10-1991 (Lei do Inquilinato)[32], consoante se pode observar na segunda parte do dispositivo: "o condômino, a quem não se der conhecimento da venda, poderá, depositando o preço, haver para si a parte vendida a estranhos, se o requerer no prazo de cento e oitenta dias, sob pena de decadência" (destaques nossos).

Trata-se de um preceito bastante adequado, dada a peculiaridade da indivisibilidade da coisa, tendo o propósito de evitar o ingresso, na comunhão, de pessoas estra-

[32] Lei n. 8.245, de 18-10-1991: "Art. 27. No caso de venda, promessa de venda, cessão ou promessa de cessão de direitos ou dação em pagamento, o locatário tem preferência para adquirir o imóvel locado, em igualdade de condições com terceiros, devendo o locador dar-lhe conhecimento do negócio mediante notificação judicial, extrajudicial ou outro meio de ciência inequívoca. Parágrafo único. A comunicação deverá conter todas as condições do negócio e, em especial, o preço, a forma de pagamento, a existência de ônus reais, bem como o local e horário em que pode ser examinada a documentação pertinente. Art. 28. O direito de preferência do locatário caducará se não manifestada, de maneira inequívoca, sua aceitação integral à proposta, no prazo de trinta dias. Art. 29. Ocorrendo aceitação da proposta, pelo locatário, a posterior desistência do negócio pelo locador acarreta, a este, responsabilidade pelos prejuízos ocasionados, inclusive lucros cessantes. Art. 30. Estando o imóvel sublocado em sua totalidade, caberá a preferência ao sublocatário e, em seguida, ao locatário. Se forem vários os sublocatários, a preferência caberá a todos, em comum, ou a qualquer deles, se um só for o interessado. Parágrafo único. Havendo pluralidade de pretendentes, caberá a preferência ao locatário mais antigo, e, se da mesma data, ao mais idoso. Art. 31. Em se tratando de alienação de mais de uma unidade imobiliária, o direito de preferência incidirá sobre a totalidade dos bens objeto da alienação. Art. 32. O direito de preferência não alcança os casos de perda da propriedade ou venda por decisão judicial, permuta, doação, integralização de capital, cisão, fusão e incorporação. Parágrafo único. Nos contratos firmados a partir de 1º de outubro de 2001, o direito de preferência de que trata este artigo não alcançará também os casos de constituição da propriedade fiduciária e de perda da propriedade ou venda por quaisquer formas de realização de garantia, inclusive mediante leilão extrajudicial, devendo essa condição constar expressamente em cláusula contratual específica, destacando-se das demais por sua apresentação gráfica. Art. 33. O locatário preterido no seu direito de preferência poderá reclamar do alienante as perdas e danos ou, depositando o preço e demais despesas do ato de transferência, haver para si o imóvel locado, se o requerer no prazo de seis meses, a contar do registro do ato no cartório de imóveis, desde que o contrato de locação esteja averbado pelo menos trinta dias antes da alienação junto à matrícula do imóvel. Parágrafo único. A averbação far-se-á à vista de qualquer das vias do contrato de locação desde que subscrito também por duas testemunhas. Art. 34. Havendo condomínio no imóvel, a preferência do condômino terá prioridade sobre a do locatário".

nhas, o que pode gerar constrangimentos evitáveis com o simples exercício do direito de preferência.

Essa faculdade reivindicatória, portanto, decorrente de um direito de natureza potestativa, somente será legitimamente exercida, se o respectivo preço houver sido depositado, respeitado o prazo máximo para o seu exercício (180 dias).

E a partir de quando se conta esse prazo?

A pergunta é pertinente pelo fato de que o próprio dispositivo legal se refere à circunstância de que o condômino não teve conhecimento da venda.

A resposta óbvia é de que o prazo começa a fluir a partir de tal conhecimento, que se presume quando efetivado o registro do título translativo.

Caso, entretanto, concorra mais de um condômino interessado, as seguintes regras deverão ser observadas:

a) preferirá o que tiver benfeitorias de maior valor;
b) na falta de benfeitorias, o condômino de quinhão maior;
c) se as partes forem iguais, terão direito à parte vendida os comproprietários, que a quiserem, depositando previamente o preço.

Concordamos, outrossim, com a observação de NELSON NERY JUNIOR e ROSA MARIA DE ANDRADE NERY[33], no sentido de que a regra sob estudo, impositiva do direito de preferência, aplica-se também ao coerdeiro que pretenda alienar a sua quota hereditária, uma vez que, como se sabe, a herança é considerada coisa universal e indivisível até se ultimar a partilha:

> "Em que pese a controvérsia existente sobre o tema, merece ser prestigiado o entendimento segundo o qual a venda e a cessão de direitos hereditários, em se tratando de bem indivisível, se subordinam à regra do CC/16 1.139, que reclama seja dada preferência ao condômino coerdeiro. Em linha de princípio, a orientação legal é no sentido de evitar o ingresso de estranho no condomínio, preservando-o de futuros litígios e inconvenientes. A interpretação meramente literal deve ceder passo quando colidente com outros métodos exegéticos de maior robustez e cientificidade" (STJ, REsp 50.226/BA, *DJU* 17-12-1999, p. 24700, Rel. Min. Sálvio de Figueiredo Teixeira, v. u., julgado em 23-8-1994, 4ª Turma).

## 6.4. Venda entre cônjuges e entre companheiros

Uma vez firmada a sociedade conjugal, os cônjuges assumem entre si direitos e deveres recíprocos, regendo-se os aspectos patrimoniais dessa união pelas normas constantes do regime de bens ou do pacto antenupcial.

---

33 Corresponde ao art. 1.139 do CC/1916 o presente art. 504. NERY JUNIOR, Nelson; NERY, Rosa Maria de Andrade. *Novo Código Civil e Legislação Extravagante Anotados*, São Paulo: Revista dos Tribunais, 2002, p. 204-5.

Nessa ordem de ideias, a depender do regime de bens escolhido, os consortes podem manter patrimônio próprio e separado, a exemplo do que ocorre na comunhão parcial, na separação total e na participação final nos aquestos.

Em tais casos, nada impede que um dos cônjuges aliene ao outro bem próprio, não representando tal ato negocial, ao menos em tese, burla ao sistema legal em vigor.

Nesse sentido, escoimando qualquer dúvida, dispõe o art. 499 do CC/2002:

> "Art. 499. É lícita a compra e venda entre cônjuges, com relação a bens excluídos da comunhão".

Aliás, devemos banir de vez a falsa perspectiva da existência de presunção de fraude nos atos celebrados entre pessoas casadas, como transparece da análise do controvertido art. 977 do Código Civil[34].

Por óbvio, o contrato de compra e venda, no regime da comunhão universal de bens, careceria de eficácia ou utilidade social, uma vez que, adquirido, o bem passaria a integrar o patrimônio comum.

No que tange aos companheiros, observamos que a mesma regra, por isonomia constitucional, se aplica, devendo-se ressaltar que, a teor do art. 1.725[35], o regime adotado é o da comunhão parcial de bens.

## 7. VENDA *AD CORPUS* E VENDA *AD MENSURAM*

Para bem compreendermos este tema, mister se faz transcrevermos o art. 500 do Código Civil:

> "Art. 500. Se, na venda de um imóvel, se estipular o preço por medida de extensão, ou se determinar a respectiva área, e esta não corresponder, em qualquer dos casos, às dimensões dadas, o comprador terá o direito de exigir o complemento da área, e, não sendo isso possível, o de reclamar a resolução do contrato ou abatimento proporcional ao preço.
>
> § 1º Presume-se que a referência às dimensões foi simplesmente enunciativa, quando a diferença encontrada não exceder de um vigésimo da área total enunciada, ressalvado ao comprador o direito de provar que, em tais circunstâncias, não teria realizado o negócio.

[34] CC/2002: "Art. 977. Faculta-se aos cônjuges contratar sociedade, entre si ou com terceiros, desde que não tenham casado no regime da comunhão universal de bens, ou no da separação obrigatória". Sobre o tema, cf. GAGLIANO, Pablo Stolze. Regime de Bens no Casamento no NCC, disponível no *site* <http://www.novodireitocivil.com.br>. Acesso em: 30 maio 2017. Não é demais lembrar que o Departamento Nacional do Registro do Comércio (DNRC), por um de seus órgãos, emitiu parecer, no sentido de que o Código Civil vigente (art. 2.031) não atinge sociedades anteriores (Parecer Jurídico n. 125/03).

[35] CC/2002: "Art. 1.725. Na união estável, salvo contrato escrito entre os companheiros, aplica-se às relações patrimoniais, no que couber, o regime da comunhão parcial de bens".

> § 2º Se em vez de falta houver excesso, e o vendedor provar que tinha motivos para ignorar a medida exata da área vendida, caberá ao comprador, à sua escolha, completar o valor correspondente ao preço ou devolver o excesso.
>
> § 3º Não haverá complemento de área, nem devolução de excesso, se o imóvel for vendido como coisa certa e discriminada, tendo sido apenas enunciativa a referência às suas dimensões, ainda que não conste, de modo expresso, ter sido a venda *'ad corpus'*".

Sublinhamos, como pode notar o nosso caro leitor, as duas espécies de venda tratadas neste item: a venda por medida de extensão — *ad mensuram* —, a primeira; e a venda por referência meramente enunciativa — *ad corpus*, a segunda.

No primeiro caso, o alienante cuida de especificar ou discriminar a área vendida, ou o próprio preço, por indicação de medida. Ex.: imóvel de 567 hectares, com ..... metros de frente, ..... metros de fundo, na lateral ....., contíguo ao imóvel do senhor ..... ao norte. Ou então, o imóvel ....., de 567 hectares, será alienado onerosamente, pagando-se ..... reais por hectare.

O que temos, pois, aqui, é uma venda especificada, oficialmente certa e segura. Em geral, assim deve constar nas escrituras públicas de alienação, indispensáveis para as vendas de imóveis cujo valor ultrapasse os trinta salários mínimos (art. 108 do Cód. Civil).

Em tal caso, se foi estipulado o preço por medida de extensão, ou determinada a respectiva área, a venda é denominada *ad mensuram*, e, caso a área não corresponda, em qualquer dos casos, às dimensões dadas, o comprador terá o direito:

a) de exigir o complemento da área e, não sendo isso possível,

b) o de reclamar a resolução do contrato ou pedir o abatimento proporcional no preço.

Todavia, um ponto deve ficar bem claro: tais direitos somente existirão se se tratar de venda *ad mensuram*.

Em primeiro plano, como se pode ver, o legislador abre a possibilidade de o comprador prejudicado pleitear o complemento da área vendida (via ação *ex empto*), e, não sendo isso possível — atente bem para esta expressão —, poderá pedir o desfazimento do contrato (com eventuais perdas e danos), ou o mero abatimento no preço (caso queira ficar com o imóvel de metragem menor do que a declarada pelo alienante).

Embora haja entendimento no sentido de que o adquirente possa ingressar de imediato com ação de resolução do contrato (para pedir o seu desfazimento) ou ação de abatimento do preço da venda, sustentamos que, por expressa determinação legal (basta ler o *caput* do artigo sob comento), estes dois pedidos somente seriam viáveis, caso se afigure impossível o complemento da área.

Claro está, entretanto, que, formulado o pedido de complemento, o autor (adquirente prejudicado) poderá cumulá-lo com o pedido de resolução do contrato ou abatimento no preço (estes excludentes entre si, caracterizando aquele fenômeno que a doutrina processual denominou de cumulação eventual de pedidos). O que não se admite, obviamente, é que na mesma demanda se postule o desfazimento do negócio e, simultaneamente, o abatimento no preço, por manifesta falta de compatibilidade lógica.

Urge assinalar, entretanto, que, se a diferença entre a dimensão real do imóvel e a sua dimensão declarada na escritura for igual ou inferior a 5% (1/20) da área total, presume-se que as referências às dimensões foram meramente enunciativas, não assistindo, pois, ao comprador direito algum, ressalvando-se-lhe a hipótese — dispõe o § 1º do art. 500 — de provar que, em tais circunstâncias, não teria celebrado o negócio.

A despeito de reconhecermos, nesta última parte do dispositivo em estudo, um acentuado grau de subjetividade, reputamos razoável a preocupação do legislador que, dessa maneira, resguardaria o comprador, especialmente quando aquela diferença (5%) for de valor significativo. Ademais, dada a imprecisão do nosso sistema registrário, tal margem de erro é de possível ocorrência prática.

Cumpre-nos ainda notar que o Código Civil de 2002 avançou no tratamento desta matéria, se compararmos as suas normas com as constantes no Código de 1916.

Previu, por exemplo, a factível hipótese de ocorrer o inverso, ou seja, o excesso de área, ao invés de sua falta. Em outras palavras, o que fazer se o vendedor, após a tradição (registro), verificou que alienou mais do que declarou?

ORLANDO GOMES, em doutrina anterior ao atual Código, pontificava que: "se a área do imóvel tiver dimensões maiores do que as declaradas, ao comprador aproveita o excesso, pois ao vendedor não se permite que, por essa razão, pleiteie a resolução do contrato, nem que pretenda a suplementação do preço. Entretanto, em algumas legislações, se lhes assegura expressamente esse direito, entendendo alguns escritores que a solução é aplicável entre nós, e outros que cabe a ação de anulação por erro"[36].

No sistema ora vigente, responde-nos o § 2º, no sentido de que, em tal circunstância, se o vendedor comprovar que tinha motivos para ignorar a medida exata da área vendida, faculta-se ao comprador, e à sua escolha, completar o valor correspondente ao preço ou devolver o excesso.

Poder-se-ia argumentar, em um plano crítico de perspectiva, que direito algum assistiria ao vendedor, uma vez que se presume que deveria conhecer aquilo que lhe pertence, cabendo-lhe arcar com o ônus de alienar parcela maior do seu patrimônio.

Entretanto, o mínimo de experiência prática nos dá conta da imensa diversidade geográfica de nosso país, de proporções continentais, o que dificulta sobremaneira a perfeita mensuração dos imóveis urbanos e rurais, especialmente na zona rural e em face de pessoas de baixo poder aquisitivo. Nem todos têm, lamentavelmente, condições financeiras de custear o trabalho de um engenheiro agrimensor. E, alie-se a isso, o fato

[36] GOMES, Orlando. *Contratos*, 15. ed., Rio de Janeiro: Forense, 1995, p. 235.

de que nosso sistema de Registros Públicos é, em muitos Estados, excessivamente burocrático e, frequentemente, pouco preciso.

Por tais razões, concluímos pela razoabilidade do referido dispositivo, que garante ao vendedor o direito de justificar a sua ignorância em face da dimensão exata da área, cabendo, entretanto, ao comprador a faculdade de escolher se complementa o preço ou devolve a área excedente.

Finalmente, se as referências da área foram meramente enunciativas, ou seja, sem descrição, ou sua especificação por preço determinado, reputa-se a venda *ad corpus*, mesmo que tal expressão não conste do corpo da escritura de venda. Privilegia-se, assim, o conteúdo, em vez do mero formalismo.

Quanto ao prazo para o exercício das ações suprarreferidas, dispõe o legislador que será de um ano[37], a contar do registro do título, tendo inequívoca natureza decadencial, por se tratar de exercício de direito potestativo, ainda que se admita a postergação do seu *dies a quo*.

Tal ressalva é feita pelo parágrafo único do art. 501, que preceitua que, se houver atraso na imissão de posse do imóvel, atribuível ao alienante, a partir dela é que fluirá o prazo de decadência. Neste caso, compreende-se que o prazo comece a fluir da posse efetiva, e não do mero registro, por considerarmos que, somente a partir da imissão, pode o adquirente verificar o imóvel e detectar o defeito.

## 8. CLÁUSULAS ESPECIAIS OU PACTOS ACESSÓRIOS À COMPRA E VENDA

Em que consistem as cláusulas especiais ou pactos acessórios à compra e venda?

Nada mais do que elementos acidentais do contrato de compra e venda, que não afetam, *a priori*, a sua existência ou validade, mas sim o campo da eficácia do negócio jurídico pretendido e celebrado, subordinando seus efeitos, em geral, a eventos futuros e incertos.

O vigente Código Civil brasileiro previu expressamente, na referida Seção II ("Das Cláusulas Especiais à Compra e Venda") do Capítulo I ("Da Compra e Venda") do Título VI ("Das Várias Espécies de Contrato") do Livro I ("Do Direito das Obrigações") da Parte Especial, 5 (cinco) modalidades de cláusulas especiais, sendo 4 (quatro) previstas na codificação anterior (retrovenda; venda a contento e venda sujeita à prova; preempção ou preferência; e venda com reserva de domínio) e 1 (uma) sem correspondente no CC/1916, a saber, a venda sobre documentos.

Analisemos, pois, cada uma dessas cláusulas separadamente.

---

[37] CC/2002: "Art. 501. Decai do direito de propor as ações previstas no artigo antecedente o vendedor ou o comprador que não o fizer no prazo de um ano, a contar do registro do título. Parágrafo único. Se houver atraso na imissão de posse no imóvel, atribuível ao alienante, a partir dela fluirá o prazo de decadência".

## 8.1. Retrovenda

A cláusula de retrovenda (também chamada de cláusula/direito de retrato ou *pactum de retrovendendo*) é um pacto acessório, adjeto à compra e venda, por meio do qual o vendedor resguarda a prerrogativa de resolver o negócio, restituindo o preço recebido e reembolsando as despesas feitas pelo comprador.

Trata-se, portanto, de uma condição resolutiva expressa, que submete o negócio jurídico da compra e venda a evento futuro e incerto, segundo o interesse do vendedor em reaver a coisa, aliado ao oferecimento do valor adequado para restituição e reembolso.

O primeiro elemento (interesse do vendedor) é autoexplicativo, sendo decorrente da sua autonomia da vontade.

Quanto ao segundo, porém, algumas considerações se fazem necessárias.

De fato, o valor adequado para a retrovenda, na forma do art. 505 do CC/2002[38], que podemos chamar de "justo preço", deve corresponder a todos os gastos empreendidos pelo comprador, devidamente atualizados, seja para a aquisição do bem, seja para a realização de benfeitorias necessárias.

Parece-nos lógico que benfeitorias úteis e voluptuárias devem estar fora deste preço (salvo se realizadas com autorização do vendedor), não somente por força da ausência de previsão legal, mas, também, em respeito ao princípio da boa-fé objetiva, uma vez que, dada a previsão contratual da possibilidade de retrovenda, tais dispêndios podem ser encarados como uma tentativa do comprador de inviabilizar o exercício da prerrogativa.

De fato, não podemos deixar de ter em mente que a retrovenda não constitui uma nova alienação, mas, sim, o desfazimento do negócio jurídico original, pela ocorrência da condição resolutiva estabelecida *ab initio*.

Justamente por isso é importante também ter redobrado cuidado na análise da situação fática em que se alega uma retrovenda, pois não é difícil imaginar que possa ser utilizada, lamentavelmente, como um instrumento de fraude. É o exemplo de uma simulação de compra e venda, com cláusula de retrovenda, para mascarar um empréstimo usurário, em que o imóvel tenha sido colocado como garantia.

É importante ressaltar que tais situações simulatórias traduzem hipóteses de nulidade absoluta, permitindo ao magistrado até mesmo o seu reconhecimento de ofício (art. 167 do CC/2002).

Sobre a natureza do bem, a retrovenda somente é prevista para bens imóveis, o que é perfeitamente compreensível, dada a facilidade com que as coisas móveis circulam no comércio jurídico. Caso as partes, todavia, decidam instituir uma cláusula de retroven-

[38] CC/2002: "Art. 505. O vendedor de coisa imóvel pode reservar-se o direito de recobrá-la no prazo máximo de decadência de três anos, restituindo o preço recebido e reembolsando as despesas do comprador, inclusive as que, durante o período de resgate, se efetuaram com a sua autorização escrita, ou para a realização de benfeitorias necessárias".

da para bens móveis, ela não será nula, porém, deverá ser interpretada de acordo com a autonomia da vontade das partes.

Registre-se, entretanto, que a utilidade prática da cláusula de retrovenda cada vez mais se esvai, por força da disseminação da promessa (compromisso) de compra e venda, a ser estudada aqui na parte referente a Direitos Reais.

Nessa linha de pensamento, observa VENOSA:

> "Dois são os pontos fundamentais da cláusula, portanto: somente se defere à compra e venda de imóveis e seu prazo não pode ultrapassar os três anos. Houve quem no passado defendesse sua utilização para os móveis, sem sucesso, contudo. O fato de os móveis se transferirem sem maiores formalidades pela tradição, sem maior publicidade para cautela de terceiros, bem como os termos peremptórios da lei, não permitem outra conclusão. Se estabelecida a retrovenda na alienação de bem móvel, a questão ficará no campo negocial da autonomia de vontade contratual, subordinando-se aos princípios obrigacionais em geral, desvinculando-se da aplicação das normas do Código ora examinadas.
>
> Sabido da importância das vendas imobiliárias para o patrimônio dos contratantes, resulta extremamente inconveniente essa cláusula, cuja franca utilidade facilmente percebida é mascarar empréstimos onzenários ou camuflar negócios não perfeitamente transparentes. Geralmente, a inserção desse pacto na venda de imóvel procura atender a dificuldades econômicas do vendedor, que as entende passageiras. Se era útil no passado para garantir o pagamento, por parte do vendedor nas vendas a prazo, o compromisso de compra e venda substituiu-a com ampla vantagem, sepultando definitivamente a utilidade da retrovenda"[39].

Por sua condição de cláusula acessória, a nulidade do *pactum de retrovendendo* não afeta a validade do contrato de compra e venda.

O prazo para a retrovenda é de, no máximo, 3 (três) anos, nada impedindo que as partes estabeleçam prazo menor. Sua natureza, por se referir à desconstituição do negócio jurídico de compra e venda, é, obviamente, decadencial, o que somente foi explicitado com o Código Civil brasileiro vigente. Trata-se, em verdade, do exercício de um direito potestativo.

Um ponto relevantíssimo a ser destacado, pois, é a questão da natureza jurídica da cláusula.

Por óbvio, há consenso doutrinário de que tal cláusula tem natureza jurídica obrigacional, não possuindo eficácia real, de forma distinta, portanto, da promessa irretratável de compra e venda, devidamente registrada.

Todavia, em que pese tal circunstância, o direito positivo reconhece uma oponibilidade transindividual, muito próxima da concepção *erga omnes* típica dos direitos reais.

---

[39] VENOSA, Sílvio de Salvo. *Contratos em Espécie*, São Paulo: Atlas, 2001, p. 76.

De fato, confira-se o art. 507 do CC/2002:

> "Art. 507. O direito de retrato, que é cessível e transmissível a herdeiros e legatários, poderá ser exercido contra o terceiro adquirente".

Parece-nos relevante registrar, porém, um elemento diferenciador da vigente disposição legal, para a norma equivalente revogada, que constava do art. 1.142 do CC/1916, nos seguintes termos:

> "Art. 1.142. Na retrovenda, o vendedor conserva a sua ação contra os terceiros adquirentes da coisa retrovendida, ainda que eles não conhecessem a cláusula de retrato".

O novo texto legal suprime, como visto, a previsão expressa de dispensabilidade de conhecimento pelo terceiro da cláusula de retrovenda, para a sua exigibilidade.

Destarte, poderíamos concluir que, hoje, o retrato somente poderá ser exercido se o terceiro tiver conhecimento da cláusula.

Assim pensamos pelo fato de soar extremamente incoerente que um Código, que prestigia enormemente a boa-fé (notadamente, na sua modalidade objetiva), venha a desprezá-la justamente em um instituto que, como já apontado, tem ensejado a simulação de negócios jurídicos.

Em conclusão, temos que, à luz do princípio da boa-fé objetiva (e também em atenção ao estado de inocência do terceiro, que podemos traduzir na expressão boa-fé subjetiva), o pacto de retrovenda somente poderá ser exercido caso se tenha realizado o registro da cláusula ou se fora dada ciência direta ao pretenso interessado na aquisição da coisa.

Feitas tais observações, somente nos cumpre ressaltar, também, que o vigente dispositivo legal põe fim à polêmica sobre a transmissibilidade do direito de retrato, proibindo a cessão desse direito por ato *inter vivos*, pois apenas admite a sua transmissão para herdeiros e legatários, o que pressupõe o falecimento do vendedor original[40].

Caso o bem ainda pertença ao comprador e este não cumpra espontaneamente a cláusula pactuada, poderá o vendedor exigir judicialmente o seu adimplemento, na forma do art. 506 do CC/2002 (sem equivalente no CC/1916), que preceitua, *in verbis*:

---

40 "O novo Código é expresso, proibindo a cessão desse direito por ato entre vivos e autorizando apenas no direito sucessório, para herdeiros e legatários (art. 507). Atende-se ao que reclamava a doutrina anterior: melhor conclusão seria sem dúvida tratar-se de direito personalíssimo, portanto intransmissível por ato entre vivos como sustentava Washington de Barros Monteiro (1980: 101). A possibilidade de cessão entre vivos, do direito de retrato abre, sem dúvida, mais uma possibilidade de fraude, entre todas aquelas a que já dá margem o instituto. No entanto, todos os argumentos contrários à possibilidade de cessão do direito de retrovenda eram subjetivos, porque a lei de 1916 não o proibia. Se fosse intenção do legislador vedá-lo, tê-lo-ia feito, como fez expressamente com o direito de preferência (art. 1.157; novo, art. 520). Agora, o novo Código é expresso nessa restrição. No sistema anterior, tratando-se de direito pessoal, nada estava a determinar na lei que o direito à retrovenda fosse personalíssimo" (VENOSA, Sílvio de Salvo. *Contratos em Espécie*, São Paulo: Atlas, 2001, p. 78).

"Art. 506. Se o comprador se recusar a receber as quantias a que faz jus, o vendedor, para exercer o direito de resgate, as depositará judicialmente.

Parágrafo único. Verificada a insuficiência do depósito judicial, não será o vendedor restituído no domínio da coisa, até e enquanto não for integralmente pago o comprador".

Ressalte-se a parte final do parágrafo único, destacando a ideia do "justo preço" que aqui defendemos, não sendo estranho afirmar que a lide poderá se concentrar apenas na fixação do valor adequado para a retrovenda.

Se a coisa vier a perecer, sem culpa, extingue-se o direito de resgate, uma vez que houve perda do bem para o comprador, sem qualquer indenização à parte adversa, valendo a regra de que a coisa perece para seu dono (*res perit domino*). Outrossim, entendemos que, por força do mesmo princípio, se o imóvel se deteriorar, não terá o vendedor direito à redução proporcional do preço, devendo restituí-lo integralmente ao comprador.

Na mesma linha e pelo mesmo fundamento, o comprador, enquanto detiver a propriedade sob condição resolutiva, terá direito aos frutos e rendimentos do imóvel, justamente pela sua condição de proprietário.

Por fim, na forma do art. 508 do CC/2002, se "a duas ou mais pessoas couber o direito de retrato sobre o mesmo imóvel, e só uma o exercer, poderá o comprador intimar as outras para nele acordarem, prevalecendo o pacto em favor de quem haja efetuado o depósito, contanto que seja integral".

A regra facilita a compreensão do instituto da retrovenda conjunta e sua finalidade. De fato, garantido o direito a duas ou mais pessoas, o ideal seria que elas postulassem conjuntamente, por não haver prevalência do direito de uma em face da(s) outra(s). Todavia, como os interesses individuais são variáveis, agiu bem o legislador ao prever que, caso não haja manifestação conjunta, prevalecerá aquele que primeiro provocou, realizando o depósito, desde que integral. O óbvio, porém, deve ser ressaltado: somente será garantido o direito com o pagamento total, não havendo que se falar em retrovenda parcial.

Se houver discussão sobre o justo valor, realça-se a importância da comunicação aos demais interessados, pois estes poderão, querendo, exercer também o direito de retrato, fazendo, aí, sim, o depósito do valor adequado.

A pergunta que não quer calar é: e se todos realizarem, simultaneamente, o depósito adequado, exercitando o seu direito?

A lei não traz a resposta, sendo intuitivo responder que, não sendo possível delimitar quem efetivou a medida em primeiro lugar (o que, na maior parte das vezes, é relativamente fácil de comprovar, seja pela guia de depósito bancário, seja pelo protocolo de petição, judicial ou extrajudicialmente), seja razoável estabelecer um condomínio sobre o imóvel.

E se o bem imóvel vendido, com a cláusula de retrovenda, pertencia originalmente a uma coletividade, em condomínio, mas a sua alienação não foi realizada no mesmo ato ou com cláusula de retrovenda conjunta?

A regra expressa do sistema anterior (art. 1.143, § 2º, do CC/1916) garantia que cada qual, de per si, exercitasse sobre o respectivo quinhão o seu direito de retrato, sem que o comprador pudesse constranger os demais a resgatá-lo por inteiro.

O vigente Código Civil brasileiro silenciou sobre a questão, mas, em nosso entendimento, não há mudança de orientação, uma vez que a regra é compatível com os princípios do condomínio.

## 8.2. Venda a contento e sujeita à prova (por experimentação)

A Subseção II da Seção destinada às cláusulas especiais à compra e venda reúne dois institutos jurídicos análogos, a saber, a venda a contento e a venda sujeita a prova.

Ambas as cláusulas se referem a vendas realizadas sob condição suspensiva, vale dizer, ao agrado do comprador ou à adequação do bem à finalidade desejada.

É interessante ressaltar que, na codificação revogada, ambas as modalidades estavam previstas no mesmo dispositivo, qual seja, o art. 1.144, que preceituava, *ipsis litteris*:

> "Art. 1.144. A venda a contento reputar-se-á feita sob condição suspensiva, se no contrato não se lhe tiver dado expressamente o caráter de condição resolutiva.
>
> Parágrafo único. Nesta espécie de venda, se classifica a dos gêneros, que se costumam provar, medir, pesar, ou experimentar antes de aceitos".

A codificação vigente, por sua vez, destrincha os institutos, explicitando que, do ponto de vista técnico, a hipótese é propriamente de condição suspensiva, uma vez que sujeita a evento futuro e incerto.

Nessa linha, portanto, a venda a contento (também conhecida como venda *ad gustum* ou com *pactum displicentiae*) é aquela que se realiza sob a condição suspensiva de só se tornar perfeita e obrigatória após declaração do comprador de que a coisa o satisfaz[41].

Aqui, merece destaque a natureza subjetiva do ato revelador do contentamento, que deve ser encarada como uma condição potestativa simples, e não puramente potestativa, uma vez que o pacto acessório dá direito ao comprador de experimentar a coisa antes de aceitá-la, não sendo a sua concepção o arbítrio do potencial adquirente, mas, sim, a sua satisfação.

Já na venda sujeita a prova, a condição suspensiva reside no atendimento das qualidades asseguradas pelo vendedor e na idoneidade para o fim a que se destina[42].

Nessa segunda modalidade, o campo de subjetividade, embora existente, é menor, uma vez que é admissível falar em demonstração objetiva das qualidades e idoneidade

---

[41] CC/2002: "Art. 509. A venda feita a contento do comprador entende-se realizada sob condição suspensiva, ainda que a coisa lhe tenha sido entregue; e não se reputará perfeita, enquanto o adquirente não manifestar seu agrado".

[42] CC/2002: "Art. 510. Também a venda sujeita a prova presume-se feita sob a condição suspensiva de que a coisa tenha as qualidades asseguradas pelo vendedor e seja idônea para o fim a que se destina".

para os fins (experimentação). Dessa forma, entendemos que, para a venda sujeita à prova, a recusa do comprador não pode ser injustificada, motivo pelo qual aplaudimos a explicitação da modalidade análoga.

Ressalte-se, no particular, que, em ambas as formas, o negócio jurídico, embora existente e válido, somente produzirá os seus efeitos após a declaração do comprador. Assim sendo, é instituto distinto do direito de arrependimento, que também é uma prerrogativa excepcional nas relações contratuais, salvo nas relações de consumo, em que o art. 49 do CDC confere ao consumidor o direito potestativo de desistir da compra realizada fora do estabelecimento no prazo de 7 (sete) dias[43].

Reconhecida a natureza jurídica de condição suspensiva destas duas modalidades de cláusulas especiais, duas consequências lógicas se impõem:

a) enquanto não advier a manifestação concordante do adquirente e a despeito de haver ocorrido a tradição, o domínio continua com o alienante, que sofre as perdas advindas do fortuito;

b) não tendo adquirido o domínio, o comprador, antes da ocorrência da condição, é mero comodatário, limitando-se por tal circunstância às suas obrigações (art. 511 do CC/2002[44]), pelo que a posse que exerce é precária.

A lei não estabelece prazo para que o comprador se manifeste, declarando sua satisfação pessoal com o bem ou a adequação deste para as finalidades pretendidas.

Assim sendo, não havendo previsão contratual específica (escrita ou verbal), tem o vendedor a prerrogativa de intimá-lo, judicial ou extrajudicialmente, para que se verifique a ocorrência ou não da condição[45].

E se o comprador silenciar?

Na falta de previsão legal (ou contratual específica), parece-nos que a razoabilidade impõe reconhecer o ditado popular de que "quem cala consente".

Por exemplo, se Marli vende um DVD para Cleide, com a condição suspensiva de que esta goste do seu conteúdo, não fixando prazo para tal manifestação, deve comunicá-la, judicial ou extrajudicialmente, para que o faça, no prazo improrrogável de X dias, sob pena de caracterizar tacitamente o agrado. Até porque os princípios da razoabilidade e da segurança jurídica nos orientam no sentido de que este comportamento omissi-

---

[43] CDC: "Art. 49. O consumidor pode desistir do contrato, no prazo de 7 dias a contar de sua assinatura ou do ato de recebimento do produto ou serviço, sempre que a contratação de fornecimento de produtos e serviços ocorrer fora do estabelecimento comercial, especialmente por telefone ou a domicílio. Parágrafo único. Se o consumidor exercitar o direito de arrependimento previsto neste artigo, os valores eventualmente pagos, a qualquer título, durante o prazo de reflexão, serão devolvidos, de imediato, monetariamente atualizados".

[44] CC/2002: "Art. 511. Em ambos os casos, as obrigações do comprador, que recebeu, sob condição suspensiva, a coisa comprada, são as de mero comodatário, enquanto não manifeste aceitá-la".

[45] CC/2002: "Art. 512. Não havendo prazo estipulado para a declaração do comprador, o vendedor terá direito de intimá-lo, judicial ou extrajudicialmente, para que o faça em prazo improrrogável".

vo, aliado à subsistência da posse sobre a coisa, firma a ideia de que houve a satisfação ou o atendimento da expectativa do comprador em face da coisa.

## 8.3. Preempção ou preferência

Celebrado um negócio jurídico de compra e venda, e, em seguida, a transmissão da propriedade (pela tradição ou registro), o normal é que não haja mais qualquer vinculação entre os contratantes.

Todavia, podem os pactuantes estabelecer uma cláusula que obrigue o comprador de coisa móvel ou imóvel, no caso de pretender vendê-la ou dá-la em pagamento, a oferecê-la a quem lhe vendeu originalmente, para que este tenha a preferência em readquiri-la, em igualdade de condições, com quem também está interessado em incorporá-la em seu patrimônio.

É a cláusula de preempção, também chamada de cláusula de preferência, prelação ou *pactum protimiseos*, disciplinada pelos arts. 513 a 520 do CC/2002.

Trata-se de um pacto, decorrente unicamente da autonomia da vontade, e estipulado, evidentemente, em favor do alienante, aqui chamado preferente, prestigiando o seu desejo eventual de retomar o bem que outrora lhe pertenceu.

Por isso mesmo, não somente o comprador tem a obrigação de cientificar, na forma do *caput* do art. 513 do Código Civil[46] como também o vendedor tem o direito de exercitá-lo, independentemente de provocação do comprador[47].

Para que o direito de preempção seja exercido, o vendedor, sob pena de perda da sua preferência, está "obrigado a pagar, em condições iguais, o preço encontrado, ou o ajustado" (art. 515 do CC/2002). Isso quer dizer que, para readquirir o bem, o vendedor originário deve igualar as condições oferecidas por terceiros, tanto no que se refere ao valor pecuniário (preço) quanto em relação às vantagens oferecidas.

Por isso, o cumprimento da cláusula, que se assemelha a uma condição resolutiva (não se identificando, pois se trata de uma nova aquisição, potencialmente com valor diferenciado, e não um retorno ao *status quo ante*), depende necessariamente de duas circunstâncias, a saber:

a) interesse do comprador em se desfazer do imóvel por compra e venda ou dação em pagamento (negócios jurídicos eminentemente onerosos);

b) desejo do vendedor original em readquirir o bem, tendo condições de oferecer as mesmas condições de terceiros (não basta a manifestação de vontade, sendo imprescindível tal igualdade, sob pena de prejudicar o comprador original, ora alienante).

---

[46] CC/2002: "Art. 513. A preempção, ou preferência, impõe ao comprador a obrigação de oferecer ao vendedor a coisa que aquele vai vender, ou dar em pagamento, para que este use de seu direito de prelação na compra, tanto por tanto".

[47] CC/2002: "Art. 514. O vendedor pode também exercer o seu direito de prelação, intimando o comprador, quando lhe constar que este vai vender a coisa".

Sem a presença simultânea desses dois requisitos, não há como falar em prelação.

E qual é o prazo do direito de preferência?

Esta é uma pergunta interessante, excelente para fazer em provas sem consulta à legislação, uma vez que a resposta comporta desdobramentos.

Isso porque a cláusula especial de preferência, no contrato de compra e venda, terá sempre limitação temporal, cujo prazo ficará a critério das partes, não podendo, na forma do parágrafo único do art. 513 do CC/2002 (sem correspondente no CC/1916), exceder 180 (cento e oitenta) dias, se a coisa for móvel, ou 2 (dois) anos, se imóvel.

Este é o prazo de validade (temporal) da cláusula de preferência.

Todavia, para o exercício do seu direito, tem o vendedor o prazo de 3 (três) dias, se o bem for móvel, ou 60 (sessenta) dias, se for imóvel, contados, em ambas as hipóteses, da data em que o comprador tiver notificado o vendedor original.

É o que se infere do art. 516 do CC/2002[48], que aumentou o prazo (o que é uma exceção no vigente Código Civil brasileiro), no caso dos bens imóveis, em relação ao trintídio originalmente previsto no art. 1.153 do CC/1916.

Não há direito de preferência sobre parte do bem, móvel ou imóvel, ainda que estabelecido em benefício de duas ou mais pessoas.

Nesta hipótese, o prazo de validade da cláusula é o mesmo, mas o prazo decadencial correrá, para cada preferente, a partir de sua cientificação, podendo o direito caducar, portanto, para uns e não para outros.

É o que se infere do art. 517 do CC/2002:

> "Art. 517. Quando o direito de preempção for estipulado a favor de dois ou mais indivíduos em comum, só pode ser exercido em relação à coisa no seu todo. Se alguma das pessoas, a quem ele toque, perder ou não exercer o seu direito, poderão as demais utilizá-lo na forma sobredita".

No que tange aos seus efeitos, a violação desta cláusula especial do contrato de compra e venda não gera eficácia real, mas, sim, se resolve na velha fórmula das perdas e danos, por expressa dicção legal.

Assim, se o comprador não tiver afrontado (cientificado) o vendedor, estabelece o art. 518 do CC/2002, *in verbis*:

> "Art. 518. Responderá por perdas e danos o comprador, se alienar a coisa sem ter dado ao vendedor ciência do preço e das vantagens que por ela lhe oferecem. Responderá solidariamente o adquirente, se tiver procedido de má-fé".

48 CC/2002: "Art. 516. Inexistindo prazo estipulado, o direito de preempção caducará, se a coisa for móvel, não se exercendo nos três dias, e, se for imóvel, não se exercendo nos sessenta dias subsequentes à data em que o comprador tiver notificado o vendedor".

É de lamentar que, neste aspecto, não tenha sido prevista qualquer modalidade de tutela específica para o descumprimento, pois a regra contratual, em situações como tais, é normalmente violentada por quem tem condições de abusar do poderio econômico.

Este é um elemento, inclusive, que diferencia tal cláusula especial à compra e venda com o direito de preferência do locatário, no contrato de locação imobiliária.

De fato, na forma dos arts. 27 a 34 da Lei n. 8.245/91, tem o locatário "preferência para adquirir o imóvel locado, em igualdade de condições com terceiros, devendo o locador dar-lhe conhecimento do negócio mediante notificação judicial, extrajudicial ou outro meio de ciência inequívoca".

Este direito de preferência decorre, necessariamente, de preceito legal, e não meramente da autonomia da vontade, como o pacto acessório aqui tratado.

Assim, além da possibilidade de perdas e danos, o direito de preferência do locatário poderá ter eficácia real, com a possibilidade de tutela específica, "desde que o contrato de locação esteja averbado pelo menos trinta dias antes da alienação junto à matrícula do imóvel".

É o que estabelece o art. 33 da Lei do Inquilinato (Lei n. 8.245/91), *in verbis*:

> "Art. 33. O locatário preterido no seu direito de preferência poderá reclamar do alienante as perdas e danos ou, depositando o preço e demais despesas do ato de transferência, haver para si o imóvel locado, se o requerer no prazo de seis meses, a contar do registro do ato no cartório de imóveis, desde que o contrato de locação esteja averbado pelo menos trinta dias antes da alienação junto à matrícula do imóvel.
>
> Parágrafo único. A averbação far-se-á à vista de qualquer das vias do contrato de locação desde que subscrito também por duas testemunhas".

Vale destacar também que o direito de preferência, quando estabelecido nesta cláusula especial de compra e venda, é considerado personalíssimo, ou seja, não se transmite, nem por ato *inter vivos*, nem *mortis causa*, o que é objeto de norma específica, a saber, o art. 520 do CC/2002: "O direito de preferência não se pode ceder nem passa aos herdeiros".

Compreendida a cláusula especial de preferência, parece-nos relevante distingui-la da retrovenda, o que pode ser sintetizado em quatro pontos de divergência:

a) enquanto na retrovenda o negócio original se resolve, no pacto de preferência, há uma nova aquisição feita pelo vendedor primitivo;

b) a retrovenda recai somente sobre imóveis[49], enquanto o pacto de preferência recai sobre móveis e imóveis;

[49] Ressalvamos o nosso posicionamento pessoal (acadêmico) de admitir a possibilidade também de fixação da cláusula de retrovenda para bens móveis, em decorrência da autonomia da vontade dos contraentes, conforme defendido no subtópico 8.1 ("Retrovenda") deste capítulo.

c) na retrovenda, o vendedor conserva o direito de readquirir a coisa e o comprador é obrigado a vender; no pacto de preferência, o comprador não está obrigado a vender a coisa;

d) enquanto o direito contido na retrovenda é transmissível (art. 507 do CC/2002), o direito de preferência não se transfere a terceiros.

Por fim, de forma excepcional, a lei estabelece um direito de preferência, de natureza obrigacional, mas que não decorre de um contrato de compra e venda, e, sim, da expropriação para fins de necessidade ou utilidade pública.

Em direito administrativo, fala-se em retrocessão.

Em casos que tais, se "a coisa expropriada para fins de necessidade ou utilidade pública, ou por interesse social, não tiver o destino para que se desapropriou, ou não for utilizada em obras ou serviços públicos, caberá ao expropriado direito de preferência, pelo preço atual da coisa" (art. 519 do CC/2002).

Trata-se de medida das mais salutares, pois o desvio da finalidade originária do ato da Administração Pública deve ensejar o direito de o administrado reaver o seu bem, sem prejuízo do interesse público, que receberá o valor efetivo pelo preço atual da coisa, matéria que rende inúmeros desdobramentos e controvérsias, na seara específica do Direito Administrativo.

## 8.4. Venda com reserva de domínio

Trata-se de uma cláusula não prevista originariamente na codificação civil revogada, sendo, portanto, uma novidade do Código Civil de 2002, embora o instituto já fosse conhecido no campo do direito processual.

A venda com reserva de domínio (ou *pactum reservati dominii*) nada mais é do que um contrato de compra e venda de coisa móvel, em que se subordina a efetiva transferência da propriedade ao pagamento integral do preço.

Por meio deste contrato, com tal condição suspensiva, transfere-se ao adquirente apenas a posse da coisa alienada, conservando o vendedor o domínio sobre ela, até lhe ser pago a totalidade do preço[50].

Nessas circunstâncias, a quitação do preço estipulado enseja a automática transferência do domínio, o que não exigirá mais qualquer ato, uma vez que, materialmente, já ocorreu a tradição.

Por isso mesmo, estando já o comprador na posse direta do bem móvel, é ele o guardião do mesmo, sendo o responsável pelos riscos da coisa, motivo pelo qual soa razoável a regra do art. 524 do CC/2002, que dispõe:

[50] CC/2002: "Art. 521. Na venda de coisa móvel, pode o vendedor reservar para si a propriedade, até que o preço esteja integralmente pago".

"Art. 524. A transferência de propriedade ao comprador dá-se no momento em que o preço esteja integralmente pago. Todavia, pelos riscos da coisa responde o comprador, a partir de quando lhe foi entregue".

Parece-nos evidente que a ideia de disciplinar tal modalidade de compra e venda, submetida a condição suspensiva, tem por finalidade incentivar o crédito ao consumo de bens móveis, proporcionando maior garantia ao vendedor, muito embora a alienação fiduciária afigure-se-nos muito mais dinâmica.

Por isso mesmo, há a preocupação de se explicitar a legitimidade de instituições financeiras para, na condição de cessionárias do crédito original do vendedor, exercer os direitos e pretensões decorrentes do contrato, a benefício do seu crédito, excluída a concorrência de qualquer outro.

É esta a regra do art. 528 do CC/2002:

"Art. 528. Se o vendedor receber o pagamento à vista, ou, posteriormente, mediante financiamento de instituição do mercado de capitais, a esta caberá exercer os direitos e ações decorrentes do contrato, a benefício de qualquer outro. A operação financeira e a respectiva ciência do comprador constarão do registro do contrato"[51].

No que diz respeito à validade formal de tal cláusula, estabelece a lei que a forma deve ser necessariamente escrita e, para valer contra terceiros, precisa ser registrada em cartório próprio, a saber, o Cartório de Títulos e Documentos, no domicílio do comprador[52].

Somente podem ser objeto da venda com reserva de domínio coisas móveis de natureza durável suscetível de caracterização perfeita, havendo restrição legal nesse sentido, no art. 523 do CC/2002, buscando evitar distúrbios na identificação do bem, sendo estabelecida, inclusive, regra de hermenêutica contratual, para explicar que, na dúvida, decide-se em favor do terceiro adquirente de boa-fé[53].

E se o comprador tornar-se inadimplente?

Bem, tratando-se de uma venda com condição suspensiva, em primeiro lugar, deve o vendedor constituir o comprador formalmente em mora, seja pelo protesto do título,

---

[51] É interessante registrar que, sobre o tema, na III Jornada de Direito Civil da Justiça Federal, foi aprovado o Enunciado n. 178, que explicita, ainda mais, esta ideia, ao afirmar: "Art. 528. Na interpretação do art. 528, devem ser levadas em conta, após a expressão 'a benefício de', as palavras 'seu crédito, excluída a concorrência de', que foram omitidas por manifesto erro material".

[52] CC/2002: "Art. 522. A cláusula de reserva de domínio será estipulada por escrito e depende de registro no domicílio do comprador para valer contra terceiros".

[53] CC/2002: "Art. 523. Não pode ser objeto de venda com reserva de domínio a coisa insuscetível de caracterização perfeita, para estremá-la de outras congêneres. Na dúvida, decide-se a favor do terceiro adquirente de boa-fé".

seja por interpelação judicial[54], valendo destacar que tal ato é essencial, até mesmo porque enseja a possibilidade de purgação da mora pelo adquirente.

A partir daí, o art. 526[55], do Código Civil de 2002, oferece duas opções ao vendedor:

a) exigir o pagamento das obrigações vencidas e vincendas, sem prejuízo da pretensão indenizatória (compreendida na expressão "e o mais que lhe for devido" contida na lei); ou
b) reaver a coisa, com a apreensão e depósito da coisa, uma vez que o comprador não tem mais justo título a respaldar a sua posse, motivo pelo qual há a possibilidade, inclusive, de concessão de ordem liminar, para impedir que o comprador aliene, esconda ou deteriore a coisa, independentemente da boa-fé de terceiros.

Se o vendedor escolher a segunda opção, estabelece o art. 527 do Código Civil:

> "Art. 527. Na segunda hipótese do artigo antecedente, é facultado ao vendedor reter as prestações pagas até o necessário para cobrir a depreciação da coisa, as despesas feitas e o mais que de direito lhe for devido. O excedente será devolvido ao comprador; e o que faltar lhe será cobrado, tudo na forma da lei processual".

Por fim, pergunta-se: qual é a diferença da venda com reserva de domínio para a alienação fiduciária em garantia?

Segundo ARNOLDO WALD, a alienação fiduciária em garantia "é todo negócio jurídico em que uma das partes (fiduciante) aliena a propriedade de uma coisa móvel ao financiador (fiduciário), até que se extinga o contrato pelo pagamento ou pela inexecução"[56].

Trata-se, portanto, de negócio jurídico bilateral, no qual se pretende a transferência da propriedade de uma coisa ao credor, com a finalidade de garantir um pagamento. Vale dizer, o devedor (fiduciante) permanece como possuidor direto, ao passo que o credor (fiduciário) detém a posse indireta e a propriedade resolúvel da coisa, até o adimplemento da dívida.

Nesse aspecto, é possível constatar a semelhança na circunstância fática de que há a transferência da posse direta do bem para o sujeito que pretende obter o seu domínio.

No mais, porém, há mais diferenças do que semelhanças, podendo os elementos de divergência ser assim resumidos:

a) Na venda com reserva de domínio, há uma venda com condição suspensiva, qual seja, o evento futuro e incerto do pagamento do preço pelo comprador,

---

[54] CC/2002: "Art. 525. O vendedor somente poderá executar a cláusula de reserva de domínio após constituir o comprador em mora, mediante protesto do título ou interpelação judicial".

[55] CC/2002: "Art. 526. Verificada a mora do comprador, poderá o vendedor mover contra ele a competente ação de cobrança das prestações vencidas e vincendas e o mais que lhe for devido; ou poderá recuperar a posse da coisa vendida".

[56] WALD, Arnoldo. *Obrigações e Contratos*, 12. ed., São Paulo: Revista dos Tribunais, 1995, p. 270.

embora a posse direta do bem já seja transferida; na alienação fiduciária, há uma "venda" para a entidade financiadora com condição resolutiva (o pagamento da dívida consolidaria a propriedade no possuidor direto);

b) A venda com reserva de domínio pode ser feita diretamente entre comprador e vendedor, enquanto, na alienação fiduciária, há a presença indispensável de um financiador;

c) A venda com reserva de domínio se restringe a bens móveis, enquanto a alienação fiduciária pode ser aplicada igualmente em venda de imóvel (art. 22 da Lei n. 9.514/97).

O fato, porém, é que, com a disseminação da alienação fiduciária, o espaço reservado para a venda com reserva de domínio tem diminuído, embora ainda seja figura contratual bastante utilizada, notadamente na aquisição de eletrodomésticos.

## 8.5. Venda sobre documentos

A venda sobre documentos, como modalidade especial de compra e venda, não encontrava previsão no Código Civil de 1916, sendo uma novidade da codificação inaugurada em 2002.

Trata-se, porém, de instituto há muito conhecido, notadamente no comércio marítimo, tendo por finalidade agilizar a dinâmica contratual, de forma a possibilitar a conclusão do negócio jurídico sem que se tenha de proceder à análise da coisa, que, comumente, está na detenção de terceiros, como, por exemplo, um transportador ou um depositário.

Consiste, na forma do art. 529 do CC/2002, em uma compra e venda em que "a tradição da coisa é substituída pela entrega do seu título representativo e dos outros documentos exigidos pelo contrato ou, no silêncio deste, pelos usos".

Saliente-se a menção aos usos, fonte normativa relevantíssima no meio comercial, o que já destaca a sua importância na disseminação do instituto.

O critério de segurança desta forma contratual reside na circunstância, prevista no parágrafo único do mencionado artigo, de que SE encontrando "a documentação em ordem, não pode o comprador recusar o pagamento, a pretexto de defeito de qualidade ou do estado da coisa vendida, salvo se o defeito já houver sido comprovado", hipótese última em que deve ser feita a ressalva pelo comprador, uma vez que, conhecendo ele o defeito e, mesmo assim, adquirindo o bem, a presunção é de que o desejava no estado em que se encontrava.

Um exemplo muito comum ocorre na venda de mercadoria ainda em transporte, depositada em armazém ou pendente de liberação na alfândega, em que o vendedor entrega ao comprador o título, *warrant* ou outro documento hábil ao recebimento da coisa, que, como se percebe em tais casos, se encontra com terceiros.

Como há a impossibilidade de se obstar o pagamento, a pretexto de defeito na coisa, se o documento a esta referente encontra-se em ordem, o que fazer se o bem entregue contiver um vício oculto?

A mesma conduta a se ter em qualquer outra modalidade de compra e venda — respondemos nós —, pois é óbvio que tal cláusula especial tem por fito, somente, facilitar a consumação da transferência de domínio, sem aguardar a tradição, e não lesionar o comprador, sendo aplicável, portanto, toda a disciplina de tutela em face dos vícios redibitórios[57], à luz do princípio da boa-fé objetiva.

Nesse sentido, observa CARLOS ROBERTO GONÇALVES que a "entrega dos documentos gera, pois, presunção de que a coisa conserva as qualidades neles apontadas, não podendo o comprador condicionar o pagamento à realização de vistoria para constatação de inexistência de defeitos ocultos (vícios redibitórios) ou aparentes. Como observa Paulo Luiz Netto Lôbo, ocorre, em relação ao comprador, aproximação com o esquema *solve et repete* (primeiro pague, depois reclame), muito utilizado no direito fiscal. O comprador paga contra a entrega do documento representativo e reclama contra o vendedor sobre vício ou defeito da coisa"[58].

E se, de fato, o bem não for entregue?

Como a propriedade já se transferiu, deve-se ingressar com a medida possessória ou petitória cabível, em face do alienante (ação reivindicatória, por exemplo).

O pagamento, devido pelo comprador, como dito, pela mera entrega do título representativo (ou outros documentos exigidos no contrato ou pelos usos do comércio), será efetuado na data e no lugar de entrega dos documentos, salvo convenção em sentido contrário, na forma do art. 530 do Código Civil[59].

Neste tipo de negócio jurídico, é extremamente recomendável a estipulação de um seguro, cujos ônus não foram esquecidos pelo vigente Código Civil brasileiro, ao estabelecer, em seu art. 531:

> "Art. 531. Se entre os documentos entregues ao comprador figurar apólice de seguro que cubra os riscos do transporte, correm estes à conta do comprador, salvo se, ao ser concluído o contrato, tivesse o vendedor ciência da perda ou avaria da coisa".

A disposição legal tem por finalidade sancionar a má-fé do vendedor, que já tinha ciência da perda ou avaria da coisa e, mesmo assim, celebrou o negócio jurídico. É óbvio, porém, que o transcrito dispositivo é, em verdade, uma regra de responsabilidade civil, pois, de fato, o pagamento da contratação do seguro é custeado originalmente pelo comprador, apenas sendo possível invocar o dispositivo depois de se constatar que o negócio, já celebrado e consumado com a entrega dos documentos, não poderia tê-lo sido, pela perda ou avaria da coisa, o que somente pode ser constatado posteriormente.

---

57 Sobre o tema, confira-se o nosso *Novo Curso de Direito Civil*, v. 4, Cap. "Vícios Redibitórios".

58 GONÇALVES, Carlos Roberto. *Direito Civil Brasileiro*, 18. ed., São Paulo: Saraiva, 2020, v. 3, p. 288.

59 Vale lembrar que a regra geral sobre o tema, na forma do art. 490 do CC/2002, é que "Salvo cláusula em contrário, ficarão as despesas de escritura e registro a cargo do comprador, e a cargo do vendedor as da tradição".

Por fim, também se prevê a atuação de estabelecimentos bancários neste tipo de relação negocial.

É a regra do art. 532 do CC/2002:

> "Art. 532. Estipulado o pagamento por intermédio de estabelecimento bancário, caberá a este efetuá-lo contra a entrega dos documentos, sem obrigação de verificar a coisa vendida, pela qual não responde.
>
> Parágrafo único. Nesse caso, somente após a recusa do estabelecimento bancário a efetuar o pagamento, poderá o vendedor pretendê-lo, diretamente do comprador".

No testemunho autorizado de SÍLVIO VENOSA:

> "Essa modalidade é regulada pelo Código italiano. Premissa ordinária da venda contra documentos é que a coisa encontre-se na posse de um terceiro em nome e por conta do vendedor. Ocorre com frequência na compra e venda internacional por nós já examinada. Sua utilidade maior acentua-se quando um ou ambos os contratantes se encontram em local diverso da mercadoria no momento da conclusão do contrato. Há, sem dúvida, a interferência dos princípios dos títulos de crédito no contrato de compra e venda. Esse negócio tem lugar quando esses documentos representam a própria coisa, como ocorre em alguns títulos de crédito"[60].

[60] VENOSA, Sílvio de Salvo. *Contratos em Espécie*, São Paulo: Atlas, 2001, p. 99-100.

# XXV TROCA OU PERMUTA

## 1. DENOMINAÇÃO E CONCEITO

Troca ou permuta são expressões equivalentes, que contêm uma grande quantidade de sinônimos: câmbio, escambo, comutação, permutação. Até a palavra "mútuo" é elencada neste rol[1].

Abstraída esta última palavra, que tem um sentido próprio no campo do Direito, qualquer uma delas pode ser utilizada indistintamente, embora, por óbvio, sejam preferíveis as adotadas pelo Código, que dão nome a este capítulo, o que prestigiaremos na medida do possível e do estilo redacional.

Trata-se de uma das modalidades contratuais de mais antiga utilização, mesmo antes do desenvolvimento da compreensão do sistema normativo moderno, consistindo seu conceito, em síntese, em um negócio jurídico em que as partes se obrigam a entregar reciprocamente coisas, que não sejam dinheiro.

A proximidade de tal modalidade contratual com o contrato de compra e venda é evidente, pois, afinal de contas, o que é uma troca senão uma compra que se paga com bem, em vez de pecúnia?

Fixado seu conceito, enunciemos suas principais características.

## 2. CARACTERÍSTICAS

Quanto à natureza da obrigação, trata-se de um contrato bilateral, na medida em que implica direitos e obrigações para ambos os contratantes. Nada impede, porém, que se apresente na modalidade plurilateral (ou multilateral), caso concorram mais de dois contratantes com obrigações, desde que seja assim estabelecido pela autonomia da vontade (ex.: Marina troca a figurinha *x* com Nathália, em contraprestação à figurinha *y* de Carol, que, por sua vez, receberá a figurinha *z* de que Nathália era detentora).

Da mesma forma, a troca é um contrato oneroso. Mesmo não havendo a entrega de pecúnia nesta modalidade contratual, isso não a torna um contrato gratuito. De fato, na

1 "Permuta. *s.f.* câmbio, comutação, escambo, mutuação, mútuo, permutação, troca" (Instituto Antônio Houaiss de Lexicografia e Banco de Dados da Língua Portuguesa S/C Ltda., *Dicionário Houaiss de sinônimos e antônimos da língua portuguesa*, p. 509).

permuta, a cada benefício recebido corresponde um sacrifício patrimonial, sendo aplicáveis todas as peculiaridades de tal característica, por exemplo, a exceção do contrato não cumprido.

As obrigações devem equivaler-se juridicamente, conhecendo os contratantes, *ab initio*, as suas respectivas prestações, pelo que se fala em um contrato comutativo. Tal correspondência não será necessariamente econômica, a depender da autonomia da vontade das partes, conforme esmiuçaremos nesse capítulo.

Pelas suas próprias peculiaridades, a troca ou permuta, em regra, pressupõe que as partes estejam em iguais condições de negociação, estabelecendo livremente as cláusulas contratuais na fase de puntuação, considerando-se, assim, um contrato paritário.

É um típico contrato civil, que, quanto à forma, é classificado, *a priori*, como não solene (a menos que envolva, por exceção, bens imóveis, em que, conforme preceituado pelo art. 108 do Código Civil, haverá a imprescindibilidade do registro para a validade da estipulação contratual) e consensual, tal qual a compra e venda, na medida em que se concretiza com a simples declaração de vontade, produzindo, de imediato, seus efeitos jurídicos obrigacionais, sem operar, de per si, a transferência da propriedade, senão a simples obrigação de fazê-lo.

Quanto à designação, por óbvio que se trata de um contrato nominado e, pela existência de uma disciplina legal específica, de um contrato típico.

O contrato de troca ou permuta, assim como o de compra e venda, não é celebrado em função da pessoa do contratante, mas, sim, pela circunstância fática de quem dispõe das coisas destinadas a ser os objetos da relação contratual. Assim sendo, pode ser considerado contrato impessoal, que é aquele em que somente interessa o resultado da atividade contratada, independentemente de quem seja a pessoa que irá realizá-la. Por exemplo, se um dos permutantes vier a falecer antes da entrega da coisa, poderá ser exigido do espólio o cumprimento da prestação.

Mesmo tratando-se de contrato que envolve, normalmente, duas pessoas, é considerado um contrato individual, pois se refere a uma estipulação entre pessoas determinadas, ainda que em número elevado, mas consideradas individualmente.

Quanto ao tempo, a troca ou permuta é um contrato instantâneo, já que seus efeitos são produzidos de uma só vez, podendo materializar-se tanto como um contrato de execução imediata quanto de execução diferida, a depender da situação fática, em que a produção concentrada de efeitos se dê *ipso facto* à avença ou em data posterior à celebração (em função da inserção de um termo limitador da sua eficácia).

Trata-se, ainda, em função do motivo determinante do negócio, de um contrato causal, que pode ser declarado inválido se a causa do negócio jurídico for considerada inexistente, ilícita ou imoral.

Na classificação pela função econômica, até pela sua denominação já se infere tratar-se de um contrato em que há permuta de utilidades econômicas.

Por fim, tomando o critério classificatório dos contratos reciprocamente considerados, confirmamos ser um contrato principal, com existência autônoma, independentemente de outro, bem como definitivo.

## 3. PERMUTA DE VALORES DESIGUAIS

Como parece óbvio, somente de forma excepcional é que os bens permutados terão exatamente o mesmo valor econômico.

Por isso, não é raro que uma das partes componha a sua prestação com pecúnia, o que decorre do exercício da autonomia individual da vontade.

Do exposto, suscitamos a seguinte questão: quando a contraprestação pelo bem ofertado em troca for parcialmente em dinheiro, estará desvirtuada a permuta?

Para responder, é preciso analisar a natureza do contrato de permuta em que há saldo a satisfazer, pois, a depender do enfoque que se vislumbre, pode-se ter efetivamente uma permuta (ex.: a troca de uma casa por um apartamento, complementando a diferença em dinheiro) ou uma compra e venda com pagamento parcialmente *in natura* (ex.: a venda de uma fazenda com o recebimento de um apartamento como parte do pagamento).

Segundo a doutrina de Eduardo Espínola[2], é possível visualizar três teorias:

a) verificação de qual o maior valor exato, se da coisa ou do saldo, caracterizando-se objetivamente, no primeiro caso, a permuta, e, no segundo, a compra e venda[3];
b) verificação da efetiva intenção das partes, apreciada de acordo com as circunstâncias;
c) consideração da permuta como regra geral para a entrega recíproca de bens (permuta com saldo), a não ser que a importância paga como saldo seja de tal maneira superior à coisa objeto do contrato que, indubitavelmente, o pagamento em dinheiro deve ser considerado o objeto principal.

Nas palavras do já lembrado EDUARDO ESPÍNOLA, é "esta última a opinião dominante, com a qual se conformam os princípios reguladores da matéria nos vários sistemas legislativos. Tem razão Henri de Page quando adverte que em matéria de permuta com saldo não existe critério fixo que permita dizer invariavelmente se o caso é de venda

[2] ESPÍNOLA, Eduardo. *Dos Contratos Nominados no Direito Civil Brasileiro*, atualizado por GAMA, Ricardo Rodrigues, Campinas: Bookseller, 2002, p. 219-21.

[3] É este, ainda, o entendimento de Carlos Roberto Gonçalves: "Quando um dos contraentes faz a reposição parcial em dinheiro, a troca não se transmuda em compra e venda, salvo se representar mais da metade do pagamento. Assim, se um contratante recebe coisa que vale R$ 100,00 e entrega outra que vale R$ 30,00, fazendo a reposição da diferença (R$ 70,00) em dinheiro, terá havido compra e venda" (*Direito Civil Brasileiro*, 18. ed., São Paulo: Saraiva, 2020, v. 3, p. 292).

ou de troca, ou de venda e troca geminadas. O que é certo é que as legislações modernas (salvo alguma como a portuguesa)[4] não se pronunciam por alguma das soluções admitidas pela doutrina, de onde se depreende que a permuta com saldo em dinheiro não deixa de ser permuta, salvo manifestação sincera das partes noutro sentido. Para evitar controvérsias, o Código Civil alemão limitou-se a declarar que à permuta se aplicam as disposições correspondentes da compra e venda (art. 515)", no que — acrescentamos nós — foi seguido pelo Código Civil brasileiro (art. 533 do CC/2002), com as devidas adaptações.

Assim sendo, registramos que o parâmetro de "mais da metade do valor", como qualquer outro, por não ter previsão legal específica, deve ser aplicado de acordo com o princípio da razoabilidade, motivo pelo qual é possível, sim, tomar outro parâmetro no caso concreto, a depender das circunstâncias fáticas.

## 4. DISCIPLINA JURÍDICA

A disciplina jurídica da troca ou permuta não mereceu maiores detalhamentos do legislador.

De fato, dada a semelhança existente entre o contrato de compra e venda e a troca ou permuta, toda a disciplina normativa aplicável ao primeiro poderá ser invocada, *mutatis mutandis*, à segunda[5], a saber, as regras sobre vícios redibitórios, evicção etc.

Ressalte-se, porém, que, dadas as peculiaridades desta modalidade contratual, notadamente a inexistência de um "preço" pelo bem trocado, na ocorrência de um vício redibitório, por exemplo, não haverá a opção de exigir entre a solução do contrato ou o abatimento do preço, concentrando-se as opções na extinção da avença.

O Código Civil brasileiro de 2002 reservou, por isso, à referida figura contratual apenas um único artigo, que tem por finalidade fazer as adaptações às suas peculiaridades, assim preceituando:

> "Art. 533. Aplicam-se à troca as disposições referentes à compra e venda, com as seguintes modificações:
>
> I — salvo disposição em contrário, cada um dos contratantes pagará por metade as despesas com o instrumento da troca;

---

[4] Referia-se o autor ao Código Civil português de 1867, que previa o contrato de permuta nos arts. 1.545/1.592. A codificação civil portuguesa, hoje regulada pelo Decreto-lei n. 47.344, de 25-11-1966, não reserva mais regras específicas sobre a troca ou permuta, aplicando-se-lhe, no aspecto deste tópico, o art. 939, referente a outros contratos onerosos, que preceitua que as "normas da compra e venda são aplicáveis aos outros contratos onerosos pelos quais se alienem bens ou se estabeleçam encargos sobre eles, na medida em que sejam conformes com a sua natureza e não estejam em contradição com as disposições legais respectivas".

[5] É a linha também dos Códigos Civis italiano ("Art. 1.555. Le norme stabilite per la vendita se applicano alla permuta, in quanto siano con questa compatibili") e francês ("Art. 1.707. Toutes les autres règles prescrites pour le contrat de vente s'appliquent d'ailleurs à l'échange").

II — é anulável a troca de valores desiguais entre ascendentes e descendentes, sem consentimento dos outros descendentes e do cônjuge do alienante".

Na primeira ressalva, como não se tem propriamente, de forma isolada, um comprador e um devedor, mas, sim, dois sujeitos que recebem e entregam prestações não pecuniárias, uma solução salomônica foi adotada para o estabelecimento das despesas do negócio jurídico. Tal regra, obviamente, é de aplicação supletiva, na ausência de estipulação contratual específica, decorrente da autonomia da vontade das partes.

Já a segunda ressalva, também existente na codificação anterior, foi "atualizada" no vigente Código Civil, passando de caso de nulidade para anulabilidade, acompanhando, portanto, a já mencionada modificação da disciplina da venda de ascendente a descendente (art. 496 do CC/2002).

Sobre o tema, observa CARLOS ROBERTO GONÇALVES:

> "Se os valores são desiguais, e o objeto que pertence ao ascendente é mais valioso, os demais descendentes devem ser ouvidos e consentir expressamente, pelas mesmas razões que justificam a necessidade de tal consentimento na venda de ascendente para descendente (art. 496). Se os valores são iguais, não há necessidade da referida anuência, pela impossibilidade de haver prejuízo para os demais descendentes. E, embora o Código não mencione, também será dispensável tal anuência se o bem recebido pelo ascendente, na troca, tiver valor superior ao por ele entregue, pois haverá, na hipótese, aumento de seu patrimônio, não tendo os demais descendentes legítimo interesse para discordar do negócio"[6].

Vê-se, portanto, neste ponto, a inequívoca preocupação do legislador de proteção da legítima.

6 GONÇALVES, Carlos Roberto. *Direito Civil Brasileiro*, 18. ed., São Paulo: Saraiva, 2020, v. 3, p. 293.

# XXVI CONTRATO ESTIMATÓRIO

## 1. CONCEITO E PARTES

Muito se discutiu, em doutrina, a respeito da natureza do contrato estimatório, firmando-se, ao final desta tormenta doutrinária, a tese defensiva de sua autonomia jurídica, consoante assevera o culto WALDIRIO BULGARELLI:

> "As discussões verificadas em torno da natureza jurídica do contrato estimatório (compra e venda sob condição resolutiva; depósito; oferta firme de venda; espécie de comissão, ou mesmo um tipo de sociedade) perderam muito da sua importância após a tipificação que lhe foi dada pelo Código Civil Italiano de 1942"[1].

De fato, o Código italiano cuidou de tipificá-lo (trazendo disciplina própria nos arts. 1.556/1.558), conceituando-o da seguinte forma:

> "Art. 1.556. Pelo contrato estimatório entrega uma parte uma ou mais coisas móveis à outra e esta se obriga a pagar o preço, a não ser que restitua a coisa no prazo estabelecido".

Seguido, de forma muito próxima, quanto à sua dicção legal, pelo Código Civil brasileiro:

> "Art. 534. Pelo contrato estimatório, o consignante entrega bens móveis ao consignatário, que fica autorizado a vendê-los, pagando àquele o preço ajustado, salvo se preferir, no prazo estabelecido, restituir-lhe a coisa consignada".

Com fundamento nesses dispositivos legais, fica fácil conceituarmos o contrato consignatório como um negócio jurídico por meio do qual uma das partes (consignante) transfere a outro (consignatário) bens móveis, a fim de que os venda, segundo um preço previamente estipulado, ou simplesmente os restitua ao próprio consignante.

Enunciados estão, também, os sujeitos da relação contratual, quais sejam, o consignante (titular do bem) e o consignatário (responsável pela venda ou restituição da coisa), devendo ser reservada a expressão "consignado" para o bem objeto do negócio jurídico.

---

[1] BULGARELLI, Waldirio. *Contratos Mercantis*, 9. ed., São Paulo: Atlas, 1997, p. 263.

Ressalte-se que, embora haja identidade terminológica, o contrato estimatório (venda por consignação) não se confunde com a consignação em pagamento, que é, em verdade, um instituto jurídico colocado à disposição do devedor para que, ante o obstáculo ao recebimento criado pelo credor ou quaisquer outras circunstâncias impeditivas do pagamento, exerça, por depósito da coisa devida, o direito de adimplir a prestação, liberando-se do liame obrigacional.

A matéria, embora já conhecida da doutrina e jurisprudência brasileira, bem como na história do Direito[2], somente veio a ser codificada com o advento do Código Civil de 2002, pois o Código de 1916 silenciou sobre o instituto.

## 2. NATUREZA JURÍDICA

Originalmente, havia bastante polêmica acerca da natureza jurídica do contrato estimatório (venda em consignação), o que, por certo, decorria da falta de uma disciplina codificada.

Ressalte-se, porém, que a autonomia da venda por consignação para a compra e venda já vinha sendo sustentada antes mesmo da positivação pelo vigente Código Civil brasileiro, que a reconhece como forma contratual típica e nominada.

Esta modalidade contratual, por isso mesmo, deve ser diferenciada de algumas espécies análogas, com as quais não se deve confundir, notadamente com o reconhecimento de sua autonomia.

O contrato estimatório, portanto, não deve confundir-se com o mandato (CC/2002, arts. 653/692), pois o mandatário atua como mero representante jurídico do mandante, sem que esteja necessariamente obrigado a realizar atos de venda dentro de um prazo preestabelecido. Ademais, a revogação e a renúncia são direitos potestativos típicos do mandato, e não da consignação.

Na mesma linha de entendimento, não pode ser identificada ao contrato de comissão, figura jurídica regulada pelo Código Civil de 2002, em seus arts. 693/709 (equivalentes aos arts. 165/190 do Código Comercial de 1850, revogado, nesta parte, pela atual codificação civil). Posto exista similitude, várias diferenças podem ser apontadas, tais como:

a) a comissão tem por objeto a aquisição ou a venda de bens pelo comissário, em seu próprio nome, à conta do comitente, enquanto na venda por consignação o consignante apenas transfere a posse dos bens móveis ao consignatário, para que este efetive a venda;

---

[2] "Nos textos de Ulpiano, concernentes ao direito romano, ao menos em duas passagens (Digesto, Livro 19, tít. III, fr. 1, e tít. V, fr. 13) são encontradas alusões à consignação para venda, na qual o *tradens* entregava ao *accipiens* uma coisa com valor previamente estimado, para que este a vendesse, com a obrigação de pagar o preço ou de a restituir ('aut igitur ipsam rem debebit incorruptam reddere, aut estimationem de qua convenir')" (GONÇALVES, Carlos Roberto, ob. cit., v. 3, p. 294-5).

b) no contrato estimatório, por sua própria natureza, reconhece-se ao consignatário facultativamente a obrigação de vender ou restituir a coisa, nada impedindo que fique com ela, enquanto na comissão tal não ocorre;

c) mesmo não sendo considerado empregado, o comissário guarda uma vinculação maior às ordens e instruções do comitente, podendo, inclusive, ser despedido sem justa causa[3];

d) presume-se o comissário autorizado a conceder dilação de pagamento, salvo proibição do comitente, diferentemente do contrato estimatório, em que, por sua natureza, o prazo é concedido pelo próprio consignante;

e) é típica do contrato em comissão, e não do estimatório, a possibilidade de estipulação da *cláusula del credere*, pacto por força do qual o comissário responde solidariamente com as pessoas com que houver tratado em nome do comitente, fazendo jus a remuneração mais elevada, para compensar o ônus assumido, salvo estipulação em contrário.

Também não se poderá equipará-la ao contrato de corretagem (arts. 722/729 do CC/2002), haja vista serem tratados por regras e princípios diversos, e especialmente porque o corretor atua como verdadeiro mediador, obrigando-se a obter, para o seu cliente, um ou mais negócios, conforme as instruções recebidas, diversamente do que ocorre com o consignatário.

Salientando as suas peculiaridades, na I Jornada de Direito Civil, promovida pelo Centro de Estudos Judiciários do Conselho da Justiça Federal, aprovou-se o Enunciado n. 32, referente ao contrato estimatório, nos seguintes termos:

> "ENUNCIADO N. 32 — No contrato estimatório (art. 534), o consignante transfere ao consignatário, temporariamente, o poder de alienação da coisa consignada com opção de pagamento do preço de estima ou sua restituição ao final do preço ajustado"[4].

Note-se, pois, que o consignatário fará jus a uma parcela do preço da venda, que deverá, pela natureza mesma do contrato, ser fixado pelo próprio consignante. Exemplo já mencionado é o da editora que transfere ao livreiro determinada quantidade de livros, estipulando o preço de venda e o período dentro do qual os exemplares devem ser vendidos, ou, simplesmente, caso isso não ocorra, serão restituídos ao consignante. Outra hipótese seria a de uma distribuidora de bebidas transferir, em consignação, a uma empresa organizadora de festas certa quantidade de engradados de refrigerante. O que for

[3] Esta é a expressão utilizada pelo art. 705 do Código Civil de 2002: "Se o comissário for despedido sem justa causa, terá direito a ser remunerado pelos trabalhos prestados, bem como a ser ressarcido pelas perdas e danos resultantes de sua dispensa".

[4] Referência ao enunciado feita por ALVES, Jones Figueirêdo. *Novo Código Civil Comentado*, coord. FIUZA, Ricardo, São Paulo: Saraiva, 2002, p. 482, e também disponível no *site*: <http://www.cjf.gov.br>.

vendido é computado como lucro para ambas as partes, o que não for é devolvido ao consignante.

Em resumo, teríamos o seguinte quadro:

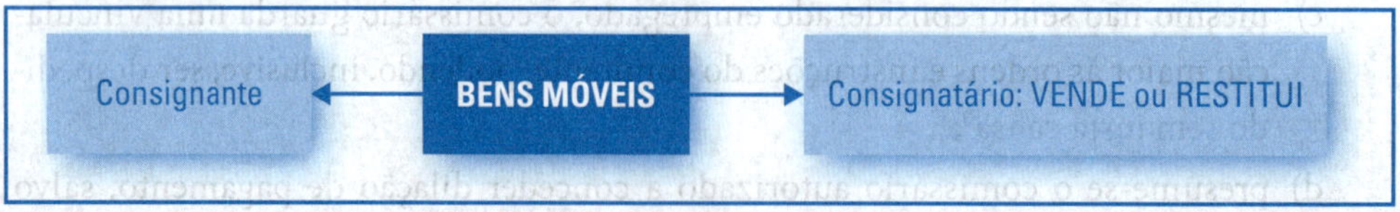


O objeto deste contrato, como visto, é limitado a bens móveis, não havendo permissibilidade legal para que se pactue o contrato tendo por objeto imóveis, pois isso desvirtuaria a natureza mesma da avença.

Embora a lei aponte no sentido de que a coisa móvel deva ser vendida a terceiro, ou, se isso não ocorrer, restituída ao consignante, nada impede que o próprio consignatário a compre, pagando o valor estipulado. Tais possibilidades são conferidas facultativamente a ele, não podendo, em nosso sentir, o consignante impor a aquisição pelo consignatário, por força da inegável abusividade contida em cláusula deste jaez.

Finalmente, cumpre-nos advertir que, caso o contrato não estipule prazo para a venda ou a restituição do bem, poderá o consignante notificar o consignatário, fixando-lhe prazo para a necessária devolução[5].

## 3. CARACTERÍSTICAS

O contrato estimatório, como visto, embora conhecido na prática negocial há muito tempo (portanto, nominado), tornou-se típico no Código Civil de 2002 (arts. 534/537), sendo dotado das seguintes características:

a) real — pois a entrega da coisa ao consignatário é verdadeiro elemento constitutivo ou existencial do contrato. Em outras palavras, assim como ocorre no penhor e no depósito, enquanto não operada a transferência da posse, o contrato não se considera formado;

b) bilateral — impõe direitos e deveres para ambas as partes. A obrigação precípua do consignante é remunerar o consignatário, e o dever jurídico principal deste último é efetivar a venda da coisa. No próximo tópico, traremos mais detalhes específicos sobre este assunto;

c) oneroso — pois ambas as partes, em linha de princípio, experimentam, reciprocamente, sacrifícios patrimoniais e benefícios correspondentes;

d) comutativo — uma vez que as prestações impostas às partes são certas e determinadas no próprio contrato;

[5] Nesse mesmo sentido, VENOSA, Sílvio de Salvo. *Contratos em Espécie*, v. III, São Paulo: Atlas, 2001, p. 538.

e) de duração (prazo determinado ou não) — em geral, no próprio contrato já se estabelece o prazo dentro do qual deve o consignatário efetivar a venda dos bens, ou devolvê-los. Entretanto, vimos, linhas acima, que, caso não se pactue este prazo, poderá o consignante, a qualquer tempo, notificar a parte adversa para que realize a devolução daquilo que recebeu;
f) é fiduciário — ou seja, é um contrato pactuado em confiança, pois o consignante sujeita-se a transferir coisas suas ao consignatário, sem a consequente translação do domínio, e em caráter potencialmente temporário.

*A priori*, trata-se de um contrato paritário, em que as partes, em iguais condições de negociação, estabelecem livremente as cláusulas contratuais, na fase de puntuação, mas também pode manifestar-se na modalidade de um "contrato de adesão" (contrato em que um dos pactuantes predetermina as cláusulas do negócio jurídico). Ex.: Ricardo passa a Jorge, livreiro, vários livros da sua editora, informando o prazo, o valor pretendido com cada obra e até a margem de lucro aceitável, tendo Jorge apenas a alternativa de contratar ou não.

Trata-se de modalidade contratual amplamente difundida na prática, tanto nas relações civis quanto comerciais.

Embora seja, como visto, um contrato real, não há a imprescindibilidade de uma forma específica para a validade da estipulação contratual, pelo que é considerado um contrato não solene.

Trata-se, ainda, e em regra, de um contrato impessoal, pois somente interessa o resultado da atividade contratada, independentemente de quem seja a pessoa que irá realizá-la, o que importa em poder ser executado por outrem.

Na mesma linha da maioria das figuras contratuais nominadas do Código Civil de 2002, o contrato estimatório é um contrato causal, vinculado, portanto, à causa que o determinou, podendo ser declarado inválido se esta for considerada inexistente, ilícita ou imoral.

Pela função econômica, trata-se de um contrato de atividade, caracterizado pela prestação de uma conduta mediante a qual se pode conseguir uma utilidade econômica, tais como os contratos de emprego, prestação de serviços, empreitada, mandato, agência e corretagem.

Por fim, como é evidente, trata-se de um contrato principal, com existência autônoma, independentemente de outro, e definitivo, pois não depende de qualquer outra avença, não sendo preparatório para a compra e venda.

# XXVII DOAÇÃO

## 1. CONCEITO E PARTES

Sobre o conceito de doação, muito incisiva, no caso em estudo, é a dicção do Código Civil de Portugal, em que se pode observar, nitidamente, o mencionado *animus donandi*, típico do contrato de doação:

> "Art. 940 — 1. Doação é o contrato pelo qual uma pessoa, por espírito de liberalidade e à custa do seu patrimônio, dispõe gratuitamente de uma coisa ou de um direito, ou assume uma obrigação, em beneficio do outro contraente.
>
> 2. Não há doação na renúncia a direitos e no repúdio de herança ou legado, nem tão pouco nos donativos conformes aos usos sociais".

Nesse mesmo diapasão, mas com redação mais concisa, preceitua o nosso Código Civil:

> "Art. 538. Considera-se doação o contrato em que uma pessoa, por liberalidade, transfere do seu patrimônio bens ou vantagens para o de outra".

Vale salientar, neste ponto, que o nosso legislador, diferentemente do português, não considerou doação a "assunção de uma obrigação" — acertadamente ao nosso ver —, pois, em nosso sistema, tal situação jurídica subsume-se melhor em outros institutos jurídicos, típicos da teoria geral das obrigações, como a assunção de dívida ou a novação subjetiva passiva, cuja finalidade diz mais respeito com a ideia de adimplemento (*animus solvendi*) do que com a de mera liberalidade.

Assim sendo, já podemos conceituar doação como um negócio jurídico firmado entre dois sujeitos (doador e donatário), por força do qual o primeiro transfere bens, móveis ou imóveis para o patrimônio do segundo, animado pelo simples propósito de beneficência ou liberalidade.

Duas são as partes, portanto, da doação, a saber, o doador, que é aquele que transfere o bem, e o donatário, que é aquele que recebe o benefício.

E quais são as características básicas desse contrato?

É o que veremos no próximo tópico.

## 2. CARACTERÍSTICAS

Como se vê do já transcrito art. 538 do CC/2002, trata-se a doação de um contrato típico e nominado, cuja principal característica é a unilateralidade, impondo obrigação apenas para o doador.

E mesmo que se trate de doação onerosa — aquela gravada com um encargo —, ainda assim, em nosso pensamento, a característica da unilateralidade persistiria, uma vez que o ônus que se impõe ao donatário não tem o peso da contraprestação, a ponto de desvirtuar a natureza do contrato.

É o caso do sujeito que doa uma grande fazenda a Beneval, impondo a este o encargo (não a contraprestação) de pagar uma pensão a uma senhora idosa, tia do doador, até que ela complete 85 anos. Note-se que, neste caso, o ônus assumido por Beneval deverá ser cumprido em benefício dele mesmo, e não tem o matiz de uma contraprestação obrigacional, ou seja, ele (donatário) não está pagando a pensão como pressuposto para o recebimento da coisa (nota típica da bilateralidade sinalagmática).

E tanto é assim que — a despeito de o doador poder revogar o negócio se o encargo for descumprido[1] — desde o dia da celebração do ato, o donatário já adquire a propriedade da coisa, ainda que não tenha efetivado o pagamento devido (art. 136 do CC). Temos, assim, que o contrato de doação somente impõe obrigação (no sentido técnico estrito do termo) para uma das partes — o doador —, não desvirtuando esta unilateralidade a existência de onerosidade (doação com encargo).

Nesse mesmo sentido, conclui SÍLVIO VENOSA: "... quando imposto encargo à doação, não se desvirtua a unilateralidade"[2].

Além da unilateralidade, a doação caracteriza-se por ser essencialmente formal, consoante se depreende da análise do art. 541 do Código Civil:

> "Art. 541. A doação far-se-á por escritura pública ou instrumento particular".

Entretanto, poderá ser simplesmente consensual (verbal), caso tenha por objeto bens móveis, de pequeno valor, se lhe seguir, de imediato, a tradição, conforme consta do parágrafo único do mencionado art. 541[3]. É o caso, por exemplo, do amigo que doa uma caneta ao outro, entregando-a de imediato. Observe-se, entretanto, que o legislador não cuidou de estabelecer critérios para a mensuração do conceito de "pequeno valor". Trata-se, pois, de um conceito aberto ou indeterminado, que deverá ser preenchido pelo juiz, no caso concreto (há quem considere "pequeno valor" aquele que não suplante o teto de um salário mínimo, embora a questão não seja pacífica)[4].

---

[1] Esta faculdade revocatória, prevista no art. 562 do CC/2002, opera-se, em nosso sentir, como uma sanção legalmente prevista para o donatário ingrato.

[2] VENOSA, Sílvio de Salvo. *Contratos em Espécie*, v. III, São Paulo: Atlas, 2001, p. 114.

[3] CC/2002: "Parágrafo único. A doação verbal será válida, se, versando sobre bens móveis e de pequeno valor, se lhe seguir incontinenti a tradição".

[4] Sobre o tema, o Enunciado 622 da VIII Jornada de Direito Civil da Justiça Federal estabeleceu:

Vale lembrar, entretanto, que, em nosso sistema, se o contrato versar sobre imóvel que suplante o teto de 30 salários mínimos, considera-se indispensável a lavratura do ato em escritura pública (ou seja, a solenidade da forma), sob pena de nulidade absoluta.

Nesse sentido o já mencionado art. 108 do nosso Código Civil:

> "Art. 108. Não dispondo a lei em contrário, a escritura pública é essencial à validade dos negócios jurídicos que visem à constituição, transferência, modificação ou renúncia de direitos reais sobre imóveis de valor superior a trinta vezes o maior salário mínimo vigente no País".

Outra importante nota característica da doação é a ocorrência do *animus donandi*, que pode ser entendida como o ânimo ou propósito de beneficiar patrimonialmente o destinatário da vontade do doador.

Este *animus donandi* não pode ser confundido com a simples renúncia abdicativa, ou seja, aquela manifestação negocial por meio da qual o declarante simplesmente se despoja de um bem do seu patrimônio, sem beneficiário certo ou determinado. Note-se, assim, que este tipo de declaração de vontade opera a extinção de um direito, como na hipótese em que o "proprietário abandona o imóvel, quando o credor remite o crédito, quando o credor renuncia à fiança, ou à hipoteca, quando o devedor renuncia ao prazo concedido ao seu favor, quando o devedor renuncia à prescrição ..."[5].

Em todas essas situações, pois, não existe uma transferência patrimonial voluntária, benéfica a determinada pessoa.

Caso, entretanto, se trate de renúncia translativa, posto guarde distinção ontológica com o contrato sob exame, a sua semelhança eficacial em face da doação é muito grande, pois, neste caso, há pessoas que se beneficiam do ato (ex.: Hollyveiros renuncia à sua quota da herança em favor do seu irmão Pedro). Trata-se de cessão de direitos com natureza de renúncia translativa.

Nessa mesma linha, não se deve confundir o *animus donandi* com o *solvendi*, em que a parte pretende solver um débito, cumprir uma obrigação.

Não é outra, aliás, a diagnose diferencial entre a doação e a dação em pagamento (arts. 356 a 359 do CC/2002), forma especial de pagamento.

Finalmente, salientando advertência feita quando enfrentamos o contrato de compra e venda, se o objeto do negócio forem direitos — e não coisas —, mais técnico será chamá-lo de contrato de cessão gratuita de direitos, em vez de contrato de doação. É o exemplo da cessão gratuita do direito hereditário ou de quotas de uma determinada sociedade.

---

ENUNCIADO 622 — "Art. 541: Para a análise do que seja bem de pequeno valor, nos termos do que consta do art. 541, parágrafo único, do Código Civil, deve-se levar em conta o patrimônio do doador".

5 COELHO, Francisco Manuel de Brito Pereira. A Renúncia Abdicativa no Direito Civil, *Boletim da Faculdade de Direito — Stvdia Ivridica* 8, p. 14.

A classificação quanto à comutatividade ou aleatoriedade é inaplicável ao contrato de doação, na modalidade de doação simples, tendo em vista a sua característica de unilateralidade quanto aos efeitos. Pelos mesmos fundamentos, não há falar em equação financeira do contrato ou contrato evolutivo, bem como em função econômica do contrato.

Embora gratuito, em geral, é um contrato de adesão, uma vez que, ao donatário, somente cabe anuir ou não à liberalidade do doador, não podendo discutir os seus termos.

Na classificação dos contratos quanto à disciplina jurídica, é contrato amplamente utilizado nas relações civis, não sendo muito comum nas comerciais, consumeristas e administrativas, nem aplicável para as relações trabalhistas.

Trata-se, ainda, de um contrato impessoal, entendido como aquele em que somente interessa o resultado da atividade contratada, independentemente de quem seja a pessoa que irá realizá-la, e individual (referindo-se a uma estipulação entre pessoas determinadas).

No que diz respeito ao tempo, a forma habitual é de contratação e execução imediatas, mas nada impede que a autonomia da vontade dos contratantes (no particular, do doador) a estabeleça sob a modalidade instantânea, com execução diferida ou, excepcionalmente, com duração (limitação temporal).

Por fim, trata-se de um "contrato principal" e, *a priori*, "definitivo", embora haja quem admita possível a celebração de uma promessa de doação, contrato preliminar, que tem por finalidade justamente a celebração de um contrato definitivo.

## 3. ACEITAÇÃO DA DOAÇÃO

Ao apresentar a proposta de doação, espera-se que o donatário expressamente manifeste-se, aquiescendo ou repudiando a oferta do doador.

Como já asseveramos, por ser negócio bilateral na origem (e unilateral nos efeitos), somente após haver a aceitação do donatário o consentimento se forma, dando origem ao contrato[6].

Tal manifestação expressa pode ser tanto na modalidade escrita quanto verbal ou mesmo gestual.

Entretanto, pode acontecer que o doador, por cautela, cuide de assinar-lhe prazo de manifestação, a teor do art. 539 do Código Civil, sob pena do seu silêncio traduzir aceitação, tratando-se de doação pura:

> "Art. 539. O doador pode fixar prazo ao donatário, para declarar se aceita ou não a liberalidade. Desde que o donatário, ciente do prazo, não faça, dentro dele, a declaração, entender-se-á que aceitou, se a doação não for sujeita a encargo".

[6] É interessante ressaltar que, neste aspecto, o texto codificado anterior era mais preciso, pois o art. 1.165 do CC/1916 (equivalente ao vigente art. 538 do CC/2002) mencionava expressamente a aceitação do donatário no conceito legal de doação.

Veja-se que, cuidando-se de doação sem encargo (pura), estaríamos diante de uma situação peculiar, em que o silêncio de uma das partes produziria efeito aquisitivo de direitos. Este prazo, como se depreende da leitura da norma, ficará a critério do doador, segundo a sua autonomia de vontade.

Não devemos, outrossim, confundir esta modalidade de aceitação presumida, decorrente de uma abstenção do donatário (silêncio), com a hipótese em que, posto não haja expressamente aquiescido, nem tenha sido estipulado o prazo para manifestação, realiza o donatário atos compatíveis com a ideia de aceitar (providenciou a limpeza do bem doado, pagou tributos referentes a ele, realizou orçamentos para a sua melhoria etc.), caso em que estaríamos diante de uma modalidade de aceitação tácita, perfeitamente possível, em nosso sentir.

Nesse mesmo sentido, observa DARCY BESSONE:

> "Cumpre, inicialmente, ter-se em vista que o silêncio não pode ser confundido com a manifestação tácita ou implícita. Vivante adverte que 'a voz do silêncio compreende o silêncio de palavras e de fatos, isto é, a inação'. Assim, quando Massé diz que quem guarda silêncio, não diz não, mas também não diz sim, deve-se entender que a abstenção de palavras deve ser acompanhada da abstenção de atos ou fatos, porque, de outro modo, a manifestação tácita, isto é, a que se inferisse de atos ou fatos que não comportassem outra explicação, caracterizar-se-ia. Então, o silêncio somente se configura quando haja abstenção completa, tanto de palavras, como de atos ou fatos"[7].

Assim sendo, chegamos à conclusão de que a aceitação poderá ser expressa, tácita ou presumida (art. 539 do CC/2002).

Note-se, entretanto, que, de forma excepcional, a lei dispensa a capacidade do aceitante como requisito inafastável de validade.

Sobre a capacidade, o ato negocial demanda, para ser válido, a concorrência de um agente emissor de vontade capaz e legitimado. Desde que seja plenamente capaz, poderá a pessoa física ou jurídica — para esta última exigindo-se naturalmente o registro dos seus atos constitutivos — praticar atos e celebrar negócios em geral, na órbita jurídica.

Indiscutível é, pois, a necessidade de que o doador seja pessoa capaz, não obstante possam concorrer impedimentos específicos, em determinadas situações, caracterizando o que a doutrina chamou de ilegitimidade, como a hipótese do sujeito casado que, mesmo capaz, pretenda doar um bem à sua concubina[8].

A lei permite, entretanto, especificamente no que tange ao donatário, que possam ser beneficiadas pessoas absolutamente incapazes (art. 543 do CC/2002), ou, até mesmo,

---

[7] BESSONE, Darcy. *Do Contrato* — Teoria Geral, São Paulo: Saraiva, 1997, p. 118-9.

[8] CC/2002: "Art. 550. A doação do cônjuge adúltero ao seu cúmplice pode ser anulada pelo outro cônjuge, ou por seus herdeiros necessários, até dois anos depois de dissolvida a sociedade conjugal".

o próprio nascituro (art. 542 do CC/2002), o que reforça, neste último caso, a tese sustentada pelos adeptos da teoria concepcionista, no sentido de que o nascituro já seria considerado pessoa, e não mero "ente potencial" com expectativa de direitos[9].

Confiram-se, a propósito, os mencionados dispositivos:

> "Art. 542. A doação feita ao nascituro valerá, sendo aceita pelo seu representante legal.
>
> Art. 543. Se o donatário for absolutamente incapaz, dispensa-se a aceitação, desde que se trate de doação pura".

A ideia de dispensa da aceitação do absolutamente incapaz é, na verdade, a correção de uma impropriedade técnica do texto equivalente do CC/1916, que dizia que as pessoas que não pudessem contratar poderiam, não obstante, aceitar doações puras. Em verdade, o que ocorre é uma modalidade especial de aceitação presumida, uma vez que, sendo a doação pura (ou seja, sem qualquer encargo), não há qualquer prejuízo para o incapaz.

É óbvio que, se a doação importar em qualquer ônus ao donatário incapaz, o dispositivo legal não é aplicável, sendo a doação nula de pleno direito.

Claro está, entretanto, que, em linha de regra geral, no caso do absolutamente incapaz, deverá estar devidamente representado, para a validade do ato da doação, o mesmo valendo para o nascituro Nesta hipótese, poder-se-ia falar também em curatela[10], quando lhe faltar o seu representante legal.

A respeito do nascituro, entretanto, vale notar que, caso não nasça com vida, a estipulação negocial quedará prejudicada e sem efeito, permanecendo o bem no patrimônio do doador.

Por fim, ainda sobre o tema da aceitação, é interessante destacar, ainda nesta linha, a indicação doutrinária e jurisprudencial feita por NELSON NERY JR. e ROSA MARIA

---

[9] E ainda que se adote a teoria natalista, não se poderia negar os benefícios, inclusive patrimoniais, previstos pela lei. Aliás, mesmo em outros Estados do mundo, vê-se a preocupação da doutrina no sentido de subministrar meios de efetiva tutela do nascituro, sem prejuízo do desenvolvimento científico. Leia-se, neste ponto, interessante trecho do pensamento de Jaime Vidal Martínez, comentando aspectos referentes ao nascituro no Direito Espanhol: "A nuestro entender, el (ser humano) concebido y no nacido, al que se refiere nuestro Código Civil es, evidentemente, un ser que vive para nacer. Sin olvidar que el nacimiento determina la personalidad, hay que incluir esa posibilidad de nacer entre 'lo favorable' aludido en el texto legal como un presupuesto lógico y ontológico. Y todo ello — conviene tener presente este punto — 'a los efectos civiles', lo qual no excluye posibles consecuencias en otros campos, como el penal o del derecho administrativo" (*Las Nuevas Formas de Reproducción Humana:* Estudio Desde la Perspectiva del Derecho Civil Espanhol, Universidad de Valencia: Editorial Civitas, 1988, p. 164).

[10] Sobre a curatela do nascituro, dispõe o art. 1.779 do Código Civil de 2002: "Art. 1.779. Dar-se-á curador ao nascituro, se o pai falecer estando grávida a mulher, e não tendo o poder familiar. Parágrafo único. Se a mulher estiver interdita, seu curador será o do nascituro".

DE ANDRADE NERY, no sentido de que a doação por representante voluntário (procurador) somente seria possível com a indicação explícita do donatário:

> "Para a validade da escritura de doação realizada por procurador, não bastam poderes para a liberalidade, de modo genérico. É indispensável a menção do donatário, bem como o objeto respectivo. No mesmo sentido: *RT* 495/44 (*RT* 472/95)"[11].

Concordamos com esse pensamento, uma vez que reforça o princípio da segurança jurídica nas relações negociais, evitando quebra da boa-fé objetiva por parte do mandatário.

## 4. DOAÇÃO *MORTIS CAUSA*

Delicado problema diz respeito à admissibilidade da doação *mortis causa*, aquela em que o disponente prevê a transferência de bem(ns) do seu patrimônio, a título gratuito, para depois da sua morte.

Analisando detidamente esta figura, somos por sua inadmissibilidade.

Isso porque, se atentarmos para o nosso sistema sucessório de normas, concluiremos que, para o atendimento deste tipo de desiderato, o legislador previu um instituto jurídico específico: o testamento.

Trata-se, pois, este último, de negócio jurídico unilateral, essencialmente revogável[12] e especialmente solene, pelo qual o autor da herança (testador) dispõe acerca da transmissibilidade dos seus bens, para depois da sua morte.

Poderá, fundamentalmente, na forma da lei civil, adotar uma das seguintes formas:

Testamentos ordinários (art. 1.862 do CC/2002):

I — o público;

II — o cerrado;

III — o particular.

Testamentos especiais (arts. 1.886 e 1.887 do CC/2002):

I — o marítimo;

II — o aeronáutico;

III — o militar.

Note-se, ademais, que do art. 1.857 ao art. 1.990 deparamo-nos com uma exaustiva regulamentação da sucessão testamentária, sobretudo por meio de normas cogentes e de ordem pública (referentes não apenas à elaboração, como também à execução do testamento), tudo levando a crer que, em nosso Direito Positivo, a transmissibilidade do

---

[11] NERY JUNIOR, Nelson; NERY, Rosa Maria de Andrade. *Novo Código Civil e Legislação Extravagante Anotados*, São Paulo: Revista dos Tribunais, 2002, p. 211.

[12] Poderá, entretanto, conter cláusula irrevogável, a exemplo da que opera o reconhecimento da filiação.

patrimônio *post mortem* somente poderá se dar por esta via, em prol da segurança e do respeito à última vontade do testador.

Concluímos, pois, pela inadmissibilidade da doação para depois da morte do doador, figura que, inclusive, carece de previsibilidade legal, sendo o legado — disposição testamentária a título singular, pela qual o testador deixa, à pessoa estranha ou não à sucessão legítima, um ou mais objetos individualizados ou quantia em pecúnia —, previsto nos arts. 1.912 a 1.940 do CC/2002, a figura jurídica mais próxima da noção de "doação *post mortem*".

## 5. DOAÇÃO INOFICIOSA

A denominada doação inoficiosa é aquela que traduz violação da legítima dos herdeiros necessários. Por herdeiros necessários entenda-se aquela classe de sucessores que têm, por força de lei, direito à parte legítima da herança (50%)[13].

O que o legislador pretendeu, ao resguardar o direito desta categoria de herdeiros, foi precisamente dar-lhes certo conforto patrimonial, impedindo que o autor da herança disponha totalmente do seu patrimônio.

De nossa parte, temos sinceras dúvidas a respeito da eficácia social e justiça desta norma (preservadora da legítima), a qual, na grande maioria das vezes, acaba por incentivar intermináveis brigas judiciais, quando não a própria discórdia ou até mesmo a indolência. Poderia, talvez, o legislador resguardar a necessidade da preservação da legítima apenas enquanto os herdeiros fossem menores, ou caso padecessem de alguma causa de incapacidade, situações que justificariam a restrição à faculdade de disposição do autor da herança. Mas, estender a proteção patrimonial a pessoas maiores e capazes, em nosso sentir, é demais!

De qualquer forma, o nosso Direito Positivo manteve a preservação da legítima, circunstância que se reflete no âmbito do Direito Contratual, especialmente na doação, consoante podemos observar da análise dos arts. 544 e 549 do Código Civil:

> "Art. 544. A doação de ascendentes a descendentes, ou de um cônjuge a outro, importa adiantamento do que lhes cabe por herança.
>
> (...)
>
> Art. 549. Nula é também a doação quanto à parte que exceder à de que o doador, no momento da liberalidade, poderia dispor em testamento".

O que o legislador quer impedir é, pois, que o doador disponha gratuitamente de mais da metade da sua herança, com violação da legítima dos herdeiros necessários.

---

13 No atual Código Civil, são herdeiros necessários os descendentes, os ascendentes e o cônjuge (art. 1.845 do CC/2002), aos quais se reconhece direito à metade dos bens da herança, a denominada parte legítima (art. 1.846 do CC/2002).

*A contrario sensu*, se o ato de liberalidade não atingir o direito desta categoria de herdeiros, será reputado válido. Vale lembrar, inclusive, que, para efeito deste cálculo, deverá se considerar o valor do patrimônio do disponente, quando da alienação.

Para facilitar o entendimento do nosso estimado leitor, um exemplo irá ilustrar a hipótese:

Imaginemos que Claudio Adriano seja titular de um patrimônio avaliado em 100.000 reais. Viúvo, tem três filhos: Huguinho, Zezinho e Luizinho. Todos, como sabemos, herdeiros necessários. Pois bem. Imaginemos que Claudio resolva doar 50% do seu patrimônio (50.000) para um terceiro. Não haveria problema, pois esta quota sairia da sua parte disponível. Na mesma linha, poderia também doar este valor para um dos herdeiros necessários (50%), o qual, inclusive, poderia já receber, a título de adiantamento, a sua parte na legítima (16,66%). O que o testador não poderia seria doar a parte disponível (50%) + uma quota que ultrapassasse os 16,66% correspondentes à legítima dos outros herdeiros necessários.

Se isso ocorresse, a doação, no que concerne a esse excesso, seria considerada nula, a teor do art. 549 do Código Civil.

Importante aspecto a ser considerado diz respeito à natureza desta invalidade: o ato seria reputado nulo (nulidade absoluta) ou anulável (nulidade relativa)?

Jurisprudência anterior à entrada em vigor do Código Civil de 2002 atribuía a natureza anulatória ao ato, admitindo prazo de vinte anos para o exercício da ação judicial correspondente.

Nesse sentido, confira-se o seguinte acórdão do Superior Tribunal de Justiça, da lavra do Min. RUY ROSADO DE AGUIAR JR.:

> "VENDA DE ASCENDENTE PARA DESCENDENTE. Interposta pessoa. Anulação. Prescrição. Data inicial. Doação inoficiosa. — A prescrição da ação de anulação de venda de ascendente para descendente por interposta pessoa é de quatro anos e corre a partir da data da abertura da sucessão. Diferentemente, a prescrição da ação de nulidade pela venda direta de ascendente a descendente sem o consentimento dos demais, é de vinte anos e flui desde a data do ato de alienação. — A prescrição da ação[14] de anulação de doação inoficiosa é de vinte anos, correndo o prazo da data da prática do ato de alienação. Arts. 177, 1.778, 1.132 e 1.176 do C. Civil. Primeiro recurso não conhecido; conhecimento parcial do segundo e seu provimento, também parcial" (STJ, Recurso Especial 1997/0074150-8, Rel. Min. Ruy Rosado de Aguiar, data da decisão 25-6-1998, 4ª Turma).

Vê-se, portanto, que o norte jurisprudencial, firmado antes da entrada em vigor do Código Civil de 2002, era no sentido de considerar de natureza anulatória, e com

---

[14] Com a devida vênia, não poderíamos deixar de observar que, em se tratando de ação anulatória, referente a exercício de um direito potestativo, melhor seria falar em prazo decadencial.

prazo de vinte anos (a contar do ato de doação), a ação judicial de invalidade da doação inoficiosa.

Ora, mesmo se persistir este posicionamento, forçoso será concluir que o prazo da anulatória teria sido reduzido para dois anos, a teor do art. 179 do Código Civil[15]:

> "Art. 179. Quando a lei dispuser que determinado ato é anulável, sem estabelecer prazo para pleitear-se a anulação, será este de dois anos, a contar da data da conclusão do ato".

Temos, entretanto, algumas dúvidas a respeito da natureza anulatória deste prazo.

Isso porque, a par de as regras preservadoras da legítima terem natureza pública e cogente indiscutível, o fato é que o Código Civil, ao referir a expressão "é nulo", culmina por remeter, o intérprete, à inafastável conclusão de que se trata de nulidade absoluta, e não mera anulabilidade.

Aliás, um ponto digno de elogio no novo diploma é exatamente este: cuidar de traçar uma diagnose linguística diferencial mais nítida entre os institutos jurídicos da nulidade e da anulabilidade.

Note-se, portanto, que quando o legislador quis mencionar a hipótese de anulabilidade tratou de ser explícito (como é o caso, por exemplo, das regras dos arts. 117, 496, 533, 1.550, 1.558 e 2.027, aos quais remetemos o leitor).

E, como se sabe, não havendo prazo decadencial específico de anulabilidade, este será de dois anos, a teor do art. 179.

Ora, na hipótese sob análise, o legislador expressamente referiu ser nula a doação inoficiosa, e não simplesmente anulável, como fizera, por exemplo, no próprio artigo subsequente:

> "Art. 550. A doação do cônjuge adúltero ao seu cúmplice pode ser anulada pelo outro cônjuge, ou por seus herdeiros necessários, até dois anos depois de dissolvida a sociedade conjugal".

Tais argumentos, portanto, seriam suficientes, em nosso sentir, para chegarmos à inafastável conclusão de que a doação inoficiosa, por traduzir afronta a normas de ordem pública, e segundo as normas legais do próprio Código Civil, é nula de pleno direito.

Mas a este argumento poder-se-ia contrapor outro: por ser imprescritível a arguição da nulidade absoluta, isso não geraria insegurança jurídica, ante a possibilidade de se poder atacar o ato a qualquer tempo?

---

15 Aliás, desde a primeira edição de nosso volume 1 — Parte Geral, já havíamos feito observação semelhante (1. ed., p. 406-7). Confira-se, a propósito, o Capítulo XIV ("Invalidade do Negócio Jurídico") do v. 1 ("Parte Geral") do nosso *Novo Curso de Direito Civil*.

De fato, o art. 169 do Código Civil dispõe que o ato nulo não convalesce pelo decurso do tempo.

Mas os efeitos patrimoniais decorrentes da declaração de invalidade, sim, podem prescrever.

A declaração de nulidade absoluta da doação inoficiosa, a teor deste mencionado dispositivo de lei, não se submete a prazo algum, embora o pedido dirigido à reivindicação da coisa (pretensão de natureza real) ou o pagamento das perdas e danos (pretensão de natureza pessoal), formulado pelo herdeiro prejudicado, submete-se ao prazo prescricional geral (para pretensões pessoais ou reais) de dez anos, na forma do art. 205 do CC/2002.

Diante de todo o exposto, e por inexistir jurisprudência maciça nos Tribunais Superiores a respeito do tema à luz do Código Civil, duas correntes de pensamento poderão ser formadas:

a) a que considera a doação inoficiosa um negócio jurídico anulável, e cujo prazo decadencial para a ação correspondente seria de dois anos (art. 179);
b) a que considera a doação inoficiosa negócio jurídico nulo, sendo imprescritível o pedido declaratório da nulidade em si, e prescritível em dez anos a pretensão real de reivindicação do bem doado ou a pretensão pessoal de perdas e danos.

Em nosso sentir, há de prevalecer a segunda linha de pensamento.

## 6. DOAÇÃO UNIVERSAL

Outra forma de doação proibida em nosso sistema é a denominada doação universal, aquela que compreende todo o patrimônio do doador, sem reserva mínima de parte para a sua mantença.

Nesse sentido, dispõe o art. 548 do nosso Código Civil:

> "Art. 548. É nula a doação de todos os bens sem reserva de parte, ou renda suficiente para a subsistência do doador".

Cuida-se, em nosso sentir, de inequívoca hipótese de nulidade absoluta, por traduzir violação de preceito cogente, de ordem pública, que visa a resguardar rendimento mínimo para a existência digna do doador.

Evitamos, inclusive, empregar o termo "subsistência" em seu sentido literal, uma vez que esse dispositivo deve ser interpretado conjuntamente com o comando constitucional que prevê a dignidade da pessoa humana como um dos valores fundamentais no Estado Democrático de Direito.

E, sem dúvida, "viver dignamente é muito mais do que simplesmente subsistir".

Sobre a dignidade da pessoa humana, princípio fundamental tantas vezes referido nesta obra, lembremo-nos das brilhantes palavras de CANOTILHO:

> "Perante as experiências históricas da aniquilação do ser humano (inquisição, escravatura, nazismo, stalinismo, polpotismo, genocídios étnicos) a dignidade da pessoa humana como base da república significa, sem transcendências ou metafísicas, o reconhecimento do *homo noumenon*, ou seja, do indivíduo como limite e fundamento do domínio político da República. Neste sentido, a República é uma organização política que serve o homem, não é o homem que serve os aparelhos político-organizatórios"[16].

Em verdade, a preocupação do legislador é extremamente justificável. Se permitido fosse a doação de todo o patrimônio do disponente, estar-se-ia, ainda que por via oblíqua, oportunizando-se que este mesmo doador, posteriormente, pudesse bater às portas de um parente, via ação de alimentos, ou do próprio Estado, por meio do sistema de Seguridade Social.

Garante-se, assim, a proteção a um patrimônio mínimo do indivíduo, como uma tutela indispensável a uma vida digna, da qual não poderá abrir mão, em hipótese alguma[17].

Poderá, entretanto, o juiz, à luz do princípio da conservação dos negócios jurídicos, reconhecer a nulidade meramente parcial da doação, para conservá-la no que tange ao *quantum* excedente do rendimento básico necessário à mantença do doador. Admite-se, portanto, em nosso sentir, que se opere a redução da liberalidade, como ocorre na doação inoficiosa, para que se possa preservar a vida digna do doador.

Obviamente, a restrição à doação se afere no momento da sua celebração, não havendo que falar em nulidade de doação, se, posteriormente, sem nenhuma vinculação direta com o referido contrato, vem o doador a cair na penúria.

Não é demais lembrar, nesse ponto, que, caso o doador tenha herdeiros necessários, deverá se sujeitar à restrição do art. 549, acima analisado[18].

---

16 CANOTILHO, J. J. Gomes. *Direito Constitucional e Teoria da Constituição*, 2. ed., Coimbra: Almedina, 1998, p. 219.

17 Sobre o tema, recomendamos a leitura da obra de FACHIN, Luiz Edson (*Estatuto Jurídico do Patrimônio Mínimo*, Rio de Janeiro: Renovar, 2001).

18 STJ: O Código Civil de 1916, assim como o CC/2002, proíbem expressamente tanto a doação universal como a doação inoficiosa. A doação universal (art. 1.175 do CC/1916; art. 548 do CC/2002) é vedada porque, como leciona a doutrina, "mesmo os que não possuem herdeiros, não podem doar simplesmente tudo o que têm", motivo pelo qual "o doador sempre deve manter em seu patrimônio bens ou renda suficientes para a sua subsistência". Por sua vez, a doação inoficiosa (arts 1.176 e 1.576 do CC/1916; art. 549 do CC/2002) é igualmente proibida no direito brasileiro porque quis o legislador tutelar os interesses dos herdeiros necessários, conferindo a eles certa garantia de subsistência decorrente dos estreitos vínculos de parentesco com o falecido. Uma parcela significativa da doutrina tem dado às doações universais e às doações inoficiosas o caráter de regra inflexível, reputando absolutamente nulo o ato de disposição de todo o patrimônio ou o ato de disposição em desrespeito à legítima dos herdeiros necessários, e mesmo quem sustenta haver a possibilidade de alguma espécie de flexibilização dessas regras não dispensa a preservação de um mínimo existencial para preservação da dignidade da pessoa humana do doador (na hipótese da doação universal) ou a obrigatória aquiescência

## 7. PROMESSA DE DOAÇÃO (*PACTUM DE DONANDO*)

Enfrentaremos aqui um dos mais tormentosos e interessantes problemas referentes à doação. Poderia este contrato ser objeto de uma promessa?

A promessa de contrato, também denominada pré-contrato ou contrato preliminar, é aquele negócio jurídico que tem por objeto a obrigação de fazer um contrato definitivo. O exemplo mais comum é o compromisso de venda, o qual, como se sabe, pode inclusive gerar direito real[19].

No caso da doação, entretanto, a situação afigura-se mais delicada, uma vez que, tratando-se de um contrato em geral gratuito (doação pura), posto sempre unilateral (quanto aos efeitos), o reconhecimento da validade e eficácia jurídica da promessa faria com que o donatário — simples beneficiário do ato — pudesse ingressar com a execução específica do contrato, forçando o doador a cumprir com o ato de liberalidade a que se obrigara.

O vício de forma será sanado pela execução da prestação prometida.

Não havendo, entretanto, em nosso Direito Positivo, regra semelhante, a doutrina e a jurisprudência controvertem-se a respeito.

Analisando o problema, CAIO MÁRIO DA SILVA PEREIRA pondera:

> "Tem a doutrina se debatido se a doação pode ser objeto de contrato preliminar, *pactum de donando*. E a solução doutrinária tem sido infeliz, por falta de uma distinção essencial entre doação pura e doação gravada de encargo. Partindo da primeira, especifica-se a pergunta: pode alguém obrigar-se a realizar uma doação pura? Formalmente sim, porque, tendo o contrato preliminar por objeto um outro contrato, futuro e definitivo (v. n. 198, *supra*), este novo *contrahere* poderia ser a doação, como qualquer outra espécie. Atendendo a este aspecto apenas, não falta bom apoio à resposta afirmativa, quer dos Códigos, quer dos doutores. Acontece que não se pode deixar de encarar o problema sob o aspecto ontológico, e, assim considerado, a solução negativa impõe-se"[20].

De fato, *a latere* a doação gravada com encargo — figura jurídica perfeitamente compatível com a promessa pela sua onerosidade intrínseca —, a doação pura, por seu

---

dos herdeiros (na hipótese da doação inoficiosa). É nesse contexto, pois, que a doação remuneratória, caracterizada pela existência de uma recompensa dada pelo doador pelo serviço prestado pelo donatário e que, embora quantificável pecuniariamente, não é juridicamente exigível, deve respeitar os limites impostos pelo legislador aos atos de disposição de patrimônio do doador, de modo que, sob esse pretexto, não se pode admitir a doação universal de bens sem resguardo do mínimo existencial do doador, tampouco a doação inoficiosa em prejuízo à legítima dos herdeiros necessários sem a indispensável autorização desses, inexistente na hipótese em exame (REsp 1.708.951-SE, Rel. Min. Nancy Andrighi, Terceira Turma, por unanimidade, j. 14-5-2019, *DJe* 16-5-2019).

[19] Sobre o contrato preliminar de promessa de compra e venda e o direito real do promitente comprador, confira-se a obra de Pablo Stolze Gagliano (*Código Civil Comentado*, v. XIII, São Paulo: Atlas, 2004, p. 224-236).

[20] PEREIRA, Caio Mário, *Introdução*, v. III, p. 160-1.

turno, se analisada inclusive em seu aspecto teleológico, não se compatibilizaria tão bem com a ideia de uma execução forçada, pelo simples fato de o promitente-donatário estar constrangendo a outra parte (promitente-doador) ao cumprimento de um ato de simples liberalidade, em face do qual inexistiu contrapartida prestacional.

Claro está, entretanto, que, muitas vezes, o doador não atua somente com o *animus donandi*, mas também impulsionado por outros sentimentos, como, até mesmo, o desejo de resgatar uma dívida de honra ou reconhecer o mérito do donatário.

No dizer de LUIS DÍEZ-PICAZO e ANTONIO GULLÓN, citados por ANA PRATA, em monumental obra do Direito Português:

> "a doação pode fazer-se por generosidade, por caridade, por vaidade, por simples pompa, por cultivar o que hoje se chama uma determinada imagem para o exterior ou por qualquer outra causa"[21].

Mas, ainda assim, prepondera o aspecto da beneficência (liberalidade) como causa do contrato.

Nesse diapasão, concluímos pela inadmissibilidade da execução coativa da promessa de doação, muito embora não neguemos a possibilidade de o promitente-donatário, privado da legítima expectativa de concretização do contrato definitivo, e desde que demonstrado o seu prejuízo, possa responsabilizar o promitente-doador pela via da ação ordinária de perdas e danos.

Nesse sentido é a conclusão de ANA PRATA:

> "Eliminando do regime da promessa de doação a tutela obrigacional da execução específica, está-se afinal a caracterizar tal contrato-promessa como integrando aquela categoria de promessas precárias, cujo cumprimento se resolve forçosamente na indenização"[22].

Outro não é, aliás, o pensamento de SÍLVIO VENOSA:

> "Caso se torne impossível a entrega da coisa, por culpa do promitente doador, o outorgado tem ação de indenização por inadimplemento. Destarte, admitida a teoria do pré-contrato no ordenamento para os pactos em geral, não existe, em tese, obstáculo para a promessa de doar"[23].

Note-se, entretanto, que, para existir esta consequente obrigação de indenizar, deverão estar presentes os pressupostos gerais da responsabilidade civil[24].

---

21 PRATA, Ana. *O Contrato Promessa e o seu Regime Civil*, Coimbra: Almedina, 2001, p. 307.

22 Ibidem, p. 315.

23 VENOSA, Sílvio de Salvo. *Contratos em Espécie*, v. III, São Paulo: Atlas, 2001, p. 132.

24 Confira-se, para um aprofundamento sobre o tema, o v. 3 ("Responsabilidade Civil") do nosso *Novo Curso de Direito Civil*.

## 8. ESPÉCIES DE DOAÇÃO

Além das modalidades especiais já vistas no decorrer deste capítulo, é muito comum, em doutrina, apresentar diversas classificações do contrato de doação.

Aqui, elencaremos as mais comuns.

### 8.1. Doação pura × doação com fatores eficaciais

A primeira modalidade é a doação pura, aqui algumas vezes já mencionada, que é aquela que se traduz simplesmente em uma liberalidade, sem fixação de qualquer fator eficacial (condição, termo ou encargo).

Ao lado dela, podemos lembrar de modalidades de doação, em que tenha sido estipulado um desses fatores, limitando a produção de seus efeitos[25].

É o caso da doação condicional e da doação a termo, cujas denominações são autoexplicativas. De fato, no primeiro caso, é estipulada uma condição (evento futuro e incerto) ao negócio, e, no segundo, é estabelecido um termo (evento futuro e certo) que delimita um prazo, findo o qual o donatário passa a exercer o domínio sobre a coisa alienada.

Dentro da imensa gama de situações em que pode ser enquadrada a doação condicional, temos a doação a entidade a se constituir, evento futuro e incerto quanto à efetiva ocorrência, para o qual o Código Civil de 2002 trouxe disciplina específica estabelecendo um prazo decadencial para sua constituição, sob pena de invalidade da doação.

É a previsão do art. 554, do CC/2002, que preceitua:

> "Art. 554. A doação a entidade futura caducará se, em dois anos, esta não estiver constituída regularmente".

Já a doação modal, onerosa ou com encargo, como o próprio nome indica, trata-se de doação gravada com um ônus (ex.: obrigo-me a doar-lhe uma fazenda, impondo-lhe o encargo de você pagar uma pensão de meio salário mínimo à minha tia idosa).

Sua previsão é feita no art. 553 do Código Civil de 2002:

> "Art. 553. O donatário é obrigado a cumprir os encargos da doação, caso forem a benefício do doador, de terceiro, ou do interesse geral.
>
> Parágrafo único. Se desta última espécie for o encargo, o Ministério Público poderá exigir sua execução, depois da morte do doador, se este não tiver feito".

É preciso salientar, sempre, que o encargo não é uma contraprestação, sendo proporcionalmente muito menos extenso do que o benefício recebido. Isso porque, se o encargo for muito pesado, pode descaracterizar a doação, transformando-a, por exem-

---

[25] Sobre os fatores eficaciais, confira-se o Capítulo XV ("Plano de Eficácia do Negócio Jurídico") do v. 1 ("Parte Geral") do nosso *Novo Curso de Direito Civil*.

plo, em uma compra e venda disfarçada. Descumprido o encargo, o seu beneficiário poderá exigir a sua execução judicial, sendo que, se o beneficiário for a coletividade, está o Ministério Público legitimado a exigir tal execução. Ressalte-se que, como veremos, além dessa consequência (execução coercitiva), se houver descumprimento do encargo, poderá o doador até mesmo revogar a doação.

## 8.2. Doação contemplativa × doação remuneratória

Outra espécie de doação, expressamente mencionada tanto na codificação vigente quanto na revogada, é a doação contemplativa. Trata-se de uma modalidade em que o doador declina ou indica as razões (motivos) que o levaram a fazer a doação (ex.: doarei 1.000 reais a Pedro, pelo seu espírito de beneficência, altruísmo e compreensão). Em geral, é espécie de doação pura.

É importante perceber que a doação contemplativa não se confunde com a declaração unilateral de vontade, uma vez que aquela é uma relação jurídica negocial, com concurso de vontades (doar e aceitar a doação), enquanto esta é uma manifestação volitiva unilateral, que obriga apenas o declarante, constituindo-se em fonte de obrigações.

Equiparada à doação contemplativa, pelo menos para o texto codificado, está a doação remuneratória, que é aquela feita em retribuição a serviços prestados pelo donatário. É o caso do médico da família, que serviu ao doador, com dedicação durante toda a vida, sem cobrar nada por isso. Claro está, entretanto, que esta doação não consiste tecnicamente em pagamento, mas sim, tão somente, em um justo reconhecimento do doador pelos favores recebidos.

São elas previstas no art. 540 do CC/2002, que preceitua, *in verbis*:

> "Art. 540. A doação feita em contemplação do merecimento do donatário não perde o caráter de liberalidade, como não o perde a doação remuneratória, ou a gravada, no excedente ao valor dos serviços remunerados ou ao encargo imposto".

Sobre o tema, vale a lição de PAULO LUIZ NETTO LÔBO:

> "A doação remuneratória, prevista no art. 540 do Código Civil, conjuga liberalidade e remuneração por serviços prestados pelo donatário ao doador. Tem o propósito de recompensar serviços gratuitos recebidos. A razão prática do recurso à doação remuneratória é a de tornar indiscutível no tempo a atribuição patrimonial fundada na gratidão. A doação remuneratória não se confunde com adimplemento de obrigação nem com dação em pagamento, que é a substituição da coisa devida por outra. O pagamento ou adimplemento de obrigação é incompatível com a causa *donandi*; em outras palavras, se há negócio jurídico, não se pode solver a obrigação mediante doação. Na doação remuneratória, não há dever jurídico exigível pelo donatário, mas o doador sente-se no dever moral de remunerá-lo em virtude da prestação de algum serviço que aquele lhe prestou e, por alguma razão pessoal, renunciou à remuneração. Enquadrar-se-ia no conceito amplo de obrigação natural, residente na consciência

> individual do doador, que o direito reconhece e tutela. Na situação regular de obrigação natural, o devedor paga e não pode repetir. Na doação remuneratória, o credor não deseja receber pagamento; admite, todavia, receber doação, que não tem essa natureza. Por exemplo, o advogado que presta gratuitamente seus serviços profissionais a um amigo e, em virtude dos laços de amizade, constrange-se em receber qualquer pagamento; há doação remuneratória, no presente valioso ou estimativo que o amigo lhe faz. Não há nem pode haver correspectividade ou contraprestação no ato de doar com ânimo remuneratório. Com a tradição do objeto, dissolve-se a motivação e os efeitos da doação são assemelhados ao da doação pura"[26].

Cabe-nos mencionar, ainda, como uma subespécie, a doação feita em contemplação a casamento futuro.

Dispondo sobre esta espécie, o art. 546 do Código Civil é extremamente claro e elucidativo:

> "Art. 546. A doação feita em contemplação de casamento futuro com certa e determinada pessoa, quer pelos nubentes entre si, quer por terceiro a um deles, a ambos, ou aos filhos que, de futuro, houverem um do outro, não pode ser impugnada por falta de aceitação, e só ficará sem efeito se o casamento não se realizar".

Interessante observar, nesse particular, que o negócio jurídico, segundo a dicção deste dispositivo, ficará sem efeito se o casamento não se realizar. Conclui-se, portanto, e esse seria um erro grave, posto provável, imaginar-se que a doação seria nula, na falta do casamento. Todavia, assim não é, uma vez que seria o caso de negativa de eficácia e não propriamente de validade.

Com efeito, o negócio jurídico da doação feita em contemplação a casamento futuro é existente e válido, tendo apenas um fator eficacial pendente, qual seja, o referido matrimônio, evento futuro e incerto, como toda condição (por mais que os noivos estejam ansiosos para casar ou receber o bem doado...).

Em todas as espécies aqui mencionadas ou a mencionar, o caráter de liberalidade faz com que o doador não seja obrigado a pagar juros moratórios, nem esteja sujeito às consequências da evicção ou do vício redibitório, conforme consta da parte inicial do art. 552 do CC/2002. Todavia, como consta na parte final do mencionado dispositivo, nas "doações para casamento com certa e determinada pessoa, o doador ficará sujeito à evicção, salvo convenção em contrário".

## 8.3. Doação conjuntiva

Doação conjuntiva, por sua vez, é aquela feita a mais de uma pessoa, *ex vi* do disposto no art. 551 do Código Civil de 2002: "Salvo declaração em contrário, a doação em

[26] LÔBO, Paulo Luiz Netto. Direito de Família. Relações de Parentesco. Direito Patrimonial: Artigos 1.591 a 1.693. In: AZEVEDO, Álvaro Villaça (Coord.), v. XVI, São Paulo: Atlas, 2003.

comum a mais de uma pessoa entende-se distribuída entre elas por igual". Nota-se que a distribuição equitativa das quotas ou partes da coisa doada somente ocorrerá caso o doador, segundo a sua autonomia de vontade, não houver disposto em sentido contrário (ex.: 20% caberá a Pedro e 80% a João).

Em seguida, o parágrafo único do mesmo dispositivo prevê que: "Se os donatários, em tal caso, forem marido e mulher, subsistirá na totalidade a doação para o cônjuge sobrevivo". Assim, se os beneficiários da doação forem casados entre si, qualquer que seja o regime de bens, com a morte de um deles, a totalidade da herança tocará ao cônjuge sobrevivo, excepcionando-se, portanto, qualquer outra regra sucessória que desse destino diverso ao referido bem.

Em nosso sentir, todavia, o codificador poderia ter ido mais além, contemplando o mesmo benefício à companheira sobrevivente, uma vez que a união estável, entendida como uma legítima forma de constituição de família, também justificaria a mesma solução. Percebe-se aqui, como em todas as demais regras referentes à doação, uma primazia do matrimônio, a qual, se, por um lado, é fruto de nossa tradição religiosa, por outro, não poderia significar a minimização da tutela de outras formas de união livre, dotadas da mesma dignidade constitucional.

Aliás, como bem observou RODRIGO DA CUNHA PEREIRA, "a partir do momento em que a família deixou de ser o núcleo econômico e de reprodução para ser o espaço do afeto e do amor, surgiram novas e várias representações sociais para ela"[27].

## 8.4. Doação com cláusula de reversão

A doação com cláusula de reversão, por sua vez, é uma interessante figura jurídica, em que se prevê o retorno do bem ao doador, na hipótese de premoriência do donatário. A cláusula de reversão pode ser definida como a estipulação negocial por meio da qual o doador determina o retorno do bem alienado, caso o donatário venha a falecer antes dele.

Tem-se, pois, inequivocamente, uma doação geradora de propriedade resolúvel do adquirente. Nesse sentido, dispõe o art. 547, *caput*, do Código Civil que o "doador pode estipular que os bens doados voltem ao seu patrimônio, se sobreviver ao donatário".

Como se pode verificar, a morte é admitida pela lei como causa da reversão, nada obstando, porém, que se estipule, de outra forma, a doação a termo, no sentido de o bem doado poder reverter ao patrimônio do doador, antes mesmo da morte do donatário. Nesse sentido, observa SÍLVIO VENOSA: "pergunta-se também se essa cláusula pode ser aposta estipulando reversão antes da morte do donatário. A resposta é afirmativa. Cuida-se de aplicar o princípio geral que admite os negócios a termo"[28].

---

27 PEREIRA, Rodrigo da Cunha; DIAS, Maria Berenice (Coord.). *Direito de Família e o Novo Código Civil*, Belo Horizonte: Del Rey/IBDFAM, 2002, p. 226-7.

28 VENOSA, Sílvio de Salvo. *Contratos em Espécie*, v. III, São Paulo: Atlas, 2001, p. 115.

Nesse ponto, tudo fica no âmbito da autonomia da vontade das partes contraentes.

Interessante ponto a ser abordado diz respeito à possibilidade de renúncia da reversão. Em outras palavras: o direito à reversão poderia ser renunciado pelo doador?

Não temos dúvida de que sim.

Trata-se, pois, de um direito potestativo disponível do doador. Nessa mesma linha, pontifica GUILLERMO BORDA: "Puesto que la reversión es un derecho de carácter patrimonial, nada impide que sea renunciado por el donante (art. 1845). La renuncia puede ser expresa o tácita"[29].

Outro instigante problema diz respeito à possibilidade de o bem ser revertido a terceiro. O Código anterior era omisso a esse respeito, o que levava parte da doutrina a admitir essa hipótese, caracterizando uma espécie de "fideicomisso[30] *inter vivos*, que operaria a transmissibilidade do domínio de um bem doado a um terceiro, sem que tivesse havido a morte do doador. Sua aceitação sempre foi polêmica, antes da edição do Código Civil de 2002, que culminou por proibi-lo, consoante se depreende do parágrafo único do artigo sob comento: "Não prevalece cláusula de reversão em favor de terceiro".

Talvez a razão de tal proibição resida não apenas na natureza testamentária do fideicomisso, mas, especialmente, na necessidade de se preservar o bem em poder de uma das partes, incentivando-a a imprimir destinação econômica a ele, sem o risco de, ao final, ter de se sujeitar a uma segunda transferência, em benefício de terceira pessoa. Resguarda-se, outrossim, com tal restrição, a segurança nas relações jurídicas.

## 8.5. Doação mista × doações mútuas

A doação mista (*negotium mixtum cum donatione*) é um negócio jurídico de conteúdo prestacional híbrido, com característica de negócio oneroso, mas trazendo em seu bojo também um matiz de liberalidade. Exemplo clássico pode ser invocado no caso de um sujeito pagar, livremente, 200 reais por um bem que vale apenas 100.

Em nosso sentir, para poder definir em qual categoria o contrato melhor se enquadraria (se na compra e venda ou doação), terá o intérprete de investigar a causa do negócio, para concluir se prepondera o espírito de liberalidade ou apenas a especulação econômica[31]. E com base nessa premissa concordamos com CARLOS ROBERTO

---

[29] BORDA, Guillermo A. *Manual de Contractos*, 19. ed., Buenos Aires: Abeledo-Perrot, 2002, p. 572.

[30] O fideicomisso é um instituto jurídico estudado no âmbito do Direito das Sucessões. Trata-se de uma modalidade especial de substituição testamentária por meio da qual o testador (fideicomitente) beneficia sucessivamente dois herdeiros ou legatários — o fiduciário (sucessor de 1º grau) e o fideicomissário (sucessor de 2º grau). No Código Civil, a sua disciplina é feita a partir do art. 1.951: "Pode o testador instituir herdeiros ou legatários, estabelecendo que, por ocasião de sua morte, a herança ou o legado se transmita ao fiduciário, resolvendo-se o direito deste, por sua morte, a certo tempo ou sob certa condição, em favor de outrem, que se qualifica de fideicomissário".

[31] Sobre a causa dos negócios jurídicos, confira-se o subtópico 2.5 ("Algumas palavras sobre a causa nos negócios jurídicos") do Capítulo XI ("Plano de Existência do Negócio Jurídico") do v. 1 ("Parte Geral") do nosso *Novo Curso de Direito Civil*.

GONÇALVES, quando preleciona: "Embora sustentem alguns que o negócio deve ser separado em duas partes, aplicando-se a cada uma delas as regras que lhes são próprias, a melhor solução é verificar a preponderância do negócio, se oneroso ou gratuito, levando-se em conta o art. 112 do Código Civil[32]".

Pode-se falar, ainda, em doações mútuas, que não se confundem com a doação mista.

Observe-se que, nas "doações mútuas", grafamos propositadamente a expressão no plural, pois este negócio pressupõe que duas partes realizem reciprocamente atos de liberalidade, beneficiando-se mutuamente em um só ato. Vale dizer, uma parte doa à outra, e vice-versa. Aproxima-se da troca, mas com esta não se confunde pela diferença de causa (a liberalidade), uma vez que na doação existe uma liberalidade que não há na troca. Nesta última, há uma finalidade negocial típica de permutar o que é de um pelo que é de outro. Nas doações mútuas, há apenas o interesse de beneficiar o outro contratante, sem interesse na reciprocidade, embora existente no mesmo ato.

## 8.6. Doação sob forma de subvenção periódica

A doação sob forma de subvenção periódica é prevista no art. 545 do Código Civil, que dispõe:

> "Art. 545. A doação em forma de subvenção periódica ao beneficiado extingue-se morrendo o doador, salvo se este outra coisa dispuser, mas não poderá ultrapassar a vida do donatário".

Em tal caso, tem-se um contrato cujas prestações, devidas pelo doador, são pagas periodicamente, nada impedindo, outrossim, que o doador aplique o capital e o donatário passe a perceber os seus frutos, sendo-lhe vedado o levantamento integral do valor. Claro está que o período de vigência desta doação dependerá do quanto estipulado livremente pelo doador, salientando que a lei, posto admita o benefício para depois da morte do doador, veda a possibilidade de os sucessores do donatário beneficiarem-se com o referido rendimento.

## 8.7. Doação indireta × doação disfarçada

Por fim, vale tecer algumas considerações sobre o tema da doação indireta e da doação disfarçada.

O que a doutrina convencionou chamar de "doação indireta" não traduz, tecnicamente, doação, embora consista em um ato de vantagem patrimonial para uma das partes.

O exemplo mais lembrado é o da remissão (perdão) de dívida. A remissão de dívida não é uma doação, mas constitui um benefício, já que o devedor tem um acréscimo pa-

[32] GONÇALVES, Carlos Roberto. *Direito Civil Brasileiro* — Contratos e Atos Unilaterais, 18. ed., São Paulo: Saraiva, 2020, v. 3, p. 309.

trimonial consistente na quitação de seu passivo. Outro exemplo é o pagamento de débito alheio, notadamente quando se tratar de um terceiro não juridicamente interessado.

A doação disfarçada, por sua vez, é aquela que encobre um negócio jurídico simulado ou em fraude à lei. É o exemplo do indivíduo que forja uma doação, quando, na verdade, está vendendo o bem, para evitar que seus credores exijam o preço como garantia de suas dívidas ou de alguém que faz uma doação, para não incidir em vedações contratuais de compra e venda.

Essa classificação é encontrada na obra de CARVALHO DE MENDONÇA, que exemplifica: "As indiretas operam-se frequentemente: a) nas renúncias; b) nas estipulações em favor de terceiros; c) nas remissões de débitos". Outro exemplo seria a própria doação mista, já analisada acima.

E conclui o festejado jurista, distinguindo as duas modalidades:

> "... teoricamente, a diferença consiste no seguinte: a indireta resulta de um ato que não é aparente, que é na realidade uma doação; a disfarçada é, ao contrário, uma doação com aparência de um ato jurídico diverso"[33].

## 9. EXTINÇÃO DO CONTRATO DE DOAÇÃO

Neste tópico, enfrentaremos o tema da extinção do contrato de doação, sob dois enfoques distintos.

O primeiro se refere à sua modalidade natural, com a sua regular execução.

O segundo prisma é justamente o outro lado da moeda, qual seja, a sua inexecução.

Vamos a eles.

### 9.1. Meio natural de extinção

A forma natural de extinção do contrato de doação dá-se por meio de sua execução, vale dizer, no momento em que o doador cumpre a prestação a que se obrigou, o negócio jurídico se exaure.

Caso, entretanto, padeça de alguma invalidade, o contrato será extinto por meio de declaração da sua nulidade, ou da sua desconstituição por anulabilidade, nos termos da teoria geral do negócio jurídico[34].

### 9.2. Revogação da doação (inexecução do encargo e ingratidão do donatário)

Uma especial forma de extinção do contrato de doação, entretanto, opera-se por meio da denominada revogação do doador.

---

[33] MENDONÇA, Manuel Inácio Carvalho de. *Contratos no Direito Civil Brasileiro*, 4. ed., t. I, Rio de Janeiro: Forense, 1957, p. 82.

[34] Sobre o tema, confira-se o Capítulo XIV ("Invalidade do Negócio Jurídico") do v. 1 ("Parte Geral") do nosso *Novo Curso de Direito Civil*.

Sua origem remonta ao Direito Romano, conforme a doutrina de CARVALHO DE MENDONÇA:

> "Essa revogação, regulada por Justiniano, teve sua origem em uma disposição particular. O imperador Filipe estatuiu em uma Constituição que a doação feita por um patrono ao liberto seria sempre revogável à vontade. Percebe-se, porém, que tal faculdade só devia ser utilizada para suprimir a ingratidão do liberto. Esse intuito da lei, porém, era irrealizável, porque o patrono era, afinal, o árbitro único da conduta do seu liberto e daí resultava a inconsciência da doação. A isto veio obviar, em 355, outra Constituição, que só tolerava a revogação, em tal caso, quando o doador fizesse a liberalidade sem ter filhos, vindo mais tarde a tê-los. Quase ao mesmo tempo, em 349, estendia-se ao pai e à mãe o direito de revogar doações e mais tarde, em 426, a todos os descendentes"[35].

Trata-se, pois, a revogação, do exercício de um direito potestativo, por meio do qual o doador, verificando a ocorrência de alguma das situações previstas expressamente em lei, manifesta vontade contrária à liberalidade conferida, tornando sem efeito o contrato celebrado, e despojando, consequentemente, o donatário do bem doado.

Diferentemente da resolução, a revogação — até mesmo em respeito ao princípio da segurança nos negócios jurídicos — tem eficácia *ex nunc*, consoante observa MÁRIO JÚLIO DE ALMEIDA COSTA, citado por ARAKEN DE ASSIS:

> "A revogação consiste na destruição do vínculo contratual mediante uma declaração dos contraentes oposta à primitiva que lhe deu vida. Ainda quando se trate de revogação unilateral de uma das partes, não se confunde com a resolução, visto que opera *ex nunc*"[36].

Tal prerrogativa, exercida no bojo de uma ação judicial, culmina por excepcionar o caráter de perpetuidade do direito de propriedade, configurando-se, pois, como uma situação excepcional e peculiar[37].

Nesse diapasão, cumpre-nos mencionar que o Código Civil brasileiro admite a revogação da doação por duas ordens de motivos (art. 555):

a) por inexecução do encargo, na doação modal;
b) por ingratidão do donatário.

---

[35] MENDONÇA, Manuel Inácio de Carvalho. ob cit., p. 65-6.

[36] ASSIS, Araken de. *Resolução do Contrato por Inadimplemento*, 3. ed., São Paulo: Revista dos Tribunais, 1999, p. 80.

[37] Interessante mencionar, neste ponto, que Orlando Gomes prefere não utilizar a expressão propriedade resolúvel para caracterizar a hipótese, pois, para o ilustre autor baiano, se assim o fosse, no próprio título constitutivo da liberalidade já estaria prevista a causa de sua extinção. Ter-se-ia, portanto, uma espécie de propriedade temporária sem que fosse considerada, tecnicamente, resolúvel (*Contratos*, 14. ed., Rio de Janeiro: Forense, 1994, p. 219, e *Direitos Reais*, 18. ed., p. 235-7).

A primeira hipótese é de intelecção cristalina.

Caso o donatário, a quem fora imposto o cumprimento de um encargo, não o realize, poderá o doador desfazer a liberalidade, revogando-a.

Nada impede, outrossim, que o próprio beneficiário do encargo exija o seu cumprimento, adotando a medida judicial cabível. Se, entretanto, o beneficiário for a própria coletividade (imaginemos que o ônus fosse a construção de um posto de saúde), o Ministério Público poderá ingressar com a referida demanda, conforme já vimos no art. 553 do CC/2002.

Mas note-se: o direito de revogar, em primeiro plano, cabe ao próprio doador, e não à pessoa beneficiada pela estipulação do encargo, devendo-se frisar ainda que o seu exercício não poderá ficar ao livre-arbítrio do disponente, exigindo-se, pois, a configuração de uma das duas ordens de causas revocatórias acima referidas.

Verificada a mora do donatário, poderá o doador notificá-lo, assinando-lhe prazo para que cumpra o encargo, caso ainda tenha interesse, consoante dispõe o art. 562 do Código Civil:

> "Art. 562. A doação onerosa pode ser revogada por inexecução do encargo, se o donatário incorrer em mora. Não havendo prazo para o cumprimento, o doador poderá notificar judicialmente o donatário, assinando-lhe prazo razoável para que cumpra a obrigação assumida".

Interessante é a referência que o legislador fez ao "prazo razoável", expressão de conteúdo fluídico ou indeterminado, não admitindo parâmetros doutrinários ou jurisprudenciais apriorísticos, por depender das circunstâncias ditadas pela natureza do encargo imposto.

Questão interessante diz respeito ao prazo decadencial para revogar a doação, pois, considerando-se não mais existir, no Código de 2002, prazo vintenário de prescrição extintiva, é forçoso convir que este será, agora, de dez anos, *ex vi* do disposto no art. 205 da vigente codificação civil:

> "Art. 205. A prescrição ocorre em dez anos, quando a lei não lhe haja fixado prazo menor"[38].

Posto isso, vamos enfrentar, no próximo tópico, o tema referente à revogação da doação por ingratidão do donatário.

### *9.2.1. Hipóteses de ingratidão*

Sem sombra de dúvida, uma das piores qualidades que um homem pode cultivar é a ingratidão.

[38] Embora se trate de prazo prescricional, lembremo-nos de que, em verdade, cuida-se do exercício de um direito potestativo (revogação), que, tecnicamente, submeter-se-ia a prazo decadencial. Estaríamos, então, caso mantido o posicionamento do STJ, diante de uma situação peculiar, em que o prazo aplicado à espécie seria o geral, da prescrição extintiva.

Segundo o clássico dicionarista CALDAS AULETE, o ingrato é aquele "que não mostra reconhecimento" ou, simplesmente, "que se esqueceu dos benefícios que recebeu"[39].

No caso de tal comportamento provir do donatário, a situação reveste-se de maior gravidade, na medida em que, beneficiado por um ato de liberalidade ou até mesmo altruísmo, volta-se traiçoeiramente contra aquele que o agraciou.

Podemos, inclusive, afirmar que o cometimento de qualquer dos atos de ingratidão capitulados na lei civil traduz quebra de boa-fé objetiva pós-contratual, ou seja, implica o cometimento de ato atentatório ao dever de respeito e lealdade, observável entre as próprias partes, mesmo após a conclusão do contrato.

Seguindo este raciocínio, concluímos que, caso o donatário realize qualquer dos atos de ingratidão elencados no art. 557 do Código Civil, estará atuando em detrimento à regra ética (e de exigibilidade jurídica) da boa-fé objetiva pós-contratual:

> "Art. 557. Podem ser revogadas por ingratidão as doações:
>
> I — se o donatário atentou contra a vida do doador ou cometeu crime de homicídio doloso contra ele;
>
> II — se cometeu contra ele ofensa física;
>
> III — se o injuriou gravemente ou o caluniou;
>
> IV — se, podendo ministrá-los, recusou ao doador os alimentos de que este necessitava".

Um detalhe, porém, se mostra relevante.

Não há limites para a ingratidão humana.

Assim sendo, a perspectiva de caracterização das hipóteses de ingratidão como violações à boa-fé objetiva pós-contratual faz com que reconheçamos que, ao contrário do que estava assentado na vigência do Código Civil brasileiro de 1916, o novo rol não é mais taxativo, aceitando, em nome do princípio, outras hipóteses, ainda que de forma excepcional.

Nesse sentido, posicionaram-se os juristas da I Jornada de Direito Civil, que aprovaram o Enunciado n. 33, com a seguinte redação:

> "ENUNCIADO N. 33 — Art. 557: o novo Código Civil estabeleceu um novo sistema para a revogação da doação por ingratidão, pois o rol legal previsto no art. 557 deixou de ser taxativo, admitindo, excepcionalmente, outras hipóteses".

Feitas tais considerações, vamos, então, analisar uma a uma as hipóteses previstas no vigente Código Civil brasileiro.

a) Homicídio doloso consumado ou tentado

[39] AULETE, Caldas. *Dicionário Contemporâneo da Língua Portuguesa*, v. III, Rio de Janeiro: Delta, 1958, p. 2738.

Caso o donatário cometa crime de homicídio doloso (o culposo está fora da previsão legal), consumado ou tentado, contra o doador, poderá ter a liberalidade revogada.

No caso da tentativa de morte, fica claro que o próprio doador, diante do pior dos atos de ingratidão (o atentado contra a sua própria vida), poderá exercer o seu direito potestativo revocatário, desconstituindo a liberalidade.

Trata-se, pois, de uma medida com perceptível conteúdo sancionatório, sem prejuízo da responsabilização criminal do agente criminoso.

Interessante mencionar, ainda, a questão referente ao homicídio doloso consumado, uma vez que, consoante já registramos linhas acima, a revogação é um direito personalíssimo conferido ao doador. Em tal caso, em face da sua morte, causada por ato do donatário, a quem caberia o exercício desta prerrogativa?

O Código Civil de 1916 era silente a respeito, havendo, todavia, sugestão doutrinária no sentido de que, em caráter excepcional, poderiam os herdeiros do doador falecido — vítima do homicídio — ingressar com a ação revocatória, por não se afigurar ético que o homicida/donatário permanecesse beneficiado pela liberalidade conferida.

O Código de 2002, por sua vez, cuidou de contornar a omissão, dispondo que:

> "Art. 561. No caso de homicídio doloso do doador, a ação caberá aos seus herdeiros, exceto se aquele houver perdoado"[40].

A primeira parte do dispositivo é de intelecção imediata.

A ação de revogação (estudada com minúcia logo abaixo) caberá aos herdeiros do doador (legitimidade ativa), em caso de cometimento de homicídio doloso consumado. Note-se que, em caso de tentativa, a legitimidade continuará sendo, em caráter personalíssimo, do doador.

No entanto, a segunda parte da regra legal causa-nos certa perplexidade: "a revogação poderá ser evitada, se o doador houver perdoado o seu homicida".

Como entender esta ressalva partindo da premissa de que a norma cuidou da prática de homicídio doloso? O doador não estava morto? Como haveria então de perdoar?

Em resposta a esta indagação, descartada a hipótese de o legislador haver, no caso, previsto uma "reaparição espiritual do falecido", talvez se houvesse pretendido considerar que, na eventualidade de a morte não ser instantânea, o doador, ainda antes do seu passamento, tenha relevado a agressão e perdoado o donatário. Exemplo: o donatário atira no doador, este é internado, e, no hospital, pouco antes de morrer, perdoa o seu agressor.

---

[40] Dispositivo semelhante pode ser encontrado no *Anteprojeto do Código de Obrigações*, de autoria do Professor Caio Mário da Silva Pereira, já citado: "Art. 442. É privativo do doador o direito de revogar a doação, salvo se morrer ele em consequência de ofensa física praticada pelo donatário, caso em que a revogação poderá ser promovida por seus herdeiros. Proposta a ação contra o donatário, poderá em qualquer caso, continuar contra os seus herdeiros, bem como com os herdeiros do autor".

Outra hipótese é aventada por CARLOS ROBERTO GONÇALVES, quando sugere a possibilidade de se operar uma forma de perdão tácito, no caso de o doador não exercer o seu direito de revogação, dentro do prazo previsto em lei (que estudaremos abaixo):

> "O citado art. 561 veio suprir omissão existente no diploma de 1916 sobre essa questão, ao determinar a aplicação do critério adotado em países como a França, a Espanha, a Itália etc., cujos códigos permitem aos herdeiros propor a revogação da doação em caso de morte do doador, provocada pelo donatário, salvo se aquele, não tendo morrido instantaneamente, teve oportunidade de promovê-la e não o fez, perdoando tacitamente o ingrato"[41].

Em nossa visão, segundo um juízo de razoabilidade interpretativa, consideramos a segunda parte deste artigo de redação extremamente infeliz.

Em linha de princípio, e com a devida vênia, não perfilhamos a tese do perdão tácito, esposada pelo grande civilista e amigo CARLOS ROBERTO GONÇALVES.

Isso porque, em se tratando de situação tão grave (homicídio doloso do doador), afigurar-se-nos-ia extremamente perigoso admitir-se uma forma tácita ou indireta de perdão, mormente em se considerando que o doador talvez não houvesse podido intentar a revocatória por se encontrar internado, na UTI de um hospital, em estado de coma, em virtude da agressão sofrida. E mesmo que tivesse a oportunidade de perdoar, dada a natureza da agressão que sofreu, deveria fazê-lo expressamente, e não se firmar uma simples presunção. Vale dizer, em nosso sentir, admitida pelo legislador uma forma de perdão, este deverá ser sempre expresso, manifesto e inequívoco, e não simplesmente tácito.

Afastada, pois, esta hipótese, resta-nos considerar o perdão expresso, realizado pelo doador, antes da sua morte.

O que levaria uma pessoa a perdoar seu algoz, sabendo da sua morte iminente?

Piedade cristã, desespero, altruísmo, coerção religiosa por medo do inferno, enfim, deveria o direito positivo chancelar um perdão, em termos tais? Poderíamos considerar inteiramente livre a vontade da pessoa, ferida e moribunda, que perdoa o seu agressor? Seria justa esta forma de beneficência patrimonial? Como repercutiria tal ato na sociedade? Alimentaria no donatário/homicida sensação de impunidade, ainda que no plano civil?

Todas essas indagações, caro leitor, profundamente inquietantes, levam-nos a nutrir profunda antipatia intelectual por esta forma esdrúxula de perdão, muito embora reconheçamos — especialmente por não ser possível investigar com precisão a vontade íntima da vítima — que, segundo o dispositivo atualmente vigente, é juridicamente possível que o doador releve a agressão, chancelando, pois, a liberalidade conferida.

---

[41] GONÇALVES, Carlos Roberto. *Direito Civil Brasileiro* — Contratos e Atos Unilaterais, 18. ed., São Paulo: Saraiva, 2020, v. 3, p. 327.

Na dúvida, entretanto, e desde que demonstre discernimento ao perdoar (o que pode ser comprovado por testemunhas ou até mesmo por laudo médico), deverá prevalecer a vontade do doador.

Afinal de contas, se a ingratidão é um dos sentimentos mais terríveis que pode acometer o ser humano, o perdão é a mais perfeita manifestação da divindade em cada um de nós...

Ainda neste tema, uma questão interessante nos foi suscitada em sala de aula e consideramos adequado compartilhá-la.

Imagine-se que Caio doa um bem a Tício. O donatário (Tício) tem a propriedade perfeita e consumada, não sendo, portanto, proprietário resolúvel. Tício, então, resolve alienar o bem a Mévio. Consumada a venda, Tício tenta matar Caio, que, sobrevivendo, intenta revogar a doação. Como fica a situação de Mévio? A resposta, em nossa opinião, encontra-se no art. 1.360 do CC/2002[42], que garante que, se a propriedade se resolver por uma causa superveniente, o possuidor que a tiver adquirido por título anterior à resolução (Mévio) será considerado proprietário perfeito, restando à pessoa em cujo benefício houve a resolução (Caio) ação contra aquele cuja propriedade se resolveu (Tício) para haver a própria coisa ou o valor (ação regressiva). Esse tipo de propriedade (não resolúvel, mas que pode desfazer-se por uma causa superveniente) é conhecida como propriedade *ad tempus*.

Finalmente, observe-se com SILVIO LUIS FERREIRA DA ROCHA que "O Código Civil não exige a prévia condenação criminal do donatário, contentando-se com o fato, mas a sentença criminal absolutória impede a revogação da doação"[43].

b) Ofensa física

Menos grave do que a situação anterior, posto não menos revoltante, a doação poderá ser revogada se o donatário ofender fisicamente o doador, ou seja, em linguagem penalmente mais apropriada, cometer contra ele qualquer crime que viole a sua integridade corporal ou a sua saúde física, especialmente a lesão corporal.

Na mesma linha do inciso anterior, dispensa-se a condenação criminal, e não será considerada ingratidão se a lesão for culposa ou praticada em legítima defesa[44]. Outra não era, aliás, a lição de CLÓVIS BEVILÁQUA, transcrita integralmente abaixo:

---

[42] CC/2002: "Art. 1.360. Se a propriedade se resolver por outra causa superveniente, o possuidor, que a tiver adquirido por título anterior à sua resolução, será considerado proprietário perfeito, restando à pessoa, em cujo benefício houve a resolução, ação contra aquele cuja propriedade se resolveu para haver a própria coisa ou o seu valor".

[43] ROCHA, Silvio Luis Ferreira da. *Curso Avançado de Direito Civil*, v. 3, São Paulo: Revista dos Tribunais, 2002, p. 185.

[44] Ibidem.

> "a offensa physica também não necessita de ser reconhecida por acção penal, e ficará desclassificada de entre as modalidades de ingratidão, se resultar de repulsa a uma agressão, ou se não for intencional"[45].

Assim, imaginemos que, tempos depois da doação, as partes se encontrem, discutam e o donatário desfira um soco no doador. Em tal caso, poderá a doação ser revogada, independentemente do desfecho da ação penal, valendo notar que as ofensas de cunho moral ou psicológico enquadram-se no inciso seguinte.

c) Delitos contra a honra (calúnia, injúria e difamação)

Observe o nosso atento leitor que preferimos utilizar, na descrição deste título, uma expressão mais genérica (delitos contra a honra), em vez de simplesmente mencionar "a injúria grave e a calúnia", consoante vem consignado no dispositivo legal sob análise.

Isso porque entendemos que o codificador, na redação deste enunciado, incorreu num equívoco muito comum, enfrentado pelos doutrinadores dedicados ao fantástico estudo da hermenêutica jurídica: disse menos do que deveria.

Nesse caso, a *ratio* da norma importa a aplicação da denominada interpretação extensiva[46], muitas vezes necessária para fixarmos o exato sentido da norma jurídica, consoante exemplifica ORLANDO DE ALMEIDA SECCO:

> "Se, finalmente, a interpretação der à lei um sentido mais amplo do que aquele expresso pelo legislador no texto, será, então, declarativa extensiva. Exemplo: quando, no Código Penal, art. 235, se define o crime de bigamia como contrair, sendo casado, novo casamento, se quer punir não só o duplo casamento, como também o triplo, quádruplo e assim sucessivamente. A lei fala em 'bigamia', mas quer referir-se a dois ou mais casamentos, o que, em última análise, seria a bigamia e poligamia"[47].

E assim pensamos, pois não haveria lógica nem coerência em se considerar causas revocatórias da doação apenas a injúria e a calúnia, colocando-se de lado a difamação. Isso porque tratam os três tipos penais de delitos do mesmo gênero, vale dizer, de crimes contra a honra, geradores de "dano moral". Ademais, a difamação pode ser tão ou mais grave do que a injúria.

Como se sabe, e a título apenas de fixação, a calúnia é o delito de imputação falsa (intencional) de fato criminoso (ex.: Tibúrcio acusa falsamente Jonas de haver

---

45 BEVILÁQUA, Clóvis. *Código Civil dos Estados Unidos do Brasil*, 9. ed., v. IV, Rio de Janeiro: Francisco Alves, 1953, p. 350-1.

46 Sobre a interpretação normativa, confira-se o subtópico 3.1 ("Interpretação de normas") do Capítulo III ("Lei de Introdução ao Código Civil") do v. 1 ("Parte Geral") do nosso *Novo Curso de Direito Civil*.

47 SECCO, Orlando de Almeida. *Introdução ao Estudo do Direito*, 4. ed., Rio de Janeiro: Lumen Juris, 1998, p. 199-200.

roubado o seu carro, embora soubesse de sua inocência); a injúria, por sua vez, traduz a agressão por meio de palavras de baixo calão, xingamentos, gestos desrespeitosos (evitaremos aqui o exemplo, por ser desnecessário...); finalmente, na difamação, o agente imputa à vítima fatos (não criminosos), posto desabonadores de sua conduta (ex.: Fibri divulga que Beto pode ser encontrado diariamente em pontos de jogo do bicho, casas de prostituição ou em determinados botecos, em vez de estar trabalhando ou estudando...).

As três situações, portanto, poderão justificar, de per si, a revogação da doação, independentemente de ter havido condenação criminal, nos mesmos termos esposados linhas acima.

Outro ponto interessante a destacar é o emprego do advérbio modal "gravemente", no inciso legal sob estudo ("III — Se o injuriou ***gravemente***") (*sic*).

O que teria querido o legislador dizer, quando empregou esta expressão para caracterizar a injúria? Por acaso, seria admissível um "juízo de gradação" no apreciar a injúria? Poderia, pois, ser leve, média, grave, a critério do julgador?

Em nosso sentir, por reputarmos a injúria um acontecimento de definição categorial técnica, qual seja, um crime contra a honra, somos forçados a convir que a expressão adverbial utilizada ressoa um tanto pleonástica, para reforçar uma natural e ínsita gravidade, existente em todo o delito contra a honra, especialmente a injúria.

Nessa linha, pensamos que, uma vez reconhecido pelo magistrado — ainda que incidentalmente no processo civil — a injúria sofrida pelo doador, este reconhecimento já traz em si a gravidade do fato, simplesmente por se tratar de um ilícito penal contra a honra.

Por isso, afirmamos ser desnecessária a colocação desta expressão no mencionado dispositivo, restando ao magistrado apenas admitir a existência ou não da injúria, para o efeito de revogar a doação.

Mas, uma vez a tendo admitido, a sua gravidade é imanente.

Pensamento contrário revestir-se-ia de um imenso e injustificável subjetivismo, aumentando em demasia o poder discricionário do julgador, que assumiria uma hercúlea — senão impossível — missão de graduar ou dimensionar o espectro danoso (psicológico) da lesão sofrida.

d) Recusa de alimentos

A obrigação de pagar alimentos, em nosso sistema, poderá derivar das seguintes causas: do direito de família (casamento, parentesco, união estável), do direito das obrigações (decorrente do cometimento de ato ilícito, com cunho indenizatório) ou do próprio direito sucessório (legado de alimentos).

No âmbito do direito de família, os alimentos radicam-se no "princípio de solidariedade familiar" que deve existir entre os parentes, cônjuges ou sobreviventes, valendo transcrever o art. 1.694 do vigente Código Civil brasileiro:

> "Art. 1.694. Podem os parentes, os cônjuges ou companheiros pedir uns aos outros os alimentos de que necessitem para viver de modo compatível com a sua condição social, inclusive para atender às necessidades de sua educação.
>
> § 1º Os alimentos devem ser fixados na proporção das necessidades do reclamante e dos recursos da pessoa obrigada.
>
> § 2º Os alimentos serão apenas os indispensáveis à subsistência, quando a situação de necessidade resultar de culpa de quem os pleiteia".

Não nos cabendo, por ora, a análise desses dispositivos, salientamos apenas o teor do seu *caput*, quando nos indica a reciprocidade do direito aos alimentos, exatamente em razão do supramencionado "princípio de solidariedade".

Pois bem.

Previu o legislador a possibilidade de o doador revogar a doação, na hipótese de o donatário, podendo conceder alimentos ao doador, os houver negado. Dada a situação, e pelo específico espectro de atuação das normas impositivas da obrigação alimentar, somos levados a crer que tal faculdade revocatória restringir-se-á, obviamente, às pessoas unidas por vínculo matrimonial, concubinário ou parental. Isso por não se admitir que pessoas estranhas (vale dizer, sem tais vínculos familiares) tenham entre si a obrigação de prestar alimentos.

Assim, e a título exemplificativo, imaginemos que Janio houvesse doado uma vultosa quantia a Bruno, seu irmão. Posteriormente, atingido por um revés, Janio passa por uma grave crise financeira, faltando-lhe, até mesmo, o necessário para a sua subsistência. Chocado, verifica ainda que o seu único irmão, Bruno, dono de uma próspera empresa de esponjas de aço, negou-lhe a prestação de alimentos. Poderá, pois, revogar a doação, com fundamento no dispositivo sob análise.

Vale mencionar, entretanto, que esta causa revocatória pressupõe a conjugação de três requisitos[48]:

a) a possibilidade de pagamento por parte do donatário — pois não poderá sacrificar a sua família ou a si mesmo, à luz do próprio princípio da proporcionalidade, que determina a observância da capacidade econômica de quem paga e a necessidade de quem pede, para a justa fixação da pensão devida;

b) a legitimidade passiva do donatário — ou seja, o donatário deve, na forma da lei, ser devedor dos alimentos solicitados;

c) a injustificada recusa do donatário — a sanção (revogação da doação) pressupõe a solicitação por parte do doador, e a consequente negativa do donatário.

Uma importante observação, entretanto, deve ser feita.

---

48 PEREIRA, Caio Mário da Silva. *Instituições de Direito Civil*, 10. ed., v. III, Rio de Janeiro: Forense, 2001, p. 167.

O direito (potestativo) de revogar a doação, em caso da negativa injustificada do donatário, não impede a execução do título constitutivo da obrigação alimentar, nem, muito menos, a eventual decretação da prisão civil do devedor[49].

Em nosso pensar, a revogação fundamenta-se na quebra de lealdade, na traição, traduzida no "virar as costas" para aquela pessoa que, em determinado momento da vida do donatário, cuidou de beneficiá-lo, movido por simples liberalidade, ou outro nobre sentimento de altruísmo. Podemos falar aqui, por certo, em quebra de boa-fé objetiva pós-contratual.

E, nessa linha, mesmo que o donatário, demandado, pague com atraso a prestação devida, reputamos possível a revogação que, segundo a norma legal, decorre da simples recusa de pagamento. Ademais, caso se admita tese em sentido contrário, poderia o donatário lançar mão de malabarismos ou chicanas processuais, para retardar o pagamento, e apenas efetuá-lo quando estivesse na iminência de ser preso ou de ter a doação revogada.

Por tudo isso, concluímos no sentido de que a revogação é possível desde que consumada a negativa do donatário em prestar os alimentos devidos.

e) Ingratidão cometida contra pessoa próxima do doador

Prevê o art. 558 que poderá ocorrer também a revogação quando o ofendido, nos casos do artigo anterior, for o cônjuge, ascendente, descendente, ainda que adotivo, ou irmão do doador.

Em tais casos, embora o doador seja a vítima reflexa do comportamento danoso, em um evidente dano por ricochete, a agressão (ou violação a direito) é dirigida a pessoa próxima a si, razão por que se justifica seja a doação revogada.

Não referiu, todavia, o codificador a hipótese de a agressão ser dirigida à companheira do doador, situação indiscutivelmente possível e que também autorizaria, numa interpretação constitucional, o desfazimento do benefício. Isso porque o fato de a família constituída pelo doador não estar sob o pálio ("religiosamente legitimador") do casamento, mas sim no âmbito da união estável, não poderá impedir seja o donatário igualmente apenado pelo seu comportamento lesivo ou desabonador.

Finalmente, registre-se que, em nosso sentir, a referência feita ao descendente "ainda que adotivo", é totalmente desnecessária, por reputarmos o adotado descendente para todos os fins de direito, até mesmo por força de regra constitucional[50], apenas com-

[49] Sobre a execução da obrigação alimentar e a prisão civil, confira-se o Capítulo XXIV ("Prisão Civil") do v. 2 ("Obrigações") do nosso *Novo Curso de Direito Civil*.

[50] "Art. 227. É dever da família, da sociedade e do Estado assegurar à criança, ao adolescente e ao jovem, com absoluta prioridade, o direito à vida, à saúde, à alimentação, à educação, ao lazer, à profissionalização, à cultura, à dignidade, ao respeito, à liberdade e à convivência familiar e comunitária, além de colocá-los a salvo de toda forma de negligência, discriminação, exploração, violên-

preendendo-se tal excesso pela preocupação que o legislador teve de escoimar qualquer dúvida a respeito da natureza e dos efeitos da adoção.

### 9.2.2. Ação revocatória: características. Condições. Prazos. Efeitos

O direito de revogar a doação é exercido por meio de ação judicial (revocatória), com prazo decadencial de um ano, a contar de quando chegue ao conhecimento do doador o fato que a autorizar e de ter sido o donatário o seu autor (art. 559 do CC/2002[51]).

Note-se, portanto, que o termo inicial para a contagem do referido prazo não será o da consumação ou ocorrência do ato de ingratidão, mas sim o da "ciência do fato e de sua autoria".

Nessa linha, caso o doador houvesse sido vítima de um atentado, que culminou com o seu internamento hospitalar, por exemplo, durante dois meses, a contagem do prazo inicia-se a partir do momento em que tomou conhecimento de que o donatário fora o autor do delito.

Por se tratar de prazo decadencial ou de caducidade, não se submete, *a priori*, a causas impeditivas, suspensivas ou interruptivas.

Outro ponto importante a se destacar é que o direito de revogar a doação (por ato de ingratidão do donatário) é "irrenunciável", *ex vi* do disposto no art. 556 do Código Civil:

> "Art. 556. Não se pode renunciar antecipadamente o direito de revogar a liberalidade por ingratidão do donatário".

Note, o nosso caro leitor, que a proibição legal refere-se à renúncia antecipada, nada impedindo, portanto, que o doador permita o escoamento do prazo para a propositura da demanda, operando-se, por conseguinte, os efeitos de uma renúncia tácita.

E isso, obviamente, somente pode ocorrer após a consumação do referido prazo.

CLÓVIS BEVILÁQUA, discorrendo a respeito da renúncia, preleciona que:

> "O Código Civil, como outras legislações, considera de ordem pública o direito de revogar doações por ingratidão do donatário. Não pode, porém, a lei obrigar o doador a exercê-lo. Proíbe a renúncia, mas deixa ao interessado a liberdade de usar do seu direito de revogar, quando lhe parecer conveniente"[52].

---

cia, crueldade e opressão. (...) § 6º Os filhos, havidos ou não da relação do casamento, ou por adoção, terão os mesmos direitos e qualificações, proibidas quaisquer designações discriminatórias relativas à filiação."

[51] CC/2002: "Art. 559. A revogação por qualquer desses motivos deverá ser pleiteada dentro de um ano, a contar de quando chegue ao conhecimento do doador o fato que a autorizar, e de ter sido o donatário o seu autor".

[52] BEVILÁQUA, Clóvis. *Código Civil dos Estados Unidos do Brasil*, Rio de Janeiro: Editora Rio, 1955, p. 349.

No polo ativo da ação de revogação, figurará o doador, dado o caráter *intuitu personae* do direito sob estudo, podendo, no entanto, conforme vimos linhas acima, em caráter excepcional, a ação ser iniciada pelos herdeiros do doador, se este foi vítima de crime de homicídio doloso consumado (art. 561 do CC/2002).

No polo passivo, por seu turno, estará o donatário, autor do ato de ingratidão a ser devidamente apontado e comprovado pelo demandante, na forma da legislação em vigor.

O ônus da prova é do autor, que deverá demonstrar cabalmente a ocorrência dos fatos caracterizadores da ingratidão.

Admite o legislador ainda que, em caso de falecimento do doador ou donatário, possam os seus herdeiros prosseguir[53] na demanda, uma vez que, considerando-se tratar de pedido com reflexos patrimoniais no espólio, haverá interesse dos mesmos nesta sucessão processual:

> "Art. 560. O direito de revogar a doação não se transmite aos herdeiros do doador, nem prejudica os do donatário. Mas aqueles podem prosseguir na ação iniciada pelo doador, continuando-a contra os herdeiros do donatário, se este falecer depois de ajuizada a lide".

Finalmente, cumpre-nos salientar que a revogação da doação surtirá efeitos *ex nunc*[54], preservando-se, portanto, direitos adquiridos por terceiros anteriormente (art. 563, 1ª parte), segundo o princípio constitucional que resguarda o direito adquirido. Assim, imaginemos que antes da revogação houvesse o donatário firmado contrato de locação da coisa doada por prazo de 12 meses... Deverá, pois, o doador respeitar o direito do inquilino, terceiro de boa-fé.

Nessa mesma linha, a teor da 2ª parte do mesmo art. 563, o donatário não estará obrigado a restituir os frutos colhidos ou percebidos (provenientes da coisa doada), antes da citação válida na ação revocatória.

A citação, no caso, foi o referencial utilizado pelo legislador para marcar o momento processual em que o donatário converte-se em possuidor de má-fé, por estar (formal e processualmente) ciente de que poderá vir a perder aquilo que recebeu do doador. Após este ato de comunicação processual, portanto, deverá restituir tudo aquilo que perceber — inclusive, em nosso sentir, os produtos, posto a lei seja silente a respeito[55] —, e, caso não possa proceder à restituição *in natura*, deverá fazê-lo em espécie, indenizando o doador, segundo o valor médio da coisa.

---

[53] Pressupõe-se, pois, que a demanda já tenha sido iniciada.

[54] "Art. 563. A revogação por ingratidão não prejudica os direitos adquiridos por terceiros, nem obriga o donatário a restituir os frutos percebidos antes da citação válida; mas sujeita-o a pagar os posteriores, e, quando não possa restituir em espécie as coisas doadas, a indenizá-la pelo meio termo do seu valor."

[55] A respeito da diferença entre frutos e produtos, confira-se o subtópico 4.2.1 ("Classificação dos bens acessórios") do Capítulo VIII ("Bens Jurídicos") do v. 1 ("Parte Geral") do nosso *Novo Curso de Direito Civil*.

### 9.2.3. Doações não sujeitas à revogação

Alguns tipos de doação, na forma do art. 564 do Código Civil, não poderão ser revogadas por ingratidão.

Trata-se de enumeração *numerus clausus*, que esmiuçamos abaixo:

a) doações puramente remuneratórias — vimos, linhas acima, que a doação puramente remuneratória é aquela feita em retribuição a serviços prestados pelo donatário. É o caso do médico da família, que serviu ao doador, com dedicação, durante toda a vida, sem cobrar nada por isso. Observe-se que, por se tratar de uma doação feita em reconhecimento ao comportamento do donatário, não poderá ser revogada, por já se considerar o doador recompensado. Em algumas situações, entretanto, a norma parece-nos injusta, como no exemplo de o doador ser vítima de tentativa de homicídio, e não poder revogar a doação, ainda que tenha a mesma natureza remuneratória;

b) doações oneradas com encargo já cumprido — cumprido o encargo que grava a doação, não poderá mais, segundo a norma legal sob análise, o doador revogar a doação, por considerar que o donatário já sofreu um decréscimo patrimonial em troca do benefício patrimonial pretendido. Mas saliente-se que a irrevogabilidade somente ocorrerá se o encargo já houver sido cumprido;

c) doações feitas em cumprimento a obrigação natural — a obrigação natural ou imperfeita é aquela de cunho moral, desprovida de coercibilidade (ou exigibilidade) jurídica (ex.: dívida de jogo, dívida prescrita). Ora, por se tratar de uma dívida de honra, o legislador considera que a doação feita em seu cumprimento, embora não tenha, tecnicamente, a natureza de pagamento, não poderá ser revogada pelo doador que cumpriu a sua palavra;

d) doações feitas para determinado casamento — a lei proíbe a revogação da doação nessa circunstância, por considerar que o desfazimento do ato de liberalidade poderá repercutir na entidade familiar, atingindo pessoas inocentes, que não participaram do ato de ingratidão. Preserva, assim, a própria boa-fé e a estabilidade nas relações jurídicas.

Discorrendo a respeito de idêntica regra do Código Civil anterior, CARVALHO SANTOS arremata:

> "a razão pela qual as doações feitas para determinado casamento não poderão ser revogadas por ingratidão do donatário é a seguinte: só se tornando efetiva com a realização do casamento (art. 1.173)[56], bem é de se ver que beneficia não somente o cônjuge, a quem é feita, mas também ao outro e aos filhos que nascerem do casamento. A revogação, portanto, iria prejudicar também o cônjuge inocente e os filhos do

[56] Correspondente ao art. 546 do CC/2002.

casal (art. 314)[57], em contrário ao princípio geral de que a pena deve ser pessoal, não devendo atingir, em seus efeitos, senão o culpado"[58].

## 10. DOAÇÃO POR PROCURAÇÃO

Encerrando este capítulo, reputamos necessário observar, ao nosso estimado leitor, que a doutrina e a jurisprudência têm admitido a doação por procuração, desde que o doador cuide de especificar o objeto da doação e o beneficiário do ato (donatário).

Tal situação, aliás, não proibida por lei, já era prevista no Anteprojeto de Código de Obrigações, elaborado pelo grande CAIO MÁRIO DA SILVA PEREIRA[59]:

> "Art. 432. Não vale a doação que se faça por procurador, salvo investido de poderes especiais, com indicação expressa do donatário, ou de um dentre vários que o doador nominalmente mencionar".

O Código Civil de 2002, porém, silenciou sobre o tema, pelo que entendemos que, tomadas as cautelas necessárias (especificação do objeto e individualização do beneficiário), é possível, sim, tal modalidade de doação. Não seria válida, portanto, a procuração genérica, para doar o que o procurador considerasse conveniente, pois isso consistiria em uma situação de completa submissão do mandante ao mandatário.

57 Sem artigo correspondente no CC/2002.

58 SANTOS, J. M. de Carvalho. *Código Civil Brasileiro Interpretado* — Direito das Obrigações, 13. ed., Rio de Janeiro: Freitas Bastos, 1991, v. XVI, p. 462-3.

59 PEREIRA, Caio Mário da Silva. *Anteprojeto do Código de Obrigações*, já citado.

# XXVIII LOCAÇÃO DE COISAS

## 1. NOÇÕES GERAIS

O contrato versado neste capítulo é um dos mais utilizados no cotidiano das relações sociais.

De fato, a locação está presente desde a constante preocupação com a moradia até os nossos momentos de lazer, quando alugamos uma casa na praia para descansar, um carro ou bicicleta para passear ou um *smoking* para uma solenidade.

E, a depender da conotação da palavra "locação", o campo de abrangência pode ser maior ainda.

Isso porque a ideia original do instituto, na sua concepção romanista, abrangia não somente o uso e gozo de uma coisa infungível, mas também a prestação de um serviço apreciável economicamente ou a execução de alguma obra determinada.

Tinha-se, portanto, no instituto da locação romana, uma verdadeira tríade de relações contratuais, que poderiam ser assim visualizadas:

a) locação de coisas (*locatio conductio rerum* ou *locatio res*), referente, única e exclusivamente, ao uso e gozo de bem infungível;
b) locação de serviços (*locatio conductio operarum* ou *locatio operarum*), consistente em uma prestação de serviço economicamente apreciável, considerada em si mesma, independentemente do resultado;
c) locação de obra (*locatio conductio operis* ou *locatio operis*), significando a execução de uma obra certa ou de determinado trabalho, tendo em vista um fim ou efeito.

Tal visão, na modernidade, tornou-se abrangente demais, sendo inconveniente reunir, no mesmo instituto básico, atividades tão diversas.

Assim, desde a codificação de 1916, a locação de obra (*locatio conductio operis* ou *locatio operis*) passou a ser denominada empreitada, com regras próprias e específicas para as suas peculiaridades.

Nessa esteira, a antiga locação de serviços (*locatio conductio operarum* ou *locatio operarum*) passou a ser chamada formalmente, no Código Civil de 2002, de contrato de prestação de serviço, também com disciplina particular, adotando-se expressão que já vinha sendo utilizada na doutrina e na prática das relações jurídicas. Vale destacar que boa parte daquilo que originalmente era disciplinado por esta figura contratual, a saber, o trabalho humano em si mesmo, mudou para uma nova disciplina específica e típica, regida por normas de proteção ao trabalhador subordinado, ficando as regras codificadas apenas para o trabalho autônomo.

O objeto deste capítulo, portanto, é somente a locação de coisas, reservando-se a análise das demais figuras contratuais para outras oportunidades.

## 2. CONCEITO

A locação de coisas é o negócio jurídico por meio do qual uma das partes (locador) se obriga a ceder à outra (locatário), por tempo determinado ou não, o uso e gozo de coisa infungível, mediante certa remuneração.

Tal conceito, extraído inteiramente da previsão legal contida no art. 565 do Código Civil[1], é abrangente o suficiente para ser a base normativa fundamental para a compreensão do instituto.

É importante registrar, desde já, que, por opções políticas, modalidades de locação podem ter regras particulares, caracterizando verdadeiros microssistemas jurídicos, entendida a expressão na acepção de conjuntos coerente de regras e princípios, com motivação axiológica própria (o que não decorre apenas da existência de uma legislação especial, mas, sim, de todo um pequeno e complexo sistema, operando a partir de suas próprias diretrizes, ainda que sofrendo a influência e mantendo a comunicação com as regras codificadas).

É o caso das locações imobiliárias, regidas por lei própria, a saber, a Lei n. 8.245/91, cujo estudo aprofundado requereria não um capítulo, mas um volume inteiro, com o enfrentamento, inclusive, de aspectos processuais, o que não é objeto de nossa obra[2].

Mesmo em função de tais hipóteses, conhecer o tratamento codificado é importantíssimo não para sua aplicação direta, mas, certamente, pela sua natureza residual em face de lei especial, haja vista a raiz comum dos institutos[3].

Por isso, registramos que, dada a delimitação temática desta obra, abordaremos, neste capítulo, apenas as regras gerais de locação de coisas, inserindo informações, sempre que possível, no corpo do texto ou em rodapé, sobre as peculiaridades da locação

---

[1] CC/2002: "Art. 565. Na locação de coisas, uma das partes se obriga a ceder à outra, por tempo determinado ou não, o uso e gozo de coisa não fungível, mediante certa retribuição".

[2] Sobre o estudo específico da Lei n. 8.245, de 18-10-1991, recomendamos: VENOSA, Sílvio de Salvo. *Lei do Inquilinato Comentada* — Doutrina e Prática, 5. ed., São Paulo: Atlas, 2001, e SOUZA, Sylvio Capanema de. *Da Locação do Imóvel Urbano*, Rio de Janeiro: Forense, 2002.

[3] Com efeito, estabelece o art. 79 da Lei n. 8.245/91: "Art. 79. No que for omissa esta Lei aplicam-se as normas do Código Civil e do Código de Processo Civil".

imobiliária, de forma a permitir uma visão preliminar de tal disciplina, ainda que sem *animus* de esgotá-la.

## 3. ELEMENTOS ESSENCIAIS

Mesmo levando em consideração que os requisitos de existência e validade dos negócios jurídicos são aplicáveis a todas as figuras contratuais, consideramos conveniente destacar alguns deles no contrato de locação.

Isso se dá pelo fato de que, tal qual o contrato de compra e venda, a própria definição legal, constante do já transcrito art. 565 do CC/2002, explicita-os como essenciais, merecendo a sua análise particularizada, a saber:

a) o tempo;

b) a coisa;

c) a retribuição.

Analisemos, separadamente, cada um desses requisitos.

### 3.1. Tempo (duração da locação)

O contrato de locação é essencialmente temporário.

Assim sendo, mesmo quando não explicitado o prazo de duração, as partes terão a avença sempre como finita, não podendo ser considerada vitalícia.

Contrato de locação perpétuo é uma contradição em termos.

Deve, pois, a locação ter prazo determinado ou indeterminado.

No primeiro caso, estabelece o art. 573 do CC/2002:

> "Art. 573. A locação por tempo determinado cessa de pleno direito findo o prazo estipulado, independentemente de notificação ou aviso".

*A priori*, pode-se imaginar que se trata da aplicação direta do princípio do *dies interpellat pro homine*.

Caso o locatário não devolva o bem ao término do contrato, passa a ter posse injusta e de má-fé, aplicando-se as regras dos arts. 1.216 a 1.220 do CC/2002[4].

---

[4] Código Civil de 2002: "Art. 1.216. O possuidor de má-fé responde por todos os frutos colhidos e percebidos, bem como pelos que, por culpa sua, deixou de perceber, desde o momento em que se constituiu de má-fé; tem direito às despesas da produção e custeio. Art. 1.217. O possuidor de boa-fé não responde pela perda ou deterioração da coisa, a que não der causa. Art. 1.218. O possuidor de má-fé responde pela perda, ou deterioração da coisa, ainda que acidentais, salvo se provar que de igual modo se teriam dado, estando ela na posse do reivindicante. Art. 1.219. O possuidor de boa-fé tem direito à indenização das benfeitorias necessárias e úteis, bem como, quanto às voluptuárias, se não lhe forem pagas, a levantá-las, quando o puder sem detrimento da coisa, e poderá exercer o direito de retenção pelo valor das benfeitorias necessárias e úteis. Art. 1.220. Ao possuidor de má-fé serão ressarcidas

Saliente-se, porém, que tal circunstância pode ser relevada pelo locador, uma vez que a ausência de oposição de sua parte, para a continuidade da posse do locatário em relação à coisa locada, faz presumir prorrogada a locação pelo mesmo aluguel, mas sem prazo determinado[5].

É a regra do art. 574 do CC/2002:

> "Art. 574. Se, findo o prazo, o locatário continuar na posse da coisa alugada, sem oposição do locador, presumir-se-á prorrogada a locação pelo mesmo aluguel, mas sem prazo determinado".

Ressalte-se a peculiaridade dessa regra legal, em que a caracterização jurídica da posse de boa ou má-fé dependerá, neste caso, da conduta do locatário em devolver o bem, findo o prazo originário da locação e, sucessivamente, da inércia do locador em exigir o bem de volta.

Tomemos um exemplo do dia a dia:

Se Davi loca uma roupa e esquece de devolver na data aprazada, sua posse, após o término do prazo, é considerada de má-fé, aplicando-se as regras pertinentes. Todavia, se devolve, ainda que serodiamente, deverá arcar com o valor correspondente à locação pelos dias de atraso, como se a locação tivesse se prorrogado até a data da devolução.

E no caso da locação por duração indeterminada?

Bem, neste caso, mister se faz a notificação do locatário para que devolva, imediatamente ou em prazo razoável, a coisa locada, sob pena de incidir nos efeitos da mora[6].

Nesse particular, não há previsão legal específica de prazo no Código Civil brasileiro, motivo pelo qual entendemos que se trata de uma regra em aberto, que deve ser colmatada diretamente pelo locador, que fixará prazo compatível para a entrega, sob pena de controle judicial *a posteriori*.

Apenas a título de sugestão, parece-nos bastante proporcional, como critério balizador deste prazo, que seja ele fixado de acordo com a periodicidade de pagamento da locação. Assim, por exemplo, se alugo um carro por diária, o prazo de um dia para devolução pode ser razoável; se alugo por semana ou quinzena, o prazo correspondente pode ser invocado. Esse critério tem respaldo na ideia de que esta periodicidade gera uma expectativa de percepção da verba.

Pode-se, por outra via, optar por um prazo menos flexível, com o que não concordamos. Seria o caso, por exemplo, da concessão do lapso temporal mínimo de trinta

---

somente as benfeitorias necessárias; não lhe assiste o direito de retenção pela importância destas, nem o de levantar as voluptuárias".

[5] Trata-se, *a priori*, de uma manifestação específica de *surrectio* para o locatário e *supressio* para o locador.

[6] CC/2002: "Art. 397. O inadimplemento da obrigação, positiva e líquida, no seu termo, constitui de pleno direito em mora o devedor. Parágrafo único. Não havendo termo, a mora se constitui mediante interpelação judicial ou extrajudicial".

dias, por analogia à regra constitucional de concessão do aviso prévio, na relação de emprego[7].

Registre-se, a propósito, que, no âmbito da locação imobiliária, esta é a regra específica, pelo menos para a extinção unilateral por iniciativa do locatário, conforme consta do art. 6º da Lei n. 8.245/91, a saber:

> "Art. 6º O locatário poderá denunciar a locação por prazo indeterminado mediante aviso por escrito ao locador, com antecedência mínima de trinta dias.
>
> Parágrafo único. Na ausência do aviso, o locador poderá exigir quantia correspondente a um mês de aluguel e encargos, vigentes quando da resilição".

Voltando à hipótese de extinção unilateral do contrato de locação por iniciativa do locador, em caso de não devolução da coisa pelo locatário, este "pagará, enquanto a tiver em seu poder, o aluguel que o locador arbitrar, e responderá pelo dano que ela venha a sofrer, embora proveniente de caso fortuito", conforme estabelece o *caput* do art. 575 do CC/2002.

O pagamento referido é chamado de aluguel-pena, sendo uma sanção pelo descumprimento do pactuado, o que não pode ser considerado uma regra meramente potestativa, visto que o parágrafo único do mesmo dispositivo admite um controle judicial da razoabilidade[8], regra sem equivalente no sistema codificado anterior.

Já a previsão de responsabilidade pelos danos sofridos pela coisa, ainda que provenientes de caso fortuito, é mera aplicação específica da regra dos efeitos da mora do devedor, constante do art. 399 do CC/2002[9].

Por fim, vale registrar que não há, na vigente codificação civil, tal qual na anterior, qualquer restrição de período de vigência do contrato de locação, deixando a matéria para a autonomia das partes contratantes.

Existe certa limitação, outrossim, na locação imobiliária, uma vez que a Lei n. 8.245/91 exige, em seu art. 3º, anuência do cônjuge, para qualquer dos contratantes, quando for estipulada locação por prazo igual ou superior a dez anos[10].

---

7 CF/1988: "Art. 7º São direitos dos trabalhadores urbanos e rurais, além de outros que visem à melhoria de sua condição social: (...) XXI — aviso prévio proporcional ao tempo de serviço, sendo no mínimo de trinta dias, nos termos da lei;".

8 CC/2002: "Art. 575. Se, notificado o locatário, não restituir a coisa, pagará, enquanto a tiver em seu poder, o aluguel que o locador arbitrar, e responderá pelo dano que ela venha a sofrer, embora proveniente de caso fortuito. Parágrafo único. Se o aluguel arbitrado for manifestamente excessivo, poderá o juiz reduzi-lo, mas tendo sempre em conta o seu caráter de penalidade".

9 CC/2002: "Art. 399. O devedor em mora responde pela impossibilidade da prestação, embora essa impossibilidade resulte de caso fortuito ou de força maior, se estes ocorrerem durante o atraso; salvo se provar isenção de culpa, ou que o dano sobreviria ainda quando a obrigação fosse oportunamente desempenhada".

10 Lei n. 8.245/91: "Art. 3º O contrato de locação pode ser ajustado por qualquer prazo, dependendo de vênia conjugal, se igual ou superior a dez anos. Parágrafo único. Ausente a vênia conjugal, o cônjuge não estará obrigado a observar o prazo excedente".

A ausência dessa outorga uxória, todavia, não invalida o contrato; apenas implica a ineficácia da cláusula, quanto ao tempo excedente ao decêndio, em relação ao cônjuge, traduzindo-se como uma norma limitativa de direito.

## 3.2. Coisa (objeto da locação)

O objeto do contrato de locação pode ser coisa móvel ou imóvel.

O requisito indispensável, porém, é que seja um bem infungível, pois não é possível imaginar-se a locação de bens que possam ser trocados por outros da mesma espécie, por ser próprio da locação o retorno do bem ao locador.

Pelo mesmo fundamento, não é possível falar em locação de bens consumíveis, cujo uso importe na destruição imediata da sua substância.

Da mesma forma, observa CARLOS ROBERTO GONÇALVES:

> "Não constitui óbice à locação a inalienabilidade da coisa, pois os bens públicos e também aqueles gravados com a referida cláusula especial, que os coloca fora do comércio, podem ser dados em aluguel. Igualmente podem ser alugados os bens incorpóreos ou direitos, como uma patente de invenção, uma marca, o usufruto e as servidões prediais juntamente com o prédio dominante etc."[11].

Uma interessante questão é saber se a coisa locada precisa ser, necessariamente, de propriedade do locador.

Em nosso entender, a resposta é negativa.

Embora pareça lógico imaginar que o mais natural é que o locador seja proprietário do bem, nada impede que o mero possuidor alugue o bem de que não tenha a titularidade do domínio.

Afinal de contas, o contrato de locação não é translativo de propriedade (e, consequentemente, de posse indireta), mas, sim, fonte de obrigações pessoais.

Sobre o tema, CUNHA GONÇALVES observa que:

> "A locação de coisa alheia será válida enquanto durar a posse do locador; e somente ficará sem efeito quando a coisa locada for reivindicada pelo seu verdadeiro proprietário, pois ficando evicto o locador, evicto ficará também o locatário. Todavia, o proprietário evictor tem a faculdade de manter o locatário mediante novo arrendamento"[12].

Parece-nos adequado tal entendimento, principalmente no campo da locação de coisas móveis, pois nem sempre é possível (e quase nunca é razoável) exigir que o locatário verifique se a coisa é de efetiva propriedade do locador.

---

[11] GONÇALVES, Carlos Roberto. *Direito Civil Brasileiro*, 18. ed., São Paulo: Saraiva, 2020, v. 3, p. 331.

[12] GONÇALVES, Luiz da Cunha. *Dos Contratos em Especial*, Lisboa: Ática, 1953, p. 300, apud GONÇALVES, Carlos Roberto. *Direito Civil Brasileiro*, v. III, São Paulo: Saraiva, 2004, p. 289.

Ademais, a possibilidade de sublocação também ratifica a possibilidade de alguém, que não é proprietário, mas mero possuidor, poder locar um bem.

### 3.3. Retribuição (preço da locação)

Como terceiro elemento fundamental particular do contrato de locação, temos a retribuição pela disposição da coisa locada.

Locação é contrato essencialmente oneroso.

Tal retribuição, chamada de preço, aluguel ou renda, é, *a priori*, estabelecida diretamente pelas partes, no exercício da autonomia da vontade, podendo ser feita "mediante arbitramento administrativo ou judicial, ou ainda imposto por ato governamental, como no caso dos táxis e dos prédios urbanos"[13].

No caso da locação de bens da União, o parágrafo único do art. 95 do Decreto-lei n. 9.760, de 5-9-1946, determina que seja feita "em concorrência pública e pelo maior preço oferecido, na base mínima do valor locativo fixado".

O valor, porém, não pode ser fixado de forma meramente potestativa por uma das partes.

De fato, sobre tal impossibilidade de estipulação potestativa do preço ao arbítrio exclusivo de um dos contratantes, vale transcrever o já mencionado art. 575 do CC/2002:

> "Art. 575. Se, notificado o locatário, não restituir a coisa, pagará, enquanto a tiver em seu poder, o aluguel que o locador arbitrar, e responderá pelo dano que ela venha a sofrer, embora proveniente de caso fortuito.
>
> Parágrafo único. Se o aluguel arbitrado for manifestamente excessivo, poderá o juiz reduzi-lo, mas tendo sempre em conta o seu caráter de penalidade".

Ou seja, até mesmo no chamado "aluguel-pena", cuja natureza sancionatória é evidente, não há falar em ampla liberdade de uma das partes para fixação do valor, estando a matéria submetida a controle judicial *a posteriori*, característica, aliás, bastante evidente no novo sistema codificado[14].

Contudo, conforme adverte CARLOS ROBERTO GONÇALVES:

> "Como também ocorre na compra e venda, o preço deve ser sério, isto é, real, pois se estipulado em valor ínfimo ou irrisório será, na realidade, fictício e descaracterizará

---

13 GONÇALVES, Carlos Roberto. *Direito Civil Brasileiro*, 18. ed., São Paulo: Saraiva, 2020, v. 3, p. 332-3.

14 Nesse sentido, vale registrar que, na III Jornada de Direito Civil da Justiça Federal, foi aprovado o Enunciado n. 180, com a seguinte redação: "Arts. 575 e 582: A regra do parágrafo único do art. 575 do novo CC, que autoriza a limitação pelo juiz do aluguel-pena arbitrado pelo locador, aplica-se também ao aluguel arbitrado pelo comodante, autorizado pelo art. 582, 2ª parte, do novo CC". O referido dispositivo preceitua: "Art. 582. O comodatário é obrigado a conservar, como se sua própria fora, a coisa emprestada, não podendo usá-la senão de acordo com o contrato ou a natureza dela, sob pena de responder por perdas e danos. O comodatário constituído em mora, além de por ela responder, pagará, até restituí-la, o aluguel da coisa que for arbitrado pelo comodante".

> o contrato. Deve ser, ainda, determinado ou ao menos determinável, nada impedindo, todavia, que seja variável de acordo com índices estabelecidos pela lei, ou contratados pelas partes de modo a não contrariá-la. A lei impõe, em regra, tetos aos reajustes. Embora o pagamento deva ser feito, via de regra, em dinheiro, nada obsta que se convencione outro modo, podendo ser misto, ou seja, parte em dinheiro e parte em frutos e produtos ou em obras e benfeitorias feitas pelo locatário. Se, todavia, for efetuado exclusivamente com os frutos e produtos do imóvel, deixará de ser locação propriamente dita, convertendo-se em contrato inominado.
>
> Em geral, o pagamento é fixado em dinheiro, a ser pago periodicamente (por semana, quinzena ou mês), como contrato de execução prolongada ou sucessiva (*tempus successivum habet*), nada impedindo seja pago de uma só vez por todo o período da locação, como sucede com os aluguéis de temporada, que podem ser exigidos antecipadamente e de uma só vez (art. 20 da atual Lei do Inquilinato: Lei n. 8.245/91). A referida lei veda a estipulação do aluguel em moeda estrangeira e a sua vinculação à variação cambial ou ao salário mínimo (art. 17), não admitindo a exigência de pagamento antecipado, salvo a exceção apontada no citado dispositivo. A falta de pagamento do aluguel enseja ao locador o direito de cobrá-lo sob a forma de execução (CPC, art. 784, III) ou de pleitear a resolução do contratante, tanto no direito comum quanto no regime especial do inquilinato, mediante ação de despejo"[15].

Vale destacar a possibilidade, prevista na Lei n. 8.245/91, de qualquer das partes pedir a revisão judicial da importância do aluguel, com a finalidade de readequá-lo ao justo valor praticado no mercado.

Trata-se do seu art. 19, que preceitua, *in verbis*:

> "Art. 19. Não havendo acordo, o locador ou locatário, após três anos de vigência do contrato ou do acordo anteriormente realizado, poderão pedir revisão judicial do aluguel, a fim de ajustá-lo ao preço de mercado".

## 4. CARACTERÍSTICAS

Fixado o conceito e compreendidos os elementos essenciais do contrato de locação de coisas, é hora de enunciar suas principais características:

Tradicionalmente prevista nas codificações brasileiras, a locação sempre foi um contrato típico e nominado.

Trata-se de um contrato bilateral e individual, uma vez que implica direitos e obrigações para ambos os contratantes (locador e locatário), individualmente considerados.

É um contrato essencialmente oneroso, haja vista que ao benefício recebido corresponde um sacrifício patrimonial (entrega da coisa ou pagamento do preço).

---

[15] GONÇALVES, Carlos Roberto. *Direito Civil Brasileiro*, 18. ed., São Paulo: Saraiva, 2020, v. 3, p. 333-4.

Como tais obrigações se equivalem, conhecendo, pois, os contratantes, *ab initio*, as suas respectivas prestações, consiste em um contrato comutativo, enquadrando-se também no conceito de contrato evolutivo.

Pode ser pactuado tanto na forma paritária como por adesão.

É contrato de ampla utilização nas relações civis, comerciais e consumeristas, sendo também utilizado, supletivamente, em relações administrativas e inaplicável para as avenças trabalhistas, no que tange ao exercício da atividade laboral.

Quanto à forma, trata-se de um contrato consensual e não solene, uma vez que se concretiza com a simples declaração de vontade; não exige forma especial, podendo ser convencionado por escrito ou verbalmente.

Registre-se, porém, que se por acaso for exigida uma fiança, a lógica impõe que o contrato principal de locação seja escrito, uma vez que ficaria extremamente estranho haver um acessório formal de um contrato não solene.

Não pode ser considerado personalíssimo, especialmente em virtude da previsão do art. 577 do CC/2002[16], que admite a transferência da avença contratual, no caso de falecimento do locador ou do locatário, aos seus herdeiros.

Ademais, a possibilidade jurídica de ser cedido ou sublocado também é um elemento que reforça o caráter não personalíssimo deste contrato.

Nada impede, porém, que se estabeleça expressamente a impossibilidade de cessão e sublocação, emprestando-lhe efeito *intuitu personae.*

O tempo, como exposto, é um elemento essencial no contrato de locação, consistindo em um típico contrato de duração. Tal duração pode ser determinada ou indeterminada, na medida em que haja ou não previsão expressa de termo final ou condição resolutiva a limitar a eficácia do contrato. O que não se admite, em nosso sentir, é a locação vitalícia.

Como a maciça maioria das figuras contratuais codificadas, trata-se de um contrato causal, cuja invalidade pode ser declarada no caso de motivo inexistente, ilícito ou imoral.

Pela sua função econômica, consiste em um contrato de troca, caracterizado pela permuta de utilidades econômicas.

Por fim, trata-se de um contrato principal e definitivo, já que não depende de qualquer outra avença, bem como não é preparatório de nenhum outro negócio jurídico.

## 5. MODALIDADES

A disciplina aqui estudada se refere, precipuamente, ao contrato de locação de bens móveis.

---

16 "Art. 577. Morrendo o locador ou o locatário, transfere-se aos seus herdeiros a locação por tempo determinado."

Isso porque, como visto, existem outras modalidades de locação, regidas por normas diferenciadas, merecedoras apenas de referência neste capítulo, por escaparem, conforme dissemos acima, do seu objetivo.

A mais importante delas é a locação imobiliária urbana, disciplinada pela Lei do Inquilinato (Lei n. 8.245/91), norma que vem se mantendo após vários diplomas legais que tentaram regular a matéria, valendo registrar que a vigente codificação civil pouco menciona sobre locação imobiliária.

Tal norma reguladora da locação imobiliária urbana abrange a disciplina da locação residencial urbana (arts. 46 e 47), a locação de temporada, também denominada *time sharing* (arts. 48 a 50) e a locação não residencial, incluída para fins comerciais (arts. 51 a 57), com a incorporação de regras do antigo Decreto n. 24.150/34.

A própria Lei n. 8.245/91, porém, no parágrafo único do seu art. 1º, excluiu expressamente determinadas locações e situações assemelhadas, a saber:

> "Art. 1º A locação de imóvel urbano regula-se pelo disposto nesta lei:
> Parágrafo único. Continuam regulados pelo Código Civil e pelas leis especiais:
>
> *a*) as locações:
>
> 1. de imóveis de propriedade da União, dos Estados e dos Municípios, de suas autarquias e fundações públicas;
>
> 2. de vagas autônomas de garagem ou de espaços para estacionamento de veículos;
>
> 3. de espaços destinados à publicidade;
>
> 4. em apart-hotéis, hotéis-residência ou equiparados, assim considerados aqueles que prestam serviços regulares a seus usuários e como tais sejam autorizados a funcionar;
>
> *b*) o arrendamento mercantil, em qualquer de suas modalidades".

Como observa SÍLVIO VENOSA,

> "os imóveis de propriedade do Estado (União, Estados e Municípios) não se sujeitam a essa lei, assim como os das respectivas autarquias e fundações. O interesse público não permite que essas locações se sujeitem ao regime privado. Os arrendamentos dos imóveis da União são regidos pelo Decreto-lei n. 9.760/46 e pelo Decreto-lei n. 6.874/44"[17].

Ainda no que tange às modalidades de locação, na compreensão do parágrafo único do art. 1º da Lei n. 8.245/91, outras importantes observações devem ser feitas.

As locações de vagas autônomas de garagem ou espaços para estacionamento são contratos atípicos, que denotam características não somente da locação de coisas, mas, também, dos contratos de depósito e prestação de serviços. Registre-se que as vagas de

[17] VENOSA, Sílvio de Salvo. *Direito Civil* — Contratos em Espécie, 3. ed., v. III, São Paulo: Atlas, 2003, p. 147.

estacionamento ligadas a locação imobiliária já se encontram incluídas na disciplina do inquilinato.

Já os espaços destinados a publicidade encontram sua regência na própria codificação civil, uma vez que sua finalidade é distinta da pretendida pela Lei n. 8.245/91, que objetiva disciplinar relações imobiliárias propriamente ditas.

Quanto aos apart-hotéis, hotéis-residência ou equiparados, mencionados linhas acima, ressalta SÍLVIO VENOSA:

> "A Lei do Inquilinato é expressa no excluir de seu alcance os apart-hotéis, hotéis-residência ou equiparados. São novas formas jurídicas que florescem no mundo negocial. Os apart-hotéis possuem forma de ocupação diferenciada da locação. A própria lei especifica que assim se entende os locais prestadores de serviços regulares a seus usuários e como tais estejam autorizados a funcionar. O fenômeno merece atenção do legislador que ainda não regulou essa modalidade de ocupação de imóvel. Pode ocorrer que, embora o apart-hotel esteja assim estruturado, a ocupação se dê por contrato de locação destinado à moradia, portanto alcançada a relação pela lei inquilinária. Há necessidade de exame das circunstâncias do caso concreto. Nos prédios destinados a essa modalidade de moradia, o pagamento é feito sob a forma de diárias, pois o contrato é de hospedagem e não de locação. Se a relação não estiver submetida à lei do inquilinato, a relação de hospedagem não está sujeita à ação de despejo, sendo utilizável a possessória para a restituição do imóvel"[18].

Por fim, o arrendamento mercantil (*leasing*) consiste em uma figura contratual autônoma, que não se enquadra perfeitamente nas regras codificadas, merecendo regras próprias e particularizadas, valendo destacar a circunstância de que o preço que se paga não é uma simples locação, mas, sim, um meio de pagamento parcial da coisa, com finalidade de aquisição.

Cumpre destacar, também, que a locação para exploração agrícola ou pecuária de prédio rústico, ou seja, o arrendamento rural, é regida pelo Estatuto da Terra (Lei n. 4.504, de 30-11-1964), aplicando-se supletivamente o Código Civil, conforme preceitua o § 9º do art. 92 do mencionado Estatuto ("§ 9º Para solução dos casos omissos na presente Lei, prevalecerá o disposto no Código Civil").

## 6. CONTEÚDO DO CONTRATO DE LOCAÇÃO (DIREITOS E OBRIGAÇÕES DAS PARTES)

Neste tópico, pretendemos dar uma visão geral do conteúdo do contrato de locação, no que diz respeito aos direitos e obrigações das partes, reciprocamente consideradas.

---

[18] VENOSA, Sílvio de Salvo. *Contratos em Espécie*, v. III, São Paulo: Atlas, 2001, p. 147.

De fato, se a todo direito corresponde uma obrigação, parece-nos razoável sistematizar esse tópico na divisão "Obrigações do locador × direitos do locatário" e "Obrigações do locatário × direitos do locador".

Todavia, registramos mais uma vez que, sendo necessário, faremos a indexação dos dispositivos codificados com as regras próprias da Lei do Inquilinato, de forma a dar uma visão realmente abrangente sobre o tema.

Vamos conhecê-los.

## 6.1. Obrigações do locador × direitos do locatário

Sobre as obrigações do locador, estabelece o art. 566 do CC/2002:

> "Art. 566. O locador é obrigado:
>
> I — a entregar ao locatário a coisa alugada, com suas pertenças, em estado de servir ao uso a que se destina, e a mantê-la nesse estado, pelo tempo do contrato, salvo cláusula expressa em contrário;
>
> II — a garantir-lhe, durante o tempo do contrato, o uso pacífico da coisa".

Vejamos cada uma delas, por partes.

### *6.1.1. Entregar ao locatário a coisa alugada*

A primeira obrigação do locador é entregar ao locatário a coisa locada, com suas pertenças, em estado de servir ao uso a que se destina (CC, art. 566, I, primeira parte; Lei n. 8.245/91, art. 22, I).

Por mais óbvio que pareça, é necessário afirmar tal dever pela circunstância de que o contrato de locação é uma fonte de obrigações, que passam a ser exigíveis pela celebração do negócio jurídico, e não um contrato real, que somente se considera ultimado pela entrega da coisa.

Assim, celebrado o contrato, mas não cumprida tal obrigação básica do locador, cabe não somente a resolução da avença, mas, também, perdas e danos.

A obrigação de entregar ao locatário a coisa locada abrange, evidentemente, o dever de respeitar a vigência do contrato, quando estipulado por duração determinada.

Sobre o tema, determina o art. 571 do CC/2002:

> "Art. 571. Havendo prazo estipulado à duração do contrato, antes do vencimento não poderá o locador reaver a coisa alugada, senão ressarcindo ao locatário as perdas e danos resultantes, nem o locatário devolvê-la ao locador, senão pagando, proporcionalmente, a multa prevista no contrato.
>
> Parágrafo único. O locatário gozará do direito de retenção, enquanto não for ressarcido".

A concepção de que se trata de um ato ilícito é evidente na previsão de ressarcimento de perdas e danos pelo locador, bem como, no outro lado da moeda, o pagamento proporcional de multa pelo locatário.

Interessante é verificar a norma equivalente na Lei do Inquilinato, a saber, o seu art. 4º, que, com a redação dada pela Lei n. 12.744, de 19 de dezembro de 2012, preceitua:

> "Art. 4º Durante o prazo estipulado para a duração do contrato, não poderá o locador reaver o imóvel alugado. Com exceção ao que estipula o § 2º do art. 54-A, o locatário, todavia, poderá devolvê-lo, pagando a multa pactuada, proporcional ao período de cumprimento do contrato, ou, na sua falta, a que for judicialmente estipulada[19].
>
> Parágrafo único. O locatário ficará dispensado da multa se a devolução do imóvel decorrer de transferência, pelo seu empregador, privado ou público, para prestar serviços em localidades diversas daquela do início do contrato, e se notificar, por escrito, o locador com prazo de, no mínimo, trinta dias de antecedência".

Vale registrar que a dispensa da multa, no caso de transferência do locatário por decisão patronal, justifica-se inteiramente, tendo em vista que se trata, tecnicamente, de um ato superveniente imputável, única e exclusivamente, a terceiro.

Por fim, registre-se a regra do art. 572 do CC/2002:

> "Art. 572. Se a obrigação de pagar o aluguel pelo tempo que faltar constituir indenização excessiva, será facultado ao juiz fixá-la em bases razoáveis".

Sobre tal novel prerrogativa do magistrado, no controle de razoabilidade da indenização, na IV Jornada de Direito Civil da Justiça Federal, foi aprovado o Enunciado n. 357, com a seguinte redação:

> Enunciado n. 357: "O art. 413 do Código Civil é o que complementa o art. 4º da Lei n. 8.245/91".
>
> Tal Enunciado 357 veio em substituição ao Enunciado 179, aprovado na III Jornada de Direito Civil, que estabelecia que a "regra do art. 572 do novo CC é aquela que atualmente complementa a norma do art. 4º, 2ª Parte, da Lei n. 8.245/91 (Lei de Locações), balizando o controle da multa mediante a denúncia antecipada do contrato de locação pelo locatário durante o prazo ajustado".

### 6.1.2. Manter a coisa alugada no mesmo estado

Não basta, porém, entregar a coisa, com seus acessórios, em perfeita condição de uso para o fim pactuado.

---

[19] Como respaldo normativo no vigente Código Civil brasileiro, confira-se a redação do art. 413: "Art. 413. A penalidade deve ser reduzida equitativamente pelo juiz se a obrigação principal tiver sido cumprida em parte, ou se o montante da penalidade for manifestamente excessivo, tendo-se em vista a natureza e a finalidade do negócio".

É também dever do locador manter o bem nesse estado pelo tempo do contrato, salvo cláusula expressa em contrário (CC, arts. 566, I, segunda parte, e 567; Lei n. 8.245/91, art. 22, III e X).

Isso quer dizer, no final das contas, que é dever do locador fazer a manutenção do bem locado, custeando todas as despesas necessárias para a sua conservação.

Tal dever, contudo, pode ser transferido ao locatário por força de previsão contratual, o que decorre, por certo, do respeito à autonomia da vontade das partes.

Uma pergunta interessante diz respeito a quem cabe o pagamento das despesas condominiais, na locação imobiliária urbana.

Isso porque, por força de preceito legal (a saber, o art. 23, XII, da Lei n. 8.245/91), as despesas ordinárias de manutenção e conservação de condomínio, na locação imobiliária urbana, são atribuídas, no silêncio da previsão contratual, ao locatário, e não ao locador.

A regra, em que pese sua ampla utilização na prática das relações sociais, é incoerente, em nossa visão, com a natureza *propter rem* das obrigações condominiais, sendo decorrente, talvez, de certo favorecimento ao locador, na vigente Lei do Inquilinato.

Afinal de contas, encerrado o contrato de locação e havendo inadimplemento da despesa condominial, não temos dúvida de que o proprietário responderá diretamente pela dívida, independentemente do ajuizamento de ação regressiva em face do agora ex-locatário.

Mais lógico seria que a lei explicitasse e mantivesse a obrigação de pagamento das despesas ordinárias com o locador, admitindo a possibilidade de inversão desta responsabilidade por expressa previsão contratual, tal como consta com outras obrigações *propter rem*, por exemplo, o inciso VIII do art. 22 ("pagar os impostos e taxas, e ainda o prêmio de seguro complementar contra fogo, que incidam ou venham a incidir sobre o imóvel, salvo disposição expressa em contrário no contrato") do mesmo texto legal.

Tal circunstância gerou, em nosso sentir, uma pequena atecnia (ou mesmo incoerência) no texto da Lei do Inquilinato.

De fato, estabelece o art. 25 da Lei n. 8.245/91:

> "Art. 25. Atribuída ao locatário a responsabilidade pelo pagamento dos tributos, encargos e despesas ordinárias de condomínio, o locador poderá cobrar tais verbas juntamente com o aluguel do mês a que se refiram.
>
> Parágrafo único. Se o locador antecipar os pagamentos, a ele pertencerão as vantagens daí advindas, salvo se o locatário reembolsá-lo integralmente".

O texto guarda uma antinomia porque, poucos momentos antes (no mencionado art. 23, XII), já atribuiu ao locatário a responsabilidade pelas despesas ordinárias de condomínio, gerando dúvida na interpretação do dispositivo, notadamente no campo de seu alcance. Afinal, não são as partes que atribuem a responsabilidade pelas referidas despesas, mas a própria norma legal...

Supera-se, porém, a incerteza apontada com a vivência na área em que, mesmo não se exigindo previsão contratual nesse sentido (por força da aplicação do preceito legal aludido), é extremamente comum a estipulação de cláusula que atribui a responsabilidade final pelo pagamento do condomínio ao locatário.

A regra do art. 25 tem por fito apenas facilitar a cobrança da despesa do locatário pelo locador, seja extrajudicialmente (v. g., no mesmo boleto bancário), seja judicialmente (com a cumulação objetiva de pedidos)[20].

Como consequência lógica do dever fundamental do locador pela manutenção da coisa alugada, estabelece o art. 567 do CC/2002:

> "Art. 567. Se, durante a locação, se deteriorar a coisa alugada, sem culpa do locatário, a este caberá pedir redução proporcional do aluguel, ou resolver o contrato, caso já não sirva a coisa para o fim a que se destinava".

Da mesma forma, preceitua o art. 26 da Lei n. 8.245/91:

> "Art. 26. Necessitando o imóvel de reparos urgentes, cuja realização incumba ao locador, o locatário é obrigado a consenti-los.
>
> Parágrafo único. Se os reparos durarem mais de dez dias, o locatário terá direito ao abatimento do aluguel, proporcional ao período excedente; se mais de trinta dias, poderá resilir o contrato".

Tal direito do locatário (e dever do locador) é decorrência evidente do princípio da equivalência material das prestações no campo das relações bilaterais (sinalagmáticas), sendo próprio, também, da existência de uma equação financeira do contrato, como um contrato evolutivo, na classificação propugnada por ARNOLDO WALD[21].

### 6.1.3. Garantir o uso pacífico da coisa

Por fim, a terceira obrigação fundamental do locador é garantir, ao locatário, durante o tempo do contrato, o uso pacífico da coisa.

De fato, se a propriedade da coisa locada pelo locador não é um requisito indispensável para a celebração do contrato de locação, indubitavelmente a posse mansa e

---

[20] Nesse sentido, estabelece o *caput* e inciso I do art. 62 da Lei n. 8.245/91: "Art. 62. Nas ações de despejo fundadas na falta de pagamento de aluguel e acessórios da locação, de aluguel provisório, de diferenças de aluguéis, ou somente de quaisquer dos acessórios da locação, observar-se-á o seguinte: I — o pedido de rescisão da locação poderá ser cumulado com o de cobrança dos aluguéis e acessórios da locação, nesta hipótese, citar-se-á o locatário para responder ao pedido de rescisão e o locatário e os fiadores para responderem ao pedido de cobrança, devendo ser apresentado, com a inicial, cálculo discriminado do valor do débito;".

[21] WALD, Arnoldo. *Curso de Direito Civil Brasileiro* — Obrigações e Contratos, 12. ed., v. II, São Paulo: Revista dos Tribunais, 1995, p. 201-2.

pacífica o é, pois somente é razoável admitir a transferência temporária da prerrogativa de uso se não há questionamentos quanto a esta condição.

É corolário dessa obrigação a responsabilidade do locador, por exemplo, pelos vícios redibitórios da coisa locada.

Neste diapasão, estabelece o art. 568 do CC/2002 (art. 22, IV, da Lei n. 8.245/91):

> "Art. 568. O locador resguardará o locatário dos embaraços e turbações de terceiros, que tenham ou pretendam ter direitos sobre a coisa alugada, e responderá pelos seus vícios, ou defeitos, anteriores à locação".

## 6.2. Obrigações do locatário × direitos do locador

Sobre as obrigações do locatário, estabelece o art. 569 do CC/2002:

> "Art. 569. O locatário é obrigado:
>
> I — a servir-se da coisa alugada para os usos convencionados ou presumidos, conforme a natureza dela e as circunstâncias, bem como tratá-la com o mesmo cuidado como se sua fosse;
>
> II — a pagar pontualmente o aluguel nos prazos ajustados, e, em falta de ajuste, segundo o costume do lugar;
>
> III — a levar ao conhecimento do locador as turbações de terceiros, que se pretendam fundadas em direito;
>
> IV — a restituir a coisa, finda a locação, no estado em que a recebeu, salvas as deteriorações naturais ao uso regular".

Façamos, tal qual no subtópico anterior, a análise sistematizada de tais obrigações.

### *6.2.1. Servir-se da coisa alugada para os usos contratados*

A primeira parte do inciso I do art. 569 do Código Civil estabelece a obrigação de o locador "servir-se da coisa alugada para os usos convencionados ou presumidos, conforme a natureza dela e as circunstâncias".

Isso decorre da natureza causal do contrato de locação, sendo o desvio da finalidade pactuada um ilícito contratual que autoriza não somente a resolução da avença, mas também a demanda por perdas e danos.

Nesse tom, estabelece o art. 570 do CC/2002:

> "Art. 570. Se o locatário empregar a coisa em uso diverso do ajustado, ou do a que se destina, ou se ela se danificar por abuso do locatário, poderá o locador, além de rescindir o contrato, exigir perdas e danos".

Registre-se, no particular, que a expressão mais adequada seria "resolver o contrato", traduzindo a dissolução da avença em caso de inadimplemento.

### 6.2.2. Tratar a coisa alugada como se sua fosse

Um segundo dever contratual do locatário, gerando direito ao locador, é tratar a coisa locada "com o mesmo cuidado como se sua fosse".

A expressão do texto legal é bem ilustrativa para exprimir a ideia de que o locatário deve ter o máximo cuidado no lidar com a coisa objeto do contrato de locação.

Todavia, ousando corrigir o texto codificado, consideramos mais didático afirmar que, na verdade, deve o locatário tratar o bem locado melhor do que se fosse seu, uma vez que, se seu fosse, ato ilícito algum cometeria, em princípio, se o destruísse, o que, definitivamente, não pode ser feito na locação, em que a restituição da coisa é também um dever contratual.

### 6.2.3. Pagar pontualmente o aluguel

A mais evidente obrigação do locatário é, sem a menor sombra de dúvida, "pagar pontualmente o aluguel nos prazos ajustados, e, em falta de ajuste, segundo o costume do lugar".

O pagamento pela locação, como exposto, é normalmente pós-retributivo, ou seja, pago após o início do uso (e gozo) do bem, podendo, porém, ser estabelecido de forma diversa.

No campo da locação imobiliária, estabelece o art. 20 da Lei n. 8.245/91 a vedação do pagamento antecipado do aluguel, salvo para as hipóteses de ausência de garantia locatícia (caução, fiança, seguro de fiança locatícia ou cessão fiduciária de quotas de fundo de investimento) e de locação para temporada.

Vale destacar que o art. 39 da mesma lei, com a redação dada pela Lei n. 12.112, de 9 de dezembro de 2009, estabelece que, "salvo disposição contratual em contrário, qualquer das garantias da locação se estende até a efetiva devolução do imóvel, ainda que prorrogada a locação por prazo indeterminado, por força desta Lei".

### 6.2.4. Levar ao conhecimento do locador as turbações de terceiros

Como vimos no subtópico 6.1.3, é dever do locador garantir o uso pacífico da coisa, resguardando o locatário dos embaraços e turbações de terceiros, sendo direito do locatário exigir o cumprimento de tal obrigação.

Por força do dever acessório de assistência, colaboração ou cooperação, decorrente do princípio da boa-fé objetiva, aos contratantes cabe colaborar para o correto adimplemento das prestações oriundas do pactuado principal, em toda a sua extensão.

Assim, não há dúvida de que é dever consectário do locatário levar ao conhecimento do locador as turbações de terceiros, que se pretendam fundadas em direito, para que o locador providencie as diligências necessárias para a defesa da coisa locada.

Nada impede, outrossim, que o próprio locatário, na qualidade de titular da posse direta da coisa, também possa ajuizar os interditos possessórios cabíveis, sem exclusão da legitimidade do locador, possuidor indireto do bem.

### 6.2.5. *Restituir a coisa, finda a locação, no estado em que a recebeu*

É característica fundamental do contrato de locação, que o diferencia, inclusive, de outras figuras contratuais, a devolução, ao locador, da coisa locada, ao término do contrato.

Assim, é obrigação fundamental do locatário, sendo direito do locador, restituir a coisa, finda a locação, no estado em que a recebeu, salvas as deteriorações naturais ao uso regular.

Neste dever, é evidente que se pressupõe a devida conservação da coisa locada, obrigação já explicitada no subtópico 6.2.2 deste capítulo, admitindo-se, obviamente, não somente as deteriorações naturais pelo uso, mas também pelo decurso inexorável do tempo.

## 7. A INDENIZAÇÃO POR BENFEITORIAS NA COISA LOCADA

Sendo a locação um típico contrato de duração, é perfeitamente natural que, no uso cotidiano da coisa, benfeitorias sejam feitas pelo locatário.

No campo das locações em geral, estabelece o art. 578 do CC/2002:

> "Art. 578. Salvo disposição em contrário, o locatário goza do direito de retenção, no caso de benfeitorias necessárias, ou no de benfeitorias úteis, se estas houverem sido feitas com expresso consentimento do locador"[22].

Note-se, portanto, que apenas subsidiariamente são aplicadas as regras legais, prevalecendo, pois, o quanto pactuado entre as partes, segundo o princípio da autonomia privada.

## 8. DIREITO DE RETENÇÃO

Com a finalidade de proporcionar garantia maior para o credor, estimulando o devedor ao cumprimento de suas obrigações, prevê o ordenamento jurídico um meio de autotutela.

Trata-se do direito de retenção, que consiste na prerrogativa de o credor manter, sob sua posse direta, bem do devedor, até que este cumpra a prestação a que está obrigado. Cuida-se, em nossa visão, de um direito potestativo, por meio do qual o seu titular força o cumprimento de uma prestação que lhe é devida, mediante justificada negativa de devolução da coisa.

---

[22] Na Lei do Inquilinato, a norma equivalente se encontra nos arts. 35 e 36, que rezam: "Art. 35. Salvo expressa disposição contratual em contrário, as benfeitorias necessárias introduzidas pelo locatário, ainda que não autorizadas pelo locador, bem como as úteis, desde que autorizadas, serão indenizáveis e permitem o exercício do direito de retenção. Art. 36. As benfeitorias voluptuárias não serão indenizáveis, podendo ser levantadas pelo locatário, finda a locação, desde que sua retirada não afete a estrutura e a substância do imóvel".

No caso das benfeitorias necessárias ou, se autorizadas, das úteis, vimos que o art. 578 do CC/2002 já autorizava esta forma de autodefesa.

Todavia, esta prerrogativa foi ampliada no novo ordenamento jurídico civil.

Com efeito, se, na codificação passada, a previsão era restrita, na locação, às mencionadas benfeitorias, agora também é possível o locatário se valer de tal direito na hipótese de extinção antecipada do contrato de duração determinada, conforme previsão do já aludido parágrafo único do art. 571[23].

## 9. EXTINÇÃO DO CONTRATO DE LOCAÇÃO

A extinção natural do contrato de locação se dá com o advento do seu termo final, por aplicação do já analisado art. 573 do CC/2002.

No campo das relações imobiliárias, estabelecem os já transcritos arts. 46 e 47 da Lei n. 8.245/91:

> "Art. 46. Nas locações ajustadas por escrito e por prazo igual ou superior a trinta meses, a resolução do contrato ocorrerá findo o prazo estipulado, independentemente de notificação ou aviso.
>
> § 1º Findo o prazo ajustado, se o locatário continuar na posse do imóvel alugado por mais de trinta dias sem oposição do locador, presumir-se-á prorrogada a locação por prazo indeterminado, mantidas as demais cláusulas e condições do contrato.
>
> § 2º Ocorrendo a prorrogação, o locador poderá denunciar o contrato a qualquer tempo, concedido o prazo de trinta dias para desocupação.
>
> Art. 47. Quando ajustada verbalmente ou por escrito e com prazo inferior a trinta meses, findo o prazo estabelecido, a locação prorroga-se automaticamente, por prazo indeterminado, somente podendo ser retomado o imóvel:
>
> I — nos casos do art. 9º;
>
> II — em decorrência de extinção do contrato de trabalho, se a ocupação do imóvel pelo locatário estiver relacionada com o seu emprego;
>
> III — se for pedido para uso próprio, de seu cônjuge ou companheiro, ou para uso residencial de ascendente ou descendente que não disponha, assim como seu cônjuge ou companheiro, de imóvel residencial próprio;
>
> IV — se for pedido para demolição e edificação licenciada ou para a realização de obras aprovadas pelo Poder Público, que aumentem a área construída em, no mínimo, vinte por cento ou, se o imóvel for destinado a exploração de hotel ou pensão, em cinquenta por cento;

[23] CC/2002: "Art. 571. Havendo prazo estipulado à duração do contrato, antes do vencimento não poderá o locador reaver a coisa alugada, senão ressarcindo ao locatário as perdas e danos resultantes, nem o locatário devolvê-la ao locador, senão pagando, proporcionalmente, a multa prevista no contrato. Parágrafo único. O locatário gozará do direito de retenção, enquanto não for ressarcido".

> V — se a vigência ininterrupta da locação ultrapassar cinco anos.
>
> § 1º Na hipótese do inciso III, a necessidade deverá ser judicialmente demonstrada, se:
>
> *a)* o retomante, alegando necessidade de usar o imóvel, estiver ocupando, com a mesma finalidade, outro de sua propriedade situado na mesma localidade ou, residindo ou utilizando imóvel alheio, já tiver retomado o imóvel anteriormente;
>
> *b)* o ascendente ou descendente, beneficiário da retomada, residir em imóvel próprio.
>
> § 2º Nas hipóteses dos incisos III e IV, o retomante deverá comprovar ser proprietário, promissário comprador ou promissário cessionário, em caráter irrevogável, com imissão na posse do imóvel e título registrado junto à matrícula do mesmo".

É possível, porém, como visto, a extinção antecipada, com os ônus correspondentes, na forma do art. 571 do CC/2002, e art. 4º, da Lei n. 8.245/91.

A resilição bilateral, amigável, também é plenamente possível para a extinção do contrato de locação.

Na hipótese de locação por duração indeterminada, é possível, portanto, a resilição unilateral, desde que a parte interessada notifique a outra, com prazo razoável, sob pena de incidência dos efeitos da mora.

Trata-se da denúncia vazia do contrato de locação, entendida esta como a extinção por iniciativa unilateral, sem necessidade de justificação legal, mas, sim, como decorrência da manifestação da vontade da parte.

Lembremos, neste aspecto, a regra do art. 6º da Lei n. 8.245/91, aplicável à extinção unilateral do contrato de locação imobiliária por prazo indeterminado, por iniciativa do locatário:

> "Art. 6º O locatário poderá denunciar a locação por prazo indeterminado mediante aviso por escrito ao locador, com antecedência mínima de trinta dias.
>
> Parágrafo único. Na ausência do aviso, o locador poderá exigir quantia correspondente a um mês de aluguel e encargos, vigentes quando da resilição".

A morte do locador ou do locatário, por sua vez, não gera efeito extintivo da locação, tanto na previsão codificada do art. 577 do CC/2002 quanto na dos arts. 10 e 11 da Lei do Inquilinato[24].

Vale registrar que, no caso de modificação do estado civil, seja do locatário, seja do locador, não ocorrerá, tecnicamente, a extinção do contrato de locação, mas a sua cessão, com a sub-rogação dos direitos e deveres.

---

[24] Lei n. 8.245/91: "Art. 10. Morrendo o locador, a locação transmite-se aos herdeiros. Art. 11. Morrendo o locatário, ficarão sub-rogados nos seus direitos e obrigações: I — nas locações com finalidade residencial, o cônjuge sobrevivente ou o companheiro e, sucessivamente, os herdeiros necessários e as pessoas que viviam na dependência econômica do *de cujus*, desde que residentes no imóvel; II — nas locações com finalidade não residencial, o espólio e, se for o caso, seu sucessor no negócio".

É a regra do art. 12, com a redação dada pela Lei n. 12.112, de 9 de dezembro de 2009, da Lei n. 8.245/91:

"Art. 12. Em casos de separação de fato, separação judicial, divórcio ou dissolução da união estável, a locação residencial prosseguirá automaticamente com o cônjuge ou companheiro que permanecer no imóvel.

§ 1º Nas hipóteses previstas neste artigo e no art. 11, a sub-rogação será comunicada por escrito ao locador e ao fiador, se esta for a modalidade de garantia locatícia.

§ 2º O fiador poderá exonerar-se das suas responsabilidades no prazo de 30 (trinta) dias contado do recebimento da comunicação oferecida pelo sub-rogado, ficando responsável pelos efeitos da fiança durante 120 (cento e vinte) dias após a notificação ao locador".

Saliente-se ainda que, sobre o tema da extinção do contrato de locação imobiliária urbana, o art. 9º da Lei n. 8.245/91 preceitua:

"Art. 9º A locação também poderá ser desfeita:

I — por mútuo acordo;

II — em decorrência da prática de infração legal ou contratual;

III — em decorrência da falta de pagamento do aluguel e demais encargos;

IV — para a realização de reparações urgentes determinadas pelo Poder Público, que não possam ser normalmente executadas com a permanência do locatário no imóvel ou, podendo, ele se recuse a consenti-las".

O descumprimento das obrigações do locador e do locatário, em qualquer das modalidades de locação, pode ensejar a sua resolução, sem prejuízo das perdas e danos correspondentes.

Por fim, destaquemos outra regra específica da Lei do Inquilinato.

"Art. 7º Nos casos de extinção de usufruto ou de fideicomisso, a locação celebrada pelo usufrutuário ou fiduciário poderá ser denunciada, com o prazo de trinta dias para a desocupação, salvo se tiver havido aquiescência escrita do nu-proprietário ou do fideicomissário, ou se a propriedade estiver consolidada em mãos do usufrutuário ou do fiduciário.

Parágrafo único. A denúncia deverá ser exercitada no prazo de noventa dias contados da extinção do fideicomisso ou da averbação da extinção do usufruto, presumindo-se, após esse prazo, a concordância na manutenção da locação"[25].

[25] Apenas, porém, para que não deixemos de mencionar uma única regra processual da Lei n. 8.245/91, observe-se que o seu art. 5º estabelece: "Art. 5º Seja qual for o fundamento do término da locação, a ação do locador para reaver o imóvel é a de despejo. Parágrafo único. O disposto neste artigo não se aplica se a locação termina em decorrência de desapropriação, com a imissão do expropriante na posse do imóvel".

O usufruto é um direito real de fruir as utilidades e frutos de uma coisa, enquanto temporariamente destacado da propriedade; já o fideicomisso é uma disposição testamentária por meio da qual o testador institui alguém, chamado fiduciário, como seu herdeiro ou legatário, recebendo bens em propriedade resolúvel (limitada no plano da eficácia por termo ou condição, o que inclui, inclusive, a própria possibilidade de morte do fiduciário), transferindo-se os bens, com o advento do fator eficacial, a outra pessoa nomeada, denominada fiduciária.

Comentando o referido dispositivo, ainda na vigência do Código Civil brasileiro de 1916, observava SÍLVIO VENOSA:

> "O projeto original desta lei trazia neste artigo o § 1º com esta redação: 'Denunciada a locação, após o decurso do prazo e até a desocupação, o locatário responderá também pela cominação arbitrada na comunicação, a qual não poderá exceder o valor da obrigação principal'. Cuidava-se do aluguel-multa que não prosperou na lei vigente.
>
> A inspiração do dispositivo residia na orientação do art. 1.196 do Código Civil. Sob a égide da lei revogada houve jurisprudência que admitia a aplicação de aluguel-multa arbitrado pelo locador nas hipóteses de denúncia vazia: É lícito ao locador arbitrar aluguel a ser pago pelo inquilino que deixa de restituir o imóvel após regular notificação, mas dentro dos limites estabelecidos pelo art. 920 do Código Civil (6ª Câmara do 2º TACSP, Apelação com revisão 247.491; no mesmo sentido RT 639/132). Essa orientação de parte da jurisprudência visava justamente coibir o abuso por parte do inquilino e seu injusto enriquecimento, motivado pela demora no julgamento definitivo dos despejos. Como a apelação nesses casos era recebida em ambos os efeitos, a suspensão da execução do despejo por muitos meses e até anos desmoralizava a atribuição da justiça e colocava o locador em posição de extrema inferioridade. Como basicamente a chamada 'denúncia vazia' servia para as locações não residenciais, a manutenção do inquilino no imóvel, explorando uma atividade lucrativa, com aluguel geralmente aviltado, trazia restrição sumamente injusta ao direito de propriedade do locador. A dificuldade maior nessas hipóteses era a fixação justa do aluguel-pena.
>
> Havia um sentido altamente moralizador na norma, a qual no entanto não resistiu à redação definitiva. O parágrafo excluído, por outro lado, merecia crítica, já que dúvidas persistiriam no tocante ao montante da multa e sua forma de cobrança. Haveria dificuldades, naquela redação, do que se entenderia como 'obrigação principal'.
>
> A referência ao art. 920 do Código Civil demonstrava que o legislador pretendia, sem dúvida, abrir a possibilidade ao locador de fixar multa (cominação, dizia a lei), quando do decurso de prazo da denúncia. O referido art. 920 dispõe: O valor da cominação imposta na cláusula penal não pode exceder o da obrigação principal.

Ao suprimir esta possibilidade de aluguel-multa, o legislador certamente levou em conta que na atual lei há maior agilização na efetivação dos despejos, mormente pela exclusão do efeito suspensivo dos recursos interpostos contra as sentenças. Com isso, uma vez declarado o despejo, não haverá o longo tempo do trâmite processual recursal para a desocupação do imóvel, o que torna desnecessária a fixação de uma pena. Assim, na nova lei, passa a não ser mais defensável a persistência de aplicação do art. 1.196 do Código Civil"[26].

[26] VENOSA, Sílvio de Salvo. *Lei do Inquilinato Comentada* — Doutrina e Prática, 5. ed., São Paulo: Atlas, 2001, p. 70.

# XXIX EMPRÉSTIMO

## 1. INTRODUÇÃO

Emprestar não deixa de ser um ato de benevolência.

Pelo menos deveria ser assim, uma vez que a lei divina de convivência fraterna (entre homens de boa vontade) nos ensina que não devemos ser egoístas, nem guardarmos apego demais às coisas materiais e terrenas.

Afinal de contas, o que se leva dessa vida, senão a própria vida que levamos?

O sentido deste vocábulo, entretanto, para o Direito, não tem a mesma significação que lhe dá o uso coloquial, consoante arguta observação de CARVALHO DE MENDONÇA:

> "O vocábulo vulgar empréstimo não tem em direito a mesma significação técnica. No primeiro sentido, ele exprime a entrega de um objeto a alguém, que assume a obrigação implícita de o restituir, em um prazo mais ou menos determinado. Não se trata, porém, de distinguir a natureza do objeto, nem a forma da restituição. Assim, tanto se diz: emprestar um cavalo, ou emprestar dinheiro, como emprestar um prédio. O direito, ao contrário, partindo da forma por que deve ser feita a restituição, considera o empréstimo sob dois pontos de vista e o ramifica em dois institutos que são, na verdade, inconfundíveis: o mútuo e o comodato"[1].

Nesse contexto, a economia e a história da humanidade demonstraram, ao longo dos séculos, que nem sempre se persegue, em tais contratos — especialmente o mútuo —, a realização de um benefício, podendo também existir acentuado escopo especulativo, tornando-se um fabuloso instrumento de riqueza para algumas classes. É o caso do mútuo a juros (feneratício).

Assim, cuidaremos neste capítulo das duas modalidades de contratos de empréstimo: o comodato (arts. 579 a 585 do CC/2002) e o mútuo (arts. 586 a 592 do CC/2002), com as suas principais características, dando ênfase à finalidade social e ao tratamento dispensado à matéria pelo Código Civil vigente.

---

[1] MENDONÇA, Manuel Inácio Carvalho de. *Contratos no Direito Civil Brasileiro*, 4. ed., t. I, Rio de Janeiro: Forense, 1957, p. 99-100.

De logo, e já concluindo este tópico introdutório, advertimos não ter havido mudanças de fundo no tratamento legal dispensado pelo Código Civil de 2002, se o cotejarmos com a legislação revogada, conforme também observou CHRISTINE OLIVEIRA PETER DA SILVA:

> "Uma análise comparativa entre o Código de 1916 e o de 2002, voltada para o contrato de empréstimo (nas suas duas modalidades: mútuo e comodato), permite a conclusão de que, em grandes linhas, as alterações restringiram-se a adaptações do vernáculo, supressão e mudança de algumas expressões da língua portuguesa inadequadas, aglutinação de disposições e supressões de dispositivos obsoletos"[2].

Passemos, portanto, direto para a análise das duas modalidades de empréstimo, a começar pela primeira positivada: o comodato.

## 2. COMODATO

Neste tópico, abordaremos o contrato de comodato, que se refere ao empréstimo de coisas infungíveis ("empréstimo de uso").

### 2.1. Histórico e conceito

Segundo WASHINGTON DE BARROS MONTEIRO,

> "a expressão comodato originou-se provavelmente da locução latina *commodum datum*, sendo essa ainda, modernamente, a sua essência. Aliás, segundo as ordenações, o comodato era assim chamado porque se dava a coisa para cômodo e proveito daquele que a recebia"[3].

Já no âmbito do direito comparado, o Código Civil português, diploma que mais influenciou a redação do nosso Código de 2002, definiu o comodato, em seu art. 1.129, nos seguintes termos:

> "Art. 1.129. Comodato é o contrato gratuito pelo qual uma das partes entrega à outra certa coisa, móvel ou imóvel, para que se sirva dela, com a obrigação de a restituir".

Seguindo a mesma linha, embora com redação diferente, o nosso Código, por sua vez, estabelece:

---

[2] SILVA, Christine Oliveira Peter da. A Disciplina do Contrato de Empréstimo no Novo Código Civil — Novas Perspectivas do Contrato de Mútuo Feneratício e a Questão da Limitação da Taxa de Juros. In: *O Novo Código Civil* — Estudos em Homenagem a Miguel Reale (coords. FRANCIULLI NETTO, Domingos; MENDES, Gilmar Ferreira; MARTINS FILHO, Ives Gandra da Silva), São Paulo: LTr, 2003, p. 518-9.

[3] MONTEIRO, Washington de Barros. *Curso de Direito Civil* — Direito das Obrigações (2ª Parte), 34. ed., São Paulo: Saraiva, 1991, p. 197.

"Art. 579. O comodato é o empréstimo gratuito de coisas não fungíveis. Perfaz-se com a tradição do objeto".

Assim, observamos que o comodato é um negócio jurídico unilateral e gratuito, por meio do qual uma das partes (comodante) transfere à outra (comodatário) a posse de um determinado bem, móvel ou imóvel, com a obrigação de o restituir.

Trata-se, pois, consoante definiu o legislador, do empréstimo gratuito de um bem infungível, ou seja, insubstituível. É o que ocorre quando alguém cede o uso do seu apartamento (bem infungível) a um amigo, impondo-lhe a obrigação de devolver.

Claro está que se trata de uma figura contratual especialmente assentada no princípio da lealdade contratual (boa-fé objetiva), pois parte do pressuposto de que o dono da coisa (comodante) confia no beneficiário do empréstimo (comodatário).

Aliás, é bom que se afirme que o comodato opera apenas a transferência da posse da coisa, e não da propriedade, razão por que podemos afirmar, sem risco de erro, que o comodatário é titular de uma simples posse precária, ou seja, de favor, podendo ser compelido à restituição a qualquer tempo. E é o próprio CLÓVIS BEVILÁQUA quem bem define a posse precária, figurando exemplo perfeitamente aplicável à figura do comodato:

"É perfeitamente lícita a concessão da posse de uma coisa, a título precário, isto é, para ser restituída, quando o proprietário a reclamar"[4].

Nota-se, pois, nessa linha de intelecção, que a posse exercida pelo comodatário, por ser de natureza instável e sem *animus domini* (intenção de atuar como dono), poderá durar por tempo indeterminado, sem que se consume a prescrição aquisitiva oriunda do usucapião. Em outras palavras, por estar exercendo uma posse simplesmente de favor, o comodatário não poderá usucapir o bem. Entretanto, caso o proprietário notifique-o para que devolva a coisa, e a restituição seja negada, a partir daí começa a fluir o prazo prescricional em favor do prescribente-comodatário, uma vez que, tendo afrontado o verdadeiro dono, passou a atuar como se proprietário fosse.

Finalmente, é bom que se diga que o comodato pode despontar no bojo de uma relação de consumo, como aquela travada entre o assinante de TV a cabo e a empresa prestadora do serviço.

No caso, o equipamento é fornecido ao consumidor, a título de empréstimo de uso, valendo salientar que o assinante deverá ser devidamente informado acerca de todas as cláusulas contratuais — muitas vezes omitidas no (superficial) contato via *telemarketing* — e, além disso, gozará da ampla proteção dispensada pelo Código de Defesa do Consumidor.

---

[4] BEVILÁQUA, Clóvis. *Direito das Coisas*, 4. ed., v. I, Rio de Janeiro: Forense, 1956, p. 46.

## 2.2. Características

O contrato de comodato é uma forma contratual típica e nominada, que possui as seguintes características:

a) real — já anotamos que o contrato real é aquele que só se torna perfeito com a entrega da coisa de uma parte à outra. É o que ocorre no caso do comodato. O contrato em si somente se considera concluído quando o comodante entrega o bem ao comodatário. Trata-se, pois, de um pressuposto existencial específico deste tipo de negócio, a exemplo do que ocorre com o penhor e o depósito.
A respeito deste tema, invocamos a doutrina de ORLANDO GOMES:

> "O comodato é contrato real. Só se perfaz com a entrega da coisa... A convenção em que se estipule a obrigação de emprestar coisa não fungível é promessa de comodato. Só é comodato aquela em que se cede o uso da coisa e não a em que se promete cedê-lo"[5].

b) unilateral — pois apenas o comodatário, posto experimente benefício, assume obrigação em face do comodante: deverá guardar e conservar a coisa como se fosse sua, devendo restituí-la ao final do contrato ou quando o comodante o exigir, conforme veremos abaixo;

c) gratuito — em outras palavras, é um contrato benéfico, pois apenas o comodatário experimenta benefício, uma vez que poderá usar (e possuir) coisa alheia infungível;

d) fiduciário — este adjetivo, no dizer de AURÉLIO BUARQUE DE HOLANDA FERREIRA, traduz a ideia de confiança[6]. E, de fato, o contrato de comodato traz ínsito, em grau mais sensível do que a média dos outros contratos, o imperativo ético de lealdade e confiança recíprocas, dever jurídico anexo derivado do princípio da boa-fé. A essa conclusão chegamos, com certa facilidade, quando observamos que o comodante, nesta modalidade negocial, despoja-se da posse daquilo que lhe pertence para favorecer a outra parte. Força é convir que não costumamos emprestar algo a quem não nos inspira confiança;

e) temporário — o comodato, por gerar mero direito pessoal, é essencialmente temporário, não se transmitindo aos herdeiros do comodatário. Aliás, raciocínio contrário desembocaria na dilatada e absurda privação do direito real do comodante. O prazo de sua vigência poderá vir estipulado no contrato, ou, caso este seja omisso, será o necessário para o uso concedido, conforme veremos no próximo tópico;

f) *intuitu personae* — o comodato é contrato personalíssimo, de natureza individual, pois é pactuado em atenção à pessoa do comodatário, embora esta característica possa ser afastada pela vontade das partes.

---

5 GOMES, Orlando. *Contratos*, 14. ed., Rio de Janeiro: Forense, 1994, p. 316.

6 FERREIRA, Aurélio Buarque de Holanda, 1. ed., 11. reimpr., Rio de Janeiro: Nova Fronteira, 1977, p. 221.

Finalmente, devemos anotar a possibilidade de ser aposto ao comodato um encargo ou modo, caracterizando o denominado comodato modal, cuja exemplificação é feita com precisão por SÍLVIO VENOSA:

> "Fabricante empresta prateleiras, refrigeradores e dispositivos de divulgação a fim de que o comerciante exponha e venda os produtos de sua fabricação; municipalidade empresta imóvel para ser utilizado como centro esportivo; distribuidora de derivados de petróleo fornece equipamentos, tais como bombas, elevadores de veículos, compressores etc., desde que o posto de serviços de veículos comercialize unicamente produtos de sua bandeira etc."[7].

Pela sua unilateralidade, a classificação dos contratos em comutativos ou aleatórios, bem como de contratos evolutivos, não lhe é aplicável.

A depender das circunstâncias, pode-se materializar tanto como um contrato paritário quanto por adesão.

É contrato amplamente utilizado nas relações civis, comerciais e consumeristas, não sendo muito comum nas administrativas e inaplicável nas trabalhistas.

Quanto à forma, é uma avença não solene, uma vez que a forma é livre para a validade da estipulação contratual.

Trata-se, por fim, como a maioria das formas contratuais previstas no Código Civil brasileiro, de um contrato causal, cujos motivos determinantes podem impor o reconhecimento da sua invalidade, caso sejam considerados inexistentes, ilícitos ou imorais.

Pela função econômica, trata-se de um contrato de crédito, posto *sui generis*, pois caracterizado pela obtenção de um bem para ser restituído posteriormente, calcada na confiança dos contratantes, podendo estar relacionado a um interesse de obtenção de uma utilidade econômica em tal transferência de posse.

Por fim, trata-se de um contrato principal e definitivo, sendo possível falar de uma promessa de empréstimo (contrato preliminar).

## 2.3. Prazo do contrato

Vimos acima que o comodato é um contrato essencialmente temporário, conforme demonstra o art. 581 do Código Civil:

> "Art. 581. Se o comodato não tiver prazo convencional, presumir-se-lhe-á o necessário para o uso concedido; não podendo o comodante, salvo necessidade imprevista e urgente, reconhecida pelo juiz, suspender o uso e gozo da coisa emprestada, antes de findo o prazo convencional, ou o que se determine pelo uso outorgado".

[7] VENOSA, Sílvio de Salvo. *Contratos em Espécie*, São Paulo: Atlas, 2001, p. 232.

Da leitura do artigo de lei, depreende-se que o mais comum seja a fixação de prazo para o comodato, não obstante permita a norma legal que o contrato não tenha prazo determinado, caso em que se presumirá o necessário para o uso concedido. Assim, a título de ilustração, imaginemos que Jazon, dono de um belo apartamento situado na costa de Salvador, houvesse emprestado o imóvel a Oliveiros, seu primo, que se encontrava acometido de pneumonia, a fim de que este convalescesse mais rapidamente em virtude da benéfica influência da brisa do mar. Ora, posto não houvesse sido fixado prazo contratual, este será o razoavelmente necessário para o uso concedido, ou seja, até a convalescença do comodatário.

Veja, pois, o nosso caro amigo leitor, a demonstração da afirmativa que fizemos acima, no sentido de tratar-se de um contrato acentuadamente fiduciário, ou seja, calcado na lealdade e confiança entre as partes contratantes, como decorrência da cláusula geral de boa-fé objetiva. Aliás, nesse particular, não é demais lembrar a preleção sempre oportuna de NELSON NERY JR.:

> "A boa-fé objetiva impõe ao contratante um padrão de conduta, de modo que deve agir como um ser humano reto, vale dizer, com probidade, honestidade e lealdade"[8].

E é este comportamento que se espera especialmente do comodatário, beneficiário do contrato sob estudo.

Em geral, o comodato verbal é feito por prazo indeterminado, devendo o comodante comunicar ao comodatário acerca da devolução, o que pode ser feito por meio de notificação judicial ou extrajudicial.

É o caso, por exemplo, do professor que empresta livros para seus orientandos pesquisarem, do colega que empresta seu caderno a outro para tirar cópias, ou do amigo ou irmão que empresta uma casa ou um carro para outro...

Já em outra oportunidade, o próprio STJ firmou o entendimento de que, se o contrato de comodato fora pactuado a prazo determinado, dispensa-se a constituição do devedor em mora, e, consequentemente, a sua notificação. Nada impede, entretanto, que o comodante notifique-o, embora não seja obrigado a tanto, por força do termo de devolução fixado.

Em qualquer caso, se o comodatário não proceder com a restituição da coisa, poderá ter contra si ajuizada ação de reintegração de posse.

Retomando, agora, a análise do mencionado art. 581, vale notar que, haja prazo determinado ou seja este o necessário para o uso concedido, poderá o comodante, em caráter excepcional, e a qualquer tempo, provando necessidade imprevista e urgente, reconhecida pelo juiz, suspender o uso e gozo da coisa emprestada.

---

[8] NERY JUNIOR, Nelson. Contratos no Novo Código Civil — Apontamentos Gerais. In: *O Novo Código Civil* — Estudos em Homenagem a Miguel Reale, São Paulo: LTr, 2003, p. 434.

A "necessidade imprevista e urgente", referida no enunciado normativo, traduz uma expressão de conceito aberto ou indeterminado, que dá, ao juiz, ampla margem de atuação discricionária no seu preenchimento, o que não significará brecha para abuso ou arbitrariedade, uma vez que tal atividade de integração deverá sempre ser limitada por valores constitucionais, especialmente pela função social do contrato e pelo postulado axial de valorização da dignidade da pessoa humana.

Em conclusão, devemos observar que o comodato — diferentemente do que ocorre no usufruto ou na superfície[9] — não gera direito real, mas sim, e tão somente, direito pessoal ao comodatário, caracterizado por uma natural transitoriedade.

## 2.4. Partes e objeto

No decorrer deste capítulo, pudemos constatar que são partes no contrato de comodato o comodante (proprietário da coisa emprestada) e o comodatário (beneficiário do contrato/possuidor da coisa).

Não podem figurar como comodantes nesse contrato as pessoas mencionadas no art. 580 do Código Civil:

> "Art. 580. Os tutores, curadores e em geral todos os administradores de bens alheios não poderão dar em comodato, sem autorização especial, os bens confiados à sua guarda".

Não se trata, no caso, de incapacidade, mas sim de falta de legitimidade para dar em comodato. Isto é, pesa contra tais pessoas um impedimento circunstancial ou específico, criado pelo legislador, com o escopo de proteger o interesse de pessoas em situação especial, como os tutelados ou curatelados.

O objeto por excelência do contrato de comodato são as coisas infungíveis, ou seja, que não se podem substituir por outras do mesmo gênero, quantidade e qualidade, independentemente do valor. Ex.: o empréstimo de um apartamento, um livro ou uma caneta. Trata-se, pois, de coisas específicas, individualizadas.

A doutrina admite, no entanto, o empréstimo de coisas fungíveis e consumíveis, contanto que o comodatário as conserve intactas, para, em seguida, restituí-las no mesmo estado em que as recebeu[10]; é o denominado comodato *ad pompam vel ostentationem*, cuja raiz remonta ao Direito Romano. Imagine-se, a título de exemplo, que Caio peça, a título de empréstimo, à sua amiga Charlot, dona de um *buffet* de alto luxo, um peru assado, apenas para a ornamentação de uma mesa, durante duas horas. Ao final do

---

[9] O usufruto e o direito de superfície são espécies de direitos reais na coisa alheia, disciplinados no Código Civil a partir do art. 1.369 (sobre este tema, cf. GAGLIANO, Pablo Stolze. *Código Civil Comentado*, v. 3, São Paulo: Atlas, 2004).

[10] BEVILÁQUA, Clóvis. *Direito das Obrigações*, 8. ed., Rio de Janeiro: Francisco Alves, 1954, p. 200.

prazo, será devolvido o mesmo peru ao comodante. Trata-se, pois, de uma espécie de comodato apenas para ornamentação.

## 2.5. Direitos e obrigações das partes

Já vimos acima que o contrato de comodato é essencialmente unilateral, impondo, pois, ao comodatário, a precípua obrigação de restituir a coisa, quando lhe for reclamada.

Mas o comodatário, a quem fora confiado o bem emprestado, deverá ainda usá-lo de conformidade com o contrato ou a sua natureza, conservando o bem como se seu próprio fosse (art. 582 do CC/2002), e ainda salvaguardando-o de eventuais riscos de destruição (total ou parcial) pela ocorrência de caso fortuito ou de força maior (art. 583 do CC/2002).

Caso não utilize corretamente a coisa, causando dano ao seu proprietário, deverá indenizá-lo, segundo as regras da responsabilidade civil contratual. Vale lembrar, inclusive, que, tratando-se de responsabilidade civil contratual, a culpa do comodatário é presumida, cabendo-lhe o ônus da prova de que o fato ocorreu sem concorrência de sua culpa.

É interessante salientar a referência feita no art. 583, no sentido de, caso o comodatário pretenda antepor a salvação de objeto seu, em detrimento do direito do comodante, responderá pelo dano ocorrido, ainda que proveniente de evento acidental. Figure-se a hipótese de a casa do comodatário estar em chamas, em virtude de um curto-circuito ocasional. Se, ao retirar os pertences das chamas, o comodatário der primazia aos seus, deixando para trás os pertences do comodante, responderá pelo dano ocorrido.

É óbvio que se dano decorreu, todavia, de comportamento culposo ou doloso seu, deverá também compensar a vítima.

A regra é extremamente dura e assemelha-se àquela prevista para o contrato estimatório, já estudado anteriormente (art. 535 do CC/2002).

Pretendeu o legislador, sem sombra de dúvida, evitar fraudes, impondo ao tomador do empréstimo a redobrada cautela e extrema responsabilidade de salvaguardar aquilo que não lhe pertence, em face da eventual consumação de um risco.

Todavia, em nosso sentir, e invocando um juízo de ponderação e bom senso, entendemos que esse dispositivo somente será aplicado caso o comodatário anteponha a salvação dos seus objetos abandonando os do comodante, consoante se observa do enunciado normativo, constante no referido artigo de lei:

> "Art. 583. Se, correndo risco o objeto do comodato juntamente com outros do comodatário, antepuser este a salvação dos seus abandonando o do comodante, responderá pelo dano ocorrido, ainda que se possa atribuir a caso fortuito, ou força maior".

Ora, diante disso, é forçoso convir que, tratando-se de evento fortuito, se o comodatário não teve tempo, chance ou oportunidade de salvar objeto algum, mas apenas a sua própria vida e a de sua família, responsabilidade nenhuma lhe poderá ser imposta, por constatarmos que tal situação desbordaria do âmbito de previsão normativa. É claro que — ressalte-se! — o ônus da prova de tal circunstância cabe ao comodatário, e não ao comodante, proprietário da coisa perdida.

Em outras palavras, haverá, para o tomador do empréstimo, a obrigação de pagar perdas e danos apenas e tão somente na hipótese de preterir os bens do comodante aos seus, quando da situação de risco em que se encontrava.

À conclusão semelhante chegou o grande civilista WASHINGTON DE BARROS MONTEIRO:

> "Se o comodante efetua o empréstimo e a casa onde se acha o objeto dele vem a ser destruída por incêndio, por exemplo, evidentemente não está o comodatário obrigado a arriscar a própria vida para salvar a coisa emprestada; em tal conjuntura, ocorre caso fortuito ou força maior, que libera o comodatário da obrigação de restituir. Todavia, se o comodatário tem a alternativa de salvar objetos da sua propriedade e a coisa dada em comodato, manda a lei que primeiramente proceda ao salvamento desta. Se ele antepuser, porém, os próprios bens, ficará obrigado a ressarcir os prejuízos do comodante"[11].

Portanto, caso configurada a responsabilidade do comodatário, por aplicação do art. 583, poderíamos concluir estar excepcionada a milenar regra *res perit domino*, segundo a qual a coisa pereceria para o próprio dono, uma vez que o prejuízo resultante da consumação do risco não seria experimentado pelo proprietário, mas sim pelo mero possuidor da *res* (o comodatário).

Vale notar ainda que, uma vez constituído em mora — o que ocorre em geral por meio de notificação —, a segunda parte do art. 582 impõe ao comodatário o pagamento de um aluguel, arbitrado pelo comodante, até que efetive a devolução, correndo ainda contra si os riscos pela destruição da coisa[12].

Quanto à assunção do risco, novidade não há, pois, uma vez configurada a mora, o devedor assume a responsabilidade pela integridade da coisa, mesmo por caso fortuito ou força maior, nos termos do art. 399 do CC, caracterizando a denominada *perpetuatio obligationis*.

Importantes observações, no entanto, devem ser feitas quanto ao direito conferido ao comodante de arbitrar aluguel a ser pago pela outra parte, enquanto a mora estiver configurada.

---

11 MONTEIRO, Washington de Barros. *Curso de Direito Civil* — Direito das Obrigações (2ª Parte), 34. ed., São Paulo: Saraiva, 1991, p. 205.

12 Sobre o tema, na III Jornada de Direito Civil da Justiça Federal, foi aprovado o Enunciado n. 180, com a seguinte redação: "Arts. 575 e 582: A regra do parágrafo único do art. 575 do novo CC, que autoriza a limitação pelo juiz do aluguel-pena arbitrado pelo locador, aplica-se também ao aluguel arbitrado pelo comodante, autorizado pelo art. 582, 2ª parte, do novo CC".

Primeiramente, posto a lei faculte ao próprio comodante indicar este valor, claro está que a sua fixação não poderá ser extorsiva, sob pena de atuar abusivamente, incorrendo na previsão normativa do art. 187 do CC, que define como ato ilícito o abuso de direito:

> "Art. 187. Também comete ato ilícito o titular de um direito que, ao exercê-lo, excede manifestamente os limites impostos pelo seu fim econômico ou social, pela boa-fé ou pelos bons costumes".

Deverá atuar, pois, de conformidade com os princípios da boa-fé objetiva e da função social do contrato (art. 422).

Finalmente, cumpre-nos observar que, embora o legislador haja referido a palavra "aluguel", isso não quer dizer que o contrato de comodato haja se convertido em locação. Não é nada disso.

A palavra "aluguel" vem aí empregada no sentido de perdas e danos, ou seja, deverá o comodatário indenizar o comodante em virtude da mora, pois, conforme sábia advertência de BARROS MONTEIRO, "o aluguel é apenas a maneira pela qual se indeniza o comodante dos prejuízos resultantes da mora, entre os quais se inclui também verba de honorários de advogado"[13].

É de notar, ainda, que, havendo mais de um comodatário, haverá solidariedade legal entre eles, por força do que dispõe o art. 585 do CC/2002, em face de todo e qualquer dano que venham causar ao comodante.

Assim, segundo as regras da solidariedade passiva, poderá o credor (comodante) exigir o pagamento integral da reparação de qualquer dos comodatários, garantindo-se, como se sabe, ao que pagou, ação regressiva contra os demais devedores solidários.

## 2.6. Despesas feitas pelo comodatário

Cuidamos de destacar em tópico autônomo, embora pudesse fazer parte do item anterior, a importante regra que impede que o comodatário recobre do comodante despesas feitas com o uso e gozo da coisa emprestada (art. 584 do CC/2002).

Uma primeira interpretação conduzir-nos-ia à conclusão de que, ao proibir que o comodatário exija reparação por eventuais "despesas" efetuadas na coisa, estariam incluídos na vedação todo e qualquer gasto, inclusive benfeitorias realizadas.

[13] MONTEIRO, Washington de Barros. *Curso de Direito Civil* — Direito das Obrigações (2ª Parte), 34. ed., São Paulo: Saraiva, 1991, p. 205. No mesmo sentido, GONÇALVES, Carlos Roberto (ob. cit., p. 369) e VENOSA, Sílvio de Salvo (ob. cit., p. 231). Contra, no sentido de que o empréstimo estaria convertido em locação, GOMES, Orlando. *Contratos*, p. 316. Sem tomar partido neste embate doutrinário, mas reconhecendo que a jurisprudência tem admitido que se trata de um parâmetro de correspondência às perdas e danos, cf. DINIZ, Maria Helena. *Tratado Teórico e Prático dos Contratos*, 5. ed., v. I, São Paulo: Saraiva, 2003, p. 295.

Entretanto, a referida regra deve ser vista com ressalva.

Quando o legislador proibiu que o comodatário pleiteasse ressarcimento por eventuais despesas realizadas, referiu-se, na esteira da melhor interpretação, às despesas ordinárias, ou seja, comuns, e não, obviamente, às extraordinárias, imprescindíveis à conservação da coisa, a exemplo das benfeitorias necessárias, pois seria uma flagrante injustiça negar-se reparação neste último caso.

Assim, não poderá o comodatário exigir nada, se pretende fazer uma reforma para melhorar o acesso a uma sala. Neste caso, não terá direito a nada, ressalvada a hipótese de as partes haverem convencionado reparação.

Por outro lado, imagine que o comodatário precisasse reformar uma viga ou o telhado do imóvel, que ameaça desabar. Por óbvio, tratando-se de uma despesa necessária que também seria feita pelo próprio dono, o seu direito à reparação é inegável. E ainda que houvesse norma contratual proibitiva, entendemos que tal disposição seria nula, por violar a função social do contrato, especialmente em seu aspecto intrínseco, de respeito à boa-fé objetiva.

Finalmente, cumpre-nos observar que, até o pagamento, terá o comodatário direito de retenção, por aplicação do mesmo princípio que o assegura em virtude das benfeitorias necessárias[14].

## 2.7. Extinção

Antes de aprofundarmos a análise deste tópico, fixemos a premissa de que aqui tratamos do contrato válido de comodato. Isso porque, se for padecente de alguma nulidade (absoluta ou relativa), o estudo de sua desconstituição é feito no bojo da própria teoria geral, quando da análise da invalidade do negócio jurídico[15].

Posto isso, podemos afirmar que o contrato (válido) de comodato extingue-se pelo exaurimento do seu prazo de vigência, e, caso seja pactuado por prazo indeterminado, será considerado cumprido quando esgotada a finalidade de sua utilização, conforme vimos acima.

Poderá, ainda, o contrato de comodato ser dissolvido por resolução ou resilição.

Findará ainda o contrato se o seu objeto sofrer destruição total (perecimento), como na hipótese de um acidente natural (enchente, terremoto etc.) destruir a casa, cedida para uso do comodatário. Sendo destruição, todavia, apenas parcial, nada impede que o comodato subsista, a depender do interesse das partes. Se, entretanto, o comodatário laborou com culpa ou incorreu em alguma das situações de responsabilidade vistas acima (arts. 582 e 583), a obrigação converte-se em perdas e danos.

---

14 PEREIRA, Caio Mário da Silva. *Instituições de Direito Civil*, v. III, Rio de Janeiro: Forense, 2001, p. 217.

15 Sobre o tema, confira-se o Capítulo IV ("Invalidade do Negócio Jurídico") do v. 1 ("Parte Geral") do nosso *Novo Curso de Direito Civil*.

Questão interessante diz respeito à morte das partes.

Poderá ser considerado dissolvido o contrato, em caso de falecimento do comodatário, se o contrato for considerado *intuitu personae*, pois há casos em que o comodante cede o uso da coisa em atenção, não especificamente à pessoa do comodatário, mas em favor do interesse deste. Expliquemos. Pode o comodante haver emprestado uma casa para um dileto amigo morar com a sua esposa. O comodatário morre e o contrato poderá ser mantido com a viúva.

Tudo dependerá da vontade das partes ou da natureza mesma do negócio, como bem exemplifica, neste último caso, CARLOS ROBERTO GONÇALVES: "Se, no entanto, o empréstimo do trator ao vizinho, por exemplo, foi feito para uso na colheita, a sua morte prematura não obriga os herdeiros a efetuarem a devolução antes do término da aludida tarefa"[16].

Finalmente, vale observar que a morte do comodante não induz a extinção do contrato, uma vez que os seus herdeiros deverão respeitar o seu prazo de vigência.

## 3. MÚTUO

Neste tópico, abordaremos o contrato de mútuo, que consiste no empréstimo de coisas fungíveis.

### 3.1. Histórico e conceito

Sem dúvida, o contrato de mútuo é uma das molas propulsoras da economia mundial, por ser um importante instrumento de realização da atividade financeira.

Antes, porém, de conceituá-lo, cumpre-nos tecer breves considerações históricas.

Nas sociedades antigas, o mútuo traduzia manifestação de caridade, pois se condenava a fixação de juros. Já no Direito Romano, predominou a liberdade na estipulação dos juros, posteriormente combatida no Direito Canônico e admitida nos dias atuais[17].

Conceitualmente, o mútuo consiste em um "empréstimo de consumo", ou seja, trata-se de um negócio jurídico unilateral, por meio do qual o mutuante transfere a propriedade de um objeto móvel fungível ao mutuário, que se obriga à devolução, em coisa do mesmo gênero, qualidade e quantidade.

Nesse sentido, clara é a dicção do art. 586 do Código Civil:

> "Art. 586. O mútuo é o empréstimo de coisas fungíveis. O mutuário é obrigado a restituir ao mutuante o que dele recebeu em coisa do mesmo gênero, qualidade e quantidade".

---

[16] GONÇALVES, Carlos Roberto. *Direito Civil Brasileiro*, 18. ed., São Paulo: Saraiva, 2020, v. 3, p. 371.

[17] LOPES, Miguel Maria de Serpa. *Curso de Direito Civil* — Fontes das Obrigações: Contratos, 5. ed., v. IV, Rio de Janeiro: Freitas Bastos, 1999, p. 394.

Note-se, em linha de princípio que, posto o dinheiro seja bem fungível por excelência, o mútuo pode ter por objeto outros bens, passíveis de consumibilidade.

Assim, tanto haverá o mútuo quando se toma dinheiro emprestado em um banco, como também quando vamos ao vizinho e pedimos "emprestado" uma porção de açúcar, obrigando-nos a devolver outra porção, do mesmo gênero, no dia seguinte.

É importante, pois, que fixemos este ponto: enquanto comodato tem por objeto coisas ***infungíveis (empréstimo de uso)***; o mútuo tem por objeto coisas ***fungíveis (empréstimo de consumo)***, sendo que, neste caso, como bem observa SILVIO LUIS FERREIRA DA ROCHA,

> "a transferência da propriedade não é a finalidade do contrato desejada pelas partes, como ocorre na compra e venda, mas a consequência normal da fungibilidade do bem emprestado, que, na maioria das vezes, impede a restituição do mesmo bem emprestado"[18].

## 3.2. Riscos da coisa emprestada

Exatamente porque a coisa emprestada é transferida ao mutuário, como condição para a celebração do contrato, forçoso convir que os riscos de destruição correrão, única e exclusivamente, por conta do tomador do empréstimo, desde o momento da tradição (art. 587 do CC/2002).

Trata-se, pois, de um natural desdobramento da aplicação da regra, diversas vezes citada, segundo a qual a coisa perece para o dono (*res perit domino*).

Assim, imaginemos que Eustáquio, ao sair da agência bancária, onde obteve empréstimo de R$ 5.000,00, houvesse sido assaltado, enquanto atravessava a rua. Pois bem. Nada poderá reclamar do banco, já que, por força de lei, assumiu os riscos de perda da coisa desde a sua entrega efetiva.

Podemos, então, dizer que o mutuário se torna dono da coisa a partir do momento em que a mesma lhe é entregue.

Mas note-se que, conforme anotamos linhas acima, citando doutrina de SILVIO DA ROCHA, a "causa" deste contrato é diferente da compra e venda, pois o mutuário adquire o bem com a obrigação de devolver outro equivalente àquele que recebeu (do mesmo gênero, qualidade e quantidade).

Assim, podemos afirmar que, em verdade, o mutuário se torna "dono" da coisa, individualmente considerada, mas não do seu valor, pois está obrigado a restituir outro bem equivalente.

---

18 ROCHA, Silvio Luis Ferreira, ob. cit., p. 270-1.

### 3.3. Características

O mútuo é um contrato típico e nominado, que se particulariza pelas seguintes características:

a) real — na mesma linha do comodato, este contrato só se torna perfeito com a entrega da coisa de uma parte à outra. Vale lembrar: o contrato em si somente se considera concluído quando o mutuante entrega o bem ao mutuário. Não basta, pois, a mera assinatura do instrumento contratual, nem a prestação de garantias. Enquanto a coisa emprestada não for transferida ao mutuário, o contrato não é considerado juridicamente existente. Interessante, neste ponto, é a abordagem da questão da promessa de contratar, ou seja, teria eficácia a celebração de mero contrato preliminar (promessa) de mútuo em que as partes se obrigariam à conclusão do negócio definitivo? Existe posicionamento doutrinário no sentido de negar exigibilidade na promessa de empréstimo gratuito, admitindo-se a força da promessa, entretanto, quando tivesse por objeto empréstimo oneroso (a juros, por exemplo). Em qualquer dos casos, todavia, quer se trate de negócio gratuito ou oneroso, uma vez descumprida a promessa, a parte prejudicada fará jus às perdas e danos[19].

b) unilateral — é unilateral, pois, uma vez formado o contrato (com a entrega da coisa), apenas o mutuário assume obrigações.

c) gratuito ou oneroso[20] — será gratuito quando não for fixada remuneração ao mutuante, pois, neste caso, o mutuário apenas se beneficiaria com o empréstimo; entretanto, fixado pagamento ao mutuante, como ocorre no mútuo a juros, haverá também sacrifício patrimonial ao tomador do empréstimo, convertendo o contrato em oneroso.

No dizer de ORLANDO GOMES,

> "ao contrário do comodato, a gratuidade não é da essência do mútuo, mas, sim, de sua natureza. Em Direito Civil, só não é gratuito se for expressamente estipulado o contrário. Tal estipulação se permite. Toma, então, o nome de mútuo feneratício ou frutífero, sendo normalmente oneroso o mútuo de dinheiro"[21].

Expliquemos melhor.

Imaginemos que João e Pedro houvessem acertado um contrato de mútuo. João, mutuante, emprestou a Pedro, mutuário, R$ 1.000,00, com a obrigação de pagar-lhe em

---

[19] É a conclusão de Clóvis Beviláqua, *Direito das Obrigações*, p. 204.

[20] Lembremo-nos que um determinado contrato é considerado gratuito, quando uma das partes apenas se beneficia, e oneroso, quando, ao benefício experimentado, corresponde um sacrifício patrimonial.

[21] GOMES, Orlando. *Contratos*, Rio de Janeiro: Forense, p. 318.

30 dias. Pois bem. Caso não fosse fixada remuneração ao mutuante (pagamento de juros), seria correto dizer que, embora assumida a obrigação de devolver, o patrimônio de Pedro em nada seria abalado ou diminuído, pois, recebendo R$ 1.000,00, devolveria apenas R$ 1.000,00 em trinta dias. Diz-se, pois, neste caso, que o empréstimo seria gratuito, pois apenas beneficiaria o mutuário. Por outro lado, caso houvessem sido fixado juros, no final do prazo estipulado Pedro não devolveria apenas R$ 1.000,00, mas sim a quantia de R$ 1.010,00, acrescida de juros (R$ 1.000,00 = capital + R$ 10,00 = juros). Neste caso, poderíamos concluir que, ao benefício experimentado, correspondeu um sacrifício patrimonial imposto ao mutuário, caracterizando uma modalidade onerosa de empréstimo (mútuo feneratício).

d) temporário (ou contrato de duração) — esta modalidade de contrato é fixada por prazo determinado, e, não o havendo, aplicar-se-iam as regras previstas no art. 592, estudadas abaixo.

Pela sua unilateralidade, a classificação dos contratos em comutativos ou aleatórios, bem como de contratos evolutivos, não é aplicável ao mútuo, assim como ao comodato.

É um contrato pessoal, quanto à celebração, pois o empréstimo de coisa fungível é feito em face da pessoa do mutuário.

A depender das circunstâncias, pode se materializar tanto como um contrato paritário quanto por adesão.

É contrato amplamente utilizado nas relações civis, comerciais e consumeristas, não sendo comum nas administrativas e inaplicável nas trabalhistas[22], sendo sempre um contrato individual, referindo-se a uma estipulação entre pessoas determinadas (ainda que em número elevado, serão consideradas individualmente).

Quanto à forma, é uma avença não solene, uma vez que a forma é livre para a validade da estipulação contratual.

Trata-se, por fim, como a maioria das formas contratuais previstas no Código Civil brasileiro, de um contrato causal, cujos motivos determinantes podem impor o reconhecimento da sua invalidade, caso sejam considerados inexistentes, ilícitos ou imorais.

Pela função econômica, trata-se de um contrato de crédito, pois caracterizado pela obtenção de um bem para ser restituído posteriormente, calcada na confiança dos contratantes, podendo estar relacionado a um interesse de obtenção de uma utilidade econômica em tal transferência de posse.

Por fim, trata-se de um contrato principal e definitivo, havendo entendimento no sentido de admitir uma promessa de empréstimo (contrato preliminar).

---

[22] Note-se que a prática do "adiantamento salarial" não pode ser considerada uma relação contratual de mútuo, uma vez que, em verdade, constitui-se em uma antecipação da prestação devida pelo empregador, no pacto de trato sucessivo.

## 3.4. Prazo do contrato

O mútuo é, por excelência, um contrato com prazo determinado, quer seja por estipulação das próprias partes, mais comum, quer seja por aplicação supletiva do art. 592 do Código Civil.

Assim, não havendo sido estipulado prazo, este será:

a) até a próxima colheita, se o mútuo for de produtos agrícolas, assim para o consumo, como para semeadura;

b) de trinta dias, pelo menos, se for de dinheiro;

c) do espaço de tempo que declarar o mutuante, se for de qualquer outra coisa fungível.

Na hipótese prevista na alínea *c*, regra nitidamente subsidiária, o próprio mutuante irá declarar o prazo do contrato, caso este não tenha por objeto produtos agrícolas ou dinheiro, assinando-lhe prazo para pagamento.

## 3.5. Partes e objeto

Já vimos, linhas acima, que esse contrato é pactuado entre duas partes: o mutuante (cedente da coisa) e o mutuário (tomador do empréstimo).

No âmbito do mercado financeiro, as instituições de crédito frequentemente figuram no polo ativo da relação, emprestando dinheiro, segundo as normas definidas pelo Banco Central do Brasil.

Essas instituições não se submetem ao teto legal de juros, estabelecido pelo Código Civil ou pela Lei de Usura (Decreto n. 22.626/33), embora se encontrem no âmbito de incidência do Código de Defesa do Consumidor.

Nesse sentido, veja-se a Súmula 297 do Superior Tribunal de Justiça: "O Código de Defesa do Consumidor é aplicável às instituições financeiras".

Já quanto ao objeto, ao definirmos o mútuo, afirmamos que serão apenas coisas fungíveis, destacando-se, nesse grupo, o dinheiro. Nesse ponto, vale, todavia, a advertência feita por MARIA HELENA DINIZ, que registra que, excepcionalmente, o contrato de mútuo "possa recair sobre coisa inconsumível pelo uso que, por convenção ou por destinação, se torne fungível, como, por ex., o empréstimo, tomado a um livreiro, de dois exemplares de uma obra com a obrigação de restituí-los em igual número"[23].

O exemplo é pertinente para realçar a característica de fungibilidade do objeto do mútuo, pois o livro, no caso, não é considerado na sua individualidade, mas sim como um produto, com determinadas características, que pode ser substituído por outro, da mesma natureza, quantidade e qualidade.

---

[23] DINIZ, Maria Helena. *Curso de Direito Civil Brasileiro* — Teoria das Obrigações Contratuais e Extracontratuais, 36. ed., São Paulo: Saraiva, 2020, v. 3, p. 363.

## 3.6. Mútuo feito a menor

Claro que, como todo negócio jurídico, o mútuo deve observar pressupostos gerais de validade, destacando-se a capacidade das partes contratantes, que pressupõe a maioridade, cuja regra etária refere-se ao cômputo de dezoito anos completos, ressalvada a emancipação.

Ocorre que, a despeito disso, admitiu o legislador a validade e eficácia de empréstimo feito a menor, com determinadas ressalvas, consoante podemos concluir da análise dos seguintes dispositivos legais:

> "Art. 588. O mútuo feito a pessoa menor, sem prévia autorização daquele sob cuja guarda estiver, não pode ser reavido nem do mutuário, nem de seus fiadores.
>
> Art. 589. Cessa a disposição do artigo antecedente:
> I — se a pessoa, de cuja autorização necessitava o mutuário para contrair o empréstimo, o ratificar posteriormente;
>
> II — se o menor, estando ausente essa pessoa, se viu obrigado a contrair o empréstimo para os seus alimentos habituais;
>
> III — se o menor tiver bens ganhos com o seu trabalho. Mas, em tal caso, a execução do credor não lhes poderá ultrapassar as forças;
>
> IV — se o empréstimo reverteu em benefício do menor;
> V — se o menor obteve o empréstimo maliciosamente".

É interessante registrarmos o histórico deste instituto, descrito com maestria por SILVIO RODRIGUES:

> "A lei, no intuito de proteger o menor, nega ao mutuante, que lhe concedeu empréstimo sem prévia autorização do pai ou tutor, o direito de reaver a importância emprestada, quer do próprio menor, quer de seus fiadores ou abonadores (CC, art. 588). A regra, tradicional nos quadros de nosso direito privado, inspira-se no *senatus consultus* macedoniano, e ingressou no Código Civil de 1916 (art. 1.259) pela vetusta porta das Ordenações do Reino. Referido *senatus consultus* (que tira seu nome do criminoso que matou o próprio pai para lhe herdar os bens e assim pagar suas dívidas) negava ao credor toda ação tendente a obter o pagamento do dinheiro emprestado a um *filius familiae*"[24].

O primeiro desses dispositivos (art. 588 do CC/2002) não admite a força eficacial do mútuo feito a pessoa menor, sem autorização do seu representante, impondo ao próprio mutuante o prejuízo eventualmente advindo deste empréstimo, em face da vedação legal de reaver o valor emprestado do próprio menor ou do seu fiador.

---

[24] RODRIGUES, Silvio. *Direito Civil* — Dos Contratos e das Declarações Unilaterais da Vontade, 30. ed., v. 3, São Paulo: Saraiva, 2000, p. 265-6.

Interessante notar que o enunciado normativo refere a necessidade de autorização da pessoa sob cuja guarda estiver o menor, condição esta que, quando observada, daria ao mutuante o direito de reaver o valor cedido. E note-se: a pessoa legitimada a efetivar a aludida "autorização" não será necessariamente o pai ou a mãe, mas também o tutor ou qualquer outra pessoa exercente da guarda.

O dispositivo correspondente do Código de 1916, por sua vez, ia mais além, pois proibia inclusive que o mutuante, na falta da referida autorização, cobrasse o valor do "abonador" do menor:

> "Art. 1.259. O mútuo feito a pessoa menor, sem prévia autorização daquele sob cuja guarda estiver, não pode ser reavido nem do mutuário, nem de seus fiadores, ou abonadores (art. 1.502)".

O denominado abonador, no caso, seria uma espécie de "fiador do fiador", referência redundante e totalmente desnecessária, corretamente excluída no Código novo.

O dispositivo seguinte, por seu turno, abre exceções à regra, consagrando hipóteses em que poderá o mutuante exigir a restituição do que emprestou.

Vamos a elas:

a) se houver posterior ratificação do representante ou guardião do menor — vale dizer, se a pessoa de cuja autorização necessitava o mutuante, o ratificar, poderá exigir o pagamento do que emprestou. É o caso do pai que, ao saber da dívida contraída pelo filho menor, em virtude do mútuo que celebrou, corroborou o débito, por considerá-lo questão de honra;

b) se o menor contraiu o empréstimo para os seus alimentos habituais, estando ausente a pessoa que o assistia — nesse caso, o representante ou guardião do menor encontra-se ausente — e a palavra "ausência" aqui deve ser entendida em sentido comum (ou seja: não estava presente para ministrar os alimentos) —, e o menor, dada a situação de risco em que se encontrava, contraiu a dívida. Nesse contexto, poderá o mutuante exigir de volta o que emprestou, por inegável razão de justiça;

Frise-se, finalmente, que a expressão alimentos habituais deve ser entendida em sentido amplo, conforme bem observa CARLOS ROBERTO GONÇALVES:

> "A palavra alimentos é empregada em sentido amplo, abrangendo não apenas os naturais ou necessários, destinados à satisfação das necessidades primárias da vida, como também os civis ou côngruos, que se prestam a manter a condição social do menor e abrangem os gastos com vestuário, educação, assistência médica etc."[25];

[25] GONÇALVES, Carlos Roberto. *Direito Civil Brasileiro*, 18. ed., São Paulo: Saraiva, 2020, v. 3, p. 376.

c) se o menor tiver bens ganhos com o seu trabalho — posto não seja comum, o menor pode ter bens ganhos com o seu trabalho, pois, como sabemos, a capacidade laboral advém aos 16 anos, nos termos do art. 7º, XXXIII, da Constituição Federal[26], podendo atuar, abaixo desta idade, na qualidade de aprendiz. Em tais casos, formando, portanto, patrimônio, poderá o menor/mutuário ser demandado, para pagar aquilo que tomou emprestado.

Nesse ponto, vale lembrar, com SILVIO RODRIGUES que

> "o novo Código aumentou a abrangência da exceção, pois, fugindo da ideia de só permitir a validade do empréstimo feito a menor que tiver bens adquiridos no serviço militar e em função pública, deu validade a tais empréstimos quando o menor tiver bens adquiridos com qualquer tipo de trabalho"[27].

Ressalva, entretanto, o legislador, que a execução do credor não poderá ultrapassar as forças dos bens do menor, ou seja, somente aquilo que for resultado de seu próprio trabalho poderá ser objeto de constrição em uma eventual demanda, estando fora qualquer patrimônio adquirido por outro meio (herança, doação etc.), garantindo-lhe um patrimônio mínimo para sua subsistência, no que se inclui, obviamente, o próprio salário, pela sua característica de impenhorabilidade, prevista no art. 833, do Código de Processo Civil de 2015[28]. Isso evita que se vulnere o princípio constitucional da dignidade

---

[26] CF/88: "Art. 7º (...) "XXXIII — proibição de trabalho noturno, perigoso ou insalubre a menores de dezoito e de qualquer trabalho a menores de dezesseis anos, salvo na condição de aprendiz, a partir de quatorze anos".

[27] RODRIGUES, Silvio, ob. cit., p. 267.

[28] Código de Processo Civil de 2015: "Art. 833. São impenhoráveis: I — os bens inalienáveis e os declarados, por ato voluntário, não sujeitos à execução; II — os móveis, os pertences e as utilidades domésticas que guarnecem a residência do executado, salvo os de elevado valor ou os que ultrapassem as necessidades comuns correspondentes a um médio padrão de vida; III — os vestuários, bem como os pertences de uso pessoal do executado, salvo se de elevado valor; IV — os vencimentos, os subsídios, os soldos, os salários, as remunerações, os proventos de aposentadoria, as pensões, os pecúlios e os montepios, bem como as quantias recebidas por liberalidade de terceiro e destinadas ao sustento do devedor e de sua família, os ganhos de trabalhador autônomo e os honorários de profissional liberal, ressalvado o § 2º; V — os livros, as máquinas, as ferramentas, os utensílios, os instrumentos ou outros bens móveis necessários ou úteis ao exercício da profissão do executado; VI — o seguro de vida; VII — os materiais necessários para obras em andamento, salvo se essas forem penhoradas; VIII — a pequena propriedade rural, assim definida em lei, desde que trabalhada pela família; IX — os recursos públicos recebidos por instituições privadas para aplicação compulsória em educação, saúde ou assistência social; X — a quantia depositada em caderneta de poupança, até o limite de 40 (quarenta) salários mínimos; XI — os recursos públicos do fundo partidário recebidos por partido político, nos termos da lei; XII — os créditos oriundos de alienação de unidades imobiliárias, sob regime de incorporação imobiliária, vinculados à execução da obra. § 1º A impenhorabilidade não é oponível à execução de dívida relativa ao próprio bem, inclusive àquela contraída para sua aquisição. § 2º O disposto nos incisos IV e X do *caput* não se aplica à hipótese de penhora para pagamento de prestação alimentícia,

da pessoa humana, cujo alcance é magistralmente lembrado por LUÍS ROBERTO BARROSO:

> "O princípio da dignidade da pessoa humana identifica um espaço de integridade moral a ser assegurado a todas as pessoas por sua só existência no mundo. É um respeito à criação, independente da crença que se professe quanto à sua origem. A dignidade relaciona-se tanto com a liberdade e valores do espírito como com as condições materiais de subsistência"[29];

d) se o empréstimo reverteu em benefício do próprio menor — sem dúvida, este inciso afigura-se, dentre todos, o de amplitude mais elástica. Com esta regra (decorrente, sem dúvida, também do preceito contido no art. 181 do CC/2002), admite o legislador que o mutuante tenha o direito ao reembolso, se provar que reverteu em benefício do próprio menor (mutuário) a coisa emprestada. Note-se que o ônus da prova cabe ao próprio mutuante, e, além disso, deve demonstrar que o benefício incrementou diretamente o patrimônio do menor. Assim, figure-se a hipótese de Zé Carlos emprestar R$ 100,00 a Juquinha, e este, com o referido valor, comprar uma bicicleta. Deve, pois, haver um liame jurídico, um nexo de causalidade, entre o bem ou valor emprestado e a vantagem auferida pelo mutuário. Finalmente, registre-se que, segundo a doutrina, se o empréstimo beneficiar a pessoa que deveria autorizá-lo, poderá também o mutuante reaver o que emprestou, para evitar o enriquecimento sem causa[30];

e) se o menor obteve o empréstimo maliciosamente — caso o menor haja obtido o empréstimo de maneira ardilosa, vil, rasteira, poderá o mutuante exigir de volta o que emprestou. Imagine-se, por exemplo, que, ao celebrar o contrato, o mutuário haja dolosamente ocultado a sua menoridade. A esse respeito, aliás, dispõe o art. 180 do Código Civil:

---

independentemente de sua origem, bem como às importâncias excedentes a 50 (cinquenta) salários mínimos mensais, devendo a constrição observar o disposto no art. 528, § 8º, e no art. 529, § 3º. § 3º Incluem-se na impenhorabilidade prevista no inciso V do *caput* os equipamentos, os implementos e as máquinas agrícolas pertencentes a pessoa física ou a empresa individual produtora rural, exceto quando tais bens tenham sido objeto de financiamento e estejam vinculados em garantia a negócio jurídico ou quando respondam por dívida de natureza alimentar, trabalhista ou previdenciária".

29 BARROSO, Luís Roberto. Fundamentos Teóricos e Filosóficos do Novo Direito Constitucional Brasileiro (Pós-Modernidade, Teoria Crítica e Pós-Positivismo). In: *A Nova Interpretação Constitucional* — Ponderação, Direitos Fundamentais e Relações Privadas (obra coletiva), Rio de Janeiro: Renovar, 2003, p. 37-8. Na mesma linha, sugerimos a leitura da excelente obra *Estatuto Jurídico do Patrimônio Mínimo* (Renovar, 2001), de autoria de Luiz Edson Fachin, em que o renomado autor defende, em uma perspectiva civil-constitucional, a garantia de um patrimônio mínimo para cada pessoa, a fim de que tenha uma existência efetivamente digna.

30 DINIZ, Maria Helena. *Direito Civil Brasileiro*, 2020, v. 3, p. 352.

> "O menor, entre dezesseis e dezoito anos, não pode, para eximir-se de uma obrigação, invocar a sua idade se dolosamente a ocultou quando inquirido pela outra parte, ou se, no ato de obrigar-se, declarou-se maior".

## 3.7. Garantia de restituição ao mutuante

Como forma de resguardar o direito do mutuante, prevê o Código Civil, em seu art. 590, a possibilidade de exigir do mutuário garantia, se, antes do vencimento da dívida, este último sofrer notória mudança em sua situação econômica.

A garantia possível de ser exigida poderá ser real (penhor, hipoteca, anticrese) ou fidejussória (fiança). Nada impede ainda a caução de dinheiro, mediante depósito em conta corrente, e mediante autorização judicial. Mas devemos observar que a norma estabeleceu como *conditio sine qua non* para a constituição da garantia que tenha havido notória mudança na situação econômica do devedor.

Assim sendo, e partindo da premissa de que na lei não há palavras inúteis (é, ao menos, o que se espera...), forçoso convir que o mutuário somente estará obrigado à prestação da garantia se sofrer considerável abalo no seu patrimônio, de conhecimento geral, o que deve ser objeto de prova do mutuante, em caso de negativa.

Trata-se de uma manifestação específica do disposto no art. 477 do CC/2002.

Momentâneos desequilíbrios econômicos ou pequenos abalos patrimoniais não justificariam, pois, a medida acautelatória.

## 3.8. Direitos e obrigações das partes

Fundamentalmente, e por considerarmos que o contrato de mútuo tem natureza unilateral (gerando, pois, obrigação apenas para o mutuário), podemos afirmar que a obrigação precípua, assumida pelo tomador do empréstimo, é de devolver aquilo que se lhe emprestou em coisa da mesma natureza, quantidade e qualidade.

O mutuante, em princípio, não assume obrigação (derivada do contrato), valendo mencionar a interessante ressalva feita por SILVIO LUIS F. DA ROCHA, no sentido de que

> "eventualmente, o mutuante pode vir a ter obrigações para com o mutuário, como indenizá-lo pelos danos causados por vícios da coisa que eram do seu conhecimento e ignorados pelo mutuário, a exemplo do que determina o art. 1.521 do Código Civil italiano"[31].

## 3.9. Extinção

Por fim, falaremos a respeito da dissolução do contrato (válido) de mútuo.

---

[31] ROCHA, Silvio Luis Ferreira da, ob. cit., p. 276.

Como se trata de um contrato temporário, o mútuo extingue-se com o advento do seu termo, ou, antes dele, se o mutuário efetuar o pagamento.

Todavia, se o mutuário, uma vez vencida a dívida, não pagá-la, a dissolução se dará por meio da resolução do contrato, podendo o mutuante, neste caso, exigir a devida compensação pelo prejuízo sofrido, incluindo-se os juros de mora.

Nada impede, outrossim, na mesma linha do que desenvolvemos quando tratamos do comodato, que o contrato se desfaça por meio de resilição unilateral (por manifestação de vontade de qualquer das partes, se houver estipulação nesse sentido) ou bilateral (mediante distrato).

# XXX PRESTAÇÃO DE SERVIÇO

**1.** Considerações terminológicas iniciais; **2.** Conceito e contratos afins; **3.** Características; **4.** Objeto; **5.** Forma; **6.** Retribuição; **7.** Tempo de duração; **8.** Extinção do contrato; **9.** Aliciamento de mão de obra.

# XXXI EMPREITADA

## 1. NOÇÕES CONCEITUAIS

Encerrando a tríade de relações contratuais originadas da concepção romanista de locação, conheçamos o contrato de empreitada, prevista nos arts. 610 a 626 do vigente Código Civil brasileiro.

Trata-se, na visão mencionada, da antiga locação de obra (*locatio conductio operis* ou *locatio operis*), nominada de contrato de empreitada, que tem por finalidade a execução de uma obra certa ou de determinado trabalho.

Conceituando este contrato, entendemos a empreitada como um negócio jurídico por meio do qual uma das partes (denominada de "empreiteiro", "empresário" ou "locador") se obriga, sem subordinação ou dependência, a realizar, pessoalmente ou por meio de terceiros, obra certa para o outro contratante (denominado "dono da obra", "comitente" ou "locatário"), com material próprio ou por este fornecido, mediante remuneração determinada ou proporcional ao trabalho executado.

A ausência de subordinação ou dependência é destacada, desde já, como uma nota distintiva desta modalidade contratual para a relação de emprego, modalidade contratual que, dados os limites desta obra, é apreciada por nós em volume distinto da nossa produção literária.

Da mesma forma, incluímos, em nosso conceito, a referência ao modo de fixação de preço, bem como à utilização ou não de material próprio, para distinguirmos as modalidades de empreitada, como veremos adiante[1].

## 2. OBJETO

Antes de conhecermos as características, bem como discorrermos sobre as modalidades do contrato de empreitada, conveniente tecer algumas considerações sobre o seu objeto.

Com efeito, na empreitada, o que importa, como objeto da relação contratual, é a obra a ser executada (como, por exemplo, a construção de um armazém), para que haja

[1] Confira-se o tópico 4 ("Modalidades") deste capítulo e seus subtópicos.

a retribuição correspondente, valor este conhecido simplesmente como "preço" da empreitada.

É, por consequência, a relação contratual básica e de mais frequente utilização na atividade de construção civil, embora não se limite a ela, podendo ser utilizada também, assim, para o desenvolvimento de um trabalho, seja manual ou intelectual, como uma criação técnica (elaboração de um projeto científico), artística (redação de um livro ou uma peça teatral) ou artesanal (feitura de vasos de argila para decoração).

Isso pode ser inferido até mesmo do § 2º do art. 610 do Código Civil, ao mencionar que o "contrato para elaboração de um projeto não implica a obrigação de executá-lo, ou de fiscalizar-lhe a execução", pois a elaboração do projeto também pode ser resultante de um contrato de empreitada, sem o estabelecimento de qualquer obrigação de executar a obra.

Assim sendo, se, na empreitada, em geral, o que interessa é a realização da obra, não há, *a priori*, impedimento legal para a sua subcontratação (a chamada "subempreitada"), o que, como veremos, somente pode ser limitado por norma específica[2] ou pela autonomia da vontade.

Enunciado o conceito e conhecido o objeto da empreitada, conheçamos as principais características deste contrato.

## 3. CARACTERÍSTICAS

O contrato de empreitada, forma contratual típica e nominada, é um negócio jurídico necessariamente bilateral, com estabelecimento de direitos e obrigações para ambas as partes.

Pela proporcionalidade das prestações, com conteúdo patrimonial, considera-se comutativo e oneroso, podendo ser enquadrado no conceito de contrato evolutivo, pelo reconhecimento da existência de uma equação financeira do contrato.

Vale destacar que não conseguimos visualizar, em sentido próprio, um contrato gratuito de empreitada, tendo em vista que o estabelecimento de uma obrigação de realizar, sem ônus, uma obra para outrem se enquadraria em uma figura contratual atípica, que reuniria elementos dos contratos de empreitada e de doação.

Normalmente realizado de forma paritária, em função mesmo da lei da oferta e da procura, não há impedimento para que seja celebrado no formato "por adesão".

É um tradicional contrato civil, mas que também é utilizado, com frequência, em relações jurídicas de direito material consumeristas e administrativas.

---

[2] Registre-se, a título exemplificativo, que a Lei n. 8.666/93 estabelece, em seu art. 72, que o "contratado, na execução do contrato, sem prejuízo das responsabilidades contratuais e legais, poderá subcontratar partes da obra, serviço ou fornecimento, até o limite admitido, em cada caso, pela Administração", prevendo, no art. 78, VI, como "motivo para rescisão do contrato", "a subcontratação total ou parcial do seu objeto, a associação do contratado com outrem, a cessão ou transferência, total ou parcial, bem como a fusão, cisão ou incorporação, não admitidas no edital e no contrato".

Quanto à forma, é um contrato não solene, que prescinde de forma específica, e consensual, pois se perfaz com a simples declaração de vontade. É importante destacar que, embora se refira à realização de uma obra, não é a entrega da coisa que configura o contrato, mas, sim, o estabelecimento da obrigação de fazê-la.

Em relação à pessoa do contratante, na empreitada, em geral, o que interessa é a realização da obra, não havendo impedimento para a sua subcontratação (a chamada "subempreitada"), salvo a própria manifestação da vontade em sentido contrário. Por isso, é classificado, *a priori*, como um contrato "impessoal", podendo, porém, ser celebrado *intuitu personae*, ou seja, em função da pessoa do contratante, tornando-se esta um elemento causal do contrato.

Nesse sentido, inclusive, é o art. 626 do CC/2002:

> "Art. 626. Não se extingue o contrato de empreitada pela morte de qualquer das partes, salvo se ajustado em consideração às qualidades pessoais do empreiteiro".

Trata-se, ainda, de um contrato individual, concebido tradicionalmente como uma estipulação entre pessoas determinadas, ainda que em número elevado, mas consideradas isoladamente.

Quanto ao tempo, o contrato de empreitada é celebrado como um contrato de duração, também chamado de contratos de trato sucessivo, execução continuada ou débito permanente, com limitação temporal determinada.

Não faz sentido, para nós, em função do objeto da empreitada (que é sempre uma obra ou trabalho determinado), a sua contratação por duração indeterminada, uma vez que toda realização de obra ou trabalho deve ter um *animus* de finitude.

Não se confunda, porém, a imprescindibilidade de um termo final determinado com a obrigatoriedade de uma data, pois a certeza do termo é quanto à esperada ocorrência, e não necessariamente quanto ao dia.

Assim, por exemplo, se Niraldo contrata com Chiquita a construção de uma casa, as partes podem ter a expectativa de terminá-la em x meses, mas isso pode variar de acordo com o próprio andamento dos trabalhos, que não se esgotam em uma única prestação.

É claro que nada impede que a autonomia da vontade estabeleça prazo específico para a realização da obra, caracterizando-se o inadimplemento se a mesma não foi entregue com o advento do termo.

Na mesma linha, consideramos inaceitável, do ponto de vista teórico, a concepção de uma "empreitada instantânea". De fato, por mais rápida que seja a conduta de realização da obra e do trabalho, há sempre um lapso temporal, por menor que seja (dias, horas ou mesmo minutos...), entre a manifestação da vontade de celebração da avença e a concretização do pactuado.

Trata-se, ainda, como a maioria das formas contratuais previstas no Código Civil brasileiro, de um contrato causal, cujos motivos determinantes podem impor o reconhecimento da sua invalidade, caso sejam considerados inexistentes, ilícitos ou imorais.

Pela função econômica, consiste em um contrato de atividade: caracterizado pela prestação de uma conduta de fato, mediante a qual se conseguirá uma utilidade econômica. Vale ressaltar que se trata de uma prestação de atividade, em sentido diverso da constante nos contratos de emprego e de prestação de serviços, uma vez que não considera a atividade em si mesma, porém, como um meio para obtenção do objeto da relação contratual (obra ou trabalho).

Por fim, trata-se de um contrato principal e definitivo, uma vez que não depende de qualquer outra avença, bem como não é preparatório de nenhum outro negócio jurídico.

Conhecidas as características básicas do contrato de empreitada, verifiquemos as suas modalidades, começando com a empreitada de lavor para, somente depois, dada a importância, enfrentarmos o tema da empreitada de materiais.

## 4. MODALIDADES

Toda classificação de um instituto jurídico pode variar de acordo com a visão metodológica de cada autor.

Na classificação do contrato de empreitada, adotamos como critério a própria disciplina legal, analisando-a sob a forma de sua execução, na medida em que o empreiteiro contribua somente com seu trabalho ou também forneça os materiais correspondentes.

Com efeito, preceitua o art. 610 do Código Civil de 2002:

> "Art. 610. O empreiteiro de uma obra pode contribuir para ela só com seu trabalho ou com ele e os materiais.
>
> § 1º A obrigação de fornecer os materiais não se presume; resulta da lei ou da vontade das partes.
>
> § 2º O contrato para elaboração de um projeto não implica a obrigação de executá-lo, ou de fiscalizar-lhe a execução".

Vamos conhecer cada uma dessas modalidades.

### 4.1. Empreitada de lavor

A empreitada de lavor, também conhecida como empreitada de mão de obra, é a regra geral, que se presume na ausência de manifestação.

Por meio dela, o empreiteiro simplesmente entrega a sua força de trabalho para a realização da obra contratada.

Nesta modalidade de empreitada, os riscos da atividade são, *a priori*, do dono, por aplicação do princípio geral *res perit domino*, salvo no caso de conduta culposa do empreiteiro[3], em que o elemento anímico faz incidir a sua responsabilidade.

Assim, v. g., se uma forte chuva destrói parte de obra em curso, deve o dono arcar com os prejuízos, inclusive com os custos para a reconstrução, o que não ocorreria se a destruição se desse por culpa do empreiteiro que, por exemplo, deixou ao ar livre materiais perecíveis, não guardou equipamentos etc.

Todavia, afirmar que o risco é exclusivo do dono, neste caso, parece-nos, se não inadequado, pelo menos revelador de uma meia verdade.

Isso porque, no caso de perecimento fortuito da coisa (ou seja, sem culpa do empreiteiro, nem mora do dono), embora o dono realmente sofra a frustração de não obter o bem, o fato é que a disciplina legal imputa ao empreiteiro o ônus da perda da retribuição correspondente.

É a regra que se infere do art. 613 do Código Civil de 2002:

> "Art. 613. Sendo a empreitada unicamente de lavor (art. 610), se a coisa perecer antes de entregue, sem mora do dono nem culpa do empreiteiro, este perderá a retribuição, se não provar que a perda resultou de defeito dos materiais e que em tempo reclamara contra a sua quantidade ou qualidade".

A regra não se nos afigura justa, uma vez que retira a retribuição pelo labor despendido, sem que o empreiteiro tenha tido qualquer culpa no perecimento da coisa.

Ademais, a parte final do dispositivo soa como de uma obviedade ululante, uma vez que, se o empreiteiro provar "que a perda resultou de defeito dos materiais e que em tempo reclamara contra a sua quantidade ou qualidade", a culpa do dono da obra (responsável pelos materiais que geraram a perda) estará configurada, atraindo a aplicação das regras de responsabilidade civil.

## 4.2. Empreitada de materiais

A empreitada de materiais, também chamada de empreitada mista, é aquela em que o empreiteiro se obriga não somente a realizar a obra, mas, também, a fornecer os materiais necessários para o seu desenvolvimento.

Na forma do já mencionado § 1º do art. 610, trata-se de situação que exige previsão específica, seja de norma legal própria, seja da autonomia da vontade.

Assim, a regra geral positivada é a empreitada de lavor, considerando-se a empreitada mista como situação excepcional, embora, na prática, ela seja extremamente comum.

---

[3] CC/2002: "Art. 612. Se o empreiteiro só forneceu mão de obra, todos os riscos em que não tiver culpa correrão por conta do dono".

A diferença, em essência, da modalidade anterior também se refere aos riscos da atividade econômica, aqui inclusive sobre o perecimento da coisa, que correm por conta, única e exclusivamente, do empreiteiro.

É a disciplina que se extrai do art. 611 do CC/2002, que preceitua:

> "Art. 611. Quando o empreiteiro fornece os materiais, correm por sua conta os riscos até o momento da entrega da obra, a contento de quem a encomendou, se este não estiver em mora de receber. Mas se estiver, por sua conta correrão os riscos".

A ressalva quanto à mora do dono da obra é pertinente apenas para mostrar que não há diferença, em essência, quanto à regra geral da mora, contida no art. 400 do Código Civil.

## 5. O PREÇO

Se a empreitada é um contrato em que um dos contraentes (empreiteiro) se obriga, sem subordinação ou dependência, a realizar certo trabalho para o outro (dono da obra), tal atividade deve ter uma retribuição, que, como visto acima, é denominada "preço".

Este valor pode ser fixado através de uma remuneração global, que abranja, de uma só vez, toda a atividade desenvolvida; ou proporcional ao trabalho executado.

Neste último caso, incide a regra do art. 614 do CC/2002:

> "Art. 614. Se a obra constar de partes distintas, ou for de natureza das que se determinam por medida, o empreiteiro terá direito a que também se verifique por medida, ou segundo as partes em que se dividir, podendo exigir o pagamento na proporção da obra executada.
>
> § 1º Tudo o que se pagou presume-se verificado.
>
> § 2º O que se mediu presume-se verificado se, em trinta dias, a contar da medição, não forem denunciados os vícios ou defeitos pelo dono da obra ou por quem estiver incumbido da sua fiscalização".

Ressalte-se a importância das presunções trazidas pelos dois parágrafos (o segundo, inclusive, sem correspondente na codificação revogada), presunções estas *juris tantum*, ou seja, que admitem a produção de prova em sentido contrário.

O pagamento ao empreiteiro, pelo dono da obra, do preço da medida faz presumir a verificação.

Assim, em princípio, o ônus da prova de eventual vício é do dono da obra.

Situação complexa, porém, é se o contrato de empreitada for estabelecido em uma relação de consumo. Nesse caso, pois, pode ocorrer a inversão do ônus da prova (CDC, art. 6º, VIII[4]), uma vez que o consumidor, nesta situação, é justamente o dono da obra.

---

[4] CDC: "Art. 6º São direitos básicos do consumidor: (...) VIII — a facilitação da defesa de seus direitos, inclusive com a inversão do ônus da prova, a seu favor, no processo civil, quando, a critério do juiz, for verossímil a alegação ou quando for ele hipossuficiente, segundo as regras ordinárias de experiências;".

Sobre o caráter relativo da presunção, lembra VENOSA que, geralmente, "nessa modalidade de empreitada, as partes se documentam com cronogramas, planilhas e documentos de medição da obra. As presunções apontadas na lei são relativas e admitem prova em contrário. A matéria é de exame no caso concreto"[5].

Quanto à variabilidade do preço, é preciso ter em mente que, em regra, o preço da empreitada é fixo, estabelecido no momento da celebração, não havendo direito à sua rediscussão posterior.

Nessa linha, estabelece o art. 619 do CC/2002:

> "Art. 619. Salvo estipulação em contrário, o empreiteiro que se incumbir de executar uma obra, segundo plano aceito por quem a encomendou, não terá direito a exigir acréscimo no preço, ainda que sejam introduzidas modificações no projeto, a não ser que estas resultem de instruções escritas do dono da obra.
> Parágrafo único. Ainda que não tenha havido autorização escrita, o dono da obra é obrigado a pagar ao empreiteiro os aumentos e acréscimos, segundo o que for arbitrado, se, sempre presente à obra, por continuadas visitas, não podia ignorar o que se estava passando, e nunca protestou".

Neste dispositivo, já se vislumbra o direito subjetivo do dono da obra de alterar o seu projeto original, o que deve ser feito, em regra, expressamente (as instruções escritas do dono da obra mencionadas no *caput*), admitindo-se, porém, a modalidade tácita, na parte final do parágrafo único do mencionado dispositivo.

Nada impede, porém, que as partes, em empreitadas de duração mais longa, estabeleçam preços reajustáveis, de acordo com índices oficiais de mercado. Da mesma forma, a autonomia da vontade autoriza que os contratantes pactuem o estabelecimento de um preço máximo ou, *a contrario sensu*, fixem que a obra será realizada sem o intento de lucro, com preço de custo.

A própria disciplina positivada do contrato de empreitada prevê, porém, uma hipótese de aplicação específica da cláusula *rebus sic stantibus*, estabelecendo (art. 620 do CC/2002):

> "Art. 620. Se ocorrer diminuição no preço do material ou da mão de obra superior a um décimo do preço global convencionado, poderá este ser revisto, a pedido do dono da obra, para que se lhe assegure a diferença apurada".

Não é de estranhar que o dispositivo seja inovador, uma vez que a teoria da onerosidade excessiva, embora aceita doutrinária e jurisprudencialmente, somente veio a se positivar, em norma geral estritamente civil, com o advento da vigente codificação civil brasileira.

---

[5] VENOSA, Sílvio de Salvo. *Direito Civil* — Contratos em Espécie, v. III, São Paulo: Atlas, 2001, p. 210.

## 6. DIREITOS E DEVERES DO EMPREITEIRO E DO COMITENTE/DONO DA OBRA

A análise do conteúdo do contrato de empreitada importa na compreensão de alguns direitos e deveres dos sujeitos da relação jurídica de direito material, o que ora apreciamos.

### 6.1. Remuneração

Conforme visto no tópico anterior, o pagamento da empreitada, denominado "preço", é feito pelo resultado do serviço.

Dessa forma, o empreiteiro se obriga a dar a obra pronta por um preço certo ou proporcional ao serviço, sem atenção, *a priori*, ao tempo nela empregado, somente sendo devida a remuneração se a obra for realmente executada.

Despendendo mais tempo do que o previsto, não terá direito a qualquer majoração, salvo se houver pactuação nesse sentido.

Sendo a remuneração ou preço um elemento essencial do contrato, dada a impossibilidade de uma empreitada gratuita, faz-se mister observar que ele não significa, necessariamente, um pagamento em dinheiro, mas, sim, uma retribuição pela obra realizada, que pode ser de outra espécie, que não pecúnia, inclusive uma quota-parte da própria obra a ser realizada.

### 6.2. Aceitação

Tendo sido a obra realizada, na forma estabelecida, não há direito de recusa do seu dono a recebê-la, havendo, portanto, direito subjetivo do empreiteiro de obter a aceitação.

Todavia, tal não ocorre na óbvia hipótese de inobservância das regras estabelecidas para a construção, pois isso caracteriza, de forma evidente, o inadimplemento contratual.

É o que se extrai do art. 615 do Código Civil:

> "Art. 615. Concluída a obra de acordo com o ajuste, ou o costume do lugar, o dono é obrigado a recebê-la. Poderá, porém, rejeitá-la, se o empreiteiro se afastou das instruções recebidas e dos planos dados, ou das regras técnicas em trabalhos de tal natureza".

Por outro lado, em um exemplo evidente de respeito à concepção de preservação (teoria da conservação) do negócio jurídico, o art. 616 admite que, na mencionada situação de desvio das instruções, planos ou regras estabelecidas, mas sendo a obra ainda de interesse do seu dono, pode quem encomendou a obra, em vez de enjeitá-la, recebê-la com abatimento no preço.

### 6.3. Pagamento de materiais recebidos e inutilizados

Outro elemento importante, na análise do contrato de empreitada, é sobre a responsabilidade pelos riscos da inutilização do material.

Parece-nos óbvio que, na empreitada de materiais, este risco é próprio do empreiteiro, que os fornece, salvo se a perda do material decorrer de conduta imputável, única e exclusivamente, ao dono da obra, o que é aplicação das mais básicas regras de responsabilidade civil.

*Mutatis mutandis*, positivou-se a mesma concepção para a situação inversa, conforme se verifica do art. 617 do CC/2002:

> "Art. 617. O empreiteiro é obrigado a pagar os materiais que recebeu, se por imperícia ou negligência os inutilizar".

A regra, aqui, porém, é somente em relação aos materiais.

Vale registrar que a direção e fiscalização da atividade competem somente ao próprio empreiteiro, que contratará e despedirá sua mão de obra, bem como dirigirá a prestação da atividade.

Saliente-se, ademais, que a única fiscalização que o dono da obra poderá fazer, em situações como essa, é aquela relacionada à própria realização da obra, no que diz respeito à observância dos parâmetros estabelecidos no projeto. Não deve ter ele, pois, qualquer tipo de ingerência direta na atividade dos trabalhadores contratados pelo empreiteiro, pois isso pode caracterizar a existência de um vínculo empregatício direto consigo.

## 6.4. Inalterabilidade relativa do projeto

Estabelecido o projeto da obra a ser desenvolvida pelo empreiteiro, a lógica, até mesmo pela concepção de tratar-se de uma construção, é que tal projeto seja realizado como se contém.

Todavia, é extremamente comum a inserção de pequenas modificações do projeto original.

Neste caso, a quem cabe a modificação?

A lógica é que seja ao dono da obra, já que é ele o destinatário final da construção, pois o empreiteiro é contratado para realizar a edificação exatamente da forma como foi pactuada.

Assim sendo, é preciso explicitar que é, portanto, direito subjetivo do dono da obra fazer alterações no projeto a ser implantado.

E como fica a questão da autoria do projeto, caso este tenha sido realizado por pessoa distinta do dono da obra?

Sobre o tema, inovou o vigente Código Civil brasileiro, sem qualquer correspondência no sistema anterior, estabelecendo, em seu art. 621:

> "Art. 621. Sem anuência de seu autor, não pode o proprietário da obra introduzir modificações no projeto por ele aprovado, ainda que a execução seja confiada a terceiros, a não ser que, por motivos supervenientes ou razões de ordem técnica, fique comprovada a inconveniência ou a excessiva onerosidade de execução do projeto em sua forma originária.

Parágrafo único. A proibição deste artigo não abrange alterações de pouca monta, ressalvada sempre a unidade estética da obra projetada".

A regra nos parece extremamente adequada, pois pondera os interesses das partes na manutenção do projeto estabelecido, o que é uma garantia mínima de segurança jurídica, admitindo a sua flexibilização para as pequenas alterações tópicas, que não importam em sensível modificação de custos e do direito do autor do projeto em realizar o idealizado.

Da mesma forma, ressalvada fica a ideia de conservação da avença contratual, permitindo a alteração quando, por motivos supervenientes ou razões de ordem técnica, fique comprovada a inconveniência ou a excessiva onerosidade de execução do projeto em sua forma originária.

## 7. PRAZO DE GARANTIA

Um dos dispositivos legais mais importantes, em nossa opinião, na disciplina jurídica do contrato de empreitada, é o que estabelece um prazo de garantia pela solidez e segurança do trabalho, bem como pelos materiais e solo utilizados.

Estabelece o *caput* do art. 618 do Código Civil:

> "Art. 618. Nos contratos de empreitada de edifícios ou outras construções consideráveis, o empreiteiro de materiais e execução responderá, durante o prazo irredutível de cinco anos, pela solidez e segurança do trabalho, assim em razão dos materiais, como do solo".

Trata-se, o prazo de 5 (cinco) anos, de um lapso temporal bastante razoável para atestar se a edificação feita pelo empreiteiro é sólida e segura o suficiente para se garantir como um produto que respeita as especificações estabelecidas.

Vale registrar que o novo texto suprimiu a ressalva que havia na codificação anterior, em relação ao solo, em que se mencionava que não haveria tal garantia se, não o achando firme, preveniu em tempo o dono da obra.

Agiu bem, na nossa opinião, o codificador de 2002.

De fato, tal ressalva nos soava absurda, pois não teria sentido a criação de uma causa excludente de responsabilidade do empreiteiro por ter dado ciência ao dono da obra e, mesmo assim, ter prosseguido em um trabalho de risco.

É importante, porém, discutir a natureza deste prazo de 5 (cinco) anos.

Não se trata nem de prazo prescricional, nem decadencial, pois, em verdade, se refere a uma garantia legal, imposta ao empreiteiro, como um ônus decorrente da atividade exercida.

E esse prazo de garantia não está relacionado com prazos decadenciais ou prescricionais?

Ledo engano!

O parágrafo único do art. 618, neste aspecto sem equivalente direto na codificação anterior, preceitua:

> "Parágrafo único. Decairá do direito assegurado neste artigo o dono da obra que não propuser a ação contra o empreiteiro, nos cento e oitenta dias seguintes ao aparecimento do vício ou defeito".

Este prazo decadencial se refere, única e exclusivamente, ao exercício do direito de garantia. Trata-se, portanto, de um prazo para o ajuizamento da postulação decorrente de uma ação redibitória ou *a quanti minoris*, que discrepa da regra geral contida no art. 445 do Código Civil[6].

Tal prazo decadencial não se confunde com o prazo prescricional para o ajuizamento de postulação de natureza condenatória, para a obtenção de indenização pelos danos verificados.

Este entendimento já estava pacificado no STJ, através de sua Súmula 194, publicada no *Diário de Justiça* de 3-10-1997, que dizia: "Prescreve em vinte anos a ação para obter, do construtor, indenização por defeitos da obra".

O aresto jurisprudencial, por óbvio, deve ser atualizado com o novo (e reduzido) prazo prescricional para ações de reparação civil, qual seja, de 3 (três) anos, na forma do art. 206, § 3º, V, do Código Civil brasileiro de 2002, ou 5 (cinco) anos, se o dono da obra, vítima do dano, for consumidor, a teor do art. 27 do CDC, a depender da natureza da relação jurídica travada.

O prazo prescricional, obviamente, somente começa a contar do momento em que se verificou o dano, em observância ao princípio da *actio nata*, pois é nesse momento que o direito é considerado violado, nascendo a pretensão, na forma do art. 189 do atual Código.

Esta dicotomia de prazos foi, inclusive, reconhecida também na III Jornada de Direito Civil da Justiça Federal, que editou o Enunciado n. 181, com a seguinte redação:

> "Enunciado n. 181 — Art. 618: O prazo referido no art. 618, parágrafo único, do CC refere-se unicamente à garantia prevista no *caput*, sem prejuízo de poder o dono da obra, com base no mau cumprimento do contrato de empreitada, demandar perdas e danos".

---

6 CC/2002: "Art. 445. O adquirente decai do direito de obter a redibição ou abatimento no preço no prazo de trinta dias se a coisa for móvel, e de um ano se for imóvel, contado da entrega efetiva; se já estava na posse, o prazo conta-se da alienação, reduzido à metade. § 1º Quando o vício, por sua natureza, só puder ser conhecido mais tarde, o prazo contar-se-á do momento em que dele tiver ciência, até o prazo máximo de cento e oitenta dias, em se tratando de bens móveis; e de um ano, para os imóveis. § 2º Tratando-se de venda de animais, os prazos de garantia por vícios ocultos serão os estabelecidos em lei especial, ou, na falta desta, pelos usos locais, aplicando-se o disposto no parágrafo antecedente se não houver regras disciplinando a matéria".

Sobre esta interessante temática, confira o nosso leitor o que escrevemos em nosso volume dedicado ao estudo da Responsabilidade Civil, com incursões inclusive no Direito do Consumidor[7]:

> "Bem, em nosso sentir, o prazo previsto no parágrafo único deste artigo concerne apenas a eventuais vícios de qualidade que prejudiquem a economicidade ou a utilização da obra realizada. Ou seja, o dono da obra terá o prazo decadencial de 180 dias para redibir o contrato, rejeitando a obra, ou, eventualmente, pleitear o abatimento no preço, caso constate qualquer defeito desta natureza. Trata-se, pois, de regra específica, que prevaleceria em face da prevista no art. 445 do Código Civil, referente aos vícios redibitórios em geral.
>
> Registre-se, porém, que o termo inicial de tal prazo não se identifica com a celebração do negócio jurídico, mas sim com a manifestação do vício ou defeito.
>
> Se, entretanto, tiver havido dano proveniente de falha na estrutura da obra, por defeito de segurança ou solidez, o direito de pleitear a reparação por perdas e danos poderá ser postulado no prazo prescricional geral de três (CC) ou cinco anos (CDC), como visto acima, caso se cuide ou não de relação de consumo.
>
> A única advertência que fazemos é a impossibilidade de se sustentar que o prazo seja vintenário, considerando a não adoção deste lapso temporal no Código de 2002, cujo prazo máximo da prescrição liberatória é de dez anos"[8].

Registre-se, todavia, que, havendo uma subempreitada (subcontratação da empreitada), estabelece o art. 622 do CC/2002:

> "Art. 622. Se a execução da obra for confiada a terceiros, a responsabilidade do autor do projeto respectivo, desde que não assuma a direção ou fiscalização daquela, ficará limitada aos danos resultantes de defeitos previstos no art. 618 e seu parágrafo único".

A previsão legal se refere à situação em que terceiro, contratado como empreiteiro, apenas execute a obra, com autonomia, sem nenhuma relação direta com o autor do respectivo projeto. Assim sendo, parece realmente lógico que a responsabilidade do mencionado autor do projeto se restrinja à solidez e segurança decorrente dos materiais e do solo, pois são, *a priori*, as únicas atividades decorrentes de conduta a si imputável, o que é um elemento básico de responsabilidade civil.

Sobre o referido dispositivo legal, comenta CARLOS ROBERTO GONÇALVES:

> "Pode a obra, com efeito, ser projetada por uma pessoa e executada por outra. É bastante comum, no entanto, ser projetada e executada pela mesma pessoa. Neste caso,

---

[7] Confira-se o Capítulo XVIII ("Responsabilidade Civil do Empreiteiro, Construtor e Incorporador") do v. 3 ("Responsabilidade Civil") do nosso *Novo Curso de Direito Civil*.

[8] GAGLIANO, Pablo Stolze; PAMPLONA FILHO, Rodolfo. *Novo Curso de Direito Civil* — Responsabilidade Civil, 18. ed., São Paulo: Saraiva, 2018, v. 3, p. 391.

responde o projetista pelos danos que causar ao dono da obra, tanto por defeitos do projeto quanto por omissões na fiscalização da execução do serviço. Quando, no entanto, o projetista limita-se a elaborar o projeto, a sua responsabilidade cinge-se, nos termos do supratranscrito art. 618, à solidez e segurança da obra, no que diga respeito às características do trabalho apresentado. Naturalmente os defeitos devem verificar-se no projeto em si e não na execução da obra. Se o vício de solidez e segurança resulta de falha ou imprecisão do projeto, a responsabilidade é imputada a quem o elaborou. Todavia, se decorre da execução, responsabiliza-se o empreiteiro que a promoveu"[9].

## 8. SUSPENSÃO DO CONTRATO DE EMPREITADA

Na generalidade dos casos, o contrato de empreitada é um típico negócio de duração, em que a atividade contratada não se esgota em um único ato, caracterizando-se como um pacto de trato sucessivo na sua prestação.

Todavia, mesmo iniciada a obra, qualquer das partes pode, em determinadas hipóteses, suspender a sua execução, o que faz nascer o direito subjetivo da parte contrária de ser indenizada pelos danos causados.

É o que verificamos dos arts. 623 e 624 do CC/2002:

> "Art. 623. Mesmo após iniciada a construção, pode o dono da obra suspendê-la, desde que pague ao empreiteiro as despesas e lucros relativos aos serviços já feitos, mais indenização razoável, calculada em função do que ele teria ganho, se concluída a obra.
>
> Art. 624. Suspensa a execução da empreitada sem justa causa, responde o empreiteiro por perdas e danos".

Note-se que tais hipóteses fáticas são denominadas de suspensão, somente pela possibilidade — mais teórica do que fática — de retomada da obra pelas próprias partes, em comum acordo (o que não demanda previsão legal específica).

No entanto, uma reflexão mais detida nos levaria à conclusão de que a situação se aproximaria muito mais de uma modalidade de resilição unilateral.

E o mais interessante, na nossa leitura, é que, por incrível que pareça, a disciplina dessas duas modalidades de "suspensão da empreitada" vai, por caminhos diferentes, para o mesmo lugar: a extinção do contrato.

De fato, em que consiste o pagamento das despesas e lucros relativos aos serviços já feitos senão os danos emergentes sofridos pelo empreiteiro? E o que seria a indenização razoável, calculada em função do que ele teria ganho, se concluída a obra, senão uma forma eufemística de denominar os lucros cessantes?

---

[9] GONÇALVES, Carlos Roberto. *Direito Civil Brasileiro*, 18. ed., São Paulo: Saraiva, 2020, v. 3, p. 408.

A ideia, portanto, é a mesma!

Suspenso ou resilido unilateralmente o contrato de empreitada por qualquer das partes, sem justa causa, esta responde, em face da outra, pelas perdas e danos sofridos (tal como se dá, de forma semelhante, no pagamento das arras penitenciais).

Na mesma linha, o art. 625 do Código Civil:

> "Art. 625. Poderá o empreiteiro suspender a obra:
>
> I — por culpa do dono, ou por motivo de força maior;
>
> II — quando, no decorrer dos serviços, se manifestarem dificuldades imprevisíveis de execução, resultantes de causas geológicas ou hídricas, ou outras semelhantes, de modo que torne a empreitada excessivamente onerosa, e o dono da obra se opuser ao reajuste do preço inerente ao projeto por ele elaborado, observados os preços;
>
> III — se as modificações exigidas pelo dono da obra, por seu vulto e natureza, forem desproporcionais ao projeto aprovado, ainda que o dono se disponha a arcar com o acréscimo de preço".

Tais situações, em geral, resultarão, não na simples suspensão do contrato — admitida excepcionalmente — mas na própria extinção do contrato, razão pela qual não consideramos técnica a referência à palavra "suspensão" no *caput* do dispositivo.

Somente a título exemplificativo, tomemos o inciso I.

Ocorrendo um evento de força maior, a exemplo de um incêndio ou enchente que destruam totalmente o local da obra, impedindo nova edificação, configurar-se-á a dissolução da avença.

Na mesma linha, no inciso II, diante de dificuldades imprevisíveis de execução, resultantes de causas geológicas ou hídricas, ou outras semelhantes, o contrato poderá ser resolvido, e não simplesmente suspenso.

Da mesma maneira, na hipótese do inciso III, mesmo sendo direito subjetivo do dono da obra a apresentação de alterações ao projeto aprovado, dispondo-se, inclusive, a arcar com o acréscimo do preço, o fato é que nem sempre o empreiteiro pode ter condições reais para realizar tais alterações.

Em tais situações poderá, sim, em nosso sentir, o contrato ser desfeito, admitindo-se apenas excepcionalmente a suspensão do contrato, caso seja possível a reversão da situação fática impeditiva.

Apenas para arrematar, vale destacar que, de forma curiosa, nada falou o vigente Código Civil brasileiro sobre justos motivos específicos para a suspensão da obra pelo seu dono, razão pela qual a matéria pode ser regida pela disciplina geral da extinção do contrato.

## 9. EXTINÇÃO DO CONTRATO DE EMPREITADA

A forma ordinária de extinção do contrato de empreitada se dá, simplesmente, pela consumação da sua finalidade, ou seja, mediante sua execução.

É claro, porém, que os demais meios comuns de dissolução do contrato[10] são perfeitamente aplicáveis à espécie aqui analisada.

Assim, embora normalmente celebrado de forma impessoal, admitida uma empreitada firmada, na forma do já mencionado art. 626 do CC/2002, em consideração às qualidades pessoais do empreiteiro, o falecimento do empreiteiro levará, inexoravelmente, à extinção do contrato. Por decorrência, se celebrado com pessoa jurídica, a sua despersonalização poderá levar também à extinção do negócio.

Além disso, como visto no tópico anterior, a disciplina codificada do contrato de empreitada acaba admitindo expressamente a resilição unilateral, tanto por parte do dono da obra quanto do empreiteiro, na forma dos arts. 623 e 624 do Código Civil, já estudados.

Finalmente, na mesma linha de entendimento, as situações previstas no art. 625 poderão resultar na extinção do contrato, a depender das circunstâncias do caso concreto.

---

[10] Confira-se o Capítulo "Extinção do Contrato" do v. 4, "Contratos", do nosso *Novo Curso de Direito Civil*.

# XXXII DEPÓSITO

## 1. CONCEITO

Podemos definir o contrato de depósito como um negócio jurídico por meio do qual uma das partes (depositante) transfere à outra (depositário) a guarda de um objeto móvel, para que seja devidamente conservado e, posteriormente, devolvido.

Esta nossa despretensiosa definição não discrepa muito da proposta por CLÓVIS BEVILÁQUA:

> "Depósito é o contrato pelo qual uma pessoa recebe um objeto móvel alheio, com a obrigação de guardá-lo, conservá-lo e restituí-lo em seguida"[1].

Note-se, ademais, que se trata de um contrato calcado na confiança, ou seja, especialmente sujeito à incidência principiológica da boa-fé objetiva, uma vez que o depositante, sem perder a propriedade daquilo que lhe pertence, transfere o poder de fato sobre a coisa, para terceiro (depositário), que não poderá utilizá-la, senão quando expressamente permitido.

No Código Civil brasileiro, o conceito legal do depósito vem estampado logo em seu art. 627, escoimando quaisquer dúvidas a respeito do seu objeto (apenas bens móveis):

> "Art. 627. Pelo contrato de depósito recebe o depositário um objeto móvel, para guardar, até que o depositante o reclame".

Finalmente, para que não haja dúvida acerca da dimensão conceitual deste instituto, é preciso que não o confundamos com o denominado "sequestro", que consiste no depósito judicial de coisa sobre a qual pende litígio.

Como bem adverte CAIO MÁRIO DA SILVA PEREIRA, a disciplina do sequestro, em nosso sistema, diferentemente de outros ordenamentos, sujeita-se às regras do Código de Processo Civil. E pontifica:

> "Costuma-se compreender na dogmática do depósito o sequestro, que é o depósito de coisa litigiosa. A sua disciplina, que em outros sistemas se abriga no Código Civil, em

---

1 BEVILÁQUA, Clóvis. *Direito das Obrigações*, Campinas: Red Livros, 2000, p. 214.

nosso direito obedece a orientação diferente, regulando-se pelo disposto no Código de Processo Civil. Tanto pode compreender bens móveis ou imóveis, realizando-se, neste último caso, simbolicamente. Efetua-se por mandado judicial, cuja expedição obedecerá à verificação sumária de requisitos (Código de Processo Civil, arts. 822 e ss.), seja como medida preparatória ou antecedente da ação, seja como incidente na pendência da lide"[2].

De fato, no Código de Processo Civil de 1973, o sequestro era tratado como procedimento cautelar. Já no Código de Processo Civil de 2015, passou a ser referido como uma das formas de efetivação de tutela de urgência[3]. Em verdade, achamos acertada a posição do legislador em situar topograficamente a sua disciplina no Código de Processo Civil.

## 2. CARACTERÍSTICAS

O depósito, contrato típico e nominado, é celebrado de forma individual, tendo as seguintes características:

a) unilateral ou bilateral — na sua essência, o depósito é um contrato tipicamente unilateral, ou seja, impõe obrigação apenas para uma das partes: o depositário. Entretanto, especialmente naqueles negócios de natureza mercantil, poderá apresentar-se ainda sob a forma de contrato bilateral. Em tal caso, pactuou-se, *ab initio*, a remuneração do depositário. É o que ocorre, por exemplo, nos contratos de guarda de veículos em estacionamentos de shoppings centers, modalidade contratual atípica assemelhada ao contrato de depósito[4], cuja disciplina

---

[2] PEREIRA, Caio Mário da Silva. *Instituições de Direito Civil*, v. III, Rio de Janeiro: Forense, 2001, p. 234.

[3] CPC/2015: "Art. 301. A tutela de urgência de natureza cautelar pode ser efetivada mediante arresto, sequestro, arrolamento de bens, registro de protesto contra alienação de bem e qualquer outra medida idônea para asseguração do direito".

[4] De fato, tal modalidade contratual guarda muita semelhança com o contrato de depósito, mas também tem aspectos do contrato de prestação de serviço, estando, em nosso entender, submetido também à disciplina das regras protetivas de consumo. Nesse sentido, já observava, há muito, Caio Mário, ao afirmar que o "direito moderno conhece várias figuras de negócios jurídicos de natureza contratual que não se enquadram perfeitamente nos tipos clássicos dos contratos tradicionais, como, *ex. gr.*, a guarda de mercadorias nos armazéns-gerais, de títulos ou valores nos bancos, de objetos em câmara frigorífica, de automóveis em garagem. São modalidades assemelhadas ao depósito, com autêntica atração do regime jurídico deste; mas que melhor se definem sob a designação especial de contrato de guarda, nas quais se associam ao típico depósito outras obrigações ou prestações de atividades, como é o caso da guarda de animal, aliada ao dever de alimentá-lo; a guarda de automóvel e dever de limpá-lo e movimentar o motor" (*Instituições de Direito Civil*, 3. ed., v. III, Rio de Janeiro: Forense, 1992, p. 250). Ressaltamos, porém, que a principiologia aplicável é a mesma, notadamente no que diz respeito à responsabilidade civil pelos danos causados ao bem. No mesmo sentido, preleciona Orlando Gomes: "Modalidade interessante é também a do depósito de automóveis em garagens, a que se aplicam os mesmos princípios, embora, quase sempre, outras obrigações assumidas pelo depositário transformem o depósito em contrato misto" (*Contratos*, 24. ed., Rio de Janeiro: Forense, 2001, p. 346).

legal lhe é aplicável, notadamente no que diz respeito à responsabilidade civil[5]. Nada impede, outrossim, que seja, ainda, bilateral imperfeito, situação peculiar, na qual o contrato nasce unilateral, convertendo-se, posteriormente, em bilateral, durante a sua execução. Em outras palavras, quando celebrado, apenas o depositário estava obrigado, mas, no curso do contrato, passou a ter também direito em face do depositante. É o que ocorre quando, celebrado um depósito unilateral (sem remuneração convencionada), o depositário acaba por realizar, à sua custa, despesas de conservação da coisa, cabendo-lhe, por lei, o direito de retê-la, até que o depositante lhe indenize (art. 644 do CC/2002);

b) gratuito ou oneroso — se for celebrado na modalidade unilateral, considera-se o contrato gratuito, pois apenas o depositante se beneficia; caso, entretanto, seja pactuada remuneração ao depositário, reputar-se-á o negócio oneroso, pois ambas as partes, ao benefício patrimonial experimentado, suportarão correspondente prejuízo.

A respeito do tema, observa ORLANDO GOMES, com peculiar sabedoria:

> "A gratuidade não é da essência do contrato. Se, em direito civil, está presumida obsoletamente, de regra se tornou oneroso, forma ordinariamente utilizada atualmente"[6].

De fato, nos dias de hoje, a modalidade onerosa é, na prática, a mais comum, pois o contrato de depósito passou a ter acentuado intuito especulativo, havendo inúmeras sociedades empresárias dedicadas exclusivamente à sua exploração, a exemplo daquelas, já mencionadas, que se dedicam ao ramo dos estacionamentos pagos, relação contratual esta à qual a disciplina do contrato de depósito é aplicável. Sensível a isso, o codificador admitiu a onerosidade do contrato, em dispositivo de intelecção clara:

> "Art. 628. O contrato de depósito é gratuito, exceto se houver convenção em contrário, se resultante de atividade negocial ou se o depositário o praticar por profissão.
>
> Parágrafo único. Se o depósito for oneroso e a retribuição do depositário não constar de lei, nem resultar de ajuste, será determinada pelos usos do lugar, e, na falta destes, por arbitramento".

Todavia, não se pode desprezar a sua ocorrência gratuita, até mesmo por força da dicção legal.

São exemplos corriqueiros de contratos gratuitos de depósito hipóteses como a do vaqueiro que deixa seus animais (cavalos, vacas etc.) no curral de um determinado fazendeiro (nem sempre seu patrão) ou, especificamente no âmbito da relação de emprego,

---

5 STJ, Súmula 130: "A empresa responde, perante o cliente, pela reparação de dano ou furto de veículo ocorridos em seu estacionamento".

6 GOMES, Orlando. *Contratos*, Rio de Janeiro: Forense, 1994, p. 339.

do empregador que disponibiliza armários para os empregados guardarem seus pertences pessoais. Da mesma forma, nas relações de consumo, vislumbram-se contratos gratuitos de depósito em academias de ginástica, que oferecem, sem custo, armários para os seus atletas colocarem suas roupas enquanto se exercitam.

c) **real** — diversas vezes, no curso desta obra, cuidamos de definir o que se entende por contrato real. No entanto, posto não pretendamos cansar o nosso amigo leitor, reputamos necessário, por amor à didática e à clareza, relembrarmos que real é o contrato que somente se torna perfeito e acabado com a entrega do bem — objeto do negócio — de uma parte à outra. Tal é o que se dá com o mútuo, o penhor e, na mesma linha, com o depósito. Enquanto não efetuada a entrega ao depositário, o contrato não se torna perfeito. Não se diga com isso, entretanto, que o contrato tenha efeitos reais, pois a propriedade não é transferida ao depositário, que atuará como mero detentor.

Quanto ao caráter *intuitu personae*, apontado por juristas de alto quilate[7], preferimos não elencá-lo neste rol, pois, em nosso sentir, tal contrato tem perdido a nota de pessoalidade que tradicionalmente se lhe aponta.

Nesse sentido, MARIA HELENA DINIZ:

> "Todavia, hodiernamente esse caráter não tem prevalecido, por ser normal que alguém confie a guarda de bem, que lhe pertence, a depositário que mal conhece, principalmente se se tratar de uma empresa, ou empresário, que exerce atividade negocial de depositário"[8].

Enquanto contrato unilateral, a classificação em contratos comutativos ou aleatórios não é aplicável ao depósito. Todavia, por exceção, pode o contrato se converter em bilateral, quanto à sua execução, hipótese em que será, por certo, um contrato comutativo, uma vez que as obrigações se equivalerão. Neste último caso, pode-se falar em contrato evolutivo, em que é estabelecida a equação financeira do contrato, impondo-se a compensação de eventuais alterações sofridas no curso do negócio.

A depender das circunstâncias, pode se materializar tanto como um contrato paritário quanto por adesão.

É contrato amplamente utilizado nas relações civis, comerciais e consumeristas, não sendo muito comum nas administrativas e inaplicável nas trabalhistas.

Quanto à forma, o depósito, na sua modalidade voluntária, é uma avença em geral solene, uma vez que a lei exige expressamente a forma escrita para a sua comprovação, como previsto no art. 646 do CC/2002. Todavia, esta forma escrita é *ad probationem* e

[7] GOMES, Orlando. *Contratos*, cit., p. 338; MONTEIRO, Washington de Barros. *Curso de Direito Civil* — Direito das Obrigações (2ª Parte), cit., São Paulo: Saraiva, p. 242.

[8] DINIZ, Maria Helena. *Teoria Geral das Obrigações Contratuais e Extracontratuais*, 36. ed., São Paulo: Saraiva , 2020, v. 3, p. 377.

não *ad substantiam*, não sendo desarrazoado admitir-se a sua prova por outros meios, já que a inexistência da forma escrita não faz presumir, *jure et de jure*, a inexistência do negócio. O depósito necessário, por sua vez, dada a sua natureza, pode ser celebrado de maneira não solene, sem qualquer restrição, apenas pela prática dos atos materiais correspondentes.

Trata-se, por fim, como a maioria das formas contratuais previstas no Código Civil brasileiro, de um contrato causal, cujos motivos determinantes podem impor o reconhecimento da sua invalidade, caso sejam considerados inexistentes, ilícitos ou imorais.

Pela função econômica, trata-se de um contrato de crédito, pois caracterizado pela obtenção de um bem para ser restituído posteriormente, calcado na confiança dos contratantes, podendo estar relacionado a um interesse de obtenção de uma utilidade econômica em tal transferência de posse.

Por fim, trata-se de um contrato principal e definitivo.

Vale registrar, ainda, que se trata de contrato temporário, cuja duração é normalmente determinada, não havendo óbice para que se estabeleça de forma indeterminada, com os ônus correspondentes, quando o contrato não for gratuito.

## 3. PARTES E OBJETO

Já tivemos oportunidade de afirmar que são partes no contrato de depósito o depositante (proprietário da coisa) e o depositário (a pessoa a quem se transfere a coisa para a sua guarda), sendo desnecessário referir que, para a sua validade, devem os partícipes da relação negocial ser capazes, ou, caso não o sejam, estar devidamente representados ou assistidos.

Quanto aos bens que podem ser depositados, podemos afirmar que, seguindo diretriz oriunda do Direito Romano, o nosso permite apenas o depósito de coisas móveis.

Nesse sentido, preleciona o brilhante BEVILÁQUA:

> "No direito romano, só as coisas móveis se consideravam regularmente depositáveis. Entre nós também é essa a doutrina aceita"[9].

O bem, objeto do depósito, deverá, naturalmente, ser de propriedade do depositante, ou, se assim não o for, deverá ele ter poderes para efetuar o contrato.

Pergunta interessante que se nos impõe, agora, é a seguinte: poderá o depósito ter por objeto bens fungíveis e consumíveis?

A resposta é afirmativa.

Trata-se do denominado depósito irregular, que tem como exemplo mais comum e difundido o depósito de dinheiro (bancário).

Há, na espécie, inegável semelhança — embora não identificação — entre o depósito e o mútuo, razão pela qual se lhes aplicam as mesmas regras.

---

9 BEVILÁQUA, Clóvis, *Direito das Obrigações*, Campinas: Red Livros, 2000, p. 215.

A diferença, entretanto, entre tais figuras, existe e está nos fins econômicos dos respectivos contratos: o depósito é feito no interesse do depositante, e o mútuo, no do mutuário.

No Código Civil, a disciplina do depósito irregular é feita pelo art. 645:

> "Art. 645. O depósito de coisas fungíveis, em que o depositário se obrigue a restituir objetos do mesmo gênero, qualidade e quantidade, regular-se-á pelo disposto acerca do mútuo".

Ao mencionar que deverão ser restituídas coisas do mesmo "gênero, quantidade e qualidade", quis o legislador enfatizar a natureza fungível e consumível do bem entregue ao depositário, afigurando-se, obviamente, impossível, a entrega da coisa original.

Assim, quando fazemos, no banco, o depósito de R$ 1.000,00, ao efetuarmos, posteriormente, o saque do numerário, não receberemos as mesmas cédulas que depositamos, mas, sim, outras notas, representativas do mesmo valor.

Ainda quanto ao objeto do depósito, cumpre-nos lembrar que, a teor do art. 630 do CC/2002, se tal objeto for entregue "fechado, colado, selado ou lacrado", nesse mesmo estado deverá ser mantido. Trata-se de um dever *ex lege*, cujo descumprimento, por traduzir infração ao dever de lealdade emanado da boa-fé objetiva, poderá resultar na responsabilidade civil do depositário.

Nada impede, no entanto, em caso de urgência e supedaneado em interesse público, que o depositário viole o invólucro ou embalagem do depósito, se não houver tempo de recorrer à autoridade pública competente. Claro que isso sempre em caráter excepcional. Imaginemos, por exemplo, que o depositário houvesse desconfiado de haver recebido material inflamável com risco sério e real de explosão, havendo o depositante se omitido a respeito de todas as características da coisa.

Sendo a sua suspeita fundada, e não tendo como obter imediato auxílio da polícia técnica, poderá ser levado a devassar o sigilo do bem, abrindo a sua embalagem, para assegurar-se a respeito da sua suposta periculosidade.

Claro está, entretanto, que, em havendo excesso de sua parte, poderá ser compelido a indenizar o depositante.

Finalmente, lembramos ao amigo leitor que, se o depositário, por circunstância inevitável (caso fortuito ou força maior), houver perdido a coisa depositada e recebido outra em seu lugar — como ocorre na hipótese de pagamento da indenização do seguro — ficará obrigado, nos termos do art. 636 do CC/2002, a entregar a segunda coisa ao depositante, cabendo-lhe as ações que eventualmente tiver contra o terceiro responsável pela restituição da que foi perdida.

Na mesma linha, conforme prevê o art. 637 do CC/2002, o "herdeiro do depositário, que de boa-fé vendeu a coisa depositada, é obrigado a assistir o depositante na reivindicação, e a restituir ao comprador o preço recebido". A previsão visa a prestigiar o princípio da boa-fé, acautelando os direitos do depositante.

Assim, por exemplo, temos a situação em que Caio, após receber uma coisa em depósito de Tício, vem a falecer, deixando Mévio como seu único herdeiro. Desconhecendo este último a relação jurídica travada, pode, de boa-fé, acreditar que o bem depositado fosse de titularidade do *de cujus*, pelo que, pensando que tinha passado para sua propriedade, vende-o a Xisto. Ora, neste caso, Mévio não somente deve restituir a Xisto o valor recebido, como também deve apoiar e custear (a expressão "assistir", neste caso, deve ser entendida de forma ampla) o depositante, na ação reivindicatória, na condição de assistente do autor[10].

## 4. ESPÉCIES DE DEPÓSITO

Em primeiro plano, temos o depósito convencional, centro das nossas atenções neste capítulo. Trata-se do depósito contratual ou voluntário, negócio jurídico definido pelo art. 627 do Código Civil, cujo estudo já iniciamos linhas atrás.

Além deste, temos ainda o depósito judicial, aquele que deriva de uma decisão ou sentença, a exemplo do que ocorre nas ações de consignação em pagamento, ou, ainda, nas de sequestro, já mencionado no decorrer deste capítulo.

Outra importante figura é o denominado depósito necessário ou obrigatório, que se subtipifica em legal e miserável.

Em verdade, estas duas últimas submodalidades de depósito são derivadas de mandamento normativo, previsto no Código Civil em seu art. 647:

> "Art. 647. É depósito necessário:
>
> I — o que se faz em desempenho de obrigação legal;
>
> II — o que se efetua por ocasião de alguma calamidade, como o incêndio, a inundação, o naufrágio ou o saque".

O denominado depósito legal, previsto no inciso I, é aquele decorrente de uma obrigação prevista em texto normativo, a exemplo do que ocorre quando o sujeito encontra coisa alheia perdida, impondo-se-lhe, a teor dos arts. 1.233 a 1.237 do Código Civil[11], que

---

[10] O Projeto de Lei n. 6.960, de 2002 (renumerado para n. 276/2007, antes de seu arquivamento definitivo), visava a aperfeiçoar a redação do dispositivo, esclarecendo as obrigações do herdeiro do depositário, a depender da sua boa ou má-fé, nos seguintes termos: "Art. 637. O herdeiro do depositário, que de boa-fé vendeu a coisa depositada, é obrigado a restituir ao comprador o pagamento recebido, sempre que este sofrer os efeitos da evicção. Parágrafo único. Se tiver agido de má-fé, responderá o herdeiro pelas perdas e danos, tanto do depositante, como do comprador".

[11] CC/2002: "Art. 1.233. Quem quer que ache coisa alheia perdida há de restituí-la ao dono ou legítimo possuidor. Parágrafo único. Não o conhecendo, o descobridor fará por encontrá-lo, e, se não o encontrar, entregará a coisa achada à autoridade competente. Art. 1.234. Aquele que restituir a coisa achada, nos termos do artigo antecedente, terá direito a uma recompensa não inferior a cinco por cento do seu valor, e à indenização pelas despesas que houver feito com a conservação e transporte da coisa, se o dono não preferir abandoná-la. Parágrafo único. Na determinação do montante da recompensa, considerar-se-á o esforço desenvolvido pelo descobridor para encontrar o dono, ou o legítimo

se encaminhe a uma delegacia de polícia, para efetuar o depósito, sob pena de incorrer no crime de apropriação indébita de coisa achada (CP, art. 169, II).

Outros exemplos de depósito legal, segundo a doutrina sempre atual de WASHINGTON DE BARROS MONTEIRO, são os seguintes:

> "b) o de dívida vencida, pendente a lide, quando vários credores lhe disputarem o montante, uns excluindo outros (art. 345); c) o que deve ser feito pelo administrador dos bens do depositário que se tenha tornado incapaz (art. 641); d) o do lote compromissado, no caso de recusa de recebimento da escritura definitiva (Dec.-Lei n. 58, de 10-12-1937, art. 17, parágrafo único, e Dec. n. 3.079, de 15-9-1938, art. 17, parágrafo único"[12].

Já o depósito miserável, também decorrente de lei, é, como já dissemos, aquele desempenhado em situação de desespero, como um incêndio, uma inundação, um naufrágio ou o saque.

Claro está que esta enumeração legal não é exaustiva, uma vez que o legislador, por não ser profeta, não poderia prever, antecipadamente, toda situação fática justificadora deste tipo de depósito. Assim sendo, a critério do julgador, sendo a situação comprovadamente calamitosa, tal depósito deverá ser permitido.

Na hipótese de uma enchente, por exemplo, a pessoa poderá ser levada a efetuar a entrega de seus bens a um vizinho, cuja casa não fora invadida pela água, devendo-se registrar que, por não se presumir gratuito (art. 651 do CC/2002), o depositário poderá vir a ser remunerado, especialmente quando houver sofrido prejuízo. No geral, entretanto, nenhum valor é estipulado ao depositário, que atua por espírito de solidariedade.

Finalmente, cumpre-nos observar que, por força do art. 648 do CC/2002, abaixo transcrito, aplicam-se, subsidiariamente, ao depósito necessário as regras da modalidade voluntária:

> "Art. 648. O depósito a que se refere o inciso I do artigo antecedente, reger-se-á pela disposição da respectiva lei, e, no silêncio ou deficiência dela, pelas concernentes ao depósito voluntário.
>
> Parágrafo único. As disposições deste artigo aplicam-se aos depósitos previstos no inciso II do artigo antecedente, podendo estes certificarem-se por qualquer meio de prova".

---

possuidor, as possibilidades que teria este de encontrar a coisa e a situação econômica de ambos. Art. 1.235. O descobridor responde pelos prejuízos causados ao proprietário ou possuidor legítimo, quando tiver procedido com dolo. Art. 1.236. A autoridade competente dará conhecimento da descoberta através da imprensa e outros meios de informação, somente expedindo editais se o seu valor os comportar. Art. 1.237. Decorridos sessenta dias da divulgação da notícia pela imprensa, ou do edital, não se apresentando quem comprove a propriedade sobre a coisa, será esta vendida em hasta pública e, deduzidas do preço as despesas, mais a recompensa do descobridor, pertencerá o remanescente ao Município em cuja circunscrição se deparou o objeto perdido. Parágrafo único. Sendo de diminuto valor, poderá o Município abandonar a coisa em favor de quem a achou".

[12] MONTEIRO, Washington de Barros. *Curso de Direito Civil* — Direito das Obrigações (2ª Parte), São Paulo: Saraiva, p. 254.

Interessante a referência feita no parágrafo único, no sentido de se poder provar o depósito miserável por qualquer meio de prova, dada a gravidade do seu contexto, aspecto este que não escapou ao olhar observador de CARLOS ALBERTO BITTAR:

> "Em alguns casos, indicam-se os bens e a pessoa a quem compete a guarda (depósito legal), e, em outras, toma-se como depositário aquela que primeiro a tanto se dispuser (depósito miserável), cingindo-se aos bens que se oferecerem à ocasião. Na primeira hipótese, prova-se por escrito o depósito; na segunda, por qualquer outro meio possível"[13].

Nesse diapasão, temos, ainda, o depósito das bagagens dos viajantes ou hóspedes, equiparado ao legal (CC/2002, art. 649).

Trata-se de um depósito oneroso, cujo preço é incluído na hospedagem (art. 651, segunda parte, do CC/2002), podendo atingir hotéis, motéis, pensões, albergues, pousadas e todo e qualquer estabelecimento que exerça atividade idêntica.

Esta modalidade de depósito reveste-se de particular interesse, pois a sua disciplina não é feita apenas pelo Código Civil, mas, também, pelo Código de Defesa do Consumidor (Lei n. 8.078/90), uma vez que os hospedeiros podem ser considerados, em geral, "fornecedores" de produtos e serviços, submetendo-se, assim, ao império desse importante microssistema.

Assim, toda e qualquer análise feita a respeito desta matéria deverá considerar a incidência dos princípios protetivos desta lei especial.

Com isso, não estamos sustentando o desprezo às normas insculpidas no Código Civil, mas, apenas, apontando a necessidade de o intérprete aplicá-las sistematicamente, cotejando-as com o CDC, resguardando sempre o comando constitucional, de indiscutível cunho principiológico, de defesa do consumidor[14].

Por serem considerados depositários, os hospedeiros responderão por eventuais prejuízos causados aos hóspedes, assim como pelos furtos e roubos que perpetrarem as pessoas empregadas ou admitidas nos seus estabelecimentos (art. 649, parágrafo único, do CC/2002).

---

[13] BITTAR, Carlos Alberto. *Contratos Civis*, 2. ed., Rio de Janeiro: Forense, 1991, p. 103.

[14] CF/88: "Art. 170. A ordem econômica, fundada na valorização do trabalho humano e na livre iniciativa, tem por fim assegurar a todos existência digna, conforme os ditames da justiça social, observados os seguintes princípios: I — soberania nacional; II — propriedade privada; III — função social da propriedade; IV — livre concorrência; V — defesa do consumidor; VI — defesa do meio ambiente, inclusive mediante tratamento diferenciado conforme o impacto ambiental dos produtos e serviços e de seus processos de elaboração e prestação; VII — redução das desigualdades regionais e sociais; VIII — busca do pleno emprego; IX — tratamento favorecido para as empresas de pequeno porte constituídas sob as leis brasileiras e que tenham sua sede e administração no País; Parágrafo único. É assegurado a todos o livre exercício de qualquer atividade econômica, independentemente de autorização de órgãos públicos, salvo nos casos previstos em lei".

A responsabilidade civil por atos de pessoas empregadas é consectário lógico da condição de empregador, havendo dispositivo expresso, no próprio Código Civil, dispondo nesse sentido:

"Art. 932. São também responsáveis pela reparação civil:

(...)

III — o empregador ou comitente, por seus empregados, serviçais e prepostos, no exercício do trabalho que lhes competir, ou em razão dele;

(...)".

Vale lembrar, aliás, que tal responsabilidade também é objetiva, a teor do art. 933 do mesmo diploma.

Quanto às pessoas admitidas, reputamos todas aquelas que obtenham autorização de acesso nas dependências do estabelecimento de hospedagem, desde o mero prestador de serviço (um encanador contratado, por exemplo) a um terceiro que esteja apenas de passagem.

Daí por que a segurança nos hotéis e motéis é, geralmente, mais criteriosa.

Ao se referir a "furtos e roubos", no art. 649, ora estudado, o legislador não pretendeu, em nosso pensar, e nem pôde, esgotar todas as hipóteses de cometimento de crimes contra o patrimônio, impositivas do dever de indenizar.

Entendemos, pois, que tal referência enumerativa não é exaustiva, de maneira que haverá responsabilidade civil também quando seus empregados ou pessoas admitidas cometerem, por exemplo, crime de apropriação indébita ou de estelionato, em detrimento do hóspede (depositante), pois a *ratio* da norma é responsabilizar pelos danos ao patrimônio dos viajantes ou dos hóspedes.

Outra peculiar situação, entretanto, deverá ser destacada.

Frequentemente, os hospedeiros, ao receberem o hóspede, solicitam que informe se está portando objetos de valor, e, em caso positivo, se gostaria de utilizar o cofre do apartamento ou da recepção. Trata-se de uma cautela razoável e compreensiva, embora não possa significar, se o hóspede não quiser utilizar o serviço, isenção de responsabilidade.

Isso porque, em havendo falha no sistema de segurança, não se poderá isentar o hospedeiro, mormente em se considerando que, por estar inserido em uma relação de consumo, sujeita-se às normas da responsabilidade objetiva, não havendo espaço para se discutir culpa ou dolo.

Nessa linha, o codificador somente admitiu a isenção de responsabilidade, se houver prova de que "os fatos prejudiciais aos viajantes ou hóspedes não podiam ter sido evitados" (art. 650 do CC/2002).

Por conseguinte, apenas situações graves de rompimento do nexo causal — como a culpa exclusiva da vítima, o fortuito externo ou a força maior — poderiam impedir que o hóspede ou viajante fizesse jus à compensação devida, o que é ônus da prova do estabelecimento hoteleiro.

## 5. DIREITOS E OBRIGAÇÕES DAS PARTES

Em geral, o depósito impõe obrigações apenas ao depositário, a quem incumbe, precipuamente, guardar, conservar e devolver a coisa depositada, respondendo por qualquer dano decorrente de sua má atuação, ressalvadas a consumação do risco por caso fortuito ou força maior.

Nada impede, outrossim, que seja pactuado como contrato bilateral, caso em que o depositante obriga-se a remunerar o depositário pela prestação da atividade.

De qualquer forma, podemos afirmar, sem risco de erro, que a obrigação nuclear derivada deste contrato é imposta ao depositário.

Aliás, vale lembrar que esta obrigação de guarda deve ser feita de maneira responsável e criteriosa, expressamente determinado por lei, conforme se depreende do art. 629 do CC/2002:

> "Art. 629. O depositário é obrigado a ter na guarda e conservação da coisa depositada o cuidado e diligência que costuma com o que lhe pertence, bem como a restituí-la, com todos os frutos e acrescidos, quando o exija o depositante".

Observe, nosso caro leitor, que, caso a coisa depositada produza frutos, estes deverão ser devolvidos juntamente com a coisa principal. Assim, imagine-se a hipótese de uma vaca ter sido entregue em depósito. Claro está que, se vier a ter um bezerrinho, durante a vigência do depósito, este também deverá ser devolvido ao depositante.

Na mesma linha, qualquer acréscimo realizado na coisa (imagine-se um reparo ou a colocação de um instrumento necessário de segurança em um veículo depositado) deverá acompanhar a devolução da *res*, sem prejuízo de o depositário ser compensado.

Quanto à restituição da coisa, esta deve ser feita, salvo disposição em contrário, no lugar em que tiver de ser guardada, correndo as despesas de restituição por conta do depositante (art. 631 do CC/2002). Esta referência à obrigação de o depositante pagar as despesas de restituição afigura-se-nos importante, uma vez que, sendo omisso o contrato, a ausência de tal previsão legal poderia gerar dúvida ou litígio. E, nesse sentido, comprova-se, mais uma vez, que, embora o depósito seja originalmente unilateral e gratuito, poderá gerar obrigações para o depositante.

Caso o bem depositado seja de terceiro, aplica-se-lhe o art. 632 do CC/2002, nos seguintes termos:

> "Art. 632. Se a coisa houver sido depositada no interesse de terceiro, e o depositário tiver sido cientificado deste fato pelo depositante, não poderá ele exonerar-se restituindo a coisa a este, sem consentimento daquele".

Com isso, resguarda-se o direito do terceiro, legítimo proprietário da coisa.

Ainda quanto à obrigação de restituir, cumpre-nos advertir que o depositário somente poderá negar-se à mesma nas estritas hipóteses de lei, estudadas linhas abaixo (arts. 633 e 634 do CC/2002). Fora daí, deverá devolver sempre, não podendo alegar que a coisa não pertence ao depositante nem, muito menos, opor compensação, salvo se noutro depósito a referida compensação se fundar (CC/2002, art. 638).

Nesse caso, o legislador somente admitiu a compensação, se esta provier de outro depósito. Assim, imagine-se que Joseph mantém em depósito uma coisa de Milton, sem ter efetuado a restituição solicitada. No entanto, Joseph entregou, também em depósito, coisa sua a Milton. Neste caso, Milton poderá, quando instado a devolver o bem pertencente a Joseph, retê-lo, alegando compensação.

Outra importante regra referente ao dever de restituir está prevista no art. 639 do CC/2002:

> "Art. 639. Sendo dois ou mais depositantes, e divisível a coisa, a cada um só entregará o depositário a respectiva parte, salvo se houver entre eles solidariedade".

Um exemplo vale por mil palavras: suponhamos que Jassa e Odessa sejam proprietários de uma tonelada de soja, depositada em poder de Oliveiros. Neste caso, tratando-se de coisa divisível, deverá o depositário entregar a cada um dos depositantes a sua respectiva parte (500 kg, se o contrato não dispuser de forma diferente). Todavia, se houver entre eles solidariedade, poderá o depositário entregar todo o bem para apenas um dos depositantes, que o reclamar (art. 275 do CC/2002). Esta mesma solução, ainda que por justificativa de outra natureza, deverá ocorrer, se a coisa depositada for indivisível, dada a impossibilidade de fracionamento da *res* (art. 260 do CC/2002).

Outro ponto a ser destacado diz respeito à proibição, imposta ao depositário, no sentido de não poder servir-se da coisa depositada, sem expressa autorização do depositante, nem, muito menos, dar em depósito a outrem. Neste último caso, entretanto, caso esteja autorizado, responderá juntamente com o terceiro por qualquer ato danoso que este venha a cometer, se houver agido com culpa na sua escolha (art. 640 do CC/2002). Assim, ainda que devidamente autorizado, se o depositário confiar a coisa a alguém que normalmente não cumpre com suas diligências, incidirá em culpa *in eligendo*, responsabilizando-se civilmente, o que também ocorrerá se delegar a função, por exemplo, a um menor ou a um enfermo mental.

E por falar nos incapazes, é de se notar que, caso o depositário seja acometido por uma incapacidade superveniente, o administrador dos seus bens — em geral, o curador — deverá diligenciar a imediata restituição da coisa depositada, e, não querendo ou não podendo o depositante recebê-la, recolhê-la-á ao depósito público, ou promoverá a nomeação de outro depositário (art. 641 do CC/2002). Nesta última situação, posto não haja o legislador estabelecido prazo para a nova nomeação, deverá ser este o razoável para a escolha de pessoa idônea, constituindo-se em uma hipótese exemplificativa de depósito necessário legal (art. 647, I, do CC/2002).

Finalmente, cumpre-nos lembrar que caberão ao depositante as despesas feitas com a coisa e os prejuízos que do depósito vierem. Vale dizer, deverá o depositante, por ser proprietário, arcar com os custos provenientes do depósito (art. 643 do CC/2002), salvo, é claro, estipulação contratual em sentido contrário.

## 6. NEGATIVA DE DEVOLUÇÃO DA COISA DEPOSITADA

Como já nos parece claro, as obrigações do depositário envolvem a guarda e a conservação do bem, sendo seu corolário lógico a obrigação de restituir a coisa para o seu efetivo titular.

Todavia, há situações em que a recusa de devolução é autorizada por lei, tendo em vista a ocorrência de circunstâncias fáticas diferenciadas.

E que circunstâncias são essas?

É o que veremos no próximo tópico.

### 6.1. Análise dos arts. 633 a 635 do Código Civil

Conforme vimos acima, uma das obrigações precípuas do depositário é de devolução da coisa recebida do depositante. Aliás, por se tratar de contrato essencialmente calcado na confiança recíproca, o descumprimento desse dever traduziria injustificável infração à cláusula geral de boa-fé objetiva.

Entretanto, situações há, previstas na própria lei, que autorizariam a negativa de restituição, sem a esperada responsabilidade civil do depositário, que estaria, no caso, atuando no estrito cumprimento de um dever legal.

Sobre o estrito cumprimento do dever legal, já teve oportunidade de asseverar o grande JOSÉ FREDERICO MARQUES tratar-se, em verdade, de situação de exercício regular de direito:

> "o próprio 'cumprimento do dever legal', não explícito no artigo 160 [*do CC/1916; 188 do atual*], nele está contido, porquanto atua no exercício regular de um direito reconhecido aquele que pratica um ato 'no estrito cumprimento do dever legal'"[15].

Nesse diapasão, com amparo nos arts. 633 a 635 do Código Civil, as hipóteses legais de negativa de devolução seriam as seguintes:

a) exercício do direito de retenção (analisado no próximo subtópico);

b) embargo judicial do objeto depositado — trata-se da situação em que pende sobre o bem alguma medida judicial constritiva ou assecuratória como o arresto ou o sequestro.

c) execução pendente sobre o objeto depositado — claro está que, em havendo execução em curso, com a real possibilidade de penhora e excussão do bem sob poder do depositário, sendo este comunicado do fato, não poderá efetuar a de-

[15] Citado por GONÇALVES, Carlos Roberto, in *Responsabilidade Civil*, 19. ed., São Paulo: Saraiva, 2020, p. 718.

volução da coisa ao devedor/executado, devendo depositá-la perante o juízo da própria execução. Percebe-se, em tal caso, que, se a penhora já está consumada, com mais razão ainda deve o depositário negar-se à restituição;

d) ocorrência de motivo razoável acerca da procedência ilícita da coisa depositada — o legislador, aqui, ao utilizar a expressão "motivo razoável", cunhou um conceito aberto ou indeterminado, a ser preenchido pelo juiz, no caso concreto. Assim, se o depositário, por exemplo, suspeitar que a *res* é contrabandeada, poderá negar-se à restituição, sob pena, inclusive, de vir a ser responsabilizado criminalmente pelo fato. Em tal circunstância, deverá a coisa ser recolhida ao depósito público (art. 634 do CC/2002).

Finalmente, cumpre-nos advertir que o legislador, em norma aberta (art. 635 do CC/2002), admite o depósito judicial, caso o depositário, tendo "motivo plausível", não possa guardar a coisa e o depositante se negue a recebê-la. Trata-se, como se pode observar, de regra de espectro amplo, composta por conceito indeterminado, exigindo do juiz extrema cautela, ao preenchê-lo, no caso concreto, à luz do princípio da operabilidade.

Nessa situação, temos uma hipótese de consignação em pagamento, uma vez que é obrigação do depositário guardar, conservar e restituir a coisa. Não sendo mais possível que se cumpram as duas primeiras obrigações, é seu dever comunicar o depositante e devolver o bem, pelo que, havendo resistência, deverá consigná-lo.

## 6.2. Direito de retenção

Poderá também o depositário opor-se à devolução, caso exerça, na forma do art. 644 do CC/2002, o seu direito de retenção (*jus retentionis*).

Trata-se, em nosso sentir, de um direito potestativo, oponível contra o depositante, por meio do qual o seu titular (depositário) força o cumprimento de uma prestação que lhe é devida, mediante justificada negativa de devolução da coisa depositada.

Na mesma linha, o eminente SILVIO RODRIGUES pontifica que:

> "O direito de retenção, já vimos, é um meio direto de defesa que a lei confere ao credor, para coagir o devedor a efetuar o pagamento de um débito, oriundo de relação com determinada coisa, que pertence ao devedor mas que se encontra em mãos do credor. Como meio compulsório de defesa, estimula o proprietário da coisa, que procura reavê-la, a resgatar dívida que de sua guarda resultou"[16].

Não se trata — frise-se — de um direito real, mas, sim, de um direito de natureza pessoal com eficácia coercitiva, especialmente porque, se direito real fosse, figuraria, à luz do princípio da tipicidade, no rol do art. 1.225 do CC/2002. Ademais, é exercido

[16] RODRIGUES, Silvio. *Direito Civil* — Dos Contratos, São Paulo: Saraiva, p. 279.

contra o depositante, não se configurando como manifestação de poder real direto sobre a coisa.

Só existe, pois, na medida em que visa a forçar o cumprimento de uma prestação devida ao seu titular.

Nesse campo, vejamos, em que hipóteses admite o legislador o exercício do direito de retenção no contrato de depósito.

Em princípio, lembremo-nos de que, tão logo o depositante reclame a restituição da coisa, o depositário deverá fazê-lo, sob pena inclusive de quebra da boa-fé objetiva contratual.

Excepcionalmente, todavia, poderá o depositário exercer o direito de retenção da coisa, nas seguintes situações (art. 644 do CC/2002):

a) até que lhe seja paga a retribuição devida — vale dizer, pactuado o depósito em sua modalidade onerosa, poderá o depositário reter a coisa depositada até que seja pago. É o caso, por exemplo, do sujeito que guarda sua bagagem no maleiro de um aeroporto. Enquanto não pagar o valor, não poderá ter acesso aos seus bens. Aplicando a regra para o contrato de estacionamento de veículo, imagine, por exemplo, que você deixou seu carro no estacionamento pago do shopping. Enquanto não houver o pagamento, não há liberação do veículo...
b) até que lhe seja pago o valor líquido da despesa que tenha realizado — se o depositário efetuou despesas extraordinárias (não imputadas a ele) durante a execução do contrato, poderá exercer o direito de retenção, até ser compensado. Tal dispositivo visa a evitar o enriquecimento sem causa do depositante. Figure-se, a título exemplificativo, a situação em que o depositante entrega um cachorro, a título de depósito. Ao efetuar a entrega, forneceu também a quantidade de ração que reputou suficiente para alimentar o animal durante o período do contrato. Ora, verificando o término do alimento, antes da data de restituição do animal, o depositário, às suas expensas, adquiriu mais ração, para alimentar o cãozinho. Terá, pois, direito de retê-lo, enquanto não for ressarcido por esta despesa imprevista;
c) até que seja indenizado por eventual prejuízo decorrente do depósito — esta hipótese, também conectada ao princípio que veda o enriquecimento sem causa, é de clareza meridiana. Ora, se por força do depósito, o depositário sofre dano, é mais do que justo que seja devidamente ressarcido. É o caso em que a vaca, entregue a título de depósito, está contaminada por aftosa, e o depositário, insciente do fato, a coloca com animais seus, que vêm a perecer. Em tal situação, poderá reter o animal depositado até que o depositante o indenize pelas despesas que teve.

Prevê, outrossim, o parágrafo único do art. 644 que, se tais dívidas, despesas ou prejuízos não forem provados suficientemente, ou forem ilíquidos (de valor ainda não determinado), o depositário poderá exigir caução (garantia) idônea do depositante ou, na falta desta, a remoção da coisa para o depósito público, até que se liquidem.

Finalmente, uma interessante e derradeira questão se nos impõe: poderia o depositário negar-se a restituir a coisa, alegando que lhe pertence?

O bom senso, em nosso sentir, sugere ser afirmativa a resposta, desde que a resistência do depositário seja exercida de maneira adequada, recolhendo-se a coisa ao depósito público. Tal providência, a par de justa, resguarda o direito de propriedade, pois permite a apuração de quem seja o legítimo titular da coisa.

Ademais, como devolver aquilo que a nossa convicção considera ser nosso?...

Finalmente, vale lembrar não ser possível a prisão do depositário infiel, em caso de recusa injustificada da devolução da coisa.

## 7. EXTINÇÃO DO CONTRATO DE DEPÓSITO

Como arremate deste tema, vale tecer rápidas considerações sobre a extinção do contrato de depósito.

Como se trata de uma avença temporária, o advento do termo deve extinguir o negócio. Quando não for estabelecido o prazo, a solicitação do depositante ou a devolução justificada do bem pelo depositário terá o mesmo efeito.

Obviamente, o perecimento do objeto também tem o efeito extintivo da relação jurídica. A morte do depositário pode também ter o mesmo efeito, se o contrato for estabelecido de forma pessoal.

Resumindo tais modalidades, observa, com propriedade, SÍLVIO VENOSA:

> "O depósito extingue-se pelo vencimento do prazo, pela manifestação do depositante que pede a restituição; por iniciativa do depositário, se não quiser ou já não puder manter a coisa em seu poder, na descrição do art. 635 (antigo art. 1.270). Extinguir-se-á também o negócio se a coisa perecer, por desaparecimento do objeto e pela morte ou incapacidade do depositário, quando exclusivamente *intuitu personae* o contrato. A Lei n. 2.313/54 e o Decreto n. 40.395/65 estabelecem que o depósito extingue-se no prazo de 25 anos, quando não reclamada a coisa"[17].

[17] VENOSA, Sílvio de Salvo, ob. cit., p. 263.

# XXXIII MANDATO

## 1. CONCEITO E DENOMINAÇÃO

Mandato é o "negócio jurídico pelo qual uma pessoa, chamada mandatário, recebe poderes de outra, chamada mandante, para, em nome desta última, praticar atos ou administrar interesses".

Tal conceito é extraído da previsão contida no art. 653 do CC/2002:

> "Art. 653. Opera-se o mandato quando alguém recebe de outrem poderes para, em seu nome, praticar atos ou administrar interesses. A procuração é o instrumento do mandato".

Registremos, desde já, com EDUARDO ESPÍNOLA, que a

> "palavra mandato (lat. *Mandatum*) vem de *manu dare* — '*dictum ex eo quod dat manu dextera fidem mandatae susceptaeque operi invicem alligabant*' — quem dava o encargo e quem o recebia apertavam a mão, demonstrando um a confiança que depositava no outro e este a segurança que corresponderia a esta confiança"[1].

Note-se ainda que, posto o objeto do mandato seja a representação, nada impede haja representação sem mandato, como na hipótese da representação legal dos pais em face dos filhos menores.

## 2. DISTINÇÕES TERMINOLÓGICAS

Fazer a distinção terminológica adequada do mandato para a procuração exige um cuidado de ourives no lapidar dos institutos.

De fato, o primeiro é o contrato, ou seja, a causa do vínculo jurídico que une dois sujeitos e disciplina a realização de determinada conduta, de interesse de ambos, a saber, a prática de atos ou administração de interesses. Justamente por ser uma relação contratual, interessa, *a priori*, somente às partes contratantes, que disciplinarão os efeitos pretendidos.

---

[1] ESPÍNOLA, Eduardo. *Dos Contratos Nominados no Direito Civil Brasileiro*, atualizado por GAMA, Ricardo Rodrigues. Campinas: Bookseller, 2002, p. 496.

Neste ponto, é importante observar que não se deve confundir "mandato" com "mandado", pois este último expressa, em verdade, a formalização, por escrito, de uma ordem judicial, sendo decorrente de uma relação jurídica processual, nada tendo que ver com a celebração de um negócio jurídico.

Já a expressão "procuração" tem um sentido muito mais amplo do que o previsto no mencionado dispositivo legal.

De fato, a primeira acepção, decorrente diretamente do texto normativo transcrito, é a de instrumento. Ou seja, procuração, nesse sentido consagrado pela lei e pela utilização coloquial (uma vez que se trata de expressão que "caiu no uso comum"), é o documento ou título, público ou particular, por meio do qual uma pessoa estabelece quais são os poderes outorgados a outrem, para que possa praticar atos ou administrar negócios em seu interesse.

Trata-se, pois, do instrumento formal de delimitação de poderes no mandato.

Todavia, esta significação — meramente formal — não deve ser confundida com a declaração que outorga os poderes de representação.

Tal outorga de poderes dá-se através de uma declaração unilateral de vontade (negócio jurídico unilateral), que, na falta de uma expressão típica no sistema brasileiro, é também chamada de procuração.

Assim, tem-se o reconhecimento de que a palavra "procuração" é plurissignificativa, tendo a acepção tanto do instrumento formal do mandato quanto do negócio jurídico unilateral de outorga de poderes.

Como esclarece ORLANDO GOMES,

> "O mandato é a relação contratual pela qual uma das partes se obriga a praticar, por conta da outra, um ou mais atos jurídicos. O contrato tem a finalidade de criar essa obrigação e regular os interesses dos contratantes, formando a relação interna, mas, para que o mandatário possa cumpri-la, é preciso que o mandante lhe outorgue o poder de representação; se tem, ademais, interesse em que aja em seu nome, o poder de representação tem projeção exterior, dando ao agente, nas suas relações com terceiras pessoas, legitimidade para contratar em nome do interessado, com o inerente desvio dos efeitos jurídicos para o patrimônio deste último. A atribuição desse poder é feita por ato jurídico unilateral, que não se vincula necessariamente ao mandato e, mais do que isso, que tem existência independente da relação jurídica estabelecida entre quem o atribui e quem o recebe. Esse ato unilateral carece, em nossa terminologia jurídica, de expressão que o designe inconfundivelmente. O termo procuração, que o definiria melhor, é empregado comumente para designar o instrumento do ato concessivo de poderes, mas tecnicamente é o vocábulo próprio. Até os que conceituam a procuração erroneamente como instrumento do mandato, admitem que possa ser verbal, embora confundindo-a com o mandato, isto é, sem que tenha a forma instrumental. Justamente porque se faz essa confusão e não há vocábulo próprio para

qualificar o negócio jurídico unilateral de atribuição de poderes de representação, este denominado também mandato, como se não fosse coisa diferente do contrato que tem esse nome. O resultado dessa sinonímia absurda é a confusão entre mandato e representação, que leva à falsa ideia de que toda representação voluntária é mandato. Há que distinguir, pois, o contrato do ato jurídico unilateral, o mandato da procuração em sentido técnico. A própria contextura da procuração denuncia o caráter unilateral do negócio jurídico nela consubstanciada, pois, nesse ato, o representante não intervém"[2].

Da mesma forma, observa FERRER CORREIA:

> "Procuração é o ato pelo qual o representado se vincula, em face de pessoa determinada ou do público, a receber e suportar na sua esfera jurídica os efeitos dos negócios que em seu nome realizar o procurador, nos limites objetivamente assinalados — e, ao mesmo tempo, adquire direito a haver por seus, diretamente, esses negócios. Se quisermos, o ato pelo qual o representado se apropria, preventivamente, dos efeitos ativos e passivos de certos negócios jurídicos, a concluir em seu nome pelo representante"[3].

A representação não se confunde com o mandato. É possível, nessa linha, haver mandato sem representação (pois o estabelecimento da relação contratual de mandato não outorga automaticamente os poderes de representação, sendo necessária a declaração unilateral de vontade de estabelecimento de tais poderes[4]) e, principalmente (o que é mais comum!), representação sem mandato (p. ex., na representação legal de incapazes, a saber a tutela ou a curatela; ou, então, na representação assumida como um *munus* judicial, caso do inventariante ou do síndico da falência).

A relação entre os institutos, em síntese, é que os poderes de representação voluntária, quando necessários para o regular cumprimento das obrigações decorrentes do mandato, são outorgados através da procuração (declaração unilateral de vontade), manifestação esta que se instrumentaliza normalmente através de um documento com o mesmo nome (procuração)[5].

---

[2] GOMES, Orlando. *Contratos*, 24. ed., Rio de Janeiro: Forense, 2001, p. 347-8.

[3] CORREIA, A. Ferrer. A Procuração na Teoria da Representação Voluntária. In: *Estudos de Direito Civil, Comercial e Criminal*, 2. ed., Coimbra: Almedina, 1985, p. 31-2.

[4] A doutrina tradicionalmente exemplifica o contrato de comissão como um mandato sem representação. Todavia, evitaremos utilizar tal exemplo, posto devamos fazer o seu registro, pela circunstância de que o Código Civil brasileiro de 2002 previu tal modalidade contratual como uma forma típica, autônoma e distinta, ainda que admita a aplicação supletiva, no que couber, das regras do mandato, dados os seus pontos de aproximação.

[5] Em posicionamento ligeiramente distinto do aqui adotado, divergindo basicamente na terminologia utilizada, observa Carlos Roberto Gonçalves: "A denominação deriva de *manu datum*, porque as partes se davam as mãos, simbolizando a aceitação do encargo e a promessa de fidelidade no cumpri-

Nesse sentido, vale transcrever a observação de LEONARDO MATTIETTO, ainda na vigência da codificação anterior:

> "Procuração é o negócio jurídico pelo qual se constitui o poder de representação voluntária.
>
> (...)
>
> Também se denomina procuração, contudo, além do negócio jurídico constitutivo do poder de representação voluntária, o documento que marca a outorga desse poder. Se de fato no mais das vezes a outorga seja efetivamente materializada em um escrito, ela também pode ser verbal, bem como pode ocorrer de modo expresso ou tácito.
>
> Aproveitando a lição de Andreas von Tuhr, pode-se dizer que a procuração designa tanto o ato de outorga do poder representativo como o instrumento deste poder. O professor Oliveira Ascensão acrescenta que 'a linguagem técnica distancia-se aqui da linguagem corrente. Para esta a procuração é o documento no qual se exara a autorização do representado. Tecnicamente, porém, pode haver procuração meramente verbal'.
>
> Assim, não se pense em procuração apenas como um documento (embora tal concepção formalista seja insinuada pelo art. 1.288, 2ª Parte, do Código Civil Brasileiro), mas também como um negócio jurídico"[6].

Portanto, é possível haver mandato verbal, bem como procuração (relação jurídica) verbal, mas é impróprio se falar em "instrumento verbal de procuração", pois todo instrumento deve ser escrito...

Compreendida tal distinção terminológica[7], com a apreensão da essência dos institutos, passemos a diferenciar o contrato de mandato de outras figuras contratuais correlatas.

## 3. PARTES

Dois são os sujeitos do contrato de mandato.

---

mento da incumbência. O vocábulo mandato designa ora o poder conferido pelo mandante, ora o contrato celebrado, ora o título deste contrato, de que é sinônimo a procuração. A pessoa que confere os poderes chama-se mandante e é o representado; a que os aceita diz-se mandatário e é representante daquela. Mandato não se confunde com mandado, que é uma ordem judicial" (GONÇALVES, Carlos Roberto. *Direito Civil Brasileiro*, 18. ed., São Paulo: Saraiva, 2020, v. 3, p. 435).

[6] MATTIETTO, Leonardo. A Representação Voluntária e o Negócio Jurídico de Procuração, *Revista Trimestral de Direito Civil*, v. 4, Rio de Janeiro: Padma, v. 4, out./dez. 2000, p. 64-5.

[7] Para um aprofundamento sobre a matéria, confiram-se MATTIETTO, Leonardo, A Representação Voluntária e o Negócio Jurídico de Procuração, cit., p. 55-71; BETTI, Emilio. *Teoria Geral do Negócio Jurídico*, t. III; CAVALCANTI, José Paulo. *Direito Civil* — Escritos Diversos, 1983; CORREIA, A. Ferrer. A Procuração na Teoria da Representação Voluntária, cit.; e LOTUFO, Renan. *Questões relativas a mandato, representação e procuração*, São Paulo: Saraiva, 2001.

O primeiro sujeito é o mandante. É ele que outorga poderes para que outrem, em seu nome, pratique atos ou administre interesses.

O segundo sujeito é o mandatário. Trata-se do indivíduo que assume a obrigação de vincular o mandante.

Observe-se que a atribuição do mandatário não se resume ao poder de vincular, mas, sim, no dever de realizar a conduta que lhe foi determinada, o que, como visto, é um ponto de aproximação — mas não de identidade — com o contrato de prestação de serviço. Caso não tenha a efetiva obrigação de praticar atos ou administrar interesses, não se estará diante de um contrato de mandato, mas de outra figura contratual.

Não há regras especiais em relação à capacidade das partes, valendo destacar que o *caput* do art. 654 do CC/2002 estabelece expressamente que todas "as pessoas capazes são aptas para dar procuração mediante instrumento particular, que valerá desde que tenha a assinatura do outorgante".

No entanto, cumpre afirmar que o relativamente incapaz também pode assumir a posição de mandatário, assumindo o mandante, porém, o risco de tal contratação.

É o que preceitua o art. 666 do CC/2002:

> "Art. 666. O maior de dezesseis e menor de dezoito anos não emancipado pode ser mandatário, mas o mandante não tem ação contra ele senão de conformidade com as regras gerais, aplicáveis às obrigações contraídas por menores".

Reconhecida a validade da relação de mandato com o mandatário de dezesseis ou dezessete anos, é irrelevante para o terceiro que com ele celebrou contrato a sua relativa incapacidade, uma vez que é o mandante que responderá ao final. É o que ocorre, costumeiramente, por exemplo, quando o pai, sem ânimo para comparecer à reunião de condomínio, outorga poderes a seu filho de 17 anos.

Se, dentro dos limites estabelecidos no mandato, o mandatário menor não cumpriu bem a tarefa, o prejuízo será, única e exclusivamente, do mandante.

De toda maneira, o que deve ser verificado, sempre, é se o mandante tem capacidade para conferir o mandato.

Nada impede, finalmente, que o ato seja outorgado em favor de duas ou mais pessoas, consoante veremos no próximo subtópico.

Não há, *mutatis mutandis*, diferença substancial de tratamento do mandato conjunto para o mandato individualizado.

De fato, estabelece o art. 672 do CC/2002:

> "Art. 672. Sendo dois ou mais os mandatários nomeados no mesmo instrumento, qualquer deles poderá exercer os poderes outorgados, se não forem expressamente declarados conjuntos, nem especificamente designados para atos diferentes, ou subordinados a atos sucessivos. Se os mandatários forem declarados conjuntos, não terá eficácia o ato praticado sem interferência de todos, salvo havendo ratificação, que retroagirá à data do ato".

Ser "especificamente designados para atos diferentes, ou subordinados a atos sucessivos" significa, no final das contas, que se fez, por economia, no mesmo instrumento, mandatos distintos para sujeitos distintos.

Aliás, em nosso pensar, o simples ato de designação de mais de um mandatário no mesmo instrumento apenas possibilita o melhor cumprimento do ato proposto, uma vez que, nessa situação, há uma pluralidade subjetiva para o desempenho da atividade. Fala-se, assim, em mandato solidário, que é aquele em que qualquer um dos mandatários pode praticar todos os atos designados, independentemente da participação dos demais comandatários.

O mandato conjunto propriamente dito é aquele em que a atuação dos dois (ou mais) mandatários é concomitante, hipótese em que a ausência de um dos mandatários importa em ineficácia do ato, salvo ratificação posterior do mandante.

Debruçando-nos ainda neste dispositivo, veremos que, além de conjunto, podem os mandatários ser designados para atos diferentes (mandato fragmentário ou fracionário) ou para atos sucessivos (mandato sucessivo).

Caso a pluralidade não seja de mandatários, mas, sim, de mandantes, estabelece o art. 680 do CC/2002:

> "Art. 680. Se o mandato for outorgado por duas ou mais pessoas, e para negócio comum, cada uma ficará solidariamente responsável ao mandatário por todos os compromissos e efeitos do mandato, salvo direito regressivo, pelas quantias que pagar, contra os outros mandantes".

Compreendidas todas essas noções gerais sobre o contrato de mandato, já é tempo de apresentar uma visão sistematizada de suas principais características.

## 4. CARACTERÍSTICAS

O contrato de mandato é, como visto, uma modalidade contratual típica e nominada, de grande ocorrência prática.

Quanto à natureza da obrigação estabelecida, o mandato é um contrato tipicamente unilateral, uma vez que implica, *a priori*, obrigações apenas a uma das partes.

Vale consignar que, tal qual o contrato de depósito, o mandato se enquadra na classificação de contrato bilateral imperfeito, que é aquele que pode, eventualmente, durante a sua execução, gerar efeitos à parte contrária, por fato superveniente[8].

---

[8] "Uma vez que nos contratos unilaterais somente uma das partes se obriga, é impossível conceber qualquer espécie de dependência, mas, em alguns, surge, no curso da execução, determinada obrigação para a parte que tinha apenas direitos. Nesse caso, diz-se que o contrato é bilateral imperfeito. Seria uma categoria intermediária. A melhor doutrina repele-a, mas pode ser mantida por sua utilidade prática, especialmente para o direito de retenção. O contrato bilateral imperfeito não deixa de ser unilateral, pois, no momento de sua conclusão, gera obrigações somente para um dos contratantes.

Pela unilateralidade intrínseca da avença, é inaplicável a classificação em contratos comutativos e aleatórios, bem como em contratos evolutivos.

A regra geral do mandato é que seja estipulado de forma gratuita.

É de clareza meridiana, porém, que a autonomia da vontade pode estabelecê-lo na modalidade onerosa, havendo atividades em que esta forma é a regra e a gratuidade a exceção, como, por exemplo, no caso dos advogados e dos despachantes.

Nesse sentido, preceitua o art. 658 do CC/2002:

> "Art. 658. O mandato presume-se gratuito quando não houver sido estipulada retribuição, exceto se o seu objeto corresponder ao daqueles que o mandatário trata por ofício ou profissão lucrativa.
>
> Parágrafo único. Se o mandato for oneroso, caberá ao mandatário a retribuição prevista em lei ou no contrato. Sendo estes omissos, será ela determinada pelos usos do lugar, ou, na falta destes, por arbitramento".

Ressalte-se, ademais, que, nessa hipótese, o mandato torna-se bilateral propriamente dito, com características comutativas e evolutivas.

Pode ser pactuado tanto na modalidade paritária quanto por adesão, sendo contrato eminentemente civil.

Mesmo considerando que ainda vamos tecer comentários sobre a forma do mandato, explicitemos, desde já, que se trata de uma modalidade não solene, que pode ser estabelecida verbalmente ou mesmo se caracterizar tacitamente. Somente por exceção é que se fala em solenidade essencial no mandato, o que decorre mais da natureza do negócio jurídico que se pretende celebrar do que de uma disciplina propriamente dita desta figura contratual.

É o caso, por exemplo, do casamento por procuração, que exige instrumento público, com poderes especiais[9].

Ainda quanto à forma, o mandato é um contrato consensual, uma vez que se concretiza com a simples declaração de vontade, não dependendo, em princípio, da prática de qualquer ato.

Quanto à pessoa do contratante, em que pese — como veremos — a possibilidade jurídica do substabelecimento, o mandato é um contrato individual e personalíssimo,

Em verdade, a obrigação esporádica não nasce do contrato, mas, acidentalmente, de fato posterior à sua formação. O contrato bilateral imperfeito subordina-se, com efeito, ao regime dos contratos unilaterais" (GOMES, Orlando. *Contratos*, Rio de Janeiro: Forense, p. 72).

[9] CC/2002: "Art. 1.542. O casamento pode celebrar-se mediante procuração, por instrumento público, com poderes especiais. § 1º A revogação do mandato não necessita chegar ao conhecimento do mandatário; mas, celebrado o casamento sem que o mandatário ou o outro contraente tivessem ciência da revogação, responderá o mandante por perdas e danos. § 2º O nubente que não estiver em iminente risco de vida poderá fazer-se representar no casamento nuncupativo. § 3º A eficácia do mandato não ultrapassará noventa dias. § 4º Só por instrumento público se poderá revogar o mandato".

ou seja, celebrado *intuitu personae*, em que a figura do contratante tem influência decisiva para a celebração do negócio, sendo razoável afirmar, inclusive, que a pessoa do contratante se torna um elemento causal do contrato.

Nessa linha, vale registrar que, da mesma maneira que a maioria das figuras contratuais nominadas do Código Civil (ressalvados os títulos de crédito), o contrato de mandato é um contrato causal, vinculado, portanto, à causa que o determinou, podendo ser declarado inválido se tal causa for considerada inexistente, ilícita ou imoral.

Quanto ao tempo, trata-se de um contrato de duração, que se cumpre por meio de atos reiterados. Tal duração pode ser determinada ou indeterminada, na medida em que haja ou não previsão expressa de termo final ou condição resolutiva a limitar a eficácia do contrato.

Geralmente, pela sua função econômica, consiste em um contrato de atividade, caracterizado pela prestação de uma conduta de fato, mediante a qual se conseguirá uma utilidade econômica.

Trata-se, por fim, de um contrato evidentemente acessório, já que tem finalidade preparatória, haja vista servir para a realização de determinados atos ou administração de interesses.

Não é, porém, um contrato preliminar, mas, sim, definitivo, em relação às partes contratantes (mandante e mandatário), mesmo tendo a sua produção de efeitos relacionada com a conduta a que um dos contratantes se obrigou em face do outro.

## 5. FORMA

No que diz respeito à forma, estabelece o art. 656 do CC/2002: "Art. 656. O mandato pode ser expresso ou tácito, verbal ou escrito".

Tal previsão de liberdade da forma do contrato de mandato reforça a importância da afirmação do conteúdo plurissignificativo da expressão "procuração".

Afinal de contas, se procuração fosse única e exclusivamente o instrumento do mandato, seria por demais estranho reconhecer a possibilidade de existência de um "instrumento tácito ou verbal". Daí por que fica ainda mais nítida a diferença entre mandato e procuração.

O fato, todavia, é que a relação contratual do mandato pode decorrer tanto de manifestação expressa das partes nesse sentido (mandato expresso), o que pode tomar a forma escrita ou verbal, quanto da prática de atos em benefício do alegado mandante (mandato tácito).

No caso de ser escrita, modalidade mais comum, estabelece o § 1º do art. 654 do CC/2002 que o "instrumento particular deve conter a indicação do lugar onde foi passado, a qualificação do outorgante e do outorgado, a data e o objetivo da outorga com a designação e a extensão dos poderes conferidos".

Uma mudança de diretriz da nova codificação, porém, foi o entendimento de que a exigência de reconhecimento de firma não é um requisito indispensável para a validade perante terceiros, mas, sim, uma formalidade que este mesmo terceiro pode exigir ou dispensar[10].

No caso do mandato expresso verbal, seu elemento complicador é justamente a prova de tal manifestação de vontade, o que, *a priori*, pode ser demonstrado por todos os meios de prova admissíveis em Direito, inclusive a prova testemunhal.

Assim, é exemplo de relação jurídica estabelecida verbalmente quando, na fila da matrícula, Camila anuncia publicamente que está designando Fred como seu procurador para fazer a matrícula em seu nome, sendo o mandato verbal a relação jurídica havida entre os sujeitos, a qual, pela sua unilateralidade, faz surgir obrigações para o mandatário e prerrogativas/direitos para o mandante. Caso o terceiro (a escola, a faculdade) não exija documento escrito de procuração, para efeito de prova, é perfeitamente defensável a existência do mandato verbal.

Já o mandato tácito é aquele que se depreende da prática de atos, pelo mandatário, em benefício do mandante, como se mandato expresso tivesse sido celebrado.

Na esteira do art. 659 do CC/2002, a "aceitação do mandato pode ser tácita, e resulta do começo de execução".

Vale registrar que o mandato tácito é amplamente aceito, por exemplo, na prática judicial trabalhista, considerando-se investido de tal poder o advogado que comparece em juízo, acompanhando a parte em audiência, mesmo sem procuração.

Cumpre anotar, ainda, que a liberdade de forma no contrato de mandato é uma regra geral, mas que deve levar em consideração também a forma do ato a ser praticado.

É o disposto no art. 657 do CC/2002:

> "Art. 657. A outorga do mandato está sujeita à forma exigida por lei para o ato a ser praticado. Não se admite mandato verbal quando o ato deva ser celebrado por escrito".

Assim, por exemplo, se Cedric constitui Jorge como seu mandatário para vender seu valioso apartamento para Iuri, a forma pública será essencial, uma vez que o negócio jurídico de compra e venda, no caso, também se dará através de escritura pública.

## 6. SUBSTABELECIMENTO

Uma característica do contrato de mandato, como visto, é a sua celebração *intuitu personae*.

---

[10] É o que se infere da redação do § 2º do art. 654 ("§ 2º O terceiro com quem o mandatário tratar poderá exigir que a procuração traga a firma reconhecida"), em confronto com a regra anterior do § 3º do art. 1.289 do CC/1916 ("§ 3º O reconhecimento da firma no instrumento particular é condição essencial à sua validade, em relação a terceiros").

Isso não impede, todavia, que o mandatário original possa transferir os poderes que lhe foram outorgados pelo mandante para terceira pessoa, de modo a facilitar a realização da conduta a que se comprometeu.

Essa transferência de poderes, verdadeira relação negocial derivada, chama-se substabelecimento.

Pode ser feito com ou sem reservas de poderes para o mandatário original, ou seja, resguardando-se ou não os poderes inicialmente estabelecidos[11].

Da mesma forma, o substabelecimento pode-se dar para atuação separadamente ou em conjunto, ou seja, para que o substabelecido tenha ou não autonomia para atuar individualmente na conduta desejada pelo mandatário.

Entendemos, inclusive, que a prerrogativa de substabelecer o mandato é um direito subjetivo do mandatário, que somente pode ser subtraído por previsão legal específica ou cláusula contratual impeditiva expressa.

E como fica a responsabilidade pelos danos eventualmente causados pelo substabelecido?

A matéria é objeto de previsão específica e detalhada no art. 667 do Código Civil:

> "Art. 667. O mandatário é obrigado a aplicar toda sua diligência habitual na execução do mandato, e a indenizar qualquer prejuízo causado por culpa sua ou daquele a quem substabelecer, sem autorização, poderes que devia exercer pessoalmente.
>
> § 1º Se, não obstante proibição do mandante, o mandatário se fizer substituir na execução do mandato, responderá ao seu constituinte pelos prejuízos ocorridos sob a gerência do substituto, embora provenientes de caso fortuito, salvo provando que o caso teria sobrevindo, ainda que não tivesse havido substabelecimento.
>
> § 2º Havendo poderes de substabelecer, só serão imputáveis ao mandatário os danos causados pelo substabelecido, se tiver agido com culpa na escolha deste ou nas instruções dadas a ele.
>
> § 3º Se a proibição de substabelecer constar da procuração, os atos praticados pelo substabelecido não obrigam o mandante, salvo ratificação expressa, que retroagirá à data do ato.
>
> § 4º Sendo omissa a procuração quanto ao substabelecimento, o procurador será responsável se o substabelecido proceder culposamente".

E qual deve ser a forma do substabelecimento?

O sistema codificado anterior previa, no § 2º do seu art. 1.289, que para "o ato que não exigir instrumento público, o mandato, ainda quando por instrumento público seja outorgado, pode substabelecer-se mediante instrumento particular".

---

[11] Vale registrar que o art. 26 da Lei n. 8.906/94 (Estatuto da OAB) estabelece que o "advogado substabelecido, com reserva de poderes, não pode cobrar honorários sem a intervenção daquele que lhe conferiu o substabelecimento".

Poderia, então, restar a dúvida: e se o ato exigisse instrumento público, o substabelecimento também deveria seguir a mesma sorte?

Em que pese a imperfeita redação, a resposta nos parece positiva, pois decorrente da aplicação da regra de que o acessório segue o principal.

O novo sistema codificado, na nossa opinião, manteve a regra, embora tenha modificado a redação do dispositivo equivalente, qual seja, o art. 655 do CC/2002:

> "Art. 655. Ainda quando se outorgue mandato por instrumento público, pode substabelecer-se mediante instrumento particular".

A ideia, em nosso entender, continua a mesma, pois o princípio não foi modificado, nem excepcionado.

Assim, para atos que exigem instrumento público, o substabelecimento obrigatoriamente deve seguir a mesma forma. A formalidade será dispensada, porém, quando tal instrumento não for da essência do ato, ainda que o mandato original, eventualmente, tenha seguido essa solenidade.

Nesse diapasão, foi editado o Enunciado n. 182 da III Jornada de Direito Civil da Justiça Federal:

> Enunciado n. 182 — "Art. 655: O mandato outorgado por instrumento público previsto no art. 655 do CC somente admite substabelecimento por instrumento particular quando a forma pública for facultativa e não integrar a substância do ato".

Entretanto, à guisa de exemplo, se Hélio constitui Ronaldo, por instrumento público, como seu procurador para vender determinado bem móvel (negócio jurídico este que não exige a forma pública), nada impede que Ronaldo substabeleça tal mandato a Vivaldo, por instrumento particular, sendo este substabelecimento perfeitamente válido.

Parece-nos ser, sem dúvida, a mais razoável interpretação.

## 7. OBJETO DO MANDATO

Quase todos os atos da vida civil podem ser objeto de um contrato de mandato.

De fato, todos os atos que envolvam interesses (patrimoniais ou extrapatrimoniais) não personalíssimos ou que não exijam a intervenção pessoal do mandante podem ter seu cumprimento ou administração delegados por meio de mandato.

Assim é o ensinamento de ORLANDO GOMES:

> "A prática de qualquer negócio jurídico pode ser objeto de mandato. Quando o mandato constitui a relação jurídica subjacente do ato de atribuição do poder de representação não se permite que o mandatário se obrigue a praticar certos atos que, por sua natureza personalíssima, somente o mandante pode efetuar, como, v.g., o testamento.

O mandato pode ser convencionado no interesse exclusivo do mandante — *mandatum mea gratia*, no do mandatário — *mandatum tua tantum gratia* — ou no interesse comum dos dois — *mandatum tua et mea gratia*. Conclui-se também no interesse de terceiro — *mandatum aliena gratia*"[12].

No mesmo diapasão, também registra CARLOS ROBERTO GONÇALVES:

> "Em regra, todos os atos podem ser realizados por meio de procurador. Constitui requisito inafastável que o ato ou o negócio colimado seja lícito e conforme aos bons costumes e à moral. O objeto do mandato não se limita, porém, aos atos patrimoniais. A adoção e o reconhecimento do filho natural, por exemplo, podem ser efetuados por meio de mandato. Até mesmo o casamento, que é um dos atos mais solenes do Código Civil e de reconhecida importância para a vida das pessoas, pode ser celebrado 'mediante procuração, por instrumento público, com poderes especiais' (CC, art. 1.542). Alguns poucos, todavia, como o testamento, a prestação de concurso público, o serviço militar, o mandato eletivo, o exercício do poder familiar e outros, por serem personalíssimos, não podem ser praticados por representante"[13].

Nessa linha de pensamento, até mesmo a confissão — entendida como a admissão de fato contrário a seu interesse e favorável à parte contrária — pode ser feita por representante, desde que tenha poderes para tal mister.

Vale lembrar aqui a regra do art. 213 do CC/2002:

> "Art. 213. Não tem eficácia a confissão se provém de quem não é capaz de dispor do direito a que se referem os fatos confessados.
>
> Parágrafo único. Se feita a confissão por um representante, somente é eficaz nos limites em que este pode vincular o representado".

Ainda sobre o objeto do mandato, a relação jurídica pode ser estabelecida para a prática de um ou mais negócios específicos, ou, então, referir-se à administração geral dos interesses do mandante, na forma do art. 660 do Código Civil[14].

O mandato, assim, pode ser especial a um ou mais negócios específicos, ou geral a todos os negócios do mandante, sendo, portanto, uma classificação quanto ao número (efetivo ou potencial) de negócios em que o mandatário está autorizado a representar o mandante.

Tais modalidades, por sua vez, não se confundem com os mandatos em termos gerais e com os mandatos com poderes especiais, classificação essa que diz respeito aos limites dos poderes outorgados no mandato.

---

[12] GOMES, Orlando. *Contratos*, Rio de Janeiro: Forense, p. 349.

[13] GONÇALVES, Carlos Roberto. *Direito Civil Brasileiro*, 18. ed., São Paulo: Saraiva, 2020, v. 3, p. 437.

[14] CC/2002: "Art. 660. O mandato pode ser especial a um ou mais negócios determinadamente, ou geral a todos os do mandante".

Com efeito, sobre o mandato em termos gerais, importante disciplina é estabelecida pelo art. 661 do CC/2002:

> "Art. 661. O mandato em termos gerais só confere poderes de administração.
>
> § 1º Para alienar, hipotecar, transigir, ou praticar outros quaisquer atos que exorbitem da administração ordinária, depende a procuração de poderes especiais e expressos.
>
> § 2º O poder de transigir não importa o de firmar compromisso".

Algumas considerações devem ser feitas sobre a referida previsão.

De fato, o que são poderes de administração?

Por exclusão, podem eles ser definidos como aqueles que exorbitem da administração ordinária, como "alienar, hipotecar, transigir".

Acreditamos, porém, que é possível estabelecer um conceito mais preciso da matéria.

Poderes de administração ordinária, com efeito, devem ser entendidos como todos aqueles necessários para o regular cumprimento dos negócios jurídicos já estabelecidos, inclusive a celebração de negócios jurídicos correlatos ou conexos ao mandato, que não importem necessariamente na perda do objeto do contrato.

Assim, por exemplo, se Márcia tem poderes para administrar um bem, cuidando pessoalmente de sua conservação, não está autorizada implicitamente a locá-lo, ainda que o resultado econômico reverta para o proprietário. Para isso, mister se faria a outorga de poderes específicos, pois tal conduta exorbitaria da administração ordinária.

A análise do caso concreto é, sem sombra de dúvida, imprescindível.

Por isso mesmo, a outorga de poderes especiais e expressos, mencionada no § 1º, não dispensa a adequada descrição do objeto, com sua identificação e individualização[15], o que explica, também, a ressalva do § 2º, pois, se para firmar compromisso pressupõe poderes para transigir, a recíproca não é verdadeira, ou seja, na letra da lei, o "poder de transigir não importa o de firmar compromisso".

Não há impedimento legal, porém, para a comum prática de se estabelecer uma procuração com poderes gerais de administração cumulada com poderes específicos. Na verdade, tal estipulação pode ser algo bastante razoável para o cumprimento do mister desejado, pois, muitas vezes, para o desempenho de determinados objetivos, necessária se faz a realização de atos jurídicos próprios da administração ordinária.

Em conclusão, visando a enriquecer o estudo deste tópico, vale lembrar a possibilidade de se realizar doação por meio de procuração[16], conforme já anotou PABLO STOLZE GAGLIANO:

---

15 Tal entendimento foi explicitado, inclusive, na III Jornada de Direito Civil da Justiça Federal, que aprovou o Enunciado n. 183, com a seguinte redação: "Arts. 660 e 661: Para os casos em que o parágrafo primeiro do art. 661 exige poderes especiais, a procuração deve conter a identificação do objeto".

16 É tão amplo o objeto do mandato que, atualmente, já é possível, em nosso pensar, inclusive, a realização do divórcio administrativo consensual por meio de procurador.

"A doutrina e a jurisprudência brasileiras têm admitido a doação por procuração, desde que o doador cuide de especificar o objeto da doação e o beneficiário do ato (donatário).

Tal situação, aliás, não proibida por lei, já era prevista no Anteprojeto de Código de Obrigações, elaborado pelo grande CAIO MÁRIO DA SILVA PEREIRA[17]:

'Art. 432. Não vale a doação que se faça por procurador, salvo investido de poderes especiais, com indicação expressa do donatário, ou de um dentre vários que o doador nominalmente mencionar'.

Ora, desde que a referida procuração contenha poderes especiais, indicando, por conseguinte, o beneficiário da liberalidade e o bem doado, não vemos óbice a que se reconheça validade e eficácia ao ato, consoante anotam NELSON NERY JUNIOR e ROSA MARIA DE ANDRADE NERY: 'Para a validade de escritura de doação realizada por procurador não bastam poderes para a liberalidade, de modo genérico. É indispensável a menção do donatário, bem como o objeto respectivo. No mesmo sentido: RT 495/44 (RT 472/95)'[18].

Respeita-se, assim, a autonomia da vontade do doador representado, sem que haja risco à segurança jurídica"[19].

## 8. ESPÉCIES

Um esforço classificatório simples nos permite verificar a existência de diversas espécies de mandato.

Assim, quanto à forma, o mandato pode ser, como visto, tácito ou expresso e, nesta modalidade, tanto verbal quanto escrito. Neste último, ou seja, no escrito, pode ser outorgado pela lavratura de um documento diretamente entre as partes (instrumento particular ou público) ou mesmo pelo registro da outorga de poderes em uma ata, seja extrajudicialmente (p. ex., em uma reunião ou assembleia), seja judicialmente (v. g., ata de audiência), o que é chamado de mandato *apud acta*.

O mandato é, em regra, gratuito, mas pode ser remunerado.

Quando outorgados a mais de uma pessoa, os mandatos podem ser classificados como conjuntos (todos os mandatários têm de atuar simultaneamente), fragmentários ou fracionários (os mandatários são designados e atuam em atos diferentes), sucessivos (os mandatários são designados e atuam em atos distintos e que se sucedem no tempo) ou solidários (qualquer um dos mandatários pode praticar todos os atos designados, independentemente da participação dos demais comandatários).

---

[17] PEREIRA, Caio Mário da Silva. *Anteprojeto do Código de Obrigações*, já citado.

[18] NERY JUNIOR, Nelson; NERY, Rosa Maria de Andrade; *Novo Código Civil e Legislação Extravagante Anotados*, São Paulo: Revista dos Tribunais, 2002, p. 211.

[19] GAGLIANO, Pablo Stolze. *O Contrato de Doação* — Análise Crítica do Atual Sistema Jurídico e os seus Efeitos no Direito de Família e das Sucessões, São Paulo: Saraiva, 2007, p. 180.

Por outro viés, sob o enfoque do objeto do contrato, mais especificamente sobre o número (efetivo ou potencial) de negócios em que o mandatário poderá atuar, podemos classificar o mandato em geral ou especial, na medida em que estabelece poderes genéricos de administração ordinária de quaisquer negócios ou poderes limitados (restritos) à prática de determinados negócios jurídicos.

Sem confundir com tal classificação, mas, tomando por parâmetro os limites dos poderes outorgados no mandato, classificam-se tais avenças em mandatos em termos gerais (entendidos como os que outorgam poderes genéricos de administração) e mandatos com poderes especiais, que são os que abrangem poderes específicos (especiais e expressos) para atos como alienar, hipotecar, transigir, firmar compromisso ou praticar outros quaisquer atos que exorbitem da administração ordinária.

A classificação, porém, que mais nos interessa neste momento toma como base o campo de atuação do mandatário para a prática dos atos desejados.

Nesse prisma, o mandato pode ser extrajudicial ou judicial.

## 8.1. Mandato extrajudicial

A relação contratual de mandato serve, como visto, para quase todos os atos da vida civil, dada a gama multifária de situações que integra o seu objeto.

Assim, não há dúvida de que o mandato extrajudicial — tradicionalmente conhecido como *ad negotia* — é de ocorrência extremamente comum, sendo-lhe aplicada toda a disciplina aqui analisada.

Todavia, a outra espécie de mandato, sob o enfoque da área de atuação do mandatário, é, por incrível que pareça, ainda mais frequente: o judicial.

## 8.2. Mandato judicial

O contrato mantido pelo advogado com seu cliente, para o ajuizamento da demanda, não é, inicialmente, o de mandato, mas, sim, o de prestação de serviço ou, excepcionalmente, de emprego. Decidido o ajuizamento de demanda judicial, aí, por certo, é que surge o contrato de mandato, como o negócio jurídico que disciplina a relação interna entre advogado e cliente, em função do processo, ou seja, de mandatário e mandante.

O sistema codificado civil anterior trazia uma relativamente minuciosa disciplina do mandato judicial, tratando da matéria em seus arts. 1.324 a 1.330.

Tal previsão se justificava pelo momento histórico de sistematização do nosso primeiro Código Civil, em que a dogmática processualística ainda não se encontrava tão desenvolvida, nem era tão estudada e prestigiada como em décadas posteriores.

Por isso, plenamente justificável é a previsão do art. 692 do CC/2002[20], que remete a disciplina do mandato judicial à legislação processual e, somente de forma supletiva, às regras contidas no vigente Código Civil.

---

[20] CC/2002: "Art. 692. O mandato judicial fica subordinado às normas que lhe dizem respeito, constantes da legislação processual, e, supletivamente, às estabelecidas neste Código".

Isso porque, embora o mandato judicial não deixe de ser um vínculo jurídico com natureza contratual, as suas peculiaridades exigem uma normatização própria, decorrente, sem dúvida, da sistemática processual[21].

Trata-se, portanto, de uma área de interpenetração entre o Direito Processual e o Direito Material, devendo ser observadas as regras específicas de capacidade postulatória como pressuposto geral, inclusive a circunstância de que não é qualquer bacharel em Direito que pode ser mandatário, mas, sim, somente um advogado regularmente inscrito nos quadros da Ordem dos Advogados do Brasil.

Sobre o tema da procuração do mandato judicial, estabelecem os arts. 104 e 105 do Código de Processo Civil de 2015:

> "Art. 104. O advogado não será admitido a postular em juízo sem procuração, salvo para evitar preclusão, decadência ou prescrição, ou para praticar ato considerado urgente.
>
> § 1º Nas hipóteses previstas no *caput*, o advogado deverá, independentemente de caução, exibir a procuração no prazo de 15 (quinze) dias, prorrogável por igual período por despacho do juiz[22].
>
> § 2º O ato não ratificado será considerado ineficaz relativamente àquele em cujo nome foi praticado, respondendo o advogado pelas despesas e por perdas e danos.
>
> Art. 105. A procuração geral para o foro, outorgada por instrumento público ou particular assinado pela parte, habilita o advogado a praticar todos os atos do processo, exceto receber citação, confessar, reconhecer a procedência do pedido, transigir, desistir, renunciar ao direito sobre o qual se funda a ação, receber, dar quitação, firmar compromisso e assinar declaração de hipossuficiência econômica, que devem constar de cláusula específica[23].
>
> § 1º A procuração pode ser assinada digitalmente, na forma da lei.
>
> § 2º A procuração deverá conter o nome do advogado, seu número de inscrição na Ordem dos Advogados do Brasil e endereço completo.
>
> § 3º Se o outorgado integrar sociedade de advogados, a procuração também deverá conter o nome dessa, seu número de registro na Ordem dos Advogados do Brasil e endereço completo.

---

[21] Vale registrar, nesse ponto, que sendo o mandante (a parte) absoluta ou relativamente incapaz, o mandato outorgado a advogado (mandato judicial) pode ser lavrado por instrumento particular. Para a prática de atos negociais em geral (mandato *ad negotia*), como a venda de um imóvel, no entanto, devem-se observar as regras gerais de validade do negócio jurídico, e, bem assim, as normas especiais, analisadas neste capítulo, para se poder definir a natureza do instrumento (se público ou particular).

[22] No mesmo sentido, estabelece o § 1º do art. 5º da Lei n. 8.906/94: "O advogado, afirmando urgência, pode atuar sem procuração, obrigando-se a apresentá-la no prazo de quinze dias, prorrogável por igual período".

[23] No mesmo sentido, estabelece o § 2º do art. 5º da Lei n. 8.906/94: "A procuração para o foro em geral habilita o advogado a praticar todos os atos judiciais, em qualquer juízo ou instância, salvo os que exijam poderes especiais".

§ 4º Salvo disposição expressa em sentido contrário constante do próprio instrumento, a procuração outorgada na fase de conhecimento é eficaz para todas as fases do processo, inclusive para o cumprimento de sentença".

A regra do mencionado *caput* do art. 105 do CPC/2015 firma a ideia de que a procuração judicial pode ter dois tipos de cláusulas:

a) cláusula *ad judicia*: trata-se da cláusula que outorga poderes gerais para o foro, autorizando o advogado a atuar em todos os atos processuais;

b) cláusula *extra judicia*: trata-se da cláusula que outorga poderes específicos para atos de maior relevância no processo, que, em tese, deveriam ser feitos pessoalmente pela parte. São os especificamente enumerados no transcrito *caput* do art. 105 do CPC/2015, a saber, receber citação, confessar, reconhecer a procedência do pedido, transigir, desistir, renunciar ao direito sobre o qual se funda a ação, receber, dar quitação, firmar compromisso e assinar declaração de hipossuficiência econômica, que devem constar de cláusula específica.

Sobre a extinção do mandato judicial, vale registrar ainda as previsões dos arts. 111 e 112 do Código de Processo Civil de 2015:

"Art. 111. A parte que revogar o mandato outorgado a seu advogado constituirá, no mesmo ato, outro que assuma o patrocínio da causa.

Parágrafo único. Não sendo constituído novo procurador no prazo de 15 (quinze) dias, observar-se-á o disposto no art. 76[24].

Art. 112. O advogado poderá renunciar ao mandato a qualquer tempo, provando, na forma prevista neste Código, que comunicou a renúncia ao mandante, a fim de que este nomeie sucessor.

§ 1º Durante os 10 (dez) dias seguintes, o advogado continuará a representar o mandante, desde que necessário para lhe evitar prejuízo[25].

§ 2º Dispensa-se a comunicação referida no *caput* quando a procuração tiver sido outorgada a vários advogados e a parte continuar representada por outro, apesar da renúncia".

---

[24] Sobre o tema, estabelece o art. 76 do Código de Processo Civil de 2015: "Art. 76. Verificada a incapacidade processual ou a irregularidade da representação da parte, o juiz suspenderá o processo e designará prazo razoável para que seja sanado o vício. § 1º Descumprida a determinação, caso o processo esteja na instância originária: I — o processo será extinto, se a providência couber ao autor; II — o réu será considerado revel, se a providência lhe couber; III — o terceiro será considerado revel ou excluído do processo, dependendo do polo em que se encontre. § 2º Descumprida a determinação em fase recursal perante tribunal de justiça, tribunal regional federal ou tribunal superior, o relator: I — não conhecerá do recurso, se a providência couber ao recorrente; II — determinará o desentranhamento das contrarrazões, se a providência couber ao recorrido".

[25] No mesmo sentido, estabelece o § 3º do art. 5º da Lei n. 8.906/94: "O advogado que renunciar ao mandato continuará, durante os dez dias seguintes à notificação da renúncia, a representar o mandante, salvo se for substituído antes do término desse prazo".

Tais regras são bastante razoáveis, tendo em vista a imprescindibilidade da presença do advogado na demanda judicial, uma vez que é ele o detentor exclusivo do *jus postulandi*, salvo na Justiça do Trabalho e nos Juizados Especiais Estaduais ou Federais.

Saliente-se, porém, que a revogação do mandato pela parte, mesmo constituindo ato contínuo outro profissional para assumir a demanda, não prejudica o direito do causídico destituído ao preço pelo serviço até então prestado, o que deverá, na falta de previsão contratual específica, ser fixado por arbitramento, por aplicação do § 2º do art. 22 do Estatuto da Ordem dos Advogados do Brasil[26].

Vale registrar, outrossim, que o art. 25 da referida norma (Lei n. 8.906/94-EOAB) disciplina a prescrição da pretensão de cobrança dos honorários advocatícios da seguinte forma:

> "Art. 25. Prescreve em cinco anos a ação de cobrança de honorários de advogado, contado o prazo:
>
> I — do vencimento do contrato, se houver;
>
> II — do trânsito em julgado da decisão que os fixar;
>
> III — da ultimação do serviço extrajudicial;
>
> IV — da desistência ou transação;
>
> V — da renúncia ou revogação do mandato"[27].

## 9. CONTEÚDO DO MANDATO

O conteúdo do mandato é estabelecido pela autonomia da vontade das partes.

É esta autonomia da vontade, portanto, que fixa quais são os limites da atuação do mandatário, devendo balizar o seu comportamento.

No entanto, somente obrigam o mandante os atos praticados dentro dos estritos limites do mandato, não sendo exigíveis as avenças celebradas que exorbitem tais regramentos.

É o que dispõe o art. 662 do CC/2002:

> "Art. 662. Os atos praticados por quem não tenha mandato, ou o tenha sem poderes suficientes, são ineficazes em relação àquele em cujo nome foram praticados, salvo se este os ratificar.

---

[26] "§ 2º do art. 22 da Lei n. 8.906/94: Na falta de estipulação ou de acordo, os honorários são fixados por arbitramento judicial, em remuneração compatível com o trabalho e o valor econômico da questão, não podendo ser inferiores aos estabelecidos na tabela organizada pelo Conselho Seccional da OAB".

[27] O referido prazo foi reafirmado pelo art. 206, § 5º, II, do vigente Código Civil brasileiro, que estabeleceu o prazo de cinco anos para a prescrição da "pretensão dos profissionais liberais em geral, procuradores judiciais, curadores e professores pelos seus honorários, contado o prazo da conclusão dos serviços, da cessação dos respectivos contratos ou mandato".

Parágrafo único. A ratificação há de ser expressa, ou resultar de ato inequívoco, e retroagirá à data do ato".

A consequência, portanto, da inexistência de mandato (ou de mandato com poderes insuficientes) é a ineficácia do negócio jurídico celebrado, pelo menos em relação ao alegado mandante.

E se, por acaso, houver mandato, mas o mandatário atuar além dos seus limites ou diametralmente contra eles?

A resposta se encontra no art. 665 do CC/2002, que estabelece:

> "Art. 665. O mandatário que exceder os poderes do mandato, ou proceder contra eles, será considerado mero gestor de negócios, enquanto o mandante lhe não ratificar os atos".

Cumprido regularmente o mandato, porém, é o mandante o responsável único pelo negócio celebrado, salvo se, por exceção, o mandatário agir em seu próprio nome, ainda que o negócio seja de conta do mandante[28].

## 10. DIREITOS E OBRIGAÇÕES DAS PARTES

Neste tópico, pretendemos enumerar, de forma sistematizada, com a indicação das previsões legais correspondentes, os principais direitos e obrigações do mandante e mandatário.

Com efeito, o regular cumprimento do mandato importa em uma gama de deveres e direitos cuja sistematização se impõe para a devida compreensão.

Isso porque o mandato é, como já informado, um contrato aprioristicamente unilateral, que somente geraria obrigações para o mandatário.

Nessa linha, o mandante não teria obrigações no contrato, mas, sim, apenas o dever de cumprimento do quanto pactuado pelo mandatário, o que já é uma fase posterior à avença contratual.

Destacamos, todavia, que, na execução do mandato, podem surgir obrigações para o mandante, motivo pelo qual a doutrina criou, para situações como essa, a classificação como contrato bilateral imperfeito[29].

Por outro lado, o mandato oneroso, por exceção, é um contrato propriamente bilateral, motivo por que o texto normativo também faz menção, nos arts. 675 a 681 do CC/2002, a "obrigações do mandante".

---

[28] CC/2002: "Art. 663. Sempre que o mandatário estipular negócios expressamente em nome do mandante, será este o único responsável; ficará, porém, o mandatário pessoalmente obrigado, se agir no seu próprio nome, ainda que o negócio seja de conta do mandante".

[29] Sobre o tema, confira-se o Capítulo "Classificação dos Contratos" do v. 4, "Contratos", do nosso *Novo Curso de Direito Civil*.

Feitos estes esclarecimentos preliminares, passemos, pois, à compreensão das obrigações (e, como o outro lado da moeda, os direitos) de cada uma das partes do contrato de mandato.

## 10.1. Obrigações do mandatário × direitos do mandante

A obrigação básica do mandatário é, como parece óbvio, cumprir os atos necessários para o fiel desempenho do mandato.

Assim, como visto do já transcrito art. 667 do CC/2002, o "mandatário é obrigado a aplicar toda sua diligência habitual na execução do mandato, e a indenizar qualquer prejuízo causado por culpa sua ou daquele a quem substabelecer, sem autorização, poderes que devia exercer pessoalmente", sendo direito do mandante exigir tal regular cumprimento ou, sucessivamente, a indenização pelos danos verificados.

Por isso mesmo, na forma do art. 668 do CC/2002, o "mandatário é obrigado a dar contas de sua gerência ao mandante, transferindo-lhe as vantagens provenientes do mandato, por qualquer título que seja".

Dessa forma, é direito do mandante exigir, diretamente ou pela via judicial, tal prestação de contas.

Em relação aos terceiros, o vigente Código Civil brasileiro não trouxe norma equivalente à previsão do art. 1.305 do CC/1916, que estabelecia que o mandatário era "obrigado a apresentar o instrumento do mandato às pessoas, com quem tratar em nome do mandante, sob pena de responder a elas por qualquer ato, que lhe exceda os poderes".

A ausência dessa previsão normativa específica não afasta, porém, tal regra, que, em verdade, é um direito do terceiro, para conhecer os limites dos poderes do mandato.

Ademais, é possível admitir que tal direito se encontra previsto, de forma implícita, na estipulação do art. 673 do CC/2002, que preceitua, *in verbis*:

> "Art. 673. O terceiro que, depois de conhecer os poderes do mandatário, com ele celebrar negócio jurídico exorbitante do mandato, não tem ação contra o mandatário, salvo se este lhe prometeu ratificação do mandante ou se responsabilizou pessoalmente".

Vale registrar, ainda, que o dispositivo equivalente no Código Civil de 1916, a saber, o seu art. 1.306, trazia referência à ausência de ação "contra o mandante, senão quando este houver ratificado o excesso do procurador", o que nos parece despiciendo, pois, praticado o ato fora dos limites do mandato, não há como obrigar o mandante, salvo justamente pela sua ratificação, o que vem agora explicitado, conforme se depreende dos arts. 662 e 665 do CC/2002.

Voltando ao *caput* do art. 667 do CC/2002, é obrigação do mandatário, como visto, indenizar o mandante pelos prejuízos que causar no desempenho culposo do múnus atribuído.

Uma interessante regra, porém, em relação à referida indenização é prevista no art. 669 do CC/2002:

> "Art. 669. O mandatário não pode compensar os prejuízos a que deu causa com os proveitos que, por outro lado, tenha granjeado ao seu constituinte".

A justificativa do dispositivo é muito simples: é obrigação do mandatário realizar o mandato de forma benéfica ao mandante. Se, no desempenhar desta atribuição, granjeou-lhe proveitos, nada mais do que se espera e deseja. Se, porém, ao mesmo tempo, por outros atos também decorrentes do mandato, gerou perdas ao mandante, tal fato não é desejado, nem sequer esperado, devendo o mandatário indenizar integralmente o seu constituinte.

O abuso do direito no desempenho do mandato é um ato ilícito como outro qualquer, enquadrando-se na regra do art. 187 do vigente Código Civil brasileiro.

Todavia, preferiu o legislador trazer dois dispositivos com previsões específicas de hipóteses de abuso de direito no campo das relações jurídicas de direito material decorrentes do contrato de mandato, que merecem ser aqui referidos.

Confiram-se, pois, os arts. 670 e 671 do CC/2002:

> "Art. 670. Pelas somas que devia entregar ao mandante ou recebeu para despesa, mas empregou em proveito seu, pagará o mandatário juros, desde o momento em que abusou.
>
> Art. 671. Se o mandatário, tendo fundos ou crédito do mandante, comprar, em nome próprio, algo que devera comprar para o mandante, por ter sido expressamente designado no mandato, terá este ação para obrigá-lo à entrega da coisa comprada".

O primeiro dispositivo é de intelecção imediata, por ser óbvio que se o mandatário recebeu valores para entregar ao mandante ou para as despesas do cumprimento do mandato e, em vez de cumprir o determinado, empregou as verbas em proveito próprio, praticou ato ilícito que deve ser reparado, estabelecendo o dispositivo a cobrança de juros legais pelo abuso cometido.

Já quanto ao mencionado art. 671 do CC/2002, observa JONES FIGUEIRÊDO ALVES:

> "Cria-se, aqui, regra nova, de lógica razoável, almejando, outrossim, a proteção do mandante para eventuais atos ímprobos, praticados pelo mandatário, em flagrante desrespeito à boa-fé e à fidúcia, caracteres inerentes à natureza do mandato. Afigura-se perfeitamente válida a pretensão do mandante em receber do mandatário algo que teria expressamente designado para que este comprasse no exercício de sua função e, mais ainda, valendo-se de fundos ou créditos do próprio outorgante"[30].

[30] ALVES, Jones Figueirêdo. *Novo Código Civil Comentado*, coord. FIUZA, Ricardo. São Paulo: Saraiva, 2002, p. 611.

Por fim, embora o contrato de mandato seja uma avença personalíssima, que se extingue com a morte de qualquer das partes (art. 682, II, do CC/2002), isto não autoriza que o mandatário abandone a celebração já iniciada de um negócio, se houver perigo na demora, sob pena de responder por perdas e danos.

Tal regra está prevista no art. 674 do Código Civil[31] e se justifica pela circunstância de que a manifestação de vontade do mandante, antes do fato superveniente, era no sentido de realmente concretizar o negócio. Assim, a impossibilidade posterior de conclusão do negócio, em função da demora imputável ao mandatário, gera potencial dano aos interesses subjetivos do mandante ou, no caso de morte, dos seus herdeiros.

## 10.2. Obrigações do mandante × direitos do mandatário

Na precisa colocação de ORLANDO GOMES, no "mandato com representação, o mandatário tem simultaneamente uma obrigação e um poder — obrigação para com o mandante; poder, em relação a terceiros"[32].

Em que pese a unilateralidade genética do contrato de mandato gratuito, é óbvio que, em qualquer das modalidades de mandato, o mandante é obrigado, pelo menos, a satisfazer as obrigações contraídas pelo mandato, dentro dos seus estritos limites.

Isso, por si só, não retira a característica unilateral do mandato, pois o contrato, em si, já terá sido cumprido, no que diz respeito às suas partes, restando, portanto, apenas a produção de efeitos perante terceiros.

Sobre o tema, dispõe o art. 675 do CC/2002:

> "Art. 675. O mandante é obrigado a satisfazer todas as obrigações contraídas pelo mandatário, na conformidade do mandato conferido, e adiantar a importância das despesas necessárias à execução dele, quando o mandatário lho pedir".

Do referido dispositivo, extrai-se a conclusão de que as despesas inerentes ao cumprimento do mandato devem ser, evidentemente, suportadas pelo mandante, que é o beneficiário da conduta esperada.

Assim, conclui-se pela existência de um segundo dever do mandante, além de honrar os compromissos assumidos pelo mandatário, qual seja, custear as despesas da execução do mandato, o que se torna mais evidente, ainda, no contrato de mandato oneroso.

Sobre tal obrigação, confira-se o art. 676 do CC/2002:

> "Art. 676. É obrigado o mandante a pagar ao mandatário a remuneração ajustada e as despesas da execução do mandato, ainda que o negócio não surta o esperado efeito, salvo tendo o mandatário culpa".

---

[31] CC/2002: "Art. 674. Embora ciente da morte, interdição ou mudança de estado do mandante, deve o mandatário concluir o negócio já começado, se houver perigo na demora".

[32] GOMES, Orlando. *Contratos*, Rio de Janeiro: Forense, p. 352.

Tanto isso é verdade que a disciplina codificada deste contrato garante ao mandatário o direito à percepção de juros sobre qualquer quantia adiantada pela execução do mandato, bem como o ressarcimento pelas perdas que sofrer, obviamente não resultantes de culpa ou excesso de poderes.

Senão, vejamos os arts. 677 e 678 do CC/2002:

> "Art. 677. As somas adiantadas pelo mandatário, para a execução do mandato, vencem juros desde a data do desembolso.
>
> Art. 678. É igualmente obrigado o mandante a ressarcir ao mandatário as perdas que este sofrer com a execução do mandato, sempre que não resultem de culpa sua ou de excesso de poderes".

O direito do mandatário a ser ressarcido de todas as despesas e perdas que teve pelo regular cumprimento do mandato é uma prerrogativa tão importante que foi prevista duas vezes no novo texto codificado.

Em situações como esta, é defensável a tese, já sustentada linhas acima, de que o contrato se manifesta, por vezes, como bilateral imperfeito.

De fato, dispõem os arts. 664 e 681 do CC/2002:

> "Art. 664. O mandatário tem o direito de reter, do objeto da operação que lhe foi cometida, quanto baste para pagamento de tudo que lhe for devido em consequência do mandato".
>
> (...)
>
> "Art. 681. O mandatário tem sobre a coisa de que tenha a posse em virtude do mandato, direito de retenção, até se reembolsar do que no desempenho do encargo despendeu."

A previsão dúplice do direito de retenção do mandatário se explica, apenas por um esforço de sistematização do legislador, para estabelecer que o direito é aplicável tanto para a retribuição pelo mandato quanto pelas despesas contraídas, no que entendemos abrangente não somente o ressarcimento de gastos, mas também as próprias perdas e danos.

Sobre o tema, a III Jornada de Direito Civil da Justiça Federal editou o Enunciado n. 184, com a seguinte redação:

> "Enunciado n. 184 — "Arts. 664 e 681: Da interpretação conjunta desses dispositivos, extrai-se que o mandatário tem o direito de reter, do objeto da operação que lhe foi cometida, tudo o que lhe for devido em virtude do mandato, incluindo-se a remuneração ajustada e o reembolso de despesas".

Neste momento, faz-se mister esclarecer a diferença entre instruções do mandante para cumprimento dos negócios pretendidos e os próprios limites do mandato.

De fato, atuando o mandatário dentro dos limites dos poderes outorgados, mesmo em situação ou resultado não querido pelo mandante, este último se obriga perante terceiros.

O risco da atividade, portanto, perante terceiros contratantes, é do mandante, uma vez que é este quem estabelece o limite de poderes outorgados. Tendo-o feito em desacordo com o que pretendia, intimamente, ou com o que instruiu o mandatário, não há como deixar de se obrigar perante as pessoas com as quais foram celebrados negócios jurídicos.

Isso não quer dizer que o risco final, no caso de descumprimento de instruções pelo mandatário, seja do mandante, mas apenas que os terceiros, de boa-fé, não podem ser responsabilizados se os negócios foram celebrados dentro dos estritos limites da outorga de poderes.

Tal afirmação justifica o direito subjetivo do mandante de acionar o mandatário pelas perdas e danos sofridos pelo descumprimento de suas instruções, sem prejuízo de ter de cumprir o quanto pactuado com terceiros, dentro dos limites do contrato.

É essa a regra do art. 679 do CC/2002:

> "Art. 679. Ainda que o mandatário contrarie as instruções do mandante, se não exceder os limites do mandato, ficará o mandante obrigado para com aqueles com quem o seu procurador contratou; mas terá contra este ação pelas perdas e danos resultantes da inobservância das instruções".

Assim, por exemplo, imaginemos que Wilson constitua Esmeralda como sua mandatária, dando-lhe amplos poderes, por meio de uma procuração, para que alugue determinado bem de sua propriedade. Se, nas instruções passadas (embora não constantes da procuração), foi feita restrição quanto ao valor da locação e, mesmo assim, a mandatária aluga o bem para terceiro por valor menor do que o pretendido pelo mandante, o contrato de locação é perfeitamente válido e exigível pelo terceiro locatário, devendo Wilson processar, querendo, Esmeralda pela inobservância das instruções.

Por fim, parece-nos óbvio que é dever do mandante dar ao mandatário, que cumpriu regularmente as atividades que lhe foram delegadas, quitação formal de suas obrigações, sendo direito do mandatário exigi-la, inclusive judicialmente.

## 11. IRREVOGABILIDADE DO MANDATO

O mandato é um contrato tipicamente de duração, cuja possibilidade de resilição unilateral é prerrogativa inerente a qualquer das partes.

A resilição unilateral, quando de iniciativa do mandatário, é chamada de renúncia, uma vez que importa em abdicar dos poderes outorgados pelo mandante.

Quando a resilição unilateral parte do mandante, fala-se em revogação do mandato, o que, como visto, é o exercício de uma prerrogativa própria da relação contratual.

Assim, a revogabilidade é a regra, e apenas por exceção é estabelecida e admitida a irrevogabilidade do mandato.

Tal irrevogabilidade, contudo, comporta graus.

Com efeito, é possível classificar a irrevogabilidade em relativa (ou mitigada pela autonomia privada) e absoluta (ou imposta por norma de ordem pública).

A irrevogabilidade relativa é a mais comum e abrangente.

Inserida como cláusula contratual, pode ser desconsiderada pela autonomia da vontade da parte, que arcará com as perdas e danos correspondentes.

É ela que é tratada no art. 683 do CC/2002:

> "Art. 683. Quando o mandato contiver a cláusula de irrevogabilidade e o mandante o revogar, pagará perdas e danos".

Todavia, há outra modalidade de cláusula de irrevogabilidade, que se reveste de natureza absoluta, ensejando a ineficácia do ato unilateral de revogação.

São as hipóteses previstas nos arts. 684 e 685 do vigente Código Civil brasileiro, a saber:

> "Art. 684. Quando a cláusula de irrevogabilidade for condição de um negócio bilateral, ou tiver sido estipulada no exclusivo interesse do mandatário, a revogação do mandato será ineficaz.
>
> Art. 685. Conferido o mandato com a cláusula 'em causa própria', a sua revogação não terá eficácia, nem se extinguirá pela morte de qualquer das partes, ficando o mandatário dispensado de prestar contas, e podendo transferir para si os bens móveis ou imóveis objeto do mandato, obedecidas as formalidades legais".

O mandato ou procuração em causa própria (*in rem suam*) é uma exceção à vedação do autocontrato.

Sua utilização é extremamente comum para a celebração de contratos de compra e venda, com o fito de facilitar a transmissão da propriedade, evitando a necessidade da "presença física" do alienante, admitindo-se a sua "presença jurídica" por meio do mandatário, que é o principal interessado no cumprimento do negócio.

Assim, a procuração em causa própria é estabelecida no interesse exclusivo do mandatário, que recebe poderes para desempenhar o mandato, com a transmissão de bem de titularidade do mandante em seu favor, motivo pelo qual se estabelece e se justifica a impossibilidade de sua revogação ou extinção com a morte ou interdição do mandante.

Para maior segurança, e considerando a natureza do ato final a ser realizado, o mandato em causa própria, em geral, deve ser firmado por instrumento público, dispensando-se, por óbvio, a prestação de contas.

Pelos mesmos motivos, o parágrafo único do art. 686 do Código Civil estabelece que é "irrevogável o mandato que contenha poderes de cumprimento ou confirmação de negócios encetados, aos quais se ache vinculado".

## 12. EXTINÇÃO DO MANDATO

Sobre os modos terminativos do mandato, estabelece o art. 682 do CC/2002:

> "Art. 682. Cessa o mandato:
>
> I — pela revogação ou pela renúncia;
>
> II — pela morte ou interdição de uma das partes;
>
> III — pela mudança de estado que inabilite o mandante a conferir os poderes, ou o mandatário para os exercer;
>
> IV — pelo término do prazo ou pela conclusão do negócio".

Observe-se que tal modalidade contratual comporta tanto formas unilaterais (revogação ou renúncia), quando decorrentes de fatos imprevisíveis (incisos II e III) ou pelo seu próprio exaurimento (inciso IV), nada impedindo sua extinção por mútuo consentimento.

# XXXIV COMISSÃO

XXXV

# AGÊNCIA E DISTRIBUIÇÃO

CONTEÚDO DIGITAL *ON-LINE*

1. Unidade ou distinção conceitual?; 2. Características; 3. Direitos e obrigações das partes. 4. Extinção do contrato.

# XXXVI CORRETAGEM

CONTEÚDO DIGITAL ON-LINE

1. Conceito e institutos análogos; 2. Tipologia; 3. Características; 4. Direitos e deveres das partes; 5. Remuneração do corretor; 6. Extinção do contrato de corretagem.

# XXXVII TRANSPORTE

## 1. CONCEITO

O contrato de transporte, cuja disciplina é feita a partir do art. 730 do Código de 2002, pode ser definido como o negócio jurídico bilateral, consensual e oneroso, pelo qual uma das partes (transportador ou condutor) se obriga a, mediante remuneração, transportar pessoa ou coisa a um destino previamente convencionado.

Confira-se, a esse respeito, o referido artigo de lei (sem correspondência no Código revogado):

> "Art. 730. Pelo contrato de transporte alguém se obriga, mediante retribuição, a transportar, de um lugar para outro, pessoas ou coisas".

Trata-se de um contrato que embute, inequivocamente, uma obrigação de resultado: transportar a pessoa ou o bem, ao local de destino, em perfeita segurança.

Nesse ponto, importante observação é feita por CARLOS ROBERTO GONÇALVES, no sentido de que:

> "Se o transporte é secundário ou acessório de outra prestação, o contratante, seja vendedor ou de outra espécie, não pode ser considerado um transportador, cuja obrigação é exclusivamente a de efetuar o traslado de coisa ou pessoa, regendo-se a sua responsabilidade pelas normas que disciplinam o contrato principal"[1].

O art. 732 do CC/2002 procurou compatibilizar as normas codificadas do contrato de transporte com a legislação especial, dispondo: "Aos contratos de transporte, em geral, são aplicáveis, quando couber, desde que não contrariem as disposições deste Código, os preceitos constantes da legislação especial e de tratados e convenções internacionais".

Vale destacar, por exemplo, que, conforme o meio em que é feito o transporte, o contrato poderá ser: terrestre, se em terra ou em pequeno percurso de água (Decreto n. 92.353/86- revogado pela Decreto n. 952/1993); marítimo, se feito em alto-mar ou rios e lagos navegáveis em longos percursos (CCom, arts. 629 a 632); e aéreo, se utilizar o espaço

[1] GONÇALVES, Carlos Roberto. *Direito Civil Brasileiro*, 18. ed., São Paulo: Saraiva, 2020, v. 3, p. 507.

aéreo (Leis n. 6.350/76, 6.997/82 e 7.565/86 — Código Brasileiro de Aeronáutica — que revogou todas as normas anteriores, bem como a Convenção de Varsóvia — Decreto n. 20.704, de 24-11-1931). Assim, sem negar a aplicação dos preceitos genéricos codificados, ressalva-se toda a legislação especial sobre transportes, bem como o Código de Defesa do Consumidor[2].

Não se deve confundir, outrossim, o contrato de transporte com o fretamento, pois, neste último, os riscos correm integralmente por conta do tomador da coisa fretada, consoante observa com sabedoria HUMBERTO THEODORO JR., alicerçado em PONTES DE MIRANDA:

> "Pontes de Miranda lembra que, também, não se pode confundir o contrato de transporte com o contrato de fretamento.
>
> Neste o proprietário de um navio ou de uma aeronave cede o seu uso a outra pessoa. O usuário assume o risco do transporte que realizar por meio do veículo fretado. O contrato é misto, envolvendo locação de coisa e às vezes locação de serviços. Seu objeto principal, porém, não é o deslocamento de pessoas ou mercadorias. É o usuário que, no fretamento, exerce a atividade de navegador, o que é completamente estranho ao contrato de transporte. Mesmo quando se freta uma nave com a respectiva tripulação, não se tem contrato de transporte. Explica Pontes de Miranda: no fretamento há transferência da posse da nave, o que afasta qualquer teoria que pretende ver no fretamento da nave nua ou da nave armada e equipada locação de serviços e não locação de coisa"[3].

Voltando os nossos olhos ao contrato de transporte, podemos observar que da sua definição legal defluem as duas espécies:

a) transporte de coisas (arts. 743 a 756);

b) transporte de pessoas (arts. 734 a 742).

O preço pago ao transportador recebe a denominação de "frete ou porte", no transporte de coisas, e de "valor da passagem", no transporte de passageiros.

O contrato se celebra entre o transportador e, no outro polo, a pessoa que vai ser transportada ou o indivíduo que entrega o objeto transportado (expedidor).

---

2 Nesse sentido, também foi o entendimento explicitado na IV Jornada de Direito Civil da Justiça Federal, realizada de 25 a 27 de outubro de 2006, em que foi aprovado o Enunciado n. 369, com a seguinte redação: "Enunciado n. 369 — Diante do preceito constante no art. 732 do Código Civil, teleologicamente e em uma visão constitucional de unidade do sistema, quando o contrato de transporte constituir uma relação de consumo, aplicam-se as normas do Código de Defesa do Consumidor que forem mais benéficas a este".

3 THEODORO JÚNIOR, Humberto. Do Transporte de Pessoas no Novo Código Civil. Disponível em: <http://64.233.187.104/search?q=cache:q-g4XqoqZQJ:www.am.trf1.gov.br/biblioteca/OUTROS%2520SERVI%C3%87OS/C%C3%93DIGO%2520CIVIL/do_transporte_de_pessoas_no_novo_cc.pdf+%22Do+transporte+de+pessoas+no+novo+C%C3%B3digo+Civil%22&hl=pt-BR&gl=br&ct=clnk&cd=8&lr=lang_pt>. Acesso em: 8 ago. 2006.

Posto isso, e para a melhor compreensão das suas normas, estudemos as suas características.

## 2. CARACTERÍSTICAS

O contrato de transporte é um negócio jurídico típico e nominado, que passou a ser previsto no Código Civil brasileiro em 2002, tendo características bem definidas.

Trata-se de um contrato bilateral e sinalagmático, por gerar, reciprocamente, direitos e obrigações para ambas as partes.

Além disso, é um contrato oneroso, com prestações certas (comutativo). Assim sendo, não há que falar em contrato gratuito de transporte, o que é objeto de norma expressa[4].

Finalmente, é bom que se diga que este tipo de contrato é essencialmente consensual, contratado por adesão. Vale dizer, torna-se perfeito com a simples manifestação da vontade concordante dos envolvidos, a exemplo do passageiro que, no ponto, faz um simples gesto para que o ônibus pare. Naquele momento já há contrato, independentemente de qualquer instrumento escrito ou outra formalidade. Aliás, em havendo um acidente ali mesmo, na rua, a responsabilidade do transportador já é contratual. O mesmo ocorre quando adquirimos bilhetes de passagens aéreas ou providenciamos o envio de uma encomenda pela internet ou pelo telefone. Não se exige prévio contrato escrito, decorrendo a avença diretamente das vontades convergentes.

E note-se que, em geral, o transportador estabelece, respeitando regulamentação legal[5] e administrativa, as condições do contrato.

Típico contrato de adesão.

Relembrando, podemos trazer quatro traços característicos dos contratos de adesão:

a) uniformidade: o objetivo do estipulante é obter, do maior número possível de contratantes, o mesmo conteúdo contratual, para uma racionalidade de sua atividade e segurança das relações estabelecidas;
b) predeterminação unilateral: a fixação das cláusulas é feita anteriormente a qualquer discussão sobre a avença. De fato, a simples uniformidade não é suficiente para se considerar um contrato como de adesão, pois é imprescindível que tais cláusulas uniformes sejam impostas por somente uma das partes[6];

---

4 CC/2002: "Art. 736. Não se subordina às normas do contrato de transporte o feito gratuitamente, por amizade ou cortesia. Parágrafo único. Não se considera gratuito o transporte quando, embora feito sem remuneração, o transportador auferir vantagens indiretas".

5 CC/2002: "Art. 731. O transporte exercido em virtude de autorização, permissão ou concessão, rege-se pelas normas regulamentares e pelo que for estabelecido naqueles atos, sem prejuízo do disposto neste Código".

6 Se as partes, em vez de contratarem uma assessoria jurídica especializada, resolverem celebrar contratos com formulários comprados "na esquina" (o que, evidentemente, não se recomenda), apesar

c) rigidez: além de uniformemente predeterminadas, não é possível rediscutir as cláusulas do contrato de adesão, sob pena de descaracterizá-lo como tal;

d) posição de vantagem (superioridade material) de uma das partes: embora a expressão superioridade econômica seja a mais utilizada (até pela circunstância de ser a mais comum), consideramos mais adequada a concepção de superioridade material, uma vez que é em função de tal desigualdade fática que faz com que possa ditar as cláusulas aos interessados. É o exemplo de alguém que, embora não sendo considerado um potentado econômico, seja o detentor do monopólio de exploração de determinado produto ou serviço, pelo que, no campo dos fatos, sua vontade prevalece sobre a dos aderentes, ainda que mais fortes economicamente.

Pela sua característica limitadora da liberdade contratual, pelo menos na sua concepção clássica, a interpretação do contrato de adesão não poderia se dar da mesma forma que em um contrato paritário tradicional.

Por isso, não se estranha que nas poucas oportunidades em que os contratos de adesão foram mencionados, no atual Código Civil brasileiro (ante o absoluto silêncio da codificação anterior), tenha sido justamente para trazer regras de hermenêutica atenuadoras do elevado poder daqueles que predeterminam unilateralmente cláusulas uniformes e rígidas[7].

Quanto ao tempo, é um contrato que pode ser estabelecido na modalidade instantânea (ex.: o transporte público de cada dia...) ou de duração (ex.: contrato de transporte de empregados, feito por uma empresa terceirizada, de forma permanente), a depender da situação fática e da vontade das partes.

Em nosso sentir, poderá ainda este contrato ser de execução simples, quando apenas um transportador realiza o serviço, ou de execução cumulativa, quando mais de um transportador se obriga a cumprir um determinado percurso da viagem, vinculando-se solidariamente aos demais, como bem pontificou ZENO VELOSO:

> "Dá-se transporte cumulativo quando vários transportadores — por terra, água ou ar — efetuam, sucessivamente, o deslocamento, de um lugar para outro, de pessoas ou coisas. Cada transportador se obriga relativamente ao respectivo percurso; se em tal percurso sofrerem danos as pessoas e coisas transportadas, o transportador responderá por eles"[8].

---

da evidente (e lamentável!) uniformidade, não há que se falar em contrato de adesão, tendo em vista que ambos os contratantes optaram por tal conteúdo contratual.

[7] CC/2002: "Art. 423. Quando houver no contrato de adesão cláusulas ambíguas ou contraditórias, dever-se-á adotar a interpretação mais favorável ao aderente.

Art. 424. Nos contratos de adesão, são nulas as cláusulas que estipulem a renúncia antecipada do aderente a direito resultante da natureza do negócio".

[8] VELOSO, Zeno. *Novo Código Civil Comentado*, São Paulo: Saraiva, 2003, p. 663.

É a regra do art. 733 do Código Civil:

> "Art. 733. Nos contratos de transporte cumulativo, cada transportador se obriga a cumprir o contrato relativamente ao respectivo percurso, respondendo pelos danos nele causados a pessoas e coisas.
>
> § 1º O dano, resultante do atraso ou da interrupção da viagem, será determinado em razão da totalidade do percurso.
>
> § 2º Se houver substituição de algum dos transportadores no decorrer do percurso, a responsabilidade solidária estender-se-á ao substituto".

É interessante registrar que o *caput* do mencionado artigo dá a entender que a responsabilidade civil de cada transportador limitar-se-ia ao respectivo percurso, mas é o art. 756[9] (aliado ao § 2º transcrito) que esclarece a existência de solidariedade, o que é perfeitamente compatível com as regras assentes do Código de Defesa do Consumidor.

É o que pode ocorrer quando contratamos um "pacote de viagem turística", englobando trechos aéreos, terrestres e, eventualmente, marítimo.

Finalmente, cumpre-nos mencionar que o contrato de transporte é, também, um contrato de consumo, regido e delimitado, consequentemente, pelas normas do Código de Defesa do Consumidor[10].

Pela comutatividade, pode se enquadrar no conceito de contrato evolutivo.

É contrato de ampla utilização nas relações civis, comerciais e consumeristas, gerando repercussões nas áreas administrativa e trabalhista.

Por não depender de qualquer forma prescrita em lei, trata-se de um contrato não solene.

É, ainda, um contrato individual — obrigando somente os sujeitos individualmente considerados — e impessoal, pois somente interessa o resultado da atividade contratada, independentemente de quem seja a pessoa que irá realizá-la.

Trata-se, como a maioria das formas contratuais previstas no Código Civil brasileiro, de um contrato causal, cujos motivos determinantes podem impor o reconhecimento da sua invalidade, caso sejam considerados inexistentes, ilícitos ou imorais.

Pela função econômica, trata-se de um contrato de atividade: caracterizado pela prestação de uma conduta de fato, mediante a qual se conseguirá uma utilidade econômica.

---

[9] "Art. 756. No caso de transporte cumulativo, todos os transportadores respondem solidariamente pelo dano causado perante o remetente, ressalvada a apuração final da responsabilidade entre eles, de modo que o ressarcimento recaia, por inteiro, ou proporcionalmente, naquele ou naqueles em cujo percurso houver ocorrido o dano."

[10] CC/2002: "Art. 732. Aos contratos de transporte, em geral, são aplicáveis, quando couber, desde que não contrariem as disposições deste Código, os preceitos constantes da legislação especial e de tratados e convenções internacionais".

Sobre os Tratados e Atos internacionais, além da famosa Convenção de Varsóvia, promulgada pelo Decreto 20.704, de 24 de novembro de 1931, consulte o seguinte endereço eletrônico do Ministério das Relações Exteriores: <http://www.itamaraty.gov.br/pt-BR/>.

Por fim, trata-se de um contrato principal e definitivo, uma vez que não depende de qualquer outra avença (embora seja possível estabelecer um contrato acessório de transporte, como, por exemplo, o contrato de transporte de bagagens como acessório do contrato principal de transporte de passageiros), bem como não é preparatório de nenhum outro negócio jurídico.

Conhecidas as características básicas do contrato de transporte em geral, verifiquemos as suas duas modalidades, começando com o transporte de coisas para, somente depois, dada a importância, enfrentar o tema do transporte de pessoas.

## 3. TRANSPORTE DE COISAS OU MERCADORIAS

Ao utilizar a palavra "coisa", para caracterizar este tipo de transporte, o legislador se refere apenas a bens corpóreos e materializados, com expressão econômica, que poderão ser objeto desse tipo de contrato.

Note-se, aliás, levando em conta a materialidade da coisa, que se exige a sua individualização, bem como a de seu destinatário, para evitar, com isso, a frustração da entrega:

> "Art. 743. A coisa, entregue ao transportador, deve estar caracterizada pela sua natureza, valor, peso e quantidade, e o mais que for necessário para que não se confunda com outras, devendo o destinatário ser indicado ao menos pelo nome e endereço".

Recebendo a coisa, obriga-se o transportador a empreender todo o zelo e cautela no desempenho da sua atividade[11], emitindo, na oportunidade, o conhecimento de transporte, ou seja, o documento, derivado do próprio contrato, que contém os necessários dados de identificação da mercadoria (art. 744[12]), podendo circular como título de crédito.

Nesse sentido, pontifica ZENO VELOSO:

> "O conhecimento é documento emitido pelo transportador. Está preso ao princípio da literalidade: o que está escrito vale e deve ser cumprido. Os direitos e deveres das partes estão nele consignados, pelo que goza de autonomia. É considerado título de crédito, embora impróprio, representando as coisas ou mercadorias objeto do transporte e mencionadas no documento. Em regra, é título à ordem, e, como tal, pode ser

---

[11] CC/2002: "Art. 749. O transportador conduzirá a coisa ao seu destino, tomando todas as cautelas necessárias para mantê-la em bom estado e entregá-la no prazo ajustado ou previsto".

[12] CC/2002: "Art. 744. Ao receber a coisa, o transportador emitirá conhecimento com a menção dos dados que a identifiquem, obedecido o disposto em lei especial.

Parágrafo único. O transportador poderá exigir que o remetente lhe entregue, devidamente assinada, a relação discriminada das coisas a serem transportadas, em duas vias, uma das quais, por ele devidamente autenticada, ficará fazendo parte integrante do conhecimento".

endossado; o último endossatário e detentor do conhecimento presume-se titular da mercadoria constante do título. É claro, o conhecimento nominativo com a cláusula 'não à ordem' não pode ser endossado"[13].

Interessante anotar, ainda, que o conhecimento de transporte é documento que serve para fundamentar a responsabilidade civil do transportador, e, para esse fim, o Superior Tribunal de Justiça tem se contentado apenas com a sua cópia, desde que não exista dúvida quanto à sua emissão.

Ainda sobre o conhecimento de transporte, vale lembrar que "o transportador poderá exigir que o remetente lhe entregue, devidamente assinada, a relação discriminada das coisas a serem transportadas, em duas vias, uma das quais, por ele devidamente autenticada, ficará fazendo parte integrante do conhecimento", a teor do parágrafo único do art. 744.

Note-se, pois, que o conhecimento de transporte, a par de ser um título que acautela os direitos do remetente, também traduz obrigações a ele impostas, especialmente as que decorrem de quebra da boa-fé objetiva, quando presta informações falsas ou imprecisas[14].

"Em caso de informação inexata ou falsa descrição no documento a que se refere o artigo antecedente", dispõe o art. 745 do CC/2002, "será o transportador indenizado pelo prejuízo que sofrer, devendo a ação respectiva ser ajuizada no prazo de cento e vinte dias, a contar daquele ato, sob pena de decadência".

Trata-se, inequivocamente, de responsabilidade calcada na infração ao dever de informar, dever anexo ou de proteção, oriundo da cláusula geral de boa-fé objetiva.

Caso seja descumprido este dever, o transportador fará jus à indenização.

Até aí, tudo bem.

O problema está na estipulação de prazo decadencial de 120 dias para se formular a pretensão indenizatória.

Não é correta esta opção do legislador, em nosso sentir.

Pretensão indenizatória desafia prazo prescricional, e não decadencial, referente, este último, apenas a direitos potestativos.

No caso, todavia, de maneira anômala e um tanto atécnica, estabelece o legislador uma situação especial de prazo decadencial dentro do qual se pode formular pleito indenizatório. Note-se, mais uma vez, que a redibição do contrato — esta sim podendo desa-

---

13 VELOSO, Zeno, ob. cit., p. 671-2.

14 Além disso, o conhecimento firma a legitimidade de terceiro, desde que o apresente endossado, visando à retirada da coisa. Art. 754 do CC/2002: "As mercadorias devem ser entregues ao destinatário, ou a quem apresentar o conhecimento endossado, devendo aquele que as receber conferi-las e apresentar as reclamações que tiver, sob pena de decadência dos direitos. Parágrafo único. No caso de perda parcial ou de avaria não perceptível à primeira vista, o destinatário conserva a sua ação contra o transportador, desde que denuncie o dano em dez dias a contar da entrega".

fiar prazo decadencial — não se poderia confundir com a pretensão compensatória, mas a opção do legislador foi a de estabelecer prazo único, de natureza decadencial.

Registre-se, nesse diapasão, que norma posterior — a recente Lei n. 11.442, de 5 de janeiro de 2007 — estabeleceu, especificamente para os contratos de transporte rodoviário de carga, com maior rigor terminológico, em seu art. 18:

> "Art. 18. Prescreve em 1 (um) ano a pretensão à reparação pelos danos relativos aos contratos de transporte, iniciando-se a contagem do prazo a partir do conhecimento do dano pela parte interessada".

Tratando-se de regra especial, não revoga a regra geral do Código Civil brasileiro vigente, que é aplicável às demais modalidades de transporte de coisas, no que diz respeito aos danos decorrentes de informação inexata ou falsa descrição dos objetos a serem transportados.

E a pergunta que não quer calar é: qual é a natureza e o prazo para as postulações reparatórias de danos em contrato de transporte, que não sejam decorrentes de informação inexata ou falsa descrição das coisas transportadas?

Depois de tudo quanto exposto, a resposta nos parece clara.

Sendo a postulação reparatória de natureza condenatória, o prazo para o exercício de tal pretensão será sempre prescricional.

E o lapso temporal, na falta de regra específica, é o genérico de 3 (três) anos, previsto no art. 206, § 3º, V, do CC/2002.

É, salvo melhor juízo, o entendimento que conseguimos ter sobre a matéria.

Por outro lado, não haverá direito à indenização se o transportador recusar a coisa cuja embalagem esteja inadequada, bem como a que possa pôr em risco a saúde das pessoas, ou danificar o veículo e outros bens (art. 746 do CC/2002).

Trata-se, aliás, de uma obrigação legal do transportador, pois a sua atividade profissional não poderá, em nenhuma hipótese, pôr em risco a saúde e a segurança das pessoas ou bens envolvidos, sob pena de responsabilização civil e criminal.

No âmbito civil, repita-se, exerce ele uma atividade de risco, que justifica a dispensabilidade do elemento culpa para a imposição do dever de indenizar. E tal dever lhe é imposto não apenas quando causa prejuízo ao consumidor, que o contrata, mas também aos seus empregados ou a terceiros atingidos pela relação de consumo, equiparados aos consumidores, denominados *bystanders* (art. 17 do CDC).

Na mesma linha, e visando especialmente à preservação da ordem pública, a teor do art. 747 do Código Civil, o transportador deverá obrigatoriamente recusar a coisa cujo transporte ou comercialização não sejam permitidos, a exemplo de bens contrabandeados, ou que venha desacompanhada dos documentos exigidos por lei ou regulamento (como as mercadorias introduzidas no país mediante sonegação fiscal, caracterizando o crime de descaminho).

Ainda no que tange à responsabilidade civil — e observe o leitor como o legislador é severo com o transportador, consagrando diversos dispositivos para regular a sua responsabilidade —, duas outras importantes questões merecem ser enfrentadas.

Dispõe o art. 750 do CC/2002 que a responsabilidade do transportador é limitada ao valor constante do conhecimento, começando no momento em que ele, ou seus prepostos, recebe a coisa, e terminando quando é entregue ao destinatário, ou depositada em juízo, se aquele não for encontrado.

Quanto ao início e ao término da responsabilidade, nada temos a opor.

Todavia, limitar o alcance indenizatório ao valor constante do título pode não se afigurar justo nem, muito menos, razoável. Isso porque o prejuízo do contratante pode superar o teto estipulado no conhecimento, especialmente se tiver sofrido dano moral.

Argumentar-se que simplesmente "aceitou" o teto constante no documento, assumindo o risco de experimentar prejuízo a maior, é, em nosso sentir, à luz dos princípios da função social do contrato e da boa-fé objetiva, inaceitável!

Sobretudo se considerarmos que o transporte, geralmente, é pactuado sob a forma de contrato de adesão...

Registre-se, porém, que o Superior Tribunal de Justiça, modificando posicionamentos anteriores, firmou entendimento de que, para viagens internacionais, é possível tal limitação, pela aplicação da Convenção de Varsóvia[15].

---

[15] Confira-se:

"Terceira Turma revê decisão sobre extravio de bagagem para ajustar jurisprudência à interpretação do STF

A Terceira Turma do Superior Tribunal de Justiça (STJ), em juízo de retratação, reconheceu a possibilidade de limitação da indenização referente ao extravio de bagagem ou mercadorias em transporte aéreo internacional de passageiros, com base na Convenção de Varsóvia, e assim modificou o resultado de ação indenizatória.

A retratação decorre do julgamento do Recurso Extraordinário 636.331, em novembro de 2017, no qual o Supremo Tribunal Federal (STF) decidiu, com repercussão geral, que as normas e os tratados internacionais que limitam a responsabilidade das transportadoras aéreas de passageiros, especialmente as Convenções de Varsóvia e Montreal, prevalecem em relação ao Código de Defesa do Consumidor (CDC).

Segundo o relator na Terceira Turma, ministro Marco Aurélio Bellizze, como as decisões proferidas anteriormente pelo STJ adotaram posições contrárias à interpretação do STF – afastando a indenização tarifada e prestigiando a aplicação do CDC para determinar a reparação integral do dano –, tem sido necessário rever esses julgados para ajustá-los ao entendimento da Suprema Corte.

Antinomia

'A antinomia aparente se estabelecia entre o artigo 14 do Código de Defesa do Consumidor, o qual impõe ao fornecedor do serviço o dever de reparar os danos causados, e o disposto no artigo 22 da

Finalmente, vale anotar ainda que, em caso de transporte cumulativo, como visto, todos os transportadores responderão solidariamente pelo dano causado perante o remetente, ressalvada a apuração final da responsabilidade entre eles, de modo que o ressarcimento recaia, por inteiro, ou proporcionalmente, naquele ou naqueles em cujo percurso houver ocorrido o dano (art. 756 do CC/2002).

Por transporte cumulativo, vimos linhas acima, entende-se aquele em que vários transportadores efetuam o deslocamento em determinado trecho ou percurso, por terra, mar ou ar.

O art. 756, ao estabelecer a responsabilidade solidária entre os transportadores, nada mais fez do que reproduzir o comando normativo geral constante do art. 942[16], agregando algumas especificidades.

Deixou claro, por exemplo, que, embora qualquer dos transportadores possa ser demandado pela vítima do dano para a cobrança de toda a dívida — dada a existência de solidariedade passiva —, a responsabilidade de cada um, no âmbito da relação jurídica interna que os une, em sede de ação regressiva, deverá considerar a atuação isolada de cada coobrigado, em cada trecho de ocorrência do dano.

Exemplo: imagine que você contrate um pacote turístico em que haja transportes cumulativos — trechos pelo ar, pelo mar e por terra. Pois bem. Ocorrido um dano em seu trecho terrestre, você poderá demandar qualquer dos transportadores, mas aquele que pagou terá ação regressiva contra o codevedor efetivamente causador do dano (transportador terrestre). Se dois ou mais transportadores concorreram para o dano, repartirão entre si o ônus, em face daquele que indenizou a vítima.

Com fundamento na doutrina pátria[17], podemos apresentar o seguinte quadro de direitos e obrigações das partes envolvidas no contrato de transporte de mercadorias:

---

Convenção de Varsóvia, introduzida no direito pátrio pelo Decreto 20.704, de 24/12/1931, que preestabelece limite máximo para o valor devido pelo transportador, a título de reparação pelos danos materiais', frisou o ministro.

Em virtude da interpretação do STF, Bellizze explicou que o recurso extraordinário que estava sobrestado retornou à Terceira Turma para adequação. O colegiado, então, decidiu, por unanimidade, afastar o CDC e aplicar o regramento previsto pelos tratados internacionais.

'Considerando, portanto, que o acórdão proferido por esta turma não está ajustado ao entendimento firmado pelo STF, deve-se proceder ao juízo de retratação a que faz referência o artigo 1.040, II, do CPC/2015', disse".

Fonte: <http://www.stj.jus.br/sites/STJ/default/pt_BR/Comunicação/noticias/Not%C3%ADcias/Terceira-Turma-revê-decisão-sobre-extravio-de-bagagem-para-ajustar-jurisprudência-à-interpretação-do-STF>. Acesso em: 2 jun. 2019.

16 CC/2002: "Art. 942. Os bens do responsável pela ofensa ou violação do direito de outrem ficam sujeitos à reparação do dano causado; e, se a ofensa tiver mais de um autor, todos responderão solidariamente pela reparação".

17 Cf., a respeito, a obra de VENOSA, Sílvio de Salvo. *Contratos em Espécie*, São Paulo: Atlas, 2001, (cap. 23), já citada.

| DIREITOS E OBRIGAÇÕES DO REMETENTE | DIREITOS E OBRIGAÇÕES DO TRANSPORTADOR |
|---|---|
| Entrega da mercadoria em condições de envio | Receber a coisa a ser transportada, no dia, hora, local e pelo modo convencionados |
| Pagamento do preço convencionado, ressalvada a hipótese de este ser adimplido pelo destinatário | Empregar total diligência no transporte da mercadoria posta sob a sua custódia |
| Acondicionamento da mercadoria | Seguir o itinerário ajustado, ressalvadas as hipóteses de caso fortuito e força maior |
| Declaração do seu valor e da sua natureza | Entregar a mercadoria ao destinatário da mesma, mediante apresentação do respectivo documento comprobatório de sua qualidade de recebedor (conhecimento de transporte) |
| Recolhimento tributário pertinente; respeito às normas legais em vigor no sentido de somente expedir mercadorias de trânsito admitido no Brasil; | Respeito às normas legais em vigor no sentido de somente transportar mercadorias de trânsito admitido no Brasil |
| Até a entrega, terá o direito de desistir do transporte, pedindo de volta a coisa, ou alterar o destinatário, arcando com as despesas devidas[18] | Desnecessidade de comunicar ao remetente a chegada da mercadoria ou de realizar a entrega em domicílio, se assim não fora convencionado (devendo tal obrigação, quando estipulada, constar também do conhecimento de transporte)[19] |

Comentando o transporte de mercadorias, SÍLVIO VENOSA lembra ainda que:

> "cabe ao transportador permitir o desembarque da mercadoria, mediante a apresentação do conhecimento, salvo se se tratar de mercadoria sujeita a transporte sob regulamentação especial ou de endossatário em penhor (art. 106 do Decreto n. 51.813/63, redação do Decreto n. 61.588/67). Cuida-se do direito de *stoppage in transitu*, ou variação do destino da carga. Se houver variação do destino, o transportador poderá pedir reajuste do frete. Se não houver acordo, cumprirá o transporte entregando a coisa no destino primitivo"[20].

Todavia, não poderá efetivar esta entrega a destino algum, caso exista causa de interrupção da viagem, devidamente demonstrada, nos termos do art. 753 do Código Civil:

> "Art. 753. Se o transporte não puder ser feito ou sofrer longa interrupção, o transportador solicitará, *incontinenti*, instruções ao remetente, e zelará pela coisa, por cujo perecimento ou deterioração responderá, salvo força maior.

---

[18] CC/2002: "Art. 748. Até a entrega da coisa, pode o remetente desistir do transporte e pedi-la de volta, ou ordenar seja entregue a outro destinatário, pagando, em ambos os casos, os acréscimos de despesa decorrentes da contraordem, mais as perdas e danos que houver".

[19] CC/2002: "Art. 752. Desembarcadas as mercadorias, o transportador não é obrigado a dar aviso ao destinatário, se assim não foi convencionado, dependendo também de ajuste a entrega a domicílio, e devem constar do conhecimento de embarque as cláusulas de aviso ou de entrega a domicílio".

[20] VENOSA, Sílvio de Salvo. *Contratos em Espécie*, São Paulo: Atlas, 2001, p. 487.

> § 1º Perdurando o impedimento, sem motivo imputável ao transportador e sem manifestação do remetente, poderá aquele depositar a coisa em juízo, ou vendê-la, obedecidos os preceitos legais e regulamentares, ou os usos locais, depositando o valor.
>
> § 2º Se o impedimento for responsabilidade do transportador, este poderá depositar a coisa, por sua conta e risco, mas só poderá vendê-la se perecível.
>
> § 3º Em ambos os casos, o transportador deve informar o remetente da efetivação do depósito ou da venda.
>
> § 4º Se o transportador mantiver a coisa depositada em seus próprios armazéns, continuará a responder pela sua guarda e conservação, sendo-lhe devida, porém, uma remuneração pela custódia, a qual poderá ser contratualmente ajustada ou se conformará aos usos adotados em cada sistema de transporte".

Chamam a nossa atenção alguns aspectos deste dispositivo.

Nota-se a possibilidade de o transportador, em não efetivando o depósito judicial, efetuar a venda da coisa transportada, caso perdure o impedimento, sem razão a si imputável, ou, ainda que o obstáculo lhe seja atribuído, caso se trate de mercadoria perecível.

Poderá, pois, vendê-la, segundo o valor razoável de mercado, depositando o preço recebido.

Toda esta providência, por óbvio, somente será possível se o remetente não se manifestar, pois, se o fizer, deverá a sua vontade prevalecer, por ser dono da coisa.

Aliás, esta alienação, a nosso ver, é medida extraordinária, supletiva, ou seja, deve o transportador, primeiramente, tentar contatar o remetente para que este se manifeste e comunique o que deve ser feito diante do impedimento; se não obtiver êxito, deverá depositar judicialmente o bem, e, não podendo fazê-lo (por falta de tempo hábil, por exemplo), deverá tentar a venda.

Temos para nós que este é o melhor entendimento, em respeito ao direito de propriedade do remetente, que poderá responsabilizar o transportador, caso experimente prejuízo, na aplicação deste dispositivo de lei.

Hipótese especial de depósito da coisa transportada vem contemplada no art. 755 do CC/2002, *in verbis*:

> "Art. 755. Havendo dúvida acerca de quem seja o destinatário, o transportador deve depositar a mercadoria em juízo, se não lhe for possível obter instruções do remetente; se a demora puder ocasionar a deterioração da coisa, o transportador deverá vendê-la, depositando o saldo em juízo".

Vê-se aqui, em dispositivo análogo ao inciso IV do art. 335 do CC/2002, claramente, que o legislador fora mais técnico ao estipular que o depósito precederá à venda da coisa.

Por fim, não esqueçamos que a coisa, depositada ou guardada nos armazéns do transportador, em virtude de contrato de transporte, rege-se, no que couber, pelas disposições relativas a depósito, a teor do disposto no art. 751 do CC/2002[21].

## 4. TRANSPORTE DE PESSOAS

*Mutatis mutandis*, poderíamos aproveitar as observações acima esposadas quanto aos direitos e obrigações das partes, aplicando-as ao transporte de pessoas.

Registre-se, apenas, o imensurável valor daquilo que se transporta: a vida humana.

Por isso mesmo é que invertemos a ordem apresentada pelo Código, para tratar, com mais ênfase, agora, do transporte de pessoas.

AGUIAR DIAS, em sua monumental obra, já advertia que, em todo o contrato de transporte de pessoas existe, implícita, uma cláusula de segurança ou de incolumidade[22].

Mesmo que o instrumento contratual não explicite, é decorrência do princípio da função social do contrato e da regra ética de boa-fé objetiva (arts. 421 e 422 do CC/2002) que o transportador tem o dever de levar o passageiro, a salvo e em segurança, até o local de destino.

A quebra desta obrigação implícita de natureza contratual impõe o reconhecimento da responsabilidade objetiva do transportador, que deverá indenizar a vítima independentemente de ter atuado ou não com dolo ou culpa.

Lembre-se, inclusive, de que o primeiro diploma brasileiro consagrador de responsabilidade civil objetiva foi, precisamente, o Decreto Legislativo n. 2.681, de 1912, referente às estradas de ferro.

Este mesmo princípio, anunciado há tantas décadas, veio previsto pelo Código de Defesa do Consumidor, que prevê a responsabilização objetiva do fornecedor de serviço (art. 14), facilitando, desta maneira, a compensação devida à vítima.

Não é demais notar que, se não bastasse a incidência do CDC, o serviço de transporte de passageiros — terrestre, marítimo ou aeronáutico — é considerado indiscutivelmente uma atividade de risco, para a qual o Código Civil prevê, também, a aplicação das regras da responsabilidade sem culpa, nos termos do parágrafo único do seu art. 927.

A disciplina específica do transporte de pessoas é feita a partir do art. 734 do Código Civil, que, harmonizando-se com a Lei do Consumidor, prevê:

> "Art. 734. O transportador responde pelos danos causados às pessoas transportadas e suas bagagens, salvo motivo de força maior, sendo nula qualquer cláusula excludente da responsabilidade.

[21] Sobre a responsabilidade do transportador de mercadorias e os seus desdobramentos na jurisprudência, convidamos o nosso leitor a consultar o Cap. XVII ("Responsabilidade Civil do Transportador") do nosso *Novo Curso de Direito Civil*, v. 3, dedicado ao estudo da Responsabilidade Civil.

[22] DIAS, Aguiar, ob. cit., v. I, p. 185.

Parágrafo único. É lícito ao transportador exigir a declaração do valor da bagagem a fim de fixar o limite da indenização".

E qual é o momento em que se inicia a responsabilidade civil do transportador?

A resposta parece óbvia: a partir do momento em que o contrato inicia a sua execução.

A observação se faz pertinente porque, em certos meios de transporte, é possível distinguir facilmente a oportunidade da celebração do contrato e o momento de sua execução. Um exemplo comumente invocado é o que ocorre nas viagens aéreas, em que o *ticket* de viagem é comprado, normalmente, com alguma antecedência. Nessas situações, somente se pode falar de responsabilidade do transportador a partir da execução do contrato.

Por outro lado, no transporte rodoviário, levando-se em consideração que a estação de ônibus não é de titularidade da transportadora, somente se pode considerar iniciada a execução com o embarque do passageiro, terminando, obviamente, com o desembarque. Nesta linha, se o passageiro, por exemplo, machuca-se por causa de uma queda no embarque ou desembarque, em função de um deslocamento brusco do veículo, caracterizada estará a responsabilidade do transportador, tendo em vista ter se iniciado a execução do contrato.

E essa obrigação de segurança é tão importante que somente será ilidida em situações excepcionais de quebra do nexo causal, não eximindo o transportador pelo fato de terceiro, nos termos da Súmula 187 do STF:

> "A responsabilidade contratual do transportador, pelo acidente com o passageiro, não é elidida por culpa de terceiro, contra o qual tem ação regressiva".

Tal preceito vem agora reproduzido pelo art. 735 do Código de 2002:

> "Art. 735. A responsabilidade contratual do transportador por acidente com o passageiro não é elidida por culpa de terceiro, contra o qual tem ação regressiva".

Imagine-se, por exemplo, que um ex-empregado da companhia de viação, visando a prejudicar seu antigo patrão, resolva folgar alguns componentes da roda do ônibus, causando grave acidente. Em tal caso, não poderá o proprietário da empresa alegar fato de terceiro para se eximir da obrigação de indenizar.

Assim, poderíamos concluir que apenas a culpa exclusiva da vítima ou a ocorrência de evento fortuito excluiriam o dever de indenizar.

Lembre-se, ademais, que somente o fortuito externo tem o condão de eximir o transportador, o mesmo não acontecendo na hipótese de fortuito interno.

Nesse sentido, observa CARLOS ROBERTO GONÇALVES:

> "Somente o fortuito externo, isto é, a causa ligada à natureza, estranha à pessoa do agente e à máquina, exclui a responsabilidade deste em acidente de veículos. O fortuito

> interno, não. Assim, tem-se decidido que o estouro de pneus, a quebra da barra de direção, o rompimento do 'burrinho' dos freios e outros defeitos mecânicos em veículos não afastam a responsabilidade do condutor, porque previsíveis e ligados à máquina"[23].

Questão interessante diz respeito ao assalto ocorrido durante o transporte.

Em nossa opinião, seria por demais injusto impor à companhia transportadora o ônus de assumir a obrigação de indenizar os passageiros pelo roubo ocorrido, do qual também foi vítima, ainda mais em se considerando ser do Estado o dever constitucional de garantir a todos a segurança pública.

Ressalve-se, apenas, a situação delituosa para a qual contribuiu a própria companhia transportadora, em virtude da atuação desidiosa ou negligente do seu preposto (que parou o ônibus ou atracou a embarcação em local inseguro, por exemplo).

Seguindo esta mesma linha de raciocínio, CARLOS ROBERTO GONÇALVES pontifica:

> "Pode-se afirmar, malgrado as divergências apontadas, que são encontradas na jurisprudência, em maior número, decisões no sentido de que o assalto à mão armada no interior de ônibus, embora se pudesse ter meios de evitá-lo, equipara-se ao caso fortuito, assim considerado o fato imprevisível, que isenta de responsabilidade o transportador, ao fundamento, especialmente, de que o dever de prestar segurança pública ao passageiro é do Estado, mercê do art. 144 da Constituição Federal, não se podendo transferi-lo ao transportador"[24].

Nesse ponto, cumpre-nos indagar acerca da responsabilidade do transportador pelo dano causado a seus prepostos.

Em tal caso, estaremos diante de um acidente de trabalho, em que, como visto, a responsabilidade civil do empregador será, em regra, subjetiva, salvo a caracterização da atividade como de risco habitual, para efeito de incidência da regra do parágrafo único do art. 927 do CC/2002, questão sobremaneira controvertida.

Outro ponto digno de realce diz respeito à responsabilidade do transportador em face de pedestres.

Um acidente, muitas vezes, não atinge apenas os passageiros, mas também os transeuntes, vale dizer, pessoas que não mantinham relação contratual com a companhia transportadora.

Em relação ao passageiro, conforme já vimos, no momento em que ele adquire o bilhete, ou recebe o e-mail de confirmação de aquisição da passagem, o contrato já está perfectibilizado.

Claro está, portanto que, em relação ao passageiro, a responsabilidade do transportador é contratual e objetiva, regida pelas normas do Código de Defesa do Consumidor.

[23] GONÇALVES, Carlos Roberto. *Responsabilidade Civil*, 19. ed., São Paulo: Saraiva, 2020, p. 293.

[24] GONÇALVES, Carlos Roberto. *Responsabilidade Civil*, 19. ed., São Paulo: Saraiva, 2020, p. 293.

Mas e quanto ao terceiro?

Imagine, apenas a título de ilustração, que o ônibus, por desídia do motorista que dormiu ao volante, causou grave acidente ferindo passageiros e atropelando pedestres. Como ficaria, afinal, a situação destes últimos?

Em nosso pensamento, trata-se de situação de responsabilidade civil aquiliana, também de natureza objetiva, por considerarmos o terceiro, vítima do evento, equiparado ao passageiro/consumidor, nos termos do art. 17 do CDC.

CAVALIERI lembra, ainda, que, em se tratando de transporte público, explorado por concessionários ou permissionários do serviço, a própria Constituição Federal, em seu art. 37, § 6º, estabelece a responsabilidade sem culpa do transportador[25].

Gostaríamos de registrar, apenas, o fato de que, muitas vezes, o próprio pedestre é o único responsável pelo evento fatídico.

Pesa reconhecer que a população exige do Poder Público a construção de passarelas sobre movimentadas rodovias, e, uma vez concluída a obra, inúmeros transeuntes insistem, de forma leviana e injustificável, em arriscar as próprias vidas, passando por baixo da construção. Muitos demonstram, inclusive, certo prazer mórbido em se esquivar dos veículos.

Em tais casos, desde que não haja concorrência de culpa do motorista, entendemos que o pedestre/vítima não terá direito a indenização alguma — nem, muito menos, a sua família — se o dano decorreu exclusivamente de sua atuação culposa, por estar configurada uma excludente de responsabilidade civil, genericamente disciplinada em nosso ordenamento jurídico.

Finalmente, deve-se notar que a obrigação de transporte do passageiro implica a necessidade de se guardar o mesmo dever de cautela em face de sua bagagem e, principalmente, de se observar o itinerário proposto, sob pena de o condutor ser responsabilizado.

Em relação à mudança de itinerário, se esta se der por motivo de força maior, o transportador não poderá ser responsabilizado, nos termos do art. 737. Imagine, por exemplo, que, em uma viagem aérea, o comandante da aeronave (sua autoridade máxima) decida alterar a rota, por força de uma tempestade, sendo forçado a pousar em uma cidade distante daquela traçada como destino no plano de voo...

Em tal hipótese, não podemos pretender responsabilizar a companhia aérea, em virtude de a medida haver sido tomada em atenção à incolumidade dos passageiros e da tripulação.

Por outro lado, a pessoa transportada também deve "sujeitar-se às normas estabelecidas pelo transportador, constantes no bilhete ou afixadas à vista dos usuários, abstendo-se de quaisquer atos que causem incômodo ou prejuízo aos passageiros, danifiquem o veículo, ou dificultem ou impeçam a execução normal do serviço", nos termos

[25] CAVALIERI FILHO, Sérgio. *Programa de Responsabilidade Civil*, 2. ed., São Paulo: Malheiros, 2000, p. 210.

do art. 738, evitando conduta incompatível com a saúde, segurança e sossego dos outros passageiros. Interessante mencionar que neste dispositivo o legislador previu um redutor indenizatório, caso tenha havido culpa concorrente da própria vítima do evento:

> "Parágrafo único. Se o prejuízo sofrido pela pessoa transportada for atribuível à transgressão de normas e instruções regulamentares, o juiz reduzirá equitativamente a indenização, na medida em que a vítima houver concorrido para a ocorrência do dano".

Trata-se de uma aplicação específica da regra genérica sobre responsabilidade civil, prevista no art. 945 do CC/2002:

> "Art. 945. Se a vítima tiver concorrido culposamente para o evento danoso, a sua indenização será fixada tendo-se em conta a gravidade de sua culpa em confronto com a do autor do dano".

Cuidados especiais devem ser tomados, ainda, no que tange à admissão de alguns passageiros cuja situação pessoal possa pôr em risco a saúde ou a segurança dos demais.

O próprio Código Civil cuidou de estabelecer em seu art. 739 uma regra aparentemente discriminatória, mas que, em verdade, visa salvaguardar um interesse público superior:

> "Art. 739. O transportador não pode recusar passageiros, salvo os casos previstos nos regulamentos, ou se as condições de higiene ou de saúde do interessado o justificarem".

A título apenas de exemplo, lembre-se de que passageiros portadores de doenças infectocontagiosas, transmissíveis pelo ar, não devem viajar em aparelhos utilizados por outras pessoas.

Tal medida visa à proteção dos usuários desses serviços de transporte.

Na mesma linha, passageiros armados não podem ser admitidos em transportes de uso coletivo, especialmente as aeronaves.

Em nossa opinião, mesmo com o devido porte legal de arma, ressalvada a hipótese de condução especial de preso ou missão especialmente autorizada, a arma, a critério do comandante (autoridade máxima), deve ser transportada desmuniciada, em compartimento de carga.

Tais medidas afiguram-se sobremaneira importantes nos dias que correm, em que os atentados terroristas tornaram-se comuns em alguns meios de transporte — especialmente o aéreo — em alguns Estados do mundo.

## 5. TRANSPORTE GRATUITO

Questão interessante, amplamente discutida na doutrina e jurisprudência, diz respeito ao denominado transporte gratuito.

Na mais restrita acepção do termo, gratuito somente poderá ser considerado o transporte de mera cortesia, ou seja, a carona desinteressada, por amizade ou outro sentimento íntimo.

Nesse sentido, o art. 736 do Código de 2002, sem correspondente no Código anterior:

> "Art. 736. Não se subordina às normas do contrato de transporte o feito gratuitamente, por amizade ou cortesia.
>
> Parágrafo único. Não se considera gratuito o transporte quando, embora feito sem remuneração, o transportador auferir vantagens indiretas".

Pela dicção da norma, podemos vislumbrar duas situações juridicamente distintas:

a) o transporte propriamente gratuito ou de mera cortesia (previsto no ***caput*** do artigo sob comento) — neste caso, havendo acidente e dano causado ao tomador da carona, entendemos dever ser aplicado o sistema de regras da responsabilidade aquiliana do Código Civil, o que significa dizer que o juiz, nos termos do art. 186, deverá perquirir a culpa (em sentido lato) do condutor para efeito de lhe impor a obrigação de indenizar. Não concordamos, data vênia, com o entendimento de que apenas o dolo ou a culpa grave autorizariam a obrigação de indenizar (Súmula 145 do STJ), sobretudo pelo fato de o Código Civil vigente não estabelecer esta restrição. Ademais, também negamos a natureza contratual da relação jurídica travada entre condutor e "caronista", pela idêntica razão de não encontrar respaldo legal. Trata-se, pois, a carona em si, de um ato jurídico não negocial que, se causar dano ao passageiro por má atuação do condutor, poderá se converter em ato ilícito. Exemplo: passando pela rua, um amigo pede carona. Momentos depois, o veículo tomba desgovernado, com danos ao condutor e ao passageiro. Neste caso, o primeiro poderá ser responsabilizado se houver prova de haver atuado com dolo ou culpa (art. 186 do CC). Note-se que o art. 736 do Código refere expressamente não serem aplicáveis as regras do contrato de transporte para esta hipótese;

b) transporte interessado, sem remuneração direta (parágrafo único do artigo sob comento) — diferentemente, neste caso, o condutor, posto não seja diretamente remunerado, experimenta vantagem indireta, à custa do conduzido. Imagine, por exemplo, um representante de vendas que "faz questão de levar o seu cliente" até o seu *stand*. Ocorrendo um abalroamento lesivo no caminho, o transportador poderá ser responsabilizado, segundo as regras de responsabilidade civil contratual, inferidas do sistema de Defesa do Consumidor. Trata-se de um acidente de consumo, gerador de responsabilidade civil objetiva. Aliás, uma vez que, neste caso, deverão ser aplicadas as regras do contrato de transporte, cumpre-nos lembrar a incidência da cláusula de segurança, impondo a obrigação de levar o passageiro ao seu destino, são e salvo. Veja, portanto, que, em se tratando de transporte interessado, a responsabilização do transportador é mais facilitada.

Finalmente, é bom que se diga que o transporte clandestino não encontra amparo legal, e qualquer acidente que venha a ocorrer em virtude desse tipo de transporte deverá ser juridicamente suportado pela vítima.

É o caso do sujeito que sofre grave lesão por adentrar sorrateiramente no compartimento de cargas de um navio.

Atuou com culpa exclusiva, não cabendo direito a indenização.

Caso venha a falecer, não poderão, pelas mesmas razões expostas, os seus familiares, pleitear indenização.

De clareza meridiana e fácil intelecção é o art. 741 do Código Civil, que dispõe:

> "Art. 741. Interrompendo-se a viagem por qualquer motivo alheio à vontade do transportador, ainda que em consequência de evento imprevisível, fica ele obrigado a concluir o transporte contratado em outro veículo da mesma categoria, ou, com a anuência do passageiro, por modalidade diferente, à sua custa, correndo também por sua conta as despesas de estada e alimentação do usuário, durante a espera de novo transporte".

Trata-se de comando normativo que traduz a obrigação de resultado derivada deste tipo de contrato. Ainda que a viagem se frustre por motivo alheio à sua vontade, deve o transportador contar com a logística necessária para a consumação do fim a que se propôs, sob pena de responsabilidade. É o que ocorre, com frequência, nos aeroportos do Brasil, quando, diante de atrasos ou cancelamentos de voo, os passageiros são alocados em outras aeronaves, ou recebem *vouchers* para estada em hotel, aguardando acomodação. Todo esse custo faz parte da atividade do transportador, que não poderá repassá-lo ao usuário do serviço.

Por outro lado, efetivado o transporte, terá "direito de retenção sobre a bagagem de passageiro e outros objetos pessoais deste, para garantir-se do pagamento do valor da passagem que não tiver sido feito no início ou durante o percurso" (art. 742). Trata-se de direito contemplado na própria lei, semelhante — posto não idêntico, por lhe faltar natureza real — ao penhor legal previsto no art. 1.467, I, do CC/2002[26].

Configura, portanto, uma modalidade de autodefesa, de forma a garantir o adimplemento da contraprestação fixada na relação contratual estabelecida. Vale destacar que o contrato de transporte de bagagens é acessório ao contrato de transporte de pessoas, pois o viajante, ao comprar a sua passagem, assegura o direito de transportar consigo as suas malas, ainda que se estabeleçam limites razoáveis para tal transporte.

---

[26] CC/2002: "Art. 1.467. São credores pignoratícios, independentemente de convenção: I — os hospedeiros, ou fornecedores de pousada ou alimento, sobre as bagagens, móveis, joias ou dinheiro que os seus consumidores ou fregueses tiverem consigo nas respectivas casas ou estabelecimentos, pelas despesas ou consumo que aí tiverem feito; II — o dono do prédio rústico ou urbano, sobre os bens móveis que o rendeiro ou inquilino tiver guarnecendo o mesmo prédio, pelos aluguéis ou rendas".

## 6. EXTINÇÃO DO CONTRATO DE TRANSPORTE

Além dos meios comuns de dissolução do contrato, já exaustivamente analisados ao longo desta obra (resolução, resilição ou rescisão), o contrato de transporte se extingue, natural e simplesmente, pela consumação da sua finalidade, ou seja, por meio da sua execução.

Todavia, merece a nossa atenção o importante art. 740, que, em seu *caput*, admite que o passageiro possa dissolver "o contrato de transporte antes de iniciada a viagem, sendo-lhe devida a restituição do valor da passagem, desde que feita a comunicação ao transportador em tempo de ser renegociada".

Não há um prazo mínimo estabelecido em lei para esta renegociação, razão por que, em face do silêncio do legislador, entendemos que poderá ocorrer até antes do embarque. Obviamente que não poderá se dar depois, como se dá com o "no *show*" (passageiro que, sem prévio aviso, não comparece ao seu embarque).

Admite, outrossim, o § 1º, que o passageiro possa "desistir do transporte, 'mesmo depois de iniciada a viagem, sendo-lhe devida a restituição do valor correspondente ao trecho não utilizado, desde que provado que outra pessoa haja sido transportada em seu lugar'", pois se fosse dado ao transportador reter o valor da passagem caracterizaria enriquecimento ilícito.

Não terá, entretanto, "direito ao reembolso do valor da passagem o usuário que deixar de embarcar, salvo se provado que outra pessoa foi transportada em seu lugar, caso em que lhe será restituído o valor do bilhete não utilizado" (§ 2º). Note-se que, nesta hipótese, o passageiro não cuidou de desistir, avisando ao transportador, e, ainda assim, outra pessoa viajou em seu lugar, caso em que terá direito ao reembolso.

Em conclusão, dispõe o § 3º: "nas hipóteses previstas neste artigo, o transportador terá direito de reter até cinco por cento da importância a ser restituída ao passageiro, a título de multa compensatória".

E aqui, diante deste dispositivo, de aplicação direta ao mercado de consumo, por ausência de disposição igual ou semelhante no CDC, perguntamos: não deveria o transportador aéreo seguir esta norma?

Isso porque, muitas vezes, o reembolso do passageiro dá-se mediante crédito de outro trecho aéreo, o que nem sempre pode se afigurar justo ou, até mesmo, lhe interessar.

# XXXVIII SEGURO

## 1. CONCEITO

Inicialmente, cumpre-nos observar que a análise a ser empreendida neste capítulo diz respeito ao seguro de natureza contratual, ou seja, pactuado livremente entre segurado e segurador.

Preocupamo-nos em tecer este esclarecimento porque, com o incremento tecnológico e a banalização cotidiana das situações de risco, especialmente nas grandes cidades do mundo, o seguro ganhou tamanha importância, e tal é a necessidade social em face desse instituto que, hoje, tornou-se difundido o seguro legal obrigatório de automóveis (DPVAT), sem mencionar a existência de um verdadeiro direito securitário regulador de certas relações travadas no âmbito da Previdência Social.

Por isso, deve o profissional do direito redobrar a sua atenção quando fizer menção à palavra "seguro", pois, em verdade, dada a sua dimensão semântica multifacetada, o mesmo significante pode conduzir a mais de um significado.

No entanto, conforme dissemos acima, considerando o propósito desta obra, cuidaremos aqui, simplesmente, do contrato de seguro.

Conceitualmente, podemos defini-lo como o negócio jurídico por meio do qual, mediante o pagamento de um prêmio, o segurado, visando a tutelar interesse legítimo, assegura o direito de ser indenizado pelo segurador em caso de consumação de riscos predeterminados.

Nesse sentido, preceitua o *caput* do art. 757 do Código Civil:

> "Art. 757. Pelo contrato de seguro, o segurador se obriga, mediante o pagamento do prêmio, a garantir interesse legítimo do segurado, relativo a pessoa ou a coisa, contra riscos predeterminados".

Visa, pois, o contrato de seguro, a acautelar interesse do segurado, em caso de sinistro, obrigando-se, para tanto, o segurador, ao pagamento de uma indenização cujos critérios de mensuração são previamente estabelecidos pelas próprias partes.

Difícil imaginar a nossa vida moderna sem este contrato.

Afinal, especialmente no atual cenário urbano, o perigo nos acompanha em todos os momentos: ao sairmos de casa e entrarmos no elevador do nosso prédio, correndo o risco de este não estar no mesmo nível do piso; persegue-nos, ainda, quando vamos até a quadra vizinha pegar o nosso carro, ou, até mesmo, quando pretendemos visitar o nosso amor, em outra cidade, de ônibus, navio ou avião.

Em todos os momentos, portanto, o risco se faz presente, e os seus contornos e matizes ficam cada vez mais nítidos em uma sociedade marcada pelo avanço tecnológico e pela imprevisão institucionalizada.

Por isso mesmo, o pleno conhecimento das regras codificadas permite uma visão abrangente do tema, mas nunca exaustiva, uma vez que há uma enorme gama de seguros regidos por leis próprias, o que é reconhecido pelo próprio diploma civil, conforme se verifica do seu art. 777 do CC/2002[1].

E, dada a multiplicação incessante de situações de risco, típico aspecto de uma sociedade de massa, o seguro, hoje, concretiza-se, principalmente, por meio de contratos de adesão.

Por isso mesmo, parece-nos que, antes de expressar a natureza jurídica e apontar as principais características deste contrato, faz-se mister tecer algumas rápidas palavras sobre seus princípios reguladores.

Vamos a eles.

## 2. PRINCÍPIOS REGULADORES

Mesmo reconhecendo que o contrato de seguro se instrumentaliza, na esmagadora maioria das vezes, como um contrato de adesão, uma importante observação, neste ponto, urge ser feita.

Dois princípios fundamentais regem o contrato de seguro: o princípio do mutualismo e o princípio da boa-fé.

O princípio da boa-fé traduz uma regra impositiva de eticidade na relação negocial derivada do contrato de seguro.

E isso significa não apenas que as partes devem conduzir-se de maneira leal, mas, também, que ao intérprete impõe-se, na análise das cláusulas contratuais, o dever de extrair as conclusões mais condizentes com este princípio.

Sem dúvida, mais do que em qualquer outro contrato, no seguro, dada a sua vulnerabilidade diante de fraudes, a confiança recíproca — a boa-fé (objetiva e subjetiva) — se faz obrigatória, sob pena de total desvirtuamento jurídico da finalidade social de suas normas.

---

[1] CC/2002: "Art. 777. O disposto no presente Capítulo aplica-se, no que couber, aos seguros regidos por leis próprias". Entre esses seguros regidos por leis próprias, podemos destacar a Lei n. 6.194, de 19-12-1974 (que dispõe sobre Seguro Obrigatório de Danos Pessoais causados por veículos automotores de via terrestre, ou por sua carga, a pessoas transportadas ou não), bem como a Lei n. 6.704, de 26-10-1979, que dispõe sobre o seguro de crédito à exportação e dá outras providências; a Lei n. 6.317, de 22-12-1975, que dispõe sobre a contratação de seguros sem exigências e restrições previstas na Lei n. 4.594, de 29-12-1964; e a Lei n. 8.374, de 30-12-1991, que dispõe sobre o Seguro Obrigatório de Danos Pessoais causados por embarcações ou por sua carga, e dá outras providências.

Lembra-nos, nesse particular, FRANÇOIS EWALD, filósofo assistente de MICHEL FOUCAULT no Collège de France:

> "É interessante notar, a propósito, que esta ideia de confiança, esta construção de si mesmo como tendo capacidade, tendo possibilidade de viver em confiança, esta relação entre alguém e os outros, constitui um bem que é a condição de todos os outros bens. Podemos dizer que a confiança é um bem soberano, um bem primordial".

E conclui:

> "Assim, localizado o seguro neste universo da confiança, podemos nos questionar sobre quais são as instituições que nos permitem, quais são as instituições por meio das quais, dentro da nossa cultura, procuramos obter este bem que é a confiança".

E, em seguida, neste belo trabalho, o autor enumera quais seriam essas "instituições": a filosofia, a ciência, a religião, asseverando que o seguro, na história do ocidente, como "produtor de confiança" encontra assento ao lado dessas grandes "instituições"[2].

Posteriormente, retornaremos ao estudo da confiança, quando nos dedicarmos, em tópico próprio, ao estudo da boa-fé aplicada ao contrato de seguro[3].

Já o mutualismo requer, desde já, esclarecimento de nossa parte, para facilitar a compreensão conceitual do seguro.

O objeto desse contrato é, como já comentado, o risco transferido ao segurador, com o propósito de resguardar interesse legítimo do segurado. No entanto, a viabilidade jurídica e econômica dessa atividade somente é possível em virtude da base mutuária do seguro, ou seja, da concorrência de um número mínimo de segurados que, por meio de seus aportes financeiros, garantem a solvabilidade do sistema.

Nesse sentido, observa SÍLVIO VENOSA:

> "Tecnicamente, só se torna possível quando o custeio é dividido entre muitas pessoas, por número amplo de segurados. Embora o contrato de seguro seja negócio jurídico isolado e autônomo entre segurador e segurado, somente se torna viável se existe base mutuária para custeá-lo, e um amplo número de segurados. Cabem à ciência atuária o exame estatístico e o cálculo de seguros de determinado segmento social. São feitos cálculos aproximados dos sinistros que ordinariamente ocorrem, efetuando-se complexos estudos de probabilidade. O mutualismo constitui a base do seguro"[4].

Em outras palavras, mediante sofisticados cálculos matemáticos, a atividade securitária somente se torna viável se concorrer um número mínimo predeterminado de

---

[2] EWALD, François. *Risco, Sociedade e Justiça. II Fórum de Direito do Seguro*, edição patrocinada pelo IBDS — Instituto Brasileiro de Direito do Seguro, São Paulo: BEI, 2001, p. 27-42.

[3] Confira-se o tópico 7 ("A Boa-Fé e o Contrato de Seguro") deste capítulo.

[4] VENOSA, Sílvio de Salvo. *Contratos em Espécie*, v. III, São Paulo: Atlas, 2001, p. 377.

segurados, levando-se em conta, nesta análise, em especial, o perfil socioeconômico de cada um.

Todavia, se a base mutuária for deficitária ou insuficiente o sistema entrará em colapso.

Compreendida esta premissa, analisemos a natureza jurídica do seguro.

## 3. NATUREZA JURÍDICA

O contrato de seguro, aqui novamente entendido como a figura pactuada livremente entre segurado e segurador (abstraídas, portanto, as modalidades de seguro obrigatório), tem típica natureza negocial.

No entanto, a liberdade volitiva característica de outros negócios — pactuados entre partes iguais (paritários) — aqui não é normalmente notada, pois, como já afirmado, o seguro é concretizado, nos dias de hoje, na esmagadora maioria das vezes, por meio da técnica de contratação em massa notoriamente conhecida como contrato de adesão.

Em tal técnica de formação no contrato de seguro, não se tem, pois, ampla liberdade na estipulação do conteúdo do negócio, uma vez que o segurado, ao optar por determinada companhia de seguro — e a esta "opção", basicamente, está reservada a sua liberdade! — adere à proposta de contratar que lhe é apresentada, sem a possibilidade de mudança de fundo das cláusulas contratuais.

Ou aceita, ou não contrata!

E, tamanha é a vulnerabilidade do segurado, no momento desta contratação, por conta da limitação em sua manifestação volitiva, que, atualmente, é possível pactuar-se o seguro, simplesmente, anuindo a uma cartilha apresentada (formulário), pela via impressa ou eletrônica, ou, até mesmo, por telefone ou fax.

Em verdade, consoante dissemos acima, esta desoxigenação de sua autonomia negocial justifica-se pela própria necessidade social de contratação em massa, impeditiva da celebração paritária de contratos deste matiz.

No entanto, isso não significa, obviamente, a legitimação do abuso de poder econômico, rechaçado pelo próprio sistema, que cuidou de consagrar princípios supranegociais, a exemplo da função social do contrato e da boa-fé objetiva, insculpidos não apenas no Código Civil, mas também no Código de Defesa do Consumidor, e umbilicalmente conectados ao superior (e matricial) princípio da dignidade da pessoa humana, com assento constitucional.

Em conclusão, temos que é característica marcante do contrato de seguro a sua celebração por meio da técnica de adesão, devidamente contida por superiores princípios de raiz constitucional e por normas de ordem pública, visando a coibir o abuso de poder econômico.

Além disso, nada impede o estabelecimento, ainda que em situações excepcionais, de modalidades personalizadas do contrato de seguro, com discussão especializada de cláusulas (o que deve elevar sobremaneira os valores exigidos), como, por exemplo, artistas e esportistas que celebram contratos de seguro para partes de suas características físicas marcantes, como voz, pernas e até mesmo nádegas.

Compreendida e reafirmada a natureza contratual do seguro, ainda que normalmente estipulado sob a técnica de adesão, vale enunciar, em separado, suas demais características.

## 4. CARACTERÍSTICAS

Além da circunstância de o contrato de seguro ser estabelecido normalmente sob a modalidade de contrato de adesão, outras características podem ser destacadas.

O seguro, contrato típico e nominado, é também contrato bilateral, com obrigações para ambos os contratantes, embora o sinalagma não se manifeste com tamanha nitidez, consoante analisaremos em tópico posterior[5].

É contrato oneroso, pois ao benefício proporcionado corresponde um sacrifício patrimonial.

Embora tradicionalmente seja considerado aleatório, pois visa a resguardar interesse jurídico do segurado, que pode eventualmente vir a não sofrer dano algum pela não consumação do sinistro, um importante esclarecimento deve ser feito: esta incerteza prestacional diz respeito ao risco (acontecimento incerto, que pode não se concretizar), e não à expectativa do recebimento do prêmio pelo segurador, obrigação contratual imposta ao segurado.

Trata-se, de certa maneira, de uma forma contratual que pode ser enquadrada juridicamente na modalidade *emptio spei*, prevista no art. 458 do CC/2002[6], em que o contratante assume o risco de não vir a ganhar coisa alguma, deixando à sorte propriamente dita o resultado da sua contratação.

Ademais, esta álea de incerteza (no pagamento da indenização em caso de sinistro) não chega a gerar insegurança jurídica para a atividade securitária, pois, em virtude dos precisos cálculos atuariais que realiza, o segurador tem, em altíssima margem de acerto, uma projeção antecipada do número de sinistros que ocorrerão, em determinada localidade, em certo período de tempo. Cuida-se, pois, nesse enfoque, de uma atividade relativamente segura para o segurador.

Por outro lado, a incerteza do pagamento da indenização, no caso de sinistro, é uma álea suportada com naturalidade pelo segurado, uma vez que não é razoável imaginar que queira ele sofrer os danos contratualmente segurados.

---

[5] Confira-se o tópico 10 ("Prêmio") deste capítulo.

[6] CC/2002: "Art. 458. Se o contrato for aleatório, por dizer respeito a coisas ou fatos futuros, cujo risco de não virem a existir um dos contratantes assuma, terá o outro direito de receber integralmente o que lhe foi prometido, desde que de sua parte não tenha havido dolo ou culpa, ainda que nada do avençado venha a existir".

Embora seja uma típica figura contratual, aplicável em relações civis, comerciais e consumeristas, pode ser aplicada ao seguro a classificação de contrato evolutivo, para se referir a figuras contratuais em que é estabelecida a equação financeira do contrato, impondo-se a compensação de eventuais alterações sofridas no curso do contrato, pelo que este viria com cláusulas estáticas, propriamente contratuais, e outras dinâmicas, impostas por lei.

Trata-se de um contrato de duração, com execução continuada, pois se prolonga durante o tempo de vigência estabelecido pelas próprias partes, admitindo-se a sua recondução tácita, uma única vez, nos termos do art. 774 do CC/2002, de clara intelecção:

> "Art. 774. A recondução tácita do contrato pelo mesmo prazo, mediante expressa cláusula contratual, não poderá operar mais de uma vez"[7].

Note-se, outrossim, que, em alguns casos, o contrato de seguro pode viger por longos anos, a exemplo dos planos de saúde, nada impedindo, entretanto, que, em vez da recondução do mesmo contrato, se possa pactuar novo acordo, renovando-o, como, em nosso sentir, deve se dar nos contratos de seguro de veículos, caso em que estaríamos, na verdade, diante de uma recondução expressa.

Finalmente, podemos afirmar que o contrato de seguro é eminentemente consensual, pois se torna perfeito mediante a simples manifestação de vontade das partes, por escrito (formulário, fax, internet) ou, até mesmo, oralmente (por telefone). Não há, pois, obrigatoriedade da forma pública como requisito de validade do contrato de seguro, muito embora a sua redução a termo e a consequente emissão da apólice e do documento para pagamento do prêmio possam ser necessárias para efeito de prova do negócio em juízo.

Sobre tais aspectos, vale mencionar os arts. 758 e 759 do CC/2002:

> "Art. 758. O contrato de seguro prova-se com a exibição da apólice ou do bilhete do seguro, e, na falta deles, por documento comprobatório do pagamento do respectivo prêmio.
>
> Art. 759. A emissão da apólice deverá ser precedida de proposta escrita com a declaração dos elementos essenciais do interesse a ser garantido e do risco".

Esse efeito meramente *ad probationem*, em nosso entender, não tem o efeito de tornar o negócio formal ou solene, uma vez que a própria parte final do primeiro dispositi-

---

[7] Sobre o tema, estabelece o art. 64 da Circular 302 da SUSEP — Superintendência de Seguros Privados: "Art. 64. Deverão ser especificados nas condições gerais os procedimentos para renovação da apólice, quando for o caso. § 1º A renovação automática do seguro só poderá ser feita uma única vez, devendo as renovações posteriores serem feitas, obrigatoriamente, de forma expressa. § 2º Caso a sociedade seguradora não tenha interesse em renovar a apólice, deverá comunicar aos segurados e ao estipulante mediante aviso prévio de, no mínimo, sessenta dias que antecedam o final de vigência da apólice" (Disponível em: <http://www.susep.gov.br/textos/circ302.pdf>).

vo admite a sua prova, na falta dos documentos próprios, pelo "documento comprobatório do pagamento do respectivo prêmio".

Quanto à pessoa do contratante, parece-nos que o seguro pode ser encarado como um contrato personalíssimo ou *intuitu personae*, ou seja, celebrado em função da sua figura, que tem influência decisiva para o consentimento do outro. Nessas circunstâncias, mister se faz afirmar, inclusive, que a pessoa do contratante torna-se um elemento causal do contrato. Tal afirmação nos parece evidente em relação à figura do segurado.

Todavia, em relação ao segurador, tal característica de pessoalidade deve ser encarada com maior cuidado, pois não nos parece razoável recusar a possibilidade de sucessão de empresas em tal polo, desde que não haja prejuízo ao segurado.

Trata-se, por fim, de um contrato individual, por se referir a uma estipulação entre pessoas determinadas, ainda que em número elevado, mas consideradas individualmente.

O seguro, como as demais figuras contratuais codificadas, é um contrato causal, cujos motivos determinantes podem impor o reconhecimento da sua invalidade, caso sejam considerados inexistentes, ilícitos ou imorais, classificado, pela função econômica, em um contrato de prevenção de riscos, caracterizado pela assunção de riscos por parte de um dos contratantes, resguardando a possibilidade de dano futuro e eventual.

Por fim, o seguro consiste em um contrato principal e definitivo, uma vez que não depende de qualquer outra avença, bem como não é preparatório de nenhum outro negócio jurídico.

## 5. PARTES

São partes necessárias no contrato de seguro: o segurado e o segurador.

Eventualmente, em algumas modalidades de seguro, surge a figura do beneficiário.

Segurado é a pessoa física ou jurídica, consumidora da prestação de serviço da companhia seguradora, e que tem a precípua obrigação de pagar-lhe uma obrigação pecuniária denominada prêmio, visando a acautelar interesse legítimo seu.

Note-se que o segurado é destinatário final da prestação do serviço securitário, encartando-se, pois, o vínculo que trava com a companhia no conceito de relação de consumo[8], razão por que eventuais lides deverão ser dirimidas pelas normas do Código de Defesa do Consumidor.

Prêmio, conforme dissemos, e diferentemente do que muitos imaginam, é o valor devido e pago pelo segurado, e não pelo segurador, para que ele (segurado) tenha direito ao recebimento do valor indenizatório do seguro.

[8] Lei n. 8.078/90 (Código de Defesa do Consumidor): "Art. 2º Consumidor é toda pessoa física ou jurídica que adquire ou utiliza produto ou serviço como destinatário final. Parágrafo único. Equipara-se a consumidor a coletividade de pessoas, ainda que indetermináveis, que haja intervindo nas relações de consumo".

O segurador, por sua vez, é, necessariamente, pessoa jurídica sob a forma de sociedade anônima, cooperativa ou sociedade mútua, devidamente autorizada pelo Poder Executivo[9].

Trata-se, portanto, de uma pessoa jurídica que, para ter existência legal, e validamente funcionar, exige, além do registro público, autorização específica do governo, sob pena de se reputar inexistente a sua constituição.

Vale destacar, outrossim, que, na III Jornada de Direito Civil da Justiça Federal, foi aprovado o Enunciado n. 185, estabelecendo:

> "Art. 757. A disciplina dos seguros do Código Civil e as normas da previdência privada que impõem a contratação exclusivamente por meio de entidades legalmente autorizadas não impedem a formação de grupos restritos de ajuda mútua, caracterizados pela autogestão".

É o segurador quem assume o risco, obrigando-se ao pagamento de indenização ao segurado, em caso de consumação do sinistro.

Interessante notar que SÍLVIO DE SALVO VENOSA entende não existir, no seguro, propriamente, indenização, mas sim contraprestação contratual.

"Ou seja", conclui o autor, "o segurador não indeniza quando ocorre um fato ou ato danoso, apenas cumpre o que lhe toca pela avença contratual. Ainda, não é da essência do contrato de seguro que todo o prejuízo seja ressarcido, porque, em princípio, o segurador compromete-se a pagar apenas o valor segurado"[10].

Ousamos divergir, ao menos em parte, do ilustrado jurista.

De fato, a obrigação do segurador tem natureza contratual, em tese limitada pelos termos do contrato, mas tal circunstância não elide a sua natureza indenizatória, especialmente porque a sua atividade pressupõe, exatamente, a transferência do risco de dano a ser eventualmente experimentado pelo segurado, que busca, no seguro, a garantia de compensação em caso de ocorrência do sinistro.

E tanto isso é verdade que, por se tratar de obrigação essencialmente compensatória, é vedado ao segurador, por exemplo, no seguro de dano, a ser analisado abaixo, contratar valor que supere o interesse do segurado, no momento da conclusão do contrato (art. 778 do CC/2002).

Temos, pois, que, em geral, não se lhe pode negar essa natureza compensatória, mitigada em alguns casos especiais de seguro, a exemplo do seguro de vida[11].

---

9 É a previsão expressa do parágrafo único do art. 757 do vigente Código Civil brasileiro, sem correspondência específica no CC/1916: "Parágrafo único. Somente pode ser parte, no contrato de seguro, como segurador, entidade para tal fim legalmente autorizada".

10 VENOSA, Sílvio de Salvo. *Contratos em Espécie*, v. III, São Paulo: Atlas, 2001, p. 377.

11 Mesmo considerando a existência de modalidades especiais de seguros, regidas por princípios particulares, alinhamos o nosso pensamento com a doutrina de CAIO MÁRIO, no sentido de que,

Pode concorrer, ainda, neste cenário jurídico, a figura do beneficiário do seguro.

O beneficiário não é, tecnicamente, parte, mas sim um terceiro que experimenta efeitos patrimoniais favoráveis decorrentes do contrato de seguro.

É o que ocorre, por exemplo, no seguro de vida pactuado por Bomfim com o Banco RPF, em que se indicou, como pessoa favorecida, em caso de morte, seu filho Bomfim Jr. Observe-se que este último, posto não seja parte no contrato de seguro, beneficia-se patrimonialmente, por fazer jus ao recebimento da indenização devida.

Trata-se, como se pode notar, de uma estipulação em favor de terceiro.

Situação próxima da estipulação em favor de terceiro, mas que com ela não se confunde, é o seguro por conta de outrem, sobre o qual escreveu PEDRO ALVIM:

> "Não se trata de uma estipulação a favor de terceiro da natureza daquela que ocorre no seguro de vida, onde o segurado dispõe livremente sobre o beneficiário do contrato. Os riscos transferidos ao segurador, neste caso, incidem sobre o estipulante. Contrata um negócio seu com o segurador, ao passo que no seguro por conta de quem pertencer o risco pesa não sobre o próprio estipulante, mas sobre interesses de outrem. Interfere, pois, o contratante, em negócio que não afeta seu patrimônio ou sua pessoa".

E exemplifica:

> "Um exemplo ajuda esclarecer melhor a questão. A mercadoria é despachada com destino a um armazém geral, onde deverá ser negociada posteriormente. O embarcador faz, então, o seguro dos riscos que podem ocorrer, a favor de quem pertencer"[12].

Dispõe, pois, neste ponto, a respeito desta peculiar figura, o art. 767 do Código Civil de 2002:

> "Art. 767. No seguro à conta de outrem, o segurador pode opor ao segurado quaisquer defesas que tenha contra o estipulante, por descumprimento das normas de conclusão do contrato, ou de pagamento do prêmio".

Norma clara, que visa a evitar que esta modalidade negocial prejudique o segurador.

Em conclusão, embora não faça parte da relação contratual, cumpre-nos lembrar que atua junto às companhias seguradoras, fiscalizando-as, a Superintendência de Seguros Privados (SUSEP).

Outra importante entidade que deve ser aqui mencionada é o Instituto de Resseguros do Brasil (IRB)[13]:

---

não obstante a variedade de espécies, predomina o conceito unitário de seguro, que se multiplica em vários ramos ou subespécies (*Instituições de Direito Civil* — Fontes das Obrigações, Rio de Janeiro: Forense, 1997, p. 303).

12 ALVIM, Pedro. *O Contrato de Seguro*, 3. ed., Rio de Janeiro: Forense, 1999, p. 205-6.

13 Registre-se que o Instituto de Resseguros do Brasil (IRB) foi privatizado a partir de 1º-10-2013.

> "Nesse mesmo período foi criado, em 1939, o Instituto de Resseguros do Brasil (IRB), através do Decreto-lei n. 1.186, de 3 de abril de 1939. As sociedades seguradoras ficaram obrigadas, desde então, a ressegurar no IRB as responsabilidades que excedessem sua capacidade de retenção própria, que, através da retrocessão, passou a compartilhar o risco com as sociedades seguradoras em operação no Brasil. Com esta medida, o Governo Federal procurou evitar que grande parte das divisas fosse consumida com a remessa, para o exterior, de importâncias vultosas relativas a prêmios de resseguros em companhias estrangeiras.
>
> O IRB adotou, desde o início de suas operações, duas providências eficazes visando criar condições de competitividade para o aparecimento e o desenvolvimento de seguradoras de capital brasileiro: o estabelecimento de baixos limites de retenção e a criação do chamado excedente único. Através da adoção de baixos limites de retenção e do mecanismo do excedente único, empresas pouco capitalizadas e menos instrumentadas tecnicamente — como era o caso das empresas de capital nacional — passaram a ter condições de concorrer com as seguradoras estrangeiras, uma vez que tinham assegurada a automaticidade da cobertura de resseguro"[14].

O resseguro, portanto, confere maior segurança ao sistema, pois permite o compartilhamento do risco com o ressegurador: é como se a seguradora fizesse o seu próprio seguro.

Mas não devemos confundi-lo com a retrocessão, lembra, com habitual sabedoria, SÍLVIO VENOSA: "a retrocessão, por sua vez, é a operação pela qual o ressegurador coloca seus excedentes junto ao outros seguradores, no mercado interno ou externo", salientando ainda a crítica feita por PONTES DE MIRANDA, no sentido de ser mais técnico falar-se em "retrosseguro, pois se trata de novo resseguro que faz o ressegurador"[15].

## 6. OBJETO DO SEGURO: O RISCO

O que se entende por "risco"?

AURÉLIO BUARQUE DE HOLANDA FERREIRA, conhecido estudioso da língua portuguesa, define o risco, em uma das suas acepções, como o perigo mais possível do que provável[16].

E, como dissemos acima, em uma sociedade notadamente violenta como a nossa, a assunção do risco tornou-se uma atividade extremamente rentável, uma vez que monopolizada apenas por grandes corporações.

---

14 Disponível em: <http://www.susep.gov.br>. Acesso em: 6 jun. 2017.

15 VENOSA, Sílvio de Salvo. *Contratos em Espécie*, São Paulo: Atlas, 2001, p. 405.

16 FERREIRA, Aurélio Buarque de Holanda. *Minidicionário*, Rio de Janeiro: Nova Fronteira, 1977, p. 422.

Comentando o recrudescimento do risco na atualidade — o que serviria, até mesmo, de base à teoria da responsabilidade objetiva —, pontifica CALMON DE PASSOS:

> "Sobre esse estado de coisas Niklas Luhmann e Raffaele de Giorgi, em trabalho intitulado de *L'analisi e lo studio del rischio nelle società complesse*, afirmam poder este tema 'ser objeto de pesquisa sociológica e de pesquisa orientada para uma teoria da sociedade', tal sua relevância. Lembram caber às ciências sociais a tarefa de fornecer análises que tornem possível uma compreensão das condições de vida da sociedade contemporânea. O horizonte de percepção desta sociedade, esclarecem, é caracterizado por uma crescente possibilidade de decisão. E se entendermos perigo como a probabilidade de um evento futuro danoso, resultante do que pode ser imputado a algo externo, colocado fora do poder de opção do agente, será possível falar-se de risco quando um dano, qualquer que seja, for passível de ser entendido como consequência de uma decisão, seja ela imputável ao agente ou atribuível a um outro que não ele. Nesses termos, a sociedade contemporânea caracteriza-se pela diminuição do perigo e incremento do risco. A ciência, a tecnologia, a economia de nossos dias contribuíram para a redução do perigo. A previsibilidade e o controle que a tecnologia já permite no tocante aos acontecimentos externos autorizam esta conclusão. O que é danoso por determinação externa se tornou altamente previsível e controlável, graças aos avanços da ciência. Contudo, na medida em que se tornam evidentes e mais numerosas as possibilidades de decisão em relação a comportamentos, ou na medida em que podem se tornar visíveis as possibilidades das quais depende a ocorrência de danos futuros efetivos, impõe-se a tematização dos riscos. O horizonte do futuro se retrai, a sua prospectiva se desloca do âmbito do perigo para o âmbito do risco. Os riscos, agora, estão estreitamente relacionados ao desenvolvimento da própria sociedade, ao desenvolvimento da ciência, da tecnologia, da medicina, da política e em geral às transformações da estrutura nas quais se torna possível a comunicação social. Em suma, concluem, o risco se fez integrante do próprio modo de ser da sociedade contemporânea"[17].

É nesse contexto, portanto, que ganhou importância, ao longo do século XX, a atuação das companhias de seguro, no Brasil e no mundo, o que exigiu, por parte do nosso legislador, uma exaustiva regulamentação, e cujo mais recente diploma — de grande envergadura — é, exatamente, o Código Civil de 2002.

Tamanha é a dimensão do risco que, no contrato de seguro, se, por um lado, a generalidade das situações autorizadoras de sua aplicação implica um perigo de dano, pode acontecer que o segurador seja chamado a indenizar em face da superveniência

---

[17] PASSOS, J. J. Calmon de. O Imoral nas Indenizações por Dano Moral, *Jus Navigandi*, Teresina, n. 57, ano 6, jul. 2002. Disponível no *site:* <https://jus.com.br/artigos/2989/o-imoral-nas-indenizacoes-por-dano-moral>. Acesso em: 17 jun. 2017.

apenas de uma circunstância futura incerta e especial, a exemplo da sobrevivência no seguro de vida.

Ao definir o seguro, em seu art. 757, o Código Civil estabelece que a finalidade do negócio, ou seja, a sua causa, é garantir um interesse legítimo do segurado, em caso de consumação da situação de risco.

Nessa linha, podem ser objeto deste contrato inúmeros interesses jurídicos tutelados, de cunho material (casa, apartamento, avião, satélite, joias etc.) ou moral (vida, imagem, honra etc.)[18].

Antes de avançarmos neste ponto, é preciso deixar claro que se a causa do negócio for ilícita, deve ser reconhecida a sua nulidade absoluta (art. 166, III, do CC/2002 e art. 51, IV e XV, do CDC), por afronta ao princípio da função social do contrato[19].

E com vistas à preservação da função social do contrato, estabelece o art. 762 do CC/2002[20] a nulidade absoluta do contrato de seguro, pactuado para garantia de risco proveniente de ato doloso do segurado, do beneficiário, ou de representante de um ou de outro.

Trata-se de norma que, em nosso sentir, é de clareza meridiana: não se pode conceber contrato de seguro que vise a acobertar um comportamento ilícito intencional do segurado, do beneficiário ou do representante de qualquer destes, pois isso afrontaria o princípio ético nas relações negociais. Imagine-se, por exemplo, a absurda hipótese de uma quadrilha contratar seguro de um carregamento contrabandeado ou de um lote de drogas. Impensável!

Por isso, corretamente, veda o legislador a contratação nesses termos.

Mas observe o nosso estimado leitor que a vedação aplica-se apenas aos ilícitos dolosos cometidos pelas pessoas ali elencadas, e não aos meramente culposos. Assim, a análise do elemento subjetivo — culpabilidade — é indispensável no caso concreto, para se poder concluir pela aplicabilidade ou não da norma proibitiva.

No entanto, o bom senso do julgador deve servir de bússola a orientar a adoção da melhor providência no caso concreto, impondo maior cautela em situações que evidenciem maior gravidade.

---

[18] No dizer de Caio Mário da Silva Pereira, "o objeto do contrato de seguro é o risco, que pode incidir em todo bem jurídico" (*Instituições de Direito Civil* — Fontes das Obrigações, v. III, Rio de Janeiro: Forense, 1997, p. 303), o que permite uma ampla gama de tipos de seguros privados.

[19] "O contrato de seguro, por desempenhar, nos dias atuais, dentro da sociedade, tal como configurada, o relevante papel de socialização dos riscos, dos danos e do dever de indenizar, não pode, definitivamente, arredar-se dessa diretriz, estando condicionado ao integral cumprimento da função social que tem a realizar" (BARROSO, Lucas Abreu. O Contrato de Seguro e o Direito das Relações de Consumo. Disponível em: <http://www.ambito-juridico.com.br/site/index.php?n_link=revista_artigos_leitura&artigo_id=3099>. Acesso em 5 jul. 2017.

[20] CC/2002: "Art. 762. Nulo será o contrato para garantia de risco proveniente de ato doloso do segurado, do beneficiário, ou de representante de um ou de outro".

Assim, se o segurado, por exemplo, assumindo o risco danoso do seu próprio comportamento, realiza um racha, embriagado, e culmina por danificar todo o seu veículo, não consideramos justo o pagamento de indenização, sendo defensável, inclusive, sustentar-se, na hipótese aventada, a tese do dolo eventual.

O dolo eventual, em nosso sentir, portanto, afasta o recebimento do valor do seguro, nos termos do referido art. 762.

No que tange ao segurador, outra importante regra ética é estabelecida pelo art. 773 do CC/2002:

> "Art. 773. O segurador que, ao tempo do contrato, sabe estar passado o risco de que o segurado se pretende cobrir, e, não obstante, expede a apólice, pagará em dobro o prêmio estipulado".

Este dispositivo guarda íntima conexão com o princípio da boa-fé, adiante estudado. Ora, inexistente a situação de perigo de dano, forçoso convir que o contrato de seguro carece de objeto, devendo ser considerado, portanto, não simplesmente nulo, mas inexistente.

Como se sabe, todo negócio jurídico pressupõe a existência de um objeto — utilidade física ou ideal —, em razão do qual giram os interesses das partes.

Assim, por exemplo, se a intenção é celebrar um contrato de mútuo, a manifestação da vontade deverá recair sobre coisa fungível, sem a qual o negócio, simplesmente, não se concretizará. Da mesma forma, em um contrato de prestação de serviços, a atividade do devedor em benefício do tomador (prestação) é o objeto da avença.

No caso do seguro, nesse mesmo diapasão, caso o risco — elemento constitutivo do contrato — não exista, ao tempo da celebração da avença, o negócio é inexistente, motivo pelo qual, como uma sanção tarifada, estabeleceu a codificação civil a obrigação de o segurador pagar em dobro o prêmio estipulado, o que tem natureza jurídica indenizatória.

Por tais razões, sancionando este comportamento antiético, estabeleceu o legislador, no dispositivo sob comento, que o segurador devesse pagar em dobro o prêmio estipulado, com o fito de, assim, indenizar o segurado.

Entendemos, outrossim, que, não tendo havido previsão legal de indenização suplementar, esta somente será possível, em caráter excepcional, se o segurado — e é dele o ônus da prova, neste caso — demonstrar lesão patrimonial ou moral superior ao valor em dobro que lhe será pago.

## 7. A BOA-FÉ E O CONTRATO DE SEGURO

O contrato de seguro é instituto jurídico que sobrevive oxigenado pela boa-fé, quer seja na sua dimensão subjetiva (individual-psicológica de cada parte, atuando sem malícia ou torpeza), quer seja na sua dimensão objetiva (pela incidência da regra ética comportamental de orientação hermenêutica e constitutiva de deveres de proteção).

Mais do que qualquer outra figura contratual, por sua vulnerabilidade a fraudes, o seguro exige a observância da ética negocial, sob pena do desvirtuamento da sua própria finalidade, conforme se depreende do art. 765 do CC/2002, *in verbis*:

> "Art. 765. O segurado e o segurador são obrigados a guardar na conclusão e na execução do contrato, a mais estrita boa-fé e veracidade, tanto a respeito do objeto como das circunstâncias e declarações a ele concernentes".

A única ressalva que fazemos a este dispositivo é no sentido de que antes da celebração da avença, e mesmo após a sua consumação, a boa-fé deve ser preservada, para evitar comportamentos desleais, a exemplo do segurador que, previamente à apresentação dos termos do contrato, anuncia coberturas inexistentes (violação à boa-fé pré-contratual) ou que, após a vigência do negócio, divulga dados e informações dos segurados para outras empresas (violação à boa-fé pós-contratual). Justifica-se, nesses termos, a responsabilidade civil do transgressor, que também poderia ser o segurado, caso a conduta desleal fosse sua, em situações outras correlatas.

Em suma: a violação da boa-fé, no contrato de seguro, traduz a sua ineficácia jurídica com a consequente imposição de responsabilidade civil e — possivelmente — criminal do infrator.

Imagine-se, por exemplo, o furto simulado de um automóvel ou o incêndio criminoso de um armazém, visando ao recebimento do valor do seguro. Em todas essas situações, afastada a boa-fé, o direito brasileiro repele a pretensão do segurado.

E exatamente visando a preservar a boa-fé nas relações travadas entre segurador e segurado (como também com o eventual beneficiário), o Código Penal tipifica como crime a fraude para recebimento do seguro:

> "Estelionato
>
> Art. 171. Obter, para si ou para outrem, vantagem ilícita, em prejuízo alheio, induzindo ou mantendo alguém em erro, mediante artifício, ardil, ou qualquer outro meio fraudulento:
>
> Pena — reclusão, de um a cinco anos, e multa.
>
> § 1º Se o criminoso é primário, e é de pequeno valor o prejuízo, o juiz pode aplicar a pena conforme o disposto no art. 155, § 2º.
>
> § 2º Nas mesmas penas incorre quem:
>
> (...)
>
> Fraude para recebimento de indenização ou valor de seguro
>
> V — destrói, total ou parcialmente, ou oculta coisa própria, ou lesa o próprio corpo ou a saúde, ou agrava as consequências da lesão ou doença, com o intuito de haver indenização ou valor de seguro.
>
> (....)".

Outro importante aspecto, no estudo da boa-fé aplicada ao contrato de seguro, diz respeito ao descumprimento do dever de informação, por meio da omissão ou inexatidão das informações prestadas pelo segurado, razão pela qual sugerimos a redobrada atenção quando do preenchimento de questionários apresentados pelas seguradoras.

Sobre tais declarações, estabelece o art. 766 do CC/2002:

> "Art. 766. Se o segurado, por si ou por seu representante, fizer declarações inexatas ou omitir circunstâncias que possam influir na aceitação da proposta ou na taxa do prêmio, perderá o direito à garantia, além de ficar obrigado ao prêmio vencido.
>
> Parágrafo único. Se a inexatidão ou omissão nas declarações não resultar de má fé do segurado, o segurador terá direito a resolver o contrato, ou a cobrar, mesmo após o sinistro, a diferença do prêmio".

Interessante mencionar, neste ponto, que é posição tradicional da jurisprudência brasileira o reconhecimento da eficácia do contrato de seguro, caso o segurado não tenha intencionalmente prestado informação inexata ou se omitido, conforme podemos notar na leitura deste antigo julgado do Supremo Tribunal Federal:

> "É válido o contrato de seguro, quando a omissão, verificada nas informações prévias do segurado, não tiver sido intencional ou de má-fé — Natureza jurídica do Instituto de Resseguros do Brasil" (STF, RE 47410 (Recurso Extraordinário), Rel. Min. Victor Nunes, julgado em 5-5-1961, 2ª Turma).

E, nos dias de hoje, ainda é defensável este entendimento, ao interpretarmos o parágrafo único do art. 766, caso o segurador detecte a omissão ou inexatidão — comprovadamente culposa — na informação do segurado: poderá resolver o contrato, ou cobrar, mesmo após o sinistro, a diferença do prêmio.

Nessa linha de intelecção, concluímos que se o evento previsto no contrato houver se consumado (risco), demonstrada a atuação meramente culposa do segurado, a indenização será devida, mediante, claro, o pagamento de todo o prêmio estipulado.

Em conclusão, ainda tratando da boa-fé, cumpre-nos mencionar o art. 768 do Código Civil:

> "Art. 768. O segurado perderá o direito à garantia se agravar intencionalmente o risco objeto do contrato".

Trata-se, indiscutivelmente, de comportamento que vulnera gravemente a lealdade contratual, caracterizando abuso de direito por parte do segurado. Por exemplo: contratado o seguro de danos de uma casa, o seu dono deixa expostos fios elétricos, facilitando a ocorrência do sinistro.

Ou, como bem ilustra SÍLVIO VENOSA:

> "Em um seguro que garanta contra o furto de veículo, por exemplo, agrava o risco o fato de o proprietário ou possuidor deixar a chave no contato ou expor a coisa

segurada a risco desnecessário, estacionando o veículo em local ermo e mal visitado. É posição do STJ que a culpa há de ser direta do segurado, não podendo prejudicá-lo, nesse caso, a culpa do preposto. Exige-se que o contratante do seguro tenha diretamente agido de forma a aumentar o risco (Fiuza, 2002:695)"[21].

## 8. APÓLICE

A apólice não se confunde com o contrato de seguro.

O contrato é o negócio, a avença, o acordo de vontades entre segurado e segurador, e que, em geral, tem as suas normas previstas em um instrumento impresso fornecido pelo segurador, com inúmeras cláusulas e advertências.

A apólice tem dimensão menor: trata-se, simplesmente, do instrumento que consubstancia e descreve os limites de incidência do seguro pactuado.

Por meio da apólice, portanto, descreve-se o risco e delimita-se o período de vigência do seguro, em dias e horas, visando, com isso, a tornar clara e precisa a assunção do risco pelo segurador, permitindo, em contrapartida, ao segurado, ter a exata noção da abrangência do seu direito.

Tamanha é a sua importância que serve, inclusive, de prova do contrato de seguro, na forma do já transcrito art. 758 do CC/2002, o que não quer dizer, logicamente, que o seu não recebimento implique em negativa de cobertura do risco.

Isso porque é muito comum pactuar-se o contrato de seguro, com vigência imediata, relegando-se o envio da apólice para momento posterior. Mas, uma vez enviada e recebida, é importante meio de prova do contrato.

Interessante mencionar, a respeito desta função probatória da apólice, entendemos que a sua ausência não impede a comprovação do contrato por outros meios, o que reforça a nossa afirmação de que o contrato de seguro é não solene.

Precede a emissão da apólice proposta escrita com a declaração dos elementos essenciais do interesse a ser garantido e do risco, a teor do já mencionado art. 759 do Código Civil.

Lembra-nos, nesse ponto, TREPAT CASES, com amparo no Decreto n. 60.549/67, que regulamenta o Decreto-lei n. 73/66:

> "Antecede à apólice proposta encaminhada pelo corretor ou pelo segurado, pelo último assinada, que conterá os dados já enumerados, que farão parte do documento final. Uma vez aceita a proposta, será emitida a apólice, propriamente dita, em prazo não superior a 15 (quinze) dias"[22].

---

[21] VENOSA, Sílvio de Salvo. *Contratos em Espécie*, São Paulo: Atlas, 2001, p. 381.

[22] CASES, José Maria Trepat. *Código Civil Comentado* — (Arts. 693 a 817), v. VIII, São Paulo: Atlas, 2003, p. 219.

Interessante notar que alguns contratos podem ser celebrados com dispensa da apólice, emitindo-se documento mais simples denominado bilhete de seguro, a teor do art. 10 do Dec.-Lei n. 73/66, cuja dicção é:

> "Art. 10. É autorizada a contratação de seguros por simples emissão de bilhete de seguro, mediante solicitação verbal do interessado.
>
> § 1º O CNSP regulamentará os casos previstos neste artigo, padronizando as cláusulas e os impressos necessários.
>
> § 2º Não se aplicam a tais seguros as disposições do artigo 1.433 do Código Civil"[23].

É o caso, por exemplo, do seguro obrigatório de veículos, em que não há emissão de apólice, mas, sim, de simples bilhete.

Sobre o bilhete de seguro, pontifica PEDRO ALVIM:

> "Reduz ao mínimo os elementos do contrato. Suas condições são todas impressas e inalteráveis. Figuram no próprio bilhete.
>
> (...)
>
> Obedece a um padrão que nivela todos os segurados na mesma posição.
>
> (...)
>
> Essa peculiaridade do bilhete limita seu campo de aplicação. Só serve para os ramos de seguro que se prestam à massificação através de uma cobertura-tipo, com as mesmas condições para todos os segurados"[24].

Mas é de notar que, em geral, os contratos de seguro, dada a complexidade das relações que formam, culminam por exigir a emissão de apólice, documento este que não experimenta as mesmas limitações do bilhete.

Quanto à forma de emissão, a apólice ou o bilhete de seguro serão nominativos, à ordem ou ao portador, e mencionarão os riscos assumidos, o início e o fim de sua validade, o limite da garantia e o prêmio devido, e, quando for o caso, o nome do segurado e o do beneficiário (art. 760 do CC/2002[25]).

No seguro de pessoas, a exemplo do seguro de vida, a apólice ou o bilhete não podem ser ao portador.

Lembra-nos ainda CARLOS ROBERTO GONÇALVES que "as apólices nominativas podem ser transferidas mediante cessão civil, e as à ordem, por endosso. Naquelas,

---

23 A referência, por óbvio, é ao Código Civil brasileiro de 1916.

24 ALVIM, Pedro, ob. cit., p. 159-60.

25 CC/2002: "Art. 760. A apólice ou o bilhete de seguro serão nominativos, à ordem ou ao portador, e mencionarão os riscos assumidos, o início e o fim de sua validade, o limite da garantia e o prêmio devido, e, quando for o caso, o nome do segurado e o do beneficiário. Parágrafo único. No seguro de pessoas, a apólice ou o bilhete não podem ser ao portador".

alienada a coisa que se ache no seguro, transfere-se ao adquirente o contrato, pelo prazo que ainda faltar"[26].

Finalmente, cumpre-nos registrar que a apólice também serve como importante instrumento de interpretação dos termos do contrato de seguro, não podendo, por óbvio, consignar cláusula que afronte norma legal.

## 9. DIREITOS E OBRIGAÇÕES DAS PARTES

Ao longo de todo este capítulo, fizemos menção às obrigações e direitos de ambas as partes.

Neste tópico, cuidaremos de sistematizar as mais importantes normas pertinentes ao tema, constantes nas disposições gerais do contrato de seguro, complementando esse rol (de direitos e obrigações), à medida que formos avançando no estudo de cada espécie de seguro, prevista no Código Civil.

A precípua obrigação do segurado, sem sombra de dúvida, é a de pagar o prêmio, nos termos do contrato. Trata-se da remuneração do segurador, devida em dinheiro pelo segurado, ainda que não se concretize o risco.

Tamanha é a sua importância que reservamos o próximo tópico apenas para a sua análise.

Em contrapartida, em se consumando o sinistro — ou, em casos especiais, como no seguro de vida, com o alcance da idade limite —, deverá o segurador efetuar o pagamento da contraprestação devida.

Essa é, pois, a base obrigacional do contrato de seguro: prêmio × indenização (contraprestação).

O pagamento dessa indenização, devida ao segurado, deve, em princípio, ser efetuado em dinheiro, a teor do art. 776 do CC/2002:

> "Art. 776. O segurador é obrigado a pagar em dinheiro o prejuízo resultante do risco assumido, salvo se convencionada a reposição da coisa".

Em havendo mora, a prestação indenizatória devida será monetariamente atualizada, segundo os índices oficiais estabelecidos, sem prejuízo dos juros moratórios (art. 772 do CC/2002[27]).

Nesse ponto, merece referência a Súmula 632 do STJ: "Nos contratos de seguro regidos pelo Código Civil, a correção monetária sobre a indenização securitária incide a partir da contratação até o efetivo pagamento".

---

[26] GONÇALVES, Carlos Roberto. *Direito Civil Brasileiro* — Contratos e Atos Unilaterais, 18. ed., São Paulo: Saraiva, 2020, v. 3, p. 533.

[27] CC/2002: "Art. 772. A mora do segurador em pagar o sinistro obriga à atualização monetária da indenização devida segundo índices oficiais regularmente estabelecidos, sem prejuízo dos juros moratórios".

Além disso, podemos destacar, também, o dever imposto a ambas as partes, já estudado em tópico anterior, de observar atentamente o princípio da boa-fé, evitando situações de fraude que ponham em risco a própria atividade securitária.

Nesse contexto, ainda em respeito ao princípio da boa-fé, vale lembrar que o segurado é obrigado a comunicar ao segurador, logo que saiba, todo incidente suscetível de agravar consideravelmente o risco coberto, sob pena de perder o direito à garantia, se provar que silenciou de má-fé (art. 769 do CC/2002[28]). Imagine-se, por exemplo, que, em um transporte marítimo de carga, o segurado tomou ciência de grave avaria na embarcação, durante o trajeto, pondo em risco o objeto segurado, não tendo feito a devida comunicação ao segurador.

Nesse caso, ocorrendo o agravamento do risco não derivado de culpa do segurado, o segurador poderá resolver o contrato (resolução fortuita), desde que o faça por escrito no prazo decadencial de quinze dias seguintes ao recebimento do aviso do incremento do risco (§ 1º).

A resolução só será eficaz trinta dias após a notificação, devendo ser restituída pelo segurador a diferença do prêmio (§ 2º).

Ainda na linha de respeito ao princípio da eticidade, dispõe o art. 771 do CC/2002 que, sob pena de perder o direito à indenização, o segurado participará o sinistro ao segurador, logo que o saiba, e tomará as providências imediatas para minorar-lhe as consequências, a exemplo da imperiosa medida de comunicação à autoridade policial, correndo à conta do segurador, até o limite fixado no contrato, as despesas de salvamento consequente ao sinistro.

Impõe-se, por ora, a análise em separado da principal obrigação assumida pelo segurado: o pagamento do prêmio.

## 10. PRÊMIO

Na linguagem coloquial, a primeira acepção da palavra "prêmio" é sempre no sentido da outorga de um benefício pelo alcance de uma meta.

Todavia, no contrato de seguro, a expressão tem conteúdo bem distinto.

Denomina-se prêmio o valor que o segurado deve pagar à seguradora, visando à cobertura do risco.

O prêmio deve ser pago por inteiro, independentemente de haver se consumado o risco.

É a previsão expressa do art. 764 do CC/2002:

---

[28] CC/2002: "Art. 769. O segurado é obrigado a comunicar ao segurador, logo que saiba, todo incidente suscetível de agravar consideravelmente o risco coberto, sob pena de perder o direito à garantia, se provar que silenciou de má-fé. § 1º O segurador, desde que o faça nos quinze dias seguintes ao recebimento do aviso da agravação do risco sem culpa do segurado, poderá dar-lhe ciência, por escrito, de sua decisão de resolver o contrato. § 2º A resolução só será eficaz trinta dias após a notificação, devendo ser restituída pelo segurador a diferença do prêmio".

"Art. 764. Salvo disposição especial, o fato de se não ter verificado o risco, em previsão do qual se faz o seguro, não exime o segurado de pagar o prêmio".

Vale dizer, não existe propriamente um sinalagma direto e necessário — ou seja, um nexo causal — entre a prestação consistente no pagamento do prêmio e o pagamento da indenização devida pelo segurador.

O segurado pode, portanto, passar a vida inteira apenas pagando os valores devidos, sem nunca perceber indenização alguma, por conta da ausência de concretização do risco, e dará graças a Deus por isso...

É totalmente diferente, note o nosso amigo leitor, do contrato de compra e venda, em que as prestações estão unidas por um vínculo sinalagmático necessário: o comprador somente paga porque recebe a coisa; o vendedor somente dá a coisa porque recebe o preço.

Interessante notar ainda que o prêmio pode ser pago antes do início da vigência do seguro (caso em que, em geral, pagando à vista, o segurado obtém desconto), ou, o que é mais comum, facilidade oferecida pelas seguradoras por conta da concorrência entre as mesmas, o pagamento do prêmio é feito em parcelas, durante a vigência do contrato.

No entanto, caso o segurador permita o pagamento da primeira parcela após a concessão de prazo (30 dias, p. ex.), poderá, segundo o princípio da autonomia privada, estipular a vigência imediata do seguro, muito embora se admita também o contrário, ou seja, a vigência condicionada ao pagamento do prêmio.

Nesse sentido também é a doutrina de VENOSA, a respeito do prêmio:

> "Pode ser pago antes da vigência do seguro, ou solvido a prazo, durante o período de vigência. No entanto, o seguro só vigerá a partir do pagamento do prêmio, embora o termo inicial apontado na apólice possa ser anterior. Trata-se de norma expressa (art. 12 do Decreto-Lei 73/66), que visa garantir ao segurado o recebimento do prêmio"[29].

Outra conclusão a que podemos chegar, sem muito esforço, é no sentido de que, mesmo ainda não formalmente acatada a proposta, se o segurador recebeu o valor correspondente ao prêmio, deve cumprir as obrigações decorrentes do seguro.

Finalmente, vale lembrar que, salvo disposição em contrário, a diminuição do risco no curso do contrato não acarreta a redução do prêmio estipulado; mas, se a redução do risco for considerável, o segurado poderá exigir a revisão do prêmio, ou a resolução do contrato (art. 770 do CC/2002).

Nesse diapasão, impõe-se-nos uma pergunta: o que se entende por diminuição do risco?

No dizer de TREPAT CASES:

> "Diminuição do risco é toda e qualquer providência tomada pela seguradora que traz como consequência imediata a redução do risco, em virtude de desativação ou

[29] VENOSA, Sílvio de Salvo. *Contratos em Espécie*, São Paulo: Atlas, 2001, p. 390.

exclusão de locais cobertos, bem como da melhoria da proteção dada ao objeto do seguro"[30].

Em outras palavras, traduz a redução da probabilidade de dano, razão por que, em consequência, o valor do prêmio deverá sofrer a diminuição correspondente, podendo resultar, em alguns casos, até mesmo na resolução do contrato.

Exemplo típico é a instalação de mecanismos rastreadores de veículos por satélite, que, fazendo recuar a margem de incidência de assaltos, resulta no pagamento de prêmio consideravelmente menor. Por outro lado, imagine-se agora que, por razão de ordem pública (pesquisa, p. ex.), um determinado objeto segurado (um armamento antigo) houvesse sido emprestado ao Exército por prazo indeterminado. Permanecerá, assim, em um quartel, reduzindo quase a zero a probabilidade de desaparecimento ou destruição da coisa. Em tal caso, é razoável não a simples revisão do prêmio, mas sim a resolução do próprio contrato.

Delicada questão gira em torno do atraso no pagamento do prêmio.

Isso porque, nos estritos termos da legislação vigente, adotando-se uma interpretação literal, a mora por parte do segurado — ainda que seja de um único dia — implica a perda total do direito à indenização, o que se não nos afigura justo.

Nesse sentido, o art. 763 do Código Civil:

> "Art. 763. Não terá direito a indenização o segurado que estiver em mora no pagamento do prêmio, se ocorrer o sinistro antes de sua purgação".

A nosso ver, a rigidez desta norma rompe com o princípio da razoabilidade, pois o pagamento, mesmo tardio, com as naturais consequências derivadas da mora (pagamento de juros, multa etc.), permite supor o restabelecimento do equilíbrio contratual projetado *ab initio* pelo segurado e pelo segurador.

E, em assim sendo, a perda de todo o valor do seguro é inteiramente desarrazoada.

Nessa mesma linha de pensamento, assevera RUY ROSADO DE AGUIAR JR.:

> "Pode assim acontecer que, em contrato de seguro cujo prêmio tenha sido pago durante muitos anos, a mora de um dia determinará a perda da indenização.
>
> Não vejo nenhuma razão para que não se permita a purgação da mora, ainda depois do sinistro, quando for o caso de cumprimento substancial do contrato"[31].

---

30 CASES, José Maria Trepat. *Código Civil Comentado* — (Arts. 693 a 817), v. VIII, São Paulo: Atlas, 2003, p. 245.

31 AGUIAR JÚNIOR, Ruy Rosado de. Projeto do Código Civil: as Obrigações e os Contratos, palestra proferida no Congresso Internacional sobre o Projeto do Código Civil Brasileiro, Porto Alegre, Faculdade de Direito da UFRGS, Conselho da Justiça Federal, 30 de abril de 1999. Disponível em: <http://www.cjf.jus.br/ojs2/index.php/revcej/article/viewArticle/236/398>. Acesso em: 6 jun. 2017.

De fato, é o caso de se reconhecer o adimplemento substancial, na hipótese vertente, quando a prestação, uma vez não cumprida conforme originalmente pactuado, é adimplida *a posteriori*, satisfazendo plenamente o interesse do credor.

Sobre esta doutrina, observa ELISSANE OMAIRI:

> "Ocorre o adimplemento substancial quando a prestação for essencialmente cumprida e assim os interesses pretendidos pelo credor serão satisfeitos. Nessa situação o instituto resolutório é afastado em virtude do proveito da prestação pelo credor e também os efeitos produzidos pela resolução seriam injustos. Adimplemento substancial, na visão de Clóvis do COUTO E SILVA é: 'um adimplemento tão próximo do resultado final, que, tendo-se em vista a conduta das partes, exclui-se o direito de resolução, permitindo tão somente o pedido de indenização.' Já Anelise BECKER esclarece que: 'o adimplemento substancial consiste em um resultado tão próximo do almejado, que não chega a abalar a reciprocidade, o sinalagma das prestações correspectivas. Por isso mantém-se o contrato, concedendo-se ao credor direito a ser ressarcido pelos defeitos da prestação, porque o prejuízo, ainda que secundário, se existe deve ser reparado'"[32].

Ora, o pagamento posterior não pode traduzir a resolução da avença, mormente por considerarmos que o interesse que o credor (segurador) persegue é plenamente atendido, impondo-se o respeito ao que se pactuou originariamente.

Aliás, observando a aplicação desta teoria aos contratos de seguro, anota MARCO ANTÔNIO SCARPASSA:

> "O primeiro deles é o princípio da conservação do negócio jurídico, segundo o qual se deve procurar conservar o máximo do negócio realizado pelas partes.
>
> Para melhor esclarecimento, nos valemos das valiosas palavras de Antônio Junqueira de Azevedo, responsável pelo ensinamento de que 'o princípio da conservação consiste, pois, em se procurar salvar tudo que é possível num negócio jurídico concreto, tanto no plano da existência, quanto da validade, quanto da eficácia. (...) O princípio da conservação, portanto, é a consequência necessária do fato de o ordenamento jurídico, ao admitir a categoria negócio jurídico, estar implicitamente reconhecendo a utilidade de cada negócio jurídico'.
>
> O segundo princípio é o do adimplemento substancial, cuja aplicação em nosso direito é inconteste, conforme Araken de Assis: 'a hipótese estrita de adimplemento substancial — descumprimento de parte mínima — equivale, no direito brasileiro, grosso modo, ao adimplemento chamado de insatisfatório: ao invés de infração a deveres secundários, existe discrepância qualitativa e irrelevante na conduta do obrigado. Em tais termos, a solução do problema se acomoda ao regime usual e comum. O juiz

[32] OMAIRI, Elissane Leila. A Doutrina do Adimplemento Substancial e a sua Recepção pelo Direito Brasileiro, disponível no *site:* <http://www.direitonet.com.br/artigos/x/20/64/2064/>. Acesso em: 6 jun. 2017.

avaliará a existência ou não da utilidade da prestação, segundo determina o art. 395, parágrafo único, do CC/2002'"[33].

Com isso queremos dizer que, com a mora, não se pode imediatamente considerar cancelada a apólice e extinto o seguro, negando-se, ao segurado, o direito à indenização devida, em caso de sinistro (abatendo-se, é claro, a parcela em atraso).

Deve, sim, o segurador, cuidar de comunicar o segurado, interpelando-o, judicial ou extrajudicialmente, dando-se-lhe ciência de que a sua mora implicará o cancelamento do contrato para, só assim, respeitado o dever de informação decorrente do princípio da boa-fé objetiva, considerar extinto o contrato.

Por tudo isso, forçoso convir que a simples mora não resulta na negativa do pagamento da indenização, senão quando efetivamente extinto o contrato, após a devida ciência do segurado[34], em respeito ao já mencionado princípio da boa-fé objetiva.

E tão importante é a ciência do segurado, por conta da perda da cobertura ajustada, que simples cláusula constante na apólice permitindo o cancelamento automático não serve, em nosso entender, para afastar a necessidade de comunicação formal, se for constatada a mora.

Finalmente, especificamente no que tange ao seguro obrigatório, é bom lembrar que a falta de pagamento do prêmio do seguro obrigatório de Danos Pessoais Causados por Veículos Automotores de Vias Terrestres (DPVAT) não é motivo para a recusa do pagamento da indenização, nos termos da Súmula 257 do STJ[35].

## 11. AGENTE AUTORIZADO DO SEGURADOR: O CORRETOR DE SEGUROS

Inovando, o Código Civil de 2002 cuidou de regular a responsabilidade do segurador por ato do seu agente autorizado — o corretor de seguros.

E já não era sem tempo!

Em geral, quando pactuamos o seguro, não lidamos diretamente com prepostos ou empregados da companhia de seguro, mas sim, com os profissionais legalmente habilitados e autorizados para o exercício deste tipo de atividade.

O simpático corretor procura, visita, liga, envia mensagem eletrônica, carta pelo correio, apresenta a proposta, convence, enfim, seduz o segurado a pactuar o contrato

---

33 SCARPASSA, Marco Antonio. O Contrato de Seguro e a Mora do Segurado Relativa ao Pagamento do Prêmio. *Jus Navigandi*, Teresina, n. 1204, ano 10, 18 out. 2006. Disponível em: <https://jus.com.br/artigos/9057/o-contrato-de-seguro-e-a-mora-do-segurado-relativa-ao-pagamento-do-premio>. Acesso em: 6 jun. 2017.

34 Nesse sentido, confira-se a Súmula 616 do Superior Tribunal de Justiça: "Súmula 616: A indenização securitária é devida quando ausente a comunicação prévia do segurado acerca do atraso no pagamento do prêmio, por constituir requisito essencial para a suspensão ou resolução do contrato de seguro" (STJ, 2ª Seção, aprovada em 23-5-2018, *DJe* 28-5-2018).

35 STJ, Súmula 257: "A falta de pagamento do prêmio do seguro obrigatório de Danos Pessoais Causados por Veículos Automotores de Vias Terrestres (DPVAT) não é motivo para a recusa do pagamento da indenização".

com esta ou aquela companhia seguradora, orientando-o inclusive quanto à maneira de responder o — nem sempre fácil — questionário de risco.

Por tudo isso, é natural e lógico que o segurador, havendo atuação danosa do corretor, responda por ele, em face do segurado prejudicado.

Nesse sentido, estabeleceu o art. 775 do CC/2002:

> "Art. 775. Os agentes autorizados do segurador presumem-se seus representantes para todos os atos relativos aos contratos que agenciarem".

Trata-se de responsabilidade por ato de terceiro, de natureza objetiva (por estar inserida em uma relação de consumo), facultando-se à seguradora, por óbvio, ingressar, *a posteriori*, com ação regressiva em face do agente causador do dano.

Nessa mesma linha, por uma informação equivocada prestada pelo agente autorizado, por ocasião das respostas ao questionário apresentado ao segurado, deve responder a companhia, caso não prove a má-fé do contratante.

E caso haja o descredenciamento de seu corretor, deve a companhia cuidar de comunicar ao segurado (que era assistido pelo agente descredenciado), por imperativo da boa-fé, e para evitar também eventual responsabilidade civil, por aplicação da teoria da aparência.

Por tudo isso, entendemos que as companhias seguradoras devem redobrar a sua cautela, não apenas no credenciamento, mas, especialmente, na fiscalização que se deve exercer sobre o corretor de seguros, pois, como vimos acima, por disposição expressa de lei, assume, regra geral, a responsabilidade civil pelos seus atos.

## 12. ESPÉCIES DE SEGURO: SEGURO DE DANO E SEGURO DE PESSOA

Fundamentalmente, temos duas espécies de seguro: o seguro de dano e o seguro de pessoa.

O primeiro tem por objeto a assunção do risco de prejuízo a interesse material do segurado, impondo-se, mediante recebimento do prêmio, ao segurador, o dever de pagar-lhe indenização. Aqui, portanto, a natureza compensatória da prestação contratual assumida pela companhia de seguro é mais nítida, traduzindo-se como a sua mais notável característica.

Já o segundo tipo de seguro desdobra-se em: seguro de vida e de acidentes pessoais. Trata-se de modalidades negociais especiais, que escapam, em verdade, da natureza compensatória dos seguros em geral, consistindo em obrigações especiais, que visam a acautelar bens extrapatrimoniais insuscetíveis de valoração: a integridade física e a vida. Estão, pois, fortemente ligados aos direitos da personalidade, o que exigiu, por parte do legislador, tratamento específico.

Abordemos, então, separadamente estas duas espécies de seguro, destrinchando as suas principais características.

## 12.1. Seguro de dano

De início, cumpre-nos anotar que o seguro de dano tanto pode servir para cobrir o prejuízo sofrido pelo segurado como também aquele que ele causa a terceiro, quer seja de natureza material, quer seja de natureza moral.

Assim, exemplo mais comum e corriqueiro, quando contratamos o seguro de nosso carro, estamos pactuando esta modalidade negocial para nos precaver de danos sofridos ou causados a outrem.

Mas note-se que, neste tipo de seguro, para evitar o enriquecimento sem causa, e o intuito especulativo espúrio — que afrontaria a natureza meramente compensatória da obrigação assumida pelo segurador, dispõe o art. 778 que "a garantia prometida não pode ultrapassar o valor do interesse segurado no momento da conclusão do contrato, sob pena do disposto no art. 766[36], e sem prejuízo da ação penal que no caso couber".

Na mesma linha, também para evitar o locupletamento ilícito, a indenização não pode ultrapassar o valor do interesse segurado no momento do sinistro, e, em hipótese alguma, o limite máximo da garantia fixado na apólice, salvo em caso de mora do segurador (art. 781 do CC/2002[37]). Ponderamos tão somente que, nesse aspecto, não apenas em caso de mora do segurador — que naturalmente explica o aumento na indenização devida —, mas também em situações em que o valor da cobertura contratada é inferior ao valor justo de mercado da coisa segurada, dever-se-ia admitir o redimensionamento da prestação contratada.

Mas a regra geral permanece: proíbe o legislador, no seguro de dano, a contratação de mais de um seguro sobre o mesmo bem, ou por valor superior a que valha, para evitar, em caso de sinistro, enriquecimento sem causa do segurado.

Aliás, a teor do art. 782 do Código Civil[38], se o segurado pretender, na vigência do contrato, obter novo seguro sobre o mesmo interesse, e contra o mesmo risco junto a outro segurador, deve previamente, à luz do princípio da boa-fé objetiva, e especialmente do dever anexo de informação, comunicar sua intenção por escrito ao primeiro, indicando a soma por que pretende segurar-se, a fim de se comprovar a obediência ao disposto no art. 778, visto acima.

---

[36] CC/2002: "Art. 766. Se o segurado, por si ou por seu representante, fizer declarações inexatas ou omitir circunstâncias que possam influir na aceitação da proposta ou na taxa do prêmio, perderá o direito à garantia, além de ficar obrigado ao prêmio vencido. Parágrafo único. Se a inexatidão ou omissão nas declarações não resultar de má-fé do segurado, o segurador terá direito a resolver o contrato, ou a cobrar, mesmo após o sinistro, a diferença do prêmio".

[37] CC/2002: "Art. 781. A indenização não pode ultrapassar o valor do interesse segurado no momento do sinistro, e, em hipótese alguma, o limite máximo da garantia fixado na apólice, salvo em caso de mora do segurador".

[38] CC/2002: "Art. 782. O segurado que, na vigência do contrato, pretender obter novo seguro sobre o mesmo interesse, e contra o mesmo risco junto a outro segurador, deve previamente comunicar sua intenção por escrito ao primeiro, indicando a soma por que pretende segurar-se, a fim de se comprovar a obediência ao disposto no art. 778".

A proibição, portanto, recai no denominado sobresseguro ou seguro a maior, que, no dizer do ilustrado TREPAT CASES, em sua excelente obra, não se pode confundir com o cosseguro:

> "O sobresseguro, também denominado seguro a maior, é o seguro no qual o valor da apólice é maior do que o valor do bem segurado e não se confunde com o cosseguro (art. 761); a operação consiste na repartição de um mesmo risco, de um mesmo segurado, entre duas ou mais seguradoras, e podem ser emitidas tantas apólices quantas forem as seguradoras ou uma única apólice, por uma das seguradoras, denominada nesse caso Seguradora Líder, não se verificando, ainda assim, quebra do vínculo do segurado com cada uma das seguradoras que respondam isoladamente, perante ele, pela parcela de responsabilidade que assumiram"[39].

De fato, especialmente quando o risco envolvido implica, em caso de sinistro, o pagamento de vultosas indenizações, é comum seguradoras associarem-se para a mesma cobertura, visando a repartir o ônus, em caso de pagamento de indenização ao segurado.

Nesse sentido, cumpre-nos transcrever o art. 761 do vigente Código Civil brasileiro:

> "Art. 761. Quando o risco for assumido em cosseguro, a apólice indicará o segurador que administrará o contrato e representará os demais, para todos os seus efeitos".

Feita esta importante diferenciação, observe-se que a proibição do sobresseguro — típica dos seguros de danos — não pode ser confundida com a obrigatoriedade de o risco do seguro compreender todos os prejuízos resultantes ou consequentes, como sejam os estragos ocasionados para evitar o sinistro, minorar o dano, ou salvar a coisa (art. 779 do CC/2002[40]), ou seja, a cobertura deve ser completa, não traduzindo, esta completude necessária, com o seguro a maior.

### 12.1.1. *Sinistro parcial*

Aparentemente simples, e talvez até desprovida de importância jurídica maior, a regra do art. 783 do CC/2002, a nosso ver, merece ser realçada, dadas as suas implicações em face do Código de Defesa do Consumidor:

> "Art. 783. Salvo disposição em contrário, o seguro de um interesse por menos do que valha acarreta a redução proporcional da indenização, no caso de sinistro parcial".

Ora, se for contratado um seguro de determinado interesse patrimonial por valor menor do que o preço justo, operar-se-á, regra geral, uma redução proporcional na prestação devida, em caso de sinistro parcial, pois se presume que o próprio segurado assumiu esta diferença — a menor — quando da pactuação do seguro.

---

39 CASES, José Maria Trepat, ob. cit., p. 259.

40 CC/2002: "Art. 779. O risco do seguro compreenderá todos os prejuízos resultantes ou consequentes, como sejam os estragos ocasionados para evitar o sinistro, minorar o dano, ou salvar a coisa".

Tal regra nos conduz a uma reflexão.

Esta cláusula traduz, nitidamente, uma excepcionalidade que deve ser corretamente compreendida: nada impede que o segurado, segundo a sua livre autonomia da vontade — e especialmente por considerarmos que ele pode não dispor de capacidade financeira para uma cobertura integral segundo o valor total da coisa — pactue o seguro por um valor menor, não obstante, frise-se, ***esta cláusula deva vir, por conta da boa-fé, devidamente destacada, e expressamente aceita pelo contratante***.

Em outras palavras, sob pena de violação aos arts. 25, 50 e 54 do CDC[41], a pretexto de nulidade absoluta, esta previsão não pode simplesmente integrar o corpo de um formulário, sem o necessário destaque, por se tratar de disposição que limita ou atenua a responsabilidade do fornecedor de serviço no mercado de consumo.

### *12.1.2. Garantia do seguro e vício intrínseco da coisa segurada*

Importante dispositivo está previsto no art. 784 do CC/2002:

> "Art. 784. Não se inclui na garantia o sinistro provocado por vício intrínseco da coisa segurada, não declarado pelo segurado.
>
> Parágrafo único. Entende-se por vício intrínseco o defeito próprio da coisa, que se não encontra normalmente em outras da mesma espécie".

Para o seu adequado entendimento, necessário se faz, antes, observarmos que a noção de vício intrínseco tanto compreende o defeito aparente como o oculto (redibitório), pois, para efeito de cobertura, qualquer dos dois, quando não declarado pelo segurado, resulta na negativa de pagamento.

---

[41] CDC: "Art. 25. É vedada a estipulação contratual de cláusula que impossibilite, exonere ou atenue a obrigação de indenizar prevista nesta e nas Seções anteriores. § 1º Havendo mais de um responsável pela causação do dano, todos responderão solidariamente pela reparação prevista nesta e nas Seções anteriores. § 2º Sendo o dano causado por componente ou peça incorporada ao produto ou serviço, são responsáveis solidários seu fabricante, construtor ou importador e o que realizou a incorporação". (...) Art. 50. A garantia contratual é complementar à legal e será conferida mediante termo escrito. Parágrafo único. O termo de garantia ou equivalente deve ser padronizado e esclarecer, de maneira adequada, em que consiste a mesma garantia, bem como a forma, o prazo e o lugar em que pode ser exercitada e os ônus a cargo do consumidor, devendo ser-lhe entregue, devidamente preenchido pelo fornecedor, no ato do fornecimento, acompanhado de manual de instrução, de instalação e uso do produto em linguagem didática, com ilustrações. (...) Art. 54. Contrato de adesão é aquele cujas cláusulas tenham sido aprovadas pela autoridade competente ou estabelecidas unilateralmente pelo fornecedor de produtos ou serviços, sem que o consumidor possa discutir ou modificar substancialmente seu conteúdo. § 1º A inserção de cláusula no formulário não desfigura a natureza de adesão do contrato. § 2º Nos contratos de adesão admite-se cláusula resolutória, desde que a alternativa, cabendo a escolha ao consumidor, ressalvando-se o disposto no § 2º do artigo anterior. § 3º Os contratos de adesão escritos serão redigidos em termos claros e com caracteres ostensivos e legíveis, cujo tamanho da fonte não será inferior ao corpo doze, de modo a facilitar sua compreensão pelo consumidor. § 4º As cláusulas que implicarem limitação de direito do consumidor deverão ser redigidas com destaque, permitindo sua imediata e fácil compreensão".

Sobre os vícios redibitórios, teçamos algumas considerações, a título de revisão conceitual.

Os vícios redibitórios, por definição, são defeitos ocultos que diminuem o valor ou prejudicam a utilização da coisa recebida por força de um contrato comutativo (art. 441 do CC/2002).

O principal aspecto a ser considerado é, precisamente, portanto, o fato de este vício ser oculto, recôndito, ou seja, não aparente.

Se for aparente, não se tratará de vício redibitório.

Nosso sempre lembrado mestre CAIO MÁRIO, ao defini-lo, afirma com absoluta precisão tratar-se de "um defeito oculto de que é portadora a coisa objeto de contrato comutativo, que a torna imprópria ao uso a que se destina, ou lhe prejudica sensivelmente o valor".

E mais adiante arremata:

> "Não se aproxima ontologicamente o conceito de vício redibitório da ideia de responsabilidade civil. Não se deixa perturbar a sua noção com a indagação da conduta do contraente, ou apuração da sua culpa, que influirá, contudo, na graduação dos respectivos efeitos, sem aparecer como elementar de sua caracterização"[42].

Quanto a esta última afirmação do culto jurista, razão lhe assiste inteiramente.

Essencialmente, o vício redibitório aproxima-se muito mais de uma causa de dissolução contratual do que propriamente do sistema de responsabilidade civil, muito embora a parte prejudicada tenha o direito de ser devidamente indenizada.

Exemplo típico de aplicação da teoria ocorrerá quando alguém, ao comprar um relógio de cobre da marca X, ignora que o objeto é portador de um defeito oculto — uma conexão equivocada de suas engrenagens, v. g. — que prejudica a sua utilização.

Note-se, outrossim, que esse defeito deverá acompanhar a coisa, quando da sua tradição.

Sim, porque se o vício é posterior à aquisição da coisa, ou seja, se a causa do defeito operou-se já quando a *res* estava em poder do adquirente, por má utilização ou desídia, este nada poderá pleitear.

Nesse diapasão, poderíamos elencar os seguintes elementos caracterizadores ou requisitos do vício redibitórios:

a) a existência de um contrato comutativo (translativo da posse e da propriedade da coisa);
b) um defeito oculto existente no momento da tradição;
c) a diminuição do valor econômico ou o prejuízo à adequada utilização da coisa.

---

42 PEREIRA, Caio Mário da Silva. *Instituições de Direito Civil*, v. III, Rio de Janeiro: Forense, 2001, p. 71.

Pois bem.

Não importa se o vício é redibitório ou aparente: sendo intrínseco da coisa segurada, e não declarado pelo segurado, determina a lei, como sanção pela violação ao princípio da boa-fé, a exclusão da garantia.

Mas note-se que, a teor da última parte do art. 784, para o segurado perder o direito ao valor da indenização, deve ter se omitido no dever de informar à companhia seguradora sobre o defeito intrínseco da coisa, e, logicamente, para tanto, deverá ter ciência do defeito que carrega a coisa.

E, muitas vezes, situações como essa culminam por adentrar o campo da fraude, a exemplo do cidadão que, ciente do estado precário de desgaste dos seus pneus — completamente "carecas" — toma emprestado novos apenas para o dia da vistoria; ou o sujeito que, visando a pactuar o seguro de danos à sua residência, ciente de grave problema na rede elétrica, propício a causar incêndios, não comunica ao segurador.

Por outro lado, caso o segurado desconheça o vício, não teria, tecnicamente, como "se omitir", negando a informação devida. Em casos como esse, a indenização é devida, cabendo à companhia se precaver, realizando, quando reputar conveniente, respeitando sempre os termos do contrato, novas vistorias e avaliações.

### 12.1.3. Seguro de coisas transportadas

O contrato de transporte, cuja disciplina é feita a partir do art. 730 do Código de 2002 (sem correspondência no Código revogado), pode ser definido como o negócio jurídico bilateral, consensual e oneroso, pelo qual uma das partes (transportador ou condutor) se obriga a, mediante remuneração, transportar pessoa ou coisa a um destino previamente convencionado.

Confira-se, a esse respeito, o referido artigo de lei:

> "Art. 730. Pelo contrato de transporte alguém se obriga, mediante retribuição, a transportar, de um lugar para outro, pessoas ou coisas".

Trata-se de um contrato que embute, inequivocamente, uma obrigação de resultado: transportar a pessoa ou o bem, ao local de destino, em perfeita segurança.

Não se deve confundir, outrossim, o contrato de transporte com o fretamento, pois, neste último, os riscos correm integralmente por conta do tomador da coisa fretada, consoante observa com sabedoria HUMBERTO THEODORO JR., alicerçado em PONTES DE MIRANDA:

> "Pontes de Miranda lembra que, também, não se pode confundir o contrato de transporte com o contrato de fretamento.
>
> Neste o proprietário de um navio ou de uma aeronave cede o seu uso a outra pessoa. O usuário assume o risco do transporte que realizar por meio do veículo fretado. O contrato é misto, envolvendo locação de coisa e às vezes locação de serviços. Seu objeto principal, porém, não é o deslocamento de pessoas ou mercadorias. É o usuário que, no

fretamento, exerce a atividade de navegador, o que é completamente estranho ao contrato de transporte. Mesmo quando se freta uma nave com a respectiva tripulação, não se tem contrato de transporte. Explica Pontes de Miranda: no fretamento há transferência da posse da nave, o que afasta qualquer teoria que pretende ver no fretamento da nave nua ou da nave armada e equipada locação de serviços e não locação de coisa"[43].

Voltando os nossos olhos ao contrato de transporte, podemos observar que da sua definição legal defluem as duas espécies:

a) transporte de coisas (arts. 743 a 756);
b) transporte de pessoas (arts. 734 a 742).

Nessa linha de intelecção, e especificamente no que tange ao transporte de coisas, dispõe o art. 780 do vigente Código Civil:

> "Art. 780. A vigência da garantia, no seguro de coisas transportadas, começa no momento em que são pelo transportador recebidas, e cessa com a sua entrega ao destinatário".

Norma clara, de intelecção imediata: o seguro no transporte de coisas inicia-se no momento em que o objeto é recebido pelo transportador e finda com a sua entrega ao destinatário, a quem se impõe, por consequência, a partir daí a responsabilidade sobre o bem adquirido.

### 12.1.4. Transferência do contrato

Salvo disposição em contrário, conforme dispõe o art. 785 do CC/2002[44], admite-se a transferência do contrato a terceiro com a alienação ou cessão do interesse segurado.

Trata-se, nitidamente, de hipótese de cessão de contrato ou de posição contratual.

A cessão de contrato ou de posição contratual é instituto jurídico conhecido da doutrina, mas que, surpreendentemente, não mereceu a devida atenção no Código de 2002.

Diferentemente do que ocorre na cessão de crédito ou de débito, neste caso, o cedente transfere a sua própria posição contratual (compreendendo créditos e débitos) a um terceiro (cessionário), que passará a substituí-lo na relação jurídica originária.

---

[43] THEODORO JÚNIOR, Humberto. Do Transporte de Pessoas no Novo Código Civil. Disponível em: <http://64.233.187.104/search?q=cache:q-g4XqoqZQJ:www.am.trf1.gov.br/biblioteca/OUTROS%2520SERVI%C3%87OS/C%C3%93DIGO%2520CIVIL/do_transporte_de_pessoas_no_novo_cc.pdf+%22Do+transporte+de+pessoas+no+novo+C%C3%B3digo+Civil%22&hl=pt-BR&gl=br&ct=clnk&cd=8&lr=lang_pt>. Acesso em: 8 ago. 2006.

[44] CC/2002: "Art. 785. Salvo disposição em contrário, admite-se a transferência do contrato a terceiro com a alienação ou cessão do interesse segurado. § 1º Se o instrumento contratual é nominativo, a transferência só produz efeitos em relação ao segurador mediante aviso escrito assinado pelo cedente e pelo cessionário. § 2º A apólice ou o bilhete à ordem só se transfere por endosso em preto, datado e assinado pelo endossante e pelo endossatário".

Quando, em um determinado contrato (imagine-se uma promessa irretratável de compra e venda), uma das partes cede a sua posição contratual, o faz de forma integrada, não havendo, pois, a intenção de transmitir, separadamente, débitos e créditos.

Ora, com a alienação da coisa, é consectário lógico a admissibilidade da transferência do próprio contrato de seguro, que passará, então, a surtir efeitos em face do novo adquirente.

Mas, se o instrumento contratual é nominativo, a transferência só produz efeitos em relação ao segurador mediante aviso escrito assinado pelo cedente e pelo cessionário (art. 785, § 1º, do CC/2002). Por outro lado, a apólice ou o bilhete à ordem só se transfere por endosso em preto, datado e assinado pelo endossante e pelo endossatário, devidamente preenchido, portanto (art. 785, § 2º, do CC/2002).

Sobre o tema, comenta JONES FIGUEIRÊDO ALVES:

> "Este artigo trata da transmissibilidade dos direitos inerentes ao contrato de seguro. Como referido pelo art. 760, a apólice e o bilhete de seguro podem ser nominativos (onde constante, nominalmente, o segurador e o segurado, bem como o seu representante ou terceiro beneficiário), à ordem (transferíveis por endosso) ou ao portador (sem a nominação do beneficiário, são transferíveis por mera tradição, não exigindo nenhuma formalização). Desse modo, a transferência do contrato a terceiro por alienação ou cessão do interesse segurado é admitida como válida, salvo existindo cláusula expressa em contrário. Entretanto, conforme leciona Silvio Rodrigues, 'a transmissão do direito à indenização não pode implicar prejuízo para o segurador, cuja situação não deve ser por ela agravada' (*Direito civil; dos contratos e das declarações unilaterais da vontade*, 27. ed., São Paulo, Saraiva, 2000, v. 3, p. 355). Os parágrafos ao dispositivo inovam a matéria, trazendo-lhe melhor disciplina para efeito da transmissão"[45].

### 12.1.5. Direito de regresso da companhia seguradora

Paga a indenização, o segurador sub-roga-se, nos limites do valor respectivo, nos direitos e ações que competirem ao segurado contra o autor do dano (art. 786 do CC/2002[46]).

Trata-se, sem dúvida, de hipótese de sub-rogação pessoal, tema dos mais apaixonantes, com raízes na teoria geral das obrigações.

---

[45] ALVES, Jones Figueirêdo. *Novo Código Civil Comentado*, coord. FIUZA, Ricardo. São Paulo: Saraiva, 2002, p. 709-10.

[46] CC/2002: "Art. 786. Paga a indenização, o segurador sub-roga-se, nos limites do valor respectivo, nos direitos e ações que competirem ao segurado contra o autor do dano. § 1º Salvo dolo, a sub-rogação não tem lugar se o dano foi causado pelo cônjuge do segurado, seus descendentes ou ascendentes, consanguíneos ou afins. § 2º É ineficaz qualquer ato do segurado que diminua ou extinga, em prejuízo do segurador, os direitos a que se refere este artigo".

No caso, estabelecendo, o próprio legislador, no mencionado art. 786, a sub-rogação do segurador, nos limites do valor respectivo, nos direitos e ações que competirem ao segurado contra o autor do dano, temos, claramente, uma hipótese de pagamento com sub-rogação legal.

Pagando, pois, o segurador ingressa com ação regressiva em face do causador do dano, sendo ineficaz qualquer ato do segurado que diminua ou extinga, em prejuízo do segurador, os direitos a que se refere este artigo (art. 786, § 2º). Não pode, pois, o segurado, por exemplo, pretender "perdoar" o causador do dano, já tendo recebido o valor da indenização, para impedir a demanda regressiva a ser proposta pela companhia.

Em nosso entendimento, parece-nos que o prazo para a ação regressiva deve ser o mesmo para a dedução da pretensão de reparação civil, qual seja, 3 (três) anos, com fundamento no art. 206, § 3º, V, do vigente Código Civil brasileiro, uma vez que é nessa pretensão que se sub-roga o segurador.

Todavia, salvo em caso de atuação dolosa, a sub-rogação não tem lugar se o dano foi causado pelo cônjuge do segurado, seus descendentes ou ascendentes, consanguíneos ou afins (art. 786, § 1º).

A lógica do dispositivo reside no fato de que há, potencialmente, um patrimônio comum do segurado e dos referidos familiares, não sendo razoável estimularem-se demandas no seio familiar.

Claro está, porém, que, dada a equiparação constitucional da união estável ao casamento, é forçoso convir, em uma interpretação conforme à Constituição, que o direito de regresso também não caberá se o causador do dano (não dolosamente realizado) for a companheira (ou companheiro) do segurado.

## 12.1.6. *Seguro de responsabilidade civil*

Uma das facetas do seguro de danos é o de responsabilidade civil.

Trata-se, hoje, de uma das formas mais comuns de seguro, por meio da qual o segurado visa a obter cobertura em face de eventuais danos que culposamente venha a causar a terceiros. Em outras palavras: pretende-se, por meio deste seguro, transferir ao segurador a responsabilidade civil do segurado pelo ilícito causado.

Nesse sentido, dispõe o vigente Código Civil, sem norma correspondente na codificação anterior:

> "Art. 787. No seguro de responsabilidade civil, o segurador garante o pagamento de perdas e danos devidos pelo segurado a terceiro.
>
> § 1º Tão logo saiba o segurado das consequências de ato seu, suscetível de lhe acarretar a responsabilidade incluída na garantia, comunicará o fato ao segurador.
>
> § 2º É defeso ao segurado reconhecer sua responsabilidade ou confessar a ação, bem como transigir com o terceiro prejudicado, ou indenizá-lo diretamente, sem anuência expressa do segurador.

§ 3º Intentada a ação contra o segurado, dará este ciência da lide ao segurador.

§ 4º Subsistirá a responsabilidade do segurado perante o terceiro, se o segurador for insolvente".

E note-se que esta imposição de responsabilidade ao segurador, visando à redução dos riscos, tão incrementados em nossa sociedade, é salientada pelo próprio princípio da função social.

Por imposição do princípio da boa-fé, tão logo saiba o segurado das consequências de ato seu, suscetível de lhe acarretar a responsabilidade incluída na garantia, comunicará o fato ao segurador (art. 787, § 1º), podendo a demora na comunicação militar em seu desfavor, uma vez que danos consequenciais, derivados da própria mora, não poderiam ser imputados ao segurador, em face da interrupção do nexo causal. Vale dizer, a demora do segurado poderá traduzir uma concausa deflagradora de efeito danoso, em tese não imputável à companhia seguradora, a depender da análise do caso concreto.

Caso a demora do segurado agrave a dimensão do prejuízo, impondo efeitos colaterais gravosos a direito seu, poderá a seguradora, em princípio, eximir-se de responsabilidade, alegando a não observância da cobertura de risco contratada.

Na mesma linha, em face da vinculação contratual firmada com a companhia, também é defeso ao segurado reconhecer sua responsabilidade ou confessar a ação, bem como transigir com o terceiro prejudicado, ou indenizá-lo diretamente, sem anuência expressa do segurador (art. 787, § 2º). Se assim o fizer, estará por sua própria conta.

Já no plano processual, intentada a ação contra o segurado, dará este ciência da lide ao segurador (art. 787, § 3º), por meio do instituto jurídico da denunciação da lide[47].

A respeito das consequências da denunciação, escreve ARRUDA ALVIM:

> "Havendo denunciação, tanto pelo autor como pelo réu, haverá regime unitário contra a parte adversa, e na denunciação o denunciado será réu. A sentença será formalmente una, mas conterá, na verdade, duas decisões, já se tendo corretamente decidido pela nulidade da sentença omissa quanto a uma das lides"[48].

Vale acrescentar ainda que, na prática forense, tem-se observado que o instituto da denunciação da lide recebe diferentes matizes de aplicação no caso concreto, ou, como

[47] "A razão de ser desse preceito legal", segundo o Min. Eduardo Ribeiro, "prende-se, por certo, à garantia que o segurador prometeu 'de fazer indene à dívida o contraente'. Vencido na ação em que se pleiteie seja condenado a indenizar, o segurado haverá de ressarcir-se junto ao segurador, caso esse não preste a garantia, efetuando diretamente o pagamento" (OLIVEIRA, Eduardo Ribeiro de. Contrato de Seguro — Alguns Tópicos. In: FRANCIULLI NETTO, Domingos; MENDES, Gilmar Ferreira; MARTINS FILHO, Ives Gandra da Silva (Coord.). *O Novo Código Civil* — Estudos em Homenagem a Miguel Reale, São Paulo: LTr, 2003, p. 740).

[48] ALVIM, Arruda. *Manual de Direito Processual Civil* — Processo de Conhecimento, 9. ed., v. II, São Paulo: Revista dos Tribunais, 2005, p. 180.

bem observa FREDIE DIDIER JR., "não há como chegar a outra conclusão: a solução que se dá ao problema da admissibilidade da denunciação da lide é casuística"[49].

Frise-se, ainda, que subsistirá a responsabilidade do segurado perante o terceiro, se o segurador for insolvente (art. 787, § 4º), hipótese pouco provável de ocorrer.

Regra especial, finalmente, encontra-se no art. 788 do Código Civil:

> "Art. 788. Nos seguros de responsabilidade legalmente obrigatórios, a indenização por sinistro será paga pelo segurador diretamente ao terceiro prejudicado.
>
> Parágrafo único. Demandado em ação direta pela vítima do dano, o segurador não poderá opor a exceção de contrato não cumprido pelo segurado, sem promover a citação deste para integrar o contraditório".

Sobre o tema, comenta JONES FIGUEIRÊDO ALVES:

> "O parágrafo único do artigo remete a hipótese ao disposto no art. 476 do CC/2002. Entretanto, exige-se maior acuidade na interpretação do seu texto, em face da pretensa exceção arguível. É que feito o seguro em favor de outrem não identificado, terceiro prejudicado potencial, não teria, em verdade, tal exceção o condão de afastar a seguradora pelo pagamento do prêmio, enquanto não implementada a obrigação pelo segurado. É o que o sistema de tais seguros objetiva estabelecer: o princípio da universalidade, a tanto que a cobertura à vítima do dano é efetuada independentemente de o veículo ou a própria seguradora serem identificados, acionando o beneficiário do seguro qualquer das empresas seguradoras integrantes do consórcio securitário (art. 7º da Lei 6.194) e, mais ainda, terá o terceiro prejudicado direito à indenização pelo sinistro, mesmo que não efetuado o pagamento do prêmio pelo segurado. Nesse sentido, o STJ tem dirimido, com segurança: 'A indenização decorrente do chamado seguro obrigatório de danos pessoais causados por veículos automotores de vias terrestres (DPVAT), devida a pessoa vítima por veículo identificado que esteja com a apólice do referido seguro vencida, pode ser cobrada de qualquer seguradora que opere no completo (STJ, 4ª T., Responsabilidade 200.838-GO, Rel. Min. Cesar Asfor Rocha, *DJ* de 2-5-2000). A jurisprudência tem sinalizado, de há muito, nessa linha: 'Não pode a seguradora se recusar a pagar a indenização proveniente de seguro obrigatório alegando a falta de pagamento do prêmio pelo proprietário do veículo causador do acidente, pois a lei não faz essa exigência, e, além do mais, aquela não terá qualquer prejuízo, pois poderá ingressar com uma ação regressiva, tudo nos termos da Lei n. 6.019, com a redação dada pela Lei n. 8.441' (RT, 743/300). Observe-se, ademais, a orientação do STJ, ao particularizar a obrigação daquele causador do dano, somente quando inexistente consórcio segurador que assuma o risco: 'O dever de indenizar o prejudicado, pelo acidente causado por veículo cujo seguro estava vencido, é do proprietário deste, quando à época do evento danoso ainda não estava em

[49] DIDIER JR., Fredie. *Direito Processual Civil* — Tutela Jurisdicional Individual e Coletiva, 5. ed., Salvador: JusPodivm, 2005, p. 319.

> vigor a norma que prevê a obrigação indenizatória do Consórcio de Seguradoras, para esses casos' (SJT, 3ª T., Responsabilidade 218.418 — São Paulo, Rel. Min. Fátima Nancy Andrighi, *DJ* de 17-9-2001). Diante de tal sentir, afigura-se ambígua e desproporcional a narração do texto do referido parágrafo, aparentando prevalecer, em tais hipóteses, a exceção do contrato não cumprido, quando, em verdade, terá apenas a seguradora demandada o direito de regresso contra o segurado moroso"[50].

Compreendido, de forma sistemática, o seguro de dano, passemos a abordar a outra espécie codificada de seguro, a saber, o seguro de pessoa.

## 12.2. Seguro de pessoa

O seguro de pessoa, já comentado, escapa da natureza compensatória dos seguros em geral, consistindo em obrigações especiais acautelatórias de eventuais violações a direitos da personalidade.

Desdobra-se tal espécie contratual em outras duas específicas, a saber, o seguro de vida e o seguro de acidentes pessoais, ambas modalidades negociais especiais, que visam a cobrir riscos de lesões a bens extrapatrimoniais insuscetíveis de valoração, o que justifica o tratamento diferenciado por parte do legislador.

### *12.2.1. Noções introdutórias*

O seguro de pessoa possui traços característicos que, em muitos pontos, afastam-no do seguro de dano.

E essa natureza peculiar é decorrência direta do interesse segurado: valores e bens de natureza personalíssima, a exemplo da integridade física e da própria vida.

Por isso, no seguro de pessoa, é possível a pactuação múltipla, ou seja, mais de um contrato em garantia do mesmo interesse, não havendo, em princípio, limitação de valor, consoante podemos verificar da leitura do Código Civil, mais especificamente do art. 789 do CC/2002:

> "Art. 789. Nos seguros de pessoas, o capital segurado é livremente estipulado pelo proponente, que pode contratar mais de um seguro sobre o mesmo interesse, com o mesmo ou diversos seguradores".

Outra característica do seguro de pessoa, que o diferencia das demais modalidades, é a proibição de o segurador sub-rogar-se nos direitos e ações do segurado, ou do beneficiário, contra o causador do sinistro (art. 800 do CC/2002[51]), isso porque, além da na-

---

[50] ALVES, Jones Figueirêdo. *Novo Código Civil Comentado*, coord. FIUZA, Ricardo, São Paulo: Saraiva, 2002, p. 713-4.

[51] CC/2002: "Art. 800. Nos seguros de pessoas, o segurador não pode sub-rogar-se nos direitos e ações do segurado, ou do beneficiário, contra o causador do sinistro".

tureza do interesse em jogo, não se aplica, aqui, ao menos nos moldes tradicionais, o princípio indenitário, como ocorre no seguro de dano.

Vale dizer: o valor a ser pago ao beneficiário ou segurado não pode ser encarado como uma indenização comum, mas sim como uma compensação ou consolo pela lesão ao interesse extrapatrimonial segurado.

Note, portanto, nosso amigo leitor, que o seguro de pessoa visa, em verdade, a acautelar direitos da personalidade.

Não se admite, ademais, nos termos do art. 795 do CC/2002[52], qualquer transação para pagamento reduzido do capital segurado, no seguro de pessoa, considerando-se nula de pleno direito qualquer cláusula nesse sentido, por violar a boa-fé objetiva e o princípio da função social do contrato.

Cumpre-nos observar ainda que o segurador não pode eximir-se ao pagamento do seguro, ainda que da apólice conste a restrição, se a morte ou a incapacidade do segurado provier da utilização de meio de transporte mais arriscado, da prestação de serviço militar, da prática de esporte, ou de atos de humanidade em auxílio de outrem, nos termos do art. 799 do CC/2002.

Trata-se de norma de ordem pública, em nosso sentir, que visa a resguardar a própria função social dessas modalidades de seguro, não podendo, portanto, ser afastadas pela vontade das partes.

E tamanha é a importância do seguro de vida e de acidentes pessoais para o caso de morte que, a teor do art. 794 do CC/2002, o capital estipulado não está sujeito às dívidas do segurado, nem se considera herança para todos os efeitos de direito, razão pela qual o seu levantamento independe de inventário administrativo (Lei n. 11.441/2007) ou judicial, podendo se realizar mediante simples alvará judicial, no bojo de procedimento de jurisdição voluntária.

A respeito do seguro de pessoa, lembra-nos CARLOS ROBERTO GONÇALVES que são exemplos os seguros de: vida, acidentes pessoais, natalidade, pensão, aposentadoria, invalidez e seguro-saúde, excluindo-se do âmbito do Código Civil este último, a teor do art. 802[53]:

> "Art. 802. Não se compreende nas disposições desta Seção a garantia do reembolso de despesas hospitalares ou de tratamento médico, nem o custeio das despesas de luto e de funeral do segurado".

Dessas modalidades de seguro, algumas, inclusive, com matiz previdenciário, sobrelevam o seguro de acidentes pessoais, e, especialmente, o seguro de vida, que, pela sua dimensão, merece um tratamento mais minudente.

Vejamos cada um deles.

---

52 CC/2002: "Art. 795. É nula, no seguro de pessoa, qualquer transação para pagamento reduzido do capital segurado".

53 GONÇALVES, Carlos Roberto, ob. cit., v. 3, p. 538-9.

### 12.2.2. Seguro de acidentes pessoais

O seguro de acidentes pessoais visa a cobrir danos que atinjam a integridade física, psicológica ou até mesmo moral do segurado, mediante pagamento de indenização em dinheiro.

Saliente-se que não é somente o fato do acidente que gera o direito à percepção da indenização, mas também no caso de morte, decorrente de acidente, deve haver o pagamento do seguro.

Como nos parece evidente, impõe-se a análise das cláusulas contratuais estabelecidas em tal seguro sempre à luz do Código de Defesa do Consumidor, para se poder dimensionar a extensão da cobertura.

Vale mencionar, inclusive, neste ponto, haver antigo precedente no STJ no sentido de não se conhecer Recurso Especial, em caso de ação de indenização devida em virtude de contrato de seguro de vida em grupo e acidentes pessoais, pela circunstância de o conceito de "acidente pessoal" depender da análise interpretativa de cláusulas contratuais, não podendo ser aferido na instância especial, à luz do enunciado da Súmula 5 do STJ (REsp 586.131/SP, Rel. Min. Barros Monteiro, julgado em 25-10-2005).

### 12.2.3. Seguro de vida

Também espécie de seguro pessoal, o seguro de vida, dadas as suas peculiaridades, merece tratamento em dispositivo próprio.

> "Este contrato fue" — afirmam RIPERT e BOULANGER — "considerado inmoral durante mucho tiempo, y Portalis lo había declarado ilícito por constituir un juego sobre la vida humana. Una resolución del Consejo de Estado del 28 de mayo de 1818 lo declaró sin embargo lícito y luego de un desarollo bastante lento, el seguro de vida adquirió una importancia considerable"[54].

Admitida a sua licitude, pois, entendemos que a natureza jurídica do seguro de vida, sem sombra de dúvida, encontra assento no conceito de estipulação em favor de terceiro.

Por meio da estipulação em favor de terceiro, ato de natureza essencialmente negocial, uma parte convenciona com o devedor que este deverá realizar determinada prestação em benefício de outrem, alheio à relação jurídica-base.

No Código Civil brasileiro de 2002, a matéria é tratada de forma sucinta, praticamente repetindo o disposto na codificação revogada (arts. 1.098 a 1.100 do CC/1916).

No dizer de CAIO MÁRIO, a estipulação em favor de terceiro "origina-se da declaração acorde do estipulante e do promitente, com a finalidade de instituir um *iuris vin-*

---

[54] RIPERT, Georges; BOULANGER, Jean. *Tratado de Derecho Civil* — Según el Tratado de Planiol — Contratos Civiles, t. VIII, Buenos Aires: La Ley, 1987, p. 582.

*culum*, mas com a peculiaridade de estabelecer obrigação de o devedor prestar em benefício de uma terceira pessoa, a qual, não obstante ser estranha ao contrato, se torna credora do promitente"[55].

Nessa modalidade contratual especial, as partes são chamadas de estipulante — aquele que estabelece a obrigação — e promitente ou devedor — aquele que se compromete a realizá-la. Já o terceiro ou beneficiário é o destinatário final da obrigação pactuada.

O exemplo mais comum desta figura jurídica é o seguro de vida. Neste caso, consumado o risco previsto na apólice, a seguradora, conforme estipulado com o segurado, deverá pagar ao terceiro (beneficiário) o valor devido a título de indenização.

E esta sua natureza jurídica é realçada, até mesmo, pela jurisprudência do Superior Tribunal de Justiça.

Nesse diapasão, podemos afirmar ainda que a relevância dessa modalidade de seguro é indiscutível, por ter por objeto o maior de todos os bens.

Lembra-nos, o grande CAIO MÁRIO, existirem duas espécies de seguro de vida[56]:

a) o seguro de vida propriamente dito — trata-se do negócio jurídico por meio do qual o segurado, mediante recolhimento do prêmio, constitui capital a ser pago ao beneficiário do seguro, por ocasião da sua morte;
b) o seguro de sobrevivência ou dotal — neste caso, admite-se, contratualmente, o levantamento, ainda em vida do segurado, do capital constituído, em caso do alcance de determinado limite temporal ou em face da ocorrência de determinado evento.

Em geral, o próprio segurado pactua o seguro, visando a beneficiar terceiro, admitindo o legislador, outrossim, que a vida de outrem seja segurada, caso haja razão ou justificativa para tanto, como o vínculo familiar próximo. Exemplo: eu posso celebrar um seguro de vida, que tenha por objeto o risco de morte do meu filho, estipulando determinada pessoa, minha esposa, sua mãe, como beneficiária:

Nesse sentido, confira-se a previsão do art. 790 do CC/2002:

> "Art. 790. No seguro sobre a vida de outros, o proponente é obrigado a declarar, sob pena de falsidade, o seu interesse pela preservação da vida do segurado.
>
> Parágrafo único. Até prova em contrário, presume-se o interesse, quando o segurado é cônjuge, ascendente ou descendente do proponente".

Note-se que o dispositivo não deve ser interpretado literalmente, mas, sim, em uma perspectiva constitucional, o que foi confirmado na III Jornada de Direito Civil da Justiça Federal, que editou o Enunciado n. 186, com o seguinte teor:

---

55 PEREIRA, Caio Mário da Silva. *Instituições de Direito Civil*, Rio de Janeiro: Forense, 2001, p. 65.

56 PEREIRA, Caio Mário da Silva, ob. cit., p. 310.

> "Enunciado n. 186 — Art. 790: O companheiro deve ser considerado implicitamente incluído no rol das pessoas tratadas no art. 790, parágrafo único, por possuir interesse legítimo no seguro da pessoa do outro companheiro".

Ademais, se o próprio companheiro pode ser instituído beneficiário, por que não admitir a presunção de interesse no seguro da vida do outro[57]?

Admite-se, ainda, a substituição do beneficiário do seguro de vida, nos termos do art. 791 do CC/2002, caso o segurado não renuncie a esta faculdade, ou se o seguro não tiver como causa declarada a garantia de alguma obrigação, por ato entre vivos (um termo contratual aditivo) ou de última vontade (testamento).

Imagine-se, por exemplo, a pactuação do seguro de vida, feito pelo pai, instituindo como beneficiário o seu filho, com o escopo de garantir a conclusão dos seus estudos, em caso de morte precoce do segurado.

Todavia, invocando o dever de informação, em decorrência do princípio da boa-fé objetiva, se o segurador não for cientificado oportunamente da substituição, desobrigar-se-á pagando o capital segurado ao antigo beneficiário (parágrafo único, do art. 791 do CC/2002[58]). Trata-se, em nosso sentir, esta comunicação ao segurador, de condição específica de eficácia, para que a substituição pretendida surta os efeitos pretendidos.

Percebe-se, nesse particular, certa mudança, caso cotejemos a legislação vigente com a equivalente revogada, uma vez que o Código de 1916, tratando da matéria, em seu art. 1.473, dispunha no sentido de deferir ao herdeiro do segurado o valor do seguro, caso não houvesse sido instituído o beneficiário.

Comentando este dispositivo, SÍLVIO VENOSA observa ter havido uma mudança de diretriz no Código novo, pois, neste diploma, o capital deverá ser pago ao antigo beneficiário, e não ao herdeiro, quando "o segurador não for cientificado oportunamente da substituição"[59].

Interpretamos a mudança de maneira um pouco diferente.

Entendemos que, ao se referir ao pagamento ao herdeiro, em caráter subsidiário, a legislação anterior estava se referindo à situação de falta de instituição de beneficiário, e não propriamente de alteração de sujeito, não comunicada ao segurador.

Nessa linha, o Código Civil vigente, embora seja mais explícito no que tange aos efeitos jurídicos da falta de comunicação ao segurador, não cuidou de regular neste dispositivo a falta de indicação de beneficiário, disciplina que é feita, logo em seguida, pelo art. 792.

---

57 CC/2002: "Art. 793. É válida a instituição do companheiro como beneficiário, se ao tempo do contrato o segurado era separado judicialmente, ou já se encontrava separado de fato".

58 CC/2002: "Art. 791. Se o segurado não renunciar à faculdade, ou se o seguro não tiver como causa declarada a garantia de alguma obrigação, é lícita a substituição do beneficiário, por ato entre vivos ou de última vontade. Parágrafo único. O segurador, que não for cientificado oportunamente da substituição, desobrigar-se-á pagando o capital segurado ao antigo beneficiário".

59 VENOSA, Sílvio de Salvo. *Contratos em Espécie*, São Paulo: Atlas, 2001, p. 387.

> "Art. 792. Na falta de indicação da pessoa ou beneficiário, ou se por qualquer motivo não prevalecer a que for feita, o capital segurado será pago por metade ao cônjuge não separado judicialmente, e o restante aos herdeiros do segurado, obedecida a ordem da vocação hereditária.
>
> Parágrafo único. Na falta das pessoas indicadas neste artigo, serão beneficiários os que provarem que a morte do segurado os privou dos meios necessários à subsistência".

Na locução final, "serão beneficiários os que provarem que a morte do segurado os privou dos meios necessários à subsistência", incluem-se, em nosso sentir, as pessoas que integram a dimensão socioafetiva do conceito de família, não necessariamente unidas por vínculos de sangue, a exemplo de um primo distante, criado conosco, ou um afilhado.

Inovou o legislador (art. 797 do CC/2002) no seguro de vida para o caso de morte, ao estipular a licitude do prazo de carência contratado, durante o qual o segurador não responderá pela ocorrência do sinistro. Neste caso, o segurador é obrigado a devolver ao beneficiário o montante da reserva técnica já formada, em nosso entender, devidamente atualizada.

Interessante registrar ainda a impossibilidade legal de o segurador, no seguro individual, ingressar com ação de cobrança (ou procedimento de execução de cobrança) em face do segurado, em havendo inadimplemento, assistindo-lhe, apenas, nos termos da lei, a resolução do contrato.

Nessa linha, é a previsão do art. 796 do Código Civil:

> "Art. 796. O prêmio, no seguro de vida, será conveniado por prazo limitado, ou por toda a vida do segurado.
>
> Parágrafo único. Em qualquer hipótese, no seguro individual, o segurador não terá ação para cobrar o prêmio vencido, cuja falta de pagamento, nos prazos previstos, acarretará, conforme se estipular, a resolução do contrato, com a restituição da reserva já formada, ou a redução do capital garantido proporcionalmente ao prêmio pago".

Questão das mais delicadas, envolvendo o seguro de vida, diz respeito ao suicídio cometido pelo segurado.

Aliás, em todos os tempos, povos e, especialmente, religiões, a temática do suicídio é extremamente complexa. E a sua ocorrência pode gerar repercussão jurídica no contrato de seguro de vida, digna de detida análise.

Antes da entrada em vigor do Código Civil de 2002, a matéria era regulada por duas súmulas, a saber:

No Supremo Tribunal Federal:

> "Súmula 105 — Salvo se tiver havido premeditação, o suicídio do segurado no período contratual de carência não exime o segurador do pagamento do seguro".

No Superior Tribunal de Justiça:

"Súmula 61 — O seguro de vida cobre o suicídio não premeditado".

Da simples leitura desses dois enunciados, forçoso concluir que o entendimento dos nossos Tribunais superiores era no sentido de não admitir a cobertura do seguro, caso o suicida haja premeditado o ato que ceifou a sua vida. Vale dizer: não haverá direito à indenização se se provar que o segurado celebrou o contrato como parte de um plano fatal, visando a amparar patrimonialmente os seus entes queridos[60].

*A contrario sensu*, não havendo premeditação (obviamente não para o ato suicida, mas, sim, para a percepção do benefício), o suicídio seria considerado um acidente pessoal, gerando o dever de pagamento da prestação pactuada.

Nesse diapasão, uma pergunta não quer calar: afinal, o que se entende por premeditação no suicídio?

Trata-se de questão intrincada.

Quando constatamos que alguém resolveu dar cabo da sua própria vida, claro está que o ato em si já traz certa carga de meditação prévia, pois houve a intenção, concretizada no comportamento fatal, de interromper o seu ciclo vital.

No entanto, a "premeditação" a que se refere a jurisprudência, em nosso sentir, é dotada de maior dimensão, ou seja, implica a existência de um plano prévio de suicídio que insere a pactuação do seguro como um dos seus elementos de realização: celebra-se o contrato já visando a permitir o amparo das pessoas vinculadas afetiva ou economicamente ao suicida.

Nessa linha, ausente este planejamento, o suicídio equivaleria a um acidente pessoal, um ato de descontrole emocional, que geraria a obrigação imposta ao segurador de indenizar.

Visando a contornar a dificuldade em se aferir se houve ou não premeditação, e note-se que ônus da prova deve ser do segurador, o Código Civil tentou dirimir a controvérsia, por meio de dispositivo, sem equivalente no sistema anterior, que, embora traga maior segurança jurídica, não é de todo preciso, conforme veremos abaixo:

"Art. 798. O beneficiário não tem direito ao capital estipulado quando o segurado se suicida nos primeiros dois anos de vigência inicial do contrato, ou da sua recondução

[60] "SEGURO DE VIDA. PRAZO DE CARÊNCIA. SUICÍDIO NÃO PREMEDITADO. PRINCÍPIO DA BOA-FÉ. APLICABILIDADE DAS SÚMULAS 105/STF E 61/STJ. O planejamento do ato suicida, para fins de fraude contra o seguro, nunca poderá ser presumido. A boa-fé é sempre pressuposta, ao passo que a má-fé deve ser comprovada. A despeito da nova previsão legal, estabelecida pelo art. 798 do CC/02, as súmulas 105/STF e 61/STJ permanecem aplicáveis às hipóteses nas quais o segurado comete suicídio. A interpretação literal e absoluta da norma contida no art. 798 do CC/02 desconsidera importantes aspectos de ordem pública, entre os quais se incluem a necessidade de proteção do beneficiário de contrato de seguro de vida celebrado em conformidade aos princípios da boa-fé objetiva e lealdade contratual" (REsp 959.618/RS, Rel. Min. Sidnei Beneti, Rel. p/ Acórdão Ministra Nancy Andrighi, Terceira Turma, julgado em 7-12-2010, *DJe* 20-6-2011).

> depois de suspenso, observado o disposto no parágrafo único do artigo antecedente[61].
>
> Parágrafo único. Ressalvada a hipótese prevista neste artigo, é nula a cláusula contratual que exclui o pagamento do capital por suicídio do segurado".

Embora garanta a restituição da reserva técnica do capital formado (parágrafo único, art. 797 do CC/2002), não se reconhecerá o direito do beneficiário ao valor do seguro, caso o suicídio ocorra nos primeiros dois anos de vigência inicial do contrato, ou da sua recondução depois de suspenso.

Trata-se de uma espécie peculiar de "prazo de carência" que busca dissuadir o segurado da ideia de pactuar o seguro como um dos elementos justificadores do seu suicídio. Claro está, no entanto, que se o agente aguardar por mais de dois anos, mesmo havendo premeditado, o seguro deverá ser pago...

Estabelecer um prazo fixo, determinado, pode significar, em alguns casos, injustiça manifesta, em virtude daqueles que, não premeditando nada, ceifam a sua própria vida em momento de descontrole, dentro ainda do prazo de dois anos, o que, eventualmente, pode ser objeto de discussão judicial.

Mas devemos reconhecer a tentativa louvável do legislador no sentido de imprimir maior segurança jurídica a esta delicada situação[62].

Por isso, não podemos deixar de aplaudir o reconhecimento jurisprudencial de tal critério, que se deu com a edição, pelo Superior Tribunal de Justiça, da Súmula 610, com o seguinte conteúdo:

---

[61] "AGRAVO INTERNO NO RECURSO ESPECIAL. CIVIL. SEGURO DE VIDA EM GRUPO. SUICÍDIO DO SEGURADO. NOVO CONTRATO. CÓDIGO CIVIL. VIGÊNCIA. PRAZO DE CARÊNCIA. NÃO OBSERVÂNCIA. INDENIZAÇÃO DESCABIDA. RESERVA TÉCNICA. DEVOLUÇÃO AO BENEFICIÁRIO. 1. O suicídio, nos contratos de seguro de vida individuais ou coletivos firmados sob a égide do Código Civil de 2002, é risco não coberto se cometido nos primeiros 2 (dois) anos de vigência da avença. Com a novel legislação, tornou-se inócuo definir a motivação do ato suicida, se voluntário ou involuntário, se premeditado ou não. Inaplicabilidade das Súmulas nº 105/STF e nº 61/STJ, editadas com base no Código Civil de 1916. 2. O art. 798 do CC/2002 estabeleceu novo critério, de índole temporal e objetiva, para a hipótese de suicídio do segurado no contrato de seguro de vida. Assim, o beneficiário não tem direito ao capital estipulado quando o segurado suicidar-se no prazo de carência, sendo assegurado, todavia, o direito de ressarcimento do montante da reserva técnica já formada. Por outro lado, após esgotado esse prazo, a seguradora não poderá se eximir de pagar a indenização alegando que o suicídio foi premeditado. 3. Agravo interno não provido" (AgInt no REsp 1.584.513/SP, Rel. Min. Ricardo Villas Bôas Cueva, Terceira Turma, julgado em 15-9-2016, *DJe* 30-9-2016).

[62] Por isso mesmo, parece-nos pertinente referir a III Jornada de Direito Civil da Justiça Federal, que, ao editar o Enunciado n. 187, fixou: "Enunciado n. 187 — Art. 798: No contrato de seguro de vida, presume-se, de forma relativa, ser premeditado o suicídio cometido nos dois primeiros anos de vigência da cobertura, ressalvado ao beneficiário o ônus de demonstrar a ocorrência do chamado 'suicídio involuntário'". Assim, a presunção é apenas relativa, embora — convenhamos — não seja fácil demonstrar a ocorrência de um "suicídio involuntário", leia-se, suicídio não premeditado para pagamento do seguro.

"Súmula 610: O suicídio não é coberto nos dois primeiros anos de vigência do contrato de seguro de vida, ressalvado o direito do beneficiário à devolução do montante da reserva técnica formada".

Observe-se que, juntamente com a edição do novo aresto jurisprudencial, foi revogada a já mencionada Súmula 61, cujo enunciado, como visto, era mais amplo e sem limites temporais, ao preceituar que o "seguro de vida cobre o suicídio não premeditado".

Por fim, note-se que, ressalvada a hipótese prevista no artigo sob análise, é considerada nula de pleno direito a cláusula contratual que exclui o pagamento do capital por suicídio do segurado (parágrafo único do art. 798)[63].

Trata-se de cláusula abusiva, violadora dos princípios da boa-fé e da função social.

Aliás, vale recordar que o parágrafo único do art. 2.035 do Código Civil, utilizando linguagem contundente, determina que "nenhuma convenção prevalecerá se contrariar preceitos de ordem pública, tais como os estabelecidos por este Código para assegurar a função social da propriedade e dos contratos".

Utilizando a expressão "nenhuma convenção", o legislador impõe a todos os negócios jurídicos, não importando se celebrados antes ou após a entrada em vigor do Código Civil de 2002, a fiel observância dos seus preceitos de ordem pública, especialmente a função social da propriedade e dos contratos.

Assim, contratos que violem regras ambientais ou a utilização econômica racional do solo, assim como as convenções que infrinjam deveres anexos decorrentes da cláusula de boa-fé objetiva (lealdade, respeito, assistência, confidencialidade, informação), expressamente prevista no art. 422 do Código Civil, não poderão prevalecer, ante a nova ordem civil.

Nessa mesma linha, a cláusula proibitiva do pagamento do seguro, em caso de suicídio, ressalvada a hipótese de incidência do *caput* do art. 798, é nula, por afrontar esses superiores princípios, de matiz constitucional.

---

63 "AGRAVO INTERNO NO RECURSO ESPECIAL. CIVIL. SEGURO DE VIDA EM GRUPO. SUICÍDIO DO SEGURADO. NOVO CONTRATO. CÓDIGO CIVIL. VIGÊNCIA. PRAZO DE CARÊNCIA. NÃO OBSERVÂNCIA. INDENIZAÇÃO DESCABIDA. RESERVA TÉCNICA. DEVOLUÇÃO AO BENEFICIÁRIO. 1. O suicídio, nos contratos de seguro de vida individuais ou coletivos firmados sob a égide do Código Civil de 2002, é risco não coberto se cometido nos primeiros 2 (dois) anos de vigência da avença. Com a novel legislação, tornou-se inócuo definir a motivação do ato suicida, se voluntário ou involuntário, se premeditado ou não. Inaplicabilidade das Súmulas nº 105/STF e nº 61/STJ, editadas com base no Código Civil de 1916. 2. O art. 798 do CC/2002 estabeleceu novo critério, de índole temporal e objetiva, para a hipótese de suicídio do segurado no contrato de seguro de vida. Assim, o beneficiário não tem direito ao capital estipulado quando o segurado suicidar-se no prazo de carência, sendo assegurado, todavia, o direito de ressarcimento do montante da reserva técnica já formada. Por outro lado, após esgotado esse prazo, a seguradora não poderá se eximir de pagar a indenização alegando que o suicídio foi premeditado. 3. Agravo interno não provido" (AgInt no REsp 1.584.513/SP, Rel. Min. Ricardo Villas Bôas Cueva, Terceira Turma, julgado em 15-9-2016, *DJe* 30-9-2016).

A esse respeito, bastante apropriadas, aliás, são as palavras do grande jurista J. M. ARRUDA ALVIM, quando, em uma de suas insuperáveis obras, pontificou:

> "o que ocorreu, crescentemente, ao longo do século XIX, e, mais acentuadamente, nesse século XX, é que, mesmo no âmbito do contrato clássico ou tradicional, aumentou o espectro das normas de ordem pública, e, por isso mesmo, correlatamente, diminuiu o âmbito da livre manifestação dos contratantes. Pode-se acentuar que a razão em decorrência da qual aumentou o espectro das normas de ordem pública foi, precisamente, a falência, aos olhos da sociedade, do modelo clássico ou tradicional, na sua originária (início do século XIX) e absoluta pureza. Desta forma, o que se verificou, mesmo em sede do contrato tradicional, foi a modificação paulatina — sem o desaparecimento da autonomia da vontade — do caráter intensamente dispositivo das regras atinentes aos contratos, passando a aumentar o número de regras imperativas"[64].

### 12.2.4. Seguro em grupo

O seguro de pessoas pode ser estipulado por pessoa natural ou jurídica em proveito de grupo que a ela, de qualquer modo, se vincule, a teor do quanto dispõe o art. 801 do Código Civil de 2002:

> "Art. 801. O seguro de pessoas pode ser estipulado por pessoa natural ou jurídica em proveito de grupo que a ela, de qualquer modo, se vincule.
>
> § 1º O estipulante não representa o segurador perante o grupo segurado, e é o único responsável, para com o segurador, pelo cumprimento de todas as obrigações contratuais.
>
> § 2º A modificação da apólice em vigor dependerá da anuência expressa de segurados que representem três quartos do grupo".

Comentando este instituto, no Código Civil de 1916, pontificava CAIO MÁRIO que,

> "é objeto de ajuste entre várias pessoas que se propõem a assumir os riscos que todas estejam correndo, e figuram ao mesmo tempo como segurados e seguradores".

E arremata:

> "Não se deve confundir o seguro mútuo com práticas adotadas entre pessoas ligadas por uma relação de natureza profissional ou outra, as quais ajustam entre si cotizarem-se e oferecer à família da que falecer uma quantia formada pela soma das cotas de todos. Há uma inspiração securitária, ou uma ideia de operação mútua de seguro, mas a falta dos requisitos não se compadece com esta espécie"[65].

---

[64] ALVIM, José Manoel de Arruda. *Direito Privado*, v. II, São Paulo: Revista dos Tribunais, 2002, p. 109.

[65] PEREIRA, Caio Mário da Silva, ob. cit., p. 313.

A especial aplicação desta modalidade contratual é o seguro de vida em grupo.

"Essa modalidade de seguro", exemplifica CARLOS ROBERTO GONÇALVES, "é celebrada entre uma seguradora e uma grande empresa ou associação, em benefício dos seus empregados ou associados, que desfrutarão das vantagens da estipulação, mediante contribuição determinada e global a ser paga pelo estipulante"[66].

O estipulante, aliás, não representa o segurador perante o grupo segurado, e é o único responsável, para com o segurador, pelo cumprimento de todas as obrigações contratuais (§ 1º), daí por que deve ter envergadura financeira para pactuar este tipo de contrato.

Finalmente, cumpre lembrar que a modificação da apólice em vigor dependerá da anuência expressa de segurados que representem três quartos do grupo (§ 2º), por expressa determinação legal.

## 13. EXTINÇÃO DO CONTRATO

Conforme já afirmamos, em outra oportunidade, um contrato válido extingue-se, fundamentalmente, de três maneiras: por resilição, por resolução e por rescisão[67].

Todas elas são perfeitamente aplicáveis ao contrato de seguro e, por isso, a ela remetemos nosso leitor.

Vale destacar, porém, duas peculiaridades já mencionadas quanto à extinção do contrato de seguro.

A primeira diz respeito à aludida previsão do art. 796 do CC/2002.

Nela, visualiza-se a ideia de que os contratos de seguro podem ser estipulados por tempo determinado, o que, aliás, é a regra mais comum.

Da mesma forma, o referido dispositivo traz uma hipótese específica de resolução do contrato por descumprimento da obrigação do segurado de pagamento do prêmio.

A segunda observação refere-se à aplicação do art. 766 do CC/2002, que traz uma hipótese de resolução do contrato, quando "a inexatidão ou omissão nas declarações não resultar de má-fé do segurado, o segurador terá direito a resolver o contrato, ou a cobrar, mesmo após o sinistro, a diferença do prêmio".

---

66 GONÇALVES, Carlos Roberto, ob. cit., v. 3, p. 561.

67 GAGLIANO, Pablo Stolze; PAMPLONA FILHO, Rodolfo. *Novo Curso de Direito Civil*. Contratos, 3. ed., São Paulo: Saraiva, 2020, v. 4, p. 731.

# XXXIX CONSTITUIÇÃO DE RENDA

CONTEÚDO DIGITAL *ON-LINE*

**1.** Conceito; **2.** Características; **3.** Forma; **4.** Direitos e obrigações das partes; **5.** Nulidade da constituição de renda; **6.** Direito de acrescer; **7.** Extinção do contrato.

# XL JOGO E APOSTA

## 1. NOÇÕES INTRODUTÓRIAS

"Quer apostar comigo?"

Esta frase, tão comum em nosso dia a dia, é o início de uma proposta para a celebração de uma modalidade contratual típica, prevista no sistema codificado brasileiro desde a época da codificação de 1916.

Trata-se do "Contrato de Aposta", que é tratado, juntamente com o "Contrato de Jogo", nos arts. 814 a 817 do CC/2002, em uma reunião de dois contratos afins na mesma disciplina jurídica, tal qual também feito — em linha semelhante, posto não igual — na regulação dos Contratos de Agência e Distribuição.

Feito esse registro inicial de afirmação da dualidade contratual na mesma normatização, passemos a conceituar tais figuras contratuais.

## 2. CONCEITO

Como dito, os arts. 814 a 817 do Código Civil vigente regulam duas figuras jurídicas com conceitos distintos, mas com evidentes afinidades.

De fato, o contrato de jogo pode ser definido como o negócio jurídico por meio do qual duas ou mais pessoas prometem realizar determinada prestação (em geral, de conteúdo pecuniário) a quem conseguir um resultado favorável na prática de um ato em que todos participam.

Registre-se que o jogo (e, consequentemente, o sucesso ou fracasso de cada parte) depende necessariamente da atuação de cada sujeito (chamado jogador), seja por sua inteligência, seja por sua habilidade, força ou, simplesmente, sorte.

Já o contrato de aposta é o negócio jurídico em que duas ou mais pessoas, com opiniões diferentes sobre certo acontecimento, prometem realizar determinada prestação (em geral, de conteúdo pecuniário) àquela cuja opinião prevalecer.

Na aposta não se exige a participação ativa de cada sujeito (chamado apostador), contribuindo para o resultado do evento, mas, sim, apenas a manifestação de sua opinião pessoal.

A proximidade entre os dois institutos, porém, é evidente, notadamente pelo elemento comum da álea que os envolve, pois, apenas para recordar o velho clássico da corrida entre a lebre e a tartaruga, nem sempre o mais habilidoso ou capaz vence uma competição...

Há tanta afinidade entre eles que, na prática, muitas vezes acabamos fazendo referência a um quando pretendemos utilizar o outro. É o caso, por exemplo, quando dois amigos dizem "vamos apostar uma corrida?". Isto, na verdade, não é propriamente uma aposta, mas, sim, um jogo, pois depende da participação efetiva dos contendores (habilidade, força ou velocidade) e não somente da sorte. Da mesma forma, fala-se em "jogar nos cavalos", quando o indivíduo está realizando, de fato, apostas em corridas em um hipódromo.

Outros elementos marcantes, que demonstram o traço comum entre os dois institutos, são a inexigibilidade das prestações deles advindas e a irrepetibilidade do pagamento efetuado por sua causa[1], dados estes que evidenciam, a toda prova, a sua natureza de obrigações naturais.

É o que se infere do art. 814, *caput* e § 1º, do CC/2002:

> "Art. 814. As dívidas de jogo ou de aposta não obrigam a pagamento; mas não se pode recobrar a quantia, que voluntariamente se pagou, salvo se foi ganha por dolo, ou se o perdente é menor ou interdito[2].
>
> § 1º Estende-se esta disposição a qualquer contrato que encubra ou envolva reconhecimento, novação ou fiança de dívida de jogo; mas a nulidade resultante não pode ser oposta ao terceiro de boa-fé...".

A ressalva do *caput* é imperfeita e inadequada[3], pois somente abre exceção para o dolo, quando, por uma questão de lógica e justiça, também podem ser invocados os demais vícios de consentimento, como o erro, a coação, o estado de perigo e a lesão, além dos vícios sociais da fraude contra credores e da própria simulação (esta última hipótese

---

1 Apenas para avivar a memória, lembremos que a irrepetibilidade é a característica de impossibilidade de devolução da prestação havida, o que é próprio de uma relação obrigacional efetivamente devida, como o são as obrigações naturais.

2 Norma equivalente é encontrada, por exemplo, no Código Civil italiano, que preceitua, em seu art. 1.933: "1933. Mancanza di azione. [I]. Non compete azione per il pagamento di un debito di giuoco o di scommessa, anche se si tratta di giuoco o di scommessa non proibiti [718 c.p.].
[II]. Il perdente tuttavia non può ripetere quanto abbia spontaneamente pagato dopo l'esito di un giuoco o di uma scommessa in cui non vi sia stata alcuna frode [2034]. La ripetizione è ammessa in ogni caso se il perdente è un incapace".

3 Bem mais técnico, em nossa opinião, é o Código Civil português, ao preceituar, em seu art. 1.245º, que o "jogo e a aposta não são contratos válidos nem constituem fonte de obrigações civis; porém, quando lícitos, são fonte de obrigações naturais, excepto se neles concorrer qualquer outro motivo de nulidade ou anulabilidade, nos termos gerais de direito, ou se houver fraude do credor em sua execução".

de nulidade absoluta). Além disso, sendo o perdente menor ou interdito, a hipótese é de incapacidade, o que também invalidaria o negócio jurídico.

Interessante, porém, é a menção do § 1º, que estende a inexigibilidade e a irrepetibilidade a todo e "qualquer contrato que encubra ou envolva reconhecimento, novação ou fiança de dívida de jogo", o que nos parece medida das mais razoáveis, pois se harmoniza com a característica da inexigibilidade jurídica deste tipo de obrigação, sem prejudicar os interesses dos terceiros de boa-fé.

Estabelecida a distinção conceitual e os elementos de aproximação entre as duas figuras, cabe-nos compreender agora a sua natureza jurídica.

## 3. NATUREZA JURÍDICA

Fixados os conceitos básicos sobre jogo e aposta, parece-nos relevante, neste momento, reafirmar a sua natureza jurídica contratual.

De fato, apesar de inseridos no Título VI ("Das Várias Espécies de Contrato"), o fato de a lei negar alguns efeitos aos contratos de jogo e aposta, como a inexigibilidade de suas prestações, faz com que haja profunda controvérsia doutrinária em seu derredor.

Isso decorre, por certo, da concepção tradicional de que tanto o jogo quanto a aposta eram condutas socialmente indesejáveis, desagregadoras do ambiente familiar, pelo estabelecimento de posturas viciadas e possibilidade de ruína do patrimônio dos envolvidos.

Nessa linha, a condição de obrigação natural, em que não há exigibilidade judicial do conteúdo pactuado, faz com que a ideia de um contrato, no sentido de autodeterminação da vontade para a produção de efeitos, seja muito malvista por setores da doutrina.

Afirma, por exemplo, SILVIO RODRIGUES:

> "O Código Civil cuida do jogo e da aposta dentro do terreno dos contratos nominados, ao mesmo tempo que nega a esses ajustes qualquer dos efeitos almejados pelas partes, o que constitui uma contradição.
>
> Se o jogo e a aposta fossem um contrato, seriam espécie do gênero ato jurídico, gerando, por conseguinte, os efeitos almejados pelos contratantes. Se isso ocorresse, seria justa sua disciplinação entre os contratos. Todavia, tanto o jogo lícito quanto a aposta não são atos jurídicos, posto que a lei lhes nega efeitos dentro do campo do direito. Assim, não podem ser enfileirados entre os negócios jurídicos e, por conseguinte, entre os contratos"[4].

A crítica, em nosso sentir, embora bem fundamentada, não deve prevalecer.

A condição de obrigação natural não descaracteriza a figura contratual.

---

[4] RODRIGUES, Silvio. *Direito Civil* — Dos Contratos e Declarações Unilaterais de Vontade, 25. ed., v. 3, São Paulo: Saraiva, 2000, p. 363.

A relação jurídica de direito material existe e é válida, tendo apenas limitados alguns dos seus efeitos, por uma opção do legislador, calcado em um (pre)conceito social, positivando valores, conduta que deve ser respeitada. Todavia, negar a natureza contratual a um acordo de vontades que produz efeitos, ainda que restritos, parece-nos fazer sobrepujar o preconceito à norma e à efetiva aceitabilidade social do instituto.

Ademais, pretensões prescritas, por exemplo, não invalidam os contratos em que se fundam, mesmo se há a perda da exigibilidade judicial de algumas ou de todas as suas prestações. Isso mostra que a produção limitada de efeitos não retira a natureza contratual de um acordo de vontades para a produção de determinado resultado.

Em síntese, posto entendamos a limitação dos seus efeitos jurídicos, justificada pela natureza peculiar desses institutos, não negamos, outrossim, a sua natureza eminentemente contratual.

Parece-nos interessante, também, no que diz respeito à natureza jurídica, diferenciar o jogo e a aposta da promessa de recompensa.

Nas modalidades aqui estudadas, temos um negócio jurídico que potencialmente produzirá uma obrigação natural. Já na promessa de recompensa, o que há é uma declaração unilateral de vontade, sem destinatário determinado, mas que faz surgir um direito, plenamente exigível, se atendida a condição ou desempenhado o serviço estabelecido.

## 4. ESPÉCIES DE JOGO

Antes de abordar as características básicas dos contratos de jogo e aposta, parece-nos relevante fazer algumas considerações sobre as espécies de jogo.

Com efeito, o jogo pode ser classificado como ilícito (ou proibido) e lícito, sendo que estes últimos se subdividem em tolerados ou autorizados (legalmente permitidos).

Os jogos ilícitos, como é intuitivo, são aqueles vedados expressamente por normas legais.

Nesse diapasão, o Decreto-lei n. 3.688, de 3-10-1941 (Lei das Contravenções Penais), estabelece, em seus arts. 50 a 58, diversas condutas típicas ensejadoras da persecução criminal.

Verifique-se, como nota comum, que todas estas condutas vedadas se vinculam, necessariamente, a práticas em que o resultado depende, única e exclusivamente, da sorte[5] (p. ex., jogo do bicho, roleta, dados etc.), em lugar público ou acessível ao público.

Independentemente da conveniência ou não da manutenção de seus tipos penais no ordenamento jurídico brasileiro, o fato é que a vedação dessas condutas importa na impossibilidade jurídica de reconhecer a validade plena de tais avenças[6].

---

5 A Lei do Jogo portuguesa (Dec.-Lei n. 422, de 2-12-1989) define, em seu art. 1º, que "jogos de fortuna ou azar são aqueles cujo resultado é contingente por assentar exclusiva ou fundamentalmente na sorte".

6 Isso reflete até mesmo nas relações trabalhistas, não se podendo reconhecer validade aos contratos de emprego estabelecidos especificamente para a prática de tais condutas. É o caso, por exemplo, do "jogo do bicho", prática que, embora ilícita, encontra grande aceitação social, sobre o qual o Tribunal

Todavia, até mesmo por força do princípio jurídico que impede a alegação, em seu favor, da própria torpeza, bem como impede o enriquecimento indevido, a natureza contratual (no sentido de um acordo de vontades livremente estabelecido) impõe, sem dúvida, o reconhecimento da validade do pagamento já efetivado, uma vez que decorrente de ato voluntário do pagador, e, consequentemente, da *solutio retentio*. Assim, ainda que ilícitos o jogo e/ou aposta, as regras aqui tratadas lhes são plenamente aplicáveis[7].

Protestando contra tal contradição do sistema normativo, ensinava ORLANDO GOMES:

> "O contrato de jogo proibido é nulo de pleno direito, por ter causa ilícita. Nenhum efeito produz. De ato nulo não resultam consequências suscetíveis de proteção legal. Nesta ordem de ideias, não pode surgir a dívida de jogo como obrigação válida. A rigor, não se justifica a impossibilidade de repetição do que foi pago voluntariamente. Diz-se, no entanto, que o contrato de jogo proibido gera uma obrigação natural. Nessa assertiva se contém difundido equívoco. O principal efeito da obrigação natural consiste na *soluti retentio*. Ora, o credor de dívida de jogo proibido não tem o direito de reter o que recebeu. A esse recebimento falta causa, precisamente porque o contrato é nulo de pleno direito. Por outro lado, embora imperfeita, porque desprovida de sanção, a obrigação natural tem um fim moral e seu suporte psicológico é a convicção de que deve ser cumprida porque assim manda a consciência. A prática de ato ilícito não pode gerar uma obrigação com semelhante finalidade, nem desperta o sentimento de que é desonroso o inadimplemento. Em obrigação natural pode-se falar quando o jogo é tolerado, visto que a lei lhe não atribui sanção apenas para não fomentar a prática de ato que não tem objetivo sério.
>
> A dívida oriunda de contrato de jogo proibido poderia ser repetida, por constituir enriquecimento sem causa. O pagamento seria indevido, por ter como causa contrato nulo. Realizado como é contra proibição legal, esse contrato não pode originar qualquer efeito. Contudo, argui-se que a repetição deve ser repelida com apoio no princípio geral que manda suprimir a *condictio* procedente da nulidade dos contratos quando há causa torpe para ambas as partes, *in paris causa turpitudinis, cessat repetitio*. A nulidade do contrato justifica a inexistência da obrigação, mas a repetição se excluiu pela concorrência de causa torpe"[8].

Em paralelo às condutas tipificadas, há outro campo de relações, referente a jogos e apostas, que merece a tutela do ordenamento jurídico.

---

Superior do Trabalho, através da sua Seção de Dissídios Individuais-I, editou, desde 8-11-2000, a Orientação jurisprudencial 199, com o seguinte teor: "Orientação jurisprudencial 199: Jogo do bicho. Contrato de trabalho. Nulidade. Objeto ilícito. Arts. 82 e 145 do Código Civil".

[7] Quanto ao jogo do bicho, o fato é que já há, hoje, uma larga aceitação social da sua prática, o que poderia, sobretudo em termos penais, permitir uma reflexão acerca da sua ilicitude essencial.

[8] GOMES, Orlando. *Contratos*, 24. ed., Rio de Janeiro: Forense, 2001, p. 429-30.

Trata-se da área dos jogos e apostas lícitos, em que se faz mister esclarecer uma importante distinção.

Há dois tipos de jogos lícitos.

A primeira forma de jogo lícito é aquela ocorrente no "grande mar de licitude" existente fora das "ilhas de ilicitude", o que é uma homenagem ao princípio ontológico da liberdade de que "tudo que não está juridicamente proibido está juridicamente permitido"[9].

Ou seja, toda modalidade de jogo ou aposta que não esteja tipificada é considerada lícita, como a "corrida apostada" entre amigos para ver quem chega primeiro, a rifa feita por uma comissão de formatura ou o "carteado a dinheiro" entre membros da família (fora, portanto, do âmbito de incidência do art. 50, § 4º, *a*, da LCP).

Em tal modalidade de jogo ou aposta há apenas a tolerância do ordenamento jurídico, pois, em que pese a aceitação de sua licitude, não se admite a produção total dos efeitos do negócio jurídico, gerando obrigações naturais, às quais também se aplicam as regras aqui tratadas.

E há uma segunda forma de jogo lícito.

Trata-se do jogo ou aposta autorizado ou legalmente permitido.

Nessas modalidades, não há falar em obrigação natural ou juridicamente incompleta, mas, sim, de obrigação juridicamente exigível, em todos os seus efeitos.

Tal distinção decorre da própria regra legal, inserida pelo codificador de 2002, em consonância com a realidade existente.

Confiram-se, por isso, os dois últimos parágrafos do art. 814 do CC/2002, lembrando que o *caput* trata justamente da inexigibilidade e irrepetibilidade do pagamento de dívida de jogo e aposta:

> "§ 2º O preceito contido neste artigo tem aplicação, ainda que se trate de jogo não proibido, só se excetuando os jogos e apostas legalmente permitidos.
>
> § 3º Excetuam-se, igualmente, os prêmios oferecidos ou prometidos para o vencedor em competição de natureza esportiva, intelectual ou artística, desde que os interessados se submetam às prescrições legais e regulamentares".

---

9 "Tudo, pois, que não é ilícito é lícito, e vice-versa, o que não deixa margem à possibilidade de lacunas do direito. Todavia, embora o princípio lógico acima enunciado 'tudo que não é lícito é ilícito' — seja, como uma proposição, logicamente conversível, realmente não se pode proceder à conversão do princípio paralelo ou equivalente — 'tudo que não está proibido está juridicamente facultado'. A conversão deste princípio, embora tivesse o mesmo resultado lógico de completar a ordem jurídica, conferindo-lhe uma plenitude hermética, não seria compatível com a liberdade em que a vida e a conduta essencialmente consistem; se 'tudo o que não é permitido é juridicamente proibido', simplesmente a vida não é possível, pois para cada contração muscular que executo para escrever este livro teria de haver uma expressa permissão por parte da ordem jurídica" (MACHADO NETO, Antônio Luis. *Compêndio de Introdução à Ciência do Direito*, 3. ed., São Paulo: Saraiva, 1988, p. 152).

É o caso, pois, das diversas loterias patrocinadas pelo Governo Federal, através da Caixa Econômica Federal, como, a título exemplificativo, Lotofácil, Loteca, Lotogol, Lotomania, Loteria Instantânea, Loteria Federal, Quina, Mega-Sena e Dupla Sena.

No mesmo sentido, enquadramos como obrigações juridicamente exigíveis, por força do mencionado § 3º, não somente competições esportivas propriamente ditas mas todo tipo de premiação lícita prometida, seja em emissoras de televisão, seja em qualquer outro meio de divulgação. Nessas hipóteses, hão de ser aplicadas as prescrições legais e regulamentares[10], bem como, se for o caso, o Código de Defesa do Consumidor.

## 5. CARACTERÍSTICAS

Pela sua evidente similitude, cuidaremos de caracterizar os contratos de jogo e aposta conjuntamente, até mesmo pelo fato de ambos terem sido tratados na mesma disciplina na vigente codificação de 2002.

A afirmação da natureza contratual do jogo e da aposta já os consagra como contratos típicos e nominados.

Trata-se de modalidades contratuais bilaterais, com direitos e obrigações para ambos os contratantes, admitindo-se uma plurilateralidade (ou multilateralidade), na medida em que haja mais de dois pactuantes.

Embora possam ser estabelecidos, sem problemas, na modalidade gratuita, o jogo e a aposta somente têm relevância para o Direito quando celebrados de forma onerosa.

Tendo em vista o elemento sorte (ou azar) que os envolve, são, obviamente, contratos aleatórios, já que a obrigação de uma das partes só pode ser considerada devida em função de coisas ou fatos futuros, cujo risco da não ocorrência foi assumido pelo outro contratante.

Podem ser estabelecidos tanto de forma paritária como por adesão, sendo ilustrativos, respectivamente, os exemplos da aposta entre amigos e a "fezinha" na loteria esportiva.

Pela álea inerente ao contrato, a classificação de contrato evolutivo é inaplicável ao jogo e à aposta.

São típicos contratos civis, inaplicáveis para relações comerciais, trabalhistas e administrativos, podendo revestir-se como contratos consumeristas.

Quanto à forma, são contratos não solenes e consensuais.

*A priori*, quanto à importância da pessoa do contratante para a celebração e produção de efeitos do contrato, tais negócios jurídicos classificam-se como pessoais (também chamados de personalíssimos ou realizados *intuitu personae*).

---

[10] Destaque-se, por exemplo, a Lei n. 5.768, de 20-12-1971, que trata da legislação sobre distribuição gratuita de prêmios, mediante sorteio, vale-brinde ou concurso, a título de propaganda, estabelece normas de proteção à poupança popular, e dá outras providências, bem como seu Decreto regulamentador, a saber, o Decreto n. 70.951, de 9-8-1972.

São contratos individuais, pois estipulados entre pessoas determinadas, ainda que em número elevado, mas consideradas individualmente.

Quanto ao tempo, podem ser tanto contratos instantâneos (seja de execução imediata ou de execução diferida) quanto de duração (determinada ou indeterminada), a depender da situação concreta.

São contratos tipicamente causais, a ponto de a regra de irrepetibilidade e inexigibilidade ser estendida a qualquer outra avença "que encubra ou envolva reconhecimento, novação ou fiança de dívida de jogo", na forma do já transcrito § 1º do art. 814 do CC/2002, o que afastaria a exigibilidade, por exemplo, de títulos executivos decorrentes da dívida contraída tendo como causa o jogo ou a aposta.

Sobre tal característica, é importante registrar que quando o jogo ou a aposta é a própria causa de outro negócio jurídico, a sua condição de obrigação natural "contamina" a nova avença, o que é mais evidente na hipótese de mútuo, conforme se verifica do art. 815 do CC/2002.

A classificação pela função econômica não é adequada para os contratos de jogo e aposta, uma vez que a álea própria dessa relação contratual é um traço distintivo que o peculiariza dentre as demais formas contratuais. O mais próximo que se pode vislumbrar é de um contrato de atividade, que é aquele caracterizado pela prestação de uma conduta de fato, mediante a qual se conseguirá uma utilidade econômica. A classificação, porém, não é perfeita, justamente pelo fato de que a utilidade econômica não necessariamente será obtida, já que depende de outros fatores, independentemente da conduta do contratante, como a sorte e a habilidade do adversário (no jogo).

Por fim, é típico contrato principal, com existência autônoma, e definitivo, não sendo preparatório para qualquer negócio jurídico, nem podendo sê-lo, pela inexigibilidade a ele inerente.

## 6. CONTRATOS DIFERENCIAIS

Uma modificação substancial entre a nova e a anterior codificação diz respeito ao tratamento dos chamados "contratos diferenciais".

São eles, no ensinamento de ORLANDO GOMES,

> "os contratos de vendas pelos quais as partes não se propõem realmente a entregar a mercadoria, o título, ou valor, e a pagar o preço, mas, tão só, à liquidação pela diferença entre o preço estipulado e a cotação do bem vendido no dia do vencimento. Se o preço subir, ganha o comprador, pois o vendedor é obrigado a pagar a diferença. Se baixar, ganha o vendedor, que à diferença faz jus. No primeiro caso, a diferença é paga pelo vendedor, e no segundo, pelo comprador"[11].

[11] GOMES, Orlando. *Contratos*, 24. ed., Rio de Janeiro: Forense, 2001, p. 433.

No sistema codificado do século XX, tais modalidades contratuais estavam equiparadas ao jogo, na forma do art. 1.479 do CC/1916, motivo por que não tinham exigibilidade judicial nem repetibilidade, caracterizando-se como obrigações naturais.

Tudo mudou o Código Civil brasileiro de 2002, que expressamente estabeleceu em seu art. 816:

> "Art. 816. As disposições dos arts. 814 e 815 não se aplicam aos contratos sobre títulos de bolsa, mercadorias ou valores, em que se estipulem a liquidação exclusivamente pela diferença entre o preço ajustado e a cotação que eles tiverem no vencimento do ajuste".

Assim, embora também existente a álea, tal qual no jogo e na aposta, estabelece a regra positivada a impossibilidade de sua equiparação a tais contratos, constituindo-se, portanto, em obrigações juridicamente completas e exigíveis.

Essa mudança de diretriz parece-nos bastante razoável, dada a importância moderna das bolsas de futuros, cuja finalidade é a organização de um mercado para a negociação de produtos derivados de títulos, mercadorias e valores.

Afinal de contas, referidos negócios têm seu risco inerente, com a possibilidade concreta de ganhos e perdas, como em qualquer sistema clássico de Bolsas de Valores, o que nunca foi considerado ilegal.

Sobre o tema, vale registrar a observação de JONES FIGUEIRÊDO ALVES:

> "O CC/2002 aboliu o princípio da equiparação. Efetivamente, equiparar as operações de bolsas de futuros a jogo ou aposta era algo que não podia permanecer no Código Civil. Observe-se que o Decreto-Lei n. 2.286, de 23-7-1986, já dispõe sobre a cobrança de impostos nas operações a termo de bolsas de mercadorias ou mercados outros de liquidações futuras, realizadas por pessoa física, tributando os rendimentos e ganhos de capital delas decorrentes. E no art. 3º são definidos como valores mobiliários sujeitos ao regime da Lei n. 6.385, de 7-12-1976, os índices representativos de carteiras de ações e as opções de compra e venda de valores mobiliários, sendo certo que o Conselho Monetário Nacional e o Banco Central do Brasil, através das Resoluções n. 1.190/86 e 1.645/89, respectivamente, referiam-se às bolsas, cujo objetivo é, justamente, a organização de um mercado livre e aberto para a negociação de produtos derivativos de mercadorias e ativos financeiros.
>
> Isto já existe no Brasil desde 1986, quando foi criada a Bolsa de Mercadorias & Futuros, que realiza um volume de negócios equivalente a dez vezes o nosso Produto Interno Bruto. Tais bolsas existem na Alemanha, na França, na Itália, na Suíça, na Austrália, na Áustria, na Bélgica, em Luxemburgo, na Holanda, no Reino Unido e sobretudo nos Estados Unidos. Ser contra a existência dos negócios realizados nas Bolsas de Mercadorias e Futuros com base na afirmativa de eles terem por objeto negócios equiparados a jogo e aposta é despiciendo, porque nas clássicas Bolsas de

Valores as ações compradas ou vendidas também variam de preço de um dia para o outro, sendo essa operação absolutamente aceitável e tributada"[12].

## 7. UTILIZAÇÃO DO SORTEIO

Não é toda decisão que depende da sorte que pode ser considerada jogo ou aposta.

Um bom exemplo disso é a técnica do sorteio, que, quando não tem por finalidade o divertimento ou ganho dos participantes, não pode ser regulado como jogo.

Sobre o tema, estabelece o art. 817 do CC/2002:

> "Art. 817. O sorteio para dirimir questões ou dividir coisas comuns considera-se sistema de partilha ou processo de transação, conforme o caso".

O sorteio, embora seja um método que envolve necessariamente a sorte dos participantes, quando estabelecido como um critério para dirimir questões, não pode ser encarado como um jogo. Trata-se, apenas, de uma forma encontrada pelo sistema normativo para pôr termo a controvérsias.

Tal método é utilizado pelo ordenamento em diversas hipóteses nas regras processuais, como, a título exemplificativo, no sorteio de jurados, na distribuição de processos em comarcas onde há pluralidade de juízos, na relatoria em recursos etc.

Nas relações jurídicas de direito material, um bom exemplo é a promessa de recompensa, em que o próprio Código Civil brasileiro admite a utilização deste critério, quando for simultânea a execução da tarefa estabelecida[13].

Em pendências sobre direitos disponíveis entre pessoas capazes, a possibilidade jurídica de renúncia e transação torna admissível a eleição do sorteio como forma de solução de conflitos, o mesmo podendo dar-se no âmbito do inventário ou do arrolamento, em nível sucessório, entre os herdeiros.

Observe-se, porém, que em todas essas situações não há necessariamente a ideia de ganho para um em detrimento dos outros, uma vez que a sorte não tem por objetivo o lucro ou perda, mas apenas o deslinde da controvérsia.

## 8. O REEMBOLSO DE EMPRÉSTIMO PARA JOGO OU APOSTA

Como afirmamos alhures, os contratos de jogo e de aposta são negócios jurídicos tipicamente causais.

Por isso, suas características básicas de irrepetibilidade de pagamento e inexigibilidade da prestação são estendidas "a qualquer contrato que encubra ou envolva

---

[12] ALVES, Jones Figueirêdo. *Novo Código Civil Comentado*, coord. FIUZA, Ricardo. São Paulo: Saraiva, 2002, p. 737-8.

[13] CC/2002: "Art. 858. Sendo simultânea a execução, a cada um tocará quinhão igual na recompensa; se esta não for divisível, conferir-se-á por sorteio, e o que obtiver a coisa dará ao outro o valor de seu quinhão".

reconhecimento, novação ou fiança de dívida de jogo", como estabelece o mencionado § 1º do art. 814 do CC/2002.

O traço mais evidente deste perfil causalista do sistema codificado brasileiro se dá na relação do jogo e aposta com o mútuo.

De fato, é perfeitamente compreensível que, tomado pela excitação do momento do jogo ou da aposta, algum incauto queira fazer empréstimos para poder apostar ou jogar.

Tal consentimento, porém, é evidentemente viciado, motivo por que a regra legal estende a inexigibilidade do reembolso para tal empréstimo.

É o que se vislumbra no art. 815 do CC/2002, que estabelece:

> "Art. 815. Não se pode exigir reembolso do que se emprestou para jogo ou aposta, no ato de apostar ou jogar".

Parece-nos lógico que o preceito somente é aplicável para situações em que o mutuante tenha pleno conhecimento do fato, o que se depreende da menção ao momento em que o empréstimo é feito ("no ato de apostar ou jogar").

Assim, por óbvio, entendemos que para os mútuos feitos sem nenhum tipo de vinculação com o "ato de apostar ou jogar", ainda que sua finalidade implícita seja para tal mister, não se aplica o dispositivo, em respeito, inclusive, à boa-fé subjetiva daquele que emprestou.

Por outro lado, acreditamos firmemente que outros negócios jurídicos, como compra e venda de coisas móveis (pense-se na aquisição de fichas para pagamento posterior, por ex.), podem atrair a aplicação analógica da norma, na hipótese de ter a mesma causa.

## 9. EXTINÇÃO DO CONTRATO

Por se configurarem, regra geral, como obrigações naturais, juridicamente inexigíveis, não há grande interesse — prático ou acadêmico — no desenvolvimento deste tópico, razão por que o legislador, corretamente, permaneceu silente.

Claro está, todavia, que, fora as situações de invalidade, o jogo e a aposta extinguem-se com o cumprimento da prestação pecuniária, nos termos e nas condições desenvolvidas no corpo deste capítulo.

Cumpre-nos lembrar, apenas, e em conclusão, que os jogos e apostas oficialmente autorizados admitem a sua cobrança judicial por não se subsumirem à noção de obrigações naturais ou imperfeitas, a exemplo da Loto ou da Mega-Sena.

# XLI FIANÇA

## 1. CONCEITO

No sistema brasileiro as garantias podem ser "reais", como se dá com a hipoteca, penhor e anticrese; ou "fidejussórias", ou seja, de natureza pessoal, em que determinada pessoa se compromete a, na falta do devedor principal, suportar a dívida assumida.

Dessa forma, como vimos linhas acima, a fiança traduz uma modalidade de garantia pessoal ou fidejussória.

Podemos defini-la, com base na regra legal, como o negócio jurídico por meio do qual o fiador garante satisfazer ao credor uma obrigação assumida pelo devedor, caso este não a cumpra (art. 818 do CC/2002).

É de notar um detalhe nem sempre percebido.

A fiança é um contrato firmado entre *credor e fiador*, não tendo a participação obrigatória do devedor.

Ou seja, o devedor, posto seja a pessoa por quem o fiador responde — subsidiária ou solidariamente —, não tem o condão de impedir a contratação, nos termos do art. 820 do CC/2002:

> "Art. 820. Pode-se estipular a fiança, ainda que sem consentimento do devedor ou contra a sua vontade".

Com isso não se quer dizer que o devedor não tome ciência da instituição da garantia, pois tal comunicação é decorrência do próprio princípio da boa-fé. Pode até indicar ou sugerir o fiador, pessoa de sua confiança, que deverá ser aceito pela outra parte.

Mas o que pretende o dispositivo é deixar claro que esta modalidade de garantia tem em mira o interesse do credor, e não do devedor, que não pode, como visto, opor-se à estipulação.

No que tange às características básicas desta modalidade contratual, vejamos tais classificações no próximo tópico.

## 2. CARACTERÍSTICAS

A fiança é, evidentemente, um contrato típico e nominado, pois se encontra previamente definida na lei civil, com nomenclatura consagrada e ampla utilização em relações civis, comerciais e consumeristas.

Dentre suas características, podemos enumerar algumas bem marcantes:

A primeira delas é a unilateralidade, pois, uma vez celebrado o contrato de fiança, impõe-se obrigação apenas para uma das partes, no caso, o fiador. Em função disso, é inaplicável a classificação dos contratos em comutativos ou aleatórios.

Outra característica importante é a acessoriedade, uma vez que sempre acompanha um contrato principal, criador da obrigação principal que é garantida. Imaginemos, por exemplo, um contrato de locação firmado com fiança locatícia: a locação é o contrato principal; a fiança, o contrato acessório.

Não é, porém, um contrato preliminar, mas, sim, definitivo, em relação às partes aqui contratantes (fiador e afiançado), mesmo tendo a sua produção de efeitos condicionada ao (des)cumprimento da obrigação do contrato principal. Note-se, neste diapasão, que os contratos preliminares (ou *pactum de contrahendo*) são exceção em nosso ordenamento jurídico, já que nada mais são do que negócios jurídicos que têm por finalidade justamente a celebração de um contrato definitivo, pelas próprias partes, o que inexiste na fiança.

Outro traço peculiar é a gratuidade, no sentido de que apenas traz benefício para uma das partes (credor), sem que se lhe imponha contraprestação alguma.

Vale lembrar que a interpretação dos contratos gratuitos deve ser sempre mais restrita do que os negócios jurídicos onerosos[1], uma vez que, por envolver uma liberalidade, a legislação considerou razoável que o contratante não onerado tivesse uma proteção menor do que o pactuante devedor.

Justamente por essa característica de não onerosidade, é inaplicável à fiança a classificação em contrato evolutivo.

Excepcionalmente, todavia, a fiança poderá ser onerosa, caso o fiador seja remunerado. Tal retribuição, dada a natureza *sui generis* deste contrato, ausente a característica geral do sinalagma, há de ser efetuada pelo próprio afiançado, ou seja, quem se onera não é o credor — parte do contrato de fiança — mas o devedor afiançado. Trata-se de uma onerosidade especial, sem dúvida, a exemplo do que ocorre na fiança bancária, pois o onerado não é parte do próprio contrato.

Ilustrando a hipótese, SILVIO RODRIGUES pontifica:

> "Nada impede, entretanto, que o fiador reclame, em troca da garantia que oferece, determinada remuneração. O procedimento de há muito se instalou no comércio bancário, em que os bancos assinam termos de responsabilidade em favor de seus clientes, em troca de uma percentagem sobre o montante garantido. É a chamada fiança bancária. Modernamente, encontram-se firmas especializadas em prestar

[1] CC/2002: "Art. 114. Os negócios jurídicos benéficos e a renúncia interpretam-se estritamente".

> fiança, mediante percentagem. Nessas hipóteses, o negócio é oneroso, pois está presente o propósito especulativo"[2].

A fiança escapa ao princípio geral da liberdade da forma, previsto no art. 107 do Código Civil[3], pois, em virtude de dispositivo específico (art. 819 do CC/2002), é exigido instrumento escrito, não admitindo interpretação extensiva.

Caso as partes, outrossim, pretendam ainda imprimir eficácia *erga omnes* a este contrato, deverão registrá-lo no Cartório de Títulos e Documentos. Vale lembrar ainda que, reforçando o seu formalismo, em determinadas situações exige-se a outorga uxória, a teor do art. 1.647.

Pode ser celebrada tanto na modalidade paritária quanto por adesão, na hipótese, respectivamente, de as partes estarem em iguais condições de negociação, estabelecendo livremente as cláusulas contratuais, ou um dos pactuantes impor as cláusulas do negócio jurídico.

Trata-se de um contrato individual, estipulado sempre entre pessoas determinadas. Quanto à pessoa do contratante, observa ORLANDO GOMES:

> "Embora a fiança seja contrato *intuitu personae* em relação ao fiador, suas obrigações transmitem-se *mortis causa*, desde que nascida antes da abertura da sucessão. Por outras palavras, os efeitos da fiança produzidos até a morte do fiador vinculam os herdeiros *intra vires hereditates*"[4].

De fato, as obrigações da fiança se transmitem *mortis causa*, até os limites das forças da herança, conforme estabelecido no art. 836 do CC/2002:

> "Art. 836. A obrigação do fiador passa aos herdeiros; mas a responsabilidade da fiança se limita ao tempo decorrido até a morte do fiador, e não pode ultrapassar as forças da herança".

Dessa forma, podemos afirmar que a fiança é, sim, um contrato personalíssimo, mas que, constituído o dever de pagar (pela inadimplência do devedor da obrigação principal), antes do advento da morte do fiador, esta responsabilidade se transmite a seus herdeiros.

Quanto ao tempo, é um contrato de duração, essencialmente temporário. Tal duração pode ser determinada ou indeterminada, na medida em que haja ou não previsão expressa de termo final ou condição resolutiva a limitar a eficácia do contrato.

Seguindo a linha causalista do vigente Código Civil brasileiro, a fiança é um contrato causal.

---

[2] RODRIGUES, Silvio. *Direito Civil* — Dos Contratos e das Declarações Unilaterais de Vontade, 30. ed., v. 3, São Paulo: Saraiva, 2008, p. 359.

[3] CC/2002: "Art. 107. A validade da declaração de vontade não dependerá de forma especial, senão quando a lei expressamente a exigir".

[4] GOMES, Orlando. *Contratos*, 24. ed., Rio de Janeiro: Forense, 2001, p. 439.

Quanto à função econômica, a fiança é classificada como um contrato de prevenção de riscos, pois caracterizado pela assunção de riscos por parte de um dos contratantes, resguardando a possibilidade de dano futuro e eventual que, *in casu*, se refere ao eventual inadimplemento por parte do devedor da obrigação principal.

## 3. PARTES

Cumpre-nos esclarecer este ponto.

Já mencionamos que as partes, no contrato de fiança, são o credor e o fiador, ou seja, trata-se de uma estipulação pactuada entre estas duas partes, e não com o devedor afiançado.

Pressupõe-se, por óbvio, a capacidade das partes envolvidas, valendo lembrar que, a teor do art. 826 do CC/2002, se o fiador se tornar insolvente ou incapaz, poderá o credor exigir que seja substituído, pois tal providência acautela a satisfação do seu crédito.

Não concordamos, todavia, com CARVALHO DE MENDONÇA quando, considerando a fiança um contrato bilateral imperfeito, preleciona:

> "Se, porém, como no caso mais comum, ela é contratada entre fiador e o devedor, o contrato é bilateral imperfeito, pois que, ao formar-se, somente origina obrigações do fiador para com o credor. Mas, se o fiador pagar mais tarde a dívida, surgem obrigações para o devedor, obrigado desde então ao reembolso"[5].

Definitivamente, não aceitamos tal pensamento.

A eventual possibilidade de o fiador demandar o devedor não significa que o contrato seja celebrado entre ambos, mas sim que o devedor simplesmente experimenta a repercussão dos efeitos deste pagamento[6].

Assim, é importante deixar clara a diferença entre "ser parte" e "sofrer os efeitos do pagamento efetivado por terceiros". Afinal, se o fiador é terceiro interessado em relação ao débito, parte é que ele, ao mesmo tempo, não pode ser!

Ressalte-se, no entanto, que, em geral, o devedor afiançado participa do ato, não como parte, mas como simples interessado, indicando pessoa física ou jurídica para figurar como fiador, posto a última palavra seja sempre do credor, a quem interessa, sob o prisma patrimonial, à constituição da garantia.

E isso fica muito mais claro ao lermos o art. 825 do Código Civil de 2002:

> "Art. 825. Quando alguém houver de oferecer fiador, o credor não pode ser obrigado a aceitá-lo se não for pessoa idônea, domiciliada no município onde tenha de prestar a fiança, e não possua bens suficientes para cumprir a obrigação".

---

5 MENDONÇA, Manuel Inácio Carvalho de. *Contratos no Direito Civil Brasileiro*, 4. ed., v. III, t. II, Rio de Janeiro: Forense, 1957, p. 411.

6 PEREIRA, Caio Mário da Silva, ob. cit., v. III, p. 328.

Se o credor, pois, recusar a indicação, nada feito.

Não haverá fiança.

Por outro lado, caso o credor o aceite, efetuado o pagamento pelo fiador, este assumirá o posto de credor, sub-rogando-se em todos os seus direitos, contra o devedor principal.

Neste caso, o credor originário (sub-rogado) deixa de figurar na relação jurídica, que passa a ter como partes o fiador (novo credor) e o devedor principal.

Trata-se do fenômeno da sub-rogação legal.

O principal efeito da sub-rogação é, exatamente, transferir ao novo credor "todos os direitos, ações, privilégios e garantias do primitivo, em relação à dívida, contra o devedor principal e os fiadores" (art. 349 do CC/2002).

Dessa forma, se o credor principal dispunha de garantia real (uma hipoteca ou um penhor, p. ex.) o terceiro sub-rogado passará a detê-la, podendo, pois, tomar as necessárias medidas judiciais para a proteção do seu crédito, como se fosse o credor primitivo.

Nesse ponto, interessante questão pode ser abordada.

Como sabemos, a Lei do Bem de Família (Lei n. 8.009/90), alterada pela Lei do Inquilinato (Lei n. 8.245/91), em seu art. 3º, VII, excepcionou a protelação legal para admitir a penhora do imóvel do fiador, na locação.

Em outras palavras: se o fiador for demandado pelo locador, visando à cobrança dos aluguéis atrasados, poderá o seu único imóvel residencial ser executado, para a satisfação do débito do inquilino.

Não ignorando que o fiador possa obrigar-se solidariamente, o fato é que, na sua essência, a fiança é um contrato meramente acessório, pelo qual um terceiro (fiador) assume a obrigação de pagar a dívida, se o devedor principal não o fizer.

Mas seria razoável garantir o cumprimento desta obrigação (essencialmente acessória) do fiador com o seu único bem de família? Seria essa norma constitucional?

Partindo da premissa de que as obrigações do locatário e do fiador têm a mesma base jurídica — o contrato de locação —, não é justo que o garantidor responda com o seu bem de família, quando a mesma exigência não é feita para o locatário. Isto é, se o inquilino, fugindo de suas obrigações, viajar para o interior da Bahia e comprar um único imóvel residencial, este seu bem será impenhorável, ao passo que o fiador continuará respondendo com o seu próprio bem de família perante o locador que não foi pago.

À luz do Direito Civil Constitucional — pois não há outra forma de pensar modernamente o Direito Civil —, parece-nos forçoso concluir que este dispositivo de lei viola o princípio da isonomia, insculpido no art. 5º, da Constituição Federal, uma vez que *trata de forma desigual locatário e fiador*, embora as obrigações de ambos tenham a mesma causa jurídica: o contrato de locação[7].

[7] Esse é o pensamento de Sérgio André Rocha Gomes da Silva, em seu excelente artigo Da inconstitucionalidade da penhorabilidade do bem de família por obrigação decorrente de fiança em contrato de locação, publicado na *Revista de Direito Privado*, v. 2, abr./jun. 2000.

Lamentavelmente, o Supremo Tribunal Federal, no julgamento do RE 407.688/SP, pondo por terra belíssimo entendimento exarado anteriormente, em decisão monocrática, pelo Min. Carlos Velloso, firmou entendimento no sentido da constitucionalidade da penhora do bem de família do fiador, na locação, no que já vem sendo acompanhado pelo Superior Tribunal de Justiça.

Posto isso, fazemos a seguinte indagação: se o fiador, terceiro interessado, pagar a obrigação locatícia, e, por consequência, sub-rogar-se nos direitos do credor satisfeito, teria em seu favor a prerrogativa de penhorar o imóvel residencial do devedor afiançado, em eventual ação regressiva? Vale dizer, partindo da premissa de que o credor primitivo detinha este poder contra si, assumindo agora o posto de credor, poderia exercê-lo em face do devedor principal.

O Superior Tribunal de Justiça, antes do mencionado julgamento do Supremo Tribunal Federal, corretamente a nosso ver, posicionou-se em sentido contrário.

De fato. Eis o acórdão do Superior Tribunal de Justiça, em que se entendeu que o fiador, que paga a dívida do locatário, não se sub-roga em todos os direitos e prerrogativas do locador, restando, pois, excluída a possibilidade de pleitear a penhora do imóvel residencial do locatário-afiançado:

> "1 — A impenhorabilidade do bem de família é regra, somente cabendo as exceções legalmente previstas. Nos termos da Lei n. 8.009/90, art. 3º, VII é possível a penhora do bem de família como garantia de obrigação decorrente de fiança concedida em contrato de locação. 2 — O fiador que paga integralmente a dívida, à qual se obrigou, fica sub-rogado nos direitos e garantia do locador-credor. Entretanto, não há como estender-lhe o privilégio da penhorabilidade do bem de família em relação ao locatário-afiançado, taxativamente previsto no dispositivo mencionado, visto que nem mesmo o locador o dispunha. 3 — Recurso conhecido e provido" (STJ, REsp 255.663/SP, rel. Min. Edson Vidigal, julgado em 29-6-2000, 5ª Turma).

A nossa preocupação, todavia, é que, com o julgamento do RE 407.688/SP, que firmou equivocadamente, *data venia*, a constitucionalidade desta penhora, passe-se a admitir a legitimidade da sub-rogação do fiador nesta prerrogativa.

Tal entendimento, em nosso sentir, padeceria de vício, pois, a par da manifesta inconstitucionalidade da medida, admitiria uma interpretação extensiva do preceito legal (art. 3º, VII, da Lei do Bem de Família) para contemplar hipótese não admitida em lei.

A penhorabilidade (absurdamente) admitida é do imóvel do fiador, e não do afiançado...

## 4. OBJETO

O objeto de todo contrato de fiança é, sem dúvida, a dívida que se quer garantir.

Por óbvio, apenas terá efeito a fiança quando a obrigação principal se tornar exigível, admitindo, o legislador, nessa linha de intelecção, que se possa estipular a garantia fidejussória em face de débito futuro, embora, neste caso, o fiador não seja demandado senão depois que se fizer certa e líquida a obrigação do principal devedor (art. 821 do CC/2002).

Note, ainda, o nosso leitor, que, ao garantir a obrigação principal, o fiador assume--a de maneira ampla, compreendendo-se os seus acessórios, inclusive as eventuais despesas processuais assumidas pelo credor, desde a sua citação (art. 822 do CC/2002). Tal dispositivo é útil, pois, se não houvesse sido previsto, poderia haver dúvida, no caso concreto, acerca da extensão da garantia.

Outra importante regra sobre o objeto do contrato de fiança, que merece a nossa atenção, vem prevista no art. 823 do CC/2002:

> "Art. 823. A fiança pode ser de valor inferior ao da obrigação principal e contraída em condições menos onerosas, e, quando exceder o valor da dívida, ou for mais onerosa que ela, não valerá senão até ao limite da obrigação afiançada".

Trata-se de dispositivo claro, de cristalina intelecção.

Não teria sentido a fiança, garantia pessoal prestada por terceiro, superar o valor da obrigação principal. Se assim o fosse, estar-se-ia, indiscutivelmente, incrementando o enriquecimento sem causa do credor.

Observamos, apenas, que o legislador, em vez de utilizar a expressão "não valerá", deveria ter dito "não terá eficácia", uma vez que a impropriedade se refere ao plano de eficácia, e não ao de validade.

Entendemos, ainda, que o juiz não somente pode como deve realizar esta redução *de ofício*, no bojo da própria demanda ajuizada contra o fiador, independentemente da provocação do interessado, em respeito aos princípios da função social do contrato e da boa-fé objetiva, sob pena de coroar flagrante injustiça.

Finalmente, frise-se que as "obrigações nulas não são suscetíveis de fiança, exceto se a nulidade resultar apenas de incapacidade pessoal do devedor" (art. 824 do CC/2002). Vale dizer, qualquer outra causa de nulidade da obrigação principal (arts. 166 e 167 do CC/2002) prejudica a fiança, salvo se o devedor for absoluta ou relativamente incapaz. Neste caso, visando a protegê-lo, preferiu o legislador manter a fiança.

Assim, se um menor de 14 anos (absolutamente incapaz) contrai uma obrigação, esta poderá ser exigível do fiador, que não terá ação regressiva contra ele. Assumiu, pois, o risco de garantir uma dívida alheia sem direito ulterior ao reembolso.

Atente-se, porém, que, nos termos do art. 588, tal exceção não abrange o mútuo feito ao menor:

> "Art. 588. O mútuo feito a pessoa menor, sem prévia autorização daquele sob cuja guarda estiver, não pode ser reavido nem do mutuário, nem de seus fiadores".

Relembre-se, todavia, da ressalva constante no artigo seguinte:

"Art. 589. Cessa a disposição do artigo antecedente:

I — se a pessoa, de cuja autorização necessitava o mutuário para contrair o empréstimo, o ratificar posteriormente;

II — se o menor, estando ausente essa pessoa, se viu obrigado a contrair o empréstimo para os seus alimentos habituais;

III — se o menor tiver bens ganhos com o seu trabalho. Mas, em tal caso, a execução do credor não lhes poderá ultrapassar as forças;

IV — se o empréstimo reverteu em benefício do menor;

V — se o menor obteve o empréstimo maliciosamente".

## 5. ESPÉCIES DE FIANÇA

Parece-nos relevante, neste tópico, fazer um breve esclarecimento terminológico e classificatório.

Expliquemo-nos.

Do ponto de vista terminológico, a expressão "fiança" tem objetivos completamente distintos, a depender do campo de atuação em que se esteja trabalhando, qual seja, civil (o que se define por exclusão, ou seja, todas as relações não criminais, como civis *stricto sensu*, comerciais, consumeristas etc.) ou penal.

Ambas têm o sentido de garantia.

Diferem, todavia, na finalidade específica.

A fiança civil é, como visto, uma relação jurídica contratual, estabelecida entre o credor de uma obrigação e um sujeito garantidor, com seu patrimônio pessoal, para eventual hipótese de descumprimento de uma prestação principal, pelo efetivo devedor. Trata-se, portanto, de um contrato que reforça a solvabilidade de uma obrigação patrimonial. Já que estamos falando de terminologia, vale registrar, inclusive, que a unificação da disciplina das obrigações civis e comerciais fez perder o sentido da especificação de fiança civil e fiança comercial[8].

Já a fiança criminal garante não o cumprimento de uma prestação patrimonial, mas, sim, o direito à liberdade do acusado, na efetivação da presunção de sua inocência até o trânsito em julgado do processo penal correspondente[9].

---

[8] "A fiança, quando se encontrava em vigor o Código de 1916, classificava-se ainda em civil (CC, arts. 1.481 a 1.504) e mercantil (CCom, arts. 256 a 264). O Código Civil de 2002 revogou, todavia, toda a parte primeira deste último diploma, inclusive os dispositivos concernentes à fiança. Desse modo, ela é hoje sempre civil, podendo ser chamada de empresária quando destinada a garantir o exercício da atividade própria de empresário" (GONÇALVES, Carlos Roberto. *Direito Civil Brasileiro*, 18. ed., São Paulo: Saraiva, 2020, v. 3, p. 595).

[9] Para um aprofundamento sobre o tema, confira-se o excelente artigo de Oliveiros Guanais Filho, Fiança Criminal — Real Alcance, publicado na *Revista Jurídica dos Formandos em Direito da UFBA*, ano II, v. II, p. 463-77.

Como observa JULIO FABBRINI MIRABETE:

> "A fiança é um direito subjetivo constitucional do acusado, que lhe permite, mediante caução e cumprimento de certas obrigações, conservar sua liberdade até a sentença condenatória irrecorrível. É um meio utilizado para obter a liberdade provisória: se o acusado está preso, é solto; se está em liberdade, mas ameaçado de custódia, a prisão não se efetua. É uma contracautela à prisão provisória, pois a substitui, destinada a impedir que a dilação do inquérito policial e do processo condenatório cause dano ao *jus libertatis* do indiciado ou réu e a assegurar a sua presença no processo e o pagamento de custas, do dano e da pena multa. Os artigos 322 a 350 regulam a fiança, direito subjetivo constitucional, que denegado constitui constrangimento ilegal à liberdade de locomoção (art. 648, V)"[10].

A confusão entre os dois institutos é, embora indevida, sem sombra de dúvida justificável, não somente pelo sentido de garantia mas pela circunstância de ser uma assunção por um terceiro, necessariamente na fiança civil e facultativamente na fiança criminal.

Registre-se, nessa linha, que a fiança criminal deve ser prestada, em primeiro plano, pelo próprio afiançado, sendo o pagamento por terceiro situação também admitida; ao passo que a fiança civil é prestada necessariamente por terceiro.

Realçada a diferença entre a fiança criminal e a fiança civil, é claro que é desta última modalidade que o corte epistemológico desta obra impõe a abordagem.

Contudo, esta também apresenta algumas espécies, fazendo-se mister um novo esforço classificatório para a adequada delimitação e compreensão do tema.

De fato, a fiança civil pode ser classificada em judicial, legal ou, finalmente, convencional.

A fiança judicial é aquela decorrente de uma exigência processual, não sendo estabelecida para garantir uma relação contratual, mas, sim, uma decisão judicial.

A peculiaridade desta forma de fiança é ser ela prestada pelo próprio devedor.

É o caso, por exemplo, da caução prevista, se estabelecida na modalidade fidejussória, no art. 559 do CPC/2015:

> "Art. 559. Se o réu provar, em qualquer tempo, que o autor provisoriamente mantido ou reintegrado na posse carece de idoneidade financeira para, no caso de sucumbência, responder por perdas e danos, o juiz designar-lhe-á o prazo de 5 (cinco) dias para requerer caução, real ou fidejussória, sob pena de ser depositada a coisa litigiosa, ressalvada a impossibilidade da parte economicamente hipossuficiente".

---

10 MIRABETE, Julio Fabbrini. *Processo Penal*, São Paulo: Atlas, 2000, p. 408.

Já a fiança legal, como o próprio nome indica, é a proveniente de previsão legal específica, não sendo fruto exclusivo do interesse e manifestação volitiva dos sujeitos envolvidos.

O vigente Código Civil brasileiro[11] é repleto de disposições nesse sentido, a saber:

> "Art. 260. Se a pluralidade for dos credores, poderá cada um destes exigir a dívida inteira; mas o devedor ou devedores se desobrigarão, pagando:
> I — a todos conjuntamente;
> II — a um, dando este caução de ratificação dos outros credores.
> (...)
> Art. 495. Não obstante o prazo ajustado para o pagamento, se antes da tradição o comprador cair em insolvência, poderá o vendedor sobrestar na entrega da coisa, até que o comprador lhe dê caução de pagar no tempo ajustado.
> (...)
> Art. 1.745. Os bens do menor serão entregues ao tutor mediante termo especificado deles e seus valores, ainda que os pais o tenham dispensado.
>
> Parágrafo único. Se o patrimônio do menor for de valor considerável, poderá o juiz condicionar o exercício da tutela à prestação de caução bastante, podendo dispensá-la se o tutor for de reconhecida idoneidade".

Registre-se, a bem da verdade, que a expressão utilizada é "caução", mas o contexto em que é inserida demonstra, claramente, que se trata de uma garantia fidejussória de natureza obrigacional, não pressupondo depósito de bens[12].

---

[11] Também o art. 121 do Código de Águas (Decreto n. 24.643, de 10-7-1934) estabelece: "Art. 121. Os donos dos prédios servientes têm, também, direito a indenização dos prejuízos que de futuro vierem a resultar da infiltração ou irrupção das águas, ou deterioração das obras feitas, para a condução destas. Para garantia deste direito eles poderão desde logo exigir que se lhes preste caução".

[12] "CAUÇÃO. Consoante sua própria origem, do latim *cautio* (ação de se acautelar, precaução), de modo geral, quer expressar, precisamente, a cautela que se tem ou se toma, em virtude da qual certa pessoa oferece a outrem a garantia ou segurança para o cumprimento de alguma obrigação. Como se vê, é tomado em sentido genérico, para indicar as várias modalidades de garantias que possam ser dadas pelo devedor ou exigidas pelo credor, para fiel cumprimento da obrigação assumida, em virtude de contrato, decorrente de algum ato a praticar, ou que tenha sido já praticado por quem está obrigado a ela. E, como garantia que é prestada, a caução, em regra, pode ser consequente do oferecimento de penhor, de hipoteca, etc., como pode decorrer de fiança pessoal. E, nestes dois aspectos, se diz caução real, quando a garantia se efetiva sobre coisas móveis ou imóveis, ou se diz fidejussória, quando se trata da garantia pessoal. A função jurídica da caução é, precipuamente, a de assegurar a solvabilidade do devedor. E, sob o ponto de vista obrigacional, apresenta-se como o contrato ou obrigação acessória, de modo que, em regra, se firma na existência de contrato ou de obrigação principal. Por esta razão, não devem os encargos que dela decorrem exceder a responsabilidade da obrigação principal nem suas condições devem ser mais onerosas que as estipuladas para a dívida ou obrigação principal" (SILVA, De Plácido e. *Vocabulário Jurídico*, 15. ed., Rio de Janeiro: Forense, 1998, p. 160-1).

Por fim, a fiança civil pode ser convencional (também chamada de contratual), que é aquela oriunda espontaneamente da vontade das partes (credor e fiador), mesmo sem a anuência do devedor afiançado.

É esta última modalidade que consiste no objeto precípuo deste capítulo.

## 6. EFEITOS DA FIANÇA

A celebração de um contrato de fiança gera efeitos tanto para os sujeitos contratantes (credor e fiador) quanto para o devedor afiançado.

Para compreender a gama de direitos e deveres decorrentes de tal avença contratual faz-se mister discorrer primeiro sobre o instituto do benefício de ordem, que é, sem sombra de dúvida, uma das mais importantes características deste contrato.

### 6.1. Benefício de ordem

Não há dúvida de que o fiador é, em essência, por força da característica de acessoriedade do contrato de fiança, um sujeito passivo de segundo grau, ou seja, um garantidor da obrigação principal.

Tal ideia fora anunciada logo no início do presente capítulo, quando salientamos a natureza jurídica da fiança, afirmando tratar-se de uma garantia pessoal ou fidejussória, acessória da obrigação principal.

Com isso, podemos concluir, debruçando-nos na essência do instituto, que a obrigação do fiador é, em princípio, meramente subsidiária.

Vale lembrar, a respeito do tema, que a subsidiariedade nada mais é do que uma solidariedade com preferência.

De fato, na visão assentada sobre a solidariedade passiva, temos uma determinada obrigação, em que concorre uma pluralidade de devedores, cada um deles obrigado ao pagamento de toda a dívida. Nessa responsabilidade solidária, há, portanto, duas ou mais pessoas unidas pelo mesmo débito.

Na responsabilidade subsidiária, por sua vez, temos que uma das pessoas tem o débito originário e a outra tem apenas a responsabilidade por este débito. Por isso, existe uma preferência (dada pela lei) na "fila" (ordem) de excussão (execução): no mesmo processo, primeiro são demandados os bens do devedor (porque foi ele quem se vinculou, de modo pessoal e originário, à dívida); não tendo sido encontrados bens do devedor, ou não sendo eles suficientes, inicia-se a excussão de bens do responsável, em caráter subsidiário, por toda a dívida.

Vale lembrar que a expressão "subsidiária" se refere a tudo que vem em reforço de... ou em substituição de..., ou seja, não sendo possível executar o efetivo devedor — sujeito passivo direto da relação jurídica obrigacional —, devem ser executados os demais responsáveis pela dívida contraída.

Obrigação subsidiária traduz-se, pois, como uma verdadeira responsabilidade subsidiária.

Afinal de contas, nem sempre quem tem responsabilidade por um débito se vinculou originariamente a ele por causa de uma relação jurídica principal, sendo este, justamente, o caso do fiador.

Por isso, dispõe ele de um instrumento jurídico eficaz para fazer valer a sua responsabilidade subsidiária: o benefício de ordem ou excussão.

Trata-se de uma prerrogativa, consistente em um meio de defesa patrimonial pelo qual o fiador, demandado pelo credor, aponta bens livres e desembargados do devedor, para serem excutidos em primeiro lugar. Tal é a razão por que, como dissemos acima, a sua responsabilidade é meramente subsidiária.

No Código Civil de 2002, confira-se o *caput* do art. 827:

> "Art. 827. O fiador demandado pelo pagamento da dívida tem direito a exigir, até a contestação da lide, que sejam primeiro executados os bens do devedor".

Note-se que o momento processual oportuno para que a defesa seja manejada é a própria contestação, em preliminar de mérito, por se tratar de uma exceção substancial.

Não aproveita ao fiador, outrossim, a indicação genérica, impondo-se-lhe a especialização de bens determinados do devedor, livres de ônus ou outras garantias reais, situados no mesmo município, quantos bastem para solver a dívida (CC/2002, parágrafo único do art. 827).

Questão interessante, diante da evidente subsidiariedade da responsabilidade do fiador, é saber como proceder na hipótese de o devedor ter bens livres e desembaraçados, mas fora do município. Neste caso, como a relação contratual é estabelecida diretamente entre fiador e credor, entendemos, pela aplicação estrita da regra legal, que não há benefício de ordem a suscitar.

E, de fato, não é sempre que esse benefício pode ser invocado.

Na forma do art. 828, não aproveita este benefício ao fiador:

a) se ele o renunciou expressamente (inc. I);

b) se se obrigou como principal pagador, ou devedor solidário (inc. II);

c) se o devedor for insolvente, ou falido (inc. III).

A renúncia é uma declaração de vontade abdicativa de um direito. Na hipótese vertente, o fiador voluntariamente afasta de si o direito de indicar preferencialmente bens do devedor, de maneira que, se for demandado primeiro, nada poderá alegar.

É o que também ocorre quando se obriga como principal pagador ou solidariamente se vincula-se ao cumprimento da obrigação. Em ambos os casos, é como se estivesse renunciando ao benefício legal[13].

[13] Importante observação é feita, neste ponto, por Flávio Tartuce: "Como se pode aduzir, as hipóteses dos incisos I e II são casos em que o fiador abre mão, por força de previsão no contrato, do direito

Vinculando-se solidariamente ao cumprimento da obrigação, faculta-se ao credor demandar diretamente o fiador, que poderá ingressar futuramente contra o devedor para haver aquilo que de fato desembolsou.

Na prática, as hipóteses mencionadas dos incisos I e II ocorrem de maneira extremamente comum. Em enorme quantidade de contratos verifica-se que, quase como uma cláusula de estilo, se promove à renúncia do benefício de ordem, figurando o fiador como devedor principal ou principal pagador, o que cria a solidariedade entre devedor e fiador.

Por isso, recomendamos a maior cautela possível a todos aqueles que se arvorarem a assumir a posição de fiador de outrem, devendo ter o máximo de cuidado ao assinar contratos que registrem tais hipóteses de inaplicabilidade do benefício de ordem.

A terceira hipótese de impossibilidade de invocação do benefício de ordem é praticamente autoexplicativa.

Com efeito, tal benefício não pode ser alegado se o devedor for insolvente ou falido (art. 828, III, do CC/2002), o que significa, no final das contas, que o devedor não tem mais bens livres e desembargados para solver o débito, incidindo, portanto, na hipótese básica de responsabilidade do fiador.

## 6.2. Direitos e deveres das partes

Em um esforço de sistematização, parece-nos interessante fazer um breve resumo dos direitos e deveres de cada uma das partes do contrato de fiança, que se refere — repise-se! — somente ao credor e ao fiador, e não ao devedor afiançado.

A característica de unilateralidade do contrato de fiança, por sua vez, decorre do fato de a obrigação de garantia do fiador ter alta significação jurídica, quase se confundindo com a causa do próprio contrato.

Todavia, ainda assim, é possível falar, no que diz respeito ao credor, de um dever geral de respeitar o benefício de ordem, caso seja este aplicável, conforme visto no tópico anterior, em uma espécie de "dever geral de abstenção".

Da mesma forma, o credor só poderá exigir a fiança no termo fixado para a obrigação principal.

Mas, ainda assim, entendemos que tais "deveres" não são tão substanciais a ponto de descaracterizar a unilateralidade do contrato.

---

de alegar um benefício que a lei lhe faculta. Justamente porque o fiador está renunciando a um direito que lhe é inerente é que defendemos, na IV Jornada de Direito Civil, que essa renúncia não valerá se o contrato de fiança for de adesão por força da aplicação direta do art. 424 do CC. Essa tese já foi por nós defendida em nosso livro *Função social dos contratos* (p. 254) e também no presente, sendo aplicação direta da eficácia interna desse princípio, que busca a justiça contratual. Assim, foi aprovado o Enunciado n. 364 CJF, pelo qual 'No contrato de fiança é nula a cláusula de renúncia antecipada ao benefício de ordem quando inserida em contrato de adesão'" (*Direito Civil*: Teoria Geral dos Contratos e Contratos em Espécie, Série Concursos Públicos, v. 3, 2. ed., São Paulo: Método, 2007).

Por outro lado, tem o credor o direito de exigir, no momento próprio (observado, portanto, o termo da obrigação e, se for o caso, o mencionado benefício), o cumprimento da prestação pelo fiador, no caso de descumprimento pelo devedor.

Ao fiador, porém, é reservada uma disciplina muito mais minuciosa de deveres.

A obrigação fundamental do fiador é, sem qualquer dúvida, responder pela dívida na ausência do devedor.

Tal obrigação, embora estabelecida em função da pessoa do fiador, transmite-se aos seus herdeiros, na forma do art. 836 do CC/2002, limitando-se a responsabilidade até a morte do fiador, bem assim cingindo-se até as forças da herança.

No que se refere ao *quantum*, entendemos, com base no mencionado art. 822, que a responsabilidade do fiador se estende aos juros de mora a partir da interpelação e às despesas judiciais a partir da citação.

Pagando a dívida, outrossim, por medida de justiça e respeito ao princípio da vedação ao enriquecimento indevido, terá o fiador direito de regresso contra o devedor, podendo reclamar não somente o valor histórico da dívida, mas, também, todos os acessórios, como correção monetária, juros, despesas com o desembolso e perdas e danos, sub-rogando-se nos direitos do credor, em aplicação da regra do art. 346, III, do CC/2002.

É o que se extrai das previsões dos arts. 831 a 833 do CC/2002:

> "Art. 831. O fiador que pagar integralmente a dívida fica sub-rogado nos direitos do credor; mas só poderá demandar a cada um dos outros fiadores pela respectiva quota.
>
> Parágrafo único. A parte do fiador insolvente distribuir-se-á pelos outros.
>
> Art. 832. O devedor responde também perante o fiador por todas as perdas e danos que este pagar, e pelos que sofrer em razão da fiança.
>
> Art. 833. O fiador tem direito aos juros do desembolso pela taxa estipulada na obrigação principal, e, não havendo taxa convencionada, aos juros legais da mora".

Não é demais lembrar, neste ponto, que o fiador é tipicamente terceiro interessado, ou seja, titular de um interesse jurídico no cumprimento da obrigação, de maneira que, pagando, sub-roga-se (substitui-se) em todos os direitos, ações, privilégios e garantias do credor originário (sub-rogado) (art. 349 do CC/2002).

Dessa forma, se o credor principal dispunha de garantia real (uma hipoteca ou um penhor, p. ex.), o fiador passará a detê-las, podendo, pois, tomar as necessárias medidas judiciais para a proteção do seu crédito, como se fosse o credor primitivo.

Nessa linha, lembremo-nos o quanto dispõe o art. 350 do CC/2002:

> "Art. 350. Na sub-rogação legal o sub-rogado não poderá exercer os direitos e as ações do credor, senão até a soma que tiver desembolsado para desobrigar o devedor".

Assim, se a dívida vale R$ 1.000,00 e o terceiro juridicamente interessado (fiador) obteve desconto e pagou apenas R$ 800,00 — com a devida anuência do credor, que emitiu quitação plena e irrevogável —, só poderá exercer os seus direitos e garantias contra o devedor até o limite da soma que efetivamente desembolsou para solver a obrigação (R$ 800,00). Não poderá, assim, cobrar do devedor R$ 1.000,00, sob pena de caracterizar enriquecimento sem causa (ilícito).

O art. 1.499 do Código Civil brasileiro de 1916, por sua vez, trazia uma interessante regra, que não foi prevista na vigente codificação, a saber:

> "Art. 1.499. O fiador, ainda antes de haver pago, pode exigir que o devedor satisfaça a obrigação, ou o exonere da fiança desde que a dívida se torne exigível, ou tenha decorrido o prazo dentro no qual o devedor se obrigou a desonerá-lo".

Embora não haja regra correspondente no CC/2002, parece-nos razoável propugnar, com base na disciplina geral do instituto, que pelo menos parte da referida prerrogativa ainda é possível.

De fato, a provocação do fiador ao devedor, para satisfazer a obrigação principal, é uma consequência lógica do exercício do benefício de ordem.

O que não é mais aceitável, por certo, é a parte final do dispositivo, quando menciona a possibilidade de o fiador exigir que o devedor "o exonere da fiança desde que a dívida se torne exigível, ou tenha decorrido o prazo dentro no qual o devedor se obrigou a desonerá-lo".

Isso porque, como visto, a relação contratual da fiança não é mantida entre o fiador e o devedor afiançado, mas, sim, entre o fiador e o credor, pelo que somente este último pode desonerá-lo.

Baseada, porém, no mesmo espírito, foi mantida a regra de que o fiador detém a prerrogativa de promover o andamento da ação executiva iniciada contra o devedor, quando o credor, sem justa causa, sustar tal andamento ou demorar em sua promoção (art. 834 do CC/2002). No exercício desta prerrogativa, passaria o fiador a integrar a lide na condição de *terceiro juridicamente interessado*.

Lembre-se, neste aspecto, que a interrupção da prescrição produzida contra o devedor prejudicará o fiador, na forma do art. 204, § 3º, do CC/2002.

Finalmente, vale destacar a regra do art. 837 do CC/2002:

> "Art. 837. O fiador pode opor ao credor as exceções que lhe forem pessoais, e as extintivas da obrigação que competem ao devedor principal, se não provierem simplesmente de incapacidade pessoal, salvo o caso do mútuo feito a pessoa menor".

A concepção do dispositivo é muito simples.

O fiador, na defesa de seus interesses, está autorizado a opor ao credor não somente aquilo que lhe diz respeito, o que é óbvio, mas também tudo que se referir à obrigação principal do devedor, sejam pessoais (ex.: vícios de consentimento na celebração do contrato principal, compensação, confusão, remissão etc.), sejam impessoais (ex.: incorreção de valores, taxa de juros, prescrição etc.).

Excepcionam-se da possibilidade de arguição as exceções extintivas da obrigação que decorram de incapacidade pessoal do devedor. Nesse caso, por exemplo, se houver suspeita de que o devedor principal, por enfermidade ou deficiência mental, não tinha o necessário discernimento para praticar o ato ou, então, que, mesmo por causa transitória, não pudesse exprimir sua vontade, não poderá o fiador suscitar tais fatos em seu benefício. Ressalva-se, contudo, o mútuo feito a pessoa menor, pois, nessa situação, há previsão legal específica de inexigibilidade da prestação, seja da obrigação principal, seja das acessórias.

## 7. FIANÇA CONJUNTA

Nada impede que mais de uma pessoa assuma a qualidade de fiador, caso em que, por expressa determinação legal, haverá solidariedade passiva entre elas, ressalvada a hipótese de haver previsão contratual em sentido contrário, estabelecendo vínculos independentes entre os cofiadores (o chamado "benefício de divisão")[14].

Caso seja estipulado tal benefício, a teor do parágrafo único do art. 829, regente da matéria, cada fiador responderá apenas pela parte que lhe couber no pagamento, proporcionalmente.

Assim, se três pessoas prestam fiança em face de um débito de R$ 300,00, não havendo estipulado com o credor o benefício de divisão, todas responderão solidariamente pela totalidade da dívida.

No entanto, caso figure tal previsão contratual, cada um dos cofiadores apenas responderá pela parte que assumiu no contrato de fiança, presumindo-se, na situação proposta, a terça parte do valor para cada um. Nada impede, outrossim, que assumam proporções desiguais, pois, dependerá, tal providência, da autonomia privada das partes envolvidas[15].

Mas fique atento, o nosso amigo leitor, a um importante aspecto.

A previsão contratual deste benefício de divisão não se confunde com a possibilidade de aplicação do benefício de ordem. Trata-se de institutos jurídicos distintos.

Como vimos acima, o benefício de ordem ou excussão, quando afastado contratualmente, dá a qualquer dos cofiadores a prerrogativa de apontar, quando demandado, bens livres e desembargados do devedor para serem excutidos antes dos seus.

Finalmente, cumpre-nos lembrar que, nos termos do art. 831 do CC/2002, o fiador que pagar integralmente a dívida ficará sub-rogado nos direitos do credor; mas só poderá demandar a cada um dos outros fiadores pela respectiva quota.

---

[14] CC/2002: "Art. 829. A fiança conjuntamente prestada a um só débito por mais de uma pessoa importa o compromisso de solidariedade entre elas, se declaradamente não se reservarem o benefício de divisão. Parágrafo único. Estipulado este benefício, cada fiador responde unicamente pela parte que, em proporção, lhe couber no pagamento".

[15] Aliás, vale lembrar que cada fiador pode fixar no contrato a parte da dívida que toma sob sua responsabilidade, caso em que não será por mais obrigado (art. 830 do CC/2002).

Claro está que essa previsão normativa aplica-se especificamente para o caso de solidariedade passiva entre os fiadores, sendo consequência lógica, para evitar o enriquecimento sem causa, inclusive, que aquele que pagou possa ingressar com ação regressiva dos demais, a fim de haver a quota de cada um. Tal pretensão nitidamente compensatória, manejada no bojo desta *actio*, deverá ser formulada dentro do prazo prescricional de três anos, *ex vi* do disposto no art. 206, § 3º, IV, do vigente Código Civil.

Caso, todavia, qualquer dos fiadores seja insolvente, a sua quota será repartida entre os demais (parágrafo único do art. 831 do CC/2002), o que, *a priori*, será feito em partes iguais, salvo disposição contratual em sentido diverso.

## 8. LIMITAÇÃO TEMPORAL DA FIANÇA

Por implicar a constituição de uma garantia, a fiança é um contrato essencialmente temporário.

O fiador não pode ficar eternamente jungido às garras do credor.

Assim, deve-se respeitar o prazo estabelecido no próprio contrato, que, em geral, corresponde ao prazo estabelecido para o cumprimento da obrigação principal.

Todavia, caso haja sido prestada a fiança sem limitação de tempo, poderá o fiador, sempre que lhe convier, exonerar-se da fiança (resilição unilateral do contrato), remanescendo a sua obrigação durante sessenta dias após a notificação do credor (art. 835 do CC/2002)[16]. Vale dizer, notificado o credor (judicial ou extrajudicialmente), o fiador ainda garantirá a obrigação do afiançado dentro do prazo legal de sessenta dias, tempo este que o legislador considerou suficiente para o credor, se for o caso e se assim o entender, poder buscar a constituição de nova garantia.

Nada impede, em nosso sentir, que seja convencionado prazo maior, não estando o fiador, obviamente, obrigado a aceitá-lo.

Importante observação, neste particular, faz SÍLVIO VENOSA:

> "Lembre-se de que existe toda uma problemática no direito do inquilinato nesse tema de exoneração do fiador. O art. 39 da Lei n. 8.245/91 dispõe: 'Salvo disposição contratual em contrário, qualquer das garantias da locação se estende até a efetiva devolução do imóvel'. Portanto, pelo microssistema do inquilinato, em interpretação literal, não há possibilidade de exoneração do fiador antes da entrega do imóvel locado. No entanto, nota-se que o Superior Tribunal de Justiça tem acolhido pretensões nesse sentido, aplicando a regra geral da fiança e não a lei especial, o que motiva uma reviravolta no sentido da lei locatícia, e, em princípio, coloca em risco esse segmento negocial"[17].

---

[16] CC/2002: "Art. 835. O fiador poderá exonerar-se da fiança que tiver assinado sem limitação de tempo, sempre que lhe convier, ficando obrigado por todos os efeitos da fiança, durante sessenta dias após a notificação do credor".

[17] VENOSA, Sílvio de Salvo. *Contratos em Espécie*, São Paulo: Atlas, 2001, p. 433.

De fato, assiste-lhe inteira razão, consoante concluímos da leitura de um antigo e emblemático julgado, que nos remete inclusive à intelecção da Súmula 214:

> "Recurso especial. Civil. Locação. Rescisão contratual. Permanência do locatário no imóvel locado. Efeitos da fiança. Extinção. Conhecimento.
>
> 1. Rescindido o contrato de locação, não subsiste o contrato de fiança, que lhe é acessório, ainda que o locatário permaneça no imóvel.
>
> 2. Tem prevalecido o entendimento neste Superior Tribunal de Justiça no sentido de que o contrato acessório de fiança deve ser interpretado de forma restritiva, vale dizer, a responsabilidade do fiador fica delimitada a encargos do pacto locatício originariamente estabelecido. A prorrogação do contrato sem a anuência dos fiadores, portanto, não os vincula. Irrelevante, acrescente-se, a existência de cláusula de duração da responsabilidade do fiador até a efetiva entrega das chaves.
>
> 3. 'O fiador na locação não responde por obrigações resultantes de aditamento ao qual não anuiu'. (Súmula do STJ, Enunciado n. 214).
>
> 4. Recurso conhecido" (STJ, REsp 83.566/SP, *DJ* 4-2-2002, p. 576, Rel. Min. Hamilton Carvalhido, julgado em 4-10-2001, 6ª Turma).

Outro importante aspecto a ser considerado, ainda neste tópico, diz respeito à subsistência da fiança em face de contrato novado.

Em outras palavras, havendo novação, a obrigação do fiador permanece?

Sabemos que o principal efeito da novação é liberatório, ou seja, a extinção da primitiva obrigação, por meio de outra, criada para substituí-la.

Em geral, realizada a novação, extinguem-se todos os acessórios e garantias da dívida (a exemplo da hipoteca e da fiança), sempre que não houver estipulação em contrário (art. 364, primeira parte, do CC/2002). Aliás, especificamente quanto à fiança, o legislador foi mais além ao exigir que o fiador consentisse para que permanecesse obrigado em face da obrigação novada (art. 366 do CC/2002). Quer dizer, se o fiador não consentir na novação, estará consequentemente liberado.

Nesse aspecto, a regra é coerente e compatível com o já mencionado art. 837 do CC/2002, uma vez que a novação feita pelo devedor principal poderá ser invocada, pelo fiador, como uma exceção (defesa) extintiva da obrigação.

Da mesma forma, vale observar que a ressalva de uma garantia real (penhor, hipoteca ou anticrese) que tenha por objeto bem de terceiro (garantidor da dívida) só valerá com a anuência expressa deste (art. 364, segunda parte, do CC/2002). Ex.: Caio hipotecou a um banco a sua fazenda, em garantia do empréstimo concedido ao seu irmão Tício, para a aquisição de uma casa própria. Se Tício e a instituição financeira resolverem novar, a garantia real hipotecária só persistirá com a expressa anuência de Caio.

Finalmente, no que tange à transmissibilidade da obrigação decorrente da fiança, dispõe o art. 836 que a obrigação do fiador passa aos seus herdeiros, embora a responsabilidade da fiança se limite ao tempo decorrido até a morte do fiador, não podendo ultrapassar as forças da herança.

Relembremos este importante ponto.

Ainda, de acordo com o Código Civil, morto o fiador, a obrigação que assumiu será transmitida aos seus herdeiros nos limites das forças da herança, ou seja, caso o montante da dívida ultrapasse o ativo do espólio, os sucessores não assumirão o saldo devedor remanescente pois não estão obrigados a responder *ultra vires hereditatis*:

> "Art. 1.792. O herdeiro não responde por encargos superiores às forças da herança; incumbe-lhe, porém, a prova do excesso, salvo se houver inventário que a escuse, demonstrando o valor dos bens herdados".

Em conclusão, podemos afirmar que o credor na fiança poderá habilitar-se no inventário do fiador para haver o montante da dívida não adimplida pelo devedor principal, respeitando-se sempre os limites das forças da herança. Em sendo pago, poderá, consequentemente, o inventariante, na qualidade de representante do espólio, e em prol do interesse dos demais herdeiros, ingressar com ação regressiva contra o devedor principal.

## 9. FIANÇA E AVAL

Parece-nos relevante abrir um tópico específico para distinguir a fiança do aval.

Trata-se de uma diferenciação importantíssima, pois, na prática, os institutos são habitualmente confundidos, embora tenham disciplina jurídica diferenciada.

A fiança é, como visto, uma garantia pessoal contratual de natureza causal.

É, portanto, de um pacto acessório, com finalidade de garantia do cumprimento da prestação do contrato principal, cuja sorte lhe segue.

Assim, nulo o contrato principal, nula será a fiança.

Além disso, a responsabilidade na fiança é, originalmente, subsidiária, somente se tornando solidária quando há a hipótese de inaplicabilidade do benefício de ordem.

Já o aval é uma garantia aposta em título de crédito, de natureza abstrata.

Tem, portanto, existência autônoma, independentemente da sorte do título de crédito avalizado.

Assim, nulo o título de crédito, persiste o aval outorgado.

Nesse sentido, observa RUBENS REQUIÃO:

> "Se a assinatura da obrigação avalizada for eivada de nulidade, e assim declarada, persiste o aval concedido ou é ele também nulo? Tendo em vista o princípio da independência das assinaturas e da autonomia das relações cambiárias, a resposta não pode ser outra senão a de que subsiste o aval, que não é atingido pela ineficácia da assinatura que ele garante. É o que expressamente dispõe a alínea 2 do art. 32, da Lei Uniforme, que declara que a obrigação do avalista se mantém, mesmo no caso em que a obrigação garantida seja nula por qualquer outra razão que não um vício de forma. O aval dado a uma assinatura falsa, ou a obrigação assumida por

um menor incapaz, não é atingida pela nulidade decorrente da falsificação ou da incapacidade do menor"[18].

Por isso, a responsabilidade no aval é equiparada (e solidária) entre o devedor e o avalista.

Assim, não é adequada a utilização das regras da fiança para o aval.

## 10. FIANÇA E OUTORGA UXÓRIA

Importante aspecto envolvendo a fiança encontramos no Direito de Família.

Exige-se, para a validade da fiança prestada por fiador casado, nos termos do art. 1.647 do CC/2002, outorga uxória (autorização conjugal) do seu consorte:

> "Art. 1.647. Ressalvado o disposto no art. 1.648, nenhum dos cônjuges pode, sem autorização do outro, exceto no regime da separação absoluta:
>
> I — alienar ou gravar de ônus real os bens imóveis;
>
> II — pleitear, como autor ou réu, acerca desses bens ou direitos;
>
> III — prestar fiança ou aval;
>
> IV — fazer doação, não sendo remuneratória, de bens comuns, ou dos que possam integrar futura meação.
>
> Parágrafo único. São válidas as doações nupciais feitas aos filhos quando casarem ou estabelecerem economia separada".

Exceto, portanto, no regime da separação absoluta, exige-se a autorização do outro cônjuge, caso se pretenda realizar qualquer dos atos elencados neste dispositivo.

Cumpre-nos esclarecer que "separação absoluta" a que se refere o *caput* do dispositivo sob comento é a separação convencional de bens (arts. 1.687 e 1.688 do CC/2002), escolhida no pacto antenupcial, e não a separação legal ou obrigatória (art. 1.641 do CC/2002), pois, como se sabe, nesta última modalidade de regime admite-se a constituição de patrimônio comum, nos termos da Súmula 377 do STF[19], não sendo razoável, portanto, em defesa desta massa de bens adquirida pelo esforço comum, dispensar-se a outorga.

No entanto, em se tratando de separação convencional, em virtude de ambos os cônjuges terem total autonomia patrimonial, a vênia conjugal, consequentemente, é dispensável.

Nesse sentido, com absoluta propriedade, NELSON NERY JUNIOR e ROSA MARIA DE ANDRADE NERY:

> "Quando a doutrina se refere ao regime da separação absoluta de bens, em regra, quer referir-se ao que foi assim firmado contratualmente, por meio de pacto antenupcial.

---

18 REQUIÃO, Rubens. *Curso de Direito Comercial*, 20. ed., v. 2, São Paulo: Saraiva, 1995, p. 345.

19 STF: "Súmula 377. No regime de separação legal de bens, comunicam-se os adquiridos na constância do casamento".

> A utilização desta terminologia consagrada pela doutrina no texto do CC 1.647 *caput in fine*, autoriza o intérprete a dizer que em caso de o casamento ter-se celebrado sob o regime da separação obrigatória de bens não incide a exceção à regra. No regime da separação obrigatória de bens exige-se a autorização do outro cônjuge para a realização dos atos elencados nos incisos que se lhe seguem"[20].

Outra importante observação para a adequada intelecção da norma diz respeito ao novo regime de participação final nos aquestos.

Adotado este regime (arts. 1.672 a 1.686 do CC/2002), dispensa-se a outorga para a alienação de imóveis, a teor do art. 1.656 do CC/2002, caso os cônjuges, no pacto antenupcial, tenham feito expressa ressalva:

> "Art. 1.656. No pacto antenupcial, que adotar o regime de participação final nos aquestos, poder-se-á convencionar a livre disposição dos bens imóveis, desde que particulares".

A exigência da outorga para a fiança, no entanto, não poderá ser afastada.

Em síntese, temos que apenas se adotado o regime da separação convencional de bens é dispensada a outorga uxória para todos os atos previstos no art. 1.647 do CC/2002, inclusive a fiança.

Nada impede, todavia, que o juiz supra a outorga, nos termos do art. 1.648 do CC/2002, quando um dos cônjuges a denegue sem motivo justo, ou lhe seja impossível concedê-la (estando hospitalizado, p. ex.).

A falta de autorização, não suprida pelo juiz, quando necessária (art. 1.649 do CC/2002), tornará anulável o ato praticado, podendo o outro cônjuge ou os seus herdeiros (art. 1.650 do CC/2002) pleitear-lhe a anulação, até dois anos depois de terminada a sociedade conjugal. Admite-se, todavia, a ratificação do ato celebrado, desde que feita por instrumento público, ou particular, devidamente autenticado.

Finalmente, cumpre-nos destacar que o Superior Tribunal de Justiça pacificou acesa polêmica existente no que tange à prestação de fiança sem a devida autorização conjugal.

Discutia-se se a falta da outorga implicaria a invalidade ou ineficácia de todo o ato ou apenas não surtiria efeitos em face do cônjuge prejudicado, permitindo-se, assim, nesta última hipótese, que o credor pudesse excutir a garantia sobre a meação do fiador ou o seu patrimônio pessoal.

Prevaleceu a primeira corrente, *no sentido de se invalidar toda a garantia*.

Em nosso sentir, claro está que a parte legitimada para arguir a anulação da fiança é o cônjuge que não consentiu, e não o fiador, pois isso seria arguir em juízo a própria torpeza.

[20] NERY JUNIOR, Nelson; NERY, Rosa Maria de Andrade. *Novo Código Civil e Legislação Extravagante Anotados*, São Paulo: Revista dos Tribunais, 2002, p. 557.

## 11. EXTINÇÃO DA FIANÇA

Não há segredos neste tópico.

A fiança, enquanto contrato acessório, extingue-se, em princípio, com o pagamento da obrigação principal.

Além disso, podem ser invocadas, por óbvio, as modalidades extintivas do contrato, sejam causas anteriores ou contemporâneas à sua formação (ex.: invalidade), sejam supervenientes, com a dissolução da obrigação (ex.: por resolução, resilição ou rescisão).

Extingue-se também com o advento do seu termo final, ou quando, como vimos acima, houver exoneração da garantia (art. 835 do CC/2002), ou em caso de novação da obrigação principal (art. 366 do CC/2002).

Outras situações peculiares foram previstas pelo legislador, consoante podemos observar, em conclusão a este capítulo, no art. 838 do CC/2002:

> "Art. 838. O fiador, ainda que solidário, ficará desobrigado:
>
> I — se, sem consentimento seu, o credor conceder moratória ao devedor;
>
> II — se, por fato do credor, for impossível a sub-rogação nos seus direitos e preferências;
>
> III — se o credor, em pagamento da dívida, aceitar amigavelmente do devedor objeto diverso do que este era obrigado a lhe dar, ainda que depois venha a perdê-lo por evicção".

Trata-se de situações bem peculiares de exoneração do fiador.

Na primeira hipótese (inc. I), concedeu-se prazo para o devedor em mora, caso em que não seria justo manter-se o fiador vinculado além do tempo originariamente previsto e contratado.

A moratória consiste, portanto, na concessão de prazo ao devedor afiançado.

Já no segundo caso (inc. II), tornou-se impossível a sub-rogação legal do fiador por ato imputável ao próprio credor, de modo que, em tal situação, ainda que pagasse o valor devido, o fiador não mais poderia gozar das mesmas garantias ou privilégios.

É o exemplo do credor que deu causa à destruição de um objeto valioso do devedor, que lhe fora dado em penhor.

Ressalte-se que consideramos inconveniente a utilização, na regra legal, da expressão "fato do credor"; o mais técnico seria "ato do credor", uma vez que se pressupõe uma conduta humana.

E, finalmente, na terceira hipótese (inc. III), o credor, ao aceitar do devedor objeto diverso daquele originariamente pactuado, em nítida configuração da dação em pagamento, exonerará o fiador, mesmo que venha a perder a coisa por evicção, pois não seria razoável exigir do fiador permanecer garantindo dívida cujo objeto fora modificado sem a sua participação.

Afinal, a dação em pagamento é uma forma extintiva da relação jurídica obrigacional que afeta, também, a obrigação acessória.

A análise desta terceira hipótese particular de desobrigação da fiança, porém, traz à baila uma pergunta: responde o fiador pelos riscos da evicção, na situação de ser o bem evicto justamente o objeto da obrigação principal?

Note-se que é uma situação diferente da anterior, pois o que se discutia era o efeito, para a fiança, da evicção ocorrida com um bem dado como prestação diversa da originalmente pactuada e afiançada (em dação em pagamento). Aqui, pergunta-se se a relação jurídica contida na fiança se restabelece se, após o cumprimento da prestação afiançada — entrega de um bem —, ocorrer a evicção.

Não há resposta direta no texto legal.

Para visualizar melhor o tema ora tratado, pensemos em um exemplo:

Fábio afiança, com seu patrimônio pessoal, a obrigação de Cássio de entregar 10 cabeças de gado a Adelmo. Caso Cássio entregue esses bens, mas Adelmo seja evicto, seria Fábio responsabilizado como fiador?

Quem entende que não provavelmente se respaldará na regra inscrita no art. 819 do CC/2002 de que a fiança "não admite interpretação extensiva".

De nossa parte, entendemos que, operada a evicção, a fiança deve ser restabelecida.

Ancoramos o nosso pensamento no fato de que a evicção, posto verificada *a posteriori*, traduz, em verdade, a perda do bem em face do reconhecimento do direito *anterior* de outrem.

Vale dizer, o pagamento da dívida operou a transferência de algo que não poderia ser alienado, neutralizando completamente os efeitos do suposto adimplemento. Teríamos, pois, aqui, uma verdadeira alienação *a non domino.*

Assim sendo, forçoso convir que o fiador continuará obrigado em face da dívida, que *não foi tecnicamente paga*.

Por fim, ficará exonerado também o fiador (art. 839 do CC/2002), se manejou o benefício de ordem ou excussão, e se o devedor, retardando-se a execução, caiu em insolvência, cabendo ao fiador provar que os bens por ele indicados eram, ao tempo da penhora, suficientes para a solução da dívida afiançada.

Trata-se de regra ética, que propugna por uma razoável duração do processo, postulado erigido, pela Emenda Constitucional n. 45/2004, a princípio constitucional[21], pois não é razoável que a insolvência posterior do devedor, já em curso a cobrança judicial do crédito, venha a prejudicar o fiador, que indicou, tempestivamente, bens (livres, desembargados e sitos no mesmo município) do efetivo sujeito passivo da relação obrigacional.

---

[21] "Art. 5º Todos são iguais perante a lei, sem distinção de qualquer natureza, garantindo-se aos brasileiros e aos estrangeiros residentes no País a inviolabilidade do direito à vida, à liberdade, à igualdade, à segurança e à propriedade, nos termos seguintes: (...) LXXVIII — a todos, no âmbito judicial e administrativo, são assegurados a razoável duração do processo e os meios que garantam a celeridade de sua tramitação."

# XLII TRANSAÇÃO

## 1. CONCEITO E NATUREZA JURÍDICA

A transação é um negócio jurídico pelo qual os interessados, denominados transigentes, previnem ou terminam um litígio, mediante concessões mútuas, conceito este extraído da própria previsão legal do art. 840 do CC/2002, que preceitua:

> "Art. 840. É lícito aos interessados prevenirem ou terminarem o litígio mediante concessões mútuas".

Muita polêmica havia, no sistema codificado anterior, acerca da natureza jurídica da transação, o que justificou, inclusive, a nota introdutória deste capítulo.

De fato, conforme observa CARLOS ROBERTO GONÇALVES:

> "Divergem os autores sobre a natureza jurídica da transação. Entendem uns ter natureza contratual; outros, porém, consideram-na meio de extinção de obrigações, não podendo ser equiparada a um contrato, que tem por fim gerar obrigações. Na realidade, na sua constituição, aproxima-se do contrato, por resultar de um acordo de vontades sobre determinado objeto; nos seus efeitos, porém, tem a natureza de pagamento indireto"[1].

A polêmica, porém, está superada com o Código Civil de 2002, que, reconhecendo a natureza contratual da transação, retira-a do elenco de meios indiretos de pagamento para incluí-la no título dedicado às "várias espécies de contratos".

A obrigatoriedade da transação nasce justamente do acordo de vontades, cujos sujeitos têm o objetivo de extinguir relações obrigacionais controvertidas anteriores.

Por isso, não se concebe uma retratação unilateral da transação, que, na forma do art. 849, *caput* do CC/2002, "só se anula por dolo, coação, ou erro essencial quanto à pessoa ou coisa controversa". Injustificável, porém, é a aparente limitação dos vícios de consentimento a ensejar a invalidade da transação, uma vez que, como negócio jurídico

---

[1] GONÇALVES, Carlos Roberto. *Direito das Obrigações* — Parte Especial — Contratos, 6. ed., t. 1, São Paulo: Saraiva, 1999, p. 158.

que é, deve estar sujeito a todos os princípios da parte geral, inclusive a possibilidade de ocorrência, v. g., de simulação, fraude contra credores, lesão e estado de perigo.

A importância da manifestação da vontade é tamanha que não se admite discussão sobre eventuais erros de direito a respeito do objeto da transação, na forma do parágrafo único do art. 849 do CC/2002. Todavia, a matéria não parece ser de fácil configuração prática, sobretudo quando, em cada caso concreto, o erro de direito mostra-se irremediavelmente ligado a uma situação de fato[2].

Destaque-se que a transação não se confunde com a conciliação. De fato, conciliar traduz o término do próprio litígio. Processualmente, quando alcançada, pode ser celebrada através de uma transação, que passa a ser seu conteúdo[3]. Homologada por sentença a transação, a ação cabível para sua eventual desconstituição é a ação anulatória, e não a ação rescisória, exceto quando a sentença aprecia o mérito do negócio jurídico, pois, aí, não seria meramente homologatória.

## 2. ELEMENTOS ANALITICAMENTE CONSIDERADOS

Para reconhecer a existência efetiva de uma transação, faz-se mister a conjunção de quatro elementos constitutivos fundamentais:

a) acordo entre as partes: a transação é um negócio jurídico bilateral, em que a convergência de vontades é essencial para impor sua força obrigatória. Assim sendo, é imprescindível o atendimento aos requisitos legais de validade, notadamente a capacidade das partes e a legitimação, bem como a outorga de poderes especiais, quando realizada por mandatário (art. 661, § 1º, do CC/2002);
b) existência de relações jurídicas controvertidas: haver dúvida razoável sobre a relação jurídica que envolve as partes é fundamental para se falar em transação. Por isso mesmo, é "nula a transação a respeito do litígio decidido por sentença passada em julgado, se dela não tinha ciência algum dos transatores, ou quando, por título ulteriormente descoberto, se verificar que nenhum deles tinha direito sobre o objeto da transação" (art. 850 do CC/2002). Como observa SÍLVIO VENOSA, "qualquer obrigação que possa trazer dúvida aos obrigados pode ser objeto de transação. Deve ser elástico o conceito de dubiedade. Somente não podem ser objeto de transação, em tese, as obrigações cuja existência, liquidez e valor não são discutidos pelo devedor"[4];

---

2 No mesmo sentido, VENOSA, Sílvio de Salvo. *Contratos em Espécie*, São Paulo: Atlas, 2001, p. 314.

3 Embora seja a forma mais comum, a conciliação não precisa ser necessariamente uma transação, uma vez que, através dela, também poderia ocorrer o reconhecimento da procedência do pedido ou a renúncia do direito em que se funda a pretensão, caso disponíveis.

4 VENOSA, Sílvio de Salvo. *Direito Civil* — Teoria Geral das Obrigações e Teoria Geral dos Contratos, São Paulo: Atlas, 2002, p. 306.

c) *animus* de extinguir as dúvidas, prevenindo ou terminando o litígio: através da transação, cada uma das partes abre mão de uma parcela de seus direitos, justamente para evitar ou extinguir o conflito. Essa é a ideia regente do instituto;

d) concessões recíprocas: como a relação jurídica é controversa, não se sabendo, de forma absoluta, de quem é a razão, as partes, para evitar maiores discussões, cedem mutuamente. Se tal não ocorrer, inexistirá transação, mas, sim, renúncia, desistência ou doação.

## 3. CARACTERÍSTICAS

Fixado o conceito, natureza e elementos da transação, é preciso enunciar suas principais características, da mesma forma que fizemos com todas as demais modalidades contratuais.

Com o advento do Código Civil de 2002, a transação passou a ser regulada como uma modalidade contratual típica e nominada, incluída expressamente no título dedicado às "várias espécies de contratos".

Trata-se, evidentemente, de um contrato bilateral, em função das concessões recíprocas; comutativo, na equivalência das obrigações assumidas; e oneroso, em que o benefício recebido por um deve corresponder a um sacrifício patrimonial do outro.

A lógica de uma transação é de que ela seja um contrato paritário, tendo as partes iguais condições de negociação, para estabelecer livremente as cláusulas contratuais, sobretudo no que diz respeito às concessões de cada um.

A classificação em contratos evolutivos não é adequada para a transação. Disso se depreende que, dentro das características peculiares da transação, está a sua indivisibilidade, uma vez que ela deve ser considerada como um todo, sem possibilidade de fracionamento, pelo que, na forma do art. 848, *caput*, do CC/2002, sendo "nula qualquer das cláusulas da transação, nula será esta".

Destaque-se, porém, que o parágrafo único do mesmo artigo, ao estabelecer que "quando a transação versar sobre diversos direitos contestados, independentes entre si, o fato de não prevalecer em relação a um não prejudicará os demais", acaba admitindo a validade de certas cláusulas da transação, quando demonstrada a sua autonomia em relação à invalidada.

*Mutatis mutandis*, o raciocínio é o mesmo no que diz respeito à equação financeira do contrato, pois, além da indivisibilidade, a interpretação da transação deve ser sempre restritiva, na forma do art. 843 do CC/2002.

> "Art. 843. A transação interpreta-se restritivamente, e por ela não se transmitem, apenas se declaram ou reconhecem direitos".

Tal regra inviabiliza a utilização da analogia ou interpretação extensiva, uma vez que, por envolver concessões recíprocas (e, por isso, renúncias mútuas), presume-se que a disposição foi feita da forma menos onerosa possível.

Assim, como a transação é de interpretação restritiva, não há como a recompor posteriormente, sob pena de violação de tal regra e da anterior da indivisibilidade.

Da análise do dispositivo supratranscrito, ainda pode ser registrada, como característica da transação, a sua natureza declaratória, em que apenas se certifica a existência de determinados direitos e situações jurídicas. Tal regra, todavia, não pode ser interpretada isoladamente, mas sim em conjunto com o art. 845 do CC/2002, que admite a renúncia ou a transferência de coisa pertencente a um dos transigentes, o que importa, porém, nos riscos da evicção.

Confiramos o mencionado dispositivo legal:

> "Art. 845. Dada a evicção da coisa renunciada por um dos transigentes, ou por ele transferida à outra parte, não revive a obrigação extinta pela transação; mas ao evicto cabe o direito de reclamar perdas e danos.
>
> Parágrafo único. Se um dos transigentes adquirir, depois da transação, novo direito sobre a coisa renunciada ou transferida, a transação feita não o inibirá de exercê-lo".

Assim, caso se opere a evicção, não se ressuscitará a obrigação original, convertendo-se a obrigação extinta em perdas e danos.

Exemplificando: *A*, transigindo em processo de separação litigiosa, transfere determinado bem imóvel do seu patrimônio pessoal à sua esposa, *B*, em contrapartida à diminuição do valor da pensão alimentícia. Posteriormente, um terceiro logra êxito na ação reivindicatória da coisa ajuizada contra a separanda, consumando os riscos da evicção. Nesse caso, não reviverá a obrigação da pensão alimentícia, cabendo a *B* apenas ajuizar ação indenizatória contra *A*.

Registre-se, para a adequada compreensão do parágrafo único do referido art. 845 do CC/2002, ser preciso ter em mente que a transação não retira do comércio o seu objeto, pelo que, no exemplo *supra*, se não ocorrer a evicção, nada impede que A venha a adquirir algum direito sobre o bem transferido, como, v. g., a penhora de rendas de aluguel do imóvel, por força de execução fundamentada em título distinto, ajuizada contra a sua ex-esposa.

A transação é admitida amplamente em relações jurídicas civis e comerciais, havendo algumas restrições, em função de normas cogentes de interesse público, nos contratos trabalhistas, consumeristas e administrativos, a depender de cada situação.

Isso porque, como veremos da análise do art. 841 do CC/2002, só se admite a transação quanto a direitos patrimoniais de caráter privado.

No que diz respeito à forma, a depender das obrigações em discussão, a transação poderá ser tanto solene quanto não solene, conforme os interesses em conflito, como se infere do art. 842 do CC/2002, que será aprofundado em tópico posterior.

O mencionado art. 843 do CC/2002 (que explicita que, pela transação, não se transmitem, mas apenas se declaram direitos) já demonstra que se trata de um contrato consensual, pois se consuma com a sua celebração, ainda que a execução seja diferida.

Quanto ao número de sujeitos envolvidos, a transação pode ser tanto individual, referindo-se a uma estipulação entre pessoas determinadas, ainda que em número elevado (mas consideradas individualmente), quanto coletiva, também chamado de contrato normativo, alcançando grupos não individualizados, reunidos por uma relação jurídica ou de fato.

Em relação ao tempo, a transação é um contrato instantâneo, pois seus efeitos são produzidos de uma só vez. Admite-se, obviamente, porém, que a execução do quanto pactuado possa dar-se tanto *ipso facto* à avença como em data posterior à celebração, subdividindo-se, assim, tal classificação em contratos instantâneos de execução imediata ou de execução diferida.

Trata-se, também, como a maioria das formas contratuais previstas no Código Civil brasileiro, de um contrato causal, cujos motivos determinantes podem impor o reconhecimento da sua invalidade, caso sejam considerados inexistentes, ilícitos ou imorais.

Pela função econômica, entendemos que se trata de um contrato de prevenção de riscos, pois as partes, ao fazerem concessões recíprocas para prevenir ou terminar um litígio, assumem obrigações com o intuito de evitar o risco potencial da demanda.

Por fim, trata-se de um contrato principal e definitivo, uma vez que não depende de qualquer outra avença, bem como não é preparatório de nenhum outro negócio jurídico.

## 4. ESPÉCIES

A transação pode materializar-se em duas espécies, de acordo com o momento em que for realizada.

De fato, ocorrendo previamente à instauração de um litígio, fala-se em transação extrajudicial, que visa, portanto, preveni-lo.

Exemplificando: se *A* colide seu carro com o veículo de *B*, causando-lhe lesões, ficará obrigado a indenizá-lo. Todavia, o valor dessa indenização pode variar de acordo com a cotação que se fizer no mercado, para reparação das peças danificadas, bem como é possível que tenham ocorrido danos materiais e morais ainda não estimados pecuniariamente. Convencionando *A* e *B* o pagamento da quantia de R$ 5.000,00 pelo primeiro ao segundo, com quitação de todas as obrigações geradas, evitarão a ocorrência de uma demanda judicial.

A transação poderá ser, porém, judicial, se a demanda já tiver sido aforada. Exemplificando, *A* ajuíza ação demarcatória, em face de *B*, por divergir da exata divisão de seus terrenos. Ocorrendo convergência de vontades após esse momento, considerar-se-á judicial a *transatio*. Como observa CARLOS ROBERTO GONÇALVES, "a transação será classificada como judicial, mesmo se obtida no escritório de um dos advogados e sacramentada em cartório, por instrumento público, por envolver direitos sobre imóveis"[5].

---

[5] GONÇALVES, Carlos Roberto. *Direito das Obrigações*, São Paulo: Saraiva, p. 159.

## 5. FORMA

Sobre a forma da transação, como mencionamos em tópico anterior, esta pode variar de acordo com o interesse versado no conflito.

De fato, estabelece o art. 842 do CC/2002:

> "Art. 842. A transação far-se-á por escritura pública, nas obrigações em que a lei o exige, ou por instrumento particular, nas em que ela o admite; se recair sobre direitos contestados em juízo, será feita por escritura pública, ou por termo nos autos, assinado pelos transigentes e homologado pelo juiz".

Recomendamos, no caso da transação extrajudicial, que sejam observados os requisitos dos incisos III ou IV do art. 784 do CPC/2015[6], de forma a garantir a sua executoriedade, no caso de eventual inadimplemento posterior.

## 6. OBJETO

Como visto, somente podem ser objeto de transação direitos patrimoniais de caráter privado (art. 841 do CC/2002).

Dessa forma, os direitos indisponíveis, os relativos ao estado e à capacidade das pessoas, os direitos puros de família e os direitos personalíssimos não podem ser objeto de transação, pois esta é direcionada para direitos que estão dentro do comércio jurídico.

Como critério básico para se verificar se determinados direitos podem ser objeto de transação, basta analisar se os mesmos estão no campo da disponibilidade jurídica ou não.

---

[6] CPC/2015: "Art. 784. São títulos executivos extrajudiciais: I — a letra de câmbio, a nota promissória, a duplicata, a debênture e o cheque; II — a escritura pública ou outro documento público assinado pelo devedor; III — o documento particular assinado pelo devedor e por 2 (duas) testemunhas; IV — o instrumento de transação referendado pelo Ministério Público, pela Defensoria Pública, pela Advocacia Pública, pelos advogados dos transatores ou por conciliador ou mediador credenciado por tribunal; V — o contrato garantido por hipoteca, penhor, anticrese ou outro direito real de garantia e aquele garantido por caução; VI — o contrato de seguro de vida em caso de morte; VII — o crédito decorrente de foro e laudêmio; VIII — o crédito, documentalmente comprovado, decorrente de aluguel de imóvel, bem como de encargos acessórios, tais como taxas e despesas de condomínio; IX — a certidão de dívida ativa da Fazenda Pública da União, dos Estados, do Distrito Federal e dos Municípios, correspondente aos créditos inscritos na forma da lei; X — o crédito referente às contribuições ordinárias ou extraordinárias de condomínio edilício, previstas na respectiva convenção ou aprovadas em assembleia geral, desde que documentalmente comprovadas; XI — a certidão expedida por serventia notarial ou de registro relativa a valores de emolumentos e demais despesas devidas pelos atos por ela praticados, fixados nas tabelas estabelecidas em lei; XII — todos os demais títulos aos quais, por disposição expressa, a lei atribuir força executiva. § 1º A propositura de qualquer ação relativa a débito constante de título executivo não inibe o credor de promover-lhe a execução. § 2º Os títulos executivos extrajudiciais oriundos de país estrangeiro não dependem de homologação para serem executados. § 3º O título estrangeiro só terá eficácia executiva quando satisfeitos os requisitos de formação exigidos pela lei do lugar de sua celebração e quando o Brasil for indicado como o lugar de cumprimento da obrigação".

Assim, por exemplo, ninguém poderá negociar com um direito personalíssimo. Nada impede, porém, que uma compensação pecuniária por um dano moral sofrido seja objeto de transação.

Da mesma forma, o direito aos alimentos é insuscetível de transação. Nada impede, porém, que haja concessões recíprocas quanto ao valor devido — desde que não importe renúncia — até mesmo pelo fato de que não há preceito legal estabelecendo qual é o valor mínimo necessário para a contribuição de alguém para o sustento de outrem.

Por fim, vale registrar que, como negócio jurídico que é, nada impede que, no instrumento de transação, seja estabelecida uma cláusula penal, como autorizado pelo art. 847 do CC/2002. A previsão legal, inclusive, é despicienda, uma vez que, reconhecida a natureza jurídica contratual da transação, a ela se aplicam todas as regras pertinentes.

## 7. EFEITOS

A transação é limitada aos transatores, produzindo, entre eles, efeito semelhante à da coisa julgada. O art. 1.030 do Código Civil de 1916, todavia, trazia menção expressa a tal efeito e, mesmo não sendo repetida a disposição na atual codificação civil, é certo que tal força decorre muito mais do instituto — e da natureza contratual — do que de mera referência legal.

Justamente por isso, gera a extinção dos acessórios, até mesmo porque a relação obrigacional controvertida foi extinta pela transação, a teor do art. 844 do Código Civil.

# XLIII COMPROMISSO

## 1. CONCEITO DE COMPROMISSO

Compromisso é um negócio jurídico mediante o qual os pactuantes se obrigam a submeter um litígio, que os envolveu, a uma solução consistente no estabelecimento de uma ou mais obrigações.

Este é o conceito que se extrai do art. 851 do CC/2002:

> "Art. 851. É admitido compromisso, judicial ou extrajudicial, para resolver litígios entre pessoas que podem contratar".

Por outro lado, poderíamos conceituar o compromisso de maneira mais restrita, como, simplesmente, um negócio jurídico mediante o qual os pactuantes se obrigam a submeter o litígio que os envolveu a um terceiro.

Tal conceito, todavia, limitaria a aplicação do instituto à arbitragem, o que, se é aceitável do ponto de vista histórico-pragmático, não é possível em uma concepção científica.

Com efeito, o compromisso, embora historicamente ligado a um procedimento arbitral, não se esgota nele, pois, em verdade, trata-se de um pacto em que os sujeitos envolvidos em uma disputa admitem celebrar, pela autonomia da vontade, um contrato para pôr fim ao conflito.

Note-se, ainda, a indubitável proximidade do compromisso com a transação.

Ressalte-se, contudo, que os institutos, embora próximos, não se confundem, pois a transação importa necessariamente em concessões recíprocas, o que não necessariamente estará presente no compromisso.

Assim, a renúncia de direitos ou o reconhecimento da procedência das alegações da parte contrária encontra confortável guarida no instituto contratual do compromisso, não se enquadrando tecnicamente no conceito de transação.

Por isso mesmo é que consideramos que o Termo de Ajustamento de Conduta — TAC, concebido no § 6º do art. 5º da Lei n. 7.347/85 ("Lei de Ação Civil Pública")[1], por

[1] Lei de Ação Civil Pública: "Art. 5º Têm legitimidade para propor a ação principal e a cautelar: I — o Ministério Público; II — a Defensoria Pública; III — a União, os Estados, o Distrito Federal e os

força da redação dada pelo Código de Defesa do Consumidor (Lei n. 8.078/90), pode ser enquadrado, sem problemas, no conceito doutrinário de compromisso, uma vez que não importa em concessões, mas, sim, em verdadeira confissão, com a admissão das alegações do *parquet* e a assunção do dever de adequar-se ao comportamento exigido. Vale registrar, ainda, que o TAC não poderia ser enquadrado como transação também pela circunstância de que ao Poder Público somente é possível transigir mediante autorização legal, não havendo tal óbice para o compromisso.

Aliás, há outras modalidades que se enquadram perfeitamente no nosso conceito legal de compromisso, que não se confundem com o Termo de Ajustamento de Conduta.

Sobre o tema, disserta GEISA DE ASSIS RODRIGUES:

> "Na mesma tendência de se admitir a conciliação na tutela de direitos transindividuais foram previstos dois tipos de compromisso na Lei 8.884/94: o compromisso de cessação de atividades e o compromisso de desempenho. Como consideramos que o primeiro é uma espécie de ajustamento de conduta, o estudaremos mais adiante. O compromisso de desempenho, todavia, tem algumas peculiaridades que o distinguem do ajustamento de conduta. A lei permite que o Conselho Administrativo de Defesa Econômica — CADE autorize atos que, em tese, poderiam prejudicar o direito transindividual da livre concorrência, desde que sejam atendidas algumas condições específicas que demonstrem que a conduta empresarial possa ensejar um benefício maior para o sistema do que o eventual comprometimento desse valor.
>
> A norma expressamente supõe a ponderação de bens e valores de relevo para o ordenamento jurídico. Ao que parece há uma amplitude maior de negociação na celebração do compromisso de desempenho do que no ajustamento de conduta. Neste último o objetivo é adequar à conduta do agente, que violou ou está ameaçando de violar um direito transindividual, às prescrições legais, sem admitir a consolidação da violação para fim de se proteger outros direitos. No compromisso de desempenho, toda-

---

Municípios; IV — a autarquia, empresa pública, fundação ou sociedade de economia mista; V — a associação que, concomitantemente: a) esteja constituída há pelo menos 1 (um) ano nos termos da lei civil. b) inclua, entre suas finalidades institucionais, a proteção ao patrimônio público e social, ao meio ambiente, ao consumidor, à ordem econômica, à livre concorrência, aos direitos de grupos sociais, étnicos ou religiosos ou ao patrimônio artístico, estético, histórico, turístico e paisagístico. § 1º O Ministério Público, se não intervier no processo como parte, atuará obrigatoriamente como fiscal da lei. § 2º Fica facultado ao Poder Público e a outras associações legitimadas nos termos deste artigo habilitar-se como litisconsortes de qualquer das partes. § 3º Em caso de desistência infundada ou abandono da ação por associação legitimada, o Ministério Público ou outro legitimado assumirá a titularidade ativa. § 4º O requisito da pré-constituição poderá ser dispensado pelo juiz, quando haja manifesto interesse social evidenciado pela dimensão ou característica do dano, ou pela relevância do bem jurídico a ser protegido. § 5º Admitir-se-á o litisconsórcio facultativo entre os Ministérios Públicos da União, do Distrito Federal e dos Estados na defesa dos interesses e direitos de que cuida esta lei. § 6º Os órgãos públicos legitimados poderão tomar dos interessados compromisso de ajustamento de sua conduta às exigências legais, mediante cominações, que terá eficácia de título executivo extrajudicial".

via, é possível a limitação a um direito transindividual, o da livre concorrência, desde que a não realização da conduta possa ser mais prejudicial a outros interesses igualmente tutelados pelo sistema. Por exemplo, pode-se admitir a fusão de duas empresas nacionais, ainda que resulte em domínio de parte do mercado, para proteger a empresa nacional em face de suas concorrentes internacionais, ou para preservar o nível de emprego, desde que 'a empresa se comprometa formalmente a cumprir os objetivos fixados, bem como a distribuição equitativa dos benefícios, a preservação da concorrência de parte substancial e se observem os limites necessários'. Ademais, o compromisso de desempenho sempre deve levar em conta os direitos dos consumidores. Resta demonstrada a característica tão bem evidenciada por Mancuso de conflituosidade objetiva dos direitos transindividuais. Ao contrário do ajuste de conduta, que pode versar sobre qualquer tipo de matéria, o desempenho de conduta é restrito à proteção dos valores da ordem econômica, e só pode ser celebrado pelo CADE. Some-se a isso o fato de o compromisso de desempenho não constituir, por si só, um título executivo extrajudicial, posto que o que a lei dota de eficácia executiva é a decisão do Plenário do CADE que comina multa ou impõe a obrigação de fazer e de não fazer"[2].

É importante salientar, finalmente, que somente o compromisso é o instrumento hábil para se dar início à arbitragem como forma de solução dos conflitos patrimoniais em que estão envolvidos os pactuantes, elegendo-se um terceiro não interessado para propor e impor um termo final às controvérsias.

## 2. CARACTERÍSTICAS

Fixado o conceito desta modalidade contratual, agora positivada como típica e nominada, é preciso enunciar, como fizemos nos capítulos anteriores, suas principais características.

Quanto à natureza da obrigação, o compromisso é, *a priori*, bilateral, uma vez que implica direitos e obrigações para ambos os contratantes. Todavia, no caso de renúncia ou reconhecimento da procedência integral das alegações da parte contrária, é possível, sim, falar-se em um compromisso unilateral.

Da mesma forma, referindo-se o compromisso a direitos patrimoniais disponíveis, temos que se caracteriza, aparentemente, como um contrato oneroso, correspondendo cada benefício recebido a um sacrifício patrimonial. Nada impede, porém, que, por exceção, como no mencionado Termo de Ajustamento de Conduta, fale-se em contrato gratuito ou benéfico, em que somente uma das partes auferirá benefício (a sociedade, representada pelo MP), enquanto a outra arcará com toda a obrigação.

Mesmo na situação do compromisso arbitral, em que não se pode antecipar o conteúdo da manifestação do árbitro, o contrato não deixa de ser comutativo, pois não há

[2] RODRIGUES, Geisa de Assis. *Ação Civil Pública e Termo de Ajustamento de Conduta*, Rio de Janeiro: Forense, 2002, p. 113-4.

risco da não ocorrência do resultado, mas, apenas de que ele lhe seja desfavorável, o que, definitivamente, não o caracteriza como contrato aleatório.

O compromisso é uma modalidade contratual que pressupõe a manifestação livre de vontade das partes, com iguais condições de negociação, motivo pelo qual somente conseguimos vislumbrá-lo na modalidade paritária. Confessamos que não vemos com bons olhos a ideia de um compromisso estabelecido em contrato de adesão.

O conceito de contrato evolutivo não é aplicável ao compromisso, uma vez que pressupõe uma equação financeira, o que inexiste nesta modalidade contratual.

O compromisso é um típico contrato civil ou comercial, não sendo bem-visto em relações trabalhistas[3] ou consumeristas, pelo reconhecimento da desigualdade dos sujeitos envolvidos. Nas relações administrativas, o campo de dispositividade é menor, mas nada impede que seja estabelecido o compromisso do particular em face do Poder Público, desde que não importe em concessão pela Fazenda Pública.

Quanto à forma, o compromisso é um contrato não solene e consensual, uma vez que não exige formalidade específica para ser validado, concretizando-se com a simples manifestação de vontade, regra geral.

Quanto à importância da pessoa do contratante para a celebração do contrato, o compromisso é, *a priori*, realizado *intuitu personae*, ou seja, celebrado em função da pessoa do contratante, que tem influência decisiva para o consentimento do outro. Nessas circunstâncias, é razoável afirmar, inclusive, que a pessoa do contratante torna-se um elemento causal do contrato. No que diz respeito à produção de efeitos, ainda que se admita a transmissão das consequências pecuniárias do compromisso como, por exemplo, a morte de um dos contratantes, isso não retira o seu caráter personalíssimo, pois o contrato se perfez com a presença das partes.

O compromisso, quanto ao número de sujeitos envolvidos, pode ser individual, referindo-se a uma estipulação entre pessoas determinadas, mesmo que em número elevado (mas consideradas individualmente), ou coletivo, alcançando grupos não individualizados, reunidos por uma relação jurídica ou de fato.

No que tange ao tempo, o compromisso é um contrato instantâneo, já que seus efeitos são produzidos de uma só vez. Admite-se, porém, que a execução do quanto pactuado possa dar-se tanto *ipso facto* à avença como em data posterior à celebração, subdividindo-se tal classificação em contratos instantâneos de execução imediata ou de execução diferida.

Cuida-se, também, como a maioria das formas contratuais previstas no Código Civil brasileiro, de um contrato causal, cujos motivos determinantes podem impor o reconhecimento da sua invalidade, no caso de serem considerados inexistentes, ilícitos ou imorais.

---

3 Sobre o tema, confira-se o tópico 12 ("Incidência da arbitragem na legislação trabalhista brasileira") do Capítulo XVII ("Compromisso (Arbitragem)") do v. 2 ("Obrigações") do nosso *Novo Curso de Direito Civil*.

Pela função econômica, entendemos que se trata de um contrato de prevenção de riscos, pois as partes estabelecem o compromisso justamente para evitar os riscos potenciais e econômicos do conflito até então existente.

Finalmente, trata-se de um contrato principal e definitivo, visto que não depende de nenhuma outra avença, bem como não é preparatório de nenhum outro negócio jurídico.

## 3. NATUREZA JURÍDICA

Para se vislumbrar a natureza jurídica do compromisso, é preciso diferenciá-lo, mais uma vez, da arbitragem.

No primeiro, temos um negócio jurídico em que, pela manifestação da vontade, as partes estabelecem que um terceiro irá resolver as suas divergências.

Assim, a natureza jurídica contratual do compromisso é, para nós, evidente, abrangendo todas as situações em que os pactuantes pretendem pôr fim a uma querela pela manifestação conjugada de suas vontades.

Já a arbitragem, em si mesma, é um mecanismo de solução de conflitos. E tem natureza jurisdicional, por dizer o direito aplicável ao caso concreto, reconhecendo-se a possibilidade de quebra do monopólio estatal da jurisdição[4].

## 4. O COMPROMISSO NO PROCEDIMENTO DA ARBITRAGEM

Sem qualquer intenção de pormenorizar a Lei n. 9.307/96, que disciplina a arbitragem no Brasil, por não ser o objeto do presente capítulo, acreditamos ser bastante válido destacar alguns aspectos importantes da sua atual disciplina, para compreendermos a inserção do compromisso em seu procedimento.

No que diz respeito aos limites de atuação da arbitragem, o art. 1º da Lei preceitua que as "pessoas capazes de contratar poderão valer-se da arbitragem para dirimir litígios relativos a direitos patrimoniais disponíveis".

A "capacidade" mencionada para contratar é a civil, na forma dos arts. 3º e 4º do CC/2002.

Nesse aspecto, a previsão é visivelmente combinada com a mencionada constante do art. 851 do CC/2002.

A limitação da utilização do instituto é quanto ao tipo de litígio, pois ele é inaplicável a dissídios que não tenham natureza patrimonial, no que é seguido pela previsão do art. 852 do CC/2002, que estabelece:

> "Art. 852. É vedado compromisso para solução de questões de estado, de direito pessoal de família e de outras que não tenham caráter estritamente patrimonial".

---

[4] Sobre o tema, confira-se o tópico 9 ("Arbitragem × Poder Judiciário") do Capítulo XVII ("Compromisso (Arbitragem)") do v. 2 ("Obrigações") do nosso *Novo Curso de Direito Civil*.

Anteriormente ao conflito, as partes poderão estabelecer, para o caso de seu eventual surgimento, que será ele resolvido por arbitragem. Tal estabelecimento se dará através da "cláusula compromissória", cujo conceito está expresso no art. 4º da Lei n. 9.307/96, nos seguintes termos:

> "Art. 4º A cláusula compromissória é a convenção através da qual as partes em um contrato comprometem-se a submeter à arbitragem os litígios que possam vir a surgir relativamente a tal contrato".

Tal estipulação vincula as partes, em função da autonomia da vontade e do princípio geral do direito do *pacta sunt servanda*, podendo ser exigido judicialmente o cumprimento do estipulado (no caso, a submissão do conflito — outrora previsto e agora existente — ao Juízo arbitral).

E, embora não se adote a expressão, o fato é que tal instituto se enquadra como uma luva na previsão do contrato de compromisso.

Surgindo realmente o conflito, os litigantes celebraram compromisso arbitral, entendido este como "a convenção através da qual as partes submetem um litígio à arbitragem de uma ou mais pessoas, podendo ser judicial ou extrajudicial" (art. 9º).

O conteúdo deste compromisso está previsto na Lei, onde constam elementos obrigatórios (art. 10) e facultativos (art. 11), o que deve ser cuidadosamente observado.

Assim, tanto a cláusula compromissória quanto o compromisso arbitral propriamente dito enquadram-se, como visto, na previsão legal de compromisso, sendo-lhes aplicável, por óbvio, a sua disciplina.

Note-se que os árbitros, apesar de naturalmente privados, terão características semelhantes (impedimentos, suspeições etc.) às do julgador estatal, conforme se pode verificar dos arts. 13 a 18 da Lei de Arbitragem.

Os arts. 19 a 22 tratam do procedimento arbitral *stricto sensu*, o qual, como já dissemos, pode ser regulado pelas próprias partes ou, na ausência de estipulação expressa, ter sua disciplina delegada ao árbitro ou ao tribunal arbitral institucional.

Já os arts. 23 a 33 se referem à sentença arbitral propriamente dita, que, como verificado no já transcrito art. 18, é irrecorrível no mérito, não havendo necessidade de homologação pelo Poder Judiciário, inovação legal das mais importantes para a consolidação desta forma de solução de conflitos[5].

---

[5] "A sentença arbitral, em termos gerais, também não necessita de homologação pelo Poder Judiciário. Finalmente, reconheceu-se a natureza jurisdicional da arbitragem, propondo-se, assim, uma reavaliação do entendimento clássico de jurisdição. Deram ao laudo a mesma importância e vigor da sentença emanada do juiz togado, estabelecendo-se que a sentença dos árbitros tem os mesmos efeitos da sentença estatal. Em suma, ao dispensar a homologação, conferiu-se força executória à sentença arbitral, equiparando-a à sentença judicial transitada em julgado, porque o que se levou em conta foi a natureza de contrato da arbitragem, por que as partes, livremente e de comum acordo, instituem o juízo arbitral, não podendo romper o que foi pactuado" (FURTADO; Paulo; BULOS, Uadi Lammêgo. *Lei da Arbitragem Comentada*, São Paulo: Saraiva, 1997, p. 72).

Saliente-se, outrossim, que a sentença arbitral, cujos requisitos e elementos estão previstos nos arts. 24 a 29, tem realmente a força de uma sentença judicial, sendo, por força de lei, título executivo[6] "judicial", tendo em vista a referência à sentença arbitral no inciso VI do art. 515 do CPC/2015.

Um dado que merece destaque, por demonstrar o caráter célere da arbitragem, é o fato de que a sentença arbitral tem prazo estipulado para ser proferida, sob pena de nulidade (o que implicaria a perda dos honorários do árbitro, que teria, portanto, o maior interesse na prolação rápida da decisão).

Apenas a título de curiosidade, ressalte-se que a Lei de Arbitragem, no seu art. 30, traz a previsão de ajuizamento de uma espécie de "Embargos Declaratórios", para o caso — sempre possível — de erro material, obscuridade, dúvida, contradição ou omissão na sentença arbitral (incs. I e II).

## 5. EXTINÇÃO DO CONTRATO DE COMPROMISSO

Não há maior interesse acadêmico em dissertar sobre a extinção do contrato de compromisso.

Com efeito, pela sua natural característica de contrato instantâneo e consensual, a sua celebração já consuma o negócio jurídico, gerando efeitos imediatamente.

Mesmo na excepcional situação em que se pactue, para o cumprimento do compromisso, um pagamento em prestações (ou seja, parcelas de trato sucessivo), ainda assim o negócio jurídico continuará válido, tendo apenas a sua execução diferida.

[6] Lei n. 9.307/96: "Art. 31. A sentença arbitral produz, entre as partes e seus sucessores, os mesmos efeitos da sentença proferida pelos órgãos do Poder Judiciário e, sendo condenatória, constitui título executivo".

# XLIV

# ATOS UNILATERAIS

CONTEÚDO DIGITAL *ON-LINE*

1. Noções introdutórias; 2. Promessa de recompensa; 3. Gestão de negócios.

# XLV ENRIQUECIMENTO SEM CAUSA E PAGAMENTO INDEVIDO

## 1. ENRIQUECIMENTO SEM CAUSA

Em primeiro lugar, é preciso estabelecer o significado jurídico da expressão "enriquecimento sem causa".

Discorrendo sobre o tema ainda sob a égide do Código de 1916, CAIO MÁRIO DA SILVA PEREIRA afirma que "muito embora a literatura jurídica nacional reclame a sistematização do instituto do enriquecimento sem causa, que alguns confundem com a ideia de ilícito, mas sem razão, porque a dispensa, verdade é que todas as hipóteses previstas pelos construtores da teoria estão disciplinadas no nosso Direito em ligação com a instituição que mais se lhe avizinha"[1].

No sistema brasileiro, o enriquecimento ilícito traduz a situação em que uma das partes de determinada relação jurídica experimenta injustificado benefício, em detrimento da outra, que se empobrece, inexistindo causa jurídica para tanto. É o que ocorre, por exemplo, quando uma pessoa, de boa-fé, beneficia ou constrói em terreno alheio, ou, bem assim, quando paga uma dívida por engano. Nesses casos, o proprietário do solo e o recebedor da quantia enriqueceram-se ilicitamente à custa de terceiro.

Tal concepção foi albergada pelo atual Código Civil brasileiro, que estabeleceu expressamente:

> "Art. 884. Aquele que, sem justa causa, se enriquecer à custa de outrem, será obrigado a restituir o indevidamente auferido, feita a atualização dos valores monetários.
>
> Parágrafo único. Se o enriquecimento tiver por objeto coisa determinada, quem a recebeu é obrigado a restituí-la, e, se a coisa não mais subsistir, a restituição se fará pelo valor do bem na época em que foi exigido".

O princípio que veda o enriquecimento sem causa inspira-se, desde o Direito Romano, em regras de equidade, aplicando-se às ações (*condictiones*) pelas quais

> "devia aquele que se locupletasse com a coisa alheia restituí-la a seu dono — 'iure naturae aequum est neminem cum alterius detrimento et injuria fieri locupletiorem'.

---

[1] PEREIRA, Caio Mário da Silva. *Instituições de Direito Civil*, 2. ed., v. 2, Rio de Janeiro: Forense, 1993, p. 206.

> Todas as hipóteses conhecidas eram envolvidas na epígrafe ampla das 'condictiones sine causa', denominação que permitiu aos juristas modernos generalizar, dizendo: quando alguém recebia indevidamente alguma coisa, ou quando cessava a razão justificativa de tê-la recebido ou quando a aquisição provinha de furto ou de um motivo imoral, não tinha o direito de retê-la, por lhe faltar uma causa. Esta, porém, não era elementar na 'obligatio', que se contraía independentemente de seu conceito, porém necessária a que o adquirente conservasse a propriedade ou a posse da coisa recebida"[2].

Ressalte-se, inclusive, que o instituto se aplica não só quando não tenha havido causa que justificasse o enriquecimento, mas também se esta deixou de existir, conforme expressamente previsto pelo art. 885 do CC/2002. Imagine-se, por exemplo, a hipótese do sujeito que, durante anos, auferiu determinada renda proveniente de usufruto constituído em seu favor. Findo o direito real de usufruto — que, como se sabe, é essencialmente temporário —, não poderá continuar se beneficiando com a renda, considerando que a causa que justificava a percepção deixou de existir.

Em qualquer hipótese, segundo a jurisprudência pátria, a restituição deve ser integral, inclusive com a correção monetária do valor injustificadamente percebido.

| ENRIQUECIMENTO SEM CAUSA |
|---|
| **Conceito:** uma das partes de determinada relação jurídica experimenta injustificado benefício, em detrimento da outra, que se empobrece, inexistindo causa jurídica para tanto. |
| Ex.: uma pessoa de boa-fé paga uma dívida por engano. Nesse caso, o recebedor da quantia enriqueceu ilicitamente à custa de terceiro. |

## 2. PAGAMENTO INDEVIDO

No campo das relações obrigacionais, com fulcro na ideia de que não é possível enriquecer-se sem uma causa lícita, todo pagamento feito, sem que seja, ainda, devido, deverá ser restituído.

É justamente a concepção de pagamento indevido que está estampada no art. 876 do CC/2002:

> "Art. 876. Todo aquele que recebeu o que lhe não era devido fica obrigado a restituir; obrigação que incumbe àquele que recebe dívida condicional antes de cumprida a condição".

Sobre a dívida condicional, é preciso lembrar que a aposição de condição suspensiva subordina não apenas a sua eficácia jurídica (exigibilidade), mas, principalmente, os direitos e obrigações decorrentes do negócio. Quer dizer, se um sujeito celebra um contrato de compra e venda com outro, subordinando-o a uma condição suspensiva,

[2] PEREIRA, Caio Mário da Silva. *Instituições de Direito Civil*, 2. ed., v. 2, Rio de Janeiro: Forense, 1993, p. 203.

enquanto esta se não verificar, não se terá adquirido o direito a que ele visa (art. 125 do CC/2002). O contrato gerará, pois, uma obrigação de dar condicionada, o que não ocorre quando se tratar de termo, pois o devedor pode, em regra, renunciá-lo, pagando o débito antecipadamente.

Por força do art. 877 do CC/2002, quem voluntariamente pagou o indevido deve provar não somente ter realizado o pagamento, mas também que o fez por erro, pois a ausência de tal comprovação leva a se presumir que se trata de uma liberalidade[3].

Vale destacar, porém, que se o pagamento indevido tiver consistido no desempenho de obrigação de fazer ou de não fazer (dever de abstenção), não haverá mais, em princípio, como restituir as coisas ao estado anterior, pelo que, não sendo mais possível, "aquele que recebeu a prestação fica na obrigação de indenizar o que a cumpriu, na medida do lucro obtido", consoante previsto no art. 881 do CC/2002.

## 2.1. Espécies de pagamento indevido

Duas espécies são reconhecidas pela doutrina e jurisprudência:

a) Pagamento Objetivamente Indevido: quando há erro quanto à existência ou extensão da obrigação. É o caso, v. g., do pagamento realizado enquanto pendente condição suspensiva (débito inexistente) ou quando paga quantia superior à efetivamente devida (débito inferior ao pagamento realizado). Destaque-se, a propósito, que o parágrafo único do art. 42 do Código de Defesa do Consumidor estabelece que a cobrança extrajudicial de dívida de consumo[4] sem justa causa é pagamento indevido, devendo ser repetido o indébito, "por valor igual ao dobro do que pagou em excesso, acrescido de correção monetária e juros legais, salvo hipótese de engano justificável".

b) Pagamento Subjetivamente Indevido: quando realizado por alguém que não é devedor ou feito a alguém que não é credor. Embora o brocardo de "quem paga mal paga duas vezes" seja válido, isso não afasta o direito do pagador de reaver a prestação adimplida indevidamente.

## 2.2. Pagamento indevido e boa-fé

O enriquecimento sem causa e, em especial, o pagamento indevido são temas jurídicos que tocam de perto a ideia de boa-fé subjetiva.

---

[3] "A jurisprudência tem dispensado a prova do erro e deferido a restituição ao *solvens* quando se trata de pagamento de impostos, contentando-se com a prova de sua ilegalidade ou inconstitucionalidade. Também tem proclamado que a correção monetária é devida a partir do indevido pagamento e não apenas a contar do ajuizamento da ação de repetição de indébito. Entretanto, o Código Tributário Nacional estabelece que os juros só são devidos desde o trânsito em julgado da sentença (art. 167, parágrafo único)" (GONÇALVES, Carlos Roberto. *Direito das Obrigações* — Parte Especial, v. 6, t. 1: Contratos, São Paulo: Saraiva, 2002, p. 179).

[4] Quanto à cobrança judicial sem justa causa de dívida, cf. art. 940 do CC/2002.

Note-se que, mesmo tendo recebido o pagamento de forma indevida, o suposto credor da prestação adimplida não estará necessariamente de má-fé, pois as circunstâncias podem levá-lo a imaginar que o valor era efetivamente devido. Ex.: *A* deve a *B* a importância de R$ 1.000,00, devendo pagá-la, com juros compensatórios e correção, trinta dias após a assinatura do contrato. Recebendo, na data aprazada, R$ 1.200,00, *B* entende que a diferença se deu por conta dos acréscimos legais, e não por erro de *A* quanto à quantificação do saldo (erro esse que, obviamente, deve ser provado em juízo).

Aos frutos, acessões, benfeitorias e deteriorações sobrevindas à coisa dada em pagamento indevido, aplicam-se as regras codificadas sobre o possuidor de boa-fé ou má-fé (art. 878 do CC/2002).

A boa-fé é tão importante no caso concreto que, tratando-se de terceiros, pode o titular original do bem não mais reavê-lo, resolvendo-se a questão em perdas e danos, conforme se extrai de regra própria instituída pelo Código Civil de 2002 (art. 879):

> "Art. 879. Se aquele que indevidamente recebeu um imóvel o tiver alienado em boa-fé, por título oneroso, responde somente pela quantia recebida; mas, se agiu de má-fé, além do valor do imóvel, responde por perdas e danos.
>
> Parágrafo único. Se o imóvel foi alienado por título gratuito, ou se, alienado por título oneroso, o terceiro adquirente agiu de má-fé, cabe ao que pagou por erro o direito de reivindicação".

Da análise desta regra legal, extraem-se as seguintes consequências:

a) se o bem, indevidamente recebido, fora transferido a um terceiro, de boa-fé, e a título oneroso, o alienante ficará obrigado a entregar ao legítimo proprietário a quantia recebida;
b) se o bem, indevidamente recebido, fora transferido a um terceiro, de má-fé, e a título oneroso, o alienante ficará obrigado a entregar ao legítimo proprietário a quantia recebida, além de pagar perdas e danos;
c) se o bem fora transferido ao terceiro, a título oneroso, estando este último de má-fé, caberá ao que pagou por erro o direito à reivindicação;
d) se o bem fora transferido ao terceiro, a título gratuito, caberá ao que pagou por erro o direito à reivindicação.

Ainda em respeito ao princípio da boa-fé, "fica isento de restituir pagamento indevido aquele que, recebendo-o como parte de dívida verdadeira, inutilizou o título, deixou prescrever a pretensão ou abriu mão das garantias que asseguravam seu direito; mas aquele que pagou dispõe de ação regressiva contra o verdadeiro devedor e seu fiador" (art. 880 do CC/2002).

Por fim, em reconhecimento ao instituto da obrigação natural — embora sem mencionar a expressão —, e em atenção às obrigações ilícitas, dispõem os arts. 882 e 883 do CC/2002:

> "Art. 882. Não se pode repetir o que se pagou para solver dívida prescrita, ou cumprir obrigação judicialmente inexigível.
>
> Art. 883. Não terá direito à repetição aquele que deu alguma coisa para obter fim ilícito, imoral, ou proibido por lei.
>
> Parágrafo único. No caso deste artigo, o que se deu reverterá em favor de estabelecimento local de beneficência, a critério do juiz".

Quanto às obrigações naturais, cabe-nos, apenas, tecer breve consideração acerca da regra insculpida no art. 883, referente às obrigações ilícitas.

Ora, por óbvias razões, se alguém paga para que se cometa ato ilícito, imoral, ou proibido por lei (imagine a recompensa paga a um matador, p. ex.), não poderia o direito albergar tal comportamento, admitindo a validade do pedido de restituição ou repetição do indébito. Nestes casos, sem prejuízo da eventual responsabilização criminal, aquele que pagou, bem como o recebedor, perderá a prestação em prol de entidade de beneficência, a critério do juiz. Trata-se de norma indiscutivelmente justa, digna de elogios.

## 2.3. Ação de *in rem verso*

A ação, que objetiva evitar ou desfazer o enriquecimento sem causa, denomina-se *actio in rem verso.*

Para o seu cabimento, cinco requisitos simultâneos devem se conjugar:

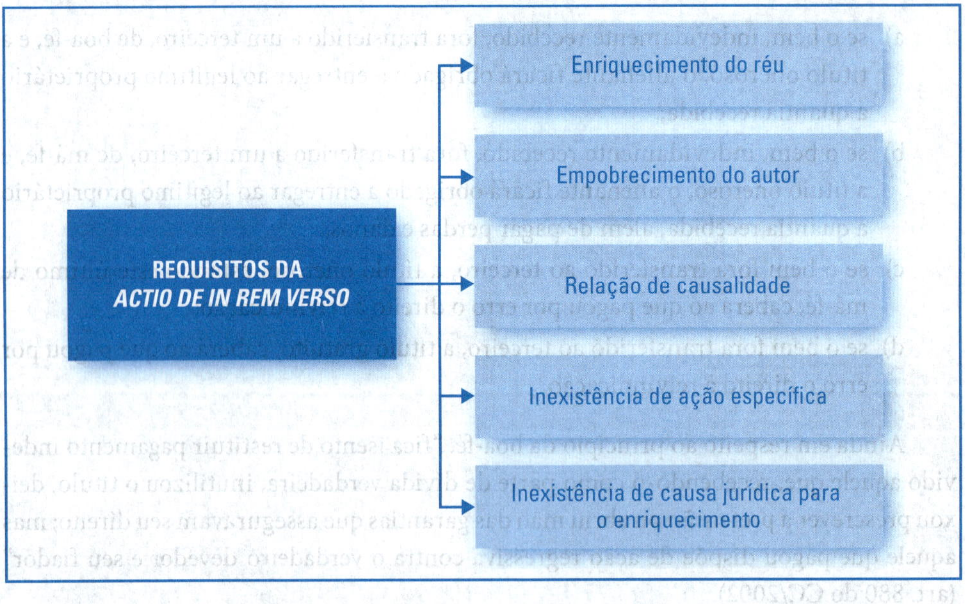


a) Enriquecimento do réu: a ideia de enriquecimento envolve não somente o aspecto pecuniário de acréscimo patrimonial, mas também qualquer outra vantagem, como, por exemplo, a omissão de despesas. Ex.: a exploração do trabalho escravo[5] traz enriquecimento (indevido) ao explorador, não somente pelo resultado do labor, mas também pelo que deixou de pagar a título de retribuição.

b) Empobrecimento do autor: é a outra face da moeda, em relação ao requisito anterior. Pode ser tanto a diminuição efetiva do patrimônio quanto o que razoavelmente se deixou de ganhar.

c) Relação de causalidade: deverá haver um nexo de causalidade entre os dois fatos de empobrecimento e enriquecimento. Caso, no encontro de contas, verifique-se discrepância de valores entre o que se ganhou e o que se perdeu, a indenização deve se restringir ao limite de tal correspondência, sob pena de se causar novo enriquecimento indevido.

d) Inexistência de causa jurídica para o enriquecimento: a inexistência de causa a justificar o pagamento é o requisito mais importante dessa ação, uma vez que, nos negócios jurídicos em geral, a existência de lucros ou prejuízos faz "parte do jogo". O que não pode haver, porém, é um lucro ou prejuízo sem justificação em uma fonte específica de obrigações, válida e atual. Mesmo que um pagamento aparentemente injusto seja determinado por decisão judicial, não há que se falar em tal tipo de ação, pois há causa jurídica a determiná-lo, devendo a parte interessada, querendo, se insurgir pelo meio próprio (recurso ou ação rescisória, a depender se já houve trânsito em julgado).

e) Inexistência de ação específica: não caberá, todavia, a denominada ação *actio in rem verso* (cuja principal espécie é a ação de repetição do indébito, concebida para o pagamento indevido), se a lei conferir ao lesado outros meios para se ressarcir do prejuízo sofrido (art. 886 do CC/2002). Como bem observa CARLOS ROBERTO GONÇALVES:

> "Embora, por exemplo, o locador alegue o enriquecimento sem causa, à sua custa, do locatário que não vem pagando regularmente os aluguéis, resta-lhe ajuizar a ação de despejo por falta de pagamento, ou a ação de cobrança dos aluguéis, não podendo ajuizar a de *in rem verso*. Se deixou prescrever a pretensão específica, também não poderá socorrer-se desta última. Caso contrário, as demais ações seriam absorvidas por ela"[6].

Observe-se, finalmente, que a ação de repetição de indébito é a principal modalidade de *actio in rem verso*, embora não esgote essa categoria.

Todas as vezes que se identificar um enriquecimento sem causa, mesmo na hipótese de não ter havido propriamente pagamento indevido, é cabível a ação de *in rem verso*, que, em geral, contém pretensão indenizatória e se submete às normas legais do procedimento ordinário do Código de Processo Civil.

---

[5] Sobre o tema, confira-se a excelente dissertação de Jairo Lins de Albuquerque Sento-Sé, *Trabalho Escravo no Brasil*, São Paulo: LTr, 2000.

[6] GONÇALVES, Carlos Roberto, ob. cit., p. 185.

Tal é o que ocorre, por exemplo, quando o credor perde o direito de executar o cheque por força da prescrição, e, nos termos do art. 61 da Lei n. 7.357/85, promove ação de *in rem verso* contra o emitente ou outros obrigados da cártula, que se locupletaram com o não pagamento do cheque[7].

Portanto, concorrendo os requisitos supraelencados, e em face da inexistência de outro meio específico de tutela, a ação de enriquecimento ilícito (*in rem verso*) será sempre uma alternativa à parte prejudicada pelo espúrio enriquecimento da outra[8].

[7] Nesse sentido, DORIA, Dylson. *Curso de Direito Comercial*, 6. ed., v. 2, São Paulo: Saraiva, 1994, p. 102.

[8] Segundo o art. 206, § 3º, IV, do Código Civil, prescreve em três anos a pretensão de ressarcimento de enriquecimento sem causa.

# XLVI INTRODUÇÃO À RESPONSABILIDADE JURÍDICA

## 1. INTRODUÇÃO

"De quem é a responsabilidade?"

Esta frase, tão proferida no nosso cotidiano, demonstra a importância do tema da Responsabilidade Civil no nosso ordenamento jurídico.

Compreendê-la e tentar respondê-la é um desafio ao jurista, dentro da imensa gama de relações abrangidas pelo tema.

Todavia, antes de adentrarmos a temática propriamente dita, ou seja, especificamente no campo da reparação civil *lato sensu* de danos, é preciso, por rigor metodológico, tentar compreender o conceito jurídico de responsabilidade.

Afinal de contas, antes de saber de quem é a responsabilidade, é preciso se entender o que é a responsabilidade.

## 2. CONCEITO JURÍDICO DE RESPONSABILIDADE

JOSÉ DE AGUIAR DIAS abre o seu *Tratado de Responsabilidade Civil*, obra clássica do Direito Brasileiro, observando que: "Toda manifestação da atividade humana traz em si o problema da responsabilidade"[1].

De fato, toda a atuação do homem invade ou, ao menos, tangencia o campo da responsabilidade.

Mas o que é essa responsabilidade?

A palavra "responsabilidade" tem sua origem no verbo latino *respondere*, significando a obrigação que alguém tem de assumir com as consequências jurídicas de sua atividade, contendo, ainda, a raiz latina de *spondeo*, fórmula através da qual se vinculava, no direito romano, o devedor nos contratos verbais[2].

---

[1] DIAS, José de Aguiar. *Da Responsabilidade Civil*, v. I, Rio de Janeiro: Forense, 1994, p. 1.

[2] No Direito Romano, para se fixar a *stipulatio*, fazia-se mister o pronunciamento dos termos *dare mihi spondes? Spondeo*, era o que devia responder aquele que se responsabilizava pela obrigação (*vide* DINIZ, Maria Helena, ob. cit., 2019, v. 3, p. 320). Sobre a matéria, vale a pena conferir o excelente *Direito Romano*, de ALVES, José Carlos Moreira (v. II, 6. ed., p. 139-40).

A acepção que se faz de responsabilidade, portanto, está ligada ao surgimento de uma obrigação derivada, ou seja, um dever jurídico sucessivo[3], em função da ocorrência de um fato jurídico *lato sensu*.

O respaldo de tal obrigação, no campo jurídico, está no princípio fundamental da "proibição de ofender", ou seja, a ideia de que a ninguém se deve lesar — a máxima *neminem laedere*, de Ulpiano[4] — limite objetivo da liberdade individual em uma sociedade civilizada.

Como sabemos, o direito positivo congrega as regras necessárias para a convivência social, punindo todo aquele que, infringindo-as, cause lesão aos interesses jurídicos por si tutelados.

Tomemos, por exemplo, o art. 186 do Código Civil.

Se uma pessoa, dolosa ou culposamente, causar prejuízo a outrem, fica obrigada a reparar o dano. Ou seja, se TÍCIO, dirigindo imprudentemente, atinge o veículo de CAIO, o interesse jurídico patrimonial deste último restou violado, por força do ato ilícito cometido pelo primeiro, que deverá indenizá-lo espontânea ou coercitivamente (pela via judicial).

O mesmo ocorre, aliás, quando uma das partes descumpre uma obrigação imposta por norma contratual. A parte credora, neste caso, poderá exigir a indenização devida, por meio de uma ação de resolução cumulada com perdas e danos.

Da mesma forma, porém em outro campo de tutela jurídica, a ordem jurídica não se satisfaz com a circunstância de um determinado indivíduo poder causar mal a outro (matar alguém, por exemplo). Neste ponto, haverá também uma responsabilidade jurídica, porém diferenciada da mencionada nos exemplos anteriores.

É nesse contexto que surge a ideia de responsabilidade.

Responsabilidade, para o Direito, nada mais é, portanto, que uma obrigação derivada — um dever jurídico sucessivo — de assumir as consequências jurídicas de um fato, consequências essas que podem variar (reparação dos danos e/ou punição pessoal do agente lesionante) de acordo com os interesses lesados.

---

[3] "Embora não seja comum nos autores, é importante distinguir a obrigação da responsabilidade. Obrigação é sempre um dever jurídico originário; responsabilidade é um dever jurídico sucessivo, consequente à violação do primeiro. Se alguém se compromete a prestar serviços profissionais a outrem, assume uma obrigação, um dever jurídico originário. Se não cumprir a obrigação (deixar de prestar os serviços), violará o dever jurídico originário, surgindo daí a responsabilidade, o dever de compor o prejuízo causado pelo não cumprimento da obrigação. Em síntese, em toda obrigação há um dever jurídico originário, enquanto que na responsabilidade há um dever jurídico sucessivo. E, sendo a responsabilidade uma espécie de sombra da obrigação (a imagem é de Larenz), sempre que quisermos saber quem é o responsável teremos de observar a quem a lei imputou a obrigação ou dever originário" (CAVALIERI FILHO, Sérgio. *Programa de Responsabilidade Civil*, 2. ed., São Paulo: Malheiros, 2000, p. 20).

[4] O jurisconsulto romano Ulpiano proclamou três preceitos como princípios fundamentais do direito: *honeste vivere* (viver honestamente), *neminem laedere* (não lesar outrem) e *suum cuique tribuere* (dar a cada um o que é seu).

Sobre o tema, inclusive, o *Dicionário Jurídico* da Academia Brasileira de Letras Jurídicas apresenta o seguinte verbete, perfeitamente compatível com a tese aqui defendida:

> "RESPONSABILIDADE. S. f. (Lat., de *respondere*, na acep. de assegurar, afiançar.) Dir. Obr. Obrigação, por parte de alguém, de responder por alguma coisa resultante de negócio jurídico ou de ato ilícito. OBS. A diferença entre responsabilidade civil e criminal está em que esta impõe o cumprimento da pena estabelecida em lei, enquanto aquela acarreta a indenização do dano causado"[5].

Antes de aprofundarmos a diferença entre esses dois campos de responsabilização jurídica, faz-se mister tecer algumas considerações sobre a questão da responsabilidade moral.

## 3. RESPONSABILIDADE JURÍDICA × RESPONSABILIDADE MORAL

*Mutatis mutandi*, até mesmo no âmbito da moral, a noção de responsabilidade desponta, posto sem a coercitividade característica da responsabilidade decorrente da violação de uma norma jurídica. De fato, por isso, se o católico fervoroso comete um pecado, descumprindo um mandamento religioso (norma moral), será punido apenas no campo psicológico, arcando com as consequências do seu ato (terá que rezar dez pais-nossos, por exemplo).

A respeito desse tema, AGUIAR DIAS, citando doutrina francesa, adverte que: "Ocorre, aqui, a primeira distinção entre responsabilidade jurídica e responsabilidade moral. Esta se confina — explicam Henri et Leon Mazeaud — no problema do pecado. O homem se sente moralmente responsável perante Deus ou perante a sua consciência, conforme seja, ou não, um crente". E arremata: "Não se cogita, pois, de saber se houve, ou não, prejuízo, porque um simples pensamento induz essa espécie de responsabilidade, terreno que escapa ao campo do Direito, destinado a assegurar a harmonia das relações entre os indivíduos, objetivo que, logicamente, não parece atingido por esse lado"[6].

A diferença mais relevante, todavia, reside realmente na ausência de coercitividade institucionalizada da norma moral, não havendo a utilização da força organizada para exigir o cumprimento, uma vez que esta é monopólio do Estado.

## 4. RESPONSABILIDADE CIVIL × RESPONSABILIDADE CRIMINAL

O raciocínio desenvolvido para a formulação de um conceito de responsabilidade, no campo jurídico, justamente pela sua generalidade, não se restringe ao Direito Civil (e, portanto, à responsabilidade civil), aplicando-se, respeitadas as devidas peculiaridades, a todos os outros campos do Direito, como nas esferas penal, administrativa e tributária.

---

5 Academia Brasileira de Letras Jurídicas, *Dicionário Jurídico*, 3. ed., Rio de Janeiro: Forense Universitária, 1995, p. 679.

6 DIAS, José de Aguiar, ob. cit., p. 4.

Aliás, como já tivemos oportunidade de anotar, "na responsabilidade civil, o agente que cometeu o ilícito tem a obrigação de reparar o dano patrimonial ou moral causado, buscando restaurar o *status quo ante*, obrigação esta que, se não for mais possível, é convertida no pagamento de uma indenização (na possibilidade de avaliação pecuniária do dano) ou de uma compensação (na hipótese de não se poder estimar patrimonialmente este dano), enquanto, pela responsabilidade penal ou criminal, deve o agente sofrer a aplicação de uma cominação legal, que pode ser privativa de liberdade (ex.: prisão), restritiva de direitos (ex.: perda da carta de habilitação de motorista) ou mesmo pecuniária (ex.: multa)"[7].

Tal diferença básica quanto às consequências é decorrente, em verdade, dos sentimentos sociais e humanos que respaldam e fundamentam a responsabilidade jurídica.

Nas palavras de CAIO MÁRIO DA SILVA PEREIRA:

> "Como sentimento social, a ordem jurídica não se compadece com o fato de que uma pessoa possa causar mal a outra pessoa. Vendo no agente um fator de desequilíbrio, estende uma rede de punições com que procura atender às exigências do ordenamento jurídico. Esta satisfação social gera a responsabilidade criminal.
>
> Como sentimento humano, além de social, à mesma ordem jurídica repugna que o agente reste incólume em face do prejuízo individual. O lesado não se contenta com a punição social do ofensor. Nasce daí a ideia de reparação, como estrutura de princípios de favorecimento à vítima e de instrumentos montados para ressarcir o mal sofrido. Na responsabilidade civil estará presente uma finalidade punitiva ao infrator aliada a uma necessidade que eu designo como pedagógica, a que não é estranha à ideia de garantia para a vítima, e de solidariedade que a sociedade humana lhe deve prestar"[8].

Ressalte-se, porém, que um mesmo fato pode ensejar as duas responsabilizações, não havendo *bis in idem* em tal circunstância, justamente pelo sentido de cada uma delas e das repercussões da violação do bem jurídico tutelado[9].

Como observa Carlos Alberto Bittar, "a reparação representa meio indireto de devolver-se o equilíbrio às relações privadas, obrigando-se o responsável a agir, ou a dispor de seu patrimônio para a satisfação dos direitos do prejudicado. Já a pena corresponde à submissão pessoal e física do agente, para restauração da normalidade social violada com o delito", pois o "princípio que governa toda essa matéria é o do *neminem laedere* — um dos princípios gerais do direito — consoante o qual a ninguém se deve lesar, cujos efeitos em concreto se espraiam pelos dois citados planos, em função do interesse maior violado (de pessoa, ou de pessoas, de um lado; da sociedade ou da coletividade, de outro)

---

7 GAGLIANO, Pablo Stolze; PAMPLONA FILHO, Rodolfo. *Novo Curso de Direito Civil* — Parte Geral, 22. ed., São Paulo: Saraiva, 2020, v. 1, p. 522.

8 PEREIRA, Caio Mário da Silva. *Responsabilidade Civil*, 9. ed., Rio de Janeiro: Forense, 2000, p. 11.

9 Por exemplo, o homicídio, além de demandar a persecução criminal, pode fazer surgir a pretensão reparatória dos herdeiros do falecido — que perderam a pessoa responsável pela sua subsistência.

e conforme a técnica própria dos ramos do Direito que a regem, a saber: a) Direito Civil (para as violações privadas) e b) o Direito Penal (para a repressão pública)"[10].

É preciso, contudo, que fique claro que ambos os casos (responsabilidade civil e responsabilidade criminal) decorrem, *a priori*, de um fato juridicamente qualificado como ilícito ou, em outras palavras, como não desejado pelo Direito, pois praticado em ofensa à ordem jurídica[11].

Dessa forma, conforme aponta Wladimir Valler, baseado em Nélson Hungria, a "ilicitude jurídica é uma só, do mesmo modo que um só, na sua essência, é o dever jurídico. Em seus aspectos fundamentais há uma perfeita coincidência entre o ilícito civil e o ilícito penal, pois ambos constituem uma violação da ordem jurídica, acarretando, em consequência, um estado de desequilíbrio social. Mas, enquanto o ilícito penal acarreta uma violação da ordem jurídica, quer por sua gravidade ou intensidade, a única sanção adequada é a imposição da pena, no ilícito civil, por ser menor a extensão da perturbação social, são suficientes as sanções civis (indenização, restituição *in specie*, anulação do ato, execução forçada, etc.). A diferença entre o ilícito civil e o ilícito penal é, assim, tão somente, de grau ou de quantidade"[12].

A bem da verdade, porém, há de se lembrar que esse entendimento da responsabilidade gerada pela prática de um ato ilícito deve ser complementado pela noção de responsabilidade decorrente de imposição legal e/ou em função do risco da atividade.

Como se não bastasse tal circunstância legal, num caso típico de exceção que só faz confirmar a regra, temos o disposto nos arts. 188, 929 e 930 do Código Civil de 2002, cuja análise sistemática nos faz vislumbrar hipóteses de indenização por ato lícito.

Estabelecidas essas premissas comparativas, conheçamos, agora, as noções gerais sobre responsabilidade civil.

---

[10] BITTAR, Carlos Alberto. *Responsabilidade Civil* — Teoria & Prática, 2. ed., Rio de Janeiro: Forense Universitária, 1990, p. 3.

[11] No mesmo diapasão, encontra-se Caio Mário da Silva Pereira (*Instituições de Direito Civil,* v. I, 3. ed., Rio de Janeiro: Forense, 1992, p. 452-453): "Nesta análise cabe toda espécie de ilícito, seja civil, seja criminal. Não se aponta, em verdade, uma diferença ontológica entre um e outro. Há em ambos o mesmo fundamento ético: a infração de um dever preexistente e a imputação do resultado à consciência do agente. Assinala-se, porém, uma diversificação que se reflete no tratamento deste, quer em função da natureza do bem jurídico ofendido, quer em razão dos efeitos do ato. Para o direito penal, o delito é um fator de desequilíbrio social, que justifica a repressão como meio de restabelecimento; para o direito civil o ilícito é um atentado contra o interesse privado de outrem, e a reparação do dano sofrido é a forma indireta de restauração do equilíbrio rompido". Em sentido contrário, a título de curiosidade, confira-se: André Luiz Batista Neves, Da Independência Ontológica entre a Ilicitude Penal e a Civil, in: *O Trabalho* — Doutrina, fascículo 21, Curitiba: Decisório Trabalhista, nov. 1998, p. 503-4.

[12] VALLER, Wladimir. *A Reparação do Dano Moral no Direito Brasileiro,* 3. ed., Campinas: E. V. Editora, 1995, p. 17.

# XLVII NOÇÕES GERAIS SOBRE RESPONSABILIDADE CIVIL

## 1. CONCEITO DE RESPONSABILIDADE CIVIL

De tudo o que se disse até aqui, conclui-se que a noção jurídica de responsabilidade pressupõe a atividade danosa de alguém que, atuando *a priori* ilicitamente, viola uma norma jurídica preexistente (legal ou contratual), subordinando-se, dessa forma, às consequências do seu ato (obrigação de reparar).

Trazendo esse conceito para o âmbito do Direito Privado, e seguindo essa mesma linha de raciocínio, diríamos que a responsabilidade civil deriva da agressão a um interesse eminentemente particular, sujeitando, assim, o infrator, ao pagamento de uma compensação pecuniária à vítima, caso não possa repor *in natura* o estado anterior de coisas.

Decompõe-se, pois, nos seguintes elementos, que serão estudados no decorrer desta obra:

a) conduta (positiva ou negativa);

b) dano;

c) nexo de causalidade.

Antes de dissecar cada um desses elementos, parece-nos necessário, porém, trazer à baila algumas considerações gerais sobre o instituto da responsabilidade civil, decorrentes do aprofundamento das premissas adrede fixadas.

Se, no capítulo anterior, buscamos traçar, de forma clara, as linhas diferenciais entre a responsabilidade civil e a responsabilidade criminal, tal distinção nem sempre se mostrou precisa.

Da mesma forma, a discussão sobre o elemento culpa passou por profundo desenvolvimento que se confunde com a própria evolução das teorias da responsabilidade civil.

Entender a evolução de tal pensamento é o objeto do próximo tópico.

## 2. BREVE NOTÍCIA HISTÓRICA DA RESPONSABILIDADE CIVIL

Para a nossa cultura ocidental, toda reflexão, por mais breve que seja, sobre raízes históricas de um instituto, acaba encontrando seu ponto de partida no Direito Romano.

Com a responsabilidade civil, esta verdade não é diferente.

De fato, nas primeiras formas organizadas de sociedade, bem como nas civilizações pré-romanas, a origem do instituto está calcada na concepção de vingança privada, forma por certo rudimentar, mas compreensível do ponto de vista humano como lídima reação pessoal contra o mal sofrido.

É dessa visão do delito que parte o próprio Direito Romano, que toma tal manifestação natural e espontânea como premissa para, regulando-a, intervir na sociedade para permiti-la ou excluí-la quando sem justificativa. Trata-se da pena de Talião, da qual se encontram traços na Lei das XII Tábuas[1].

Ressalte-se, porém, como se sabe, que o Direito Romano não manifestava uma preocupação teórica de sistematização de institutos, pois sua elaboração se deu muito mais pelo louvável trabalho dos romanistas, numa construção dogmática baseada no desenvolvimento das decisões dos juízes e dos pretores, pronunciamentos dos jurisconsultos e constituições imperiais.

Há, porém, ainda na própria lei mencionada, perspectivas da evolução do instituto, ao conceber a possibilidade de composição entre a vítima e o ofensor, evitando-se a aplicação da pena de Talião. Assim, em vez de impor que o autor de um dano a um membro do corpo sofra a mesma quebra, por força de uma solução transacional, a vítima receberia, a seu critério e a título de *poena*, uma importância em dinheiro ou outros bens.

Ainda com o mesmo fundamento normativo, como observa ALVINO LIMA, a "este período sucede o da composição tarifada, imposto pela Lei das XII Tábuas, que fixava, em casos concretos, o valor da pena a ser paga pelo ofensor. É a reação contra a vingança privada, que é assim abolida e substituída pela composição obrigatória. Embora subsista o sistema do delito privado, nota-se, entretanto, a influência da inteligência social, compreendendo-se que a regulamentação dos conflitos não é somente uma questão entre particulares. A Lei das XII Tábuas, que determinou o *quantum* para a composição obrigatória, regulava casos concretos, sem um princípio geral fixador da responsabilidade civil. A *actio de reputis sarciendi,* que alguns afirmam que consagrava um princípio de generalização da responsabilidade civil, é considerada, hoje, como não contendo tal preceito (Lei das XII Tábuas — Tábua VIII, Lei 5ª)"[2].

Um marco na evolução histórica da responsabilidade civil se dá, porém, com a edição da *Lex Aquilia*, cuja importância foi tão grande que deu nome à nova designação da responsabilidade civil delitual ou extracontratual.

---

[1] "Remontando à *Lex XII Tabularum*, lá se encontram vestígios da vingança privada, marcada todavia pela intervenção do poder público, no propósito de disciplina-la de uma certa forma: Tabula VIII, lei 2ª, onde se lê: si membrum rupsit, ni cum eo pacit, talio est (Girard, Textes de Droit Romain, p. 17). Nesta fase de vindicta não se podia cogitar da ideia de culpa, dada a relevância do fato mesmo de vingar (LIMA, Alvino, ob. cit., p. 21). Nesta fase, nenhuma diferença existe entre responsabilidade civil e responsabilidade penal (Malaurie e Aynès, loc. cit.)" (PEREIRA, Caio Mário da Silva. *Responsabilidade Civil*, 9. ed., Rio de Janeiro: Forense, 2000, p. 2).

[2] LIMA, Alvino. *Culpa e Risco*, 2. ed., São Paulo: Revista dos Tribunais, 1999, p. 21.

Constituída de três partes, sem haver revogado totalmente a legislação anterior, sua grande virtude é propugnar pela substituição das multas fixas por uma pena proporcional ao dano causado[3]. Se seu primeiro capítulo regulava o caso da morte dos escravos ou dos quadrúpedes que pastam em rebanho; e o segundo, o dano causado por um credor acessório ao principal, que abate a dívida com prejuízo do primeiro; sua terceira parte se tornou a mais importante para a compreensão da evolução da responsabilidade civil.

Com efeito, regulava ela o *damnum injuria datum*, consistente na destruição ou deterioração da coisa alheia por fato ativo que tivesse atingido coisa corpórea ou incorpórea, sem justificativa legal. Embora sua finalidade original fosse limitada ao proprietário de coisa lesada, a influência da jurisprudência e as extensões concedidas pelo pretor fizeram com que se construísse uma efetiva doutrina romana da responsabilidade extracontratual.

Sintetizando esta visão da Responsabilidade Civil no Direito da Antiguidade, ensina o genial ALVINO LIMA:

> "Partimos, como diz Ihering, do período em que o sentimento de paixão predomina no direito; a reação violenta perde de vista a culpabilidade, para alcançar tão somente a satisfação do dano e infligir um castigo ao autor do ato lesivo. Pena e reparação se confundem; responsabilidade penal e civil não se distinguem. A evolução operou-se, consequentemente, no sentido de se introduzir o elemento subjetivo da culpa e diferençar a responsabilidade civil da penal. E muito embora não tivesse conseguido o direito romano libertar-se inteiramente da ideia da pena, no fixar a responsabilidade aquiliana, a verdade é que a ideia de delito privado, engendrando uma ação penal, viu o domínio da sua aplicação diminuir, à vista da admissão, cada vez mais crescente, de obrigações delituais, criando uma ação mista ou simplesmente reipersecutória. A função da pena transformou-se, tendo por fim indenizar, como nas ações reipersecutórias, embora o modo de calcular a pena ainda fosse inspirado na função primitiva da vingança; o caráter penal da ação da lei Aquília, no direito clássico, não passa de uma sobrevivência"[4].

Permitindo-se um salto histórico, observe-se que a inserção da culpa como elemento básico da responsabilidade civil aquiliana — contra o objetivismo excessivo do direito primitivo, abstraindo a concepção de pena para substituí-la, paulatinamente, pela

---

[3] "A lei Aquília não se limitou a especificar melhor os atos ilícitos, mas substituiu as penas fixas, editadas por certas leis anteriores, pela reparação pecuniária do dano causado, tendo em vista o valor da coisa durante os 30 dias anteriores ao delito e atendendo, a princípio, ao valor venal; mais tarde, estendeu-se o dano ao valor relativo, por influência da jurisprudência, de sorte que a reparação podia ser superior ao dano realmente sofrido, se a coisa diminuísse de valor, no caso prefixado" (LIMA, Alvino, ob. cit., p. 22-3).

[4] LIMA, Alvino, ob. cit., p. 26-7.

ideia de reparação do dano sofrido — foi incorporada no grande monumento legislativo da idade moderna, a saber, o Código Civil de Napoleão, o que influenciou diversas legislações do mundo, inclusive o Código Civil brasileiro de 1916.

Todavia, tal teoria clássica da culpa não conseguia satisfazer todas as necessidades da vida em comum, na imensa gama de casos concretos em que os danos se perpetuavam sem reparação pela impossibilidade de comprovação do elemento anímico.

Assim, num fenômeno dialético, praticamente autopoiético, dentro do próprio sistema começou-se a vislumbrar jurisprudencialmente novas soluções, com a ampliação do conceito de culpa e mesmo acolhendo, excepcionalmente, novas teorias dogmáticas, que propugnavam pela reparação do dano decorrente, exclusivamente, pelo fato ou em virtude do risco criado.

Tais teorias, inclusive, passaram, posteriormente, a ser amparadas nas legislações mais modernas, sem desprezo total à teoria tradicional da culpa, o que foi adotado, mais recentemente, até mesmo pelo atual Código Civil brasileiro, como veremos em tópicos posteriores.

Encerramos essas considerações históricas, porém, lembrando, mais uma vez, ALVINO LIMA:

> "O movimento inovador se levanta contra a obra secular; a luta se desencadeia tenazmente e sem tréguas; Ripert proclama Saleilles e Josserand os 'síndicos da massa falida da culpa', e, a despeito das afirmações de que a teoria do risco desfaleceu no ardor de seu ataque, seus defensores persistem na tarefa, e as necessidades econômicas e sociais da vida moderna intensa obrigam o legislador a abrir brechas na concepção da teoria clássica da responsabilidade.
>
> Ambas, porém, continuarão a subsistir, como forças paralelas, convergindo para um mesmo fim, sem que jamais, talvez, se possam exterminar ou se confundir, fundamentando, neste ou naquele caso, a imperiosa necessidade de ressarcir o dano, na proteção dos direitos lesados"[5].

## 3. CONSIDERAÇÕES INICIAIS SOBRE AS ESPÉCIES DE RESPONSABILIDADE CIVIL

A responsabilidade civil, enquanto fenômeno jurídico decorrente da convivência conflituosa do homem em sociedade, é, na sua essência, um conceito uno, incindível.

Entretanto, em função de algumas peculiaridades dogmáticas, faz-se mister estabelecer uma classificação sistemática, tomando por base justamente a questão da culpa e, depois disso, a natureza da norma jurídica violada.

Vejamos tais classificações.

---

[5] LIMA, Alvino, ob. cit., p. 41.

### 3.1. Responsabilidade civil subjetiva × responsabilidade civil objetiva

A responsabilidade civil subjetiva é a decorrente de dano causado em função de ato doloso ou culposo.

Esta culpa, por ter natureza civil, se caracterizará quando o agente causador do dano atuar com violação de um dever jurídico, normalmente de cuidado (como se verifica nas modalidades de negligência ou imprudência), conforme consta do art. 186 do Código Civil de 2002: "Art. 186. Aquele que, por ação ou omissão voluntária, negligência ou imprudência, violar direito e causar dano a outrem, ainda que exclusivamente moral, comete ato ilícito".

Do referido dispositivo normativo supratranscrito, verificamos que, em regra, a obrigação de indenizar (reparar o dano) é a consequência juridicamente lógica do ato ilícito.

O Código Civil de 2002, de forma técnica, não abre mais um título para as "obrigações por ato ilícito", como constava na Codificação de 1916[6], mas sim, de maneira ampla, estabelece um título próprio para a "responsabilidade civil", dividindo-o em dois capítulos, o primeiro sobre a obrigação de indenizar (arts. 927/943) e o segundo sobre parâmetros da própria indenização (arts. 944/954).

A noção básica da responsabilidade civil, dentro da doutrina subjetiva, é o princípio segundo o qual cada um responde pela própria culpa — *unuscuique sua culpa nocet*. Por se caracterizar em fato constitutivo do direito à pretensão reparatória, caberá ao autor, sempre, o ônus da prova de tal culpa do réu.

Todavia, há situações em que o ordenamento jurídico atribui a responsabilidade civil a alguém por dano que não foi causado diretamente por ele, mas sim por um terceiro com quem mantém alguma tipo de relação jurídica.

Nesses casos, trata-se, *a priori*, de uma responsabilidade civil indireta, em que o elemento culpa não é desprezado, mas sim presumido, em função do dever geral de vigilância a que está obrigado o réu[7].

Como observa Caio Mário da Silva Pereira,

> "na tese da presunção de culpa subsiste o conceito genérico de culpa como fundamento da responsabilidade civil. Onde se distancia da concepção subjetiva tradicional é no que concerne ao ônus da prova. Dentro da teoria clássica da culpa, a vítima tem de demonstrar a existência dos elementos fundamentais de sua pretensão, sobressaindo o comportamento culposo do demandado. Ao se encaminhar para

---

[6] Arts. 1.518 a 1.532 do Código Civil de 1916, constante de seu Título VII ("Das Obrigações por Atos Ilícitos").

[7] Este raciocínio continua válido, do ponto de vista da teoria geral da responsabilidade civil, embora, como veremos em capítulo próprio, a responsabilidade civil por ato de terceiros, por força do art. 933 do CC/2002, migrou de uma hipótese de responsabilidade civil subjetiva para um exemplo de responsabilidade civil objetiva.

a especialização da culpa presumida, ocorre uma inversão do *onus probandi*. Em certas circunstâncias, presume-se o comportamento culposo do causador do dano, cabendo-lhe demonstrar a ausência de culpa, para se eximir do dever de indenizar. Foi um modo de afirmar a responsabilidade civil, sem a necessidade de provar o lesado a conduta culposa do agente, mas sem repelir o pressuposto subjetivo da doutrina tradicional.

Em determinadas circunstâncias é a lei que enuncia a presunção. Em outras, é a elaboração jurisprudencial que, partindo de uma ideia tipicamente assentada na culpa, inverte a situação impondo o dever ressarcitório, a não ser que o acusado demonstre que o dano foi causado pelo comportamento da própria vítima"[8].

Entretanto, hipóteses há em que não é necessário sequer ser caracterizada a culpa. Nesses casos, estaremos diante do que se convencionou chamar de "responsabilidade civil objetiva". Segundo tal espécie de responsabilidade, o dolo ou culpa na conduta do agente causador do dano é irrelevante juridicamente, haja vista que somente será necessária a existência do elo de causalidade entre o dano e a conduta do agente responsável, para que surja o dever de indenizar.

As teorias objetivistas da responsabilidade civil procuram encará-la como mera questão de reparação de danos, fundada diretamente no risco da atividade exercida pelo agente. É de se ressaltar que o movimento objetivista surgiu no final do século XIX, quando o Direito Civil passou a receber a influência da Escola Positiva Penal[9].

Em verdade, é preciso se explicitar que se pode discutir culpa em sede de responsabilidade civil objetiva. Todavia, isso somente ocorrerá se houver provocação do réu nesse sentido, suscitando, por exemplo, a culpa exclusiva da vítima (o que quebraria o nexo causal) ou a culpa concorrente (que é elemento para fixação da indenização).

A diferença da responsabilidade civil objetiva para a subjetiva não está, portanto, na possibilidade de discutir culpa, mas, sim, na circunstância da culpa ser um elemento obrigatório de ônus da prova, pois, na responsabilidade civil subjetiva (seja de culpa provada ou de culpa presumida), o julgador tem de se manifestar sobre a culpa, o que somente ocorrerá acidentalmente na responsabilidade civil objetiva.

Historicamente, o sistema material civil brasileiro abraçou originalmente a teoria subjetivista, conforme se infere de uma simples leitura do art. 159 do Código Civil de 1916 (correspondente ao art. 186 do Código Civil de 2002), que fixava a regra geral da responsabilidade civil.

---

8 PEREIRA, Caio Mário da Silva. *Responsabilidade Civil*, 9. ed., Rio de Janeiro: Forense, 2000, p. 265-6.

9 Sobre a responsabilidade penal objetiva, confiram-se as lições de Damásio E. de Jesus (*Direito Penal*, 12. ed., v. 1, São Paulo: Saraiva, 1988, p. 397): "Dá-se o nome de responsabilidade penal objetiva à sujeição de alguém à imposição de pena sem que tenha agido com dolo ou culpa ou sem que tenha ficado demonstrada sua culpabilidade, com fundamento no simples nexo de causalidade material".

As teorias objetivas, por sua vez, não foram de todo abandonadas, havendo diversos disposições esparsas que as contemplam.

Lembrando Wladimir Valler, apesar de o Código Civil de 1916 "ter adotado a teoria clássica da culpa, a teoria objetiva se estabeleceu em vários setores da atividade, através de leis especiais. Assim é, por exemplo, que o Decreto n. 2.681, de 1912, disciplina a responsabilidade civil das estradas de ferro, tendo em vista o risco da atividade exercida. Em matéria de acidente do trabalho, a Lei 6.367, de 19 de outubro de 1976, se fundou no risco profissional e a reparação dos danos causados aos trabalhadores passou a se fazer independentemente da verificação da culpa, e em valores prefixados. Também o Código Brasileiro do Ar (Decreto-Lei 32, de 18 de novembro de 1966, revogado pela Lei n. 7.565, de 19-12-1986), tendo em conta o risco da atividade explorada, estabelece em bases objetivas a responsabilidade civil das empresas aéreas. A Lei 6.453, de 17 de outubro de 1977, em termos objetivos, dispôs sobre a responsabilidade civil por danos nucleares"[10].

O Código Civil de 2002 inovou, porém a matéria, ao trazer, no parágrafo único do seu art. 927, a regra de que "haverá obrigação de reparar o dano, independentemente de culpa, nos casos especificados em lei, ou quando a atividade normalmente desenvolvida pelo autor do dano implicar, por sua natureza, risco para os direitos de outrem".

Assim, a nova concepção que deve reger a matéria no Brasil é de que vige uma regra geral dual de responsabilidade civil, em que temos a responsabilidade subjetiva, regra geral inquestionável do sistema anterior, coexistindo com a responsabilidade objetiva, especialmente em função da atividade de risco desenvolvida pelo autor do dano (conceito jurídico indeterminado a ser verificado no caso concreto, pela atuação judicial), *ex vi* do disposto no art. 927, parágrafo único.

Todas essas considerações iniciais[11] vêm à baila em decorrência de violação ao preceito fundamental do *neminem laedere*, ou seja, de que ninguém deve ser lesado pela conduta alheia.

Todavia, a situação se torna ainda mais grave quando a lesão decorre do descumprimento de uma obrigação espontaneamente assumida pelo infrator, em função da celebração de um negócio jurídico.

Trata-se da diferença entre a responsabilidade civil contratual e a aquiliana (extracontratual), que veremos no próximo tópico.

## 3.2. Responsabilidade civil contratual × responsabilidade civil extracontratual ou aquiliana

Fincados os pressupostos genéricos da responsabilidade civil, não há a menor dúvida de que, abstraídas as hipóteses de responsabilidade subjetiva com presunção de culpa,

---

[10] VALLER, Wladimir, ob. cit., p. 24.

[11] Enfrentadas, com minúcias, nos Capítulos LIII ("A Responsabilidade Civil Subjetiva e a Noção de Culpa") e LIV ("Responsabilidade Civil Objetiva e a Atividade de Risco") deste livro.

ou de responsabilidade objetiva, existe uma grande dificuldade na demonstração da culpa do agente ou da antijuridicidade de sua conduta para ensejar a sua responsabilização civil.

Tal dificuldade é minorada quando a conduta ensejadora do dano é resultante do descumprimento de um dever contratual, pois, nessa hipótese, presumir-se-ia a culpa, uma vez que a própria parte se obrigou, diretamente, à obrigação, ora descumprida.

A depender, portanto, da natureza da norma jurídica violada pelo agente causador do dano, uma subdivisão — muito mais didática e legislativa do que propriamente científica — pode ser feita, subtipificando-se a responsabilidade civil em: contratual e extracontratual ou aquiliana[12].

Assim, se o prejuízo decorre diretamente da violação de um mandamento legal, por força da atuação ilícita do agente infrator (caso do sujeito que bate em meu carro), estamos diante da responsabilidade extracontratual, a seguir analisada. Por outro lado, se, entre as partes envolvidas, já existia norma jurídica contratual que as vinculava, e o dano decorre justamente do descumprimento de obrigação fixada nesse contrato, estaremos diante de uma situação de responsabilidade contratual.

Assim, teríamos o seguinte quadro:

| RESPONSABILIDADE CIVIL |
|---|
| 1. **Contratual**: inadimplemento da obrigação prevista no contrato (violação de norma contratual anteriormente fixada pelas partes); |
| 2. **Extracontratual** ou **Aquiliana**: violação direta de uma norma legal. |

Note-se, ainda, que o elemento subjetivo representado pelo conceito amplo de culpa nem sempre será indispensável, uma vez que, conforme teremos a oportunidade de ver, poderá haver responsabilidade civil independentemente da sua aferição, em hipóteses especiais previstas expressamente em lei, ou quando a sua atividade normalmente desenvolvida pelo causador do dano importar em risco para os direitos de outrem.

Tradicionalmente, o nosso Direito Positivo adotou essa classificação bipartida, consagrando regras específicas para as duas espécies de responsabilidade, com características próprias:

---

12 Discorrendo sobre o tema, pondera Carlos Roberto Gonçalves: "Há quem critique essa dualidade de tratamento. São os adeptos da tese unitária ou monista, que entendem pouco importar os aspectos sob os quais se apresente a responsabilidade civil no cenário jurídico, pois uniformes são os seus efeitos. De fato, basicamente as soluções são idênticas para os dois aspectos. Tanto em um como em outro caso, o que, em essência, se requer para a configuração da responsabilidade são estas três condições: o dano, o ato ilícito e a causalidade, isto é, o nexo de causalidade" (*Responsabilidade Civil*, 19. ed., São Paulo: Saraiva, 2020, p. 61).

- *Responsabilidade contratual:* arts. 389 e s. e 395 e s. (CC/2002)
- *Responsabilidade extracontratual:* arts. 186 a 188 e 927 e s. (CC/2002)

Como já visto, quem infringe dever jurídico *lato sensu* fica obrigado a reparar o dano causado. Esse dever passível de violação, porém, pode ter como fonte tanto uma obrigação imposta por um dever geral do Direito ou pela própria lei quanto uma relação negocial preexistente, isto é, um dever oriundo de um contrato. O primeiro caso é conhecido como responsabilidade civil aquiliana[13], enquanto o segundo é a epigrafada responsabilidade civil contratual[14].

E quais as diferenças básicas entre essas duas formas de responsabilização?

Três elementos diferenciadores podem ser destacados, a saber, a necessária preexistência de uma relação jurídica entre lesionado e lesionante; o ônus da prova quanto à culpa; e a diferença quanto à capacidade.

Com efeito, para caracterizar a responsabilidade civil contratual, faz-se mister que a vítima e o autor do dano já tenham se aproximado anteriormente e se vinculado para o cumprimento de uma ou mais prestações, sendo a culpa contratual a violação de um dever de adimplir, que constitui justamente o objeto do negócio jurídico, ao passo que, na culpa aquiliana, viola-se um dever necessariamente negativo, ou seja, a obrigação de não causar dano a ninguém[15].

---

[13] "Onde se realiza a maior revolução nos conceitos jus-romanísticos em termos de responsabilidade civil é com a *Lex Aquilia*, de data incerta, mas que se prende aos tempos da República (COLOMBO, Leonardo. *Culpa Aquiliana*, Buenos Aires: La Ley, 1965, p. 107). Tão grande revolução que a ela se prende a denominação de *aquiliana* para designar-se a responsabilidade extracontratual em oposição à contratual. Foi um marco tão acentuado, que a ela se atribui a origem do elemento 'culpa', como fundamental na reparação do dano" (PEREIRA, Caio Mário da Silva. *Responsabilidade Civil*, 9. ed., Rio de Janeiro: Forense, 2000, p. 3).

[14] Sobre a perspectiva constitucional do contrato, seu conceito contemporâneo e efeitos jurídicos, cf. a excelente obra *Do Contrato*: Conceito Pós-Moderno, do Professor Doutor Paulo Roberto Nalin da PUC-PR (Curitiba: Juruá, 2001).

[15] Destaque-se que tal distinção, para o Superior Tribunal de Justiça, gera também tratamento diferenciado para os prazos prescricionais:

"Prazo prescricional para ação que busca reparação civil contratual é de dez anos

É de dez anos o prazo prescricional a ser considerado nos casos de reparação civil com base em inadimplemento contratual, aplicando-se o artigo 205 do Código Civil. O entendimento da Corte Especial consolidou a posição do Superior Tribunal de Justiça (STJ) sobre o tema.

O colegiado deu provimento ao recurso de uma revendedora de veículos para afastar a incidência da prescrição trienal (artigo 206, parágrafo 3º, inciso V), que havia sido aplicada ao caso pela Terceira Turma.

A revendedora assinou um contrato de vendas e serviços com a Ford em 1957, prorrogado diversas vezes e sem prazo determinado para acabar. Em 1998, o contrato foi rescindido pela fabricante. Em 2008, pouco antes de fluir o prazo decenal, a revendedora ingressou com a ação de reparação civil.

Ao julgar o recurso especial nesse processo, a Terceira Turma entendeu que o prazo prescricional deveria ser de três anos, pelo fato de a ação estar fundada em atos ilícitos contratuais, e que a prescrição deveria ser unificada para os casos de responsabilidade contratual e extracontratual.

Justamente por tal circunstância é que, na responsabilidade civil aquiliana, a culpa deve ser sempre provada pela vítima, enquanto, na responsabilidade contratual, ela é, de regra, presumida, invertendo-se o ônus da prova, cabendo à vítima comprovar, apenas, que a obrigação não foi cumprida, restando ao devedor o *onus probandi*, por exemplo, de que não agiu com culpa ou que ocorreu alguma causa excludente do elo de causalidade. Como observa o ilustrado Sérgio Cavalieri Filho, "essa presunção de culpa não resulta do simples fato de estarmos em sede de responsabilidade contratual. O que é decisivo é o tipo de obrigação assumida no contrato. Se o contratante assumiu a obrigação de alcançar um determinado resultado e não conseguiu, haverá culpa presumida, ou, em alguns casos, até responsabilidade objetiva; se a obrigação assumida no contrato foi de meio, a responsabilidade, embora contratual, será fundada na culpa provada"[16].

Por fim, vale destacar que, em termos de capacidade, o menor púbere só se vincula contratualmente quando assistido por seu representante legal — e, excepcionalmente, se maliciosamente declarou-se maior (art. 180 do Código Civil de 2002).

---

Uniformização

Após a decisão, a revendedora entrou com embargos de divergência apontando decisões da Primeira, Segunda e Quarta Turmas do tribunal que aplicaram ora o prazo de dez, ora o de três anos, havendo necessidade de a Corte Especial uniformizar o entendimento.

Por maioria, a Corte Especial acompanhou o voto do ministro Felix Fischer, segundo o qual a expressão 'reparação civil' mencionada no artigo 206 está relacionada aos danos decorrentes de ato ilícito não contratual, diferentemente da situação vivenciada pela revendedora de veículos.

Fischer destacou que o Código Civil detém unidade lógica e deve ser interpretado em sua totalidade. O ministro ressaltou que a expressão 'reparação civil', além do artigo 206, só se repete em uma parte especial do código que versa sobre a responsabilidade civil extracontratual.

'E tal sistemática não advém do acaso, e sim da majoritária doutrina nacional que, inspirada nos ensinamentos internacionais provenientes desde o direito romano, há tempos reserva o termo 'reparação civil' para apontar a responsabilidade por ato ilícito *stricto sensu*', explicou Felix Fischer.

O ministro concluiu que a sistemática utilizada divide a responsabilidade civil entre extracontratual e contratual (teoria dualista), 'ante a distinção ontológica, estrutural e funcional entre ambas, o que vedaria inclusive seu tratamento isonômico'.

Incongruência

Fischer destacou que interpretação em sentido oposto acarretaria 'manifesta incongruência', já que, enquanto não estiver prescrita a pretensão central da obrigação contratual, 'não pode estar fulminado pela prescrição o provimento acessório relativo a perdas e danos advindos do descumprimento de tal obrigação pactuada'.

Outra consequência, segundo o ministro, seria a possibilidade de se admitir que a prestação acessória prescreva em prazo próprio diverso da obrigação principal, sob pena de se permitir que a parte lesada pelo inadimplemento possa recorrer à Justiça visando garantir o cumprimento do contrato, mas não o ressarcimento dos danos decorrentes.

O ministro destacou que o entendimento pela aplicação do prazo prescricional decenal já havia sido firmado pela Segunda Seção, em 2018, ao julgar os Embargos de Divergência no Recurso Especial 1.280.825, relatado pela ministra Nancy Andrighi" (Disponível em: <http://www.stj.jus.br/sites/portalp/Paginas/Comunicacao/Noticias/Prazo-prescricional-para-acao-que-busca-reparacao-civil-contratual-e-de-dez-anos.aspx >. Acesso em: 11 ago. 2019).

[16] CAVALIERI FILHO, Sérgio. *Programa de Responsabilidade Civil*, 2. ed., São Paulo: Malheiros, 2000, p. 198.

## 4. NATUREZA JURÍDICA DA RESPONSABILIDADE CIVIL

Já expusemos que tanto a responsabilidade civil quanto a responsabilidade penal decorrem *a priori* da prática de um ato ilícito, ou seja, de uma violação da ordem jurídica, gerando desequilíbrio social, ressalvando-se como exceção, por rigor técnico, a possibilidade de a responsabilidade civil decorrer, também, de uma imposição legal, seja em atividades lícitas, seja em função do risco da atividade exercida.

Ora, a consequência lógico-normativa de qualquer ato ilícito é uma sanção, podendo esta ser definida, portanto, como "a consequência jurídica que o não cumprimento de um dever produz em relação ao obrigado", nas palavras de Eduardo García Maynez[17].

Entretanto, conforme lembra Antônio Luís Machado Neto, "talvez não haja elemento da relação jurídica mais sujeito a descaminhos teoréticos e despropositados deslocamentos conceituais do que esse da sanção"[18].

Isso acontece porque há uma grande confusão na utilização dos termos "sanção" e "pena", que constantemente são tratados como sinônimos, quando, em verdade, trata-se de dois institutos que estão em uma relação de "gênero" e "espécie".

A sanção é a consequência lógico-jurídica da prática de um ato ilícito, pelo que, em função de tudo quanto foi exposto, a natureza jurídica da responsabilidade, seja civil, seja criminal, somente pode ser sancionadora.

No caso da responsabilidade civil originada de imposição legal, as indenizações devidas não deixam de ser sanções, que decorrem não por força de algum ato ilícito praticado pelo responsabilizado civilmente, mas sim por um reconhecimento do direito positivo (previsão legal expressa) de que os danos causados já eram potencialmente previsíveis, em função dos riscos profissionais da atividade exercida, por envolverem interesse de terceiros.

Para encerrar, lembramos, novamente, as sempre precisas colocações de Carlos Alberto Bittar:

> "Havendo dano, produzido injustamente na esfera alheia, surge a necessidade de reparação, como imposição natural da vida em sociedade e, exatamente, para a sua própria existência e o desenvolvimento normal das potencialidades de cada ente personalizado. É que investidas ilícitas ou antijurídicas no circuito de bens ou de valores alheios perturbam o fluxo tranquilo das relações sociais, exigindo, em contraponto, as reações que o Direito engendra e formula para a restauração do equilíbrio rompido.
>
> Nesse sentido, a teoria da responsabilidade civil encontra suas raízes no princípio fundamental do *neminem laedere*, justificando-se diante da liberdade e da racionalidade humanas, como imposição, portanto, da própria natureza das coisas. Ao escolher as vias pelas quais atua na sociedade, o homem assume os ônus correspondentes,

---

[17] MAYNEZ, Eduardo García. *Introducción al Estudio del Derecho*, 4. ed., México: Porrúa, 1951, p. 284.

[18] MACHADO NETO, Antônio Luis. *Compêndio de Introdução à Ciência do Direito*, 3. ed., São Paulo: Saraiva, 1988, p. 190.

apresentando-se a noção de responsabilidade como corolário de sua condição de ser inteligente e livre.

Realmente, a construção de uma ordem jurídica justa — ideal perseguido, eternamente, pelos grupos sociais — repousa em certas pilastras básicas, em que avulta a máxima de que a ninguém se deve lesar. Mas, uma vez assumida determinada atitude pelo agente, que vem a causar dano, injustamente, a outrem, cabe-lhe sofrer os ônus relativos, a fim de que se possa recompor a posição do lesado, ou mitigar-lhe os efeitos do dano, ao mesmo tempo em que se faça sentir ao lesante o peso da resposta compatível prevista na ordem jurídica.

Na satisfação dos interesses lesados é que, em última análise, reside a linha diretiva da teoria em questão, impulsionada, *ab origine*, por forte colaboração humanista, tendente a propiciar ao lesado a restauração do patrimônio ou a compensação pelos sofrimentos experimentados, ou ambos, conforme a hipótese, cumprindo-se assim os objetivos próprios"[19].

Por tais fundamentos, concluímos que a natureza jurídica da responsabilidade será sempre sancionadora, independentemente de se materializar como pena, indenização ou compensação pecuniária[20].

Mas, no final das contas, qual é a função da reparação civil?

É o que se pretende explicar em seguida.

## 5. FUNÇÃO DA REPARAÇÃO CIVIL

Já vimos que a ofensa aos bens jurídicos pode gerar responsabilização em dois graus, quando o ordenamento visa à prevenção/repreensão pelo Direito Público (Direito Penal) ou quando busca uma reparação dos danos causados pelo autor (Responsabilidade Civil).

Em relação a este último campo de atuação jurídica, observa Clayton Reis, com a habitual precisão, que, ao gerar dano, "o ofensor receberá a sanção correspondente consistente na repreensão social, tantas vezes quantas forem suas ações ilícitas, até conscientizar-se da obrigação em respeitar os direitos das pessoas. Os espíritos responsáveis pos-

[19] BITTAR, Carlos Alberto. *Reparação Civil por Danos Morais*, São Paulo: Revista dos Tribunais, 1993, p. 16.

[20] Elucidativa é a seguinte explanação de Maria Helena Diniz (ob. cit., 2004, v. 3, p. 7): "A sanção é, nas palavras de Goffredo Telles Jr., uma medida legal que poderá vir a ser imposta por quem foi lesado pela violação da norma jurídica, a fim de fazer cumprir a norma violada, de fazer reparar o dano causado ou de infundir respeito à ordem jurídica. A sanção é a consequência jurídica que o não cumprimento de um dever produz em relação ao obrigado. A responsabilidade civil constitui uma sanção civil, por decorrer de infração de norma de direito privado, cujo objetivo é o interesse particular, e, em sua natureza, é compensatória, por abranger indenização ou reparação de dano causado por ato ilícito, contratual ou extracontratual e por ato lícito".

suem uma absoluta consciência do dever social, posto que, somente fazem aos outros o que querem que seja feito a eles próprios. Estas pessoas possuem exata noção de dever social, consistente em uma conduta emoldurada na ética e no respeito aos direitos alheios. Por seu turno, a repreensão contida na norma legal tem como pressuposto conduzir as pessoas a uma compreensão dos fundamentos que regem o equilíbrio social. Por isso, a lei possui um sentido tríplice: reparar, punir e educar"[21].

Assim, na vereda de tais ideias, três funções podem ser facilmente visualizadas no instituto da reparação civil: compensatória do dano à vítima, punitiva do ofensor e desmotivação social da conduta lesiva.

Na primeira função, encontra-se o objetivo básico e finalidade da reparação civil: retornar as coisas ao *status quo ante*. Repõe-se o bem perdido diretamente ou, quando não é mais possível tal circunstância, impõe-se o pagamento de um *quantum* indenizatório, em importância equivalente ao valor do bem material ou compensatório do direito não redutível pecuniariamente.

Como função secundária em relação à reposição das coisas ao estado em que se encontravam, mas igualmente relevante, está a ideia de punição do ofensor. Embora esta não seja a finalidade básica (admitindo-se, inclusive, a sua não incidência quando possível a restituição integral à situação jurídica anterior), a prestação imposta ao ofensor também gera um efeito punitivo pela ausência de cautela na prática de seus atos, persuadindo-o a não mais lesionar.

E essa persuasão não se limita à figura do ofensor, acabando-se por incidir numa terceira função, de cunho socioeducativo, que é a de tornar público que condutas semelhantes não serão toleradas. Assim, alcança-se, por via indireta, a própria sociedade, restabelecendo-se o equilíbrio e a segurança desejados pelo Direito[22].

## 6. IMPORTÂNCIA DO ESTUDO DA RESPONSABILIDADE CIVIL

Fixadas todas essas noções gerais sobre a responsabilidade civil, parece despiciendo ressaltar a sua importância.

Todavia, "para não dizer que não falamos de flores", um ponto básico deve ser salientado para a devida compreensão dessa relevância: a interdisciplinaridade do instituto.

Com efeito, como já dissemos em outra oportunidade, "discorrer sobre o tema 'responsabilidade' não é, definitivamente, atribuição das mais fáceis, tendo em vista que se

[21] REIS, Clayton. *Avaliação do Dano Moral*, 3. ed., Rio de Janeiro: Forense, 2000, p. 78-9.

[22] Interessante, por fim, acrescentar, no diálogo entre as esferas civil e processual penal, a previsão constante no art. 28-A do Código de Processo Penal, inserido pela Lei n. 13.964, de 24 de dezembro de 2019 (Pacote Anticrime), no sentido de permitir que o Ministério Público proponha acordo de não persecução penal, desde que observados certos pressupostos, dentre eles a reparação do dano ou restituição da coisa à vítima, quando possível.

trata de uma matéria de natureza interdisciplinar, pois não se refere somente ao Direito Civil, mas sim a praticamente todos os outros ramos do Direito"[23].

Nesse sentido é o posicionamento de MARIA HELENA DINIZ:

> "Toda manifestação da atividade que provoca prejuízo traz em seu bojo o problema da responsabilidade, que não é fenômeno exclusivo da vida jurídica, mas de todos os domínios da vida social. Realmente, embora alguns autores, como Josserand, considerem a responsabilidade civil como 'a grande vedete do direito civil', na verdade, absorve não só todos os ramos do direito — pertencendo à seara da Teoria Geral do Direito, sofrendo as naturais adaptações conforme aplicável ao direito público ou privado, mas os princípios estruturais, o fundamento e o regime jurídico são os mesmos, comprovando a tese da unidade jurídica quanto aos institutos basilares, uma vez que a diferenciação só se opera no que concerne às matérias, objeto de regulamentação legal — como também a realidade social, o que demonstra o campo ilimitado da responsabilidade civil"[24].

Por isso, a intenção desta obra é fixar toda uma teoria geral da responsabilidade civil e, aí sim, assentadas as bases para a edificação de um raciocínio jurídico, enfrentar parte da casuística do instituto que, como se percebe, é infindável.

Observe-se, porém, que, levada a questão em sentido extremo, é possível dizer que a esmagadora maioria das questões levadas ao Judiciário tocam, direta ou indiretamente, nos temas aqui abordados, seja pela violação a deveres contratuais, seja por descumprimento a regras gerais de conduta.

Compreendidas essas noções básicas sobre a responsabilidade civil, passaremos a dissecar cada um dos elementos necessários para a sua caracterização.

---

[23] PAMPLONA FILHO, Rodolfo. *O Dano Moral na Relação de Emprego*, 3. ed., São Paulo: LTr, 2002, p. 25.

[24] DINIZ, Maria Helena. *Curso de Direito Civil Brasileiro* — Responsabilidade Civil, 33. ed., São Paulo: Saraiva, 2019, v. 7, p. 20.

# XLVIII ELEMENTOS DA RESPONSABILIDADE CIVIL

## 1. UMA VISÃO GERAL DOS ELEMENTOS DA RESPONSABILIDADE CIVIL

Feita a introdução ao apaixonante tema "responsabilidade civil", cabe-nos agora apresentar, em linhas gerais, os seus elementos básicos.

Desde já advertimos que o propósito deste capítulo é proporcionar um panorama geral destes elementos, que serão cuidadosamente desenvolvidos em momento oportuno.

Conforme veremos, o esquema teórico a ser apresentado aplica-se tanto à responsabilidade contratual quanto à aquiliana, embora haja interesse maior em desenvolver a matéria considerando a natureza desta última espécie de responsabilidade.

Isso porque a responsabilidade contratual distingue-se por características muito peculiares, mais afeta à disciplina geral das obrigações e dos contratos.

Pois bem.

Ao consultarmos o art. 186 do Código Civil, base fundamental da responsabilidade civil, consagradora do princípio de que a ninguém é dado causar prejuízo a outrem (*neminem laedere*), temos que:

> "Art. 186. Aquele que, por ação ou omissão voluntária, negligência ou imprudência, violar direito e causar dano a outrem, ainda que exclusivamente moral, comete ato ilícito".

Analisando este dispositivo — mais preciso do que o correspondente da lei anterior que não fazia expressa menção ao dano moral — podemos extrair os seguintes elementos ou pressupostos gerais da responsabilidade civil:

a) conduta humana (positiva ou negativa);

b) dano ou prejuízo;

c) o nexo de causalidade.

## 2. ALGUMAS PALAVRAS SOBRE O ELEMENTO (ACIDENTAL) CULPA

Embora mencionada no referido dispositivo de lei por meio das expressões "ação ou omissão voluntária, negligência ou imprudência", a culpa (em sentido lato, abrangente do dolo) não é, em nosso entendimento, pressuposto geral da responsabilidade civil, sobretudo no Código Civil vigente, considerando a existência de outra espécie de responsabilidade, que prescinde deste elemento subjetivo para a sua configuração (a responsabilidade objetiva).

Ora, se nós pretendemos estabelecer os elementos básicos componentes da responsabilidade, não poderíamos inserir um pressuposto a que falte a nota de generalidade.

Essa preocupação, aliás, de buscar um critério preciso que cunhe generalidade aos pressupostos da responsabilidade civil também é esboçada por CARLOS ALBERTO GHERSI, em clássica obra:

> "Esta primera fase comprende los elementos comunes a toda situación fáctica, que pretenda convertirse en una situación jurídica de reparabilidad. Entendemos, entonces, que es como un filtro o tamiz de análisis científico (sociológico-axiológico-económico-jurídico), que se debe recorrer para poder acceder a la segunda fase. Estos elementos básicos o comunes son: el hecho humano, el daño y la relación de causalidad"[1].

Ressaltamos apenas que o Código de 1916, por haver sido redigido em uma época de pouco desenvolvimento tecnológico, desconheceu os efeitos das atividades de risco, o que culminou com o menosprezo da ideia da responsabilidade sem culpa[2].

Ora, pelo simples fato de a responsabilidade subjetiva ser a tônica do Código Beviláqua — especialmente influenciado pelo Código francês — não poderíamos chegar ao ponto de estabelecer a noção de culpa como pressuposto geral da responsabilidade civil.

Aliás, no curso desta obra veremos que o vigente Código, refletindo as mudanças sofridas pela sociedade humana, especialmente após as duas grandes guerras, priorizou muito mais a ideia da responsabilidade calcada na atividade de risco (objetiva), consoante se pode notar da leitura dos seus arts. 927 e seguintes.

Mais atuais do que nunca, portanto, as palavras proféticas do grande ALVINO LIMA:

> "Estava, todavia, reservada à teoria clássica da culpa o mais intenso dos ataques doutrinários que talvez se tenha registrado na evolução de um instituto jurídico. As necessidades prementes da vida, o surgir dos casos concretos, cuja solução não era prevista na lei, ou não era satisfatoriamente amparada, levaram a jurisprudência a ampliar o conceito de culpa e acolher, embora excepcionalmente, as conclusões de novas tendências doutrinárias"[3].

---

1 GHERSI, Carlos Alberto. *Teoría General de la Reparación de Daños*, 2. ed., Buenos Aires: Astrea, 1999, p. 55.

2 Apenas em pouquíssimos dispositivos isolados, a doutrina reconhecia a responsabilidade sem culpa no Código Civil Brasileiro de 1916, a exemplo das regras referentes à responsabilidade pelo fato da coisa, estudadas posteriormente.

3 LIMA, Alvino. *Culpa e Risco*, 2. ed., São Paulo: Revista dos Tribunais, 1999, p. 39-40.

A culpa, portanto, não é um elemento essencial, mas sim acidental, pelo que reiteramos nosso entendimento de que os elementos básicos ou pressupostos gerais da responsabilidade civil são apenas três: a conduta humana (positiva ou negativa), o dano ou prejuízo, e o nexo de causalidade, todos eles desenvolvidos cuidadosamente nos próximos capítulos.

Antes, porém, de passar a eles, é importante tecer algumas rápidas observações sobre a questão da imputabilidade.

## 3. CONSIDERAÇÕES SOBRE A RESPONSABILIDADE CIVIL E IMPUTABILIDADE

A título de informação doutrinária, vale expor que há quem considere a imputabilidade um elemento autônomo para a caracterização da responsabilidade civil[4].

Contudo, entendemos que esta noção se encontra englobada na caracterização dos pressupostos já citados, além do fato de residir sua importância, em verdade, na verificação de quem é o sujeito responsável, e não se há efetivamente responsabilidade.

Explicitando essa afirmação com um exemplo clássico, temos a hipótese de dano decorrente de ato praticado por menor absolutamente incapaz (e, por isso, inimputável), em que a responsabilidade, mesmo assim, existirá, não logicamente do menor, mas sim de seu responsável legal[5].

Em verdade, todas as discussões sobre o tema da imputabilidade podem ser resolvidas com a delimitação da necessidade de culpa ou não para a caracterização da responsabilidade civil.

Nesse sentido, lembrando SAVATIER, observa CARLOS ROBERTO GONÇALVES que "quem diz culpa diz imputabilidade. E que um dano previsível e evitável para uma pessoa pode não ser para outra, sendo iníquo considerar de maneira idêntica a culpabilidade do menino e a do adulto, do ignorante e do homem instruído, do leigo e do especialista, do homem são e do enfermo, da pessoa normal e da privada de razão"[6].

---

[4] SAVATIER, René. *Traité de la responsabilité civile en droit français*, 2. ed., v. 1, Paris: LGDJ, 1951, p. 5, 205 e s., 285 e 291 e s.

[5] Ressalte-se, porém, mais uma vez, que o Código Civil de 2002, em seu art. 928, estabelece nova disciplina para a matéria, admitindo a responsabilidade patrimonial do incapaz, nos seguintes termos: "Art. 928. O incapaz responde pelos prejuízos que causar, se as pessoas por ele responsáveis não tiverem obrigação de fazê-lo ou não dispuserem de meios suficientes. Parágrafo único. A indenização prevista neste artigo, que deverá ser equitativa, não terá lugar se privar do necessário o incapaz ou as pessoas que dele dependem".

[6] GONÇALVES, Carlos Roberto. *Responsabilidade Civil*, 19. ed., São Paulo: Saraiva, 2020, p. 50.

# XLIX A CONDUTA HUMANA

## 1. A CONDUTA HUMANA: PRIMEIRO ELEMENTO DA RESPONSABILIDADE CIVIL

Como já tivemos oportunidade de ressaltar, a responsabilidade civil é a expressão obrigacional mais visível da atividade humana.

Um fato da natureza, diferentemente, subsumível em uma categoria maior e mais abrangente — de fato jurídico em sentido lato —, a despeito de poder causar dano, não geraria responsabilidade civil, por não poder ser atribuído ao homem.

Apenas o homem, portanto, por si ou por meio das pessoas jurídicas que forma, poderá ser civilmente responsabilizado.

Nesse contexto, fica fácil entender que a ação (ou omissão) humana voluntária é pressuposto necessário para a configuração da responsabilidade civil. Trata-se, em outras palavras, da conduta humana, positiva ou negativa (omissão), guiada pela vontade do agente, que desemboca no dano ou prejuízo. Assim, em nosso entendimento, até por um imperativo de precedência lógica, cuida-se do primeiro elemento da responsabilidade civil a ser estudado, seguido do dano e do nexo de causalidade.

O núcleo fundamental, portanto, da noção de conduta humana é a voluntariedade, que resulta exatamente da liberdade de escolha do agente imputável, com discernimento necessário para ter consciência daquilo que faz.

Por isso, não se pode reconhecer o elemento "conduta humana", pela ausência do elemento volitivo, na situação do sujeito que, apreciando um raríssimo pergaminho do século III, sofre uma micro-hemorragia nasal, e, involuntariamente, espirra, danificando seriamente o manuscrito. Seria inadmissível, no caso, imputar ao agente a prática de um ato voluntário. Restará, apenas, verificarmos se houve negligência da diretoria do museu por não colocar o objeto em um mostruário fechado, com a devida segurança, ou, ainda, se o indivíduo violou normas internas, caso em que poderá ser responsabilizado pela quebra desse dever, e não pelo espirro em si.

Na mesma linha de raciocínio, LUIZ ROLDÃO DE FREITAS GOMES, citando o mestre português ANTUNES VARELA, lembra que ação voluntária não há, por faltar domínio da vontade humana, quando o indivíduo age "impelido por forças naturais invencíveis (pessoa ou veículo irresistivelmente projetados por força do vento, da vaga marítima, de uma explosão ou descarga elétrica, do deslocamento do ar que o arranque do avião provoca, na exemplificação do mestre luso)"[1].

Vê-se, portanto, que sem o condão da voluntariedade não há que se falar em ação humana, e, muito menos, em responsabilidade civil.

Uma observação final, entretanto, feita por RUI STOCO, com fulcro na doutrina de CAIO MÁRIO, deve ser lembrada: "Cumpre, todavia, assinalar que se não insere, no contexto de 'voluntariedade' o propósito ou a consciência do resultado danoso, ou seja, a deliberação ou a consciência de causar o prejuízo. Este é um elemento definidor do dolo. A voluntariedade pressuposta na culpa é a da ação em si mesma"[2].

Em outras palavras, a voluntariedade que é pedra de toque da noção de conduta humana ou ação voluntária, primeiro elemento da responsabilidade civil, não traduz necessariamente a intenção de causar o dano, mas sim, e tão somente, a consciência daquilo que se está fazendo. E tal ocorre não apenas quando estamos diante de uma situação de responsabilidade subjetiva (calcada na noção de culpa), mas também de responsabilidade objetiva (calcada na ideia de risco), porque em ambas as hipóteses o agente causador do dano deve agir voluntariamente, ou seja, de acordo com a sua livre capacidade de autodeterminação. Nessa consciência, entenda-se o conhecimento dos atos materiais que se está praticando, não se exigindo, necessariamente, a consciência subjetiva da ilicitude do ato.

Assim, em outro exemplo, sendo os pais responsáveis pelos danos causados pelo seu filho menor de 16 anos, que tenha quebrado uma vidraça ao chutar uma bola, a incapacidade absoluta da criança, bem como a sua eventual falta de consciência da ilicitude do ato não excluem a responsabilidade civil, o que poderia ocorrer, todavia, se fosse provado que, embora estivessem na área, a bola teria se deslocado por uma repentina rajada de vento.

## 2. CLASSIFICAÇÃO DA CONDUTA HUMANA

A depender da forma pela qual a ação humana voluntária se manifesta, poderemos classificá-la em:

a) positiva;

b) negativa.

A primeira delas traduz-se pela prática de um comportamento ativo, positivo, a exemplo do dano causado pelo sujeito que, embriagado, arremessa o seu veículo contra o muro do vizinho.

---

[1] GOMES, Luiz Roldão de Freitas. *Elementos de Responsabilidade Civil*, Rio de Janeiro: Renovar, 2000, p. 50-1.

[2] STOCO, Rui. *Tratado de Responsabilidade Civil* — Responsabilidade Civil e sua Interpretação Jurisprudencial. 5. ed., São Paulo: RT, 2001, p. 95.

A segunda forma de conduta, por sua vez, é de intelecção mais sutil. Trata-se da atuação omissiva ou negativa, geradora de dano. Se, no plano físico, a omissão pode ser interpretada como um "nada", um "não fazer", uma "simples abstenção", no plano jurídico, este tipo de comportamento pode gerar dano atribuível ao omitente, que será responsabilizado por ele. Observe, aliás, que o art. 186 impõe a obrigação de indenizar a todo aquele que "por ação ou omissão voluntária" causar prejuízo a outrem. É o caso da enfermeira que, violando as suas regras de profissão e o próprio contrato de prestação de serviços que celebrou, deixa de ministrar os medicamentos ao seu patrão, por dolo ou desídia.

Entretanto, devemos destacar que também na ação omissiva a voluntariedade da conduta se faz presente, consoante se lê no mesmo artigo de lei ("omissão voluntária"...). Isso porque, se faltar este requisito, haverá ausência de conduta na omissão, inviabilizando, por conseguinte, o reconhecimento da responsabilidade civil.

Nesse sentido, o pensamento de EUGENIO RAÚL ZAFFARONI e JOSÉ HENRIQUE PIERANGELLI, perfeitamente aplicável ao tema sob análise: "Nas omissões, por vezes, a pessoa não pratica a ação devida por causa de uma incapacidade de conduta: é o caso de quem se acha em meio a uma crise de histeria e não pode gritar para uma pessoa cega que está caminhando para um precipício; daquele que fica paralisado em razão de um choque emocional num acidente e não pode prestar socorro às pessoas etc."[3].

Observe-se, por fim, que o Código Civil brasileiro, além de disciplinar a responsabilidade civil por ato próprio, reconhece também espécies de responsabilidade civil indireta, por ato de terceiro ou por fato do animal e da coisa, estudadas em momento oportuno:

> Responsabilidade civil por ato de terceiro:
>
> "Art. 932. São também responsáveis pela reparação civil:
>
> I — os pais, pelos filhos menores que estiverem sob sua autoridade e em sua companhia;
>
> II — o tutor e o curador, pelos pupilos e curatelados, que se acharem nas mesmas condições;
>
> III — o empregador ou comitente, por seus empregados, serviçais e prepostos, no exercício do trabalho que lhes competir, ou em razão dele;
>
> IV — os donos de hotéis, hospedarias, casas ou estabelecimentos onde se albergue por dinheiro, mesmo para fins de educação, pelos seus hóspedes, moradores e educandos;
>
> V — os que gratuitamente houverem participado nos produtos do crime, até a concorrente quantia".

[3] ZAFFARONI, Eugenio Raúl; PIERANGELI, José Henrique. *Manual de Direito Penal Brasileiro* — Parte Geral, São Paulo: Revista dos Tribunais, 1997, p. 441.

Responsabilidade civil por fato do animal:

"Art. 936. O dono, ou detentor, do animal ressarcirá o dano por este causado, se não provar culpa da vítima ou força maior".

Responsabilidade civil por fato da coisa:

"Art. 937. O dono de edifício ou construção responde pelos danos que resultarem de sua ruína, se esta provier de falta de reparos, cuja necessidade fosse manifesta".

"Art. 938. Aquele que habitar prédio, ou parte dele, responde pelo dano proveniente das coisas que dele caírem ou forem lançadas em lugar indevido".

Nestes casos, poder-se-ia argumentar que inexistiria a conduta voluntária do pretenso responsabilizado.

Ledo engano, uma vez que, em tais situações, ocorreriam omissões ligadas a deveres jurídicos de custódia, vigilância ou má eleição de representantes, cuja responsabilização é imposta por norma legal.

## 3. A CONDUTA HUMANA E A ILICITUDE

Frequentemente, a doutrina aponta a ilicitude como aspecto necessário da ação humana voluntária, primeiro elemento da responsabilidade civil.

Nesse sentido, SÍLVIO DE SALVO VENOSA preleciona:

"O ato de vontade, contudo, no campo da responsabilidade deve revestir-se de ilicitude. Melhor diremos que na ilicitude há, geralmente, uma cadeia de atos ilícitos, uma conduta culposa. Raramente, a ilicitude ocorrerá com um único ato. O ato ilícito traduz-se em um comportamento voluntário que transgride um dever"[4].

Na mesma linha, CAIO MÁRIO preleciona: "Do conceito de ato ilícito, fundamento da reparação do dano, tal como enunciado no art. 159 do Código Civil, e como vem reproduzido no art. 186 do Projeto n. 634-B de 1975[5], pode-se enunciar a noção fundamental da responsabilidade civil, em termos consagrados, *mutatis mutandis*, na generalidade dos civilistas: obrigação de reparar o dano, imposta a todo aquele que, por ação ou omissão voluntária, negligência ou imprudência, violar direito ou causar dano a outrem"[6].

De fato, uma vez que a responsabilidade civil nos remete à ideia de atribuição das consequências danosas da conduta ao agente infrator, é lógico que, para a sua configuração, ou seja, para que haja a imposição do dever de indenizar, a referida atuação lesiva deva ser contrária ao direito, ilícita ou antijurídica.

4 VENOSA, Sílvio de Salvo. *Responsabilidade Civil*, 3. ed., São Paulo: Atlas, 2003, p. 22.

5 Trata-se do Projeto que se converteu no Código Civil de 2002.

6 PEREIRA, Caio Mário da Silva. *Responsabilidade Civil*, 9. ed., Rio de Janeiro: Forense, 2000, p. 35.

Não é por outro motivo que a sede legal da responsabilidade civil — art. 186 — é, precisamente, o ato ilícito, consoante se lê no Título III, Livro III, da Parte Geral do Código Civil.

Por que, então, ao mencionarmos o primeiro elemento da responsabilidade civil, não qualificamos a conduta humana com a palavra "ilícita"?

Como já foi dito, em atenção ao estrito critério metodológico desta obra, preocupamo-nos em elencar os elementos realmente genéricos ou fundamentais da responsabilidade civil, características essas não existentes na característica da ilicitude.

Sem ignorarmos que a antijuridicidade, como regra geral, acompanha a ação humana desencadeadora da responsabilidade, entendemos que a imposição do dever de indenizar poderá existir mesmo quando o sujeito atua licitamente. Em outras palavras: poderá haver responsabilidade civil sem necessariamente haver antijuridicidade, ainda que excepcionalmente, por força de norma legal.

Por isso não se pode dizer que a ilicitude acompanha necessariamente a ação humana danosa ensejadora da responsabilização.

Para ilustrar o que dizemos, tomemos o histórico exemplo que apresentamos anteriormente:

> "Ainda no campo dos Direitos Reais, também ocorre a obrigação de indenizar em decorrência de um ato lícito na hipótese prevista no art. 1.313 do CC/2002 (similar, posto não idêntica, à prevista no art. 587 do CC/1916): Art. 1.313. O proprietário ou ocupante do imóvel é obrigado a tolerar que o vizinho entre no prédio, mediante prévio aviso, para: I — dele temporariamente usar, quando indispensável à reparação, construção, reconstrução ou limpeza de sua casa ou do muro divisório; II — apoderar-se de coisas suas, inclusive animais que aí se encontrem casualmente. § 1º O disposto neste artigo aplica-se aos casos de limpeza ou reparação de esgotos, goteiras, aparelhos higiênicos, poços e nascentes e ao aparo de cerca viva. § 2º Na hipótese do inciso II, uma vez entregues as coisas buscadas pelo vizinho, poderá ser impedida a sua entrada no imóvel. § 3º Se do exercício do direito assegurado neste artigo provier dano, terá o prejudicado direito a ressarcimento. Excepcionalmente, portanto, a responsabilidade civil poderá decorrer de um comportamento humano admitido pelo direito"[7].

Da mesma forma, no caso da passagem forçada, o dono do prédio encravado sem acesso à via pública, nascente ou porto, tem o direito de constranger o vizinho a lhe dar passagem, mediante o pagamento de indenização cabal (art. 1.285 do CC/2002).

Nesse caso, verifica-se que o vizinho constrangido poderá responsabilizar civilmente o beneficiário do caminho, exigindo a indenização cabível, mediante o ajuizamento de ação ordinária, se não houver solução amigável.

---

[7] GAGLIANO, Pablo Stolze; PAMPLONA FILHO, Rodolfo. *Novo Curso de Direito Civil* — Parte geral. 22. ed., São Paulo: Saraiva, 2020, v. 1, p. 530.

Ao encontro dessas ideias, MARTINHO GARCEZ NETO assevera poder haver dano reparável sem ilicitude (VON THUR, WINDSCHEID, DEMOGUE, CHIRONI, ROSSEL e MENTHA). Exemplos de responsabilidade pelos danos resultantes de ato lícito são: por motivo de interesse público — a indenização devida por expropriação; por motivo de interesse privado — o ato praticado em estado de necessidade"[8].

Note-se, pois, à vista de tais exemplos, que o dever de reparar o dano causado, nesses casos, decorre de uma atuação lícita do infrator, que age amparado pelo direito.

Com isso, chega-se à óbvia conclusão de que a ilicitude não acompanha sempre a ação humana danosa, razão por que não acrescentamos esse qualificativo no elemento sob análise.

O melhor exemplo, no campo da responsabilidade civil, está na interpretação conjunta dos arts. 188, II, e 929 e 930 do vigente Código Civil:

> "Art. 188. Não constituem atos ilícitos:
>
> I — os praticados em legítima defesa ou no exercício regular de um direito reconhecido;
>
> II — a deterioração ou destruição da coisa alheia, ou a lesão a pessoa, a fim de remover perigo iminente.
>
> Parágrafo único. No caso do inciso II, o ato será legítimo somente quando as circunstâncias o tornarem absolutamente necessário, não excedendo os limites do indispensável para a remoção do perigo.
>
> (...)
>
> Art. 929. Se a pessoa lesada, ou o dono da coisa, no caso do inciso II do art. 188, não forem culpados do perigo, assistir-lhes-á direito à indenização do prejuízo que sofreram.
>
> Art. 930. No caso do inciso II do art. 188, se o perigo ocorrer por culpa de terceiro, contra este terá o autor do dano ação regressiva para haver a importância que tiver ressarcido ao lesado.
>
> Parágrafo único. A mesma ação competirá contra aquele em defesa de quem se causou o dano (art. 188, inciso I)".

Observe-se que a lei traz uma excludente de ilicitude — ou seja, para todos os efeitos, o ato é lícito! — mas reconhece, mesmo assim, o dever de indenizar.

Por outro lado, não desconhecemos, saliente-se mais uma vez, que, como regra geral, posto não absoluta, a antijuridicidade acompanha a ação humana causadora do dano reparável. Por isso, ressalte-se, como imperativo de rigor metodológico, que, por se tratar de uma situação excepcional (embora com hipóteses facilmente encontráveis no

[8] GARCEZ NETO, Martinho. *Responsabilidade Civil no Direito Comparado*, Rio de Janeiro: Renovar, 2000, p. 142.

ordenamento jurídico), a responsabilização civil por ato lícito depende sempre de norma legal que a preveja.

Finalmente, cumpre-nos registrar que alguns autores diferenciam ainda o ato ilícito do ato ilegal. Neste último, que não repercutiria na responsabilidade civil, não haveria propriamente uma violação a um interesse jurídico tutelado, mas sim a ausência da "realização de condições indispensáveis para a tutela jurídica de um interesse próprio"[9]. Seria o caso do ato nulo ou anulável, carecedores dos requisitos necessários para a sua validade.

A despeito do interesse teórico do tema, a distinção não é tão significativa, havendo, inclusive, diplomas que a ignoram, considerando os atos nulos e anuláveis — exemplos clássicos de "atos ilegais" — simplesmente atos ilícitos.

Nesse sentido, o art. 1.056 do Código Civil argentino: "1.056. Los actos anulados, aunque no produzcan los efectos de actos jurídicos, producen sin embargo, los efectos de los actos ilícitos, o de los hechos en general, cuyas consecuencias deben ser reparadas".

[9] GARCEZ NETO, Martinho. *Responsabilidade Civil no Direito Comparado*, Rio de Janeiro: Renovar, 2000, p. 141.

# L O DANO

## 1. CONCEITO DE DANO

Indispensável a existência de dano ou prejuízo para a configuração da responsabilidade civil.

Mesmo em se tratando de responsabilidade contratual, o comportamento da parte inadimplente que deixa de cumprir a obrigação convencionada carrega em si a presunção de dano[1].

Sem a ocorrência deste elemento, não haveria o que indenizar, e, consequentemente, responsabilidade.

Observando a importância deste conceito, CIFUENTES observa que "para el derecho privado, además de antijurídico por haber-se contrariado una ley tomada en sentido material (cualquier norma emanada de autoridad competente), es necesario que haya un daño causado. Sin daño, en derecho privado, no hay stricto sensu acto ilícito, pues este derecho tiene por finalidad resarcir, no reprimir o punir"[2].

Poderíamos então afirmar que, seja qual for a espécie de responsabilidade sob exame (contratual ou extracontratual, objetiva ou subjetiva), o dano é requisito indispensável para a sua configuração, qual seja, sua pedra de toque.

SÉRGIO CAVALIERI FILHO salienta a inafastabilidade do dano nos seguintes termos:

> "O dano é, sem dúvida, o grande vilão da responsabilidade civil. Não haveria que se falar em indenização, nem em ressarcimento, se não houvesse o dano. Pode haver responsabilidade sem culpa, mas não pode haver responsabilidade sem dano. Na responsabilidade objetiva, qualquer que seja a modalidade do risco que lhe sirva de fundamento — risco profissional, risco proveito, risco criado etc. —, o dano constitui o

---

1 A estipulação de uma cláusula penal para o caso de inadimplemento é, inclusive, uma forma de pré-tarifar as perdas e danos.

2 CIFUENTES, Santos. *Elementos de Derecho Civil* — Parte Geral, 4. ed., Buenos Aires: Astrea, 1999, p. 261.

seu elemento preponderante. Tanto é assim que, sem dano, não haverá o que reparar, ainda que a conduta tenha sido culposa ou até dolosa”[3].

Nesses termos, poderíamos conceituar o dano ou prejuízo como a lesão a um interesse jurídico tutelado — patrimonial ou não —, causado por ação ou omissão do sujeito infrator.

Note-se, neste conceito, que a configuração do prejuízo poderá decorrer da agressão a direitos ou interesses personalíssimos (extrapatrimoniais), a exemplo daqueles representados pelos direitos da personalidade, especialmente o dano moral[4].

Aliás, como acentua CLAYTON REIS, “a concepção normalmente aceita a respeito do dano envolve uma diminuição do patrimônio de alguém, em decorrência da ação lesiva de terceiros. A conceituação, nesse particular, é genérica. Não se refere, como é notório, a qual o patrimônio é suscetível de redução”[5].

É muito importante, pois, que nós tenhamos o cuidado de nos despir de determinados conceitos egoisticamente ensinados pela teoria clássica do Direito Civil, e fixemos a premissa de que o prejuízo indenizável poderá decorrer — não somente da violação do patrimônio economicamente aferível — mas também da vulneração de direitos inatos à condição de homem, sem expressão pecuniária essencial.

Precisa, a esse respeito, é a preleção de LUIZ EDSON FACHIN:

> “A pessoa, e não o patrimônio, é o centro do sistema jurídico, de modo que se possibilite a mais ampla tutela da pessoa, em uma perspectiva solidarista que se afasta do individualismo que condena o homem à abstração. Nessa esteira, não há, pois, direito subjetivo arbitrário, mas sempre limitado pela dimensão coexistencial do ser humano. O patrimônio, conforme se apreende do exposto por Sessarego, não só deixa de ser o centro do Direito, mas também a propriedade sobre os bens é funcionalizada ao homem, em sua dimensão coexistencial”[6].

Aliás, outro mito que se deve destruir é a ideia de que o dano, para o Direito Civil, toca, apenas, interesses individuais. O Direito Civil não deve ser produto do cego individualismo humano. Diz-se, ademais, nessa linha equivocada de raciocínio, que somente o dano decorrente de um ilícito penal teria repercussões sociais.

---

3 CAVALIERI FILHO, Sérgio. *Programa de Responsabilidade Civil*, 2. ed., São Paulo: Malheiros, 2000, p. 70.

4 Gramaticalmente, o termo dano, segundo Aurélio Buarque de Holanda Ferreira, tem as seguintes acepções: “DANO. [Do lat., *damnu*.] *S. m.* 1. Mal ou ofensa pessoal; prejuízo moral: Grande dano lhe fizeram as calúnias. 2. Prejuízo material causado a alguém pela deterioração ou inutilização de bens seus. 3. Estrago, deterioração, danificação: Com o fogo, o prédio sofreu enormes danos. Dano emergente. *Jur.* Prejuízo efetivo, concreto, provado. [Cf. *lucro cessante*.] Dano infecto. *Jur.* Prejuízo possível, eventual, iminente” (*Novo Dicionário Aurélio da Língua Portuguesa*, 2. ed., Rio de Janeiro: Nova Fronteira, 1986, p. 519).

5 REIS, Clayton. *Dano Moral*, 4. ed., Rio de Janeiro: Forense, 1995, p. 1.

6 FACHIN, Luiz Edson. *Estatuto Jurídico do Patrimônio Mínimo*, Rio de Janeiro: Renovar, 2001, p. 51.

Nada mais falso.

Toda a forma de dano, mesmo derivado de um ilícito civil e dirigido a um só homem, interessa à coletividade. Até porque vivemos em sociedade, e a violação do patrimônio — moral ou material — do meu semelhante repercute, também, na minha esfera pessoal.

Nesse sentido, atuais são as palavras de AGUIAR DIAS:

> "(...) do ponto de vista da ordem social, consideramos infundada qualquer distinção a propósito da repercussão social ou individual do dano. O prejuízo imposto ao particular afeta o equilíbrio social. É, a nosso ver, precisamente nesta preocupação, neste imperativo, que se deve situar o fundamento da responsabilidade civil. Não encontramos razão suficiente para concordar em que à sociedade o ato só atinge em seu aspecto de violação da norma penal, enquanto que a repercussão no patrimônio do indivíduo só a este diz respeito. Não pode ser exata a distinção, se atentarmos em que o indivíduo é parte da sociedade; que ele é cada vez mais considerado em função da coletividade; que todas as leis estabelecem a igualdade perante a lei, fórmula de mostrar que o equilíbrio é interesse capital da sociedade"[7].

Nos próximos tópicos aprofundaremos ainda mais o estudo desse tema, analisando os requisitos necessários para a configuração do dano indenizável.

## 2. REQUISITOS DO DANO INDENIZÁVEL

Sendo a reparação do dano, como produto da teoria da responsabilidade civil, uma sanção imposta ao responsável pelo prejuízo em favor do lesado, temos que, em regra, todos os danos devem ser ressarcíveis, pois, mesmo impossibilitada a determinação judicial de retorno ao *status quo ante*, sempre se poderá fixar uma importância em pecúnia, a título de compensação.

Todavia, para que o dano seja efetivamente reparável (indenizável — hipótese mais frequente e, por isso, usada normalmente como gênero — ou compensável), é necessária a conjugação dos seguintes requisitos mínimos:

a) a violação de um interesse jurídico patrimonial ou extrapatrimonial de uma pessoa física ou jurídica — obviamente, todo dano pressupõe a agressão a um bem tutelado, de natureza material ou não, pertencente a um sujeito de direito. Lembre-se de que a Magna Carta de 1988, neste ponto acompanhada expressamente pelo art. 186 do Código Civil, reconhece a plena reparabilidade do dano moral, independentemente do dano patrimonial;

b) certeza do dano — somente o dano certo, efetivo, é indenizável. Ninguém poderá ser obrigado a compensar a vítima por um dano abstrato ou hipotético. Mesmo em se tratando de bens ou direitos personalíssimos, o fato de não se poder

[7] DIAS, José de Aguiar. *Da Responsabilidade Civil*, v. I, Rio de Janeiro: Forense, 1994, p. 7-8.

apresentar um critério preciso para a sua mensuração econômica não significa que o dano não seja certo. Tal ocorre, por exemplo, quando caluniamos alguém, maculando a sua honra. A imputação falsa do fato criminoso (calúnia) gera um dano certo à honra da vítima, ainda que não se possa definir, em termos precisos, quanto vale este sentimento de dignidade. MARIA HELENA DINIZ, com propriedade, citando doutrina estrangeira, lembra que "a certeza do dano refere-se à sua existência e não à sua atualidade ou ao seu montante"[8]. Assim, um crime de lesões corporais que culmine com a mutilação da perna de um jogador de futebol é dano certo, proveniente de um fato atual, que gerará inevitáveis repercussões futuras.

Ainda analisando o requisito da certeza, devemos lembrar que a doutrina controverte-se a respeito da reparabilidade do dano decorrente da "perda da chance" (*perte d'une chance*). Nessa hipótese, temos que analisar se há ou não a certeza do dano. Sobre o tema, exemplifica SÍLVIO VENOSA: "Alguém deixa de prestar exame vestibular, porque o sistema de transportes não funcionou a contento e o sujeito chegou atrasado, não podendo submeter-se à prova: pode ser responsabilizado o transportador pela impossibilidade de o agente cursar a universidade? O advogado deixa de recorrer ou de ingressar com determinada medida judicial: pode ser responsabilizado pela perda de um direito eventual de seu cliente?"[9]. Em todos esses casos, não poderíamos excluir a reparabilidade do dano, desde que a investigação do nexo de causalidade aliada à comprovação da efetividade do prejuízo conduzissem à necessidade de restituição do *status quo ante* por meio da obrigação de indenizar;

c) subsistência do dano — quer dizer, se o dano já foi reparado, perde-se o interesse da responsabilidade civil. O dano deve subsistir no momento de sua exigibilidade em juízo, o que significa dizer que não há como se falar em indenização se o dano já foi reparado espontaneamente pelo lesante. Obviamente, se a reparação tiver sido feita a expensas do lesionado, a exigibilidade continua.

Esses três são os requisitos básicos para que se possa atribuir o qualificativo "reparável" ao dano.

---

[8] DINIZ, Maria Helena. *Curso de Direito Civil Brasileiro* — Responsabilidade Civil, 33. ed., São Paulo: Saraiva, 2019, v. 7, p. 82.

[9] VENOSA, Sílvio de Salvo. *Direito Civil* — Responsabilidade Civil, 3. ed., São Paulo: Atlas, 2003, p. 28. Ainda sobre este interessante tema, Sérgio Novais Dias, em excelente obra, pondera que: "Nas ações de responsabilidade civil do advogado pela perda de uma chance, inúmeras questões podem ser suscitadas, como a não contratação do advogado, o não cabimento da providência, a inexistência do nexo de causalidade, a extensão do dano, a concordância do cliente, as quais terão de ser examinadas de acordo com as peculiaridades das diversas situações que as pendências judiciais apresentam" (*Responsabilidade Civil do Advogado* — Perda de Uma Chance, p. 91).

Todos os outros aventados por respeitável doutrina[10], como a legitimidade do postulante, o nexo de causalidade e a ausência de causas excludentes de responsabilidade, posto necessários, tocam, em nosso entendimento, mais de perto aspectos extrínsecos ou secundários à consideração do dano em si.

Por isso, seguindo um critério científico mais rígido, preferimos elencar apenas esses três atributos, inerentes ao dano reparável, que consideramos fundamentais para a sua caracterização: a) a violação de um interesse jurídico — patrimonial ou moral; b) a efetividade ou certeza; c) subsistência.

## 3. ESPÉCIES DE DANO: PATRIMONIAL, MORAL, ESTÉTICO, EXISTENCIAL E SOCIAL

Tradicionalmente, a doutrina costuma classificar o dano em patrimonial e moral.

O dano patrimonial traduz lesão aos bens e direitos economicamente apreciáveis do seu titular. Assim ocorre quando sofremos um dano em nossa casa ou em nosso veículo.

Já advertimos, outrossim, seguindo a moderna tendência de despatrimonialização do direito civil, que outros bens, personalíssimos, também podem ser atingidos, gerando, assim, a responsabilidade civil do infrator.

Ainda, porém, no que tange especificamente ao dano patrimonial ou material, convém o analisarmos sob dois aspectos[11]:

a) o dano emergente — correspondente ao efetivo prejuízo experimentado pela vítima, ou seja, "o que ela perdeu";

b) os lucros cessantes — correspondente àquilo que a vítima deixou razoavelmente de lucrar por força do dano, ou seja, "o que ela não ganhou".

Com referência ao dano emergente, sempre presentes são as palavras de AGOSTINHO ALVIM, que pondera ser "possível estabelecer, com precisão, o desfalque do nosso patrimônio, sem que as indagações se perturbem por penetrar no terreno hipotético. Mas, com relação ao lucro cessante, o mesmo já não se dá". E a respeito do lucro cessante, assevera, com maestria: "Finalmente, e com o intuito de assinalar, com a possível precisão, o significado do termo razoavelmente, empregado no art. 1059 do Código, diremos que ele não significa que se pagará aquilo que for razoável (ideia quantitativa) e sim que se pagará se se puder, razoavelmente, admitir que houve lucro cessante (ideia que se prende à existência mesma de prejuízo). Ele contém uma restrição, que serve para nor-

[10] Cf. a respeitável obra de Maria Helena Diniz, citada, e importante fonte de pesquisa, 2019, v. 7, p. 84.

[11] No Código Civil de 2002, confira-se o art. 402: "Salvo as exceções expressamente previstas em lei, as perdas e danos devidos ao credor abrangem, além do que ele efetivamente perdeu, o que razoavelmente deixou de lucrar".

tear o juiz acerca da prova do prejuízo em sua existência, e não em sua quantidade. Mesmo porque, admitida a existência do prejuízo (lucro cessante), a indenização não se pautará pelo razoável, e sim pelo provado"[12].

Posto isso, seguindo esta linha de raciocínio, cumpre-nos lembrar que a compensação devida à vítima só deverá incluir os danos emergentes e os lucros cessantes diretos e imediatos, ou seja, só se deverá indenizar o prejuízo que decorra diretamente da conduta ilícita (infracional) do devedor (art. 403 do CC/2002[13]), excluídos os danos remotos.

"Trata-se", segundo preleção de CARLOS ROBERTO GONÇALVES, "de aplicação da teoria dos danos diretos e imediatos, formulada a propósito da relação de causalidade, que deve existir, para que se caracterize a responsabilidade do devedor. Assim, o devedor responde tão só pelos danos que se prendem a seu ato por um vínculo de necessidade, não pelos resultantes de causas estranhas ou remotas"[14].

Até aqui, tratamos do dano patrimonial.

Entretanto, conforme dissemos, o dano poderá atingir outros bens da vítima, de cunho personalíssimo, deslocando o seu estudo para a seara do denominado dano moral.

Trata-se, em outras palavras, do prejuízo ou lesão de direitos, cujo conteúdo não é pecuniário, nem comercialmente redutível a dinheiro, como é o caso dos direitos da personalidade, a saber, o direito à vida, à integridade física (direito ao corpo, vivo ou morto, e à voz), à integridade psíquica (liberdade, pensamento, criações intelectuais, privacidade e segredo) e à integridade moral (honra, imagem e identidade)"[15], havendo quem entenda, como PAULO LUIZ NETTO LÔBO, que "não há outras hipóteses de danos morais além das violações aos direitos da personalidade"[16].

---

[12] ALVIM, Agostinho. *Da Inexecução das Obrigações e suas Consequências*, 2. ed., São Paulo: Saraiva, 1955, p. 206.

[13] Este artigo tem a seguinte redação: "Art. 403. Ainda que a inexecução resulte de dolo do devedor, as perdas e danos só incluem os prejuízos efetivos e os lucros cessantes por efeito dela direto e imediato, sem prejuízo do disposto na lei processual". A referência à lei processual significa que a condenação no ônus da sucumbência (custas processuais, honorários de advogado) tem tratamento autônomo, na legislação adjetiva.

[14] GONÇALVES, Carlos Roberto. *Direito Civil Brasileiro* — Teoria Geral das Obrigações, v. 2, 15. ed., São Paulo: Saraiva, 2018, p. 402.

[15] PAMPLONA FILHO, Rodolfo. *O Dano Moral na Relação de Emprego*, 3. ed., São Paulo: LTr, 2002, p. 40.

[16] "A rica casuística que tem desembocado nos tribunais permite o reenvio de todos os casos de danos morais aos tipos de direitos da personalidade. (...) A referência frequente à 'dor' moral ou psicológica não é adequada e deixa o julgador sem parâmetros seguros de verificação da ocorrência de dano moral. A dor é uma consequência, não é o direito violado. O que concerne à esfera psíquica ou íntima da pessoa, seus sentimentos, sua consciência, suas afeições, sua dor, correspondem a dos aspectos essenciais da honra, da reputação, da integridade psíquica ou de outros direitos da personalidade. O dano moral remete à violação do dever de abstenção a direito absoluto de natureza não patrimonial. Direito absoluto significa aquele que é oponível a todos, gerando pretensão à obrigação passiva universal. E direitos absolutos de natureza não patrimonial, no âmbito civil, para fins dos danos morais,

Segundo CARLOS ALBERTO BITTAR, qualificam-se "como morais os danos em razão da esfera da subjetividade, ou do plano valorativo da pessoa na sociedade, em que repercute o fato violador, havendo-se, portanto, como tais aqueles que atingem os aspectos mais íntimos da personalidade humana (o da intimidade e da consideração pessoal), ou o da própria valoração da pessoa no meio em que vive e atua (o da reputação ou da consideração social)"[17].

Conforme dissemos, o Código Civil de 2002, expressamente, em seu art. 186, dispôs que a indenização por ato ilícito é devida, ainda que o dano seja exclusivamente moral. Nada mais fez, nesse particular, do que explicitar determinações constitucionais que já respaldavam a autonomia jurídica do dano moral[18].

Dada a profundidade do tema, e, principalmente, as infindáveis controvérsias que sempre gravitam em torno do dano moral, dedicamos todo o próximo capítulo ao seu estudo.

Vale registrar, porém, que, quebrando a linha classificatória tradicional que dividia as espécies de dano em patrimonial e moral (ou extrapatrimonial), considerou o Superior Tribunal de Justiça que o denominado "dano estético" comportaria uma modalidade autônoma de dano.

Nessa seara, editou, inclusive, a Súmula 387, prevendo:

"É lícita a cumulação das indenizações de dano estético e dano moral".

Em que pese a inexistência de menção, no texto constitucional, no campo dos direitos fundamentais, a tal espécie de dano, é possível identificá-la como uma lesão ao direito constitucional de imagem, na forma mencionada no inciso V do art. 5º da Constituição Federal de 1988 ("V — é assegurado o direito de resposta, proporcional ao agravo, além da indenização por dano material, moral ou à imagem").

A pergunta que não quer calar, porém, é saber se há um limite para as adjetivações de danos ou se ainda teremos que conhecer e construir doutrina sobre uma potencial "torre de babel" de novas modalidades de lesões a direitos no ordenamento jurídico brasileiro[19].

---

são exclusivamente os direitos da personalidade. Fora dos direitos da personalidade são apenas cogitáveis os danos materiais" (LÔBO, Paulo Luiz Netto. Danos Morais e Direitos da Personalidade. In: LEITE, Eduardo de Oliveira (Coord.), *Grandes Temas da Atualidade* — Dano Moral — Aspectos Constitucionais, Civis, Penais e Trabalhistas, Rio de Janeiro: Forense, 2002, p. 364-5).

17 BITTAR, Carlos Alberto. *Reparação Civil por Danos Morais*, São Paulo: Revista dos Tribunais, 1993, p. 41.

18 Nesse sentido o art. 5º, inciso V — "é assegurado do direito de resposta, proporcional ao agravo, além da indenização por dano material, moral, ou à imagem", e o inciso X — "são invioláveis a intimidade, a vida privada, a honra e a imagem das pessoas, assegurado o direito a indenização pelo dano material ou moral decorrente de sua violação" da CF.

19 Sobre o tema, confira-se PAMPLONA FILHO, Rodolfo; ANDRADE JÚNIOR, Luiz Carlos Vilas Boas, A Torre de Babel das Novas Adjetivações do Dano, *Revista do Curso de Direito da UNIFACS*, v. 14, p. 49-68, 2014.

Registre-se que esse questionamento tende a ser respondido no sentido de ampliação das possibilidades reparatórias.

Um indício dessa afirmação é o crescente reconhecimento de uma autonomia conceitual do denominado "dano existencial", entendido como um dano a um projeto de vida, que causa "vazio existencial" (perdas, relações sociais, familiares etc.)

Em que pese inexistir previsão constitucional específica, há manifestações jurisprudenciais de seu reconhecimento[20], bem como a matéria foi ventilada na nova disciplina dos danos extrapatrimoniais na relação de trabalho[21].

Na mesma linha, também merece referência o denominado "dano social", aquele que rebaixa a qualidade de vida em sociedade, geralmente no âmbito da segurança. É o que se dá, ilustrativamente, nas situações de balas perdidas nas grandes cidades: o dano daí advindo, além da repercussão individual, também tem dimensão social[22].

## 4. DANO REFLEXO OU EM RICOCHETE

Outra espécie de dano, por suas características peculiares, merece a nossa especial atenção.

Trata-se do dano reflexo ou em ricochete, cujo estudo desenvolveu-se largamente no direito francês.

Conceitualmente, consiste no prejuízo que atinge reflexamente pessoa próxima, ligada à vítima direta da atuação ilícita.

É o caso, por exemplo, do pai de família que vem a perecer por descuido de um segurança de banco inábil, em uma troca de tiros. Note-se que, a despeito de o dano haver sido sofrido diretamente pelo sujeito que pereceu, os seus filhos, alimentandos, sofreram os seus reflexos, por conta da ausência do sustento paterno.

Desde que este dano reflexo seja certo, de existência comprovada, nada impede a sua reparação civil.

---

[20] "RECURSO DE REVISTA DA RECLAMADA — DANO EXISTENCIAL — DANO À PERSONALIDADE QUE IMPLICA PREJUÍZO AO PROJETO DE VIDA OU À VIDA DE RELAÇÕES — NECESSIDADE DE COMPROVAÇÃO DE LESÃO OBJETIVA NESSES DOIS ASPECTOS — NÃO DECORRÊNCIA IMEDIATA DA PRESTAÇÃO DE SOBREJORNADA — ÔNUS PROBATÓRIO DO RECLAMANTE. (...) O que não se pode admitir é que, comprovada a prestação em horas extraordinárias, extraia-se daí automaticamente a consequência de que as relações sociais do trabalhador foram rompidas ou que seu projeto de vida foi suprimido do seu horizonte. Recurso de revista conhecido e provido" (TST, RR 523-56.2012.5.04.0292, Rel. Min. Vieira de Mello Filho, julgado em 26-8-2015).

[21] Consolidação das Leis do Trabalho: "Art. 223-B. Causa dano de natureza extrapatrimonial a ação ou omissão que ofenda a esfera moral ou existencial da pessoa física ou jurídica, as quais são as titulares exclusivas do direito à reparação" (dispositivo incluído pela Lei n. 13.467, de 2017).

[22] Sobre o tema, confira-se o excelente artigo do amigo-irmão Flávio Tartuce, "Reflexões sobre o dano social", disponível em <http://www.ambito-juridico.com.br/site/index.php?n_link=revista_artigos_leitura&artigo_id=3537>, acesso em 27 set. 2018.

Sintetizando bem o problema, CAIO MÁRIO DA SILVA PEREIRA observa que:

> "Se o problema é complexo na sua apresentação, mais ainda o será na sua solução. Na falta de um princípio que o defina francamente, o que se deve adotar como solução é a certeza do dano. Se pela morte ou incapacidade da vítima, as pessoas, que dela se beneficiavam, ficaram privadas de socorro, o dano é certo, e cabe ação contra o causador. Vitimando a pessoa que prestava alimentos a outras pessoas, privou-as do socorro e causou-lhes prejuízo certo. É o caso, por exemplo, da ex-esposa da vítima que, juridicamente, recebia dela uma pensão. Embora não seja diretamente atingida, tem ação de reparação por dano reflexo ou em ricochete, porque existe a certeza do prejuízo, e, portanto, está positivado o requisito do dano como elementar da responsabilidade civil"[23].

Portanto, a despeito de não ser de fácil caracterização, o dano reflexo ou em ricochete enseja a responsabilidade civil do infrator, desde que seja demonstrado o prejuízo à vítima indireta.

## 5. DANOS COLETIVOS, DIFUSOS E A INTERESSES INDIVIDUAIS HOMOGÊNEOS

A evolução da sociedade, com a formação de uma consciência de cidadania, leva ao reconhecimento de que a tutela meramente individual não é suficiente para combater as macrolesões passíveis de ocorrência.

Há, por isso, toda uma gama de danos coletivos *lato sensu* que precisa ser tutelada através de um procedimento especial — a ação coletiva — mais adequado à sua natureza.

Sobre tais ações, RODOLFO DE CAMARGO MANCUSO considera-as cabíveis "quando algum nível do universo coletivo será atingido no momento em que transitar em julgado a decisão que a acolhe, espraiando assim seus efeitos"[24].

De acordo com a natureza dos interesses ou direitos violados, três espécies de danos coletivos lato sensu podem ser suscitadas, a saber, difusos, coletivos (*stricto sensu*) e individuais homogêneos.

A definição legal de tais interesses se encontra no Código de Defesa do Consumidor brasileiro, que traz norma, nesse sentido, de natureza geral, não se limitando às relações de consumo.

Assim preceitua o art. 81 da Lei n. 8.078, de 11 de setembro de 1990:

---

[23] PEREIRA, Caio Mário da Silva. *Responsabilidade Civil*, 9. ed., Rio de Janeiro: Forense, 2000, p. 44.

[24] MANCUSO, Rodolfo de Camargo. *Ação Popular*, São Paulo: Revista dos Tribunais, 1992, p. 25. Kazuo Watanabe chega a afirmar que "a natureza verdadeiramente coletiva da demanda depende não somente da legitimação ativa para a ação e da natureza dos interesses ou direitos nela vinculados, como também da causa de pedir invocada e do tipo e abrangência do provimento jurisdicional postulado, e ainda da relação de adequação entre esses elementos objetivos da ação e a legitimação *ad causam* passiva" (Demandas coletivas e os problemas emergentes da práxis forense. In: *As Garantias do Cidadão na Justiça*, São Paulo: Saraiva, 1993, p. 195).

"Art. 81. A defesa dos interesses e direitos dos consumidores e das vítimas poderá ser exercida em juízo individualmente, ou a título coletivo.

Parágrafo único. A defesa coletiva será exercida quando se tratar de:

I — interesses ou direitos difusos, assim entendidos, para efeitos deste Código, os transindividuais, de natureza indivisível, de que sejam titulares pessoas indeterminadas e ligadas por circunstâncias de fato;

II — interesses ou direitos coletivos, assim entendidos, para efeitos deste Código, os transindividuais, de natureza indivisível de que seja titular grupo, categoria ou classe de pessoas ligadas entre si ou com a parte contrária por uma relação jurídica base;

III — interesses ou direitos individuais homogêneos, assim entendidos os decorrentes de origem comum".

Embora a linguagem utilizada pelo Código seja extremamente técnica, parece-nos relevante explicar cada um desses interesses.

Como observa ANTONIO GIDI, "o critério científico para identificar se determinado direito é difuso, coletivo, individual homogêneo ou individual puro não é a matéria, o tema, o assunto abstratamente considerados, mas o direito subjetivo específico que foi violado"[25].

Isso porque não é possível setorializar direitos em função de matérias envolvidas, como, lamentavelmente, é muito comum se verificar. Assim, um dano ao meio ambiente não será necessária e exclusivamente um dano difuso, pois pode também ensejar pretensões com outros tipos de tutela jurisdicional.

Os direitos difusos e coletivos, designados por JOSÉ CARLOS BARBOSA MOREIRA como direitos "essencialmente coletivos"[26] — ao revés dos individuais homogêneos, que seriam apenas "acidentalmente coletivos" —, têm como nota comum o caráter transindividual, de natureza indivisível, ou seja, que transcendem a esfera de um único sujeito individualizado.

A diferença, porém, estará na titularidade, em que, nos primeiros, se confunde com "pessoas indeterminadas e ligadas por circunstâncias de fato", enquanto, nos segundos, se refere a "grupo, categoria ou classe de pessoas ligadas entre si ou com a parte contrária por uma relação jurídica base".

A exemplificação pode facilitar a compreensão.

Imagine-se um vazamento em uma fábrica, que tenha poluído um lago na sua proximidade. Essa conduta gera danos difusos — a toda a sociedade, que tem um direito constitucional à defesa de um meio ambiente ecologicamente equilibrado[27] — e também

---

[25] GIDI, Antonio. *Coisa Julgada e Litispendência em Ações Coletivas*, São Paulo: Saraiva, 1995, p. 21.

[26] MOREIRA, José Carlos Barbosa, Tutela Jurisdicional dos Interesses Coletivos ou Difusos. In: *Temas de Direito Processual*, terceira série, São Paulo: Saraiva, 1984, p. 195-6.

[27] CF/88, art. 225, *caput*: "Art. 225. Todos têm direito ao meio ambiente ecologicamente equilibrado, bem de uso comum do povo e essencial à sadia qualidade de vida, impondo-se ao Poder Público e à coletividade o dever de defendê-lo e preservá-lo para as presentes e futuras gerações".

coletivos — por exemplo, dos empregados da empresa, para exigir o cumprimento das normas de segurança e medicina do trabalho, ou mesmo da comunidade ribeirinha, que mantém relação jurídica de vizinhança com a indústria, para exigir a observância das regras legais pertinentes.

Os direitos individuais homogêneos, por sua vez, inovação da Lei n. 8.078/90, são aqueles ligados por uma origem comum. Embora determinados e divisíveis, uma situação de fato uniforme em relação a todos os lesados autoriza a utilização dos meios processuais correspondentes para sua defesa. Ainda nos valendo do exemplo da poluição do lago, há um interesse individual homogêneo dos pescadores da região, em função das perdas e danos gerados pela conduta poluidora.

No campo contratual, também é possível verificar a ocorrência de danos individuais homogêneos, como, por exemplo, quando uma empresa vende determinado produto adulterado a várias pessoas espalhadas pelo país, pois, embora diversos os negócios jurídicos de compra e venda, caracterizada estará a igualdade jurídica entre os contratos[28].

## 6. FORMAS DE REPARAÇÃO DE DANOS

Sobre as formas de reparação de danos, ensina ORLANDO GOMES que há

> "reposição natural quando o bem é restituído ao estado em que se encontrava antes do fato danoso. Constitui a mais adequada forma de reparação, mas nem sempre é possível, e muito pelo contrário. Substitui-se por uma prestação pecuniária, de caráter compensatório. Se o autor do dano não pode restabelecer o estado efetivo da coisa que danificou, paga a quantia correspondente a seu valor. É rara a possibilidade da reposição natural. Ordinariamente, pois, a prestação de indenização se apresenta sob a forma de prestação pecuniária, e, às vezes, como objeto de uma dívida de valor.
>
> Se bem que a reposição natural seja o modo próprio de reparação do dano, não pode ser imposta ao titular do direito à indenização. Admite-se que prefira receber dinheiro. Compreende-se. Uma coisa danificada, por mais perfeito que seja o conserto, dificilmente voltará ao estado primitivo. A indenização pecuniária poderá ser exigida, concomitantemente com a reposição natural, se esta não satisfizer suficientemente o interesse do credor.
>
> Se o devedor quer cumprir a obrigação de indenizar mediante reposição, o credor não pode exigir a substituição de coisa velha, por nova, a menos que o reparo não

[28] Esclarece Antônio Gidi, em exemplo idêntico, como "a homogeneidade decorre tão só e exclusivamente da origem comum dos direitos, estes não precisam ser iguais quantitativa ou qualitativamente. Assim, da mesma forma que o *quantum* de cada prejuízo individual é algo peculiar e irrelevante para a caracterização da homogeneidade de tais direitos, esses prejuízos individualmente sofridos podem ser das mais variadas espécies (patrimoniais, morais, lucros cessantes, danos emergentes etc.) sem comprometimento à referida homogeneidade. Afinal, o 'homogêneo' aqui não se refere a identidade ou igualdade matemática entre os direitos, mas a um núcleo comum que permita um tratamento universal e globalizante para todos os casos" (ob. cit., p. 32).

restabeleça efetivamente o estado anterior. Por outro lado, o devedor não pode ser compelido à restituição *in natura*, se só for possível mediante gasto desproporcional"[29].

Em função de tais ilações, podemos concluir que um critério prático de diferenciação entre o dano patrimonial e o dano moral, além daquele referente à esfera jurídica atingida e às consequências geradas de forma direta pelo evento danoso, reside, certamente, na forma de reparação.

Tal conclusão se dá pelo fato de que, no dano patrimonial (onde restou atingido um bem físico, de valor comensurável monetariamente), a reparação pode ser feita através da reposição natural. Essa possibilidade já não ocorre no dano moral, pois a honra violada jamais pode ser restituída à sua situação anterior, porquanto, como já disse certo sábio, as palavras proferidas são como as flechas lançadas, que não voltam atrás...

A reparação, em tais casos, reside no pagamento de uma soma pecuniária, arbitrada judicialmente, com o objetivo de possibilitar ao lesado uma satisfação compensatória pelo dano sofrido, atenuando, em parte, as consequências da lesão.

O que ora se expõe já era lecionado há muito tempo pelo grande ORLANDO GOMES, com o habitual brilhantismo, ao afirmar "que esse dano não é propriamente indenizável, visto como indenização significa eliminação do prejuízo e das consequências, o que não é possível quando se trata de dano extrapatrimonial. Prefere-se dizer que é compensável. Trata-se de compensação, e não de ressarcimento. Entendida nesses termos a obrigação de quem o produziu, afasta-se a objeção de que o dinheiro não pode ser o equivalente da dor, porque se reconhece que, no caso, exerce outra função dupla, a de expiação, em relação ao culpado, e a de satisfação, em relação à vítima. Contesta-se, porém, que tenha caráter de pena, impugnando-se, pois, sua função expiatória. Diz-se que sua finalidade não é acarretar perda ao patrimônio do culpado, mas, sim, proporcionar vantagem ao ofendido. Admite-se, porém, sem oposição, que o pagamento da soma de dinheiro é um modo de dar satisfação à vítima, que, recebendo-a, pode destiná-la, como diz Von Tuhr, a procurar as satisfações ideais ou materiais que estime convenientes, acalmando o sentimento de vingança inato no homem"[30].

## 7. O TEMPO COMO UM BEM JURÍDICO TUTELÁVEL[31]

Compreender o tempo de cada um como um bem jurídico tutelável é um dos novos desafios da contemporaneidade.

De fato, é evidente a importância do tempo na vida de cada ser humano.

---

[29] GOMES, Orlando. *Obrigações*, 9. ed., Rio de Janeiro: Forense, 1994, p. 51.

[30] GOMES, Orlando, ob. cit., p. 272.

[31] Capítulo desenvolvido com base no artigo de STOLZE, Pablo. Responsabilidade civil pela perda do tempo, *Jus Navigandi*, Teresina, ano 18, n. 3.540, 11 mar. 2013. Disponível em: <https://jus.com.br/artigos/23925>. Acesso em: 27 set. 2018.

E, para dimensionar juridicamente sua relevância, parece-nos fundamental vislumbrá-lo em duas perspectivas.

Na dinâmica (ou seja, em movimento), o tempo é um "fato jurídico em sentido estrito ordinário", ou seja, um acontecimento natural, apto a deflagrar efeitos na órbita do Direito[32].

Em perspectiva "estática", o tempo é um valor, um relevante bem, passível de proteção jurídica.

Durante anos, a doutrina, especialmente aquela dedicada ao estudo da responsabilidade civil, não cuidou de perceber a importância do tempo como um bem jurídico merecedor de indiscutível tutela.

Sucede que, nos últimos anos, esse panorama tem se modificado.

As exigências da contemporaneidade têm nos defrontado com situações de agressão inequívoca à livre disposição e uso do nosso tempo livre, em favor do interesse econômico ou da mera conveniência negocial de um terceiro.

E parece que, finalmente, a doutrina percebeu isso, especialmente no âmbito do Direito do Consumidor.

Com efeito, o desperdício injusto e ilegítimo do tempo, na seara consumerista, tem sido denominado "Desvio Produtivo do Consumidor", segundo preleção de MARCOS DESSAUNE, em excelente obra:

> "Mesmo que o Código de Defesa do Consumidor (Lei 8.078/1990) preconize que os produtos e serviços colocados no mercado de consumo devam ter padrões adequados de qualidade, de segurança, de durabilidade e de desempenho — para que sejam úteis e não causem riscos ou danos ao consumidor — e também proíba, por outro lado, quaisquer práticas abusivas, ainda são 'normais' em nosso País situações nocivas como:
>
> — Enfrentar uma fila demorada na agência bancária em que, dos 10 guichês existentes, só há dois ou três abertos para atendimento ao público;
>
> — Ter que retornar à loja (quando ao se é direcionado à assistência técnica autorizada ou ao fabricante) para reclamar de um produto eletroeletrônico que já apresenta problema alguns dias ou semanas depois de comprado;
>
> (...)
>
> — Telefonar insistentemente para o Serviço de Atendimento ao Consumidor (SAC) de uma empresa, contando a mesma história várias vezes, para tentar cancelar um serviço indesejado ou uma cobrança indevida, ou mesmo para pedir novas providên-

---

32 Sobre o tema, confira-se as considerações que fizemos sobre os fatos jurídicos ordinários no Capítulo IX ("Fato Jurídico em Sentido Amplo") do Volume 1 ("Parte Geral") da nossa Coleção "Novo Curso de Direito Civil".

cias acerca de um produto ou serviço defeituoso renitente, mas repetidamente negligenciado;

(...)

— Levar repetidas vezes à oficina, por causa de um vício reincidente, um veículo que frequentemente sai de lá não só com o problema original intacto, mas também com outro problema que não existia antes;

— Ter a obrigação de chegar com a devida antecedência ao aeroporto e depois descobrir que precisará ficar uma, duas, três, quatro horas aguardando desconfortavelmente pelo voo que está atrasado, algumas vezes até dentro do avião — cansado, com calor e com fome — sem obter da empresa responsável informações precisas sobre o problema, tampouco a assistência material que a ela compete"[33].

Em verdade, diversas são as situações de dano apontadas pelo autor, merecendo destaque uma delas, que ilustra, com as nítidas cores da perfeição, o intolerável abuso de que é vítima o consumidor, obrigado a "esperar em casa, sem hora marcada, pela entrega de um produto novo, pelo profissional que vem fazer um orçamento ou um reparo, ou mesmo por um técnico que precisa voltar para fazer o conserto malfeito[4]".

Vasculhe a sua própria experiência de vida, caro leitor, e reflita se tal situação — pela qual talvez você já haja passado —, a par de vexatória, não traduziria um intolerável desperdício de tempo livre, com potencial prejuízo, não apenas na seara econômica e profissional, mas, até mesmo, no delicado âmbito de convivência familiar.

Deve ficar claro, nesse contexto, que nem toda situação de desperdício do tempo justifica a reação das normas de responsabilidade civil, sob pena de a vítima se converter em algoz, sob o prisma da teoria do abuso de direito.

Apenas o desperdício "injusto e intolerável" poderá justificar eventual reparação pelo dano material e moral sofrido, na perspectiva, como já dito, do superior princípio da função social.

E, por se tratar de conceitos abertos, caberá à doutrina especializada e à própria jurisprudência estabelecer as balizas hermenêuticas da sua adequada aplicação.

VITOR GUGLINSKI , citando, inclusive, jurisprudência, anota esforço nesse sentido:

"A ocorrência sucessiva e acintosa de mau atendimento ao consumidor, gerando a perda de tempo útil, tem levado a jurisprudência a dar seus primeiros passos para solucionar os dissabores experimentados por milhares de consumidores, passando a admitir a reparação civil pela perda do tempo livre.

(...)

Dentre os tribunais que mais têm acatado a tese da perda do tempo útil está o TJRJ, podendo-se encontrar aproximadamente 40 acórdãos sobre o tema no site daquele

[33] DESSAUNE, Marcos. *Desvio Produtivo do Consumidor* — O Prejuízo do Tempo Desperdiçado, São Paulo: RT, 2011, p. 47-48.

tribunal, alguns da relatoria do insigne processualista Alexandre Câmara, o que sinaliza no sentido do fortalecimento e consequente afirmação da teoria. Confiram-se algumas ementas:

DES. LUIZ FERNANDO DE CARVALHO — Julgamento: 13-4-2011 — TERCEIRA CÂMARA CÍVEL. Consumidor. Ação indenizatória. Falha na prestação de serviço de telefonia e de internet, além de cobrança indevida. Sentença de procedência. Apelação da ré. Ausência de demonstração da ocorrência de uma das excludentes previstas no art. 14, § 3º, do CDC. Caracterização da perda do tempo livre. Danos morais fixados pela sentença de acordo com os parâmetros da razoabilidade e proporcionalidade. Honorários advocatícios igualmente corretos.

DESPROVIMENTO DO APELO. DES. ALEXANDRE CÂMARA — Julgamento: 3-11-2010 — SEGUNDA CÂMARA CÍVEL. Agravo Interno. Decisão monocrática em Apelação Cível que deu parcial provimento ao recurso do agravado. Direito do Consumidor. Demanda indenizatória. Seguro descontado de conta corrente sem autorização do correntista. Descontos indevidos. Cancelamento das cobranças que se impõe. Comprovação de inúmeras tentativas de resolução do problema, durante mais de três anos, sem que fosse solucionado. Falha na prestação do serviço. Perda do tempo livre. Dano moral configurado. Correto o valor da compensação fixado em R$ 2.000,00. Juros moratórios a contar da citação. Aplicação da multa prevista no § 2º do artigo 557 do CPC, no percentual de 10% (dez por cento) do valor corrigido da causa. Recurso desprovido[6]"[34].

Em verdade, o que não se pode mais admitir é o covarde véu da indiferença mesquinha a ocultar milhares (ou milhões) de situações de dano, pela usurpação injusta do tempo livre, que se repetem, todos os dias, em nossa sociedade.

Por outro lado, não se pode negar que, por se tratar "a responsabilidade pela perda do tempo livre" ou pelo "desvio produtivo do consumidor"[35] de uma tese relativamente nova — ao menos se levarmos em conta o atual grau de penetração no âmbito das discussões acadêmicas, doutrinárias e jurisprudenciais —, impõe-se, a todos nós, uma mais detida reflexão acerca da sua importância compensatória e, sobretudo, utilidade punitiva e pedagógica, à luz do princípio da função social.

Isso tudo porque o intolerável desperdício do nosso tempo livre, agressão típica da contemporaneidade, silenciosa e invisível, mata, aos poucos, em lenta asfixia, valor dos mais caros para qualquer um de nós.

---

34 GUGLINSKI, Vitor Vilela. Danos morais pela perda do tempo útil, *Jus Navigandi*, Teresina, ano 17, n. 3.237, 12 maio 2012. Disponível em: <http://jus.com.br/revista/texto/21753>. Acesso em: 25 dez. 2012.

35 DESSAUNE, Marcos, obra citada.

# LI O DANO MORAL

## 1. INTRODUÇÃO

Um dos aspectos positivos da atual Codificação Civil brasileira é justamente o reconhecimento formal e expresso da reparabilidade dos danos morais.

Com efeito, dispõe o multicitado art. 186 do CC/2002:

> "Art. 186. Aquele que, por ação ou omissão voluntária, negligência ou imprudência, violar direito e causar dano a outrem, ainda que exclusivamente moral, comete ato ilícito".

Embora a questão já estivesse pacificada pelo próprio texto constitucional, a atualização legislativa se fazia obrigatória, até mesmo por uma questão cultural, dada a grande resistência histórica, como veremos no decorrer deste capítulo, para sua consagração formal.

Conheçamos melhor a problemática.

## 2. A PREOCUPAÇÃO DO CÓDIGO CIVIL DE 2002 COM A QUESTÃO DA MORALIDADE

Antes de dissecarmos dogmaticamente toda a enorme batalha doutrinária e jurisprudencial para reconhecimento da reparabilidade do dano moral, parece-nos relevante tecer algumas rápidas considerações sobre a questão da moralidade.

Sim, embora Direito e Moral não se confundam[1], há, em todo o Código Civil vigente, uma evidente preocupação com a eticidade nas relações jurídicas.

Isso se verifica não somente no acolhimento formal de previsão legal de reparações por danos morais, mas também em outros dispositivos legais.

Senão, vejamos.

No que diz respeito à repetição de indébito, estabelece o art. 883:

> "Art. 883. Não terá direito à repetição aquele que deu alguma coisa para obter fim ilícito, imoral, ou proibido por lei.

[1] Sobre o tema, confira-se o Capítulo I ("Noções Elementares de Direito") do v. 1 ("Parte Geral") de nosso *Novo Curso de Direito Civil*.

Parágrafo único. No caso deste artigo, o que se deu reverterá em favor de estabelecimento local de beneficência, a critério do juiz".

Isso sem contar o fato de que consideramos que a enumeração expressa dos elementos de validade do negócio jurídico pelo Código Civil é imprecisa, justamente porque, dentro do sentido da sua disciplina, a questão da moralidade é, sim, um relevante aspecto para o reconhecimento da validade[2].

Feitas tais considerações prévias, enfrentemos o instituto do dano moral, a partir de seu conceito e denominação.

## 3. CONCEITO E DENOMINAÇÃO

O dano moral consiste na lesão de direitos, cujo conteúdo não é pecuniário, nem comercialmente redutível a dinheiro. Em outras palavras, podemos afirmar que o dano moral é aquele que lesiona a esfera personalíssima da pessoa (seus direitos da personalidade), violando, por exemplo, sua intimidade, vida privada, honra e imagem, bens jurídicos tutelados constitucionalmente[3].

A apreensão deste conceito é fundamental para o prosseguimento do nosso estudo, notadamente no que diz respeito ao fato de a lesão se dar em direitos — repita-se! — cujo conteúdo não é pecuniário, nem comercialmente redutível a dinheiro.

Repisamos esse aspecto de forma a afastar de nossa análise, de uma vez por todas, qualquer relação ao efeito patrimonial do dano moral ocorrido, pois muitos dos debates sobre a matéria (neste caso, bastante infrutíferos) residem na busca de uma quantificação do dano moral com base nos seus reflexos materiais.

Ora, se há reflexos materiais, o que se está indenizando é justamente o dano patrimonial decorrente da lesão à esfera moral do indivíduo, e não o dano moral propriamente dito.

Não é esta, definitivamente, a nossa proposta, pois pretendemos demonstrar a tutela dos direitos da personalidade pelo vigente ordenamento jurídico, com a possibilidade de compensações pecuniárias em caso de violações.

Apesar de já termos proposto um conceito de dano moral, faz-se mister tecer alguns comentários sobre a denominação utilizada.

---

[2] Nessa esteira é a crítica também de Marcos Bernardes de Mello: "Essa enumeração legal, como se vê, é insuficiente, incompleta, porque não menciona todas as causas de invalidade, deixando-se de referir-se, explicitamente, à possibilidade do objeto e sua compatibilidade com a moral (cuja falta implica nulidade — Código Civil, art. 145, II), como também à inexistência de deficiência de negócios jurídicos, dentre os quais se incluem os vícios que afetam a manifestação da vontade e outros que comprometem a perfeição e causam a invalidade, por anulabilidade, do ato jurídico (Código Civil, art. 147), além a anuência de outras pessoas, que, em certas situações, é exigida" (*Teoria do Fato Jurídico* — Plano da Validade, 2. ed., São Paulo: Saraiva, 1997, p. 17).

[3] S. 642, STJ: "O direito à indenização por danos morais transmite com o falecimento do titular, possuindo os herdeiros da vítima legitimidade ativa para ajuizar ou prosseguir na ação indenizatória".

Isso porque adotamos a expressão "dano moral" somente por esta estar amplamente consagrada na doutrina e na jurisprudência pátrias. Todavia, reconhecemos que não é tecnicamente adequada para qualificar todas as formas de prejuízo não fixável pecuniariamente.

Mesmo a expressão "danos extrapatrimoniais", também de uso comum na linguagem jurídica, pode se tornar equívoca, principalmente se for comparada com a concepção de "patrimônio moral", cada vez mais utilizada na doutrina e na jurisprudência, que supostamente abrangeria, entre outros direitos tutelados pelo ordenamento jurídico, a intimidade, a vida privada, a honra e a imagem da pessoa.

Melhor seria utilizar o termo "dano não material" para se referir a lesões do patrimônio imaterial, justamente em contraponto ao termo "dano material", como duas faces da mesma moeda, que seria o "patrimônio jurídico" da pessoa, física ou jurídica.

Entretanto, como as expressões "dano moral" e "dano extrapatrimonial" encontram ampla receptividade, na doutrina brasileira, como antônimos de "dano material", estando, portanto, consagradas em diversas obras relevantes sobre o tema[4], utilizaremos indistintamente as três expressões (dano moral, dano extrapatrimonial e dano não material), sempre no sentido de contraposição ao dano material.

## 4. DANO MORAL DIRETO E INDIRETO

Apenas por uma questão de rigor acadêmico, consideramos salutar distinguir o dano moral direto e o dano moral indireto, uma vez que se constituem em classificações oriundas do requisito "causalidade entre o dano e o fato", imprescindível para a configuração do dano indenizável.

O primeiro se refere a uma lesão específica de um direito extrapatrimonial, como os direitos da personalidade.

Já o dano moral indireto ocorre quando há uma lesão específica a um bem ou interesse de natureza patrimonial, mas que, de modo reflexo, produz um prejuízo na esfera extrapatrimonial, como é o caso, por exemplo, do furto de um bem com valor afetivo ou, no âmbito do direito do trabalho, o rebaixamento funcional ilícito do empregado, que, além do prejuízo financeiro, traz efeitos morais lesivos ao trabalhador.

É interessante diferenciar o dano moral indireto do dano moral em ricochete (ou dano reflexo). No primeiro, tem-se uma violação a um direito da personalidade de um

---

4 A título meramente exemplificativo, confira-se Carlos Alberto Bittar (*Reparação Civil por Danos Morais*, São Paulo: Revista dos Tribunais, 1993,), Wilson Melo da Silva (*O Dano Moral e sua Reparação*, 3. ed., Rio de Janeiro: Forense, 1983), Maria Helena Diniz (*Curso de Direito Civil Brasileiro*, 33. ed., São Paulo: Saraiva, 2019, v. 7), Sérgio Severo (*Os Danos Extrapatrimoniais*, São Paulo: Saraiva, 1996), Augusto Zenun (*Dano Moral e sua Reparação*, 4. ed., Rio de Janeiro: Forense, 1996), Clayton Reis (*Dano Moral*, 4. ed., Rio de Janeiro: Forense, 1995), Fabrício Zamprogna Matielo (*Dano Moral, Dano Material e Reparação*, 2. ed., Porto Alegre: Sagra-Luzzatto, 1995), Christino Almeida do Valle (*Dano Moral*, Rio de Janeiro: Aide, 1994), Rodolfo Pamplona Filho (*O Dano Moral na Relação de Emprego*, 3. ed., São Paulo: LTr, 2002), entre outros.

sujeito, em função de um dano material por ele mesmo sofrido; no segundo, tem-se um dano moral sofrido por um sujeito, em função de um dano (material ou moral, pouco importa) de que foi vítima outro indivíduo, ligado a ele.

## 5. NATUREZA JURÍDICA DA REPARAÇÃO DO DANO MORAL

No tópico referente às formas de reparação de danos, constatamos que a reposição natural não era possível na lesão aos direitos extrapatrimoniais da pessoa, pois a honra violada jamais poderia ser restituída ao *status quo ante*.

Mas qual a natureza jurídica do pagamento?

Sancionadora, respondemos, sendo sanção entendida como a consequência lógico-normativa de um ato ilícito.

Então esse pagamento seria uma pena?

Para um segmento hoje minoritário da doutrina[5], que gozou de bastante prestígio em passado não longínquo, a reparação do dano moral não constituiria um ressarcimento, mas sim uma verdadeira "pena civil", mediante a qual se reprovaria e reprimiria de maneira exemplar a falta cometida pelo ofensor.

Esta corrente de pensamento não dirigia suas atenções para a proteção da vítima ou para o prejuízo sofrido com a lesão, mas sim para o castigo à conduta dolosa do autor do dano. Somente isto justificaria o reconhecimento de uma indenização por dano moral, de modo que, nas palavras do jurista argentino Jorge J. Llambías, "no quede impune un hecho ilícito que ha mortificado malignamente a la víctima causándole una aflicción en su ánimo"[6].

Um dos fundamentos dogmáticos para esta construção doutrinária da pena civil estava justamente na suposta imoralidade da compensação do dano moral com dinheiro (o chamado *pretium doloris* — o preço da dor), objeção esta que já se encontra há muito superada, como vimos.

Por outro lado, não se pode afirmar que a reparação da dano moral se dá através de uma pena, tendo em vista que este instituto, do ponto de vista técnico, se presta a sancionar, como forma de repressão pública, quem lesiona, ainda que de forma mediata, interesses sociais tutelados pelo Direito Público (Direito Criminal).

Não é este o âmbito de atuação da responsabilidade civil, fundamento doutrinário pelo qual estamos estudando essa forma de pagamento, pois a reparação do dano moral, pela via pecuniária, visa a sancionar violações ocorridas na esfera privada de interesses.

---

5 RIPERT, Georges. *A Regra Moral nas Obrigações Civis*, Campinas: Bookseller, 2000, p. 345; DEMOGUE, René. *Traité des obligations en géneral*, Paris, 1924, t. IV, n. 406; SAVATIER, René. *Traité de la responsabilité civile en droit français*, 2. ed., v. 1, t. II, n. 525, Paris: LGDJ, 1951, p. 102 e n. 528 (ainda que este último admitisse, em certos casos, que a reparação pudesse assumir caráter satisfatório ou compensatório).

6 LLAMBÍAS, Jorge J. *Tratado de Derecho Civil* — Obligaciones, Buenos Aires: Abeledo-Perrot, 1973, t. I, n. 270, p. 352-3.

Obviamente, não se despreza que o dano moral pode também motivar consequências lógico-normativas na esfera criminal, gerando a necessidade de uma repressão social, como nos casos de calúnia, difamação e injúria, previstos respectivamente nos arts. 138, 139 e 140 do Código Penal.

E seria tal reparação uma indenização?

Apesar de ser essa a expressão tradicionalmente utilizada nos pretórios pátrios, o rigor técnico impõe que se reconheça que a resposta é negativa, haja vista que a noção de indenização também está intimamente relacionada com o "ressarcimento" de prejuízos causados a uma pessoa por outra ao descumprir obrigação contratual ou praticar ato ilícito, significando a eliminação do prejuízo e das consequências, o que não é possível quando se trata de dano extrapatrimonial.

A reparação, em tais casos, reside no pagamento de uma soma pecuniária, arbitrada judicialmente, com o objetivo de possibilitar ao lesado uma satisfação compensatória pelo dano sofrido, atenuando, em parte, as consequências da lesão.

Na reparação do dano moral, o dinheiro não desempenha função de equivalência, como no dano material, mas, sim, função satisfatória.

Quando a vítima reclama a reparação pecuniária em virtude do dano moral que recai, por exemplo, em sua honra, nome profissional e família, não está definitivamente pedindo o chamado *pretium doloris*, mas apenas que se lhe propicie uma forma de atenuar, de modo razoável, as consequências do prejuízo sofrido, ao mesmo tempo em que pretende a punição do lesante.

Dessa forma, resta claro que a natureza jurídica da reparação do dano moral é sancionadora (como consequência de um ato ilícito), mas não se materializa através de uma "pena civil", e sim por meio de uma compensação material ao lesado, sem prejuízo, obviamente, das outras funções acessórias da reparação civil.

Essa nos parece uma advertência necessária, para que não continuemos a confundir logicamente o gênero "sanção" com a espécie "pena"[7], uma vez que esta última deve corresponder à submissão pessoal e física do agente, para restauração da normalidade social violada com o delito, enquanto a compensação (ou mesmo a indenização), pela teoria da responsabilidade civil, é sanção aplicável a quem viola interesses privados, como é o caso dos danos morais.

Não faltam, contudo, as teorias "ecléticas" que buscam classificar a reparação do dano moral como uma prestação de caráter duplo, em que coexistiriam a compensação e a "pena civil".

Esse posicionamento, contudo, é questionado por alguns doutrinadores, notadamente no direito estrangeiro.

---

[7] Preocupamo-nos em estabelecer esta diagnose diferencial científica, mesmo sabendo que, por vezes, na doutrina e na jurisprudência tais expressões podem ser encontradas com sentido idêntico.

RAMON DANIEL PIZARRO, por exemplo, questiona expressamente:

> "¿Cómo conciliar la tesis punitiva del daño moral, que parte de la base de la antijuridicidad e inmoralidad del resarcimiento del daño moral ('el precio del dolor'), con la tesis del resarcimiento que postula, como ya vimos, una cosmovisión totalmente diferente de la cuestión? ¿Cómo conciliar ideas que son fruto de una ponderación individualista del Derecho y de la vida con otras que son resultado de una visión solidarista de la responsabilidad civil, obsesionada por la protección de la víctima? ¿Como conciliar lo inconciliable?"[8].

Essa discussão, contudo, tem, para nós, importância somente acadêmica, pois mesmo nos filiando à corrente de pensamento, capitaneada pelo ilustre ORLANDO GOMES, que entende ser a reparação do dano moral uma sanção materializada através de uma compensação pecuniária, entendemos que a utilização do termo "indenização" não se constitui em uma aberração jurídica, mas sim apenas uma "atecnia consagrada jurisprudencialmente".

Talvez pensando justamente nessa possibilidade é que tenha sido concebido o art. 944 do Código Civil de 2002, nos seguintes termos:

> "Art. 944. A indenização mede-se pela extensão do dano.
>
> Parágrafo único. Se houver excessiva desproporção entre a gravidade da culpa e o dano, poderá o juiz reduzir, equitativamente, a indenização".

Isso porque não há qualquer lógica em imaginar que o dano material, cuja indenização é fixada justamente pela extensão da lesão perpetrada, em uma operação quase aritmética, possa ser diminuída, uma vez que o prejuízo pecuniário é quase sempre constatado de forma objetiva, ao contrário dos danos morais (ou mesmo de danos materiais quantificados por arbitramento), em que se tem apenas uma expectativa do valor razoável, como uma forma de compensação pela lesão extrapatrimonial sofrida.

Ademais, não se deve esquecer de que a indenização abrange, pela causalidade direta e imediata, os danos efetivamente causados pelo autor da conduta, não abrangendo os prejuízos agravados nem os que poderiam ser evitados ou reduzidos mediante esforço razoável da vítima[9].

Trata-se de aplicação da teoria do "*Duty to Mitigate the Loss*", que pode ser compreendida como um dever de amenizar o próprio dano.

---

[8] PIZARRO, Ramon Daniel. *Daño moral* — Prevención/Reparación/Punición, Buenos Aires: Hammurabi, 1996, p. 114.

[9] Nesse sentido, confira-se o Enunciado 629 da VIII Jornada de Direito Civil da Justiça Federal: "ENUNCIADO 629 — Art. 944: A indenização não inclui os prejuízos agravados, nem os que poderiam ser evitados ou reduzidos mediante esforço razoável da vítima. Os custos da mitigação devem ser considerados no cálculo da indenização".

Não se trata de uma negativa de responsabilidade civil, mas, sim, a compreensão de que esta se presta como sanção à conduta danosa, e não como uma punição irrestrita.

Assim, se alguém ofende outrem, deve responder civilmente, sem prejuízo das sanções criminais. Mas a repercussão da ofensa, se decorrente de conduta não imputável ao ofensor (ou por este não assumida como risco), mas, sim, da própria vítima, não comporta indenização.

## 6. DANO MORAL E PESSOA JURÍDICA

Havia, até bem pouco tempo, acesa polêmica acerca da possibilidade de pleito de indenização por danos morais no que diz respeito à pessoa jurídica.

Por longos anos, considerou-se que os danos morais se limitavam às "dores da alma", sentimentos que a pessoa jurídica jamais poderia ter, pois esta é uma criação do direito, e não um ser orgânico, dotado de espírito e emoções.

Nesse sentido é a compreensão de WILSON MELO DA SILVA, pioneiro no estudo da reparabilidade do dano moral no Brasil, nos seguintes termos:

> "Outro corolário do princípio é que as pessoas jurídicas, em si, jamais teriam direito à reparação dos danos morais. E a razão é óbvia.
>
> Que as pessoas jurídicas sejam, passivamente, responsáveis por danos morais, compreende-se. Que, porém, ativamente, possam reclamar indenizações, consequentes deles, é absurdo"[10].

Entendia da mesma forma VALDIR FLORINDO, apoiado em WAGNER D. GIGLIO[11], para quem "deve o empregado reparar os prejuízos de ordem moral causados ao empregador. Contudo, é preciso ficar claro, a bem da boa técnica jurídica, que o empregador a que nos referimos é o empregador-proprietário-pessoa física, pois o dano moral é um sofrimento de ordem psíquica, não havendo como considerá-lo a uma pessoa jurídica, ainda que por reflexo ela possa ser atingida pelo dano moral lançado"[12].

Contudo, hodiernamente, não há mais como se aceitar tais posicionamentos.

Isso porque a legislação jamais excluiu expressamente as pessoas jurídicas da proteção aos interesses extrapatrimoniais, entre os quais se incluem os direitos da personalidade.

Se é certo que uma pessoa jurídica jamais terá uma vida privada, mais evidente ainda é que ela pode e deve zelar pelo seu nome e imagem perante o público-alvo, sob pena de perder largos espaços na acirrada concorrência de mercado.

Uma propaganda negativa de determinado produto, por exemplo, pode destruir toda a reputação de uma empresa, da mesma forma que informações falsas sobre even-

---

[10] SILVA, Wilson Melo da, ob. cit., p. 650.

[11] GIGLIO, Wagner D. *Justa Causa*, 3. ed., São Paulo: LTr, 1996, p. 251.

[12] FLORINDO, Valdir. *O Dano Moral e o Direito do Trabalho*, 2. ed., São Paulo: LTr, 1996, p. 47-8.

tual instabilidade financeira da pessoa jurídica podem acabar por levá-la a uma indesejável perda de credibilidade, com fortes reflexos patrimoniais.

Nesse ponto, cumpre-nos transcrever o lúcido ensinamento do saudoso Professor JOSAPHAT MARINHO: "Questão a considerar, também, é a da extensibilidade dos direitos personalíssimos à pessoa jurídica. Não é dado no caso generalizar, para que tais direitos não se confundam com os de índole patrimonial. É por isso que Santoro Passarelli doutrina que a tutela dos direitos da personalidade se refere 'não só às pessoas físicas, senão também às jurídicas, com as limitações derivadas da especial natureza destas últimas'"[13].

A Constituição Federal de 1988, por sua vez, ao preceituar, em seu art. 5º, X, que "são invioláveis a intimidade, a vida privada, a honra e a imagem das pessoas, assegurado o direito a indenização pelo dano material ou moral decorrente de sua violação", não fez qualquer acepção de pessoas, não podendo ser o dispositivo constitucional interpretado de forma restritiva, notadamente quando se trata de direitos e garantias fundamentais (Título II, onde se encontra o dispositivo mencionado).

Da mesma forma, ao assegurar "o direito de resposta, proporcional ao agravo, além da indenização por dano material, moral ou à imagem" (art. 5º, V), o texto constitucional não apresentou qualquer restrição, devendo o direito abranger a todos, indistintamente.

Comentando tal dispositivo, LUIZ ALBERTO DAVID ARAÚJO ensina que "tanto podem utilizar-se do direito de resposta as pessoas físicas, quanto as jurídicas, entendidas as públicas e as privadas. É remédio de uso geral contra o poder indevido da imprensa"[14].

Sem demérito de reconhecer que a teoria dos direitos da personalidade tenha sido construída a partir de uma concepção antropocêntrica do direito, consideramos inadmissível a posição que limita a possibilidade de sua aplicação à pessoa natural.

Essa tese, inclusive, já havia sido consagrada jurisprudencialmente por Súmula do Superior Tribunal de Justiça[15] e, agora, o atual Código Civil põe fim à polêmica, estabelecendo expressamente:

> "Art. 52. Aplica-se às pessoas jurídicas, no que couber, a proteção dos direitos da personalidade".

## 7. DANO MORAL E DIREITOS DIFUSOS E COLETIVOS

Um tema tormentoso se refere à possibilidade de configuração de reparação por danos morais na tutela de interesses difusos e coletivos.

---

[13] MARINHO, Josaphat. Os Direitos da Personalidade no Projeto de Novo Código Civil Brasileiro. *Boletim da Faculdade de Direito da Universidade de Coimbra*, Editora Coimbra, 2000, p. 257.

[14] ARAÚJO, Luiz Alberto David. *A Proteção Constitucional da Própria Imagem*, Belo Horizonte: Del Rey, 1996, p. 113.

[15] STJ: Súmula 227 ("A pessoa jurídica pode sofrer dano moral").

Isso porque, partindo da premissa de que os danos morais são lesões à esfera extrapatrimonial de um indivíduo, ou seja, a seus direitos da personalidade, não seria possível se imaginar, *a priori*, um dano moral a interesses difusos, como, por exemplo, ao meio ambiente e ao patrimônio histórico-cultural.

Todavia, a Lei da Ação Civil Pública (Lei n. 7.347/85), estabeleceu expressamente a possibilidade de reparação por danos morais a direitos difusos, ao preceituar, *in verbis*:

> "Art. 1º Regem-se pelas disposições desta Lei, sem prejuízo da ação popular, as ações de responsabilidade por danos morais e patrimoniais causados:
> I — ao meio ambiente;
> II — ao consumidor;
> III — a bens e direitos de valor artístico, estético, histórico, turístico e paisagístico;
> IV — a qualquer outro interesse difuso ou coletivo;
> V — por infração da ordem econômica
> VI — à ordem urbanística.
> VII — à honra e à dignidade de grupos raciais, étnicos ou religiosos.
> VIII — ao patrimônio público e social.

Parágrafo único. Não será cabível ação civil pública para veicular pretensões que envolvam tributos, contribuições previdenciárias, o Fundo de Garantia do Tempo de Serviço — FGTS ou outros fundos de natureza institucional cujos beneficiários podem ser individualmente determinados.

Excluída a ideia — tão difundida quanto errônea — de que o dano moral é a dor sofrida pela pessoa (a dor, em verdade, é apenas a consequência eventual da lesão à esfera extrapatrimonial), o conceito de direitos da personalidade tem que ser ampliado para abarcar a previsão legal, tendo em vista inexistir uma personalidade jurídica coletiva difusa[16].

Assim sendo, o dano moral difuso tutelado pela previsão legal somente pode ser caracterizado como uma lesão ao direito de toda e qualquer pessoa (e não de um direito específico da personalidade).

A título de exemplo, poderíamos imaginar uma lesão difusa à integridade corporal de toda uma população com a poluição causada em um acidente ambiental ou violação à integridade psíquica, com o cerceio à liberdade de conhecimento e pensamento, com a destruição de bens e direitos de valor artístico, estético, histórico, turístico e paisagístico.

A limitação da legitimidade para ajuizamento de tais pretensões, bem como a circunstância de que os valores obtidos reverterão para fundos específicos de defesa de

---

16 Em sentido contrário, confira-se Paula Sarno Braga, A Reparação do Dano Moral no Meio Ambiente do Trabalho, fev. 2002. Disponível em: <http://www.revistas.unifacs.br/index.php/redu>.

direitos difusos[17] justifica socialmente tal exceção legal, ressaltando a importância constitucional, por exemplo, da defesa de um meio ambiente ecologicamente equilibrado[18].

Vale destacar, ainda, que, conforme visto adrede, a Lei da Ação Civil Pública (Lei n. 7.347/85), com as modificações posteriores, estabeleceu expressamente a possibilidade de reparação por danos morais a direitos difusos.

Dessa forma, nada impede que se configure uma lesão extrapatrimonial difusa nesse sentido, em função de atos que afetem um espaço físico convertido em meio ambiente de trabalho.

Se um ambiente laboral inseguro, por si só, já pode trazer implicações negativas para a sua população interna, a sua poluição pode acarretar falhas humanas ou técnicas geradoras de prejuízos incalculáveis para a comunidade externa.

Assim, a poluição ao meio ambiente operário não produz efeitos restritos ao âmbito coletivo do estabelecimento, o que impõe a conclusão de que se trata de um dano potencialmente difuso que, como visto, é também tutelável juridicamente.

A preservação de boas condições de trabalho configura-se, portanto, como um interesse de todos, de caráter transindividual, conformado em um direito indivisível, cujo titular é um sujeito indeterminado e indeterminável.

Em sua tese de doutoramento, JÚLIO CÉSAR DE SÁ DA ROCHA registra que "apesar de os equipamentos, bens, maquinários e instalação serem de propriedade privada da empresa, o meio ambiente do trabalho constitui bem inapropriável e de caráter difuso, na medida em que deve ser entendido como *conditio sine qua non* em que se desenrola grande parte da vida humana"[19].

Por tal nova perspectiva, o caráter metaindividual do interesse na preservação do espaço ambiental determina-se pelo risco que pode vir a representar para as populações externas um *habitat* laboral poluído e desequilibrado, uma vez que lesões à saúde física e mental do trabalhador podem tornar-se fatos geradores de falhas humanas, e, ademais, a não observância de normas internas de segurança que se façam necessárias pode vir a causar falhas técnicas no próprio procedimento produtivo, com repercussões que, muitas vezes, ultrapassam a esfera do ambiente de trabalho.

---

[17] Lei n. 7.347/85: "Art. 13. Havendo condenação em dinheiro, a indenização pelo dano causado reverterá a um fundo gerido por um Conselho Federal ou por Conselhos Estaduais de que participarão necessariamente o Ministério Público e representantes da comunidade, sendo seus recursos destinados à reconstituição dos bens lesados". Saliente-se, a propósito, que o referido fundo já foi devidamente regulamentado pelo Decreto n. 1.306/94.

[18] CF/88: "Art. 225. Todos têm direito ao meio ambiente ecologicamente equilibrado, bem de uso comum do povo e essencial à sadia qualidade de vida, impondo-se ao Poder Público e à coletividade o dever de defendê-lo e preservá-lo para as presentes e futuras gerações".

[19] ROCHA, Júlio César de Sá da. *Direito Ambiental do Trabalho*: mudança de paradigma na tutela jurídica à saúde do trabalhador, Doutorado em Direito das Relações Sociais — Área de Concentração em Direitos Difusos e Coletivos, São Paulo, PUC-SP, 3-5-2001, p. 195.

Além disso, vale destacar outro aspecto do interesse social na preservação do equilíbrio do ambiente laboral, salientado por RAIMUNDO SIMÃO DE MELO, ao lembrar que "o meio ambiente de trabalho adequado e seguro é um dos mais importantes e fundamentais direitos do cidadão trabalhador, o qual, se desrespeitado, provoca agressão a toda sociedade, que no final das contas, é quem custeia a Previdência Social, que, por inúmeras razões, corre o risco de não mais poder oferecer proteção, até mesmo aos seus segurados no próximo século"[20], portanto, a sociedade acaba por arcar com os resultados desta lesão.

Por tudo isso, resta patente a importância de sua proteção como um direito de todos, difusamente considerado, e não somente da coletividade restrita àquele *locus* laboral determinado, impondo, se for o caso, a reparação dos eventuais danos morais pelos atos violadores do meio ambiente de trabalho.

[20] MELO, Raimundo Simão de. *Meio Ambiente do Trabalho*: prevenção de reparação. Juízo Competente. Trabalho & doutrina, p. 164.

# LII NEXO DE CAUSALIDADE

## 1. INTRODUÇÃO

Após passarmos em revista os dois primeiros elementos da responsabilidade civil — a conduta humana e o dano (abrindo, inclusive, amplas considerações sobre a questão do dano moral) —, cuidaremos de estudar o último, e talvez mais melindroso de todos eles: o nexo de causalidade.

SERPA LOPES já havia notado a complexidade do tema, consoante se depreende deste trecho de sua obra: "Uma das condições essenciais à responsabilidade civil é a presença de um nexo causal entre o fato ilícito e o dano por ele produzido. É uma noção aparentemente fácil e limpa de dificuldade. Mas se trata de mera aparência, porquanto a noção de causa é uma noção que se reveste de um aspecto profundamente filosófico, além das dificuldades de ordem prática, quando os elementos causais, os fatores de produção de um prejuízo, se multiplicam no tempo e no espaço"[1].

Assim como no Direito Penal, a investigação deste nexo que liga o resultado danoso ao agente infrator é indispensável para que se possa concluir pela responsabilidade jurídica deste último.

Trata-se, pois, do elo etiológico, do liame, que une a conduta do agente (positiva ou negativa) ao dano[2].

Por óbvio, somente se poderá responsabilizar alguém cujo comportamento houvesse dado causa ao prejuízo.

Lamentavelmente, entretanto, esta matéria é muito mal compreendida — talvez por ser mal explicada — gerando dúvidas e, frequentemente, levando os tribunais a adotarem posicionamentos confusos em torno do mesmo objeto de investigação, o que só acarreta prejuízo à segurança jurídica e descrédito ao Poder Judiciário.

---

[1] LOPES, Miguel Maria de Serpa. *Curso de Direito Civil* — Fontes Acontratuais das Obrigações e Responsabilidade Civil, v. 5, Rio de Janeiro: Freitas Bastos, 2001, p. 218.

[2] Não se deve confundir o nexo causal com a imputabilidade. Clássica, nesse sentido, é a advertência do mencionado professor Serpa Lopes: "A primeira, como já se disse, se relaciona com os elementos objetivos, externos, consistentes na atividade ou inatividade do sujeito, atentatória do direito alheio, ao qual vulnera produzindo um dano material ou moral; enquanto a segunda — a imputabilidade — diz respeito pura e simplesmente a um elemento subjetivo, interno, relativo tão só ao sujeito" (ob. cit., p. 219).

Vamos, então, tentar enfrentar cientificamente o problema, a fim de que o nosso leitor, ao final de sua análise, possa sair com um adequado panorama do assunto.

## 2. TEORIAS EXPLICATIVAS DO NEXO DE CAUSALIDADE

Fundamentalmente, são três as principais teorias que tentam explicar o nexo de causalidade:

a) teoria da equivalência de condições;
b) a teoria da causalidade adequada;
c) a teoria da causalidade direta ou imediata (interrupção do nexo causal).

Para o correto entendimento da matéria, cuidaremos de analisá-las, separadamente, concluindo, ao final do estudo, por qual das teorias o direito brasileiro optou.

### 2.1. Teoria da equivalência das condições *(conditio sine qua non)*

Elaborada pelo jurista alemão VON BURI na segunda metade do século XIX, esta teoria não diferencia os antecedentes do resultado danoso, de forma que tudo aquilo que concorra para o evento será considerado causa.

Por isso se diz "equivalência de condições": todos os fatores causais se equivalem, caso tenham relação com o resultado.

CAIO MÁRIO, citando o magistral civilista belga DE PAGE, observa que esta teoria, "em sua essência, sustenta que, em havendo culpa, todas as 'condições' de um dano são 'equivalentes', isto é, todos os elementos que, 'de uma certa maneira concorreram para a sua realização, consideram-se como 'causas', sem a necessidade de determinar, no encadeamento dos fatos que antecederam o evento danoso, qual deles pode ser apontado como o que de modo imediato provocou a efetivação do prejuízo"[3].

Com isso quer-se dizer que esta teoria é de espectro amplo, considerando elemento causal todo antecedente que haja participado da cadeia de fatos que desembocaram no dano.

É, inclusive, a teoria adotada pelo Código Penal brasileiro, segundo a interpretação dada pela doutrina ao seu art. 13, *caput*:

> "Art. 13. O resultado, de que depende a existência do crime, somente é imputável a quem lhe deu causa. Considera-se a causa a ação ou omissão sem a qual o resultado não teria ocorrido".

Observe que, da última parte do dispositivo, pode-se extrair uma fórmula de eliminação hipotética (de Thyrén), segundo a qual causa seria todo o antecedente que, se eliminado, faria com que o resultado desaparecesse.

---

[3] PEREIRA, Caio Mário da Silva. *Responsabilidade Civil*, 9. ed., Rio de Janeiro: Forense, 2000, p. 78.

Imagine, pois, um sujeito que arremessa, bêbado, uma garrafa contra um transeunte, causando-lhe a morte. Se nós abstrairmos a conduta antecedente (arremesso da garrafa), a morte desaparecerá.

Ilustrando, teríamos:

Arremesso da garrafa = Causa → Morte = Resultado.

Esta teoria, entretanto, apresenta um grave inconveniente.

Por considerar causa todo o antecedente que contribua para o desfecho danoso, a cadeia causal, seguindo esta linha de intelecção, poderia levar a sua investigação ao infinito.

Nas palavras de GUSTAVO TEPEDINO, em excelente artigo sobre o nexo causal, "a inconveniência desta teoria, logo apontada, está na desmesurada ampliação, em infinita espiral de concausas, do dever de reparar, imputado a um sem-número de agentes. Afirmou-se, com fina ironia, que a fórmula tenderia a tornar cada homem responsável por todos os males que atingem a humanidade"[4].

Nessa linha, se o agente saca a arma e dispara o projétil, matando o seu desafeto, seria considerado causa, não apenas o disparo, mas também a compra da arma, a sua fabricação, a aquisição do ferro e da pólvora pela indústria etc., o que envolveria, absurdamente, um número ilimitado de agentes na situação de ilicitude[5].

A despeito de tudo isso, grande parte dos penalistas adotou-a, sustentando que a análise do dolo ou da culpa do infrator poderia limitá-la, vale dizer, os agentes que apenas de forma indireta interferiram na cadeia causal por não terem a necessária previsibilidade (dolo ou culpa) da ocorrência do dano, não poderiam ser responsabilizados[6]. O fabricante da arma, por exemplo, ao produzi-la, não poderia imaginar a utilização criminosa do seu produto...[7].

---

4 TEPEDINO, Gustavo. Notas sobre o Nexo de Causalidade. *Revista Trimestral de Direito Civil*, Rio de Janeiro: Padma, ano 2, v. 6. jun. 2001, p. 3-19.

5 É clássico o exemplo de Binding, também lembrado por Tepedino, segundo o qual, se a teoria da equivalência das condições fosse adotada, em toda a sua extensão, talvez também fosse responsabilizado, como partícipe do adultério, "o próprio marceneiro que fabricou o leito, no qual se deitou o casal amoroso..." (cf. SILVA, Wilson Melo da. *Responsabilidade Sem Culpa*, São Paulo: Saraiva, 1974, p. 117, citado por TEPEDINO, Gustavo, ob. cit., p. 6).

6 Julio Fabbrini Mirabete, a esse respeito, observa: "Mas, evidentemente, não basta a relação causal para que se possa imputar a prática do ilícito a um agente que, no campo material, colaborou para o resultado. É indispensável que a conduta tenha sido praticada com dolo ou culpa para que se possa falar em fato típico. Em rigor, a adoção do princípio da *conditio sine qua non* tem mais relevância para excluir quem não praticou o fato do que para incluir quem o cometeu" (*Código Penal Interpretado*, São Paulo: Atlas, 1999, p. 136).

7 A análise deste tema, profundamente ligado à seara penal, não poderia parar por aqui. Entretanto, desbordaria da proposta desta obra continuar a investigação e pesquisa do assunto na doutrina especializada e nos sistemas penais do mundo. Advertimos, entretanto, em especial aos nossos leitores que

Em virtude, talvez, de todos esses inconvenientes e imprecisões, a maior parte dos cultores contemporâneos do Direito Civil não abraçou tal teoria.

## 2.2. Teoria da causalidade adequada

Esta teoria, desenvolvida a partir das ideias do filósofo alemão VON KRIES, posto não seja isenta de críticas, é mais refinada do que a anterior, por não apresentar algumas de suas inconveniências.

Para os adeptos desta teoria, não se poderia considerar causa "toda e qualquer condição que haja contribuído para a efetivação do resultado", conforme sustentado pela teoria da equivalência, mas sim, segundo um juízo de probabilidade, apenas o antecedente abstratamente idôneo à produção do efeito danoso, ou, como quer SERGIO CAVALIERI, "causa, para ela, é o antecedente, não só necessário, mas, também adequado à produção do resultado. Logo, nem todas as condições serão causa, mas apenas aquela que for mais apropriada para produzir o evento"[8].

E ele próprio, citando ANTUNES VARELA, exemplifica:

> "Se alguém retém ilicitamente uma pessoa que se apressava para tomar certo avião, e teve, afinal, de pegar um outro, que caiu e provocou a morte de todos os passageiros, enquanto o primeiro chegou sem incidente ao aeroporto de destino, não se poderá considerar a retenção ilícita do indivíduo como causa (jurídica) do dano ocorrido, porque, em abstrato, não era adequada a produzir tal efeito, embora se possa asseverar que este (nas condições em que se verificou) não se teria dado se não fora o ilícito. A ideia fundamental da doutrina é a de que só há uma relação de causalidade adequada entre o fato e o dano quando o ato ilícito praticado pelo agente seja de molde a provocar o dano sofrido pela vítima, segundo o curso normal das coisas e a experiência comum da vida"[9].

Note-se, então, que, para se considerar uma causa "adequada", esta deverá, abstratamente, e segundo uma apreciação probabilística, ser apta à efetivação do resultado.

Na hipótese do disparo por arma de fogo, mencionada acima, a compra da arma e a sua fabricação não seriam "causas adequadas" para a efetivação do evento morte.

É a teoria adotada no direito argentino, conforme se pode ler na obra de GHERSI: "Esta teoría fue adoptada por nuestro Código Civil, con la reforma de 1968, en el art. 906.

---

gostam do Direito Penal, que a teoria da equivalência das condições, a despeito de ser tradicionalmente adotada no direito brasileiro, tem sofrido duras críticas nas últimas décadas, especialmente a partir dos ensinamentos de Claus Roxin.

[8] CAVALIERI FILHO, Sérgio. *Programa de Responsabilidade Civil*, 2. ed., São Paulo: Malheiros, 2000, p. 51.

[9] CAVALIERI FILHO, Sérgio. ob. e loc. cits.

Su idea central es que todo daño le es atribuible a una conducta — acción u omisión — si normal y ordinariamente acaece así en las reglas de la experiencia"[10].

A adoção da primeira (equivalência das condições) ou segunda (causalidade adequada) teoria não é mera opção intelectual, uma vez que produz efeitos práticos, consoante bem demonstrou CARDOSO GOUVEIA, citado por CARLOS GONÇALVES:

> "*A* deu uma pancada ligeira no crânio de *B*, a qual seria insuficiente para causar o menor ferimento num indivíduo normalmente constituído, mas que causou a *B*, que tinha uma fraqueza particular dos ossos do crânio, uma fratura de que resultou a morte. O prejuízo deu-se, apesar de o fato ilícito praticado por *A* não ser causa adequada a produzir aquele dano em um homem adulto. Segundo a teoria da equivalência das condições, a pancada é uma condição *'sine qua non'* do prejuízo causado, pelo qual o seu autor terá de responder. Ao contrário, não haveria responsabilidade, em face da teoria da causalidade adequada"[11].

O ponto central para o correto entendimento desta teoria consiste no fato de que somente o antecedente abstratamente apto à determinação do resultado, segundo um juízo razoável de probabilidade, em que conta a experiência do julgador, poderá ser considerado causa.

Se a teoria anterior peca por excesso, admitindo uma ilimitada investigação da cadeia causal, esta outra, a despeito de mais restrita, apresenta o inconveniente de admitir um acentuado grau de discricionariedade do julgador, a quem incumbe avaliar, no plano abstrato, e segundo o curso normal das coisas, se o fato ocorrido no caso concreto pode ser considerado, realmente, causa do resultado danoso.

Ademais, esta "abstração" característica da investigação do nexo causal segundo a teoria da causalidade adequada pode conduzir a um afastamento absurdo da situação concreta, posta ao acertamento judicial. Conforme bem advertiu FREITAS GOMES, citando DE PAGE, "a determinação do nexo causal é, antes do mais, uma *'quaestio facti'*, incumbindo ao juiz proceder *'cum arbitrio boni viri'*, sopesando cada caso na balança do equilíbrio e da equidade"[12].

## 2.3. Teoria da causalidade direta ou imediata

Esta última vertente doutrinária, também denominada teoria da interrupção do nexo causal ou teoria da causalidade necessária, menos radical do que as anteriores, foi desenvolvida, no Brasil, por AGOSTINHO ALVIM, em sua clássica obra *Da Inexecução das Obrigações e suas Consequências*.

---

10 GHERSI, Carlos Alberto. *Teoría General de la Reparación de Daños*, 2. ed., Buenos Aires: Astrea, 1999, p. 90.

11 GONÇALVES, Carlos Roberto. *Responsabilidade Civil*, 19. ed., São Paulo: Saraiva, 2020, p. 524-5.

12 GOMES, Luiz Roldão de Freitas. *Elementos de Responsabilidade Civil*, Rio de Janeiro: Renovar, 2000, p. 74.

Causa, para esta teoria, seria apenas o antecedente fático que, ligado por um vínculo de necessariedade ao resultado danoso, determinasse este último como uma consequência sua, direta e imediata.

Discorrendo sobre esta corrente de pensamento, pontificava:

> "A Escola que melhor explica a teoria do dano direto e imediato é a que se reporta à necessariedade da causa. Efetivamente, é ela que está mais de acordo com as fontes históricas da teoria do dano, como se verá. (...) Suposto certo dano, considera-se causa dele a que lhe é próxima ou remota, mas, com relação a esta última, é mister que ela se ligue ao dano, diretamente. Assim, é indenizável todo dano que se filia a uma causa, ainda que remota, desde que ela lhe seja causa necessária, por não existir outra que explique o mesmo dano. Quer a lei que o dano seja o efeito direto e imediato da execução"[13].

Tomemos um clássico exemplo doutrinário, para o adequado entendimento da matéria.

Caio é ferido por Tício (lesão corporal), em uma discussão após a final do campeonato de futebol. Caio, então, é socorrido por seu amigo Pedro, que dirige, velozmente, para o hospital da cidade. No trajeto, o veículo capota e Caio falece. Ora, pela morte da vítima, apenas poderá responder Pedro se não for reconhecida alguma excludente em seu favor. Tício, por sua vez, não responderia pelo evento fatídico, uma vez que o seu comportamento determinou, como efeito direto e imediato, apenas a lesão corporal.

Note-se, portanto, que a interrupção do nexo causal por uma causa superveniente, ainda que relativamente independente da cadeia dos acontecimentos (capotagem do veículo) impede que se estabeleça o elo entre o resultado morte e o primeiro agente Tício, que não poderá ser responsabilizado.

Dessa forma, concluímos com TEPEDINO que "a causa relativamente independente é aquela que, em apertada síntese, torna remoto o nexo de causalidade anterior, importando aqui não a distância temporal entre a causa originária e o efeito, mas sim o novo vínculo de necessariedade estabelecido, entre a causa superveniente e o resultado danoso. A causa anterior deixou de ser considerada, menos por ser remota e mais pela interposição de outra causa, responsável pela produção do efeito, estabelecendo-se outro nexo de causalidade"[14].

Uma questão que ainda deve ser tratada, à luz desta teoria, diz respeito ao dano reflexo ou em ricochete, já visto no capítulo passado.

O fato de só se considerar como atribuível ao antecedente causal o seu efeito direto ou imediato negaria a ocorrência o dano reflexo?

---

[13] ALVIM, Agostinho. *Da Inexecução das Obrigações e suas Consequências*, 4. ed., São Paulo: Saraiva, 1972, p. 356.

[14] TEPEDINO, Gustavo, ob. cit., p. 10.

Entendemos que não.

O fato de se considerar "reflexo" ou "indireto" o dano não significa dizer que não haverá responsabilidade civil. Apenas quer-se, com isso, caracterizar aquela espécie de dano que, tendo existência certa e determinada, atinge pessoas próximas à vítima direta. Este dano, pois, para a pessoa que o sofreu reflexamente (o alimentando que teve o pai morto, por exemplo), é efeito direto e imediato do ato ilícito.

O que não podemos confundir é este dano reflexo — consequência inafastável do ilícito — com aquele que não se liga diretamente (por necessariedade) à conduta do agente, conforme exemplifica CARLOS GONÇALVES, citando doutrina francesa: "Pothier fornece o exemplo de alguém que vende uma vaca que sabe pestilenta e que contamina o rebanho do adquirente. Deve, em consequência, indenizar o valor do animal vendido e também o daqueles que morreram em virtude do contágio. Mas não responde pelos prejuízos decorrentes da impossibilidade do cultivo da terra, por terem sido atingidos pela doença também os animais que eram utilizados nesse serviço. É que esses danos, embora filiados a ato seu, acham-se do mesmo modo distante"[15].

Além de mais simples, entendemos ser mais adequada esta teoria, pois não apresenta o nível de insegurança jurídica e subjetividade apresentados em alto grau pelas teorias anteriores.

## 3. TEORIA ADOTADA PELO CÓDIGO CIVIL BRASILEIRO

Existe certa imprecisão doutrinária, quando se cuida de estabelecer qual a teoria adotada pelo Código Civil brasileiro, referente ao nexo de causalidade.

Respeitável parcela da doutrina, nacional e estrangeira, tende a acolher a teoria da causalidade adequada, por se afigurar, aos olhos destes juristas, a mais satisfatória para a responsabilidade civil.

Inclusive no direito comparado, esta corrente doutrinária é bem acolhida, conforme noticia MARTINHO GARCEZ NETO: "Em relação ao CC francês, as normas expressas são os arts. 1.150 e 1.151, que, segundo a doutrina e jurisprudência francesas, teriam assento na teoria da equivalência das condições, que a doutrina moderna, com base nos mais acatados civilistas, repele, pois a jurisprudência agora dominante assenta os seus fundamentos e conclusões na teoria da causalidade adequada, como se colhe dos ensinamentos de CARBONNIER (*Obligations*, n. 91) e de MAZEAUD-TUNC"[16].

No Brasil, vozes autorizadas, como a de CAVALIERI FILHO, são favoráveis a esta teoria[17].

---

15 GONÇALVES, Carlos Roberto, ob. cit., p. 525.

16 GARCEZ NETO, Martinho. *Responsabilidade Civil no Direito Comparado*, Rio de Janeiro: Renovar, 2000, p. 212.

17 CAVALIERI FILHO, Sérgio, ob. cit., p. 53.

Entretanto, assim não pensamos.

Alinhamo-nos ao lado daqueles que entendem mais acertado o entendimento de que o Código Civil brasileiro adotou a teoria da causalidade direta ou imediata (teoria da interrupção do nexo causal), na vertente da causalidade necessária.

E a essa conclusão chegamos ao analisarmos o art. 403 do Código Civil de 2002, que dispõe:

> "Art. 403. Ainda que a inexecução resulte de dolo do devedor, as perdas e danos só incluem os prejuízos efetivos e os lucros cessantes, por efeito dela direto e imediato, sem prejuízo do disposto na lei processual".

CARLOS ROBERTO GONÇALVES, seguindo a mesma linha de pensamento, é contundente ao afirmar que "das várias teorias sobre o nexo causal, o nosso Código adotou, indiscutivelmente, a do dano direto e imediato, como está expresso no art. 403; e das várias escolas que explicam o dano direto e imediato, a mais autorizada é a que se reporta à consequência necessária"[18].

O problema é que, muitas vezes, a jurisprudência e a doutrina, sucumbindo talvez ao caráter sedutoramente empírico do tema, acabam por confundir ambas as teorias, não dispensando, entretanto, em nenhuma hipótese, a investigação da necessariedade da causa.

Demonstrando tal assertiva, TEPEDINO, após colacionar jurisprudência do TJRJ, em que se lê a identificação das teorias: "e de acordo com a teoria da causa adequada adotada em sede de responsabilidade civil, também chamada de causa direta ou imediata" (Ac. 1995.001.271), conclui, acertadamente: "Por todas essas circunstâncias, pode-se considerar como prevalentes, no direito brasileiro, as posições doutrinárias que, com base no art. 1.060 do Código Civil Brasileiro, autodenominando-se ora de teoria da interrupção do nexo causal (Supremo Tribunal Federal), ora de teoria da causalidade adequada (STJ e TJRJ), exigem a causalidade necessária entre a causa e o efeito danoso para o estabelecimento da responsabilidade civil"[19].

Portanto, a despeito de reconhecermos que o nosso Código melhor se amolda à teoria da causalidade direta e imediata, somos forçados a reconhecer que, por vezes, a jurisprudência adota a causalidade adequada, no mesmo sentido.

## 4. CAUSAS CONCORRENTES

Problema interessante que ainda merece a nossa atenção diz respeito à concorrência de causas.

[18] GONÇALVES, Carlos Roberto, ob. cit., p. 524.

[19] TEPEDINO, Gustavo, ob. cit., p. 14.

Quando a atuação da vítima também favorece a ocorrência do dano, somando-se ao comportamento causal do agente, fala-se em "concorrência de causas ou de culpas", caso em que a indenização deverá ser reduzida, na proporção da contribuição da vítima.

Neste caso de culpa concorrente, cada um responderá pelo dano na proporção em que concorreu para o evento danoso, o que tem de ser pesado pelo órgão julgador quando da fixação da reparação, uma vez que somente há condenação pela existência da desproporcionalidade da culpa.

Assim, no caso, o dano decorre por causa da atuação de ambos os sujeitos da relação jurídica.

WASHINGTON DE BARROS MONTEIRO, citado por STOCO, manifesta-se a respeito do tema nos seguintes termos: "Se houver concorrência de culpas, do autor do dano e da vítima, a indenização deve ser reduzida. Posto não enunciado expressamente, esse princípio é irrecusável no sistema do direito pátrio, constituindo, entre nós, '*jus receptum*'. A jurisprudência consagra, com efeito, a solução do pagamento pela metade, no caso de culpa de ambas as partes"[20].

Este critério, entretanto, apresentado pelo culto professor paulista, seguido amplamente pela jurisprudência, poderá, em nosso entendimento, ser relativizado pelo julgador, uma vez que este pode verificar, na apreciação do caso concreto, que qualquer das partes contribuiu mais para o desenlace danoso. Neste caso, a sua participação no *quantum* indenizatório final deverá aumentar.

O vigente Código Civil brasileiro, em regra sem equivalência na codificação anterior, adotou expressamente a culpa concorrente como um critério de quantificação da proporcionalidade da indenização, conforme se verifica do seu art. 945, *in verbis*:

> "Art. 945. Se a vítima tiver concorrido culposamente para o evento danoso, a sua indenização será fixada tendo-se em conta a gravidade de sua culpa em confronto com a do autor do dano".

Uma observação final, entretanto, se impõe.

No campo do Direito do Consumidor, a teoria da concorrência de causas não tem essa mesma amplitude.

Isso porque, nos termos do art. 12, § 3°, III, da Lei n. 8.078/90 (Código de Defesa do Consumidor), somente a culpa exclusiva da vítima tem o condão de interferir na responsabilidade civil do fornecedor, excluindo-a. Em outras palavras, a culpa simplesmente concorrente (de ambos os sujeitos da relação jurídica), por não haver sido prevista pela lei, não exime o fornecedor de produto ou serviço de indenizar integralmente o consumidor.

---

[20] MONTEIRO, Washington de Barros. *Curso de Direito Civil*, São Paulo: Saraiva, 1971, citado por STOCO, Rui, *Tratado de Responsabilidade Civil*, 5. ed., São Paulo: RT, 2001, p. 99.

Nesse sentido, escreve ZELMO DENARI: "A culpa exclusiva da vítima é inconfundível com a culpa concorrente: no primeiro caso desaparece a relação de causalidade entre o defeito do produto e o evento danoso, dissolvendo-se a própria relação de responsabilidade; no segundo, a responsabilidade se atenua em razão da concorrência de culpa e os aplicadores da norma costumam condenar o agente causador do dano a reparar pela metade o prejuízo, cabendo à vítima arcar com a outra metade. A doutrina, contudo, sem vozes discordantes, tem sustentado o entendimento de que a lei pode eleger a culpa exclusiva como única excludente de responsabilidade, como fez o Código de Defesa do Consumidor nesta passagem. Caracterizada, portanto, a concorrência de culpa, subsiste a responsabilidade integral do fabricante e demais fornecedores arrolados no *caput*, pela reparação dos danos"[21].

## 5. CONCAUSAS

Utiliza-se a expressão "concausa" para caracterizar o acontecimento que, anterior, concomitante ou superveniente ao antecedente que deflagrou a cadeia causal, acrescenta-se a este, em direção ao evento danoso.

Como ensina CAVALIERI, trata-se de "outra causa que, juntando-se à principal, concorre para o resultado. Ela não inicia nem interrompe o nexo causal, apenas o reforça, tal como um rio menor que deságua em outro maior, aumentando-lhe o caudal"[22].

A grande questão em torno do tema diz respeito à circunstância de esta concausa interromper ou não o processo naturalístico já iniciado, constituindo um novo nexo, caso em que o agente da primeira causa não poderia ser responsabilizado pela segunda.

Se esta segunda causa for absolutamente independente em relação à conduta do agente — quer seja preexistente, concomitante ou superveniente — o nexo causal originário estará rompido e o agente não poderá ser responsabilizado.

Imagine, por exemplo, a hipótese de um sujeito ser alvejado por um tiro, que o conduziria à morte, e, antes do seu passamento por esta causa, um violento terremoto matou-o. Por óbvio, esta causa superveniente, absolutamente independente em face do agente que deflagrou o tiro, rompeu o nexo causal. O mesmo raciocínio aplica-se às causas preexistentes (a ingestão de veneno antes do tiro) e concomitantes (um derrame cerebral fulminante por força de diabetes, ao tempo que é atingido pelo projétil).

Diferentemente, em se tratando de uma causa relativamente independente — aquela que incide no curso do processo naturalístico causal, somando-se à conduta do agente —, urge distinguirmos se é preexistente, concomitante ou superveniente.

Em geral, essas concausas, quando preexistentes ou concomitantes, não excluem o nexo causal, e, consequentemente, a obrigação de indenizar. Tomemos os seguintes

---

21 DENARI, Zelmo et al., *Código Brasileiro de Defesa do Consumidor* — Comentado pelos Autores do Anteprojeto, 5. ed., Rio de Janeiro: Forense Universitária, 1998, p. 153.

22 CAVALIERI FILHO, Sérgio, ob. cit., p. 62.

exemplos: Caio, portador de deficiência congênita e diabetes, é atingido por Tício. Em face da sua situação clínica debilitada (anterior) a lesão é agravada e a vítima vem a falecer. No caso, o resultado continuará imputável ao sujeito, pois a concausa preexistente relativamente independente não interrompeu a cadeia causal. O mesmo ocorre se o sujeito, em razão do disparo de arma de fogo, vem a falecer de susto (parada cardíaca), e não propriamente do ferimento causado. Também nesta hipótese, a concausa concomitante relativamente independente não impede que o agente seja responsabilizado pelo que cometeu.

Entretanto, se se tratar de concausa superveniente — ainda que relativamente independente em relação à conduta do sujeito —, o nexo de causalidade poderá ser rompido se esta causa, por si só, determinar a ocorrência do evento danoso.

É o clássico exemplo do sujeito que, ferido por outrem, é levado de ambulância para o hospital, e falece no caminho, por força do tombamento do veículo. Esta concausa, embora relativamente independente em face da conduta do agente infrator (se este não houvesse ferido a vítima, esta não estaria na ambulância, e não morreria no acidente), determina, por si só, o evento fatal, de forma que o causador do ferimento apenas poderá ser responsabilizado, nas searas civil e criminal, pela lesão corporal causada.

Em conclusão, temos que, apenas se houver determinado, por si só, o resultado danoso, a concausa relativamente independente superveniente haverá rompido o nexo causal, excluindo a responsabilidade do sujeito infrator.

## 6. A TEORIA DA IMPUTAÇÃO OBJETIVA E A RESPONSABILIDADE CIVIL

A teoria da imputação objetiva do resultado, construção doutrinária referente ao nexo de causalidade, tem ganhado posição de destaque entre os cultores do Direito Penal.

Mas, será que esta teoria poderia ser aplicada à responsabilidade civil?

Muitos desconhecem, mas KARL LARENZ, partindo do pensamento de HEGEL, já havia desenvolvido a teoria da imputação objetiva para o Direito Civil, visando estabelecer limites entre os fatos próprios e os acontecimentos acidentais[23].

Nessa linha de raciocínio, se alguém cria ou incrementa uma situação de risco não permitido, responderá pelo resultado jurídico causado, a exemplo do que ocorre quando alguém dá causa a um acidente de veículo, por estar embriagado (criação do risco proibido), ou quando se nega a prestar auxílio a alguém que se afoga, podendo fazê-lo, caracterizando a omissão de socorro (incremento do risco).

---

[23] Esta observação é do Professor Antonio Luís Chaves Camargo, que acrescenta: "A imputação objetiva, na teoria de Larenz, se refere ao problema crucial da ação, ponto de relevância no Direito Penal, inclusive na atualidade. Estabelece Larenz, nesse sentido, que, se não há imputação do fato ao sujeito, este não pode ser considerado como uma causação de resultado, e, portanto, não existe a própria ação, pois tudo é produto de um acidente" (*Imputação Objetiva e Direito Penal Brasileiro*, São Paulo: Cultural Paulista, 2002, p. 62).

Em todas essas hipóteses, o agente poderá ser responsabilizado penalmente, e, por que não dizer, civilmente, para aqueles que admitem a incidência da teoria no âmbito do Direito Civil.

Note-se, entretanto, que, se o "risco criado" é permitido, tolerado, ou insignificante, não haverá imputação objetiva, e, por conseguinte, atribuição causal de resultado.

Poderíamos, pois, à vista de todos esses ensinamentos, indagar se essa teoria é a que melhor explica o nexo de causalidade.

E são os próprios penalistas que concluem no sentido de que, antes de servir como uma nova teoria, a imputação objetiva serve muito mais como mecanismo científico limitador do nexo de causalidade, para identificar as situações em que o resultado não poderia ser atribuído ao agente.

É, portanto, muito mais uma teoria excludente do nexo causal do que propriamente afirmativa da sua existência.

E esta última conclusão também serve para o Direito Civil, razão por que não a colocamos ao lado das teorias anteriormente desenvolvidas.

# LIII CAUSAS EXCLUDENTES DE RESPONSABILIDADE CIVIL E CLÁUSULA DE NÃO INDENIZAR

## 1. INTRODUÇÃO

Após estudarmos os elementos componentes da responsabilidade civil, cuidaremos, neste capítulo, das suas causas excludentes.

Trata-se de matéria com importantes efeitos práticos, uma vez que, com frequência, é arguida como matéria de defesa pelo réu (agente causador do dano) no bojo da ação indenizatória proposta pela vítima.

Cuidaremos, pois, das seguintes excludentes:

1. Estado de necessidade.
2. Legítima defesa.
3. Exercício regular de direito e estrito cumprimento do dever legal.
4. Caso fortuito e força maior.
5. Culpa exclusiva da vítima.
6. Fato de terceiro.

Após analisarmos todas essas excludentes, cuidaremos também da cláusula de não indenizar, tendo em vista que se trata de uma manifestação de vontade direcionada justamente à exclusão da responsabilidade.

## 2. CAUSAS EXCLUDENTES DE RESPONSABILIDADE CIVIL

Como causas excludentes de responsabilidade civil, devem ser entendidas todas as circunstâncias que, por atacar um dos elementos ou pressupostos gerais da responsabilidade civil, rompendo o nexo causal, terminam por fulminar qualquer pretensão indenizatória.

Esse nosso conceito tem por finalidade estabelecer uma regra que sirva para a sistematização de todas as formas de responsabilidade, exigindo-se, assim, uma característica de generalidade.

Sem prejuízo do exposto, mesmo reconhecendo que a "culpa" é um elemento acidental para a caracterização da responsabilidade civil, vale registrar que, quando adotada uma perspectiva subjetivista (lembre-se que a responsabilidade civil aquiliana, de um modo geral, ainda exige a comprovação necessária da culpa para incidir), tal dado anímico é fulminado também com a ocorrência da causa excludente.

Compreendamos melhor essa afirmação no conhecimento, em espécies, das retromencionadas causas.

## 2.1. Estado de necessidade

O estado de necessidade tem assento legal no inciso II do art. 188 do CC/2002, conforme se vê abaixo:

> "Art. 188. Não constituem atos ilícitos:
>
> I — os praticados em legítima defesa ou no exercício regular de um direito reconhecido;
>
> II — a deterioração ou destruição da coisa alheia, ou a lesão a pessoa, a fim de remover perigo iminente.
>
> Parágrafo único. No caso do inciso II, o ato será legítimo somente quando as circunstâncias o tornarem absolutamente necessário, não excedendo os limites do indispensável para a remoção do perigo".

O estado de necessidade consiste na situação de agressão a um direito alheio, de valor jurídico igual ou inferior àquele que se pretende proteger, para remover perigo iminente, quando as circunstâncias do fato não autorizarem outra forma de atuação.

Diz-se, comumente, na hipótese, haver uma "colisão de interesses jurídicos tutelados".

Perceba-se que o parágrafo único do referido artigo de lei prevê que o estado de necessidade "somente será considerado legítimo quando as circunstâncias o tornarem absolutamente necessário, não excedendo os limites do indispensável para a remoção do perigo".

Com isso, quer-se dizer que o agente, atuando em estado de necessidade, não está isento do dever de atuar nos estritos limites de sua necessidade, para a remoção da situação de perigo. Será responsabilizado, pois, por qualquer excesso que venha a cometer.

Diferentemente do que ocorre na legítima defesa, o agente não reage a uma situação injusta, mas atua para subtrair um direito seu ou de outrem de uma situação de perigo concreto.

É o caso do sujeito que desvia o seu carro de uma criança, para não atropelá-la, e atinge o muro da casa, causando danos materiais. Atuou, neste caso, em estado de necessidade.

Note-se, entretanto, que, se o terceiro atingido não for o causador da situação de perigo, poderá exigir indenização do agente que houvera atuado em estado de necessidade, cabendo a este ação regressiva contra o verdadeiro culpado (o pai do bebê que o deixou sozinho, por exemplo) (arts. 929 e 930 do CC/2002).

Esse dever de reparação assenta-se na ideia de equidade e solidariedade social.

Analisando essas regras, WILSON MELO DA SILVA pondera:

> "Mas... e se a situação econômica do autor material do evento for de insolvência, enquanto que, paralelamente a isso, portador de fortuna fosse o terceiro por cuja culpa o dano teve lugar? Pela lei não parece que a vítima tivesse ação direta contra o terceiro. Dos termos da lei claramente se infere que seu direito seria contra o autor material do dano. Este, sim, é que, regressivamente, poderia voltar-se, em tese, contra o terceiro culpado para, dele, haver o que houvesse desembolsado em proveito do dono da coisa lesada"[1].

Nota-se, pois, aí, conclui o culto autor, com inegável razão, "mais outra incongruência de nossa lei", que se revelaria "na sua defeituosa e contraditória determinação no que diz respeito ao estado de necessidade"[2].

## 2.2. Legítima defesa

Também excludente de responsabilidade civil, a legítima defesa tem fundamento no mesmo art. 188 do Código Civil, inciso I, primeira parte:

> "Art. 188. Não constituem atos ilícitos:
>
> I — os praticados em legítima defesa ou no exercício regular de um direito reconhecido;
>
> (...)"

Diferentemente do estado de necessidade, na legítima defesa o indivíduo encontra-se diante de uma situação atual ou iminente de injusta agressão, dirigida a si ou a terceiro, que não é obrigado a suportar.

Note-se que, no caso desta excludente de ilicitude, a doutrina não recomenda a fuga como a conduta mais razoável a se adotar, uma vez que considera legítima a defesa de um interesse juridicamente tutelado, desde que o agente não tenha atuado com excesso[3].

A legítima defesa real (art. 188, I, primeira parte, do CC/2002) pressupõe a reação proporcional a uma injusta agressão, atual ou iminente, utilizando-se moderadamente dos meios de defesa postos à disposição do ofendido.

A desnecessidade ou imoderação dos meios de repulsa poderá caracterizar o excesso, proibido pelo Direito.

---

[1] SILVA, Wilson Melo da. *Da Responsabilidade Civil Automobilística*, São Paulo: Saraiva, 1974, p. 90.

[2] SILVA, Wilson Melo da. ob. e loc. cits.

[3] Interessante é a interferência entre o juízo cível e o criminal. A independência de ambos, como se sabe, é relativa. Como é cediço, o art. 65 do CPP dispõe fazer coisa julgada no cível a sentença penal que haja reconhecido o estado de necessidade, a legítima defesa, o estrito cumprimento do dever legal e o exercício regular de direito. Nesse sentido, aliás, cf. *RSTJ* 93/195.

Vale lembrar que, se o agente, exercendo a sua lídima prerrogativa de defesa, atinge terceiro inocente, terá de indenizá-lo, cabendo-lhe, outrossim, ação regressiva contra o verdadeiro agressor.

Confiram-se os arts. 929 e 930 do CC/2002:

> "Art. 929. Se a pessoa lesada, ou o dono da coisa, no caso do inciso II do art. 188, não forem culpados do perigo, assistir-lhes-á direito à indenização do prejuízo que sofreram.
>
> Art. 930. No caso do inciso II do art. 188, se o perigo ocorrer por culpa de terceiro, contra este terá o autor do dano ação regressiva para haver a importância que tiver ressarcido ao lesado.
>
> Parágrafo único. A mesma ação competirá contra aquele em defesa de quem se causou o dano (art. 188, inciso I)".

Na mesma linha, anote-se que a legítima defesa putativa não isenta o seu autor da obrigação de indenizar. Neste caso, mesmo em face do próprio sujeito que suporta a agressão — não apenas do terceiro inocente — o agente deverá ressarcir o dano, pois esta espécie de legítima defesa não exclui o caráter ilícito da conduta, interferindo apenas na culpabilidade penal.

Encontra-se em legítima defesa putativa o agente que, em face de uma suposta ou imaginária agressão, repele-a, utilizando moderadamente dos meios necessários, para a defesa do seu direito ameaçado. Exemplo clássico: Caio encontra o seu desafeto Tício. Este, então, leva a mão ao bolso para tirar um lenço. Caio, incontinenti, imaginando que o seu inimigo vai sacar uma arma, atira primeiro. Poderá, pois, em tese, alegar a legítima defesa putativa.

Neste caso, a conduta não deixa de ser considerada ilícita, havendo, apenas, o reconhecimento de uma dirimente penal (causa excludente de culpabilidade).

Dessa forma, a despeito de poder esquivar-se da reprimenda penal, o agente (da legítima defesa) deverá ressarcir o sujeito atingido.

## 2.3. Exercício regular de direito e estrito cumprimento do dever legal

Não poderá haver responsabilidade civil se o agente atuar no exercício regular de um direito reconhecido (art. 188, I, segunda parte).

Isso é muito claro.

Se alguém atua escudado pelo Direito, não poderá estar atuando contra este mesmo Direito.

Tal ocorre quando recebemos autorização do Poder Público para o desmatamento controlado de determinada área rural para o plantio de cereais. Atua-se, no caso, no exercício regular de um direito. Da mesma forma, quando empreendemos algumas atividades desportivas, como o futebol e o boxe, podem surgir violações à integridade física de terceiros, que são admitidas, se não houver excesso[4].

Por outro lado, se o sujeito extrapola os limites racionais do lídimo exercício do seu direito, fala-se em abuso de direito, situação desautorizada pela ordem jurídica, que poderá repercutir inclusive na seara criminal (excesso punível).

O abuso de direito é o contraponto do seu exercício regular.

Esta teoria desenvolveu-se a partir do célebre caso de Clement Bayard, julgado por um tribunal francês, no início do século passado. O proprietário de um imóvel, sem razão plausível, construiu altas hastes pontiagudas para prejudicar o voo de aeronaves no terreno vizinho. Cuidava-se de nítido abuso do direito de propriedade.

Durante a vigência do Código anterior não havia norma expressa que consagrasse esta situação de ilicitude, sustendo a doutrina que a admissibilidade da teoria defluiria da própria análise do art. 160, I, segunda parte, do Código, que, ao considerar lícito o "exercício regular de um direito reconhecido", reputaria ilícito, consequentemente, o seu exercício irregular ou abusivo.

O Código Civil atual, por sua vez, é expresso a respeito do tema, disciplinando, em seu art. 187, o abuso de direito.

Analisando este dispositivo, conclui-se não ser imprescindível, pois, para o reconhecimento da teoria do abuso de direito, que o agente tenha a intenção de prejudicar terceiro, bastando, segundo a dicção legal, que exceda manifestamente os limites impostos pela finalidade econômica ou social, pela boa-fé ou pelos bons costumes.

Pronunciando-se a respeito do tema, pondera SILVIO RODRIGUES:

> "Acredito que a teoria atingiu seu pleno desenvolvimento com a concepção de Josserand, segundo a qual há abuso de direito quando ele não é exercido de acordo com a finalidade social para a qual foi conferido, pois, como diz este jurista, os direitos são conferidos aos homem para serem usados de uma forma que se acomode ao interesse coletivo, obedecendo à sua finalidade, segundo o espírito da instituição"[5].

Adotou-se, portanto, o critério finalístico para a identificação do abuso de direito.

Em conclusão, transcrevemos a precisa observação feita por SÍLVIO VENOSA, de referência à expressa consagração da teoria do abuso de direito no Código Civil de 2002:

> "O Projeto, de forma elegante e concisa, prescinde da noção de culpa, no art. 187, para adotar o critério objetivo-finalístico. É válida, portanto, a afirmação apresentada de que o critério de culpa é acidental e não essencial para a configuração do abuso. Adota ainda o Projeto, ao assim estabelecer, a corrente majoritária em nosso meio"[6].

---

[4] O princípio da adequação social também escuda esses comportamentos, não os considerando ilícitos, já que são admitidos pela coletividade.

[5] RODRIGUES, Silvio. *Direito Civil* — Parte Geral, 28. ed., v. 1, São Paulo: Saraiva, 2007, p. 314.

[6] VENOSA, Sílvio de Salvo. *Direito Civil* — Parte Geral, São Paulo: Atlas, 2001, p. 499.

Nesse diapasão, foi editado o Enunciado n. 37 sobre o art. 187 do CC/2002, na I Jornada de Direito Civil da Justiça Federal, consolidando a ideia de que "a responsabilidade civil decorrente do abuso do direito independe de culpa e fundamenta-se somente no critério objetivo-finalístico".

Umbilicalmente ligado a esta excludente é o estrito cumprimento do dever legal.

Não o colocamos em tópico autônomo, independente do exercício regular do direito, pois concordamos com a advertência de FREDERICO MARQUES no sentido de que "o próprio 'cumprimento do dever legal', não explícito no art. 160[7], nele está contido, porquanto atua no exercício regular de um direito reconhecido aquele que pratica um ato 'no estrito cumprimento do dever legal'"[8].

Assim, não há falar-se em responsabilidade civil no caso do agente de polícia que arromba uma residência para o cumprimento de uma ordem judicial, por exemplo.

## 2.4. Caso fortuito e força maior

Dentre as causas excludentes de responsabilidade civil, poucas podem ser elencadas como tão polêmicas quanto a alegação de caso fortuito ou força maior.

Tal afirmação se respalda até mesmo na profunda cizânia doutrinária para tentar definir a diferença entre os dois institutos, havendo quem veja nessa diferença questão "meramente acadêmica", uma vez que se trataria de "sinônimos perfeitos"[9].

Respaldando, de certa forma, a inexistência pragmática de diferença, o Código Civil de 2002, em regra específica, condensou o significado das expressões em conceito único, consoante se pode depreender da análise do seu art. 393:

> "Art. 393. O devedor não responde pelos prejuízos resultantes de caso fortuito ou de força maior, se expressamente não se houver por eles responsabilizado.
>
> Parágrafo único. O caso fortuito ou de força maior verifica-se no fato necessário, cujos efeitos não era possível evitar ou impedir".

No rigor científico que aqui se propugna, parece-nos desafiante, porém, tentar distinguir as duas figuras.

Sem pretender pôr fim à controvérsia, uma vez que seria inadmissível a pretensão, entendemos, como já dissemos alhures, que "a característica básica da força maior é a sua inevitabilidade, mesmo sendo a sua causa conhecida (um terremoto, por exemplo, que pode ser previsto pelos cientistas); ao passo que o caso fortuito, por sua vez, tem a

---

[7] A referência diz respeito ao art. 187 do Projeto do novo Código Civil, que foi renumerado para o atual art. 188 do CC/2002.

[8] Citado por GONÇALVES, Carlos Roberto. *Responsabilidade Civil*, 19. ed., São Paulo: Saraiva, 2020, p. 718.

[9] WALD, Arnoldo. *Curso de Direito Civil Brasileiro* — Obrigações e Contratos, 9. ed., v. II, São Paulo: Revista dos Tribunais, 1990, p. 111.

sua nota distintiva na sua imprevisibilidade, segundo os parâmetros do homem médio. Nesta última hipótese, portanto, a ocorrência repentina e até então desconhecida do evento atinge a parte incauta, impossibilitando o cumprimento de uma obrigação (um atropelamento, um roubo)"[10].

Não concordamos, ainda, com aqueles que, seguindo o pensamento do culto ARNOLDO MEDEIROS DA FONSECA, visualizam diferença entre "ausência de culpa" e "caso fortuito", por entender que a primeira é gênero, no qual estaria compreendido o segundo[11]. Melhor é a conclusão de SÍLVIO VENOSA, no sentido de não existir interesse prático na distinção dos conceitos, inclusive pelo fato de o Código Civil não tê-lo feito (art. 393 do CC/2002)[12].

Um dado a se registrar, porém, até para marcar a nossa discordância sobre o pensamento mencionado, é o fato de que o caso fortuito e a força maior, como excludentes de responsabilidade, atacam justamente o nexo causal do dano perpetrado, e não necessariamente o elemento acidental culpa, embora o elemento anímico também seja alvejado com a sua ocorrência.

E o que dizer sobre a incidência de tal excludente, nas hipóteses de responsabilidade civil objetiva?

A questão é complexa, pois o desprezo pelo elemento culpa é irrelevante quando o que se ataca é justamente o imprescindível nexo causal.

Em primeiro lugar, é importante registrar que, até mesmo pela análise da parte final do *caput* do art. 393 do CC/2002, o devedor, à luz do princípio da autonomia da vontade, pode expressamente se responsabilizar pelo cumprimento da obrigação, mesmo em se configurando o evento fortuito.

Em exemplo já por nós ventilado, "se uma determinada empresa celebra um contrato de locação de gerador com um dono de boate, nada impede que se responsabilize pela entrega da máquina, no dia convencionado, mesmo na hipótese de suceder um fato imprevisto ou inevitável que, naturalmente, a eximiria da obrigação (um incêndio que consumiu todos os seus equipamentos). Nesse caso, assumirá o dever de indenizar o contratante, se o gerador que seria locado houver sido destruído pelo fogo, antes da efetiva entrega. Esta assunção do risco, no entanto, para ser reputada eficaz, deverá constar de cláusula expressa do contrato"[13].

---

[10] GAGLIANO, Pablo Stolze; PAMPLONA FILHO, Rodolfo. *Novo Curso de Direito Civil* — Obrigações, 21. ed., São Paulo: Saraiva, 2020, v. 2, p. 308.

[11] FONSECA, Arnoldo Medeiros da. *Caso Fortuito e Teoria da Imprevisão*, 3. ed., Rio de Janeiro: Forense, 1958.

[12] VENOSA, Sílvio de Salvo. *Direito Civil* — Teoria Geral das Obrigações e Teoria Geral dos Contratos, 2. ed., São Paulo: Atlas, 2002, p. 254. No mesmo sentido, reconhecendo que o caso fortuito/força maior e a ausência de culpa são definições que se identificam, Orlando Gomes, citando Barassi, pontifica: "O conceito de caso fortuito resulta, assim, de determinação negativa. Caso, segundo BARASSI, é conceito antitético de culpa" (GOMES, Orlando, ob. cit., 8. ed., p. 179).

[13] GAGLIANO, Pablo Stolze; PAMPLONA FILHO, Rodolfo, ob. cit., p. 292-3.

Enfrentando, porém, a questão da responsabilidade civil objetiva, a assunção de riscos somente poderia afastar a responsabilização no caso de comprovação efetiva, pelo sujeito responsabilizado, de absoluta ausência dos elementos essenciais da responsabilidade civil (conduta humana, nexo causal e dano).

Tratando da responsabilidade civil do Estado, SAULO JOSÉ CASALI BAHIA lembra a distinção entre o caso fortuito interno e o caso fortuito externo:

> "O caso fortuito interno ocorreria a partir da atividade da própria administração. Seria um fato imprevisível, mas atrairia responsabilidade civil ao Estado. Isto porque deve-se entender que a atividade estatal criou um risco. Se a administração se coloca no mundo físico, guiando um carro, construindo um edifício, fez surgir, pelo só fato da sua atividade, um risco para os demais. Reparará, portanto, por este risco que criou. Pouco importa que a barra de direção do veículo oficial houvesse partido pelo acaso ou o edifício público desabado pela ação das chuvas. Como se vê, não se exige a presença de culpa. A teoria é objetiva (risco administrativo).
>
> Por outro lado, haveria casos fortuitos (denominados casos fortuitos externos) que não adviriam da atividade da administração, mas de terceiros ou da natureza. Neste caso, a administração não deveria reparar ao lesado (só a teoria do risco social fará com que o caso fortuito externo não sirva como excludente). Num exemplo: ninguém poderá reclamar responsabilidade civil do Estado se um raio caiu sobre sua residência e danificou o telhado"[14].

A tese é, sem dúvida, atrativa.

Todavia, parece-nos que, no rigor metodológico, muito do que se chama de "caso fortuito externo" seria, simplesmente, a ausência de conduta humana (comissiva — a prática de ato danoso, ou omissiva — a não observância de deveres legais de conduta) imputável ao sujeito responsabilizado (no caso, à Administração).

Havendo como identificar a conduta do responsabilizado, que assumiu os riscos de sua atividade, somente a efetiva quebra do nexo causal poderá ensejar o reconhecimento da excludente mencionada de responsabilidade civil.

## 2.5. Culpa exclusiva da vítima

A exclusiva atuação culposa da vítima tem também o condão de quebrar o nexo de causalidade, eximindo o agente da responsabilidade civil.

Imagine a hipótese do sujeito que, guiando o seu veículo segundo as regras de trânsito, depara-se com alguém que, visando suicidar-se, arremessa-se sob as suas rodas. Neste caso, o evento fatídico, obviamente, não poderá ser atribuído ao motorista (agente), mas sim, e tão somente, ao suicida (vítima).

14 BAHIA, Saulo José Casali. *Responsabilidade Civil do Estado*, Rio de Janeiro: Forense, 1995, p. 71.

Outro exemplo, já no campo da responsabilidade do Estado, citado por BANDEIRA DE MELLO, merece referência: "Figure-se que um veículo militar esteja estacionado e sobre ele precipite um automóvel particular, sofrendo avarias unicamente neste último. Sem os dois veículos não haveria a colisão e os danos não se teriam produzido. Contudo, é de evidência solar que o veículo do Estado não causou o dano. Não se deveu a ele a produção do evento lesivo. Ou seja: inexistiu relação causal que ensejaria a responsabilidade do Estado"[15].

Não há falar-se, pois, neste caso, em responsabilidade civil.

Discorrendo sobre o tema, AGUIAR DIAS, com habitual precisão, observa: "Admite-se como causa de isenção de responsabilidade o que se chama de culpa exclusiva da vítima. Com isso, na realidade, se alude a ato ou fato exclusivo da vítima, pelo qual fica eliminada a causalidade em relação ao terceiro interveniente no ato danoso"[16].

Mas note-se que somente se houver atuação exclusiva da vítima haverá quebra do nexo causal. Como vimos linhas acima, havendo concorrência de culpas (ou causas) a indenização deverá, como regra geral, ser mitigada, na proporção da atuação de cada sujeito.

## 2.6. Fato de terceiro

Nessa mesma linha de raciocínio, interessa saber se o comportamento de um terceiro — que não seja o agente do dano e a vítima — rompe o nexo causal, excluindo a responsabilidade civil[17].

Segundo SÍLVIO VENOSA, "a questão é tormentosa na jurisprudência, e o juiz, por vezes, vê-se perante uma situação de difícil solução. Não temos um texto expresso de lei que nos conduza a um entendimento pacífico. Na maioria das vezes, os magistrados decidem por equidade, embora não o digam"[18].

Note-se que, a princípio, desde que haja a atuação causal de um terceiro, sem que se possa imputar participação do autor do dano, o elo de causalidade restaria rompido.

Todavia, a matéria não é pacífica e, de todas as excludentes, esta é a que maior resistência encontra na jurisprudência pátria.

Cite-se, por exemplo, a Súmula 187 do Supremo Tribunal Federal: "A responsabilidade contratual do transportador, pelo acidente com passageiro, não é ilidida por culpa de terceiro, contra o qual tem ação regressiva".

O fundamento deste entendimento sumulado é claro na medida em que a obrigação do transportador é de resultado, compreensiva de inafastável cláusula de segurança,

---

15 MELLO, Celso Antônio Bandeira de. *Curso de Direito Administrativo*, 10. ed., São Paulo: Malheiros, 1998, p. 634.

16 DIAS, José de Aguiar. *Da Responsabilidade Civil*, v. II, Rio de Janeiro: Forense, 1994, p. 693.

17 Ainda que de forma indireta, o Código Civil reconhece esta causa excludente nos arts. 929 e 930.

18 VENOSA, Sílvio de Salvo. *Responsabilidade Civil*, 3. ed., São Paulo: Atlas, 2003, p. 48.

mesmo que esta não esteja expressamente prevista no contrato. Por isso, deverá indenizar a vítima, sem prejuízo de eventual direito de regresso.

Em algumas hipóteses, entretanto, o fato de terceiro que haja rompido o nexo causal, sem que se possa imputar participação ao agente, exonera, em nosso entendimento, completamente a sua responsabilidade, devendo a vítima voltar-se diretamente contra o terceiro.

Se, por exemplo, o sujeito estiver ultrapassando, com o seu Fusca, pelo lado esquerdo da pista, um caminhão, e o motorista deste, imprudentemente, arremessá-lo para fora da estrada, será obrigado (o agente que guiava o carro) a indenizar o pedestre que atropelou? Ou poderia alegar o fortuito, para o efeito de se eximir da obrigação de ressarcir?

Em muitos julgados, tende-se a reconhecer a responsabilidade do causador do dano, a quem caberia ação regressiva contra o terceiro, mesmo em caso de abalroamento.

Não entendemos assim, pois, em tal situação, diferentemente do que ocorre no estado de necessidade, em que o sujeito causador do dano atua para livrar-se do perigo, no abalroamento do Fusca, este veículo fora apenas um mero instrumento na cadeia causal dos acontecimentos.

Daí por que, no caso, só restaria à vítima acionar o motorista do caminhão.

Nesse sentido, WILSON MELO DA SILVA pondera: "Se o fato de terceiro, referentemente ao que ocasiona um dano, envolve uma clara imprevisibilidade, necessidade e, sobretudo, marcada inevitabilidade sem que, para tanto, intervenha a menor parcela de culpa por parte de quem sofre o impacto substanciado pelo fato de terceiro, óbvio é que nenhum motivo haveria para que não se equiparasse ele ao caso fortuito. Fora daí, não. Só pela circunstância de se tratar de um fato de terceiro, não se tornaria ele equipolente ao *casus* ou à *vis major*"[19].

Parece-nos lógico, porém, que, em situações como essa, o ônus da prova é do causador material do dano, que deve demonstrar que sua participação no evento danoso foi como mero instrumento da atuação do efetivo responsável.

A matéria, entretanto, não é pacífica, havendo julgados, como vimos, no sentido de autorizar que a vítima demande diretamente o causador do dano, ressalvado a este o direito de agir regressivamente contra o terceiro, por meio da denunciação da lide.

## 3. CLÁUSULA DE NÃO INDENIZAR

Obviamente, pela natureza mesma do referido pacto, esta cláusula somente tem cabida na responsabilidade civil contratual.

[19] SILVA, Wilson Melo da. *Da Responsabilidade Civil Automobilística*, São Paulo: Saraiva, 1974, p. 70.

Trata-se, pois, de convenção por meio da qual as partes excluem o dever de indenizar, em caso de inadimplemento da obrigação.

Após advertir que esta cláusula não poderá violar princípios superiores de ordem pública, o mestre CAIO MÁRIO DA SILVA PEREIRA, lembrando que a sua admissibilidade em nosso direito é menos ampla do que no sistema francês[20], observa: "Os seus efeitos consistem no afastamento da obrigação consequente ao ato danoso. Não contém apenas uma inversão do *onus probandi*. Dentro do campo de sua aplicação e nos limites de sua eficácia é uma excludente de responsabilidade"[21]. Daí por que também é conhecida como "cláusula de irresponsabilidade".

Em verdade, esta cláusula não nos agrada muito.

No Direito Civil ensinado e difundido na primeira metade do século XX, imbuído de ideais individualistas e egoísticos, esta convenção teria lugar mais apropriado.

Não nos dias de hoje, em que vivemos um repensar do Direito Privado, mais vocacionado aos superiores princípios constitucionais, e influenciado por valores de solidarismo social.

Oportunas, pois, neste ponto, as palavras de LUIZ EDSON FACHIN:

> "Passando por sobre o sistema tradicional do individualismo, cuja força ainda gera uma ação de retaguarda para mantê-lo incólume, os princípios de justiça distributiva tornaram-se dominantes, a ponto de serem considerados tendências mundiais da 'percepção bem concreta dessa coisa que se chama solidariedade social que nas modernas sociedades, já penetrou profundamente na área do direito privado"[22].

Para este novo Direito Civil, mais socializado, subversivo dos antigos paradigmas, a cláusula de não indenizar, posto não seja vedada pelo Código Civil, é condicionada a alguns parâmetros como a igualdade dos estipulantes e a não infringência de superiores preceitos de ordem pública.

Não é por outro motivo que o Código de Defesa do Consumidor, em seu art. 25, veda cláusula que impossibilite, exonere ou atenue a responsabilidade civil do fornecedor.

E o motivo é simples: a hipossuficiência do consumidor aconselha a intervenção estatal no domínio da autonomia privada, para considerar abusiva a cláusula que beneficie a parte economicamente mais forte. Principalmente em se tratando de contratos de adesão, em que a manifestação livre de vontade do aderente é mais reprimida.

Daí por que não consideramos válida a estipulação contratual costumeiramente imposta por empresas de guarda de veículos (estacionamentos pagos) no sentido de não se responsabilizarem por furtos de objetos ocorridos no interior dos automóveis.

---

20 A Súmula 161 do STF veda expressamente esta cláusula nos contratos de transporte: "Em contrato de transporte, é inoperante a cláusula de não indenizar".

21 PEREIRA, Caio Mário da Silva. *Responsabilidade Civil*, 9. ed., Rio de Janeiro: Forense, 2000, p. 305.

22 FACHIN, Luiz Edson. *Teoria Crítica do Direito Civil*, Rio de Janeiro: Renovar, 2000, p. 217.

Desde que não tenha a vítima concorrido exclusivamente para o evento (culpa exclusiva da vítima), esta cláusula não prevalece, por ser abusiva, e a indenização há de ser cabal.

Assim, à vista de todo o exposto, poderíamos fixar a premissa de que esta cláusula só deve ser admitida quando as partes envolvidas guardarem entre si uma relação de igualdade, de forma que a exclusão do direito à reparação não traduza renúncia da parte economicamente mais fraca.

Nesse sentido, estabeleceu o Enunciado 631 da VIII Jornada de Direito Civil da Justiça Federal, tratando do art. 946 do Código Civil:

> "Como instrumento de gestão de riscos na prática negocial paritária, é lícita a estipulação de cláusula que exclui a reparação por perdas e danos decorrentes do inadimplemento (cláusula excludente do dever de indenizar) e de cláusula que fixa valor máximo de indenização (cláusula limitativa do dever de indenizar)".

Trata-se, sem dúvida, da melhor forma de equacionar a matéria[23].

[23] Vale destacar a Súmula 638 do STJ: "É abusiva a cláusula contratual que restringe a responsabilidade de instituição financeira pelos danos decorrentes de roubo, furto ou extravio de bem entregue em garantia no âmbito de contrato de penhor civil".

# LIV A RESPONSABILIDADE CIVIL SUBJETIVA E A NOÇÃO DE CULPA

## 1. INTRODUÇÃO

Talvez o nosso leitor possa ter percebido, durante a análise desta obra, que, subvertendo a sistemática da teoria clássica da responsabilidade civil, tivemos o cuidado de analisar a matéria sem o costumeiro vício de nos deixarmos seduzir pela ideia de culpa.

Durante o desenvolvimento dos elementos da responsabilidade civil, cuidou-se de adotar um critério metodológico preciso, que servisse para as duas principais espécies de responsabilidade — a subjetiva (com aferição de culpa) e a objetiva (sem aferição de culpa) — postas, lado a lado, pelo Código de 2002.

Não preferimos, pois, uma em detrimento da outra.

Por isso, o tópico objeto do presente capítulo não foi inserido no estudo dos elementos ou requisitos componentes da responsabilidade, em virtude de faltar-lhe o necessário cunho de generalidade.

De tal forma, reservamos o presente capítulo para a análise da culpa, tema dos mais intrincados, e que já gozou de maior prestígio entre os cultores da responsabilidade, sobretudo logo após a edição do Código Civil francês.

Em sequência, no próximo capítulo, deitaremos olhos na responsabilidade civil objetiva, com ênfase na atividade de risco.

## 2. BREVE HISTÓRICO E CONCEITO DE CULPA: DA GLÓRIA AO DECLÍNIO

A exigência da culpa como pressuposto da responsabilidade civil representou, inegavelmente, um grande avanço na história da civilização, na medida em que se abandonou o objetivismo típico das sociedades antigas, onde a resposta ao mal causado era difusa, passando-se a se exigir um elemento subjetivo que pudesse viabilizar a imputação psicológica do dano ao seu agente.

A despeito da falta de consenso, muitos doutrinadores apontam que foi por meio da *Lex Aquilia* que o conceito de culpa incorporou-se definitivamente à responsabilidade extracontratual (ou aquiliana) do Direito Romano.

Observando tal aspecto, ALVINO LIMA assevera:

> "É incontestável, entretanto, que a evolução do instituto da responsabilidade extracontratual ou aquiliana se operou, no direito romano, no sentido de se introduzir o

elemento culpa, contra o objetivismo do direito primitivo, expurgando-se do direito a ideia de pena, para substituí-la pela de reparação do dano sofrido"[1].

Do Direito Romano — principal fonte histórica de que dispomos — para a modernidade, a culpa encontrou no Código Civil francês o seu principal anteparo normativo, espraiando-se e influenciando todas as legislações modernas.

A nossa própria legislação codificada de 1916 assenta a responsabilidade civil nesta noção, ao estabelecer como norma genérica a responsabilidade civil subjetiva, nos termos do seu art. 159.

Entretanto, todo esse prestígio de que gozou a ideia de culpa — entendida em sentido lato para compreender também o dolo — esbarra em uma incômoda e aparentemente intransponível dificuldade: a fixação satisfatória do seu conceito.

Afinal, o que se entende por "culpa"?

SAVATIER, citado por AGUIAR DIAS, após reconhecer na ideia de culpa dois elementos (objetivo — o dever violado, e subjetivo — a imputabilidade do agente), define-a nos seguintes termos: "A culpa (*faute*) é a inexecução de um dever que o agente podia conhecer e observar. Se efetivamente o conhecia e deliberadamente o violou, ocorre o delito civil ou, em matéria de contrato, o dolo contratual. Se a violação do dever, podendo ser conhecida e evitada, é involuntária, constitui a culpa simples, chamada, fora da matéria contratual, de quase-delito"[2].

Já os alemães, como observa MARTON, tornariam mais objetiva a noção de culpa, utilizando para tanto o critério justiniano do *bonus pater familias*[3].

Outra definição é mencionada por GHERSI: "Así es que la culpa implica un juicio de reprochabilidad sobre la conducta de una persona, teniéndose en cuenta la prudencia y la diligencia del actuar del sujeto. O, como enseñam Ripert Y Boulanger, incurrir en culpa consiste en no conducirse como se deberia"[4].

Entre nós, a culpa sempre foi considerada pedra de toque da responsabilidade civil, preferindo-se identificar em seu conceito a ideia de violação de uma norma jurídica anterior.

---

1 LIMA, Alvino. *Culpa e Risco*, 2. ed., São Paulo: Revista dos Tribunais, 1999, p. 26.

2 DIAS, José de Aguiar. *Da Responsabilidade Civil*, v. I, Rio de Janeiro: Forense, 1994, p. 110.

3 DIAS, José de Aguiar, ob. cit., p. 111. "*BONUS PATER FAMILIAS.* Expressão latina. Bom pai de família. Trata-se de um conceito padrão utilizado juridicamente como ponto de referência da diligência que se exige no comportamento e da avaliação da culpa *in abstracto*. Assim sendo, o bom pai de família seria o protótipo do cidadão médio, prudente, normal, atento, dotado de ordinária inteligência, hábil, empenhado e dedicado. Seria o paradigma do homem abstratamente diligente que cumpre seus deveres legais ou convencionais sem que se considerem sua cultura, aptidão, instrução" (DINIZ, Maria Helena. *Dicionário Jurídico*, v. 1, São Paulo: Saraiva, 1998, p. 432-433).

4 GHERSI, Carlos Alberto. *Teoria General de la Reparación de Daños*, 2. ed., Buenos Aires: Astrea, 1999, p. 122.

Nesse sentido, CAIO MÁRIO DA SILVA PEREIRA:

> "A doutrina brasileira reza, mais frequentemente, no conceito vindo de Marcel Planiol (violação de norma preexistente), sem embargo de encontrar guarida a ideia de 'erro de conduta', como ocorre em minhas *Instituições de Direito Civil*, vol. I, n. 114; ou com Silvio Rodrigues, Direito Civil, vol. 4, n. 53; ou com Alvino Lima quando diz que a culpa é um erro de conduta, moralmente imputável ao agente, e que não seria cometido por uma pessoa avisada, em iguais circunstâncias"[5].

Ainda dentro de um esforço conceitual, o Professor RUI STOCO preleciona:

> "Quando existe intenção deliberada de ofender o direito, ou de ocasionar prejuízo a outrem, há o dolo, isto é, o pleno conhecimento do mal e o direto propósito de o praticar. Se não houvesse esse intento deliberado, proposital, mas o prejuízo veio a surgir, por imprudência ou negligência, existe a culpa (*stricto sensu*)"[6].

Em decorrência da erudição do conceito retroapresentado, reconhecemos ser uma tarefa por demais ousada fixar um conceito nosso.

Tentaremos fazê-lo, dentro da perspectiva crítica e criadora desta obra, embora não pretendamos esgotar a melindrosa noção de culpa em poucas palavras.

Em nosso entendimento, portanto, a culpa (em sentido amplo) deriva da inobservância de um dever de conduta, previamente imposto pela ordem jurídica, em atenção à paz social. Se esta violação é proposital, atuou o agente com dolo; se decorreu de negligência, imprudência ou imperícia, a sua atuação é apenas culposa, em sentido estrito.

Pela natural dificuldade de subsunção do caso concreto ao conceito proposto, as legislações falharam ao centralizar a responsabilidade civil no impreciso conceito de culpa.

Ainda mais em uma sociedade tão tumultuada como a nossa, em que a globalização das relações econômicas, temperadas por frequentes notas de exploração, aliada à massificação do consumo e ao incremento do risco, torna tão difícil a fixação de um conceito tão subjetivo.

Por isso, lembra MARTINHO GARCEZ NETO que "a noção de culpa, que parecia tão sólida, permitindo a RIPERT (*La Régle Morale dans les Obligations Civiles*, 4. ed., 1949, n. 112, p. 206) assinalar que, durante todo o século XIX, os juristas não ousaram levantar qualquer dúvida sobre esse fundamento da responsabilidade, encontra-se, há cerca de meio século, submetido à crítica mais severa de que se tem notícia no mundo contemporâneo. E não será por outra razão que se dá a esse movimento o título de 'crise da responsabilidade civil'"[7].

---

[5] PEREIRA, Caio Mário da Silva. *Responsabilidade Civil*, 9. ed., Rio de Janeiro: Forense, 2000, p. 69.

[6] STOCO, Rui. *Tratado de Responsabilidade Civil* — Responsabilidade Civil e sua Interpretação Jurisprudencial, 5. ed., São Paulo: RT, 2001, p. 97.

[7] GARCEZ NETO, Martinho. *Responsabilidade Civil no Direito Comparado*, Rio de Janeiro: Renovar, 2000, p. 86.

E o mais interessante de tudo é que foi no próprio direito francês que surgiram as primeiras vozes de crítica à concepção tradicional apegada à ideia de culpa.

O movimento iniciado pelas doutrinas de JOSSERAND e SALEILLES passaria a dirigir duras críticas à concepção restritiva da culpa que, dada a sua imprecisão, não poderia resolver os complexos problemas referentes à responsabilidade civil[8].

A partir daí surgiria a teoria do risco, fundamento da responsabilidade objetiva, que admitiria a possibilidade de responsabilização do sujeito que empreendesse atividade perigosa, independentemente da análise de sua culpa.

O Código Civil de 1916, no entanto, consoante já anotamos, profundamente influenciado pelo direito francês, adotaria a culpa como viga de sua responsabilidade, consoante se depreende da análise do seu art. 159:

> "Art. 159. Aquele que, por ação ou omissão voluntária, negligência ou imprudência, violar direito, ou causar prejuízo a outrem, fica obrigado a reparar o dano. A verificação da culpa e a avaliação da responsabilidade regulam-se pelo disposto neste Código, arts. 1.518 a 1.532 e 1.537 a 1.553".

Comentando tal dispositivo, pondera ORLANDO GOMES:

> "O direito pátrio baseia na culpa a responsabilidade delitual. Nenhuma dúvida se pode ter, com a leitura do art. 159, do Cód. Civil, de que aceitou a teoria subjetivista. Contudo, alguns escritores sustentam que, em certas disposições, acolheu a doutrina objetiva, como se verá adiante. O fato de ter sido consagrado o princípio da responsabilidade baseada na culpa não significa que, em nosso direito positivo, inexistam regras consagradoras da responsabilidade fundada no risco. Leis especiais, como dentre outras a de acidente de trabalho, adotaram a concepção objetiva"[9].

O Código Civil de 2002, por sua vez, afastando-se da orientação da lei revogada, consagrou expressamente a teoria do risco e, ao lado da responsabilidade subjetiva (calcada na culpa), admitiu também a responsabilidade objetiva, consoante se infere da leitura do seu art. 927:

> "Art. 927. Aquele que, por ato ilícito (arts. 186 e 187), causar dano a outrem, é obrigado a repará-lo.
>
> Parágrafo único. Haverá obrigação de reparar o dano, independentemente de culpa, nos casos especificados em lei, ou quando a atividade normalmente desenvolvida pelo autor do dano implicar, por sua natureza, risco para os direitos de outrem".

Percebe-se, então, que, ao lado da responsabilidade decorrente do ilícito civil, em cujas noções encontra-se inserida a ideia de culpa, bem como do abuso de direito (em

---

8 LIMA, Alvino, ob. cit., p. 40.

9 GOMES, Orlando. *Obrigações*, 8. ed., Rio de Janeiro: Forense, 1992, p. 344.

que o elemento a ser observado é a violação a um critério objetivo-finalístico) (arts. 186 e 187[10]), poderá o magistrado também reconhecer a responsabilidade civil do infrator, sem indagação de culpa (responsabilidade objetiva), em duas situações, previstas no parágrafo único do art. 927, supramencionado:

a) nos casos especificados em lei;
b) quando a atividade normalmente desenvolvida pelo autor do dano implicar, por sua natureza, risco para os direitos de outrem.

Como visto, a culpa passou por todo um processo de sedimentação doutrinária, com largo período de prestígio e primazia, culminando por perder a importância de outrora nos ordenamentos jurídicos contemporâneos, inclusive no nosso.

## 3. ELEMENTOS DA CULPA

A culpa, em sentido amplo, compõe-se, segundo a doutrina tradicional, dos seguintes elementos:

a) voluntariedade do comportamento do agente — ou seja, a atuação do sujeito causador do dano deve ser voluntária, para que se possa reconhecer a culpabilidade. Note-se que, se houver, também, vontade direcionada à consecução do resultado proposto, a situação reveste-se de maior gravidade, caracterizando o dolo. Neste, portanto, não apenas o *agir*, mas o próprio *escopo* do agente é voltado à realização de um prejuízo. Na culpa em sentido estrito, por sua vez, sob qualquer das suas três formas de manifestação (negligência, imprudência ou imperícia), o dano resulta da violação de um dever de cuidado, sem que o agente tenha a vontade posicionada no sentido da realização do dano;
b) previsibilidade — só se pode apontar a culpa se o prejuízo causado, vedado pelo direito, era previsível. Escapando-se do campo da previsibilidade, ingressamos na seara do fortuito que, inclusive, pode interferir no nexo de causalidade, eximindo o agente da obrigação de indenizar;
c) violação de um dever de cuidado — a culpa implica a violação de um dever de cuidado. Se esta inobservância é intencional, como visto, temos o dolo.

## 4. GRAUS E FORMAS DE MANIFESTAÇÃO DA CULPA EM SENTIDO ESTRITO (NEGLIGÊNCIA, IMPRUDÊNCIA E IMPERÍCIA)

Tradicionalmente, o nosso Código de 1916 abandonou a antiga gradação, oriunda do Direito Romano, que estabelecia graus de culpa: grave, leve e levíssima.

---

10 "Art. 186. Aquele que, por ação ou omissão voluntária, negligência ou imprudência, violar direito e causar dano a outrem, ainda que exclusivamente moral, comete ato ilícito. Art. 187. Também comete ato ilícito o titular de um direito que, ao exercê-lo, excede manifestamente os limites impostos pelo seu fim econômico ou social, pela boa-fé ou pelos bons costumes."

Com fundamento na doutrina de RUI STOCO, poderíamos explicar esses três graus da seguinte forma[11]:

a) culpa grave — embora não intencional, o comportamento do agente demonstra que ele atuou "como se tivesse querido o prejuízo causado à vítima", o que inspirou o ditado *culpa lata dolo aequiparatur*;
b) culpa leve — é a falta de diligência média que um homem normal observa em sua conduta;
c) culpa levíssima — trata-se da falta cometida por força de uma conduta que escaparia ao padrão médio, mas que um diligentíssimo *pater familias*, especialmente cuidadoso e atento, guardaria.

Diferentemente do que ocorre no Direito Penal, em que a culpa é considerada para efeito de fixação da sanção (pena-base), no Direito Civil, a sanção não está adstrita ou condicionada ao elemento psicológico da ação, mas sim, à extensão do dano. Para efeito de indenizar, portanto, não se distingue, *a priori*, o dolo da culpa leve, por exemplo.

Aliás, como lembra CAVALIERI, "ainda que levíssima, a culpa obriga a indenizar (*in lege aquilea et levíssima culpa venit*)"[12].

Por isso, à luz do diploma anterior, a doutrina costumava criticar essa distinção, apontando a sua pouca utilidade.

Nesse sentido, SILVIO RODRIGUES: "Tal distinção se apresenta irrelevante em matéria de responsabilidade extracontratual, onde a necessidade de reparar advém de culpa do agente (de qualquer grau), mas onde o elemento predominante é o alcance do prejuízo experimentado pela vítima". E arremata considerando ser mais "útil a distinção entre a culpa *in concreto* e a culpa *in abstrato*"[13]. A primeira seria examinada no caso sob julgamento, considerando as circunstâncias fáticas apresentadas; a segunda, aquela que contempla o homem médio, segundo a noção de *bonus pater familias* dos romanos. Para ele, deveria prevalecer, em nosso sistema, a perquirição da culpa *in concreto*, por ser a mais adequada[14].

Entretanto, a impressão que temos é de que o Código Civil de 2002 passou a se importar com os graus de culpa, para efeito de mensurar a obrigação de indenizar decorrente da responsabilidade civil.

Ao analisarmos o parágrafo único do art. 944, regra sobre a qual nos debruçaremos mais adiante ao estudarmos a indenização, constatamos que a extensão do dano deixou

---

[11] STOCO, Rui, ob. cit., p. 101.

[12] CAVALIERI FILHO, Sérgio. *Programa de Responsabilidade Civil*, 2. ed., São Paulo: Malheiros, 2000, p. 42.

[13] RODRIGUES, Silvio. *Direito Civil* — Parte Geral, v. 1, 28. ed., São Paulo: Saraiva, 2007, p. 306.

[14] RODRIGUES, Silvio. ob. e loc. cits.

de ser o único termômetro de mensuração da reparação civil, uma vez que se reconheceu ao juiz poderes para, agindo por equidade, reduzir o *quantum* indenizatório se verificar excessiva desproporção entre a gravidade da culpa e o dano.

Com isso, quer-nos parecer que o legislador, lançando mão da análise dos graus de culpa, permitiu o abrandamento da situação do réu, facultando ao juiz impor-lhe sanção pecuniária menos gravosa, se verificar, no caso concreto, a despeito da extensão do dano, que a sua culpa foi leve ou levíssima.

Comentando este dispositivo, PABLO STOLZE GAGLIANO, em artigo publicado no *Repertório de Jurisprudência IOB*, observou:

> "Acontece que o Código Civil recém-aprovado altera profundamente o tratamento da matéria, ao permitir, em seu parágrafo único do art. 944, que o juiz possa, por equidade, diminuir a indenização devida, se houver excessiva desproporção entre a gravidade da culpa e o dano.
>
> Ora, tal permissivo, subvertendo o princípio de que a indenização mede-se pela extensão do dano, permite que o juiz investigue culpa para o efeito de reduzir o *quantum debeatur*. É o caso, por exemplo, de o magistrado constatar que o infrator não teve intenção de lesionar, embora haja causado dano considerável. Será que a vetusta classificação romana de culpa (leve, grave e gravíssima), oriunda do Direito Romano, ressurgiu das cinzas, tal qual Fenix?
>
> Não sei até onde vai a utilidade da norma, que, sem sombra de dúvida, posto possa se afigurar justa em determinado caso concreto, rompe definitivamente com o princípio de ressarcimento integral da vítima.
>
> Isso sem mencionar que o ilícito praticado pode decorrer do exercício de atividade de risco, ou estar previsto em legislação especial como ensejador de responsabilidade objetiva, e o juiz, para impor a obrigação de indenizar, não necessite investigar a culpa do infrator. Como então explicar que, para o reconhecimento da responsabilidade seja dispensada a indagação da culpa, e para a fixação do valor indenizatório, a mesma seja invocada para beneficiar o réu?"[15].

*A priori*, a norma, embora formalmente não limitada, parece ter sido concebida sob medida para as reparações pecuniárias de danos morais, tendo em vista a impossibilidade fática e jurídica de se aferir objetivamente um valor exato e inquestionável para o dano perpetrado.

Outro tema menos polêmico diz respeito às formas pelas quais a culpa, entendida em sentido estrito, se manifesta.

[15] GAGLIANO, Pablo Stolze. A Responsabilidade Extracontratual no Novo Código Civil e o Surpreendente Tratamento da Atividade de Risco. *Repertório de Jurisprudência IOB*, Texto 3/19551, 1ª quinzena de out. 2002, p. 529.

Nesse sentido, teríamos:

a) negligência — é a falta de observância do dever de cuidado, por omissão. Tal ocorre, por exemplo, quando o motorista causa grave acidente por não haver consertado a sua lanterna traseira, por desídia;

b) imprudência — esta se caracteriza quando o agente culpado resolve enfrentar desnecessariamente o perigo. O sujeito, pois, atua contra as regras básicas de cautela. Caso do indivíduo que manda o seu filho menor alimentar um cão de guarda, expondo-o ao perigo;

c) imperícia — esta forma de exteriorização da culpa decorre da falta de aptidão ou habilidade específica para a realização de uma atividade técnica ou científica. É o que acontece quando há o erro médico em uma cirurgia em que não se empregou corretamente a técnica de incisão ou quando o advogado deixa de interpor recurso que possibilitaria, segundo jurisprudência dominante, acolhimento da pretensão do seu cliente.

Interessante notar que, pela dicção do art. 186 do Código Civil, a impressão que se tem é a de que o legislador não previu a ação "dolosa", e, além disso, ao tratar da ação "culposa", apenas considerou a "negligência e a imprudência", esquecendo-se da "imperícia".

A omissão do legislador, entretanto, é apenas aparente.

Embora não haja primado pela melhor técnica, podemos inferir deste dispositivo que, ao fazer referência à "ação ou omissão voluntária", estaria o legislador se referindo à atuação (comissiva ou omissiva) dolosa. A voluntariedade aí, portanto, estaria dirigida não ao comportamento em si (pois na culpa em sentido estrito também há "vontade de realizar a ação"), mas aos fins ou propósitos pretendidos pelo agente. Dessa forma, se há intenção ou vontade de atingir a finalidade danosa, há dolo[16].

Na mesma linha, a despeito de preferirmos uma redação que explicitasse a imperícia, a única interpretação razoável é no sentido de que, por ser espécie de negligência técnica ou profissional, estaria compreendida nesta última expressão.

## 5. ESPÉCIES DE CULPA

Por último, vamos enfrentar as espécies de culpa.

A depender da natureza do dever jurídico violado, o agente poderá ter agido com culpa contratual ou culpa extracontratual.

---

[16] Nesse sentido, ensina Carlos Roberto Gonçalves: "Ao se referir à ação ou omissão voluntária, o art. 159 do Código Civil (art. 186 do CC/2002) cogitou do dolo. Em seguida, referiu-se à culpa em sentido estrito, ao mencionar a negligência e à imprudência" (*Direitos das Obrigações* — Parte Especial — Responsabilidade Civil, v. 6, t. II, São Paulo: Saraiva, 2002, p. 14).

No primeiro caso, viola-se norma prevista no contrato; no segundo, a atuação do agente afronta a própria lei, a exemplo do que ocorre quando causa um acidente de trânsito embriagado.

Temos, ainda, outras modalidades amplamente difundidas pela doutrina, classificadas quanto ao modo em que se apresentam:

a) culpa *in vigilando* — é a que decorre da falta de vigilância, de fiscalização, em face da conduta de terceiro por quem nos responsabilizamos. Exemplo clássico é a culpa atribuída ao pai por não vigiar o filho que causa o dano. No Código de 2002, entretanto, a responsabilidade dos pais por atos dos filhos menores sob sua autoridade e companhia foi consagrada como responsabilidade objetiva, ou seja, sem culpa, nos termos do art. 932, I;

b) culpa *in eligendo* — é aquela decorrente da má escolha. Tradicionalmente, aponta-se como exemplo a culpa atribuída ao patrão por ato danoso do empregado ou do comitente. Tal exemplo também perdeu a importância prática, remanescendo somente a título didático, considerando que o atual Código Civil firmou o princípio da responsabilidade objetiva nesta hipótese, consoante se depreende da análise do art. 932, III;

c) culpa *in custodiendo* — assemelha-se com a culpa *in vigilando*, embora a expressão seja empregada para caracterizar a culpa na guarda de coisas ou animais, sob custódia. A mesma crítica anterior pode ser feita. Nos termos do Código de 2002, o fato da coisa ou do animal desafia a responsabilidade civil objetiva, razão por que esta categoria, da mesma forma, perdeu importância prática, subsistindo mais a título ilustrativo;

d) culpa *in comittendo* ou culpa *in faciendo* — quando o agente realiza um ato positivo, violando um dever jurídico;

e) culpa *in omittendo*, culpa *in negligendo ou* culpa *in non faciendo* — quando o agente realiza uma abstenção culposa, negligenciando um dever de cuidado[17].

Conforme tivemos a oportunidade de ressaltar, considerando que o Código de 2002 alçou a responsabilidade civil objetiva a um posto de maior importância, pondo-a ao lado da modalidade subjetiva, nota-se que estas espécies de culpa, e, consequentemente, as "presunções" tradicionalmente reconhecidas pela doutrina, perderam a importância de outrora.

---

[17] "CULPA *IN NON FACIENDO*. Direito civil. Resulta da circunstância de ter o agente deixado de fazer certo ato cuja comissão evitaria o dano. Por exemplo, um professor de natação que, por estar distraído, não acode seu aluno, que morre afogado, responde por culpa *in non faciendo*. Entretanto, a omissão só poderá ser considerada causa jurídica do dano se houver existência do dever de praticar o ato não cumprido e certeza ou grande probabilidade de o fato omitido ter impedido a produção do evento danoso" (DINIZ, Maria Helena. *Dicionário Jurídico*, v. 1, São Paulo: Saraiva, 1998, p. 964).

Não temos dúvida de que a culpa é um conceito cada vez mais esquecido nas sociedades contemporâneas, caracterizadas pelo incremento do risco e pela imprevisão institucionalizada.

Importante notar, finalmente, a existência ainda da denominada *culpa in contrahendo*, aquela em que incorre o agente na fase anterior à elaboração de um contrato (fase de pontuação ou de puntuação). Trata-se, pois, de modalidade de culpa derivada de comportamento danoso da parte que, negando-se a celebrar o contrato esperado, prejudica o legítimo interesse da outra, em detrimento da regra ética de boa-fé objetiva.

# LV RESPONSABILIDADE CIVIL OBJETIVA E A ATIVIDADE DE RISCO

## 1. INTRODUÇÃO

Neste capítulo, cuidaremos da responsabilidade civil objetiva, que ganhou posição de destaque no Código Civil de 2002, refletindo a nova face da sociedade contemporânea, em que o risco, especialmente decorrente do avanço tecnológico, impôs uma mudança dos antigos paradigmas da lei anterior.

Com absoluta precisão, demonstrando a mudança por que passa o tratamento da responsabilidade civil no direito brasileiro, conclui GUSTAVO TEPEDINO:

> "Com efeito, os princípios de solidariedade social e da justiça distributiva, capitulados no art. 3°, incisos I e III, da Constituição, segundo os quais se constituem em objetivos fundamentais da República a construção de uma sociedade livre, justa e solidária, bem como a erradicação da pobreza e da marginalização e a redução das desigualdades sociais e regionais, não podem deixar de moldar os novos contornos da responsabilidade civil. Do ponto de vista legislativo e interpretativo, retiram da esfera meramente individual e subjetiva o dever de repartição dos riscos da atividade econômica e da autonomia privada, cada vez mais exacerbados na era da tecnologia. Impõem, como linha de tendência, o caminho da intensificação dos critérios objetivos de reparação e do desenvolvimento de novos mecanismos de seguro social"[1].

E é exatamente sobre essa tendência objetivista da responsabilidade civil que nos debruçaremos a partir de agora.

## 2. A RESPONSABILIDADE CIVIL OBJETIVA NA LEGISLAÇÃO ESPECIAL E O RISCO DA ATIVIDADE

Por influência do direito francês, o Código Civil de 1916 calcou a responsabilidade civil na ideia de culpa, consoante se depreende da simples leitura do seu art. 159: "Aquele que, por ação ou omissão voluntária, negligência ou imprudência, violar direito ou causar prejuízo a outrem, fica obrigado a reparar o dano".

---

[1] TEPEDINO, Gustavo. *Temas de Direito Civil*, 2. ed., Rio de Janeiro: Renovar, 2001, p. 175-6.

As hipóteses de responsabilidade objetiva, por sua vez, ficariam relegadas a isolados pontos da lei codificada, a exemplo da regra prevista em seu art. 1.529, que impunha a obrigação de indenizar, sem indagação de culpa, àquele que habitar uma casa ou parte dela, pelas coisas que dela caírem ou forem lançadas em lugar indevido.

De tal forma, a responsabilidade civil extracontratual ou aquiliana, conforme concebida pelo codificador, exigia, para a sua configuração, além da ação ilícita, do dano e do nexo de causalidade, a perquirição do móvel subjetivo que impulsionou o comportamento do agente (a sua culpabilidade).

Entretanto, o avanço tecnológico, favorecido sobremaneira pelo esforço bélico característico do século XX, desenvolveu a denominada teoria do risco, que serviria de base à responsabilidade objetiva, e cujos reflexos seriam sentidos por grande parte das leis especiais reguladoras da atividade econômica[2].

Com notável acuidade, CALMON DE PASSOS sintetiza todo esse contexto histórico:

> "Os proveitos e vantagens do mundo tecnológico são postos num dos pratos da balança. No outro, a necessidade de o vitimado em benefício de todos poder responsabilizar alguém, em que pese o coletivo da culpa. O desafio é como equilibrá-los. Nessas circunstâncias, fala-se em responsabilidade objetiva e elabora-se a teoria do risco, dando-se ênfase à mera relação de causalidade, abstraindo-se, inclusive, tanto da ilicitude do ato quanto da existência de culpa"[3].

Sob a influência dessas ideias, inúmeras leis especiais consagraram a nova teoria, admitindo a responsabilização do agente causador do dano, independentemente da prova de dolo ou culpa: Decreto n. 2.681, de 1912 (responsabilidade das estradas de ferro por danos causados aos proprietários marginais), a legislação de acidente do trabalho (Lei n. 5.316/67, Lei 6.367/76 e Lei n. 8.213/91), as Leis n. 6.194/74 e 8.441/92 (seguro obrigatório de acidentes de veículos — DPVAT), Lei n. 6.938/81 (referente a danos causados no meio ambiente), além do próprio Código de Defesa do Consumidor (Lei n. 8.078/90), que também reconhece a responsabilidade objetiva do fornecedor do produto ou serviço por

---

[2] Exemplo de responsabilidade objetiva fundada na atividade de risco temos neste recente acórdão do STJ: "Recurso Especial. Ação indenizatória. Transporte Aéreo. Atraso em voo c/c adiamento de viagem. Responsabilidade Civil. Hipóteses de Exclusão. Caso Fortuito ou Força Maior. Pássaros. Sucção pela turbina de avião. A responsabilização do transportador aéreo pelos danos causados a passageiros por atraso em voo e adiamento da viagem programada, ainda que considerada objetiva, não é infensa às excludentes de responsabilidade civil. As avarias provocadas em turbinas de aviões, pelo tragamento de urubus, constituem-se em fato corriqueiro no Brasil, ao qual não se pode atribuir a nota de imprevisibilidade marcante do caso fortuito. É dever de toda companhia aérea não só transportar o passageiro como levá-lo incólume ao destino. Se a aeronave é avariada pela sucção de grandes pássaros, impõe a cautela seja o maquinário revisto e os passageiros remanejados para voos alternos em outras companhias. O atraso por si só decorrente desta operação impõe a responsabilização da empresa aérea, nos termos da atividade de risco que oferece" (REsp 401.397/SP, rel. Min. Nancy Andrighi, *DJ* 9-9-2002).

[3] PASSOS, José Joaquim Calmon de. O Imoral nas Indenizações por Dano Moral. Disponível em: <https://jus.com.br/artigos/2989/o-imoral-nas-indenizacoes-por-dano-moral>. Acesso em 5 jul. 2017.

danos causados ao consumidor. Isso tudo sem esquecermos da responsabilidade objetiva do Estado, nos termos do art. 37, § 6º, da Constituição da República.

O Código Civil, por seu turno, afastando-se da orientação da lei revogada, consagrou expressamente a teoria do risco e, ao lado da responsabilidade subjetiva (calcada na culpa), admitiu também a responsabilidade objetiva, consoante se infere da leitura do seu art. art. 927:

> "Art. 927. Aquele que, por ato ilícito (arts. 186 e 187), causar dano a outrem, é obrigado a repará-lo.
>
> Parágrafo único. Haverá obrigação de reparar o dano, independentemente de culpa, nos casos especificados em lei, ou quando a atividade normalmente desenvolvida pelo autor do dano implicar, por sua natureza, risco para os direitos de outrem".

Percebe-se, então, que, ao lado da responsabilidade decorrente do ilícito civil ou do abuso de direito, em cujas noções encontra-se inserida a ideia de culpa (arts. 186 e 187), poderá o magistrado também reconhecer a responsabilidade civil do infrator, sem indagação de culpa (responsabilidade objetiva), em duas situações, previstas no parágrafo único do dispositivo supratranscrito:

a) nos casos especificados em lei;
b) quando a atividade normalmente desenvolvida pelo autor do dano implicar, por sua natureza, risco para os direitos de outrem.

A primeira hipótese é muito clara.

Como se vê, a nova lei mantém, naquilo que com ela não for incompatível, toda a legislação especial que já reconhecia a responsabilidade sem culpa.

A segunda situação, entretanto, não restou bem definida.

Afinal, reconhecendo a responsabilidade objetiva aos agentes empreendedores de atividade de risco, estaria o legislador referindo-se especificamente a que categoria de pessoas? Qual seria, pois, o âmbito de incidência desta norma? Quem estaria aí compreendido? Apenas o agente transportador de produtos químicos ou especializado em manejo de material nuclear? Ou, então, qualquer pessoa que exerça uma atividade que possa causar dano — e, por isso, com risco — a outrem?

E o que dizer do motorista que guia o seu veículo, todos os dias, até o trabalho? Ninguém poderá negar tratar-se de uma atividade cujo risco é imanente. Em tal caso, se atropelar um transeunte, seria obrigado a indenizar, mesmo sem a comprovação de sua culpa?

Essas são apenas algumas indagações que poderão surgir, considerando-se a natureza fluídica da expressão "risco da atividade" — conceito demasiadamente aberto —, com a entrada em vigor do Código Civil de 2002.

Notando a porta aberta pelo legislador ao não delimitar o que se entende por atividade de risco, CARLOS ROBERTO GONÇALVES pontifica: "... a admissão da responsabilidade sem culpa pelo exercício de atividade que, por sua natureza, representa risco para os direitos de outrem, da forma genérica como está no texto, possibilitará ao Judiciário uma ampliação dos casos de dano indenizável"[4].

Trata-se, portanto, de um dos dispositivos mais polêmicos do Código Civil vigente, que, pela sua característica de conceito jurídico indeterminado, ampliará consideravelmente os poderes do magistrado. Isso porque o conceito de atividade de risco — fora da previsão legal específica — somente poderá ser balizado jurisprudencialmente, com a análise dos casos concretos submetidos à apreciação judicial.

Observe-se, inclusive, que a expressão utilizada pelo texto legal não é propriamente "atividade de risco", mas, sim, o de uma "atividade" que normalmente desenvolvida pelo autor do dano implicar, por sua natureza, risco para os "direitos de outrem", ou seja, a ideia de "risco da atividade" pode ser ainda mais semanticamente aberta do que "atividade de risco"...

Na busca pela compreensão do sentido da norma, entendemos que é imprescindível compreender o sentido da palavra "risco".

Para MARIA HELENA DINIZ, no seu *Dicionário Jurídico*:

> "*RISCO. Direito civil e direito comercial*. 1. Possibilidade da ocorrência de um perigo ou sinistro causador de dano ou de prejuízo, suscetível de acarretar responsabilidade civil na sua reparação. 2. Medida de danos ou prejuízos potenciais, expressa em termos de probabilidade estatística de ocorrência e de intensidade ou grandeza das consequências previsíveis. 3. Relação existente entre a probabilidade de que uma ameaça de evento adverso ou acidente determinados se concretize com o grau de vulnerabilidade do sistema receptor a seus efeitos"[5].

Em nosso entendimento, ao consignar o advérbio "normalmente", o legislador quis referir-se a todos os agentes que, em troca de determinado proveito, exerçam com regularidade atividade potencialmente nociva ou danosa aos direitos de terceiros. Somente estas pessoas, pois, empreenderiam a mencionada atividade com possibilidade de risco acentuado, apta a justificar a sua responsabilidade objetiva[6].

Note-se, inclusive, que não se exige que a conduta lesionante seja ilícita *stricto sensu*, mas, sim, pelo fato de que seu exercício habitual pode, potencialmente, gerar danos

---

4 GONÇALVES, Carlos Roberto. *Responsabilidade Civil*, 19. ed., São Paulo: Saraiva, 2020, p. 60.

5 DINIZ, Maria Helena. *Dicionário Jurídico*, v. 4, São Paulo: Saraiva, 1998, p. 215.

6 Nesse sentido, também é o entendimento de Sílvio Venosa: "Em casos excepcionais, levando em conta os aspectos da nova lei, o juiz poderá concluir pela responsabilidade objetiva no caso que examina. No entanto, advirta-se, o dispositivo questionado explicita que somente pode ser definida como objetiva a responsabilidade do causador do dano quando este decorrer de 'atividade normalmente desenvolvida' por ele. O juiz deve avaliar, no caso concreto, a atividade costumeira do ofensor e não uma atividade esporádica ou eventual, qual seja, aquela que, por um momento ou por uma circunstância, possa ser um ato de risco. Não sendo levado em conta esse aspecto, poder-se-á transformar em regra o que o legislador colocou como exceção" (VENOSA, Sílvio de Salvo. *Direito Civil*, 3. ed., v. III: Responsabilidade Civil, São Paulo: Atlas, 2003, p. 15).

a outrem, não sendo razoável admitir-se que a autorização legal para o exercício de uma atividade importe em considerar lícita a lesão a direito de terceiros.

A respeito da intelecção dessa regra, ADALBERTO PASQUALOTO apresentou, na Jornada de Direito Civil, realizada no STJ, em Brasília, em setembro de 2001, o seguinte enunciado, aprovado à unanimidade:

> "A responsabilidade fundada no risco da atividade, como prevista na segunda parte do parágrafo único do artigo 927, do novo Código Civil, configura-se quando a atividade normalmente desenvolvida pelo autor do dano causar à pessoa determinada um ônus maior do que aos demais membros da coletividade"[7].

Em nosso entendimento, o exercício dessa atividade de risco pressupõe ainda a busca de determinado proveito, em geral de natureza econômica, que surge como decorrência da própria atividade potencialmente danosa (risco-proveito). Outro não é, aliás, o entendimento do grande ALVINO LIMA, quando preleciona: "A teoria do risco não se justifica desde que não haja proveito para o agente causador do dano, porquanto, se o proveito é a razão de ser justificativa de arcar o agente com os riscos, na sua ausência deixa de ter fundamento a teoria"[8].

Isso bastaria, em nosso entendimento, para isentar da regra sob análise os condutores de veículo, uma vez que, posto aufiram proveito, este não é decorrência de uma atividade previamente aparelhada para a produção deste benefício. Além do que, o direito à circulação em avenidas e rodovias é imperativo da própria ordem constitucional, que nos garante o direito de ir e vir. Raciocínio contrário, *data venia*, seria a consagração do absurdo, uma vez que se estaria dando exegese elástica à norma sob comento.

A imprecisão de trabalhar com um conceito jurídico indeterminado leva, sucessivamente, porém, à seguinte questão: e o motorista de táxi, profissional autônomo, que exerce sua atividade, com finalidade econômica, poderia estar enquadrado na concepção de atividade de risco?

A pergunta não permite uma resposta imediata.

Com efeito, o ato de dirigir não gera, por si só, "um ônus maior do que aos demais membros da coletividade".

Todavia, a sua prática com finalidade lucrativa tem, sim, um risco embutido, que não pode ser transferido para terceiros, se eles não concorreram exclusivamente para os danos ocorridos.

Assim, abstraída a ocorrência de alguma excludente de responsabilidade, a responsabilização deverá ser objetiva pelos danos causados nesta atividade, se o evento danoso era potencialmente esperado, em função da probabilidade estatística de sua ocorrência.

---

[7] Proposição sobre o art. 927: Enunciado n. 38, da I Jornada de Direito Civil (Brasília, 11 a 13 de setembro de 2002) publicada na *Tribuna da Magistratura* — Associação Paulista de Magistrados, Caderno Especial Jurídico, setembro de 2002, ano XIV, n. 122, p. 9.

[8] LIMA, Alvino. *Culpa e Risco*, 2. ed., São Paulo: Revista dos Tribunais, 1999, p. 198.

Como se vê, a forma como a disciplina veio a ser inovada no sistema brasileiro pode gerar uma inicial insegurança nas relações jurídicas, pois transmitirá para a jurisprudência a responsabilidade — sem trocadilho! — da conceituação de atividade de risco no caso concreto[9].

Muitas outras intrincadas questões poderão ser suscitadas na discussão sobre o que se caracteriza como atividade de risco a ensejar responsabilização objetiva[10].

Ressalte-se, todavia, que, como se não bastasse todo esse amplo reconhecimento da responsabilidade objetiva por ato próprio, o codificador cuidou ainda de admiti-la nas situações de responsabilidade civil indireta (por ato de terceiro — art. 932), além daquelas decorrentes da guarda da coisa ou do animal (arts. 936, 937 e 938), conforme estudaremos nos próximos capítulos.

Assim, só para fixarmos um exemplo bem comum, se o meu filho menor danificar o carro importado do vizinho, estando ele sob a minha autoridade (não necessariamente guarda) e companhia, serei chamado a responder "objetivamente", sem que a vítima seja obrigada a provar a ocorrência de "culpa *in vigiando*", nos termos do art. 932, I, c/c art. 933 do Código Civil.

O mesmo raciocínio aplica-se aos tutores, curadores, patrões e donos de hotéis, por atos praticados por seus tutelados, curatelados, empregados e hóspedes.

É óbvio, porém, que tal responsabilidade civil não subsistirá se provada alguma excludente de reponsabilidade. Exemplifiquemos, para esclarecer melhor a questão: se o filho menor danificar o carro importado do vizinho, os pais devem responder objetivamente, salvo se provarem, v.g., que o dano foi causado por culpa exclusiva da vítima (engatou a marcha à ré sem perceber que a bicicleta do menor estava parada em lugar permitido, adentrou abruptamente com o carro em lugar proibido etc.).

Caiu por terra, portanto, a tradicional "presunção de culpa", uma vez que o legislador optou expressamente nessas hipóteses pela responsabilidade objetiva.

Por fim, vale lembrar que, contornando críticas doutrinárias que há décadas se repetiam, cuidou a nova lei codificada também de estabelecer, em seu art. 928, que "o incapaz responde pelos prejuízos que causar, se as pessoas por ele responsáveis não tiverem a obrigação de fazê-lo ou não dispuserem de meios suficientes".

Assim, no clássico exemplo do "filho milionário" (talvez um jogador de futebol ou artista mirim?), sendo o pai pessoa de parcos recursos, o patrimônio do incapaz poderá

---

[9] Talvez, por isso, Sílvio Venosa desabafa em seu livro: "Essa norma da lei nova transfere para a jurisprudência a conceituação de atividade de risco no caso concreto, o que talvez signifique perigoso alargamento da responsabilidade sem culpa. É discutível a conveniência de uma norma genérica neste sentido. Melhor seria que se mantivesse nas rédeas do legislador a definição das situações de aplicação da teoria do risco" (*Direito Civil*, 3. ed., São Paulo: Atlas, 2003, p. 15).

[10] Entendeu o Supremo Tribunal Federal "que o trabalhador que atua em atividade de risco tem direito à indenização em razão de danos decorrentes de acidente de trabalho, independentemente da comprovação de culpa ou dolo do empregador" (cf. <http://www.stf.jus.br/portal/cms/verNoticiaDetalhe.asp?idConteudo=422689&caixaBusca=N>. Acesso em: 2 dez. 2020).

suportar a condenação, desde que não o prive ou os seus dependentes do necessário para a sua mantença (art. 928).

Nesse sentido, mesmo antes da vigência do Código Civil de 2002, o excelente SÍLVIO VENOSA já advertia: "Há, no entanto, moderna tendência de fazer incidir no patrimônio do amental a reparação do dano por ele causado, quando tenha ele bens suficientes e não tenha responsável, sob o prisma da proteção social ampla no tocante ao restabelecimento do prejuízo"[11].

Digna de encômios, nesse particular, a inovação legal.

## 3. COMO CONCILIAR A RESPONSABILIDADE CIVIL OBJETIVA E O ART. 944, PARÁGRAFO ÚNICO, DO CÓDIGO CIVIL DE 2002

Feitas todas essas considerações, já podemos concluir que o Código Civil de 2002 colocou em posição de destaque a responsabilidade civil objetiva, que passou a compreender inúmeras situações frequentemente vivenciadas, e para as quais a jurisprudência tradicional insistia em fazer incidir as clássicas regras da responsabilidade subjetiva, estabelecendo falaciosas "presunções de culpa".

Pelo amplo espectro de incidência da locução "atividade de risco", arriscamo-nos a dizer que a grande maioria das situações de responsabilidade civil posta à apreciação judicial será resolvida sem a análise da culpabilidade do infrator.

E é exatamente por isso que não compreendemos bem, senão com certa perplexidade, o quanto disposto no art. 944 do Código de 2002:

> "Art. 944. A indenização mede-se pela extensão do dano.
>
> Parágrafo único. Se houver excessiva desproporção entre a gravidade da culpa e o dano, poderá o juiz reduzir, equitativamente, a indenização".

Clara é a primeira parte do dispositivo.

É regra geral de Direito Civil que a indenização mede-se pela extensão do dano, sob pena de caracterizar enriquecimento sem causa[12]. Não é, pois, a intensidade de culpa que altera a mensuração do *quantum debeatur*. Assim, se o prejuízo é de 10, compreendendo o dano emergente e o lucro cessante, a indenização devida também deverá ser de 10, mesmo que o agente causador da lesão haja atuado com intensa carga de dolo.

---

[11] VENOSA, Sílvio de Salvo. *Contratos em Espécie*, São Paulo: Atlas, 2001, p. 532-3.

[12] Sobre o enriquecimento sem causa já tivemos oportunidade de observar: "No sistema brasileiro, o enriquecimento ilícito traduz a situação em que uma das partes de determinada relação jurídica experimenta injustificado benefício, em detrimento da outra, que se empobrece, inexistindo causa jurídica para tanto. É o que ocorre, por exemplo, quando uma pessoa, de boa-fé, beneficia ou constrói em terreno alheio, ou, bem assim, quando paga uma dívida por engano. Nesses casos, o proprietário do solo e o recebedor da quantia enriqueceram-se ilicitamente às custas de terceiro" (GAGLIANO, Pablo Stolze; PAMPLONA FILHO, Rodolfo. *Novo Curso de Direito Civil* — Obrigações, 21. ed., São Paulo: Saraiva, 2020, v. 2, p. 392).

Sempre foi assim no Direito Civil, que, nesse particular, afasta-se do Direito Penal, uma vez que, ocorrido um ilícito deste último jaez, o juiz criminal, ao impor a reprimenda estatal (sanção penal), graduará a pena-base, dentre outros critérios, de acordo com a culpabilidade do infrator.

Essa investigação psicológica não é exigida pelo Direito Civil para fixar a indenização devida. Como bem demonstrou o *caput* do art. 944, "a indenização mede-se pela extensão do dano".

Acontece que o Código Civil de 2002 altera profundamente o tratamento da matéria, ao permitir, parágrafo único do art. 944, que o juiz possa, por equidade, diminuir a indenização devida, se houver excessiva desproporção entre a gravidade da culpa e o dano.

Ora, tal permissivo, subvertendo o princípio de que a indenização mede-se pela extensão do dano, permite que o juiz investigue culpa para o efeito de reduzir o *quantum debeatur*. É o caso, por exemplo, de o magistrado constatar que o infrator não teve intenção de lesionar, embora haja causado dano considerável.

Parece-nos, consoante vimos no capítulo anterior, que a vetusta classificação romana de culpa (leve, grave e gravíssima), oriunda do Direito Romano, ressurgiu das cinzas, tal qual a mitológica *Phoenix*.

É duvidosa, inclusive, até onde vai a utilidade da norma, que, sem sombra de dúvida, posto possa se afigurar justa em determinado caso concreto, acaba rompendo definitivamente com o princípio básico de ressarcimento integral da vítima.

Isso sem mencionar que o ilícito praticado pode decorrer do exercício de atividade de risco, ou estar previsto em legislação especial como ensejador de responsabilidade objetiva, e o juiz, para impor a obrigação de indenizar, não necessite investigar a culpa do infrator.

Como então explicar que, para o reconhecimento da responsabilidade seja dispensada a indagação da culpa, e para a fixação do valor indenizatório, seja ela invocada para beneficiar o réu?

Parece-nos que o legislador não andou bem nesse ponto, estabelecendo regra anacrônica diante do sistema consagrado[13].

---

[13] Na I Jornada de Direito Civil, tentou-se contornar esse inconveniente com aprovação de enunciado, com o seguinte teor: "46. A possibilidade de redução do montante da indenização, em face do grau de culpa do agente, estabelecida pelo parágrafo único do art. 944 do novo Código Civil, deve ser interpretada restritivamente por representar uma exceção ao princípio da reparação integral do dano, não se aplicando às hipóteses de responsabilidade objetiva". Analisando esse entendimento, a primeira impressão é de que não haveria outra solução, senão admitir essa faculdade de redução apenas nas hipóteses de responsabilidade subjetiva (culposa), o que poderia ser considerada uma regra um tanto anacrônica, pois inserida em um sistema que privilegia as hipóteses de responsabilidade calcadas na atividade de risco. Todavia, posteriormente, a IV Jornada considerou por bem atribuir nova redação ao referido Enunciado n. 46, da I Jornada de Direito Civil, com a supressão da parte final "não se

Essa preocupação também abateu o culto RUI STOCO, consoante se depreende da análise do seu pensamento:

> "Também o parágrafo único desse artigo, segundo nos parece, rompe com a teoria da *restitutio in integrum* ao facultar ao juiz reduzir, equitativamente, a indenização se houver 'excessiva desproporção entre a gravidade da culpa e o dano'. Ao adotar e fazer retornar os critérios de graus da culpa obrou mal, pois o dano material não pode sofrer influência dessa gradação se comprovado que o agente agiu culposamente ou que há nexo de causa e efeito entre a conduta e o resultado danoso, nos casos de responsabilidade objetiva ou sem culpa. Aliás, como conciliar a contradição entre indenizar por inteiro quando se tratar de responsabilidade objetiva e impor indenização reduzida ou parcial porque o agente atuou com culpa leve, se na primeira hipótese sequer se exige culpa?"[14].

Finalmente, cumpre-nos lembrar que o antigo Projeto de Lei n. 6.960/2002, que pretendia alterar dispositivos do Código Civil de 2002, acrescentava um segundo parágrafo ao art. 944 nesse sentido: "§ 2º A reparação do dano moral deve constituir-se em compensação ao lesado e adequado desestímulo ao lesante".

Note-se que aqui também haveria uma importantíssima alteração legislativa, uma vez que se admitiria, expressamente, que a indenização por dano moral possa ter cunho sancionatório ou punitivo.

Comentando este artigo de lei, já registramos:

> "Este dispositivo, digno de encômios, se aplicado com a devida cautela, autorizará o juiz, seguindo posicionamento já assentado em Tribunais da Europa, a impor indenizações por dano moral com caráter educativo e sancionador, especialmente se o agente causador do dano é reincidente. Aliás, há muito já defendíamos, em salas de aula e em conferências, a compensação punitiva por dano moral, se o infrator atuasse no mercado de consumo ou, conforme dito acima, se já houvesse transgredido o ordenamento jurídico anteriormente"[15].

---

aplicando às hipóteses de responsabilidade objetiva", o que levanta novas reflexões sobre o tema. Poder-se-ia então imaginar que, em verdade, o fato de se não analisar a culpa em uma demanda que verse sobre responsabilidade objetiva não significaria que ela não concorresse, no caso concreto. Nessa linha, poderia, então, o elemento subjetivo ser analisado apenas para efeito de redução. Em nosso sentir, posto respeitável este entendimento, no plano prático-processual não se afigura tão simples dispensar a análise da culpa para efeito de "responsabilizar", e invocá-la apenas para "quantificar" por meio de um critério legal redutor. A tese merece, pois, uma reflexão mais detida por parte da jurisprudência brasileira.

14 STOCO, Rui. *Tratado de Responsabilidade Civil* — Responsabilidade Civil e sua Interpretação Jurisprudencial, 5. ed., São Paulo: RT, 2001, p. 13.

15 GAGLIANO, Pablo Stolze. A Responsabilidade Extracontratual no Novo Código Civil e o Surpreendente Tratamento da Atividade de Risco. *Repertório de Jurisprudência IOB*, Texto 3/19551, 1ª quinzena de out. 2002.

De todo o exposto, podemos concluir que a responsabilidade objetiva mereceu lugar de destaque no Código Civil de 2002.

A despeito disso, algumas incongruências são encontradas, a exemplo da apontada fluidez demasiada dos conceitos de "atividade de risco", "risco da atividade" ou "atividade com risco acentuado", e, bem assim, a possibilidade de o juiz reduzir a indenização devida se verificar desproporção entre a gravidade da culpa e o dano.

Todos esses aspectos, objetivamente analisados, devem ser enfrentados pelo aplicador do Direito desde já, para que as questões levadas ao foro possam ser mais rapidamente dirimidas.

# LVI RESPONSABILIDADE CIVIL POR ATO DE TERCEIRO

## 1. INTRODUÇÃO

Até aqui cuidamos da responsabilidade civil por ato próprio, ou seja, decorrente da atividade do próprio sujeito a quem é imposta a obrigação de indenizar.

No entanto, é possível que o sujeito seja chamado a responder civilmente pela atuação de um terceiro, ligado a si por algum tipo de vínculo jurídico, contratual ou legal.

Trata-se da responsabilidade civil indireta ou por ato de terceiro (fato de outrem), objeto do presente capítulo.

## 2. TRATAMENTO LEGAL DA MATÉRIA

Houve uma sensível mudança no tratamento desta matéria, se compararmos as disposições do Código de 1916 com o diploma de 2002.

Na sistemática anterior, os responsáveis previstos no art. 1.521 (pais, tutor/curador, patrão/amo/comitente, donos de hotéis/hospedarias ou estabelecimentos congêneres, diretores de estabelecimentos educacionais), com exceção dos que houvessem gratuitamente participado do produto do crime (art. 1.521, V), somente responderiam se fosse demonstrada a sua culpa ou negligência, nos termos do art. 1.523.

Criticando esta postura do legislador, que impôs à própria vítima, em uma acintosa inversão dos princípios da responsabilidade civil, o ônus de provar a culpa do infrator, CLÓVIS BEVILÁQUA asseverava: "Esta prova deverá incumbir aos responsáveis, por isso que há contra eles presunção legal de culpa; mas o Código, modificando a redação dos projetos, impôs o ônus da prova ao prejudicado. Essa inversão é devida à redação do Senado"[1].

De fato, afigura-se-nos absurdo que a própria vítima tenha de provar a culpa do sujeito que deveria ter tido o cuidado de guarda, custódia ou vigilância do agente causador do dano. Teria eu, portanto, lesado pela atuação de um menor que atiçou soda cáustica na pintura do meu carro, que provar que o seu pai não o vigiou devidamente? Ou seria mais justo que já pesasse contra este pai uma presunção de culpa (*in vigilando*),

---

[1] Citado por GONÇALVES, Carlos Roberto. *Responsabilidade Civil*, 19. ed., São Paulo: Saraiva, 2020, p. 150.

cabendo, pois, a ele mesmo, quando demandado, o ônus de provar que não atuou com desídia?

A jurisprudência brasileira, entretanto, suavizando a rigidez da norma, cuidou de estabelecer o critério da presunção de culpa em desfavor dos responsáveis previstos no art. 1.521, facilitando, assim, o ressarcimento da vítima.

Eram hipóteses de presunções relativas, na medida em que os responsáveis poderão eximir-se da obrigação de indenizar, desde que provem não haverem atuado com culpa.

No caso da responsabilidade por ato do empregado, o próprio Supremo Tribunal Federal foi chamado a manifestar-se a respeito, editando famosa súmula, que firmou uma presunção absoluta de culpa[2] do patrão por ato do empregado, tornando indiscutível a sua responsabilidade civil: "Súmula 341. É presumida a culpa do patrão ou comitente pelo ato culposo do empregado ou preposto".

Vale registrar, inclusive, que todas as formas de responsabilidade civil por ato de terceiro, previstas no mencionado artigo, decorreriam de uma culpa *in vigilando*, salvo, justamente, a responsabilidade civil por ato de empregados, serviçais e prepostos, que se daria justamente por uma culpa *in eligendo*, arcando com o patrão, amo ou comitente com os riscos da má eleição.

Com isso, portanto, tendeu-se a reconhecer "perda de eficácia social" do defeituoso art. 1.523 do Código anterior, por atuação — repita-se! — da própria jurisprudência, que passou a considerar presumida a culpa dos responsáveis ali referidos.

Assim, com fundamento no Código anterior, teríamos o seguinte quadro:

1. pai → filho (presunção de culpa *in vigilando*);
2. tutor → tutelado (presunção de culpa *in vigilando*);
3. curador → curatelado (presunção de culpa *in vigilando*);
4. patrão, amo, comitente → empregados, serviçais e prepostos (presunção de culpa *in eligendo*);
5. donos de hotéis, hospedarias ou estabelecimentos congêneres → hóspedes, moradores (presunção de culpa *in vigilando*);
6. diretores de estabelecimentos educacionais → educandos (presunção de culpa *in vigilando*).

Todo o sistema anterior, portanto, é calcado na ideia de culpa, ainda que reconhecida por meio de presunções, para facilitar a postulação da vítima.

O Código de 2002, por sua vez, alterando significativamente este cenário, valendo-se visivelmente da teoria do risco, cuidou de acabar, de uma vez por todas, com as melindrosas "presunções de culpa", e, em uma atitude mais séria e precisa, estabeleceu, nos

---

[2] Nesse sentido, Arnoldo Wald: "A atitude de nossos tribunais é de fato no sentido de não admitir qualquer prova de que não houve culpa do patrão uma vez provada a do preposto. A alegada presunção 'juris tantum' se transforma assim numa presunção 'jure et de jure', já que o patrão não se pode exonerar de sua responsabilidade alegando que escolheu preposto devidamente habilitado para o exercício da função" (*Curso de Direito Civil Brasileiro* — Obrigações e Contratos, 12. ed., v. II, São Paulo: Revista dos Tribunais, 1995, p. 518).

termos dos seus arts. 932 e 933, que as situações ali mencionadas de responsabilidade civil por ato de terceiro dispensariam a prova de culpa.

Consagrou-se, assim, a responsabilidade objetiva, para aquelas hipóteses que anteriormente vinham tratadas como de responsabilidade subjetiva (culposa) por presunção.

A essa conclusão chegamos, ao analisarmos os referidos artigos de lei, transcritos abaixo, *in verbis:*

> "Art. 932. São também responsáveis pela reparação civil:
>
> I — os pais, pelos filhos menores que estiverem sob sua autoridade e em sua companhia;
>
> II — o tutor e o curador, pelos pupilos e curatelados, que se acharem nas mesmas condições;
>
> III — o empregador ou comitente, por seus empregados, serviçais e prepostos, no exercício do trabalho que lhes competir, ou em razão dele;
>
> IV — os donos de hotéis, hospedarias, casas ou estabelecimentos onde se albergue por dinheiro, mesmo para fins de educação, pelos seus hóspedes, moradores e educandos;
>
> V — os que gratuitamente houverem participado nos produtos do crime, até a concorrente quantia.
>
> Art. 933. As pessoas indicadas nos incisos I a V do artigo antecedente, ainda que não haja culpa de sua parte, responderão pelos atos praticados pelos terceiros ali referidos".

Trata-se de reserva legal, de forma que não se poderá estender a situações não previstas.

Por fim, uma última indagação se impõe: as pessoas consideradas "responsáveis por ato de terceiro", enumeradas no art. 932, teriam responsabilidade solidária ou simplesmente subsidiária?

Em nosso entendimento, com a utilização do advérbio "também" no seu *caput* ("Art. 932. São também responsáveis pela reparação civil ..."), a lei estabeleceu uma forma de solidariedade passiva, oportunizando à vítima exigir a reparação civil diretamente do responsável legal.

É essa a linha do parágrafo único do art. 942 do CC/2002 (parágrafo único do art. 1.518 do CC/1916), ao estabelecer que são "solidariamente responsáveis com os autores os coautores e as pessoas designadas no art. 932".

Cumprida a obrigação, caberá ao pagador direito de regresso contra a pessoa por quem se responsabilizou, ressalvada a hipótese de ser seu descendente, absoluta ou relativamente incapaz (art. 934 do CC/2002[3]).

---

3 "Art. 934. Aquele que ressarcir o dano causado por outrem pode reaver o que houver pago daquele por quem pagou, salvo se o causador do dano for descendente seu, absoluta ou relativamente incapaz" (No CC/1916, art. 1.524).

Um exemplo irá aclarar a hipótese: se o patrão paga a indenização devida à vítima por conta da atuação ilícita do seu empregado, poderá, posteriormente, cobrar deste último aquilo que desembolsou, se este tiver agido com dolo ou culpa[4].

O mesmo não acontecerá, entretanto, no caso de o pai pagar o prejuízo causado pelo seu filhinho de 4 anos, uma vez que o referido art. 934 impede que seja ajuizada demanda regressiva em face de descendente incapaz.

## 3. RESPONSABILIDADE CIVIL DOS PAIS PELOS FILHOS MENORES

Pela ordem natural da vida, os pais — biológicos, socioafetivos ou adotivos, pouco importa — são responsáveis por toda a atuação danosa atribuída aos seus filhos menores.

Na sistemática do Código anterior, o art. 1.521 somente admitia esta forma de responsabilidade em face dos "filhos menores que estivessem sob o seu poder e companhia".

Com isso, admitiu-se que apenas aquele dos pais com quem o menor mantivesse contato direto poderia ser chamado à responsabilidade. Assim, caso o genitor não detivesse a guarda do menor, ficando este, por exemplo, em companhia da mãe, cometido o dano, apenas esta última poderia ser responsabilizada, ficando de fora a figura paterna. Claro está, todavia, que se o evento ocorresse durante o período do direito de visita, o pai poderia ser responsabilizado.

Note-se, entretanto, que, enquanto vigeu o Código de 1916, essa responsabilidade solidária dos pais por atos dos filhos somente se aplicava em se tratando de menores púberes (relativamente capazes — maiores de 16 e menores de 21 anos).

Isso porque o art. 156 da Lei Civil revogada, sem equivalente no Código Civil brasileiro de 2002, equiparava esses menores aos maiores, pelos ilícitos que houvessem praticado. Vale dizer, caso dispusessem de patrimônio, seriam responsabilizados conjuntamente com os seus pais pelo dano causado (obrigação solidária).

Em se tratando de absolutamente incapaz (menor impúbere), por sua vez, esta regra não teria incidência, em virtude de o legislador o haver considerado inimputável, e, por consequência, apenas sobre os seus pais pesaria a obrigação civil de indenizar.

Com a entrada em vigor do Código Civil de 2002, a mudança de tratamento legal da matéria foi significativa.

Primeiramente, pela alteração da dicção do próprio inciso I do art. 932 que substituiu as expressões "poder" por "autoridade", ficando assim redigido:

> "Art. 932. São também responsáveis pela reparação civil:
>
> I — os pais, pelos filhos menores, que estiverem sob sua autoridade e companhia;
>
> (...)".

---

[4] Confira-se o tópico 5 ("Responsabilidade Civil do Empregador ou Comitente, pelos Atos dos Seus Empregados, Serviçais ou Prepostos") deste capítulo.

Melhor assim.

A expressão “poder” no Código anterior era anacrônica, na medida em que o pai que não tivesse o menor em sua companhia não deixava de ter o “pátrio poder” sobre ele. Mais técnico, portanto, o Código de 2002, ao chamar a atenção de que somente aquele dos pais que exerce, de fato, a autoridade sobre o menor, fruto da convivência com ele, poderia ser responsabilizado pelo dano causado.

Ademais, vale lembrar que não mais se analisa culpa para efeito de responsabilidade, ainda que sob a forma de presunção, na medida em que o art. 933 ressaltou que todas as modalidades de responsabilidade indireta são objetivas.

E mais uma observação importante se faz necessária.

Como já observado, o Código de 2002 não contém regra semelhante àquela constante no art. 156 da lei revogada, referente à equiparação do menor púbere ao maior.

Na verdade, o legislador foi além.

No seu art. 928, subvertendo a teoria tradicional que considerava o menor impúbere inimputável, a lei civil consagrou a plena responsabilidade jurídica do incapaz — em cujo conceito se subsume o menor —, desde que os seus responsáveis não tivessem a obrigação de indenizar ou não dispusessem de meios suficientes para tanto:

> “Art. 928. O incapaz responde pelos prejuízos que causar, se as pessoas por ele responsáveis não tiverem obrigação de fazê-lo ou não dispuserem de meios suficientes.
>
> Parágrafo único. A indenização prevista neste artigo, que deverá ser equitativa, não terá lugar se privar do necessário o incapaz ou as pessoas que dele dependem”.

Pouco importando, pois, que se trate de menor absoluta ou relativamente incapaz, se o seu representante não tiver a obrigação de indenizar (imagine que o pai esteja em coma, e o seu filho, órfão de mãe, haja ficado em companhia da avó idosa, ocasião em que cometeu o dano), ou for pobre, poderá a vítima demandar o próprio menor, objetivando o devido ressarcimento, caso haja patrimônio disponível.

No entanto, o parágrafo único do art. 928, mitigando a regra anterior, ressalva que “a indenização prevista neste artigo, que deverá ser equitativa, não terá lugar se privar do necessário o incapaz ou as pessoas que dele dependem”. Trata-se de regra que tenta conciliar o interesse da vítima com a situação de hipossuficiência do incapaz, que não poderá ficar à míngua em virtude de sua responsabilização civil.

## 4. RESPONSABILIDADE CIVIL DOS TUTORES E CURADORES PELOS TUTELADOS E CURATELADOS

O tutor, como se sabe, atua como representante legal do menor cujos pais sejam falecidos, declarados ausentes ou destituídos do poder familiar.

Trata-se de um múnus público, imposto por lei a determinadas pessoas, em atenção ao menor, nos termos dos arts. 1.728 a 1.766 do Código Civil.

Ora, como exerce poder de direção sobre o menor, deverá, nos termos do art. 932, I, responder pelos danos que haja cometido em face de terceiros.

O mesmo se diga do curador[5].

Atente-se, por outro lado, para o fato de que a curatela não apenas visa à proteção de maiores, mas, também, poderá ser deferida para a salvaguarda de interesses do nascituro (art. 1.779 do CC/2002).

Caso, portanto, o curatelado cometa um ato lesivo ao patrimônio ou a direito de terceiro, o seu curador — pessoa a quem assiste poder de direção — poderá ser civilmente responsabilizado.

Tal regra, se levada às últimas consequências, afigura-se-nos por demais injusta.

No caso da interdição por prodigalidade, por exemplo, o dever de vigilância imposto ao curador não deveria ir ao ponto de torná-lo solidariamente obrigado pelo dano causado pelo pródigo, pois sua assistência diz respeito apenas à prática de atos de disposição patrimonial. Em todo o mais, o indivíduo padecente deste desvio comportamental rege a sua vida, sem a ingerência de quem quer que seja. Afinal, poderíamos considerar iguais as situações do pródigo e do esquizoide?

Por isso, entendemos dever o juiz ter redobrada cautela ao considerar a responsabilidade dessas pessoas, analisando, na hipótese concreta, o grau de participação efetiva do curatelado.

E a lei anterior gerava ainda outro grave inconveniente.

Isso porque não existia regra semelhante àquela prevista para o menor púbere (relativamente incapaz) — art. 156 — que o equiparava ao maior pelo ilícito que houvesse praticado. Em outras palavras, causado o dano, restava à vítima, tão somente, demandar o curador, a quem caberia fazer prova em sentido contrário, visando ilidir a presunção de culpa *in vigilando*.

E tal situação se agravava se o curador não dispusesse de recursos para arcar com o prejuízo, a despeito da riqueza do amental.

A vítima quedaria irressarcida...

Irresignada com a injustiça da questão, respeitável parcela da doutrina, amparando-se em princípios de equidade e razoabilidade, passou a admitir que, em tal caso, pudesse a vítima cobrar a indenização devida do próprio incapaz.

Nesse sentido é o pensamento do professor SILVIO RODRIGUES, consoante se depreende deste trecho de sua obra:

> "No Brasil, onde a legislação é silente sobre a eventual responsabilidade do amental, o problema tem preocupado os juristas, e, embora haja quem opine no sentido de que

[5] A doutrina tradicional costuma aconselhar o magistrado a tratar com maior benevolência o tutor ou curador, pois, se o compararmos ao pai, apenas este último deteria uma responsabilidade natural em face do menor.

o legislador não distinguiu entre o amental e a pessoa normal, para efeito de responsabilidade, a verdade é que a opinião prevalecente é no sentido contrário, ou seja, no de que o psicopata, sendo inimputável, não pode responder no campo civil. Todavia, o mesmo anseio de justiça que orientou os juristas, o legislador e os juízes daqueles países acima apontados manifestou-se entre nós. Realmente, *de lege ferenda*, deve o juiz, por equidade, determinar que o patrimônio do amental responda pelo dano por ele causado a terceiro quando, se isso não ocorresse, a vítima ficaria irressarcida"[6].

O Código Civil de 2002, entretanto, conforme vimos linhas acima, contornou o problema ao admitir a responsabilidade civil do incapaz que disponha de patrimônio, respeitado o limite mínimo da renda para a sua mantença, nos termos do aqui já transcrito art. 928, sem equivalente no CC/1916.

Assim, causado o dano, se o curador não tiver a obrigação de ressarcir (imagine uma situação em que o louco tenha causado danos antes da designação formal do curador) ou não dispuser de condições para fazê-lo (for pobre), o patrimônio do amental poderá ser atingido para a satisfação da vítima, preservada uma renda mínima para a sua própria mantença ou das pessoas que de si dependam economicamente (sua filhinha, por exemplo).

Finalmente, lembre-se de que tanto o tutor quanto o curador, nos termos do art. 933, responderão pelo dano independentemente da existência de culpa (responsabilidade civil objetiva), resguardado o direito de regresso, nos termos do art. 934.

## 5. RESPONSABILIDADE CIVIL DO EMPREGADOR OU COMITENTE, PELOS ATOS DOS SEUS EMPREGADOS, SERVIÇAIS OU PREPOSTOS

A hipótese versada no inciso III do art. 932 do Código Civil brasileiro (art. 1.521, III, do CC/1916) traz, em verdade, duas situações assemelhadas, que, porém, não se confundem.

De fato, a responsabilidade civil do empregador ou comitente, pelos atos dos seus empregados, serviçais ou prepostos, se justifica pelo poder diretivo desses sujeitos em relação aos agentes materiais do dano, sendo este o seu elemento comum.

Todavia, há uma diferença substancial entre a natureza da relação jurídica mantida entre esses sujeitos.

Com efeito, no primeiro caso, exige-se a existência de uma relação de trabalho subordinado (vínculo empregatício), única hipótese em que se pode esperar a presença de um sujeito empregador.

[6] RODRIGUES, Silvio. *Direito Civil* — Responsabilidade Civil, 17. ed., v. 4, São Paulo: Saraiva, 1999, p. 24-5.

Já na segunda hipótese, em que se menciona a responsabilidade civil de um comitente[7], a relação jurídica base em que se postula a responsabilização pode se dar das mais amplas formas de contratação civil (nela, incluídas, obviamente, as avenças comerciais), podendo se enquadrar, por exemplo, os contratos de mandato (arts. 653/685 do CC/2002), comissão (arts. 693/709 do CC/2002), agência e distribuição (arts. 710/721 do CC/2002), corretagem (arts. 722/729 do CC/2002) e mesmo a representação comercial autônoma (regulada pela Lei n. 4.886, de 9-12-1965), entre outras formas contratuais.

Nesse sentido, conforme define DE PLÁCIDO E SILVA:

> "COMITENTE. Denominação que se dá à pessoa que encarrega outra de comprar, vender ou praticar qualquer ato, sob suas ordens e por sua conta, mediante certa remuneração, a que se dá o nome de comissão.
>
> É assim um dos participantes do contrato de comissão, que justamente dá poderes ao comissário para que execute o negócio ou pratique o ato, a seu mando e sob sua conta, obrigando-se a pagar ao comissário as despesas e comissões resultantes do contrato, e a cumprir as obrigações que da comissão (contrato) resultarem para ele.
>
> Embora, sob vários aspectos, o comitente se assemelhe ao mandante, nem sempre ele o é, pois a comissão pode resultar de mandato ou simplesmente das ordens para execução de atos comerciais, que são feitos sob o nome e responsabilidade do comissário, que, assim, age autonomamente perante os terceiros com quem contrata.
>
> A responsabilidade do comitente, pois, relativamente aos atos praticados pela pessoa a quem os incumbiu de praticar, decorre das condições em que foram dadas essas ordens, se em virtude de contrato de comissão mercantil, de mandato ou de preposição comercial, pois somente nestes dois últimos casos, perfeito mandante é responsável pelos atos de seus mandatários, se agirem segundo suas instruções e poderes dados.
>
> No entanto, mesmo na comissão, o comitente é responsável pelas obrigações assumidas pelo comissário nos negócios ou operações realizados por determinação dele"[8].

Como se vê, o que nos parece relevante, em ambas as situações contidas no inciso III, é a existência de um negócio jurídico celebrado entre o sujeito responsabilizado e o autor material do dano, praticando este o último a conduta lesiva, "no exercício do trabalho que lhes competir, ou em razão dele"[9].

---

[7] "Comitente. Adj.2g.s.2g. (1836 cf.SC) 1 JUR que ou aquele que incumbe alguém, mediante o pagamento de uma comissão, de executar certos atos em seu nome e sob sua direção e responsabilidade civil 2 COM que ou aquele que, por sua conta, consigna mercadorias a outrem. ETIM lat. commitens, entis, part. pres. de commitère 'confiar'; ver met; f.hist. 1836 commitente; a datação é para o subst. ANT comissionado" (HOUAISS, Antônio; VILLAR, Mauro de Salles. *Dicionário Houaiss da Língua Portuguesa*, Rio de Janeiro: Objetiva, 2001, p. 771).

[8] SILVA, De Plácido e. *Vocabulário Jurídico*, 15. ed., Rio de Janeiro: Forense, 1998, p. 184.

[9] "Se, por um lado, a noção de empregado é perfeitamente definida, não o é a de preposição. Nesse termo, inserem-se todas as figuras intermediárias nas quais surge nebulosa a ideia de poder diretivo.

Injustificável, porém, é a permanência, no Código Civil brasileiro de 2002, da expressão "serviçal", como sujeito praticante de ato lesivo.

Isso porque, além de não trazer uma correspondência direta com o sujeito responsabilizado (se empregador se refere a empregados e comitente a prepostos, o que dizer dessa figura de "serviçais", incrustada entre os dois sujeitos ativos?), a terminologia utilizada não é mais adequada para a modernidade.

A expressão "serviçal", antepondo-se a amo, poderia plenamente se justificar no Código Civil brasileiro de 1916, fruto de um projeto de BEVILÁQUA de 1899, quando ainda engatinhávamos na construção de uma sociedade capitalista.

Naquela época, recém-saídos do regime escravocrata, em que não era concebida a profissionalização das relações de trabalho, admitir relações de servidão poderia ser algo aceitável socialmente.

Hoje, definitivamente não!

Por isso, soa deveras estranho que a expressão "amo" tenha sido suprimida, mas mantida a ideia de "serviçal" no dispositivo correspondente.

Se pretendia o legislador incluir as formas de trabalho voluntário, despicienda era a manutenção, pois, dentro do elástico conceito de preposto, poderiam ser incluídos tais sujeitos.

Se pretendia, porém, pensar em situações de exploração em que haveria a prestação de serviços sem qualquer retribuição, em condição análoga ao trabalho escravo, o descumprimento da mínima legislação trabalhista não converteria a natureza jurídica da atividade, encaixando-se perfeitamente no conceito de empregado.

Assim, preferimos entender que o referido dispositivo foi incluído de forma pleonástica, apenas no sentido de reforçar a ideia de responsabilização do tomador de serviços pelos danos causados pelo prestador, "no exercício do trabalho que lhes competir, ou em razão dele".

Conforme já dito anteriormente, a redação do art. 934 do Código Civil brasileiro de 2002 enseja o direito de regresso daquele que ressarciu o dano causado por outrem.

No campo das relações de trabalho, contudo, o dispositivo deve ser interpretado em consonância com o art. 462 da Consolidação das Leis do Trabalho, que dispõe, *in verbis*:

> "Art. 462. Ao empregador é vedado efetuar qualquer desconto nos salários do empregado, salvo quando este resultar de adiantamentos, de dispositivos de lei ou de contrato coletivo.

---

Nessas hipóteses, o vínculo de subordinação é mais tênue. Não é necessário que essa relação tenha caráter oneroso: aquele que dirige veículo a pedido de outrem, ainda que de favor, tipifica a noção de preposto" (VENOSA, Sílvio de Salvo. *Direito Civil*, v. III: Responsabilidade Civil, 3. ed., São Paulo: Atlas, 2003, p. 69).

§ 1º Em caso de dano causado pelo empregado, o desconto será lícito, desde que esta possibilidade tenha sido acordada ou na ocorrência de dolo do empregado.

(...)".

Assim, para que o empregador possa descontar valores referentes a danos causados culposamente pelo empregado, será necessária a pactuação específica, o que é dispensável, por medida da mais lídima justiça, no caso de dolo.

Por fim, vale registrar que essa responsabilização se dá, inclusive, para a preposição em sede processual, respondendo o empregador ou comitente pelos atos de seus empregados ou prepostos.

No processo trabalhista, inclusive, preceitua o § 1º do art. 843 consolidado que "é facultado ao empregador fazer-se substituir pelo gerente, ou qualquer outro preposto que tenha conhecimento do fato, e cujas declarações obrigarão o preponente", incorrendo ele em *ficta confessio*, toda vez o preposto/empregado demonstrar não ter conhecimento do fato, objeto da lide.

## 6. RESPONSABILIDADE CIVIL DOS DONOS DE HOTÉIS, HOSPEDARIAS E ESTABELECIMENTOS EDUCACIONAIS POR ATO DOS SEUS HÓSPEDES, MORADORES E EDUCANDOS

Pode até parecer irrelevante, mas, desde o sistema legal anterior, os donos de hotéis, hospedarias e outros estabelecimentos onde se albergue por dinheiro (albergues, motéis etc.) são solidariamente responsáveis pelos danos causados a terceiros por seus hóspedes ou moradores.

Claro que se o dano resulta da atuação de preposto do estabelecimento, a responsabilidade civil do seu titular é indiscutível.

O problema, entretanto, ganha proporções se o dano é causado por outro hóspede, caso em que somente a análise do caso concreto, com a aferição da atuação causal do dono do hotel, poderá autorizar a conclusão por sua responsabilidade.

Discorrendo a respeito desse tema, com inigualável precisão, preleciona JOSÉ DE AGUIAR DIAS: "Tudo estará, pois, em examinar, dado o caso concreto, até que ponto interveio a colaboração do dono da casa no fato danoso. É indubitável que lhe incumbe, mesmo quando hospedador gratuito, um dever de segurança em relação ao hóspede, pois não se compreende que se albergue para lhe proporcionar ou permitir o dano, através de terceiro. Em que termos ela se pode considerar como imposta ao dono da casa será questão a resolver, tendo em vista as circunstâncias"[10].

Na mesma, linha, os diretores de estabelecimentos educacionais são responsáveis pelos danos causados aos seus educandos ou a terceiros.

---

10 DIAS, José de Aguiar. *Da Responsabilidade Civil*, Rio de Janeiro: Forense, 1994, p. 530.

Nesse sentido, observa SÍLVIO VENOSA:

> "Enquanto o aluno se encontra no estabelecimento de ensino e sob sua responsabilidade, este é responsável não somente pela incolumidade física do educando, como também pelos atos ilícitos praticados por este a terceiros. Há um dever de vigilância e incolumidade inerente ao estabelecimento de educação que, modernamente, decorre da responsabilidade objetiva do Código de Defesa do Consumidor. O aluno é consumidor do fornecedor de serviços, que é a instituição educacional. Se o agente sofre prejuízo físico ou moral decorrente da atividade no interior do estabelecimento ou em razão dele, este é responsável. Responde, portanto, a escola, se o aluno vem a ser agredido por colega em seu interior ou vem a acidentar-se em seu interior. Pode até mesmo ser firmada a responsabilidade civil, ainda que o educando se encontre fora das dependências do estabelecimento: imaginemos a hipótese de danos praticados por aluno em excursão ou visita organizada, orientada ou patrocinada pela escola. Nesse caso, o dever de vigilância dos professores e educadores é ambulatório, isto é, acompanha os alunos"[11].

Tal responsabilidade civil, como visto, poderá decorrer de danos causados a terceiros ou, até mesmo, aos outros alunos, devendo-se registrar que, em se tratando de escola pública, a obrigação de indenizar é do Estado.

Finalmente, adverte CARLOS ROBERTO GONÇALVES que "em se tratando de educandos maiores, nenhuma responsabilidade cabe ao educador ou professor, pois é natural pensar que somente ao menor é que se dirige essa responsabilidade, porquanto o maior não pode estar sujeito à mesma vigilância que se faz necessária a uma pessoa menor"[12].

Mais uma vez, vale lembrar que o atual Código Civil considera de natureza objetiva a responsabilidade civil de todas aquelas pessoas mencionados em seu art. 932.

## 7. RESPONSABILIDADE CIVIL PELO PRODUTO DE CRIME

A última previsão legal de responsabilidade do art. 932 refere-se a todas as pessoas que, gratuitamente, houverem participado do produto do crime, até a concorrente quantia.

Tais pessoas respondem, pois, solidariamente, pelos valores e bens decorrentes da prática do crime.

Se assim não fosse, estar-se-ia admitindo o espúrio enriquecimento dos agentes do crime ou seus beneficiários.

---

[11] VENOSA, Sílvio de Salvo. *Direito Civil*, v. III: Responsabilidade Civil, 3. ed., São Paulo: Atlas, 2003, p. 71.

[12] GONÇALVES, Carlos Roberto. *Direito das Obrigações* — Parte Especial (Responsabilidade Civil), v. 6, t. II, São Paulo: Saraiva, 2006, p. 28.

Citando BARROS MONTEIRO, STOCO observa a respeito deste dispositivo que "se alguém participou gratuitamente nos produtos de um crime, é claro que está obrigado a devolver o produto dessa participação até a concorrente quantia. O dispositivo somente consagra um princípio geralmente conhecido, que é o da repetição do indevido"[13].

## 8. RESPONSABILIDADE CIVIL DAS PESSOAS JURÍDICAS DE DIREITO PÚBLICO E DE DIREITO PRIVADO

As pessoas jurídicas, mesmo não tendo a existência ontológica das pessoas naturais, respondem, com seu patrimônio, por todos os atos ilícitos que praticarem, através de seus representantes.

Do ponto de vista da responsabilidade civil, inexiste, inclusive, qualquer distinção efetiva entre os entes de existência física para os de existência ideal.

Assim, independentemente da natureza da pessoa jurídica (direito público ou privado), estabelecido um negócio jurídico com a observância dos limites determinados pela lei ou estatuto, com deliberação do órgão competente e/ou realização pelo legítimo representante, deve ela cumprir o quanto pactuado, respondendo, com seu patrimônio, pelo eventual inadimplemento contratual, na forma do art. 389 do CC/2002[14].

No campo da responsabilidade civil aquiliana ou extracontratual, a regra geral do *neminem laedere* (a ninguém se deve lesar) é perfeitamente aplicável às pessoas jurídicas, estando consagrada nos arts. 186, 187 e 927 do CC/2002, que não fazem acepção de quais pessoas são as destinatárias da norma.

Em relação à responsabilidade civil das pessoas jurídicas de direito privado, na mesma linha de responsabilização civil objetiva por ato de terceiro, importantíssima norma está contida no art. 931 do Código Civil brasileiro, que preceitua, *in verbis*:

> "Art. 931. Ressalvados outros casos previstos em lei especial, os empresários individuais e as empresas respondem independentemente de culpa pelos danos causados pelos produtos postos em circulação".

Tal norma se coaduna perfeitamente com as regras de responsabilização objetiva do Código de Defesa do Consumidor.

Entendemos, ademais, que melhor do que "empresa" seria a denominação "sociedade empresária", mais adequada à dicção do próprio Código Civil.

[13] STOCO, Rui. *Tratado de Responsabilidade Civil* — Responsabilidade Civil e sua Interpretação Jurisprudencial, 5. ed., São Paulo: RT, 2001, p. 724.

[14] Vale destacar, inclusive, que o Código de Defesa do Consumidor, em seus arts. 12/25, impõe não somente a responsabilização patrimonial objetiva das pessoas jurídicas pelo fato e por vício do produto e do serviço, como também a responsabilidade subjetiva para garantir a incolumidade econômica do consumidor ante os incidentes de consumo que podem diminuir seu patrimônio por força de vício de quantidade e de qualidade por inadequação.

# LVII RESPONSABILIDADE CIVIL PELO FATO DA COISA E DO ANIMAL

## 1. INTRODUÇÃO

Vivemos em uma sociedade perigosa, em que não apenas os homens, mas também as coisas e os animais, podem acarretar graves riscos ao nosso patrimônio ou à nossa integridade fisiopsíquica.

Não é por outra razão que já constatamos vivermos a "era do risco", especialmente incrementada pelo avanço tecnológico.

Pois bem.

Neste capítulo, estudaremos a responsabilidade civil decorrente dos danos causados por objetos inanimados e seres irracionais.

Trata-se, em outras palavras, do estudo da responsabilidade da pessoa que detém o poder de comando das coisas e animais causadores de danos à esfera jurídica de outrem, situação de prejuízo esta que, obviamente, não poderia quedar-se irressarcida.

Imagine, apenas a título de ilustração, um pit bull solto — aquele simpático cãozinho cuja dentada equivale a algumas toneladas de pressão — que ataca uma criança, causando-lhe lesões irreparáveis. Pondo-se de lado a indiscutível investigação criminal que será iniciada, não se poderá atribuir responsabilidade civil ao próprio animal, desprovido de inteligência e discernimento.

Na mesma linha, imagine o dano causado por um gerador de energia elétrica que explode, queimando pessoas.

A quem se deverá atribuir a obrigação de indenizar?

Lembra-nos AGUIAR DIAS que "se bem que no direito romano já estivesse fixada a chamada responsabilidade pelo fato da coisa, a locomotiva, o automóvel, o avião, ou outros veículos que marcam a trepidação da vida moderna e os inventos da era industrial multiplicaram ao infinito os casos de responsabilidade civil, exigindo mais atenção aos estudiosos"[1].

Obviamente que a denominação "responsabilidade pelo fato da coisa ou do animal" diz menos do que deveria pois, conforme já tivemos oportunidade de frisar, a responsa-

[1] DIAS, José de Aguiar. *Da Responsabilidade Civil*, 9. ed., Rio de Janeiro: Forense, 1994, v. II, p. 389.

bilidade jurídica — penal, civil ou administrativa — é um fenômeno inerente à atuação humana, e só interessa quando ligada ao comportamento das pessoas.

Concordamos, assim, com a corrente citada por CAVALIERI FILHO, que prefere, por ser mais técnica, a expressão "responsabilidade pela guarda das coisas inanimadas". Nesse sentido, leia-se o seguinte trecho de sua obra: "A vida moderna colocou à nossa disposição um grande número de coisas que nos trazem comodidade, conforto e bem-estar, mas que, por serem perigosas, são capazes de acarretar danos aos outros. Superiores razões de política social impõe-nos, então, o dever jurídico de vigilância e cuidado das coisas que usamos, sob pena de sermos obrigados a repararmos os danos por elas produzidos. É o que se convencionou chamar de responsabilidade pelo fato das coisas, ou, como preferem outros, responsabilidade pela guarda das coisas inanimadas"[2] .

No entanto, em respeito à tradição do nosso direito, manteremos, no título deste capítulo, a expressão "responsabilidade civil pelo fato da coisa ou do animal".

A menção, inclusive, a "fato", e não a "ato", já permite visualizar a ideia de que se trata de uma responsabilização por um evento não humano, mas que, por uma relação jurídica firmada, deve o titular da coisa ou animal indenizar os danos causados por esses seus bens.

## 2. A IMPORTÂNCIA DO DIREITO FRANCÊS

Sem sombra de dúvida, a doutrina civilista deve muito à nação francesa, especialmente no campo da responsabilidade civil.

Foi a jurisprudência desse Estado que, à luz das ideias de PLANIOL, RIPERT e BOULANGER, interpretando o Código Napoleão, chegou à teoria da responsabilidade pelo fato da coisa inanimada.

Conforme lembra CAIO MÁRIO, "a subordinação da responsabilidade pelo fato das coisas ao princípio da responsabilidade civil (que é enunciado na disposição do art. 1.382 daquele Código) ocorreu através da ideia de presunção de culpa"[3]. Posteriormente, lembra o professor mineiro, a doutrina viu nesta teoria uma consagração parcial da teoria do risco, no sentido de que ao guardião da coisa, que usufrui dos cômodos, caberia suportar os incômodos (obrigação de indenizar), em decorrência dos danos causados por esta mesma coisa.

A partir do desenvolvimento desta teoria nos Tribunais da França, portanto, começou a ganhar forma e moldura jurídica na doutrina internacional a responsabilidade pelo fato da coisa e, consequentemente, do animal.

---

2 CAVALIERI FILHO, Sérgio. *Programa de Responsabilidade Civil*, 2. ed., São Paulo: Malheiros, 2000, p. 123.

3 PEREIRA, Caio Mário da Silva. *Responsabilidade Civil*, 9. ed., Rio de Janeiro: Forense, 2000, p. 102.

## 3. A DOUTRINA DA GUARDA DA COISA E DO ANIMAL NO BRASIL

Com absoluta precisão, CAVALIERI lembra que talvez o primeiro jurista no mundo a tratar do tema, mesmo antes dos teóricos franceses, haja sido o baiano TEIXEIRA DE FREITAS, em seu Esboço de 1865 que, pelo avanço de suas ideias, restou incompreendido na época em que fora elaborado[4].

Nesse ponto, vale transcrever, na íntegra, o art. 3.690 do Esboço, cujo título era "Do dano causado por coisas inanimadas":

> "Art. 3.690. Quando de qualquer coisa inanimada resultar dano a alguém, seu dono responderá pela indenização, a não provar que de sua parte não houve culpa; como nos seguintes casos:
>
> 1. Desmoronamento de edifícios, e de construções em geral no todo ou em parte;
>
> 2. Caída de árvores mal arraigadas, ou expostas a cair nos casos de ordinária ocorrência;
>
> 3. Lançamento de fumo insólito e excessivo de forno, forja ou fornalha, para as janelas do vizinho;
>
> 4. Exalação de cheiros infetos de canos, cloacas e depósitos, para as casas vizinhas, por motivo de sua construção, sem as precauções necessárias;
>
> 5. Umidades em paredes alheias por esterqueiras ou estrumeiras contíguas, e em geral por causas evitáveis;
>
> 6. Compressão do rio com valados;
>
> 7. Obras novas de qualquer espécie, ainda que em lugar público com licença, em prejuízo de outrem".

Pela análise deste dispositivo, vê-se, com clareza, que o grande jurista já disciplinava a responsabilidade pela guarda das coisas e dos animais causadores de dano, fundando a obrigação de indenizar na ideia de presunção de culpa, consoante se depreende da análise da parte final do *caput* do artigo sob comento.

Entretanto, neste ponto, uma pergunta se impõe: a quem caberia esta responsabilidade? É o que enfrentaremos no próximo tópico.

## 4. O RESPONSÁVEL CIVIL PELA GUARDA DA COISA OU DO ANIMAL

Em nosso entendimento, o responsável pela reparação do dano proveniente da coisa ou do animal é o seu "guardião".

Por guardião entenda-se não apenas o proprietário (guardião presuntivo), mas, até mesmo, o possuidor ou o mero detentor do bem, desde que, no momento do fato, detivesse seu poder de comando ou direção intelectual.

[4] CAVALIERI FILHO, Sérgio. *Programa de Responsabilidade Civil*, 2. ed., São Paulo: Malheiros, 2000, p. 124.

Assim, se a minha bomba d'água, mal conservada, explode e lesiona um transeunte, a obrigação de indenizar será imposta a mim, proprietário e guardião da coisa, que estava sob a minha custódia e direção.

Diferentemente, se eu contrato um adestrador de cães, confiando-lhe a guarda do meu buldogue, e este, durante uma sessão de treinamento, desprende-se da coleira e causa dano a terceiro, obviamente que, pela reparação do dano, responderá apenas o *expert*, pois, no momento do desenlace fatídico, detinha o poder de comando do animal, que estava sob a sua autoridade. Raciocínio contrário, aliás, esbarraria na própria noção de nexo de causalidade, uma vez que, no caso, o dano não poderia ser atribuído ao proprietário do cão, que o havia confiado a um perito. O comportamento deste último foi causa direta e imediata do resultado lesivo.

Fixamos, portanto, a premissa de que a responsabilidade pelos danos causados pela coisa ou animal há que ser atribuída àquela pessoa que, no momento do evento, detinha poder de comando sobre ele.

E note-se que esta atribuição de responsabilidade não exige necessariamente perquirição de culpa, ou seja, a depender do sistema legal consagrado, o guardião poderá ser chamado à responsabilidade, mesmo que não haja atuado com culpa ou dolo, mas pelo simples fato de haver exposto a vítima a uma situação de risco.

É lógico, porém, que, sendo a coisa ou animal de propriedade da Administração Pública, a responsabilidade civil objetiva que esta detém pela conduta de seus agentes a obriga à reparação dos danos, independentemente do fato de o responsável direto pelo bem móvel ou semovente ter tido culpa no evento danoso.

## 5. TRATAMENTO LEGAL

Nos próximos tópicos, verificaremos, de forma sistemática, como se dá a responsabilização civil pelos danos causados por esses bens, móveis (coisas) ou semoventes (animais), no nosso ordenamento jurídico positivo.

### 5.1. Responsabilidade civil pela guarda do animal

Infelizmente, nos últimos anos deparamo-nos com um crescente número de incidentes envolvendo animais ferozes, por conta da falta de cautela e civilidade dos seus donos ou possuidores.

Não nos alinhamos junto àqueles que supõem uma ameaça ínsita, de raiz genética, em determinados animais, por pensarmos que a nocividade destes seres decorre principalmente da forma pela qual são tratados ou criados por seus donos ou possuidores.

A campanha contra a criação dos cães da raça pit bull, por exemplo, por mais compreensível que se afigure, parte, em muitos casos, do pressuposto de periculosidade inata do animal, quando, em verdade, a falta de bom senso e respeito dos seus donos é a principal razão dos acidentes graves.

O homem deixou de respeitar a natureza e o instinto dos animais, passando a tratá-los como se fossem uma extensão de sua pessoa, de suas mágoas, de seus complexos e de seus sofrimentos.

E talvez todo esse processo de banalização no tratamento dos animais, agravado pelo crescente número de acidentes, conduziu o legislador a mudar significativamente o tratamento legal da matéria no Código Civil de 2002, que passou a admitir expressamente a responsabilidade do guardião (dono ou mero detentor) independentemente da aferição de culpa, ou seja, de forma objetiva.

Note-se que, no art. 1.527 do Código Civil de 1916, admitia-se a isenção de responsabilidade caso o dono ou detentor provasse que guardou e vigiou o animal com o cuidado preciso, ou seja, que não atuou com culpa *in custodiendo* ou *in vigilando*.

Na lei vigente, por sua vez, a sua responsabilidade não pode ser ilidida nestes termos, uma vez que, partindo-se da teoria do risco, o guardião somente se eximirá se provar quebra do nexo causal em decorrência da culpa exclusiva da vítima ou evento de força maior, não importando a investigação de sua culpa.

Interessante notar ainda que, se o dano ocorre estando o animal em poder do próprio dono, dúvida não há no sentido de ser este o responsável pela reparação, pelo fato de ser o seu guardião presuntivo. Se, entretanto, transferiu a posse ou a detenção do animal a um terceiro (caso do comodato ou da entrega a amestrador), entendemos que o seu dono se exime de responsabilidade, por não deter o poder de comando sobre ele, consoante vimos acima.

E se o animal houver sido furtado, e, estando na posse do ladrão, atacar um terceiro?

A resposta a essa indagação é formulada com absoluta precisão por nosso mestre CAIO MÁRIO DA SILVA PEREIRA: "Em caso de furto, ao dono pode ser imputada a culpa *in vigilando*. Se foi por ter o proprietário faltado ao dever de guardar que o furto ocorreu, a mesma razão que justifica a reparação pela culpa *in custodiendo* se impõe ao dono que foi privado da posse do animal. Se, porém, o furto se deu não obstante as cautelas da custódia devida, o dono se exonera, equiparado que é o furto à força maior. Tal como se dá na responsabilidade por fato das coisas em geral, e foi visto acima, se o dono perde o comando, a responsabilidade incumbe a quem o tem ainda que não fundado em direito"[5].

Tal raciocínio que equipara o furto à força maior, para o efeito de eximir o dono de responsabilidade, também se aplica nos casos de serem cometidos outros delitos que impliquem na subtração do animal (roubo, extorsão etc.).

Vale salientar, portanto, que, com a entrada em vigor do Código Civil de 2002, a discussão de culpa em situações desse jaez restou superada, não havendo mais espaço, em nosso entendimento, para se invocar a noção de responsabilidade subjetiva em caso de acidente envolvendo animal.

---

[5] PEREIRA, Caio Mário da Silva. *Responsabilidade Civil*, 9. ed., Rio de Janeiro: Forense, 2000, p. 110.

## 5.2. Responsabilidade civil pela ruína de edifício ou construção

Ainda dentro deste tema, o Código Civil cuida da responsabilidade decorrente da ruína de edifício ou construção.

O diploma revogado dispunha a respeito em seu art. 1.528: "O dono de edifício ou construção responde pelos danos que resultarem de sua ruína, se esta provier de falta de reparos, cuja necessidade fosse manifesta".

Comentando este dispositivo, ALVINO LIMA sustentava que esta norma não se afastava do princípio da culpa, que deveria ser suficientemente provada pela vítima: "Subordinando a responsabilidade à condição de ter sido a ruína ocasionada pela falta de reparos, cuja necessidade era manifesta, restringiu o legislador demasiadamente a responsabilidade decorrente dos danos provenientes da ruína de um edifício, circunscrevendo a culpa a uma necessidade patente de ausência de reparos"[6].

Em sentido contrário, respeitáveis doutrinadores visualizavam, no caso, uma excepcional consagração de responsabilidade sem culpa pelo Código de 1916, a exemplo do culto professor ÁLVARO VILLAÇA AZEVEDO: "Por sua vez, o art. 1.528 do mesmo Código responsabiliza o dono do edifício ou da construção pelos danos, que advierem de sua ruína, se esta se causar por falta de reparos indispensáveis à remoção daquele perigo. O Código é claro em atribuir ao dono do prédio a responsabilidade, pois a ele cabe cuidar do que lhe pertence. Não se procura, no caso, a culpabilidade desse proprietário, cuja responsabilidade é objetiva, se bem que possa ele, após ter indenizado, procurar reembolsar-se, com ação regressiva contra o culpado (por exemplo, o engenheiro o zelador)"[7].

Adotando posição mais moderada, embora desapegada à noção de culpa defendida pelo culto ALVINO LIMA, SILVIO RODRIGUES pontifica assistir razão a AGUIAR DIAS, quando reconhece, na hipótese, uma presunção de responsabilidade do dono do prédio, dispensando-se, consequentemente, a demonstração cabal da vítima de que houve falta de reparos. A simples circunstância de que o edifício ou construção ruiu seria suficiente para a configuração da responsabilidade civil: "tanto necessitava de reparos que caiu..."[8].

O art. 937 do Código de 2002 (correspondente ao art. 1.528 do CC/1916), cuja redação é idêntica à da lei revogada, mantém a mesma dicção, de forma que poderia o leitor imaginar que as dúvidas e discussões a respeito da correta intelecção da norma haverão de continuar.

[6] LIMA, Alvino. *Culpa e Risco*, 2. ed., São Paulo: Revista dos Tribunais, 1999, p. 297.

[7] AZEVEDO, Álvaro Villaça. *Teoria Geral das Obrigações*, 8. ed., São Paulo: Revista dos Tribunais, 2000, p. 291.

[8] RODRIGUES, Silvio. *Direito Civil* — Responsabilidade Civil, v. 4, 17. ed., São Paulo: Saraiva, 1999, p. 127.

Longe de querermos pacificar a questão, mas apenas esboçando o nosso pensamento, cuidaremos de registrar que, em nosso entendimento, esta regra consagra indiscutivelmente a responsabilidade civil objetiva do dono do edifício ou construção.

Observe que falamos o "dono", e não o simples possuidor ou detentor. Se, por exemplo, a construção do imóvel alugado desmorona, óbvio que responderá o seu proprietário, podendo assistir-lhe uma eventual ação regressiva, no caso de culpa do locatário.

E a vítima, para obter a devida compensação, não precisará provar a sua culpa na ausência de reparos que causou o desfecho fatídico.

Vale salientar, ainda, que a "ruína" do edifício ou construção pode significar a sua destruição, tanto total quanto parcial. A jurisprudência, aliás, tem sido maleável ao interpretar este conceito, admitindo a subsunção nesta categoria de hipóteses tais como: desprendimento de revestimentos de parede, queda de telhas e de vidros, soltura de placas de concreto etc.[9].

Note que o artigo sob comento é peremptório ao dispor que o dono do edifício ou construção responde pelos danos provenientes da falta de reparos necessários, não se considerando isenção de responsabilidade a demonstração de haver atuado com a diligência e o cuidado devidos.

A redação legal, de tão contundente, é até mesmo um pouco agressiva.

Se quisesse admitir a responsabilidade fundada na culpa não consignaria o preceito de forma tão categórica.

Ademais, utilizando um critério de interpretação sistemática, a tese de que a norma exigiria prova de culpa seria, no sistema inaugurado pelo novo diploma, completamente anacrônica, uma vez que todas as regras até então estudadas, inseridas no mesmo capítulo, consagraram a responsabilidade sem culpa.

Admitida, portanto, a responsabilidade civil objetiva, o proprietário somente se eximirá se provar a quebra do nexo causal por uma das excludentes de responsabilidade, por exemplo, evento fortuito ou de força maior, ou, ainda, culpa exclusiva da vítima.

Em arremate, concordamos com o pensamento do mestre SÍLVIO VENOSA, quando sustenta haver o Código atual, neste ponto, adotado a responsabilidade civil objetiva, mormente levando-se em consideração ser a construção civil uma atividade de risco, potencialmente danosa:

> "O novo Código, como já referimos nos capítulos anteriores, estabelece um dispositivo geral de responsabilidade objetiva, portanto independente de culpa, nos casos especificados em lei, ou 'quando a atividade normalmente desenvolvida pelo autor do dano implicar, por sua natureza, risco para os direitos de outrem' (art. 927). Caberá à jurisprudência fixar os casos de atividade perigosa ou de risco. Certamente, a área da construção civil será abrangida por esse entendimento. Nesse campo, a obrigação de

9 Nesse sentido, CAVALIERI FILHO, Sérgio, ob. cit., p. 138.

reparar o dano emerge tão só da atividade desempenhada pelo agente. Trata-se de evolução contemporânea e universal sentida na responsabilidade civil aquiliana"[10].

## 5.3. Responsabilidade civil pelas coisas caídas de edifícios

Historicamente, a modalidade em epígrafe tem raiz na responsabilidade oriunda da *actio de effusis et dejectis* do Direito Romano.

Cuida-se da responsabilidade civil decorrente do dano causado pelas coisas caídas ou lançadas de edifícios, que atinjam lugares e pessoas, indevidamente.

O Código Civil dispõe a respeito em seu art. 938:

> "Art. 938. Aquele que habitar prédio, ou parte dele, responde pelo dano proveniente das coisas que dele caírem ou forem lançadas em lugar indevido".

Corretamente, a Lei de 2002 substituiu a palavra "casa" — constante no artigo superado — por "prédio", tecnicamente mais adequada, por abranger habitações que não se subsumiriam no primeiro conceito.

Saliente-se que, diferentemente do que dispõe o artigo antecedente, a responsabilidade pelas coisas caídas ou lançadas não é necessariamente do proprietário da construção, mas sim do seu habitante, atingindo, desta forma, também, o mero possuidor (locador, comodatário, usufrutuário etc.).

Indiscutivelmente, cuida-se de responsabilidade civil objetiva, pois o agente só se exime provando não haver participado da cadeia causal dos acontecimentos.

Em outras palavras, para efeito de reparação, não se discute culpa.

Interessante notar que se o dano é imputado a condomínio, não se podendo identificar a unidade habitacional de onde partiu a coisa, a jurisprudência tem adotado o critério de responsabilizar apenas o bloco de apartamentos de onde se poderia, segundo a lógica dos fatos, partir o objeto. Desta maneira, os moradores do bloco ou face do prédio oposto ao local do dano não seriam admitidos como parte legítima para responderem na demanda indenizatória.

Finalmente, é bom que se lembre que a responsabilidade decorrente da queda de objetos pode se conjugar com outras modalidades de responsabilidade civil indireta.

Imagine que o filhinho de Caio, por brincadeira (de mau gosto), arremesse uma garrafa de vidro contendo xixi sobre o carro conversível de Tício. Claro está que a vítima poderá buscar o ressarcimento do dano junto ao representante legal do menor, independentemente da demonstração de culpa *in vigilando*.

VIDEOAULA

✓ O que é *actio de effusis et dejectis?*

*Acesse também o vídeo sobre o capítulo pelo link: <https://somos.in/MDC4>*

[10] VENOSA, Sílvio de Salvo. *Direito Civil* — Responsabilidade Civil, 3. ed., São Paulo: Atlas, 2003, p. 82.

# LVIII

# PREFERÊNCIAS E PRIVILÉGIOS CREDITÓRIOS

CONTEÚDO DIGITAL ON-LINE

**1.** Esclarecimentos terminológicos; **2.** Concurso de credores; **3.** Categorias das preferências no Código Civil brasileiro; **4.** Ordem preferencial no direito brasileiro.

# LIX NOÇÕES GERAIS SOBRE DIREITOS REAIS



## 1. DIREITOS REAIS: DENOMINAÇÃO E CONCEITO

Antes de estudarmos detalhadamente esse importante campo do Direito Civil, faz-se mister tecer algumas considerações introdutórias sobre sua denominação e conceito.

No passado, por inspiração alemã, a expressão preferida na área jurídica tradicionalmente sempre foi "Direito das Coisas" (*Sachenrecht*).

Modernamente, porém, prefere-se "Direitos Reais", para denominar o ramo do Direito Civil que regula a relação jurídica real.

Em nosso sentir, a utilização de uma denominação por outra não traduz equívoco.

Nesse contexto, temos que esse ramo específico ("Direitos Reais" ou "Direito das Coisas") consiste em um conjunto de princípios e normas que disciplina a relação jurídica referente às coisas suscetíveis de apropriação pelo homem, segundo uma finalidade social.

Por outro lado, em sentido mais estrito, ao mencionarmos direitos reais (propositalmente com o "d" minúsculo) podemos estar fazendo referência àqueles direitos elencados no art. 1.225 do Código Civil (direito real de propriedade, direito real de usufruto, direito real de servidão etc.).

## 2. NATUREZA DA RELAÇÃO JURÍDICA REAL

Real é o direito que traduz o poder jurídico direto de uma pessoa sobre uma coisa, submetendo-a em todos (propriedade) ou em alguns de seus aspectos (usufruto, servidão, superfície etc.). Para o seu exercício, portanto, prescinde-se de outro sujeito.

A esta corrente, denominada realista, opuseram-se defensores da doutrina personalista, segundo a qual toda relação jurídica exigiria a convergência de, no mínimo, duas pessoas, de maneira que até mesmo para os direitos reais haveria que corresponder uma obrigação passiva universal imposta a todas as pessoas de se absterem de qualquer ato lesivo ao titular do direito.

Não concordamos, todavia, com esse raciocínio.

A despeito de considerarmos o direito como um fenômeno essencialmente humano, o fato é que, em meio a tão variados matizes de relações jurídicas, algumas há em que a figura do sujeito passivo é despicienda: eu exerço as faculdades ínsitas ao direito de propriedade sobre o meu imóvel, independentemente da interferência de quem quer que seja.

"A obrigação que se pode considerar como correspondente aos direitos reais", assevera TEIXEIRA DE FREITAS, "geral e negativa, não é o objeto imediato desses direitos, cuja existência é independente de qualquer obrigação"[1].

Aliás, sustentar a existência de "um sujeito passivo universal" apenas para não prejudicar a pessoalidade comum, mas não absoluta, das relações jurídicas e direitos em geral, é, em nosso ponto de vista, um raciocínio equivocado.

A ideia do "dever geral de abstenção", que caracterizaria a obrigação passiva universal nas relações jurídicas reais, é desprovida de maior significado jurídico, considerando-se que este dever geral de respeito deve ser observado sempre em toda e qualquer relação jurídica, real ou pessoal, indistintamente. Aliás, consoante preleciona ORLANDO GOMES, "a existência de obrigação passiva universal não basta para caracterizar o direito real, porque outros direitos radicalmente distintos, como os personalíssimos, podem ser identificados pela mesma obrigação negativa e universal"[2].

Para os direitos reais, o sujeito passivo e a sua correspondente obrigação somente surgem quando houver a efetiva violação ou ameaça concreta de lesão (ex.: esbulho de propriedade, séria ameaça de invasão). Nesses casos, surge para o infrator o dever de restabelecer o *status quo ante*, ou, não tendo havido efetiva lesão, abster-se da prática de qualquer ato danoso, sob pena de ser civilmente responsabilizado.

Assim, a par de reconhecermos a eficácia *erga omnes* dos direitos reais (que devem ser respeitados por qualquer pessoa), entendemos que, no aspecto interno (da relação jurídica em si), o poder jurídico que contém é exercitável diretamente contra os bens e coisas em geral, independentemente da participação de um sujeito passivo.

Nesse diapasão, com fundamento na doutrina de ARRUDA ALVIM[3], poderíamos enumerar as seguintes características dos direitos reais, para distingui-los dos direitos de natureza pessoal:

a) legalidade ou tipicidade — os direitos reais somente existem se a respectiva figura estiver prevista em lei (art. 1.225 do CC/2002);
b) taxatividade — a enumeração legal dos direitos reais é taxativa (*numerus clausus*), ou seja, não admite ampliação pela simples vontade das partes;
c) publicidade — primordialmente para os bens imóveis, por se submeterem a um sistema formal de registro, que lhes imprime essa característica;

[1] TEIXEIRA DE FREITAS, Augusto. *Código Civil* — Esboço, comentário ao art. 868, Brasília: MJ — Departamento de Imprensa Nacional e UnB, 1983 (edição conjunta), v. 1, p. 205.

[2] GOMES, Orlando, ob. cit., p. 121.

[3] ALVIM, Arruda. Confronto entre Situação de Direito Real e de Direito Obrigacional. Prevalência da Primeira, Prévia e Legitimamente Constituída — Salvo Lei Expressa em Contrário, parecer publicado na *Revista de Direito Privado*, v. 1, p. 103-6.

d) eficácia *erga omnes* — os direitos reais são oponíveis a todas as pessoas, indistintamente. Consoante vimos acima, essa característica não impede, em uma perspectiva mais imediata, o reconhecimento da relação jurídica real entre um homem e uma coisa. Ressalte-se, outrossim, que essa eficácia *erga omnes* deve ser entendida com ressalva, apenas no aspecto de sua oponibilidade, uma vez que o exercício do direito real — até mesmo o de propriedade, mais abrangente de todos — deverá ser sempre condicionado (relativizado) pela ordem jurídica positiva e pelo interesse social, uma vez que não vivemos mais a era da ditadura dos direitos[4];

e) inerência ou aderência — o direito real adere à coisa, acompanhando-a em todas as suas mutações. Essa característica é nítida nos direitos reais em garantia (penhor, anticrese, hipoteca), uma vez que o credor (pignoratício, anticrético, hipotecário), gozando de um direito real vinculado (aderido) à coisa, prefere outros credores desprovidos dessa prerrogativa;

f) sequela — como consequência da característica anterior, o titular de um direito real poderá perseguir a coisa afetada, para buscá-la onde se encontre, e em mãos de quem quer que seja. É aspecto privativo dos direitos reais, não tendo o direito de sequela o titular de direitos pessoais ou obrigacionais.

Por tudo isso, o poder atribuído ao titular de um direito real é juridicamente muito mais expressivo do que aquele conferido ao titular de um direito de natureza pessoal ou obrigacional.

## 3. OBRIGAÇÃO REAL (*PROPTER REM*)

Pela sua singular natureza híbrida, real e obrigacional, merece repassarmos em revista, aqui, as obrigações *propter rem* (também chamada de obrigações *in rem*, *ob rem*, reais ou mistas).

São efetivamente obrigações, em sentido estrito, que decorrem de um direito real sobre determinada coisa, aderindo a essa e, por isso, acompanhando-a nas modificações do seu titular.

Ao contrário das relações jurídicas obrigacionais em geral, que se referem pessoalmente ao indivíduo que as contraiu, as obrigações *propter rem* se transmitem automaticamente para o novo titular da coisa a que se relacionam.

Conforme já mencionamos em capítulo anterior[5], é o caso, por exemplo, da obrigação do condômino de contribuir para a conservação da coisa comum (art. 1.315 do

---

[4] Nesse sentido, já advertia Duguit: "A propriedade não é mais o direito subjetivo do proprietário; é a função social do detentor da riqueza" (DUGUIT, Léon. *Las Transformaciones Generales del Derecho Privado*, Madrid: Ed. Posada, 1931, p. 37).

[5] Confira-se o tópico 3 ("Figuras Híbridas entre Direitos Pessoais e Reais") do Capítulo VII ("Introdução ao Direito das Obrigações") do presente *Manual*.

CC/2002) ou a dos vizinhos de proceder à demarcação das divisas de seus prédios (art. 1.297 do CC/2002), em que a obrigação decorre do direito real, transmitindo-se com a transferência da titularidade do bem.

Por fim, relembre-se a distinção entre a obrigação *propter rem* e as obrigações com eficácia real. Nestas últimas, ainda que mantenham seu caráter de direito a uma prestação, há a possibilidade de oponibilidade *erga omnes*, quando houver anotação preventiva no registro imobiliário, como é o caso, a título exemplificativo, da locação e do compromisso de venda, a teor do art. 8º da Lei n. 8.245/91[6].

## 4. CLASSIFICAÇÃO DOS DIREITOS REAIS

Tendo em mente que os direitos reais são marcados pela característica da tipicidade, uma vez que devem estar previamente delineados e regulados por lei, merece menção o art. 1.225 do Código Civil, que dispõe:

> "Art. 1.225. São direitos reais:
>
> I — a propriedade;
>
> II — a superfície;
>
> III — as servidões;
>
> IV — o usufruto;
>
> V — o uso;
>
> VI — a habitação;
>
> VII — o direito do promitente comprador do imóvel;
>
> VIII — o penhor;
>
> IX — a hipoteca;
>
> X — a anticrese;
>
> XI — a concessão de uso especial para fins de moradia;
>
> XII — a concessão de direito real de uso;
>
> XIII — a laje".

Com efeito, em perspectiva classificatória, observamos que a propriedade é, essencialmente, o direito real na coisa própria (*jus in re propria*).

Os direitos reais na coisa alheia (*jus in re aliena*) ou direitos reais limitados, por sua vez, podem ser subdivididos em:

---

6 "Art. 8º Se o imóvel for alienado durante a locação, o adquirente poderá denunciar o contrato, com o prazo de noventa dias para a desocupação, salvo se a locação for por tempo determinado e o contrato contiver cláusula de vigência em caso de alienação e estiver averbado junto à matrícula do imóvel. § 1º Idêntico direito terá o promissário comprador e o promissário cessionário, em caráter irrevogável, com imissão na posse do imóvel e título registrado junto à matrícula do mesmo. § 2º A denúncia deverá ser exercitada no prazo de noventa dias contados do registro da venda ou do compromisso, presumindo-se, após esse prazo, a concordância na manutenção da locação."

a) direitos de gozo ou fruição — superfície, servidão, usufruto, uso, habitação, concessão de uso especial para moradia, concessão de direito real de uso[7], laje;
b) direitos de garantia — penhor, anticrese e hipoteca[8];
c) direito à coisa — promessa de compra e venda.

Interessante, neste ponto, quanto aos direitos reais na coisa alheia, é a subtipificação que pode lhes ser conferida em subjetivamente pessoais ou subjetivamente reais.

Sobre o tema, escreve ORLANDO GOMES:

> "Os direitos reais limitados admitem subdivisão do ponto de vista da pessoa do titular, salientada por Enneccerus, segundo a qual ou são subjetivamente pessoais ou subjetivamente reais. Os primeiros são os que pertencem a pessoa individualmente determinada; os segundos, a quem, em cada momento, seja proprietário de certo imóvel. Subjetivamente pessoal é, por exemplo, o usufruto, que se constitui sempre em favor de pessoa determinada e insubstituível na relação jurídica real. Subjetivamente real, a servidão, que grava o prédio seja quem for seu dono, pouco importando, assim, que tenha sido ele quem admitiu o ônus ou seu sucessor na propriedade do imóvel[9]".

Ao longo desta obra, cuidaremos de cada um desses direitos.

Comecemos compreendendo o tema da posse.

---

[7] A concessão de direito real de uso para fins de moradia e a concessão de direito real de uso são tratadas por legislação especial (Lei n. 11.481 de 2007, Lei n. 10.257 de 2001, Lei n. 9.639 de 1998) e traduzem institutos com reflexos no Direito Administrativo.

[8] Pode ser inserida, aqui, também, a alienação fiduciária em garantia, regulada em legislação especial (destacamos as Leis n. 4.728/65 — alterada pelo Dec.-Lei n. 911/69, 10.931/2004, 9.514/97).

[9] GOMES, Orlando, ob. cit., p. 8.

# LX POSSE

## 1. CONCEITO E NATUREZA JURÍDICA

O que é posse?

Trata-se de uma expressão plurissignificativa, mesmo no campo do Direito.

Com efeito, conforme observa MARIA HELENA DINIZ, árdua é a tarefa de definir a "posse", devido à ambiguidade desse termo. Deveras, o vocábulo "posse" é, às vezes, empregado em sentido impróprio para designar:

a) A "propriedade", pois é comum na linguagem popular afirmar-se: "A possui uma casa". Nesta frase não se está dizendo que A é possuidor, mas sim proprietário. Convém esclarecer que não é apenas o leigo que, inadvertidamente, emprega o termo nessa acepção, pois a nossa Constituição de 1891, cuja redação é das mais perfeitas, em seu art. 69, § 5º, prescrevia: "São cidadãos brasileiros os estrangeiros que possuírem bens imóveis no Brasil". Isso é assim porque a posse pretende exprimir o conteúdo da propriedade.

b) A "condição de aquisição do domínio", já que na era romana só se obtinha o domínio com a tradição, que consistia na entrega da posse pelo alienante ao adquirente. No direito brasileiro o alienante só pode transferir o domínio ao adquirente com a transcrição no Registro de Imóveis e além disso não se adquire *res nullius* sem ocupação.

c) O "domínio político", uma vez que no direito internacional público fala-se em possessão de um país. Camões emprega o vocábulo "posse" nesse sentido, em sua obra *Os Lusíadas*, Canto III, estrofe 103, ao escrever: "Para vir possuir a nobre Espanha".

d) O "exercício de um direito", significado este que está contido em nosso Código Civil no art. 1.547, concernente à posse do estado de casados para os que passavam ou passam como tais aos olhos do mundo.

e) O "compromisso do funcionário público" de exercer com honra sua função. É nessa acepção de assumir um cargo que em direito administrativo se fala em posse de um funcionário e que a Constituição de 1891 empregava o termo "empossar", referindo-se ao Presidente da República, no seu art. 44, sendo que na Constituição vigente, no art. 78, figura a expressão "tomar posse".

f) O "poder sobre uma pessoa", pois no direito de família é comum dizer "posse dos filhos" para designar o poder que o pai tem sobre estes: de tê-los em sua companhia, de reclamá-los de quem os detenha[1].

No campo dos direitos reais, é possível, de forma geral, identificar a posse com um domínio fático da pessoa sobre a coisa.

Existe secular controvérsia doutrinária, todavia, quanto à natureza jurídica da posse.

Na linha do pensamento de SAVIGNY, a posse tem uma natureza híbrida.

Seria, ao mesmo tempo, um fato e um direito.

Considerada em si mesmo, a posse seria um fato, mas quanto aos efeitos, seria um direito.

Por outro lado, IHERING apontava no sentido de que a posse era um direito, um interesse juridicamente tutelado.

Nesse sentido, lembremos a imortal doutrina de ORLANDO GOMES:

> "Duas teorias de larga repercussão na doutrina e nas legislações, originadas do esforço de seus autores para uma interpretação exata dos textos romanos, procuraram fixar a noção de posse através da meticulosa análise dos elementos que consideram essenciais à sua conceituação. De um lado, a teoria subjetiva, que se deve a Savigny. Do outro, a teoria objetiva, de autoria de R. von Ihering. Tão diferentes são as ideias expostas por esses eminentes romanistas que somente após o conhecimento, ainda que em síntese apertada, das construções doutrinárias que ergueram impreterivelmente, é que se poderá esclarecer o essencial a respeito desse fenômeno complexo e controvertido. (RA) O Código Civil de 2002 se mantém nessa linha com a redação dada ao art. 1.196: 'Considera-se possuidor todo aquele que tem de fato o exercício, pleno ou não, de algum dos poderes inerentes à propriedade', utiliza-se do conceito de posse do Código de 1916, adotando a teoria objetiva da posse de R. von Ihering. O tema, porém, está informado por uma principiologia axiológica de índole constitucional. De um lado, assumiu a Constituição de 1988 a missão de conferir estatuto elevado à proteção possessória, sob a luz das regras e princípios concernentes à função social da propriedade. Não pode mais a tutela da posse ser focalizada somente ao abrigo do Código Civil, consoante os dispositivos estatuídos a partir do art. 1.210. Pereceu a disciplina insular. O leme que traça essa nova arquitetura navega pelo foro constitucional, conjugando Direito Civil e Constituição"[2].

---

1 DINIZ, Maria Helena. *Curso de Direito Civil Brasileiro* — Direito das coisas, 33. ed., São Paulo: Saraiva, 2019, v. 4, p. 50.

2 GOMES, Orlando. *Direitos Reais*, 19. ed., Rio de Janeiro: Forense, 2008, p. 29.

Em nosso sentir, a posse é uma circunstância fática tutelada pelo Direito.

Vale dizer, é um fato, do qual derivam efeitos de imensa importância jurídica e social.

Outro argumento que reforça a tese que não reconhece à posse a natureza de "direito real" é no sentido de que tais direitos, como sabemos, são caracterizados pelos "legalidade" e "tipicidade", vale dizer, todo direito real é sempre regulado e previsto em lei.

E, como se pode notar, a "posse" não é tratada junto aos direitos reais constantes no art. 1.225:

> "Art. 1.225. São direitos reais:
>
> I — a propriedade;
>
> II — a superfície;
>
> III — as servidões;
>
> IV — o usufruto;
>
> V — o uso;
>
> VI — a habitação;
>
> VII — o direito do promitente comprador do imóvel;
>
> VIII — o penhor;
>
> IX — a hipoteca;
>
> X — a anticrese;
>
> XI — a concessão de uso especial para fins de moradia;
>
> XII — a concessão de direito real de uso; e
>
> XIII — a laje".

Tudo isso reforça a linha de pensamento — embora não coloque fim à controvérsia[3] — segundo a qual a posse não é um direito real, mas, sim, uma situação de fato tutelada pelo Direito[4].

---

[3] Como dissemos, a matéria não é pacífica em doutrina. O Enunciado 492 da V Jornada de Direito Civil, por exemplo, aparentemente enquadra ao posse como "direito": A posse constitui direito autônomo em relação à propriedade e deve expressar o aproveitamento dos bens para o alcance de interesses existenciais, econômicos e sociais merecedores de tutela.

[4] "Se a posse é um direito, como o reconhece, hoje, a maioria dos juristas, é preciso saber se tem a natureza de um direito real ou pessoal. A circunstância de ceder a um direito superior, como o de propriedade, não significa que seja um direito pessoal. Trata-se de uma limitação que não é incompatível com o direito real. O que importa para caracterizar a este é o fato de se exercer sem intermediário. Na posse, a sujeição da coisa à pessoa é direta e imediata. Não há um sujeito passivo determinado. O direito do possuidor se exerce *erga omnes*. Todos são obrigados a respeitá-lo. Só os direitos reais têm esse virtude. Verdade é que os interditos se apresentam com certas qualidades de ação pessoal, mas nem por isso influem sobre a natureza real do *jus possessionis*. Destinados à defesa de um direito real, hão de ser qualificados como ações reais, ainda que de tipo *sui generis*" (GOMES, Orlando. *Direitos Reais*, 19. ed., Rio de Janeiro: Forense, 2008, p. 42-43).

## 2. TEORIAS DA POSSE

Por óbvio, ao tratarmos de tema tão profundo, complexo e tormentoso, cuidaremos de respeitar o objetivo deste *Manual*, sem descurarmos do apuro técnico e da objetividade.

Tradicionalmente, temos duas conhecidas teorias:

a) Teoria Subjetiva, de SAVIGNY;

b) Teoria Objetiva, de IHERING.

Savigny decompõe a posse em dois elementos: *animus* (intenção de ter a coisa) e *corpus* (o poder material sobre a coisa).

Em outras palavras, possuidor seria aquele que, além ter a intenção de se assenhorar do bem, dispõe do poder material sobre ele.

Existe um certo ponto de convergência entre o pensamento de SAVIGNY e as ideias de IHERING, embora as suas linhas de intelecção guardem marcantes diferenças.

Segundo IHERING, a posse, em verdade, deveria ser compreendida em uma perspectiva objetiva.

Possuidor seria aquele que, mesmo sem dispor do poder material sobre o bem, comporta-se como se fosse o proprietário, imprimindo-lhe destinação econômica.

Assim, o sujeito que, após um dia de trabalho em sua lavoura, dirige-se à cidade para comprar mais sementes, está exercendo posse sobre a sua plantação, mesmo que não esteja, naquele momento, presente, materialmente exercendo um poder sobre ela.

A teoria de IHERING, nessa linha, explicaria com mais facilidade determinados "estados de posse", como a do locador que, embora não esteja direta e materialmente utilizando o apartamento, atua como possuidor, imprimindo destinação econômica ao bem, ao locá-lo e auferir os respectivos alugueis.

Note-se, portanto, que a abordagem de IHERING é mais dinâmica e objetiva.

Por óbvio, a marcha da História alteraria este quadro tradicional das teorias da posse.

O desenvolvimento da doutrina em torno do princípio da função social influenciaria, profundamente, este panorama teórico.

Surgiu, assim, posteriormente, a denominada Teoria Sociológica da Posse.

Nessa perspectiva, a posse ultrapassaria as fronteiras do pensamento tradicional individualista das correntes anteriores, para ingressar em um plano constitucional superior voltado à função social.

Vale dizer, a posse se explica e se justifica pela sua própria função social, e não, simplesmente, pelo mero viés do interesse pessoal daquele que a exerce.

Nessa linha funcional, dispõe o Enunciado n. 492 da V Jornada de Direito Civil:

> "A posse constitui direito autônomo em relação à propriedade e deve expressar o aproveitamento dos bens para o alcance de interesses existenciais, econômicos e sociais merecedores de tutela".

Referindo-se ao tema, observa FLÁVIO TARTUCE:

> "Na verdade, mesmo sendo exteriorização da propriedade, o que também comprova a sua função social, a posse com ela não se confunde. É cediço que determinada pessoa pode ter a posse sem ser proprietária do bem, uma vez que ser proprietário é ter o domínio pleno da coisa. A posse pode significar apenas ter a disposição da coisa, utilizar-se dela ou tirar dela os frutos com fins socioeconômicos.
>
> Sem prejuízo dessa confrontação, como mencionado, tendo a propriedade uma função social reconhecida no Texto Maior, o mesmo deve ser dito quanto à posse. Diante desses argumentos, entendemos ser mais correto afirmar, atualmente, que o nosso Código Civil não adota a tese de Ihering, pura e simplesmente, mas sim a tese da posse-social, como defendem Perozzi, Saleilles e Gil (...). Uma mudança de paradigma inegável atingiu também o Direito das Coisas, razão pela qual o debate entre Ihering e Savigny encontra-se mais do que superado"[5].

E será que foi isso mesmo que seguiu o vigente Código Civil?

É o que veremos no próximo tópico.

## 3. TEORIA ADOTADA PELO CÓDIGO CIVIL

Em nosso sentir, é correto afirmar que o Código Civil brasileiro adotou a Teoria Objetiva de Ihering, na perspectiva do princípio constitucional da função social.

Ora, ao dispor, em seu art. 1.196, que possuidor seria "todo aquele que tem de fato o exercício, pleno ou não, de algum dos poderes inerentes à propriedade", o legislador aproximou-se inequivocamente do pensamento de Ihering, como vimos acima.

Mesmo que o sujeito não seja o proprietário, mas, se se comporta como tal — por ex., plantando, construindo, morando —, poderá ser considerado possuidor.

Sucede que a interpretação desta norma, por óbvio, não poderá ser feita fora do âmbito de incidência do superior princípio da função social.

Vale dizer, o exercício, pleno ou não, dos poderes inerentes à propriedade (usar, gozar/fruir, dispor, reivindicar) somente justifica a tutela e a legitimidade da posse se observada a sua função social.

Finalmente, vale acrescentar que, a despeito de o codificador não haver adotado a teoria de SAVIGNY — como a pedra fundamental do nosso sistema possessório — pode-se sentir, em determinados pontos, a sua influência, como é possível constatar na leitura dos arts. 1.238 e 1.242, que diferenciam as formas extraordinária e ordinária de usucapião, a depender da boa ou da má-fé, ou seja, do *animus* do possuidor.

---

5 TARTUCE, Flávio. *Direito Civil*, v. 4: Direito das Coisas, 8. ed., Rio de Janeiro: Forense, 2016, p. 34-5.

## 4. DETENÇÃO

Segundo o famoso antropólogo e civilista RODOLFO SACCO,

> "a distinção entre posse e detenção baseia-se na distinção entre propriedade e poder de fato sobre a coisa. Aquele sujeito do poder de fato que quer ser considerado proprietário, que se comporta como se exercesse uma propriedade, é seguramente um possuidor. Aquele sujeito do poder de fato que se comporta como um não proprietário (depositário) é — segundo alguns sistemas — um não possuidor; dir-se-á que é um detentor"[6].

É o que se dá em nosso sistema jurídico.

O detentor não deve ser considerado possuidor, na medida em que é, apenas, um mero "servidor ou fâmulo da posse".

Nesse sentido, o art. 1.198, *caput*, do Código Civil:

> "Art. 1.198. Considera-se detentor aquele que, achando-se em relação de dependência para com outro, conserva a posse em nome deste e em cumprimento de ordens ou instruções suas".

É o caso do bibliotecário, do motorista particular ou do caseiro.

Claro está, todavia, que, se deixa de cumprir instruções, passando a atuar com liberdade no exercício de poderes inerentes à propriedade — usando ou fruindo —, poderá converter a sua detenção em posse, conforme já decidiu o Superior Tribunal de Justiça[7].

---

[6] SACCO, Rodolfo. *Antropologia Jurídica* — Contribuição para Uma Macro-História do Direito, São Paulo: Martins Fontes, 2013, p. 339.

[7] "DIREITOS REAIS. RECURSO ESPECIAL. REINTEGRAÇÃO DE POSSE. IGREJA. TEMPLO. PASTOR QUE SE DESFILIA DOS QUADROS DE OBREIROS DA RELIGIÃO. TRANSMUDAÇÃO DA DETENÇÃO EM POSSE. LEGITIMIDADE PASSIVA CONFIGURADA. ESBULHO. EXISTÊNCIA DE CONTRATO DE COMODATO. SÚM 7/STJ. USUCAPIÃO EXTRAORDINÁRIA. INOCORRÊNCIA. 1. 'Considera-se detentor aquele que, achando-se em relação de dependência para com outro, conserva a posse em nome deste e em cumprimento de ordens ou instruções suas'. (Código Civil, art. 1.198). 2. Na hipótese, o réu foi ordenado e designado para atuar na Comunidade Evangélica de Cachoerinha, na condição de pastor da IECLB, e justamente nessa qualidade é que se vinculava ao patrimônio da Igreja; isto é, exercia o controle sobre o imóvel em nome de outrem a quem estava subordinado, caracterizando-se como fâmulo da posse. 3. A partir do momento em que pleiteou o seu desligamento do quadro de pastores, continuando nas dependências do templo, deixando de seguir as ordens do legítimo possuidor, houve a transmudação de sua detenção em posse, justamente em razão da modificação nas circunstâncias de fato que vinculavam a sua pessoa à coisa. Assim, perdendo a condição de detentor e deixando de restituir o bem, exercendo a posse de forma contrária aos ditames do proprietário e possuidor originário, passou a cometer o ilícito possessório do esbulho, sobretudo ao privá-lo do poder de fato sobre o imóvel. 4. Desde quando se desligou da instituição recorrida, rompendo sua subordinação e convertendo a sua detenção em posse, fez-se possível, em tese, a contagem do prazo para fins da usucapião — diante da mudança da natureza jurídica de sua apreensão. Precedente. 5. Compulsando os autos, verifica-se que o recorrente solicitou o seu desligamento do quadro geral de obreiros da IECLB em 15 de julho de 2005,

É digno de nota, ainda, existir entendimento no sentido de que haverá também mera detenção, além da previsão contida no art. 1.198 (referente ao fâmulo da posse), nas hipóteses previstas no art. 1.208 do Código Civil:

> "Art. 1.208. Não induzem posse os atos de mera permissão ou tolerância assim como não autorizam a sua aquisição os atos violentos, ou clandestinos, senão depois de cessar a violência ou a clandestinidade".

Nessa vereda, por exemplo, se Carmelo invade a minha fazenda, durante os dias em que eu envidei esforços para, mediante o uso legítimo e proporcional da força, defender o meu imóvel, ele somente será considerado detentor da parte invadida; mas, uma vez cessada a violência, com a minha retirada, Carmelo passa então a ser considerado efetivo possuidor.

Finalmente, merece referência o fato de haver entendimento no Superior Tribunal de Justiça no sentido de que a ocupação de bens públicos resulta em mera detenção[8].

---

ficando afastada por completo qualquer pretensão de reconhecimento da usucapião extraordinária (CC, art. 1.238), como requerido em seu especial, haja vista a exigência do prazo mínimo de 15 (quinze) anos para tanto. 6. Recurso especial desprovido" (REsp 1.188.937/RS, Rel. Min. Luis Felipe Salomão, 4ª Turma, julgado em 11-3-2014, *DJe* 2-4-2014).

[8] "RECURSO ESPECIAL. POSSE. DIREITO CIVIL E PROCESSUAL CIVIL. BEM PÚBLICO DOMINICAL. LITÍGIO ENTRE PARTICULARES. INTERDITO POSSESSÓRIO. POSSIBILIDADE. FUNÇÃO SOCIAL. OCORRÊNCIA. 1. Na ocupação de bem público, duas situações devem ter tratamentos distintos: i) aquela em que o particular invade imóvel público e almeja proteção possessória ou indenização/retenção em face do ente estatal e ii) as contendas possessórias entre particulares no tocante a imóvel situado em terras públicas. 2. A posse deve ser protegida como um fim em si mesma, exercendo o particular o poder fático sobre a res e garantindo sua função social, sendo que o critério para aferir se há posse ou detenção não é o estrutural e sim o funcional. É a afetação do bem a uma finalidade pública que dirá se pode ou não ser objeto de atos possessórias por um particular. 3. A jurisprudência do STJ é sedimentada no sentido de que o particular tem apenas detenção em relação ao Poder Público, não se cogitando de proteção possessória. 4. É possível o manejo de interditos possessórios em litígio entre particulares sobre bem público dominical, pois entre ambos a disputa será relativa à posse. 5. À luz do texto constitucional e da inteligência do novo Código Civil, a função social é base normativa para a solução dos conflitos atinentes à posse, dando-se efetividade ao bem comum, com escopo nos princípios da igualdade e da dignidade da pessoa humana. 6. Nos bens do patrimônio disponível do Estado (dominicais), despojados de destinação pública, permite-se a proteção possessória pelos ocupantes da terra pública que venham a lhe dar função social. 7. A ocupação por particular de um bem público abandonado/desafetado — isto é, sem destinação ao uso público em geral ou a uma atividade administrativa —, confere justamente a função social da qual o bem está carente em sua essência. 8. A exegese que reconhece a posse nos bens dominicais deve ser conciliada com a regra que veda o reconhecimento da usucapião nos bens públicos (STF, Súm 340; CF, arts. 183, § 3º; e 192; CC, art. 102); um dos efeitos jurídicos da posse — a usucapião — será limitado, devendo ser mantido, no entanto, a possibilidade de invocação dos interditos possessórios pelo particular. 9. Recurso especial não provido" (STJ, REsp 1.296.964/DF, Rel. Min. Luis Felipe Salomão, 4ª Turma, julgado em 18-10-2016, *DJe* 7-12-2016). Nesse sentido, a matéria está pacificada com a edição da Súmula 619 do STJ ("A ocupação indevida de bem público configura mera detenção, de natureza precária, insuscetível de retenção ou indenização por acessões e benfeitorias").

## 5. POSSE DE DIREITOS (*POSSESSIO JURIS*)

Muito interessante é a questão atinente à posse de direitos[9].

Em geral, a tendência atual, em nosso sistema, certamente por influência alemã, é considerar a posse em face de bens corpóreos ou materiais (eu "possuo" o carro ou a casa).

Excepcionalmente, todavia, admite-se a denominada posse de direitos.

Exemplo de aplicação da teoria encontra-se no enunciado da Súmula 193 do Superior Tribunal de Justiça: "O direito de uso de linha telefônica pode ser adquirido por usucapião".

A usucapião, como se sabe, pressupõe a posse de um bem usucapível.

No caso, considerando-se que, em verdade, adquirimos a propriedade, por usucapião, mediante o exercício de atos possessórios, não sobre os cabos ou linhas da empresa de telefonia, mas sim em face do direito ao nosso próprio número de telefone, é forçoso convir que a prescrição aquisitiva opera-se em virtude da posse sobre um direito essencialmente abstrato.

## 6. CLASSIFICAÇÃO DA POSSE

A posse pode ser classificada de diversas maneiras:

a) Quanto ao exercício e gozo:
- posse direta
- posse indireta

b) Quanto à existência de vício:
- posse justa
- posse injusta

c) Quanto à legitimidade do título (ou ao elemento subjetivo):
- posse de boa-fé
- posse de má-fé

d) Quanto ao tempo:
- posse nova
- posse velha

e) Quanto à proteção:
- posse *ad interdicta*
- posse *ad usucapionem*

---

[9] Sobre o tema, recomendamos o belíssimo v. XI dos *Comentários ao Código Civil* (arts. 1.196 a 1.276), de autoria de Arruda Alvim, Mônica Couto, Victor Velasquez e Fábio Araújo (Rio de Janeiro, 2008, GEN-Forense).

Por amor à didática e à clareza, sempre respeitando a boa técnica, vamos analisar cada um desses critérios classificatórios, separadamente.

## 6.1. Quanto ao exercício e gozo (posse direta e posse indireta)

Posse direta é aquela exercida mediante o poder material ou contato direto com a coisa, a exemplo daquela exercida pelo locatário; por outro lado, a posse indireta é aquela exercida por via oblíqua, a exemplo daquela exercida pelo locador, que frui ou goza dos aluguéis, sem que esteja direta e pessoalmente exercendo poder físico ou material sobre o imóvel locado.

No Código Civil:

> "Art. 1.197. A posse direta, de pessoa que tem a coisa em seu poder, temporariamente, em virtude de direito pessoal, ou real, não anula a indireta, de quem aquela foi havida, podendo o possuidor direto defender a sua posse contra o indireto".

Vale observar que a posse direta — que tanto poderá advir de uma relação jurídica pessoal (como se dá na locação) ou real (como se dá no usufruto) — poderá coexistir com a posse indireta, facultando-se a qualquer dos possuidores defender a sua posse entre si ou em face de terceiros.

Confira-se, nesse ponto, julgado do Superior Tribunal de Justiça:

> "RECURSO ESPECIAL. CIVIL. LOCAÇÃO. AÇÃO DE DESPEJO AJUIZADA POSTERIORMENTE AO ABANDONO DO IMÓVEL PELA LOCATÁRIA. POSSIBILIDADE. OBJETIVO: EXTINÇÃO DA RELAÇÃO JURÍDICA. RECURSO ESPECIAL CONHECIDO E IMPROVIDO.
>
> 1. Celebrado o contrato de locação, opera-se o fenômeno do desdobramento da posse, pela qual o locador mantém para si a posse indireta sobre o imóvel, transferindo ao locatário a posse direta, assim permanecendo até o fim da relação locatícia.
>
> 2. Enquanto válido o contrato de locação, o locatário tem o direito de uso, gozo e fruição do imóvel, como decorrência de sua posse direta. Nessa condição, pode o locatário, sem comprometimento de seu direito, dar ao imóvel a destinação que melhor lhe aprouver, não proibida por lei ou pelo contrato, podendo, inclusive, se assim for sua vontade, mantê-lo vazio e fechado.
>
> 3. As ações de despejo têm natureza pessoal, objetivando a extinção do contrato de locação, em razão do fim de seu prazo de vigência, por falta de interesse do locador em manter o vínculo porque o locatário inadimpliu qualquer de suas obrigações ou ainda porque é de seu interesse a retomada do imóvel, por uma das causas previstas em lei.
>
> 4. Hipótese em que, não existindo nos autos prova de que o contrato de locação foi rescindido, deve prevalecer a presunção de sua validade, sendo vedado à locadora

retomar a posse do imóvel por sua livre e espontânea vontade, ainda que a locatária estivesse inadimplente no cumprimento de suas obrigações, sob pena de exercer a autotutela. O remédio jurídico, em tal caso, nos termos do art. 5º da Lei 8.245/91, é o ajuizamento da necessária ação de despejo.

5. Recurso especial conhecido e improvido" (REsp 588.714/CE, Rel. Min. Arnaldo Esteves Lima, 5ª Turma, julgado em 9-5-2006, *DJ* 29-5-2006, p. 286).

Uma vez que a posse direta e a indireta coexistem, temos o fenômeno do paralelismo ou desdobramento da posse.

## 6.2. Quanto à existência de vício (posse justa e posse injusta)

Temos, aqui, um dos mais importantes critérios classificatórios.

Nos termos do art. 1.200 do CC, é justa a posse que não for violenta, clandestina ou precária.

Por consequência, será considerada injusta quando for violenta, clandestina ou precária.

Para a adequada compreensão desta norma, figuremos a seguinte hipótese.

Salomão Viena, com os seus capangas, invadiu o imóvel rural de Carmelo Luís, no dia 2 de abril de 2016.

Durante três dias, Carmelo, lançando mão de meios legítimos de autodefesa, tentou resistir à invasão.

Infelizmente, no dia 5, cessados os atos de violência, Salomão consolidou o esbulho, expulsando o legítimo possuidor.

A teor do art. 1.208 do CC[10], enquanto os atos de violência estavam sendo perpetrados, entre os dias 2 e 5 de abril, durante o esforço defensivo do esbulhado, não haveria posse de Salomão.

Mas, uma vez cessada a violência, Salomão passaria a exercer uma posse injusta, na medida em que derivada de atos de violência.

O mesmo raciocínio seria aplicado se, em vez de ocorrer uma invasão violenta, a ocupação se desse por clandestinidade, caso em que Salomão e os seus capangas adentrassem furtivamente o imóvel, permanecendo ocultos por alguns dias e revelando-se, surpreendentemente, após, impedindo que Carmelo exercesse o seu legítimo direito sobre o bem.

Na mesma linha, a posse de Salomão seria injusta, derivada da clandestinidade.

Por fim, merece especial análise a denominada posse precária.

[10] "Art. 1.208. Não induzem posse os atos de mera permissão ou tolerância assim como não autorizam a sua aquisição os atos violentos, ou clandestinos, senão depois de cessar a violência ou a clandestinidade."

O referido art. 1.200 admite a existência desta modalidade de posse, considerando-a injusta.

Este aspecto deve ser adequadamente compreendido.

Lembra-nos CLÓVIS BEVILÁQUA que a concessão da posse precária, aquela deferida a título de favor, é lícita[11].

É o que se dá no comodato (empréstimo gratuito de coisa infungível).

Exemplo: eu lhe empresto o meu apartamento. Esta posse, licitamente concedida em seu favor, é, tipicamente, precária.

O vício da precariedade surge, tornando a posse precária injusta, quando, em violação à cláusula de boa-fé objetiva, o titular do direito exige o bem de volta, e o possuidor precário, em nítida e reprovável "quebra de confiança", recusa a sua devolução.

Opera-se, no caso, uma alteração na natureza da posse exercida, até então lícita, por meio do fenômeno da *interversio possessionis* (interversão da posse).

Nesse sentido, confira-se o Enunciado 237 da III Jornada de Direito Civil:

> "237 — Art. 1.203: É cabível a modificação do título da posse — *interversio possessionis* — na hipótese em que o até então possuidor direto demonstrar ato exterior e inequívoco de oposição ao antigo possuidor indireto, tendo por efeito a caracterização do *animus domini*".

Em nosso sentir, portanto, a concessão de posse precária é lícita, de maneira que o "vício da precariedade" somente surgiria quando houvesse a quebra da confiança do titular do direito, com a negativa de devolução da coisa[12].

Nesse sentido, confira-se o seguinte acórdão do Superior Tribunal de Justiça:

> "CIVIL E PROCESSUAL CIVIL. REINTEGRAÇÃO DE POSSE. ALEGAÇÃO DE OFENSA AO ART. 535, II, DO CÓDIGO DE PROCESSO CIVIL. OMISSÃO NÃO CONFIGURADA. DESCARACTERIZAÇÃO DE COMODATO. REEXAME DE PROVA.
>
> VEDAÇÃO. SÚMULA 7 DO SUPERIOR TRIBUNAL DE JUSTIÇA. RECUSA NA ENTREGA DO IMÓVEL. POSSE PRECÁRIA. ESBULHO QUE JUSTIFICA AÇÃO POSSESSÓRIA.
>
> I — Não viola o art. 535, II, a decisão nos embargos declaratórios que, embora de maneira sucinta, se reporte ao acórdão recorrido onde a questão suscitada foi

[11] "Posse precária é a que se origina do abuso de confiança, por parte daquele que recebera a coisa para restituir e se recusa a fazê-lo. (...) O vício, naturalmente, não está na precariedade da posse. É perfeitamente lícita a concessão da posse de uma coisa, a título precário, isto é, para ser restituída, quando o proprietário a reclamar. O vício está na recusa da restituição, a que se obrigara o possuidor" (BEVILÁQUA, Clóvis. *Direito das Coisas*, 5. ed., v. 1, Rio de Janeiro: Forense, p. 46).

[12] Note-se que é a partir desse momento que se inicia a contagem do prazo da usucapião da propriedade, pois o possuidor passaria a atuar com *animus domini* (ânimo de proprietário).

apreciada, não estando o julgador obrigado a fazer alusão a todos os argumentos e dispositivos de lei invocados pelas partes, senão a enfrentar as questões de fato e de direito que realmente interesse ao julgamento da lide.

II — Inviável é a descaracterização do comodato reconhecido pelo acordão de origem, por conta da vedação ao reexame de prova constante na Súmula 7 do Superior Tribunal de Justiça.

III — A recusa do comodatário em restituir a coisa após o término do prazo do comodato, mormente quando notificado extrajudicialmente para tanto, implica em esbulho pacífico decorrente da precariedade da posse, podendo o comodante ser reintegrado na mesma através das ações possessórias.

IV — A liberalidade e a autonomia da vontade contratual conferida às partes, respeitados os limites da lei e da função social dos contratos, permite a formação de negócios jurídicos mistos, com formas contratuais típicas e atípicas, como o ajuste de *cláusula constituti* em escritura de dação em pagamento com previsão de retrovenda, como condição suspensiva.

V — Recurso Especial não conhecido" (REsp 302.137/RJ, Rel. Min. Honildo Amaral de Mello Castro (Desembargador Convocado do TJAP), 4ª Turma, julgado em 15-9-2009, *DJe* 5-10-2009).

## 6.3. Quanto à legitimidade do título ou ao elemento subjetivo (posse de boa-fé e posse de má-fé)

A distinção entre posse justa e injusta tem caráter objetivo, vale dizer, leva em conta a existência ou não de vício na posse.

O presente critério, todavia, estudado neste tópico, tem natureza subjetiva, ao levar em conta o estado de ânimo do possuidor[13].

Trataremos, portanto, da denominada boa-fé subjetiva.

A boa-fé subjetiva consiste em uma situação psicológica, um estado de ânimo ou de espírito do agente, que realiza determinado ato ou vivencia dada situação, em estado de inocência.

Em geral, esse estado subjetivo deriva da ignorância a respeito de determinada circunstância, como ocorre na hipótese do possuidor de boa-fé que desconhece o vício que macula a sua posse.

Nesse caso, o próprio legislador cuida de ampará-lo, não fazendo o mesmo, outrossim, quanto ao possuidor de má-fé.

[13] Os critérios classificatórios não se confundem. Uma posse pode ser injusta, mas de boa-fé, como no caso da compra de um bem roubado, sem que se saiba da prática do crime; na mesma linha, poderá ser justa, posto de má-fé, como na hipótese em que o locatário pretende adquirir o bem por usucapião, na vigência da locação (TARTUCE, Flávio. *Manual de direito civil*, 5. ed., São Paulo: GEN, 2015, p. 49).

Distingue-se, portanto, da boa-fé objetiva, a qual, tendo natureza de cláusula geral, consiste em uma verdadeira regra de comportamento, de fundo ético e exigibilidade jurídica.

Segundo o *caput* do art. 1.201, "é de boa-fé a posse, se o possuidor ignora o vício, ou o obstáculo que impede a aquisição da coisa", como se dá, por exemplo, na hipótese em que o sujeito desfruta da posse de uma fazenda que lhe fora transmitida por herança, após a morte do seu tio, ignorando o vício existente no formal de partilha, na medida em que o falecido havia falsificado o registro imobiliário, sem que de nada soubesse.

Note-se que, neste caso, dada a existência de um justo título (o formal de partilha), milita, em favor do possuidor, segundo o parágrafo único do mesmo dispositivo, uma presunção relativa de boa-fé:

> "O possuidor com justo título tem por si a presunção de boa-fé, salvo prova em contrário, ou quando a lei expressamente não admite esta presunção".

Outro exemplo de justo título é a escritura de compra e venda ou de doação, que contenha vício ignorado pelo possuidor.

Sobre o tema, merece referência o Enunciado n. 303 da IV Jornada de Direito Civil, claramente inspirado pelo princípio da função social:

> "Art. 1.201. Considera-se justo título, para a presunção relativa da boa-fé do possuidor, o justo motivo que lhe autoriza a aquisição derivada da posse, esteja ou não materializado em instrumento público ou particular. Compreensão na perspectiva da função social da posse".

Nessa perspectiva socializante, e até mesmo sob a influência do princípio da boa-fé, um "recibo", documento tão comum, especialmente nas relações negociais travadas entre pessoas mais humildes em nosso país, poderia ser considerado um justo título para efeito de firmar a presunção de boa-fé.

Finalmente, sobre o momento em que a posse passa a ser de má-fé, dispõe o art. 1.202:

> "Art. 1.202. A posse de boa-fé só perde este caráter no caso e desde o momento em que as circunstâncias façam presumir que o possuidor não ignora que possui indevidamente".

É o que se dá, por exemplo, quando o possuidor, que até então ignorava o vício na sua posse, é citado na ação reivindicatória.

## 6.4. Quanto ao tempo (posse nova e posse velha)

Posse nova ou de força nova é a que tem menos de ano e dia.

Posse velha ou de força velha é a que tem mais de ano e dia.

Esta distinção tem relevância no plano processual, na medida em que, a teor do art. 558 do CPC/2015, caso a posse do terceiro seja nova, poderá o demandante, ao lançar mão do respectivo interdito possessório, na defesa do seu direito, requerer o provimento liminar previsto no art. 562 da Lei Processual.

Uma vez ultrapassado o prazo de ano e dia (posse velha), posto a demanda não perca o caráter possessório, o deferimento da medida liminar com amparo no referido art. 562 não será mais possível, podendo, todavia, o demandante, lançar mão da tutela provisória prevista nos arts. 294 a 304 e 311 (I, II e IV) do CPC/2015.

Confira-se a Lei Processual:

> "Art. 558. Regem o procedimento de manutenção e de reintegração de posse as normas da Seção II deste Capítulo quando a ação for proposta dentro de ano e dia da turbação ou do esbulho afirmado na petição inicial.
>
> Parágrafo único. Passado o prazo referido no *caput*, será comum o procedimento, não perdendo, contudo, o caráter possessório.
>
> (...)
>
> Art. 562. Estando a petição inicial devidamente instruída, o juiz deferirá, sem ouvir o réu, a expedição do mandado liminar de manutenção ou de reintegração, caso contrário, determinará que o autor justifique previamente o alegado, citando-se o réu para comparecer à audiência que for designada".

## 6.5. Quanto à proteção (posse *ad interdicta* e posse *ad usucapionem*)

Posse *ad interdicta* gera direitos de defesa da posse (interditos possessórios), mas não conduz à usucapião, a exemplo da posse do locatário.

Posse *usucapionem*, por sua vez, é a que tem aptidão de resultar na aquisição da propriedade.

Sobre o tema, leia-se o seguinte acórdão do Superior Tribunal de Justiça:

> "DIREITO CIVIL E PROCESSUAL CIVIL. ANULAÇÃO DE NEGÓCIO JURÍDICO. COMPRA E VENDA DE IMÓVEL. EXISTÊNCIA DE USUCAPIÃO EM FAVOR DO ADQUIRENTE. OCORRÊNCIA DE ERRO ESSENCIAL. INDUZIMENTO MALICIOSO. DOLO CONFIGURADO. ANULAÇÃO DO NEGÓCIO JURÍDICO.
>
> 1. O erro é vício do consentimento no qual há uma falsa percepção da realidade pelo agente, seja no tocante à pessoa, ao objeto ou ao próprio negócio jurídico, sendo que para render ensejo à desconstituição de um ato haverá de ser substancial e real.
>
> 2. É essencial o erro que, dada sua magnitude, tem o condão de impedir a celebração da avença, se dele tivesse conhecimento um dos contratantes, desde que relacionado à natureza do negócio, ao objeto principal da declaração de vontade, a qualidades essenciais do objeto ou pessoa.
>
> 3. A usucapião é modo originário de aquisição da propriedade em razão da posse prolongada da coisa, preenchidos os demais requisitos legais, sendo que aqui, como

visto, não se discute mais sobre o preenchimento desses requisitos para fins de prescrição aquisitiva, sendo matéria preclusa. De fato, preenchidos os requisitos da usucapião, há, de forma automática, o direito à transferência do domínio, não sendo a sentença requisito formal à aquisição da propriedade.

4. No caso dos autos, não parece crível que uma pessoa faria negócio jurídico para fins de adquirir a propriedade de coisa que já é de seu domínio, porquanto o comprador já preenchia os requisitos da usucapião quando, induzido por corretores da imobiliária, ora recorrente e também proprietária, assinou contrato de promessa de compra e venda do imóvel que estava em sua posse *ad usucapionem*.

Portanto, incide o brocardo *nemo plus iuris*, isto é, ninguém pode dispor de mais direitos do que possui.

5. Ademais, verifica-se do cotejo dos autos uma linha tênue entre o dolo e o erro. Isso porque parece ter havido, também, um induzimento malicioso à prática de ato prejudicial ao autor com o propósito de obter uma declaração de vontade que não seria emitida se o declarante não tivesse sido ludibriado — dolo (CC/1916, art. 92).

6. Portanto, ao que se depreende, seja pelo dolo comissivo de efetuar manobras para fins de obtenção de uma declaração de vontade, seja pelo dolo omissivo na ocultação de fato relevante — ocorrência da usucapião —, também por esse motivo, há de se anular o negócio jurídico em comento.

7. Recurso especial não provido" (REsp 1.163.118/RS, Rel. Min. Luis Felipe Salomão, 4ª Turma, julgado em 20-5-2014, *DJe* 13-6-2014, rep. *DJe* 5-8-2014).

## 7. COMPOSSE

A composse traduz a ideia de posse em comum.

Sobre o tema, dispõe o art. 1.199 do Código Civil atual:

"Art. 1.199. Se duas ou mais pessoas possuírem coisa indivisa, poderá cada uma exercer sobre ela atos possessórios, contanto que não excluam os dos outros compossuidores".

A composse poderá ser:

a) *pro diviso*, quando os possuidores, posto tenham direito à posse de todo o bem, delimitam áreas para o seu exercício (Ex.: três irmãos, condôminos e compossuidores do mesmo imóvel, resolvem delimitar a área de uso de cada um);

b) *pro indiviso*, quando os possuidores, indistintamente, exercem, simultaneamente, atos de posse sobre todo o bem.

Exemplo ilustrativo de composse é a exercida pelos herdeiros, durante o inventário, em face do acervo:

"DIREITO CIVIL. AÇÃO DE MANUTENÇÃO DE POSSE DE IMÓVEL HERDADO. RECONHECIMENTO DE PATERNIDADE *POST MORTEM* E DO DIREITO SUCESSÓRIO DA HERDEIRA PRETERIDA. PRÁTICA DE ATOS DE AUTODE-

FESA DA POSSE. TURBAÇÃO CARACTERIZADA. ARTIGOS ANALISADOS: 488, 1.572 E 1.580 DO CC/1916.

1. Ação de manutenção de posse, distribuída em 21-1-2005, da qual foi extraído o presente recurso especial, concluso ao Gabinete em 24-9-2012.

2. Discute-se a possibilidade de propositura de interditos possessórios entre compossuidores, no particular, entre coerdeiros, e a ocorrência de turbação à posse do bem herdado.

3. Aberta a sucessão, a transmissão do patrimônio faz-se como um todo unitário (condomínio hereditário), e assim permanece, até a partilha, em situação de indivisibilidade (art. 1.580 do CC/1916), a que a lei atribui natureza imóvel (art. 44, III, do CC/1916), independentemente dos bens que o compõem.

4. Adquirem os sucessores, em consequência, a composse *pro indiviso* do acervo hereditário, que confere a cada um deles a legitimidade para, em relação a terceiros, se valer dos interditos possessórios em defesa da herança como um todo, em favor de todos, ainda que titular de apenas uma fração ideal. De igual modo, entre eles, quando um ou alguns compossuidores excluem o outro ou os demais do exercício de sua posse sobre determinada área, admite-se o manejo dos interditos possessórios.

5. Essa imissão *ipso jure* se dá na posse da universalidade e não de um ou outro bem individuado e, por isso, não confere aos coerdeiros o direito à imediata apreensão material dos bens em si que compõem o acervo, o que só ocorrerá com a partilha.

6. No particular, o reconhecimento do direito sucessório da recorrente não lhe autoriza, automaticamente, agir como em desforço imediato contra os recorridos que, até então, exerciam a posse direta e legítima do imóvel.

7. Recurso especial conhecido em parte, e, nessa parte, desprovido" (REsp 1.244.118/SC, Rel. Min. Nancy Andrighi, 3ª Turma, julgado em 22-10-2013, *DJe* 28-10-2013).

Observa-se, com efeito, que os compossuidores poderão se valer das ações possessórias para a defesa dos seus respectivos direitos.

## 8. MOMENTO DE AQUISIÇÃO DA POSSE

Sobre o tema, dispõe o art. 1.204 do Código Civil/2002:

"Art. 1.204. Adquire-se a posse desde o momento em que se torna possível o exercício, em nome próprio, de qualquer dos poderes inerentes à propriedade".

Comentário de Beviláqua ao Código de 1916 ainda ilustra, com exatidão, o momento em que se deve considerar a posse adquirida:

"Se a posse é o estado de fato, correspondente ao exercício da propriedade ou de seus desmembramentos, sempre que esta situação se definir, nas relações jurídicas, haverá posse"[14].

[14] BEVILÁQUA, Clóvis. *Comentários ao Código Civil dos Estados Unidos do Brasil*, p. 976.

Quanto à transmissibilidade da posse, dois artigos merecem referência:

> "Art. 1.206. A posse transmite-se aos herdeiros ou legatários do possuidor com os mesmos caracteres.
>
> Art. 1.207. O sucessor universal continua de direito a posse do seu antecessor; e ao sucessor singular é facultado unir sua posse à do antecessor, para os efeitos legais".

Trata-se de dispositivos, como se pode notar, com especial aplicação no âmbito do Direito Sucessório.

## 9. QUEM PODE ADQUIRIR A POSSE

Uma boa pergunta a se fazer é: quem pode adquirir a posse de um bem?

Sobre o tema, dispõe o art. 1.205 do CC/2002:

> "Art. 1.205. A posse pode ser adquirida:
>
> I — pela própria pessoa que a pretende ou por seu representante;
>
> II — por terceiro sem mandato, dependendo de ratificação".

Tais hipóteses dispensam maior digressão.

Interessante acrescentar que o Código Civil de 1916, em seu artigo correspondente (art. 494), previa que a posse poderia também ser adquirida pelo constituo possessório, "operação jurídica", preleciona BEVILÁQUA, "em virtude da qual, aquele que possuía em seu próprio nome passa, em seguida, a possuir em nome de outrem".

A cláusula que disciplina esta operação é denominada cláusula *constituti*.

É o caso de o proprietário de uma casa efetuar a sua venda, permanecendo no imóvel na condição de locatário.

O contrário do constituto possessório consiste na *traditio brevi manu*, situação em que aquele que possuía em nome alheio passa a possuir em nome próprio. Exemplo: locatário que compra o imóvel e consolida plenamente a posse.

Em nosso sentir, agiu bem o legislador em retirar o constituto deste artigo, na medida em que se trata de um mecanismo de alteração na natureza da posse, que previamente já havia sido adquirida.

## 10. MODOS DE PERDA DA POSSE

Sobre o tema, dispõe o Código Civil:

> "Art. 1.223. Perde-se a posse quando cessa, embora contra a vontade do possuidor, o poder sobre o bem, ao qual se refere o art. 1.196.
>
> Art. 1.224. Só se considera perdida a posse para quem não presenciou o esbulho, quando, tendo notícia dele, se abstém de retornar a coisa, ou, tentando recuperá-la, é violentamente repelido".

O primeiro dispositivo estabelece que se opera a perda da posse se se extingue o exercício, de fato, sobre o bem, dos poderes inerentes à propriedade (usar, gozar/fruir, dispor, reivindicar), mesmo contra a vontade do possuidor.

O segundo prevê a perda da posse para quem não esteve presente quando da prática do esbulho, em caso de omissão ou falta de êxito na prática dos atos legítimos de defesa.

MARIA HELENA DINIZ, interpretando o regramento legal, enumera como modos de perda da posse: abandono da coisa, tradição (como se dá na venda de um bem), perda da própria coisa, destruição da coisa etc.[15].

## 11. EFEITOS DA POSSE

Destacaremos, aqui, os principais efeitos da posse, na perspectiva do Código Civil.

A usucapião, além de ser um desses efeitos, também é estudada como forma de aquisição da propriedade, de maneira que deixaremos para fazer a sua análise em momento oportuno.

### 11.1. Percepção dos frutos e produtos

Espécies de bens acessórios, os frutos podem ser definidos como utilidades que a coisa principal periodicamente produz, cuja percepção não diminui a sua substância (exs.: a soja, a maçã, o bezerro, os juros, o aluguel).

Se a percepção da utilidade causar a destruição total ou parcial da coisa principal, não há que se falar, tecnicamente, em frutos.

Nesse contexto, quanto à natureza, os frutos podem ser classificados da seguinte forma:

a) naturais — são gerados pelo bem principal sem necessidade da intervenção humana direta. Decorrem do desenvolvimento orgânico vegetal (laranja, soja) ou animal (crias de um rebanho);

b) industriais — são decorrentes da atividade industrial humana (bens manufaturados);

c) civis — são utilidades que a coisa frugífera periodicamente produz, viabilizando a percepção de uma renda (juros, aluguel). São também chamados de rendimentos.

Já quanto à ligação com a coisa principal, os frutos podem ser classificados em:

a) colhidos ou percebidos — são os frutos já destacados da coisa principal, mas ainda existentes;

b) pendentes — são aqueles que ainda se encontram ligados à coisa principal, não tendo sido, portanto, destacados;

[15] DINIZ, Maria Helena. *Curso de Direito Civil Brasileiro* — Direito das Coisas, 33. ed., São Paulo: Saraiva, 2019, v. 4, p. 95.

c) percipiendos — são aqueles que deveriam ter sido colhidos mas não o foram;

d) estantes — são os frutos já destacados, que se encontram estocados e armazenados para a venda;

e) consumidos: que não mais existem.

O possuidor de boa-fé tem direito, enquanto ela durar, aos frutos colhidos ou percebidos (art. 1.214, *caput*).

Assim, durante o tempo em que imaginou ser o legítimo possuidor da fazenda, ignorando o defeito constante na escritura, o sujeito fará jus a todos os frutos que colheu.

Os frutos pendentes ao tempo em que cessar a boa-fé, por sua vez, nos termos do parágrafo único do mesmo dispositivo, devem ser restituídos, depois de deduzidas as despesas da produção e custeio (art. 1.214, parágrafo único).

Devem ser também restituídos os frutos colhidos com antecipação, a exemplo daqueles considerados "estantes", acondicionados em um celeiro, por exemplo.

Os frutos naturais e industriais, a teor do art. 1.215, reputam-se colhidos e percebidos, logo que são separados; os civis, a exemplo dos aluguéis, reputam-se percebidos dia por dia[16].

E o que dizer do possuidor de má-fé?

O possuidor de má-fé responde por todos os frutos colhidos e percebidos, bem como pelos que, por culpa sua, deixou de perceber (frutos percipiendos, ou seja, aqueles que deveriam ter sido colhidos e não foram), desde o momento em que se constituiu de má-fé, com direito às despesas da produção e custeio para evitar o enriquecimento sem causa do verdadeiro titular do direito (art. 1.216).

Quanto aos efeitos da posse em face dos produtos, é preciso destacar que, como espécies também de bens acessórios, os produtos são utilidades que a coisa principal produz, cuja percepção ou extração diminui a sua substância (ex.: pedras e metais que se extraem das minas e das pedreiras).

A alterabilidade da substância principal é o ponto distintivo entre os frutos e os produtos.

Nesse ponto, uma importante observação deve ser feita.

Diferentemente dos efeitos em relação aos frutos, o Código Civil brasileiro não cuidou de disciplinar satisfatoriamente os efeitos da posse em relação aos produtos.

Consagrou-se, apenas, a regra geral de que o proprietário do solo (principal) é, salvo preceito jurídico especial de terceiro, senhor dos produtos (acessórios) gerados pela coisa (art. 1.232 do CC/2002).

Tal omissão normativa poderia causar o seguinte inconveniente: imagine-se que um sujeito, de boa-fé, haja recebido de seu avô, por testamento, um imóvel em que se

16 Nessa linha, se o possuidor, que locava o imóvel, esteve de boa-fé até o dia 15, fará jus a 15 dias do aluguel, ou seja, à metade do valor mensal da locação.

encontrava uma pedreira. Cinco anos depois, já tendo sido registrado o formal de partilha, o possuidor é surpreendido por uma ação proposta por terceiro que reivindica, e prova, o seu domínio sobre aquele imóvel. Durante todo esse tempo, o possuidor extraiu e vendeu pedras (produtos). Pergunta-se: considerando que a lei civil apenas garante ao possuidor de boa-fé direito aos frutos colhidos e percebidos, tratando-se de produtos, que solução será adotada, diante da regra do art. 1.232 do CC/2002? Por força do silêncio da lei, dever-se-á compelir o possuidor a indenizar o proprietário da coisa?

Entendemos que não.

Obrigar o possuidor de boa-fé a indenizar o proprietário simplesmente porque a lei reconhece a este último direito sobre os acessórios do solo, como regra geral, não dando solução para a hipótese de um possuidor inocente perceber os produtos, é interpretação excessivamente legalista.

Melhor razão assiste a CLÓVIS BEVILÁQUA que sugere, nesse caso, sejam os produtos considerados frutos, seguindo o mesmo regramento legal destes últimos, porque consistiriam em verdadeiras utilidades provenientes de uma riqueza posta em atividade econômica.

Vale transcrever a sua lição: "(...) na expressão frutos, compreendem-se, no caso agora examinado, os produtos, que são utilidades retiradas da coisa, em diminuição da sua quantidade, porque não se reproduzem, periodicamente, como os frutos"[17].

Mas a diferenciação entre frutos e produtos não é despicienda, consoante conclui o mesmo autor: "A distinção, todavia, tem interesse jurídico, porque somente na relação que acaba de ser considerada, o produto se submete aos preceitos estabelecidos para o fruto"[18].

Em conclusão, vale referir que o Código Civil de 2002, dando ênfase à permutabilidade e economicidade dos frutos e produtos, admite sejam os mesmos objeto de negócio jurídico, mesmo que ainda não destacados da coisa principal (art. 95).

## 11.2. Responsabilidade pela perda ou deterioração da coisa

"Perda" da coisa consiste em seu total perecimento; a "deterioração" traduz a ideia de estrago ou dano parcial.

O possuidor de boa-fé não responde pela perda ou deterioração da coisa, a que não der causa (art. 1.217).

Vale dizer, somente responderá aquele que atua de boa-fé se deu causa ao evento danoso.

"Dar causa", em nosso sentir, significa atuar com dolo ou culpa, nos termos do art. 186 do Código Civil.

17 BEVILÁQUA, Clóvis. *Direito das Coisas*, 4. ed., Rio de Janeiro: Forense, 1956, p. 82-3.

18 BEVILÁQUA, Clóvis. *Theoria Geral do Direito Civil*, Campinas: Red Livros, 2000, p. 250.

Imagine, por exemplo, a hipótese em que o sujeito, ignorando o vício que macula a sua posse, resolve "queimar" as ervas daninhas do pasto da fazenda, que depois descobre pertencer a outrem, causando danos no imóvel.

O possuidor de má-fé, por seu turno, responde pela perda, ou deterioração da coisa, ainda que acidentais, salvo se provar que de igual modo se teriam dado, estando ela na posse do reivindicante (art. 1.218).

Figuremos um exemplo.

Um sujeito possui uma televisão, ciente da ilegitimidade deu seu direito (deveria ter devolvido a quem lhe emprestou e não o fez). Caso o aparelho sofra um "curto-circuito", o possuidor responderá pelo dano (ainda que acidental), salvo se provar que a pane ocorreria mesmo que o bem já estivesse em poder do reivindicante.

## 11.3. Indenização pelas benfeitorias realizadas

Pode-se definir benfeitoria como uma obra realizada pelo homem, na estrutura da coisa principal, com o propósito de conservá-la, melhorá-la ou embelezá-la.

Classificam-se as benfeitorias em três modalidades.

Considera-se necessária a benfeitoria realizada para evitar um estrago iminente ou a deterioração da coisa principal (ex.: reparos realizados em uma viga).

Benfeitorias úteis são aquelas empreendidas com o escopo de facilitar a utilização da coisa (ex.: a abertura de uma nova entrada que servirá de garagem para a casa).

E, finalmente, as benfeitorias voluptuárias são aquelas empreendidas para mero deleite ou prazer, sem aumento da utilidade da coisa (ex.: a escultura feita nas rochas de um jardim) (art. 96 do CC/2002).

Note-se que toda benfeitoria é artificial, decorrendo de uma atividade humana, razão por que não se confunde com os acessórios naturais do solo (art. 97 do CC/2002).

A identificação da natureza da benfeitoria não é fácil, em função da circunstância de que os bens não têm uma única utilidade intrínseca e absoluta. Uma piscina, por exemplo, pode ser uma benfeitoria voluptuária (em uma mansão), útil (em uma escola) ou necessária (em uma escola de hidroginástica).

Não se identificam ainda com as acessões industriais ou artificiais (construções e plantações) que têm disciplina própria (arts. 1.253 a 1.259 do CC/2002) e constituem modos de aquisição da propriedade imóvel. A acessão traduz união física com aumento de volume e, diferentemente das benfeitorias, pode também ser natural (exs.: aluvião, avulsão, formação de ilhas, álveo abandonado).

Apontando a diagnose diferencial entre ambos os institutos, preleciona CARLOS ROBERTO GONÇALVES:

"Benfeitorias são obras ou despesas feitas em coisa já existente. As acessões industriais são obras que criam coisas novas e têm regime jurídico diverso, sendo um dos modos de aquisição da propriedade imóvel"[19].

Se a estrutura da casa é aproveitada para abrir uma garagem, realizar-se-á uma benfeitoria. Todavia, se um galpão contíguo é construído para servir de garagem, realiza-se uma acessão artificial. Neste último caso, houve considerável aumento de volume da coisa principal[20].

Não se consideram benfeitorias, pelo seu valor econômico, a pintura em relação à tela, a escultura em relação à matéria-prima, a escritura e qualquer outro escrito gráfico em relação à matéria-prima que os recebe (art. 62 do CC/1916). Embora não exista norma semelhante no Código Civil de 2002, entendemos deva a regra ser jurisprudencialmente mantida, pois, em verdade, estar-se-á diante do fenômeno da especificação, que é uma das formas de aquisição de propriedade móvel, disciplinada nos arts. 1.269/1.271 do CC/2002.

O possuidor de boa-fé tem direito à indenização das benfeitorias necessárias e úteis, bem como, quanto às voluptuárias, se não lhe forem pagas, a levantá-las, quando o puder sem detrimento da coisa, e poderá exercer o direito de retenção pelo valor das benfeitorias necessárias e úteis (art. 1.219).

Note-se que, quanto às necessárias e úteis, o possuidor terá o direito de reter a coisa, condicionando a sua devolução à indenização correspondente.

Em nosso sentir, esse *jus retentionis* não tem natureza real, atuando, em verdade, como meio coercitivo para forçar o cumprimento da obrigação.

As benfeitorias voluptuárias, caso o reivindicante não opte por pagar por elas, poderão ser levantadas ou removidas (*jus tollendi*), desde que não se danifique o bem principal. Caso não haja como retirá-las sem fratura ou dano, ficarão onde estão.

Ao possuidor de má-fé serão ressarcidas somente as benfeitorias necessárias; não lhe assiste, todavia, o direito de retenção pela importância destas, nem o de levantar as voluptuárias (art. 1.220).

Nessa linha, é forçoso convir que o possuidor de má-fé é duramente sancionado.

As benfeitorias compensam-se com os danos, e só obrigam ao ressarcimento se ao tempo da evicção — ou seja, da perda do bem principal para o reivindicante — ainda existirem, conforme dicção do art. 1.221.

Finalmente, à luz do art. 1.222, o reivindicante, obrigado a indenizar as benfeitorias ao possuidor de má-fé, tem o direito de optar entre o seu valor atual e o seu custo; ao passo que, caso se trate de possuidor de boa-fé, indenizará pelo valor atual.

---

[19] GONÇALVES, Carlos Roberto, ob. cit., p. 81.

[20] Conforme já se disse, voltaremos ao tema "acessão" quando tratarmos dos modos de aquisição da propriedade imobiliária.

"A justificativa", pondera CARLOS ROBERTO GONÇALVES, "assenta-se na máxima equidade que não permite que se enriqueça alguém à custa alheia. Só faria sentido, porém, se os níveis de custo fossem estáveis, dado que o valor atual e o do custo geralmente se equivaleriam, mas não em períodos de inflação elevada e crônica pelos quais passou o país. Daí ter o Supremo Tribunal Federal, na vigência do Código Civil de 1916, mandado aplicar a correção monetária ao preço de custo das benfeitorias, reconhecendo, no caso, a existência de uma dívida de valor"[21].

Por fim, a título de complementação, merece referência a Súmula 335 do STJ:

> "Nos contratos de locação, é válida a cláusula de renúncia à indenização das benfeitorias e ao direito de retenção"[22].

Assevera CELSO ANTÔNIO BANDEIRA DE MELLO que no Direito Administrativo, em havendo desapropriação, nos termos do art. 26 do Decreto-Lei n. 3.365, de 21 junho de 1941, "as benfeitorias necessárias são sempre indenizáveis, as benfeitorias voluptuárias não o serão nunca e as benfeitorias úteis serão indenizadas desde que hajam sido autorizadas pelo poder competente"[23].

## 11.4. Proteção possessória

Quando se fala do tema da proteção possessória, é necessário distinguir as possibilidades de tutela no direito material para o direito processual.

Vejamos.

### *11.4.1. De direito material*

O Código Civil prevê duas formas de autotutela da posse, que deverão ser exercidas com prudência e proporcionalidade: a legítima defesa e o desforço incontinenti ou imediato:

> "Art. 1.210. O possuidor tem direito a ser mantido na posse em caso de turbação, restituído no de esbulho, e segurado de violência iminente, se tiver justo receio de ser molestado".

Em caso de turbação (perturbação ou embaraço da sua posse), poderá atuar em legítima defesa, e, em caso de esbulho (privação da posse), poderá empreender desforço

[21] GONÇALVES, Carlos Roberto. *Direito Civil Brasileiro* — Direito das Coisas, 15. ed., v. 5, São Paulo: Saraiva, 2020, p. 212.

[22] Confira-se, ainda, o Enunciado n. 433 da V Jornada de Direito Civil: "Art. 424. A cláusula de renúncia antecipada ao direito de indenização e retenção por benfeitorias necessárias é nula em contrato de locação de imóvel urbano feito nos moldes do contrato de adesão".

[23] MELLO, Celso Antônio Bandeira de. *Curso de Direito Administrativo,* 11. ed., São Paulo: Malheiros, 1999, p. 588.

incontinenti, contanto que o faça logo, observado o princípio da proporcionalidade, a teor do § 1º do mesmo dispositivo:

> "O possuidor turbado, ou esbulhado, poderá manter-se ou restituir-se por sua própria força, contanto que o faça logo; os atos de defesa, ou de desforço, não podem ir além do indispensável à manutenção, ou restituição da posse".

E arremata o § 2º:

> "Não obsta à manutenção ou reintegração na posse a alegação de propriedade, ou de outro direito sobre a coisa".

Vale observar que a reação deverá ser concomitante ou imediatamente posterior à agressão à posse.

Como delimitação do marco cronológico da resposta defensiva, o legislador utilizou a expressão "contanto que o faça logo", a qual deverá ser interpretada com razoabilidade.

Nessa linha, se o sujeito se encontra em outra cidade e, imediatamente após tomar ciência de que o seu imóvel foi invadido, desloca-se para o local do esbulho, ainda poderá praticar atos de desforço, pois, diante das circunstâncias, reagiu com a esperada brevidade.

### 11.4.2. De direito processual

A proteção da posse é matéria que diz respeito, em especial, ao Processo Civil, o que escapa, por óbvio, dos objetivos deste *Manual*.

Mas cuidaremos de traçar, para o nosso leitor, um panorama processual geral a respeito do assunto.

Fundamentalmente, temos três demandas possessórias mais frequentes[24]:

a) a ação de reintegração de posse — em caso de esbulho (privação ou perda da posse);
b) a ação de manutenção de posse — em caso de turbação (embaraço ou perturbação da posse);
c) o interdito proibitório — em caso de ameaça à posse.

Tais demandas são caracterizadas pela fungibilidade, nos termos do art. 554, *caput*, do CPC/2015:

---

[24] Outras ações guardam correlação com o tema, a exemplo dos embargos de terceiro (arts. 674 a 681 do CPC/2015) e da imissão na posse, estudadas no campo do Direito Processual Civil. Quanto à demanda de imissão, o seu ajuizamento se dá quando o autor pretende "entrar na posse" de um determinado bem. Vale dizer, não o estava possuindo no momento anterior à imissão pretendida, a exemplo da situação em que o comprador de uma casa, cumprida a sua obrigação pecuniária, pretende adentrá-la, a despeito da injusta resistência do vendedor. No CPC/2015, a ação de imissão observa o procedimento comum (o Decreto-Lei n. 70/66, em seu art. 37, § 2º, prevê uma hipótese de procedimento especial para a concessão da imissão na posse nos casos relativos a Sistema Financeiro de Habitação).

> "Art. 554. A propositura de uma ação possessória em vez de outra não obstará a que o juiz conheça do pedido e outorgue a proteção legal correspondente àquela cujos pressupostos estejam provados".

JORGE NUNES e GUILHERME DA NÓBREGA assim se posicionam:

> "Por outro lado, e ingressando no exame mesmo dos procedimentos possessórios, o art. 560 do novo Código de Processo de 2015 repete a proteção do velho Código de 1973: manutenção no caso de turbação e reintegração no caso de esbulho. A compreensão clara dos dois remédios, fungíveis entre si, é importante, embora, na prática, a fungibilidade decorra exatamente do fato de que nem sempre é possível perceber as zonas de discrímen quando se está diante do caso concreto. Diz-se que ocorre o esbulho (a ofensa, digamos assim, mais pesada) quando o possuidor é afastado do exercício da posse que até então exercia (não esqueçamos que a posse é uma situação ou estado de fato, um poder de fato); a turbação, menos pesada, não subtrai do possuidor a totalidade do exercício da posse, mas impede esse exercício na sua integralidade, diminui, limita o exercício da posse. A terceira e menos grave das ofensas, a ser tratada mais adiante, é a ameaça da posse. Ainda que menos grave, do conjunto de gestos e palavras, o possuidor deve poder perceber que a turbação ou esbulho de sua posse é iminente"[25].

Outro aspecto interessante, quanto às possessórias, diz respeito à possibilidade de cumulação de pedidos e ao seu caráter dúplice (situação em que o próprio demandado, em sua resposta, alega violação de direito e pugna pela proteção da sua posse).

Nesse diapasão, estabelece o Código de Processo Civil de 2015:

> "Art. 555. É lícito ao autor cumular ao pedido possessório o de:
>
> I — condenação em perdas e danos;
>
> II — indenização dos frutos.
>
> Parágrafo único. Pode o autor requerer, ainda, imposição de medida necessária e adequada para:
>
> I — evitar nova turbação ou esbulho;
>
> II — cumprir-se a tutela provisória ou final.
>
> Art. 556. É lícito ao réu, na contestação, alegando que foi o ofendido em sua posse, demandar a proteção possessória e a indenização pelos prejuízos resultantes da turbação ou do esbulho cometido pelo autor".

Nota-se, com isso, que o legislador pretendeu consagrar um sistema normativo dotado de eficiência e efetividade, visando a recompor, no bojo do mesmo procedimento, o direito daquele que, de fato, teve a sua posse agredida.

---

[25] NUNES, Jorge Amaury Maia; NÓBREGA, Guilherme Pupe da. Da Manutenção e da Reintegração de Posse. Disponível em: <http://www.migalhas.com.br/ProcessoeProcedimento/106,MI234450,21048-Da+ma nutencao+e+da+reintegracao+de+posse>. Acesso em: 20 jun. 2017.

Nesse contexto, indagamos: o que se entende por exceção de domínio?

"A doutrina e a legislação", ensina CARLOS ROBERTO GONÇALVES, "têm buscado, ao longo dos anos, a separação entre o possessório e o petitório. A teor dessa concepção, no juízo possessório não adianta alegar o domínio porque só se discute posse. Por outro lado, no juízo petitório a discussão versa sobre o domínio, sendo secundária a questão daquela. Atualmente, o art. 557 do Código de Processo Civil de 2015 tem a seguinte redação: 'Na pendência de ação possessória é vedado, tanto ao autor quanto ao réu, propor ação de reconhecimento do domínio, exceto se a pretensão for deduzida em face de terceira pessoa'. Explicita o legislador, na parte final do dispositivo, que a vedação só prevalece se houver identidade de partes nas duas ações; não, portanto, se a ação de reconhecimento do domínio for intentada em face de terceira pessoa. Com o advento do Código Civil de 2002 ficou evidenciada, de modo irrefragável, a extinção da exceção do domínio em nosso sistema, pois esse diploma não contempla a possibilidade de se arguir a *exceptio proprietatis,* limitando-se a proclamar, no art. 1.210, § 2º: 'Não obsta à manutenção ou reintegração na posse a alegação de propriedade, ou de outro direito sobre a coisa'"[26].

O ilustre autor, todavia, complementa que, visando a evitar abusos, excepcionalmente se admite a exceção de domínio, quando a posse é disputada com base no próprio título de propriedade[27].

Nessa linha, confira-se julgado que, embora seja anterior ao CPC/2015, ilustra a hipótese:

> "PROCESSO CIVIL. ART. 535, I E II, E 555 DO CPC. CONTRARIEDADE. IMPROCEDÊNCIA DA ARGUIÇÃO. REEXAME DE PROVA. SÚMULA N. 7 DO STJ. REINTEGRAÇÃO DE POSSE. SOBREPOSIÇÃO DE TÍTULOS. DISPUTA DE ÁREA. DISCUSSÃO DA POSSE PELOS LITIGANTES COM BASE NO DOMÍNIO. SÚMULA N. 487 DO STF. QUESTÕES FÁTICO-PROBATÓRIAS. REEXAME. SÚMULA N. 7 DO STJ. DIVERGÊNCIA JURISPRUDENCIAL. SÚMULA N. 83 DO STJ. DECISÃO AGRAVADA MANTIDA.
>
> 1. Improcede a arguição de ofensa aos arts. 535, I e II, e 555 do CPC quando o Tribunal *a quo* se pronuncia, de forma motivada e suficiente, sobre os pontos relevantes e necessários ao deslinde do litígio, propiciando completa inteligibilidade do julgamento embargado, com a integração do acórdão proferido nos aclaratórios, e devida prestação jurisdicional.
>
> 2. Embora na pendência de processo possessório não se deve intentar ação de reconhecimento do domínio (art. 923 do CPC), constatada a sobreposição de documentos registrais, sob perícia de que os autores têm menos área que prevê seu título de propriedade em confronto com o título apresentado pelos réus, é plenamente cabível a exceção de domínio, se, com base neste, ambos os litigantes discutem a posse.

[26] GONÇALVES, Carlos Roberto, ob. cit., v. 5, p. 142.

[27] Prevendo situação peculiar de alegação do domínio, dispõe a Súmula 637 do STJ: "O ente público detém legitimidade e interesse para intervir, incidentalmente, na ação possessória entre particulares, podendo deduzir qualquer matéria defensiva, inclusive, se for o caso, o domínio".

3. Incidência, no caso, da Súmula n. 487 do STF, assim expressa: 'Será deferida a posse a quem evidentemente tiver o domínio, se com base neste for disputada'.

4. Assentada a orientação do Tribunal *a quo* com base em extenso debate de questões fático-probatórias, circunscritas em matéria pericial acerca da sobreposição de títulos de propriedade, o reexame da causa sob o enfoque da ocorrência de esbulho e atendimento aos requisitos necessários à proteção possessória esbarra no óbice da Súmula n. 7 do STJ.

5. 'Não se conhece do recurso especial pela divergência, quando a orientação do Tribunal se firmou no mesmo sentido da decisão recorrida' — Súmula n. 83 do STJ.

6. Decisão agravada mantida por seus próprios fundamentos.

7. Agravo regimental desprovido" (STJ, AgRg no REsp 906.392/MT, Rel. Min. João Otávio de Noronha, 4ª Turma, julgado em 18-3-2010, *DJe* 26-4-2010).

Avançando em nossa análise, constatamos que, se a demanda é de "força nova" (ação ajuizada no prazo de ano e dia), o deferimento liminar tende a ser menos dificultoso, segundo o art. 562, *caput*, do CPC/2015:

"Art. 562. Estando a petição inicial devidamente instruída, o juiz deferirá, sem ouvir o réu, a expedição do mandado liminar de manutenção ou de reintegração, caso contrário, determinará que o autor justifique previamente o alegado, citando-se o réu para comparecer à audiência que for designada".

Por outro lado, se a ação é de "força velha" (ajuizada após o prazo de ano e dia), afigura-se possível a concessão da tutela prevista no art. 300 do CPC/2015:

"Art. 300. A tutela de urgência será concedida quando houver elementos que evidenciem a probabilidade do direito e o perigo de dano ou o risco ao resultado útil do processo.

§ 1º Para a concessão da tutela de urgência, o juiz pode, conforme o caso, exigir caução real ou fidejussória idônea para ressarcir os danos que a outra parte possa vir a sofrer, podendo a caução ser dispensada se a parte economicamente hipossuficiente não puder oferecê-la.

§ 2º A tutela de urgência pode ser concedida liminarmente ou após justificação prévia.

§ 3º A tutela de urgência de natureza antecipada não será concedida quando houver perigo de irreversibilidade dos efeitos da decisão".

"Assim, em termos processuais", afirma MISAEL MONTENEGRO FILHO, "não há qualquer obstáculo que impeça a concessão de tutela provisória nas ações possessórias de força velha, desde que os requisitos legais sejam preenchidos, constantes do art. 300

do CPC[28], como tais, a probabilidade do direito e o perigo de dano ou o risco ao resultado útil do processo"[29].

O interdito proibitório, por sua vez, poderá ser manejado quando o possuidor direto ou indireto tenha justo receio de ser molestado na posse, caso em que poderá requerer ao juiz que o segure da turbação ou esbulho iminente, mediante mandado proibitório em que se comine ao réu determinada pena pecuniária caso transgrida o preceito (art. 567 do CPC/2015).

Aplicam-se-lhe as normas procedimentais da reintegração e da manutenção de posse.

Finalmente, merece referência importante julgado do Superior Tribunal de Justiça em que se determinou, com amparo no princípio da função social da posse e da propriedade, a conversão de uma ordem reintegratória em perdas e danos:

> "RECURSO ESPECIAL. DIREITO CIVIL. VIOLAÇÃO AO ART. 535 DO CPC/1973. NÃO OCORRÊNCIA. AÇÃO DE REINTEGRAÇÃO DE POSSE. REQUISITOS DO ART. 927 DO CPC/1973 E 561 DO NOVO CPC. REALIDADE FÁTICA DO IMÓVEL MODIFICADA. IMÓVEL QUE SE TRANSFORMOU EM BAIRRO URBANO POPULOSO. IMPOSSIBILIDADE DE DESCONSIDERAÇÃO DA NOVA REALIDADE NA SOLUÇÃO DA CONTENDA. FUNÇÃO SOCIAL DA PROPRIEDADE E DA POSSE. DIREITO À MORADIA E MÍNIMO EXISTENCIAL. DIGNIDADE DA PESSOA HUMANA. PONDERAÇÃO DE VALORES. NEGATIVA DA REINTEGRAÇÃO. POSSIBILIDADE DE CONVERSÃO DA PRESTAÇÃO ORIGINÁRIA EM ALTERNATIVA. ART. 461-A DO CPC/1973. RECURSO NÃO PROVIDO.
>
> 1. 'Havendo no acórdão declaração expressa quanto aos fatos e fundamentos que embasaram suas conclusões, não há como vislumbrar-se ofensa aos arts. 458 e 535, CPC, por negar-se o Colegiado, em embargos declaratórios, a explicitar as razões pelas quais preferiu apoiar-se em certas provas, em detrimento de outras. O princípio do livre convencimento motivado é um dos postulados do nosso sistema processual' (REsp 50.936/SP, *DJ* 19-9-1994).
>
> 2. O art. 927 do CPC/1973, reproduzido no art. 561 do novo diploma, previa competir ao autor da ação possessória de reintegração a comprovação dos seguintes requisitos: a posse; a turbação ou esbulho pela parte ré; a data da turbação ou do esbulho e a perda da posse.
>
> 3. Ainda que verificados os requisitos dispostos no item antecedente, o julgador, diante do caso concreto, não poderá se furtar da análise de todas as implicações a que estará sujeita a realidade, na subsunção insensível da norma. É que a evolução do di-

[28] A tutela provisória aqui referida pelo ilustre autor é a de urgência. Anote-se que, em tese, também será possível a tutela provisória da evidência (art. 311 do CPC/2015).

[29] MONTENEGRO FILHO, Misael. *Ações Possessórias no Novo CPC*, 3. ed., São Paulo: GEN-Atlas, 2015, p. 130.

reito não permite mais conceber a proteção do direito à propriedade e posse no interesse exclusivo do particular, uma vez que os princípios da dignidade humana e da função social esperam proteção mais efetiva.

4. O Supremo Tribunal Federal orienta que, tendo em vista a impossibilidade de haver antinomia entre normas constitucionais, sem a exclusão de quaisquer dos direitos em causa, deve prevalecer, no caso concreto, o valor que se apresenta consentâneo com uma solução razoável e prudente, expandindo-se o raio de ação do direito prevalente, mantendo-se, contudo, o núcleo essencial do outro. Para esse desiderato, recomenda-se a aplicação de três máximas norteadoras da proporcionalidade: a adequação, a necessidade e a proporcionalidade em sentido estrito.

5. No caso dos autos, o imóvel originalmente reivindicado, na verdade, não existe mais. O bairro hoje, no lugar do terreno antes objeto de comodato, tem vida própria, dotado de infraestrutura urbana, onde serviços são prestados, levando-se à conclusão de que o cumprimento da ordem judicial de reintegração na posse, com satisfação do interesse da empresa de empreendimentos imobiliários, será à custa de graves danos à esfera privada de muitas famílias que há anos construíram suas vidas naquela localidade, fazendo dela uma comunidade, irmanada por idêntica herança cultural e histórica, razão pela qual não é adequada a ordem de reintegração.

6. Recurso especial a que se nega provimento" (REsp 1.302.736/MG, Rel. Min. Luis Felipe Salomão, 4ª Turma, julgado em 12-4-2016, *DJe* 23-5-2016).

Percebe-se, pois, com clareza, o relevante viés socializante da interpretação empregada na análise da questão possessória.

# LXI PROPRIEDADE

## 1. CONCEITO

Nos termos do art. 5º, XXII, da Constituição Federal, a propriedade é tratada como um direito fundamental.

Logo em seguida, o inciso XXIII dispõe que "a propriedade atenderá a sua função social".

Nessa linha, é forçoso convir que o conceito deste importantíssimo direito real na coisa própria deverá, necessariamente, levar em conta, sempre, o seu aspecto funcional.

Isso porque, nos dias de hoje, a propriedade não é mais considerada um direito ilimitado, como no passado.

Por tais razões, o Código Civil de 2002, ao tratar da propriedade, cuidou de manter uma linha harmônica com a Lei Fundamental, conforme podemos constatar:

> "Art. 1.228. O proprietário tem a faculdade de usar, gozar e dispor da coisa, e o direito de reavê-la do poder de quem quer que injustamente a possua ou detenha.
> § 1º O direito de propriedade deve ser exercido em consonância com as suas finalidades econômicas e sociais e de modo que sejam preservados, de conformidade com o estabelecido em lei especial, a flora, a fauna, as belezas naturais, o equilíbrio ecológico e o patrimônio histórico e artístico, bem como evitada a poluição do ar e das águas (...)".

Em termos conceituais, portanto, o direito de propriedade consiste no direito real de usar, gozar ou fruir, dispor e reivindicar a coisa, nos limites da sua função social.

Quando o proprietário reúne todas essas faculdades (ou poderes), diz-se que tem propriedade plena[1].

Note-se, por fim, que o § 2º do referido art. 1.228 proíbe os denominados atos emulativos, ou seja, aqueles que não trazem ao proprietário qualquer comodidade, ou utilidade, e sejam animados pela intenção de prejudicar outrem.

Em outras palavras, esta norma veda o abuso do direito de propriedade.

---

[1] Art. 1.231 do CC: "A propriedade presume-se plena e exclusiva, até prova em contrário".

A redação do texto normativo, em nosso sentir, começa bem e termina mal.

Ao vedar atos, praticados pelo proprietário, que não tragam benefício ou sejam inúteis, agiu bem o legislador.

Mas, ao exigir que, para a configuração desses atos, reste demonstrada a "intenção de prejudicar outrem", falhou.

Além de se tratar de um elemento subjetivo de difícil caracterização, a cláusula geral do abuso de direito, prevista no art. 187 do CC/2002[2], dispensa a análise de dolo específico ou culpa, adotando, corretamente, um paradigma de ilicitude objetiva, baseado em critério finalístico ou teleológico.

Vale dizer, de acordo com a regra constante na Parte Geral, o abuso de um direito há de se configurar quando houver um desvirtuamento da finalidade do direito exercido, independentemente do dolo ou da culpa do seu titular.

Entendemos que, também para o direito de propriedade, este deve ser o critério utilizado, segundo uma interpretação sistemática.

## 2. CARACTERÍSTICAS

O direito de propriedade é[3]:

a) complexo: pois é formado por um conjunto de poderes ou faculdades;
b) absoluto: não no sentido de que se possa fazer dele o que bem entender, mas porque a oponibilidade é *erga omnes*;
c) perpétuo: não se extingue, simplesmente, pelo não uso, podendo ser transmitido por gerações;
d) exclusivo: ressalvadas certas situações, a exemplo do condomínio, o poder dominial de alguém exclui o de outrem, concomitantemente, sobre a mesma coisa;
e) elástico: pode ser distendida ou contraída na formação de outros direitos reais sem perder sua essência.

Esta última característica merece explicação mais detida, para que não remanesça dúvida em nosso amigo leitor.

A propriedade é "elástica", porquanto certos poderes ou faculdades que lhe são inerentes poderão ser destacados, para que sejam formados outros direitos, sem que isso implique sua destruição.

Exemplo: mediante ajuste de vontades, e o devido registro, destaco as faculdades de usar e fruir um imóvel, em favor do usufrutuário, permanecendo com um direito limitado de propriedade (nua-propriedade). Uma vez extinto o usufruto, aquelas faculdades retornam, consolidando o meu direito pleno de propriedade.

---

[2] "Art. 187. Também comete ato ilícito o titular de um direito que, ao exercê-lo, excede manifestamente os limites impostos pelo seu fim econômico ou social, pela boa-fé ou pelos bons costumes."

[3] GOMES, Orlando. *Direitos Reais*, 21. ed., São Paulo: GEN-Atlas, 2012.

Ainda no âmbito da sua caracterização, merece menção a diferença existente entre "propriedade resolúvel", *ad tempus* e fiduciária.

Nesse sentido, observa ORLANDO GOMES:

> "A perpetuidade é um dos caracteres do direito de propriedade. Daí se dizer que a propriedade é irrevogável: *Semel dominus semper dominus*. Normalmente, a propriedade tem duração ilimitada. É perpétua. Por exceção, admite-se propriedade revogável que se configure quando, no próprio título de sua constituição, por sua própria natureza ou pela vontade do agente ou das partes, se contém condição resolutiva. Diz-se, então, que a propriedade é resolúvel como acontece, no fideicomisso, com a propriedade do fiduciário, e, na retrovenda, com a propriedade do comprador. Não são casos de propriedade resolúvel aqueles nos quais a revogação se funda em causa superveniente à aquisição. [RA] Restou aberto (dos arts. 1.361 a 1.368)[4] capítulo especial no CCB de 2002 para tratar da propriedade fiduciária, hipótese de propriedade resolúvel de coisa móvel infungível que o devedor transfere ao credor com escopo de garantia [RA]"[5].

## 3. EXTENSÃO DA PROPRIEDADE

A propriedade do solo, a teor do art. 1.229 do Código Civil vigente, abrange a do espaço aéreo e subsolo correspondentes, em altura e profundidade úteis ao seu exercício, não podendo o proprietário opor-se a atividades que sejam realizadas, por terceiros, a uma altura ou profundidade tais que não tenha ele interesse legítimo em impedi-las.

Comentando o dispositivo, preleciona MARIA HELENA DINIZ, referindo-se ao proprietário:

> "Não pode impedir que um avião passe por sobre sua casa ou a colocação de cabos aéreos de energia elétrica ou, ainda, que perfurem o subsolo para a instalação de condutos subterrâneos de serviço de utilidade pública (CC, art. 1.286) ou de metrô, pois não tem nenhum interesse em impugnar a realização de trabalhos que se efetuem a uma certa altura e a profundidade tal que não acarrete risco para a sua segurança"[6].

Vale destacar uma interessante aplicação do art. 1.229 realizada no seguinte Recurso Especial:

---

[4] Quanto aos arts. 1.361 a 1.368-B, que cuidam da propriedade fiduciária, temos que o tema da "alienação fiduciária" escapa da proposta do presente *Manual*. Assim, trataremos com mais profundidade e detalhes no v. 5 ("Direitos Reais") da nossa coleção *Novo Curso de Direito Civil*, ao qual remetemos o leitor.

[5] GOMES, Orlando. *Direitos Reais*, 19. ed., Rio de Janeiro: Forense, 2008, p. 114-5.

[6] DINIZ, Maria Helena. *Curso de Direito Civil Brasileiro* — Direito das Coisas, 33. ed., São Paulo: Saraiva, 2019, v. 4, p. 141.

"DIREITO CIVIL. DIREITO DE PROPRIEDADE DE SUBSOLO.

No caso em que o subsolo de imóvel tenha sido invadido por tirantes (pinos de concreto) provenientes de obra de sustentação do imóvel vizinho, o proprietário do imóvel invadido não terá legítimo interesse para requerer, com base no art. 1.229 do CC, a remoção dos tirantes nem indenização por perdas e danos, desde que fique constatado que a invasão não acarretou prejuízos comprovados a ele, tampouco impossibilitou o perfeito uso, gozo e fruição do seu imóvel. Dispõe o art. 1.229 do CC que 'a propriedade do solo abrange a do espaço aéreo e subsolo correspondentes, em altura e profundidade úteis ao seu exercício, não podendo o proprietário opor-se a atividades que sejam realizadas, por terceiros, a uma altura ou profundidade tais, que não tenha ele interesse legítimo em impedi-las'. Ou seja, o normativo legal, ao regular o direito de propriedade, ampara-se especificamente no critério de utilidade da coisa por seu titular. Por essa razão, o direito à extensão das faculdades do proprietário é exercido contra terceiro tão somente em face de ocorrência de conduta invasora e lesiva que lhe traga dano ou incômodo ou que lhe proíba de utilizar normalmente o bem imóvel, considerando suas características físicas normais. Como se verifica, a pretensão de retirada dos tirantes não está amparada em possíveis prejuízos devidamente comprovados ou mesmo no fato de os tirantes terem impossibilitado, ou estarem impossibilitando, o perfeito uso, gozo ou fruição do imóvel. Também inexistem possíveis obstáculos a futuras obras que venham a ser idealizadas no local, até porque, caso e quando se queira, referidos tirantes podem ser removidos sem nenhum prejuízo para quaisquer dos imóveis vizinhos. De fato, ao proprietário compete a titularidade do imóvel, abrangendo solo, subsolo e o espaço aéreo correspondentes. Entretanto, referida titularidade não é plena, estando satisfeita e completa apenas em relação ao espaço físico sobre o qual emprega efetivo exercício sobre a coisa. Dessa forma, não tem o proprietário do imóvel o legítimo interesse em impedir a utilização do subsolo onde estão localizados os tirantes que se pretende remover, pois sobre o referido espaço não exerce ou demonstra quaisquer utilidades. Precedente citado: REsp 1.233.852-RS, 3ª Turma, *DJe* de 1º-2-2012" (REsp 1.256.825-SP, Rel. Min. João Otávio de Noronha, julgado em 5-3-2015, *DJe* 16-3-2015).

A propriedade do solo, por sua vez, a teor do art. 1.230, não abrange as jazidas, minas e demais recursos minerais, os potenciais de energia hidráulica, os monumentos arqueológicos e outros bens referidos por leis especiais[7].

O proprietário do solo, todavia, tem o direito de explorar os recursos minerais de emprego imediato na construção civil, desde que não submetidos a transformação industrial, obedecido o disposto em lei especial.

---

7 Cf. o art. 176 da CF.

## 4. FUNÇÃO SOCIAL DA PROPRIEDADE

A funcionalização dos direitos é uma tendência inexorável da Ciência Jurídica da contemporaneidade.

Todavia, se há um instituto jurídico em que a função social ganha maior destaque, este é o direito de propriedade.

Com previsão constitucional expressa e específica (art. 5º, XXIII, da CF/1988), a ideia de que "a propriedade atenderá a sua função social" é uma premissa inarredável do ordenamento jurídico brasileiro.

> "A garantia da propriedade não tem incidência, portanto", escrevem GUSTAVO TEPEDINO e ANDERSON SCHREIBER, "nos casos em que a propriedade não atenda a sua função social, não se conforme aos interesses sociais relevantes cujo atendimento representa o próprio título de atribuição de poderes ao titular do domínio. O efetivo controle desta conformidade somente pode ser feito em concreto, pelo Poder Judiciário, no exame dos conflitos que se estabelecem entre os interesses proprietários e aqueles não proprietários. Os tribunais brasileiros têm desempenhado seu papel, como se vê das decisões mais recentes. O Superior Tribunal de Justiça, por exemplo, já decidiu que hospitais particulares devem atender à função social representada pelo interesse geral à saúde e ao trabalho, e, portanto, estão compelidos a aceitar o ingresso de médicos e a internação dos respectivos pacientes em suas instalações, ainda que esses médicos sejam estranhos ao seu corpo clínico (...)".

E, em outro ponto de seu excelente artigo, destacam os autores:

> "É, hoje, ampla a invocação jurisprudencial da função social da propriedade, quer pelos tribunais estaduais, quer pelos tribunais superiores, e sua aplicação já há muito supera as hipóteses clássicas suscitadas pela doutrina civilista tradicional. A noção encontra-se de tal forma consolidada na experiência brasileira dos últimos anos, que não há dúvidas de que a garantia da propriedade não pode ser vista mais à parte de sua conformação aos interesses sociais. Em outras palavras: não há, no texto constitucional brasileiro, garantia à propriedade, mas tão somente garantia à propriedade que cumpre a sua função social"[8].

Se no passado havia quem se assustasse com tal menção, atribuindo-lhe uma perspectiva de sucumbência ao "medo do perigo vermelho", o fato é que a visão atual da propriedade não pode prescindir da concepção social.

E não é de agora.

Historicamente, já observou ORLANDO GOMES:

---

[8] TEPEDINO, Gustavo; SCHREIBER, Anderson. A Garantia da Propriedade no Direito Brasileiro. Disponível em: <http://bdjur.stj.jus.br/dspace/handle/2011/24705>. Acesso em: 1º abr. 2018.

> "A margem da consolidação da ideia nesses regimes políticos teve o respaldo da doutrina da Igreja no pensamento de Jacques Maritain, na doutrina personalista de Emmanel Mounier e em encíclicas que precederam à *Mater et Magistra*. Qualquer que tenha sido, no campo dessas influências, o impulso para a cristalização jurídica da ideia de função social, sua sobrevivência e difusão nos regimes pluralistas do pós-guerra explicam a sua força e sua 'finalidade racional'. Essa energia moral da concepção de que a propriedade é uma função social não tem, entretanto, inspiração socialista, como se supõe, por desinformação, particularmente os socialistoides levianos ou contrabandistas de ideias.
>
> Muito pelo contrário. Se não chega a ser uma mentira convencional, é um conceito ancilar do regime capitalista, por isso que, para os socialistas autênticos, a fórmula função social, sobre ser uma concepção sociológica e não um conceito técnico-jurídico, revela profunda hipocrisia, pois 'mais não serve do que para embelezar e esconder a substância da propriedade capitalística'. É que legitima o lucro ao configurar a atividade do produtor de riqueza, do empresário, do capitalista, como exercício de uma profissão no interesse geral. Seu conteúdo essencial permanece intangível, assim como seus componentes estruturais. A propriedade continua privada, isto é, exclusiva e transmissível livremente. Do fato de poder ser desapropriada com maior facilidade e de poder ser nacionalizada com maior desenvoltura não resulta que a sua substância se estaria deteriorando"[9].

Trata-se, portanto, de uma inequívoca característica do sistema constitucional contemporâneo o respeito à função social, como forma de legitimação do próprio direito de propriedade.

## 5. CLASSIFICAÇÃO

Toda classificação pode variar de acordo com a visão metodológica do autor que a apresenta.

Pensando especificamente no exercício do direito de propriedade, cogitamos a existência de algumas classificações fundamentais, tomando como parâmetro a extensão do direito e a perpetuidade do domínio, bem como a localização e destinação da propriedade.

### 5.1. Quanto à extensão do direito do titular (alcance subjetivo)

Quando todos os elementos constitutivos da propriedade (ou seja, seus poderes inerentes) se acham reunidos na pessoa do titular, tem-se a modalidade que se convencionou chamar de propriedade plena.

---

[9] GOMES, Orlando. *Direitos Reais*, 19. ed., atualizada por Luiz Edson Fachin, Rio de Janeiro: Forense, 2008, p. 126-127.

Todavia, quando ocorre o desmembramento de elementos, passando um ou alguns de seus poderes para o exercício de outrem, fala-se em propriedade limitada ou restrita. É o caso, por exemplo, do chamado "nu-proprietário", no usufruto[10], porquanto se despoja de poderes inerentes ao domínio (usar e fruir), para constituir um direito real na coisa alheia.

## 5.2. Quanto à perpetuidade do domínio (alcance temporal)

Já aprendemos que uma das características fundamentais da propriedade é o seu caráter perpétuo.

De fato, a propriedade não se extingue pelo não uso, uma vez que o domínio subsiste independentemente de exercício, enquanto não sobrevier causa extintiva legal ou oriunda da própria vontade do titular.

Com efeito, a propriedade é, em essência, perpétua, com duração ilimitada, podendo ser transmitida indefinidamente, por gerações.

Todavia, por exceção, pode-se falar também de uma propriedade resolúvel, entendida como aquela que encontra, no seu próprio título constitutivo, uma razão de sua extinção.

"É resolúvel a propriedade passível de ser extinta ou por força de uma condição (evento acidental, futuro e incerto) ou pelo termo (evento acidental do negócio jurídico futuro e certo) ou, finalmente, pelo surgimento de uma causa superveniente juridicamente apta a pôr fim ao direito de propriedade", segundo o talentoso ROBERTO FIGUEIREDO[11].

É o que se dá no pacto de retrovenda (arts. 1.140 a 1.143 do CC/2002[12]), com o domínio do comprador.

Sobre a propriedade resolúvel, destacamos o 1.359:

> "Art. 1.359. Resolvida a propriedade pelo implemento da condição ou pelo advento do termo, entendem-se também resolvidos os direitos reais concedidos na sua pendência, e o proprietário, em cujo favor se opera a resolução, pode reivindicar a coisa do poder de quem a possua ou detenha".

A título de complementação de pesquisa, merece referência a distinção entre fideicomisso e propriedade resolúvel, feita por PAULO LÔBO:

---

[10] Confira-se o Capítulo LXIV, item 4, deste volume.

[11] FIGUEIREDO, Roberto. Propriedade Resolúvel. Disponível em: <https://www.cers.com.br/noticias-e-blogs/noticia/propriedade-resoluvel;jsessionid=HpGloKVJ1dMz1a-ZBCLQsduiMN2O5e509EimsV1G.cers>. Acesso em: 30 mar. 2018.

[12] Tratando do tema do "Pacto de Retrovenda", confira-se o Capítulo XV ("Compra e Venda") do Volume 4 unificado ("Contratos") desta coleção.

> "A distinção entre fideicomisso e propriedade resolúvel em nosso sistema jurídico se impõe. O fideicomisso estabelece a sucessão no direito de propriedade, mas atribui, desde logo, a propriedade, sem entrega de bens, ao fideicomissário, e propriedade plena ao fiduciário, enquanto na propriedade resolúvel, advindo o termo, ou realizando-se a condição, a propriedade deixa de ser do atual titular para ser de outro, pois o sistema jurídico brasileiro concebeu a superposição de propriedades no tempo. No fideicomisso, o fideicomissário não substitui o fiduciário, porque ambos são herdeiros do *de cujus* ou legatários. O fideicomissário sucede diretamente o *de cujus*, da mesma forma que o fiduciário. São direitos paralelos, justapostos, razão por que não é correta a expressão 'substituição fideicomissária'. No fideicomisso, há o elemento fidúcia, ou confiança em que o fiduciário conservará o bem para ser entregue ao seu destinatário principal. Na propriedade resolúvel, diferentemente, o primeiro titular é substituído pelo segundo titular, que podem, inclusive, ser designados em testamento, 'pelo implemento da condição ou pelo advento do termo' (CC, art. 1.359), ficando resolvidos os direitos ao primeiro concedidos. Não há o elemento fidúcia, pois cada titular, no seu tempo sucessivo, exercerá plenamente seu direito e no seu próprio interesse[13]".

Por fim, vale registrar que a propriedade *ad tempus* e a fiduciária também traduzem situações especiais, que excepcionam esse caráter de perpetuidade da propriedade em geral[14].

## 5.3. Quanto à localização e destinação da propriedade (alcance finalístico)

Uma importante classificação da propriedade diz respeito à sua localização e destinação.

Com efeito, a distinção entre propriedade urbana e propriedade rural não deve ser feita somente com base na localização (se na cidade ou no campo), mas, sim, em função da sua destinação econômica.

De fato, é possível falar de uma propriedade urbana no interior do país, mesmo que isolada de um centro urbano, se a sua utilização for somente para a habitação e residência, sem destinação rural.

E, por exceção, é possível falar de uma empresa agrícola instalada em uma enorme fazenda, dentro de área urbana.

E por que destacamos esses aspectos?

---

13 LÔBO, Paulo. *Direito Civil*: coisas, 2. ed., São Paulo: Saraiva, 2016, p. 194-195.

14 Para um aprofundamento sobre o tema, confira-se o Capítulo 8 ("Propriedade Fiduciária") do Volume 5 ("Direitos Reais") da nossa coleção "Novo Curso de Direito Civil".

Porque a caracterização como área rural ou urbana importará em um tratamento diferenciado, por exemplo, para a usucapião, conforme se verificará em capítulo próprio[15], ou mesmo para incidência de tributos, a saber, IPTU ou ITR:

> "A Primeira Turma do Superior Tribunal de Justiça (STJ) julgou recentemente o Recurso Especial n. 1.112.646 — SP (REsp), que versou acerca da incidência de Imposto Territorial Rural (ITR) em imóvel localizado em área urbana, desde que comprovadamente utilizado em exploração extrativa, vegetal, agrícola, pecuária ou agroindustrial. A Turma, que teve como relator o Ministro Herman Benjamim, decidiu, por unanimidade, dar provimento ao recurso.
>
> No caso apresentado, o cerne da questão está em se determinar se o imposto incidente sobre o imóvel é o Territorial Urbano (IPTU) ou o ITR. O Tribunal de Justiça de São Paulo, ao julgar o caso, decidiu que o tributo incidente era o IPTU. Inconformado, o recorrente apresentou o REsp sob análise, alegando que ocorreu ofensa ao art. 15, do Decreto-Lei n. 57/66, que submete o imóvel 'que, comprovadamente, seja utilizado em exploração extrativa vegetal, agrícola, pecuária ou agroindustrial' ao pagamento do ITR.
>
> Em seu voto, o Ministro-Relator entendeu que o caso é de conflito de competência, devendo ser dirimido pela legislação complementar, nos termos do art. 146, I, da Constituição Federal. Sendo assim, não basta apenas considerar o disposto no art. 32, § 1º, do Código Tributário Nacional, que adota o critério da localização do imóvel e considera área urbana aquela definida em legislação municipal, pois a questão também deve ser analisada sob a ótica do art. 15, do Decreto-Lei n. 57/66, que acrescentou o critério da destinação dada ao imóvel. Portanto, dada a destinação do imóvel em questão, entendeu o relator que o imposto incidente é o ITR"[16].

Observe-se, inclusive, que até mesmo para a incidência da legislação trabalhista essa distinção é relevante, para saber se a hipótese é de um trabalhador urbano, regido pela CLT, ou de um trabalhador rural, regido pela Lei n. 5.889/73.

---

[15] Confira-se o Capítulo LXI ("Usucapião") deste volume.

[16] Notícia divulgada pelo IRIB — Instituto de Registro Imobiliário do Brasil: <http://www.irib.org.br/noticias/detalhes/segundo-stj-incide-itr-em-imovel-rural-mesmo-quando-localizado-em-area-urbana>.

Segue a ementa do Recurso Especial mencionado: "TRIBUTÁRIO. IMÓVEL NA ÁREA URBANA. DESTINAÇÃO RURAL. IPTU. NÃO INCIDÊNCIA. ART. 15 DO DL 57/1966. RECURSO REPETITIVO. ART. 543-C DO CPC. 1. Não incide IPTU, mas ITR, sobre imóvel localizado na área urbana do Município, desde que comprovadamente utilizado em exploração extrativa, vegetal, agrícola, pecuária ou agroindustrial (art. 15 do DL 57/1966). 2. Recurso Especial provido. Acórdão sujeito ao regime do art. 543-C do CPC e da Resolução 8/2008 do STJ" (STJ, REsp 1.112.646/SP, Rel. Min. Herman Benjamin, Primeira Seção, julgado em 26-8-2009, *DJe* 28-8-2009).

## 6. AQUISIÇÃO DA PROPRIEDADE IMÓVEL

Nos próximos subtópicos, analisaremos as diversas modalidades de aquisição de propriedade imóvel no Código Civil brasileiro de 2002.

Vamos a elas.

### 6.1. Usucapião

A usucapião é a primeira modalidade aqui tratada de aquisição de propriedade.

#### *6.1.1. Conceito e pressupostos*

A usucapião é modo originário de aquisição da propriedade, mediante o exercício da posse pacífica e contínua, durante certo período de tempo previsto em lei.

Trata-se de uma forma de prescrição aquisitiva, razão por que "estende-se ao possuidor o disposto quanto ao devedor acerca das causas que obstam, suspendem ou interrompem a prescrição" (art. 1.244).

Os fundamentos da usucapião são a necessidade de segurança jurídica e a função social.

Para que se configure, é necessária a conjugação de três pressupostos:

a) posse[17];

b) tempo;

c) *animus domini.*

É possível haver "soma de posses" para efeito de reconhecimento da usucapião. É a denominada *acessio possessionis* (ver art. 1.243 do CC).

Sobre o tema, confira-se:

> "AÇÃO DE USUCAPIÃO. PERÍODO AQUISITIVO. SOMA DE POSSES. REQUISITOS. AUSÊNCIA DE COMPROVAÇÃO QUANTO À POSSE ANTERIOR. Havendo soma de posses, é dever do prescribente demonstrar que a posse anterior a ser somada possuía os mesmos requisitos que a lei exige e que ele diz ter, quais sejam, posse mansa, pacífica e com ânimo de dono. Preliminar rejeitada, apelação provida" (Apelação Cível 70040237299, 19ª Câmara Cível, TJRS, Guinther Spode, julgado em 14-6-2011).

Vale acrescentar ainda que nem todo bem é passível de ser usucapido, a exemplo daqueles que representam valores personalíssimos e inestimáveis, como o nome ou a honra.

---

17 Vale lembrar, a teor do art. 1.203, que, salvo prova em contrário, entende-se manter a posse o mesmo caráter com que foi adquirida.

Em geral, bens com expressão econômica podem ser usucapidos[18], mas há exceções[19].

### 6.1.2. *Principais espécies*

Respeitada a finalidade deste *Manual*, visando sempre à clareza e objetividade, sem descurar nunca, em respeito ao nosso leitor, da boa técnica, passaremos em revista as principais espécies de usucapião.

#### 6.1.2.1. Usucapião extraordinária (art. 1.238 do CC)

Aquele que, por quinze anos, sem interrupção, nem oposição, possuir como seu um imóvel, adquire-lhe a propriedade, independentemente de título e boa-fé, por meio da usucapião extraordinária.

---

[18] "USUCAPIÃO. HERDEIRO. POSSE EXCLUSIVA. A Turma deu provimento ao recurso especial para, dentre outras questões, reconhecer a legitimidade dos recorrentes para a propositura, em nome próprio, de ação de usucapião relativamente a imóvel de cujo adquirente um dos autores é herdeiro. Consoante acentuado pelo Min. Relator, a jurisprudência entende pela possibilidade de o condômino usucapir bem sobre o qual exerça a posse exclusiva, desde que haja efetivo *animus domini* e estejam preenchidos os requisitos impostos pela lei, sem oposição dos demais herdeiros. Precedente citado: AgRg no Ag 731.971-MS, *DJe* 20-10-2008" (REsp 668.131/PR, Rel. Min. Luis Felipe Salomão, julgado em 19-8-2010).

[19] "CONSTITUCIONAL. ADMINISTRATIVO. PROCESSUAL CIVIL. AÇÃO CIVIL PÚBLICA. FAIXA DE FRONTEIRA. BEM PERTENCENTE À UNIÃO. NULIDADE DO REGISTRO IMOBILIÁRIO EM NOME DE PARTICULARES. CONFLITO FEDERATIVO. COMPETÊNCIA ORIGINÁRIA DO SUPREMO TRIBUNAL FEDERAL. ACÓRDÃO AMPARADO EM FUNDAMENTAÇÃO EMINENTEMENTE CONSTITUCIONAL. MATÉRIA QUE EXTRAPOLA A ESTREITA VIA DO RECURSO ESPECIAL. LEGITIMIDADE ATIVA *AD CAUSAM* DO MINISTÉRIO PÚBLICO FEDERAL. SÚMULA 329/STJ. IMPRESCRITIBILIDADE DA PRETENSÃO. PRECEDENTES. 1. Ao afastar a existência de conflito federativo apto a ensejar a competência originária do STF para julgar a presente demanda, o Tribunal *a quo* amparou-se em fundamento eminentemente constitucional, escapando sua revisão à competência desta Corte no âmbito do recurso especial. 2. 'Nos termos do Enunciado 329 da Súmula do Superior Tribunal de Justiça, 'o Ministério Público tem legitimidade para propor ação civil pública em defesa do patrimônio público', cuja acepção compreende as áreas situadas em faixa de fronteira, pertencentes à União e, de modo indireto, a toda a sociedade, o que revela o interesse difuso da coletividade' (AgRg no REsp 1.174.124/SC, Rel. Ministro Arnaldo Esteves Lima, 1ª Turma, *DJe* 17-8-2012). 3. 'Não há prescrição para os bens públicos. Nos termos do art. 183, § 3º, da Constituição, ações dessa natureza têm caráter imprescritível e não estão sujeitas a usucapião (Súmula 340/STF, art. 200 do DL 9.760/1946 e art. 2º do CC). Construção feita também com base na imprescritibilidade de atos nulos, de ações destinadas ao ressarcimento do Erário e de ações de declaração de inexistência de relação jurídica — *querela nullitatis insanabilis*' (REsp 1.227.965/SC, Rel. Ministro Herman Benjamin, Segunda Turma, *DJe* 15-6-2011). 4. Agravo regimental a que se nega provimento" (AgRg no REsp 1.268.965/SC, Rel. Min. Sérgio Kukina, 1ª Turma, julgado em 24-3-2015, *DJe* 6-4-2015).

"TRIBUTÁRIO. IPTU. TLP. POSSE *AD USUCAPIONEM*. O BEM PÚBLICO NÃO PODE SER ADQUIRIDO POR USUCAPIÃO, O QUE AFASTA A INCIDÊNCIA DO IPTU COM BASE NA POSSE. PRECEDENTES. Nos termos da jurisprudência desta Corte, o cessionário do direito de uso não é o contribuinte do IPTU e da TLP, haja vista que é possuidor por relação de direito pessoal, não exercendo *animus domini*, sendo possuidor do imóvel como simples detentor de coisa alheia. Agravo regimental improvido" (AgRg no AREsp 600.366/DF, Rel. Min. Humberto Martins, 2ª Turma, julgado em 25-11-2014, *DJe* 5-12-2014).

Em tal caso, o prescribente (possuidor) requererá ao juiz que assim o declare por sentença, a qual servirá de título para o registro no Cartório de Registro de Imóveis.

Note-se que, para esta forma de prescrição aquisitiva, pouco importa a intenção do sujeito, se atuou de boa ou de má-fé.

O prazo estabelecido no referido art. 1.238 reduzir-se-á a dez anos se o possuidor houver estabelecido no imóvel a sua moradia habitual, ou nele realizado obras ou serviços de caráter produtivo, caracterizando a denominada "posse-trabalho"[20].

### 6.1.2.2. Usucapião ordinária (art. 1.242 do CC)

Adquire também a propriedade do imóvel aquele que, contínua e incontestadamente, com justo título e boa-fé, o possuir por dez anos.

Trata-se da forma ordinária de prescrição aquisitiva, prevista no Código Civil.

Será de cinco anos o prazo, se o imóvel houver sido adquirido, onerosamente, com base no registro constante do respectivo cartório, cancelado posteriormente, desde que os possuidores nele tiverem estabelecido a sua moradia, ou realizado investimentos de interesse social e econômico (posse-trabalho).

É o caso, por exemplo de o sujeito comprar um imóvel, ignorando o vício que inquina a sua escritura.

Comentando o dispositivo, escreve FLÁVIO TARTUCE:

> "A norma apresenta sério problema. Isso porque traz um requisito ao lado da posse-trabalho, qual seja, a existência de um documento hábil que foi registrado e cancelado posteriormente, caso de um compromisso de compra e venda. Tal requisito gera o que se convencionou chamar *usucapião tabular*, especialmente entre os juristas da área de registros públicos"[21].

Sobre esta modalidade de usucapião tabular (ou "de livro"), merece referência julgado do STJ:

> "CIVIL. USUCAPIÃO TABULAR. REQUISITOS. MERO BLOQUEIO DE MATRÍCULA. APRESENTAÇÃO DE CERTIDÃO DO INSS INAUTÊNTICA PELOS VENDEDORES. LONGA INATIVIDADE POR PARTE DO ÓRGÃO. AUSÊNCIA DE TENTATIVAS DE ANULAÇÃO DO ATO OU RECEBIMENTO DO CRÉDITO. DECURSO DE TEMPO. CABIMENTO DA USUCAPIÃO.

---

[20] "Em virtude do princípio de socialidade, surgiu também um novo conceito de posse, a posse-trabalho, ou posse *pro labore*, em virtude da qual o prazo de usucapião de um imóvel é reduzido, conforme o caso, se os possuidores nele houverem estabelecido a sua morada, ou realizado investimentos de interesse social e econômico" (REALE, Miguel. Visão Geral do Projeto de Código Civil. Disponível em: <http://www.miguelreale.com.br/artigos/vgpcc.htm>. Acesso em: 20 jun. 2017).

[21] TARTUCE, Flávio. *Manual de direito civil,* 5. ed., São Paulo: GEN, 2015, p. 932.

1. A usucapião normalmente coloca em confronto particulares que litigam em torno da propriedade de um bem móvel.

2. Na hipótese dos autos, a constatação de que os vendedores do imóvel apresentaram certidão negativa de tributos previdenciários inautêntica levou o juízo da Vara de Registros Públicos, em processo administrativo, a determinar o bloqueio da matrícula do bem.

3. O bloqueio da matrícula não colocou vendedores e compradores em litígio em torno da propriedade de um bem imóvel. Apenas promoveu uma séria restrição ao direito de propriedade dos adquirentes para a proteção do crédito financeiro do INSS.

4. Pelas disposições da Lei de Registros Públicos, o bloqueio da matrícula é ato de natureza provisória, a ser tomado no âmbito de um procedimento maior, no qual se discuta a nulidade do registro público. A lavratura de escritura de compra e venda sem a apresentação de certidão previdenciária é nula, pelas disposições do art. 47 da Lei 8.212/91. Assim, o bloqueio seria razoável no âmbito de uma discussão acerca dessa nulidade.

5. Do ponto de vista prático, o bloqueio produz efeitos em grande parte equivalentes ao do cancelamento da matrícula, uma vez que torna impossível, ao proprietário de imóvel com matrícula bloqueada, tomar qualquer ato inerente a seu direito de propriedade, como o de alienar ou de gravar o bem.

6. Se o INSS ou qualquer outro legitimado não toma a iniciativa de requerer o reconhecimento ou a declaração da nulidade da escritura, o bloqueio da matrícula, por si só, não pode prevalecer indefinidamente. Na hipótese em que, mesmo sem tal providência, o bloqueio acaba por permanecer, produzindo efeitos de restrição ao direito de propriedade dos adquirentes do bem, a inatividade do INSS deve produzir alguma consequência jurídica.

7. Num processo de usucapião tradicional, o prazo de prescrição aquisitiva só é interrompido pela atitude do proprietário que torne inequívoca sua intenção de retomar o bem. Se, por uma peculiaridade do direito brasileiro, é possível promover a restrição do direito de propriedade do adquirente para a proteção de um crédito, a prescrição aquisitiva que beneficia esse adquirente somente pode ser interrompida por um ato que inequivocamente indique a intenção do credor de realizar esse crédito.

8. Se, após dez anos a partir do bloqueio da matrícula, o INSS não requer a declaração de nulidade da compra e venda, não executa o crédito previdenciário que mantém perante o vendedor do imóvel, não requer o reconhecimento de fraude à execução, não penhora o bem controvertido, enfim, não toma providência alguma, é possível reconhecer, ao menos em *status assertionis*, a ocorrência de usucapião tabular, de modo que o indeferimento da petição inicial da ação que a requer é providência exagerada.

9. Recurso especial conhecido e provido, reformando-se a decisão que indeferiu a petição inicial do processo e determinando-se seu prosseguimento, com a citação dos interessados, nos termos da lei" (REsp 1.133.451/SP, Rel. Min. Nancy Andrighi, 3ª Turma, julgado em 27-3-2012, *DJe* 18-4-2012).

#### 6.1.2.3. Usucapião constitucional (ou especial) rural ou *pro labore* (art. 191 da CF; art. 1.239 do CC)

Segundo o art. 1.239 do Código Civil, aquele que, não sendo proprietário de imóvel rural ou urbano, possua como sua, por cinco anos ininterruptos, sem oposição, área de terra em zona rural não superior a cinquenta hectares, tornando-a produtiva por seu trabalho ou de sua família, tendo nela sua moradia, adquirir-lhe-á a propriedade[22].

Trata-se de regra que reproduz o comando constitucional contido no art. 191.

O procedimento para o reconhecimento desta forma de usucapião estava traçado pela Lei n. 6.969, de 10 de dezembro de 1981.

Essa lei faz menção a procedimento sumaríssimo:

> "Art. 5º Adotar-se-á, na ação de usucapião especial, o procedimento sumaríssimo, assegurada a preferência à sua instrução e julgamento".

Sucede que, dada a extinção deste procedimento, entendemos aplicável o art. 1.049 do CPC/2015:

> "Art. 1.049. Sempre que a lei remeter a procedimento previsto na lei processual sem especificá-lo, será observado o procedimento comum previsto neste Código.
>
> Parágrafo único. Na hipótese de a lei remeter ao procedimento sumário, será observado o procedimento comum previsto neste Código, com as modificações previstas na própria lei especial, se houver"[23].

#### 6.1.2.4. Usucapião constitucional (ou especial) urbana ou *pro misero* (art. 183 da CF; art. 1.240 do CC; art. 9º do Estatuto da Cidade)

Esta forma de usucapião, assim como a anterior, tem matriz constitucional.

---

[22] Merecem referência dois enunciados da IV Jornada de Direito Civil: "Enunciado 312 — Art. 1.239: Observado o teto constitucional, a fixação da área máxima para fins de usucapião especial rural levará em consideração o módulo rural e a atividade agrária regionalizada. Enunciado 313 — Arts. 1.239 e 1.240: Quando a posse ocorrer sobre área superior aos limites legais, não é possível a aquisição pela via da usucapião especial, ainda que o pedido restrinja a dimensão do que se quer usucapir". Este último, como se pode observar, também se aplica à usucapião especial urbana.

[23] Ressalve-se o disposto no art. 1.046, § 1º, do CPC/2015: "As disposições da Lei n. 5.869, de 11 de janeiro de 1973, relativas ao procedimento sumário e aos procedimentos especiais que forem revogadas aplicar-se-ão às ações propostas e não sentenciadas até o início da vigência deste Código".

Dispõe o art. 183 da Constituição:

> "Art. 183. Aquele que possuir como sua área urbana de até duzentos e cinquenta metros quadrados[24], por cinco anos, ininterruptamente e sem oposição, utilizando-a para sua moradia ou de sua família, adquirir-lhe-á o domínio, desde que não seja proprietário de outro imóvel urbano ou rural.
>
> § 1º O título de domínio e a concessão de uso serão conferidos ao homem ou à mulher, ou a ambos, independentemente do estado civil.
>
> § 2º Esse direito não será reconhecido ao mesmo possuidor mais de uma vez.
>
> § 3º Os imóveis públicos não serão adquiridos por usucapião".

Os arts. 1.240 do CC e 9º do Estatuto da Cidade (Lei n. 10.257/2001)[25] reproduzem a norma constitucional.

O Supremo Tribunal Federal já proclamou que eventual exigência do Plano Diretor Municipal não impede o reconhecimento desta forma de usucapião:

> "RECURSO EXTRAORDINÁRIO. REPERCUSSÃO GERAL. USUCAPIÃO ESPECIAL URBANA. INTERESSADOS QUE PREENCHEM TODOS OS REQUISITOS EXIGIDOS PELO ART. 183 DA CONSTITUIÇÃO FEDERAL. PEDIDO INDEFERIDO COM FUNDAMENTO EM EXIGÊNCIA SUPOSTAMENTE IMPOSTA PELO PLANO DIRETOR DO MUNICÍPIO EM QUE LOCALIZADO O IMÓVEL. IMPOSSIBILIDADE. A USUCAPIÃO ESPECIAL URBANA TEM RAIZ CONSTITUCIONAL E SEU IMPLEMENTO NÃO PODE SER OBSTADO COM FUNDAMENTO EM NORMA HIERARQUICAMENTE INFERIOR OU EM INTERPRETAÇÃO QUE AFASTE A EFICÁCIA DO DIREITO CONSTITUCIONALMENTE ASSEGURADO. RECURSO PROVIDO. 1. Módulo mínimo do lote urbano municipal fixado como área de 360 m². Pretensão da parte autora de usucapir porção de 225 m², destacada de um todo maior, dividida em composse. 2. Não é o caso de declaração de inconstitucionalidade de norma municipal. 3. Tese aprovada: preenchidos os requisitos do art. 183 da Constituição Federal, o reconhecimento do direito à usucapião especial urbana não pode ser obstado por legislação infraconstitucional que estabeleça módulos urbanos na respectiva área em que situado o imóvel (dimensão do lote). 4. Recurso extraordinário provido" (RE 422.349, Rel. Min. Dias Toffoli, Tribunal Pleno, julgado em 29-4-2015, *DJe*-153, de 4-8-2015, publ. 5-8-2015).

---

[24] Em se tratando de condomínios, confira-se o Enunciado n. 314 da IV Jornada de Direito Civil: "Art. 1.240: Para os efeitos do art. 1.240, não se deve computar, para fins de limite de metragem máxima, a extensão compreendida pela fração ideal correspondente à área comum".

[25] Observe a peculiaridade do § 3º do art. 9º do Estatuto da Cidade: "§ 3º Para os efeitos deste artigo, o herdeiro legítimo continua, de pleno direito, a posse de seu antecessor, desde que já resida no imóvel por ocasião da abertura da sucessão".

Esta forma de usucapião poderá ser útil em caso de exercício de posse *ad usucapionem* de apartamento.

O Enunciado n. 85 da I Jornada de Direito Civil, vale acrescentar, reforçaria esta tese:

> "Enunciado n. 85 — Art. 1.240: Para efeitos do art. 1.240, *caput*, do novo Código Civil, entende-se por 'área urbana' o imóvel edificado ou não, inclusive unidades autônomas vinculadas a condomínios edilícios".

Quanto ao procedimento, o art. 14 do Estatuto da Cidade estabelece que deve ser observado o rito sumário.

Nessa linha, já decidiu o Superior Tribunal de Justiça:

> "RECURSO ESPECIAL. AÇÃO DE USUCAPIÃO ESPECIAL URBANA. LEI N. 10.257/2001. ESTATUTO DA CIDADE. CITAÇÃO DOS CONFINANTES. NECESSIDADE. DISCUSSÃO ANALISADA SOB A ÓTICA DO CPC DE 1973. MANUTENÇÃO DA EXTINÇÃO DO PROCESSO SEM RESOLUÇÃO DO MÉRITO. DESATENDIMENTO À DETERMINAÇÃO DE EMENDA À PETIÇÃO INICIAL. RECURSO NÃO PROVIDO. 1. O art. 14 Lei n. 10.257/2001 determina que a ação de usucapião especial urbana deve observar o rito sumário. 2. Não há incompatibilidade entre o rito sumário com a citação do titular da propriedade e de todos os confinantes e confrontantes do imóvel usucapiendo, admitindo-se, inclusive, a comunicação via edital.
>
> 3. Em regra, seja qual for o procedimento a ser adotado na ação de usucapião — ordinário, sumário ou especial —, é de extrema relevância a citação do titular do registro, assim como dos confinantes e confrontantes do imóvel usucapiendo. 4. A questão acerca de a propriedade usucapienda ser um apartamento não foi objeto do recurso especial, tampouco restou debatida nas instâncias ordinárias. Tema não apreciado pelo órgão colegiado. 5. Recurso especial não provido" (REsp 1.275.559/ES, Rel. Min. Luis Felipe Salomão, 4ª Turma, julgado em 7-6-2016, *DJe* 16-8-2016).

Com o fim do rito sumário, deve ser aplicado, em nosso sentir, o art. 1.049 do CPC/2015, cuja análise fizemos no tópico anterior.

### 6.1.2.5. Usucapião especial urbana coletiva (art. 10 do Estatuto da Cidade)

O Estatuto da Cidade disciplina uma interessante forma de usucapião, decorrente da posse coletiva em área urbana:

> "Art. 10. Os núcleos urbanos informais existentes sem oposição há mais de cinco anos e cuja área total dividida pelo número de possuidores seja inferior a duzentos e cinquenta metros quadrados por possuidor são suscetíveis de serem usucapidos coletivamente, desde que os possuidores não sejam proprietários de outro imóvel urbano ou rural. (*Redação dada pela Lei n. 13.465, de 2017*)

§ 1º O possuidor pode, para o fim de contar o prazo exigido por este artigo, acrescentar sua posse à de seu antecessor, contanto que ambas sejam contínuas.

§ 2º A usucapião especial coletiva de imóvel urbano será declarada pelo juiz, mediante sentença, a qual servirá de título para registro no cartório de registro de imóveis.

§ 3º Na sentença, o juiz atribuirá igual fração ideal de terreno a cada possuidor, independentemente da dimensão do terreno que cada um ocupe, salvo hipótese de acordo escrito entre os condôminos, estabelecendo frações ideais diferenciadas.

§ 4º O condomínio especial constituído é indivisível, não sendo passível de extinção, salvo deliberação favorável tomada por, no mínimo, dois terços dos condôminos, no caso de execução de urbanização posterior à constituição do condomínio.

§ 5º As deliberações relativas à administração do condomínio especial serão tomadas por maioria de votos dos condôminos presentes, obrigando também os demais, discordantes ou ausentes".

O dispositivo sob comento não apenas consagra o direito de propriedade derivado da prescrição aquisitiva de imóvel urbano com mais de duzentos e cinquenta metros quadrados, mas também prevê a criação, por ato judicial, de um condomínio.

Visa a contemplar a população de baixa renda, podendo-se utilizar, talvez, para a aferição dos beneficiários, os critérios utilizados pelo Programa Bolsa Família ou outro programa governamental congênere, embora o preenchimento deste conceito aberto dependa do juiz, em face do caso concreto.

Comentando o dispositivo, pondera SÍLVIO VENOSA:

"No usucapião coletivo instituído pelo Estatuto da Cidade, a lei determina que o juiz atribuirá igual fração ideal do terreno a cada possuidor, independentemente da dimensão do terreno que cada um ocupe, salvo hipótese de acordo escrito entre os condôminos, estabelecendo frações ideais diferenciadas (artigo 10, § 3º). Essa modalidade de aquisição da propriedade é dirigida à população de baixa renda, como menciona a lei, embora esta não defina o que se entende por baixa renda. A definição ficará por conta do juiz no caso concreto. O estatuto menciona também que pode haver soma de posses, para o prazo ser atingido, desde que ambas as posses sejam contínuas (artigo 10, §1º)"[26].

Esta modalidade de usucapião assemelha-se, posto não se identifique, com o controvertido instituto previsto nos §§ 4º e 5º do art. 1.228 do Código Civil, analisado em seguida.

[26] VENOSA, Sílvio de Salvo. Usucapião Coletivo no Novo Código Civil. Disponível em: <http://www.migalhas.com.br/dePeso/16,MI944,31047-Usucapiao+coletivo+no+novo+Codigo+Civil>. Acesso em: 20 jun. 2017.

### 6.1.2.6. Usucapião rural coletiva (art. 1.228, §§ 4º e 5º, do CC)[27]

O § 4º do art. 1.228 do Código Civil dispõe que o proprietário também pode ser privado da coisa se o imóvel reivindicado consistir em extensa área, na posse ininterrupta e de boa-fé, por mais de cinco anos, de considerável número de pessoas, e estas nela houverem realizado, em conjunto ou separadamente, obras e serviços considerados pelo juiz de interesse social e econômico relevante.

Trata-se de instituto jurídico muito peculiar, e que, se analisado com bastante atenção, poderá causar-nos uma sensação de desconforto, provocada por contundentes indagações.

E tal inquietude ganha fôlego em face dos desencontros doutrinários que se seguiram à entrada em vigor do referido dispositivo.

Afinal, o codificador teria criado uma nova forma de "desapropriação" ou estaríamos diante de uma modalidade peculiar de "usucapião especial ou coletivo"?

De fato, argumentos há, apontando para ambas as direções.

Sob o prisma topográfico, e seguindo um critério de interpretação sistemática, tem-se a impressão de que se consagrou uma nova modalidade expropriatória, uma espécie de "desapropriação judicial".

Isso porque, no parágrafo antecedente, o legislador, a teor do art. 5º, XXIV, da Constituição Federal, regulou, expressamente, as hipóteses de desapropriação por necessidade ou utilidade pública e interesse social, para, em seguida, dispor, no dispositivo sob comento, que o proprietário "também" poderia ser privado da coisa, em função da posse exercida por terceiro, mediante pagamento de indenização (Art. 1.228, § 5º).

Ora, ao utilizar a palavra "também", e fazer referência à indenização a ser paga ao expropriado, transparece que fora acrescentada mais uma modalidade de desapropriação ao rol elencado no parágrafo anterior.

Defendendo a natureza expropriatória do instituto, MONICA AGUIAR, da Universidade Federal da Bahia, em excelente artigo, observa:

> "Essa desapropriação realizada diretamente pelo Poder Judiciário, sem intervenção prévia de outros Poderes é figura nova em nosso sistema positivo... Em um mesmo artigo — § 4º do art. 1.228 — o legislador faz uso de vários conceitos jurídicos indeterminados: considerável, para qualificar o número de pessoas; de interesse social e econômico, para adjetivar as obras e serviços; e extensa, para identificar a área. Abre-se, então, um aparente leque de possibilidades para o preenchimento do conteúdo

[27] Tópico elaborado com base em artigo publicado, em abril/maio de 2006, por um dos coautores desta obra: GAGLIANO, Pablo Stolze. Controvérsias Constitucionais Acerca do Usucapião Coletivo. *Jus Navigandi*, Teresina, ano 11, n. 1.063, 30 maio 2006. Disponível em: <https://jus.com.br/artigos/8318>. Acesso em: 20 jun. 2017.

jurídico desses conceitos pelo Magistrado que, conforme relatado, será o artífice dessa desapropriação"[28].

Entretanto, outros autores, também de inegável valor, sustentam tratar-se de modalidade nova de usucapião, a exemplo de TEORI ZAVASCKI, na obra "*A Reconstrução do Direito Privado*"[29].

Nesse mesmo diapasão, EDUARDO CAMBI, respeitado jurista, após mencionar que se cuida de usucapião coletiva, pondera:

> "Trata-se de instituto jurídico novo e autônomo, cuja diferença essencial, em relação aos imóveis urbanos, está no tamanho, por extrapolar os 250 m (duzentos e cinquenta metros quadrados), previsto no art. 183 da CF, para a usucapião especial. Além disso, o novo Código Civil vai além da Lei n. 10.257/2001, pois estende o instituto aos imóveis rurais, não contemplados no Estatuto da Cidade"[30].

Nessa linha de raciocínio, uma vez que a perda da propriedade se dá pela posse exercida por uma coletividade de pessoas, dentro de um lapso de tempo previsto em lei (5 anos), não há, em nosso sentir, como negar a nota característica da prescrição aquisitiva, razão por que a tese da usucapião nos pareceria mais atrativa.

Ademais, valorizando a posse, chegaríamos à conclusão de que o legislador pretendeu criar, por meio desse instituto, um instrumento de socialização da terra, previsto para aquelas situações em que o descaso do proprietário justificaria a perda do seu imóvel, em favor dos efetivos possuidores da área.

Nota-se, ademais, a utilização de inúmeros conceitos abertos ou indeterminados (como extensa área de terra, boa-fé, interesse social e econômico), que deverão ser devidamente preenchidos pelo magistrado, no caso concreto, com cautela e diligência, a fim de se evitar a indesejável insegurança jurídica.

Encarando o instituto como modalidade de usucapião, não se deixaria de atender, também, ao princípio constitucional da função social da posse e da propriedade, compensando aqueles que dão destinação útil ao imóvel, e minimizando-se (ao menos no plano legal) os conflitos possessórios coletivos[31].

---

[28] Mônica Aguiar, texto gentilmente cedido pela autora, quando da elaboração do artigo que serviu de base para este tópico, acima citado.

[29] ZAVASCKI, Teori. A Tutela da Posse na Constituição e no Projeto do Novo Código Civil. In: *A Reconstrução do Direito Privado*, São Paulo: Revista dos Tribunais, 2002, p. 843-61.

[30] CAMBI, Eduardo. Aspectos Inovadores da Propriedade no Novo Código Civil, *Revista Trimestral de Direito Civil*, Rio de Janeiro: PADMA, 2000, p. 38.

[31] A discussão acerca da natureza do instituto, em doutrina, é longa: "Numa terceira linha de entendimento quanto à natureza jurídica do instituto previsto no artigo 1.228, §§ 4º e 5º, Pablo Rentería, de forma isolada na doutrina, sustenta o cabimento da natureza de acessão invertida social (...) Gustavo Tepedino, mudando de opinião sobre o tema, defende em obra recente que o instituto em análise não seria modalidade de usucapião, nem mesmo modalidade de desapropriação, seria, sim, um instituto aplicável como matéria de defesa em ações reivindicatórias, de forma a se substituir a obrigação de

Mas, ainda que se cuide de um novo tipo de usucapião (oneroso), uma pergunta surge imediatamente em nossa mente: quem arcaria com essa indenização?

O Código Civil não é claro:

> "Art. 1.228. (...)
>
> § 5º No caso do parágrafo antecedente, o juiz fixará a justa indenização devida ao proprietário; pago o preço, valerá a sentença como título para o registro do imóvel em nome dos possuidores".

Segundo a Professora MONICA AGUIAR, no mencionado artigo, a indenização deveria ser arcada pela União ou pelo Município, caso se trate de expropriação rural ou urbana:

> "Para os imóveis rurais, não resta dúvida que essa indenização deve ser arcada pela União, quer por força do comando dos arts. 184 a 186 da Constituição Federal, quer por observância dos critérios estabelecidos pela Lei 8.629, de 25.2.93, com a redação que lhe foi conferida pela Lei 10.279, de 12.09.2001, e Lei Complementar 76, de 6.7.93. Ocorre que o instituto, em que pese não haver qualquer limitação expressa na legislação, foi concebido tendo em vista, especialmente, os imóveis localizados em área urbana. Nessa hipótese, inadmissível a aplicação direta dos mencionados dispositivos. Perceba-se, outrossim, que não é exigida, como ocorre com a usucapião, o exercício da posse com *animus domini*. Parece que o ônus será do Município em que localizada a área, haja vista que o comando do plano diretor da cidade é de competência exclusivamente municipal. Há uma corresponsabilidade na tolerância da ocupação de terrenos com a criação de verdadeiras favelas, nascidas de invasões pelos que não têm moradia"[32].

TEORI ZAVASCKI e EDUARDO CAMBI, por sua vez, entendem que o pagamento seria feito pelos próprios possuidores, prescribentes da referida área.

Em outro plano, CARLOS ALBERTO DABUS MALUF, diante da falta de previsibilidade legal, reputa o referido artigo inconstitucional:

> "Tal forma de usucapião aniquila o direito de propriedade previsto na Lei Maior, configurando um verdadeiro confisco, pois, como já dissemos, incentiva a invasão de terras urbanas, subtrai a propriedade do seu titular, sem ter ele direito a qualquer indenização"[33].

De fato, embora não enfrentemos o problema sob o viés exclusivo do proprietário, a impressão que se tem é de que o dispositivo está fadado à ineficácia social.

---

restituir a coisa pelo pagamento da respectiva indenização" (ALVES, Fernanda Valeriano. Questões Polêmicas Acerca do Artigo 1.228, §§ 4° e 5°, do Código Civil de 2002. Disponível em: <http://www.emerj.tjrj.jus.br/paginas/trabalhos_conclusao/1semestre2011/trabalhos_12011/FernandaValerianoAlves.pdf>. Acesso em: 20 jun. 2017).

32 Mônica Aguiar, texto citado.

33 MALUF, Carlos Alberto Dabus. *Novo Código Civil Comentado*. In: FIUZA, Ricardo (Coord.). São Paulo: Saraiva, 2002, p. 1099.

Atribuir a obrigação indenizatória a uma das entidades federativas, sem previsão legal a respeito, afigura-se, em nosso sentir, inviável, mormente em se tratando dos Municípios brasileiros, que já se encontram em situação econômica desesperadora, não havendo, ademais, previsão constitucional específica em face desse novo instituto.

Impor a mesma obrigação aos ocupantes da terra, posição que vem ganhando força na doutrina, *data venia*, também não nos pareceria adequado, por uma constatação imediata: em geral os possuidores são desprovidos de recursos financeiros, e não teriam como arcar com esse pagamento.

Assim sendo, concluímos que o referido dispositivo carece de sustentação, estando condenado à ineficácia social por manifesta inviabilidade.

De um lado, prejudica-se o proprietário, por não haverem sido regulados os mecanismos efetivos de pagamento da indenização prevista; de outro, imputando-se o dever ao ocupante da terra — posição que parece ser majoritária —, estar-se-ia impedindo o plano nacional de política agrária e de construção de uma sociedade mais justa, nos termos da nossa Lei Maior.

Diante de tudo isso, notamos que o legislador teve grande fôlego e coragem para iniciar a redação do artigo de lei, mas acabou perdendo-se no final, omitindo aspectos relevantes para a sua plena aplicabilidade.

Melhor seria que, por meio de alteração legislativa, se adotasse uma forma típica de usucapião coletiva, semelhante àquela prevista no art. 10 do Estatuto da Cidade, vista linhas acima, sem referência alguma ao pagamento de indenização, e desde que os requisitos gerais fossem devidamente observados (posse/*animus*/tempo).

### 6.1.2.7. Usucapião familiar (art. 1.240-A do CC)

Nos termos do art. 1.240-A do Código Civil, "aquele que exercer, por 2 (dois) anos ininterruptamente e sem oposição, posse direta, com exclusividade, sobre imóvel urbano de até 250m² (duzentos e cinquenta metros quadrados) cuja propriedade divida com ex-cônjuge ou ex-companheiro que abandonou o lar, utilizando-o para sua moradia ou de sua família, adquirir-lhe-á o domínio integral, desde que não seja proprietário de outro imóvel urbano ou rural".

Trata-se de dispositivo incluído pela Lei n. 12.424/2011, consagrador da denominada usucapião familiar, pró-família ou por abandono de lar conjugal, cujo respectivo direito somente poderá ser reconhecido ao possuidor uma única vez.

Todas os *standards* de família são contemplados pela norma, inclusive os núcleos homoafetivos[34].

Com acerto, o Enunciado n. 501 da V Jornada de Direito Civil dispõe que "as expressões 'ex-cônjuge' e 'ex-companheiro', contidas no art. 1.240-A do Código Civil,

---

[34] Enunciado n. 500 da V Jornada de Direito Civil: "A modalidade de usucapião prevista no art. 1.240-A do Código Civil pressupõe a propriedade comum do casal e compreende todas as formas de família ou entidades familiares, inclusive homoafetivas".

correspondem à situação fática da separação, independentemente de divórcio".

Como se pode notar, o prazo para se operar a prescrição aquisitiva é reduzido (2 anos)[35], se compararmos com as outras formas de usucapião.

Com efeito, se o abandono do lar não é mais fundamento jurídico para o divórcio — na medida em que este direito é essencialmente potestativo e dispensa causa específica declarada —, por outro lado, poderá resultar no reconhecimento da usucapião em favor do cônjuge ou companheiro que permaneceu no imóvel do casal, exercendo posse mansa, pacífica e com *animus domini*[36].

Comentando o dispositivo, escreve ELPÍDIO DONIZETTI:

> "A concretude auxilia na compreensão. Marido e mulher possuem um imóvel de morada (casa ou apartamento na cidade) de até 250 m², pouco importa se adquirido com economia de ambos ou se o condomínio se formou em decorrência de união estável ou do regime de bens do casamento. O marido se engraçou por uma moçoila e foi viver esse novo amor nas ilhas Maldívias, ficando mais de dois anos sem querer saber notícias do mundo, muito menos da ex.
>
> Resultado da aventura: se a mulher continuou a morar na casa e não era proprietária de outro imóvel urbano ou rural, adquire a totalidade do bem por usucapião. Para ver o seu direito reconhecido, basta ingressar na justiça e provar os requisitos legais. O que não vai faltar é testemunha com dor de cotovelos para dizer que o marido era um crápula"[37].

Por óbvio, esta forma de usucapião, por se tratar de modo originário de aquisição da propriedade, prevalece em face do próprio direito decorrente da meação.

Questão interessante diz respeito à saída compulsória de um dos cônjuges, em virtude de ordem judicial, a exemplo do que se dá nas medidas de natureza acautelatórias

---

35 Enunciado n. 498 da V Jornada de Direito Civil: "A fluência do prazo de 2 (dois) anos previsto pelo art. 1.240-A para a nova modalidade de usucapião nele contemplada tem início com a entrada em vigor da Lei n. 12.424/2011".

36 Enunciado n. 499 da V Jornada de Direito Civil: "A aquisição da propriedade na modalidade de usucapião prevista no art. 1.240-A do Código Civil só pode ocorrer em virtude de implemento de seus pressupostos anteriormente ao divórcio. O requisito 'abandono do lar' deve ser interpretado de maneira cautelosa, mediante a verificação de que o afastamento do lar conjugal representa descumprimento simultâneo de outros deveres conjugais, tais como assistência material e sustento do lar, onerando desigualmente aquele que se manteve na residência familiar e que se responsabiliza unilateralmente pelas despesas oriundas da manutenção da família e do próprio imóvel, o que justifica a perda da propriedade e a alteração do regime de bens quanto ao imóvel objeto de usucapião". O enunciado tenta preencher o conceito (vago ou indeterminado) de "abandono do lar". Claro está, todavia, que dependerá sobretudo, à luz do princípio da operabilidade, das circunstâncias do caso concreto.

37 DONIZETTI, Elpídio. Usucapião do Lar Serve de Consolo para o Abandonado. Disponível em: <http://www.conjur.com.br/2011-set-20/consolo-abandonado-usucapiao-lar-desfeito>. Acesso em: 20 jun. 2017.

emanadas da Lei Maria da Penha (Lei n. 11.340, de 7-8-2006).

Neste caso, é forçoso convir, não se poderá reconhecer a prescrição aquisitiva contra quem fora compelido a se retirar da residência, mesmo que houvesse dado causa à medida por conta do seu mau comportamento[38].

Na mesma linha, se o abandono resulta de consenso ou ajuste entre os cônjuges ou companheiros, a usucapião não se concretiza:

> "Cuida-se de agravo (art. 544 do CPC/73) interposto em face de decisão denegatória de seguimento ao recurso especial. O apelo extremo, fundamentado no artigo 105, inciso III, alínea *a*, da Constituição Federal, desafia acórdão proferido pelo Tribunal de Justiça do Distrito Federal e dos Territórios, assim ementado (fls. 230/231, e-STJ):
> '(...)
> 4. O reconhecimento da usucapião por abandono do lar, prevista no artigo 1.240-A do Código Civil — usucapião familiar ou pró-família —, ensejando que imóvel comum passe ao domínio exclusivo de um dos cônjuges à margem do regime de bens que norteara o casamento, tem como premissa o *animus abandonandi* do cônjuge que deixa o imóvel no qual estava estabelecido o lar conjugal, determinando que o consorte que nele permanecera assumisse os encargos gerados pela coisa e pela família, não satisfazendo essa premissa a separação de fato realizada de comum acordo, conquanto tenha resultado na saída do varão do lar conjugal e a permanência da cônjuge virago no imóvel comum.
> (...)'
> 1. Atendidos os pressupostos de admissibilidade do agravo. Da análise do recurso especial, constata-se a relevância das razões deduzidas, o que autoriza a reautuação dos autos, nos termos do artigo 253, inciso II, alínea *d*, do RISTJ, sem prejuízo do ulterior juízo definitivo de admissibilidade acerca do apelo extremo.
> 2. Do exposto, conheço do agravo para determinar a reautuação dos autos como recurso especial, para melhor exame da controvérsia. Publique-se. Intimem-se. Brasília (DF), 10 de junho de 2016. Ministro Marco Buzzi — Relator" (STJ, AREsp 638.670/DF — 2014/0286660-0).

Portanto, o abandono deverá resultar de comportamento voluntário e unilateral, para que se possa configurar esta especial modalidade de usucapião.

---

[38] Trata-se, pois, de um abandono voluntário. Confira-se o Enunciado 595, da VII Jornada de Direito Civil: O requisito "abandono do lar" deve ser interpretado na ótica do instituto da usucapião familiar como abandono voluntário da posse do imóvel somado à ausência da tutela da família, não importando em averiguação da culpa pelo fim do casamento ou união estável. Revogado o Enunciado 499.

### 6.1.2.8. Usucapião indígena (Lei n. 6.001, de 1973)

O instituto da usucapião indígena é previsto no Estatuto do Índio (Lei n. 6.001, de 1973):

> "Art. 33. O índio, integrado ou não, que ocupe como próprio, por dez anos consecutivos, trecho de terra inferior a cinquenta hectares, adquirir-lhe-á a propriedade plena.
>
> Parágrafo único. O disposto neste artigo não se aplica às terras do domínio da União, ocupadas por grupos tribais, às áreas reservadas de que trata esta Lei, nem às terras de propriedade coletiva de grupo tribal".

Trata-se de modalidade pouco conhecida de usucapião, mas que merece referência.

A título de complementação, observamos que se prefere, hoje, a expressão "indígena", conforme se pode notar na recente alteração determinada pela Lei n. 13.146, de 2015, realizada no parágrafo único do art. 4º do Código Civil.

### 6.1.2.9. Usucapião administrativa (art. 1.071 do CPC)

O art. 1.071 do Código de Processo Civil alterou a Lei de Registros Públicos (Lei n. 6.015, de 1973), para fazer constar a disciplina de uma forma extrajudicial ou administrativa de usucapião.

Vale dizer, este instituto escapa da regra geral da reserva de jurisdição, na medida em que a prescrição aquisitiva é oficialmente reconhecida por meio de ato de natureza não jurisdicional.

O dispositivo merece transcrição, com a alteração feita pela Lei n. 13.465, de 2017:

> "Art. 216-A. Sem prejuízo da via jurisdicional, é admitido o pedido de reconhecimento extrajudicial de usucapião, que será processado diretamente perante o cartório do registro de imóveis da comarca em que estiver situado o imóvel usucapiendo, a requerimento do interessado, representado por advogado, instruído com: (Incluído pela Lei n. 13.105, de 2015) (Vigência)
>
> I — ata notarial lavrada pelo tabelião, atestando o tempo de posse do requerente e de seus antecessores, conforme o caso e suas circunstâncias, aplicando-se o disposto no art. 384 da Lei n. 13.105, de 16 de março de 2015 (Código de Processo Civil); (Redação dada pela Lei n. 13.465, de 2017)
>
> II — planta e memorial descritivo assinado por profissional legalmente habilitado, com prova de anotação de responsabilidade técnica no respectivo conselho de fiscalização profissional, e pelos titulares de direitos registrados ou averbados na matrícula do imóvel usucapiendo ou na matrícula dos imóveis confinantes; (Redação dada pela Lei n. 13.465, de 2017)
>
> III — certidões negativas dos distribuidores da comarca da situação do imóvel e do domicílio do requerente; (Incluído pela Lei n. 13.105, de 2015) (Vigência)

IV — justo título ou quaisquer outros documentos que demonstrem a origem, a continuidade, a natureza e o tempo da posse, tais como o pagamento dos impostos e das taxas que incidirem sobre o imóvel. (Incluído pela Lei n. 13.105, de 2015) (Vigência)

§ 1º O pedido será autuado pelo registrador, prorrogando-se o prazo da prenotação até o acolhimento ou a rejeição do pedido. (Incluído pela Lei n. 13.105, de 2015) (Vigência)

§ 2º Se a planta não contiver a assinatura de qualquer um dos titulares de direitos registrados ou averbados na matrícula do imóvel usucapiendo ou na matrícula dos imóveis confinantes, o titular será notificado pelo registrador competente, pessoalmente ou pelo correio com aviso de recebimento, para manifestar consentimen-to expresso em quinze dias, interpretado o silêncio como concordância. (Redação dada pela Lei n. 13.465, de 2017)

§ 3º O oficial de registro de imóveis dará ciência à União, ao Estado, ao Distrito Federal e ao Município, pessoalmente, por intermédio do oficial de registro de títulos e documentos, ou pelo correio com aviso de recebimento, para que se manifestem, em 15 (quinze) dias, sobre o pedido. (Incluído pela Lei n. 13.105, de 2015) (Vigência)

§ 4º O oficial de registro de imóveis promoverá a publicação de edital em jornal de grande circulação, onde houver, para a ciência de terceiros eventualmente interessados, que poderão se manifestar em 15 (quinze) dias. (Incluído pela Lei n. 13.105, de 2015) (Vigência)

§ 5º Para a elucidação de qualquer ponto de dúvida, poderão ser solicitadas ou realizadas diligências pelo oficial de registro de imóveis. (Incluído pela Lei n. 13.105, de 2015) (Vigência)

§ 6º Transcorrido o prazo de que trata o § 4º deste artigo, sem pendência de diligências na forma do § 5º deste artigo e achando-se em ordem a documentação, o oficial de registro de imóveis registrará a aquisição do imóvel com as descrições apresentadas, sendo permitida a abertura de matrícula, se for o caso. (Redação dada pela Lei n. 13.465, de 2017)

§ 7º Em qualquer caso, é lícito ao interessado suscitar o procedimento de dúvida, nos termos desta Lei. (Incluído pela Lei n. 13.105, de 2015) (Vigência)

§ 8º Ao final das diligências, se a documentação não estiver em ordem, o oficial de registro de imóveis rejeitará o pedido. (Incluído pela Lei n. 13.105, de 2015) (Vigência)

§ 9º A rejeição do pedido extrajudicial não impede o ajuizamento de ação de usucapião. (Incluído pela Lei n. 13.105, de 2015) (Vigência)

§ 10. Em caso de impugnação do pedido de reconhecimento extrajudicial de usucapião, apresentada por qualquer um dos titulares de direito reais e de outros direitos registrados ou averbados na matrícula do imóvel usucapiendo e na matrícula dos imóveis confinantes, por algum dos entes públicos ou por algum terceiro interessado, o oficial de registro de imóveis remeterá os autos ao juízo competente da comarca da situação do imóvel, cabendo ao requerente emendar a petição inicial para adequá-la ao procedimento comum. (Incluído pela Lei n. 13.105, de 2015) (Vigência)

§ 11. No caso de o imóvel usucapiendo ser unidade autônoma de condomínio edilício, fica dispensado consentimento dos titulares de direitos reais e outros direitos registrados ou averbados na matrícula dos imóveis confinantes e bastará a notificação do síndico para se manifestar na forma do § 2º deste artigo. (Incluído pela Lei n. 13.465, de 2017)

§ 12. Se o imóvel confinante contiver um condomínio edilício, bastará a notificação do síndico para o efeito do § 2º deste artigo, dispensada a notificação de todos os condôminos. (Incluído pela Lei n. 13.465, de 2017)

§ 13. Para efeito do § 2º deste artigo, caso não seja encontrado o notificando ou caso ele esteja em lugar incerto ou não sabido, tal fato será certificado pelo registrador, que deverá promover a sua notificação por edital mediante publicação, por duas vezes, em jornal local de grande circulação, pelo prazo de quinze dias cada um, interpretado o silêncio do notificando como concordância. (Incluído pela Lei n. 13.465, de 2017)

§ 14. Regulamento do órgão jurisdicional competente para a correição das serventias poderá autorizar a publicação do edital em meio eletrônico, caso em que ficará dispensada a publicação em jornais de grande circulação. (Incluído pela Lei n. 13.465, de 2017)

§ 15. No caso de ausência ou insuficiência dos documentos de que trata o inciso IV do *caput* deste artigo, a posse e os demais dados necessários poderão ser comprovados em procedimento de justificação administrativa perante a serventia extrajudicial, que obedecerá, no que couber, ao disposto no § 5º do art. 381 e ao rito previsto nos arts. 382 e 383 da Lei no 13.105, de 16 março de 2015 (Código de Processo Civil). (Incluído pela Lei n. 13.465, de 2017)".

Comentando o instituto, anota ROBERTO PAULINO DE ALBUQUERQUE JÚNIOR:

"O novo Código de Processo Civil (Lei 13.105/15) regula, em seu artigo 1.071, um procedimento administrativo extrajudicial para o usucapião de bens imóveis. O dispositivo não cria o usucapião administrativo, pois o artigo 60 da Lei 11.979/09 — Lei do Programa Minha Casa, Minha Vida — já previa uma figura similar para detentores de título de legitimação de posse. O que há de novo, contudo, é a generalização do procedimento a qualquer suporte fático de usucapião em que haja consenso, ampliando sensivelmente o âmbito de aplicação do instituto.

Com base no artigo 1.071, a Lei de Registros Públicos (Lei 6.015/73) passa a ser acrescida do artigo 216-A, que regula o procedimento do usucapião a ser requerido perante o oficial de registro de imóveis"[39].

[39] ALBUQUERQUE JÚNIOR, Roberto Paulino de. O Usucapião Extrajudicial no Novo Código de Processo Civil. Disponível em: <http://www.conjur.com.br/2015-mai-18/direito-civil-atual-usucapiao-extrajudicial-codigo-processo-civil>. Acesso em: 20 jun. 2017.

E em outro ponto do texto, o autor destaca:

"Vale ressaltar um ponto importante da regulamentação normativa: se o confinante ou titular de direitos reais não se manifestar, não se presume sua anuência. A solução adotada é oposta à vigente na retificação extrajudicial, em que o silêncio do confinante notificado implica concordância tácita (Lei de Registros Públicos, artigo 213, § 5º). Com a cautela legislativa, a segurança jurídica foi privilegiada em detrimento da efetividade. Um estudo estatístico que analise o número de retificações administrativas em comparação com o de contestações judiciais posteriores pode servir para confirmar a solução do novo artigo 216-A, ou para indicar a necessidade de sua reforma posterior.

Prevê o legislador ainda que o registrador poderá realizar diligências *in loco*, para elucidar dúvidas que tenham restado da análise da documentação. Esta faculdade do delegatário deve ser exercida com a necessária cautela, pois ordinariamente o oficial não tem formação técnica em engenharia e a inspeção deve se proceder dentro do que é possível verificar sem essa habilitação específica (neste sentido, CENEVIVA, Walter. *Lei dos Registros Públicos comentada*. 19. ed. São Paulo: Saraiva, 2009, p. 494).

Se qualquer das partes interessadas apresentar impugnação, o registrador remeterá os autos ao juízo competente, para apreciação. Nesse caso, cabe a emenda da inicial, para ajustá-la às exigências do processo judicial. Se a documentação é insuficiente e o requerente não se conformou com as exigências formuladas, pode requerer a suscitação de dúvida (Lei de Registros Públicos, artigo 198), para que o juiz decida, no âmbito administrativo"[40].

Por fim, destacamos o § 9º do art. 216-A acima transcrito, que expressamente dispõe não haver óbice ao ajuizamento da ação de usucapião, caso rejeitado o pedido administrativo.

Tal regra, é forçoso convir, emana do princípio constitucional da inafastabilidade da jurisdição.

## 6.2. Registro imobiliário

O Código Civil ainda prevê a aquisição da propriedade imobiliária por meio do registro do título.

Esta matéria é estudada no âmbito do Direito Registral e Notarial, especialmente em face das disposições das Leis n. 6.015, de 1973 (Lei de Registros Públicos)[41], e 8.935, de 1994.

---

[40] Ob. cit.

[41] O *site* do Tribunal de Justiça do Estado de Sergipe apresenta um quadro esquemático contendo os princípios fundamentais do Registro Público. Destacamos trecho: "PUBLICIDADE. Através da publicidade, o imóvel, suas características, os direitos reais que nele incidirem, bem como o nome

Embora não seja o objetivo desta obra ingressar nesta seara, não nos furtamos de tecer algumas breves e relevantes considerações a respeito do tema, para enriquecer o estudo e aprimorar o conhecimento do nosso amigo leitor, antes de ingressarmos nas disposições específicas do Código Civil, acerca da aquisição da propriedade imobiliária, que mais de perto, por óbvio, nos interessam.

Com efeito, cuidaremos, inicialmente, de diferenciar três expressões muito utilizadas, e, por vezes, confundidas: matrícula, registro e averbação.

A matrícula, em linguagem figurada, é "o número de batismo" do imóvel, em outras palavras, a matrícula é efetuada por ocasião do primeiro registro a ser lançado na vigência da Lei de Registros Públicos (art. 228).

Observa CARLOS ROBERTO GONÇALVES:

> "Se parte de um imóvel for alienada, caracterizando um desmembramento, constituirá ela um novo imóvel, que deverá, então, ser matriculado, recebendo número próprio. Pode dar-se, também, o fenômeno inverso, que é a fusão, ou seja, a unificação de matrículas de imóveis pertencentes ao mesmo titular do direito real. Admite-se, com efeito, a fusão de dois ou mais imóveis contíguos, pertencentes ao mesmo

---

do proprietário serão de conhecimento de todos, pois qualquer pessoa pode requerer uma certidão no ofício imobiliário. Visa a proteção dos interesses de terceiros, dando a estes a segurança de que as informações constantes dos registros públicos correspondem à realidade presente quanto às pessoas interessadas e ao bem a que se refere. Assim, este princípio torna público todos os atos relativos a imóveis, sejam de constituição, transferência ou modificação dos direitos reais, indicando a situação física e jurídica do imóvel, tornando ditos direitos oponíveis contra terceiros, conferindo ao titular o direito de reaver o imóvel de quem injustamente o detenha ou possua. LEGALIDADE. Tem como objetivo impedir que sejam registrados títulos inválidos, ineficazes ou imperfeitos. Quando um título é apresentado para ser registrado, este é examinado à luz da legislação em vigor ou da época de sua firmação e, havendo exigência a ser cumprida, o oficial as indicará por escrito, conforme preceitua o artigo 198 da Lei Federal n. 6.015/73. Então, a validade do registro de um título diz respeito à validade do negócio jurídico causal. Nulo o negócio, nulo será o registro. Anulado o negócio, anulado será o registro. ESPECIALIDADE. Consiste na determinação precisa do conteúdo do direito, que se procura assegurar, e da individualidade do imóvel que dele é objeto. A Lei Federal n. 6.015, de 31 de dezembro de 1973, em seus artigos 225 e 176, § 1º, inciso II, item 3, esmerou-se no sentido de individualizar cada imóvel, tornando-o inconfundível com qualquer outro, exigindo a plena e perfeita identificação deste nos títulos apresentados, devendo haver correspondência exata entre o imóvel objeto do título e o imóvel constante do álbum imobiliário para que o registro seja levado a efeito. CONTINUIDADE. Somente será viável o registro de título contendo informações perfeitamente coincidentes com aquelas constantes da respectiva matrícula sobre as pessoas e bem nela mencionados. Identifica-se a obediência a este princípio nos artigos 195, 222 e 237 da Lei Federal n. 6.015/73, determinando o imprescindível encadeamento entre assentos pertinentes a um dado imóvel e as pessoas neles constantes, formando uma continuidade ininterrupta das titularidades jurídicas de um imóvel. Baseado neste princípio, não poderá vender ou gravar de ônus, quem não figurar como proprietário no registro imobiliário (...)". Para a leitura completa do texto e análise dos demais princípios, cf.: <http://www.tjse.jus.br/portal/servicos/judiciais/cartorios/principios-norteadores-dos-registros-publicos>. Acesso em: 20 jun. 2017.

proprietário, em uma só matrícula, de novo número, encerrando-se as primitivas (art. 234, LRP)”[42].

A cada nova alienação, por sua vez, haverá um novo número de registro, mantendo-se a matrícula.

Por fim, averbação é “qualquer anotação feita à margem de um registro, para indicar as alterações ocorridas no imóvel, seja quanto à sua situação física (edificação de uma casa, mudança de nome de rua), seja quanto à situação jurídica do seu proprietário (mudança de solteiro para casado, p. ex.)”[43].

Voltando os olhos para o Código Civil, o seu art. 1.245 dispõe que se transfere entre vivos a propriedade mediante o registro do título translativo no Registro de Imóveis.

Daí decorre o famoso ditado popular “quem não registra não é dono”.

Este ditado contém uma meia verdade.

Isso porque, se o sujeito adquire o apartamento ou a casa, mas não cuida de efetivar o registro do título (contrato) no Cartório de Registro Imobiliário, formalmente ainda não deve ser considerado dono.

Todavia, lembre que a propriedade poderá ser adquirida por outros meios, a exemplo da usucapião.

Então, haverá situações em que, mesmo não havendo o registro, o sujeito será proprietário.

Sucede que, no âmbito das relações negociais, de fato, somente o registro do título tem o condão de operar a transferência do domínio[44].

Isso porque, no direito brasileiro, exige-se, além do “título”, uma “solenidade”: o registro, no caso dos bens imóveis, e a “tradição”, no caso dos bens móveis.

Aliás, a teor do § 1º do mesmo dispositivo, enquanto não se registrar o título translativo, o alienante continua a ser havido como dono do imóvel.

No Superior Tribunal de Justiça, confiram-se:

> “RECURSO ESPECIAL. CIVIL. AGRAVO DE INSTRUMENTO. EXECUÇÃO. PENHORA. BEM IMÓVEL OBJETO DE CESSÃO DE DIREITO À MEAÇÃO. AUSÊNCIA DE REGISTRO NA FORMA EXIGIDA PELO ART. 1.245 DO CÓDIGO CIVIL. PROPRIEDADE NÃO TRANSFERIDA. POSSIBILIDADE DA CONSTRIÇÃO.

[42] GONÇALVES, Carlos Roberto. *Direito Civil Brasileiro* — Direito das Coisas, 11. ed., v. 5, São Paulo: Saraiva, 2016, p. 308.

[43] GONÇALVES, Carlos Roberto, ob. cit., p. 309.

[44] Art. 1.246 do CC: “O registro é eficaz desde o momento em que se apresentar o título ao oficial do registro, e este o prenotar no protocolo”.

I. Os Embargos de Declaração são corretamente rejeitados se não há omissão, contradição ou obscuridade no acórdão embargado, tendo a lide sido dirimida com a devida e suficiente fundamentação.

II. A transferência da propriedade do bem imóvel entre vivos dá-se mediante o registro do título translativo no Registro de Imóveis, permanecendo o alienante na condição de proprietário do bem enquanto não for efetuado o registro.

III. No caso, muito embora a cessão de direitos tenha sido celebrada em cartório, por meio de Escritura Pública de Cessão de Direitos de Meação, trata-se de negócio jurídico de natureza obrigacional e que, portanto, só produz efeito entre as partes que o celebraram, não sendo oponível *erga omnes*, antes de efetuado o registro do título translativo no Registro de Imóveis, de modo que, mantida a penhora, realizada contra aquele em cujo nome foi transcrito o imóvel.

IV. Recurso Especial conhecido e provido" (REsp 788.258/RS, Rel. Min. Sidnei Beneti, 3ª Turma, julgado em 1-12-2009, *DJe* 10-12-2009).

"RECURSO ESPECIAL. COTAS CONDOMINIAIS. PROMESSA DE COMPRA E VENDA. RESPONSABILIDADE.

1. Alienada a propriedade por 'compromisso de compra e venda', 'enquanto não se registrar o título translativo, o alienante continua a ser havido como dono do imóvel' (art. 1.245, § 1º, do novo Código Civil).

2. Se não há elemento seguro a indicar que o promitente comprador exerceu posse direta sobre o imóvel, a responsabilidade pelo pagamento das cotas condominiais é do promitente vendedor" (REsp 722.501/SP, Rel. Min. Castro Filho, Rel. p/ Acórdão Min. Humberto Gomes de Barros, 3ª Turma, julgado em 27-2-2007, *DJ* 28-5-2007, p. 326).

Aspecto importante e digno de nota consiste na presunção relativa de veracidade do registro.

Vale dizer, o ato constante no registro admite impugnação (por invalidade) ou, ainda, retificação, conforme se pode concluir da leitura do § 2º do art. 1.245 e do art. 1.247:

"Art. 1.245. (...)

§ 2º Enquanto não se promover, por meio de ação própria, a decretação de invalidade do registro, e o respectivo cancelamento, o adquirente continua a ser havido como dono do imóvel.

(...)

Art. 1.247. Se o teor do registro não exprimir a verdade, poderá o interessado reclamar que se retifique ou anule.

Parágrafo único. Cancelado o registro, poderá o proprietário reivindicar o imóvel, independentemente da boa-fé ou do título do terceiro adquirente".

Comentando este aspecto, FLÁVIO TARTUCE observa que, após longo debate, optou-se por adotar o sistema causal, ou seja, aquele que permite afastar o registro quando a sua causa não for verdadeira (Clóvis do Couto e Silva), diferentemente do sistema abstrato, defendido por PONTES DE MIRANDA, pelo qual o registro bastava por si mesmo[45].

Escapa desta regra de presunção relativa de veracidade o denominado Registro Torrens, disciplinado nos arts. 277 a 288 da Lei de Registros Públicos, uma vez que, observado o devido procedimento legal para a sua formalização, haverá presunção absoluta em favor do proprietário.

Nesse sentido, o Enunciado 503 da V Jornada de Direito Civil:

> "É relativa a presunção de propriedade decorrente do registro imobiliário, ressalvado o sistema Torrens".

Sobre o Registro Torrens, preleciona EDUARDO SOUZA:

> "O sistema foi idealizado pelo irlandês Robert Richard Torrens, que lhe deu o nome. É adotado na Austrália e em algumas partes dos EUA (os sistemas registrais norte-americanos variam de acordo com a legislação de cada Estado). Foi introduzido no Brasil em 1890 por influência de Rui Barbosa (Decreto 451-B, regulamentado pelo Decreto 955-A), e compreendia inicialmente imóveis urbanos e rurais. A legislação atual o regula nos arts. 277 a 288 da Lei 6.015, restringindo-o aos imóveis rurais. Os imóveis urbanos submetidos ao sistema na legislação anterior assim o permanecem. Atualmente o Registro Torrens tem pouquíssimo uso no Brasil, pelo desconhecimento, pelos custos e sistemática complexa — há notícia de uso no Rio Grande do Sul, Goiás, Mato Grosso e Pará. (...) Para a submissão de um imóvel rural ao sistema Torrens, exige-se requerimento instruído com prova do domínio do requerente; prova de atos que modifiquem ou limitem a propriedade; memorial com encargos do imóvel, nome dos ocupantes, confrontantes e quaisquer interessados; planta com memorial (georreferenciada); publicação de edital; oitiva do Ministério Público e decisão judicial (processo expurgativo). Há, como se vê, todo um procedimento que permite conferir à publicidade presunção absoluta. Coexistem no sistema registral brasileiro a presunção relativa, que é a regra, e a presunção absoluta, decorrente do Registro Torrens e referente, na legislação vigente, apenas a imóveis rurais submetidos ao sistema"[46].

Trata-se, portanto, de sistema que, embora resulte em segurança jurídica para o proprietário, é de pouca aplicação prática, talvez pela rigidez das condições exigidas para a sua formalização.

---

45 TARTUCE, Flávio. *Manual de direito civil,* 5. ed., São Paulo: GEN, 2015, p. 949.

46 SOUZA, Eduardo Pacheco Ribeiro de. Georreferenciamento e Registro Torrens. Disponível em: <http://www.irib.org.br/boletins/detalhes/1615>. Acesso em: 20 jun. 2017.

## 6.3. Acessão

Abordemos agora a acessão como modalidade de aquisição da propriedade imobiliária.

### 6.3.1. Conceito

A acessão é meio pelo qual se adquire propriedade imobiliária.

Implica aumento de volume da coisa principal, mediante união física.

A teor do art. 1.248 (Código Civil), a acessão pode se dar:

a) por formação de ilhas;

b) por aluvião;

c) por avulsão;

d) por abandono de álveo;

e) por plantações e construções.

As quatro primeiras modalidades (alíneas *a* a *d*), traduzem formas naturais de acessão.

A última delas (alínea *e*) consiste em acessão artificial.

### 6.3.2. Distinção entre acessão e benfeitoria

Não é incomum haver confusão entre as duas expressões.

Mas, por amor à boa técnica, precisamos diferenciá-las.

Benfeitoria é bem acessório, tratado na Parte Geral do Código Civil.

Ademais, sempre é artificial — ou seja, realizada pelo homem — e é realizada na própria estrutura da coisa principal, sem que haja, necessariamente, aumento do seu volume.

A acessão, por sua vez, poderá ser natural ou artificial, e, além disso, implica, por natureza, aumento de volume da coisa, razão por que é regulada, na Parte Especial do Código Civil, como modo de aquisição de propriedade imobiliária (arts. 1.248 a 1.259).

Nessa linha, uma reforma da parede de uma casa é, sem dúvida, uma benfeitoria, ao passo que a construção de mais um andar ou um brasileiríssimo "puxadinho" é uma acessão (artificial).

### 6.3.3. Acessão natural: formação de ilhas

O surgimento de uma ilha implicará, naturalmente, aumento da propriedade dos proprietários ribeirinhos fronteiros, nos termos do art. 1.249 (Código Civil), observadas as regras seguintes:

a) as que se formarem no meio do rio consideram-se acréscimos sobrevindos aos terrenos ribeirinhos fronteiros de ambas as margens, na proporção de suas testadas, até a linha que dividir o álveo em duas partes iguais;

b) as que se formarem entre a referida linha e uma das margens consideram-se acréscimos aos terrenos ribeirinhos fronteiros desse mesmo lado;

c) as que se formarem pelo desdobramento de um novo braço do rio continuam a pertencer aos proprietários dos terrenos à custa dos quais se constituíram.

### 6.3.4. Acessão natural: aluvião

A aluvião consiste no aumento lento e paulatino da margem do terreno, mediante acúmulo natural de detritos e sedimentos.

Confira-se o Código Civil:

> "Art. 1.250. Os acréscimos formados, sucessiva e imperceptivelmente, por depósitos e aterros naturais ao longo das margens das correntes, ou pelo desvio das águas destas, pertencem aos donos dos terrenos marginais, sem indenização.
>
> Parágrafo único. O terreno aluvial, que se formar em frente de prédios de proprietários diferentes, dividir-se-á entre eles, na proporção da testada de cada um sobre a antiga margem".

Esta é a forma convencional de aluvião.

Mas há ainda a denominada aluvião imprópria, que se dá mediante a retração das águas, a exemplo da lagoa que perde volume de água, resultando em aumento da margem da fazenda que a tangencia.

Embora, em doutrina tradicional, haja quem negue a possibilidade de aluvião em águas dormentes[47], não vislumbramos qualquer óbice à tese, até mesmo porque, como bem observa MARIA HELENA DINIZ, "se o lago ou lagoa fosse pertencente ao domínio particular, claro estaria que o proprietário marginal adquiriria as terras oriundas da retração das águas"[48].

### 6.3.5. Acessão natural: avulsão

Enquanto a aluvião se processa lentamente, a avulsão é repentina.

Quando, por força natural violenta, uma porção de terra se destacar de um imóvel e se juntar a outro, o dono deste adquirirá a propriedade do acréscimo, se indenizar o dono do primeiro ou, sem indenização, se, em um ano, ninguém houver reclamado (art. 1.251).

É o caso de uma enchente que "destaca" bruscamente parte de um imóvel rural, agregando-a, com a força das águas, em outra propriedade.

Vale salientar que o dono do prédio prejudicado terá o prazo decadencial de um ano para exercer o direito potestativo de reivindicar a parte perdida.

Neste caso, o dono do imóvel beneficiado poderá optar por indenizar, ou, recusando-se ao pagamento de indenização, deverá aquiescer a que se remova a parte acrescida, o que nem sempre, na prática, será fácil de realizar.

[47] DINIZ, Almachio. *Direito das Cousas segundo o Código Civil de 1916*. Rio de Janeiro: Livraria Francisco Alves, 1916, p. 106.

[48] DINIZ, Maria Helena. *Curso de Direito Civil Brasileiro* — Direito das Coisas, 33. ed., São Paulo: Saraiva, 2019, v. 4, p. 169-170.

### 6.3.6. Acessão natural: álveo abandonado

O álveo abandonado, em linguagem clara e objetiva, consiste no leito seco do rio.

Com efeito, à luz do art. 1.252, o álveo abandonado de corrente pertence aos proprietários ribeirinhos das duas margens, sem que tenham indenização os donos dos terrenos por onde as águas abrirem novo curso, entendendo-se que os imóveis marginais se estendem até o meio do álveo.

### 6.3.7. Acessão artificial: construções e plantações

Toda construção ou plantação existente em um terreno presume-se feita pelo proprietário e à sua custa, até que se prove o contrário (art. 1.253).

Trata-se, como visto, de uma presunção relativa, pois as circunstâncias podem conduzir a solução diversa.

Aquele que semeia, planta ou edifica em terreno próprio com sementes, plantas ou materiais alheios, adquire a propriedade destes; mas fica obrigado a pagar-lhes o valor, além de responder por perdas e danos, se agiu de má-fé (art. 1.254).

O pagamento das perdas de danos tem, além do natural aspecto compensatório, um viés também punitivo, pois visa a sancionar a má-fé.

E o que dizer se a plantação ou construção for em terreno alheio?

Nesse caso, a teor do *caput* do art. 1.255, aquele que semeia, planta ou edifica em terreno alheio perde, em proveito do proprietário, as sementes, plantas e construções; se procedeu de boa-fé, terá direito a indenização.

Até então, nesses artigos iniciais, o codificador consagrou a clássica regra da *vis atractiva* do solo, ou seja, o dono do solo se torna dono da acessão.

Sucede que o Código de 2002 inovou, ao admitir a denominada acessão inversa ou invertida, ou seja, a possibilidade de o dono da construção ou plantação tornar-se dono do solo.

Nessa linha, o parágrafo único do art. 1.255:

> "Se a construção ou a plantação exceder consideravelmente o valor do terreno, aquele que, de boa-fé, plantou ou edificou, adquirirá a propriedade do solo, mediante pagamento da indenização fixada judicialmente, se não houver acordo".

Note a expressão que encerra um conceito aberto ou indeterminado: "exceder consideravelmente".

Assim, caberá ao juiz, à luz do princípio da operabilidade — um dos princípios norteadores do Código Civil (juntamente com o da socialidade e o da eticidade) —, preencher o intencional "vazio normativo", segundo as características e circunstâncias do caso concreto.

Em seguida, o art. 1.256 dispõe que, se de ambas as partes houve má-fé, adquirirá o proprietário as sementes, plantas e construções, devendo ressarcir o valor das acessões, presumindo-se a má-fé no proprietário, quando o trabalho de construção, ou lavoura, se fez em sua presença e sem impugnação sua[49].

Especial cuidado merece a situação em que a construção invade parcialmente o solo alheio:

---

[49] "Art. 1.257. O disposto no artigo antecedente aplica-se ao caso de não pertencerem as sementes, plantas ou materiais a quem de boa-fé os empregou em solo alheio. Parágrafo único. O proprietário das sementes, plantas ou materiais poderá cobrar do proprietário do solo a indenização devida, quando não puder havê-la do plantador ou construtor."

> "Art. 1.258. Se a construção, feita parcialmente em solo próprio, invade solo alheio em proporção não superior à vigésima parte deste, adquire o construtor de boa-fé a propriedade da parte do solo invadido, se o valor da construção exceder o dessa parte, e responde por indenização que represente, também, o valor da área perdida e a desvalorização da área remanescente".

Surpreendente é a previsão constante no parágrafo único do mesmo dispositivo:

> "Pagando em décuplo as perdas e danos previstos neste artigo, o construtor de má-fé adquire a propriedade da parte do solo que invadiu, se em proporção à vigésima parte deste e o valor da construção exceder consideravelmente o dessa parte e não se puder demolir a porção invasora sem grave prejuízo para a construção".

Vemos com certa preocupação esta norma.

Ao admitir que o construtor mal-intencionado adquira a propriedade da área invadida, mesmo pagando o décuplo das perdas e danos, abre-se espaço para abusos do poder econômico no âmbito de uma nociva especulação imobiliária.

Aliás, não iria de encontro ao princípio da eticidade admitir-se o reconhecimento de direito derivado da má-fé?

É apenas uma reflexão.

Por fim, estabelece o art. 1.259 que, se o construtor estiver de boa-fé, e a invasão do solo alheio exceder a vigésima parte deste, adquire a propriedade da parte do solo invadido, e responde por perdas e danos que abranjam o valor que a invasão acrescer à construção, mais o da área perdida e o da desvalorização da área remanescente; por outro lado, se estiver de má-fé, é obrigado a demolir o que nele construiu, pagando as perdas e danos apurados, que serão devidos em dobro.

## 7. AQUISIÇÃO DA PROPRIEDADE MOBILIÁRIA

Embora as formas de aquisição da propriedade móvel não desfrutem da mesma importância dispensada aos imóveis, elas merecem a nossa atenção.

### 7.1. Usucapião

Na perspectiva do princípio constitucional da função social, o Código Civil admite as formas ordinária e extraordinária de usucapião de bens móveis[50].

Aquele que possuir coisa móvel como sua, contínua e incontestadamente durante três anos, com justo título e boa-fé, adquirir-lhe-á a propriedade (art. 1.260).

---

50 Art. 1.262 do CC: "Aplica-se à usucapião das coisas móveis o disposto nos arts. 1.243 e 1.244".

Trata-se da forma ordinária de usucapião, como se dá na situação em que o sujeito adquire um veículo, mas ignora um defeito existente no ato de transferência, devidamente documentado.

Poderá usucapir o automóvel em três anos.

Ainda há, outrossim, a forma extraordinária de usucapião da propriedade mobiliária, caso em que o justo título ou a boa-fé não importam.

Se a posse da coisa móvel se prolongar por cinco anos, produzirá usucapião, independentemente de título ou boa-fé, conforme previsão contida no art. 1.261.

Nesse contexto, mesmo um bem roubado ou furtado pode ser usucapido, porquanto a usucapião extraordinária dispensa o elemento subjetivo ou psicológico da boa-fé[51].

## 7.2. Ocupação

Também adquirirá a propriedade mobiliária aquele que se assenhorear de coisa sem dono, não sendo essa ocupação defesa por lei.

Em outras palavras, denomina-se "ocupação" o ato de assenhoreamento de um bem móvel sem dono (*res nullius*) ou coisa abandonada (*res derelictae*).

Trata-se de um ato jurídico em sentido estrito ou não negocial, uma vez que o efeito jurídico decorrente do simples comportamento de se apoderar do bem (a aquisição da propriedade) deriva automaticamente da lei[52].

Por óbvio, não se poderá pretender adquirir a propriedade de uma coisa perdida (*res desperdicta*), pois, neste caso, uma vez que o seu dono ainda a procura, ainda há um liame entre si e a coisa.

Quanto à coisa perdida, dispõem os arts. 1.233 a 1.237 do Código Civil:

> Da Descoberta
>
> "Art. 1.233. Quem quer que ache coisa alheia perdida há de restituí-la ao dono ou legítimo possuidor.
>
> Parágrafo único. Não o conhecendo, o descobridor fará por encontrá-lo, e, se não o encontrar, entregará a coisa achada à autoridade competente.
>
> Art. 1.234. Aquele que restituir a coisa achada, nos termos do artigo antecedente, terá direito a uma recompensa não inferior a cinco por cento do seu valor, e à indenização pelas despesas que houver feito com a conservação e transporte da coisa, se o dono não preferir abandoná-la.

[51] CHAVES, Raul. *A Usucapião e o Crime*, São Paulo: Saraiva, 1981. No STJ, confira-se o REsp 1.637.370-RJ: "É possível a usucapião de bem móvel proveniente de crime após cessada a clandestinidade ou a violência" (Rel. Min. Marco Aurélio Bellizze, Terceira Turma, por maioria, j. 10-9-2019, *DJe* 13-9-2019).

[52] Poderá, todavia, ter natureza, em nosso sentir, de um "ato-fato", a exemplo do que se dá quando este apoderamento decorre da atuação de uma criança.

> Parágrafo único. Na determinação do montante da recompensa, considerar-se-á o esforço desenvolvido pelo descobridor para encontrar o dono, ou o legítimo possuidor, as possibilidades que teria este de encontrar a coisa e a situação econômica de ambos.
>
> Art. 1.235. O descobridor responde pelos prejuízos causados ao proprietário ou possuidor legítimo, quando tiver procedido com dolo.
>
> Art. 1.236. A autoridade competente dará conhecimento da descoberta através da imprensa e outros meios de informação, somente expedindo editais se o seu valor os comportar.
>
> Art. 1.237. Decorridos sessenta dias da divulgação da notícia pela imprensa, ou do edital, não se apresentando quem comprove a propriedade sobre a coisa, será esta vendida em hasta pública e, deduzidas do preço as despesas, mais a recompensa do descobridor, pertencerá o remanescente ao Município em cuja circunscrição se deparou o objeto perdido.
>
> Parágrafo único. Sendo de diminuto valor, poderá o Município abandonar a coisa em favor de quem a achou".

Portanto, que aquele que acha coisa perdida tem o dever legal — derivado da própria cláusula geral de boa-fé objetiva — de efetuar a sua devolução, fazendo jus a uma recompensa, denominada achádego.

Assim, tratando-se de coisa perdida, é forçoso convir não ser adequado o ditado popular "achado não é roubado"; pode até não ser caso de tipificar o fato como roubo, mas, certamente, crime de apropriação indébita de coisa achada será (art. 169, II, do Código Penal).

## 7.3. Achado de tesouro

O achado de um tesouro também pode determinar a aquisição da propriedade mobiliária[53].

Trata-se da algo difícil de ocorrer em nossas vidas… mas não é impossível.

E, se ocorrer, qual é o tratamento jurídico dado pelo legislador?

Confira-se o Código Civil:

> "Art. 1.264. O depósito antigo de coisas preciosas, oculto e de cujo dono não haja memória, será dividido por igual entre o proprietário do prédio e o que achar o tesouro casualmente.
>
> Art. 1.265. O tesouro pertencerá por inteiro ao proprietário do prédio, se for achado por ele, ou em pesquisa que ordenou, ou por terceiro não autorizado.

[53] Quanto à natureza jurídica do ato, cf. os comentários feitos acima acerca do ato jurídico em sentido estrito.

Art. 1.266. Achando-se em terreno aforado, o tesouro será dividido por igual entre o descobridor e o enfiteuta[54], ou será deste por inteiro quando ele mesmo seja o descobridor".

## 7.4. Tradição

No direito brasileiro, a aquisição da propriedade não deriva apenas do título, exigindo-se, ainda, uma solenidade.

Por tal razão, se o sujeito assina o instrumento contratual de compra e venda para a aquisição de um veículo à vista, por exemplo, ele somente será considerado proprietário quando a tradição do bem se operar[55].

Isso porque, no caso dos bens móveis, a solenidade exigida é a tradição (transferência ou entrega da coisa ao adquirente); ao passo que, conforme já vimos em tópico anterior, no caso dos bens imóveis é o registro.

A tradição poderá ser:

a) real — quando a coisa é efetivamente entregue ao adquirente, como se dá no exemplo da compra de uma camisa no *shopping center*;

b) ficta — aqui não há uma transferência efetiva, mas apenas fictícia, como se dá no constituto possessório, situação em que o sujeito já possuía a coisa[56];

c) simbólica — quando a transferência do bem se opera por meio de um símbolo ou sinal, a exemplo da "entrega das chaves" do apartamento (fala-se, aqui, em *traditio longa manu*).

Nesse ponto, vale lembrar a preleção de ARNOLDO WALD:

"A tradição, para ser válida, exige agentes capazes, transferência do bem e justa causa. Conhecemos diversas formas de tradição, entre as quais podemos citar a *traditio longa manu*, a *traditio brevi manu* e o constituto possessório. Há *traditio longa manu* quando a entrega é simbólica (das chaves do imóvel, por exemplo). A *traditio brevi*

[54] A referência feita aqui é à "enfiteuse", direito real na coisa alheia que não fora mais tratado pelo Código de 2002, remanescendo, todavia, aquelas já existentes: "Art. 2.038. Fica proibida a constituição de enfiteuses e subenfiteuses, subordinando-se as existentes, até sua extinção, às disposições do Código Civil anterior, Lei n. 3.071, de 1º de janeiro de 1916, e leis posteriores. § 1º Nos aforamentos a que se refere este artigo é defeso: I — cobrar laudêmio ou prestação análoga nas transmissões de bem aforado, sobre o valor das construções ou plantações; II — constituir subenfiteuse. § 2º A enfiteuse dos terrenos de marinha e acrescidos regula-se por lei especial".

[55] Art. 1.267 do CC: "A propriedade das coisas não se transfere pelos negócios jurídicos antes da tradição".

[56] Art. 1.267, parágrafo único, do CC: "Subentende-se a tradição quando o transmitente continua a possuir pelo constituto possessório; quando cede ao adquirente o direito à restituição da coisa, que se encontra em poder de terceiro; ou quando o adquirente já está na posse da coisa, por ocasião do negócio jurídico".

*manu* ocorre quando o agente já possuía o bem alienado, mas a título que não fosse o de proprietário (por exemplo, como locatário ou depositário). O constituto possessório é o inverso da *traditio brevi manu*. Há essa espécie de tradição quando é o alienante que conserva a coisa, não mais como proprietário, mas por um outro título qualquer (locatário, comodatário)"[57].

Note-se que, na *traditio brevi manu*, o adquirente já estava na posse da coisa, por ocasião do negócio jurídico, a teor do que prevê a parte final do parágrafo único do art. 1.267.

Na mesma linha, e com fundamento no mesmo dispositivo, também haverá tradição ficta quando o transmitente "cede ao adquirente o direito à restituição da coisa, que se encontra em poder de terceiro". Vale dizer, JOÃO pode operar a tradição fictícia da casa vendida a PEDRO, o qual está ciente de que ela está sob a posse direta de CARMELO, a quem caberá cumprir o dever de restituição.

Outro importante aspecto diz respeito à vedação da *alienação a "non domino"*.

Sobre esse tipo indesejável de alienação, confira-se julgado do Superior Tribunal de Justiça, da lavra do eminente Min. Luiz Felipe Salomão, em que há referência a uma venda dessa natureza:

"RECURSOS ESPECIAIS. LEILÃO DE IMÓVEL RURAL ANTERIORMENTE DESAPROPRIADO. ART. 535 DO CPC. VENDA *A NON DOMINO*. INEFICÁCIA DO NEGÓCIO. AÇÃO *EX EMPTO*. IRREGULARIDADE DAS DIMENSÕES DO IMÓVEL. LUCROS CESSANTES. NECESSIDADE DE COMPROVAÇÃO. DISSÍDIO JURISPRUDENCIAL.

1. Não há violação ao artigo 535, II do CPC, quando embora rejeitados os embargos de declaração, a matéria em exame foi devidamente enfrentada pelo Tribunal de origem, que emitiu pronunciamento de forma fundamentada, ainda que em sentido contrário à pretensão da recorrente.

2. A venda *a non domino* é aquela realizada por quem não é o proprietário da coisa e que, portanto, não tem legitimação para o negócio jurídico. Soma-se a essa condição, o fato de que o negócio se realiza sob uma conjuntura aparentemente perfeita, instrumentalmente hábil a iludir qualquer pessoa.

3. A *actio ex empto* tem como escopo garantir ao comprador de determinado bem imóvel a efetiva entrega por parte do vendedor do que se convencionou em contrato no tocante à quantidade ou limitações do imóvel vendido, não valendo para os casos em que há impossibilidade total do apossamento da área para gozo e fruição, por vício na titularidade da propriedade.

4. A jurisprudência do Superior Tribunal de Justiça firmou-se no sentido de que, para a concessão de indenização por perdas e danos com base em lucros cessantes, faz-se necessária a comprovação dos prejuízos sofridos pela parte.

[57] WALD, Arnoldo, ob. cit., p. 160-161.

5. A demonstração da divergência jurisprudencial não se satisfaz com a simples transcrição de ementas, mas com o confronto entre trechos do acórdão recorrido e das decisões apontadas como divergentes, mencionando-se as circunstâncias que identifiquem ou assemelhem os casos confrontados, providência não verificada nas razões recursais.

6. Recursos especiais não providos" (STJ, REsp 1.473.437/GO, Rel. Min. Luis Felipe Salomão, Quarta Turma, julgado em 7-6-2016, *DJe* 28-6-2016) (grifamos).

O Código expressamente prevê a impossibilidade de a tradição operar a transferência da propriedade, se a alienação for feita por quem não seja o dono.

Mas a regra comporta exceção:

"Art. 1.268. Feita por quem não seja proprietário, a tradição não aliena a propriedade, exceto se a coisa, oferecida ao público, em leilão ou estabelecimento comercial, for transferida em circunstâncias tais que, ao adquirente de boa-fé, como a qualquer pessoa, o alienante se afigurar dono.

§ 1º Se o adquirente estiver de boa-fé e o alienante adquirir depois a propriedade, considera-se realizada a transferência desde o momento em que ocorreu a tradição.

§ 2º Não transfere a propriedade a tradição, quando tiver por título um negócio jurídico nulo".

Esse artigo contempla, com amparo na teoria da aparência, a cláusula geral de boa-fé objetiva.

Note-se que a validade da alienação, nesse caso, pressupõe, além da boa-fé do adquirente, a posterior aquisição da propriedade por parte daquele que se apresentava como dono da coisa.

Caso não seja, posteriormente, adquirida a propriedade — para efeito de legitimar a alienação realizada —, pensamos que a coisa deverá retornar ao seu real titular, fazendo jus, o adquirente prejudicado, às respectivas perdas e danos.

Por fim, acrescentamos que, em nossa visão acadêmica, *alienação "a non domino"* conduz à nulidade absoluta do negócio jurídico, por impossibilidade jurídica do objeto[58] (art. 166, II, do CC).

---

[58] "STJ: PROCESSUAL CIVIL — AÇÃO DECLARATÓRIA DE TÍTULO DE PROPRIEDADE TRANSFERIDO *A NON DOMINO* — ASSISTÊNCIA SIMPLES — CESSIONÁRIO DE CRÉDITO DECORRENTE DE AÇÃO EXPROPRIATÓRIA — AUSÊNCIA DE INTERESSE JURÍDICO. 1. A ação declaratória de nulidade de título transferido *a non domino* detém natureza real, uma vez que se busca invalidar o próprio título de propriedade. 2. O interesse jurídico a ser demonstrado na assistência simples, disciplinada pelo art. 50 do CPC, nesse tipo de ação, deve corresponder a algum direito real sobre o imóvel. 3. Se a parte recorrida detém apenas direito obrigacional oponível contra a pessoa originariamente demandada, descabe admiti-la na condição de assistente. 4. Recurso especial provido" (REsp 1.204.256/PR, Rel. Min. Diva Malerbi (Desembargadora Convocada do TRF 3ª Região), Segunda Turma, julgado em 13-11-2012, *DJe* 23-11-2012).

Não há falar em inexistência do negócio, pois o objeto há; todavia, é juridicamente impossível operar a sua transmissão, dada a ausência de legitimidade dominial do transmitente, o que resulta em sua nulidade absoluta, a teor do mencionado art. 166, II, do Código Civil.

## 7.5. Especificação

A especificação é modo de aquisição da propriedade mobiliária por meio da transformação da matéria-prima em obra final.

Em geral, tem natureza de ato jurídico em sentido estrito, ou seja, consiste em um comportamento humano voluntário e consciente, cujo efeito jurídico está previamente determinado em lei (a aquisição da propriedade)[59].

Imagine, a título de exemplo, que Sônia, artesã premiada, utiliza, sem perceber, a argila da colega Márcia, para realizar uma obra.

Dispõe o Código Civil:

> "Art. 1.269. Aquele que, trabalhando em matéria-prima em parte alheia, obtiver espécie nova, desta será proprietário, se não se puder restituir à forma anterior.
>
> Art. 1.270. Se toda a matéria for alheia, e não se puder reduzir à forma precedente, será do especificador de boa-fé a espécie nova.
>
> § 1º Sendo praticável a redução, ou quando impraticável, se a espécie nova se obteve de má-fé, pertencerá ao dono da matéria-prima.
>
> § 2º Em qualquer caso, inclusive o da pintura em relação à tela, da escultura, escritura e outro qualquer trabalho gráfico em relação à matéria-prima, a espécie nova será do especificador, se o seu valor exceder consideravelmente o da matéria-prima.
>
> Art. 1.271. Aos prejudicados, nas hipóteses dos arts. 1.269 e 1.270, se ressarcirá o dano que sofrerem, menos ao especificador de má-fé, no caso do § 1º do artigo antecedente, quando irredutível a especificação".

Note-se que, como regra geral, a lei contempla o especificador, estabelecendo um critério de compensação para o dono da matéria-prima.

De certa forma há, aí, em nosso pensar, um certo grau de influência da posse-trabalho em favor daquele que, de boa-fé, realiza o serviço artístico.

## 7.6. Confusão, comistão e adjunção

Finalmente, temos três formas pouco comuns de aquisição da propriedade mobiliária.

59 Mais uma vez, mantendo a coerência lógica do nosso raciocínio, registramos que poderá ter a natureza de um ato-fato, quando o comportamento for desprovido do aspecto volitivo intencional em face do resultado projetado, a exemplo da especificação realizada por uma pessoa com grave enfermidade mental.

Antes de iniciarmos a sua análise, registramos que a referência feita, pelo codificador à palavra "comissão" é equivocada, resultando de erro material, uma vez que a terminologia correta é "comistão".

Outra observação importante diz respeito à diferença existente entre a "confusão" aqui tratada — modo de aquisição de bens móveis — com a "confusão" estudada no Direito das Obrigações (art. 381 do CC/2002[60]).

Quanto a esta última, ocorre ela quando as qualidades de credor e devedor são reunidas em uma mesma pessoa, extinguindo-se, consequentemente, a relação jurídica obrigacional.

Trata-se de uma situação em que os sujeitos se confundem, seja *causa mortis* (ex.: quando um sujeito é devedor de um parente, e, por força do falecimento deste, adquire, por sucessão, a sua herança) ou por ato *inter vivos* (ex.: se o indivíduo subscreve um título de crédito, obrigando-se a pagar o valor descrito no documento, e a cártula, após circular, chega às suas próprias mãos, por endosso).

Já "confusão" prevista nos arts. 1.272 a 1.274 do CC/2002 se refere à aquisição da propriedade móvel de coisas líquidas que se misturam.

Pois bem.

Traçadas essas importantes premissas, vamos, agora, compreender as figuras.

Confusão é a mistura de líquidos (água e vinho, por exemplo).

Comistão é a mistura de sólidos (areia e sal mineral, por exemplo).

Adjunção é a justaposição de uma coisa à outra (uma peça de metal fundida é acoplada em uma placa de cobre, por exemplo).

Em tais casos, se as coisas pertencerem a proprietários distintos, o que fazer?

Vejamos o que preceitua o Código Civil de 2002:

> "Art. 1.272. As coisas pertencentes a diversos donos, confundidas, misturadas ou adjuntadas sem o consentimento deles, continuam a pertencer-lhes, sendo possível separá-las sem deterioração.
>
> § 1º Não sendo possível a separação das coisas, ou exigindo dispêndio excessivo, subsiste indiviso o todo, cabendo a cada um dos donos quinhão proporcional ao valor da coisa com que entrou para a mistura ou agregado.
>
> § 2º Se uma das coisas puder considerar-se principal, o dono sê-lo-á do todo, indenizando os outros.
>
> Art. 1.273. Se a confusão, comissão ou adjunção se operou de má-fé, à outra parte caberá escolher entre adquirir a propriedade do todo, pagando o que não for seu, abatida a indenização que lhe for devida, ou renunciar ao que lhe pertencer, caso em que será indenizado.

[60] "Art. 381. Extingue-se a obrigação, desde que na mesma pessoa se confundam as qualidades de credor e devedor."

> Art. 1.274. Se da união de matérias de natureza diversa se formar espécie nova, à confusão, comissão ou adjunção aplicam-se as normas dos arts. 1.272 e 1.273".

Note-se, mais uma vez, que o legislador utiliza como parâmetro para a definição de direitos a boa ou a má-fé do agente, na perspectiva do princípio maior da eticidade.

## 8. PERDA DA PROPRIEDADE

Sobre a perda da propriedade móvel ou imóvel, dispõe o Código Civil:

> "Art. 1.275. Além das causas consideradas neste Código, perde-se a propriedade:
>
> I — por alienação;
>
> II — pela renúncia;
>
> III — por abandono;
>
> IV — por perecimento da coisa;
>
> V — por desapropriação.
>
> Parágrafo único. Nos casos dos incisos I e II, os efeitos da perda da propriedade imóvel serão subordinados ao registro do título transmissivo ou do ato renunciativo no Registro de Imóveis".

A expressão "além das causas consideradas neste Código" não pode ser ignorada, na medida em que indica tratar-se de rol não exaustivo.

A usucapião por exemplo, embora não esteja prevista neste dispositivo, também opera a perda da propriedade por parte de quem sofre a ação da posse *ad usucapionem*.

Alienação traduz transferência de propriedade, a exemplo do que se dá como efeito da tradição decorrente da compra e venda. O vendedor, por óbvio, perde a sua propriedade em favor do adquirente.

Renúncia, por sua vez, consiste em um ato formal de abdicação da coisa, como ocorre no ato renunciativo de um imóvel, lavrado e registrado em cartório.

Diferentemente, o abandono é informal, ou seja, é a mera "deixação material da coisa", independente de escrituração ou registro cartorário.

O perecimento também opera o fim da propriedade, na medida em que consiste na destruição do próprio bem, como na situação em que uma peça de ferro é completamente arruinada pela força da maresia.

Finalmente, a desapropriação, tema estudado no âmbito do Direito Administrativo, também resultará na extinção da propriedade[61].

O abandono de imóvel mereceu referência também no artigo seguinte:

> "Art. 1.276. O imóvel urbano que o proprietário abandonar, com a intenção de não mais o conservar em seu patrimônio, e que se não encontrar na posse de outrem,

---

[61] Cf. art. 1.228, § 3º, do Código Civil.

poderá ser arrecadado, como bem vago, e passar, três anos depois, à propriedade do Município ou à do Distrito Federal, se se achar nas respectivas circunscrições[62].

§ 1º O imóvel situado na zona rural, abandonado nas mesmas circunstâncias, poderá ser arrecadado, como bem vago, e passar, três anos depois, à propriedade da União, onde quer que ele se localize.

§ 2º Presumir-se-á de modo absoluto a intenção a que se refere este artigo, quando, cessados os atos de posse, deixar o proprietário de satisfazer os ônus fiscais".

Passível de justas críticas é o § 2º acima mencionado, porquanto uma presunção absoluta do *animus abandonandi* poderia configurar indevido e inconstitucional confisco.

Nesse sentido, com absoluta propriedade, preceitua o Enunciado n. 243 da III Jornada de Direito Civil:

"Enunciado n. 243 — Art. 1.276: A presunção de que trata o § 2º do art. 1.276 não pode ser interpretada de modo a contrariar a norma-princípio do art. 150, IV, da Constituição da República"[63].

Trata-se de posicionamento que se harmoniza, sem dúvida, com o Texto Constitucional.

---

62 Enunciado n. 242 da III Jornada de Direito Civil: "Art. 1.276: A aplicação do art. 1.276 depende do devido processo legal, em que seja assegurado ao interessado demonstrar a não cessação da posse" (confira-se, também, o Enunciado 316 da IV JDC).

63 "Art. 150. Sem prejuízo de outras garantias asseguradas ao contribuinte, é vedado à União, aos Estados, ao Distrito Federal e aos Municípios: (...) IV — utilizar tributo com efeito de confisco."

# LXII DIREITOS DE VIZINHANÇA

## 1. CONCEITO

Os direitos de vizinhança traduzem um conjunto de normas e princípios que disciplina a convivência pacífica e harmoniosa entre vizinhos.

Em essência, consistem em poderes positivos e negativos (ações ou omissões) legalmente impostos aos proprietários e possuidores que compartilham a mesma vizinhança.

Não se confundem com a servidão (direito real na coisa alheia), nem com as limitações públicas ou o poder de polícia emanados do Direito Administrativo (a exemplo das restrições impostas pelo Plano Diretor do Município).

"Os direitos de vizinhança", lembra CARLOS ROBERTO GONÇALVES, "são obrigações *propter rem*, porque vinculam os confinantes, acompanhando a coisa"[1].

Os direitos de vizinhança encontram justificativa no próprio princípio da função social e na vedação ao abuso de direito[2].

---

[1] GONÇALVES, Carlos Roberto, ob. cit., p. 349.

[2] STJ aplica normas do direito de vizinhança para satisfação de interesses de proprietários em conflito — *Noticiário Especial STJ*, 17 fev. 2013:

Quem nunca foi incomodado por algum vizinho? É bastante comum que a relação entre pessoas que moram em propriedades próximas (não necessariamente contíguas) passe por momentos conflitantes. Isso porque, muitas vezes, a satisfação do direito de um morador pode provocar restrições e até mesmo violação dos direitos do seu vizinho. Para o Ministro Sidnei Beneti, da Terceira Turma do Superior Tribunal de Justiça (STJ), "a casa é, em princípio, lugar de sossego e descanso, se o seu dono assim o desejar". Apesar disso, interferências sempre haverá. Algumas dessas interferências precisam ser toleradas para que o convívio entre vizinhos não vire uma guerra. Entretanto, nem todos têm a noção de que, para viver bem em comunidade, é necessário agir pensando no coletivo. De acordo com a Ministra Nancy Andrighi, também da Terceira Turma, "nosso ordenamento coíbe o abuso de direito, ou seja, o desvio no exercício do direito, de modo a causar dano a outrem" (Disponível em: <http://www.stj.jus.br/sites/STJ/default/pt_BR/Comunicação/Últimas-not%C3%ADcias/STJ-aplica-normas-do-direito-de-vizinhança-para-satisfação-de-interesses-de-proprietários-em-conflito>. Acesso em: 20 jun. 2017). O mesmo Tribunal, em noticiário de 20-10-2019 (*Relações de vizinhança: a palavra do STJ quando os problemas moram ao lado*), traz outras interessantes decisões em torno do tema. Fonte: <http://www.stj.jus.br/sites/portalp/Paginas/Comunicacao/Noticias/Relacoes-de-vizinhanca--a-palavra-do-STJ-quando-os-problemas-moram-ao-lado.aspx>. Acesso em: 20 out. 2019.

## 2. USO ANORMAL DA PROPRIEDADE (ARTS. 1.277 A 1.281)

O proprietário ou o possuidor de um prédio tem o direito de fazer cessar as interferências prejudiciais à segurança, ao sossego e à saúde dos que o habitam, provocadas pela utilização de propriedade vizinha, nos termos do art. 1.277[3].

Note-se que esta obrigação não é imposta apenas ao titular da propriedade, mas também a quem exerce apenas a posse, a exemplo do locatário ou do comodatário.

Proíbem-se as interferências, segundo o parágrafo único do mesmo dispositivo, considerando-se a natureza da utilização, a localização do prédio, atendidas as normas que distribuem as edificações em zonas, e os limites ordinários de tolerância dos moradores da vizinhança.

Ou seja, deve-se levar em conta critérios objetivos aliados à finalidade social, e não, necessariamente, a precedência do direito de um proprietário ou possuidor em face do outro (teoria da pré-ocupação).

Vale dizer, se um clube, em uma zona predominantemente residencial, costuma realizar festas barulhentas, que se prolongam pela madrugada, o proprietário do imóvel vizinho — que pode ser um hospital, a título de exemplo — poderá exigir que o uso nocivo do direito cesse, mesmo que a construção do clube seja anterior à do hospital.

Sobre o tema, observa CARLOS ROBERTO GONÇALVES:

> "... em princípio não teria razão para reclamar quem construísse nas proximidades de estabelecimentos barulhentos ou perigosos. É o que sustenta a teoria da pré-ocupação. Por ela, aquele que primeiramente se instala em determinado local acaba, de certo modo, estabelecendo a sua destinação. Tal teoria não pode, entretanto, ser aceita em todos os casos e sem reservas"[4].

Vale acrescentar que o proprietário ou possuidor prejudicado poderá intentar demanda individual, na Vara Cível ou Juizado Especial, a depender do caso.

No entanto, se o uso nocivo atinge um grupo ou um número indeterminado de pessoas, poderá ser ajuizada demanda coletiva, pelo próprio Ministério Público.

Interessante é a previsão do art. 1.280 do Código Civil: "O proprietário ou o possuidor tem direito a exigir do dono do prédio vizinho a demolição, ou a reparação deste, quando ameace ruína, bem como que lhe preste caução pelo dano iminente".

---

[3] Art. 1.278 do CC/2002: "O direito a que se refere o artigo antecedente não prevalece quando as interferências forem justificadas por interesse público, caso em que o proprietário ou o possuidor, causador delas, pagará ao vizinho indenização cabal". É o caso, por exemplo, de o proprietário ser notificado pela Prefeitura, para realizar uma determinada obra ou construção, que, de alguma forma, causará dano ao vizinho. Neste caso, deverá cumprir a determinação estatal, indenizando, por consequência, o prejudicado.

[4] Gonçalves, Carlos Roberto, ob. cit., p. 353.

Este dispositivo consagra a antiga ação de dano infecto, em favor do proprietário ou do possuidor.

Sobre esta ação, discorre BEVILÁQUA[5]: "Este direito traduz-se pela ação de dano infecto, na qual se pede que o vizinho dê caução do dano iminente, *cautio damni infecti*, ou pela responsabilidade do autor do dano, se este se realiza".

Acrescenta, ainda, o mesmo autor que o proprietário pode manejar a ação ainda que não habite o imóvel.

Nessa mesma linha, dispõe o art. 1.281 que "o proprietário ou o possuidor de um prédio, em que alguém tenha direito de fazer obras, pode, no caso de dano iminente, exigir do autor delas as necessárias garantias contra o prejuízo eventual".

Finalmente, confira-se o seguinte julgado do STJ, que faz menção a possível dano infecto proveniente de instalação de uma estação de rádio:

> "AGRAVO REGIMENTAL. RECURSO ESPECIAL. PROCESSUAL CIVIL. AÇÃO DE DANO INFECTO. INSTALAÇÃO DE ESTAÇÃO RADIO BASE (ERB). EXIGÊNCIAS AMBIENTAIS E DE POSTURA URBANA. ACÓRDÃO FUNDAMENTADO NA LEGISLAÇÃO LOCAL. CONFLITO COM LEI FEDERAL E COM A CONSTITUIÇÃO. MATÉRIA DA COMPETÊNCIA DO STF.
>
> 1. Controvérsia acerca do dano infecto decorrente de estação radio base (ERB) em relação aos imóveis vizinhos.
>
> 2. Existência de lei municipal disciplinando a matéria.
>
> 3. Competência do Supremo Tribunal Federal para analisar o conflito da lei municipal com a legislação federal.
>
> 4. AGRAVO REGIMENTAL DESPROVIDO" (AgRg no REsp 1.377.898/MG, Rel. Min. Paulo de Tarso Sanseverino, 3ª Turma, julgado em 28-4-2015, *DJe* 7-5-2015).

## 3. ÁRVORES LIMÍTROFES (ARTS. 1.282 A 1.284)

A árvore cujo tronco estiver na linha divisória presume-se pertencer em comum aos donos dos prédios confinantes, nos termos do art. 1.282.

Por outro lado, as raízes e os ramos de árvore que ultrapassarem a estrema do prédio poderão ser cortados, até o plano vertical divisório, pelo proprietário do terreno invadido (art. 1.283). Vale dizer, se o ramo da árvore do vizinho ultrapassa o limite da cerca divisória, invadindo o meu terreno, eu terei o direito de fazer a poda.

Por fim, os frutos caídos de árvore do terreno vizinho pertencem ao dono do solo onde caíram, se este for de propriedade particular, conforme previsão contida no art. 1.284.

---

5 BEVILÁQUA, Clóvis. *Comentários ao Código Civil dos Estados Unidos do Brasil*, ob. cit., p. 1037.

Aqui está uma das poucas exceções à regra de que o acessório segue o principal (princípio da gravitação jurídica)[6].

Por óbvio, esta última hipótese não se confunde com a prática de se utilizar, dolosamente, varas ou apetrechos com rede para subtrair frutos de árvores pendentes ou caídas no terreno vizinho.

## 4. PASSAGEM FORÇADA (ART. 1.285)

Para a adequada compreensão deste instituto, faz-se necessário traçar, inicialmente, uma importante diagnose diferencial.

Passagem forçada, diferentemente do que o senso comum pode sugerir, não se confunde com servidão.

A primeira, ora estudada, é direito de vizinhança, emanado diretamente da lei, com necessário pagamento de indenização; a segunda, é direito real na coisa alheia, sem caráter obrigatório e com pagamento facultativo de verba compensatória[7].

Nos termos do art. 1.285, o dono do imóvel que não tiver acesso a via pública, nascente ou porto, pode, mediante pagamento de indenização cabal, constranger o vizinho a lhe dar passagem forçada, cujo rumo será judicialmente fixado, se necessário.

Esta noção de "encravamento", em nosso sentir, deve ser compreendida com cautela e equilíbrio, na perspectiva do princípio da função social.

Nessa linha, estabelece o Enunciado n. 88 da I Jornada de Direito Civil:

> "Art. 1.285: O direito de passagem forçada, previsto no art. 1.285 do CC, também é garantido nos casos em que o acesso à via pública for insuficiente ou inadequado, consideradas, inclusive, as necessidades de exploração econômica".

Segundo MARIA HELENA DINIZ,

> "esse direito à passagem forçada funda-se no princípio da solidariedade social que preside as relações de vizinhança e no fato de ter a propriedade uma função

---

[6] TARTUCE, Flávio. *Manual de direito civil*, 5. ed., São Paulo: GEN, 2015, p. 970.

[7] Podem até ter origens comuns, mas têm natureza diversa, conforme já decidiu o Superior Tribunal de Justiça: "RECURSO ESPECIAL. AÇÃO POSSESSÓRIA. INTERDITO PROIBITÓRIO. PASSAGEM FORÇADA. SERVIDÃO DE PASSAGEM. DISTINÇÕES E SEMELHANÇAS. NÃO CARACTERIZAÇÃO NO CASO. SERVIDÃO NÃO SE PRESUME E DEVE SER INTERPRETADA RESTRITIVAMENTE. 1. Apesar de apresentarem naturezas jurídicas distintas, tanto a passagem forçada, regulada pelos direitos de vizinhança, quanto a servidão de passagem, direito real, originam-se em razão da necessidade/utilidade de trânsito, de acesso. 2. Não identificada, no caso dos autos, hipótese de passagem forçada ou servidão de passagem, inviável a proteção possessória pleiteada com base no alegado direito. 3. A servidão, por constituir forma de limitação do direito de propriedade, não se presume, devendo ser interpretada restritivamente. 4. Recurso especial provido" (REsp 316.045/SP, Rel. Min. Ricardo Villas Bôas Cueva, 3ª Turma, julgado em 23-10-2012, *DJe* 29-10-2012).

econômico-social que interessa à coletividade. Logo, é preciso proporcionar ao prédio encravado uma via de acesso, pois do contrário ele se tornaria improdutivo, já que seu dono ficaria impossibilitado de lhe dar utilização econômica"[8].

Neste ponto, uma pergunta se impõe: qual dos proprietários vizinhos deverá suportar a passagem?

Responde-nos o § 1º do mesmo dispositivo: "sofrerá o constrangimento o vizinho cujo imóvel mais natural e facilmente se prestar à passagem".

Todavia, se ocorrer alienação parcial do prédio, de modo que uma das partes perca o acesso à via pública, nascente ou porto, o proprietário da outra deve tolerar a passagem (§ 2º). Traduzindo: se o meu imóvel ficou "preso" ou "encravado" — sem acesso à via pública, fonte ou porto — após eu haver alienado parte dele, o próprio adquirente — para quem efetuei a venda — suportará a passagem[9].

## 5. PASSAGEM DE CABOS E TUBULAÇÕES (ARTS. 1.286 E 1.287)

Sobre este tipo de passagem, dispõe o Código Civil:

> "Art. 1.286. Mediante recebimento de indenização que atenda, também, à desvalorização da área remanescente, o proprietário é obrigado a tolerar a passagem, através de seu imóvel, de cabos, tubulações e outros condutos subterrâneos de serviços de utilidade pública, em proveito de proprietários vizinhos, quando de outro modo for impossível ou excessivamente onerosa.
>
> Parágrafo único. O proprietário prejudicado pode exigir que a instalação seja feita de modo menos gravoso ao prédio onerado, bem como, depois, seja removida, à sua custa, para outro local do imóvel.
>
> Art. 1.287. Se as instalações oferecerem grave risco, será facultado ao proprietário do prédio onerado exigir a realização de obras de segurança".

Na mesma linha das normas anteriormente estudadas, o princípio da função social justifica o reconhecimento deste direito de passagem.

Na jurisprudência do Tribunal do Rio Grande do Sul, confira-se:

> "APELAÇÃO CÍVEL. DIREITO DE VIZINHANÇA. PASSAGEM DE CABOS E TUBULAÇÕES ATRAVÉS DE UM IMÓVEL PARA ATINGIR OUTRO. POSSIBILIDADE. EXEGESE DO ART. 1.286 DO CC. Verificado que o prédio localizado nos fundos de imóvel utilizado em condomínio pró-diviso não possui saída para a via

[8] DINIZ, Maria Helena. *Curso de Direito Civil Brasileiro*, ob. cit., 2019, v. 4, p. 334.

[9] "§ 3º Aplica-se o disposto no parágrafo antecedente ainda quando, antes da alienação, existia passagem através de imóvel vizinho, não estando o proprietário deste constrangido, depois, a dar uma outra".

pública, impõe-se permitir que os cabos e tubulações necessários à execução de rede de água e de energia elétrica sejam instalados nesse imóvel a partir do terreno vizinho. Exegese do art. 1.286 do CC. APELO PROVIDO. UNÂNIME" (Apelação Cível n. 70066868365, Vigésima Câmara Cível, Tribunal de Justiça do RS, Rel. Dilso Domingos Pereira, julgado em 11-11-2015).

Note-se o caráter coercitivo do direito de vizinhança ora analisado, em face da expressão utilizada no julgado: "impõe-se permitir", reforçando o aspecto funcional do instituto.

## 6. DAS ÁGUAS (ARTS. 1.288 A 1.296)

Os arts. 1.288 e 1.289 cuidam, fundamentalmente, do escoamento das águas[10].

O dono ou o possuidor do prédio inferior é obrigado a receber as águas que correm naturalmente do superior, não podendo realizar obras que embaracem o seu fluxo; porém a condição natural e anterior do prédio inferior não pode ser agravada por obras feitas pelo dono ou possuidor do prédio superior (art. 1.288).

Trata-se de uma regra de grande importância para a boa convivência entre os vizinhos, especialmente quando as moradias são edificadas em locais geograficamente acidentados ou em áreas mais elevadas.

Como se pode notar, o escoamento das águas deve se dar respeitando o seu fluxo natural, sendo vedada a realização de obras que agravem a situação do prédio inferior.

Por outro lado, quando as águas, artificialmente levadas ao prédio superior (por aquedutos, por exemplo), ou aí colhidas (águas pluviais captadas, por exemplo), correrem dele para o inferior, poderá o dono deste reclamar que se desviem, ou se lhe indenize o prejuízo que sofrer, nos termos do art. 1.289.

Da indenização fixada será deduzido o valor do eventual benefício obtido.

Outra importante regra está prevista no art. 1.290:

> "O proprietário de nascente, ou do solo onde caem águas pluviais, satisfeitas as necessidades de seu consumo, não pode impedir, ou desviar o curso natural das águas remanescentes pelos prédios inferiores".

Este dispositivo, em verdade, veda o abuso do direito de propriedade, na medida em que não se afiguraria justo que o proprietário, satisfeitas as suas necessidades de consumo, atuasse para obstar o compartilhamento de tão precioso bem que a Natureza nos proporciona[11].

---

[10] "Assim como ocorre com as árvores, as águas constituem partes integrantes do Bem Ambiental (art. 225 da CF/88) e, sendo assim, merecem ampla proteção, para atender à função socioambiental da propriedade" (TARTUCE, Flávio. *Manual de direito civil*, 5. ed., São Paulo: GEN, 2015, p. 975-6).

[11] Na mesma vereda, o art. 1.291 dispõe que "o possuidor do imóvel superior não poderá poluir as águas indispensáveis às primeiras necessidades da vida dos possuidores dos imóveis inferiores; as

Em nosso sentir, esta proibição também se aplica ao possuidor, na perspectiva do princípio da função social.

Outras normas ainda merecem referência:

> "Art. 1.292. O proprietário tem direito de construir barragens, açudes, ou outras obras para represamento de água em seu prédio; se as águas represadas invadirem prédio alheio, será o seu proprietário indenizado pelo dano sofrido, deduzido o valor do benefício obtido.
>
> Art. 1.293. É permitido a quem quer que seja, mediante prévia indenização aos proprietários prejudicados, construir canais, através de prédios alheios, para receber as águas a que tenha direito, indispensáveis às primeiras necessidades da vida, e, desde que não cause prejuízo considerável à agricultura e à indústria, bem como para o escoamento de águas supérfluas ou acumuladas, ou a drenagem de terrenos.
>
> § 1º Ao proprietário prejudicado, em tal caso, também assiste direito a ressarcimento pelos danos que de futuro lhe advenham da infiltração ou irrupção das águas, bem como da deterioração das obras destinadas a canalizá-las.
>
> § 2º O proprietário prejudicado poderá exigir que seja subterrânea a canalização que atravessa áreas edificadas, pátios, hortas, jardins ou quintais.
>
> § 3º O aqueduto será construído de maneira que cause o menor prejuízo aos proprietários dos imóveis vizinhos, e a expensas do seu dono, a quem incumbem também as despesas de conservação".

O Código pretende, conforme se pode constatar da leitura desses dispositivos, conciliar o direito ao uso das águas, em uma perspectiva socioeconômica, e o direito à justa compensação devida aos proprietários eventualmente prejudicados.

Na jurisprudência:

> "APELAÇÃO CÍVEL. POSSE. BENS IMÓVEIS. AÇÃO DE REINTEGRAÇÃO DE POSSE. SERVIDÃO DE PASSAGEM. AQUEDUTO. A instalação de aqueduto da forma menos gravosa, possibilitando ao possuidor o direito de canalizar águas em terreno de outrem, deve observar o dever de indenizar previamente aquele que for prejudicado por danos decorrentes da construção. — Circunstâncias dos autos em que não houve qualquer indenização prévia ao proprietário do imóvel serviente, e se impõe a manutenção da sentença. RECURSO DESPROVIDO" (Apelação Cível n. 70067124511, Décima Oitava Câmara Cível, Tribunal de Justiça do RS, Rel. João Moreno Pomar, julgado em 10-3-2016).

---

demais, que poluir, deverá recuperar, ressarcindo os danos que estes sofrerem, se não for possível a recuperação ou o desvio do curso artificial das águas". Por óbvio, esta norma merece crítica, ao utilizar a expressão "as demais, que poluir", porquanto não se afiguraria possível, em um Estado Democrático de Direito, um permissivo desta natureza, sob pena de manifesta inconstitucionalidade.

Da leitura do julgado, podemos concluir que um aqueduto pode estar vinculado a uma servidão de passagem, a depender das circunstâncias.

O aqueduto, vale acrescentar, não impedirá que os proprietários cerquem os imóveis e construam sobre ele, sem prejuízo para a sua segurança e conservação; os proprietários dos imóveis poderão usar das águas do aqueduto para as primeiras necessidades da vida (art. 1.295)[12].

## 7. LIMITES ENTRE PRÉDIOS E DO DIREITO DE TAPAGEM (ARTS. 1.297 E 1.298)

Esses dois dispositivos, fundamentalmente, consagram o direito de demarcar, limitar e, consequentemente, proteger a propriedade.

Nesse ponto, invocamos as palavras de RODOLFO SACCO: "No que se refere à propriedade imobiliária, a proibição de se intrometer no espaço sobrestante tem como ponto de referência direto mais um espaço, um lugar, do que uma coisa"[13].

Com efeito, o estabelecimento de limites visa, em *ultima ratio*, à proteção do espaço da propriedade privada.

Nos termos do art. 1.297, "o proprietário tem direito a cercar, murar, valar ou tapar de qualquer modo o seu prédio, urbano ou rural, e pode constranger o seu confinante a proceder com ele à demarcação entre os dois prédios, a aviventar rumos apagados e a renovar marcos destruídos ou arruinados, repartindo-se proporcionalmente entre os interessados as respectivas despesas".

Os seus parágrafos pormenorizam outras regras:

> "§ 1º Os intervalos, muros, cercas e os tapumes divisórios, tais como sebes vivas, cercas de arame ou de madeira, valas ou banquetas, presumem-se, até prova em contrário, pertencer a ambos os proprietários confinantes, sendo estes obrigados, de conformidade com os costumes da localidade, a concorrer, em partes iguais, para as despesas de sua construção e conservação.
>
> § 2º As sebes vivas, as árvores, ou plantas quaisquer, que servem de marco divisório, só podem ser cortadas, ou arrancadas, de comum acordo entre proprietários.
>
> § 3º A construção de tapumes especiais para impedir a passagem de animais de pequeno porte, ou para outro fim, pode ser exigida de quem provocou a necessidade deles, pelo proprietário, que não está obrigado a concorrer para as despesas".

---

[12] Art. 1.296 do CC: "Havendo no aqueduto águas supérfluas, outros poderão canalizá-las, para os fins previstos no art. 1.293, mediante pagamento de indenização aos proprietários prejudicados e ao dono do aqueduto, de importância equivalente às despesas que então seriam necessárias para a condução das águas até o ponto de derivação. Parágrafo único. Têm preferência os proprietários dos imóveis atravessados pelo aqueduto".

[13] SACCO, Rodolfo. *Antropologia Jurídica* — Contribuição para Uma Macro-História do Direito, São Paulo: Martins Fontes, 2013, p. 320.

Confira-se, a respeito do tema, o seguinte julgado do Tribunal de Justiça do Paraná, que, tratando das normas de direito de vizinhança aqui analisadas, indica a necessidade de os proprietários vizinhos repartirem a despesa do muro divisório:

> "DIREITO DE VIZINHANÇA. CONSTRUÇÃO DE MURO DIVISÓRIO. DIREITO DE TAPAGEM. PRETENSÃO À MEAÇÃO DAS DESPESAS. AUSÊNCIA DE COMPROVAÇÃO DO AJUSTE. IRRELEVÂNCIA. PRESUNÇÃO LEGAL *IURIS TANTUM* DE CONDOMÍNIO. ART. 1.297, § 1º, CC. VALOR NÃO IMPUGNADO DE MODO ESPECÍFICO. NÃO DEMONSTRAÇÃO DE FATOS EXTINTIVOS, MODIFICATIVOS OU IMPEDITIVOS DO DIREITO DO AUTOR. ART. 333, II, CPC SENTENÇA MANTIDA. 1. O direito de o titular obrigar o vizinho a contribuir com parte das despesas para a construção do tapume não está subordinado a prévio ajuste entre as partes ou, em sua falta, a sentença judicial. 2. O próprio réu admitiu em seu depoimento pessoal que ajudou a retirar a cerca para a construção do muro, daí se inferindo que a construção se deu na divisa, e não no terreno do autor. Outrossim, a testemunha por ele mesmo arrolada afirmou que construiu o muro metade na propriedade do autor, e metade na propriedade do réu. 3. Tendo em vista que a construção e o custeio do muro pelo autor são fatos admitidos pelo réu, cabia a ele trazer aos autos outros elementos objetivos como orçamentos —, para demonstrar o excesso que alegou, fornecendo subsídios para o seu arbitramento, o que não fez. Descumpriu, assim, o ônus que lhe competia a teor do art. 333, II, do Código de Processo Civil, de demonstrar fatos extintivos, modificativos ou impeditivos do direito do autor. 4. Recurso improvido" (TJSP — APL 00007813520128260185-SP, 0000781-35.2012.8.26.0185, Rel. Artur Marques, julgado em 23-9-2013, 35ª Câmara de Direito Privado, publicação: 23-9-2013).

Em sequência, dispõe o art. 1.298 que, "sendo confusos, os limites, em falta de outro meio, se determinarão de conformidade com a posse justa; e, não se achando ela provada, o terreno contestado se dividirá por partes iguais entre os prédios, ou, não sendo possível a divisão cômoda, se adjudicará a um deles, mediante indenização ao outro".

Trata-se de uma regra de supletiva e ainda eventualmente necessária, em um país como o nosso, de dimensões continentais, embora o desenvolvimento da tecnologia do georreferenciamento, nos últimos anos, tenha contribuído para aperfeiçoar as técnicas de demarcação.

Finalmente, no plano processual, vale a pena conferir os arts. 574 a 587 do CPC/2015, que disciplinam a demanda demarcatória[14].

---

[14] Destacamos o art. 574: "Na petição inicial, instruída com os títulos da propriedade, designar-se-á o imóvel pela situação e pela denominação, descrever-se-ão os limites por constituir, aviventar ou renovar e nomear-se-ão todos os confinantes da linha demarcanda".

## 8. DIREITO DE CONSTRUIR (ARTS. 1.299 A 1.313)

Encerrando o capítulo dedicado aos "Direitos de Vizinhança", o codificador tratou de um importante aspecto das relações entre vizinhos: o direito de construir.

Regra geral, o proprietário poderá levantar em seu terreno as construções que lhe aprouver, ressalvado o direito dos vizinhos e os regulamentos administrativos (art. 1.299).

Note-se, pois, que se trata de um direito que encontra naturais limitações no legítimo interesse dos proprietários vizinhos e nas normas administrativas, sempre na perspectiva do superior princípio constitucional da função social.

Nesse diapasão, o proprietário construirá de maneira que o seu prédio não despeje águas, diretamente, sobre o prédio vizinho, dispõe o art. 1.300, a exemplo do que se dá quando o fluxo da "calha" de um telhado, destinada ao escoamento da água da chuva, desemboca em terreno alheio[15].

Merece especial atenção o art. 1.301:

> "Art. 1.301. É defeso abrir janelas, ou fazer eirado[16], terraço ou varanda, a menos de metro e meio do terreno vizinho[17].
>
> § 1º As janelas cuja visão não incida sobre a linha divisória, bem como as perpendiculares, não poderão ser abertas a menos de setenta e cinco centímetros.
>
> § 2º As disposições deste artigo não abrangem as aberturas para luz ou ventilação, não maiores de dez centímetros de largura sobre vinte de comprimento e construídas a mais de dois metros de altura de cada piso".

Visando a resguardar direitos personalíssimos (intimidade e vida privada), o Código estabelece uma distância mínima para a abertura de janelas, eirados, terraços ou varandas: 1,5 m do terreno vizinho.

Proíbem-se, portanto, construções desta natureza a menos de metro e meio.

Por outro lado, em caso de janelas que não sejam dispostas frontalmente em face do terreno vizinho, ou seja, que permitam, não uma visão direta, mas oblíqua — a exemplo daquelas construídas perpendicularmente ao solo, no telhado da casa —, a distância mínima é menor, a teor do referido § 1º: setenta e cinco centímetros.

Reputamos muito pouco, mas foi a opção do legislador.

---

[15] Fala-se, quanto a este fluxo pluvial que se derrama pelo telhado, em "estilicídio". Confira-se, nesse ponto, o Código Civil de Portugal: Artigo 1.365º — (Estilicídio) 1. O proprietário deve edificar de modo que a beira do telhado ou outra cobertura não goteje sobre o prédio vizinho deixando um intervalo mínimo de cinco decímetros entre o prédio e a beira, se de outro modo não puder evitá-lo. 2. Constituída por qualquer título a servidão de estilicídio, o proprietário do prédio serviente não pode levantar edifício ou construção que impeça o escoamento das águas, devendo realizar as obras necessárias para que o escoamento se faça sobre o seu prédio, sem prejuízo para o prédio dominante.

[16] O "eirado" é um tipo de terraço.

[17] Na zona rural, a proibição legal é mais severa: "Art. 1.303. Na zona rural, não será permitido levantar edificações a menos de três metros do terreno vizinho".

Dada a expressa previsão legal, em se tratando de janelas com visão indireta, pensamos que a Súmula 414 do STF, com cujo enunciado concordamos, restou, infelizmente, prejudicada: "Não se distingue a visão direta da oblíqua na proibição de abrir janela, ou fazer terraço, eirado, ou varanda, a menos de metro e meio do prédio de outrem".

Tais proibições, conforme prevê o § 2º do mesmo dispositivo, não abrangem as aberturas para luz ou ventilação, não maiores de dez centímetros de largura sobre vinte de comprimento e construídas a mais de dois metros de altura de cada piso.

Ou seja, as aberturas para luz e ventilação — a exemplo dos "basculantes" — respeitada a dimensão de 10 x 20 cm, acima mencionada, poderão ser feitas aquém da distância mínima legal.

Por óbvio, o mesmo raciocínio deve se aplicar a portas e às paredes construídas com vidro translúcido, pois, neste caso, a privacidade alheia é preservada:

> "Súmula 120 do STF: Parede de tijolos de vidro translúcido pode ser levantada a menos de metro e meio do prédio vizinho, não importando servidão sobre ele".

Confira-se também:

> "AGRAVO REGIMENTAL. DECISÃO MONOCRÁTICA EM RECURSO DE APELAÇÃO. DIREITO DE VIZINHANÇA. AÇÃO DEMOLITÓRIA COM PEDIDO DE INDENIZAÇÃO POR DANO MORAL. SENTENÇA DE PARCIAL PROCEDÊNCIA DO PEDIDO AUTORAL, MANTIDA. CONSTRUÇÃO IRREGULAR DE MURO DIVISÓRIO A MENOS DE UM METRO E MEIO DO IMÓVEL DO VIZINHO COM O ESTANQUE DE QUATRO JANELAS DA SUA RESIDÊNCIA E A OBSTRUÇÃO DO FLUXO REGULAR DAS ÁGUAS PLUVIAIS, PROVOCANDO ALAGAMENTOS E INFILTRAÇÕES. VEDAÇÃO. ABERTURAS PARA VENTILAÇÃO E ILUMINAÇÃO. COLOCAÇÃO DE TIJOLOS DE VIDRO TRANSLÚCIDO. POSSIBILIDADE. ENUNCIADO 120 DO STF (PAREDE DE TIJOLOS DE VIDRO TRANSLÚCIDO PODE SER LEVANTADA A MENOS DE METRO E MEIO DO PRÉDIO VIZINHO, NÃO IMPORTANDO SERVIDÃO SOBRE ELE). DEVER DO RECORRENTE DE PROCEDER ÀS ALTERAÇÕES DE MODO A SANAR AS IRREGULARIDADES E POSSIBILITAR O ESCOAMENTO DAS ÁGUAS DAS CHUVAS, BEM COMO DE INDENIZAR PELOS DANOS CAUSADOS AO RECORRIDO, NA FORMA IMPOSTA PELA SENTENÇA. RESPONSABILIDADE OBJETIVA, INCIDÊNCIA DOS ARTIGOS 1.299 A 1.301 DO CÓDIGO CIVIL. RECURSO CONHECIDO E IMPROVIDO. (...) 3 O Juízo de Planície, baseado no conjunto probatório carreado aos autos, especialmente, no Laudo da Inspeção Judicial realizada por dois Oficiais de Justiça (fl. 59), julgou parcialmente procedente o pleito autoral/recorrido, condenando o apelante a substituir os tijolos comuns da edificação por tijolos de vidro translúcido ou equivalente, na área das janelas do recorrido; adotar procedimentos para proceder ao escoamento das águas pluviais, tudo, sob pena da multa diária de R$ 100,00 (cem reais), bem como à indenização por dano moral,

no importe de R$ 4.000,00 (quatro mil reais). 4 O recorrente interpôs o Recurso de Apelação, o qual foi julgado monocraticamente pelo relator que me antecedeu, mantendo incólume a sentença recorrida, decorrendo o Regimental, ora em apreço. 5 De acordo com o artigo 1.301 do Código Civil, 'é defeso abrir janelas ou fazer eirado, terraço ou varanda, a menos de metro e meio do terreno vizinho.' Nesse caso, permite-se, como alternativa, a colocação de parede de vidros translúcidos que impeçam a visão direta e a invasão de privacidade do terreno vizinho, em observância ao disposto no Enunciado n. 120 do Supremo Tribunal Federal (Parede de tijolos de vidro translúcido pode ser levantada a menos de metro e meio do prédio vizinho, não importando servidão sobre ele). (...) 9 Recurso conhecido e improvido. ACÓRDÃO Acordam os Desembargadores integrantes da Quinta Câmara Cível do Tribunal de Justiça do Estado do Ceará, por unanimidade, em conhecer do recurso para negar-lhe provimento, mantendo inalterada a decisão recorrida, tudo de conformidade com o voto da e. Relatora" (TJCE, AGV 00017496820118060149-CE, 0001749-68.2011.8.06.0149, Rel. Maria de Fátima de Melo Loureiro, 5ª Câmara Cível, data de publicação: 12-8-2015).

E o que fazer em caso de construção (janela, eirado, terraço ou varanda) que desrespeite a distância mínima legal?

"Art. 1.302. O proprietário pode, no lapso de ano e dia após a conclusão da obra, exigir que se desfaça janela, sacada, terraço ou goteira sobre o seu prédio; escoado o prazo, não poderá, por sua vez, edificar sem atender ao disposto no artigo antecedente, nem impedir, ou dificultar, o escoamento das águas da goteira, com prejuízo para o prédio vizinho.

Parágrafo único. Em se tratando de vãos, ou aberturas para luz, seja qual for a quantidade, altura e disposição, o vizinho poderá, a todo tempo, levantar a sua edificação, ou contramuro, ainda que lhes vede a claridade".

Na vigência do CPC/73, enquanto a obra irregular estava sendo realizada, o proprietário prejudicado poderia embargá-la, mediante ação de nunciação de obra nova (arts. 934 a 940 do CPC/73); mas, uma vez concluída a obra, deveria ajuizar ação demolitória, cujo prazo, a teor do art. 1.302 do Código Civil, era de ano e dia após a conclusão da obra.

O Código de Processo Civil de 2015 não regulou mais a demanda de nunciação de obra nova, de forma que o pedido de embargo, que não mais poderá se dar extrajudicialmente, tramitará segundo as regras do procedimento comum.

Permanece, na mesma linha, a possibilidade de se pleitear a demolição da obra irregular, desde que seja observado o prazo de "ano e dia após a conclusão da obra", observando-se, também, as normas do procedimento comum. Uma vez ultrapassado o prazo, o proprietário não poderá mais exigir o desfazimento, e, se pretender construir, deverá respeitar a distância mínima prevista em lei.

Nesse ponto, um interessante julgado do STJ, em nosso pensar, merece menção:

> "DIREITO DE VIZINHANÇA. Terraço. Ação demolitória.
> Contra a construção do terraço a menos de metro e meio do terreno vizinho (art. 573 do CC), cabia ação de nunciação de obra nova até o momento de sua conclusão, entendendo-se como tal aquela a que faltem apenas trabalhos secundários.
> Uma vez concluída a obra (faltava apenas a pintura), cabível a ação demolitória, com prazo decadencial de ano e dia (art. 576 do CCivil), que se iniciou a partir da conclusão e não se interrompeu com a notificação administrativa.
> Recurso conhecido e provido" (REsp 311.507/AL, Rel. Min. Ruy Rosado de Aguiar, 4ª Turma, julgado em 11-9-2001, *DJ* 5-11-2001, p. 118)[18].

De fato, concordamos que, faltando apenas a pintura ou detalhes de acabamento, a obra deve ser considerada concluída.

O Código cuida, ainda, nos arts. 1.304 a 1.307 do direito de travejamento ou madeiramento (parede-meia).

Com razão, CARLOS R. GONÇALVES observa:

> "O Código Civil trata das questões referentes a paredes divisórias nos arts. 1.304 a 1.307. A denominada 'parede-meia' é hoje de reduzida importância.
> Paredes divisórias são as que integram a estrutura do edifício, na linha de divisa. Distinguem-se dos muros divisórios, que são regidos pelas disposições concernentes aos tapumes. Muro é elemento de vedação, enquanto parede é elemento de sustentação e vedação"[19].

De fato, não são regras de frequente aplicação.

Mas é importante que existam, pois visam a dirimir conflitos possessórios localizados envolvendo vizinhos.

Confiram-se, portanto, as seguintes regras[20]:

---

18 Embora as referências sejam feitas ao CC/1916, o julgado, da lavra do notável Min. Ruy Rosado de Aguiar, merece referência, pois trata, com acerto, do início do prazo decadencial para o exercício do direito de exigir o desfazimento da obra.

19 Gonçalves, Carlos Roberto, ob. cit., p. 376.

20 Segundo doutrina, este direito de travejamento também é conhecido como "servidão de meter trave" *(de tigni immittendi).* Cf. MONTEIRO, Washington de Barros, citado por Carlos Roberto Gonçalves, ob. cit., p. 377. Na jurisprudência, também se encontra o uso da expressão: "APELAÇÃO CÍVEL N. 292.495-8 — 2-2-2000, SANTOS DUMONT. EMENTA: CIVIL E PROCESSO CIVIL — SENTENÇA: NULIDADE POR AUSÊNCIA DE FUNDAMENTAÇÃO — PERITO EM AÇÃO CAUTELAR: SUA AUDIÊNCIA COMO TESTEMUNHA NO PROCESSO PRINCIPAL — MURO DIVISÓRIO — PAREDE-MEIA — CONCEITUAÇÃO COMO SERVIDÃO LEGAL DE *TIGNI IMMITENDI* — INTELIGÊNCIA DO ART. 579 DO C. CIVIL — DANOS MORAIS PELOS INCÔMODOS CAUSADOS PELA DEMORA DA DEMANDA: INEXISTÊNCIA. (...)" (TJMG 200000029249580001/MG, 2.0000.00.292495-8/000(1), Rel. Wander Marotta, julgado em 2-2-2000, data de publicação: 4-3-2000).

"Art. 1.304. Nas cidades, vilas e povoados cuja edificação estiver adstrita a alinhamento, o dono de um terreno pode nele edificar, madeirando na parede divisória do prédio contíguo, se ela suportar a nova construção; mas terá de embolsar ao vizinho metade do valor da parede e do chão correspondentes.

Art. 1.305. O confinante, que primeiro construir, pode assentar a parede divisória até meia espessura no terreno contíguo, sem perder por isso o direito a haver meio valor dela se o vizinho a travejar, caso em que o primeiro fixará a largura e a profundidade do alicerce.

Parágrafo único. Se a parede divisória pertencer a um dos vizinhos, e não tiver capacidade para ser travejada pelo outro, não poderá este fazer-lhe alicerce ao pé sem prestar caução àquele, pelo risco a que expõe a construção anterior.

Art. 1.306. O condômino da parede-meia pode utilizá-la até ao meio da espessura, não pondo em risco a segurança ou a separação dos dois prédios, e avisando previamente o outro condômino das obras que ali tenciona fazer; não pode sem consentimento do outro, fazer, na parede-meia, armários, ou obras semelhantes, correspondendo a outras, da mesma natureza, já feitas do lado oposto.

Art. 1.307. Qualquer dos confinantes pode altear a parede divisória, se necessário reconstruindo-a, para suportar o alteamento; arcará com todas as despesas, inclusive de conservação, ou com metade, se o vizinho adquirir meação também na parte aumentada".

Em sequência, o legislador estabelece expressas vedações, para permitir o adequado uso da parede-meia ou de outras construções no imóvel vizinho (arts. 1.308 a 1.311):

a) Não é lícito encostar à parede divisória chaminés, fogões, fornos ou quaisquer aparelhos ou depósitos suscetíveis de produzir infiltrações ou interferências prejudiciais ao vizinho, ressalvadas as chaminés ordinárias e os fogões de cozinha — neste último caso, por óbvio, os aparelhos, mesmo permitidos, não poderão, obviamente, por conta de utilização indevida, resultar em prejuízo ao vizinho, sob pena de responsabilidade;

b) São proibidas construções capazes de poluir, ou inutilizar, para uso ordinário, a água do poço, ou nascente alheia, a elas preexistentes — esta disposição ganha maior força, por conta do inegável valor jurídico que tem a água, na perspectiva da função social;

c) Não é permitido fazer escavações ou quaisquer obras que tirem ao poço ou à nascente de outrem a água indispensável às suas necessidades normais — pela mesma razão acima mencionada, o caráter essencial da água justifica a proibição;

d) Não é permitida a execução de qualquer obra ou serviço suscetível de provocar desmoronamento ou deslocação de terra, ou que comprometa a segurança do prédio vizinho, senão após haverem sido feitas as obras acautelatórias — além disso, nesse contexto, é necessária a devida anuência do Poder Público, mediante a concessão de alvará de construção, para a realização da obra pretendida[21].

Finalmente, o legislador estabelece uma regra colaborativa (art. 1.313), ao estabelecer que o proprietário ou ocupante do imóvel é obrigado a tolerar que o vizinho entre no prédio, mediante prévio aviso, para:

> "I — dele temporariamente usar, quando indispensável à reparação, construção, reconstrução ou limpeza de sua casa ou do muro divisório;
>
> II — apoderar-se de coisas suas, inclusive animais que aí se encontrem casualmente"[22].

É digno de nota que o dever de informação emanado da boa-fé objetiva projeta-se na relação jurídica, ao determinar que o proprietário ou ocupante seja previamente avisado acerca da entrada em seu imóvel.

Ao mencionar "ocupante" o legislador abarcou, não apenas o titular da propriedade, mas o possuidor, ou, até mesmo, em nosso sentir, o detentor (a exemplo de um caseiro, pois é justo que, antes de exercer o direito de adentrar o imóvel alheio, não estando presente o seu titular, aquele que atua em seu nome seja comunicado).

Por óbvio, ao utilizar o conceito aberto ou indeterminado "prévio aviso", o legislador, com amparo no princípio da operabilidade[23], concedeu um espaço de razoabilidade interpretativa, para que, segundo as circunstâncias do caso, o proprietário ou ocupante disponha de um tempo mínimo adequado entre o comunicado e o efetivo ingresso do terceiro em seu imóvel.

---

[21] O proprietário do prédio vizinho tem direito a ressarcimento pelos prejuízos que sofrer, não obstante haverem sido realizadas as obras acautelatórias (art. 1.311, parágrafo único).

[22] "§ 1º O disposto neste artigo aplica-se aos casos de limpeza ou reparação de esgotos, goteiras, aparelhos higiênicos, poços e nascentes e ao aparo de cerca viva. § 2º Na hipótese do inciso II, uma vez entregues as coisas buscadas pelo vizinho, poderá ser impedida a sua entrada no imóvel. § 3º Se do exercício do direito assegurado neste artigo provier dano, terá o prejudicado direito a ressarcimento (art. 1.313)."

[23] Lembremo-nos da lição do Professor Miguel Reale: "O terceiro princípio que norteou a feitura deste nosso Projeto — e vamos nos limitar a apenas três, não por um vício de amar o trino, mas porque não há tempo para tratar de outros, que estão de certa maneira implícitos nos que estou analisando — o terceiro princípio é o "princípio da operabilidade". Ou seja, toda vez que tivemos de examinar uma norma jurídica, e havia divergência de caráter teórico sobre a natureza dessa norma ou sobre a convivência de ser enunciada de uma forma ou de outra, pensamos no ensinamento de Jhering, que diz que é da essência do Direito a sua realizabilidade: o Direito é feito para ser executado; Direito que não se executa — já dizia Jhering na sua imaginação criadora — é como chama que não aquece, luz que não ilumina, O Direito é feito para ser realizado; é para ser operado. Porque, no fundo, o que é que nós somos — nós advogados? Somos operadores do Direito: operamos o Código e as leis, para fazer uma petição inicial, e levamos o resultado de nossa operação ao juiz, que verifica a legitimidade, a certeza, a procedência ou não da nossa operação — o juiz também é um operador do Direito; e a sentença é uma renovação da operação do advogado, segundo o critério de quem julga. Então, é indispensável que a norma tenha operabilidade, a fim de evitar uma série de equívocos e de dificuldades, que hoje entravam a vida do Código Civil" (REALE, Miguel. Visão Geral do Projeto de Código Civil. Disponível em: <http://www.miguelreale.com.br/artigos/vgpcc.htm>. Acesso em: 20 jun. 2017).

# LXIII CONDOMÍNIO

## 1. NOÇÕES INTRODUTÓRIAS

O Código Civil dedica dezenas de artigos ao tratamento jurídico do condomínio[1].

Em seu Capítulo VI (Condomínio Geral), trata do Condomínio Voluntário e do Necessário, e, no Capítulo VII, cuida do Condomínio Edilício.

Seguiremos esta sequência, apresentando os principais pontos, em nosso sentir, para a adequada compreensão do tema.

## 2. CONDOMÍNIO VOLUNTÁRIO

Segundo MARIA HELENA DINIZ, no condomínio, "concede-se a cada consorte uma quota ideal qualitativamente igual da coisa e não uma parcela material desta; por conseguinte, todos os condôminos têm direitos qualitativamente iguais sobre a totalidade do bem, sofrendo limitação na proporção quantitativa em que concorre com os outros companheiros na titularidade sobre o conjunto"[2].

Em outras palavras, o condomínio é uma forma de propriedade conjunta ou copropriedade.

E poderá resultar de um ajuste de vontades, caracterizando o condomínio voluntário ou convencional.

A sua administração é regulada pelos arts. 1.323 a 1324:

> "Art. 1.323. Deliberando a maioria sobre a administração da coisa comum, escolherá o administrador, que poderá ser estranho ao condomínio; resolvendo alugá-la, preferir-se-á, em condições iguais, o condômino ao que não o é.
>
> Art. 1.324. O condômino que administrar sem oposição dos outros presume-se representante comum.
>
> Art. 1.325. A maioria será calculada pelo valor dos quinhões.

---

[1] Para uma visão pormenorizada dessas regras, cf. o nosso Volume 5 — Direitos Reais, *Novo Curso de Direito Civil*.

[2] DINIZ, Maria Helena, ob. cit., 2019, v. 4, p. 249.

§ 1º As deliberações serão obrigatórias, sendo tomadas por maioria absoluta.

§ 2º Não sendo possível alcançar maioria absoluta, decidirá o juiz, a requerimento de qualquer condômino, ouvidos os outros.

§ 3º Havendo dúvida quanto ao valor do quinhão, será este avaliado judicialmente.

Art. 1.326. Os frutos da coisa comum, não havendo em contrário estipulação ou disposição de última vontade, serão partilhados na proporção dos quinhões".

São regras autoexplicativas, mas que merecem reflexão.

É digno de nota que o exercício ostensivo e continuado de atos de gerenciamento, sem oposição, poderá resultar no reconhecimento da condição de "representante comum" ao condômino encarregado.

Isso impõe cuidado e atenção, não só ao administrador, como aos administrados.

Ademais, outro aspecto relevante é no sentido de que a expressão econômica dos quinhões é o critério legal utilizado para se determinar o quórum de maioria.

São direitos e deveres dos condôminos (arts. 1.314 a 1.322):

a) cada condômino pode usar da coisa conforme sua destinação, sobre ela exercer todos os direitos compatíveis com a indivisão, reivindicá-la de terceiro, defender a sua posse e alhear a respectiva parte ideal, ou gravá-la — note-se que tais poderes são imanentes ao próprio direito de propriedade;

b) nenhum dos condôminos pode alterar a destinação da coisa comum, nem dar posse, uso ou gozo dela a estranhos, sem o consenso dos outros — ora, se se trata de uma propriedade conjunta, a regra se justifica para que a vontade de um não prevaleça arbitrariamente sobre a dos outros;

c) o condômino é obrigado, na proporção de sua parte, a concorrer para as despesas de conservação ou divisão da coisa, e a suportar os ônus a que estiver sujeita, presumindo-se iguais as partes ideais dos condôminos — admite-se que uma "associação", pessoa jurídica de direito privado, seja criada para administrar a coisa comum[3];

d) pode o condômino eximir-se do pagamento das despesas e dívidas, renunciando à parte ideal — em tal hipótese, uma vez operada a renúncia —, que, como

[3] "Ação de cobrança. Legitimidade ativa. Associação. Despesas de condomínio voluntário. Inscrição indevida. Dano moral. 1 — No condomínio voluntário, a associação criada pela maioria dos condôminos para administrar a coisa comum (CC, art. 1.323) tem legitimidade para cobrar as despesas condominiais respectivas. 2 Não sendo, no entanto, administradora do condomínio, e extinta por deliberação dos associados em assembleia geral extraordinária, não pode ela exigir desses o pagamento das despesas condominiais e cobrá-las em juízo. 3 Não há dano moral se a inscrição do nome em cadastro de inadimplentes, embora feita por quem não tinha legitimidade para tanto, fora com base em débito existente. 3 — Apelação provida em parte" (TJDF, APC 20140710244500, Rel. Jair Soares, julgado em 4-11-2015, 6ª Turma Cível, *DJe* 10-11-2015, p. 325).

vimos, é forma de extinção da propriedade — o codificador consagrou, ainda, duas regras supletivas: "se os demais condôminos assumem as despesas e as dívidas, a renúncia lhes aproveita, adquirindo a parte ideal de quem renunciou, na proporção dos pagamentos que fizerem", por outro lado, "se não há condômino que faça os pagamentos, a coisa comum será dividida";

e) quando a dívida houver sido contraída por todos os condôminos, sem se discriminar a parte de cada um na obrigação, nem se estipular solidariedade, entende-se que cada qual se obrigou proporcionalmente ao seu quinhão na coisa comum — esta norma cria uma regra de compartilhamento de responsabilidade, sem afastar a norma fundamental constante no art. 265 do Código Civil, segundo a qual a solidariedade não se presume;

f) as dívidas contraídas por um dos condôminos em proveito da comunhão, e durante ela, obrigam o contratante; mas terá este ação regressiva contra os demais — visando a evitar o enriquecimento sem causa dos demais condôminos ou comunheiros, aquele que se obrigou perante terceiro (credor) terá ação regressiva contra os demais;

g) cada condômino responde aos outros pelos frutos que percebeu da coisa e pelo dano que lhe causou — na mesma linha, a presente regra visa a evitar que um dos condôminos se beneficie ou se prejudique às custas dos demais. Especialmente no caso da percepção dos frutos, poderá ser ajustado, com amparo no princípio da autonomia privada, que haja condômino com mais direitos do que outros;

h) a todo tempo será lícito ao condômino exigir a divisão da coisa comum, respondendo o quinhão de cada um pela sua parte nas despesas da divisão[4] — o codificador complemente o dispositivo com três importantes regras: a) podem os condôminos acordar que fique indivisa a coisa comum por prazo não maior de cinco anos, suscetível de prorrogação ulterior; b) não poderá exceder de cinco anos a indivisão estabelecida pelo doador ou pelo testador; c) a requerimento de qualquer interessado e se graves razões o aconselharem, pode o juiz determinar a divisão da coisa comum antes do prazo — o regramento processual da ação de divisão, para obrigar os demais consortes a "estremar os quinhões", encontra-se nos arts. 569 a 573 e 588 a 598 do CPC/2015. Destaque-se, na disciplina processual, a possibilidade de a divisão poder ser feita por escritura pública. Anota, sobre o tema, GISELE LEITE: "Na ação de divisão e demarcação de terras particulares se registram poucas mudanças. E, em atenção às tendências de simplificação, celeridade e valorização do consenso (desjudicialização), o legislador

---

[4] Art. 1.321 do CC: "Aplicam-se à divisão do condomínio, no que couber, as regras de partilha de herança (arts. 2.013 a 2.022)".

infraconstitucional destacou que a demarcação e a divisão de terras particulares poderão ser realizadas por escritura pública desde que entre pessoas maiores, capazes e concordes (...)"[5].

Finalmente, o art. 1.322, tratando de condomínio de coisa indivisível, estabelece:

> "Quando a coisa for indivisível, e os consortes não quiserem adjudicá-la a um só, indenizando os outros, será vendida e repartido o apurado, preferindo-se, na venda, em condições iguais de oferta, o condômino ao estranho, e entre os condôminos aquele que tiver na coisa benfeitorias mais valiosas, e, não as havendo, o de quinhão maior".

E acrescenta o parágrafo único:

> "Se nenhum dos condôminos tem benfeitorias na coisa comum e participam todos do condomínio em partes iguais, realizar-se-á licitação entre estranhos e, antes de adjudicada a coisa àquele que ofereceu maior lanço, proceder-se-á à licitação entre os condôminos, a fim de que a coisa seja adjudicada a quem afinal oferecer melhor lanço, preferindo, em condições iguais, o condômino ao estranho".

Vale observar que este dispositivo está conectado à previsão constante no art. 504 do Código Civil.

> "Art. 504. Não pode um condômino em coisa indivisível vender a sua parte a estranhos, se outro consorte a quiser, tanto por tanto. O condômino, a quem não se der conhecimento da venda, poderá, depositando o preço, haver para si a parte vendida a estranhos, se o requerer no prazo de cento e oitenta dias, sob pena de decadência.
>
> Parágrafo único. Sendo muitos os condôminos, preferirá o que tiver benfeitorias de maior valor e, na falta de benfeitorias, o de quinhão maior. Se as partes forem iguais, haverão a parte vendida os comproprietários, que a quiserem, depositando previamente o preço".

Trata-se de norma referente apenas ao condomínio de coisa indivisível, condicionante da faculdade de alienação, por determinar ao condômino/alienante a necessidade de conferir ao seu consorte direito de preferência em face da fração alienada, ou seja, o direito de prevalecer o seu interesse em adquirir o bem, se sua proposta estiver em iguais condições às dos demais interessados.

Por definição, o condomínio traduz a coexistência de vários proprietários que detêm direito real sobre a mesma coisa, havendo entre si a divisão ideal segundo suas respectivas frações.

[5] LEITE, Gisele. Os Procedimentos Especiais em Face do CPC/2015. Disponível em: <http://giseleleite2.jusbrasil.com.br/artigos/315054766/os-procedimentos-especiais-em-face-do-cpc-2015>. Acesso em: 20 jun. 2017.

Note-se que esse direito de preferência — que tem eficácia real — deverá ser exercido pelo condômino interessado em pé de igualdade com os terceiros que pretendam adquirir a referida quota.

Como não houve especificação do modo pelo qual se deva dar ciência aos demais consortes, entendemos que tal comunicação poderá se operar por meio de notificação judicial ou extrajudicial, assinando-se prazo de manifestação, sob pena de o silêncio do notificado ser interpretado como recusa.

Vale observar, outrossim, que a violação deste direito de preferência, diferentemente do que se opera com a cláusula especial do contrato de compra e venda (arts. 513/520), gera eficácia real (e, consequentemente, oponibilidade *erga omnes*), na mesma linha dos arts. 27 a 34 da Lei n. 8.245, de 18-10-1991 (Lei do Inquilinato)[6], consoante se pode observar na segunda parte do art. 504: "O condômino, a quem não se der conhecimento da venda, poderá, depositando o preço, haver para si a parte vendida a estranhos, se o requerer no prazo de cento e oitenta dias, sob pena de decadência" (destaques nossos).

Trata-se de um preceito bastante adequado, dada a peculiaridade da indivisibilidade da coisa, tendo o propósito de evitar o ingresso, na comunhão, de pessoas estranhas, o que pode gerar constrangimentos evitáveis com o simples exercício do direito de preferência.

---

[6] "Art. 27. No caso de venda, promessa de venda, cessão ou promessa de cessão de direitos ou dação em pagamento, o locatário tem preferência para adquirir o imóvel locado, em igualdade de condições com terceiros, devendo o locador dar-lhe conhecimento do negócio mediante notificação judicial, extrajudicial ou outro meio de ciência inequívoca. Parágrafo único. A comunicação deverá conter todas as condições do negócio e, em especial, o preço, a forma de pagamento, a existência de ônus reais, bem como o local e horário em que pode ser examinada a documentação pertinente. Art. 28. O direito de preferência do locatário caducará se não manifestada, de maneira inequívoca, sua aceitação integral à proposta, no prazo de trinta dias. Art. 29. Ocorrendo aceitação da proposta, pelo locatário, a posterior desistência do negócio pelo locador acarreta, a este, responsabilidade pelos prejuízos ocasionados, inclusive lucros cessantes. Art. 30. Estando o imóvel sublocado em sua totalidade, caberá a preferência ao sublocatário e, em seguida, ao locatário. Se forem vários os sublocatários, a preferência caberá a todos, em comum, ou a qualquer deles, se um só for o interessado. Parágrafo único. Havendo pluralidade de pretendentes, caberá a preferência ao locatário mais antigo, e, se da mesma data, ao mais idoso. Art. 31. Em se tratando de alienação de mais de uma unidade imobiliária, o direito de preferência incidirá sobre a totalidade dos bens objeto da alienação. Art. 32. O direito de preferência não alcança os casos de perda da propriedade ou venda por decisão judicial, permuta, doação, integralização de capital, cisão, fusão e incorporação. Parágrafo único. Nos contratos firmados a partir de 1º de outubro de 2001, o direito de preferência de que trata este artigo não alcançará também os casos de constituição da propriedade fiduciária e de perda da propriedade ou venda por quaisquer formas de realização de garantia, inclusive mediante leilão extrajudicial, devendo essa condição constar expressamente em cláusula contratual específica, destacando-se das demais por sua apresentação gráfica. Art. 33. O locatário preterido no seu direito de preferência poderá reclamar do alienante as perdas e danos ou, depositando o preço e demais despesas do ato de transferência, haver para si o imóvel locado, se o requerer no prazo de seis meses, a contar do registro do ato no cartório de imóveis, desde que o contrato de locação esteja averbado pelo menos trinta dias antes da alienação junto à matrícula do imóvel. Parágrafo único. A averbação far-se-á à vista de qualquer das vias do contrato de locação desde que subscrito também por duas testemunhas. Art. 34. Havendo condomínio no imóvel, a preferência do condômino terá prioridade sobre a do locatário."

Caso concorram mais de um condômino interessado, as seguintes regras deverão ser observadas:

a) preferirá o que tiver benfeitorias de maior valor;
b) na falta de benfeitorias, o condômino de quinhão maior;
c) se as partes forem iguais, terão direito à parte vendida os comproprietários, que a quiserem, depositando previamente o preço.

## 3. CONDOMÍNIO NECESSÁRIO

No item anterior, estudamos uma forma de condomínio que resulta de um ajuste de vontades, à luz da autonomia privada das próprias partes.

Sucede que ainda há uma especial forma de copropriedade decorrente, não da manifestação volitiva dos envolvidos, mas da própria lei: o condomínio necessário (arts. 1.327 a 1.330).

Trata-se de uma modalidade forçada ou compulsória de compartilhamento da propriedade, que tem por objeto a meação de paredes, cercas, muros e valas, aos quais se aplicam as normas dos arts. 1.297 e 1.298 e 1.304 a 1.307, todos do Código Civil.

Nessa linha, o proprietário que tiver direito de delimitar um imóvel com paredes, cercas, muros, valas ou valados, tê-lo-á igualmente a adquirir meação na parede, muro, valado ou cerca do vizinho, embolsando-lhe metade do que atualmente valer a obra e o terreno por ela ocupado (art. 1.297).

Para evitar o prolongamento de um eventual litígio, não convindo os dois no preço da obra, será este arbitrado por peritos, a expensas de ambos os confinantes (art. 1.329).

Dispõe, ainda, o art. 1.330 que, qualquer que seja o valor da meação, enquanto aquele que pretender a divisão não o pagar ou depositar, nenhum uso poderá fazer na parede, muro, vala, cerca ou qualquer outra obra divisória.

Complementa, ainda, MARIA HELENA DINIZ que, "com base nos arts. 1.307 e 1.314, tem-se entendido que o condômino de muro divisório pode alterá-lo como quiser, sem anuência do outro consorte ou até contra a vontade deste, mesmo se for necessário reconstruí-lo para suportar o alheamento, arcando com todas as despesas, inclusive de conservação. Arcará com metade das despesas, se o vizinho vier a adquirir a meação também na parte aumentada"[7]

Finalmente, especial situação de condomínio necessário opera-se em face da herança[8], enquanto não ultimada a partilha, uma vez que os herdeiros são considerados, por força de lei, titulares de uma fração ideal do monte-mor.

---

[7] DINIZ, Maria Helena, ob. cit., 2019, v. 4, p. 251.

[8] Art. 1.791 do CC: "A herança defere-se como um todo unitário, ainda que vários sejam os herdeiros. Parágrafo único. Até a partilha, o direito dos coerdeiros, quanto à propriedade e posse da herança, será indivisível, e regular-se-á pelas normas relativas ao condomínio".

Sobre o tema, já decidiu o Superior Tribunal de Justiça:

"DIREITO CIVIL E PROCESSUAL CIVIL. RECURSO ESPECIAL. OMISSÃO, CONTRADIÇÃO OU OBSCURIDADE. INEXISTÊNCIA. COBRANÇA DE DÍVIDA DIVISÍVEL DO AUTOR DA HERANÇA. EXECUÇÃO MANEJADA APÓS A PARTILHA. ULTIMADA A PARTILHA, CADA HERDEIRO RESPONDE PELAS DÍVIDAS DO FALECIDO NA PROPORÇÃO DA PARTE QUE LHE COUBE NA HERANÇA, E NÃO NECESSARIAMENTE NO LIMITE DE SEU QUINHÃO HEREDITÁRIO. ADOÇÃO DE CONDUTA CONTRADITÓRIA PELA PARTE. INADMISSIBILIDADE.

1. Com a abertura da sucessão, há a formação de um condomínio necessário, que somente é dissolvido com a partilha, estabelecendo o quinhão hereditário de cada beneficiário, no tocante ao acervo transmitido.

2. A herança é constituída pelo acervo patrimonial e dívidas (obrigações) deixadas por seu autor. Aos credores do autor da herança, é facultada, antes da partilha dos bens transmitidos, a habilitação de seus créditos no juízo do inventário ou o ajuizamento de ação em face do espólio.

3. Ultimada a partilha, o acervo outrora indiviso, constituído pelos bens que pertenciam ao *de cujus*, transmitidos com o seu falecimento, estará discriminado e especificado, de modo que só caberá ação em face dos beneficiários da herança, que, em todo caso, responderão até o limite de seus quinhões.

4. A teor do art. 1.997, *caput*, do CC c/c o art. 597 do CPC [*correspondente ao art. 796 do novo CPC*], feita a partilha, cada herdeiro responde pelas dívidas do falecido dentro das forças da herança e na proporção da parte que lhe coube, e não necessariamente no limite de seu quinhão hereditário. Dessarte, após a partilha, não há cogitar em solidariedade entre os herdeiros de dívidas divisíveis, por isso caberá ao credor executar os herdeiros *pro rata*, observando a proporção da parte que coube (quinhão), no tocante ao acervo partilhado.

5. Recurso especial não provido" (REsp 1367942/SP, Rel. Min. Luis Felipe Salomão, 4ª Turma, julgado em 21-5-2015, *DJe* 11-6-2015).

## 4. CONDOMÍNIO EDILÍCIO

CAMILO COLANI apresenta o conceito de condomínio edilício (condomínio em edificações ou condomínio horizontal), cuidando de diferenciá-lo do condomínio comum:

"É comum serem confundidos os institutos do condomínio geral e do condomínio edilício. Pode-se dizer, de maneira simples, que um (condomínio edilício) é espécie do outro (condomínio geral). Condomínio geral se caracteriza pelo fato de existir, simultaneamente, dois (ou mais) direitos de propriedade incidindo sobre um mesmo bem, móvel ou imóvel. Como forma de ilustração, basta dar o seguinte exemplo:

2 irmãos, não tendo dinheiro para comprar 2 veículos (um para cada), se cotizam e adquirem um só para ambos. Ou seja, ambos são condôminos do carro; e não, como muitos pensam, sócios de um carro. Condomínio não é sociedade, condôminos não são sócios. O primeiro instituto (condomínio) é próprio dos direitos reais (previsto nos artigos 1.314 a 1.330 do Código Civil; já o segundo (sociedade) é típico do direito empresarial (ver arts. 981 e segs. do Código Civil). O condomínio edilício, por sua vez, refere-se exclusivamente aos imóveis onde coexistem partes comuns e partes exclusivas, por exemplo: num edifício residencial, o apartamento é propriedade exclusiva e partes como elevadores, piscinas, portaria etc., são partes comuns, sendo que cada condômino é dono de seu apartamento mais uma fração ideal nas partes comuns"[9].

Nessa linha, dispõe o Código Civil[10]:

"Art. 1.331. Pode haver, em edificações, partes que são propriedade exclusiva, e partes que são propriedade comum dos condôminos.

§ 1º As partes suscetíveis de utilização independente, tais como apartamentos, escritórios, salas, lojas e sobrelojas, com as respectivas frações ideais no solo e nas outras partes comuns, sujeitam-se a propriedade exclusiva, podendo ser alienadas e gravadas livremente por seus proprietários, exceto os abrigos para veículos, que não poderão ser alienados ou alugados a pessoas estranhas ao condomínio, salvo autorização expressa na convenção de condomínio.

§ 2º O solo, a estrutura do prédio, o telhado, a rede geral de distribuição de água, esgoto, gás e eletricidade, a calefação e refrigeração centrais, e as demais partes comuns, inclusive o acesso ao logradouro público, são utilizados em comum pelos condôminos, não podendo ser alienados separadamente, ou divididos.

§ 3º A cada unidade imobiliária caberá, como parte inseparável, uma fração ideal no solo e nas outras partes comuns, que será identificada em forma decimal ou ordinária no instrumento de instituição do condomínio.

§ 4º Nenhuma unidade imobiliária pode ser privada do acesso ao logradouro público.

---

[9] COLANI, Camilo. Condomínio Geral e Condomínio Edilício. Disponível em: <http://camilocolani.jusbrasil.com.br/artigos/218041919/condominio-geral-e-condominio-edilicio>. Acesso em: 21 jun. 2017.

[10] Merece referência a Lei n. 4.591, de 1964, que disciplinou o "condomínio em edificações e as incorporações imobiliárias". Como sabemos, o Código Civil abarcou o tratamento jurídico desses condomínios, de maneira que o interesse maior neste diploma toca às incorporações. No dizer de SÍLVIO VENOSA: "O novo Código Civil passa a disciplinar integralmente o condomínio edilício, revogando essa matéria na Lei n. 4.591/64, a qual trata também das incorporações, cujos dispositivos continuarão em vigor" (O Condomínio Edilício no Novo Código Civil. Disponível em: <http://www.migalhas.com.br/dePeso/16,MI912,101048-O+condominio+edilicio+no+novo+Codigo+Civil>. Acesso em: 21 jun. 2017).

§ 5º O terraço de cobertura é parte comum, salvo disposição contrária da escritura de constituição do condomínio".

É forçoso convir, portanto, que o condomínio edilício é instituto socialmente bastante difundido no Brasil, por conta dos inúmeros edifícios de apartamentos existentes.

Em nosso sentir, tem natureza de ente despersonificado, embora haja entendimento contrário[11].

E como se dá a sua criação?

Institui-se o condomínio edilício, segundo o art. 1.332, por ato entre vivos ou testamento, registrado no Cartório de Registro de Imóveis, devendo constar daquele ato, além do disposto em lei especial:

a) a discriminação e individualização das unidades de propriedade exclusiva, estremadas uma das outras e das partes comuns;
b) a determinação da fração ideal atribuída a cada unidade, relativamente ao terreno e partes comuns;
c) o fim a que as unidades se destinam.

Neste ponto, surge uma importante figura jurídica: a convenção do condomínio.

"No que concerne à convenção de condomínio", observa FLÁVIO TARTUCE, "essa constitui o estatuto coletivo que regula o interesse das partes, havendo um típico negócio jurídico decorrente do exercício da autonomia privada"[12].

---

[11] Em nossa visão acadêmica, condomínio não é pessoa jurídica. Se cotejarmos os arts. 44 e 45 do Código, constataremos que a sua natureza é própria e peculiar, não sendo viável colocá-lo no mesmo plano de uma sociedade ou de uma associação. A existência de Projeto de Lei — que não vingou (PL 80/2011) — para lhe conferir personalidade reforça a tese de que se trata de um ente despersonificado. Mas a matéria é polêmica (cf. En. 246 da III Jornada de Direito Civil). Em conclusão, colacionamos julgado do STJ que reafirma a natureza despersonificada do condomínio, apenas considerado pessoa jurídica, por ficção, para efeitos tributários: "TRIBUTÁRIO. CONDOMÍNIOS EDILÍCIOS. PERSONALIDADE JURÍDICA PARA FINS DE ADESÃO A PROGRAMA DE PARCELAMENTO. REFIS. POSSIBILIDADE. 1. Cinge-se a controvérsia em saber se condomínio edilício é considerado pessoa jurídica para fins de adesão ao REFIS. 2. Consoante o art. 11 da Instrução Normativa RFB 568/2005, os condomínios estão obrigados a inscrever-se no CNPJ. A seu turno, a Instrução Normativa RFB 971, de 13 de novembro de 2009, prevê, em seu art. 3º, § 4º, III, que os condomínios são considerados empresas — para fins de cumprimento de obrigações previdenciárias. 3. Se os condomínios são considerados pessoas jurídicas para fins tributários, não há como negar-lhes o direito de aderir ao programa de parcelamento instituído pela Receita Federal. 4. Embora o Código Civil de 2002 não atribua ao condomínio a forma de pessoa jurídica, a jurisprudência do STJ tem-lhe imputado referida personalidade jurídica, para fins tributários. Essa conclusão encontra apoio em ambas as Turmas de Direito Público: REsp 411.832/RS, Rel. Min. Francisco Falcão, Primeira Turma, julgado em 18-10-2005, *DJ* 19-12-2005; REsp 1.064.455/SP, Rel. Min. Castro Meira, Segunda Turma, julgado 19-08-2008, *DJe* 11-9-2008. Recurso especial improvido" (REsp 1.256.912/AL, Rel. Min. Humberto Martins, 2ª Turma, julgado em 7-2-2012, *DJe* 13-2-2012).

[12] TARTUCE, Flávio. *Manual de Direito Civil*, 5. ed., São Paulo: GEN, 2015, p. 996.

Cuida-se, pois, de um ato normativo estruturante de grande relevância[13].

Neste ponto, importante passar em revista dois dispositivos do Código:

> "Art. 1.333. A convenção que constitui o condomínio edilício deve ser subscrita pelos titulares de, no mínimo, dois terços das frações ideais e torna-se, desde logo, obrigatória para os titulares de direito sobre as unidades, ou para quantos sobre elas tenham posse ou detenção.
>
> Parágrafo único. Para ser oponível contra terceiros, a convenção do condomínio deverá ser registrada no Cartório de Registro de Imóveis.
>
> Art. 1.334. Além das cláusulas referidas no art. 1.332 e das que os interessados houverem por bem estipular, a convenção determinará:
>
> I — a quota proporcional e o modo de pagamento das contribuições dos condôminos para atender às despesas ordinárias e extraordinárias do condomínio;
>
> II — sua forma de administração;
>
> III — a competência das assembleias, forma de sua convocação e *quorum* exigido para as deliberações;
>
> IV — as sanções a que estão sujeitos os condôminos, ou possuidores;
>
> V — o regimento interno.
>
> § 1º A convenção poderá ser feita por escritura pública ou por instrumento particular.
>
> § 2º São equiparados aos proprietários, para os fins deste artigo, salvo disposição em contrário, os promitentes compradores e os cessionários de direitos relativos às unidades autônomas".

No que toca à eficácia em face de terceiros (oponibilidade *erga omnes*), o parágrafo único do art. 1.333 exige o registro no Cartório de Imóveis. Todavia, os efeitos jurídicos da convenção entre os próprios condôminos dispensa o registro, de acordo com o entendimento sumulado do STJ (Súmula 260):

A convenção de condomínio aprovada, ainda que sem registro, é eficaz para regular as relações entre os condôminos.

Nesse ponto, merece transcrição a lição de SÍLVIO VENOSA, em que é feita a distinção necessária entre a "convenção" e o "regimento" do condomínio:

> "A convenção do condomínio funciona como regra fundamental da vida condominial. Um dos problemas que mais afetam a vida em comunhão é o comportamento anormal ou inconveniente do condômino ou possuidor da unidade autônoma. Tendo em vista o rumo que as questões condominiais têm tomado, bem como o sistema de

[13] Observe o quórum para alteração de uma convenção: "Art. 1.351. Depende da aprovação de 2/3 (dois terços) dos votos dos condôminos a alteração da convenção; a mudança da destinação do edifício, ou da unidade imobiliária, depende da aprovação pela unanimidade dos condôminos".

penalidades trazido pelo novo código, é importante que na convenção sejam estabelecidas as sanções a que estarão sujeitos os transgressores das regras condominiais, bem como o procedimento para sua imposição, este, mais apropriadamente, constante do regulamento. Há um microuniverso em um condomínio, que toma o vulto de uma aglomeração urbana. Tudo o que não é essencial à constituição e funcionamento do condomínio, mas de cunho circunstancial e mutável, deve ser relegado para o regimento (ou regulamento) interno. Por isso, é conveniente que esse regimento seja estabelecido à parte, e não juntamente com a convenção. O regimento está para a convenção como o regulamento administrativo está para a lei. Deve completar a convenção, regulamentá-la, sem com ela conflitar. Ocorrendo conflito, deve prevalecer a convenção.

Ao regulamento é conveniente que se releguem normas disciplinadoras de uso e funcionamento do edifício. Lembre-se de que o regulamento também é fruto de deliberação coletiva, sendo igualmente ato normativo"[14].

Nesse contexto, é fácil concluir que, no condomínio edilício, os seus partícipes têm direitos e deveres que deverão ser devidamente observados para a boa e harmônica convivência social.

Segundo CAIO MÁRIO DA SILVA PEREIRA:

"A cada apartamento ou unidade autônoma deve corresponder uma fração ideal no condomínio sobre o terreno e partes comuns do edifício. Isto é fundamental no regime da propriedade horizontal, já que resulta esta da fusão indissociável da propriedade exclusiva do apartamento com o condomínio daquelas coisas. Entretanto, não fica aí o interesse nesta apuração. É de lei que cada um dos comunheiros deve concorrer nas despesas de condomínio; deve participar no rateio do prêmio do seguro; deve contribuir com sua quota-parte no orçamento das repartições do prédio; e, em caso de desapropriação do edifício ou de sua destruição por incêndio ou outro risco segurado, compartilhará do *quantum* em que a coisa fica sub-rogada (...)"[15].

Passemos, pois, em revista os principais direitos e deveres, à luz dos arts. 1.335 e 1.336 do CC[16].

São direitos do condômino:

"I — usar, fruir e livremente dispor das suas unidades;

---

[14] VENOSA, Sílvio de Salvo. O Condomínio Edilício no Novo Código Civil. Disponível em: <http://www.migalhas.com.br/dePeso/16,MI912,101048-O+condominio+edilicio+no+novo+Codigo+Civil>. Acesso em: 21 jun. 2017.

[15] PEREIRA, Caio Mário da Silva. *Condomínio e Incorporações*, 12. ed., São Paulo: GEN, 2016, p. 69.

[16] Complementando esse plexo de direitos de deveres, confiram-se os arts. 1.338 a 1.340 do Código Civil.

II — usar das partes comuns, conforme a sua destinação, e contanto que não exclua a utilização dos demais compossuidores[17];

III — votar nas deliberações da assembleia e delas participar, estando quite".

São deveres do condômino:

"I — contribuir para as despesas do condomínio na proporção das suas frações ideais, salvo disposição em contrário na convenção;

II — não realizar obras que comprometam a segurança da edificação;

III — não alterar a forma e a cor da fachada, das partes e esquadrias externas[18];

IV — dar às suas partes a mesma destinação que tem a edificação, e não as utilizar de maneira prejudicial ao sossego, salubridade e segurança dos possuidores, ou aos bons costumes[19]".

---

17 "A laje de cobertura do último pavimento é o teto do edifício, da mesma forma que o muro lateral não é uma parede do apartamento, mas do próprio prédio, e, como tal, constitui e deve constituir sempre uma parte comum a todos os consortes. Não é possível dissociar o último andar do conjunto do prédio, pois este constitui um todo uno e indivisível. Não pode haver prédio sem teto, que, portanto, serve ao edifício inteiro, e não ao pavimento que lhe está imediatamente sotoposto" (PEREIRA, Caio Mário da Silva, ob. cit., p. 123).

18 STJ: "RECURSO ESPECIAL. CIVIL. CONDOMÍNIO EDILÍCIO. ALTERAÇÃO DE FACHADA. ESQUADRIAS EXTERNAS. COR DIVERSA DA ORIGINAL. ART. 1.336, III, DO CÓDIGO CIVIL. ART. 10 DA LEI N. 4.591/1964. VIOLAÇÃO CARACTERIZADA. ANUÊNCIA DA INTEGRALIDADE DOS CONDÔMINOS. REQUISITO NÃO CUMPRIDO. DESFAZIMENTO DA OBRA. 1. Cuida-se de ação ajuizada contra condômino para desfazimento de obra que alterou a fachada de edifício residencial, modificando as cores originais das esquadrias (de preto para branco). 2. A instância ordinária admitiu a modificação da fachada pelo fato de ser pouco perceptível a partir da vista da rua e por não acarretar prejuízo direto no valor dos demais imóveis do condomínio. 3. Os arts. 1.336, III, do Código Civil e 10 da Lei n. 4.591/1964 traçam critérios objetivos bastante claros a respeito de alterações na fachada de condomínios edilícios, os quais devem ser observados por todos os condôminos indistintamente. 4. É possível a modificação de fachada desde que autorizada pela unanimidade dos condôminos (art. 10, § 2º, da Lei n. 4.591/1946). Requisito não cumprido na hipótese. 5. Fachada não é somente aquilo que pode ser visualizado do térreo, mas compreende todas as faces de um imóvel: frontal ou principal (voltada para rua), laterais e posterior. 6. Admitir que apenas as alterações visíveis do térreo possam caracterizar alteração da fachada, passível de desfazimento, poderia firmar o entendimento de que, em arranha-céus, os moradores dos andares superiores, quase que invisíveis da rua, não estariam sujeitos ao regramento em análise. 7. A mudança na cor original das esquadrias externas, fora do padrão arquitetônico do edifício e não autorizada pela unanimidade dos condôminos, caracteriza alteração de fachada, passível de desfazimento, por ofensa aos arts. 1.336, III, do Código Civil e 10 da Lei n. 4.591/1964. 8. Recurso especial provido" (REsp 1.483.733/RJ, Rel. Min. Ricardo Villas Bôas Cueva, 3ª Turma, julgado em 25-8-2015, *DJe* 1º-9-2015).

19 Art. 1.336, § 2º: "O condômino, que não cumprir qualquer dos deveres estabelecidos nos incisos II a IV, pagará a multa prevista no ato constitutivo ou na convenção, não podendo ela ser superior a cinco vezes o valor de suas contribuições mensais, independentemente das perdas e danos que se apurarem; não havendo disposição expressa, caberá à assembleia geral, por dois terços no mínimo dos condôminos restantes, deliberar sobre a cobrança da multa".

Aspecto digno de nota é no sentido de que, embora, em primeiro plano, o próprio condomínio responda por suas dívidas, eventualmente a responsabilidade poderá recair sobre os próprios condôminos, segundo já entendeu o STJ:

> "RECURSO ESPECIAL. PROCESSUAL CIVIL. EXECUÇÃO CONTRA CONDOMÍNIO EDILÍCIO. REDIRECIONAMENTO CONTRA OS CONDÔMINOS. POSSIBILIDADE EM TESE. DOUTRINA. PRECEDENTE. CASO CONCRETO. PENHORA DE CRÉDITOS. OPÇÃO PELA MEDIDA MENOS GRAVOSA.
>
> 1. Controvérsia acerca da possibilidade de redirecionamento contra os condôminos de uma execução ajuizada por credor do condomínio horizontal.
> 2. Distinção entre condomínio horizontal e pessoa jurídica. Voto divergente no tópico de um dos integrantes da Terceira Turma.
> 3. Desnecessidade de aplicação da teoria da desconsideração da personalidade jurídica aos condomínios.
> 4. Possibilidade de redirecionamento da execução em relação aos condôminos após esgotadas as tentativas de constrição de bens do condomínio, em respeito ao princípio da menor onerosidade para o devedor.
> 5. Hipótese em que houve penhora de créditos, mas não se esgotaram as possibilidades de realização desses créditos em favor do exequente.
> 6. Redirecionamento da execução descabido no caso concreto.
> 7. RECURSO ESPECIAL DESPROVIDO" (REsp 1.486.478/PR, Rel. Min. Paulo de Tarso Sanseverino, 3ª Turma, julgado em 5-4-2016, *DJe* 28-4-2016).

Posto isso, merece a nossa atenção a obrigação econômica que cada condômino tem em face do condomínio.

Observe-se que o pagamento da taxa condominial — que tem natureza jurídica de obrigação *propter rem* — é de grande importância, pois visa a garantir a continuidade da própria relação condominial[20].

Por isso, o seu inadimplemento poderá resultar na própria penhora do imóvel residencial, não se afigurando possível invocar a proteção do bem de família[21].

---

[20] Art. 1.336, § 1º: "O condômino que não pagar a sua contribuição ficará sujeito aos juros moratórios convencionados ou, não sendo previstos, os de um por cento ao mês e multa de até dois por cento sobre o débito".

[21] "PROCESSUAL CIVIL. AGRAVO REGIMENTAL. MEDIDA CAUTELAR. PRETENSÃO DE ATRIBUIÇÃO DE EFEITO SUSPENSIVO A RECURSO ESPECIAL PENDENTE DE ADMISSIBILIDADE NA INSTÂNCIA ORDINÁRIA. APLICAÇÃO, POR ANALOGIA, DAS SÚMULAS 634 E 635, AMBAS DO STF. PENHORA SOBRE BEM DE FAMÍLIA. *QUANTUM* EXECUTADO ORIUNDO DE DÍVIDA DE CONDOMÍNIO. EXCEÇÃO PREVISTA NO ART. 3º, IV, DA LEI N. 8.009/90. AUSÊNCIA DE ILEGALIDADE. AGRAVO REGIMENTAL NÃO PROVIDO. 1. Conforme dispõem as Súmulas n. 634 e 635 do STF, aplicadas por analogia, compete ao Presidente do Tribunal de origem a análise e julgamento de medida cautelar para concessão de efeito suspensivo a recurso especial

Importante ainda acrescentar que o Código Civil previu a imposição de multa — que comportará aumento gradual, em caso de reincidência — para o condômino com comportamento antissocial.

Não se trata de cláusula penal ou pena convencional.

Tem natureza de sanção, com caráter essencialmente punitivo e pedagógico, sem prejuízo das eventuais perdas e danos que venham a ser apuradas em favor do condomínio e/ou do condômino prejudicado.

Dispõe o Código Civil:

> "Art. 1.337. O condômino, ou possuidor, que não cumpre reiteradamente com os seus deveres perante o condomínio poderá, por deliberação de três quartos dos condôminos restantes, ser constrangido a pagar multa correspondente até ao quíntuplo do valor atribuído à contribuição para as despesas condominiais, conforme a gravidade das faltas e a reiteração, independentemente das perdas e danos que se apurem.
>
> Parágrafo único. O condômino ou possuidor que, por seu reiterado comportamento antissocial, gerar incompatibilidade de convivência com os demais condôminos ou possuidores, poderá ser constrangido a pagar multa correspondente ao décuplo do valor atribuído à contribuição para as despesas condominiais, até ulterior deliberação da assembleia".

A parte final deste dispositivo "até ulterior deliberação da assembleia" tem rendido intensas reflexões.

Isso porque há entendimento no sentido de que a previsão de uma "assembleia posterior", em caso de a multa, já aplicada em seu patamar máximo, não surtir o efeito desejado em face do condômino transgressor, renderia ensejo para sua expulsão.

Com efeito, em situações graves, excepcionais e justificadas, há respeitável posicionamento, em doutrina, que sustenta a possibilidade de exclusão do condômino antissocial.

Nesse sentido, o Enunciado n. 508 da V Jornada de Direito Civil:

> "Enunciado n. 508, V Jornada de Direito Civil. Verificando-se que a sanção pecuniária mostrou-se ineficaz, a garantia fundamental da função social da propriedade (arts. 5º, XXIII, da CRFB e 1.228, § 1º, do CC) e a vedação ao abuso do direito (arts. 187 e 1.228, § 2º, do CC) justificam a exclusão do condômino antissocial, desde que a

---

pendente de admissibilidade na instância ordinária. Excepcionalmente, o STJ afasta a incidência dessas Súmulas na hipótese de manifesta ilegalidade do acórdão estadual, o que inexiste no caso em liça. 2. Não se infere manifesta ilegalidade em acórdão estadual que, com fundamento no art. 3º, IV, da Lei n. 8.009/90, confirma penhora sobre bem de família, uma vez que o *quantum* executado é oriundo de dívida de condomínio. 3. Agravo regimental a que se nega provimento" (STJ, AgRg na MC 20621/SP, 2013/0050348-0, Rel. Min. Raul Araújo, julgado em 11-4-2013, 4ª Turma, *DJe* 23-4-2013).

ulterior assembleia prevista na parte final do parágrafo único do art. 1.337 do Código Civil delibere a propositura de ação judicial com esse fim, asseguradas todas as garantias inerentes ao devido processo legal".

De fato, há situações de extrema gravidade em que a sanção pecuniária poderá não surtir o efeito esperado, justificando-se, como última medida, a expulsão daquele que tem transformado a vida dos demais vizinhos em um calvário.

Confira-se a seguinte decisão do Tribunal de Justiça do Paraná:

> "APELAÇÃO CÍVEL. CONDOMÍNIO EDILÍCIO VERTICAL. PRELIMINAR. INTEMPESTIVIDADE. INOCORRÊNCIA. APELO INTERPOSTO ANTES DA DECISÃO DOS EMBARGOS. RATIFICAÇÃO. DESNECESSIDADE. EXCLUSÃO DE CONDÔMINO NOCIVO. LIMITAÇÃO DO DIREITO DE USO/HABITAÇÃO, TÃO SOMENTE. POSSIBILIDADE, APÓS ESGOTADA A VIA ADMINISTRATIVA. REALIZADA. OPORTUNIZAÇÃO. *QUORUM* MÍNIMO RESPEITADO (3/4 DOS CONDÔMINOS). MULTA REFERENTE AO DÉCUPLO DO VALOR DO CONDOMÍNIO. MEDIDA INSUFICIENTE. CONDUTA ANTISSOCIAL CONTUMAZ REITERADA. GRAVES INDÍCIOS DE CRIMES CONTRA A LIBERDADE SEXUAL, REDUÇÃO À CONDIÇÃO ANÁLOGA À DE ESCRAVO. Condômino que aliciava candidatas a emprego de domésticas com salários acima do mercado, mantendo-as presas e incomunicáveis na unidade condominial. Alta rotatividade de funcionárias que, invariavelmente, saíam do emprego noticiando maus-tratos, agressões físicas e verbais, além de assédios sexuais entre outras acusações. Retenção de documentos. Escândalos reiterados dentro e fora do condomínio. Práticas que evoluíram para investida em moradora menor do condomínio, conduta antissocial inadmissível que impõe provimento jurisdicional efetivo. Cabimento. Cláusula geral. Função social da propriedade. Mitigação do direito de uso/habitação. Dano moral. Não conhecimento. Matéria não deduzida e tampouco apreciada. Honorários sucumbenciais fixados em R$ 6.000,00 (Seis mil reais). Mantença. Peculiaridades do caso concreto. Sentença mantida. Recurso desprovido" (AC 957.743-1, 22ª Vara Cível do Foro Central da Comarca da Região Metropolitana de Curitiba).

Por óbvio, o condômino não será "expropriado" de sua unidade residencial particular.

Não é isso.

O que se busca é uma ordem judicial condenatória impositiva de uma obrigação negativa ou de não fazer, qual seja, "não morar" naquele ambiente condominial.

Poderá, assim, o condômino expulso, alugar, emprestar, enfim, ceder o seu apartamento, mas não residir.

Não vislumbramos, nisso, violação constitucional, pois, assim como o direito de propriedade é albergado, a própria Lei Fundamental consagra a sua inafastável função social.

A administração do condomínio[22] ficará a cargo do síndico, escolhido pela Assembleia, que é a sua instância máxima, com poderes, inclusive, para destituir o administrador.

Segundo CAIO MÁRIO DA SILVA PEREIRA:

> "A Assembleia Geral é o órgão deliberativo dos condôminos, e pode ser Ordinária ou Extraordinária. Suas deliberações têm força obrigatória para os condôminos, até sua anulação judicial ou por deliberação tomada em outra Assembleia"[23].

Destacamos alguns dispositivos pertinentes à atuação da assembleia de condôminos:

> "Art. 1.350. Convocará o síndico, anualmente, reunião da assembleia dos condôminos, na forma prevista na convenção, a fim de aprovar o orçamento das despesas, as contribuições dos condôminos e a prestação de contas, e eventualmente eleger-lhe o substituto e alterar o regimento interno.
>
> § 1º Se o síndico não convocar a assembleia, um quarto dos condôminos poderá fazê-lo.
>
> § 2º Se a assembleia não se reunir, o juiz decidirá, a requerimento de qualquer condômino.
>
> Art. 1.351. Depende da aprovação de 2/3 (dois terços) dos votos dos condôminos a alteração da convenção; a mudança da destinação do edifício, ou da unidade imobiliária, depende da aprovação pela unanimidade dos condôminos.
>
> Art. 1.352. Salvo quando exigido *quorum* especial, as deliberações da assembleia serão tomadas, em primeira convocação, por maioria de votos dos condôminos presentes que representem pelo menos metade das frações ideais.
>
> Parágrafo único. Os votos serão proporcionais às frações ideais no solo e nas outras partes comuns pertencentes a cada condômino, salvo disposição diversa da convenção de constituição do condomínio.
>
> Art. 1.353. Em segunda convocação, a assembleia poderá deliberar por maioria dos votos dos presentes, salvo quando exigido *quorum* especial.
>
> Art. 1.354. A assembleia não poderá deliberar se todos os condôminos não forem convocados para a reunião.
>
> Art. 1.355. Assembleias extraordinárias poderão ser convocadas pelo síndico ou por um quarto dos condôminos.
>
> Art. 1.356. Poderá haver no condomínio um conselho fiscal, composto de três membros, eleitos pela assembleia, por prazo não superior a dois anos, ao qual compete dar parecer sobre as contas do síndico".

Delicado aspecto diz respeito às obras realizadas no condomínio, cuja realização depende (art. 1.341)[24]:

---

[22] Ver arts. 1.347 a 1.356 do Código Civil.

[23] PEREIRA, Caio Mário da Silva, ob. cit., p. 148.

[24] "§ 1º As obras ou reparações necessárias podem ser realizadas, independentemente de autorização, pelo síndico, ou, em caso de omissão ou impedimento deste, por qualquer condômino. § 2º Se as

a) se voluptuárias, de voto de dois terços dos condôminos;
b) se úteis, de voto da maioria dos condôminos.

O legislador ainda acrescenta que "a realização de obras, em partes comuns, em acréscimo às já existentes, a fim de lhes facilitar ou aumentar a utilização, depende da aprovação de dois terços dos votos dos condôminos, não sendo permitidas construções, nas partes comuns, suscetíveis de prejudicar a utilização, por qualquer dos condôminos, das partes próprias, ou comuns" (art. 1.342).

Merece destaque o dispositivo seguinte, pois faz expressa menção à "construção", que, como já vimos, tem natureza jurídica, não de benfeitoria, mas de acessão artificial:

> "Art. 1.343. A construção de outro pavimento, ou, no solo comum, de outro edifício, destinado a conter novas unidades imobiliárias, depende da aprovação da unanimidade dos condôminos".

É forçoso convir, portanto, que, em caso de acessões desta natureza, afigura-se imprescindível a anuência de todos os interessados.

Em arremate, destacamos a importante previsão constante no art. 1.346, no sentido de ser obrigatório o seguro de toda a edificação contra o risco de incêndio ou destruição, total ou parcial.

Com isso, preserva-se a incolumidade, não apenas dos condôminos, mas de terceiros.

Finalmente, o codificador encerra a disciplina do condomínio edilício tratando da sua extinção:

> "Art. 1.357. Se a edificação for total ou consideravelmente destruída, ou ameace ruína, os condôminos deliberarão em assembleia sobre a reconstrução, ou venda, por votos que representem metade mais uma das frações ideais.
>
> § 1º Deliberada a reconstrução, poderá o condômino eximir-se do pagamento das despesas respectivas, alienando os seus direitos a outros condôminos, mediante avaliação judicial.
>
> § 2º Realizada a venda, em que se preferirá, em condições iguais de oferta, o condômino ao estranho, será repartido o apurado entre os condôminos, proporcionalmente ao valor das suas unidades imobiliárias.
>
> Art. 1.358. Se ocorrer desapropriação, a indenização será repartida na proporção a que se refere o § 2º do artigo antecedente".

---

obras ou reparos necessários forem urgentes e importarem em despesas excessivas, determinada sua realização, o síndico ou o condômino que tomou a iniciativa delas dará ciência à assembleia, que deverá ser convocada imediatamente. § 3º Não sendo urgentes, as obras ou reparos necessários, que importarem em despesas excessivas, somente poderão ser efetuadas após autorização da assembleia, especialmente convocada pelo síndico, ou, em caso de omissão ou impedimento deste, por qualquer dos condôminos. § 4º O condômino que realizar obras ou reparos necessários será reembolsado das despesas que efetuar, não tendo direito à restituição das que fizer com obras ou reparos de outra natureza, embora de interesse comum".

Trata-se de regras de pouca aplicação prática, mas que não são despiciendas, na medida em que solucionam graves questões que podem surgir a partir da destruição total ou parcial da edificação condominial.

## 5. CONDOMÍNIO DE LOTES

A Lei n. 13.465/2017 acrescentou ao Código Civil o art. 1358-A, que passou a disciplinar o denominado "Condomínio de Lotes" ou "Condomínio deitado", o qual tem por objeto lotes ou terrenos, aptos à edificação, em vez de casas ou apartamentos.

O novo dispositivo tem a seguinte redação:

> "Art. 1.358-A. Pode haver, em terrenos, partes designadas de lotes que são propriedade exclusiva e partes que são propriedade comum dos condôminos.
>
> § 1º A fração ideal de cada condômino poderá ser proporcional à área do solo de cada unidade autônoma, ao respectivo potencial construtivo ou a outros critérios indicados no ato de instituição.
>
> § 2º Aplica-se, no que couber, ao condomínio de lotes o disposto sobre condomínio edilício neste Capítulo, respeitada a legislação urbanística.
>
> § 3º Para fins de incorporação imobiliária, a implantação de toda a infraestrutura ficará a cargo do empreendedor".

MARCO AURÉLIO BEZERRA DE MELO, estudioso do tema, após observar que parte da doutrina já sustentava a viabilidade dessa espécie de condomínio, com fundamento no art. 3º do Decreto-Lei n. 271/67, salientou que após a inserção deste artigo no Código Civil, afastou-se de uma vez por todas qualquer dúvida acerca da viabilidade da incorporação imobiliária destinada à venda de lotes no âmbito de um condomínio:

> "Por essa visada, já seria possível a instituição de um condomínio horizontal que não teria por fim reconhecer como unidade autônoma um apartamento, sala, casa, isto é, uma edificação, mas sim um lote de terreno *apto à edificação*, isto é, dotado de infraestrutura básica para tanto, segundo os ditames da lei 4591/64 no que tange à incorporação imobiliária e da lei 6766/79 que disciplina a divisão do solo urbano, além, à toda evidência, da observância das normas edilícias da localidade em atenção à competência constitucional delegada aos municípios (art. 30, VIII e 182, CF).
>
> A despeito da clareza, da existência de inúmeras leis municipais admitindo essa figura e até mesmo de recente pronunciamento do Supremo Tribunal Federal[2] que reconheceu, com fundamento nos artigos 30, VIII e 182, da Constituição Federal, validade a lei do Distrito Federal que ordenava o espaço urbano e previa, dentre outras regras, a possibilidade do reconhecimento do condomínio de lotes, o fato é que outras decisões estaduais e registradores pelo país afora entendiam pela impossibilidade dessa figura jurídica, trazendo insegurança jurídica aos incorporadores e adquirentes de lotes no condomínio a ser instalado.

> Na linha de raciocínio crítica ao *condomínio de lotes de terrenos urbanos*, é sempre bom lembrar a lição do professor José Afonso da Silva[3] que em brado de repúdio a essa figura, sustenta a sua inexistência segundo a ordem jurídica vigente, sendo, continua o autor, uma forma distorcida e deformada de especulação imobiliária, na qual o incorporador se vê livre do cumprimento das limitações, ônus e obrigações impostas pelo Direito Urbanístico constantes principalmente na lei 6766/79, inegavelmente mais rigorosa do que a lei 4591/64. Não há como negar a pertinência das reflexões apresentadas pelo eminente constitucionalista. Entretanto, parece-nos que a forma como o instituto foi positivado pela lei 13.465/17 extirpa essa preocupação.
>
> Isso porque a aludida legislação alterou o Código Civil no capítulo que trata do Condomínio Edilício, instituindo o artigo 1358-A, mas também fez alterações importantes na lei 6766/79 que trata do parcelamento do solo urbano, sem embargo da submissão à lei 4591/64 e ao próprio Código de Proteção e Defesa do Consumidor. Vejamos.
>
> Por meio do Código Civil foi sepultada de uma vez por todas qualquer dúvida acerca da viabilidade da incorporação imobiliária destinada a venda de lotes no âmbito de um condomínio que se submeterá às regras e princípios previstos no Código Civil (art. 1331 a 1358-A, CC) e, no que couber, à lei 4591/64 que já impõe ao incorporador uma série de deveres prévios a serem observados para a aprovação e registro no cartório imobiliário do memorial de incorporação e a possibilidade de comercialização dos lotes de terrenos urbanos (*v.g.* arts. 31 e 32)[25]".

Vemos com bons olhos o novo regramento, especialmente porque o parágrafo segundo do referido art. 1.358-A projeta sobre si as regras atinentes ao próprio condomínio edilício, respeitada a legislação urbanística, o que, de certa forma, confere um padrão normativo de segurança.

## 6. MULTIPROPRIEDADE OU *TIME SHARING*

Reputamos importante destacar, em tópico separado, este instituto jurídico, por conta das suas especificidades.

Na lição de MARIA HELENA DINIZ, com referência ao insuperável Professor GUSTAVO TEPEDINO:

> "O sistema *time sharing* ou multipropriedade imobiliária é uma espécie condominial relativa aos locais de lazer, pela qual há um aproveitamento econômico de bem imóvel (casa, chalé, apartamento), repartido, como ensina GUSTAVO TEPEDINO, em

---

[25] MELO, Marco Aurélio Bezerra de. Condomínio de Lotes e a Lei 13.465/2017: Breve apreciação. Disponível em: <http://genjuridico.com.br/2017/08/15/condominio-de-lotes-e-lei-1346517-breve-apreciacao/>. Acesso em: 16 ago. 2017.

unidades fixas de tempo, assegurando a cada cotitular o seu uso exclusivo e perpétuo durante certo período anual (mensal, quinzenal ou semanal). Possibilita o uso de imóvel (casa, apartamento, *flat*, chalé) em certos períodos ou temporadas, variando o preço conforme o tempo de sua utilização e temporada (baixa, média ou alta). Trata-se de uma multipropriedade periódica, muito útil para desenvolvimento de turismo em hotéis, clubes e em navios"[26].

A teor do art. 1.358-C do Código Civil, incluído pela Lei n. 13.777, de 20 de dezembro de 2018, a "multipropriedade é o regime de condomínio em que cada um dos proprietários de um mesmo imóvel é titular de uma fração de tempo, à qual corresponde a faculdade de uso e gozo, com exclusividade, da totalidade do imóvel, a ser exercida pelos proprietários de forma alternada".

E o seu parágrafo único acrescenta que "a multipropriedade não se extinguirá automaticamente se todas as frações de tempo forem do mesmo multiproprietário".

Tem-se, portanto, o exercício temporal fracionado, posto exclusivo, do direito de propriedade sobre o bem, o que incentiva a economia – pois permite a pessoas de classes menos abastadas a realização de investimento com menor custo – e o turismo – porquanto tem especial aplicação em empreendimentos como *flats* e hotéis[27].

Tem natureza real e derivada do condomínio.

Conforme observa AFONSO REZENDE:

> "A vantagem é puramente econômica, permitindo ao adquirente usufruir de um imóvel para seu descanso de cada ano, sem suportar gastos astronômicos, bem como isentar-se do possível 'sofrimento' e mesmo desagrado das reservas de hotéis ou mesmo possibilidade de nada encontrar para o merecido repouso, enfim, com dificuldades para um alojamento cômodo e saudável. A outra vantagem do sistema é que este tipo de copropriedade também está localizado em cidades praianas, montanhas, estâncias hidrominerais ou termais, vindo, assim, cumprir parcialmente o preceito constitucional quanto à função social da propriedade, pois se utiliza de maneira completa de um bem, satisfazendo o interesse de uma multiplicidade de sujeitos"[28].

Quanto ao objeto da multipropriedade, dispõe o art. 1.358-D do Código Civil, com a redação dada pela Lei n. 13.777:

---

[26] DINIZ, Maria Helena, ob. cit., 2019, v. 4, p. 298-299. A mesma autora reconhece quatro tipos de multipropriedade: a) acionária ou societária; b) do direito real de habitação periódica; c) imobiliária ou de complexo de lazer; d) hoteleira (p. 267-268).

[27] Sobre a instituição da multipropriedade, que pode se dar por ato entre vivos ou testamento, registrado no competente cartório de registro de imóveis (devendo constar daquele ato a duração dos períodos correspondentes a cada fração de tempo), confiram-se os arts. 1.358-F a 1.358-H da Lei n. 13.777/18.

[28] REZENDE, Afonso Celso F. Multipropriedade imobiliária. Disponível em: <http://www.escritorioonline.com/webnews/noticia.php?id_noticia=1308&>. Acesso em: 12 out. 2016.

a) é indivisível, não se sujeitando a ação de divisão ou de extinção de condomínio;
b) inclui as instalações, os equipamentos e o mobiliário destinados a seu uso e gozo.

De fato, como existe o exercício alternado de faculdades reais ínsitas ao direito de propriedade sobre a mesma coisa, em prol de titulares diversos, em caráter exclusivo, não teria sentido forçar a divisibilidade, sob pena de se desconfigurar a própria natureza do instituto.

Vale lembrar, ainda, que mesmo um condomínio edilício poderá adotar o regime de multipropriedade em parte ou na totalidade de suas unidades autônomas, a teor dos arts. 1.358-O a 1.358-U.

E o que dizer sobre a fração de tempo para o exercício do direito?

Sobre a fração de tempo que toca ao multiproprietário (art. 1.358-E), vale lembrar que:

a) cada fração é indivisível;
b) o período correspondente a cada fração de tempo será de, no mínimo, 7 (sete) dias, seguidos ou intercalados, e poderá ser: fixo e determinado, no mesmo período de cada ano; flutuante, caso em que a determinação do período será realizada de forma periódica, mediante procedimento objetivo que respeite, em relação a todos os multiproprietários, o princípio da isonomia, devendo ser previamente divulgado; ou misto, combinando os sistemas fixo e flutuante.

Todos os multiproprietários terão direito a uma mesma quantidade mínima de dias seguidos durante o ano, podendo haver a aquisição de frações maiores que a mínima, com o correspondente direito ao uso por períodos também maiores (art. 1.358-E).

A despeito das suas peculiaridades, aplicam-se-lhe, no que couberem, as regras do condomínio e do próprio Código de Defesa do Consumidor[29].

São direitos do multiproprietário, além daqueles previstos no instrumento de instituição e na convenção de condomínio em multipropriedade (art. 1.358-E):

---

[29] Nas palavras de NELSON KOJRANSKI, "cotejando-se a instituição de um condomínio edilício 'puro' com o da multipropriedade, é inegável, a meu ver, que a legislação daquele abrange esta, não havendo motivo para a recusa" (*Condomínio edilício*: aspectos jurídicos relevantes. 2. ed. São Paulo: Malheiros, 2015, p. 64). Na mesma linha, o talentoso ROBERTO FIGUEIREDO, antes da aprovação da Lei n. 13.777/18, prelecionava: "Tendo em vista a lacuna legislativa sobre o tema no Brasil, a doutrina, por analogia, propugna a aplicação das regras relacionadas ao condomínio, na forma do Enunciado 89 do Conselho da Justiça Federal; cita-se: 'o disposto nos arts. 1.331 a 1.358 do novo Código Civil aplica-se, no que couber, aos condomínios assemelhados, tais como loteamentos fechados, multipropriedade imobiliária e clubes de campo'" (FIGUEIREDO, Roberto. O *time sharing* ou a multipropriedade imobiliária. Disponível em: <https://www.cers.com.br/noticias-e-blogs/noticia/o-time-sharing-ou-amultipropriedade-imobiliaria;jsessionid=ek4wKnNQLUjAaga0uIpcSdy4.sp-tucson-prod-10>. Acesso em: 12 out. 2016). Sobre o tema, atualmente, cf. art. 1.358-B da Lei n. 13.777/18.

a) usar e gozar, durante o período correspondente à sua fração de tempo, do imóvel e de suas instalações, equipamentos e mobiliário;
b) ceder a fração de tempo em locação ou comodato;
c) alienar a fração de tempo, por ato entre vivos ou por causa de morte, a título oneroso ou gratuito, ou onerá-la, devendo a alienação e a qualificação do sucessor, ou a oneração, ser informadas ao administrador;
d) participar e votar, pessoalmente ou por intermédio de representante ou procurador, desde que esteja quite com as obrigações condominiais, em: d.1) assembleia geral do condomínio em multipropriedade, e o voto do multiproprietário corresponderá à quota de sua fração de tempo no imóvel; d.2) assembleia geral do condomínio edilício, quando for o caso, e o voto do multiproprietário corresponderá à quota de sua fração de tempo em relação à quota de poder político atribuído à unidade autônoma na respectiva convenção de condomínio edilício.

São obrigações do multiproprietário, além daquelas previstas no instrumento de instituição e na convenção de condomínio em multipropriedade (art. 1.358-J):

a) pagar a contribuição condominial do condomínio em multipropriedade e, quando for o caso, do condomínio edilício, ainda que renuncie ao uso e gozo, total ou parcial, do imóvel, das áreas comuns ou das respectivas instalações, equipamentos e mobiliário;
b) responder por danos causados ao imóvel, às instalações, aos equipamentos e ao mobiliário por si, por qualquer de seus acompanhantes, convidados ou prepostos ou por pessoas por ele autorizadas;
c) comunicar imediatamente ao administrador os defeitos, avarias e vícios no imóvel dos quais tiver ciência durante a utilização;
d) não modificar, alterar ou substituir o mobiliário, os equipamentos e as instalações do imóvel;
e) manter o imóvel em estado de conservação e limpeza condizente com os fins a que se destina e com a natureza da respectiva construção;
f) usar o imóvel, bem como suas instalações, equipamentos e mobiliário, conforme seu destino e natureza;
g) usar o imóvel exclusivamente durante o período correspondente à sua fração de tempo;
h) desocupar o imóvel, impreterivelmente, até o dia e hora fixados no instrumento de instituição ou na convenção de condomínio em multipropriedade, sob pena de multa diária, conforme convencionado no instrumento pertinente;
i) permitir a realização de obras ou reparos urgentes.

E como deve se dar o pagamento do IPTU e de despesas individuais (como luz, água e gás)?

A despeito do veto aos §§ 3º a 5º do art. 1.358-J, concordamos com o Prof. GUSTAVO TEPEDINO no sentido de que não se justificaria a imposição de uma responsabilidade solidária entre todos os multiproprietários[30]:

> "Pois bem: por se tratar de unidade autônoma, o IPTU há de ser individualizado e cobrado de cada multiproprietário, assim como as despesas de luz, gás e água próprias da respectiva unidade, sendo repartidas por cada multiproprietário as taxas condominiais que, como obrigações *propter rem*, oneram o patrimônio pessoal de cada titular. Essa questão se torna relevante na medida em que o presidente da República vetou dispositivos (parágrafos 3º, 4º e 5º do artigo 1.358-J do Código Civil) em cuja dicção se lia: parágrafo 3º: 'Os multiproprietários responderão, na proporção de sua fração de tempo, pelo pagamento dos tributos, contribuições condominiais e outros encargos que incidam sobre o imóvel'; e parágrafo 4º: 'Cada multiproprietário de uma fração de tempo responde individualmente pelo custeio das obrigações, não havendo solidariedade entre os diversos multiproprietários'. Tal veto, contudo, não altera a autonomia das matrículas, devendo ser afastada, portanto, qualquer interpretação que pretendesse atribuir ao conjunto dos multiproprietários de um mesmo apartamento a responsabilidade solidária das referidas despesas individuais".

Acompanhemos, nesse ponto, a dinâmica jurisprudencial.

O mesmo jurista, profundo conhecedor da matéria, observa, ainda, haver sido consagrada uma modalidade peculiar de anticrese legal, pois, a teor do art. 1.358-S, em caso de inadimplência das taxas condominiais, admitiu-se a "adjudicação ao condomínio edilício da fração de tempo correspondente", em caráter temporário, "até a quitação integral da dívida", proibindo-se ao multiproprietário utilizar o imóvel enquanto persistir a sua mora. E conclui: "Tal providência, bastante drástica, terá que ser regulada na convenção, assegurando-se o amplo direito de defesa de cada titular, podendo o condomínio inserir a respectiva unidade no *pool* hoteleiro, desde que haja previsão, nos termos da convenção, de tal destinação econômica"[31].

Por fim, vale acrescentar que a administração do imóvel e de suas instalações, equipamentos e mobiliário, objeto da multipropriedade, será de responsabilidade da pessoa indicada no instrumento de instituição ou na convenção de condomínio em multipropriedade, ou, na falta de indicação, de pessoa escolhida em assembleia geral dos condôminos[32].

É digno de nota que a legislação em vigor apenas tratou da multipropriedade imobiliária, recomendando-se, por segurança jurídica, que nova normatização cuide dos bens móveis, como destaca o talentoso CARLOS EDUARDO ELIAS DE OLIVEIRA:

---

[30] TEPEDINO, Gustavo. *A Multipropriedade e a Retomada do Mercado Imobiliário*, texto publicado em 30 de janeiro de 2019. Fonte: <https://www.conjur.com.br/2019-jan-30/tepedino-multipropriedade-retomada-mercado-imobiliario> (acesso em: 4 abr. 2019).

[31] TEPEDINO, Gustavo, *A Multipropriedade e a Retomada do Mercado Imobiliário*, cit.

[32] Cf. arts. 1.358-M e 1.358-N da Lei n. 13.777/18.

> "Não há lei indicando a natureza jurídica da multipropriedade sobre bens móveis. Parece-nos inviável admitir o condomínio em multipropriedade para eles, seja pela inaplicabilidade, por analogia, dos arts. 1.358-B ao 1.358-U do CC, seja porque o princípio da taxatividade dos direitos reais é um obstáculo jurídico diante da inexistência de previsão legal de um direito real de propriedade 'temporal' sobre móveis. Recorde-se que o precedente do STJ que apontara uma natureza real da multipropriedade tratava de uma penhora de imóvel objeto de contrato de *time sharing* não registrado no Cartório de Imóveis e, provavelmente, não resistiria diante de outro caso concreto envolvendo conflito entre dois adquirentes de boa-fé, conforme já expusemos mais acima. Ademais, ao se admitir a natureza de direito real para a *time sharing* sobre móveis sem lei prévia regulamentadora, teremos grande insegurança jurídica, pois adquirentes de bens móveis estariam sob o risco de perderem, por evicção, parcialmente a coisa em favor de terceiros desconhecidos que tivessem ocultos contratos de *time sharing* com o alienante.
>
> Assim, a multipropriedade sobre móveis tem de operacionalizar-se por meio de contratos atípicos que envolvem elementos de locação (ex.: uma empresa gestora se obriga a, em determinado período do ano, assegurar a fruição do bem pelo multiproprietário em troca de uma remuneração) ou por meio de um condomínio tradicional com um acordo entre os condôminos acerca do uso do bem. O problema é que esses arranjos são frágeis juridicamente: o primeiro (o da locação) pelo risco de a empresa – enquanto titular do direito real de propriedade – vender a coisa a terceiros, que não serão obrigados a respeitar o contrato; e o segundo (o do condomínio tradicional) pelo fato de a maioria censitária ter o poder de alterar as regras de uso da coisa e, assim, oscilar o período de uso de cada condômino.
>
> O legislador não pode prorrogar por mais tempo a triste orfandade normativa da multipropriedade sobre móveis: é preciso regulamentar logo a matéria"[33].

Com a consagração legal da multipropriedade, findando a acesa discussão acerca da sua própria natureza real – já assentada –, o que desafiava, até então, a nossa jurisprudência[34],

---

[33] OLIVEIRA, Carlos Eduardo Elias de. *Análise Detalhada da Multipropriedade no Brasil após a Lei n. 13.777/2018:* Pontos Polêmicos e Aspectos de Registros Públicos. Disponível em: <https://www12.senado.leg.br/publicacoes/estudos-legislativos/tipos-de-estudos/textos-para-discussao/td255>. Acesso em: 27 jun. 2019.

[34] Importante mencionar, aqui, acórdão do STJ, anterior à Lei n. 13.777/18, que, corajosamente, afirmou a natureza real da multipropriedade, diante da ausência, à época, de normatização legal específica: "PROCESSUAL CIVIL E CIVIL. RECURSO ESPECIAL. EMBARGOS DE TERCEIRO. MULTIPROPRIEDADE IMOBILIÁRIA (*TIME-SHARING*). NATUREZA JURÍDICA DE DIREITO REAL. UNIDADES FIXAS DE TEMPO. USO EXCLUSIVO E PERPÉTUO DURANTE CERTO PERÍODO ANUAL. PARTE IDEAL DO MULTIPROPRIETÁRIO. PENHORA. INSUBSISTÊNCIA. RECURSO ESPECIAL CONHECIDO E PROVIDO. 1. O sistema *time-sharing* ou multipropriedade imobiliária, conforme ensina Gustavo Tepedino, é uma espécie de condomínio relativo a locais de lazer no qual se divide o aproveitamento econômico de bem imóvel (casa, chalé, apartamento) entre os cotitulares em unidades fixas de tempo, assegurando-se a cada um o uso exclusivo e perpétuo durante certo período do

firmou-se o caminho para o reconhecimento de um direito real, que poderá, se bem aplicado, alcançar interessantes objetivos voltados ao bem-estar social, valor este tão caro nos tempos modernos.

## 7. FUNDOS DE INVESTIMENTO

Uma das novidades da "Declaração de Direitos da Liberdade Econômica" (Lei n. 13.874/2019) foi a apresentação de uma disciplina codificada dos Fundos de Investimento, que passaram a ser tratados em capítulo próprio, nos arts. 1.368-C a 1.368-F, *in verbis*:

> Capítulo X – DO FUNDO DE INVESTIMENTO
>
> Art. 1.368-C. O fundo de investimento é uma comunhão de recursos, constituído sob a forma de condomínio de natureza especial, destinado à aplicação em ativos financeiros, bens e direitos de qualquer natureza.
>
> § 1º Não se aplicam ao fundo de investimento as disposições constantes dos arts. 1.314 ao 1.358-A deste Código.
>
> § 2º Competirá à Comissão de Valores Mobiliários disciplinar o disposto no *caput* deste artigo.
>
> § 3º O registro dos regulamentos dos fundos de investimentos na Comissão de Valores Mobiliários é condição suficiente para garantir a sua publicidade e a oponibilidade de efeitos em relação a terceiros.
>
> Art. 1.368-D. O regulamento do fundo de investimento poderá, observado o disposto na regulamentação a que se refere o § 2º do art. 1.368-C desta Lei, estabelecer:
>
> I – a limitação da responsabilidade de cada investidor ao valor de suas cotas;

---

ano. 2. Extremamente acobertada por princípios que encerram os direitos reais, a multipropriedade imobiliária, nada obstante ter feição obrigacional aferida por muitos, detém forte liame com o instituto da propriedade, se não for sua própria expressão, como já vem proclamando a doutrina contemporânea, inclusive num contexto de não se reprimir a autonomia da vontade nem a liberdade contratual diante da preponderância da tipicidade dos direitos reais e do sistema de *numerus clausus*. 3. No contexto do Código Civil de 2002, não há óbice a se dotar o instituto da multipropriedade imobiliária de caráter real, especialmente sob a ótica da taxatividade e imutabilidade dos direitos reais inscritos no art. 1.225. 4. O vigente diploma, seguindo os ditames do estatuto civil anterior, não traz nenhuma vedação nem faz referência à inviabilidade de consagrar novos direitos reais. Além disso, com os atributos dos direitos reais se harmoniza o novel instituto, que, circunscrito a um vínculo jurídico de aproveitamento econômico e de imediata aderência ao imóvel, detém as faculdades de uso, gozo e disposição sobre fração ideal do bem, ainda que objeto de compartilhamento pelos multiproprietários de espaço e turnos fixos de tempo. 5. A multipropriedade imobiliária, mesmo não efetivamente codificada, possui natureza jurídica de direito real, harmonizando-se, portanto, com os institutos constantes do rol previsto no art. 1.225 do Código Civil; e o multiproprietário, no caso de penhora do imóvel objeto de compartilhamento espaço-temporal (*time-sharing*), tem, nos embargos de terceiro, o instrumento judicial protetivo de sua fração ideal do bem objeto de constrição. 6. É insubsistente a penhora sobre a integralidade do imóvel submetido ao regime de multipropriedade na hipótese em que a parte embargante é titular de fração ideal por conta de cessão de direitos em que figurou como cessionária. 7. Recurso especial conhecido e provido" (REsp 1.546.165/SP, Rel. Min. Ricardo Villas Bôas Cueva, rel. p/ Acórdão Ministro João Otávio de Noronha, 3ª Turma, julgado em 26-4-2016, *DJe* 6-9-2016) (grifamos).

> II – a limitação da responsabilidade, bem como parâmetros de sua aferição, dos prestadores de serviços do fundo de investimento, perante o condomínio e entre si, ao cumprimento dos deveres particulares de cada um, sem solidariedade; e
>
> III – classes de cotas com direitos e obrigações distintos, com possibilidade de constituir patrimônio segregado para cada classe.
>
> § 1º A adoção da responsabilidade limitada por fundo de investimento constituído sem a limitação de responsabilidade somente abrangerá fatos ocorridos após a respectiva mudança em seu regulamento.
>
> § 2º A avaliação de responsabilidade dos prestadores de serviço deverá levar sempre em consideração os riscos inerentes às aplicações nos mercados de atuação do fundo de investimento e a natureza de obrigação de meio de seus serviços.
>
> § 3º O patrimônio segregado referido no inciso III do *caput* deste artigo só responderá por obrigações vinculadas à classe respectiva, nos termos do regulamento.
>
> Art. 1.368-E. Os fundos de investimento respondem diretamente pelas obrigações legais e contratuais por eles assumidas, e os prestadores de serviço não respondem por essas obrigações, mas respondem pelos prejuízos que causarem quando procederem com dolo ou má-fé.
>
> § 1º Se o fundo de investimento com limitação de responsabilidade não possuir patrimônio suficiente para responder por suas dívidas, aplicam-se as regras de insolvência previstas nos arts. 955 a 965 deste Código.
>
> § 2º A insolvência pode ser requerida judicialmente por credores, por deliberação própria dos cotistas do fundo de investimento, nos termos de seu regulamento, ou pela Comissão de Valores Mobiliários.
>
> Art. 1.368-F. O fundo de investimento constituído por lei específica e regulamentado pela Comissão de Valores Mobiliários deverá, no que couber, seguir as disposições deste Capítulo".

O art. 1.368-C é *norma explicativa*, pois cuida de definir o próprio instituto disciplinado nos dispositivos seguintes do mesmo Capítulo X.

Nessa linha, *o fundo de investimento* é *uma comunhão de recursos, constituído sob a forma de condomínio de natureza especial, destinado à aplicação em ativos financeiros, bens e direitos de qualquer natureza.*

Deflui da dicção do texto normativo a natureza condominial do fundo.

Comentando acerca da inclusão dos fundos de investimento no Código Civil (originalmente pela MP 881/2019 e, após, por meio da Lei n. 13.874/2019), ensina MARCO AURÉLIO BEZERRA DE MELO que o objetivo do legislador foi "incrementar essa operação econômica que apresenta importantes reflexos jurídicos, possibilitando a existência de investidores com responsabilidade limitada à sua respectiva quota de participação"[35].

---

[35] MELO, Marco Aurélio Bezerra de. *Apreciação Preliminar dos Fundos de Investimento na MP 881/19*. Disponível em: <http://genjuridico.com.br/2019/05/03/apreciacao-preliminar-dos-fundos-de-investimento-na-mp-881-19/>. Acesso em: 24 set. 2019.

A sua natureza especial afasta a aplicação das normas constantes nos arts. 1.314 a 1.358-A do Código Civil. Assim, as regras do condomínio em geral, do condomínio edilício e do condomínio de lotes não se lhe aplicam (§ 1º do art. 1.368-C).

O §§ 2º e 3º do art. 1.368-C, por sua vez, trazem regras importantes:

a) competirá à Comissão de Valores Mobiliários disciplinar o fundo de investimento;
b) o registro dos regulamentos dos fundos de investimento na Comissão de Valores Mobiliários – CVM é condição suficiente para garantir a sua publicidade e a oponibilidade de efeitos em relação a terceiros.

Note-se, pois, que o registro na CVM dispensaria outro registro cartorário com o propósito de imprimir oponibilidade *erga omnes* ao fundo.

A título de complementação de pesquisa, lembramos que a Comissão de Valores Mobiliários – CVM é

> "... uma entidade autárquica, em regime especial, vinculada ao Ministério da Fazenda, criada pela Lei n. 6.385, de 07 de dezembro de 1976, com a finalidade de disciplinar, fiscalizar e desenvolver o mercado de valores mobiliários. A autarquia, com sede na cidade do Rio de Janeiro, é administrada por um Presidente e quatro Diretores nomeados pelo Presidente da República. O Presidente e a Diretoria constituem o Colegiado, que define políticas e estabelece práticas a serem implantadas e desenvolvidas pelo corpo de Superintendentes, a instância executiva da CVM"[36].

Importância foi dada ao *regulamento* do fundo de investimento, na medida em que poderá, observada a disciplina normativa da CVM, a teor do art. 1.368-D[37] do Código Civil, estabelecer:

a) a limitação da responsabilidade de cada investidor ao valor de suas cotas;
b) a limitação da responsabilidade, bem como parâmetros de sua aferição, dos prestadores de serviços do fundo de investimento, perante o condomínio e entre si, ao cumprimento dos deveres particulares de cada um, sem solidariedade; e

---

[36] Comissão de Valores Mobiliários. Disponível em: <https://www.investidor.gov.br/menu/Menu_Investidor/a_cvm/ACVM.html>. Acesso em: 11 out. 2019.

[37] O referido art. 1.368-D dispõe em seus parágrafos:

"§ 1º A adoção da responsabilidade limitada por fundo de investimento constituído sem a limitação de responsabilidade somente abrangerá fatos ocorridos após a respectiva mudança em seu regulamento.

§ 2º A avaliação de responsabilidade dos prestadores de serviço deverá levar sempre em consideração os riscos inerentes às aplicações nos mercados de atuação do fundo de investimento e a natureza de obrigação de meio de seus serviços.

§ 3º O patrimônio segregado referido no inciso III do *caput* deste artigo só responderá por obrigações vinculadas à classe respectiva, nos termos do regulamento".

c) classes de cotas com direitos e obrigações distintos, com possibilidade de constituir patrimônio segregado para cada classe.

Sobre o tema, debruçando-se sobre a MP 881/2019 (que se converteria, com alterações, na Lei n. 13.874/2019), observou LEONARDO COTTA PEREIRA:

> "A medida provisória 881, editada em 30 de abril de 2019, conseguiu expor, de forma salutar, um movimento de reflexão no que tange à responsabilização fiduciária nas estruturas dos Fundos de Investimento, a qual vem sendo sustentada pelo mercado financeiro com afinco ao longo dos últimos anos, em busca de uma regulação mais equânime e, consequentemente, um ambiente de investimentos menos inóspito"[38].

De fato, a questão atinente à responsabilidade envolvendo os fundos é complexa.

O legislador, aliás, avançou, estabelecendo, no art. 1.368-E[39], que

> "Os fundos de investimento respondem diretamente pelas obrigações legais e contratuais por eles assumidas, e os prestadores de serviço não respondem por essas obrigações, mas respondem pelos prejuízos que causarem quando procederem com dolo ou má-fé".

Afastou-se, pois, a responsabilidade objetiva e, bem assim, a própria responsabilidade subjetiva por mera culpa dos prestadores de serviços.

Destacamos, neste ponto, observação feita por MARCO AURÉLIO MELO, em pesquisa já citada:

> "Importa trazer à consideração que em caso emblemático no qual se discutiu a responsabilidade civil da administradora de fundos do Banco Marka em razão da perda decorrente da desvalorização do real no ano de 1999, a Quarta Turma do Superior Tribunal de Justiça deu provimento ao recurso especial em favor da instituição financeira, decidindo que descabia o pleito indenizatório por dano material ou moral em favor de investidor em fundos derivativos, tendo em vista que tais investimentos envolvem altos riscos e atraem investidores que são classificados no mercado financeiro como experientes e de perfil agressivo. A despeito de reconhecer a configuração da relação consumerista no caso, a decisão considerou que não há defeito do serviço na

---

38 PEREIRA, Leonardo Cotta. *MP 881/19*: Individualização de Responsabilidade Fiduciária em Fundos de Investimento. Disponível em: <https://www.migalhas.com.br/dePeso/16,MI303784,91041-MP+88119+individualizacao+de+responsabilidade+fiduciaria+em+fundos+de>. Acesso em: 25 set. 2019.

39 Confiram-se os parágrafos do art. 1.368-E:

"§ 1º Se o fundo de investimento com limitação de responsabilidade não possuir patrimônio suficiente para responder por suas dívidas, aplicam-se as regras de insolvência previstas nos arts. 955 a 965 deste Código.

§ 2º A insolvência pode ser requerida judicialmente por credores, por deliberação própria dos cotistas do fundo de investimento, nos termos de seu regulamento, ou pela Comissão de Valores Mobiliários".

atividade exercida quando há o insucesso não culposo, pois tal obrigação é considerada como de meio e não de resultado no sentido da esperada lucratividade do investidor, a qual não se vincula contratualmente o fornecedor (STJ, Quarta Turma, REsp n. 799.241-RJ, Rel. Min. Raul Araújo, julg. em 14/08/2012)"[40].

Por fim, o Código, com a redação dada pela Lei n. 13.874/2019, em seu art. 1.368-F, dispõe que o fundo, criado por *lei específica* e regulamentado pela CVM, submeter-se-á, no que couber, às suas normas codificadas (dos arts. 1.368-C a 1.368-E).

VIDEOAULA

a) É possível a expulsão do condômino antissocial?

*Acesse também o vídeo sobre o capítulo pelo link: <https://somos.in/MDC4>*

b) O que é *multipropriedade* ou *time sharing*?

*Acesse também o vídeo sobre o capítulo pelo link: <https://somos.in/MDC4>*

[40] MELO, Marco Aurélio Bezerra de. *Apreciação Preliminar dos Fundos de Investimento na MP 881/19*, cit.

# LXIV DIREITOS REAIS NA COISA ALHEIA

## 1. INTRODUÇÃO

Respeitando o propósito de apresentar a você, amigo leitor, neste *Manual*, um direito civil objetivo, sistematizado e preciso, sem descuidarmos da necessária pesquisa científica, traçaremos, a partir de agora, um painel geral dos direitos reais na coisa alheia, conceituando cada um deles separadamente e desenvolvendo os seus aspectos mais importantes e fundamentais[1].

Os direitos reais na coisa alheia (*jus in re aliena*), em face do Código Civil, podem ser subdivididos em:

a) direitos de gozo ou fruição — superfície, servidão, usufruto, uso, habitação, concessão de uso especial para moradia, concessão de direito real de uso e laje[2];

b) direitos de garantia — penhor, anticrese e hipoteca[3];

c) direito à coisa — promessa de compra e venda.

Vejamos, nos próximos tópicos, cada uma das modalidades desses direitos reais na coisa alheia.

## 2. SUPERFÍCIE

O direito de superfície substituiu a antiga enfiteuse[4].

---

[1] Para análise detalhada sobre o tema, recomendamos a leitura do nosso volume 5 — *Novo Curso de Direito Civil* — Direitos Reais.

[2] A concessão de direito real de uso para fins de moradia e a concessão de direito real de uso, são tratadas por legislação especial (Leis n. 11.481/2007, 10.257/2001, 9.639/98), e são institutos com reflexos no Direito Administrativo.

[3] Pode ser inserida aqui, também, a alienação fiduciária em garantia, regulada em legislação especial.

[4] Código Civil de 2002: "Art. 2.038. Fica proibida a constituição de enfiteuses e subenfiteuses, subordinando-se as existentes, até sua extinção, às disposições do Código Civil anterior, Lei n. 3.071, de 1º de janeiro de 1916, e leis posteriores. § 1º Nos aforamentos a que se refere este artigo é defeso: I — cobrar laudêmio ou prestação análoga nas transmissões de bem aforado, sobre o valor das construções ou plantações; II — constituir subenfiteuse. § 2º A enfiteuse dos terrenos de marinha e acrescidos regula-se por lei especial".

O proprietário pode conceder a outrem o direito de construir ou de plantar em seu terreno, por tempo determinado, mediante escritura pública devidamente registrada no Cartório de Registro de Imóveis, segundo o art. 1.369.

Trata-se do direito real de superfície, o qual não autoriza obra no subsolo, salvo se for inerente ao objeto da concessão[5].

Algumas características devem ser destacadas[6]:

a) o direito real de superfície concede ao seu titular o direito de construir ou plantar em terreno alheio, sem descaracterizar ou prejudicar a substância da coisa principal;
b) é sempre pactuado em caráter temporário, diferentemente, pois, da enfiteuse, que era perpétua;
c) a sua constituição somente se dará por escritura pública, devidamente registrada no Cartório de Registro de Imóveis;
d) não se admite a realização de obra no subsolo, ressalvada a hipótese de haver previsão contratual expressa neste sentido.

A concessão da superfície será gratuita ou onerosa; se onerosa, estipularão as partes se o pagamento será feito de uma só vez, ou parceladamente, a teor o art. 1.370.

Ainda sobre o instituto, preleciona PABLO STOLZE GAGLIANO:

> "Por meio desse direito real, o proprietário do solo confere a outrem (superficiário), gratuita ou onerosamente, a prerrogativa de realizar obras e explorar o imóvel, devolvendo-o, com os seus acréscimos, ao final do prazo pactuado. Sendo temporário, portanto, é útil às duas partes. Advertimos, entretanto, que, dado o vulto das plantações ou construções realizadas, talvez seja interessante ao superficiário propor o estabelecimento de um prazo mais ou menos longo, a fim de que possa cobrir os custos do seu investimento. Quanto à forma, observe-se que a lei, expressamente, exige a instituição por meio de escritura pública, devidamente registrada no Cartório de

---

[5] "Ao ler o primeiro artigo que trata do direito de superfície no Código Civil", afirma ÉLCIO REZENDE, "constatamos que a principal obrigação do superficiário é 'construir ou plantar' no terreno do concedente. Isto posto, surge uma questão: é possível constituir uma superfície incidente em um imóvel já construído? A resposta me parece positiva" (REZENDE, Élcio Nacur. *Direito de Superfície*, Belo Horizonte: Del Rey, 2010, p. 64-5). Trata-se do denominado direito de superfície por cisão, tema debatido e polêmico em doutrina, tendo sido objeto do Enunciado n. 250 da III Jornada de Direito Civil. Em nosso sentir, é possível a figura da cisão, na medida em que o superficiário poderá realizar obras e explorar o prédio, imprimindo-lhe destinação econômica.

[6] GAGLIANO, Pablo Stolze. *Código Civil Comentado* — Arts. 1.369 a 1.418, v. XIII, p. 22 (recomendamos ao nosso amigo leitor esta coleção de comentários ao CC, coordenada pelo grande Professor Álvaro Villaça Azevedo).

Registro Imobiliário. Não basta, pois, a inscrição no Cartório de Notas. A escritura pode até ser lavrada neste último, mas o seu registro há que ser feito, invariavelmente, no Cartório Imobiliário. Somente a partir daí, o direito real estará devidamente constituído. Sua utilidade, em nosso entendimento, vai além da seara do Direito Privado"[7].

A respeito da sua transmissibilidade, dispõe o art. 1.372 que "o direito de superfície pode transferir-se a terceiros e, por morte do superficiário, aos seus herdeiros", não podendo "ser estipulado pelo concedente, a nenhum título, qualquer pagamento pela transferência".

Há entendimento, na jurisprudência, no sentido de que a transmissibilidade do direito pressupõe a sua constituição regular:

> "PROCESSO CIVIL. AGRAVO DE INSTRUMENTO. AÇÃO DE INVENTÁRIO E PARTILHA. DIREITO DE SUPERFÍCIE. TRANSMISSIBILIDADE. CÓDIGO CIVIL E ESTATUTO DA CIDADE (ART. 21). COMPROVAÇÃO. ESCRITURA PÚBLICA. 1. Agravo de instrumento tirado contra interlocutória proferida em sede de inventário e partilha, que determinou a exclusão de bem denominado Chácara Menino Jesus 123, Setor P Norte — Ceilândia/DF, diante da informação, prestada pela Terracap, quanto à impossibilidade da escrituração do imóvel em nome do espólio de Odilon Alves, haja vista não ter sido firmado contrato de concessão de uso junto à extinta Fundação Zoobotânica do Distrito Federal. 2. Destarte, uma das principais marcas do direito de superfície é sua transmissibilidade, por ato *inter vivos*, oneroso ou gratuito, ou *causa mortis*. 2.1 Todavia, apesar de o direito de superfície, entendido como sendo direito real de ter construção ou plantação em solo alheio, ser passível de transmissão aos herdeiros, por morte do superficiário (art. 1.372 do CCB), a forma legal de instituição do referido instituto é por meio de escritura pública (arts. 21 do Estatuto da Cidade e 1.369 do CC/2002). 2.2 No mesmo sentido, o art. 21, da Lei 10.257/2001 (Estatuto da Cidade), prescreve que 'o proprietário urbano poderá conceder a outrem o direito de superfície do seu terreno, por tempo determinado ou indeterminado, mediante escritura pública registrada no Cartório de Registro de Imóveis'. 3. Inviável cogitar-se de transmissibilidade, aos herdeiros, de direito de superfície não instituído regularmente por meio de instrumento público, em razão de o imóvel ser objeto de parcelamento irregular. 4. Agravo improvido" (TJDF, AgI: 20130020274956-DF, 0028438-16.2013.8.07.0000, Rel. João Egmont, julgado em 23-4-2014, 5ª Turma Cível, *DJe* 29-4-2014, p. 152).

Alguns enunciados das Jornadas de Direito Civil, a respeito do direito real de superfície, merecem a nossa atenção:

---

7 GAGLIANO, Pablo Stolze, ob. cit., p. 23-4.

- I JDC. Enunciado 93 — Art. 1.369: As normas previstas no Código Civil sobre direito de superfície não revogam as relativas a direito de superfície constantes do Estatuto da Cidade (Lei n. 10.257/2001)[8] por ser instrumento de política de desenvolvimento urbano.
- I JDC. Enunciado 94 — Art. 1.371: As partes têm plena liberdade para deliberar, no contrato respectivo, sobre o rateio dos encargos e tributos que incidirão sobre a área objeto da concessão do direito de superfície.
- III JDC. Enunciado 249 — Art. 1.369: A propriedade superficiária pode ser autonomamente objeto de direitos reais de gozo e garantia, cujo prazo não exceda a duração da concessão da superfície, não se lhe aplicando o art. 1.474.
- VI JDC. Enunciado 568 — O direito de superfície abrange o direito de utilizar o solo, o subsolo ou o espaço aéreo relativo ao terreno, na forma estabelecida no contrato, admitindo-se o direito de sobrelevação, atendida a legislação urbanística.

Finalmente, vale acrescentar que, no caso de extinção do direito de superfície em consequência de desapropriação, a indenização cabe ao proprietário e ao superficiário, no valor correspondente ao direito real de cada um (art. 1.376 do CC).

## 3. SERVIDÃO

O termo "servidão" tem origem na palavra latina *servitudo*, de *servus*, reportando-nos a um sentido de subserviência, de submissão.

O direito real de servidão proporciona utilidade para o prédio dominante, e grava o prédio serviente, que pertence a diverso dono, e constitui-se mediante declaração expressa dos proprietários, ou por testamento, e subsequente registro no Cartório de Registro de Imóveis, a teor do art. 1.378.

Poderá, também, em determinadas situações, ser constituída por usucapião, desde que a servidão seja aparente, ou seja, ostensiva, visível, segundo entendimento consolidado em nossa jurisprudência:

Súmula 415 do STF: "Servidão de trânsito não titulada, mas tornada permanente, sobretudo pela natureza das obras realizadas, considera-se aparente, conferindo direito à proteção possessória".

> "APELAÇÃO CÍVEL. USUCAPIÃO (BENS IMÓVEIS). AÇÃO DE USUCAPIÃO. PRETENSÃO COM LASTRO NO ART. 1.379 DO CÓDIGO CIVIL. REQUISITOS AUSENTES. INEXISTÊNCIA DE SERVIDÃO APARENTE. AUSÊNCIA DE OBRAS VISÍVEIS E PERMANENTES, REALIZADAS NO PRÉDIO SERVIENTE PARA O EXERCÍCIO DO DIREITO DE PASSAGEM. SERVIDÃO NÃO APARENTE NÃO

[8] No Estatuto da Cidade, cf. os arts. 21 a 24.

AUTORIZA A AQUISIÇÃO DA PROPRIEDADE POR USUCAPIÃO. NEGARAM PROVIMENTO. UNÂNIME. (Apelação Cível n. 70053527966, Décima Oitava Câmara Cível, Tribunal de Justiça do RS, Relator: Pedro Celso Dal Pra, Julgado em 25-4-2013)" (TJRS, AC 70053527966 RS, Rel. Pedro Celso Dal Pra, julgado em 25-4-2013, Décima Oitava Câmara Cível, *DJ* 2-5-2013).

PABLO STOLZE GAGLIANO, sobre o direito de servidão, conceitua e exemplifica:

> "Trata-se de um direito real peculiar, na medida em que grava um imóvel em proveito de outro, independentemente de quem seja o seu proprietário. Vale dizer, diferentemente do que ocorre com o usufruto, que é direcionado a determinado beneficiário, a servidão favorecerá a todo e qualquer adquirente do prédio dominante. Exemplo: CLEONICE e ANTONIA SIRLENE celebraram contrato, devidamente registrado no Cartório de Imóveis, por meio do qual o imóvel da primeira (serviente) suportaria uma servidão de passagem, em benefício do prédio da segunda (dominante). Pois bem. Caso SIRLENE aliene o seu imóvel a SINVAL, o gravame no prédio serviente passará a favorecer o novo dono, e assim subsequentemente em todas as outras alienações, até que o ônus seja cancelado.
>
> No dizer do nosso insuperável mestre ORLANDO GOMES, 'O encargo pode consistir na obrigação de o possuidor do prédio serviente de tolerar que o possuidor do prédio dominante o utilize para certo fim, ou na obrigação de não praticar determinado ato de utilização do seu bem (*in patiendo* e *in non faciendo*)'. Nesse diapasão, os seguintes elementos podem ser extraídos do conceito do direito de servidão: 1. um ônus ou gravame incidente sobre um prédio serviente; 2. um beneficio experimentado pelo prédio dominante, por força do referido gravame; 3. a titularidade diversa dos referidos prédios (pertencentes a donos distintos); 4. a necessidade do registro no Cartório de Imóveis para a sua constituição"[9].

Não se deve confundir a servidão de passagem (modalidade bastante comum de servidão), que tem natureza de direito real na coisa alheia, com o direito de passagem forçada (art. 1.285), que tem natureza de direito de vizinhança.

Podem ter a mesma finalidade, mas são institutos diversos:

> "RECURSO ESPECIAL. AÇÃO POSSESSÓRIA. INTERDITO PROIBITÓRIO. PASSAGEM FORÇADA. SERVIDÃO DE PASSAGEM. DISTINÇÕES E SEMELHANÇAS. NÃO CARACTERIZAÇÃO NO CASO. SERVIDÃO NÃO SE PRESUME E DEVE SER INTERPRETADA RESTRITIVAMENTE.
>
> 1. Apesar de apresentarem naturezas jurídicas distintas, tanto a passagem forçada, regulada pelos direitos de vizinhança, quanto a servidão de passagem, direito real, originam-se em razão da necessidade/utilidade de trânsito, de acesso.

9 GAGLIANO, Pablo Stolze, ob. cit., p. 58.

> 2. Não identificada, no caso dos autos, hipótese de passagem forçada ou servidão de passagem, inviável a proteção possessória pleiteada com base no alegado direito.
>
> 3. A servidão, por constituir forma de limitação do direito de propriedade, não se presume, devendo ser interpretada restritivamente.
>
> 4. Recurso especial provido" (STJ, REsp 316.045/SP, Rel. Min. Ricardo Villas Bôas Cueva, 3ª Turma, julgado em 23-10-2012, *DJe* 29-10-2012).

Importante destacar, a teor do art. 1.379, que o exercício incontestado e contínuo de uma servidão aparente, por dez anos, nos termos do art. 1.242, autoriza o interessado a registrá-la em seu nome no Registro de Imóveis, valendo-lhe como título a sentença que julgar consumada a usucapião. Se o possuidor não tiver título, o prazo da usucapião será de vinte anos[10].

Quanto ao exercício do direito de servidão, algumas normas merecem destaque[11]:

a) O dono de uma servidão pode fazer todas as obras necessárias à sua conservação e uso, e, se a servidão pertencer a mais de um imóvel, serão as despesas rateadas entre os respectivos proprietários. Tais obras devem ser feitas pelo dono do prédio dominante, se o contrário não dispuser expressamente o título (a exemplo do contrato que serviu de base para a constituição da servidão).
b) Quando a obrigação incumbir ao dono do prédio serviente, este poderá exonerar-se, abandonando, total ou parcialmente, a propriedade ao dono do dominante. Se o proprietário do prédio dominante se recusar a receber a propriedade do serviente, ou parte dela, caber-lhe-á custear as obras.
c) O dono do prédio serviente não poderá embaraçar de modo algum o exercício legítimo da servidão, sob pena de suportar as eventuais medidas possessórias contra si manejadas.
d) A servidão pode ser removida, de um local para outro, pelo dono do prédio serviente e à sua custa, se em nada diminuir as vantagens do prédio dominante, ou pelo dono deste e à sua custa, se houver considerável incremento da utilidade e não prejudicar o prédio serviente (imagine-se, por exemplo, uma servidão consistente em uma estrutura para a passagem de canaletas para irrigação).

Uma vez que a servidão impõe uma limitação ao direito do titular do prédio serviente, o seu exercício deverá ter, por consequência, caráter restritivo:

> "Art. 1.385. Restringir-se-á o exercício da servidão às necessidades do prédio dominante, evitando-se, quanto possível, agravar o encargo ao prédio serviente.
>
> § 1º Constituída para certo fim, a servidão não se pode ampliar a outro.

10 A despeito de a norma legal estabelecer esse prazo de 20 anos, o Enunciado n. 251 da III Jornada de Direito Civil, por sua vez, aponta em sentido diverso: "O prazo máximo para o usucapião extraordinário de servidões deve ser de 15 anos, em conformidade com o sistema geral de usucapião previsto no Código Civil".

11 Cf. arts. 1.380 a 1.386 do CC.

§ 2º Nas servidões de trânsito, a de maior inclui a de menor ônus, e a menor exclui a mais onerosa.

§ 3º Se as necessidades da cultura, ou da indústria, do prédio dominante impuserem à servidão maior largueza, o dono do serviente é obrigado a sofrê-la; mas tem direito a ser indenizado pelo excesso".

O último parágrafo deste dispositivo, nitidamente, leva em conta o princípio da função social, especialmente em uma perspectiva econômica.

Por fim, quanto à extinção da servidão, dispõe o Código Civil:

"Art. 1.387. Salvo nas desapropriações, a servidão, uma vez registrada, só se extingue, com respeito a terceiros, quando cancelada.

Parágrafo único. Se o prédio dominante estiver hipotecado, e a servidão se mencionar no título hipotecário, será também preciso, para a cancelar, o consentimento do credor.

Art. 1.388. O dono do prédio serviente tem direito, pelos meios judiciais, ao cancelamento do registro, embora o dono do prédio dominante lho impugne:

I — quando o titular houver renunciado a sua servidão;

II — quando tiver cessado, para o prédio dominante, a utilidade ou a comodidade, que determinou a constituição da servidão;

III — quando o dono do prédio serviente resgatar a servidão.

Art. 1.389. Também se extingue a servidão, ficando ao dono do prédio serviente a faculdade de fazê-la cancelar, mediante a prova da extinção:

I — pela reunião dos dois prédios no domínio da mesma pessoa;

II — pela supressão das respectivas obras por efeito de contrato, ou de outro título expresso;

III — pelo não uso, durante dez anos contínuos".

Comentando o inciso I do art. 1.389, MARIA HELENA DINIZ afirma que se opera uma confusão, uma vez que se reúnem os dois imóveis no domínio da mesma pessoa[12].

Chama a nossa atenção, ainda, nesse conjunto de normas, a previsão constante no inciso III do art. 1.369.

Opera-se, na hipótese, a extinção do direito pela inação do seu titular, no prazo de dez anos, o que reforça a ideia de que, em se tratando de um instituto limitativo da propriedade, a frustação de sua funcionalidade poderá conduzir ao seu próprio desaparecimento.

Em conclusão, lembramos que se denomina "ação negatória" a que tem por objeto a declaração de inexistência de servidão e "ação confessória", aquela que, por outro lado, visa ao reconhecimento do direito de servidão.

---

12 DINIZ, Maria Helena, ob. cit., 2019, v. 4, p. 474.

## 4. USUFRUTO

O direito real de usufruto pode recair em um ou mais bens, móveis ou imóveis[13], em um patrimônio inteiro, ou parte deste, abrangendo-lhe, no todo ou em parte, os frutos e utilidades (art. 1.390).

De um lado, temos o titular do bem, que se despoja das faculdades reais de uso e gozo, tornando a sua propriedade limitada (nu-proprietário); de outro, o beneficiário (usufrutuário) que poderá exercer a defesa do seu direito inclusive em face de quem o constituiu:

> "RECURSO ESPECIAL. AÇÃO PETITÓRIA. AÇÃO REIVINDICATÓRIA. USUFRUTO. DIREITO REAL LIMITADO. USUFRUTUÁRIO. LEGITIMIDADE E INTERESSE.
>
> 1. Cuida-se que ação denominada 'petitória-reivindicatória' proposta por usufrutuário, na qual busca garantir o seu direito de usufruto vitalício sobre o imóvel.
>
> 2. Cinge-se a controvérsia a definir se o usufrutuário tem legitimidade/interesse para propor ação petitória/reivindicatória para fazer prevalecer o seu direito de usufruto sobre o bem.
>
> 3. O usufrutuário — na condição de possuidor direto do bem — pode valer-se das ações possessórias contra o possuidor indireto (nu-proprietário) e — na condição de titular de um direito real limitado (usufruto) — também tem legitimidade/interesse para a propositura de ações de caráter petitório, tal como a reivindicatória, contra o nu-proprietário ou contra terceiros.
>
> 4. Recurso especial provido" (STJ, REsp 1.202.843/PR, Rel. Min. Ricardo Villas Bôas Cueva, 3ª Turma, julgado em 21-10-2014, *DJe* 28-10-2014).

PABLO STOLZE GAGLIANO, nos *Comentários ao Código Civil*, discorre sobre o instituto:

> "O direito real de usufruto poderá se constituir das seguintes formas: a) por negócio jurídico gratuito ou oneroso; b) por testamento; c) por usucapião; d) por força de lei. Na primeira hipótese, temos um contrato, firmado entre duas partes, visando à constituição do usufruto. Em tal hipótese, qual seria a forma a ser adotada pelos

---

13 Art. 1.392 do CC: "Salvo disposição em contrário, o usufruto estende-se aos acessórios da coisa e seus acrescidos. § 1º Se, entre os acessórios e os acrescidos, houver coisas consumíveis, terá o usufrutuário o dever de restituir, findo o usufruto, as que ainda houver e, das outras, o equivalente em gênero, qualidade e quantidade, ou, não sendo possível, o seu valor, estimado ao tempo da restituição. § 2º Se há no prédio em que recai o usufruto florestas ou os recursos minerais a que se refere o art. 1.230, devem o dono e o usufrutuário prefixar-lhe a extensão do gozo e a maneira de exploração. § 3º Se o usufruto recai sobre universalidade ou quota-parte de bens, o usufrutuário tem direito à parte do tesouro achado por outrem, e ao preço pago pelo vizinho do prédio usufruído, para obter meação em parede, cerca, muro, vala ou valado".

contraentes? Tratando-se de constituição de usufruto sobre bem imóvel, caso o valor do mesmo exceda trinta vezes o maior salário mínimo vigente no país, a escritura pública é essencial para a validade do ato (...) Se o usufruto incidir sobre bem móvel, entretanto, tal solenidade é dispensável. Este modo de constituição, sem dúvida, é o mais comum, e tanto pode se operar a título gratuito como também em caráter oneroso. No primeiro caso, o nu-proprietário beneficia o usufrutuário, conferindo-lhe a faculdade real de desfrutar de algo que lhe pertence, independentemente de contraprestação. É o caso do filho que institui o usufruto em prol de seu velho pai, até o fim de seus dias. Neste caso, o seu genitor gozará gratuitamente do direito concedido. Em outra hipótese, poderia um sujeito conferir o usufruto, por contrato, em benefício de outrem, mediante o pagamento de um preço. Aqui, estaríamos diante de uma forma onerosa de constituição. Também por testamento se constitui o usufruto (...) Nada impede, outrossim, que se constitua o usufruto por meio do usucapião (...) Finalmente, o usufruto pode derivar da própria lei, a exemplo do usufruto resultante do direito de família. Nesse sentido, o art. 1.689 do Código Civil dispõe que: 'Art. 1.689. O pai e a mãe, enquanto no exercício do poder familiar: I — são usufrutuários dos bens dos filhos'"[14].

Vale lembrar que o usufruto de imóveis, quando não resulte de usucapião, constituir-se-á mediante registro no Cartório de Registro de Imóveis (art. 1.391).

Caso tenho por objeto bens fungíveis (substituíveis) ou consumíveis, é denominado usufruto impróprio ou quase usufruto (ex.: usufruto incidente sobre valores pecuniários aplicados).

Finalmente, merece atenção a disposição constante no art. 1.393, segundo a qual "não se pode transferir o usufruto por alienação; mas o seu exercício pode ceder-se por título gratuito ou oneroso"[15].

Nesse diapasão, vamos passar em revista alguns importantes direitos e deveres do usufrutuário[16].

---

[14] GAGLIANO, Pablo Stolze, ob. cit., p. 122-5.

[15] Interessante exemplo é dado por Pablo Stolze, na obra acima citada (p. 134): "O que a lei proíbe é a cessão — erroneamente denominada alienação — do direito em si. Ou seja, não pode o usufrutuário, em caráter gratuito ou oneroso, pretender transferir o seu direito a um terceiro, que passaria a figurar como novo usufrutuário. Tal não é possível, pois atenta contra a própria essência deste direito, que detém nítido caráter alimentar e matiz personalíssimo. Nada impede, todavia, que o usufrutuário, sem despojar-se do seu direito, possa ceder, a título gratuito ou oneroso, o seu exercício. Figure-se o seguinte exemplo. BOMFIM constituiu em beneficio do seu sobrinho GERALDO o usufruto de uma fazenda, para que perceba seus frutos, até que conclua os seus estudos na Faculdade de Artes Plásticas. Nada impede, pois, desde que não haja proibição no título constitutivo do direito, que GERALDO, demonstrando pouca aptidão no trato com a atividade rural, arrende o bem a um terceiro, que lhe pagará uma renda mensal, suficiente para o custeio dos seus estudos. Com isso, GERALDO permanece como usufrutuário, desfrutando das utilidades da fazenda, sem desvirtuar a finalidade para que fora o direito constituído".

[16] Cf. arts. 1.394 a 1.409 do CC.

Direitos do usufrutuário:

a) O usufrutuário tem direito à posse, uso, administração e percepção dos frutos.
b) Quando o usufruto recai em títulos de crédito, o usufrutuário tem direito a perceber os frutos e a cobrar as respectivas dívidas. Cobradas as dívidas, o usufrutuário aplicará, de imediato, a importância em títulos da mesma natureza, ou em títulos da dívida pública federal, com cláusula de atualização monetária segundo índices oficiais regularmente estabelecidos.
c) Salvo direito adquirido por outrem, o usufrutuário faz seus os frutos naturais, pendentes ao começar o usufruto, sem encargo de pagar as despesas de produção. Os frutos naturais, pendentes ao tempo em que cessa o usufruto, pertencem ao dono, também sem compensação das despesas.
d) As crias dos animais pertencem ao usufrutuário, deduzidas quantas bastem para inteirar as cabeças de gado existentes ao começar o usufruto.
e) Os frutos civis, vencidos na data inicial do usufruto, pertencem ao proprietário, e ao usufrutuário os vencidos na data em que cessa o usufruto.
f) O usufrutuário pode usufruir em pessoa, ou mediante arrendamento, o prédio, mas não mudar-lhe a destinação econômica, sem expressa autorização do proprietário.

Deveres do usufrutuário:

a) O usufrutuário, antes de assumir o usufruto, inventariará, à sua custa, os bens que receber, determinando o estado em que se acham, e dará caução, fidejussória ou real, se lha exigir o dono, de velar-lhes pela conservação, e entregá-los findo o usufruto. Não é obrigado à caução o doador que se reservar o usufruto da coisa doada (esta última situação é bastante comum; o pai doa o imóvel ao filho, permanecendo como usufrutuário).
b) O usufrutuário que não quiser ou não puder dar caução suficiente perderá o direito de administrar o usufruto; e, neste caso, os bens serão administrados pelo proprietário, que ficará obrigado, mediante caução, a entregar ao usufrutuário o rendimento deles, deduzidas as despesas de administração, entre as quais se incluirá a quantia fixada pelo juiz como remuneração do administrador.
c) O usufrutuário não é obrigado a pagar as deteriorações resultantes do exercício regular do usufruto.
d) Incumbem ao usufrutuário: as despesas ordinárias de conservação dos bens no estado em que os recebeu, bem como as prestações e os tributos devidos pela posse ou rendimento da coisa usufruída[17].

[17] "Art. 1.404. Incumbem ao dono as reparações extraordinárias e as que não forem de custo módico; mas o usufrutuário lhe pagará os juros do capital despendido com as que forem necessárias à

e) Se o usufruto recair num patrimônio, ou parte deste, será o usufrutuário obrigado aos juros da dívida que onerar o patrimônio ou a parte dele.
f) O usufrutuário é obrigado a dar ciência ao dono de qualquer lesão produzida contra a posse da coisa, ou os direitos deste.

Vale acrescentar que a nua propriedade (vale dizer, a propriedade limitada daquele que suporta o direito de usufruto de outrem) poderá ser objeto de penhora, sem que o usufruto seja prejudicado, segundo já entendeu o Superior Tribunal de Justiça:

> "AGRAVO REGIMENTAL. AGRAVO EM RECURSO ESPECIAL. EMBARGOS DE TERCEIRO. NEGATIVA DE PRESTAÇÃO JURISDICIONAL. AUSÊNCIA. ARTS. 649, I, DO CPC E 1.191 DO CC/02. PREQUESTIONAMENTO. FALTA. IMÓVEL GRAVADO COM USUFRUTO. PENHORA DA NUA-PROPRIEDADE. POSSIBILIDADE. SÚMULA 83/STJ. AGRAVO NÃO PROVIDO.
>
> 1. De acordo com a jurisprudência do Superior Tribunal de Justiça não há ofensa ao art. 535 do CPC, quando o Tribunal de origem se manifesta, de modo suficiente, sobre todas as questões levadas a julgamento, não sendo possível atribuir qualquer vício ao acórdão somente porque decidira em sentido contrário à pretensão do recorrente.
>
> 2. A ausência de decisão acerca dos dispositivos legais indicados como violados, apesar de opostos embargos de declaração, impede o conhecimento do recurso especial.
>
> 3. A nua-propriedade pode ser objeto de penhora e alienação em hasta pública, ficando ressalvado o direito real de usufruto, inclusive após a arrematação ou a adjudicação, até que haja sua extinção. Precedentes.
>
> 4. A harmonia de entendimento entre o acórdão recorrido e a jurisprudência desta Corte Superior atrai a aplicação do enunciado sumular n. 83/STJ, que abrange os recursos especiais interpostos com base em ambas as alíneas (a e c) do art. 105, III, da CF/88.
>
> 5. Agravo regimental a que se nega provimento" (AgRg no AREsp 544.094/RS, Rel. Min. Maria Isabel Gallotti, 4ª Turma, julgado em 21-5-2015, *DJe* 29-5-2015).

A jurisprudência do Superior Tribunal de Justiça também nos traz exemplo de aplicação do instituto no âmbito de relações internacionais:

> "CONFLITO NEGATIVO DE COMPETÊNCIA. JUSTIÇA FEDERAL E JUSTIÇA ESTADUAL. PORTO DE PARANAGUÁ. TERMINAL PORTUÁRIO. CESSÃO DE ESPAÇO POR AGÊNCIA OFICIAL DE FOMENTO ÀS EXPORTAÇÕES DO PARAGUAI PARA ENTIDADE DAQUELE PAÍS, MEDIANTE USUFRUTO ONEROSO.

---

conservação, ou aumentarem o rendimento da coisa usufruída. § 1º Não se consideram módicas as despesas superiores a dois terços do líquido rendimento em um ano. § 2º Se o dono não fizer as reparações a que está obrigado, e que são indispensáveis à conservação da coisa, o usufrutuário pode realizá-las, cobrando daquele a importância despendida".

INTERDITO POSSESSÓRIO. PEDIDO E CAUSA DE PEDIR QUE NÃO SE CORRELACIONAM COM DISPOSIÇÕES DE ACORDO INTERNACIONAL ENTRE BRASIL E PARAGUAI. COMPETÊNCIA DA JUSTIÇA ESTADUAL.

1. A lide discute contrato de usufruto oneroso de terminal portuário brasileiro, em zona franca de exportações paraguaias no Porto de Paranaguá, firmado entre agência oficial de fomento de exportações do Paraguai e entidade daquele país, estando o pedido e a causa de pedir afetos às normas de direito civil brasileiro.

2. A causa de pedir relaciona-se com a 'escritura pública de instituição de usufruto lavrada no Livro 124, folhas 178/181 do 21º Tabelionato de Notas de Curitiba-PR', nem sequer tangenciando disposições contidas em tratado ou acordo internacional entre o Brasil e Estado estrangeiro ou organismo internacional, de maneira a atrair a competência da Justiça Federal, prevista no art. 109, III, da Constituição Federal.

3. Estando o pedido e a causa de pedir relacionados, exclusivamente, às normas de direito real de usufruto, previstas no Código Civil Brasileiro, e não no acordo realizado entre o Brasil e o Paraguai, em 1957, conhece-se do conflito para declarar competente a Justiça Comum Estadual" (CComp 121.252/PR, Rel. Min. Raul Araújo, Segunda Seção, julgado em 12-6-2013, *DJe* 17-6-2013).

Vale a pena tecer ainda algumas considerações sobre os temas do usufruto vidual, do usufruto em partilha em vida e da diagnose distintiva do usufruto para o fideicomisso.

O usufruto vidual[18] foi consagrado pela Lei n. 4.121, de 1962 (Estatuto da Mulher Casada), mediante alteração do art. 1.611 do Código de 1916, que passou a ter a seguinte redação:

> "§ 1º O cônjuge viúvo se o regime de bens do casamento não era o da comunhão universal, terá direito, enquanto durar a viuvez, ao usufruto da quarta parte dos bens do cônjuge falecido, se houver filho deste ou do casal, e à metade se não houver filhos embora sobrevivam ascendentes do *de cujus*".

Tratava-se, pois, de um usufruto concedido ao cônjuge sobrevivente (que houvesse sido casado sob regime que não fosse o de comunhão universal), enquanto durasse a sua viuvez, incidente sobre 25% dos bens do falecido, se houvesse prole comum ou exclusiva, ou sobre 50% da herança, se não houvesse filhos, ainda que existissem ascendentes[19].

---

[18] "Vidual. [Do lat. *viduale*.] Adj. 2 g. Referente à viuvez ou a pessoa viúva" (FERREIRA, Aurélio Buarque de Holanda. *Novo Dicionário Aurélio da Língua Portuguesa*, 2. ed., Rio de Janeiro: Nova Fronteira, 1986, p. 1776).

[19] STJ: "AGRAVO REGIMENTAL. CIVIL. USUFRUTO VIDUAL. — O usufruto vidual independe da situação financeira do cônjuge sobrevivente. — O fato de o viúvo ser beneficiário de testamento do cônjuge falecido, não elide o usufruto vidual" (AgRg no REsp 844.953/MG, Rel. Min. Humberto Gomes de Barros, 3ª Turma, julgado em 11-12-2007, *DJ* 19-12-2007, p. 1223).

A par de se fundamentar na relação matrimonial que unia o cônjuge ao falecido, tratava-se, em essência, de um direito real na coisa alheia, que deveria, pois, observar as suas pertinentes prescrições legais, conforme o decidido pelo STJ:

> "CIVIL E COMERCIAL. RECURSO ESPECIAL. SOCIEDADE ANÔNIMA. AÇÕES. USUFRUTO VIDUAL. EXTENSÃO. DIREITO DE VOTO.
>
> 1. Os embargos declaratórios têm como objetivo sanar eventual obscuridade, contradição ou omissão existente na decisão recorrida.
>
> Inexiste ofensa ao art. 535 do CPC quando o Tribunal de origem pronuncia-se de forma clara e precisa sobre a questão posta nos autos, assentando-se em fundamentos suficientes para embasar a decisão, como ocorrido na espécie.
>
> 2. O instituto do usufruto vidual tem como finalidade precípua a proteção ao cônjuge supérstite.
>
> 3. Não obstante suas finalidades específicas e sua origem legal (direito de família), em contraposição ao usufruto convencional, o usufruto vidual é direito real e deve observar a disciplina geral do instituto, tratada nos arts. 713 e seguintes do CC/16, bem como as demais disposições legais que a ele fazem referência.
>
> 4. O nu-proprietário permanece acionista, inobstante o usufruto, e sofre os efeitos das decisões tomadas nas assembleias em que o direito de voto é exercido.
>
> 5. Ao usufrutuário também compete a administração das ações e a fiscalização das atividades da empresa, mas essas atividades podem ser exercidas sem que obrigatoriamente exista o direito de voto, até porque o direito de voto sequer está inserido no rol de direitos essenciais do acionista, tratados no art. 109 da Lei 6.404/76.
>
> 6. O art. 114 da Lei 6.404/76 não faz nenhuma distinção entre o usufruto de origem legal e aquele de origem convencional quando exige o consenso entre as partes (nu-proprietário e usufrutuário) para o exercício do direito de voto.
>
> 7. Recurso especial desprovido" (REsp 1.169.202/SP, Rel. Min. Nancy Andrighi, 3ª Turma, julgado em 20-9-2011, *DJe* 27-9-2011).

Por incidir em uma fração da herança, concluía-se facilmente se tratar de instituto de aplicação tormentosa.

Mormente nas situações em que não houvesse bom e cordial relacionamento entre a viúva (ou viúvo) e os demais herdeiros, a apuração dos bens que seriam objeto desse direito real não se afigurava como tarefa fácil[20].

---

[20] As dificuldades na aplicação do instituto eram muitas. Por vezes, os bens componentes do acervo haviam sido alienados, caso em que se deveria apurar a indenização devida à viúva, pelo usufruto não gozado, conforme decidiu o STJ: "AGRAVO REGIMENTAL. RECURSO ESPECIAL. CIVIL. SUCESSÃO. USUFRUTO VIDUAL. PARTILHA DE BENS. INOCORRÊNCIA DE TRANSAÇÃO SOBRE O DIREITO DE FRUIR DA ESPOSA SOBREVIVA. COISA JULGADA. INOCORRÊNCIA. RECURSO

Em atitude louvável, o codificador de 2002 *extinguiu o usufruto vidual* — certamente por levar em conta a dificuldade de sua aplicação e, também, a ampliação do âmbito de tutela do cônjuge sobrevivente —, mantendo, apenas, o direito real de habitação, tema este último que trataremos com mais vagar em tópico posterior[21].

Nesse sentido, preleciona, com habitual precisão, ROLF MADALENO:

> "Não é preciso muito esforço para detectar a fileira de problemas causados pela concessão judicial indistinta do usufruto vidual. Começa que bloqueia a livre disposição dos bens herdados, que ficam presos pelo usufruto que se estende sobre a generalidade dos bens deixados de herança.
>
> Sempre foi muito discutido o caráter alimentar do usufruto vidual, permitindo sua dispensa quando o viúvo recebesse bens considerados suficientes para garantir a sua subsistência pessoal.
>
> Discutiu-se a possibilidade de concentração do usufruto num único ou em bens certos, previamente definidos, de modo a não causar o usual embaraço dos herdeiros que veem seus bens hereditários vitaliciamente vinculados ao cônjuge credor do usufruto vidual.
>
> E, principalmente, discutiu-se a completa irracionalidade de estender o usufruto vidual a bens que não tivessem a sua aquisição ligada ao casamento ou à união estável, gerando imensuráveis prejuízos e incontáveis injustiças, criadas de breves relações de concubinato de poucas luas e poucos bens, mas que conferiam à companheira viúva o usufruto sobre toda a herança do falecido, incidindo sobre bens que não foram adquiridos na constância da união. Têm sido causados constrangimentos para os descendentes que devem, por lei, garantir o usufruto para o cônjuge ou concubino sobrevivente, muito embora os bens tivessem sido adquiridos antes da união, talvez pela primeira esposa do sucedido e talvez genitora dos herdeiros descendentes, constrangidos a garantirem o usufruto da segunda mulher de seu pai.
>
> Para tranquilidade dos operadores do direito sucessório, o novo Código Civil, acertadamente, mantém apenas o direito real de habitação e extirpa o usufruto vidual

---

DESPROVIDO. 1. 'O usufruto vidual [art. 1.611, § 1º, do CC/1916] é instituto de direito sucessório, independente da situação financeira do cônjuge sobrevivente, e não se restringe à sucessão legítima. Os únicos requisitos são o regime do casamento diferente da comunhão universal e o estado de viuvez' (REsp 648.072/RJ, Rel. Min. Ari Pargendler, *DJ* 23-4-2007). 2. O reconhecimento do direito de fruição da viúva não é obstado se, apesar de existir partilha, o usufruto vidual não foi nela transacionado, ou se não ocorreu eventual compensação por esse direito, ou, ainda, se não existiu sua renúncia (que não pode ser presumida). Isso porque usufruto vidual e domínio são institutos diversos, sendo um temporário e o outro de caráter definitivo, o que torna desnecessária a prévia rescisão ou anulação da partilha, já que não se alterará a propriedade dos bens partilhados. 3. Se impossível se tornar o usufruto da esposa sobreviva pela alienação dos bens inventariados, deverá ela ser indenizada. 4. Agravo regimental a que se nega provimento" (AgRg no REsp 472.465/SP, Rel. Min. Vasco Della Giustina (Desembargador Convocado do TJRS), 3ª Turma, julgado em 8-6-2010, *DJe* 24-6-2010). (grifamos)

21 Confira-se o Tópico 6 ("Habitação") deste Capítulo.

que se compensa com a inclusão do supérstite na ordem necessária de vocação hereditária"[22].

Nada impede que, em vida, o sujeito efetive a doação de seus bens — operando a denominada "partilha em vida" —, mantendo em seu próprio favor, ou não, a reserva do usufruto sobre esses bens.

E o que se entende por "partilha em vida"[23].

Diferentemente do que ocorre no contrato de compra e venda, a doação feita de ascendente a descendente não exige consentimento dos outros herdeiros necessários.

O Código Civil de 2002 estabelece que:

> "Art. 496. É anulável a venda de ascendente a descendente, salvo se os outros descendentes e o cônjuge do alienante expressamente houverem consentido.
>
> Parágrafo único. Em ambos os casos, dispensa-se o consentimento do cônjuge se o regime de bens for o da separação obrigatória".

Observe-se, de logo, a referência feita ao cônjuge do alienante, o qual, quando não casado no regime da separação obrigatória de bens, também deverá anuir na venda.

Tal circunstância se justifica pelo fato de o Código de 2002 haver erigido o cônjuge à condição de herdeiro necessário.

É de mencionar ainda que a expressão "em ambos os casos" decorreu de um erro na condução do projeto do Código Civil, consoante vem registrado no Enunciado n. 177 da III Jornada de Direito Civil, realizada entre 1º e 3 de dezembro de 2004.

De fato, por erro de tramitação, que retirou a segunda hipótese de anulação de venda entre parentes (venda de descendente para ascendente), deve ser desconsiderada a expressão "em ambos os casos", no parágrafo único do art. 496.

Ressalte-se, ainda, que o Código Civil de 2002, dirimindo qualquer controvérsia, é claro ao dizer que a compra e venda de ascendente a descendente (não apenas do pai ao filho, mas também do avô ao neto etc.) é anulável, e não simplesmente nula.

Tecidas essas breves considerações, podemos concluir que a restrição negocial sob comento não se aplica às doações, já que, em se tratando de norma restritiva do direito de propriedade do alienante (art. 496), não poderá ser analisada de forma extensiva, nada impedindo que se possa eventualmente impugnar o ato, com fulcro em outros defeitos do negócio, previstos em lei.

---

22 MADALENO, Rolf. O Novo Direito Sucessório Brasileiro. Disponível em: <http://www.rolfmadaleno.com.br/rs/index.php?option=com_content&task=view&id=39>. Acesso em: 14 set. 2012.

23 Serviu de base a este ponto da nossa análise a obra *O Contrato de Doação*, de Pablo Stolze Gagliano (3. ed., São Paulo: Saraiva, 2010), em que se pode conferir, além de eventuais referências bibliográficas, outros aspectos de aprofundamento pertinentes a esta importante figura negocial (cf. item 6.5, capítulo 6).

Assim, o doador poderá, independentemente de anuência expressa dos demais herdeiros, alienar gratuitamente bens do seu patrimônio, podendo, inclusive, e desde que reserve uma renda mínima para a sua sobrevivência digna, efetuar a denominada "partilha em vida", referida no art. 2.018 do vigente Código Civil:

> "Art. 2.018. É válida a partilha feita por ascendente, por ato entre vivos ou de última vontade, contanto que não prejudique a legítima dos herdeiros necessários".

Referimo-nos à denominada partilha-doação, realizada por ato entre vivos, e não à partilha-testamento, figuras bem diferenciadas pelo espirituoso jurista ZENO VELOSO:

> "A partilha pode ser feita pelo próprio ascendente, por ato entre vivos ou de última vontade, daí chamar-se partilha-doação — *divisio parentum inter liberos* — e partilha-testamento — *testamentum parentum inter liberos*. Por esse meio, o ascendente distribui os bens entre os herdeiros necessários, preenchendo o quinhão deles. Exerce faculdade que é corolário do direito de propriedade. Quando realizada por ato entre vivos, a partilha deve obedecer aos requisitos de forma e de fundo das doações. A divisão entre os herdeiros tem efeito imediato, antecipando o que eles iriam receber somente com o passamento do ascendente"[24].

Tal partilha deve ser feita com cautela, pois, caso o ato de disposição ultrapasse a metade disponível, poderá resultar na invalidade mencionada linhas acima.

Em nosso sentir, o valor dos bens deverá ser aferido no momento da doação, e não quando da morte do doador[25]. Na realidade fática, contudo, alguns problemas poderão surgir, a exemplo da insegurança gerada para as partes, especialmente o donatário, por não ter certeza se o bem recebido violou a legítima.

---

[24] VELOSO, Zeno. *Comentários ao Código Civil — Parte Especial — Do Direito das Sucessões, da Sucessão Testamentária, do Inventário e da Partilha (arts. 1.857 a 2.027)*, v. 21, São Paulo: Saraiva, 2003, p. 437.

[25] STJ: "RECURSO ESPECIAL. SUCESSÃO. BENS À COLAÇÃO. VALOR DOS BENS DOADOS. APLICAÇÃO DA LEI VIGENTE À ÉPOCA DA ABERTURA DA SUCESSÃO. APLICAÇÃO DA REGRA DO ART. 2.004 DO CC/2002. VALOR ATRIBUÍDO NO ATO DE LIBERALIDADE COM CORREÇÃO MONETÁRIA ATÉ A DATA DA SUCESSÃO. RECURSO ESPECIAL IMPROVIDO. 1. Tendo sido aberta a sucessão na vigência do Código Civil de 2002, deve-se observar o critério estabelecido no art. 2.004 do referido diploma, que modificou o art. 1.014, parágrafo único, do Código de Processo Civil de 1973, pois a contradição presente nos diplomas legais, quanto ao valor dos bens doados a serem trazidos à colação, deve ser solucionada com observância do princípio de direito intertemporal *tempus regit actum*. 2. O valor de colação dos bens deverá ser aquele atribuído ao tempo da liberalidade, corrigido monetariamente até a data da abertura da sucessão. 3. Existindo divergência quanto ao valor atribuído aos bens no ato de liberalidade, poderá o julgador determinar a avaliação por perícia técnica para aferir o valor que efetivamente possuíam à época da doação. 4. Recurso especial não provido" (REsp 1.166.568/SP, Rel. Min. Lázaro Guimarães (Desembargador Convocado do TRF 5ª Região), Quarta Turma, julgado em 12-12-2017, *DJe* 15-12-2017) (grifamos).

E, de fato, essa preocupação só será definitivamente afastada no inventário, após terem sido realizadas a colação e a conferência dos bens doados.

Um especial cuidado, porém, pode ter o doador: fazer constar do instrumento da doação a advertência de que o referido bem está saindo de sua parte disponível da herança.

Essa providência, a despeito de não evitar a colação para eventual reposição da legítima, poderá impedir que o bem transferido seja computado na parte conferida aos herdeiros legitimários.

Expliquemos, exemplificativamente: se o doador beneficiou um dos seus filhos com um apartamento, tendo registrado que esse imóvel sai da sua parte disponível, caso existam outras doações sem a mesma ressalva, deverão estas servir para a recomposição do acervo reservado, mantendo-se o apartamento como integrante da parte disponível, desde que, é claro, não corresponda a mais de 50% de todo o patrimônio.

A partilha em vida, evidentemente, por configurar doação, tem natureza contratual, e os seus efeitos são *inter vivos* e imediatos, diferentemente do testamento, que somente produzirá efeitos após a morte do testador.

Observadas, portanto, as normas em vigor — especialmente sucessórias e tributárias —, a partilha em vida é figura bastante comum no âmbito do planejamento sucessório — com eventual repercussão até mesmo no Direito Societário —, sendo frequente a sua coexistência com o usufruto, conforme já anotado linhas acima:

> "É comum, em planejamentos sucessórios em que os pais desejem fazer doação de participações societárias para seus filhos, porém sem perder o controle da empresa e tampouco a percepção de seus rendimentos, procederem à transferência da nua-propriedade das participações para os filhos, mantendo para si o usufruto e salvaguardando o poder político (direito de voto) e o poder econômico (recebimento de dividendos e juros sobre o capital)"[26].

Conclui-se, portanto, que o usufruto "dialoga" com outros institutos do Direito Civil, na perspectiva do princípio da autonomia privada.

Um ponto que sempre causou perplexidade em doutrina diz respeito à diagnose diferencial entre o usufruto e o fideicomisso.

Para que se possa compreender, adequadamente, a questão, delineando-se as características próprias de cada instituto, é recomendável que passemos em revista o que se entende por fideicomisso ou substituição fideicomissária.

ITABAIANA DE OLIVEIRA, em grandiosa e clássica obra, assim conceituava o fideicomisso:

[26] LONGO, Henrique José. Sucessão Familiar e Planejamento Tributário II, in *Estratégias Societárias, Planejamento Tributário e Sucessório*, p. 213.

> "A substituição fideicomissária é a instituição de herdeiros ou legatários, feita pelo testador, impondo a um deles, o gravado ou fiduciário, a obrigação de, por sua morte, a certo tempo, ou sob certa condição, transmitir a outro, que se qualifica de fideicomissário, a herança ou o legado; por exemplo: instituo por meu herdeiro (ou legatário) Pedro, e, por sua morte, ou findo tal prazo, ou verificada tal condição, seja herdeiro (ou legatário) Paulo"[27].

Da tradicional noção, já se pode concluir que o fideicomisso consiste em uma forma indireta ou derivada de substituição testamentária, que visa a beneficiar, em sequência, mais de um sucessor.

Vale dizer, a teor do art. 1.951 do Código Civil, poderá o testador instituir herdeiros ou legatários, estabelecendo que, por ocasião de sua morte, a herança ou o legado se transmita ao fiduciário (1º substituto), resolvendo-se o direito deste, por sua morte, a certo tempo ou sob certa condição, em favor de outrem, que se qualifica de fideicomissário (2º substituto)[28].

Lembram TARTUCE e SIMÃO que há três espécies de substituição fideicomissária:

> "a) Substituição fideicomissária por morte do fiduciário — caso nada diga o testador, a transmissão dos bens do fiduciário ao fideicomissário ocorre com a morte do primeiro (*fideicomisso quum morietur*)[29].
>
> b) Substituição fideicomissária sob certa condição — é aquela relacionada com um evento futuro e incerto. A título de exemplo: JOSÉ deixa os bens ao fiduciário JOÃO que os transmitirá ao primeiro filho de seu sobrinho PEDRO, se este for homem. Caso seja menina a filha de PEDRO, não haverá transmissão ao fideicomissário. Mesmo que se possa reconhecer o 'machismo' da condição, ela é válida em respeito à vontade manifestada por quem poderia dispor livremente de seu patrimônio.
>
> c) Substituição fideicomissária a termo — está relacionada com um evento futuro e certo. Exemplo: JOSÉ deixa os bens ao fiduciário JOÃO pelo prazo de 10 anos, após o que este, então, os transmitirá ao primeiro filho de seu sobrinho PEDRO. Há um prazo determinado para que os bens sejam transmitidos ao fideicomissário"[30].

Três atores, portanto, participam da dinâmica do instituto:

a) o testador — denominado fideicomitente;

---

[27] OLIVEIRA, Arthur Vasco Itabaiana de. *Curso de Direito das Sucessões*, 2. ed., Rio de Janeiro: Andes, 1954, p. 192.

[28] "Art. 1.959. São nulos os fideicomissos além do segundo grau."

[29] Por outro lado, conforme dispõe o art. 1.958, caducará o fideicomisso se o *fideicomissário* morrer antes do *fiduciário*, ou antes de realizar-se a condição resolutória do direito deste último; nesse caso, a propriedade consolida-se no fiduciário, nos termos do art. 1.955.

[30] Flávio Tartuce e José Fernando Simão, ob. cit., p. 388.

b) o 1º sucessor — denominado fiduciário;

c) o 2º sucessor — denominado fideicomissário.

Como lembra ORLANDO GOMES, o fideicomisso "caracteriza-se, subjetivamente, pela duplicidade da posição jurídica dos destinatários. Ocupam posições diversas, mas conexas. Uma, de titularidade temporária, outra definitiva", para concluir, em seguida, referindo-se ao fiduciário e ao fideicomissário:

> "As duas posições assumem-se, logicamente, no mesmo momento, com a abertura da sucessão, adquirindo o fideicomissário a titularidade de um direito eventual diferido. Converte-se esse direito em adquirido e atual num segundo momento cronologicamente posterior, o da resolução do direito do fiduciário. Coincidem e se identificam no mesmo instante a perda do direito para um e a aquisição pelo outro"[31].

Sem ofuscar o brilho dessas ideias, reputamos um tanto vaga a expressão "direito eventual diferido", relativo ao fideicomissário, mas, de fato, na ausência de melhor expressão, é útil para traduzir a potencialidade de um direito que não se concretizou, que tanto poderá ser condicional como sujeito a um termo.

É digno de nota que o fiduciário tem a propriedade da herança ou legado, mas restrita e resolúvel — ou seja, temporária —, cabendo-lhe proceder ao inventário dos bens gravados e a prestar caução de restituí-los se o exigir o fideicomissário (art. 1.953 do CC).

Nesse ponto, salientamos não haver óbice, em nosso pensar, a que o fiduciário possa alienar o bem fideicomitido, posto o gravame o acompanhe, o que implicará risco de perda por parte do adquirente[32].

Situação peculiar, por seu turno, é a do fideicomisso residual, aquele que recai apenas sobre os bens remanescentes, não alienados pelo fiduciário[33]. Em outras palavras, o testador poderá, à luz do princípio da autonomia privada, autorizar que o fiduciário aliene livremente parte dos bens, recaindo o fideicomisso apenas no que sobejar.

E, caso o fiduciário renuncie à herança ou ao legado, salvo disposição em contrário do testador, defere-se ao fideicomissário o poder de aceitar (art. 1.954 do CC), afastando-se, por óbvio, qualquer pretensão dos eventuais sucessores legítimos.

---

31 GOMES, Orlando, ob. cit., p. 195-196. Nesse ponto da sua obra, o brilhante civilista passa em revista as teorias explicativas dessa forma de substituição testamentária sucessiva (*teorias da titularidade temporária, da relação modal e da transmissão diferida*), cuja leitura aqui recomendamos.

32 O fideicomisso deve, inclusive, ser averbado no Registro Imobiliário, à luz da Lei n. 6.015, de 1973 (Lei de Registros Públicos), cujo art. 167 dispõe: "No Registro de Imóveis, além da matrícula, serão feitos: (*Renumerado do art. 168 com nova redação pela Lei n. 6.216, de 1975.*) (...) II — a averbação: (*Redação dada pela Lei n. 6.216, de 1975.*) (...) 11) das cláusulas de inalienabilidade, impenhorabilidade e incomunicabilidade impostas a imóveis, *bem como da constituição de fideicomisso*". (grifamos)

33 ALVARENGA, Robson de. Fideicomisso. Disponível em: <http://www.irib.org.br/html/boletim/boletim-iframe.php?be=1194>. Acesso em: 30 jul. 2013.

Por outro lado, se o próprio fideicomissário renunciar à herança ou ao legado, o fideicomisso caducará, deixando de ser resolúvel a propriedade do fiduciário, se não houver disposição contrária do autor da herança (art. 1.955). O mesmo raciocínio é aplicável para a situação de falecimento anterior do fideicomissário[34].

E, caso aceite, terá, o fideicomissário, direito à parte que, ao fiduciário, em qualquer tempo, acrescer, respondendo pelos encargos remanescentes da herança, nos termos dos arts. 1.956 e 1.957 do Código Civil[35].

Um importante aspecto deve, ainda, ser enfrentado.

O Código Civil de 2002 fora explícito no sentido de que a substituição fideicomissária somente se permite em favor dos não concebidos ao tempo da morte do testador (art. 1.952).

Trata-se de uma construção inovadora, ausente no diploma anterior.

E que, no plano fático, aniquilou o instituto.

Aliás, é bem verdade que, na prática, o fideicomisso já era de pouca utilidade social, dada a complexidade da sua dinâmica operacional.

E, nos dias de hoje, com a limitação imposta pelo Código de 2002, no sentido de que a substituição somente será permitida em favor da prole não concebida ao tempo da morte do testador — vedação inexistente no diploma anterior —, é forçoso convir que a sua aplicação torne-se muito mais frequente nos abstratos exercícios acadêmicos do que na realidade da vida.

Não há o menor sentido em limitar um instituto já limitado por sua própria natureza e sem uma razoável justificativa social ou de ordem pública.

---

34 "Direito processual e civil. Sucessões. Recurso especial. Disposição testamentária de última vontade. Substituição fideicomissária. Morte do fideicomissário. Caducidade do fideicomisso. Obediência aos critérios da sucessão legal. Transmissão da herança aos herdeiros legítimos, inexistentes os necessários.

— Não se conhece do recurso especial quanto à questão em que a orientação do STJ se firmou no mesmo sentido em que decidido pelo Tribunal de origem.

— A substituição fideicomissária caduca se o fideicomissário morrer antes dos fiduciários, caso em que a propriedade destes consolida-se, deixando, assim, de ser restrita e resolúvel (arts. 1.955 e 1.958 do CC/02).

— Afastada a hipótese de sucessão por disposição de última vontade, oriunda do extinto fideicomisso, e, por consequência, consolidando-se a propriedade nas mãos dos fiduciários, o falecimento de um destes sem deixar testamento impõe estrita obediência aos critérios da sucessão legal, transmitindo-se a herança, desde logo, aos herdeiros legítimos, inexistindo herdeiros necessários.

Recurso especial parcialmente conhecido e, nessa parte, provido" (STJ, REsp 820.814/SP, Recurso Especial 2006/0031403-9, Rel. Min. Nancy Andrighi, 3ª Turma, julgado em 9-10-2007, *DJ* 25-10-2007, p. 168).

35 Em nosso Código Civil:

"Art. 1.956. Se o fideicomissário aceitar a herança ou o legado, terá direito à parte que, ao fiduciário, em qualquer tempo acrescer.

Art. 1.957. Ao sobrevir a sucessão, o fideicomissário responde pelos encargos da herança que ainda restarem".

Por outro lado, se, ao tempo da morte do testador, já houver nascido o fideicomissário? Em tal caso, consoante o parágrafo único do referido art. 1.952 do Código Civil (sem equivalente na codificação anterior), o fideicomissário adquirirá a propriedade dos bens fideicometidos, convertendo-se em usufruto o direito do fiduciário.

Trata-se de uma solução confusa.

E que piora ainda mais o contexto de decrepitude social do instituto.

Vale dizer, se, ao tempo da morte do testador, o fideicomissário (2º substituto) já houver nascido, a propriedade resolúvel dos bens fideicomitidos não tocará ao fiduciário (1º substituto), mas, tão somente, o direito real de usufruto.

Significa que o fiduciário exercerá as faculdades reais de gozo, uso e fruição do bem[36], tocando ao fideicomissário apenas a nua-propriedade.

E, como a lei não estabeleceu o período do usufruto, poderá, em tese, ser vitalício, caso não haja manifestação do testador em sentido contrário.

É interessante notar que, por tradição, a doutrina brasileira sempre se esforçou em diferenciar o fideicomisso do usufruto, na medida em que:

> "por vezes, o testador não é suficientemente claro, o que dá margem a dúvidas. Não importa o rótulo dado pelo testador, mas sua verdadeira intenção. Se o testador determinou na disposição que os bens passem a outra pessoa, estaremos geralmente diante de fideicomisso (Monteiro, 1977, v. 6:234). Se a instituição do benefício é simultânea, haverá usufruto. Na dúvida, a melhor solução é entender que houve usufruto, porque já se atribuem direitos imediatos a ambos os nomeados, porque os direitos do fideicomissário são falíveis, o que não ocorre com o nu-proprietário. No usufruto, não se pode beneficiar prole eventual de uma pessoa. Isso só ocorrerá por fideicomisso"[37].

Com efeito, posto a diagnose diferencial ainda possa ter eventual utilidade na interpretação de uma cláusula testamentária, caso o fideicomissário já haja nascido ao tempo da morte do testador, os institutos sob análise — fideicomisso e usufruto — acabam, em tal hipótese, por se confundir.

Finalmente, cumpre-nos observar que eventual nulidade da substituição fideicomissária, reputada ilegal, não prejudicará, a teor do art. 1.960, a instituição, que valerá sem o encargo resolutório.

É o caso, por exemplo, de o testador (fideicomitente) instituir como fideicomissário um animal de estimação, que, como visto, não tem vocação sucessória, caso em que a instituição valerá em favor do fiduciário, consolidando-se a propriedade do bem transmitido.

---

36 Código Civil, art. 1.394: "O usufrutuário tem direito à posse, uso, administração e percepção dos frutos".

37 VENOSA, Sílvio. *Direito das Sucessões*, ob. cit., p. 291-292.

Em conclusão, o codificador trata da extinção do usufruto:

"Art. 1.410. O usufruto extingue-se, cancelando-se o registro no Cartório de Registro de Imóveis:

I — pela renúncia ou morte do usufrutuário;

II — pelo termo de sua duração;

III — pela extinção da pessoa jurídica, em favor de quem o usufruto foi constituído, ou, se ela perdurar, pelo decurso de trinta anos da data em que se começou a exercer;

IV — pela cessação do motivo de que se origina;

V — pela destruição da coisa, guardadas as disposições dos arts. 1.407, 1.408, 2ª parte, e 1.409;

VI — pela consolidação;

VII — por culpa do usufrutuário, quando aliena, deteriora, ou deixa arruinar os bens, não lhes acudindo com os reparos de conservação, ou quando, no usufruto de títulos de crédito, não dá às importâncias recebidas a aplicação prevista no parágrafo único do art. 1.395;

VIII — pelo não uso, ou não fruição, da coisa em que o usufruto recai (arts. 1.390 e 1.399)".

A maioria dessas normas é de clareza meridiana.

Mas algumas merecem alguns esclarecimentos.

O "termo de sua duração" se dá porque o usufruto poderá ser temporário.

Poderá, ainda, findar, pela "cessão do motivo de que se origina", pois o usufruto poderá ter sido constituído para certa finalidade — por exemplo alimentar — e, uma vez exaurido este fim, o direito não mais se justificaria.

A "consolidação" acima mencionada (inc. VI) ocorre quando o proprietário retoma as faculdades de uso e fruição, consolidando a sua propriedade plena.

O Enunciado n. 252 da III Jornada de Direito Civil, por sua vez, firmou entendimento no sentido de que "a extinção do usufruto pelo não uso, de que trata o art. 1.410, VIII, independe do prazo previsto no art. 1.389, inc. III", que trata da extinção de servidão pelo desuso durante dez anos contínuos.

Constituído o usufruto em favor de duas ou mais pessoas, conforme o art. 1.411, extinguir-se-á a parte em relação a cada uma das que falecerem, salvo se, por estipulação expressa, o quinhão desses couber ao sobrevivente.

É forçoso convir, portanto, que a regra geral é no sentido de se beneficiar o nu-proprietário, não havendo estipulação em sentido contrário.

## 5. USO

O uso é um direito real de menor expressão.

Um usufruto de pequena monta:

> "Art. 1.412. O usuário usará da coisa e perceberá os seus frutos, quanto o exigirem as necessidades suas e de sua família.
>
> § 1º Avaliar-se-ão as necessidades pessoais do usuário conforme a sua condição social e o lugar onde viver.
>
> § 2º As necessidades da família do usuário compreendem as de seu cônjuge, dos filhos solteiros e das pessoas de seu serviço doméstico.
>
> Art. 1.413. São aplicáveis ao uso, no que não for contrário à sua natureza, as disposições relativas ao usufruto".

"Em realidade", anota CARLOS ROBERTO GONÇALVES, "o uso nada mais é do que um usufruto limitado. Destina-se a assegurar ao beneficiário a utilização imediata de coisa alheia, limitada às necessidades do usuário e de sua família. Por isso, a tendência de se reduzir a um conceito único (...) Ao contrário do usufruto, é indivisível, não podendo ser constituído por partes em uma mesma coisa, bem como incessível. Nem seu exercício pode ceder-se"[38].

Trata-se, portanto, de um direito sem grande expressão socioeconômica, diferentemente do que se dá com o usufruto.

## 6. HABITAÇÃO

O conceito do direito real de habitação deflui da expressa dicção do art. 1.414 do Código Civil: "Quando o uso consistir no direito de habitar gratuitamente casa alheia, o titular deste direito não a pode alugar, nem emprestar, mas simplesmente ocupá-la com sua família".

Trata-se, pois, do direito real de morar gratuitamente em casa alheia.

Figura, como seu beneficiário, o habitador.

Se o direito real de habitação for conferido a mais de uma pessoa, qualquer delas que sozinha habite a casa não terá de pagar aluguel à outra, ou às outras, mas não as pode inibir de exercerem, querendo, o direito, que também lhes compete, de habitá-la (art. 1.415).

São aplicáveis à habitação, no que não for contrário à sua natureza, as disposições relativas ao usufruto (art. 1.416).

Especial aplicação tem o direito ora estudado, no âmbito das relações de família[39].

---

[38] GONÇALVES, Carlos Roberto, ob. cit., p. 510-11.

[39] "RECURSO ESPECIAL. AÇÃO REIVINDICATÓRIA. SUCESSÕES. CÓDIGO CIVIL DE 1916. ANTECIPAÇÃO DA LEGÍTIMA. DOAÇÃO COM CLÁUSULA DE USUFRUTO. CÔNJUGE SOBREVIVENTE QUE CONTINUOU NA POSSE. IMÓVEL. COLAÇÃO DO PRÓPRIO BEM (EM SUBSTÂNCIA). DIREITO REAL DE HABITAÇÃO. INOCORRÊNCIA. 1. A colação é obrigação imposta aos descendentes que concorrem à sucessão comum, por exigência legal, para acertamento das

"O novo Código, por sua vez", afirma PABLO STOLZE[40], "além de considerar o(a) viúvo(a) herdeiro(a) necessário(a) (com direito concorrente à legítima), manteve também o benefício da habitação, consoante se depreende da leitura do seu art. 1.831: 'Ao cônjuge sobrevivente, qualquer que seja o regime de bens, será assegurado, sem prejuízo da participação que lhe caiba na herança, o direito real de habitação relativamente ao imóvel destinado à residência da família, desde que seja o único dessa natureza a inventariar'. Note-se, ademais, que o novo diploma, incrementando ainda mais o amparo à pessoa casada, admitiu que esse direito fosse conferido independentemente do regime de bens vigorante durante o casamento. A mesma situação favorável, todavia, não é reconhecida ao companheiro(a). Em nosso sentir (...) concordamos com a corrente doutrinária que aponta no sentido da mantença do direito de habitação referido na Lei n. 9.278/96, considerando-se não ter havido, em nosso pensamento, revogação tácita ou expressa. Ademais, a negação deste direito afigura-se grave, na medida em que a difícil situação sucessória do companheiro deve ser atenuada, segundo uma interpretação constitucional, e em atenção ao superior princípio da vedação ao retrocesso"[41].

Em nosso sentir, com a declaração de inconstitucionalidade do art. 1.790 do CC (RE 878.694), a extensão do direito de habitação em favor de quem viveu em união estável com o falecido (ou falecida) ganha mais força.

## 7. DIREITO DO PROMITENTE COMPRADOR

O contrato de compra e venda é o negócio jurídico principal pelo qual uma das partes (vendedora) se obriga a transferir a propriedade de uma coisa móvel ou imóvel à outra (compradora), mediante o pagamento de uma quantia em dinheiro (preço).

---

legítimas, na proporção estabelecida em lei, sob pena de sonegados e, consequentemente, da perda do direito sobre os bens não colacionados, voltando esses ao monte-mor, para serem sobrepartilhados. 2. A doação é tida como inoficiosa, caso exceda a parte a qual pode ser disposta, sendo nula a liberalidade deste excedente, podendo haver ação de anulação ou de redução. Da mesma forma, a redução será do bem em espécie e, se esse não mais existir em poder do donatário, se dará em dinheiro (CC, art. 2.007, § 2º). 3. É possível a arguição de direito real de habitação ao cônjuge supérstite em imóvel que fora doado, em antecipação de legítima, com reserva de usufruto. 4. Existem situações em que o imóvel poderá ser devolvido ao acervo, volvendo ao seu *status* anterior, retornando ao patrimônio do cônjuge falecido para fins de partilha, abrindo, a depender do caso em concreto, a possibilidade de reconhecimento do direito real de habitação ao cônjuge sobrevivente. 5. Na hipótese, a partilha dos bens fora homologada em 18/5/1993, não havendo alegação de nulidade da partilha ou de resolução da doação, além de se ter constatado que o imóvel objeto de reivindicação não era o único bem daquela natureza a inventariar. 6. Recurso especial não provido" (STJ, REsp 1.315.606/SP, Rel. Min. Luis Felipe Salomão, 4ª Turma, julgado em 23-8-2016, *DJe* 28-9-2016).

[40] GAGLIANO, Pablo Stolze, ob. cit., p. 217-8.

[41] Nas Jornadas de Direito Civil, confiram-se: I JDC. Enunciado n. 117 — Art. 1.831: O direito real de habitação deve ser estendido ao companheiro, seja por não ter sido revogada a previsão da Lei n. 9.278/96, seja em razão da interpretação analógica do art. 1.831, informado pelo art. 6º, *caput*, da CF/88. III JDC. Enunciado n. 271 — Art. 1.831: O cônjuge pode renunciar ao direito real de habitação nos autos do inventário ou por escritura pública, sem prejuízo de sua participação na herança.

Já o contrato de promessa ou compromisso de compra e venda é um contrato preliminar que tem como objeto um negócio futuro de venda e compra. Por meio dele, o vendedor continua titular do domínio que somente será transferido após a quitação integral do preço, constituindo excelente garantia para o alienante.

Trata-se, como dito, de um contrato preliminar especial, que, outrora regulado somente em legislação especial, passou a ser previsto expressamente pelo Código Civil de 2002, através de seus arts. 1.417 e 1.418:

> "Art. 1.417. Mediante promessa de compra e venda, em que se não pactuou arrependimento, celebrada por instrumento público ou particular, e registrada no Cartório de Registro de Imóveis, adquire o promitente comprador direito real à aquisição do imóvel.
>
> Art. 1.418. O promitente comprador, titular de direito real, pode exigir do promitente vendedor, ou de terceiros, a quem os direitos deste forem cedidos, a outorga da escritura definitiva de compra e venda, conforme o disposto no instrumento preliminar; e, se houver recusa, requerer ao juiz a adjudicação do imóvel".

Na precisa observação de ORLANDO GOMES[42], não se trata, por certo, de um contrato preliminar comum, mas, sim, de uma verdadeira promessa bilateral *sui generis*, na medida em que, potencialmente, gera um direito real à aquisição da coisa e comporta execução específica[43].

Isso porque, ao celebrá-lo, as partes envolvidas (promitente ou compromissário vendedor e promitente ou compromissário comprador) assumem a obrigação de fazer o contrato definitivo de compra e venda, mediante a outorga de escritura de venda do imóvel compromissado, após o adimplemento das obrigações financeiras assumidas.

Claro está, porém, que, na hipótese de o promitente comprador não cumprir as obrigações financeiras que lhe foram impostas, poderá ele, após ser devidamente constituído em mora, vir a perder a posse do bem, por meio da resolução do contrato.

A forma deste contrato, como se pode perceber da simples leitura do art. 1.417, poderá ser pública ou particular, cabendo-nos advertir que este artigo é de aplicação específica em face do art. 108, que exige a escritura pública nos atos de alienação ou constituição de direitos reais imobiliários que superem o teto de 30 (trinta) salários mínimos.

Trata-se, em verdade, de uma grande vantagem da promessa de compra e venda, pois possibilita sua formalização sem os rigores do instrumento público, o que, de certa forma, evita a ocorrência de nulidades formais.

---

[42] GOMES, Orlando. *Direitos Reais*, 19. ed., Rio de Janeiro: Forense, 2007, p. 324-5.

[43] I Jornada de Direito Civil. Enunciado 95: O direito à adjudicação compulsória (art. 1.418 do novo Código Civil), quando exercido em face do promitente vendedor, não se condiciona ao registro da promessa de compra e venda no cartório de registro imobiliário (Súmula 239 do STJ). No Código de Processo Civil de 2015, confiram-se, em especial, os arts. 497, 501, 536 e 537.

Faz-se mister registrar que a outorga da escritura definitiva afigura-se, para o compromissário vendedor que teve todas as parcelas devidamente adimplidas, como sendo um ato devido.

Nesse sentido, conclui com inegável precisão ORLANDO GOMES, ao discorrer sobre a promessa:

> "Considerando-se esse contrato um *novum genus*, a escritura definitiva não é o instrumento de outro negócio jurídico, mas a forma de um ato devido que apenas documenta o cumprimento de obrigação oriunda de contrato no qual o intento negocial das partes foi definido e a atribuição patrimonial, determinada"[44].

Pelo exposto, seguindo essa linha de pensamento, podemos concluir que os pressupostos gerais de validade do negócio jurídico, assim como a exigência de outorga uxória para o promitente-vendedor, são aspectos a serem considerados apenas quando da celebração do contrato preliminar, e não quando da outorga de escritura definitiva.

Sobre a autorização conjugal, escreve FLÁVIO TARTUCE:

> "Na linha do que era defendido nas edições anteriores desta obra, deve ser considerada como necessária a outorga conjugal para o compromisso irretratável de compra e venda, com exceção de ser o vendedor casado pelo regime da separação absoluta de bens, entendida esta como a separação convencional (art. 1647, inc. I, do CC)"[45].

Mas essa outorga somente é necessária se a promessa tiver caráter real, ou seja, foi devidamente registrada:

> "Por outra via, consigne-se que, no caso de compromisso de compra e venda não registrado, entende-se pela desnecessidade da outorga, diante da existência de efeitos meramente obrigacionais do ato, o que está plenamente correto" (STJ, AgRg no REsp 1.141.156/AM, Rel. Min. Luiz Felipe Salomão; REsp 677.117/PR, Rel. Min. Nancy Andrighi)[46].

Ilustrando, imaginemos a hipótese de o promitente comprador, solteiro, pactuar uma promessa, e, após a quitação das suas prestações, mas antes da outorga de escritura, casar-se, em regime de comunhão parcial de bens.

Poderia a sua esposa, em um eventual divórcio, exigir a meação do imóvel compromissado, argumentando que o mesmo somente se integrou ao patrimônio do seu marido após o casamento?

Vale indagar, outorgando-se a escritura definitiva somente após o casamento do compromissário comprador, a sua esposa teria direito a 50% do bem?

---

44 GOMES, Orlando. *Contratos*, Rio de Janeiro: Forense, p. 334.

45 TARTUCE, Flávio. *Direito das Coisas*, ob. cit., p. 433.

46 TARTUCE, Flávio, ob. cit., p. 434.

Entendemos que não.

Primeiramente, pela circunstância, já mencionada, de que a outorga da escritura definitiva de compra e venda apenas concretiza, exaure, finaliza um negócio jurídico anterior, perfeito e acabado, e que não poderia ser alterado por fatos ocorridos posteriormente à sua celebração.

Finalmente, ao encontro desse pensamento, lembremo-nos de que o art. 1.661 do Código Civil reconhece serem incomunicáveis os bens cuja aquisição tiver por título uma causa anterior ao casamento, como na hipótese sob análise.

Entretanto, caso o compromissário comprador case-se no curso da execução do contrato, as parcelas pagas firmarão uma presunção de esforço comum, possibilitando, portanto, que a esposa, por consequência lógica, tenha sobre o imóvel direito correspondente à meação das prestações adimplidas no curso do casamento.

Assim, por exemplo, se o adquirente pagou 10 das 15 parcelas, antes do seu matrimônio, a sua esposa terá direito, por metade, ao valor correspondente às 5 parcelas pagas no curso do casamento.

O exemplo figurado tratou do casamento, embora o mesmo raciocínio possa ser aplicado à união estável (art. 1.725 do CC).

O grande diferencial da promessa irretratável de compra e venda é, indubitavelmente, a possibilidade de adjudicação compulsória do bem, decorrente de sua eficácia real.

Cumpre-nos observar, ainda, que a promessa irretratável somente gera eficácia real com o respectivo registro no Cartório de Registro de Imóveis.

Nessa vereda, EDUARDO PACHECO RIBEIRO DE SOUZA salienta:

> "Ao exigir o registro da promessa sem cláusula de arrependimento para a adjudicação, os art. 1.417 e 1.418 nada mais fazem do que ser fiéis ao sistema que integram, posto que sendo o direito do promitente comprador direito real (art. 1.225, VII), e adquirindo-se os direitos reais sobre imóveis constituídos ou transmitidos por atos entre vivos pelo registro (princípio da inscrição — art. 1.227), é inafastável a necessidade do registro da promessa para que se torne o promitente comprador titular de direito real e, então, possa exercê-lo *erga omnes*. A segurança das relações jurídicas envolvendo promitente vendedor e promitente comprador, bem como terceiros de boa-fé, só se faz presente com o registro da promessa, pois eventual adjudicação compulsória embasada em título à parte do fólio real poderia não ser eficaz se, durante o trâmite do processo, o bem fosse adquirido por terceiro de boa-fé, protegido pela prioridade decorrente da prenotação de seu título"[47].

[47] SOUZA, Eduardo Pacheco Ribeiro de. A promessa de compra e venda no NCC: reflexos das inovações nas atividades notarial e registral. Disponível em: <http://www.irib.org.br/obras/a-promessa-de-compra-e-venda-no-ncc-reflexos-das-inovacoes-nas-atividades-notarial-e-registral>. Acesso em: 29 set. 2018.

No Superior Tribunal de Justiça, leia-se o seguinte julgado:

> "PROCESSUAL CIVIL. AGRAVO INTERNO NO AGRAVO EM RECURSO ESPECIAL. REEXAME DO CONJUNTO FÁTICO-PROBATÓRIO DOS AUTOS. INADMISSIBILIDADE. INCIDÊNCIA DA SÚMULA N. 7/STJ. PROMESSA DE COMPRA E VENDA. REGISTRO. OPOSIÇÃO A TERCEIROS. DECISÃO MANTIDA.
>
> 1. O recurso especial não comporta o exame de questões que impliquem revolvimento do contexto fático-probatório dos autos (Súmula n. 7 do STJ).
>
> 2. No caso concreto, o Tribunal de origem concluiu que a Juíza que presidiu a audiência foi removida para outra vara sem competência cível. Alterar esse entendimento, a fim de concluir pela possibilidade de outro juiz sentenciar o feito, demandaria o reexame dos elementos fáticos dos autos, o que é vedado em recurso especial.
>
> 3. 'A promessa de compra e venda identificada como direito real ocorre quando o instrumento público ou particular é registrado no cartório de registro de imóveis' (REsp 1.185.383/MG, Rel. Ministro LUIS FELIPE SALOMÃO, QUARTA TURMA, julgado em 8-4-2014, *DJe* 5-5-2014).
>
> 4. Agravo interno a que se nega provimento" (AgInt no AREsp 304.012/MG, Rel. Min. Antonio Carlos Ferreira, Quarta Turma, julgado em 13-3-2018, *DJe* 23-3-2018). (grifamos)

Nada impede, contudo, que, para imóveis compromissados não loteados, pactuado o arrependimento, sejam previstas arras penitenciais com o escopo compensatório da parte que não se arrependeu[48].

No Cartório de Registro de Imóveis, é feito o registro "dos contratos de compromisso de compra e venda de cessão deste e de promessa de cessão, com ou sem cláusula de arrependimento, que tenham por objeto imóveis não loteados e cujo preço tenha sido pago no ato de sua celebração, ou deva sê-lo a prazo, de uma só vez ou em prestações", nos termos do art. 167, I, 9, da Lei n. 6.015, de 31 de dezembro de 1973 (Lei de Registros Públicos).

Caso a promessa de compra e venda esteja devidamente registrada, poderá o compromissário-comprador, na forma da legislação especial, ajuizar demanda de adjudicação compulsória, caso em que, por sentença, o juiz adjudicará o imóvel compromissado ao seu patrimônio, se o vendedor não lhe houver outorgado a escritura definitiva, consoante convencionado[49].

[48] Nesse sentido, aliás, a antiga Súmula 412 do STF: "No compromisso de compra e venda com cláusula de arrependimento, a devolução do sinal, por quem deu, ou a restituição em dobro, por quem o recebeu, exclui indenização a maior, a título de perdas e danos, salvo os juros moratórios e os encargos do processo".

[49] Por outro lado, caso haja inadimplemento do promitente comprador, é nula a cláusula que preveja a perda de todas as parcelas pagas — cláusula de decaimento —, a teor do art. 53 do CDC.
Sobre o tema, confira-se o seguinte REsp Repetitivo: "RECURSO ESPECIAL REPRESENTATIVO DE CONTROVÉRSIA. ART. 543-C DO CPC. DIREITO DO CONSUMIDOR. CONTRATO DE

A demanda, aliás, poderá ser intentada também contra terceiros, cessionários dos direitos do promitente-vendedor.

Entretanto, o que fazer se o compromisso de compra e venda não houver sido registrado, situação tão comum em nosso país?

Uma vez não registrado o compromisso de compra e venda, concluímos naturalmente que o direito real do promitente-comprador não se teria constituído.

De fato.

Todavia, a nossa realidade, mormente para os que militam no interior do país, demonstra que o registro da promessa é uma atitude, embora necessária, pouco frequente, e, por vezes, até certo ponto desconhecida.

Nem sempre por ignorância, mas também por inocência ou, não podemos negar, falta de condições para o pagamento das taxas cartorárias ou do tributo de transmissão, inúmeras promessas de compra e venda são pactuadas, diariamente, *a latere* do sistema registrário oficial.

Se fosse afastada a possibilidade de ingressar com o pedido direto de adjudicação compulsória, inaugurado pelo art. 16 do DL 58/37, como se poderia amparar o direito — ainda que meramente pessoal — do compromissário-comprador que honrou com a sua palavra?

Seguindo essa tendência, a legislação processual civil passou a alargar o âmbito de eficácia concreta da sentença nas obrigações de fazer e de não fazer[50].

---

COMPRA DE IMÓVEL. DESFAZIMENTO. DEVOLUÇÃO DE PARTE DO VALOR PAGO. MOMENTO. 1. Para efeitos do art. 543-C do CPC: em contratos submetidos ao Código de Defesa do Consumidor, é abusiva a cláusula contratual que determina a restituição dos valores devidos somente ao término da obra ou de forma parcelada, na hipótese de resolução de contrato de promessa de compra e venda de imóvel, por culpa de quaisquer contratantes. Em tais avenças, deve ocorrer a imediata restituição das parcelas pagas pelo promitente comprador — integralmente, em caso de culpa exclusiva do promitente vendedor/construtor, ou parcialmente, caso tenha sido o comprador quem deu causa ao desfazimento. 2. Recurso especial não provido" (REsp 1.300.418/SC, Rel. Min. Luis Felipe Salomão, Segunda Seção, julgado em 13-11-2013, *DJe* 10-12-2013). (grifamos)

Observe-se que o julgado representativo da controvérsia abrange o inadimplemento de uma ou outra parte, tendo em vista a restituição de parcelas pagas, valendo lembrar que, se o inadimplemento é apenas do vendedor, o promitente comprador pode optar por exigir a outorga da escritura definitiva.

[50] No Código de Processo Civil de 2015, a matéria passou a ser disciplinada pelos arts. 497 a 501, que preceituam, *in verbis*:

"Art. 497. Na ação que tenha por objeto a prestação de fazer ou de não fazer, o juiz, se procedente o pedido, concederá a tutela específica ou determinará providências que assegurem a obtenção de tutela pelo resultado prático equivalente.

Parágrafo único. Para a concessão da tutela específica destinada a inibir a prática, a reiteração ou a continuação de um ilícito, ou a sua remoção, é irrelevante a demonstração da ocorrência de dano ou da existência de culpa ou dolo.

Por tudo isso, não seria justo que ao promitente-comprador de um compromisso não registrado restasse apenas a alternativa das "perdas e danos".

Em verdade, firmada uma promessa de compra e venda, ainda que não registrado o seu instrumento, o contrato terá gerado efeitos entre as próprias partes contratantes, caso em que, posto não se afigure constituído o esperado direito real, a parte prejudicada pelo inadimplemento da outra poderá lançar mão dos meios comuns de execução específica da obrigação de fazer, para o fim de satisfazer seu direito.

Na jurisprudência do STJ, destacamos:

> "Direito civil. Recurso especial interposto sob a égide do CPC/73. Embargos de terceiro. Compromisso de compra e venda não registrado. Natureza jurídica. Efeitos. Alegação de negativa de prestação jurisdicional afastada. Ausência do registro do memorial de incorporação e demais documentos previstos no art. 32 da Lei n. 4.591/1964. Ônus da incorporadora. Nulidade afastada. Sucumbência. Princípio da causalidade.
>
> 1. Inexiste ofensa ao art. 535 do CPC quando o tribunal de origem pronuncia-se de forma clara e precisa sobre a questão posta nos autos.
>
> 2. O descumprimento, pela incorporadora, da obrigação prevista no art. 32 da Lei 4.591/64, consistente no registro do memorial de incorporação no Cartório de Imóveis e dos demais documentos nele arrolados, não implica a nulidade ou anulabilidade do contrato de promessa de compra e venda de unidade condominial. Precedentes.
>
> 3. É da natureza da promessa de compra e venda devidamente registrada a transferência, aos adquirentes, de um direito real denominado direito do promitente comprador do imóvel (art. 1.225, VII, do CC/02).

---

Art. 498. Na ação que tenha por objeto a entrega de coisa, o juiz, ao conceder a tutela específica, fixará o prazo para o cumprimento da obrigação.

Parágrafo único. Tratando-se de entrega de coisa determinada pelo gênero e pela quantidade, o autor individualizá-la-á na petição inicial, se lhe couber a escolha, ou, se a escolha couber ao réu, este a entregará individualizada, no prazo fixado pelo juiz.

Art. 499. A obrigação somente será convertida em perdas e danos se o autor o requerer ou se impossível a tutela específica ou a obtenção de tutela pelo resultado prático equivalente.

Art. 500. A indenização por perdas e danos dar-se-á sem prejuízo da multa fixada periodicamente para compelir o réu ao cumprimento específico da obrigação.

Art. 501. Na ação que tenha por objeto a emissão de declaração de vontade, a sentença que julgar procedente o pedido, uma vez transitada em julgado, produzirá todos os efeitos da declaração não emitida".

Observe-se, em especial, esse último dispositivo transcrito, perfeitamente aplicável para o tema do presente tópico.

4. A promessa de compra e venda gera efeitos obrigacionais adjetivados, que podem atingir terceiros, não dependendo, para sua eficácia e validade, de ser formalizada em instrumento público. Precedentes.

5. Mesmo que o promitente-vendedor não outorgue a escritura definitiva, não tem mais ele o poder de dispor do bem prometido em alienação. Está impossibilitado de oferecê-lo em garantia ou em dação em pagamento de dívida que assumiu ou de gravá-lo com quaisquer ônus, pois o direito atribuído ao promissário-comprador desfalca da esfera jurídica do vendedor a plenitude do domínio.

6. Como consequência da limitação do poder de disposição sobre o imóvel prometido, eventuais negócios conflitantes efetuados pelo promitente-vendedor tendo por objeto o imóvel prometido podem ser tidos por ineficazes em relação aos promissários-compradores, ainda que atinjam terceiros de boa-fé.

7. Recurso especial provido" (REsp 1.490.802/DF, Rel. Min. Moura Ribeiro, Terceira Turma, julgado em 17-4-2018, *DJe* 24-4-2018). (grifamos)

Nesse sentido, recordemos ainda que o mesmo Superior Tribunal editou duas súmulas, reconhecendo ao promitente-comprador direito decorrente da promessa, mesmo que não registrada.

A primeira delas, mais antiga, dispõe que:

Súmula n. 84 — "É admissível a oposição de embargos de terceiro fundados em alegação de posse advinda do compromisso de compra e venda de imóvel, ainda que desprovido de registro".

A segunda, posterior, prevê que:

Súmula n. 239 — "O direito à adjudicação compulsória não se condiciona ao registro do compromisso de compra e venda no cartório de imóveis".

Nesse último caso, teremos uma demanda fundada em mero direito pessoal, por meio da qual o compromissário-comprador, valendo-se do disposto no já transcrito art. 501 do Código de Processo Civil de 2015, exigirá que a parte adversa outorgue a escritura definitiva, e, não sendo isso possível, a própria sentença surtirá o mesmo efeito da declaração de vontade não emitida.

Finalmente acrescentamos que, na hipótese da Súmula 239, a despeito de se manter a referência à expressão "direito à adjudicação compulsória", é bom que fique claro ao(à) nosso(a) estimado(a) leitor(a), que essa forma de "adjudicação" é exigida no bojo de uma demanda de natureza obrigacional, uma vez que, não estando o instrumento preliminar registrado, não há falar em direito real[51].

---

[51] Observação que nos convida à reflexão feita por Marcos Bernardes de Mello (*Teoria do Fato Jurídico*: Plano da Eficácia, 1ª parte, 2. ed., São Paulo: Saraiva, 2004, p. 202-3):

## 8. PENHOR

O Código Civil regula o penhor, a anticrese e a hipoteca nos arts. 1.419 a 1.510.

Trata-se de uma regulamentação exaustiva, em grande parte autoexplicativa, que nem sempre tem grande aplicação social, a exemplo do que se dá com a anticrese.

Algumas regras básicas e gerais, aplicáveis aos três institutos[52], merecem referência:

> "Art. 1.419. Nas dívidas garantidas por penhor, anticrese ou hipoteca, o bem dado em garantia fica sujeito, por vínculo real, ao cumprimento da obrigação.
>
> Art. 1.420. Só aquele que pode alienar poderá empenhar, hipotecar ou dar em anticrese; só os bens que se podem alienar poderão ser dados em penhor, anticrese ou hipoteca.
>
> § 1º A propriedade superveniente torna eficaz, desde o registro, as garantias reais estabelecidas por quem não era dono.
>
> § 2º A coisa comum a dois ou mais proprietários não pode ser dada em garantia real, na sua totalidade, sem o consentimento de todos; mas cada um pode individualmente dar em garantia real a parte que tiver.
>
> Art. 1.421. O pagamento de uma ou mais prestações da dívida não importa exoneração correspondente da garantia, ainda que esta compreenda vários bens, salvo disposição expressa no título ou na quitação.
>
> Art. 1.422. O credor hipotecário e o pignoratício têm o direito de excutir a coisa hipotecada ou empenhada, e preferir, no pagamento, a outros credores, observada, quanto à hipoteca, a prioridade no registro.

---

"Por essa razão não se pode considerar direito real, mas, apenas, direito com eficácia *erga omnes*, o direito de adjudicação compulsória que a lei atribui ao promitente comprador de bem imóvel. O exercício do direito de adjudicação pressupõe o inadimplemento do promitente vendedor (devedor) consubstanciado na recusa de outorga da escritura definitiva. Esse inadimplemento somente pode ser feito pelo vendedor, não por outra pessoa qualquer, o que demonstra a relatividade da relação jurídica. Quando há exercício do direito de adjudicação compulsória por meio judicial, a 'ação' é proposta contra o devedor para que outorgue a escritura definitiva; se, mesmo intimado, não o faz, o juiz ordena o registro, fazendo-se a adjudicação ao promitente comprador. Nessa decisão judicial o juiz como que substitui o devedor na outorga da definitividade da transmissão; sua decisão se põe no lugar do ato que o promitente vendedor deveria praticar. A eficácia *erga omnes* que tem o direito do promitente comprador lhe dá o caráter de direito absoluto, nunca, porém, de direito real. Em solução inadequada e tecnicamente incorreta que já vem do art. 69 da Lei n. 4.380, de 21-4-1964, e do art. 25 da Lei n. 6.766/79, o Código Civil, art. 1.417, erigiu à categoria de direito real o direito do promitente comprador à aquisição do imóvel objeto de contrato preliminar de compra e venda, quando pactuado sem cláusula de arrependimento e inscrito no registro de imóveis. A solução correta dessa matéria já estava no Decreto n. 58, de 10-12-1937, que reconhecia a eficácia *erga omnes* do contrato preliminar de compra e venda de bens imóveis loteados, sem cláusula de arrependimento, quando registrado, e o direito à adjudicação compulsória, sem contudo falar em direito real, que, em verdade, não existe, como se mostrou".

52 Para um aprofundamento na pesquisa do tema, confira-se o Capítulo 24 ("Uma Visão Geral sobre os Direitos Reais de Garantia") do Volume 5 ("Direitos Reais") da nossa coleção "Novo Curso de Direito Civil".

> Parágrafo único. Excetuam-se da regra estabelecida neste artigo as dívidas que, em virtude de outras leis, devam ser pagas precipuamente a quaisquer outros créditos".

"Excutir" é empregado no sentido de executar; coisa "empenhada" significa "objeto de penhor".

O contrato que constitui o penhor, a anticrese e a hipoteca, sob pena de ineficácia, deverão declarar (art. 1.424):

a) o valor do crédito, sua estimação, ou valor máximo;
b) o prazo fixado para pagamento;
c) a taxa dos juros, se houver;
d) o bem dado em garantia com as suas especificações.

Outro aspecto digno de nota é a vedação ao pacto comissório (apropriação da coisa dada em garantia):

> "Art. 1.428. É nula a cláusula que autoriza o credor pignoratício, anticrético ou hipotecário a ficar com o objeto da garantia, se a dívida não for paga no vencimento.
>
> Parágrafo único. Após o vencimento, poderá o devedor dar a coisa em pagamento da dívida".

Feitas tais considerações, voltemos os nossos olhos para o penhor.

"Como primeiro direito real de garantia sobre coisa alheia", afirma FLÁVIO TARTUCE, "o penhor é constituído sobre bens móveis (em regra), ocorrendo a transferência efetiva da posse do bem do devedor ao credor (também em regra). Diz-se duplamente em regra, pois, no penhor rural, industrial, mercantil e de veículos, as coisas empenhadas continuam em poder do devedor, que as deve guardar e conservar. Ademais, nem sempre o penhor recairá sobre coisa móvel, nos termos do que consta do art. 1.431 do CC"[53].

No Código Civil:

> "Art. 1.431. Constitui-se o penhor pela transferência efetiva da posse que, em garantia do débito ao credor ou a quem o represente, faz o devedor, ou alguém por ele, de uma coisa móvel, suscetível de alienação.
>
> Parágrafo único. No penhor rural[54], industrial, mercantil[55] e de veículos, as coisas empenhadas[56] continuam em poder do devedor, que as deve guardar e conservar".

---

[53] TARTUCE, Flávio, ob. cit., p. 1060.

[54] Penhor Rural: Constitui-se o penhor rural mediante instrumento público ou particular, registrado no Cartório de Registro de Imóveis da circunscrição em que estiverem situadas as coisas empenhadas. Na esfera de alcance desta modalidade, temos o penhor agrícola e o penhor pecuário (cf. arts. 1.438 a 1.446 do CC).

[55] Penhor Industrial e Mercantil: Podem ser objeto de penhor máquinas, aparelhos, materiais, instrumentos, instalados e em funcionamento, com os acessórios ou sem eles; animais, utilizados na indústria;

São direitos do credor pignoratício (art. 1.433):

a) direito à posse da coisa empenhada;
b) direito à retenção dela, até que o indenizem das despesas devidamente justificadas, que tiver feito, não sendo ocasionadas por culpa sua;
c) direito ao ressarcimento do prejuízo que houver sofrido por vício da coisa empenhada;
d) direito a promover a execução judicial, ou a venda amigável, se lhe permitir expressamente o contrato, ou lhe autorizar o devedor mediante procuração;
e) direito a apropriar-se dos frutos da coisa empenhada que se encontra em seu poder;
f) direito a promover a venda antecipada, mediante prévia autorização judicial, sempre que haja receio fundado de que a coisa empenhada se perca ou deteriore, devendo o preço ser depositado. O dono da coisa empenhada pode impedir a venda antecipada, substituindo-a, ou oferecendo outra garantia real idônea[57].

São deveres do credor pignoratício (art. 1.435):

a) a custódia da coisa, como depositário, e ressarcir ao dono a perda ou deterioração de que for culpado, podendo ser compensada na dívida, até a concorrente quantia, a importância da responsabilidade;
b) a defesa da posse da coisa empenhada e a dar ciência, ao dono dela, das circunstâncias que tornarem necessário o exercício de ação possessória;
c) a imputar o valor dos frutos, de que se apropriar (art. 1.433, inciso V) nas despesas de guarda e conservação, nos juros e no capital da obrigação garantida, sucessivamente;
d) a restituí-la, com os respectivos frutos e acessões, uma vez paga a dívida;
e) a entregar o que sobeje do preço, quando a dívida for paga, no caso do inciso IV do art. 1.433.

Merece especial destaque, o penhor de veículos, inovação consagrada no Código Civil de 2002:

> "Art. 1.461. Podem ser objeto de penhor os veículos empregados em qualquer espécie de transporte ou condução.

---

sal e bens destinados à exploração das salinas; produtos de suinocultura, animais destinados à industrialização de carnes e derivados; matérias-primas e produtos industrializados (cf. arts. 1.447 a 1.450).

[56] Embora o dispositivo legal mencione "coisas empenhadas", poderá admite-se o Penhor de Direitos e Títulos de Crédito (cf. arts. 1.451 a 1.460).

[57] "Art. 1.434. O credor não pode ser constrangido a devolver a coisa empenhada, ou uma parte dela, antes de ser integralmente pago, podendo o juiz, a requerimento do proprietário, determinar que seja vendida apenas uma das coisas, ou parte da coisa empenhada, suficiente para o pagamento do credor."

> Art. 1.462. Constitui-se o penhor, a que se refere o artigo antecedente, mediante instrumento público ou particular, registrado no Cartório de Títulos e Documentos do domicílio do devedor, e anotado no certificado de propriedade.
>
> Parágrafo único. Prometendo pagar em dinheiro a dívida garantida com o penhor, poderá o devedor emitir cédula de crédito, na forma e para os fins que a lei especial determinar.
>
> Art. 1.463. Não se fará o penhor de veículos sem que estejam previamente segurados contra furto, avaria, perecimento e danos causados a terceiros.
>
> Art. 1.464. Tem o credor direito a verificar o estado do veículo empenhado, inspecionando-o onde se achar, por si ou por pessoa que credenciar.
>
> Art. 1.465. A alienação, ou a mudança, do veículo empenhado sem prévia comunicação ao credor importa no vencimento antecipado do crédito pignoratício.
>
> Art. 1.466. O penhor de veículos só se pode convencionar pelo prazo máximo de dois anos, prorrogável até o limite de igual tempo, averbada a prorrogação à margem do registro respectivo".

Note-se haver uma limitação temporal para esta modalidade de penhor (dois anos), admitindo-se prorrogação (que deverá ser averbada à margem do registro).

Embora se trate de um instituto bastante interessante, a sua aplicação prática e difusão social, em nosso sentir, ainda não são tão frequentes.

Outra especial modalidade é o penhor legal.

Como a expressão sugere, este penhor independe de contrato, derivando, diretamente, da própria lei.

Nessa linha, são considerados, por força de lei, credores pignoratícios (art. 1.647):

a) os hospedeiros, ou fornecedores de pousada ou alimento, sobre as bagagens, móveis, joias ou dinheiro que os seus consumidores ou fregueses tiverem consigo nas respectivas casas ou estabelecimentos, pelas despesas ou consumo que aí tiverem feito[58];

b) o dono do prédio rústico ou urbano, sobre os bens móveis que o rendeiro ou inquilino tiver guarnecendo o mesmo prédio, pelos aluguéis ou rendas.

Na primeira hipótese (alínea *a*), deve-se levar em conta a aparente colisão com a normatização protetiva do Direito do Consumidor. Por isso, a efetivação da garantia deve ocorrer de forma não abusiva e proporcional o que, na prática, nem sempre será fácil.

Os credores poderão tomar em garantia um ou mais objetos até o valor da dívida (art. 1.469).

---

[58] A conta das dívidas será extraída conforme a tabela impressa, prévia e ostensivamente exposta na casa, dos preços de hospedagem, da pensão ou dos gêneros fornecidos, sob pena de nulidade do penhor (art. 1.468).

Na mesma linha, podem fazer efetivo o penhor, antes de recorrerem à autoridade judiciária, sempre que haja perigo na demora, dando aos devedores comprovante dos bens de que se apossarem (art. 1.470)[59].

Finalmente, lembremo-nos de que pode o locatário impedir a constituição do penhor mediante caução idônea (art. 1.472).

Na jurisprudência:

> "AGRAVO DE INSTRUMENTO. LOCAÇÃO. RESOLUÇÃO CONTRATUAL. PENHOR LEGAL. POSSIBILIDADE. DEFERIMENTO LIMINAR, EM PARTE, PARA PERMITIR À LOCATÁRIA RETIRAR OS MÓVEIS E EQUIPAMENTOS OBJETO DO PENHOR LEGAL, PARA UTILIZÁ-LOS NO NOVO EMPREENDIMENTO QUE POSSUI, DESDE QUE SEUS SÓCIOS ASSUMAM O ENCARGO DE DEPOSITÁRIOS FIÉIS. RECURSO PROVIDO, EM PARTE. (Agravo de Instrumento n. 70068075332, Décima Sexta Câmara Cível, Tribunal de Justiça do RS, Relator: Ana Maria Nedel Scalzilli, Julgado em 26-1-2016)" (TJRS, AgI 70068075332/RS, Rel. Ana Maria Nedel Scalzilli, julgado em 26-1-2016, Décima Sexta Câmara Cível, *DJ* 27-1-2016).
>
> "EMBARGOS DE DECLARAÇÃO. MEDIDA CAUTELAR PREVENTIVA DE NATUREZA SATISFATIVA — DE EFETIVAÇÃO E HOMOLOGAÇÃO DE PENHOR LEGAL — INTERESSE DE AGIR — AUSÊNCIA — PENHOR LEGAL NÃO SE CONFUNDE COM MEDIDA CAUTELAR — OMISSÃO VERIFICADA — SUPRIMENTO — EMBARGOS ACOLHIDOS SEM EFEITOS MODIFICATIVOS. 1. O interesse de agir está escoimado no binômio necessidade e adequação; 2. A necessidade ocorre quando imprescindível para que o sujeito obtenha o bem desejado; a adequação diz respeito à escolha do meio processual adequado; 3. Penhor legal é uma garantia real, não se justifica a determinação judicial da efetivação do penhor com posterior homologação, se não houver certeza da inexistência de outras garantias; 4. Nos contratos de locação, inaplicabilidade do penhor legal diante da existência de outra garantia — inteligência do art. 37 da Lei 8.245/91" (TJPR, EMBDECCV 619204901 PR 0619204-9/01, Rel. Rafael Augusto Cassetari, julgado em 31-3-2010, 12ª Câmara Cível, *DJ* 371).

Finalmente, extingue-se o penhor[60] (art. 1.436):

a) extinguindo-se a obrigação;

b) perecendo a coisa;

c) renunciando o credor[61];

---

[59] Art. 1.471 do CC: "Tomado o penhor, requererá o credor, ato contínuo, a sua homologação judicial".

[60] Art. 1.437 do CC: "Produz efeitos a extinção do penhor depois de averbado o cancelamento do registro, à vista da respectiva prova".

[61] "§ 1º Presume-se a renúncia do credor quando consentir na venda particular do penhor sem reserva de preço, quando restituir a sua posse ao devedor, ou quando anuir à sua substituição por outra garantia."

d) confundindo-se na mesma pessoa as qualidades de credor e de dono da coisa (confusão)[62];

e) dando-se a adjudicação judicial, a remissão ou a venda da coisa empenhada, feita pelo credor ou por ele autorizada.

## 9. HIPOTECA

Outro importante direito real de garantia é a hipoteca.

"Hipoteca", escreve CARLOS ROBERTO GONÇALVES, na linha de SILVIO RODRIGUES, "é o direito real de garantia que tem por objeto bens imóveis, navio ou avião pertencentes ao devedor ou a terceiro e que, embora não entregues ao credor, asseguram-lhe, preferencialmente, o recebimento do seu crédito"[63].

Podem ser objeto de hipoteca (art. 1.473):

a) os imóveis e os acessórios dos imóveis conjuntamente com eles;

b) o domínio direto;

c) o domínio útil;

d) as estradas de ferro[64];

e) os recursos naturais a que se refere o art. 1.230, independentemente do solo onde se acham;

f) os navios[65];

g) as aeronaves;

h) o direito de uso especial para fins de moradia;

i) o direito real de uso;

j) a propriedade superficiária.

O seu registro é disciplinado nos arts. 1.492 a 1.498 do Código Civil, valendo destacar a regra geral segundo a qual "as hipotecas serão registradas no cartório do lugar do imóvel, ou no de cada um deles, se o título se referir a mais de um".

Quanto ao alcance, a hipoteca abrange todas as acessões, melhoramentos ou construções do imóvel, subsistindo os ônus reais constituídos e registrados, anteriormente à hipoteca, sobre o mesmo imóvel (art. 1.474).

Importante ressaltar que a hipoteca não impede a alienação do imóvel. Caso seja alienado, o gravame o acompanhará:

---

[62] "§ 2º Operando-se a confusão tão somente quanto a parte da dívida pignoratícia, subsistirá inteiro o penhor quanto ao resto."

[63] GONÇALVES, Carlos Roberto, ob. cit., p. 595.

[64] Cf. arts. 1.502 a 1.505 do CC.

[65] "§ 1º A hipoteca dos navios e das aeronaves reger-se-á pelo disposto em lei especial" (cf. Leis n. 7.652/88 e 7.565/86).

> "Art. 1.475. É nula a cláusula que proíbe ao proprietário alienar imóvel hipotecado.
>
> Parágrafo único. Pode convencionar-se que vencerá o crédito hipotecário, se o imóvel for alienado".

Admite-se, ainda, que sobre o mesmo bem incida mais de uma hipoteca:

> "Art. 1.476. O dono do imóvel hipotecado pode constituir outra hipoteca sobre ele, mediante novo título, em favor do mesmo ou de outro credor".

A segunda hipoteca sobre o mesmo imóvel recebe a denominação de sub-hipoteca[66]. Sobre o tema, destacamos julgado do Supremo Tribunal Federal:

> "AGRAVO EM RECURSO EXTRAORDINÁRIO. CIVIL E PROCESSUAL CIVIL. LIQUIDAÇÃO SENTENÇA. CÁLCULOS. LAUDO PERICIAL. CÉDULA DE CRÉDITO INDUSTRIAL. BEM HIPOTECADO. IMPOSSIBILIDADE DE REEXAME DO CONJUNTO FÁTICO-PROBATÓRIO E DE ANÁLISE PRÉVIA DE LEGISLAÇÃO INFRACONSTITUCIONAL: SÚMULA N. 279 DO SUPREMO TRIBUNAL FEDERAL. OFENSA CONSTITUCIONAL INDIRETA. LIMITES DA COISA JULGADA: AUSÊNCIA DE REPERCUSSÃO GERAL. AGRAVO AO QUAL SE NEGA SEGUIMENTO. Relatório 1. Agravo nos autos principais contra decisão que não admitiu recurso extraordinário, interposto com base no art. 102, inc. III, alínea a, da Constituição da República, contra o seguinte julgado do Tribunal de Justiça da Paraíba: PROCESSO E CIVIL. PRELIMINAR NÃO CONHECIMENTO. RECURSO ADEQUADO. REJEIÇÃO. MÉRITO. LIQUIDAÇÃO SENTENÇA. LAUDO PERICIAL. QUESITOS COMPLEMENTARES. IMPERTINÊNCIA. EXCESSO DE GARANTIA. CÉDULA DE CRÉDITO INDUSTRIAL. HIPOTECA EM SEGUNDO GRAU. VALOR GARANTIDO. REMANESCENTE DA PRIMEIRA HIPOTECA. DANOS MATERIAIS. NECESSIDADE DE CÁLCULO. PROVIMENTO PARCIAL DO AGRAVO DE INSTRUMENTO. (...) — Na hipoteca em segundo grau ou sub-hipoteca, o valor dado em garantia corresponde ao remanescente da primeira garantia, ou seja, somente à parcela do valor do imóvel onerado que restaria após o pagamento da primeira hipoteca. — Não se pode confundir os danos emergentes do excesso de garantia com o próprio valor que não deveria ter sido onerado, pois os danos carecem ser provados, podendo ser superiores ou inferiores à quantia que deveria ter sido liberada do excesso de garantia, ou excepcionalmente, até mesmo inexistentes. Necessário, portanto, o cálculo para se apurar o valor do dano material (emergente, no caso) e não simples e indevida equiparação ao valor irregularmente em garantia. Os embargos de declaração opostos pelo Agravante foram rejeitados.

---

[66] A hipoteca poderá, ainda, servir de base para a emissão de cédula hipotecária: "Art. 1.486. Podem o credor e o devedor, no ato constitutivo da hipoteca, autorizar a emissão da correspondente cédula hipotecária, na forma e para os fins previstos em lei especial".

> (...) 8. Pelo exposto, nego seguimento ao agravo (art. 544, § 4º, inc. II, alínea a, do Código de Processo Civil e arts. 21, § 1º, e 327, § 1º, do Regimento Interno do Supremo Tribunal Federal). Publique-se. Brasília, 13 de dezembro de 2013. Ministra Cármen Lúcia Relatora" (STF, ARE 788.114/PB, Rel. Min. Cármen Lúcia, julgado em 13-12-2013, *DJe*-250, 17-12-2013, publicação 18-12-2013).

Previsão importante está contida no art. 1.488, concernente ao loteamento ou à constituição de condomínio no imóvel hipotecado:

> "Art. 1.488. Se o imóvel, dado em garantia hipotecária, vier a ser loteado, ou se nele se constituir condomínio edilício, poderá o ônus ser dividido, gravando cada lote ou unidade autônoma, se o requererem ao juiz o credor, o devedor ou os donos, obedecida a proporção entre o valor de cada um deles e o crédito.
>
> § 1º O credor só poderá se opor ao pedido de desmembramento do ônus, provando que o mesmo importa em diminuição de sua garantia.
>
> § 2º Salvo convenção em contrário, todas as despesas judiciais ou extrajudiciais necessárias ao desmembramento do ônus correm por conta de quem o requerer.
>
> § 3º O desmembramento do ônus não exonera o devedor originário da responsabilidade a que se refere o art. 1.430, salvo anuência do credor".

Nesse ponto, uma pergunta se impõe: o que se entende por hipoteca legal?

Além da hipoteca convencional — mais comum, constituída por convenção ou ajuste de vontades —, temos, ainda, a hipoteca judicial[67] — prevista no art. 824 do CC/1916, e não mais contemplada no CC/2002 — e a hipoteca legal — que deriva da lei, para beneficiar pessoas determinadas.

> "Art. 1.489. A lei confere hipoteca[68]:

---

[67] O CPC/2015 traz uma profunda inovação, ao tratar da hipoteca judiciária: "Art. 495. A decisão que condenar o réu ao pagamento de prestação consistente em dinheiro e a que determinar a conversão de prestação de fazer, de não fazer ou de dar coisa em prestação pecuniária valerão como título constitutivo de hipoteca judiciária. § 1º A decisão produz a hipoteca judiciária: I — embora a condenação seja genérica; II — ainda que o credor possa promover o cumprimento provisório da sentença ou esteja pendente arresto sobre bem do devedor; III — mesmo que impugnada por recurso dotado de efeito suspensivo. § 2º A hipoteca judiciária poderá ser realizada mediante apresentação de cópia da sentença perante o cartório de registro imobiliário, independentemente de ordem judicial, de declaração expressa do juiz ou de demonstração de urgência. § 3º No prazo de até 15 (quinze) dias da data de realização da hipoteca, a parte informá-la-á ao juízo da causa, que determinará a intimação da outra parte para que tome ciência do ato. § 4º A hipoteca judiciária, uma vez constituída, implicará, para o credor hipotecário, o direito de preferência, quanto ao pagamento, em relação a outros credores, observada a prioridade no registro. § 5º Sobrevindo a reforma ou a invalidação da decisão que impôs o pagamento de quantia, a parte responderá, independentemente de culpa, pelos danos que a outra parte tiver sofrido em razão da constituição da garantia, devendo o valor da indenização ser liquidado e executado nos próprios autos".

[68] Código Civil: "Art. 1.490. O credor da hipoteca legal, ou quem o represente, poderá, provando a insuficiência dos imóveis especializados, exigir do devedor que seja reforçado com outros. Art. 1.491.

> I — às pessoas de direito público interno (art. 41) sobre os imóveis pertencentes aos encarregados da cobrança, guarda ou administração dos respectivos fundos e rendas;
>
> II — aos filhos, sobre os imóveis do pai ou da mãe que passar a outras núpcias, antes de fazer o inventário do casal anterior;
>
> III — ao ofendido, ou aos seus herdeiros, sobre os imóveis do delinquente, para satisfação do dano causado pelo delito e pagamento das despesas judiciais;
>
> IV — ao coerdeiro, para garantia do seu quinhão ou torna da partilha, sobre o imóvel adjudicado ao herdeiro reponente;
>
> V — ao credor sobre o imóvel arrematado, para garantia do pagamento do restante do preço da arrematação".

Nesse ponto insere-se uma importante reflexão sobre o enunciado da Súmula 308 do STJ:

> "A hipoteca firmada entre a construtora e o agente financeiro, anterior ou posterior à celebração da promessa de compra e venda, não tem eficácia perante os adquirentes do imóvel" (Súmula 308, Segunda Seção, julgado em 30-3-2005, *DJ* 25-4-2005, p. 384).

De acordo com a sua dicção, em respeito aos limites impostos pela função social projetada no contrato, é abusiva, por afrontar o direito constitucional à moradia, a cláusula negocial que resulte na incidência, em seu imóvel, de hipoteca que não fora firmada pelo adquirente.

A imposição dessa cláusula, especialmente em contratos por adesão, é abusiva, iníqua, quedando-se nula de pleno direito.

Imagine-se, por exemplo, o indivíduo que, com grande esforço, ajusta a compra de um imóvel, mediante promessa, em prestações corrigidas pelo INCC, e que se depara com a (surreal) situação de ter o seu bem hipotecado para a garantia de dívida da construtora.

Frise-se: no caso, não houve financiamento tomado pelo promitente-comprador e consequente constituição, por si voluntariamente realizada, de garantia real hipotecária.

Por óbvio, se houvesse voluntariamente constituído o gravame por conta de um financiamento, a hipoteca estaria justificada.

Mas não é essa a situação tratada no enunciado da Súmula.

O que a súmula quer evitar é a absurda situação de se impor a alguém os efeitos de uma hipoteca constituída por terceiro.

Com isso, não se está pretendendo aniquilar os princípios da *autonomia privada* ou do *pacta sunt servanda*, mas, apenas, relativizá-los em prol de um valor social preponderante, traduzido, em especial, no direito constitucional à moradia.

---

A hipoteca legal pode ser substituída por caução de títulos da dívida pública federal ou estadual, recebidos pelo valor de sua cotação mínima no ano corrente; ou por outra garantia, a critério do juiz, a requerimento do devedor".

E como se opera o fim da hipoteca?

A hipoteca extingue-se (art. 1.499)[69]:

a) pela extinção da obrigação principal;
b) pelo perecimento da coisa;
c) pela resolução da propriedade;
d) pela renúncia do credor;
e) pela remição[70];
f) pela arrematação ou adjudicação.

Extingue-se ainda a hipoteca com a averbação, no Registro de Imóveis, do cancelamento do registro, à vista da respectiva prova (art. 1.500).

A título de arremate do tópico, teçamos algumas considerações acerca da perempção da hipoteca.

Com efeito, a hipoteca convencional tem prazo máximo de 30 anos.

Uma vez superado esse prazo, opera-se a sua extinção por perempção:

> "Art. 1.485. Mediante simples averbação, requerida por ambas as partes, poderá prorrogar-se a hipoteca, até 30 (trinta) anos da data do contrato. Desde que perfaça esse prazo, só poderá subsistir o contrato de hipoteca reconstituindo-se por novo título e novo registro; e, nesse caso, lhe será mantida a precedência, que então lhe competir".

Comentando o instituto, ensina CARLOS ROBERTO GONÇALVES:

> "Na redação original do aludido dispositivo o prazo fixado para o vencimento da hipoteca era de vinte anos. Foi, todavia, estendido para trinta anos pela Lei n. 10.931, de 2 de agosto de 2004.
>
> Embora possam as partes estipular o prazo que lhes convier, e prorrogá-lo mediante simples averbação, este não ultrapassará o referido limite. Quando atingido, dá-se a *perempção* da hipoteca. Somente mediante novo instrumento, submetido a outro registro, pode-se preservar o mesmo número de ordem, na preferência da execução hipotecária, mantendo-se a garantia.
>
> (...)
>
> Urge salientar que a perempção pelo decurso do prazo atinge somente a hipoteca convencional. A *legal* prolonga-se indefinidamente, enquanto perdurar a situação ju-

---

[69] "Art. 1.501. Não extinguirá a hipoteca, devidamente registrada, a arrematação ou adjudicação, sem que tenham sido notificados judicialmente os respectivos credores hipotecários, que não forem de qualquer modo partes na execução."

[70] A remição é "a liberação ou resgate do imóvel hipotecado mediante o pagamento, ao credor, da dívida que visa garantir" (GONÇALVES, Carlos Roberto, ob. cit., p. 626). No Código Civil, cf. art. 1.481.

rídica que ela visa resguardar, '*mas a especialização, em completando vinte anos, deve ser renovada*' (CC, art. 1.498)"[71].

Um aspecto, todavia, deve ser salientado.

Não devemos confundir a *perempção* aqui tratada, que traduz a extinção da hipoteca após o decurso do prazo de 30 anos, com a *perempção processual*, aplicável somente àqueles que acionam a máquina judiciária, com a extinção do processo civil ou criminal, como sanção pelo não cumprimento de diligências que lhe cabiam[72].

Também não se deve confundir com a *preempção ou preferência*:

"Celebrado um negócio jurídico de compra e venda, e, em seguida, a transmissão da propriedade (pela tradição ou registro), o normal é que não haja mais qualquer vinculação entre os contratantes.

Todavia, podem os pactuantes estabelecer uma cláusula que obrigue o comprador de coisa móvel ou imóvel, no caso de pretender vendê-la ou dá-la em pagamento, a oferecê-la a quem lhe vendeu originalmente, para que este tenha a preferência em readquiri-la, em igualdade de condições, com quem também está interessado em incorporá-la em seu patrimônio.

É a cláusula de preempção, também chamada de cláusula de preferência, prelação ou *pactum protimiseos*, disciplinada pelos arts. 513 a 520 do CC-02.

Trata-se de um pacto, decorrente unicamente da autonomia da vontade, e estipulado, evidentemente, em favor do alienante, aqui chamado preferente, prestigiando o seu desejo eventual de retomar o bem que outrora lhe pertenceu.

Por isso mesmo, não somente o comprador tem a obrigação de cientificar, na forma do *caput* do art. 513 do Código Civil[73] como também o vendedor tem o direito de exercitá-lo, independentemente de provocação do comprador[74].

---

71 GONÇALVES, Carlos Roberto, ob. cit., p. 633-634.

72 "Perempção. *1. Direito processual civil.* Caducidade ou extinção de processo, sem julgamento do mérito, quando o autor, por não promover atos e diligências que lhe competiam, abandonar a causa por mais de trinta dias, ou melhor, quando o autor der causa, por três vezes, à extinção do processo por não ter promovido as diligências, não poderá intentar a repropositura da quarta ação contra o réu com o mesmo objeto. É a perda do direito de demandar sobre o mesmo objeto. É o modo extintivo da relação processual fundado na desídia e inação do autor. *2. Direito processual penal.* Forma extintiva da punibilidade, em caso de ação penal privada, resultante da inércia do querelante, no que atina à movimentação processual, ou seja, por deixar de promover o andamento do processo durante trinta dias seguidos; ou não comparecer, sem motivo justificado, a qualquer ato processual a que deva estar presente; ou não formular o pedido de condenação nas alegações finais; ou pelo não comparecimento em juízo, dentro de sessenta dias, em caso de morte ou incapacidade do querelante, de pessoa habilitada a fazê-lo; ou, ainda, pela extinção da pessoa jurídica, querelante, sem deixar sucessor" (DINIZ, Maria Helena. *Dicionário Jurídico*, v. 3, São Paulo: Saraiva, 1998, p. 570).

73 CC-02: "Art. 513. A preempção, ou preferência, impõe ao comprador a obrigação de oferecer ao vendedor a coisa que aquele vai vender, ou dar em pagamento, para que este use de seu direito de prelação na compra, tanto por tanto".

74 CC-02: "Art. 514. O vendedor pode também exercer o seu direito de prelação, intimando o comprador, quando lhe constar que este vai vender a coisa".

Para que o direito de preempção seja exercido, o vendedor, sob pena de perda da sua preferência, está '*obrigado a pagar, em condições iguais, o preço encontrado, ou o ajustado*' (art. 515 do CC-02). Isso quer dizer que, para readquirir o bem, o vendedor originário deve igualar as condições oferecidas por terceiros, tanto no que se refere ao valor pecuniário (preço), quanto em relação às vantagens oferecidas"[75].

Na jurisprudência, confira-se:

> "Apelação cível. Propriedade e direitos reais sobre coisas alheias. Ação de extinção de hipoteca. Preliminares de ilegitimidade ativa e ausência de interesse processual. Afastamento. Mérito. Perempção da garantia real. Ocorrência. Extinção do gravame. Sentença de procedência mantida. I. Tem legitimidade ativa e interesse processual para propor ação de desconstituição do gravame o adquirente de imóvel sobre o qual recai hipoteca dada pelo antigo proprietário. Preliminares afastadas. II. O registro de hipoteca convencional valerá pelo prazo de 30 (trinta) anos, findo o qual só será mantido o número anterior se reconstituída por novo título e novo registro artigo 238 da Lei de Registros Públicos. Caso em que reconhecida a perempção do gravame firmado no longínquo ano de 1983, porquanto ausente averbação de reconstituição posterior ao seu registro. Sentença que determinou o cancelamento do gravame mantida. APELO DESPROVIDO. UNÂNIME" (TJRS, Apelação Cível n. 70076728450, Décima Sétima Câmara Cível, Rel. Liege Puricelli Pires, julgado em 10-5-2018). (grifamos)

Diferentemente de outros prazos do Código Civil, o lapso de 30 anos para a consumação da perempção da hipoteca é, sem dúvida, extenso, sendo maior, inclusive, do que o peculiar prazo previsto para a prescrição aquisitiva de uma servidão (20 anos — art. 1.379 do CC).

## 10. ANTICRESE

A anticrese é um instituto obsoleto e sem grande utilidade prática.

Por meio da anticrese, pode o devedor ou outrem por ele, com a entrega do imóvel ao credor, ceder-lhe o direito de perceber, em compensação da dívida, os frutos e rendimentos (art. 1.506)[76].

---

[75] GAGLIANO, Pablo Stolze; PAMPLONA FILHO, Rodolfo. *Novo Curso de Direito Civil*, 2. ed., São Paulo: Saraiva, 2020, p. 524-525.

[76] Art. 1.506: "§ 1º É permitido estipular que os frutos e rendimentos do imóvel sejam percebidos pelo credor à conta de juros, mas se o seu valor ultrapassar a taxa máxima permitida em lei para as operações financeiras, o remanescente será imputado ao capital. § 2º Quando a anticrese recair sobre bem imóvel, este poderá ser hipotecado pelo devedor ao credor anticrético, ou a terceiros, assim como o imóvel hipotecado poderá ser dado em anticrese".

A dinâmica deste direito é simples: o devedor anticrético transfere a posse do imóvel ao seu respectivo credor, para que este aufira os seus respectivos frutos[77].

A teor do art. 1.507, "o credor anticrético pode administrar os bens dados em anticrese e fruir seus frutos e utilidades, mas deverá apresentar anualmente balanço, exato e fiel, de sua administração"[78].

Em arremate, o art. 1.510 admite o resgate da anticrese, antes do vencimento da dívida, pagando a sua totalidade à data do pedido de remição e se imitindo, se for o caso, na posse do bem.

## 11. CONCESSÃO DE USO ESPECIAL PARA FINS DE MORADIA

A concessão de direito real de uso para fins de moradia e a concessão de direito real de uso (este último tratado no próximo tópico) são reguladas por legislação especial[79] e são institutos com forte repercussão no Direito Administrativo.

Conceitualmente, trata-se de um direito que confere ao seu titular o uso de um imóvel público, insuscetível de usucapião[80], em caráter real, com a finalidade de morar.

Segundo LEONARDO CARNEIRO SOUSA:

> "A origem da concessão de uso especial para fins de moradia se inicia com a emenda popular de reforma urbana apresentada no processo da Assembleia Nacional Constituinte de 1987. (SAULE JUNIOR, 2004, p. 398).
>
> Na proposta inicial, a posse não contestada por até três anos de terras públicas ou privadas, com metragem até o limite de 300 m², utilizando para sua moradia adquiriria o domínio, independente de justo título e boa fé. Nota-se que nessa proposta não se cogitou a concessão de uso, simplesmente a usucapião urbana.

---

[77] "Art. 1.508. O credor anticrético responde pelas deteriorações que, por culpa sua, o imóvel vier a sofrer, e pelos frutos e rendimentos que, por sua negligência, deixar de perceber. Art. 1.509. O credor anticrético pode vindicar os seus direitos contra o adquirente dos bens, os credores quirografários e os hipotecários posteriores ao registro da anticrese. § 1º Se executar os bens por falta de pagamento da dívida, ou permitir que outro credor o execute, sem opor o seu direito de retenção ao exequente, não terá preferência sobre o preço. § 2º O credor anticrético não terá preferência sobre a indenização do seguro, quando o prédio seja destruído, nem, se forem desapropriados os bens, com relação à desapropriação."

[78] Art. 1.507: "§ 1º Se o devedor anticrético não concordar com o que se contém no balanço, por ser inexato, ou ruinosa a administração, poderá impugná-lo, e, se o quiser, requerer a transformação em arrendamento, fixando o juiz o valor mensal do aluguel, o qual poderá ser corrigido anualmente. § 2º O credor anticrético pode, salvo pacto em sentido contrário, arrendar os bens dados em anticrese a terceiro, mantendo, até ser pago, direito de retenção do imóvel, embora o aluguel desse arrendamento não seja vinculativo para o devedor".

[79] Cf. Decreto-Lei n. 271 de 1967, MP 2.220 de 2001, Lei n. 11.481 de 2007, Lei n. 13.465 de 2017.

[80] Como sabemos, os imóveis públicos não são suscetíveis de usucapião, a teor do § 3º do art. 183 e do parágrafo único do art. 191 da Constituição Federal. No Código Civil, confira-se o art. 102.

> Essa proposta não foi aceita, pois com relação à propriedade pública os Constituintes ainda tinham a postura absolutista do Código Civil de 1916, afirmando que as terras públicas são bens públicos, detendo assim de inalienabilidade, imprescritibilidade e impenhorabilidade. Portanto, não é possível a aquisição do domínio sobre tal bem.
>
> Entretanto, mesmo os constituintes assumindo esta posição e não aceitando a proposta, eles ao menos incorporaram o sentido teleológico desta emenda popular, reconhecendo o 'direito à moradia da população de baixa renda que mora em assentamentos consolidados para fins de moradia', em áreas públicas, através do instrumento da concessão de uso. (SAULE JUNIOR, 2004, p. 400)
>
> Foi instituída então a concessão de uso especial para fins de moradia, tendo em vista que a usucapião urbana serve para garantir a destinação social dos imóveis urbanos privados, a concessão de uso vem a atender a função social da propriedade urbana pública.
>
> Neste sentido, foi consagrado em nossa Carta Magna de 1988 a concessão de uso especial para fins de moradia, em seu artigo 183, que ficou assim expresso:
>
> Art. 183. Aquele que possuir como sua área urbana de até duzentos e cinquenta metros quadrados, por cinco anos, ininterruptamente e sem oposição, utilizando-a para sua moradia ou de sua família, adquirir-lhe-á o domínio, desde que não seja proprietário de outro imóvel urbano ou rural.
>
> § 1º O título de domínio e a concessão de uso serão conferidos ao homem ou à mulher, ou a ambos, independentemente do estado civil.
>
> § 2º Esse direito não será reconhecido ao mesmo possuidor mais de uma vez.
>
> § 3º Os imóveis públicos não serão adquiridos por usucapião. (Grifo nosso)
>
> Desta forma, a concessão de uso passa a ter *status* constitucional, garantindo a segurança da posse aos cidadãos que habitam imóveis públicos, assegurando o princípio da igualdade, conferindo assim, tratamento isonômico à garantia do direito a moradia, independente do fato de se estar habitando uma área pública ou privada. (SAULE JUNIOR, 2004, p. 399)"[81].

Trata-se de um direito mais específico do que a concessão de direito real de uso, a ser tratado no próximo capítulo, pois o seu elemento teleológico é claramente delineado: a moradia.

Sobre o instituto, escreveu ADRIANO FERRIANI:

"Apesar de a lei 11.481 ter incorporado o inciso XI ao art. 1225 do CC somente em 2007, o instituto já existe desde 2001. A ideia inicial do legislador era a de inseri-lo no

[81] SOUSA, Leonardo da Silva Carneiro. A constitucionalidade do aspecto temporal na regulamentação da concessão de uso especial para fins de moradia (CUEM). *Jus Navigandi*, Teresina, ano 18, n. 3.716, 3 set. 2013. Disponível em: <https://jus.com.br/artigos/25213>. Acesso em: 19 set. 2018.

ordenamento jurídico por meio do Estatuto da Cidade (lei 10.257/01), dentre os diversos mecanismos então criados para dar efetividade à função social das cidades e também à função social da propriedade. Tanto isso é verdade que a concessão especial para fins de moradia estava disciplinada nos artigos 10 a 15 do referido Estatuto. Porém, tais artigos foram vetados pelo Presidente da República.

O veto presidencial ocorreu não por ser contrário ao mecanismo, mas sim por alguns aspectos do regramento contido no Estatuto da Cidade. Por essa razão, houve o comprometimento de apresentação de um texto para substituir a supressão feita, com as correções julgadas necessárias. E assim surgiu, logo em seguida, no mesmo ano, a MP 2.220, de 4 de setembro de 2001, que vige até hoje, por ser anterior à Emenda Constitucional 32, também de 2001"[82].

Sem desmerecer a sua importância, a consagração dessa modalidade de direito real, em nosso sentir, não alcançou o resultado social esperado, na medida em que o problema de fundo no âmbito da política governamental de habitação, no Brasil, exige medidas mais amplas e efetivas, de cunho programático e geral.

A já referida Medida Provisória 2.220/2001 experimentou o impacto da Lei n. 13.465/2017, consolidando-se uma modalidade de prescrição aquisitiva que resultará na obtenção, não da propriedade, mas da concessão de uso de um imóvel público com o propósito de assegurar o direito constitucional à moradia.

Vale dizer, embora não se possa usucapir propriedade de imóvel público, admite-se a prescrição aquisitiva da concessão de uso com finalidade de moradia:

> "Art. 1º Aquele que, até 22 de dezembro de 2016, possuiu como seu, por cinco anos, ininterruptamente e sem oposição, até duzentos e cinquenta metros quadrados de imóvel público situado em área com características e finalidade urbanas, e que o utilize para sua moradia ou de sua família, tem o direito à concessão de uso especial para fins de moradia em relação ao bem objeto da posse, desde que não seja proprietário ou concessionário, a qualquer título, de outro imóvel urbano ou rural. (*Redação dada pela Lei n. 13.465, de 2017*)
>
> § 1º A concessão de uso especial para fins de moradia será conferida de forma gratuita ao homem ou à mulher, ou a ambos, independentemente do estado civil.
>
> § 2º O direito de que trata este artigo não será reconhecido ao mesmo concessionário mais de uma vez.
>
> § 3º Para os efeitos deste artigo, o herdeiro legítimo continua, de pleno direito, na posse de seu antecessor, desde que já resida no imóvel por ocasião da abertura da sucessão.

[82] FERRIANI, Adriano. Brevíssimas considerações sobre a concessão especial para fins de moradia. Disponível em: <http://www.migalhas.com.br/Civilizalhas/94,MI147158,31047-Brevissimas+consideracoes+sobre+a+concessao+especial+para+fins+de>. Acesso em: 2 jan. 2018.

> Art. 2º Nos imóveis de que trata o art. 1º, com mais de duzentos e cinquenta metros quadrados, ocupados até 22 de dezembro de 2016, por população de baixa renda para sua moradia, por cinco anos, ininterruptamente e sem oposição, cuja área total dividida pelo número de possuidores seja inferior a duzentos e cinquenta metros quadrados por possuidor, a concessão de uso especial para fins de moradia será conferida de forma coletiva, desde que os possuidores não sejam proprietários ou concessionários, a qualquer título, de outro imóvel urbano ou rural. (*Redação dada pela Lei n. 13.465, de 2017*)
>
> § 1º O possuidor pode, para o fim de contar o prazo exigido por este artigo, acrescentar sua posse à de seu antecessor, contanto que ambas sejam contínuas.
>
> § 2º Na concessão de uso especial de que trata este artigo, será atribuída igual fração ideal de terreno a cada possuidor, independentemente da dimensão do terreno que cada um ocupe, salvo hipótese de acordo escrito entre os ocupantes, estabelecendo frações ideais diferenciadas.
>
> § 3º A fração ideal atribuída a cada possuidor não poderá ser superior a duzentos e cinquenta metros quadrados".

Note-se que, enquanto o art. 1º trata de uma usucapião em perspectiva individual[83], o art. 2º regula uma modalidade coletiva de usucapião da concessão de uso para fins de moradia, de forma semelhante ao que se dá com a propriedade, nos termos dos arts. 9º e 10 do Estatuto da Cidade[84].

E um detalhe deve ser salientado.

O Superior Tribunal de Justiça já decidiu no sentido de que, na hipótese prevista no art. 1º da Medida Provisória n. 2.220/2001, o legislador limitou a parcela do imóvel ocupada pelo possuidor, mas não o tamanho total do imóvel público:

> "Civil e Processual Civil. Ação de reintegração de posse. Agravo regimental no agravo em recurso especial. Concessão de uso especial para fins de moradia. Bem público. MP n. 2.220/2001. *Animus domini*. Ausência de prequestionamento. Área efetivamente ocupada. Irrelevância da área do imóvel.
>
> 1. A ausência de oposição de embargos de declaração para sanar, na origem, eventuais omissões do julgado, atrai a aplicação do óbice contido nos enunciados n. 282 e 356 do STF.
>
> 2. No caso concreto, não foi analisada na instância ordinária a tese apresentada no recurso especial no sentido de que os réus não teriam comprovado o requisito da

83 Para uma revisão sobre o tema, confira-se o Capítulo LXI, item 6.1, deste volume.

84 O art. 9º da Medida Provisória admite, ainda, observados os seus pressupostos, a mera autorização de uso de imóvel público situado em área com características e finalidade urbanas para fins comerciais.

ocupação do imóvel como próprio, com *animus domini*. Não cuidando a recorrente de provocar a Corte local para o exame da questão, via recurso declaratório, a argumentação carece do necessário prequestionamento.

3. O art. 1º da Medida Provisória n. 2.220/2001 não limita o tamanho total do imóvel público, mas exclusivamente a parcela ocupada pelo possuidor, para fins de concessão do uso especial previsto no art. 183, § 1º, da Constituição Federal.

4. O Tribunal local, com suporte nos elementos probatórios dos autos e aplicando o dispositivo legal, concluiu estarem preenchidos os requisitos legais, fazendo constar expressa observação de que a área ocupada pelo interessado estaria discriminada. Sobre o tema, o agravo regimental não trouxe argumentos capazes de infirmar a decisão agravada, sobretudo em relação à incidência do enunciado n. 7 da Súmula do STJ.

5. Agravo regimental improvido" (AgRg no AREsp 333.647/RS, Rel. Min. Antonio Carlos Ferreira, Quarta Turma, julgado em 10-2-2015, *DJe* 19-2-2015). (grifamos)

Acrescentamos, ainda, que, a teor do art. 8º da Medida Provisória 2.220/2001, o direito à concessão de uso especial para fins de moradia extingue-se nos casos de:

a) o concessionário dar ao imóvel destinação diversa da moradia para si ou para sua família; ou

b) o concessionário adquirir a propriedade ou a concessão de uso de outro imóvel urbano ou rural.

A extinção da concessão especial será averbada no cartório de registro de imóveis, por meio de declaração do Poder Público concedente.

Em conclusão, pensamos que, posto a concessão de uso para fins de moradia seja, sem dúvida, um elogiável instrumento, com forte matiz socializante, a ausência de sérias políticas públicas de regularização fundiária urbana, como dito acima, é, em verdade, a principal causa a ser combatida, com seriedade e empenho, pelo Estado Brasileiro.

## 12. CONCESSÃO DE DIREITO REAL DE USO

A concessão de direito real de uso também tem um acentuado matiz publicista, na perspectiva da função social, tratando-se de um direito real assemelhado, posto não idêntico, à propriedade, pelo qual o concessionário poderá usar o imóvel para finalidades úteis, socialmente relevantes[85].

[85] Não se deve confundir a Concessão de Direito Real de Uso (CDRU), com a mera concessão de uso (instituto típico do Direito Administrativo): "Diferente da concessão de uso, que não possui uma regulamentação geral em lei nacional, sofrendo alterações em suas características em virtude do que disciplinam as leis dos entes federados, a CDRU é direito real e, deste modo, dotado de tipicidade e com condições e hipóteses de aplicação normatizadas em leis editadas pela União (art. 22, I, CF)" (grifamos) (LUFT, Rosângela. Concessão de direito real de uso. Enciclopédia jurídica da PUC-SP. Celso Fernandes Campilongo, Alvaro de Azevedo Gonzaga e André Luiz Freire (coords.). Tomo: Di-

A raiz da sua disciplina normativa encontra-se no art. 7º do Decreto-Lei n. 271, de 1967, com os temperamentos da Lei n. 11.481, de 2007:

> "Art. 7º É instituída a concessão de uso de terrenos públicos ou particulares remunerada ou gratuita, por tempo certo ou indeterminado, como direito real resolúvel, para fins específicos de regularização fundiária de interesse social, urbanização, industrialização, edificação, cultivo da terra, aproveitamento sustentável das várzeas, preservação das comunidades tradicionais e seus meios de subsistência ou outras modalidades de interesse social em áreas urbanas. (*Redação dada pela Lei n. 11.481, de 2007*)
>
> § 1º A concessão de uso poderá ser contratada, por instrumento público ou particular, ou por simples têrmo administrativo, e será inscrita e cancelada em livro especial.
>
> § 2º Desde a inscrição da concessão de uso, o concessionário fruirá plenamente do terreno para os fins estabelecidos no contrato e responderá por todos os encargos civis, administrativos e tributários que venham a incidir sôbre o imóvel e suas rendas.
>
> § 3º Resolve-se a concessão antes de seu têrmo, desde que o concessionário dê ao imóvel destinação diversa da estabelecida no contrato ou têrmo, ou descumpra cláusula resolutória do ajuste, perdendo, neste caso, as benfeitorias de qualquer natureza.
>
> § 4º A concessão de uso, salvo disposição contratual em contrário, transfere-se por ato *inter vivos*, ou por sucessão legítima ou testamentária, como os demais direitos reais sôbre coisas alheias, registrando-se a transferência.
>
> § 5º Para efeito de aplicação do disposto no *caput* deste artigo, deverá ser observada a anuência prévia: (*Incluído pela Lei n. 11.481, de 2007*)
>
> I — do Ministério da Defesa e dos Comandos da Marinha, do Exército ou da Aeronáutica, quando se tratar de imóveis que estejam sob sua administração; e (*Incluído pela Lei n. 11.481, de 2007*)
>
> II — do Gabinete de Segurança Institucional da Presidência de República, observados os termos do inciso III do § 1º do art. 91 da Constituição Federal". (*Incluído pela Lei n. 11.481, de 2007*)

A restrição mencionada no inciso II deve ser compreendida à luz do inciso III do § 1º do art. 91 da Constituição Federal, quando se tratar de *áreas indispensáveis à segurança do território nacional, especialmente na faixa de fronteira e nas relacionadas com a preservação e a exploração dos recursos naturais de qualquer tipo.*

O elemento teleológico da concessão do direito real de uso não é propriamente o mesmo do direito de uso especial para fim de moradia, pois o seu escopo é mais amplo,

---

reito Administrativo e Constitucional. Vidal Serrano Nunes Jr., Maurício Zockun, Carolina Zancaner Zockun, André Luiz Freire (coord. de tomo). São Paulo: Pontifícia Universidade Católica de São Paulo, 2017. Disponível em: <https://enciclopediajuridica.pucsp.br/verbete/16/edicao-1/concessao-de-direito-real-de-uso>. Acesso em: 23 set. 2018).

traduzindo-se na "regularização fundiária de interesse social, urbanização, industrialização, edificação, cultivo da terra, aproveitamento sustentável das várzeas, preservação das comunidades tradicionais e seus meios de subsistência ou outras modalidades de interesse social em áreas urbanas".

## 13. LAJE

O Direito não pode estar alheio à realidade social que o justifica.

Nesse contexto, embora tardia, merece especial destaque a regulamentação normativa do brasileiríssimo direito real de laje, levada a cabo inicialmente pela Medida Provisória n. 759, de 22 de dezembro de 2016.

Com ela, inseriu-se, no art. 1.225 do Código Civil um novo inciso (XIII), referente a este direito real.

Tal Medida Provisória foi substituída pela Lei n. 13.465, de 11 de julho de 2017, que, dentre várias providências, disciplinou, em definitivo, o "direito real de laje", aperfeiçoando alguns aspectos imprecisos da primeira previsão normativa.

Sem dúvida, estamos diante de um tema de grande relevância.

Com efeito, trata-se de uma situação bastante frequente, especialmente nos grandes centros urbanos, em que a sobreposição de moradias já exigia, historicamente, um justo enfrentamento, por parte do legislador, que, até então, condenava esse fenômeno urbanístico ao cadafalso da invisibilidade.

Segundo PABLO STOLZE, "trata-se de situação muito comum, especialmente nos grandes centros urbanos, em que o proprietário do 'andar térreo' cede o direito de uso e moradia para que um terceiro construa 'a sua casa' no andar de cima. É o popular 'puxadinho'. Assim, passam a coexistir unidades imobiliárias autônomas, de titularidades distintas, situadas em uma mesma área. O reconhecimento desse direito — embora, claro, exija a nossa cuidadosa interpretação no caso concreto — reverencia a função social"[86].

Diferentemente de outros direitos reais na coisa alheia, o direito de laje tem, em seu conteúdo, um singular *animus*, equiparável ao de domínio, embora não se caracterize, pela sua estrutura peculiar, como direito real na coisa própria (propriedade), na medida em que, derivando de mera cessão de uso, gratuita ou onerosa, da superfície do imóvel originário, resulta na coexistência de unidades autônomas em uma mesma área.

Em síntese, o sujeito a quem a laje se vincula não deve ser considerado "proprietário" da unidade construída, mas sim titular do direito real de laje sobre ela, o que lhe concederá faculdades amplas, similares àquelas derivadas do domínio.

Nos termos do *caput* do art. 1.510-A do Código Civil, na sua redação definitiva, o "proprietário de uma construção-base poderá ceder a superfície superior ou inferior de

[86] Postagem na página eletrônica do coautor, datada de 22 de dezembro de 2016: <https://www.facebook.com/pablostolze/>. Acesso em: 21 jun. 2017.

sua construção a fim de que o titular da laje mantenha unidade distinta daquela originalmente construída sobre o solo".

A nova redação é realmente muito melhor do que a primitiva, que conceituava o direito real de laje como a "possibilidade de coexistência de unidades imobiliárias autônomas de titularidades distintas situadas em uma mesma área, de maneira a permitir que o proprietário ceda a superfície de sua construção a fim de que terceiro edifique unidade distinta daquela originalmente construída sobre o solo".

Além do fato de não caber à legislação fazer conceituações — tarefa própria da doutrina — o texto primevo era de uma infelicidade patente ao definir um direito como uma "possibilidade".

Nesse sentido, com razão, criticou OTAVIO LUIZ RODRIGUES JR.:

> "Especificamente quanto ao Código Civil, o artigo 25 da MP 759, de 2016, alterou a redação do artigo 1.225 do código, ao incluir o inciso XIII, que institui a 'laje' como novo direito real. A laje é definida no novo artigo 1.510-A, de um modo extremamente atécnico. A laje é um direito real que 'consiste na possibilidade de coexistência de unidades imobiliárias autônomas de titularidades distintas situadas em uma mesma área, de maneira a permitir que o proprietário ceda a superfície de sua construção a fim de que terceiro edifique unidade distinta daquela originalmente construída sobre o solo'. Um direito que é uma possibilidade! Trata-se de uma nova categoria, a qual se recomenda ao estudo nos cursos de Filosofia"[87].

Note-se que o legislador admitiu, expressamente, que o direito de laje poderá ser constituído acima ou abaixo do imóvel, o que, neste último caso, poderá ocorrer notadamente em terrenos inclinados, em que a projeção para baixo é mais comum.

Na mesma linha, reforçou-se a sua abrangência, conforme o § 1º do mencionado dispositivo, que dispõe: "direito real de laje contempla o espaço aéreo ou o subsolo de terrenos públicos ou privados, tomados em projeção vertical, como unidade imobiliária autônoma, não contemplando as demais áreas edificadas ou não pertencentes ao proprietário da construção-base".

Destacamos ainda o elemento mais importante, em nosso sentir, para o reconhecimento desse direito real de laje: a coexistência de unidades imobiliárias autônomas de titularidades distintas situadas em uma mesma área.

Com efeito, nos termos das normas vigentes, operou-se o reconhecimento de um novo direito real, em favor de quem imprime destinação socioeconômica sobre a unidade imobiliária superior ou inferior, situada em plano vertical.

---

[87] RODRIGUES JUNIOR, Otávio Luiz. Um Ano Longo Demais e os seus Impactos no Direito Civil Contemporâneo, disponível em: <http://www.conjur.com.br/2016-dez-26/retrospectiva-2016-ano-longo-impactos-direito-civil-contemporaneo>. Acesso em: 12 jun. 2017.

Esse direito, todavia, não se projeta, mediante fração ideal, sobre o solo ou outras áreas anteriormente edificadas[88].

Por óbvio, o direito real de laje não é aplicável na hipótese de o direito dos envolvidos se enquadrar no regramento da propriedade condominial edilícia[89] ou em casos de mera locação ou comodato da unidade construída.

Observe-se, ainda, na forma do § 3º do art. 1.510-A, os "titulares da laje, unidade imobiliária autônoma constituída em matrícula própria, poderão dela usar, gozar e dispor", excluindo-se, naturalmente, o direito de "reivindicar" o imóvel ou exercer direito de sequela, eis que tais poderes emanam apenas do direito de propriedade.

Se é certo que devem ser abertos números de matrícula distintos para cada uma das unidades imobiliárias, a normatização que substituiu a previsão originária da medida provisória mencionada fez bem em não mais exigir o isolamento funcional e acesso independente.

Como observam PABLO STOLZE GAGLIANO e SALOMÃO VIANA:

> "Vale salientar ainda que o novo diploma não faz menção, para a caracterização da laje, aos requisitos "isolamento funcional e acesso independente", como estava previsto na Medida Provisória n. 759, de 22 de dezembro de 2016.
>
> Compreendemos não se exigir mais a exclusividade de acesso, pois, em inúmeros casos, mormente em áreas economicamente menos desenvolvidas, a via de acesso é, comumente, compartilhada.
>
> Todavia, o direito de laje pressupõe, em nosso sentir, em perspectiva funcional, que a unidade esteja isolada da construção original e das eventuais lajes sucessivas, configurando uma célula habitacional distinta, sob pena de se caracterizar como uma mera extensão da propriedade existente[90]".

Interessante notar também que o legislador não mais limitou o direito do futuro adquirente da unidade da laje, como havia sido previsto originalmente na Medida Provisória instituidora[91]:

---

88 Art. 1.510-A, § 4º: "A instituição do direito real de laje não implica a atribuição de fração ideal de terreno ao titular da laje ou a participação proporcional em áreas já edificadas".

89 Art. 1.510-A, § 7º: "O disposto neste artigo não se aplica às edificações ou aos conjuntos de edificações, de um ou mais pavimentos, construídos sob a forma de unidades isoladas entre si, destinadas a fins residenciais ou não, nos termos deste Código Civil e da legislação específica de condomínios".

90 STOLZE, Pablo; VIANA, Salomão. Direito real de laje: finalmente, a lei! *Jus Navigandi*, Teresina, ano 22, n. 5.125, 13 jul. 2017. Disponível em: <https://jus.com.br/artigos/59131>. Acesso em: 28 ago. 2017.

91 Para compreender bem a Medida Provisória n. 759, de 22 de dezembro de 2016, confira-se STOLZE, Pablo. Direito real de laje: primeiras impressões. *Jus Navigandi*, Teresina, ano 22, n. 4.936, 5 jan. 2017. Disponível em: <https://jus.com.br/artigos/54931>. Acesso em: 28 ago. 2017.

> "§ 6º O titular da laje poderá ceder a superfície de sua construção para a instituição de um sucessivo direito real de laje, desde que haja autorização expressa dos titulares da construção-base e das demais lajes, respeitadas as posturas edilícias e urbanísticas vigentes".

Vale lembrar que os Municípios e o Distrito Federal poderão dispor sobre posturas edilícias e urbanísticas associadas ao direito real de laje (§ 5º).

Registre-se, ainda, que foi instituído um direito de preferência no caso de eventual alienação de qualquer das unidades construídas.

Com efeito, dispõe o art. 1.510-D:

> "Art. 1.510-D. Em caso de alienação de qualquer das unidades sobrepostas, terão direito de preferência, em igualdade de condições com terceiros, os titulares da construção-base e da laje, nessa ordem, que serão cientificados por escrito para que se manifestem no prazo de trinta dias, salvo se o contrato dispuser de modo diverso.
>
> § 1º O titular da construção-base ou da laje a quem não se der conhecimento da alienação poderá, mediante depósito do respectivo preço, haver para si a parte alienada a terceiros, se o requerer no prazo decadencial de cento e oitenta dias, contado da data de alienação.
>
> § 2º Se houver mais de uma laje, terá preferência, sucessivamente, o titular das lajes ascendentes e o titular das lajes descendentes, assegurada a prioridade para a laje mais próxima à unidade sobreposta a ser alienada."

O estabelecimento de tal direito de preferência merece uma detida análise.

Trata-se de um direito que pode ser regulado pelo próprio contrato que conferiu o direito de laje, conforme preleciona SÍLVIO VENOSA:

> "Esse direito de preempção ou preferência é nada mais do que aplicação da regra geral do art. 513. Trata-se de cláusula que pode ser aposta no contrato de compra e venda. Aqui, as partes envolvidas na laje podem dispor que a preferência não operará, ou operará de modo diverso, se for disposto em sentido contrário em contrato. Na verdade, para evitar problemas futuros, parece mais conveniente que os interessados contratem nesse sentido"[92].

Mas, caso o contrato seja omisso ou remeta diretamente à norma legal, é importante sabermos como o Código disciplina a situação.

Em linhas gerais, temos que a preferência na aquisição da laje, a ser exercida em igualdade de condições, deverá ser conferida, segundo o referido art. 1.510-D, obedecendo-se à seguinte ordem:

---

[92] VENOSA, Sílvio de Salvo. Direito real de laje (criado pela Lei 13.465 de 2017). Disponível em: <http://www.migalhas.com.br/dePeso/16,MI267743,91041-Direito+real+de+laje+criado+pela+lei+13465+de+2017>. Acesso em: 27 maio 2018.

1º — ao titular da construção-base;

2º — ao titular de outra laje (havendo mais de um titular interessado, prevalecerá o direito da laje ascendente, sobre a descendente, com prioridade para a unidade mais próxima).

Um exemplo servirá para ilustrar.

Imagine-se um edifício em que, originalmente, havia apenas a construção-base, de propriedade do Sr. ALISSON. Ao longo do tempo, foram sendo erigidas lajes sucessivas. Atualmente, o prédio já conta com 5 andares: a unidade-base do Sr. ALISSON e mais quatro andares, que configuram lajes sucessivas, em que residem: a) o Sr. SALÓ no 1º andar; b) o Sr. RICHARD no 2º andar; c) o Sr. BUCK no 3º andar; e d) o Sr. BRUNO no 4º andar.

Pois bem.

O Sr. RICHARD (2º andar) resolve vender a sua laje.

De acordo com a norma em vigor, terá direito de preferência, em igualdade de condições com outro comprador (ou seja, cobrindo a mesma oferta que o vendedor fez a terceiro), o titular da construção-base: o Sr. ALISSON.

Caso o Sr. ALISSON não exerça o seu direito, como previsto em lei, a preferência será dada ao titular de uma outra laje.

Havendo mais de um interessado — figure a hipótese de o Sr. SALÓ (1º andar), o Sr. BUCK (3º andar) e o Sr. BRUNO (4º andar) pretenderem comprar a unidade do Sr. RICHARD (2º andar) —, prevalecerá o direito do titular da laje ascendente mais próxima: o simpático Sr. BUCK, morador do 3º andar.

Note-se que, em caso de alienação, todos os interessados serão cientificados por escrito, para que se manifestem no prazo de trinta dias, salvo se o contrato constitutivo da(s) laje(s) dispuser de modo diverso.

Por fim, vale também frisar que, se ao titular da construção-base ou da laje não for dado conhecimento da alienação, o interessado poderá, mediante depósito do respectivo preço, haver para si a parte alienada a terceiros, se o requerer no prazo decadencial de cento e oitenta dias, contado da data de alienação.

Trata-se, sem dúvida, de um direito potestativo decorrente do descumprimento da normatização que regula o direito de preferência.

Em conclusão, vale destacar que a Lei n. 13.465/2017 também nos remete a reflexões processuais.

Isso, porém, não quer dizer que tenha acertado o legislador.

Conforme destacam PABLO STOLZE GAGLIANO e SALOMÃO VIANA:

> "No que se refere aos impactos da disciplina do direito real de laje no âmbito processual, houve, infelizmente, inexplicável falha na atuação legislativa.
>
> Com efeito, ao constatar que as alterações no texto do CPC se limitaram ao enunciado do art. 799, o intérprete pode ter a equivocada impressão de que a mudança teria

se restringido ao acréscimo de mais duas situações em que há necessidade de intimação de terceiros a respeito da ocorrência da penhora.

Sucede que o art. 799 do CPC integra, em verdade, um conjunto de dispositivos do qual se extrai um significativo complexo de normas voltadas para a proteção dos interesses de terceiros. Esse conjunto é integrado também pelos arts. 804 e 889 do próprio CPC e os elencos de terceiros constantes em tais dispositivos, malgrado amplo, não é exaustivo.

Por meio do complexo normativo extraível dos mencionados dispositivos estabelece-se um quadro de cuidados a serem adotados quando a penhora recai sobre bens que, de algum modo, sofrem reflexos de uma eventual relação jurídica mantida entre um terceiro e o executado.

Assim, por exemplo, se a penhora recair sobre um bem gravado por hipoteca, o credor hipotecário deve ser intimado da penhora (CPC, art. 799, I) e cientificado, com pelo menos cinco dias úteis de antecedência, a respeito da data marcada para início do leilão (CPC, art. 889, V), caso contrário o ato de alienação será ineficaz em relação a ele (CPC, art. 804, *caput*).

Situação similar ocorre com todos os terceiros mencionados nos três dispositivos, o que conduz o intérprete à clara — e correta — conclusão de que o mesmo elenco de terceiros que devem ser intimados da ocorrência da penhora (CPC, art. 799), também deve ser cientificado a respeito da data designada para início do leilão (CPC, art. 889) e goza da proteção da norma segundo a qual, havendo alienação do bem sem que os mencionados atos de comunicação tenham sido praticados, a alienação será, quanto ao terceiro, ineficaz.

É por isso que falhou o legislador: os acréscimos feitos no texto do art. 799 deveriam também ser realizados nos enunciados dos arts. 804 e 889. Não o foram, porém, o que é lamentável.

À vista do equívoco cometido, deve o intérprete, portanto, ficar atento e, sempre que se deparar com situações fáticas decorrentes da existência de relação jurídica de direito material entre o executado e terceiro, com algum tipo de reflexo, mesmo indireto, sobre o bem penhorado, lembrar-se de que os elencos mencionados nos arts. 799, 804 e 889, além de não serem exaustivos, comunicam-se entre si"[93].

[93] STOLZE, Pablo; VIANA, Salomão. Direito real de laje: finalmente, a lei! *Jus Navigandi*, Teresina, ano 22, n. 5.125, 13 jul. 2017. Disponível em: <https://jus.com.br/artigos/59131>. Acesso em: 28 ago. 2017.

# LXV INTRODUÇÃO AO DIREITO DE FAMÍLIA

## 1. CONCEITO DE FAMÍLIA OU CONCEITOS DE FAMÍLIAS?

A família é, sem sombra de dúvida, o elemento propulsor de nossas maiores felicidades e, ao mesmo tempo, é na sua ambiência em que vivenciamos as nossas maiores angústias, frustrações, traumas e medos.

Muitos dos nossos atuais problemas têm raiz no passado, justamente em nossa formação familiar, o que condiciona, inclusive, as nossas futuras tessituras afetivas.

Somos e estamos umbilicalmente unidos à nossa família.

O conceito de família reveste-se de alta significação psicológica, jurídica e social, impondo-nos um cuidado redobrado em sua delimitação teórica, a fim de não corrermos o risco de cair no lugar-comum da retórica vazia ou no exacerbado tecnicismo desprovido de aplicabilidade prática.

Nesse ponto, perguntamo-nos se seria possível delimitar um conceito único de família.

E essa dificuldade está presente na obra de respeitáveis autores.

Como bem observou RODRIGO DA CUNHA PEREIRA:

> "A partir do momento em que a família deixou de ser o núcleo econômico e de reprodução para ser o espaço do afeto e do amor, surgiram novas e várias representações sociais para ela"[1].

Tal tendência também foi observada por CAIO MÁRIO DA SILVA PEREIRA, em uma de suas últimas obras:

> "Numa definição sociológica, pode-se dizer com Zannoni que a família compreende uma determinada categoria de 'relações sociais reconhecidas e portanto institucionais'. Dentro deste conceito, a família 'não deve necessariamente coincidir com uma definição estritamente jurídica'".

[1] PEREIRA, Rodrigo da Cunha. *Direito de Família e o Novo Código Civil* (coords. PEREIRA, Rodrigo da Cunha; DIAS, Maria Berenice), Belo Horizonte: Del Rey/IBDFAM, 2002, p. 226-7.

E arremata:

"Quem pretende focalizar os aspectos eticossociais da família, não pode perder de vista que a multiplicidade e variedade de fatores não consentem fixar um modelo social uniforme"[2].

Não por outra razão, o Projeto de Lei n. 2.285, de 2007, é intitulado "Estatuto das Famílias"[3], pois, como bem acentuou a sua comissão elaboradora:

"A denominação utilizada, 'Estatuto das Famílias', contempla melhor a opção constitucional de proteção das variadas entidades familiares. No passado, apenas a família constituída pelo casamento — portanto única — era objeto do direito de família"[4].

Nessa ordem de ideias, portanto, chegamos, até mesmo por honestidade intelectual, a uma primeira e importante conclusão: não é possível apresentar um conceito único e absoluto de Família, apto a aprioristicamente delimitar a complexa e multifária gama de relações socioafetivas que vinculam as pessoas, tipificando modelos e estabelecendo categorias.

Qualquer tentativa nesse sentido restaria infrutífera e desgarrada da nossa realidade.

A par disso, registramos que, em nossas obras, preferimos utilizar a expressão "Direito de Família" — em vez de "Direito das Famílias" — não por um apego estéril à tradição legislativa ou adoção da equivocada ideia unívoca do signo "família", mas, sim, pelo reconhecimento de que a expressão "família" é gênero, que comporta diversas modalidades de constituição, devendo todas ser objeto da proteção do Direito.

Assim como não precisamos pluralizar o "amor", por sua intrínseca plenitude, o mesmo se dá, em nosso sentir, com a noção de "família".

Mas, a despeito dessa dificuldade conceitual apresentada, compreensível por conta da natureza especial do núcleo familiar, cuidaremos de, sem pretender esgotar todas as formas e todos os arranjos familiares constituídos no seio de nossa sociedade, apresentar um conceito geral de família, tomando por parâmetro o superior princípio da dignidade da pessoa humana.

Antes, porém, faz-se necessário tecer algumas considerações acerca da normatização constitucional.

O art. 226, *caput*, da Constituição Federal estabelece ser a família a "base da sociedade", gozando de especial proteção do Estado.

---

2 PEREIRA, Caio Mário da Silva. *Direito Civil*: alguns aspectos da sua evolução, p. 170.

3 Esse importante projeto foi apensado ao PL 674/2007 em 17 de dezembro de 2007. Confira-se o *link*: <https://www.camara.leg.br/proposicoesWeb/fichadetramitacao?idProposicao=347575&ord=1>. Acesso em: 7 set. 2019.

4 Íntegra do Projeto disponível em: <www.ibdfam.org.br>. Disponível também em: <http://www.camara.gov.br/proposicoesWeb/fichadetramitacao?idProposicao=373935>. Acesso em: 20 dez. 2017.

Note-se a importância dada à família, considerada como fundamento de toda a sociedade brasileira.

Tal previsão, de per si, já justificaria a necessidade imperiosa — e obrigação constitucional — de os governos, em suas três esferas — federal, estadual e municipal —, cuidarem de, prioritariamente, estabelecer, como metas inafastáveis, sérias políticas públicas de apoio aos membros da família, especialmente a criança, o adolescente e o idoso.

Logo em seguida, mais especificamente nos §§ 1º a 4º do referido art. 226, a Constituição cuida de, explicitamente, fazer referência a três categorias de família, o casamento, a união estável e o núcleo monoparental:

> "Art. 226. A família, base da sociedade, tem especial proteção do Estado.
>
> § 1º O casamento é civil e gratuita a celebração.
>
> § 2º O casamento religioso tem efeito civil, nos termos da lei.
>
> § 3º Para efeito da proteção do Estado, é reconhecida a união estável entre o homem e a mulher como entidade familiar, devendo a lei facilitar sua conversão em casamento.
>
> § 4º Entende-se, também, como entidade familiar a comunidade formada por qualquer dos pais e seus descendentes".

Nesse ponto, devemos reconhecer o grande avanço que se operou.

Isso porque, até então, a ordem jurídica brasileira apenas reconhecia como forma "legítima" de família aquela decorrente do casamento, de maneira que qualquer outro arranjo familiar era considerado marginal, a exemplo do concubinato.

Vale dizer, o Estado e a Igreja deixaram de ser necessárias instâncias legitimadoras da família, para que se pudesse, então, valorizar a liberdade afetiva do casal na formação do seu núcleo familiar, circunstância esta verificada, inclusive, na Europa, conforme anota GUILHERME DE OLIVEIRA:

> "Desde então tem se tornado mais nítida a perda do valor do Estado e da Igreja como instância legitimadora da comunhão de vida e nota-se uma crescente rejeição das tabelas de valores e dos 'deveres conjugais' predeterminados por qualquer entidade externa aos conviventes"[5].

Na mesma linha, acompanhando a mudança de valores e, especialmente, o avanço científico das técnicas de reprodução humana assistida, cuidou-se também de imprimir dignidade constitucional aos denominados núcleos monoparentais, formados por qualquer dos pais e sua prole.

Mas teria esse sistema constitucional esgotado todas as formas de família?

Trata-se, pois, de um sistema normativo fechado ou, ao contrário, a ordem constitucional apenas lançou as bases das categorias familiares mais comuns, sem pretender exauri-las?

---

[5] OLIVEIRA, Guilherme de. *Temas de Direito da Família*, 2. ed., Portugal: Coimbra Editora, 2001, p. 336.

Especialmente por considerarmos — consoante afirmamos acima — que o conceito de família não tem matiz único, temos a convicção de que a ordem constitucional vigente consagrou uma estrutura paradigmática aberta, calcada no princípio da afetividade, visando a permitir, ainda que de forma implícita, o reconhecimento de outros ninhos ou arranjos familiares socialmente construídos.

Nesse sentido, PAULO LÔBO:

> "Os tipos de entidades familiares explicitados nos parágrafos do art. 226 da Constituição são meramente exemplificativos, sem embargo de serem os mais comuns, por isso mesmo merecendo referência expressa. As demais entidades familiares são tipos implícitos incluídos no âmbito de abrangência do conceito amplo e indeterminado de família indicado no *caput*. Como todo conceito indeterminado, depende de concretização dos tipos, na experiência da vida, conduzindo à tipicidade aberta, dotada de ductilidade e adaptabilidade"[6].

Posto isso, é forçoso convir que nenhuma definição nessa seara pode ser considerada absoluta ou infalível, uma vez que a família, enquanto núcleo de organização social, é, sem dúvida, a mais personalizada forma de agregação intersubjetiva, não podendo, por conseguinte, ser aprioristicamente encerrada em um único *standard* doutrinário.

No entanto, por conta do desafio que assumimos ao iniciar esta obra, e registrando a pluralidade de matizes que envolvem este conceito, arriscamo-nos a afirmar que "família é o núcleo existencial integrado por pessoas unidas por vínculo socioafetivo, teleologicamente vocacionada a permitir a realização plena dos seus integrantes", segundo o princípio constitucional da dignidade da pessoa humana.

Nessa linha, é possível sistematizar o nosso conceito da seguinte maneira:

a) núcleo existencial composto por mais de uma pessoa: a ideia óbvia é que, para ser família, é requisito fundamental a presença de, no mínimo, duas pessoas[7];

b) vínculo socioafetivo: é a afetividade que forma e justifica o vínculo entre os membros da família, constituindo-a. A família é um fato social, que produz efeitos jurídicos[8];

---

6 LÔBO, Paulo Luiz Netto. Entidades Familiares Constitucionalizadas: para além do *numerus clausus*. *Jus Navigandi*, Teresina, ano 6, n. 53, jan. 2002. Disponível em: <http://www.egov.ufsc.br/portal/sites/default/files/anexos/9408-9407-1-PB.pdf>. Acesso em: 21 jun. 2017.

7 Embora a proteção do chamado bem de família tenha sido estendida ao devedor solteiro, isto se dá mais pela identificação do direito à habitação como uma garantia ao mínimo existencial do que pelo eventual reconhecimento de uma família unipessoal.

8 Nessa linha, observa Paulo Lôbo: "A família é sempre socioafetiva, em razão de ser grupo social considerado base da sociedade e unida na convivência afetiva. A afetividade, como categoria jurídica, resulta da transeficácia de parte dos fatos psicossociais que a converte em fato jurídico, gerador de efeitos jurídicos" (*Direito Civil*: Famílias, 2. ed., São Paulo: Saraiva, 2009, p. 14).

c) vocação para a realização pessoal de seus integrantes: seja qual for a intenção para a constituição de uma família (dos mais puros sentimentos de amor e paixão, passando pela emancipação e conveniência social, ou até mesmo ao extremo mesquinho dos interesses puramente econômicos), formar uma família tem sempre a finalidade de concretizar as aspirações dos indivíduos, na perspectiva da função social.

É preciso compreender que a família, hoje, não é um fim em si mesmo, mas o meio para a busca da felicidade, ou seja, da realização pessoal de cada indivíduo, ainda que existam — e infelizmente existem — arranjos familiares constituídos sem amor.

O que não se pode prescindir, nesse contexto, é o seu intrínseco elemento teleológico consistente na formação de um núcleo existencial que tenha por finalidade proporcionar uma tessitura emocional (e afetiva) que permita a realização da família como comunidade e dos seus membros como indivíduos.

E isso não seria possível sem uma ampla visão do instituto, seja na sua compreensão conceitual, seja em um bosquejo histórico, o que será objeto do próximo tópico.

## 2. PRINCÍPIOS PECULIARES DO DIREITO DE FAMÍLIA

Nos próximos itens, dissecaremos normas de otimização específicas do Direito de Família brasileiro.

### 2.1. Princípio da afetividade

Todo o moderno Direito de Família gira em torno do princípio da afetividade.

Não nos propomos, com isso, a tentar definir o amor, pois tal tarefa afigurar-se-ia impossível a qualquer estudioso, filósofo ou cientista.

Mas daí não se conclua inexistir aquilo que não pode ser racionalmente delineado. Isso seria um lamentável erro.

O fato é que o amor — a afetividade — tem muitas faces e aspectos e, nessa multifária complexidade, temos apenas a certeza de que se trata de uma força elementar, propulsora de todas as nossas relações de vida.

Nesse contexto, fica fácil concluir que a sua presença, mais do que em qualquer outro ramo do Direito, se faz especialmente forte nas relações de família.

Aliás, como já dissemos antes, o próprio conceito de família, elemento-chave de nossa investigação científica, deriva — e encontra a sua raiz ôntica — da própria afetividade. Vale dizer, a comunidade de existência formada pelos membros de uma família é moldada pelo liame socioafetivo que os vincula, sem aniquilar as suas individualidades.

E, como decorrência da aplicação desse princípio, uma inafastável conclusão é justamente no sentido de o Direito Constitucional de Família brasileiro, para além da tríade casamento — união estável[9] — núcleo monoparental, reconhecer também outras formas de arranjos familiares, a exemplo da união entre pessoas do mesmo sexo ou mesmo da união poliafetiva.

Daí, inclusive, a opção pela expressão "união homoafetiva", preferida pela maioria dos autores modernos, e não "união homossexual", pois as pessoas que formam esse núcleo estão jungidas pelo afeto, e não apenas pela sexualidade.

Ao encontro de tal entendimento, MARIA BERENICE DIAS:

> "De forma cômoda, o Judiciário busca subterfúgios no campo do Direito das Obrigações, identificando como uma sociedade de fato o que nada mais é do que uma sociedade de afeto. A exclusão de tais relacionamentos da órbita do Direito de Família acaba impedindo a concessão dos direitos que defluem das relações familiares, tais como: meação, herança, usufruto, habitação, alimentos, benefícios previdenciários, entre tantos outros".

E ainda:

> "Indispensável que se reconheça que os vínculos homoafetivos — muito mais do que relações homossexuais — configuram uma categoria social que não pode mais ser discriminada ou marginalizada pelo preconceito. Está na hora de o Estado, que consagra como princípio maior o respeito à dignidade da pessoa humana, reconhecer que todos os cidadãos dispõem do direito individual à liberdade, do direito social de escolha e do direito humano à felicidade"[10].

Com efeito, temos que ao legislador incumbe apenas o reconhecimento do ente familiar, mas não a sua conceituação técnica delimitativa, excludente de outros agrupamentos não estandardizados, pois, se assim o fosse, estar-se-ia consagrando uma odiosa discriminação normativa, em franco desrespeito à superior principiologia constitucional.

Nesse mesmo diapasão, descortina-se, hoje, na vereda da afetividade, o importante reconhecimento das relações filiais desbiologizadas, mitigando-se[11], assim, com justiça,

---

[9] E o reconhecimento da união estável, outrora denominada simplesmente "concubinato", não foi simples, resultando, também, sem dúvida, do reconhecimento deste princípio: "O ingresso do concubinato no direito de família caracterizaria, com efeito, uma nova e importante fase, na qual o legislador especial e, paulatinamente, a jurisprudência passariam a considerá-lo não só do ponto de vista das relações obrigacionais interpostas, tendo-se, ao contrário, em conta as relações de afeto e de solidariedade levadas a cabo pelos companheiros" (TEPEDINO, Gustavo. *Temas de Direito Civil*, 2. ed., Rio de Janeiro: Renovar, 2001, p. 333).

[10] DIAS, Maria Berenice. *União Homossexual* — O Preconceito e a Justiça, 2. ed., Porto Alegre: Livraria do Advogado, 2001, p. 102-3.

[11] No dizer de Belmiro Pedro Welter: "Estabelecida constitucionalmente a família afetiva, não há motivo de os juristas biologistas oporem resistência à filiação sociológica, visto que, lembra Luiz Edson Fachin, é tempo de encontrar na tese biologista e na socioafetiva espaço de convivência, isso porque a sociedade não tem o interesse de decretar o fim da biologização..." (*Igualdade entre as Filiações Biológica e Socioafetiva*, São Paulo: RT, 2003, p. 147).

o entendimento, até então dogmático, da supremacia genética decorrente do laudo de exame de DNA, podendo, inclusive, gerar a consequente obrigação alimentar (conforme entendimento do Enunciado n. 341 da IV Jornada de Direito Civil)[12].

Ainda com base na afetividade, sem pretendermos, claro, esgotar o seu âmbito de aplicação, podemos citar as normas protetivas da criança e do adolescente, que, em inúmeras passagens, toma por base o afeto como vetor de orientação comportamental dos pais ou representantes, inclusive no que tange à inserção em família substituta, como podemos verificar da leitura dos considerandos da Convenção de Cooperação Internacional e Proteção de Crianças e Adolescentes em Matéria de Adoção Internacional:

> "Reconhecendo que, para o desenvolvimento harmonioso de sua personalidade, a criança deve crescer em meio familiar, em clima de felicidade, de amor e de compreensão;
>
> Recordando que cada país deveria tomar, com caráter prioritário, medidas adequadas para permitir a manutenção da criança em sua família de origem;
>
> Reconhecendo que a adoção internacional pode apresentar a vantagem de dar uma família permanente à criança para quem não se possa encontrar uma família adequada em seu país de origem;
>
> Convencidos da necessidade de prever medidas para garantir que as adoções internacionais sejam feitas no interesse superior da criança e com respeito a seus direitos fundamentais, assim como para prevenir o sequestro, a venda ou o tráfico de crianças; e
>
> Desejando estabelecer para esse fim disposições comuns que levem em consideração os princípios reconhecidos por instrumentos internacionais, em particular a Convenção das Nações Unidas sobre os Princípios Sociais e Jurídicos Aplicáveis à Proteção e ao Bem-estar das Crianças, com Especial Referência às Práticas em Matéria de Adoção e de Colocação Familiar nos Planos Nacional e Internacional (Resolução da Assembleia Geral 41/85, de 3 de dezembro de 1986) ...".

Na mesma linha, o Estatuto da Criança e do Adolescente, com as alterações promovidas, de pela Lei n. 12.010, de 3-8-2009 (Nova Lei Nacional de Adoção):

> "Art. 28. A colocação em família substituta far-se-á mediante guarda, tutela ou adoção, independentemente da situação jurídica da criança ou adolescente, nos termos desta Lei.
>
> § 1º Sempre que possível, a criança ou adolescente será previamente ouvido por equipe interprofissional, respeitado o seu estágio de desenvolvimento e grau de compreensão sobre as implicações da medida, e terá sua opinião devidamente considerada.

---

[12] Enunciado 341: "Art. 1.696. Para os fins do art. 1.696, a relação socioafetiva pode ser elemento gerador de obrigação alimentar".

§ 2º Tratando-se de maior de 12 (doze) anos de idade, será necessário seu consentimento , colhido em audiência.

§ 3º Na apreciação do pedido levar-se-á em conta o grau de parentesco e a relação de afinidade ou de afetividade, a fim de evitar ou minorar as consequências decorrentes da medida.

§ 4º Os grupos de irmãos serão colocados sob adoção, tutela ou guarda da mesma família substituta, ressalvada a comprovada existência de risco de abuso ou outra situação que justifique plenamente a excepcionalidade de solução diversa, procurando-se, em qualquer caso, evitar o rompimento definitivo dos vínculos fraternais.

§ 5º A colocação da criança ou adolescente em família substituta será precedida de sua preparação gradativa e acompanhamento posterior, realizados pela equipe interprofissional a serviço da Justiça da Infância e da Juventude, preferencialmente com o apoio dos técnicos responsáveis pela execução da política municipal de garantia do direito à convivência familiar.

§ 6º Em se tratando de criança ou adolescente indígena ou proveniente de comunidade remanescente de quilombo, é ainda obrigatório:

I — que sejam consideradas e respeitadas sua identidade social e cultural, os seus costumes e tradições, bem como suas instituições, desde que não sejam incompatíveis com os direitos fundamentais reconhecidos por esta Lei e pela Constituição Federal;

II — que a colocação familiar ocorra prioritariamente no seio de sua comunidade ou junto a membros da mesma etnia;

III — a intervenção e oitiva de representantes do órgão federal responsável pela política indigenista, no caso de crianças e adolescentes indígenas, e de antropólogos, perante a equipe interprofissional ou multidisciplinar que irá acompanhar o caso".

Também na guarda de filhos, é perceptível a aplicação do princípio, consoante se deflui da simples leitura do Código Civil:

Art. 1.584. A guarda, unilateral ou compartilhada, poderá ser:

I — requerida, por consenso, pelo pai e pela mãe, ou por qualquer deles, em ação autônoma de separação, de divórcio, de dissolução de união estável ou em medida cautelar;

II — decretada pelo juiz, em atenção a necessidades específicas do filho, ou em razão da distribuição de tempo necessário ao convívio deste com o pai e com a mãe.

§ 1º Na audiência de conciliação, o juiz informará ao pai e à mãe o significado da guarda compartilhada, a sua importância, a similitude de deveres e direitos atribuídos aos genitores e as sanções pelo descumprimento de suas cláusulas.

§ 2º Quando não houver acordo entre a mãe e o pai quanto à guarda do filho, encontrando-se ambos os genitores aptos a exercer o poder familiar, será aplicada a guarda

> compartilhada, salvo se um dos genitores declarar ao magistrado que não deseja a guarda do menor.
>
> § 3º Para estabelecer as atribuições do pai e da mãe e os períodos de convivência sob guarda compartilhada, o juiz, de ofício ou a requerimento do Ministério Público, poderá basear-se em orientação técnico-profissional ou de equipe interdisciplinar, que deverá visar à divisão equilibrada do tempo com o pai e com a mãe.
>
> § 4º A alteração não autorizada ou o descumprimento imotivado de cláusula de guarda unilateral ou compartilhada poderá implicar a redução de prerrogativas atribuídas ao seu detentor.
>
> § 5º Se o juiz verificar que o filho não deve permanecer sob a guarda do pai ou da mãe, deferirá a guarda a pessoa que revele compatibilidade com a natureza da medida, considerados, de preferência, o grau de parentesco e as relações de afinidade e afetividade.
>
> § 6º Qualquer estabelecimento público ou privado é obrigado a prestar informações a qualquer dos genitores sobre os filhos destes, sob pena de multa de R$ 200,00 (duzentos reais) a R$ 500,00 (quinhentos reais) por dia pelo não atendimento da solicitação".

Nítida, aliás, nesse ponto, é a evolução legislativa, por conta do abandono do princípio da culpa, e a substituição pela afetividade, segundo o interesse dos filhos.

Tantas são as aplicações desse princípio que nos seria impossível esgotá-las nesta obra.

Mas o fato incontestável, e isso deve ficar claro ao nosso amigo leitor, é que toda a investigação científica do Direito de Família submete-se à força do princípio da afetividade, delineador dos *standards* legais típicos (e atípicos) de todos os institutos familiaristas.

E isso restou claro na doutrina de GUILHERME DE OLIVEIRA, quando, acertadamente, considera "o amor" assunto do casal, e não do Estado:

> "Conscientemente ou não, a primeira batalha travada, com êxito, contra a legitimação externa tradicional foi a da não discriminação dos 'filhos ilegítimos', com o álibi perfeito da inocência dos filhos relativamente aos 'pecados' dos pais. Aqui terá começado a mostrar-se aquela tendência.
>
> Desde então tem-se tornado mais nítida a perda do valor do Estado e da Igreja como instância legitimadora da comunhão de vida e nota-se uma crescente rejeição da tabela de valores e dos 'deveres conjugais' predeterminados por qualquer entidade externa aos próprios conviventes. A 'família autopoiética' pode receber estímulos do exterior mas todas as informações recebidas serão reelaboradas de acordo com as modalidades internas de comunicação. Neste sentido, pode dizer-se que o casal e a família acompanham o movimento para a criação de 'sistemas internamente referenciais', característico da sociedade moderna, e, assim, dentro do casal 'a lei é a ausência

de lei', 'o amor torna-se um assunto exclusivo dos amantes' e o casal tornou-se seu próprio legislador"[13].

Finalmente, em conclusão a este tópico, gostaríamos de compartilhar uma importante reflexão.

Note-se que, para uma adequada investigação da relação familiar, à luz desse princípio matricial, afigura-se imperativo que os juízes tenham sempre presente a necessidade de não apenas estudar atentamente o caso concreto, ouvindo sempre as partes e os advogados, mas, também, julgar sem a parcialidade indesejável de dogmáticas convicções pessoais, em uma interpretação, para além de simplesmente racional e lógica, mais compreensiva, solidária e sensível.

Nesse sentido, lembremos MAURO CAPPELLETTI:

> "Em realidade, interpretação significa penetrar os pensamentos, inspirações e linguagem de outras pessoas com vistas a compreendê-los e — no caso do juiz, não menos que no do musicista, por exemplo — reproduzi-los, 'aplicá-los' e 'realizá-los' em novo e diverso contexto, de tempo e lugar"[14].

De fato, interpretar o Direito de Família, nesse panorama de observância do princípio da afetividade, significa, em especial — mais do que aplicar ao caso concreto uma interpretação simplesmente racional-discursiva —, compreender as partes envolvidas no cenário posto sob o crivo judicial, respeitando as diferenças e valorizando, acima de tudo, os laços de afeto que unem os seus membros.

Afinal, nessa dialética harmoniosa, nenhuma família é igual a outra, e todas merecem, igualmente, ser respeitadas.

## 2.2. Princípio da solidariedade familiar

Outro princípio peculiar do Direito de Família, de fundamental importância, é o princípio da solidariedade familiar.

Esse princípio não apenas traduz a afetividade necessária que une os membros da família, mas, especialmente, concretiza uma especial forma de responsabilidade social aplicada à relação familiar.

A seu respeito, escreveu FLÁVIO TARTUCE:

> "A solidariedade social é reconhecida como objetivo fundamental da República Federativa do Brasil pelo art. 3º, inc. I, da Constituição Federal de 1988, no sentido de buscar a construção de uma sociedade livre, justa e solidária. Por razões óbvias, esse

---

13 OLIVEIRA, Guilherme de. *Temas de Direito de Família*, 2. ed., Coimbra: Coimbra Editora, 2001, p. 336-7.

14 CAPELLETTI, Mauro, *Juízes Legisladores?*, Porto Alegre: Sergio Antonio Fabris Editor, 1993, p. 21.

princípio acaba repercutindo nas relações familiares, já que a solidariedade deve existir nesses relacionamentos pessoais. Isso justifica, entre outros, o pagamento dos alimentos no caso de sua necessidade, nos termos do art. 1.694 do atual Código Civil. A título de exemplo, o Superior Tribunal de Justiça aplicou o princípio em questão considerando o dever de prestar alimentos mesmo nos casos de união estável constituída antes de entrar em vigor a Lei n. 8.971/94, o que veio a tutelar os direitos da companheira. Reconheceu-se, nesse sentido, que a norma que prevê os alimentos aos companheiros é de ordem pública, o que justificaria a sua retroatividade"[15].

A solidariedade, portanto, culmina por determinar o amparo, a assistência material e moral recíproca, entre todos os familiares, em respeito ao princípio maior da dignidade da pessoa humana.

É ela, por exemplo, que justifica a obrigação alimentar entre parentes, cônjuges ou companheiros, ou, na mesma linha, que serve de base ao poder familiar exercido em face dos filhos menores.

Uma observação importante, porém, se faz necessária.

Embora a ideia de solidariedade remonte aos mais puros e nobres sentimentos humanos, a repercussão patrimonial, no sistema normativo brasileiro, parece evidente.

É o comentário crítico de PAULO LÔBO:

"O Código Civil de 2002, apesar da apregoada mudança de paradigma, do individualismo para a solidariedade social, manteve forte presença dos interesses patrimoniais sobre os pessoais, em variados institutos do Livro IV, no Título I destinado ao 'direito pessoal'. Assim, as causas suspensivas do casamento, referidas no art. 1.523, são quase todas voltadas aos interesses patrimoniais (principalmente, em relação à partilha de bens). Da forma como permanece no Código, a autorização do pai, tutor ou curador para que se casem os que lhe estão sujeitos não se volta à tutela da pessoa, mas ao patrimônio dos que desejam casar; a razão de a viúva estar impedida de casar antes de dez meses depois da gravidez não é a proteção da pessoa humana do nascitura, ou a da certeza da paternidade, mas a proteção de seus eventuais direitos sucessórios; o tutor, o curador, o juiz, o escrivão estão impedidos de casar com as pessoas sujeitas a sua autoridade, porque aqueles, segundo a presunção da lei, seriam movidos por interesses econômicos. No capítulo destinado à dissolução da sociedade conjugal e do casamento ressaltam os interesses patrimoniais, sublimados nos processos judiciais, agravados com o fortalecimento do papel da culpa na separação judicial, na contramão da evolução do direito de família. Contrariando a orientação jurisprudencial dominante, o art. 1.575 enuncia que a sentença de separação importa partilha

[15] TARTUCE, Flávio. Novos Princípios do Direito de Família Brasileiro, *Jus Navigandi*, Teresina, ano 10, n. 1069, 5 jun. 2006. Disponível em: <https://jus.com.br/artigos/8468/novos-principios-do-direito-de-familia-brasileiro/2>. Acesso em: 22 jun. 2017.

dos bens. A confusa redação dos preceitos relativos à filiação (principalmente a imprescritibilidade prevista no art. 1.601) estimula que a impugnação ou o reconhecimento judicial da paternidade tenham como móvel interesse econômico (principalmente herança), ainda que ao custo da negação da história de vida construída na convivência familiar. Quando cuida dos regimes de bens entre os cônjuges, o Código (art. 1.641) impõe, com natureza de sanção, o regime de separação de bens aos que contraírem casamento com inobservância das causas suspensivas e ao maior de 60 anos, regra esta de discutível constitucionalidade, pois agressiva da dignidade da pessoa humana, cuja afetividade é desconsiderada em favor de interesses de futuros herdeiros. As normas destinadas à tutela e à curatela estão muito mais voltadas ao patrimônio do que às pessoas dos tutelados e curatelados. Na curatela do pródigo, a proteção patrimonial chega ao clímax, pois a prodigalidade é negada e a avareza premiada"[16].

Essa crítica observação, embora demonstre a evidente importância dos interesses patrimoniais na sociedade moderna, não deslustra a relevância do princípio da solidariedade social, que acaba influenciando, inclusive, outros princípios peculiares das relações de família, como, por exemplo, o Princípio da Proteção ao Idoso, tema do próximo subtópico.

## 2.3. Princípio da proteção ao idoso

Um tratamento respeitoso e preferencial aos idosos é, sem dúvida, um verdadeiro dogma na disciplina atual das relações de família.

A devida reverência a todos aqueles que sobreviveram às batalhas da vida e, agora, encontram menos vigor em seus corpos físicos é um imperativo de justiça e uma decorrência necessária do princípio geral da proteção à dignidade da pessoa humana, bem como, em especial, do princípio da solidariedade social.

Nesse ponto, importa observar que a mudança no tratamento ao idoso, em nosso País, afigurou-se imperiosa, premente e necessária.

Em poucas décadas, as famílias brasileiras tornar-se-ão mais longevas.

Antecipando esse contexto, e verificando a compreensível vulnerabilidade dos nossos parentes idosos, a Lei n. 10.741, de 2003 (Estatuto do Idoso), informada pelo princípio da solidariedade familiar, cuidou de estabelecer, em favor do credor alimentando (maior de sessenta anos), uma solidariedade passiva entre os parentes obrigados ao pagamento da pensão alimentícia:

---

[16] LÔBO, Paulo Luiz Netto. *Direito Civil*: Famílias, 2. ed., São Paulo: Saraiva, 2009, p. 9. O autor se refere ao texto original do art. 1.641, anterior à Lei n. 12.344, de 9 de dezembro de 2010, que aumentou para 70 (setenta) anos a idade a partir da qual se torna obrigatório o regime da separação de bens no casamento.

"Art. 11. Os alimentos serão prestados ao idoso na forma da lei civil.

Art. 12. A obrigação alimentar é solidária, podendo o idoso optar entre os prestadores".

Assim, poderá o alimentando idoso demandar qualquer dos legitimados passivos, exigindo o pagamento da integral pensão devida.

Exemplifiquemos.

Caso a vovó necessite de alimentos, poderá demandar diretamente o seu filho, seu neto ou seu bisneto, pois todos estão legal e solidariamente vinculados ao cumprimento da obrigação. Ou seja, não existe ordem de preferência entre eles.

Tudo por conta desse princípio da solidariedade familiar que, nesse caso, é de percepção mais sensível, valendo lembrar, ainda, que tal responsabilidade pode, inclusive, ser estendida ao Poder Público, na forma do art. 14 do referido Estatuto, que assim preceitua:

"Art. 14. Se o idoso ou seus familiares não possuírem condições econômicas de prover o seu sustento, impõe-se ao Poder Público esse provimento, no âmbito da assistência social".

Nesse sentido, aliás, já decidiu o STJ, em interessante acórdão da lavra da Ministra NANCY ANDRIGHI:

"Direito civil e processo civil. Ação de alimentos proposta pelos pais idosos em face de um dos filhos. Chamamento da outra filha para integrar a lide. Definição da natureza solidária da obrigação de prestar alimentos à luz do Estatuto do Idoso.

— A doutrina é unissona, sob o prisma do Código Civil, em afirmar que o dever de prestar alimentos recíprocos entre pais e filhos não tem natureza solidária, porque é conjunta.

— A Lei 10.741/2003 atribuiu natureza solidária à obrigação de prestar alimentos quando os credores forem idosos, que por força da sua natureza especial prevalece sobre as disposições específicas do Código Civil.

— O Estatuto do Idoso, cumprindo política pública (art. 3º), assegura celeridade no processo, impedindo intervenção de outros eventuais devedores de alimentos.

— A solidariedade da obrigação alimentar devida ao idoso lhe garante a opção entre os prestadores (art. 12). Recurso especial não conhecido" (REsp 775.565/SP, Rel. Min. Nancy Andrighi, 3ª Turma, julgado em 13-6-2006).

Parece-nos, sem dúvida, o melhor entendimento sobre a matéria, homenageando o princípio mencionado.

## 2.4. Princípio da função social da família

Também nas relações familiares o princípio da função social se faz presente.

No entanto, a família perdeu outras diferentes funções, que exerceu ao longo da história, como anotam os professores da Faculdade de Direito de Coimbra, FRANCISCO PEREIRA COELHO e GUILHERME DE OLIVEIRA:

> "(...) Perdeu a função política que tinha no Direito Romano, quando se estruturava sobre o parentesco agnatício, assente na ideia de subordinação ou sujeição ao *pater-familias* de todos os seus membros. Perdeu a função econômica de unidade de produção, embora continue a ser normalmente uma unidade de consumo. As funções educativa, de assistência e de segurança, que tradicionalmente pertenciam à família, tendem hoje a ser assumidas pela própria sociedade. Por último, a família deixou de ser fundamentalmente o suporte de um patrimônio de que se pretenda assegurar a conservação e transmissão, à morte do respectivo titular (...)"[17].

Reconhecem, no entanto, os autores, o importante papel sociocultural exercido pela família, pois, em seu seio, opera-se "o segundo nascimento do homem, ou seja, o seu nascimento como personalidade sociocultural, depois do seu 'primeiro nascimento' como indivíduo físico"[18].

Numa perspectiva constitucional, a funcionalização social da família significa o respeito ao seu caráter eudemonista, enquanto ambiência para a realização do projeto de vida e de felicidade de seus membros, respeitando-se, com isso, a dimensão existencial de cada um.

E isso não é simples argumento de retórica.

Como consectário desse princípio, uma plêiade de efeitos pode ser observada, a exemplo da necessidade de respeito à igualdade entre os cônjuges e companheiros, a importância da inserção de crianças e adolescentes no seio de suas famílias naturais ou substitutas, o respeito à diferença, em arranjos familiares não standardizados, como a união homoafetiva, pois, em todos esses casos, busca-se a concretização da finalidade social da família.

MIGUEL REALE, por sua vez, antevendo a consagração doutrinária desse princípio, na seara familiar, aponta outras situações de sua aplicação:

> "Em virtude dessa função social da família — que a Constituição considera 'base da sociedade' — cabe ao juiz o poder-dever de verificar se os filhos devem permanecer sob a guarda do pai ou da mãe, atribuindo a guarda à pessoa que revele compatibilidade com a natureza da medida, de preferência levando em conta o grau de parentesco e relação de afinidade, de acordo com o disposto na lei específica, ou seja, o Estatuto da Criança e do Adolescente (Lei n. 8.069, de 13 de julho de 1990).

---

[17] COELHO, Francisco Manuel de Brito Pereira; OLIVEIRA, Guilherme de. *Curso de Direito de Família* — Introdução — Direito Matrimonial, 4. ed., v. I, Coimbra: Editora Coimbra, 2008, p. 100.

[18] COELHO, Francisco Manuel de Brito Pereira; OLIVEIRA, Guilherme de, ob. cit., p. 101.

Tão forte é a compreensão social da família, que o juiz, atendendo a pedido de algum parente ou do Ministério Público, poderá suspender o poder familiar se o pai ou a mãe abusar de sua autoridade, faltando aos deveres a ele inerentes, ou arruinando os bens dos filhos, e adotar a medida que lhe pareça reclamada pela segurança do menor e seus haveres"[19].

De fato, a principal função da família é a sua característica de meio para a realização de nossos anseios e pretensões. Não é mais a família um fim em si mesmo, conforme já afirmamos, mas, sim, o meio social para a busca de nossa felicidade na relação com o outro.

## 2.5. Princípio da plena proteção das crianças e adolescentes

A criança, o adolescente e o jovem gozam, no seio da família, por determinação constitucional (art. 227 da CF), de plena proteção e prioridade absoluta em seu tratamento.

Isso significa que, em respeito à própria função social desempenhada pela família, todos os integrantes do núcleo familiar, especialmente os pais e mães, devem propiciar o acesso aos adequados meios de promoção moral, material e espiritual das crianças e dos adolescentes viventes em seu meio.

Educação, saúde, lazer, alimentação, vestuário, enfim, todas as diretrizes constantes na Política Nacional da Infância e Juventude devem ser observadas rigorosamente.

A inobservância de tais mandamentos, sem prejuízo de eventual responsabilização criminal e civil, pode, inclusive, resultar, no caso dos pais, na destituição do poder familiar[20].

Aliás, ao lado do que dispõe o Estatuto da Criança e do Adolescente, o próprio Código Civil, em diversas passagens, concretiza esse princípio tutelar, como se vê, por exemplo, na disciplina jurídica do revogado (ou tendente ao desuso) instituto da separação consensual:

> "Art. 1.574. Dar-se-á a separação judicial por mútuo consentimento dos cônjuges se forem casados por mais de um ano e o manifestarem perante o juiz, sendo por ele devidamente homologada a convenção.
>
> Parágrafo único. O juiz pode recusar a homologação e não decretar a separação judicial se apurar que a convenção não preserva suficientemente os interesses dos filhos ou de um dos cônjuges".

Na mesma linha, o Código estabelece como dever conjugal, também observável na união estável, a guarda, sustento e educação dos filhos menores:

[19] REALE, Miguel. Função Social da Família. Disponível em: <http://www.miguelreale.com.br/artigos/funsoc.htm>. Acesso em: 21 jun. 2017.

[20] Cf. art. 1.638, CC.

"Art. 1.566. São deveres de ambos os cônjuges:

I — fidelidade recíproca;

II — vida em comum, no domicílio conjugal;

III — mútua assistência;

IV — sustento, guarda e educação dos filhos;

V — respeito e consideração mútuos.

(...)

Art. 1.724. As relações pessoais entre os companheiros obedecerão aos deveres de lealdade, respeito e assistência, e de guarda, sustento e educação dos filhos".

Até mesmo no tratamento do casamento putativo, ressalva:

"Art. 1.561. Embora anulável ou mesmo nulo, se contraído de boa-fé por ambos os cônjuges, o casamento, em relação a estes como aos filhos, produz todos os efeitos até o dia da sentença anulatória.

§ 1º Se um dos cônjuges estava de boa-fé ao celebrar o casamento, os seus efeitos civis só a ele e aos filhos aproveitarão.

§ 2º Se ambos os cônjuges estavam de má-fé ao celebrar o casamento, os seus efeitos civis só aos filhos aproveitarão".

Note-se, por conseguinte, que a proteção plena das crianças e adolescentes integrantes do seio familiar — não apenas os filhos, mas também netos, sobrinhos etc. — traduz um intransponível fundamento do moderno Direito de Família.

No "Estatuto das Famílias", Projeto de Lei n. 2.285/2007[21], cuidou-se de, nessa mesma linha de pensamento, preservar o melhor interesse existencial dos filhos, conforme podemos verificar na leitura dos seguintes artigos:

"Art. 97. Não havendo acordo entre os pais, deve o juiz decidir, preferencialmente, pela guarda compartilhada, salvo se o melhor interesse do filho recomendar a guarda exclusiva, assegurado o direito à convivência do não guardião.

Parágrafo único. Antes de decidir pela guarda compartilhada, sempre que possível, deve ser ouvida equipe multidisciplinar e utilizada mediação familiar.

(...)

Art. 103. Verificando que os filhos não devem permanecer sob a guarda do pai ou da mãe, o juiz deve deferir a guarda a quem revele compatibilidade com a natureza da medida, de preferência levando em conta o grau de parentesco e a relação de afetividade.

[21] Esse importante projeto foi apensado ao PL 674/2007 em 17 de dezembro de 2007. Confira-se o *link*: <https://www.camara.leg.br/proposicoesWeb/fichadetramitacao?idProposicao=347575&ord=1>. Acesso em: 7 set. 2019.

> Parágrafo único. Nesta hipótese deve ser assegurado aos pais o direito à convivência familiar, salvo se não atender ao melhor interesse existencial da criança".

Na doutrina, lembram-nos, a respeito do tema, FLÁVIO TARTUCE e JOSÉ SIMÃO que:

> "... o art. 3º do próprio ECA prevê que a criança e o adolescente gozam de todos os direitos fundamentais inerentes à pessoa humana, sem prejuízo da proteção integral, assegurando-lhes, por lei ou por outros meios, todas as oportunidades e facilidades, a fim de lhes facultar o desenvolvimento físico, mental, moral, espiritual e social, em condições de liberdade e de dignidade".

E mais adiante:

> "Na ótica civil, essa proteção integral pode ser percebida pelo princípio de melhor interesse da criança, ou *best interest of the child*, conforme reconhecido pela Convenção Internacional de Haia, que trata da proteção dos interesses das crianças"[22].

Em especial no caso dos filhos, logicamente, quer sejam crianças ou já adolescentes[23], a incidência desse princípio se faz ainda mais presente.

## 2.6. Princípio da convivência familiar

Pais e filhos, por princípio, devem permanecer juntos.

O afastamento definitivo dos filhos da sua família natural é medida de exceção, apenas recomendável em situações justificadas por interesse superior, a exemplo da adoção, do reconhecimento da paternidade socioafetiva ou da destituição do poder familiar por descumprimento de dever legal.

No direito português, anotam FRANCISCO PEREIRA COELHO e GUILHERME DE OLIVEIRA que é princípio da Constituição da República, em seu art. 36, n. 5, a inseparabilidade dos filhos dos seus progenitores, salvo quando estes não cumpram os seus deveres fundamentais para com eles e sempre mediante decisão judicial[24].

Em nosso sistema, o Estatuto da Criança e do Adolescente, a par de regular a inserção em família substituta (arts. 28 a 32), não admite que os filhos sejam separados de seus pais por simples motivo de ordem econômica:

---

[22] TARTUCE, Flávio; SIMÃO, José Fernando. *Direito Civil* —Direito de Família, 2. ed., v. 5, São Paulo: Método, 2007, p. 37-8.

[23] ECA: "Art. 2º Considera-se criança, para os efeitos desta Lei, a pessoa até doze anos de idade incompletos, e adolescente aquela entre doze e dezoito anos de idade. Parágrafo único. Nos casos expressos em lei, aplica-se excepcionalmente este Estatuto às pessoas entre dezoito e vinte e um anos de idade".

[24] COELHO, Francisco Manuel de Brito Pereira; OLIVEIRA, Guilherme de. *Curso de Direito de Família* — Introdução — Direito Matrimonial, 2. ed., v. I, Coimbra: Editora Coimbra, 2006, p. 149.

> "Art. 23. A falta ou a carência de recursos materiais não constitui motivo suficiente para a perda ou a suspensão do poder familiar.
>
> § 1º Não existindo outro motivo que por si só autorize a decretação da medida, a criança ou o adolescente será mantido em sua família de origem, a qual deverá obrigatoriamente ser incluída em serviços e programas oficiais de proteção, apoio e promoção.
>
> § 2º A condenação criminal do pai ou da mãe não implicará a destituição do poder familiar, exceto na hipótese de condenação por crime doloso, sujeito à pena de reclusão, contra o próprio filho ou filha".

Trata-se de uma importante norma, de cunho garantista.

Ao prever que a falta de recursos materiais não autoriza a perda ou a suspensão do poder familiar, a norma estatutária está assegurando, especialmente a famílias de baixa renda, a convivência familiar com a sua prole, impedindo que o poder econômico seja utilizado como vetor de determinação da guarda ou de qualquer outra medida em face de suas crianças e adolescentes.

Entretanto, de nada adiantará o permissivo assecuratório, se não forem efetivamente implementadas sérias políticas públicas de auxílio e reingresso social, tarefa desempenhada, hoje, principalmente, pelos Conselhos Municipais da Infância e Juventude e Secretarias Estaduais e Municipais em todo o País.

E essa discussão, de natureza interdisciplinar, é muito séria, pois, frequentemente, questões familiares são levadas às portas da Justiça, tendo como raiz de fundo a falta de orientação social e psicológica dos atores envolvidos num cenário familiar de dor e sofrimento.

E tal aspecto foi muito bem observado por MARIA REGINA FAY DE AZAMBUJA:

> "Nos dias atuais, muitas demandas que são levadas ao Poder Judiciário decorrem da carência de investimentos nas políticas sociais básicas de atendimento à criança e à família, em que pesem as disposições constitucionais e infraconstitucionais existentes. Passa o Judiciário, por vezes, a ser o depositário das crises e dos conflitos pessoais e interpessoais, bem como da falência do próprio Estado, sobrecarregando as Varas de Família e da Infância e Juventude com problemas que fogem às suas alçadas de atuação e de resolução, ao menos, em curto prazo"[25].

Por tais razões, estamos convictos de que o princípio da convivência familiar necessita, para se consolidar, não apenas do amparo jurídico normativo, mas, principalmente, de uma estrutura multidisciplinar associada que permita a sua plena realização social.

---

[25] AZAMBUJA, Maria Regina Fay de. A Criança no Novo Direito de Família. In: *Direitos Fundamentais do Direito de Família* (coord. WELTER, Belmiro Pedro; MADALENO, Rolf.), Porto Alegre: Livraria do Advogado, 2004, p. 284.

Mas vamos avançar um pouquinho mais na aplicação desse princípio.

Pensamos que tal direito à convivência deve se estender também a outros integrantes da família, como os avós, tios e irmãos, com os quais a criança ou o adolescente mantém vínculos de afetividade.

Elogiável, nesse particular, é o Projeto de Lei n. 2.285/2007, quando, ressaltando o princípio, dispõe:

> "Art. 98. Os filhos não podem ser privados da convivência familiar com ambos os pais, quando estes constituírem nova entidade familiar.
>
> (...)
>
> Art. 100. O direito à convivência pode ser estendido a qualquer pessoa com quem a criança ou o adolescente mantenha vínculo de afetividade".

A despeito, no entanto, de inexistência de normas correlatas no atual Código, é perfeitamente defensável a tese, *de lege lata*, no sentido da extensão do direito à convivência familiar, com base no princípio aqui defendido, nos termos do direito projetado.

## 2.7. Princípio da intervenção mínima do Estado no Direito de Família

Embora se reconheça o caráter muitas vezes publicístico das normas de Direito de Família, não se deve concluir, no entanto, que o Estado deva interferir na ambiência familiar, como bem acentuou RODRIGO DA CUNHA PEREIRA:

> "O Estado abandonou a sua figura de protetor-repressor, para assumir postura de Estado protetor-provedor-assistencialista, cuja tônica não é de uma total ingerência, mas, em algumas vezes, até mesmo de substituição à eventual lacuna deixada pela própria família como, por exemplo, no que concerne à educação e saúde dos filhos (cf. art. 227 da Constituição Federal). A intervenção do Estado deve apenas e tão somente ter o condão de tutelar a família e dar-lhe garantias, inclusive de ampla manifestação de vontade e de que seus membros vivam em condições propícias à manutenção do núcleo afetivo. Essa tendência vem-se acentuando cada vez mais e tem como marco histórico a Declaração Universal dos Direitos do Homem, votada pela ONU em 10 de dezembro de 1948, quando estabeleceu em seu art. 16.3: A família é o núcleo natural e fundamental da sociedade e tem direito à proteção da sociedade e do Estado"[26].

Não cabe, portanto, ao Estado, intervir na estrutura familiar da mesma maneira como (justificada e compreensivelmente) interfere nas relações contratuais: o âmbito de dirigismo estatal, aqui, encontra contenção no próprio princípio da afetividade, negador desse tipo de agressão estatal.

---

[26] PEREIRA, Rodrigo da Cunha. *Princípios Fundamentais Norteadores do Direito de Família*, Belo Horizonte: Del Rey, 2006, p. 157.

Nesse diapasão, ao encontro do que dissemos acima, não se poderia admitir, por exemplo, que somente o Estado Legislador pudesse moldar e reconhecer — em *standards* apriorísticos — os núcleos familiares.

De maneira alguma.

Ao Estado não cabe intervir no âmbito do Direito de Família ao ponto de aniquilar a sua base socioafetiva.

O seu papel, sim, como bem anotou RODRIGO DA CUNHA PEREIRA, traduz um modelo de apoio e assistência, e não de interferência agressiva, tal como se dá na previsão do planejamento familiar, que é de livre decisão do casal (art. 1.565, § 2º, do CC), ou na adoção de políticas de incentivo à colocação de crianças e adolescentes no seio de famílias substitutas, como previsto no Estatuto da Criança e do Adolescente.

Andou bem, pois, o codificador de 2002, quando, consciente desse princípio da intervenção mínima, prescreveu:

> "Art. 1.513. É defeso a qualquer pessoa, de direito público ou privado, interferir na comunhão de vida instituída pela família".

Não se conclua, no entanto, partindo-se desse princípio, que os órgãos públicos, especialmente os vinculados direta ou indiretamente à estrutura do Poder Judiciário, não possam ser chamados a intervir quando houver ameaça ou lesão a interesse jurídico de qualquer dos integrantes da estrutura familiar, ou, até mesmo, da família considerada com um todo. E um exemplo do que se diz é a atuação do Juiz da Infância e da Juventude ou do próprio Juiz da Vara de Família, quando regula aspectos de guarda e direito de visitas, ou, ainda, quando adota uma urgente providência acautelatória de saída de um dos cônjuges do lar conjugal.

# LXVI NOÇÕES CONCEITUAIS SOBRE O CASAMENTO

## 1. CONCEITO E NATUREZA JURÍDICA

Por que iniciarmos o estudo das entidades familiares com o casamento, e não com a união estável?

Tal indagação seria perfeitamente compreensível, por parte do nosso estimado leitor, tendo em vista a simplicidade da união estável em face da complexidade formal do matrimônio, bem como pelo fato de que as uniões livres são, naturalmente, mais antigas.

Em verdade, não se trata de um imperativo de precedência temporal ou de importância, nem também de determinação de ordem religiosa.

Não é isso, definitivamente.

Como já dissemos, todas as manifestações de família, ou seja, todos os arranjos de afeto, são válidos, devendo ser socialmente respeitados, mormente por conta do sistema aberto e inclusivo consagrado pela nossa Constituição Federal, em seu art. 226.

Nessa mesma linha é o pensamento de MARIA CLÁUDIA CRESPO BRAUNER:

> "Com efeito, o reconhecimento da pluralidade de formas de constituição de família é uma realidade que tende a se expandir pelo amplo processo de transformação global, repercutindo na forma de tratamento das relações interindividuais. A reivindicação e o reconhecimento de direitos de igualdade, respeito à liberdade e à intimidade de homens e mulheres, assegura a toda pessoa o direito de constituir vínculos familiares e de manter relações afetivas, sem qualquer discriminação"[1].

Em verdade, a primazia de tratamento aqui conferida ao casamento resulta de uma tradição histórica inegável, que não podemos ignorar, mas que não traduz, logicamente, o estabelecimento de uma hierarquia.

Ademais, considerando que os primeiros dispositivos do Código Civil brasileiro tratam justamente das disposições gerais do casamento, parece-nos lógico adotar tal metodologia.

---

[1] BRAUNER, Maria Cláudia Crespo. O Pluralismo no Direito de Família Brasileiro: Realidade Social e Reinvenção da Família. In: *Direitos Fundamentais do Direito de Família*, WELTER, Belmiro Pedro; MADALENO, Rolf (coords.), Porto Alegre: Livraria do Advogado, 2004, p. 259.

O casamento como instituição, por sua vez, deriva efetivamente de um sistema organizado socialmente, com o estabelecimento de regras formais, de fundo espiritual ou laico.

Lembra-nos a doutrina portuguesa que, em geral, as legislações no mundo não têm se preocupado em definir o casamento:

> "Poucas legislações definem o casamento. P. ex., nem no Código francês, nem no espanhol, nem no italiano, nem no alemão encontramos uma definição do acto matrimonial. E a verdade é que esta omissão não costuma ser censurada pela doutrina. As características do casamento — diz-se — são de tal modo conhecidas que não será possível confundi-lo com uma união de fato"[2].

Pensamos, aliás, não ser tarefa do legislador estabelecer essa definição, mas sim da doutrina especializada.

Em nosso Direito, luminosa é a constelação de autores que se esforçaram em definir o ato matrimonial, em diversas oportunidades, refletindo-se, em cada uma das definições, os valores predominantes na época em que tais conceitos foram elaborados.

LAFAYETTE RODRIGUES PEREIRA, clássico do nosso Direito, escreveu:

> "O casamento é o ato solene pelo qual duas pessoas de sexo diferente se unem para sempre sob a promessa recíproca de fidelidade no amor e da mais estreita comunhão de vida"[3].

MARIA HELENA DINIZ, por sua vez, conceitua o casamento como sendo:

> "O vínculo jurídico entre o homem e a mulher (em contrário – Res. CNJ n. 175/2013) que visa ao auxílio mútuo material e espiritual, de modo que haja uma integração fisiopsíquica e a constituição de uma família"[4].

PAULO LÔBO, com habitual precisão, preleciona:

> "O casamento é um ato jurídico negocial solene, público e complexo, mediante o qual um homem e uma mulher constituem família, pela livre manifestação de vontade e pelo reconhecimento do Estado"[5].

De nossa parte, pensamos que, para cunhar um conceito satisfatório de casamento, sem descurarmos da principiologia constitucional, mister se faz que analisemos, antes, a sua natureza jurídica.

---

[2] COELHO, Francisco Manuel de Brito Pereira; OLIVEIRA, Guilherme de. *Curso de Direito de Família* — Introdução — Direito Matrimonial, 2. ed., v. I, Coimbra: Editora Coimbra, 2006, p. 184.

[3] PEREIRA, Lafayette Rodrigues. *Direitos de Família*, Rio de Janeiro/São Paulo: Livraria Freitas Bastos, 1956, p. 34.

[4] DINIZ, Maria Helena. *Curso de Direito Civil Brasileiro* — Direito de Família, 33. ed., São Paulo: Saraiva, 2019, v. 5, p. 51.

[5] LÔBO, Paulo Luiz Netto. *Direito Civil* — Famílias, São Paulo: Saraiva, 2008, p. 76.

Sob esse aspecto, observa RUGGIERO que o casamento:

> "é um instituto, não só jurídico, mas ético, social e político e é tal a sua importância que a própria estrutura do organismo social depende de sua regulamentação. Impera nele não só o direito, mas também o costume e a religião: todos os três grupos de normas se contêm no seu domínio e, como se verá, uma das características mais salientes da história do instituto é a luta travada entre o Estado e a Igreja para obter a competência exclusiva para o regular".

Nesse diapasão, indaga-se: qual seria a natureza do casamento? Em que categoria do Direito enquadra-se esse ente? Quais as suas teorias explicativas?

Inicialmente, cumpre-nos fixar que discussão houve quanto ao enquadramento enciclopédico do casamento, ou seja, se se trataria de instituto de Direito Público ou de Direito Privado.

Ora, a participação de um servidor do Estado (juiz) não autoriza o entendimento de que se trataria de um instituto de Direito Público, não havendo, na mesma linha, razão alguma para enquadrá-lo como ato administrativo.

Assim, encarando-o como instituto de Direito Privado, resta saber se a sua natureza seria contratual ou não.

Na linha não contratualista, respeitáveis vozes se levantaram, com diferentes argumentos: o casamento seria um ato-condição, ou seja, uma manifestação de vontade que, quando emitida, consolida uma situação jurídica impessoal[6]; o casamento seria um negócio jurídico complexo, pois haveria a participação de um terceiro (o juiz), em seu ciclo formativo[7]; o casamento seria, simplesmente, um acordo de vontades[8]; e, final-

---

[6] "Duguit chama ato-condição àquela declaração de vontade que tem por objeto colocar um indivíduo numa situação jurídica impessoal. Nesse sentido, o casamento representa um ato-condição, pois mediante a manifestação de vontade, feita solenemente, os nubentes se submetem a um regime jurídico minuciosamente regulamentado, sujeitos a sofrer todas as consequências e a usufruir de todas as vantagens decorrentes da posição que assumem dentro da instituição" (RODRIGUES, Silvio. *Direito Civil* — Direito de Família, 28. ed., v. 6, São Paulo: Saraiva, 2007, p. 21).

[7] "Abandonando portanto a concepção contratual, resta apenas considerar o casamento como um negócio jurídico complexo, formado pelo consenso da vontade dos particulares e da vontade do Estado" (RUGGIERO, Roberto de. *Instituições de Direito Civil*, v. II, Campinas: Bookseller, 1999, p. 112-3).

[8] "Outros veem no casamento um acordo, ou seja, um negócio jurídico que se distingue no contrato pelo modo de constituição. No contrato, os interesses das partes contrapõem-se ou, ao menos divergem; no acordo, são convergentes. Neste há uma soma de vontades, naquele uma síntese. Qualificando-se o casamento desse modo, também não se dá solução satisfatória ao problema embora se possibilite seu enquadramento em categoria jurídica que afasta a ideia de contrato na acepção restrita do termo. A figura do acordo ainda não está, todavia, precisamente configurada no campo do direito privado e, ao ver de alguns escritores, é inútil, pela sua redutibilidade ao contrato. Seria, ademais, uma categoria heterogênea, que não comporta unificação sequer em se definindo-a pela função dos atos que compreenderia. Inconveniente, em consequência, a qualificação, conquanto previna o intérprete contra a aplicação dos princípios que regem os contratos *stricto sensu*, os quais pressupõem divergência de interesses" (GOMES, Orlando. *Direito de Família*, 14. ed., Rio de Janeiro: Forense, 2004, p. 58-9).

mente, houve quem sustentasse que o casamento seria uma instituição[9], ou seja, um estatuto de normas.

Sem menoscabarmos o quilate intelectual desses autores, não concordamos com essa corrente de pensamento e os seus argumentos expendidos, por termos firme a ideia de que o casamento é um contrato especial de Direito de Família.

Claro está que, ao afirmarmos a sua natureza contratual, não estamos, com isso, equiparando o casamento às demais formas negociais, como a compra e venda, a locação, o *leasing* ou a alienação fiduciária.

Seria, aliás, esdrúxulo tal paralelismo, por nos conduzir a conclusões absurdas, como a possibilidade de se exigir "uma obrigação matrimonial mediante o estabelecimento de multa cominatória" ou, caso a vida a dois não ande bem, uma simples "rescisão de contrato de casamento".

De maneira alguma.

Quando se entende o casamento como uma forma contratual, considera-se que o ato matrimonial, como todo e qualquer contrato, tem o seu núcleo existencial no consentimento, sem se olvidar, por óbvio, o seu especial regramento e consequentes peculiaridades.

Aliás, no momento da realização do casamento, a autoridade celebrante apenas participa do ato declarando oficialmente a união, uma vez que, no plano jurídico-existencial, a sua constituição decorreu das manifestações de vontades dos próprios nubentes, no tão esperado instante do "sim".

A participação da autoridade, portanto, é meramente declaratória, e não constitutiva do ato matrimonial[10].

Nesse diapasão, reafirmando a natureza contratual do casamento, CAIO MÁRIO DA SILVA PEREIRA pontifica:

> "O que se deve entender, ao assegurar a natureza do matrimônio, é que se trata de um contrato especial dotado de consequências peculiares, mais profundas e extensas do que as convenções de efeitos puramente econômicos, ou contrato de Direito de Família, em razão das relações específicas por ele criadas"[11].

---

[9] Corrente defendida pela Professora Maria Helena Diniz (ver *Curso de Direito Civil Brasileiro — Direito de Família*, 33. ed., São Paulo: Saraiva, 2019, v. 5, p. 51), lembrando ainda os autores institucionalistas Cicu, Bonnecase, Carbonnier e Salvat.

[10] Nesse sentido, estabelece o art. 1.514 do Código Civil brasileiro de 2002 que o "casamento se realiza no momento em que o homem e a mulher manifestam, perante o juiz, a sua vontade de estabelecer vínculo conjugal, e o juiz os declara casados".

[11] PEREIRA, Caio Mário da Silva. *Instituições de Direito Civil* — Direito de Família, 11. ed., v. 1, p. 36.

Conclui, na mesma direção, CAMILO COLANI BARBOSA:

> "Em outras palavras, o casamento, devido à liberdade conferida aos nubentes, inclusive no que concerne à sua dissolução pela separação e divórcio, possui hoje características que o aproximam mais de negócio jurídico, do que de instituição"[12].

Por fim, há ainda uma terceira vertente doutrinária que sustenta a natureza mista ou híbrida do casamento: contrato na sua formação e instituição em sua existência e efeitos[13].

Em nosso pensar, no entanto, o casamento, com base nos argumentos supra-apresentados, afigura-se como uma especial modalidade de contrato, qualificada pelo Direito de Família.

Assim, fixada a sua natureza jurídica, podemos então, com maior segurança, definir o casamento como um contrato especial de Direito de Família, por meio do qual os cônjuges formam uma comunidade de afeto e existência, mediante a instituição de direitos e deveres, recíprocos e em face dos filhos, permitindo, assim, a realização dos seus projetos de vida.

Frisamos o elemento teleológico do casamento: a realização dos anseios e planos pessoais de cada cônjuge, sempre em atenção ao bem-estar dos filhos, pois, no passado, em detrimento da individualidade dos integrantes da família, priorizava-se, a todo custo — e, muitas vezes, sob um manto de hipocrisia — a estabilidade do casamento.

Mesmo que isso custasse a felicidade da esposa ou do filho, essa estabilidade era não apenas garantida, mas imposta, sob a ameaça da exclusão social em face daqueles que contra ela ousassem se rebelar.

Mas esses são tempos idos.

Hoje, o casamento, assim como as outras formas de arranjos familiares, não é um fim em si mesmo, mas, tão somente, o *locus* de realização e busca da felicidade dos seus integrantes. Esta, aliás, é a verdadeira função social da família.

O Código Civil de 2002, por seu turno, ao abrir o seu Livro IV — Do Direito de Família, realçou, no art. 1.511, a estrutura comunitária existencial do casamento, em um panorama de respeito à isonomia constitucional entre homem e mulher, em norma sem correspondência direta no Código Civil brasileiro de 1916:

> "Art. 1.511. O casamento estabelece comunhão plena de vida, com base na igualdade de direitos e deveres dos cônjuges".

---

[12] BARBOSA, Camilo de Lelis Colani. *Direito de Família* — Manual de Direitos do Casamento, São Paulo: Suprema Cultura , p. 19.

[13] Baseando-se no pensamento de Rouast, afirma Washington de Barros Monteiro sobre esta corrente eclética, que o matrimônio é, "ao mesmo tempo, contrato e instituição" (*Curso de Direito Civil* — Direito de Família, 35. ed., v. II, São Paulo: Saraiva, 1999, p. 13).

Trata-se, em nosso sentir, de dispositivo socialmente importante, na medida em que consideramos o lamentável histórico de desrespeito e humilhação vivenciado pelas esposas brasileiras ao longo das últimas décadas que esperamos seja completamente superado neste século.

E, para isso, a observância da principiologia constitucional, notadamente o respeito à dignidade da pessoa humana, exercerá papel de fundamental importância.

## 2. A PROMESSA DE CASAMENTO — RESPONSABILIDADE CIVIL POR RUPTURA DO NOIVADO

Ultrapassando os umbrais do simples namoro, o noivado, importante e (necessariamente) refletido passo na vida das pessoas, traduz maior seriedade no vínculo afetivo, uma vez que, por meio dele, homem e mulher firmam a promessa recíproca de unirem-se por meio do casamento, formando uma comunhão familiar de vida.

Servem, pois, os esponsais, ou simplesmente noivado — lembra-nos ANTÔNIO CHAVES — como um meio pelo qual os noivos ou nubentes podem aquilatar as suas afinidades e gostos[14], firmando, de maneira séria e inequívoca, um compromisso de casamento.

Interessante questão, porém, diz respeito à ruptura do noivado.

Não pensemos que o desfazimento dos esponsais opera-se sempre como um simples fim de namoro, em que os envolvidos simplesmente resolvem não se ver mais — com a consequente e já tradicional devolução das cartas de amor e até mesmo de alguns presentes ou recordações — ou decidem consolidar, a partir dali, uma bela amizade.

A ruptura injustificada do noivado pode, sim, acarretar, em situações especiais, dano moral ou material indenizável.

Não o simples fim da afetividade, mas a ruptura inesperada e sem fundamento pode determinar a responsabilidade civil extracontratual do ofensor, pelos prejuízos efetivamente sofridos, excluídos, por óbvio, os lucros cessantes[15].

Entendemos ser extracontratual a responsabilidade daí decorrente, com base no art. 186 do Código Civil, definidor do ato ilícito, sem esquecermos de que, no passado, essa forma de responsabilidade já fora considerada contratual, conforme nos lembra o clássico LAFAYETTE RODRIGUES PEREIRA:

> "No domínio do Direito antigo, embora pouco usado, era ele preliminar ao casamento, sendo então exigidas certas formalidades e regras, às quais já o Decreto n. 181 do Governo Provisório deixou em abandono. Prevaleciam no período anterior a 1889, e ficaram inteiramente revogadas depois da proclamação da República, cujo governo,

[14] CHAVES, Antonio, apud DINIZ, Maria Helena, ob. cit., 2019, v. 5, p. 60.

[15] Nessa mesma linha, Maria Berenice Dias, São Paulo: Saraiva, 1999, ob. cit., p. 119.

a 24 de janeiro de 1890, expedira aquele Decreto n. 181, regulando o casamento civil sem a menor alusão aos esponsais"[16].

Hodiernamente, no entanto, não se nos afigura adequado considerarmos o noivado um contrato, diferentemente do que se dá com o casamento.

O matrimônio, sim, tem natureza jurídica de contrato especial de Direito de Família.

A ausência da tessitura contratual, entretanto, não impede a configuração do ilícito, quando o noivo desistente, violando a legítima expectativa de casamento, impõe, ao outro, prejuízo material ou moral.

É o caso, por exemplo, do noivo que deixa a sua pretendente, humilhada, no altar, sem razão ou aviso; ou a desistência operada pouco tempo antes do casamento, tendo a outra parte arcado com todas as despesas de bufê, enxoval e aprestos, na firme crença do matrimônio não realizado; na mesma linha e não menos grave, o anúncio constrangedor do fim da relação em plena festa de noivado ou chá de cozinha, por vingança; e, finalmente — exemplo extraído de parte da doutrina brasileira — temos a hipótese da noiva que deixa o emprego para casar e, com a posterior recusa do prometido, fica sem o trabalho e o marido[17].

Não se imagine, no entanto, com tudo que dissemos, que, por havermos noivado, somos obrigados a casar.

Não é isso.

Temos todo o direito de desistir, até porque, se assim não fosse, não teria a autoridade celebrante a obrigação de perguntar se aceitamos ou não o nosso consorte.

Ocorre que, a depender das circunstâncias da desistência, conforme vimos nos exemplos acima, a negativa pode traduzir um sério dano à outra parte, não sendo justo ignorarmos esse fato e seguirmos em frente, como se nada houvesse acontecido[18].

O que o direito pretende evitar é o exercício abusivo desse direito[19].

Raciocínio contrário, aliás, a par de incrementar o enriquecimento sem causa, poderia configurar, inclusive, dada a mencionada natureza do ato matrimonial, quebra de boa-fé objetiva pré-contratual.

---

[16] PEREIRA, Lafayette Rodrigues. *Direitos de Família*, Rio de Janeiro/São Paulo: Livraria Freitas Bastos, 1956, p. 33.

[17] DINIZ, Maria Helena, ob. cit., 2019, v. 5, p. 64.

[18] Exemplo clássico é dado por Moura Bitencourt, citado por Maria Helena Diniz (ob. cit., 2019, v. 5, p. 64), ocorrido em León, Espanha: "um rapaz, ao ser interrogado se era de sua livre e espontânea vontade receber a noiva como a sua legítima esposa, disse: 'Bem, para ser franco, não!'. Assim respondeu e retirou-se da igreja, deixando a moça desmaiada, e atônita a alta sociedade que se comprimia no templo. Essa noiva veio a sofrer, além da perda do noivo, a humilhação pública". De fato, por que desistir daquela maneira fria, dura e inescrupulosa? ...

[19] "Lo que se conoce como 'abuso del derecho' — y que corresponde al 'abuso del interés' — supone siempre la existencia de un perjuicio al interés ajeno, siendo este, por lo mismo, un elemento esencial del acto abusivo y fuente de responsabilidad civil" (GREZ, Pablo Rodríguez. *El Abuso del Derecho y el Abuso Circunstancial*, Santiago: Editorial Jurídica de Chile, 2004, p. 342-3).

Vale dizer, afronta o princípio da eticidade o desfazimento injustificado do compromisso assumido, lesando a legítima expectativa nutrida pelo outro no sentido da realização do ato matrimonial.

Nesse sentido, tem-se reconhecido, em determinadas situações, a responsabilidade civil pelo fim do noivado.

Na dúvida, portanto, é melhor cuidarmos de encontrar a melhor maneira de desistir do casamento, atuando, segundo o princípio da eticidade, no sentido de evitar ou minorar os efeitos danosos decorrentes da ruptura, sob pena de incidir em responsabilidade civil.

## 3. FORMAS ESPECIAIS DE CASAMENTO

Neste tópico, cuidaremos de analisar as formas especiais de casamento.

**FORMAS ESPECIAIS DE CASAMENTO** →

- Por procuração
- Nuncupativo
- Em caso de moléstia grave
- Casamento celebrado fora do país, perante Autoridade Diplomática Brasileira
- Casamento celebrado fora do país, perante Autoridade estrangeira

### 3.1. Casamento por procuração

Alguns atos jurídicos têm a nota da pessoalidade, não admitindo representação, a exemplo do testamento, da adoção ou do exercício do direito de voto.

O casamento, no entanto, escapa a essa regra.

Pode nos parecer esquisito à primeira vista, mas o nosso ordenamento jurídico admite o casamento por procuração.

Razões de variada ordem podem justificar o fato de um — ou ambos — os noivos não poderem se fazer presentes no dia da convolação de núpcias, exigindo a constituição de um procurador, como se dá quando um deles está em país distante, impossibilitado de retornar ao Brasil[20].

A esse respeito, veja esta interessante notícia, vindo do Mato Grosso do Sul:

---

[20] Em situação bastante interessante, aliando a aplicação do instituto com as novas ferramentas tecnológicas, noticiou-se a realização de um casamento "pela internet", pelo qual se permitiu que os noivos, em países distintos, acompanhassem, pela internet, em tempo real, a celebração do matrimônio. Tal hipótese, em nosso sentir, somente se afigura juridicamente possível estando presentes os seus representantes (procuradores com poderes especiais para casar), o que certamente deve ter ocorrido. Disponível em: <http://video.globo.com/Videos/Player/Noticias/0,,GIM821193-7823-NOIVOS+DIZEM+SIM+VIA+WEB,00.html>. Acesso em: 30 set. 2009.

> "Casamentos por procuração estão se tornando uma prática comum nas celebrações em Campo Grande/MS, feitas por juízes de paz. Em virtude do grande número de pessoas que vão tentar a vida fora do País, dos 2.311 casamentos feitos nos dois cartórios de Campo Grande, 31 foram por procuração, segundo dados dos 2º e 9º Serviços Notariais e de Registros Civis de Pessoas Naturais"[21].

Tamanha é a importância dessa figura que o nosso Consulado-Geral em Lisboa, informa o Ministério das Relações Exteriores, cuida de orientar:

> "A legislação brasileira permite casamento por procuração. Neste caso, o cidadão português deverá lavrar a procuração em Notário Público e autenticá-la no Consulado-Geral. No texto deste instrumento particular constará igualmente o nome e a qualificação da pessoa com quem pretende casar, o regime de bens e o nome que passará a adotar (noiva ou noivo) após o casamento"[22].

Trata-se, em verdade, de uma forma de casamento realizado por meio de mandato, ou seja, de contrato de representação voluntária, configurando a procuração apenas como o instrumento delimitador dos poderes do procurador ou mandatário.

Mas note-se que, dada a importância do ato, o legislador cuidou de imprimir maior segurança jurídica, exigindo-lhe a forma pública e poderes especiais:

> "Art. 1.542. O casamento pode celebrar-se mediante procuração, por instrumento público, com poderes especiais.
>
> § 1º A revogação do mandato não necessita chegar ao conhecimento do mandatário; mas, celebrado o casamento sem que o mandatário ou o outro contraente tivessem ciência da revogação, responderá o mandante por perdas e danos.
>
> § 2º O nubente que não estiver em iminente risco de vida poderá fazer-se representar no casamento nuncupativo.
>
> § 3º A eficácia do mandato não ultrapassará noventa dias.
>
> § 4º Só por instrumento público se poderá revogar o mandato".

Situação semelhante, aliás, ocorre com a doação por procuração, em que também se exigem poderes especiais e, a depender do bem doado (imóvel, por exemplo), a forma pública.

A procuração para casar, portanto, não pode ser genérica, devendo conter poderes especiais, observando a forma pública, ou seja, lavrada em Livro de Notas de Tabelião, com prazo máximo de noventa dias (§ 3º).

---

[21] Fonte: Correio do Estado, endereço dessa notícia: <http://www.overbo.com.br/modules/news/article.php?storyid=644>. Acesso em: 22 jun. 2008.

[22] Consulado-Geral em Lisboa, disponível no *site* do Ministério das Relações Exteriores. Disponível em: <http://cglisboa.itamaraty.gov.br/pt-br/>. Acesso em: 22 jun. 2017.

Nada impede, nessa linha de intelecção, que haja dois procuradores investidos, ou, o que se nos afigura mais factível, um procurador acompanhando o outro noivo.

O nubente que não estiver em iminente risco de vida poderá fazer-se representar no casamento nuncupativo (§ 2º).

Intrigante questão diz respeito à possibilidade de o procurador, no exercício dos poderes que lhe foram outorgados, recusar o consentimento, na solenidade matrimonial.

Enfrentando essa questão, CAMILO COLANI, citando LAMARTINE CORREIA e FERREIRA MUNIZ, afirma, com propriedade, que:

> "o outorgado somente poderá recusar em circunstância devidamente justificável, caso em que o próprio mandante, se ali estivesse, também o faria, a exemplo da descoberta de doença psíquica grave do outro nubente"[23].

Aliás, se assim não fosse, não estaríamos diante de um contrato de mandato, mas sim de uma mera transmissão de vontade, atividade encarregada aos núncios[24] — simples portadores de consentimento — e não aos procuradores.

Finalmente, o que dizer da revogação do mandato?

Na hipótese em tela — casamento — pensamos não ser possível se considerar inafastável ou absoluta uma cláusula de irrevogabilidade, pois se trata da prática de um ato que toca a dimensão existencial do declarante, podendo, pois, haver manifestação em contrário, desde que justificável.

Nessa linha, ainda que consignada a referida cláusula, poderá o mandante justificadamente revogar o mandato. Mas, o exercício abusivo dessa faculdade resilitória (de desistência) poderá, em nosso sentir, gerar a responsabilidade civil por danos materiais ou morais do infrator, na forma do art. 683 do CC/2002[25].

Vale observar que somente por instrumento público se poderá revogar o mandato (§ 4º) e, como outro importante aspecto, a revogação do mandato não necessita chegar ao conhecimento do mandatário; mas, celebrado o casamento sem que o mandatário ou o outro contraente tivessem ciência da revogação, poderá responder o mandante por perdas e danos (§ 1º), o que se coaduna com a regra, já apontada acima, de disciplina jurídica das consequências da revogação do mandato, quando existente cláusula restritiva de resilição.

---

[23] BARBOSA, Camilo de Lelis Colani. *Casamento*, Rio de Janeiro: Forense, 2006, p. 96.

[24] É de se mencionar, nessa quadra, que, na doutrina brasileira, consoante advertimos em nosso v. II, dedicado ao Direito das Obrigações (11. ed., p. 55), há quem, de fato, equipare a atividade do procurador à do núncio (cf. VENOSA, Sílvio de Salvo. *Direito de Família*, p. 96). Entretanto, sem querer pôr fim à controvérsia, entendemos que uma análise mais profunda resultará na conclusão de se tratar da atuação de um procurador (mandatário), especialmente por conta de se lhe reconhecer a faculdade, mencionada acima, de recusar, em determinadas situações, os poderes de representação a si outorgados.

[25] "Art. 683. Quando o mandato contiver a cláusula de irrevogabilidade e o mandante o revogar, pagará perdas e danos."

Trata-se, em nosso pensar, de uma situação de responsabilidade civil objetiva por descumprimento do dever de informação, consectário do princípio da boa-fé objetiva, nos termos do Enunciado n. 24 da I Jornada de Direito Civil[26].

Em conclusão, cumpre ainda anotar que o art. 1.550, V, do CC/2002[27] estabelece a anulabilidade do casamento, caso realizado pelo mandatário, sem que ele ou o outro contraente soubesse da revogação do mandato, e não sobrevindo coabitação entre os cônjuges.

Vale dizer, queda-se inválido o matrimônio, quando o mandato tiver sido revogado, sem a ciência dos envolvidos pessoalmente no ato, desde que não sobrevenha a coabitação entre os cônjuges.

De maneira pouco ortodoxa, e até meio esquisita, é como se o encontro sexual "convalidasse" o ato anulável.

Também inconformada com esse dispositivo, MARIA BERENICE DIAS preleciona, com razão:

> "Pelo que se pode perceber, é o contato sexual entre os noivos que concretiza e empresta validade ao casamento. Tal disposição legal parece que está a referendar a falsa crença de que o matrimônio se consuma na noite de núpcias! A justificativa doutrinária é pouco convincente: evitar o uso malicioso desse expediente e, com isso, conseguir favores sexuais do cônjuge"[28].

Apenas não concordamos com a querida professora, quando, criticando a norma, afirma que, em verdade, um casamento celebrado nessas circunstâncias (revogação do mandato) deveria ser considerado nulo (nulidade absoluta)[29], pois, uma vez revogado o mandato, não haveria que se falar mais em "vontade do mandante", caso em que deveria ser reconhecida a sua inexistência, e não a simples invalidade.

## 3.2. Casamento nuncupativo

O casamento nuncupativo (também denominado *in extremis vitae momentis* ou *in articulo mortis*) é aquele contraído, de viva voz, por nubente que se encontre moribundo, na presença de, pelo menos, seis testemunhas, independentemente da presença da autoridade competente ou do seu substituto.

---

[26] Enunciado n. 24: "Em virtude do princípio da boa-fé, positivado no art. 422 do novo Código Civil, a violação dos deveres anexos constitui espécie de inadimplemento, independentemente de culpa".

[27] "Art. 1.550. É anulável o casamento: (...) V — realizado pelo mandatário, sem que ele ou o outro contraente soubesse da revogação do mandato, e não sobrevindo coabitação entre os cônjuges" (sem equivalente direto no CC/1916).

[28] DIAS, Maria Berenice. *Manual de Direito das Famílias*, Porto Alegre: Livraria do Advogado, 2005, p. 148.

[29] DIAS, Maria Berenice, ob. e loc. cits.

Trata-se, pois, de uma modalidade excepcional de matrimônio, em que qualquer dos nubentes, detentor de saúde mental, posto no limiar da vida, resolve contrair núpcias, fazendo valer, pois, a sua derradeira vontade de receber o seu parceiro na condição de consorte.

Respeita-se, com isso, o afeto, nos instantes finais de sua vida.

Por outro lado, nada impede, em nosso sentir, embora se afigure improvável, que ambos os nubentes estejam em iminente risco de morte, e resolvam contrair casamento nuncupativo, não havendo tempo para habilitação e realização do ato perante a autoridade. Também neste caso, observadas as formalidades legais, e desde que demonstrem higidez mental, as suas vontades devem ser respeitadas.

Disciplinando o instituto, o Código Civil dispõe:

> "Art. 1.540. Quando algum dos contraentes estiver em iminente risco de vida, não obtendo a presença da autoridade à qual incumba presidir o ato, nem a de seu substituto, poderá o casamento ser celebrado na presença de seis testemunhas, que com os nubentes não tenham parentesco em linha reta, ou, na colateral, até segundo grau".

Note-se a exigência do número mínimo de seis testemunhas, que não sejam parentes dos noivos em linha reta, ou na colateral até o segundo grau. Como a lei não ressalvou, forçoso convir que este parentesco é o natural, o civil ou até mesmo o travado por afinidade.

Assim, filho, neto, enteado, pai, mãe, padrasto, madrasta, irmão, irmã, não poderão figurar como testemunhas do ato, tendo em vista a necessidade de se imprimir maior segurança jurídica a esta solenidade, a qual, por sua própria natureza, dada a ausência de habilitação ou de autoridade celebrante, é por demais informal.

E essa informalidade deve ser mitigada pela exigência de maior rigor na sua celebração.

Realizado o casamento, dispõe o art. 1.541 (e parágrafos) que as testemunhas deverão comparecer perante a autoridade judicial mais próxima em dez dias, pedindo que lhes tome por termo a declaração de que: foram convocadas por parte do enfermo; este parecia em perigo de vida, mas em seu juízo; em sua presença, declararam os contraentes, livre e espontaneamente, receber-se por marido e mulher.

Instaura-se, assim, procedimento de jurisdição voluntária, com participação do Ministério Público, no bojo do qual o juiz, após verificar se os interessados poderiam ter se habilitado, ouvirá eventuais interessados e, concluindo haverem sido observadas as formalidades legais e não ter havido fraude, decidirá, determinando, por mandado, o registro do ato.

A ausência desse registro implicará a nulidade absoluta do matrimônio contraído, uma vez que, por ser ato jurídico de formação complexa, exige a observância de todas as formalidades legais, sob pena de invalidade, a teor do art. 166, V, do CC/2002[30].

---

[30] "Art. 166. É nulo o negócio jurídico quando: (...) V — for preterida alguma solenidade que a lei considere essencial para a sua validade."

Note-se, ainda, a redobrada cautela a ser observada pelo magistrado, por conta da necessidade de evitar gananciosas empreitadas de golpistas, que podem ver, no matrimônio nuncupativo, um inescrupuloso meio de captar dolosamente a vontade do moribundo, solapando-lhe a herança.

Por isso, em havendo depoimentos contraditórios ou dissonantes, deve o juiz negar o registro.

Caso, no entanto, estejam observados os pressupostos de lei, o assento será lavrado e retrotrairá os efeitos do casamento, quanto ao estado dos cônjuges, à data da celebração, ou, em outras palavras, a sentença surtirá efeitos *ex tunc*.

Finalmente, serão dispensadas as formalidades de lei se o enfermo convalescer e puder ratificar o casamento na presença da autoridade competente e do oficial do registro.

Em conclusão, vamos tratar de uma intrigante questão: de quem será a competência para a condução desse procedimento?

Claro está que, em juízo de vara única, este será o competente, cabendo ressaltar haver o legislador determinado que se buscasse a autoridade mais próxima.

Mas, e se, nesse mesmo juízo, houvesse varas de família e de registros públicos, em qual das duas tramitaria o pedido de registro?

Em uma primeira análise, poderíamos concluir ser competente a Vara de Registros Públicos.

Entretanto, estudando mais a fundo a questão, poderemos constatar que o registro pretendido terá o condão de modificar o *status civil* (familiar) do indivíduo, com impacto, inclusive, na seara patrimonial, em face da incidência das normas do regime de bens aplicável e, também, com inafastáveis reflexos sucessórios.

Por conta disso, entendemos que, assim como se dá no caso da alteração do regime de bens no curso do casamento, a autoridade competente para o registro do casamento nuncupativo é o Juiz da Vara de Família, e não de Registros Públicos[31].

Esse, para nós, é o melhor entendimento, posto cada Estado, por sua Lei de Organização Judiciária, tenha liberdade para disciplinar em sentido diverso.

## 3.3. Casamento em caso de moléstia grave

Não confunda, amigo leitor, o casamento nuncupativo com o matrimônio em caso de moléstia grave.

No primeiro caso, o nubente encontra-se no leito de morte, não tendo havido tempo para habilitar-se, nem solicitar a presença da autoridade celebrante ou seu substituto; na

[31] Essa é também a linha de pensamento de Washington de Barros Monteiro e Maria Helena Diniz (confira-se, por todos, DINIZ, Maria Helena. *Curso de Direito Civil Brasileiro* — Direito de Família, 33. ed., São Paulo: Saraiva, 2019, v. 5, p. 126).

segunda hipótese, a habilitação foi feita, mas, por conta de grave doença, tornou-se impossível o comparecimento à solenidade matrimonial.

Em virtude, pois, da moléstia que o acomete, o nubente não pode deslocar-se ao salão de casamentos, solicitando, assim, que a própria autoridade celebrante vá ao seu encontro.

É o que preceitua o art. 1.539 do vigente Código Civil brasileiro:

> "Art. 1.539. No caso de moléstia grave de um dos nubentes, o presidente do ato irá celebrá-lo onde se encontrar o impedido, sendo urgente, ainda que à noite, perante duas testemunhas que saibam ler e escrever.
>
> § 1º A falta ou impedimento da autoridade competente para presidir o casamento suprir-se-á por qualquer dos seus substitutos legais, e a do oficial do Registro Civil por outro *ad hoc*, nomeado pelo presidente do ato.
>
> § 2º O termo avulso, lavrado pelo oficial *ad hoc*, será registrado no respectivo registro dentro em cinco dias, perante duas testemunhas, ficando arquivado".

Vale observar que, dada a presença da autoridade, os rigores exigidos são menores se compararmos esse matrimônio com o nuncupativo, a exemplo do número reduzido de testemunhas, a saber, apenas duas. Mesmo na sistemática codificada anterior, o número era menor (quatro) do que no casamento *in extremis vitae momentis* ou *in articulo mortis*.

A falta ou impedimento da autoridade competente para presidir o casamento suprir-se-á por qualquer dos seus substitutos legais, e a do oficial do Registro Civil por outro *ad hoc*, nomeado pelo presidente do ato (§ 1º).

O termo avulso, lavrado pelo oficial *ad hoc*, será registrado no cartório de Registro Civil de Pessoas Naturais, dentro em cinco dias, perante duas testemunhas, ficando arquivado (§ 2º).

### 3.4. Casamento celebrado fora do país, perante autoridade diplomática brasileira

Estando o(a) brasileiro(a)[32] fora do território nacional, pode ele(a), eventualmente, decidir contrair núpcias[33].

---

[32] Na forma do art. 12 da Constituição Federal: "São brasileiros: I — natos: *a)* os nascidos na República Federativa do Brasil, ainda que de pais estrangeiros, desde que estes não estejam a serviço de seu país; *b)* os nascidos no estrangeiro, de pai brasileiro ou mãe brasileira, desde que qualquer deles esteja a serviço da República Federativa do Brasil; *c)* os nascidos no estrangeiro, de pai brasileiro ou de mãe brasileira, desde que sejam registrados em repartição brasileira competente ou venham a residir na República Federativa do Brasil e optem, em qualquer tempo, depois de atingida a maioridade, pela nacionalidade brasileira. II — naturalizados: *a)* os que, na forma da lei, adquiram a nacionalidade brasileira, exigidas aos originários de países de língua portuguesa apenas residência por um ano ininterrupto e idoneidade moral; *b)* os estrangeiros de qualquer nacionalidade, residentes na República Federativa do Brasil há mais de quinze anos ininterruptos e sem condenação penal, desde que requeiram a nacionalidade brasileira. § 1º Aos portugueses com residência permanente no País, se houver

Neste caso, tem ele a possibilidade de celebrar o matrimônio segundo as leis brasileiras, perante autoridade diplomática brasileira, na forma do art. 18 da Lei de Introdução às Normas do Direito Brasileiro (Decreto-lei n. 4.657, de 4 de setembro de 1942)[34].

Assim, deve observar todos os requisitos legais de validade para que produza seus efeitos também em território nacional, segundo a legislação brasileira.

Todavia, há, ainda, um requisito a ser observado.

É que, nos termos do art. 1.544 do Código Civil de 2002, o casamento de brasileiro, celebrado no estrangeiro, perante as respectivas autoridades ou os cônsules brasileiros, deverá ser registrado em 180 (cento e oitenta) dias, a contar da volta de um ou de ambos os cônjuges ao Brasil, no cartório do respectivo domicílio, ou, em sua falta, no 1º Ofício da Capital do Estado em que passarem a residir.

Trata-se de prazo decadencial, cuja inobservância gerará a impossibilidade de produção dos efeitos jurídicos pretendidos, não se considerando tais pessoas como casadas pela lei brasileira.

Considera-se como *dies a quo* para a contagem de tal prazo, na forma do texto legal, a "volta de um ou de ambos os cônjuges ao Brasil".

O que se entende por "volta"?

Sobre o tema, observa PAULO LÔBO:

> "O art. 1.544 do Código Civil alude a 'volta' do cônjuge ao Brasil, mas deve ser entendido como de ingresso, no sentido amplo, pois o cônjuge estrangeiro, que nunca viveu no território brasileiro, se vier em primeiro lugar, não volta; esse artigo refere-se

---

reciprocidade em favor de brasileiros, serão atribuídos os direitos inerentes ao brasileiro, salvo os casos previstos nesta Constituição. § 2º A lei não poderá estabelecer distinção entre brasileiros natos e naturalizados, salvo nos casos previstos nesta Constituição. § 3º São privativos de brasileiro nato os cargos: I — de Presidente e Vice-presidente da República; II — de Presidente da Câmara dos Deputados; III — de Presidente do Senado Federal; IV — de Ministro do Supremo Tribunal Federal; V — da carreira diplomática; VI — de oficial das Forças Armadas; VII — de Ministro de Estado da Defesa: [*Incluído pela Emenda Constitucional n. 23, de 1999.*] § 4º Será declarada a perda da nacionalidade do brasileiro que: I — tiver cancelada sua naturalização, por sentença judicial, em virtude de atividade nociva ao interesse nacional; II — adquirir outra nacionalidade, salvo no casos: *a)* de reconhecimento de nacionalidade originária pela lei estrangeira; *b)* de imposição de naturalização, pela norma estrangeira, ao brasileiro residente em estado estrangeiro, como condição para permanência em seu território ou para o exercício de direitos civis.

33 Observa, porém, Paulo Lôbo, que o "funcionário da carreira da diplomacia só poderá casar com estrangeira mediante licença do ministro de Estado. Essa restrição ao direito de constituir família, de discutível recepção pela Constituição de 1988, está determinada pela Lei n. 1.542/52. Cabe ao chefe da missão diplomática atestar favoravelmente 'as qualidades morais da noiva' e, quando houver impossibilidade da indagação fidedigna, 'fará uma declaração nesse sentido e a licença será negada'" (LÔBO, Paulo Luiz Netto. *Direito Civil*: Famílias, 2. ed., São Paulo: Saraiva, 2009, p. 98).

34 Lei de Introdução às Normas do Direito Brasileiro (Decreto-lei n. 4.657, de 4 de setembro de 1942): "Art. 18. Tratando-se de brasileiros, são competentes as autoridades consulares brasileiras para lhes celebrar o casamento e os mais atos de Registro Civil e de tabelionato, inclusive o registro de nascimento e de óbito dos filhos de brasileiro ou brasileira nascido no país da sede do Consulado".

de modo amplo a cônjuge, seja ele brasileiro ou não. Outra hipótese em que não há volta ou retorno é a do nascido no estrangeiro, de pai brasileiro ou de mãe brasileira que estejam a serviço da República Federativa do Brasil, e que nunca tenha vivido no Brasil; ao tocar no solo brasileiro, pela primeira vez, haverá ingresso, e não volta"[35].

Indo além da discussão se a expressão "volta" seria mais adequada ou não, parece-nos que o sentido da norma é de prestigiar uma regra de soberania nacional, com a finalidade de disciplinar as relações jurídicas entre aqueles que pretendem residir em seu território.

Por isso, compreendemos a expressão volta como ingresso com *animus* de permanência.

Isso porque não nos parece razoável que alguém, que tenha casado fora do Brasil, ainda que perante a autoridade diplomática, mas tenha domicílio efetivo no estrangeiro, tenha que diligenciar esse registro, em tempo recorde, somente porque passou alguns dias, sem intenção de retornar a residir na sua pátria de origem.

Exemplifiquemos para melhor compreensão.

Imagine-se que Ricardo, brasileiro residente fora do País, se case com Sandra, brasileira também ali residente, perante autoridade diplomática. No estrangeiro, constituem família e mantêm relações jurídicas. Caso resolvam passar férias no Brasil por dez dias, teriam eles de providenciar o registro?

Parece-nos que não.

É do efetivo retorno ao Brasil que se conta o prazo decadencial mencionado.

E o que dizer de quem se casou, fora do País, perante autoridade estrangeira, segundo as regras próprias de cada país?

É o tema do próximo e derradeiro tópico deste capítulo.

## 3.5. Casamento celebrado fora do país, perante autoridade estrangeira

No que diz respeito à aplicação das regras de direito de família, notadamente o casamento, estabelece o art. 7º da vigente Lei de Introdução às Normas do Direito Brasileiro (Decreto-lei n. 4.657, de 4 de setembro de 1942):

> "Art. 7º A lei do país em que domiciliada a pessoa determina as regras sobre o começo e o fim da personalidade, o nome, a capacidade e os direitos de família.
>
> § 1º Realizando-se o casamento no Brasil, será aplicada a lei brasileira quanto aos impedimentos dirimentes e às formalidades da celebração.
>
> § 2º O casamento de estrangeiros poderá celebrar-se perante autoridades diplomáticas ou consulares do país de ambos os nubentes.
>
> § 3º Tendo os nubentes domicílio diverso, regerá os casos de invalidade do matrimônio a lei do primeiro domicílio conjugal.

35 LÔBO, Paulo Luiz Netto. *Direito Civil*: Famílias, 2. ed., São Paulo: Saraiva, 2009, p. 97.

§ 4º O regime de bens, legal ou convencional, obedece à lei do país em que tiverem os nubentes domicílio, e, se este for diverso, a do primeiro domicílio conjugal.

§ 5º O estrangeiro casado, que se naturalizar brasileiro, pode, mediante expressa anuência de seu cônjuge, requerer ao juiz, no ato de entrega do decreto de naturalização, se apostile ao mesmo a adoção do regime de comunhão parcial de bens, respeitados os direitos de terceiros e dada essa adoção ao competente registro.

§ 6º O divórcio realizado no estrangeiro, se um ou ambos os cônjuges forem brasileiros, só será reconhecido no Brasil depois de 1 (um) ano da data da sentença, salvo se houver sido antecedida de separação judicial por igual prazo, caso em que a homologação produzirá efeito imediato, obedecidas as condições estabelecidas para a eficácia das sentenças estrangeiras no país. O Superior Tribunal de Justiça, na forma de seu regimento interno, poderá reexaminar, a requerimento do interessado, decisões já proferidas em pedidos de homologação de sentenças estrangeiras de divórcio de brasileiros, a fim de que passem a produzir todos os efeitos legais.

§ 7º Salvo o caso de abandono, o domicílio do chefe da família estende-se ao outro cônjuge e aos filhos não emancipados, e o do tutor ou curador aos incapazes sob sua guarda.

§ 8º Quando a pessoa não tiver domicílio, considerar-se-á domiciliada no lugar de sua residência ou naquele em que se encontre".

Assim, é o local do domicílio do casal que determinará as regras de existência e validade do casamento.

Deve a lei estrangeira, portanto, nesse caso, reger o casamento em todos os seus três planos (existência, validade e eficácia), até mesmo no regime de bens adotado.

Por isso, em países que reconhecem validade jurídica ao casamento polígamo, respeita-se a normatização estrangeira, com a consagração da figura do "estatuto pessoal", situação jurídica em que a norma de um Estado acompanha seu nacional para regular seus interesses em outro país[36].

Assim, não haveria qualquer ilicitude, civil ou criminal, por parte do cônjuge de um matrimônio estrangeiro polígamo, já que a extraterritorialidade da lei é limitada, pois atos, sentenças e leis de países alienígenas não serão aceitos no Brasil, quando ofenderem a soberania nacional, a ordem pública e os bons costumes, na forma do art. 17 da Lei de Introdução às Normas do Direito Brasileiro (Decreto-lei n. 4.657, de 4 de setembro de 1942)[37].

---

[36] Sobre o tema, confira-se o Capítulo III ("Lei de Introdução às Normas do Direito Brasileiro") do v. 1 ("Parte Geral") de nosso *Novo Curso de Direito Civil.*

[37] Lei de Introdução às Normas do Direito Brasileiro (Decreto-lei n. 4.657, de 4 de setembro de 1942): "Art. 17. As leis, atos e sentenças de outro país, bem como quaisquer declarações de vontade, não terão eficácia no Brasil, quando ofenderem a soberania nacional, a ordem pública e os bons costumes". Claro está, todavia, que o alcance dessa norma depende dos valores consagrados e vigentes na sociedade, em cada época. Não são critérios, pois, imutáveis, considerando-se a natureza eminentemente aberta da norma sob análise.

Isso se aplica tanto ao casamento do cidadão estrangeiro quanto do brasileiro que contrai núpcias fora do País, independentemente de ser ali domiciliado ou não, seja casando-se com outro brasileiro, seja com um estrangeiro.

Tratando-se de brasileiro, porém, entendemos que também se deve realizar o necessário registro, nos termos do art. 32 da Lei de Registros Públicos:

> "Art. 32. Os assentos de nascimento, óbito e de casamento de brasileiros em país estrangeiro serão considerados autênticos, nos termos da lei do lugar em que forem feitos, legalizadas as certidões pelos cônsules ou quando por estes tomados, nos termos do regulamento consular.
>
> § 1º Os assentos de que trata este artigo serão, porém, transladados nos cartórios de 1º Ofício do domicílio do registrado ou no 1º Ofício do Distrito Federal, em falta de domicílio conhecido, quando tiverem de produzir efeito no País, ou, antes, por meio de segunda via que os cônsules serão obrigados a remeter por intermédio do Ministério das Relações Exteriores;
>
> (....)"

Por fim, refletindo sobre o tema, registra PAULO LÔBO:

> "Na hipótese de casamento de brasileiros ou de brasileiro(a) com estrangeira(o) celebrado perante autoridade estrangeira, o termo respectivo deverá ser autenticado em Consulado brasileiro e, posteriormente, traduzido por tradutor juramentado ou tradutor *ad hoc* designado pelo juiz, para que possa ser registrado no Brasil. O registro poderá ser negado se o documento contiver obrigações e direitos incompatíveis com os princípios enunciados na Declaração Universal dos Direitos do Homem (Resolução n. 843/54, da ONU), da qual o Brasil é signatário, e na Constituição brasileira"[38].

Em conclusão, pensamos que o ministro religioso, em outro país, equipara-se à autoridade estrangeira se a respectiva legislação estrangeira reconhecer validade civil a uma determinada cerimônia religiosa.

Assim, celebrado casamento religioso em Estado estrangeiro, para que possa produzir os efeitos civis correspondentes no território brasileiro, deve o(a) brasileiro(a) proceder às mesmas providências, aqui mencionadas, como se se tratasse de um matrimônio civil realizado no estrangeiro.

[38] LÔBO, Paulo Luiz Netto. *Direito Civil*: Famílias, 2. ed., São Paulo: Saraiva, 2009, p. 98.

# LXVII CAPACIDADE, HABILITAÇÃO E CELEBRAÇÃO MATRIMONIAL

## 1. CAPACIDADE PARA O CASAMENTO

Determinados conceitos e noções marcadamente propedêuticos em Direito Civil, oriundos de sua Teoria Geral, apresentam notas distintivas no Direito de Família.

É o que se dá com a capacidade.

Como sabemos, a maioridade civil é atingida aos 18 anos de idade completos, marco etário em que, concorrendo a saúde mental, a pessoa está habilitada para a prática de todos os atos da vida civil, conjugando a capacidade de direito e de fato (capacidade plena).

No âmbito matrimonial, a capacidade núbil (ou para casar) é atingida, seja homem ou mulher, aos 16 anos completos, consoante dispõe o art. 1.517 do Código Civil:

> "Art. 1.517. O homem e a mulher com dezesseis anos podem casar, exigindo-se autorização de ambos os pais, ou de seus representantes legais, enquanto não atingida a maioridade civil[1].
>
> Parágrafo único. Se houver divergência entre os pais, aplica-se o disposto no parágrafo único do art. 1.631".

Nota-se a incidência do princípio constitucional da isonomia[2], tendo em vista a equiparação dos limites etários.

---

[1] No Código Civil alemão, quanto à capacidade núbil, um casamento não deve ser realizado antes da maioridade ("§ 1303 — Ehemündigkeit — (1) Eine Ehe soll nicht vor Eintritt der Volljährigkeit eingegangen werden"). No entanto, a própria Justiça (Tribunal de Família) poderá autorizar o matrimônio se o requerente tiver 16 anos completos e o seu futuro cônjuge for maior ("(2) Das Familiengericht kann auf Antrag von dieser Vorschrift Befreiung erteilen, wenn der Antragsteller das 16. Lebensjahr vollendet hat und sein künftiger Ehegatte volljährig ist"). (Tradução livre de Pablo Stolze Gagliano.)

[2] O Código de 1916, em seu art. 183, XII, considerava que a mulher, talvez por amadurecer mais precocemente, estaria preparada para casar mais cedo, aos 16 anos, diferentemente do homem, que só alcançaria a idade núbil aos 18. A idade núbil diferenciada pode, porém, ser explicada pelo prestígio maior (e, consequentemente, proteção mais efetiva) que se dava ao homem (e seu patrimônio), em uma sociedade visivelmente machista e patrimonialista, em que a mulher, muitas vezes, sequer adquiria capacidade plena em toda sua vida.

Observe-se, ainda, na forma do art. 6º, I, do Estatuto da Pessoa com Deficiência (Lei n. 13.146, de 6 de julho de 2015), que "a deficiência não afeta a plena capacidade civil da pessoa, inclusive para: I — casar-se e constituir união estável".

## 1.1. Autorização para o casamento do menor de 18 anos

Quando ainda estão na faixa da incapacidade relativa (entre 16 anos completos e 18 anos incompletos), os nubentes necessitam da autorização dos seus representantes legais ou, se for o caso, do próprio Juiz de Direito para casar.

A autorização parental é conjunta, ou seja, dada pelos pais, ou por um deles na falta do outro (se um dos genitores é falecido, por exemplo).

Já a autorização judicial poderá ser necessária, se houver divergência entre os pais, a teor do já transcrito parágrafo único do art. 1.517.

Caso um deles ou ambos deneguem a autorização, nada impede, a teor do art. 1.519 do CC/2002[3], o recurso à via judicial, para o suprimento do consentimento, havendo justificativa razoável, podendo o procedimento ser instaurado, em nosso sentir, pelo próprio Ministério Público, a pedido dos nubentes incapazes (que não teriam capacidade processual para iniciar, sozinhos, a postulação).

Importante aspecto a ser considerado ainda é que, a teor do art. 1.518 do CC/2002[4], até a celebração do casamento, podem os pais, tutores ou curadores revogar a autorização dada. Cuida-se, pois, de um direito potestativo, cujo exercício encontra o seu termo final no momento da formalização do ato.

Vale também registrar que, na forma do art. 1.537 do CC/2002, o "instrumento da autorização para casar transcrever-se-á integralmente na escritura antenupcial", preceito legal que mantém a diretriz do sistema anterior.

A partir dos 18 anos, finalmente, por haver sido atingida a maioridade, não se exige mais, por óbvio, autorização alguma.

## 1.2. Antecipação da idade núbil

O Código Civil, em sua redação original, permitia a antecipação da capacidade núbil, em caráter excepcional, em duas situações, a teor do seu art. 1.520:

> "Art. 1.520. Excepcionalmente, será permitido o casamento de quem ainda não alcançou a idade núbil (art. 1.517), para evitar *imposição ou cumprimento de pena criminal* ou em caso de *gravidez*" (grifamos).

Diante das reformas ocorridas no sistema penal[5], nos últimos anos, houve nítido endurecimento do tratamento de quem mantém relação sexual com menor de idade. E, com isso, o presente dispositivo esvaziou-se, perdendo eficácia social.

---

[3] "Art. 1.519. A denegação do consentimento, quando injusta, pode ser suprida pelo juiz."

[4] "Art. 1.518. Até a celebração do casamento podem os pais ou tutores revogar a autorização."

[5] Os incisos VII e VIII do art. 107 do Código Penal, que previam a extinção da punibilidade pelo casamento, foram revogados pela Lei n. 11.106, de 2005, bem como foi revogada, pela Lei n. 12.015, de

Finalmente, a Lei n. 13.811, de 2019, alteraria o conteúdo da norma para, expressamente, proibir o casamento do menor de 16 anos (casamento infantil):

> "Art. 1.520. Não será permitido, em qualquer caso, o casamento de quem não atingiu a idade núbil, observado o disposto no art. 1.517 deste Código".

Uma pergunta, neste ponto, se impõe: e a união estável seria admitida?

Para uma resposta segura, não se pode desconsiderar a gravidade do tratamento penal em vigor, no Brasil, como dito linhas acima.

Nesse contexto, admitir-se uma proibição apenas voltada ao casamento, com a livre admissibilidade da união estável da qual participe, por exemplo, uma adolescente de 13 anos, não teria sentido, segundo uma interpretação sistemática.

A relação travada, no caso, enquadrar-se-ia na categoria do concubinato (art. 1.727), fora da incidência das normas familiaristas.

Sucede que o Direito não é uma ciência exata, de maneira que, em tese, levando-se em conta que a união estável – diferentemente do casamento – é informal, ou seja, é um fato da vida, uma suposta situação de companheirismo, já consolidada, havendo consentimento e maturidade, poderia, em tese, resultar na ausência de justa causa para a ação penal, admitindo-se, talvez, a incidência das regras do Direito de Família[6].

## 2. HABILITAÇÃO PARA O CASAMENTO

A habilitação para o casamento consiste em um procedimento administrativo, disciplinado pelo Código Civil e pela Lei de Registros Públicos, por meio do qual o Oficial do Registro Civil afere a concorrência dos pressupostos de existência e validade do ato matrimonial, expedindo, ao fim, a habilitação necessária à concretização do enlace.

Vale destacar, a propósito, que a Resolução n. 175/2013 do CNJ veda às autoridades competentes a recusa de habilitação, celebração de casamento civil ou de conversão de união estável em casamento entre pessoas de mesmo sexo[7].

Lembremo-nos, neste ponto, de que a habilitação para o casamento, o registro e a primeira certidão serão isentos de selos, emolumentos e custas para as pessoas cuja po-

---

2009, a previsão legal de violência presumida, estabelecendo-se um novo tipo penal, qual seja, o estupro de vulnerável, previsto no art. 217-A do vigente Código Penal.

6 "Todavia, a ideia de *condenar* a constituição da família parece ter voltado com a emergência da Lei n. 13.811/2019, na alteração relativa ao art. 1.520 do Código Civil. Seria correto estender tal raciocínio à união estável? Entendo que existem motivos consideráveis para se afirmar que não, dando-se ao sistema jurídico certa margem de liberdade para o exercício da autonomia privada quanto à escolha de uma ou outra entidade familiar" (TARTUCE, Flávio. *A Lei 13.811/2019 e a União Estável do Menor de 16 Anos*. Disponível em: <https://www.migalhas.com.br/FamiliaeSucessoes/104,MI300873,91041-A+lei+138112019+e+a+uniao+estavel+do+menor+de+16+anos>. Acesso em: 16 jun. 2019).

7 Disponível em: <http://www.cnj.jus.br/atos-normativos?documento=1754>. Acesso em: 22 jun. 2017.

breza for declarada, sob as penas da lei, nos termos do parágrafo único do art. 1.512 do CC/2002[8], norma sem equivalente no Código Civil brasileiro anterior.

Trata-se de importante regra legal que, democratizando o acesso ao casamento, permite que pessoas de baixa renda possam se unir, sem o pagamento de taxas.

### 2.1. Requerimento da habilitação

O requerimento de habilitação para o casamento será firmado por ambos os nubentes (art. 1.525 do CC/2002), de próprio punho, ou, a pedido, por procurador, e deve ser instruído com os seguintes documentos:

a) certidão de nascimento ou documento equivalente;
b) autorização por escrito das pessoas sob cuja dependência legal estiverem, ou ato judicial que a supra;
c) declaração de duas testemunhas maiores, parentes ou não, que atestem conhecê-los e afirmem não existir impedimento que os iniba de casar;
d) declaração do estado civil, do domicílio e da residência atual dos contraentes e de seus pais, se forem conhecidos;
e) certidão de óbito do cônjuge falecido, de sentença declaratória de nulidade ou de anulação de casamento, transitada em julgado, ou do registro da sentença de divórcio.

O pedido deverá ser dirigido ao oficial da comarca de residência de um dos nubentes, nos termos do art. 67, *caput*, da Lei de Registros Públicos:

> "Art. 67. Na habilitação para o casamento, os interessados, apresentando os documentos exigidos pela lei civil, requererão ao oficial do registro do distrito de residência de um dos nubentes, que lhes expeça certidão de que se acham habilitados para se casarem".

Registre-se que não há mais necessidade de homologação da habilitação pelo juiz, processando-se direta e pessoalmente perante o oficial do Registro Civil, na forma da nova redação do art. 1.526 do CC/2002, dada pela Lei n. 12.133, de 17 de dezembro de 2009[9].

É importante que o pedido seja feito no local de residência ou domicílio de um ou ambos os nubentes, pois deve ser dada a máxima publicidade ao ato, especialmente perante a sociedade a que os noivos pertencem.

---

[8] "Art. 1.512. O casamento é civil e gratuita a sua celebração. Parágrafo único. A habilitação para o casamento, o registro e a primeira certidão serão isentos de selos, emolumentos e custas, para as pessoas cuja pobreza for declarada, sob as penas da lei."

[9] "Art. 1.526. A habilitação será feita pessoalmente perante o oficial do Registro Civil, com a audiência do Ministério Público. Parágrafo único. Caso haja impugnação do oficial, do Ministério Público ou de terceiro, a habilitação será submetida ao juiz."

Aliás, com isso, dá-se mais oportunidade de haver a oposição de impedimentos, por qualquer pessoa ou, a depender do seu fundamento, pelo legítimo interessado.

Tramitando o procedimento, outrossim, em local diverso da residência ou domicílio de ambos os nubentes, não havendo impedimento oposto ou prejuízo aferido, opera-se, em nosso sentir, o convalescimento do defeito, mormente pelo fato de não se tratar de vício grave de competência, mas sim de mera irregularidade administrativa.

Preparada a habilitação, os autos são remetidos ao Ministério Público, nos termos da referida Lei n. 12.133, de 2009[10], retornando depois ao Oficial de Registro.

## 2.2. Edital de proclamas

Estando em ordem a documentação, o oficial extrairá o edital de proclamas, que se afixará durante quinze dias nas circunscrições do Registro Civil de ambos os nubentes (se residirem, como vimos acima, em locais diversos) e, obrigatoriamente, se publicará na imprensa local, se houver (art. 1.527 do CC/2002).

Conceitualmente, o edital de proclamas é o ato administrativo expedido pelo Oficial do Cartório de Registro Civil em que tramita a habilitação, por meio do qual os nubentes são qualificados, e é anunciado o casamento para a sociedade.

Ausente a imprensa local, faz-se a afixação no átrio (mural) do próprio Fórum.

A autoridade competente, dispõe o parágrafo único do art. 1.527 do CC/2002, havendo urgência, poderá dispensar a publicação, a exemplo da hipótese em que um dos nubentes, por conta de grave enfermidade, apresenta iminente risco de morte.

Lembremos ainda que, caso figure incapaz no procedimento, deverá ser juntado o termo de autorização de seus pais ou representantes legais ou, se for o caso, a certidão de trânsito em julgado da sentença de suprimento ou autorização judicial.

## 2.3. Oposição à habilitação

É importante mencionar que o momento adequado — e menos traumático — para a apresentação dos impedimentos ao casamento ou das causas suspensivas de sua eficácia é justamente o da habilitação matrimonial, embora não haja preclusão até o momento da celebração, na forma do art. 1.522 do CC/2002[11].

---

[10] Antes da vigência desse diploma, em alguns Estados brasileiros, as Procuradorias Gerais de Justiça baixaram atos restringindo a atuação do Ministério Público para quando houvesse a participação de incapazes na habilitação, como, por exemplo, no casamento de menores. Sucede que a nova redação do art. 1.526 do Código Civil torna expressamente necessária a audiência do Ministério Público para o fim de opor eventual impugnação. Talvez valha a pena, de fato, repensar-se a norma legal, na hipótese de não haver participação de incapaz.

[11] "Art. 1.522. Os impedimentos podem ser opostos, até o momento da celebração do casamento, por qualquer pessoa capaz. Parágrafo único. Se o juiz, ou o oficial de registro, tiver conhecimento da existência de algum impedimento, será obrigado a declará-lo."

Considerando-se a seriedade das consequências do seu eventual acolhimento, exige-se forma escrita para sua apresentação, como se verifica do art. 1.529 do CC/2002:

> "Art. 1.529. Tanto os impedimentos quanto as causas suspensivas serão opostos em declaração escrita e assinada, instruída com as provas do fato alegado, ou com a indicação do lugar onde possam ser obtidas".

Por óbvio, é garantido aos nubentes o devido processo legal, com a formação do contraditório e da ampla produção de prova, para uma adequada resolução do conflito instaurado, tudo na forma do art. 1.530 do CC/2002[12].

Registre-se, inclusive, que a vigente norma não estabelece especificamente qual seria o prazo para a comprovação da falta de veracidade dos fatos alegados, remetendo a um juízo de razoabilidade.

Tal conceito aberto é extremamente pertinente, uma vez que, havendo o *animus* de casar, são os próprios nubentes os mais interessados na demonstração de sua idoneidade para a celebração do matrimônio, não havendo qualquer prejuízo no reconhecimento de um prazo flexível, já que a cerimônia somente poderá ser realizada se houver a prévia habilitação.

## 2.4. Certificação da habilitação

Atendidas todas as formalidades legais, e não verificado nenhum fato obstativo (art. 1.531 do CC/2002), o Oficial de Registro extrairá a Certidão de Habilitação, com prazo de noventa dias (art. 1.532 do CC/2002).

Interessante previsão consta no art. 1.528 do Código Civil de 2002, sem correspondente na codificação anterior, no sentido de que o Oficial do Registro deverá, por dever funcional, esclarecer aos nubentes a respeito dos fatos que possam ocasionar a invalidade do casamento, bem como sobre os diversos regimes de bens.

Com isso, tentam-se evitar futuras alegações de nulidade absoluta ou relativa do casamento e, bem assim, implementa-se uma recomendável política legislativa de esclarecimento patrimonial, permitindo que os nubentes possam optar pelo regime que melhor atenda as suas necessidades.

A título de exemplo, o Oficial deverá esclarecer acerca dos impedimentos legais calcados no parentesco ou na idade mínima para o ato matrimonial, bem como explanar, em breves e precisas linhas, quais são os regimes de bens existentes, as suas vantagens, desvantagens e, sobretudo, as hipóteses de separação legal obrigatória.

Caso o oficial não cumpra esse mandamento legal, pensamos não haver causa razoável para a invalidação do matrimônio, podendo, todavia, a depender das circunstâncias, resultar em advertência ou outra medida administrativa compatível.

---

[12] "Art. 1.530. O oficial do registro dará aos nubentes ou a seus representantes nota da oposição, indicando os fundamentos, as provas e o nome de quem a ofereceu. Parágrafo único. Podem os nubentes requerer prazo razoável para fazer prova contrária aos fatos alegados, e promover as ações civis e criminais contra o oponente de má-fé."

## 3. CELEBRAÇÃO DO CASAMENTO

Historicamente, na medida em que a disciplina social passou a exigir um rito para a formação da família, as cerimônias tornaram-se mais complexas, de acordo com os costumes, a religião e o Direito.

Nesse sentido, observa CLÓVIS BEVILÁQUA:

> "A ficção da captura, quando ela já não mais uma realidade, é, sem dúvida, o mais antigo cerimonial dos casamentos. Os chineses, os romanos, os gregos e vários outros povos usaram-na, como é geralmente sabido. Depois vão aparecendo outras ideias mais complexas, simbolismos religiosos de purificação, indicações de natureza e fins de casamento. Entre essas cerimônias, é notável, por sua generalização, o banquete em comum, ou um simples bolo que os esposos têm de comer conjuntamente. Não foram somente os romanos e os helenos que usaram dele na celebração do casamento; muitos outros povos procediam do mesmo modo, como sejam os macedônios entre os antigos, e os iroqueses, em tempos recentes. Na Índia, a noiva prepara uma bebida especial para o seu casamento. Na ocasião da solenidade nupcial, senta-se ao colo do noivo, empunha uma taça, em que derramou porção do licor preparado por ela, bebe a metade e entrega o restante ao noivo, que, avidamente, o sorve até a última gota. É simples, mas é expressivo"[13].

Na sociedade contemporânea, ao menos no plano da família casamentária, o ritualismo ainda se faz presente.

Com efeito, reveste-se de enorme importância a solenidade de realização do matrimônio.

O tão esperado dia, em que os noivos juram promessa de amor eterno, reunindo, em um só pensamento de solidariedade e respeito, amigos, conhecidos e, principalmente, familiares.

Ocorre que, dada a grande importância de que se reveste o ato, a celebração do casamento deve ser realizada em estrita observância das normas legais, sob pena, a depender da situação concreta, de inafastável nulidade.

Primeiramente, lembremo-nos de que o ato deverá ser presidido pelo juiz de direito, pelo juiz de paz ou, no matrimônio religioso com efeitos civis, pela autoridade religiosa[14].

---

[13] BEVILÁQUA, Clóvis. *Direito de Família*, 9. ed., p. 45-6.

[14] "O Conselho Nacional de Justiça (CNJ) aprovou Recomendação aos Tribunais de Justiça dos Estados para que promovam a regulamentação da função de juiz de paz, que deve ser escolhido por eleições diretas. Os tribunais têm prazo de um ano para encaminhar projeto de lei às Assembleias Legislativas que trate das eleições e da remuneração do cargo. O artigo 98 da Constituição Federal estabelece que o juiz de paz, que celebra casamentos nos cartórios, deve ser 'eleito por voto direto, universal e secreto com mandato de quatro anos'. A decisão de editar uma Recomendação do CNJ teve origem na aprovação, nesta terça-feira (24/6) em sessão plenária do Conselho do Pedido de Providências 200810000000110, no qual foram solicitadas eleições para a função no Tribunal de Justiça do

Faltando competência legal para o ato, deverá ser considerado inexistente.

O casamento será celebrado no dia, hora e lugar previamente designados pela autoridade que houver de presidir o ato, mediante petição dos contraentes, que se mostrem habilitados com a certidão de habilitação, expedida pelo Cartório de Registro Civil responsável pela publicação dos proclamas (art. 1.533 do CC/2002).

Importante previsão, nessa linha, consta no art. 1.534 do Código Civil de 2002, firmando a necessária publicidade de que deve, necessariamente, se revestir o ato, exigindo-se a presença de testemunhas e a observância das "portas abertas":

> "Art. 1.534. A solenidade realizar-se-á na sede do cartório, com toda publicidade, a portas abertas, presentes pelo menos duas testemunhas, parentes ou não dos contraentes, ou, querendo as partes e consentindo a autoridade celebrante, noutro edifício público ou particular.
>
> § 1º Quando o casamento for em edifício particular, ficará este de portas abertas durante o ato.
>
> § 2º Serão quatro as testemunhas na hipótese do parágrafo anterior e se algum dos contraentes não souber ou não puder escrever".

Deverão comparecer ao ato duas testemunhas, pelo menos, no caso de ambos os nubentes serem alfabetizados e estarem aptos a escrever, aumentando-se este número

---

Mato Grosso do Sul, onde as nomeações são feitas pelo próprio tribunal. Sem regulamentação — Após levantamento nos Tribunais de Justiça de todo o país, Andréa Pachá constatou que a maioria não regulamentou a matéria e mantém a indicação e nomeação dos juízes de paz em cada tribunal. Ela disse ainda que não existem regras comuns em todos os Estados e também não existe uniformidade quanto à remuneração. Em seu voto, a conselheira relaciona a situação por Estado, segundo informações dos tribunais. A proposta de lei estadual deverá incluir as normas para a atuação dos juízes de paz como conciliadores e nas varas de família. A conselheira Andréa Pachá, relatora do Pedido de Providências, lembrou que a atividade conciliatória também está prevista na Constituição como atribuição da Justiça de Paz. Ela ressaltou a importância da conciliação na atualidade para o Judiciário brasileiro 'principalmente diante da morosidade da justiça, do número grandioso de causas à espera de julgamento e do número insuficiente de magistrados para a análise dessas causas'. Segundo a conselheira, a regulamentação da Justiça de Paz possibilitará aos tribunais a melhoria dos projetos de conciliação. Histórico — Pesquisa feita por Andréa Pachá revelou que a Justiça de Paz é originária da Inglaterra no século XII. De acordo com o voto da conselheira, a Justiça de Paz é uma das instituições mais antigas do Judiciário brasileiro e foi instituída formalmente 324 anos após o descobrimento do Brasil. Já era prevista na Constituição do Império, em 1824, quando foi implantada por Dom Pedro I. Em 1827, foi regulamentada por lei, que concedia aos juízes de paz amplos poderes, inclusive jurisdicionais, e estabelecia eleição em cada freguesia. Em 1890, o casamento passou a ser celebrado por uma autoridade leiga e, na Constituição de 1891, não houve previsão de Justiça de Paz. Na Constituição de 1946, a Justiça de Paz passou a ser eletiva e temporária, fixando-se a competência para habilitar e celebrar casamentos. A Lei Complementar 35/79, Lei Orgânica da Magistratura, ainda em vigor, previu a Justiça de Paz temporária, criada por lei estadual e com competência para celebrar casamentos. Finalmente, veio a Constituição de 1988 em que surge a Justiça de Paz remunerada" (SR/MG. Disponível em: <http://cnj.jus.br/noticias/65360-cnj-recomenda-elei-direta-para-juiz-de-paz-em-todo-o-pa>. Acesso em: 23 jun. 2017).

mínimo para quatro, se forem analfabetos ou estiverem impossibilitados de firmar o termo de casamento (imagine-se, por exemplo, a hipótese do noivo, destro, estar com o braço direito engessado, quedando-se, pois, impedido de assinar o termo de celebração do ato matrimonial).

Nada impede, outrossim, que haja um número maior de testemunhas (padrinhos de casamento), desde que seja respeitado o mínimo legal previsto.

E outra importante formalidade também fora prevista: a obrigatoriedade de o salão de casamento, ou outro local onde esteja sendo celebrado o ato, estar de portas abertas. Isso porque a publicidade do matrimônio é característica irremovível, facultando-se, inclusive, que um terceiro possa, no momento da celebração, opor um impedimento matrimonial:

> "Art. 1.522. Os impedimentos podem ser opostos, até o momento da celebração do casamento, por qualquer pessoa capaz.
>
> Parágrafo único. Se o juiz, ou o oficial de registro, tiver conhecimento da existência de algum impedimento, será obrigado a declará-lo".

Claro está, todavia, que, se antes da concretização do ato, um dos presentes à solenidade apresenta oposição, alegando, por exemplo, que um dos noivos é casado, terá de comprovar devidamente a grave alegação feita, sob pena de responsabilização civil e até mesmo criminal por calúnia, eis que estaria perpetrando uma imputação falsa de fato criminoso (no caso, o crime de bigamia, previsto no art. 235 do Código Penal brasileiro).

E, ainda ressaltando a importância de as portas estarem abertas, vale observar que, por vezes, deparamo-nos, na televisão ou nos jornais, com os casamentos de famosos, ocorridos em ilhas, clubes ou praias privativas. Mesmo nessas situações, no instante da formalização matrimonial, a equipe de segurança não pode impedir completamente o acesso do cidadão comum, porquanto, posto a festa seja particular, o ato matrimonial é público. Por isso, aliás, é que as igrejas sempre mantêm as suas portas abertas durante o ato matrimonial.

Claro que, nesse aspecto (como em qualquer outro), não é nossa intenção fugir da realidade. Por isso, observamos que a norma tem sido constantemente violada, na prática, sob a alegação de segurança, restringindo-se o acesso, o que é de legalidade duvidosa.

Isso porque ninguém deve estar acima da lei.

A inobservância de qualquer dessas formalidades pode, em nosso sentir, gerar a nulidade absoluta do casamento (ato de natureza negocial) — desde que, claro, verificado prejuízo — a teor do art. 166, V, CC/2002:

> "Art. 166. É nulo o negócio jurídico quando:
>
> (...)
>
> V — for preterida alguma solenidade que a lei considere essencial para a sua validade".

Presentes os contraentes, consoante o art. 1.535 do CC/2002, em pessoa ou por procurador especial (no caso do matrimônio por procuração), juntamente com as testemunhas, o presidente do ato, ouvida dos nubentes a afirmação de que pretendem casar por livre e espontânea vontade, declarará efetuado o casamento, nestes termos: "De acordo com a vontade que ambos acabais de afirmar perante mim, de vos receberdes por marido e mulher, eu, em nome da lei, vos declaro casados".

Sobre essa formalidade sacramental, pondera CAMILO COLANI:

> "Questiona-se o porquê de tal minúcia do legislador; contudo, queremos crer tratar-se de uma oportunidade de dimensionar o ato, valorando-o para o casal e pessoas presentes, além de consistir em uma fórmula de uniformizar o ato"[15].

E, após essas palavras oficiais, a autoridade deve ouvir, em alto e bom som, a manifestação positiva dos nubentes.

Aliás, é bom frisar que a concretização do ato matrimonial decorre do consentimento dos noivos, quando manifestam a vontade de se receberem reciprocamente, e não da chancela oficial do presidente de ato, de natureza simplesmente declaratória.

Expliquemos.

Ao consentirem, recebendo-se um ao outro como marido e mulher, os nubentes passam à condição de cônjuges, de maneira que a fórmula oficial dita pela autoridade celebrante, "declarando-os casados, na forma da lei", não tem uma finalidade integrativa ou constitutiva do ato, mas, tão somente, declaratória da união conjugal, firmada exclusivamente pela vontade manifestada dos noivos, na forma do art. 1.514 do Código Civil[16].

Em outras palavras, o casamento decorre da declaração recíproca de afeto entre os noivos, traduzida no livre e espontâneo "sim" que é dito, e não das palavras da autoridade, simplesmente confirmatórias das vontades manifestadas. Obviamente, não é a ouvida da palavra "sim" que garante a celebração do casamento, mas, em verdade, a manifestação livre da vontade, pois, em havendo deficiência na fala, o que se busca preservar é o consentimento exteriorizado pelo nubente. Por conseguinte, ao assinarem eles o termo de casamento, deve, o cônjuge que acresceu ao seu o nome do outro, firmar o patronímico de casado.

Nesse diapasão, precisamos ainda ressaltar que expressões como "não sei', "não tenho certeza", "estou em dúvida", ou, mais grave ainda, um inesperado "não", impõem à autoridade celebrante a imediata suspensão da solenidade, que não poderá ser reiniciada naquele dia, lavrando-se, de tudo, um detalhado termo.

Nesse sentido, dispõe o art. 1.538 do vigente Código Civil:

> "Art. 1.538. A celebração do casamento será imediatamente suspensa se algum dos contraentes:
>
> I — recusar a solene afirmação da sua vontade;

[15] BARBOSA, Camilo de Lelis Colani. *Direito de Família* — Manual de Direitos do Casamento, São Paulo: Suprema Cultura, 2003, p. 38.

[16] "Art. 1.514. O casamento se realiza no momento em que o homem e a mulher manifestam, perante o juiz, a sua vontade de estabelecer vínculo conjugal, e o juiz os declara casados."

> II — declarar que esta não é livre e espontânea;
>
> III — manifestar-se arrependido.
>
> Parágrafo único. O nubente que, por algum dos fatos mencionados neste artigo, der causa à suspensão do ato, não será admitido a retratar-se no mesmo dia".

Na mesma linha, um doloroso e gélido silêncio também determinará a frustração da solenidade.

Uma vez que o matrimônio exige declaração expressa de vontade, o silêncio não traduz aquiescência, impondo a suspensão do ato e, se for o caso, a sua ulterior repetição.

Aliás, também em outros sistemas no mundo, a ausência da manifestação positiva inequívoca também resulta na suspensão do ato[17].

Realizado o casamento, dispõe o art. 1.536 do CC/2002, lavrar-se-á o assento no livro de registro. No assento, assinado pelo presidente do ato, pelos cônjuges, testemunhas e Oficial do Registro, serão exarados:

> "I — os prenomes, sobrenomes, datas de nascimento, profissão, domicílio e residência atual dos cônjuges;
>
> II — os prenomes, sobrenomes, datas de nascimento ou de morte, domicílio e residência atual dos pais;
>
> III — o prenome e sobrenome do cônjuge precedente e a data da dissolução do casamento anterior;
>
> IV — a data da publicação dos proclamas e da celebração do casamento;
>
> V — a relação dos documentos apresentados ao oficial do registro;
>
> VI — o prenome, sobrenome, profissão, domicílio e residência atual das testemunhas;
>
> VII — o regime do casamento, com a declaração da data e do cartório em cujas notas foi lavrada a escritura antenupcial, quando o regime não for o da comunhão parcial, ou o obrigatoriamente estabelecido".

Esse artigo do Código Civil de 2002 aperfeiçoou o nosso sistema, se o compararmos com o correspondente (e derrogado) art. 70 da Lei de Registros Públicos (Lei n. 6.015, de 1973)[18], especialmente no que tange à antiga previsão no sentido de se consignar no termo "o nome, que passa a ter a mulher, em virtude do casamento".

---

[17] Nesse sentido, confira-se a seguinte notícia, proveniente da Áustria: "Noiva diz 'não' de brincadeira e suspende casamento. Nem sempre piadas de casamento são engraçadas. Uma noiva austríaca resolveu dizer 'não' em vez de 'sim' ao ser perguntada se aceitava seu futuro marido. A brincadeira não agradou ao juiz de paz, que imediatamente interrompeu a cerimônia. Nem apelos da noiva conseguiram reverter a decisão e o casal teve que esperar dois meses e meio para poder voltar ao altar e formalizar a união, segundo o jornal austríaco *Oberoesterreichischen Nachrichten*. Autoridades do escritório de Steyr, onde ocorreu a confusão, se recusaram a comentar o incidente, mas disseram que o fato é incomum". Disponível em: <http://noticias.terra.com.br/popular/interna/0,,OI1332528-EI1141,00.html> (notícia de 5 de janeiro de 2007). Acesso em: 23 jun. 2017.

[18] "Art. 70. Do matrimônio, logo depois de celebrado, será lavrado assento, assinado pelo presidente do ato, os cônjuges, as testemunhas e o oficial, sendo exarados:

Não é que tal situação afigure-se impossível de ocorrer. Pelo contrário. É muito comum, quando da convolação das núpcias, que a mulher passe a adotar o nome do marido.

Todavia, em respeito ao princípio constitucional da igualdade, o inverso também poderá suceder: o marido acrescer ao seu o patronímico da sua esposa, consoante disposto no Código Civil de 2002, sem equivalente na codificação anterior:

> "Art. 1.565. Pelo casamento, homem e mulher assumem mutuamente a condição de consortes, companheiros e responsáveis pelos encargos da família.
>
> § 1º Qualquer dos nubentes, querendo, poderá acrescer ao seu o sobrenome do outro.
>
> (...)"

Em uma sociedade que se propõe a ser mais justa e igualitária, não há mais espaço para discriminações odiosas, calcadas em um machismo jurássico e anacrônico, violador do princípio maior da dignidade da pessoa humana.

Finalmente, é bom frisar que o registro do casamento religioso com efeitos civis opera-se de forma muito semelhante ao casamento civil, diferenciando-se, especialmente, pela circunstância de que a autoridade celebrante, responsável por colher a manifestação de assentimento recíproca e posterior encaminhamento do instrumento formal para o Cartório respectivo, não é o juiz de direito ou de paz, mas sim o ministro ou representante da religião seguida ou escolhida pelos nubentes[19].

---

1º) os nomes, prenomes, nacionalidade, naturalidade, data de nascimento, profissão, domicílio e residência atual dos cônjuges; 2º) os nomes, prenomes, nacionalidade, data de nascimento ou de morte, domicílio e residência atual dos pais; 3º) os nomes e prenomes do cônjuge precedente e a data da dissolução do casamento anterior, quando for o caso; 4º) a data da publicação dos proclamas e da celebração do casamento; 5º) a relação dos documentos apresentados ao oficial do registro; 6º) os nomes, prenomes, nacionalidade, profissão, domicílio e residência atual das testemunhas; 7º) o regime de casamento, com declaração da data e do cartório em cujas notas foi tomada a escritura antenupcial, quando o regime não for o da comunhão ou o legal que sendo conhecido, será declarado expressamente; 8º) o nome, que passa a ter a mulher, em virtude do casamento; 9º) os nomes e as idades dos filhos havidos de matrimônio anterior ou legitimados pelo casamento; 10º) à margem do termo, a impressão digital do contraente que não souber assinar o nome.

Parágrafo único. As testemunhas serão, pelo menos, duas, não dispondo a lei de modo diverso."

19 Na Lei de Registros Públicos, conferir arts. 71 a 75: "Art. 71. Os nubentes habilitados para o casamento poderão pedir ao oficial que lhe forneça a respectiva certidão, para se casarem perante autoridade ou ministro religioso, nela mencionando o prazo legal de validade da habilitação. Art. 72. O termo ou assento do casamento religioso, subscrito pela autoridade ou ministro que o celebrar, pelos nubentes e por duas testemunhas, conterá os requisitos do art. 71, exceto o 5º. Art. 73. No prazo de trinta dias a contar da realização, o celebrante ou qualquer interessado poderá, apresentando o assento ou termo do casamento religioso, requerer-lhe o registro ao oficial do cartório que expediu a certidão. § 1º O assento ou termo conterá a data da celebração, o lugar, o culto religioso, o nome do celebrante, sua qualidade, o cartório que expediu a habilitação, sua data, os nomes, profissões, residências, nacionalidades das testemunhas que o assinarem e os nomes dos contraentes. § 2º Anotada a entrada do requerimento o oficial fará o registro no prazo de 24 (vinte e quatro) horas. § 3º A autoridade ou ministro celebrante arquivará a certidão de habilitação que lhe foi apresentada, devendo, nela, anotar a data da celebração do casamento. Art. 74. O casamento religioso, celebrado sem a prévia habilitação, perante o oficial de

Nesse contexto, chama a nossa atenção o já referido art. 74 da Lei de Registros Públicos, que admite a habilitação posterior ao casamento religioso em caráter excepcional, e desde que atendidas as formalidades previstas na norma.

Não atendendo, por óbvio, aos requisitos legais de validade, o registro deverá ser negado, prejudicando a eficácia civil do ato matrimonial, garantindo-se, outrossim, em respeito ao devido processo constitucional e ao princípio da inafastabilidade da jurisdição, recurso ao Juiz de Direito competente que, no caso, por se tratar apenas de negativa de inscrição cartorária, deverá ser, quando existente tal especialização na comarca, o da Vara de Registros Públicos.

---

registro público, poderá ser registrado desde que apresentados pelos nubentes, com o requerimento de registro, a prova do ato religioso e os documentos exigidos pelo Código Civil, suprindo eles eventual falta de requisitos nos termos da celebração. Parágrafo único. Processada a habilitação com a publicação dos editais e certificada a inexistência de impedimentos, o oficial fará o registro do casamento religioso, de acordo com a prova do ato e os dados constantes do processo, observado o disposto no art. 70. Art. 75. O registro produzirá efeitos jurídicos a contar da celebração do casamento".

# LXVIII PLANO DE EXISTÊNCIA DO CASAMENTO

## 1. INTRODUÇÃO

Como se sabe, o Código de 1916, por haver derivado de um anteprojeto de 1899, não cuidou de consagrar expressamente a figura do negócio jurídico, doutrina desenvolvida um pouco mais tarde, e, muito menos, de traçar a diagnose diferencial entre o ato negocial (negócio jurídico) e o ato não negocial (ato jurídico em sentido estrito).

Pontifica o autor da Parte Geral do Anteprojeto, MOREIRA ALVES:

> "Atento a essa circunstância, o Projeto de Código Civil Brasileiro, no Livro III da sua Parte Geral, substitui a expressão genérica ato jurídico, que se encontra no Código em vigor, pela designação específica de negócio jurídico, pois é a este, e não necessariamente àquele, que se aplicam todos os preceitos ali constantes"[1].

Para uma efetiva compreensão da matéria, não nos parece suficiente a simples interpretação articulada dos dispositivos legais atinentes à disciplina do negócio jurídico.

Com efeito, para apreender sistematicamente o tema — e não simplesmente reproduzir regras positivadas — faz-se mister analisá-lo sob os três planos[2] em que pode ser visualizado:

a) existência: um negócio jurídico não surge do nada, exigindo-se, para que seja considerado como tal, o atendimento a certos requisitos mínimos;
b) validade: o fato de um negócio jurídico ser considerado existente não quer dizer que ele seja considerado perfeito, ou seja, com aptidão legal para produzir efeitos;
c) eficácia: ainda que um negócio jurídico existente seja considerado válido, ou seja, perfeito para o sistema que o concebeu, isso não importa em produção

---

[1] ALVES, José Carlos Moreira. *A Parte Geral do Projeto de Código Civil Brasileiro*, São Paulo: Saraiva, 1986, p. 98.

[2] Deve-se especialmente a Pontes de Miranda o desenvolvimento deste esquema teórico. Sobre o tema, vale a pena consultar não somente a sua imortal obra, mas também os excelentes textos daquele que é o maior conhecedor brasileiro de seu pensamento, o Professor Marcos Bernardes de Mello, notadamente os seus livros dedicados ao estudo da Teoria do Fato Jurídico, todos editados pela Saraiva.

imediata de efeitos, pois esses podem estar limitados por elementos acidentais da declaração.

Muito bem.

Reconhecendo ao casamento natureza negocial, afigura-se perfeitamente possível, e até didaticamente recomendável, estudarmos o ato matrimonial também na tríplice perspectiva de existência, validade e eficácia, realizando, por óbvio, as necessárias adaptações metodológicas, quando necessário.

Assim, por imperativo de precedência lógica, cuidaremos, neste capítulo, de tratar do plano existencial do casamento.

Primeiramente, no entanto, passaremos em revista algumas noções gerais da matéria, para, em seguida, cuidarmos especificamente da sua estrutura.

Vamos, então.

## 2. NOÇÕES GERAIS DO PLANO DE EXISTÊNCIA DO CASAMENTO COMO NEGÓCIO JURÍDICO

Preferimos a expressão elementos constitutivos para caracterizar os fatores existenciais do negócio jurídico, sem que haja erro técnico na adoção de outra corrente doutrinária.

Aplicando-se essa teoria ao casamento, teríamos, como seus elementos existenciais:

a) a manifestação recíproca de vontade (consentimento);

b) celebração por autoridade materialmente competente.

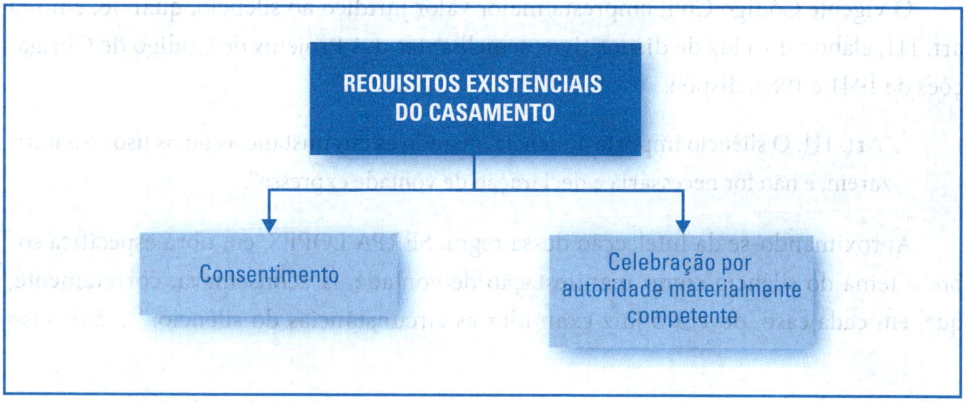


Considerando a evolução jurisprudencial sobre a matéria, não reputamos mais a diversidade de sexos um requisito existencial do casamento.

A falta de qualquer desses requisitos resultaria, pois, não na simples invalidade (nulidade ou anulabilidade) do casamento, mas, sim, em sua inexistência.

Passemos, pois, à análise de cada um desses requisitos.

## 2.1. Manifestação de vontade (consentimento)

A manifestação ou declaração de vontade[3], em geral, poderá ser expressa — através da palavra escrita ou falada, gestos ou sinais — ou tácita — aquela que resulta de um comportamento do agente[4].

Há exteriorizações de vontade que, para surtirem efeitos, necessitam chegar à esfera de conhecimento da outra parte. Fala-se, pois, em declarações receptícias de vontade.

Note-se que o emprego de meios que neutralizem a manifestação volitiva, como a violência física (*vis absoluta*), estupefacientes ou, até mesmo, a hipnose, tornam inexistente o negócio jurídico.

Nesse ponto, interessa relembrarmos a interessante questão atinente ao silêncio.

O Direito Romano, repleto de formalidades e fórmulas sacramentais, em diversos momentos atribuía ao silêncio sentido jurídico. Adverte CAIO MÁRIO:

> "Normalmente, o silêncio é nada, e significa a abstenção de pronunciamento da pessoa em face de uma solicitação ambiente. Via de regra, o silêncio é a ausência de manifestação de vontade, e, como tal, não produz efeitos"[5].

A par desse correto entendimento, há situações em que a abstenção do agente ganha juridicidade.

No caso do mandato, por exemplo, o silêncio implicará aceitação, quando o negócio é daqueles que diz respeito à profissão do mandatário, resultando do começo de execução (art. 659 do CC/2002). Também na doação pura, o silêncio no prazo fixado significa aceitação (art. 539 do CC/2002).

O vigente Código Civil empresta maior valor jurídico ao silêncio, quando, em seu art. 111, elaborado à luz de dispositivos semelhantes dos Projetos de Código de Obrigações de 1941 e 1965, dispõe:

> "Art. 111. O silêncio importa anuência, quando as circunstâncias ou os usos o autorizarem, e não for necessária a declaração de vontade expressa".

Aproximando-se da intelecção dessa regra, SERPA LOPES, em obra específica sobre o tema do silêncio como manifestação de vontade, já aconselhava, corretamente, que, em cada caso, deverá o juiz examinar as circunstâncias do silêncio: "... é preciso

---

[3] Vale lembrar, com amparo na doutrina de Orlando Gomes, que "a declaração de vontade da pessoa é pressuposto de todo negócio jurídico. Nos contratos, toma o nome de consentimento ou consenso consciente" (*Introdução ao Direito Civil*, São Paulo: Revista dos Tribunais, 1990, p. 381).

[4] Nesse sentido, vale lembrar que a Consolidação das Leis do Trabalho define o contrato individual de trabalho, no art. 442, como o "acordo tácito ou expresso, correspondente à relação de emprego".

[5] PEREIRA, Caio Mário da Silva. *Instituições de Direito Civil*, 19. ed., Rio de Janeiro: Forense, 2001, p. 308.

tomar-se em conta a convicção inspirada na outra parte de que a ação negativa do silente foi no sentido de ter querido seriamente obrigar-se”[6].

Também no plano da validade do negócio jurídico, o silêncio tem relevância, caracterizando omissão dolosa (causa de anulabilidade do negócio jurídico), quando, nos atos bilaterais, for intencionalmente empregado para prejudicar a outra parte, que, se soubesse da real intenção do agente, não haveria celebrado a avença.

Nesse sentido, é a diretriz do art. 147 do vigente Código Civil brasileiro:

> “Art. 147. Nos negócios jurídicos bilaterais, o silêncio intencional de uma das partes a respeito de fato ou qualidade que a outra parte haja ignorado, constitui omissão dolosa, provado que sem ela o negócio não se teria celebrado”.

No casamento, todavia, a manifestação de vontade deverá ser sempre expressa, além, claro, de recíproca — ou seja, bilateral —, traduzindo o conhecido “consentimento dos noivos”[7].

No direito português, aliás, não é muito diferente. Veja-se o Código Civil de Portugal:

> “Art. 1628º É juridicamente inexistente:
>
> (...)
>
> *c)* O casamento em cuja celebração tenha faltado a declaração da vontade de um ou ambos os nubentes ou do procurador de um deles”.

A doutrina lusitana, aqui representada por FRANCISCO COELHO e GUILHERME DE OLIVEIRA, também é assente sobre o tema:

> “Já sabemos que o casamento é um contrato verbal, mas solene. O consentimento dos nubentes exprime-se em palavras, e a lei vai ao ponto de dizer em que palavras deve ele exprimir-se. Palavras que os nubentes deverão pronunciar na cerimônia de celebração. Outras formas de manifestação da vontade, outros meios de expressão, como, v.g., uma carta, um telegrama ou telefonema, um fax ou e-mail, não são, pois, admitidos”[8].

A doutrina de JEAN-JAQUES LEMOULAND, por seu turno, também deixa claro a essencialidade do consentimento dos noivos no direito francês:

---

[6] LOPES, Miguel Maria de Serpa. *O Silêncio como Manifestação de Vontade*, 3. ed., Rio de Janeiro: Freitas Bastos, 1961, p. 165, apud VENOSA, Sílvio de Salvo. *Direito Civil* — Parte Geral, São Paulo: Atlas, 2001.

[7] Deve-se evitar a expressão “mútuo consentimento”, por ser considerada redundante, porque no termo consentimento está contida a ideia de que a palavra “mútuo” exprime (GOMES, Orlando. *Contratos*, 14. ed., Rio de Janeiro: Forense, 1994, p. 48).

[8] COELHO, Francisco Manuel de Brito Pereira; OLIVEIRA, Guilherme de, ob. cit., p. 237.

"Le consentement des futurs époux est un élément essentiel dans la formation du mariage. Pour la plupart des auteurs, l'échange des consentements constitue le véritable fondement du lien matrimonial"[9].

É correto, assim, afirmar que o consentimento livre, expressamente manifestado[10], é condição essencial à existência do matrimônio, não havendo espaço para se considerar o silêncio como aquiescência.

Pelo contrário.

O silêncio traduz, ao menos naquele momento, recusa ao casamento, devendo a autoridade suspender imediatamente o ato, nos termos do já mencionado art. 1.538, I, do Código Civil de 2002.

Finalmente, é forçoso convir que a completa aniquilação da vontade (por coação física ou hipnose, por exemplo) resultará, a depender da circunstância do caso concreto, no imperioso reconhecimento da inexistência do ato matrimonial.

Outra hipótese de inexistência, faticamente pouco provável, mas teoricamente possível, é a atuação de procurador cujo instrumento de mandato, aparentemente normal, não contenha a assinatura do noivo (representado): nesse caso, não há falar-se ter havido manifestação de vontade, nem, consequentemente, casamento.

## 2.2. Celebração por autoridade materialmente competente

O que se entende por "autoridade celebrante"?

O Código Civil não define esse conceito.

Assim, considerando-se que o casamento pode ser civil ou religioso com efeitos civis, poderão figurar como autoridades celebrantes o juiz de direito, o juiz de paz — segundo a Lei de Organização Judiciária de cada Estado — ou a autoridade religiosa.

No que tange, outrossim, a esta última figura, não havendo requisitos prévios regulados em lei, e levando em conta o fato de o Brasil ser um Estado laico — vale dizer, que

---

9 LEMOULAND, Jean-Jaques, in *Droit de la Famille* (org. Pierre Murat), 4. ed., Paris: Dalloz, 2007, p. 43. Em tradução livre dos autores: "O consentimento dos futuros esposos é um elemento essencial na formação do casamento. Para a maior parte dos autores, o intercâmbio de consentimento constitui o verdadeiro fundamento do laço matrimonial".

10 E tal consentimento não poderá estar subordinado a elementos de eficácia, conforme preleciona Ignacio Sierra Gil de la Cuesta, estudando o direito espanhol: "El consentimiento es la concordancia de las dos declaraciones de ambos contrayentes de querer contraer matrimonio, entendiendo el mismo como negocio jurídico. Nuestro Código Civil establece en su art. 45 que no puede haber matrimonio sin consentimiento matrimonial. O sea, que lo estima como un requisito *sine qua non* para la existencia del mismo. Ahora bien, dicho consentimiento no admite ni condición, ni término o modo, y así lo expresa el párrafo segundo del mencionado art. 45, añadiendo que dichos elementos accesorios a todo negocio jurídico se tendrán por no puestos" (*Tratado de Derecho de Família* — Aspectos Sustantivos e Procesales, coord. Pilar Gonzálvez Vicente e Pedro González Poveda, Madrid: Sepin, 2005, p. 55).

não tem religião oficial —, é forçoso convir que um padre, um pastor, um líder de Umbanda ou Candomblé, um líder espírita kardecista, enfim, qualquer representante de crença ou credo religioso reconhecido poderá, desde que observadas as formalidades legais do ato, celebrar o matrimônio.

Pensamento contrário, em nosso sentir, afigurar-se-ia flagrantemente inconstitucional.

Neste diapasão, o jurista DALMO DE ABREU DALLARI:

> "Examinando as disposições constitucionais e legais aplicáveis ao caso, deve-se ressaltar, desde logo, que desde a primeira Constituição republicana brasileira, de 1891, o Brasil é um Estado leigo, não se admitindo religião oficial. A par disso, é princípio fundamental a igualdade de todos perante a lei, o que significa, desde logo, que nenhuma religião poderá gozar de privilégios em relação às demais. O que for permitido ou proibido a uma deverá aplicar-se igualmente a todas. Outro ponto importante que deve ser considerado é que a Constituição assegura expressamente a liberdade religiosa, incluindo-se aí o direito de escolher uma religião e de participar dos cultos religiosos. Reforçando a consagração da liberdade de crença e de realização de cultos, a Constituição proíbe expressamente qualquer discriminação baseada em motivo de crença religiosa".

E acrescenta, no mesmo texto:

> "Considerando agora a questão do ponto de vista legal, o ponto de partida é o fato de que o Código Civil Brasileiro, fixando as normas legais sobre o casamento, dispõe sobre os requisitos para a validade do casamento e estabelece a exigência de um processo prévio de habilitação, perante a autoridade pública, dispondo que após a celebração deverá ser feito o registro na repartição pública competente. No artigo 1.515 do Código Civil, encontra-se a seguinte disposição: 'o casamento religioso, que atender às exigências da lei para a validade do casamento civil, equipara-se a este, desde que registrado no registro próprio, produzindo efeitos a partir da data de sua celebração'. Note-se que a expressão da lei é 'casamento religioso', sem especificar religiões e sem estabelecer requisitos quanto a estas. A expressão é genérica, o que significa que, verificando o atendimento dos requisitos que seriam necessários para a validade do casamento realizado perante a autoridade pública, o casamento celebrado perante autoridade religiosa produzirá os mesmos efeitos. O próprio artigo 1.515 prevê o registro do casamento religioso no registro próprio, o que significa que a autoridade encarregada dos registros de casamento deverá registrar também o casamento religioso"[11].

Assim, fixamos a premissa de que, prestigiando-se a liberdade religiosa garantida constitucionalmente e nos termos das Leis de Organização Judiciária de cada Estado, o

11 Disponível em: <http://jus2.uol.com.br/pecas/texto.asp?id=659>. Acesso em: 27 out. 2008.

celebrante tanto poderá ser o juiz de direito, como o juiz de paz ou a autoridade religiosa, não havendo, nesse último caso, requisitos específicos previstos em lei, de maneira que representante de toda e qualquer religião socialmente reconhecida poderá, em princípio, realizar o ato.

Isso é democracia.

Bem, posto isso, reputamos metodologicamente interessante que constatemos em que medida a celebração por autoridade competente integra a estrutura (existencial) do próprio casamento.

Do ponto de vista da doutrina processual tradicional, há quem defenda que a decisão fora dos limites constitucionais equivale a uma decisão por alguém sem jurisdição.

Nesse sentido, é o pensamento de CALMON DE PASSOS:

> "O poder de julgar do magistrado tem suas raízes na Constituição. Por isso mesmo se diz que ela é fonte do poder jurisdicional. Só nos limites nela fixados está o juiz investido do poder de julgar. Constitucionalmente, o poder de julgar foi repartido entre as chamadas jurisdições especiais (...) e a comum — remanescente. A investidura dos órgãos dessas jurisdições já lhes confere poder de julgar limitado constitucionalmente, de sorte que o exercício de suas atividades fora dos limites traçados na Carta importa, mais que um defeito de competência, em defeito de jurisdição. O que façam ou realizem fora dos limites constitucionais é, em tudo e por tudo, semelhante à atividade do não juiz, consequentemente, ato inexistente juridicamente, do ponto de vista processual"[12].

Criticando tal posicionamento, observa FREDIE DIDIER JR.:

> "A tese é sedutora, indiscutivelmente, mas o caso não é de falta de jurisdição: trata-se, realmente, de incompetência. Há o poder de criar normas jurídicas concretas, jurisdição, que foi distribuído pela Constituição em parcelas para cada órgão jurisdicional. Quando um órgão jurisdicional extrapola a fração de poder que lhe foi outorgada, dá-se a falta de competência, e não de jurisdição. Pensar de outro modo levaria a ter de admitir-se que existem cinco jurisdições, e não apenas uma: eleitoral, trabalhista, estadual, federal e militar. E há mais: de acordo com o princípio da *Kompetenzkompetenz* (o juiz tem sempre competência para examinar a sua competência), o magistrado incompetente constitucionalmente tem, no mínimo, a competência de reconhecer a sua incompetência, o que já revela a existência de ao menos uma parcela de jurisdição. Portanto, não se poderia equiparar a sentença de um não juiz com a sentença de um juiz que não tenha competência, ainda que constitucional"[13].

---

[12] PASSOS, J. J. Calmon de. *Comentários ao Código de Processo Civil*, 8. ed., v. 3, Rio de Janeiro: Forense, 1998, p. 291.

[13] DIDIER JR., Fredie. *Curso de Direito Processual Civil*, 9. ed., v. 1, Salvador: JusPodivm, 2008, p. 110.

Trazendo tais ponderações para o nosso estudo, e em linguagem exemplificativa, um casamento celebrado por quem não é autoridade reconhecida para o ato matrimonial equivaleria a uma dramatização do ato, uma verdadeira peça ou pantomima, que jamais poderia produzir qualquer efeito jurídico.

E isso serviria mesmo que se tratasse de um agente público, pois a solenidade da celebração matrimonial exige, para o reconhecimento da sua própria existência, como elemento ontológico, a presença da autoridade reconhecidamente competente.

Em linhas gerais, diante do exposto, concluímos: caso a autoridade celebrante careça de jurisdição ou de competência material, o matrimônio celebrado será considerado inexistente; no entanto, se for dotada de jurisdição ou de competência legal e faltar-lhe mera competência relativa, o ato será considerado simplesmente anulável.

Vejamos o porquê.

No primeiro caso, imagine-se um delegado de polícia ou um oficial das Forças Armadas, pessoas que, posto gozem de autoridade, não são dotadas de jurisdição ou de competência material, realizando um casamento. Em qualquer dos casos, o ato é, com clareza meridiana, juridicamente inexistente, não havendo espaço para se cogitar de nulidade absoluta ou relativa.

No direito argentino, de linha semelhante, outro exemplo é apontado por GUILLERMO BORDA:

> "Si dos personas declaran solemnemente ante un escribano público que se toman por marido y mujer, suscribiendo la correspondiente escritura, tal manifestación no tiene ningún valor legal: simplemente no existe, porque el oficial público es incompetente. Por ello mismo se ha declarado inexistente el matrimonio celebrado en nuestro país ante el cónsul del Ecuador entre dos personas domiciliadas aquí"[14].

Entretanto, se for o caso de uma autoridade judicial com competência material, mas sem competência territorial (por exemplo, um juiz da comarca "A" celebrando o ato na comarca "B"), estaríamos diante de uma situação indiscutivelmente menos gravosa, com reflexos no plano da validade, e não no da existência.

Vale dizer, teríamos, nesse caso, uma situação de simples incompetência territorial ou *ratione loci*, de maneira que o casamento seria considerado existente, embora simplesmente anulável[15], nos termos do art. 1.550, VI, do CC/2002:

> "Art. 1.550. É anulável o casamento:
>
> (...)
>
> VI — por incompetência da autoridade celebrante".

---

[14] BORDA, Guillermo. *Manual de Derecho de Família*, 12. ed., Buenos Aires: Abeledo-Perrot, 2002, p. 92.

[15] Tratamos minuciosamente do casamento anulável no Capítulo X ("Plano de Validade do Casamento: Causas de Anulação do Casamento — O Casamento Anulável") do v. 6 ("Direito de Família") do nosso *Novo Curso de Direito Civil*.

Em outras palavras, se um juiz de direito — materialmente competente para a celebração matrimonial —, por equívoco, presidir o ato em comarca que esteja fora da sua atuação funcional, a hipótese é de simples anulabilidade.

Cuida-se, pois, de nulidade relativa, por mera incompetência em razão do local.

Poder-se-ia, no entanto, argumentar que, por haver a norma codificada feito apenas referência à "incompetência da autoridade celebrante", em qualquer situação — quer na falta de competência material, quer na falta da relativa — o casamento seria sempre anulável.

Não tem sentido, todavia, esse entendimento.

Toda atividade hermenêutica pressupõe parâmetros de razoabilidade, e, nesse caso, a interpretação reducionista ou meramente literal não é a mais recomendável.

Como se reputar existente um casamento celebrado por um tabelião ou um delegado de polícia?

Como anular aquilo que não existe?

Afinal, o plano de existência, por imperativo lógico, não precederia o de validade?

Indiscutivelmente, em situações como essas, portadoras de distorção grave, a conclusão inafastável é a de flagrante inexistência, pela ausência de jurisdição ou falta de competência material para a realização do ato.

E não se diga que tal entendimento poderá coroar injustiças, prejudicando nubentes de boa-fé que houvessem acreditado na investidura da autoridade celebrante, uma vez que o art. 1.554, lastreado na teoria da aparência, é, em nosso sentir, perfeitamente aplicável à espécie:

> "Art. 1.554. Subsiste o casamento celebrado por aquele que, sem possuir a competência exigida na lei, exercer publicamente as funções de juiz de casamentos e, nessa qualidade, tiver registrado o ato no Registro Civil".

Em outras palavras, posto o ato seja inexistente, a boa-fé do administrado, com fundamento na citada teoria da aparência, justificaria o seu reconhecimento oficial.

O que se observa, pois, é uma situação de eficácia constitutiva de direitos, decorrente da atuação normativa da cláusula geral da boa-fé[16].

[16] Sobre o tema do Princípio da boa-fé, confira-se o Capítulo "Boa-Fé Objetiva em Matéria Contratual" do v. 4 ("Contratos") de nosso *Novo Curso de Direito Civil*.

# LXIX PLANO DE VALIDADE DO CASAMENTO: IMPEDIMENTOS MATRIMONIAIS

## 1. CONCEITO E TRATAMENTO LEGAL

A sistematização dessa matéria foi consideravelmente modificada no Código Civil de 2002.

Os antigos impedimentos absolutamente dirimentes, com algumas alterações de fundo, ainda determinantes da nulidade absoluta do casamento, passaram a ser considerados, simplesmente, "impedimentos", a teor do art. 1.521 do CC/2002.

Os impedimentos relativamente dirimentes, por seu turno, passaram a ser tratados separadamente, também com certas modificações, como "causas de anulação do casamento", nos termos do art. 1.550 do CC/2002.

Finalmente, os antigos impedimentos proibitivos foram tratados em dispositivo autônomo (art. 1.523 do CC/2002), como "causas suspensivas do casamento", resultando também na imposição de sanção de ordem patrimonial aos nubentes infratores.

Teríamos, então, no Código Civil em vigor:

Impedimentos → Art. 1.521 → CASAMENTO NULO
Causas de anulação do casamento → Art. 1.550 → CASAMENTO ANULÁVEL
Causas suspensivas do casamento → Art. 1.523 → CASAMENTO IRREGULAR (imposição de sanção de natureza patrimonial, estritamente no plano da eficácia)

Muito bem.

Uma vez que, neste capítulo, inserido no Plano de Validade, dedicamo-nos, como já dito, especificamente aos impedimentos (art. 1.521 do CC), passaremos, então, a estudá-los, em seguida, minuciosamente.

No próximo capítulo, ainda no mesmo Plano, debruçar-nos-emos na análise da invalidade do matrimônio, investigando, por consequência, as causas de nulidade absoluta ou relativa (anulabilidade), oportunidade em que enfrentaremos os arts. 1.550 e seguintes do Código Civil.

Depois de esgotado o plano de validade, inclusive com a reflexão sobre os efeitos do casamento putativo, passaremos em revista, finalmente, seguindo uma linha lógica, as causas suspensivas do casamento (art. 1.523), já no Plano da Eficácia, em capítulo próprio.

Enfrentemos essa missão!

## 2. ANÁLISE DO ART. 1.521 DO CÓDIGO CIVIL: IMPEDIMENTOS MATRIMONIAIS

Inicialmente, façamos uma importante observação terminológica.

Embora o codificador simplesmente os denomine de "impedimentos", erro não há, em nosso sentir, em se utilizar a expressão "impedimentos matrimoniais".

Deve-se evitar, entretanto, a referência ao caráter absoluto ou de ordem pública, uma vez que, com a nova sistematização, os antigos impedimentos relativos ou privados foram deslocados para dispositivo autônomo, não havendo mais, por consequência, necessidade técnica de diferenciá-los mediante tais terminologias.

No Código de 2002, portanto, consagrou-se tratamento peculiar: os impedimentos traduzem, tão somente, as circunstâncias previstas no art. 1.521, não se confundindo com as causas de anulação previstas, adiante, no art. 1.550.

Nesse diapasão, afinal, perguntamos: quais seriam esses impedimentos matrimoniais?

Disciplina-os o Código Civil:

"Art. 1.521. Não podem casar:

I — os ascendentes com os descendentes, seja o parentesco natural ou civil;

II — os afins em linha reta;

III — o adotante com quem foi cônjuge do adotado e o adotado com quem o foi do adotante;

IV — os irmãos, unilaterais ou bilaterais, e demais colaterais, até o terceiro grau inclusive;

V — o adotado com o filho do adotante;

VI — as pessoas casadas;

VII — o cônjuge sobrevivente com o condenado por homicídio ou tentativa de homicídio contra o seu consorte".

Observe-se, desde já, a forma verbal utilizada pelo legislador: "não podem" casar!

Trata-se, pois, de uma locução imperativa, que não deixa margem a dúvida quanto à antijuridicidade do ato que se quer evitar, levando-se em conta os superiores interesses que se pretende tutelar, especialmente o parentesco, o próprio casamento e o sagrado direito à vida.

Compreendamos, agora, separadamente, cada uma dessas hipóteses.

### 2.1. Casamento entre parentes em linha reta

Nos termos do inciso I, não podem casar os ascendentes com os descendentes, seja o parentesco natural ou civil.

O fundamento dessa proibição é de imediata compreensão.

A natureza é dotada de uma inegável ordem lógica, e uniões desse jaez agridem-na frontalmente, não escapando incólume de consequências graves, muitas vezes trágicas, como a transmissão de doenças hereditárias de caráter recessivo:

> "A razão pela qual a consanguinidade numa população ou numa família conduz a um aumento na frequência de condições genéticas deriva do facto dos indivíduos consanguíneos partilharem genes que foram herdados de um antepassado comum. Se um gene herdado de um antepassado comum tem uma mutação, então os familiares biologicamente relacionados terão um risco mais elevado de possuírem uma cópia do gene mutado. O impacto genético da consanguinidade aparece como uma consequência da homozigotia aumentada presente num indivíduo resultante do acasalamento dentro da população"[1].

Não importa, destacou o legislador, a natureza do parentesco — natural ou civil: o casamento contraído por essas pessoas viola o primeiro dos impedimentos matrimoniais, acarretando a nulidade absoluta do casamento.

Parentesco natural é aquele travado entre pessoas que mantêm vínculo consanguíneo ou biológico; ao passo que o parentesco civil baseia-se apenas no vínculo socioafetivo, a exemplo daquele constituído entre adotante e adotado.

Ora, a partir do momento em que a nossa Constituição, orientando-se pelo superior e matricial princípio da dignidade humana, estabeleceu a efetiva isonomia entre parentes em linha reta — especialmente os filhos — é forçoso convir que a expressão contida na norma "seja o parentesco natural ou civil" é, nitidamente, desnecessária.

Bastava dizer que não poderiam casar ascendentes com descendentes, restando subentendida a extensão proibitiva, com alcance em toda e qualquer forma de parentesco, não importando a sua causa.

## 2.2. Casamento entre afins em linha reta

O parentesco por afinidade é aquele travado entre o cônjuge ou companheiro(a) e os parentes do outro, tanto na linha reta (sogra e genro, sogro e nora, padrasto ou madrasta e enteado) como na linha colateral (cunhado).

Na linha reta, proíbe, pois, o legislador, que parentes por afinidade casem entre si.

Assim, não poderão casar sogra e genro, sogro e nora, padrasto/madrasta e enteado(a), incluindo os demais parentes em linha ascendente ou descendente (o pai do sogro e a nora, por exemplo).

---

[1] O Genoma Humano — Perspectivas para a Saúde Pública, O Projecto em 2001, trecho de notícia extraído do *site* Ciência Viva — Agência Nacional para Cultura Científica e Tecnológica. Disponível em: <http://www.cienciaviva.pt/docs/artigo_acores.pdf>. Acesso em: 22 jun. 2017.

Se o casamento, nessas circunstâncias, ainda assim, se consumar, estará, consoante já dissemos, eivado de nulidade absoluta.

E note-se que essa proibição é mantida, mesmo que o casamento ou a união estável do pretendente já esteja dissolvido:

> "Art. 1.595. (...)
>
> § 2º Na linha reta, a afinidade não se extingue com a dissolução do casamento ou da união estável".

Isso significa que jamais poderemos nos casar com a nossa sogra[2]!

O fundamento dessa restrição é a preservação dos valores familiares, bem como o equilíbrio e a preservação da própria tessitura psicológica dos membros da família, segundo o papel exercido por cada um, especialmente pelo fato de os afins em linha reta ocuparem posições próximas às de pai ou mãe, de filho ou filha.

Observamos que o grande avanço inaugurado pelo Código de 2002 foi, em respeito à perspectiva constitucional de não hierarquização das formas de família, haver reconhecido que o parentesco por afinidade decorre não apenas do casamento, mas também da união estável, de maneira que, apenas a título de exemplo, haverá impedimento de casar com a nossa sogra, quer seja essa mãe da nossa esposa ou da nossa companheira.

## 2.3. Casamento entre o adotante com quem foi cônjuge do adotado e do adotado com quem o foi do adotante

Proíbe também o nosso Código Civil que se casem o adotante com quem foi esposa ou marido do adotado, ou, na mesma linha, o adotado com o ex-consorte do adotante.

Trata-se, em essência, de uma proibição análoga àquela imposta aos parentes por afinidade em linha reta.

De fato, não seria aconselhável, do ponto de vista moral ou psicológico, que, por exemplo, o adotado pudesse se casar com a ex-mulher do seu pai, ou que este viesse a convolar núpcias com a ex-esposa do seu filho.

Tal como se dá na proibição decorrente do parentesco por afinidade na linha reta, presente mesmo após o descasamento, como vimos acima — art. 1.595, § 2º, do CC/2002 — tais uniões matrimoniais não seriam possíveis.

Anotamos, finalmente, que o codificador perdeu a oportunidade de, em atenção à perspectiva constitucional, estender o comando proibitivo à união estável. Vale dizer, pela mesma razão, não deveria ser permitido o casamento entre o adotante com quem foi companheiro do adotado e do adotado com quem o foi do adotante.

---

[2] No plano da afinidade, a restrição, porém, se limita ao parentesco em linha reta, não havendo impedimento legal de casamento entre afins na linha colateral, ou seja, não há impedimento para se casar com a(o) cunhada(o), somente por tal condição, ainda que tal fato possa gerar algum abalo ou crise familiar (ver o subtópico 2.4 deste capítulo).

Posto a união estável não gere estado civil, nem, muito menos, permita comprovação mediante simples certidão, como se dá no casamento, tais circunstâncias não justificam a omissão legislativa, pois, como vimos acima, também é vedado o casamento entre parentes por afinidade, quando esse vínculo decorrer da relação de companheirismo.

Falhou, pois, em nosso sentir, nesse ponto, o legislador.

## 2.4. Casamento entre colaterais

Veremos, oportunamente, que parentes colaterais são aqueles que não descendem uns dos outros, derivando, porém, de um mesmo tronco comum.

Assim, o seu irmão vincula-se a você por meio da sua mãe e/ou do seu pai, sendo, pois, seu parente na linha colateral ou transversal em segundo grau: conta-se um grau de você para o ascendente comum e outro grau deste para o seu irmão, totalizando, consequentemente, dois graus de parentesco.

Muito bem.

Proíbe o comando normativo sob análise o casamento entre os irmãos, unilaterais ou bilaterais, e demais colaterais, até o terceiro grau inclusive.

Quanto aos irmãos, a vedação é de compreensão imediata.

Afronta a ética familiar, e aquilo que se convencionou chamar de leis da natureza, a admissibilidade de casamento, ou de qualquer outra união sexual, entre dois irmãos, sejam germanos ou bilaterais (por parte de pai e mãe), sejam unilaterais (somente por parte de pai ou de mãe).

Trata-se de um vínculo incestuoso naturalmente danoso, moralmente reprovável e psicologicamente traumático.

Tal proibição, no dizer de MARIA BERENICE DIAS, justificar-se-ia pela "lei do incesto"[3], observando, ainda, nesse diapasão, MADALENO que a proibição entre tais parentes de segundo grau teria caráter "absoluto"[4].

A união deve ser tratada e, de fato, reprimida, pelas normas do próprio Direito Civil, por se tratar, essencialmente, de situação atinente às relações de família, não se justificando a persecução criminal.

Não esqueçamos, por fim, que, posto essa união seja civilmente coibida, os filhos eventualmente havidos têm, por força da isonomia constitucional e da superior perspectiva de valorização da dignidade humana, todos os seus direitos assegurados[5].

---

3 DIAS, Maria Berenice, ob. cit., p. 153.

4 MADALENO, Rolf, ob. cit., p. 83.

5 Em uma perspectiva inclusiva da união incestuosa como entidade familiar, vale a pena conferir o minucioso estudo de Ana Cecília Rosário Ribeiro, O Reconhecimento da Relação Incestuosa como Entidade Familiar. Disponível em: <http://www.revistas.unifacs.br/index.php/redu>. Acesso em: 5 mar. 2010.

Especial situação, por seu turno, é a do casamento contraído entre colaterais de terceiro grau: tio(a) e sobrinha(o).

Note-se que o Código Civil a eles estendeu a proibição, ao utilizar a expressão "até o terceiro grau inclusive".

Tal restrição visa, especialmente, à preservação da integridade física e mental da prole em face do surgimento de possíveis doenças recessivas decorrentes da proximidade parental.

É de se observar, todavia, nesse particular, que, por se tratar de norma especial, permanece em vigor o Decreto-Lei n. 3.200, de 19 de abril de 1941, que, em situação especialmente justificada, admite o matrimônio entre parentes de terceiro grau, se houver parecer médico favorável:

> "Art. 2º Os colaterais do terceiro grau, que pretendam casar-se, ou seus representantes legais, se forem menores, requererão ao juiz competente para a habilitação que nomeie dois médicos de reconhecida capacidade, isentos de suspensão, para examiná-los e atestar-lhes a sanidade, afirmando não haver inconveniente, sob o ponto de vista da saúde de qualquer deles e da prole, na realização do matrimônio.
>
> § 1º Se os dois médicos divergirem quanto à conveniência do matrimônio, poderão os nubentes, conjuntamente, requerer ao juiz que nomeie terceiro, como desempatador.
>
> § 2º Sempre que, a critério do juiz, não for possível a nomeação de dois médicos idôneos, poderá ele incumbir do exame um só médico, cujo parecer será conclusivo.
>
> § 3º O exame médico será feito extrajudicialmente, sem qualquer formalidade, mediante simples apresentação do requerimento despachado pelo juiz.
>
> § 4º Poderá o exame médico concluir não apenas pela declaração da possibilidade ou da irrestrita inconveniência do casamento, mas ainda pelo reconhecimento de sua viabilidade em época ulterior, uma vez feito, por um dos nubentes ou por ambos, o necessário tratamento de saúde. Nessa última hipótese, provando a realização do tratamento, poderão os interessados pedir ao juiz que determine novo exame médico, na forma do presente artigo".

Ao encontro dessas normas, foi aprovado o Enunciado 98 da I Jornada de Direito Civil:

> "Enunciado n. 98 — Art. 1.521, IV, do novo Código Civil: o inciso IV do art. 1.521 do novo Código Civil deve ser interpretado à luz do Decreto-Lei n. 3.200/41 no que se refere à possibilidade de casamento entre colaterais de terceiro grau".

Parece-nos a melhor diretriz, tendo em vista que tutela a higidez física e mental da prole eventualmente advinda desse casal, integrado por pessoas que não guardam relação de parentesco tão próxima como a existente entre irmãos.

## 2.5. Casamento entre o adotado e o filho do adotante

Em sequência, traz, o Código Civil, outra proibição ao casamento que se afigura de imediata compreensão.

Não se permite, sob pena de invalidade, a união entre o adotado e o filho do adotante, pois, na perspectiva constitucional do vínculo adotivo, esse casamento estaria sendo contraído entre irmãos.

Espaço não há mais, em nosso sentir, para interpretação restritiva da adoção, de maneira que o adotado insere-se como filho na família do adotante, para todos os efeitos de direito, não se podendo, com isso, admitir que venha a convolar núpcias com o(a) filho(a) do seu pai ou da sua mãe, vale dizer, com o seu irmão ou irmã.

Tal vedação, portanto, dispensa maiores comentários, dada a sua justificável existência.

Em verdade, poder-se-ia defender, inclusive, que a previsão seria despicienda, estando já abrangida pela restrição do casamento entre irmãos, contida no inciso IV do art. 1.521 do CC/2002, já que o tratamento diferenciado, no sistema anterior (art. 183, IV e V, do CC/1916), justificava-se apenas no período anterior à Constituição Federal de 1988, que promoveu a mais ampla isonomia de tratamento entre filhos (e, consequentemente, entre irmãos), na forma do § 6º do seu art. 227[6].

## 2.6. Casamento entre as pessoas casadas

Severo é o tratamento jurídico dispensado, no Brasil, à bigamia, consoante podemos observar na leitura do nosso Código Penal[7]:

> "Bigamia
>
> Art. 235. Contrair alguém, sendo casado, novo casamento:
>
> Pena — reclusão, de dois a seis anos.
>
> § 1º Aquele que, não sendo casado, contrai casamento com pessoa casada, conhecendo essa circunstância, é punido com reclusão ou detenção, de um a três anos.
>
> § 2º Anulado por qualquer motivo o primeiro casamento, ou o outro por motivo que não a bigamia, considera-se inexistente o crime".

[6] "§ 6º Os filhos, havidos ou não da relação do casamento, ou por adoção, terão os mesmos direitos e qualificações, proibidas quaisquer designações discriminatórias relativas à filiação."

[7] No passado, lembra-nos José Carlos Teixeira Giorgis, o rigor de tratamento era ainda maior: "O Código do Império brasileiro, mirando-se no Código Napoleônico, impunha a pena de trabalhos forçados até seis anos; depois, em 1890, sob o título de poligamia, o ordenamento penal definia o crime entre os cometidos contra a segurança do estado civil, com pena de prisão celular até seis anos, levando a imprecisão do termo a supor que a infração apenas ocorreria depois do segundo casamento (polígamo), defeito que foi corrigido na atual versão do artigo 235, CP" (A Bigamia. Disponível em: <http://www.ibdfam.org.br/?artigos&artigo=194>. Acesso em: 22 jun. 2017).

Nessa linha, proíbe-se, sob pena de nulidade absoluta, o casamento de quem ainda não teve dissolvido, pelo divórcio ou pela morte do seu consorte, o vínculo matrimonial anterior.

Isso porque, consoante já anotamos, posto a monogamia não tenha condão absoluto, nem possa ser imposta coercitivamente pelo Estado, ainda é um valor juridicamente tutelado.

Trata-se de um impedimento de vínculo, sobre o qual advertem, na doutrina portuguesa, FRANCISCO COELHO e GUILHERME DE OLIVEIRA:

> "Visou a lei com este impedimento evitar a bigamia, assegurando protecção, no plano civil, ao bem da unidade matrimonial, que constitui, como vimos, um dos caracteres essenciais do casamento, como estado"[8].

Com efeito, trata-se de um impedimento amplamente reconhecido na maior parte dos ordenamentos jurídicos de ideologia ocidental.

Posto o nosso Código Civil apenas consagre, como impedimento, o novo casamento de quem ainda é tecnicamente casado, silenciando quanto à união estável, claro está, todavia, que aquele que mantiver relação de companheirismo, para contrair núpcias, deverá desfazê-la, por conta da impossibilidade de se manter, ao menos em linha de princípio, duas relações paralelas de afeto.

Na eventual hipótese de o cônjuge imaginar, por equívoco, desfeito o seu primeiro casamento, caso venha a convolar novo matrimônio, em seu favor poderão incidir, à luz do princípio da boa-fé, as normas pertinentes ao casamento putativo.

## 2.7. Casamento entre o cônjuge sobrevivente com o condenado por homicídio ou tentativa de homicídio contra o seu consorte

Proíbe-se, finalmente, o casamento entre o cônjuge sobrevivente e o condenado por homicídio consumado ou tentado contra o seu consorte.

Trata-se de regra justa, necessária e de clareza meridiana, aplicável aos crimes dolosos de homicídio, em quaisquer de suas modalidades (consumada ou tentada).

Imagine-se, por exemplo, que Alzira, casada com Joaquim, mantém relação adulterina com o seu amante, Richard. Muito bem. Resolvem, então, os amantes, assassinar Joaquim. Ora, quer o grave delito haja se consumado ou não, claro está que não poderão contrair núpcias, sob pena de satisfazerem o seu desiderato nefasto.

Por outro lado, uma vez que o legislador se referiu apenas à "condenação" dos agentes do crime, poder-se-ia concluir no sentido da dispensa do trânsito em julgado da sentença penal condenatória, o que, em nosso pensar, nesse caso, não é a melhor solução,

[8] COELHO, Francisco Manuel de Brito Pereira; OLIVEIRA, Guilherme de, ob. cit., p. 270.

porquanto a independência dos juízos cível e criminal é relativa, de maneira que eventual sentença absolutória, a depender do seu fundamento, repercutiria no âmbito privado.

Por tal razão, é mais acertado o entendimento no sentido de que a simples condenação não gera o impedimento matrimonial, mas sim o efetivo trânsito em julgado da sentença penal condenatória.

Nesse sentido, TARTUCE e SIMÃO:

> "Concordamos com a parcela da doutrina que considera existir o impedimento somente nos casos de crime doloso e trânsito em julgado da sentença penal condenatória"[9].

Afastamo-nos, todavia, do pensamento desses dois brilhantes autores quando asseveram permanecer válido o casamento, "mesmo no caso de sentença penal transitada em julgado superveniente, ou seja, posterior ao matrimônio"[10].

Ora, o trânsito em julgado da decisão condenatória, por consequência, firmaria o impedimento, projetando-se retroativamente, para permitir o reconhecimento da nulidade absoluta do casamento, afastadas, inclusive, as regras do casamento putativo, por conta de os cônjuges não haverem atuado de boa-fé[11].

E, se assim não o fosse, como se sabe, um processo em que se apura a prática de crime doloso contra a vida, dada a sua complexidade, em geral não comporta desfecho célere, o que resultaria por permitir, em flagrante burla legislativa, a imediata realização do casamento e a concretização do funesto desiderato criminoso.

Registre-se, por fim, que o impedimento se limita à hipótese do homicídio doloso, não se aplicando ao homicídio culposo.

Da mesma forma, considerando-se a *ratio* da norma, soa estranha a omissão ao homicídio do(a) companheiro(a) para casamento com a(o) convivente sobrevivente. Havendo trânsito em julgado da condenação por esse homicídio doloso, parece-nos que o dispositivo possa ser invocado como causa de nulidade absoluta do matrimônio, dada a gravidade da situação.

## 2.8. Casamento entre adúlteros

A matemática não nos deixa mentir: o brasileiro, em geral, conhece muito bem a infidelidade.

---

9 TARTUCE, Flávio; SIMÃO, José Fernando, ob. cit., p. 63.

10 TARTUCE, Flávio; SIMÃO, José Fernando, ob. cit., p. 63.

11 De fato, como bem anota Clóvis Beviláqua, a imoralidade do casamento decorreria não apenas da codelinquência (coautoria ou participação), mas da simples conivência no crime praticado contra o seu consorte: "Poderá ser ausência de sentimentos de piedade para com o morto, ou de estima para consigo mesmo, mas em grau tão subido que, se a cumplicidade não existiu, houve aprovação do crime, igualmente imoral" (*Código Civil dos Estados Unidos do Brasil*, p. 498).

Com isso, não é desarrazoado imaginar a provável existência de inúmeras realidades paralelas ao casamento ou à união estável em nosso país.

E tal aspecto sociológico certamente orientou o legislador a descriminalizar o adultério, o que ocorreu por meio da aprovação da Lei n. 11.106, de 2005, que alterou o Código Penal brasileiro.

Antes mesmo, porém, dessa mudança legislativa, o Código Civil já havia banido antiga regra que proibia o casamento entre os corréus, condenados pelo crime de adultério.

O atual Código Civil, pois, posto não considere o adultério lícito — eis que continua sendo uma quebra do dever de fidelidade, constituindo-se, na prática, em causa extremamente comum para a dissolução do casamento ou da união estável —, não mais impede que os adúlteros, uma vez livres da relação que os vinculava, possam contrair, entre si, matrimônio.

## 3. OPOSIÇÃO DOS IMPEDIMENTOS

Os impedimentos, nos termos do art. 1.522, podem ser opostos até o momento da celebração do casamento, por qualquer pessoa capaz.

Por isso, aliás, é que o local de celebração do matrimônio deve ser aberto ao público, não se permitindo solenidade de portas fechadas.

Se o juiz, ou o oficial de registro, por seu turno, tiver conhecimento da existência de algum impedimento, será obrigado a declará-lo (parágrafo único do art. 1.522 do CC/2002), por se tratar de matéria de ordem pública.

É de se observar ainda que, se a oposição se der no bojo do procedimento de habilitação, a teor do art. 1.529 do CC/2002 — que também se aplica às causas suspensivas —, deverá ser documentada por meio de declaração escrita e assinada, instruída com as provas do fato alegado, ou com a indicação do lugar onde possam ser obtidas.

Nessa linha, deverá o oficial do registro dar aos nubentes ou a seus representantes nota da oposição, indicando os fundamentos, as provas e o nome de quem a ofereceu, concedendo-lhes prazo razoável para fazer prova contrária aos fatos alegados, e promover as ações civis e criminais contra o oponente de má-fé (art. 1.530 do CC/2002).

## 4. EFEITOS JURÍDICOS DO CASAMENTO NULO

Grave é a consequência decorrente da violação dos impedimentos previstos no art. 1.521 do Código Civil.

Considerando a superior natureza dos interesses que tutela, a infringência de qualquer desses impedimentos desemboca na nulidade do matrimônio celebrado.

Nesse diapasão, dispõe o Código Civil, em seu art. 1.548, com a redação dada pelo Estatuto da Pessoa com Deficiência, que o casamento será considerado nulo por infringência de impedimento, não mais remanescendo a ultrapassada restrição ao matrimônio do enfermo mental.

> "Art. 1.548. É nulo o casamento contraído:
>
> I — *Revogado pela Lei n. 13.146, de 2015*;
>
> II — por infringência de impedimento".

Observe-se que o Estatuto da Pessoa com Deficiência (Lei n. 13.146, de 6 de julho de 2015) inseriu um § 2º no art. 1.550, salientando que a "pessoa com deficiência mental ou intelectual em idade núbia poderá contrair matrimônio, expressando sua vontade diretamente ou por meio de seu responsável ou curador", o que mantém a essência da diretriz, que busca, em verdade, prestigiar o livre-arbítrio das partes.

Em verdade, trata-se de dispositivo interessante, mas que deve ser aplicado com cautela, para evitar situações de abuso mediante a captação dolosa da vontade do nubente com deficiência.

Fique atento o nosso estimado leitor, todavia, para o fato de que a teoria da invalidade aplicada à Parte Geral do Código Civil sofre, no Direito de Família, especiais adaptações, de maneira que nem todas as regras gerais incidentes nos atos nulos podem ser aplicadas ao casamento.

Assim, por exemplo, sabemos que a nulidade do ato jurídico em geral pode ser arguida por qualquer interessado, ou pelo Ministério Público quando lhe couber intervir no processo, podendo ser, inclusive, declarada de ofício pelo juiz (art. 168 do CC).

No entanto, na hipótese do casamento, não poderá o juiz declarar *ex officio* a nulidade, exigindo-se, para tanto, a propositura de ação direta de nulidade, nos termos do art. 1.549 do CC/2002:

> "Art. 1.549. A decretação de nulidade de casamento, pelos motivos previstos no artigo antecedente, pode ser promovida mediante ação direta, por qualquer interessado, ou pelo Ministério Público".

Observe-se, portanto, não haver sido prevista a possibilidade de pronunciamento espontâneo do magistrado, como bem notou SÍLVIO VENOSA:

> "Como destacamos, nenhuma nulidade em matéria de casamento pode ser declarada de ofício. Há necessidade de ação que será a de rito mais amplo, permitindo plenitude probatória"[12].

E não subsiste mais, vale lembrar, por falta de previsibilidade legal — e em virtude de sua quase completa inutilidade prática — a figura do "curador do vínculo" (prevista apenas no art. 222 do revogado Código Civil de 1916), pessoa especialmente designada pelo juiz para, no bojo da ação de nulidade, defender a validade do casamento.

---

12 VENOSA, Sílvio de Salvo. *Direito Civil* — Direito de Família, 6. ed., São Paulo: Atlas, 2006, p. 113.

Por conta da natureza declaratória do provimento jurisdicional pretendido, essa ação é imprescritível, e os efeitos da sentença proferida têm, naturalmente, eficácia retroativa (*ex tunc*):

> "Art. 1.563. A sentença que decretar a nulidade do casamento retroagirá à data da sua celebração, sem prejudicar a aquisição de direitos, a título oneroso, por terceiros de boa-fé, nem a resultante de sentença transitada em julgado".

A retroatividade desses efeitos, como visto, não poderá prejudicar a aquisição de direitos, a título oneroso, por terceiros de boa-fé, como na hipótese em que os cônjuges, conjuntamente, na constância do matrimônio ainda não impugnado, resolvem vender determinado bem do patrimônio comum.

Por outro lado, caso a alienação seja gratuita — uma doação, por exemplo — ou o terceiro esteja de má-fé, a regra conduz-nos à conclusão de que o ato praticado perderia eficácia, retornando ao *status quo ante*.

Pensamos que a ressalva, verificada a boa-fé do terceiro, não se afigura tão necessária, por decorrer das próprias garantias constitucionais do ato jurídico perfeito e da coisa julgada.

Nessa mesma linha, uma sentença transitada em julgado que houvesse, por exemplo, acatado o pedido formulado pela esposa, em ação de embargos de terceiro, para livrar bem de seu patrimônio pessoal de eventual penhora requerida pelos credores do seu marido, não seria considerada ineficaz, ainda que se invalidasse, posteriormente, o seu matrimônio, tendo em vista os limites objetivos da coisa julgada.

Portanto, a grande questão é a verificação, no caso concreto, da boa-fé do adquirente.

# LXX PLANO DE VALIDADE DO CASAMENTO: CAUSAS DE ANULAÇÃO

## 1. CAUSAS DE ANULABILIDADE NO CÓDIGO CIVIL DE 2002

Dispõe o art. 1.550 do CC/2002 ser anulável o casamento:

> "I — de quem não completou a idade mínima para casar;
>
> II — do menor em idade núbil, quando não autorizado por seu representante legal;
>
> III — por vício da vontade, nos termos dos arts. 1.556 a 1.558;
>
> IV — do incapaz de consentir ou manifestar, de modo inequívoco, o consentimento;
>
> V — realizado pelo mandatário, sem que ele ou o outro contraente soubesse da revogação do mandato, e não sobrevindo coabitação entre os cônjuges;
>
> VI — por incompetência da autoridade celebrante.
>
> § 1º Equipara-se à revogação a invalidade do mandato judicialmente decretada.
>
> § 2º A pessoa com deficiência mental ou intelectual em idade núbia poderá contrair matrimônio, expressando sua vontade diretamente ou por meio de seu responsável ou curador".

Enfrentemos, pois, cada uma dessas hipóteses de nulidade relativa do matrimônio.

### 1.1. Nubente que não completou a idade mínima para casar

Esse dispositivo se esvaziou.

Não havendo completado a idade mínima para casar, não se admite casamento, a teor da nova redação do art. 1.520 do CC:

> "Art. 1.520. Não será permitido, em qualquer caso, o casamento de quem não atingiu a idade núbil, observando o dispositivo no art. 1.517 deste Código". [Redação dada pela Lei n. 13.811 de 2019]

Após detida reflexão, convencemo-nos de que a violação dessa norma, pois, desembocaria, não em mera anulabilidade, mas em nulidade absoluta.

Todavia, trata-se de aspecto que, por certo, ainda comportará amplo debate acadêmico.

## 1.2. Nubente em idade núbil sem autorização para o casamento

Como sabemos, ainda que atingida a idade mínima para o casamento, até os 18 anos (maioridade civil), o nubente necessita da autorização dos pais ou dos seus representantes legais (tutor ou curador).

A falta dessa autorização não suprida pelo juiz também é causa de anulabilidade do casamento.

Relembremo-nos de que a autorização concedida pelos pais e tutores poderá ser revogada até o dia da celebração do casamento, a teor do art. 1.518 do Código Civil de 2002.

Trata-se, em essência, do exercício de um direito potestativo.

Os direitos potestativos, nas palavras de FRANCISCO AMARAL, "conferem ao respectivo titular o poder de influir ou determinar mudanças na esfera jurídica de outrem, por ato unilateral, sem que haja dever correspondente, apenas uma sujeição"[1].

É o que se dá com o direito conferido ao representante legal de revogar a autorização dada ao nubente de 16 ou 17 anos, até a celebração do matrimônio.

## 1.3. Vícios de vontade

Na forma do art. 1.550, III, também será anulável o casamento quando ocorrer vício de vontade na sua celebração.

Trata-se, em verdade, do reconhecimento de que, para a validade do casamento, a vontade dos nubentes deve ser livre e de boa-fé, aliás, como deve ser a manifestação da vontade em qualquer negócio jurídico.

Analisemos, por seu turno, as peculiaridades da disciplina legal dos vícios de vontade no reconhecimento da anulabilidade do casamento, o que será objeto dos próximos subtópicos.

### *1.3.1. Da omissão legal de referência a outros vícios de consentimento*

Na forma do art. 1.550, III, c/c os arts. 1.556/1.558 do CC/2002, será anulável o casamento quando houver erro essencial sobre a pessoa de um dos cônjuges ou coação.

Da leitura atenta da previsão legal, constata-se, de forma evidente, que houve omissão (injustificada, em nosso sentir) do dolo como causa invalidante.

SÍLVIO VENOSA observa que

> "o dolo, como causa de anulação, colocaria sob instabilidade desnecessária o casamento, permitindo que defeitos sobrepujáveis na vida doméstica fossem trazidos à baila em um processo".

---

1 AMARAL, Francisco. *Direito Civil* — Introdução, 10. ed., São Paulo: Saraiva, 2018, p. 687.

Entretanto, o culto civilista reconhece que

> "há legislações que admitem o dolo, para anular o casamento, como a alemã, a argentina e a suíça, tendo a doutrina mais recente apoiado essa solução, colocando em dúvida os argumentos mais repetidos contra esse vício como causa de anulação"[2].

De fato, levando em conta a essência do dolo — erro provocado por terceiro —, a sua admissibilidade no âmbito matrimonial, longe de caracterizar mera instabilidade do casamento, consistiria, em nosso pensar, no necessário reconhecimento de que situações há, na vida real, em que o nubente atua com o inequívoco propósito de enganar o outro.

De qualquer maneira, a ausência da previsão normativa não acarreta grave prejuízo ao sistema, uma vez que possíveis condutas dolosas encontram guarida nas próprias regras reguladoras do erro essencial.

Quanto aos outros defeitos do negócio, a peculiar natureza jurídica de cada um deles não permitiria útil aplicação ao casamento, com exceção da simulação, caso em que teríamos uma situação especial de nulidade, regulada na própria Parte Geral do Código Civil, a teor de seu art. 167.

### *1.3.2. Do erro essencial sobre a pessoa de um dos cônjuges*

No que toca, especialmente, ao Direito de Família, merece especial referência o erro sobre pessoa, previsto no inciso II do referido art. 139 do Código Civil de 2002.

Trata-se de uma falsa percepção da realidade, invalidante do ato que se pratica, incidente nas características pessoais ou no comportamento de um dos declarantes, consoante prevê o nosso Código:

> "Art. 1.556. O casamento pode ser anulado por vício da vontade, se houve por parte de um dos nubentes, ao consentir, erro essencial quanto à pessoa do outro".

Pensamos que esse erro deverá ser de tal impacto que torne insuportável a vida em comum ao cônjuge enganado, uma vez que, não sendo assim, prejuízo não haveria, e, como se sabe, ausente o dano, inexistente é a nulidade.

Incumbe, outrossim, ao cônjuge prejudicado, provar suficientemente o equívoco, impondo-se ao juiz redobrada cautela na apreciação do fato, porquanto, como se sabe, os caminhos do coração levam-nos, muitas vezes — por mágoa ou paixão não correspondida —, a encobrir a frustração vivida com o erro da nossa própria escolha.

Nessa linha, a codificação civil brasileira elenca, expressamente, as situações consideradas de erro essencial sobre a pessoa do outro cônjuge, conforme se verifica no art. 1.557 do CC/2002 (já com a redação estabelecida pelo Estatuto da Pessoa com Deficiência):

---

[2] VENOSA, Sílvio de Salvo, ob. cit., p. 128.

> "Art. 1.557. Considera-se erro essencial sobre a pessoa do outro cônjuge:
>
> I — o que diz respeito à sua identidade, sua honra e boa fama, sendo esse erro tal que o seu conhecimento ulterior torne insuportável a vida em comum ao cônjuge enganado;
>
> II — a ignorância de crime, anterior ao casamento, que, por sua natureza, torne insuportável a vida conjugal;
>
> III — a ignorância, anterior ao casamento, de defeito físico irremediável que não caracterize deficiência ou de moléstia grave e transmissível, por contágio ou por herança, capaz de pôr em risco a saúde do outro cônjuge ou de sua descendência"[3].

Trata-se de hipóteses com limites objetivos para garantir a segurança e a estabilidade do casamento, mas abertas o suficiente para abranger situações fáticas não pensadas originalmente pelo legislador que as concebeu.

Afinal, são *standards* jurídicos, e, como tais, exigem detida e cautelosa atividade hermenêutica.

Vamos, então, amigo leitor, estudar agora essas situações caracterizadoras do erro essencial no casamento.

### 1.3.2.1. Quanto à identidade, honra e boa fama

Na primeira hipótese, o erro diz respeito à identidade, honra e boa fama de um dos cônjuges, sendo esse erro tal que o seu conhecimento ulterior torne insuportável a vida em comum ao cônjuge enganado.

A primeira circunstância descrita poderia ser exemplificada no caso do marido que se apresenta com nome e identidade falsos, comportando-se, durante o noivado, e até a descoberta da sua farsa, como se fosse outra pessoa.

Conquista a sua noiva apresentando-se como João da Silva, empresário, mas, em verdade, trata-se de Marcos Bomfino, professor. Incute, pois, no outro declarante, a falsa perspectiva de sua identidade civil.

Trata-se, é bem verdade, de situação pouco provável, mas não de impossível ocorrência.

Uma outra hipótese possível para enquadramento no *standard* é a do cônjuge que se submeteu à cirurgia para redesignação de sexo e não informou ao outro nubente.

Na mesma linha, trata a previsão legal dos conceitos vagos ou abertos de "honra e boa fama", que conferem ao julgador uma margem — regrada, claro — de discricionariedade, para a aferição do comportamento não revelado, e, por conta disso, reputado legalmente espúrio e prejudicial.

---

[3] Observe-se que o inciso IV do art. 1.557 do CC/2002 ("IV — a ignorância, anterior ao casamento, de doença mental grave que, por sua natureza, torne insuportável a vida em comum ao cônjuge enganado") foi revogado pela Lei n. 13.146, de 6 de julho de 2015 (Estatuto da Pessoa com Deficiência).

Ao referir esses atributos morais, pensamos que o legislador levou em conta a dimensão individual e social do eu de cada nubente, na interface com a esfera de existência do outro, com o qual se uniu pelo matrimônio.

Segundo WASHINGTON DE BARROS MONTEIRO:

> "Honra é a dignidade da pessoa que vive honestamente, que pauta seu proceder pelos ditames da moral; é o conjunto dos atributos, morais e cívicos, que torna a pessoa apreciada pelos concidadãos. Boa fama é a estima social de que a pessoa goza, visto conduzir-se segundo os bons costumes"[4].

Assim, o comportamento pessoal e social do cônjuge, anterior ao casamento, descoberto pelo seu parceiro, poderá, a depender da sua gravidade, resultar na invalidade matrimonial.

É o caso da noiva que descobre alcoolismo do seu esposo, habitual e anterior ao casamento.

E, sem pretendermos esgotar o infinito rol de possibilidades, dada a abertura eficacial da norma, apontamos outros exemplos indicados por MARIA HELENA DINIZ: má vida ou prostituição da mulher anterior ao ato nupcial; vício de tóxicos; vida desregrada do cônjuge, chegando mesmo a manter relações sexuais com a própria mãe etc.[5].

Fique claro, todavia, que a atividade hermenêutica de preenchimento desses vagos conceitos de honra e boa fama deve ser empreendida com bom senso e sensibilidade, evitando o intérprete adotar posições discriminatórias, violadoras do superior princípio da dignidade humana, como bem anotou o Tribunal de Justiça do Rio de Janeiro:

> "ANULAÇÃO DE CASAMENTO. ERRO ESSENCIAL. HONRA E BOA FAMA. NÃO CARACTERIZAÇÃO. É anulável o casamento por vício de vontade, nos termos do art. 1.550, III do CC/02, em casos de coação e erro essencial quanto à pessoa do cônjuge (arts. 1.556 e 1.557 do CC/02). Pretende o autor imputar conduta desonrosa alegando que a ré sempre manteve relações com outros homens, desde a época do namoro bem como após as núpcias e, após o casamento, estaria envolvendo-se com outra pessoa que inclusive frequentava a casa do autor e era seu amigo. Com a evolução da sociedade, caracterizações como honra e boa fama devem ser interpretadas *cum grano salis* evitando-se, assim, práticas discriminatórias e atentatórias à dignidade da pessoa humana, em evidente contrariedade ao ordenamento jurídico. Não há motivo para anulação de casamento, mas sim para eventual pedido de separação judicial, nos termos da legislação em vigor. Desprovimento do recurso" (TJRJ, Ap. 2007.001.49973, 9ª Câm. Cív., Rel. Des. Roberto de Abreu e Silva, julgado em 18-12-2007).

---

4 MONTEIRO, Washington de Barros, ob. cit., p. 95-6.

5 DINIZ, Maria Helena, ob. cit., 2019, v. 5, p. 295.

Em julgado seguinte, do Tribunal de Justiça do Rio Grande do Sul, outrossim, admitiu-se o reconhecimento do erro:

"APELAÇÃO. ANULAÇÃO DE CASAMENTO. ERRO ESSENCIAL EM RELAÇÃO À PESSOA DO CÔNJUGE. OCORRÊNCIA. A existência de relacionamento sexual entre cônjuges é normal no casamento. É o esperado, o previsível. O sexo dentro do casamento faz parte dos usos e costumes tradicionais em nossa sociedade. Quem casa tem uma lícita, legítima e justa expectativa de que, após o casamento, manterá conjunção carnal com o cônjuge. Quando o outro cônjuge não tem e nunca teve intenção de manter conjunção carnal após o casamento, mas não informa e nem exterioriza essa intenção antes da celebração do matrimônio, ocorre uma desarrazoada frustração de uma legítima expectativa. O fato de que o cônjuge desconhecia completamente que, após o casamento, não obteria do outro cônjuge anuência para realização de conjunção carnal demonstra a ocorrência de erro essencial. E isso autoriza a anulação do casamento. DERAM PROVIMENTO (SEGREDO DE JUSTIÇA)" (TJRS, AC 70016807315, 8ª Câm. Cív., Rel. Rui Portanova, julgado em 23-11-2006).

Em sentido contrário, outras argumentações, como o curto tempo de namoro ou erro sobre comportamento de parente (sogra), não têm sido reconhecidas como justificadoras da anulação do casamento.

Confiram-se, a título demonstração, os seguintes julgados:

"FAMÍLIA. ANULAÇÃO DE CASAMENTO. ERRO ESSENCIAL SOBRE A PESSOA. CASAMENTO AGENCIADO. Não se pode invocar erro essencial sobre a pessoa do outro cônjuge quando o casamento é celebrado em curto espaço de tempo entre o namoro e a sua celebração. Assume o risco de se equivocar quanto à pessoa quem aceita casar sem manter um período razoável de conhecimento mútuo. Insuficiência probatória. Anulação improcedente. Separação judicial, vida conjugal insuportável. Acolhimento do pleito reconvencional. Apelação desprovida. Segredo de justiça" (TJRS, AC 70015420599, 8ª Câm. Cív., Rel. Luiz Ari Azambuja Ramos, julgado em 10-08-2006).

"CIVIL. ANULAÇÃO DE CASAMENTO. ERRO ESSENCIAL QUANTO À PESSOA DO OUTRO CÔNJUGE. INSUPORTABILIDADE DA VIDA EM COMUM. ARTIGOS 218 E 219 DO CÓDIGO CIVIL DE 1916. I — O erro que justifica a anulação do casamento se refere à pessoa do outro nubente, sendo irrelevante para tanto o erro sobre a sua genitora (sogra). II — Negou-se provimento ao recurso. Unânime" (TJDFT, AC 20010110299278, Rel. José Divino de Oliveira, julgado em 16-8-2006, *DJ* 7-11-2006, p. 101, 1ª Turma Cível).

Tudo dependerá, pois, da cautelosa análise do caso concreto, a fim de que se possa efetivamente aferir se houve o alegado equívoco por parte do cônjuge supostamente prejudicado.

### 1.3.2.2. Quanto à existência de cometimento de crime

Na mesma linha, também poderá ser anulado o casamento por erro essencial, em virtude da ignorância de crime, anterior ao casamento, que, por sua natureza, torne insuportável a vida conjugal.

Eis, aqui, a segunda hipótese de anulação por erro, nos termos do art. 1.557.

O conhecimento ulterior ao matrimônio de crime grave cometido pelo consorte poderá resultar na invalidade do matrimônio em face da insuportabilidade da vida em comum.

É de notar que a gravidade do crime não deve ser aferida segundo um padrão objetivo, mas, sim, na medida do sofrimento experimentado pelo cônjuge enganado.

Assim, a descoberta do cometimento de um estupro anterior ao casamento ou, até mesmo, de um simples furto poderá — a despeito da discrepante gravidade de repercussão jurídica entre esses fatos típicos — resultar na invalidação do matrimônio, em se comprovando a impossibilidade de mantença do vínculo por parte do cônjuge inocente.

O referencial de análise, pois, para a aferição da invalidade, é a repercussão do ato na vítima, e não na sociedade.

Nesse sentido, ROLF MADALENO preleciona:

> "O atual codificador inovou ao deixar de medir a gravidade do crime para que o cônjuge passe, doravante, a decidir sobre sua vida e o seu casamento, sendo dele a decisão de promover a ação de anulação de seu matrimônio, sempre que, no seu sentir, o posterior cometimento de crime praticado por seu parceiro conjugal, antes do casamento, por sua natureza e pela sua revelação até então ignorada, tornou a sua vida conjugal insuportável, indiferente à extensão da apenação e da sua repercussão social, pois o que importa é a repercussão causada ao cônjuge que desconhecia o fato, de tal sorte que, se ele soubesse, talvez não tivesse casado"[6].

O atual Código Civil não se referiu à necessidade de o crime ser inafiançável, nem ao trânsito em julgado da sentença condenatória, de maneira que, em nosso sentir — coerente com a posição acima esposada no sentido da repercussão pessoal do fato como critério de análise da norma —, basta o cometimento do ato criminoso, para se deslocar ao juízo cível a análise da causa de invalidade.

### 1.3.2.3. Quanto à existência de defeito físico irremediável que não caracterize deficiência ou patologia transmissível

Avançando em nosso estudo, também haverá invalidade em decorrência da ignorância, anterior ao casamento, de defeito físico irremediável que não caracterize deficiência ou

---

[6] MADALENO, Rolf, ob. cit., p. 112.

de moléstia grave e transmissível, pelo contágio ou herança, capaz de pôr em risco a saúde do outro cônjuge ou de sua descendência.

Compreendemos a inserção da expressão "que não caracterize deficiência", realizada pela Lei Brasileira de Inclusão (Lei n. 13.146/15), embora, em termos práticos, considerando-se o próprio art. 2º da mesma Lei, não seja fácil visualizar defeito físico irremediável que não traduza deficiência, em uma perspectiva que vise a isonomia.

A par desta reflexão crítica, por defeito físico irremediável, tradicionalmente entende-se ser uma incapacidade física grave, que inabilita o seu portador a realizar atos fundamentais da vida civil, com reflexos prejudiciais na esfera do casamento.

É o caso do marido portador de impotência *coeundi*, ulteriormente descoberta por sua esposa.

Restando comprovada a irreversível inaptidão física para a relação sexual, o casamento poderá ser anulado, não se podendo confundir — frise-se — essa anomalia com a incapacidade para gerar filhos (impotência *generandi*), pois, essa, de per si, é inidônea para justificar a invalidade do matrimônio.

Também resultará em invalidade a descoberta de moléstia grave e transmissível por contágio ou herança, capaz de pôr em risco o outro cônjuge ou a sua prole, como se dá no caso da sífilis ou do vírus HIV.

Ressalte-se, outrossim, que a pessoa portadora da doença merece a nossa atenção e o nosso respeito, não estando, na perspectiva constitucional de promoção da pessoa humana, impedida de casar.

Não é isso.

Ela poderá, sim, unir-se a outra pessoa, realizando o seu projeto pessoal de vida, mas o seu cônjuge deverá tomar prévia ciência do seu estado de saúde, sob pena de a ulterior descoberta resultar na invalidade do matrimônio.

Saliente-se que o defeito físico irremediável autorizador da anulação do casamento não pode caracterizar-se como deficiência, na forma propugnada pelo Estatuto da Pessoa com Deficiência (Lei n. 13.146, de 6 de julho de 2015).

#### 1.3.2.4. Hipóteses não mais caracterizadoras de erro essencial

Vale registrar que o texto original do Código Civil brasileiro de 2002 previa, no inciso IV do art. 1.557, hipótese de anulação do casamento por erro sobre pessoa, a ignorância, anterior ao casamento, de doença mental grave que, por sua natureza, torne insuportável a vida em comum ao cônjuge enganado.

Assim, entendia-se, por exemplo, que a esquizofrenia de que já era portador um dos cônjuges, manifestada após o casamento, e que tornasse insuportável a vida em comum, poderia desembocar na invalidade matrimonial.

Tal hipótese não mais remanesce no nosso ordenamento jurídico por força do Estatuto da Pessoa com Deficiência (Lei n. 13.146, de 6 de julho de 2015), que o revogou expressamente.

Da mesma forma, a abominável regra, presente no Código Civil de 1916 (art. 219, IV), no sentido de permitir ao marido a anulação do casamento pela descoberta do defloramento da sua esposa, desapareceu.

Aliás, a dignidade conferida ao princípio da igualdade pela nossa Constituição de 1988 impediria, já há duas décadas, interpretação que conduzisse à exigibilidade da virgindade feminina, por não se exigir semelhante condição do marido.

Situação inusitada, aliás, ocorreu na Itália, levada à Corte Suprema daquele país, sem precedente ou paralelo no direito brasileiro:

> "Justiça italiana decidiu que fazer sexo com preservativo é motivo para anular o casamento.
>
> A Justiça da Itália decidiu que fazer sexo com preservativo (camisinha) pode ser utilizado como motivo para anular o casamento, de acordo com reportagem do jornal italiano *Il Messaggero*.
>
> A Suprema Corte de Justiça do país ratificou uma decisão do Vaticano, que, em 2005, anulou o casamento de um casal identificado como Fabio N. e Elizabeth T., porque eles fizeram sexo seguro.
>
> A Suprema Corte negou provimento ao recurso de Elizabeth, que contestava a anulação de seu casamento com Fabio.
>
> Segundo a mulher, eles tinham feito sexo protegido para evitar que o marido, que sofre da 'Síndrome de Reite', transmitisse a doença para um futuro filho.
>
> Mas, para a Igreja, as práticas que excluem a procriação podem invalidar o casamento religioso.
>
> Mas, para Elizabeth, esse ponto de vista 'contrasta com a proteção da saúde tanto da mulher quanto da criança'"[7].

Comentando essa decisão, é preciso entender que há dois campos distintos: um é o da submissão às regras religiosas da instituição em que se confia a sua fé; outro é o da disciplina normativa civil correspondente.

Assim, a anulação de casamento religioso, pela comunidade celebrante, não pode ter o condão de anular os seus efeitos civis.

Bem, pensamos que, com isso, fica-nos uma lição: não poderá o intérprete conferir interpretação extensiva às hipóteses legais de invalidade, nem, muito menos, empreender uma hermenêutica que viole o bom senso ou os superiores valores consagrados em nossa Constituição Federal.

Injustificável, pois, nessa linha, a solução italiana.

---

[7] Disponível em: <http://g1.globo.com/Noticias/PlanetaBizarro/0,,MUL965793-6091,00-ITALIA+DECIDE+QUE+SEXO+COM+CAMISINHA+E+MOTIVO+PARA+ANULAR+O+CASAMENTO.html>. Acesso em: 22 jun. 2017.

Uma última observação, porém, deve ser feita ao nosso leitor.

Todas as causas aqui estudadas de anulação de casamento, vigentes ou não, devem sempre provir de um fato anterior ao matrimônio, uma vez que, se lhe fossem posteriores, renderiam ensejo apenas ao desfazimento da relação conjugal.

Tudo o que dissemos até aqui se refere ao erro essencial.

Entretanto, como vimos no início deste tópico, também a coação pode determinar a anulação do casamento.

É o tema do próximo subtópico.

### *1.3.3. Da coação*

Sobre o tema, dispõe o art. 1.558 do CC/2002:

> "Art. 1.558. É anulável o casamento em virtude de coação, quando o consentimento de um ou de ambos os cônjuges houver sido captado mediante fundado temor de mal considerável e iminente para a vida, a saúde e a honra, sua ou de seus familiares".

Figure-se o exemplo do sujeito que é ameaçado de sofrer um mal físico se não contrair o matrimônio com determinada pessoa. Embora se lhe reconheça a opção de aceitar ou não, se o fizer, não se poderá dizer que externou livremente a sua vontade. Poderá, pois, anular o casamento[8].

Na Parte Geral do Código Civil, o art. 151, *caput*, dispõe:

> "Art. 151. A coação, para viciar a declaração de vontade, há de ser tal, que incuta ao paciente fundado temor de dano iminente e considerável à sua pessoa, à sua família ou ao seus bens".

Interessante que a nova Lei Codificada cuidou de admitir o reconhecimento da coação quando a ameaça dirigir-se à pessoa não pertencente à família do paciente (um amigo, por exemplo), cabendo ao juiz avaliar as circunstâncias do caso, e decidir a respeito da invalidade do negócio (art. 151, parágrafo único, do CC/2002[9]).

Cotejando, pois, esse dispositivo com a regra do art. 1.558, notam-se poucas diferenças.

Nessa ordem de ideias, podem-se apontar os seguintes requisitos para a caracterização da coação no casamento:

a) violência psicológica sofrida pelo cônjuge;

b) declaração de vontade viciada;

c) receio sério e fundado de grave dano à pessoa, à família ou aos bens do paciente.

---

[8] Alegoricamente, é o exemplo popular do "casamento caipira", encenado nas festas de São João, em que o noivo manifesta-se favorável na celebração, sob a mira de um trabuco...

[9] "Art. 151. (...) Parágrafo único. Se disser respeito a pessoa não pertencente à família do paciente, o juiz, com base nas circunstâncias, decidirá se houve coação."

Afastando-se um pouco da regra geral que toma como referência a figura do homem médio na análise dos defeitos do negócio jurídico, no apreciar a coação, deve o juiz atentar para as circunstâncias do fato e condições pessoais da vítima.

Nesse sentido, o art. 152 do CC, aplicável à invalidade do casamento:

> "Art. 152. No apreciar a coação, ter-se-ão em conta o sexo, a idade, a condição, a saúde, o temperamento do paciente e todas as demais circunstâncias que possam influir na gravidade dela".

Não se considera coação, outrossim, a ameaça do exercício normal de um direito, nem o simples temor reverencial.

Se a ordem jurídica reconhece o legítimo e regular exercício de um direito, não se poderá considerar abusiva a ameaça de seu exercício. Exemplo: o pai da noiva ameaça executar um crédito — existente e válido — de que dispõe contra o futuro genro, caso este não cumpra a promessa de noivado.

Da mesma forma, não caracteriza violência psicológica apta a anular o negócio o simples temor reverencial.

O respeito pela autoridade não deve ser, em princípio, justificativa para se anular o ato praticado. O argumento "eu me casei porque tinha medo do pai da noiva", de per si, nada vale...

Entretanto, se essa força moral se fizer acompanhar de ameaça ou intimidação, o vício poderá se configurar.

## 1.4. Nubente incapaz de consentir ou de manifestar o seu consentimento

Também haverá anulabilidade no matrimônio do incapaz de consentir ou de manifestar com clareza o seu entendimento.

Fique claro que, embora omisso o Código Civil, tais circunstâncias deverão se verificar no momento da celebração, consoante, inclusive, deixa claro o Estatuto das Famílias (Projeto de Lei n. 2.285, de 2007)[10], em seu art. 30, IV[11].

Uma pessoa, por exemplo, que haja sido induzida quimicamente a manifestar concordância não poderá participar da celebração matrimonial por conta da sua inaptidão para declarar de forma totalmente livre a sua vontade.

---

[10] Esse importante projeto foi apensado ao PL 674/2007 em 17 de dezembro de 2007. Confira-se o *link*: <https://www.camara.leg.br/proposicoesWeb/fichadetramitacao?idProposicao=347575&ord=1>. Acesso em: 7 set. 2019.

[11] PROJETO DE LEI N. 2.285, DE 2007 ("Estatuto das Famílias): "Art. 30. É anulável o casamento: I — dos relativamente incapazes; II — por erro essencial quanto à pessoa do outro cônjuge, anterior ao casamento; III — em virtude de coação; IV — do incapaz de consentir ou manifestar, de modo inequívoco, o consentimento, no momento da celebração; V — por incompetência da autoridade celebrante, salvo se tiver havido registro do casamento".

Também é o caso daquele que, posto goze de discernimento, esteja com as suas faculdades cognitivas embaraçadas, no momento do ato, como nas hipóteses de embriaguez e toxicomania.

Imagine-se, por exemplo, alguém que chega à cerimônia visivelmente bêbado.

Se isso é comum com certos convidados, é inaceitável com os noivos.

## 1.5. Revogação do mandato no casamento por procuração

Vimos que o casamento por procuração, previsto no art. 1.542 do CC/2002, concretiza-se por meio de um mandato especial, lavrado em instrumento público, por meio do qual o nubente outorga poderes de representação voluntária ao seu mandatário (procurador), para que receba o seu consorte.

Sucede que, nos termos do art. 1.550, V, do Código Civil, ora analisado, o casamento por procuração poderá ser anulado caso o mandato haja sido revogado, sem o conhecimento do procurador ou do outro cônjuge, não sobrevindo coabitação entre os consortes.

Vale dizer, outorgada a procuração, por exemplo, por um dos nubentes, esse resolveu, posteriormente, revogar o mandato. Não cuidou, todavia, de dar ciência dessa revogação ao seu procurador ou à outra parte. O casamento, então, se realiza, não tendo sobrevindo coabitação entre os referidos cônjuges.

Nesse caso, dispõe o Código Civil que tal matrimônio é passível de anulação.

Trata-se, em verdade, de uma aplicação do princípio da eticidade no Direito de Família, porquanto o nubente que, ao revogar o mandato, omite-se em comunicar, atua, inequivocamente, em franco desrespeito ao dever anexo de informação, decorrente da cláusula geral de boa-fé objetiva.

Uma importante reflexão, no entanto, compartilhamos com o nosso leitor, referente a essa anulação, decorrente da revogação do mandato não comunicada.

Pensamos haver incorrido em impropriedade técnica o legislador, uma vez que, se o mandato é revogado, quedar-se-ia ausente a manifestação de vontade do cônjuge outorgante, de maneira que o casamento celebrado deveria ser considerado inexistente e não simplesmente inválido.

Isso porque, por óbvio, ausente a manifestação de vontade de um dos cônjuges, prejudica-se o consentimento, e, assim, não há que se falar em casamento!

No entanto, a opção do legislador, convertida em norma vigente, foi no sentido do reconhecimento da invalidade (anulabilidade) matrimonial, regra essa que, até que seja modificada, deverá ser cumprida.

Nessa linha, importa ainda salientar: para que a anulabilidade subsista, é necessário que, a despeito da revogação, não tenha havido coabitação entre os cônjuges, pois, em tendo havido, prejuízo não haverá, e, por consequência, invalidade também não.

Note-se, por fim, a teor do § 1º do art. 1.550[12], que se equipara à revogação a invalidade do mandato judicialmente reconhecida ou decretada. Vale dizer, admitindo o juiz que o mandato celebrado contém nulidade — absoluta ou relativa —, o efeito daí decorrente será o mesmo que estudamos até aqui, qual seja, a anulabilidade do matrimônio celebrado.

### 1.6. Incompetência da autoridade celebrante

Já tivemos oportunidade de observar que a interpretação mais razoável desse dispositivo aponta no sentido de considerarmos que apenas a incompetência territorial ou relativa resulta na anulabilidade do casamento celebrado, porquanto, em se tratando de incompetência absoluta da autoridade celebrante, o matrimônio deverá ser considerado inexistente, e não simplesmente inválido.

Essa interpretação guarda coerência com a teoria da inexistência do ato jurídico e impede a conclusão absurda de que o matrimônio celebrado por agente desprovido de competência material — ou até mesmo jurisdição —, como um sargento da polícia militar ou um bombeiro, seja considerado existente e, simplesmente, anulável.

Convidamos, pois, o nosso leitor, a revisar o tópico acima mencionado, em que enfrentamos a matéria.

## 2. PRAZO E LEGITIMAÇÃO PARA ANULAÇÃO DO CASAMENTO

Vale recordar, nesse ponto, ao nosso amigo leitor que os prazos para a propositura da ação anulatória de casamento são decadenciais e não prescricionais[13].

Fique atento a esse aspecto, amigo leitor!

Esse é um erro muito frequente nas academias e foros do país, e que deve ser firmemente evitado, por conta de existir distância continental separando a prescrição (incidente na pretensão oriunda de uma prestação inadimplida) da decadência (incidente no direito potestativo com prazo de exercício).

Considerando-se não ser este o momento adequado para aprofundarmos essa diagnose diferencial, é útil lembrarmos que, no Código Civil de 2002, os prazos prescricionais encontram-se disciplinados em dois únicos artigos: 205 e 206, de maneira que todos os outros são decadenciais.

Retornando ao nosso tema, passemos em revista, no Código Civil, os prazos decadenciais para o exercício do direito potestativo de anular o casamento:

---

[12] O texto originalmente era do parágrafo único do referido art. 1.550, tendo se tornado § 1º pela inserção de um novo parágrafo pelo Estatuto da Pessoa com Deficiência.

[13] O vigente Código Civil brasileiro, inclusive, pôs uma "pá de cal" em qualquer discussão sobre esse tema, em relação à ação anulatória do casamento do menor, não incidindo no erro técnico, aqui específico, existente no art. 178, § 5º, III, do CC/1916.

> "Art. 1.560. O prazo para ser intentada a ação de anulação do casamento, a contar da data da celebração, é de:
>
> I — cento e oitenta dias, no caso do inciso IV do art. 1.550;
>
> II — dois anos, se incompetente a autoridade celebrante;
>
> III — três anos, nos casos dos incisos I a IV do art. 1.557[14];
>
> IV — quatro anos, se houver coação.
>
> § 1º Extingue-se, em cento e oitenta dias, o direito de anular o casamento dos menores de dezesseis anos, contado o prazo para o menor do dia em que perfez essa idade; e da data do casamento, para seus representantes legais ou ascendentes.
>
> § 2º Na hipótese do inciso V do art. 1.550, o prazo para anulação do casamento é de cento e oitenta dias, a partir da data em que o mandante tiver conhecimento da celebração".

Vale observar, ainda, guardando coerência com a menor gravidade jurídica atribuída ao casamento anulável, que, diferentemente do nulo — em que a ação poderá ser promovida por qualquer interessado ou pelo Ministério Público (art. 1.549 do CC/2002) — apenas alguns legitimados previamente definidos em lei, além do próprio cônjuge, poderão manejar a ação anulatória correspondente.

É a previsão do art. 1.552 do CC/2002:

> "Art. 1.552. A anulação do casamento dos menores de dezesseis anos será requerida:
>
> I — pelo próprio cônjuge menor;
>
> II — por seus representantes legais;
>
> III — por seus ascendentes".

Legitimidade específica, outrossim, opera-se no caso de vício de vontade (erro ou coação), conforme estabelece o art. 1.559 do CC/2002:

> "Art. 1.559. Somente o cônjuge que incidiu em erro, ou sofreu coação, pode demandar a anulação do casamento; mas a coabitação, havendo ciência do vício, valida o ato, ressalvadas as hipóteses dos incisos III e IV do art. 1.557".

A coabitação, portanto, atua como fator validante do matrimônio anulável por erro essencial, salvo na hipótese de o erro decorrer da ignorância de moléstia perigosa e transmissível, de defeito físico irremediável que não caracterize deficiência ou de doença mental grave, anteriores ao casamento.

Vale destacar que, antes de mover a ação de invalidade de casamento, é possível a parte requerer uma tutela preventiva de separação de corpos, na forma do art. 1.562 do

---

[14] Observe-se que o inciso IV do art. 1.557 do Código Civil de 2002 foi revogado pelo Estatuto da Pessoa com Deficiência.

CC/2002. Nada impede, outrossim, que a medida seja incidental, ou seja, proposta no curso do próprio processo.

## 3. EFEITOS JURÍDICOS DO CASAMENTO ANULÁVEL

A anulação do casamento gera importantes efeitos jurídicos, merecedores da nossa atenção.

Primeiramente, é bom relembrar que a anulabilidade (nulidade relativa) de determinado ato, considerada em uma escala de gravidade jurídica e impacto eficacial, afigura-se mais branda do que a hipótese de nulidade absoluta.

Ao se referir à teoria geral das nulidades, pontifica SILVIO RODRIGUES:

> "Nesta hipótese, procura o legislador proteger um interesse particular, quer de pessoa que não atingiu ainda o pleno desenvolvimento mental, como o menor púbere ou o silvícola, quer de pessoa que tenha concordado em virtude de um vício de vontade, quer, ainda, de indivíduo que tenha sido ludibriado pela simulação ou pela fraude. Aqui o interesse social é mediato, de maneira que o ordenamento jurídico, conferindo ação ao prejudicado, não toma qualquer iniciativa e se dispõe a validar o ato, se o interessado não promover a sua anulação"[15].

Também no casamento, com as devidas e necessárias adaptações ao seu peculiar sistema, a anulabilidade apresenta-se menos severa, mormente quando consideramos que o próprio legislador cuidou de estabelecer, expressamente, especiais situações de aproveitamento do ato maculado.

É o que veremos a seguir.

### 3.1. Convalescimento do casamento anulável

A busca da preservação e conservação do negócio jurídico encontra guarida também em matéria matrimonial.

Com efeito, o art. 1.551 do CC/2002 impede a anulação do casamento por motivo de idade, caso haja resultado gravidez.

Isso porque, consumada a concepção, essa jovem, ainda menor, pretendendo levar adiante a gravidez (independentemente de se discutir o acerto da criminalização do aborto no Brasil, saliente-se, por exemplo, a autorização legal para interrupção da gravidez, no caso de estupro[16]), assumirá as responsabilidades da maternidade, junto daquele com quem se casou, ainda que não tivesse a idade exigida por lei.

---

[15] RODRIGUES, Silvio. *Direito Civil* — Parte Geral, 12. ed., v. 1, São Paulo: Saraiva, 1981, p. 296.

[16] Código Penal brasileiro: "Art. 128. Não se pune o aborto praticado por médico: I — se não há outro meio de salvar a vida da gestante; II — se a gravidez resulta de estupro e o aborto é precedido de consentimento da gestante ou, quando incapaz, de seu representante legal".

Contemplou-se, ainda, uma especial forma de "confirmação" do casamento inválido, consoante se pode verificar na leitura do art. 1.553 do CC/2002:

> "Art. 1.553. O menor que não atingiu a idade núbil poderá, depois de completá-la, confirmar seu casamento, com a autorização de seus representantes legais, se necessária, ou com suprimento judicial".

Trata-se, pois, de típicas medidas sanatórias de aproveitamento do matrimônio anulável.

Nessa mesma linha, afastando-se do sistema da nulidade absoluta, previu ainda, o legislador, o convalescimento do matrimônio anulável do menor em idade núbil, quando não autorizado pelo seu representante legal, caso a ação anulatória não seja proposta no prazo decadencial de 180 dias, bem como se ficar comprovado que os representantes legais do nubente assistiram à celebração ou, por qualquer modo, manifestaram a sua aprovação:

> "Art. 1.555. O casamento do menor em idade núbil, quando não autorizado por seu representante legal, só poderá ser anulado se a ação for proposta em cento e oitenta dias, por iniciativa do incapaz, ao deixar de sê-lo, de seus representantes legais ou de seus herdeiros necessários.
>
> § 1º O prazo estabelecido neste artigo será contado do dia em que cessou a incapacidade, no primeiro caso; a partir do casamento, no segundo; e, no terceiro, da morte do incapaz.
>
> § 2º Não se anulará o casamento quando à sua celebração houverem assistido os representantes legais do incapaz, ou tiverem, por qualquer modo, manifestado sua aprovação".

Nitidamente, pois, observamos que o codificador, consciente da menor severidade resultante da nulidade relativa, consagrou importantes mecanismos de conservação do ato matrimonial anulável.

## 3.2. Natureza jurídica da sentença anulatória do casamento

Partindo-se da premissa assentada na doutrina processual civil de que a sentença constitutiva (positiva ou negativa) não tem eficácia retro-operante, mas, sim, possui efeitos para o futuro (*ex nunc*), pode-se chegar à falsa conclusão de que isso também ocorre na sentença anulatória de ato jurídico.

De fato, as sentenças desconstitutivas em geral possuem efeitos para o futuro (*ex nunc*), a exemplo da que decreta o divórcio de um casal, dissolvendo o vínculo matrimonial, conforme veremos oportunamente.

Ocorre que a ilicitude do ato anulável, a despeito de desafiar sentença desconstitutiva, exige que a eficácia sentencial seja retroativa (*ex tunc*), sob pena de se coroarem flagrantes injustiças.

No âmbito da teoria geral dos contratos, figuremos a seguinte hipótese: um indivíduo, vítima de lesão (vício invalidante do negócio), foi levado, por necessidade, a celebrar um contrato cujas prestações eram consideravelmente desproporcionais. Por força da avença viciada, o lesado fora induzido a prestar um sinal (arras confirmatórias) no valor de quinze mil reais. Posteriormente, cuidou de anular o ato viciado, pleiteando, inclusive, o que indevidamente pagou. Ora, tal situação demonstra claramente que a maior virtude da anulabilidade do ato é, exatamente, restituir as partes ao estado anterior em que se encontravam, em todos os seus termos. E, obviamente, tal propósito só é possível se forem reconhecidos à sentença anulatória efeitos retro-operantes.

O mesmo raciocínio aplica-se ao casamento.

Anulado o matrimônio, a sentença que o invalida retrotrai os seus efeitos para atingi-lo *ab initio*, cancelando inclusive o seu registro, razão por que os cônjuges retornam ao estado civil de solteiro[17]!

## 3.3. Consequências jurídicas da anulação do casamento

Finalmente, estabelece o art. 1.564 do CC/2002 que, quando o casamento for anulado por culpa de um dos cônjuges, este incorrerá: na perda de todas as vantagens havidas do cônjuge inocente e na obrigação de cumprir as promessas que lhe fez no contrato antenupcial.

Deveria o legislador, nesse particular, ter evitado a utilização da palavra "culpa", de tão difícil — senão impossível — mensuração na vida afetiva que se desconstrói, optando por referir apenas que o cônjuge que desse causa à invalidade poderia suportar, no caso concreto, tais efeitos sancionatórios.

Isso se mostra ainda mais evidente, na contemporaneidade, em que há um evidente declínio de importância da culpa no âmbito da responsabilidade civil e, especialmente, das relações de família.

O Estatuto das Famílias (PL 2.285/2007)[18], talvez por conta da dificuldade na fixação da culpa, optou por não regular as consequências patrimoniais advindas da anulação do casamento.

Analisando, no contexto geral da dissolução do casamento, a falência da culpa no Direito de Família, escreve RODRIGO DA CUNHA PEREIRA, com habitual sagacidade:

---

[17] A favor dessa tese: Flávio Tartuce, Fernando Simão, Zeno Veloso (TARTUCE, Flávio; SIMÃO, José Fernando, ob. cit., p. 98); contra, defendendo que os efeitos se projetam para o futuro: DINIZ, Maria Helena, ob. cit., 2019, v. 5, p. 305, e GOMES, Orlando, ob. cit., p. 124.

[18] Esse importante projeto foi apensado ao PL 674/2007 em 17 de dezembro de 2007. Confira-se o *link*: <https://www.camara.leg.br/proposicoesWeb/fichadetramitacao?idProposicao=347575&ord=1>. Acesso em: 7 set. 2019.

> "Com o fim da culpa na dissolução do casamento, esvaziam-se os longos e tenebrosos processos judiciais de separação. Casamento acaba porque acaba. O amor acaba"[19].

Teçamos, no próximo capítulo, mas ainda no plano de validade do casamento, algumas importantes considerações acerca do tema do casamento putativo.

[19] PEREIRA, Rodrigo da Cunha. Estatuto da Família Legitima Novas Formações Familiares. Disponível em: <http://www.conjur.com.br/2007-nov-22/estatuto_familia_legitima_novas_formacoes_familiares>. Acesso em: 22 jun. 2017.

# LXXI PLANO DE VALIDADE DO CASAMENTO: CASAMENTO PUTATIVO

## 1. CONCEITO E TRATAMENTO LEGAL

Na perspectiva histórica, lembra-nos DÉBORA BRANDÃO:

> "O casamento putativo existe desde o remoto direito romano e exigia a conjugação de três requisitos: boa-fé, escusabilidade do erro e celebração do casamento. Mas parece-nos que a origem do casamento putativo é mesmo canônica. Assim preconiza a maioria dos monografistas, que noticiam sua consagração entre o século XI e o XV. Como o casamento passou a sacramento, a Igreja não podia deixar desprotegida a pessoa que o convolasse de boa-fé. Diante desta situação surge a teoria do casamento putativo para solucionar o infortúnio dos casados debaixo de impedimento, que naquela época eram mais numerosos"[1].

Chegando aos nossos dias, e respeitada, sobretudo, a sua dimensão ética, podemos conceituar o casamento putativo como o matrimônio que, contraído de boa-fé por um ou ambos os consortes, posto padeça de nulidade absoluta ou relativa, tem os seus efeitos jurídicos resguardados em favor do cônjuge inocente.

A tutela dos seus efeitos em face dos filhos, outrossim, dispensa maior consideração, pois, pouco importando se o casamento é aparente ou não, os direitos da prole sempre, e em qualquer circunstância, serão resguardados, como garantidos pelo § 6º do art. 227 da Constituição Federal de 1988[2].

A sua disciplina, no Código Civil, é feita pelo art. 1.561, que merece integral transcrição:

> "Art. 1.561. Embora anulável ou mesmo nulo, se contraído de boa-fé por ambos os cônjuges, o casamento, em relação a estes como aos filhos, produz todos os efeitos até o dia da sentença anulatória.

---

[1] BRANDÃO, Débora Vanessa Caús. Casamento Putativo: um Estudo Baseado no Novo Código Civil, *Jus Navigandi*, Teresina, ano 8, n. 190, 12 jan. 2004. Disponível em: <http://www.egov.ufsc.br/portal/sites/default/files/anexos/9409-9408-1-PB.pdf>. Acesso em: 22 jun. 2017.

[2] "§ 6º Os filhos, havidos ou não da relação do casamento, ou por adoção, terão os mesmos direitos e qualificações, proibidas quaisquer designações discriminatórias relativas à filiação."

> § 1º Se um dos cônjuges estava de boa-fé ao celebrar o casamento, os seus efeitos civis só a ele e aos filhos aproveitarão.
>
> § 2º Se ambos os cônjuges estavam de má-fé ao celebrar o casamento, os seus efeitos civis só aos filhos aproveitarão".

Note-se, pois, que esse instituto, no direito positivo brasileiro, encontra-se adstrito à teoria da invalidade, e não à da inexistência.

Em síntese, casamento putativo é aquele nulo ou anulável, contraído de boa-fé, e que tem os seus efeitos preservados em face de quem atuou segundo o princípio da confiança.

Tome-se, por exemplo, a situação em que um cidadão, casado em Salvador, em uma das suas muitas viagens, conhece uma linda moça em Belo Horizonte e, ocultando o seu estado civil, contrai novo matrimônio, sem que a segunda mulher de nada saiba. Além da prática do crime de bigamia, esse casamento é, inequivocamente, nulo por violação de impedimento (art. 1.521, VI, CC/2002), embora, por haver sido contraído de boa-fé pela inocente esposa, terá os seus efeitos resguardados em face dela, como se válida fosse a união.

Pode também ocorrer, nessa mesma linha, que nenhum dos cônjuges tenha ciência da causa invalidante, como na hipótese em que duas pessoas maiores, capazes, apaixonam-se, convolam núpcias, sem sequer imaginar que são irmãos. Nesse caso, dada a boa-fé de ambos, os efeitos do matrimônio são preservados em favor tanto do marido quanto da mulher.

Sem pretendermos esgotar a casuística, pois diversas são as situações de invalidade, salientamos a hipótese, especialmente tratada na doutrina, de casamento putativo decorrente da coação.

Poder-se-ia argumentar que, em favor do coacto (o noivo que fora seriamente ameaçado para casar), não militaria a preservação dos efeitos matrimoniais, porquanto a sua boa-fé subjetiva não restaria plenamente configurada: por ter sido moralmente coagido, tem ciência do vício que inquina o ato, de maneira que não se poderia alegar inocência.

Todavia, essa conclusão é equivocada.

A violência psicológica sofrida pelo paciente, oprimindo a sua liberdade de escolha e obstaculizando sua capacidade de reação e defesa, poderá traduzir, sim, justificativa juridicamente razoável para preservação dos efeitos decorrentes da putatividade.

E não se diga estar prejudicada a aferição do seu estado de inocência, uma vez que, conforme dissemos acima, o aspecto subjetivo da boa-fé não pode ser analisado isoladamente, mas, sim, em conexão com a sua face objetiva, determinante de um padrão ético esperado e exigido em toda e qualquer relação jurídica de Direito Privado.

Ao coacto, pois, vítima de circunstâncias de violência vedadas pelo sistema jurídico, devem ser preservados os efeitos jurídicos do casamento, como decorrência do princípio da eticidade, para favorecê-lo.

## 2. RECONHECIMENTO DA PUTATIVIDADE

Entendemos que, dada a dimensão ético-social do instituto sob análise, o juiz, no bojo de um processo de nulidade ou anulação de casamento, não depende de provocação da parte interessada para o reconhecimento da putatividade.

Pode, pois, fazê-lo de ofício, preservando os efeitos do matrimônio inválido.

Assim, no dispositivo da sentença, poderá, acolhendo o pedido, declarar nulo ou anular o casamento impugnado, preservando os seus efeitos em favor do cônjuge(s) inocente(s), independentemente de requerimento específico nesse sentido.

O provimento jurisdicional no que tange ao reconhecimento da putatividade é, quanto à sua natureza jurídica, eminentemente declaratório.

O Direito Civil, hoje, sob o influxo da principiologia constitucional, abandona o seu estado de dormência — justificado por uma exacerbada proteção da autonomia privada — e se reconstrói segundo uma perspectiva social e ética que, sem menoscabar a livre-iniciativa, garante valores essenciais à preservação do equilíbrio entre o público e o privado.

Essa é a razão pela qual o juiz, ao aplicar o moderno Direito Privado, não precisa mais aguardar, inerte, em toda e qualquer circunstância, a provocação do interessado, uma vez que o próprio interesse social poderá justificar a sua atuação[3].

## 3. EFEITOS JURÍDICOS DO CASAMENTO PUTATIVO

Como dissemos ao longo deste capítulo, o reconhecimento da putatividade resulta na preservação dos efeitos jurídicos do casamento, segundo a boa-fé de cada cônjuge.

De logo, reputamos dispensável a previsão do § 2º do art. 1.561 do CC/2002, no sentido de que se ambos os cônjuges estavam de má-fé somente aos filhos os efeitos do casamento aproveitarão.

Ora, como temos constantemente afirmado, pouco importando se atuaram de boa ou má-fé, os efeitos do casamento sempre, e em qualquer circunstância, deverão beneficiar os filhos!

Trata-se, pois, de referência desnecessária.

No entanto, no que tange aos consortes, a situação é diversa, pois essa preservação eficacial dependerá da demonstração, no bojo do processo de invalidade, da sua correção e probidade.

Nessa linha, para facilitar o entendimento, estudaremos, em separado, as duas situações possíveis[4]:

a) se ambos os cônjuges atuaram de boa-fé;

b) se apenas um dos cônjuges atuou de boa-fé.

Vamos lá, então.

[3] Em sentido diverso: Sílvio Venosa, ob. cit., p. 136.

[4] Sistematização baseada na obra de Guillermo Borda, ob. cit., p. 106 e s.

### 3.1. Casamento inválido (putativo) contraído de boa-fé por ambos os cônjuges

Invalidado o matrimônio, os direitos e deveres conjugais, como fidelidade recíproca e coabitação, deverão cessar para os dois consortes.

No que tange aos alimentos, outrossim, por princípio de solidariedade aliado à eticidade imanente ao casamento contraído, é justo que sejam fixados, segundo a necessidade dos cônjuges, observado o critério da proporcionalidade, mesmo após a sentença que invalida o matrimônio.

O direito à herança, por sua vez, quedar-se-á extinto, a partir da prolação da sentença de nulidade (ou anulação), porquanto, a par da boa-fé presente na situação concreta, direitos de outros herdeiros entram em linha de colidência com o interesse da viúva ou viúvo, que teve desfeito o casamento com o autor da herança. No entanto, se a morte ocorre quando ainda em curso a ação de invalidade, o direito sucessório do cônjuge sobrevivente é mantido.

No que se refere aos bens, afora a situação sucessória, a solução afigura-se-nos bastante simples.

Considerando-se a boa-fé de ambos os cônjuges, a partilha deverá ser feita, segundo o regime de bens escolhido, como se o juiz estivesse conduzindo um simples divórcio. Com isso, adota-se uma solução justa, segundo a projeção que os próprios cônjuges fizeram antes de convolarem o matrimônio inválido, evitando-se, ainda, o enriquecimento sem causa de qualquer dos dois.

Ainda no âmbito patrimonial, as doações feitas em contemplação de casamento futuro[5] merecem a nossa atenção.

Dispondo sobre essa espécie, o já analisado art. 546 do Código Civil é extremamente claro e elucidativo:

> "Art. 546. A doação feita em contemplação de casamento futuro com certa e determinada pessoa, quer pelos nubentes entre si, quer por terceiro a um deles, a ambos, ou aos filhos que, de futuro, houverem um do outro, não pode ser impugnada por falta de aceitação, e só ficará sem efeito se o casamento não se realizar".

Ora, no casamento putativo, em que os dois consortes figurem de boa-fé, entendemos que a doação deve ser mantida, pois a sua eficácia deriva e se justifica pela eticidade intrínseca ao comportamento de ambos, segundo a projeção de vontade do próprio doador.

Quanto ao nome, pensamos que, em regra, por conta da invalidade declarada, o cônjuge que adotara o sobrenome do outro deverá perdê-lo, salvo excepcional e justificada situação de grave dano pessoal, aferida pelo juiz no caso concreto.

---

5 Sobre o tema, conferir: GAGLIANO, Pablo Stolze. *O Contrato de Doação* — Análise Crítica do Atual Sistema Jurídico e os seus Efeitos no Direito de Família e das Sucessões, 2. ed., São Paulo: Saraiva, 2008.

Finalmente, no que tange à emancipação havida por conta do casamento, deverá a mesma ser preservada em virtude da boa-fé dos cônjuges, não havendo, pois, retorno à situação de incapacidade.

## 3.2. Casamento inválido (putativo) contraído de boa-fé por um dos cônjuges

Na mesma linha exposta anteriormente, anulado ou declarado nulo o matrimônio, os deveres conjugais, em regra geral, deverão cessar.

Persiste, no entanto, o dever de alimentar em favor, tão somente, do cônjuge de boa-fé.

Vale dizer, ainda que o outro necessite da pensão, essa não será devida, uma vez que tinha ciência da impossibilidade jurídica na celebração do matrimônio.

Raciocínio contrário, sem sombra de dúvida, coroaria a malícia, o que não se pode admitir.

O direito à herança, por sua vez, também restará extinto, a partir da prolação da sentença de nulidade (ou anulação), e, se a morte ocorrer quando ainda em curso a ação de invalidade, o direito sucessório do cônjuge de boa-fé sobrevivente é mantido.

Questão delicadíssima, na seara sucessória, verifica-se quando há conflito de direitos entre o cônjuge inocente, favorecido pelos efeitos da putatividade, e o primeiro cônjuge do bígamo.

Como ficará, pois, a concorrência dos direitos sucessórios entre a primeiro e o segundo cônjuge?

Por imperativo de equidade, recomenda-se a divisão do patrimônio deixado por ele (herança), resguardando-se, por óbvio, o direito próprio de meação de cada cônjuge em face dos bens amealhados em conjunto com o falecido.

A herança, no entanto, deixada por ele, como dito, deverá ser dividida!...

Este é o pensamento do Professor YUSSEF SAID CAHALI, em sua clássica obra *O Casamento Putativo*, marco no estudo da matéria no direito brasileiro:

> "Falecendo o bígamo, tendo estado de boa-fé o segundo cônjuge, em relação ao qual, portanto, decorrem efeitos civis de casamento válido, e não havendo ascendentes ou descendentes sucessíveis, instaura-se conflito entre o direito dos cônjuges supérstites na sucessão do cônjuge comum falecido. Se o bígamo faleceu depois de anulado o segundo casamento, o conflito se exclui desde logo, pois a condição de cônjuge do segundo não mais existe, falho assim requisito essencial para este concorrer à sucessão. Porém, instaurada a sucessão antes da sentença anulatória, existirá o direito sucessório do cônjuge legítimo, cuja condição jurídica não se prejudica pelo ato ilícito de seu cônjuge; mas não se nega o direito sucessório do cônjuge putativo; daí a dúvida. Omisso o Código, a doutrina tenta solução. Para a maioria dos autores, a herança, no caso, se dividirá em partes iguais entre o cônjuge legítimo e o cônjuge (ou cônjuges) putativo; fundam-se no fato de que a primeira mulher não pode alegar direito

> exclusivo à totalidade da herança, porque só tinha ela uma expectativa, a qual, quando aberta a sucessão, encontrou-a diminuída por efeito da boa-fé da segunda mulher; apresentam, assim, os cônjuges sobrevivos, a mesma condição que lhes assegura o direito sucessório"[6].

Ainda quanto aos bens, afora a situação sucessória já vista, o consorte inocente terá o direito de haver de volta tudo o que concorreu para a formação do patrimônio comum, inclusive as doações feitas ao outro, podendo, inclusive, segundo o escolhido regime de bens, fazer jus à meação do patrimônio trazido pelo culpado.

No que tange, todavia, especificamente aos bens adquiridos pelo esforço comum, deverão ser partilhados, segundo o princípio que veda o enriquecimento sem causa[7].

Já quanto às doações feitas em contemplação a casamento futuro, observa SÍLVIO VENOSA que:

> "caducam com relação ao culpado, porque há que se entender não ter havido o implemento da condição imposta, qual seja, a realização do casamento. O cônjuge inocente, porém, deverá beneficiar-se da doação, como consequência da putatividade"[8].

Quanto ao nome, o cônjuge culpado perderá o direito de usá-lo, podendo o inocente, em nosso pensar, mantê-lo apenas se houver fundada justificativa, a exemplo de grave risco de lesão a direito da personalidade.

Em conclusão, no que toca aos efeitos da emancipação decorrente do casamento, deverão eles ser mantidos apenas em favor do cônjuge inocente. O culpado, outrossim, em tendo alcançado a capacidade plena por força do matrimônio, com a invalidação deste, retornará à situação de incapacidade.

Finalmente, vale lembrar que o cônjuge de boa-fé ainda poderá, segundo as regras gerais da responsabilidade civil, pleitear reparação por danos morais em virtude de haver sido induzido (ou coagido) a contrair um casamento que imaginava ser perfeitamente válido e eficaz, mas que padecia de indesejável vício invalidante[9], sem prejuízo da indenização pelos danos materiais também verificados.

---

[6] CAHALI, Yussef Said. *O Casamento Putativo*, 2. ed., São Paulo: RT, 1979, p. 139.

[7] Nesse sentido, também VENOSA, Sílvio de Salvo, ob. cit., p. 134.

[8] VENOSA, Sílvio de Salvo, ob. e loc. cits.

[9] Outras considerações correlatas sobre o tema podem ser encontradas no Capítulo XXX ("Responsabilidade Civil nas Relações Familiares") do v. 6 ("Direito de Família") do nosso *Novo Curso de Direito Civil*.

# LXXII PLANO DE EFICÁCIA DO CASAMENTO: DEVERES MATRIMONIAIS E CAUSAS SUSPENSIVAS DO CASAMENTO

## 1. EFICÁCIA JURÍDICA DO CASAMENTO: DEVERES MATRIMONIAIS

Se deitarmos os nossos olhos no Direito Romano, veremos que a concepção dos deveres (e direitos) matrimoniais não se pautava pela igualdade, mas sim por uma proeminência vertical e — por que não dizer — hierárquica do *pater* no seio da família.

MAX KASER observa:

> "Como todo o poder doméstico romano, o poder marital do *pater familias* é um poder pleno. Engloba o direito de vida e de morte (*jus vitae necisque*), e o direito de castigar e de repudiar a mulher. Mas, na época primitiva, o Direito Sacral e durante a República, o Censor, ao velar pelos bons costumes, vedaram ao *pater familias* quaisquer abusos deste pleno poder e cominaram sanções semelhantes às dos abusos da *patria potestas* (vd. infra § 60 I 2). Na época clássica desapareceu quase completamente o poder de correcção do marido sobre a mulher"[1].

E, ainda no plano dos efeitos do matrimônio, complementa o ilustre autor:

> "O matrimônio romano, como 'facto social' e independentemente da *conventio in manum,* teve como efeitos, primeiro, que a mulher obtinha o *honor matrimonii* e com ele o reconhecimento da posição social da própria mulher casada, segundo, que os filhos nascidos do matrimônio podiam continuar a família paternal como descendentes legítimos"[2].

Por óbvio, a história mais recente do Direito aponta no sentido da horizontalização dos deveres e direitos matrimoniais, numa perspectiva de igualdade, com a consequente cristalização da posição da mulher, não mais como subordinada, mas sim como colaboradora e corresponsável pela condução da vida matrimonial.

A mais inspirada e bela criação de Deus, a mulher, não poderia vir ao mundo em posição que, jurídica ou socialmente, a degradasse.

---

1 KASER, Max. *Direito Privado Romano*, Lisboa: Fundação Calouste Gulbenkian, 1999, p. 319.

2 KASER, Max, ob. cit., p. 326.

Por isso, afigura-se-nos de fundamental importância que tenhamos em mente, nesta introdução, a inegável incidência do princípio constitucional da isonomia no âmbito dos efeitos obrigacionais do casamento.

Neste sentido, aliás, a nossa Constituição é clara:

> "Art. 226. A família, base da sociedade, tem especial proteção do Estado.
>
> (...)
>
> § 5º Os direitos e deveres referentes à sociedade conjugal são exercidos igualmente pelo homem e pela mulher.
>
> (...)"

Houve, portanto, tendo em vista o desvio de perspectiva do direito anterior — marcado pela indiferença aos valores fundamentais da pessoa humana — uma significativa mudança de paradigma, considerando-se a inserção da mulher no centro do sistema de direitos e deveres conjugais, ao lado — e não mais abaixo — do marido.

Trata-se, em verdade, de uma manifestação do princípio solar da dignidade da pessoa humana.

Comentando essa temática, sob o prisma civil-constitucional, pontifica PAULO LÔBO:

> "O plano da eficácia do casamento sofreu profunda transformação, em decorrência da radical mudança de paradigmas da família e do casamento, consumada na Constituição de 1988, principalmente com a imposição de igualdade total de direitos e deveres entre o homem e a mulher na sociedade conjugal (art. 226, § 5º). Na legislação anterior, as relações entre os cônjuges eram configuradas na chefia da sociedade conjugal atribuída ao marido, em torno da qual gravitava a ordenação dos direitos e deveres"[3].

Parece-nos, sem dúvida, a melhor diretriz sobre o assunto.

## 2. OS DEVERES MATRIMONIAIS NO CÓDIGO CIVIL

Na forma do art. 1.566 do Código Civil, são deveres de ambos os cônjuges:

> "I — fidelidade recíproca;
>
> II — vida em comum, no domicílio conjugal;
>
> III — mútua assistência;
>
> IV — sustento, guarda e educação dos filhos;
>
> V — respeito e consideração mútuos".

[3] LÔBO, Paulo Luiz Netto. *Direito Civil*: Famílias, 2. ed., São Paulo: Saraiva, 2009, p. 113.

Não existe, nesse dispositivo, uma necessária ordem de prevalência lógica, nem, muito menos, uma escala hierárquica de valores feita pelo legislador.

Não podemos, também, simplesmente dizer que se trata de um rol exaustivo, pois, ainda que o afirmássemos, iríamos nos deparar com a largueza hermenêutica dos conceitos vagos aí consagrados, a exemplo do "respeito e consideração mútuos", cujo espectro de alcance é inalcançável aprioristicamente.

De qualquer maneira, seguiremos essa sistematização em nosso presente estudo.

## 2.1. Fidelidade recíproca

A rigor, pensamos que a fidelidade traduz desdobramento da noção maior de lealdade, embora com ela não se confunda.

A lealdade, qualidade de caráter, implica um comprometimento mais profundo, não apenas físico, mas também moral e espiritual entre os parceiros, na busca da preservação da verdade intersubjetiva; ao passo que a fidelidade, por sua vez, possui dimensão restrita à exclusividade da relação afetiva e sexual.

É possível visualizar uma situação de autonomia das características.

Se um cônjuge — homem ou mulher — trai o outro, há violação do dever de fidelidade, mas, se não esconde tal fato, não se está no campo da mentira, própria da deslealdade.

Todavia, é certo que, na maior parte das situações, a fidelidade está umbilicalmente conectada ao conceito de lealdade, de maneira que a fidelidade exigida normalmente também obriga à lealdade, e vice-versa[4].

Talvez fosse melhor, para evitar maiores digressões na análise dos deveres nas diferentes modalidades familiares, que o legislador utilizasse, também para os cônjuges, a dicção normativa consagrada para a união estável (art. 1.724), em que se exigiu o dever recíproco de lealdade, tecnicamente mais amplo, como visto.

Mas preferiu consagrar como primeiro dever conjugal a correlata noção de fidelidade recíproca mesmo.

Tanto para o homem quanto para a mulher, a fidelidade é exigida, não havendo mais espaço, em nosso sentir, para se traçar uma diagnose diferencial da dor de ser traído, como o fez, em outra época, WASHINGTON DE BARROS MONTEIRO:

> "Entretanto, do ponto de vista puramente psicológico, torna-se sem dúvida mais grave o adultério da mulher. Quase sempre, a infidelidade no homem é fruto de capricho

[4] Nas situações de poliamorismo, com múltiplas relações afetivas abertas, é possível visualizar mais evidentemente a existência de lealdade, sem se falar em uma fidelidade estrita, pelo menos na visão tradicional deste dever. Todavia, tais situações ainda são tidas como excepcionais e de pouca ocorrência social. Sobre o tema, confira-se o Capítulo XX ("Concubinato e Direitos do(a) Amante") do v. 6 ("Direito de Família") do nosso *Novo Curso de Direito Civil*.

passageiro ou de um desejo momentâneo. Seu deslize não afeta de modo algum o amor pela mulher. O adultério desta, ao revés, vem demonstrar que se acham definitivamente rotos os laços afetivos que a prendiam ao marido e irremediavelmente comprometida a estabilidade do lar. Para o homem, escreve SOMERSET MAUGHAM, uma ligação passageira não tem significação sentimental, ao passo que para a mulher tem"[5].

A sociedade mudou muito e esse pensamento não se justifica mais!

Nos dias de hoje, ainda que a infidelidade masculina seja muito mais frequente, todos nós, homens e mulheres, em pé de igualdade, estamos sujeitos a desvios e tropeços de conduta na relação a dois, afigurando-se arriscado estabelecer, em nosso sentir, ainda que em nível psicológico, uma escala de gravidade.

Pensamos, portanto, nessa linha, que a fidelidade é (e jamais deixará de ser) um valor juridicamente tutelado e tanto o é que fora erigido como dever legal decorrente do casamento.

A violação desse dever poderá, independentemente da dissolução da sociedade conjugal ou da relação de companheirismo, gerar consequências jurídicas, inclusive indenizatórias[6].

Sinceramente, embora se compreenda, pelas razões da moralidade média assentada na sociedade ocidental, a elevação da fidelidade recíproca como um dever do casamento, soa-nos estranho que o Estado, em confronto com o princípio da intervenção mínima no Direito de Família, queira impor a todos os casais a sua estrita observância.

Isso porque a ninguém, muito menos ao Estado, deve ser dado o direito de se imiscuir na relação sentimental alheia, em que a autoestima, o excesso ou a falta de desejo sexual e o perdão interessam apenas aos envolvidos.

Acreditamos que a atuação estatal não poderia invadir essa esfera de intimidade, pois, em caso contrário, jamais compreenderia o que se dá na "relação de poliamor", teoria psicológica que começa a descortinar-se para o Direito e admite a possibilidade de coexistirem duas ou mais relações afetivas paralelas, em que os seus partícipes conhecem e aceitam uns aos outros, em uma relação múltipla e aberta.

Ademais, o perdão, como o mais divino dos sentimentos humanos, cabe somente aos envolvidos, e não a um aparato estatal que insiste em se imiscuir na aceitação da conduta de um pelo outro.

Nessa linha, temos, então, que a fidelidade, posto não traduza um dogma absoluto, é um valor juridicamente tutelado.

---

5 MONTEIRO, Washington de Barros. *Curso de Direito Civil* — Direito de Família, 35. ed., v. 2, São Paulo: Saraiva, 1999, p. 117.

6 Sobre o tema, confira-se o Capítulo XXX ("Responsabilidade Civil nas Relações Familiares") do v. 6 ("Direito de Família") do nosso *Novo Curso de Direito Civil*.

## 2.2. Vida em comum no domicílio conjugal (dever de coabitação)

Observa ORLANDO GOMES que "a coabitação representa mais do que a simples convivência sob o mesmo teto", traduzindo, sobretudo, a "união carnal"[7].

Refletindo sobre esse aspecto, pensamos que a própria noção de "convivência sob o mesmo teto" é relativa, pois diversas razões — inclusive a autonomia da vontade do casal, na perspectiva do princípio da intervenção mínima do Direito de Família — poderão determinar residência em casas separadas.

Não é incomum, aliás, que, por motivo de trabalho[8], os cônjuges residam em casas, cidades ou até Estados diferentes — e quem sabe países —, sem que isso traduza violação a um dever jurídico que os obrigue a viver na mesma casa.

Esse não é o espírito da norma.

O que o legislador pretende, em nosso sentir, é, preservando a necessária comunhão de vida — pedra de toque do casamento —, vedar que um cônjuge abandone a esfera de convivência com o outro, passando a residir em local diverso, sem motivo justificado e contra a vontade do seu consorte.

Neste caso, o abandono, por traduzir descumprimento de dever conjugal (e ruptura fática), poderá resultar não somente na ação judicial de divórcio, mas também, até mesmo, de responsabilização civil.

Nessa linha, vale lembrar ainda que, em havendo motivos graves — como violência física, ameaça, tortura, maus-tratos —, como medida cautelar preparatória ou incidental ao processo de divórcio, é possível ao cônjuge prejudicado intentar pedido de separação de corpos, visando a obter ordem judicial que determine a saída do seu consorte do domicílio conjugal ou a autorização oficial para a saída do próprio requerente, a depender das circunstâncias do caso.

## 2.3. Mútua assistência

A mútua assistência ultrapassa a simples noção de amparo recíproco de cunho material, para integrar-se à ideia maior de apoio mútuo moral e espiritual.

Certamente, um dos móveis psicológicos da união conjugal é a busca de um parceiro de vida que, para além da simples perspectiva carnal, traduza um suporte emocional seguro para o compartilhamento das vicissitudes da vida, de maneira a permitir que, dividindo, cada um dos consortes cresça como indivíduo, como ser humano, em toda a sua potencialidade.

---

[7] GOMES, Orlando, ob. cit., p. 134.

[8] Nesse sentido, estabelece o art. 1.569 do CC/2002: "Art. 1.569. O domicílio do casal será escolhido por ambos os cônjuges, mas um e outro podem ausentar-se do domicílio conjugal para atender a encargos públicos, ao exercício de sua profissão, ou a interesses particulares relevantes".
No Código Civil brasileiro de 1916, estabelecia o art. 233, III, que competia ao marido "o direito de fixar o domicílio da família, ressalvada a possibilidade de recorrer a mulher ao juiz, no caso de deliberação que a prejudique".

Nessa perspectiva, temos que a mútua assistência desdobra-se em dois planos:

a) assistência material;

b) assistência moral.

Diferentemente do que pensa ORLANDO GOMES[9], entendemos que a assistência material engloba, não apenas prestações de fazer, mas também, em sentido mais estrito, o dever de socorro materializado na obrigação alimentar.

Nessa ordem de ideias, deverá o cônjuge assistir materialmente o outro cumprindo o dever de alimentos, derivado do princípio maior da solidariedade familiar.

Lembremo-nos, inclusive, de que os alimentos, "em sua acepção jurídico-legal", anota ANA LOUZADA, "podem significar não só o montante indispensável à sobrevivência do alimentando, mas também o valor que importa na mantença do seu padrão de vida, subsidiando, inclusive, o seu lazer"[10].

Mais profunda é a assistência moral.

Ao unirem-se em matrimônio, marido e mulher, por determinação da lei brasileira, e independentemente da religião que professem, assumem, mutuamente, a condição de companheiros de vida, consolidando a obrigação recíproca de apoio moral, psicológico e espiritual.

Vale anotar, nesse ponto, a íntima conexão entre esse dever de assistência moral recíproca e o dever de respeito, que será analisado a seguir.

Com isso, temos como vedado o histórico e chauvinista comportamento do homem que, "involuindo" para a simples condição de macho, imagina estar cumprindo com a sua obrigação assistencial de marido simplesmente porque atende às necessidades materiais da sua família.

Não basta isso!

Com efeito, primeiramente, a obrigação de sustento da família não é, definitivamente, uma obrigação exclusiva do homem, mas, sim, de ambos os cônjuges, o que é explicitado, inclusive, no art. 1.568 do CC/2002, nos seguintes termos.

> "Art. 1.568. Os cônjuges são obrigados a concorrer, na proporção de seus bens e dos rendimentos do trabalho, para o sustento da família e a educação dos filhos, qualquer que seja o regime patrimonial".

Assim, superada está qualquer visão decorrente da concepção machista da codificação anterior, que visivelmente elegia o marido como o provedor principal da família.

---

9 GOMES, Orlando. *Direito de Família*, p. 138.

10 LOUZADA, Ana Maria Gonçalves. *Alimentos* — Doutrina e Jurisprudência, Belo Horizonte: Del Rey, 2008, p. 1-2.

Ademais, a união matrimonial implica auxilio mútuo não apenas na seara econômica ou material, uma vez que a condenação da esposa ao desprezo constante ou ao próprio abandono — ainda que sem a existência de violência física — poderá estar moldando um cenário abjeto de desrespeito ao dever de assistência moral, permitindo, com isso, a dissolução do casamento e, até mesmo, se for o caso, o reconhecimento da responsabilidade civil do infrator.

De que adianta a assistência material de que o corpo necessita, sem a imprescindível assistência de espírito, exigida pelo coração da pessoa a quem nos unimos em matrimônio?

## 2.4. Sustento, guarda e educação dos filhos

Pensamos que esse aludido dever de "sustento, guarda e educação dos filhos", assentado entre os deveres matrimoniais, sofre de uma inequívoca crise de localização, por conta de a sua raiz genética, a sua origem, não derivar da condição de casados, mas sim da condição de pais.

Vale dizer, o dever de sustentar, guardar e educar os filhos impõe-se sempre, a todo pai, a toda mãe, não importando se são casados, companheiros, separados, divorciados, solteiros ou viúvos!

Esse dever é, pois, decorrência do próprio poder familiar, e não do casamento.

Nesse ponto, com total razão, prelecionam CRISTIANO CHAVES e NELSON ROSENVALD:

> "*In fine*, tem-se o dever de guarda, sustento e educação dos filhos. Não nos parece, porém, cuidar essa hipótese de um efeito tipicamente matrimonial. Efetivamente, a guarda, sustento e educação da prole parece estar mais razoavelmente ligada aos deveres decorrentes da paternidade ou maternidade, que, por lógico, independem da existência ou não de um casamento"[11].

Com isso, concluímos que a sua permanência, no Código Civil de 2002, entre os deveres matrimoniais, não deve ser entendida como uma previsão adstrita à específica zona matrimonial, mas, sim, como a simples reverberação de um importante dever de matriz muito mais genérica, advinda do próprio vínculo paterno ou materno-filial.

## 2.5. Dever de respeito e consideração mútuos

Esse último dever, em nosso sentir, aglutina, em suas bases conceituais — de dificílima descrição — todas as outras obrigações decorrentes do matrimônio.

Respeitar o outro, imperativo que extravasa a própria dimensão do jurídico, é decorrência do próprio afeto, essência maior e elemento de sustentação da própria comunidade de existência formada pelo casamento.

---

[11] CHAVES, Cristiano; ROSENVALD, Nelson. *Direito das Famílias*, Rio de Janeiro: Lumen Juris, 2009, p. 194.

Nesse particular, interessa notar que tal dever já havia sido consagrado na Lei n. 9.278, de 1996 (art. 2º, I), que disciplinou os efeitos jurídicos da união estável, e, agora, com a edição do Código Civil de 2002, também mereceu referência expressa em face das pessoas casadas.

Mesmo que, um dia, o amor termine — pois a chama é eterna apenas enquanto durar —, o respeito e a consideração recíprocas jamais poderão cessar.

## 3. CAUSAS SUSPENSIVAS DO CASAMENTO

Neste tópico final, cuidaremos de enfrentar as causas suspensivas do casamento, outrora denominadas pela doutrina impedimentos impedientes ou proibitivos do matrimônio.

Antes de enfrentá-las, uma a uma, faz-se necessário tecer algumas considerações gerais sobre o instituto.

### 3.1. Noções gerais

Primeiramente, é preciso explicarmos a própria terminologia empregada.

A expressão "causa suspensiva" traduz a ideia de que a subsunção do comportamento do nubente em um dos seus dispositivos resulta na imposição do regime de separação obrigatória de bens, razão por que se diz restar suspensa a prerrogativa de escolha do estatuto patrimonial.

Note-se, pois, que, nesse contexto, estamos na seara da eficácia patrimonial do casamento, motivo pelo qual o tópico fora inserido no presente capítulo.

Em outras palavras, sua verificação não gera qualquer mácula no campo da validade do matrimônio, mas, sim, no plano da eficácia, especificamente no que diz respeito ao regime patrimonial do casamento, tornando-se obrigatória a separação de bens, na forma do art. 1.641, I, CC/2002[12].

Tais causas, em verdade, são hipóteses estabelecidas no interesse da prole (preexistente ou eventual) ou de relacionamentos anteriores, evitando a confusão de patrimônios, bem como para preservar a idoneidade da manifestação de vontade, no caso de matrimônio de pessoas que se achem sob a autoridade umas das outras.

A matéria é tratada nos incisos do art. 1.523 do CC/2002, a saber:

> "Art. 1.523. Não devem casar:
>
> I — o viúvo ou a viúva que tiver filho do cônjuge falecido, enquanto não fizer inventário dos bens do casal e der partilha aos herdeiros;
>
> II — a viúva, ou a mulher cujo casamento se desfez por ser nulo ou ter sido anulado, até dez meses depois do começo da viuvez, ou da dissolução da sociedade conjugal;

---

12 "Art. 1.641. É obrigatório o regime da separação de bens no casamento: I — das pessoas que o contraírem com inobservância das causas suspensivas da celebração do casamento."

> III — o divorciado, enquanto não houver sido homologada ou decidida a partilha dos bens do casal;
>
> IV — o tutor ou o curador e os seus descendentes, ascendentes, irmãos, cunhados ou sobrinhos, com a pessoa tutelada ou curatelada, enquanto não cessar a tutela ou curatela, e não estiverem saldadas as respectivas contas".

Ressaltamos, outrossim, a previsão do parágrafo único, que prevê a não aplicação da sanção patrimonial (imposição do regime de separação obrigatória de bens):

> "Parágrafo único. É permitido aos nubentes solicitar ao juiz que não lhes sejam aplicadas as causas suspensivas previstas nos incisos I, III e IV deste artigo, provando-se a inexistência de prejuízo, respectivamente, para o herdeiro, para o ex-cônjuge e para a pessoa tutelada ou curatelada; no caso do inciso II, a nubente deverá provar nascimento de filho, ou inexistência de gravidez, na fluência do prazo".

Compreendamos, portanto, cada uma das causas suspensivas previstas no Código Civil brasileiro de 2002.

## 3.2. Casamento do(a) viúvo(a), com filhos do falecido, pendentes inventário e partilha

A causa suspensiva em epígrafe tem por finalidade preservar os interesses patrimoniais do filho do cônjuge falecido.

A concepção é muito simples.

Pendentes inventário e partilha, a massa patrimonial não está individualizada, pelo que ainda não se sabe exatamente quais bens serão destinados ao patrimônio pessoal dos filhos e quais serão do(a) viúvo(a).

Imagine a seguinte hipótese: Josefa, viúva, mãe de três filhos concebidos com o falecido Jotapê. Caso pretenda convolar novas núpcias, não tendo sido feito o inventário e partilha referente ao patrimônio anterior, incorrerá na causa suspensiva analisada, impondo-se-lhe o regime de separação obrigatória de bens. E a razão é simples. Imagine a confusão que não se instalaria se a viúva se casasse com o seu novo amor em comunhão de bens. Como saber o que seria patrimônio anterior, de interesse dos seus filhos, e patrimônio novo, a ser comunicado ao atual consorte?

A regra pretende evitar, portanto, uma confusão de patrimônios.

Todavia, nem sempre é necessário fazer inventário e partilha, pois, na prática, muitas vezes não há patrimônio a transferir.

Em hipóteses como tais, recomenda-se a realização do inventário negativo, que, inclusive, pode ser realizado extrajudicialmente, se atendidos os requisitos do § 1º do art. 610 do CPC/2015.

Vale destacar que, além de caracterizar uma causa suspensiva, a situação fática em epígrafe importa em hipoteca legal sobre os bens do ascendente que estiver se casando, conforme art. 1.489, II, do Código Civil brasileiro de 2002[13].

### 3.3. Casamento da viúva ou de mulher cujo casamento tenha sido nulo ou anulado, antes do decurso de dez meses

A segunda causa suspensiva tem por finalidade evitar a confusão na delimitação da ascendência genética e reconhecimento da paternidade, conhecida como *confusio sanguinis* ou *turbatio sanguinis*.

De fato, o texto legal afirma que não devem casar a viúva, ou a mulher cujo casamento se desfez por ser nulo ou ter sido anulado, até dez meses depois do começo da viuvez, ou da dissolução da sociedade conjugal.

A menção apenas à mulher — e não a ambos os cônjuges, como na causa anterior — decorre de circunstâncias óbvias.

Isso porque o próprio texto codificado estabelece, como hipóteses de presunção de paternidade (art. 1.597), tanto os filhos nascidos 180 (cento e oitenta) dias depois de estabelecida a convivência conjugal quanto nos 300 (trezentos) dias subsequentes à dissolução da sociedade matrimonial (seja por morte, nulidade e anulabilidade do casamento, seja, no texto da lei, pela antiga separação judicial e — acrescentamos nós — pelo divórcio, na sua nova disciplina constitucional).

Não se recomenda o casamento em tais circunstâncias justamente para evitar conflitos no que diz respeito ao reconhecimento da paternidade.

É conveniente discutir se tal causa suspensiva ainda é razoável, diante dos avanços da medicina e da investigação de DNA, em que os interessados poderiam, facilmente, obter a informação desejada sobre a paternidade ou origem genética.

Todavia, cumpre-nos reconhecer que, além das dificuldades técnicas que se tem nos mais distantes rincões deste país continental, a questão de preservação dos interesses da prole eventual pode ser garantida com um simples exame de gravidez.

Ressalte-se, por fim, que essa é uma causa suspensiva em que a sanção legal — regime da separação obrigatória dos bens, prevista no já mencionado art. 1.641, I, do CC/2002 — atende apenas parcialmente aos interesses que se pretende preservar, pois, se garante o aspecto patrimonial, nada trata quanto à questão da paternidade.

### 3.4. Casamento do(a) divorciado(a), pendente a partilha dos bens do casal

Tal como na primeira hipótese, o Código Civil brasileiro considera causa suspensiva do casamento, não recomendando a sua celebração, a hipótese em que o divorciado,

[13] "Art. 1.489. A lei confere hipoteca: (...) II — aos filhos, sobre os imóveis do pai ou da mãe que passar a outras núpcias, antes de fazer o inventário do casal anterior."

querendo casar-se novamente, não haja homologado ou decidido a partilha de bens da sua relação anterior.

Trata-se de uma situação em que, aí, sim, a sanção legal do regime de separação obrigatória de bens preserva integralmente os interesses do antigo cônjuge.

Obviamente, demonstrada a ausência de qualquer prejuízo, como, por exemplo, na ausência de bens a partilhar, o segundo casamento pode ser normalmente celebrado, com a autorização judicial correspondente.

### 3.5. Casamento do(a) tutor(a), curador(a) ou seus parentes com a pessoa tutelada ou curatelada

Por derradeiro, considera-se, na forma do inciso IV, também causa suspensiva, o casamento do "tutor ou o curador e os seus descendentes, ascendentes, irmãos, cunhados ou sobrinhos, com a pessoa tutelada ou curatelada, enquanto não cessar a tutela ou curatela, e não estiverem saldadas as respectivas contas".

Trata-se de uma hipótese de preservação do patrimônio e da efetiva manifestação de vontade da pessoa tutelada ou curatelada.

Obviamente, cessada a tutela ou curatela, com a devida prestação de contas, extingue-se a causa suspensiva.

### 3.6. Arguição das causas suspensivas

A legitimidade para arguição das causas suspensivas é dos diretamente interessados, do ponto de vista jurídico, na relação patrimonial constituída com o matrimônio.

É o que deflui da regra do art. 1.524 do CC/2002:

> "Art. 1.524. As causas suspensivas da celebração do casamento podem ser arguidas pelos parentes em linha reta de um dos nubentes, sejam consanguíneos ou afins, e pelos colaterais em segundo grau, sejam também consanguíneos ou afins".

Publicado o edital de proclamas, a impugnação deverá ser documentada em petição escrita e assinada, com a indicação das provas sobre os fatos alegados, na forma dos arts. 1.527 e 1.529 do CC/2002.

Garantido o contraditório, como preceitua o sistema constitucional brasileiro e, especificamente, o art. 1.530, poderá ser, a depender do caso, acolhida a arguição, com a instituição do regime da separação obrigatória para a celebração do casamento.

No caso de rejeição da arguição, o casamento será celebrado no regime escolhido pelos nubentes, sem prejuízo das ações civis e criminais contra o oponente de má-fé.

Ademais, neste momento de arguição, podem os nubentes solicitar a autorização judicial para a celebração do casamento, mesmo presentes as causas suspensivas, com a efetiva demonstração de inexistência de prejuízo, como já diversas vezes aqui afirmado.

## 3.7. Consequências jurídicas da verificação de causas suspensivas

Neste derradeiro subtópico, parece-nos importante explicitar as consequências jurídicas da verificação, no caso concreto, de uma das situações fáticas ensejadoras das "causas suspensivas".

Se, como já dito anteriormente, a oposição, na fase de habilitação, suspende a celebração do casamento, enquanto não superada a causa ou adotado o regime de separação de bens, o que dizer de um matrimônio que tenha sido realizado sem qualquer manifestação sobre tais causas, se for constatada posteriormente a sua ocorrência?

A questão é importantíssima.

De fato, as causas suspensivas não afetam, como reiteradamente aqui afirmado, o plano da validade do casamento.

Todavia, a causa que limita a eficácia se realizou no plano concreto.

Por isso, parece-nos razoável admitir que, com a verificação *a posteriori* da causa suspensiva, o regime de separação obrigatória de bens passa a vigorar, retroativamente, para ambos os cônjuges.

Observam CRISTIANO CHAVES e NELSON ROSENVALD:

> "Muito embora o ideal é que sejam alegadas quando da habilitação para o casamento (até o decurso do prazo de quinze dias dos proclamas), não há dúvida de que podem ser suscitadas em momento posterior ao próprio casamento, através de ação autônoma ou incidentalmente em alguma ação já em curso para a discussão de outra matéria (e. g., em ação de separação ou inventário), uma vez que implicam, independentemente da vontade das partes, a imposição do regime de separação compulsória (CC, art. 1.641)"[14].

Contudo, o problema não termina aí.

O que dizer sobre os interesses de terceiros, que, diante do registro matrimonial, celebram negócios jurídicos com um ou ambos os cônjuges, sem ter conhecimento da sanção legal?

Tal situação nos leva a afirmar que a aplicação automática do regime de separação obrigatória de bens somente afetaria aos cônjuges, pois foram eles que deram causa à omissão da informação que impôs a sanção.

Vale dizer, em relação a terceiros de boa-fé que com os cônjuges travaram relações jurídicas baseadas no regime adotado (credores, por exemplo), não poderá haver incidência prejudicial do sistema legal de separação.

Trata-se, em verdade, da incidência do princípio da boa-fé objetiva, verdadeiro vetor estruturante do Direito Civil brasileiro.

Por fim, apenas como complementação, vale registrar, depois de tudo o quanto aqui exposto, que o plano da eficácia do casamento não admite o estabelecimento, pela autonomia da vontade, de condição, termo ou encargo.

---

[14] CHAVES, Cristiano; ROSENVALD, Nelson, ob. cit., p. 128.

# LXXIII REGIME DE BENS DO CASAMENTO: NOÇÕES INTRODUTÓRIAS FUNDAMENTAIS

## 1. CONCEITO E PRINCIPIOLOGIA

Por regime de bens, entenda-se o conjunto de normas que disciplina a relação jurídico-patrimonial entre os cônjuges, ou, simplesmente, o estatuto patrimonial do casamento.

Nessa seara, três princípios fundamentais informam o sistema: o princípio da liberdade de escolha, o princípio da variabilidade e o princípio da mutabilidade.

O primeiro afirma que, em regra, os nubentes podem, de acordo com a sua autonomia privada e liberdade de opção, escolher o regime que bem lhes aprouver. Não deve o Estado, salvo quando houver relevante motivo amparado em norma específica, intervir coativamente na relação matrimonial, impondo este ou aquele regime.

Já o princípio da variabilidade traduz a ideia de que a ordem jurídica não admite um regime único, mas sim uma multiplicidade de tipos, permitindo, assim, aos noivos, no ato de escolha, optar por qualquer deles.

Finalmente, com a entrada em vigor do Código Civil de 2002, a liberdade patrimonial dos cônjuges ganhou novos ares, acertadamente, em nosso sentir.

Até então, não era dado aos consortes modificarem, no curso do casamento, o regime de bens adotado.

Com o Código Civil de 2002, essa realidade mudou, uma vez que, conforme veremos em momento oportuno, admitiu-se o direito a essa mudança, a qualquer tempo, desde que observados os requisitos da lei.

Por tais razões, o terceiro princípio informativo do regime patrimonial passou a ser o da mutabilidade.

Esses três princípios encontram-se presentes logo na abertura do "Direito Patrimonial de Família" do Código Civil de 2002, consoante podemos depreender da leitura do seu art. 1.639, que ainda será objeto de futuras ponderações nossas no decorrer deste capítulo:

> "Art. 1.639. É lícito aos nubentes, antes de celebrado o casamento, estipular, quanto aos seus bens, o que lhes aprouver.
>
> § 1º O regime de bens entre os cônjuges começa a vigorar desde a data do casamento.

§ 2º É admissível alteração do regime de bens, mediante autorização judicial em pedido motivado de ambos os cônjuges, apurada a procedência das razões invocadas e ressalvados os direitos de terceiros".

Nessa linha de intelecção, é preciso pontuar que a escolha do regime de bens opera-se por meio da celebração de um negócio jurídico especial e solene, denominado pacto antenupcial.

## 2. PACTO ANTENUPCIAL

Primeiramente, para exata compreensão da matéria, é preciso investigarmos a natureza jurídica do pacto antenupcial.

Trata-se de um negócio jurídico solene, condicionado ao casamento, por meio do qual as partes escolhem o regime de bens que lhes aprouver, segundo o princípio da autonomia privada.

Como já dissemos em outra oportunidade, os negócios jurídicos formais ou solenes são aqueles que exigem, para a sua validade, a observância da forma prevista em lei, como é o caso da venda de imóvel de valor superior ao limite legal e, especificamente, do casamento.

Admite-se, ainda, nessa mesma linha, que os nubentes conciliem regras de regimes diversos, de maneira a adotar um estatuto patrimonial híbrido. Vale dizer, podem, por exemplo, no pacto, conjugar regras da separação convencional com dispositivos aplicáveis ao regime de participação final nos aquestos.

Embora a adoção de um regime misto[1] não seja comum, tal situação é perfeitamente possível, consoante, inclusive, restou assentado no Enunciado 331 da IV Jornada de Direito Civil, do Conselho da Justiça Federal, nos seguintes termos:

> "Art. 1.639. O estatuto patrimonial do casal pode ser definido por escolha de regime de bens distinto daqueles tipificados no Código Civil (art. 1.639 e parágrafo único do art. 1.640), e, para efeito de fiel observância do disposto no art. 1.528 do Código Civil, cumpre certificação a respeito, nos autos do processo de habilitação matrimonial".

Anotamos, entretanto, nesse ponto, que esse tipo de regime conjugado exige, por parte do julgador, maior atenção, pois, nos termos do art. 1.829, I, do Código Civil de 2002[2], o tipo de regime de bens adotado interfere no direito sucessório do cônjuge (quando concorrer com descendentes).

---

[1] O que não se afigura possível, por absoluta incongruência e incompatibilidade lógica, é a adoção de dois regimes diversos, no mesmo pacto, um por cada cônjuge.

[2] "Art. 1.829. A sucessão legítima defere-se na ordem seguinte: I — aos descendentes, em concorrência com o cônjuge sobrevivente, salvo se casado este com o falecido no regime da comunhão universal, ou no da separação obrigatória de bens (art. 1.640, parágrafo único), ou se, no regime da comunhão parcial, o autor da herança não houver deixado bens particulares."

Em tal situação, pois, para que possa atingir o resultado jurídico adequado, deverá o intérprete verificar que regime prevaleceu no pacto que adotou o sistema misto de normas. Assim, no exemplo dado acima, se houve prevalência das normas da separação convencional, com incidência apenas tópica de algumas regras da participação final, deverá, para efeito sucessório, ser considerado adotado o regime de separação.

E essa tarefa, como podemos perceber, não é simples.

Mas, de qualquer maneira, quando as partes optam por celebrar o pacto antenupcial, é muito mais frequente que, tão somente, elejam determinado e único regime, o que facilita imensamente a delicada tarefa interpretativa.

Muito bem.

Passemos, pois, em revista, as regras do Código Civil que cuidam desse especial contrato de escolha do regime de bens, consagrado pela conhecida expressão pacto antenupcial.

Como dissemos acima, o pacto antenupcial consiste em um negócio jurídico formal, lavrado em escritura pública, condicionado ao casamento, nos termos do art. 1.653 do Código Civil de 2002:

> "Art. 1.653. É nulo o pacto antenupcial se não for feito por escritura pública, e ineficaz se não lhe seguir o casamento".

É interessante notar, nos termos dessa norma, que a forma pública é essencial para a validade do negócio, o qual, como apontamos, tem a sua eficácia jurídica subordinada ao casamento, que, no caso, consiste em uma condição suspensiva.

Se essa condição não se verifica, o pacto, portanto, não surte efeitos.

E, ainda no plano eficacial, acrescentamos que, para gerar efeitos em face de terceiros (*erga omnes*), o pacto deverá ser registrado em livro próprio no Cartório de Registro de Imóveis do domicílio dos cônjuges, na forma preceituada pelo art. 1.657 do CC/2002.

A eficácia do pacto antenupcial, a teor do art. 1.654 do CC/2002, realizado por menor, fica condicionada à aprovação de seu representante legal, salvo as hipóteses de regime obrigatório de separação de bens.

Nessa linha, vale lembrar que o já explicado art. 1.537 do CC/2002 estabelece que o "instrumento da autorização para casar transcrever-se-á integralmente na escritura antenupcial".

Nesse caso, a vontade dos representantes legais é integrativa da vontade do menor nubente, ressalvada a hipótese de imposição do regime de separação legal, pois, nesse caso, não há escolha.

Sobre esse aspecto, observa PAULO LÔBO:

> "Os pais devem ser intervenientes na escritura pública, cuja manifestação será acolhida pelo notário, ou devem expressar sua aprovação em documento escrito com firma reconhecida. Menor, para fins de celebração do pacto antenupcial, não é apenas o que

esteja em idade núbil (maior de 16 e menor de 18 anos). Também pode ser parte do pacto antenupcial o menor de 16 anos, se de seu relacionamento amoroso resultou gravidez ou necessite se casar para não responder a processo penal"[3].

Outro ponto a ser considerado é a previsão constante no art. 1.655 do CC/2002, no sentido de ser nulo o pacto (ou cláusula dele) que contravenha disposição absoluta de lei.

Não que essa regra contenha uma grande novidade.

Como todo negócio jurídico, caso haja violação a disposição normativa cogente ou de ordem pública, a consequência é a sua nulidade absoluta, nos termos do art. 166, VII, do Código Civil de 2002, a exemplo do pacto que preveja renúncia de direito hereditário[4].

Por fim, ressaltamos um importante aspecto dessa matéria.

Veremos, no próximo tópico, que, à luz do art. 1.647 do CC/2002, determinados atos somente poderão ser praticados pelo cônjuge com a anuência do outro (outorga uxória ou autorização marital) — a exemplo da alienação de um imóvel —, ressalvada a hipótese de estarem casados em regime de separação absoluta de bens.

Sucede que, além dessa exceção, relativa ao regime de separação de bens, caso os nubentes hajam optado, no pacto, pelo regime de participação final nos aquestos, poderão, a teor do art. 1.656 do CC/2002, convencionar a livre disposição dos bens imóveis, desde que particulares, dispensando, dessa forma, a vênia conjugal.

Trata-se, pois, de uma norma aparentemente irrelevante, mas que se reveste de grande significado para aqueles que hajam optado pelo regime de participação final com o intuito de preservar autonomia na disposição do seu próprio patrimônio.

## 3. AUTORIZAÇÃO CONJUGAL ("OUTORGA UXÓRIA" E "OUTORGA MARITAL")

Neste tópico, cabe tecermos algumas considerações sobre a autorização conjugal para a prática de determinados atos jurídicos.

Tal tema era conhecido tradicionalmente, nos manuais de Direito de Família, como o instituto da outorga uxória.

Trata-se de figura jurídica de longa tradição, que, originalmente, tinha por finalidade preservar o patrimônio do casal de potenciais riscos assumidos somente pelo marido, na concepção histórica deste como "chefe da família".

Assim, para que o marido pudesse praticar específicas condutas, relacionadas aos bens do casal, exigia-se o consentimento expresso da mulher, daí a expressão "outorga uxória", pois a palavra "uxória", do ponto de vista etimológico, deriva do latim *uxoriu*,

3 LÔBO, Paulo Luiz Netto, ob. cit., p. 313.

4 É vedado, como se sabe, estabelecer-se convenção que tenha por objeto herança de pessoa viva, o denominado *pacta corvina*, a teor do art. 426 do CC/2002 (art. 1.089 do CC/1916).

referente à mulher casada[5] (assim como a expressão "marital", decorrente do latim *maritale*, refere-se tanto ao marido quanto ao matrimônio[6]).

Com o advento do princípio da igualdade entre homens e mulheres e, consequentemente, no campo específico das relações familiares, entre cônjuges, parece-nos que a expressão, embora consagrada pelo uso tradicional, não deva ser mais tão prestigiada.

Note-se, a propósito, que o vigente Código Civil brasileiro, em nenhum momento sequer, utiliza a expressão "outorga uxória", o que reforça a ideia de superação do conceito.

Assim, da mesma forma como o conhecido "pátrio poder" passou a ser denominado e compreendido, de maneira mais abrangente, como "poder familiar", a expressão "outorga uxória" deve ser atualizada para "autorização conjugal", que é muito mais ilustrativa e técnica.

Além disso, a expressão "autorização conjugal" é também mais precisa do que, por exemplo, "autorização marital" ou "outorga marital", pois, embora, como dito, a palavra "marital" também tenha a conotação de "conjugal", seu conteúdo plurissignificativo também remonta a situações, revogadas no vigente Código Civil brasileiro, mas presentes na antiga codificação, em que determinados atos jurídicos somente poderiam ser praticados pela mulher com autorização do marido.

Assim, a "autorização conjugal" pode ser conceituada como a manifestação de consentimento de um dos cônjuges ao outro, para a prática de determinados atos, sob pena de invalidade.

A matéria está atualmente disciplinada nos arts. 1.647 a 1.650 do vigente Código Civil brasileiro.

Dispõe o mencionado art. 1.647 do CC/2002:

> "Art. 1.647. Ressalvado o disposto no art. 1.648, nenhum dos cônjuges pode, sem autorização do outro, exceto no regime da separação absoluta:
>
> I — alienar ou gravar de ônus real os bens imóveis;
>
> II — pleitear, como autor ou réu, acerca desses bens ou direitos;
>
> III — prestar fiança ou aval;
>
> IV — fazer doação, não sendo remuneratória, de bens comuns, ou dos que possam integrar futura meação.
>
> Parágrafo único. São válidas as doações nupciais feitas aos filhos quando casarem ou estabelecerem economia separada".

Todas as hipóteses legais se referem a situações em que o patrimônio do casal é potencialmente afetado, motivo pelo qual se exige a autorização.

---

5 FERREIRA, Aurélio Buarque de Holanda. *Novo Dicionário Aurélio da Língua Portuguesa*, 2. ed., Rio de Janeiro: Nova Fronteira, 1986, p. 1746.

6 FERREIRA, Aurélio Buarque de Holanda, ob. cit., p. 1095.

Da leitura do *caput* do dispositivo, observamos, de logo, que a necessidade da autorização conjugal é dispensável para aqueles casados "no regime de separação absoluta".

Nesse ponto, poderia o legislador ter facilitado o trabalho do intérprete, evitando a confusa expressão "separação absoluta".

Isso porque, em nosso sistema, como se sabe, convivem dois tipos de separação: a legal ou obrigatória e a convencional.

Afinal, ao mencionar "separação absoluta", a qual das duas estaria o codificador se referindo?

Em nosso sentir, a dita expressão caracteriza a separação convencional de bens — aquela livremente pactuada pelo casal — e não a separação obrigatória, pela simples razão de que, nessa última hipótese, existe a possibilidade de comunhão de bens, a teor da Súmula 377 do Supremo Tribunal Federal.

Ora, se existe a possibilidade de meação na separação obrigatória é porque, logicamente, não poderemos reputá-la "absoluta", havendo, portanto, razão e interesse na manutenção da autorização do outro cônjuge.

Em suma, somente os cônjuges casados sob o regime de separação convencional (absoluta) de bens estão dispensados da necessidade da autorização conjugal para a prática dos atos previstos no art. 1.647 do Código Civil.

Nesse mesmo sentido, observa RICARDO KOLLET:

> "Assim, entendemos que o único regime em que não existe possibilidade de comunicação entre os bens é o da separação expressamente convencionada mediante pacto antenupcial, o que nos leva a concluir que o legislador a qualifica como absoluta. No que diz respeito à separação obrigatória (legal), entende-se aplicável, ainda, a súmula referida, havendo assim possibilidade de comunicação entre os bens adquiridos durante o casamento, razão pela qual ela se desqualifica como absoluta. O que permite concluir que, em relação ao primeiro problema formulado neste estudo, a outorga uxória ou marital somente é dispensada nos casos arrolados nos incisos do artigo 1.647, quando o regime de bens for o da separação convencional.
>
> Com mais propriedade ainda pode-se ratificar o que já foi dito, baseado no que dispõe o artigo 1.687 do Código Civil, que possibilita a cada um dos cônjuges alienar ou gravar livremente os bens, quando for 'estipulada' a separação de bens"[7].

Acrescente-se a essa exceção a ressalva prevista no art. 1.656, segundo a qual, no pacto antenupcial, que adotar o regime de participação final nos aquestos, podem os cônjuges convencionar a livre disposição dos bens imóveis, desde que particulares.

---

7 KOLLET, Ricardo. A Outorga Conjugal nos Atos de Alienação ou Oneração de Bens Imóveis. Disponível em: <http://egov.ufsc.br/portal/sites/default/files/anexos/10087-10086-1-PB.pdf>. Acesso em: 22 jun. 2017.

Mas vale salientar que, nesse último caso, a dispensa somente se refere à "disposição de bens imóveis", de maneira que, se qualquer dos consortes pretender praticar qualquer dos atos previstos no art. 1.647 precisará da anuência do outro.

E é bom ainda ressaltar, amigo leitor, que a dispensa da autorização (em favor das pessoas casadas em regime de separação convencional ou participação final nos termos do art. 1.656), fora dessas situações excepcionais mencionadas, não se estenderá a outros regimes, ainda que se pretenda alienar bens do próprio patrimônio pessoal.

Um exemplo tornará claro o nosso raciocínio.

Ainda que João, casado com Maria em comunhão parcial, pretenda vender ou doar um bem exclusivamente seu, necessitará da anuência da sua esposa, uma vez que a ressalva legal para a dispensa do consentimento tomou por conta o tipo de regime adotado e não a origem do bem!

Ora, se casados estão em comunhão parcial, em face da potencial repercussão na estabilidade econômica do casal que qualquer dos atos previstos no art. 1.647 pode ocasionar, a alienação deste bem demandará a necessária aquiescência do outro.

Isso porque, repita-se, o legislador apenas dispensou a outorga para pessoas casadas em regime de separação convencional ou participação final nos termos do art. 1.656, independentemente da origem do bem[8].

Posto isso, passemos em revista as hipóteses elencadas para as quais se exige a autorização conjugal.

Primeiramente, estabeleceu-se a necessidade para a prática de atos de alienação ou estipulação de ônus reais sobre imóveis (inciso I).

Assim, se o marido, por exemplo, pretende vender um imóvel, ou hipotecá-lo, precisará da anuência da sua esposa. Todavia, vale anotar que para a aquisição de um bem imobiliário — um apartamento, por exemplo — a autorização não é exigida pela norma legal.

Na mesma linha, o inciso II, de impacto mais profundamente processual, exige a autorização conjugal para se pleitear, como autor ou réu, acerca de bens imóveis ou dos direitos a eles relacionados.

O inciso III, por sua vez, exige a anuência do outro consorte para prestar fiança ou aval.

---

[8] E não permita, nesse diapasão, que o art. 1.665 conduza-o a uma conclusão diversa e equivocada. O referido dispositivo, ao mencionar que "a administração e a disposição dos bens constitutivos do patrimônio particular competem ao cônjuge proprietário, salvo convenção diversa em pacto antenupcial", como bem adverte José Fernando Simão, é norma que merece total censura, por aparentemente colidir com o sistema do art. 1.647, razão pela qual "deve ser lida, à luz do sistema, com a seguinte ressalva: desde que não sejam imóveis, pois nessa hipótese aplicam-se as disposições do art. 1.647, I. Outra possível solução, para conciliar as disposições, é que as regras sejam lidas como se dissessem: o cônjuge proprietário pode dispor de seus bens imóveis particulares, havendo autorização do outro ou suprimento judicial. Por essa razão, diante do evidente conflito de normas, o Projeto 276/07 pretende suprimir a palavra 'disposição' do artigo em questão" (*Código das Famílias Comentado*, p. 414).

A novidade é a exigência para a estipulação do aval, garantia tipicamente cambiária, que não estava prevista no Código Civil de 1916.

Com isso, a título ilustrativo, se a esposa pretender prestar uma fiança (ou um aval), necessitará colher a aquiescência do seu marido, sob pena de invalidade, conforme veremos abaixo. Por isso, o credor — em favor de quem se presta a garantia pessoal — deverá ter o cuidado de exigir essa intervenção, para que não tenha a sua expectativa frustrada.

Finalmente, o inciso IV, de dicção simples, também exige a anuência, para se fazer doação, não sendo remuneratória, de bens comuns, ou dos que possam integrar futura meação[9].

Cumpre lembrar ainda, a teor do parágrafo único, serem válidas as doações nupciais feitas aos filhos quando casarem ou estabelecerem economia separada.

Duas fundamentais indagações, nesse ponto, deverão ser feitas.

Qual a solução para o caso de o cônjuge injustamente negar a sua anuência?

Qual seria a consequência jurídica decorrente da prática de qualquer dos atos capitulados no art. 1.647 sem a necessária autorização conjugal?

À primeira pergunta, responde-nos o art. 1.648 do CC/2002:

> "Art. 1.648. Cabe ao juiz, nos casos do artigo antecedente, suprir a outorga, quando um dos cônjuges a denegue sem motivo justo, ou lhe seja impossível concedê-la".

Caso o cônjuge não possa dar a autorização — por estar doente, por exemplo — o suprimento, em tal caso, desafiará um simples procedimento de jurisdição voluntária, instaurado pelo interessado, nos termos dos arts. 719 e seguintes do CPC/2015.

Mas, se não quiser autorizar, diante da resistência apresentada e da lide configurada, deverá o interessado, consequentemente, deduzir a sua pretensão em juízo, propondo efetivamente uma demanda contra o seu consorte.

Nesse ponto, uma reflexão de cunho eminentemente processual merece ser feita.

Vimos que, à luz do inciso II do art. 1.647, a anuência do outro cônjuge, em regra, é imperiosa para se pleitear, como autor ou réu, acerca de bens imóveis ou dos direitos a eles relacionados.

Se, no polo passivo, a presença do outro cônjuge como litisconsorte necessário resolve qualquer dúvida de adequação procedimental, nas demandas que versem sobre direitos imobiliários, questionável é a exigência de participação dos dois cônjuges no polo ativo, como autores.

---

[9] Doação remuneratória, observa Pablo Stolze Gagliano, "é aquela feita em retribuição a serviços prestados pelo donatário. É o caso do médico da família que serviu ao doador, com dedicação, durante toda a vida, sem cobrar nada por isso. Claro está, entretanto, que essa doação não consiste tecnicamente em pagamento, mas sim, tão somente, em um justo reconhecimento do doador pelos favores recebidos" (*O Contrato de Doação*, 3. ed., São Paulo: Saraiva, 2010, p. 120).

Afinal, se um dos cônjuges não puder ou não quiser propor a demanda?

Como se sabe, não existe litisconsórcio ativo necessário.

Em nosso sentir, caso esteja impedido de participar da propositura da demanda, deverá o outro cônjuge, via procedimento de jurisdição voluntária, como dito acima, buscar o necessário suprimento judicial; mas, em caso de recusa, haverá indiscutível lide, de maneira que, diante da resistência operada, impõe-se seja efetivamente citado, a fim de que tolere os efeitos do provimento jurisdicional que pretendeu impedir com o seu comportamento recalcitrante.

Muito bem.

No que toca ao segundo questionamento (consequência da ausência da autorização conjugal), de repercussão mais profunda, a sua solução encontra-se logo no dispositivo seguinte, que merece transcrição:

> "Art. 1.649. A falta de autorização, não suprida pelo juiz, quando necessária (art. 1.647), tornará anulável o ato praticado, podendo o outro cônjuge pleitear-lhe a anulação, até dois anos depois de terminada a sociedade conjugal.
>
> Parágrafo único. A aprovação torna válido o ato, desde que feita por instrumento público, ou particular, autenticado".

Pela dicção legal, a ausência da autorização do outro cônjuge para a prática dos atos capitulados no art. 1.647 resulta na sua anulabilidade, que poderá ser arguida no prazo decadencial de até dois anos após o fim da sociedade conjugal.

Note-se que o após o biênio, contado a partir da extinção da sociedade conjugal, não poderá mais ser pleiteada a invalidade do ato praticado.

Acrescente-se ainda a previsão de convalescimento do ato inválido, constante no parágrafo único do referido artigo, mediante a confirmação do outro cônjuge, por instrumento público ou particular, desde que devidamente autenticado.

E no que tange à legitimidade para a propositura da ação anulatória, o art. 1.650 admite que, em caso de morte do cônjuge prejudicado, a demanda poderá ser proposta pelos seus herdeiros, supostamente prejudicados pela prática do ato.

Finalmente, cumpre fazermos especial referência ao aval e à fiança prestados sem a autorização conjugal (inciso III).

O Enunciado n. 114 da I Jornada de Direito Civil sugere que, a despeito do que dispõe o art. 1.649, o aval não possa ser anulado por falta de vênia conjugal, pois apenas caracterizaria a "inoponibilidade do título ao cônjuge que não assentiu". Vale dizer, se a minha esposa não anuiu no aval que eu prestei, o credor poderá executar a garantia, mas não poderá atingir o patrimônio dela, recaindo a execução apenas no meu.

Trata-se de uma ideia interessante, mas que vai de encontro à norma legal, a qual, claramente, refere a invalidade do próprio ato (art. 1.649), o que resultaria na sua consequente e total ineficácia.

Nessa mesma linha, no caso da fiança prestada sem a necessária autorização conjugal, o STJ sumulou (Súm. 332):

> "A fiança prestada sem autorização de um dos cônjuges implica a *ineficácia total* da garantia"[10].

Por tudo isso, entendemos não ser fácil, no atual estágio do nosso Direito, reconhecer-se a ineficácia meramente parcial da garantia fidejussória (pessoal) prestada sem a autorização do outro cônjuge.

## 4. REGIMES DE BENS NO DIREITO CIVIL BRASILEIRO

A entrada em vigor do Código Civil de 2002 operou significativa mudança no sistema jurídico vigente, na medida em que suprimiu o antigo (e superado) regime dotal, acrescentando um novo regime (participação final nos aquestos).

Lembra-nos SÍLVIO VENOSA:

> "Dote, no sentido técnico, consiste em um bem ou conjunto de bens que a mulher, ou um terceiro por ela, transfere ao marido, para que este tire de seus rendimentos os recursos necessários para atender aos encargos do lar"[11].

De acordo com as suas regras, a mulher poderia conservar sob a sua exclusiva propriedade determinados bens incomunicáveis, denominados bens parafernais.

Esse regime, que há décadas já não era socialmente acolhido — a sua presença em nossas vidas limitava-se, basicamente, às nuances históricas das novelas de época... —, não fora adotado no Código de 2002, de maneira que desapareceu do nosso ordenamento jurídico.

---

[10] Reforçando o que dissemos no início deste tópico a respeito da impropriedade atual do termo "outorga uxória", vale conferir, a título ilustrativo, a notícia do STJ a respeito da aprovação da *Súmula 332:* "A Corte Especial do Superior Tribunal de Justiça alterou, na sessão desta quarta-feira (5), o texto da Súmula 332, segundo a qual a fiança prestada por um dos cônjuges sem a assinatura do outro invalida o ato por inteiro. O novo texto da Súmula 332 tem a seguinte redação: 'A fiança prestada sem autorização de um dos cônjuges implica a ineficácia total da garantia'. A súmula foi aprovada em novembro de 2006, com o seguinte texto: 'A anulação de fiança prestada sem outorga uxória implica a ineficácia total da garantia'. Mas a redação teve de ser alterada porque o termo 'uxória' se refere exclusivamente à mulher casada. O homem acabou sendo excluído e, por isso, a súmula não foi publicada. A tese é pacificada no sentido de que a fiança sem a outorga de um dos cônjuges, em contrato de locação, é nula de pleno direito (Código Civil, artigo 235, III), invalidando, inclusive, a penhora efetivada sobre a meação marital. A edição da súmula consolida jurisprudência adotada em diversos julgamentos no STJ. Entre eles, o do REsp 860.795, relatado pela ministra Laurita Vaz. Por unanimidade, a Quinta Turma considerou que um dos cônjuges não pode ser fiador em contrato de locação sem a autorização do outro, sob pena de nulidade da obrigação do casal. Também são precedentes os Recursos Especiais 525.765, 94.094, 111.877 e outros". Disponível em: <https://ww2.stj.jus.br/docs_internet/revista/eletronica/stj-revista-sumulas-2012_28_capSumula332.pdf>. Acesso em: 22 jun. 2017).

[11] VENOSA, Sílvio de Salvo, ob. cit., p. 367.

Ressalvamos apenas a — pouco crível, mas possível — situação de pessoas que convolaram núpcias no sistema anterior sob esse regime, permanecendo, pois, para elas, eficazes as suas normas, quando da dissolução do casamento.

No entanto, a par da saída do regime dotal, seguiu-se uma inovação: a consagração do (confuso) regime de participação final nos aquestos, sistema nascido na Costa Rica, que contém características da separação de bens e da comunhão parcial, guardando, outrossim, autonomia e estrutura própria.

Nessa linha, portanto, temos, hoje, os seguintes regimes vigorando no direito brasileiro:

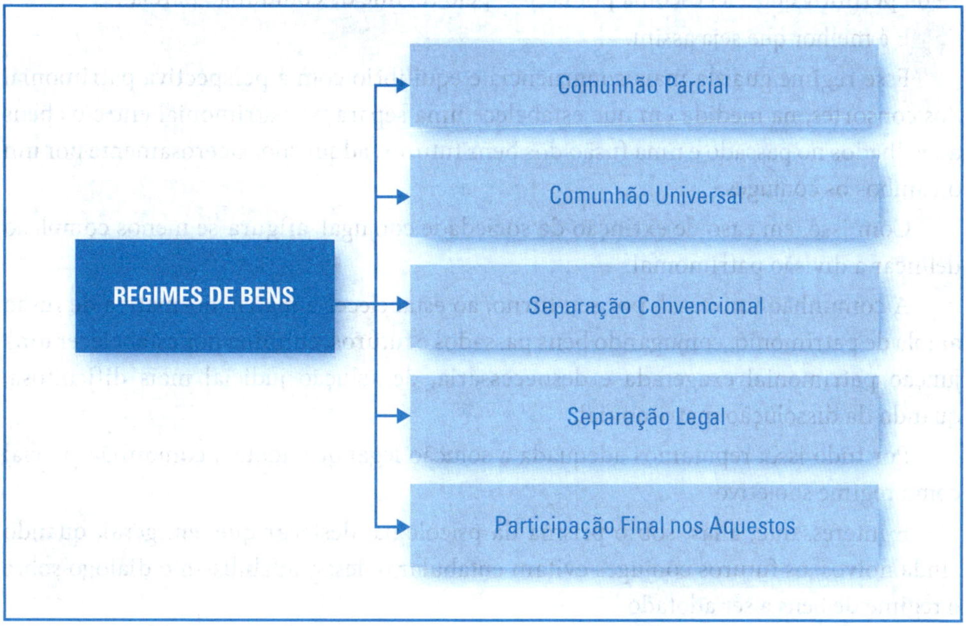


Antes, porém, de estudarmos, cuidadosa e atentamente, cada um deles, precisamos analisar, ainda em introdução dessa matéria, três importantes temas: o regime legal supletivo, o regime legal obrigatório e a possibilidade de mudança de regime de bens.

## 5. REGIME LEGAL SUPLETIVO

Até a entrada em vigor da conhecida Lei do Divórcio (Lei n. 6.515), em 1977, o regime supletivo era o de comunhão universal de bens.

A partir desse diploma, o regime subsidiário passou a ser, corretamente, em nosso sentir, o de comunhão parcial, opção legislativa esta mantida no Código Civil de 2002:

> "Art. 1.640. Não havendo convenção, ou sendo ela nula ou ineficaz, vigorará, quanto aos bens entre os cônjuges, o regime da comunhão parcial".

A dicção normativa é de extrema clareza.

Não havendo o pacto antenupcial, ou, na mesma linha, caso seja inválido (nulo ou anulável) ou ineficaz, aplicam-se, na esfera patrimonial dos cônjuges, as regras do regime de comunhão parcial de bens.

E o parágrafo único destaca:

> "Poderão os nubentes, no processo de habilitação, optar por qualquer dos regimes que este Código regula. Quanto à forma, reduzir-se-á a termo a opção pela comunhão parcial, fazendo-se o pacto antenupcial por escritura pública, nas demais escolhas".

Com isso, observamos que a grande maioria dos casais, no Brasil, acaba por optar — ou permitir que a lei escolha por eles — pelo regime de comunhão parcial.

E é melhor que seja assim.

Esse regime guarda mais congruência e equilíbrio com a perspectiva patrimonial dos consortes, na medida em que estabelece uma separação patrimonial entre os bens amealhados no passado e uma fusão dos bens futuros, adquiridos onerosamente por um ou ambos os cônjuges.

Com isso, em caso de extinção da sociedade conjugal, afigura-se menos complexo delinear a divisão patrimonial.

A comunhão universal, por seu turno, ao estabelecer a matriz normativa de fusão ampla de patrimônio, conjugando bens passados e futuros, culmina por estabelecer uma junção patrimonial exagerada e desnecessária, de solução judicial mais dificultosa, quando da dissolução matrimonial.

Por tudo isso, reputamos adequada a solução legal que adota a comunhão parcial como regime supletivo.

É interessante, aliás, sob o prisma da psicologia, destacar que, em geral, quando ainda noivos, os futuros cônjuges evitam entabular o desagradabilíssimo diálogo sobre o regime de bens a ser adotado.

É uma conversa péssima.

Quando essa espinhosa questão é aventada, é comum o olhar de reprovação ou a seca advertência, em resposta: "Você acha que eu quero alguma coisa sua?".

Por isso, muitos noivos preferem nada dizer, permitindo, assim, que a própria lei faça a escolha por eles.

## 6. REGIME LEGAL OBRIGATÓRIO

Há situações em que a lei impõe o regime de separação de bens.

Trata-se do denominado regime de separação legal ou separação obrigatória de bens, instituído nos termos do art. 1.641 que, por traduzir restrição à autonomia privada, não comporta interpretação extensiva, ampliativa ou analógica.

Aliás, com fundamento nessa comezinha diretriz hermenêutica, concluímos, firmemente, no sentido da completa impossibilidade de se pretender estender esse regime restritivo à união estável, dada a inequívoca ausência de previsão legal nesse sentido.

O regime de separação obrigatória, portanto, em nosso sentir, fora previsto e regulado para o casamento, e não para a união estável.

Vejamos, pois, quais são as suas hipóteses de aplicação no Código Civil de 2002, já com a redação dada pela Lei n. 12.344, de 9 de dezembro de 2010:

> "Art. 1.641. É obrigatório o regime da separação de bens no casamento:
>
> I — das pessoas que o contraírem com inobservância das causas suspensivas da celebração do casamento;
>
> II — da pessoa maior de 70 (setenta) anos;
>
> III — de todos os que dependerem, para casar, de suprimento judicial".

Este artigo, em nosso sentir, desafia o jurista a tentar realizar uma interpretação constitucional, especialmente na perspectiva do superior princípio da isonomia.

Aliás, vamos além: esse dispositivo, posto informado por uma suposta boa intenção legislativa, culmina, na prática, por chancelar situações de inegável injustiça e constitucionalidade duvidosa.

A primeira hipótese prevista é de mais simples entendimento e aceitação.

Impõe-se o regime de separação obrigatória para as pessoas que contraírem o matrimônio em violação das causas suspensivas (art. 1.523).

Consoante já anotado alhures, a infringência de alguma causa suspensiva não acarreta a invalidade do matrimônio, mas sim a sua mera irregularidade, com a imposição de sanção de cunho patrimonial que, no caso, é a separação legal de bens.

A segunda situação prevista na norma é absurda e, no nosso entender, de constitucionalidade duvidosa.

A alegação de que a separação patrimonial entre pessoas que convolarem núpcias acima de determinado patamar etário teria o intuito de proteger o idoso das investidas de quem pretenda aplicar o "golpe do baú" não convence.

E, se assim o fosse, essa risível justificativa resguardaria, em uma elitista perspectiva legal, uma pequena parcela de pessoas abastadas, apenando, em contrapartida, um número muito maior de brasileiros.

Não podemos extrair dessa norma uma interpretação conforme à Constituição.

Muito pelo contrário.

O que notamos é uma violência escancarada ao princípio da isonomia, por conta do estabelecimento de uma velada forma de interdição parcial do idoso.

Avançada idade, por si só, como se sabe, não é causa de incapacidade!

Se existe receio de o idoso ser vítima de um golpe por conta de uma vulnerabilidade explicada por enfermidade ou deficiência mental, que seja instaurado procedimento próprio de interdição, mas disso não se conclua em favor de uma inadmissível restrição de direitos, simplesmente por conta da sua idade.

Aliás, com 60 anos (como era o limite original do dispositivo), 70 anos (na atual redação) ou mais idade ainda, a pessoa pode presidir a República. Pode integrar a Câmara de Deputados. O Senado Federal. Poderia, ainda, no limite etário original de 60 anos, compor a mais alta Corte brasileira, na condição de ministro!

E não poderia escolher livremente o seu regime de bens?

Não podemos tentar encontrar razão onde ela simplesmente não existe.

Nessa linha, concluímos pela completa inconstitucionalidade do dispositivo sob comento (art. 1.641, II), ainda não pronunciada, em controle abstrato, infelizmente, pelo Supremo Tribunal Federal.

Nesse sentido, CRISTIANO CHAVES e NELSON ROSENVALD:

> "Ora, promovendo a exegese da referida intervenção estatal na esfera de interesses privados, é fácil concluir que, a partir da valorização da pessoa humana e de suas garantias constitucionais, a regra legal se põe em rota direta de colisão com os princípios da igualdade substancial, da liberdade e da própria dignidade humana"[12].

Finalmente, dispõe o referido artigo que também será aplicado o regime de separação legal em face daqueles que, para casar, dependeram de suprimento judicial.

Assim, em situações específicas relativas a menores, em que se exige pronunciamento judicial, como em caso de divergência entre os pais ou de não alcance da idade núbil, é vedado aos nubentes a livre escolha do regime de bens.

Quer-se, com isso, dada a situação de vulnerabilidade dos noivos, e em virtude de não caber ao juiz fazer uma escolha dessa natureza por eles, proteger-lhes o patrimônio pessoal.

Todavia, tal restrição pode criar outro sério problema.

Seria justo que, após atingirem a maioridade e a plena capacidade civil, ficassem agrilhoados ao regime legal de separação por toda a vida, sem que pudessem manifestar a sua liberdade de escolha?

O legislador fora omisso quanto a esse aspecto, gerando uma indesejável inconveniência normativa.

Por isso, para contorná-la, defendemos, conforme veremos ao longo deste capítulo, em hipóteses como a aventada, em que o fato ensejador da regra se modifica com o tempo, a possibilidade de futura mudança do regime de bens, posto se trate de separação obrigatória, por se afigurar a solução, indiscutivelmente, mais justa.

De todo o exposto até aqui, podemos concluir que o regime de separação obrigatória de bens, previsto no art. 1.641, ora estudado, a par de, em tese, haver derivado de uma boa intenção legislativa, acarreta efeitos potencialmente gravosos, quando não inconstitucionais.

---

[12] CHAVES, Cristiano; ROSENVALD, Nelson. *Direito das Famílias*, Rio de Janeiro: Lumen Juris, 2009, p. 221.

Além disso, ao longo da vida do casal, o estabelecimento de uma separação patrimonial em caráter absoluto pode gerar a delicada — e muito provável — situação de constituição de um patrimônio comum, derivado do esforço de ambos os cônjuges, que, por princípio de equidade, e até mesmo para evitar enriquecimento sem causa de qualquer deles, autorizaria uma partilha.

Por conta disso, mitigando a aridez deste art. 1.641, e, especialmente, visando a evitar enriquecimento sem causa por parte do marido ou da mulher, o Supremo Tribunal Federal editou a conhecida Súmula 377, ainda eficaz no sistema jurídico brasileiro, que dispõe: "No regime de separação legal, comunicam-se os adquiridos na constância do casamento".

À primeira vista, pode nos parecer um contrassenso o estabelecimento, para o regime de separação legal, da comunicabilidade dos aquestos.

Mas não é.

Muito pelo contrário.

O que se quer, com a súmula, é exatamente o inverso: evitar a insensatez de se impedir a comunicabilidade dos bens amealhados pelo esforço comum, sob pena de se permitir — ou até mesmo incentivar — o enriquecimento sem causa de uma das partes.

Não se diga, contudo, que a aplicação desse enunciado resultaria em uma "conversão jurisprudencial forçada" do regime de separação em comunhão parcial de bens.

Posto a característica da comunicabilidade de aquestos, de fato, seja típica do regime de comunhão parcial, esse tem regras próprias, específicas, inaplicáveis às pessoas casadas sob o regime de separação legal.

Um ponto de intersecção entre os regimes não os torna idênticos.

Comentando essa importante súmula, observa ROLF MADALENO:

> "A Súmula n. 377 do STF já havia afastado do sistema legal brasileiro o regime coercitivo da completa separação de bens, cujo único efeito era o de desamparar o consorte que não teve a fortuna de amealhar, em seu nome, as riquezas materiais da sociedade conjugal, não obstante tivesse prestado contribuição integral para a formação moral e espiritual e para o crescimento econômico-financeiro de seu parceiro de instituição familiar"[13].

Aproveitando a parte final dessa importante afirmação de MADALENO, entendemos que a contribuição do cônjuge para efeito da partilha do patrimônio comum não é, necessariamente, o auxílio direto ou de ordem econômica, podendo, em nosso sentir, traduzir ainda o — não menos significativo — apoio moral e espiritual dedicado ao longo do matrimônio.

13 MADALENO, Rolf, ob. cit., p. 550.

Por isso, a dona de casa, demonstrada a sua contribuição indireta (psicológica ou afetiva) — que não guarda posição de inferioridade com a colaboração direta ou pecuniária —, também fará jus à partilha dos aquestos.

Raciocínio inverso menoscabaria o sentido de "apoio recíproco" imanente ao casamento.

Embora, em um primeiro momento, a jurisprudência houvesse apontado no sentido da demonstração do esforço econômico recíproco[14], posteriormente, refinou o seu entendimento para admitir uma presunção de esforço comum, a partir de uma contribuição indireta ou psicológica entre os consortes[15].

Nesse diapasão, podemos concluir, firmemente, no sentido da possibilidade de aplicação do Enunciado n. 377, mesmo após o advento do Código de 2002, não assistindo razão alguma à corrente doutrinária contrária que nega a sua aplicabilidade sob o argumento de o teor do art. 259 do Código revogado não mais subsistir.

A ambiência que justifica a incidência da súmula não mudou, especialmente sob o pálio do princípio que veda o enriquecimento sem causa.

De todo o exposto, observamos que o estabelecimento de um regime obrigatório de separação de bens — a despeito da mitigação operada pelo Enunciado n. 377 da Súmula do STF — culmina por acarretar efeitos mais danosos do que propriamente protetivos.

Certamente, por isso, melhor é o tratamento dado pelo Projeto de Lei n. 2.285/2007 (Estatuto das Famílias)[16], que, considerando o caráter discriminatório e atentatório da dignidade dos cônjuges, suprimiu esse indesejável regime de bens, uma vez que a única efetiva utilidade da separação obrigatória residiria na prevenção da confusão patrimonial (art. 1.523 do CC/2002), o que poderia ser resolvido de outra forma, em previsão normativa específica e de cunho excepcional, sem limitar genericamente a manifestação da vontade de nubentes que se encontrassem em situação diversa (a exemplo dos idosos ou daqueles que necessitassem de autorização judicial para casar).

---

[14] "Merece referência, o acórdão proferido, em junho de 1992, pela Egrégia 4ª Turma do STJ, tendo como relator o Ministro Sálvio de Figueiredo Teixeira, ao reconhecer que 'em se tratando de regime de separação obrigatória (Código Civil, art. 258), comunicam-se os bens adquiridos na constância do casamento pelo esforço comum. O Enunciado n. 377 da Súmula do STF deve restringir-se aos aquestos resultantes da conjugação de esforços do casal, em exegese que se afeiçoa à evolução do pensamento jurídico e repudia o enriquecimento sem causa (REsp 9.938/SP)" (*Instituições de Direito Civil* — v. V: Direito de Família, Caio Mário da Silva Pereira, obra imortal atualizada com brilho pela Profa. Tania Pereira, p. 200).

[15] REsp 736.627/PR.

[16] Esse importante projeto foi apensado ao PL 674/2007 em 17 de dezembro de 2007. Confira-se o *link*: <https://www.camara.leg.br/proposicoesWeb/fichadetramitacao?idProposicao=347575&ord=1>. Acesso em: 7 set. 2019.

## 7. MUDANÇA DE REGIME DE BENS DO CASAMENTO

A possibilidade de mudança de regime de bens no curso do casamento representa, sem sombra de dúvida, a mais significativa inovação experimentada pelo Direito Patrimonial de Família brasileiro.

A partir da sua consagração, o direito brasileiro passa a figurar ao lado de outros sistemas no mundo, que também seguem essa orientação, conforme anotou ANTUNES VARELA:

> "Diferente é a orientação perfilhada noutras legislações europeias (designadamente a alemã e a espanhola) e americanas, com o fundamento de que só a livre modificação das convenções permite a correcção do erro que os contraentes tenham cometido na escolha do seu regime de bens ou a adaptação do regime inicial às circunstâncias, tantas vezes imprevisíveis, posteriores à celebração do casamento"[17].

Observamos, ainda, que ORLANDO GOMES, mesmo antes da entrada em vigor do Código de 2002, já tecia críticas à dogmática e tradicional imutabilidade do regime, vigente em sua época:

> "O Direito de Família aplicado, isto é, o que disciplina as relações patrimoniais entre os cônjuges, não tem o cunho institucional do Direito de Família puro. Tais relações se estabelecem mediante pacto pelo qual têm os nubentes a liberdade de estipular o que lhes aprouver. A própria lei põe à sua escolha diversos regimes matrimoniais e não impede que combinem disposições próprias de cada qual. Por que proibir que modifiquem cláusulas do contrato que celebraram, mesmo quando o acordo de vontades é presumido pela lei? Que mal há na decisão de cônjuges casados pelo regime da separação de substituírem-no pelo da comunhão?"[18].

Seguindo, pois, essa convincente linha de pensamento, o codificador brasileiro resolveu romper com o sistema tradicional, para admitir a mudança de regime de bens no curso do matrimônio, a teor do art. 1.639, § 2º, do Código Civil:

> "Art. 1.639. É lícito aos nubentes, antes de celebrado o casamento, estipular, quanto aos seus bens, o que lhes aprouver.
>
> (...)
>
> § 2º É admissível alteração do regime de bens, mediante autorização judicial em pedido motivado de ambos os cônjuges, apurada a procedência das razões invocadas e ressalvados os direitos de terceiros".

Analisando detidamente esse dispositivo, chegamos a algumas importantes conclusões:

---

[17] VARELA, João de Matos Antunes. *Direito de Família*, 5. ed., v. 1, p. 432.

[18] GOMES, Orlando, ob. cit., p. 174.

a) a alteração do regime não pode se dar pela via administrativa, em cartório, exigindo, pois, a instauração de procedimento judicial;
b) esse procedimento judicial será de jurisdição voluntária, uma vez que, sendo o pedido conjunto, não há lide, afigurando-se, assim, juridicamente impossível um pedido de mudança formulado em ação judicial proposta por um dos cônjuges em face do outro;
c) o pedido conjunto deverá ser motivado, a fim de que a autoridade judiciária possa analisar a razoabilidade do pleito e dos fundamentos invocados;
d) a mudança do regime de bens, que se dará por sentença, não poderá afrontar direitos de terceiros, razão por que é recomendável que o juiz determine a publicação de edital, imprimindo, assim, a mais ampla publicidade[19];
e) o juízo competente, em nosso sentir, não deverá ser o da Vara de Registros Públicos, mas, sim, aquele com competência em Direito de Família, uma vez que a mudança fundamenta-se na situação matrimonial dos interessados.

Um aspecto digno de nota consiste no fato de um dos interessados — ou ambos — ser empresário.

Nesse caso, é de todo recomendável que a sentença de mudança — além das comunicações de praxe (aos Cartórios de Registro Civil de Pessoas Naturais e de Imóveis) para a devida averbação — seja ainda levada ao Registro Público de Empresa (Junta Comercial), para as anotações necessárias.

Escreveu, a esse respeito, PABLO STOLZE GAGLIANO:

> "Tratando-se de cônjuge empresário (titular de firma individual), o seu regime de bens interfere, indubitavelmente, nas relações negociais que venha a travar com terceiros, uma vez que estes têm no seu patrimônio a garantia geral das eventuais dívidas contraídas. Se tiver havido uma alteração do regime, sem a devida referência no Registro de Empresas, eventuais credores, inscientes do fato, poderão vir a ser prejudicados. E tanto isso é verdade que o art. 968 exige, para a inscrição do empresário no Registro Público de Empresas (Junta Comercial), que o requerimento contenha: 'I — o seu nome, nacionalidade, domicílio, estado civil e, se casado, o regime de bens'. Nota-se, portanto, a obrigatoriedade de o empresário casado informar o seu regime de bens, sob pena de lhe ser negado o reconhecimento oficial de sua atividade. Ora, e se assim o é, é lógica a conclusão de que a eventual alteração do regime de bens deve

19 Enunciado n. 113 da I Jornada de Direito Civil: "Art. 1.639: é admissível a alteração do regime de bens entre os cônjuges, quando então o pedido, devidamente motivado e assinado por ambos os cônjuges, será objeto de autorização judicial, com ressalva dos direitos de terceiros, inclusive dos entes públicos, após perquirição de inexistência de dívida de qualquer natureza, exigida ampla publicidade".

> ser averbada no mesmo Registro Público, sob pena de não gerar efeitos *erga omnes*, devendo os Juízes das Varas de Família ficar atentos para esse aspecto"[20].

Anotamos ainda que, no que se refere aos efeitos da sentença que altera o regime de bens, posto a doutrina não adote posição única e em uníssono[21], entendemos que a sua eficácia é retroativa.

E por uma razão muito simples.

Quando os cônjuges pretendem modificar o seu regime, o patrimônio atingido, que sofrerá a incidência do novo regramento, é, por óbvio, aquele existente até a data da sentença de mudança.

Ora, com isso, é forçoso convir que os bens e valores amealhados — em conjunto ou separadamente — pelos consortes até o momento da mudança serão atingidos pelo pronunciamento judicial, submetendo-se, pois, a novo regramento.

Sob esse aspecto, a sentença, pois, necessariamente, incide no patrimônio anterior.

Daí por que a sua eficácia é *ex tunc*[22].

Um exemplo irá aclarar a hipótese.

Imagine que um casal esteja pretendendo alterar o seu regime de separação para o regime de comunhão parcial.

A sentença que autorizar a mudança atingirá — retroativamente — o patrimônio exclusivo de cada um, que passará a integrar a massa de bens não comunicável no novo regime de comunhão parcial.

Aliás, em qualquer outra situação de mudança de regime, é nítida essa retroação de efeitos.

E, nesse diapasão, não se diga que seria *ex nunc* pelo simples fato de, a partir da sentença, as relações patrimoniais estarem sujeitas a novas regras, pois isso é consequência natural do próprio pedido de mudança.

Em reforço a nossa linha de pensamento, invocamos preleção de LUIZ FELIPE BRASIL SANTOS:

> "O Código não explicita se os efeitos da alteração serão '*ex tunc*' ou '*ex nunc*' entre os cônjuges (porque com relação a terceiros que já sejam portadores de direitos perante

---

[20] GAGLIANO, Pablo Stolze. Alguns Efeitos do Direito de Família na Atividade Empresarial. Disponível em: <http://www.unifacs.br/revistajuridica/arquivo/edicao_janeiro2004/index.htm>. Acesso em: 4 jul. 2017.

[21] Maria Berenice Dias, por exemplo, sustenta que "a mudança poderá ter efeitos *ex tunc* ou *ex nunc*, a depender da vontade dos cônjuges" (ob. cit., p. 219).

[22] Trata-se de tema controvertido. Claro que a eficácia retroativa que aqui defendemos parte da premissa de que a disciplina dos bens que já existiam (anteriores) também sofre efeitos por conta da mudança. Com isso, por óbvio, não estamos a defender que a mudança do regime irá causar impacto, por exemplo, em face de terceiros de boa-fé com os quais, no passado, o casal manteve relação negocial segundo o regime vigente à época.

o casal, é certo que serão sempre '*ex nunc*', uma vez que se encontram ressalvados os direitos destes). No particular, considero que se houver opção por qualquer dos regimes que o Código regula, a retroatividade é decorrência lógica, pois, p. ex., se o novo regime for o da comunhão universal, ela só será UNIVERSAL se implicar comunicação de todos os bens. Impossível seria pensar em comunhão universal que implicasse comunicação apenas dos bens adquiridos a partir da modificação. Do mesmo modo, se o novo regime for o da separação absoluta, necessariamente será retroativa a mudança, ou a separação não será absoluta! E mais: se o escolhido agora for o da separação absoluta, imperiosa será a partilha dos bens adquiridos até então, a ser realizada de forma concomitante à mudança de regime (repito: sem eficácia essa partilha com relação a terceiros). Assim, por igual quanto ao regime de comunhão parcial e, até, de participação final nos aquestos. Entretanto, face ao princípio da livre estipulação (art. 1.639, '*caput*'), sendo possível estipular regime não regrado no Código, a mudança poderá, a critério dos cônjuges, operar-se a partir do trânsito em julgado da sentença homologatória, caso em que teríamos a criação de um regime não regrado no CC"[23].

Finalmente, lembramos que está se consolidando, em nosso Direito, a correta tese segundo a qual a possibilidade de mudança de regime de bens, prevista no art. 1.639, § 2º, do Código Civil, aplica-se a casamentos anteriores[24].

Sobre esse tema, escreveu PABLO STOLZE GAGLIANO:

> "Entretanto, feitas tais ponderações, uma indagação se impõe: terão direito à alteração de regime as pessoas casadas antes do Código de 2002? Essa indagação reveste-se ainda de maior importância, quando consideramos o princípio da irretroatividade das leis, e, sobretudo, o fato de o próprio Código Novo estabelecer, em seu art. 2.039, que: 'o regime de bens nos casamentos celebrados na vigência do Código Civil anterior, Lei n. 3.071, de 1º de janeiro de 1916, *é por ele estabelecido*'. Uma primeira interpretação nos conduziria à conclusão de que os matrimônios contraídos na vigência do Código de 1916 não admitiriam a incidência da lei nova, razão por que esses consortes não poderiam pleitear a modificação do regime. Não concordamos, todavia, com este entendimento. No momento em que o legislador determinou a mantença da disciplina do Código revogado para os regimes de bens de matrimônios constituídos antes da sua vigência, quis, apenas, estabelecer que as regras patrimoniais para a aferição do patrimônio comum e pessoal de cada cônjuge seriam as estabelecidas em lei anterior. Ou seja, não se poderia, no bojo de uma separação judicial de pessoas casadas sob o regime antigo de comunhão parcial (arts. 269 a 275 do CC/1916), aplicar os

[23] SANTOS, Luiz Felipe Brasil. A Mutabilidade do Regime de Bens. Disponível em: <http://www.migalhas.com.br/dePeso/16,MI2295,101048-A+mutabilidade+dos+regimes+de+bens>. Acesso em: 4 jul. 2017.

[24] Esta posição já era defendida pelo coautor Pablo Stolze Gagliano, quando da publicação do seu artigo O Impacto do Novo Código Civil no Regime de Bens do Casamento, em 2002 (Jornal *A Tarde*, de 14 de dezembro do referido ano).

dispositivos correspondentes da lei nova (arts. 1.658 a 1.666 do CC/2002). Isso, entretanto, não quer dizer que, para os casamentos celebrados antes da lei nova, fosse vedada a possibilidade de mudança do regime, na forma da legislação atual. Em nosso entendimento, o regime de bens consiste em uma instituição patrimonial de eficácia continuada, gerando efeitos durante todo o tempo de subsistência da sociedade conjugal, ou até a sua dissolução"[25].

Escoimando dúvidas, o Superior Tribunal de Justiça, corretamente em nosso sentir, já firmou a possibilidade de mudança para casamentos anteriores:

"CIVIL. CASAMENTO. CÓDIGO CIVIL DE 1916. COMUNHÃO PARCIAL DE BENS. ALTERAÇÃO DE REGIME. COMUNHÃO UNIVERSAL. POSSIBILIDADE JURÍDICA.

I. Ambas as Turmas de Direito Privado desta Corte assentaram que o art. 2.039 do Código Civil não impede o pleito de autorização judicial para mudança de regime de bens no casamento celebrado na vigência do Código de 1916, conforme a previsão do art. 1.639, § 2º, do Código de 2002, respeitados os direitos de terceiros.

II. Recurso especial não conhecido" (REsp 812.012/RS, Rel. Min. Aldir Passarinho Junior, julgado em 2-12-2008, *DJe* 2-2-2009, 4ª Turma).

"CIVIL. REGIME MATRIMONIAL DE BENS. ALTERAÇÃO JUDICIAL. CASAMENTO OCORRIDO SOB A ÉGIDE DO CC/1916 (LEI N. 3.071). POSSIBILIDADE. ART. 2.039 DO CC/2002 (LEI N. 10.406). CORRENTES DOUTRINÁRIAS. ART. 1.639, § 2º, C/C ART. 2.035 DO CC/2002. NORMA GERAL DE APLICAÇÃO IMEDIATA.

1 — Apresenta-se razoável, *in casu*, não considerar o art. 2.039 do CC/2002 como óbice à aplicação de norma geral, constante do art. 1.639, § 2º, do CC/2002, concernente à alteração incidental de regime de bens nos casamentos ocorridos sob a égide do CC/1916, desde que ressalvados os direitos de terceiros e apuradas as razões invocadas pelos cônjuges para tal pedido, não havendo que se falar em retroatividade legal, vedada nos termos do art. 5º, XXXVI, da CF/88, mas, ao revés, nos termos do art. 2.035 do CC/2002, em aplicação de norma geral com efeitos imediatos.

2 — Recurso conhecido e provido pela alínea *a* para, admitindo-se a possibilidade de alteração do regime de bens adotado por ocasião de matrimônio realizado sob o pálio do CC/1916, determinar o retorno dos autos às instâncias ordinárias a fim de que procedam à análise do pedido, nos termos do art. 1.639, § 2º, do CC/2002" (REsp 730.546/MG, Rel. Min. Jorge Scartezzini, 4ª Turma, julgado em 23-8-2005, *DJ* 3-10-2005, p. 279).

---

[25] GAGLIANO, Pablo Stolze. *Comentários ao Código Civil Brasileiro* — v. XVII (obra coordenada pelos Profs. Drs. Arruda Alvim e Thereza Alvim, participando, ainda, do tomo, comentando outros dispositivos, os Profs. Henrique de Mello e Maria Isabel do Prado — Comentário ao art. 2.039, p. 617-8).

E mesmo para pessoas casadas sob o regime da separação obrigatória de bens, respeitadas as circunstâncias do caso concreto e as condições legais da mudança, tal pleito afigura-se possível, consoante este julgado, relatado pela ilustre Ministra NANCY ANDRIGHI:

> "DIREITO CIVIL. FAMÍLIA. CASAMENTO CELEBRADO SOB A ÉGIDE DO CC/16. ALTERAÇÃO DO REGIME DE BENS. POSSIBILIDADE. A interpretação conjugada dos arts. 1.639, § 2º, 2.035 e 2.039, do CC/02, admite a alteração do regime de bens adotado por ocasião do matrimônio, desde que ressalvados os direitos de terceiros e apuradas as razões invocadas pelos cônjuges para tal pedido.
>
> — Assim, se o Tribunal Estadual analisou os requisitos autorizadores da alteração do regime de bens e concluiu pela sua viabilidade, tendo os cônjuges invocado como razões da mudança a cessação da incapacidade civil interligada à causa suspensiva da celebração do casamento a exigir a adoção do regime de separação obrigatória, além da necessária ressalva quanto a direitos de terceiros, a alteração para o regime de comunhão parcial é permitida.
>
> — Por elementar questão de razoabilidade e justiça, o desaparecimento da causa suspensiva durante o casamento e a ausência de qualquer prejuízo ao cônjuge ou a terceiro, permite a alteração do regime de bens, antes obrigatório, para o eleito pelo casal, notadamente porque cessada a causa que exigia regime específico.
>
> — Os fatos anteriores e os efeitos pretéritos do regime anterior permanecem sob a regência da lei antiga. Os fatos posteriores, todavia, serão regulados pelo CC/02, isto é, a partir da alteração do regime de bens, passa o CC/02 a reger a nova relação do casal.
>
> — Por isso, não há se falar em retroatividade da lei, vedada pelo art. 5º, inc. XXXVI, da CF/88, e sim em aplicação de norma geral com efeitos imediatos.
>
> Recurso especial não conhecido" (REsp 821.807/PR, Rel. Min. Nancy Andrighi, julgado em 19-10-2006, *DJ* 13-11-2006, p. 261, 3ª Turma).

Com isso, não nos resta dúvida de que as pessoas casadas sob a vigência do Código anterior têm o direito de pleitear a mudança do seu regime de bens, observados os requisitos de lei, por imperativo de inegável justiça e respeito à isonomia constitucional.

## 8. ADMINISTRAÇÃO DOS BENS NO CASAMENTO

Por fim, passaremos em revista alguns artigos sobre a administração patrimonial do casamento.

Com efeito, estabelecem os arts. 1.642 e 1.643 do CC/2002 uma série de atos em que os cônjuges podem atuar livremente.

Senão, vejamos:

"Art. 1.642. Qualquer que seja o regime de bens, tanto o marido quanto a mulher podem livremente:

I — praticar todos os atos de disposição e de administração necessários ao desempenho de sua profissão, com as limitações estabelecidas no inciso I do art. 1.647;

II — administrar os bens próprios;

III — desobrigar ou reivindicar os imóveis que tenham sido gravados ou alienados sem o seu consentimento ou sem suprimento judicial;

IV — demandar a rescisão dos contratos de fiança e doação, ou a invalidação do aval, realizados pelo outro cônjuge com infração do disposto nos incisos III e IV do art. 1.647;

V — reivindicar os bens comuns, móveis ou imóveis, doados ou transferidos pelo outro cônjuge ao concubino, desde que provado que os bens não foram adquiridos pelo esforço comum destes, se o casal estiver separado de fato por mais de cinco anos;

VI — praticar todos os atos que não lhes forem vedados expressamente.

Art. 1.643. Podem os cônjuges, independentemente de autorização um do outro:

I — comprar, ainda a crédito, as coisas necessárias à economia doméstica;

II — obter, por empréstimo, as quantias que a aquisição dessas coisas possa exigir".

No que diz respeito, porém, à responsabilidade patrimonial (pelas dívidas contraídas), o art. 1.644 do CC/2002 estabelece a solidariedade entre os cônjuges.

Complementando o regramento material, importantes regras processuais são estabelecidas nos arts. 1.645 e 1.646 do CC/2002:

"Art. 1.645. As ações fundadas nos incisos III, IV e V do art. 1.642 competem ao cônjuge prejudicado e a seus herdeiros.

Art. 1.646. No caso dos incisos III e IV do art. 1.642, o terceiro, prejudicado com a sentença favorável ao autor, terá direito regressivo contra o cônjuge, que realizou o negócio jurídico, ou seus herdeiros".

Nesse contexto, consideramos pertinente expor sobre a situação de impossibilidade de administração por um dos cônjuges.

Em tal caso, estabelece o art. 1.651 do CC/2002:

"Art. 1.651. Quando um dos cônjuges não puder exercer a administração dos bens que lhe incumbe, segundo o regime de bens, caberá ao outro:

I — gerir os bens comuns e os do consorte;

II — alienar os bens móveis comuns;

III — alienar os imóveis comuns e os móveis ou imóveis do consorte, mediante autorização judicial".

Registre-se, porém, que, em termos de responsabilidade, na forma do art. 1.652 do CC/2002, o cônjuge, que estiver na posse dos bens particulares do outro, será para com este e seus herdeiros responsável:

> "I — como usufrutuário, se o rendimento for comum;
>
> II — como procurador, se tiver mandato expresso ou tácito para os administrar;
>
> III — como depositário, se não for usufrutuário, nem administrador".

A regra soa como bastante razoável de forma a preservar os interesses do cônjuge impossibilitado de administrar, dispensando longas digressões.

Registre-se, por fim, que a obrigação do cônjuge, que conserva a posse dos bens do casal, permanece, inclusive, no período entre a dissolução da sociedade conjugal e a partilha, devendo prestar contas ao outro.

# LXXIV REGIME DE BENS DO CASAMENTO: COMUNHÃO PARCIAL DE BENS

## 1. INTRODUÇÃO E SUPLETIVIDADE

Começaremos o nosso estudo dos regimes de bens em espécie pela comunhão parcial, não por uma mera coincidência, mas, sim, pelo fato de ser o mais difundido — e, por isso mesmo, o socialmente mais importante — regime matrimonial em nosso país.

A esmagadora maioria dos casais, quando da celebração do matrimônio, não cuida de estabelecer, por meio de pacto, regime de bens especial.

Isso talvez por conta da (quase sempre) constrangedora situação de, em meio ao doce encantamento do noivado, terem de entabular conversa desagradável a respeito de divisão patrimonial. Tal diálogo culmina por afigurar-se acentuadamente desagradável, quase anacrônico, diante da expectativa de eternidade que sempre acompanha o projeto de vida dos noivos.

Ou, quem sabe, talvez não cuidem de estabelecer o referido pacto antenupcial, simplesmente, por não terem ainda patrimônio com o que se preocupar...

O fato é que, em geral, no Brasil, as pessoas não cuidam de fazer opção de regime, mediante contrato antenupcial, de maneira que incidirá o regime legal supletivo, previsto em lei, conforme já anunciamos no capítulo anterior.

Até a entrada em vigor da conhecida Lei do Divórcio (Lei n. 6.515), em 1977, o regime supletivo era o de comunhão universal de bens.

É interessante observar, seguindo preleção de ANTUNES VARELA, que:

> "durante muitos séculos, porém, o regime supletivo foi o da comunhão geral de bens, à qual na legislação brasileira se dá o nome, ainda mais expressivo, de comunhão universal de bens. Foi esse o regime que, como tal, se estendeu a todo o país, a partir do reinado de D. Manuel I, depois de ter vigorado nas províncias do sul, desde os primeiros tempos da nacionalidade"[1].

E, em seguida, o autor anota que também no direito português o regime universal fora substituído pelo parcial: "Entre nós, foi o Código Civil de 1966 (art. 1.717º), que substituiu a comunhão geral, como regime supletivo, pelo regime da comunhão de adquiridos".

---

[1] VARELA, João de Matos Antunes, ob. cit., p. 450-1.

E arremata o culto jurista lusitano:

> "Limitando assim o núcleo do patrimônio comum aos bens cuja aquisição assenta numa real cooperação dos cônjuges, a comunhão de adquiridos inspira-se em princípios mais sãos e mais realistas do que a comunhão geral, em face das concepções de justiça comutativa aceites no mundo contemporâneo"[2].

Nessa mesma linha, o nosso Direito, a partir da edição da Lei do Divórcio, consagrou como regime subsidiário o da comunhão parcial de bens, o que passou a constar no *caput* do art. 258 do Código Civil brasileiro de 1916, opção legislativa esta ainda presente no Código de 2002:

> "Art. 1.640. Não havendo convenção, ou sendo ela nula ou ineficaz, vigorará, quanto aos bens entre os cônjuges, o regime da comunhão parcial".

E o parágrafo único destaca:

> "Poderão os nubentes, no processo de habilitação, optar por qualquer dos regimes que este Código regula. Quanto à forma, reduzir-se-á a termo a opção pela comunhão parcial, fazendo-se o pacto antenupcial por escritura pública, nas demais escolhas".

Assim, temos que a comunhão parcial, seja pela vontade expressa dos cônjuges, seja pela supletividade prevista em lei, acaba por se tornar o mais abrangente e disseminado regime de bens.

Não é estranho, por isso, que também para a união estável tal regime seja eleito como o supletivo[3].

## 2. CONCEITO E DISCIPLINA LEGAL

Podemos definir o regime de comunhão parcial de bens como aquele em que há, em regra, a comunicabilidade dos bens adquiridos a título oneroso na constância do matrimônio, por um ou ambos os cônjuges, preservando-se, assim, como patrimônio pessoal e exclusivo de cada um, os bens adquiridos por causa anterior ou recebidos a título gratuito a qualquer tempo.

Genericamente, é como se houvesse uma "separação do passado" e uma "comunhão do futuro" em face daquilo que o casal, por seu esforço conjunto, ajudou a amealhar.

Trata-se, pois, em nosso sentir, de um regime conveniente, justo e equilibrado.

---

2 VARELA, João de Matos Antunes, ob. cit., p. 453.

3 Código Civil de 2002: "Art. 1.725. Na união estável, salvo contrato escrito entre os companheiros, aplica-se às relações patrimoniais, no que couber, o regime da comunhão parcial de bens".

A nossa definição proposta tem raiz no art. 1.658 do Código Civil de 2002:

> "Art. 1.658. No regime de comunhão parcial, comunicam-se os bens que sobrevierem ao casal, na constância do casamento, com as exceções dos artigos seguintes".

Note-se que a comunicabilidade característica desse regime (a comunicabilidade dos bens aquestos) não é absoluta, sofrendo o temperamento dos arts. 1.659 a 1.662 do CC/2002.

Para facilitar o seu entendimento, cuidaremos, então, de analisar detidamente as regras que delimitam a comunicabilidade dos aquestos, ou seja, dos bens adquiridos no curso do casamento.

## 3. BENS EXCLUÍDOS DA COMUNHÃO

Os arts. 1.659 e 1.661 do CC/2002 especificam:

> "Art. 1.659. Excluem-se da comunhão:
>
> I — os bens que cada cônjuge possuir ao casar, e os que lhe sobrevierem, na constância do casamento, por doação ou sucessão, e os sub-rogados em seu lugar;
>
> II — os bens adquiridos com valores exclusivamente pertencentes a um dos cônjuges em sub-rogação dos bens particulares;
>
> III — as obrigações anteriores ao casamento;
>
> IV — as obrigações provenientes de atos ilícitos, salvo reversão em proveito do casal;
>
> V — os bens de uso pessoal, os livros e instrumentos de profissão;
>
> VI — os proventos do trabalho pessoal de cada cônjuge;
>
> VII — as pensões, meios-soldos, montepios e outras rendas semelhantes.
>
> (...)
>
> Art. 1.661. São incomunicáveis os bens cuja aquisição tiver por título uma causa anterior ao casamento".

## 4. BENS INCLUÍDOS NA COMUNHÃO

Da mesma forma que no tópico anterior, o legislador considerou razoável, dada a abrangência e importância do tema, explicitar a natureza dos bens que necessariamente devem ser considerados parte da comunhão.

Posto isso, esclarece o art. 1.660 do CC/2002:

> "Art. 1.660. Entram na comunhão:
>
> I — os bens adquiridos na constância do casamento por título oneroso, ainda que só em nome de um dos cônjuges;
>
> II — os bens adquiridos por fato eventual, com ou sem o concurso de trabalho ou despesa anterior;

III — os bens adquiridos por doação, herança ou legado, em favor de ambos os cônjuges;

IV — as benfeitorias em bens particulares de cada cônjuge;

V — os frutos dos bens comuns, ou dos particulares de cada cônjuge, percebidos na constância do casamento, ou pendentes ao tempo de cessar a comunhão".

## 5. ADMINISTRAÇÃO DO PATRIMÔNIO NO REGIME DA COMUNHÃO PARCIAL DE BENS

A administração do patrimônio comum compete a qualquer dos cônjuges (art. 1.663 do CC/2002), por incidência do princípio da isonomia, o que já fulminava as retrógradas regras anteriores do Código Civil brasileiro de 1916.

As dívidas contraídas no exercício da administração obrigam os bens comuns e particulares do cônjuge que os administra, e os do outro na razão do proveito que houver auferido (§ 1º).

Frise-se, ainda, que a anuência de ambos os cônjuges é necessária para os atos, a título gratuito, que impliquem cessão do uso ou gozo dos bens comuns (§ 2º).

Em caso de malversação dos bens, o juiz poderá atribuir a administração a apenas um dos cônjuges (§ 3º), em decisão fundamentada, garantindo-se o contraditório, em respeito ao devido processo civil constitucional.

À luz do art. 1.664 do CC/2002 (sem correspondência na codificação anterior), de fácil intelecção, os bens da comunhão respondem pelas obrigações contraídas pelo marido ou pela mulher para atender aos encargos da família, às despesas de administração e às decorrentes de imposição legal.

Temos ainda que, nos termos do art. 1.665 do CC/2002 (também sem correspondência na codificação anterior), por incidência do princípio da autonomia privada, a administração e a disposição dos bens constitutivos do patrimônio particular competem ao cônjuge proprietário, salvo convenção diversa em pacto antenupcial. Na ausência de estipulação expressa na convenção, a administração do bem tocará apenas ao seu titular.

Dispõe, ainda, o art. 1.666 do CC/2002 que as dívidas contraídas por qualquer dos cônjuges na administração de seus bens particulares e em benefício destes não obrigam os bens comuns, o que aperfeiçoa o sistema anterior, calcado no vetusto e machista art. 274 do CC/1916.

Por fim, vale registrar que a separação de fato extinguiria a comunhão, ou seja, a comunicação de bens, por conta da falência da afetividade. É a costumeira hipótese do "casamento somente no papel".

# LXXV REGIME DE BENS DO CASAMENTO: COMUNHÃO UNIVERSAL DE BENS

## 1. CONCEITO

O regime de comunhão universal de bens tende à unicidade patrimonial.

Vale dizer, o seu princípio básico determina, salvo as exceções legais, uma fusão do patrimônio anterior dos cônjuges e, bem assim, a comunicabilidade dos bens havidos a título gratuito ou oneroso, no curso do casamento, incluindo-se as obrigações assumidas:

> "Art. 1.667. O regime de comunhão universal importa a comunicação de todos os bens presentes e futuros dos cônjuges e suas dívidas passivas, com as exceções do artigo seguinte".

Entretanto, conforme veremos, essa comunicabilidade não é absoluta.

## 2. BENS EXCLUÍDOS DA COMUNHÃO

Com efeito, há determinados bens que a própria lei estabelece devam ser considerados excluídos da comunhão[1].

O art. 1.668 do Código Civil brasileiro aponta tais bens, nos seguintes termos:

> "Art. 1.668. São excluídos da comunhão:
> I — os bens doados ou herdados com a cláusula de incomunicabilidade e os sub-rogados em seu lugar;

[1] O STJ, por sua Terceira Turma, considerou prescrita a pretensão de partilha de bens entre pessoas separadas de fato há mais de 30 anos: "A 3ª turma do STJ considerou prescrito um pedido de partilha de bens entre ex-cônjuges que se separaram de fato há mais de 30 anos. O colegiado ressaltou que, embora não haja previsão legal específica, a separação de fato ocorrida há mais de um ano também é causa de dissolução da sociedade conjugal e, por isso, permite a fluência do prazo prescricional para o pedido de partilha de bens dos ex-cônjuges. A autora afirmou que foi casada com um homem sob o regime da comunhão universal de bens e que os dois estavam separados de fato havia mais de 30 anos, sem nenhuma possibilidade de reconciliação. Segundo a autora da ação, quando discutida a separação, foram divididos alguns bens comuns, porém restava uma propriedade a ser partilhada". (Fonte: Migalhas, disponível no <https://www.migalhas.com.br/Quentes/17,MI314952,71043-STJ+Casal+separado+ha+mais+de+30+anos+tem+prescrito+pedido+de>. Acesso em: 17 nov. 2019.)

II — os bens gravados de fideicomisso e o direito do herdeiro fideicomissário, antes de realizada a condição suspensiva;

III — as dívidas anteriores ao casamento, salvo se provierem de despesas com seus aprestos, ou reverterem em proveito comum;

IV — as doações antenupciais feitas por um dos cônjuges ao outro com a cláusula de incomunicabilidade;

V — os bens referidos nos incisos V a VII do art. 1.659".

## 3. TRATAMENTO JURÍDICO DA ADMINISTRAÇÃO DOS BENS

No que tange à administração dos bens (art. 1.670), aplica-se ao regime da comunhão universal o disposto no capítulo antecedente do Código Civil, dedicado ao regime da comunhão parcial, ou seja, os arts. 1.663 a 1.666 do Código Civil brasileiro, referentes ao regime da comunhão parcial, serão aplicados, *mutatis mutandis*, ao regime da comunhão universal.

## 4. EXTINÇÃO DA COMUNHÃO

Especifica o art. 1.671 do vigente Código Civil brasileiro:

> "Art. 1.671. Extinta a comunhão, e efetuada a divisão do ativo e do passivo, cessará a responsabilidade de cada um dos cônjuges para com os credores do outro".

Trata-se de uma regra de clareza evidente, uma vez que, separando-se os patrimônios, cada indivíduo é responsável, única e exclusivamente, pelas suas próprias obrigações.

Ressalte-se que essa cessação da comunhão não se dá apenas com a extinção do casamento pelo divórcio, mas, também, pela alteração posterior do regime, na forma autorizada pelo § 2º do art. 1.639 do Código Civil brasileiro de 2002[2], sem equivalente na codificação revogada.

Obviamente, essa extinção da comunhão, com a consequente divisão de responsabilidades, não pode se dar em prejuízo de terceiros que tenham celebrado anteriores negócios jurídicos, tendo o patrimônio comum dos cônjuges como a garantia das dívidas contraídas.

---

2 "§ 2º É admissível alteração do regime de bens, mediante autorização judicial em pedido motivado de ambos os cônjuges, apurada a procedência das razões invocadas e ressalvados os direitos de terceiros."

# LXXVI REGIME DE BENS DO CASAMENTO: SEPARAÇÃO CONVENCIONAL DE BENS

## 1. INTRODUÇÃO

O regime de separação convencional de bens é de simples compreensão e guarda íntima conexão com o princípio da autonomia privada.

Em campo diametralmente oposto ao da comunhão universal de bens, com tal regime, os cônjuges pretendem, por meio da vontade manifestada no pacto antenupcial, resguardar a exclusividade e a administração do seu patrimônio pessoal, anterior ou posterior ao matrimônio, conforme veremos em seguida.

O pensamento segundo o qual amor não se confunde com patrimônio encontra aqui o seu amparo jurídico.

É o exercício da autonomia da vontade que permite, no caso, haver total divisão dos bens de cada cônjuge, sem prejuízo do reconhecimento da formação de uma família.

## 2. CONCEITO

Este regime tem como premissa a incomunicabilidade dos bens dos cônjuges, anteriores e posteriores ao casamento.

É a previsão do art. 1.687 do CC/2002:

> "Art. 1.687. Estipulada a separação de bens, estes permanecerão sob a administração exclusiva de cada um dos cônjuges, que os poderá livremente alienar ou gravar de ônus real".

Trata-se de regime que exige expressa manifestação das partes, não se confundindo com o da separação legal ou obrigatória.

Estipulado o regime de separação de bens, cada cônjuge mantém o seu patrimônio próprio, compreensivo dos bens anteriores e posteriores ao casamento, podendo, como visto, livremente aliená-los, administrá-los ou gravá-los de ônus real.

Note-se, pois, que, neste regime, existirá uma inequívoca independência patrimonial, não havendo espaço para futura meação.

Admitimos, todavia, em situações excepcionais, a possibilidade de um dos cônjuges, demonstrando colaboração econômica direta na aquisição de determinado bem (a compra da casa de praia do casal, por exemplo), obter direito à correspondente indenização ou, até mesmo, à divisão proporcional, não com amparo no regime em si, mas com fulcro no princípio proibitivo do enriquecimento sem causa[1].

Nessa linha, reconhecendo a excepcionalidade da hipótese, preleciona PAULO LÔBO:

> "Malgrado sua natureza, tem-se como compatível com o regime de separação a eventualidade de condomínio dos cônjuges sobre determinados bens, que tenham sido adquiridos com a participação efetiva de ambos, nos limites e proporção correspondentes, ou em decorrência de doações ou legados conjuntos. Essa circunstância, dado o seu caráter de excepcionalidade, não desfigura o regime, pois os bens assim adquiridos submetem-se à incidência das regras do condomínio voluntário (arts. 1.314 a 1.326), sem interferência das regras aplicáveis aos demais regimes matrimoniais de bens"[2].

O STJ, inclusive, já decidiu nesta linha de pensamento:

> "CIVIL E PROCESSUAL. INVENTÁRIO. PARTILHA DE BENS. REGIME VOLUNTÁRIO DE CASAMENTO. SEPARAÇÃO DE BENS. PACTO ANTENUPCIAL. IMÓVEL REGISTRADO EM NOME DO *DE CUJUS* ADQUIRIDO MEDIANTE PERMUTA DE PATRIMÔNIO (CABEÇAS DE GADO) FORMADO PELO ESFORÇO COMUM DO CASAL. SOCIEDADE DE FATO SOBRE O BEM. DIREITO À MEAÇÃO RECONHECIDO. PROVA. REEXAME. IMPOSSIBILIDADE. SÚMULA N. 7-STJ. I. O regime jurídico da separação de bens voluntariamente estabelecido é imutável e deve ser observado, admitindo-se, todavia, excepcionalmente, a participação patrimonial de um cônjuge sobre bem do outro, se efetivamente demonstrada, de modo concreto, a aquisição patrimonial pelo esforço comum, caso dos autos, em que uma das fazendas foi comprada mediante permuta com cabeças de gado que pertenciam ao casal. II. Impossibilidade de revisão fática, ante o óbice da Súmula n. 7 do STJ. III. Recurso especial não conhecido" (REsp 286.514/SP, Rel. Min. Aldir Passarinho Junior, julgado em 2-8-2007, *DJ* 22-10-2007, 4ª Turma, p. 276).

O suporte fático que autoriza o reconhecimento da situação excepcional é justamente a demonstração, no caso concreto, do esforço comum dos cônjuges para a aquisição do bem em discussão.

Ressalte-se, todavia, que, em tais circunstâncias, não se despreza a autonomia da vontade na disciplina geral do regime de bens adotado, mas, sim, excepcionam-se determinados bens de tal separação patrimonial pelo reconhecimento de uma sociedade de fato para a sua específica aquisição.

---

1 Sobre o tema, confira-se o Capítulo XXVIII ("Enriquecimento Sem Causa e Pagamento Indevido") do v. 2 ("Obrigações") de nosso *Novo Curso de Direito Civil*.

2 LÔBO, Paulo Luiz Netto, ob. cit., p. 332.

## 3. ADMINISTRAÇÃO DAS DESPESAS DO CASAL NA SEPARAÇÃO CONVENCIONAL

O fato de haver uma separação total dos bens dos cônjuges não lhes retira as obrigações pecuniárias decorrentes das relações jurídicas estabelecidas em benefício da família.

Com efeito, cada cônjuge deverá arcar com as obrigações que contraiu, ressalvadas as despesas que reverteram em proveito do casal, as quais, em regra, devem ser assumidas por ambos os consortes.

É a regra do art. 1.688 do vigente Código Civil brasileiro:

> "Art. 1.688. Ambos os cônjuges são obrigados a contribuir para as despesas do casal na proporção dos rendimentos de seu trabalho e de seus bens, salvo estipulação em contrário no pacto antenupcial"[3].

Por fim, conforme já anotamos ao analisarmos o regime legal obrigatório de separação de bens, deve-se advertir que a Súmula 377 do STF[4] não se aplica à separação convencional de bens, uma vez que a opção da independência patrimonial, neste último caso, derivou da livre estipulação de vontade do casal, afastando, assim, a impositiva comunicabilidade derivada do enunciado jurisprudencial, abstraída a já analisada hipótese de demonstração, no caso concreto, do esforço comum dos cônjuges para a específica aquisição de determinado(s) bem(ns).

Enaltecendo o regime, pontifica ROLF MADALENO:

> "Em razão da igualdade jurídica do homem e da mulher, a separação de bens sinaliza-se como o regime das futuras uniões conjugais ou estáveis, por permitir a cada um dos cônjuges ou conviventes concorrer com suas economias pessoais no atendimento dos encargos da vida afetiva, mantendo intactos os seus bens ou as suas fortunas no caso de separação. Especialmente quando se habilitam para um novo casamento, quando paira um temor de arcarem com novos prejuízos, não desejando repetir a custosa partilha da experiência vivida na anterior separação e que já lhes tomou significativa parcela dos bens"[5].

Sem discordarmos frontalmente, pensamos que a adoção do regime de separação convencional, posto seja recomendável e de boa cautela, para resguardar futuras contendas

---

[3] No sistema codificado anterior, pensado para uma sociedade marcadamente machista, o dispositivo equivalente era o art. 277, que refletia uma concepção depreciativa do papel da mulher: "Art. 277. A mulher é obrigada a contribuir para as despesas do casal com os rendimentos de seus bens, na proporção de seu valor, relativamente aos do marido, salvo estipulação em contrário no contrato antenupcial".

[4] Súmula 377 do STF: "No regime de separação legal de bens, comunicam-se os adquiridos na constância do casamento".

[5] MADALENO, Rolf, ob. cit., p. 606.

patrimoniais, afigura-se, em verdade, menos importante do que a consciente escolha da pessoa com a qual iremos dividir a nossa vida.

Afinal, independentemente de qual seja o regime adotado, a falta de respeito entre os cônjuges pode se manifestar agressivamente por meio de qualquer dos regimes escolhidos, meio este, infelizmente, utilizado com frequência por muitas pessoas que buscam transformar o processo judicial em um instrumento covarde de vingança ou de exteriorização de suas mágoas e rancores.

# LXXVII REGIME DE BENS DO CASAMENTO: PARTICIPAÇÃO FINAL NOS AQUESTOS

## 1. ANTECEDENTES HISTÓRICOS E CONCEITO

A legislação de Costa Rica é antiga referência histórica desse regime, como anota ROLF MADALENO:

> "O Código Civil da Costa Rica entrou em vigor em 1º de janeiro de 1888, teria sido um dos primeiros diplomas civis a adotar o regime matrimonial denominado de participação diferida dos bens ganânciais, equivalente ao regime do Direito de Família brasileiro de participação final nos aquestos".

Outros Estados no mundo adotaram esse regime, guardadas as suas peculiaridades locais, como a Alemanha e a França.

Observamos também na Espanha a previsão desse regime, definido pelo magistrado do Tribunal Supremo PEDRO POVEDA, na substanciosa obra *Tratado de Derecho de Família*, nos seguintes termos:

> "Es un sistema mixto entre el de la comunidad y el de separación de bienes. Durante el matrimonio cada cónyuge tiene la administración y disposición de sus bienes; al disolverse el matrimonio opera como un régimen de comunidad y cada esposo ostenta un derecho de participación en una determinada categoría de bienes, y en la totalidad de ellos, ya en las ganancias solamente, o en los bienes muebles y en las gananciais"[1].

Nessa mesma linha, analisando-o já em nosso sistema, não obstante seja dotado de autonomia jurídica, podemos reconhecer a participação final nos aquestos como um regime híbrido — com características de separação e de comunhão parcial de bens.

Por esse regime, durante o casamento, cada cônjuge possui patrimônio próprio e administração exclusiva dos seus bens, cabendo-lhes, no entanto, à época da dissolução da sociedade conjugal, direito de meação sobre os bens aquestos onerosamente adquiridos pelo próprio casal.

[1] POVEDA, Pedro González. Regímenes Económico Matrimoniales. Liquidación. In: *Tratado de Derecho de Familia* — Aspectos Sustantivos y Procesales, Madrid: Sepin, 2005, p. 445.

Isso explica a própria denominação do regime, uma vez que, a título de compensação pelos esforços envidados em conjunto, partilham-se, ao final, os bens adquiridos com a participação onerosa de ambos os cônjuges.

Nesse diapasão, o art. 1.672 do Código Civil:

> "Art. 1.672. No regime de participação final nos aquestos, cada cônjuge possui patrimônio próprio, consoante disposto no artigo seguinte, e lhe cabe, à época da dissolução da sociedade conjugal, direito à metade dos bens adquiridos pelo casal, a título oneroso, na constância do casamento".

## 2. DIFERENCIAÇÃO PARA OS REGIMES DA COMUNHÃO PARCIAL E DA SEPARAÇÃO DE BENS

Uma leitura equivocada das previsões legais do regime poderia conduzir o intérprete a confundi-lo, inicialmente, com a comunhão parcial de bens.

Mas esse erro não deve ser cometido.

Na comunhão parcial, comunicam-se, em regra geral, os bens que sobrevierem ao casamento, adquiridos por um ou ambos os cônjuges, a título oneroso. Já na participação final, a comunicabilidade refere-se apenas ao patrimônio adquirido onerosamente pelo próprio casal (ex.: a casa de praia adquirida pelo esforço econômico conjunto do marido e da esposa).

Não é por outra razão, aliás, que o art. 1.673 do CC/2002[2], dispõe que, na participação final, integram o patrimônio próprio os bens que cada cônjuge possuía ao casar e os por ele adquiridos, a qualquer título, na constância do casamento.

Fica claro, pois, que a comunicabilidade no regime ora estudado toca apenas ao patrimônio adquirido em conjunto[3] pelos próprios consortes.

Outra diferença consiste na incidência de regras próprias para cada regime, a saber: a comunhão parcial está disciplinada nos arts. 1.658 a 1.666 do CC/2002, enquanto a participação final nos aquestos é regida pelos arts. 1.672 a 1.686 do CC/2002.

Por conta disso, não se pode fazer incidir regra de um regime em outro ou vice-versa.

A título de exemplo, entram na comunhão parcial os bens adquiridos por fato eventual, com ou sem o concurso de trabalho ou despesa anterior do cônjuge (art. 1.660, II), não se podendo aplicar tal norma à participação final.

---

[2] "Art. 1.673. Integram o patrimônio próprio os bens que cada cônjuge possuía ao casar e os por ele adquiridos, a qualquer título, na constância do casamento. Parágrafo único. A administração desses bens é exclusiva de cada cônjuge, que os poderá livremente alienar, se forem móveis."

[3] E esse direito de meação (incidente no patrimônio comum onerosamente adquirido pelo casal) é tão importante que, a teor do art. 1.682, não é renunciável, cessível ou penhorável na vigência do regime matrimonial. Trata-se, inequivocamente, de uma norma de ordem pública, inalterável pela vontade das partes.

Na esfera sucessória, a diagnose diferencial ganha realce.

A teor do art. 1.829 do Código Civil, o cônjuge sobrevivente concorrerá com o descendente do autor da herança se foi casado no regime de participação final nos aquestos.

O mesmo direito concorrencial só existirá se o regime foi o da comunhão parcial, se o falecido houver deixado bens particulares. Vale dizer, nesse caso, o legislador consagrou uma explícita delimitação ao direito da(o) viúva(o), não prevista para aqueles que foram casados em participação final.

Sobre esse tema, preleciona GISELDA HIRONAKA:

> "O primeiro destes pressupostos exigidos pela lei é o do regime matrimonial de bens. Bem por isso o inc. I do art. 1.829, anteriormente reproduzido, faz depender a vocação do cônjuge supérstite do regime de bens escolhido pelo casal, quando de sua união, uma vez que o legislador enxerga nessa escolha uma demonstração prévia dos cônjuges no sentido de permitir ou não a confusão patrimonial e em que profundidade querem ver operada tal confusão. Assim, não será chamado a herdar o cônjuge sobrevivo se casado com o falecido pelo regime da comunhão universal de bens (arts. 1.667 a 1.671 do atual Código Civil), ou pelo regime da separação obrigatória de bens (arts. 1.687 e 1.688, combinado com o art. 1.641). Por fim, aqueles casais que, tendo silenciado quando do momento da celebração do casamento, optaram de forma implícita pelo regime da comunhão parcial de bens, fazem jus à meação dos bens comuns da família, como se de comunhão universal se tratasse, mas passam agora a participar da sucessão do cônjuge falecido, na porção dos bens particulares deste"[4].

Outro equívoco que deve ser evitado diz respeito à similitude — mas não à identidade — que há entre o regime de participação final nos aquestos e a aplicação da Súmula 377 do STF ao regime de separação obrigatória de bens.

Já vimos que, por conta dessa súmula, no regime de separação legal (obrigatório) de bens, comunicam-se os adquiridos na constância do casamento.

O que se pretendeu com a súmula foi evitar a insensatez de impedir a comunicabilidade dos bens amealhados pelo esforço comum, sob pena de se permitir — ou até mesmo incentivar — o enriquecimento sem causa de uma das partes.

Mas com isso não se diga ter havido uma identificação forçada ao regime de participação final pelo simples fato de se permitir a partilha do patrimônio comum!

Isso porque, no regime que ora estudamos, existem regras próprias e específicas de cálculo dessa massa patrimonial partilhável (arts. 1.674 e s.), não aplicáveis às pessoas casadas segundo o regime de separação obrigatória de bens.

Trata-se, pois, de regimes juridicamente autônomos e estruturalmente distintos.

---

[4] HIRONAKA, Giselda Maria Fernandes Novaes. Concorrência do Cônjuge e do Companheiro na Sucessão dos Descendentes. Disponível em: <http://www.professorchristiano.com.br/artigosleis/artigo_giselda_concorrencia.pdf> Acesso em: 26 jun. 2017.

Outro ponto digno de nota diz respeito à exigência da autorização conjugal para a prática de determinados atos.

Conforme visto anteriormente, o art. 1.647 do Código Civil dispensa a outorga uxória ou a autorização marital para pessoas casadas no regime de separação absoluta de bens[5].

Ora, uma vez que o regime de participação final, como já dissemos, guarda características da separação de bens, dúvida poderia ocorrer no que tange à possibilidade de dispensa da vênia conjugal.

Note, entretanto, amigo leitor, que a norma do art. 1.647 apenas libera da exigência de outorga as pessoas casadas sob o regime de separação de bens, de maneira que, consequentemente, os cônjuges sujeitos ao regime de participação final estão obrigados, *a priori*, a colher a anuência do outro para a prática de qualquer dos atos referidos no aludido dispositivo.

Advertimos, entretanto, que, se no pacto antenupcial que adotou o regime de participação final nos aquestos fora convencionada a livre disposição dos bens imóveis (desde que particulares), a outorga é dispensada, a teor do art. 1.656 do Código Civil:

> "Art. 1.656. No pacto antenupcial, que adotar o regime de participação final nos aquestos, poder-se-á convencionar a livre disposição dos bens imóveis, desde que particulares".

Tal permissivo, que não pode ser interpretado extensivamente, aplica-se, tão somente, à alienação de imóveis, de forma que, para a prática de qualquer dos outros atos previstos no art. 1.647 — a concessão de uma fiança, por exemplo —, a outorga afigura-se imprescindível.

## 3. AS DÍVIDAS NO REGIME DE PARTICIPAÇÃO FINAL NOS AQUESTOS

É interessante, para melhor entendimento da matéria, destacarmos, em tópico autônomo, a questão das dívidas no regime matrimonial estudado.

Vimos que não integrarão os aquestos (o patrimônio divisível), conforme o art. 1.674, os bens anteriores ao casamento e os que em seu lugar se substituíram, os que sobrevieram a cada cônjuge por sucessão ou liberalidade, bem como as dívidas relativas a esses bens.

[5] "Art. 1.647. Ressalvado o disposto no art. 1.648, nenhum dos cônjuges pode, sem autorização do outro, exceto no regime da separação absoluta: I — alienar ou gravar de ônus real os bens imóveis; II — pleitear, como autor ou réu, acerca desses bens ou direitos; III — prestar fiança ou aval; IV — fazer doação, não sendo remuneratória, de bens comuns, ou dos que possam integrar futura meação. Parágrafo único. São válidas as doações nupciais feitas aos filhos quando casarem ou estabelecerem economia separada."

Assim, a título exemplificativo, imaginemos que um dos cônjuges houvesse trazido para o casamento um imóvel exclusivamente seu (por exemplo, um apartamento), adquirido anos antes de convolar núpcias enquanto ainda era solteiro.

Muito bem.

Não só esse imóvel estará excluído de eventual meação como também possível dívida incidente sobre ele (IPTU, p. ex.) não se comunicará.

Já pelas dívidas posteriores ao casamento (art. 1.677 do CC/2002), contraídas por um dos cônjuges, somente este responderá, salvo prova de terem revertido, parcial ou totalmente, em benefício do outro.

Entretanto, se um dos cônjuges solveu uma dívida do outro com bens do seu próprio patrimônio, o valor do pagamento deverá ser atualizado e imputado, na data da dissolução, à meação do outro cônjuge (art. 1.678 do CC/2002).

Mais uma vez, da leitura desse dispositivo fica claro o sistema de compensação típico do regime de participação final.

Se a esposa, por exemplo, no curso do matrimônio, com valor exclusivamente seu, pagou dívida do marido, poderá, ao tempo da dissolução da sociedade conjugal, abater do direito de meação do seu consorte o montante atualizado que despendeu para solver uma dívida que não era sua.

Não muito clara, por sua vez, é a regra do art. 1.680: "As coisas móveis, em face de terceiros, presumem-se do domínio do cônjuge devedor, salvo se o bem for de uso pessoal do outro".

Para entender essa regra, é preciso ter em mente a vetusta orientação hermenêutica segundo a qual, na lei, não há palavras inúteis.

E, de fato, a locução "em face de terceiros", que não está aí à toa, exerce importante função normativa.

Caso um terceiro seja credor de um dos cônjuges, eventuais bens móveis atingidos por ato de constrição judicial — por uma penhora, por exemplo — são considerados, por presunção, pertencentes ao devedor.

Caberá, pois, ao outro consorte, em sede própria — embargos de terceiro — provar a titularidade do bem, para excluí-lo da demanda, liberando o bem.

Por fim, anotamos que, segundo o art. 1.686 do CC/2002, se a dívida de um dos cônjuges for superior à sua meação, não obrigará ao outro ou a seus herdeiros. Trata-se de uma regra simples e de clareza meridiana, que impede o atingimento do patrimônio de outrem, quando esgotado o do devedor[6].

---

[6] Esta regra também se faz presente no Direito das Sucessões para impedir que dívidas do falecido atinjam o patrimônio pessoal de qualquer dos sucessores. Proíbe-se, com isso, que tais débitos projetem-se *ultra vires hereditatis*: "Art. 1.792. O herdeiro não responde por encargos superiores às forças da herança; incumbe-lhe, porém, a prova do excesso, salvo se houver inventário que a escuse, demostrando o valor dos bens herdados".

## 4. A DISSOLUÇÃO DA SOCIEDADE CONJUGAL E O REGIME DE PARTICIPAÇÃO FINAL NOS AQUESTOS

O matrimônio opera a formação da denominada sociedade conjugal, consistente em um verdadeiro plexo de direitos e obrigações recíprocos, de observância necessária entre os cônjuges.

Dissolvida a sociedade conjugal, certos efeitos desde já desaparecem, como a fidelidade recíproca, a coabitação, facultando-se, inclusive, a imediata divisão patrimonial.

O falecimento de um dos cônjuges, nessa linha, bem como a decretação do divórcio, têm impacto profundo, porquanto, além de dissolverem a sociedade conjugal, operam o próprio fim do vínculo casamentário, permitindo, assim, novas núpcias.

Nesse contexto, voltando a nossa atenção especificamente para a matéria ora estudada, temos que, à luz do art. 1.683, na dissolução do regime de participação final, seja na antiga separação judicial, seja na nova disciplina do divórcio, verificar-se-á o montante dos aquestos na data em que cessou a convivência.

Vale dizer, o termo final a ser considerado para efeito de se aferir o patrimônio amealhado em conjunto não é o da obtenção de sentença que haja dissolvido o vínculo conjugal, mas, sim, a data em que a convivência entre os cônjuges findou.

Falida a afetividade, portanto, e ocorrida a separação de fato, mesmo que ainda estejam oficialmente unidos — ou, como coloquialmente se diz, "casados no papel" —, não se levará em conta o conjunto de bens adquiridos após a ruptura fática para efeito de meação.

Vamos mais além.

Interpretamos a palavra convivência não apenas em sentido corpóreo, mas também espiritual.

Em função da realidade econômica de muitos casais brasileiros, a falta de condições materiais nem sempre permite que, antes da dissolução oficial do casamento (ou até mesmo depois), os consortes habitem em casas diferentes.

Com isso, permanecem na mesma casa, porém em cômodos diferentes (o marido morando na sala, a esposa no quarto...), embora esteja completamente cessada a convivência sentimental.

Também nessa hipótese, a partir da cessação de convivência, estará efetivamente rompida a comunicabilidade de aquestos.

Já na dissolução da sociedade conjugal por morte, como prevê o art. 1.685 do CC/2002, verificar-se-á a meação do cônjuge sobrevivente de conformidade com os artigos referidos ao longo deste capítulo, deferindo-se a herança aos herdeiros na forma prevista pela lei sucessória.

Em caso de nulidade ou anulação do casamento — hipóteses de dissolução da sociedade conjugal previstas no art. 1.571 do CC/2002[7] —, perde-se, em grande parte, o

---

[7] "Art. 1.571. A sociedade conjugal termina: I — pela morte de um dos cônjuges; II — pela nulidade ou anulação do casamento; III — pela separação judicial; IV — pelo divórcio. § 1º O casamento válido

interesse em se discutir a dissolução do regime matrimonial, uma vez que, operada a retroatividade dos efeitos da sentença de invalidação, os cônjuges retornarão ao *status quo ante*, como se casados nunca houvessem sido.

Todavia, em caso de reconhecimento da putatividade do matrimônio, o contexto jurídico sob análise muda, de maneira que deverão ser aplicadas as normas acima referidas (arts. 1.683 e 1.685) em favor do(s) cônjuge(s) de boa-fé.

só se dissolve pela morte de um dos cônjuges ou pelo divórcio, aplicando-se a presunção estabelecida neste Código quanto ao ausente. § 2º Dissolvido o casamento pelo divórcio direto ou por conversão, o cônjuge poderá manter o nome de casado; salvo, no segundo caso, dispondo em contrário a sentença de separação judicial."

# LXXVIII BEM DE FAMÍLIA

## 1. CONCEITO E CLASSIFICAÇÃO DO BEM DE FAMÍLIA

Na busca do estabelecimento de um conceito para ilustrar o instituto, podemos compreender o bem de família como o bem jurídico cuja titularidade se protege em benefício do devedor — por si ou como integrante de um núcleo existencial —, visando à preservação do mínimo patrimonial para uma vida digna.

A proteção tem por base, em primeiro plano, o direito constitucional à moradia, tutelando, nessa linha, também, a própria família.

Todavia, como se verá, a proteção não se limita ao imóvel, isoladamente, mas também a outros bens, considerados acessórios, para a finalidade garantista declarada.

No sistema brasileiro, o bem de família se classifica em duas modalidades, a saber, o bem de família voluntário e o bem de família legal.

O primeiro é o originalmente previsto desde a codificação anterior.

Com efeito, nos termos do art. 70 do Código Civil de 1916, bem de família é o prédio destinado pelos chefes de família ao exclusivo domicílio desta, mediante especialização no Registro Imobiliário, consagrando-lhe uma impenhorabilidade limitada e uma inalienabilidade relativa.

Trata-se do bem de família voluntário, uma vez que a sua instituição decorre de ato de vontade dos cônjuges ou da entidade familiar, observando-se o procedimento previsto nos arts. 260 a 265 da Lei n. 6.015/73 (Lei de Registros Públicos).

O vigente Código Civil brasileiro manteve o instituto, trazendo um conceito legal expresso em seu art. 1.712, nos seguintes termos:

> "Art. 1.712. O bem de família consistirá em prédio residencial urbano ou rural, com suas pertenças e acessórios, destinando-se em ambos os casos a domicílio familiar, e poderá abranger valores mobiliários, cuja renda será aplicada na conservação do imóvel e no sustento da família".

Paralelo a essa previsão, há o instituto do "bem de família legal", previsto na Lei n. 8.009/90, que independe da manifestação de vontade dos cônjuges ou da entidade familiar.

Nos próximos tópicos, faremos uma análise de cada uma dessas modalidades de bem de família.

Todavia, antes disso, parece-nos relevante tecer algumas considerações sobre a fundamentação normativa de ambas as formas.

Isso porque, sendo espécies de um mesmo gênero, parece-nos uma premissa lógica compreender o que une os institutos, antes de dissecar as suas diferenças.

## 2. DISCIPLINA JURÍDICA DO BEM DE FAMÍLIA VOLUNTÁRIO

A modalidade tradicional de bem de família é a decorrente da autonomia da vontade.

É o chamado "bem de família voluntário", por conta de ser instituído por "ato de vontade", do próprio casal ou da entidade familiar, mediante registro.

Sobre ele, cumpre salientar que somente poderá instituir o bem de família aquele que tenha patrimônio suficiente para a garantia de débitos anteriores (solvente), sob pena de invalidade.

Aliás, poderá caracterizar fraude contra credores a situação em que o devedor, para livrar de futura execução ou arresto bem imóvel do seu patrimônio, destina-o à função de domicílio familiar (bem de família), tendo em vista que é justamente o patrimônio do devedor a garantia comum dos seus credores, somente sendo aceitável a validade de tal instituição para as dívidas constituídas posteriormente.

Devidamente instituído, o bem de família voluntário tem por efeito determinar a:

a) impenhorabilidade (limitada) do imóvel residencial — isentando-o de dívidas futuras, salvo as que provierem de impostos relativos ao mesmo prédio (IPTU, ITR, v.g.) ou de despesas de condomínio (art. 1.715 do CC/2002[1]);
b) inalienabilidade (relativa) do imóvel residencial — uma vez que, após instituído, não poderá ter outro destino ou ser alienado, senão com o expresso consentimento dos interessados e seus representantes legais (mediante alvará judicial, ouvido o Ministério Público, havendo participação de incapazes) (art. 1.717 do CC/2002[2]).

Tais características aplicar-se-ão, *mutatis mutandis*, à modalidade legal de bem de família, conforme se verá em tópico próprio deste capítulo.

---

[1] "Art. 1.715. O bem de família é isento de execução por dívidas posteriores à sua instituição, salvo as que provierem de tributos relativos ao prédio, ou de despesas de condomínio. Parágrafo único. No caso de execução pelas dívidas referidas neste artigo, o saldo existente será aplicado em outro prédio, como bem de família, ou em títulos da dívida pública, para sustento familiar, salvo se motivos relevantes aconselharem outra solução, a critério do juiz."

[2] "Art. 1.717. O prédio e os valores mobiliários, constituídos como bem da família, não podem ter destino diverso do previsto no art. 1.712 ou serem alienados sem o consentimento dos interessados e seus representantes legais, ouvido o Ministério Público."

O legislador autorizou ainda a instituição do bem de família, não apenas pelo casal, mas também pela entidade familiar (união estável, família monoparental), e por terceiro (este, por testamento ou doação, poderá instituir o bem de família, dependendo a eficácia da cláusula da aceitação expressa de ambos os cônjuges ou da entidade familiar beneficiada).

Tal instituição, na forma do art. 1.714 do CC/2002[3], deve se dar pelo registro do título no Registro de Imóveis.

Note-se que o Código Civil de 2002 criou uma limitação objetiva ao proibir que a instituição do bem de família voluntário — consistente em prédio urbano ou rural, com suas pertenças e acessórios, destinando-se a domicilio familiar, podendo abranger valores mobiliários, cuja renda deve ser aplicada na conservação do imóvel e sustento da família (conforme visto no já transcrito art. 1.712) — ultrapasse um terço do patrimônio líquido do casal ou da entidade instituidora[4]. Neste caso, deverão os instituidores declarar ao Oficial de Registro, sob as penas da lei civil e criminal, não haver sido desrespeitado o limite legal, sob pena inclusive de invalidade do ato.

Em relação aos valores mobiliários (rendimentos que mantenham ou ajudem a conservar o imóvel) declarados como bem de família, preceitua o art. 1.713 do CC/2002 (sem equivalente na codificação anterior):

> "Art. 1.713. Os valores mobiliários, destinados aos fins previstos no artigo antecedente, não poderão exceder o valor do prédio instituído em bem de família, à época de sua instituição.
>
> § 1º Deverão os valores mobiliários ser devidamente individualizados no instrumento de instituição do bem de família.
>
> § 2º Se se tratar de títulos nominativos, a sua instituição como bem de família deverá constar dos respectivos livros de registro.
>
> § 3º O instituidor poderá determinar que a administração dos valores mobiliários seja confiada a instituição financeira, bem como disciplinar a forma de pagamento da respectiva renda aos beneficiários, caso em que a responsabilidade dos administradores obedecerá às regras do contrato de depósito".

---

[3] "Art. 1.714. O bem de família, quer instituído pelos cônjuges ou por terceiro, constitui-se pelo registro de seu título no Registro de Imóveis."

[4] "Art. 1.711. Podem os cônjuges, ou a entidade familiar, mediante escritura pública ou testamento, destinar parte de seu patrimônio para instituir bem de família, desde que não ultrapasse um terço do patrimônio líquido existente ao tempo da instituição, mantidas as regras sobre a impenhorabilidade do imóvel residencial estabelecida em lei especial. Parágrafo único. O terceiro poderá igualmente instituir bem de família por testamento ou doação, dependendo a eficácia do ato da aceitação expressa de ambos os cônjuges beneficiados ou da entidade familiar beneficiada."
Claro está, todavia, caro leitor, que essa limitação de valor deve se aplicar ao bem de família voluntário instituído a partir da entrada em vigor do Código Civil de 2002, em respeito ao ato jurídico perfeito.

Quanto aos seus efeitos, já mencionados acima, consagraram-se uma impenhorabilidade limitada e uma inalienabilidade relativa.

É impenhorável, pois se exclui o bem de família da execução por dívidas posteriores à sua instituição, ressalvadas as que provierem de tributos ou despesas condominiais relativas ao mesmo prédio. Em caso de execução por tais dívidas (tributárias ou condominiais), o saldo existente será aplicado em outro prédio, como bem de família, ou em títulos da dívida pública, para sustento familiar, salvo se motivos relevantes aconselharem outra solução, a critério do juiz (art. 1.715 do CC/2002). Tal isenção durará enquanto viverem os cônjuges ou até que os filhos completem a maioridade (art. 1.716 do CC/2002[5]).

É também inalienável, destinando-se exclusivamente ao domicílio e sustento familiar, só podendo, em caráter excepcional, judicialmente comprovada a necessidade, ser alienado com o consentimento dos interessados e seus representantes legais, ouvido o Ministério Público, a teor do art. 1.717 do CC/2002.

Vale referir que o art. 1.719 do CC/2002[6], muito mais atento à dignidade da pessoa humana do que amarrado a regras formalísticas, autoriza a extinção ou sub-rogação do bem instituído por outro se, a requerimento do interessado, o juiz concluir que tal medida é necessária à mantença da família.

A administração do bem de família competirá a ambos os cônjuges (casamento), aos companheiros (união estável) ou ao pai ou à mãe, cabeça da prole (família monoparental)[7]. Seguindo a ordem legal, na falta de quaisquer destes, a administração tocará ao filho mais velho, se for maior, e se não for, ao tutor (art. 1.720 do CC/2002[8]).

A dissolução da sociedade conjugal não extingue o bem de família, ressalvada a hipótese de morte de um dos cônjuges, eis que, nesse caso, poderá o sobrevivente requerer a extinção do bem de família, se for o único bem do casal (art. 1.721 do CC/2002).

Vale destacar que, na forma do art. 1.718 do CC/2002, qualquer "forma de liquidação da entidade administradora, a que se refere o § 3º do art. 1.713, não atingirá os valores a

---

[5] "Art. 1.716. A isenção de que trata o artigo antecedente durará enquanto viver um dos cônjuges, ou, na falta destes, até que os filhos completem a maioridade."

[6] "Art. 1.719. Comprovada a impossibilidade da manutenção do bem de família nas condições em que foi instituído, poderá o juiz, a requerimento dos interessados, extingui-lo ou autorizar a sub-rogação dos bens que o constituem em outros, ouvidos o instituidor e o Ministério Público."

[7] Embora a lei não seja expressa a esse respeito, entendemos que, ao autorizar a instituição do bem de família à entidade familiar, estendeu o benefício não apenas à união estável mas também à família monoparental, cuja definição é traçada no art. 226, parágrafo quarto, da Magna Carta: "Entende-se, também, como entidade familiar a comunidade formada por qualquer dos pais e seus filhos". Sobre o tema, confira-se o Capítulo XXII ("Família Monoparental") do v. 6 ("Direito de Família") do nosso *Novo Curso de Direito Civil*.

[8] "Art. 1.720. Salvo disposição em contrário do ato de instituição, a administração do bem de família compete a ambos os cônjuges, resolvendo o juiz em caso de divergência. Parágrafo único. Com o falecimento de ambos os cônjuges, a administração passará ao filho mais velho, se for maior, e, do contrário, a seu tutor."

ela confiados, ordenando o juiz a sua transferência para outra instituição semelhante, obedecendo-se, no caso de falência, ao disposto sobre pedido de restituição".

Finalmente, extingue-se, em caráter definitivo, se sobrevier a morte de ambos os cônjuges, dos companheiros ou do cabeça da família monoparental, e os filhos atingirem a maioridade, desde que não estejam sob curatela (art. 1.722 do CC/2002).

Por tudo o que se disse, pesa reconhecer que essa forma voluntária de instituição do bem de família, bem pondera SILVIO RODRIGUES, "não alcançou maior sucesso entre nós"[9].

Talvez pelo fato, como afirma ÁLVARO VILLAÇA AZEVEDO, de o Estado, por força do Código Civil, haver "transferido para o particular encargo de tamanho realce"[10], qual seja, a proteção do imóvel residencial onde a família reside.

Essas as razões pelas quais, ao lado da instituição voluntária do bem de família, convive, amparado pela Lei n. 8.009, de 29 de março de 1990 (resultado da conversão da Medida Provisória n. 143/90), o denominado bem de família legal.

É o tema do próximo tópico.

## 3. DISCIPLINA JURÍDICA DO BEM DE FAMÍLIA LEGAL

Essa espécie legal traduz a impenhorabilidade "do imóvel residencial próprio do casal, ou da entidade familiar, isentando-o de dívida civil, comercial, fiscal, previdenciária ou de qualquer natureza, contraída pelos cônjuges ou pelos pais ou filhos que sejam seus proprietários e nele residam, ressalvadas as hipóteses previstas em lei".

Tal isenção "compreende o imóvel sobre o qual se assentam a construção, as plantações, as benfeitorias de qualquer natureza e todos os equipamentos, inclusive os de uso profissional, ou móveis que guarneçam a casa, desde que quitados" (art. 1º, parágrafo único, da Lei n. 8.009, de 1990)[11].

---

[9] RODRIGUES, Silvio, ob. cit., p. 154.

[10] AZEVEDO, Álvaro Villaça, ob. cit., p. 95.

[11] O STJ tem relativizado esta regra para, em situações especiais, admitir o desmembramento do imóvel para efeito de penhora: "A impenhorabilidade da residência, prevista em lei, não se presta para proteger área de lazer da casa. Por isso, um devedor da Caixa Econômica Federal (CEF) terá penhorados os lotes em que foram construídas a piscina e a churrasqueira, ao lado da casa. A decisão é da 3ª Turma do Superior Tribunal de Justiça (STJ), baseada em voto do Ministro Humberto Gomes de Barros. O proprietário do imóvel, que fica na cidade de Timbó (SC), contestou judicialmente a penhora da CEF. A dívida, à época da contestação, em 1996, estava em R$ 14,5 mil. Ele sustentou que os cinco lotes em que reside constituiriam um todo, com benfeitorias e construções onde mora com a família. Daí a alegação de que os 2.713,5 m² estariam protegidos da penhora, conforme a Lei n. 8.009/1990, que protege o bem de família. Além da casa propriamente dita, a área comporta, sem separação de muros, piscina, churrasqueira, horta, quadra de vôlei e pomar. O executado obteve sucesso na primeira instância, e a execução foi suspensa. A CEF apelou ao Tribunal Regional Federal da 4ª Região (TRF/4), mas o posicionamento foi mantido. Para o TRF/4, o padrão do imóvel não exerceria qualquer influência sobre sua impenhorabilidade, já que a lei que trata do tema "não fez distinção

Adotando a mesma diretriz do Código Civil vigente, a lei protege, além do próprio devedor solteiro, não só a família casamentária mas também as entidades familiares.

Essa impenhorabilidade — note que a lei não trata da inalienabilidade do bem — compreende, como dito, além do imóvel em si, "as construções, plantações, benfeitorias de qualquer natureza e todos os equipamentos, inclusive os de uso profissional, ou móveis que guarnecem a casa, ressalvados, nesse último caso, os veículos de transporte, obras de arte e adornos suntuosos" (arts. 1º e 2º)[12].

E, diferentemente do voluntário, estudado linhas acima, a proteção do bem de família legal é imediata, ou seja, deriva diretamente da própria lei, independentemente de instituição em cartório e registro[13].

Não ficam fora do seu amparo legal o locatário, que terá impenhorável não o imóvel, que não lhe pertence, mas os seus bens móveis que guarnecem a residência, desde que quitados (art. 2º). Aliás, interpretando extensivamente a norma, a doutrina estende a proteção legal ao comodatário, ao usufrutário e ao promitente comprador que estejam em situação semelhante à do inquilino[14].

Amplo debate jurisprudencial gira em torno da extensão da norma protetiva aos bens móveis.

---

entre residências grandes ou pequenas, luxuosas ou modestas, exigindo apenas que sejam utilizadas como moradia permanente da entidade familiar". O banco recorreu, então, ao STJ, onde o processo foi relatado pelo Ministro Gomes de Barros. A CEF argumentou que a residência ocupa mais de um lote, e em dois deles estariam localizadas a piscina e a churrasqueira, construções que se enquadrariam em exceções previstas na lei e passíveis de penhora. O relator acolheu a argumentação. O Ministro Gomes de Barros destacou que a lei não tem o propósito de permitir que o devedor se locuplete injustamente do benefício da impenhorabilidade, sendo que tal benefício deve ser temperado. No caso, os lotes, embora contíguos, constituiriam imóveis distintos, sendo possível o desmembramento e a penhora" Disponível em: <http://www.stj.jus.br/SCON/jurisprudencia/toc.jsp?livre=bem+de+familia+desmembramento++churrasqueira&&tipo_visualizacao=RESUMO&b=ACOR> Acesso em: 26 jun. 2017.

12 Sobre a garagem, tem decidido o STJ: "Agravo regimental. Bem de família. Vaga autônoma de garagem. Penhorabilidade. 1. Está consolidado nesta Corte o entendimento de que a vaga de garagem, desde que com matrícula e registro próprios, pode ser objeto de constrição, não se lhe aplicando a impenhorabilidade da Lei n. 8.009/90. 2. Agravo regimental desprovido" (AgRg no Ag 1058070/RS, Rel. Min. Fernando Gonçalves, 4ª Turma, julgado em 16-12-2008, *DJe* 2-2-2009).
Vide também: http://www.stj.jus.br/SCON/jurisprudencia/toc.jsp?livre=bem+de+familia+desmembramento+garagem&&tipo_visualizacao=RESUMO&b=ACOR . Acesso em 22 jun. 2017.

13 Isso sem mencionar que sobre o bem de família legal não pesa o limite imposto pelo art. 1.711 à modalidade voluntária, no sentido de não se poder ultrapassar o teto de 1/3 do patrimônio líquido dos instituidores. Inegáveis, pois, as suas vantagens. Com isso, todavia, não se conclua inexistir, por completo, interesse na instituição voluntária do bem de família, eis que o parágrafo único do art. 5º da própria Lei n. 8.009, de 1990, preceitua: "Na hipótese de o casal, ou entidade familiar, ser possuidor de vários imóveis utilizados como residência, a impenhorabilidade recairá sobre o de menor valor, salvo se outro tiver sido registrado, para esse fim, no Registro de Imóveis".
Vide também: <http://www.stj.jus.br/SCON/jurisprudencia/doc.jsp?livre=bem+de+familia+impenhorabilidade+menor+valor&b=ACOR&p=true&l=10&i=5>.

14 AZEVEDO, Álvaro Villaça, ob. cit., p. 174.

Que bens estariam ao amparo da lei? Quais estariam fora? A geladeira, o computador, o forno de micro-ondas estariam protegidos de uma penhora determinada no curso da execução judicial?

Têm sido considerados impenhoráveis, por força da Lei n. 8.009/90, os seguintes bens: a garagem do apartamento residencial[15], o *freezer*, máquinas de lavar e secar roupas, o teclado musical[16], o computador[17], o televisor, o videocassete, o ar-condicionado e, até mesmo, a antena parabólica[18].

O norte para a interpretação sobre a qualificação como bem de família não deve se limitar apenas ao indispensável para a subsistência, mas, sim, ao necessário para uma vida familiar digna, sem luxo, o que tem encontrado amparo na jurisprudência pátria.

*A impenhorabilidade*, como dispõe o art. 3º da Lei n. 8.009/90, é oponível *em qualquer processo de execução civil, fiscal, previdenciária, trabalhista*[19], *ou de outra natureza, salvo se movido (exceções à impenhorabilidade legal):*

a) pelo titular do crédito decorrente do financiamento destinado à construção ou à aquisição do imóvel, no limite dos créditos e acréscimos constituídos em função do respectivo contrato;

b) pelo credor de pensão alimentícia, resguardados os direitos, sobre o bem, do seu coproprietário que, com o devedor, integre união estável ou conjugal, observadas as hipóteses em que ambos responderão pela dívida (ressalva inserida pela Lei n. 13.144, de 6 de julho de 2015);

c) para a cobrança de impostos, predial ou territorial, taxas e contribuições devidas em função do imóvel familiar;

d) para a execução de hipoteca sobre o imóvel oferecido como garantia real pelo casal ou pela entidade familiar;

e) por ter sido adquirido com produto de crime ou para a execução de sentença penal condenatória a ressarcimento, indenização ou perdimento de bens;

f) por obrigação decorrente de fiança concedida em contrato de locação.

---

15 Exs.: STJ, REsp 222.012/SP; AgRg 779.583/RS; ErEsp 595.099/RS.

16 Aqui, em belíssimo voto, o Ministro Sálvio de Figueiredo pontifica: "Parece-me mais razoável que, em uma sociedade marcadamente violenta como a atual, seja valorizada a conduta dos que se dedicam aos instrumentos musicais, sobretudo sem o objetivo de lucro, por tudo que a música representa, notadamente em um lar e na formação dos filhos, a dispensar maiores considerações. Ademais, não seria um mero teclado musical que iria contribuir para o equilíbrio das finanças de um banco" (STJ, 218.882/SP).

17 Ex.: STJ, Recurso Especial n. 150.021/MG.

18 Ex.: STJ, Recurso Especial n. 126.479/MS.

19 Registre-se que a Lei Complementar n. 150, de 1º de junho de 2015, que deu nova regulamentação ao contrato de trabalho doméstico, revogou expressamente, em seu art. 46, o inciso I do art. 3º da Lei 8.009/90, que admitia a penhora de bem de família "em razão de créditos de trabalhadores da própria residência e das respectivas contribuições previdenciárias".

A Lei n. 8.245/91 (Lei do Inquilinato) acrescentou o inciso VII ao art. 3º da Lei n. 8.009/90, estabelecendo mais uma exceção à impenhorabilidade legal do bem de família: a obrigação decorrente de fiança em contrato de locação.

Em outras palavras: *se o fiador for demandado pelo locador, visando à cobrança dos aluguéis atrasados, poderá o seu único imóvel residencial ser executado, para a satisfação do débito do inquilino.*

Não ignorando que o fiador possa se obrigar solidariamente, o fato é que, na sua essência, *a fiança é um contrato meramente acessório* pelo qual um terceiro (fiador) assume a obrigação de pagar a dívida, se o devedor principal não o fizer.

Mas seria razoável garantir o cumprimento dessa obrigação (essencialmente acessória) do fiador com o seu único bem de família? Seria tal norma constitucional?

Partindo da premissa de que as obrigações do locatário e do fiador têm a mesma base jurídica — o contrato de locação —, *não é justo que o garantidor responda com o seu bem de família, quando a mesma exigência não é feita para o locatário.* Isto é, se o inquilino, fugindo de suas obrigações, viajar para o interior da Bahia e *comprar um único imóvel residencial*, este seu bem será *impenhorável*, ao passo que o fiador continuará respondendo com o seu próprio *bem de família* perante o locador que não foi pago.

À luz do Direito Civil Constitucional — pois não há outra forma de pensar modernamente o Direito Civil —, parece-me forçoso concluir que esse dispositivo de lei *viola o princípio da isonomia* insculpido no art. 5º da CF, uma vez que *trata de forma desigual locatário e fiador*, embora as obrigações de ambos tenham a mesma causa jurídica: o contrato de locação.

Todavia, lamentavelmente, as Cortes Superiores adotaram posicionamento no sentido da penhorabilidade do imóvel do fiador na locação (RE 407.688/SP e Súmula 549 do STJ).

Registre-se que, na nossa opinião, respaldada por Súmula do Superior Tribunal de Justiça, a proteção legal ao bem de família, reforçada pelo direito constitucional à habitação e pelo princípio da dignidade da pessoa humana, aplica-se ao único imóvel da entidade familiar, ainda que nele não se resida. Isso porque os valores decorrentes da sua locação podem estar sendo a base do orçamento familiar, garantindo-lhe a sua subsistência[20].

Outra importante ponderação, merecedora de destaque, diz respeito à *impenhorabilidade do imóvel do devedor solteiro.*

A matéria comportou, no passado, forte divergência jurisprudencial.

---

[20] Nesse sentido, a Súmula 486 do Superior Tribunal de Justiça preceitua: "Único imóvel residencial alugado a terceiros é impenhorável, desde que a renda obtida com o aluguel seja para subsistência do proprietário".

Todavia, na atualidade, pacificou-se o entendimento ampliativo da proteção no Superior Tribunal de Justiça, que editou a Súmula 364, preceituando que "O conceito de impenhorabilidade de bem de família abrange também o imóvel pertencente a pessoas solteiras, separadas e viúvas".

Trata-se da melhor visão, no nosso entender.

# LXXIX UNIÃO ESTÁVEL E OUTRAS MODALIDADES DE ENTIDADES FAMILIARES

## 1. CONCEITO DE UNIÃO ESTÁVEL

Para chegarmos ao moderno conceito de união estável, é necessário, antes, traçarmos uma importante diagnose diferencial.

No passado, a união não matrimonializada entre homem e mulher denominava-se simplesmente "concubinato".

Essa palavra, com forte carga pejorativa, derivada da expressão latina *concubere*, significava "dividir o leito", "dormir com", ou, conforme jargão popular, caracterizaria a situação da mulher "teúda e manteúda": "tida e mantida" por um homem (sua amante, amásia, amigada).

Toda essa carga de preconceito refletia, sem sombra de dúvidas, a mentalidade de uma época.

Não queremos, com isso, dizer que não mais exista o preconceito hoje.

Sabemos perfeitamente que ainda existe.

Mas em escala infinitamente menor do que no passado.

O último século apontou, mormente em sua segunda metade, uma nítida mudança de mentalidade, a partir de uma necessária abertura cultural e da justa conquista de um necessário espaço social pela mulher.

Todo esse processo reconstrutivo por que passou a família concubinária resultou, paulatinamente, na ascensão da concubina do árido vácuo da indiferença e do preconceito ao justo patamar de integrante de uma entidade familiar constitucionalmente reconhecida.

E, neste contexto, com alta carga de simbolismo etimológico, o Direito Brasileiro preferiu consagrar as expressões companheirismo e união estável — para caracterizar a união informal entre homem e mulher com o objetivo de constituição de família —, em lugar da vetusta e desgastada noção de concubinato.

Hoje em dia, o concubinato (relação entre amantes), sob o prisma eminentemente técnico, não pode ser confundido com a união estável, uma vez que, a teor do art. 1.727[1] do Código Civil — posto que possa gerar determinados efeitos jurídicos — não consubstancia, em geral, um paradigma ou *standard* familiar, traduzindo, simplesmente, uma relação não eventual entre o homem e a mulher, impedidos de casar.

A união estável, por seu turno, não se coaduna com a mera eventualidade na relação e, por conta disso, ombreia-se ao casamento em termos de reconhecimento jurídico, firmando-se como forma de família, inclusive com expressa menção constitucional (CF, § 3º do art. 226).

Nesse contexto, feitas tais considerações e salientadas importantes diferenças, podemos conceituar a união estável como uma relação afetiva de convivência pública e duradoura entre duas pessoas, do mesmo sexo ou não, com o objetivo imediato de constituição de família.

Sistematizando nosso conceito, podem ser apontados os seguintes elementos caracterizadores essenciais da união estável na sociedade brasileira contemporânea:

a) **publicidade** (convivência pública), em detrimento do segredo, o que diferencia a união estável de uma relação clandestina;
b) **continuidade** (convivência contínua), no sentido do *animus* de permanência e definitividade, o que diferencia a união estável de um namoro;
c) **estabilidade** (convivência duradoura), o que diferencia uma união estável de uma "ficada"[2];
d) **objetivo de constituição de família**, que é a essência do instituto no novo sistema constitucionalizado, diferenciando uma união estável de uma relação meramente obrigacional.

Esses requisitos serão analisados, minudentemente, ainda neste capítulo.

Todavia, à vista desse conceito, o nosso estimado leitor poderá estar se perguntando: ora, se a Constituição expressamente mencionou, ao caracterizar a união estável, a diversidade de sexos (homem e mulher), por que o conceito jurídico apresentado alargou a dicção normativa, para admitir o reconhecimento da união estável homoafetiva?

---

1 "Art. 1.727. As relações não eventuais entre o homem e a mulher, impedidos de casar, constituem concubinato." Naturalmente, a norma deve ser interpretada na perspectiva constitucional inclusiva, pelo que a relação de concubinato também pode ser entre pessoas do mesmo sexo.

2 A "ficada" é conceituada, no STJ, pela Ministra Nancy Andrighi: "Direito civil. Recurso especial. Ação de investigação de paternidade. Exame pericial (teste de DNA). Recusa. Inversão do ônus da prova. Relacionamento amoroso e relacionamento casual. Paternidade reconhecida. — A recusa do investigado em se submeter ao teste de DNA implica a inversão do ônus da prova e consequente presunção de veracidade dos fatos alegados pelo autor. — Verificada a recusa, o reconhecimento da paternidade decorrerá de outras provas, estas suficientes a demonstrar ou a existência de relacionamento amoroso à época da concepção ou, ao menos, a existência de relacionamento casual, hábito hodierno que parte do simples 'ficar', relação fugaz, de apenas um encontro, mas que pode garantir a concepção, dada a forte dissolução que opera entre o envolvimento amoroso e o contato sexual. Recurso especial provido" (REsp 557.365/RO, Rel. Min. Nancy Andrighi, 3ª Turma, julgado em 7-4-2005, *DJ* 3-10-2005, p. 242).

Essa importante pergunta merece, desde já, detida atenção.

Diferentemente do casamento, entidade familiar essencialmente formal e geradora de estado civil, a união estável é desprovida de solenidade para a sua constituição, razão por que, conforme veremos em momento oportuno, o casal, frequentemente, nem bem sabe quando o namoro "deixou de ser um simples namoro" e passou a configurar uma relação de companheirismo.

Esse caráter fático e informal da união estável, portanto, conduz-nos à inafastável conclusão de que, por ser uma simples união de fato, não se condicionaria ao ditame da diversidade sexual, permitindo, com isso, o reconhecimento da relação familiar entre companheiros, sejam eles do mesmo sexo, sejam de sexo diverso.

Pensamento diverso, em nosso sentir, afigurar-se-ia flagrantemente inconstitucional.

No dizer de LUÍS ROBERTO BARROSO:

> "Todas as pessoas, a despeito de sua origem e de suas características pessoais, têm o direito de desfrutar da proteção jurídica que estes princípios lhes outorgam. Vale dizer: de serem livres e iguais, de desenvolver a plenitude de sua personalidade e de estabelecerem relações pessoais com um regime jurídico definido e justo. E o Estado, por sua vez, tem o dever jurídico de promover esses valores, não apenas como uma satisfação dos interesses legítimos dos beneficiários diretos, como também para assegurar a toda a sociedade, reflexamente, um patamar de elevação política, ética e social. Por essas razões, a Constituição não comporta uma leitura homofóbica, deslegitimadora das relações de afeto e de compromisso que se estabelecem entre indivíduos do mesmo sexo. A exclusão dos homossexuais do regime de união estável significaria declarar que eles não são merecedores de igual respeito, que seu universo afetivo e jurídico é de 'menos-valia': menos importante, menos correto, menos digno.
>
> (...)
>
> É certo, por outro lado, que a referência a homem e mulher não traduz uma vedação da extensão do mesmo regime às relações homoafetivas. Nem o teor do preceito nem o sistema constitucional como um todo contêm indicação nessa direção. Extrair desse preceito tal consequência seria desvirtuar a sua natureza: a de uma norma de inclusão. De fato, ela foi introduzida na Constituição para superar a discriminação que, historicamente, incidira sobre as relações entre homem e mulher que não decorressem do casamento. Não se deve interpretar uma regra constitucional contrariando os princípios constitucionais e os fins que a justificaram"[3].

[3] BARROSO, Luís Roberto. Diferentes, Mas Iguais: O Reconhecimento Jurídico das Relações Homoafetivas no Brasil (colaboradores: SOUZA NETO, Cláudio; MENDONÇA, Eduardo; DIZ, Nelson. Disponível em: <http://www.migalhas.com.br/dePeso/16,MI132374,61044-Diferentes+mas+iguais+o+reconhecimento+juridico+das+relacoes> Acesso em: 3 jul. 2017.

Nessa mesma linha isonômica de tratamento, o direito português, segundo a doutrina do professor da Universidade de Lisboa JORGE PINHEIRO, admite a união estável entre pessoas de sexo diverso ou não:

> "A união de facto, realidade que a lei não define, é por vezes identificada com a convivência de duas pessoas em condições análogas às dos cônjuges, noção que, para ser adoptada, exige que se abstraia do requisito da diversidade de sexo, que é condição da existência de um casamento. Por este motivo, é preferível reconduzir a união de facto a uma coabitação, na tripla vertente de comunhão de leito, mesa e habitação"[4].

Portanto, na tentativa de definir juridicamente a união estável, é imperiosa, em nosso sentir, a necessidade de se admitir a sua intrínseca duplicidade tipológica, dada a prescindibilidade do gênero sexual dos integrantes deste núcleo informal de afeto[5].

## 2. ELEMENTOS CARACTERIZADORES

Em primeiro plano, cuidou o legislador de definir o que se entende por união estável no art. 1.723, *caput*, norma de natureza tipicamente explicativa:

> "Art. 1.723. É reconhecida como entidade familiar a união estável entre o homem e a mulher, configurada na convivência pública, contínua e duradoura e estabelecida com o objetivo de constituição de família".

Enfrentemos cada um dos elementos caracterizadores que se podem extrair deste conceito, começando, porém, com a discussão sobre a (im)prescindibilidade da dualidade de sexos.

### 2.1. Reflexão sobre o tema da dualidade de sexos

Inicialmente, é colocada sob nossa análise a delicada questão da dualidade de sexos como pressuposto da união estável.

No sistema aberto, inclusivo e não discriminatório inaugurado a partir da Constituição de 1988, espaço não há para uma interpretação fechada e restritiva que pretenda concluir pela literalidade da norma constitucional (art. 226, § 3º, da CF[6]) ou até mesmo da legislação ordinária (art. 1.723 do CC) com o propósito de somente admitir a união estável heterossexual.

---

[4] PINHEIRO, Jorge, ob. cit., p. 641.

[5] Neste ponto, observamos que muito bem andou o direito alemão quando, ao consagrar a expressão *Lebenspartnerschaft* (parcerias de vida) para caracterizar as uniões de fato entre pessoas do mesmo sexo, deu mais importância ao sentido da palavra vida do que à dureza do vocábulo fato.

[6] "Para efeito da proteção do Estado, é reconhecida a união estável entre o homem e a mulher como entidade familiar, devendo a lei facilitar sua conversão em casamento."

Tal linha de raciocínio — a par de injusta — seria até mesmo pretensiosa, pois partiria da falsa premissa de que o legislador deteria o místico poder de prever todas as multifárias formas de família que pululam em uma sociedade, a fim de consagrar determinadas entidades e proibir outras, também merecedoras de tutela, pela simples ausência de menção expressa.

Com propriedade, a respeito desse tema, prelecionam CRISTIANO CHAVES e NELSON ROSENVALD:

> "Efetivamente, a união entre pessoas homossexuais poderá estar acobertada pelas mesmas características de uma entidade heterossexual, fundada, basicamente, no afeto e na solidariedade. Sem dúvida, não é a diversidade de sexos que garantirá a caracterização de um modelo familiar, pois a afetividade poderá estar presente mesmo nas relações homoafetivas"[7].

Muito bem.

Firmado o caráter relativo do requisito "dualidade de sexos", enfrentemos outros elementos que permitam caracterizar uma união estável.

## 2.2. Elementos caracterizadores essenciais

Da redação do já transcrito art. 1.723 do CC/2002, que se refere a uma "convivência pública, contínua e duradoura", bem como de tudo quanto aqui exposto, é possível sintetizar quatro elementos caracterizadores essenciais da união estável, a saber:

a) publicidade;
b) continuidade;
c) estabilidade;
d) objetivo de constituição de família.

Vejamos cada um deles separadamente.

### *2.2.1. Publicidade*

O primeiro elemento caracterizador essencial da união estável é a publicidade da convivência[8].

Com efeito, não é razoável imaginar que um relacionamento que se trava de maneira furtiva possa ser considerado um núcleo familiar.

---

7 CHAVES, Cristiano; ROSENVALD, Nelson, ob. cit., p. 394-5.

8 A união estável deve ser pública, notória. Mas não é, lembramos, formal como o casamento, afigurando-se como um "fato da vida", razão por que não gera estado civil. Esta "informalidade" não significa, por outro lado, uma completa omissão do Estado no estabelecimento de regras administrativas que colaborem com os seus partícipes. Nesse contexto, recomendamos a leitura do Provimento n. 37 do CNJ, de 7 de julho de 2014, que dispõe sobre o registro facultativo da união estável e dá outras providências.

A ideia de o casal ser reconhecido socialmente como uma família, em uma convivência pública, é fundamental para a demonstração, eventualmente judicial, da existência de uma união estável.

Atenta contra tal ideia a concepção de um relacionamento "clandestino".

Esse elemento permite diferenciar a união estável, por exemplo, de um "caso", relacionamento amoroso com interesse predominantemente sexual, sem intenção de constituição de família.

### 2.2.2. Continuidade

Outro importante elemento caracterizador da união estável é o seu caráter contínuo.

Relacionamentos fugazes, sem *animus* de permanência e definitividade, por mais intensos que sejam (e há paixões arrebatadoras que não duram mais do que uma noite ou um carnaval...), não têm o condão de se converter em uma modalidade familiar.

Este é um elemento que permite diferenciar, à primeira vista, a união estável de mero namoro, ainda que se reconheça que há certos namoros que, de tão longos, são conhecidos, jocosamente, como "casamentos por usucapião", o que, obviamente, não se reconhece como fato que origine efeitos jurídicos, salvo na hipótese de uma legítima e inquestionável expectativa de constituição de família[9].

A união estável não se coaduna com a eventualidade, pressupondo a convivência contínua, sendo, justamente por isso, equiparada ao casamento em termos de reconhecimento jurídico.

### 2.2.3. Estabilidade

O terceiro elemento essencial para a caracterização da união estável é a convivência duradoura entre os sujeitos.

A exigibilidade dessa circunstância é intuída até mesmo do adjetivo "estável" que qualifica essa relação.

Este elemento permite também diferenciar a união estável do fenômeno moderno da "ficada", que já foi objeto de nossas reflexões em tópico anterior[10].

### 2.2.4. Objetivo de constituição de família

O principal e inafastável elemento para o reconhecimento da união estável, sem sombra de dúvidas, é o teleológico ou finalístico: o objetivo de constituição de família.

Este, seguramente, não poderá faltar.

---

[9] Sobre o tema, confira-se o Capítulo IV ("A Promessa de Casamento") do v. 6 ("Direito de Família") do nosso *Novo Curso de Direito Civil*.

[10] Confira-se o tópico 1 ("Introdução: "Ficada", Namoro e Noivado") do Capítulo IV ("A Promessa de Casamento (Esponsais)") do v. 6 ("Direito de Família") do nosso *Novo Curso de Direito Civil*.

Isso porque o casal que vive uma relação de companheirismo — diferentemente da instabilidade do simples namoro — realiza a imediata finalidade de constituir uma família, como se casados fossem.

Essa aparência de casamento, essa finalidade de constituição de um núcleo estável familiar é que deverá ser investigada em primeiro lugar, pelo intérprete, ao analisar uma relação apontada como de união estável.

Trata-se da essência do instituto no novo sistema constitucionalizado, diferenciando uma união estável de uma relação meramente obrigacional.

Ausente essa finalidade imediata de constituição de família, portanto, a tessitura do núcleo se desfaz, resultando na instabilidade típica de um simples namoro, como sabiamente, inclusive, já assentou o Tribunal de Justiça do Rio Grande do Sul:

> "APELAÇÃO CÍVEL. UNIÃO ESTÁVEL. REQUISITOS. INSUFICIÊNCIA DE PROVAS. Para a caracterização da união estável é imprescindível a existência de convivência pública, contínua, duradoura e estabelecida com objetivo de constituir família. No caso dos autos, o relacionamento ostentou contornos de um namoro, inexistindo, portanto, o objetivo de constituição de família. Sentença de improcedência mantida. Recurso improvido" (TJRS, Apelação Cível 70034815902, Rel. Claudir Fidelis Faccenda, julgado em 18-3-2010, 8ª Câm. Cív.).

Percebe-se, portanto, a tênue e sutil fronteira existente entre um simples namoro — relação instável sem potencial repercussão jurídica — e uma relação de companheirismo — relação estável de família com potencial repercussão jurídica.

E, precisamente por conta do receio de caírem na malha jurídica da união estável, muitos casais brasileiros convencionaram celebrar, em Livro de Notas de Tabelião, o denominado "contrato de namoro", negócio jurídico firmado com o nítido propósito de afastar o regramento do Direito de Família.

Mas, conforme já observado ao longo deste capítulo, a união estável é um fato da vida e, como tal, se configurada, não será uma simples declaração negocial de vontade instrumento hábil para afastar o regramento de ordem pública que rege este tipo de entidade familiar.

Pensamos, com isso, que o inusitado contrato de namoro poderá até servir para auxiliar o juiz a investigar o *animus* das partes envolvidas, mas não é correto considerá-lo, numa perspectiva hermética e absoluta, uma espécie de "salvo-conduto dos namorados".

E essa aferição deverá ser feita, com prudência, pelo julgador no caso concreto.

Compreendidos os elementos essenciais para a caracterização da união estável, passemos a enfrentar, no próximo subtópico, alguns outros elementos que, embora acidentais, auxiliam em sua caracterização.

## 2.3. Elementos acidentais

Chamamos de elementos acidentais as circunstâncias de fato que, embora não sejam essenciais para a caracterização da união estável, facilitam a sua demonstração judicial, reforçando imensamente a tese da sua existência.

É o caso do tempo de convivência, a existência de prole ou a exigência de coabitação.

Note-se, de logo, no vigente sistema codificado civil, não haverem sido consagrados critérios objetivos para o reconhecimento do vínculo, diferentemente do que fizera a Lei n. 8.971, de 1994, a qual, como vimos acima, exigiu um tempo mínimo de convivência (mais de 5 anos)[11] ou a existência de prole comum.

A configuração da união estável, portanto, no Código Civil de 2002, na mesma vereda da Lei n. 9.278, de 1996, poderá se dar qualquer que seja o tempo de união do casal e, bem assim, quer existam ou não filhos comuns.

Se, por um lado, levanta-se o argumento crítico no sentido da insegurança gerada pela ausência de um critério temporal, por outro, afirma-se que a exigência de um lapso mínimo desembocaria em situações de inequívoca injustiça, a exemplo do casal que não teve a união estável reconhecida por terem desfeito o vínculo dias antes de atingirem o limite mínimo de tempo.

E, nesse contexto, cumpre-nos acrescentar ainda que a coabitação — entendida como a convivência sob o mesmo teto — também não se afigura indispensável, posição já consolidada há muito no próprio Supremo Tribunal Federal:

> SÚMULA 382: "A vida em comum sob o mesmo teto, '*more uxorio*', não é indispensável à caracterização do concubinato".

Na linha de entendimento desta súmula, conclui-se que, mesmo vivendo em casas separadas, o casal pode haver constituído a união estável.

Ora, uma pergunta, nesse ponto, pode ser feita: se não existe tempo mínimo exigido para a caracterização do vínculo, se a prole comum não se faz indispensável, se a coabitação também se afigura despicienda, como, afinal, poderemos reconhecer, com segurança, a caracterização da união estável?

---

[11] O projeto original do Código Civil previa tempo mínimo para a configuração da união estável, posteriormente dispensado, como anotou o relator na Câmara, Deputado Ricardo Fiúza: "Mostrava-se inconstitucional o dispositivo originalmente constante do projeto, ao limitar a união estável à convivência superior a cinco anos, quando a própria Constituição Federal não define qualquer prazo. Seria interpretação restritiva e inconcebível vir a lei infraconstitucional, reguladora do instituto, impor prazo mínimo, para o reconhecimento dessa entidade familiar. Na verdade, o conceito 'estável', inserido no pergaminho constitucional, não está a depender de prazo certo, mas de elementos outros que o caracterizem, como os constantes do art. 1º da Lei n. 9.728/96" (O Novo Código Civil e a União Estável, *Jus Navigandi*, Teresina, ano 6, n. 54, fev. 2002. Disponível em: <https://jus.com.br/artigos/2721/o-novo-codigo-civil-e-a-uniao-estavel>. Acesso em: 26 jun. 2017).

Logicamente que tais elementos (tempo de convivência, prole e coabitação), quando existentes (ou concorrentes), poderão reforçar o reconhecimento da tese, mas somente a análise de cada detalhe do caso concreto pode ensejar uma resposta.

## 3. IMPEDIMENTOS PARA A CONFIGURAÇÃO DA UNIÃO ESTÁVEL

O legislador brasileiro é categórico ao afirmar que a união estável não se constituirá caso concorram qualquer dos impedimentos constantes no art. 1.521[12]:

> "§ 1º A união estável não se constituirá se ocorrerem os impedimentos do art. 1.521; não se aplicando a incidência do inciso VI no caso de a pessoa casada se achar separada de fato ou judicialmente".

Assim, uma relação entre dois irmãos ou qualquer outra forma incestuosa — impedidos, portanto, de casar — não se subsumiria no conceito de união estável, desembocando na árida regulamentação do simples concubinato.

Note-se que, de acordo com a ressalva constante na parte final do dispositivo, não configurará óbice ao reconhecimento da união estável o fato de um dos companheiros ainda estar oficialmente casado, desde que esteja separado de fato ou judicialmente.

Quer-se com isso dizer que pessoas casadas, uma vez separadas de fato ou mediante sentença judicial, embora ainda impedidas de convolar novas núpcias, já podem constituir união estável.

Aliás, quantos milhares de casais no Brasil encontram-se nesta situação: um dos companheiros ainda oficialmente casado com terceiro, mas já integrante de um núcleo estável afetivo há vários anos...

Claro está que tal dispositivo (quanto a separação judicial), a partir da aprovação da Emenda do Divórcio (Emenda Constitucional n. 66/2010), só terá utilidade em face de pessoas que já estavam separadas ao tempo da sua vigência, uma vez que, conforme escreveu PABLO STOLZE GAGLIANO, ainda na fase de discussão da PEC 28/2009, tais pessoas não se converteriam em divorciadas por um simples passe de mágica:

> "É iminente a aprovação do Projeto de Emenda Constitucional n. 28, de 2009 (numeração no Senado), a usualmente denominada 'PEC do Divórcio', que pretende modificar o art. 226, § 6º, da CF. O texto de sua redação original era o seguinte: '§ 6º O casamento civil pode ser dissolvido pelo divórcio consensual ou litigioso, na forma da lei'. Suprimiu-se, posteriormente, a expressão 'na forma da lei', constante na parte final do dispositivo sugerido. Esta supressão, aparentemente desimportante,

12 "Art. 1.521. Não podem casar: I — os ascendentes com os descendentes, seja o parentesco natural ou civil; II — os afins em linha reta; III — o adotante com quem foi cônjuge do adotado e o adotado com quem o foi do adotante; IV — os irmãos, unilaterais ou bilaterais, e demais colaterais, até o terceiro grau inclusive; V — o adotado com o filho do adotante; VI — as pessoas casadas; VII — o cônjuge sobrevivente com o condenado por homicídio ou tentativa de homicídio contra o seu consorte."

revestiu-se de grande significado jurídico. Caso fosse aprovada em sua redação original, correríamos o sério risco de minimizar a mudança pretendida, ou, o que é pior, torná-la sem efeito, pelo demasiado espaço de liberdade legislativa que a jurisprudência poderia reconhecer estar contida na suprimida expressão. Vale dizer, aprovar uma emenda simplificadora do divórcio com o adendo 'na forma da lei' poderia resultar em um indevido espaço de liberdade normativa infraconstitucional, permitindo interpretações equivocadas e retrógradas, justamente o que a proposta quer impedir. Melhor, portanto, a sintética redação atual: 'O casamento civil pode ser dissolvido pelo divórcio'. Da sua leitura, constatamos duas modificações de impacto: acaba-se com a separação judicial (de forma que a única medida juridicamente possível para o descasamento seria o divórcio) e extingue-se também o prazo de separação de fato para o divórcio direto (eis que não há mais referência à separação de fato do casal há mais de dois anos). Nesse contexto, instigante questionamento, que, certamente, assolará os Tribunais do País, diz respeito à situação das pessoas judicialmente separadas ao tempo da promulgação da Emenda. Ora, com o desaparecimento do instituto da separação, qual será o seu estado civil? Não temos dúvida de que as pessoas já separadas ao tempo da promulgação da Emenda não podem ser consideradas automaticamente divorciadas. Não haveria sentido algum. Aliás, este entendimento, a par de gerar grave insegurança jurídica, resultaria no desagradável equívoco de se pretender modificar uma situação jurídica consolidada segundo as normas vigentes à época da sua constituição, sem que tivesse havido manifestação de qualquer das partes envolvidas. Ademais, é de bom alvitre lembrar que uma modificação assim pretendida — caída do céu — culminaria por transformar o próprio estado civil da pessoa até então separada. Como ficariam, por exemplo, as relações jurídicas travadas com terceiros pela pessoa até então judicialmente separada? Além disso, a alteração da norma constitucional não teria o condão de modificar uma situação jurídica perfeitamente consolidada segundo as regras vigentes ao tempo de sua constituição, sob pena de se gerar, como dito, perigosa e indesejável insegurança jurídica. Em síntese: a partir da entrada em vigor da Emenda Constitucional, as pessoas judicialmente separadas (por meio de sentença proferida[13] ou escritura pública lavrada[14]) não se tornariam imediatamente divorciadas, exigindo-se-lhes o necessário pedido de decretação do divórcio para o que, por óbvio, não haveria mais a necessidade de cômputo de qualquer prazo. Respeita-se, portanto, com isso, o próprio ato jurídico perfeito"[15].

---

[13] Independentemente do seu trânsito em julgado, pois, com a prolação da sentença, esgota-se o ofício jurisdicional, nos limites do pedido e do *thema decidendum*.

[14] Neste último caso, nos termos da Lei n. 11.441, de 2007 (separação consensual administrativa).

[15] GAGLIANO, Pablo Stolze. A Nova Emenda do Divórcio e as Pessoas Judicialmente Separadas, artigo publicado no periódico *Carta Forense*, abril de 2010, e também disponível no Editorial 1 do *site* <www.pablostolze.com.br>.

Frise-se ainda que, a teor do § 2º do art. 1.723, as causas suspensivas do art. 1.523 não impedirão a caracterização da união estável.

Conforme já estudamos, configurada qualquer dessas causas[16], impõe-se ao casal a adoção necessária do regime de separação obrigatória de bens.

Nesse diapasão, como dito, para aqueles que convivam em união estável, essa normatização impositiva não se lhes aplicaria.

## 4. EFEITOS PESSOAIS DA UNIÃO ESTÁVEL: DIREITOS E DEVERES DOS COMPANHEIROS

Assim como ocorre no casamento, os partícipes da união estável devem observar direitos e deveres recíprocos em suas relações pessoais.

É o que dispõe o art. 1.724:

> "Art. 1.724. As relações pessoais entre os companheiros obedecerão aos deveres de lealdade, respeito e assistência, e de guarda, sustento e educação dos filhos".

Decompondo-o, para melhor compreensão da matéria, teríamos:

a) dever de lealdade;

b) dever de respeito;

c) dever de assistência;

d) dever de guarda, sustento e educação dos filhos.

Sob o prisma ontológico ou essencial, diferença não há entre esses deveres e os decorrentes do casamento.

Da mesma forma, para cada dever corresponderá um direito equivalente de exigibilidade de conduta compatível.

O dever de lealdade, compreensivo do compromisso de fidelidade sexual e afetiva, remete-nos à ideia de que a sua violação, aliada à insuportabilidade de vida em comum, poderá resultar na dissolução da relação de companheirismo.

---

[16] "Art. 1.523. Não devem casar: I — o viúvo ou a viúva que tiver filho do cônjuge falecido, enquanto não fizer inventário dos bens do casal e der partilha aos herdeiros; II — a viúva, ou a mulher cujo casamento se desfez por ser nulo ou ter sido anulado, até dez meses depois do começo da viuvez, ou da dissolução da sociedade conjugal; III — o divorciado, enquanto não houver sido homologada ou decidida a partilha dos bens do casal; IV — o tutor ou o curador e os seus descendentes, ascendentes, irmãos, cunhados ou sobrinhos, com a pessoa tutelada ou curatelada, enquanto não cessar a tutela ou curatela, e não estiverem saldadas as respectivas contas. Parágrafo único. É permitido aos nubentes solicitar ao juiz que não lhes sejam aplicadas as causas suspensivas previstas nos incisos I, III e IV deste artigo, provando-se a inexistência de prejuízo, respectivamente, para o herdeiro, para o ex-cônjuge e para a pessoa tutelada ou curatelada; no caso do inciso II, a nubente deverá provar nascimento de filho, ou inexistência de gravidez, na fluência do prazo."

Com isso, no entanto, conforme já vimos, não se conclua que, posto que a monogamia seja uma nota característica do nosso sistema[17], a fidelidade traduza um padrão valorativo absoluto[18], visto que poderá ser flexibilizada, por decisão do casal, a exemplo do que se dá nas situações de poliamorismo[19].

O dever de respeito fala por si só, e, dada a sua grandeza, é difícil de ser aprendido por meio de *standards* jurídicos tradicionais.

O fato é que, em toda e qualquer relação, inclusive na de união estável, o respeito recíproco é pressuposto da própria afetividade, justificando a existência do próprio vínculo.

Nesse particular, frise-se, interessa notar que tal dever já havia sido consagrado na Lei n. 9.278, de 1996 (art. 2º, I), que disciplinou os efeitos jurídicos da união estável, e, agora, com a edição do Código Civil de 2002, também mereceu referência expressa em face das pessoas casadas.

O dever de assistência, por sua vez, pode ser traduzido não apenas na mutualidade material de apoio alimentar, mas também, sob prisma mais profundo, no auxílio espiritual e moral necessariamente existente entre os companheiros ao longo de toda a união.

Finalmente, o dever de guarda, sustento e educação dos filhos, vale relembrar, assim como se dá no casamento, é decorrência do próprio poder familiar, como bem observam CRISTIANO CHAVES e NELSON ROSENVALD:

> "*In fine*, tem-se o dever de guarda, sustento e educação dos filhos. Não nos parece, porém, cuidar essa hipótese de um efeito tipicamente matrimonial. Efetivamente, a guarda, sustento e educação da prole parece estar mais razoavelmente ligada aos deveres decorrentes da paternidade ou maternidade, que, por lógico, independem da existência ou não de um casamento"[20].

---

[17] Parte da doutrina vai mais além, erigindo a monogamia como um princípio: "O princípio da monogamia, embora funcione como um ponto-chave das conexões morais, não é uma regra moral, nem moralista. É um princípio jurídico organizador das relações conjugais". Rodrigo da Cunha Pereira, Uma Principiologia para o Direito de Família — *Anais do V Congresso Brasileiro de Direito de Família*, p. 848-9. Sobre o tema, verifique-se o Capítulo II ("Perspectiva Principiológica do Direito de Família") do v. 6 ("Direito de Família") do nosso *Novo Curso de Direito Civil*, mais especificamente o subtópico 4.8 ("Seria a Monogamia um Princípio?").

[18] Confira-se o tópico 3 ("O Poliamorismo e a Fidelidade") do Capítulo XX ("Concubinato e Direitos do(a) Amante") do v. 6 de nosso *Novo Curso de Direito Civil*.

[19] O tema é muito debatido em doutrina. No final de 2020, o STF, por sua vez, firmou entendimento não admitindo o reconhecimento de uniões estáveis simultâneas. Tese: "A preexistência de casamento ou de união estável de um dos conviventes, ressalvada a exceção do artigo 1723, § 1º do Código Civil impede o reconhecimento de novo vínculo referente ao mesmo período, inclusive para fins previdenciários, em virtude da consagração do dever de fidelidade e da monogamia pelo ordenamento jurídico-constitucional brasileiro" (RE 1.045.273/SE. Disponível em: <https://migalhas.uol.com.br/quentes/337854/stf-nao-e-possivel-reconhecimento-de-unioes-estaveis-simultaneas-para-rateio-de-pensao>. Acesso em: 16-12-2020). Para aprofundamento do tema, confira-se o tópico 3 ("O Poliamorismo e a Fidelidade") do Capítulo XX ("Concubinato e Direitos do(a) Amante") do v. 6 de nosso *Novo Curso de Direito Civil*.

[20] CHAVES, Cristiano; ROSENVALD, Nelson. *Direito das Famílias*, Rio de Janeiro: Lumen Juris, 2009, p. 194.

Com isso, concluímos que a sua permanência, no Código Civil de 2002, entre os deveres decorrentes da união estável, tal como no matrimônio, não deve ser entendida como uma previsão adstrita especificamente à relação entre companheiros, mas, sim, como a simples reverberação de um importante dever de matriz muito mais genérica, advinda do próprio vínculo paterno ou materno-filial.

Frise-se, por fim, que o rol de deveres decorrentes da união estável, diferentemente do quanto disposto para o casamento (art. 1.566), não faz menção ao dever de coabitação.

Com isso, concluímos, consoante já afirmado ao longo deste capítulo, que o dever de convivência sob o mesmo teto é dispensável, à luz da já estudada Súmula 382 do Supremo Tribunal Federal, ainda vigente[21].

## 5. EFEITOS PATRIMONIAIS DA UNIÃO ESTÁVEL: REGIME DE BENS

Vimos acima que um dos desdobramentos do dever de assistência é a obrigação de amparar materialmente o companheiro, a qual compreenderia o dever de prestar alimentos.

Tal obrigação tem também inequívoco conteúdo patrimonial, por derivar de um dever puro de família, ou seja, da própria condição pessoal de companheiro.

Assim, neste tópico, cuidaremos de analisar um aspecto patrimonial específico — e sobremaneira importante — decorrente da união estável: o regime de bens entre os companheiros.

Esta matéria, amigo leitor, passou por três fases distintas na história do nosso Direito.

Em um primeiro momento, nos primórdios da evolução do instituto, não havia espaço para se falar em disciplina patrimonial de bens, pelo simples fato de que a união estável — então denominada concubinato — vagava no limbo da invisibilidade jurídica, ofuscada pela primazia absoluta do casamento.

Com o passar dos anos, ao longo do século XX, em virtude dos diversos fatores estudados no tópico *supra* dedicado ao escorço histórico do tema[22], a concubina, em um lento processo de reconhecimento jurídico, começa a dar os primeiros passos para fora dos bastidores do esquecimento e passa a gozar de alguma proteção, ainda que no campo do Direito Previdenciário.

Na seara do Direito Civil, outrossim, mesmo que houvesse constituído um inegável núcleo estável de afeto ao longo dos anos, a companheira era relegada covardemente ao segundo plano, situação esta que somente experimentaria mudança quando os Tribunais do País, sem reconhecê-la ainda como partícipe de um núcleo familiar, passaram a admitir o direito à indenização por serviços prestados.

---

[21] Súmula 382 do STF: "A vida em comum sob o mesmo teto, *more uxorio*, não é indispensável à caracterização do concubinato". É bem verdade, todavia, que, não havendo impedimento de ordem médica ou decisão conjunta do casal, a convivência sexual entre os companheiros é decorrência natural da própria relação, ainda que morem em casas separadas.

[22] Confira-se o tópico 2 ("A Saga da União Estável no Brasil: do Concubinato Proibido à Valorização Constitucional") do v. 6 ("Direito de Família") do nosso *Novo Curso de Direito Civil*.

Tal direito não se amparava em norma de natureza familiarista — até porque não tinha índole alimentar — e somente era reconhecido para evitar o enriquecimento sem causa de seu companheiro, que, ao longo dos anos de convivência, direta ou indiretamente, houvera se beneficiado pela realização dos serviços domésticos que a sua companheira prestou.

Confira-se, no STJ:

> "Concubinato. Serviços prestados. Indenização.
>
> — São indenizáveis os serviços domésticos prestados pela concubina ao companheiro, ainda que decorrentes da própria convivência.
>
> Precedentes.
>
> Recurso especial conhecido, em parte, e provido" (REsp 88.524/SP, Rel. Min. Barros Monteiro, julgado em 17-6-1999, *DJ* 27-9-1999, p. 99, 4ª Turma).

Tratava-se, pois, em essência, de uma ação indenizatória de serviços domésticos prestados (não sexuais!), para evitar o locupletamento ilícito, em outras palavras, típica *actio de in rem verso*, cujo prazo prescricional da pretensão reparatória, à época, seria de 20 anos.

Ora, não existia, mormente no regramento da época, ação específica nenhuma que tutelasse a companheira, sob o prisma patrimonial.

Todas as vezes que se identificar um enriquecimento sem causa, mesmo na hipótese de não ter havido propriamente pagamento indevido, é cabível a ação de *in rem verso*, que, em geral, contém pretensão indenizatória e se submete às normas legais do procedimento ordinário do Código de Processo Civil.

Portanto, concorrendo os requisitos supraelencados, e em face da inexistência de outro meio específico de tutela, a ação de enriquecimento ilícito (*in rem verso*) era uma alternativa à parte prejudicada pelo espúrio enriquecimento da outra.

Durante muitos anos, pois, a ação indenizatória por serviços domésticos prestados — típica *actio de in rem verso* para evitar enriquecimento sem causa — fora o único instrumento de amparo material reconhecido à companheira necessitada, atuando, em verdade, na prática, como uma alternativa à ação de alimentos que o sistema jurídico injustamente não lhe reconhecia.

Mas a jurisprudência evoluiria, em um segundo momento, para admitir o reconhecimento de uma sociedade de fato entre os companheiros, de maneira que a companheira deixasse de ser mera prestadora de serviços com direito a simples indenização para assumir a posição de sócia na relação concubinária, com direito a parcela do patrimônio comum, na proporção do que houvesse contribuído.

Segundo ARNOLDO WALD:

> "É necessário lembrar que a jurisprudência sobre a sociedade de fato surgiu no direito brasileiro, pela primeira vez, para favorecer os casais de imigrantes estrangeiros,

que tinham convolado núpcias especialmente na Itália, sob o regime da separação de bens e que constituíram um patrimônio comum no Brasil, sentindo os Tribunais a injustiça de não se atribuir à mulher parte do patrimônio comum, embora estivesse o mesmo em nome do marido"[23].

Nessa linha, o Supremo Tribunal Federal, que já havia editado súmula admitindo o direito da companheira à indenização por acidente de trabalho ou transporte do seu companheiro, se não houvesse impedimento para o matrimônio (Súmula 35), avançaria mais ainda, para reconhecer, na Súmula 380, direito à partilha do patrimônio comum.

Relembremos tal marco jurisprudencial:

"Súmula 380. Comprovada a existência da sociedade de fato entre os concubinos, é cabível a sua dissolução judicial, com a partilha do patrimônio adquirido pelo esforço comum".

A contribuição da companheira, que, em nosso sentir, tanto poderia ser direta (econômica) como, em uma visão mais avançada, indireta (psicológica)[24], justificaria, pois, a

[23] WALD, Arnoldo. *Curso de Direito Civil Brasileiro*: Direito de Família, 11. ed., São Paulo: Revista dos Tribunais, p. 195.

[24] Para efeito de partilha do patrimônio comum, entendemos que a contribuição da(o) companheira(o) tanto poderia ser direta (mediante gasto econômico pessoalmente despendido) ou indireta (mediante apoio psicológico). E assim pensamos, pois muitas companheiras eram e são donas de casa, afigurando-se-nos inafastável a conclusão de que, também neste último caso, inegável auxílio haveria para o efeito de se permitir a partilha de bens. A jurisprudência, todavia, nesse ponto, não é uniforme: "Processual Civil e Civil. Recurso Especial. Concubinato. Reconhecimento e dissolução. Art. 6º, § 1º, da LICC. Ausência de prequestionamento. Súmula n. 7 do STJ. Inaplicabilidade. Partilha de bens. Contribuição indireta. Lei n. 9.278/96. Não incidência. Percentual compatível. Princípios da razoabilidade e proporcionalidade. Precedentes do STJ. 1. É inviável o conhecimento de suposta ofensa a norma infraconstitucional se não houve prequestionamento nem a oposição de embargos declaratórios para provocar o seu exame pelo Tribunal de origem. 2. Afasta-se o óbice da Súmula n. 7 do STJ quando não se está a perquirir as circunstâncias fáticas do feito, mas tão somente saber se a maternidade, criação e formação dos filhos pela concubina, bem como a dedicação por ela proporcionada ao réu para o exercício de suas atividades — como reconhecidamente albergado no aresto de origem —, mostram-se aptas, bastantes por si sós, para embasar a meação dos bens arrolados na peça preambular. 3. Demonstrado no acórdão recorrido, de forma inconteste, que a contribuição da concubina-autora para formação do patrimônio comum dos conviventes ocorreu de forma indireta, impõe-se o afastamento da meação, por sucumbir frente à prevalência da partilha dos bens que, a par das circunstâncias dos autos, não há que ser em partes iguais. 4. Inaplicabilidade, ainda que por analogia, das disposições prescritas na Lei n. 9.278/96. 5. Incidência de normas legais e orientações jurisprudenciais que versam sobre concubinato, especialmente a Lei n. 8.971/94 e a Súmula n. 380 do Supremo Tribunal Federal, delimitando que a atribuição à companheira ou ao companheiro de metade do patrimônio vincula-se diretamente ao esforço comum, consagrado na contribuição direta para o acréscimo ou a aquisição de bens mediante o aporte de recursos ou força de trabalho. 6. Levando-se em conta a moderação e o bom senso recomendados para a hipótese em apreço, o arbitramento, no percentual de 40% (quarenta por cento) sobre o valor dos bens adquiridos na constância do concubinato e apurados na instância ordinária, apresenta-se compatível com o caso em apreço, por encontrar amparo nos sempre requeridos critérios de razoabilidade e proporcionalidade. 7. Recurso especial conhecido e parcialmente provido"

demanda voltada à divisão proporcional do patrimônio, cujo trâmite seria feito em sede do Juízo Cível, como já mencionado, haja vista que, até então, a relação entre os companheiros não era admitida como uma forma de família.

Veja a aplicação da referida Súmula na jurisprudência do Superior Tribunal de Justiça:

> "REsp. Processo civil. Civil. Princípio da identidade física do juiz. Concubinato impuro. Súmula 380 do STF. Súmula 7 do STJ.
>
> 1. O afastamento por qualquer motivo do Juiz responsável pela colheita da prova oral em audiência, autoriza, a teor da letra do art. 132 do Código de Processo Civil, seja a sentença proferida pelo seu sucessor que decidirá acerca da necessidade ou não da repetição do ato. Atenuação legal do princípio da imediação.
>
> 2. Admite o entendimento pretoriano a possibilidade da dissolução de sociedade de fato, ainda que um dos concubinos seja casado, situação, aliás, não impeditiva da aplicabilidade da Súmula 380 do Supremo Tribunal Federal que, no entanto, reclama haja o patrimônio, cuja partilha se busca, tenha sido adquirido 'pelo esforço comum'.
>
> 3. A negativa pelas instâncias ordinárias da existência deste 'esforço comum', inclusive quanto à prestação de serviços domésticos, inviabiliza o trânsito do especial pela necessidade de investigação probatória, com incidência da Súmula 7 do Superior Tribunal de Justiça.
>
> 4. Recurso especial não conhecido" (REsp 257.115/RJ, Rel. Min. Fernando Gonçalves julgado em 29-6-2004, *DJ* 4-10-2004, p. 302, 4ª Turma).
>
> "Processo Civil. Recurso Extraordinário convertido em especial. Decisão do Supremo Tribunal Federal restringindo o exame da admissibilidade a divergência quanto a matéria infraconstitucional. Adstrição no julgamento. Direito Civil. Concubinato. Sociedade de fato. Partilha de bens. Necessidade da participação na formação do acervo patrimonial. Enunciado n. 380 da Súmula/STF. Dissídio inocorrente. Enunciado n. 7 Súmula/STJ.
>
> I — Recebidos os autos de Recurso Extraordinário convertido em especial, com decisão do Supremo Tribunal Federal limitando seu exame a alegada divergência jurisprudencial quanto a matéria infraconstitucional, somente sobre esse tema incide o julgamento.

---

(REsp 914.811/SP, Rel. Min. Nancy Andrighi, Rel. p/ Acórdão Min. João Otávio de Noronha, 2ª Seção, julgado em 27-8-2008, *DJe* 21-11-2008).

"Civil e Processual. Dissolução de sociedade de fato ocorrida antes da Lei n. 9.278/1996. Contribuição da mulher para a consolidação do patrimônio comum. Comprovação. Matéria de fato. Súmulas n. 380-STF e 7-STJ. Aplicação. Partilha de bens. Violação ao art. 535/CPC. Inexistência. I. Comprovada a participação direta e indireta da mulher na consolidação do patrimônio do casal enquanto perdurou a união estável, cujo término ocorreu antes da vigência da Lei n. 9.278/1996, faz jus à partilha dos bens, adquiridos durante a vida em comum, nos termos da Súmula n. 380 do STF. II. Aplicação da Súmula n. 7-STJ ao delineamento fático estabelecido na instância ordinária. III. Não se anula o julgado que aborda as questões objeto do especial apenas porque dissentiu do interesse da parte. IV. Recurso especial não conhecido" (REsp 623.566/RO, Rel. Min. Aldir Passarinho Junior, 4ª Turma, julgado em 20-9-2005, *DJ* 10-10-2005, p. 377).

II — A simples convivência 'more uxorio' não gera a sociedade de fato e o consequente direito a partilha de bens, pela sua dissolução indispensável a participação, ainda que indireta, na formação do acervo patrimonial, pela conjugação de esforços e/ou recursos financeiros.

III — Se o acórdão nega que tenha a recorrente colaborado 'com dinheiro ou com esforços', na aquisição do patrimônio cuja partilha pleiteia, tendo por incomprovada a sociedade de fato entre os concubinos, não se configura a divergência com o enunciado n. 380 da Súmula/STF e com os paradigmas que admitem a participação indireta da mulher como caracterizadora daquela sociedade.

IV — O entendimento do tribunal de origem, calcado no exame dos fatos da causa, não desafia desconstituição em sede de recurso especial, por incidência do verbete n. 7 da Súmula desta corte" (REsp 11.660/SP, Rel. Min. Sálvio de Figueiredo Teixeira, julgado em 1º-3-1994, *DJ* 28-3-1994, p. 6324, 4ª Turma).

Note a mudança, caro leitor: a companheira deixaria de ser tratada como mera "prestadora de serviços" — com direito à indenização pelos serviços domésticos prestados — para ser tratada como sócia — com direito a parcela do patrimônio comum que ajudou a amealhar ao longo da subsistência da sociedade de fato.

O que não se poderia admitir, por óbvio, seria uma cumulação aditiva de pedidos: indenização por serviços prestados e parcela do patrimônio comum.

Os pedidos eram excludentes, de maneira que a companheira formularia um pedido ou outro, mormente por conta de não serem compatíveis, no caso, as condições de "prestadora de serviços" e de "sócia".

A nossa Constituição Federal, todavia, conforme vimos detidamente em todo este capítulo, modificaria profundamente esse cenário, retirando o até então chamado "concubinato puro" (entre pessoas desimpedidas ou separadas de fato) da zona do Direito das Obrigações, para reconhecer-lhe dignidade constitucional, alçando-o ao patamar de instituto do Direito de Família, consoante se depreende da leitura do já multicitado § 3º ("Para efeito da proteção do Estado, é reconhecida a união estável entre o homem e a mulher como entidade familiar, devendo a lei facilitar a sua conversão em casamento") do art. 226 da nossa Carta Magna.

Seguindo, pois, esse referido mandamento constitucional, duas importantes — e já citadas — leis foram editadas: a Lei n. 8.971, de 1994 (que regulou os direitos dos companheiros aos alimentos e à sucessão), e a Lei n. 9.278, de 1996 (que revogou parcialmente o diploma anterior, ampliando o âmbito de tutela dos companheiros).

Ora, e o que teria ocorrido, a partir da edição desses diplomas, no âmbito da disciplina patrimonial da união estável?

A Súmula 380 teria sido revogada?

Consagrou-se um novo regime de bens?

Em verdade, a Lei n. 9.278, de 1996, cuidaria de, em seu art. 5º, estabelecer, não propriamente um regime de bens típico, mas, sim, uma disciplina patrimonial própria para a união estável, o que, até então, somente era feito pela jurisprudência sumulada do Supremo Tribunal Federal (Súmula 380):

> "Art. 5º Os bens móveis e imóveis adquiridos por um ou por ambos os conviventes, na constância da união estável e a título oneroso, são considerados fruto do trabalho e da colaboração comum, passando a pertencer a ambos, em condomínio e em partes iguais, salvo estipulação contrária em contrato escrito.
>
> § 1º Cessa a presunção do *caput* deste artigo se a aquisição patrimonial ocorrer com o produto de bens adquiridos anteriormente ao início da união.
>
> § 2º A administração do patrimônio comum dos conviventes compete a ambos, salvo estipulação contrária em contrato escrito".

Note-se que, na linha da referida súmula, estabeleceu-se uma presunção de esforço comum em face dos bens móveis ou imóveis adquiridos, em conjunto ou separadamente, no curso da união, a título oneroso.

E a divisão seria equânime como em um regime de condomínio: cada companheiro teria direito à metade desses bens, excluindo-se aqueles adquiridos a título gratuito ou por causa anterior à união.

O único meio, conforme referido na parte final do *caput* do dispositivo analisado, de se evitar a incidência da norma seria a celebração de um contrato escrito em sentido contrário, juridicamente denominado contrato de convivência.

Por meio desse contrato, portanto, pactuado segundo o princípio da autonomia privada, as partes poderiam disciplinar diversamente os efeitos patrimoniais derivados da sua união.

Entretanto, é de bom alvitre observar que essa presunção legal de esforço comum, base do direito à meação, somente seria aplicável aos bens adquiridos sob a vigência da Lei n. 9.278, de 1996, uma vez que, como se sabe, a lei civil não poderia ter retroatividade para alcançar situações findas anteriormente à sua entrada em vigor.

O próprio Superior Tribunal de Justiça já havia, inclusive, assentado essa ideia:

> "Civil. União estável. Dissolução ocorrida antes da Lei n. 9.278, de 1996. Partilha levada a efeito na proporção do esforço de cada companheiro. Recurso especial não conhecido" (REsp 301.705/MG, Rel. Min. Ari Pargendler, julgado em 26-11-2001, *DJ* 18-2-2002, p. 415, 3ª Turma).

Assim, efeitos patrimoniais anteriores à entrada em vigor da Lei de 1996 continuariam, obviamente, a ser regidos pela Súmula 380 do STF, segundo a prova da contribuição direta ou indireta de cada companheiro.

Finalmente, com a entrada da aprovação do Código Civil de 2002, a matéria experimentaria nova reviravolta.

Isso porque o art. 1.725 do vigente Código Civil, pondo por terra o art. 5º da Lei n. 9.278, de 1996[25], passaria a explicitamente adotar o regime da comunhão parcial de bens para disciplinar os efeitos patrimoniais decorrentes da união estável:

> "Art. 1.725. Na união estável, salvo contrato escrito entre os companheiros, aplica-se às relações patrimoniais, no que couber, o regime da comunhão parcial de bens".

Assim, tal como no casamento, os companheiros seriam regidos pela comunhão parcial dos bens, de maneira que, *mutatis mutandis*, todas as normas reguladoras deste regime, estudadas aqui em capítulo anterior, passariam a ter incidência na relação estável, ressalvada a hipótese de as partes haverem firmado um contrato de convivência em sentido contrário.

Só é correto, portanto, dizer que, sob o prisma eminentemente técnico, os companheiros passaram a ter regime legal de bens, a partir da edição do nosso Código Civil.

Caso, entretanto, pretendam afastar o regime da comunhão, precisarão, como dito, firmar, por escrito, negócio jurídico em sentido contrário.

Em outras palavras, o denominado contrato de convivência traduz verdadeiro pacto firmado entre os companheiros, por meio do qual são disciplinados os efeitos patrimoniais da união, a exemplo da adoção de regime de bens diverso daquele estabelecido por lei.

Nesse caso, o vínculo não é negado.

Muito pelo contrário.

É voluntariamente reconhecido e amigavelmente disciplinado.

Mas vale lembrar, com FRANCISCO CAHALI, em clássica e pioneira obra do Direito brasileiro, que:

> "O contrato de convivência não tem força para criar a união estável, e, assim, tem sua eficácia condicionada à caracterização, pelas circunstâncias fáticas, da entidade familiar em razão do comportamento das partes. Vale dizer, a união estável apresenta-se como *conditio juris* ao pacto, de tal sorte que, se aquela inexistir, a convenção não produz os efeitos nela projetados"[26].

Também abordando o contrato de convivência, pontifica, com propriedade, ROLF MADALENO:

> "É a festejada autonomia da vontade com tratamento diferenciado na união estável, particularmente diante da redação colhida do art. 1.725 do Código Civil, que manda aplicar à união estável a comunicação dos bens exclusivamente adquiridos de forma

[25] Lei esta que, conforme dito acima, por óbvio, continuaria aplicável em face dos bens adquiridos sob a sua vigência, em respeito ao ato jurídico perfeito e pelo fato de a lei civil não retroagir.

[26] CAHALI, Francisco José. *Contrato de Convivência na União Estável*, São Paulo: Saraiva, 2002, p. 306.

onerosa, afastando da mancomunhão presumida os bens havidos a título gratuito ou por fato eventual. E esta presunção, que em princípio só se faz absoluta sobre os aquestos adquiridos de modo oneroso, pode ser livremente relativizada por contrato escrito dos conviventes, cogitando em estabelecer em pacto escrito, tanto para o futuro quanto para o passado, fração diversa da metade ou regime de separação de bens"[27].

Por todo o exposto, concluímos que, atualmente, salvo contrato escrito em sentido diverso — consubstanciado no contrato de convivência —, o regime de bens aplicável à união estável no Brasil é o da comunhão parcial.

E mais.

Em nosso pensar, mesmo que um dos companheiros conte com mais de 70 anos (registre-se que a Lei n. 12.344, de 9-12-2010, aumentou de 60 (sessenta) para 70 (setenta) anos a idade a partir da qual se torna obrigatório o regime da separação de bens no casamento), ainda assim não seria razoável aplicar-se-lhe o regime legal da separação obrigatória, a despeito da polêmica em torno do tema[28], não apenas pela potencial inconstitucionalidade de tal interpretação, mas também pelo fato de as situações previstas no art. 1.641 de separação legal de bens no casamento, por seu inequívoco caráter restritivo de direito, não comportarem interpretação extensiva ou analógica.

## 6. CONVERSÃO DA UNIÃO ESTÁVEL EM CASAMENTO

Na vereda aberta pelo art. 8º da Lei n. 9.278/96, na conformidade da regra constitucional correspondente (§ 3º do art. 226 da CF/88), dispõe o art. 1.726 do nosso Código

---

27 MADALENO, Rolf. A Retroatividade Restritiva do Contrato de Convivência, *Revista Brasileira de Direito de Família*, ano VII, n. 33, dez. 2005/jan. 2006, p. 153.

28 "União estável. Dissolução. Partilha do patrimônio. Regime da separação obrigatória. Súmula n. 377 do Supremo Tribunal Federal. Precedentes da Corte. 1. Não há violação do art. 535 do Código de Processo Civil quando o Tribunal local, expressamente, em duas oportunidades, no acórdão da apelação e no dos declaratórios, afirma que o autor não comprovou a existência de bens da mulher a partilhar. 2. As Turmas que compõem a Seção de Direito Privado desta Corte assentaram que para os efeitos da Súmula n. 377 do Supremo Tribunal Federal não se exige a prova do esforço comum para partilhar o patrimônio adquirido na constância da união. Na verdade, para a evolução jurisprudencial e legal, já agora com o art. 1.725 do Código Civil de 2002, o que vale é a vida em comum, não sendo significativo avaliar a contribuição financeira, mas, sim, a participação direta e indireta representada pela solidariedade que deve unir o casal, medida pela comunhão da vida, na presença em todos os momentos da convivência, base da família, fonte do êxito pessoal e profissional de seus membros. 3. Não sendo comprovada a existência de bens em nome da mulher, examinada no acórdão, não há como deferir a partilha, coberta a matéria da prova pela Súmula n. 7 da Corte. 4. Recurso especial não conhecido" (REsp 736.627/PR, Rel. Min. Carlos Alberto Menezes Direito, 3ª Turma, julgado em 11-4-2006, *DJ* 1º-8-2006, p. 436).

Notícia do *site* do STJ, de 23 de junho de 2010, indica julgado que aplicou o regime de separação obrigatória na união estável (analisando academicamente o tema, ver *Editorial 05 — Separação Obrigatória de Bens e União Estável*, de autoria de Pablo Stolze Gagliano. Disponível em: <http://pablostolze.com.br/wp-content/themes/Pablo/mais_publicacao.php?cat=editoriais>. Acesso em: 26 jun. 2017).

Civil que a união estável poderá converter-se em casamento, mediante pedido dos companheiros ao juiz e assento no Registro Civil.

Tal dispositivo deixa claro, em primeiro plano, reiterando nossa afirmação anterior, que união estável, posto que ombreada ao casamento, com ele não se confunde, uma vez que não se poderia converter aquilo que fosse igual.

O fato é que, para pessoas que já vivam em união estável, a convolação das núpcias é facilitada, dispensando-se a formalidade da celebração do ato.

A título exemplificativo, confira-se o Provimento n. 260, de 2013, da Corregedoria de Justiça do Tribunal de Minas Gerais:

> "PROVIMENTO N. 260/CGJ/2013
>
> *Codifica os atos normativos da Corregedoria-Geral de Justiça do Estado de Minas Gerais relativos aos serviços notariais e de registro.*
>
> ....
>
> DAS DISPOSIÇÕES PRELIMINARES
>
> Art. 1º Este Provimento codifica os atos normativos da Corregedoria-Geral de Justiça relativos aos serviços notariais e de registro do Estado de Minas Gerais.
>
> ....
>
> CAPÍTULO X — DA CONVERSÃO DA UNIÃO ESTÁVEL EM CASAMENTO
>
> Art. 522. A conversão da união estável em casamento será requerida pelos conviventes ao oficial de registro civil das pessoas naturais da sua residência.
>
> § 1º Para verificar a superação dos impedimentos e o regime de bens a ser adotado no casamento, será promovida a devida habilitação e lavrado o respectivo assento nos termos deste título.
>
> § 2º Uma vez habilitados os requerentes, será registrada a conversão de união estável em casamento no Livro "B", de registro de casamento, dispensando-se a celebração e as demais solenidades previstas para o ato.
>
> § 3º Não constará do assento data de início da união estável, não servindo este como prova da existência e da duração da união estável em período anterior à conversão.
>
> Art. 523. Para conversão em casamento com reconhecimento da data de início da união estável, o pedido deve ser direcionado ao juízo competente, que apurará o fato de forma análoga à produção antecipada da prova prevista nos arts. 381 a 383 do Código de Processo Civil.
>
> Parágrafo único. Após o reconhecimento judicial, o oficial de registro lavrará no Livro "B", mediante apresentação do respectivo mandado, o assento da conversão de união estável em casamento, do qual constará a data de início da união estável apurada no procedimento de justificação.
>
> Art. 524. O disposto nesta seção aplica-se, inclusive, à conversão de união estável em casamento requerida por pessoas do mesmo sexo.
>
> ....."

Nitidamente, pois, por conta da uma situação de afeto e de vida já consolidada, a conversão em casamento, para os companheiros, opera-se de forma muito menos burocrática.

## 7. FAMÍLIA MONOPARENTAL

Consiste a denominada "família monoparental" na entidade familiar composta por qualquer dos pais e sua prole.

A expressão aqui utilizada (mono = um/único + parental = relativo a pais) está consagrada pelo uso, embora não esteja prevista expressamente no texto da Constituição Federal.

Sobre o instituto, é a lição de EDUARDO DE OLIVEIRA LEITE:

> "Na realidade, a monoparentalidade sempre existiu — assim como o concubinato — se levarmos em consideração a ocorrência de mães solteiras, mulheres e crianças abandonadas. Mas o fenômeno não era percebido como uma categoria específica, o que explica a sua marginalidade no mundo jurídico.
>
> O primeiro país a enfrentar corajosamente a questão foi a Inglaterra (1960), que, impressionada com a pobreza decorrente da ruptura do vínculo matrimonial e com as consequências daí advindas, passou a se referir às *one-parent families* ou *lone-parent families*, nos seus levantamentos estatísticos.
>
> Dos países anglo-saxões, a expressão ganhou a Europa continental, através da França que, em 1981, empregou o termo, pela primeira vez, em um estudo feito pelo Instituto Nacional de Estatística e de Estudos Econômicos (INSEE). O INSEE francês empregou o termo para distinguir as uniões constituídas por um casal, dos lares compostos por um progenitor solteiro, separado, divorciado ou viúvo. Daí, a noção se espalhou por toda a Europa e hoje é conhecida e aceita no mundo ocidental como a comunidade formada por quaisquer dos pais (homem ou mulher) e seus filhos"[29].

E a casuística do instituto é ampla.

Por isso, no que diz respeito ao momento da sua constituição, pode ser ela classificada em originária ou superveniente.

Na primeira espécie, em que a família já se constitui monoparental, tem-se, como exemplo mais comum, a situação da mãe solteira.

Saliente-se que tal situação pode decorrer de múltiplos fatores, desde a gravidez decorrente de uma relação casual, passando pelo relacionamento amoroso estável que não subsiste ao advento do estado gravídico (pelo abandono ou irresponsabilidade do parceiro ou mesmo pelo consenso) até, inclusive, a conhecida "produção independente".

---

[29] LEITE, Eduardo de Oliveira. *Famílias Monoparentais*, 2. ed., São Paulo: Revista dos Tribunais, 2003, p. 21-2.

Nessa família monoparental originária, deve-se incluir, logicamente, a entidade familiar constituída pela adoção, em que um indivíduo solteiro (independentemente de sexo) adota uma criança, constituindo um núcleo familiar.

Já a família monoparental superveniente é aquela que se origina da fragmentação de um núcleo parental originalmente composto por duas pessoas, mas que sofre os efeitos da morte (viuvez), separação de fato ou divórcio.

Independentemente da espécie ou origem, os efeitos jurídicos da família monoparental serão sempre os mesmos, notadamente no que diz respeito ao poder familiar e ao estado de filiação.

Em que pese a existência da previsão constitucional expressa da família monoparental, o fato é que ela não dispõe, ainda, de um diploma normativo regulador próprio, com um detalhamento da sua disciplina jurídica, como existe nas famílias decorrentes do casamento e da união estável[30].

Obviamente, reconhecida a sua condição de entidade familiar, todas as regras de Direito de Família lhe são aplicáveis, não sendo possível se fazer qualquer discriminação ou tratamento diferenciado.

Assim, nas relações parentais incidem todas as regras também aplicáveis ao casamento e à união estável, notadamente as referentes ao parentesco e ao exercício do poder familiar.

Dessa forma, não é pelo fato de haver somente um ascendente (pai ou mãe) que haverá qualquer *capitis diminutio* do poder familiar, o qual será plenamente exercido, sem qualquer limitação.

Destaque especial merece, porém, o tratamento do Bem de Família na família monoparental.

---

30 Em alguns Estados no mundo, a proteção à família monoparental é mais ampla. Vejamos o caso da França, por exemplo, destacado por Jonábio Barbosa dos Santos e Morgana da Costa Santos: "Um exemplo de auxílio estatal é o da França, que possui dois tipos de assistência às famílias monoparentais. O Abono de Sustento Familiar (ASF) e o Abono de Genitor Só (API). O primeiro abono beneficia crianças órfãs, de um ou dos dois pais, crianças não reconhecidas legalmente e as cujo genitor devedor de pensão não pode arcar com tal despesa. Existem duas situações neste sistema: 1) Caso haja fixação de pensão alimentar, tal abono é doado como adiantamento que irá ser cobrado do genitor devedor. 2) Caso não haja pensão fixada, o abono não poderá ser recuperado. Tal sistema é garantido pela Caixa Nacional de Abonos familiares (CNAF), que também é responsável pela cobrança. Já o segundo abono se dirige ao genitor só e à mulher grávida. O benefício favorece crianças até a idade de 17 (dezessete) anos, caso não trabalhem e até 20 (vinte) anos, caso sejam aprendizes, estudantes ou enfermas. Sua ideia principal é que toda família necessita de uma renda mínima para sobreviver. Assim, este compreende a diferença entre o montante de recursos da família e a renda mínima, sendo esta fixada pelo governo" (Família Monoparental Brasileira, *Revista Jurídica*, Brasília, v. 10, n. 92, out./2008 a jan./2009. Disponível em: <http://adepar.com.br/arquivos/jonabiobarbosa_rev92.pdf>. Acesso em: 26 jun. 2017).

A tutela jurídica do bem de família, na forma da Súmula 364 do Superior Tribunal de Justiça[31], estende-se ao imóvel cuja titularidade é de pessoas solteiras, separadas ou viúvas.

Trata-se, na nossa visão, de uma homenagem ao direito constitucional à moradia, explicitado no art. 6º da Constituição Federal[32].

Nessa linha, é evidente que está garantida também a proteção ao imóvel residencial da família monoparental, tanto pelo fundamento da *ratio* da tutela jurídica do bem de família como, por óbvio, por ser a família monoparental uma entidade familiar protegida constitucionalmente.

No caso de morte do(a) genitor(a) ou de todos os filhos da família monoparental (irmãos que sobrevivem ao falecimento dos pais), opera-se a sua extinção, como núcleo familiar específico.

Ainda que seja designado tutor, pessoa responsável pelos filhos menores, tecnicamente não há que se falar em família monoparental, ainda que se possa classificar o núcleo subsistente como outra modalidade de entidade familiar.

Também desaparece a família monoparental quando os filhos constituem novos núcleos familiares, permanecendo sozinho o ascendente, sem constituir nova família.

Da mesma forma, extingue-se a família monoparental, obviamente, quando o ascendente solitário constitui novo relacionamento, ocupando o(a) novo(a) cônjuge ou companheiro(a) o papel vago na bilateralidade parental.

## 8. FAMÍLIA HOMOAFETIVA

Qualquer investigação científica que se faça na seara do Direito de Família, para bem cumprir o seu desiderato, deverá ser desprovida de prévias concepções morais e religiosas.

Com isso, não estamos dizendo que o Direito não dialogue com outras fontes.

De forma alguma.

Aliás, ao longo de toda esta obra, demonstramos sempre a nossa preocupação em expor a matéria à luz de um necessário intercâmbio interdisciplinar com outros campos do conhecimento humano.

O que estamos a dizer, em verdade, é que o reconhecimento do núcleo familiar como objeto científico da nossa disciplina não poderia estar sujeito a posições pessoais

---

31 STJ, Súmula 364: "O conceito de impenhorabilidade de bem de família abrange também o imóvel pertencente a pessoas solteiras, separadas e viúvas".

32 "Art. 6º São direitos sociais a educação, a saúde, a alimentação, o trabalho, a moradia, o transporte, o lazer, a segurança, a previdência social, a proteção à maternidade e à infância, a assistência aos desamparados, na forma desta Constituição." Vale registrar que essa redação foi dada pela Emenda Constitucional n. 90, de 2015, para inserir "a alimentação" e "o transporte" no texto constitucional como um direito social.

acerca da forma supostamente mais adequada ou moralmente mais recomendável de se viver, pois tal perspectiva, a par de ser eminentemente individual, careceria da objetividade necessária à correta interpretação jurídica.

Assim, ao analisarmos o fato social da família, devemos fazê-lo em uma perspectiva imparcial, que tome por referência não dogmas religiosos, mas, sim, os princípios jurídicos reguladores da matéria, para o bom entendimento da questão.

Ora, se a premissa de todo o nosso raciocínio ao longo deste trabalho fora o caráter socioafetivo e eudemonista do conceito de família, seria um indesejável contrassenso, agora, negarmos o reconhecimento do núcleo formado por pessoas do mesmo sexo.

Se, em nossa concepção jurídica, a família é um núcleo moldado pela afetividade vinculativa dos seus membros (socioafetiva) e, além disso, traduz a ambiência necessária para que realizem os seus projetos pessoais de felicidade (eudemonista), como negar aquele arranjo formado por pessoas do mesmo sexo se, também aqui, essas fundamentais características estariam presentes?

Afinal, se o sistema constitucional de família (CF, art. 226) é aberto, inclusivo e não discriminatório, como negar este fato da vida sem afronta ao princípio da isonomia?

Aliás, acompanhando tendência verificada em quase todos os países europeus e em boa parte da América, é chegada a hora de a legislação brasileira — tão avançada em muitos pontos — adotar uma postura progressista — e, por que não dizer, justa — e finalmente reconhecer a diferença, pois, assim o fazendo, estará reconhecendo a própria vida, com todas as suas nuances, todos os seus matizes.

Inicialmente, cumpre-nos frisar que a expressão "homossexualismo" deve ser evitada, porquanto, ao simbolizar a superada ideia de doença[33], caracterizada pela utilização do sufixo "ismo", culminaria por gerar uma indesejável insegurança, não apenas terminológica, senão também jurídica. Na mesma linha, também não reputamos adequada a palavra "homoerotismo"[34], ao menos na perspectiva de um enfrentamento jurídico do tema, uma vez que é o vínculo de afeto, e não a esfera de sexualidade, o referencial maior a ser tomado em consideração pelo jurista para a análise do núcleo familiar.

---

[33] Na década de 1970, a Organização Mundial de Saúde baniu do catálogo internacional de doenças o "homossexualismo".

[34] A expressão "homoerotismo", criada por F. Karsh-Haack, em 1911, fora introduzida no Brasil pelo renomado psicanalista Jurandir Freire Costa, que, em entrevista ao *Jornal do Comércio*, comentou: "Retomei o termo homoerotismo, criado por F. Karsh-Haack, em 1911, e utilizado neste mesmo ano por Sandor Ferenczi, um grande psicanalista, em um trabalho sobre o tema. Não pretendi de forma alguma — e isto fica bem claro no texto (do livro) — simplesmente rebatizar moralmente a chamada 'homossexualidade'. Ferenczi, com o termo, teve justamente a intenção de criticar o saber psicanalítico da época, fenômeno e percebido como 'atração pelo mesmo sexo'. Freud, em seu *Três Ensaios sobre a Teoria da Sexualidade*, de 1920, avalizou o emprego do termo" (Disponível em: <https://www.revide.com.br/blog/luis-fernando-s-de-souza-pinto/entrevista-com-jurandir-freire-costa-homossexualis/>. Acesso em: 26 jun. 2017).

Nesse diapasão, uma difícil pergunta há de ser feita: o que se entende por homossexualidade?

Nenhuma resposta, nesse campo, é definitiva.

Sabemos, pelo menos, o que a homossexualidade não representa.

Não é doença, nem é perversão, devendo qualquer tentativa de enquadramento jurídico nesse sentido ser encarada como uma afronta escancarada ao princípio da dignidade da pessoa humana.

Trata-se, em nosso sentir, de um modo de ser, de interagir, mediante afeto e/ou contato sexual com um parceiro do mesmo sexo, não decorrente de uma mera orientação ou opção, mas, sim, derivado de um determinismo cuja causa não se poderia apontar.

Com isso, evitamos a expressão "opção sexual", pois, da mesma forma que o heterossexual não "escolhe" este modo de vida, o homossexual também não:

> "Não há um tipo de processo pelo qual as pessoas tornam-se homossexuais, assim como não existe um único tipo de processo psíquico pelos quais as pessoas tornam-se heterossexuais. É equivalente ao processo que torna alguém jogador de futebol ou músico. Querer encontrar a 'homossexualidade comum' a todos os homossexuais é uma tarefa tão vã quanto querer procurar a 'politicidade comum a todos os políticos'"[35].

Aliás, essa infindável empreitada de se tentar buscar uma causa para a homossexualidade — que remonta à própria concepção do pecado em diversas religiões — deveria ser substituída por um processo mais humano e solidário de aceitação da diferença.

Diante de tudo isso, temos que, longe ainda de se encontrar um padrão comum que justifique — e explique — a sexualidade humana, impõe-se à sociedade moderna, mais do que nunca, a aceitação do outro, tal como ele é, pois somente assim conseguiremos compreender que o ideal de igualdade só é atingido quando se tem a grandeza de se reconhecer a diferença e combater o preconceito[36].

Finalmente, prefere o Direito, nos dias de hoje, utilizar a expressão mais precisa e profunda homoafetividade para caracterizar o vínculo que une e justifica a concepção de família derivada do núcleo formado entre pessoas do mesmo sexo.

Ao sair do limbo da invisibilidade, para o qual — juntamente com outras formas de família não casamentárias — fora condenada, a união entre pessoas do mesmo sexo passou a ser enfrentada pela doutrina brasileira com mais frequência.

---

35 COSTA, Jurandir Freire. Entrevista ao *Jornal do Comércio*, citada acima.

36 Sobre o tema de combate ao preconceito, objeto de nossas preocupações há mais de uma década, confira-se Rodolfo Pamplona Filho, "Orientação Sexual e Discriminação no Emprego", *Revista de Direito do Trabalho*, p. 70-84; *ERGON*, ano XLV, v. XLV, 2000, p. 193-209; e "O Trabalho", encarte de doutrina da Revista *Trabalho em Revista*, fascículo 43, p. 1013-1020.

Nesse primeiro momento, talvez como reflexo do próprio período de ostracismo a que estava submetido, esse instituto jurídico experimentou um marcante processo de afirmação terminológica.

De união "homoerótica" — expressão que consideramos inadequada na perspectiva jurídica —, passando por união "homossexual", firmou-se, finalmente, com mais propriedade e razão, a terminologia união homoafetiva.

E é melhor que assim o seja, pois as pessoas que integram esse núcleo não estão unidas apenas pelo sexo, mas, sim, e principalmente, pelo afeto.

Nesse contexto, podemos, então, conceituar a união homoafetiva como o núcleo estável formado por duas pessoas do mesmo sexo, com o objetivo de constituição de uma família.

Note-se — e não se trata de mera coincidência — que esse conceito é muito próximo da própria noção de união estável, visto que a essência de ambos é a mesma — a relação estável afetiva não matrimonializada —, com uma única diferença: a diversidade de sexos. Se, conforme diz o vetusto e notório adágio, "onde há a mesma razão, deve haver o mesmo direito", nesse ponto, mais do que nunca, o reconhecimento da união estável homoafetiva encontraria, sem sombra de dúvidas, o mesmo fundamento lógico para a sua admissibilidade jurídica.

Lamentavelmente, o legislador brasileiro não cuidou ainda de regulamentar o casamento civil e a união estável entre pessoas do mesmo sexo, a despeito de todo avanço normativo experimentado pelo Direito estrangeiro, conforme vimos no tópico anterior.

É bem verdade que a jurisprudência, cumprindo o seu papel, passou a admitir, em favor dos companheiros do mesmo sexo, a aplicação das regras da união estável, o que ganhou reconhecimento com a decisão do Supremo Tribunal Federal na ADI 4.277.

Com efeito, depois de diversas decisões em todo o país, a matéria chegou para apreciação do Supremo Tribunal Federal, por meio da Ação Direta de Inconstitucionalidade (ADI) 4.277 e da Arguição de Descumprimento de Preceito Fundamental (ADPF) 132, ajuizada pela Procuradoria-Geral da República (PGR) e pelo governo do Rio de Janeiro, em que se discutiu especificamente se seria possível equiparar a união entre pessoas do mesmo sexo à entidade familiar, prevista no art. 1.723 do Código Civil brasileiro.

Na histórica sessão do dia 5 de março de 2011, os ministros do STF reconheceram, definitivamente, a união homoafetiva como uma entidade familiar.

O julgamento, relatado pelo Ministro Ayres Britto, foi no sentido de dar ao art. 1.723 do referido Código interpretação conforme a Constituição Federal, e para dele excluir "qualquer significado que impeça o reconhecimento da união contínua, pública e duradoura entre pessoas do mesmo sexo como 'entidade familiar', entendida esta como sinônimo perfeito de 'família'"[37].

---

[37] Nas palavras do ilustrado ministro, disponíveis no *site* do STF: "Dando por suficiente a presente análise da Constituição, julgo, em caráter preliminar, parcialmente prejudicada a ADPF n. 132-RJ, e, na parte remanescente, dela conheço como ação direta de inconstitucionalidade. No mérito, julgo

Essa é a atual diretriz, com a qual concordamos, do Supremo Tribunal Federal.

Todavia, ainda há muito a compreender sobre o tema.

De fato, no próprio Supremo Tribunal Federal, houve divergência sobre a natureza da união homoafetiva: tratar-se-ia de um núcleo existencial subsumível ao conceito vigente de "união estável" ou de uma "outra modalidade de ente familiar"[38]?

Bem, nesse profundo contexto, pensamos que pouco importa reconhecer-se a união homoafetiva como uma "união estável" ou como uma "nova modalidade familiar", pois a premissa intransponível e mais relevante é que se trata, efetivamente, de uma "família", merecedora de respeito, e, dado o seu reconhecimento constitucional — na perspectiva da dignidade humana — também de tutela jurídica, com a aplicação analógica das regras atinentes à relação de companheirismo heterossexual, com os direitos e deveres daí decorrentes.

Com isso, preserva-se a dignidade da pessoa humana, homenageando-se o Estado Democrático de Direito.

Da mesma forma, em que pese a ausência de previsão legal específica (o que, no nosso entendimento, seria o recomendável), o casamento homoafetivo tem sido aceito por força da atuação dos Tribunais, superando a tradicional exigência da diversidade de sexos como pressuposto de existência, o que ganhou especial reforço com a edição da Resolução n. 175/2013 do CNJ, que veda às autoridades competentes a recusa de habilitação, celebração de casamento civil ou de conversão de união estável em casamento entre pessoas de mesmo sexo[39].

De qualquer maneira, o que temos, nos dias de hoje, a despeito do avanço pretoriano, revelado, inclusive, em pioneiras normas regulamentares internas dos Tribunais de Justiça[40], é uma incômoda situação de fluidez ou insegurança jurídica diante da omissão reprovável do legislador em disciplinar esse tipo de união.

---

procedentes as duas ações em causa. Pelo que dou ao art. 1.723 do Código Civil interpretação conforme à Constituição para dele excluir qualquer significado que impeça o reconhecimento da união contínua, pública e duradoura entre pessoas do mesmo sexo como 'entidade familiar', entendida esta como sinônimo perfeito de 'família'. Reconhecimento que é de ser feito segundo as mesmas regras e com as mesmas consequências da união estável heteroafetiva".

[38] Foi nesse sentido, em nosso pensar, o voto do Ministro Ricardo Lewandowski, também disponível no *site* do STF: "Isso posto, pelo meu voto, julgo procedente as presentes ações diretas de inconstitucionalidade para que sejam aplicadas às uniões homoafetivas, caracterizadas como entidades familiares, as prescrições legais relativas às uniões estáveis heterossexuais, excluídas aquelas que exijam a diversidade de sexo para o seu exercício, até que sobrevenham disposições normativas específicas que regulem tais relações".

[39] Disponível em: <http://www.cnj.jus.br/busca-atos-adm?documento=2504>. Acesso em 5 jul. 2017.

[40] Confira-se a vanguardista norma do Tribunal de Justiça do Bahia. Disponível em: <http://www5.tjba.jus.br/corregedoria/images/pdf/provimento_conjunto_12_2012.pdf>. Acesso em 5 jul. 2017.

Projetos de lei de fato existem[41], mas ainda permanecem paralisados nas teias burocráticas do nosso parlamento, aumentando ainda mais esse preocupante vazio normativo, como bem observa MARIA BERENICE DIAS, pioneira no enfrentamento do tema:

> "Apesar da resistência do legislador, o Superior Tribunal de Justiça já garantiu às uniões de pessoas do mesmo sexo acesso à justiça ao afastar a extinção do processo sob o fundamento da impossibilidade jurídica do pedido. Quer fazendo analogia com a união estável, quer invocando os princípios constitucionais que asseguram o direito à igualdade e o respeito à dignidade, o fato é que os avanços vêm se consolidando.
>
> O Poder Judiciário, ainda que vagarosamente, tem garantido direitos no âmbito do direito das famílias, assistencial e sucessório. Inclusive em sede administrativa é deferido, por exemplo, direito previdenciário por morte, bem como visto de permanência ao parceiro estrangeiro quando comprovada a existência do vínculo afetivo com brasileiro.
>
> Tudo isso, no entanto, não supre o direito à segurança jurídica que só a norma legal confere. Daí a necessidade de buscar a inserção das uniões homoafetivas no sistema jurídico. O silêncio é a forma mais perversa de exclusão, pois impõe constrangedora invisibilidade que afronta um dos mais elementares direitos, que é o direito à cidadania, base de um estado que se quer democrático de direito.
>
> Como não mais cabe continuar tentando a aprovação do projeto da parceria civil registrada com sua redação original, lúcida a solução proposta, por consenso, pelas mais representativas entidades do movimento LBGT. Durante o V Seminário Nacional realizado no dia 27 de novembro de 2008, no Senado Federal, foi apresentado substitutivo que acrescenta um artigo ao Código Civil: 'Art. 1.727-A. São aplicáveis os artigos anteriores do presente Título, com exceção do artigo 1.726, às relações entre pessoas do mesmo sexo, garantidos os direitos e deveres decorrentes'"[42].

Não existe, portanto, no Brasil, ainda, lei em sentido estrito que expressamente regule a união homoafetiva, de maneira que sempre defendemos, em respeito ao princípio da dignidade da pessoa humana, a aplicação analógica das regras que disciplinam a união estável.

Trata-se, em nosso sentir, de uma solução hermenêutica que, além de necessária e justa, respeita o fato jurídico da união estável em si, uma vez que, por se afigurar

---

[41] No Estatuto das Famílias, art. 164: "É facultado aos conviventes e aos parceiros, de comum acordo, requerer em juízo o reconhecimento de sua união estável ou da união homoafetiva". Registre-se que o projeto do "Estatuto das Famílias" foi apensado ao PL 674/2007 em 17 de dezembro de 2007.

[42] DIAS, Maria Berenice. União Homoafetiva e a Consagração Legal da Diferença. Disponível em: <http://institutoavantebrasil.com.br/uniao-homoafetiva-e-a-consagracao-legal-da-diferenca/>. Acesso em: 26 jun. 2017.

como um fenômeno social eminentemente informal, fruto da simples convivência fática — e independente de solenidades sacramentais típicas do casamento —, não se subordina a uma formal observância de diversidade sexual com pressuposto da sua própria existência.

Em conclusão, temos que, certamente, tende a se consolidar, no Brasil, a tese segundo a qual é juridicamente possível a aplicação das regras da união estável ao núcleo homoafetivo, bem como na esteira da pioneira decisão do STJ (REsp 1.183.378/RS, relatado pelo Ministro Luis Felipe Salomão) a sua conversão em casamento e, mais, a própria celebração do ato matrimonial, não se exigindo a diversidade de sexos como requisito existencial, o que ganhou especial reforço com a edição da já mencionada Resolução n. 175/2013 do CNJ, que veda às autoridades competentes a recusa de habilitação, celebração de casamento civil ou de conversão de união estável em casamento entre pessoas de mesmo sexo[43].

Uma disciplina legal explícita da união estável e do casamento homoafetivo, pondo uma pá de cal na resistência social, ainda existente, seria a melhor forma de o Congresso Nacional brasileiro mostrar que também se encontra afinado com a sintonia constitucional reconhecida pelo Supremo Tribunal Federal.

## 9. FAMÍLIA POLIAFETIVA

O poliamorismo ou poliamor admite a possibilidade de coexistirem duas ou mais relações afetivas paralelas, em que os seus partícipes conhecem-se e aceitam-se uns aos outros, em uma relação múltipla e aberta.

Segundo a psicóloga NOELY MONTES MORAES, professora da PUC-SP:

> "a etologia (estudo do comportamento animal), a biologia e a genética não confirmam a monogamia como padrão dominante nas espécies, incluindo a humana. E, apesar de não ser uma realidade bem recebida por grande parte da sociedade ocidental, as pessoas podem amar mais de uma pessoa ao mesmo tempo"[44].

---

43 Disponível em <http://www.cnj.jus.br/busca-atos-adm?documento=2504> . Acesso em: 5 jul. 2017.

44 "O Fim da Monogamia?", reportagem da *Revista Galileu*, publicação da Editora Globo, outubro de 2007, p. 41. Outras regras do "poliamor" apresentadas na mesma matéria: "A filosofia do poliamor nada mais é do que a aceitação direta e a celebração da realidade da natureza humana. O amor é um recurso infinito. Ninguém duvida de que você possa amar mais de um filho. Isso também se aplica aos amigos. O ciúme não é inato, inevitável e impossível de superar. Mas é possível lidar muito bem com o sentimento. Os poliamoristas criaram um novo termo oposto a ele: *compersion* (algo como 'comprazer' em português). Trata-se do contentamento que sentimos ao sabermos que uma pessoa querida é amada por mais alguém. Segundo suas crenças, eles representam os verdadeiros valores familiares. Têm a coragem de viver um estilo de vida alternativo que, embora condenado por parte da sociedade, é satisfatório e recompensador. Crianças com muitos pais e mães têm mais chances de serem bem cuidadas e menos risco de se sentirem abandonadas se alguém deixa a família por alguma razão" (fl. 44). Disponível em: <http://revistagalileu.globo.com/Revista/Galileu/0,,EDG79268-7855-195,00.html>. Acesso em: 26 jun. 2017.

Trata-se de uma realidade existente, que já é objeto de reflexão da doutrina especializada[45] e que culmina por mitigar, pela atuação da vontade dos próprios atores da vida, o dever de fidelidade, pelo menos na concepção tradicional que a identifica com a exclusividade.

Há, inclusive, notícia de jurisprudência nesse sentido:

> "A 8ª Câmara Cível do Tribunal de Justiça reconheceu que um cidadão viveu duas uniões afetivas: com a sua esposa e com uma companheira. Assim, decidiram repartir 50% do patrimônio imóvel, adquirido no período do concubinato, entre as duas. A outra metade ficará, dentro da normalidade, com os filhos. A decisão é inédita na Justiça gaúcha e resultou da análise das especificidades do caso. (...) Para o Desembargador Portanova, 'a experiência tem demonstrado que os casos de concubinato apresentam uma série infindável de peculiaridades possíveis'. Avaliou que se pode estar diante da situação em que o trio de concubino esteja perfeitamente de acordo com a vida a três. No caso, houve uma relação 'não eventual' contínua e pública, que durou 28 anos, inclusive com prole, observou. 'Tal era o elo entre a companheira e o falecido que a esposa e o filho do casamento sequer negam os fatos — pelo contrário, confirmam; é quase um concubinato consentido'. O Desembargador José Ataides Siqueira Trindade acompanhou as conclusões do relator, ressaltando a singularidade do caso concreto: 'Não resta a menor dúvida que é um caso que foge completamente daqueles parâmetros de normalidade e apresenta particularidades específicas, que deve merecer do julgador tratamento especial'"[46].

Na mesma linha, decisão da Justiça de Rondônia:

> "A coexistência de duas ou mais relações afetivas paralelas, nas quais as pessoas se aceitem mutuamente, motiva a partilha dos bens em três partes iguais, segundo decisão inédita dada por um juiz de Rondônia. Em uma Ação Declaratória de União Estável, o juiz Adolfo Naujorks, da 4ª Vara de Família da Comarca de Porto Velho, determinou a divisão dos bens de um homem entre ele, a esposa com quem era legalmente casado, e a companheira, com quem teve filhos e conviveu durante quase trinta anos. Segundo o juiz, a sentença se baseou na doutrina e em precedente da juris-

[45] Sobre o tema, recomendamos a leitura de Carlos Eduardo Pianovski Ruzyk, *Famílias Simultâneas*: da Unidade Codificada à Pluralidade Constitucional, 2005; e de Carlos Cavalcanti Albuquerque Filho, Famílias Simultâneas e Concubinato Adulterino, in Rodrigo da Cunha Pereira (coord.), *Família e Cidadania — o novo CCB e a "vacatio legis". Anais do III Congresso Brasileiro de Direito de Família*, p. 143-161. Disponíveis em: <http://www.ibdfam.org.br/_img/congressos/anais/9.pdf> e <https://jus.com.br/artigos/2839/familias-simultaneas-e-concubinato-adulterino>, respectivamente. Acesso em: 26 jun. 2017.

[46] Disponível em: <https://expresso-noticia.jusbrasil.com.br/noticias/136622/justica-determina-divisao-de-bens-entre-esposa-concubina-e-filhos>. Acesso em: 26 jun. 2017.

> prudência, que admite a 'triação' — meação que subdivide o patrimônio em partes iguais. O juiz ainda fundamentou sua decisão em entendimento da psicologia, que chama essa relação triangular pacífica de 'poliamorismo'"[47].

Assim, podemos concluir que, posto a fidelidade seja consagrada como um valor juridicamente tutelado, não se trata de um aspecto comportamental absoluto e inalterável pela vontade das partes[48], havendo espaço para o reconhecimento jurídico da união poliafetiva[49], o que já vem sendo admitido até mesmo extrajudicialmente[50].

**POLIAMORISMO**

**Conceito: situação em que uma pessoa mantém simultaneamente relações de afeto paralelas com dois ou mais indivíduos, todos cientes da circunstância coexistencial, vivenciando, pois, uma relação sobremaneira aberta.**

[47] Notícia disponível no *site* do Consultor Jurídico: <http://www.conjur.com.br/2008-nov-17/juiz_reconhece_uniao_estavel_casamento_mesmo_tempo?>. Acesso em: 26 jun. 2017.

[48] "Cartório reconhece união estável entre três pessoas. Um homem e duas mulheres, que já viviam juntos na mesma casa há três anos em Tupã (SP), resolveram regularizar a situação. Eles procuraram o Cartório de Registro Civil e fizeram uma escritura pública de união poliafetiva. As informações são do portal G1. De acordo com a tabeliã que fez o registro, Cláudia do Nascimento Domingues, a escritura foi feita há três meses, mas somente na quarta-feira (22/8) foi publicada no Diário Oficial. 'A declaração é uma forma de garantir os direitos de família entre eles', disse. 'Como não são casados, mas vivem juntos, existe uma união estável, onde são estabelecidas regras para estrutura familiar', destaca. O presidente da Ordem dos Advogados do Brasil de Marília, Tayon Berlanga, explicou que o documento funciona como uma sociedade patrimonial. 'Ele dá direito ao trio no que diz respeito à divisão de bens em caso de separação e morte', disse. No entanto, segundo Berlanga, a escritura não garante os mesmos direitos que uma família tem, como receber pensão por morte ou conseguir um financiamento no banco para a compra da casa própria. Também não permite a inscrição de dependente em planos de saúde e desconto na declaração do imposto de renda" (*Revista Consultor Jurídico*, 23 de agosto de 2012. Disponível em: <http://www.conjur.com.br/2012-ago-23/cartorio-tupa-sp-reconhece-uniao-estavel-entre-tres-pessoas>. Acesso em: 26 jun. 2017).

[49] Sobre o tema, confira-se o artigo de Paulo Roberto Iotti Vecchiatti, União Estável Poliafetiva: Breves considerações Acerca de Sua Constitucionalidade. Disponível em: <http://jus.com.br/revista/texto/22830>. Acesso em: 4 jul. 2017.

[50] "Relação poliafetiva. Cartório reconhece união estável entre três pessoas. Um homem e duas mulheres, que já viviam juntos na mesma casa há três anos em Tupã (SP), resolveram regularizar a situação. Eles procuraram o Cartório de Registro Civil e fizeram uma escritura pública de união poliafetiva. As informações são do portal G1. De acordo com a tabeliã que fez o registro, Cláudia do Nascimento Domingues, a escritura foi feita há três meses, mas somente na quarta-feira (22/8) foi publicada no Diário Oficial. 'A declaração é uma forma de garantir os direitos de família entre eles', disse. 'Como não são casados, mas vivem juntos, existe uma união estável, onde são estabelecidas regras para estrutura familiar', destaca. O presidente da Ordem dos Advogados do Brasil de Marília, Tayon Berlanga, explicou que o documento funciona como uma sociedade patrimonial. 'Ele dá direito ao trio no que diz respeito à divisão de bens em caso de separação e morte', disse. No entanto, segundo Berlanga, a escritura não garante os mesmos direitos que uma família tem, como receber pensão por morte ou conseguir um financiamento no banco para a compra da casa própria. Também não permite a inscrição de dependente em planos de saúde e desconto na declaração do imposto de renda" (*Revista Consultor Jurídico*, 23 de agosto de 2012. Disponível em: <http://www.conjur.com.br/2012-ago-23/cartorio-tupa-sp-reconhece-uniao-estavel-entre-tres-pessoas>. Acesso em: 26 jun. 2017).

# LXXX DIVÓRCIO

## 1. CONCEITO DE DIVÓRCIO E TRATAMENTO JURÍDICO ATUAL

O divórcio é a medida dissolutória do vínculo matrimonial válido, importando, por consequência, a extinção de deveres conjugais.

Trata-se, no vigente ordenamento jurídico brasileiro, de uma forma voluntária de extinção da relação conjugal, sem causa específica, decorrente de simples manifestação de vontade de um ou ambos os cônjuges, apta a permitir, por consequência, a constituição de novos vínculos matrimoniais.

Nesse diapasão, portanto, detectado o fim do afeto que unia o casal, não há qualquer sentido em se tentar forçar uma relação que não se sustentaria mais.

Numa perspectiva crítica, sempre defendemos que caberia à lei somente estabelecer condições ou requisitos necessários para a disciplina das relações afetadas pelo fim do casamento (guarda de filhos, uso do nome, alimentos, divisão patrimonial etc.), pois apenas aos cônjuges, e a ninguém mais, é dada a decisão do término do vínculo conjugal.

Por isso, tanto para o divórcio quanto para o instituto da separação (para os que o defendem), a tendência deve ser sempre a sua facilitação, e não o contrário.

E quando nos referimos a uma "facilitação" não estamos querendo dizer, com isso, que somos entusiastas do fim do casamento.

Não é isso.

O que estamos a defender é que o ordenamento jurídico, numa perspectiva de promoção da dignidade da pessoa humana, garanta meios diretos, eficazes e não burocráticos para que, diante da derrocada emocional do matrimônio, os seus partícipes possam se libertar do vínculo falido, partindo para outros projetos pessoais de felicidade e de vida.

Um primeiro passo já havia sido dado por meio da aprovação da Lei n. 11.441, de 2007, que regulou a separação e o divórcio administrativos (extrajudiciais) em nosso país, permitindo que os casais, sem filhos menores ou incapazes, pudessem, consensualmente, lavrar escritura pública de separação ou divórcio, em qualquer Tabelionato de Notas do País.

Outro significativo passo veio a ser dado, justamente, com a promulgação da Emenda Constitucional n. 66/2010 (Projeto de Emenda Constitucional n. 28, de 2009), a usualmente denominada “PEC do Divórcio”, modificando o § 6º do art. 226 da CF e determinando uma verdadeira revolução na disciplina do divórcio no Brasil.

A referida proposta de emenda resultou de iniciativa de juristas do Instituto Brasileiro de Direito de Família — IBDFAM, abraçada pelo deputado Antônio Carlos Biscaia (PEC 413/05) e reapresentada posteriormente pelo deputado Sérgio Barradas Carneiro (PEC 33/2007).

O texto de sua redação original era o seguinte: “§ 6º O casamento civil pode ser dissolvido pelo divórcio consensual ou litigioso, na forma da lei”.

Isso porque o divórcio, diretamente concedido, atende com recomendável imediatidade e plena eficiência aos anseios de quem pretende se livrar de uma relação afetiva falida.

Se uma crise de valores existe na sociedade moderna — e não ousamos discordar diante de tantos exemplos de violação aos mais básicos princípios de convivência social — essa malfadada crise do século XXI deve ser atribuída ao ser humano e à sua eterna vocação antropofágica, e não ao casamento ou ao divórcio.

Ao facilitar o divórcio, não se está com isso banalizando o instituto do casamento.

Pelo contrário.

O que se busca, em verdade, é a dissolução menos gravosa e burocrática do mau casamento, para que os integrantes da relação possam, de fato, ser felizes ao lado de outras pessoas.

No Senado Federal, já sob o número 28 de 2009, a PEC recebeu parecer favorável da Comissão de Constituição e Justiça.

Neste ponto, um importante aspecto, caro leitor, deve ser considerado.

O Projeto aprovado no Senado suprimiu a expressão “na forma da lei”, constante na parte final do dispositivo sugerido, passando, assim, a apresentar a seguinte redação: “O casamento civil pode ser dissolvido pelo divórcio”.

Tal supressão, aparentemente desimportante, reveste-se de grande significado jurídico.

Caso fosse aprovada em sua redação original, correríamos o sério risco de minimizar a mudança pretendida, ou, o que é pior, torná-la sem efeito, pelo demasiado espaço de liberdade legislativa que a jurisprudência poderia reconhecer estar contida na suprimida expressão.

Vale dizer, aprovar uma emenda simplificadora do divórcio com o adendo “na forma da lei” poderia resultar em um indevido espaço de liberdade normativa infraconstitucional, permitindo interpretações equivocadas e retrógradas, justamente o que a Emenda quer impedir.

E isso já aconteceu na história recente do nosso Direito.

Um erro que não pode ser repetido.

Quando a anterior Constituição Federal (1967) vedou a prisão civil por dívida, ressalvando apenas a decorrente do débito de alimentos e a do depositário infiel, manteve a referida expressão ("na forma da lei"), o que fez com que respeitável parcela da nossa doutrina e jurisprudência admitisse a possibilidade de a legislação infraconstitucional ampliar as hipóteses de segregação civil, justificando, assim, a prisão do devedor fiduciante[1], hoje já declarada reconhecidamente inconstitucional.

Por isso, reputamos corretíssima a providência de supressão da mencionada frase, para que fossem evitados desvios de interpretação da Emenda.

Aprovada, a Emenda Constitucional n. 66/2010 pretendeu fundamentalmente facilitar a implementação do divórcio no Brasil, com a apresentação de dois pontos fundamentais:

a) extinção da separação judicial;
b) extinção da exigência de prazo de separação de fato para a dissolução do vínculo matrimonial.

Em que pese o posicionamento aqui adotado, do qual temos plena convicção, também respaldado por diversos pensadores brasileiros de escol (vários deles aqui citados) e por prestigiadas instituições nacionais como o IBDFAM, a matéria ainda encontra resistência em parte da doutrina. Nesse sentido, por amor à dialética, vale destacar que a V Jornada de Direito Civil, realizada de 8 a 11 de novembro de 2011, no Conselho da Justiça Federal, aprovou Enunciado n. 514, com a seguinte redação: "A EC 66/2010 não extinguiu a separação judicial e extrajudicial", o que foi reforçado pela manutenção da expressão no Código de Processo Civil de 2015.

Nessa linha, ainda, não podemos deixar de mencionar o RESP 1247098/MS e o RESP 1.431.370/SP, que entendeu pela subsistência da separação judicial[2].

---

1 Sobre esse tema, ver Adriana Alves, Alienação Fiduciária, Prisão Civil do Devedor — Admissibilidade, *Revista de Direito Privado*, v. 1, p. 175.

2 "RECURSO ESPECIAL. DIREITO CIVIL. DIREITO DE FAMÍLIA. EMENDA CONSTITUCIONAL N. 66/2010. DIVÓRCIO DIRETO. REQUISITO TEMPORAL. EXTINÇÃO. SEPARAÇÃO JUDICIAL OU EXTRAJUDICIAL. COEXISTÊNCIA. INSTITUTOS DISTINTOS. PRINCÍPIO DA AUTONOMIA DA VONTADE. PRESERVAÇÃO. LEGISLAÇÃO INFRACONSTITUCIONAL. OBSERVÂNCIA. 1. A dissolução da sociedade conjugal pela separação não se confunde com a dissolução definitiva do casamento pelo divórcio, pois versam acerca de institutos autônomos e distintos. 2. A Emenda à Constituição n. 66/2010 apenas excluiu os requisitos temporais para facilitar o divórcio. 3. O constituinte derivado reformador não revogou, expressa ou tacitamente, a legislação ordinária que cuida da separação judicial, que remanesce incólume no ordenamento pátrio, conforme previsto pelo Código de Processo Civil de 2015 (arts. 693, 731, 732 e 733 da Lei n. 13.105/2015). 4. A opção pela separação faculta às partes uma futura reconciliação e permite discussões subjacentes e laterais ao rompimento da relação. 5. A possibilidade de eventual arrependimento durante o período de separação preserva, indubitavelmente, a autonomia da vontade das partes, princípio basilar do direito privado. 6. O atual sistema brasileiro se amolda ao sistema dualista opcional que não condiciona o divórcio à

Mas, amigo leitor, uma certeza temos: se, no futuro, não for efetivamente banida de nosso sistema por jurisprudência vinculante, a separação judicial estará fadada ao desuso, pelo próprio desinteresse social, dada a sua inutilidade.

Outro aspecto deve ainda ser observado, a título de complementação.

O Conselho Nacional de Justiça reorientou os cartórios sobre o tema acerca da emissão das escrituras públicas de separação e divórcio consensuais.

Com efeito, por meio da Resolução n. 120/2010, foi revogado o art. 53 da Resolução n. 35/2007, que regulava o lapso temporal de dois anos de separação de fato para a realização do divórcio.

A outra alteração ocorreu no art. 52, compreendendo-se que a emenda permitiu aos cônjuges separados judicialmente converter a separação judicial ou extrajudicial em divórcio diretamente no cartório.

Tal medida se fez necessária, tendo em vista que o CNJ considerou fundamental escoimar dúvidas sobre a alteração constitucional, prestigiando ainda o princípio da celeridade, o que mereceu aplausos.

## 2. O DIVÓRCIO EXTRAJUDICIAL

A modalidade judicial de divórcio é tradicional em nosso Direito, porquanto, desde a sua consagração, na Lei de 1977, sempre se exigiu a instauração de um procedimento, litigioso ou amigável, perante o Poder Judiciário, para a obtenção da dissolução do vínculo.

Se, em décadas passadas, essa necessária "judicialização" do divórcio teve razão de ser — em grande parte explicada por conta de uma cultura essencialmente sacramental do matrimônio —, a sociedade moderna, sobretudo após a virada do século, resultou por rechaçá-la.

Em uma sociedade acentuadamente marcada pela complexidade das relações sociais, a inafastável exigência de um processo para a dissolução do vínculo, com todas as dificuldades imanentes ao nosso sistema judicial, é, em nosso sentir, uma forma de imposição de sofrimento àqueles que já se encontram, possivelmente, pelas próprias circunstâncias da vida, suficientemente punidos.

E esse sofrimento — fala-se, aqui, em *strepitus fori* — prolonga-se quando a solução judicial, em virtude de diversos fatores alheios à vontade do casal, não se apresenta com a celeridade devida.

---

prévia separação judicial ou de fato. 7. Recurso especial não provido" (REsp 1.431.370/SP, Rel. Min. Ricardo Villas Bôas Cueva, 3ª Turma, julgado em 15-8-2017, *DJe* 22-8-2017).

A separação judicial carece, inegavelmente, de utilidade prática, na medida em que não dissolve o vínculo conjugal, extinguindo apenas alguns deveres matrimoniais (art. 1.576, CC-02). Por isso, embora respeitemos, não concordamos com o posicionamento do STJ, razão por que aguardamos eventual pronunciamento da Seção de Direito Privado ou do próprio Supremo Tribunal Federal. Registramos, porém, que, em termos de procedimento, não há diferença marcante entre o pedido de divórcio e o de separação judicial.

Para se ter uma ideia, no sistema brasileiro usual do divórcio, basta que um dos cônjuges resida em outra comarca, exigindo a expedição de carta precatória, para que a sentença, por circunstâncias imprevistas de variada ordem, não possa ser proferida no tempo esperado.

Isso sem mencionar o gigantesco número de processos que, a despeito do incessante trabalho de juízes e servidores, abarrotam o Poder Judiciário, muitos deles aguardando apenas um pronunciamento simples, que reconheça o fim do afeto, permitindo, assim, aos cônjuges, seguirem as suas novas trilhas de vida.

Contextualizando o que foi dito, e para se ter uma ideia da inegável utilidade do incentivo a um meio alternativo de descasamento, concordamos com PAULO LÔBO que um verdadeiro reclamo da sociedade brasileira fora, finalmente, atendido, quando da aprovação do divórcio administrativo[3]:

> "Atendendo ao reclamo da comunidade jurídica brasileira, e da própria sociedade, para desjudicialização das separações conjugais quando não houvesse litígio, a Lei n. 11.441/2007 introduziu a possibilidade de o divórcio ou a separação consensuais serem feitos pela via administrativa, mediante escritura pública"[4].

E as suas vantagens práticas são inegáveis:

> "Um ano e meio após ser sancionada pelo presidente Luiz Inácio Lula da Silva, a Lei n. 11.441, que leva aos estabelecimentos notariais e registrais os casos consensuais de divórcio, inventário e partilhas de bens, desde que não envolvam o interesse de menores, já é uma realidade. A nova legislação trouxe agilidade e economia aos paranaenses, facilitando o procedimento: o tempo médio para a execução da escritura pública em cartório é de 15 dias, dependendo do número de bens envolvidos na questão. Os preços também estão mais acessíveis comparados ao procedimento judicial, custando até 90% menos ao bolso do cidadão. (...) Antes da Lei n. 11.441, separações e divórcios só podiam ser realizados por juízes nas Varas de Família e Sucessão e o processo era mais demorado. Uma separação amigável levava em média dois meses. Já com a nova lei, pode ser feita no mesmo dia. Em casos de inventários sem bens envolvidos, o procedimento, que levava meses, passou a ser feito em cinco dias. Em

---

[3] Outros Estados no mundo admitem a modalidade administrativa de divórcio, como se dá no direito português, a respeito do qual escrevem Francisco Coelho e Guilherme de Oliveira: "O processo de divórcio por mútuo consentimento 'administrativo', decidido em conservatória do registro civil, está regulado nos arts. 271-274. CRegCiv" e, mais adiante, complementam: "A decisão do conservador que tenha decretado o divórcio é notificada aos requerentes e dela cabe recurso ao Tribunal de Relação" (*Curso de Direito de Família* — Introdução — Direito Matrimonial, 2. ed., v. I, Coimbra: Editora Coimbra, 2006, p. 604-5).

[4] LÔBO, Paulo Luiz Netto. Divórcio e Separação Consensuais Extrajudiciais. Disponível em: <http://www.cnj.jus.br/agencia-cnj-de-noticias/artigos/13313-divorcio-e-separacao-consensuais-extrajudiciais>. Acesso em: 26 jun. 2017.

inventários em que existem bens, o procedimento é realizado em até 40 dias, contra meses pelo modelo anterior. Ou seja, além de trazer vantagens à população, a legislação é uma contribuição ao Judiciário brasileiro, que pode concentrar esforços apenas aos casos em que realmente a figura mediadora do juiz se faz necessária, para a resolução de conflitos ou respaldar o direito de menores e incapazes"[5].

Por tudo isso, pensamos que o divórcio judicial, analisado em seguida, deva ser, em verdade, uma via de exceção, reservado a situações especiais, para que, com isso, se possa incentivar o acesso mais simples, rápido e direto à forma administrativa de dissolução do vínculo[6].

---

[5] PINTO, José Augusto Rodrigues. Paraná quer Aumentar Número de Divórcios em Cartório no Interior, notícia publicada no *site* Consultor Jurídico. Disponível em: <http://www.conjur.com.br/2008-jun-24/cartorios_pr_buscam_ampliacao_lei_11441?>. Acesso em: 26 jun. 2017.

[6] Já se fala, inclusive, na modalidade de divórcio *online* (pela internet). A respeito do tema, veja notícia veiculada pelo *site* do Consultor Jurídico: "A Comissão de Constituição e Justiça aprovou nesta quarta-feira (2/9), em decisão terminativa, o projeto de lei que permite que pedidos de separação e divórcio sejam feitos pela internet. O projeto segue agora para a Câmara dos Deputados. As informações são da Agência Senado. O projeto, que altera texto do Código de Processo Civil, prevê que podem ser requeridos por via eletrônica pedidos de 'separação consensual e o divórcio consensual, não havendo filhos menores ou incapazes do casal, e observados os requisitos legais quanto aos prazos'. Na petição, devem constar informações sobre a partilha dos bens comuns, pensão alimentícia e possível alteração de nomes. Em sua justificativa, a senadora Patricia Saboya (PDT-CE) afirmou que o projeto de lei se utiliza das tecnologias atuais, somadas as leis recentes e ferramentas disponibilizadas pelo Conselho Nacional de Justiça" (Disponível em: <http://www.conjur.com.br/2009-set-02/ccj-senado-aprova-pedido-separacao-divorcio-internet>. Acesso em: 26 jun. 2017). Trata-se do Projeto de Lei do Senado 464 de 2008, que dispõe: "Art. 1º A Lei n. 5.869, de 11 de janeiro de 1973 (Código de Processo Civil), passa a vigorar acrescido do seguinte artigo: Art. 1.124-B. A separação consensual e o divórcio consensual, não havendo filhos menores ou incapazes do casal, e observados os requisitos legais quanto aos prazos, poderão ser requeridos, ao juízo competente, por via eletrônica, conforme disposições da Lei n. 11.419, de 19 de dezembro de 2006, que dispõe sobre a informatização do processo judicial. Parágrafo único. Da petição constarão as disposições relativas à descrição e partilha dos bens comuns, à pensão alimentícia e aos nomes, se tiverem sido alterados com o casamento. Art. 2º Esta Lei entra em vigor na data da sua publicação". Pensamos que a proposta é bem-intencionada, mas a sua implementação não é simples, mormente em se considerando a inexistência, no Brasil, de diretivas e normas de regulação das relações eletrônicas, indispensáveis para a formalização segura desse tipo de medida. Ademais, a ausência do advogado é aspecto delicado, que já tem gerado contundentes críticas à proposta legislativa: "Parece que a senadora, assim como a Comissão de Constituição e Justiça do Senado, não leram a lei que instituiu o processamento de ações judiciais por meio digital. E, se o fizeram, não entenderam. Isso porque a Lei n. 11.419 já autoriza uso de meio eletrônico na tramitação de processos judiciais, aplicando-se indistintamente aos processos civil, penal, trabalhista e aos juizados especiais em qualquer grau de jurisdição. Pergunta-se, então, onde se localiza a conclamada 'inovação' da medida, uma vez que também as ações de divórcio e separação se encontram abrangidas pela Lei n. 11.419. Registre-se, ainda, que inexiste a obrigatoriedade da implantação de sistema de processamento de autos digitais. O diploma legal instituiu o critério de adesão voluntária aos órgãos do Poder Judiciário que desejem desenvolver sistemas eletrônicos de processamento de ações judiciais por meio de autos digitais, cabendo aos quais a regulamentação no âmbito de suas respectivas competências. Sendo assim, caso o órgão jurisdicional não disponha de recursos tecnológicos que proporcionem a

Melhor para a sociedade, melhor para o próprio Judiciário.

Atendendo ao clamor da sociedade, na busca da desburocratização de procedimentos, foi editada a Lei n. 11.441, de 4 de janeiro de 2007, estabelecendo normas disciplinadoras da separação, divórcio e inventário por escritura pública.

Indubitavelmente, consiste a referida lei em um marco na busca de soluções extrajudiciais para a prática de atos jurídicos onde não há litigiosidade.

Sua iniciativa se deu através do Projeto de Lei n. 155, de 2004, de autoria do senador baiano César Borges.

A proposta original, inclusive, se limitava à autorização do inventário extrajudicial, mas, na tramitação, foi modificado, na Câmara dos Deputados, convertendo-se no Projeto Substitutivo n. 6.416, de 2005, incluindo a disciplina da separação e do divórcio extrajudicial, quando não houvesse filhos menores e incapazes.

A Lei n. 11.441/2007, em síntese, alterou dispositivos do Código de Processo Civil de 1973, possibilitando a realização de inventário, partilha, separação consensual e divórcio consensual pela via administrativa.

Limitando-nos ao corte epistemológico adotado, basta-nos a interpretação do tema do divórcio extrajudicial, já que o estudo do inventário e da partilha ultrapassa a proposta deste livro.

É um avanço de cidadania, no reconhecimento de que, pelo menos para se divorciar ou se separar, os sujeitos não precisam mais da fiscalização estatal, sendo efetivos protagonistas de suas vidas e patrimônios.

Nesse campo, o consenso não se limita ao desejo de se divorciar (ou se separar).

Com efeito, a intenção da norma é que a consciência dos outrora cônjuges seja de tal forma que possam especificar, desde já, como deve se dar a "partilha dos bens comuns e a pensão alimentícia"[7].

---

tramitação processual por meio eletrônico, os autos não poderão tramitar por tal sistemática! (...) Em relação à pretendida 'dispensa de advogados no divórcio on-line', cumpre informar a senadora que seu desejo não encontra qualquer respaldo legal. A Lei n. 11.441/2007 — que possibilitou a realização de inventário, partilha, separação consensual e divórcio consensual por via administrativa — em nenhum momento dispensa a presença do advogado. Ao contrário, prevê expressamente que a escritura somente será lavrada pelo tabelião caso haja assistência de advogado" (Ana Amélia Ferreira e Luiz Octávio Neves, Projeto de Lei sobre Divórcio *online* é Inútil. Disponível em: <http://www.conjur.com.br/2009-set-23/projeto-lei-pretende-instituir-divorcio-online-inutil>. Acesso em: 26 jun. 2017). A matéria, pelo visto, é polêmica, e, certamente, ainda será motivo de acesas controvérsias e acaloradas discussões em nosso País.

[7] Claro que, em aplicação analógica à Súmula 197 do Superior Tribunal de Justiça ("O divórcio direto pode ser concedido sem que haja prévia partilha dos bens"), previsão jurisprudencial hoje respaldada no art. 1.581 do CC/2002, a partilha de bens não deve ser considerada um requisito indispensável para a lavratura da escritura de divórcio extrajudicial. Nesse sentido, também é o posicionamento de Christiano Cassettari: "Entendemos que a partilha de bens *pode* ser feita e não que *deva* ser realizada quando a escritura for lavrada. O argumento para tal afirmação é que o art. 1.581 do Código

Da mesma forma, é a sua liberdade que estabelecerá se haverá "retomada pelo cônjuge de seu nome de solteiro ou a manutenção do nome adotado quando se deu o casamento", não devendo o Estado intervir também em tão íntima questão.

Não há que se falar mais também em "observados os requisitos legais quanto aos prazos", uma vez que não há mais prazos a serem cumpridos, para a aquisição do direito de se divorciar.

Note-se que, além do consenso, o segundo requisito para o exercício do divórcio extrajudicial ou administrativo, segundo a letra da lei, é a inexistência de filhos menores ou incapazes do casal.

Registre-se, todavia, que o Código de Processo Civil de 2015 alterou a matéria neste aspecto.

De fato, na forma do seu art. 733, *caput*, o "divórcio consensual, a separação consensual e a extinção consensual de união estável, não havendo nascituro ou filhos incapazes e observados os requisitos legais, poderão ser realizados por escritura pública".

Conforme se observa, inseriu-se referência à possibilidade de haver nascituro[8] como impeditiva da realização do procedimento administrativo.

Assim, havendo nascituros e/ou filhos incapazes, o procedimento extrajudicial não é autorizado, devendo a postulação ser deduzida judicialmente, inclusive com a manifestação do Ministério Público[9].

Dessa forma, parece-nos que, se omitida a gravidez (ou mesmo a existência de filhos incapazes), a escritura pública padecerá de nulidade absoluta.

Vale destacar, ainda, que a nova norma processual estendeu o procedimento para a extinção consensual de união estável, o que é louvável, dada a ampla ocorrência dessa modalidade de entidade familiar.

---

Civil estabelece que o divórcio pode ser concedido sem prévia partilha de bens. Em razão disso, se o divórcio pode, a separação também poderá ser concedida sem prévia partilha de bens, ou seja, o art. 1.575 do referido diploma legal é interpretado no sentido de que forma um condomínio nos bens comuns do casal que se separa e não faz partilha, já que tal condomínio poderia se formar tendo qualquer pessoa como coproprietário, inclusive os ex-cônjuges. Não é recomendado que os cônjuges, em regra, deixem a partilha de bens para momento posterior à separação e/ou divórcio. Todavia, não se pode proibir que isto ocorra por inexistência de empecilho legal expresso. Não podemos esquecer que muitos cônjuges não formalizam a separação e o divórcio em razão da complexidade que a divisão de certos patrimônios envolve. Assim, a escritura que realiza a separação e o divórcio deve conter cláusula expressa que indique que a partilha de bens será feita em outro momento, judicialmente ou por escritura pública, devendo, somente se for possível, descrever os bens que estão em condomínio. Ressalte-se que essa frase não gera uma proibição para que essa partilha venha a ser realizada no futuro por escritura pública, desde que haja consenso entre as partes" (CASSETTARI, Christiano. *Separação, Divórcio e Inventário por Escritura Pública* — Teoria e Prática, 3. ed., São Paulo: GEN-Método, 2008, p. 76-7).

[8] Sobre o tema do nascituro, confira-se o tópico 1.3 ("O nascituro") do Capítulo IV ("Pessoa Natural") do v. 1 ("Parte Geral") do nosso *Novo Curso de Direito Civil*.

[9] Fundamentando tal afirmação, estabelece o art. 698 do novo CPC que "nas ações de família, o Ministério Público somente intervirá quando houver interesse de incapaz e deverá ser ouvido previamente à homologação de acordo".

E quais seriam os requisitos da petição de homologação do divórcio, da extinção consensual de união estável ou da separação consensual?

Sobre o tema, estabelece o art. 731 do Código de Processo Civil de 2015:

> "Art. 731. A homologação do divórcio ou da separação consensuais, observados os requisitos legais, poderá ser requerida em petição assinada por ambos os cônjuges, da qual constarão:
>
> I — as disposições relativas à descrição e à partilha dos bens comuns;
>
> II — as disposições relativas à pensão alimentícia entre os cônjuges;
>
> III — o acordo relativo à guarda dos filhos incapazes e ao regime de visitas; e
>
> IV — o valor da contribuição para criar e educar os filhos.
>
> Parágrafo único. Se os cônjuges não acordarem sobre a partilha dos bens, far-se-á esta depois de homologado o divórcio, na forma estabelecida nos arts. 647 a 658"[10].

Essa possibilidade de fracionamento da postulação, com a efetivação do divórcio antes da partilha, reflete bem a concepção do divórcio como o exercício de um direito potestativo, o que já se antevia pela revogação do art. 43 da Lei n. 6.515/77 com o advento do vigente Código Civil brasileiro.

Todavia, é importante lembrar que, para a celebração de uma nova relação conjugal, o agora divorciado, enquanto pendente a partilha dos bens do seu casamento anterior, terá de se submeter à sanção legal do regime de separação obrigatória de bens, na forma do art. 1.641, I, c/c o art. 1.523, do vigente Código Civil brasileiro[11].

Trata-se, realmente, de um esforço para a desjudicialização de procedimentos, desafogando o Poder Judiciário.

Tanto isto é verdade que o § 1º do mencionado art. 733 do Código de Processo Civil de 2015 estabelece expressamente que a "escritura não depende de homologação judicial e constitui título hábil para qualquer ato de registro, bem como para levantamento de importância depositada em instituições financeiras", o que desburocratiza a vida de quem está buscando reconstruir o seu caminho, após o desfazimento da sociedade conjugal.

Por fim, registre-se que, na forma do § 2º do mesmo art. 733 do CPC/2015[12], a assistência de advogados (ou defensor público) é obrigatória para a lavratura da escritura

---

[10] Os arts. 647 a 658 do novo Código de Processo Civil tratam do procedimento especial da partilha.

[11] Sobre o tema, confira-se o Capítulo XII ("Plano de Eficácia do Casamento: Deveres Matrimoniais e Causas Suspensivas do Casamento") do v. 6 ("Direito de Família") do nosso *Novo Curso de Direito Civil*, notadamente o tópico 5.4 ("Casamento do(a) divorciado(a), pendente a partilha dos bens do casal").

[12] "§ 2º O tabelião somente lavrará a escritura se os interessados estiverem assistidos por advogado ou por defensor público, cuja qualificação e assinatura constarão do ato notarial."

pública, o que se entende como medida de proteção da livre autonomia da vontade das partes interessadas.

Saliente-se que esta disciplina processual veio em boa hora, uma vez que, considerando a falta de uniformidade na interpretação das regras da Lei n. 11.441/2007, tanto no divórcio extrajudicial (ou administrativo) quanto na revogada "separação consensual", e no inventário/partilha, o Conselho Nacional de Justiça editou a Resolução n. 35, de 24 de abril de 2007, que disciplina a aplicação do novo diploma pelos serviços notariais e de registro, o que consideramos medida salutar para a busca de uma efetiva segurança e estabilidade das relações jurídicas.

Posto isso, passemos a analisar, no próximo tópico, o divórcio judicial.

## 3. O DIVÓRCIO JUDICIAL

Diversos Estados no mundo, senão a maioria, consagram a modalidade judicial de divórcio.

No Brasil, o tratamento jurídico tradicional do divórcio exigia o manejo de ação judicial, o que deixou de ser exclusivo.

E como se dá essa modalidade judicial?

Pode ser o divórcio direto (modalidade mais importante e difundida, que exigia apenas a separação de fato do casal) ou indireto (modalidade menos usual, decorrente da conversão de anterior sentença de separação transitada em julgado).

Uma pergunta relevante é: com o reconhecimento do divórcio como o exercício de um direito potestativo, ainda faz sentido falar-se em divórcio judicial litigioso?

Se não há mais a necessidade de causas objetivas ou subjetivas para o ato de se divorciar, qual seria a resistência oponível pelo outro cônjuge, a ponto de constituir em uma lide?

A questão, porém, se responde de forma simples.

A atuação judicial em divórcio litigioso será para as hipóteses em que os divorciandos não se acertam quanto aos efeitos jurídicos da separação, como, a título exemplificativo, a guarda dos filhos, alimentos, uso do nome e divisão do patrimônio familiar.

É claro que, realizando audiência, o juiz também terá a oportunidade de certificar a manifestação da vontade das partes, valendo-se, também, da ideia de conservação da família para verificar se não há a possibilidade de reconciliação.

Fora tais questões, qualquer outra discussão sobre culpa no término da relação conjugal está fora dos limites da lide.

## 4. USO DO NOME PÓS-DIVÓRCIO

O que dizer quanto ao uso do nome pós-divórcio?

O art. 1.578 do Código Civil dispõe:

> "Art. 1.578. O cônjuge declarado culpado na ação de separação judicial perde o direito de usar o sobrenome do outro, desde que expressamente requerido pelo cônjuge inocente e se a alteração não acarretar:
>
> I — evidente prejuízo para a sua identificação;
>
> II — manifesta distinção entre o seu nome de família e o dos filhos havidos da união dissolvida;
>
> III — dano grave reconhecido na decisão judicial.
>
> § 1º O cônjuge inocente na ação de separação judicial poderá renunciar, a qualquer momento, ao direito de usar o sobrenome do outro.
>
> § 2º Nos demais casos caberá a opção pela conservação do nome de casado".

Ora, com o fim da própria separação judicial, e o banimento da culpa, em definitivo, dos processos de divórcio, entendemos que, em regra, retoma-se o nome de solteiro.

A par de não se tratar de posição pacífica, uma pesquisa de campo, na realidade social e forense, demonstrará, certamente, que o retorno ao nome de solteiro é a diretriz mais adotada.

O(a) divorciando(a) anseia por isso.

Mas nada impede que se mantenha o nome de casado, em havendo justificativa razoável, na perspectiva da preservação do patrimônio moral e da teoria dos direitos da personalidade.

Assim, concorrendo situações como as que eram previstas no art. 1.578 do Código Civil, como o prejuízo de identificação ou a distinção em face dos nomes dos filhos, poderá, logicamente, ser mantido o nome de casado.

Tal entendimento respeita, em nosso sentir, a dimensão existencial de cada cônjuge e o seu direito fundamental ao nome e à identidade[13].

---

[13] A título de aprofundamento, é digno de nota aludir à reforma experimentada pelo Código Civil alemão por força da Lei de 6 de fevereiro de 2005, no que toca ao uso do nome. Essa importante lei fora editada por conta de decisão de 18 de fevereiro de 2004 da Suprema Corte (*Bundesverfassungsgericht*) que entendeu ser inconstitucional o § 1.355, Abs. 2 do Código Alemão. Com a mudança, podem os cônjuges ou companheiros adotar não apenas o nome de solteiro, mas também o "nome de casado" do outro: "Mit dem Gesetz zur Äne rung des Ehe-und Lebenspartnerschaftsnamensrechts können Ehegatten auch einen Namen als Ehenamen führen, den einer von beiden aus einer früheren Ehe mitgebracht hat. Mit dem Gesetz wird das Urteil des Bundesverfassungsgerichts vom 18. Februar 2004 umgesetzt. Die Gesetzesänderung bringt einen entscheidenden Vorteil für diejenigen Menschen, die nach einer beendeten Ehe wieder heiraten. Denn sie können den Namen, den sie oft jahrzehntelang getragen haben, als neuen gemeinsamen Ehenamen weiterführen. Bislang konnten Ehe- und Lebenspartner nur den Geburtsnamen eines der Partner zum Ehe- oder Lebenspartnerschaftsnamen bestimmen. Jetzt können sie sich auch für einen 'erheirateten' Namen entscheiden". Tradução livre de Pablo Stolze Gagliano: "Com a lei para a mudança do direito ao nome do casal ou companheiros, podem os cônjuges também adotar um nome de família, de solteiro ou de casado do outro. Com a lei,

O dispositivo codificado que cuida do uso do nome, no âmbito do divórcio, encontra-se, em nosso sentir, fora de contexto.

Topograficamente mal localizado.

Em vez de figurar como um dos parágrafos do art. 1.580, encontra-se inserido no art. 1.571, que traz regras gerais acerca da dissolução da sociedade conjugal:

> "§ 2º Dissolvido o casamento pelo divórcio direto ou por conversão, o cônjuge poderá manter o nome de casado; salvo, no segundo caso, dispondo em contrário a sentença de separação judicial".

A par desta sutil atecnia, precisamos compreender a norma em cotejo com outros dispositivos do próprio Código.

Com o banimento da culpa, em nosso sentir, dos processos de divórcio, entendemos que, tratando-se o nome também de um direito da personalidade, a regra geral deve ser a manutenção do nome de casado(a), podendo haver o retorno ao nome de solteiro(a) apenas por manifestação expressa do(a) divorciando(a).

Tal afirmação deve ser compreendida no contexto das hipóteses previstas nos incisos I a III do art. 1.578:

> "I — evidente prejuízo para a sua identificação;
>
> II — manifesta distinção entre o seu nome de família e o dos filhos havidos da união dissolvida;
>
> III — dano grave reconhecido na decisão judicial".

O § 1º do referido artigo, por seu turno, ao dispor que "o cônjuge inocente na ação de separação judicial poderá renunciar, a qualquer momento, ao direito de usar o sobrenome do outro", deverá ser interpretado adequadamente, extirpando-se, por tudo o que já dissemos e defendemos ao longo desta obra, o qualificativo "inocente".

---

a decisão de 18-2-2004 da Corte Constitucional foi efetivada. A mudança legal trouxe uma decisiva vantagem para aquelas pessoas que, após encerrar um casamento, pretendam novamente se casar, pois poderão manter o nome que carregaram durante décadas, como o novo nome de família. Até o momento, podia o casal (e companheiros) somente receber o nome de solteiro (de nascimento) do outro. Agora, ele também pode decidir adotar o nome de casado do outro" (Gesetz zur Änderung des Ehe- und Lebenspartnerschaftsnamensrechts (*Lei para a mudança do direito ao nome dos cônjuges e companheiros*). Disponível em: <http://www.bmj.bund.de/enid/33dd20480451c29319b1ef26ef5aea4b,bd5208305f7472636964092d0932363235/Familienrecht/Namensrecht_s3.html>. Acesso em: 24 maio 2009). Um exemplo irá ilustrar a hipótese: João Canário casou-se com Maria Silva, que adotou o nome dele: Maria Silva Canário. Com o divórcio, segundo a lei alemã, Maria pode permanecer com o sobrenome Canário, podendo, futuramente, se vier a convolar novas núpcias, transmiti-lo para o seu segundo marido. No Brasil, como vimos, posto a regra geral não seja esta, tal circunstância poderá ocorrer, pois, a teor do art. 1.578 do CC, o cônjuge, mesmo após a separação e o divórcio, poderá permanecer com o nome anterior de casado, que se incorpora ao seu patrimônio moral.

Assim, independentemente de quem haja sido o responsável pelo fim do matrimônio (pois não há que se perquirir a culpa ou a inocência de nenhum dos consortes), a regra é a manutenção do nome, mas qualquer das partes poderá, a todo tempo, optar por retornar ao nome de solteiro, mediante procedimento judicial de modificação de nome civil, a ser conduzido pelo juízo de direito competente para apreciar questões atinentes a alterações em Registros Públicos[14].

A partir da Emenda, portanto, o uso do nome, em nosso sentir, no divórcio, deverá observar as seguintes regras:

a) se o divórcio é consensual (judicial ou administrativo), o acordo firmado deverá regular o respectivo direito;
b) se o divórcio é litigioso, a regra é no sentido de manutenção do nome de casado(a), salvo manifestação em sentido contrário.

Em quaisquer dos casos, a culpa não deverá ser critério preponderante na regulação judicial deste direito, podendo qualquer dos cônjuges, mediante procedimento judicial, a todo tempo, retomar o seu nome de solteiro.

[14] Registre-se que, na nossa experiência judicante, a manifestação de vontade no sentido do retorno ao nome de solteiro(a) tem sido uma regra, na prática, valendo sempre verificar o esclarecimento dos envolvidos acerca da efetiva possibilidade de mantença do nome usado até então. Por essa razão, adotávamos tal linha de entendimento em edição anterior, até que, após nova reflexão, alteramos nosso posicionamento acadêmico.

# LXXXI PODER FAMILIAR E GUARDA DE FILHOS

## 1. CONCEITO DE PODER FAMILIAR

O Código Civil de 1916 dispunha, em seu art. 379, que os filhos legítimos, ou legitimados, os legalmente reconhecidos e os adotivos estariam sujeitos ao pátrio poder, enquanto menores.

O Código de 2002, aperfeiçoando a matéria, rompeu com a tradição machista arraigada na dicção anterior, para consagrar a expressão "poder familiar".

Claro está, todavia, que de nada adiantaria um aprimoramento terminológico desacompanhado da necessária evolução cultural.

Por isso, mais importante do que o aperfeiçoamento linguístico, é a real percepção, imposta aos pais e mães deste país, no sentido da importância jurídica, moral e espiritual que a sua autoridade parental ostenta, em face dos seus filhos, enquanto menores.

Em conclusão, podemos conceituar o poder familiar como o plexo de direitos e obrigações reconhecidos aos pais, em razão e nos limites da autoridade parental que exercem em face dos seus filhos, enquanto menores e incapazes.

Note-se, desde já, que essa profunda forma de autoridade familiar somente é exercida enquanto os filhos ainda forem menores e não atingirem a plena capacidade civil[1].

## 2. EXERCÍCIO DO PODER FAMILIAR

Durante o casamento e a união estável, a teor do que dispõe o *caput* do art. 1.631 do CC/2002, compete o poder familiar aos pais; na falta ou impedimento de um deles, o outro o exercerá com exclusividade.

Por óbvio, em outras formas de arranjo familiar, havendo filhos, o poder familiar também se fará presente, nessa mesma linha de intelecção.

Vale ainda observar, na perspectiva constitucional do princípio da isonomia, não haver superioridade ou prevalência do homem, em detrimento da mulher, não importando, também, o estado civil de quem exerce a autoridade parental[2].

---

[1] "Art. 1.630. Os filhos estão sujeitos ao poder familiar, enquanto menores."

[2] "Art. 1.636. O pai ou a mãe que contrai novas núpcias, ou estabelece união estável, não perde, quanto aos filhos do relacionamento anterior, os direitos ao poder familiar, exercendo-os sem

E, segundo o mesmo dispositivo, divergindo os pais quanto ao exercício do poder familiar, é assegurado a qualquer deles recorrer ao juiz para solução do desacordo, à luz da regra maior da inafastabilidade da jurisdição[3].

Neste ponto, anotamos que o Código Civil cuidou de disciplinar o conteúdo dos poderes conferidos aos pais, no exercício dessa autoridade parental, conforme se verifica do art. 1.634 do CC/2002, com a redação determinada pela Lei n. 13.058, de 22 de dezembro de 2014:

> "Art. 1.634. Compete aos pais, qualquer que seja a sua situação conjugal, o pleno exercício do poder familiar, que consiste em, quanto aos filhos:
>
> I — dirigir-lhes a criação e a educação;
>
> II — exercer a guarda unilateral ou compartilhada nos termos do art. 1.584;
>
> III — conceder-lhes ou negar-lhes consentimento para casarem;
>
> IV — conceder-lhes ou negar-lhes consentimento para viajarem ao exterior;
>
> V — conceder-lhes ou negar-lhes consentimento para mudarem sua residência permanente para outro Município;
>
> VI — nomear-lhes tutor por testamento ou documento autêntico, se o outro dos pais não lhe sobreviver, ou o sobrevivo não puder exercer o poder familiar;
>
> VII — representá-los judicial e extrajudicialmente até os 16 (dezesseis) anos, nos atos da vida civil, e assisti-los, após essa idade, nos atos em que forem partes, suprindo-lhes o consentimento;
>
> VIII — reclamá-los de quem ilegalmente os detenha;
>
> IX — exigir que lhes prestem obediência, respeito e os serviços próprios de sua idade e condição".

Os primeiros incisos são de fácil intelecção e reforçam a linha de entendimento segundo a qual, posto o poder familiar traduza uma prerrogativa dos pais, a sua existência somente é justificada sob a ótica de proteção do interesse existencial do próprio menor.

No que tange, outrossim, ao inciso IX, pondera, com o equilíbrio de sempre, PAULO LÔBO:

> "Tenho por incompatível com a Constituição, principalmente em relação ao princípio da dignidade da pessoa humana (arts. 1º, III, e 227), a exploração da vulnerabilidade dos filhos menores para submetê-los a 'serviços próprios de sua idade e

---

qualquer interferência do novo cônjuge ou companheiro. Parágrafo único. Igual preceito ao estabelecido neste artigo aplica-se ao pai ou à mãe solteiros que casarem ou estabelecerem união estável."

3 "Art. 1.632. A separação judicial, o divórcio e a dissolução da união estável não alteram as relações entre pais e filhos senão quanto ao direito, que aos primeiros cabe, de terem em sua companhia os segundos.

Art. 1.633. O filho, não reconhecido pelo pai, fica sob poder familiar exclusivo da mãe; se a mãe não for conhecida ou capaz de exercê-lo, dar-se-á tutor ao menor."

condição', além de consistir em abuso (art. 227, § 4º). Essa regra surgiu em contexto histórico diferente, no qual a família era considerada, também, unidade produtiva e era tolerada pela sociedade a utilização dos filhos menores em trabalhos não remunerados, com fins econômicos. A interpretação em conformidade com a Constituição apenas autoriza aplicá-la em situações de colaboração nos serviços domésticos, sem fins econômicos, e desde que não prejudique a formação e educação dos filhos"[4].

De fato, a parte final do dispositivo, tal como redigida, subverte a lógica do sistema que espera, do menor, não um potencial imediato de exercício de capacidade laborativa, mas, sim, e principalmente, exercício de tarefas compatíveis com o seu estágio de desenvolvimento, especialmente no âmbito da sua educação.

Nesse sentido, o art. 32 da Convenção sobre os Direitos da Criança:

"Art. 32.

1 — Os Estados Partes reconhecem o direito da criança de estar protegida contra a exploração econômica e contra o desempenho de qualquer trabalho que possa ser perigoso ou interferir em sua educação, ou que seja nocivo para sua saúde ou para seu desenvolvimento físico, mental, espiritual, moral ou social.

2 — Os Estados Partes adotarão medidas legislativas, sociais e educacionais com vistas a assegurar a aplicação do presente artigo. Com tal propósito, e levando em consideração as disposições pertinentes de outros instrumentos internacionais, os Estados Partes deverão, em particular:

a) estabelecer uma idade mínima ou idades mínimas para a admissão em emprego;

b) estabelecer regulamentação apropriada relativa a horários e condições de emprego;

c) estabelecer penalidades ou outras sanções apropriadas a fim de assegurar o cumprimento efetivo do presente artigo".

À vista do exposto, a exigência de serviços além dos limites do razoável poderá caracterizar a exploração da mão de obra infantil e do adolescente, com a aplicação das sanções criminais e civis correspondentes.

## 3. USUFRUTO E ADMINISTRAÇÃO DOS BENS DE FILHOS MENORES

O exercício do poder familiar importa no reconhecimento de prerrogativas aos pais.

Com efeito, enquanto no pleno exercício de tal poder, ambos os pais, na forma do art. 1.689 do CC/2002:

"I — são usufrutuários dos bens dos filhos;

II — têm a administração dos bens dos filhos menores sob sua autoridade".

[4] LÔBO, Paulo Luiz Netto. Do poder familiar, *Jus Navigandi*, n. 1.057, 24 maio 2006. Disponível em: <https://jus.com.br/artigos/8371/do-poder-familiar>. Acesso em: 26 jun. 2017.

Desse usufruto legal e administração, porém, alguns bens ficam excluídos, na forma do art. 1.693 do CC/2002:

"I — os bens adquiridos pelo filho havido fora do casamento, antes do reconhecimento;

II — os valores auferidos pelo filho maior de dezesseis anos, no exercício de atividade profissional e os bens com tais recursos adquiridos;

III — os bens deixados ou doados ao filho, sob a condição de não serem usufruídos, ou administrados, pelos pais;

IV — os bens que aos filhos couberem na herança, quando os pais forem excluídos da sucessão".

A representação legal dos filhos menores pelos pais é uma forma de suprimento da sua manifestação de vontade, reconhecida em lei, que tem por finalidade a preservação dos interesses dos incapazes.

Assim, na forma do *caput* do art. 1.690 do CC/2002, "compete aos pais, e na falta de um deles ao outro, com exclusividade, **representar os filhos menores de dezesseis anos, bem como assisti-los até completarem a maioridade** ou serem emancipados".

Essa representação deve sempre buscar a melhor tutela dos interesses dos menores, motivo pelo qual, havendo qualquer divergência insanável ou colisão de interesses, deverá o Poder Judiciário ser acionado para apresentar a solução, como se infere do parágrafo único do referido art. 1.690 do CC/2002[5], bem como da regra cogente do art. 1.692 do CC/2002[6].

E, nesse campo de conflito de interesses, aspectos patrimoniais comumente vêm à tona.

Talvez por isso, estabeleceu o art. 1.691 do CC/2002:

> "Art. 1.691. Não podem os pais alienar, ou gravar de ônus real os imóveis dos filhos, nem contrair, em nome deles, obrigações que ultrapassem os limites da simples administração, salvo por necessidade ou evidente interesse da prole, mediante prévia autorização do juiz.
>
> Parágrafo único. Podem pleitear a declaração de nulidade dos atos previstos neste artigo:
>
> I — os filhos;
>
> II — os herdeiros;
>
> III — o representante legal".

---

[5] "Parágrafo único. Os pais devem decidir em comum as questões relativas aos filhos e a seus bens; havendo divergência, poderá qualquer deles recorrer ao juiz para a solução necessária."

[6] "Art. 1.692. Sempre que no exercício do poder familiar colidir o interesse dos pais com o do filho, a requerimento deste ou do Ministério Público o juiz lhe dará curador especial."

Essa limitação da autonomia da vontade dos pais na administração dos bens se justifica exatamente pela busca da preservação dos interesses dos menores.

Se os bens não são de titularidade dos pais, mas, sim, dos próprios menores, a responsabilidade pela eventual dilapidação desse patrimônio, sem motivo razoável, justificaria a intervenção judicial.

Vale dizer, nas hipóteses previstas no dispositivo *supra*, a autorização judicial prévia é formalidade indispensável para a realização do ato, que é, portanto, na sua omissão, nulo de pleno direito, o que autorizaria, em nosso entender, também, a legitimidade do próprio Ministério Público.

## 4. EXTINÇÃO, SUSPENSÃO E DESTITUIÇÃO DO PODER FAMILIAR

A extinção do poder familiar pode se dar por causa não imputável (voluntariamente) a qualquer dos pais (art. 1.635 do CC/2002):

a) pela morte dos pais ou do filho;
b) pela emancipação, nos termos do art. 5º, parágrafo único;
c) pela maioridade;
d) pela adoção.

Verificada qualquer dessas hipóteses, o poder familiar sobre o filho deixa de existir.

No entanto, pode ocorrer que, em virtude de comportamentos (culposos ou dolosos) graves, o juiz, por decisão fundamentada, no bojo de procedimento em que se garanta o contraditório[7], determine a destituição do poder familiar (na forma do art. 1.638 do CC/2002).

Perderá por ato judicial o poder familiar o pai ou a mãe que:

a) castigar imoderadamente o filho;
b) deixar o filho em abandono;
c) praticar atos contrários à moral e aos bons costumes;
d) incidir, reiteradamente, em faltas autorizadoras da suspensão do poder familiar;
e) entregar de forma irregular o filho a terceiros para fins de adoção[8].

---

[7] O procedimento para a suspensão ou perda (destituição) do poder familiar poderá ser intentado pelo Ministério Público ou por quem tenha legítimo interesse, nos termos dos arts. 155 a 163 do ECA.

[8] Art. 1.638, Parágrafo único. "Perderá também por ato judicial o poder familiar aquele que: I — praticar contra outrem igualmente titular do mesmo poder familiar: a) homicídio, feminicídio ou lesão corporal de natureza grave ou seguida de morte, quando se tratar de crime doloso envolvendo violência doméstica e familiar ou menosprezo ou discriminação à condição de mulher; b) estupro ou outro crime contra a dignidade sexual sujeito à pena de reclusão; II — praticar contra filho, filha ou outro descendente: a) homicídio, feminicídio ou lesão corporal de natureza grave ou seguida de morte, quando se tratar de crime doloso envolvendo violência doméstica e familiar ou menosprezo ou discriminação à condição de mulher; b) estupro, estupro de vulnerável ou outro crime contra a dignidade sexual sujeito à pena de reclusão" (Incluído pela Lei n. 13.715, de 2018).

Trata-se, em tais casos, de uma verdadeira sanção civil, grave e de consequências profundas.

A forma como foi redigida a previsão do art. 1.638, remetendo ao inciso IV do art. 1.637 do CC/2002, é uma inovação do vigente Código Civil brasileiro, referindo-se à possibilidade de perda do poder familiar na reiteração de suspensão do poder familiar, caso em que o juiz, no exercício do poder geral de cautela, sem alijar o pai ou a mãe em definitivo da sua autoridade parental, obsta o seu exercício:

> "Art. 1.637. Se o pai, ou a mãe, abusar de sua autoridade, faltando aos deveres a eles inerentes ou arruinando os bens dos filhos, cabe ao juiz, requerendo algum parente, ou o Ministério Público, adotar a medida que lhe pareça reclamada pela segurança do menor e seus haveres, até suspendendo o poder familiar, quando convenha.
>
> Parágrafo único. Suspende-se igualmente o exercício do poder familiar ao pai ou à mãe condenados por sentença irrecorrível, em virtude de crime cuja pena exceda a dois anos de prisão"[9].

Trata-se de uma medida excepcional, que visa acautelar a situação dos menores, diante do reprovável comportamento dos seus pais.

## 5. GUARDA DE FILHOS

Inicialmente, frise-se que a guarda de que vamos tratar no presente capítulo, respeitando os limites metodológicos desta obra, não é a medida de colocação em família substituta prevista no ECA[10], mas, sim, o instituto derivado da própria autoridade parental exercida pelos pais.

---

[9] No Código Penal: "Art. 92. São também efeitos da condenação. I — a perda de cargo, função pública ou mandato eletivo: *a)* quando aplicada pena privativa de liberdade por tempo igual ou superior a um ano, nos crimes praticados com abuso de poder ou violação de dever para com a Administração Pública; *b)* quando for aplicada pena privativa de liberdade por tempo superior a 4 (quatro) anos nos demais casos; II — a incapacidade para o exercício do pátrio poder, tutela ou curatela, nos crimes dolosos, sujeitos à pena de reclusão, cometidos contra filho, tutelado ou curatelado; III — a inabilitação para dirigir veículo, quando utilizado como meio para a prática de crime doloso. Parágrafo único. Os efeitos de que trata este artigo não são automáticos, devendo ser motivadamente declarados na sentença.

[10] Lei n. 8.069, de 13 de julho de 1990 (Estatuto da Criança e do Adolescente): "Art. 28. A colocação em família substituta far-se-á mediante guarda, tutela ou adoção, independentemente da situação jurídica da criança ou adolescente, nos termos desta Lei. (...) Art. 33. A guarda obriga a prestação de assistência material, moral e educacional à criança ou adolescente, conferindo a seu detentor o direito de opor-se a terceiros, inclusive aos pais. § 1º A guarda destina-se a regularizar a posse de fato, podendo ser deferida, liminar ou incidentalmente, nos procedimentos de tutela e adoção, exceto no de adoção por estrangeiros. § 2º Excepcionalmente, deferir-se-á a guarda, fora dos casos de tutela e adoção, para atender a situações peculiares ou suprir a falta eventual dos pais ou responsável, podendo ser deferido o direito de representação para a prática de atos determinados. § 3º A guarda confere à criança ou adolescente a condição de dependente, para todos os fins e efeitos de direito, inclusive previdenciários. § 4º Salvo expressa e fundamentada determinação em contrário, da autoridade judiciária competente, ou quando a medida for aplicada em preparação para adoção, o deferimento da guarda de criança ou adolescente a terceiros não impede o exercício do direito de visitas pelos pais, assim

Como vimos, a culpa deixou de ser um elemento relevante para o reconhecimento do divórcio[11].

Isso também gera repercussões nos efeitos colaterais do término do vínculo conjugal.

Assim, entendemos que a culpa deixou de ser referência, também, no âmbito da fixação da guarda de filhos.

Aliás, após a promulgação da Constituição de 1988, essa linha de raciocínio já vinha sendo adotada.

No que toca aos filhos, sentido nenhum há em determinar a guarda em favor de um suposto "inocente" no fim do enlace conjugal.

Mesmo aqueles que perfilhavam a linha de pensamento de relevância da culpa no desenlace conjugal, reconheciam o total descabimento da análise da culpa com o propósito de se determinar a guarda de filhos ou a partilha dos bens.

Isso porque, no primeiro caso, interessa, tão somente, a busca do interesse existencial da criança ou do adolescente, pouco importando quem fora o "culpado" na separação ou no divórcio e, no segundo, porque a divisão patrimonial opera-se mediante a aplicação das normas do regime adotado, independentemente de quem haja sido o responsável pelo fim da união.

Vale dizer, se não há razão fundada no resguardo do interesse existencial da criança ou do adolescente, o cônjuge que apresentar melhores condições morais e psicológicas poderá deter a sua guarda, independentemente da aferição da culpa no fim da relação conjugal.

Claro está, todavia, que o deferimento dessa guarda unilateral só será possível depois de esgotada a tentativa de implementação da guarda compartilhada.

Num caso ou noutro, vale lembrar, o elemento "culpa" não é vetor determinante para o deferimento da guarda.

O tema da disciplina legal da guarda dos filhos passou por modificações supervenientes à edição do Código Civil de 2002.

Com efeito, primeiro foi editada a Lei n. 11.698, de 13 de junho de 2008, instituindo e disciplinando a guarda compartilhada como uma das modalidades possíveis a ser deferida.

---

como o dever de prestar alimentos, que serão objeto de regulamentação específica, a pedido do interessado ou do Ministério Público Art. 34. O poder público estimulará, por meio de assistência jurídica, incentivos fiscais e subsídios, o acolhimento, sob a forma de guarda, de criança ou adolescente afastado do convívio familiar. § 1º A inclusão da criança ou adolescente em programas de acolhimento familiar terá preferência a seu acolhimento institucional, observado, em qualquer caso, o caráter temporário e excepcional da medida, nos termos desta Lei. § 2º Na hipótese do § 1º deste artigo a pessoa ou casal cadastrado no programa de acolhimento familiar poderá receber a criança ou adolescente mediante guarda, observado o disposto nos arts. 28 a 33 desta Lei. Art. 35. A guarda poderá ser revogada a qualquer tempo, mediante ato judicial fundamentado, ouvido o Ministério Público".

[11] Sobre o tema, confira-se o Capítulo XXIII ("O Divórcio como Forma de Extinção do Vínculo Conjugal") do v. 6 ("Direito de Família") do nosso *Novo Curso de Direito Civil*.

Posteriormente, surgiu a Lei n. 13.058, de 22 de dezembro de 2014, buscando estabelecer o conceito legal de guarda compartilhada e dispondo sobre sua aplicação, tornando-a regra geral no ordenamento jurídico brasileiro.

Antes de explicar cada modalidade de guarda no nosso sistema, vejamos como ficou a atual redação do art. 1.583 do Código Civil, que trata sobre o tema:

> "Art. 1.583. A guarda será unilateral ou compartilhada.
>
> § 1º Compreende-se por guarda unilateral a atribuída a um só dos genitores ou a alguém que o substitua (art. 1.584, § 5º) e, por guarda compartilhada a responsabilização conjunta e o exercício de direitos e deveres do pai e da mãe que não vivam sob o mesmo teto, concernentes ao poder familiar dos filhos comuns.
>
> § 2º Na guarda compartilhada, o tempo de convívio com os filhos deve ser dividido de forma equilibrada com a mãe e com o pai, sempre tendo em vista as condições fáticas e os interesses dos filhos.
>
> § 3º Na guarda compartilhada, a cidade considerada base de moradia dos filhos será aquela que melhor atender aos interesses dos filhos.
>
> § 4º [*Vetado.*]
>
> § 5º A guarda unilateral obriga o pai ou a mãe que não a detenha a supervisionar os interesses dos filhos, e, para possibilitar tal supervisão, qualquer dos genitores sempre será parte legítima para solicitar informações e/ou prestação de contas, objetivas ou subjetivas, em assuntos ou situações que direta ou indiretamente afetem a saúde física e psicológica e a educação de seus filhos".

Já cuidamos de mencionar que, para efeito da fixação da guarda de filhos, há de se levar em conta o interesse existencial da prole, e não a suposta responsabilidade daquele que teria dado causa ao fim do casamento.

Assim, imagine-se que o sujeito não haja sido um bom marido.

Enamorou-se de outra no curso do matrimônio.

Mas sempre se comportou como um pai exemplar, não permitindo que os seus filhos experimentassem influência perniciosa.

Ora, se, no curso do processo judicial em que se discute a guarda dos filhos — e isso, claro, pode ser analisado, sim, em procedimento de divórcio, desde que haja sido cumulado pedido nesse sentido — ficar demonstrado que o genitor tem melhores condições para o exercício da guarda, poderá obter o deferimento desta.

No divórcio administrativo, como sabemos, não há espaço para esse tipo de discussão, pois, em havendo filhos menores ou incapazes, torna-se obrigatório o processo judicial, com a imprescindível intervenção do Ministério Público[12].

---

[12] Em verdade, se os direitos do filho menor ou incapaz já se encontram resguardados (por meio de anterior sentença que regulou guarda e alimentos, p. ex.), e o casal, em cartório, pretende apenas a decretação do divórcio consensual, é discutível essa vedação.

Assim, volvendo a nossa atenção para os processos judiciais, não é demais lembrar que, em petições de divórcio, a alegação de culpa para efeito de fixação de guarda somente tem sentido se o comportamento atacado interferir na esfera existencial dos filhos.

Dessa forma, se a referida alegação repercutir apenas na esfera jurídica do cônjuge supostamente "inocente", em nada deverá interferir na decisão do juiz.

Esse é o melhor entendimento.

Em geral, do ponto de vista teórico, temos quatro modalidades de guarda:

a) guarda unilateral ou exclusiva — é a modalidade em que um dos pais detém exclusivamente a guarda, cabendo ao outro direito de visitas. O filho passa a morar no mesmo domicílio do seu guardião;

b) guarda alternada — modalidade comumente confundida com a compartilhada[13], mas que tem características próprias. Quando fixada, o pai e a mãe revezam períodos exclusivos de guarda, cabendo ao outro direito de visitas. Exemplo: de 1º de janeiro a 30 de abril a mãe exercerá com exclusividade a guarda, cabendo ao pai direito de visitas, incluindo o de ter o filho em finais de semanas alternados; de 1º de maio a 31 de agosto, inverte-se, e assim segue sucessivamente. Note-se que há uma alternância na exclusividade da guarda, e o tempo de seu exercício dependerá da decisão judicial. Não é uma boa modalidade, na prática, sob o prisma do interesse dos filhos;

c) nidação ou aninhamento — espécie pouco comum em nossa jurisprudência, mas ocorrente em países europeus. Para evitar que a criança fique indo de uma casa para outra (da casa do pai para a casa da mãe, segundo o regime de visitas), ela permanece no mesmo domicílio em que vivia o casal, enquanto casados, e os pais se revezam na companhia desta. Vale dizer, o pai e a mãe, já separados, moram em casas diferentes, mas a criança permanece no mesmo lar, revezando-se os pais em sua companhia, segundo a decisão judicial. Tipo de guarda pouco comum, sobretudo porque os envolvidos devem ser ricos ou financeiramente fortes. Afinal, precisarão manter, além das suas residências, aquela em que os filhos moram. (Haja disposição econômica para tanto!)

d) guarda compartilhada ou conjunta — modalidade preferível em nosso sistema, de inegáveis vantagens, mormente sob o prisma da repercussão psicológica na prole, se comparada a qualquer das outras. Nesse tipo de guarda, não há exclusividade em seu exercício. Tanto o pai quanto a mãe detêm-na e são responsáveis pela condução da vida dos filhos[14]. O próprio legislador a diferencia da

---

[13] A leitura do já transcrito § 2º do art. 1.583 do vigente Código Civil permite constatar tal confusão ao preceituar que, na "guarda compartilhada, o tempo de convívio com os filhos deve ser dividido de forma equilibrada com a mãe e com o pai, sempre tendo em vista as condições fáticas e os interesses dos filhos". Divisão predeterminada de tempo é próprio de guarda dividida ou alternada. Na guarda compartilhada, não deve haver divisão, mas coexistência.

[14] No próprio termo de guarda compartilhada, é recomendável fazer-se menção à pensão alimentícia devida aos filhos para que dúvida não exista, *a posteriori*, quanto à extensão desse direito, uma vez

> modalidade unilateral: "Art. 1.583, § 1º Compreende-se por guarda unilateral a atribuída a um só dos genitores ou a alguém que o substitua (art. 1.584, § 5º) e, por guarda compartilhada a responsabilização conjunta e o exercício de direitos e deveres do pai e da mãe que não vivam sob o mesmo teto, concernentes ao poder familiar dos filhos comuns"[15].

É digno de nota que, a partir da Lei n. 11.698, de 2008, a guarda compartilhada ou conjunta passou a ser a modalidade preferível em nosso sistema, passando, com a Lei n. 13.058, de 2014, a ser o regime prioritário, salvo manifestação de recusa expressa.

É a conclusão que se tira da leitura da atual redação do § 2º do art. 584 do Código Civil brasileiro: "Quando não houver acordo entre a mãe e o pai quanto à guarda do filho, encontrando-se ambos os genitores aptos a exercer o poder familiar, será aplicada a guarda compartilhada, salvo se um dos genitores declarar ao magistrado que não deseja a guarda do menor".

Trata-se de um avanço, na busca de pacificação de conflitos referentes à guarda, bem como um estímulo à paternidade responsável.

Isso porque as suas vantagens, como já ficou claro acima, são manifestas, mormente em se levando em conta não existir a danosa "exclusividade" típica da guarda unilateral, com resultado positivo na dimensão psíquica da criança ou do adolescente que passa a sofrer em menor escala o devastador efeito do fim da relação de afeto que unia os seus genitores.

Aliás, quantos milhares de casais, no Brasil, antes mesmo da aprovação da Lei da Guarda Compartilhada, na prática, por força do bom relacionamento mantido, já aplicavam o instituto?

Esse é o ideal em uma solução civilizada e consciente sobre a responsabilidade parental.

Preocupa-nos, no entanto, um aspecto delicado atinente ao tema.

Na esmagadora maioria dos casos, quando não se afigura possível a celebração de um acordo, ou seja, uma solução madura e negociada, soa temerária a imposição estatal

---

que, sendo compartilhada a guarda — e, consequentemente, as despesas —, há possibilidade de não haver necessariamente a concessão de uma pensão alimentícia propriamente dita.

[15] Ao menos em tese, essa modalidade de guarda, sem dúvida, é a que mais atende à perspectiva de pleno desenvolvimento dos filhos. Mediante uma responsabilidade conjunta dos pais, as potencialidades dos filhos serão sempre mais bem desenvolvidas. Nesse ponto, invocamos Giselda Hironaka: "A responsabilidade dos pais consiste principalmente em dar oportunidade ao desenvolvimento dos filhos, consiste principalmente em ajudá-los na construção da própria liberdade. Trata-se de uma inversão total, portanto, da ideia antiga e maximamente patriarcal de pátrio poder. Aqui, a compreensão baseada no conhecimento racional da natureza dos integrantes de uma família quer dizer que não há mais fundamento na prática da coisificação familiar" (HIRONAKA, Giselda Maria Fernandes Novaes. Responsabilidade civil na relação paterno-filial. *Jus Navigandi*, n. 66. Disponível em: <https://jus.com.br/artigos/4192/responsabilidade-civil-na-relacao-paterno-filial>. Acesso em: 27 jun. 2017).

de um compartilhamento da guarda, pelo simples fato de que o mau relacionamento do casal, por si só, poderá colocar em risco a integridade dos filhos.

Por isso, caso o juiz não verifique maturidade e respeito no tratamento recíproco dispensado pelos pais, é recomendável que somente imponha a medida mediante um acompanhamento interdisciplinar, notadamente de ordem psicológica[16], haja vista que um relacionamento profundamente corroído do casal pode gerar um contrassenso no compartilhamento de um direito tão sensível.

Ou, em última *ratio*, não poderá impor a modalidade de guarda conjunta, pela absoluta impossibilidade prática.

LEONARDO MOREIRA ALVES discorre sobre esse tipo de guarda, observando as suas vantagens:

> "Como é cediço, inúmeros são os efeitos traumáticos provocados pela dissolução do casamento/união estável no desenvolvimento psíquico dos filhos menores e um deles, notadamente, é a perda de contato frequente com um dos seus genitores. Nesse sentido, verifica-se que a guarda compartilhada pretende evitar esse indesejado distanciamento, incentivando, ao máximo, a manutenção dos laços afetivos entre os envolvidos acima referidos, afinal de contas pai (gênero) não perde essa condição após o fim do relacionamento amoroso mantido com o outro genitor (gênero) do seu filho, nos termos do art. 1.632 do Código Civil. Nesse contexto, impende esclarecer que a guarda compartilhada não pode jamais ser confundida com a chamada guarda alternada: esta, não recomendável, eis que tutela apenas os interesses dos pais, implica em exercício unilateral do poder familiar por período determinado, promovendo uma verdadeira divisão do menor, que convive, por exemplo, 15 (quinze) dias unicamente com o pai e outros 15 (quinze) dias unicamente com a mãe; aquela, por sua vez, altamente recomendável, eis que tutela os interesses do menor, consiste no exercício simultâneo do poder familiar, incentivando a manutenção do vínculo afetivo do menor com o genitor com quem ele não reside. Sobre a minoração dos efeitos da dissolução do casamento/união estável dos pais com a maior participação dos mesmos na vida dos seus filhos através da guarda compartilhada, assevera Paulo Lôbo: 'A guarda compartilhada é caracterizada pela manutenção responsável e solidária dos direitos-deveres inerentes ao poder familiar, minimizando-se os efeitos da separação dos pais. Assim, preferencialmente, os pais permanecem com as mesmas divisões de tarefas que mantinham quando conviviam, acompanhando conjuntamente a formação e o desenvolvimento do filho. Nesse sentido, na medida das possibilidades de cada um, devem participar das atividades de estudos, de esporte e de lazer do filho.

16 "Art. 1.584. (...) § 3º Para estabelecer as atribuições do pai e da mãe e os períodos de convivência sob guarda compartilhada, o juiz, de ofício ou a requerimento do Ministério Público, poderá basear-se em orientação técnico-profissional ou de equipe interdisciplinar, que deverá visar à divisão equilibrada do tempo com o pai e com a mãe."

> O ponto mais importante é a convivência compartilhada, pois o filho deve sentir-se 'em casa' tanto na residência de um quanto na do outro. Em algumas experiências bem-sucedidas de guarda compartilhada, mantêm-se quartos e objetos pessoais do filho em ambas as residências, ainda quando seus pais tenham constituído novas famílias' (LÔBO, 2008, p. 176). De outro lado, a guarda compartilhada também possui o importante efeito de impedir a ocorrência do Fenômeno da Alienação Parental e a consequente Síndrome da Alienação Parental (capítulo 1), já que, em sendo o poder familiar exercido conjuntamente, não há que se falar em utilização do menor por um dos genitores como instrumento de chantagem e vingança contra o genitor que não convive com o mesmo, situação típica da guarda unilateral ou exclusiva. Com efeito, essas são justamente as duas grandes vantagens da guarda compartilhada: o incremento da convivência do menor com ambos os genitores, não obstante o fim do relacionamento amoroso entre aqueles, e a diminuição dos riscos de ocorrência da Alienação Parental. Desse modo, constata-se que, em verdade, a guarda compartilhada tem como objetivo final a concretização do princípio do melhor interesse do menor (princípio garantidor da efetivação dos direitos fundamentais da criança e do adolescente, tratando-se de uma franca materialização da teoria da proteção integral — art. 227 da Constituição Federal e art. 1º do Estatuto da Criança e do Adolescente), pois é medida que deve ser aplicada sempre e exclusivamente em benefício do filho menor"[17].

Não temos dúvida de que a guarda compartilhada é o melhor modelo de custódia filial, na perspectiva do princípio maior da dignidade da pessoa humana.

Todavia, como já advertimos desde edições anteriores, há casais que, infelizmente, dividem apenas ódio e ressentimento, não partilhando uma única palavra entre si. Como, então, nessas situações, compartilhar a guarda de uma criança?

O resultado disso poderá ser o agravamento do dano psicológico — e existencial — experimentado pelo menor, que já sofre pela desconstrução do seu núcleo familiar.

Por isso, invocando os princípios da proteção integral e da dignidade da pessoa humana, temos que uma interpretação conforme a Constituição conduz-nos à firme conclusão de que o juiz não está adstrito cegamente à imposição do compartilhamento quando verificar provável dano à esfera existencial da criança ou do adolescente[18].

---

17 ALVES, Leonardo Barreto Moreira. A Guarda Compartilhada e a Lei n. 11.698/08, *Jus Navigandi*, n. 2.106, 7 abr. 2009. Disponível em: <https://jus.com.br/artigos/12592/a-guarda-compartilhada-e-a-lei-n-11-698-08>. Acesso em: 27 jun. 2017.

18 Confiram-se, a propósito, os §§ 4º e 5º do art. 1.584 do Código Civil brasileiro, na sua atual redação: "§ 4º A alteração não autorizada ou o descumprimento imotivado de cláusula de guarda unilateral ou compartilhada poderá implicar a redução de prerrogativas atribuídas ao seu detentor. § 5º Se o juiz verificar que o filho não deve permanecer sob a guarda do pai ou da mãe, deferirá a guarda à pessoa que revele compatibilidade com a natureza da medida, considerados, de preferência, o grau de parentesco e as relações de afinidade e afetividade".

Raciocínio contrário, aliás, resultaria, arriscamos dizer, em uma excessiva "judicialização" de questões mínimas, na medida em que, pela manifesta ausência de diálogo, o casal, submetido a um modelo obrigatório de guarda conjunta, com potencial dano ao próprio filho, submeteria ao juiz a decisão da cor do sapato da criança.

Ademais, a leitura da justificativa do Projeto do qual se originou a lei sugere que, em verdade, o legislador, posto estivesse cuidando da guarda compartilhada, pretendeu tratar da "guarda alternada", modelo diverso de custódia em que os pais revezam períodos exclusivos em companhia do menor.

Nesse sentido, observa JOSÉ FERNANDO SIMÃO:

> "Convívio com ambos os pais, algo saudável e necessário ao menor, não significa, como faz crer o dispositivo, que o menor passa a ter duas casas, dormindo às segundas e quartas na casa do pai e terças e quintas na casa da mãe. Essa orientação é de guarda alternada e não compartilhada.
>
> A criança sofre, nessa hipótese, o drama do duplo referencial criando desordem em sua vida. Não se pode imaginar que compartilhar a guarda significa que nas duas primeiras semanas do mês a criança dorme na casa paterna e nas duas últimas dorme na casa materna.
>
> Compartilhar a guarda significa exclusivamente que a criança terá convívio mais intenso com seu pai (que normalmente fica sem a guarda unilateral) e não apenas nas visitas ocorridas a cada 15 dias nos fins de semana. Assim, o pai deverá levar seu filho à escola durante a semana, poderá com ele almoçar ou jantar em dias específicos, poderá estar com ele em certas manhãs ou tardes para acompanhar seus deveres escolares.
>
> Note-se que há por trás da norma projetada uma grande confusão. Não é pelo fato de a guarda ser unilateral que as decisões referentes aos filhos passam a ser exclusivas daquele que detém a guarda.
>
> Decisão sobre escola em que estuda o filho, religião, tratamento médico entre outras é e sempre foi uma decisão conjunta, de ambos os pais, pois decorre do poder familiar. Não é a guarda compartilhada que resolve essa questão que, aliás, nenhuma relação tem com a posse física e a companhia dos filhos"[19].

Esta é mais uma razão para sustentarmos a ideia de que o juiz não está adstrito a impor necessariamente um compartilhamento obrigatório, quando se convencer de que não é a melhor solução, segundo o melhor interesse existencial da criança ou do adolescente.

Assim, propondo uma sistematização final sobre o tema, reconhecemos que a guarda compartilhada é a regra geral e deve ser o regime fixado normalmente pelo juiz, até

[19] SIMÃO, José Fernando. Guarda Compartilhada Obrigatória. Mito ou Realidade? O que muda com a aprovação do PL 117/2013. Disponível em: <https://flaviotartuce.jusbrasil.com.br/artigos/153734851/guarda-compartilhada-obrigatoria-mito-ou-realidade-o-que-muda-com-a-aprovacao-do-pl-117-2013>. Acesso em: 27 jun. 2017.

mesmo em guarda provisória[20], mas pode ser excepcionado não somente quando um dos pais recusar expressamente a guarda (hipótese prevista expressamente no texto codificado), mas também quando verificar que pode haver algum dano à criança ou ao adolescente.

Finalmente, é bom que se diga que, não importando se o divórcio fora judicial ou administrativo, litigioso ou consensual, permanece em vigor, sem sombra de dúvidas, mesmo após a promulgação da Emenda, o quanto dispõe o art. 1.579 do Código Civil (equivalente ao art. 27 da Lei n. 6.515/77 — "Lei do Divórcio"):

> "Art. 1.579. O divórcio não modificará os direitos e deveres dos pais em relação aos filhos[21].

---

[20] Confira-se o art. 1.585 do Código Civil brasileiro, na sua atual redação: "Art. 1.585. Em sede de medida cautelar de separação de corpos, em sede de medida cautelar de guarda ou em outra sede de fixação liminar de guarda, a decisão sobre guarda de filhos, mesmo que provisória, será proferida preferencialmente após a oitiva de ambas as partes perante o juiz, salvo se a proteção aos interesses dos filhos exigir a concessão de liminar sem a oitiva da outra parte, aplicando-se as disposições do art. 1.584".

[21] No plano dos direitos dos menores, questão mais delicada diz respeito à possibilidade de a guarda, quando não decorrente diretamente do poder familiar dos pais, mas, sim, configurando medida protetiva do ECA, poder ser usada ou não para fins previdenciários. Trata-se de uma tese que, em nosso sentir, merece reflexão, razão por que não a afastamos de plano. Mas o assunto é polêmico: "INSTITUTO DA GUARDA NÃO PODE SER USADO PARA FINS PREVIDENCIÁRIOS — A Primeira Câmara Cível do Tribunal de Justiça de Mato Grosso negou recurso interposto por um avô que pretendia a guarda do neto com finalidade de proporcionar-lhe benefício previdenciário. A câmara julgadora considerou que o instituto da guarda deve proporcionar ao menor uma família substituta e apenas seria deferido fora dos casos de tutela ou adoção para atender a situações peculiares ou suprir a falta eventual dos pais ou responsável, o que não seria o caso em questão. Do contrário, a jurisprudência e o Estatuto da Criança e do Adolescente (ECA) consideram que haveria desvirtuamento do instituto da guarda e ainda a possibilidade de provocar a falência do setor previdenciário. O recurso pretendia reformar sentença proferida pelo Juízo da Terceira Vara de Família e Sucessões da Comarca de Várzea Grande, que, nos autos de uma ação de homologação de acordo, referente à guarda de um menor, julgou-a improcedente. No recurso, foi sustentado que a situação seria de extrema importância, pois o futuro do menor dependeria da ajuda recebida de seu avô materno, que já se encontraria com a guarda de fato do neto, pretendendo apenas a regularização, inclusive para fins previdenciários. Alegou que a pretensão encontraria respaldo dos pais do menor. Ao final, foi solicitada reforma da decisão de Primeira Instância. A câmara julgadora, composta pelo relator, juiz convocado Paulo Sérgio Carreira de Souza, e pelos desembargadores Jurandir Florêncio de Castilho, revisor, e Juracy Persiani, vogal convocado, considerou a apelação contrária à legislação, pois a assistência financeira deve ser consequência e não causa e fundamento para o requerimento da guarda. Os magistrados salientaram que a criança vive em companhia da mãe e que o pai constituiu nova família, residindo na mesma comarca. Em seu voto, o juiz relator destacou que o instituto da guarda, regulado pela Lei n. 8.069/1990, é responsável por colocar o menor em família substituta e apenas deferido fora dos casos de tutela ou adoção para atender a situações peculiares ou suprir a falta dos pais ou responsável (artigo 33, § 2º). Ou seja, não evidenciando qualquer das citações no caso em questão, o magistrado afirmou que nada impede que o avô continue auxiliando o menor de forma material e moralmente. No entanto, o indeferimento do pedido se faz necessário para preservação do instituto da guarda e manutenção do sistema previdenciário" (TJMT. Disponível em: <http://www.jusbrasil.com.br/noticias/2131286/instituto-da-guarda-nao-pode-ser-usado-para-fins-previdenciarios>. Acesso em: 27 jun. 2017).

Parágrafo único. Novo casamento de qualquer dos pais, ou de ambos, não poderá importar restrições aos direitos e deveres previstos neste artigo".

Isso porque, como lembram CRISTIANO CHAVES, NELSON ROSENVALD e FERNANDA LEÃO BARRETO:

"A nova tábua axiológica de valores inaugurada pela atual Constituição consagra a filiação como um direito de todos os filhos, independentemente do modo de concepção ou da natureza da relação que os vincula aos pais (CF, art. 227), e que se desatrela indelevelmente da permanência ou durabilidade do núcleo familiar"[22].

Aliás, a relevância jurídica e a carga cogente dos direitos das crianças e dos adolescentes já havia sido observada por LUIZ EDSON FACHIN:

"A vida jurídica da família saiu do âmbito privado; os direitos das crianças e dos adolescentes, por exemplo, passaram a ser lei exigível mesmo contra a vontade dos pais que ainda têm dificuldade em reconhecer que, na educação dos filhos, eles também, diariamente, têm muito a aprender. Além disso, à liberdade conquistada falta, muitas vezes, o senso da responsabilidade e do limite"[23].

Parece-nos, sem dúvida, a melhor compreensão sobre o tema.

## 6. ALIENAÇÃO PARENTAL

A expressão síndrome da alienação parental (SAP) foi cunhada por Richard Gardner, Professor do Departamento de Psiquiatria Infantil da Faculdade de Colúmbia, em Nova York, EUA, em 1985:

"A Síndrome de Alienação Parental (SAP) é um distúrbio da infância que aparece quase exclusivamente no contexto de disputas de custódia de crianças. Sua manifestação preliminar é a campanha denegritória contra um dos genitores, uma campanha feita pela própria criança e que não tenha nenhuma justificação. Resulta da combinação das instruções de um genitor (o que faz a 'lavagem cerebral, programação, doutrinação') e contribuições da própria criança para caluniar o genitor-alvo. Quando o abuso e/ou a negligência parentais verdadeiros estão presentes, a animosidade da criança pode ser justificada, e assim a explicação de Síndrome de Alienação Parental para a hostilidade da criança não é aplicável"[24].

---

22 CHAVES, Cristiano; ROSENVALD, Nelson; BARRETO, Fernanda Carvalho Leão. *Código das Famílias Comentado*. ALVES, Leonardo Barreto Moreira (coord.), Comentário ao art. 1.579, Belo Horizonte: Del Rey, 2010, p. 181.

23 FACHIN, Luiz Edson. A Família Fora de Lugar. Disponível em: <http://www.gazetadopovo.com.br/vida-e-cidadania/a-familia-fora-de-lugar-bfcl55usbob11k6sfboncg1fy>. Acesso em: 27 jun. 2017.

24 GARDNER, Richard A. O DSM-IV Tem Equivalente para o Diagnóstico de Síndrome de Aliena-

Trata-se, como dito, de um distúrbio que assola crianças e adolescentes vítimas da interferência psicológica indevida realizada por um dos pais com o propósito de fazer com que repudie o outro genitor.

Infelizmente, não compreendem esses pais que a utilização do filho como instrumento de catarse emocional ou extravasamento de mágoa, além de traduzir detestável covardia, acarreta profundas feridas na alma do menor, vítima dessa devastadora síndrome.

PRISCILA FONSECA, em estudo sobre o tema, afirma, com precisão:

> "A síndrome da alienação parental não se confunde, portanto, com a mera alienação parental. Aquela geralmente é decorrente desta, ou seja, a alienação parental é o afastamento do filho de um dos genitores, provocado pelo outro, via de regra, o titular da custódia. A síndrome da alienação parental, por seu turno, diz respeito às sequelas emocionais e comportamentais de que vem a padecer a criança vítima daquele alijamento. Assim, enquanto a síndrome refere-se à conduta do filho que se recusa terminante e obstinadamente a ter contato com um dos progenitores, que já sofre as mazelas oriundas daquele rompimento, a alienação parental relaciona-se com o processo desencadeado pelo progenitor que intenta arredar o outro genitor da vida do filho"[25].

Frequentemente, nas disputas de custódia, especialmente quando não existe a adoção consensual do sistema de guarda compartilhada, essa nefasta síndrome se faz presente, marcando um verdadeiro fosso de afastamento e frieza entre o filho, vítima da captação dolosa de vontade do alienador, e o seu outro genitor.

Tais cicatrizes, se não cuidadas a tempo, poderão se tornar profundas e perenes.

No dizer de JUSSARA MEIRELLES:

> "Assim, se o filho é manipulado por um dos pais para odiar o outro, aos poucos, suavemente se infiltrando nas suas ideias, uma concepção errônea da realidade, essa alienação pode atingir pontos tão críticos que a vítima do ódio, já em desvantagem, não consegue revertê-la"[26].

E a doutrina especializada cuida, ainda, de traçar a diagnose diferencial entre a síndrome da alienação parental e o ambiente familiar hostil, conforme preleciona MARCO ANTONIO GARCIA DE PINHO:

---

ção Parental (SAP)? Disponível em: <http://www.alienacaoparental.com.br/textos-sobre-sap-1/o-dsm-iv-tem-equivalente>. Acesso em: 27 jun. 2017.

[25] FONSECA, Priscila Maria Pereira Corrêa da. Síndrome da Alienação Parental. Disponível em: <http://priscilafonseca.com.br/sindrome-da-alienacao-parental-artigo-publicado-na-revista-do-cao-civel-no-15-ministerio-publico-do-estado-do-para-jandez-2009-revista-ibdfam-ano-8-no-40-f/>. Acesso em: 27 jun. 2017.

[26] MEIRELLES, Jussara Maria Leal de. Reestruturando afetos no ambiente familiar: a guarda dos filhos e a síndrome da alienação parental. In: DIAS, Maria Berenice; BASTOS, Eliene Ferreira; MORAES, Naime Márcio Martins (coords.). *Afeto e estruturas familiares,* Belo Horizonte: Del Rey, 2009, p. 265.

> "A doutrina estrangeira também menciona a chamada HAP — *Hostile Aggressive Parenting*, que aqui passo a tratar por 'AFH — Ambiente Familiar Hostil', situação muitas vezes tida como sinônimo da Alienação Parental ou Síndrome do Pai Adversário, mas que com esta não se confunde, vez que a Alienação está ligada a situações envolvendo a guarda de filhos ou caso análogo por pais divorciados ou em processo de separação litigiosa, ao passo que o AFH — Ambiente Familiar Hostil — seria mais abrangente, fazendo-se presente em quaisquer situações em que duas ou mais pessoas ligadas à criança ou ao adolescente estejam divergindo sobre educação, valores, religião, sobre como a mesma deva ser criada etc.
>
> Ademais, a situação de 'Ambiente Familiar Hostil' pode ocorrer até mesmo com casais vivendo juntos, expondo a criança e o adolescente a um ambiente deletério, ou mesmo em clássica situação onde o processo é alimentado pelos tios e avós que também passam a minar a representação paterna, com atitudes e comentários desairosos, agindo como catalisadores deste injusto ardil humilhante e destrutivo da figura do pai ou, na visão do Ambiente Hostil, sempre divergindo sobre 'o que seria melhor para a criança', expondo esta a um lar em constante desarmonia, ocasionando sérios danos psicológicos à mesma e também ao pai.
>
> Na doutrina internacional, uma das principais diferenças elencadas entre a Alienação Parental e o Ambiente Familiar Hostil reside no fato que o AFH estaria ligado às atitudes e comportamentos, às ações e decisões concretas que afetam as crianças e adolescentes, ao passo que a Síndrome da Alienação Parental se veria relacionada às questões ligadas à mente, ao fator psicológico"[27].

Nesse contexto psicológico, de devastadores efeitos na seara das relações familiares, não poderia, o legislador, manter uma postura abstencionista[28].

Por tudo isso, em 26 de agosto de 2010, fora aprovada a Lei n. 12.318, que dispôs sobre a alienação parental no Brasil[29]:

---

27 PINHO, Marco Antonio Garcia de. Nova Lei 12.318/10 — Alienação Parental. Disponível em: <https://www.jurisway.org.br/v2/dhall.asp?id_dh=3329>. Acesso em: 27 jun. 2017.

28 O embaraço ao direito de visitas, anotam Filipe Garbelotto, Kalline Assunção e Nicia Abreu, nos Estados Unidos é considerado crime: "No Brasil não é considerado crime a oposição ao exercício do direito de visitas. Mas não é assim em todo o mundo. Nos Estados Unidos, por exemplo, essa questão é tratada pela legislação vigente, como o Código Penal da Califórnia, que dispõe: 'Toda pessoa que guarda, aloja, detém, suprime ou esconde uma criança, e impede com a intenção maliciosa o genitor possuidor da guarda legal de exercer este direito, ou impede uma pessoa do direito de visita, será castigado com prisão máxima de um ano, de uma multa máxima de US$ 1.000.00, ou dos dois...'" (GARDNER_ADDENDUM2, § 13). (*Abuso de Direito nas Relações Familiares*: A Ineficácia das Sanções Pecuniárias na Alienação Parental, pesquisa apresentada no curso de Pós-Graduação em Direito Civil da Unifacs em Salvador-BA, em setembro de 2010, ainda inédita).

29 "É digno de nota haver o Presidente vetado dois dispositivos da nova lei: os arts. 9º e 10. Este último, vale mencionar, visava a tipificar como crime 'quem apresenta relato falso ao agente indicado no *caput* ou à autoridade policial cujo teor possa ensejar restrição à convivência de criança ou adolescen-

"Art. 2º Considera-se ato de alienação parental a interferência na formação psicológica da criança ou do adolescente promovida ou induzida por um dos genitores, pelos avós ou pelos que tenham a criança ou adolescente sob a sua autoridade, guarda ou vigilância para que repudie genitor ou que cause prejuízo ao estabelecimento ou à manutenção de vínculos com este.

(...)

Art. 3º A prática de ato de alienação parental fere direito fundamental da criança ou do adolescente de convivência familiar saudável, prejudica a realização de afeto nas relações com genitor e com o grupo familiar, constitui abuso moral contra a criança ou o adolescente e descumprimento dos deveres inerentes à autoridade parental ou decorrentes de tutela ou guarda".

E o próprio diploma exemplifica as condutas que podem caracterizar a alienação parental, praticadas diretamente ou com auxílio de terceiros, e sem prejuízo de outros comportamentos, não expressamente delineados em lei, reconhecidos pelo juiz ou pela própria perícia (Parágrafo único, do art. 2º, da Lei n. 12.318/2010:

"a) realizar campanha de desqualificação da conduta do genitor no exercício da paternidade ou maternidade;

b) dificultar o exercício da autoridade parental;

c) dificultar contato de criança ou adolescente com genitor;

d) dificultar o exercício do direito regulamentado de convivência familiar;

e) omitir deliberadamente a genitor informações pessoais relevantes sobre a criança ou adolescente, inclusive escolares, médicas e alterações de endereço[30];

f) apresentar falsa denúncia contra genitor, contra familiares deste ou contra avós, para obstar ou dificultar a convivência deles com a criança ou adolescente;

g) mudar o domicílio para local distante, sem justificativa, visando a dificultar a convivência da criança ou adolescente com o outro genitor, com familiares deste ou com avós".

---

te com genitor'. Segundo a justificativa presidencial, que merece a nossa atenção, pretendeu-se, com o referido veto, evitar prejuízo à própria criança ou adolescente. Ponderamos que o tipo penal que se pretendia consagrar talvez inibisse a apresentação de *notitia criminis* para a apuração de abusos e violação de direitos dos menores. De qualquer forma, lembramos que, a despeito do veto — a depender do caso concreto — a denunciação caluniosa poderá se configurar (art. 339, CP). Sugerimos a importante leitura da mensagem de veto" (Pablo Stolze Gagliano, comentário postado no blog jurídico do *site* <www.pablostolze.com.br>. Disponível em: <http://pablostolze.ning.com/profiles/blogs/nova-lei-da-alienacao-parental>. Acesso em: 12 set. 2010).

30 Para situações como essa, é aplicável o § 6º do art. 1.584 do Código Civil brasileiro, na sua nova redação: "§ 6º Qualquer estabelecimento público ou privado é obrigado a prestar informações a qualquer dos genitores sobre os filhos destes, sob pena de multa de R$ 200,00 (duzentos reais) a R$ 500,00 (quinhentos reais) por dia pelo não atendimento da solicitação".

E, em nível processual, é digno de nota que, para o fim de aplicar as sanções legais ao alienador, contentou-se o legislador não com uma prova suficiente da ocorrência do ilícito, mas sim com meros indícios do ato de alienação parental:

> "Art. 4º Declarado indício de ato de alienação parental, a requerimento ou de ofício, em qualquer momento processual, em ação autônoma ou incidentalmente, o processo terá tramitação prioritária, e o juiz determinará, com urgência, ouvido o Ministério Público, as medidas provisórias necessárias para preservação da integridade psicológica da criança ou do adolescente, inclusive para assegurar sua convivência com genitor ou viabilizar a efetiva reaproximação entre ambos, se for o caso.
>
> Parágrafo único. Assegurar-se-á à criança ou adolescente e ao genitor garantia mínima de visitação assistida, ressalvados os casos em que há iminente risco de prejuízo à integridade física ou psicológica da criança ou do adolescente, atestado por profissional eventualmente designado pelo juiz para acompanhamento das visitas".

Em uma primeira análise, poder-se-ia até argumentar que tal previsão meramente indiciária afrontaria o sistema constitucional de ampla defesa, mas, em verdade, tal raciocínio não procede, pois o que se tem em mira é, em primeiro plano, a perspectiva de defesa da própria criança ou adolescente, vítima indefesa dessa grave forma de programação mental, em um contexto familiar que, em geral, dificulta sobremaneira a reconstrução fática da prova em juízo[31].

Finalmente, cuidou, ainda, a nova lei, de estabelecer as sanções impostas ao alienador, sem prejuízo da responsabilidade civil ou criminal pertinente:

> "Art. 6º Caracterizados atos típicos de alienação parental ou qualquer conduta que dificulte a convivência de criança ou adolescente com genitor, em ação autônoma ou incidental, o juiz poderá, cumulativamente ou não, sem prejuízo da decorrente responsabilidade civil ou criminal e da ampla utilização de instrumentos processuais aptos a inibir ou atenuar seus efeitos, segundo a gravidade do caso:
>
> I — declarar a ocorrência de alienação parental e advertir o alienador;

---

[31] Importante é o papel da prova pericial, para o fim de fornecer ao juiz os elementos necessários para o reconhecimento do ato de alienação parental: "Art. 5º Havendo indício da prática de ato de alienação parental, em ação autônoma ou incidental, o juiz, se necessário, determinará perícia psicológica ou biopsicossocial. § 1º O laudo pericial terá base em ampla avaliação psicológica ou biopsicossocial, conforme o caso, compreendendo, inclusive, entrevista pessoal com as partes, exame de documentos dos autos, histórico do relacionamento do casal e da separação, cronologia de incidentes, avaliação da personalidade dos envolvidos e exame da forma como a criança ou adolescente se manifesta acerca de eventual acusação contra genitor. § 2º A perícia será realizada por profissional ou equipe multidisciplinar habilitados, exigido, em qualquer caso, aptidão comprovada por histórico profissional ou acadêmico para diagnosticar atos de alienação parental. § 3º O perito ou equipe multidisciplinar designada para verificar a ocorrência de alienação parental terá prazo de 90 (noventa) dias para apresentação do laudo, prorrogável exclusivamente por autorização judicial baseada em justificativa circunstanciada".

II — ampliar o regime de convivência familiar em favor do genitor alienado;

III — estipular multa ao alienador;

IV — determinar acompanhamento psicológico e/ou biopsicossocial;

V — determinar a alteração da guarda para guarda compartilhada ou sua inversão[32];

VI — determinar a fixação cautelar do domicílio da criança ou adolescente[33];

VII — declarar a suspensão da autoridade parental.

Parágrafo único. Caracterizado mudança abusiva de endereço, inviabilização ou obstrução à convivência familiar, o juiz também poderá inverter a obrigação de levar para ou retirar a criança ou adolescente da residência do genitor, por ocasião das alternâncias dos períodos de convivência familiar".

Existe, pois uma gradação sancionatória que parte de uma medida mais branda — advertência —, podendo culminar com uma imposição muito mais grave — suspensão do poder familiar —, garantindo-se, em qualquer circunstância, o contraditório e a ampla defesa, sob pena de flagrante nulidade processual.

Note-se não haver um prazo mínimo de suspensão do poder familiar, o que nos leva a crer que tal medida, enquanto se afigurar necessária, poderá subsistir, ou até que os filhos atinjam a plena capacidade civil, caso em que, como se sabe, extingue-se o próprio poder familiar.

Quanto à estipulação da multa ao alienador, algumas considerações merecem ser feitas.

Não somos favoráveis à imposição de medida pecuniária com o fito de impor uma obrigação de fazer, quando se trata de situação em que o "querer estar junto" seja o pressuposto do próprio comportamento que se espera seja realizado. Vale dizer, estabelecer uma multa para que um pai visite o seu filho, passeie com o seu filho, vá ao parque ou ao *shopping* com ele, em nosso pensar, não surte o efeito social que se espera.

Ora, a previsão da multa na Lei da Alienação Parental não tem o escopo que ora criticamos.

O que se pretende com o estabelecimento de sanção pecuniária é impor uma medida punitiva de cunho econômico em face da prática do ato de alienação, para que o seu agente deixe de realizar esse comportamento nocivo.

Em última *ratio*, o que se pretende é impor a abstenção de um comportamento indevido e espúrio de alienação mental da criança ou do adolescente, o que, em tese, pode se afigurar juridicamente cabível, se outra medida não se afigurar mais adequada.

---

[32] Cf. o art. 7º: "A atribuição ou alteração da guarda dar-se-á por preferência ao genitor que viabiliza a efetiva convivência da criança ou adolescente com o outro genitor nas hipóteses em que seja inviável a guarda compartilhada".

[33] Cf. o art. 8º: "A alteração de domicílio da criança ou adolescente é irrelevante para a determinação da competência relacionada às ações fundadas em direito de convivência familiar, salvo se decorrente de consenso entre os genitores ou de decisão judicial".

No plano pretoriano, a jurisprudência brasileira ainda é tímida quanto ao reconhecimento da alienação parental, valendo citar dois importantes julgados do Tribunal de Justiça do Rio Grande do Sul:

> "Agravo de Instrumento. Ação de execução de fazer. Imposição à mãe/guardiã de conduzir o filho à visitação paterna, como acordado, sob pena de multa diária. Indícios de síndrome de alienação parental por parte da guardiã que respalda a pena imposta. Recurso conhecido em parte e desprovido.
>
> Ao que transparece dos elementos anexados ao instrumento, fortes são os indícios de que a guardiã do menor sofre da síndrome da alienação parental, hipótese que recomenda a imediata realização de perícia oficial psicológica, junto ao DMJ, com o casal envolvido e o menor, se ainda não determinada pelo Juízo esta perícia" (AgI 70023276330, Comarca de Santa Maria/RS, Rel. Des. Ricardo Raupp Ruschel, em 18-6-2008).
>
> "Guarda. Superior interesse da criança. Síndrome da alienação parental. Havendo na postura da genitora indícios da presença da síndrome da alienação parental, o que pode comprometer a integridade psicológica da filha, atende melhor ao interesse da infante, mantê-la sob a guarda provisória da avó paterna. Negado provimento ao agravo.
>
> Verifica-se que a conduta da genitora mostra indícios do que a moderna doutrina nomina de 'síndrome de alienação parental' ou 'implantação de falsas memórias', o que, segundo os estudos do psiquiatra americano Richard Gardner, trata-se de verdadeira campanha desmoralizadora do genitor, utilizando a prole como instrumento da agressividade direcionada ao parceiro. Com isso, a criança é levada a rejeitar o genitor que a ama e que ela também ama, o que gera contradição de sentimentos e a destruição do vínculo entre ambos. O filho acaba passando por uma crise de lealdade, pois a lealdade para com um dos pais implica deslealdade para com o outro, tudo isso somado ao medo do abandono. Neste jogo de manipulações todas as armas são válidas para levar ao descrédito do genitor, inclusive a assertiva de ter sido o filho vítima de abuso sexual" (AgI 70014814479, Comarca de Santa Vitória do Palmar/RS, Rel. Des. Maria Berenice Dias, em 7-6-2006).

O que esperamos é que, a partir desta nova lei, o direito brasileiro passe a coibir com mais firmeza esses graves atos de alienação psicológica, os quais, além de acarretarem um grave dano social, ferem, indelevelmente, as almas das nossas crianças e adolescentes.

Mais profunda do que a responsabilidade jurídica existente é a responsabilidade espiritual, que jamais poderá ser desprezada.

# LXXXII FILIAÇÃO

## 1. INTRODUÇÃO

Um dos temas, no ramo do Direito de Família, que mais sofreram influência dos valores consagrados pela Constituição Federal de 1988 foi, indubitavelmente, o da filiação, que consiste, em síntese conceitual, na situação de descendência direta, em primeiro grau.

Com efeito, antes deste marco histórico, o ordenamento jurídico brasileiro consagrava diferenciais de tratamento entre filhos (legítimos e ilegítimos), que, hoje, não são mais aceitos.

## 2. A IMPORTÂNCIA DO PRINCÍPIO DA IGUALDADE NA FILIAÇÃO E O PRINCÍPIO ESPECÍFICO DA VERACIDADE DA FILIAÇÃO

Um dos mais importantes princípios da Constituição Federal de 1988 é o da igualdade[1], que ganha especiais e específicos contornos na seara das relações de família.

Com efeito, neste assunto, a premissa básica de qualquer discussão, como referencial que deve nortear nosso estudo, é o princípio da igualdade dos filhos, contemplado no art. 227, § 6º, da CF/88, nos seguintes termos:

> "Art. 227. É dever da família, da sociedade e do Estado assegurar à criança e ao adolescente, com absoluta prioridade, o direito à vida, à saúde, à alimentação, à educação, ao lazer, à profissionalização, à cultura, à dignidade, ao respeito, à liberdade e à convivência familiar e comunitária, além de colocá-los a salvo de toda forma de negligência, discriminação, exploração, violência, crueldade e opressão.
>
> (...)
>
> § 6º Os filhos, havidos ou não da relação do casamento, ou por adoção, terão os mesmos direitos e qualificações, proibidas quaisquer designações discriminatórias relativas à filiação".

---

[1] Confira-se o subtópico 3.2 ("Princípio da igualdade") do Capítulo II ("Perspectiva Principiológica do Direito de Família") do v. 6 ("Direito de Família") do nosso *Novo Curso de Direito Civil*.

Não há, pois, mais espaço para a distinção entre família legítima e ilegítima, existente na codificação anterior, ou qualquer outra expressão que deprecie ou estabeleça tratamento diferenciado entre os membros da família.

Isso porque a filiação é um fato da vida.

Ser filho de alguém independe de vínculo conjugal válido[2], união estável, concubinato ou mesmo relacionamento amoroso adulterino, devendo todos os filhos ser tratados da mesma forma.

Nessa linha, estabelece o art. 1.596 do CC/2002:

> "Art. 1.596. Os filhos, havidos ou não da relação de casamento, ou por adoção[3], terão os mesmos direitos e qualificações, proibidas quaisquer designações discriminatórias relativas à filiação".

O reconhecimento da igualdade dos filhos, independentemente da forma como concebidos, culmina por se desdobrar na importante noção de veracidade da filiação, regra principiológica fundamental.

E em que consiste tal princípio?

Na ideia de que o ordenamento não deve criar óbices para se reconhecer a verdadeira vinculação entre pais e filhos.

Tal princípio pode ser extraído, por exemplo, da previsão do art. 1.601 do CC/2002:

> "Art. 1.601. Cabe ao marido o direito de contestar a paternidade dos filhos nascidos de sua mulher, sendo tal ação imprescritível.
>
> Parágrafo único. Contestada a filiação, os herdeiros do impugnante têm direito de prosseguir na ação".

Registre-se, inclusive, que a vigente codificação civil modificou a diretriz positivada anterior, que previa, na aplicação combinada dos arts. 344 e 178, §§ 3º e 4º, um prazo decadencial de 2 (dois) ou 3 (três) meses para contestação da legitimidade do filho.

A regra atual é no sentido de se permitir a discussão da paternidade ou da maternidade de quem quer que seja, o que também importa no direito ao conhecimento da origem genética, sem se descuidar da perspectiva da socioafetividade, como veremos oportunamente.

Compreendidas, portanto, tais premissas, passemos, agora, a conhecer a disciplina jurídica do reconhecimento da filiação, que pode ser voluntário ou mediante provocação judicial.

---

[2] Nesse sentido, estabelece o art. 1.617 do CC/2002 que "a filiação materna ou paterna pode resultar de casamento declarado nulo, ainda mesmo sem as condições do putativo".

[3] Sobre o instigante tema "Responsabilidade Civil por Desistência na Adoção", recomendamos a leitura do texto de autoria de GAGLIANO, Pablo Stolze; BARRETTO, Fernanda Carvalho Leão. Responsabilidade civil pela desistência na adoção. *Revista Jus Navigandi*, ISSN 1518-4862, Teresina, ano 25, n. 6235, 27 jul. 2020. Disponível em: <https://jus.com.br/artigos/46411>. Acesso em: 18 ago. 2020.

Comecemos pelo reconhecimento espontâneo nas relações jurídicas de direito material.

## 3. RECONHECIMENTO VOLUNTÁRIO

O reconhecimento voluntário ou espontâneo da filiação (perfilhação) se dá, em geral, extrajudicialmente.

As formas de reconhecimento voluntário aplicam-se especialmente aos filhos havidos fora do casamento[4], eis que os matrimoniais são presumidamente "filhos do cônjuge", conforme estabelecem as regras do art. 1.597 do CC/2002:

> "Art. 1.597. Presumem-se concebidos na constância do casamento os filhos:
>
> I — nascidos cento e oitenta dias, pelo menos, depois de estabelecida a convivência conjugal;
>
> II — nascidos nos trezentos dias subsequentes à dissolução da sociedade conjugal, por morte, separação judicial, nulidade e anulação do casamento;
>
> III — havidos por fecundação artificial homóloga, mesmo que falecido o marido;
>
> IV — havidos, a qualquer tempo, quando se tratar de embriões excedentários, decorrentes de concepção artificial homóloga;
>
> V — havidos por inseminação artificial heteróloga, desde que tenha prévia autorização do marido"[5].

Expliquemos, rapidamente, cada uma das hipóteses.

---

[4] "Art. 1.607. O filho havido fora do casamento pode ser reconhecido pelos pais, conjunta ou separadamente."

[5] "Juiz concede registro de criança nascida por inseminação artificial heteróloga em SC — O TJSC (Tribunal de Justiça de Santa Catarina) reconheceu na sexta-feira (13) a paternidade e a maternidade de uma criança nascida por inseminação artificial heteróloga. Ela foi gerada com o sêmen do pai e o óvulo de uma doadora anônima. Além disso, a irmã do pai cedeu sua barriga para a gestação da criança. Como a documentação do hospital indicava a tia como sendo a mãe, o juiz Gerson Cherem II, da Vara de Sucessões e Registros Públicos da Capital, determinou a realização de exame de DNA para que fosse comprovado que a criança era filha deles. Segundo o juiz, a 'cessão de útero' foi realizada de modo altruístico e gratuito pela irmã do pai, que 'sempre teve ciência de que os pais biológicos e de direito da criança gerada temporariamente em seu útero seriam, e são, seu irmão e sua esposa', e que ela não poderia ter nenhum direito relativo à maternidade da sobrinha. No entanto, como a criança era fruto da inseminação artificial heteróloga, não era possível determinar a maternidade. Para resolver a questão, o magistrado utilizou o princípio da dignidade da pessoa humana previsto no Código Civil, em que 'presumem-se concebidos na constância do casamento os filhos: havidos por *inseminação artificial heteróloga*, desde que tenha prévia autorização do marido'. De acordo com o juiz, o Código não autoriza nem regulamenta a reprodução assistida, mas apenas constata a existência da problemática e procura dar solução ao aspecto da paternidade. 'Toda essa matéria, que é cada vez mais ampla e complexa, deve ser regulada por lei específica, por um estatuto ou microssistema', disse. Cherem II também se baseou no princípio da igualdade entre homens e mulheres. Como há reconhecimento da paternidade na inseminação heteróloga, também deve haver o reconhecimento da maternidade" (Disponível em: <http://www1.folha.uol.com.br/cotidiano/783371-juiz-concede-registro-de-crianca-nascida-por-inseminacao-artificial-heterologa-em-sc.shtml?n=41>. Acesso em: 27 jun. 2017).

O prazo do inciso I justifica-se pelo tempo natural de gestação após o estabelecimento da sociedade conjugal (com o marido), levando-se em conta que a noiva já poderia ter casado grávida.

Por outro lado, estabelece-se um prazo mais dilatado no inciso II para abranger todo o lapso temporal de uma gestação, pois pode acontecer que a concepção tenha ocorrido justamente no último dia antes da dissolução da sociedade conjugal.

Registre-se que a menção à "separação judicial", em nosso pensar, deve ser atualizada para o "divórcio", tendo em vista os efeitos da Emenda Constitucional n. 66/2010.

Os três últimos incisos são novidades na legislação codificada, sem equivalente no Código Civil brasileiro de 1916.

Entenda-se por concepção artificial homóloga aquela realizada com material genético de ambos os cônjuges e, por inseminação artificial heteróloga, aquela realizada com material genético de terceiro, ou seja, alguém alheio à relação conjugal.

Assim, havidos por fecundação artificial homóloga, o falecimento posterior do marido não afasta a presunção, tendo em vista que se trata de uma situação consolidada.

Da mesma forma, se tal fecundação se deu com embriões excedentários[6], decorrentes de concepção artificial homóloga (inc. IV), a presunção também persiste, uma vez que o material genético foi obtido com a participação de ambos os cônjuges.

Por fim, ocorrendo uma inseminação artificial heteróloga, com prévia autorização do marido (inc. V), tem-se que esse tem consciência plena do procedimento adotado e, mesmo não sendo dele o material genético utilizado, é considerado o pai, devendo ser superada a velha compreensão de identificar a paternidade com a ascendência genética.

Observe-se que a presunção de paternidade no casamento é tão prestigiada que permanece, mesmo após o falecimento do marido ou do fim da união conjugal.

Por isso, estabelece o art. 1.598 do CC/2002:

> "Art. 1.598. Salvo prova em contrário, se, antes de decorrido o prazo previsto no inciso II do art. 1.523, a mulher contrair novas núpcias e lhe nascer algum filho, este se presume do primeiro marido, se nascido dentro dos trezentos dias a contar da data do falecimento deste e, do segundo, se o nascimento ocorrer após esse período e já decorrido o prazo a que se refere o inciso I do art. 1.597".

Mas, vale salientar, trata-se de uma presunção relativa.

É o que se extrai inclusive dos arts. 1.599 a 1.602 do CC/2002, nos seguintes termos:

> "Art. 1.599. A prova da impotência do cônjuge para gerar, à época da concepção, ilide a presunção da paternidade.

---

6 Sobre o tema do excedente embrionário na fertilização *in vitro*, confira-se Ana Thereza Meirelles Araújo, Disciplina Jurídica do Embrião Extracorpóreo. Disponível em: <http://www.unifacs.br/revistajuridica/arquivo/edicao_julho2007/discente/dis3.doc>. Acesso em 27 jun. 2017.

Art. 1.600. Não basta o adultério da mulher, ainda que confessado, para ilidir a presunção legal da paternidade.

Art. 1.601. Cabe ao marido o direito de contestar a paternidade dos filhos nascidos de sua mulher, sendo tal ação imprescritível.

Parágrafo único. Contestada a filiação, os herdeiros do impugnante têm direito de prosseguir na ação.

Art. 1.602. Não basta a confissão materna para excluir a paternidade".

Note-se a seriedade da previsão legal: não é qualquer prova que autoriza o afastamento da presunção de paternidade, não se admitindo tal contestação com base em alegações circunstanciais (decorrentes do adultério feminino) ou mesmo na confissão expressa da mulher de que o filho, supostamente, não seria do marido.

Não incidindo essa presunção, decorrente do casamento, o reconhecimento voluntário, na forma do art. 1.609 do CC/2002, pode se dar das seguintes formas:

"Art. 1.609. O reconhecimento dos filhos havidos fora do casamento é irrevogável e será feito:

I — no registro do nascimento;

II — por escritura pública ou escrito particular, a ser arquivado em cartório;

III — por testamento, ainda que incidentalmente manifestado;

IV — por manifestação direta e expressa perante o juiz, ainda que o reconhecimento não haja sido o objeto único e principal do ato que o contém.

Parágrafo único. O reconhecimento pode preceder o nascimento do filho ou ser posterior ao seu falecimento, se ele deixar descendentes".

O reconhecimento voluntário é ato formal, de livre vontade, irretratável[7], incondicional[8] e personalíssimo[9], praticado ordinariamente pelo pai[10].

---

[7] "Art. 1.610. O reconhecimento não pode ser revogado, nem mesmo quando feito em testamento."

[8] "Art. 1.613. São ineficazes a condição e o termo apostos ao ato de reconhecimento do filho."

[9] Admite-se o reconhecimento por procurador. Mas note-se que a característica da pessoalidade é mantida, na medida em que o ato é praticado em nome do representado, Lei n. 6.015/1973: "Art. 59. Quando se tratar de filho ilegítimo, não será declarado o nome do pai sem que este expressamente o autorize e compareça, por si ou por procurador especial, para, reconhecendo-o, assinar, ou não sabendo ou não podendo, mandar assinar a seu rogo o respectivo assento com duas testemunhas".

[10] Quando a mãe for registrar a criança, sem que o pai haja comparecido para a realização do ato, poderá indicar o suposto genitor, instaurando procedimento, na forma da Lei n. 8.560, de 1992. O que não se permite é a própria mãe registrar o nome do pai no lugar dele, por conta de o ato ser personalíssimo. Confira-se a referida lei: "Art. 2° Em registro de nascimento de menor apenas com a maternidade estabelecida, o oficial remeterá ao juiz certidão integral do registro e o nome e prenome, profissão, identidade e residência do suposto pai, a fim de ser averiguada oficiosamente a procedência da alegação. § 1° O juiz, sempre que possível, ouvirá a mãe sobre a paternidade alegada e mandará, em qualquer caso, notificar o suposto pai, independente de seu estado civil, para que se manifeste sobre a paternidade que lhe é atribuída. § 2° O juiz, quando entender necessário, determinará que a diligência

Questão tormentosa diz respeito ao reconhecimento feito por incapaz.

Se o menor for absolutamente incapaz, entendemos ser necessária a instauração de um procedimento de jurisdição voluntária, na forma da Lei de Registros Públicos[11], com a participação do Ministério Público, para que o registro seja lavrado, por segurança jurídica[12].

Se o menor for relativamente incapaz, dispensa-se assistência no ato de reconhecimento, eis que não está a celebrar ato negocial, mas, tão somente, reconhecendo um fato (poder-se-ia até mesmo falar na prática de um ato jurídico em sentido estrito de conteúdo não negocial).

O nascituro também poderá ser reconhecido: o sujeito, feliz da vida com a gravidez da namorada, vai ao Tabelionato, e, mesmo antes do nascimento da criança, faz o seu reconhecimento, por escritura pública, por exemplo. Tal ato é perfeitamente possível, a teor da primeira parte do parágrafo único do art. 1.609.

Admite-se, ainda, o reconhecimento de filhos já falecidos (segunda parte do parágrafo único do art. 1.609), desde que hajam deixado descendentes, para evitar reconhecimento por mero interesse econômico.

Uma importante advertência, neste ponto, deve ser feita.

---

seja realizada em segredo de justiça. § 3° No caso do suposto pai confirmar expressamente a paternidade, será lavrado termo de reconhecimento e remetida certidão ao oficial do registro, para a devida averbação. § 4° Se o suposto pai não atender no prazo de trinta dias, a notificação judicial, ou negar a alegada paternidade, o juiz remeterá os autos ao representante do Ministério Público para que intente, havendo elementos suficientes, a ação de investigação de paternidade. § 5º Nas hipóteses previstas no § 4º deste artigo, é dispensável o ajuizamento de ação de investigação de paternidade pelo Ministério Público se, após o não comparecimento ou a recusa do suposto pai em assumir a paternidade a ele atribuída, a criança for encaminhada para adoção. § 6º A iniciativa conferida ao Ministério Público não impede a quem tenha legítimo interesse de intentar investigação, visando a obter o pretendido reconhecimento da paternidade".

11 "Art. 109. Quem pretender que se restaure, supra ou retifique assentamento no Registro Civil, requererá, em petição fundamentada e instruída com documentos ou com indicação de testemunhas, que o Juiz o ordene, ouvido o órgão do Ministério Público e os interessados, no prazo de cinco dias, que correrá em cartório. § 1° Se qualquer interessado ou o órgão do Ministério Público impugnar o pedido, o Juiz determinará a produção da prova, dentro do prazo de dez dias e ouvidos, sucessivamente, em três dias, os interessados e o órgão do Ministério Público, decidirá em cinco dias. § 2° Se não houver impugnação ou necessidade de mais provas, o Juiz decidirá no prazo de cinco dias. § 3º Da decisão do Juiz, caberá o recurso de apelação com ambos os efeitos. § 4º Julgado procedente o pedido, o Juiz ordenará que se expeça mandado para que seja lavrado, restaurado e retificado o assentamento, indicando, com precisão, os fatos ou circunstâncias que devam ser retificados, e em que sentido, ou os que devam ser objeto do novo assentamento. § 5º Se houver de ser cumprido em jurisdição diversa, o mandado será remetido, por ofício, ao Juiz sob cuja jurisdição estiver o cartório do Registro Civil e, com o seu 'cumpra-se', executar-se-á. § 6º As retificações serão feitas à margem do registro, com as indicações necessárias, ou, quando for o caso, com a trasladação do mandado, que ficará arquivado. Se não houver espaço, far-se-á o transporte do assento, com as remissões à margem do registro original."

12 DIAS, Maria Berenice. *Manual de Direito das Famílias*, Porto Alegre: Livraria do Advogado, 2005, p. 351.

Filhos maiores devem consentir no reconhecimento, e os menores poderão impugná-lo, a teor do art. 1.614 do CC/2002:

> "Art. 1.614. O filho maior não pode ser reconhecido sem o seu consentimento, e o menor pode impugnar o reconhecimento, nos quatro anos que se seguirem à maioridade[13], ou à emancipação".

Ainda no caso de reconhecimento de filhos havidos fora do casamento, o Código Civil brasileiro traz uma peculiar regra no art. 1.611 do CC/2002:

> "Art. 1.611. O filho havido fora do casamento, reconhecido por um dos cônjuges, não poderá residir no lar conjugal sem o consentimento do outro".

Trata-se de uma regra que deve ser interpretada *modus in rebus*, ou seja, em justa e ponderada medida, dentro de parâmetros de razoabilidade.

De fato, pode ocorrer que, tendo um dos cônjuges reconhecido a existência de um filho havido fora do casamento, tal circunstância abale a relação conjugal, a depender da natureza dos corações envolvidos.

Todavia, mais importante do que a própria manutenção do vínculo conjugal é a preservação dos interesses de um menor.

E se o pai ou a mãe do menor, fora da relação conjugal, tiver falecido?

E se o pai ou a mãe do menor, fora da relação conjugal, não tiver condições físicas, morais ou psicológicas de manter a criança?

Não se discute o aspecto patrimonial, pois o pagamento de alimentos, em tese, supriria isso.

A preocupação maior é com o próprio menor, na existência de um referencial paterno ou materno que possibilite uma adequada formação para a convivência social.

Por isso, a obtenção do consentimento do outro, inclusive no caso de um filho maior reconhecido, é exigência que deve ser vista com cautela, não dispensando eventual controle judicial.

Mais afinado com tal diretriz é o dispositivo seguinte, a saber, o art. 1.612 do CC/2002, *in verbis*:

> "Art. 1.612. O filho reconhecido, enquanto menor, ficará sob a guarda do genitor que o reconheceu, e, se ambos o reconheceram e não houver acordo, sob a de quem melhor atender aos interesses do menor".

---

[13] No STJ, há posição dissonante, entendendo não ser cabível o prazo para se impugnar a filiação: "Direito Civil. Investigação de paternidade. Prescrição. Arts. 178, § 9º, VI, e 362 do Código Civil. Orientação da 2ª Seção. É imprescritível o direito de o filho, mesmo já tendo atingido a maioridade, investigar a paternidade e pleitear a alteração do registro, não se aplicando, no caso, o prazo de quatro anos, sendo, pois, desinfluentes as regras dos artigos 178, § 9º, VI, e 362 do Código Civil então vigente. Precedentes. Recurso especial provido" (STJ, REsp 601.997/RS, Rel. Min. Castro Filho, 3ª Turma, julgado em 14-6-2004, *DJ* 1º-7-2004, p. 194).

Compare-se o referido dispositivo com a previsão legal anterior, para se constatar a adequação ao ordenamento constitucional e à disciplina de proteção do menor, uma vez que foi abolida a machista regra anterior que atribuía o poder (leia-se hoje, a guarda) ao pai, no caso de ambos reconhecerem o filho.

## 4. RECONHECIMENTO JUDICIAL

No presente tópico, pretendemos tecer considerações, não somente sobre o reconhecimento judicial da paternidade biológica, mas também acerca de questões polêmicas, muitas vezes não codificadas, como a paternidade socioafetiva.

### 4.1. Noções gerais

O reconhecimento judicial do vínculo de paternidade ou maternidade dá-se especialmente por meio de ação investigatória.

Mais frequente é a ação investigatória de paternidade, posto também seja possível a investigatória de maternidade, como no caso da troca de bebês em um hospital ou clínica, incidindo, neste caso, o art. 1.608 do CC/2002[14].

Por isso, a presunção de que a maternidade "é sempre certa" afigura-se, por óbvio, relativa.

O que dissermos, portanto, sobre a ação investigatória de paternidade, aplica-se à de maternidade, no que couber.

### 4.2. Ação de investigação de paternidade

Em linha de princípio, frise-se tratar-se de uma postulação imprescritível (art. 27 da Lei n. 8.069, de 13 de julho de 1990 — Estatuto da Criança e do Adolescente[15]).

Têm legitimidade ativa para a propositura desta ação: o alegado filho (investigante)[16] ou o Ministério Público que atua como legitimado extraordinário.

Muito se discutiu a respeito da legitimidade do Ministério Público, argumentando-se que não poderia intervir em uma seara íntima e atinente a um interesse eminente-

[14] "Art. 1.608. Quando a maternidade constar do termo do nascimento do filho, a mãe só poderá contestá-la, provando a falsidade do termo, ou das declarações nele contidas."

[15] "Art. 27. O reconhecimento do estado de filiação é direito personalíssimo, indisponível e imprescritível, podendo ser exercitado contra os pais ou seus herdeiros, sem qualquer restrição, observado o segredo de justiça."

[16] Peculiar situação é a do filho adotado, a quem se permite a investigação da sua origem genética: "Agravo Regimental. Adotado. Investigação de paternidade. Possibilidade. A pessoa adotada não é impedida de exercer ação de investigação de paternidade para conhecer sua verdade biológica. — Inadmissível recurso especial que não ataca os fundamentos do acórdão recorrido. — Não há ofensa ao art. 535 do CPC se, embora rejeitando os embargos de declaração, o acórdão recorrido examinou todas as questões pertinentes" (STJ, AgRg no Ag 942.352/SP, Rel. Min. Humberto Gomes de Barros, 3ª Turma, julgado em 19-12-2007, *DJ* 8-2-2008, p. 1).

mente particular. Nunca concordamos com essa crítica, na medida em que é de interesse social a busca da verdade da filiação, exercendo, portanto, as Promotorias de Justiça, um relevantíssimo serviço a toda sociedade brasileira.

A legitimidade passiva, como é cediço, é do pai ou dos seus herdeiros (se a investigatória for *post mortem*).

Um peculiar aspecto deve ser ressaltado.

O STJ, a despeito do que dispõe o art. 1.606 — no sentido de os herdeiros do investigante poderem continuar a demanda já instaurada —, admitiu, em julgado inovador, que netos pudessem investigar diretamente a relação com o avô (relação avoenga):

> "CIVIL E PROCESSUAL. AÇÃO RESCISÓRIA. CARÊNCIA AFASTADA. DIREITO DE FAMÍLIA. AÇÃO DECLARATÓRIA DE RECONHECIMENTO DE RELAÇÃO AVOENGA E PETIÇÃO DE HERANÇA. POSSIBILIDADE JURÍDICA. CC DE 1916, ART. 363.
>
> I. Preliminar de carência da ação afastada (por maioria).
>
> II. Legítima a pretensão dos netos em obter, mediante ação declaratória, o reconhecimento de relação avoenga e petição de herança, se já então falecido seu pai, que em vida não vindicara a investigação sobre a sua origem paterna.
>
> III. Inexistência, por conseguinte, de literal ofensa ao art. 363 do Código Civil anterior (por maioria).
>
> IV. Ação rescisória improcedente" (STJ, AR. 336/RS, Rel. Min. Aldir Passarinho Junior, julgado em 24-8-2005, *DJ* 24-4-2006, p. 343, 2ª Seção).

> "RECURSO ESPECIAL. FAMÍLIA. RELAÇÃO AVOENGA. RECONHECIMENTO JUDICIAL. POSSIBILIDADE JURÍDICA DO PEDIDO.
>
> — É juridicamente possível o pedido dos netos formulado contra o avô, ou dos herdeiros deste, visando reconhecimento judicial da relação avoenga.
>
> — Nenhuma interpretação pode levar o texto legal ao absurdo" (STJ, REsp 604.154/RS, Rel. Min. Humberto Gomes de Barros, julgado em 16-6-2005, *DJ* 1º-7-2005, p. 518, 3ª Turma)[17].

---

[17] "Netos podem ajuizar ação declaratória de parentesco com o avô cumulada com pedido de herança — A Segunda Seção do Superior Tribunal de Justiça (STJ) proferiu uma decisão inovadora para o direito de família. Por maioria dos votos, os ministros entenderam que os netos podem ajuizar ação declaratória de relação avoenga (parentesco com avô). Prevaleceu a tese de que, embora a investigação de paternidade seja um direito personalíssimo (só pode ser exercido pelo titular), admite-se a ação declaratória para que o Judiciário diga se existe ou não relação material de parentesco com o suposto avô. A decisão do STJ reforma acórdão do Tribunal de Justiça do Rio de Janeiro que extinguiu o processo sem julgamento de mérito por acolher a tese de carência de ação. Os desembargadores decidiram pela impossibilidade jurídica do pedido de investigação de paternidade contra o avô, que não foi investigado pelo filho. Para eles, faltaria aos netos legitimidade para propor a ação, pois eles não poderiam pleitear direito alheio em nome próprio. A maioria dos ministros da Segunda Seção do STJ

Nesse diapasão, é bom lembrar ainda que o documento básico para comprovação da filiação é a "certidão do termo de nascimento registrada no Registro Civil" (art. 1.603 do CC/2002), a famosa "certidão de nascimento"[18].

Sobre a contestação, no procedimento investigatório, dispõe o art. 1.615 do CC/2002:

> "Art. 1.615. Qualquer pessoa, que justo interesse tenha, pode contestar a ação de investigação de paternidade, ou maternidade".

A defesa mais comum do suposto pai é a alegação de que a genitora, na época da concepção, manteve relação com outro homem (defesa classicamente conhecida como

---

acompanhou o entendimento da relatora, ministra Nancy Andrighi, rejeitando a tese do tribunal fluminense. 'Sob a ótica da moderna concepção do direito de família, não se mostra adequado recusar aos netos o direito de buscarem, por meio de ação declaratória, a origem desconhecida', acentuou a relatora, no voto. 'Se o pai não propôs ação investigatória em vida, a via do processo encontra-se aberta aos seus filhos, a possibilitar o reconhecimento da relação de parentesco pleiteada', concluiu a ministra, destacando que as provas devem ser produzidas ao longo do processo. Após buscar referências na jurisprudência alemã, além de citar julgados do próprio STJ, a relatora destacou que o direito ao nome, à identidade e à origem genética está intimamente ligado ao conceito de dignidade da pessoa humana, assinalando que 'o direito à busca da ancestralidade é personalíssimo e possui tutela jurídica integral e especial, nos moldes dos arts. 5º e 226 da CF/88'. Dessa forma, os netos, assim como os filhos, possuem direito de agir, próprio e personalíssimo, de pleitear declaratória de parentesco em face do avô, ou dos herdeiros, quando o avô for falecido. Nancy Andrighi concluiu que é possível qualquer investigação sobre parentesco na linha reta, que é infinita, e, também, na linha colateral, limitado ao quarto grau, ressaltando que a obtenção de efeitos patrimoniais dessa declaração de parentesco será limitada às hipóteses em que não estiver prescrita a pretensão sucessória. Constou ainda do voto da ministra que 'a preservação da memória dos mortos não pode se sobrepor à tutela dos vivos que, ao se depararem com inusitado vácuo no tronco ancestral paterno, vêm, perante o Poder Judiciário, deduzir pleito para que a linha ascendente lacunosa seja devidamente preenchida'. A ministra Nancy Andrighi, acompanhada pelos ministros João Otávio de Noronha, Luis Felipe Salomão e o desembargador convocado Honildo Amaral, deu provimento ao recurso especial para anular o acórdão do tribunal local e determinar o prosseguimento da ação. Ficaram vencidos o ministro Sidnei Beneti e o desembargador convocado Vasco Della Giustina.

Caso peculiar — O caso julgado pela Seção é emblemático por conter uma série de peculiaridades. Ao saber da gravidez, a família do suposto pai, de renome na sociedade carioca, o enviou para o exterior. Há informações nos autos de que, embora a criança não tenha sido reconhecida pelo pai, o avô o reconhecia como neto e prestou-lhe toda assistência material. Mesmo após a morte do suposto avô e fim do auxílio, o filho não reconhecido nunca moveu ação de investigação de paternidade. O suposto pai faleceu em 1997 e o filho em 1999. Somente após o falecimento de ambos, a viúva e os descendentes do filho não reconhecido ingressaram com ação declaratória de relação avoenga. Para tanto, solicitaram exame de DNA a ser realizado por meio da exumação dos restos mortais do pai e do suposto avô. Com a determinação, pelo STJ, de prosseguimento da ação, as provas deverão ser produzidas. Processos: REsp 807849" (Disponível em: <http://www.oabsp.org.br/subs/santoanastacio/institucional/artigos/netos-podem-ajuizar-acao-declaratoria-de>. Acesso em: 27 jun. 2017).

[18] Por isso, estabelecem os arts. 1.604 e 1.605 do CC/2002: "Art. 1.604. Ninguém pode vindicar estado contrário ao que resulta do registro de nascimento, salvo provando-se erro ou falsidade do registro. Art. 1.605. Na falta, ou defeito, do termo de nascimento, poderá provar-se a filiação por qualquer modo admissível em direito: I — quando houver começo de prova por escrito, proveniente dos pais, conjunta ou separadamente; II — quando existirem veementes presunções resultantes de fatos já certos".

*exceptio plurium concubentium*), alegação que deve ser aduzida com cuidado, sob pena de, em havendo litigância de má-fé, justificar a responsabilidade do réu por dano moral.

No que tange à instrução probatória, sem nenhuma sombra de dúvida, posto não haja hierarquia entre os meios de prova, o exame científico de DNA é o mais importante.

E um dos julgados mais interessantes — didático até — de que temos conhecimento, sopesou o exame de DNA com outras provas no processo:

> "DIREITO CIVIL. RECURSO ESPECIAL. AÇÃO DE INVESTIGAÇÃO DE PATERNIDADE. EXAME PERICIAL (TESTE DE DNA) EM CONFRONTO COM AS DEMAIS PROVAS PRODUZIDAS. CONVERSÃO DO JULGAMENTO EM DILIGÊNCIA.
>
> Diante do grau de precisão alcançado pelos métodos científicos de investigação de paternidade com fulcro na análise do DNA, a valoração da prova pericial com os demais meios de prova admitidos em direito deve observar os seguintes critérios: (a) se o exame de DNA contradiz as demais provas produzidas, não se deve afastar a conclusão do laudo, mas converter o julgamento em diligência, a fim de que novo teste de DNA seja produzido, em laboratório diverso, com o fito de assim minimizar a possibilidade de erro resultante seja da técnica em si, seja da falibilidade humana na coleta e manuseio do material necessário ao exame; (b) se o segundo teste de DNA corroborar a conclusão do primeiro, devem ser afastadas as demais provas produzidas, a fim de se acolher a direção indicada nos laudos periciais; e (c) se o segundo teste de DNA contradiz o primeiro laudo, deve o pedido ser apreciado em atenção às demais provas produzidas.
>
> Recurso especial provido" (STJ, REsp 397.013/MG, Rel. Min. Nancy Andrighi, julgado em 11-11-2003, *DJ* 9-12-2003, p. 279, 3ª Turma).

Vale lembrar ainda não se admitir a condução coercitiva do investigado:

> "Súmula 301 (STJ). Em ação investigatória, a recusa do suposto pai a submeter-se ao exame de DNA induz presunção *juris tantum* de paternidade".

Em abono desse entendimento, também já previam os arts. 231 e 232 do CC/2002:

> "Art. 231. Aquele que se nega a submeter-se a exame médico necessário não poderá aproveitar-se de sua recusa.
>
> Art. 232. A recusa à perícia médica ordenada pelo juiz poderá suprir a prova que se pretendia obter com o exame".

Finalmente, é bom lembrar que a disposição sumulada, *a posteriori*, tornou-se objeto de lei específica.

De fato, a Lei n. 12.004, de 29 de julho de 2009, alterou a Lei n. 8.560, de 29 de dezembro de 1992 (que regula a investigação de paternidade dos filhos havidos fora do casamento), para estabelecer a presunção de paternidade no caso de recusa do suposto pai em submeter-se ao exame de código genético — DNA.

A partir desse momento, foi inserido, na referida Lei n. 8.560/92, o art. 2º-A, com o seguinte teor:

> "Art. 2º-A. Na ação de investigação de paternidade, todos os meios legais, bem como os moralmente legítimos, serão hábeis para provar a verdade dos fatos.
>
> Parágrafo único. A recusa do réu em se submeter ao exame de código genético — DNA gerará a presunção da paternidade, a ser apreciada em conjunto com o contexto probatório".

Obviamente, trata-se de uma presunção relativa, como se infere da menção, no texto legal, da sua apreciação "em conjunto com o contexto probatório".

Acrescente-se, nesse ponto, haver, o Presidente da República, vetado o Projeto de Lei da Câmara n. 31, de 2007, que previa admissão tácita de paternidade no caso em que o homem se recusasse a fazer o teste de DNA[19].

Quanto à causa de pedir na investigatória, consistirá simplesmente na relação sexual.

O foro competente para a investigatória é o do domicílio do réu. Entretanto, caso haja cumulação com pedido de alimentos, desloca-se para o domicílio do autor, a teor da Súmula 1 do STJ.

Na sentença, reconhecida a paternidade, produzem-se os mesmos efeitos do reconhecimento voluntário, conforme preceitua o art. 1.616 do CC/2002[20]:

> "Art. 1.616. A sentença que julgar procedente a ação de investigação produzirá os mesmos efeitos do reconhecimento; mas poderá ordenar que o filho se crie e eduque fora da companhia dos pais ou daquele que lhe contestou essa qualidade".

A referida determinação tem por fundamento sempre preservar o melhor interesse do menor, no caso, notadamente a proteção da sua integridade emocional no convívio com pais que não reconheciam originalmente sua condição de filhos.

Por fim, posto não seja objeto desta obra análise de questões processuais específicas, entendemos que, ausente o exame de DNA, a sentença, de procedência ou

---

19 "O presidente Luiz Inácio Lula da Silva vetou integralmente, nesta quarta-feira, o projeto de lei que previa a admissão presumida de paternidade nos casos em que o homem se negasse a realizar teste de DNA, desde que houvesse outras provas, informou a Presidência da República. De acordo com assessoria do Planalto, Lula vetou o projeto porque já existe uma lei anterior sobre o assunto. A decisão deve ser publicada no *Diário Oficial* desta quinta-feira. O próprio relator no Senado, Antonio Carlos Junior (DEM-BA), disse que o projeto, que previa a alteração na Lei n. 8.560/92, apenas reforçava a admissão de paternidade e pouco diferia do que já versa a Lei n. 12.004/09, que inseriu no ordenamento jurídico o conceito da paternidade presumida no caso de o suposto pai se recusar a fazer o exame de DNA. *Com informações da Agência Senado*. Redação Terra" (Disponível em: <http://noticias.terra.com.br/brasil/noticias/0,,OI4655614-EI7896,00-Lula+veta+projeto +de+lei+que+previa+paternidade +tacita.html>. Acesso em: 27 jun. 2017).

20 Os alimentos fixados na sentença têm seu termo inicial de exigibilidade na citação, a teor da Súmula 277 do STJ.

improcedência (por ausência de provas) não transitaria materialmente em julgado, admitindo a sua rediscussão.

Na doutrina, afirmam com precisão CRISTIANO CHAVES DE FARIAS e NELSON ROSENVALD:

> "Veja-se, inclusive, que não se faz necessário justificar a propositura de qualquer ação rescisória, com vistas ao rejulgamento da ação filiatória, eis que a decisão judicial que não exaurir os meios de prova não passa em julgado, afastando-se do manto sagrado da coisa julgada"[21].

Tudo isso bem demonstra a importância do exame de DNA.

Lamentamos, todavia, que esse exame ainda não seja gratuito em todas as comarcas do País, para os reconhecidamente pobres, razão por que, muitas vezes, o próprio juiz deve exortar as partes a um entendimento, no sentido do rateio dos custos, ressaltando que a solução da dúvida interessa a ambos os contendores.

## 4.3. Paternidade socioafetiva e posse do estado de filho

Não vivemos mais na época em que o legislador estabelecia presunções quase intransponíveis de presunção de filiação, calcadas no matrimônio.

Na primeira metade do século XX, vigente o Código de 1916, e ainda incipientes as técnicas científicas de investigação filial, a figura do pai quase que se confundia com a do marido.

Nos dias de hoje, as presunções resultantes do casamento, vistas quando estudamos o art. 1.597, afiguram-se, obviamente, relativas, admitindo o controle judicial, à luz do princípio da veracidade da filiação.

Com o surgimento do exame de DNA, a análise científica do código genético dos pais passou a ser o fator determinante do reconhecimento da filiação.

Mas, nesse ponto, sem menoscabarmos a importância desse exame, uma pergunta deve ser feita: ser genitor é o mesmo que ser pai ou mãe?

Pensamos que não, na medida em que a condição paterna (ou materna) vai muito mais além do que a simples situação de gerador biológico, com um significado espiritual profundo, ausente nessa última expressão.

E, fazendo justiça ao primeiro autor brasileiro a se preocupar com a desbiologização do Direito de Família, lembramos o grande JOÃO BATISTA VILLELA[22].

---

[21] CHAVES, Cristiano; ROSENVALD, Nelson. *Direito das Famílias*, Rio de Janeiro: Lumen Juris, 2009, p. 575.

[22] VILLELA, João Baptista. Desbiologização da Paternidade, *Revista da Faculdade de Direito* [da] Universidade Federal de Minas Gerais. Belo Horizonte, n. 21, maio 1979, p. 401-19.

O que vivemos hoje, no moderno Direito Civil, é o reconhecimento da importância da paternidade (ou maternidade) biológica, mas sem fazer prevalecer a verdade genética sobre a afetiva, ou seja, situações há em que a filiação é, ao longo do tempo, construída com base na socioafetividade, independentemente do vínculo genético, prevalecendo em face da própria verdade biológica.

Estamos, pois, a tratar da paternidade ou maternidade socioafetiva, que reputamos a face mais encantadora do nosso atual Direito de Família, com reflexos na própria jurisprudência do STJ:

> "Filiação. Anulação ou reforma de registro. Filhos havidos antes do casamento, registrados pelo pai como se fossem de sua mulher.
>
> Situação de fato consolidada há mais de quarenta anos, com o assentimento tácito do cônjuge falecido, que sempre os tratou como filhos, e dos irmãos. Fundamento de fato constante do acórdão, suficiente, por si só, a justificar a manutenção do julgado.
>
> — Acórdão que, a par de reputar existente no caso uma 'adoção simulada', reporta-se à situação de fato ocorrente na família e na sociedade, consolidada há mais de quarenta anos. *Status* de filhos.
>
> Fundamento de fato, por si só suficiente, a justificar a manutenção do julgado.
>
> Recurso especial não conhecido" (STJ, REsp 119.346/GO, 4ª Turma, Rel. Min. Barros Monteiro, julgado em 1º-4-2003, *DJ* 23-6-2003, p. 371).

Cuidou, o julgado *supra*, da figura da adoção à brasileira[23], tida como ato ilícito, mas, mesmo assim, ensejando o reconhecimento da filiação, pela socioafetividade, o que já tem sido enfrentado, como dito, pela jurisprudência pátria[24].

---

[23] Confira-se o Capítulo XXVII ("Adoção") do v. 6 ("Direito de Família") do nosso *Novo Curso de Direito Civil*.

[24] "Adoção à brasileira não pode ser desconstituída após vínculo de socioafetividade — 14-7-2009. Em se tratando de adoção à brasileira (em que se assume paternidade sem o devido processo legal), a melhor solução consiste em só permitir que o pai adotante busque a nulidade do registro de nascimento quando ainda não tiver sido constituído o vínculo de socioafetividade com o adotado. A decisão é da Terceira Turma do Superior Tribunal de Justiça (STJ), que, seguindo o voto do relator, ministro Massami Uyeda, rejeitou o recurso de uma mulher que pedia a declaração de nulidade do registro civil de sua ex-enteada".

Disponível em: <http://www.stj.gov.br/portal_stj/objeto/texto/impressao.wsp?tmp.estilo=&tmp.area=398&tmp.texto=92848>. Acesso em: 25 jul. 2008.

Embora não trate de "adoção à brasileira", merece, nesse ponto, referência, julgado de outubro de 2020, o REsp 1.741.849/SP, extremamente polêmico, em que o Superior Tribunal de Justiça admitiu a desconstituição de um vínculo de paternidade socioafetiva: "É muita tristeza este processo.' Assim a ministra Nancy Andrighi, do STJ, começou seu voto na sessão da 3ª turma do STJ que julgou pedido de um homem em ação negatória de paternidade das filhas, atualmente com 18 e 15 anos de idade. A controvérsia julgada nesta terça-feira, 20, dizia respeito a caso em que o genitor biológico for induzido em erro ao tempo de registro civil de sua prole e se, a despeito da configuração da relação paterno-filial-socioafetiva por longo período, é admissível o desfazimento do vínculo registral, na hipótese de

Da mesma forma, também já se reconheceu a maternidade socioafetiva[25].

Por tudo isso, é possível se falar, nos dias de hoje, para situações consolidadas no afeto e ao longo do tempo, no ajuizamento de ação de investigação de paternidade socioafetiva, no dizer do erudito TEIXEIRA GIORGIS:

> "Contudo, é absolutamente razoável e sustentável o ajuizamento de ação declaratória de paternidade socioafetiva, com amplitude contraditória, que mesmo desprovida de prova técnica, seja apta em obter veredicto que afirme a filiação com todas suas consequências, direito a alimentos, sucessão e outras garantias.
>
> O que se fará em respeito aos princípios constitucionais da dignidade da pessoa, solidariedade humana e maior interesse da criança e do adolescente"[26].

A ideia já está consagrada, há algum tempo, na sabedoria popular, na afirmação, tantas vezes ouvida, de que "pai é quem cria".

---

ruptura superveniente dos vínculos afetivos" (Portal Migalhas, disponível em: <https://migalhas.uol.com.br/quentes/335195/stj-homem-enganado-sobre-paternidade-consegue-anular-registro-das-filhas-adolescentes>, acessado em 28 out. 2020).

[25] "Maternidade socioafetiva é reconhecida em julgamento inédito no STJ — A Terceira Turma do Superior Tribunal de Justiça (STJ) decidiu que a maternidade socioafetiva deve ser reconhecida, mesmo no caso em que a mãe tenha registrado filha de outra pessoa como sua. 'Não há como desfazer um ato levado a efeito com perfeita demonstração da vontade daquela que, um dia, declarou perante a sociedade ser mãe da criança, valendo-se da verdade socialmente construída com base no afeto', afirmou em seu voto a ministra Nancy Andrighi, relatora do caso. A história começou em São Paulo, em 1980, quando uma imigrante austríaca de 56 anos, que já tinha um casal de filhos, resolveu pegar uma menina recém-nascida para criar e registrou-a como sua, sem seguir os procedimentos legais da adoção — a chamada 'adoção à brasileira'. A mulher morreu nove anos depois e, em testamento, deixou 66% de seus bens para a menina, então com nove anos. Inconformada, a irmã mais velha iniciou um processo judicial na tentativa de anular o registro de nascimento da criança, sustentando ser um caso de falsidade ideológica cometida pela própria mãe. Para ela, o registro seria um ato jurídico nulo por ter objeto ilícito e não se revestir da forma prescrita em lei, correspondendo a uma 'declaração falsa de maternidade'. O Tribunal de Justiça de São Paulo foi contrário à anulação do registro e a irmã mais velha recorreu ao STJ. Segundo a ministra Nancy Andrighi, se a atitude da mãe foi uma manifestação livre de vontade, sem vício de consentimento e não havendo prova de má-fé, a filiação socioafetiva, ainda que em descompasso com a verdade biológica, deve prevalecer, como mais uma forma de proteção integral à criança. Isso porque a maternidade que nasce de uma decisão espontânea — com base no afeto — deve ter guarida no Direito de Família, como os demais vínculos de filiação. 'Permitir a desconstituição de reconhecimento de maternidade amparado em relação de afeto teria o condão de extirpar da criança — hoje pessoa adulta, tendo em vista os 17 anos de tramitação do processo — preponderante fator de construção de sua identidade e de definição de sua personalidade. E a identidade dessa pessoa, resgatada pelo afeto, não pode ficar à deriva em face das incertezas, instabilidades ou até mesmo interesses meramente patrimoniais de terceiros submersos em conflitos familiares', disse a ministra em seu voto, acompanhado pelos demais integrantes da Terceira Turma". Disponível em: <https://stj.jusbrasil.com.br/noticias/2212378/maternidade-socioafetiva-e-reconhecida-em-julgamento-inedito-no-stj>. Acesso em: 27 jun. 2017.

[26] GIORGIS, José Carlos Teixeira. A Investigação da Paternidade Socioafetiva. Disponível em: <http://www.ambito-juridico.com.br/site/index.php?n_link=revista_artigos_leitura&artigo_id=6105>. Acesso em: 27 jun. 2017.

E é isso mesmo.

PAI ou MÃE, em sentido próprio, é quem não vê outra forma de vida, senão amando o seu filho.

Independentemente do vínculo sanguíneo, o vínculo do coração é reconhecido pelo Estado com a consagração jurídica da "paternidade socioafetiva"[27].

E, nessa linha, é possível, do ponto de vista fático e — por que não dizer? — jurídico, o reconhecimento de uma pluralidade de laços afetivos, com a eventual admissão de uma multiparentalidade.

Mas note-se que, na hipótese em que a família biológica seja impedida de manter o vínculo de afeto, como no caso do sequestro de uma criança, a teoria da filiação socioafetiva não deve ser reconhecida em favor daquele que subtraiu o menor da sua família natural.

Destaque-se, por fim, que o Enunciado n. 341 da IV Jornada de Direito Civil do Conselho da Justiça Federal expressamente reconheceu o instituto, nos seguintes termos:

> "ENUNCIADO N. 341: Para os fins do art. 1.696, a relação socioafetiva pode ser elemento gerador de obrigação alimentar".

O outro lado da moeda da paternidade socioafetiva é a figura da posse do estado de filho, em que, exteriorizando-se a convivência familiar e a afetividade, admite-se o reconhecimento da filiação.

Trata-se do mesmo fenômeno, visto na perspectiva do filho.

É o famoso "filho de criação", cuja adoção não foi formalizada, mas o comportamento, na família, integra-o como se filho biológico fosse.

---

[27] Registre-se que, em 17 de novembro de 2017, foi publicado o Provimento n. 63 do CNJ, que institui modelos únicos de certidão de nascimento, de casamento e de óbito, a serem adotadas pelos ofícios de registro civil das pessoas naturais, e dispõe sobre o reconhecimento voluntário e a averbação da paternidade e maternidade socioafetiva, admitindo, portanto, o reconhecimento do filho sociafetivo diretamente em cartório, ou seja, independentemente de sentença judicial.

Observe-se, ainda, que esse Provimento n. 63, de 14 de novembro de 2017, do CNJ (com as alterações promovidas pelo Provimento n. 83, de 14-8-2019) regulou, em nível administrativo, o reconhecimento voluntário da paternidade ou maternidade socioafetiva de pessoas acima de 12 anos, diretamente em cartório, ou seja, perante os Oficiais de Registro Civil de Pessoas Naturais.

O requerente demonstrará a afetividade por todos os meios em Direito admitidos, bem como por documentos, tais como: apontamento escolar como responsável ou representante do aluno; inscrição do pretenso filho em plano de saúde ou em órgão de previdência; registro oficial de que residem na mesma unidade domiciliar; vínculo de conjugalidade — casamento ou união estável — com o ascendente biológico; inscrição como dependente do requerente em entidades associativas; fotografias em celebrações relevantes; declaração de testemunhas com firma reconhecida, sem prejuízo de, dada a ausência justificada de tais documentos, o registrador atestar como apurou o vínculo socioafetivo (art. 10-A).

O registrador deverá encaminhar o expediente ao Ministério Público para parecer, antes da realização do registro.

Por fim, destaque-se que a inclusão de mais de um ascendente socioafetivo deverá tramitar pela via judicial, o que resulta, em nosso sentir, logicamente, na impossibilidade de se implementar o vínculo multiparental (multiparentalidade) pela via exclusivamente administrativa.

Isso porque, no Direito de Família, a consolidação de uma situação de afeto justifica a presunção de sua existência, para efeito de prova em juízo, como se dá, também, no âmbito da filiação, consoante observa PAULO LÔBO:

> "A posse do estado de filiação constitui-se quando alguém assume o papel de filho em face daquele ou daqueles que assumem os papéis ou lugares de pai ou mãe ou de pais, tendo ou não entre si vínculos biológicos. A posse de estado é a exteriorização da convivência familiar e da afetividade, segundo as características adiante expostas, devendo ser contínua"[28].

O Tribunal de Justiça do Rio Grande do Sul, inclusive, já se pronunciou expressamente sobre o reconhecimento desta figura:

> "APELAÇÃO CÍVEL. INVESTIGAÇÃO DE PATERNIDADE E MATERNIDADE. INTELIGÊNCIA DO ART. 1.614 DO CÓDIGO CIVIL (ANTIGO ART. 362 DO CC/16). DECADÊNCIA RECONHECIDA. Na investigatória de paternidade e/ou maternidade em que o autor não possui pais registrais não há falar em prescrição ou decadência. Todavia, nos casos de prévia existência de uma relação jurídica de parentalidade certificada pelo registro de nascimento, incide o prazo decadencial de quatro anos. Esta restrição de direito se impõe em face do princípio de igualdade de direitos dos filhos, posto no § 6º do art. 227 da CF, sejam eles havidos ou não da relação de casamento, pois, se entendermos que o filho extramatrimonial pode, a qualquer tempo, vindicar estado distinto daquele que resulta de seu assento de nascimento igualmente teremos que assegurar esta possibilidade aos filhos havidos na vigência do casamento o que — se pode antever — dá oportunidade à total insegurança no seio familiar. Na atualidade, se confrontadas a verdade que emana das informações registrais com a verdade biológica/consanguínea e a verdade social e afetiva, onde houve coincidência entre a verdade registral e a posse de estado de filho fica mantida a relação de parentesco já constituída, em detrimento da identidade genética. De ofício, reconheceram a decadência, extinguindo o processo com julgamento de mérito, por maioria" (TJRS, Apelação Cível 70015469091, Rel. Luiz Felipe Brasil Santos, julgado em 13-9-2006, 7ª Câm. Cív., segredo de justiça).

É o reconhecimento de novas modalidades de constituição de família e, consequentemente, de filiação, que se descortina em um Direito de Família mais humano e solidário.

## 4.4. Multiparentalidade

Como derradeiro subtópico da questão do reconhecimento judicial da paternidade, consideramos relevante tecer algumas reflexões sobre o tema da multiparentalidade.

---

[28] Referência extraída do *site* oficial da Câmara dos Deputados: <http://www2.camara.gov.br/homeagencia/materias.html?pk=%20113435>. Acesso em: 27 jun. 2017.

A visão tradicional sobre a filiação é no sentido de que o seu reconhecimento resultaria em uma dual perspectiva de parentalidade (em primeiro grau): o(os) filho(os) vinculam-se a um pai e a uma mãe.

Todavia, seria isto uma verdade absoluta?

Definitivamente, este posicionamento, quase um dogma, é algo que deve ser mais bem analisado, diante da multiplicidade de situações da vida.

De fato, será que, com o advento de uma visão mais aberta das relações de família, com admissão de novas formas de composição familiar, não seria hora de rever este aparente dogma?

Não que ele esteja equivocado.

Mas ele responderia com justiça a todas as exigências da vida?

Com o prestígio que se dá, hodiernamente, à parentalidade socioafetiva, não haveria sido descortinado novo horizonte para o reconhecimento da possibilidade jurídica da multiparentalidade?

Ou seja, será que não é o momento de se amparar, juridicamente, a situação — muitas vezes ocorrente — de um filho possuir dois pais ou duas mães?

Se não existe hierarquia entre os parâmetros de filiação, por que forçar a exclusão de alguém que é visto como pai ou mãe de uma criança?

Respondendo a esta pergunta, vem a lume o tema da multiparentalidade, qual seja, uma situação em que um indivíduo tem mais de um pai e/ou mais de uma mãe, simultaneamente, produzindo-se efeitos jurídicos em relação a todos eles.

Exemplos vivos de suporte fático para tal instituto pululam em todos os cantos do mundo.

E a jurisprudência brasileira não tem fechado os olhos para isso.

Confira-se, a propósito, decisão vanguardista da 1ª Câmara de Direito Privado do Tribunal de Justiça do Estado de São Paulo, reconhecendo a multiparentalidade (o que conta com nossa simpatia, dentro da ideia de família contemporânea plural), em que se determinou a inclusão da madrasta, mãe socioafetiva, no registro civil, mantendo-se também a mãe biológica falecida, o que, em resumo, fez com que o filho pudesse afirmar ter, juridicamente, duas mães:

> "MATERNIDADE SOCIOAFETIVA. Preservação da Maternidade Biológica. Respeito à memória da mãe biológica, falecida em decorrência do parto, e de sua família. Enteado criado como filho desde dois anos de idade. Filiação socioafetiva que tem amparo no art. 1.593 do Código Civil e decorre da posse do estado de filho, fruto de longa e estável convivência, aliado ao afeto e considerações mútuos, e sua manifestação pública, de forma a não deixar dúvida, a quem não conhece, de que se trata de parentes. A formação da família moderna não consanguínea tem sua base na afetividade e nos princípios da dignidade da pessoa humana e da solidariedade. Recurso provido" (TJSP, 1ª Câmara de Direito Privado, Registro: 2012.0000400337. Apelação Cível 0006422-26.2011.8.26.0286, Comarca de Itu, Rel. Des. Alcides Leopoldo e Silva Júnior).

Destaque-se, ainda, decisão da ilustre Juíza de Direito de Ariquemes, Rondônia, Deisy Cristhian Lorena de Oliveira Ferraz, que, em 13 de março de 2012, proferiu sentença reconhecendo a multiparentalidade em demanda de investigação de paternidade cumulada com anulatória de registro[29].

Em setembro de 2016, por fim, o Supremo Tribunal Federal, na oportunidade do julgamento do RE 898.060, firmou o seu entendimento, com repercussão geral[30], acerca da matéria.

Discutia-se acerca da eventual prevalência da paternidade socioafetiva sobre a biológica.

Sucede que a decisão culminou por enfrentar também a própria multiparentalidade, firmando, todavia, uma tese com traços peculiares, um pouco distante da linha de fundamentação até então adotada.

---

[29] "Juíza garante dupla paternidade em certidão de criança — A Justiça de Rondônia garantiu a uma criança o registro em certidão de nascimento de dupla filiação paterna (biológica e socioafetiva). No caso, a criança reconhece os dois homens como pais e deles recebe, concomitantemente, assistência emocional e alimentar. De acordo com os autos, o homem que registrou a criança o fez sabendo que ela não era sua filha. Anos depois, a criança descobriu sua ascendência biológica e passou a ter contato com o pai, mantendo, contudo, o mesmo vínculo afetivo e 'estado de posse de filha' com o pai afetivo. A situação foi demonstrada em investigação social e psicológica realizada pela equipe multiprofissional. Como a criança declara expressamente que reconhece e possui os dois pais, a promotora de justiça Priscila Matzenbacher Tibes Machado se manifestou contrária ao deferimento da exclusão de paternidade, requerendo a manutenção do pai atual e a inclusão do biológico. Para a juíza Deisy Cristhian Lorena de Oliveira Ferraz, ficou evidente que a pretensão da declaração de inexistência do vínculo parental entre a criança e o pai afetivo partiu de sua mãe, que, na tentativa de corrigir 'erros do passado', pretendia ver reconhecida a verdade biológica, sem se atentar para o melhor interesse da própria filha. Ela destacou ainda que o pai afetivo não manifestou interesse em negar a paternidade, tanto que em contato com a criança disse que, mesmo sem ausência de vínculo de sangue, a considera sua filha. Com informações da Assessoria de Imprensa do MP-RO" (Disponível em: <http://www.conjur.com.br/2012-mar-28/justica-garante-dupla-paternidade-certidao-nascimento-crianca>. Acesso em: 27 jun. 2017).

[30] "A Repercussão Geral é um instrumento processual inserido na Constituição Federal de 1988, por meio da Emenda Constitucional n. 45, conhecida como a 'Reforma do Judiciário'. O objetivo desta ferramenta é possibilitar que o Supremo Tribunal Federal selecione os Recursos Extraordinários que irá analisar, de acordo com critérios de relevância jurídica, política, social ou econômica. O uso desse filtro recursal resulta numa diminuição do número de processos encaminhados à Suprema Corte. Uma vez constatada a existência de repercussão geral, o STF analisa o mérito da questão e a decisão proveniente dessa análise será aplicada posteriormente pelas instâncias inferiores, em casos idênticos. A preliminar de Repercussão Geral é analisada pelo Plenário do STF, através de um sistema informatizado, com votação eletrônica, ou seja, sem necessidade de reunião física dos membros do Tribunal. Para recusar a análise de um RE são necessários pelo menos 8 votos, caso contrário, o tema deverá ser julgado pela Corte. Após o relator do recurso lançar no sistema sua manifestação sobre a relevância do tema, os demais ministros têm 20 dias para votar. As abstenções nessa votação são consideradas como favoráveis à ocorrência de repercussão geral na matéria" (Disponível em: <http://www.stf.jus.br/portal/cms/verNoticiaDetalhe.asp?idConteudo=118645>. Acesso em: 27 jun. 2017).

De acordo com o voto do relator, Ministro Luiz Fux, caberá ao filho, de acordo com o seu próprio interesse, decidir se mantém, em seu registro, apenas o pai socioafetivo ou ambos, o socioafetivo e o biológico.

Com efeito, mesmo que não tenha construído com o genitor (pai biológico) vínculo de afetividade algum, terá o direito de fazer constar o nome dele em seu registro, ainda que seja para fim meramente econômico, a exemplo de fazer jus à sua herança.

Aliás, poderá ter direito a duas heranças, caso também seja feito o registro do pai socioafetivo.

Na mesma linha, a fixação da pensão alimentícia — observado, por óbvio, o princípio da proporcionalidade e o binômio necessidade *x* capacidade — poderá levar em conta dois legitimados passivos[31].

Esta "multiplicidade de direitos" não era novidade no estudo da multiparentalidade.

O que há de novo, em nosso sentir, é a decisão do Supremo admitir esta parentalidade plúrima de acordo com o exclusivo interesse do filho, mesmo não havendo sido construída história de vida alguma com o pai biológico[32].

A tese extraída do julgamento, com repercussão geral, ficou assim fixada:

> "A paternidade socioafetiva, declarada ou não em registro público, não impede o reconhecimento do vínculo de filiação concomitante baseado na origem biológica, com os efeitos jurídicos próprios".

Destacamos trecho do voto do relator, Ministro Luiz Fux:

> "O conceito de pluriparentalidade não é novidade no Direito Comparado. Nos Estados Unidos, onde os Estados têm competência legislativa em matéria de Direito de Família, a Suprema Corte de Louisiana ostenta jurisprudência consolidada quanto ao reconhecimento da 'dupla paternidade' (*dual paternity*). No caso Smith v. Cole (553 So.2d 847, 848), de 1989, o Tribunal aplicou o conceito para estabelecer que a criança

[31] Com isso, acabaram-se as discussões acerca da denominada paternidade alimentar, tese que tentava justificar a possibilidade de o filho socioafetivo pedir alimentos ao biológico (cf. texto do talentoso Rolf Madaleno, *Revista Brasileira de Direito de Família*, n. 37, 2006, p. 148).

[32] Segundo Ricardo Calderón, "inegável que houve significativo progresso com a referida decisão, conforme também entendem Flávio Tartuce e Rodrigo da Cunha Pereira. Não se nega que alguns pontos não restaram acolhidos, como a distinção entre o papel de genitor e pai, bem destacado no voto divergente do Min. Edson Fachin ao deliberar sobre o caso concreto, mas que não teve aprovação do plenário. Esta é uma questão que seguirá em pauta para ser melhor esclarecida, sendo que caberá a doutrina digerir o resultado do julgamento a partir de então. Merecem ouvidos os alertas de José Fernando Simão, a respeito do risco de se abrir a porta para demandas frívolas, que visem puramente o patrimônio contra os pais biológicos. Essa possibilidade deverá merecer atenção especial por parte dos operadores do Direito, mas não parece alarmante e, muito menos, intransponível" (Reflexos da Decisão do STF de Acolher Socioafetividade e Multiparentalidade. Disponível em: <http://www.conjur.com.br/2016-set-25/processo-familiar-reflexos-decisao-stf-acolher-socioafetividade-multiparentalidade>. Acesso em: 27 jun. 2017).

nascida durante o casamento de sua mãe com um homem diverso do seu pai biológico pode ter a paternidade reconhecida com relação aos dois, contornando o rigorismo do art. 184 do Código Civil daquele Estado, que consagra a regra *pater ist est quem nuptiae demonstrant*. Nas palavras da Corte, a 'aceitação, pelo pai presumido, intencionalmente ou não, das responsabilidades paternais, não garante um benefício para o pai biológico. (...) O pai biológico não escapa de suas obrigações de manutenção do filho meramente pelo fato de que outros podem compartilhar com ele da responsabilidade' (*'The presumed father's acceptance of paternal responsibilities, either by intent or default, does not ensure to the benefit of the biological father. (...) The biological father does not escape his support obligations merely because others may share with him the responsibility'*).

Em idêntico sentido, o mesmo Tribunal assentou, no caso *T.D., wife of M.M.M. v. M.M.M.*, de 1999 (730 So. 2d 873), o direito do pai biológico à declaração do vínculo de filiação em relação ao seu filho, ainda que resulte em uma dupla paternidade. Ressalvou-se, contudo, que o genitor biológico perde o direito à declaração da paternidade, mantendo as obrigações de sustento, quando não atender ao melhor interesse da criança, notadamente nos casos de demora desarrazoada em buscar o reconhecimento do *status* de pai (*'a biological father who cannot meet the best-interest-of-the-child standard retains his obligation of support but cannot claim the privilege of parental rights'*).

A consolidação jurisprudencial levou à revisão do Código Civil estadual de Louisiana, que a partir de 2005 passou a reconhecer a dupla paternidade nos seus artigos 197 e 198 (PALMER, Vernon Valentine. *Mixed Jurisdictions Worldwide: The Third Legal Family*. 2. ed. Cambridge: Cambridge University Press, 2012). Louisiana se tornou, com isso, o primeiro Estado norte-americano a permitir legalmente que um filho tenha dois pais, atribuindo-se a ambos as obrigações inerentes à parentalidade (McGINNIS, Sarah. You Are Not The Father: How State Paternity Laws Protect (And Fail To Protect) the Best Interests of Children. *In*: *Journal of Gender, Social Policy & the Law*, v. 16, issue 2, 2008, pp. 311-334).

A omissão do legislador brasileiro quanto ao reconhecimento dos mais diversos arranjos familiares não pode servir de escusa para a negativa de proteção a situações de pluriparentalidade. É imperioso o reconhecimento, para todos os fins de direito, dos vínculos parentais de origem afetiva e biológica, a fim de prover a mais completa e adequada tutela aos sujeitos envolvidos. Na doutrina brasileira, encontra-se a valiosa conclusão de Maria Berenice Dias, *in verbis*: 'não mais se pode dizer que alguém só pode ter um pai e uma mãe. Agora é possível que pessoas tenham vários pais. Identificada a pluriparentalidade, é necessário reconhecer a existência de múltiplos vínculos de filiação. Todos os pais devem assumir os encargos decorrentes do poder familiar, sendo que o filho desfruta de direitos com relação a todos.

> Não só no âmbito do direito das famílias, mas também em sede sucessória. (...) Tanto é este o caminho que já há a possibilidade da inclusão do sobrenome do padrasto no registro do enteado' (*Manual de Direito das Famílias*. 6. ed. São Paulo: RT, 2010, p. 370). Tem-se, com isso, a solução necessária ante os princípios constitucionais da dignidade da pessoa humana (art. 1º, III) e da paternidade responsável (art. 226, § 7º)".

Diversas indagações, certamente, a partir deste histórico julgamento, ainda virão.

Em nosso sentir, apenas ilustrando, pensamos não ser possível a aplicação da tese em caso de adoção — por expressa disposição de lei[33] —, nem aos filhos havidos por inseminação artificial heteróloga[34].

Embora tenham o direito constitucional à busca da origem biológica, não será possível extraírem efeitos outros, porquanto são situações distintas da paternidade socioafetiva construída, simplesmente, pela ação do tempo.

A comunidade jurídica nacional, certamente, ainda debaterá intensamente acerca dos desdobramentos deste importantíssimo julgado.

## 4.5. Coparentalidade

A contemporaneidade nos traz uma situação peculiar, que traduz a interface da autonomia privada negocial nas relações de família.

Casais que, por meio de contrato, ajustam a concepção de filhos, assumindo, a partir daí, todos os deveres e obrigações respectivos.

Sobre o tema, escreve, com habitual precisão, RODRIGO DA CUNHA PEREIRA:

> "Há pessoas que querem se casar, ou viver em união estável, mas não querem ou não podem ter filhos, formando apenas uma família conjugal. Há pessoas que querem ter filhos, mas sem conjugalidade, ou sem sexualidade, ou seja, querem apenas constituir uma família parental. Coparentalidade, ou famílias coparentais, são aquelas que se constituem entre pessoas que não necessariamente estabeleceram uma conjugalidade, ou nem mesmo uma relação sexual. Apenas se encontram movidos pelo interesse e desejo em fazer uma parceria de paternidade/maternidade".
>
> (...)
>
> "Como não há regra específica, as únicas regras relativas ao assunto, são o Provimento 63/2017 do CNJ, bem como a Resolução do CFM — 2.168/2017 que adota as nor-

---

33 ECA, art. 41: "A adoção atribui a condição de filho ao adotado, com os mesmos direitos e deveres, inclusive sucessórios, desligando-o de qualquer vínculo com pais e parentes, salvo os impedimentos matrimoniais".

34 "Também me preocupa a aplicação da tese para a reprodução assistida heteróloga, o que poderá fazer com que tal técnica torne-se inviável, pelo temor dos doadores de material genético" (TARTUCE, Flávio. Breves e Iniciais Reflexões sobre o Julgamento do STF sobre Parentalidade Socioafetiva. Disponível em: <http://flaviotartuce.jusbrasil.com.br/noticias/387075289/breves-e-iniciais-reflexoes-sobre-o-julgamento-do-stf-sobre-parentalidade-socioafetiva>. Acesso em: 27 jun. 2017).

mas éticas para a utilização das técnicas de reprodução em observância aos princípios éticos e bioéticos que ajudam a trazer maior segurança e eficácia a tratamentos e procedimentos médicos —, tornando-se o dispositivo deontológico a ser seguido pelos médicos brasileiros e substituindo a Resolução CFM n. 2.121 de 24/09/2015.

Entretanto, os princípios constitucionais do melhor interesse da criança/adolescente, paternidade responsável, pluralidade das formas de família, responsabilidade, todos sob a égide do macroprincípio da dignidade humana, autorizam a liberdade e autonomia dos sujeitos constituírem suas famílias conjugais e parentais da forma que melhor entenderem.

Com efeito, não há, entre os partícipes do projeto parental, propriamente, uma relação de afeto, mas sim, uma convergência de vontades"[35].

Isso, inclusive, nos leva a refletir se estaríamos diante de uma modalidade familiar singular, originada, não do afeto, mas da autonomia privada projetada no plano da convivência humana.

Note-se que, entre os protagonistas da relação coparental, não há, necessariamente, vínculo de união estável, pois esse último dependerá da configuração dos seus próprios pressupostos.

VIDEOAULA

✓ Como o Supremo Tribunal Federal tratou a *multiparentalidade*?

***Acesse também o vídeo sobre o capítulo pelo link: <https://somos.in/MDC4>***

[35] PEREIRA, Rodrigo da Cunha. Disponível em: https://www.rodrigodacunha.adv.br/5-coisas-que-voce-precisa-saber-sobre-coparentalidade/. Acesso em: 1º set. 2020.

# LXXXIII PARENTESCO

## 1. CONCEITO JURÍDICO DE PARENTESCO

Entende-se por parentesco a relação jurídica, calcada na afetividade e reconhecida pelo Direito, entre pessoas integrantes do mesmo grupo familiar, seja pela ascendência, descendência ou colateralidade, independentemente da natureza (natural, civil ou por afinidade).

O conceito de parentesco não se identifica com a noção de família, pois os cônjuges ou os companheiros, por exemplo, embora constituam uma família, não são parentes entre si.

Nesse sentido, observa Paulo Lôbo:

> "Para o direito, o parentesco não se confunde com família, ainda que seja nela que radique suas principais interferências, pois delimita a aquisição, o exercício e o impedimento de direitos variados, inclusive no campo do direito público"[1].

Feita a distinção conceitual de parentesco para família, passemos a compreendê-lo em uma perspectiva classificatória.

## 2. VISÃO CLASSIFICATÓRIA DO PARENTESCO

O parentesco comporta diversas classificações.

De fato, no que diz respeito à natureza, o parentesco poderá ser natural (decorrente de vínculo consanguíneo), civil (decorrente de vínculo jurídico) ou por afinidade (travado entre um dos cônjuges ou companheiros e os parentes do outro).

Para uma melhor sistematização, o parentesco organiza-se ainda por linhas (reta — ascendente ou descendente — e colateral) e em graus, admitindo, assim, novas classificações.

O grau consiste no nível de distância em cada linha, contado a partir de cada pessoa em relação ao seu parente mais próximo.

Expliquemos essa visão com mais vagar, iniciando, como parece lógico, com a natureza do parentesco.

---

[1] LÔBO, Paulo Luiz Netto. *Direito Civil*: Famílias, 2. ed., São Paulo: Saraiva, 2009, p. 184.

## 2.1. Classificação do parentesco quanto à natureza

O texto vigente, de forma conservadora (e, por isso, criticável), reconhece expressamente apenas o parentesco natural ou civil.

É a regra do art. 1.593 do vigente Código Civil brasileiro:

> "Art. 1.593. O parentesco é natural ou civil, conforme resulte de consanguinidade ou outra origem".

Nada menciona sobre a socioafetividade, base do vínculo parental, embora a menção a "ou outra origem" permita, *de lege lata*, uma interpretação ampliativa do dispositivo.

Bem mais completa é a previsão, na espécie, do denominado Estatuto das Famílias[2], que estabelece, em seu art. 10, que "o parentesco resulta da consanguinidade, da socioafetividade ou da afinidade".

Sobre o tema, já comentamos adrede:

> "O Estatuto das Famílias trata da matéria no seu artigo 10, *caput*. Neste, há, efetivamente, uma distinção do tratamento legal ora vigente, pois inseriu expressamente a socioafetividade como uma das causas do parentesco. Assim, evitou-se a utilização do conceito aberto 'ou outra origem', constante do art. 1.593 do Código Civil brasileiro, explicitando-se as três origens fundamentais do parentesco (consanguinidade, socioafetividade ou afinidade). Resta a dúvida, de relevância apenas teórica, sobre qual é a natureza do parentesco adotivo ou da fecundação heteróloga. Parece claro, em nosso pensar, que tudo aquilo que não decorrer da cognação ou da afinidade, deva ser considerado originado na socioafetividade, pois é o princípio básico das relações familiares"[3].

Posto isso, avancemos no estudo do tema.

### *2.1.1. Parentesco natural*

Tradicionalmente, os vínculos de consanguinidade geram o que se convencionou chamar de parentesco natural.

No dizer de BEVILÁQUA,

> "o parentesco criado pela natureza é sempre a cognação ou consanguinidade, porque é a união produzida pelo mesmo sangue. O vínculo do parentesco estabelece-se por

---

[2] Esse importante projeto foi apensado ao PL 674/2007 em 17 de dezembro de 2007. Confira-se o *link*: <https://www.camara.leg.br/proposicoesWeb/fichadetramitacao?idProposicao=347575&ord=1>. Acesso em: 7 set. 2019.

[3] Conforme nossa colaboração na obra coletiva coordenada pelo ilustrado professor e amigo Leonardo Barreto Moreira Alves, *Código das Famílias Comentado*: de acordo com o Estatuto das Famílias (PLN n. 2.285/07), Belo Horizonte: Del Rey, 2009, p. 219-20.

linhas. Linha é a série de pessoas provindas por filiação de um antepassado. É a irradiação das relações consanguíneas"[4].

Entretanto, ainda que tradicionalmente o parentesco natural toque a consanguinidade, a relação parental em linha reta pode, perfeitamente, se aplicar ao vínculo familiar parental não consanguíneo, como se dá no caso da filiação adotiva.

Afinal, alguém negaria que o pai do adotado é seu parente em linha reta em primeiro grau?

Esse, portanto, é, à luz do princípio da afetividade — matriz do conceito de família — o melhor entendimento, porquanto não hierarquiza os vínculos de família no mero pressuposto da consanguinidade.

Assim, o parentesco decorrente da adoção, embora não seja o natural, tem o mesmo tratamento deste, ainda que denominado de parentesco civil, conforme veremos em seguida.

### 2.1.2. Parentesco civil

Tradicionalmente, é considerado parentesco civil aquele resultante da adoção.

Todavia, parece-nos que esta ideia deve ser ampliada, na contemporaneidade.

Como observa Maria Berenice Dias,

> "o desenvolvimento das modernas técnicas de reprodução assistida ensejou a desbiologização da parentalidade, impondo o reconhecimento de outros vínculos de parentesco. Assim, parentesco civil é o que resulta de qualquer outra origem que não seja a biológica. Não há como deixar de reconhecer que a concepção decorrente de fecundação heteróloga (1.597, V) gera parentesco civil"[5].

O moderno Direito Civil não se harmoniza com entendimentos discriminatórios e reducionistas do conceito de família.

Nessa linha, é preciso admitir uma paridade harmônica — e não uma verticalidade opressora — entre as formas de parentesco natural e civil.

Se o parentesco natural decorre da cognação, ou seja, do vínculo da consanguinidade, o denominado parentesco civil resulta da socioafetividade pura, como se dá no vínculo da filiação adotiva, no reconhecimento da paternidade ou maternidade não biológica calcada no afeto, na filiação oriunda da reprodução humana assistida (em face do pai ou da mãe não biológicos), enfim, em todas as outras situações em que o reconhecimento do vínculo familiar prescindiu da conexão do sangue.

No dizer de PIETRO PERLINGERI,

---

[4] BEVILÁQUA, Clóvis. *Código Civil dos Estados Unidos do Brasil*, p. 769.

[5] DIAS, Maria Berenice. *Manual de Direitos das Famílias*, 3. ed., rev., São Paulo: Revista dos Tribunais, 2009, p. 317.

> "o sangue e os afetos são razões autônomas de justificação para o momento constitutivo da família, mas o perfil consensual e a *affectio* constante e espontânea exercem cada vez mais o papel de denominador comum de qualquer núcleo familiar. O merecimento de tutela da família não diz respeito exclusivamente às relações de sangue, mas, sobretudo, àquelas afetivas que se traduzem em uma comunhão espiritual e de vida"[6].

Assim, a título de resumido arremate, deve-se compreender que o parentesco civil é uma modalidade de parentesco que se define por exclusão, ou seja, entende-se por parentesco civil toda modalidade de parentesco não fundada na reprodução biológica ou na relação de afinidade.

### 2.1.3. Parentesco por afinidade

O parentesco por afinidade, por sua vez, é estabelecido como consequência lógica de uma relação de afeto.

Assim, o núcleo familiar do cônjuge ou companheiro é agregado ao núcleo próprio de seu(sua) parceiro(a) de vida.

Vale registrar que o vigente Código Civil brasileiro equiparou, como já deveria ter sido feito há tempos, a união estável ao casamento, também para o efeito do parentesco por afinidade, o que inexistia no sistema codificado anterior.

Com isso, observadas as normas pertinentes, somos "parentes dos parentes da nossa esposa (do nosso marido) ou da nossa companheira (do nosso companheiro)".

É o caso da relação, em linha colateral, que travamos como o nosso cunhado, ou, em linha reta, com a nossa sogra ou o nosso enteado.

Percebam, nesse diapasão, que, em tais casos, a relação parental (por afinidade) pressupõe um anterior vínculo matrimonial ou de união estável.

O vigente Código Civil brasileiro estabeleceu, no § 1º do art. 1.595, uma peculiar limitação do parentesco por afinidade.

Com efeito, tal modalidade de parentesco se limita aos ascendentes, aos descendentes e aos irmãos do cônjuge ou companheiro.

Assim, os "concunhados"[7] não são, tecnicamente, parentes, embora o cotidiano dos lares brasileiros, pelo afeto, os considere membros da família.

Em outras palavras: juridicamente, não existe relação de parentesco entre os próprios parentes por afinidade.

Observe-se que a equivalência não importa em igualdade de tratamento, como observa PAULO LÔBO:

---

[6] PERLINGIERI, Pietro. *Perfis do Direito Civil* — Introdução ao Direito Civil Constitucional, 2. ed., Rio de Janeiro: Renovar, 2002, p. 244.

[7] Entenda-se aqui, pela popular expressão "concunhado", a relação travada entre os próprios cunhados.

> "Os parentes afins não são iguais ou equiparados aos parentes consanguíneos; são equivalentes, mas diferentes. Assim, o enteado não é igual ao filho, jamais nascendo para o primeiro, em virtude de tal situação, direitos e deveres que são próprios do estado de filiação. O parentesco afim tem por fito muito mais o estabelecimento de uma situação jurídica de impedimentos e deveres, por razões morais. O parentesco afim é normalmente considerado, pelo legislador e pela administração da justiça, para impedir a aquisição de algum direito ou situação de vantagem, em virtude da aproximação afetiva que termina por ocorrer entre os parentes afins e suas respectivas famílias. Assim ocorre, além do direito civil, no direito eleitoral, no direito administrativo, no direito processual, principalmente em hipóteses que presumivelmente ocorreria conflito de interesses. Não há entre parentes afins obrigação de alimentos, no direito brasileiro"[8].

Dessa forma, a concepção de parentesco por afinidade tem por finalidade a preservação de interesses de fundo moral, bem como evitar o favorecimento, em determinadas relações jurídicas, em função da intimidade entre as famílias.

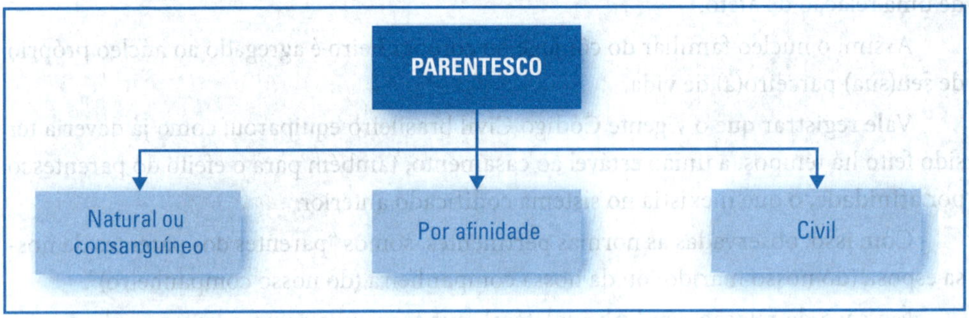


Vejamos, agora, outras modalidades classificatórias.

## 2.2. Classificação do parentesco quanto a linhas

A classificação do parentesco com base na noção de linha é tradicional no nosso ordenamento jurídico.

Trata-se de uma decorrência da concepção histórica de linhagem, expressão cuja sinonímia remete a casa, casta, cepa, estema, estirpe, família, genealogia, geração, provinco, sendo também utilizada na genética[9].

Assim, um núcleo familiar básico é tomado como referencial, o que se denomina de tronco comum, a partir do qual vão se ligando os demais parentes, através de linhas ascendentes ou descendentes.

---

[8] LÔBO, Paulo Luiz Netto. *Direito Civil*: Famílias, 2. ed., São Paulo: Saraiva, 2009, p. 192.

[9] "Linhagem *s.f.* 1 série de gerações; linha de parentesco; genealogia, estirpe 2 *fig.* classe, condição social 3 *GEN* população homogênea de organismos com características definidas, criada para fins experimentais *ETIM* fr.ant. *lignage* (1050) 'id.', de *ligne* 'linha', do lat. *linea*" (HOUAISS, Antônio; VILLAR, Mauro de Salles. *Dicionário Houaiss da Língua Portuguesa*, Rio de Janeiro: Objetiva, 2001, p. 1766).

A ideia de linhas familiares ou de parentesco também se subclassifica em duas modalidades, o parentesco por linha reta e o parentesco por linha colateral.

### 2.2.1. Parentesco em linha reta

O parentesco em linha reta está previsto expressamente no art. 1.591 do CC/2002:

> "Art. 1.591. São parentes em linha reta as pessoas que estão umas para com as outras na relação de ascendentes e descendentes".

Verticalmente, parentes consanguíneos em linha reta descendem uns dos outros, sem limitação de graus: neto-filho-pai-avô etc.

Assim, cada linha é subdividida, como veremos, em graus, de maneira que, dada a proximidade, o pai (1º grau) é parente mais próximo do que o avô (2º grau).

Subindo ou descendo, não importa, os indivíduos serão considerados parentes em linha reta, *ad infinitum*.

Nesse sentido, invoquemos, novamente, o magistério de PAULO LÔBO:

> "O parentesco em linha reta é infinito, nos limites que a natureza impõe a sobrevivência dos seres humanos. A linha reta é a que procede sucessivamente de cada filho para os genitores e deste para os progenitores e de cada pessoa para os seus filhos, netos, bisnetos etc. Assim, promanam da pessoa uma linha reta ascendente e uma linha reta descendente"[10].

Por equiparação constitucional, pensamos que esse mesmo raciocínio poderá ser aplicado ao parentesco civil — decorrente, como dito, não do liame genético, mas do reconhecimento jurídico — como se dá entre pai adotante e filho adotado (parentes em linha reta de primeiro grau).

E, nesse mesmo diapasão, também no parentesco por afinidade afigura-se possível tal análise, como na hipótese da sogra em relação ao genro ou do padrasto em relação à enteada (parentes por afinidade em linha reta). Neste último caso, dadas as suas especificidades, é forçoso convir que, embora aceitável, não há tanta utilidade na contagem de graus.

### 2.2.2. Parentesco em linha colateral

Consideram-se parentes, em linha colateral, na forma do dispositivo legal[11], aquelas pessoas provenientes do mesmo tronco, sem descenderem umas das outras.

---

[10] LÔBO, Paulo Luiz Netto. *Direito Civil*: *Famílias*, 2. ed., São Paulo: Saraiva, 2009, p. 186.

[11] "Art. 1.592. São parentes em linha colateral ou transversal, até o quarto grau, as pessoas provenientes de um só tronco, sem descenderem uma da outra."

Horizontalmente, parentes consanguíneos em linha colateral são aqueles que, sem descenderem uns dos outros, derivam de um mesmo tronco comum, como irmãos (colaterais de segundo grau) ou tios/sobrinhos (colaterais de terceiro grau).

O parentesco civil, por sua vez, por inserir a pessoa no contexto familiar como se descendência genética houvesse, amolda-se a essa perspectiva de análise (ex.: o meu irmão é parente colateral de segundo grau, não importando se foi adotado ou não).

Finalmente, no parentesco por afinidade, a linha colateral restringe-se à relação de cunhado (cunhado é parente por afinidade na linha colateral).

A única modificação substancial do Código Civil de 2002, em relação à disciplina normativa anterior foi precisamente a redução do limite legal do parentesco por colateralidade, que passou do sexto grau para o quarto grau civil.

Trata-se de um critério que acompanha a tradicional regra do direito à herança[12].

Por fim, vale acrescentar ainda que, para fins de obrigação alimentar, o parentesco colateral se limita ao segundo grau (art. 1.697 do CC/2002) e, quanto à restrição ao casamento, estende-se ao terceiro grau colateral (art. 1.521, IV, do CC/2002), com os temperamentos do Decreto-Lei n. 3.200, de 1941.

### 2.3. Classificação do parentesco quanto a graus

Sendo uma criação do Direito, a própria codificação procura delimitar um critério legal para a fixação dos graus de parentesco[13].

Assim, o critério fundamental é o número de gerações, tanto no parentesco em linha reta quanto no colateral, sendo que, nesse último, é preciso subir até o ascendente comum e descer até encontrar o outro parente, eis que, como já dito, os parentes colaterais não descendem uns dos outros (ex.: seu irmão é seu parente de segundo grau, pois, para chegar a ele, conta-se um grau até seu pai/mãe e outro grau até ele).

## 3. PERSISTÊNCIA DO PARENTESCO POR AFINIDADE, NA LINHA RETA, APÓS A DISSOLUÇÃO DO CASAMENTO OU UNIÃO ESTÁVEL

Uma questão interessante sobre o tema diz respeito aos efeitos do parentesco por afinidade após a eventual dissolução do núcleo familiar (derivado do casamento ou da união estável) que o gerou.

Isso porque o parentesco por afinidade, na linha reta, persiste, mesmo com a dissolução da relação afetiva que o constituiu.

---

12 "Art. 1.839. Se não houver cônjuge sobrevivente, nas condições estabelecidas no art. 1.830, serão chamados a suceder os colaterais até o quarto grau."

13 "Art. 1.594. Contam-se, na linha reta, os graus de parentesco pelo número de gerações, e, na colateral, também pelo número delas, subindo de um dos parentes até ao ascendente comum, e descendo até encontrar o outro parente."

É essa a regra do § 2º do art. 1.595 do vigente Código Civil brasileiro ("§ 2º Na linha reta, a afinidade não se extingue com a dissolução do casamento ou da união estável").

A regra se justifica puramente por um fundamento moral, dado o potencial repúdio social à formação de uma nova relação afetiva entre (ex-)parentes afins na linha reta (sogro e nora, sogra e genro, padrasto e enteada, madrasta e enteado).

Ainda sobre o tema, vale destacar que o denominado "Estatuto das Famílias"[14] trata da matéria no seu art. 14, com a seguinte redação:

> "Art. 14. Cada cônjuge ou convivente é aliado aos parentes do outro pelo vínculo da afinidade.
>
> § 1º O parentesco por afinidade limita-se aos ascendentes, aos descendentes e aos irmãos do cônjuge ou convivente.
>
> § 2º A afinidade se extingue com a dissolução do casamento ou da união estável, exceto para fins de impedimento à formação de entidade familiar".

Note-se que não há uma exata correspondência com a norma em vigor.

De fato, além de utilizar a expressão genérica "convivente", em lugar de "companheiro", apresentou uma mudança terminológica na disciplina do parentesco por afinidade pós-dissolução do casamento ou união estável, marcando a ideia de extinção do parentesco por afinidade, mas mantendo o impedimento à formação de nova "entidade familiar". Na linha do sistema atual, manteve a restrição à livre constituição de novas famílias, tema que merece, talvez no futuro, reflexão mais profunda.

## 4. RESTRIÇÕES LEGAIS DECORRENTES DO PARENTESCO

Se o reconhecimento de uma relação de parentesco gera a alegria e a satisfação social de se fazer parte de um mesmo núcleo familiar, também acarreta algumas restrições no ordenamento jurídico brasileiro, todas sempre com o intuito de evitar favorecimentos pessoais decorrentes da intimidade entre os parentes.

Observe-se que os parentes em linha reta sofrem algumas restrições, no direito brasileiro, a exemplo da proibição de o ascendente adotar o descendente (art. 42, § 1º, do ECA) ou da vedação ao casamento entre si (art. 1.521, I, do CC).

Da mesma forma, a Consolidação das Leis do Trabalho (arts. 801, *c*, e 829, respectivamente) e o Código de Processo Civil de 2015 (arts. 144, III e IV, e 457) estabelecem restrições, em função do grau de parentesco, à atuação no processo como magistrado ou testemunha.

---

[14] Esse importante projeto foi apensado ao PL 674/2007 em 17 de dezembro de 2007. Confira-se o *link*: <https://www.camara.leg.br/proposicoesWeb/fichadetramitacao?idProposicao=347575&ord=1>. Acesso em: 7 set. 2019.

O próprio Código Civil brasileiro restringe, na compra e venda, relação jurídico-negocial entre ascendente e descendente, considerando-a anulável, nos termos do art. 496.

Observam-se, da mesma maneira que no parentesco em linha reta, restrições ao exercício de direitos e prerrogativas em função do parentesco em linha colateral.

Nesse contexto, não podem adotar os irmãos do adotando (art. 42, § 1º, do ECA), havendo vedação matrimonial também para casamento entre colaterais (art. 1.521, IV, do CC).

Tais limitações, normalmente, podem ser encontradas nos mesmos dispositivos que se referem ao parentesco em linha reta, como, por exemplo, as mencionadas restrições, em função do grau de parentesco, à atuação no processo como magistrado ou testemunha, existentes na Consolidação das Leis do Trabalho (arts. 801, *c*; e 829, respectivamente) e no Código de Processo Civil de 2015 (arts. 144, III e IV, e 457).

Apenas a título de arremate, vale destacar que, em nosso entendimento, não haveria que se falar de qualquer tratamento diferenciado entre as modalidades de parentesco pela natureza.

Assim sendo, mesmo reconhecendo que o parentesco por afinidade não gera, necessariamente, as mesmas obrigações que o parentesco natural ou o parentesco civil, pensamos que as restrições válidas para essas duas últimas modalidades também deveriam ser aplicáveis à primeira.

Isso porque o fundamento das restrições estaria na preservação de interesses de terceiros que estabelecem relações jurídicas, tanto de direito material quanto processual, com um dos parentes, como uma garantia de moralidade e impessoalidade, evitando-se favorecimentos indevidos, calcados na intimidade e conhecimento pessoal[15].

Parece-nos, sem dúvida, uma boa diretriz a ser seguida.

## 5. ADOÇÃO

Posto a adoção seja instituto tratado pelo Direito da Criança e do Adolescente, dadas as suas implicações profundas no âmbito da filiação, não poderíamos deixar de analisá-lo, ainda que rapidamente, na presente obra.

---

[15] Mas a análise do caso concreto exige bom senso, conforme podemos verificar neste julgado: "Recurso extraordinário. Eleitoral. Registro de candidatura ao cargo de prefeito. Eleições de 2004. Art. 14, § 7º, da CF. Candidato separado de fato da filha do então prefeito. Sentença de divórcio proferida no curso do mandato do ex-sogro. Reconhecimento judicial da separação de fato antes do período vedado. Interpretação teleológica da regra de inelegibilidade. 1. A regra estabelecida no art. 14, § 7º, da CF, iluminada pelos mais basilares princípios republicanos, visa obstar o monopólio do poder político por grupos hegemônicos ligados por laços familiares. Precedente. 2. Havendo a sentença reconhecido a ocorrência da separação de fato em momento anterior ao início do mandato do ex-sogro do recorrente, não há falar em perenização no poder da mesma família (Consulta n. 964/DF — Res./TSE n. 21.775, de minha relatoria). 3. Recurso extraordinário provido para restabelecer o registro de candidatura" (RE 446.999, Rel. Min. Ellen Gracie, 2ª Turma, julgado em 28-6-2005, *DJ* 9-9-2005, p. 49-64).

Em verdade, a evolução experimentada pela filiação adotiva, guindada, por justiça, a um âmbito de dignidade constitucional, confunde-se com a evolução do próprio Direito de Família brasileiro.

Grande passo uma sociedade dá quando verifica que a relação paterno-filial é muito mais profunda do que o vínculo de sangue ou a mera marca da genética.

Com isso, não estamos menoscabando a paternidade ou a maternidade biológica.

Não é isso.

O fato é que, ser pai ou mãe não é simplesmente gerar, procriar, mas, sim, indiscutivelmente, criar, cuidar, dedicar amor.

Nesse contexto, temos que a filiação adotiva, não apenas por um imperativo constitucional[16], mas por um ditame moral e afetivo equipara-se, de direito e de fato, à filiação biológica, não havendo o mínimo espaço para o estabelecimento de regras discriminatórias.

Delicada questão diz respeito à natureza jurídica da adoção.

Segundo ANTUNES VARELA,

> "é muito controvertida entre os autores a natureza jurídica da adopção. Enquanto adopção constitui assunto de foro particular das pessoas interessadas, a doutrina inclinou-se abertamente para o carácter negocial do acto. A adopção tinha como elemento fundamental a declaração de vontade do adoptante, sendo os seus efeitos determinados por lei de acordo com o fim essencial que o declarante se propunha alcançar. (...) Logo, porém, que os sistemas jurídicos modernos passaram a exigir a intervenção dos tribunais, não para homologarem, mas para concederem a adopção, a requerimento do adoptante, quando entendessem, pela apreciação das circunstâncias concretas do caso que o vínculo requerido serviam capazmente o interesse da criação e educação do adoptando, a concepção dominante na doutrina quanto à natureza jurídica do acto mudou de sinal. Passou a ver-se de preferência na adopção um acto de natureza publicística (um acto judicial) ou um acto complexo, de natureza mista" (*sic*)[17].

De nossa parte, entendemos que a adoção mais se aproximaria do conceito de ato jurídico em sentido estrito.

Como se sabe[18], o ato jurídico em sentido estrito ou não negocial caracteriza-se por ser um comportamento humano cujos efeitos estão legalmente previstos. Vale dizer, não existe, aqui, liberdade na escolha das consequências jurídicas pretendidas.

---

16 CF, art. 227, § 6º: "Os filhos, havidos ou não da relação do casamento, ou por adoção, terão os mesmos direitos e qualificações, proibidas quaisquer designações discriminatórias relativas à filiação".

17 VARELA, João de Matos Antunes. *Direito de Família*, Lisboa: Petrony, 1999, p. 146-7.

18 Sobre o ato jurídico em sentido estrito, escrevemos no v. 1 — "Parte Geral" do nosso *Novo Curso de Direito Civil*, a saber, no tópico 7 ("Ato Jurídico em Sentido Estrito"), Capítulo IX ("Fato Jurídico em Sentido Amplo").

Ora, a partir do momento em que a adoção passou a ser oficializada e disciplinada por meio de normas de natureza cogente e de ordem pública, concluímos que a subsunção do conceito de adoção à categoria de ato em sentido estrito seria mais adequada do que à do negócio jurídico.

Mas advertimos que, a par do nosso esforço científico e classificatório, o ato de adotar apresenta tantas peculiaridades que, se o qualificarmos também como "complexo", erro técnico não haveria.

Apenas não compartilhamos o entendimento no sentido da sua natureza negocial, uma vez que, neste último, existe uma margem de autonomia privada na escolha dos efeitos jurídicos pretendidos, o que não se afiguraria possível na adoção.

Finalmente, podemos conceituar a adoção como um ato jurídico em sentido estrito, de natureza complexa, excepcional, irrevogável[19] e personalíssimo[20], que firma a relação paterno ou materno-filial com o adotando, em perspectiva constitucional isonômica em face da filiação biológica[21].

---

19 ECA, art. 39, § 1º: "A adoção é medida excepcional e irrevogável, à qual se deve recorrer apenas quando esgotados os recursos de manutenção da criança ou adolescente na família natural ou extensa, na forma do parágrafo único do art. 25 desta Lei".

20 O art. 39, § 2º, do ECA veda a adoção por procuração.

21 Também na linha do ato em sentido estrito, o brilhante Paulo Lôbo, ob. cit., p. 251.

# LXXXIV ALIMENTOS

## 1. TERMINOLOGIA E CONCEITO

Quando, cotidianamente, utiliza-se a expressão "alimentos", é extremamente comum se fazer uma correspondência com a noção de "alimentação", no sentido dos nutrientes fornecidos pela comida.

Todavia, a acepção jurídica do termo é muito mais ampla.

De fato, juridicamente, os alimentos significam o conjunto das prestações necessárias para a vida digna do indivíduo.

Esse conceito é extraído da própria previsão contida no art. 1.694 do CC/2002:

> "Art. 1.694. Podem os parentes, os cônjuges ou companheiros pedir uns aos outros os alimentos de que necessitem para viver de modo compatível com a sua condição social, inclusive para atender às necessidades de sua educação.
>
> § 1º Os alimentos devem ser fixados na proporção das necessidades do reclamante e dos recursos da pessoa obrigada.
>
> § 2º Os alimentos serão apenas os indispensáveis à subsistência, quando a situação de necessidade resultar de culpa de quem os pleiteia".

O fundamento da "prestação alimentar" encontra assento nos princípios da dignidade da pessoa humana, vetor básico do ordenamento jurídico como um todo, e, especialmente, no da solidariedade familiar[1].

Como observam FLÁVIO TARTUCE e JOSÉ FERNANDO SIMÃO:

> "Diante dessa proteção máxima da pessoa humana, precursora da personalização do Direito Civil, e em uma perspectiva civil-constitucional, entendemos que o art. 6º da CF/1988 serve como uma luva para preencher o conceito atual dos alimentos. Esse dispositivo do Texto Maior traz como conteúdo os direitos sociais que devem ser oferecidos pelo Estado, a saber: a educação, a saúde, a alimentação, o trabalho, a moradia, o lazer, a segurança, a previdência social, a proteção à maternidade e à infância,

---

[1] Confira-se o Capítulo II ("Perspectiva Principiológica do Direito de Família") do v. 6 ("Direito de Família") do nosso *Novo Curso de Direito Civil*.

e a assistência aos desamparados. Anote-se que a menção à alimentação foi incluída pela Emenda Constitucional 64, de 4 de fevereiro de 2010, o que tem relação direta com o tema aqui estudado. Ademais, destaque-se que, conforme a doutrina contemporânea constitucionalista, os direitos sociais também devem ser tidos como direitos fundamentais, tendo aplicação imediata nas relações privadas (SARMENTO, Daniel. *Direitos Fundamentais*..., 2004, p. 331-350)"[2].

Nessa linha, consideram-se compreendidas no conceito de alimentos todas as prestações necessárias para a vida e a afirmação da dignidade do indivíduo.

Essa característica da necessidade, porém, não é a única, conforme veremos oportunamente.

## 2. PRESSUPOSTOS E CRITÉRIOS DE FIXAÇÃO

Tradicionalmente, um binômio é tomado como pressuposto fundamental para a fixação de alimentos: necessidade-possibilidade.

É a conclusão lógica da interpretação do art. 1.695 do CC/2002:

> "Art. 1.695. São devidos os alimentos quando quem os pretende não tem bens suficientes, nem pode prover, pelo seu trabalho, à própria mantença, e aquele, de quem se reclamam, pode fornecê-los, sem desfalque do necessário ao seu sustento".

Todavia, a doutrina mais moderna permite-se ir além da mera remissão legal, considerando que o respaldo fático da fixação estará calcado, em verdade, em um trinômio[3].

E qual seria o terceiro pressuposto?

Exatamente a justa medida entre estas duas circunstâncias fáticas: a razoabilidade ou proporcionalidade.

Vale dizer, importa não somente a necessidade do credor ou a capacidade econômica do devedor, mas, sim, a conjunção dessas medidas de maneira adequada.

A fixação de alimentos não é um "bilhete premiado de loteria" para o alimentando (credor), nem uma "punição" para o alimentante (devedor), mas, sim, uma justa composição entre a necessidade de quem pede e o recurso de quem paga.

Nesse diapasão, registre-se inexistir qualquer determinação legal de percentagem ou valor mínimo ou máximo.

---

[2] TARTUCE, Flávio; SIMÃO, José Fernando. *Direito Civil* — Direito de Família, 2. ed., v. 5, São Paulo: Método, 2007, p. 414.

[3] Nesse sentido, a título meramente exemplificativo, apenas com variações do nome do terceiro pressuposto, confiram-se TARTUCE, Flávio; SIMÃO, José Fernando. *Direito civil:* Direito de Família (5. ed., São Paulo: Método, 2010); DIAS, Maria Berenice. *Manual de Direito das Famílias*, Porto Alegre: Livraria do Advogado, 2005; LÔBO, Paulo Luiz Netto. *Direito Civil*: Famílias, 2. ed., São Paulo: Saraiva, 2009.

Assim, o critério de fixação de alimentos pode ser determinado tanto em valores fixos quanto variáveis, bem como em prestação *in natura*[4], de acordo com o apurado no caso concreto.

Da mesma forma, podem incidir sobre valores de retribuição salarial ou de qualquer outra prestação econômica reversível em benefício do alimentando[5].

O importante — frise-se — é garantir, sempre, uma prestação que permita realizar cada um dos pressupostos aqui fixados, motivo pelo qual deve ser assegurada a conservação do seu valor aquisitivo, na forma do art. 1.710 do CC/2002[6].

Nesse ponto, uma consideração relevante deve ser feita.

Não vemos óbice, a despeito de existir alguma resistência na doutrina, em se fixar o percentual de pensão devido com base em salário mínimo. Isso porque, posto, regra geral, não possa, a remuneração salarial, ser usada como índice de correção, a natureza especial da verba alimentar justificaria a sua utilização, como bem observa MARIA BERENICE DIAS:

---

4 Nesse sentido, confira-se a regra do art. 1.701 do CC/2002: "Art. 1.701. A pessoa obrigada a suprir alimentos poderá pensionar o alimentando, ou dar-lhe hospedagem e sustento, sem prejuízo do dever de prestar o necessário à sua educação, quando menor. Parágrafo único. Compete ao juiz, se as circunstâncias o exigirem, fixar a forma do cumprimento da prestação".

5 Confira-se esta notícia, divulgada no *site* do Superior Tribunal de Justiça: "FGTS PODE SER PENHORADO PARA QUITAR DÉBITOS DE PENSÃO ALIMENTÍCIA — O Fundo do Garantia por Tempo de Serviço (FGTS) pode ser penhorado para quitar parcelas de pensões alimentícias atrasadas. Esse foi o entendimento unânime da Terceira Turma do Superior Tribunal de Justiça (STJ), em processo relatado pelo ministro Massami Uyeda. Após uma ação de investigação de paternidade, a mãe de um menor entrou com ação para receber as pensões entre a data da investigação e o início dos pagamentos. Após a penhora dos bens do pai, constatou-se que esses não seriam o bastante para quitar o débito. A mãe pediu então a penhora do valor remanescente da conta do FGTS. O pedido foi negado em primeira instância e a mãe recorreu. O Tribunal de Justiça do Rio Grande do Sul (TJRS) acabou por confirmar a sentença, afirmando que as hipóteses para levantar o FGTS listadas no artigo 20 da Lei n. 8.036, de 1990, seriam taxativas e não preveem o pagamento de pensão alimentícia. No recurso ao STJ, a defesa alegou que as hipóteses do artigo 20 seriam exemplificativas e não taxativas. Apontou-se, também, a grande relevância do pagamento da verba alimentar e dissídio jurisprudencial (julgados com diferentes conclusões sobre o mesmo tema). No seu voto, o relator, ministro Massami Uyeda, considerou que o objetivo do FGTS é proteger o trabalhador de demissão sem justa causa e também na aposentadoria. Também prevê a proteção dos dependentes do trabalhador. Para o ministro, seria claro que as situações elencadas na Lei n. 8.036 têm caráter exemplificativo e não esgotariam as hipóteses para o levantamento do Fundo, pois não seria possível para a lei prever todas as necessidades e urgências do trabalhador. O ministro também considerou que o pagamento da pensão alimentar estaria de acordo com o princípio da Dignidade da Pessoa Humana. 'A prestação dos alimentos, por envolver a própria subsistência dos dependentes do trabalhador, deve ser necessariamente atendida, mesmo que, para tanto, penhore-se o FGTS', concluiu o ministro" (REsp 1083061). Disponível em: <https://jus-vigilantibus.jusbrasil.com.br/noticias/2153346/fgts-pode-ser-penhorado-para-quitar-debitos-de-pensao-alimenticia>. Acesso em 27 jun. 2017.

6 "Art. 1.710. As prestações alimentícias, de qualquer natureza, serão atualizadas segundo índice oficial regularmente estabelecido" (equivalente ao art. 22 da Lei n. 6.515/77 — Lei do Divórcio). Confira-se o tópico 8 ("Revisão, Exoneração e Extinção dos Alimentos") deste capítulo.

> "Ainda que a Constituição Federal (art. 7º, inc. IV) vede a vinculação do salário mínimo para qualquer fim, e o Código Civil determine a atualização das prestações alimentícias segundo índice oficial (art. 1.710), não se revela inconstitucional a indexação das prestações alimentícias pelo salário mínimo. Há longa data o Supremo Tribunal Federal, de forma pacífica, permite a sua utilização como base de cálculo de pensões alimentícias (RE 170203 — Ministro Relator Ilmar Galvão, julgado em 30-11-1993). Esta posição mantém-se até os dias de hoje (RE 274.897 — Ministra Relatora Ellen Gracie — julgado em 20-9-2005).
>
> A legitimidade de tal indexação está cristalizada na Súmula 490: 'A pensão correspondente à indenização oriunda de responsabilidade civil deve ser calculada com base no salário mínimo vigente ao tempo da sentença e ajustar-se-á às variações ulteriores'.
>
> Ademais, a utilização do salário mínimo como base de cálculo dos alimentos foi recentemente confirmada pelo legislador, por meio da Lei n. 11.232/05, que, incluindo no Código de Processo Civil o art. 475-Q, § 4º, determinou a aplicação do salário mínimo para fixação dos alimentos oriundos de indenização por ato ilícito"[7].

Ademais, exigir do cidadão comum o conhecimento necessário para fazer, anualmente, a atualização da prestação devida pelo IGP-M, é, em nosso sentir, exigência descabida que culminaria em coroar indesejável insegurança jurídica.

## 3. LEGITIMAÇÃO E CARACTERÍSTICAS DA OBRIGAÇÃO ALIMENTAR

Quem pode exigir alimentos? E quem está obrigado a prestá-los?

Em outras palavras, quem está legitimado para demandar e ser demandado por alimentos?

Na forma do já transcrito art. 1.694 do CC/2002, a obrigação alimentar, em Direito de Família[8], é decorrente do parentesco ou da formação de uma família (matrimonial ou união estável, no que não vislumbramos qualquer impedimento para incluir outras modalidades de família, como a união homoafetiva, família monoparental ou família poliafetiva[9]).

No âmbito do parentesco, destaca o art. 1.696 do CC/2002:

> "Art. 1.696. O direito à prestação de alimentos é recíproco entre pais e filhos, e extensivo a todos os ascendentes, recaindo a obrigação nos mais próximos em grau, uns em falta de outros".

---

[7] DIAS, Maria Berenice. Obrigação Alimentar e o Descabimento de sua Atualização pelo IGP-M. Disponível em: <http://www.migalhas.com.br/dePeso/16,MI33179,71043-Obrigacao+alimentar+e+o+descabimento+de+sua+atualizacao+pelo+IGPM>. Acesso em: 27 jun. 2017.

[8] Por óbvio, não estamos tratando, aqui, da pensão alimentícia decorrente de ato ilícito, de natureza indenizatória, matéria relativa ao Direito Obrigacional.

[9] A respeito do casamento como base dos alimentos, cf., especialmente, os arts. 1.702 e 1.704, e, na união estável, o art. 1.724, especialmente sob aspecto do "direito à assistência".

Assim, já é possível afirmar a característica da reciprocidade nos alimentos, pois todo aquele que, potencialmente, tem dever de prestá-los, da mesma forma pode vir a juízo exigi-los para si, se incidir em situação de necessidade.

Note-se que, na mesma linha de parentesco, entre ascendentes e descendentes, não há limites de grau para a fixação de tal obrigação, podendo ser estendidos a avós, bisavós e outros, indefinidamente, enquanto houver atendimento aos pressupostos de necessidade/possibilidade, à luz de um critério de razoabilidade.

A obrigação alimentar, vale acrescentar, também é sucessiva, entendida tal característica na circunstância de que, na ausência de ascendentes, passaria para os descendentes e, na ausência destes últimos, aos irmãos, assim germanos (ou seja, irmãos dos mesmo pai e mãe) quanto unilaterais, na forma do art. 1.697 do CC/2002[10].

Registre-se que a norma legal não autoriza a extensão da responsabilidade pela obrigação alimentar a outros colaterais, como tios, sobrinhos e primos e, por ser regra impositiva de um dever, não deve ser interpretada extensivamente.

Uma das inovações, porém, da atual codificação civil brasileira é a possibilidade de extensão da obrigação alimentar a parentes de grau imediato, sem exoneração do devedor originário, tudo para que se possa garantir a satisfação da necessidade do alimentando.

É a regra do art. 1.698 do CC/2002:

> "Art. 1.698. Se o parente, que deve alimentos em primeiro lugar, não estiver em condições de suportar totalmente o encargo, serão chamados a concorrer os de grau imediato; sendo várias as pessoas obrigadas a prestar alimentos, todas devem concorrer na proporção dos respectivos recursos, e, intentada ação contra uma delas, poderão as demais ser chamadas a integrar a lide".

Trata-se de uma importante novidade, pois realiza, de forma plena, o princípio da solidariedade familiar, tão caro ao Direito de Família.

Discute-se, porém, se a hipótese é de solidariedade ou de subsidiariedade, que, como já afirmamos em outra oportunidade, nada mais é do que a solidariedade com preferência de pagamento.

A teor do Código Civil brasileiro, concluímos que se trata de uma ordem lógica, consagrando-se a subsidiariedade das pessoas referidas[11], ao contrário da disposição equivalente no Estatuto do Idoso (Lei n. 10.741, de 1º-10-2003), que estabelece expressa-

---

[10] "Art. 1.697. Na falta dos ascendentes cabe a obrigação aos descendentes, guardada a ordem de sucessão e, faltando estes, aos irmãos, assim germanos como unilaterais."

[11] Em relação aos avós/devedores, há expresso entendimento sumulado: Súmula 596 do STJ: "A obrigação alimentar dos avós tem natureza complementar e subsidiária, somente se configurando no caso de impossibilidade total ou parcial de seu cumprimento pelos pais".

mente a solidariedade[12], nos termos do seu art. 12: "A obrigação alimentar é solidária, podendo o idoso optar entre os prestadores".

Mas, logicamente, se um dos devedores não tem condição de adimplir integralmente a obrigação devida, outro sujeito, segundo a sequência legal, poderá ser chamado a complementar a verba.

Finalmente, a título de complementação de pesquisa, acrescente-se que o Superior Tribunal de Justiça firmou entendimento no sentido de se reconhecer a legitimidade do Ministério Público para pleitear alimentos em favor de criança ou adolescente, independentemente, até mesmo, do poder familiar dos pais:

Súmula 594. O Ministério Público tem legitimidade ativa para ajuizar ação de alimentos em proveito de criança ou adolescente independentemente do exercício do poder familiar dos pais, ou do fato de o menor se encontrar nas situações de risco descritas no art. 98 do Estatuto da Criança e do Adolescente, ou de quaisquer outros questionamentos acerca da existência ou eficiência da Defensoria Pública na comarca.

Outra importante característica da obrigação alimentar é a sua transmissibilidade, na forma do art. 1.700 do CC/2002:

> "Art. 1.700. A obrigação de prestar alimentos transmite-se aos herdeiros do devedor, na forma do art. 1.694".

Registre-se que tal dispositivo consistiu em uma mudança de diretriz teórica, pois, no sistema codificado anterior, era vedada expressamente a transmissão da obrigação de prestar alimentos[13].

Em nosso sentir, o sentido jurídico da transmissibilidade é o seguinte:

Se o sujeito, já condenado a pagar pensão alimentícia, deixou saldo devedor em aberto, poderá o credor (alimentando), sem prejuízo de eventual direito sucessório, desde que não ocorrida a prescrição, habilitar o seu crédito no inventário, podendo exigi-lo

---

12 "Direito civil e processo civil. Ação de alimentos proposta pelos pais idosos em face de um dos filhos. Chamamento da outra filha para integrar a lide. Definição da natureza solidária da obrigação de prestar alimentos à luz do Estatuto do Idoso. — A doutrina é uníssona, sob o prisma do Código Civil, em afirmar que o dever de prestar alimentos recíprocos entre pais e filhos não tem natureza solidária, porque é conjunta. — A Lei n. 10.741/2003, atribuiu natureza solidária à obrigação de prestar alimentos quando os credores forem idosos, que por força da sua natureza especial prevalece sobre as disposições específicas do Código Civil. — O Estatuto do Idoso, cumprindo política pública (art. 3º), assegura celeridade no processo, impedindo intervenção de outros eventuais devedores de alimentos. — A solidariedade da obrigação alimentar devida ao idoso lhe garante a opção entre os prestadores (art. 12). Recurso especial não conhecido" (STJ, Recurso Especial 775.565/SP (2005/0138767-9), Rel. Min. Nancy Andrighi).

13 "Direito Civil. Ação de alimentos. Espólio. Transmissão do dever jurídico de alimentar. Impossibilidade. 1. Inexistindo condenação prévia do autor da herança, não há por que falar em transmissão do dever jurídico de prestar alimentos, em razão do seu caráter personalíssimo e, portanto, intransmissível. 2. Recurso especial provido" (STJ, Recurso Especial 775.180/MT (2005/0137804-9), Rel. Min. João Otávio de Noronha).

até as forças da herança, ou seja, os outros herdeiros suportarão essa obrigação, na medida em que a herança que lhes foi transferida é atingida para saldar o débito inadimplido.

Mas, se não houver bens suficientes, não poderá o sucessor — ressalvada a hipótese de um dos herdeiros também ser legitimado passivo para o pagamento da pensão (irmão do credor, por exemplo), o que desafiaria ação de alimentos própria — ter o seu patrimônio pessoal atingido pela dívida deixada pelo falecido.

Uma outra importante característica dos alimentos é a sua irrepetibilidade, ou seja, a impossibilidade jurídica de sua restituição, caso sejam considerados indevidos, *a posteriori*[14].

Trata-se de uma regra calcada na ideia de necessidade e solidariedade social, bem como na estabilidade das relações jurídicas.

Todavia, já se admite, hoje, alguma flexibilidade em tal característica, de forma a repelir a litigância de má-fé.

Neste sentido, observa RODRIGO DA CUNHA PEREIRA:

> "Uma tradicional característica dos alimentos é a proibição de que os alimentos sejam repetidos, ou seja, restituídos, caso se constate posteriormente que eles não eram devidos. Os casos mais comuns em que se busca a restituição é nas ações exoneratórias ou revisionais de alimentos. Por esta razão, e pelo princípio que veda o enriquecimento ilícito, a doutrina vem repensando esta característica, pois o credor dela se vale para protelar cada vez mais o processo judicial e, por conseguinte, prolongar o tempo em que o alimentando faz jus às prestações alimentícias, postergando uma sentença de mérito. A ilicitude do enriquecimento, repudiada pelo Direito, advém do recebimento da prestação alimentícia, quando inexiste necessidade desta, isto é, quando o credor tem condições de arcar com o próprio sustento"[15].

Ainda como característica do direito a alimentos, podemos elencar a sua imprescritibilidade, que se limita, porém, ao direito em si de receber alimentos, e não às parcelas vencidas e inadimplidas, que prescrevem normalmente.

Em outras palavras, o direito aos alimentos, enquanto o seu fundamento existir, poderá ser exercido a qualquer tempo, mas, se houver parcelas inadimplidas, essas comportarão prazo prescricional de exigibilidade.

---

[14] "Responsabilidade civil. Dano moral. Marido enganado. Alimentos. Restituição. — A mulher não está obrigada a restituir ao marido os alimentos por ele pagos em favor da criança que, depois se soube, era filha de outro homem. — A intervenção do Tribunal para rever o valor da indenização pelo dano moral somente ocorre quando evidente o equívoco, o que não acontece no caso dos autos. Recurso não conhecido" (STJ, Recurso Especial 412.684/SP (2002/0003264-0), Rel. Min. Ruy Rosado de Aguiar).

[15] PEREIRA, Rodrigo da Cunha. Teoria Geral dos alimentos. In: CAHALI, Francisco José; PEREIRA, Rodrigo da Cunha (coords.), *Alimentos no Código Civil*, São Paulo: Saraiva, 2005, p. 12.

Nesse sentido, o vigente Código Civil brasileiro estabeleceu, no art. 206, § 2º, o prazo de 2 (dois) anos, a partir da data em que vencerem, substituindo o prazo quinquenal constante do art. 178, § 10, do Código Civil de 1916.

Por fim, o art. 1.707 do CC/2002, explicita outras importantes características da obrigação alimentar:

> "Art. 1.707. Pode o credor não exercer, porém lhe é vedado renunciar o direito a alimentos, sendo o respectivo crédito insuscetível de cessão, compensação ou penhora".

Ou seja, de tal regra legal, extraem-se quatro características básicas do direito a alimentos, a saber:

a) Irrenunciabilidade: não se confunde a falta de exercício do direito com a renúncia aos alimentos, regra que já existia desde a codificação civil anterior[16]. Assim, mesmo que, durante algum tempo, o indivíduo não tenha exercitado tal direito, nada impede que ele venha a juízo, *a posteriori*, reclamar tal prestação, não se configurando renúncia tácita o silêncio por algum tempo. Se esses alimentos decorrentes de parentesco são, sem dúvida, absolutamente irrenunciáveis, registre-se que há, porém, posicionamento jurisprudencial mais recente que admite a validade da renúncia no caso de cônjuges, notadamente em acordo judicial[17];

---

[16] No STF, ver o enunciado da antiga Súmula 379, que ainda fazia referência ao desquite: "No acordo de desquite não se admite renúncia aos alimentos, que poderão ser pleiteados ulteriormente, verificados os pressupostos legais".

[17] "Civil. Família. Separação consensual. Conversão. Divórcio. Alimentos. Dispensa mútua. Postulação posterior. Ex-cônjuge. Impossibilidade. 1 — Se há dispensa mútua entre os cônjuges quanto à prestação alimentícia e na conversão da separação consensual em divórcio não se faz nenhuma ressalva quanto a essa parcela, não pode um dos ex-cônjuges, posteriormente, postular alimentos, dado que já definitivamente dissolvido qualquer vínculo existente entre eles. Precedentes iterativos desta Corte. 2 — Recurso especial não conhecido" (STJ, Recurso Especial 199.427/SP (1998/0097892-5), Rel. Min. Fernando Gonçalves).

"Direito civil e processual civil. Família. Recurso especial. Separação judicial. Acordo homologado. Cláusula de renúncia a alimentos. Posterior ajuizamento de ação de alimentos por ex-cônjuge. Carência de ação. Ilegitimidade ativa. — A cláusula de renúncia a alimentos, constante em acordo de separação devidamente homologado, é válida e eficaz, não permitindo ao ex-cônjuge que renunciou, a pretensão de ser pensionado ou voltar a pleitear o encargo. — Deve ser reconhecida a carência da ação, por ilegitimidade ativa do ex-cônjuge para postular em juízo o que anteriormente renunciara expressamente. Recurso especial conhecido e provido" (STJ, Recurso Especial 701.902/SP (2004/0160908-9), Rel. Min. Nancy Andrighi).

"Processual civil. Embargos declaratórios. Recebimento como agravo regimental. Renúncia. Alimentos decorrentes do casamento. Validade. Partilha. Possibilidade de procrastinação na entrega de bens. Participação na renda obtida. Requerimento pela via própria. 1. Admitem-se como agravo regimental embargos de declaração opostos a decisão monocrática proferida pelo relator do feito no Tribunal, em nome dos princípios da economia processual e da fungibilidade. 2. A renúncia aos alimentos decorrentes do matrimônio é válida e eficaz, não sendo permitido que o ex-cônjuge volte a pleitear o encargo, uma vez que a prestação alimentícia assenta-se na obrigação de mútua assistência, encerrada com

b) Vedação à cessão: o direito a alimentos é pessoal, motivo pelo qual não pode ser objeto de cessão.

c) Vedação à compensação: o crédito de alimentos, por se referir à mantença do indivíduo, não pode, obviamente, ser objeto de compensação, pois mesmo que o alimentando seja devedor do alimentante em dívida de outra natureza, a garantia do mínimo existencial impõe o reconhecimento, ao menos em regra[18], da impossibilidade de compensação. Esta vedação é objeto, inclusive, de outra previsão legal específica, no art. 373, II, do CC/2002.

d) Impenhorabilidade: para que um crédito seja considerado penhorável, é imprescindível que ele possa ser objeto de uma relação passível de transferência, o que, definitivamente, não é o caso da pensão alimentícia.

Observe-se que a regra hoje codificada melhora a disciplina do instituto, explicitando a impossibilidade de cessão, compensação ou penhora, o que favorece a segurança jurídica.

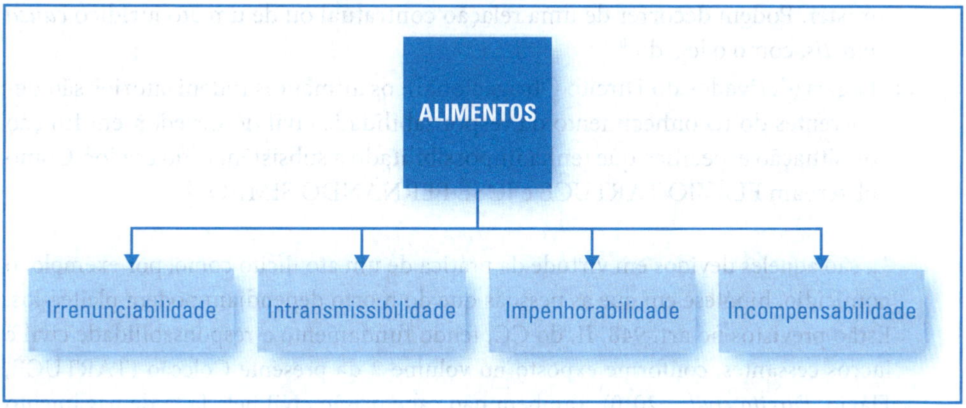


a separação ou o divórcio. 3. A fixação de prestação alimentícia não serve para coibir eventual possibilidade de procrastinação da entrega de bens, devendo a parte pleitear, pelos meios adequados, a participação na renda auferida com a exploração de seu patrimônio. 4. Embargos de declaração recebidos como agravo regimental, a que se nega provimento" (STJ, EDcl no Recurso Especial 832.902/RS (2006/0049766-9), Rel. Min. João Otávio de Noronha).

[18] "Recurso especial — Execução de prestação alimentícia. Sob o rito do art. 733 do CPC — Limites da matéria de defesa do executado e liquidez dos créditos deste — Prequestionamento — Ausência — Compensação de dívida alimentícia — Possibilidade apenas em situações excepcionais, como *in casu* — Recurso Especial não conhecido. 1. É inviável, em sede de recurso especial, o exame de matéria não prequestionada, conforme Súmulas ns. 282 e 356 do STF. 2. Vigora, em nossa legislação civil, o princípio da não compensação dos valores referentes à pensão alimentícia, como forma de evitar a frustração da finalidade primordial desses créditos: a subsistência dos alimentários. 3. Todavia, em situações excepcionalíssimas, essa regra deve ser flexibilizada, mormente em casos de flagrante enriquecimento sem causa dos alimentandos, como na espécie. 4. Recurso especial não conhecido" (STJ, Recurso Especial 982.857/RJ (2007/0204335-4), Rel. Min. Massami Uyeda).

## 4. CLASSIFICAÇÕES

Apenas a título de sistematização teórica, vale a pena expor algumas classificações doutrinárias dos alimentos.

Registramos, porém, que toda classificação doutrinária dependerá da concepção metodológica do autor que a expõe[19], motivo pelo qual nossa classificação não necessariamente coincidirá com a de outros autores nacionais sobre o tema.

No que diz respeito às fontes normativas (ou seja, quanto às causas jurídicas que os originaram), classificam-se os alimentos em:

a) Legais (derivados do Direito de Família): são aqueles decorrentes de relações de parentesco ou do casamento/união estável, sendo objeto de estudo neste capítulo. Somente esses autorizam a prisão civil, que deve ser sempre interpretada restritivamente.

b) Convencionais ou voluntários (derivados da autonomia privada): os alimentos convencionais, por sua vez, decorrem da autonomia da vontade, assumindo-se uma obrigação de prestar alimentos, mesmo não tendo a obrigação legal para tal mister. Podem decorrer de uma relação contratual ou de um ato jurídico *causa mortis*, como o legado[20].

c) Legais (derivados do Direito Obrigacional): os alimentos indenizatórios são decorrentes do reconhecimento da responsabilidade civil do devedor, em função de situação específica que tenha impossibilitado a subsistência do credor. Como observam FLÁVIO TARTUCE e JOSÉ FERNANDO SIMÃO,

> "... são aqueles devidos em virtude da prática de um ato ilícito como, por exemplo, o homicídio, hipótese em que as pessoas que do morto dependiam podem pleiteá-los. Estão previstos no art. 948, II, do CC, tendo fundamento a responsabilidade civil e lucros cessantes, conforme exposto no volume 2 da presente Coleção (TARTUCE, Flávio. *Direito civil...*, 2010). Também não cabe prisão civil pela falta de pagamento desses alimentos (STJ, HC 92.100/DF, Rel. Min. Ari Pargendler, 3ª Turma, julgado em 13-11-2007, *DJ* 1º-2-2008, p. 1; STJ, Responsabilidade 93.948/SP, Rel. Min. Eduardo Ribeiro, 3ª Turma, julgado em 2-4-1998, *DJ* 1º-6-1998, p. 79)"[21].

Quanto à natureza ou abrangência, podem ser:

a) Civis ou côngruos: alimentos civis são aqueles que não se limitam à subsistência, mas também abrangem os gastos necessários para a manutenção da condição social (art. 1.694, *caput*, do CC/2002).

---

[19] Em geral, os autores seguem uma diretriz classificatória comum (cf., por exemplo, os excelentes Tartuce e Simão já citados, tópico 7.3 da 2. ed. do volume Direito de Família).

[20] Nesse sentido, estabelece o art. 1.920 do CC/2002: "Art. 1.920. O legado de alimentos abrange o sustento, a cura, o vestuário e a casa, enquanto o legatário viver, além da educação, se ele for menor".

[21] TARTUCE, Flávio; SIMÃO, José Fernando. *Direito Civil* — Direito de Família, 2. ed., v. 5, São Paulo: Método, 2010, p. 435.

b) Naturais: alimentos naturais são os estritamente necessários para a subsistência (mantença da vida), na forma do já transcrito § 2º do art. 1.694 do CC/2002 (sem correspondência na codificação anterior).

Quanto ao tempo (momento em que são exigidos)[22]:

a) Pretéritos ou vencidos: seriam aqueles anteriores ao próprio ajuizamento da ação de alimentos. Tais alimentos não têm sido admitidos no sistema brasileiro, não sendo considerados devidos, sob a argumentação de que, se o alimentante conseguiu sobreviver até o ajuizamento da ação, não se poderia postular pagamentos referentes a fatos passados.
b) Presentes ou atuais: alimentos postulados a partir do ajuizamento da demanda.
c) Futuros ou vincendos: alimentos devidos somente a partir da sentença.

Quanto à forma de pagamento:

a) Próprios: juridicamente, os alimentos devem atender às necessidades básicas do indivíduo, para "viver de modo compatível com a sua condição social, inclusive para atender às necessidades de sua educação" (art. 1.694, *caput*, do CC/2002). Por isso, entende-se por alimentos próprios aqueles prestados *in natura*, abrangendo as necessidades do alimentando, na forma, inclusive, do já mencionado art. 1.701 do CC/2002.
b) Impróprios: mesmo tachados de impróprios, os pagamentos de natureza pecuniária (em dinheiro) são a forma mais comum de prestação de alimentos.

Quanto à finalidade:

a) Definitivos: em geral, os alimentos definitivos são aqueles fixados por sentença ou decisão judicial, comportando revisão, eis que não são cobertos pelo manto definitivo da coisa julgada material.
b) Provisórios: são aqueles fixados liminarmente, na ação de alimentos, segundo o rito especial da Lei 5.478, de 1968, ou nos termos gerais do CPC/2015.

[22] Como bem observa Carlos Roberto Gonçalves: "Essa classificação não se amolda perfeitamente ao direito brasileiro, uma vez que os alimentos futuros (*alimenta futura*) independem do trânsito em julgado da decisão que os concedem, sendo devidos a partir da citação ou do acordo. E, na prática, os alimentos pretéritos (*alimenta praeterita*) têm sido confundidos com prestações pretéritas, que são as fixadas na sentença ou no acordo, estando há muito vencidas e não cobradas, a ponto de não se poder tê-las mais por indispensáveis à própria sobrevivência do alimentado, não significando mais que um crédito como outro qualquer, a ser cobrado pela forma de execução por quantia certa, com supedâneo nos arts. 913 e 528, § 8º, do Código de Processo Civil de 2015" (*Direito Civil Brasileiro*: Direito de Família, 18. ed., São Paulo: Saraiva, 2020, v. 6, p. 516).

Compreendidas as modalidades de alimentos, passemos, agora, a enfrentar um dos mais importantes pontos deste tema, qual seja, a discussão sobre a influência da culpa na fixação de alimentos.

| CLASSIFICAÇÃO DOS ALIMENTOS | |
|---|---|
| **Civis ou côngruos** | Trata-se da verba alimentar que visa manter o alimentando em toda a sua dimensão existencial, abrangendo não apenas o alimento em si, mas educação, lazer, saúde etc. |
| **Naturais ou necessários** | Trata-se dos alimentos básicos, circunscritos à subsistência do alimentado. |
| **Provisórios** | São fixados liminarmente, no bojo do procedimento especial da Lei de Alimentos, ou nos termos gerais do CPC/2015. |
| **Definitivos** | São fixados na sentença da ação de alimentos e dada a natureza da prestação, poderão ser revistos. |

## 5. A CULPA EM SEDE DE ALIMENTOS[23]

Tema tormentoso é a discussão acerca do elemento culpa, no que diz respeito à fixação dos alimentos.

Com efeito, a codificação civil de 2002 trouxe dois dispositivos (arts. 1.702 e 1.704) que fazem referência ao elemento "culpa" na extinção do vínculo conjugal[24].

Com o advento da Emenda Constitucional n. 66/2010, entendemos que, se a culpa deixou de ser referência para o reconhecimento do divórcio (tendo extinguido o instituto da "separação judicial"), bem como no âmbito da fixação da guarda de filhos, também tende a desaparecer por completo na seara do direito aos alimentos.

Com efeito, no que tange aos alimentos, significativa mudança deverá se operar.

Ora, com o fim da separação judicial, se não existe mais fundamento para a discussão da culpa em sede de divórcio, as regras do Código Civil atinentes ao pagamento de pensão alimentícia, que levem em conta esse elemento subjetivo, deverão sofrer o impacto da Emenda.

Afinal, qual é o sentido em determinar e mensurar o pagamento da pensão alimentícia com base na culpa?

Para que você tenha uma ideia, amigo leitor, vejamos o conteúdo dos mencionados arts. 1.702 e 1.704 do Código Civil brasileiro:

---

[23] Tópico construído com base nas reflexões por nós apresentadas em Pablo Stolze Gagliano e Rodolfo Pamplona Filho, *O Divórcio na Atualidade*, 4. ed., São Paulo: Saraiva, 2018, ao qual remetemos o leitor para um eventual aprofundamento.

[24] Isso sem contar com o § 2º do art. 1.694, que se refere também à culpa, mas não na extinção do vínculo, e, sim, na situação de necessidade.

> "Art. 1.702. Na separação judicial litigiosa, sendo um dos cônjuges inocente e desprovido de recursos, prestar-lhe-á o outro a pensão alimentícia que o juiz fixar, obedecidos os critérios estabelecidos no art. 1.694.
>
> (...)
>
> Art. 1.704. Se um dos cônjuges separados judicialmente vier a necessitar de alimentos, será o outro obrigado a prestá-los mediante pensão a ser fixada pelo juiz, caso não tenha sido declarado culpado na ação de separação judicial.
>
> Parágrafo único. Se o cônjuge declarado culpado vier a necessitar de alimentos, e não tiver parentes em condições de prestá-los, nem aptidão para o trabalho, o outro cônjuge será obrigado a assegurá-los, fixando o juiz o valor indispensável à sobrevivência".

Da sua simples leitura, constatamos não ser preciso muito esforço hermenêutico para se chegar à conclusão de que, com o fim da aferição da culpa na seara do descasamento, a fixação dos alimentos devidos deverá ser feita com amparo na necessidade ou vulnerabilidade do credor, na justa medida (proporcionalidade/razoabilidade) das condições econômicas do devedor.

Apenas isso.

Para a determinação dos alimentos, portanto, não há mais que se perquirir culpa alguma.

Ideia semelhante já era defendida pela doutrina, consoante podemos ler no Enunciado 133 da I Jornada de Direito Civil:

> "133 — Proposição sobre o art. 1.702:
> Proposta: Alterar o dispositivo para: 'Na separação judicial, sendo um dos cônjuges desprovido de recursos, prestar-lhe-á o outro pensão alimentícia nos termos do que houverem acordado ou do que vier a ser fixado judicialmente, obedecidos os critérios do art. 1.694'".

Na jurisprudência, o Tribunal de Justiça do Rio Grande do Sul merece referência:

> "AGRAVO DE INSTRUMENTO. SEPARAÇÃO JUDICIAL. PEDIDO DE EXONERAÇÃO DOS ALIMENTOS PROVISÓRIOS FIXADOS EM FAVOR DA EX-MULHER QUE RECEBE AUXÍLIO-DOENÇA PREVIDENCIÁRIO. POSSIBILIDADE. INEXISTÊNCIA DE NECESSIDADE. A obrigação alimentária vincula-se à cláusula *rebus sic stantibus*, podendo ser revisada sempre que ocorre alteração no binômio possibilidade e necessidade, sendo possível o pleito de redução, majoração ou exoneração de alimentos. A fixação dos alimentos não está embasada na culpa, mas sim na comprovação da dependência econômica daquele que pede. Comprovado que a ex-mulher, ao contrário do que declarado na inicial, recebe auxílio-doença previdenciário, com valor correspondente a 1,6 salários mínimos, valor superior ao pensionamento pleiteado, cabível a revogação da liminar que fixou o encargo alimentar,

restando a questão submetida à dilação probatória na ação principal. Agravo de Instrumento provido" (TJRS, Agravo de Instrumento 70029099629, Rel. André Luiz Planella Villarinho, julgado em 10-6-2009, 7ª Câm. Cív.).

"APELAÇÃO CÍVEL. FAMÍLIA. SEPARAÇÃO JUDICIAL LITIGIOSA. PRELIMINAR DE DESCONSTITUIÇÃO DA SENTENÇA SUSCITADA PELO MINISTÉRIO PÚBLICO. AFASTAMENTO. CULPA NA SEPARAÇÃO. DISCUSSÃO INÓCUA, SEM EFEITO PRÁTICO. TÉRMINO DA SOCIEDADE CONJUGAL. NECESSIDADE DE FIXAÇÃO DA DATA. PARTILHA DE BENS. Impossibilidade de realização nestes autos, ante a ausência de prova efetiva sobre o rol de bens e a data de aquisição. Alimentos em favor da filha do casal. Manutenção do *quantum* já estabelecido. Alimentos em favor da ex-esposa. Ausência de comprovação acerca da necessidade. Recurso de apelação desprovido, e recurso adesivo parcialmente provido" (TJRS, Apelação Cível 70023977481, Rel. Ricardo Raupp Ruschel, julgado em 15-4-2009, 7ª Câm. Cív., segredo de justiça).

"SEPARAÇÃO JUDICIAL. RECONVENÇÃO. CERCEAMENTO DE DEFESA. ALIMENTOS. CULPA NA SEPARAÇÃO. NOME DE CASADA. HONORÁRIOS ADVOCATÍCIOS. 1. Sendo a separanda mulher jovem, saudável, capaz, apta ao trabalho e empregada, descabe fixar alimentos em favor dela, pois não necessita do amparo do varão para manter-se, valendo gizar que a lei contempla o dever de mútua assistência e não o direito de um cônjuge de ser sustentado pelo outro. 2. Não havendo necessidade da esposa de receber alimentos, descabe promover diligência tendente a verificar a capacidade econômica do cônjuge. 3. A falência do casamento, pela perda do afeto, justifica plenamente a ruptura, não havendo motivo para se perquirir a culpa, nada justificando manter incólume o casamento quando ele já terminou, de forma inequívoca. 4. O nome é direito da personalidade e a mulher tem o direito de mantê-lo, salvo quando for culpada pela separação, quando houver pedido expresso do autor e, mesmo assim, quando não lhe causar prejuízo para a própria identificação; é descabido cogitar da perda do nome quando sequer houve pedido nesse sentido na peça exordial. 5. Fica mantida a verba sucumbencial quando a verba de honorários é fixada com moderação, segundo apreciação equitativa do julgador, já que não houve condenação, tratando-se de ação de estado. Recursos desprovidos" (TJRS, Apelação Cível 70024987299, Rel. Sérgio Fernando de Vasconcellos Chaves, julgado em 28-1-2009, 7ª Câm. Cív.).

Conforme já ressaltamos[25], se não existe mais fundamento para a discussão da culpa em sede de separação e divórcio, as regras do Código Civil atinentes ao pagamento de pensão alimentícia, que levem em conta esse elemento subjetivo, deverão sofrer o impacto da Emenda.

---

[25] Confira-se o Capítulo XXIII ("O Divórcio como Forma de Extinção do Vínculo Conjugal") do v. 6 ("Direito de Família") do nosso *Novo Curso de Direito Civil*.

Não é recomendável, pois, que se fundamente o pleito de alimentos na conduta desonrosa do outro cônjuge ou em qualquer outro ato culposo que traduza violação de deveres conjugais.

Se existe comportamento culposo violador de direitos da personalidade, a reparação material e ou moral devida desafia ação própria de ressarcimento, no âmbito da responsabilidade civil nas relações de família[26].

O moderno Direito de Família, com o reforço da nova Emenda, aponta no sentido de admitir, como único fundamento para a fixação dos alimentos, a necessidade do cônjuge (credor) na justa medida da capacidade econômica do seu consorte (devedor).

Assim, ao pretender obter o divórcio[27], as partes ou os interessados deverão observar as seguintes regras:

a) se o divórcio é consensual administrativo, o próprio acordo poderá definir os alimentos devidos ao cônjuge necessitado. Lembre-se de que, nos termos do art. 733 do CPC/2015, não poderá, a escritura pública, dispor acerca dos alimentos em favor de filhos menores ou incapazes por se afigurar obrigatória, nesse tipo de situação, a via do divórcio judicial;

b) se o divórcio é consensual judicial, na mesma linha, o acordo definirá os alimentos devidos ao cônjuge necessitado, e, bem assim, se for o caso, aos filhos menores ou incapazes. Nesse último caso, a intervenção do Ministério Público é obrigatória;

c) se o divórcio é litigioso (e obviamente judicial), o juiz poderá fixar os alimentos devidos, no bojo do próprio processo, desde que haja pedido nesse sentido. Lembre-se de que para efeito de dissolução do vínculo é suficiente a formulação do pedido de divórcio, eis que prazo para tanto não há mais. Entretanto, caso também haja sido cumulado o pedido de alimentos, a sua fixação será feita por decisão judicial, levando-se em conta apenas, como já dito, o trinômio necessidade-capacidade econômica-proporcionalidade, sem aferição de culpa de qualquer das partes no fim do casamento.

É digno de nota que, seja qual for a modalidade do divórcio judicial, os alimentos devidos aos filhos são cláusula fundamental, de natureza cogente e matiz de ordem pública.

E é isso que, no final das contas, pretende dizer o art. 1.703 do CC/2002 (equivalente ao art. 20 da Lei de Divórcio):

> "Art. 1.703. Para a manutenção dos filhos, os cônjuges separados judicialmente contribuirão na proporção de seus recursos".

---

[26] Ver Capítulo XXX ("Responsabilidade Civil nas Relações Familiares") do v. 6 ("Direito de Família") do nosso *Novo Curso de Direito Civil*.

[27] *Mutatis mutandis*, o mesmo se aplica à dissolução da união estável.

A única ressalva que se faz ao referido dispositivo é justamente que, por força da Emenda Constitucional n. 66/2010, em nosso sentir, a referência deve ser aos "cônjuges divorciados", em vez de "cônjuges separados judicialmente".

A única culpa, porém, que parece continuar relevante em matéria de alimentos é a que se refere à situação em que se encontrou, na forma do já transcrito § 2º do art. 1.694.

A norma tem um evidente conteúdo ético, na ideia de que não se deve prestigiar demais aquele que, perdulariamente, desfez-se irresponsavelmente do seu patrimônio.

Em verdade, existe um aspecto pedagógico relevante nessa previsão.

Mas, mesmo assim, haverá a obrigação alimentar básica, sem jamais abrir mão do mínimo existencial.

## 6. A PRISÃO DO DEVEDOR DE ALIMENTOS

O descumprimento voluntário e inescusável da obrigação legal de pagamento de alimentos enseja a prisão civil do devedor.

Trata-se da única forma de prisão civil admitida em nosso sistema e de grande utilidade prática e social.

Registre-se, de plano, que somente o descumprimento dessa modalidade de alimentos autoriza a medida extrema, não sendo aplicável a alimentos voluntários ou indenizatórios (legais derivados do Direito Obrigacional).

A prisão civil decorrente de inadimplemento voluntário e inescusável de obrigação alimentar, em face da importância do interesse em tela (subsistência do alimentando), é, em nosso entendimento, medida das mais salutares, pois a experiência nos mostra que boa parte dos réus só cumpre a sua obrigação quando ameaçada pela ordem de prisão.

Analisando o procedimento de execução de prestação alimentícia, previsto no art. 733 do CPC/73 (correspondente ao art. 911 do CPC/2015), o ilustrado BARBOSA MOREIRA pontificava:

> "A imposição da medida coercitiva pressupõe que o devedor, citado, deixe escoar o prazo de três dias sem pagar, nem provar que já o fez, ou que está impossibilitado de fazê-lo (art. 733, *caput*). Omisso o executado em efetuar o pagamento, ou em oferecer escusa que pareça justa ao órgão judicial, este, sem necessidade de requerimento do credor, decretará a prisão do devedor, por tempo não inferior a um nem superior a três meses (art. 733, § 1º, derrogado aqui o art. 19, *caput*, *in fine*, da Lei n. 5.478). Como não se trata de punição, mas de providência destinada a atuar no âmbito do executado, a fim de que realize a prestação, é natural que, se ele pagar o que deve, determine o juiz a suspensão da prisão (art. 733, § 3º), quer já tenha começado a ser cumprida, quer no caso contrário"[28].

---

[28] MOREIRA, José Carlos Barbosa. *O Novo Processo Civil Brasileiro*, 19. ed., Rio de Janeiro: Forense, 1997, p. 261.

Entendemos, ainda quanto à prisão civil aplicada à cobrança de débito alimentar, que a regra consolidada pela jurisprudência[29] no sentido de que a medida só poderá ser ordenada em face das três últimas parcelas em atraso, e as vencidas no curso do processo, aplicando-se o procedimento comum de execução por quantia certa para as demais parcelas vencidas, merece reflexão.

Afinal, por que apenas para as três últimas?

O juiz, atuando com a devida cautela, poderia, no caso concreto, decretar a prisão civil em face de mais de três prestações em atraso, respeitado, é claro, o limite máximo da prescrição da pretensão condenatória da dívida alimentar, uma vez que o recurso à execução por quantia certa (cite-se, para pagar em 24 horas, sob pena de penhora...) é, na prática, moroso e sujeito a manobras processuais, não se justificando o limite das três parcelas em atraso, o qual é prejudicial ao imediato interesse alimentar do alimentando, hipossuficiente na relação jurídica.

Não foi esse, porém, o entendimento do Superior Tribunal de Justiça, que, no particular, editou a Súmula 309, que preceitua: "O débito alimentar que autoriza a prisão civil do alimentante é o que compreende as três prestações anteriores ao ajuizamento da execução e as que se vencerem no curso do processo".

Claro que reconhecemos a importância deste norte jurisprudencial, acolhido pela lei[30], mas, ao menos doutrinariamente, fazemos esta respeitosa reflexão, atentos ao caráter social relevantíssimo da prestação alimentar.

Acerca do regime de cumprimento da prisão civil de alimentos, parece-nos relevante defender a possibilidade de — em determinadas situações, como pode ocorrer com o idoso — o devedor cumprir a prisão civil em regime semiaberto ou aberto[31].

---

29 Superior Tribunal de Justiça, Súmula 309 ("O débito alimentar que autoriza a prisão civil do alimentante é o que compreende as três prestações anteriores ao ajuizamento da execução e as que se vencerem no curso do processo").

30 CPC/2015: "Art. 528. No cumprimento de sentença que condene ao pagamento de prestação alimentícia ou de decisão interlocutória que fixe alimentos, o juiz, a requerimento do exequente, mandará intimar o executado pessoalmente para, em 3 (três) dias, pagar o débito, provar que o fez ou justificar a impossibilidade de efetuá-lo.

(...)

§ 7º O débito alimentar que autoriza a prisão civil do alimentante é o que compreende até as 3 (três) prestações anteriores ao ajuizamento da execução e as que se vencerem no curso do processo".

31 Este entendimento já fora aplicado pelo TJRS: "EXECUÇÃO DE ALIMENTOS. PRISÃO CIVIL. CABIMENTO. CUMPRIMENTO EM REGIME ABERTO. 1. Sendo a dívida alimentar líquida, certa e exigível, e restando indemonstrada a impossibilidade absoluta de pagar os alimentos devidos, é cabível a prisão civil. 2. A prisão civil do devedor de alimentos não constitui medida de exceção, senão providência idônea e prevista na lei para a ação de execução de alimentos que tramita sob a forma procedimental do art. 733 do CPC. 3. A prisão civil decorrente de dívida alimentar deve ser cumprida em regime aberto, podendo o devedor sair para exercer sua atividade laboral, independentemente do estabelecimento carcerário onde se encontrar recolhido. Recomendação da Circular n. 21/93 da Corregedoria-Geral da Justiça. 4. O devedor deve se recolher à prisão, sendo-lhe facultado sair durante o

Sem prejuízo da prisão, o novo Código de Processo Civil, segundo uma interpretação sistemática do § 1º do art. 528 e § 3º do art. 782, permite a inscrição do nome do devedor de alimentos em cadastro restritivo, como, inclusive, admitiu o STJ, mesmo antes da entrada em vigor da nova Lei Processual[32].

## 7. ALIMENTOS GRAVÍDICOS

Consideramos pertinente abrir um tópico próprio para o tema dos "alimentos gravídicos".

Trata-se de um instituto inserido pela Lei n. 11.804, de 5 de novembro de 2008, consistente no "direito de alimentos da mulher gestante", que compreendem "os valores suficientes para cobrir as despesas adicionais do período de gravidez e que sejam dela decorrentes, da concepção ao parto, inclusive as referentes à alimentação especial, assistência médica e psicológica, exames complementares, internações, parto, medicamentos e demais prescrições preventivas e terapêuticas indispensáveis, a juízo do médico, além de outras que o juiz considere pertinentes", referindo-se "à parte das despesas que deverá ser custeada pelo futuro pai, considerando-se a contribuição que também deverá ser dada pela mulher grávida, na proporção dos recursos de ambos", tudo na forma dos seus arts. 1º e 2º.

A referida norma pacifica questão que já vinha sendo há muito reconhecida na jurisprudência[33] e na doutrina especializada[34], da possibilidade de outorga de alimentos ao nascituro, como forma de garantir um regular desenvolvimento da gestação e adequado parto.

Criticando, porém, a terminologia consagrada pelos comentadores da referida norma, observa SILMARA JUNY CHINELLATO:

> "A recente Lei n. 11.804, de 5 de novembro de 2008, que trata dos impropriamente denominados 'alimentos gravídicos' — desnecessário e inaceitável neologismo, pois alimentos são fixados para uma pessoa e não para um estado biológico da mulher — desconhece que o titular do direito a alimentos é o nascituro, e não a mãe, partindo da premissa errada, o que repercute no teor da lei"[35].

dia para exercer o seu labor, caso esteja trabalhando, ainda que sem relação formal de emprego. Recurso parcialmente provido" (TJRS, Rel. Sérgio Fernando de Vasconcellos Chaves, julgado em 3-4-2012, 7ª Câmara Cível). Na mesma linha, defende um regime prisional diferenciado para o menor emancipado, quando este for devedor de alimentos, PINTO, Otávio Almeida Matos de Oliveira (*A Prisão Civil do Menor Emancipado Devedor de Alimentos*: Dilema entre Direitos Fundamentais, Pará de Minas: Ed. VirtualBooks, 2013).

32 Disponível em: <http://www1.folha.uol.com.br/cotidiano/2015/11/1707756-pai-que-deve-pensao-pode-parar-no-spc-decide-stj.shtml>. Acesso em: 27 jun. 2017.

33 Ver, no TJRS, AgI 70006429096, Rel. Des. Sérgio Chaves.

34 Defendíamos tal tese desde a 1ª edição do v. 1 de nosso *Novo Curso de Direito Civil*, que data do início do ano de 2002.

35 CHINELLATO, Silmara Juny (coord.). *Código Civil Interpretado.* Artigo por Artigo. Parágrafo por Parágrafo, 2. ed., São Paulo: Manole, 2009, p. 29.

Concordamos com a ilustre professora da USP, sendo muito mais técnico se reconhecer a lei como dos "alimentos do nascituro".

Convencido da existência de indícios da paternidade, a teor do art. 6º da Lei, o juiz fixará os alimentos gravídicos que perdurarão até o nascimento da criança, sopesando as necessidades da parte autora e as possibilidades da parte ré. Após o nascimento com vida, os alimentos gravídicos ficam convertidos em pensão alimentícia em favor do menor até que uma das partes solicite a sua revisão.

Note-se que, para efeito de fixação da verba, são suficientes "indícios da paternidade", não se exigindo prova cabal pré-constituída.

Por óbvio, se a paternidade, posteriormente, for oficialmente negada, poderá o suposto pai voltar-se, em sede de ação de regresso, contra o verdadeiro genitor, para evitar o seu enriquecimento sem causa.

## 8. REVISÃO, EXONERAÇÃO E EXTINÇÃO DOS ALIMENTOS

Não há uma limitação temporal objetiva delineada em lei para obrigação alimentar.

Havendo fundamento, a obrigação persiste enquanto estiverem presentes os pressupostos de necessidade, possibilidade e razoabilidade.

Por isso, merece reflexão a regra do art. 1.701 do CC/2002:

> "Art. 1.701. A pessoa obrigada a suprir alimentos poderá pensionar o alimentando, ou dar-lhe hospedagem e sustento, sem prejuízo do dever de prestar o necessário à sua educação, quando menor.
>
> Parágrafo único. Compete ao juiz, se as circunstâncias o exigirem, fixar a forma do cumprimento da prestação".

A referência a "quando menor", em nosso entendimento, não deve ser compreendida como um prazo máximo de exigibilidade da obrigação alimentar, mas, sim, como uma reafirmação do dever de prestar educação aos menores.

Isto porque, demonstrada a necessidade (e a continuidade de estudos em nível superior ou técnico pode ser uma causa razoável), é perfeitamente aceitável a manutenção da obrigação alimentar após o atingimento da maioridade.

Por isso, quanto aos filhos, costumeiramente se diz que a obrigação persiste "até a conclusão dos estudos", não havendo cancelamento automático do dever alimentar com o alcance da maioridade civil[36]:

---

[36] "PROCESSUAL CIVIL. CIVIL. RECURSO ESPECIAL. AÇÃO DE ALIMENTOS. CURSO SUPERIOR CONCLUÍDO. NECESSIDADE. REALIZAÇÃO DE PÓS-GRADUAÇÃO. POSSIBILIDADE. 1. O advento da maioridade não extingue, de forma automática, o direito à percepção de alimentos, mas esses deixam de ser devidos em face do Poder Familiar e passam a ter fundamento nas relações de parentesco, em que se exige a prova da necessidade do alimentado. 2. É presumível, no entanto —

"PENSÃO ALIMENTÍCIA. MAIORIDADE. FILHO.

Trata-se de remessa pela Terceira Turma de recurso em ação revisional de alimentos em que a controvérsia cinge-se em saber se, atingida a maioridade, cessa automaticamente ou não o dever de alimentar do pai em relação ao filho. Prosseguindo o julgamento, a Seção, por maioria, proveu o recurso, entendendo que, com a maioridade do filho, a pensão alimentícia não pode cessar automaticamente. O pai terá de fazer o procedimento judicial para exonerar-se ou não da obrigação de dar pensão ao filho. Explicitou-se que completar a maioridade de 18 anos não significa que o filho não irá depender do pai. Precedentes citados (REsp 347.010-SP, *DJ* 10-2-2003, e REsp 306.791/SP, *DJ* 26-8-2002" (REsp 442.502/SP, Rel. originário Min. Castro Filho, Rel. para acórdão Min. Antônio de Pádua Ribeiro, julgado em 6-12-2004).

"ALIMENTOS. MAIORIDADE DO ALIMENTANDO. EXONERAÇÃO AUTOMÁTICA DA PENSÃO. INADMISSIBILIDADE.

Com a maioridade, extingue-se o poder familiar, mas não cessa, desde logo, o dever de prestar alimentos, fundado a partir de então no parentesco.

É vedada a exoneração automática do alimentante, sem possibilitar ao alimentando a oportunidade de manifestar-se e comprovar, se for o caso, a impossibilidade de prover a própria subsistência.

Precedentes do STJ.

Recurso especial não conhecido" (REsp 739.004/DF, Rel. Min. Barros Monteiro, julgado em 15-9-2005, *DJ* 24-10-2005, p. 346, 4ª Turma).

"*HABEAS CORPUS*. PRISÃO CIVIL. ALIMENTOS. A jurisprudência do Superior Tribunal de Justiça consolidou-se no sentido de que a maioridade dos filhos não acarreta a exoneração automática da obrigação de prestar alimentos. Ordem denegada" (HC 55.065/SP, Rel. Min. Ari Pargendler, julgado em 10-10-2006, *DJ* 27-11-2006, p. 271, 3ª Turma).

"*HABEAS CORPUS*. PRISÃO CIVIL. EXECUÇÃO DE ALIMENTOS. PRECEDENTES DA CORTE.

---

presunção *iuris tantum* —, a necessidade dos filhos de continuarem a receber alimentos após a maioridade, quando frequentam curso universitário ou técnico, por força do entendimento de que a obrigação parental de cuidar dos filhos inclui a outorga de adequada formação profissional. 3. Porém, o estímulo à qualificação profissional dos filhos não pode ser imposto aos pais de forma perene, sob pena de subverter o instituto da obrigação alimentar oriunda das relações de parentesco, que tem por objetivo, tão só, preservar as condições mínimas de sobrevida do alimentado. 4. Em rigor, a formação profissional se completa com a graduação, que, de regra, permite ao bacharel o exercício da profissão para a qual se graduou, independentemente de posterior especialização, podendo assim, em tese, prover o próprio sustento, circunstância que afasta, por si só, a presunção *iuris tantum* de necessidade do filho estudante. 5. Persistem, a partir de então, as relações de parentesco, que ainda possibilitam a percepção de alimentos, tanto de descendentes quanto de ascendentes, porém desde que haja prova de efetiva necessidade do alimentado. 6. Recurso especial provido" (STJ, 3ª Turma, REsp 1.218.510/SP (2010/0184661-7), Rel. Min. Nancy Andrighi, julgado em 27-9-2011).

1. O *habeas corpus*, na linha da jurisprudência da Corte, não constitui via adequada para o exame aprofundado de provas indispensáveis à verificação da capacidade financeira do paciente para pagar os alimentos no montante fixado.

2. A maioridade do credor dos alimentos não exonera, por si só, a obrigação do devedor.

3. A propositura de ação revisional de alimentos não impede a prisão civil do devedor de alimentos.

4. 'O débito alimentar que autoriza a prisão civil do alimentante é o que compreende as três prestações anteriores ao ajuizamento da execução e as que se vencerem no curso do processo' (Súmula 309/STJ — atual redação aprovada em 22-3-06 pela Segunda Seção).

5. Ordem concedida em parte" (HC 55.606/SP, Rel. Min. Carlos Alberto Menezes Direito, julgado em 5-9-2006, *DJ* 13-11-2006, p. 240, 3ª Turma).

Finalmente, coroando essa linha de entendimento, a Súmula 358 do STJ:

"O cancelamento de pensão alimentícia de filho que atingiu a maioridade está sujeito à decisão judicial, mediante contraditório, ainda que nos próprios autos".

O que autoriza revisão da obrigação alimentar (inclusive a sua exoneração), como várias vezes aqui se deixou claro, é a presença do trinômio de pressupostos.

Tal afirmação é extraída do art. 1.699 do CC/2002, que preceitua, *in verbis*:

"Art. 1.699. Se, fixados os alimentos, sobrevier mudança na situação financeira de quem os supre, ou na de quem os recebe, poderá o interessado reclamar ao juiz, conforme as circunstâncias, exoneração, redução ou majoração do encargo".

Ou seja, a modificação da situação econômica de quem presta os alimentos ou de quem os recebe pode ensejar a revisão do seu valor, seja com a diminuição, aumento ou mesmo afastamento da obrigação (exoneração dos alimentos).

A exoneração é, portanto, ato de reconhecimento da cessação da obrigação alimentar.

Assim, se o credor não mais necessita ou o devedor não tem mais condições, a hipótese é de aplicação do mencionado instituto.

A exoneração não se confunde, porém, com a extinção do dever de alimentos, cuja regra encontra-se assentada no seguinte dispositivo:

"Art. 1.708. Com o casamento, a união estável ou o concubinato do credor, cessa o dever de prestar alimentos[37].

[37] Já havia entendimento no STJ, no sentido de que o credor da pensão alimentícia pode "*namorar*": "Direito de família. Civil. Alimentos. Ex-cônjuge. Exoneração. Namoro após a separação consensual. Dever de fidelidade. Precedente. Recurso provido. I — Não autoriza exoneração da obrigação de prestar alimentos à ex-mulher o só fato dessa namorar terceiro após a separação. II — A separação judicial põe termo ao dever de fidelidade recíproca. As relações sexuais eventualmente mantidas com tercei-

Parágrafo único. Com relação ao credor cessa, também, o direito a alimentos, se tiver procedimento indigno em relação ao devedor".

A razão do dispositivo é muito simples.

Se o indivíduo, credor de alimentos, resolve formar novo núcleo familiar, parte-se do pressuposto de que irá assumir as suas obrigações de forma autônoma.

Da mesma forma, o parágrafo único estabelece, como causa extintiva dos alimentos, o procedimento indigno do credor em relação ao devedor.

O termo é genérico.

Se é certo imaginar que uma tentativa de homicídio do credor em face do devedor seja um "procedimento indigno", a expressão pode ensejar várias outras contextualizações, o que deve ser objeto do prudente e fundamentado arbítrio do julgador.

Registre-se, por outro lado, que, na forma do art. 1.709 do CC/2002 (equivalente ao art. 30 da Lei do Divórcio), o "novo casamento do cônjuge devedor não extingue a obrigação constante da sentença de divórcio".

Isso porque, sendo personalíssima a obrigação, ela persistirá, de forma autônoma, para o devedor, mesmo constituindo nova relação conjugal (ou — acrescentamos nós — união estável), devendo administrar bem seus gastos para não incidir nas terríveis sanções legais correspondentes, como a prisão civil.

---

ros após a dissolução da sociedade conjugal, desde que não se comprove desregramento de conduta, não têm o condão de ensejar a exoneração da obrigação alimentar, dado que não estão os ex-cônjuges impedidos de estabelecer novas relações e buscar, em novos parceiros, afinidades e sentimentos capazes de possibilitar-lhes um futuro convívio afetivo e feliz. III — Em linha de princípio, a exoneração de prestação alimentar, estipulada quando da separação consensual, somente se mostra possível em uma das seguintes situações: a) convolação de novas núpcias ou estabelecimento de relação concubinária pelo ex-cônjuge pensionado, não se caracterizando como tal o simples envolvimento afetivo, mesmo abrangendo relações sexuais; b) adoção de comportamento indigno; c) alteração das condições econômicas dos ex-cônjuges em relação às existentes ao tempo da dissolução da sociedade conjugal" (REsp 111.476/MG, Rel. Min. Sálvio de Figueiredo Teixeira, 4ª Turma, julgado em 25-3-1999, *DJ* 10-5-1999, p. 177).

# LXXXV TUTELA, CURATELA E TOMADA DE DECISÃO APOIADA

CONTEÚDO DIGITAL ON-LINE

1. Noções introdutórias; 2. Distinção conceitual de tutela e curatela; 3. Tutela; 4. Curatela; 5. Tomada de decisão apoiada.

# LXXXVI NOÇÕES INTRODUTÓRIAS DO DIREITO DAS SUCESSÕES

## 1. A MORTE COMO FATO JURÍDICO

O brasileiro, em geral, não costuma falar da morte.

Muitos dizem que isso traz mau agouro ou pode, até mesmo, propiciar a sua chegada mais precoce, o que ninguém quer.

Mas o fato é que a morte faz parte da vida, sendo a única certeza de toda a nossa trajetória, independentemente de credo ou filosofia.

Encerrando o ciclo existencial da jornada humana, a morte desafia, há séculos, a curiosidade de diversos pensadores, em vários ramos do conhecimento, desde a antiga Alquimia, chegando à moderna Física Quântica, singrando os mares da Biologia e atracando no próprio Direito.

Sob o prisma eminentemente jurídico, temos que a morte, em sentido amplo, é um fato jurídico, ou seja, um acontecimento apto a gerar efeitos na órbita do Direito. No entanto, a depender da circunstância, o enquadramento deste fato poderá, em nível subtipológico, variar: a morte natural de uma pessoa de avançada idade é, nessa linha, um "fato jurídico em sentido estrito"; ao passo que um homicídio traduz um "ato ilícito"[1].

Outro interessante aspecto atinente à morte é no Plano de Eficácia do Negócio Jurídico, quando se estudam os seus elementos acidentais, especialmente o termo e a condição[2].

A morte, em princípio, não é considerada condição: o indivíduo nasce e tem a certeza de que um dia irá morrer, mesmo que não saiba quando (acontecimento *certus an* e *incertus quando*). Trata-se de um termo com data incerta. Imagine-se a hipótese de uma doação condicionada ao falecimento de um parente moribundo: obrigo-me a transferir a terceiro a minha fazenda, quando o meu idoso tio, que lá se encontra, falecer.

---

1 Sobre o tema Fato Jurídico e a sua classificação, confira-se o Capítulo IX ("Fato Jurídico em Sentido Amplo") do volume I ("Parte Geral") do nosso *Novo Curso de Direito Civil*.

2 Relembrando: a condição é um acontecimento futuro e incerto que subordina a eficácia jurídica do negócio; ao passo que o termo é um acontecimento futuro e certo. Sobre o tema, confira-se também o Capítulo XV ("Plano de Eficácia do Negócio Jurídico") do volume I ("Parte Geral") do nosso *Novo Curso de Direito Civil*.

A doutrina, por outro lado, costuma lembrar a hipótese de a morte vir a ser considerada condição. Se a doação, figurada linhas acima, for subordinada à morte de meu tio dentro de um prazo prefixado (doarei a fazenda, se o meu tio, moribundo, falecer até o dia 5), o acontecimento subsume-se direta e especificamente à categoria de condição, uma vez que, neste caso, haverá incerteza quanto à própria ocorrência do fato dentro do prazo que se fixou.

No estudo dos direitos da personalidade, o tema adquire marcantes tonalidades e matizes, relativizando o antigo adágio segundo o qual a morte tudo apaga *(mors omnia solvit)*, uma vez que, mesmo com o perecimento da pessoa física, importantes aspectos da sua personalidade são preservados, a exemplo da tutela jurídica da sua memória e do seu corpo morto.

Aliás, até mesmo o natimorto — ou seja, o nascido morto —, para a moderna doutrina, merece amparo jurídico e proteção, como, aliás, foi registrado no Enunciado n. 1 da I Jornada de Direito Civil:

> Enunciado n. 1: "Art. 2º: a proteção que o Código defere ao nascituro alcança o natimorto no que concerne aos direitos da personalidade, tais como nome, imagem e sepultura".

Da mesma forma, no campo do Biodireito e da Bioética, diversos estudos vêm sendo desenvolvidos acerca do fenômeno da morte, inclusive na reflexão quanto à eventual existência de um "direito de morrer", no debate sobre a eutanásia.

Enfim, sob diversos prismas, a morte repercute na seara jurídica, não se afigurando possível, respeitando-se os limites desta obra, esgotarmos todos eles.

Atendo-nos à proposta metodológica deste volume, importa observar que a morte marca o fim da pessoa física ou natural (art. 6º do CC/2002).

A morte real deverá ser atestada por profissional da Medicina, à vista do corpo morto, ressalvada a possibilidade de duas testemunhas o fazerem, se faltar o especialista, sendo o fato levado a registro, nos termos dos arts. 77 a 88 da Lei de Registros Públicos (Lei n. 6.015, de 31 de dezembro de 1973).

Vale anotar que, além da morte real, o Código Civil admite ainda a denominada morte presumida, em duas situações:

a) em caso de ausência (segunda parte do art. 6º e arts. 22 a 39 do Código Civil);
b) nas situações previstas no art. 7º do vigente Código Civil (sem equivalente na codificação civil anterior).

A ausência traduz a situação em que o sujeito simplesmente desaparece do seu domicílio sem deixar notícia, representante ou procurador, caso em que o juiz nomeará curador para administrar-lhe os bens[3].

---

[3] Sobre a ausência, confira-se o subtópico 7.2.1 ("Ausência") do Capítulo IV ("Pessoa Natural") do volume I ("Parte Geral") de nosso *Novo Curso de Direito Civil*.

A sentença de ausência é registrada em livro próprio, no Cartório de Registro Civil de Pessoas Naturais, e o seu procedimento observa regras especiais — que não se confundem com as normas de direito hereditário — visando à transmissibilidade do patrimônio deixado, nos termos dos já lembrados arts. 22 a 39 do atual Código Civil.

Diferentemente, nas situações de morte presumida do art. 7º[4], concorrem fundados indícios da morte real, razão por que, com a declaração judicial do falecimento, cuja sentença é registrada no próprio Livro de Óbitos, o procedimento a partir daí a ser observado, em havendo necessidade, será regulado pelas próprias normas sucessórias atinentes ao inventário ou arrolamento e partilha, a serem aqui estudadas oportunamente.

Em resumo, somente no caso de morte real (declarada à vista do corpo morto) ou nas situações de morte presumida constantes no art. 7º, as normas sucessórias devem ser diretamente aplicadas, visto que, na hipótese de ausência, regras próprias terão incidência.

Nesse ponto, tecidas essas importantes considerações, voltemos a nossa atenção para o específico âmbito da nossa obra, para indagarmos: o que se entende por Direito das Sucessões? Qual o objeto de investigação científica deste especial ramo do Direito Civil?

É o que veremos em seguida.

## 2. COMPREENSÃO DO DIREITO SUCESSÓRIO: CONCEITO E FUNDAMENTAÇÃO JURÍDICO-IDEOLÓGICA

Compreende-se por Direito das Sucessões o conjunto de normas que disciplina a transferência patrimonial de uma pessoa, em função de sua morte.

É justamente a modificação da titularidade de bens que é o objeto de investigação deste especial ramo do Direito Civil.

Sua vinculação ao Direito de Propriedade é evidente (embora também esteja ligado potencialmente a aspectos de Direito de Família), motivo pelo qual a sua efetiva compreensão exige alguma reflexão sobre seus fundamentos ideológicos.

No testemunho autorizado de CLÓVIS BEVILÁQUA:

> "Juristas e filósofos há, para os quais o direito hereditário é uma criação obnóxia[5] da lei, que deve, quanto antes, ser eliminada. MONTESQUIEU achava que 'a lei natural

---

[4] CC/2002: "Art. 7º Pode ser declarada a morte presumida, sem decretação de ausência: I — se for extremamente provável a morte de quem estava em perigo de vida; II — se alguém, desaparecido em campanha ou feito prisioneiro, não for encontrado até dois anos após o término da guerra. Parágrafo único. A declaração da morte presumida, nesses casos, somente poderá ser requerida depois de esgotadas as buscas e averiguações, devendo a sentença fixar a data provável do falecimento".

[5] "Obnóxio /cs/ *adj.* (1619 cf Quad) 1 que se submete servilmente à punição 2 que não tem vontade própria; escravo, dependente 3 nefasto, funesto, nefando; ofensivo, nocivo 4 vulgar, corriqueiro; baixo, vil 5 esquisito, estranho. ETIM lat. *obnoxius,a,um* 'responsável perante a lei, culpado de, submetido, colérico, que não tem vontade própria, indigno, exposto a, perigoso, arriscado, nocivo';

ordenava aos pais que alimentassem os seus filhos, mas não os obrigava a fazê-los herdeiros'. AUGUSTO COMTE, julgando imoral a sucessão legítima, dizia, por seu turno, que, no estado normal da civilização, os filhos, 'depois de receberem uma educação completa, não deviam esperar dos pais, qualquer que fosse a sua fortuna, senão o auxílio indispensável para a honrosa inauguração da carreira que escolhessem'. A origem da riqueza, sendo social, em proveito da sociedade deveria ela reverter com o falecimento dos indivíduos, que a detinham. STUART MILL, ao passo que justifica a sucessão testamentária e contratual, opõe-se, tenazmente, à sucessão intestada, principalmente quando esta vai beneficiar parentes colaterais. Outros escritores têm insistido nas mesmas ideias depreciativas do direito hereditário, preparando assim o terreno para a propaganda dos socialistas de todos os matizes que, por seu lado, quebram lanças pela abolição da sucessão *causa mortis* em proveito dos indivíduos"[6].

Ainda na perspectiva histórica, é possível afirmar que o pensamento socialista partia de uma premissa contrária ao Direito Sucessório, na firme crença de que a transmissibilidade da herança iria de encontro aos fundamentos do Estado que pretendiam implementar.

Em outras palavras, do ponto de vista ideológico, entendia-se que a supressão do Direito Sucessório implicaria a negação da própria propriedade privada, na medida em que se trata de institutos umbilicalmente conectados, senão simbióticos.

Nesse contexto, o esfacelamento dos ideais comunistas mais radicais, mormente na segunda metade do século XX, culminaria com o banimento desta ideia supressiva e aniquiladora do Direito Hereditário e, inegavelmente, com uma aproximação ainda maior da propriedade privada.

É então forçoso convir que os sistemas jurídicos que consagram a propriedade privada como um fundamento, acabam, por via oblíqua, justificando a existência do direito hereditário, como projeção *post mortem* do próprio instituto jurídico tutelado[7].

Não é à toa, aliás, que a nossa Constituição Federal, no mesmo artigo, disciplina e alberga, como direitos fundamentais, a propriedade privada (na perspectiva da sua função

---

ver *'noc-*. SIN/VAR, ver sinonímia de *canalha* e antonímia de *favorável*. ANT altivo, benéfico; ver tb. sinonímia de *elevado*, *favorável* e *insigne*" (HOUAISS, Antônio; VILLAR, Mauro de Salles. *Dicionário Houaiss da Língua Portuguesa*, Rio de Janeiro: Objetiva, 2001, p. 2042).

6 BEVILÁQUA, Clóvis. *Direito das Sucessões*, 4. ed., Rio de Janeiro/São Paulo: Freitas Bastos, 1945, p. 14-5.

7 "É preciso ter a vista perturbada por algum preconceito para não reconhecer, no direito sucessório, um fator poderoso para aumento da riqueza pública; um meio de distribuí-la do modo mais apropriado à sua conservação e ao bem-estar dos indivíduos; um vínculo para a consolidação da família, se a lei lhe garante o gozo dos bens de seus membros desaparecidos na voragem da morte; e um estímulo para sentimentos altruísticos, porque traduz sempre um afeto, quer quando é a vontade que o faz mover-se, quer quando a providência parte da lei" (BEVILÁQUA, Clóvis. *Direito das Sucessões*, 4. ed., Rio de Janeiro/São Paulo: Freitas Bastos, 1945, p. 16).

social), e, pouco depois, o direito à herança (art. 5º, XXII, XXIII e XXX[8]), o que mostra o respaldo constitucional ao Direito das Sucessões.

Por isso, entendemos que somente se pode falar em Direito das Sucessões quando a sociedade admite a propriedade individual, não havendo como se conceber a herança em situações de titularidade coletiva.

Em conclusão, temos que o reconhecimento do direito hereditário encontra a sua razão existencial na projeção jurídica *post mortem* do próprio direito de propriedade privada, constitucionalmente garantido, segundo o princípio da intervenção mínima do Estado nas relações privadas.

É a própria manifestação da autonomia privada do indivíduo, direcionada ao âmbito das relações jurídicas constituídas ou derivadas do seu falecimento.

## 3. SUCESSÃO HEREDITÁRIA: CONCEITO E ESPÉCIES

Primeiramente, faz-se necessário fixar o exato sentido da palavra "sucessão".

Considerando-se que um patrimônio jamais poderá remanescer sem titular, segundo a própria perspectiva da função social, observamos que os atos de disposição *inter vivos*, como uma venda ou uma doação, implicam a transmissibilidade de determinado bem, operando uma consequente sucessão (substituição de pessoas) em sua titularidade.

Assim, é correto dizer que, em uma primeira acepção, pode a sucessão se dar no âmbito das relações negociais *inter vivos*, quando determinado bem é transferido de uma pessoa a outra, operando-se uma substituição entre elas[9].

Ocorre que a morte também determina essa substituição de pessoas, na medida em que, como dito, patrimônio algum poderá permanecer acéfalo.

Dá-se, pois, a sucessão hereditária ou "mortis causa", quando, em virtude do falecimento de alguém (sucedido ou autor da herança[10]), o seu patrimônio é transferido a determinadas pessoas, legitimadas a recebê-lo (sucessores), as quais, assim, substituem-no na titularidade desses bens ou direitos.

---

[8] "Art. 5º Todos são iguais perante a lei, sem distinção de qualquer natureza, garantindo-se aos brasileiros e aos estrangeiros residentes no País a inviolabilidade do direito à vida, à liberdade, à igualdade, à segurança e à propriedade, nos termos seguintes: (...) XXII — é garantido o direito de propriedade; XXIII — a propriedade atenderá a sua função social; (...) XXX — é garantido o direito de herança."

[9] Vale destacar, neste aspecto, a chamada *sucessão trabalhista*, prevista nos arts. 10 e 448 da Consolidação das Leis do Trabalho. Sobre o tema, confira-se o tópico 4 ("A natureza dos interesses objeto de sucessão hereditária") do Capítulo III ("Disposições Gerais sobre a Sucessão") do volume 7 ("Sucessões") do nosso *Novo Curso de Direito Civil*.

[10] Outra expressão amplamente utilizada para caracterizar o autor da herança — o falecido — é *de cujus*. Trata-se de palavra que não admite nenhum tipo de conjugação ou alteração de gênero e que, em verdade, consiste em trecho de uma expressão latina (*de cujus sucessione agitur*) usada para se referir à pessoa "de cuja" sucessão se trata. Na prática jurídica, acabou se tornando um sinônimo de "pessoa falecida", em um eufemismo para amenizar a dureza de expressões como "defunto" ou "morto".

Conheçamos, agora, a primeira classificação das espécies de sucessão hereditária.

## 3.1. Classificação da sucessão hereditária pela matriz normativa

A depender da sua matriz normativa, a sucessão hereditária pode assim ser dividida:

a) Sucessão Hereditária Legítima (arts. 1.829 a 1.856 do CC).
b) Sucessão Hereditária Testamentária (arts. 1.857 a 1.990 do CC).

A sucessão testamentária é aquela em que a transmissibilidade da herança é disciplinada por um ato jurídico negocial, especial e solene, denominado testamento.

Observa-se, pois, aqui, um espaço de incidência do princípio da autonomia privada, na medida em que o testador, respeitados determinados parâmetros normativos de ordem pública, tem a liberdade de escolher, dentre os seus sucessores, aquele(s) a quem beneficiar e, ainda, de determinar quanto do seu patrimônio será transferido após a sua morte.

Ocorre que, como anotamos linhas acima, em geral, não é típica da cultura brasileira a preocupação com o destino do nosso patrimônio após a morte, como se dá em países europeus.

Soa irônico o fato de a sucessão testamentária ser regulada de forma tão abrangente e exaustiva no Código Civil, consagrando inclusive várias espécies de testamento, a despeito da sua menor aplicação prática.

Até mesmo porque, em geral, o brasileiro não tem tanto patrimônio com que se preocupar...

Quando morre, em regra, o que deixa não é propriamente uma herança, mas sim, na melhor das hipóteses, um saldo remanescente de PIS ou PASEP, de FGTS, crédito salarial, enfim, meros resíduos sucessórios[11], que desafiam, conforme veremos ainda, um simples procedimento de alvará judicial para levantamento de tais valores, dispensando-se o inventário ou o arrolamento.

Por tudo isso, desde já afirmamos: a sucessão testamentária, a despeito das dezenas de artigos a ela dispensada pelo Código Civil, não teve, não tem e nunca terá a aceitação social e o significado jurídico da sucessão legítima.

Já por sucessão legal ou legítima entenda-se aquela em que a transmissibilidade da herança é regrada não pelas normas do testamento, mas, sim, pela própria lei. Vale dizer, são as regras do Código Civil que cuidam de disciplinar a ordem de chamamento dos sucessores, também denominada ordem de "vocação legal".

Assim, se o autor da herança morre sem fazer testamento (*ab intestato*) — ou sendo este inválido (nulo ou anulável) — é a própria lei que, atuando supletivamente, cuida de

[11] Confira-se o Capítulo XXV ("Resíduos Sucessórios") do volume 7 ("Sucessões") do nosso *Novo Curso de Direito Civil*.

dispor a respeito da sucessão hereditária. O mesmo se dá, vale observar, quando, a despeito de existir testamento válido, este não cuida de todos os bens do falecido, de maneira que, no que toca à parcela da herança não tratada, incidirão, também, as regras da sucessão legal[12].

Em conclusão, antecipamos que as duas regras fundamentais atinentes à sucessão legal ou legítima encontram-se nos arts. 1.790 e 1.829 do Código Civil, que serão cuidadosamente analisadas em capítulo próprio.

### 3.2. Classificação da sucessão hereditária pelo conjunto de bens transmitidos

Passadas em revista as noções gerais da sucessão legítima e testamentária, é importante consignar que a sucessão hereditária ainda comporta uma outra classificação:

a) sucessão hereditária universal (arts. 1.829 a 1.856 do CC);

b) sucessão hereditária singular (arts. 1.912 a 1.940 do CC).

Sucede a título universal o herdeiro, pois a ele é deferida uma fração (quota-parte) ou toda a herança; por outro lado, sucede a título singular o legatário, pois a ele é deferido bem ou direito determinado.

Em outras palavras, temos dois tipos de sucessores: o herdeiro, que sucede em caráter universal (a totalidade da herança ou uma fração dela) e o legatário (que sucede em bem ou direito individualizado).

## 4. PRINCÍPIOS ESPECÍFICOS DO DIREITO SUCESSÓRIO

Falaremos, neste tópico, de princípios específicos do Direito Sucessório, ou seja, diretrizes teóricas próprias da sua disciplina jurídica.

Comecemos com aquele que consideramos o mais importante princípio específico do Direito das Sucessões no ordenamento jurídico pátrio: o "Princípio da *Saisine*" ou "*Droit de Saisine*".

### 4.1. Princípio da *saisine*

Consiste o *droit de saisine* no reconhecimento, ainda que por ficção jurídica, da transmissão imediata e automática do domínio e posse da herança aos herdeiros legítimos e testamentários, no instante da abertura da sucessão.

---

[12] "Art. 1.829. A sucessão legítima defere-se na ordem seguinte: I — aos descendentes, em concorrência com o cônjuge sobrevivente, salvo se casado este com o falecido no regime da comunhão universal, ou no da separação obrigatória de bens (art. 1.640, parágrafo único); ou se, no regime da comunhão parcial, o autor da herança não houver deixado bens particulares; II — aos ascendentes, em concorrência com o cônjuge; III — ao cônjuge sobrevivente; IV — aos colaterais."

Antes de compreendermos historicamente o chamado "Princípio da *Saisine*", parece-nos relevante fazer algumas breves considerações de natureza etimológica.

A palavra francesa *saisine* é plurissignificativa.

Derivada do verbo *saisir*, também com conteúdo plúrimo (uma vez que significa colher, apreender, confiscar, agarrar, capturar, apoderar-se, entre outros sentidos), *saisine*, juridicamente, pode ser utilizada em vários contextos[13].

O que interessa, porém, para o corte epistemológico deste livro, é a sua utilização no campo do Direito Sucessório, em que é traduzida no sentido de "posse", para significar a "posse imediata dos bens daquele que faleceu".

Como observa LUÍS CAMARGO PINTO DE CARVALHO, em didático texto, com o trecho a seguir transcrito (inclusive com as bem-colocadas referências):

> "Etimologicamente, *saisir* vem da palavra latina *sacire*, contida em leis bárbaras, que por sua vez resultaria de duas palavras francas, **sakjan*, com o sentido de reivindicar, e **satjan*, com o sentido de pôr, colocar, apossar-se, tendo sido empregada pela primeira vez no ano de 1138[14].
>
> O *Petit Larousse* atribui-lhe significado estritamente jurídico: 'Droit à la prise de possession de biens d'un défunt à l'instant même du décès et sans autorization préalable de justice. (Ce droit est conféré par la loi aux héritiers ab intestat ou par le défunt à son exécuteur testamentaire)'[15].
>
> Pontes de Miranda a aportuguesa para a palavra saisina (*Tratado*, v. 55, p. 16, § 5.587), registrada apenas pelo recém-publicado *Dicionário Houaiss*[16], que lhe atribui o sentido técnico-jurídico: 'direito de possuir por imperativo da lei, ou posse que o direito dá de forma diversa do ato de possuir [Expressão do direito feudal do s. XII]'"[17].

---

13 "*Saisine* — Cont. const. 1. Opération consistant à déférer um texte juridique (loi votée, traité international) devant le juge constitutionnel et ayant pour effet principal de déclencher le controle de constitutionnalité. 2. Lettre adressée par lês requérants au juge constitutionnel mentionnant parfois lês griefs opposés à l'encontre d'une loi et publiée au Journal Officiel de la République française em annexe de la décision constitutionnelle" (CABRILLAC, Rémy (direction). *Dictionnaire du Vocabulaire Juridique*, p. 342). Em tradução livre de Rodolfo Pamplona Filho: "*Saisine* — Cont. const. 1. Procedimento consistente em submeter um texto legal (lei aprovada, tratado internacional) ao Tribunal Constitucional e com o principal efeito de provocar o controle de constitucionalidade. 2. Petição dirigida pelos requerentes ao Tribunal Constitucional declarando as alegações eventualmente opostas em face de uma lei e publicada no Diário Oficial da República Francesa, no anexo da jurisdição constitucional".

14 DAUZAT, Albert; DUBOIS, Jean; MITTERAND, Henri. *Nouveau Dictionnaire Étimologique et Historique*, Larousse, 1971.

15 Edição de 1968 (verb. *Saisine*, p. 832).

16 *Dicionário Houaiss da Língua Portuguesa*, publicado pelo Instituto Antônio Houaiss de Lexicografia, Rio de Janeiro, 2001. Observo que nenhum outro léxico, dentre os consultados, registra o vocábulo "saisina" (Caldas Aulete, Laudelino Freire, Silveira Bueno, Antenor Nascentes, Aurélio Buarque de Holanda Ferreira). Nem o recentíssimo dicionário da Academia de Ciências de Lisboa.

17 CARVALHO, Luís Camargo Pinto de. *Saisine* e *Astreinte*. Disponível em: <http://bdjur.stj.jus.br/jspui/bitstream/2011/69310/saisine_astreinte_carvalho_EMERJ.pdf>. Acesso em: 27 jun. 2017.

O reconhecimento de tal princípio é evidente na constante utilização da máxima *le mort saisit le vif*, que pode ser traduzida também como "o morto dá posse ao vivo".

Compreendido o sentido da expressão designadora, tenhamos, agora, algumas noções históricas para contextualizar a *Saisine* como um princípio próprio do Direito das Sucessões.

O *droit de saisine* tem sua origem no Direito Medieval.

Sobre este período histórico, expõe CAIO MÁRIO DA SILVA PEREIRA:

> "Na Idade Média, institui-se a praxe de ser devolvida a posse dos bens, por morte do servo, ao seu senhor, que exigia dos herdeiros dele um pagamento para autorizar a sua imissão. No propósito de defendê-lo dessa imposição, a jurisprudência no velho direito costumeiro francês, especialmente no Costume de Paris, veio a consagrar a transferência imediata dos haveres do servo aos seus herdeiros, assentada a fórmula: *Le serf mort saisit le vif, son hoir de plus proche*[18]. Daí ter a doutrina fixado por volta do século XIII, diversamente do sistema romano, o chamado *droit de saisine*, que traduz precisamente este imediatismo da transmissão dos bens, cuja propriedade e posse passam diretamente da pessoa do morto aos seus herdeiros: *le serf mort saisit le vif*. Com efeito, no século XIII a *saisine* era referida num *Aviso do Parlament de Paris* como instituição vigente e os *établissements de St. Louis* lhe apontam a origem nos Costumes de Orleans.
>
> Não foi, porém, uma peculiaridade do antigo direito francês. Sua origem germânica é proclamada, ou ao menos admitida, pois que fórmula idêntica era ali enunciada com a mesma finalidade: *Der Tote erbt den Lebenden*"[19-20].

É importante destacar o reconhecimento do *droit de saisine* como um princípio que caracteriza uma resistência a eventuais abusos para a aquisição da propriedade ou posse pela herança.

E o sistema luso-brasileiro, que, originalmente, adotava uma sistemática romana, com fracionamento de momentos de aquisição da propriedade pelos herdeiros não necessários[21], aprovou expressamente o princípio ainda no século XVIII.

---

[18] Em tradução livre de Rodolfo Pamplona Filho: "O servo morto dá posse ao vivo, seu herdeiro mais próximo".

[19] Sobre esse brocardo e sua tradução, confira-se Pablo Stolze, "Der Tote erbt den Lebenden" e o estrangeirismo indesejável. *Jus Navigandi*, Teresina, ano 17, n. 3.274, 18 jun. 2012. Disponível em: <http://jus.com.br/artigos/22040>. Acesso em: 27 jun. 2017.

[20] PEREIRA, Caio Mário da Silva. *Instituições de Direito Civil* — Sucessões, 17. ed., v. VI, Rio de Janeiro: Forense, 2009, p. 15.

[21] "Com a morte, a sucessão ficava aberta (*delata*), e somente com o fato da aceitação (*acquisitio*) se integrava na titularidade do herdeiro; entre a abertura (*delatio*) e a aceitação (*acquisitio*) permanecia a herança em estado de jacência (*hereditas iacens*). Nesta fase intermediária, a herança tinha representante e ação, o que levou a reconhecer-lhe personalidade. A proposição não é, todavia, unânime, encontrando contradita séria em Savigny" (PEREIRA, Caio Mário da Silva. *Instituições de Direito Civil*, Rio de Janeiro: Forense, 2001, p. 15).

Como observa MÁRIO FIGUEIREDO BARBOSA:

> "Foi através do Alvará de 9/XI/1754, segundo do Assento de 10/2/1786, que o *droit de saisine* ingressou no Direito luso-brasileiro. A partir daí, admitiu-se a transformação automática dos direitos que compõem o patrimônio da herança aos sucessores legítimos ou não, com toda a propriedade, a posse, os direitos reais e pessoais. O que era propriedade e posse do *de cujus* passam a ser propriedade e posse do sucessor a causa de morte, ou dos sucessores e em partes ideais, ou conforme a discriminação testamentária. Dá-se o mesmo com os créditos transferíveis e as dívidas, as propriedades, as obrigações e as ações"[22].

Aberta a sucessão, o *droit de saisine* evita que se possa dar ao acervo hereditário a natureza de *res derelicta* (coisa abandonada) ou de *res nullius* (coisa de ninguém)[23].

Nessa linha, observa ROBERTO DE RUGGIERO:

> "A exigência sentida por qualquer sociedade juridicamente organizada de que com a morte de uma pessoa as suas relações jurídicas não se extingam, mas que outras pessoas nelas entrem tomando lugar do defunto, encontra satisfação no mundo da herança. Em qualquer outro campo, por ser verdade o *mors omnia solvit*, menos no direito, onde exigências não só morais e de espírito, mais sociais, políticas e, sobretudo, econômicas, impõem que, para segurança do crédito, para conservação e incremento da riqueza, as relações de uma pessoa continuam mesmo depois de sua morte, que no seu patrimônio substitua um novo titular, o qual representa como que o continuador da personalidade do defunto"[24].

Tal substituição se dá, como visto, de forma imediata e desde o momento da abertura da sucessão, independentemente da prática de qualquer ato ou manifestação de vontade do herdeiro, que pode, inclusive, desconhecer o fato.

O *princípio da "saisine"*, portanto, à luz de todo o exposto, pode ser definido como a regra fundamental do Direito Sucessório, pela qual a morte opera a imediata transferência da herança aos seus sucessores legítimos e testamentários.

Trata-se, em verdade, de uma ficção jurídica, que pretende impedir que o patrimônio deixado fique sem titular, enquanto se aguarda a transferência definitiva dos bens aos sucessores do falecido.

Respalda-se no dispositivo que abre o Livro das Sucessões no vigente Código Civil brasileiro, a saber, o art. 1.784:

---

22 BARBOSA, Mário Figueiredo. *Ainda Questões Jurídicas*, Salvador: Quarteto, 2009, p. 13-4.

23 Sobre o tema da classificação dos bens, confira-se o Capítulo VIII ("Bens Jurídicos") do volume 1 ("Parte Geral") de nosso *Novo Curso de Direito Civil*.

24 RUGGIERO, Roberto de. *Instituições de Direito Civil* — Direito das Obrigações e Direito Hereditário, v. 3, Campinas: Bookseller, 1999, p. 395.

"Art. 1.784. Aberta a sucessão, a herança transmite-se, desde logo, aos herdeiros legítimos e testamentários".

Por isso, com a abertura da sucessão (morte), os herdeiros já são imediatamente considerados condôminos e copossuidores dos bens deixados, em virtude da incidência do presente princípio, o que não significa, por óbvio, que exercem direito exclusivo sobre bem individualmente considerado.

Todavia, uma afirmação já feita merece ser realçada.

O princípio da *saisine* não dá ao sucessor, herdeiro ou legatário, direito imediato a bem exclusivo da herança.

Com a abertura da sucessão, os herdeiros, como dito acima, passarão a ter um direito meramente abstrato, calculado em fração do patrimônio transferível, e, mesmo que seja herdeiro único, o exercerá em face da universalidade de bens deixados, não sendo permitido, a nenhum dos sucessores, portanto, sem a devida autorização judicial, enquanto não concluído o procedimento de arrolamento ou inventário, alienar bem exclusivo da herança.

Quanto aos legatários, é bom lembrar que eles somente terão a posse dos bens deixados quando assim lhe for concedido pelo herdeiro (art. 1.923, § 1º, do CC/2002).

Por tudo isso, sentido nenhum há na conduta de determinados sucessores que, antes mesmo de se findar a partilha, já se sentem "donos" de determinados bens, integrantes do monte mor (partível), agredindo, em muitos casos, iguais direitos dos outros coerdeiros.

Ninguém pode se sentir dono de bem exclusivo do inventário ou do arrolamento antes do seu fim, não apenas pelas razões acima expostas, mas, inclusive, pelo fato de que, em havendo dívidas deixadas pelo *de cujus*, poderá não sobrar nada mais para dividir...

Nesse diapasão, para evitar a aplicação deturpada (e gananciosa) do princípio da *saisine*, o Superior Tribunal de Justiça, em admirável acórdão, da lavra da Ministra NANCY ANDRIGHI, já entendeu que o herdeiro que exerça posse exclusiva de bem da herança terá de pagar aluguel aos demais:

> "DIREITO CIVIL. RECURSO ESPECIAL. COBRANÇA DE ALUGUEL. HERDEIROS. UTILIZAÇÃO EXCLUSIVA DO IMÓVEL. OPOSIÇÃO NECESSÁRIA. TERMO INICIAL.
>
> — Aquele que ocupa exclusivamente imóvel deixado pelo falecido deverá pagar aos demais herdeiros valores a título de aluguel proporcional, quando demonstrada oposição à sua ocupação exclusiva.
>
> — Nesta hipótese, o termo inicial para o pagamento dos valores deve coincidir com a efetiva oposição, judicial ou extrajudicial, dos demais herdeiros.
>
> Recurso especial parcialmente conhecido e provido" (REsp 570.723/RJ, Rel. Min. Nancy Andrighi, 3ª Turma, julgado em 27-3-2007, *DJ* 20-8-2007, p. 268).

Tal aresto vai ao encontro do que dissemos, na medida em que reafirma a ideia básica segundo a qual o princípio ora estudado, a par de transmitir a imediata posse e propriedade da herança, o faz como um todo, enquanto universalidade de bens e direitos, não permitindo o exercício imediato de direito exclusivo sobre bem determinado.

## 4.2. Princípio *(non) ultra vires hereditatis*

A expressão *ultra vires hereditatis* significa "além do conteúdo da herança".

A ideia que ela representa é a possibilidade de que o herdeiro, com a aceitação pura e simples da herança, possa ser obrigado a pagar suas dívidas e obrigações, não só com os bens do patrimônio do *de cujus*, mas também com os seus próprios bens.

Trata-se de situação que não deve ser ordinariamente aceita, por coroar injustiça.

A regra foi positivada, de forma expressa:

> "Art. 1.792. O herdeiro não responde por encargos superiores às forças da herança; incumbe-lhe, porém, a prova do excesso, salvo se houver inventário que a escuse, demonstrando o valor dos bens herdados".

Vale destacar que, em antiquíssima legislação, não havia esta regra protetiva do herdeiro, de maneira que, se ele não aceitasse a herança "sob benefício de inventário", os bens dele ficavam submetidos à execução de dívidas do falecido.

Com efeito, no Direito Romano e no Direito brasileiro pré-codificado, o herdeiro respondia *ultra vires hereditatis*. Assim, se, por acaso, o passivo hereditário superasse o ativo, ficava o herdeiro obrigado a pagar, com seus próprios bens, as dívidas deixadas pelo falecido. Tratava-se da figura da *hereditas damnosa* ("herança danosa", também conhecida como "herança maldita"), que poderia levar o herdeiro, eventualmente, à ruína.

Com o fito de evitar tal constrangedora consequência, o herdeiro aceitava "a benefício de inventário", o que acabou se tornando uma cláusula usual. Com isso, ele se resguardava, já que, dessa forma, os encargos da herança seriam pagos somente pelas próprias forças do acervo hereditário. Remonta tal cláusula, denominada *beneficium inventarii*, à Antiguidade.

Como ensina SÍLVIO DE SALVO VENOSA:

> "No Direito Romano, como consequência da aquisição universal da herança, com aceitação, havia uma confusão automática de patrimônios. Confundia-se o patrimônio do herdeiro com o patrimônio da herança. Como decorrência, o herdeiro respondia *ultra vires hereditas*, além das forças da herança, já que assumia a condição de devedor a título próprio (Zannoni, 1974:245). Assim, uma herança poderia trazer prejuízo ao herdeiro.
>
> A ideia da separação de patrimônios foi a que permitiu ao herdeiro não responder por dívidas que não fossem suas próprias. Note que, mesmo com a separação de patrimônios, a herança não perde sua unidade, apenas que o monte deve-se bastar para

> satisfazer às obrigações do *de cujus*. Há, inclusive, obrigações do falecido que são intransmissíveis, que terminam com a morte. Em razão desta problemática é que avultava de importância em Roma o direito de deliberar do herdeiro chamado.
>
> Já na antiguidade, para evitar tais inconveniências, admitiu-se a aceitação da herança sob benefício do inventário. Itabaiana de Oliveira (1987:58) lembra da primeira aplicação do princípio por Adriano, em benefício de um particular. Na definição do autor, 'benefício de inventário é um privilégio concedido pela lei ao herdeiro e que consiste em admiti-lo à herança do *de cujus*, sem obrigá-lo aos encargos além das forças da mesma herança'"[25].

Destaque-se que foi o Código Civil de 1916 que alterou o panorama, consagrando o que aqui chamamos de "Princípio *(Non) Ultra Vires Hereditatis*".

Assim, por preceito legal, tornou-se desnecessária a manifestação expressa da aceitação "a benefício de inventário", diretriz que foi mantida na atual codificação brasileira[26].

Na contemporaneidade, portanto, deve-se considerar, por força de lei, que as dívidas do falecido, de fato, devem ser pagas somente com seu próprio patrimônio, não ultrapassando as forças da herança.

Por isso, esse dogma traduz uma regra que proíbe o alcance do patrimônio pessoal do herdeiro por dívida do falecido, razão por que preferimos denominá-lo *Non Ultra Vires Hereditatis.*

Como já vimos, no plano ideal, por força do princípio da *saisine*, a herança é transmitida automática e imediatamente com o advento da morte.

Mas somente após o inventário ou arrolamento poder-se-á, efetivamente, apurar se, após o cumprimento das obrigações deixadas pelo falecido, ainda há patrimônio remanescente.

Em síntese: no Direito brasileiro, o herdeiro só responde *intra vires hereditatis* (dentro das forças da herança), não mais se confundindo o patrimônio do falecido com o patrimônio do herdeiro (*bonorum separatio*).

---

25 VENOSA, Sílvio de Salvo. *Direito Civil* — Direito das Sucessões, 3. ed., v. 7, São Paulo: Atlas, 2003, p. 38.

26 "O instituto de que trata o artigo justifica-se pela adoção do sistema de aceitação a benefício de inventário por disposição legal operada pelo Código de 1916. Como lembra Caio Mário da Silva Pereira, a aceitação da herança nesse sentido 'entrou nos costumes' e passou para o direito positivo. A aceitação a benefício de inventário consistia em uma opção posta à disposição do herdeiro para que este aceitasse apenas o ativo da herança, desobrigando-se quanto à totalidade do passivo. Apondo tal cláusula, o herdeiro, quando chamado a deliberar, aceitava a herança, desde que não lhe causasse nenhum prejuízo decorrente da verificação, feita no inventário, de que o ativo superava o passivo. Caso contrário, quando o passivo superava o ativo, o aceitante a benefício de inventário era tido como um aceitante condicional, limitado à responsabilização das dívidas do *de cujus* até o montante que houvesse herdado" (HIRONAKA, Giselda Maria Fernandes Novaes. *Comentários ao Código Civil* — Parte Especial: do Direito das Sucessões (arts. 1.784 a 1.856), coord. AZEVEDO, Antônio Junqueira de. 2. ed., v. 20, São Paulo: Saraiva, 2007, p. 75).

Por fim, uma observação relevante sobre a transmissibilidade da obrigação alimentar merece a nossa atenção.

Dispõe o art. 1.700 do Código Civil:

> "Art. 1.700. A obrigação de prestar alimentos transmite-se aos herdeiros do devedor, na forma do art. 1.694".

A regra do sistema anterior propugnava pela absoluta intransmissibilidade da obrigação alimentar aos herdeiros, cedendo espaço à previsão legal de sua transmissão como encargo da herança (art. 23 da Lei n. 6.515/77), com subsequente redefinição pelo mencionado artigo da vigente codificação (art. 1.700 do CC/2002).

Justamente por considerarmos que a responsabilidade patrimonial do herdeiro, pelas obrigações do falecido, ela será sempre *Non Ultra Vires Hereditatis*, erigindo tal regra a princípio, para preservação do patrimônio pessoal do herdeiro, não devendo a herança se constituir em uma armadilha para aquele que a recebe.

## 4.3. Princípio da função social da herança

Outro princípio próprio do Direito das Sucessões é o da Função Social da Herança.

Posto em menor medida do que no exercício do direito de propriedade, também a herança possui uma função social, porquanto permite uma redistribuição da riqueza do *de cujus*, transmitida aos seus herdeiros.

Observe-se, ademais, que certos institutos, como o direito de representação, têm um fundamento moral, respaldado no princípio da isonomia e da função social, na medida em que visam a dar um tratamento equânime a herdeiros do autor da herança, poupando-lhes da dupla tristeza da perda de seu ascendente imediatamente direto e também de benefícios potenciais que lhe seriam garantidos, se não tivesse ocorrido o falecimento daquele.

## 4.4. Princípio da territorialidade

Na forma do art. 1.785 do CC/2002, a "sucessão abre-se no lugar do último domicílio do falecido".

Trata-se do Princípio da Territorialidade, regra de Direito Material que gera evidentes reflexos no campo processual, notadamente para delimitação da competência territorial referente às questões sucessórias.

Sobre o tema, ensina GISELDA HIRONAKA:

> "Entendeu o legislador processual que não bastava indicar o local da abertura do inventário pelo último domicílio do falecido, porque este poderia apresentar-se de forma incerta, poderia o falecido não possuir domicílio algum, ou ainda possuir mais de um domicílio. Por esses motivos, especificou a regra no que concerne ao local da abertura do inventário, fazendo-o incidir no local da situação dos bens sempre que o

domicílio fosse incerto (art. 96, I, do CPC). Mas outro problema seria criado quando os bens que compusessem a herança se situassem em locais diversos. Entendendo o legislador não ser possível a multiplicidade de inventários referentes a uma mesma herança, bem imóvel indivisível por determinação legal, deslocou a competência jurisdicional para o local do óbito do *de cujus* (art. 96, II, do CPC). Por fim, para a hipótese de pluralidade domiciliar, permitiu a abertura do inventário em qualquer foro correspondente a um dos domicílios do finado (art. 94, § 1º)"[27].

Vale destacar, no particular, que a vigente "Lei de Introdução às Normas do Direito Brasileiro" (o novo — e adequado — nome dado à antiga "Lei de Introdução ao Código Civil") expressamente estabelece:

> "Art. 10. A sucessão por morte ou por ausência obedece à lei do país em que domiciliado o defunto ou o desaparecido, qualquer que seja a natureza e a situação dos bens.
>
> § 1º A sucessão de bens de estrangeiros, situados no País, será regulada pela lei brasileira em benefício do cônjuge ou dos filhos brasileiros, ou de quem os represente, sempre que não lhes seja mais favorável a lei pessoal do *de cujus*.
>
> § 2º A lei do domicílio do herdeiro ou legatário regula a capacidade para suceder".

Consiste tal preceito em uma regra de Direito Internacional Privado de invocação obrigatória, que continua em perfeita consonância com o sistema positivado de regras civis.

Embora se extrapolem os limites desta obra, vale destacar que diversas podem ser as questões daí suscitadas, especialmente quanto à determinação da lei material cabível quando esta envolver algum elemento estrangeiro (domicílio do *de cujus* ou dos herdeiros fora do país, testamento elaborado fora do Brasil etc.).

## 4.5. Princípio da temporariedade

Outro importante princípio próprio do Direito das Sucessões é o da "Temporariedade".

Consiste ele no postulado, insculpido no art. 1.787 do CC/2002, de que regula "a sucessão e a legitimação para suceder a lei vigente ao tempo da abertura daquela".

Trata-se de regra consagrada no sistema codificado nacional.

O fundamento da regra está calcado na segurança das relações jurídicas consolidadas no momento da abertura da sucessão, até mesmo pelo já explicado princípio do *Droit de Saisine*. Tal temática encontra respaldo constitucional na previsão contida no art. 5º, XXXVI, da CF, de que "a lei não prejudicará o direito adquirido, o ato jurídico perfeito e a coisa julgada".

---

27 HIRONAKA, Giselda Maria Fernandes Novaes, *Comentários ao Código Civil* — Parte Especial: do Direito das Sucessões (arts. 1.784 a 1.856), coord. AZEVEDO, Antônio Junqueira de. 2. ed., v. 20, São Paulo: Saraiva, 2007, p. 28-9.

É preciso ter em mente que a lógica do sistema é de que toda a transferência patrimonial se deu *ipso facto* da morte, regra básica de direito material.

Assim, eventual demora no ajuizamento, com a modificação da disciplina jurídica *a posteriori*, não teria o condão de modificar tais situações, com aplicação retroativa.

Seguindo essa linha de raciocínio, regras hoje criticáveis, mas vigentes ao tempo da morte, poderiam ser aplicadas, como, por exemplo, o tratamento diferenciado de filhos (ilegítimos, adotivos etc.) ou da(o) companheira(o) em face do cônjuge.

Nesse diapasão, o próprio Código Civil de 2002 estabeleceu expressamente tal premissa, na parte referente às suas regras de transição, conforme se verifica do art. 2.041, a saber:

> "Art. 2.041. As disposições deste Código relativas à ordem da vocação hereditária (arts. 1.829 a 1.844) não se aplicam à sucessão aberta antes de sua vigência, prevalecendo o disposto na lei anterior (Lei n. 3.071, de 1º de janeiro de 1916)".

Como se vê, o dispositivo afirma peremptoriamente o princípio aqui discutido, admitindo a ultratividade das normas do Código Civil brasileiro de 1916, com aplicação posterior à sua revogação, visto que vinculadas a fatos ocorridos ainda quando de sua vigência.

## 4.6. Princípio do respeito à vontade manifestada

Por fim, colacionamos, como último elemento da principiologia própria do Direito das Sucessões, o princípio do respeito à vontade manifestada do falecido, conhecido como *favor testamenti*.

Trata-se de um dos mais importantes princípios neste campo.

Com efeito, o sentido de admitir a produção de efeitos *post mortem* em relação a determinado patrimônio está justamente no respeito à manifestação da declaração de vontade do seu titular originário.

Percebe-se que a própria lógica da disciplina do Direito Sucessório é, em sede de testamento, a regulação de efeitos para quando o titular dos direitos não estiver mais presente.

Tal princípio deve prevalecer, inclusive, no caso de simples irregularidades testamentárias formais ou de modificações supervenientes de situação de fato, se for possível verificar, inequivocamente, qual era a intenção do testador.

# LXXXVII ADMINISTRAÇÃO DA HERANÇA

## 1. NOÇÕES INTRODUTÓRIAS

O Capítulo II do Título I ("Da Sucessão em Geral") do Livro V, reservado ao "Direito das Sucessões", foi nomeado, no vigente Código Civil brasileiro, como "Da Herança e de sua Administração".

Trata-se de uma parte da nossa legislação que poderia ter sido mais bem sistematizada, na medida em que reúne, no mesmo capítulo, regras específicas de administração da herança (arts. 1.791, 1.792 e 1.797 do CC/2002) com a disciplina da sua cessão (arts. 1.793 a 1.795 do CC/2002; sem correspondência na codificação anterior), e, bem assim, regras procedimentais próprias relacionadas ao inventário (art. 1.796 do CC/2002).

No esforço de sistematização teórica que aqui propugnamos, cuidaremos, neste capítulo, da administração propriamente dita da herança, bem como teceremos comentários acerca da sucessão em bens de estrangeiros localizados no território pátrio, matéria evidentemente relacionada ao tema aqui proposto.

Os demais dispositivos do mencionado capítulo do Código Civil brasileiro, por sua vez, serão apreciados no momento próprio dos temas correspondentes.

## 2. ADMINISTRAÇÃO DA HERANÇA

Falecendo o autor da herança, forma-se, em abstrato, uma massa patrimonial cuja titularidade, do ponto de vista ideal, por força do Princípio da *Saisine*, passa aos herdeiros, ainda que não se conheça quem eles sejam (e nem mesmo eles saibam que são os sucessores).

Assim, preceitua o art. 1.791 do CC/2002:

> "Art. 1.791. A herança defere-se como um todo unitário, ainda que vários sejam os herdeiros.
>
> Parágrafo único. Até a partilha, o direito dos coerdeiros, quanto à propriedade e posse da herança, será indivisível, e regular-se-á pelas normas relativas ao condomínio".

Dessa forma, com a abertura da sucessão, tem-se a transferência automática da titularidade da massa patrimonial, na expressão codificada "como um todo unitário", independentemente da manifestação de aceitação (ou eventual renúncia) desse(s) novo(s) titular(es).

Mas a quem cabe administrar o conjunto de bens?

Se é certo que a titularidade é de todos os herdeiros, que recebem a herança como um direito indivisível, em regime regulado pelas regras do condomínio, também é lógico que a alguém deve ser atribuída a responsabilidade pela direção do patrimônio, até a sua final individualização por cada um dos herdeiros.

Assim, deve o magistrado, no processo de inventário (cujo prazo original para instauração era de trinta dias da abertura da sucessão, na forma do art. 1.796 do CC/2002[1], mas que foi ampliado para dois meses, por força do art. 611 do CPC/2015[2]), designar inventariante para a administração do espólio, responsável pela sorte de toda a massa patrimonial, com seus créditos e débitos, até sua entrega, definitiva, para o herdeiro correspondente[3].

Tal função é de extrema importância, pois, lamentavelmente, por razões diversas, não se pode fechar os olhos para a realidade, em que se constatam processos de inventário e partilha que duram indefinidamente.

E é justamente com os olhos na realidade que não se pode deixar de enaltecer a previsão do art. 1.797 do CC/2002:

> "Art. 1.797. Até o compromisso do inventariante, a administração da herança caberá, sucessivamente:
>
> I — ao cônjuge ou companheiro, se com o outro convivia ao tempo da abertura da sucessão;
>
> II — ao herdeiro que estiver na posse e administração dos bens, e, se houver mais de um nessas condições, ao mais velho;
>
> III — ao testamenteiro;
>
> IV — a pessoa de confiança do juiz, na falta ou escusa das indicadas nos incisos antecedentes, ou quando tiverem de ser afastadas por motivo grave levado ao conhecimento do juiz".

O sentido do dispositivo legal é prestigiar aquele que, em tese, estará, de fato, na efetiva administração dos bens da herança, no núcleo familiar. Daí a precedência do cônjuge ou companheiro, sucedido pelo herdeiro que estiver na posse e administração dos bens, sendo o critério de maior idade, neste último caso, utilizado para a escolha de um único administrador, caso haja mais de um herdeiro nessas condições.

---

[1] "Art. 1.796. No prazo de trinta dias, a contar da abertura da sucessão, instaurar-se-á inventário do patrimônio hereditário, perante o juízo competente no lugar da sucessão, para fins de liquidação e, quando for o caso, de partilha da herança."

[2] "Art. 611. O processo de inventário e de partilha deve ser instaurado dentro de 2 (dois) meses, a contar da abertura da sucessão, ultimando-se nos 12 (doze) meses subsequentes, podendo o juiz prorrogar esses prazos, de ofício ou a requerimento de parte."

[3] Sempre lembrando do Princípio *(Non) Ultra Vires Hereditatis*, insculpido no art. 1.792 do CC/2002, *in verbis*: "Art. 1.792. O herdeiro não responde por encargos superiores às forças da herança; incumbe-lhe, porém, a prova do excesso, salvo se houver inventário que a escuse, demonstrando o valor dos bens herdados".

Somente na ausência destes é que se pensa em delegar a administração ao testamenteiro ou, na forma da previsão do inciso IV, à "pessoa de confiança do juiz, na falta ou escusa das indicadas nos incisos antecedentes, ou quando tiverem de ser afastadas por motivo grave levado ao conhecimento do juiz".

Claro que a referência do texto legal deveria ser quase acadêmica, pois, se provocado o Poder Judiciário, a designação mais natural é logo de um inventariante, e não de um administrador provisório inominado. Entretanto, dificuldades de ordem prática na investigação de quem será o inventariante poderiam aconselhar tal providência excepcional.

Observe-se, nesse contexto, que a previsão legal é específica para a administração provisória do espólio até a designação do inventariante, a teor do art. 617 do Código de Processo Civil de 2015:

> "Art. 617. O juiz nomeará inventariante na seguinte ordem:
>
> I — o cônjuge ou companheiro sobrevivente, desde que estivesse convivendo com o outro ao tempo da morte deste;
>
> II — o herdeiro que se achar na posse e na administração do espólio, se não houver cônjuge ou companheiro sobrevivente ou se estes não puderem ser nomeados;
>
> III — qualquer herdeiro, quando nenhum deles estiver na posse e na administração do espólio;
>
> IV — o herdeiro menor, por seu representante legal;
>
> V — o testamenteiro, se lhe tiver sido confiada a administração do espólio ou se toda a herança estiver distribuída em legados;
>
> VI — o cessionário do herdeiro ou do legatário;
>
> VII — o inventariante judicial, se houver;
>
> VIII — pessoa estranha idônea, quando não houver inventariante judicial.
>
> Parágrafo único. O inventariante, intimado da nomeação, prestará, dentro de 5 (cinco) dias, o compromisso de bem e fielmente desempenhar a função".

E, independentemente das atribuições do inventariante, previstas nos arts. 618 e 619 do Código de Processo Civil de 2015[4], o fato é que tanto o administrador provisório

[4] "Art. 618. Incumbe ao inventariante: I — representar o espólio ativa e passivamente, em juízo ou fora dele, observando-se, quanto ao dativo, o disposto no art. 75, § 1º; II — administrar o espólio, velando-lhe os bens com a mesma diligência que teria se seus fossem; III — prestar as primeiras e as últimas declarações pessoalmente ou por procurador com poderes especiais; IV — exibir em cartório, a qualquer tempo, para exame das partes, os documentos relativos ao espólio; V — juntar aos autos certidão do testamento, se houver; VI — trazer à colação os bens recebidos pelo herdeiro ausente, renunciante ou excluído; VII — prestar contas de sua gestão ao deixar o cargo ou sempre que o juiz lhe determinar; VIII — requerer a declaração de insolvência. Art. 619. Incumbe ainda ao inventariante, ouvidos os interessados e com autorização do juiz: I — alienar bens de qualquer espécie; II — transigir em juízo ou fora dele; III — pagar dívidas do espólio; IV — fazer as despesas necessárias para a conservação e o melhoramento dos bens do espólio."

quanto o inventariante devem responder juridicamente pelo espólio, bem como pela prática de atos que possam gerar danos à massa patrimonial.

Mas qual seria a natureza de tal responsabilidade?

É o que enfrentaremos no próximo tópico.

## 3. RESPONSABILIDADE DO ADMINISTRADOR DA HERANÇA (E DO INVENTARIANTE)

Da abertura da sucessão (óbito do autor da herança) até a definitiva partilha dos bens, têm os herdeiros o que se convencionou chamar de "direito à sucessão aberta".

O patrimônio do falecido, considerado uma massa patrimonial indivisível, de titularidade conjunta de todos os herdeiros, passa a ser chamado de espólio, especialmente para fins processuais.

O espólio não possui personalidade jurídica, mas tem reconhecida a sua capacidade postulatória, na forma consagrada pelo art. 75 do Código de Processo Civil de 2015[5]. Assim, poderá o espólio, por meio de seu representante (provisório, na forma do mencionado art. 1.797, ou definitivo, no caso do inventariante nomeado judicialmente), propor ação em juízo, bem como também ser réu.

Assim, por exemplo, se um imóvel, que era de titularidade do falecido, tiver sido invadido, cabe ao espólio, por seu administrador provisório ou inventariante, ajuizar a ação possessória correspondente.

A nomeação do inventariante somente se dá após a abertura do inventário, com a verificação, pelo magistrado, da legitimidade da pessoa que se propôs a assumir o ônus, múnus público que deve ser exercido com denodo, não podendo ser imotivadamente renunciado.

Como vimos, antes da nomeação formal do inventariante, a administração dos bens do espólio cabe aos sujeitos indicados no já transcrito art. 1.797 do CC/2002.

---

[5] "Art. 75. Serão representados em juízo, ativa e passivamente: I — a União, pela Advocacia-Geral da União, diretamente ou mediante órgão vinculado; II — o Estado e o Distrito Federal, por seus procuradores; III — o Município, por seu prefeito ou procurador; IV — a autarquia e a fundação de direito público, por quem a lei do ente federado designar; V — a massa falida, pelo administrador judicial; VI — a herança jacente ou vacante, por seu curador; VII — o espólio, pelo inventariante; VIII — a pessoa jurídica, por quem os respectivos atos constitutivos designarem ou, não havendo essa designação, por seus diretores; IX — a sociedade e a associação irregulares e outros entes organizados sem personalidade jurídica, pela pessoa a quem couber a administração de seus bens; X — a pessoa jurídica estrangeira, pelo gerente, representante ou administrador de sua filial, agência ou sucursal aberta ou instalada no Brasil; XI — o condomínio, pelo administrador ou síndico. § 1º Quando o inventariante for dativo, os sucessores do falecido serão intimados no processo no qual o espólio seja parte. § 2º A sociedade ou associação sem personalidade jurídica não poderá opor a irregularidade de sua constituição quando demandada. § 3º O gerente de filial ou agência presume-se autorizado pela pessoa jurídica estrangeira a receber citação para qualquer processo. § 4º Os Estados e o Distrito Federal poderão ajustar compromisso recíproco para prática de ato processual por seus procuradores em favor de outro ente federado, mediante convênio firmado pelas respectivas procuradorias."

Não havendo inventário, o referido administrador provisório terá o dever de administração dos bens do espólio e, consequentemente, de prestar contas aos interessados. Mas, após a sua assunção, o inventariante assumirá todos os deveres correspondentes[6].

Ambos têm, portanto, a obrigação de administrar o patrimônio do falecido e, ainda, o dever de promover todo e qualquer ato na defesa do espólio, sob pena de ser responsabilizado civilmente. Qualquer dos herdeiros pode exigir que lhe sejam prestadas contas da administração que faz do espólio, o que poderá gerar contra o inventariante eventual responsabilidade civil.

E qual seria a natureza dessa responsabilidade?

Entendemos que a hipótese é de responsabilidade civil subjetiva, devendo ser demonstrada a culpa do administrador provisório ou do inventariante pelos danos causados ao espólio.

Isso porque a responsabilidade patrimonial pessoal deve ser interpretada de acordo com a culpa do agente, a teor do art. 186 do Código Civil que define o ato ilícito.

Assim, nos casos em que o administrador ou o inventariante não administre de forma satisfatória os bens ou direitos deixados pelo falecido, estará sujeito, na medida em que violar deveres jurídicos preexistentes, a duras sanções no âmbito civil, desde a remoção da função até o pagamento de indenização.

Da mesma forma, dependendo da situação fática, poderá ainda responder penalmente por seus atos, valendo destacar, a título ilustrativo, que, no tipo penal de apropriação indébita, a condição de inventariante é hipótese de aumento de pena, a teor do art. 168, § 1º, II, do vigente Código Penal brasileiro[7].

## 4. SUCESSÃO EM BENS DE ESTRANGEIROS

A título de arremate, parece-nos fundamental tecer algumas considerações acerca da disciplina jurídica da sucessão de bens pertencentes a estrangeiros, que estejam localizados em território nacional.

O tema é tratado na vigente Lei de Introdução às Normas do Direito Brasileiro, novo nome da antiga Lei de Introdução ao Código Civil Brasileiro, a saber, o Decreto-Lei n. 4.657, de 4 de setembro de 1942[8].

[6] Lembramos que também no regramento do arrolamento há previsão de nomeação de um inventariante, conforme art. 660, I, do Código de Processo Civil de 2015: "Art. 660. Na petição de inventário, que se processará na forma de arrolamento sumário, independentemente da lavratura de termos de qualquer espécie, os herdeiros: I — requererão ao juiz a nomeação do inventariante que designarem;".

[7] Código Penal: "Apropriação indébita — Art. 168. Apropriar-se de coisa alheia móvel, de que tem a posse ou a detenção: Pena — reclusão, de um a quatro anos, e multa. Aumento de pena — § 1º A pena é aumentada de um terço, quando o agente recebeu a coisa: I — em depósito necessário; II — na qualidade de tutor, curador, síndico, liquidatário, inventariante, testamenteiro ou depositário judicial; III — em razão de ofício, emprego ou profissão".

[8] Sobre o tema, confira-se o Capítulo III ("Lei de Introdução às Normas do Direito Brasileiro") do v. 1 ("Parte Geral") de nosso *Novo Curso de Direito Civil*.

Estabelece o seu art. 10, notadamente o § 1º, com a redação dada pela Lei n. 9.047, de 1995:

> "Art. 10. A sucessão por morte ou por ausência obedece à lei do país em que domiciliado o defunto ou o desaparecido, qualquer que seja a natureza e a situação dos bens.
>
> § 1º A sucessão de bens de estrangeiros, situados no País, será regulada pela lei brasileira em benefício do cônjuge ou dos filhos brasileiros, ou de quem os represente, sempre que não lhes seja mais favorável a lei pessoal do *de cujus*.
>
> § 2º A lei do domicílio do herdeiro ou legatário regula a capacidade para suceder".

O dispositivo legal reproduz a previsão constitucional contida no inciso XXXI do art. 5º da Constituição Federal de 1988 ("a sucessão de bens de estrangeiros situados no País será regulada pela lei brasileira em benefício do cônjuge ou dos filhos brasileiros, sempre que não lhes seja mais favorável a lei pessoal do *de cujus*").

Trata-se de uma regra protetiva dos interesses dos cidadãos brasileiros, determinando-se a aplicação da norma mais benéfica aos nacionais.

Verifique-se que, *a priori*, tem-se aqui uma exceção à regra geral do critério determinante do regime patrimonial de bens, que é a aplicação estrita da lei do domicílio do sujeito (art. 7º da LINDB).

Somente o magistrado do local da situação dos bens imóveis poderá processar a partilha.

Todavia, o direito material aplicável não será, como visto, necessariamente o da localização dos bens, mas, sim, aquele que for mais favorável aos interesses do cônjuge ou filhos brasileiros.

Assim, admitir-se-á, por exceção, a aplicação de direito material estrangeiro no Brasil, na hipótese de melhor conformação dos interesses do cônjuge sobrevivente — leia-se também do convivente supérstite — e dos filhos brasileiros. Claro que, por se tratar de norma estrangeira, poderá exigir dilação probatória em juízo, nos termos do art. 376 do CPC/2015[9], com a apresentação de tradução juramentada.

No próximo capítulo, trataremos, finalmente, da aceitação e renúncia da herança, tema em que a administração da massa patrimonial, aqui tratada, configura-se como premissa.

Somente depois de compreendida a administração da herança, bem como a possibilidade de sua aceitação, é que se abordará a possibilidade de sua cessão, matéria que reservamos para o capítulo subsequente.

Tudo isso para facilitar a melhor compreensão da matéria.

---

9 Código de Processo Civil de 2015: "Art. 376. A parte que alegar direito municipal, estadual, estrangeiro ou consuetudinário provar-lhe-á o teor e a vigência, se assim o juiz determinar".

# LXXXVIII ACEITAÇÃO E RENÚNCIA DA HERANÇA

## 1. INTRODUÇÃO

Vimos que, à luz do Princípio da *Saisine*, com a abertura da sucessão decorrente da morte, a herança é transmitida, imediatamente, para os herdeiros legítimos e testamentários[1].

Com isso, vale salientar, não se diga que o herdeiro já possa pretender dispor de bem determinado da herança, porquanto a transmissibilidade, calcada em uma ficção jurídica, opera uma transferência meramente ideal, para evitar que o patrimônio deixado remanesça sem titular.

Aliás, não é outra a razão por que, antes de ultimado o arrolamento ou o inventário, não pode o sucessor, salvo mediante autorização judicial fundamentada, pretender dispor de bem determinado componente do acervo hereditário.

Somente com a efetiva partilha (em havendo mais de um sucessor) ou com a adjudicação (em havendo sucessor único), observadas as normas legais, poderá o herdeiro efetivamente considerar-se dono do bem que lhe fora deixado, exercitando todas as prerrogativas inerentes ao direito de propriedade.

Sucede que, a par de a transmissibilidade patrimonial operar-se automaticamente por aplicação da *Saisine*, como já vimos, o Direito das Sucessões cuida ainda de regular as formas pelas quais o herdeiro confirma o recebimento, por meio do conhecido instituto da aceitação da herança.

É bem verdade que, no atual estágio do nosso Direito, esta figura carece da importância de outrora, especialmente se considerarmos que a transmissibilidade é imediata e, ainda, pela circunstância de os herdeiros não responderem por dívidas além das forças da herança.

Por outro lado, avulta a importância de outro instituto: a renúncia da herança.

---

[1] Trata-se, não é demais relembrar, de princípio inspirado no Direito francês (na mesma linha, ver Thiago Felipe Vargas Simões, na inovadora obra *A Filiação Socioafetiva e seus Reflexos no Direito Sucessório*, São Paulo: Fiuza, 2008, p. 75).

Isso porque, por se tratar de um ato abdicativo de direito, a lei o cerca de formalidades que devem necessariamente ser conhecidas pelo profissional do direito, sob pena de não se atingirem os efeitos jurídicos pretendidos.

Aprofundemos, então, os temas: aceitação e renúncia da herança.

## 2. ACEITAÇÃO DA HERANÇA

A aceitação ou adição da herança (*aditio*) é o ato jurídico pelo qual o herdeiro manifesta, de forma expressa, tácita ou presumida, a sua intenção de receber a herança que lhe é transmitida.

Manifesta-se aqui o princípio da autonomia privada[2], na medida em que a ninguém pode ser imposta a obrigação de receber uma herança.

Nesse sentido, explicita o art. 1.804 do CC/2002 (sem correspondente direto na codificação anterior):

> "Art. 1.804. Aceita a herança, torna-se definitiva a sua transmissão ao herdeiro, desde a abertura da sucessão.
>
> Parágrafo único. A transmissão tem-se por não verificada quando o herdeiro renuncia à herança".

É importante fixarmos esse aspecto, na medida em que o senso comum nos remete à falsa impressão de que esse princípio apenas tem aplicação nas relações contratuais.

Em outras esferas das relações particulares, a autonomia privada se manifesta, como na decisão de convolar núpcias ou quando, no caso ora estudado, o herdeiro atua no sentido de aceitar a herança que lhe fora deixada.

Até mesmo em microssistemas jurídicos em que o dirigismo estatal é acentuado, como nas relações trabalhistas e consumeristas, sempre há espaço para se discutir a aplicação das regras da autonomia da vontade, cujo respeito é um princípio geral do direito, calcado na liberdade humana de buscar, livremente, a realização das suas pretensões de vida.

### 2.1. Distinção entre aceitação e delação da herança

Parece-nos relevante distinguir a aceitação da herança da figura conhecida como delação da herança.

Com efeito, não se devem confundir os institutos.

De fato, a denominada delação da herança é expressão que caracteriza a situação em que, após a morte, a herança é colocada à disposição dos herdeiros, que, assim, poderão aceitá-la ou não.

---

2 Confira-se o subtópico 3.5 ("Autonomia da Vontade") do Capítulo II ("Principiologia do Direito das Sucessões") do v. 7 ("Sucessões") do nosso *Novo Curso de Direito Civil*.

Com efeito, a confusão é injustificável.

Uma situação traduz a oportunidade para a manifestação de vontade — delação da herança —, outra é a própria manifestação — aceitação ou, em sentido contrário, como se verá mais à frente, renúncia da herança[3].

## 2.2. Classificação

A aceitação da herança comporta uma classificação amplamente difundida.

Pode ser ela expressa, tácita ou presumida.

Compreendamos cada uma delas.

### 2.2.1. Aceitação expressa

A aceitação expressa é aquela que se opera por meio de uma explícita declaração do sucessor, reduzida a escrito (público ou particular) ou a termo nos autos.

Vale salientar, nesse ponto, que, a teor do art. 1.805 (1ª parte), do CC/2002, a declaração meramente verbal não terá eficácia jurídica.

Trata-se de uma restrição calcada na segurança jurídica e que poderia ser objeto de reflexão, na medida em que, conforme veremos em seguida, admite-se a modalidade "tácita" de aceitação.

### 2.2.2. Aceitação tácita

A aceitação tácita é aquela que decorre da atitude do próprio herdeiro, que, embora não tenha declarado expressamente aceitar, comporta-se nesse sentido (art. 1.805, 2ª parte), habilitando-se, por exemplo, no procedimento de inventário ou de arrolamento.

É a forma mais comum de aceitação, pois é pouco usual o herdeiro dar-se ao trabalho de "expressamente declarar" que aceitou a herança, porquanto os atos por ele realizados já traduzem aceitação.

Frise-se, finalmente, nos termos dos §§ 1º e 2º do referido artigo, que "não exprimem aceitação de herança os atos oficiosos, como o funeral do finado, os meramente conservatórios, ou os de administração e guarda provisória", bem como "não importa igualmente aceitação a cessão gratuita, pura e simples, da herança, aos demais coerdeiros".

No primeiro caso, a prática dos atos ali descritos podem caracterizar apreço ou respeito pela memória do falecido, não significando, por si sós, a necessária aceitação da herança.

Já no segundo caso, temos, tecnicamente, a prática de um ato abdicativo da herança, a ser estudado em seguida, quando voltarmos a nossa atenção para a interessante figura jurídica da renúncia.

---

3 Confira-se o tópico 3 ("Renúncia da Herança") deste capítulo.

### 2.2.3. Aceitação presumida

Por fim, a aceitação presumida é aquela que resulta de uma situação fática de omissão.

Com efeito, esta última categoria deriva do reconhecimento legal da eficácia jurídica do silêncio.

Já tivemos oportunidade de anotar, no volume 1, Parte Geral, do nosso *Novo Curso de Direito Civil*, que o silêncio, em geral, nada traduz.

É uma abstenção juridicamente irrelevante.

Todavia, situações há em que a lei atribui valor legal ao silêncio, conforme podemos notar da leitura do art. 111 do nosso Código Civil: "o silêncio importa anuência, quando as circunstâncias ou os usos o autorizarem, e não for necessária a declaração de vontade expressa".

Mantendo coerência com esse dispositivo, o art. 1.807 do CC/2002 dispõe que "o interessado em que o herdeiro declare se aceita, ou não, a herança poderá, vinte dias após aberta a sucessão, requerer ao juiz prazo razoável, não maior que trinta dias, para, nele, se pronunciar o herdeiro, sob pena de se haver a herança por aceita".

Note-se que, no caso, se o herdeiro, instado a se manifestar, quedar-se silente ao fim do prazo, significará que aceitou.

Observe-se que, a rigor, não se trata de uma aceitação derivada de atos próprios do herdeiro, indicativos de aquiescência, como se dá na aceitação tácita, mas, sim, decorrente de uma postura inerte, de completa abstenção, caso em que a própria lei firma presunção de que aceitou.

Essas são as razões pelas quais, tecnicamente, em nosso sentir, não se deve confundir a aceitação tácita com a aceitação presumida.

## 2.3. Efeitos

A aceitação, em qualquer das suas modalidades, quando manifestada, retroage à data da abertura da sucessão, uma vez que confirma a transmissibilidade abstrata operada por força do Princípio da *Saisine*.

Registre-se, ainda, que se trata de um ato puro, não admitindo condição ou termo, nem eficácia parcial, na forma do *caput* do art. 1.808 da vigente codificação civil, que estabelece expressamente que "não se pode aceitar ou renunciar a herança em parte, sob condição ou a termo".

Não posso, por exemplo, aceitar uma herança sob a condição de, "após a apuração das dívidas, verificar-se que o saldo líquido é superior a 100.000 reais", assim como não posso subordinar a minha aceitação a uma data (termo), nem, muito menos, aceitar parte da herança e recusar o restante que também me tocaria pelo mesmo título.

Algumas peculiaridades, entretanto, derivam da própria lei.

Nada impede, nessa linha, que o herdeiro, a quem se testarem legados, possa aceitá-los, renunciando à herança; ou, aceitando-a, repudiá-los (art. 1.808, § 1º, do CC/2002), pois, em tais casos, repudiando a quota ou o bem, aceitará o outro por inteiro.

Da mesma forma, o herdeiro, chamado, na mesma sucessão, a mais de um quinhão hereditário, sob títulos sucessórios diversos, pode livremente deliberar quanto aos quinhões que aceita e aos que renuncia (art. 1.808, § 2º, do CC/2002).

Trata-se de regra que, aparentemente, conflita com a ideia de que uma herança não possa ser aceita em parte, tornando-se, todavia, mais compreensível, quando invocamos o exemplo dado pela doutrina:

> "Nada obsta, havendo dupla sucessão, a legítima e a testamentária, que o herdeiro renuncie inteiramente a sucessão legítima, conservando a outra ao aceitar a herança advinda de testamento; só se lhe proíbe a aceitação parcial da herança"[4].

Ou seja, permitindo-nos um jogo de palavras, a regra legal deve ser interpretada com a devida compreensão de que não se trata de aceitação parcial da herança, mas, sim, de aceitação total de apenas uma ou algumas das partes que lhe cabem.

## 2.4. Revogação da aceitação

Outro importante aspecto a ser considerado é no sentido de não se admitir a revogação do ato de aceitar.

Algumas considerações, nesse ponto, devem ser tecidas, em atenção à boa técnica.

A revogação traduz o exercício de um direito potestativo pelo qual o seu titular manifesta vontade contrária à que fora externada antes, negando-lhe os seus efeitos jurídicos.

É o que acontece, por exemplo, quando o mandante revoga o ato que conferiu poderes ao seu mandatário (procurador).

Não se confunde com a invalidação do ato jurídico, uma vez que, neste caso, ataca-se a vontade manifestada no plano da validade, mediante o reconhecimento da nulidade absoluta ou relativa decorrente do vício que o inquina.

Pois bem.

Na hipótese sob análise, à luz do art. 1.812 do Código Civil, a aceitação válida não poderá ser revogada, o que logicamente não impede o herdeiro de renunciar à quota hereditária que aceitou, desde que não haja prejuízo aos seus credores, conforme veremos em momento oportuno[5].

## 2.5. Transmissibilidade do direito de aceitação da herança

Finalmente, é bom lembrar que, falecendo o herdeiro antes de declarar se aceita a herança, o poder de aceitar passa aos seus sucessores, a menos que se trate de vocação

---

[4] DINIZ, Maria Helena Diniz, *Curso de Direito Civil Brasileiro* – Direito das Sucessões, 33. ed., São Paulo: Saraiva, 2019, v. 6, p. 90.

[5] Confira-se o tópico 3 ("Renúncia da Herança") deste capítulo.

adstrita a uma condição suspensiva, ainda não verificada, a teor do art. 1.809 do Código Civil de 2002.

Note que a transmissibilidade do direito de aceitar — que se dá quando um herdeiro, vivo ao tempo da morte do autor da herança, falece logo após, sem que tivesse tido tempo de aceitar — não se confunde com o direito de representação, que, como será visto posteriormente, pressupõe que o herdeiro seja pré-morto em relação ao autor da herança, caso em que os seus sucessores o representarão como se vivo estivesse, para evitar injustiças na divisão patrimonial.

Passemos, agora, a estudar o outro lado da moeda, a saber, a renúncia da herança.

## 3. RENÚNCIA DA HERANÇA

Tecnicamente, a renúncia da herança consiste na prática de um ato jurídico abdicativo do direito hereditário conferido, com efeitos retroativos, que excluem o sujeito da cadeia sucessória como se herdeiro nunca houvesse sido.

Em outras palavras, ao renunciar a uma herança, o sucessor é banido do panorama sucessório, por manifestação da sua própria vontade — razão por que também aqui é sentido o princípio da autonomia privada — fazendo com que o bem a si transferido retorne ao monte-mor (partilhável)[6].

Em nosso sentir, não se trata de mero ato jurídico em sentido estrito, aquele que traduz um simples comportamento humano, com efeitos jurídicos impostos ou determinados pelo próprio ordenamento jurídico.

Diferentemente da simples aceitação da herança, vista no tópico anterior, que, ao ser emitida, apenas confirma o efeito jurídico da transmissibilidade já conferido por força do Princípio da *Saisine* — o que facilitaria o seu enquadramento na categoria que se quer afastar —, a renúncia da herança é impregnada de autonomia privada, na medida em que, por ser fruto da livre manifestação de vontade, afasta do seu titular um direito patrimonial que tem, como já vimos, índole constitucional[7].

Por isso, preferimos reconhecer, no ato de renúncia, natureza negocial, na medida em que, como sabemos, os atos portadores de tais características têm por principal marca a liberdade de escolha dos efeitos produzidos.

E, no ato de renúncia, existe, indiscutivelmente, esse traço, exatamente por não poder ser imposta ao titular do direito, que, como vimos, tem magnitude constitucional.

[6] "Art. 1.810. Na sucessão legítima, a parte do renunciante acresce à dos outros herdeiros da mesma classe e, sendo ele o único desta, devolve-se aos da subsequente."

[7] Constituição Federal de 1988: "Art. 5º Todos são iguais perante a lei, sem distinção de qualquer natureza, garantindo-se aos brasileiros e aos estrangeiros residentes no País a inviolabilidade do direito à vida, à liberdade, à igualdade, à segurança e à propriedade, nos termos seguintes: (...) XXX — é garantido o direito de herança".

Conforme já dito em outra oportunidade, a renúncia "se caracteriza por ser um negócio jurídico unilateral, que somente terá eficácia, em se tratando de bens imóveis, se observada a forma ou a solenidade estabelecida por lei"[8].

Nesse sentido, ensina ORLANDO GOMES:

> "Renúncia é o negócio jurídico unilateral pelo qual o herdeiro declara não aceitar a herança.
>
> A renúncia não depende do assentimento de quem quer que seja.
>
> Não se presume. Há de resultar de expressa declaração. Tal como a aceitação, é negócio puro, não prevalecendo se feita sob condição ou a termo. Inadmissível, também, a renúncia parcial.
>
> A renúncia é negócio formal. Deve constar, necessariamente, de escritura pública ou termo judicial. A forma, sendo da substância do ato, sua inobservância importa nulidade. O termo lavra-se nos próprios autos do inventário.
>
> Não pode ser feita antes da abertura da sucessão, pois implicaria pacto sucessório, legalmente proibido.
>
> Deve manifestar-se antes da aceitação, isto é, da prática de qualquer ato que a induza"[9].

Superado tal aspecto, é importante pontuarmos ainda que a renúncia é ato solene, uma vez que, a teor do art. 1.806 do Código Civil de 2002[10], deverá ser sempre expressa, lavrada em instrumento público (no Tabelionato de Notas) ou por termo nos próprios autos do processo, não tendo, portanto, validade jurídica a renúncia feita em mero instrumento particular[11].

---

[8] GAGLIANO, Pablo Stolze. *Código Civil Comentado* — Direito Das Coisas, Superfície, Servidões, Usufruto, Uso, Habitação, Direito do Promitente Comprador, artigos 1.369 a 1.418, coord. Álvaro Villaça Azevedo, v. XIII, São Paulo: Atlas, 2004, p. 97.

[9] GOMES, Orlando. *Sucessões*, 12. ed., Rio de Janeiro: Forense, 2004, p. 25.

[10] "Art. 1.806. A renúncia da herança deve constar expressamente de instrumento público ou termo judicial."

[11] "RECURSO ESPECIAL. SUCESSÃO. RENÚNCIA À HERANÇA. ATO FORMAL E SOLENE. ESCRITURA PÚBLICA. ATO NÃO SUJEITO À CONDIÇÃO OU TERMO. EFEITO DA RENÚNCIA: RENUNCIANTES CONSIDERADOS COMO NÃO EXISTENTES.

1. A qualidade de herdeiro legítimo ou testamentário não pode ser compulsoriamente imposta, garantindo-se ao titular da vocação hereditária o direito de abdicar ou declinar da herança por meio da renúncia expressa, preferindo conservar-se completamente estranho à sucessão. 2. Ao contrário da informalidade do ato de aceitação da herança, a renúncia exige forma expressa, cuja solenidade deve constar de instrumento público ou por termos nos autos (art. 1.807), ocorrendo a sucessão como se o renunciante nunca tivesse existido, acrescendo-se sua porção hereditária à dos outros herdeiros da mesma classe. 3. A renúncia e a aceitação à herança são atos jurídicos puros não sujeitos a elementos acidentais. Essa a regra estabelecida no *caput* do art. 1.808 do Código Civil, segundo o qual não se pode aceitar ou renunciar a herança em partes, sob condição (evento futuro incerto) ou termo (evento futuro e certo). 4. No caso dos autos, a renúncia operada pelos recorrentes realizou-se nos termos da legislação de regência, produzindo todos os seus efeitos: a) ocorreu após a abertura da sucessão, antes

Claro que tal providência é salutar, decorrendo do próprio princípio da segurança jurídica, porquanto, como dito, ao renunciar à herança, o sujeito é tratado como se herdeiro nunca houvesse sido[12].

Aliás, reafirmando a seriedade do ato, vale lembrar que, à luz do art. 1.811 do CC/2002, "ninguém poderá suceder, representando herdeiro renunciante. Se, porém, ele for o único legítimo da sua classe, ou se todos os outros da mesma classe renunciarem à herança, poderão os filhos vir à sucessão, por direito próprio, e por cabeça".

Vale dizer, se, por exemplo, eu renuncio à herança do meu pai, os meus filhos não poderão pretender habilitar-se no inventário do avô por direito de representação.

Todavia, se todos os herdeiros da minha classe renunciarem, logicamente, os netos poderão herdar por direito próprio e por cabeça (em igualdade de direitos), como inclusive já decidiu o STJ:

> "RENÚNCIA À HERANÇA — INEXISTÊNCIA DE DOAÇÃO OU ALIENAÇÃO — ITBI — FATO GERADOR — AUSÊNCIA DE IMPLEMENTO.
>
> A renúncia de todos os herdeiros da mesma classe, em favor do monte, não impede seus filhos de sucederem por direito próprio ou por cabeça. Homologada a renúncia, a herança não passa à viúva, e sim aos herdeiros remanescentes. Esta renúncia não configura doação ou alienação à viúva, não caracterizando o fato gerador do ITBI, que é a transmissão da propriedade ou do domínio útil de bens imóveis.
>
> Recurso provido" (STJ, REsp 36.076/MG, Rel. Min. Garcia Vieira, 1ª Turma, julgado em 3-12-1998, *DJ* 29-3-1999, p. 76).

Sobre o tema, interessante observação é feita por VANESSA SCURO:

> "Nesse particular, cabe destacar um equívoco que muitas vezes se verifica em casos onde ocorre renúncia à herança. Não é raro que, com o falecimento do pai, os filhos resolvam renunciar em favor da mãe, que era casada com o falecido pelo regime da comunhão universal de bens. Assim, os filhos renunciam, pura e simplesmente, ou seja, em favor do monte-mor, pensando beneficiar a mãe. Porém, como, neste caso, ela não é herdeira (somente meeira dos bens do falecido, em virtude do regime de bens) o ato, em verdade, beneficia os filhos dos renunciantes, netos do falecido e seus

---

que os herdeiros aceitassem a herança, mesmo que presumidamente, nos termos do art. 1.807, do CC/2002; b) observou-se a forma por escritura pública, c) por agentes capazes, havendo de se considerar que os efeitos advindos do ato se verificaram. 5. Nessa linha, perfeita a renúncia, considera-se como se nunca tivessem existido os renunciantes, não remanescendo nenhum direito sobre o bem objeto do negócio acusado de nulo, nem sobre bem algum do patrimônio. 6. Recurso especial não provido" (REsp 1.433.650/GO, Rel. Min. Luis Felipe Salomão, 4ª Turma, julgado em 19-11-2019, *DJe* 4-2-2020).

[12] Note, inclusive, que o próprio parágrafo único do art. 1.804 dispõe que a transmissão patrimonial "tem-se por não verificada quando o herdeiro renuncia à herança".

descendentes em segundo grau, e, só na falta deles, a cônjuge sobrevivente, em concorrência com os ascendentes, se existirem"[13].

Pode-se afigurar injusta esta regra que impede aos sucessores do renunciante exercer o direito de representação, mas, se analisada detidamente, ela guarda coerência com a eficácia retroativa da renúncia, a qual, como dissemos, exclui o renunciante da cadeia sucessória *ab initio*.

É bom lembrarmos ainda que a renúncia não admite condição, termo, nem eficácia parcial, e, bem assim, é irrevogável, nos termos dos arts. 1.808 e 1.812 do Código, já comentados linhas acima.

Em conclusão, importante aspecto a ser enfrentado diz respeito à possibilidade jurídica de os credores do renunciante pleitearem a suspensão judicial dos efeitos da renúncia, a fim de que se paguem, nos limites dos seus respectivos créditos:

> "Art. 1.813. Quando o herdeiro prejudicar os seus credores, renunciando à herança, poderão eles, com autorização do juiz, aceitá-la em nome do renunciante.
>
> § 1º A habilitação dos credores se fará no prazo de trinta dias seguintes ao conhecimento do fato.
>
> § 2º Pagas as dívidas do renunciante, prevalece a renúncia quanto ao remanescente, que será devolvido aos demais herdeiros".

A rigor, em nosso sentir, não é adequado, a despeito da dicção normativa, e da aceitação jurisprudencial, falar-se em "aceitação" da herança pelos eventuais credores do renunciante, uma vez que eles não são herdeiros.

Não se pode conferir legitimidade sucessória para quem efetivamente não a tem.

O que sucede, no caso, é a suspensão dos efeitos da renúncia, para evitar prejuízo a crédito legitimamente constituído[14], em franco desrespeito à própria lealdade negocial: Cassio deve 10.000 a Pedro, e, sem dinheiro para pagar, resolve, por birra ou qualquer outra razão, renunciar a uma herança de 20.000 havida do seu tio Francisco. Em tal caso, o credor (Pedro) intentará medida judicial para obter a suspensão dos efeitos da renúncia, no limite do crédito constituído, para se pagar, prevalecendo o ato de renúncia quanto ao remanescente.

Feitas tais considerações, colacionamos interessante julgado do Superior Tribunal de Justiça, quanto ao momento de exercício do direito por parte dos credores:

---

[13] SCURO, Vanessa. Aceitação e Renúncia de Herança. Disponível em: <http://www.migalhas.com.br/mostra_noticia_articuladas.aspx?cod=110905>. Acesso em: 28 jun. 2017.

[14] Talvez por isso, com propriedade, observa Sílvio Venosa que esta regra protetiva do crédito é "aplicação específica do princípio da fraude contra credores" (*Direito Civil* — Direito das Sucessões, 4. ed., v. 7, São Paulo: Atlas, 2004, p. 37).

"CIVIL E PROCESSUAL CIVIL. RENÚNCIA DE HERANÇA. HOMOLOGAÇÃO DA PARTILHA. TRÂNSITO EM JULGADO. REQUERIMENTO DE ACEITAÇÃO DA HERANÇA POR CREDOR PREJUDICADO E PEDIDO DE PENHORA NO ROSTO DOS AUTOS DO ARROLAMENTO. IMPOSSIBILIDADE.

1. A falta de prequestionamento em relação a diversos dispositivos impede o conhecimento do recurso especial. Incidência da súmula 211/STJ.

2. O recorrente não indica de que forma os arts. 655, X, e 659 do CPC foram malferidos, motivo pelo qual deficiente a fundamentação.

Incidência da súmula 284/STF.

3. O pedido de aceitação da herança realizado pelo credor do executado/renunciante, nos autos do arrolamento de bens do falecido pai deste, somente pode ser formulado até o momento imediatamente anterior ao da sentença de homologação da partilha. Após a divisão do patrimônio do *de cujus*, acolhida a renúncia por parte do executado, os bens passaram a integrar o patrimônio dos demais herdeiros.

4. Inexistindo recurso de terceiro prejudicado e transitada em julgado a sentença que homologou a partilha, resta ao credor, se for o caso e se preenchidos os demais requisitos legais, arguir, em ação própria, a anulação da partilha homologada.

5. Para a configuração do dissídio jurisprudencial, faz-se necessária a indicação das circunstâncias que identifiquem as semelhanças entre o aresto recorrido e o paradigma, nos termos do parágrafo único, do art. 541, do Código de Processo Civil e dos parágrafos do art. 255 do Regimento Interno do STJ.

6. Recurso especial não conhecido" (REsp 754.468/PR, Rel. Min. Luis Felipe Salomão, 4ª Turma, julgado em 27-10-2009, *DJe* 16-11-2009).

Finalmente, uma advertência salutar deve ser feita.

Não é incomum encontrarmos, na prática judiciária, a inusitada figura da "renúncia translativa", caso em que o renunciante direciona a quota renunciada não para o monte, mas, sim, para determinado herdeiro.

Um exemplo tornará clara a ideia.

João morre e deixa a viúva Leila e três filhos: Huguinho, Zezinho e Luisinho. O herdeiro Luisinho, então, resolve "renunciar" à sua quota hereditária em favor de sua mãe, Leila. Ora, no caso, tecnicamente, renúncia não houve, na medida em que ele direcionou o benefício, ou seja, ele aceitou o direito e o cedeu para a sua mãe.

Renúncia, de fato, não ocorreu, na medida em que, se tivesse havido, a sua quota beneficiaria a todos os outros herdeiros, e não a um em especial, pois, ao abdicar do seu direito, como vimos, a exclusão é total e retroativa, como se sucessor nunca houvesse sido.

Ao aceitar e direcionar a sua quota, o que houve, em verdade, foi uma cessão de direitos hereditários, tema que, pela sua importância e profundidade, mereceu tratamento no próximo capítulo.

# LXXXIX CESSÃO DE DIREITOS HEREDITÁRIOS

## 1. INTRODUÇÃO

Conforme vimos no capítulo anterior, a renúncia da herança, tecnicamente, opera a abdicação plena do direito hereditário, excluindo o sujeito da relação sucessória, como se herdeiro nunca houvesse sido.

Por isso, também ressaltamos que o exercício desse direito tem eficácia retroativa.

Sucede que, por vezes, a prática forense nos indica existir ainda figura aparentemente análoga, costumeiramente denominada "renúncia translativa".

Um exemplo certamente tornará clara a hipótese.

Imagine que tratamos do inventário de José.

José, o autor da herança, deixou, além da esposa, Joana (viúva), três filhos, Jorge, Jonatas e Jomilio. Se, por ventura, este último exercer o seu direito de renúncia, a quota hereditária a que faria jus retornará ao monte partível, beneficiando a todos os demais herdeiros, na forma do art. 1.810 do CC/2002. A rigor, então, teríamos, aqui, a "renúncia da herança" tratada no capítulo anterior.

Por outro lado, suponha que Jomilio, no curso do inventário ou do arrolamento, resolva renunciar à sua quota hereditária "em favor da sua mãe, Joana". Teríamos, aqui, então, um direcionamento da quota abdicada, que, no caso, favoreceria não todos, mas apenas um dos herdeiros.

Muito bem.

No segundo caso, surgiria, então, a figura da "renúncia translativa" ou "*in favorem*", frequente na prática forense, e costumeiramente enfrentada pelos Tribunais, conforme se pode verificar dos seguintes acórdãos:

> "DIREITOS CIVIL E PROCESSUAL CIVIL. ARROLAMENTO. COMPOSIÇÃO DA VIÚVA-MEEIRA E DOS HERDEIROS. RENÚNCIA 'TRANSLATIVA'. INSTITUIÇÃO DE USUFRUTO. POSSIBILIDADE. TERMO NOS AUTOS. CC, ART. 1.581. PARTILHA HOMOLOGADA. PRECEDENTES. DOUTRINA. RECURSO PROVIDO.
>
> — Não há vedação jurídica em se efetivar renúncia *in favorem* e em se instituir usufruto nos autos de arrolamento, o que se justifica até mesmo para evitar as quase in-

findáveis discussões que surgem na partilha de bens" (STJ, REsp 88.681/SP, Rel. Min. Sálvio de Figueiredo Teixeira, 4ª Turma, julgado em 30-4-1998, *DJ* 22-6-1998, p. 81).

"AGRAVO DE INSTRUMENTO. INVENTÁRIO. CESSÃO DE DIREITOS HEREDITÁRIOS NOS AUTOS. POSSIBILIDADE. É cabível, segundo doutrina e jurisprudência moderna, a cessão de direitos hereditários ou a renúncia translativa por termo nos autos. Precedentes doutrinário e jurisprudencial. Agravo de Instrumento provido" (TJRS, AI 70014017958, 8ª Câmara Cível, Rel. José Ataídes Siqueira Trindade, julgado em 9-3-2006).

Não nos agrada, todavia, a denominação "renúncia translativa".
É o que veremos em seguida.

## 2. COMPREENDENDO A NATUREZA DA CHAMADA "RENÚNCIA TRANSLATIVA"

Como dissemos no tópico anterior, não nos parece ideal a expressão "renúncia translativa".

Com isso, não estamos a dizer se afigurar erro o seu uso, na medida em que a própria jurisprudência dos Tribunais Estaduais, e do próprio STJ, acolhe o seu emprego.

Pensamos, por outro lado, ser mais seguro e preciso utilizar-se a expressão "cessão de direito(s) hereditário(s)", quando exista o direcionamento da quota abdicada, na medida em que, com isso, não se afronta a ideia fundamental do ato de renúncia, que, como vimos, faz retornar o direito a todo o monte partível, e não a um herdeiro em especial.

Assim, se um dos herdeiros pretende abdicar do direito hereditário a si conferido em favor de determinada(s) pessoa(s), e não de todos os demais herdeiros, estará, em verdade, operando uma cessão de direito hereditário.

Evite-se, também, afirmar que se trata de uma "doação".

A doação tem por objeto coisas, ou seja, bens materializados, corpóreos, passíveis de alienação, ao passo que a cessão versa sobre direitos[1].

Não se deve, pois, utilizar o verbo alienar para caracterizar a cessão gratuita ou onerosa de direitos, uma vez que, para a boa técnica, direitos não são vendidos nem doados, mas sim cedidos. Em outras palavras, "reputamos mais apropriada a utilização da palavra alienação para caracterizar a transferência de coisas de um titular para outro, reservando a expressão cessão para os direitos em geral"[2].

Feitas tais considerações, que revelam a verdadeira natureza do instituto, passemos a compreender a sua delimitação conceitual.

---

[1] Sobre o tema, cf. GAGLIANO, Pablo Stolze. *O Contrato de Doação*, 3. ed., São Paulo: Saraiva, 2010.

[2] GAGLIANO, Pablo Stolze. *Código Civil Comentado* — Direito das Coisas, Superfície, Servidões, Usufruto, Uso, Habitação, Direito do Promitente Comprador. Obra escrita em homenagem ao Prof. Dr. José Manoel de Arruda Alvim Netto, v. XIII, São Paulo: Atlas, 2004, p. 38.

## 3. DELIMITAÇÃO CONCEITUAL DA CESSÃO DE DIREITOS HEREDITÁRIOS

Explicitada a natureza do instituto aqui trabalhado, definida como a "cessão de direitos hereditários", é possível enfrentar o seu conceito.

A cessão de direitos hereditários consiste em um ato jurídico negocial, pelo qual o herdeiro (cedente), por escritura pública ou termo nos autos, transfere, gratuita ou onerosamente, a sua quota hereditária a um terceiro (cessionário).

Trata-se, inequivocamente, de um ato negocial de natureza aleatória, na medida em que o cessionário assume o risco de nada vir a receber, caso se apure a existência de dívidas deixadas pelo falecido, que possam vir a esgotar as forças da herança.

Por isso, em geral, quando onerosa a cessão, o preço recebido pela quota transferida costuma ser mais baixo, exatamente para cobrir o risco de o cessionário não receber, ao cabo do inventário ou do arrolamento, o justo valor pela quota por que pagou.

O tema tem sido objeto de reflexão da doutrina e jurisprudência há bastante tempo, embora, no texto positivado, a sua menção, sem explicitar a expressão aqui utilizada, seja feita no capítulo referente à administração da herança.

Conheçamos, portanto, a sua disciplina jurídica codificada.

## 4. DISCIPLINA JURÍDICA

Não havia previsão específica do tema na codificação civil de 1916.

Já no Código Civil de 2002, a matéria é tratada a partir do art. 1.793, que preceitua, em seu *caput*, que o "direito à sucessão aberta, bem como o quinhão de que disponha o coerdeiro, pode ser objeto de cessão por escritura pública".

A primeira parte da norma deixa claro que tanto poderá ser cedida toda a herança (representada aqui pela expressão "o direito à sucessão aberta") como também o quinhão de que disponha o herdeiro (ou seja, a quota que lhe caiba por conta da morte do sucedido).

Note-se, igualmente, que o ato de cessão é formal: deverá ser lavrado por escritura pública, não se admitindo seja documentado em mero instrumento particular.

Por outro lado, a despeito da literalidade do dispositivo comentado, a jurisprudência tem admitido que se possa ceder o direito hereditário também por termo nos autos:

> "AGRAVO DE INSTRUMENTO. INVENTÁRIO. CESSÃO DE DIREITOS HEREDITÁRIOS NOS AUTOS. POSSIBILIDADE. É cabível, segundo doutrina e jurisprudência moderna, a cessão de direitos hereditários ou a renúncia translativa por termo nos autos. Precedentes doutrinário e jurisprudencial. Agravo de Instrumento provido" (TJRS, AI 70014017958, 8ª Câmara Cível, Rel. José Ataídes Siqueira Trindade, julgado em 9-3-2006).

> "INVENTÁRIO. RENÚNCIA TRANSLATIVA E ABDICATIVA. CESSÃO DE DIREITOS HEREDITÁRIOS. TERMO NOS AUTOS. VIÚVA QUE CEDE DIREITO DE MEAÇÃO. IMPRESCINDIBILIDADE DE ESCRITURA PÚBLICA. 1. O art. 1.806 do

Código Civil, a exemplo do art. 1.581 do Código Civil de 1916, contempla a possibilidade da renúncia da herança ser feita tanto através de termo nos autos como pela via do instrumento público. 2. Essa disposição legal contempla tanto a renúncia abdicativa quanto a renúncia translativa, denominação doutrinária esta que se refere, em verdade, à cessão de direitos hereditários. 3. Se a viúva pretende doar a sua meação, é imprescindível que o faça através de escritura pública. Recurso desprovido" (TJRS, AI 70012673190, 7ª Câmara Cível, Rel. Sérgio Fernando de Vasconcellos Chaves, julgado em 19-10-2005).

Vale dizer, a cessão de direitos hereditários, para ter validade e eficácia jurídicas, exige ser lavrada por escritura pública — no Tabelionato de Notas — ou por termo nos próprios autos do inventário ou arrolamento.

Claro está, todavia, que, se o inventário (ou arrolamento) for administrativo[3], a cessão poderá ser lavrada na mesma oportunidade em que se formaliza a própria escritura pública de partilha (ou de adjudicação), não havendo que se falar em "termo nos autos", porquanto, nesse caso, processo judicial não existe.

Nesse sentido, inclusive, vale transcrever o art. 16 da Resolução n. 35, de 24 de abril de 2007, do Conselho Nacional de Justiça:

> "Art. 16. É possível a promoção de inventário extrajudicial por cessionário de direitos hereditários, mesmo na hipótese de cessão de parte do acervo, desde que todos os herdeiros estejam presentes e concordes".

Aspecto importante a ser realçado é o constante no § 1º do referido art. 1.793:

> "§ 1º Os direitos, conferidos ao herdeiro em consequência de substituição ou de direito de acrescer, presumem-se não abrangidos pela cessão feita anteriormente".

Oportunamente, enfrentaremos a temática referente à "substituição testamentária"[4] e ao "direito de acrescer"[5], mas, de logo, anunciamos a ideia constante neste dispositivo: caso um herdeiro haja cedido a terceiro direito hereditário que a si competia, em tendo sido posteriormente beneficiado em virtude de substituição (chamado a substituir outro

---

3 A teor da Lei n. 11.441, de 4 de janeiro de 2007, o inventário ou o arrolamento, não havendo herdeiros incapazes, nem testamento, poderá ser lavrado, consensualmente, no Tabelionato de Notas, dispensando processo judicial. Trata-se do inventário ou arrolamento administrativo, caso em que a partilha (entre os herdeiros) ou a adjudicação (quando houver um herdeiro só) dispensa, logicamente, processo judicial.

4 "Art. 1.947. O testador pode substituir outra pessoa ao herdeiro ou ao legatário nomeado, para o caso de um ou outro não querer ou não poder aceitar a herança ou o legado, presumindo-se que a substituição foi determinada para as duas alternativas, ainda que o testador só a uma se refira."

5 "Art. 1.941. Quando vários herdeiros, pela mesma disposição testamentária, forem conjuntamente chamados à herança em quinhões não determinados, e qualquer deles não puder ou não quiser aceitá-la, a sua parte acrescerá à dos coerdeiros, salvo o direito do substituto."

sucessor) ou em decorrência de acréscimo de quinhão, este novo direito ou valor agregado não estará compreendido na cessão anterior.

Em outras palavras, a cessão de direito hereditário não abrange direito posteriormente incorporado, a título diverso (substituição testamentária ou direito de acrescer).

Em nosso sentir, trata-se de regra de intelecção clara, na medida em que a cessão de um direito não deve comportar interpretação extensiva, sob pena de se cunhar um benefício não previsto pelo cedente.

Outro ponto deve ainda ser considerado.

Mormente nos inventários e arrolamentos judiciais, os quais, por diversas razões — especialmente a ausência do devido registro imobiliário de certos bens componentes do acervo —, frequentemente tramitam por longo tempo, é comum determinado herdeiro pretender ceder — em geral onerosamente — bem individualizado integrante da herança ainda não partilhada.

É o caso do herdeiro que pretende ceder, mediante recebimento de preço, "o direito sobre o carro" ou "a casa" integrante do monte partível, por entender que fará jus ao referido bem, ao cabo do procedimento.

Ora, ainda que este bem toque a este sucessor, o § 2º do mesmo dispositivo é claro ao dispor:

> "§ 2º É ineficaz a cessão, pelo coerdeiro, de seu direito hereditário sobre qualquer bem da herança considerado singularmente".

E a razão é muito simples.

Até que se ultime o procedimento de inventário ou arrolamento — o mesmo se diga para o ato lavrado administrativamente —, não poderá, nenhum dos herdeiros, considerar-se "dono" de bem determinado do acervo, na medida em que, somente após serem apuradas e saldadas as respectivas dívidas do falecido, poder-se-á, efetiva e legitimamente, conferir a cada um o que por direito lhe pertença.

Claro está, todavia, que, se houver a justa necessidade da cessão de certo direito ou da alienação de bem determinado, em benefício de todo o espólio, como na hipótese de se ter de pagar um tributo ou para evitar a deterioração do próprio bem (caso em que o valor correspondente deverá permanecer depositado em conta judicial), poderá o juiz, incidentalmente, autorizar o ato, em caráter excepcional.

Esta última ideia, inclusive, deflui da leitura do parágrafo seguinte do mesmo dispositivo:

> "§ 3º Ineficaz é a disposição, sem prévia autorização do juiz da sucessão, por qualquer herdeiro, de bem componente do acervo hereditário, pendente a indivisibilidade".

O pedido poderá ser feito nos próprios autos do inventário ou arrolamento e, caso o ato esteja sendo lavrado administrativamente — hipótese em que processo judicial não há —, deverá ser formulado perante o Juízo competente, instaurando-se, com isso, um procedimento de jurisdição voluntária para a obtenção do necessário alvará judicial.

Outra previsão legal em especial também não pode ser esquecida.

O art. 1.794 do Código Civil de 2002 (sem qualquer correspondente na codificação anterior) consagra ao coerdeiro direito de preferência sobre a quota hereditária.

Vale dizer, antes de oferecê-la a terceiro, o outro herdeiro tem o direito de adquiri-la, se, logicamente, atender aos termos da proposta do cedente.

Isso porque, conforme já vimos, enquanto não ultimada a partilha, os coerdeiros atuam como se titulares fossem de frações ideais da herança, em situação análoga à do condomínio de coisa indivisível.

Se, por exemplo, João pretender ceder a sua quota na herança do seu pai a um terceiro, mediante o recebimento da quantia de R$ 10.000,00, precisará, antes, comunicar aos seus dois irmãos (coerdeiros), para que eles, no prazo que lhes for assinado, manifestem interesse em adquiri-la, nas mesmas condições.

O ato de comunicação poderá, em nosso sentir, consistir em uma notificação judicial ou extrajudicial, sem prejuízo de, estando já em curso o procedimento judicial de inventário ou arrolamento, o cedente solicitar que o próprio juiz intime os demais herdeiros para, querendo, se manifestarem no prazo assinado.

Em tal caso, deixando transcorrer o prazo *in albis*, o silêncio deve ser entendido como ato de aquiescência à cessão feita ao terceiro.

Mas, se o coerdeiro for alijado do seu direito de preferência, por não lhe ter sido dado conhecimento da cessão, poderá, a teor do art. 1.795 do Código Civil, após depositar o preço, haver para si a quota cedida a estranho, se o requerer até cento e oitenta dias após a transmissão.

É interessante ressaltar que, mesmo na codificação anterior, em que não havia previsão legal específica do direito de preferência do coerdeiro na cessão de créditos hereditários, a jurisprudência já admitia o exercício de um direito de preferência, justamente pela aplicação analógica das regras do condomínio, ao qual se equiparava a herança (espólio).

Não se deduza, outrossim, com isso, que o direito de preferência tenha natureza real.

Trata-se, em verdade, de um direito potestativo[6] com prazo decadencial de cento e oitenta dias para ser exercido, sob pena de decadência.

E se houver mais de um sucessor interessado em exercer o direito de preferência?

Nesse caso, atendidos os termos da proposta de cessão, entre eles será distribuído o quinhão, na proporção das suas respectivas quotas hereditárias, conforme estabelecido no parágrafo único do art. 1.795 do CC/2002 ("Sendo vários os coerdeiros a exercer a preferência, entre eles se distribuirá o quinhão cedido, na proporção das respectivas quotas hereditárias").

---

[6] Como sabemos, direito potestativo é aquele que, sem ter conteúdo prestacional, ao ser exercido, interfere na esfera jurídica alheia sem que esta pessoa nada possa fazer.

Trata-se de uma regra bastante razoável, que prestigia indistintamente os herdeiros, evitando-se discussões sobre quem exerceu primeiramente o direito de preferência.

## 5. NECESSIDADE DA AUTORIZAÇÃO CONJUGAL

A autorização conjugal pode ser conceituada como a manifestação de consentimento de um dos cônjuges ao outro, para a prática de determinados atos, sob pena de invalidade[7].

A matéria está atualmente disciplinada nos arts. 1.647 a 1.650 do vigente Código Civil brasileiro.

Dispõe o mencionado art. 1.647 do CC/2002:

> "Art. 1.647. Ressalvado o disposto no art. 1.648, nenhum dos cônjuges pode, sem autorização do outro, exceto no regime da separação absoluta:
>
> I — alienar ou gravar de ônus real os bens imóveis;
>
> II — pleitear, como autor ou réu, acerca desses bens ou direitos;
>
> III — prestar fiança ou aval;
>
> IV — fazer doação, não sendo remuneratória, de bens comuns, ou dos que possam integrar futura meação.
>
> Parágrafo único. São válidas as doações nupciais feitas aos filhos quando casarem ou estabelecerem economia separada".

Todas as hipóteses legais se referem a situações em que o patrimônio do casal é potencialmente afetado, motivo pelo qual se exige a autorização.

Da leitura do *caput* do dispositivo, observamos, de logo, que a necessidade da autorização conjugal é dispensável para aqueles casados "no regime de separação absoluta", que, em nosso sentir, equivale a dizer "separação convencional"[8].

Ora, o inciso I dispõe que a alienação de bens imóveis exige, como regra, a autorização conjugal (a outorga uxória ou a autorização marital), pelo que uma pergunta se impõe: considerando-se que o direito à sucessão aberta (direito à herança) tem, por força de lei (art. 80, II, do CC)[9], natureza real imobiliária, a cessão do referido direito também exigiria, se casado fosse o cedente, a autorização do seu cônjuge?

---

[7] Sobre o tema, ver o nosso v. 6 ("Direito de Família") de nosso *Novo Curso de Direito Civil*, mais especificamente no tópico 4 ("Autorização Conjugal ('Outorga Uxória' e 'Outorga Marital')") do Capítulo XIII ("Regime de Bens do Casamento: Noções Introdutórias Fundamentais").

[8] Confira-se o Capítulo XVI ("Regime de Bens do Casamento: Separação Convencional de Bens") do v. 6 ("Direito de Família") de nosso *Novo Curso de Direito Civil*.

[9] Sobre o tema, confira-se o tópico "a.5" ("Considerações sobre a natureza imobiliária do direito à sucessão aberta") do Capítulo VIII ("Bens Jurídicos") do v. 1 ("Parte Geral") de nosso *Novo Curso de Direito Civil*.

No caso da renúncia propriamente dita, abdicativa, entendemos ser dispensável tal exigência, porquanto, dado o seu efeito retroativo, o renunciante é considerado como se herdeiro nunca houvesse sido.

Mas, no caso da cessão de direito — ou "renúncia translativa", como se costuma dizer —, a questão se reveste de maior complexidade, pois, como anotamos, o cedente aceita a sua quota, e, em seguida, transmite-a a terceiro.

Respeitável corrente de pensamento argumenta que, além da capacidade jurídica, exige-se, para a validade do ato, a autorização do cônjuge do cedente, sob o argumento de que se trata de situação semelhante à da alienação de direito imobiliário, para a qual a lei exige outorga uxória ou autorização marital.

Nesse sentido, FRANCISCO CAHALI e GISELDA HIRONAKA prelecionam que:

> "Tratando a sucessão aberta como imóvel (CC/1916, art. 44, III[10]) a renúncia à herança depende do consentimento do cônjuge, independentemente do regime de bens adotado (CC/1916, arts. 235, 242, I e II). Considera-se que a ausência do consentimento torna o ato anulável, uma vez passível de ratificação (*RT* 675/102)"[11].

Ressaltamos que, em nosso pensar, tal formalidade só é necessária em se tratando da chamada "renúncia translativa", hipótese em que o herdeiro "renuncia em favor de determinada pessoa", praticando, com o seu comportamento, verdadeiro ato de cessão de direitos.

Cumpre, por fim, registrar que a matéria não é pacífica, na medida em que há também entendimento no sentido de não ser exigível a referida autorização do outro cônjuge para a renúncia de direitos hereditários.

A pessoa casada, entendemos, pode aceitar ou renunciar à herança ou legado independentemente de prévio consentimento do cônjuge, apesar de o direito à sucessão aberta ser considerado imóvel para efeitos legais por ser ela a herdeira do *de cujus*[12].

Não é, todavia, o nosso pensamento, que encontra guarida na jurisprudência desde a codificação anterior[13].

---

[10] No CC/2002, art. 80, II.

[11] CAHALI, Francisco José; HIRONAKA, Giselda Maria Fernandes Novaes. *Curso Avançado de Direito Civil*, v. 6, São Paulo: Revista dos Tribunais, 2000, p. 102.

[12] DINIZ, Maria Helena. *Curso de Direito Civil Brasileiro* — Direito das Sucessões, 33. ed., São Paulo: Saraiva, 2019, v. 6, p. 94.

[13] "Ementa: COMUNHÃO UNIVERSAL DE BENS. No regime da comunhão universal, marido e mulher são verdadeiros condôminos em todos os bens (exceto os incomunicáveis), estejam os bens onde estiverem, e têm neles a metade ideal; dissolvida a sociedade conjugal, o patrimônio comum é igualmente repartido entre os cônjuges, ou entre o sobrevivente e os herdeiros do outro. ACEITAÇÃO DA HERANÇA. É negócio jurídico irrevogável — *semel heres, semper heres*, e não pode ser parcial; a aceitação dos bens situados no estrangeiro, bem como a inventariança dos bens situados no Brasil,

Obviamente, acrescente-se, se a negativa à autorização é injusta, poderá o juiz supri-la, por haver lesão de direito do renunciante, à luz do princípio da inafastabilidade da jurisdição.

---

confirmou no herdeiro-filho a transmissão efetuada *ex vi legis*. RENÚNCIA TRANSLATIVA DO QUINHÃO HEREDITÁRIO PODE SER FEITA POR TERMO NOS AUTOS. O marido, para renunciar à herança, precisa da outorga uxória. DIREITO DA MULHER, DE IMPUGNAR O ATO PRATICADO SEM SUA ANUÊNCIA. A concordância da mulher com a partilha, realizada no desquite, não implica em tácita abdicação de sua pretensão a haver novos bens, mediante a anulação da renúncia translativa anteriormente praticada pelo cônjuge varão. BENS SITUADOS NO BRASIL E NA REPÚBLICA DO URUGUAI. PROBLEMA DA UNIDADE E DA PLURALIDADE DE JUÍZOS SUCESSÓRIOS. APRESENTAÇÃO HISTÓRICA DO TEMA. DIREITO COMPARADO, E PROTEÇÃO AOS NACIONAIS QUANDO LHES FOR MAIS FAVORÁVEL A LEI DO PAÍS. CÓDIGO DE PROCESSO CIVIL BRASILEIRO, ART. 89, II. COMPETÊNCIA INTERNACIONAL EXCLUSIVA. DISPOSIÇÕES DO CÓDIGO CIVIL DO URUGUAI, ONDE SE PROCESSOU O INVENTÁRIO DOS BENS NAQUELE PAÍS SITUADOS. PRINCÍPIO DA EFETIVIDADE. PREVALÊNCIA, PARA O JUIZ BRASILEIRO, DA LEI MATERIAL BRASILEIRA. Impende ao juiz brasileiro resguardar, na medida do possível, a eficácia e a aplicação da lei material brasileira; no caso concreto, a prevalência das normas relativas à comunhão universal de bens, postergadas no inventário realizado no Uruguai. Direito da autora, anulada a renúncia, a haver seu quinhão nos bens deixados pelo progenitor do ex-marido, considerados tanto os bens situados no Brasil como no Uruguai. Pagamento a ser feito com bens situados em nosso país. Provimento parcial da apelação, para cancelar determinados itens do *decisum*, por importarem condenações dúplices. Manutenção, no essencial, da sentença" (TJRS, AC 500297163/RS, Ap. Cível, 1ª Câmara Cível, Rel. Athos Gusmão Carneiro, julgado em 10-6-1980).

"Herança. Renúncia pelo marido. Outorga uxória. Necessidade. Ausência na espécie. Ineficácia consequente do negócio jurídico dispositivo. Aplicação dos arts. 44, III, e 235, I, do Código Civil. Qualquer que seja o regime de bens, não pode o cônjuge renunciar a herança, sem consentimento do consorte" (TJSP, Ap. Civ. 249.828-1, Rel. Des. Cezar Peluso, julgado em 27-8-1996, v. u.).

# XC VOCAÇÃO HEREDITÁRIA

## 1. INTRODUÇÃO

Neste capítulo abordaremos a vocação hereditária, tratada no Capítulo III do Título I ("Da Sucessão em Geral") do Livro V ("Do Direito das Sucessões") do Código Civil.

Se é certo que trataremos de todos os dispositivos legais do referido capítulo codificado, o fato é que não nos limitaremos a eles, permitindo-nos tecer considerações sobre o tema em geral, de forma a possibilitar ao nosso amigo leitor a mais ampla e abrangente visão sobre a matéria.

## 2. LEGITIMADOS PARA A SUCESSÃO HEREDITÁRIA EM GERAL

O art. 1.798 do Código Civil brasileiro de 2002 consagra a regra geral sucessória, aplicável tanto à Sucessão Legítima como à Testamentária, segundo a qual têm legitimidade para suceder "as pessoas nascidas ou já concebidas no momento da abertura da sucessão".

Assim, se o sucessor, beneficiário da herança, já é falecido ao tempo da morte do autor da herança, por óbvio, nada herdará, bem como, nesta mesma linha, pessoas ainda não concebidas, em regra, também não herdarão.

E, por óbvio, tem aplicação tanto na Sucessão Legítima como na Testamentária.

Perceba-se que essa é uma legitimidade assentada no direito material para que o sucessor possa receber a herança.

Não se confunde, pois, com a legitimidade processual, de que é titular o espólio, para atuar na persecução ou na defesa dos interesses atinentes ao patrimônio deixado pelo falecido, como se vê nas hipóteses abaixo referidas:

"CIVIL. INDENIZAÇÃO. PLANO DE SAÚDE. CIRURGIA. AUTORIZAÇÃO. AUSÊNCIA. LEGITIMIDADE. ESPÓLIO. DANOS MORAIS. CONFIGURAÇÃO. *QUANTUM*. DISSÍDIO. AUSÊNCIA DE DEMONSTRAÇÃO E COMPROVAÇÃO.

1. 'O espólio detém legitimidade para suceder o autor em ação de indenização por danos morais' (REsp 648.191/RS, Rel. Min. Jorge Scartezzini, *DJ* 06.12.2004).

2. É possível a reparação moral quando, como no caso presente, os danos não decorrem de simples inadimplemento contratual, mas da própria situação de abalo psicológico em que se encontra o doente ao ter negada injustamente a cobertura do plano de saúde que contratou.

3. A análise dos motivos ensejadores da aplicação da multa por litigância de má-fé passa, necessariamente, no caso dos autos, pela interpretação de cláusulas contratuais e revolvimento de fatos e provas constantes dos autos, incidindo, pois, os vetos constantes das súmulas 05 e 07 desta Corte. Precedentes.

4. Malgrado a tese de dissídio jurisprudencial, há necessidade, diante das normas legais regentes da matéria (art. 541, parágrafo único, do Código de Processo Civil c/c o art. 255, do RISTJ), de confronto, que não se satisfaz com a simples transcrição de ementas, entre excertos do acórdão recorrido e trechos das decisões apontadas como dissidentes, mencionando-se as circunstâncias que identifiquem ou assemelhem os casos confrontados. Ausente a demonstração analítica do dissenso, há flagrante deficiência nas razões recursais, com incidência do verbete sumular n. 284/STF.

5. Agravo regimental desprovido" (STJ, AgRg no Ag 797.325/SC, Rel. Min. Fernando Gonçalves, 4ª Turma, julgado em 4-9-2008, *DJe* 15-9-2008).

"PROCESSUAL CIVIL. RECURSO ESPECIAL. AÇÃO INDENIZATÓRIA. DANOS MORAIS. LEGITIMIDADE ATIVA DO ESPÓLIO. REVISÃO PROBATÓRIA. INADMISSIBILIDADE. SÚMULA 7/STJ.

Na linha da jurisprudência deste Tribunal, o espólio detém legitimidade para suceder o autor na ação de indenização por danos morais. No entanto, levando em consideração as singularidades dos fatos e as partes envolvidas, não há como anular o acórdão sem o reexame do quadro fático no qual se baseou o Tribunal local (Súmula 7/STJ).

Recurso especial não conhecido" (REsp 602.016/SP, Rel. Min. Castro Filho, 3ª Turma, julgado em 29-6-2004, *DJ* 30-8-2004, p. 284).

Em síntese, o art. 1.798 do Código Civil contém uma regra material para a sucessão hereditária em geral, que legitima as pessoas nascidas ou os nascituros (aqueles seres humanos já concebidos, embora não nascidos)[1], ao tempo da morte do autor da herança, para receber parte ou todo o patrimônio deixado pelo falecido.

Todavia, situações peculiares também foram previstas.

No âmbito da Sucessão Testamentária, podem ainda ser chamados a suceder, a teor do art. 1.799:

a) os filhos, ainda não concebidos, de pessoas indicadas pelo testador, desde que vivas estas ao abrir-se a sucessão;
b) as pessoas jurídicas;

---

1 Sobre o tema, confira-se o subtópico 1.3 ("O Nascituro") do Capítulo IV ("Pessoa Natural") do v. 1 ("Parte Geral") de nosso *Novo Curso de Direito Civil*.

c) as pessoas jurídicas, cuja organização for determinada pelo testador sob a forma de fundação.

Cada uma dessas hipóteses merecerá detida consideração, conforme veremos abaixo.

## 3. LEGITIMIDADE ESPECIAL NA SUCESSÃO TESTAMENTÁRIA

Neste tópico analisaremos cada uma das hipóteses de legitimidade especial previstas no mencionado art. 1.799 do Código Civil, aplicáveis à Sucessão Testamentária.

### 3.1. Filhos ainda não concebidos de pessoa indicada pelo testador (prole eventual)

O Código Civil autoriza, em seu art. 1.799, I, que o autor da herança, mediante testamento, beneficie filho ainda não concebido de pessoa indicada pelo testador.

A conhecida categoria da "prole eventual" caracteriza tais filhos ainda não concebidos, valendo frisar que, por óbvio, o(a) genitor(a) indicado(a) deverá ser pessoa existente ao tempo da abertura da sucessão, quando se verificarão as circunstâncias da declaração de vontade.

Note a diferença manifesta, caro leitor, entre "nascituro" e "prole eventual".

O nascituro, que, como visto, também pode ser beneficiário da herança (art. 1.798), consiste naquele ente já concebido, posto não nascido, e com vida intrauterina; diferentemente, a prole eventual caracteriza aqueles que nem concebidos ainda foram.

Neste último caso, como dito acima, poderão ter especial legitimidade sucessória, se, por meio de testamento, o autor da herança indicá-los como beneficiários e desde que o seu genitor esteja vivo ao tempo da morte (do autor da herança).

Os bens da herança, em tal hipótese, nos termos do art. 1.800, serão confiados, após a liquidação ou partilha, a um curador nomeado pelo juiz, que será, salvo disposição testamentária em contrário, na forma do § 1º do referido dispositivo, a própria pessoa cujo filho o testador esperava ter por herdeiro, e, sucessivamente, as pessoas indicadas no art. 1.775 do Código Civil[2].

Os poderes, deveres e responsabilidades do curador reger-se-ão, no que couber, pelas disposições concernentes à curatela dos incapazes, na forma do § 2º do referido art. 1.800 do Código Civil[3].

---

[2] Código Civil: "Art. 1.775. O cônjuge ou companheiro, não separado judicialmente ou de fato, é, de direito, curador do outro, quando interdito. § 1º Na falta do cônjuge ou companheiro, é curador legítimo o pai ou a mãe; na falta destes, o descendente que se demonstrar mais apto. § 2º Entre os descendentes, os mais próximos precedem aos mais remotos. § 3º Na falta das pessoas mencionadas neste artigo, compete ao juiz a escolha do curador".

[3] "§ 2º Os poderes, deveres e responsabilidades do curador, assim nomeado, regem-se pelas disposições concernentes à curatela dos incapazes, no que couber."

Finalmente, nascendo com vida o herdeiro esperado, ser-lhe-á deferida a herança, com os frutos e rendimentos relativos à deixa, a partir da morte do testador[4].

Em outras palavras, com o seu nascimento, o direito sucessório se consolida, cabendo, logicamente, a partir daí, ao seu representante legal, o encargo de gerir o interesse do incapaz até que atinja a capacidade civil plena, momento em que poderá pessoalmente assumir a administração do seu próprio patrimônio.

Note-se, portanto, que a sucessão da prole eventual é, como a própria expressão infere, "condicionada" à sua concepção.

E como fica a questão da segurança jurídica, diante dessa possibilidade sem a certeza da concreção?

Em outras palavras, uma pergunta se impõe: e se a prole eventual (beneficiária do testamento) não for concebida?

Nesse aspecto, o próprio texto legal estabeleceu um termo final para o período de incerteza do destinatário dos bens da herança.

Trata-se do § 4º do referido art. 1.800, que preceitua, *in verbis*:

> "§ 4º Se, decorridos dois anos após a abertura da sucessão, não for concebido o herdeiro esperado, os bens reservados, salvo disposição em contrário do testador, caberão aos herdeiros legítimos".

Trata-se de um prazo, à primeira vista, bastante razoável, considerando o período de uma gestação, para a consolidação de um patrimônio cuja sucessão ficou pendente de condição (a concepção e o posterior nascimento com vida do beneficiário).

Todavia, ampliando os horizontes, talvez tal prazo não seja tão elástico assim, uma vez que não contemplaria, por exemplo, situações de destinação testamentária de bens para filhos de pessoas ainda longe da idade de ter condições para procriar.

Também refletindo sobre o prazo, observa o amigo CARLOS ROBERTO GONÇALVES:

> "A estipulação do chamado 'prazo de espera' supre omissão do Código de 1916, que possibilitava a perpetuação da situação de espera do herdeiro aguardado. O período fixado limita, porém, a instituição, que jamais será feita em favor da prole eventual de pessoa que não possa gerar ou conceber no prazo de dois anos, contados da data da morte do testador, sendo este pessoa idosa e aquela de tenra idade, por exemplo"[5].

Em nosso entender, porém, tal prazo não comporta flexibilização pela autonomia da vontade, por imperativo de segurança jurídica.

---

[4] "§ 3º Nascendo com vida o herdeiro esperado, ser-lhe-á deferida a sucessão, com os frutos e rendimentos relativos à deixa, a partir da morte do testador."

[5] GONÇALVES, Carlos Roberto. *Direito Civil Brasileiro*, 15. ed., São Paulo: Saraiva, 2020, v. 7, p. 75.

A menção, no texto legal supratranscrito, à ressalva "salvo disposição em contrário do testador" se refere ao destinatário dos bens componentes do acervo, e não à possibilidade de alteração do prazo peremptório previsto em lei.

O termo inicial do prazo é, como visto, a data da abertura da sucessão (da morte do autor da herança), e, frise-se, por se tratar de um prazo decadencial (para o exercício de um direito potestativo), não se aplicam, em regra, as normas que impedem, suspendem ou interrompem o lapso temporal (como ocorre na prescrição), conforme preceitua o art. 207 do CC/2002[6].

Outra observação que se faz importante, e que normalmente é olvidada, diz respeito à literalidade da expressão utilizada no preceito legal aqui interpretado: "não for concebido o herdeiro esperado".

Concepção é diferente de nascimento.

Logo, o herdeiro esperado não precisa ter nascido no prazo de dois anos fixado na lei, mas, sim, apenas ter sido concebido.

Após o seu nascimento com vida, consolidará o seu direito, herdando os bens reservados, conforme já analisado.

Não vindo a nascer vivo (natimorto), a hipótese é de entrega dos bens reservados ao monte partilhável[7].

É como leciona GISELDA MARIA FERNANDES NOVAES HIRONAKA:

> "Pode ser, entretanto, que o rebento imaginado pelo testador tenha efetivamente sido concebido, mas não tenha vindo ao mundo com vida. Dessa derradeira hipótese não tratou expressamente o legislador, mas sua solução é facilmente encontrada no sistema.
>
> Se concebido, adquire o feto a propriedade e a posse indireta dos bens como se de nascituro se tratasse, operando a lei a ficção de que tal aquisição se deu no exato momento do falecimento do testador, e se a lei põe a salvo os direitos do nascituro, condicionando o efetivo exercício desses direitos à aquisição da personalidade, o que ocorre com o nascimento com vida, e se, enfim, o nascituro sucumbe antes de respirar autonomamente, entende a lei que os direitos que ela própria vinha resguardando em seu benefício resolvem-se *ex tunc*, ou seja, desde o momento em que lhes emprestou resguardo"[8].

É, no atual estágio do nosso direito, a solução que se impõe.

---

[6] "Art. 207. Salvo disposição legal em contrário, não se aplicam à decadência as normas que impedem, suspendem ou interrompem a prescrição."

[7] Diferente, por óbvio, é a hipótese de "nascer com vida" e falecer instantes após, caso em que consolidará os direitos sucessórios, transmitindo-os aos seus próprios sucessores.

[8] HIRONAKA, Giselda Maria Fernandes Novaes. *Comentários ao Código Civil* — Parte Especial: Do Direito das Sucessões (Arts. 1.784 a 1.856), coord. AZEVEDO, Antônio Junqueira de. 2. ed., v. 20, São Paulo: Saraiva, 2007, p. 109-10.

Por fim, aspecto interessante e que merece referência, por imprimir uma interpretação mais ampla e justa à norma codificada, é no sentido de que a prole eventual poderá derivar não apenas do vínculo biológico, mas também civil (socioafetivo), como se dá na adoção.

Nesse sentido, em pesquisa sobre o tema, anotam RUSSI e FONTANELLA:

> "O instituto da prole eventual caracteriza-se pela possibilidade de ter capacidade testamentária passiva os filhos ainda não concebidos de pessoas indicadas pelo testador, desde que vivas estas no momento da morte do mesmo.
>
> A princípio esta possibilidade seria permitida apenas aos filhos designados naturais, frutos do vínculo biológico com o terceiro citado em testamento; porém, a partir da CRFB/88, que consagrou o princípio da igualdade entre todos os filhos independente de sua origem, inicia-se a discussão a respeito da possibilidade da ampliação do termo 'concebidos' para garantir que a filiação adotiva fosse contemplada pelo instituto.
>
> Para tanto, a concepção citada no artigo 1.799, I, do CC, seria o momento em que a parentalidade é estabelecida com o terceiro designado, já que, com relação à filiação, existe total isonomia.
>
> A alteração do modelo de Estado liberal para Estado social, a partir da CRFB/88, trouxe mudanças significativas com relação à visão dos institutos do Direito, fator determinante para o estabelecimento de novos critérios relacionados com a incidência dos direitos fundamentais nas relações privadas.
>
> A concepção de constituição como ordem de valores que irradia efeitos a todas as esferas da vida social passou a influenciar, além do direito público, o direito privado.
>
> Várias teorias foram formuladas a respeito de como se daria a incidência dos direitos fundamentais nas relações privadas, sendo adotada pela maioria dos doutrinadores a da eficácia direta/imediata dos mesmos nas relações privadas.
>
> Apesar dos particulares estarem vinculados aos direitos fundamentais, não podendo desrespeitá-los, a forma de vinculação destes direitos entre estes não é a mesma que afeta aos poderes estatais.
>
> Os particulares também são titulares de direitos fundamentais, possuindo uma esfera de autonomia privada que é constitucionalmente protegida. Desta forma, ao colidirem dois direitos fundamentais, faz-se necessária a ponderação de interesses baseada em parâmetros prefixados, para que, no caso concreto, possa se avaliar qual o bem jurídico deve ser tutelado.
>
> As divergências doutrinárias a respeito do tema proposto fundamentam-se na incidência direta ou indireta dos direitos fundamentais nas relações entre privados, onde prevalece o princípio da autonomia privada.
>
> Por ser o testamento a manifestação da liberdade individual do testador tanto no seu aspecto negocial quanto existencial, o presente artigo se coaduna com a posição defendida

por Sílvio de Salvo Venosa, que garante a incidência do direito fundamental à igualdade na relação privada, porém, preserva o direito à autonomia privada do testador.

Sendo assim, se o testador, ao fazer a liberalidade, deixando herança ou legado à prole eventual de terceira pessoa, especificamente vedar a possibilidade da adoção, sua vontade deve ser respeitada (garantindo assim sua autonomia existencial, sua liberdade de escolha); porém, no caso de omissão, nada declarando o testador a respeito, o princípio constitucional da igualdade entre os filhos independente de sua origem incide diretamente na norma estabelecida, permitindo a adoção"[9].

Na mesma linha de entendimento, SÍLVIO VENOSA, com habitual precisão:

"O testador não fazendo referência (e sua vontade deve ser respeitada), não se faz distinção quanto à filiação: recebem os filhos legítimos ou ilegítimos, isto é, na nova sistemática, filhos provenientes ou não de união com casamento. Afirmava-se que os adotivos não se incluíam nessa possibilidade, a menos que houvesse referência expressa do testador (Wald, ob. cit.: 94). Contudo, entendemos que a evolução da situação sucessória do adotivo não permite mais essa afirmação peremptória. Lembre-se de que houve sucessivas alterações de direito sucessório em favor do filho adotivo. A intenção do legislador foi, sem dúvida, possibilitar a contemplação dos filhos de sangue. A pessoa indicada poderia adotar exclusivamente para conseguir o benefício testamentário. Contudo, já a legitimação adotiva e a adoção plena das leis revogadas não mais permitiam diferença entre a filiação natural e a filiação civil.

Cremos que na atual legislação incumbe ao testador excluir expressamente os filhos adotivos se não desejar incluí-los, por força do art. 41 da Lei n. 8.069/90 (Estatuto da Criança e do Adolescente): 'a adoção atribui a condição de filho ao adotado, com os mesmos direitos e deveres, inclusive acessórios, desligando-o de qualquer vínculo com pais e parentes, salvo os impedimentos matrimoniais'.

Com a mesma conotação apresenta-se a adoção no atual Código Civil. Desse modo, o filho adotivo, conforme nosso ordenamento, se insere no conceito de prole, aliás atendendo ao que a atual Constituição pretendia"[10].

De fato, em nosso sentir, nada impede que à categoria da prole eventual tanto possam se subsumir os filhos biológicos da pessoa indicada pelo testador como também os havidos por adoção, ou, até mesmo, em virtude de reconhecimento direto de filiação socioafetiva.

---

[9] RUSSI, Patrícia; FONTANELLA, Patrícia. A Possibilidade da Adoção da Prole Eventual diante da Incidência dos Direitos Fundamentais nas Relações Privadas. Disponível em: <http://patriciafontanella.adv.br/wp-content/uploads/2010/12/Prole-Eventual.pdf>. Acesso em: 28 jun. 2017.

[10] VENOSA, Sílvio de Salvo. Capacidade de Testar e Capacidade de Adquirir por Testamento. Disponível em: <http://ojs.direitocivilcontemporaneo.com/index.php/rdcc/article/view/153/141>. Acesso em: 28 jun. 2017.

E o que dizer da legitimidade sucessória do "embrião"?

Seria possível?

É o que enfrentaremos em seguida.

### *3.1.1. Discussão sobre o enquadramento do embrião como prole eventual*

Questão extremamente polêmica, porém, diz respeito à possibilidade de reconhecimento de capacidade sucessória ao embrião.

Sim, ao embrião propriamente dito, ainda não implantado no útero quando da abertura da sucessão, não sendo, portanto, tecnicamente, um "nascituro".

Isso porque o Direito não pode fechar os olhos para os avanços da ciência.

Se é certo que o vigente Código Civil brasileiro não tratou detalhadamente da matéria, é uma injustiça dizer que a desconheceu por completo.

Com efeito, importantes diretrizes há nos três últimos incisos do art. 1.597 do nosso Código:

> "Art. 1.597. Presumem-se concebidos na constância do casamento os filhos:
>
> I — nascidos cento e oitenta dias, pelo menos, depois de estabelecida a convivência conjugal;
>
> II — nascidos nos trezentos dias subsequentes à dissolução da sociedade conjugal, por morte, separação judicial, nulidade e anulação do casamento;
>
> III — havidos por fecundação artificial homóloga, mesmo que falecido o marido;
>
> IV — havidos, a qualquer tempo, quando se tratar de embriões excedentários, decorrentes de concepção artificial homóloga;
>
> V — havidos por inseminação artificial heteróloga, desde que tenha prévia autorização do marido".

Ora, o que fazer diante das situações decorrentes de inseminação artificial homóloga (com material fecundante do próprio casal) ou heteróloga (com material fecundante de terceiro), realizadas depois do falecimento do autor da herança?

Poderia, por exemplo, a deixa testamentária beneficiar os futuros filhos de alguém (prole eventual), e, no prazo de dois anos, ocorrer uma concepção mediante uma técnica científica de reprodução assistida e consequente implantação no útero materno?

Não temos dúvida de que, neste caso, o embrião concebido em laboratório e posteriormente implantado no útero materno (como nascituro), adquirirá o direito sucessório correspondente.

Claro que há um inconveniente manifesto decorrente da exigência legal do referido prazo de dois anos.

Se a concepção e a implantação se derem dentro do prazo de dois anos, o ente assim formado será considerado filho e herdeiro do autor da herança.

Por outro lado, se a concepção ocorrer após o prazo de dois anos, indiscutivelmente a criança será considerada "filha do falecido" (que autorizou previamente a fecundação), mas não poderá ser considerada "herdeira", pois a concepção se deu fora do biênio.

E uma pergunta ainda mais complexa se imporia: a deixa testamentária poderia beneficiar o embrião ainda não implantado no útero materno?

Seria possível reconhecer ao embrião uma vocação hereditária autônoma?

É o que enfrentaremos no próximo subtópico.

### 3.1.2. Discussão sobre a possibilidade de reconhecimento de vocação hereditária autônoma ao embrião

Trata-se a questão ora em debate, sem dúvida, de uma situação de alta complexidade.

O embrião, preservado em laboratório, concebido antes da morte do testador ou durante o prazo de dois anos a contar da abertura da sucessão (uma vez que o falecido poderia autorizar a utilização de material fecundante seu), não implantado no útero materno, poderia ser beneficiado pela deixa testamentária?

Note o problema: ele fora concebido, mas não fora implantado no útero materno.

A questão reveste-se de alta complexidade.

MÔNICA AGUIAR, por exemplo, argumenta no sentido da inconveniência do projeto parental *post mortem*:

> "Ao examinar a questão, ressalta JOÃO ÁLVARO DIAS os prejuízos — de ordem inclusive psicológica — para a criança, de ser concebida quando já é órfã de um dos pais, situação que não pode ser justificada com as mesmas razões lançadas para as hipóteses em que, por vicissitudes impossíveis de serem afastadas pela vontade, a criança nasce sem um dos genitores[11].
>
> A procriação resultante de um desejo unilateral foge à bilateralidade que caracteriza o autêntico projeto parental e, pois, não pode provocar efeitos em relação a quem não se manifestou, ao tempo da inseminação artificial, pela assunção desse desiderato.
>
> À realização da inseminação precede a regular emissão de vontade de ambos os cônjuges e companheiros. Formam eles, entretanto, uma única parte, em relação à qual cada uma das declarações singulares de vontade não tem autonomia para gerar a filiação relativamente ao outro e, somente assume relevância jurídica, quando unidas as duas em uma manifestação única.
>
> Pela teoria da vontade procriacional, há que se concluir ser possível reconhecer apenas a filiação *a matre*, afastada, de plano, a presunção prevista no inciso referido, por

[11] DIAS, João Álvaro. *Procriação Assistida e Responsabilidade Médica*, Coimbra: Editora Coimbra, 1996, p. 40.

se tratar de norma inconstitucional, uma vez que violadora do comando expresso no art. 5º, I, da Constituição Federal, embora seja de lamentar a opção por uma orfandade arbitrariamente provocada"[12].

Nessa mesma linha, já prelecionava JOSÉ ROBERTO MOREIRA FILHO:

> "Quanto à inseminação *post mortem*, ou seja, a que se faz quando o sêmen ou o óvulo do *de cujus* é fertilizado após a sua morte, o direito sucessório fica vedado ao futuro nascituro, por ter sido a concepção efetivada após a morte do *de cujus*, não havendo, portanto, que se falar em direitos sucessórios ao ser nascido, tendo em vista que pela atual legislação somente são legitimados a suceder as pessoas nascidas ou já concebidas no momento da abertura da sucessão"[13].

Esta primeira corrente de pensamento, pois, nos levaria a concluir pela inadmissibilidade do reconhecimento de legitimidade sucessória ao embrião, por razão, sobretudo, de segurança jurídica.

Outros autores, todavia, seguiram outra tendência.

Há quem defenda a impossibilidade jurídica de reconhecimento da legitimidade sucessória do embrião apenas para participação na Sucessão Legítima, admitindo-se, porém, o cabimento na Sucessão Testamentária.

Em nosso sentir, esta seria a linha de reflexão da querida Professora MARIA HELENA DINIZ:

> "Filho póstumo não possui legitimação para suceder, visto que foi concebido após o óbito de seu pai genético, e por isso é afastado da sucessão legítima ou *ab intestato*. Poderia ser herdeiro por via testamentária, se inequívoca a vontade do doador do sêmen de transmitir herança ao filho ainda não concebido, manifestada em testamento. Abrir-se-ia a sucessão à prole eventual do próprio testador, advinda de inseminação artificial homóloga *post mortem* (LICC, arts. 4º e 5º)"[14].

Perceba-se que não se reconheceria, de fato, uma legitimidade sucessória autônoma, mas, sim, uma aplicação analógica das regras da prole eventual, aqui já trabalhadas.

Trata-se de uma linha de pensamento convincente, muito embora não afaste a inconveniência de o ente concebido poder permanecer congelado, em laboratório, por longos anos.

---

[12] ESTÉFANI, Rafael Junquera de. *Reproducción Asistida, Filosofía Ética y Filosofía Jurídica*, p. 69, apud AGUIAR, Mônica. *Direito à Filiação e Bioética*, Rio de Janeiro: Forense, 2005, p. 119.

[13] MOREIRA FILHO, José Roberto. Os Novos Contornos da Filiação e dos Direitos Sucessórios em Face da Reprodução Humana Assistida. Disponível em: <https://direitouemt1.wordpress.com/2011/08/30/11/>. Acesso em: 28 jun. 2017.

[14] DINIZ, Maria Helena. *O Estado Atual do Biodireito*, 3. ed., São Paulo: Saraiva, 2006, p. 480.

Afinal, o § 4º do art. 1.800 parte, sem dúvida, da premissa de que haveria a implantação no útero materno no prazo legal, com a perspectiva de nascimento para os próximos nove meses.

Ora, e se a concepção já se deu, por meio artificial, mantendo-se o embrião congelado em laboratório, a deixa testamentária aguardaria a implantação no útero materno indefinidamente?

E o inventário, em tal caso, permaneceria paralisado?

Em nosso sentir, ao menos enquanto não houver uma regulamentação legal específica, que leve em conta os avanços da tecnologia, a segurança jurídica recomenda que, nos limites da sucessão testamentária, o embrião somente poderá figurar como beneficiário se a implantação no útero materno ocorrer dentro do prazo de dois anos, na linha do § 4º do art. 1.800 do Código Civil.

Após esse prazo, não deixará de ser considerado filho do falecido, mas não terá direito sucessório.

Sem dúvida, não se afigura como a melhor solução, mas, em nosso atual sistema, é a mais adequada, mormente em se considerando que a indefinição de um prazo para a implantação geraria o grave inconveniente de prejudicar por meses ou anos o desfecho do procedimento de inventário ou arrolamento, em detrimento do direito dos demais herdeiros legítimos ou testamentários.

## 3.2. Pessoas jurídicas

Também têm legitimidade para figurar como beneficiárias de testamento as pessoas jurídicas em geral.

Nada impede, pois, que o testador deixe parte da sua herança (ou toda ela, caso não tenha herdeiros necessários) para uma associação de apoio a crianças carentes ou para uma igreja.

É muito comum, por exemplo, que professores deixem suas bibliotecas particulares para instituições de ensino a que se dedicaram.

Registre-se, porém, que, em nosso pensar, sociedades irregulares ou de fato (despersonificadas) carecem do atributo necessário para figurar como sucessoras testamentárias, dado o vício da sua constituição, assim como não poderão ser beneficiários os entes que, pois dotados de capacidade processual, carecem de personalidade jurídica, como o condomínio, a herança jacente ou a massa falida.

## 3.3. Fundações

Para compreendermos a peculiar legitimidade sucessória das fundações, parece-nos recomendável passar antes em revista algumas noções gerais.

Primeiramente, lembramos que a "fundação" aqui tratada é a de direito privado, pois, nos termos do art. 1.799, III, somente estas podem ser organizadas segundo a vontade do testador, e não, por óbvio, as fundações públicas, que são criadas por lei.

Diferentemente das associações e das sociedades, as fundações resultam não da união de indivíduos, mas da afetação de um patrimônio, por testamento ou escritura pública, que faz o seu instituidor, especificando o fim para o qual se destina[15].

Segundo CAIO MÁRIO DA SILVA PEREIRA, "o que se encontra, aqui, é a atribuição de personalidade jurídica a um patrimônio, que a vontade humana destina a uma finalidade social"[16].

O *caput* do art. 62 do vigente Código Civil dispõe que:

> "Art. 62. Para criar uma fundação, o seu instituidor fará, por escritura pública ou testamento, dotação especial de bens livres, especificando o fim a que se destina, e declarando, se quiser, a maneira de administrá-la".

Cumpre-nos observar que o legislador cuidou de inserir parágrafo único ao referido art. 62 do vigente Código Civil, posteriormente alterado pela Lei n. 13.151, de 28-7-2015, consagrando os elementos finalísticos da fundação, que somente poderá constituir-se "para fins de assistência social; cultura, defesa e conservação do patrimônio histórico e artístico; educação; saúde; segurança alimentar e nutricional; defesa, preservação e conservação do meio ambiente e promoção do desenvolvimento sustentável; pesquisa científica, desenvolvimento de tecnologias alternativas, modernização do sistema de gestão, produção e divulgação de informações e conhecimentos técnicos e científicos; promoção da ética, da cidadania, da democracia e dos direitos humanos; e das atividades religiosas". Escapa, pois, do permissivo legal a entidade supostamente fundacional que empreenda atividade econômica com escopo lucrativo.

Não se admite, por outro lado, sobretudo por sua precípua finalidade social, que a diretoria ou o conselho deliberativo da fundação, desvirtuando inclusive a vontade do instituidor, aliene injustificadamente bens componentes de seu acervo patrimonial.

## 4. IMPEDIMENTOS LEGAIS SUCESSÓRIOS

Algumas pessoas estão impedidas de ser nomeadas herdeiras ou legatárias, nos expressos termos do art. 1.801 do Código Civil.

As hipóteses são, portanto, de ausência de legitimidade sucessória passiva.

Estão, pois, proibidas de ser beneficiadas por testamento:

1) a pessoa que, a rogo, escreveu o testamento, nem o seu cônjuge ou companheiro, ou os seus ascendentes e irmãos — para evitar indevida interferência na mani-

[15] A fundação pública, instituída pela União, Estado ou Município, na forma da lei, rege-se por preceitos próprios de direito administrativo, escapando, portanto, como dissemos acima, da perspectiva desta obra.

[16] PEREIRA, Caio Mário da Silva. *Instituições de Direito Civil*, 19. ed., v. I, Rio de Janeiro: Forense, 2006, p. 223.

festação de vontade do testador, ou, até mesmo, a captação dolosa da sua vontade, não poderão ser beneficiados: a pessoa que escreveu, digitou ou datilografou o testamento a pedido do testador, nem o seu cônjuge, companheiro, ascendente e irmão. O autor da herança, por exemplo, não poderá deixar parte da sua herança para a enfermeira que escreveu, a seu rogo, o testamento, nem ao filho ou marido dela. Tudo isso, como dito, para preservar incólume a real intenção do testador, quando da manifestação da sua última vontade;

2) as testemunhas do testamento — pela mesma razão acima exposta, não poderão as pessoas chamadas a testemunhar a elaboração do testamento ser beneficiadas nesse mesmo ato, em respeito à preservação da autonomia da vontade do testador;

3) o(a) concubino(a) do(a) testador(a) casado(a), salvo se este, sem culpa sua, estiver separado de fato do cônjuge há mais de cinco anos — primeiramente, recordemo-nos de que a palavra "concubino(a)", em nosso direito positivo, significa "amante", ou seja, a pessoa que é partícipe de uma relação paralela afetiva espúria com alguém impedido[17]. Pois bem. O que o dispositivo pretende é impedir que o testador — ou testadora, claro (pois os direitos são iguais) — casado beneficie, por meio do seu testamento, a(o) sua(seu) amante. Note-se, nesse ponto, que óbice algum há no que toca à deixa testamentária que beneficie a(o) companheira(a), integrante de uma união estável com o testador, pois, como sabemos, neste caso, estamos diante de uma entidade familiar, constitucionalmente protegida. Afinal, "concubina(o)" e "companheira(o)" são figuras que não se confundem. A proibição, portanto, atinge um homem, por exemplo, que, sendo casado (e que mantém ainda a sociedade conjugal), pretenda deixar parte da sua herança para a mulher com quem mantém um relacionamento clandestino há alguns anos. A vedação é expressa. Todavia, o dispositivo, na parte final, ressalva que a disposição testamentária será possível se o testador estiver separado de fato do seu cônjuge há mais de cinco anos. Não andou bem o legislador no estabelecimento desse prazo. Ora, se o testador já estiver separado de fato do seu marido ou da sua esposa, poderá testar, em nosso sentir, respeitada a legítima dos herdeiros necessários, para quem quiser, pois não há que se falar mais em traição, infidelidade, ou seja, em relação clandestina ou concubinato. Até porque, mesmo antes de completar o referido prazo quinquenal, já pode estar vivendo uma história de amor com outra pessoa, em união estável, além do fato de que, tendo em vista a Emenda Constitucional n. 66/2010, o divórcio se tornou

---

[17] Sobre o tema, confira-se o Capítulo XX ("Concubinato e Direitos da(o) Amante") do v. 6 ("Direito de Família") de nosso *Novo Curso de Direito Civil*.

um direito potestativo sem exigibilidade de prazo mínimo para sua manifestação, judicial ou administrativa[18];

4) o tabelião, civil ou militar, ou o comandante ou escrivão, perante quem se fizer, assim como o que fizer ou aprovar o testamento — pelo mesmo princípio de isenção, o oficial que elaborar ou aprovar o testamento não poderá, ao mesmo tempo, ser, por meio dele, beneficiado.

E, como o sistema normativo atua para evitar manobras fraudulentas, o art. 1.802, acertadamente, prescreve a nulidade absoluta da disposição testamentária que beneficie, indiretamente, qualquer dessas pessoas acima referidas:

> "Art. 1.802. São nulas as disposições testamentárias em favor de pessoas não legitimadas a suceder, ainda quando simuladas sob a forma de contrato oneroso, ou feitas mediante interposta pessoa.
>
> Parágrafo único. Presumem-se pessoas interpostas os ascendentes, os descendentes, os irmãos e o cônjuge ou companheiro do não legitimado a suceder".

A lógica do parágrafo único é evidente.

Se João (testador casado) não pode testar em favor de Geralda, sua concubina, também não poderá fazê-lo por via oblíqua, em inequívoca simulação relativa, beneficiando indiretamente o irmão dela.

Da mesma forma, não poderá simular uma compra e venda (ato oneroso) com ela para mascarar a doação.

Todavia, por óbvio, tomando ainda o mesmo exemplo como referência, se João teve um filho com Geralda, poderá beneficiá-lo — respeitada, claro, a legítima dos eventuais herdeiros necessários —, visto que a vedação não poderia agredir direito de filho algum, sob pena de inconstitucionalidade.

É o que dispõe o art. 1.803 do Código Civil: "Art. 1.803. É lícita a deixa ao filho do concubino, quando também o for do testador".

Tal dispositivo, sem equivalente na codificação anterior, incorpora ao direito positivo brasileiro o anterior entendimento da Súmula 447 do Supremo Tribunal Federal[19].

---

[18] Sobre o tema, confira-se o nosso *O Novo Divórcio* (São Paulo: Saraiva, 2010), bem como o Capítulo XXIII ("O Divórcio como Forma de Extinção do Vínculo Conjugal") do v. 6 ("Direito de Família") de nosso *Novo Curso de Direito Civil*.

[19] Súmula 447 do Supremo Tribunal Federal: "É válida a disposição testamentária em favor de filho adulterino do testador com sua concubina".

# XCI EXCLUÍDOS DA SUCESSÃO

## 1. INTRODUÇÃO

O Capítulo V do Título I ("Da Sucessão em Geral") do Livro V ("Direito das Sucessões") do nosso Código Civil é genericamente intitulado "Dos Excluídos da Sucessão", e, ao longo do seu corpo de normas, cuida de disciplinar o instituto jurídico da exclusão por indignidade.

Ocorre que, no âmbito da sucessão testamentária (Capítulo X do Título III do Livro V) —, por óbvio, também integra a noção maior de "sucessão em geral" —, outro importante instituto é disciplinado, o qual também objetiva o afastamento compulsório de um sucessor: a deserdação.

Ou seja, o legislador, embora pretenda, na parte geral do Direito Sucessório, tratar dos sucessores excluídos, inadvertidamente deixa de inserir (ou ao menos referir) instituto correlato e dotado de uma inequívoca paridade funcional.

Por isso, em respeito à lógica e à precisão das ideias, cuidaremos de analisar, neste mesmo capítulo, tanto a exclusão por indignidade como a deserdação, não obstante sejam tratados em distintas partes da mesma codificação.

De logo, anotamos, porém, que tais institutos, por objetivarem o afastamento punitivo de um dos sucessores, em nada se confundem com as hipóteses de "impedimento legal para a sucessão", previstas no art. 1.801, pois, neste último caso, o que há, como vimos, é a simples ausência de legitimidade testamentária passiva.

## 2. EXCLUSÃO POR INDIGNIDADE

Primeiramente, trataremos da "exclusão por indignidade", cujas causas estão taxativamente enumeradas no art. 1.814 do Código Civil de 2002, e que tanto pode se aplicar à Sucessão Legítima como à Testamentária.

Trata-se, pois, de um instituto de amplo alcance, cuja natureza é essencialmente punitiva, na medida em que visa a afastar da relação sucessória aquele que haja cometido ato grave, socialmente reprovável, em detrimento da integridade física, psicológica ou moral, ou, até mesmo, contra a própria vida do autor da herança.

Afinal, não é justo nem digno que, em tais circunstâncias, o sucessor experimente um benefício econômico decorrente do patrimônio deixado pela pessoa que agrediu.

O algoz não deve herdar da vítima.

Nesse contexto, é forçoso convir que, por se tratar de medida sancionatória, as causas da exclusão sucessória não comportariam interpretação extensiva ou analógica, razão pela qual devem ser cuidadosamente interpretadas.

Trata-se, pois, de um instituto penal — pois comina uma sanção ou pena — de caráter civil, e que traduz uma consequência lógico-normativa pela prática de um "ato ilícito", instituto previsto no art. 186 do Código Civil de 2002, dado o seu caráter antijurídico e desvalioso.

Sucede que, diferentemente dos ilícitos civis em geral — que, quando perpetrados, implicam a obrigação de indenizar —, os atos de indignidade cometidos contra o falecido resultam em uma sanção específica: a exclusão do indigno da cadeia sucessória, subtraindo-lhe o direito de haver qualquer bem da herança, como se herdeiro nunca houvesse sido.

Previsão de sanção semelhante há no âmbito do contrato de doação, na revogação da liberalidade por ato de ingratidão.

Claro está, no entanto, que, embora exista certa semelhança com a revogação da doação por ingratidão, a exclusão por indignidade, instituto tipicamente sucessório, tem os seus próprios fundamentos e regramento peculiar, conforme veremos abaixo.

## 2.1. Causas de exclusão por indignidade

Inicialmente, observamos que as hipóteses autorizadoras da exclusão estão taxativamente previstas em lei, não admitindo, como já afirmado, interpretação extensiva ou analógica, dado o seu caráter punitivo.

Por tradição, também, é firme o entendimento no sentido de que o direito de demandar a exclusão, por envolver interesse patrimonial, caberia a outro herdeiro ou legatário[1].

Esse direito, acrescente-se ainda, deverá ser exercido no prazo decadencial de quatro anos, a contar da data da abertura da sucessão (da morte do autor da herança)[2].

---

[1] Nesse sentido, observa Orlando Gomes: "A indignidade tem de ser declarada por sentença judicial. Pressupõe, assim, ação que a suscite. A ação pode ser intentada pelo interessado em obter a declaração de indignidade, no prazo de quatro anos, a contar da abertura da sucessão. Podem propô-la somente os que tenham interesse na sucessão. A lei não comporta a interpretação que restringisse os interessados às pessoas que seriam convocadas para substituir o indigno. Do contrário, limitaria a legitimação ativa aos descendentes do herdeiro excluído, na sucessão legítima, e ao substituto, na sucessão testamentária" (GOMES, Orlando. *Sucessões*, 12. ed., Rio de Janeiro: Forense, 2004, p. 36).

[2] Código Civil: "Art. 1.815. A exclusão do herdeiro ou legatário, em qualquer desses casos de indignidade, será declarada por sentença. § 1º O direito de demandar a exclusão do herdeiro ou legatário extingue-se em quatro anos, contados da abertura da sucessão. (Redação dada pela Lei n. 13.532/2017) § 2º Na hipótese do inciso I do art. 1.814, o Ministério Público tem legitimidade para demandar a exclusão do herdeiro ou legatário. (Incluído pela Lei n. 13.532/2017)".

E quais seriam os fundamentos da exclusão sucessória?

Nos termos do art. 1.814 do Código Civil, são excluídos da sucessão os herdeiros ou legatários:

a) que houverem sido autores, coautores ou partícipes de homicídio doloso, ou tentativa deste, contra a pessoa de cuja sucessão se tratar, seu cônjuge, companheiro, ascendente ou descendente;
b) que houverem acusado caluniosamente em juízo o autor da herança ou incorrerem em crime contra a sua honra, ou de seu cônjuge ou companheiro;
c) que, por violência ou meios fraudulentos, inibirem ou obstarem o autor da herança de dispor livremente de seus bens por ato de última vontade.

Note-se que poderão incorrer nas situações acima tanto o herdeiro (sucessor universal que recebe toda a herança ou uma fração dela) como o legatário (sucessor singular que recebe bem ou direito determinado, componente da herança).

Analisemos, pois, cada uma dessas hipóteses, separadamente, para melhor compreensão da matéria.

### 2.1.1. Autoria, coautoria ou participação em homicídio doloso tentado ou consumado

Afigura-se inconcebível, atentatório mesmo contra a moral, a possibilidade de o autor, coautor ou partícipe de crime de homicídio, tentado ou consumado, contra o autor da herança, haver para si bens ou direitos deixados pelo falecido.

A agressão ao bem jurídico mais caro e valioso, a vida, não poderia render ensejo a um locupletamento que, além de ilícito, repugnaria os mais comezinhos princípios éticos de convivência social.

Note-se que a norma sucessória não se refere à necessidade de "condenação criminal", de maneira que, tal como redigida, a mera comprovação, no juízo cível, da cooperação ou autoria delitivas poderia ensejar a aplicação da pena sucessória.

Sucede que o raciocínio, posto academicamente defensável, não se afigura tão simples assim.

Como sabemos, existe uma relativa independência entre os juízos cível e criminal, de maneira que, caso o magistrado, encarregado de examinar a exclusão sucessória, tenha fundada dúvida acerca da autoria (e participação) ou da materialidade do fato, deverá, em nosso sentir, reconhecer a prejudicialidade, para aguardar o desfecho da lide na esfera penal[3].

[3] Código de Processo Civil de 2015: "Art. 315. Se o conhecimento do mérito depender de verificação da existência de fato delituoso, o juiz pode determinar a suspensão do processo até que se pronuncie a justiça criminal. § 1º Se a ação penal não for proposta no prazo de 3 (três) meses, contado da intimação do ato de suspensão, cessará o efeito desse, incumbindo ao juiz cível examinar incidentemente a questão prévia. § 2º Proposta a ação penal, o processo ficará suspenso pelo prazo máximo de 1 (um) ano, ao final do qual aplicar-se-á o disposto na parte final do § 1º".

Mas, não havendo robusta dúvida sobre esse aspecto, ou não tendo sido tempestivamente proposta a ação penal correspondente, poderá e deverá o juiz apreciar imediatamente o pedido formulado no juízo cível.

Se, todavia, posteriormente, a sentença penal absolutória — que haja negado a autoria ou a materialidade do fato — passar em julgado, o sucessor excluído, infelizmente, não terá em seu favor um amparo legal específico entre os fundamentos contidos no dispositivo que regula a ação rescisória (art. 966 do CPC/2015[4]), o que, por óbvio, acarreta indesejável insegurança jurídica.

Trata-se de uma decorrência da postura que propugna pela mais ampla segurança jurídica na preservação da coisa julgada, protegida constitucionalmente (art. 5º, XXXVI, CF/88[5]), o que, porém, gera um sentimento de injustiça e insatisfação, na evidente contradição entre as mencionadas manifestações — autônomas e independentes — dos juízos cível e criminal.

A matéria é evidentemente de reserva legal, quiçá constitucional, para se admitir uma relativização da coisa julgada.

Todavia, sem querer "distorcer a dogmática" por conta de um sentimento pessoal de injustiça, talvez seja possível defender uma solução intermediária (pelo menos no prazo da ação rescisória), com uma releitura do art. 966 do Código de Processo Civil de 2015 (que elenca as hipóteses de ação rescisória), tese, porém, que, embora acolhida eventualmente pela jurisprudência (notadamente em questões relacionadas aos exames

---

[4] Código de Processo Civil de 2015: "Art. 966. A decisão de mérito, transitada em julgado, pode ser rescindida quando: I — se verificar que foi proferida por força de prevaricação, concussão ou corrupção do juiz; II — for proferida por juiz impedido ou por juízo absolutamente incompetente; III — resultar de dolo ou coação da parte vencedora em detrimento da parte vencida ou, ainda, de simulação ou colusão entre as partes, a fim de fraudar a lei; IV — ofender a coisa julgada; V — violar manifestamente norma jurídica; VI — for fundada em prova cuja falsidade tenha sido apurada em processo criminal ou venha a ser demonstrada na própria ação rescisória; VII — obtiver o autor, posteriormente ao trânsito em julgado, prova nova cuja existência ignorava ou de que não pôde fazer uso, capaz, por si só, de lhe assegurar pronunciamento favorável; VIII — for fundada em erro de fato verificável do exame dos autos. § 1º Há erro de fato quando a decisão rescindenda admitir fato inexistente ou quando considerar inexistente fato efetivamente ocorrido, sendo indispensável, em ambos os casos, que o fato não represente ponto controvertido sobre o qual o juiz deveria ter se pronunciado. § 2º Nas hipóteses previstas nos incisos do *caput*, será rescindível a decisão transitada em julgado que, embora não seja de mérito, impeça: I — nova propositura da demanda; ou II — admissibilidade do recurso correspondente. § 3º A ação rescisória pode ter por objeto apenas 1 (um) capítulo da decisão. § 4º Os atos de disposição de direitos, praticados pelas partes ou por outros participantes do processo e homologados pelo juízo, bem como os atos homologatórios praticados no curso da execução, estão sujeitos à anulação, nos termos da lei. § 5º Cabe ação rescisória, com fundamento no inciso V do *caput* deste artigo, contra decisão baseada em enunciado de súmula ou acórdão proferido em julgamento de casos repetitivos que não tenha considerado a existência de distinção entre a questão discutida no processo e o padrão decisório que lhe deu fundamento. § 6º Quando a ação rescisória fundar-se na hipótese do § 5º deste artigo, caberá ao autor, sob pena de inépcia, demonstrar, fundamentadamente, tratar-se de situação particularizada por hipótese fática distinta ou de questão jurídica não examinada, a impor outra solução jurídica".

[5] Constituição Federal: "Art. 5º Todos são iguais perante a lei, sem distinção de qualquer natureza, garantindo-se aos brasileiros e aos estrangeiros residentes no País a inviolabilidade do direito à vida, à liberdade, à igualdade, à segurança e à propriedade, nos termos seguintes: (...) XXXVI — a lei não prejudicará o direito adquirido, o ato jurídico perfeito e a coisa julgada. (...)".

de DNA[6]), encontra, ainda, resistência, prevalecendo, quase como um dogma, a tese de que, para valer como causa hábil para desconstituir a coisa julgada, um documento novo em rescisória deve ser preexistente.

Discute-se, ainda, nesse contexto, que, posto a ação de exclusão por indignidade verse sobre direito patrimonial disponível (direito à herança), em virtude da gravidade do seu fundamento, não seria razoável, na perspectiva do princípio da função social, que a propositura da demanda estivesse obstada, caso não concorresse outro sucessor interessado.

Em outras palavras, não poderia o Ministério Público, na atuação defensiva da própria sociedade, dada a impactante e profunda repercussão de um fato de tamanha gravidade, ingressar com a medida cabível?

Dependeria o órgão Ministerial de uma eventual manifestação de interesse da Fazenda Pública, como sucessor anômalo, para ingressar com o pedido de exclusão?

Na edição anterior desta obra, a despeito da ausência de norma legal, já defendíamos a tese no sentido de se reconhecer ao Ministério Público legitimidade para a propositura do pedido de exclusão, por considerarmos que o interesse patrimonial privado envolvido não sobrepujaria o senso ético socialmente exigido, especialmente nas relações de família.

A Lei n. 13.532, de 7 de dezembro de 2017, por sua vez, pacificou o tema, ao dispor, expressamente, acerca da legitimidade do Ministério Público para propor a demanda de exclusão em face de herdeiros e legatários que hajam sido autores, coautores ou partícipes de homicídio doloso, ou tentativa deste, contra a pessoa de cuja sucessão se tratar, seu cônjuge, companheiro, ascendente ou descendente.

Este é o Direito Civil que queremos para este novo século.

### *2.1.2. Delitos contra a honra*

Não apenas a vida, mas também a imagem e a honra integram o patrimônio moral de cada indivíduo, merecedor da mais justa tutela constitucional.

Trata-se, pois, de valores atinentes ao âmbito de proteção e amparo dos direitos da personalidade, na superior perspectiva do princípio da dignidade da pessoa humana.

Nessa linha de intelecção, o art. 1.814, II, do Código Civil de 2002 também prescreve como ato de indignidade o cometimento de delitos contra a honra (calúnia, injúria ou difamação)[7] — e que, por extensão, também vulneram a imagem do ofendido —, e que poderá resultar na imposição de pena de exclusão sucessória.

---

[6] "AÇÃO RESCISÓRIA. INVESTIGAÇÃO. PATERNIDADE. EXAME. DNA. Este Superior Tribunal reiterou o entendimento de que o laudo do exame de DNA, mesmo realizado após a confirmação pelo juízo *ad quem* da sentença que julgou procedente a ação de investigação de paternidade, é considerado documento novo para o fim de ensejar a ação rescisória (art. 485, VII, CPC). Precedentes citados: REsp 189.306-MG, *DJ* 25-8-2003; REsp 255.077-MG, *DJ* 3-5-2004, e REsp 300.084-GO, *DJ* 6-9-2004" (STJ, REsp 653.942/MG, Rel. Min. Honildo Amaral de Mello Castro (desembargador convocado do TJ-AP), julgado em 15-9-2009).

[7] Código Penal: Calúnia — Art. 138. Caluniar alguém, imputando-lhe falsamente fato definido como crime: Pena — detenção, de seis meses a dois anos, e multa. § 1º Na mesma pena incorre quem,

Em nosso sentir, a expressão "acusação caluniosa" também contempla a denunciação prevista no art. 339 do Código Penal, delito de gravidade mais acentuada, pois, além de vulnerar o patrimônio moral do ofendido, também atenta contra a própria Administração Pública, na medida em que o ofensor dá "causa à instauração de investigação policial, de processo judicial, instauração de investigação administrativa, inquérito civil ou ação de improbidade administrativa" contra o autor da herança, "imputando-lhe crime de que o sabe inocente".

Note-se que, neste caso, mais do que uma imputação falsa de fato criminoso (calúnia), o ofensor movimenta indevidamente o aparato estatal, na busca de uma persecução criminal que se sabe infundada.

E o fato de também contemplar-se o delito em tela (denunciação caluniosa) não significa estar-se utilizando o método de interpretação extensiva — inaplicável por tratar-se de norma sancionatória —, mas sim, tão somente, que se busca alcançar o âmbito de previsão normativa, nos limites da sua própria dicção, e segundo uma perspectiva lógica e de bom senso.

### *2.1.3. Violência ou fraude*

Finalmente, encerra o rol de causas de exclusão a prática de violência ou fraude contra o autor da herança, apta a inibir ou obstar a livre manifestação de vontade do falecido.

De fato, considerando-se que a autonomia privada também se faz presente no âmbito do Direito Sucessório, mormente na preservação da livre manifestação de vontade do autor da herança, o que pode ser considerado da essência da principiologia do Direito das Sucessões, quaisquer atos que impeçam o seu exercício deverão ser, por óbvio, firmemente rechaçados.

Assim, caso um dos sucessores haja cometido atos de violência física ou moral para se beneficiar ou impedir a plena exteriorização do ato de última vontade, deverá, por medida de justiça, ser excluído da relação sucessória.

---

sabendo falsa a imputação, a propala ou divulga. § 2º É punível a calúnia contra os mortos. Exceção da verdade — § 3º Admite-se a prova da verdade, salvo: I — se, constituindo o fato imputado crime de ação privada, o ofendido não foi condenado por sentença irrecorrível; II — se o fato é imputado a qualquer das pessoas indicadas no n. I do art. 141; III — se do crime imputado, embora de ação pública, o ofendido foi absolvido por sentença irrecorrível. Difamação — Art. 139. Difamar alguém, imputando-lhe fato ofensivo à sua reputação: Pena — detenção, de três meses a um ano, e multa. Exceção da verdade — Parágrafo único. A exceção da verdade somente se admite se o ofendido é funcionário público e a ofensa é relativa ao exercício de suas funções. Injúria — Art. 140. Injuriar alguém, ofendendo-lhe a dignidade ou o decoro: Pena — detenção, de um a seis meses, ou multa. § 1º O juiz pode deixar de aplicar a pena: I — quando o ofendido, de forma reprovável, provocou diretamente a injúria; II — no caso de retorsão imediata, que consista em outra injúria. § 2º Se a injúria consiste em violência ou vias de fato, que, por sua natureza ou pelo meio empregado, se considerem aviltantes: Pena — detenção, de três meses a um ano, e multa, além da pena correspondente à violência. § 3º Se a injúria consiste na utilização de elementos referentes a raça, cor, etnia, religião, origem ou a condição de pessoa idosa ou portadora de deficiência: Pena — reclusão de um a três anos e multa.

Em qualquer das hipóteses, quer tenha havido coação física ou moral contra o autor da herança, vale dizer, "a prática de atos de violência", capaz de inibir ou obstar a sua livre manifestação de vontade, impõe-se a aplicação, a título punitivo, da medida de exclusão da herança por indignidade.

Também a "fraude" poderá resultar na imposição de mesma medida.

Em nosso sentir, quando o inciso III do art. 1.814 utiliza a expressão "meios fraudulentos", o faz no sentido de abarcar toda situação em que o autor da herança haja sido dolosamente enganado ou ludibriado, pelo ofensor, com o escopo de impedir a sua manifestação livre de vontade.

Vale dizer, o conceito de fraude aí empregado encontra-se umbilicalmente conectado à noção de dolo, pois o que o legislador, em verdade, pretendeu, fora coibir o desiderato espúrio daquele que, envenenado pela má-fé, induziu o titular da herança a praticar ato em falso contexto fático, captando, assim, dolosamente, a sua vontade.

É o caso da enfermeira que, ao longo dos últimos meses de vida do testador, o induz a crer que o seu filho houvesse morrido, para que ela mesma figurasse como beneficiária da herança.

Outra hipótese é aquela em que um dos herdeiros subtrai e destrói o testamento, ou, ainda, altera ou falsifica o documento, para que, assim, receba parcela maior da herança.

Em alguns casos, porém, não se poderá dar a exclusão do herdeiro, quando, por exemplo, destrói testamento nulo[8].

Trata-se de uma posição doutrinária compreensível.

Não sob o prisma psicológico, da má-fé do agente, mas, sim, sob a perspectiva eficacial do próprio ato jurídico, na medida em que a conduta reprovável não geraria repercussão jurídica alguma, tal como se dá, em termos semelhantes, no Direito Penal, no denominado "crime impossível"[9].

---

[8] DINIZ, Maria Helena. *Curso de Direito Civil Brasileiro*, 2019, v. 6, p. 72.

[9] Relembremo-nos, a título de ilustração, o conceito de crime impossível, nas palavras de Damásio de Jesus: "Nos termos do art. 17 do Código Penal, 'não se pune a tentativa quando, por ineficácia absoluta do meio ou por absoluta impropriedade do objeto, é impossível consumar-se o crime'. Em certas hipóteses, verifica-se, *ex-post*, que o autor jamais poderia atingir a consumação, quer pela inidoneidade absoluta do meio executório, quer pela absoluta impropriedade do objeto material (pessoa ou coisa). O instituto corresponde ao que se denomina 'crime impossível'(1), apresentando três espécies(2): 1ª) delito impossível por ineficácia absoluta do meio; 2ª) delito impossível por impropriedade absoluta do objeto material; 3ª) crime impossível por obra de agente provocador. Ocorre o primeiro caso quando o meio executório empregado pelo insciente pseudoautor, pela sua natureza, é absolutamente incapaz de causar o resultado (ausência de potencialidade lesiva). Ex.: o sujeito, por erro, desejando matar a vítima mediante veneno, coloca açúcar em sua alimentação, pensando tratar-se de arsênico(3). Inclui-se nessa hipótese a chamada tentativa irreal ou supersticiosa, como é o exemplo de o sujeito desejar matar a vítima mediante ato de magia ou bruxaria. Na segunda espécie, inexiste o objeto material sobre o qual deveria incidir o comportamento, ou, pela sua situação ou condição, torna-se absolutamente impossível a produção do resultado visado(4), circunstâncias desconhecidas pelo agente. Ex.: 'A', pensando que seu desafeto está dormindo, golpeia um cadáver(5). A terceira hipótese de crime impossível corresponde ao denominado crime putativo por obra de agente provocador(6). Ex.: alguém, vítima ou terceiro, de forma insidiosa, provoca o sujeito a cometer um crime, ao mesmo

## 2.2. Efeitos da exclusão por indignidade

Por se tratar de uma sanção, são pessoais os efeitos da exclusão por indignidade, de maneira que os descendentes do herdeiro excluído sucedem, como se ele morto fosse antes da abertura da sucessão (art. 1.816 do CC).

E a razão é simples.

Como dito acima, a exclusão por indignidade é uma pena, ainda que de natureza civil. E como tal não pode passar da pessoa do ofensor.

Um detalhe, no entanto, merece ser ressaltado.

O legislador foi atento, inclusive desde a codificação anterior, pois o excluído da sucessão não terá direito ao usufruto ou à administração dos bens que a seus sucessores couberem na herança, nem à sucessão eventual desses bens (parágrafo único do art. 1.816 do CC/2002).

Ou seja, os bens que foram negados ao excluído não poderão favorecê-lo (nem na condição de representante legal dos beneficiários), nem a ele retornar (por nova relação sucessória), por expressa disposição de lei.

Trata-se de norma que mantém a lógica do instituto punitivo ora estudado.

# 3. TEORIA DO HERDEIRO APARENTE

No caso do herdeiro aparente, avulta, sem sombra de dúvida, o aspecto subjetivo da boa-fé.

Nesse sentido, confira-se o art. 1.817, *caput* e parágrafo único, do vigente Código Civil brasileiro:

> "Art. 1.817. São válidas as alienações onerosas de bens hereditários a terceiros de boa-fé, e os atos de administração legalmente praticados pelo herdeiro, antes da sentença de exclusão; mas aos herdeiros subsiste, quando prejudicados, o direito de demandar-lhe perdas e danos.
>
> Parágrafo único. O excluído da sucessão é obrigado a restituir os frutos e rendimentos que dos bens da herança houver percebido, mas tem direito a ser indenizado das despesas com a conservação deles".

O terceiro inocente que, por exemplo, celebra com o herdeiro (indigno) contrato de prestação de serviços para a conservação de bens da herança, faz jus à remuneração contratada.

---

tempo que toma providências para que não atinja a consumação. A ineficácia e a impropriedade não recaem sobre o meio executório nem sobre o objeto material. A impossibilidade absoluta de o delito vir a alcançar o momento consumativo decorre do conjunto das medidas preventivas tomadas pelo provocador. Por isso, ao lado da ineficácia absoluta do meio e da impropriedade absoluta do objeto, o art. 17 pode ser ampliado por analogia, estendendo-se a um terceiro caso: o do agente provocador, em que o conjunto de circunstâncias por ele dispostas exclui a possibilidade de consumação do crime(7)" (*Crime Impossível e Imputação Objetiva*. Disponível em: <http://www.buscalegis.ufsc.br/revistas/files/anexos/11595-11595-1-PB.htm>. Acesso em: 28 jun. 2017).

Da mesma forma, se, mediante autorização judicial, determinado bem, componente do acervo hereditário, é vendido pelo herdeiro e inventariante (indigno) a um terceiro de boa-fé, a alienação é válida.

Em outras palavras, na perspectiva do princípio da boa-fé e da própria teoria da aparência, não podem ser prejudicados aqueles que, amparados na legítima expectativa da qualidade de herdeiro, firmam com este uma relação negocial juridicamente possível.

Por fim, note-se que, uma vez excluído da relação sucessória, o herdeiro indigno é obrigado a restituir os frutos e rendimentos dos bens da herança que houver percebido, embora tenha o direito de ser indenizado pelas despesas de conservação, na perspectiva da regra que veda o enriquecimento sem causa.

## 4. PERDÃO DO INDIGNO

A teor do art. 1.818 do Código Civil, "aquele que incorreu em atos que determinem a exclusão da herança será admitido a suceder, se o ofendido o tiver expressamente reabilitado em testamento, ou em outro ato autêntico".

Admite-se, com isso, o perdão do herdeiro indigno, desde que o autor da herança o faça expressamente, mediante declaração no testamento, ou por meio de qualquer outro instrumento, público ou particular.

Poderá, assim, perdoar o filho que o caluniou, por meio da lavratura de uma escritura pública, ou mediante a confecção de um simples documento (por exemplo, uma carta ou um e-mail, ou mesmo uma gravação digital de áudio ou vídeo), desde que não haja dúvida fundada quanto a sua autenticidade.

Por isso, as declarações feitas pela via eletrônica — posto sejam uma realidade inafastável da nossa contemporaneidade — exigem redobrada cautela, dada a vulnerabilidade notória a fraudes de variada ordem.

Caso não tenha havido reabilitação expressa, o indigno poderá, em nosso sentir, suceder no limite da disposição testamentária, se o testador, ao testar, já conhecia a causa da indignidade: trata-se do chamado perdão tácito.

Por óbvio, o perdão do ofendido, quer seja expresso ou tácito, deverá ser livre, isento de vícios, como a coação e o dolo, sob pena de ser invalidado, segundo as regras gerais de invalidade do ato jurídico.

## 5. DESERDAÇÃO

No esforço de sistematização teórica, parece-nos evidente, como já dito, que, em um capítulo que trata da exclusão da sucessão, sejam abordados conjuntamente os temas da indignidade e da deserdação, mesmo sendo esta última situação aplicável estritamente à Sucessão Testamentária.

Trata-se de matéria disciplinada pelos arts. 1.961 a 1.964 da vigente codificação, que, aqui, será analisada.

Vamos a ela!

### 5.1. Conceito

Podemos conceituar a deserdação como uma medida sancionatória e excludente da relação sucessória, imposta pelo testador ao herdeiro necessário que haja cometido qualquer dos atos de indignidade capitulados nos arts. 1.962 (que remete ao art. 1.814) e 1.963 do Código Civil.

No ensinamento de ORLANDO GOMES:

> "Deserdação é a privação, por disposição testamentária, da legítima do herdeiro necessário.
>
> Sua exclusão por esse modo é autorizada em nosso Direito, mas outras legislações, em maioria, aboliram-na o instituto, não apenas por odiosa, mas, também, por inútil, em face das regras relativas à indignidade. Entretanto, não se confundem. A deserdação regula-se na sucessão testamentária, por isso que só em testamento pode ser ordenada. A indignidade é o instituto da sucessão legítima. A indignidade pode ser motivada em fatos posteriores à morte do autor da herança, ao passo que a deserdação só em fato ocorrido durante a vida do testador. Mais extenso é o campo da aplicação daquele, pois podem ser declarados indignos os herdeiros legítimos sem exceção, isto é, os descendentes, ascendentes, cônjuge e parentes colaterais, enquanto a deserdação se restringe aos herdeiros legitimários, isto é, aos descendentes, ascendentes e ao cônjuge. Contemplam-se, ademais, casos de deserdação que não se incluem entre os de indignidade. Por tais motivos, julgam alguns ser conveniente tratar separadamente as duas espécies. Outros, porém, consideram desnecessária a duplicidade, não somente porque a deserdação pertence, em essência, à sucessão legítima, mas, sobretudo, porque, conforme procedente observação de Clóvis Beviláqua, os efeitos legais da indignidade bastam para excluir da herança os que realmente não a merecem. Certo é que o instituto da deserdação não teve aplicação prática, justificando-se sua ablação do Código"[10].

Entendemos, pois, nesse contexto, que, em sentido lato, também as hipóteses previstas nos arts. 1.962 e 1.963 podem ser qualificadas como "atos de indignidade".

Conheçamos, portanto, as hipóteses legais justificadoras da deserdação.

### 5.2. Hipóteses legais de deserdação

Por se tratar de situações referidas em um testamento, parece-nos óbvio salientar, de início, que somente se pode falar de deserdação referente a fatos ocorridos anteriormente à sua celebração[11].

---

[10] GOMES, Orlando. *Sucessões*, Rio de Janeiro: Forense, 1998 p. 225-6.

[11] "AÇÃO DE DESERDAÇÃO EM CUMPRIMENTO A DISPOSIÇÃO TESTAMENTÁRIA. 1. Exceto em relação aos arts. 1.742 e 1.744 do Código Civil de 1916, os demais dispositivos legais invocados no recurso especial não foram prequestionados, incidindo os verbetes sumulares 282 e 356, do STF.

Sobre as hipóteses legais de deserdação, dispõe o nosso Código:

"Art. 1.961. Os herdeiros necessários podem ser privados de sua legítima, ou deserdados, em todos os casos em que podem ser excluídos da sucessão.

Art. 1.962. Além das causas mencionadas no art. 1.814, autorizam a deserdação dos descendentes por seus ascendentes:

I — ofensa física;

II — injúria grave;

III — relações ilícitas com a madrasta ou com o padrasto;

IV — desamparo do ascendente em alienação mental ou grave enfermidade.

Art. 1.963. Além das causas enumeradas no art. 1.814, autorizam a deserdação dos ascendentes pelos descendentes:

I — ofensa física;

II — injúria grave;

III — relações ilícitas com a mulher ou companheira do filho ou a do neto, ou com o marido ou companheiro da filha ou o da neta;

IV — desamparo do filho ou neto com deficiência mental ou grave enfermidade".

As hipóteses aí descritas, em geral, dispensariam explicação mais detida, dada a sua fácil intelecção.

Vale registrar, porém, que o vigente Código Civil brasileiro excluiu do rol das causas de deserdação dos descendentes a "desonestidade da filha que vive na casa paterna", prevista no art. 1.744, III, do CC/1916, dispositivo incompatível com a igualdade entre os sexos e de tratamento entre filhos, propugnada pela Constituição Federal de 1988.

É de observar, todavia, que o art. 1.962 cuidou dos atos perpetrados pelos descendentes contra os ascendentes, ao passo que o artigo seguinte, por sua vez, analisou a situação inversa.

Poderia, talvez, o legislador, haver ordenado todas essas situações em um dispositivo único, esclarecendo, em parágrafo(s), que os atos atentatórios admitiriam reciprocidade, ou mesmo referindo, no próprio *caput*, que as hipóteses aplicar-se-iam à deserdação tanto de ascendentes como de descendentes, o que não seria de difícil compreensão.

Mas assim não o fez, optando por uma normatização mais extensa.

---

2. Acertada a interpretação do Tribunal de origem quanto ao mencionado art. 1.744, do CC/1916, ao estabelecer que a causa invocada para justificar a deserdação constante de testamento deve preexistir ao momento de sua celebração, não podendo contemplar situações futuras e incertas. 3. É vedada a reapreciação do conjunto probatório quanto ao momento da suposta prática dos atos que ensejaram a deserdação, nos termos da súmula 07, do STJ. Recurso não conhecido" (STJ, REsp 124.313/SP, Recurso Especial 1997/0019264-4, Rel. Min. Luis Felipe Salomão (1140), 4ª Turma, julgado em 16-4-2009, *DJe* 8-6-2009).

Nesse contexto, temos que as ofensas físicas, as injúrias graves, as relações amorosas ou sexuais espúrias e o desamparo da pessoa doente podem justificar a aplicação da pena de deserdação.

Atenção especial merece a hipótese do desamparo, que poderá ser "do ascendente em alienação mental ou grave enfermidade" (art. 1.962, IV), ou do "filho ou neto com deficiência mental ou grave enfermidade" (art. 1.963, IV).

Chama a nossa atenção o fato de, no segundo caso, haver o legislador perdido a oportunidade de utilizar a expressão "descendente", preferindo se limitar à categoria dos filhos e à dos netos, talvez pela constatação fática da pouca ocorrência de convivência entre bisavós e bisnetos, o que merece ser repensado diante do avanço da medicina e do aumento da expectativa média de vida.

Outro aspecto de relevo é a menção à expressão "deficiência mental" no art. 1.963, IV, em descompasso com o dispositivo anterior, que preferiu "alienação mental". Se a distinção foi intencional, pensamos que, em vez de salutar, primou por incrementar o lamentável risco da insegurança jurídica, pela injustificada ausência de uniformidade no tratamento de situações equiparadas.

Analisando o dispositivo por outra ótica, observa CARLOS ROBERTO GONÇALVES, em sua bela obra:

> "E o inciso IV ganhou redação aperfeiçoada, mais condizente com a moderna psiquiatria, usando a expressão 'deficiência mental' no lugar de 'alienação mental'. Sem dúvida, o desamparo diante da deficiência mental ou grave enfermidade de um descendente, cometida pelo ascendente, em geral possuidor de maiores recursos financeiros, revela-se mais grave e repulsivo do que a idêntica conduta omissiva do descendente"[12].

Poderia, talvez, o legislador, optando por uma expressão aperfeiçoada, uniformizar a dicção legal.

Por fim, temos que a noção de desamparo — tanto do ascendente como do descendente enfermo — também pode se subsumir na noção maior de "abandono afetivo".

Este tema, aliás, tem despertado, nos últimos anos, a atenção dos civilistas, como já tivemos a oportunidade de escrever:

> "Um dos primeiros juristas a tratar do assunto foi o talentoso RODRIGO DA CUNHA PEREIRA que, analisando o primeiro caso a chegar em uma Corte Superior brasileira, asseverou: Será que há alguma razão/justificativa para um pai deixar de dar assistência moral e afetiva a um filho? A ausência de prestação de uma assistência material seria até compreensível, se se tratasse de um pai totalmente desprovido de recursos. Mas deixar de dar amor e afeto a um filho... não há razão nenhuma capaz de explicar tal falta.

[12] GONÇALVES, Carlos Roberto. *Direito Civil Brasileiro* — Direito das Sucessões, 15. ed., São Paulo: Saraiva, 2020, v. 7, p. 444.

> O referido litígio cuidou, fundamentalmente, da seguinte discussão: se o afeto se constituiria em um dever jurídico, de forma que a negativa injustificada e desarrazoada caracterizaria um ato ilícito.
>
> Os partidários da tese defendem a ideia de uma paternidade/maternidade responsável, em que a negativa de afeto, gerando diversas sequelas psicológicas, caracterizaria um ato contrário ao ordenamento jurídico e, por isso, sancionável no campo da responsabilidade civil.
>
> Já aqueles que se contrapõem à tese sustentam, em síntese, que a sua adoção importaria em uma indevida 'monetarização do afeto', com o desvirtuamento da sua essência, bem como a impossibilidade de se aferir quantidade e qualidade do amor dedicado por alguém a outrem, que deve ser sempre algo natural e espontâneo, e não uma obrigação jurídica, sob controle estatal"[13].

Ora, se, no campo da responsabilidade civil, a matéria ainda desperta acesa polêmica, pensamos que, aqui na seara sucessória, não há dúvida no sentido de se poder considerar o abandono afetivo do ascendente ou descendente doente causa de deserdação, uma vez que a situação fática descrita enquadra-se perfeitamente no conceito aberto codificado.

## 5.3. Procedimento

Por se tratar de uma sanção civil, a deserdação não admite dicção genérica ou expressão abstrata.

Isso porque, somente com expressa declaração de causa, pode a deserdação ser ordenada em testamento (art. 1.964 do CC).

Claro que não se exige do testador conhecimento técnico especializado que lhe permita apontar os artigos do Código Civil que amparam a sua declaração. Mas é indispensável que, da interpretação do testamento, reste clara e livre de dúvidas a situação que justificou a exclusão sucessória, subsumível em um dos retromencionados dispositivos do Código Civil.

Assim, não há como falar em deserdação implícita.

Aberta a relação sucessória, com a morte do testador, será necessário, ainda, que o herdeiro instituído ou beneficiário, mediante ação própria — que deverá tramitar no próprio juízo do inventário ou arrolamento —, prove a veracidade da causa alegada pelo testador (art. 1.965 do CC).

O prazo para o exercício do direito potestativo é decadencial de quatro anos, a contar da abertura do testamento, coincidindo com o mesmo prazo para a ação de exclusão de herdeiro ou legatário por indignidade (§ 1º do art. 1.815 do CC/2002), o que ressalta a proximidade dos institutos.

13 Para aprofundar o estudo do tema, cf.: GAGLIANO, Pablo Stolze; PAMPLONA FILHO, Rodolfo. *Novo Curso de Direito Civil* — Direito de Família, 10. ed., São Paulo: Saraiva, 2020, v. 6, p. 735.

Findo o prazo ou julgado improcedente o pedido, restará sem efeito a deserdação imposta no testamento.

## 5.4. Efeitos de deserdação e direito de representação

Os efeitos da exclusão do herdeiro por indignidade são pessoais, na forma do art. 1.816 do CC.

E o que dizer da deserdação?

Há divergência na doutrina.

Com efeito, o texto codificado nada menciona acerca dos efeitos da deserdação.

Seria tal omissão proposital?

A resposta é fundamental para abordar o importante tema dos efeitos da deserdação para o exercício de eventual direito de representação[14].

E, de fato, a doutrina diverge se é ou não possível ao sucessor do deserdado herdar por direito de representação.

Optando por uma visão restritiva, tem-se o posicionamento de WASHINGTON DE BARROS MONTEIRO:

> "No tocante ao deserdado, porém, diversifica a situação. Não só é ele excluído, como também o são seus descendentes. O direito pré-codificado realmente excluía da sucessão os herdeiros do deserdado e assim também o Código Civil de 1916.
>
> A essa conclusão se chegava ante a consideração de que o Código Civil de 1916 não fazia referência, quanto à deserdação, a efeito previsto da indignidade, que excluía da herança os sucessores do indigno. Ademais, a lei revogada, ao excluir o usufruto, bem como da administração dos pais, certos bens pertencentes aos filhos menores, só se reportava à indignidade, sem qualquer referência à deserdação. Ora, crucial não seria que o deserdado pudesse exercer aqueles atributos do pátrio poder com relação aos bens da herança de que havia sido excluído. A falta de referência à deserdação, ao contrário do que sucedia com a indignidade, indicava positivamente que, naquele caso, não recolhiam a herança os herdeiros do deserdado. Reconheça-se, todavia, que a opinião prevalecente era em sentido contrário"[15].

Em sentido diametralmente oposto é o ensinamento de ORLANDO GOMES:

> "Entendem-se pessoais os efeitos da deserdação. Consideram-na pena, inferindo deste caráter que não pode alcançar os descendentes do herdeiro culpado: *nullum patris delictum innocenti filio poena est*. Realmente, não devem os filhos ser punidos pela culpa dos pais.

---

[14] O tema do "*Direito de Representação*" será objeto de capítulo próprio, ao qual remetemos o nosso amigo leitor.

[15] MONTEIRO, Washington de Barros. *Curso de Direito Civil* — Direito das Sucessões, 38. ed., v. 6, São Paulo: Saraiva, 2011, p. 268-9.

> Contudo, não é pacífico, entre nós, esse entendimento. Argumenta-se que, não contendo a lei no capítulo da deserdação disposição que atribua aos descendentes do herdeiro excluído o direito de sucessão como se ele morto fosse, não podem recolher a herança do deserdado. Passaria aos demais herdeiros do testador. Predomina, no entanto, a opinião diversa. Aplica-se, por analogia, a regra instituída para o caso de exclusão por indignidade. Tem inteiro cabimento tal recurso de interpretação, porque os dois títulos se assemelham e colimam o mesmo fim, conquanto diversos os processos de exclusão do herdeiro. Atenta, ademais, à circunstância de que se tem a deserdação como uma pena civil, justifica-se, por um princípio geral de direito, limitar seus efeitos à pessoa do deserdado. [RA] Perdeu o legislador a oportunidade de pôr fim à polêmica existente, causada por uma omissão no texto revogado fartamente criticada pela doutrina e jurisprudência e, que, certamente, poderia ter sido reparada no novo texto [RA]"[16].

Diante da divergência doutrinária, cabe-nos expor nosso posicionamento.

E ele, sem dúvida, é no sentido de limitar os efeitos da deserdação à pessoa do deserdado, reconhecendo-se, aos seus sucessores, o direito de representação, tal como se dá na exclusão por indignidade (art. 1.816).

Com efeito, parece-nos exagerado ampliar os efeitos da deserdação aos seus herdeiros, pois, se, por um lado, reconhecemos a gravidade da conduta dele, por outro, não consideramos possível se estender os efeitos da responsabilidade a ele imputada.

Observe-se que, se, em vez de deserdado, tivesse ele morrido, poderiam os seus herdeiros habilitar-se normalmente, no exercício do direito de representação, que, como visto, será estudado mais adiante.

Ora, não é razoável imaginar que, para alguém, fosse melhor que um parente seu tivesse morrido do que permanecesse vivo...

A limitação dos efeitos, além de se mostrar mais justa e adequada ao posicionamento majoritário da doutrina[17], demonstra a proximidade — aqui diversas vezes já salientada — entre os institutos da exclusão por indignidade e da deserdação.

---

[16] GOMES, Orlando. *Sucessões*, Rio de Janeiro: Forense, 1998, p. 230. A expressão [RA] significa "Revisão do Atualizador", haja vista que o falecimento de Orlando Gomes se deu em 1988.

[17] Como informação *de lege ferenda*, há de se registrar que o Projeto de Lei n. 276/2007 (antigo Projeto de Lei n. 6.960/2002) pretendia, como aperfeiçoamento da codificação brasileira, inserir um § 2º ao art. 1.965 do CC/2002, com a seguinte redação: "§ 2º São pessoais os efeitos da deserdação: os descendentes do herdeiro deserdado sucedem, como se ele morto fosse antes da abertura da sucessão. Mas o deserdado não terá direito ao usufruto ou à administração dos bens que a seus sucessores couberem na herança, nem à sucessão eventual desses bens".

# XCII HERANÇA JACENTE

## 1. CONCEITO

Segundo o dicionarista AURÉLIO BUARQUE DE HOLANDA FERREIRA, tem-se o seguinte conceito do termo "jacente":

> "Jacente [Do lat. jacente.] Adj. 2 g. 1. Que jaz; que está situado. 2. Imóvel, estacionário. [F. paral., us. nessas acepç.: jazente.] ~ V. estátua — e herança —. S. m. 3. Viga longitudinal das pontes, sobre a qual se fixam as travessas do tabuleiro. ~ V. jacentes"[1].

A compreensão do referido adjetivo, quando se junta ao substantivo "herança", tem por finalidade abranger a situação de uma herança estabelecida, mas ainda sem um destinatário conhecido.

Sobre tal situação, nomeada justamente de "herança jacente", estabelece o art. 1.819 do CC:

> "Art. 1.819. Falecendo alguém sem deixar testamento nem herdeiro legítimo notoriamente conhecido, os bens da herança, depois de arrecadados, ficarão sob a guarda e administração de um curador, até a sua entrega ao sucessor devidamente habilitado ou à declaração de sua vacância".

Assim, pode-se conceituar herança jacente como aquela em que o falecido não deixou testamento ou herdeiros notoriamente conhecidos.

A herança literalmente "jaz" enquanto não se apresentam herdeiros para reclamá-la, ignorando-se quem seja, do ponto de vista ideal, o novo titular do patrimônio deixado.

E qual é a natureza jurídica desse instituto?

É o que veremos no próximo tópico.

## 2. NATUREZA

A herança jacente é, de fato, uma massa patrimonial.

Não tem ela personalidade jurídica, sendo resultado de uma arrecadação de bens, para se evitar que fique sem titular indefinidamente.

---

1 FERREIRA, Aurélio Buarque de Holanda. *Novo Dicionário Aurélio da Língua Portuguesa*, 2. ed., Rio de Janeiro: Nova Fronteira, 1986, p. 979.

Trata-se, em outras palavras, de um ente despersonalizado[2], ao qual, juntamente com a herança vacante, a legislação processual civil brasileira reconhece legitimação ativa e passiva para demandar judicialmente, na forma do art. 75, VI, do Código de Processo Civil de 2015[3].

Sobre a natureza da herança jacente, observa CARLOS ROBERTO GONÇALVES:

> "Releva salientar que a herança jacente distingue-se do espólio, malgrado tenham em comum a ausência de personalidade. No espólio, os herdeiros legítimos ou testamentários são conhecidos. Compreende os bens deixados pelo falecido, desde a abertura da sucessão até a partilha. Pode aumentar com os rendimentos que produza, ou diminuir em razão de ônus ou deteriorações. A noção de herança jacente, todavia, é a de uma sucessão sem dono atual. É o estado da herança que não se sabe se será adida ou repudiada"[4].

Realmente, a distinção é importante, uma vez que o espólio abrange toda a massa patrimonial deixada, partindo-se do pressuposto de conhecimento — ainda que não individualizado — de seus potenciais titulares.

## 3. ARRECADAÇÃO

Ocorrendo a situação do falecimento de alguém sem a existência de testamento ou herdeiros, tem-se a situação fática autorizadora do reconhecimento da herança jacente.

O Estado, com a finalidade de evitar o perecimento do valor representado pelos bens cujo titular se ignora, determina a sua arrecadação, com o fito de entregar a referida massa patrimonial aos herdeiros que eventualmente demonstrem tal condição.

E, enquanto não surgem herdeiros, o curador dado à herança jacente deve providenciar a regularização de ativos e passivos da massa patrimonial.

Nesse sentido, confira-se o art. 1.821 do CC (sem equivalente na codificação anterior):

> "Art. 1.821. É assegurado aos credores o direito de pedir o pagamento das dívidas reconhecidas, nos limites das forças da herança".

E se não aparecerem quaisquer herdeiros?

É o momento da conversão da herança jacente em vacante, conforme preceitua o art. 1.820 do CC/2002:

> "Art. 1.820. Praticadas as diligências de arrecadação e ultimado o inventário, serão expedidos editais na forma da lei processual, e, decorrido um ano de sua primeira

---

[2] Sobre o tema, confira-se o subtópico 5.2 ("Grupos Despersonalizados") do Capítulo VI ("Pessoa Jurídica") do v. 1 ("Parte Geral") de nosso *Novo Curso de Direito Civil*.

[3] Código de Processo Civil de 2015: "Art. 75. Serão representados em juízo, ativa e passivamente: (...) VI — a herança jacente ou vacante, por seu curador; (...)".

[4] GONÇALVES, Carlos Roberto. *Direito Civil Brasileiro* — Direito das Sucessões, 15. ed., 2020, v. 7, p. 139.

publicação, sem que haja herdeiro habilitado, ou penda habilitação, será a herança declarada vacante".

E quais são as consequências de tal conversão? Em que consiste efetivamente a herança vacante?

É o que veremos em seguida.

## 4. HERANÇA VACANTE

O conceito de herança vacante, tradicionalmente, é visto como um sucedâneo da noção de herança jacente.

De fato, considera-se vacante a herança que não teve qualquer habilitação de herdeiro, seja por ser desconhecido, seja porque aqueles de que se têm notícias a ela renunciaram.

Assim, a lógica era somente considerar vacante a herança após o reconhecimento da sua jacência.

Todavia, o vigente Código Civil brasileiro, por sua vez, inovou a matéria, ao estabelecer, em seu art. 1.823:

> "Art. 1.823. Quando todos os chamados a suceder renunciarem à herança, será esta desde logo declarada vacante".

A inovação é bem-vinda.

A ideia é, literalmente, economizar tempo.

Todavia, a questão pode se tornar um pouco mais complexa, caso venham a surgir outros herdeiros posteriormente à renúncia de todos aqueles conhecidos originalmente.

É por isso que os conceitos de herança jacente e de herança vacante, no sistema brasileiro, sempre foram normalmente encarados como fases de uma sequência temporal.

Vale dizer, a vacância somente é reconhecida quando não houve qualquer habilitação de herdeiros para a herança, sendo a jacência um estado meramente provisório.

Decorrido o mencionado interstício (um ano, na forma do já transcrito art. 1.820 do CC) para o reconhecimento da vacância da herança, ou ocorrendo a mencionada situação de reconhecimento imediato da herança vacante (art. 1.821 do CC/2002), quais são as consequências para a massa patrimonial sem titular conhecido?

A matéria está disciplinada no art. 1.822 do CC:

> "Art. 1.822. A declaração de vacância da herança não prejudicará os herdeiros que legalmente se habilitarem; mas, decorridos cinco anos da abertura da sucessão, os bens arrecadados passarão ao domínio do Município ou do Distrito Federal, se localizados nas respectivas circunscrições, incorporando-se ao domínio da União quando situados em território federal.
>
> Parágrafo único. Não se habilitando até a declaração de vacância, os colaterais ficarão excluídos da sucessão".

Observe-se que não há uma incorporação imediata dos bens pelo Estado, após a declaração de vacância, dada a previsão de um lapso temporal de cinco anos, a partir da abertura da sucessão, para que o domínio público, efetivamente, se consolide, em virtude da ausência de herdeiros conhecidos e habilitados:

> "RECURSO ESPECIAL. AÇÃO POPULAR. ANULAÇÃO DE TESTAMENTO. INADEQUAÇÃO DA VIA ELEITA. AFASTAMENTO DA MULTA IMPOSTA. SÚMULA N. 98.
>
> 1. O art. 9º do Regimento Interno do STJ dispõe que a competência das Seções e Turmas é fixada em função da natureza da relação litigiosa. No caso, não obstante tratar-se de ação popular, o fato é que a relação em litígio é eminentemente de ordem privada, pois litiga-se a nulidade de um testamento. O interesse da Administração Pública é reflexo, em razão da possível conversão da herança em vacante.
>
> 2. Para que o ato seja sindicável mediante ação popular, deve ele ser, a um só tempo, nulo ou anulável e lesivo ao patrimônio público, no qual se incluem 'os bens e direitos de valor econômico, artístico, estético, histórico ou turístico.' Com efeito, mostra-se inviável deduzir em ação popular pretensão com finalidade de mera desconstituição de ato por nulidade ou anulabilidade, sendo indispensável a asserção de lesão ou ameaça de lesão ao patrimônio público.
>
> 3. No caso, pretende-se a anulação de testamento por suposta fraude, sendo que, alegadamente, a herança tornar-se-ia jacente. Daí não decorre, todavia, nem mesmo em tese, uma lesão aos interesses diretos da Administração. Isso porque, ainda que se prosperasse a alegação de fraude na lavratura do testamento, não se teria, por si só, uma lesão ao patrimônio público, porquanto tal provimento apenas teria o condão de propiciar a arrecadação dos bens do falecido, com subsequente procedimento de publicações de editais.
>
> 4. A jacência, ao reverso do que pretende demonstrar o recorrente, pressupõe a incerteza de herdeiros, não percorrendo, necessariamente, o caminho rumo à vacância, tendo em vista que, após publicados os editais de convocação, podem eventuais herdeiros se apresentarem, dando-se início ao inventário, nos termos dos arts. 1.819 a 1.823 do Código Civil.
>
> 5. 'Embargos de declaração manifestados com notório propósito de prequestionamento não têm caráter protelatório' (Súmula n. 98).
>
> 6. Recurso especial parcialmente conhecido e, na extensão, provido" (STJ, REsp 445653/RS, Recurso Especial 2002/0070597-6, Rel. Min. Luis Felipe Salomão, 4ª Turma, julgado em 15-10-2009, *DJe* 26-10-2009).

Não há, note-se, prejuízo necessário aos herdeiros — enquanto não se dá tal incorporação —, uma vez que ainda podem se habilitar para receber a herança, salvo os colaterais (que não são herdeiros necessários), que ficam, na forma do mencionado parágrafo único do art. 1.822, excluídos da sucessão.

# XCIII DA PETIÇÃO DE HERANÇA

CONTEÚDO DIGITAL ON-LINE

# XCIV SUCESSÃO LEGÍTIMA

## 1. NOÇÕES CONCEITUAIS

A denominada "Sucessão Legítima" traduz o conjunto de regras que disciplina a transferência patrimonial *post mortem*, sem a incidência de um testamento válido.

Nos termos do Código Civil, "morrendo a pessoa sem testamento, transmite a herança aos herdeiros legítimos; o mesmo ocorrerá quanto aos bens que não forem compreendidos no testamento; e subsiste a sucessão legítima se o testamento caducar, ou for julgado nulo" (art. 1.788 do CC).

## 2. DISCIPLINA JURÍDICA POSITIVADA DA SUCESSÃO LEGÍTIMA

Antes de adentrarmos no núcleo desta apaixonante temática, algumas outras considerações, porém, devem ser feitas, para a sua completa e abrangente compreensão.

### 2.1. Considerações gerais e regras fundamentais

Se as regras da Sucessão Legítima existem para a preservação da parte indisponível da herança — prestigiando-se alguns dos herdeiros —, não se pode negar que o estabelecimento de uma ordem de vocação hereditária tem por finalidade, também, permitir a transmissibilidade do patrimônio do falecido, especialmente para os casos em que ele não manifestou, de forma prévia, a sua vontade sobre o sentido do direcionamento daqueles bens.

Por isso, a própria lei cuida de imprimir destinação ao patrimônio, segundo uma suposta vontade presumível do autor da herança.

Nesse contexto, é muito importante frisarmos que é característica básica do sistema a regra segundo a qual o sucessor mais próximo exclui o mais remoto.

Ainda a título introdutório, é importante frisar a mudança por que passou o sistema, quando da revogação do Código de 1916 e consequente entrada em vigor da Lei de 2002.

Até então, o sistema de Sucessão Legítima, a par de bastante simplificado, conferia uma tutela tênue ao cônjuge sobrevivente.

Vale dizer, com a morte do autor da herança, a transmissibilidade dos bens era linear, sem a existência de eventual direito concorrencial, na seguinte ordem:

a) descendente;
b) ascendente;
c) cônjuge;
d) colateral.

Destaque-se que a(o) companheira(o) sobrevivente, por sua vez, também foi contemplada(o) na terceira classe de sucessores, a partir da vigência da Lei n. 8.971, de 1994.

Em suma, a ordem de transmissibilidade patrimonial era de simples intelecção, com prioridade do descendente.

Ao cônjuge e à companheira (ou companheiro), reservara-se a terceira classe sucessória, a par de lhe haverem sido conferidos certos direitos sucessórios indiretos ou paralelos, a exemplo do "usufruto vidual" e do "direito real de habitação", que serão analisados em subtópicos posteriores.

Críticas eram feitas a esse sistema, desde a primeira codificação brasileira, sob o argumento de que o direito do cônjuge não estaria suficientemente preservado, impondo-se uma reforma que melhor contemplasse a sua situação e aperfeiçoasse a sua tutela.

Nesse sentido, veja-se o testemunho histórico de CLÓVIS BEVILÁQUA:

> "Entre marido e mulher não existe parentesco, que sirva de base a um direito hereditário recíproco. Um elo mais forte, porém, os une em sociedade tão íntima, pela comunhão de afetos, de interesses, de esforços, de preocupações, em vista da prole engendrada por ambos, que se não pode recusar a necessidade de lhes ser garantido um direito sucessório, somente equiparável ao dos filhos e ao dos pais. Ou se tenha em atenção, para determinar o direito hereditário *ab intestato*, o amor presumido do *de cujus* ou a solidariedade da família, a situação do cônjuge supérstite apresenta-se sob aspectos dos mais vantajosos. E, relembrando que a fortuna do marido encontra na sábia economia da mulher um poderoso elemento de conservação e desenvolvimento; que é, muitas vezes, para cercar uma esposa amada, de conforto e de gozos, que o homem luta e vence no conflito vital; e ainda que a equidade seria gravemente golpeada em muitas circunstâncias, se o cônjuge fosse preferido por um parente longínquo; os legisladores modernos têm procurado reagir contra o sistema ilógico e injusto da exclusão total ou quase total do cônjuge sobrevivo em face da herança do cônjuge pré-morto"[1].

E coube ao codificador de 2002 atender a esses reclamos.

Isso porque o tratamento jurídico sucessório do cônjuge supérstite fora vigorosamente ampliado, reconhecendo-se, no texto codificado, a sua condição de herdeiro necessário e concorrente com os descendentes e ascendentes.

---

[1] BEVILÁQUA, Clóvis. *Direito das Sucessões*, 4. ed., Rio de Janeiro/São Paulo: Freitas Bastos, 1945, p. 143-4.

O mesmo elogio à atual codificação, todavia, não pode ser dito em relação ao tratamento sucessório da(o) companheira(o), que, conforme veremos em momento oportuno, sofreu um inegável maltrato legislativo, que tem sido abrandado, paulatinamente, pela jurisprudência, inclusive do Supremo Tribunal Federal[2].

Com efeito, o casamento passou a conferir um *status* sucessório até então inexistente.

À(ao) viúva(o), outrora casada(o), não apenas se manteve um importante direito sucessório paralelo (direito real de habitação), como também, a par de ser erigida(o) à categoria de herdeiro necessário, passou a concorrer com os sucessores das classes anteriores (ascendentes e descendentes), em uma clara mitigação da tradicional regra, acima mencionada, segundo a qual o "herdeiro mais próximo excluiria o mais remoto".

Uma verdadeira revolução em nosso sistema!

Por outro lado, conforme ainda veremos, o direito conferido ao cônjuge de concorrer com os descendentes dependerá da prévia análise do regime de bens que fora adotado.

Ou seja, ao analisarmos o inventário ou o arrolamento em que haja cônjuge sobrevivente (viúva ou viúvo) a concorrer com descendentes comuns ou exclusivos do *de cujus*, afigura-se indispensável a análise do regime de bens adotado.

## 2.2. Sucessão pelo descendente

A sucessão pelo descendente, no Código Civil de 1916, era extremamente simplificada, na medida em que o seu art. 1.603, com dicção direta, deferia a herança à primeira classe de herdeiros, sem que houvesse direito concorrencial de nenhum outro sucessor.

Ocorre que, como anunciado linhas acima, o codificador de 2002 alterou sobremaneira a matéria, ao deferir ao cônjuge sobrevivente, a depender do regime de bens adotado, direito de concorrer com o descendente na herança do falecido.

Em outras palavras, posto o descendente permaneça na primeira classe sucessória, a(o) viúva(o) sobrevivente poderá com ele concorrer, nos termos do (ainda polêmico) inciso I do art. 1.829 do Código Civil:

> "Art. 1.829. A sucessão legítima defere-se na ordem seguinte:
>
> I — aos descendentes, em concorrência com o cônjuge sobrevivente, salvo se casado este com o falecido no regime da comunhão universal, ou no da separação obrigató-

---

[2] Com efeito, por força da decisão proferida no julgamento dos Recursos Extraordinários (REs) 646.721 e 878.694, ambos com repercussão geral reconhecida, foi aprovada a seguinte tese: "No sistema constitucional vigente é inconstitucional a diferenciação de regime sucessório entre cônjuges e companheiros devendo ser aplicado em ambos os casos o regime estabelecido no artigo 1.829 do Código Civil". Embora não haja menção expressa, na tese firmada, se o(a) companheiro(a) se tornou herdeiro necessário, parece-nos que essa será a conclusão lógica a se tomar a partir daí, embora a matéria seja controvertida (DELGADO, Mario Luiz. Razões pelas quais companheiro não é herdeiro necessário. Disponível em: <https://www.conjur.com.br/2018-jul-29/processo-familiar-razoes-pelas-quais-companheiro-nao-tornou-herdeiro-necessario>. Acesso em: 22 dez. 2019.). Muito melhor seria, portanto, que, para efeito de segurança jurídica, a matéria passasse a ser regulada expressamente por norma legal, evitando a *via crucis* da discussão em processos judiciais.

ria de bens (art. 1.640, parágrafo único); ou se, no regime da comunhão parcial, o autor da herança não houver deixado bens particulares".

Da sua leitura, podemos concluir o seguinte.

Falecido o autor da herança, esta será deferida ao(s) seu(s) descendente(s), primeira classe sucessória[3], respeitada a regra segundo a qual o parente mais próximo exclui o mais remoto[4].

A questão, porém, não é mais tão simples como outrora, pois é preciso verificar se haverá a concorrência do(a) cônjuge em relação ao descendente, nos termos do referido inciso I do art. 1.829.

Nos termos desse dispositivo legal, havendo cônjuge sobrevivente (viúva ou viúvo), este NÃO terá direito de concorrer com o descendente, se o regime de bens adotado foi de:

a) comunhão universal;
b) separação obrigatória[5]; ou
c) comunhão parcial, se o autor da herança NÃO deixou bens particulares.

Por outro lado, haverá, SIM, direito de concorrer com o descendente, se o regime de bens adotado foi de:

a) participação final nos aquestos;
b) separação convencional; ou
c) comunhão parcial, se o autor da herança deixou bens particulares.

A proibição da concorrência sucessória quando o regime de bens adotado houvesse sido o da comunhão universal ou da separação obrigatória é facilmente explicada.

No primeiro caso, entendeu o legislador que a opção pela comunhão total já conferiria ao sobrevivente o amparo material necessário, em virtude das regras atinentes ao próprio direito de meação[6]. No segundo caso, *a contrario sensu*, uma vez que a própria

---

[3] Ressalvada a hipótese de um testamento haver dado destinação diversa à metade disponível, toda a herança tocará o descendente.

[4] Código Civil, art. 1.833: "Entre os descendentes, os em grau mais próximo excluem os mais remotos, salvo o direito de representação" (dispositivo sem equivalente direto no CC/1916). Neste último caso, herdando por direito de representação, sucederão "por estirpe" (art. 1.835 do CC/2002; art. 1.604 do CC/1916), conforme será visto em capítulo próprio, ao qual remetemos o amigo leitor. E, nesse contexto, vale observar ainda que os descendentes de uma mesma classe (filhos do falecido, por exemplo) têm, por óbvio, os mesmos direitos à sucessão do seu ascendente, na perspectiva do princípio da isonomia, e a teor do art. 1.834 do Código Civil de 2002 (que baniu a anacrônica regra — evidentemente não recepcionada pela ordem constitucional — do art. 1.610 do CC/1916).

[5] No inciso I do art. 1.829, o legislador errou ao fazer remissão ao art. 1.640, pois a referência correta deve ser ao art. 1.641.

[6] "CIVIL. RECURSO ORDINÁRIO EM MANDADO DE SEGURANÇA. SUCESSÃO LEGÍTIMA. ART. 1.829, I, CC/2002. CONCORRÊNCIA DO CÔNJUGE SOBREVIVENTE COM OS DESCENDENTES. CASAMENTO NO REGIME DA COMUNHÃO UNIVERSAL DE BENS. EXCLU-

lei instituiu uma forçada separação patrimonial, sentido não haveria em se deferir uma comunhão de bens após a morte.

No caso da comunhão parcial, todavia, a compreensão da proibição concorrencial não é tão simples assim.

Por isso mesmo a matéria enseja uma explicação mais minuciosa, o que será feito no próximo subtópico.

### 2.2.1. Correntes explicativas da concorrência do descendente com o cônjuge sobrevivente, no regime da comunhão parcial

A norma legal proíbe que o cônjuge sobrevivente, que fora casado sob o regime de comunhão parcial de bens, concorra com os descendentes na herança, caso o falecido NÃO haja deixado bens particulares.

Trata-se da regra do "duplo não": se "NÃO" deixou bens particulares, concorrência "NÃO" haverá.

Em outras palavras, sem prejuízo do seu direito próprio de meação, a(o) viúva(o) terá direito concorrencial, em face dos descendentes, quanto aos bens particulares deixados pelo falecido, quando o regime adotado houver sido o da comunhão parcial de bens.

Nesse sentido, GISELDA HIRONAKA ensina:

> "O primeiro destes pressupostos exigidos pela lei é o do regime matrimonial de bens. Bem por isso o inc. I do art. 1.829, anteriormente reproduzido, faz depender a vocação do cônjuge supérstite do regime de bens escolhido pelo casal, quando de sua união, uma vez que o legislador enxerga nessa escolha uma demonstração prévia dos cônjuges no sentido de permitir ou não a confusão patrimonial e em que profundidade querem ver operada tal confusão.
>
> Assim, não será chamado a herdar o cônjuge sobrevivo se casado com o falecido pelo regime da comunhão universal de bens (arts. 1.667 a 1.671 do atual Código Civil), ou pelo regime da separação obrigatória de bens (arts. 1.687 e 1.688, combinado com o art. 1.641).

---

SÃO DO CÔNJUGE DA CONDIÇÃO DE HERDEIRO CONCORRENTE. ATO DO JUIZ DETERMINANDO A JUNTADA AOS AUTOS DA HABILITAÇÃO E REPRESENTAÇÃO DOS HERDEIROS DESCENDENTES. NATUREZA. DESPACHO DE MERO EXPEDIENTE. FUNDAMENTAÇÃO. DESNECESSIDADE. — A nova ordem de sucessão legítima estabelecida no CC/2002 incluiu o cônjuge na condição de herdeiro necessário e, conforme o regime matrimonial de bens, concorrente com os descendentes. — Quando casado no regime da comunhão universal de bens, considerando que metade do patrimônio já pertence ao cônjuge sobrevivente (meação), este não terá o direito de herança, posto que a exceção do art. 1.829, I, o exclui da condição de herdeiro concorrente com os descendentes. — O ato do juiz que determina a juntada aos autos da habilitação e representação dos herdeiros descendentes tem natureza de despacho de mero expediente, dispensando fundamentação, visto que não se qualificam, em regra, como atos de conteúdo decisório. Precedentes. Recurso ordinário em mandado de segurança a que se nega provimento" (STJ, RMS 22.684/RJ, Rel. Min. Nancy Andrighi, 3ª Turma, julgado em 7-5-2007, *DJ* 28-5-2007, p. 319).

Por fim, aqueles casais que, tendo silenciado quando do momento da celebração do casamento, optaram de forma implícita pelo regime da comunhão parcial de bens, fazem jus à meação dos bens comuns da família, como se de comunhão universal se tratasse, mas passam agora a participar da sucessão do cônjuge falecido, na porção dos bens particulares deste"[7].

De acordo com a lógica linha de raciocínio, a teor do critério escolhido pelo legislador — no sentido de que cônjuge sobrevivente (que fora casado em regime de comunhão parcial) somente terá direito concorrencial quando o falecido houver deixado bens particulares —, é forçoso convir que tal direito incidirá apenas sobre essa parcela de bens.

Mesmo que mantenhamos certa reserva crítica quanto à opção legislativa — na medida em que, em geral, os casais constroem seu patrimônio, conjuntamente, somente após a união conjugal, resultando muito pouco na categoria de "bens particulares" —, o fato é que a interpretação da norma sob comento, tal como redigida, conduz-nos à conclusão de que o direito concorrencial reconhecido ao cônjuge sobrevivente limita-se, de fato, ao âmbito dos bens exclusivos do falecido.

Mas a matéria não é pacífica, como anota ZENO VELOSO:

> "Mas não é pacífico, nem unânime, o parecer de que o cônjuge sobrevivente casado sob o regime da comunhão parcial só irá concorrer com os descendentes quanto aos bens particulares: alerte-se, de passagem, que poucos temas são tranquilos no direito sucessório dos cônjuges. Maria Helena Diniz (*Curso de Direito Civil Brasileiro; Direito das Sucessões*, 22. ed., São Paulo: Saraiva, v. 6, p. 122) adverte que se trata de uma questão polêmica, e enuncia que na concorrência com descendente, se o regime de bens foi o da comunhão parcial, não se devem considerar apenas os bens particulares do falecido, mas todo o acervo hereditário, 'porque a lei não diz que a herança do cônjuge só recai sobre os bens particulares do *de cujus* e para atender ao princípio da operabilidade, tornando mais fácil o cálculo para a partilha da parte cabível a cada herdeiro'. Além disso, acrescenta, a herança é indivisível, deferindo-se como um todo unitário, ainda que vários sejam os herdeiros (CC, art. 1.791 e parágrafo único). Entendem, igualmente, que, nesse caso, a concorrência do cônjuge com os descendentes envolve os bens particulares e os comuns: Guilherme Calmon Nogueira da Gama, Inácio de Carvalho Neto, Luiz Paulo Vieira de Carvalho e Mario Roberto Carvalho de Faria, segundo levantamento feito por Francisco José Cahali (*Direito das Sucessões*, 3. ed., com Giselda Maria Fernandes Novaes Hironaka, São Paulo: Revista dos Tribunais, 2007, n. 9.4, p. 189)"[8].

[7] HIRONAKA, Giselda Maria Fernandes Novaes. Direito das Sucessões brasileiro: disposições gerais e sucessão legítima. Destaque para dois pontos de irrealização da experiência jurídica à face da previsão contida no novo Código Civil, *Jus Navigandi*, ano 8. Disponível em: <http://jus.com.br/revista/texto/4093>. Acesso em: 27 jun. 2017.

[8] VELOSO, Zeno. *Direito Hereditário do Cônjuge e do Companheiro*, São Paulo: Saraiva, 2010, p. 46.

Em um primeiro momento, de fato, seguíamos a linha de pensamento segundo a qual ao cônjuge sobrevivente assistiria o direito de concorrer com os descendentes em face de toda a herança.

E, como dito acima, ponderáveis argumentos há nesse sentido.

Dentre eles, destacamos o fato de a restrição aos bens particulares poder esvaziar completamente a norma, na medida em que, na maioria das vezes, os casais brasileiros somente amealham patrimônio ao longo da própria união conjugal, formando uma massa "comum" de bens.

Além disso, não se pode desprezar a circunstância de que tal limitação não existe nem em face da(o) companheira(o) viúva(o), a teor do tão criticado art. 1.790 do Código Civil de 2002.

Entretanto, após detida ponderação, concluímos que mais acertada é a interpretação limitativa do direito sucessório do cônjuge.

O legislador não poderia fazer uma inócua referência à expressão "bens particulares", se não pretendesse, em verdade, com isso, limitar o direito concorrencial do cônjuge a essa categoria de bens.

Trata-se de uma interpretação lógica e razoável.

Ademais, o direito próprio de meação em face do patrimônio comum já garantiria justo amparo à viúva em face dos bens construídos ou havidos conjuntamente, ao longo do matrimônio.

Por isso, posicionamo-nos junto aos autores[9] que entendem haver direito concorrencial da(o) viúva(o) — que fora casada(o) em regime de comunhão parcial de bens —, somente quanto aos bens particulares deixados pelo falecido.

O Enunciado n. 270 da III Jornada de Direito Civil, postulado de doutrina, aponta na mesma direção, ao dispor que:

> "O art. 1.829, inc. I, só assegura ao cônjuge sobrevivente o direito de concorrência com os descendentes do autor da herança quando casados no regime da separação convencional de bens ou, se casados nos regimes da comunhão parcial ou participação final nos aquestos, o falecido possuísse bens particulares, hipóteses em que a concorrência se restringe a tais bens, devendo os bens comuns (meação) ser partilhados exclusivamente entre os descendentes".

Filiamo-nos, nesse contexto, à linha de pensamento segundo a qual o direito concorrencial do cônjuge sobrevivente (que fora casado em regime de comunhão parcial de bens) limita-se aos bens particulares deixados pelo autor da herança.

---

[9] Nesse sentido, o próprio Zeno Veloso (ob. cit., p. 46). Posição peculiar é a de Maria Berenice Dias, segundo a qual, diante da pontuação do referido inciso, a sucessão do cônjuge ficaria excluída na hipótese de o falecido ter deixado bens particulares. Trata-se de uma posição minoritária e que merece a nossa respeitosa referência (DIAS, Maria Berenice, Ponto final. Art. 1.829, inciso I, do novo Código Civil, *Jus Navigandi*, n. 168, 2003. Disponível em: <http://jus.com.br/revista/texto/4634>. Acesso em: 28 jun. 2017).

Trata-se de posicionamento que se consolidou no Superior Tribunal de Justiça:

> "Seção uniformiza entendimento sobre sucessão em regime de comunhão parcial de bens
>
> O cônjuge sobrevivente, casado sob o regime da comunhão parcial de bens, concorre com os descendentes na sucessão do falecido apenas quanto aos bens particulares que este houver deixado, se existirem. Esse é o entendimento da Segunda Seção do Superior Tribunal de Justiça (STJ) em julgamento de recurso que discutiu a interpretação da parte final do inciso I do artigo 1.829 do Código Civil (CC) de 2002.
>
> A decisão confirma o Enunciado 270 da III Jornada de Direito Civil, organizada pelo Conselho da Justiça Federal (CJF), e pacifica o entendimento entre a Terceira e a Quarta Turma, que julgam matéria dessa natureza.
>
> O enunciado afirma que 'o artigo 1.829, I, do CC/02 só assegura ao cônjuge sobrevivente o direito de concorrência com os descendentes do autor da herança quando casados no regime da separação convencional de bens ou, se casados nos regimes da comunhão parcial ou participação final nos aquestos, o falecido possuísse bens particulares, hipóteses em que a concorrência se restringe a tais bens, devendo os bens comuns (meação) serem partilhados exclusivamente entre os descendentes".

Segundo o ministro Raul Araújo, que ficou responsável por lavrar o acórdão, o CC/2002 modificou a ordem de vocação hereditária, incluindo o cônjuge como herdeiro necessário, passando a concorrer em igualdade de condições com os descendentes do falecido.

Embora haja essa prerrogativa, a melhor interpretação da parte final desse artigo, segundo o ministro, no que tange ao regime de comunhão parcial de bens, não pode resultar em situação de descompasso com a que teria o mesmo cônjuge sobrevivente na ausência de bens particulares do falecido"[10].

Nesse contexto, afinal, uma pergunta se impõe: o que se deve entender por "bens particulares"?

É o que enfrentaremos no próximo subtópico!

### 2.2.2. Compreensão da expressão "bens particulares" para efeito de concorrência do cônjuge sobrevivente com o descendente

Afinal, o que significa a expressão "bens particulares" para efeito de concorrência do cônjuge sobrevivente que fora casado no regime de comunhão parcial de bens?

A sua definição, em nosso sentir, não é revestida de grande complexidade.

Ao menos, em teoria.

Reputam-se "particulares" os bens integrantes do patrimônio exclusivo de cada cônjuge, tais como: os bens que cada cônjuge possuir ao casar, e os que lhe sobrevierem, na

---

[10] Disponível em: <http://www.stj.jus.br/sites/STJ/default/pt_BR/Comunicação/noticias/Not%C3%ADcias/Seção-uniformiza-entendimento-sobre-sucessão-em-regime-de-comunhão-parcial-de-bens>. Acesso em: 28 jun. 2017.

constância do casamento, por doação ou sucessão, e os sub-rogados em seu lugar; os bens adquiridos com valores exclusivamente pertencentes a um dos cônjuges em sub-rogação dos bens particulares; as obrigações anteriores ao casamento; as obrigações provenientes de atos ilícitos, salvo reversão em proveito do casal; os bens de uso pessoal, os livros e instrumentos de profissão; os proventos do trabalho pessoal de cada cônjuge; as pensões, meios-soldos, montepios e outras rendas semelhantes; e, ainda, todos os bens cuja aquisição tiver por título causa anterior ao casamento (arts. 1.659 e 1.661 do CC).

Mas, na prática, não é tão simples assim.

Tomemos como exemplo a previsão legal segundo a qual os "proventos do trabalho pessoal de cada cônjuge" (art. 1.659, VI) não entram na comunhão parcial, ou seja, são bens exclusivos.

Por provento, entenda-se toda e qualquer retribuição devida por conta do trabalho pessoal do marido ou da mulher.

Ao estabelecer a incomunicabilidade dos proventos, o legislador firma a regra segundo a qual o direito que cada cônjuge tem ao seu salário — ou à retribuição em geral — integra o seu patrimônio pessoal e exclusivo.

Nessa linha de intelecção, dissolvido o casamento, por exemplo, o direito que o marido tem de perceber, mês a mês, o salário pago pelo seu empregador não integrará o acordo de partilha.

Trata-se de direito pessoal e exclusivo.

E note-se que o eventual pagamento de pensão alimentícia, incidente no salário, ampara-se em outras bases, nada tendo que ver com exercício de direito de meação.

Direito ao salário, portanto, ou a qualquer outra retribuição, não integra divisão de bens.

Advertimos, todavia, que os bens comprados com esses valores, por seu turno, são partilháveis, por conta da regra geral, que determina, na comunhão parcial, a divisão dos bens adquiridos onerosamente por um ou ambos os cônjuges: o salário que recebo da empresa em que trabalho é meu; todavia, o carro que eu compro com ele, no curso do casamento, pertencerá, por metade, à minha esposa.

É assim que opera o regime de comunhão parcial de bens.

E, caso o valor do salário (ou da retribuição) seja aplicado em poupança, previdência privada, ações ou outro fundo de investimento, os rendimentos ou dividendos a partir daí gerados são, consequentemente, comunicáveis.

Importante ponto da matéria, todavia, merece ser destacado.

A despeito de a regra ser clara quanto à incomunicabilidade dos proventos pessoais de cada cônjuge, existe entendimento no Superior Tribunal de Justiça, de matiz *contra legem*, no sentido de admitir — tanto na comunhão parcial como na universal — a divisão de crédito trabalhista.

Na letra fria da lei, tal julgado, como vimos, não encontraria respaldo. Todavia, partindo de uma concepção ampla do conceito de patrimônio comum, o ilustre Ministro Relator RUY ROSADO DE AGUIAR entendeu, ao julgar o REsp 421.801/RS, que, "para a maioria dos casais brasileiros, os bens se resumem à renda mensal familiar. Se tais rendas forem tiradas da comunhão, esse regime praticamente desaparece".

Cuida-se de entendimento polêmico, reafirmado em mais de uma oportunidade pelo egrégio Tribunal:

> "Verba decorrente de reclamação trabalhista. Integração na comunhão. Regime da comunhão parcial. Disciplina do Código Civil anterior. 1. Já decidiu a Segunda Seção que 'integra a comunhão a indenização trabalhista correspondente a direitos adquiridos durante o tempo de casamento sob o regime da comunhão universal' (EREsp n. 421.801/RS, Relator para acórdão o Ministro Cesar Asfor Rocha, *DJ* de 17/12/04). Não há motivo para excepcionar o regime da comunhão parcial considerando o disposto no art. 271 do Código Civil anterior. 2. Recurso especial conhecido e provido" (REsp 810.708/RS, Rel. Min. Carlos Alberto Menezes Direito, 3ª Turma, julgado em 15-3-2007, *DJ* 2-4-2007, p. 268).

E ainda:

> "Direito civil e família. Recurso especial. Ação de divórcio. Partilha dos direitos trabalhistas. Regime de comunhão parcial de bens. Possibilidade. Ao cônjuge casado pelo regime de comunhão parcial de bens é devida a meação das verbas trabalhistas pleiteadas judicialmente durante a constância do casamento. As verbas indenizatórias decorrentes da rescisão de contrato de trabalho só devem ser excluídas da comunhão quando o direito trabalhista tenha nascido ou tenha sido pleiteado após a separação do casal. Recurso especial conhecido e provido" (REsp 646.529/SP, Rel. Min. Nancy Andrighi, 3ª Turma, julgado em 21-6-2005, *DJ* 22-8-2005, p. 266).

Créditos trabalhistas depositados em conta, em nome do falecido, portanto, segundo a letra da lei, integrariam patrimônio exclusivo, sobre o qual incidiria eventual direito sucessório do cônjuge sobrevivente, casado em comunhão parcial de bens, a teor do art. 1.829, I.

Todavia, seguindo-se o entendimento esposado pelo Superior Tribunal de Justiça, pelo qual tais valores consistiriam em patrimônio comum, a despeito do direito à meação, não assistiria direito sucessório algum.

Tudo dependeria, portanto, da premissa da qual se parta.

Além disso, reveste-se de grande dificuldade a apuração dos "bens móveis" exclusivos do falecido, na medida em que, por serem, em geral, desprovidos de registro — diferentemente dos imóveis —, podem gerar dúvida quanto à sua titularidade, quando desacompanhados de documentos comprobatórios da sua propriedade.

E toda a análise precisará ser feita, no bojo do inventário ou do arrolamento, na medida em que o direito sucessório do cônjuge sobrevivente, que fora casado no regime da comunhão parcial, deve limitar-se aos bens exclusivos deixados pelo falecido.

### 2.2.3. *Concorrência do descendente com o cônjuge sobrevivente, no regime da separação convencional de bens*

Outro delicado problema diz respeito ao direito concorrencial quando os cônjuges houverem sido casados pelo regime da separação convencional de bens.

Conforme mencionamos, nos termos do inciso I do art. 1.829, direito concorrencial do cônjuge sobrevivente também haverá, se fora casado no regime de separação convencional de bens.

Note a peculiaridade, amigo leitor: o descendente herdará menos, se a(o) viúva(o) do seu falecido pai (ou mãe) — que não necessariamente será também sua genitora (ou genitor) — houver sido casado em "separação convencional de bens".

Vale dizer, se João e Maria optaram por se unir matrimonialmente segundo o regime de separação convencional, com a morte de qualquer deles, os filhos (do falecido) suportarão a concorrência da viúva (ou viúvo), que, conforme dito, não necessariamente é o seu pai ou a sua mãe.

E isso soa muito estranho, pois, se optaram por uma completa separação patrimonial durante toda a vida, não teria sentido estabelecer uma comunhão forçada com os herdeiros do falecido após a morte.

E, se os sucessores forem descendentes exclusivos do falecido, a situação ganha contornos mais absurdos ainda.

Se já é difícil para nós, bacharéis em Direito, compreendermos essa situação, violadora do bom senso, imagine-se para o brasileiro que não detenha conhecimento técnico-jurídico.

Sentido algum há no direito concorrencial do cônjuge supérstite, quando foi adotado, ao longo de toda uma vida em comum, o regime de separação convencional de bens[11].

[11] Há entendimento, todavia, no sentido da literalidade da regra, com o qual, como dito, definitivamente não concordamos: "Ementa: AÇÃO RESCISÓRIA. AÇÃO ORDINÁRIA DE DECLARAÇÃO DA CONDIÇÃO DE NÃO HERDEIRA. CÔNJUGE SOBREVIVENTE CASADA COM O FALECIDO SOB O REGIME DA SEPARAÇÃO CONVENCIONAL DE BENS, MEDIANTE PACTO. CONCORRÊNCIA COM AS DESCENDENTES. ALEGAÇÃO DE VIOLAÇÃO A LITERAL DISPOSIÇÃO DE LEI NO ACÓRDÃO. ART. 1.829, I, CC/2002. IMPROCEDÊNCIA. TEMPESTIVIDADE DA AÇÃO. Observado o prazo previsto no art. 495 do CPC na propositura da ação rescisória, impõe-se admiti-la como tempestiva. Rejeitada a preliminar de intempestividade deduzida na contestação. IMPOSSIBILIDADE JURÍDICA DO PEDIDO. Há possibilidade jurídica no pedido rescisório, cujo objeto visa desconstituir coisa julgada formal na própria decisão rescindenda, ao alegar que o julgado, na decisão inquinada, teria manifestado interpretação violando literalmente disposição de lei. Preliminar rejeitada, por maioria. IMPROCEDÊNCIA DA AÇÃO. Descabe ser rescindido o acórdão que não desconsidera ou não afronta dispositivos legais, mas apenas dá interpretação razoável, embora literal, à matéria controvertida. O acórdão rescindendo, ao deliberar que o cônjuge sobrevivente, casado pelo regime da separação convencional de bens, por pacto antenupcial, concorre à herança com as descendentes do falecido, deu interpretação literal ao precitado art. 1.829, I, CC/2002, não violando qualquer dispositivo legal. Aplicação da Súmula 343 do STF. Preliminar de intempestividade rejeitada, por unanimidade, e preliminar de impossibilidade jurídica do pedido, afastada, por maioria, ven-

É bem verdade que, nesse ponto, o Superior Tribunal de Justiça tentou contornar o absurdo da concorrência de direito sucessório da viúva(o) que fora casada(o) em separação convencional, sob o argumento de que o regime da separação obrigatória seria um gênero que abrangeria também o da separação convencional, e que, por isso, dada a exclusão do direito daquele casado no regime obrigatório, a mesma ressalva incidiria em face daqueles que optaram, mediante pacto antenupcial, pelo regime convencional:

> "Direito civil. Família e Sucessões. Recurso especial. Inventário e partilha. Cônjuge sobrevivente casado pelo regime de separação convencional de bens, celebrado por meio de pacto antenupcial por escritura pública. Interpretação do art. 1.829, I, do CC/2002. Direito de concorrência hereditária com descendentes do falecido. Não ocorrência.
>
> — Impositiva a análise do art. 1.829, I, do CC/2002, dentro do contexto do sistema jurídico, interpretando o dispositivo em harmonia com os demais que enfeixam a temática, em atenta observância dos princípios e diretrizes teóricas que lhe dão forma, marcadamente, a dignidade da pessoa humana, que se espraia, no plano da livre manifestação da vontade humana, por meio da autonomia da vontade, da autonomia privada e da consequente autorresponsabilidade, bem como da confiança legítima, da qual brota a boa-fé; a eticidade, por fim, vem complementar o sustentáculo principiológico que deve delinear os contornos da norma jurídica.
>
> — Até o advento da Lei n. 6.515/77 (Lei do Divórcio), vigeu no Direito brasileiro, como regime legal de bens, o da comunhão universal, no qual o cônjuge sobrevivente não concorre à herança, por já lhe ser conferida a meação sobre a totalidade do patrimônio do casal; a partir da vigência da Lei do Divórcio, contudo, o regime legal de bens no casamento passou a ser o da comunhão parcial, o que foi referendado pelo art. 1.640 do CC/2002.
>
> — Preserva-se o regime da comunhão parcial de bens, de acordo com o postulado da autodeterminação, ao contemplar o cônjuge sobrevivente com o direito à meação, além da concorrência hereditária sobre os bens comuns, mesmo que haja bens particulares, os quais, em qualquer hipótese, são partilhados unicamente entre os descendentes.
>
> — O regime de separação obrigatória de bens, previsto no art. 1.829, inc. I, do CC/2002, é gênero que congrega duas espécies: (i) separação legal; (ii) separação convencional. Uma decorre da lei e a outra da vontade das partes, e ambas obrigam os cônjuges, uma vez estipulado o regime de separação de bens, à sua observância.
>
> — Não remanesce, para o cônjuge casado mediante separação de bens, direito à meação, tampouco à concorrência sucessória, respeitando-se o regime de bens estipulado, que obriga as partes na vida e na morte. Nos dois casos, portanto, o cônjuge sobrevivente não é herdeiro necessário.

---

cido o Relator. No mérito, ação julgada improcedente, por unanimidade (Segredo de Justiça)" (TJRS, AR 70038425567, 4º Grupo de Câmaras Cíveis, Rel. André Luiz Planella Villarinho, julgado em 10-6-2011).

— Entendimento em sentido diverso suscitaria clara antinomia entre os arts. 1.829, inc. I, e 1.687, do CC/2002, o que geraria uma quebra da unidade sistemática da lei codificada, e provocaria a morte do regime de separação de bens. Por isso, deve prevalecer a interpretação que conjuga e torna complementares os citados dispositivos.

— No processo analisado, a situação fática vivenciada pelo casal — declarada desde já a insuscetibilidade de seu reexame nesta via recursal — é a seguinte: (i) não houve longa convivência, mas um casamento que durou meses, mais especificamente, 10 meses; (ii) quando desse segundo casamento, o autor da herança já havia formado todo seu patrimônio e padecia de doença incapacitante; (iii) os nubentes escolheram voluntariamente casar pelo regime da separação convencional, optando, por meio de pacto antenupcial lavrado em escritura pública, pela incomunicabilidade de todos os bens adquiridos antes e depois do casamento, inclusive frutos e rendimentos.

— A ampla liberdade advinda da possibilidade de pactuação quanto ao regime matrimonial de bens, prevista pelo Direito Patrimonial de Família, não pode ser toldada pela imposição fleumática do Direito das Sucessões, porque o fenômeno sucessório 'traduz a continuação da personalidade do morto pela projeção jurídica dos arranjos patrimoniais feitos em vida'.

— Trata-se, pois, de um ato de liberdade conjuntamente exercido, ao qual o fenômeno sucessório não pode estabelecer limitações.

— Se o casal firmou pacto no sentido de não ter patrimônio comum e, se não requereu a alteração do regime estipulado, não houve doação de um cônjuge ao outro durante o casamento, tampouco foi deixado testamento ou legado para o cônjuge sobrevivente, quando seria livre e lícita qualquer dessas providências, não deve o intérprete da lei alçar o cônjuge sobrevivente à condição de herdeiro necessário, concorrendo com os descendentes, sob pena de clara violação ao regime de bens pactuado.

— Haveria, induvidosamente, em tais situações, a alteração do regime matrimonial de bens *post mortem*, ou seja, com o fim do casamento pela morte de um dos cônjuges, seria alterado o regime de separação convencional de bens pactuado em vida, permitindo ao cônjuge sobrevivente o recebimento de bens de exclusiva propriedade do autor da herança, patrimônio ao qual recusou, quando do pacto antenupcial, por vontade própria.

— Por fim, cumpre invocar a boa-fé objetiva, como exigência de lealdade e honestidade na conduta das partes, no sentido de que o cônjuge sobrevivente, após manifestar de forma livre e lícita a sua vontade, não pode dela se esquivar e, por conseguinte, arvorar-se em direito do qual solenemente declinou, ao estipular, no processo de habilitação para o casamento, conjuntamente com o autor da herança, o regime de separação convencional de bens, em pacto antenupcial por escritura pública.

— O princípio da exclusividade, que rege a vida do casal e veda a interferência de terceiros ou do próprio Estado nas opções feitas licitamente quanto aos aspectos patrimoniais e extrapatrimoniais da vida familiar, robustece a única interpretação viável do art. 1.829, inc. I, do CC/2002, em consonância com o art. 1.687 do mesmo código, que assegura os efeitos práticos do regime de bens licitamente escolhido, bem como preserva a autonomia privada guindada pela eticidade.

Recurso especial provido.

Pedido cautelar incidental julgado prejudicado" (STJ, 3ª Turma, REsp 992.749/MS, Rel. Min. Nancy Andrighi, julgado em 1º-12-2009, *DJe* 5-2-2010).

Trata-se de uma argumentação bem-intencionada, que busca sanar a incoerência legislativa, mas que, *data venia*, não se afigura a mais adequada.

Com efeito, não há sentido em considerar "obrigatório" o regime da separação convencional — aquele em que a separação de bens é livremente escolhida —, pelo simples fato de se tratar de um regime de bens previsto por lei.

O fato de a separação convencional "obrigar" os cônjuges após a sua adoção não retira a sua natureza negocial, traduzida no pacto, pela óbvia circunstância de que todo negócio jurídico deverá vincular as partes pactuantes.

Isso é consequência imediata do princípio do *pacta sunt servanda*.

Confundir, portanto, a separação obrigatória (prevista em caso de incidência de uma das hipóteses previstas no art. 1.641, a exemplo do descumprimento de causa suspensiva do casamento) com a separação convencional subverte por completo a lógica do sistema.

Em síntese: a separação convencional é, sem sombra de dúvida, um regime de bens completamente diferente do da separação obrigatória e com este não pode ser confundido.

Aliás, pelo simples fato de ser escolhido livremente pelas próprias partes por meio do pacto antenupcial, jamais poderia ser intitulado de "obrigatório".

É como se rotulássemos igualmente recipientes com conteúdos completamente distintos.

Ora, se a norma contida no inciso I do art. 1.829 é infeliz — dada a contradição acima apontada —, busquemos outros caminhos hermenêuticos para permitir a sua aplicação possível, mas não utilizemos um argumento desse teor, por conta da sua completa impossibilidade jurídica.

Com isso, não deixamos de louvar a bela intenção do julgado, que pretende contornar o absurdo legislativo de se permitir concorrência sucessória em favor de quem, ao longo de toda uma vida, optou por uma completa separação patrimonial[12].

---

[12] O STJ, todavia, aparentemente, tem trilhado caminho no sentido de consolidar a interpretação literal do dispositivo legal: "AGRAVO REGIMENTAL NO RECURSO ESPECIAL. DIREITO DAS SUCESSÕES. CÔNJUGE. REGIME DE SEPARAÇÃO CONVENCIONAL DE BENS. HERDEIRO NECESSÁRIO. CONCORRÊNCIA COM DESCENDENTES. POSSIBILIDADE. ART. 1.829, I, DO CÓDIGO CIVIL. PRECEDENTES. SÚMULA N. 83 DO STJ. AGRAVO REGIMENTAL A QUE SE NEGA PROVIMENTO. 1. Admite-se ao cônjuge casado sob o regime de separação convencional de bens, a condição de herdeiro necessário, possibilitando a concorrência com os descendentes do falecido. Precedentes. Incidência da Súmula n. 83 do STJ. 2. Agravo regimental a que se nega provimento" (AgRg no REsp 1.334.340/MG, Rel. Min. Marco Aurélio Bellizze, 3ª Turma, julgado em 17-9-2015, *DJe* 8-10-2015).

Mas, por outro lado, isso não nos conduz a aceitar linha argumentativa exposta, que categoriza como "legal" um regime livremente convencionado, mediante a celebração de um negócio jurídico.

Em nosso sentir, o afastamento da norma poderia se dar na perspectiva da sua própria inconstitucionalidade.

O art. 5º, XXX, da Constituição Federal erige à categoria de direito fundamental o "direito à herança".

Trata-se, portanto, de um direito inserido no rol de cláusulas pétreas, revestido de uma juridicidade superior.

Esse argumento, por si só, já serviria para afastar a validade jurídica de uma norma infraconstitucional que pretendesse, em grave afronta ao postulado da razoabilidade e à própria vontade presumível do falecido, adstringir o direito conferido aos seus sucessores.

Não poderia, pois, o legislador, a ferro e fogo, aniquilar a autonomia privada manifestada pelo falecido ao longo de toda uma vida.

Em outras palavras, afigura-se como um duro golpe ao princípio da vedação ao retrocesso, norma posterior que admita uma atípica "comunhão patrimonial *post mortem*", em franco desrespeito ao direito constitucional à herança.

Compreendida a sucessão pelo descendente — e todas as intrincadas repercussões acarretadas pela nova disciplina codificada — passemos a dissertar sobre o tema da sucessão pelo ascendente.

## 2.3. Sucessão pelo ascendente

Bem mais simples é o regramento da sucessão pelo ascendente, o segundo na ordem de vocação hereditária.

Vale a pena, nesse ponto, passarmos em revista algumas noções acerca do parentesco em linha reta, para o adequado entendimento da norma prevista no inciso II do art. 1.829 do Código Civil, ora estudada.

Tradicionalmente, os vínculos de consanguinidade geram o que se convencionou chamar de parentesco natural.

---

"PROCESSUAL CIVIL. AGRAVO REGIMENTAL NOS EMBARGOS DE DIVERGÊNCIA EM RECURSO ESPECIAL. CIVIL. DIREITO DAS SUCESSÕES. CÔNJUGE. HERDEIRO NECESSÁRIO. ART. 1.845 DO CC/2002. REGIME DE SEPARAÇÃO CONVENCIONAL DE BENS. CONCORRÊNCIA COM DESCENDENTE. POSSIBILIDADE. ART. 1.829, I, DO CC. SÚMULA N. 168/STJ. 1. A atual jurisprudência desta Corte está sedimentada no sentido de que o cônjuge sobrevivente casado sob o regime de separação convencional de bens ostenta a condição de herdeiro necessário e concorre com os descendentes do falecido, a teor do que dispõe o art. 1.829, I, do CC/2002, e de que a exceção recai somente na hipótese de separação legal de bens fundada no art. 1.641 do CC/2002. 2. Tal circunstância atrai, no caso concreto, a incidência do Enunciado n. 168 da Súmula do STJ. 3. Agravo regimental desprovido" (AgRg nos EREsp 1.472.945/RJ, Rel. Min. Antonio Carlos Ferreira, 2ª Seção, julgado em 24-6-2015, *DJe* 29-6-2015).

No dizer de BEVILÁQUA:

> "O parentesco criado pela natureza é sempre a cognação ou consanguinidade, porque é a união produzida pelo mesmo sangue. O vínculo do parentesco estabelece-se por linhas. Linha é a série de pessoas provindas por filiação de um antepassado. É a irradiação das relações consanguíneas"[13].

Entretanto, ainda que tradicionalmente o parentesco natural toque a consanguinidade, a relação parental em linha reta pode, perfeitamente, aplicar-se ao vínculo familiar parental não consanguíneo, como se dá no caso da filiação adotiva.

Afinal, alguém negaria que o pai do adotado é seu parente em linha reta em 1º grau?

Este, portanto, é, à luz do princípio da afetividade — matriz do conceito de família —, o melhor entendimento, porquanto não hierarquiza os vínculos de família no mero pressuposto da consanguinidade.

O parentesco em linha reta está previsto expressamente no art. 1.591 do CC:

> "Art. 1.591. São parentes em linha reta as pessoas que estão umas para com as outras na relação de ascendentes e descendentes".

Verticalmente, parentes consanguíneos em linha reta descendem uns dos outros, sem limitação de graus: neto-filho-pai-avô etc.

Assim, cada linha é subdividida em graus, de maneira que, dada a proximidade, o pai (1º grau) é parente mais próximo do que o avô (2º grau).

Subindo ou descendo, não importa, os indivíduos serão considerados parentes em linha reta, *ad infinitum*.

Estudamos, anteriormente, o direito sucessório dos "descendentes" do falecido (filhos, netos, bisnetos etc.), e, agora, cuidaremos dos seus ascendentes (pais, avós, bisavós etc.).

Nesse contexto, partimos da premissa de que, não existindo descendentes (1ª classe sucessória), a herança será deferida aos ascendentes, independentemente do grau de parentesco que o sucedido mantinha com esse parente na linha reta, respeitada a regra de que o parente mais próximo (o pai, por exemplo) exclui o mais remoto (o avô):

> "Art. 1.836. Na falta de descendentes, são chamados à sucessão os ascendentes, em concorrência com o cônjuge sobrevivente.
>
> § 1º Na classe dos ascendentes, o grau mais próximo exclui o mais remoto, sem distinção de linhas[14].
>
> (...)".

---

[13] BEVILÁQUA, Clóvis. *Código Civil dos Estados Unidos do Brasil*, p. 769.

[14] Sobre o tema, o Enunciado 642 da VIII Jornada de Direito Civil da Justiça Federal estabeleceu: ENUNCIADO 642 — "Art. 1.836: Nas hipóteses de multiparentalidade, havendo o falecimento do descendente com o chamamento de seus ascendentes à sucessão legítima, se houver igualdade em grau e diversidade em linha entre os ascendentes convocados a herdar, a herança deverá ser dividida em tantas linhas quantos sejam os genitores".

Assim, por exemplo, se Joaquim falece, não deixando descendentes, a sua herança, segundo as regras da sucessão legítima, deverá ser deferida aos seus ascendentes vivos, preferindo-se o pai vivo ao avô (haja vista que o parente mais próximo, como dito, exclui o mais remoto)[15].

Vale lembrar, nesse ponto, que, na linha ascendente — contrariamente ao que ocorre na descendente —, não existe "direito de representação".

Por fim, devemos salientar que o cônjuge sobrevivente (a viúva ou viúvo) concorrerá com o herdeiro ascendente, independentemente do regime de bens adotado, diferentemente do que ocorre, como vimos acima, quando a concorrência se dá em face de descendentes do *de cujus*.

Em tal caso, concorrendo com ascendente em primeiro grau (o pai ou a mãe do falecido), ao cônjuge tocará um terço da herança (1/3); caber-lhe-á a metade (1/2) desta, todavia, se houver um só ascendente vivo, ou se maior for aquele grau (concorrendo com os avós, por exemplo).

Tal regra, positivada no art. 1.837[16] do Código Civil, é, na sua parte inicial, de clara obviedade, se a intenção foi dar uma equanimidade aritmética, uma vez que, concorrendo com um ou dois ascendentes, a divisão por dois ou três lhe garantirá exatamente o percentual definido.

O diferencial está, apenas, quando concorrer com ascendentes de grau superior, pois, aí, sim, ficará garantida metade da herança, dividindo-se o remanescente entre os demais (imagine-se, por exemplo, que haja quatro avós sobreviventes. Neste caso, o cônjuge ficará com metade, cabendo aos avós partilharem o restante).

Entendida a sucessão pelo ascendente, passemos a enfrentar a sucessão pelo cônjuge.

## 2.4. Sucessão pelo cônjuge

O Código Civil de 1916 não atribuía ao cônjuge viúvo o *status* que a vigente lei lhe confere.

No regramento anterior, pois, o consorte sobrevivente não era considerado herdeiro necessário, nem, muito menos, era detentor de direito concorrencial em face de ascendentes ou descendentes, como se dá na vigente normatização, conforme vimos nos tópicos anteriores.

Talvez por isso, como forma de compensar a pouca amplitude da sua tutela, a legislação pretérita houvesse consagrado, em favor da(o) viúva(o), "direitos sucessórios paralelos": o usufruto vidual e o direito real de habitação.

---

[15] Mas, "havendo igualdade em grau e diversidade em linha, os ascendentes da linha paterna herdam a metade, cabendo a outra aos da linha materna" (§ 2º do art. 1.836 do CC). Vale dizer, João morre sem descendentes, deixando apenas o avô paterno e a avó materna vivos. Eles dividirão a herança (pois há igualdade em grau — avós — e diversidade em linha — paterna *x* materna).

[16] "Art. 1.837. Concorrendo com ascendente em primeiro grau, ao cônjuge tocará um terço da herança; caber-lhe-á a metade desta se houver um só ascendente, ou se maior for aquele grau."

Por isso mesmo, antes de enfrentar a compreensão da efetiva disciplina da sucessão pelo cônjuge, parece-nos fundamental compreender cada um desses direitos.

Vamos a eles.

### 2.4.1. O usufruto vidual

O usufruto vidual[17] foi consagrado pela Lei n. 4.121, de 1962 (Estatuto da Mulher Casada), mediante alteração do art. 1.611 do Código de 1916, que passou a ter a seguinte redação:

> "§ 1º O cônjuge viúvo, se o regime de bens do casamento não era o da comunhão universal, terá direito, enquanto durar a viuvez, ao usufruto da quarta parte dos bens do cônjuge falecido, se houver filho deste ou do casal, e à metade se não houver filhos embora sobrevivam ascendentes do *de cujus*".

Tratava-se, pois, de um usufruto concedido ao cônjuge sobrevivente (que houvesse sido casado sob regime que não fosse o de comunhão universal), enquanto durasse a sua viuvez, incidente sobre 25% dos bens do falecido, se houvesse prole comum ou exclusiva, ou sobre 50% da herança, se não houvesse filhos, ainda que existissem ascendentes[18].

A par de se fundamentar na relação matrimonial que unia o cônjuge ao falecido, tratava-se, em essência, de um direito real na coisa alheia, que deveria, pois, observar as suas pertinentes prescrições legais, conforme, inclusive, já decidido pelo STJ:

> "CIVIL E COMERCIAL. RECURSO ESPECIAL. SOCIEDADE ANÔNIMA. AÇÕES. USUFRUTO VIDUAL. EXTENSÃO. DIREITO DE VOTO.
>
> 1. Os embargos declaratórios têm como objetivo sanar eventual obscuridade, contradição ou omissão existente na decisão recorrida.
>
> Inexiste ofensa ao art. 535 do CPC quando o Tribunal de origem pronuncia-se de forma clara e precisa sobre a questão posta nos autos, assentando-se em fundamentos suficientes para embasar a decisão, como ocorrido na espécie.
>
> 2. O instituto do usufruto vidual tem como finalidade precípua a proteção ao cônjuge supérstite.
>
> 3. Não obstante suas finalidades específicas e sua origem legal (direito de família), em contraposição ao usufruto convencional, o usufruto vidual é direito real e deve observar a disciplina geral do instituto, tratada nos arts. 713 e seguintes do CC/16, bem como as demais disposições legais que a ele fazem referência.

---

17 "Vidual. [Do lat. *viduale.*] Adj. 2 g. Referente à viuvez ou a pessoa viúva" (FERREIRA, Aurélio Buarque de Holanda, *Novo Dicionário Aurélio da Língua Portuguesa*, 2. ed., Rio de Janeiro: Nova Fronteira, 1986, p. 1776).

18 STJ: "AGRAVO REGIMENTAL. CIVIL. USUFRUTO VIDUAL. — O usufruto vidual independe da situação financeira do cônjuge sobrevivente. — O fato de o viúvo ser beneficiário de testamento do cônjuge falecido, não elide o usufruto vidual" (AgRg no REsp 844.953/MG, Rel. Min. Humberto Gomes de Barros, 3ª Turma, julgado em 11-12-2007, *DJ* 19-12-2007, p. 1223).

4. O nu-proprietário permanece acionista, inobstante o usufruto, e sofre os efeitos das decisões tomadas nas assembleias em que o direito de voto é exercido.

5. Ao usufrutuário também compete a administração das ações e a fiscalização das atividades da empresa, mas essas atividades podem ser exercidas sem que obrigatoriamente exista o direito de voto, até porque o direito de voto sequer está inserido no rol de direitos essenciais do acionista, tratados no art. 109 da Lei 6.404/76.

6. O art. 114 da Lei 6.404/76 não faz nenhuma distinção entre o usufruto de origem legal e aquele de origem convencional quando exige o consenso entre as partes (nu-proprietário e usufrutuário) para o exercício do direito de voto.

7. Recurso especial desprovido" (REsp 1.169.202/SP, Rel. Min. Nancy Andrighi, 3ª Turma, julgado em 20-9-2011, *DJe* 27-9-2011).

Por incidir em uma fração da herança, concluía-se facilmente tratar-se de instituto de aplicação tormentosa.

Mormente nas situações em que não houvesse bom e cordial relacionamento entre a viúva (ou viúvo) e os demais herdeiros, a apuração dos bens que seriam objeto desse direito real não se afigurava como tarefa fácil[19].

Em atitude louvável, o codificador de 2002 extinguiu o usufruto vidual — certamente por levar em conta a dificuldade de sua aplicação e, também, a ampliação do âmbito de tutela do cônjuge sobrevivente —, mantendo, apenas, o direito real de habitação.

Nesse sentido, preleciona ROLF MADALENO:

> "Não é preciso muito esforço para detectar a fileira de problemas causados pela concessão judicial indistinta do usufruto vidual. Começa que bloqueia a livre disposição dos bens herdados, que ficam presos pelo usufruto que se estende sobre a generalidade dos bens deixados de herança.

[19] As dificuldades na aplicação do instituto eram muitas. Por vezes, os bens componentes do acervo haviam sido alienados, caso em que dever-se-ia apurar a indenização devida à viúva, pelo usufruto não gozado, conforme decidiu o STJ: "AGRAVO REGIMENTAL. RECURSO ESPECIAL. CIVIL. SUCESSÃO. USUFRUTO VIDUAL. PARTILHA DE BENS. INOCORRÊNCIA DE TRANSAÇÃO SOBRE O DIREITO DE FRUIR DA ESPOSA SOBREVIVA. COISA JULGADA. INOCORRÊNCIA. RECURSO DESPROVIDO. 1. 'O usufruto vidual [art. 1.611, § 1º, do CC/1916] é instituto de direito sucessório, independente da situação financeira do cônjuge sobrevivente, e não se restringe à sucessão legítima. Os únicos requisitos são o regime do casamento diferente da comunhão universal e o estado de viuvez' (REsp 648.072/RJ, Rel. Min. Ari Pargendler, *DJ* 23-4-2007).

2. O reconhecimento do direito de fruição da viúva não é obstado se, apesar de existir partilha, o usufruto vidual não foi nela transacionado, ou se não ocorreu eventual compensação por esse direito, ou, ainda, se não existiu sua renúncia (que não pode ser presumida). Isso porque usufruto vidual e domínio são institutos diversos, sendo um temporário e o outro de caráter definitivo, o que torna desnecessária a prévia rescisão ou anulação da partilha, já que não se alterará a propriedade dos bens partilhados. 3. Se impossível se tornar o usufruto da esposa sobreviva pela alienação dos bens inventariados, deverá ela ser indenizada. 4. Agravo regimental a que se nega provimento" (AgRg no REsp 472.465/SP, Rel. Min. Vasco Della Giustina (Desembargador Convocado do TJRS), 3ª Turma, julgado em 8-6-2010, *DJe* 24-6-2010).

Sempre foi muito discutido o caráter alimentar do usufruto vidual, permitindo sua dispensa quando o viúvo recebesse bens considerados suficientes para garantir a sua subsistência pessoal.

Discutiu-se a possibilidade de concentração do usufruto num único ou em bens certos, previamente definidos, de modo a não causar o usual embaraço dos herdeiros que veem seus bens hereditários vitaliciamente vinculados ao cônjuge credor do usufruto vidual.

E, principalmente, discutiu-se a completa irracionalidade de estender o usufruto vidual a bens que não tivessem a sua aquisição ligada ao casamento ou à união estável, gerando imensuráveis prejuízos e incontáveis injustiças, criadas de breve relações de concubinato de poucas luas e poucos bens, mas que conferiam à companheira viúva o usufruto sobre toda a herança do falecido, incidindo sobre bens que não foram adquiridos na constância da união. Têm sido causados constrangimentos para os descendentes que devem, por lei, garantir o usufruto para o cônjuge ou concubino sobrevivente, muito embora os bens tivessem sido adquiridos antes da união, talvez pela primeira esposa do sucedido e talvez genitora dos herdeiros descendentes, constrangidos a garantirem o usufruto da segunda mulher de seu pai.

Para tranquilidade dos operadores do direito sucessório, o novo Código Civil, acertadamente, mantém apenas o direito real de habitação e extirpa o usufruto vidual que se compensa com a inclusão do supérstite na ordem necessária de vocação hereditária"[20].

E em que consiste o direito real de habitação?

É o que veremos em seguida.

### 2.4.2. Direito real de habitação

O direito real de habitação, previsto originalmente no § 2º do art. 1.611 do Código Civil brasileiro de 1916, permaneceu consagrado, como dito, em nosso novo sistema codificado.

Em verdade, vale registrar que a Lei n. 9.278, de 1996, ao disciplinar importantes aspectos da união estável, também previu o instituto, mais precisamente no parágrafo único do seu art. 7º:

> "Art. 7º Dissolvida a união estável por rescisão, a assistência material prevista nesta Lei será prestada por um dos conviventes ao que dela necessitar, a título de alimentos.
>
> Parágrafo único. Dissolvida a união estável por morte de um dos conviventes, o sobrevivente terá direito real de habitação, enquanto viver ou não constituir nova união ou casamento, relativamente ao imóvel destinado à residência da família".

[20] MADALENO, Rolf. O Novo Direito Sucessório Brasileiro. Disponível em: <http://www.rolfmadaleno.com.br/novosite/conteudo.php?id=42>. Acesso em: 28 jun. 2017.

Nessa vereda, o art. 1.831 do vigente Código Civil, assegura ao cônjuge sobrevivente, qualquer que seja o regime de bens, sem prejuízo da participação que lhe caiba na herança, direito real de habitação relativamente ao imóvel destinado à residência da família, desde que seja o único daquela natureza a inventariar.

A norma é bem-intencionada.

Pretende-se, com isso, na perspectiva do direito constitucional à moradia (art. 6º da CF), impedir que a viúva (ou viúvo) — mormente aquele de idade mais avançada — seja alijado do único imóvel integrante do monte partível, em que residiu durante toda uma vida com o falecido.

Se o direito sucessório paralelo não existisse, havendo outros herdeiros, o bem seria partilhado e, certamente, salvo acordo entre os próprios interessados, culminaria por ser alienado, repartindo-se a receita gerada e, por consequência, desalojando-se a viúva (ou viúvo) que lá residia.

Diferença fundamental há entre a vigente norma do Código Civil e a sua correspondente regra na lei revogada.

Isso porque, no Código de 1916, o direito real, posto existisse, conforme se lê no referido § 2º do art. 1.611, sofria uma limitação legal, na medida em que a viúva (ou viúvo) somente poderia exercê-lo se fosse casada(o) "sob o regime da comunhão universal".

Corretamente, em nosso sentir, o codificador de 2002 suprimiu a referência ao regime da comunhão universal, para consagrar o benefício a todo cônjuge sobrevivente, nos termos do referido art. 1.831, qualquer que fosse o regime de bens.

Ora, se o fundamento da norma é a garantia maior, de índole constitucional, de resguardo do próprio direito à moradia, sentido não haveria em condicioná-lo a determinado regime de bens[21].

E, por óbvio, dispensa maior digressão o fato de a norma constante no referido artigo não ter retroatividade:

> "DIREITO DAS SUCESSÕES. RECURSO ESPECIAL. SUCESSÃO ABERTA NA VIGÊNCIA DO CÓDIGO CIVIL DE 1916. CÔNJUGE SOBREVIVENTE. DIREITO DE USUFRUTO PARCIAL. ART. 1.611, § 1º. DIREITO REAL DE HABITAÇÃO. ART. 1.831 DO CÓDIGO CIVIL DE 2002. INAPLICABILIDADE. VEDAÇÃO EXPRESSA DO ART. 2.041 DO NOVO DIPLOMA. ALUGUÉIS DEVIDOS PELA VIÚVA À HERDEIRA RELATIVAMENTE A 3/4 DO IMÓVEL.
>
> 1. Em sucessões abertas na vigência do Código Civil de 1916, a viúva que fora casada no regime de separação de bens com o *de cujus*, tem direito ao usufruto da quarta parte dos bens deixados, em havendo filhos (art. 1.611, § 1º, do CC/16). O direito real

---

[21] Por outro lado, lamentamos que o codificador de 2002 haja suprimido o direito real de habitação em favor do filho com necessidade especial, na falta do pai ou da mãe, conforme previa o § 3º do art. 1.611 do Código revogado, incluído pela Lei n. 10.050 de 2000. Tratava-se de louvável e valorosa regra, que merece ser reeditada pelo legislador brasileiro.

> de habitação conferido pelo Código Civil de 2002 à viúva sobrevivente, qualquer que seja o regime de bens do casamento (art. 1.831 do CC/2002), não alcança as sucessões abertas na vigência da legislação revogada (art. 2.041 do CC/2002).
>
> 2. No caso, não sendo extensível à viúva o direito real de habitação previsto no art. 1.831 do atual Código Civil, os aluguéis fixados pela sentença até 10 de janeiro de 2003 — data em que entrou em vigor o Estatuto Civil —, devem ser ampliados a período posterior.
>
> 3. Recurso especial provido" (REsp 1.204.347/DF, Rel. Min. Luis Felipe Salomão, 4ª Turma, julgado em 12-4-2012, *DJe* 2-5-2012).

Mas, nesse ponto, uma indagação instigante merece ser feita.

Esse direito real de habitação durará até quando?

Logicamente, é um direito temporário.

Extingue-se "pela morte ou pelo término do estado de viuvez do sobrevivente"[22], segundo a doutrina tradicional.

Nessa linha, se a viúva (ou viúvo) morrer ou casar-se novamente, o direito que lhe fora conferido desaparecerá, consolidando-se a propriedade em poder dos demais herdeiros.

Aos que defendem essa linha de pensamento, a conclusão lógica seria no sentido de que a união estável também operaria a extinção do direito. Ou, até mesmo, o concubinato.

Sobre a diferença entre "concubinato" e "união estável", já tivemos a oportunidade de anotar, no volume do *Novo Curso de Direito Civil* dedicado ao Direito de Família:

> "Hoje, porém, como se depreende de uma simples leitura do já transcrito art. 226 da Constituição Federal, a expressão consagrada é união estável.
>
> Tecnicamente, porém, não é mais aceitável considerar a sinonímia (e, a partir deste momento, será evitada a sua utilização neste capítulo, já que superada a análise histórica) com a expressão 'concubinato', pois esta, na forma do art. 1.727 do CC/2002, constitui uma modalidade específica para designar relações não eventuais, entre homem e mulher, impedidos de casar.
>
> A união estável, nesse diapasão, traduz uma constitucional forma de família, motivo pelo qual nem sequer recomendamos as expressões, consagradas pelo uso, de 'concubinato puro' (como sinônimo de união estável) e 'concubinato impuro' (para significar a relação paralela ao casamento ou mesmo à união estável), pela evidente confusão terminológica"[23].

Simples namoro, por sua vez, não autorizaria a extinção do direito.

---

[22] VENOSA, Sílvio de Salvo. *Direito Civil* — Direito das Sucessões, São Paulo: Atlas, p. 112.

[23] GAGLIANO, Pablo Stolze; PAMPLONA FILHO, Rodolfo. *Novo Curso de Direito Civil* — Direito de Família, 10. ed., São Paulo: Saraiva, 2020, v. 6, p. 412.

Assim, uma relação de simples namoro da viúva (ou viúvo) não deve conduzir à extinção do direito, como se dá, analogamente, no caso da percepção de pensão alimentícia, segundo já decidiu o STJ:

> "DIREITO DE FAMÍLIA. CIVIL. ALIMENTOS. EX-CÔNJUGE. EXONERAÇÃO. NAMORO APÓS A SEPARAÇÃO CONSENSUAL. DEVER DE FIDELIDADE. PRECEDENTE. RECURSO PROVIDO.
>
> I — Não autoriza exoneração da obrigação de prestar alimentos à ex-mulher o só fato desta namorar terceiro após a separação.
>
> II — A separação judicial põe termo ao dever de fidelidade recíproca. As relações sexuais eventualmente mantidas com terceiros após a dissolução da sociedade conjugal, desde que não se comprove desregramento de conduta, não têm o condão de ensejar a exoneração da obrigação alimentar, dado que não estão os ex-cônjuges impedidos de estabelecer novas relações e buscar, em novos parceiros, afinidades e sentimentos capazes de possibilitar-lhes um futuro convívio afetivo e feliz.
>
> III — Em linha de princípio, a exoneração de prestação alimentar, estipulada quando da separação consensual, somente se mostra possível em uma das seguintes situações: a) convolação de novas núpcias ou estabelecimento de relação concubinária pelo ex-cônjuge pensionado, não se caracterizando como tal o simples envolvimento afetivo, mesmo abrangendo relações sexuais; b) adoção de comportamento indigno; c) alteração das condições econômicas dos ex-cônjuges em relação às existentes ao tempo da dissolução da sociedade conjugal" (STJ, REsp 111.476/MG, Rel. Min. Sálvio de Figueiredo Teixeira, 4ª Turma, julgado em 25-3-1999, *DJ* 10-5-1999, p. 177).

Todavia, como o Direito não é uma ciência exata, admitindo, em sua rica dinâmica, diferentes perspectivas de entendimento, há, em doutrina, corrente em sentido diverso, no sentido de não se justificar o desalojamento do cônjuge pelo simples fato de constituir nova família[24].

### 2.4.3. *Disciplina efetiva da sucessão do cônjuge*

Em que pese a importância da matéria tratada nos subtópicos anteriores, não há como negar que a grande revolução por que passou o direito sucessório do cônjuge, a partir do Código de 2002, decorreu não da preservação do direito real de habitação ou da extinção do usufruto vidual, mas, sim, da sua elevação ao *status* de herdeiro necessário, e, ainda, do direito concorrencial conferido em face dos descendentes e ascendentes, conforme já mencionado linhas atrás.

Mas, para que lhe seja reconhecida legitimidade sucessória, uma importante regra deve ser observada:

---

[24] TARTUCE, Flávio. *Direito Civil* — Direito das Sucessões. 13. ed. São Paulo: Gen-Forense, 2020, p. 264.

> "Art. 1.830. Somente é reconhecido direito sucessório ao cônjuge sobrevivente se, ao tempo da morte do outro, não estavam separados judicialmente, nem separados de fato há mais de dois anos, salvo prova, neste caso, de que essa convivência se tornara impossível sem culpa do sobrevivente".

Em outras palavras, falida a afetividade, não há reclamar direito sucessório.

Louvamos, aliás, a referência à separação de fato, porquanto, ainda que formalmente existente a sociedade conjugal, sentido algum haveria em se admitir direito sucessório em favor de quem nada mais representava na vida do falecido.

Discordamos, outrossim, da menção ao prazo mínimo de dois anos.

Na medida em que, como se sabe, a união estável pode configurar-se a qualquer tempo, não é razoável estabelecer-se um lapso mínimo de separação de fato — como *conditio sine qua* para a legitimidade sucessória — se, antes mesmo da consumação do biênio, a parte já pode ter formado outro núcleo familiar.

Vale dizer, Carmela está separada de fato de seu marido, Alisson, há um ano e já constitui nova família com o seu companheiro, Jordão. Se Alisson, antes do prazo bienal, morre, por óbvio, já não teria sentido algum conferir-se direito a Carmela, integrante de outro núcleo familiar!

Mas, inadequadamente, a norma somente veda a legitimidade sucessória após o prazo de dois anos de separação de fato.

Por outro lado, a separação judicial — que, em nosso sentir, a partir da Emenda n. 66/2010, teria desaparecido[25] —, assim como, logicamente, o divórcio, opera perda da legitimidade sucessória do cônjuge sobrevivente.

Finalmente, ainda no âmbito da sucessão do cônjuge, um delicado problema nos é colocado pelo art. 1.832, que dispõe:

> "Art. 1.832. Em concorrência com os descendentes (art. 1.829, inciso I) caberá ao cônjuge quinhão igual ao dos que sucederem por cabeça, não podendo a sua quota ser inferior à quarta parte da herança, se for ascendente dos herdeiros com que concorrer".

A sua dicção é aparentemente simples.

Ao dizer que o cônjuge sobrevivente "herda por cabeça", quis o legislador conferir-lhe tratamento isonômico em face dos demais herdeiros.

Exemplo: Joaquim, casado com Alicia, morre. Além da viúva, ele deixou dois filhos (comuns, ou seja, do próprio casal), José e João, e, ainda, dois netos, Poli e Manu, filhos do seu falecido filho Policarpo (pré-morto em relação a Joaquim). Caso Alicia concorra com os descendentes, herdará "por cabeça", ou seja, por igual, cabendo-lhe 1/4 da heran-

---

[25] Sobre o tema, confira-se GAGLIANO, Pablo Stolze; PAMPLONA FILHO, Rodolfo. *O Divórcio na Atualidade*, 4. ed., São Paulo: Saraiva, 2018.

ça. José e João também herdarão 1/4, cada um, e, finalmente, Poli e Manu, herdeiros por estirpe, dividirão a fração de 1/4 que caberia ao seu falecido pai, Policarpo.

Mas a norma foi além, ao dispor que o cônjuge sobrevivente terá direito a, no mínimo, 25% da herança se concorrer com filhos comuns do casal.

Em outras palavras, se o cônjuge supérstite concorrer com um filho, herdará metade; com dois filhos, herdará 1/3; com quatro filhos, 1/4 da herança; mas, se concorrer com cinco ou mais, terá garantido um percentual mínimo de 1/4, cabendo aos demais sucessores dividir o restante.

No exemplo dado acima, se Alicia concorresse com dez filhos comuns, teria direito a 25% da herança, cabendo aos demais herdeiros o que sobrasse.

Note, pois, amigo leitor, que, no Código de 2002, não é incorreto afirmar que o cônjuge pode ter mais direito do que o próprio filho, o que é uma incoerência com a circunstância de precedência dos descendentes, em relação aos cônjuges, na ordem de vocação hereditária.

Por outro lado, concorrendo com descendentes exclusivos do falecido, não haverá direito a esse percentual mínimo, de maneira que herdará simplesmente "por cabeça".

Tudo estaria bem, se o legislador não houvesse olvidado um aspecto muito importante.

E se o cônjuge sobrevivente concorrer com filiação híbrida, ou seja, descendentes comuns (do casal) e exclusivos do falecido?

Haveria direito ao mínimo de 25% ou não?

O legislador, inadvertidamente, silenciou, gerando, com isso, complexa questão a ser enfrentada pela doutrina e jurisprudência.

Sobre o tema, confiram-se os ensinamentos de GISELDA MARIA FERNANDES NOVAES HIRONAKA:

> "Questão mais tormentosa de se buscar solucionar, relativamente a essa concorrência prevista pelo dispositivo em comento, é aquela que vai desenhar uma hipótese em que são chamados a herdar os descendentes comuns (ao cônjuge falecido e ao cônjuge sobrevivo) e os descendentes exclusivos do autor da herança, todos em concorrência com o cônjuge sobrevivo. O legislador do Código Civil de 2002, embora inovador na construção legislativa de hipótese de concorrência do cônjuge com herdeiros de convocação anterior à sua própria, infelizmente não fez a previsão da hipótese agora em apreço, chamada de descendentes dos dois grupos, quer dizer, os descendentes comuns e os descendentes exclusivos. E é bastante curioso, até, observar essa lacuna deixada pela nova Lei Civil, uma vez que em nosso país a situação descrita é comuníssima, envolvendo famílias constituídas por pessoas que já foram unidas a outras, anteriormente, por casamento ou não, resultando, dessas uniões, filhos (descendentes, enfim) de origens diversas"[26].

[26] HIRONAKA, Giselda Maria Fernandes Novaes, *Comentários ao Código Civil* — Parte Especial: do Direito das Sucessões (arts. 1.784 a 1.856), coord. AZEVEDO, Antônio Junqueira de. 2. ed., v. 20, São Paulo: Saraiva, 2007, p. 235.

Infelizmente, a norma é defeituosa.

Ao deixar de fazer referência ao problema da concorrência com a filiação híbrida, o legislador abriu espaço à indesejável insegurança jurídica, dada a ausência de um critério legal único e homogêneo, gerando acesa polêmica doutrinária[27].

Em nosso sentir, invocando a "lógica do razoável" de RECASÉNS SICHES[28], considerando que o espírito da norma é a garantia da concorrência do cônjuge com os descendentes, bem como que a literalidade do preceito legal é evidente, entendemos que o dispositivo preserva o percentual mínimo de 25% da herança apenas na hipótese de a viúva (ou viúvo) concorrer somente com filhos comuns.

Posto a norma não seja clara neste ponto, razão não haveria, em nosso sentir, para se beneficiar o cônjuge sobrevivente quando concorresse com algum filho exclusivo do falecido.

Ademais, a norma, por restringir direitos dos descendentes, primeira classe de sucessores, deve ser interpretada restritivamente, impedindo-se, com isso, que o benefício ao cônjuge sobrevivente se converta em injusto privilégio.

Com isso, estaria prestigiado o princípio constitucional da igualdade, especificamente, no plano horizontal, para um tratamento isonômico dos filhos[29].

---

27 "E se o falecido possuía filhos com o cônjuge sobrevivente, mas os tinha, também, com outra pessoa? *Quid juris?* É hipótese que o CC não resolveu, expressamente, e que a doutrina e jurisprudência deverão esclarecer" (VELOSO, Zeno. *Direito Hereditário do Cônjuge e do Companheiro*, São Paulo: Saraiva, 2010, p. 51).

28 "En el tratamiento y en la solución de los problemas humanos, y entre ellos de los problemas jurídicos, no se puede conseguir nunca una exactitud, ni una evidencia inequívoca. Esto es imposible, precisamente por virtud del hecho de la enorme y complicadísima multitud de componentes heterogéneos que intervienen en la conducta humana, y muy especialmente en los problemas suscitados en las interrelaciones humanas. Por eso, es difícilmente practicable el poder abarcar mentalmente todos esos factores y todas las recíprocas influencias entre dichos factores" (SICHES, Luis Recaséns, *Introducción al Estudio del Derecho*, 7. ed., México: Porrúa, 1985, p. 255).

Em tradução livre de Rodolfo Pamplona Filho: No tratamento e na solução de problemas humanos — e, entre eles, os problemas jurídicos — nunca se pode conseguir uma exatidão, nem uma evidência inequívoca. Isso é impossível, justamente em virtude do fato de a enorme e complicadíssima multidão de componentes heterogêneos que intervêm na conduta humana e, especialmente, nos problemas suscitados nas inter-relações humanas. Por isso, é dificilmente praticável poder abarcar mentalmente todos esses fatores e todas as recíprocas influências entre esses fatores.

29 Nessa linha, observe-se que o Superior Tribunal de Justiça decidiu que a "reserva da quarta parte da herança, prevista no art. 1.832 do Código Civil, não se aplica à hipótese de concorrência sucessória híbrida" (REsp 1.617.650-RS, Rel. Min. Paulo de Tarso Sanseverino, Terceira Turma, por unanimidade, j. 11-6-2019, *DJe* 1º-7-2019).

Sobre o inteiro teor do acórdão, divulgou-se:

"Cinge-se a controvérsia em torno da fixação do quinhão hereditário a que faz jus a companheira, quando concorre com um filho comum e, ainda, outros seis filhos exclusivos do autor da herança. O artigo 1.790 do Código Civil, ao tratar da sucessão entre os companheiros, estabeleceu que este participará da sucessão do outro somente quanto aos bens adquiridos onerosamente na vigência da união estável e,

Finalmente, não havendo descendentes, caso concorra com ascendente em primeiro grau, ao cônjuge tocará um terço da herança; caber-lhe-á a metade desta se houver um só ascendente, ou se maior for aquele grau, a teor do já mencionado art. 1.837 do vigente Código Civil.

Exemplifiquemos.

João morre. Deixa a saudosa viúva Luisa. Não há descendentes. Luisa concorrerá com os pais vivos de João, cabendo-lhe 1/3 da herança. Se, todavia, João tiver apenas um dos pais vivos, ou, caso falecidos, houver deixado avós paternos e/ou maternos (ou ascendentes em grau superior), a viúva terá garantida a metade da herança.

Trata-se, definitivamente, de regra de intelecção imediata.

Por fim, na forma do art. 1.838, em falta de descendentes e ascendentes, será deferida a sucessão por inteiro ao cônjuge sobrevivente.

Internalizada a dificultosa disciplina da sucessão do cônjuge, enfrentemos, agora, o criticado regime de sucessão pela(o) companheira(o) no vigente Código Civil brasileiro.

## 2.5. Sucessão pela(o) companheira(o)

Primeiramente, é preciso registrar que causou profunda estranheza a péssima localização das regras constantes no art. 1.790 do Código Civil.

---

concorrendo com filhos comuns, terá direito à quota equivalente ao filho, e, concorrendo com filhos do falecido, tocar-lhe-á metade do que cada um receber. O Supremo Tribunal Federal reconheceu a inconstitucionalidade do art. 1.790 do CC tendo em vista a marcante e inconstitucional diferenciação entre os regimes sucessórios do casamento e da união estável. Sendo determinada a aplicação ao regime sucessório na união estável o quanto disposto no art. 1.829 do CC acerca do regime sucessório no casamento. Esta Corte Superior, interpretando o inciso I desse artigo, reconheceu, através da sua Segunda Seção, que a concorrência do cônjuge e, agora, do companheiro, no regime da comunhão parcial, com os descendentes somente ocorrerá quando o falecido tenha deixado bens particulares e, ainda, sobre os referidos bens. Por sua vez, o art. 1.832 do CC, ao disciplinar o quinhão do cônjuge (e agora do companheiro), estabelece caber à convivente supérstite quinhão igual ao dos que sucederem por cabeça, e que não poderá, a sua quota, ser inferior à quarta parte da herança, se for ascendente dos herdeiros com que concorrer. A norma não deixa dúvidas acerca de sua interpretação quando há apenas descendentes exclusivos ou apenas descendentes comuns, aplicando-se a reserva apenas quando o cônjuge ou companheiro for ascendente dos herdeiros com que concorrer. No entanto, quando a concorrência do cônjuge ou companheiro se estabelece entre herdeiros comuns e exclusivos, é bastante controvertida na doutrina a aplicação da parte final do art. 1.832 do CC. A interpretação mais razoável do enunciado normativo é a de que a reserva de 1/4 da herança restringe-se à hipótese em que o cônjuge ou companheiro concorrem com os descendentes comuns, conforme Enunciado 527 da V Jornada de Direito Civil. A interpretação restritiva dessa disposição legal assegura a igualdade entre os filhos, que dimana do Código Civil (art. 1.834 do CC) e da própria Constituição Federal (art. 227, § 6º, da CF), bem como o direito dos descendentes exclusivos não verem seu patrimônio injustificadamente reduzido mediante interpretação extensiva de norma. Assim, não haverá falar em reserva quando a concorrência se estabelece entre o cônjuge/companheiro e os descendentes apenas do autor da herança ou, ainda, na hipótese de concorrência híbrida, ou seja, quando concorrem descendentes comuns e exclusivos do falecido" (Disponível em: <https://ww2.stj.jus.br/jurisprudencia/externo/informativo/?acao=pesquisarumaedicao&livre=0651.cod.>. Acesso em: 11 ago. 2019).

O legislador, inadvertidamente, resolveu inserir o regramento específico da sucessão legítima pela(o) companheira(o) viúva(o) entre as regras gerais e os princípios do Direito Sucessório.

Note-se que a matéria, em verdade, é típica da regulamentação da Sucessão Legítima, e não da parte introdutória das Sucessões, o que talvez infira um preconceito sub-reptício em face da relação de companheirismo.

E, se não bastasse a sua desastrada topografia, o seu conteúdo não era dos melhores, recebendo, por parte da doutrina, duríssimas críticas.

Sobre o referido artigo, desabafa ALDEMIRO REZENDE:

> "Pensamos que o artigo 1.790, do Código Civil, deve ser destinado à lata do lixo, sendo declarado inconstitucional e, a partir daí, simplesmente ignorado, a não ser para fins de estudo histórico da evolução do direito. Tal artigo, num futuro não muito distante, poderá ser apontado como exemplo dos estertores de uma época em que o legislador discriminava a família que se formava a partir da união estável, tratando-a como se fosse família de segunda categoria"[30].

Adiante-se, porém, que o reconhecimento da possibilidade de sucessão pelo(a) companheiro(a) não foi uma inovação do Código Civil brasileiro de 2002.

De fato, anteriormente ao texto constitucional de 1988, quando a influência de determinada ideologia acabava por restringir uma tutela jurídica positivada de relações afetivas não matrimonializadas, foi a jurisprudência[31], em atitude *praeter legem*, que foi garantindo, paulatinamente, direitos aos conviventes, como inclusive, com base na Lei n. 6.858/80[32], a condição de dependente, pelo menos para créditos de natureza previdenciária, bem como para bens de menor monta.

Coube à Constituição Federal de 1988, porém, imprimir novo significado à relação de companheirismo, reconhecendo-a como modalidade familiar, o que passou a influenciar a legislação infraconstitucional posterior.

Nessa esteira, no campo sucessório, a partir da década de 1990, passou a ter o(a) companheiro(a) uma proteção legal, nos planos do Direito de Família e Sucessório, até então inexistente.

---

30 DANTAS JR., Aldemiro Rezende. Concorrência sucessória do companheiro sobrevivo. *Revista Brasileira de Direito de Família*, Porto Alegre: Síntese, IBDFAM, ano VII, n. 29, abr./maio 2005, p. 128-43.

31 Sobre o tema da União Estável, em geral, confira-se o Capítulo XIX ("União Estável") do v. 6 ("Direito de Família") de nosso *Novo Curso de Direito Civil*.

32 Lei n. 6.858/80, art. 1º, *caput*: "Art. 1º Os valores devidos pelos empregadores aos empregados e os montantes das contas individuais do Fundo de Garantia do Tempo de Serviço e do Fundo de Participação PIS-PASEP, não recebidos em vida pelos respectivos titulares, serão pagos, em quotas iguais, aos dependentes habilitados perante a Previdência Social ou na forma da legislação específica dos servidores civis e militares, e, na sua falta, aos sucessores previstos na lei civil, indicados em alvará judicial, independentemente de inventário ou arrolamento".

A Lei n. 8.971, de 29 de dezembro de 1994, nesse tema, garantiu ao convivente a meação dos bens comuns para os quais tivesse contribuído para a aquisição, de forma direta ou indireta, ainda que em nome exclusivo do falecido (art. 3º), bem como estabeleceu o direito ao usufruto de parte dos bens do falecido, além de incluir o companheiro sobrevivente na terceira ordem da vocação hereditária (art. 2º).

Já a Lei n. 9.278/96, em seu art. 7º, parágrafo único, garantiu o direito real de habitação ao convivente sobrevivente, enquanto vivesse ou não constituísse nova união ou casamento, em relação ao imóvel destinado à residência familiar.

Assim, o que se esperaria da nova codificação civil de 2002 era que ela viesse, finalmente, igualar o tratamento entre cônjuges e companheiros, evitando qualquer alegação de tratamento discriminatório.

Ledo engano.

Com efeito, o texto original do projeto do que veio a ser o Código Civil brasileiro de 2002 nada previa sobre o tema.

Até mesmo pela necessidade de uma suposta adequação ao novo texto constitucional, foi acrescido ao Capítulo I do Título I do Livro V, quando da aprovação do projeto pelo Senado Federal, um artigo que não constava do Projeto de 1975, por força da Emenda 358.

O projeto, finalmente aprovado, modificou o texto original, gerando o que sempre consideramos um verdadeiro desconserto jurídico, o art. 1.790, que teve a seguinte redação final:

> "Art. 1.790. A companheira ou o companheiro participará da sucessão do outro, quanto aos bens adquiridos onerosamente na vigência da união estável, nas condições seguintes:
>
> I — se concorrer com filhos comuns, terá direito a uma quota equivalente à que por lei for atribuída ao filho;
>
> II — se concorrer com descendentes só do autor da herança, tocar-lhe-á a metade do que couber a cada um daqueles;
>
> III — se concorrer com outros parentes sucessíveis, terá direito a um terço da herança;
>
> IV — não havendo parentes sucessíveis, terá direito à totalidade da herança"[33].

Sobre o tema, confira-se o depoimento abalizado de GISELDA MARIA FERNANDES NOVAES HIRONAKA:

[33] Não há equivalente específico na codificação anterior. A norma correspondente no antigo sistema é o art. 2º da Lei n. 8.971/94, que estabeleceu: "Art. 2º As pessoas referidas no artigo anterior participarão da sucessão do(a) companheiro(a) nas seguintes condições: I — o(a) companheiro(a) sobrevivente terá direito enquanto não constituir nova união, ao usufruto de quarta parte dos bens do de cujos, se houver filhos ou comuns; II — o(a) companheiro(a) sobrevivente terá direito, enquanto não constituir nova união, ao usufruto da metade dos bens do *de cujus*, se não houver filhos, embora sobrevivam ascendentes; III — na falta de descendentes e de ascendentes, o(a) companheiro(a) sobrevivente terá direito à totalidade da herança".

> "O Anteprojeto de Código Civil elaborado em 1972 e o Projeto apresentado para discussão em 1975 e aprovado na Câmara dos Deputados em 1984 não previam qualquer regra relativamente à sucessão de pessoas ligadas entre si apenas pelos laços do afeto. Foi o Senador Nélson Carneiro, em sua incessante luta pela modernização das relações familiares brasileiras, quem apresentou aquela Emenda 358, antes referida, no sentido de garantir direitos sucessórios aos conviventes. Como lembra Zeno Veloso[34], a emenda foi claramente inspirada no Projeto de Código Civil elaborado por Orlando Gomes nos idos da década de 60 do século XX, antes, portanto, da igualdade constitucionalmente garantida. Bem por isso, o artigo em que resultou, este, de número 1.790, é de cariz retrógrado referentemente à legislação anteriormente sumariada, da década de 1990 do século XX"[35].

Em vez de buscar uma equiparação que respeitasse a dinâmica constitucional — uma vez que diferença não deve haver entre a viuvez de uma esposa (ou de um marido) e a de uma companheira (ou companheiro), pois ambas mantinham com o falecido um núcleo de afeto —, o legislador, em franca violação do princípio constitucional da vedação ao retrocesso[36], minimizou — e sob certos aspectos aniquilou — o direito hereditário da companheira(o) viúva(o).

O mal localizado, pessimamente redigido e inconstitucional art. 1.790 do vigente Código Civil brasileiro conferia à companheira(o) viúva(o) — em total dissonância com o tratamento dispensado ao cônjuge — um direito sucessório limitado aos bens adquiridos onerosamente[37] no curso da união (o que poderia resultar na aquisição da herança pelo próprio Município), além de colocá-la(o) em situação inferior aos colaterais do morto (um tio ou um primo, por exemplo).

De fato, tratava-se de tratamento demeritório da união estável em face do matrimônio, com uma disciplina que a desprestigia como forma de relação afetiva.

Ademais, o dispositivo era muito mal pensado, uma vez que não previa a situação cada vez mais corriqueira de haver tanto filhos comuns quanto filhos de um só dos membros da união estável. Em ocorrendo tal situação, e levando "em ponta de faca" a mencionada previsão codificada original, poder-se-ia chegar novamente a uma situação de tratamento diferenciado de filhos, para efeitos do quinhão hereditário que lhes seria

---

[34] VELOSO, Zeno. Direito Sucessório dos Companheiros. In: *Direito de Família e o Novo Código Civil*, p. 233.

[35] HIRONAKA, Giselda Maria Fernandes Novaes. *Comentários ao Código Civil* — Parte Especial: do Direito das Sucessões (arts. 1.784 a 1.856), coord. AZEVEDO, Antônio Junqueira de. 2. ed., v. 20, São Paulo: Saraiva, 2007, p. 55-6.

[36] Desenvolvido por J. J. Gomes Canotilho, esse superior princípio traduz a ideia de que uma lei inferior não pode neutralizar ou minimizar um direito ou uma garantia constitucionalmente consagrado (ver a sua obra *Direito Constitucional e Teoria da Constituição* (1998), em que enfoca, especialmente, a seara dos direitos sociais, p. 321).

[37] Esse infeliz advérbio de modo, no *caput* do dispositivo, é um verdadeiro desastre, pois, como dito, limita indevidamente o direito sucessório, no âmbito da união estável.

cabível, o que é vedado constitucionalmente e por nós intensamente combatido em diversos tópicos desta obra.

Em outras palavras, na interpretação literal do dispositivo, se a viúva (ou viúvo) concorresse com filhos comuns (filhos do casal), herdaria por igual, ou seja, teria direito a uma quota equivalente à que por lei for atribuída ao filho; mas, se concorresse com descendentes só do autor da herança (filhos ou netos, por exemplo, exclusivos dele), tocar-lhe-ia apenas a metade do que coubesse a cada um daqueles.

Mas, e se concorresse com "filiação híbrida", filhos comuns (do casal) e exclusivos (apenas do falecido)?

O legislador, mais uma vez, não apresentava solução.

Diante disso, a doutrina se esforçou para tentar buscar uma resposta, como bem anota FLÁVIO TARTUCE, inclusive com referência a uma complexa fórmula matemática:

> "Situação não descrita na norma refere-se à sucessão híbrida, ou seja, caso em que o companheiro concorre, ao mesmo tempo, com descendentes comuns e exclusivos do autor da herança. Não se olvide que a expressão sucessão híbrida foi cunhada por Giselda Maria Fernandes Novaes Hironaka, professora titular da Universidade de São Paulo. Sobre tal problemática, existem três correntes fundamentais bem definidas:
>
> 1ª Corrente — Em casos de sucessão híbrida, deve-se aplicar o inciso I do art. 1.790, tratando-se todos os descendentes como se fossem comuns, já que filhos comuns estão presentes. Esse entendimento é o majoritário na tabela doutrinária de Cahali: Caio Mário da Silva Pereira, Christiano Cassettari, Francisco Cahali, Inácio de Carvalho Neto, Jorge Fujita, José Fernando Simão, Luiz Paulo Vieira de Carvalho, Maria Berenice Dias, Maria Helena Daneluzzi, Mário Delgado, Rodrigo da Cunha Pereira, Rolf Madaleno e Sílvio de Salvo Venosa.
>
> 2ª Corrente — Presente a sucessão híbrida, subsume-se o inciso II do art. 1.790, tratando-se todos os descendentes como se fossem exclusivos (só do autor da herança). Este autor está filiado a tal corrente, assim como Gustavo René Nicolau, Maria Helena Diniz, Sebastião Amorim, Euclides de Oliveira e Zeno Veloso. Ora, como a sucessão é do falecido, em havendo dúvida por omissão legislativa, os descendentes devem ser tratados como sendo dele, do falecido. Anote-se que julgado do TJSP adotou essa corrente, concluindo que entender de forma contrária violaria a razoabilidade: 'INVENTÁRIO. PARTILHA JUDICIAL. PARTICIPAÇÃO DA COMPANHEIRA NA SUCESSÃO DO *DE CUJUS* EM RELAÇÃO AOS BENS ADQUIRIDOS ONEROSAMENTE NA CONSTÂNCIA DA UNIÃO ESTÁVEL. CONCORRÊNCIA DA COMPANHEIRA COM DESCENDENTES COMUNS E EXCLUSIVOS DO FALECIDO. HIPÓTESE NÃO PREVISTA EM LEI. ATRIBUIÇÃO DE COTAS IGUAIS A TODOS. DESCABIMENTO. CRITÉRIO QUE PREJUDICA O DIREITO HEREDITÁRIO DOS DESCENDENTES EXCLUSIVOS, AFRONTANDO A NORMA CONSTITUCIONAL DE IGUALDADE ENTRE OS FILHOS (ART. 227, § 6º DA CF). APLICAÇÃO, POR ANALOGIA, DO ART. 1.790, II DO CÓDIGO CIVIL. POSSIBILIDADE. Solução mais razoável, que

preserva a igualdade de quinhões entre os filhos, atribuindo à companheira, além de sua meação, a metade do que couber a cada um deles. Decisão reformada. Recurso provido' (TJSP, Agravo de Instrumento n. 994.08.138700-0, Acórdão n. 4395653, São Paulo, Sétima Câmara de Direito Privado, Rel. Des. Álvaro Passos, julgado em 24-3-2010, *DJESP* 15-4-2010. No mesmo sentido: TJSP, Agravo de instrumento n. 652.505.4/0, Acórdão n. 4068323, São Paulo, Quinta Câmara de Direito Privado, Rel. Des. Roberto Nussinkis Mac Cracken, julgado em 9-9-2009, *DJESP* 5-10-2009).

3ª Corrente — Na sucessão híbrida, deve-se aplicar fórmula matemática de ponderação para solucionar o problema. Entre tantas fórmulas, destaca-se a Fórmula Tusa, elaborada por Gabriele Tusa, com o auxílio do economista Fernando Curi Peres. A fórmula é a seguinte:

$$X = \frac{2\,(F + S)}{2\,(F = S)2 + 2\,F + S} \times H$$

$$C = \frac{2F + S}{2\,(F + S)} \times X$$

Legenda

X = o quinhão hereditário que caberá a cada um dos filhos.

C = o quinhão hereditário que caberá ao companheiro sobrevivente.

H = o valor dos bens hereditários sobre os quais recairá a concorrência do companheiro sobrevivente.

F = número de descendentes comuns com os quais concorra o companheiro sobrevivente.

S = o número de descendentes exclusivos com os quais concorra o companheiro sobrevivente"[37].

Nesse contexto de grande divergência doutrinária, sempre foi firme o nosso pensamento no sentido da inconstitucionalidade do art. 1.790, na medida em que afrontava o princípio da vedação ao retrocesso (CANOTILHO), ao menoscabar a dignidade conferida à união estável, como núcleo afetivo familiar, pelo art. 226, § 3º, da Constituição Federal.

Também atacando o dispositivo, disparava ZENO VELOSO:

> "Haverá alguma pessoa neste país, jurista ou leigo, que assegure que tal solução é boa e justa? Por que privilegiar a esse extremo vínculos biológicos, ainda que remotos, em prejuízo dos laços do amor, da afetividade? Por que os membros da família parental, em grau tão longínquo, devem ter preferência sobre a família afetiva (que em tudo é comparável à família conjugal) do hereditando?"[39].

---

[38] TARTUCE, Flávio. Da sucessão do companheiro: o polêmico art. 1.790 do CC e suas controvérsias principais, *Jus Navigandi*, n. 2.681. Disponível em: <http://jus.com.br/revista/texto/17751>. Acesso em: 28 jun. 2017.

[39] VELOSO, Zeno. *Direito Hereditário do Cônjuge e do Companheiro*, São Paulo: Saraiva, 2010, p. 181.

Sempre sustentamos, nesse diapasão, a invalidade constitucional desse dispositivo, devendo-se aplicar, portanto, em favor da companheira (ou companheiro) viúva(o), o regramento do cônjuge sobrevivente, com exceção da regra que confere a este último a condição de herdeiro necessário (art. 1.845), na medida em que, por se tratar de norma restritiva da liberdade testamentária do falecido, não comportaria interpretação extensiva.

Esta, inclusive, foi a orientação adotada pelos Juízes das Varas de Família de Salvador, na I Jornada de Direito de Família, promovida pela Corregedoria-Geral de Justiça do TJBA, sob a coordenação de um dos coautores desta obra:

> "Enunciado n. 13 — O art. 1.790 do Código Civil viola o superior princípio da vedação ao retrocesso e desrespeita a condição jurídica da(o) companheira(o) como integrante de um núcleo familiar equiparado àquele formado pelo casamento, razão por que padece de absoluta inconstitucionalidade.
>
> Enunciado n. 14 — Em virtude da inconstitucionalidade do art. 1.790 do Código Civil, devem-se aplicar à(ao) companheira(o) viúva(o) as mesmas regras que disciplinam a sucessão do cônjuge, com exceção da norma que considera este último herdeiro necessário (art. 1.845), porquanto, dada a sua natureza restritiva de direito (do autor da herança), não comportaria interpretação extensiva ou analógica"[40].

Essa sempre foi, em nosso entender, a melhor diretriz.

E, para a nossa alegria, o Supremo Tribunal Federal, no julgamento do RE 878.694, firmou entendimento no sentido da inconstitucionalidade do tratamento sucessório diferenciado do cônjuge e do companheiro.

Destacamos excerto do voto do eminente Min. Luís Roberto Barroso:

> "DIREITO CONSTITUCIONAL E CIVIL. RECURSO EXTRAORDINÁRIO. REPERCUSSÃO GERAL. INCONSTITUCIONALIDADE DA DISTINÇÃO DE REGIME SUCESSÓRIO ENTRE CÔNJUGES E COMPANHEIROS.
>
> 1. A Constituição brasileira contempla diferentes formas de família legítima, além da que resulta do casamento. Nesse rol incluem-se as famílias formadas mediante união estável.
>
> 2. Não é legítimo desequiparar, para fins sucessórios, os cônjuges e os companheiros, isto é, a família formada pelo casamento e a formada por união estável. Tal hierarquização entre entidades familiares é incompatível com a Constituição.
>
> 3. Assim sendo, o art. 1.790 do Código Civil, ao revogar as Leis n. 8.971/94 e 9.278/96 e discriminar a companheira (ou companheiro), dando-lhe direitos sucessórios bem inferiores aos conferidos à esposa (ou ao marido), entra em contraste com os princípios

40 Disponível em: <http://www5.tjba.jus.br/images/pdf/enunciados_ordem_numerica.pdf>. Acesso em: 28 jun. 2017. (Evento coordenado por Pablo Stolze Gagliano).

> da igualdade, da dignidade humana, da proporcionalidade como vedação à proteção deficiente e da vedação do retrocesso.
>
> 4. Com a finalidade de preservar a segurança jurídica, o entendimento ora firmado é aplicável apenas aos inventários judiciais em que não tenha havido trânsito em julgado da sentença de partilha, e às partilhas extrajudiciais em que ainda não haja escritura pública.
>
> 5. Provimento do recurso extraordinário. Afirmação, em repercussão geral, da seguinte tese:
>
> 'No sistema constitucional vigente, é inconstitucional a distinção de regimes sucessórios entre cônjuges e companheiros, devendo ser aplicado, em ambos os casos, o regime estabelecido no art. 1.829 do CC/2002'".

Em outro trecho o Ministro afirma:

> "Fica claro, portanto, que o art. 1.790 do CC/2002 é incompatível com a Constituição Federal. Além da afronta à igualdade de hierarquia entre entidades familiares, extraída do art. 226 da Carta de 1988, violou outros três princípios constitucionais, (i) o da dignidade da pessoa humana, (ii) o da proporcionalidade como vedação à proteção deficiente, e (iii) o da vedação ao retrocesso".

Finalmente, em maio de 2017, o Supremo Tribunal Federal, julgando os Res 646721 e 878694, proclamou, em definitivo, a inconstitucionalidade do art. 1.790, firmando, para fim de repercussão geral, a seguinte tese: "no sistema constitucional vigente, é inconstitucional a diferenciação de regime sucessório entre cônjuges e companheiros, devendo ser aplicado em ambos os casos o regime estabelecido no art. 1829 do Código Civil".

Dessa forma, todas as considerações que fizemos acerca da sucessão do(a) cônjuge devem ser aplicadas, no que couber, para a união estável, mesmo reconhecendo que se trata de modalidades diferentes de constituição de família, cada uma com seu regime e peculiaridades próprias[41].

E, por fim, salientamos a nossa visão acadêmica no sentido de que, embora não haja menção expressa, na tese firmada, quanto ao fato de o(a) companheiro(a) haver ou não se tornado herdeiro(a) necessário(a), parece-nos que essa acabará sendo, por consequência, a posição jurisprudencial a se firmar a partir daí, embora a matéria seja controvertida[42].

---

[41] Sobre o tema, o Enunciado 641 da VIII Jornada de Direito Civil da Justiça Federal estabeleceu: ENUNCIADO 641 — "Art. 1.790: A decisão do Supremo Tribunal Federal que declarou a inconstitucionalidade do art. 1.790 do Código Civil não importa equiparação absoluta entre o casamento e a união estável. Estendem-se à união estável apenas as regras aplicáveis ao casamento que tenham por fundamento a solidariedade familiar. Por outro lado, é constitucional a distinção entre os regimes, quando baseada na solenidade do ato jurídico que funda o casamento, ausente na união estável".

[42] DELGADO, Mario Luiz. Razões pelas quais companheiro não é herdeiro necessário. Disponível em: <https://www.conjur.com.br/2018-jul-29/processo-familiar-razoes-pelas-quais-companheiro-nao-tornou-herdeiro-necessario>. Acesso em: 22 dez. 2019.

Muito melhor seria, portanto, que para efeito de segurança jurídica a matéria passasse a ser regulada expressamente por norma legal, evitando a *via crucis* da discussão em processos judiciais.

## 2.6. Sucessão pelo colateral

Consideram-se parentes, em linha colateral, na forma do art. 1.592 do Código Civil[43], aquelas pessoas provenientes do mesmo tronco, sem descenderem umas das outras.

Horizontalmente, parentes consanguíneos em linha colateral são aqueles que, sem descenderem uns dos outros, derivam de um mesmo tronco comum, a exemplo dos irmãos (colaterais de segundo grau), tios/sobrinhos (colaterais de terceiro grau) ou primos entre si (colaterais de quarto grau).

O parentesco civil, por sua vez, por inserir a pessoa no contexto familiar como se descendência genética houvesse, amolda-se a essa perspectiva de análise (ex.: o meu irmão é parente colateral de segundo grau, não importando se fora adotado ou não).

A única modificação substancial do vigente Código Civil brasileiro, em relação à disciplina normativa anterior, foi precisamente a redução do limite legal do parentesco por colateralidade, que passou do sexto grau para o quarto grau civil.

Trata-se de um critério que acompanha a tradicional regra do direito à herança:

> "Art. 1.839. Se não houver cônjuge sobrevivente, nas condições estabelecidas no art. 1.830, serão chamados a suceder os colaterais até o quarto grau".

Vale ainda acrescentar que, segundo o art. 1.840, na classe dos colaterais, os mais próximos excluem os mais remotos, salvo o direito de representação concedido aos filhos de irmãos[44].

Ponto importante a ser considerado é a diferença de tratamento jurídico entre irmãos unilaterais (apenas por parte do pai ou da mãe) e bilaterais (germanos), a teor dos arts. 1.841 e 1.842 do CC:

> "Art. 1.841. Concorrendo à herança do falecido irmãos bilaterais com irmãos unilaterais, cada um destes herdará metade do que cada um daqueles herdar.
>
> Art. 1.842. Não concorrendo à herança irmão bilateral, herdarão, em partes iguais, os unilaterais".

Em didático exemplo, ensina MARIA HELENA DINIZ:

> "Para efeito de herança de colateral, o art. 1.841 do Código Civil distingue o irmão bilateral ou germano, filho do mesmo pai e da mesma mãe, do irmão unilateral con-

---

[43] "Art. 1.592. São parentes em linha colateral ou transversal, até o quarto grau, as pessoas provenientes de um só tronco, sem descenderem uma da outra."

[44] "Art. 1.853. Na linha transversal, somente se dá o direito de representação em favor dos filhos de irmãos do falecido, quando com irmãos deste concorrerem."

sanguíneo ou uterino, aquele em que só um dos genitores é o mesmo, estabelecendo: Concorrendo à herança do falecido irmãos bilaterais com irmãos unilaterais, cada um destes herdará metade do que cada um daqueles herdar. Hipótese em que a sucessão se opera por direito próprio, partilhando-se o quinhão hereditário por cabeça, atendendo-se, porém, ao privilégio de que gozam os irmãos germanos. A esse respeito, esclarecedor é o exemplo dado por Clóvis Beviláqua, a saber: o *de cujus* deixa uma herança de R$ 240.000,00 a dois irmãos bilaterais e a dois irmãos unilaterais. Os unilaterais receberão duas porções simples e os bilaterais, duas porções dobradas, ao todo seis porções. As simples serão do valor de R$ 40.000,00 (R$ 240.000,00 ÷ 6 = R$ 40.000,00), e as dobradas de R$ 80.000,00 (R$ 40.000,00 × 2), de forma que: (R$ 80.000,00 × 2) + (R$ 40.000,00 × 2) = R$ 240.000,00. Essa partilha submete-se à seguinte regra, que é infalível, qualquer que seja o número de irmãos unilaterais ou bilaterais. Cada irmão bilateral é representado pelo algarismo 2 e cada irmão unilateral pelo 1; divide-se a herança pela soma destes algarismos; o quociente encontrado, multiplicado pelos respectivos algarismos representativos dos bilaterais e unilaterais, será a quota hereditária de cada um"[45].

CLÁUDIO GRANDE JR. pondera a respeito da eventual inconstitucionalidade do tratamento diferenciado entre irmãos:

> "Ora, os irmãos unilaterais são tão irmãos como os bilaterais e os adotivos. Um exemplo demonstra claramente a inconstitucionalidade da regra. Suponhamos que uma pessoa faleça sem deixar descendentes. Não tendo mais ascendentes e sendo solteiro e descompromissado, são chamados à sucessão seus colaterais (CC, art. 1.839). Os mais próximos são seus irmãos: um bilateral, outro unilateral e um terceiro adotivo. Ao pé da letra, o unilateral receberia metade do que coubesse ao germano. Mas e o adotivo? Receberia igual ao bilateral em franca discriminação em desfavor do unilateral? Ou o mesmo tanto que este, sendo discriminado em face do bilateral?
>
> Não há solução para o problema utilizando-se das prefaladas regras do Código Civil porque elas são simplesmente inconstitucionais! Feito todo esse raciocínio, a Constituição se apresenta bem mais clara: todos os filhos terão os mesmos direitos, oponíveis contra todos, inclusive os próprios irmãos. Os artigos 1.841 e 1.843 de nosso principal diploma civil criaram no âmbito do parentesco consanguíneo uma distinção inconciliável com a equiparação constitucional da filiação. Como igualar a filiação civil com a filiação consanguínea se até mesmo esta comporta desníveis internos?
>
> Qualquer solução à luz dos mencionados artigos implicaria em odiosa segregação. Se o adotivo herdar à semelhança do irmão germano estar-se-ia discriminando o unilateral e, por conseguinte, a filiação consanguínea. Por outro lado, recebendo como o unilateral, discriminar-se-ia a filiação adotiva, o que é constitucionalmente intolerável.

[45] DINIZ, Maria Helena. *Curso de Direito Civil Brasileiro* — Direito das Sucessões, 33. ed., São Paulo: Saraiva, 2019, v. 6, p. 190-191.

> A respeito do assunto a jurisprudência é escassa e a doutrina assustadoramente silenciosa. A maioria dos autores tacitamente aceita a constitucionalidade dos artigos. Dentre as poucas exceções, Rubiane de Lima admite expressamente a constitucionalidade da lei, pois se 'a herança vem por parte de pai e de mãe; o parentesco é duplo. Se todos têm os mesmos pais, recebem igualmente e se o parentesco advier de um só, herda-se somente por parte daquele' (*Manual de direito das sucessões*. Curitiba: Juruá, 2003, p. 92).
>
> Com a devida vênia, o argumento não prospera, eis que pode perfeitamente acontecer de o irmão não ter recebido herança nenhuma dos pais e angariado todo seu patrimônio por esforço próprio.
>
> Além disso, o anterior exemplo envolvendo o irmão adotivo elucida convincentemente que a Constituição, ao equiparar os filhos havidos ou não no casamento e os adotivos, implicitamente também findou por equiparar todos os irmãos consanguíneos entre si e, de modo geral, o parentesco resultante da filiação. Se fez o mais, logicamente o menos foi feito de modo subentendido.
>
> Desse modo, a derradeira conclusão é a de que os arts. 1.614 e 1.617, §§ 2º e 3º, do antigo Código Civil foram revogados pela Constituição Federal, enquanto os recentes arts. 1.841 e 1.843, §§ 2º e 3º, do diploma em vigor são inconstitucionais"[46].

Trata-se de uma interessante reflexão, posto ainda não exista — ao menos desconhecemos — pronunciamento definitivo do Supremo Tribunal Federal nesse sentido.

Enquanto isso, fica o convite à reflexão.

Em conclusão, vale acrescentar ainda que, embora tio e sobrinho sejam, ambos, parentes em terceiro grau, caso concorram entre si, a herança será deferida ao sobrinho, por expressa determinação legal:

> "Art. 1.843. Na falta de irmãos, herdarão os filhos destes e, não os havendo, os tios".

E os parágrafos do mesmo dispositivo, ao tratar da concorrência entre sobrinhos, mantém a mesma ideia já mencionada, no sentido de beneficiar filhos de irmãos bilaterais:

> "§ 1º Se concorrerem à herança somente filhos de irmãos falecidos, herdarão por cabeça.
>
> § 2º Se concorrem filhos de irmãos bilaterais com filhos de irmãos unilaterais, cada um destes herdará a metade do que herdar cada um daqueles.
>
> § 3º Se todos forem filhos de irmãos bilaterais, ou todos de irmãos unilaterais, herdarão por igual".

---

[46] GRANDE JÚNIOR, Cláudio. A Inconstitucional Discriminação entre Irmãos Germanos e Unilaterais na Sucessão dos Colaterais, *Jus Navigandi*, n. 194. Disponível em: <http://jus.com.br/revista/texto/4757>. Acesso em: 28 jun. 2017.

E um importante aspecto não pode ser olvidado: por serem sucessores meramente facultativos, para excluir os herdeiros colaterais da sucessão, basta que o testador disponha de seu patrimônio sem os contemplar (art. 1.850 do CC), o que não poderá dar-se com os descendentes, ascendentes ou o cônjuge (herdeiros necessários), por conta do seu inafastável direito à legítima (art. 1.845 do CC).

Por fim, não sobrevivendo cônjuge, ou companheiro, nem parente algum sucessível, ou tendo eles renunciado à herança, poderá o patrimônio deixado beneficiar o próprio ente estatal.

## 2.7. Sucessão pelo ente público

Não é admissível, em regra, haver um patrimônio sem um titular.

Assim, aberta a sucessão com o falecimento do autor da herança, é preciso verificar quem será o novo senhor da massa patrimonial.

Na forma do art. 1.844 do CC/2002:

> "Art. 1.844. Não sobrevivendo cônjuge, ou companheiro, nem parente algum sucessível, ou tendo eles renunciado a herança, esta se devolve ao Município ou ao Distrito Federal, se localizada nas respectivas circunscrições, ou à União, quando situada em território federal".

Ou seja, não havendo quem se habilite como legítimo sucessor da herança, o Estado, nas entidades federativas do Município ou Distrito Federal, quando os bens estejam localizados nas respectivas circunscrições, ou da União, quando situada em território federal, assumirá a titularidade de tal patrimônio.

VIDEOAULA

✓ Como ficou o *regime sucessório do companheiro* na perspectiva do Supremo Tribunal Federal?

***Acesse também o vídeo sobre o capítulo pelo link: <https://somos.in/MDC4>***

# XCV DIREITO DE REPRESENTAÇÃO

## 1. CONCEITO

Conceitualmente, no âmbito sucessório, a representação traduz um direito conferido aos sucessores do herdeiro pré-morto ou excluído da sucessão, para que possam receber a parte que caberia ao próprio representado.

Contorna-se, com isso, uma oblíqua violação ao princípio da isonomia, como veremos abaixo.

Em nosso direito positivo, dispõe o art. 1.851 do Código Civil:

> "Art. 1.851. Dá-se o direito de representação, quando a lei chama certos parentes do falecido a suceder em todos os direitos, em que ele sucederia, se vivo fosse".

Exemplifiquemos, para melhor compreensão do instituto.

Imagine que o autor da herança (José) tenha dois filhos: Josué e Jodascil. Quando do falecimento de José, seu filho Josué já havia falecido, porém deixara dois filhos, Calisto e Carmelo, ou seja, netos do *de cujus*. Pelo instituto do direito de representação, Calisto e Carmelo herdarão o quinhão que caberia ao seu pai, Josué, repartido igualmente entre eles (art. 1.855 do CC/2002), quinhão este que terá o mesmo valor do que o recebido por Jodascil.

Ou seja, Calisto e Carmelo representarão o seu pai, Josué, pré-morto, incorporando aquilo que a ele caberia, se vivo fosse.

Em termos numéricos: se o valor da herança equivaler a R$ 100.000,00, em vez de Jodascil recebê-la integralmente (já que Josué era pré-morto), receberá apenas R$ 50.000,00, percebendo Calisto e Carmelo, cada um, o valor de R$ 25.000,00.

Observe que, se Jodascil também fosse pré-falecido, deixando um filho, Jodascil Jr., os três netos do autor da herança, por estarem na mesma classe, receberiam cada um deles a quota-parte da herança de R$ 100.000,00, qual seja, a parcela de R$ 33.333,33.

## 2. CARACTERÍSTICAS

Alguns aspectos do instituto, para melhor caracterização, merecem ser explicitados.

O primeiro soa óbvio: é preciso que a pessoa "representada" esteja impossibilitada de receber a herança.

A representação, nesse contexto, aplica-se quando o representado é pré-morto em face do autor da herança, ou, ainda, quando haja sido excluído por indignidade, uma vez que esta considera o sucessor afastado da sucessão como se herdeiro nunca houvesse sido (art. 1.816 do CC), regra já aplicada há muito no ordenamento jurídico brasileiro[1].

O segundo aspecto diz respeito à linha sucessória em que o direito é exercido.

De fato, na forma do art. 1.852 do CC, o "direito de representação dá-se na linha reta descendente, mas nunca na ascendente".

A representação na linha descendente, prevista na primeira parte do dispositivo, é de fácil intelecção e já fora explicitada no início deste capítulo.

Já a segunda parte da norma, que prevê a impossibilidade de representação na linha reta ascendente, merece ser ilustrada para escoimar dúvidas.

Imagine que estamos a tratar do inventário de João (autor da herança). Ele não deixou descendentes. Apenas estão vivos a sua mãe e a sua avó paterna (a mãe do seu pai, falecido antes dele). Ora, nesse caso, a avó paterna (mãe do pai de João) não herdará por direito de representação. Toda a herança irá para a mãe de João.

Situação diversa ocorre na linha transversal ou colateral, uma vez que o direito de representação é apenas reconhecido em favor do(s) filho(s) do irmão pré-morto[2].

É o preceito do art. 1.853 do CC:

> "Art. 1.853. Na linha transversal, somente se dá o direito de representação em favor dos filhos de irmãos do falecido, quando com irmãos deste concorrerem".

Ou seja, apenas o(s) sobrinho(s) — filho(s) do irmão pré-morto — tem direito de representação.

Figuremos mais um exemplo.

Huguinho morre, deixando um irmão vivo, Zezinho, e os filhos do seu irmão pré-morto, Luisinho. Em tal hipótese, metade da herança irá para Zezinho (irmão sobrevivente) e a outra metade para os seus sobrinhos, que herdarão representando o pai, Luisinho.

---

[1] "EXCLUSÃO E DESERDAÇÃO. SÃO PESSOAIS OS EFEITOS DE UMA E DE OUTRA, OS QUAIS, ASSIM, NÃO SE ESTENDEM AOS DESCENDENTES DO EXCLUÍDO OU DO DESERDADO. PREVALECE O DIREITO DE REPRESENTAÇÃO, E OS DESCENDENTES DO HERDEIRO EXCLUÍDO OU DO DESERDADO SUCEDEM, COMO SE ELE MORTO FOSSE. A ACUSAÇÃO CALUNIOSA QUE FAZ PERDER O DIREITO HEREDITÁRIO E A QUE SE FORMULA EM JUÍZO CRIMINAL. A HERDEIRO A QUEM APROVEITA A DESERDAÇÃO INCUMBE PROVAR A VERACIDADE DA CAUSA ALEGADA PELO TESTADOR. O PROVEITO SÓ PODE SER O ECONÔMICO, NÃO HAVENDO LUGAR PARA O INTERESSE PURAMENTE MORAL" (STF, RE 16.845, Rel. Min. Luiz Gallotti, 1ª Turma, julgado em 10-7-1950, *DJ* 4-4-1952, p. 2015; *DJ* 20-10-1950, p. 3490; *DJ* 17-8-1950, p. 7495).

[2] "EMENTA: SUCESSÃO HEREDITÁRIA — COLATERAIS — DIREITO DE REPRESENTAÇÃO. — Na sucessão dos colaterais, a lei substantiva ressalvou o direito de representação que é concedido estritamente aos filhos de irmão pré-morto, assegurando-lhes a sucessão por estirpe quando concorrerem com irmãos do falecido (arts. 1.613 e 1.622 — CC 1916 e 1.840 e 1.853 CC 2002)" (TJMG, Ag. 1.0430.06.500008-4/001, Comarca de Monte Belo, Rel. Des. Wander Marotta, julgado em 13-3-2007, publicado em 4-5-2007).

Mas note que, na linha colateral, o direito de representação limita-se aos sobrinhos. Vale dizer, filhos de sobrinhos (aqueles a quem o costume nominou de "sobrinhos-netos") não poderão herdar por direito de representação.

Finalmente, ainda tratando do direito de representação, algumas circunstâncias se revestem de acesa polêmica em face da legitimação para herdar.

Nesse ponto, vale transcrever trechos da lição de CARLOS ROBERTO GONÇALVES, com ampla visão doutrinária e legislativa:

> "Predomina na doutrina, no entanto, o entendimento de que a legitimação para herdar é aferida em relação ao sucedido e não ao representado, como sustenta WASHINGTON DE BARROS MONTEIRO.
>
> Na mesma esteira a lição de PONTES DE MIRANDA: 'Quem foi deserdado por alguém, ou julgado indigno para lhe suceder, pode representar tal pessoa, porque a deserdação ou indignidade somente concerne à herança de quem deserdou, ou para a qual foi julgado indigno. Basta que possa herdar da terceira pessoa. Para se herdar, basta que o de cujo não tenha deserdado o interessado, nem tenha esse sido julgado indigno'.
>
> Desse modo, obtempera SILVIO RODRIGUES, 'o filho que renunciou a herança de seu pai, ou que seja indigno de recebê-la, pode, não obstante, representando o pai, recolher a herança do avô, a não ser que, com relação a este ascendente mais afastado (o avô), seja, também, indigno de suceder'.
>
> Nesse sentido dispõem, expressamente, os Códigos Civis italiano (art. 468, al. 2) e português (art. 2.043), afirmando este último: 'Os descendentes representam o seu ascendente, mesmo que tenham repudiado a sucessão deste ou sejam incapazes em relação a ele'"[3].

Parece-nos o melhor entendimento, tendo em vista tudo que já se afirmou anteriormente sobre o tema da "indignidade".

## 3. FUNDAMENTO E FINALIDADE

Há, indubitavelmente, uma fundamentação moral que respalda o instituto.

Nesse sentido, observa SÍLVIO DE SALVO VENOSA: "A representação foi criada, já no Direito Romano, para reparar parte do mal sofrido pela morte prematura dos pais"[4].

Assim, tem o direito de representação um fundamento moral, pois visa dar um tratamento equânime a herdeiros do autor da herança, poupando-lhes da infelicidade dupla da perda de seu ascendente imediatamente direto e também de benefícios potenciais que lhes seriam garantidos, se não tivesse ocorrido o falecimento daquele.

---

[3] GONÇALVES, Carlos Roberto. *Direito Civil Brasileiro* — Direito da Sucessões, 15. ed., São Paulo: Saraiva, 2020, v. 7, p. 229.

[4] VENOSA, Sílvio de Salvo. *Direito Civil* — Direito das Sucessões, 3. ed., v. 7, São Paulo: Atlas, 2003, p. 101.

Note que há uma busca para equilibrar a distribuição da herança entre os legitimados a suceder, todos ligados afetivamente, de forma presumida, ao *de cujus*.

## 4. EFEITOS

O efeito básico da representação sucessória é o reconhecimento do direito à herança aos sucessores do pré-morto ou daquele excluído da sucessão.

Se houver um único representante, receberá este exatamente o mesmo valor a que faria jus o representado (herdará por cabeça).

Havendo mais de um, dividir-se-á a quota-parte em tantas frações quanto for o número de representantes (herdarão por estirpe[5]).

É esta a linha dos arts. 1.854 e 1.855 do CC:

> "Art. 1.854. Os representantes só podem herdar, como tais, o que herdaria o representado, se vivo fosse.
>
> Art. 1.855. O quinhão do representado partir-se-á por igual entre os representantes".

Parece-nos, sem dúvida, a melhor disciplina.

Vale destacar, ainda, que, na forma do art. 2.009 do Código Civil, quando "os netos, representando os seus pais, sucederem aos avós, serão obrigados a trazer à colação, ainda que não o hajam herdado, o que os pais teriam de conferir"[6].

Trata-se de regra que se justifica na medida em que visa impedir violação da legítima dos herdeiros necessários.

Por fim, vale tecer algumas importantes considerações acerca do tema ora analisado.

Registre-se que não se admite a representação na renúncia da herança, conforme se verifica do art. 1.811 do CC[7]. Em outras palavras, o renunciante é considerado

---

[5] "Ementa: CIVIL — AGRAVO DE INSTRUMENTO — INVENTÁRIO — TESTAMENTO — CONDIÇÃO — INEXISTÊNCIA — *CONDITIO IURIS* — DISPOSIÇÃO PURA E SIMPLES — CONSOLIDAÇÃO DE HERDEIROS TESTAMENTÁRIOS NA ABERTURA DA SUCESSÃO — POSTERIOR FALECIMENTO DE HERDEIRO TESTAMENTÁRIO — DIREITO DE REPRESENTAÇÃO — APLICAÇÃO — CONFIGURAÇÃO DA SUCESSÃO LEGÍTIMA — FILHO PRÉ-MORTO — NETOS — HERDEIROS POR ESTIRPE — IMPROVIMENTO DA IRRESIGNAÇÃO — INTELIGÊNCIA DOS ARTS. 121, 1.851 A 1.856, TODOS DO CÓDIGO CIVIL. Na sucessão testamentária, como na legítima, a 'disposição pura e simples torna o herdeiro como tal na abertura da sucessão', portanto, inexistindo condição para que a herdeira testamentária sucedesse, com a morte da testadora, operou-se a aludida sucessão. Se depois de aberta a sucessão testamentária vem a falecer a herdeira, é por força da sucessão legítima dos patrimônios daquela *de cujus*, que os herdeiros por estirpe herdam os direitos recebidos, *in casu*, pela falecida avó paterna, por força do disposto no testamento" (TJMG, Ag. 1.0701.05.118761-8/001(1), Uberaba, Rel. Des. Dorival Guimarães Pereira, julgado em 18-1-2007, publicado em 2-2-2007).

[6] Os herdeiros devem trazer à colação as liberalidades que hajam recebido, nos termos dos arts. 2.002 e 2.012 do Código Civil. Sobre o tema, ver GAGLIANO, Pablo Stolze. *O Contrato de Doação*, 3. ed., São Paulo: Saraiva, 2010.

[7] "Art. 1.811. Ninguém pode suceder, representando herdeiro renunciante. Se, porém, ele for o único legítimo da sua classe, ou se todos os outros da mesma classe renunciarem a herança, poderão os filhos vir à sucessão, por direito próprio, e por cabeça."

como se herdeiro nunca houvesse sido, razão por que os seus descendentes não poderão representá-lo.

Por outro lado, nada impede que o renunciante da herança de uma pessoa a represente em outra.

É o que estabelece o art. 1.856:

> "Art. 1.856. O renunciante à herança de uma pessoa poderá representá-la na sucessão de outra".

Dessa forma, mesmo que o filho tenha renunciado à herança do pai, nada o impede de atuar como representante do seu ascendente direto na herança do avô.

Outra importante observação, finalmente, é feita por SÍLVIO VENOSA:

> "Como a quota do pré-morto é distribuída por estirpe, se algum herdeiro dessa estirpe renuncia à herança, a parte renunciada só acresce à parte dos herdeiros do mesmo ramo, isto é, três netos representam o pai. Um dos netos renuncia. A quota desta estirpe fica dividida entre os outros dois netos que não renunciaram. Não se acresce, com essa renúncia, o monte-mor geral, isto é, a parte desse renunciante não vai para os que recebem por direito próprio, nem para a representação de outro herdeiro pré-morto. Como o representante é sucessor do autor da herança, existe uma única transmissão patrimonial. Há um único imposto devido"[8].

Vale dizer, Aldo, Bruno e Clemente representam o pai, Francisco (pré-morto), na herança do avô. Eles concorrem com os tios, Rufino e Celino. Se, por exemplo, Aldo renunciar, a sua quota acrescerá às dos seus outros dois irmãos (Bruno e Clemente), e não às quotas dos tios. Em resumo: Rufino herdará 1/3, Celino 1/3, e o outro 1/3 será dividido entre Bruno e Clemente, representando o seu pai, Francisco.

É a solução apresentada pelo nosso Direito.

[8] VENOSA, Sílvio de Salvo. *Direito Civil* — Direito das Sucessões, 3. ed., v. 7, São Paulo: Atlas, 2003, p. 102.

# XCVI SUCESSÃO TESTAMENTÁRIA

## 1. NOÇÕES GERAIS SOBRE O TESTAMENTO

No presente tópico, analisaremos o conceito de testamento, bem como a sua natureza jurídica e classificação, permitindo uma ampla visão sobre o tema.

Todavia, antes disso, parece-nos relevante tecer algumas considerações preliminares acerca do "Poder de testar".

### 1.1. Sobre o poder de testar

A ideia de "testar" é de dispor, por meio de um instrumento formal, chamado testamento, de seus bens, de forma total ou parcial, após o advento da morte.

Essa concepção se extrai do próprio *caput* do art. 1.857 do vigente Código Civil brasileiro[1].

A fundamentação do "Poder de testar" está justamente na autonomia da vontade e no exercício do direito de propriedade, uma vez que, se o testador poderia dispor dos bens em vida, por que não autorizar, atendendo à sua vontade, o seu direcionamento *post mortem*?

Contudo, tal disposição de bens, por vezes, não poderá ser total, quando houver a necessidade de preservação da legítima, na forma do § 1º do mencionado dispositivo[2]. A disposição, portanto, somente se dará de forma total quando inexistirem herdeiros necessários (descendentes, ascendentes ou cônjuge).

Vale destacar, porém, que o testamento também é o meio hábil para manifestações de vontade de conteúdo não econômico, conforme estabelece o § 2º do mencionado dispositivo normativo ("§ 2º São válidas as disposições testamentárias de caráter não patrimonial, ainda que o testador somente a elas se tenha limitado"), tudo em observância ao princípio do respeito à vontade manifestada.

---

1 "Art. 1.857. Toda pessoa capaz pode dispor, por testamento, da totalidade dos seus bens, ou de parte deles, para depois de sua morte."

2 "§ 1º A legítima dos herdeiros necessários não poderá ser incluída no testamento."

Assim, em testamento, não há falar somente em transferência de bens do patrimônio próprio para o de outra pessoa, mas também em diversas outras diligências, desde uma manifestação autobiográfica sobre o testador e sua visão de vida até a determinação de preceitos que, somente de forma indireta, poderiam apresentar efeito econômico.

Dentre tais disposições, sem uma específica natureza econômica e patrimonial, a título meramente exemplificativo[3], podemos lembrar, porque previstas no próprio texto codificado:

a) a disposição gratuita do próprio corpo (art. 14, *caput*)[4];
b) a criação de uma fundação (art. 62, *caput*)[5];
c) a substituição de terceiro designado em contrato (art. 438, parágrafo único)[6];
d) a substituição de beneficiário em seguro de vida (art. 791, *caput*)[7];
e) a instituição de condomínio edilício (art. 1.332, *caput*);
f) o reconhecimento de filhos (art. 1.609, III)[8];
g) a nomeação de tutor (art. 1.634, VI, e art. 1.729, parágrafo único)[9];
h) a instituição de bem de família (art. 1.711, *caput*)[10];
i) a reabilitação do indigno (art. 1.818, *caput*);
j) o estabelecimento de cláusulas restritivas (art. 1.848, *caput*);
k) a deserdação (art. 1.964, *caput*);

---

[3] Vários autores fazem o apanhado de disposições de natureza não patrimonial, com pequenas diferenças entre si. Confiram-se, nesse aspecto, as seguintes obras: VELOSO, Zeno, Testamentos — Noções Gerais; Formas Ordinárias; Codicilo; Formas Especiais, in HIRONAKA, Giselda Maria Fernandes Novaes; PEREIRA, Rodrigo da Cunha (Coords.), *Direito das Sucessões e o Novo Código Civil*, Belo Horizonte: Del Rey, 2004, p. 125-6); CARVALHO, Dimas Messias de; CARVALHO, Dimas Daniel de, *Direito das Sucessões*, 3. ed., Belo Horizonte: Del Rey, 2011, p. 105-6; DIAS, Maria Berenice, *Manual das Sucessões*, São Paulo: Revista dos Tribunais, p. 332-3; TARTUCE, Flávio; SIMÃO, José Fernando. *Direito Civil* —Direito de Família, 2. ed., v. 5, São Paulo: Método, 2012, p. 289; PEREIRA, Caio Mário da Silva. *Instituições de Direito Civil*, 17. ed., v. 6, Rio de Janeiro: Forense, 2001, p. 180), entre outros.

[4] Confira-se o item *b* ("Direito ao corpo morto (cadáver)") do subtópico 7.2.1 ("Direito ao corpo humano") do Capítulo V ("Direitos da Personalidade") do v. 1 ("Parte Geral") de nosso *Novo Curso de Direito Civil*.

[5] Confira-se o subtópico 7.2.3 ("As fundações") do Capítulo VI ("Pessoa Jurídica") do v. 1 ("Parte Geral") de nosso *Novo Curso de Direito Civil*.

[6] Confira-se o Capítulo "Das Estipulações Contratuais em Relação a Terceiros" do v. 4, "Contratos", de nosso *Novo Curso de Direito Civil*.

[7] Confira-se o Capítulo "Seguro" do v. 4, "Contratos", de nosso *Novo Curso de Direito Civil*.

[8] Confira-se o tópico 3 ("Reconhecimento Voluntário") do Capítulo XXV ("Filiação") do v. 6 ("Direito de Família") de nosso *Novo Curso de Direito Civil*.

[9] Confira-se o tópico 3 ("Tutela") do Capítulo XXIX ("Tutela, Curatela e Tomada de Decisão Apoiada") do v. 6 ("Direito de Família") de nosso *Novo Curso de Direito Civil*.

[10] Confira-se o Capítulo XVIII ("Bem de Família") do v. 6 ("Direito de Família") de nosso *Novo Curso de Direito Civil*.

l) a revogação de testamento anterior (art. 1.969, *caput*);

m) a nomeação do testamenteiro (art. 1.976)[11];

n) despesas de sufrágios pela alma do falecido (art. 1.998);

o) a dispensa de colação (art. 2.006).

A determinação de tais diligências, como visto, pode ser feita pela via testamentária.

Mas, afinal de contas, o que é um testamento?

É o que se enfrentará no próximo subtópico.

## 1.2. Conceito e natureza jurídica

O que é um testamento?

Se a religião cristã o compreende como uma forma de aliança e a poesia permite visualizá-lo como uma tentativa de controle póstumo da destinação do que deixamos, juridicamente o conceito é bem mais simples.

O Código Civil brasileiro de 1916, em seu art. 1.626, apresentava um conceito legal de testamento.

Estabelecia o referido dispositivo normativo:

> "Art. 1.626. Considera-se testamento o ato revogável pelo qual alguém, de conformidade com a lei, dispõe, no todo ou em parte, do seu patrimônio, para depois da sua morte".

Se é certo que não é papel da lei estabelecer conceitos — o que foi observado pelo vigente Código Civil brasileiro —, o fato é que o antigo conceito legal não era de todo ruim.

Na verdade, as imperfeições técnicas da antiga definição podiam ser resumidas em duas.

A primeira é a ausência de menção à possibilidade de utilização do testamento para finalidades distintas da disposição patrimonial, como já vimos.

A segunda imprecisão consiste em definir o testamento como um "ato jurídico" — o que poderia remeter à confusão conceitual com o ato em sentido estrito[12] — e não, em respeito à sua própria natureza, como um negócio jurídico unilateral.

---

11 Confira-se o tópico 3 ("O Testamenteiro") deste capítulo.

12 Essa "imperfeição" é facilmente compreendida pela circunstância de que o Código Civil brasileiro de 1916 não havia expressamente incorporado a teoria do negócio jurídico, o que foi sanado pela vigente codificação. Para maiores esclarecimentos sobre o tema, confiram-se os Capítulos IX ("Fato Jurídico em Sentido Amplo") e X ("Negócio Jurídico (Noções Gerais)") do v. 1 ("Parte Geral") de nosso *Novo Curso de Direito Civil*.

Sim, a natureza jurídica do testamento é a de um negócio jurídico unilateral[13].

Em nosso sentir, o negócio jurídico traduz uma "declaração de vontade, emitida em obediência aos seus pressupostos de existência, validade e eficácia, com o propósito de produzir efeitos admitidos pelo ordenamento jurídico pretendidos pelo agente"[14].

Um testamento, portanto, nada mais é do que um negócio jurídico pelo qual alguém, unilateralmente, declara a sua vontade, segundo pressupostos de existência, validade e eficácia, com o propósito de dispor, no todo ou em parte, dos seus bens, bem como de determinar diligências de caráter não patrimonial para depois da sua morte.

Eis o nosso conceito, intimamente relacionado à natureza jurídica do instituto.

Vejamos, agora, as características essenciais do testamento.

## 1.3. Características essenciais

Para a compreensão das características essenciais do testamento, parece-nos relevante destacar que, quando, em nosso esforço de sistematização, afirmamos o que "é" um testamento, revelando a sua natureza jurídica, talvez seja importante também registrar o que ele "não é".

É importante ressaltar que, embora seja um negócio jurídico, não é o testamento um contrato, uma vez que lhe falta a bilateralidade peculiar à caracterização de uma figura contratual.

Com efeito, conforme já conceituamos alhures, um "contrato é um negócio jurídico por meio do qual as partes declarantes, limitadas pelos princípios da função social e da boa-fé objetiva, autodisciplinam os efeitos patrimoniais que pretendem atingir, segundo a autonomia das suas próprias vontades"[15].

Inexiste, portanto, no testamento, essa participação de outros sujeitos na manifestação da vontade, ou, em outras palavras, o núcleo básico de todo o contrato: o "consentimento" das partes contratantes, indispensável em sua conformação nuclear.

---

[13] "Quanto ao número de declarantes, os negócios jurídicos poderão ser:

a) unilaterais — quando concorre apenas uma manifestação de vontade (o testamento, a renúncia, p. ex.);

b) bilaterais — quando concorrem as manifestações de vontades de duas partes, formadoras do consenso (os contratos de compra e venda, locação, prestação de serviços, p. ex.);

c) plurilaterais — quando se conjugam, no mínimo, duas vontades paralelas, admitindo-se número superior, todas direcionadas para a mesma finalidade (o contrato de sociedade, p. ex.)" ( GAGLIANO, Pablo Stolze; PAMPLONA FILHO, Rodolfo. *Novo Curso de Direito Civil* — Parte Geral, v. 1, 22. ed., São Paulo: Saraiva, 2020, p. 383).

[14] GAGLIANO, Pablo Stolze; PAMPLONA FILHO, Rodolfo. *Novo Curso de Direito Civil* — Parte Geral, 22. ed., São Paulo: Saraiva, 2020, v. 1, p. 383.

[15] GAGLIANO, Pablo Stolze; PAMPLONA FILHO, Rodolfo. *Novo Curso de Direito Civil* — Contratos. 3. ed., São Paulo: Saraiva, 2020, v. 4, p. 45.

Daí a primeira característica essencial do testamento, qual seja, a sua unilateralidade, seguindo-se o seu evidente caráter personalíssimo, a teor do art. 1.858: "o testamento é ato personalíssimo, podendo ser mudado a qualquer tempo".

Por isso, há a vedação ao chamado testamento conjuntivo, qual seja, aquele elaborado por mais de um sujeito no mesmo documento.

O mesmo dispositivo supratranscrito apresenta ainda outra importante característica do testamento: a sua revogabilidade.

Com efeito, não se poderia negar ao testador, por força do próprio postulado da autonomia privada, a prerrogativa de reescrever os termos da sua vontade declarada, quantas vezes o achasse conveniente[16].

Da mesma forma, é o testamento um negócio jurídico solene, em que a forma a ser adotada, de acordo com a intenção do testador, é imposta por lei, sob pena de nulidade.

A solenidade é, sem dúvida, uma das características mais evidentes do testamento, em que a preocupação com a forma é levada a grau extremo, o que se observa também em outros sistemas normativos estrangeiros[17].

Sobre o tema, observa o insuperável PONTES DE MIRANDA que o Estado, ao proteger a disposição de última vontade,

> "cerca-a de formas, que a livrem de insídias e maquinações. Continua, ao explicar que a exigência de forma testamentária evita que o testador apressadamente manifeste a vontade e de certo modo mostra-lhe que é de grande relevância o ato que vai praticar. Por outro lado, diminui as possibilidades de pressões, de violências, de erros e de atendimentos a pedidos e promessas. Além disso, a presença de testemunhas concorre para que se contenha, pondere e se precate o testador. Todo intervalo entre a deliberação de testar e a feitura do testamento fortalece a meditação do disponente. Quanto a terceiros, as formalidades testamentárias põem o testador a salvo de falsificações e de falsidades, bem como de violências. Muito se sabe sobre os males que resultavam das cartas de consciência. Herdeiros legítimos eram lesados pelas coações de estranhos, que o testador beneficiava, e das preterições momentaneamente causadas. Pessoas estranhas, e não só parentes, eram postas de lado por circunstâncias de intranquilidade do testador. Não só herdeiros legítimos. Daí não bastar o escrito, por

---

16 Ressalve-se a hipótese de reconhecimento de filho: "Art. 1.610. O reconhecimento não pode ser revogado, nem mesmo quando feito em testamento".

17 "1. Tendo o testamento sido outorgado por um cidadão português no estrangeiro, é a lei portuguesa que rege quanto à sua validade e efeitos. 2. Se na pendência do inventário se suscitarem questões prejudiciais de que dependa a admissibilidade do processo ou a definição dos direitos dos interessados directos na partilha que, atenta a sua natureza ou a complexidade da matéria de facto que lhes está subjacente, não devam ser incidentalmente decididas, o juiz deverá determinar a suspensão da instância, nos termos e para os efeitos do disposto no n. 1 do art. 1335º, do CPC" (confira-se o inteiro teor deste acórdão do Tribunal da Relação de Coimbra em: <http://www.dgsi.pt/jtrc.nsf/8fe0e606d8f56b22802576c0005637dc/f7f740a31bb16ceb8025797c0038792a?OpenDocument>. Acesso em: 28 jun. 2017).

> mais perfeito e verdadeiro que seja, para que se repute feito o testamento. O rigor formal protege o testador e os que seriam por ele declarados herdeiros ou legatários. Trata-se de ato de última vontade, razão por que a técnica legislativa também há de cogitar de formalidades que assegurem a conservação do negócio jurídico. (...) Com os pressupostos de forma, o que se tem por fito é maior segurança na expressão da vontade e na conservação do instrumento. (...) Se o testamento não satisfaz as exigências formais, ou algumas delas, testamento não há. Se a satisfação é que foi insuficiente, há nulidade. Ser incompleta a observância, ou ser irregular, faz nulo o testamento. Não ter havido cumprimento de qualquer dos pressupostos, qualquer que seja, não é infração da lei; é omissão de requisito para a existência de testamento"[18].

Por isso, observa ROLF MADALENO:

> "Este conjunto de formalidades que dá uma ritualização essencial e necessariamente formal à facção testamentária, própria e inerente a esse ato jurídico unilateral, que conta seus efeitos para quando seu autor já não mais estiver presente para defendê-lo, disso importando cada passo do seu ritual e das pessoas que, conjuntamente, participam do testamento, sempre com o intuito de assegurar a liberdade do testador e a veracidade de suas disposições"[19].

Por fim, como última característica essencial do testamento, precisamos lembrar-nos da sua gratuidade, na medida em que ao beneficiário de um testamento não se impõe uma contraprestação, como se dá, por exemplo, no contrato de compra e venda.

Na mesma linha, o herdeiro jamais poderá "comprar" uma quota ou todo o patrimônio de um testador ainda vivo, sob pena de configurar um ato expressamente vedado pelo nosso ordenamento jurídico, e altamente reprovável sob o ponto de vista moral, o chamado *pacta corvina*[20].

Não confunda, porém, o caráter gratuito da disposição testamentária com a possibilidade de estabelecimento de um ônus, modo ou encargo (que não constitui tecnicamente uma contraprestação), o que é perfeitamente aceitável, na perspectiva do plano de eficácia do negócio jurídico[21].

Posto isso, passemos, agora, a tecer algumas considerações classificatórias acerca do testamento.

---

18 PONTES DE MIRANDA, Francisco Cavalcanti. *Tratado de Direito Privado*, Rio de Janeiro: Borsoi, 1955, t. LVIII, p. 279, apud MADALENO, Rolf. "Testamento, Testemunhas e Testamenteiro: uma Brecha para a Fraude". Disponível em: <http://www.rolfmadaleno.com.br/novosite/conteudo.php?id=47>. Acesso em: 28 jun. 2017.

19 MADALENO, Rolf, ob. cit.

20 Art. 426 do Código Civil: "Não pode ser objeto de contrato a herança de pessoa viva".

21 Sobre o tema, confira-se o Capítulo XV ("Plano da Eficácia do Negócio Jurídico") do v. 1 ("Parte Geral") de nosso *Novo Curso de Direito Civil*.

### 1.4. Modalidades classificatórias do testamento

Toda classificação, assim como toda conceituação, depende muito da visão metodológica de quem a escolhe ou apresenta.

No que diz respeito ao testamento, o próprio texto codificado se encarregou de estabelecer as duas formas possíveis de classificação, em função das circunstâncias de sua elaboração.

A forma ordinária de testamento é aquela elaborada em uma conjuntura de normalidade, de acordo com a preferência do testador.

Já a forma extraordinária ou especial de testamento é aquela realizada em função de circunstâncias peculiares ou de dificuldades fáticas da vida do testador.

Quando alguém fala, porém, em "espécies" de testamento, está se referindo a subdivisões dessa classificação primária, a saber, em relação à forma ordinária, os testamentos público, cerrado e particular, e, sob a forma especial, os testamentos marítimo, aeronáutico e militar.

Cada uma dessas espécies será por nós analisada em momento próprio, a eles acrescentando a compreensão da figura jurídica do codicilo, que é uma disposição de última vontade de menor monta.

Façamos, agora, algumas importantes observações de cunho histórico a respeito do testamento.

## 2. ASPECTOS RELEVANTES DO PLANO DA VALIDADE APLICÁVEL AO TESTAMENTO

Identificado o testamento como um ato de natureza negocial, faz-se necessário visualizá-lo sob a perspectiva do plano de validade do negócio jurídico, respeitadas as suas peculiaridades.

Poderíamos tratar essa questão sob a ótica dos três planos do negócio jurídico, a saber: existência, validade e eficácia.

Todavia, como o plano de validade já pressupõe o de existência — um testamento sem efetiva manifestação da vontade, por exemplo, seria considerado inexistente juridicamente — e como o plano de eficácia é consequencial, parece-nos que a visão dos aspectos relevantes do testamento como negócio jurídico deverá abranger:

a) manifestação de vontade livre e de boa-fé;
b) capacidade do agente;
c) possibilidade, licitude e determinabilidade do objeto;
d) forma adequada (*in casu*, prescrita em lei).

Tudo isso para melhor permitir o adequado entendimento da matéria.

Frise-se, outrossim, mais uma vez, que o enfrentamento de tais pressupostos, na perspectiva da validade negocial, respeitará a tessitura própria e peculiar do testamento.

Vamos a eles.

## 2.1. Manifestação de vontade livre e de boa-fé

Do ponto de vista existencial, para que haja um negócio jurídico, é imprescindível haver uma manifestação de vontade.

Tal declaração volitiva, por sua vez, para que seja considerada válida, deve ser emanada de forma livre e de boa-fé.

O mesmo, naturalmente, se dá com o testamento.

Por isso mesmo, qualquer um dos defeitos que invalidam o negócio jurídico pode ser invocado, em ação própria, para impugnar o testamento.

## 2.2. Capacidade de testar

Para que um negócio jurídico seja considerado válido, é preciso que o agente emissor da vontade tenha capacidade para a sua realização.

No que diz respeito ao tema da capacidade em matéria sucessória, a capacidade testamentária passiva já foi por nós tratada quando enfrentamos o tema da "vocação hereditária".

Como negócio jurídico, outrossim, a realização de um testamento pressupõe uma capacidade jurídica ativa.

Sobre o tema, estabelece o art. 1.860 do CC:

> "Art. 1.860. Além dos incapazes, não podem testar os que, no ato de fazê-lo, não tiverem pleno discernimento.
>
> Parágrafo único. Podem testar os maiores de dezesseis anos".

O *caput* do dispositivo é, em nossa opinião, de clareza meridiana.

A incapacidade civil, bem como a ausência de pleno discernimento, afiguram-se, logicamente, como óbices para a prática pessoal de um ato jurídico.

Todavia, o parágrafo único do referido dispositivo excepciona a regra, em favor dos menores púberes, o que merece algumas considerações.

Sobre essa questão, observa SÍLVIO VENOSA:

> "Quanto ao fato de se permitir que maiores de 16 anos se utilizem de testamento em ambos os diplomas, o interesse é, como regra, teórico, pois nessa idade dificilmente alguém pensará em ato de última vontade, mas a possibilidade existe e é isso que importa. As legislações comparadas também trazem idades mínimas aproximadas ou igual a nossa. Assim, o relativamente capaz tem plena capacidade de testar. Trata-se, pois, de uma capacidade mais ampla do que a capacidade geral. Importa pensar que, para fazer testamento, a lei procura reconhecer no sujeito um certo grau de discernimento. Acertadamente, a lei entende que o maior de 16 anos tem esse discerni-

mento para manifestar a vontade testamentária. Caso não fosse a lei expressa, necessitaria da assistência do pai ou responsável, tal o impossibilitaria de testar, dado o personalismo do ato já aqui estudado. A origem dessa capacidade vem do Direito Romano, quando se adquiria a capacidade em geral com a puberdade, não havendo, em princípio, uma idade predeterminada"[22].

Saliente-se que o reconhecimento legal da capacidade de testar do maior de 16 anos implica, sem dúvida, a desnecessidade da assistência para sua realização, já que, juridicamente, isso seria um contrassenso, dado o caráter personalíssimo do testamento.

Observe-se que o fato de reconhecer capacidade para testar não significa dizer que o menor púbere haja sido emancipado.

Será ele ainda menor e incapaz para todos os demais atos da vida civil, mas estará autorizado pela lei, de forma excepcional, a fazer o testamento.

Se, por acaso, o menor for emancipado por outros meios que a lei permita (pelo casamento, por exemplo), isso ainda não o autorizaria a fazer testamento, dada a especificidade da capacidade sucessória para testar[23].

Registre-se, por fim, que a capacidade, naturalmente, é aferida no momento da realização do negócio jurídico testamentário, não importando a situação fática anterior ou posterior, uma vez que a "incapacidade superveniente do testador não invalida o testamento, nem o testamento do incapaz se valida com a superveniência da capacidade", conforme prevê o art. 1.861 do CC.

## 2.3. Objeto do testamento

Seguindo o rigor metodológico aqui exposto, lembremos que, também do ponto de vista existencial, para haver um negócio jurídico é imprescindível a existência de um objeto específico.

Vale salientar que o objeto não precisa ter conteúdo necessariamente patrimonial, uma vez que o testamento também é meio hábil, como visto, para a determinação de disposições de caráter não econômico.

E, como consequência lógica da perspectiva existencial, para que o negócio tenha validade, o objeto deve ser lícito, possível e determinado, ou ao menos determinável. Careceria de validade, por exemplo, um testamento que tivesse por objeto a transmissibilidade de uma fazenda adquirida de forma criminosa.

---

22 VENOSA, Sílvio de Salvo. *Direito Civil* — Direito das Sucessões, São Paulo: Atlas, p. 140.

23 "Como o ordenamento estabeleceu regras próprias para a capacidade testamentária ativa, mesmo que o menor atinja plena capacidade civil pelos outros meios que a lei permite (pelo casamento, por exemplo, com suplementação judicial de idade), tal não concede legitimação para o ato de última vontade. Portanto, a capacidade para testar é independente da emancipação (Cicu, 1954: 152)" (VENOSA, Sílvio de Salvo. *Direito Civil* — Direito das Sucessões, São Paulo: Atlas, p. 141).

Por fim, apenas para efeito didático, frisamos que o tema das Disposições Testamentárias, disciplinado nos arts. 1.897 a 1.911 do vigente Código Civil brasileiro, será objeto de apreciação em capítulo próprio posterior.

## 2.4. Forma prescrita em lei

Para que um negócio jurídico exista, é preciso haver uma forma, ou seja, um "meio pelo qual a vontade se manifeste".

Para que tenha validade, a forma ou será livre (art. 107 do CC) ou "prescrita em lei".

E isso é sobremaneira importante para o testamento.

Trata-se, como visto, de um negócio jurídico solene, em que a norma legal impõe determinado revestimento para o ato, traduzido em uma forma especial para a sua validade.

É o que se chama de negócio *ad solemnitatem*.

No caso do testamento (negócio jurídico unilateral), a lei impõe determinada forma (ordinária ou extraordinária), não reconhecendo liberdade ao testador para elaborá-lo de acordo com a sua vontade, o que pode ser objeto de ação específica para o reconhecimento de nulidade.

Arriscamos dizer, inclusive, que talvez o testamento seja, dentre todos os atos negociais existentes, ao lado do casamento, o de maior rigor formal para efeito de reconhecimento de sua validade.

## 2.5. Prazo das ações de invalidade de testamento

O descumprimento de qualquer dos requisitos de validade do testamento gera, por consequência, a possibilidade de sua impugnação judicial.

O vigente Código Civil brasileiro trouxe expressa previsão de prazo para tal postulação.

Com efeito, estabelece o art. 1.859 do CC:

> "Art. 1.859. Extingue-se em cinco anos o direito de impugnar a validade do testamento, contado o prazo da data do seu registro".

Observe-se que se trata de um prazo decadencial peculiar.

Justamente por ser norma especial, tal prazo prevalece inclusive em face de eventuais causas de nulidade absoluta do negócio jurídico, a exemplo da incapacidade absoluta do agente ou da impossibilidade do seu objeto, as quais, em regra, nos termos do art. 169, não comportariam prazo para a sua impugnação.

Nesse sentido, observa SÍLVIO VENOSA:

> "Lembremos que o novo Código fixou em cinco anos o prazo decadencial para impugnar a validade do testamento, contado o prazo da data de seu registro (art. 1.859).

> Ao mencionar impugnação, o novo diploma se refere tanto aos casos de nulidade como de anulabilidade. Com isso, derroga a regra geral do art. 169, segundo o qual o negócio jurídico nulo não é suscetível de confirmação, nem convalidação pelo decurso do tempo. A natureza do testamento e as dificuldades que a regra geral da imprescritibilidade ocasionaria forçou essa tomada de posição pelo legislador. Essa exceção ao princípio geral vem demonstrar que não é conveniente essa regra geral de não extinguibilidade com relação aos negócios nulos. Melhor seria que se abraçasse a corrente doutrinária anterior que entendia que os atos nulos prescrevem no prazo máximo estabelecido no ordenamento. Nesse campo de nulidades, porém, há que se atentar para as hipóteses de inexistência de testamento, quando qualquer prazo extintivo se mostra inaplicável para sua declaração, como ocorre, por exemplo, na hipótese de perfeita ausência de vontade do testador"[24].

Da forma como está redigido o dispositivo, há que se interpretar que ocorre o prazo decadencial de cinco anos para a impugnação do testamento, no que diz respeito a qualquer requisito de validade, menos em relação aos vícios de consentimento[25].

E por que não aplicar o prazo também para a anulabilidade decorrente de vícios de consentimento?

Porque, em face de tais causas, há outro prazo aplicável.

É o prazo de quatro anos, previsto no art. 1.909 do CC[26].

Enfrentemos, agora, como se deve dar a execução do testamento.

Para isso, compreendamos uma importante figura para o efetivo cumprimento da disposição de última vontade: o testamenteiro.

## 3. O TESTAMENTEIRO

Aberta a sucessão, com o falecimento do autor da herança, não há como adivinhar se existe ou não um testamento.

Levando em consideração a inexistência de uma tradição cultural brasileira de confecção do testamento, aí mesmo é que não se pode presumir que haja sido feito tal negócio jurídico.

Nesse contexto, surge a figura do testamenteiro.

---

24 VENOSA, Sílvio de Salvo. *Direito Civil* — Direito das Sucessões, São Paulo: Atlas, p. 144.

25 Vale registrar que o antigo Projeto de Lei n. 6.960/2002 (já arquivado), que pretendia reformar o Código Civil de 2002, propunha uma nova redação para o mencionado art. 1.859: "Extingue-se em cinco anos o direito de requerer a declaração de nulidade do testamento ou de disposição testamentária, e em quatro anos o de pleitear a anulação do testamento ou de disposição testamentária".

26 "Art. 1.909. São anuláveis as disposições testamentárias inquinadas de erro, dolo ou coação. Parágrafo único. Extingue-se em quatro anos o direito de anular a disposição, contados de quando o interessado tiver conhecimento do vício."

A disciplina jurídica da atuação desse sujeito está prevista nos arts. 1.976 a 1.990 do vigente Código Civil brasileiro.

Embora inserido, como dito, na parte final codificada da disciplina testamentária, parece-nos importantíssimo falar dessa figura jurídica neste momento, em que chegamos ao final das noções gerais sobre o testamento.

Testamenteiro é o sujeito designado pelo testador ou nomeado pelo juiz para fazer cumprir as disposições de última vontade.

Como um testamenteiro pode ser escolhido?

As formas de designação de um testamenteiro acabam por delimitar as formas de testamentaria.

A primeira forma é o chamado testamenteiro testamentário, ou seja, aquele que é nomeado pelo próprio testador.

É dessa modalidade que trata o art. 1.976 do CC:

> "Art. 1.976. O testador pode nomear um ou mais testamenteiros, conjuntos ou separados, para lhe darem cumprimento às disposições de última vontade".

Chama-se testamenteiro legítimo o cônjuge, a quem cabe a execução testamentária, na falta de nomeação pelo testador.

Por fim, tem-se também o chamado testamenteiro dativo, que é aquele nomeado subsidiariamente pelo magistrado, na ausência de designação pelo testador e de cônjuge sobrevivente.

As duas outras modalidades estão previstas no mesmo dispositivo legal, a saber, o art. 1.984 do CC, que preceitua:

> "Art. 1.984. Na falta de testamenteiro nomeado pelo testador, a execução testamentária compete a um dos cônjuges, e, em falta destes, ao herdeiro nomeado pelo juiz".

Vale registrar a ausência de menção ao companheiro entre os testamenteiros legítimos, o que somente se pode explicar pelo fato de o Código Civil brasileiro de 2002 não incluir o companheiro entre os herdeiros necessários.

Observe-se, finalmente, que é possível a nomeação de mais de um testamenteiro.

Quem pode exercer o ofício de testamenteiro?

A princípio, qualquer sujeito capaz pode ser designado como testamenteiro.

Não há qualquer impedimento de que seja um herdeiro ou legatário, mas também não há óbice em nomear alguém estranho à legitimação hereditária passiva.

Observe-se, porém, que a testamentaria é uma atividade personalíssima, que não pode ser delegada, embora se admita a representação por meio de mandato.

Tal afirmação é depreendida do próprio texto do art. 1.985 do CC:

> "Art. 1.985. O encargo da testamentaria não se transmite aos herdeiros do testamenteiro, nem é delegável; mas o testamenteiro pode fazer-se representar em juízo e fora dele, mediante mandatário com poderes especiais".

Não há falar, porém, em exercício compulsório da testamentaria, sendo imprescindível a aceitação do testamenteiro, em qualquer das suas três formas (testamentário, legítimo ou dativo).

A recusa, todavia, deve ser justificada.

Tal aceitação pode ser tácita, simplesmente pelo silêncio quando da nomeação ou pelo exercício efetivo das diligências necessárias para o cumprimento das disposições de última vontade.

A importância da aceitação se justifica pelas inúmeras atribuições do testamenteiro, com repercussão de grande responsabilidade patrimonial.

O ofício privado de testamenteiro é de grande responsabilidade.

Com efeito, não havendo cônjuge ou herdeiros necessários, o testador tem a prerrogativa de conceder ao testamenteiro a posse e a administração da herança, ou de parte dela, podendo qualquer herdeiro requerer partilha imediata, ou devolução da herança, habilitando o testamenteiro com os meios necessários para o cumprimento dos legados, ou dando caução de prestá-los, conforme estabelecido legalmente[27].

Por isso mesmo, na forma do art. 1.978 do CC, tendo o testamenteiro a posse e a administração dos bens, incumbe-lhe requerer inventário e cumprir o testamento.

E essa é, sem dúvida, a atribuição primordial do testamenteiro: fazer cumprir o testamento.

Por tal razão, o "testamenteiro nomeado, ou qualquer parte interessada, pode requerer, assim como o juiz pode ordenar, de ofício, ao detentor do testamento, que o leve a registro", conforme autoriza o art. 1.979 do CC.

É importante destacar que, *a priori*, o testamenteiro é o sujeito que, em tese, mais tem interesse em defender as disposições de última vontade, seja pela confiança que lhe foi demonstrada pelo testador (ao nomeá-lo), seja por ser potencialmente um dos beneficiários da herança, como cônjuge ou outro herdeiro.

Assim, assume ele o papel de maior "defensor" das disposições testamentárias, devendo ser necessariamente ouvido em qualquer discussão sobre sua validade e eficácia, na busca do efetivo cumprimento da vontade do testador.

---

27 "Art. 1.977. O testador pode conceder ao testamenteiro a posse e a administração da herança, ou de parte dela, não havendo cônjuge ou herdeiros necessários. Parágrafo único. Qualquer herdeiro pode requerer partilha imediata, ou devolução da herança, habilitando o testamenteiro com os meios necessários para o cumprimento dos legados, ou dando caução de prestá-los."

Tal dever decorre, inclusive, de previsão legal específica, a saber, o art. 1.981 do CC, que preceitua:

> "Art. 1.981. Compete ao testamenteiro, com ou sem o concurso do inventariante e dos herdeiros instituídos, defender a validade do testamento".

É claro que as atribuições aqui mencionadas não são taxativas e exaustivas, uma vez que, sendo o cumprimento do testamento a missão primordial do testamenteiro, muitas outras diligências podem ser determinadas pelo próprio testador, observados, obviamente, os limites legais[28].

Por fim, vale destacar, na forma do art. 1.990 do CC, que, se "o testador tiver distribuído toda a herança em legados, exercerá o testamenteiro as funções de inventariante".

As funções do testamenteiro presumem-se gratuitas quando for ele herdeiro ou legatário.

Todavia, não sendo a testamentaria exercida por herdeiro ou legatário, mas sim por terceiro nomeado pelo testador, haverá, em regra, a necessidade de remunerar o indivíduo que desempenhará tão importante ofício. Afinal, todo trabalho é digno e deve gerar uma retribuição.

A única exceção à regra básica de retribuição é a própria vontade do testador, que pode estabelecer a existência de um testamenteiro sem uma paga correspondente.

Mas, por óbvio, também por isso, pode o testamenteiro nomeado recusar o ofício atribuído.

Não sendo, portanto, vedada a retribuição no testamento, qual seria o valor dessa justa retribuição?

Tal importância deverá ser fixada judicialmente, havendo parâmetros legais com faixas para a sua delimitação.

É a previsão constante no art. 1.987:

> "Art. 1.987. Salvo disposição testamentária em contrário, o testamenteiro, que não seja herdeiro ou legatário, terá direito a um prêmio, que, se o testador não o houver fixado, será de um a cinco por cento, arbitrado pelo juiz, sobre a herança líquida, conforme a importância dela e maior ou menor dificuldade na execução do testamento.
>
> Parágrafo único. O prêmio arbitrado será pago à conta da parte disponível, quando houver herdeiro necessário".

Note-se que há uma margem de discricionariedade para o magistrado fixar o valor, devendo variar, *a priori*, entre 1% e 5% sobre o valor da herança líquida.

---

[28] "Art. 1.982. Além das atribuições exaradas nos artigos antecedentes, terá o testamenteiro as que lhe conferir o testador, nos limites da lei."

Trata-se de uma verba paga pelo trabalho prestado e pela administração da herança, que deve ser considerada uma despesa judicial do inventário.

Vintena ou prêmio é o nome que se dá à retribuição que se outorga ao testamenteiro pelo serviço por ele prestado. Perceba-se que não se trata de uma liberalidade, mas sim de uma gratificação *pro labore*, remuneratória da testamentaria.

A expressão "vintena" é utilizada justamente porque o máximo de 5% corresponde a 1/20 da herança líquida, que deve ser entendida como o saldo, depois de pagas as dívidas preexistentes à abertura da sucessão, bem como as despesas religiosas e funerárias, além do custeio do inventário[29].

Observe-se que a nossa codificação civil estipula um parâmetro mínimo para a fixação do prêmio ou vintena, no caso do regular desempenho do ofício de testamenteiro.

E se o trabalho do testamenteiro, embora cumprido, tenha sido feito de forma pouco eficiente?

A jurisprudência tem admitido uma ponderação do magistrado nesse aspecto, desde que fundamentada[30].

Vale destacar que, em coerência com a natureza remuneratória do prêmio ou vintena, caso venha a falecer o testamenteiro no curso da execução do testamento, caberá aos seus herdeiros a parte do prêmio proporcional ao trabalho desempenhado, conforme arbitrar o magistrado, observando-se, obviamente, os limites legais aqui mencionados.

Como o testamenteiro também pode ser herdeiro ou legatário, a lei faculta a ele a possibilidade de "preferir o prêmio à herança ou ao legado" (art. 1.988 do CC).

Daí se conclui que o prêmio ou vintena não se cumulam com a herança ou legado outorgados.

---

[29] "O prêmio é calculado sobre toda a herança líquida, e denomina-se vintena, porque o máximo de cinco por cento corresponde a um vigésimo do valor básico. Deduzir-se-á, porém, da meação disponível, quando houver herdeiros necessários, cujas legítimas não deverão suportar redução a esse título (novo Código Civil, art. 1.987 e seu parágrafo único). Por 'herança líquida' compreende-se o saldo, depois de pagas as dívidas do *de cujus*, as despesas com funeral e cerimônias religiosas, e custeio do inventário. Se for somente testamentária a sucessão, aplica-se sobre este remanescente o percentual fixado ou arbitrado. Mas se o autor da herança houver falecido *partim testatus et partim intestatus*, a porção hereditária que constitui a sucessão legítima não pode ser computada para efeito do encargo, porque sobre ela não atuou a vontade do defunto, porém a da lei. Neste caso, então, o valor atingido é o da herança testamentária. Quer, pois, dizer: havendo herdeiros necessários, o prêmio se imputará sobre a parte da herança de que dispôs o testador, deduzida, portanto, da meação disponível tão somente" (PEREIRA, Caio Mário da Silva. *Instituições de Direito Civil*, 17. ed., v. 6, Rio de Janeiro: Forense, 2009, p. 296).

[30] "CIVIL. SUCESSÕES. TESTAMENTO. VINTENA. IRREGULAR E NEGLIGENTE EXECUÇÃO DO TESTAMENTO. — Se é lícito ao Juiz remover o testamenteiro ou determinar a perda do prêmio por não cumprir as disposições testamentárias (CPC. Art. 1.140), é-lhe possível arbitrar um valor compatível para remunerar o trabalho irregular e negligente na execução do testamento" (STJ, REsp 418.931/PR, Recurso Especial 2002/0025020-0, Rel. Min. Humberto Gomes de Barros, 3ª Turma, julgado em 25-4-2006, *DJ* 1º-8-2006, p. 430).

Sobre o tema, observava CAIO MÁRIO DA SILVA PEREIRA:

> "Conforme visto acima, o testamenteiro que for legatário ou herdeiro não faz jus à vintena. Mas aqui se trata do herdeiro testamentário, não do herdeiro legítimo, que, recebendo seu quinhão *ope legis*, não se confunde a sua vocação sucessória, que é independente da existência do testamento, com a função testamentária, peculiar à sucessão em face de vontade do defunto. Nas mesmas condições acha-se o herdeiro necessário. E, por extensão, o raciocínio compreende a esposa do herdeiro, se o casamento for em regime de comunhão de bens, seja para excluí-la do prêmio, se for o seu marido herdeiro instituído, seja para se lhe reconhecer direito em caso contrário. Mas, acima de tudo, prevalecendo a vontade do testador, perceberá a vintena o herdeiro instituído, se o testador assim dispuser, com extensão ao seu cônjuge sobrevivente e meeiro"[31].

Exemplificando: se Carmelo institui, por testamento, Frisbi como seu herdeiro ou legatário, nomeando-o também como testamenteiro, pode Frisbi optar pelo valor do prêmio ou vintena em vez da herança ou legado. Isso, por outro lado, não ocorreria com Carmelo Jr., filho de Carmelo e herdeiro necessário.

Parece-nos que a lógica da interpretação sistematizada do dispositivo, em conjunto com o já transcrito art. 1.987 do CC, é a fixação do prêmio ou vintena em valor pecuniário, abrindo-se a exceção apenas para quando o testamenteiro for meeiro.

Por fim, caso venha a ser anulado o testamento, não há falar em prêmio ou vintena, uma vez que inexistiria causa válida a respaldar tal pagamento[32].

Existe prazo para cumprimento das diligências pelo testamenteiro?

Há parâmetro legal, ainda que flexível, sobre essa questão.

É o que preceitua o art. 1.983:

> "Art. 1.983. Não concedendo o testador prazo maior, cumprirá o testamenteiro o testamento e prestará contas em cento e oitenta dias, contados da aceitação da testamentaria.
>
> Parágrafo único. Pode esse prazo ser prorrogado se houver motivo suficiente".

É possível a prorrogação do prazo, a critério do juiz, em havendo "motivo suficiente".

Não nos agrada o uso da palavra "motivo" no referido conceito aberto, pois essa noção é carregada de subjetivismo, por remeter o intérprete a uma circunstância interna, de natureza psicológica: todo motivo está encerrado na mente do agente.

---

31 PEREIRA, Caio Mário da Silva. *Instituições de Direito Civil*, 17. ed., Rio de Janeiro: Forense, 2009, p. 297.

32 Confira-se o Capítulo XXVIII ("Enriquecimento sem Causa e Pagamento Indevido") do v. 2 ("Obrigações") do nosso *Novo Curso de Direito Civil*.

Mais adequado seria o legislador utilizar uma expressão objetiva, a exemplo de justificativa, justa causa ou, ainda, fundamento suficiente.

Qual é a responsabilidade jurídica do testamenteiro?

A pergunta parece muito simples, mas merece algumas reflexões.

De fato, estabelece o art. 1.980 do nosso Código Civil:

> "Art. 1.980. O testamenteiro é obrigado a cumprir as disposições testamentárias, no prazo marcado pelo testador, e a dar contas do que recebeu e despendeu, subsistindo sua responsabilidade enquanto durar a execução do testamento".

Ou seja, há, por força dessa responsabilidade, uma obrigação legal do testamenteiro de prestar contas.

E se houver mais de um testamenteiro?

A questão é respondida pelo art. 1.986 do CC/2002:

> "Art. 1.986. Havendo simultaneamente mais de um testamenteiro, que tenha aceitado o cargo, poderá cada qual exercê-lo, em falta dos outros; mas todos ficam solidariamente obrigados a dar conta dos bens que lhes forem confiados, salvo se cada um tiver, pelo testamento, funções distintas, e a elas se limitar".

Trata-se de uma solidariedade passiva prevista em lei, que somente será afastada se houver, como visto, especificação de atribuições distintas e estanques (perfeitamente delimitadas) de cada testamenteiro.

Como se deve extinguir regularmente a testamentaria?

Ou, em outras palavras, como deve ser considerada cumprida a missão do testamenteiro?

A resposta é óbvia.

Com o regular cumprimento das disposições testamentárias e a consequente prestação de contas no juízo correspondente.

Parece-nos lógico que tal cumprimento somente pode ser certificado judicialmente, depois de realizadas todas as diligências determinadas pelo magistrado para a formação de seu convencimento.

Todavia, pode ocorrer uma extinção extraordinária da testamentaria.

Além do término natural, com o seu devido cumprimento, são possíveis outras formas de extinção da testamentaria.

A primeira é pela destituição (também chamada de remoção) do testamenteiro, afastamento decorrente do infiel cumprimento da missão da testamentaria.

E o que fazer com o prêmio ou vintena?

A resposta também parece lógica: a sua perda.

É o que dispõe o art. 1.989 do Código Civil:

"Art. 1.989. Reverterá à herança o prêmio que o testamenteiro perder, por ser removido ou por não ter cumprido o testamento".

É óbvio que, para haver a remoção do testamenteiro, deve-se observar o devido processo legal, com a garantia do contraditório.

Sobre o tema, observa SÍLVIO VENOSA:

"Sempre há que se conceder direito de defesa ao testamenteiro. Situações haverá, contudo, em que a suspensão imediata do cargo se faz necessária, dependendo da gravidade da situação enfrentada. Pode o juiz usar do poder geral de cautela conferido pelo CPC. Se infundada a remoção, sujeitar-se-ão os interessados que lhe deram causa a uma indenização. Sempre que há gestão de interesses alheios, não há necessidade de que a lei o diga, mas a má gestão autoriza a remoção. Isto se apurará no caso concreto. O pedido de remoção processa-se no juízo do inventário, em apartado. Se não há lide, tratando-se de decisão sumária, fica aberto às partes o recurso às vias ordinárias. A remoção pode ocorrer de ofício ou por iniciativa do Ministério Público ou de qualquer interessado. Pode cessar também a testamentaria com pedido de exoneração do próprio testamenteiro. Só que para a demissão do encargo, ao contrário da aceitação, como vimos, deve haver uma justificativa; deve o testamenteiro alegar uma 'causa legítima' para a escusa (art. 1.141 do CPC), em virtude das implicações atinentes à gestão de interesses alheios"[33].

Por fim, admite-se, como segunda forma de extinção da testamentaria, a "demissão" por parte do testamenteiro, o que nos parece o exercício de um direito potestativo, apenas condicionado à devida prestação de contas até a efetiva liberação.

A ouvida dos interessados e do Ministério Público é diligência indispensável, em nossa visão, especialmente para permitir a correta prestação de contas até o momento do efetivo afastamento do testamenteiro.

Até que seja tomada a decisão do juiz sobre o pedido de afastamento, com a eventual substituição do testamenteiro originário, sua permanência no encargo será exigida juridicamente.

## 4. REGÊNCIA TEMPORAL DA LEI REGULADORA DA SUCESSÃO TESTAMENTÁRIA

Para arrematar este capítulo, parece-nos relevante tecer algumas considerações acerca da lei reguladora da sucessão testamentária, matéria que merece melhor sistematização teórica.

---

[33] VENOSA, Sílvio de Salvo. *Direito Civil* — Direito das Sucessões, São Paulo: Atlas, p. 321.

Isso porque, conforme ensinava ORLANDO GOMES:

> "A sucessão testamentária rege-se diferentemente conforme o momento que se considere. Cumpre distinguir, com efeito, o momento da feitura do testamento do da abertura da sucessão; o *testamenti factio activa* do *testamenti factio passiva*"[34].

A lei vigente na data do testamento regula a capacidade do testador e a forma extrínseca do testamento.

De fato, conforme já vimos, a "incapacidade superveniente do testador não invalida o testamento, nem o testamento do incapaz se valida com a superveniência da capacidade" (art. 1.861 do CC).

No mesmo sentido, a supremacia constitucional do ato jurídico perfeito exige o respeito à lei regente no momento da elaboração do testamento, aplicando-se o tradicional princípio romano *tempus regit actum*.

Tudo isso porque o testamento, como negócio jurídico, deve ser regido pela norma do momento da sua elaboração.

Por outro lado, a efetiva sucessão testamentária (o direito à herança) deve ser regida pela lei do momento da abertura da sucessão, com o falecimento do testador.

Em outras palavras, no que diz respeito à lei vigente no momento da abertura da sucessão (na data da morte), esta regerá a vocação hereditária (o direito à herança) e a eficácia jurídica das disposições testamentárias.

Exemplifiquemos: Salomão redige um testamento, respeitando a lei vigente na época da sua elaboração, no sentido de comparecerem duas testemunhas ao ato. Ainda que lei posterior aumente esse número para três, o testamento é válido e eficaz (pois a lei que rege o testamento é a da época da sua feitura). Por outro lado, caso ele deixe parte da sua herança para um gato, circunstância hipoteticamente permitida na data da elaboração do testamento, se, ao tempo da morte, a lei vigente negar esse direito, a deixa perderá eficácia (pois a lei que rege o direito à herança é a do tempo da abertura da sucessão).

Sobre o tema, observou ORLANDO GOMES:

> "Preceito legal que viesse proibir a sucessão testamentária dos médicos do testador aplicar-se-ia imediatamente, atingindo os contemplados em testamento anterior. Disposição que viesse a permitir o legado *per relationem* validaria a deixa desse teor constante do testamento anteriormente feito.
>
> Em se tratando, porém, de disposição testamentária que subordine o direito do herdeiro instituído a uma condição suspensiva, aplica-se a lei vigente ao tempo em que se verifica o evento, uma vez que a condição suspende a aquisição do direito, o qual somente se transmite com o seu implemento"[35].

[34] GOMES, Orlando. *Sucessões*, Rio de Janeiro: Forense, 1998, p. 87.

[35] GOMES, Orlando, ob. cit., p. 87.

Finalizando este tópico, vale registrar que o Livro Complementar das Disposições Finais e Transitórias do Código Civil brasileiro de 2002 trouxe duas regras específicas sobre a sucessão testamentária.

A primeira delas se encontra em evidente consonância com a visão aqui proposta. Trata-se do art. 2.041, que preceitua, *in verbis*:

> "Art. 2.041. As disposições deste Código relativas à ordem da vocação hereditária (arts. 1.829 a 1.844) não se aplicam à sucessão aberta antes de sua vigência, prevalecendo o disposto na lei anterior (Lei n. 3.071, de 1º de janeiro de 1916)".

Como parece lógico, se a sucessão foi aberta antes da vigência do atual Código Civil brasileiro, é a lei revogada que disciplinará a sua aplicação.

O art. 2.042, por sua vez, dispõe:

> "Art. 2.042. Aplica-se o disposto no *caput* do art. 1.848, quando aberta a sucessão no prazo de um ano após a entrada em vigor deste Código, ainda que o testamento tenha sido feito na vigência do anterior, Lei n. 3.071, de 1º de janeiro de 1916; se, no prazo, o testador não aditar o testamento para declarar a justa causa de cláusula aposta à legítima, não subsistirá a restrição".

A matéria se refere ao estabelecimento de cláusulas de inalienabilidade, impenhorabilidade ou incomunicabilidade.

No vigente Código Civil brasileiro, tais cláusulas se tornaram excepcionais, dependendo de fundamentação em justa causa.

Assim, a sua aplicação para sucessões abertas na vigente codificação, mesmo quando previstas em testamento elaborado anteriormente, somente será aceitável se houver aditamento para a declaração da justa causa e, ainda, respeitado o prazo de um ano da entrada em vigor do Código Civil brasileiro de 2002.

Aberta a sucessão após um ano de tal marco temporal, a cláusula não será considerada válida, reconhecendo-se insubsistente.

# XCVII FORMAS ORDINÁRIAS DE TESTAMENTO

## 1. INTRODUÇÃO

Como já foi visto, a forma é essencial para o testamento.

E é justamente sobre forma que versa este capítulo, bem como o subsequente.

De fato, na diretriz estabelecida pelo art. 1.862 do CC, há três modalidades ordinárias de testamento: o público, o cerrado e o particular.

Trata-se de três espécies distintas de manifestação testamentária, que se diferenciam justamente pelo aspecto da forma.

A ela se agregam três outras formas do negócio jurídico testamentário, tidas como extraordinárias, excepcionais ou especiais, pois admitidas pelo legislador para casos muito restritos, a saber, os testamentos militar, marítimo e aeronáutico[1].

Fora dessas modalidades ordinárias ou extraordinárias — ou mesmo se houver descumprimento dos ritos para elas previstos —, a consequência lógico-normativa é a declaração de nulidade, não alcançando os efeitos planejados pelo testador.

## 2. FORMAS PROIBIDAS DE TESTAMENTO

Estabelece o art. 1.863 que é "proibido o testamento conjuntivo, seja simultâneo, recíproco ou correspectivo".

Entende-se por testamento conjuntivo, de mão comum ou mancomunado aquele elaborado por mais de um sujeito no mesmo documento.

Conforme observam os amigos FLÁVIO TARTUCE e JOSÉ FERNANDO SIMÃO:

> "O testamento conjuntivo ou de mão comum é aquele feito por mais de uma pessoa no mesmo instrumento. Na realidade, a proibição desse tipo de testamento não tem relação com a forma, mas sim com o fato de o legislador entender que o testamento é ato personalíssimo e que não pode ser feito por duas pessoas, sob pena de assumir

[1] Essas modalidades testamentárias serão objeto de análise específica no Capítulo XCVII ("Formas Extraordinárias de Testamento") deste Manual.

caráter contratual repudiado pelo ordenamento e lhe retirar uma de suas principais características: a pessoalidade e a revogabilidade a qualquer tempo"[2].

A ideia de tal restrição tem por finalidade garantir a idoneidade da manifestação de vontade do testador, que deve praticar um ato pessoal e individualizado, sem influência direta de quem quer que seja.

Sobre as modalidades de testamento conjuntivo, temos:

a) simultâneo, aquele em que os sujeitos testam, ao mesmo tempo, em benefício de terceiro. Exemplo: Luiza e Beatriz fazem testamento único, designando Fernanda como sua única herdeira da parte disponível;
b) recíproco, quando os sujeitos instituem um ao outro como herdeiros, de forma que o testador sobrevivente receba a herança do outro. Exemplo: Luiza e Beatriz fazem testamento único, em que Luiza designa Beatriz como sua herdeira da parte disponível e vice-versa;
c) correspectivo, quando a benesse estabelecida por um dos sujeitos ao outro tem uma correspondência equivalente. Exemplo: Luiza e Beatriz fazem testamento único, em que Luiza designa Beatriz como herdeira de determinado bem imóvel e Beatriz designa Luiza como herdeira de outro bem imóvel, havendo uma potencial troca de benefícios entre as testadoras.

Claro que nada impede que duas pessoas, em testamentos separados (ainda que realizados na mesma data e local), façam disposições de seu patrimônio, elegendo uma à outra como destinatárias de sua herança.

O que é vedado pelo sistema legal brasileiro é apenas a realização de instrumento único, que presumiria *jure et de jure* uma violação da livre manifestação de vontade.

Por fim, vale destacar que o chamado testamento nuncupativo ou *in extremis* também não é válido, em regra, no ordenamento jurídico brasileiro.

Trata-se da modalidade testamentária em que o testador narra verbalmente suas declarações de última vontade para testemunhas, o que, no vigente ordenamento jurídico, somente é admissível para os feridos de guerra, na forma do art. 1.896 do CC.

## 3. TESTAMENTO PÚBLICO

Entende-se por testamento público aquele elaborado por tabelião (ou por seu substituto legal), devidamente registrado em cartório, na perspectiva do princípio da publicidade.

Trata-se de um negócio jurídico solene, para o qual a lei expressamente estabelece requisitos formais de validade, cujo descumprimento deve importar a nulidade da cláusula correspondente ou até mesmo de todo o ato.

2 TARTUCE, Flávio; SIMÃO, José Fernando. *Direito Civil* —Direito de Família, 4. ed., v. 6, São Paulo: Método, 2012, p. 315.

O testamento, como negócio jurídico que é, submete-se aos seus Planos de Existência, Validade e Eficácia.

Especificamente no campo da validade, para os negócios solenes (*ad solemnitatem*), um dos requisitos ou pressupostos é a forma prescrita em lei.

A codificação civil determina, por isso, todo um rito para a celebração dessa modalidade testamentária, em uma verdadeira "liturgia", que tem por finalidade, obviamente, a garantia e o respeito à vontade manifestada do testador, relevante aspecto que, no final das contas, se quer, por princípio, prestigiar.

Tradicionalmente, para a elaboração de um testamento público exigia-se que fosse manuscrito, tomando o oficial (tabelião ou seu substituto ou equivalente legal) por termo as declarações do testador.

Essas declarações verbais, devidamente convertidas em texto escrito, deveriam ser lidas publicamente em voz alta pelo tabelião ou pelo próprio testador, na presença um do outro e também, na época, de cinco testemunhas.

Tais testemunhas, ditas instrumentárias ou instrumentais, firmavam a validade do ato, subscrevendo o documento juntamente com o testador e o tabelião. Uma assinatura posterior não poderia ser considerada válida, em razão do postulado da segurança jurídica.

Atualmente, a respeito do testamento público, dispõe o art. 1.864 do Código Civil:

> "Art. 1.864. São requisitos essenciais do testamento público:
>
> I — ser escrito por tabelião ou por seu substituto legal em seu livro de notas, de acordo com as declarações do testador, podendo este servir-se de minuta, notas ou apontamentos;
>
> II — lavrado o instrumento, ser lido em voz alta pelo tabelião ao testador e a duas testemunhas, a um só tempo; ou pelo testador, se o quiser, na presença destas e do oficial;
>
> III — ser o instrumento, em seguida à leitura, assinado pelo testador, pelas testemunhas e pelo tabelião.
>
> Parágrafo único. O testamento público pode ser escrito manualmente ou mecanicamente, bem como ser feito pela inserção da declaração de vontade em partes impressas de livro de notas, desde que rubricadas todas as páginas pelo testador, se mais de uma".

Do texto legal transcrito, vê-se que a ideia tradicional continua basicamente a mesma, havendo uma flexibilização no que diz respeito à razoável possibilidade de o testador levar escritos para estimular sua memória, como minutas, notas ou apontamentos.

Não se dispensa, porém, a leitura em voz alta, diante das testemunhas (duas na vigente codificação, enquanto na codificação anterior eram cinco, na forma do art. 1.632, I, do CC/1916), do testador e do tabelião, pois isso faz parte da publicização do ato, com o registro de tal fato no livro próprio, bem como a assinatura dos envolvidos, de forma a garantir a devida ciência de todas as suas cláusulas.

Questão interessante seria discutir se um testamento, firmado na vigência do CC/1916, com apenas duas testemunhas, poderia ser considerado válido se a morte ocorresse a partir da vigência do Código de 2002.

Em linha de princípio, concluiríamos pela nulidade do ato, na medida em que, como visto no capítulo antecedente, os requisitos de validade do testamento deveriam ser aferidos no momento da sua celebração.

Todavia, levando em conta que toda aferição de invalidade deve ter em perspectiva a existência de um potencial prejuízo, sob pena de a justa forma ceder lugar ao formalismo leviano, outra linha de pensamento afigura-se mais razoável.

Ora, se o próprio legislador cuidou de reduzir o número de testemunhas exigidas — para a lavratura de um ato que, por natureza, já é praticado na presença do tabelião —, justificativa não haveria para recusar a validade desse testamento pelo simples fato de ter sido subscrito somente pelo número de testemunhas que a lei mais nova passou a exigir.

Se o próprio legislador considerou excessivo o quantitativo anterior, por que desconsiderar a vontade do testador com base em um argumento insustentável?

Ainda sobre a feitura do documento, é claro que a expressão "livro de notas", constante do texto legal (art. 1.864, I), não deve ser interpretada de forma tão estrita, admitindo-se a lavratura em livro de folhas soltas. Claro que, mesmo assim, é indispensável a rubrica, pelo testador, de todas as páginas, de modo a certificar a sua veracidade.

Com isso, não descartamos a possibilidade de se utilizarem meios eletrônicos para o registro e arquivamento do ato, o que não poderá, por óbvio, implicar o afastamento das regras básicas de solenidade, mas apenas uma adaptação aos novos tempos, respeitadas, nesse particular, as normas administrativas expedidas pelas Corregedorias dos Tribunais.

Vale destacar também que, embora não haja mais regra equivalente àquela contida no parágrafo único do art. 1.632 do CC/1916, é forçoso convir que as declarações do testador devem ser feitas em língua nacional. Caso algum dos presentes não saiba se manifestar na linguagem pátria, será necessário um tradutor juramentado (público) para servir de intérprete, uma vez que não se pode exigir que o tabelião ou seu substituto legal se expressem em língua estrangeira, bem como tenham as testemunhas domínio sobre o referido idioma.

Mas, instigando-se a dialética, pergunta-se: e se todos dominarem o idioma estrangeiro, ainda assim será necessária a tradução juramentada?

Entendemos que a manifestação em língua nacional é imprescindível no caso concreto, justamente pela circunstância de se tratar de um testamento público. Observe-se, inclusive, *a contrario sensu*, que, no testamento cerrado, há autorização expressa, no art. 1.871[3], para sua redação em idioma estrangeiro.

---

3 "Art. 1.871. O testamento pode ser escrito em língua nacional ou estrangeira, pelo próprio testador, ou por outrem, a seu rogo."

Há situações em que podem ocorrer dificuldades para a manifestação da vontade do testador.

É o caso, por exemplo, do indivíduo analfabeto ou que, por alguma limitação física temporária (ex.: braços engessados) ou permanente (ex.: braços amputados), não tenha condições de firmar o testamento.

Nesse caso, invoca-se o art. 1.865 do CC:

> "Art. 1.865. Se o testador não souber, ou não puder assinar, o tabelião ou seu substituto legal assim o declarará, assinando, neste caso, pelo testador, e, a seu rogo, uma das testemunhas instrumentárias".

E se a limitação física for surdez ou cegueira?

Para tais hipóteses, estabelecem os arts. 1.866 e 1.867 do Código Civil:

> "Art. 1.866. O indivíduo inteiramente surdo, sabendo ler, lerá o seu testamento, e, se não o souber, designará quem o leia em seu lugar, presentes as testemunhas.
>
> Art. 1.867. Ao cego só se permite o testamento público, que lhe será lido, em voz alta, duas vezes, uma pelo tabelião ou por seu substituto legal, e a outra por uma das testemunhas, designada pelo testador, fazendo-se de tudo circunstanciada menção no testamento".

Observe-se que não há qualquer vedação — o que seria de constitucionalidade duvidosa — às pessoas com tais necessidades especiais para testar, apenas se buscando maior segurança na sua manifestação de vontade.

## 4. TESTAMENTO CERRADO

A segunda forma ordinária de testamento prevista no vigente Código Civil brasileiro é o testamento cerrado, também conhecido como "testamento secreto", "testamento místico" ou "nuncupação implícita"[4].

Trata-se de uma peculiar modalidade testamentária, escrita pelo próprio autor (ou por alguém, a seu pedido) e por ele assinada, com conteúdo absolutamente sigiloso.

O registro cartorário apenas certifica a sua existência, não alcançado o seu conteúdo secreto.

A palavra "cerrado" é utilizada aqui justamente no sentido de que se trata de uma disposição testamentária "fechada", ou seja, de conhecimento extremamente limitado, restrito apenas ao testador. Daí decorre, também, a referência "a segredo ou misticismo" em algumas das denominações pelas quais essa modalidade testamentária é conhecida.

---

[4] GONÇALVES, Carlos Roberto. *Direito Civil Brasileiro* — Direito das Sucessões, 15. ed., São Paulo: Saraiva, 2020, v. 7, p. 280.

A vantagem de tal forma reside justamente na circunstância de que a manifestação de vontade do testador poderá ser mantida em sigilo, inclusive do tabelião (ou seu substituto legal) e das testemunhas, que somente presenciarão, como dito, a existência do testamento.

Sobre as vantagens de tal forma testamentária, ensina CARLOS ROBERTO GONÇALVES, lembrando também lições dos imortais CARLOS MAXIMILIANO e PONTES DE MIRANDA:

> "A vantagem que tal modalidade testamentária apresenta consiste no fato de manter em segredo a declaração de vontade do testador, pois em regra só este conhece o seu teor. Nem o oficial nem as testemunhas tomam conhecimento das disposições, que, em geral, só vêm a ser conhecidas quando o instrumento é aberto após o falecimento do testador.
>
> Se o testador permitir, o oficial público poderá lê-lo e verificar se está de acordo com as formalidades exigidas. Mas isso é exceção. O testador tem direito a esse segredo, que não lhe pode ser negado por aquele, a pretexto de que, para o aprovar, precisa lê-lo. Pode ser, como pondera PONTES DE MIRANDA, 'que o disponente só pelo segredo tenha escolhido tal forma testamentária, que evita ódios e discórdias entre herdeiros legítimos ou parentes e estranhos esperançosos de heranças e legados'[5].
>
> Por isso, embora não seja tão frequente como o testamento público, é a forma preferida para 'evitar o espetáculo dos ódios e dissensões que deflagram no seio das famílias e amarguram os últimos dias do disponente, quando se sabem, com antecedência, os nomes dos preteridos e dos melhor aquinhoados'[6].
>
> No testamento cerrado, diz PONTES DE MIRANDA, 'há oportunidade discreta, para a deserdação, ou perdão a indigno, clausulação de inalienabilidade ou de incomunicabilidade dos bens *ab intestato* ou *intestato*, nomeação de tutor ou curador, reconhecimento de filhos, medidas sobre funerais, esmolas e recomendações mais ou menos veladas'"[7-8].

É realmente a vantagem dessa modalidade testamentária, pouco difundida no País.

A Seção III (Do Testamento Cerrado) do Capítulo III (Das Formas Ordinárias do Testamento) estabelece, em seu art. 1.868, algumas formalidades para a validade dessa forma testamentária.

---

[5] *Tratado dos Testamentos*, v. 2, n. 282, p. 132.

[6] MAXIMILIANO, Carlos. *Direito das Sucessões*, v. 1, n. 411, p. 469.

[7] *Tratado de Direito Privado*, v. 59, § 5.875, p. 77.

[8] GONÇALVES, Carlos Roberto. *Direito Civil Brasileiro* — Direito das Sucessões, 15. ed., São Paulo: Saraiva, 2020, v. 7, p. 280.

Senão, vejamos:

> "Art. 1.868. O testamento escrito pelo testador, ou por outra pessoa, a seu rogo, e por aquele assinado, será válido se aprovado pelo tabelião ou seu substituto legal, observadas as seguintes formalidades:
>
> I — que o testador o entregue ao tabelião em presença de duas testemunhas;
>
> II — que o testador declare que aquele é o seu testamento e quer que seja aprovado;
>
> III — que o tabelião lavre, desde logo, o auto de aprovação, na presença de duas testemunhas, e o leia, em seguida, ao testador e testemunhas;
>
> IV — que o auto de aprovação seja assinado pelo tabelião, pelas testemunhas e pelo testador.
>
> Parágrafo único. O testamento cerrado pode ser escrito mecanicamente, desde que seu subscritor numere e autentique, com a sua assinatura, todas as páginas".

Com efeito, a intenção é a de que o testamento seja feito pelo próprio testador (embora se admita que seja feito por terceiro, a seu pedido), manuscrito, aceitando-se a forma mecânica (datilografada ou digitada), desde que numerada e autenticada pelo próprio subscritor.

Note-se que não há menção no texto legal à leitura do conteúdo do testamento.

Ou seja, deve ele ser apresentado sem que o oficial de registro o leia inteiramente, determinando a norma legal apenas que o tabelião comece "o auto de aprovação imediatamente depois da última palavra do testador, declarando, sob sua fé, que o testador lhe entregou para ser aprovado na presença das testemunhas; passando a cerrar e coser o instrumento aprovado".

E se não houver mais espaço livre?

A solução é dada pelo parágrafo único do mesmo dispositivo, ao explicitar que, se "não houver espaço na última folha do testamento, para início da aprovação, o tabelião aporá nele o seu sinal público, mencionando a circunstância no auto".

Observe-se, ainda, que as testemunhas também presenciam apenas a existência do testamento e o seu registro pelo tabelião, e não o seu conteúdo.

Lavrado o auto de aprovação, o testamento poderá ser efetivamente cerrado e costurado.

Costurado?

Sim, a menção a "coser", no transcrito texto legal, refere-se literalmente a costurar.

Claro que, nos dias atuais, em nosso entender, outras formas de fechamento podem ser utilizadas pelo tabelião, a exemplo do uso da cola e do selo, não havendo razão para ficar adstrito à utilização de linha, agulha ou cera de vela derretida.

Em outras palavras, não vislumbramos nulidade se o testamento houver sido efetivamente lacrado, pois o mais importante é não ter ele sido violado, respeitando-se a vontade do testador.

Inicialmente, lembremo-nos de importante regra jurídica, de conteúdo inegavelmente ético, também aplicável ao testamento cerrado:

> "Art. 1.801. Não podem ser nomeados herdeiros nem legatários:
>
> I — a pessoa que, a rogo, escreveu o testamento, nem o seu cônjuge ou companheiro, ou os seus ascendentes e irmãos;
>
> II — as testemunhas do testamento;
>
> III — o concubino do testador casado, salvo se este, sem culpa sua, estiver separado de fato do cônjuge há mais de cinco anos;
>
> IV — o tabelião, civil ou militar, ou o comandante ou escrivão, perante quem se fizer, assim como o que fizer ou aprovar o testamento".

Assim, qualquer um que esteja envolvido na confecção do testamento não poderá ser herdeiro ou legatário.

Ainda quanto ao tabelião, norma específica constante no art. 1.870 dispõe que, se ele houver escrito o testamento a rogo do testador, poderá, não obstante, aprová-lo.

Registre-se, finalmente, que, como não há ciência do conteúdo do testamento, pode ser ele, a teor do art. 1.871 do CC, "escrito em língua nacional ou estrangeira, pelo próprio testador, ou por outrem, a seu rogo", lembrando sempre da importância da assinatura do testador.

Justamente por tal circunstância é que, na diretriz do dispositivo seguinte (art. 1.872), não poderá dispor de seus bens em testamento cerrado quem não saiba ou não possa ler, pois assim não haveria como firmar pessoalmente o instrumento testamentário.

Por fim, estabelece o art. 1.874 do CC:

> "Art. 1.874. Depois de aprovado e cerrado, será o testamento entregue ao testador, e o tabelião lançará, no seu livro, nota do lugar, dia, mês e ano em que o testamento foi aprovado e entregue".

Perceba, amigo leitor, que o cartório apenas registra o testamento cerrado, que não ficará em sua guarda, mas sim do próprio testador, mantido, pois, o absoluto sigilo do seu conteúdo.

Assim como ocorre no testamento público, a disciplina legal do testamento cerrado estabelece algumas peculiaridades em função de características pessoais do testador.

De fato, além da já mencionada restrição imposta ao analfabeto[9], estabelece o art. 1.873:

> "Art. 1.873. Pode fazer testamento cerrado o surdo-mudo, contanto que o escreva todo, e o assine de sua mão, e que, ao entregá-lo ao oficial público, ante as duas teste-

[9] Releia-se o art. 1.872 do CC.

munhas, escreva, na face externa do papel ou do envoltório, que aquele é o seu testamento, cuja aprovação lhe pede".

Observe-se que a disciplina mais rígida, nesse aspecto, relaciona-se com a própria proteção da pessoa com necessidade especial, buscando-se, de toda forma, preservar a idoneidade de sua manifestação volitiva.

No que diz respeito ao procedimento para conhecimento, abertura, registro e cumprimento do testamento cerrado, a matéria é regida tanto pelo Código Civil brasileiro quanto pela legislação processual (arts. 735 a 737 do CPC/2015).

Com efeito, falecido o testador, o testamento deve ser apresentado ao juiz.

Na forma do *caput* do art. 735 do CPC/2015, o magistrado, ao ser provocado com a apresentação de um testamento cerrado, verificará, primeiramente, se este se encontra intacto.

Constatando a inexistência de violações (ou seja, a integridade do testamento cerrado), o juiz pessoalmente o abrirá e determinará que o escrivão o leia na presença de quem o entregou, lavrando-se, em seguida, um auto de abertura, do qual constarão o nome do apresentante e como ele obteve o testamento, a data e o lugar do falecimento do testador, com as respectivas provas, e qualquer circunstância digna de nota.

A lógica do referido detalhamento, previsto no § 1º do art. 735 do CPC/2015, é ser o mais circunstanciado possível, para não deixar escapar nada que possa ser considerado relevante para a realização da vontade manifestada pelo testador.

Feita a abertura, será realizado o registro do testamento, rumo aos passos iniciais para seu cumprimento, conforme estabelecem os demais parágrafos do art. 735 do CPC/2015, *in verbis*:

> "§ 2º Depois de ouvido o Ministério Público, não havendo dúvidas a serem esclarecidas, o juiz mandará registrar, arquivar e cumprir o testamento.
>
> § 3º Feito o registro, será intimado o testamenteiro para assinar o termo da testamentária.
>
> § 4º Se não houver testamenteiro nomeado ou se ele estiver ausente ou não aceitar o encargo, o juiz nomeará testamenteiro dativo, observando-se a preferência legal.
>
> § 5º O testamenteiro deverá cumprir as disposições testamentárias e prestar contas em juízo do que recebeu e despendeu, observando-se o disposto em lei".

A ideia, como visto, é buscar, de todas as formas possíveis, a realização da vontade do falecido, o que justifica a iniciativa judicial na espécie.

## 5. TESTAMENTO PARTICULAR

Por fim, como última forma ordinária de testamento, devemos conhecer o particular.

O testamento particular é aquele escrito pelo próprio testador, sem a participação de tabelião, e com a dispensa do seu registro.

Por essa característica, é também denominado testamento hológrafo.

Pode ele, na forma do art. 1.876, ser escrito de próprio punho ou mediante processo mecânico, como datilografia, digitação ou qualquer outro meio equivalente.

Se for escrito de próprio punho, consideram-se requisitos essenciais à sua validade:

a) ser lido e assinado por quem o escreveu;
b) a leitura e assinatura devem ser testemunhadas por pelo menos três pessoas, que também devem subscrever o testamento.

Caso seja elaborado por processo mecânico, não pode conter rasuras ou espaços em branco, devendo ser assinado pelo testador, depois de tê-lo lido na presença também de pelo menos três testemunhas, que subscreverão, da mesma forma, tal documento.

Tais testemunhas instrumentárias (ou instrumentais) são indispensáveis para a validade do negócio jurídico, visto que deverá haver a sua confirmação em juízo.

Vale destacar que, na codificação anterior, o número exigido de testemunhas era cinco, na forma do art. 1.645, II, do CC/1916, tendo se operado, pois, uma redução na vigente codificação.

Sobre a elaboração do testamento particular no Brasil, é importante destacar que não se exige que seja escrito em português, podendo, como autorizado pelo art. 1.880, ser escrito em língua estrangeira, contanto que as testemunhas o compreendam.

Tal qual o testamento cerrado, a disciplina acerca do conhecimento, registro e cumprimento do testamento particular está dividida entre as regras do vigente Código Civil brasileiro e as normas procedimentais do Código de Processo Civil.

Falecido o testador, estabelece o art. 1.877 do Código Civil que deve ser publicado em juízo o testamento, com a citação dos herdeiros legítimos.

E a quem cabe requerer tal publicação?

Atribui-se legitimidade ao herdeiro, ao legatário ou ao testamenteiro para requerer, em juízo, a publicação do testamento particular, bem como ao terceiro detentor do testamento, se impossibilitado de entregá-lo a algum dos outros legitimados para requerê-la, na forma do art. 737 do Código de Processo Civil de 2015.

Esse requerimento, obviamente, deve vir acompanhado do próprio instrumento testamentário.

De acordo com a regra insculpida no § 1º do art. 737 do Código de Processo Civil de 2015, "serão intimados os herdeiros que não tiverem requerido a publicação do testamento".

Vale destacar que as pessoas que não forem encontradas na comarca serão intimadas por edital.

É forçoso convir que a finalidade da oitiva das testemunhas é a confirmação da vontade do testador e do conteúdo da cédula, o que se afigura especialmente relevante, na perspectiva do princípio da segurança jurídica, se levarmos em conta a ausência de registro do testamento.

Nesse sentido, o *caput* do art. 1.878 é claro ao estabelecer que, se "as testemunhas forem contestes sobre o fato da disposição, ou, ao menos, sobre a sua leitura perante elas, e se reconhecerem as próprias assinaturas, assim como a do testador, o testamento será confirmado".

Um aspecto digno de nota é que não há necessidade de todas as testemunhas confirmarem.

No Código Civil anterior, em que o número de testemunhas exigido era, como visto, de cinco, o art. 1.648 admitia que, faltando até duas testemunhas, poderia ser ele confirmado conjuntamente pelas três remanescentes.

Tal panorama, por óbvio, efetivamente mudou a partir da entrada em vigor do Código Civil de 2002, que passou a exigir um mínimo de três testemunhas para a validade do testamento particular.

Ora, se não bastasse a alteração do número legalmente previsto para a validade do testamento, o parágrafo único do art. 1.878 do Código Civil ressalva expressamente que, se "faltarem testemunhas, por morte ou ausência, e se pelo menos uma delas o reconhecer, o testamento poderá ser confirmado, se, a critério do juiz, houver prova suficiente de sua veracidade".

Ou seja, não é necessário um "quórum de maioria absoluta" para reconhecer a validade do testamento particular.

Na verdade, todos os meios de prova podem servir para formar o convencimento do magistrado, admitindo-se, inclusive, que, excepcionalmente, possa este reconhecer a veracidade do testamento particular, ainda que sem testemunhas presentes, buscando a realização efetiva da vontade manifestada do testador.

É a previsão do art. 1.879 do CC, sem correspondente na codificação anterior:

> "Art. 1.879. Em circunstâncias excepcionais declaradas na cédula, o testamento particular de próprio punho e assinado pelo testador, sem testemunhas, poderá ser confirmado, a critério do juiz".

Seria, por exemplo, o caso de uma declaração de vontade do testador, reconhecida de forma incontroversa como de sua lavra, em que ele dispõe de seus bens, e afirma que, por motivos alheios à sua vontade, não pôde valer-se de testemunhas, por estar em uma situação de risco, em um retiro espiritual longínquo, ou, até mesmo, prestes a cometer suicídio...

Logicamente, trata-se de uma situação excepcionalíssima, que deve ser tratada com cuidado de ourives pela insegurança que pode proporcionar.

# XCVIII FORMAS EXTRAORDINÁRIAS DE TESTAMENTO

## 1. TESTAMENTO MARÍTIMO E AERONÁUTICO

A primeira modalidade de testamento extraordinário é o "testamento marítimo".

Trata-se da possibilidade de uma pessoa, viajando em navio nacional — e, portanto, longe de autoridades administrativas como um tabelião para redigir um testamento público ou receber um testamento cerrado —, testar, na presença de duas testemunhas.

Agregou-se a ele, por força da codificação civil vigente, a figura do "testamento aeronáutico", que se diferencia somente pelo *locus* onde é realizado (aeronave em vez de navio).

A previsão de um "testamento aeronáutico" talvez se afigure excessiva e desnecessária.

Se a intenção do legislador era abarcar outras formas de meio de transporte, em que pessoas estivessem isoladas e impossibilitadas de testar de forma ordinária, melhor seria disciplinar a matéria genericamente.

Isso evitaria possíveis inconvenientes no futuro, no sentido de reclamarem a existência de outras formas especiais de testamento para submarinos ou foguetes, por exemplo.

Sem levar em conta ser pouco crível, em termos práticos, a utilidade dessa modalidade aeronáutica de testamento.

Crítica semelhante é feita pelo amigo SÍLVIO VENOSA:

> "É muito difícil que se elabore testamento a bordo de aeronave. Se a aeronave está em perigo, certamente o comandante e a tripulação não terão tempo de preocupar-se com um testamento. Se o voo é normal, não haverá o menor interesse de se fazer um testamento a bordo. Talvez o legislador já estivesse prevendo as viagens interplanetárias, fadadas a durar meses e anos. Se ocorrer pouso de emergência e o disponente encontrar-se em local ermo, a situação estará, mais provavelmente, para o testamento descrito no art. 1.879, pois estarão caracterizadas as circunstâncias excepcionais descritas na lei"[1].

[1] VENOSA, Sílvio de Salvo. *Direito Civil* — Direito das Sucessões, 3. ed., v. 7, São Paulo: Atlas, 2003, p. 182.

Claro que a premência para fazer o testamento não decorre necessariamente de uma emergência coletiva, mas, talvez, muito mais provavelmente, de uma vontade individual, o que não torna usual ou frequente essa modalidade testamentária, apta a justificar uma normatização específica.

Com efeito, muito melhor seria agregar as duas modalidades em instituto único, o qual, genericamente, regularia declarações de última vontade em situações emergenciais ocorridas em veículos de transporte de qualquer natureza.

Isso porque a ideia básica que rege tal espécie é justamente a impossibilidade material de realizar as formalidades indispensáveis e haver uma autoridade perante a qual se possa apresentar a disposição de última vontade.

O mais importante, porém, é, como já aqui destacado, a existência de um comandante, reconhecido como autoridade no meio de transporte, e que possa dar um cunho de solenidade, funcionando como oficial público nos atos praticados (por mais simplificados que sejam).

Vencidas tais questões prévias, compreendamos as formas e o procedimento de elaboração dos nossos testamentos marítimo e aeronáutico.

Dispõe o art. 1.888, sobre o testamento marítimo:

> "Art. 1.888. Quem estiver em viagem, a bordo de navio nacional, de guerra ou mercante, pode testar perante o comandante, em presença de duas testemunhas, por forma que corresponda ao testamento público ou ao cerrado.
> Parágrafo único. O registro do testamento será feito no diário de bordo".

A primeira observação a fazer é que, embora configure como forma extraordinária de testamento, corresponderá, de fato, ao formato dos testamentos público ou cerrado, de acordo com o interesse e a vontade do testador.

Ou seja, mesmo sendo uma modalidade especial, ela é apenas uma simplificação procedimental das duas mencionadas formas ordinárias, em função das circunstâncias peculiares em que é feita a disposição de última vontade.

Saliente-se, a propósito, a exigência de duas testemunhas para a validade dessa espécie de testamento, tal qual se exige também no testamento público — art. 1.864, II — e no cerrado — art. 1.868, I, do vigente Código Civil brasileiro.

É óbvio que não há falar, nessa modalidade, em testamento particular, tendo em vista as peculiaridades informais dessa espécie testamentária.

Registre-se, ainda, que, no testamento marítimo, exige-se expressamente que o navio seja nacional para se reconhecer a sua validade. Isso porque o comandante equivalerá a uma autoridade brasileira para a celebração do negócio jurídico unilateral, o que não seria possível em uma embarcação estrangeira.

Entendemos, pelos mesmos motivos, que o raciocínio deveria ser aplicado também ao testamento aeronáutico, modalidade que estudaremos a seguir.

Ainda sobre o navio, entendemos que ele pode ter qualquer natureza, ao mencionar o dispositivo legal a expressão "de guerra ou mercante", devendo o adjetivo "mercante" ser interpretado de forma ampla, para abarcar qualquer navio comercial, inclusive aqueles destinados a cruzeiros marítimos de passeio.

Quanto ao testamento aeronáutico, dispõe o Código Civil, em dispositivo semelhante ao que rege a modalidade marítima:

> "Art. 1.889. Quem estiver em viagem, a bordo de aeronave militar ou comercial, pode testar perante pessoa designada pelo comandante, observado o disposto no artigo antecedente".

Perceba-se que o supratranscrito dispositivo usa o adjetivo "comercial" em vez de "mercante", o que atende muito mais ao sentido da norma.

Elaborado o documento, o testamento marítimo ou aeronáutico, na forma do art. 1.890, ficará sob a guarda do comandante, que o entregará às autoridades administrativas do primeiro porto ou aeroporto nacional, contra recibo averbado no diário de bordo.

As formas extraordinárias de testamento são decorrentes de autorização legal para simplificação do procedimento de elaboração testamentária, em decorrência de circunstâncias peculiares.

Nas hipóteses dos testamentos marítimo e aeronáutico, a circunstância diferencial, que fornece o suporte fático para a sua utilização, é estar o testador em viagem, sem possibilidade de comparecimento pessoal ao "mundo exterior".

Se o avanço tecnológico dos meios de comunicação permitem o contato fora do ambiente da embarcação (navio ou aeronave), o fato é que ainda não é possível "teletransportar" o indivíduo para praticar as solenidades necessárias para a elaboração de um testamento público ou um testamento cerrado.

Daí se justifica a utilização dessas formas especiais.

Assim, conforme preceitua o art. 1.892, não terá validade o testamento marítimo, ainda que feito no curso de uma viagem, se, ao tempo em que se fez, o navio estava em porto onde o testador pudesse desembarcar e testar na forma ordinária.

E a razão é óbvia.

Se o testador tinha a possibilidade de fazer sua disposição de última vontade pela forma ordinária, não se justificaria a via excepcional.

Só na impossibilidade de acesso "à terra firme", com condições de testar na forma ordinária, é que se aceita a via extraordinária.

Note-se que a previsão é limitada ao testamento marítimo, já que, no caso do testamento aeronáutico, como as viagens de avião são mais curtas, é dispensável a previsão, uma vez que ele só acaba por ser feito de forma emergencial.

Nessa mesma linha, perderá eficácia o testamento marítimo, assim como o aeronáutico, se o testador não morrer na viagem, nem nos noventa dias após o desembarque, onde pudesse testar pela forma ordinária.

Ocorrerá, pois, a caducidade do testamento.

É a previsão do art. 1.891 do Código Civil:

> "Art. 1.891. Caducará o testamento marítimo, ou aeronáutico, se o testador não morrer na viagem, nem nos noventa dias subsequentes ao seu desembarque em terra, onde possa fazer, na forma ordinária, outro testamento".

Passemos, agora, pois, à última espécie autônoma de testamento extraordinário.

## 2. TESTAMENTO MILITAR

O testamento militar é aquele feito por militar ou por outra pessoa a serviço das Forças Armadas em campanha, dentro do País ou fora dele, assim como em praça sitiada, ou que esteja de comunicações interrompidas, na presença de testemunhas.

Tal conceito decorre diretamente do *caput* do art. 1.893 do Código Civil:

> "Art. 1.893. O testamento dos militares e demais pessoas a serviço das Forças Armadas em campanha, dentro do País ou fora dele, assim como em praça sitiada, ou que esteja de comunicações interrompidas, poderá fazer-se, não havendo tabelião ou seu substituto legal, ante duas, ou três testemunhas, se o testador não puder, ou não souber assinar, caso em que assinará por ele uma delas".

A justificativa para essa modalidade extraordinária também é evidente: inserido o sujeito no esforço militar de guerra, com potencial risco de vir a sucumbir, não é razoável imaginar que teria de correr a um tabelião para fazer um testamento.

A situação excepcional autoriza o modelo simplificado, que possui também um *iter* procedimental próprio para sua elaboração.

Assim como as demais modalidades especiais já vistas (testamentos marítimo e aeronáutico), certas regras peculiares lhe são aplicadas, considerando-se a ausência do rito comum de lavratura ou registro do ato perante um tabelião.

O diferencial básico é que a autoridade administrativa não será, obviamente, um oficial de registro, mas sim, como nas modalidades anteriores, um comandante, oficial, chefe ou autoridade administrativa correspondente.

Aliás, pela própria hierarquia militar, poderá variar a patente, grau ou posto do oficial ou autoridade que acompanhará a feitura do ato.

De fato, se o testador pertencer a corpo ou seção de corpo destacado, o testamento será escrito pelo respectivo comandante, ainda que de graduação ou posto inferior, conforme preceitua o § 1º do art. 1.893.

Por outro lado, na forma determinada pelo § 2º do mesmo dispositivo, se o testador estiver em tratamento em hospital, o testamento será escrito pelo respectivo oficial de saúde, ou pelo diretor do estabelecimento.

A lógica, portanto, é a observância da disciplina militar, reconhecendo-se competência, sempre que possível, ao oficial em comando na unidade correspondente.

E se o testador for justamente o militar mais graduado?

Nessa situação, observando-se a hierarquia, estabelece o § 3º que o testamento será escrito por aquele que substituir o oficial de maior patente.

Perceba-se que a norma autoriza que o testamento seja escrito por terceiro, o que é plenamente razoável na situação em tela, principalmente levando em consideração a possibilidade de o testador estar ferido em combate.

Pode-se abrir mão da assinatura?

A lógica é que a assinatura do testador certifique a autenticidade do documento, mas, obviamente, dadas as circunstâncias, poderá haver uma assinatura a rogo, ou seja, por terceiro, na hipótese de o testador não ter condições de assinar (ou não saber fazê-lo).

Nesse caso, o número de testemunhas, que, ordinariamente, é de duas, passa a ser de três, caso em que o documento será assinado por uma delas.

Tudo em prol da segurança jurídica.

Todavia, podendo o testador escrever, poderá apresentar o testamento aberto ou cerrado, a teor do art. 1.894 do Código Civil:

> "Art. 1.894. Se o testador souber escrever, poderá fazer o testamento de seu punho, contanto que o date e assine por extenso, e o apresente aberto ou cerrado, na presença de duas testemunhas ao auditor, ou ao oficial de patente, que lhe faça as vezes neste mister.
>
> Parágrafo único. O auditor, ou o oficial a quem o testamento se apresente notará, em qualquer parte dele, lugar, dia, mês e ano, em que lhe for apresentado, nota esta que será assinada por ele e pelas testemunhas".

A possibilidade de entregá-lo cerrado é um meio de garantir o sigilo do conteúdo da sua disposição de última vontade.

Assim como ocorre nos testamentos marítimo e aeronáutico, o testamento militar também pode caducar.

Vejamos o que dispõe o art. 1.895 do CC/2002:

> "Art. 1.895. Caduca o testamento militar, desde que, depois dele, o testador esteja, noventa dias seguidos, em lugar onde possa testar na forma ordinária, salvo se esse testamento apresentar as solenidades prescritas no parágrafo único do artigo antecedente".

Ou seja, decorrendo o prazo de noventa dias seguidos em que o testador esteja em lugar onde possa testar na forma ordinária, faz-se presumir a cessação dos efeitos do testamento.

O referido dispositivo, todavia, ressalva a circunstância de ter havido o registro efetivo do testamento perante o auditor ou oficial, com a assinatura do testador e das testemunhas.

Nesse caso, a sua revogação somente se dará de forma expressa, inexistindo a possibilidade de caducidade.

Por óbvio, se ocorrer a abertura da sucessão (com o falecimento do testador) durante a campanha ou até noventa dias depois da sua baixa, haverá a produção total de efeitos do testamento militar.

Por fim, cabe observar que os termos "nuncupação" (substantivo) e "nuncupativo" (adjetivo) têm como significado uma designação oral[2].

Na vigente codificação civil brasileira, a nomenclatura não é expressamente utilizada, pelo menos no que diz respeito à sucessão hereditária, diferentemente do que se dá no Direito de Família[3].

A doutrina especializada em Direito das Sucessões, todavia, usa a expressão para caracterizar o testamento militar feito pela forma oral.

Trata-se de uma especial modalidade testamentária em que o testador narra verbalmente suas declarações de última vontade para testemunhas, o que, no vigente ordenamento jurídico, somente é admissível para as pessoas empenhadas em combate ou feridas de guerra, na forma do art. 1.896:

> "Art. 1.896. As pessoas designadas no art. 1.893, estando empenhadas em combate, ou feridas, podem testar oralmente, confiando a sua última vontade a duas testemunhas.
>
> Parágrafo único. Não terá efeito o testamento se o testador não morrer na guerra ou convalescer do ferimento".

Trata-se, portanto, do chamado testamento nuncupativo ou *in extremis*.

Observe-se que tal forma também caducará caso não ocorra a abertura da sucessão (leia-se o falecimento do testador).

A menção a "convalescer do ferimento", se interpretada literalmente, é desnecessária, se não ilógica, pois, se ferido, mas estando vivo, não há falar em sucessão.

---

2 "Nuncupação. [Do lat. *nuncupatione*.] S. f. Jur. Designação ou instituição de herdeiro feita de viva voz. Nuncupativo. [Do lat. *nuncupatu*, part. pass. de *nuncupare*, 'pronunciar em alta voz', + —ivo.] Adj. ~V. casamento — e testamento —" (FERREIRA, Aurélio Buarque de Holanda. *Novo Dicionário Aurélio da Língua Portuguesa*, 2. ed., Rio de Janeiro: Nova Fronteira, 1986, p. 1205).

3 O vigente Código Civil brasileiro utiliza o adjetivo "nuncupativo" apenas no que diz respeito ao casamento por procuração, conforme se verifica do seu art. 1.542: "Art. 1.542. O casamento pode celebrar-se mediante procuração, por instrumento público, com poderes especiais. § 1º A revogação do mandato não necessita chegar ao conhecimento do mandatário; mas, celebrado o casamento sem que o mandatário ou o outro contraente tivessem ciência da revogação, responderá o mandante por perdas e danos. § 2º O nubente que não estiver em iminente risco de vida poderá fazer-se representar no casamento nuncupativo. (...)".

A única forma de interpretar a referência, nesse aspecto, é imaginar que o testador teria sobrevivido à guerra, mas permanecido sem condições de se comunicar durante algum tempo até o advento de sua morte. Isso porque, realizado o testamento oral e sobrevivendo o testador, com plena capacidade para testar *a posteriori*, perderá ele os seus efeitos, ainda que venha a falecer posteriormente.

# XCIX CODICILO

## 1. CONCEITO E DENOMINAÇÃO

Conceitualmente, o codicilo é um negócio jurídico unilateral de última vontade, pelo qual o autor da herança pode dispor sobre o seu enterro e valores de pequena monta.

O termo "codicilo" é derivado do latim *codicillus*, sinônimo de *codiculus*, diminutivo de *codex*. Significava originariamente tabuinhas para escrever, passando a designar escrito ou "pró-memória"[1].

Trata-se, portanto, de um texto escrito, datado e assinado por alguém[2].

Mas qual é a particularidade dessa declaração de vontade, que mereceu tratamento próprio por parte do legislador?

É que, por meio dele, seu autor poderá expressar certas manifestações de vontade, a respeito de providências menores que quer ver atendidas, após a sua partida do plano terreno.

Todavia, o codicilo não se presta para qualquer finalidade de disposição patrimonial póstuma, conforme veremos em seguida.

## 2. FINALIDADE E OBJETO DO INSTITUTO

Como dito, não é qualquer disposição de última vontade que pode ser objeto de um codicilo. A finalidade do codicilo é bem restrita.

Na forma do art. 1.881 do Código Civil:

> "Art. 1.881. Toda pessoa capaz de testar poderá, mediante escrito particular seu, datado e assinado, fazer disposições especiais sobre o seu enterro, sobre esmolas de pouca monta a certas e determinadas pessoas, ou, indeterminadamente, aos pobres de certo lugar, assim como legar móveis, roupas ou joias, de pouco valor, de seu uso pessoal".

---

[1] SILVA, De Plácido e. *Vocabulário Jurídico*, 15. ed., Rio de Janeiro: Forense, 1998, p. 176.

[2] Informa Orlando Gomes que o "codicilo era um pequeno testamento, que se tornou obsoleto. Manteve-o o Código Civil, sob forma hológrafa e conteúdo restrito. Não é necessário que o *de cujus* tenha deixado testamento" (GOMES, Orlando. *Sucessões*, 12. ed., Rio de Janeiro: Forense, 2004, p. 96).

Como se vê do texto legal, a finalidade do codicilo é uma disposição patrimonial *post mortem* de menor monta, seja referente ao próprio passamento de seu autor (por exemplo, se pretende ser sepultado ou cremado, bem como se pretende seguir algum ritual religioso específico), seja para dispor de bens (dinheiro, móveis, roupas ou joias) de pouco valor.

Assim, tem-se que o objeto do codicilo significa normalmente uma despesa de menor potencial econômico[3].

Mas o que pode ser considerado uma despesa de menor potencial econômico?

O conceito é subjetivo[4] e deve ser interpretado de acordo com o universo patrimonial do autor do codicilo (chamado codicilante), uma vez que determinado bem, considerado de pequeno valor financeiro, pode ser efetivamente parte significativa do espólio[5].

Sobre sufrágios por intenção da alma do falecido, vale destacar que o art. 1.998 estabelece que as "despesas funerárias, haja ou não herdeiros legítimos, sairão do monte da herança; mas as de sufrágios por alma do falecido só obrigarão a herança quando ordenadas em testamento ou codicilo"[6].

---

[3] "Apelação cível. Ação declaratória de existência de codicilo. Caso em que os escritos deixados pelo autor da herança não contêm características de um codicilo, senão de um rascunho de testamento. Bens de valor elevado que não podem ser objeto de codicilo. Negaram provimento" (TJRS, 8ª Câmara Cível, Ap. Cív. 70040971335, Rel. Des. Rui Portanova).

[4] "Contém disposições especiais sobre: o próprio enterro; esmolas de pouca monta a certas e determinadas pessoas ou, indeterminadamente, aos pobres de certo lugar; legar móveis, roupas ou joias, de pouco valor, de uso pessoal do codicilante (CC, art. 1.881). O critério para apuração do valor é relativo, devendo-se considerar o estado social e econômico do codicilante; para tanto, o juiz examinará, prudentemente, cada caso concreto, considerando o valor da deixa relativamente ao montante dos bens do espólio. Observa Washington de Barros Monteiro que há uma tendência de se fixar determinada porcentagem, havendo-se como de pequeno valor a liberalidade que não ultrapassar 10% do valor do monte, podendo, por isso, ser objeto de codicilo (*RT*, *164*:287, *97*:424; *303*:272; *327*:240; *AJ*, *101*:184): sufrágios por intenção da alma do codicilante (CC, art. 1.998); nomeação e substituição de testamenteiro (CC, art. 1.883), perdão de indigno (CC, art. 1.818)" (DINIZ, Maria Helena. *Curso de Direito Civil Brasileiro* — Direito das Sucessões, 33. ed., São Paulo: Saraiva, 2019, v. 6, p. 352).

[5] "SUCESSÕES. AÇÃO DE COBRANÇA. VALIDADE E EFICÁCIA DE DISPOSIÇÕES DE ÚLTIMA VONTADE. CODICILO. Ainda que admitido na forma datilografada, o codicilo em que há substanciais disposições sobre cerca de metade dos bens deixados é imprestável para fins de equiparação a testamento particular. Ausência de requisitos legais e inaplicabilidade do art. 85 do CCB-1916. Zelo na observância das formas para não se deturpar a verdadeira vontade do disponente. Impossibilidade legal e tópica de equiparação a uma cessão de direitos. Informalidade admitida que impede disposições de maior expressão financeira, ainda que se discuta o valor pecuniário atribuído. Embargos infringentes desacolhidos, por maioria" (TJRS, Processo 70014509715, Rel. Maria Berenice Dias, data do acórdão: 14-7-2006).

[6] A expressão "sufrágio" é plurissignificativa. Confira-se: "Sufrágio. [Do lat. *suffragiu.*] *S. m.* 1. Voto, votação: Homens e mulheres têm direito ao sufrágio. 2. Apoio, adesão: As medidas propostas obtiveram o sufrágio de todos. 3. Ato pio ou oração pelos mortos" (FERREIRA, Aurélio Buarque de Holanda. *Novo Dicionário Aurélio da Língua Portuguesa*, 2. ed., Rio de Janeiro: Nova Fronteira, 1986, p. 1626).

Uma disposição de maior repercussão, que é a nomeação ou substituição de testamenteiro, por sua vez, pode ser feita através de codicilo, na forma do art. 1.883 do Código Civil[7].

Da mesma forma, consideramos perfeitamente razoável a utilização de um codicilo para o fim de manifestar perdão ao indigno, tendo em vista a menção à expressão "ou em outro ato autêntico" no *caput* do art. 1.818.

Tema interessante é saber se, por meio de um codicilo, poder-se-ia operar o reconhecimento de filiação, por traduzir um "escrito particular", a teor do art. 1.609, II, do vigente Código Civil[8].

Não havendo dúvida quanto à autenticidade da declaração, o codicilo, em nosso sentir, poderá, indiscutivelmente, servir como meio idôneo ao reconhecimento voluntário de filho[9], à luz do princípio da veracidade da filiação, caso em que, neste ponto, deve ser considerado irrevogável.

## 3. FORMA

Diferentemente do testamento, o codicilo tem forma simplificada, bastando que o seu autor — o qual, obviamente, deve ter capacidade de testar — redija um escrito particular, datando-o e assinando-o, sem necessidade expressa de testemunhas ou de qualquer outra formalidade.

Se a forma é aparentemente livre, não se pode deixar de salientar a imprescindibilidade do registro da data e assinatura, como elemento essencial para o reconhecimento da validade da manifestação de vontade[10].

E, como observa MARIA HELENA DINIZ:

> "Devido à sua pouca projeção, não se subordina aos requisitos testamentários formais. Apesar de não estar sujeito a requisito de forma, o codicilo deverá, se estiver fechado, ser aberto do mesmo modo que o testamento cerrado (CC, art. 1.885), exigindo-se necessariamente a intervenção do juiz competente, ou seja, o juiz da provedoria, com a observância do Código de Processo Civil de 2015, art. 735"[11].

---

7 "Art. 1.883. Pelo modo estabelecido no art. 1.881, poder-se-ão nomear ou substituir testamenteiros."

8 Sobre o tema, confira-se o Capítulo XXV ("Filiação") do v. 6 ("Direito de Família") de nosso *Novo Curso de Direito Civil*.

9 Nesse mesmo sentido: VENOSA, Sílvio de Salvo. *Direito Civil* — Direito das Sucessões, São Paulo: Atlas, p. 195.

10 "EMBARGOS INFRINGENTES. SUCESSÕES. NÃO RECONHECIMENTO DA VALIDADE DO CODICILO. PREVALÊNCIA DO TESTAMENTO CERRADO. Uma simples anotação em papel, sem data ou assinatura da *de cujus*, não pode ser aceita como codicilo, por desobediência ao artigo 1.881 do Código Civil, devendo prevalecer o válido e regular testamento firmado. Embargos infringentes acolhidos, por maioria" (TJRS, EI 70034580472, 4º Grupo de Câmaras Cíveis, Rel. Claudir Fidelis Faccenda, julgado em 12-3-2010).

11 DINIZ, Maria Helena. *Curso de Direito Civil Brasileiro* — Direito das Sucessões, 33. ed., São Paulo: Saraiva, 2019, v. 6, p. 354.

Uma pergunta importante é saber se o codicilo precisa ser redigido de próprio punho.

A compreensão histórica do instituto aponta no sentido de que o codicilo tenha realmente de ser hológrafo, ou seja, escrito pelo próprio autor.

Na verdade, embora justificável do ponto de vista histórico, acreditamos que seja perfeitamente possível flexibilizar essa interpretação, partindo-se do pressuposto de que o princípio da boa-fé, também disciplinador do Direito das Sucessões, justificaria o ato lavrado por meios mecânicos ou eletrônicos, mais condizentes com o estágio tecnológico dos nossos dias.

Assim, a exigência — inexistente no vigente texto legal — de que o codicilo seja manuscrito, embora presente de forma muito comum no passado, já tende a ser superada.

Sobre o tema, e na mesma vereda, observam FLÁVIO TARTUCE e JOSÉ FERNANDO SIMÃO:

> "A única ressalva a ser feita é que, assim como ocorre com testamento particular, se o codicilo for feito mecanicamente, todas as páginas deverão estar assinadas pelo autor do codicilo. Nesse sentido, o Projeto 276/2007, antigo PL 6.960/2002, corrige o equívoco do atual Código Civil e acrescenta um parágrafo único nos seguintes termos: O escrito particular pode ser redigido ou digitado mecanicamente, desde que seu autor numere e autentique, com a sua assinatura, todas as páginas"[12].

Ainda a respeito da forma, parece-nos interessante discutir se a manifestação codicilar deve ser feita de maneira exclusiva.

A questão é compreender se, por exemplo, em uma carta sobre a vida ou mesmo em um poema, poderia o declarante estabelecer um codicilo, mesmo não sendo tal documento feito única e exclusivamente para tal finalidade.

Entendemos que a resposta é positiva, desde que seja possível aferir a seriedade e a autenticidade da manifestação realizada, de forma a atender ao objetivo do codicilo.

Finalmente, é preciso destacar a regra do art. 1.885, de que, se "estiver fechado o codicilo, abrir-se-á do mesmo modo que o testamento cerrado".

Assim, deve o juiz verificar se o codicilo está intacto, abrindo-o e determinando que o escrivão o leia na presença de quem o entregou, com a posterior lavratura de auto de abertura, na forma do § 1º do art. 735 do atual Código de Processo Civil.

Vale registrar, porém, que o § 3º do art. 737 do CPC/2015 manda aplicar ao codicilo, bem como aos testamentos marítimo, aeronáutico, militar e nuncupativo, as regras do testamento particular, o que soa um tanto inadequado, uma vez que não há necessariamente testemunhas no codicilo, não sendo a sua presença, *a priori*, um requisito indispensável para sua validade.

---

12 TARTUCE, Flávio; SIMÃO, José Fernando. *Direito Civil* —Direito de Família, 4. ed., v. 6, São Paulo: Método, 2011, p. 346.

Também criticando dispositivo análogo da legislação anterior, observava ORLANDO GOMES:

> "Faz-se por escrito particular, datado e assinado, sem estar sujeito, pela insignificância do seu conteúdo, às solenidades do testamento, mas, se estiver fechado, abre-se do mesmo modo que o testamento cerrado. Ignorando esse mandamento, prescreveu o Código de Processo Civil que sua execução deve obedecer às regras prescritas para a confirmação do testamento particular. Necessário passou a ser, em consequência, o requerimento para publicação em juízo do codicilo e a inquisição de testemunhas, se houver, para a confirmação. Esse tratamento dado ao codicilo é inspirado no equívoco de supor que ainda é aquele pequeno testamento quando até o Código Civil, há mais de sessenta anos, já abandonara tal figuração"[13].

Realmente, é uma contradição evidente.

## 4. RELAÇÃO DO CODICILO COM O TESTAMENTO

O codicilo convive, sem nenhuma incompatibilidade, com o testamento.

Nesse sentido, observe-se o art. 1.882 do Código Civil:

> "Art. 1.882. Os atos a que se refere o artigo antecedente, salvo direito de terceiro, valerão como codicilos, deixe ou não testamento o autor".

E isso vale para qualquer modalidade de testamento, seja ordinária ou especial.

Registre-se, inclusive, que uma declaração de última vontade, supostamente feita como codicilo, caso atenda às solenidades testamentárias pertinentes, poderá valer como um testamento, sendo assim considerado.

Mas poderia um codicilo revogar um testamento?

A resposta é negativa, em virtude, especialmente, da maior formalidade de que se reveste o testamento.

## 5. REVOGAÇÃO

O codicilo, como, em regra, qualquer manifestação de vontade, pode ser revogado.

A revogação consiste em uma modalidade de desfazimento de determinados negócios jurídicos, mediante declaração de vontade contrária àquela anteriormente emitida.

Nesse sentido, dispõe o art. 1.884 do Código Civil:

> "Art. 1.884. Os atos previstos nos artigos antecedentes revogam-se por atos iguais, e consideram-se revogados, se, havendo testamento posterior, de qualquer natureza, este os não confirmar ou modificar".

13 GOMES, Orlando. *Sucessões*, 12. ed., Rio de Janeiro: Forense, 2004, p. 96-7.

Um codicilo, portanto, revoga-se por outro codicilo, ou, ainda, mediante a feitura de testamento posterior, ordinário ou especial, se este não o modificar ou confirmar.

A norma, pois, conduz-nos à ideia de que a elaboração de um testamento que não faça menção ao codicilo — confirmando-o ou modificando-o — torná-lo-á sem efeito.

Finalmente, uma observação feita por SÍLVIO VENOSA chama a nossa atenção.

Lembra o ilustre jurista não haver espaço, no Direito brasileiro, para a chamada "cláusula conciliar", pela qual o testador dizia que, "se seu ato não valesse como testamento, que servisse como codicilo"[14].

Pensamos que, em certas e justificadas situações, a teor do princípio da conservação do negócio jurídico, uma declaração testamentária pode ser aproveitada como codicilo, a exemplo da hipótese em que um testamento inválido por violação da legítima também dispôs a respeito de rituais fúnebres ou pagamento de pequenas despesas com solenidades religiosas.

É o caso de se aproveitar, excepcionalmente, parte do ato de última vontade, como codicilo.

---

[14] VENOSA, Sílvio de Salvo, ob. cit., p. 195.

# C DISPOSIÇÕES TESTAMENTÁRIAS

## 1. CONCEITO DE DISPOSIÇÃO TESTAMENTÁRIA

Tecnicamente, o que é uma disposição testamentária?

Trata-se de uma manifestação da vontade, ordinariamente reduzida a termo, constituindo parte integrante de um testamento.

O pronunciamento da vontade, ao ser positivado, ganha normalmente o formato de uma cláusula, como um tópico entre diversos outros de um conjunto de deliberações.

Observe-se que a menção à cláusula testamentária, todavia, não deve limitar-se ao registro escrito e organizado da disposição, mas deve ser compreendida como a própria exteriorização da vontade.

Assim, não é porque não está sistematizada ou em linguagem técnica que deve ser desconsiderada, pois o mais importante é que demonstre a vontade inequívoca do testador, observando-se os requisitos de validade da declaração.

## 2. MODALIDADES

Uma cláusula testamentária pode ter natureza patrimonial e conter uma disposição de última vontade sem conteúdo patrimonializado.

Também quanto ao seu formato, pode ela, conforme dispõe o art. 1.897 do Código Civil[1], ser elaborada com um teor simples e direto, sem limitações no plano da eficácia, ou estar submetida a uma condição ("cláusula condicional") ou a um encargo, ônus ou modo ("cláusula modal"), bem como atrelada a um certo motivo.

Entende-se por nomeação pura e simples a disposição testamentária enunciada sem qualquer limitação, produzindo seus efeitos imediatamente. Nessa linha, transmitem-se, *incontinenti*, a propriedade e a posse da herança ao herdeiro, e a propriedade ao legatário, já que, no caso deste último, não se pode imitir na posse por autoridade própria (arts. 1.784 e 1.923, § 1º, do CC).

---

1 "Art. 1.897. A nomeação de herdeiro, ou legatário, pode fazer-se pura e simplesmente, sob condição, para certo fim ou modo, ou por certo motivo."

Compreenda-se como nomeação condicional ("sob condição") a disposição testamentária submetida a um evento futuro e incerto.

Interprete-se nomeação modal ("para certo fim ou modo") como a disposição testamentária a que seja imposta uma restrição da liberalidade. Não se trata de uma contraprestação, mas sim de um ônus.

Na tipologia da nomeação de cláusulas testamentárias hão de se incluir também, por força da utilização da expressão "por certo motivo", as nomeações causais, que devem ser entendidas como aquelas relacionadas a determinada justificativa expressa no testamento.

É o caso, por exemplo, de Fulano deixar um bem para Sicrano, por ter sido ele quem lhe prestou socorro em um acidente. Se quem prestou socorro foi Beltrano, é para este que o bem deve ser direcionado, se efetivamente for possível identificar a pessoa que o testador pretendia favorecer, tendo em vista que foi explicitada a causa da liberalidade[2].

Parece-nos razoável defender, inclusive, que se trata de aplicação semelhante àquela propugnada pela teoria dos motivos determinantes, tão prestigiada no Direito Administrativo.

Não se admitem, porém, cláusulas submetidas a termo, conforme se pode verificar do art. 1.898 do CC:

> "Art. 1.898. A designação do tempo em que deva começar ou cessar o direito do herdeiro, salvo nas disposições fideicomissárias, ter-se-á por não escrita".

Ressalvam-se de tal vedação, porém, as substituições fideicomissárias, que serão apreciadas no tópico 4 ("Substituição Fideicomissária (Fideicomisso)") do Capítulo CII ("Substituições") deste *Manual*.

## 3. INTERPRETAÇÃO

Relevante tecer algumas considerações sobre a interpretação do testamento, compreendido, como sabemos, como um negócio jurídico unilateral de disposição de última vontade.

Em sua Parte Geral, o Código Civil brasileiro estabelece:

> "Art. 114. Os negócios jurídicos benéficos e a renúncia interpretam-se estritamente".

Se essa é a regra geral de interpretação de disposição em negócios jurídicos benéficos, a exemplo de uma doação, há regra própria e específica para o testamento.

---

[2] Nesse sentido, confira-se o art. 1.903: "Art. 1.903. O erro na designação da pessoa do herdeiro, do legatário, ou da coisa legada anula a disposição, salvo se, pelo contexto do testamento, por outros documentos, ou por fatos inequívocos, se puder identificar a pessoa ou coisa a que o testador queria referir-se".

Está ela prevista no art. 1.899 do Código Civil, que também merece ser transcrito:

> "Art. 1.899. Quando a cláusula testamentária for suscetível de interpretações diferentes, prevalecerá a que melhor assegure a observância da vontade do testador".

Tal regra é a prova inequívoca da consagração positivada do Princípio do Respeito à Vontade Manifestada.

Tomando como base essa regra fundamental de interpretação testamentária[3], passemos a compreender a disciplina codificada da nomeação de herdeiros pelo testamento.

## 4. SOBRE A NOMEAÇÃO DE HERDEIROS E A DISTRIBUIÇÃO DE QUINHÕES OU BENS INDIVIDUALMENTE CONSIDERADOS

Respeitada a legítima (quando há herdeiros necessários), tem o testador toda a parte disponível do seu patrimônio para dispor por meio do testamento.

Se não há legítima a preservar, poderá o testador dispor de todo o seu patrimônio, da forma como lhe aprouver.

Afinal, uma das faculdades do direito de propriedade é justamente o poder de dispor.

---

[3] "DIREITO CIVIL E SUCESSÓRIO. APLICAÇÃO DA ANALOGIA COMO MÉTODO INTEGRATIVO. TESTAMENTO. VALIDADE. PARENTES DE LEGATÁRIO QUE FIGURARAM COMO TESTEMUNHAS DO ATO DE DISPOSIÇÃO. INTERPRETAÇÃO DO ARTIGO 1.650, DO CÓDIGO CIVIL. 1. Na hipótese, não há se falar em interpretação da lei, mas sim em integração mediante analogia, que, conforme ensina Vicente Ráo, 'consiste na aplicação dos princípios extraídos da norma existente a casos outros que não os expressamente contemplados, mas cuja diferença em relação a estes, não seja essencial' (*O Direito e a vida dos direitos,* 3. ed., São Paulo, Revista dos Tribunais, 1991, p. 458/460). 2. O testamento é um negócio jurídico, unilateral, personalíssimo, solene, revogável, que possibilita à pessoa dispor de seus bens para depois de sua morte. Justamente por essas características, tanto se faz necessário observar o preenchimento de todos os seus requisitos legais para conceder-lhe validade. 3. A enumeração contida no artigo 1.650, nos incisos I, II e III, refere-se aos incapazes e, nos incisos IV e V, àqueles que são beneficiários, diretos ou indiretos, do testamento. O legislador busca proteger a higidez e a validade da disposição testamentária, vedando como testemunhas os incapazes e os que têm interesse no ato. 4. A liberdade de testar encontra restrições estabelecidas na lei, porém esta não distingue, quanto às consequências jurídicas, a sucessão testamentária em relação aos legatários e herdeiros necessários. 5. Há o mesmo fundamento para a restrição de figurarem como testemunhas, no ato do testamento, os parentes do herdeiro instituído e do legatário: qual seja, o interesse direto ou indireto do beneficiário, em relação ao ato de disposição de vontade. Inexiste diferença em relação às consequências para o herdeiro instituído e o legatário, por isso que a conclusão dedutiva é de que ao inciso V do artigo 1.650, do Código Civil de 1916, deve se aplicar a mesma essência do inciso IV do dispositivo. 6. Nas palavras de Clóvis Beviláqua: 'seria atribuir à lei a feia mácula de uma grosseira inconsequência, supor que somente o cônjuge ou descendente, o ascendente e o irmão do herdeiro estão impedidos de ser testemunhas em testamento. O impedimento prevalece em relação ao cônjuge e aos mencionados parentes do legatário' (*Código Civil do E.U.B.*, 6. tir., Rio de Janeiro: Editora Rio, v. II, 1975, p. 848). 7. Recurso especial não conhecido" (STJ, REsp 176.473/SP, Recurso Especial 1998/0040096-6, Rel. Min. Luis Felipe Salomão, julgado em 21-8-2008, *DJe* 1º-9-2008, *Lex-STJ*, v. 230, p. 88; *RT*, v. 878, p. 157).

Sendo válida a disposição testamentária, qualquer sujeito com capacidade sucessória passiva poderá ser destinatário do patrimônio do falecido, inclusive os necessitados em geral.

Sobre tal possibilidade, preceitua o art. 1.902 do Código Civil:

> "Art. 1.902. A disposição geral em favor dos pobres, dos estabelecimentos particulares de caridade, ou dos de assistência pública, entender-se-á relativa aos pobres do lugar do domicílio do testador ao tempo de sua morte, ou dos estabelecimentos aí sitos, salvo se manifestamente constar que tinha em mente beneficiar os de outra localidade.
>
> Parágrafo único. Nos casos deste artigo, as instituições particulares preferirão sempre às públicas".

A diretriz primordial, como dito, é preservar sempre a vontade do testador, buscando compatibilizá-la quando houver imprecisões que, *a priori*, impediriam a sua efetivação.

Assim, se, no meu testamento, eu testo todo ou parte do meu patrimônio aos pobres, sem indicá-los, a interpretação a ser dada à disposição é no sentido de restringi-la aos pobres do local do meu próprio domicílio, salvo disposição expressa em sentido contrário.

Note-se que as instituições particulares, nos termos do parágrafo único acima mencionado, preferirão às públicas.

Isso porque o legislador, certamente, parte do pressuposto de os estabelecimentos particulares, geridos por membros da própria sociedade civil, dependerem mais de recursos alheios, na medida em que não têm o permanente apoio do próprio Estado.

Ainda sobre a nomeação de herdeiros, um aspecto deve ser salientado: o que fazer se houver algum erro na designação da pessoa do herdeiro?

A questão é respondida pelo já mencionado art. 1.903:

> "Art. 1.903. O erro na designação da pessoa do herdeiro, do legatário, ou da coisa legada anula a disposição, salvo se, pelo contexto do testamento, por outros documentos, ou por fatos inequívocos, se puder identificar a pessoa ou coisa a que o testador queria referir-se".

É o caso, já visto, de alguém dispor, em testamento, em benefício de determinada pessoa, por ela lhe ter salvado a vida, mas ser apurado, posteriormente, que quem lhe prestou o socorro efetivamente foi outrem.

Tal regra decorre do próprio princípio da conservação do negócio jurídico[4], em que se busca preservá-lo em situações de vícios sanáveis, evitando-se, assim, um indesejável reconhecimento de invalidade, que desprezaria a vontade manifestada do testador.

[4] Para um aprofundamento sobre o tema, confiram-se os Capítulos X ("Negócio Jurídico (Noções Gerais)") e XIV ("Invalidade do Negócio Jurídico") do v. 1 ("Parte Geral") de nosso *Novo Curso de Direito Civil*.

Observe-se que, na forma do art. 1.904, se "o testamento nomear dois ou mais herdeiros, sem discriminar a parte de cada um, partilhar-se-á por igual, entre todos, a porção disponível do testador".

Parece-nos, sem dúvida, uma regra bastante razoável, pois, para preservar justamente a inteireza da vontade do testador, não se devem fazer ilações sobre porcentagens ou divisões entre herdeiros igualmente nomeados.

Mas e se tal nomeação não for absolutamente isonômica?

E se o testador nomear individualmente alguns herdeiros (ex.: Fulano, Beltrano e Sicrano) e coletivamente outros (ex.: os membros da Banda Crooners in Concert), o que fazer?

A resposta é trazida, em dicção clara, pelo art. 1.905:

> "Art. 1.905. Se o testador nomear certos herdeiros individualmente e outros coletivamente, a herança será dividida em tantas quotas quantos forem os indivíduos e os grupos designados".

No entanto, e se, propositalmente, ou mesmo por um "erro de conta", o testador determinar quotas para cada herdeiro, não absorvendo toda a herança disponível?

Mais uma vez o codificador se preocupou com tal questão prática, estabelecendo, em seu art. 1.906, justamente, que, se "forem determinadas as quotas de cada herdeiro, e não absorverem toda a herança, o remanescente pertencerá aos herdeiros legítimos, segundo a ordem da vocação hereditária", o que, em uma interpretação lógica, parece-nos, de fato, a melhor solução.

E, por fim, se forem determinados os quinhões de uns e não os de outros herdeiros, o que fazer?

A resposta parece óbvia!

Outorgar primeiro as porções hereditárias dos herdeiros com quinhão predeterminado, distribuindo, somente após isso, o que restar, por igual, aos demais herdeiros, tendo sido tal conclusão estabelecida expressamente no texto codificado[5].

Em conclusão, vale destacar que, em respeito ao poder de disposição do testador, da mesma forma como ele, observada a legítima, pode designar um herdeiro (ou legatário) como destinatário específico de um bem, também pode estabelecer restrições a que bens específicos sejam atribuídos a quem quer que seja.

É a regra prevista no art. 1.908:

> "Art. 1.908. Dispondo o testador que não caiba ao herdeiro instituído certo e determinado objeto, dentre os da herança, tocará ele aos herdeiros legítimos".

Tal restrição, porém, como parece lógico, também deve observar as regras da sucessão legítima, pois, caso o herdeiro instituído seja, coincidentemente, o único remanescente, a limitação não poderá produzir efeitos.

---

[5] "Art. 1.907. Se forem determinados os quinhões de uns e não os de outros herdeiros, distribuir-se-á por igual a estes últimos o que restar, depois de completas as porções hereditárias dos primeiros."

## 5. VALIDADE DAS CLÁUSULAS TESTAMENTÁRIAS

O testamento é um negócio jurídico unilateral (por emanar de uma única manifestação de vontade) e formal (pois deve observar rigorosos pressupostos de validade).

Por isso, além das regras gerais de invalidade dos negócios jurídicos — perfeitamente aplicáveis, *mutatis mutandis*, aos testamentos —, também no que diz respeito às cláusulas testamentárias, preocupou-se o codificador com o estabelecimento de regras específicas de nulidade:

> "Art. 1.900. É nula a disposição:
>
> I — que institua herdeiro ou legatário sob a condição captatória de que este disponha, também por testamento, em benefício do testador, ou de terceiro;
>
> II — que se refira a pessoa incerta, cuja identidade não se possa averiguar;
>
> III — que favoreça a pessoa incerta, cometendo a determinação de sua identidade a terceiro;
>
> IV — que deixe a arbítrio do herdeiro, ou de outrem, fixar o valor do legado;
>
> V — que favoreça as pessoas a que se referem os arts. 1.801 e 1.802".

A primeira hipótese caracteriza modalidade específica de estipulação testamentária vedada, a saber, aquela que imponha ao beneficiário uma disposição equivalente em favor do próprio testador ou de terceiro, o que muito se assemelha à hipótese já vista de testamento proibido.

Sobre o tema, ensinam FLÁVIO TARTUCE e JOSÉ FERNANDO SIMÃO:

> "A condição captatória é aquela em que a vontade do morto não é externada livremente, quer seja porque houve dolo quer porque decorreu de pacto sucessório (BEVILÁQUA, Clóvis. *Código Civil...*, 1955, v. VI, p. 103). Entretanto, explica Silvio Rodrigues que 'não se trata da proibição genérica da captação dolosa da vontade, em que a cláusula testamentária é anulável, com base no art. 171, II, do Código Civil, em virtude da existência de um vício da vontade, ou seja, o dolo, mas de uma nulidade absoluta, inspirada na mesma ideia de interesse geral, que veda os pactos sucessórios' (*Direito civil...*, 2002, v. 7, p. 185). O que se percebe é que o tratamento legislativo é diverso daquele constante da Parte Geral do Código Civil.
>
> Em verdade, estamos diante de regra que decorre do art. 426 do CC, daquela notória divisão entre institutos contratuais e sucessórios, pelo qual é nulo o contrato que tenha por objeto herança de pessoa viva (*pacta corvina*). Sendo assim, também é nula a cláusula testamentária em que há uma troca de favores pela qual o testador declara que nomeia certa pessoa herdeira sob a condição de ela nomear um terceiro como herdeiro. Como exemplo, 'deixo meus bens a Pablo se ele deixar todos os seus bens a Rodolfo'"[6].

[6] TARTUCE, Flávio; SIMÃO, José Fernando. *Direito Civil* —Direito de Família, 5. ed., v. 6, São Paulo: Método, 2012, p. 333.

Note-se, pois, que, da mesma forma que se proíbe testamento que vise a uma troca de favores, uma cláusula testamentária de mesma natureza também é proibida.

É perfeitamente possível estabelecer uma nomeação condicional de herdeiros.

O que não é admissível é o condicionamento a uma disposição testamentária em benefício próprio ou de terceiro, em verdadeira e lamentável manifestação *quid pro quo*[7], como se o testamento fosse uma via adequada para o estabelecimento de barganhas.

A segunda e a terceira hipóteses específicas de nulidade de disposição testamentária se referem ao sujeito por ela beneficiado.

Ao contrário do que se possa imaginar em uma primeira leitura, não há impedimento legal a se estabelecer disposição testamentária a pessoa incerta.

Pode-se, sim, dispor bens a uma pessoa sem individualizá-la.

Mas essa pessoa indeterminada precisa ser, no mínimo, determinável, de acordo com a manifestação da vontade do próprio testador.

Assim, é possível estabelecer disposições, como visto, para pessoas que realizaram determinadas condutas (por exemplo, dispor em benefício de quem realizou uma boa ação específica), mesmo quando o testador não as conheça individual e pessoalmente.

O que não se pode é estabelecer genericamente alguém sem um mínimo de determinabilidade.

Por isso, não se pode testar em benefício de alguém cuja identidade não se possa averiguar (inciso II) ou delegar a determinação de sua identidade a terceiro (inciso III), pois isso faria com que a vontade do testador ficasse dependente da manifestação da vontade de outrem.

Um exemplo ilustrará a última hipótese: deixo 1/3 da minha herança para a pessoa que Salomão indicar.

Haveria, pois, no caso, uma inaceitável interferência de terceiro na manifestação de vontade do testador.

Da mesma forma, como não se pode delegar a terceiro a designação do herdeiro, também não se pode cometer a outrem o valor do legado (inciso IV).

Comentando o dispositivo, observam FLÁVIO TARTUCE e JOSÉ FERNANDO SIMÃO:

> "Novamente, a razão da nulidade é óbvia, pois se o testador deixasse a terceiros a fixação do legado, estaria transferindo o próprio direito de testar, que é personalíssimo. O objeto do legado deve ser determinado ou determinável de acordo com os elementos contidos no próprio testamento, para que a efetiva vontade do morto, e não a do herdeiro ou legatário, seja respeitada. Aliás, todas as condições de certo negócio deixadas ao arbítrio de certa pessoa são nulas, por aplicação analógica da regra que proíbe a condição puramente potestativa (art. 122 do CC).

[7] Em latim, literalmente, "isto por aquilo".

Como exceção ao dispositivo, valerá a disposição em remuneração de serviços prestados ao testador, por ocasião da moléstia de que faleceu, ainda que fique ao arbítrio do herdeiro ou de outrem determinar o valor do legado (art. 1.901, II, do CC). Trata-se de uma sucessão onerosa, pois a deixa não constitui verdadeira liberalidade, já que o beneficiário prestou serviços ao falecido.

O instituto traz situação que se assemelha à doação remuneratória que é feita para agradecer a um serviço prestado por uma pessoa que não se torna credora em razão deste, bem como em agradecimento por determinada atitude do donatário. Como dispõe o art. 540 do atual Código, não se trata de um ato de liberalidade em si, mas somente na parte que exceder o serviço prestado. Vale dizer, contudo, que a diferença entre os institutos é que, na doação, o disponente celebra contrato que produz efeitos em vida. Já na disposição testamentária, esta só produz efeitos após sua morte"[8].

Tal ato é personalíssimo, e, por isso, indelegável, sendo nula de pleno direito qualquer disposição nesse sentido.

Por fim, é forçoso convir que serão nulas as disposições testamentárias dirigidas a pessoas com impedimentos legais sucessórios (inciso V), por carecerem de vocação hereditária específica.

Por outro lado, estabeleceu o codificador, previamente, o reconhecimento da validade de disposições testamentárias pouco ortodoxas.

Falamos, nesse caso, do art. 1.901 do Código Civil:

> "Art. 1.901. Valerá a disposição:
>
> I — em favor de pessoa incerta que deva ser determinada por terceiro, dentre duas ou mais pessoas mencionadas pelo testador, ou pertencentes a uma família, ou a um corpo coletivo, ou a um estabelecimento por ele designado;
>
> II — em remuneração de serviços prestados ao testador, por ocasião da moléstia de que faleceu, ainda que fique ao arbítrio do herdeiro ou de outrem determinar o valor do legado".

A primeira situação é uma exceção aparente à regra de nulidade de disposição que remeta para terceiro a escolha de pessoa incerta.

Isso porque a menção a pessoa incerta diz respeito a uma coletividade específica, em que o âmbito de escolha já está delimitado pelo testador, apenas autorizando que o terceiro escolha o beneficiário dentre algumas pessoas determinadas.

A exemplificação ajuda a compreender melhor a questão.

Seria absolutamente nula uma cláusula que dispusesse em favor de quem Fulano escolhesse. Por outro lado, seria perfeitamente aceitável a disposição para Beltrano ou Sicrano, remetendo a escolha a Fulano.

---

[8] TARTUCE, Flávio; SIMÃO, José Fernando, ob. cit., p. 334-5.

A segunda hipótese, prevista no dispositivo, é a da estipulação de remuneração por serviços prestados ao testador, por ocasião da moléstia de que faleceu.

A razoabilidade da autorização legal parece-nos evidente.

De fato, nem sempre o falecimento vem a ocorrer quando o indivíduo ainda está plenamente capaz de manifestar a sua vontade. Imagine-se, por exemplo, que o testador, depois de estabelecer a cláusula, venha a entrar em coma ou padecer longo tempo sem condições de expressar seu consentimento. Somente um dom de profecia poderia prever quem especificamente se encarregaria de cuidar do paciente e quanto tempo ou dedicação seriam despendidos...

Assim, uma disposição geral para que o patrimônio do testador remunerasse serviços prestados por ocasião da moléstia que lhe tirou do plano de existência pode ter, sem problemas, tal âmbito de amplitude, remetendo a herdeiro ou a outrem a determinação do valor razoável para a remuneração de tão nobre labor.

## 6. PRAZO PARA IMPUGNAÇÃO

O *caput* do art. 1.909 do Código Civil traz uma disposição absolutamente desnecessária.

Com efeito, ao afirmar que são "anuláveis as disposições testamentárias inquinadas de erro, dolo ou coação", nada acrescenta ao direito positivo regente da matéria, uma vez que é regra assente na parte geral do Código Civil brasileiro que os negócios jurídicos celebrados com tais vícios de consentimento são anuláveis.

Em seu parágrafo único, estabelece, ainda, o prazo decadencial de quatro anos para se exercer o direito potestativo de anular a disposição por vício de vontade, contados de quando o interessado tiver conhecimento do vício.

Tal prazo se coaduna com a regra geral do art. 178 do Código Civil, para a anulação dos negócios jurídicos, que é também de quatro anos[9].

Todavia, não se pode deixar de registrar que, para outras hipóteses de impugnação da validade do testamento, fora previsto o prazo específico e diferenciado de cinco anos, conforme se lê no art. 1.859, contados da data do registro, dicotomia prazal que poderia ter sido evitada[10].

O prazo quinquenal prevaleceria inclusive em face de eventuais causas de nulidade absoluta do negócio jurídico, a exemplo da incapacidade absoluta do agente ou da

[9] "Art. 178. É de quatro anos o prazo de decadência para pleitear-se a anulação do negócio jurídico, contado: I — no caso de coação, do dia em que ela cessar; II — no de erro, dolo, fraude contra credores, estado de perigo ou lesão, do dia em que se realizou o negócio jurídico; III — no de atos de incapazes, do dia em que cessar a incapacidade."

[10] Saliente-se que o antigo Projeto de Lei n. 6.960/2002 (já arquivado) propunha uma nova redação ao mencionado art. 1.859, condensando em uma única regra os dois prazos mencionados, com a seguinte redação: "Extingue-se em cinco anos o direito de requerer a declaração de nulidade do testamento ou de disposição testamentária, e em quatro anos o de pleitear a anulação do testamento ou de disposição testamentária".

impossibilidade do seu objeto, as quais, em regra, nos termos do art. 169 do Código Civil, não comportariam prazo para a sua impugnação.

Nesse sentido, relembremos a lição de SÍLVIO VENOSA:

> "Lembremos que o novo Código fixou em cinco anos o prazo decadencial para impugnar a validade do testamento, contado o prazo da data de seu registro (art. 1.859). Ao mencionar impugnação, o novo diploma se refere tanto aos casos de nulidade como de anulabilidade. Com isso, derroga a regra geral do art. 169, segundo o qual o negócio jurídico nulo não é suscetível de confirmação, nem convalidação pelo decurso do tempo. A natureza do testamento e as dificuldades que a regra geral da imprescritibilidade ocasionaria forçou essa tomada de posição pelo legislador. Essa exceção ao princípio geral vem demonstrar que não é conveniente essa regra geral de não extinguibilidade com relação aos negócios nulos. Melhor seria que se abraçasse a corrente doutrinária anterior que entendia que os atos nulos prescrevem no prazo máximo estabelecido no ordenamento. Nesse campo de nulidades, porém, há que se atentar para as hipóteses de inexistência de testamento, quando qualquer prazo extintivo se mostra inaplicável para sua declaração, como ocorre, por exemplo, na hipótese de perfeita ausência de vontade do testador"[11].

Podemos, então, concluir que, nos termos do referido art. 1.859, o prazo decadencial de cinco anos para impugnação do testamento diz respeito a qualquer defeito de validade, com exceção dos vícios de consentimento referidos no art. 1.909.

Trata-se de matéria que, sem dúvida, poderia ter sido mais bem tratada pelo legislador.

## 7. LIMITAÇÕES DE EFICÁCIA

Ainda na disciplina das disposições testamentárias, estabelece o art. 1.910:

> "Art. 1.910. A ineficácia de uma disposição testamentária importa a das outras que, sem aquela, não teriam sido determinadas pelo testador".

Parece-nos que o referido dispositivo explicita o óbvio.

De fato, por uma lógica regra de causalidade, não podem ser consideradas eficazes disposições que se fundamentam em outras que tenham sido declaradas ineficazes.

Explicando o dispositivo, sintetizam DIMAS MESSIAS DE CARVALHO e DIMAS DANIEL DE CARVALHO:

> "A nulidade pode ser do próprio instrumento (testamento) ou apenas de qualquer uma de suas cláusulas. Na última hipótese, a ideia dominante, em face do princípio da defesa do testamento, é que a nulidade de uma cláusula não deverá prejudicar o

---

[11] VENOSA, Sílvio de Salvo. *Direito Civil* — Direito das Sucessões, 3. ed., v. 7, São Paulo: Atlas, 2003, p. 144.

> resto do instrumento, devendo as lícitas serem mantidas. Entretanto, se as cláusulas lícitas foram entrosadas ou decorrentes das nulas, e sem estas não seriam determinadas, também são ineficazes (art. 1.910 do CC)"[12].

Assim, inspirando-nos na vetusta ideia segundo a qual "o acessório segue a mesma sorte do principal", se há uma relação evidente entre duas disposições, a ponto de se concluir que, sem uma, a outra não produziria efeitos, não há como subsistir tal relação.

E, como derradeiro tópico deste capítulo, tratemos da relevantíssima questão das cláusulas restritivas de propriedade.

## 8. CLÁUSULAS DE RESTRIÇÃO DE PROPRIEDADE

Entre o enorme plexo de cláusulas testamentárias possíveis, a lei autoriza que o testador, em sua disposição de última vontade, estipule restrições ao legado ou à herança, impondo-lhes os gravames de inalienabilidade, incomunicabilidade ou impenhorabilidade.

É a regra do art. 1.911 do Código Civil:

> "Art. 1.911. A cláusula de inalienabilidade, imposta aos bens por ato de liberalidade, implica impenhorabilidade e incomunicabilidade.
>
> Parágrafo único. No caso de desapropriação de bens clausulados, ou de sua alienação, por conveniência econômica do donatário ou do herdeiro, mediante autorização judicial, o produto da venda converter-se-á em outros bens, sobre os quais incidirão as restrições apostas aos primeiros".

Entenda-se por inalienabilidade a restrição à transferência do bem a terceiros, seja a título gratuito ou oneroso.

Por impenhorabilidade, por sua vez, compreenda-se a restrição da possibilidade de constrição judicial.

Já por incomunicabilidade, depreenda-se a restrição à transferência de fração ideal do bem ao cônjuge (ou companheiro) quando da formação de um núcleo familiar, restrição esta feita com a finalidade de proteção próprio beneficiário do testamento[13].

---

[12] CARVALHO, Dimas Messias de; CARVALHO, Dimas Daniel de. *Direito das Sucessões* — Inventário e Partilha, 3. ed., Belo Horizonte: Del Rey, 2011, p. 147-8.

[13] "CIVIL. ACÓRDÃO ESTADUAL. NULIDADE NÃO CONFIGURADA. INVENTÁRIO. TESTAMENTO. QUINHÃO DE FILHA GRAVADO COM CLÁUSULA RESTRITIVA DE INCOMUNICABILIDADE. HABILITAÇÃO DE SOBRINHOS E NETOS. DISCUSSÃO SOBRE A SUA EXTINÇÃO EM FACE DA CLÁUSULA, PELO ÓBITO, ANTERIOR, DA HERDEIRA, A BENEFICIAR O CÔNJUGE SUPÉRSTITE. PREVALÊNCIA DA DISPOSIÇÃO TESTAMENTÁRIA. CC, ARTS. 1.676 E 1.666. I. A interpretação da cláusula testamentária deve, o quanto possível, harmonizar-se com a real vontade do testador, em consonância com o art. 1.666 do Código Civil anterior. II. Estabelecida, pelo testador, cláusula restritiva sobre o quinhão da herdeira, de incomunicabilidade, inalienabilidade e impenhorabilidade, o falecimento dela não afasta a eficácia da disposição testamentária, de sorte que procede o pedido de habilitação, no inventário em questão, dos sobrinhos da *de cujus*. III. Recurso

Vale destacar que a regra do *caput*, de que a inalienabilidade implica automaticamente tanto a impenhorabilidade quanto a incomunicabilidade, acaba por acolher, em sede legal, antiga diretriz jurisprudencial do Supremo Tribunal Federal[14], o que nos parece, *a priori*, muito razoável.

De fato, se tal não ocorresse, seria fácil "escapulir" da regra legal de inalienabilidade. Bastaria, por exemplo, o herdeiro assumir dívidas até o valor do bem e, *a posteriori*, indicá-lo na execução para penhora, ou, então, casar-se em regime de comunhão universal para, em seguida, divorciar-se, partilhando o patrimônio recebido.

Claro que, por vezes, em função de peculiaridades da situação concreta, tal impenhorabilidade não deve ser considerada de forma absoluta, o que também se vislumbra na prática judiciária:

> "RECURSO ESPECIAL. SUCESSÃO. DÍVIDAS DO MORTO. TESTAMENTO QUE GRAVA OS IMÓVEIS DEIXADOS COM CLÁUSULAS DE INALIENABILIDADE E IMPENHORABILIDADE. POSSIBILIDADE DE PENHORA, EM EXECUÇÃO MOVIDA POR CREDOR DO *DE CUJUS*.
>
> 1. Os bens deixados em herança, ainda que gravados com cláusula de inalienabilidade ou de impenhorabilidade, respondem pelas dívidas do morto.
>
> 2. Por força do Art. 1.676 do Código Civil de 1916, as dívidas dos herdeiros não serão pagas com os bens que lhes foram transmitidos em herança, quando gravados com cláusulas de inalienabilidade e impenhorabilidade, por disposição de última vontade. Tais bens respondem, entretanto, pelas dívidas contraídas pelo autor da herança.
>
> 3. A cláusula testamentária de inalienabilidade não impede a penhora em execução contra o espólio" (STJ, REsp 998.031/SP, Recurso Especial 2005/0072290-4, Rel. Min. Humberto Gomes de Barros, julgado em 11-12-2007, *DJ* 19-12-2007, p. 1230, *Lex-STJ*, v. 223, p. 267; *RT*, v. 871, p. 207).

Observe-se, finalmente, que a vigente codificação civil, de forma inovadora, abrandou o rigor da cláusula, para permitir, na forma do parágrafo único supratranscrito, por conveniência econômica do beneficiário e mediante autorização judicial, a alienação dos bens gravados, convertendo-se o valor apurado em outros bens, sobre os quais incidirão as restrições apostas aos primeiros.

Além disso, reforçando o caráter relativo da inalienabilidade, a conversão também é aplicável para hipóteses de desapropriação, caso em que o valor da indenização converter-se-á em outros bens, sobre os quais continuarão a incidir os gravames.

---

especial conhecido e provido" (STJ, REsp 246.693/SP, Recurso Especial 2000/0007811-5, Rel. Min. Ruy Rosado de Aguiar, 4ª Turma, julgado em 4-12-2001, *DJ* 17-5-2004, p. 228).

[14] "Súmula n. 49 — 13/12/1963 — *Súmula da Jurisprudência Predominante do Supremo Tribunal Federal* — Anexo ao Regimento Interno. Edição: Imprensa Nacional, 1964, p. 49. Cláusula de Inalienabilidade — Comunicabilidade dos Bens. A cláusula de inalienabilidade inclui a incomunicabilidade dos bens."

O referido parágrafo único, em nosso sentir, não foi plenamente técnico ao mencionar que "o produto da venda converter-se-á em outros bens", porquanto, embora se possa falar em "venda" no caso de alienação por conveniência econômica do herdeiro, a mesma expressão não pode ser empregada para o caso da expropriação.

Além disso, note, amigo leitor, que também há a menção ao "donatário", apesar de estarmos a tratar do estudo de uma cláusula atinente ao "testamento", e não ao "contrato de doação".

Pondo de lado esses aspectos terminológicos, o sentido da norma é claro: o valor apurado — quer seja no caso da venda, quer seja no da desapropriação — converter-se-á em outro(s) bem(ns), o(s) qual(is) passará(ão) a ser objeto dos gravames.

Finalmente, parece-nos plenamente razoável defender, em situações excepcionais, a eventual possibilidade da revogação de tais cláusulas, com a finalidade de imprimir função social à propriedade e de preservar a dignidade da pessoa do proprietário, o que tem encontrado guarida na jurisprudência pátria[15].

É o caso, por exemplo, de o beneficiário precisar vender o imóvel recebido para empregar todo o valor apurado no custeio de uma complexa cirurgia.

A título de conclusão, vale acrescentar ainda, a par da polêmica a respeito do tema, haver entendimento jurisprudencial no sentido de se admitir a usucapião do bem clausulado[16].

Por fim, registre-se que o Código Civil brasileiro de 1916 admitia a possibilidade de o testador também clausular a legítima, o que fora restringido pela vigente codificação, que condicionou o gravame à ocorrência de justa causa.

---

[15] "DIREITO DAS SUCESSÕES. REVOGAÇÃO DE CLÁUSULAS DE INALIENABILIDADE, INCOMUNICABILIDADE E IMPENHORABILIDADE IMPOSTAS POR TESTAMENTO. FUNÇÃO SOCIAL DA PROPRIEDADE. DIGNIDADE DA PESSOA HUMANA. SITUAÇÃO EXCEPCIONAL DE NECESSIDADE FINANCEIRA. FLEXIBILIZAÇÃO DA VEDAÇÃO CONTIDA NO ART. 1.676 DO CC/16. POSSIBILIDADE. 1. Se a alienação do imóvel gravado permite uma melhor adequação do patrimônio à sua função social e possibilita ao herdeiro sua sobrevivência e bem-estar, a comercialização do bem vai ao encontro do propósito do testador, que era, em princípio, o de amparar adequadamente o beneficiário das cláusulas de inalienabilidade, impenhorabilidade e incomunicabilidade. 2. A vedação contida no art. 1.676 do CC/16 poderá ser amenizada sempre que for verificada a presença de situação excepcional de necessidade financeira, apta a recomendar a liberação das restrições instituídas pelo testador. 3. Recurso especial a que se nega provimento" (STJ, REsp 1158679/MG, Recurso Especial 2009/0193060-5, Rel. Min. Nancy Andrighi, julgado em 7-4-2011, *DJe* 15-4-2011, *RBDFS*, v. 22, p. 130).

[16] "USUCAPIÃO. Bem com cláusula de inalienabilidade. Testamento. Art. 1.676 do CCivil. O bem objeto de legado com cláusula de inalienabilidade pode ser usucapido. Peculiaridade do caso" (STJ, REsp 418.945/SP, Recurso Especial 2002/0026936-3, Rel. Min. Ruy Rosado de Aguiar, julgado em 15-8-2002, *DJ* 30-9-2002, p. 268; *RMP*, v. 19, p. 466; *RSTJ*, v. 166, p. 442).

# CI LEGADOS

## 1. NOÇÕES CONCEITUAIS

Legado, em linhas gerais, é um bem certo e determinado (ou, excepcionalmente, determinável), deixado pelo autor da herança, a alguém, denominado legatário, por manifestação expressa em testamento ou codicilo.

A ideia parece muito simples: se o herdeiro sempre recebe a título universal, isto é, a totalidade ou fração ideal (metade, um terço, um quinto) do patrimônio, o legatário recebe bem destacado, singularizado, extraído da universalidade, por exemplo, uma casa ou um veículo especificado pelo autor da herança em testamento.

No ordenamento jurídico brasileiro, é da essência do legado ser uma liberalidade *mortis causa* a título singular, constituindo-se uma atecnia falar-se em legados universais[1].

Isso não impede, por si só, que toda a herança seja objeto de legados, desde que todos os bens componentes do espólio tenham sido individualmente designados no testamento ou codicilo, o que, obviamente, somente ocorrerá se não houver necessidade de respeito à legítima, ou seja, na hipótese de inexistirem herdeiros necessários[2].

Sobre o tema, registra CARLOS ROBERTO GONÇALVES:

> "Pouco importa o nome que no testamento se dê à liberalidade, ou seja, se o disponente designa o herdeiro com o nome de legatário ou se, vice-versa, chama o legado de herança. Não há palavras sacramentais. O que conta é a essência da declaração pela qual se qualifica a vontade testamentária relativamente a uma pessoa ou a uma

---

[1] "Em nosso direito não há legados universais, como no direito francês, e, consequentemente, não há legatários universais. No direito pátrio todo legado constitui liberalidade *mortis causa* a título singular" (GONÇALVES, Carlos Roberto. *Direito Civil Brasileiro* — Direito das Sucessões, 15. ed., São Paulo: Saraiva, 2020, v. 7, p. 371).

[2] "A instituição de legados de toda a herança somente é possível se não houver herdeiros necessários, mas qualquer parte remanescente da herança, não alcançada por eles, continua sob a titularidade dos herdeiros legítimos, que a adquiriram por força da *saisine*, inclusive a Fazenda Pública" (LÔBO, Paulo Luiz Netto. *Direito Civil* — Sucessões, p. 255-6).

coisa. Toda vez que se deixa certo objeto, não o acervo ou parte alíquota do mesmo, toda vez que a sucessão se verifica a título particular, é de legado que se trata"[3].

A observação parece-nos bastante relevante.

De fato, é preciso compreender o legado como uma manifestação direcionada no sentido de se atribuir a titularidade de determinado bem (ou eventualmente um direito) a alguém, como decorrência do respeito ao princípio da vontade manifestada.

## 2. SUJEITOS

São sujeitos indispensáveis do legado o autor da herança (legante) e o beneficiário do legado (legatário).

Todavia, o instituto comporta eventualmente a presença de outros sujeitos.

Nesse sentido, ensina CARLOS ROBERTO GONÇALVES:

> "Quando o legado é atribuído a herdeiro legítimo (que passa a cumular as qualidades de herdeiro e legatário), denomina-se prelegado (*praelegatum*) ou legado precípuo (*praecipuum*). Pode haver, portanto, como sujeito, além do testador e do legatário, a figura do prelegatário ou legatário precípuo, que recebe o legado e também os bens que integram o seu quinhão na herança.
>
> O herdeiro encarregado de cumprir o legado é chamado de onerado. Onerado ou gravado é, pois, o que deve pagar o legado; legatário, ou honrado, o que recebe a dádiva ou liberalidade.
>
> Se o mesmo objeto cabe a vários beneficiados, eles se denominam colegatários. Se a um legatário é imposta a entrega de outro legado, de sua propriedade, a este se denomina sublegado, e sublegatário, à pessoa a que o bem se destina. Por conseguinte, o onerado tanto pode ser um herdeiro como um legatário"[4].

Conhecidas essas expressões subjetivas, teçamos algumas considerações acerca do objeto do legado.

## 3. OBJETO

O que pode ser objeto de um legado?

Em regra, qualquer bem passível de individualização e que integre a esfera de titularidade jurídico-patrimonial do autor da herança.

Daí a afirmação lógica, constante do art. 1.912 do vigente Código Civil brasileiro, de que é "ineficaz o legado de coisa certa que não pertença ao testador no momento da abertura da sucessão".

---

[3] GONÇALVES, Carlos Roberto. *Direito Civil Brasileiro*, 15. ed., São Paulo: Saraiva, 2020, v. 7, p. 372-3.

[4] GONÇALVES, Carlos Roberto, ob. cit., p. 373.

Isso não quer dizer que, no momento da estipulação do legado, o instituidor tenha necessariamente de já possuir o bem legado, mas, sim, de que tal situação deverá ser verificada no momento da abertura da sucessão (ou seja, com a morte do autor da disposição de última vontade).

Essa afirmação implica, por outro lado, que, se era titular quando da estipulação do legado, mas deixou de ser quando da abertura da sucessão, a disposição testamentária quedar-se-á ineficaz.

Nesse aspecto foi muito mais técnico o novel codificador, se comparado ao legislador de 1916, na medida em que este último comina a "nulidade" do ato, quando, em verdade, como dito acima, é caso de reconhecer a sua "ineficácia"[5].

Também aplaudindo a nova redação, comenta PAULO LÔBO:

> "O legado de coisa alheia, previsto na legislação anterior, foi suprimido pelo Código Civil. Não há mais, portanto, referência legal a esse anômalo legado, porque a eficácia de qualquer legado depende de sua precisa existência na data da abertura da sucessão. Se, nessa data, inexistir a coisa, o legado é simplesmente ineficaz, superando-se a imputação de nulidade, aludida na legislação anterior. O plano da validade não é afetado, pois decorre da declaração válida da vontade do testador. Mas a inexistência da coisa no momento de sua morte atinge o plano da eficácia, tornando a disposição testamentária ineficaz. Não há impedimento legal, contudo, de o testador estabelecê-lo, no âmbito de sua autonomia privada, mas será ineficaz se a coisa não estiver em sua titularidade no momento da abertura da sucessão. A crítica de Pontes de Miranda (1973, v. 57, § 5.762) à nulidade de tal legado, fixada no art. 1.678 do anterior código, influenciou a correta alusão do novo Código à ineficácia. Também repercutiu sua crítica ao momento a ser considerado, que não poderia ser o da data do testamento (como se a aquisição posterior operasse a retroeficácia, ou, o que é pior, a convalescença), mas sim o da data da morte do testador. No direito atual apenas se leva em conta o que está na titularidade do testador na data da sua morte, para que o legado possa ser considerado eficaz"[6].

Seguindo tal diretriz, estabelece o art. 1.916 do CC/2002:

> "Art. 1.916. Se o testador legar coisa sua, singularizando-a, só terá eficácia o legado se, ao tempo do seu falecimento, ela se achava entre os bens da herança; se a coisa legada existir entre os bens do testador, mas em quantidade inferior à do legado, este será eficaz apenas quanto à existente".

Isso quer dizer que é absolutamente ineficaz qualquer legado sobre bem de que o autor da herança não seja titular, de forma plena, total e incondicionada, na abertura da sucessão?

---

[5] Confira-se, a propósito, o art. 1.678 do Código Civil brasileiro de 1916.

[6] LÔBO, Paulo Luiz Netto. *Direito Civil* — Sucessões, p. 255.

Não, amigo leitor!

Desconfie sempre de afirmações peremptórias sobre regras aparentemente absolutas...

Excepcionalmente, admite-se um legado sobre bem que não pertença ao autor da herança.

Tudo dependerá, obviamente, dos termos da manifestação declarada.

Nessa linha, estabelecem os arts. 1.913 e 1.914 do Código Civil:

> "Art. 1.913. Se o testador ordenar que o herdeiro ou legatário entregue coisa de sua propriedade a outrem, não o cumprindo ele, entender-se-á que renunciou à herança ou ao legado.
>
> Art. 1.914. Se tão somente em parte a coisa legada pertencer ao testador, ou, no caso do artigo antecedente, ao herdeiro ou ao legatário, só quanto a essa parte valerá o legado".

Na ideia propugnada no primeiro dispositivo, tem-se que é possível (e potencialmente eficaz) estabelecer um legado em que o bem transferido não é de propriedade do autor da herança, mas sim de um terceiro, que também é herdeiro ou legatário.

A hipótese é, efetivamente, de uma condição suspensiva da eficácia do legado, em que a inércia do herdeiro ou legatário será interpretada, *jure et de jure*, como uma renúncia à herança ou legado, revertendo os bens correspondentes para a legítima.

Da mesma forma, observando-se o segundo dispositivo transcrito, adaptar-se-á a disposição para o caso de titularidade parcial do bem legado.

Nesse mesmo diapasão, mesmo que o bem não esteja presente no patrimônio do testador, mas possa ser adquirido por ser coisa genérica, a disposição é válida e eficaz.

E tal registro deve ser feito, pois, excepcionalmente, admite-se também o legado de coisa incerta.

Nesse sentido, confira-se o art. 1.915:

> "Art. 1.915. Se o legado for de coisa que se determine pelo gênero, será o mesmo cumprido, ainda que tal coisa não exista entre os bens deixados pelo testador".

E a quem cabe cumprir tal determinação?

Em nosso sentir, caso haja testamenteiro, naturalmente será dele a atribuição, se estabelecida nas disposições testamentárias, uma vez que é ele o responsável determinado pelo autor da herança para cumprimento do testamento.

Inexistindo, porém, pessoa especificamente designada para o mister de cumprimento do legado[7], a incumbência será dos herdeiros e, não os havendo, aos legatários, na proporção do que herdaram, na forma do art. 1.934[8].

---

[7] "Inexistindo a indicação de quem deve dar cumprimento ao legado, cabe aos herdeiros a execução" (DIAS, Maria Berenice. *Manual das Sucessões*, 3. ed., São Paulo: Revista dos Tribunais, 2013, p. 405).

[8] "Art. 1.934. No silêncio do testamento, o cumprimento dos legados incumbe aos herdeiros e, não os havendo, aos legatários, na proporção do que herdaram. Parágrafo único. O encargo estabelecido neste artigo, não havendo disposição testamentária em contrário, caberá ao herdeiro ou legatário incumbido

Observe-se que tal atribuição segue a disciplina geral das obrigações de dar coisa incerta, na perspectiva da regra segundo a qual o gênero não perece.

Registre-se, por fim, na forma do art. 1.917, que o "legado de coisa que deva encontrar-se em determinado lugar só terá eficácia se nele for achada, salvo se removida a título transitório".

A inteligência do dispositivo segue a lógica do instituto: só é possível legar bens que possam ser individualizados e efetivamente transferidos no momento da sucessão. Ora, se o bem não está no lugar que foi indicado pelo autor da herança, sendo tal indicação do local parte da declaração de última vontade, não há, *a priori*, como distingui-lo de outros bens iguais que estejam em outro lugar (ressalvada a remoção transitória, conforme consta no texto legal transcrito).

Individualizado o objeto do legado, é este que deve ser entregue, na forma como se encontrava ao falecer o testador, que declarou sua intenção de vê-lo passar à titularidade de alguém específico, transferindo-lhe esse bem na sua integralidade, com todas as suas características[9].

Feitas tais considerações genéricas sobre o objeto dos legados, façamos um pequeno esforço classificatório dos modos pelos quais se manifesta o instituto.

## 4. TIPOLOGIA

O vigente Código Civil, seguindo a mesma linha do sistema codificado anterior, contemplou, em sua parte introdutória da disciplina dos legados, diversas modalidades.

A pluralidade de legados é, portanto, a regra no Direito Sucessório brasileiro.

Desnecessária, porém, parece-nos a preocupação de trazer tantas "espécies" de legados, uma vez que a matéria não é de taxatividade normativa, devendo ser tais menções consideradas meramente exemplificativas[10].

Todavia, como estão elas efetivamente mencionadas na codificação, apresentaremos uma rápida sistematização das modalidades mencionadas no texto legal.

Já conhecidas as regras codificadas sobre legado de coisa certa, bem como a situação excepcional de legado de coisa incerta, vale registrar que também pode haver legado de direitos (pessoais ou reais), como direitos de crédito ou usufruto, incluindo-se até mesmo obrigações de fazer (como a de prestar alimentos).

---

pelo testador da execução do legado; quando indicados mais de um, os onerados dividirão entre si o ônus, na proporção do que recebam da herança."

9 "Art. 1.937. A coisa legada entregar-se-á, com seus acessórios, no lugar e estado em que se achava ao falecer o testador, passando ao legatário com todos os encargos que a onerarem."

10 No mesmo sentido, observa Paulo Lôbo: "Há legados de coisas, de direitos reais, de direitos pessoais, de ações, de prestações de fazer, de crédito, de dívida, de bens alternativos, de alimentos. A pluralidade de modos de legados continua como regra no direito atual, mas as referências contidas na lei consideram-se como exemplificativas. O Código Civil poderia ter avançado e suprimido as referências a esses modos, regulando-os de modo genérico e deixando ao testador a discricionariedade para tal, salvo as situações vedadas" (*Direito Civil* — Sucessões, p. 255).

No que diz respeito ao legado de crédito, estabelece o vigente Código Civil brasileiro:

> "Art. 1.918. O legado de crédito, ou de quitação de dívida, terá eficácia[11] somente até a importância desta, ou daquele, ao tempo da morte do testador.
>
> § 1º Cumpre-se o legado, entregando o herdeiro ao legatário o título respectivo.
>
> § 2º Este legado não compreende as dívidas posteriores à data do testamento".

Observadas as regras de vocação hereditária, qualquer pessoa pode ser beneficiária de legados, inclusive um credor, não havendo necessariamente compensação de dívida por tal disposição de vontade, na forma do *caput* do art. 1.919 do CC[12].

*A contrario sensu*, pode o testador, também, valer-se dessa disposição para efetivar uma compensação de créditos.

A *ratio* da norma é garantir efetivamente o cumprimento do legado, devendo eventual crédito do legatário em face (do patrimônio) do testador ser cobrado em face do espólio, não sendo compensável, salvo vontade manifesta do seu autor.

Dispositivo de intelecção menos imediata é o parágrafo único da referida regra legal.

De fato, ao se afirmar que "subsistirá integralmente o legado, se a dívida lhe foi posterior, e o testador a solveu antes de morrer", parece que quis o legislador, permita-nos a expressão coloquial, "chover no molhado", uma vez que, se a dívida é posterior e já foi solvida, é óbvio que não há o que cogitar compensar. Contudo, o sentido da norma é o mesmo: preservar o legado e a vontade do testador, não se admitindo interpretações que o vinculem a uma causalidade não expressa.

Os direitos reais, obviamente, também podem ser objeto de legado.

Afinal de contas, a propriedade é uma das bases do Direito das Sucessões.

Por isso, no âmbito do legado de direitos reais, bens móveis e imóveis, objeto de propriedade do testador, bem como certos direitos reais na coisa alheia, podem ser legados.

Na parte geral sobre legados, duas regras específicas de direitos reais devem ser mencionadas.

A primeira diz respeito ao legado de usufruto, em que, por força do art. 1.921, quando este for estipulado sem limitação temporal, "entende-se deixado ao legatário por toda a sua vida". Trata-se de um usufruto vitalício, mas, obviamente, não perpétuo, extinguindo-se com a morte do legatário.

---

11 O vigente texto legal é de maior apuro técnico do que o revogado, pois a norma correspondente (art. 1.685 do CC/1916) afirmava que o "legado de crédito, ou de quitação da dívida, valerá tão somente", e não, como no transcrito art. 1.918, "terá eficácia somente". De fato, a questão se compreende no plano da eficácia do negócio jurídico, e não no plano da validade.

12 "Art. 1.919. Não o declarando expressamente o testador, não se reputará compensação da sua dívida o legado que ele faça ao credor". Sobre a possibilidade da autonomia da vontade restringir a compensação de créditos, confira-se o tópico 4 ("Hipóteses de Impossibilidade de Compensação") do Capítulo XV ("Compensação") do v. 2 ("Obrigações") de nosso *Novo Curso de Direito Civil*.

A segunda regra se encontra insculpida no art. 1.922:

> "Art. 1.922. Se aquele que legar um imóvel lhe ajuntar depois novas aquisições, estas, ainda que contíguas, não se compreendem no legado, salvo expressa declaração em contrário do testador.
>
> Parágrafo único. Não se aplica o disposto neste artigo às benfeitorias necessárias, úteis ou voluptuárias feitas no prédio legado".

Trata-se de regra de evidente clareza.

O legado, como qualquer disposição testamentária, deve ser interpretado restritivamente.

Assim, qualquer aquisição posterior ao estabelecimento do legado, ainda que vizinha, não o amplia, salvo manifestação específica do testador.

Isso não se confunde com benfeitorias, uma vez que acompanham a própria coisa principal, e se destinam à preservação, aperfeiçoamento ou embelezamento do mesmo bem (no caso, o objeto do legado)[13], devendo ser aplicada a tradicional regra de que o acessório segue a sorte do principal.

Por fim, registre-se que também se admite o estabelecimento de legado de alimentos, os quais, não sendo especificados em seu valor, deverão ser interpretados, na forma do art. 1.920, como abrangendo o "sustento, a cura, o vestuário e a casa, enquanto o legatário viver, além da educação, se ele for menor".

Ressaltamos, por fim, mais uma vez, que a tipologia apresentada não é exaustiva.

O único ponto comum de todas essas modalidades classificatórias nos parece, porém, o caráter patrimonial ou econômico da disposição, na perspectiva do princípio da autonomia privada, aplicado a esse tipo de relação jurídica.

Estudemos, agora, os efeitos do legado.

## 5. EFEITOS

Conforme já estudamos, a transmissão dos bens da herança se dá *ipso facto* do *evento mortis*, por força do Princípio da *Saisine*.

O mesmo se dá em relação ao legado, conforme se verifica do art. 1.923 do Código Civil:

> "Art. 1.923. Desde a abertura da sucessão, pertence ao legatário a coisa certa, existente no acervo, salvo se o legado estiver sob condição suspensiva.
>
> § 1º Não se defere de imediato a posse da coisa, nem nela pode o legatário entrar por autoridade própria.

---

[13] Sobre benfeitorias, confira-se a alínea *e* ("As Benfeitorias") do subtópico 4.2.1 ("Classificação dos Bens Acessórios") do Capítulo VIII ("Bens Jurídicos") do v. 1 ("Parte Geral") de nosso *Novo Curso de Direito Civil*.

> § 2º O legado de coisa certa existente na herança transfere também ao legatário os frutos que produzir, desde a morte do testador, exceto se dependente de condição suspensiva, ou de termo inicial".

Observe-se, todavia, com cuidado, a técnica legislativa.

O que se transmite imediatamente com a morte é a propriedade, não a posse do bem legado.

A regra do § 2º, por sua vez, nada mais diz do que a aplicação da disciplina legal dos frutos, que, como bens acessórios, seguem a mesma sorte do principal. A ressalva final, por sua vez, afigura-se desnecessária, pois, se houve estabelecimento de condição (suspensiva) ou termo (inicial) pelo testador, somente com a sua implementação é que poderá produzir efeitos, o que é próprio do plano da eficácia do ato negocial.

Justamente por isso é que preceitua o art. 1.924:

> "Art. 1.924. O direito de pedir o legado não se exercerá, enquanto se litigue sobre a validade do testamento, e, nos legados condicionais, ou a prazo, enquanto esteja pendente a condição ou o prazo não se vença".

Reconhecida a validade do negócio jurídico testamentário e não havendo qualquer elemento acidental que retire sua eficácia, deve produzir efeitos imediatamente.

Pode o legado, por sua vez, constituir-se em uma transferência patrimonial monetária, a qual, obviamente, precisará ser realizada por alguém.

Nesse caso, o Código Civil brasileiro estabelece algumas importantes regras.

O legado em dinheiro, nessa linha, "só vence juros desde o dia em que se constituir em mora a pessoa obrigada a prestá-lo", conforme estabelecido pelo art. 1.925. Tal se dá pela necessidade de interpelar a pessoa obrigada a prestar tal legado, que, muitas vezes, pode nem ter sido cientificada ainda. Nesse caso, não seria razoável imputar juros quando não se tem fixado um termo inequívoco para caracterização da mora, à luz do dever de informação emanado da cláusula geral de boa-fé objetiva[14].

Tratando-se de pagamento único, em valor fixo, a questão fica bem simples realmente.

Mas e se a hipótese for de pagamentos sucessivos?

Sobre o tema, estabelecem os arts. 1.927 e 1.928 do nosso Código Civil:

> "Art. 1.927. Se o legado for de quantidades certas, em prestações periódicas, datará da morte do testador o primeiro período, e o legatário terá direito a cada prestação, uma vez encetado cada um dos períodos sucessivos, ainda que venha a falecer antes do termo dele.

---

[14] Sobre o tema dos juros, confira-se o tópico 4 ("Juros") do Capítulo XXIII ("Perdas e Danos") do v. 2 ("Obrigações") de nosso *Novo Curso de Direito Civil*.

> Art. 1.928. Sendo periódicas as prestações, só no termo de cada período se poderão exigir.
>
> Parágrafo único. Se as prestações forem deixadas a título de alimentos, pagar-se-ão no começo de cada período, sempre que outra coisa não tenha disposto o testador".

Registre-se, porém, que, no caso de o "legado consistir em renda vitalícia ou pensão periódica, esta ou aquela correrá da morte do testador", como estabelecido pelo art. 1.926.

E se o legado for de dar uma coisa incerta?

Na situação de legado "genérico", há uma natural adaptação das regras do Direito das Obrigações, conforme já mencionamos linhas acima.

Isso porque, seguindo a tradição do nosso Direito, o art. 244 do CC/2002[15] estabelece que, nas obrigações de dar coisa incerta, a escolha pertence ao devedor.

Adaptando-se essa ideia ao Direito Sucessório, atribuiu-se o direito de escolha ao herdeiro, que, em geral, é o onerado para o cumprimento do legado:

> "Art. 1.929. Se o legado consiste em coisa determinada pelo gênero, ao herdeiro tocará escolhê-la, guardando o meio-termo entre as congêneres da melhor e pior qualidade".

Por outro lado, "quando a escolha for deixada a arbítrio de terceiro; e, se este não a quiser ou não a puder exercer, ao juiz competirá fazê-la, guardado o disposto na última parte do artigo antecedente", como estabelecido pelo art. 1.930.

Quebrando a lógica da escolha "pela média", o sistema codificado amplia a liberdade do legatário, quando o testador atribui a ele o direito de escolha.

Nesse sentido, estabelece o art. 1.931:

> "Art. 1.931. Se a opção foi deixada ao legatário, este poderá escolher, do gênero determinado, a melhor coisa que houver na herança; e, se nesta não existir coisa de tal gênero, dar-lhe-á de outra congênere o herdeiro, observada a disposição na última parte do art. 1.929".

E a "quebra de lógica" é perfeitamente defensável.

De fato, se o testador expressamente autorizou a escolha pelo legatário, o que não estava obrigado a fazer, atribuiu a ele, com efeito, uma prerrogativa diferenciada, facultando-lhe a escolha da melhor coisa.

Tratando-se não de legado de coisa incerta, mas sim de legado alternativo (obrigação única com pluralidade de objetos e dever de escolha de apenas um deles), a "adaptação"

---

15 "Art. 244. Nas coisas determinadas pelo gênero e pela quantidade, a escolha pertence ao devedor, se o contrário não resultar do título da obrigação; mas não poderá dar a coisa pior, nem será obrigado a prestar a melhor."

do Direito das Obrigações à disciplina das Sucessões é fielmente seguida, presumindo--se deixada ao herdeiro a opção (art. 1.932).

Por fim, saliente-se que, independentemente de quem seja o titular do direito de escolha (herdeiro ou legatário), o sistema codificado reconhece a sua transmissibilidade *causa mortis*[16].

## 6. PAGAMENTO

A Seção II do Capítulo VII (Dos Legados) do Livro V (Do Direito das Sucessões) do vigente Código Civil brasileiro é intitulada "Dos Efeitos do Legado e do Seu Pagamento".

Faz-se necessário tecer algumas considerações acerca da acepção da palavra "pagamento".

Está ela utilizada em seu sentido técnico-jurídico, que a identifica com o "cumprimento" de obrigação jurídica, e não com o sentido coloquial de entrega de dinheiro[17].

Por isso, amigo leitor, esclarecemos que, quando falamos em "pagamento" do legado, entenda-se "cumprimento" da disposição testamentária.

Feito esse esclarecimento, a pergunta é: a quem cabe o cumprimento (ou pagamento) do legado?

A resposta se encontra expressa no art. 1.934 do vigente Código Civil brasileiro:

> "Art. 1.934. No silêncio do testamento, o cumprimento dos legados incumbe aos herdeiros e, não os havendo, aos legatários, na proporção do que herdaram.
>
> Parágrafo único. O encargo estabelecido neste artigo, não havendo disposição testamentária em contrário, caberá ao herdeiro ou legatário incumbido pelo testador da execução do legado; quando indicados mais de um, os onerados dividirão entre si o ônus, na proporção do que recebam da herança".

Obviamente, não se pode olvidar a figura do testamenteiro, que, caso tenha sido designado para tal mister, será, em nosso pensar, a pessoa responsável pela tarefa, aplicando-se o supramencionado dispositivo de forma subsidiária, no caso de não haver sido indicado tal sujeito.

O que se deve fazer, porém, quando se tratar de um sublegado, ou seja, na hipótese de o legado consistir em coisa pertencente a herdeiro ou legatário?

Nessa situação, o herdeiro ou legatário onerado — encarregado de cumprir o legado — será única e exclusivamente o titular desse bem[18], tendo, na forma do art. 1.935, direito

---

[16] Código Civil: "Art. 1.933. Se o herdeiro ou legatário a quem couber a opção falecer antes de exercê-la, passará este poder aos seus herdeiros".

[17] Sobre o tema, confira-se o tópico 1 ("Sentido da Expressão 'Pagamento' e seus Elementos Fundamentais") do Capítulo VIII ("Teoria do Pagamento — Condições Subjetivas e Objetivas") do v. 2 ("Obrigações") de nosso *Novo Curso de Direito Civil*.

[18] "Quem cumpre o legado é o herdeiro, ao qual cometa o testador o encargo. Se incumbiu alguns, designadamente, devem o cumprimento, como em Direito Romano já se estabelecia (*hereditas eos*

de regresso em face dos demais coerdeiros, pela quota de cada um, salvo se o contrário expressamente dispôs o testador.

É preciso explicar melhor a possibilidade de ação regressiva contra os coerdeiros.

De fato, a regra, como visto no art. 1.934, é o cumprimento dos legados pelos herdeiros e, não os havendo, aos legatários, na proporção do que herdaram.

Isso é fácil de visualizar quando se estabelece o legado de determinada importância (R$ 10.000,00, por exemplo). Se apenas um é encarregado de pagar o legado, fará isso exclusivamente. Se mais de um herdeiro ou legatário forem encarregados, farão cada um segundo o quinhão hereditário que lhes foi reservado.

Todavia, o transcrito art. 1.935 trata de uma situação diferenciada: o legado não é de bem da parte disponível da herança, mas sim da propriedade de um herdeiro ou legatário designado.

Justamente por isso, só ele pode cumprir.

Mas não está obrigado, *a priori*, a cumprir.

Trata-se de um ônus, cujo bônus é precisamente a aceitação da herança ou do legado.

Caso o herdeiro ou legatário designado não cumpra efetivamente o legado, entende-se que renunciou à herança ou ao legado, na forma do art. 1.913 do Código Civil.

Cumprindo-o, porém, com a consequente diminuição imediata do seu patrimônio pessoal para a realização de tal mister, garante o dispositivo um "ressarcimento parcial", consistente no regresso em face dos coerdeiros, observada a proporção da quota-parte de cada um.

Nessa situação, recomenda-se ao herdeiro ou legatário designado que verifique, "na ponta do lápis", se é economicamente razoável a aceitação da deixa em face da correspondente obrigação assumida.

Até mesmo porque nada impede que o testador vede a possibilidade do direito de regresso, conforme consta da parte final do dispositivo aqui comentado.

E mais!

Na forma do art. 1.936, as "despesas e os riscos da entrega do legado correm à conta do legatário, se não dispuser diversamente o testador".

Definitivamente, pode não valer a pena.

---

*obrigat*), respondendo na proporção dos respectivos quinhões. O princípio sobrevive no moderno, numa espécie de revivescência da antiga *cautio muciana*, assentando ainda que se não for feita a designação dos obrigados, todos os herdeiros instituídos responderão por ele, proporcionalmente ao que herdarem (novo Código Civil, art. 1.934). Equivalendo o legado a um direito de crédito do legatário, há um sujeito passivo, contra o qual se exerce, e que varia conforme à natureza do objeto, exigível de um só herdeiro, do testamenteiro, de outro legatário, de vários herdeiros ou de todos, conforme se trate da entrega de uma coisa ou da prestação de um fato, oponível a um ou a outro, ou a todos" (PEREIRA, Caio Mário da Silva. *Instituições de Direito Civil*, 17. ed., v. 6, Rio de Janeiro: Forense, 2009, p. 260-1).

Por fim, nos legados com encargo, aplica-se ao legatário a mesma disciplina das doações de igual natureza (art. 1.938 do CC), quais sejam, as doações com encargo, a que se refere o art. 553 do nosso Código[19].

Arrematando este capítulo, enfrentemos a caducidade do legado.

## 7. CADUCIDADE

O legado decorre de uma disposição testamentária.

Logo, como cláusula de um negócio jurídico, ainda que unilateral, está submetida aos planos de existência, validade e eficácia.

Existente a cláusula, ela, por certo, pode ser declarada nula ou anulável, caso viole alguma regra de validade.

Considerada válida, seu destino é o cumprimento, o que tratamos no tópico anterior.

Pode, por outro lado, o testador, a qualquer tempo revogá-la, excluindo-a do testamento.

Abstraídas, porém, as situações de invalidade e revogação, um legado poderá sofrer os efeitos da caducidade.

E o que significa isso?

Simplesmente a perda da eficácia, decorrente de circunstância posterior à sua estipulação.

Essa ineficácia superveniente pode ser total ou parcial, a depender do alcance do fato limitador e/ou do número de legados estabelecidos.

Nesse sentido, estabelece o art. 1.940:

> "Art. 1.940. Se o legado for de duas ou mais coisas alternativamente, e algumas delas perecerem, subsistirá quanto às restantes; perecendo parte de uma, valerá, quanto ao seu remanescente, o legado".

E que causas seriam essas que retirariam a eficácia dos legados?

A matéria é disciplinada pelo art. 1.939 da vigente codificação civil brasileira[20], que manteve, *mutatis mutandis*, as razões outrora previstas no art. 1.708 do Código Civil brasileiro de 1916.

---

[19] "Art. 553. O donatário é obrigado a cumprir os encargos da doação, caso forem a benefício do doador, de terceiro, ou do interesse geral. Parágrafo único. Se desta última espécie for o encargo, o Ministério Público poderá exigir sua execução, depois da morte do doador, se este não tiver feito." Sobre o tema, confira-se o subtópico 9.2 ("Doação Contemplativa x Doação Remuneratória") do Capítulo "Doação" do v. 4, "Contratos", de nosso *Novo Curso de Direito Civil*.

[20] "Art. 1.939. Caducará o legado: I — se, depois do testamento, o testador modificar a coisa legada, ao ponto de já não ter a forma nem lhe caber a denominação que possuía; II — se o testador, por qualquer título, alienar no todo ou em parte a coisa legada; nesse caso, caducará até onde ela deixou de pertencer ao testador; III — se a coisa perecer ou for evicta, vivo ou morto o testador, sem culpa do herdeiro ou legatário incumbido do seu cumprimento; IV — se o legatário for excluído da sucessão, nos termos do art. 1.815; V — se o legatário falecer antes do testador."

As hipóteses, todas elencadas no referido dispositivo, podem ter natureza objetiva, na medida em que se refiram ao objeto do legado, ou índole subjetiva, quando se relacionarem à figura do legatário.

As causas objetivas são:

a) Modificação de forma da coisa: se, depois do testamento, o testador modificar a coisa legada, ao ponto de já não ter a forma nem lhe caber a denominação que possuía (inciso I).

Nessa situação, o que se tem é a impossibilidade de individualização da coisa, na forma como estabelecida na disposição legatária.

Em interessante observação, lembram os amigos FLÁVIO TARTUCE e JOSÉ FERNANDO SIMÃO:

> "Para Eduardo de Oliveira Leite, a hipótese se aplica quando a coisa legada sofrer especificação (hipótese de ouro em barras que é transformado em anéis, ou seja, de alteração da coisa por um trabalho humano); confusão (quando duas coisas líquidas ou gasosas se misturam, tais como vinho e água), comistão (quando duas coisas sólidas se misturam, tais como o sal e o açúcar) ou quando ocorre adjunção (sobreposição de coisas, tal como a tinta que é aplicada sobre a tela, formando um todo) (*Direito civil...*, 2004, v. 6, p. 249). É importante destacar que a caducidade só ocorre quando a transformação da coisa é feita pelo testador ou à sua ordem. Na hipótese de alteração provocada por terceiro ou de caso fortuito, o legado subsistirá"[21].

Registramos que, em sua parte final, a *ratio* da previsão normativa é efetivamente a perda da forma da coisa pela atuação do testador.

Talvez valha a pena, porém, ponderar, mesmo sem previsão legal específica, se o dispositivo não poderia ser aplicável também para situações em que a transformação ocorra por circunstância distinta, uma vez que, se o bem chegou ao ponto de não merecer sequer a denominação que possuía, potencialmente perderia sentido o legado.

b) Alienação total ou parcial da coisa: se o testador, por qualquer título, alienar no todo ou em parte a coisa legada, caducará o legado até onde a coisa deixou de pertencer ao testador (inciso II).

Conforme já vimos, o normalmente esperado é que o bem legado integre o patrimônio do testador (embora haja a previsão da situação excepcional de legado de coisa alheia — art. 1.913).

Nesse contexto, se vier a alienar o bem — vender ou doar, por exemplo —, o legado quedar-se-á ineficaz nos limites do patrimônio de que se dispôs.

---

[21] TARTUCE, Flávio; SIMÃO, José Fernando. *Direito Civil* —Direito de Família, 5. ed., v. 6, São Paulo: Método, 2012, p. 372.

c) Perecimento ou evicção[22] da coisa: se a coisa perecer ou for evicta (perda pelo reconhecimento, judicial ou administrativo, do direito anterior de terceiro sobre o bem), vivo ou morto o testador, sem culpa do herdeiro ou legatário incumbido do seu cumprimento (inciso III).

A hipótese é autoexplicativa, haja vista que é lógico que a perda do objeto constitui situação de ineficácia do legado.

Já as causas subjetivas, por sua vez, são:

a) Exclusão da sucessão: se o legatário for excluído da sucessão, nos termos do art. 1.815 (inciso IV).

O tema da exclusão da sucessão já foi tratado por nós em capítulo anterior.

E a ideia é simples: se o indivíduo foi excluído da sucessão, nos termos do art. 1.815, perderá a condição de legatário. Assim, a previsão do legado, embora existente e válida, torna-se ineficaz por falta de beneficiário legitimado.

b) Premoriência: se o legatário falecer antes do testador (inciso V).

O falecimento do legatário, por óbvio, faz cessar a sua personalidade jurídica.

Se esta ocorrer antes da abertura da sucessão, qualquer disposição testamentária que a ele se referir será absolutamente ineficaz.

Em sentido contrário, se vier a falecer posteriormente à abertura da sucessão, já terá adquirido o direito ao legado, e, por consequência, os seus herdeiros habilitar-se-ão para receber a coisa legada[23].

Compreendida a disciplina jurídica dos legados, convidamos você, amigo leitor, a seguir conosco, no interessante estudo do direito de acrescer e da redução das disposições testamentárias.

---

[22] Sobre o tema, confira-se o Capítulo "Evicção" do v. 4, "Contratos", de nosso *Novo Curso de Direito Civil*.

[23] "Ação de Abertura, Registro e Cumprimento de Testamento. Premoriência da legatária. Caducidade do legado. Não cabe direito de representação na sucessão testamentária. Inteligência do art. 1.939, V, do Código Civil. Recurso improvido" (TJSP, APL 276749520108260100/SP 0027674-95.2010.8.26.0100, Rel. Luiz Antonio Costa, julgado em 3-10-2012, 7ª Câmara de Direito Privado, publicação 5-10-2012).

"Agravo de instrumento. Inventário. Declaração e caducidade de cláusulas do testamento. Pretensão do agravante em ver declarada válida a revogação parcial do testamento. Declarações de vontade posteriores da testadora. Doação de bem elencado no testamento e posterior transmissão a terceiro. Impossibilidade de meação ou partilha desse bem imóvel. Demonstração de vontade de que sua pensão fosse recebida por outros familiares, ante o falecimento de seu irmão. Apenas com relação à cláusula 4ª é que merece ser mantida a declaração de caducidade, ante a ausência de comprovação de nova intenção, posterior ao testamento e a premoriência do favorecido. Recurso parcialmente provido" (TJSP, Ag. 994080462346/SP, Rel. Fábio Quadros, julgado em 13-5-2010, 4ª Câmara de Direito Privado, publicado em 19-5-2010).

# CII DIREITO DE ACRESCER E REDUÇÃO DAS DISPOSIÇÕES TESTAMENTÁRIAS

## 1. INTRODUÇÃO

Neste capítulo, cuidaremos de tratar de dois temas bastante significativos para a sucessão testamentária: o direito de acrescer e a redução das disposições testamentárias.

Trata-se de matérias que, posto despertem a atenção da doutrina, encontram-se detalhadamente positivadas em nosso Código Civil.

## 2. DIREITO DE ACRESCER

Segundo ARMANDO GONÇALVES COIMBRA, inúmeras teorias tentaram fundamentar juridicamente o direito de acrescer[1].

Para a teoria da unidade do objeto, defendida por BRUNNETTI, o instituto sob comento justificar-se-ia no fato de os sucessores serem chamados a receber um objeto inteiro, de maneira que, faltando um desses beneficiados, os outros teriam o direito de receber a porção faltosa, que seria acrescida à sua. Trata-se de teoria falível, segundo o jurista português, citando PIRES DE LIMA, pois a própria herança é considerada uma universalidade, um todo único, até que se ultime a partilha.

Segundo a teoria da unidade de designação, defendida por NICOLÓ, o direito de acrescer seria baseado no fato de os sucessores serem designados unitariamente, ou seja, na mesma oportunidade, ou no mesmo ato, o que justificaria que o quinhão de um acrescesse ao do outro. Também não convence, pois aos herdeiros podem ser expressamente atribuídas quotas diferentes.

Para a teoria da vontade da lei, o direito de acrescer amparar-se-ia na norma legal e não na vontade do *de cujus*. Tal ideia não se sustenta, na medida em que o próprio direito de acrescer poderá ser afastado pelo querer previamente manifestado pelo falecido.

Finalmente, temos a teoria da vontade presumida do testador, adotada em Portugal, de acordo com GONÇALVES COIMBRA, e também no Brasil, segundo a qual o direito de acrescer funda-se na vontade presumida do autor da herança:

[1] COIMBRA, Armando de Freitas Ribeiro Gonçalves. *O Direito de Acrescer no Novo Código Civil*, Coimbra: Almedina, 1974, p. 41-3.

"Verificados os pressupostos do acrescer, não estabelecendo o testador uma substituição e não resultando do testamento uma diversa vontade do *de cujus* aplica-se o direito de acrescer, pois não é possível outra alternativa"[2].

Em nosso direito positivo, o direito de acrescer, regulado a partir do art. 1.941 do Código Civil, é conferido quando vários herdeiros, pela mesma disposição testamentária, forem conjuntamente chamados à herança em quinhões não determinados e qualquer deles não puder ou não quiser aceitá-la. Nesse caso, a sua parte acrescerá à dos coerdeiros, ressalvado o eventual direito do substituto[3].

Assim, uma disposição testamentária que contemple Nathália, Carol e Luíza, sem especificar o quinhão de cada uma, poderá admitir a incidência do direito de acrescer, em favor das demais coerdeiras remanescentes, se Nathália renunciar à herança, e desde que não tenha sido previsto um substituto.

Na mesma linha, a teor do art. 1.942, o direito de acrescer competirá aos colegatários, quando nomeados conjuntamente a respeito de uma só coisa, determinada e certa, ou quando o objeto do legado não puder ser dividido sem risco de desvalorização[4].

Nota-se, portanto, que o direito de acrescer é aplicado quando os sucessores são conjuntamente chamados a suceder, em quinhões não determinados.

E essa conjunção de sucessores, segundo ORLANDO GOMES, pode se dar de três formas:

"a) *Re tantum* (conjunção real) — os sucessores são chamados, sem distribuição de partes, em diversas disposições testamentárias. Exemplo: em uma cláusula do testamento, diz: deixo o meu imóvel na praia para Pedro e em outra cláusula afirma: deixo também o meu imóvel na praia para Francisco;

---

2 COIMBRA, Armando de Freitas Ribeiro Gonçalves, ob. cit., p. 43.

3 O direito de acrescer também poderá ser encontrado em outros campos do Direito Civil, conforme podemos notar a partir da leitura dos seguintes dispositivos, referentes à doação e ao usufruto, respectivamente:
"Art. 551. Salvo declaração em contrário, a doação em comum a mais de uma pessoa entende-se distribuída entre elas por igual. Parágrafo único. Se os donatários, em tal caso, forem marido e mulher, subsistirá na totalidade a doação para o cônjuge sobrevivo".
"Art. 1.411. Constituído o usufruto em favor de duas ou mais pessoas, extinguir-se-á a parte em relação a cada uma das que falecerem, salvo se, por estipulação expressa, o quinhão desses couber ao sobrevivente".

4 Código Civil: "Art. 1.943. Se um dos coerdeiros ou colegatários, nas condições do artigo antecedente, morrer antes do testador; se renunciar a herança ou legado, ou destes for excluído, e, se a condição sob a qual foi instituído não se verificar, acrescerá o seu quinhão, salvo o direito do substituto, à parte dos coerdeiros ou colegatários conjuntos. Parágrafo único. Os coerdeiros ou colegatários, aos quais acresceu o quinhão daquele que não quis ou não pôde suceder, ficam sujeitos às obrigações ou encargos que o oneravam". Esta regra segue a mesma inspiração constante nas normas anteriores, segundo a qual o direito de acrescer será invocado quando não especificado o quinhão ou o direito de cada sucessor instituído.

b) *Verbis tantum* (conjunção verbal) — os instituídos são designados na mesma disposição testamentária, com indicação da parte que cabe a cada um, como se dá quando o testador, na mesma cláusula do testamento, deixa o imóvel a Pedro e a Francisco, especificando que, a cada um, tocará a metade (50%) do bem;

c) *Re et verbis* (conjunção mista) — neste caso, o testador designa, na mesma disposição testamentária, vários herdeiros ou legatários, sem distribuir ou indicar, entre eles, as partes que cabem a cada um. É a hipótese já figurada em que uma disposição testamentária contempla Huguinho, Zezinho e Luisinho, sem especificar o quinhão de cada um. Diz-se mista, conclui o jurista baiano, 'porque é *re*, visto haver distribuição de partes, a *verbis*, porque não há várias disposições, se não uma só'"[5].

A partir do esforço classificatório, amparado na doutrina desse grande civilista, é forçoso convir que o direito de acrescer ocorrerá na conjunção real e na mista, porquanto os quinhões dos herdeiros não foram especificados.

Vale dizer, se tais quinhões forem indicados, a admissibilidade do direito afrontaria o princípio de resguardo à vontade do testador, na medida em que o sucessor seria beneficiado além do limite estipulado pelo próprio autor de herança.

Com isso, até mesmo o postulado da autonomia privada cairia por terra.

Assim, uma óbvia conclusão se impõe.

Caso não se efetue o direito de acrescer, transmite-se, por consequência, segundo a ordem de vocação hereditária, aos herdeiros legítimos a quota vaga do nomeado[6].

E uma peculiar regra é consagrada pelo art. 1.945 do Código Civil:

> "Art. 1.945. Não pode o beneficiário do acréscimo repudiá-lo separadamente da herança ou legado que lhe caiba, salvo se o acréscimo comportar encargos especiais impostos pelo testador; nesse caso, uma vez repudiado, reverte o acréscimo para a pessoa a favor de quem os encargos foram instituídos".

Vale dizer, o repúdio à parte acrescida poderá, a depender da circunstância, resultar na perda da própria deixa, ressalvada a hipótese de a parte acrescida comportar encargos especiais impostos pelo testador, caso em que poderá ser separadamente repudiada.

Por "encargos especiais" entendam-se aqueles ônus especificamente vinculados à parte que se acresceu e que se referiam ao sucessor original.

Note-se, contudo, que, se o sucessor repudiar o acréscimo (onerado), a norma dispõe que a parte acrescida tocará ao beneficiário do referido encargo.

---

[5] GOMES, Orlando. *Sucessões*, 12. ed., Rio de Janeiro: Forense, 2004, p. 149.

[6] "Art. 1.944. Quando não se efetua o direito de acrescer, transmite-se aos herdeiros legítimos a quota vaga do nomeado. Parágrafo único. Não existindo o direito de acrescer entre os colegatários, a quota do que faltar acresce ao herdeiro ou ao legatário incumbido de satisfazer esse legado, ou a todos os herdeiros, na proporção dos seus quinhões, se o legado se deduziu da herança."

Todavia, adverte SÍLVIO VENOSA, "não será de fácil deslinde, na prática, o caso concreto. Não se podendo identificar o beneficiário do encargo, ou não podendo ou não querendo receber o acréscimo, este deve ser atribuído ao monte hereditário, distribuindo-se aos coerdeiros"[7].

Finalmente, quanto ao legado de usufruto, caso este seja instituído conjuntamente a duas ou mais pessoas, a parte da que faltar acresce aos colegatários, a teor do art. 1.946.

E, se não houver conjunção entre os colegatários, ou se, apesar de conjuntos, só lhes foi legada certa parte do usufruto, consolidar-se-ão na propriedade as quotas dos que faltarem, à medida que eles forem faltando. Vale dizer, o titular da nua propriedade[8] consolidará, proporcionalmente, as respectivas quotas.

## 3. REDUÇÃO DAS DISPOSIÇÕES TESTAMENTÁRIAS

Inicialmente, é digno de nota que o vocábulo "redução" poderá ter significado próprio na Teoria Geral do Direito Civil.

Com efeito, conforme vimos em outra obra, "Redução é a operação pela qual retiram-se partes inválidas de um determinado negócio, preservando-se as demais. Cuida-se de uma medida sanatória do negócio jurídico"[9].

Em Direito das Sucessões, redução tem outro sentido.

Conforme vimos ao longo de nossa obra, o Direito brasileiro preserva a legítima dos herdeiros necessários.

Nesse sentido, com habitual precisão, FRANCISCO JOSÉ CAHALI:

> "Por sua vez, a Sucessão, no direito brasileiro, obedece ao sistema da divisão necessária, pelo qual a vontade do autor da herança não pode afastar certos herdeiros — herdeiros necessários —, entre os quais deve ser partilhada, no mínimo, metade da herança, em quotas ideais (CC, arts. 1.789, 1.845 e 1.846). Herdeiro necessário, assim, é o parente com direito a uma parcela mínima de 50% do acervo, da qual não pode ser privado por disposição de última vontade, representando a sua existência uma limi-

---

7 VENOSA, Sílvio de Salvo. *Direito Civil* — Direito das Sucessões, 3. ed., v. 7, São Paulo: Atlas, 2003, p. 262.

8 Denomina-se "nu-proprietário" o titular do direito real de propriedade que suporta o usufruto instituído. Exemplo: deixo a minha casa para Pedro, e o legado do usufruto da casa para José. José é "usufrutuário" e Pedro, "nu-proprietário".

9 GAGLIANO, Pablo Stolze; PAMPLONA FILHO, Rodolfo. *Novo Curso de Direito Civil* — Parte Geral, 22. ed., São Paulo: Saraiva, 2020, v. 1, p. 454.

Nesse sentido, preleciona CARLOS ALBERTO BITTAR: "dá-se a redução de negócios inválidos quando a causa de nulidade ou de anulabilidade reside em elemento não essencial de seu contexto. Nessa hipótese, tem-se por válido o negócio, aplicando-se o princípio da conservação, à luz da vontade hipotética ou conjectural, das partes. Assim, na análise da situação concreta, se se concluir que os interessados o teriam realizado na parte não atingida pela invalidade, prospera o negócio, extirpada a disposição afetada" (*Curso de Direito Civil*, v. 1, Rio de Janeiro: Forense, 1999, p. 170).

tação à liberdade de testar. Esta classe é composta pelo cônjuge, descendentes e ascendentes do *de cujus* (CC, 1.845), sem limitação de graus quanto aos dois últimos (filhos, netos, bisnetos etc., e pais, avós, bisavós etc.). São os sucessores que não podem ser excluídos da herança por vontade do testador, salvo em casos específicos de deserdação, previstos em lei. Se não for este o caso, o herdeiro necessário terá resguardada sua parcela, caso o autor da herança decida fazer testamento, restringindo-se, desta forma, a extensão da parte disponível para transmissão de apenas metade do patrimônio do *de cujus*"[10].

Ora, diante de tais ensinamentos, concluímos, com facilidade, que o remanescente pertencerá aos herdeiros legítimos, quando o testador só em parte dispuser da quota hereditária disponível (art. 1.966).

Por outro lado, as disposições que excederem a parte disponível, tanto para o herdeiro como para o legatário, a teor do art. 1.967, reduzir-se-ão aos limites dela, de conformidade com as seguintes regras:

a) em se verificando excederem as disposições testamentárias a porção disponível, serão proporcionalmente reduzidas as quotas do herdeiro ou herdeiros instituídos, até onde baste, e, não bastando, também os legados, na proporção do seu valor;

b) se o testador, prevenindo o caso, dispuser que se inteirem, de preferência, certos herdeiros e legatários, a redução far-se-á nos outros quinhões ou legados, observando-se a seu respeito a ordem estabelecida no parágrafo antecedente.

A redução da disposição testamentária visa, portanto, a recompor a legítima, em atenção ao direito dos herdeiros necessários[11].

A título de ilustração, tomemos alguns exemplos numéricos, no âmbito dos legados, ensinados pela querida Professora MARIA HELENA DINIZ:

> "Se o legado sujeito à redução consistir em prédio divisível, far-se-á a redução dividindo-o proporcionalmente (CC, art. 1.968). Separa-se a parcela do imóvel que for necessária para preencher a legítima desfalcada. Se for impossível, porém, sua divisão, por se tratar de prédio indivisível, e o excesso do legado montar a mais de um

---

[10] CAHALI, Francisco; HIRONAKA, Giselda Maria Fernandes Novaes. *Curso Avançado de Direito Civil* — Direito das Sucessões, 2. ed., v. 6, São Paulo: Revista dos Tribunais, 2003, p. 57.

[11] "Art. 1.968. Quando consistir em prédio divisível o legado sujeito a redução, far-se-á esta dividindo-o proporcionalmente. § 1º Se não for possível a divisão, e o excesso do legado montar a mais de um quarto do valor do prédio, o legatário deixará inteiro na herança o imóvel legado, ficando com o direito de pedir aos herdeiros o valor que couber na parte disponível; se o excesso não for de mais de um quarto, aos herdeiros fará tornar em dinheiro o legatário, que ficará com o prédio. § 2º Se o legatário for ao mesmo tempo herdeiro necessário, poderá inteirar sua legítima no mesmo imóvel, de preferência aos outros, sempre que ela e a parte subsistente do legado lhe absorverem o valor."

quarto do valor do prédio, o legatário não ficará com ele, deixando-o em poder do espólio, tendo apenas o direito de pedir aos herdeiros o valor que lhe couber na metade disponível. Se o apartamento, objeto do legado, valer R$ 100.000,00, acusando-se excesso de R$ 40.000,00 sobre a legítima (equivalente a mais de 1/4 do valor do prédio), o imóvel permanecerá no espólio e o legatário receberá em dinheiro R$ 60.000,00 dos herdeiros. Se o seu excesso não for mais de um quarto do valor do prédio, o legatário o guardará, repondo aos herdeiros, em dinheiro, a parte excedente (CC, art. 1.968, § 1º). Se o imóvel indivisível, objeto do legado, valer R$ 100.000,00, apontando-se um excesso de R$ 20.000,00 sobre a legítima, portanto, em *quantum* inferior a um quarto do valor do imóvel, o legatário com ele ficará, mas reporá aos herdeiros a importância de R$ 20.000,00. Todavia, 'se o legatário for ao mesmo tempo herdeiro necessário, poderá inteirar sua legítima no mesmo imóvel, de preferência aos outros, sempre que ela e a parte subsistente do legado lhe absorverem o valor' (CC, art. 1.968, § 2º). Bastante elucidativo é o exemplo dado por Washington de Barros Monteiro: 'o prédio vale R$ 1.000.000,00, a redução deve montar a R$ 400.000,00 e a legítima do herdeiro é de R$ 600.000,00. Somando esse último valor com a parte subsistente do legado R$ 600.000,00 + R$ 600.000,00 = R$ 1.200.000,00, absorvido fica o valor de todo o prédio. O interessado receberá assim o imóvel, de preferência aos demais herdeiros, repondo apenas o excesso R$ 1.200.000,00 — R$ 1.000.000,00 = R$ 200.000,00'"[12].

Vale lembrar que o mecanismo de proteção à legítima não se esgota com a possibilidade de redução das disposições testamentárias, incidente quando da colação e conferência dos respectivos quinhões, mas também se opera por meio da ação de nulidade de doação inoficiosa.

Tudo a demonstrar, portanto, que o sistema jurídico brasileiro ainda tem como pedra fundamental a preservação da legítima dos herdeiros necessários.

[12] DINIZ, Maria Helena. *Curso de Direito Civil Brasileiro* — Direito das Sucessões, 33. ed., São Paulo: Saraiva, 2019, v. 6, p. 308.

# CIII SUBSTITUIÇÕES

## 1. INTRODUÇÃO

Situação possível de ocorrer é a disposição testamentária quedar-se ineficaz caso o sucessor nomeado não receba a herança.

Discorrendo a esse respeito em clássica obra, CLÓVIS BEVILÁQUA prelecionava:

> "Prevendo a hipótese de falhar a instituição de herdeiro, por uma circunstância qualquer e não querendo morrer sem sucessores, que lhes continuassem a personalidade e perpetuassem o culto doméstico, imaginaram os romanos dar, aos herdeiros nomeados, substitutos, que adissem à herança, se porventura não a recolhessem os primeiros. Substituição hereditária é, pois, uma instituição subordinada à outra"[1].

Afastada a ideia, pouco útil e anacrônica, de que a substituição testamentária serviria para a perpetuação do "culto doméstico" da figura do *pater*, temos que, de fato, como já acentuavam os antigos, cuida-se de uma importante disposição de vontade por meio da qual é previsto um substituto para o sucessor nomeado, a fim de preservar, em última *ratio*, a derradeira manifestação de vontade do testador.

E, como estamos a tratar da sucessão testamentária, essa figura ganha ainda mais importância, na medida em que não seria aplicável o direito de representação[2].

Note-se que, se o testador nomeia Marcos seu herdeiro e este não quer ou não pode aceitar — por haver falecido antes do primeiro, por exemplo —, a ausência de previsão de um substituto resultaria no retorno da deixa para o monte partível, em favor dos sucessores legítimos.

Mas, por meio da substituição testamentária, como dito, poderá ser previamente designado outro beneficiário para adir à herança.

Ainda invocando a clássica lição de CLÓVIS BEVILÁQUA, vale mencionar que, no atual estágio do nosso Direito, algumas formas de substituição, relevantes no passado,

---

1 BEVILÁQUA, Clóvis. *Direito das Sucessões*, 4. ed., Rio de Janeiro/São Paulo: Freitas Bastos, 1945, p. 323.

2 Também nesse sentido, os amigos Tartuce e Simão, *Direito Civil*, 5. ed., v. 6, São Paulo: Método, 2012, p. 380.

perderam importância e espaço nos dias de hoje, a exemplo da substituição pupilar (aquela em que o pai nomeava herdeiro a seu filho, para o caso de ele falecer impúbere) e da substituição exemplar ou quase pupilar (a feita pelo ascendente a seus descendentes impedidos de testar, por enfermidade mental, por exemplo)[3].

Discorrendo sobre o tema, observa o Professor SÍLVIO VENOSA:

> "O direito antigo também conheceu a substituição pupilar. Nessa disposição, o *pater familias* designa um herdeiro ao filho impúbere, incapaz, sob seu pátrio poder, para que, em caso de morte também do filho sem testamento, não ficasse ele sem herdeiro, uma vez que a ordem de vocação legítima poderia não ser a ele satisfatória. No tempo de Justiniano, também era conhecida a substituição quase pupilar, dedicada aos insanos de mente. O pai poderia instituir um herdeiro ao filho mentalmente incapaz. Essas formas não foram admitidas no direito atual"[4].

Remanescem, portanto, em nosso sistema, as seguintes formas de substituição testamentária:

a) substituição vulgar (ordinária);
b) substituição recíproca;
c) substituição fideicomissária.

Vamos então compreendê-las.

## 2. SUBSTITUIÇÃO VULGAR OU ORDINÁRIA

Essa modalidade de substituição é a mais simples e básica, caracterizando-se pelo fato de o próprio testador indicar o substituto ao herdeiro ou legatário[5].

A seu respeito, dispõe o art. 1.947 do Código Civil:

> "Art. 1.947. O testador pode substituir outra pessoa ao herdeiro ou ao legatário nomeado, para o caso de um ou outro não querer ou não poder aceitar a herança ou o legado, presumindo-se que a substituição foi determinada para as duas alternativas, ainda que o testador só a uma se refira".

---

3 BEVILÁQUA, Clóvis, ob. cit., p. 324.

4 VENOSA, Sílvio de Salvo. *Direito Civil* — Direito das Sucessões, 3. ed., v. 7, São Paulo: Atlas, 2003, p. 278.

5 Relembrando, conforme lição de Marcelo Truzzi Otero, "o herdeiro sempre receberá a título universal, isto é, a totalidade do patrimônio ou fração ideal dele (metade, um terço, um quinto). O legatário recebe bem destacado, singularizado, extraído da universalidade, como, por exemplo, uma casa ou um veículo especificado pelo autor da herança em testamento" (*Justa Causa Testamentária* — Inalienabilidade, Impenhorabilidade e Incomunicabilidade sobre a Legítima do Herdeiro Necessário, Porto Alegre: Livraria do Advogado, 2012, p. 21-2).

Exemplificam, nesse contexto, os brilhantes TARTUCE e SIMÃO, utilizando personagens com nomes bastante sugestivos:

> "Vislumbrando um caso prático, ocorre substituição vulgar quando o testador nomeia Pablo seu herdeiro, sendo que, caso ele não queira ou não possa receber a herança, esta será de Rodolfo"[6].

É digno de nota, ainda, que "o substituto fica sujeito à condição ou encargo imposto ao substituído, quando não for diversa a intenção manifestada pelo testador, ou não resultar outra coisa da natureza da condição ou do encargo", a teor do art. 1.949. Vale dizer, uma condição estipulada (acontecimento futuro e incerto que subordina a eficácia da disposição de vontade) ou um encargo imposto (um ônus) poderá recair no substituto, salvo manifestação em contrário do próprio testador, ou, se o peculiar aspecto do elemento acidental previsto impedir a sua aplicação em face de outrem (um encargo personalíssimo que somente o substituído poderia realizar, por exemplo).

Conforme difundida classificação na doutrina[7], a substituição vulgar ou ordinária poderá ser:

a) Singular ou simples — caso em que o testador indica apenas um substituto ao seu sucessor (nomeio Tarta meu herdeiro, mas, caso ele não queira ou não possa aceitar, a herança tocará a Joaquim). Note-se que o testador direciona a sua vontade para apenas um substituto, previamente indicado.

b) Plural ou plúrima — caso em que o testador indica duas ou mais pessoas para, simultaneamente, substituírem o herdeiro ou legatário. Essa forma de substituição está prevista na primeira parte do art. 1.948 do vigente Código Civil brasileiro, que dispõe: "também é lícito ao testador substituir muitas pessoas por uma só, ou vice-versa". Ao admitir, *a contrario sensu*, que muitas pessoas possam substituir uma só, reconhece, pois, a substituição plúrima. Exemplo: nomeio Tarta meu herdeiro, e, caso ele não queira ou não possa aceitar, a herança tocará a Marcos, Maurício e Marcelo. Nada impede, inclusive, com base no respeito à vontade manifestada, que sejam estabelecidos percentuais mínimos ou máximos para cada um dos substitutos.

Compreendida a substituição vulgar, nas suas modalidades simples (singular) ou plúrima (plural), conheçamos, no próximo tópico, a figura da substituição recíproca.

---

6 TARTUCE, Flávio; SIMÃO, José Fernando, ob. cit., p. 382.

7 Orlando Gomes, sobre o tema, afirmava: "O número de substituídos e de substitutos consente as seguintes combinações: a) *singuli singulis*; b) *unus in locum plurium;* c) *pluris in locum unius;* d) *pluris in docum plurium*", esclarecendo em seguida: "quando, respectivamente, uma pessoa substitui outra, substitui várias, vários a substituem, ou uma pluralidade substitui outra pluralidade" (*Sucessões*, 12. ed., Rio de Janeiro: Forense, 2004, p. 186-7).

## 3. SUBSTITUIÇÃO RECÍPROCA

A par dessas duas formas de substituição vulgar ou ordinária, temos, ainda, a recíproca.

Preferimos, metodologicamente, para melhor compreensão do tema, estudá-lo, não no bojo da substituição vulgar, mas ao seu lado, tal como disposto pelo Código Civil, na Seção I do Capítulo IX do Título II do Livro do Direito das Sucessões, ora estudado.

Trata-se de opção metodológica que pode variar na doutrina.

ORLANDO GOMES, por exemplo, afirma que "a substituição recíproca não constitui modalidade independente, se não elemento acidental em qualquer das espécies de substituição"[8].

Entendemos que, de fato, a essência é a mesma, mas não se pode negar certa especificidade à substituição recíproca, o que justificaria o seu tratamento autônomo.

Nessa linha, aponta SÍLVIO VENOSA:

> "Ao lado dessa substituição vulgar, e no mesmo nível, coloca-se a substituição recíproca, aquela pela qual o testador, instituindo vários herdeiros ou legatários, os declara substitutos uns dos outros"[9].

Ora, nessa linha de pensamento, o que está ao lado (e no mesmo nível) de certo instituto não está, por consequência, nele contido.

Trata-se, com efeito, de modalidade de substituição direta, que guarda a essência da vulgar, mas que se notabiliza pelo fato de os próprios sucessores atuarem, uns em face dos outros, como os seus próprios substitutos.

Sobre o tema, a parte final do já citado art. 1.948 dispõe:

> "Art. 1.948. Também é lícito ao testador substituir muitas pessoas por uma só, ou vice-versa, e ainda substituir com reciprocidade ou sem ela".

Note-se que, a teor do art. 1.950, se, entre muitos coerdeiros ou legatários de partes desiguais, for estabelecida substituição recíproca, a proporção dos quinhões fixada na primeira disposição entender-se-á mantida na segunda; se, com as outras anteriormente nomeadas, for incluída mais alguma pessoa na substituição, o quinhão vago pertencerá em partes iguais aos substitutos.

Exemplifiquemos.

O testador deixou 1/5 da herança para Alisson, 3/5 para Saló e 1/5 para Kalline, nomeando-os como substitutos recíprocos. Caso Alisson não queira ou não possa aceitar, a sua parte será dividida entre Saló e Kalline, respeitadas as proporções de 3/5 e 1/5, respectivamente.

---

[8] GOMES, Orlando, ob. cit., p. 190.

[9] VENOSA, Sílvio de Salvo, ob. cit., p. 278.

Convertendo em números, teríamos o seguinte: em face de uma herança representada por 1.000, o testador deixou 200 para Alisson, 600 para Saló e 200 para Kalline. Caso Alisson não queira ou não possa aceitar, a sua parte, 200, será dividida entre Saló e Kalline, ficando 150 para Saló e 50 para Kalline.

Caso seja incluído outro substituto, invocando a mesma hipótese, a solução é mais simples.

O testador deixou 1/5 da herança para Alisson, 3/5 para Saló e 1/5 para Kalline. Nomeou-os reciprocamente substitutos, juntamente com Tiago. Caso Alisson não queira ou não possa aceitar, a sua parte será dividida igualmente entre Saló, Kalline e Tiago.

## 4. SUBSTITUIÇÃO FIDEICOMISSÁRIA (FIDEICOMISSO)

ITABAIANA DE OLIVEIRA, em clássica obra, assim conceituava o fideicomisso:

> "A substituição fideicomissária é a instituição de herdeiros ou legatários, feita pelo testador, impondo a um deles, o gravado ou fiduciário, a obrigação de, por sua morte, a certo tempo, ou sob certa condição, transmitir a outro, que se qualifica de fideicomissário, a herança ou o legado; por exemplo: instituo por meu herdeiro (ou legatário) Pedro, e, por sua morte, ou findo tal prazo, ou verificada tal condição, seja herdeiro (ou legatário) Paulo"[10].

Da tradicional noção, já se pode concluir que o fideicomisso consiste em uma forma indireta ou derivada de substituição testamentária, que visa a beneficiar, em sequência, mais de um sucessor.

Vale dizer, a teor do art. 1.951, poderá o testador instituir herdeiros ou legatários, estabelecendo que, por ocasião de sua morte, a herança ou o legado se transmita ao fiduciário (1º substituto), resolvendo-se o direito deste, por sua morte, a certo tempo ou sob certa condição, em favor de outrem, que se qualifica de fideicomissário (2º substituto)[11].

Lembram TARTUCE e SIMÃO que há três espécies de substituição fideicomissária[12]:

> "a) Substituição fideicomissária por morte do fiduciário — caso nada diga o testador, a transmissão dos bens do fiduciário ao fideicomissário ocorre com a morte do primeiro (fideicomisso *quum morietur*)[13].

[10] OLIVEIRA, Arthur Vasco Itabaiana de. *Curso de Direito das Sucessões*, 2. ed., Rio de Janeiro: Andes, 1954, p. 192.

[11] "Art. 1.959. São nulos os fideicomissos além do segundo grau."

[12] TARTUCE, Flávio; SIMÃO, José Fernando, ob. cit., p. 388.

[13] Por outro lado, conforme dispõe o art. 1.958, caducará o fideicomisso se o fideicomissário morrer antes do fiduciário, ou antes de realizar-se a condição resolutória do direito deste último; nesse caso, a propriedade consolida-se no fiduciário, nos termos do art. 1.955, regra também existente na codificação anterior (art. 1.738 do CC/1916).

b) Substituição fideicomissária sob certa condição — é aquela relacionada com um evento futuro e incerto. A título de exemplo: JOSÉ deixa os bens ao fiduciário JOÃO que os transmitirá ao primeiro filho de seu sobrinho PEDRO, se este for homem. Caso seja menina a filha de PEDRO, não haverá transmissão ao fideicomissário. Mesmo que se possa reconhecer o 'machismo' da condição, ela é válida em respeito à vontade manifestada por quem poderia dispor livremente de seu patrimônio.

c) Substituição fideicomissária a termo — está relacionada com um evento futuro e certo. Exemplo: JOSÉ deixa os bens ao fiduciário JOÃO pelo prazo de 10 anos, após o que este, então, os transmitirá ao primeiro filho de seu sobrinho PEDRO. Há um prazo determinado para que os bens sejam transmitidos ao fideicomissário".

Três atores, portanto, participam da dinâmica do instituto:

a) o testador — denominado fideicomitente;

b) o 1º sucessor — denominado fiduciário;

c) o 2º sucessor — denominado fideicomissário.

Como lembra ORLANDO GOMES, o fideicomisso "caracteriza-se, subjetivamente, pela duplicidade da posição jurídica dos destinatários. Ocupam posições diversas, mas conexas. Uma, de titularidade temporária, outra definitiva", para concluir, em seguida, referindo-se ao fiduciário e ao fideicomissário:

> "As duas posições assumem-se, logicamente, no mesmo momento, com a abertura da sucessão, adquirindo o fideicomissário a titularidade de um direito eventual diferido. Converte-se esse direito em adquirido e atual num segundo momento cronologicamente posterior, o da resolução do direito do fiduciário. Coincidem e se identificam no mesmo instante a perda do direito para um e a aquisição pelo outro"[14].

Sem ofuscar o brilho dessas ideias, reputamos um tanto vaga a expressão "direito eventual diferido", relativo ao fideicomissário, mas, de fato, na ausência de melhor expressão, é útil para traduzir a potencialidade de um direito que não se concretizou, que tanto poderá ser condicional como sujeito a um termo.

É digno de nota que o fiduciário tem a propriedade da herança ou legado, mas restrita e resolúvel — ou seja, temporária —, cabendo-lhe proceder ao inventário dos bens gravados, e prestar caução de restituí-los se o exigir o fideicomissário (art. 1.953 do CC).

Nesse ponto, salientamos não haver óbice, em nosso pensar, a que o fiduciário possa alienar o bem fideicomitido, posto o gravame o acompanhe, o que implicará risco de perda por parte do adquirente[15].

---

[14] GOMES, Orlando, ob. cit., p. 195-6. Nesse ponto da sua obra, o brilhante civilista passa em revista as teorias explicativas dessa forma de substituição testamentária sucessiva (teorias da titularidade temporária, da relação modal e da transmissão diferida), cuja leitura aqui recomendamos.

[15] O fideicomisso deve, inclusive, ser averbado no Registro Imobiliário, à luz da Lei n. 6.015, de 1973 (Lei de Registros Públicos), cujo art. 167 dispõe: "No Registro de Imóveis, além da matrícula, serão

Situação peculiar, por seu turno, é a do fideicomisso residual, aquele que recai apenas sobre os bens remanescentes, não alienados pelo fiduciário[16]. Em outras palavras, o testador poderá, à luz do princípio da autonomia privada, autorizar que o fiduciário aliene livremente parte dos bens, recaindo o fideicomisso apenas no que sobejar.

E, caso o fiduciário renuncie à herança ou ao legado, salvo disposição em contrário do testador, defere-se ao fideicomissário o poder de aceitar (art. 1.954 do CC), afastando-se, por óbvio, qualquer pretensão dos eventuais sucessores legítimos.

Por outro lado, se o próprio fideicomissário renunciar à herança ou ao legado, o fideicomisso caducará, deixando de ser resolúvel a propriedade do fiduciário, se não houver disposição contrária do autor da herança (art. 1.955). O mesmo raciocínio é aplicável para a situação de falecimento anterior do fideicomissário[17].

Caso aceite, terá o fideicomissário direito à parte que, ao fiduciário, em qualquer tempo, acrescer, respondendo pelos encargos remanescentes da herança, nos termos dos arts. 1.956 e 1.957 do Código Civil[18].

Um importante aspecto deve, ainda, ser enfrentado.

O Código Civil de 2002 fora explícito no sentido de que a substituição fideicomissária somente se permite em favor dos não concebidos ao tempo da morte do testador (art. 1.952).

Trata-se de uma construção inovadora, ausente no diploma anterior.

E que, no plano fático, aniquilou o instituto.

Aliás, é bem verdade que, na prática, o fideicomisso já era de pouca utilidade social, dada a complexidade da sua dinâmica operacional.

---

feitos: (...) II — a averbação: (...) 11) das cláusulas de inalienabilidade, impenhorabilidade e incomunicabilidade impostas a imóveis, bem como da constituição de fideicomisso".

[16] ALVARENGA, Robson de. Fideicomisso. Disponível em: <http://www.irib.org.br/html/boletim/boletim-iframe.php?be=1194>. Acesso em: 3 jul. 2017.

[17] "Direito processual e civil. Sucessões. Recurso especial. Disposição testamentária de última vontade. Substituição fideicomissária. Morte do fideicomissário. Caducidade do fideicomisso. Obediência aos critérios da sucessão legal. Transmissão da herança aos herdeiros legítimos, inexistentes os necessários. — Não se conhece do recurso especial quanto à questão em que a orientação do STJ se firmou no mesmo sentido em que decidido pelo Tribunal de origem. — A substituição fideicomissária caduca se o fideicomissário morrer antes dos fiduciários, caso em que a propriedade destes consolida-se, deixando, assim, de ser restrita e resolúvel (arts. 1.955 e 1.958 do CC/2002). — Afastada a hipótese de sucessão por disposição de última vontade, oriunda do extinto fideicomisso, e, por consequência, consolidando-se a propriedade nas mãos dos fiduciários, o falecimento de um destes sem deixar testamento impõe estrita obediência aos critérios da sucessão legal, transmitindo-se a herança, desde logo, aos herdeiros legítimos, inexistindo herdeiros necessários. Recurso especial parcialmente conhecido e, nessa parte, provido" (STJ, REsp 820.814/SP, Recurso Especial 2006/0031403-9, Rel. Min. Nancy Andrighi, 3ª Turma, julgado em 9-10-2007, *DJ* 25-10-2007, p. 168).

[18] "Art. 1.956. Se o fideicomissário aceitar a herança ou o legado, terá direito à parte que, ao fiduciário, em qualquer tempo acrescer. Art. 1.957. Ao sobrevir a sucessão, o fideicomissário responde pelos encargos da herança que ainda restarem."

Nos dias de hoje, com a limitação imposta pelo Código de 2002, no sentido de que a substituição somente será permitida em favor da prole não concebida ao tempo da morte do testador — vedação inexistente no diploma anterior —, é forçoso convir que a sua aplicação se torne muito mais frequente nos abstratos exercícios acadêmicos do que na realidade da vida.

Não há o menor sentido em limitar um instituto já limitado por sua própria natureza e sem uma razoável justificativa social ou de ordem pública.

Por outro lado, e se, ao tempo da morte do testador, já houver nascido o fideicomissário?

Em tal caso, consoante o parágrafo único do referido art. 1.952 do Código Civil (sem equivalente na codificação anterior), o fideicomissário adquirirá a propriedade dos bens fideicomitidos, convertendo-se em usufruto o direito do fiduciário.

Trata-se de uma solução confusa.

E que piora ainda mais o contexto de decrepitude social do instituto.

Vale dizer, se, ao tempo da morte do testador, o fideicomissário (2º substituto) já houver nascido, a propriedade resolúvel dos bens fideicomitidos não tocará ao fiduciário (1º substituto), mas, tão somente, o direito real de usufruto.

Significa que o fiduciário exercerá as faculdades reais de gozo, uso e fruição do bem[19], tocando ao fideicomissário apenas a nua propriedade.

Como a lei não estabeleceu o período do usufruto, poderá, em tese, ser vitalício, caso não haja manifestação do testador em sentido contrário.

É interessante notar que, por tradição, a doutrina brasileira sempre se esforçou por diferenciar o fideicomisso do usufruto, na medida em que:

> "... por vezes, o testador não é suficientemente claro, o que dá margem a dúvidas. Não importa o rótulo dado pelo testador, mas sua verdadeira intenção. Se o testador determinou na disposição que os bens passem a outra pessoa, estaremos geralmente diante de fideicomisso (Monteiro, 1977, v. 6:234). Se a instituição do benefício é simultânea, haverá usufruto. Na dúvida, a melhor solução é entender que houve usufruto, porque já se atribuem direitos imediatos a ambos os nomeados, porque os direitos do fideicomissário são falíveis, o que não ocorre com o nu-proprietário. No usufruto, não se pode beneficiar prole eventual de uma pessoa. Isso só ocorrerá por fideicomisso"[20].

Com efeito, posto a diagnose diferencial ainda possa ter eventual utilidade na interpretação de uma cláusula testamentária, caso o fideicomissário já haja nascido ao tempo

---

[19] Código Civil, art. 1.394: "O usufrutuário tem direito à posse, uso, administração e percepção dos frutos".

[20] VENOSA, Sílvio de Salvo, ob. cit., p. 291-2.

da morte do testador, os institutos sob análise — fideicomisso e usufruto — acabam, em tal hipótese, por se confundir.

Finalmente, cumpre-nos observar que eventual nulidade da substituição fideicomissária, reputada ilegal, não prejudicará, a teor do art. 1.960, a instituição, que valerá sem o encargo resolutório.

É o caso, por exemplo, de o testador (fideicomitente) instituir como fideicomissário um animal de estimação, que não tem vocação sucessória, caso em que a instituição valerá em favor do fiduciário, consolidando-se a propriedade do bem transmitido.

## 5. SUBSTITUIÇÃO COMPENDIOSA

A título de complementação deste capítulo, vale a pena tecer algumas considerações acerca do instituto da substituição compendiosa.

Existe controvérsia, inclusive, a respeito da sua delimitação conceitual.

ITABAIANA DE OLIVEIRA identifica-a com a própria substituição fideicomissária:

> "Esta substituição também se denomina de indireta, porque é concedida em termos oblíquos ou depreciativos. E é a mesma substituição compendiosa das Ordenações, livro 4, tít. 87, § 12"[21].

Outra linha de pensamento é a de CLÓVIS BEVILÁQUA, no sentido de que a compendiosa seria aquela que incluísse em uma só a substituição vulgar e a fideicomissária[22].

Tome-se como exemplo o testador que indica substituto para o caso de o fiduciário ou o fideicomissário não poder ou não querer aceitar a instituição. O testador estipula que a herança irá para Pedro (fiduciário) — e, caso ele não queira, tocará a José —, transferindo-se, após determinado período de tempo, a Joaquim (fideicomissário), o qual poderá ser substituído por Francisco, se não vier a aceitar a deixa.

Note-se que não há violação da regra proibitiva do fideicomisso além do segundo grau (art. 1.959), pois a substituição se opera verticalmente, em face dos dois sucessores originariamente indicados.

Em nosso sentir, a segunda linha de pensamento é mais convincente e melhor justifica a autonomia da própria categoria estudada.

É a substituição compendiosa, portanto, em nosso entender, uma substituição mista, em que o testador dá potencial substituto tanto ao fiduciário quanto ao fideicomissário, buscando antever situações em que um ou outro não queira ou não possa aceitar a herança ou o legado.

---

[21] OLIVEIRA, Arthur Vasco Itabaiana de, ob. cit., p. 192.

[22] BEVILÁQUA, Clóvis, ob. cit., p. 325.

CIV

# EXTINÇÃO DO TESTAMENTO (INVALIDADE, CADUCIDADE, REVOGAÇÃO E ROMPIMENTO)

## 1. INVALIDADE DO TESTAMENTO

Reconhecido o testamento como um negócio jurídico unilateral, será nulo ou anulável, a depender do vício que o acometa, seguindo as regras dos arts. 166 a 184 do vigente Código Civil brasileiro[1].

Assim, seguindo a regra geral das nulidades absolutas, podemos afirmar que será nulo o testamento quando:

a) celebrado por absolutamente incapaz (aplicação do art. 166, I, do CC): imagine-se um testamento feito por uma criança de 10 anos de idade. A ideia de incapacidade deve ser compreendida também sob a ótica da vocação hereditária, sendo nula a disposição para quem não tem capacidade para adquirir por testamento, por exemplo, animais e coisas;

b) for ilícito, impossível ou indeterminável seu objeto (aplicação do art. 166, II, do CC): é o caso, respectivamente, de testamentos que transfiram a titularidade de drogas proibidas (objeto ilícito), bens públicos (impossível juridicamente) ou, simplesmente, "alguma coisa" sem nominá-la (objeto indeterminável);

c) o motivo determinante foi ilícito (aplicação do art. 166, III, do CC): embora a norma se refira a "motivo determinante comum a ambas as partes", não podemos conceber seja considerado válido um testamento cuja finalidade ou motivo determinante (causa) afigure-se contrário ao ordenamento jurídico. Vale dizer, a par de sua natureza unilateral, uma causa desvirtuada poderia, sem dúvida, contaminar o próprio ato. E não se diga ser o testamento um ato negocial não causal, uma vez que, assim como na doação, objetiva-se deferir um benefício patrimonial a um terceiro. Ainda que se trate de negócios com características distintas, ambos são dotados de uma razão causal determinante. Na perspectiva do antigo ditado, aliás, onde há a mesma razão, deve haver o mesmo direito[2];

---

[1] Confira-se o Capítulo IV ("Invalidade do Negócio Jurídico") do v. 1 ("Parte Geral") de nosso *Novo Curso de Direito Civil.*

[2] Confira-se, a propósito, o subtópico 2.5 ("Algumas Palavras sobre a Causa nos Negócios Jurídicos") do Capítulo XI ("Plano de Existência do Negócio Jurídico") do v. 1 ("Parte Geral") de nosso *Novo Curso de Direito Civil.*

d) não revestir a forma prescrita em lei ou for preterida solenidade que a lei considere essencial (aplicação das hipóteses dos incisos IV e V do art. 166 do CC): nesse aspecto, é fundamental ressaltar a importância que é dada à forma no testamento, que pode ser considerado, juntamente com o casamento, um dos negócios jurídicos mais solenes do ordenamento brasileiro[3];

e) tiver por objetivo fraudar lei imperativa (aplicação do art. 166, VI, do CC): trata-se de hipótese pouco frequente na prática, visto que teoricamente possível. É o caso do sujeito que se vale de um testamento para instituir fundação com o objetivo de realizar lavagem de dinheiro e sonegação fiscal;

f) a lei taxativamente o declarar nulo ou proibir-lhe a prática, sem cominar sanção (aplicação do art. 166, VII, do CC): é o caso das formas proibidas de testamento, a exemplo do conjuntivo;

g) simular outro negócio jurídico (aplicação do art. 167 do CC): diferentemente do dolo, a simulação, tal como tratada em nosso sistema, pressupõe um acordo de vontades. Vale dizer, as partes criam um negócio jurídico aparentemente normal destinado a não gerar efeito algum (simulação absoluta) ou a encobrir outro negócio cujos efeitos são proibidos por lei (simulação relativa). Ora, considerando que o testamento é, geneticamente, unilateral, reconhecemos certa dificuldade em subsumi-lo na presente categoria (negócio simulado), na medida em que não há convergência de vontades em sua formação, o que não impedirá, por óbvio, a eventual existência de outros vícios, conforme já mencionado. Mas, em um supremo esforço acadêmico, figuramos a possibilidade de tentar encobrir uma doação *mortis causa*, vedada em nosso sistema, por meio de um testamento, conferindo-se, de logo, o bem doado ao donatário. Haveria uma possível simulação relativa, dados os efeitos imediatos proibidos que se pretendeu produzir.

Vale destacar, por fim, que as hipóteses de nulidade não se limitam às regras gerais do negócio jurídico, havendo previsão específica de nulidade de disposições testamentárias, conforme se constata na leitura do art. 1.900[4].

---

[3] "Testamento. Nulidade. Testemunhas que não presenciaram a manifestação de vontade do testador. Ação rescisória. Precedentes da Corte. 1. Não presenciando algumas das testemunhas a manifestação de vontade do testador, assinando posteriormente o testamento, está presente a violação ao art. 1.632, I e II, do Código Civil, procedente, portanto, a ação de nulidade do testamento. 2. Recurso especial conhecido e provido" (STJ, REsp 294.691/PR, Recurso Especial 2000/0137754-0, Rel. Min. Carlos Alberto Menezes Direito, 3ª Turma, julgado em 13-3-2001, *DJ* 7-5-2001, p. 140; *JBCC*, v. 191, p. 197, *Lex-STJ*, v. 144, p. 221; *RDJTJDFT*, v. 66, p. 138; *RSTJ*, v. 150, p. 311).

[4] "Art. 1.900. É nula a disposição: I — que institua herdeiro ou legatário sob a condição captatória de que este disponha, também por testamento, em benefício do testador, ou de terceiro; II — que se refira a pessoa incerta, cuja identidade não se possa averiguar; III — que favoreça a pessoa incerta, cometendo a determinação de sua identidade a terceiro; IV — que deixe a arbítrio do herdeiro, ou de outrem, fixar o valor do legado; V — que favoreça as pessoas a que se referem os arts. 1.801 e 1.802."

Na mesma linha, também lhes são aplicáveis, no que for possível, as regras de nulidade relativa dos negócios jurídicos, previstas no art. 171, notadamente no que diz respeito aos vícios de consentimento.

Todavia, há uma pergunta que não quer calar.

Há prazo para o ajuizamento das ações de invalidade de testamento? Qual seria ele? É o que enfrentaremos no próximo subtópico.

## 1.1. Prazo das ações de invalidade de testamento

Diante da regra positivada no art. 169 do CC (sem correspondência na codificação anterior), de que o "negócio jurídico nulo não é suscetível de confirmação, nem convalesce pelo decurso do tempo", seria possível falar em prazo para o exercício de uma ação de invalidade de testamento nulo?

Isso porque, sendo o testamento um negócio jurídico, deveria tal regra, em tese, ser também aplicável a ele, ou seja, não deveria haver prazo para o exercício de tal postulação, em se tratando de nulidade absoluta.

Todavia, no caso do testamento, há regra específica.

De fato, fundamentado na ideia de segurança das relações jurídicas, o vigente Código Civil brasileiro estabeleceu, no seu art. 1.859:

> "Art. 1.859. Extingue-se em cinco anos o direito de impugnar a validade do testamento, contado o prazo da data do seu registro".

Trata-se de prazo decadencial, uma vez que se trata do exercício de um direito potestativo.

Em nossa linha de pensamento, entendemos ser tal prazo aplicável tanto para as nulidades absolutas quanto para as relativas, por se tratar de regra específica da disciplina testamentária, o que tem encontrado respaldo na doutrina majoritária.

Todavia, a questão não é tão simples, o que não chega a surpreender em um ramo do Direito tão marcado por dissensões doutrinárias, especialmente em sua perspectiva sistemática[5].

---

[5] Em posicionamento assumidamente minoritário, defendem Flávio Tartuce e José Fernando Simão: "De início, cabe uma observação, eis que o prazo em questão é realmente de natureza decadencial, já que trata de desconstituição de negócio jurídico, nos termos da lição de Agnelo Amorim Filho. Porém, causa perplexidade ao estudioso imaginar que o testamento, apesar de ser um negócio jurídico, não segue a máxima milenar de Paulo pela qual *quod initium vitiosum est, non potest tractus temporis convalescere*, ou seja, que a nulidade absoluta não convalesce com o tempo. Por isso é que entendemos que o dispositivo somente se aplica à nulidade relativa. No caso de nulidade absoluta do testamento, a ação correspondente é imprescritível. O nosso entendimento, diga-se de passagem, é minoritário na doutrina" (TARTUCE, Flávio; SIMÃO, José Fernando. *Direito Civil* — Direito de Família, 5. ed., v. 6, São Paulo: Método, 2012, p. 392-3).

Nesse contexto, reconhecemos, como dito, a existência do prazo, de natureza decadencial, para a desconstituição do negócio jurídico testamentário, em função de eventual nulidade, absoluta ou relativa.

Contudo, se o prazo genérico, para tal fim, é o quinquenal, previsto no mencionado art. 1.859, o prazo será outro se a nulidade (neste caso, relativa) for decorrente de vícios de consentimento — erro, dolo ou coação — compatíveis com a natureza jurídica do testamento.

Com efeito, um prazo quadrienal é estabelecido pelo art. 1.909 do CC, nos seguintes termos:

> "Art. 1.909. São anuláveis as disposições testamentárias inquinadas de erro, dolo ou coação.
>
> Parágrafo único. Extingue-se em quatro anos o direito de anular a disposição, contados de quando o interessado tiver conhecimento do vício".

Assim, sistematizando a matéria, temos que os prazos decadenciais para a ação de invalidade de testamento serão os seguintes:

a) cinco anos: ação de invalidade de testamento por nulidade absoluta ou relativa;
b) quatro anos: ação anulatória de testamento (nulidade relativa), em caso de erro, dolo ou coação.

Dessa conclusão preliminar, pode-se extrair uma segunda como consequência lógica: o prazo quadrienal, para os vícios de consentimento, coaduna-se com a regra do art. 178 do CC, para os negócios jurídicos em geral.

Mas, uma vez que o testamento é um negócio jurídico, poderia ser ele submetido ao fenômeno da conversão?

## 1.2. Conversão do testamento nulo ou anulável

Uma das mais aplaudidas inovações do Código Civil brasileiro de 2002 foi o acolhimento da teoria da conversão do negócio jurídico.

Com efeito, preceitua o art. 170:

> "Art. 170. Se, porém, o negócio jurídico nulo contiver os requisitos de outro, subsistirá este quando o fim a que visavam as partes permitir supor que o teriam querido, se houvessem previsto a nulidade".

Trata-se, portanto, de medida sanatória, por meio da qual se aproveitam os elementos materiais de um negócio jurídico nulo ou anulável, convertendo-o, juridicamente, e de acordo com a vontade das partes, em outro negócio válido e de fins lícitos.

Retira-se, portanto, o ato negocial da categoria em que seria considerado inválido, inserindo-o em outra, na qual a nulidade absoluta ou relativa que o inquina será considerada sanada, à luz do princípio da conservação.

No campo das sucessões, sem menoscabarmos a importância da forma para o negócio jurídico testamentário, parece-nos bastante razoável aplicar a teoria em situações justificadas, por exemplo, na hipótese de uma doação *mortis causa* (inválida) que se converteria em estipulação testamentária de um legado, desde que respeitadas as normas da sucessão testamentária, sem a ocorrência de simulação ou outro vício, e observando a vontade do falecido.

No mesmo sentido, um testamento que trate de objeto de pequeno valor, celebrado sem a assinatura de testemunhas, poderia ser convertido em codicilo.

Também trazendo variados exemplos, ensinam TARTUCE e SIMÃO:

> "Primeiramente, um testamento cujo objeto seja um bem de pequeno valor que foi feito sem assinatura de testemunhas pode converter-se em codicilo (conversão substancial). A jurisprudência nacional vem admitindo essa forma de conversão (RT 327/277).
>
> Vale dizer que o Código Civil italiano traz exemplo clássico de conversão formal de testamento. O diploma determina em seu art. 607 que o testamento cerrado, uma vez que não tenha as características preenchidas, terá efeito como testamento hológrafo, contanto que preencha os requisitos deste ('*Il testamento segreto, che manca di qualche requisito suo proprio, ha effetto como testamento olografo, qualora di questo abbia i requisiti*').
>
> Imagine-se um testamento público que conta com a assinatura de quatro testemunhas (apesar de a lei só exigir duas), que, por um lapso, deixa de ser assinado pelo Tabelião. Como instrumento público, o testamento é nulo, mas converte-se em testamento particular (que só exige a presença de três testemunhas), ocorrendo a conversão formal, pois a forma pública nula converte-se em forma particular válida. Note-se que o negócio jurídico original é um testamento e o convertido também o é.
>
> Por outro lado, uma doação *mortis causa* pode se converter em legado se presentes os requisitos formais de validade. Sobre o tema, explica Wania do Carmo de Carvalho Triginelli que 'no sistema jurídico brasileiro não é pacífica a admissão da figura da doação *mortis causa*, embora pareça ser possível aceitá-la até pelo fato (não só) de o art. 314 do Código Civil de 1916 a ela se referir expressamente, apesar de a referência encontrar-se no tópico destinado à doação *propter nuptias*. Admitida a figura no sistema jurídico brasileiro, o caso referido seria típico de conversão do negócio jurídico' (*Conversão...*, 2003, p. 166).
>
> Em conclusão, com a expressa disposição do art. 170 do CC de 2002, a conversão do testamento nulo não só se torna possível, afastando qualquer debate que exista sob a égide do revogado Código Civil, como também desejável, pois dá efetividade à vontade do morto, preservando a sua autonomia privada e conservando o negócio jurídico celebrado"[6].

[6] TARTUCE, Flávio; SIMÃO, José Fernando, ob. cit., p. 400-1.

Trata-se, sem dúvida, de uma teoria bastante útil para a observância efetiva do respeito à vontade manifestada do testador, o que deve ser levado em consideração na interpretação do testamento como princípio básico, inclusive em sede de discussão de eventual invalidade[7].

Não sendo possível, por outro lado, a conversão do testamento, impõe-se o reconhecimento da nulidade, caso tenha sido manejada tempestivamente a ação própria, passando-se a produzir os efeitos da sucessão legítima.

## 2. INEXECUÇÃO DO TESTAMENTO

Pelo termo "inexecução" do testamento, costumamos abranger situações em que o negócio jurídico testamentário, mesmo estando apto, do ponto de vista da sua validade, não poderá mais produzir efeitos.

No esforço sistematizador que empreendemos ao longo da obra, parece-nos relevante classificar tais situações, todas no plano da eficácia, em três modalidades: a caducidade, a revogação e o rompimento do testamento.

Vamos conhecê-las.

### 2.1. Caducidade

Consiste a caducidade de um testamento na perda de sua eficácia por circunstância superveniente ao momento da sua celebração.

Trata-se de uma hipótese que não foi mencionada de forma expressa em capítulo próprio na codificação civil, mas que se encontra mencionada, de forma difusa, em diversos dispositivos normativos do texto legal, inclusive na disciplina dos legados.

Em louvável trabalho classificatório, sintetiza MARIA HELENA DINIZ as hipóteses de caducidade:

---

7 "RECURSO ESPECIAL. DIREITO CIVIL. AÇÃO DE ANULAÇÃO DE TESTAMENTO PÚBLICO. FORMALIDADES LEGAIS. PREVALÊNCIA DA VONTADE DO TESTADOR. REEXAME DE PROVA. IMPOSSIBILIDADE. SÚMULA 7/STJ. OFENSA AO ART. 535 DO CPC NÃO CONFIGURADA. HONORÁRIOS ADVOCATÍCIOS. MODIFICAÇÃO EM RAZÃO DA REFORMA DA SENTENÇA DE PROCEDÊNCIA. POSSIBILIDADE. AUSÊNCIA DE OFENSA AOS ARTS. 460 E 515 DO CPC. 1. Em matéria testamentária, a interpretação deve ser voltada no sentido da prevalência da manifestação de vontade do testador, orientando, inclusive, o magistrado quanto à aplicação do sistema de nulidades, que apenas não poderá ser mitigado, diante da existência de fato concreto, passível de ensejar dúvida acerca da própria faculdade que tem o testador de livremente dispor acerca de seus bens, o que não se faz presente nos autos. 2. A verificação da nulidade do testamento, pela não observância dos requisitos legais de validade, exige o revolvimento do suporte fático probatório da demanda, o que é vedado pela Súmula 07/STJ. 3. Inocorrência de violação ao princípio da unidade do ato notarial (art. 1.632 do CC/16). 4. Recurso especial desprovido" (STJ, REsp 753.261/SP, Recurso Especial 2005/0085361-0, Rel. Min. Paulo de Tarso Sanseverino, 3ª Turma, julgado em 23-11-2010, *DJe* 5-4-2011, *Lex-STJ*, v. 261, p. 101).

"O testamento caducará:

1º) Se o herdeiro instituído premorrer ao testador ou simultaneamente a ele (CC, arts. 8º e 1.943).

2º) Se o nomeado falecer antes do implemento da condição da qual dependia a herança ou legado.

3º) Se a condição suspensiva imposta pelo disponente não puder ser realizada (CC, arts. 125, 1.809 e 1.943).

4º) Se o herdeiro instituído ou o legatário renunciar à herança ou ao legado, for incapaz de herdar ou for excluído da sucessão (CC, arts. 1.943, 1.798, 1.799, 1.801 e 1.971).

5º) Se houver modificação substancial ou perecimento de coisa legada por caso fortuito, pois, se a destruição se der por culpa do herdeiro, o legatário terá direito a perdas e danos, e, se ocorrer o fato por ato culposo do próprio legatário, nenhum direito lhe assiste.

6º) Se, nas hipóteses de testamento especial (marítimo, aeronáutico ou militar), o testador não finar na sua viagem ou em campanha ou não promover as medidas legais para convalescer seu ato de última vontade (CC, arts. 1.891 e 1.895).

Havendo caducidade da cédula testamentária por qualquer uma dessas causas, a sucessão testamentária transformar-se-á em legítima, como se não houvesse qualquer testamento (CC, art. 1.788). Entretanto, a vocação dos sucessores legítimos deixará de ocorrer nos casos em que houver admissibilidade do direito de acrescer (CC, arts. 1.941 a 1.943), ou, então, se o testador nomeou substituto ao herdeiro ou legatário, que recolherá a herança ou o legado (CC, arts. 1.943, 1.947 e 1.951)"[8].

Tomando como premissas as hipóteses sistematizadas pela ilustre Professora citada, entendemos que, ocorrendo a caducidade, duas consequências poderão advir, de acordo com as regras do nosso Direito vigente:

a) se a ineficácia abranger todos os herdeiros ou legatários e eles não tiverem substitutos, toda a herança, por óbvio, passa a ser regulada pelas normas da sucessão legítima;
b) se não abranger todos os herdeiros ou legatários e, não tendo eles substitutos, em havendo o direito de acrescer entre eles, a transmissão da herança poderá continuar a ser regida pela sucessão testamentária.

Compreendida a caducidade, passemos a tratar da revogação do testamento.

## 2.2. Revogação

A revogação consiste em uma modalidade de desfazimento de determinados negócios jurídicos, por iniciativa de uma das partes isoladamente.

---

[8] DINIZ, Maria Helena. *Curso de Direito Civil Brasileiro* — Direito das Sucessões, 33. ed., São Paulo: Saraiva, 2019, v. 6, p. 322.

É o exemplo clássico da resilição unilateralmente feita nos contratos de mandato (arts. 682 a 687 do CC) e doação (arts. 555 a 564 do CC).

Embora não seja um contrato, mas sim um negócio jurídico unilateral, também em face do testamento é utilizado o vocábulo "revogação", no sentido aqui tratado, o que é objeto de previsão legal expressa (arts. 1.969 a 1.972 do CC/2002).

Como modalidade extintiva específica do testamento, a revogação deve se dar do mesmo modo e forma com que fora feito o negócio jurídico que se quer revogar[9].

Tal revogação, na forma do *caput* do art. 1.970 do Código Civil, poderá ser total ou parcial.

Registre-se, porém, que, se a revogação for parcial ou se o testamento posterior não contiver cláusula revogatória expressa, o negócio jurídico unilateral anterior subsiste em tudo que não for contrário às novas disposições testamentárias.

Regra lógica é estabelecida pelo art. 1.971 do Código Civil:

> "Art. 1.971. A revogação produzirá seus efeitos, ainda quando o testamento, que a encerra, vier a caducar por exclusão, incapacidade ou renúncia do herdeiro nele nomeado; não valerá, se o testamento revogatório for anulado por omissão ou infração de solenidades essenciais ou por vícios intrínsecos".

A produção de efeitos do testamento revogador dependerá, portanto, das suas próprias circunstâncias.

Com efeito, é forçoso convir que, se o testamento revogatório for anulado, significa dizer que ele foi rechaçado no plano da validade, não podendo, naturalmente, produzir efeitos.

Por fim, traz o art. 1.972 do Código Civil uma "presunção de revogação" quando o testamento cerrado for aberto ou dilacerado pelo testador (ou mesmo por terceiro, com o seu consentimento).

Isso porque é da essência do testamento cerrado a preservação do seu sigilo. Ora, uma vez tendo sido quebrada a verdadeira garantia de segurança, pelo próprio testador (ou por terceiro seguindo a sua vontade), o testamento perderá a finalidade e, portanto, a sua eficácia.

Ocorrendo a revogação, duas consequências lógicas podem advir:

a) se a revogação for total, toda a herança passa a ser regulada pela sucessão legítima, caso não haja nova estipulação testamentária;

b) se a revogação for parcial — isso significa que ainda há disposição testamentária válida e eficaz —, a herança continuará regida pela sucessão testamentária, obviamente na parte disponível do patrimônio deixado pelo *de cujus*, segundo a sua vontade manifestada.

---

[9] "Art. 1.969. O testamento pode ser revogado pelo mesmo modo e forma como pode ser feito."

Sobre a "revogação do testamento revogatório", observa ORLANDO GOMES:

> "Em princípio, o primeiro testamento revogado não recobra sua força com a revogação do testamento que o tornou insubsistente. Produz-se, em suma, o efeito da revogação, tenha sido expressa ou tácita. Pela circunstância de ter sido, por sua vez, revogado o testamento que o revogara, o anterior não readquire eficácia.
>
> Nada impede, todavia, que, ao revogar o testamento revogatório, declare o testador a vontade de que reviva o testamento primitivamente revogado, ou algumas de suas disposições. É lícito ao testador, com efeito, fazer reviver disposições testamentárias já revogadas, necessário sendo, porém, que manifeste sua intenção desenganadamente. Dessa exigência resulta a inadmissibilidade de tácita revogação de revogação.
>
> Disputou-se acerca da necessidade de repetir o testador as disposições testamentárias as quais quer revigorar, entendendo numerosos doutores que a ressurreição dependia da reprodução, no terceiro testamento, de tais cláusulas. Correto, no entanto, é o entendimento contrário. Basta que o testador confirme as declarações do primeiro testamento, até porque trazendo-as para o outro não estará a rigor revigorando cláusulas insubsistentes, senão renovando-as em outro testamento, por tal modo que não cogitar do que fora revogado pelo revogatório. Seria, afinal, novo testamento na forma e no conteúdo. O problema deixaria de existir. O risco de incerteza, invocado pelos que temem a simples confirmação, pode ser afastado por interpretação cuidadosa da vontade do testador"[10].

Compreendida a temática da revogação do testamento, conheçamos a sua última modalidade extintiva: o rompimento do testamento.

Vamos a ela.

## 2.3. Rompimento

O rompimento (ou ruptura) é modalidade extintiva especificamente aplicável ao testamento.

De fato, todas as demais modalidades aqui tratadas decorrem, direta ou indiretamente, da disciplina geral do negócio jurídico.

Com o rompimento, não.

Trata-se de uma forma muito peculiar, em que o surgimento de um descendente sucessível ou outro herdeiro necessário — que o testador não tinha ou desconhecia quando testou — faz cessar os efeitos do testamento.

Nesse sentido, confiram-se os arts. 1.973 e 1.974 do Código Civil:

> "Art. 1.973. Sobrevindo descendente sucessível ao testador, que não o tinha ou não o conhecia quando testou, rompe-se o testamento em todas as suas disposições, se esse descendente sobreviver ao testador[11].

---

[10] GOMES, Orlando. *Sucessões*, Rio de Janeiro: Forense, 1998, p. 236.

[11] Sobre o tema, o Enunciado 643 da VIII Jornada de Direito Civil da Justiça Federal estabeleceu:

> Art. 1.974. Rompe-se também o testamento feito na ignorância de existirem outros herdeiros necessários".

O sentido da norma é muito simples.

Se, quando celebrou o testamento, o testador desconhecia a existência de herdeiro sucessível, não haveria, por consequência, como lhe direcionar o patrimônio, em franca violação ao princípio da autonomia privada.

O mesmo raciocínio seria aplicável se ainda não existisse o referido herdeiro ao tempo da feitura do testamento.

Se o testador, porém, já tinha herdeiros necessários e, mesmo assim, fez a disposição testamentária não o contemplando ou o excluindo, não há falar em rompimento, pois a legítima foi preservada.

Nesta linha é a previsão do art. 1.975:

> "Art. 1.975. Não se rompe o testamento, se o testador dispuser da sua metade, não contemplando os herdeiros necessários de cuja existência saiba, ou quando os exclua dessa parte".

Sobre o tema, ensinou ORLANDO GOMES:

> "Não se rompe o testamento se o testador previu a existência, ou superveniência, de herdeiros necessários.
>
> A previsão presume-se quando ele dispõe apenas da metade da herança.
>
> Não se rompe, outrossim, se não contemplar, na parte disponível, os herdeiros necessários, de cuja existência saiba. Obrigado não estando a favorecê-los, dispensado se acha de mencionar as razões por que preferiu deixá-la a estranhos. Não há que falar, neste caso, em deserdação.
>
> Importa é que ignore a existência de tais herdeiros, ao testar. Na dúvida, pode tomar a cautela de declarar que, se aparecerem, se tenha como eficaz o testamento, sem ofensa à legítima. Do mesmo modo, em relação à possível superveniência"[12].

Interessante, por fim, mencionar que uma posterior sentença que acolha pedido de investigação de paternidade não opera, necessariamente, o rompimento do testamento, na medida em que, havendo contestado o pedido, o investigado passaria a ter ciência da possível existência do herdeiro necessário, como já decidiu o TJSP:

> "ROMPIMENTO DE TESTAMENTO — Parte disponível deixada à viúva — Testador que já tinha outros descendentes — Posterior sentença proferida em ação de in-

ENUNCIADO 643 — "Art. 1.973: O rompimento do testamento (art. 1.973 do Código Civil) se refere exclusivamente às disposições de caráter patrimonial, mantendo-se válidas e eficazes as de caráter extrapatrimonial, como o reconhecimento de filho e o perdão ao indigno".

12 GOMES, Orlando, ob. cit., p. 246-7.

vestigação de paternidade que não provoca a revogação presumida do testamento — Testador que tinha conhecimento prévio da existência do filho, pois contestou a ação antes da lavratura do testamento — Não incidência de revogação presumida do artigo 1.973 do Código Civil — Decisão que determinou o registro e o cumprimento do testamento que se mantém — Recurso não provido" (TJSP, Ap. Cív. 4498944800/SP, Rel. Francisco Loureiro, julgado em 9-10-2008, 4ª Câmara de Direito Privado, publicado em 22-10-2008).

Antigo julgado do Supremo Tribunal Federal, aliás, aparentemente apontava na mesma direção:

> "AÇÃO DE INVESTIGAÇÃO DE PATERNIDADE. TESTAMENTO. CÓDIGO CIVIL, ART. 1.750. — A procedência da ação de investigação de paternidade não importa no rompimento do testamento deixado pelo investigado, se este não ignorava que o investigante era seu filho: tese razoável, à vista do art. 1.750 do Código Civil. FALTA DE PREQUESTIONAMENTO DA MATÉRIA RELATIVA AOS ARTS. 515 DO CÓDIGO DE PROCESSO CIVIL E 82 E 86 DO CÓDIGO CIVIL (SÚMULAS 282 E 356). DISSÍDIO DE JURISPRUDÊNCIA SUPERADO (SÚMULA 286). RECURSO EXTRAORDINÁRIO NÃO CONHECIDO" (RE 105.538, Rel. Min. Francisco Rezek, 2ª Turma, julgado em 3-9-1985, *DJ* 4-10-1985, p. 17209).

Todavia, de tudo não se conclua que a legítima do herdeiro restaria prejudicada, visto que, como sabemos, a sua proteção jurídica deriva de normas de ordem pública.

# CV INVENTÁRIO

## 1. DELIMITAÇÃO CONCEITUAL E CLASSIFICAÇÃO

O que é um inventário?

O inventário pode ser conceituado como uma descrição detalhada do patrimônio do autor da herança, atividade esta destinada à posterior partilha ou adjudicação dos bens.

Sob o prisma processual, outrossim, o inventário pode ser entendido como uma sequência ordenada de atos tendentes a um fim específico.

Não é mais, nos dias de hoje, porém, exclusivamente um procedimento judicial[1].

De fato, classifica-se, contemporaneamente, o inventário em administrativo (extrajudicial) ou judicial.

O inventário será extrajudicial, mediante lavratura de escritura pública em tabelionato de notas, quando não houver divergências entre as partes interessadas, sendo todas elas capazes, encontrando-se devidamente assistidas por advogado.

Se, porém, a sucessão envolver interesse de incapazes ou for hipótese de disposição de última vontade (testamento), o inventário terá de ser necessariamente judicial.

## 2. INVENTÁRIO E ESPÓLIO

Somente se pode falar em inventário a partir do momento em que este é formalizado, seja pela via extrajudicial, seja por meio do procedimento judicial adequado.

---

1 "Inventário, no sentido estrito, é a relação de bens existentes de uma pessoa, casal ou empresa; no direito das sucessões é o processo judicial de levantamento e apuração de bens pertencentes ao falecido, visando repartir o patrimônio entre seus herdeiros, realizando o ativo e o pagamento do passivo. O inventário era sempre judicial na redação original do art. 982 do Código de Processo Civil, ainda que todas as partes fossem capazes e concordes. A Lei n. 11.441, de 4 de janeiro de 2007, deu nova redação ao art. 982 do CPC e inovou ao admitir o inventário extrajudicial, lavrado por escritura pública, no tabelionato de notas, se todas as partes interessadas forem capazes, estiverem assistidas por advogado e concordes" (CARVALHO, Dimas Messias de; CARVALHO, Dimas Daniel de. *Direito das Sucessões* — Inventário e Partilha, 3. ed., Belo Horizonte: Del Rey, 2011, p. 215).
Vide art. 610 do atual Código de Processo Civil (Lei n. 13.105, de 16-3-2015).

E outra noção, nesse contexto, deve também ser ressaltada: a de espólio.

Observe-se que, tal qual a expressão "inventário", também o termo "espólio" é plurissignificativo[2].

O significado que interessa, no campo das Sucessões, é, efetivamente, o de um conjunto de bens deixado pelo *de cujus*, e que passa a ser considerado um ente desprovido de personalidade, mas com capacidade processual, representado pelo inventariante.

Logo, não há confundir "espólio" com "inventário".

O primeiro é simplesmente a massa patrimonial com capacidade processual.

O segundo é a descrição detalhada do patrimônio do autor da herança, expressão que identifica também, sob o aspecto dinâmico, o procedimento administrativo ou judicial tendente à partilha, previsto nos arts. 610 a 646 do Código de Processo Civil de 2015.

## 3. ADMINISTRAÇÃO PROVISÓRIA DA HERANÇA

Na forma do art. 1.991 do vigente Código Civil brasileiro, "desde a assinatura do compromisso até a homologação da partilha, a administração da herança será exercida pelo inventariante".

Se a administração da herança (e a realização do inventário) cabe ao inventariante, a pergunta que não quer calar é: quem será o responsável até que o inventariante seja formalmente designado?

O administrador provisório, nós respondemos!

Nesse sentido, os arts. 613 e 614 do CPC/2015:

> "Art. 613. Até que o inventariante preste o compromisso, continuará o espólio na posse do administrador provisório.
>
> Art. 614. O administrador provisório representa ativa e passivamente o espólio, é obrigado a trazer ao acervo os frutos que desde a abertura da sucessão percebeu, tem direito ao reembolso das despesas necessárias e úteis que fez e responde pelo dano a que, por dolo ou culpa, der causa".

E quem poderá ser designado administrador provisório?

A resposta se encontra no art. 1.797 do vigente Código Civil brasileiro:

---

[2] "*Espólio s.m. (1508 CDP I 222)* 1 conjunto de coisas que são tomadas ao inimigo numa guerra; despojo 2 produto de um roubo, de uma pilhagem, de uma espoliação 3 conjunto dos bens que são deixados por alguém ao morrer 4 *JUR* conjunto de bens que formam o patrimônio do morto, a ser partilhado no inventário entre os herdeiros e os legatários; herança *ETIM* lat. *spollium,u*; 'despojo (de um animal), pele, couro; despojo (tomado na guerra), despojos, presa, tomadia', este último sentido de 'despojos de um inimigo'; ver *espoli-;* f.hist 1508 *espolio*, 1539 *espollio*, 1539 *espolyo SIN/VAR* ver sinonímia de presa PAR *espolio* (fl.espoliar)" (HOUAISS, Antônio; VILLAR, Mauro de Salles, ob. cit., p. 1235).

"Art. 1.797. Até o compromisso do inventariante, a administração da herança caberá, sucessivamente:

I — ao cônjuge ou companheiro, se com o outro convivia ao tempo da abertura da sucessão;

II — ao herdeiro que estiver na posse e administração dos bens, e, se houver mais de um nessas condições, ao mais velho;

III — ao testamenteiro;

IV — a pessoa de confiança do juiz, na falta ou escusa das indicadas nos incisos antecedentes, ou quando tiverem de ser afastadas por motivo grave levado ao conhecimento do juiz".

Observe-se que o dispositivo legal estabelece uma ordem para o reconhecimento da legitimidade para atuar como administrador provisório da herança[3], figura das mais importantes, pelo menos até o advento da assunção do compromisso do inventariante.

## 4. O INVENTARIANTE

O inventariante é o representante oficial do espólio, na forma do art. 75, VII, do Código de Processo Civil de 2015.

---

[3] "RECURSO ESPECIAL — AÇÃO DE COBRANÇA PROMOVIDA EM FACE DO ESPÓLIO DO *DE CUJUS* — EXTINÇÃO DO PROCESSO SEM JULGAMENTO DE MÉRITO, PELAS INSTÂNCIAS ORDINÁRIAS, EM FACE DA ILEGITIMIDADE PASSIVA *AD CAUSAM* — REFORMA — NECESSIDADE — ESPÓLIO — LEGITIMIDADE *AD CAUSAM* PARA DEMANDAR E SER DEMANDADO EM TODAS AQUELAS AÇÕES EM QUE O *DE CUJUS* INTEGRARIA O POLO ATIVO OU PASSIVO DA DEMANDA, SE VIVO FOSSE (SALVO EXPRESSA DISPOSIÇÃO LEGAL EM CONTRÁRIO — PRECEDENTE) — RECURSO ESPECIAL PROVIDO. I — Em observância ao Princípio da *Saisine*, corolário da premissa de que inexiste direito sem o respectivo titular, a herança, compreendida como sendo o acervo de bens, obrigações e direitos, transmite-se, como um todo, imediata e indistintamente aos herdeiros. Ressalte-se, contudo, que os herdeiros, neste primeiro momento, imiscuir-se-ão apenas na posse indireta dos bens transmitidos. A posse direta, conforme se demonstrará, ficará a cargo de quem detém a posse de fato dos bens deixados pelo *de cujus* ou do inventariante, a depender da existência ou não de inventário aberto; II — De todo modo, enquanto não há individualização da quota pertencente a cada herdeiro, o que se efetivará somente com a consecução da partilha, é a herança, nos termos do artigo supracitado, que responde por eventual obrigação deixada pelo *de cujus*. Nessa perspectiva, o espólio, que também pode ser conceituado como a universalidade de bens deixada pelo *de cujus*, assume, por expressa determinação legal, o viés jurídico-formal, que lhe confere legitimidade *ad causam* para demandar e ser demandado em todas aquelas ações em que o *de cujus* integraria o polo ativo ou passivo da demanda, se vivo fosse; III — Pode-se concluir que o fato de inexistir, até o momento da prolação do acórdão recorrido, inventário aberto (e, portanto, inventariante nomeado), não faz dos herdeiros, individualmente considerados, partes legítimas para responder pela obrigação, objeto da ação de cobrança, pois, como assinalado, enquanto não há partilha, é a herança que responde por eventual obrigação deixada pelo *de cujus* e é o espólio, como parte formal, que detém legitimidade passiva *ad causam* para integrar a lide; IV — Na espécie, por tudo o que se expôs, revela-se absolutamente correta a promoção da ação de cobrança em face do espólio, representado pela cônjuge supérstite, que, nessa qualidade, detém, preferencialmente, a administração, de fato, dos bens do *de cujus*, conforme dispõe o artigo 1.797 do Código Civil; V — Recurso Especial provido" (STJ, REsp 1.125.510/RS (2009/0131588-0), Rel. Min. Massami Uyeda, julgado em 6-10-2011).

Com efeito, o espólio é representado em juízo, ativa e passivamente, pelo inventariante (sucedendo o administrador provisório, que, como o próprio nome infere, é um sujeito com uma função potencialmente temporária), cabendo-lhe a zelosa administração dos bens e a prudente condução do inventário.

A atuação processual do inventariante (em nome do espólio) é relevantíssima, uma vez que o espólio pode ser, inclusive, autor ou réu em ações próprias, mesmo não tendo personalidade jurídica[4].

Registre-se, inclusive, que, na forma do art. 110 do Código de Processo Civil de 2015, ocorrendo a morte de qualquer das partes, dar-se-á a substituição pelo seu espólio ou pelos seus sucessores, observado o disposto no art. 313 do mesmo diploma legal.

O inventariante deve cumprir a sua função com cautela, evitando excessos e violação de direitos dos outros herdeiros, que não perdem a prerrogativa de também defender os bens do espólio, uns contra os outros ou em face de terceiros, na medida em que, como sabemos, são titulares de uma fração ideal do acervo, até que se ultime a respectiva partilha[5].

## 5. INÍCIO E PRAZO DO INVENTÁRIO

Dispõe o art. 1.796 do Código Civil brasileiro:

> "Art. 1.796. No prazo de trinta dias, a contar da abertura da sucessão, instaurar-se-á inventário do patrimônio hereditário, perante o juízo competente no lugar da sucessão, para fins de liquidação e, quando for o caso, de partilha da herança".

O prazo de trinta dias, previsto na legislação de direito material, foi derrogado por norma posterior, a saber, a Lei n. 11.441, de 2007, que, ao tratar do inventário administrativo (extrajudicial), também modificou regras do Código de Processo Civil referentes à modalidade judicial, estabelecendo o prazo de sessenta dias[6].

---

4 Sobre a competência territorial nas ações em que o espólio for réu, estabelece o art. 48 do Código de Processo Civil de 2015: "Art. 48. O foro de domicílio do autor da herança, no Brasil, é o competente para o inventário, a partilha, a arrecadação, o cumprimento de disposições de última vontade, a impugnação ou anulação de partilha extrajudicial e para todas as ações em que o espólio for réu, ainda que o óbito tenha ocorrido no estrangeiro. Parágrafo único. Se o autor da herança não possuía domicílio certo, é competente: I — o foro de situação dos bens imóveis; II — havendo bens imóveis em foros diferentes, qualquer destes; III — não havendo bens imóveis, o foro do local de qualquer dos bens do espólio".

5 "Direito civil. Recurso especial. Cobrança de aluguel. Herdeiros. Utilização exclusiva do imóvel. Oposição necessária. Termo inicial. — Aquele que ocupa exclusivamente imóvel deixado pelo falecido deverá pagar aos demais herdeiros valores a título de aluguel proporcional, quando demonstrada oposição à sua ocupação exclusiva. — Nesta hipótese, o termo inicial para o pagamento dos valores deve coincidir com a efetiva oposição, judicial ou extrajudicial, dos demais herdeiros. Recurso especial parcialmente conhecido e provido" (REsp 570.723/RJ, Rel. Min. Nancy Andrighi, 3ª Turma, julgado em 27-3-2007, *DJ* 20-8-2007, p. 268).

6 Sobre tal prazo, ensina PAULO LÔBO: "A Lei n. 11.441/2007, que derrogou o art. 1.796 do Código Civil nesse ponto, estipula o prazo máximo de sessenta dias, a contar da abertura da sucessão, para

Todavia, com a entrada em vigor do Código de Processo Civil de 2015, o prazo passou a ser de 2 (dois) meses, conforme estabelecido em seu art. 611, *in verbis*:

> "Art. 611. O processo de inventário e de partilha deve ser instaurado dentro de 2 (dois) meses, a contar da abertura da sucessão, ultimando-se nos 12 (doze) meses subsequentes, podendo o juiz prorrogar esses prazos, de ofício ou a requerimento de parte".

O início do inventário inaugura uma espécie de juízo universal, em que se pretende resolver, em um único processo (entendido como conjunto de atos tendentes a um fim), todas as questões atinentes à formalização da transferência da herança, salvo quando absolutamente inviável.

É a regra do art. 612 do Código de Processo Civil de 2015, que preceitua literalmente:

> "Art. 612. O juiz decidirá todas as questões de direito desde que os fatos relevantes estejam provados por documento, só remetendo para as vias ordinárias as questões que dependerem de outras provas".

O art. 1.771 do Código Civil de 1916 expressamente previa que, "no inventário, serão descritos com individuação e clareza todos os bens da herança, assim como os alheios nela encontrados".

A vigente codificação não trouxe dispositivo equivalente, mas, até mesmo pela compreensão do que seja o instituto do inventário, tal providência deverá ser tomada pelo inventariante para poder cumprir bem e fielmente os seus misteres.

---

que seja instaurado o inventário do patrimônio hereditário, prazo esse que se estende até o compromisso do inventariante. Também se entende que esse prazo deva ser observado para o início da lavratura da escritura pública de inventário e partilha amigável, quando os herdeiros e legatários forem capazes. O prazo total da administração da herança, na realidade da vida, é frequentemente alongado, porque os herdeiros retardam a instauração do inventário, às vezes por vários anos, ou quando a instauração tem a iniciativa de credores, inclusive tributários. Por tais razões, o art. 31 da Resolução n. 35/2007 do Conselho Nacional de Justiça estabelece que a escritura pública de inventário e partilha pode ser lavrada a qualquer tempo, cabendo ao notário fiscalizar o recolhimento de eventual multa, conforme previsão da legislação estadual específica.

A norma sobre o tempo é sem sanção para o descumprimento, ao contrário do que estabelecia a legislação anterior. Contudo, de acordo com a Súmula 542 do Supremo Tribunal Federal: 'Não é inconstitucional a multa instituída pelo Estado-membro, como sanção pelo retardamento do início ou da ultimação do inventário'. As questões de alta indagação ou que envolverem produção controvertida de provas devem ser remetidas pelo juiz do inventário para as vias ordinárias, ainda que, se for o caso, se faça reserva de bens para acautelar interesses verossímeis. Por exemplo, se a herança envolver a participação do *de cujus* em sociedade empresária, não havendo previsão contratual de continuidade com seus sucessores, a apuração dos haveres revela controvérsia de difícil resolução, por envolver levantamentos, balancetes especiais, pareceres contábeis" (LÔBO, Paulo Luiz Netto. *Direito Civil* — Sucessões, p. 271).

## 6. LIQUIDAÇÃO DA HERANÇA

O trabalho fundamental durante o processo de inventário é, sem dúvida, fazer a devida apuração dos haveres da herança, com o conhecimento do patrimônio bruto e líquido, verificando os ativos e os passivos.

Para isso, será necessária a efetiva constatação de cada um dos bens constantes do patrimônio do falecido, o que muitas vezes pode não encontrar a devida colaboração de todos os envolvidos...

E o que se deve fazer nessa situação?

### 6.1. Sonegados

A lógica do inventário é, definitivamente, a elaboração de uma relação completa dos bens do falecido.

Assim, qualquer ato atentatório a tal finalidade deve ser juridicamente rechaçado. É o caso da sonegação de informações sobre bens.

E isso não passou *in albis* no texto codificado.

Com efeito, na forma do art. 1.992 do Código Civil, o herdeiro que sonegar bens da herança, não os descrevendo no inventário quando estejam em seu poder, ou, com o seu conhecimento, no de outra pessoa, ou que os omitir na colação, a que os deva levar, ou que deixar de restituí-los, deverá perder o direito que sobre eles lhe cabia.

A ideia é lógica: quem não foi fiel com a verdade, violando o dever de informar que deriva do superior princípio da boa-fé objetiva, não pode passar incólume.

E isso também se aplica ao inventariante.

Com efeito, se o sonegador for o inventariante, além de tal sanção, deve ser removido, conforme preceitua o art. 1.993 do vigente Código Civil, sempre com a garantia do contraditório e da ampla defesa.

Vale destacar que só se pode acusar o inventariante de sonegação depois de encerrada a descrição dos bens, com a declaração, por ele feita, de não existirem outros por inventariar e partir, e só se pode imputar tal conduta ao herdeiro depois de declarar-se no inventário que não os possui, tudo como determinado pelo vigente art. 1.996 da codificação civil brasileira.

E como se apura tal alegação de sonegação?

Estabelece o art. 1.994 do Código Civil:

> "Art. 1.994. A pena de sonegados só se pode requerer e impor em ação movida pelos herdeiros ou pelos credores da herança.
>
> Parágrafo único. A sentença que se proferir na ação de sonegados, movida por qualquer dos herdeiros ou credores, aproveita aos demais interessados".

Caso os bens já não estejam em poder do sonegador, a teor do art. 1.995, deverá pagar o equivalente, além das perdas e danos correspondentes.

Todavia, ousando ir além do texto codificado, neste ponto, consideramos plenamente razoável a busca e apreensão dos bens, caso ainda existentes e em posse de terceiro de má-fé.

## 6.2. Colações

A colação é temática fascinante.

Por premissa, todos os descendentes devem ser igualmente tratados.

Por isso, estabelece o art. 2.002 do Código Civil brasileiro que os descendentes que concorrerem à sucessão do ascendente comum são obrigados, justamente para igualar as legítimas, a conferir o valor das doações que dele em vida receberam, sob pena de sonegação.

O prazo para tal informação é comum de quinze dias, contado da conclusão das citações, por aplicação combinada dos arts. 627 e 639 do Código de Processo Civil de 2015.

Claro que, para cálculo da legítima, o valor dos bens conferidos será computado na parte indisponível, sem aumentar a disponível, na forma do parágrafo único do mencionado dispositivo do Código Civil (art. 2.002).

A tal processo de conferência de valores, para igualação da legítima, é dado o nome de colação.

Sobre sua finalidade, estabelece o art. 2.003 do vigente Código Civil:

> "Art. 2.003. A colação tem por fim igualar, na proporção estabelecida neste Código, as legítimas dos descendentes e do cônjuge sobrevivente, obrigando também os donatários que, ao tempo do falecimento do doador, já não possuírem os bens doados.
>
> Parágrafo único. Se, computados os valores das doações feitas em adiantamento de legítima, não houver no acervo bens suficientes para igualar as legítimas dos descendentes e do cônjuge, os bens assim doados serão conferidos em espécie, ou, quando deles já não disponha o donatário, pelo seu valor ao tempo da liberalidade".

Sobre o valor de colação dos bens doados, estabelece o art. 2.004 do vigente Código Civil:

> "Art. 2.004. O valor de colação dos bens doados será aquele, certo ou estimativo, que lhes atribuir o ato de liberalidade.
>
> § 1º Se do ato de doação não constar valor certo, nem houver estimação feita naquela época, os bens serão conferidos na partilha pelo que então se calcular valessem ao tempo da liberalidade.
>
> § 2º Só o valor dos bens doados entrará em colação; não assim o das benfeitorias acrescidas, as quais pertencerão ao herdeiro donatário, correndo também à conta deste os rendimentos ou lucros, assim como os danos e perdas que eles sofrerem"[7].

---

[7] Sobre o tema, muito polêmico, o Enunciado 644 da VIII Jornada de Direito Civil da Justiça Federal estabeleceu:

Refletindo acerca do dispositivo acima e do controvertido tema da colação, escreve PABLO STOLZE GAGLIANO[8]:

> "Ao mencionar valor 'certo ou estimativo', o legislador está tentando alcançar situações em que o doador, por desconhecimento ou omissão, não cuidou de determinar, no ato da doação, o *quantum* líquido e certo do bem que doa, mas, apenas, fez-lhe mera referência indicativa ou estimativa".

Seguindo a doutrina do mesmo autor podemos avançar no raciocínio.

Ainda segundo a regra sucessória *supra*, o valor dos bens doados a ser considerado, na colação, é aquele do tempo da liberalidade.

Nesse ponto, algumas importantes reflexões devem ser feitas.

O Direito não é uma ciência exata.

Longe disso.

Há controvérsia acerca do valor que deve ser considerado na colação, para se aferir se houve ou não violação da legítima. E tal polêmica ganhou novos matizes após a vigência do CPC/2015.

Descrevendo o confuso contexto fático acerca do critério a ser utilizado na aferição do valor da liberalidade, escrevem, com aguçada precisão, ANDRÉ LUIZ ARNT RAMOS e ROBERTO ALTHEIM:

> "Nota-se que os textos dos Códigos Civis de 1916 e 2002 fixavam a data da liberalidade como marco temporal para aferição do valor do bem a ser colacionado. E os Códigos de Processo Civil, tanto na redação de 1973 como na de 2015, fixam a data do falecimento do *de cujus* (data da abertura da sucessão). São mandamentos legais diferentes, e que podem acarretar grande discrepância no cálculo do valor a ser trazido à colação pelo beneficiário de liberalidade realizada por parte do *de cujus*.
>
> Antes da promulgação do Código de Processo Civil de 2015 houve a divulgação de um entendimento intermediário expresso pelo enunciado n. 119 da Jornada de Direito Civil do Centro de Estudos Judiciários do Conselho da Justiça Federal realizada entre 11 e 13 de fevereiro de 2002: Para evitar o enriquecimento sem causa, a colação será efetuada com base no valor da época da doação, nos termos do *caput* do art.

ENUNCIADO 644 — "Art. 2.003:

- Os arts. 2.003 e 2.004 do Código Civil e o art. 639 do CPC devem ser interpretados de modo a garantir a igualdade das legítimas e a coerência do ordenamento.
- O bem doado, em adiantamento de legítima, será colacionado de acordo com seu valor atual na data da abertura da sucessão, se ainda integrar o patrimônio do donatário.
- Se o donatário já não possuir o bem doado, este será colacionado pelo valor do tempo de sua alienação, atualizado monetariamente".

A matéria comporta reflexão: confira-se o REsp 1.166.568/SP, Rel. Min. Lázaro Guimarães (Desembargador convocado do TRF 5ª Região), 4ª Turma, julgado em 12-12-2017, *DJe* 15-12-2017.

[8] GAGLIANO, Pablo Stolze. *Contrato de doação*. 5. ed. São Paulo: Saraiva, 2021 (prelo).

> 2.004, exclusivamente na hipótese em que o bem doado não mais pertença ao donatário; se, ao contrário, o bem ainda integrar seu patrimônio, a colação se fará com base no valor do bem na época da abertura da sucessão, nos termos do art. 1.014 do CPC, de modo a preservar a quantia que efetivamente integrará a legítima quando esta se constituiu, ou seja, na data do óbito (resultado da interpretação sistemática do art. 2.004 e seus parágrafos, juntamente com os arts. 1.832 e 884 do Código Civil.
>
> Ocorre que os textos legais não trazem a variável ligada à manutenção da propriedade do bem com o donatário/herdeiro referida no enunciado acima transcrito. E, embora tenha sido, em grande medida, esta a contribuição enunciada por Villela, por certo está longe do desejável à vista das peculiaridades da sociedade contemporânea, cuja crescente complexidade perpassa, é sabido, por uma renovada percepção do tempo.
>
> Esta sucessão errante de enunciados incoerentes entre si traz consigo notável prejuízo às mais comezinhas noções de segurança jurídica, tanto em dimensão subjetiva (sobretudo no que tem com o tempo e o valor considerados na realização da conferência), quanto objetiva e substancial (em que o cariz moderno, fundado na imagética certeza da Lei, cede espaço ao contemporâneo prestígio às razões que sustentam soluções ofertadas a problemas jurídicos concretos)[9]".

Nesse complexo mosaico, parece que a resposta tende a ser dada pelo Direito Intertemporal, segundo se pode observar neste julgado do Superior Tribunal de Justiça:

> "CIVIL. PROCESSUAL CIVIL. AÇÃO DE INVENTÁRIO. COINCIDÊNCIA DE QUESTÕES DECIDIDAS EM DOIS DIFERENTES ACÓRDÃOS. MATÉRIAS DISTINTAS.
>
> INOCORRÊNCIA DE PRECLUSÃO. COLAÇÃO DE BENS. VALOR DO BEM AO TEMPO DA LIBERALIDADE OU AO TEMPO DA ABERTURA DA SUCESSÃO. ANTINOMIA ENTRE O CÓDIGO CIVIL E O CÓDIGO DE PROCESSO CIVIL. INDISCUTIBILIDADE ACERCA DAS SUCESSIVAS REVOGAÇÕES PROMOVIDAS PELA LEGISLAÇÃO. COLAÇÃO QUE É TEMA DE DIREITO MATERIAL E DE DIREITO PROCESSUAL. SOLUÇÃO DA ANTINOMIA EXCLUSIVAMENTE PELO CRITÉRIO DA TEMPORALIDADE.
>
> IMPOSSIBILIDADE DE APLICAÇÃO DO CRITÉRIO DA ESPECIALIDADE. AUTOR DA HERANÇA FALECIDO ANTES DA ENTRADA EM VIGOR DO CC/2002. APLICAÇÃO DO CPC/73.
>
> 1 — Ação distribuída em 24/01/2002. Recurso especial interposto em 26/03/2015 e atribuído à Relatora em 25/08/2016.
>
> 2 — Os propósitos recursais consistem em definir se há coincidência entre as questões decididas em dois diferentes acórdãos apta a gerar preclusão sobre a matéria e se,

[9] RAMOS, André Luiz Arnt e ALTHEIM, Roberto. Colação hereditária e legislação irresponsável: descaminhos da segurança jurídica no âmbito sucessório. *Revista Eletrônica Direito e Sociedade*, REDES, v. 6, n. 1, Canoas, 2018.

para fins de partilha, a colação do bem deve se dar pelo valor da doação ao tempo da liberalidade ou pelo valor ao tempo da abertura da sucessão.

3 — Inexiste questão decidida e, consequentemente, preclusão, quando o acórdão antecedente somente tangencia a matéria objeto de efetivo enfrentamento no acórdão posterior, referindo-se ao tema de *obiter dictum* e nos limites da matéria devolvida pela parte que é distinta da anteriormente examinada.

4 — É indiscutível a existência de antinomia entre as disposições do Código Civil (arts. 1.792, *caput*, do CC/1916 e 2.004, *caput*, do CC/2002), que determinam que a colação se dê pelo valor do bem ao tempo da liberalidade, e as disposições do Código de Processo Civil (arts. 1.014, parágrafo único, do CPC/73 e 639, parágrafo único, do CPC/15), que determinam que a colação se dê pelo valor do bem ao tempo da abertura da sucessão, de modo que, em se tratando de questão que se relaciona, com igual intensidade, com o direito material e com o direito processual, essa contradição normativa somente é resolúvel pelo critério da temporalidade e não pelo critério de especialidade. Precedentes.

5 — Na hipótese, tendo o autor da herança falecido antes da entrada em vigor do CC/2002, aplica-se a regra do art. 1.014, parágrafo único, do CPC/73, devendo a colação se dê pelo valor do bem ao tempo da abertura da sucessão.

6 — Recurso especial conhecido e desprovido".

(REsp 1.698.638/RS, Rel. Min. Nancy Andrighi, 3ª Turma, julgado em: 14-5-2019, *DJe* 16-5-2019).

De acordo com o entendimento *supra*, a regra a ser aplicada dependerá da aferição do direito intertemporal[10].

Portanto, caso o falecimento do autor da herança ocorra após a entrada em vigor do CPC/2015 (18 de março de 2016), parece-nos que tenderia a ser aplicada a norma deste diploma processual (art. 639) e o cálculo, por conseguinte, deverá ser feito pelo valor que o bem tiver ao tempo da abertura da sucessão.

Em nosso sentir, *data venia*, o valor a ser considerado, para efeito de preservação da legítima, deveria sempre ser o do tempo da liberalidade, nos termos do Código Civil, pois é neste momento que o doador se põe diante de um quadro patrimonial concreto em face do que pode ou não ser objeto de doação.

Pensamento diverso resultaria em se submeter um ato jurídico perfeito a um crivo futuro de validade, o que, por certo, a par de traduzir atecnia, gera insegurança jurídica.

10 Cf. HIRONAKA, Giselda Maria Fernandes Novaes e AGUIRRE, João Ricardo Brandão. Quais os Parâmetros vigentes para a realização das colações das doações realizadas em adiantamento da legítima?, *Revista de Direito Civil Contemporâneo*, v. 17, p. 219 e s., gentilmente cedido pelo coautor Prof. João Aguirre.

O fato de se atualizar a expressão econômica do monte mor nas primeiras declarações (art. 620, IV, *h*, CPC) — segundo o valor do(s) bem(ns) ao tempo da abertura da sucessão (art. 639, CPC) — não significa que o juiz não deva, quando da conferência para a aferição de eventual violação da legítima, levar em conta o valor do bem doado quando da liberalidade (art. 1.202).

Deve prevalecer, pois, em nossa visão acadêmica, e por imperativo de bom senso, pelas razões *supra*, a norma do Código Civil (art. 2.004, CC).

E quais são os bens submetidos à colação?

Respondendo a tal questão, determina o art. 2.007:

> "Art. 2.007. São sujeitas à redução as doações em que se apurar excesso quanto ao que o doador poderia dispor, no momento da liberalidade.
>
> § 1º O excesso será apurado com base no valor que os bens doados tinham, no momento da liberalidade.
>
> § 2º A redução da liberalidade far-se-á pela restituição ao monte do excesso assim apurado; a restituição será em espécie, ou, se não mais existir o bem em poder do donatário, em dinheiro, segundo o seu valor ao tempo da abertura da sucessão, observadas, no que forem aplicáveis, as regras deste Código sobre a redução das disposições testamentárias.
>
> § 3º Sujeita-se a redução, nos termos do parágrafo antecedente, a parte da doação feita a herdeiros necessários que exceder a legítima e mais a quota disponível.
>
> § 4º Sendo várias as doações a herdeiros necessários, feitas em diferentes datas, serão elas reduzidas a partir da última, até a eliminação do excesso".

E há bens dispensados da colação?

Sim!

O texto codificado traz diversas (lógicas) exceções de bens que não se submetem à colação[11].

---

[11] Não se trata de uma regra absoluta, na medida em que poderá haver dúvida fundada acerca da preservação da legítima: "Já cuidamos também de observar que o valor dos bens deverá ser aferido no momento da doação, e não quando da morte do doador. Na realidade fática, contudo, alguns problemas poderão surgir, a exemplo da insegurança gerada para as partes, especialmente o donatário, por não ter certeza se o bem recebido violou a legítima. E, de fato, essa preocupação só será definitivamente afastada no inventário, após terem sido realizadas a colação e a conferência dos bens doados. Um especial cuidado, porém, pode ter o doador: fazer constar do instrumento da doação a advertência de que o referido bem está saindo de sua parte disponível da herança. Tal providência, a despeito de não evitar a colação para eventual reposição da legítima, poderá evitar que o bem transferido seja computado na parte conferida aos herdeiros legitimários. Expliquemos exemplificativamente: se o doador beneficiou um dos seus filhos com um apartamento, tendo registrado que este imóvel sai da sua parte disponível, caso existam outras doações sem a mesma ressalva, deverão estas servir para a recomposição do acervo reservado, mantendo-se o apartamento como integrante da parte disponível, desde

Todas as hipóteses, porém, se fundamentam em situações fáticas em que a legítima é preservada.

É o caso, por exemplo, da previsão do art. 2.005:

> "Art. 2.005. São dispensadas da colação as doações que o doador determinar saiam da parte disponível, contanto que não a excedam, computado o seu valor ao tempo da doação.
>
> Parágrafo único. Presume-se imputada na parte disponível a liberalidade feita a descendente que, ao tempo do ato, não seria chamado à sucessão na qualidade de herdeiro necessário".

Obviamente, também dentro da parte disponível, pode o próprio doador (autor da herança) dispensar a colação no respectivo título em que realizou a doação ou mesmo em testamento[12].

Da mesma forma, o instituto não se presta a estimular a falta de cuidado dos pais com os filhos, motivo pelo qual, na forma do art. 2.010, não virão à colação os gastos ordinários do ascendente com o descendente, enquanto menor, na sua educação, estudos, sustento, vestuário, tratamento nas enfermidades, enxoval, assim como as despesas de casamento, ou as feitas no interesse de sua defesa em processo-crime.

Por fim, ainda quanto a bens excluídos da colação, registre-se que as "doações remuneratórias de serviços feitos ao ascendente também não estão sujeitas a colação" (art. 2.011), o que é perfeitamente aceitável, já que não há um caráter necessário de liberalidade pura[13].

Regra interessante é estabelecida no art. 2.008:

> "Art. 2.008. Aquele que renunciou a herança ou dela foi excluído, deve, não obstante, conferir as doações recebidas, para o fim de repor o que exceder o disponível".

A obrigação de efetivar a conferência para colação, inclusive, não é personalíssima, transferindo-se aos netos, na forma do art. 2.009:

> "Art. 2.009. Quando os netos, representando os seus pais, sucederem aos avós, serão obrigados a trazer à colação, ainda que não o hajam herdado, o que os pais teriam de conferir".

---

que, é claro, não corresponda a mais de 50% de todo o patrimônio" (GAGLIANO, Pablo Stolze. *O Contrato de Doação*, São Paulo: Saraiva, 2007, p. 75).

12 "Art. 2.006. A dispensa da colação pode ser outorgada pelo doador em testamento, ou no próprio título de liberalidade."

13 No REsp 1.722.691/SP (Rel. Min. Paulo de Tarso Sanseverino, por unanimidade, j. 12-3-2019, *DJe* 15-3-2019), o STJ firmou entendimento no sentido de que também é dispensável "que herdeiro necessário traga à colação o valor correspondente à ocupação e ao uso a título gratuito de imóvel que pertencia ao autor da herança".

Parece-nos, inclusive, que a melhor técnica recomendaria a utilização da expressão "descendentes" em vez de "netos", pois não faz sentido limitar a obrigação ao segundo grau descendente, podendo haver situação de representação com bisnetos, tataranetos etc.

No caso de doação feita por ambos os cônjuges, no inventário de cada um se conferirá por metade, conforme estabelece o art. 2.012 do Código Civil.

E se o herdeiro negar a ocorrência do recebimento dos bens ou mesmo o ato de conferência?

Nesse caso, estabelece o art. 641 do Código de Processo Civil de 2015 um procedimento incidental para verificação do fato, nos seguintes termos:

> "Art. 641. Se o herdeiro negar o recebimento dos bens ou a obrigação de os conferir, o juiz, ouvidas as partes no prazo comum de 15 (quinze) dias, decidirá à vista das alegações e das provas produzidas.
>
> § 1º Declarada improcedente a oposição, se o herdeiro, no prazo improrrogável de 15 (quinze) dias, não proceder à conferência, o juiz mandará sequestrar-lhe, para serem inventariados e partilhados, os bens sujeitos à colação ou imputar ao seu quinhão hereditário o valor deles, se já não os possuir.
>
> § 2º Se a matéria exigir dilação probatória diversa da documental, o juiz remeterá as partes às vias ordinárias, não podendo o herdeiro receber o seu quinhão hereditário, enquanto pender a demanda, sem prestar caução correspondente ao valor dos bens sobre os quais versar a conferência".

Trata-se de medida salutar, de nítida natureza acautelatória.

## 6.3. Pagamento das dívidas

O inventário somente conduzirá a eventual partilha (ou adjudicação) dos bens se as dívidas do falecido houverem sido pagas.

Nesse sentido, dispõe o art. 642 do Código de Processo Civil de 2015:

> "Art. 642. Antes da partilha, poderão os credores do espólio requerer ao juízo do inventário o pagamento das dívidas vencidas e exigíveis.
>
> § 1º A petição, acompanhada de prova literal da dívida, será distribuída por dependência e autuada em apenso aos autos do processo de inventário.
>
> § 2º Concordando as partes com o pedido, o juiz, ao declarar habilitado o credor, mandará que se faça a separação de dinheiro ou, em sua falta, de bens suficientes para o pagamento.
>
> § 3º Separados os bens, tantos quantos forem necessários para o pagamento dos credores habilitados, o juiz mandará aliená-los, observando-se as disposições deste Código relativas à expropriação.
>
> § 4º Se o credor requerer que, em vez de dinheiro, lhe sejam adjudicados, para o seu pagamento, os bens já reservados, o juiz deferir-lhe-á o pedido, concordando todas as partes.

§ 5º Os donatários serão chamados a pronunciar-se sobre a aprovação das dívidas, sempre que haja possibilidade de resultar delas a redução das liberalidades".

É importantíssimo destacar que o § 1º do art. 1.997 do vigente Código Civil brasileiro estabelece que, tendo sido requerido no inventário, antes da partilha, o pagamento de dívidas constantes de documentos, revestidos de formalidades legais, constituindo prova bastante da obrigação, e houver impugnação, que não se funde na alegação de pagamento, acompanhada de prova valiosa, o juiz mandará reservar, em poder do inventariante, bens suficientes para solução do débito, sobre os quais venha a recair oportunamente a execução.

Nessa mesma linha, aliás, estabelece o art. 643 do Código de Processo Civil de 2015:

> "Art. 643. Não havendo concordância de todas as partes sobre o pedido de pagamento feito pelo credor, será o pedido remetido às vias ordinárias.
>
> Parágrafo único. O juiz mandará, porém, reservar, em poder do inventariante, bens suficientes para pagar o credor quando a dívida constar de documento que comprove suficientemente a obrigação e a impugnação não se fundar em quitação".

Trata-se de solução bastante razoável para preservar os interesses dos credores e dos herdeiros, mas sem descurar da duração razoável do processo, já que se trata de questão a ser discutida em juízo próprio e autônomo em relação ao inventário.

Nesse caso, porém, é estabelecido o prazo de trinta dias, no § 2º do referido art. 1.997, para que o credor dê início à ação de cobrança, sob pena de se tornar de nenhum efeito a providência indicada.

Perceba-se que tal prazo não impede o ajuizamento da ação de cobrança, tornando sem efeito apenas a garantia propugnada pelo texto legal.

Vale destacar, por fim, o que dispõe o art. 644 do CPC/2015:

> "Art. 644. O credor de dívida líquida e certa, ainda não vencida, pode requerer habilitação no inventário.
>
> Parágrafo único. Concordando as partes com o pedido referido no *caput*, o juiz, ao julgar habilitado o crédito, mandará que se faça separação de bens para o futuro pagamento".

Observe-se a peculiaridade da situação mencionada.

A referida dívida (obrigação transmissível), embora líquida e certa, ainda não está vencida, mesmo tendo ocorrido o falecimento do devedor, razão por que há expressa menção à "concordância das partes".

Vale ainda acrescentar que, se o herdeiro for devedor ao espólio, sua dívida será partilhada igualmente entre todos, salvo se a maioria consentir que o débito seja imputado inteiramente no quinhão do devedor, como preceitua o art. 2.001.

Na mesma linha, permite o art. 646 do Código de Processo Civil brasileiro de 2015 (sem prejuízo do disposto no art. 860 do mesmo diploma) que os herdeiros, ao separarem bens para o pagamento de dívidas, autorizem que o inventariante os nomeie à penhora no processo em que o espólio for executado.

Isso facilita o pagamento das dívidas e diminui as disputas quando da partilha dos bens, na perspectiva do princípio da autonomia privada.

Observe-se que, na linha do art. 1.998 da codificação civil, as despesas funerárias, haja ou não herdeiros legítimos, sairão sempre do monte da herança; mas as de sufrágios por alma do falecido só obrigarão a herança quando ordenadas em testamento ou codicilo, *locus* ideal para tal determinação do autor da herança.

Na hipótese de haver ações regressivas entre os herdeiros, caso um deles seja insolvente, sua cota será dividida proporcionalmente entre os demais, observando-se o seu quinhão hereditário[14].

Não se tratando de questões de alta indagação, o juízo do inventário deve atrair o julgamento das questões pecuniárias entre os herdeiros[15].

E se, como é muito comum, o herdeiro for devedor de terceiros?

Podem os credores desse herdeiro se habilitar na herança?

Sobre o tema, disciplina o art. 2.000 do texto codificado:

> "Art. 2.000. Os legatários e credores da herança podem exigir que do patrimônio do falecido se discrimine o do herdeiro, e, em concurso com os credores deste, ser-lhes-ão preferidos no pagamento".

Ainda em relação às dívidas do espólio, registre-se que o legatário também pode ser considerado parte legítima para se manifestar sobre elas.

---

[14] "Art. 1.999. Sempre que houver ação regressiva de uns contra outros herdeiros, a parte do coerdeiro insolvente dividir-se-á em proporção entre os demais."

[15] "CIVIL E PROCESSUAL CIVIL. INVENTÁRIO. JUÍZO UNIVERSAL. ART. 984, CPC. AJUIZAMENTO DE AÇÃO DE COBRANÇA DE ALUGUEL POR UM HERDEIRO CONTRA OUTRO. FALTA DE INTERESSE PROCESSUAL. INVENTÁRIO EM TRAMITAÇÃO. RECURSO DESACOLHIDO. I — As questões de fato e de direito atinentes à herança devem ser resolvidas pelo juízo do inventário, salvo as exceções previstas em lei, como as matérias de 'alta indagação' referidas no art. 984, CPC, e as ações reais imobiliárias ou as em que o espólio for autor. Com essas ressalvas, o foro sucessório assume caráter universal, tal como o juízo falimentar, devendo nele ser solucionadas as pendências entre os herdeiros. II — O ajuizamento de ação de rito ordinário, por um herdeiro contra o outro, cobrando o aluguel pelo tempo de ocupação de um dos bens deixados em testamento pelo falecido, contraria o princípio da universalidade do juízo do inventário, afirmada no art. 984 do Código de Processo Civil, uma vez não se tratar de questão a demandar 'alta indagação' ou a depender de 'outras provas', mas de matéria típica do inventário, que, como cediço, é o procedimento apropriado para proceder — se à relação, descrição e avaliação dos bens deixados pelo falecido. III — Eventual crédito da herdeira pelo uso privativo da propriedade comum deve ser aventado nos autos do inventário, para compensar-se na posterior partilha do patrimônio líquido do espólio. O ajuizamento de ação autônoma para esse fim não tem necessidade para o autor, que se vê, assim, sem interesse de agir, uma das condições da ação, que se perfaz com a conjugação da utilidade e da necessidade. IV — Sem prequestionamento, não se instaura a via do recurso especial" (STJ, REsp 190.436/SP, Recurso Especial 1998/0072841-4, Rel. Min. Sálvio de Figueiredo Teixeira, 4ª Turma, julgado em 21-6-2001, *DJ* 10-9-2001, p. 392; *RDR*, v. 22, p. 318; *RSTJ*, v. 169, p. 378).

É a previsão do art. 645 do Código de Processo Civil de 2015, *in verbis*:

> "Art. 645. O legatário é parte legítima para manifestar-se sobre as dívidas do espólio:
> I — quando toda a herança for dividida em legados;
> II — quando o reconhecimento das dívidas importar redução dos legados".

O dispositivo é lógico: quando o interesse do legatário puder ser atingido, deve ele se manifestar a respeito da questão que lhe toca.

## 6.4. Avaliação e cálculo do imposto

O Código de Processo Civil de 2015 reserva a Seção V (Da Avaliação e do Cálculo do Imposto) somente para tal fase[16].

Como se trata de um *iter* detalhadamente descrito em lei, caracterizado por normas de dicção objetiva e eminentemente procedimentais, cuidamos de transcrever os novos dispositivos inaugurados a partir da Lei Processual de 2015:

> "Art. 630. Findo o prazo previsto no art. 627 sem impugnação ou decidida a impugnação que houver sido oposta, o juiz nomeará, se for o caso, perito para avaliar os bens do espólio, se não houver na comarca avaliador judicial.
>
> Parágrafo único. Na hipótese prevista no art. 620, § 1º, o juiz nomeará perito para avaliação das quotas sociais ou apuração dos haveres.
>
> Art. 631. Ao avaliar os bens do espólio, o perito observará, no que for aplicável, o disposto nos arts. 872 e 873.
>
> Art. 632. Não se expedirá carta precatória para a avaliação de bens situados fora da comarca onde corre o inventário se eles forem de pequeno valor ou perfeitamente conhecidos do perito nomeado.
>
> Art. 633. Sendo capazes todas as partes, não se procederá à avaliação se a Fazenda Pública, intimada pessoalmente, concordar de forma expressa com o valor atribuído, nas primeiras declarações, aos bens do espólio.

16 Sem prejuízo de obrigações tributárias de natureza diversa, a exemplo da incidência do imposto de transmissão *inter vivos* em caso de cessão onerosa de direito hereditário, ou da exigibilidade do imposto de renda, quando configurado o seu respectivo fato gerador, o tributo mais peculiar ao procedimento sucessório é o imposto *causa mortis* (preferimos dizer "*mortis causa*", pois ele deriva do fato do óbito), de competência estadual, conhecido pela sigla ITCMD, por se aplicar também às doações: "O imposto *causa mortis*", afirmam os cultos Sebastião Amorim e Euclides de Oliveira, "tem essa denominação por incidir sobre a transmissão do domínio e da posse dos bens 'em razão da morte', ou seja, pela abertura da sucessão aos herdeiros legítimos e testamentários. Dá-se, pois, com o óbito do autor da herança, aplicando-se o imposto pela alíquota vigente e conforme o valor atribuído aos bens nessa ocasião. Antigo 'selo de herança' (Alvará de 1809), depois chamado de 'imposto de herança e legados', tem aplicação específica ao direito sucessório, com previsão de cálculo e recolhimento no processo de inventário (arts. 1.012 e 1.013 do CPC)" (*Inventários e Partilhas* — Direito das Sucessões — Teoria e Prática, 21. ed., p. 416). Os autores se referem ao CPC de 1973.

Art. 634. Se os herdeiros concordarem com o valor dos bens declarados pela Fazenda Pública, a avaliação cingir-se-á aos demais.

Art. 635. Entregue o laudo de avaliação, o juiz mandará que as partes se manifestem no prazo de 15 (quinze) dias, que correrá em cartório.

§ 1º Versando a impugnação sobre o valor dado pelo perito, o juiz a decidirá de plano, à vista do que constar dos autos.

§ 2º Julgando procedente a impugnação, o juiz determinará que o perito retifique a avaliação, observando os fundamentos da decisão.

Art. 636. Aceito o laudo ou resolvidas as impugnações suscitadas a seu respeito, lavrar-se-á em seguida o termo de últimas declarações, no qual o inventariante poderá emendar, aditar ou completar as primeiras.

Art. 637. Ouvidas as partes sobre as últimas declarações no prazo comum de 15 (quinze) dias, proceder-se-á ao cálculo do tributo.

Art. 638. Feito o cálculo, sobre ele serão ouvidas todas as partes no prazo comum de 5 (cinco) dias, que correrá em cartório, e, em seguida, a Fazenda Pública.

§ 1º Se acolher eventual impugnação, o juiz ordenará nova remessa dos autos ao contabilista, determinando as alterações que devam ser feitas no cálculo.

§ 2º Cumprido o despacho, o juiz julgará o cálculo do tributo".

Tudo isso parte do pressuposto de que existem, efetivamente, haveres a partilhar.

E se nada existir para partilhar?

É o tema do "inventário negativo", a ser abordado no próximo tópico.

## 7. INVENTÁRIO NEGATIVO

Não havendo bens a partilhar, o consequente pensamento é no sentido da desnecessidade do inventário.

Parece uma conclusão lógica.

Mas não é tão simples assim.

No âmbito jurídico, muitas vezes, a necessidade de estabilidade e segurança faz com que o reconhecimento oficial de uma situação de inexistência seja exigida.

Na precisa lição de MARIA HELENA DINIZ:

"Segundo Itabaiana de Oliveira, 'o inventário negativo é o modo judicial de se provar, para determinado fim, a inexistência de bens do extinto casal'. Deveras, conforme o Código Civil, art. 1.641, I, combinado com o art. 1.523, I, é obrigatório o regime de separação de bens no casamento do viúvo ou da viúva que tenha filhos do cônjuge falecido, exceto se fez inventário e deu partilha aos herdeiros. Se o extinto casal não possuía haveres, nada impede a comunhão pretendida, que vigorará nas segundas núpcias, a não ser que haja pacto antenupcial em contrário. Apesar de a lei não exigir a realização do inventário negativo, promovido pelo viúvo ou viúva, para evidenciar a inexistência de bens do casal por inventariar e partilhar aos herdeiros, a doutrina e a jurisprudência o consideram necessário (RF 74:31, 130:303, 102:292; RT, 268:300, 488:97), para que o cônjuge viúvo fique isento da penalidade e do impedimento acima mencionado.

Assim, o consorte viúvo, segundo a praxe, apresentará ao magistrado um requerimento dentro do prazo legal do art. 1.796 do Código Civil; porém, se ultrapassar de muito esse prazo, qualquer interessado poderá exigir que prove suas alegações por meio de testemunhas, instruído com a certidão de óbito, mencionando o nome do inventariado, dia e lugar do falecimento, os nomes, as idades, o estado civil e a residência dos herdeiros, declarando a inexistência de bens por inventariar e partilhar. O magistrado mandará o viúvo afirmar a verdade do conteúdo de sua petição, mediante o respectivo termo, e dar vista dos autos, em curto prazo, aos herdeiros, aos representantes da Fazenda Pública e aos curadores e órfãos e ausentes, se houver herdeiro menor, interdito ou ausente. Ouvidos os interessados, estando todos de acordo, o juiz proferirá sentença, proclamando a negatividade de inventário. Essa decisão será trasladada, mediante certidão, aos autos de habilitação matrimonial"[17].

Trata-se, portanto, de uma forma útil e recomendável de resguardo de eventuais direitos do interessado.

## 8. INVENTÁRIO ADMINISTRATIVO

A Lei n. 11.441, de 4 de janeiro de 2007, deu nova redação ao art. 982 do Código de Processo Civil de 1973 e inovou ao admitir o inventário extrajudicial, lavrado por escritura pública, consensualmente, no tabelionato de notas, se todas as partes interessadas forem capazes, estiverem assistidas por advogado e concordes, e não houver testamento[18].

Confira-se o mencionado dispositivo legal da codificação anterior:

"Art. 982. Havendo testamento ou interessado incapaz, proceder-se-á ao inventário judicial; se todos forem capazes e concordes, poderá fazer-se o inventário e a partilha por escritura pública, a qual constituirá título hábil para o registro imobiliário.

---

[17] DINIZ, Maria Helena. *Curso de Direito Civil Brasileiro* — Direito das Sucessões, 33. ed., São Paulo: Saraiva, 2019, v. 6, p. 444.

[18] Merece, aqui, menção, o noticiário STJ, de 17-10-2019, referente ao REsp 1.808.767, cujos seguintes trechos destacamos: "Para a Quarta Turma do Superior Tribunal de Justiça, é possível o processamento do inventário extrajudicial quando houver testamento do falecido e os interessados forem maiores, capazes e concordes, devidamente acompanhados de seus advogados (...) Para Salomão, o processo deve ser um meio, e não um entrave à realização do direito: 'Se a via judicial é prescindível, não há razoabilidade em se proibir, na ausência de conflito de interesses, que herdeiros, maiores e capazes, se socorram da via administrativa para dar efetividade a um testamento já tido como válido pela Justiça'. O ministro apontou que esse posicionamento tem sido amplamente aceito pela doutrina especializada e pela jurisprudência, como se observa em diversos enunciados e provimentos de corregedoria dos tribunais brasileiros" (grifo nosso) (fonte: <http://www.stj.jus.br/sites/portalp/Paginas/Comunicacao/Noticias/Para-Quarta-Turma--existencia-de-testamento-nao-inviabiliza-inventario--extrajudicial.aspx>. Acesso em: 20 out. 2020). Recomendamos, pois, ao nosso estimado leitor que acompanhe essa dinâmica jurisprudencial.

§ 1º O tabelião somente lavrará a escritura pública se todas as partes interessadas estiverem assistidas por advogado comum ou advogados de cada uma delas ou por defensor público, cuja qualificação e assinatura constarão do ato notarial.

§ 2º A escritura e demais atos notariais serão gratuitos àqueles que se declararem pobres sob as penas da lei".

Não apenas o inventário tradicional, mas também o arrolamento ou, até mesmo, a adjudicação poderão se dar pela forma administrativa, desde que atendidas as exigências legais.

Sobre o tema, é importante mencionar a Resolução n. 35, de 24 de abril de 2007, do CNJ (alterada pelas Resoluções n. 120, 179, 220 e 326 de 2010, 2013, 2016 e 2020, respectivamente).

A matéria passou a ser tratada pelo CPC de 2015, que, em seu art. 610, dispõe:

"Art. 610. Havendo testamento ou interessado incapaz, proceder-se-á ao inventário judicial.

§ 1º Se todos forem capazes e concordes, o inventário e a partilha poderão ser feitos por escritura pública, a qual constituirá documento hábil para qualquer ato de registro, bem como para levantamento de importância depositada em instituições financeiras.

§ 2º O tabelião somente lavrará a escritura pública se todas as partes interessadas estiverem assistidas por advogado ou por defensor público, cuja qualificação e assinatura constarão do ato notarial".

Acrescente-se que o STJ já admitiu que "de uma leitura sistemática do *caput* e do § 1º do art. 610 do CPC/2015, c/c os arts. 2.015 e 2.016 do CC/2002, mostra-se possível o inventário extrajudicial, ainda que exista testamento, se os interessados forem capazes e concordes e estiverem assistidos por advogado, desde que o testamento tenha sido previamente registrado judicialmente ou haja a expressa autorização do juízo competente" (Resp 1.808.767/RJ, Rel. Min. Luis Felipe Salomão, 4ª Turma, julgado em: 15-10-2019, *DJe* 3-12-2019).

## 9. INVENTÁRIO JUDICIAL

O modelo tradicional (e, até 2007, único) de inventário é o judicial.

Como observam DIMAS MESSIAS DE CARVALHO e DIMAS DANIEL DE CARVALHO, referindo-se ao CPC de 1973:

"O inventário judicial possibilita três ritos distintos, em razão da presença dos interessados, acordo entre eles, valor dos bens ou incapacidade das partes. O inventário comum ou tradicional (arts. 982 a 1.013, CPC), com fase distinta de partilha; o inventário na forma de arrolamento sumário (arts. 1.031 a 1.035, CPC), quando todas as partes forem capazes e concordes, qualquer que seja o valor dos bens; e o inventário na forma de arrolamento comum (art. 1.036, CPC), quando, mesmo existindo partes incapazes, o valor dos bens for de pequeno valor (2.000 ORTNs).

O inventário comum ou tradicional é utilizado quando incabíveis as outras formas, em razão de suas diversas fases e morosidade.

O requerimento para abertura do processo de inventário deve ocorrer no prazo de sessenta dias a contar da morte, no último domicílio do autor da herança (arts. 96 e 983, CPC), por quem se encontre na posse e administração do espólio, cônjuge sobrevivente, herdeiro, legatário, testamenteiro, cessionário do herdeiro ou do legatário, credor, síndico da falência de qualquer interessado, pelo Ministério Público, se houver incapazes, Fazenda Pública, ou de ofício pelo Juiz (arts. 987 a 989, CPC), instruindo-o com a certidão de óbito (art. 987, parágrafo único, CPC).

O inventário judicial deve ser concluído no prazo de doze meses subsequentes à sua abertura, podendo o prazo ser prorrogado pelo juiz de ofício ou a requerimento das partes"[19].

## 10. ALVARÁ JUDICIAL

A expedição de alvará judicial é uma técnica bastante difundida no campo das sucessões.

Sua utilização não se limita aos resíduos sucessórios, mas também se destina à concessão de autorização judicial para a prática de atos que o inventariante não pode realizar de forma autônoma, por exemplo, alienar bens do espólio ou efetivar transações e pagamentos de dívidas e despesas para conservação e manutenção dos bens (art. 619 do CPC/2015).

Sobre espécies de alvarás, observam DIMAS MESSIAS DE CARVALHO e DIMAS DANIEL DE CARVALHO:

> "Lecionam Sebastião Amorim e Euclides de Oliveira que, no campo dos inventários e arrolamentos, várias são as espécies de alvarás, classificáveis em incidentais.
>
> O alvará incidental é o requerido pelo inventariante, herdeiro ou sucessor, no curso do inventário e juntado nos autos, independentemente de distribuição, ensejando decisão interlocutória. Efetuado o pedido, deve ser aberta oportunidade para manifestação das partes, do fisco e do Ministério Público, quando obrigatória a intervenção. As hipóteses mais comuns são o levantamento de depósitos para pagamento de dívidas, despesas de funerais, custas processuais, impostos de transmissão e honorários de advogado; alienação de bens que não interessam a manutenção, para pagamento de dívidas e despesas do espólio; para recebimento ou permuta de bens; para emissão de recibos de veículos vendidos pelo falecido; para outorga de escrituras; para aplica-

[19] CARVALHO, Dimas Messias de; CARVALHO, Dimas Daniel de, ob. cit., p. 216.

ção de numerários; para o recebimento de verbas trabalhistas e saques do FGTS e PIS-PASEP, quando existem outros bens a inventariar. Nesses casos, a prestação de contas é efetuada normalmente nos autos do inventário e no prazo de trinta dias.

O alvará em apenso é o requerido por terceiros, desde que apresente matéria conexa com o processo principal. O pedido deve ser devidamente instruído como documentos e procuração e será autuado separadamente, sujeitando-se às custas, e apensado aos autos principais, intimando-se para manifestar os interessados, a Fazenda e o Ministério Público, se necessário a sua intervenção. O juiz pode ordenar diligências antes de decidir e decidirá observando os interesses do espólio, se concorde o inventariante e a providência for necessária, observando as normas da conveniência e oportunidade, ainda que nem todos os herdeiros tenham aquiescido. Existem julgados, entretanto, indeferindo o alvará judicial para a outorga de escritura, quando há recusa à sua concessão pelos herdeiros, posto que, enquanto mero procedimento de jurisdição voluntária, não se destina ao suprimento de vontade privada, cabendo ao interessado valer-se dos meios próprios, como a adjudicação compulsória. A hipótese mais comum é o alvará para autorizar a outorga de escritura referente a imóvel compromissado à venda pelo falecido e já quitado.

O alvará independente é o que dá efetividade à Lei n. 6.858/1980, que dispõe sobre os bens dispensados de arrolamento e inventário, como os valores devidos pelo contrato de trabalho, FGTS, PIS-PASEP, restituições do imposto de renda, saldos bancários e de cadernetas de poupança e fundos de investimentos, já abordados. Existindo outros bens, deve ser requerido alvará nos próprios autos do inventário, sendo incabível alvará autônomo.

O levantamento dos valores só depende de alvará judicial, se não houver dependentes habilitados perante a Previdência Social, entretanto, a histórica resistência dos estabelecimentos bancários em não efetuar o pagamento, sem determinação da justiça, acaba por obrigar os interessados, mesmo que habilitados, a requerer o alvará judicial"[20].

Compreendidas todas as principais questões acerca do tormentoso tema do inventário, enfrentemos, no próximo e derradeiro capítulo desta obra, a partilha.

[20] CARVALHO, Dimas Messias de; CARVALHO, Dimas Daniel de, ob. cit., p. 277-8.

# CVI PARTILHA

## 1. NOÇÕES CONCEITUAIS

O que é uma partilha?

Tal qual fizemos no capítulo anterior, comecemos com a definição proposta pelo dicionarista:

> "*Partilha s.m. (1188-1230 cf* JM*)* 1 operação que consiste em dividir em partes; repartição *(p. dos lucros) (p. de uma colheita)* 2 *p.met.* qualquer quota individual, nesta operação; quinhão, lote 3 *p.met.* característica própria de algo ou de alguém; apanágio, atributo (a fama é a p. do sucesso) 4 *EST* ato de repartir os elementos de uma amostra estratificada de modo que cada parte contenha elementos provenientes de um único extrato 5 *JUR* ato pelo qual o partidor procede à divisão de um patrimônio entre os interessados, ger. em inventário de pessoa morta, e a ser homologado pelo juiz 6 *p.ext. JUR* ato escrito pelo partidor para efeito de partilha, nos inventários, conforme a decisão do juiz, homologatória do acordo entre as partes ou que resolve sobre a formação dos quinhões respectivos. *ETIM* lat. *partícula, ae* 'parte pequena', dim. de *pars, tis* 'parte', f. divg. vulg. de *partícula*; ver *part-*; f. hist. 1188-1230 *partilla*, sXV *partilha. SIN/VAR ver sinonímia de quinhão.* HOM *partilha* (fl. partilhar)"[1].

Partilha, portanto, importa na ideia de divisão de bens e direitos, atribuindo a cada um dos interessados uma fração ideal.

O termo, além de plurissignificativo, não é privativo do Direito das Sucessões.

Com efeito, pode-se falar também em partilha de bens quando há a extinção de um núcleo familiar (por meio do divórcio ou da dissolução de união estável, por exemplo). Da mesma forma, não estaria equivocada a utilização do termo em uma extinção de pessoa jurídica, com a atribuição de seus bens remanescentes a cada um dos seus (ex-)sócios.

No Direito Sucessório, porém, a partilha é a divisão do patrimônio líquido do autor da herança entre os seus sucessores.

---

1 HOUAISS, Antônio; VILLAR, Mauro de Salles. *Dicionário Houaiss da Língua Portuguesa*, Rio de Janeiro: Objetiva, 2001, p. 2140.

Esse patrimônio é denominado "monte partilhável" ou "monte partível".

A teor dos arts. 647 a 658 do Código de Processo Civil de 2015, trata-se da fase final do inventário (caso não se trate de um arrolamento ou de uma adjudicação, caso em que há herdeiro único).

## 2. ESPÉCIES DE PARTILHA

Tal qual o inventário, também a partilha pode se apresentar nas modalidades administrativa (extrajudicial) e judicial.

A partilha extrajudicial é aquela realizada em cartório, por instrumento público, no bojo de um inventário administrativo.

Vale destacar que, na forma do art. 610 do Código de Processo Civil, o tabelião somente lavrará a escritura pública se todas as partes interessadas estiverem assistidas por advogado ou por defensor público, cuja qualificação e assinatura constarão do ato notarial.

Observe-se ainda que a expressão "partilha amigável" não é privativa da modalidade extrajudicial, mas sim de toda forma de partilha em que não haja controvérsia.

Com efeito, dispõe o art. 2.015 do Código Civil:

> "Art. 2.015. Se os herdeiros forem capazes, poderão fazer partilha amigável, por escritura pública, termo nos autos do inventário, ou escrito particular, homologado pelo juiz".

Note-se, pois, que pode haver uma partilha amigável judicial, ou seja, ocorrida, consensualmente, no curso de um processo (por isso "judicial").

Já a "partilha por ato judicial" é aquela realizada quando os herdeiros divergirem ou se qualquer deles for incapaz, na forma do art. 2.016 do Código Civil[2], pois, nesse caso, existe um pronunciamento decisório do juiz a respeito da divisão dos bens.

## 3. LEGITIMIDADE PARA REQUERIMENTO DA PARTILHA

Qualquer sujeito com interesse jurídico no patrimônio do autor da herança tem legitimidade para requerer a partilha.

Note-se que se trata de uma prerrogativa que não pode ser negada nem mesmo pelo autor da herança em disposição de última vontade.

Tal afirmação se extrai da literalidade do art. 2.013 do Código Civil brasileiro:

> "Art. 2.013. O herdeiro pode sempre requerer a partilha, ainda que o testador o proíba, cabendo igual faculdade aos seus cessionários e credores".

---

[2] "Art. 2.016. Será sempre judicial a partilha, se os herdeiros divergirem, assim como se algum deles for incapaz."

Isso não quer dizer que o testador não possa influir na partilha.

Ao contrário.

A restrição é apenas quanto a eventual tentativa de limitação do requerimento.

Isso porque é possível, sim, que o autor da herança, por meio de testamento, indique quais bens e valores comporão os quinhões hereditários, obviamente sempre respeitando a legítima.

É o que se infere do art. 2.014 da vigente codificação civil:

> "Art. 2.014. Pode o testador indicar os bens e valores que devem compor os quinhões hereditários, deliberando ele próprio a partilha, que prevalecerá, salvo se o valor dos bens não corresponder às quotas estabelecidas".

A divisão prévia, em testamento, pode facilitar muito a operação de partilha, observando-se o multilembrado Princípio do Respeito à Vontade Manifestada do autor da herança.

A vontade manifestada do autor da herança é naturalmente tão relevante que o ordenamento jurídico positivo admite, inclusive, a chamada "partilha em vida".

## 4. PARTILHA EM VIDA

Excepcionalmente, a partilha pode ser realizada em vida.

É a previsão do art. 2.018 do vigente Código Civil brasileiro:

> "Art. 2.018. É válida a partilha feita por ascendente, por ato entre vivos ou de última vontade, contanto que não prejudique a legítima dos herdeiros necessários".

A questão é lógica!

Em vida, pode o proprietário dispor de seu patrimônio, desde que não abra mão do seu mínimo existencial[3].

Todavia, tratando-se de um planejamento sucessório, não pode o autor deixar de observar as regras da sucessão legítima, de caráter imperativo.

## 5. ISONOMIA NA PARTILHA

Para que a partilha seja efetivamente equânime, é fundamental que todos os bens, inclusive acessórios, do falecido sejam inventariados, com a informação correspondente da sua existência ao juiz da causa.

Nessa linha, dispõe o art. 2.020:

> "Art. 2.020. Os herdeiros em posse dos bens da herança, o cônjuge sobrevivente e o inventariante são obrigados a trazer ao acervo os frutos que perceberam, desde a

[3] Sobre o tema, confira-se FACHIN, Luiz Edson (*Estatuto Jurídico do Patrimônio Mínimo*, Rio de Janeiro: Renovar, 2001).

abertura da sucessão; têm direito ao reembolso das despesas necessárias e úteis que fizeram, e respondem pelo dano a que, por dolo ou culpa, deram causa".

No partilhar os bens, observar-se-á, quanto ao seu valor, natureza e qualidade, a maior igualdade possível, conforme preceitua o art. 2.017 do Código Civil brasileiro.

A ideia é buscar garantir quotas equivalentes a todos os herdeiros, o que, naturalmente, nem sempre é fácil, principalmente quando se trata de patrimônio composto de bens com valores diferentes.

## 6. ALIENAÇÃO JUDICIAL

Se não for possível acomodar cada bem do espólio nas quotas atribuíveis à meação do eventual cônjuge (ou companheiro) sobrevivente e ao quinhão de cada herdeiro, será necessário aliená-lo judicialmente.

É o que determina o art. 2.019:

> "Art. 2.019. Os bens insuscetíveis de divisão cômoda, que não couberem na meação do cônjuge sobrevivente ou no quinhão de um só herdeiro, serão vendidos judicialmente, partilhando-se o valor apurado, a não ser que haja acordo para serem adjudicados a todos.
>
> § 1º Não se fará a venda judicial se o cônjuge sobrevivente ou um ou mais herdeiros requererem lhes seja adjudicado o bem, repondo aos outros, em dinheiro, a diferença, após avaliação atualizada.
>
> § 2º Se a adjudicação for requerida por mais de um herdeiro, observar-se-á o processo da licitação".

A lógica é a da conversão em pecúnia do bem que não se consegue partilhar.

Dá-se preferência, obviamente, a que o bem fique no patrimônio de um dos herdeiros, observando-se, sempre, a preservação dos interesses de todos os envolvidos.

## 7. HOMOLOGAÇÃO DA PARTILHA

Na fase final do procedimento, as partes deverão, a teor do art. 647 do Código de Processo Civil, formular os respectivos pedidos de quinhão.

Verificados os pedidos das partes, deve o juiz proferir decisão de deliberação da partilha, que consistirá na apreciação das postulações das partes, acolhendo-as ou não, para individualizar o quinhão de cada herdeiro e legatário.

Há, porém, uma ordem legal de pagamentos a serem realizados quando da partilha.

É a previsão do art. 651 do Código de Processo Civil:

> "Art. 651. O partidor organizará o esboço da partilha de acordo com a decisão judicial, observando nos pagamentos a seguinte ordem:
>
> I — dívidas atendidas;

II — meação do cônjuge;

III — meação disponível;

IV — quinhões hereditários, a começar pelo coerdeiro mais velho".

Registre-se que a menção do inciso IV ao "coerdeiro mais velho" significa apenas um critério de ordem de pagamento, nunca de tratamento diferenciado, inclusive quanto às cotas, entre irmãos ou herdeiros de mesmo grau.

Feito o esboço, terão as partes o prazo comum de quinze dias para se manifestar.

Decididas as eventuais impugnações, poderá a partilha ser lançada nos autos.

O Código de Processo Civil estabelece, em seu art. 653, os requisitos formais da partilha, nos seguintes termos:

"Art. 653. A partilha constará:

I — de auto de orçamento, que mencionará:

*a)* os nomes do autor da herança, do inventariante, do cônjuge ou companheiro supérstite, dos herdeiros, dos legatários e dos credores admitidos;

*b)* o ativo, o passivo e o líquido partível, com as necessárias especificações;

*c)* o valor de cada quinhão;

II — de folha de pagamento para cada parte, declarando a quota a pagar-lhe, a razão do pagamento e a relação dos bens que lhe compõem o quinhão, as características que os individualizam e os ônus que os gravam.

Parágrafo único. O auto e cada uma das folhas serão assinados pelo juiz e pelo escrivão".

Pago o imposto de transmissão *mortis causa*, juntando-se aos autos certidão ou informação negativa de dívida para com a Fazenda Pública, o juiz julgará por sentença a partilha, nos termos do art. 654 do CPC/2015.

Tal sentença gerará um documento, que é o título hábil da efetivação formal da partilha.

Confira-se, a propósito, o art. 655 do Código de Processo Civil:

"Art. 655. Transitada em julgado a sentença mencionada no art. 654, receberá o herdeiro os bens que lhe tocarem e um formal de partilha, do qual constarão as seguintes peças:

I — termo de inventariante e título de herdeiros;

II — avaliação dos bens que constituíram o quinhão do herdeiro;

III — pagamento do quinhão hereditário;

IV — quitação dos impostos;

V — sentença.

Parágrafo único. O formal de partilha poderá ser substituído por certidão de pagamento do quinhão hereditário quando esse não exceder a 5 (cinco) vezes o salário mínimo, caso em que se transcreverá nela a sentença de partilha transitada em julgado".

Por fim, vale registrar que, na forma do art. 656 do Código de Processo Civil de 2015, mesmo após o trânsito em julgado da sentença correspondente, pode a partilha ser emendada nos mesmos autos do inventário, convindo todas as partes, quando tenha havido erro de fato na descrição dos bens.

Além disso, o magistrado, de ofício ou a requerimento da parte, poderá, a qualquer tempo, corrigir inexatidões meramente materiais.

## 8. DA GARANTIA DOS QUINHÕES HEREDITÁRIOS

Julgada a partilha, consumada estará a divisão patrimonial da herança, motivo pelo qual o direito de cada um dos herdeiros circunscrever-se-á aos bens do seu quinhão.

Todavia, na forma dos arts. 2.024 e 2.025 do Código Civil, os coerdeiros continuarão reciprocamente obrigados a indenizar-se no caso de evicção[4] dos bens aquinhoados, cessando tal obrigação pela autonomia da vontade (convenção em sentido contrário) ou no caso de a evicção ter se dado por culpa do evicto, ou por fato posterior à partilha.

Por fim, destaque-se a regra do art. 2.026:

> "Art. 2.026. O evicto será indenizado pelos coerdeiros na proporção de suas quotas hereditárias, mas, se algum deles se achar insolvente, responderão os demais na mesma proporção, pela parte desse, menos a quota que corresponderia ao indenizado".

Trata-se de regra que resguarda aquele (evicto) que fora privado do seu direito pelo reconhecimento do direito anterior de outrem (evictor).

## 9. DA INVALIDADE DE PARTILHA: AÇÃO ANULATÓRIA (ANULAÇÃO DA PARTILHA) E AÇÃO RESCISÓRIA

Transitada em julgado a sentença homologatória de partilha (amigável), admite a legislação codificada o possível reconhecimento de sua invalidade.

Isso porque a partilha amigável tem natureza essencialmente negocial:

> "Art. 2.027. A partilha é anulável pelos vícios e defeitos que invalidam, em geral, os negócios jurídicos".

Interessante destacar, outrossim, que foi estabelecido um prazo decadencial diferenciado para tal anulação da partilha (um ano), na forma do parágrafo único do referido dispositivo.

Tal prazo já era existente no ordenamento jurídico brasileiro anterior à atual codificação civil, conforme se verifica do art. 1.029 do Código de Processo Civil de 1973, *in verbis*:

---

[4] A evicção traduz a perda do bem em virtude do reconhecimento, judicial ou administrativo, do direito anterior de outrem (sobre o tema, ver o item 1, Capítulo "Evicção", do v. 4, "Contratos", do nosso *Novo Curso de Direito Civil*, dedicado ao estudo da Teoria Geral dos Contratos).

> "Art. 1.029. A partilha amigável, lavrada em instrumento público, reduzida a termo nos autos do inventário ou constante de escrito particular homologado pelo juiz, pode ser anulada, por dolo, coação, erro essencial ou intervenção de incapaz.
>
> Parágrafo único. O direito de propor ação anulatória de partilha amigável prescreve em 1 (um) ano, contado este prazo:
>
> I — no caso de coação, do dia em que ela cessou;
>
> II — no de erro ou dolo, do dia em que se realizou o ato;
>
> III — quanto ao incapaz, do dia em que cessar a incapacidade".

Não se podia deixar de observar, contudo, a atecnia da legislação processual, que utilizou a expressão "prescreve" para um prazo visivelmente decadencial, uma vez que se trata de postulação de natureza constitutiva negativa[5].

O CPC/2015 corrigiu essa distorção, a teor do seu art. 657, parágrafo único, que, mais adequadamente, refere que o direito à anulação extinguir-se-ia no prazo de um ano, evitando, com isso, a menção indevida à prescrição.

Se não, vejamos:

> "Art. 657. A partilha amigável, lavrada em instrumento público, reduzida a termo nos autos do inventário ou constante de escrito particular homologado pelo juiz, pode ser anulada por dolo, coação, erro essencial ou intervenção de incapaz, observado o disposto no § 4º do art. 966.
>
> Parágrafo único. O direito à anulação de partilha amigável extingue-se em 1 (um) ano, contado esse prazo:
>
> I — no caso de coação, do dia em que ela cessou;
>
> II — no caso de erro ou dolo, do dia em que se realizou o ato;
>
> III — quanto ao incapaz, do dia em que cessar a incapacidade".

Não sendo hipótese de partilha amigável, mas sim judicialmente estabelecida por sentença, esta, como provimento jurisdicional definitivo, pode ser objeto de ação rescisória, conforme estabelece o art. 658 do Código de Processo Civil de 2015.

## 10. SOBREPARTILHA

Como último tema deste livro, faz-se mister tecer algumas considerações acerca da sobrepartilha.

Trata-se, em verdade, de uma partilha fracionada e posterior, como decorrência de situações fáticas específicas que impossibilitaram a sua realização oportuna.

Sobre o tema, estabelecem os arts. 2.021 e 2.022 do Código Civil:

5 Sobre o tema, confira-se o Capítulo XVIII ("Prescrição e Decadência") do v. 1 ("Parte Geral") de nosso *Novo Curso de Direito Civil*.

> "Art. 2.021. Quando parte da herança consistir em bens remotos do lugar do inventário, litigiosos, ou de liquidação morosa ou difícil, poderá proceder-se, no prazo legal, à partilha dos outros, reservando-se aqueles para uma ou mais sobrepartilhas, sob a guarda e a administração do mesmo ou diverso inventariante, e consentimento da maioria dos herdeiros.
>
> Art. 2.022. Ficam sujeitos a sobrepartilha os bens sonegados e quaisquer outros bens da herança de que se tiver ciência após a partilha".

Na mesma linha, preveem os arts. 669 e 670 do Código de Processo Civil:

> "Art. 669. São sujeitos à sobrepartilha os bens:
>
> I — sonegados;
>
> II — da herança descobertos após a partilha;
>
> III — litigiosos, assim como os de liquidação difícil ou morosa;
>
> IV — situados em lugar remoto da sede do juízo onde se processa o inventário.
>
> Parágrafo único. Os bens mencionados nos incisos III e IV serão reservados à sobrepartilha sob a guarda e a administração do mesmo ou de diverso inventariante, a consentimento da maioria dos herdeiros.
>
> Art. 670. Na sobrepartilha dos bens, observar-se-á o processo de inventário e de partilha.
>
> Parágrafo único. A sobrepartilha correrá nos autos do inventário do autor da herança".

Como ensina CARLOS ROBERTO GONÇALVES:

> "A existência de bens nas situações descritas pode comprometer o bom andamento e finalização da partilha. Procede-se, então, no prazo legal, à partilha dos outros bens, reservando-se aqueles para uma ou mais partilhas, adiando-se a divisão dos bens que, por diversos motivos, apresentam liquidação complicada, ficando estes sob a guarda e administração do mesmo ou diverso inventariante, conforme o aprazamento da maioria dos herdeiros"[6].

Preservam-se, com isso, de um lado, os interesses dos herdeiros, e, de outro, o princípio da duração razoável do processo.

---

[6] GONÇALVES, Carlos Roberto. *Direito Civil Brasileiro* — Direito das Sucessões, 15. ed., São Paulo: Saraiva, 2020, v. 7, p. 574.

# CVII DIREITO CIVIL E A PANDEMIA DA COVID-19

CONTEÚDO DIGITAL *ON-LINE*

**1.** Introdução; **2.** Pessoas jurídicas de direito privado e a pandemia da Covid-19; **3.** Prescrição e decadência e a pandemia da Covid-19; **4.** Teoria da imprevisão e a pandemia da Covid-19; **5.** Usucapião e a pandemia da Covid-19; **6.** Condomínio edilício e a pandemia da Covid-19; **7.** Prisão civil e a pandemia da Covid-19; **8.** Inventário e a pandemia da Covid-19.

# REFERÊNCIAS


ABREU, Célia Barbosa. *Primeiras Linhas sobre a Interdição após o Novo Código de Processo Civil*. Curitiba: CRV, 2015.

ABREU FILHO, José. *O Negócio Jurídico e sua Teoria Geral*. 3. ed. São Paulo: Saraiva, 1995.

ACADEMIA BRASILEIRA DE LETRAS JURÍDICAS. *Dicionário Jurídico*. 3. ed. Rio de Janeiro: Forense Universitária, 1995.

AGUIAR JÚNIOR, Ruy Rosado de. Projeto do Código Civil: as Obrigações e os Contratos. Palestra proferida no Congresso Internacional sobre o Projeto do Código Civil Brasileiro, Porto Alegre, Faculdade de Direito da UFRGS, Conselho da Justiça Federal, 30 de abril de 1999. Disponível em: <http://www.cjf.jus.br/ojs2/index.php/revcej/article/viewArticle/236/398>. Acesso em: 6 jun. 2017.

AGUIAR, Mônica. *Direito à Filiação e Bioética*. Rio de Janeiro: Forense, 2005.

ALBUQUERQUE FILHO, Carlos Cavalcanti. Famílias Simultâneas e Concubinato Adulterino. In: PEREIRA, Rodrigo da Cunha (Coord.). *Família e Cidadania — o novo CCB e a "vacatio legis"*. Anais do III Congresso Brasileiro de Direito de Família. Belo Horizonte: IBDFAM/Del Rey, 2002. Disponível em: <https://jus.com.br/artigos/2839/familias-simultaneas-e-concubi nato-adulterino>. Acesso em: 26 jun. 2017.

ALBUQUERQUE JÚNIOR, Roberto Paulino. O Usucapião Extrajudicial no Novo Código de Processo Civil. Disponível em: <http://www.conjur.com.br/2015-mai-18/direito-civil-atual -usucapiao-extrajudicial-codigo-processo-civil>. Acesso em: 20 jun. 2017.

ALVARENGA, Robson de. Fideicomisso. Disponível em: <http://www.irib.org.br/html/boletim/boletim-iframe.php?be=1194>. Acesso em: 3 jul. 2017.

ALVES, Adriana. Alienação Fiduciária, Prisão Civil do Devedor — Admissibilidade. *Revista de Direito Privado*, São Paulo, RT, p. 175, jan.-mar. 2000.

ALVES, Fernanda Valeriano. Questões Polêmicas Acerca do Artigo 1.228, Parágrafos 4° e 5° do Código Civil de 2002. Disponível em: <http://www.emerj.tjrj.jus.br/paginas/trabalhos_conclusao/1semestre2011/trabalhos_12011/FernandaValerianoAlves.pdf>. Acesso em: 20 jun. 2017.

ALVES, Jones Figueirêdo. In: Fiuza, Ricardo (Coord.). *Novo Código Civil Comentado*. São Paulo: Saraiva, 2002.

ALVES, José Carlos Moreira. *A Parte Geral do Projeto de Código Civil Brasileiro*. São Paulo: Saraiva, 1986.

______. A Parte Geral do Projeto do Código Civil. Disponível em: <www.cjf.gov.br/revista/numero9/artigo1.htm>.

ALVES, Leonardo Barreto Moreira (Coord.). *Código das Famílias Comentado:* de acordo com o Estatuto das Famílias (PLN n. 2.285/07). Belo Horizonte: Del Rey, 2009.

______. A Guarda Compartilhada e a Lei n. 11.698/08. *Jus Navigandi*, Teresina, ano 13, n. 2.106, 7 abr. 2009. Disponível em: <https://jus.com.br/artigos/12592/a-guarda-compartilhada-e-a-lei-n-11-698-08>. Acesso em: 27 jun. 2017.

ALVIM NETTO, J. Manoel de Arruda. A Função Social dos Contratos no Novo Código Civil. *RT*, v. 815; *Revista Forense*, n. 371.

ALVIM, Agostinho. *Da Inexecução das Obrigações e suas Consequências*. 2. ed. São Paulo: Saraiva, 1955.

______. *Da Inexecução das Obrigações e suas Consequências*. 4. ed. São Paulo: Saraiva, 1972.

ALVIM, Arruda. *Código do Consumidor Comentado*. 2. ed. São Paulo: RT, 1995.

______. Confronto entre Situação de Direito Real e de Direito Obrigacional. Prevalência da Primeira, Prévia e Legitimamente Constituída — Salvo Lei Expressa em Contrário. *Revista de Direito Privado*, São Paulo, RT, v. 1, jan.-mar. 2000.

______. *Direito Privado*. São Paulo: RT, 2002. v. 2 (Coleção Estudos e Pareceres).

______. *Manual de Direito Processual Civil*. 9. ed. São Paulo: RT, 2005. v. 2: Processo de Conhecimento.

______. *Manual de Direito Processual Civil*. 7. ed. São Paulo: RT, 2001. v. 2: Processo de Conhecimento.

ALVIM, Arruda; COUTO, Mônica; VELASQUEZ, Victor; ARAÚJO. Fábio. *Comentários ao Código Civil*. Rio de Janeiro: GEN-Forense, 2008. v. XI: Arts. 1.196 a 1.276.

ALVIM, José Manoel de Arruda. *Manual de Direito Processual Civil*. 8. ed. São Paulo: RT, 2003. v. I: Parte Geral.

______. *Manual de Direito Processual Civil*. 7. ed. São Paulo: RT, 2001. v. II: Processo de Conhecimento.

ALVIM, Pedro. *O Contrato de Seguro*. 3. ed. Rio de Janeiro: Forense, 1999.

AMARAL, Francisco. *Direito Civil* — Introdução. 10. ed. São Paulo: Saraiva, 2018.

AMORIM FILHO, Agnelo. Critério Científico para Distinguir a Prescrição da Decadência e para Identificar as Ações Imprescritíveis. *RT*, v. 300, out. 1960, p. 7 — reproduzido em *RT*, v. 711, out. 1997, p. 725-726.

AMORIM, Sebastião; OLIVEIRA, Euclides de. *Inventários e Partilhas* — Direito das Sucessões — Teoria e Prática. 21. ed. São Paulo: Leud, 2008.

ARAÚJO, Ana Thereza Meirelles. Disciplina Jurídica do Embrião Extracorpóreo. Disponível em: <http://www.unifacs.br/revistajuridica/arquivo/edicao_julho2007/discente/dis3.doc>. Acesso em: 27. jun. 2017.

ARAÚJO, Luiz Alberto David. *A Proteção Constitucional da Própria Imagem*. Belo Horizonte: Del Rey, 1996.

ASCENSÃO, José de Oliveira. Alteração das Circunstâncias e Justiça Contratual no Novo Código Civil. In: DELGADO, Mário Luiz; ALVES, Jones Figueirêdo (Coords.). *Questões Controvertidas no Novo Código Civil*. São Paulo: Método, 2004. v. II (Série Grandes Temas de Direito Privado).

ASSIS, Araken de. *Manual do Processo de Execução*. 8. ed. São Paulo: RT, 2002.

______. *Resolução do Contrato por Inadimplemento*. 3. ed. São Paulo: RT, 1999.

AULETE, Caldas. *Dicionário Contemporâneo da Língua Portuguesa*. Rio de Janeiro: Delta, 1958. v. III e V.

AZAMBUJA, Maria Regina Fay de. A Criança no Novo Direito de Família. In: WELTER, Belmiro; MADALENO, Rolf (Coords.). *Direitos Fundamentais do Direito de Família*. Porto Alegre: Livraria do Advogado, 2004.

AZEVEDO, Álvaro Villaça. *Teoria Geral das Obrigações*. 8. ed. São Paulo: RT, 2000.

______. *Teoria Geral das Obrigações*. 9. ed. São Paulo: RT, 2001.

______. *Teoria Geral dos Contratos Típicos e Atípicos*. São Paulo: Atlas, 2002.

AZEVEDO, Antônio Junqueira de. Projeto do Código Civil — O Princípio da Boa-fé nos Contratos. Disponível em: <http://www.jf.jus.br/ojs2/index.php/revcej/article/viewArticle/237/399>. Acesso em: 3 jul. 2017.

BAHIA, Saulo José Casali. *Responsabilidade Civil do Estado*. Rio de Janeiro: Forense, 1995.

BANDEIRA DE MELLO, Celso Antônio. *Curso de Direito Administrativo*. 10. ed. São Paulo: Malheiros, 1998.

______. *Curso de Direito Administrativo*. 11. ed. São Paulo: Malheiros, 1999.

BARBOSA, Camilo de Lelis Colani. *Casamento*. Rio de Janeiro: Forense, 2006.

______. *Direito de Família* — Manual de Direitos do Casamento. São Paulo: Suprema Cultura, 2003.

BARBOSA, Mário Figueiredo. *Ainda Questões Jurídicas*. Salvador: Quarteto, 2009.

BARROSO, Lucas Abreu. O Contrato de Seguro e o Direito das Relações de Consumo. Disponível em: <http://www.ambito-juridico.com.br/site/index.php?n_link=revista_artigos_leitura&artigo_id=3099>. Acesso em: 5 jul. 2017.

BARROSO, Luís Roberto. Diferentes, Mas Iguais: O Reconhecimento Jurídico das Relações Homoafetivas no Brasil. Colaboradores: Cláudio Souza Neto, Eduardo Mendonça e Nelson Diz. Disponível em: <http://www.migalhas.com.br/dePeso/16,MI132374,61044-Diferentes+mas+iguais+o+reconhecimento+juridico+das+relacoes>. Acesso em: 3 jul. 2017.

______. Fundamentos Teóricos e Filosóficos do Novo Direito Constitucional Brasileiro (Pós-Modernidade, Teoria Crítica e Pós-Positivismo). In: BARROSO, Luís Roberto (Org.). *A Nova Interpretação Constitucional* — Ponderação, Direitos Fundamentais e Relações Privadas. Rio de Janeiro: Renovar, 2003.

BATALHA, Wilson de Souza Campos. *Direito Intertemporal*. Rio de Janeiro: Forense, 1980.

______. *Lei de Introdução ao Código Civil*. São Paulo: Max Limonad, 1957. v. 1, t. 1.

BENJAMIN, Antônio Herman de Vasconcellos e; GRINOVER, Ada Pellegrini et al. (Coords.). *Código Brasileiro de Defesa do Consumidor* — Comentado pelos Autores do Anteprojeto. 5. ed. Rio de Janeiro: Forense, 1998.

BERMUDES, Sérgio. *A Reforma do Código de Processo Civil*. 2. ed. São Paulo: Saraiva, 1996.

BESSONE, Darcy. *Do Contrato* — Teoria Geral. São Paulo: Saraiva, 1997.

BETTI, Emilio. *Teoria Geral do Negócio Jurídico*. Coimbra: Editora Coimbra, 1970. t. III.

BETTI, Emilio. *Teoria Geral das Obrigações*. Campinas: Bookseller, 2006.

BEVILÁQUA, Clóvis. *Código Civil comentado.* 10. ed. Rio de Janeiro: Francisco Alves, 1955. v. 4.

______. *Código Civil dos Estados Unidos do Brasil.* 6. tir. Rio de Janeiro: Editora Rio, 1975. v. II.

______. *Código Civil dos Estados Unidos do Brasil.* 9. ed. Rio de Janeiro: Francisco Alves, 1953. v. IV.

______. *Código Civil dos Estados Unidos do Brasil.* Rio de Janeiro: Editora Rio, 1975. v. I (edição histórica).

______. *Direito das Coisas.* 4. ed. Rio de Janeiro: Forense, 1956. v. 1.

______. *Direito das Coisas.* 5. ed. Rio Janeiro: Forense, s/d. v. 1.

______. *Direito das Obrigações.* 8. ed. Rio de Janeiro: Francisco Alves, 1954.

______. *Direito das Obrigações.* Campinas: RED Livros, 2000.

______. *Direito das Sucessões.* 4. ed. Rio de Janeiro/São Paulo: Freitas Bastos, 1945.

______. *Direito de Família.* 9. ed. Rio de Janeiro/São Paulo: Livraria Freitas Bastos, 1959.

______. *Filosofia Geral.* São Paulo: Edusp-Grijalbo, [s.d.].

______. *Theoria Geral do Direito Civil.* Campinas: RED Livros, 2000.

BIANCA, Massimo. *Diritto Civile.* Milano: Giuffrè, 1987. v. III: Il Contrato.

BITTAR, Carlos Alberto. *Contratos Civis.* 2. ed. Rio de Janeiro: Forense, 1991.

______. *Curso de Direito Civil.* Rio de Janeiro: Forense, 1999. v. 1.

______. *Direitos da Personalidade.* 3. ed. Rio de Janeiro: Forense, 1999.

______. *Reparação Civil por Danos Morais.* São Paulo: RT, 1993.

______. *Responsabilidade Civil* — Teoria & Prática. 2. ed. Rio de Janeiro: Forense Universitária, 1990.

BOBBIO, Norberto. *O Positivismo Jurídico* — Lições de Filosofia do Direito. São Paulo: Ícone, [s.d.].

BORDA, Guillermo A. *Manual de Contractos.* 19. ed. Buenos Aires: Abeledo-Perrot, 2000.

______. *Manual de Derecho de Familia.* 12. ed. Buenos Aires: Abeledo-Perrot, 2002.

BOULOS, Daniel. *O Abuso de Direito no Novo Código Civil.* São Paulo: Método, 2006.

BRAGA, Paula Sarno. A Reparação do Dano Moral no Meio Ambiente do Trabalho. Disponível em: <http://www.revistas.unifacs.br/index.php/redu>. Acesso em: fev. 2002.

BRANDÃO, Débora Vanessa Caús. Casamento Putativo: um Estudo Baseado no Novo Código Civil. *Jus Navigandi*, Teresina, ano 8, n. 190, 12 jan. 2004. Disponível em: <http://www.egov.ufsc.br/portal/sites/default/files/anexos/9409-9408-1-PB.pdf >. Acesso em: 22 jun. 2017.

BRAUNER, Maria Cláudia Crespo. O Pluralismo no Direito de Família Brasileiro: Realidade Social e Reinvenção da Família. In: WELTER, Belmiro Pedro; MADALENO, Rolf (Coords.). *Direitos Fundamentais do Direito de Família.* Porto Alegre: Livraria do Advogado, 2004.

BROWNLIE, Ian. *Principles of Public International Law.* 7. ed. New York: Oxford University Press, 2008.

BULGARELLI, Waldirio. *Contratos Mercantis.* 9. ed. São Paulo: Atlas, 1997.

CABRILLAC, Rémy (Dir.). *Dictionnaire du Vocabulaire Juridique.* Paris: Éditions du Juris--Classeur, 2002.

CAHALI, Francisco José. *Contrato de Convivência na União Estável.* São Paulo: Saraiva, 2002.

CAHALI, Francisco José; HIRONAKA, Giselda Maria Fernandes Novaes. *Curso Avançado de Direito Civil.* São Paulo: RT, 2000. v. 6.

______; ______. *Curso Avançado de Direito Civil.* 2. ed. São Paulo: RT, 2003. v. 6: Direito das Sucessões.

CAHALI, Yussef Said. *Fraude Contra Credores*. 2. ed. São Paulo: RT, 1999.

______. *O Casamento Putativo*. 2. ed. São Paulo: RT, 1979.

CALDERÓN, Ricardo. Reflexos da Decisão do STF de Acolher Socioafetividade e Multiparentalidade. Disponível em: <http://www.conjur.com.br/2016-set-25/processo-familiar-reflexos-decisao-stf-acolher-socioafetividade-multiparentalidade>. Acesso em: 27 jun. 2017.

CAMARGO, Antonio Luís Chaves. *Imputação Objetiva e Direito Penal Brasileiro*. São Paulo: Cultural Paulista, 2002.

CAMBI, Eduardo. Aspectos Inovadores da Propriedade no Novo Código Civil. *Revista Trimestral de Direito Civil*, Rio de Janeiro: PADMA, 2000.

CANOTILHO, J. J. Gomes. *Direito Constitucional e Teoria da Constituição*. 2. ed. Coimbra: Almedina, 1998.

CAPEL FILHO, Hélio. Diferenciando Contrato de Agência e Contrato de Distribuição no Novo Código Civil. *Jus Navigandi*, Teresina, ano 9, n. 586, 13 fev. 2005. Disponível em: <https://jus.com.br/artigos/6316/diferenciando-contrato-de-agencia-e-contrato-de-distribuicao-no-novo-codigo-civil>. Acesso em: 3 jul. 2017.

CAPPELLETTI, Mauro. *Juízes Legisladores?* Porto Alegre: Sergio Antonio Fabris Editor, 1993.

CARREIRO, Luciano Dórea Martinez; PAMPLONA FILHO, Rodolfo. Repensando a Exegese do Art. 455 da CLT. *Revista Ciência Jurídica do Trabalho*, ano 1, n. 1, Nova Alvorada Ed./Ed. Ciência Jurídica, Belo Horizonte, jan. 1998.

CARVALHO, Dimas Messias de. *Direito das Sucessões*. 3. ed. Belo Horizonte: Del Rey, 2011.

CARVALHO, Luís Camargo Pinto de. *Saisine* e *Astreinte*. Disponível em: <http://bdjur.stj.jus.br/jspui/bitstream/2011/69310/saisine_astreinte_carvalho_EMERJ.pdf>. Acesso em: 3 jul. 2017.

CASES, José Maria Trepat. *Código Civil Comentado*. São Paulo: Atlas, 2003. v. VIII: Arts. 693 a 817.

CASSETTARI, Christiano. *Separação, Divórcio e Inventário por Escritura Pública* — Teoria e Prática. 3. ed. São Paulo: GEN-Método, 2008.

CASTRO, Hermano Flávio Montanini de; CASTRO, Danilo Flávio Montanini de. Evicção no Novo Código Civil. *Revista Síntese de Direito Civil e Processual Civil*, Porto Alegre: Síntese, n. 25, p. 142, set./out. 2003.

CAVALCANTI, José Paulo. *Direito Civil* — Escritos Diversos. Rio de Janeiro: Forense, 1983.

CAVALIERI FILHO, Sérgio. *Programa de Responsabilidade Civil*. 2. ed., 3. tir. São Paulo: Malheiros, 2000.

CENEVIVA, Walter. *Lei dos Registros Públicos Comentada*. 13. ed. São Paulo: Saraiva, 1999.

CHAMOUN, Ebert. *Instituições de Direito Privado*. 6. ed. Rio de Janeiro: Editora Rio, 1977.

CHAVES, Cristiano; ROSENVALD, Nelson. *Direito das Famílias*. Rio de Janeiro: Lumen Juris, 2009.

CHAVES, Raul. *A Usucapião e o Crime*. São Paulo: Saraiva, 1981.

CHINELLATO, Silmara Juny (Coord.). *Código Civil Interpretado*. Artigo por Artigo, Parágrafo por Parágrafo. 2. ed. São Paulo: Manole, 2009.

CIFUENTES, Santos. *Elementos de Derecho Civil* — Parte Geral. 4. ed. Buenos Aires: Astrea, 1999.

CINTRA, Antônio Félix de Araújo; BERGER, Ricardo. É Hora de Definir Agência e Distribuição no Novo Código Civil. *Jus Navigandi*, Teresina, ano 7, n. 66, jun. 2003. Disponível em:

<https://jus.com.br/artigos/4148/e-hora-de-definir-agencia-e-distribuicao-no-novo-codigo-civil>. Acesso em: 3 jul. 2017.

COELHO, Fábio Ulhoa. *Comentários à Nova Lei de Falências e de Recuperação de Empresas (Lei n. 11.101, de 9-2-2005)*. São Paulo: Saraiva, 2005.

COELHO, Francisco Manuel de Brito Pereira. A Renúncia Abdicativa no Direito Civil. *Boletim da Faculdade de Direito — Stvdia Ivridica 8*, Coimbra: Editora Coimbra, 1995.

COELHO, Francisco Manuel de Brito Pereira; OLIVEIRA, Guilherme de. *Curso de Direito de Família* — Introdução — Direito Matrimonial. 4. ed. Coimbra: Editora Coimbra, 2008. v. I.

______; ______. *Curso de Direito de Família* — Introdução — Direito Matrimonial. 2. ed. Coimbra: Editora Coimbra, 2006. v. I.

COIMBRA, Armando de Freitas Ribeiro Gonçalves. *O Direito de Acrescer no Novo Código Civil*. Coimbra: Almedina, 1974.

COLANI, Camilo. Condomínio Geral e Condomínio Edilício. Disponível em: <http://camilocolani.jusbrasil.com.br/artigos/218041919/condominio-geral-e-condominio-edilicio>. Acesso em: 21 jun. 2017.

COLOMBO, Leonardo. *Culpa Aquiliana*. Buenos Aires: La Ley, 1965.

COLTRO, Antônio Carlos Mathias. *Contrato de Corretagem Imobiliária* — Doutrina e Jurisprudência. São Paulo: Atlas, 2001.

COMPARATO, Fábio Konder. *O Poder de Controle na Sociedade Anônima*. 3. ed. Rio de Janeiro: Forense, 1983.

CORDEIRO, Antônio Manuel da Rocha e Menezes. *Da Boa-fé Objetiva no Direito Civil*. Coimbra: Almedina, 2001.

CORREIA, A. Ferrer. A Procuração na Teoria da Representação Voluntária. In: *Estudos de Direito Civil, Comercial e Criminal*. 2. ed. Coimbra: Almedina, 1985.

COSTA JÚNIOR, Paulo José da. *O Direito de Estar Só:* Tutela Penal da Intimidade. São Paulo: RT, 1970.

COVELLO, Sérgio Carlos. *A Obrigação Natural* — Elementos para uma Possível Teoria. São Paulo: LEUD, 1996.

CRETELLA JÚNIOR, José. *Curso de Direito Romano*. 20. ed. Rio de Janeiro: Forense, 1997.

CUESTA, Ignacio Sierra Gil de la. Aspectos Sustantivos e Procesales. In: VICENTE, Pilar Gonzálvez; POVEDA, Pedro Gonzáles. *Tratado de Derecho de Familia*. Madrid: Sepin, 2005.

CUNHA, Leandro Reinaldo da. *Identidade e Redesignação de Gênero*: Aspectos da Personalidade, da Família e da Responsabilidade Civil. Rio de Janeiro: Lumen Juris, 2015.

DANTAS JÚNIOR, Aldemiro Rezende. Concorrência Sucessória do Companheiro Sobrevivo. *Revista Brasileira de Direito de Família*, Porto Alegre: Síntese, IBDFAM, ano VII, n. 29, p. 128-143, abr./maio 2005.

DAUZAT, Albert; DUBOIS, Jean; MITTERAND, Henri. *Nouveau Dictionnaire Étimologique et Historique*. Paris: Larousse, 1971.

DE PLÁCIDO E SILVA. *Vocabulário Jurídico*. 15. ed. Rio de Janeiro: Forense, 1998.

DELGADO, Mário Luiz. A Responsabilidade Civil do Administrador Não Sócio. In: DELGADO, Mário Luiz; ALVES, Jones Figueirêdo (Coords.). *Questões Controvertidas no Novo Código Civil*. São Paulo: Método, 2004. v. 2 (Série Grandes Temas de Direito Privado).

DEMOGUE, René. *Traité des Obligations en Géneral.* Paris, 1924. t. IV, n. 406.

DENARI, Zelmo et al. *Código Brasileiro de Defesa do Consumidor* — Comentado pelos Autores do Anteprojeto. 5. ed. Rio de Janeiro: Forense Universitária, 1998.

DESSAUNE, Marcos. *Desvio Produtivo do Consumidor — O Prejuízo do Tempo Desperdiçado.* São Paulo: RT, 2011.

DI PIETRO, Maria Sylvia Zanella. *Direito Administrativo.* 10. ed. São Paulo: Atlas, 1998.

______. *Direito Administrativo.* 9. ed. São Paulo: Atlas, 1998.

DIAS, Daniel Novais. *A Corresponsabilidade do Lesado no Direito Civil:* Da Fundamentação da Irreparabilidade do Dano Evitável. Tese de doutorado apresentada à Universidade de São Paulo em 2016 (gentilmente cedida pelo autor).

______. A Irreparabilidade do Dano Evitável no Direito Civil Brasileiro. *Consultor Jurídico*, 26 fev. 2018. Disponível em: <https://www.conjur.com.br/2018-fev-26/direito-civil-atual-irreparabilidade-dano-evitavel-direito-civil-brasileiro>.

DIAS, João Álvaro. *Procriação Assistida e Responsabilidade Médica.* Coimbra: Editora Coimbra, 1996.

DIAS, José de Aguiar. *Da Responsabilidade Civil.* 9. ed. Rio de Janeiro: Forense, 1994. v. I e II.

DIAS, Maria Berenice. *Manual das Sucessões.* 3. ed. São Paulo: RT, 2013.

______. *Manual das Sucessões.* São Paulo: RT, 2008.

______. *Manual de Direito das Famílias.* Porto Alegre: Livraria do Advogado, 2005.

______. *Manual de Direitos das Famílias.* 3. ed., rev., atual. e ampl. São Paulo: RT, 2009.

______. Obrigação Alimentar e o Descabimento de sua Atualização pelo IGP-M. Disponível em: <http://www.migalhas.com.br/dePeso/16,MI33179,71043-Obrigacao+alimentar+e+o+descabimento+de+sua+atualizacao+pelo+IGPM>. Acesso em: 27 jun. 2017.

______. Ponto Final. Art. 1829, inciso I, do novo Código Civil. *Jus Navigandi*, Teresina, ano 8, n. 168, 21 dez. 2003. Disponível em: <http://jus.com.br/revista/texto/4634>. Acesso em: 28 jun. 2017.

______. União Homoafetiva e a Consagração Legal da Diferença. Disponível em: <http://institutoavantebrasil.com.br/uniao-homoafetiva-e-a-consagracao-legal-da-diferenca/>. Acesso em: 26 jun. 2017.

______. *União Homossexual* — O Preconceito e a Justiça. 2. ed. Porto Alegre: Livraria do Advogado, 2001.

DIAS, Sérgio Novais. *Responsabilidade Civil do Advogado pela Perda de uma Chance.* São Paulo: LTr, 1999.

DICIONÁRIO HOUAISS de Sinônimos e Antônimos da Língua Portuguesa. Rio de Janeiro: Objetiva, 2003.

DIDIER JR., Fredie. *Curso de Direito Processual Civil.* 9. ed. Salvador: JusPodivm, 2008. v. 1.

______. Da Exceção: o Direito de Defesa e as Defesas. *Revista Eletrônica do Curso de Direito da UNIFACS*, edição de agosto 2004, seção "Corpo Docente". Disponível em: <http://www.unifacs.br/revistajuridica>.

______. *Direito Processual Civil* — Tutela Jurisdicional Individual e Coletiva. 5. ed. Salvador: Jus Podivm, 2005.

______. *Regras Processuais no Código Civil.* 3. ed. São Paulo: Saraiva, 2008.

______. *Regras Processuais no Novo Código Civil*. São Paulo: Saraiva, 2004.

______. Tutela Específica do Adimplemento Contratual. *Revista Jurídica dos Formandos em Direito da UFBA*, Salvador, 2001.

DINAMARCO, Cândido Rangel. *A Reforma do Código de Processo Civil*. 2. ed. São Paulo: Malheiros, 1995.

______. *A Reforma do Código de Processo Civil*. 3. ed. São Paulo: Malheiros, 1996.

______. *A Reforma do Código de Processo Civil*. 4. ed. São Paulo: Malheiros, 1997.

DINIZ, Almachio. *Direito das Cousas segundo o Código Civil de 1916*. Rio de Janeiro: Livraria Francisco Alves, 1916.

DINIZ, Maria Helena. *Código Civil Anotado*. 6. ed. São Paulo: Saraiva, 2000.

______. *Curso de Direito Civil Brasileiro* — Parte Geral. 37. ed. São Paulo: Saraiva, 2020. v. 1.

______. *Curso de Direito Civil Brasileiro* — Teoria Geral do Direito Civil. 35. ed. São Paulo: Saraiva, 2020. v. 1.

______. *Curso de Direito Civil Brasileiro* — Teoria Geral das Obrigações Contratuais e Extracontratuais. 36. ed. São Paulo: Saraiva, 2020. v. 3.

______. *Curso de Direito Civil Brasileiro* — Teoria das Obrigações Contratuais e Extracontratuais. 20. ed. São Paulo: Saraiva, 2004. v. 3.

______. *Curso de Direito Civil Brasileiro* — Direito das Coisas. 33. ed. São Paulo: Saraiva, 2019. v. 4.

______. *Curso de Direito Civil Brasileiro* — Direito de Família. 33. ed. São Paulo: Saraiva, 2019. v. 5.

______. *Curso de Direito Civil Brasileiro* — Direito das Sucessões. 33. ed. São Paulo: Saraiva, 2019. v. 6.

______. *Curso de Direito Civil Brasileiro* — Responsabilidade Civil. 33. ed. São Paulo: Saraiva, 2019. v. 7.

______. *Dicionário Jurídico*. São Paulo: Saraiva, 1998. v. 1, 2, 3 e 4.

______. *Lei de Introdução ao Código Civil Brasileiro Interpretada*. 7. ed. São Paulo: Saraiva, 2001.

______. *O Estado Atual do Biodireito*. 3. ed. São Paulo: Saraiva, 2006.

______. *O Estado Atual do Biodireito*. São Paulo: Saraiva, 2001.

______. *Tratado Teórico e Prático dos Contratos*. 5. ed. São Paulo: Saraiva, 2003. v. I.

DONIZETTI, Elpídio. Usucapião do Lar Serve de Consolo para o Abandonado. Disponível em: <http://www.conjur.com.br/2011-set-20/consolo-abandonado-usucapiao-lar-desfeito>. Acesso em: 20 jun. 2017.

DORIA, Dylson. *Curso de Direito Comercial*. 6. ed. São Paulo: Saraiva, 1994. v. 2.

DRESCH, Pio Giovani. Os Juros Legais no Novo Código Civil e a Inaplicabilidade de Taxa Selic. *Cidadania e Justiça*, Rio de Janeiro: AMB, 2º semestre de 2002.

DUGUIT, Léon. *Las Transformaciones Generales del Derecho Privado*. Madrid: Ed. Posada, 1931.

ENUN, Augusto. *Dano Moral e sua Reparação*. 4. ed. Rio de Janeiro: Forense, 1996.

ESPÍNOLA, Eduardo. *Dos Contratos Nominados no Direito Civil Brasileiro*. Atualizado por Ricardo Rodrigues Gama. Campinas: Bookseller, 2002.

ESTÉFANI, Rafael Junquera de. *Reproducción Asistida, Filosofía Ética y Filosofía Jurídica*. Madrid: Tecnos, 1998.

EWALD, François. *Risco, Sociedade e Justiça. II Fórum de Direito do Seguro*, edição patrocinada pelo IBDS — Instituto Brasileiro de Direito do Seguro. São Paulo: BEI, 2001.

FABIAN, Cristoph. *O Dever de Informar no Direito Civil.* São Paulo: RT, 2002.

FACHIN, Luiz Edson. A Família Fora de Lugar. Disponível em: <http://www.gazetadopovo.com.br/vida-e-cidadania/a-familia-fora-de-lugar-bfcl55usbob11k6sfboncg1fy>. Acesso em: 27 jun. 2017.

______. *Estatuto Jurídico do Patrimônio Mínimo.* Rio de Janeiro: Renovar, 2001.

______. *Teoria Crítica do Direito Civil.* Rio de Janeiro: Renovar, 2000.

FARIAS, Cristiano Chaves; ROSENVALD, Nelson. *Direitos das Famílias.* Rio de Janeiro: Lumen Juris, 2009.

FERREIRA, Ana Amélia; NEVES, Luiz Octávio. Projeto de Lei sobre Divórcio *On-line* é Inútil. Disponível em: <http://www.conjur.com.br/2009-set-23/projeto-lei-pretende-instituir-divorcio-online-inutil>. Acesso em: 3 jul. 2017.

FERREIRA, Aurélio Buarque de Holanda. *Novo Dicionário Aurélio da Língua Portuguesa.* 1. ed., 11. reimpr. Rio de Janeiro: Nova Fronteira, 1977.

______. *Novo Dicionário Aurélio da Língua Portuguesa.* 2. ed. Rio de Janeiro: Nova Fronteira, 1986.

FERREIRA, Waldemar. *Instituições do Direito Comercial.* 2. ed. São Paulo: Freitas Bastos, 1948. v. II: Os Contratos Mercantis e os Títulos de Crédito.

FERRIANI, Adriano. Brevíssimas Considerações sobre a Concessão Especial para Fins de Moradia. Disponível em: <http://www.migalhas.com.br/Civilizalhas/94,MI147158,31047-Brevissimas+consideracoes+sobre+a+concessao+especial+para+fins+de>. Acesso em: 2 jan. 2018.

FIGUEIREDO, Roberto. O *Time Sharing* ou a Multipropriedade Imobiliária. Disponível em: <https://www.cers.com.br/noticias-e-blogs/noticia/o-time-sharing-ou-a-multipropriedade-imobiliaria;jsessionid=ek4wKnNQLUjAaga0uIpcSdy4.sp-tucson-prod-10>. Acesso em: 21 jun. 2017.

______. Propriedade Resolúvel. Disponível em: <https://www.cers.com.br/noticias-e-blogs/noticia/propriedade-resoluvel;jsessionid=HpGloKVJ1dMz1a-ZBCLQsdui-MN2O5e509Eims-V1G.cers>. Acesso em: 30 mar. 2018.

FIUZA, Ricardo. O Novo Código Civil e a União Estável. *Jus Navigandi*, Teresina, ano 6, n. 54, fev. 2002. Disponível em: <https://jus.com.br/artigos/2721/o-novo-codigo-civil-e-a-uniao-estavel>. Acesso em: 4 jul. 2017.

FLORINDO, Valdir. *O Dano Moral e o Direito do Trabalho.* 2. ed. São Paulo: LTr, 1996.

FONSECA, Arnoldo Medeiros da. *Caso Fortuito e Teoria da Imprevisão.* 3. ed. Rio de Janeiro: Forense, 1958.

FONSECA, Priscila Maria Pereira Corrêa da. Síndrome da Alienação Parental. Disponível em: <http://priscilafonseca.com.br/sindrome-da-alienacao-parental-artigo-publicado-na-revista-do-cao-civel-no-15-ministerio-publico-do-estado-do-para-jandez-2009-revista-ibdfam-ano-8-no-40-f/>. Acesso em: 27 jun. 2017.

FRADERA, Véra Maria Jacob de. Pode o Credor ser Instado a Diminuir o Próprio Prejuízo?. *Revista Trimestral de Direito Civil*, Rio de Janeiro, v. 19, 2004.

FRANCIULLI NETTO. A Ilegalidade da Taxa Selic para Fins Tributários. *Revista Dialética de Direito Tributário*, São Paulo: Dialética, 2000; *Revista Tributária e de Finanças Públicas*, São Paulo: RT, 2000, ano 8, p. 59-89, n. 33; *Jurisprudência do Superior Tribunal de Justiça*, Brasília: Brasília Jurídica, 2000, ano 2, p. 15-48, n. 14; *Revista de Direito Renovar*, Rio de Janeiro: Renovar, jan./abr. 2002, n. 22.

FURTADO, Paulo; BULOS, Uadi Lammêgo. *Lei da Arbitragem Comentada*. São Paulo: Saraiva, 1997.

GAGLIANO, Pablo Stolze. A Nova Emenda do Divórcio e as Pessoas Judicialmente Separadas. *Carta Forense*, abril de 2010.

______. A Responsabilidade Extracontratual no Novo Código Civil e o Surpreendente Tratamento da Atividade de Risco. *Repertório de Jurisprudência IOB*, n. 19, Texto 3/19551, 1ª quinzena de out. 2002.

______. Alguns Efeitos do Direito de Família na Atividade Empresarial. Disponível em: <http://www.unifacs.br/revistajuridica/arquivo/edicao_janeiro2004/index.htm>. Acesso em: 4 jul. 2017.

______. Arts. 1.369 a 1.418. Uso, Habitação, Direito do Promitente Comprador. In: AZEVEDO, Álvaro Villaça (Coord.). *Código Civil Comentado*. São Paulo: Atlas, 2004. v. XIII.

______. Comentário ao art. 2.039. In: ALVIM, Arruda; ALVIM, Thereza (Coords.). *Comentários ao Código Civil Brasileiro*. Rio de Janeiro: GEN-Forense, 2008. v. XVII.

______. *O Contrato de Doação* — Análise Crítica do Atual Sistema Jurídico e os seus Efeitos no Direito de Família e das Sucessões. São Paulo: Saraiva, 2007.

______. *O Contrato de Doação* — Análise Crítica do Atual Sistema Jurídico e os seus Efeitos no Direito de Família e das Sucessões. 2. ed. São Paulo: Saraiva, 2008.

______. *O Contrato de Doação*. 3. ed. São Paulo: Saraiva, 2010.

______. O Estatuto da Pessoa com Deficiência e o Sistema Jurídico Brasileiro de Incapacidade Civil (Editorial 41). *Jus Navigandi*, Teresina, ano 20, n. 4.411, 30 jul. 2015. Disponível em: <http://jus.com.br/artigos/41381>. Acesso em: 4 jul. 2017.

______. O Impacto do Novo Código Civil no Regime de Bens do Casamento. *Jornal A Tarde*, 14 dez. 2002.

GAGLIANO, Pablo Stolze; PAMPLONA FILHO, Rodolfo. *Novo Curso de Direito Civil* — parte geral. 22. ed. São Paulo: Saraiva, 2020. v. 1.

______; ______. *Novo Curso de Direito Civil* — obrigações. 22. ed. São Paulo: Saraiva, 2020. v. 2.

______; ______. *Novo Curso de Direito Civil* — responsabilidade civil. 18. ed. São Paulo: Saraiva, 2020. v. 3.

______; ______. *Novo Curso de Direito Civil* — contratos. 30. ed. São Paulo: Saraiva, 2020. v. 4.

______; ______. *Novo Curso de Direito Civil* — reais. 2. ed. São Paulo: Saraiva, 2020. v. 5.

______; ______. *Novo Curso de Direito Civil* — direito de família. 10. ed. São Paulo: Saraiva, 2020. v. 6.

______; ______. *Novo Curso de Direito Civil* — direito das sucessões. 8. ed. São Paulo: Saraiva, 2018. v. 7.

______; ______. *O divórcio na atualidade*. 4. ed. São Paulo: Saraiva, 2018.

GARBELOTTO, Filipe; ASSUNÇÃO, Kalline; ABREU, Nicia. *Abuso de Direito nas Relações Familiares:* A Ineficácia das Sanções Pecuniárias na Alienação Parental. Pesquisa apresentada no curso de Pós-Graduação em Direito Civil da Unifacs em Salvador-BA, setembro de 2010.

GARCEZ NETO, Martinho. *Responsabilidade Civil no Direito Comparado*. Rio de Janeiro: Renovar, 2000.

______. *Temas Atuais de Direito Civil*. Rio de Janeiro: Renovar, 2000.

GARDNER, Richard A. O DSM-IV Tem Equivalente para o Diagnóstico de Síndrome de Alienação Parental (SAP)? Disponível em: <http://www.alienacaoparental.com.br/textos-sobre-sap-1/o-dsm-iv-tem-equivalente>. Acesso em: 27 jun. 2017.

GAZZI, Fábio Pinheiro. *Vínculo Obrigacional e seus Efeitos perante Terceiro (Cúmplice)*. São Paulo: Lex, 2014.

GHERSI, Carlos Alberto. *Teoría General de la Reparación de Daños*. 2. ed. Buenos Aires: Astrea, 1999.

______. Derecho e Información. *Revista de Direito Privado*, n. 14, abr./jun. 2003.

GIDI, Antonio. *Coisa Julgada e Litispendência em Ações Coletivas*. São Paulo: Saraiva, 1995.

GIGLIO, Wagner D. *Justa Causa*. 3. ed. São Paulo: LTr, 1996.

GIORGIS, José Carlos Teixeira. A Bigamia. Disponível em: <http://www.arpensp.org.br/?pG=X19leGliZV9ub3RpY2lhcw==&in=MjY2Mg==>. Acesso em: 4 jul. 2017.

______. A Investigação da Paternidade Socioafetiva. Disponível em: <http://www.ambito-juridico.com.br/site/index.php?n_link=revista_artigos_leitura&artigoid=6105>. Acesso em: 27 jun. 2017.

GODINHO, Adriano. Petição de Herança em Direito. Disponível em: <https://jus.com.br/duvidas/340639/pai-faleceu-e-deixou-heranca-filho-aparece-depois-de-28-anos-ele-tem-direito>. Acesso em: 28 jun. 2017.

GOMES, Luiz Roldão de Freitas. *Elementos de Responsabilidade Civil*. Rio de Janeiro: Renovar, 2000.

GOMES, Orlando. *Contratos*. 14. ed. Rio de Janeiro: Forense, 1994.

______. *Contratos*. 15. ed. Rio de Janeiro: Forense, 1995.

______. *Contratos*. 24. ed. Rio de Janeiro: Forense, 2001.

______. *Direito das Obrigações*. São Paulo: RT, 2000.

______. *Direito de Família*. 14. ed. Rio de Janeiro: Forense, 2001.

______. *Direitos Reais*. 18. ed. Rio de Janeiro: Forense, 2001.

______. *Direitos Reais*. 19. ed. atualizada por Luiz Edson Fachin. Rio de Janeiro: Forense, 2008.

______. *Direitos Reais*. 21. ed. São Paulo: GEN, 2012.

______. *Introdução ao Direito Civil*. 10. ed. Rio de Janeiro: Forense, 1993.

______. *Obrigações*. 15. ed. Rio de Janeiro: Forense, 2000.

______. *Obrigações*. 8. ed. Rio de Janeiro: Forense, 1992.

______. *Obrigações*. 9. ed. Rio de Janeiro: Forense, 1994.

______. *Sucessões*. 12. ed. Rio de Janeiro: Forense, 2004.

______. *Sucessões*. Rio de Janeiro: Forense, 1998.

GONÇALVES, Carlos Roberto. *Direito Civil Brasileiro* – Direito das Sucessões. 12. ed. São Paulo: Saraiva, 2018. v. 7.

______. *Direito Civil Brasileiro* — Teoria Geral das Obrigações. 18. ed. São Paulo: Saraiva, 2020. v. 2.

______. *Direito Civil Brasileiro* — Direito das Coisas. 16. ed. São Paulo: Saraiva, 2020. v. 5.

______. *Direito Civil Brasileiro* — Direito das Sucessões. 15. ed. São Paulo: Saraiva, 2020. v. 7.

______. *Direito Civil Brasileiro* — Contratos e Atos Unilaterais. 18. ed. São Paulo: Saraiva, 2020. v. 3.

______. *Direito Civil Brasileiro* — Direito de Família. 18. ed. São Paulo: Saraiva, 2020. v. 6.

______. *Direito das Obrigações.* 6. ed. São Paulo: Saraiva, 2002. v. 6, t. I: Parte Especial — Contratos (Coleção Sinopses Jurídicas).

______. *Direito das Obrigações.* São Paulo: Saraiva, 2001. v. 6, t. II: Parte Especial — Responsabilidade Civil (Coleção Sinopses Jurídicas).

______. *Direito das Obrigações.* São Paulo: Saraiva, 2002. v. 5: Parte Geral (Coleção Sinopses Jurídicas).

______. *Responsabilidade Civil.* 19. ed. São Paulo: Saraiva, 2020.

GONÇALVES, Luiz da Cunha. *Dos Contratos em Especial.* Lisboa: Ática, 1953.

GRANDE JÚNIOR, Cláudio. A Inconstitucional Discriminação entre Irmãos Germanos e Unilaterais na Sucessão dos Colaterais. *Jus Navigandi*, Teresina, ano 9, n. 194, 16 jan. 2004. Disponível em: <http://jus.com.br/revista/texto/4757>. Acesso em: 28 jun. 2017.

GREZ, Pablo Rodríguez. *El Abuso del Derecho y el Abuso Circunstancial.* Santiago: Editorial Jurídica de Chile, 2004.

GRINOVER, Ada Pellegrini et al. *Código Brasileiro de Defesa do Consumidor.* 5. ed. Rio de Janeiro: Forense, 1998.

GRINOVER, Ada Pellegrini; CINTRA, Antônio Carlos de Araújo; DINAMARCO, Cândido Rangel. *Teoria Geral do Processo.* 15. ed. São Paulo: Malheiros, 1999.

GUANAIS FILHO, Oliveiros. Fiança Criminal — Real Alcance. *Revista Jurídica dos Formandos em Direito da UFBA*, ano 2, v. II, Salvador: Ciência Jurídica/Nova Alvorada, 1997.

GUERRA FILHO, Willis Santiago. *A Filosofia do Direito* — Aplicada ao Direito Processual e à Teoria da Constituição. 2. ed. São Paulo: Atlas, 2002.

GUGLINSKI, Vitor Vilela. Danos Morais pela Perda do Tempo Útil: uma Nova Modalidade. *Jus Navigandi*, Teresina, ano 17, n. 3.237, 12 maio 2012. Disponível em: <http://jus.com.br/revista/texto/21753>. Acesso em: 25 dez. 2012.

GUIMARÃES, Márcio Souza. Aspectos modernos da teoria da desconsideração da personalidade jurídica. *Revista Jus Navigandi*, Teresina, ano 8, n. 64, 1º abr. 2003. Disponível em: <https://jus.com.br/artigos/3996>. Acesso em: 22 set. 2019.

HIRONAKA, Giselda Maria Fernandes Novaes. Conferência de encerramento proferida em 21-9-2001, no Seminário Internacional de Direito Civil, promovido pelo NAP — Núcleo Acadêmico de Pesquisa da Faculdade Mineira de Direito da PUC/MG. Palestra proferida na Faculdade de Direito da Universidade do Vale do Itajaí — UNIVALI (SC), em 25-10-2002.

______. Concorrência do Cônjuge e do Companheiro na Sucessão dos Descendentes. Disponível em: <http://www.professorchristiano.com.br/artigosleis/artigo_giselda_concorrencia.pdf>. Acesso em: 26 jun. 2017.

______. *Direito Civil* — Estudos. Belo Horizonte: Del Rey, 2000.

______. Direito das Sucessões Brasileiro: disposições gerais e sucessão legítima. Destaque para dois pontos de irrealização da experiência jurídica à face da previsão contida no novo Código Civil. *Jus Navigandi*, Teresina, ano 8, n. 65, 1º maio 2003. Disponível em: <http://jus.com.br/revista/texto/4093>. Acesso em: 4 jul. 2017.

______. Parte Especial: do Direito das Sucessões. In: AZEVEDO, Antônio Junqueira de (Coord.). *Comentários ao Código Civil.* 2. ed. São Paulo: Saraiva, 2007. v. 20: Arts. 1.784 a 1.856.

______. Responsabilidade Civil na Relação Paterno-Filial. *Jus Navigandi*, Teresina, ano 7, n. 66, jun. 2003. Disponível em: Disponível em: <https://jus.com.br/artigos/4192/responsabilidade--civil-na-relacao-paterno-filial>. Acesso em: 27 jun. 2017.

HORA NETO, João. O Princípio da Função Social do Contrato no Código Civil de 2002. *Revista de Direito Privado*, São Paulo: RT, n. 14, p. 44, abr./jun. 2002.

HOUAISS, Antônio; VILLAR, Mauro de Salles. *Dicionário Houaiss da Língua Portuguesa*. Rio de Janeiro: Objetiva, 2001.

HUPSEL, Francisco. Autonomia Privada na Dimensão Civil-Constitucional: o negócio jurídico, a pessoa concreta e suas escolhas existenciais. Salvador: JusPODIVM, 2016.

JESUS, Damásio E. de. *Crime Impossível e Imputação Objetiva*. Disponível em: <http://www.buscalegis.ufsc.br/revistas/files/anexos/11595-11595-1-PB.htm>. Acesso em: 28 jun. 2017.

______. *Direito Penal*. 12. ed. São Paulo: Saraiva, 1988. v. 1.

KASER, Max. *Direito Privado Romano (Römisches Privatrecht)*. Lisboa: Fundação Calouste Gulbenkian, 1999.

KATAOKA, Eduardo Takemi. Declínio do Individualismo e Propriedade. In: TEPEDINO, Gustavo. *Problemas de Direito Civil Constitucional*. Rio de Janeiro: Renovar, 2000.

KOJRANSKI, Nelson. *Condomínio Edilício* — Aspectos Jurídicos Relevantes. 2. ed. São Paulo: Malheiros, 2015.

KOLLET, Ricardo. A Outorga Conjugal nos Atos de Alienação ou Oneração de Bens Imóveis. Disponível em: <http://egov.ufsc.br/portal/sites/default/files/anexos/10087-10086-1-PB.pdf>. Acesso em: 22 jun. 2017.

LARENZ, Karl. *Derecho Civil* — Parte General. Madrid: Revista de Derecho Privado, 1978.

LEITE, Eduardo de Oliveira. *Famílias Monoparentais*. 2. ed. São Paulo: RT, 2003.

LEITE, Gisele. Os Procedimentos Especiais em Face do CPC/2015. Disponível em: <http://giseleleite2.jusbrasil.com.br/artigos/315054766/os-procedimentos-especiais-em-face-do-cpc-2015>. Acesso em: 4 jul. 2017.

LEMOULAND, Jean-Jaques. *Droit de la Famille*. 4. ed. Paris: Dalloz, 2007.

LEWICKI, Bruno. Panorama da Boa-fé Objetiva. In: TEPEDINO, Gustavo (Coord.). *Problemas de Direito Civil Constitucional*. Rio de Janeiro: Renovar, 2000.

LIMA, Alvino. *Culpa e Risco*. 2. ed. São Paulo: RT, 1999.

LLAMBÍAS, Jorge J. *Tratado de Derecho Civil*. Buenos Aires: Abeledo-Perrot, 1973. t. I: Obligaciones.

LÔBO, Paulo Luiz Netto. Danos Morais e Direitos da Personalidade. In: LEITE, Eduardo de Oliveira (Coord.). *Grandes Temas da Atualidade* — Dano Moral — Aspectos Constitucionais, Civis, Penais e Trabalhistas. Rio de Janeiro: Forense, 2002.

______. *Direito Civil:* Famílias. São Paulo: Saraiva, 2008.

______. *Direito Civil:* Famílias. *2. ed.* São Paulo: Saraiva, 2009.

______. *Direito das Obrigações*. São Paulo: Brasília Jurídica, 1999.

______. Divórcio e Separação Consensuais Extrajudiciais. Disponível em: <http://www.cnj.jus.br/agencia-cnj-de-noticias/artigos/13313-divorcio-e-separacao-consensuais-extrajudiciais>. Acesso em: 26 jun. 2017.

______. Do Poder Familiar. *Jus Navigandi*, Teresina, ano 10, n. 1.057, 24 maio 2006. Disponível em: <https://jus.com.br/artigos/8371/do-poder-familiar>. Acesso em: 26 jun. 2017.

______. Entidades Familiares Constitucionalizadas: para além do *numerus clausus*. *Jus Navigandi*, Teresina, ano 6, n. 53, jan. 2002. Disponível em: <http://www.egov.ufsc.br/portal/sites/default/files/anexos/9408-9407-1-PB.pdf>. Acesso em: 21 jun. 2017.

______. Princípios Sociais dos Contratos no CDC e no Novo Código Civil. *Jus Navigandi*, Teresina, ano 6, n. 55, mar. 2002. Disponível em: <https://jus.com.br/artigos/2796/principios-sociais-dos-contratos-no-cdc-e-no-novo-codigo-civil>. Acesso em: 4 jul. 2017.

______. Direito de Família. Relações de Parentesco. Direito Patrimonial: Artigos 1.591 a 1.693. In: AZEVEDO, Álvaro Villaça (Coord.). *Código Civil Comentado*. São Paulo: Atlas, 2003. v. XVI.

LÔBO, Paulo Luiz Netto; LYRA JÚNIOR, Eduardo Messias Gonçalves de (Coords.). *A Teoria do Contrato e o Novo Código Civil*. Recife: Nossa Livraria, 2003.

LÔBO, Paulo. Com Avanços Legais, Pessoas com Deficiência Mental Não São Mais Incapazes. Disponível em: <http://www.conjur.com.br/2015-ago-16/processo-familiar-avancos-pessoas-deficiencia-mental-nao-sao-incapazes>. Acesso em: 27 dez. 2017.

______. *Direito Civil*: Famílias. 2. ed. São Paulo: Saraiva, 2009.

______. *Direito Civil*: Sucessões. São Paulo: Saraiva, 2013.

LOPES, José Reinaldo de Lima. *O Direito na História* — Lições Introdutórias. São Paulo: Max Limonad, 2000.

LOPES, Miguel Maria de Serpa. *Curso de Direito Civil* — Fontes das Obrigações: Contratos. 6. ed. Rio de Janeiro: Freitas Bastos, 2001. v. III.

______. *Curso de Direito Civil* — Fontes das Obrigações: Contratos. 5. ed. Rio de Janeiro: Freitas Bastos, 1999. v. IV.

______. *Curso de Direito Civil*. Rio de Janeiro: Freitas Bastos, 1966. v. 2.

______. *Curso de Direito Civil*. 9. ed. Rio de Janeiro: Freitas Bastos, 2000. v. 1.

______. *O Silêncio como Manifestação de Vontade*. 3. ed. Rio de Janeiro: Freitas Bastos, 1961.

______. *Curso de Direito Civil* — Fontes Acontratuais das Obrigações e Responsabilidade Civil. 5. ed. Rio de Janeiro: Freitas Bastos, 2001. v. V.

LOTUFO, Renan. *Questões Relativas a Mandato, Representação e Procuração*. São Paulo: Saraiva, 2001.

LOUZADA, Ana Maria Gonçalves. *Alimentos* — Doutrina e Jurisprudência. Belo Horizonte: Del Rey, 2008.

MACHADO NETO, Antônio Luis. *Compêndio de Introdução à Ciência do Direito*. 3. ed. São Paulo: Saraiva, 1975.

______. *Compêndio de Introdução à Ciência do Direito*. 6. ed. São Paulo: Saraiva, 1988.

MADALENO, Rolf. A Retroatividade Restritiva do Contrato de Convivência. *Revista Brasileira de Direito de Família*, ano VII, n. 33, p. 153, dez. 2005/jan. 2006.

______. Testamento, Testemunhas e Testamenteiro: uma Brecha para a Fraude. Disponível em: <http://www.tex.pro.br/home/artigos/70-artigos-dez-2007/6149-testamento-testemunhas-e-testamenteiro-uma-brecha-para-a-fraude>. Acesso em: 4 jul. 2017.

MAGALHÃES, Ana. *O Erro no Negócio Jurídico*. São Paulo: Atlas, 2011.

MAGALHÃES, Descartes Drummond de. *Curso de Direito Comercial*. São Paulo: Escolas Profissionais Salesianas do Liceu, 1922. v. II.

MALUF, Carlos Alberto Dabus. *Novo Código Civil Comentado*. In: FIUZA, Ricardo (Coord.). São Paulo: Saraiva, 2002.

MANCUSO, Rodolfo de Camargo. *Ação Popular*. São Paulo: RT, 1992.

MARCATO, Antonio Carlos. *Ação de Consignação em Pagamento*. 5. ed. São Paulo: Malheiros, 1996.

______. *Procedimentos Especiais*. 9. ed. São Paulo: Malheiros, 2001.

MARINHO, Josaphat. Os Direitos da Personalidade no Projeto de Novo Código Civil Brasileiro. *Boletim da Faculdade de Direito da Universidade de Coimbra — Stvdia Ivridica*, 40, Colloquia 2. Separata de Portugal-Brasil, Editora Coimbra, 2000.

MARINONI, Luiz Guilherme. *Tutela Específica*. São Paulo: RT, 2000.

MARTÍNEZ, Jaime Vidal. *Las Nuevas Formas de Reproducción Humana:* Estudio Desde la Perspectiva del Derecho Civil Español. Universidad de Valencia: Editorial Civitas, 1988.

MARTINS, Fran. *Curso de Direito Comercial*. 24. ed. Rio de Janeiro: Forense, 1999.

MARTINS, José Eduardo Figueiredo de Andrade. *"Duty to Mitigate the Loss" no Direito Civil Brasileiro*. São Paulo: Verbatim, 2015.

MARTINS-COSTA, Judith. *A Boa-Fé no Direito Privado*. São Paulo: RT, 2000.

______. *A Boa-Fé no Direito Privado*. São Paulo: RT, 1999.

______. Zeca Pagodinho, a Razão Cínica e o novo Código Civil Brasileiro. *Migalhas*. Disponível em: <https://www.migalhas.com.br/dePeso/16,MI4218,101048-Zeca+Pagodinho+a+razao+cinica+e+o+novo+Codigo+Civil+Brasileiro>. Acesso em: 6 out. 2019.

MATIELO, Fabrício Zamprogna. *Dano Moral, Dano Material e Reparação*. 2. ed. Porto Alegre: Sagra-Luzzatto, 1995.

MATTIETTO, Leonardo. A Representação Voluntária e o Negócio Jurídico de Procuração. *Revista Trimestral de Direito Civil*, Rio de Janeiro: Padma, v. 4, out./dez. 2000.

MAYNEZ, Eduardo Garcia. *Introducción al Estudio del Derecho*. 4. ed. México: Porrúa, 1951.

MAZZUOLI, Valério. *Curso de Direito Internacional Público*. 7. ed. São Paulo: RT, 2013.

MEDAUAR, Odete. *Direito Administrativo Moderno*. 3. ed. São Paulo: RT, 1999.

MEIRELLES, Jussara Maria Leal de. Reestruturando Afetos no Ambiente Familiar: a guarda dos filhos e a síndrome da alienação parental. In: DIAS, Maria Berenice; BASTOS, Eliene Ferreira; MORAES, Naime Márcio Martins (Coords.). *Afeto e Estruturas Familiares*. Belo Horizonte: Del Rey, 2009.

MELLO, Marcos Bernardes de. Achegas para uma Teoria das Capacidades em Direito. *Revista de Direito Privado*, São Paulo: RT, jul./set. 2000.

______. *Teoria do Fato Jurídico* — Plano da Validade. 2. ed. São Paulo: Saraiva, 1997.

MELO, Marco Aurélio Bezerra de. Condomínio de Lotes e a Lei 13.465/2017: Breve apreciação. Disponível em <http://genjuridico.com.br/2017/08/15/condominio-de-lotes-e-lei-1346517-breve-apreciacao/>. Acesso em 16 ago. 2017.

______. *Apreciação Preliminar dos Fundos de Investimento na MP 881/19*. Disponível em: <http://genjuridico.com.br/2019/05/03/apreciacao-preliminar-dos-fundos-de-investimento-na-mp-881-19/>. Acesso em: 24 set. 2019.

MELO, Raimundo Simão de. Meio Ambiente do Trabalho: Prevenção e Reparação. Juízo Competente. *Trabalho & Doutrina*, p. 164.

MENDONÇA, Manuel Inácio Carvalho de. *Contratos no Direito Civil Brasileiro*. 4. ed. Rio de Janeiro: Forense, 1957. t. I.

______. *Contratos no Direito Civil Brasileiro*. 4. ed. Rio de Janeiro: Forense, 1957. v. III, t. II.

MESSINEO, Francesco. *Doctrina General del Contrato*. Tradução de R. Fontanarossa, Sentís Melendo e M. Volterra. Buenos Aires: EJEA, 1952. t. II.

______. *Il Contratto in Genere*. Milano: Giuffrè, 1973. t. I.

MIRABETE, Julio Fabbrini. *Código Penal Interpretado*. São Paulo: Atlas, 1999.

______. *Processo Penal*. São Paulo: Atlas, 2000.

MONTEIRO, Washington de Barros. *Curso de Direito Civil* — Direito das Obrigações. 30. ed. São Paulo: Saraiva. v. 4.

______. *Curso de Direito Civil* — Direito das Obrigações (2ª Parte). 34. ed. São Paulo: Saraiva, 1991. v. 5.

______. *Curso de Direito Civil*. 30. ed. São Paulo: Saraiva, 1999. v. 4: Direito das Obrigações.

______. *Curso de Direito Civil*. 35. ed. São Paulo: Saraiva, 1999. v. II: Direito de Família.

______. *Curso de Direito Civil*. 38. ed. São Paulo: Saraiva, 2011. v. VI: Direito das Sucessões.

______. *Curso de Direito Civil*. São Paulo: Saraiva, 1971.

MONTENEGRO FILHO, Misael. *Ações Possessórias no Novo CPC*. 3. ed. São Paulo: GEN-Atlas, 2015.

MORAES, Noely Montes. O Fim da Monogamia? *Revista Galileu*, São Paulo, Editora Globo, outubro de 2007.

MOREIRA ALVES, Leonardo Barreto. Comentário ao art. 1.579. In: CHAVES, Cristiano; ROSENVALD, Nelson; LEÃO BARRETO, Fernanda Carvalho (Coords.). *Código das Famílias Comentado*. Belo Horizonte: Del Rey, 2010.

MOREIRA FILHO, José Roberto. Os novos contornos da filiação e dos direitos sucessórios em face da reprodução humana assistida. Disponível em: <https://direitouemt1.wordpress.com/2011/08/30/11/>. Acesso em: 28 jun. 2017.

MOREIRA, José Carlos Barbosa. *O Novo Processo Civil Brasileiro*. 19. ed. Rio de Janeiro: Forense, 1997.

______. Tutela Jurisdicional dos Interesses Coletivos ou Difusos. In: *Temas de Direito Processual*. São Paulo: Saraiva, 1984, terceira série.

MOTA, Mauricio Jorge Pereira da. A Pós-Eficácia das Obrigações. In: TEPEDINO, Gustavo (Coord.). *Problemas de Direito Civil Constitucional*. Rio de Janeiro: Renovar, 2001.

MÜLLER, Friedrich. *Discours de la Méthode Juridique*. Paris: Presses Universitaires de France, 1996.

NALIN, Paulo Roberto. *Do Contrato: Conceito Pós-moderno* — Em Busca de Sua Formulação na Perspectiva Civil-Constitucional. Curitiba: Juruá, 2001.

______. *Do Contrato:* Conceito Pós-Moderno. Curitiba: Juruá, 2002.

______. *Ética e Boa-fé no Adimplemento Contratual*. Rio de Janeiro: Renovar, 1998.

______. Ética e Boa-fé no Adimplemento Contratual. In: FACHIN, Luiz Edson (Coord.). *Repensando os Fundamentos do Direito Civil Brasileiro Contemporâneo*. Rio de Janeiro: Renovar, 1998.

NEGRÃO, Theotonio. *Código Civil e Legislação Civil em vigor*. 16. ed. atualizada até 5 de janeiro de 1997. São Paulo: Saraiva, 1997.

NERY JUNIOR, Nelson. Contratos no Código Civil. In: FRANCIULLI NETTO, Domingos; MENDES, Gilmar Ferreira; MARTINS FILHO, Ives Gandra da Silva (Coords.). *O Novo Código Civil* — Estudos em Homenagem a Miguel Reale. São Paulo: LTr, 2003.

NERY JUNIOR, Nelson; NERY, Rosa Maria de Andrade. *Código Civil Anotado e Legislação Extravagante*. São Paulo: RT, 2002.

______; ______. *Novo Código Civil e Legislação Extravagante Anotados*. São Paulo: RT, 2002.

NEVES, André Luiz Batista. Da Independência Ontológica entre a Ilicitude Penal e a Civil. *O Trabalho — Doutrina*, fascículo 21, Curitiba: Decisório Trabalhista, nov. 1998.

NORONHA, Fernando. *O Direito dos Contratos e Seus Princípios Fundamentais* (Autonomia Privada, Boa-Fé, Justiça Contratual). São Paulo: Saraiva, 1994.

NUNES, Jorge Amaury Maia; NÓBREGA, Guilherme Pupe. Da Manutenção e da Reintegração de Posse. Disponível em: <http://www.migalhas.com.br/ProcessoeProcedimento/106,MI234450,21048-Da+manutencao+e+da+reintegracao+de+posse>. Acesso em: 20 jun. 2017.

OLIVEIRA, Anísio José de. *A Teoria da Imprevisão nos Contratos*. 3. ed. São Paulo: Ed. Universitária de Direito, 2002.

OLIVEIRA, Arthur Vasco Itabaiana de. *Curso de Direito das Sucessões*. 2. ed. Rio de Janeiro: Andes, 1954.

OLIVEIRA, Carlos Eduardo Elias de. *Análise Detalhada da Multipropriedade no Brasil após a Lei n. 13.777/2018:* Pontos Polêmicos e Aspectos de Registros Públicos. Disponível em: <https://www12.senado.leg.br/publicacoes/estudos-legislativos/tipos-de-estudos/textos-para-discussao/td255>. Acesso em: 27 jun. 2019.

______. *Lei da Liberdade Econômica:* Diretrizes interpretativas da Nova Lei e Análise Detalhada das Mudanças no Direito Civil e nos Registros Públicos. Texto gentilmente cedido pelo autor. Disponível em: <http://www.flaviotartuce.adv.br>.

OLIVEIRA, Eduardo Ribeiro de. Contrato de Seguro — Alguns Tópicos. In: FRANCIULLI NETTO, Domingos; MENDES, Gilmar Ferreira; MARTINS FILHO, Ives Gandra da Silva (Coords.). *O Novo Código Civil* — Estudos em Homenagem a Miguel Reale. São Paulo: LTr, 2003.

OLIVEIRA, Guilherme de. *Temas de Direito da Família*. 2. ed. Coimbra: Coimbra Editora, 2001.

OMAIRI, Elissane Leila. A Doutrina do Adimplemento Substancial e a sua Recepção pelo Direito Brasileiro. Disponível em: <http://www.direitonet.com.br/artigos/x/20/64/2064/>. Acesso em: 6 jun. 2017.

OTERO, Marcelo Truzzi. *Justa Causa Testamentária* — Inalienabilidade, Impenhorabilidade e Incomunicabilidade sobre a Legítima do Herdeiro Necessário. Porto Alegre: Livraria do Advogado, 2012.

PAMPLONA FILHO, Rodolfo. *O Dano Moral na Relação de Emprego*. 3. ed. São Paulo: LTr, 2002.

______. O Trabalho. *Trabalho em Revista*, fascículo 43, Curitiba: Decisório Trabalhista, set. 2000.

______. Orientação Sexual e Discriminação no Emprego. *Revista de Direito do Trabalho*, São Paulo: RT, n. 98, ano 26, p. 70-84, abr./jun. 2000.

______. *Questões Controvertidas de Direito do Trabalho*. Cooperativismo e Direito do Trabalho. Belo Horizonte: Nova Alvorada, 1999.

PAMPLONA FILHO, Rodolfo; ANDRADE JÚNIOR, Luiz Carlos Vilas Boas. A Torre de Babel das Novas Adjetivações do Dano. *Revista do Curso de Direito da UNIFACS*, v. 14, p. 49-68, 2014.

PAMPLONA FILHO, Rodolfo; DIAS FILHO, Claudio Dias. *Pluralidade Sindical e Democracia*. 2. ed. São Paulo: LTr, 2013.

PASSOS, J. J. Calmon de. *Comentários ao Código de Processo Civil.* 8. ed. Rio de Janeiro: Forense, 1998. v. 3.

______. *Inovações no Código de Processo Civil.* 2. ed. Rio de Janeiro: Forense, 1995.

______. O Imoral nas Indenizações por Dano Moral, *Jus Navigandi*, Teresina, n. 57, ano 6, jul. 2002. Disponível em: <https://jus.com.br/artigos/2989/o-imoral-nas-indenizacoes-por-dano-moral>. Acesso em: 5 jul. 2017.

PENTEADO, Luciano de Camargo. Figuras Parcelares da Boa-Fé Objetiva e *Venire contra Factum Proprium.* Disponível em: <http://www.cantareira.br/thesis2/ed_8/3_luciano.pdf>. Acesso em: 4 jul. 2017.

PEREIRA, Caio Mário da Silva. *Anteprojeto do Código de Obrigações.* Rio de Janeiro, 1964 (material disponível na biblioteca da PUC-SP).

______. *Condomínio e Incorporações.* 12. ed. Rio de Janeiro: Forense, 2016.

______. *Direito Civil*: Alguns Aspectos da Sua Evolução. Rio de Janeiro: Forense, 2001.

______. *Instituições de Direito Civil* — Direito de Família. 11. ed. Rio de Janeiro, v. 1.

______. *Instituições de Direito Civil* — Fontes das Obrigações. Rio de Janeiro: Forense, 1997. v. III.

______. *Instituições de Direito Civil* — Sucessões. 17. ed. Rio de Janeiro: Forense, 2009. v. VI.

______. *Instituições de Direito Civil.* 10. ed. Rio de Janeiro: Forense, 2001. v. III.

______. *Instituições de Direito Civil.* 19. ed. Rio de Janeiro: Forense, 2001. v. II.

______. *Instituições de Direito Civil.* 2. ed. Rio de Janeiro: Forense, 1993. v. II.

______. *Instituições de Direito Civil.* 3. ed. Rio de Janeiro: Forense, 1992. v. I.

______. *Instituições de Direito Civil.* 3. ed. Rio de Janeiro: Forense, 1993. v. III.

______. *Instituições de Direito Civil.* Atualizada por Tania Pereira. Rio de Janeiro: GEN-Forense, 2009. v. V: Direito de Família.

______. *Introdução ao Direito Civil* — Parte Geral. 19. ed. Rio de Janeiro: Forense, 2001. v. I.

______. *Responsabilidade Civil.* 9. ed. Rio de Janeiro: Forense, 2000.

PEREIRA, Lafayette Rodrigues. *Direitos de Família.* Rio de Janeiro/São Paulo: Livraria Freitas Bastos, 1956.

PEREIRA, Leonardo Cotta. *MP 881/19:* Individualização de Responsabilidade Fiduciária em Fundos de Investimento. *Migalhas.* Disponível em: <https://www.migalhas.com.br/dePeso/16,MI303784,91041-MP+88119+individualizacao+de+responsabilidade+fiduciaria+em+fundos+de>. Acesso em: 25 set. 2019.

PEREIRA, Rodrigo da Cunha. *Princípios Fundamentais Norteadores do Direito de Família.* Belo Horizonte: Del Rey, 2006.

______. Teoria Geral dos Alimentos. In: CAHALI, Francisco José; PEREIRA, Rodrigo da Cunha (Coords.). *Alimentos no Código Civil.* São Paulo: Saraiva, 2005.

______. Uma Principiologia para o Direito de Família. *Anais do V Congresso Brasileiro de Direito de Família.* Belo Horizonte: IBDFAM, 2006.

PEREIRA, Rodrigo da Cunha; DIAS, Maria Berenice (Coords.). *Direito de Família e o Novo Código Civil.* Belo Horizonte: Del Rey/IBDFAM, 2002.

PERLINGIERI, Pietro. *Perfis do Direito Civil* — Introdução ao Direito Civil Constitucional. 2. ed. Rio de Janeiro: Renovar, 2002.

PINHEIRO, Frederico Garcia. Empresa Individual de Responsabilidade Limitada. Disponível em: <https://www.conteudojuridico.com.br/pdf/cj032974.pdf>. Acesso em: 4 jul. 2017.

PINHO, Marco Antonio Garcia de. Nova Lei 12.318/10 — Alienação Parental. Disponível em: <https://www.jurisway.org.br/v2/dhall.asp?id_dh=3329>. Acesso em: 27 jun. 2017.

PINTO, José Augusto Alves. Paraná Quer Aumentar Número de Divórcios em Cartório no Interior. Disponível em: <http://www.conjur.com.br/2008-jun-24/cartorios_pr_buscam_ampliacao_lei_11441?>. Acesso em: 4 jul. 2017.

PINTO, José Augusto Rodrigues. *Paraná quer Aumentar Número de Divórcios em Cartório no Interior.* Consultor Jurídico. Disponível em: <http://www.conjur.com.br/2008-jun-24/cartorios_pr_buscam_ampliacao_lei_11441?>. Acesso em: 26 jun. 2017.

______. Reflexões em Torno do Registro Sindical. In: FRANCO FILHO, Georgenor de Sousa (Coord.). *Curso de Direito Coletivo do Trabalho* — Estudos em Homenagem ao Ministro Orlando Teixeira da Costa. São Paulo: LTr, 1998.

PINTO, José Augusto Rodrigues; PAMPLONA FILHO, Rodolfo. *Repertório de Conceitos Trabalhistas.* São Paulo: LTr, 2000.

PINTO, Otávio Almeida Matos de Oliveira. *A Prisão Civil do Menor Emancipado Devedor de Alimentos:* Dilema entre Direitos Fundamentais. Pará de Minas: Ed. VirtualBooks, 2013.

PIZARRO, Ramon Daniel. *Daño Moral:* Prevención/Reparación/Punición. Buenos Aires: Hammurabi, 1996.

PONTES DE MIRANDA, Francisco Cavalcanti. *Tratado de Direito Privado.* 4. ed. São Paulo: RT, 1984. t. 6.

______. *Tratado de Direito Privado.* Rio de Janeiro: Borsoi, 1955. t. LVIII.

POPP, Carlyle. *Responsabilidade Civil Pré-Negocial:* o Rompimento das Tratativas. Curitiba: Juruá, 2002.

POTHIER, Robert Joseph. *Tratado das Obrigações.* Campinas: Servanda, 2002.

POVEDA, Pedro González. Regímenes Económico Matrimoniales. Liquidación. In: DE LA CUESTA, Ignacio Sierra Gil; VICENTE, Pilar Gonzálvez; POVEDA, Pedro González (Coords.). *Tratado de Derecho de Familia — Aspectos Sustantivos e Procesales.* Madrid: Sepin, 2005.

PRADO, Rodrigo Murad do. A Jurisdição Internacional, os Novos Endereços Jurisdicionais, o Direito Processual Civil Internacional e as Cortes Internacionais de Justiça. Disponível em: <http://www.uj.com.br/publicacoes/doutrinas/default.asp?action=doutrina&iddoutrina=4753>. Acesso em: 29 maio. 2017.

PRATA, Ana. *O Contrato Promessa e o seu Regime Civil.* Coimbra: Almedina, 2001.

REALE, Miguel. *Estudos Preliminares do Código Civil.* São Paulo: RT, 2003.

______. Função Social da Família. Disponível em: <http://www.miguelreale.com.br/artigos/funsoc.htm>. Acesso em: 21 jun. 2017.

______. *O Projeto do Novo Código Civil.* 2. ed. São Paulo: Saraiva, 1999.

______. Visão Geral do Projeto de Código Civil. Disponível em: <http://www.miguelreale.com.br/artigos/vgpcc.htm>. Acesso em: 20 jun. 2017.

REIS, Clayton. *Avaliação do Dano Moral.* 3. ed. Rio de Janeiro: Forense, 2000.

______. *Dano Moral.* 4. ed. Rio de Janeiro: Forense, 1995.

REQUIÃO, Rubens. *Curso de Direito Comercial.* 20. ed. São Paulo: Saraiva, 1995. v. 2.

REZEK, Francisco. *Direito Internacional Público* — Curso Elementar. 5. ed. São Paulo: Saraiva, 1995.

REZENDE, Afonso Celso F. Multipropriedade Imobiliária. Disponível em: <http://www.escritorioonline.com/webnews/noticia.php?id_noticia=1308&>. Acesso em: 21 jun. 2017.

REZENDE, Élcio Nacur. *Direito de Superfície*. Belo Horizonte: Del Rey, 2010.

RIBEIRO, Ana Cecília Rosário. O Reconhecimento da Relação Incestuosa como Entidade Familiar. Disponível em: <http://www.revistas.unifacs.br/index.php/redu>. Acesso em: 5 mar. 2017.

RIPERT, Georges. *A Regra Moral nas Obrigações Civis*. Campinas: Bookseller, 2000.

______. *A Regra Moral nas Obrigações Civis*. Tradução portuguesa de O. de Oliveira. São Paulo: Saraiva, s/d, n. 181.

RIPERT, Georges; BOULANGER, Jean. *Tratado de Derecho Civil — Según el Tratado de Planiol* — Contratos Civiles. Buenos Aires: La Ley, 1987. t. VIII.

ROCHA, Júlio César de Sá da. *Direito Ambiental do Trabalho:* mudança de paradigma na tutela jurídica à saúde do trabalhador. Doutorado em Direito das Relações Sociais — Área de Concentração em Direitos Difusos e Coletivos. São Paulo, PUC-SP, 3-5-2001.

ROCHA, Silvio Luis Ferreira da. *Curso Avançado de Direito Civil*. São Paulo: RT, 2002. v. 3.

RODRIGUES JUNIOR, Otávio Luiz. *Revisão Judicial dos Contratos*. São Paulo: Atlas, 2002.

______. Um Ano Longo Demais e os seus Impactos no Direito Civil Contemporâneo. Disponível em: <http://www.conjur.com.br/2016-dez-26/retrospectiva-2016-ano-longo-impactos-direito-civil-contemporaneo>. Acesso em: 12 de julho de 2017.

RODRIGUES, Geisa de Assis. *Ação Civil Pública e Termo de Ajustamento de Conduta*: Teoria e Prática. Rio de Janeiro: Forense, 2002.

RODRIGUES, Silvio. *Direito Civil*. 12. ed. São Paulo: Saraiva, 1981. v. 1: Parte Geral.

______. *Direito Civil*. 17. ed. São Paulo: Saraiva, 1999. v. 4: Responsabilidade Civil.

______. *Direito Civil*. 28. ed. São Paulo: Saraiva, 1998. v. 1 Parte Geral.

______. *Direito Civil*. 28. ed. São Paulo: Saraiva, 2004. v. 6: Direito de Família.

______. *Direito Civil*. 25. ed. São Paulo: Saraiva, 1997. v. 3: Dos Contratos e das Declarações Unilaterais de Vontade.

______. *Direito Civil*. 30. ed. São Paulo: Saraiva, 2004. v. 3: Dos Contratos e das Declarações Unilaterais da Vontade.

______. *Direito Civil*. 12. ed. São Paulo: Saraiva, 1981. v. 2: Parte Geral das Obrigações.

______. *Direito Civil*. 30. ed. São Paulo: Saraiva, 2002. v. 2: Parte Geral das Obrigações.

RUGGIERO, Roberto de. *Instituições de Direito Civil*. Campinas: Bookseller, 1999. v. 3: Direito das Obrigações e Direito Hereditário.

______. *Instituições de Direito Civil*. Campinas: Bookseller, 1999. v. I.

______. *Instituições de Direito Civil*. Campinas: Bookseller, 1999. v. II.

RUSSI, Patrícia; FONTANELLA, Patrícia. A Possibilidade da Adoção da Prole Eventual diante da Incidência dos Direitos Fundamentais nas Relações Privadas. Disponível em: <http://patriciafontanella.adv.br/wp-content/uploads/2010/12/Prole-Eventual.pdf>. Acesso em: 28 jun. 2017.

RUZYK, Carlos Eduardo Pianovski. *Famílias Simultâneas:* da Unidade Codificada à Pluralidade Constitucional. Rio de Janeiro: Renovar, 2005. Disponível em: <http://www.ibdfam.org.br/_img/congressos/anais/9.pdf>. Acesso em: 26 jun. 2017.

SÁ, Almeno de. Relação Bancária, Cláusulas Contratuais Gerais e o Novo Código Civil Brasileiro. *Revista Brasileira de Direito Comparado*, Rio de Janeiro: Instituto de Direito Comparado Luso-Brasileiro, 2003.

SACCO, Rodolfo. *Antropologia Jurídica:* Contribuição para uma Macro-História do Direito. São Paulo: Martins Fontes, 2013.

SALOMÃO, Luiz Felipe. Novas Tecnologias e Direitos Fundamentais. Disponível em: <https://www.conjur.com.br/dl/leia-palestra-salomao-novas-tecnologias.pdf>. Acesso em: 8 ago. 2018.

SANTOS, Eduardo Sens. O Novo Código Civil e as Cláusulas Gerais: Exame da Função Social do Contrato. *Revista Brasileira de Direito Privado*, São Paulo: RT, n. 10, abr./jun. 2002.

SANTOS, J. M. de Carvalho. *Código Civil Brasileiro Interpretado*. 13. ed. Rio de Janeiro: Freitas Bastos, 1981. v. XVI: Direito das Obrigações.

SANTOS, Jonábio Barbosa dos; SANTOS, Morgana da Costa. Família Monoparental Brasileira. *Revista Jurídica*, Brasília, v. 10, n. 92, out./2008 a jan./2009. Disponível em: <http://adepar.com.br/arquivos/jonabiobarbosa_rev92.pdf>. Acesso em: 26 jun. 2017.

SANTOS, Luiz Felipe Brasil. A Mutabilidade do Regime de Bens. Disponível em: <http://www.migalhas.com.br/dePeso/16,MI2295,101048-A+mutabilidade+dos+regimes+de+bens>. Acesso em: 4 jul. 2017.

SANTOS, M. de Carvalho. *Código Civil Brasileiro Interpretado*. Rio de Janeiro: Freitas Bastos, 1949. v. III.

SANTOS, Moacyr Amaral. *Primeiras Linhas de Direito Processual Civil*. 6. ed. São Paulo: Saraiva, 1978. v. 1.

SAVATIER, René. *Traité de la Responsabilité Civile en Droit Français*. 2. ed. v. 1; LGDJ, 1951, t. II, n. 525 e n. 528.

SCARPASSA, Marco Antonio. O Contrato de Seguro e a Mora do Segurado Relativa ao Pagamento do Prêmio. *Jus Navigandi*, Teresina, n. 1.204, ano 10, 18 out. 2006. Disponível em: <https://jus.com.br/artigos/9057/o-contrato-de-seguro-e-a-mora-do-segurado-relativa-ao-pagamento-do-premio>. Acesso em: 6 jun. 2017.

SCURO, Vanessa. Aceitação e Renúncia de Herança. Disponível em: <http://www.migalhas.com.br/mostra_noticia_articuladas.aspx?cod=110905>. Acesso em: 28 jun. 2017.

SECCO, Orlando de Almeida. *Introdução ao Estudo do Direito*. 4. ed. Rio de Janeiro: Lumen Juris, 1998.

SEMIÃO, Sérgio Abdalla. *Os Direitos do Nascituro* — Aspectos Cíveis, Criminais e do Biodireito. Belo Horizonte: Del Rey, 1998.

SENTO-SÉ, Jairo Lins de Albuquerque. *Trabalho Escravo no Brasil*. São Paulo: LTr, 2000.

SEVERO, Sérgio. *Os Danos Extrapatrimoniais*. São Paulo: Saraiva, 1996.

SHAW, Malcolm. *International Law*. 5. ed. New York: Oxford University Press Inc., 2003.

SICHES, Luis Recaséns. *Introducción al Estudio del Derecho*. 7. ed. México: Porrúa, 1985.

SILVA, Christine Oliveira Peter da. A Disciplina do Contrato de Empréstimo no Novo Código Civil — Novas Perspectivas do Contrato de Mútuo Feneratício e a Questão da Limitação da Taxa de Juros. In: FRANCIULLI NETTO, Domingos; MENDES, Gilmar Ferreira; MARTINS FILHO, Ives Gandra da Silva (Coords.). *O Novo Código Civil* — Estudos em Homenagem a Miguel Reale. São Paulo: LTr, 2003.

SILVA, Clóvis V. do Couto e. *A Obrigação como Processo*. São Paulo: Bushatsky, 1976.

SILVA, De Plácido e. *Vocabulário Jurídico*. 15. ed. Rio de Janeiro: Forense, 1998.

SILVA, Ovídio Baptista da. *Curso de Processo Civil* — Processo de Conhecimento. 4. ed. São Paulo: RT, 1998. v. 1.

SILVA, Sérgio André Rocha Gomes da. Da Inconstitucionalidade da Penhorabilidade do Bem de Família por Obrigação Decorrente de Fiança em Contrato de Locação. *Revista de Direito Privado*, v. 2, abr./jun. 2000.

SILVA, Wilson Melo da. *Da Responsabilidade Civil Automobilística*. São Paulo: Saraiva, 1974.

______. *O Dano Moral e sua Reparação*. 3. ed. Rio de Janeiro: Forense, 1983.

______. *Responsabilidade sem Culpa*. São Paulo: Saraiva, 1974.

SIMÃO, José Fernando. A Boa-Fé e o Novo Código Civil — Parte III. Disponível em: <http://www.professorsimao.com.br/artigos_simao_a_boa_fe_03.htm>. Acesso em: 4 jul. 2017.

______. A Teoria Dualista do Vínculo Obrigacional e sua aplicação ao Direito Civil brasileiro, Disponível em: <esmp.sp.gov.br>, Acesso em 11.ago.2017.

______. Estatuto da Pessoa com Deficiência Causa Perplexidade — Parte 01. Disponível em: <http://www.conjur.com.br/2015-ago-06/jose-simao-estatuto-pessoa-deficiencia-causa-perplexidade>. Acesso em: 4 jul. 2017.

______. Guarda Compartilhada Obrigatória. Mito ou Realidade? O que Muda com a Aprovação do PL 117/2013. Disponível em: <https://flaviotartuce.jusbrasil.com.br/artigos/153734851/guarda-compartilhada-obrigatoria-mito-ou-realidade-o-que-muda-com-a-aprovacao-do-pl-117-2013>. Acesso em: 27 jun. 2017

______. *Vícios do Produto no Novo Código Civil e no Código de Defesa do Consumidor* — Responsabilidade Civil. São Paulo: Atlas, 2003.

SIMÕES, Thiago Felipe Vargas. *A Filiação Socioafetiva e seus Reflexos no Direito Sucessório*. São Paulo: Fiuza, 2008.

SOUSA, Leonardo da Silva Carneiro. A Constitucionalidade do Aspecto Temporal na Regulamentação da Concessão de Uso Especial para Fins de Moradia (CUEM). *Jus Navigandi*, Teresina, ano 18, n. 3.716, 3 set. 2013. Disponível em: <https://jus.com.br/artigos/25213>. Acesso em: 19 set. 2018.

SOUZA, Eduardo Pacheco Ribeiro de. A Promessa de Compra e Venda no NCC: Reflexos das Inovações nas Atividades Notarial e Registral. Disponível em: <http://www.irib.org.br/obras/a-promessade-compra-e-venda-no-ncc-reflexos-das-inovacoes-nas-atividades-notarial-e-registral>. Acesso em: 29 set. 2018.

______. Georreferenciamento e Registro Torrens. Disponível em: <http://www.irib.org.br/boletins/detalhes/1615>. Acesso em: 20 jun. 2017.

SOUZA, Neri Tadeu Camara. Responsabilidade Civil do Médico. *Jornal Síntese*, Porto Alegre: Síntese, mar. 2002.

SOUZA, Sylvio Capanema de. *A Nova Lei do Inquilinato Comentada*. Rio de Janeiro: Forense, 1992.

______. *Da Locação do Imóvel Urbano*. Rio de Janeiro: Forense, 2002.

STOCO, Rui. *Tratado de Responsabilidade Civil* — Responsabilidade Civil e sua Interpretação Jurisprudencial. 5. ed. São Paulo: RT, 2001.

______. *Tratado de Responsabilidade Civil*. 5. ed. São Paulo: RT, 2001.

STOLZE, Pablo. Controvérsias Constitucionais Acerca do Usucapião Coletivo. *Jus Navigandi*, Teresina, ano 11, n. 1.063, 30 maio 2006. Disponível em: <https://jus.com.br/artigos/8318>. Acesso em: 20 jun. 2017.

______. "Der Tote erbt den Lebenden" e o estrangeirismo indesejável. *Jus Navigandi*, Teresina, ano 17, n. 3.274, 18 jun. 2012. Disponível em: <http://jus.com.br/artigos/22040>. Acesso em: 27 jun. 2017.

______. Direito real de laje: primeiras impressões. *Jus Navigandi*, Teresina, ano 22, n. 4936, 5 jan. 2017. Disponível em: <https://jus.com.br/artigos/54931>. Acesso em: 28 ago. 2017.

______. É o Fim da Interdição?. *Jus Navigandi*, Teresina, ano 21, n. 4.605, 9 fev. 2016. Disponível em: <https://jus.com.br/artigos/46409>. Acesso em: 4 jul. 2017.

______. Responsabilidade civil pela perda do tempo. *Jus Navigandi*, Teresina, ano 18, n. 3.540, 11 mar. 2013. Disponível em: <https://jus.com.br/artigos/23925>. Acesso em: 27 set. 2018.

______. A Lei n. 13.874/2019 (Liberdade Econômica): a desconsideração da personalidade jurídica e a vigência do novo diploma. *Revista Jus Navigandi*, Teresina, ano 24, n. 5.927, 23 set. 2019. Disponível em: <https://jus.com.br/artigos/76698>. Acesso em: 23 set. 2019.

______. Editorial 13 – *Duty to Mitigate the Loss*, publicado no Facebook em 16 de fevereiro de 2012. Disponível em: <https://www.facebook.com/pablostolze/posts/258991024176880/>.

STOLZE, Pablo; VIANA, Salomão. Direito real de laje: finalmente, a lei! *Jus Navigandi*, Teresina, ano 22, n. 5.125, 13 jul. 2017. Disponível em: <https://jus.com.br/artigos/59131>. Acesso em: 28 ago. 2017.

______; ______. Impactos da Nova Lei que Altera Normas do Direito Brasileiro. Disponível em: <https://www.lfg.com.br/conteudos/entrevistas/geral/impactos-da-nova-lei-que-altera-normas-do-direito-brasileiro>. Acesso em: 27 jul. 2018.

SZANIAWSKI, Elimar. *Direitos de Personalidade e Sua Tutela*. São Paulo: RT, 1993.

TARTUCE, Flávio. *A Função Social dos Contratos* — do Código de Defesa do Consumidor ao Novo Código Civil. São Paulo: Método, 2005.

______. *A Lei 13.811/2019 e a União Estável do Menor de 16 Anos*. Disponível em: <https://www.migalhas.com.br/FamiliaeSucessoes/104,MI300873,91041-A+lei+138112019+e+a+uniao+estavel+do+menor+de+16+anos>. Acesso em: 16 jun. 2019.

______. A MP 881/19 (Liberdade Econômica) e as Alterações do Código Civil. Primeira Parte. *Migalhas*. Disponível em: <https://www.migalhas.com.br/dePeso/16,MI301612,41046-A+MP+88119+liberdade+economica+e+as+alteracoes+do+Codigo+Civil>. Acesso em: 23 set. 2019.

______. A Revisão do Contrato pelo Novo Código Civil. Crítica e Proposta de Alteração do Art. 317 da Lei n. 10.406/02. In: DELGADO, Mário Luiz; ALVES, Jones Figueirêdo (Coords.). *Novo Código Civil* — Questões Controvertidas. São Paulo: Método, 2003. v. I.

______. *A Teoria do Adimplemento Substancial na Doutrina e na Jurisprudência*. Disponível em: <https://flaviotartuce.jusbrasil.com.br/artigos/180182132/a-teoria-do-adimplemento-substancial-na-doutrina-e-na-jurisprudencia>. Acesso em: 3 out. 2019.

______. Breves e Iniciais Reflexões sobre o Julgamento do STF sobre Parentalidade Socioafetiva. Disponível em: <http://flaviotartuce.jusbrasil.com.br/noticias/387075289/breves-e-iniciais-reflexoes-sobre-o-julgamento-do-stf-sobre-parentalidade-socioafetiva. Acesso em: 27 jun. 2017.

______. Da sucessão do companheiro: o polêmico art. 1.790 do CC e suas controvérsias principais. *Jus Navigandi*, Teresina, ano 15, n. 2681, 3 nov. 2010. Disponível em: <http://jus.com.br/revista/texto/17751>. Acesso em: 28 jun. 2017.

______. *Direito Civil*. 2. ed. São Paulo: Método, 2007. v. 3. Teoria Geral dos Contratos e Contratos em Espécie (Série Concursos Públicos).

______. *Direito Civil*. 8. ed. Rio de Janeiro: Forense, 2016. v. 4: Direito das Coisas.

______. *Manual de Direito Civil*. 5. ed. São Paulo: GEN, 2015 (Volume Único).

______. Novos Princípios do Direito de Família Brasileiro. *Jus Navigandi*, Teresina, ano 10, n. 1069, 5 jun. 2006. Disponível em: <https://jus.com.br/artigos/8468/novos-principios-do-direito-de-familia-brasileiro/2>. Acesso em: 22 jun. 2017.

______. Reflexões sobre o dano social. Disponível em: <http://www.ambito-juridico.com.br/site/index.php?n_link=revista_artigos_leitura&artigo_id=3537>. Acesso em: 27 set. 2018.

TARTUCE, Flávio; SIMÃO, José Fernando. *Direito Civil*. 2. ed. São Paulo: Método, 2007. v. 5: Direito de Família.

______; ______. *Direito Civil*. 4. ed. Rio de Janeiro: Forense; São Paulo: Método, 2011. v. 6.

______; ______. *Direito Civil*. 5. ed. Rio de Janeiro: Forense; São Paulo: Método, 2012. v. 6.

______; ______. *Direito Civil*. 5. ed. Rio de Janeiro: Forense; São Paulo: Método, 2010. v. 5: Direito de Família.

TEIXEIRA DE FREITAS, Augusto. *Código Civil — Esboço*. Comentário ao art. 868, Brasília: MJ — Departamento de Imprensa Nacional e UNB, edição conjunta, 1983. v. 1.

TEIXEIRA FILHO, Manoel Antônio. *Execução no Processo do Trabalho*. 4. ed. São Paulo: LTr, 1992.

TEPEDINO, Gustavo. Notas sobre o Nexo de Causalidade. *Revista Trimestral de Direito Civil*, Rio de Janeiro: Padma, ano 2, v. 6. jun. 2001.

______. *Temas de Direito Civil*. 2. ed. Rio de Janeiro: Renovar, 2001.

______. A Multipropriedade e a Retomada do Mercado Imobiliário. *Conjur*, 30 de janeiro de 2019. Disponível em: <https://www.conjur.com.br/2019-jan-30/tepedino-multipropriedade-retomada-mercado-imobiliario>. Acesso em: 4 abr. 2019.

TEPEDINO, Gustavo; BARBOZA, Heloisa Helena; MORAES, Maria Celina Bodin de (Coords.). *Código Civil Interpretado Conforme a Constituição da República*. Rio de Janeiro: Renovar, 2004.

TEPEDINO, Gustavo; SCHREIBER, Anderson. A Garantia da Propriedade no Direito Brasileiro. Disponível em: <http://bdjur.stj.jus.br/dspace/handle/2011/24705>. Acesso em: 1º abr. 2018.

THEODORO JÚNIOR, Humberto. *Comentários ao Código Civil*. Rio de Janeiro: Forense, 2003. v. III, t. II.

______. *Curso de Direito Processual Civil*. 18. ed. Rio de Janeiro: Forense, 1996. v. I.

______. *Curso de Direito Processual Civil*. 21. ed. Rio de Janeiro: Forense, 1998. v. II.

______. *Curso de Direito Processual Civil*. 8. ed. Rio de Janeiro: Forense, 1993. v. III: Procedimentos Especiais.

______. *Do Contrato de Agência e Distribuição no Novo Código Civil*. Disponível em: <https://www.direito.ufmg.br/revista/index.php/revista/article/view/1252>. Acesso em: 5 jun. 2017.

______. *Do Transporte de Pessoas no Novo Código Civil*. Disponível em: <http://64.233.187.104/search?q=cache:q-g4XqoqZQJ:www.am.trf1.gov.br/biblioteca/OUTROS%2520SERVI%C3%87OS/C%C3%93DIGO%2520CIVIL/do_transporte_de_pessoas_no_novo_cc.pdf+

%2-2Do+transporte+de+pessoas+no+novo+C%C3%B3digo+Civil%22&hl=pt-BR&gl=br&ct=clnk&cd=8&lr=lang_pt>. Acesso em: 8 ago. 2006.

______. *O Contrato e Seus Princípios*. Rio de Janeiro: Aide, 1993.

______. *O Contrato e Sua Função Social*. Rio de Janeiro: Forense, 2003.

TICIANELLI, Joelma. Limites Objetivos e Subjetivos do Negócio Jurídico na Constituição Federal de 1988. In: LOTUFO, Renan (Coord.). *Direito Civil Constitucional* — Caderno 1. São Paulo: Max Limonad, 1999.

TOALDO, Adriane Medianeira; PEREIRA, Clênio Denardini. A Possibilidade de Imprescritibilidade da Ação de Petição de Herança em Face da ausência de Prazo Prescricional na Legislação Vigente. Disponível em: <http://www.ambito-juridico.com.br/site/index.php?n_link=revista_artigos_leitura&artigo_id=5904>. Acesso em: 4 jul. 2017.

TORNAGHI, Hélio. *Instituições de Processo Penal*. Rio de Janeiro: Forense, 1959. v. I.

TRINDADE, Washington Luiz da, *O Superdireito nas Relações de Trabalho*. Salvador: Editora e Distribuidora de Livros Salvador Ltda., 1982.

VALLE, Christino Almeida do. *Dano Moral*. Rio de Janeiro: Aide, 1994.

VALLER, Wladimir. *A Reparação do Dano Moral no Direito Brasileiro*. 3. ed. Campinas-SP, E. V. Editora Ltda., 1995.

VARELA, João de Matos Antunes. *Das Obrigações em Geral*. 9. ed. Coimbra: Almedina, 1997. v. 1.

______. *Das Obrigações em Geral*. 7. ed. Coimbra: Almedina, 1997. v. 2.

______. *Das Obrigações em Geral*. 7. ed. Coimbra: Almedina, 1997. v. 3.

______. *Das Obrigações em Geral*. 9. ed. Coimbra: Almedina, 1996. v. 1.

______. *Direito de Família*. 5. ed. Lisboa: Petrony, 1999. v. 1.

VASCONCELOS, Pedro Pais de. *Contratos Atípicos*. Coimbra: Almedina, 1995.

VECCHIATTI, Paulo Roberto Iotti. União Estável Poliafetiva: Breves Considerações Acerca de Sua Constitucionalidade. Disponível em: <http://jus.com.br/revista/texto/22830>. Acesso em: 4 jul. 2017.

VELOSO, Zeno. *Direito Hereditário do Cônjuge e do Companheiro*. São Paulo: Saraiva, 2010.

______. *Novo Código Civil Comentado*. São Paulo: Saraiva.

______. Testamentos — Noções Gerais; Formas Ordinárias; Codicilo; Formas Especiais. In: HIRONAKA, Giselda Maria Fernandes Novaes; PEREIRA, Rodrigo da Cunha (Coords.). *Direito das Sucessões e o Novo Código Civil*. Belo Horizonte: Del Rey, 2004.

VENOSA, Sílvio de Salvo. Capacidade de Testar e Capacidade de Adquirir por Testamento. Disponível em: <http://ojs.direitocivilcontemporaneo.com/index.php/rdcc/article/view/153/141>. Acesso em: 28 jun. 2017

______. *Contratos em Espécie*. São Paulo: Atlas, 2001. v. III.

______. *Direito Civil* — Parte Geral. São Paulo: Atlas, 2001.

______. *Direito Civil*. 2. ed. São Paulo: Atlas, 2002. v. II: Teoria Geral das Obrigações e Teoria Geral dos Contratos.

______. *Direito Civil*. 3. ed. São Paulo: Atlas, 2003. v. III: Contratos em Espécie.

______. *Direito Civil*. 3. ed. São Paulo: Atlas, 2003. v. 7: Direito das Sucessões (Coleção Direito Civil).

______. *Direito Civil*. 3. ed. São Paulo: Atlas, 2003, v. III: Responsabilidade Civil.

______. *Direito Civil*. 3. ed. São Paulo: Atlas, 2003. v. II: Teoria Geral das Obrigações e Teria Geral dos Contratos.

______. *Direito Civil*. 4. ed. São Paulo: Atlas, 2004. v. 7: Direito das Sucessões.

______. *Direito Civil*. 5. ed. São Paulo: Atlas, 2005. v. II: Teoria Geral das Obrigações e Teoria Geral dos Contratos.

______. *Direito Civil*. Direito de Família. 6. ed. São Paulo: Atlas, 2006.

______. *Direito Civil*. São Paulo: Atlas, 2001. v. III: Contratos em Espécie e Responsabilidade Civil.

______. Direito Real de Laje (criado pela Lei 13.465 de 2017). Disponível em: <http://www.migalhas.com.br/dePeso/16,MI267743,91041-Direito+real+de+laje+criado+pela+lei+13465+de+2017>. Acesso em: 27 maio 2018.

______. *Lei do Inquilinato Comentada* — Doutrina e Prática. 5. ed. São Paulo: Atlas, 2001.

______. *O Condomínio Edilício no Novo Código Civil*. Disponível em: <http://www.migalhas.com.br/dePeso/16,MI912,101048-+condominio+edilicio+no+novo+Codigo+Civil>. Acesso em: 4 jul. 2017.

______. *Responsabilidade Civil*. 3. ed. São Paulo: Atlas, 2003.

______. *Teoria Geral das Obrigações e Teoria Geral dos Contratos*. 2. ed. São Paulo: Saraiva, 2002.

______. Usucapião Coletivo no Novo Código Civil. Disponível em: <http://www.migalhas.com.br/dePeso/16,MI944,31047-Usucapiao+coletivo+no+novo+Codigo+Civil>. Acesso em: 20 jun. 2017.

VIANA, Rui Geraldo de Camargo; NERY, Rosa Maria de Andrade. *Temas Atuais de Direito Civil na Constituição Federal*. São Paulo: RT, 2000.

VILLELA, João Baptista. Desbiologização da Paternidade. *Revista da Faculdade de Direito*, Belo Horizonte: Universidade Federal de Minas Gerais, n. 21, maio 1979.

WALD, Arnoldo. *Curso de Direito Civil Brasileiro* — Introdução e Parte Geral. 8. ed. São Paulo: RT, 1995.

______. *Curso de Direito Civil Brasileiro*. 12. ed. São Paulo: RT, 1995. v. II: Obrigações e Contratos.

______. *Curso de Direito Civil Brasileiro*. 9. ed. São Paulo: RT, 1990. v. II: Obrigações e Contratos.

______. *Curso de Direito Civil Brasileiro*: Direito de Família. 11. ed. São Paulo: RT.

______. *Direito das Coisas*. 9. ed. São Paulo: RT, 1993.

______. *O Novo Direito Monetário* — Os Planos Econômicos, os Contratos, o FGTS e a Justiça. 2. ed. São Paulo: Malheiros, 2002.

______. *Obrigações e Contratos*. 12. ed. São Paulo: RT, 1995.

WAMBIER, Luiz Rodrigues; ALMEIDA, Flávio Renato Correia de; TALAMINI, Eduardo. *Curso Avançado de Processo Civil*. 2. ed. 2. tir. São Paulo: RT, 2000.

WATANABE, Kazuo. Demandas Coletivas e os Problemas Emergentes da Práxis Forense. In: TEIXEIRA, Sálvio de Figueiredo. *As Garantias do Cidadão na Justiça*. São Paulo: Saraiva, 1993.

WELTER, Belmiro Pedro. *Igualdade entre as Filiações Biológica e Socioafetiva*. São Paulo: RT, 2003.

ZAFFARONI, Eugenio Raúl; PIERANGELI, José Henrique. *Manual de Direito Penal Brasileiro* — Parte Geral. São Paulo: RT, 1997.

ZAVASCKI, Teori. A Tutela da Posse na Constituição e no Projeto do Novo Código Civil. In: *A Reconstrução do Direito Privado*. São Paulo: RT, 2002.